Full수록
수능기출문제집

수능 준비 최고의 학습 재료는 기출 문제입니다.
지금까지 다져온 실력을 기출 문제를 통해 확인하고, 탄탄히 다져가야 합니다.
진짜 공부는 지금부터 시작입니다.

*"Full수록"*만 믿고 따라오면
수능 1등급이 내 것이 됩니다!!

" 방대한 기출 문제를 효율적으로 정복하기 위한 구성 "

1 일차별 학습량 제안

하루 학습량 30문제 내외로 기출 문제를 한 달 이내 완성하도록 하였다.
→ 계획적 학습, 학습 진도 파악 가능

2 평가원 기출 경향을 설명이 아닌 문제로 제시

일차별 기출 경향을 문제로 시각적·직관적으로 제시하였다.
→ 기출 경향 및 빈출 유형 한눈에 파악 가능

3 보다 효율적인 문제 배열

문제를 연도별 구성이 아닌 쉬운 개념부터 복합 개념 순으로, 유형별로 제시하였다.
→ 효율적이고 빠른 학습이 가능

일차별 학습 흐름

기출 경향 파악 ➡ 실전 개념 정리 ➡ 기출 문제 정복 ➡ 해설을 통한 약점 보완 을 통해 계획적이고 체계적인 수능 준비가 가능합니다.

1 오늘 공부할 기출 문제의 기출 경향 보기

✓ 빈출 문제, 빈출 자료를 한눈에 파악

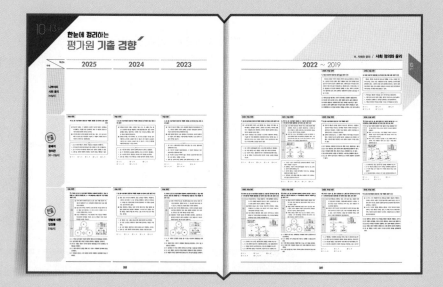

2 기출 선지로 정리하는 핵심 개념

✓ 빈출 선지로 구성된 핵심 정리로 평가원식 사고 확립
✓ 기출 선지 모아 보기, 기출 표현 더 보기를 통해 문제 적응력 강화

Full수록 기출문제집

Full수록은 Full(가득한)과 수록(담다)의 합성어로 '평가원의 양질의 기출문제'를 교재에 가득 담았음을 의미한다.
또한, 교재 네이밍인 Full수록 발음 시 '풀수록 1등급 달성'과 '풀수록 수능 만점' 등 목표 지향적 의미를 함께 내포하고 있다.

Full수록 기출문제집은 평가원 기출을 가장 잘 분석하여 30일 내 수능기출을 완벽 마스터하도록 구성하였다.

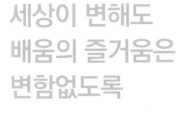

세상이 변해도
배움의 즐거움은
변함없도록

시대는 빠르게 변해도
배움의 즐거움은
변함없어야 하기에

어제의 비상은
남다른 교재부터
결이 다른 콘텐츠
전에 없던 교육 플랫폼까지

변함없는 혁신으로
교육 문화 환경의 새로운 전형을
실현해왔습니다.

비상은 오늘, 다시 한번
새로운 교육 문화 환경을 실현하기 위한
또 하나의 혁신을 시작합니다.

오늘의 내가 어제의 나를 초월하고
오늘의 교육이 어제의 교육을 초월하여
배움의 즐거움을 지속하는 혁신,

바로, 메타인지 기반 완전 학습을.

상상을 실현하는 교육 문화 기업 비상

메타인지 기반 완전 학습
초월을 뜻하는 meta와 생각을 뜻하는 인지가 결합한 메타인지는
자신이 알고 모르는 것을 스스로 구분하고 학습계획을 세우도록 하는
궁극의 학습 능력입니다. 비상의 메타인지 기반 완전 학습 시스템은
잠들어 있는 메타인지를 깨워 공부를 100% 내 것으로 만들도록 합니다.

3 핵심 개념별로 구성한 기출 문제

✓ 개념별 문제 구성을 통한 효율적인 학습 가능

4 개념과 연계성이 강화된 해설

✓ 문제 풀이 및 문제에 연계된 개념 재확인

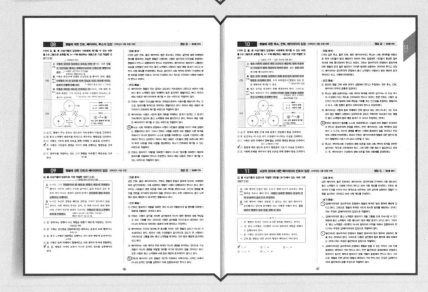

마무리 정답률 낮은 문제 반복 제시

부록 실전모의고사 3회

풀 수 록 1 등 급 · 풀 수 록 수 능 만 점

일차별 학습 계획

제안하는 학습 계획 801제 27일 완성

나의 학습 계획 801제 (　　)일 완성

한눈에 정리하는
평가원 기출 경향

주제 / 학년도	2025	2024	2023

빈출

윤리학의 구분
[1일차]

2025 — 수능 1번

36. (가), (나) 윤리학의 핵심 과제로 가장 적절한 것은?

(가) 윤리학은 '좋음', '옳음'과 같은 도덕적 용어들의 의미 분석과 도덕적 추론의 타당성을 검증하기 위한 논리적 분석에 주된 관심을 둔다.
(나) 윤리학은 도덕 이론과 원리를 적용하여, 우리 삶의 다양한 영역에서 발생하는 윤리적 문제들에 대한 해결 방안을 제공하는 데 주된 관심을 둔다.

① (가): 다양한 문화권의 관행을 가치중립적으로 서술하는 것이다.
② (가): 마땅히 추구해야 할 바람직한 삶의 목적을 제공하는 것이다.
③ (나): 도덕 이론에 사용되는 명제의 논리적 구조를 검토하는 것이다.
④ (나): 현실의 도덕 문제에 대한 구체적 해법을 모색하는 것이다.
⑤ (가)와 (나): 모든 사람에게 보편타당한 도덕규범을 제시하는 것이다.

2024 — 수능 1번

3. (가), (나) 윤리학의 핵심 과제로 가장 적절한 것은?

(가) 윤리학은 도덕적 행위를 정당화하는 규범적 근거를 탐구하고, 마땅히 행해야 할 행위의 객관적인 도덕 원리를 제시하는 데 주력해야 한다.
(나) 윤리학은 규범적 속성의 존재론적·인식론적 지위를 탐구하고, 도덕적 용어의 의미를 분석하며, 도덕 추론의 규칙을 검토하는 데 주력해야 한다.

① (가): 도덕적 삶의 지침이 되는 보편적 원리를 제시하는 것이다.
② (가): 도덕 현상 간의 인과 관계를 가치중립적으로 설명하는 것이다.
③ (나): 학제적 연구 방법으로 실생활의 도덕 문제를 해결하는 것이다.
④ (나): 각 사회의 다양한 도덕적 관습을 객관적으로 기술하는 것이다.
⑤ (가)와 (나): 도덕 언어의 의미와 도덕 추론의 구조를 분석하는 것이다.

2023 — 수능 1번

6. ⊙에 들어갈 진술로 가장 적절한 것은?

나는 윤리학이란 도덕 이론에 근거하여 우리가 당면한 실질적인 도덕 문제를 해결하는 것을 목표로 삼아야 한다고 생각한다. 그런데 어떤 사람은 사회에서 통용되고 있는 도덕 현상을 과학적으로 설명하는 것을 윤리학의 목표로 삼아야 한다고 주장한다. 나는 이러한 주장이   ⊙   고 생각한다.

① 도덕적 담론의 논증 구조에 대한 논리적 분석을 강조한다
② 도덕 판단의 표준에 대한 체계적인 이론의 정립을 강조한다
③ 도덕적으로 바람직한 삶의 이상에 대한 규범적 탐구를 간과한다
④ 도덕적 딜레마 해결을 위해 타 학문과의 학제적 연구를 강조한다
⑤ 도덕규범이 형성된 인과 관계에 대한 경험적인 탐구를 간과한다

동양 윤리의 접근
[2일차]

2025 — 수능 11번

24. 갑, 을 사상가들의 입장으로 적절하지 않은 것은?

갑: 뜻을 얻으면 백성과 함께 그 도(道)를 행하고, 뜻을 얻지 못하면 홀로 그 도를 행한다. 부귀가 마음을 어지럽히지 못하고, 빈천이 행위를 바꾸지 못하며, 위세와 무력이 지조를 꺾지 못한다. 이러한 사람을 대장부라 한다.
을: 예(禮)라는 것은 진실하고 신실한 마음이 얇아진 결과이며 혼란의 원인이다. 섣부르게 내다보는 것은 도가 꾸며진 것이자 어리석음의 단초이다. 그러니 대장부는 중후함에 처하며 얄팍한 곳에 거하지 않는다.

① 갑: 수오(羞惡)의 마음은 의로운 행위를 꾸준히 실천해야 생겨난다.
② 갑: 오륜(五倫)의 참된 실천은 반드시 수기(修己)가 바탕이 되어야 한다.
③ 을: 이상적인 정치는 스스로 그러함(自然)의 원리에 어긋나지 않는다.
④ 을: 성인(聖人)의 도를 본받아 겸허하고 다툼 없는 덕을 지녀야 한다.
⑤ 갑과 을: 도를 따르는 사람은 곧 본성을 따르는 사람이라 할 수 있다.

2024 — 수능 6번

3. 갑, 을 사상가들의 입장으로 가장 적절한 것은? [3점]

갑: 사람의 본성에 어찌 인의(仁義)의 마음이 없겠는가? 그런데도 그 양심을 잃어버리는 이유는 마치 도끼로 산의 나무를 아침마다 베는 것처럼 스스로 양심의 싹을 자르기 때문이다. 양심을 보존하지 못하면 금수(禽獸)와 같아진다.
을: 괴로움이 생겨나는 것은 마치 사람이 나무를 심어 물을 때맞춰 주고 온도를 유지해 주면, 이 인연(因緣)으로 나무가 자라나는 것과 같다. 이러한 얽매임에 집착하면 애욕(愛慾)과 함께 생로병사(生老病死)의 괴로움이 일어난다.

① 갑: 나쁜 환경에 처한 사람은 반드시 자신의 본성을 잃게 된다.
② 갑: 다른 사람을 편안하게 한 후에야 비로소 자기 수양이 가능하다.
③ 을: 탐욕으로 생긴 번뇌는 깨달음을 얻더라도 소멸될 수 없다.
④ 을: 나와 남이 둘이 아니라는 자각에서 만물에 대한 사랑이 생긴다.
⑤ 갑과 을: 인륜의 규범에서 벗어나야 이상적 인간이 될 수 있다.

2023 — 수능 2번

7. 갑, 을 사상가들의 입장으로 가장 적절한 것은? [3점]

갑: 성인(聖人)의 은혜가 만세에 베풀어져도 사람에게 특별히 치우치지 않는다. 친함이 있으면 어진 자가 아니며, 명성을 추구하여 참된 자기를 잃으면 선비가 아니다.
을: 이것이 있기 때문에 저것이 있고, 이것이 일어나기 때문에 저것이 일어난다. 이 법(法)은 내가 만든 것도 아니고 다른 사람이 만든 것도 아니다.

① 갑: 자신을 구속하는 일체의 것을 잊어버리고 자유롭게 살아야 한다.
② 갑: 사욕(私慾)을 극복하고 예로 돌아가는 삶을 지향해야 한다.
③ 을: 바른 수행으로 만물이 서로 독립하여 존재함을 깨달아야 한다.
④ 을: 연기법에 대한 자각을 통해 변하지 않는 자아를 깨달아야 한다.
⑤ 갑과 을: 하늘이 부여한 순선한 본성을 따르는 삶을 살아가야 한다.

빈출

서양 윤리의 접근
[3일차]

2025 — 수능 17번

32. 다음 사상가의 관점에서 〈문제 상황〉 속 A에게 제시할 조언으로 가장 적절한 것은? [3점]

그 자체로 높이 평가해야 할, 더 이상의 의도가 없는 선의지라는 개념은 이미 자연적인 건전한 지성에 내재해 있고, 가르칠 필요는 없으며 오히려 단지 계발될 필요만 있는 것이다.

〈문제 상황〉
A는 좋아하는 게임 아이템을 구입하고 싶지만 용돈이 부족하다. A는 갚지 못할 줄을 알면서도 친구에게 "꼭 갚을게!"라고 약속하고 돈을 빌려야 할지 고민하고 있다.

① 약속을 어긴 사람은 목적으로 대우받아서는 안 됨을 명심하세요.
② 약속 준수의 의무는 자기 행복에 대한 열망에 근거함을 명심하세요.
③ 거짓 약속은 친구의 인격을 존중하는 것이 아님을 유념하세요.
④ 약속은 친구와의 돈독한 정서적 유대를 위해 지켜야 함을 유념하세요.
⑤ 친구에게 무례하다면 거짓 약속도 도덕적으로 정당화됨을 유념하세요.

2024 — 수능 2번

3. 다음을 주장한 사상가의 입장에서 〈문제 상황〉 속 A에게 제시할 조언으로 가장 적절한 것은? [3점]

모든 쾌락은 질적으로 동일하며 양적으로 측정할 수 있다. 쾌락의 가치를 측정할 때에는 강도와 지속성 등 여섯 가지 기준 외에 쾌락과 고통에 의해 영향을 받는 사람의 수를 참작해야 한다.

〈문제 상황〉
부모님께 용돈을 받은 학생 A는 게임 아이템을 구매하려 하고 있다. 이때 구호 단체에서 온 기부 권고 문자를 보고, 게임 아이템을 구매하는 대신 기부를 해야 할지 고민 중이다.

① 기부 행위가 자연법의 제1원리에 부합하는지를 판단해 보세요.
② 선의지에서 비롯된 기부 행위여야 도덕적 행위임을 명심하세요.
③ 유덕한 행위자가 행할 만한 것을 그 결과에 상관없이 행하세요.
④ 기부 행위가 산출할 쾌락의 양을 쾌락 계산법에 따라 계산해 보세요.
⑤ 쾌락의 양뿐만 아니라 질적 차이까지 고려하여 기부 여부를 정하세요.

2023 — 수능 4번

6. 다음을 주장한 사상가의 입장에서 〈문제 상황〉 속 A에게 제시할 조언으로 적절한 것만을 〈보기〉에서 있는 대로 고른 것은? [3점]

도덕적 덕은 대상에 있어서의 중간이 아니라 우리와의 관계에서 성립하는 중용에 의존한다. 중용은 두 악덕, 즉 지나침에 따른 악덕과 모자람에 따른 악덕 사이의 중용이다.

〈문제 상황〉
인성교육 전문가인 A는 아동을 바른 품성을 지닌 사람으로 기르고자 한다. 이를 위해 A는 인성교육 프로그램을 어떤 방향과 내용으로 개발해야 할지 고민 중이다.

〈보기〉
ㄱ. 아동이 인간의 고유한 본성을 실현할 수 있도록 개발하세요.
ㄴ. 아동이 습관화를 통해 도덕적 품성을 함양하도록 개발하세요.
ㄷ. 아동이 행복은 곧 올고 그름에 관한 앎임을 알도록 개발하세요.
ㄹ. 아동이 어떠한 상황에서도 두려움의 감정을 갖지 않는 용기 있는 사람이 되도록 개발하세요.

① ㄱ, ㄴ   ② ㄱ, ㄷ   ③ ㄷ, ㄹ
④ ㄱ, ㄴ, ㄹ   ⑤ ㄴ, ㄷ, ㄹ

2022 ~ 2019

9. ㉠에 들어갈 진술로 가장 적절한 것은?

나는 윤리학이 "도덕 문제를 어떻게 해결할 것인가?"를 탐구하는 학문이라고 생각한다. 즉, 윤리학은 과학 기술의 발달과 사회·문화적 변화로 발생하는 실질적인 도덕 문제의 해결을 궁극적인 목적으로 삼아야 한다. 그런데 일부 윤리학자들은 윤리학에서 사용되고 있는 도덕적 언어의 의미를 명확하게 해명하는 일을 윤리학의 본질이라고 주장한다. 나는 이러한 주장을 [㉠   ]고 생각한다.

① 윤리학의 학문적 성립 가능성에 대한 탐구를 간과한다
② 도덕 판단의 근거가 되는 규범 체계의 필요성을 강조한다
③ 현실의 도덕 문제에 윤리 이론을 응용해야 함을 간과한다
④ 도덕 현상에 대한 객관적 서술에만 인과 관계의 설명을 강조한다
⑤ 도덕 추론의 논리적 분석이 윤리학의 핵심 과제임을 간과한다

11. ㉠에 들어갈 진술로 가장 적절한 것은?

나는 윤리학이 행위의 근거가 되는 도덕적 원리를 탐구하기보다는 도덕적 논의에 사용되는 용어의 의미를 밝히고 추론의 규칙을 분석해야 한다고 생각한다. 그런데 어떤 사람은 윤리학이 사회·문화적 변화와 과학 기술의 발달로 인해 발생하는 구체적 윤리 문제에 대한 해결책 탐구에 주력해야 한다고 주장한다. 나는 이러한 주장을 [㉠   ]고 생각한다.

① 도덕 문제 탐구에 사회·자연 과학적 지식이 필요함을 간과한다
② 도덕 문제 해결보다 도덕 논증의 타당성 분석이 중요함을 간과한다
③ 도덕 현상은 과학적으로 기술해야 할 사실의 집합이 아님을 간과한다
④ 도덕 문제 해결에는 행위의 선악을 판단하는 도덕 원리가 필요함을 간과한다
⑤ 도덕 이론의 연구만으로는 삶의 구체적 문제 해결에 한계가 있음을 간과한다

14. 갑, 을의 입장으로 가장 적절한 것은?

갑: 윤리학은 윤리 이론의 탐구보다는 실제 삶에서 만나는 도덕 문제의 해결을 목표로 삼아야 한다. 이를 위해 도덕 이론의 도움을 받을 뿐 아니라 생명공학, 법학 등의 자연과학 및 사회 과학 지식을 적극 활용해야 한다.
을: 윤리학은 개인의 생활 그리고 사회의 구조와 기능 속에 존재하는 도덕 현상을 과학적으로 탐구하는 것을 목표로 삼아야 한다. 즉 사람들이 따랐거나 따르고 있는 윤리가 무엇인지 기술하고 설명해야 한다.

① 갑: 윤리학은 도덕 관행의 발생 과정을 인과적으로 서술해야 한다.
② 갑: 윤리학은 구체적 삶의 도덕적 딜레마 해결을 중시해야 한다.
③ 을: 윤리학은 당위의 관점에서 이상적 덕이 무엇인지 모색해야 한다.
④ 을: 윤리학은 도덕 문제에 응용되는 보편적 도덕 원리를 정립해야 한다.
⑤ 갑, 을: 윤리학은 도덕 언어의 의미 분석을 탐구 목적으로 삼아야 한다.

32. (가), (나)의 입장으로 가장 적절한 것은?

(가) 윤리학은 "인간이 지향해야 할 삶의 가치는 무엇인가?"를 탐구 주제로 삼아 바람직한 삶의 이상을 제안하며 올바른 판단과 행위의 근거인 보편적 도덕 원리를 정립해야 한다.
(나) 윤리학은 "실생활의 도덕적 문제를 어떻게 해결할 것인가?"를 탐구 주제로 삼아 환경오염, 연명 치료 중단, 사형 제도 등과 같은 현안에 대한 규범적 해결책을 제시해야 한다.

① (가): 윤리학은 도덕 언어의 의미 분석을 핵심 과제로 삼는다.
② (가): 윤리학은 도덕적 관습의 실태 조사를 핵심 과제로 삼는다.
③ (나): 윤리학은 윤리학의 학문적 성립 가능성 검증을 핵심 과제로 삼는다.
④ (나): 윤리학은 현실 문제에 대한 도덕 원리의 적용을 핵심 과제로 삼는다.
⑤ (가), (나): 윤리학은 가치 판단을 배제한 결론 도출을 핵심 과제로 삼는다.

10. 갑, 을 사상가들의 입장으로 가장 적절한 것은? [3점]

갑: 이름을 바로잡는 것[正名]이 정치의 시작이다. 이름이 제대로 서지 않으니 예악이 흥성하지 않고, 예악이 흥성하지 않으니 형벌이 제멋대로 된다.
을: 도(道)는 자연스러움을 본받는다. 인위적인 것을 강제해서는 안 된다. 내버려두면 백성들이 스스로 잘 살게 되고 세상도 잘 돌아간다.

① 갑: 인간이 제정한 규범에서 벗어나 무위(無爲)를 추구해야 한다.
② 갑: 내가 하기 싫은 일을 남에게 시키지 않는 서(恕)를 행해야 한다.
③ 을: 자신의 직분과 지위에 걸맞는 예법을 충실히 따라야 한다.
④ 을: 시비선악(是非善惡)을 구분하여 질서를 바로 세워야 한다.
⑤ 갑, 을: 인(仁)의 시작은 모든 사람에 대한 차별 없는 사랑이다.

13. 다음 사상이 강조하는 윤리적 성찰의 방법으로 가장 적절한 것은?

[3점]

요즘 중생은 자신에 대한 집착과 망상에 빠져 자기 본성이 참된 진리 그 자체임을 모르고, 마음 밖에서 그 진리를 찾아 여기저기 헤맨다. 만약 한 생각이 나온 곳으로 빛을 돌이켜 자기 본성을 비춰 보면, 이 본성은 원래 번뇌가 없는 완전한 지혜로, 마음에 본래부터 갖추어져 있어서 부처와 조금도 다르지 않다.

① 내 마음의 참된 진리를 깨닫기 위해 참선(參禪)해야 한다.
② 모든 분별적 생각에서 벗어나기 위해 좌망(坐忘)해야 한다.
③ 하늘이 부여한 선한 본성을 보존하기 위해 거경(居敬)해야 한다.
④ 언제 어디서나 인간의 도리에 어긋나지 않게 신독(愼獨)해야 한다.
⑤ 도(道)에 따라 만물을 평등하게 바라보기 위해 심재(心齋)해야 한다.

9. 다음을 주장한 사상가의 입장에서 〈문제 상황〉 속 A에게 제시할 조언으로 가장 적절한 것은?

행위가 옳은지 그른지를 알기 위해서는 그 행위의 결과가 어떠한지를 알아야 한다. 유용성의 원리는 선택의 상황에서 개별 행위에 직접적으로 적용된다. 옳은 행위란 다른 어떤 가능한 행위보다 더 큰 유용성을 갖는 행위이다.

─〈 문제 상황 〉─

자율 주행 자동차를 설계하고 있는 엔지니어 A는 위 그림과 같이 자율 주행 자동차가 고속 주행 중 제동을 시도해도 보행자와의 충돌이 불가피한 경우, 어떻게 주행하도록 설계해야 할지 고민하고 있다.

① 그 자체로 선한 의지를 반영하여 주행하도록 설계하세요.
② 탑승자와 보행자의 고통의 총합을 최소화하도록 주행하도록 설계하세요.
③ 탑승자의 안전을 최우선으로 고려하여 주행하도록 설계하세요.
④ 보행자의 인격을 수단이 아닌 목적으로 대우하도록 설계하세요.
⑤ 사회적 관습에 내재한 선에 따라 상황에 대처하도록 설계하세요.

13. 갑 사상가가 을 사상가에게 제기할 수 있는 비판으로 가장 적절한 것은? [3점]

갑: '나는 무엇을 해야만 하는가?'라는 물음에 앞서 '나는 어떤 이야기 또는 이야기들의 부분인가?'라는 물음에 답해야 한다. 나의 삶의 역사는 공동체의 역사 속에 있고, 나의 도덕적 정체성은 공동체 구성원의 자격 속에서 발견된다.
을: '나는 무엇을 해야만 하는가?'라는 물음에 대한 적절한 대답은 공리의 원리를 따르는 것이라고 하겠다. 이 원리는 고통과 쾌락의 양을 계산하여, 구성원들의 이익 총합으로서의 공동체 이익을 증진시키도록 행위할 것을 요구한다.

① 행위자의 품성보다 행위의 유용성이 중요함을 간과한다.
② 보편적 도덕 원리를 행위의 기준으로 삼아야 함을 간과한다.
③ 공동체가 개인의 단순한 집합체로 간주될 수 없음을 간과한다.
④ 개인이 다른 사람의 행복을 고려하여 행위해야 함을 간과한다.
⑤ 도덕 판단에서 역사적 특수성보다 행위 결과를 고려해야 함을 간과한다.

기출 선지로 짚어 주는 **핵심 내용**

현대의 삶과 실천 윤리

1 윤리학의 구분

1 규범 윤리학

(1) 특징

① 도덕 판단을 위한 도덕규범의 필요성을 중시한다.

② 인간의 도덕적 삶을 안내하는 데 도움을 주는 역할을 한다.

③ 어떻게 행동해야 하는가에 대한 규범적 원리를 정립해야 한다.

(2) 종류

구분	이론 윤리학	실천 윤리학
기본 입장	• 의무, 공리, 덕성 등의 이론적 근거를 통해 도덕성의 기초를 정립한다. • 도덕적 규범들의 체계를 구축하고 정당화하고자 한다. • 도덕 법칙의 정당화와 이론적 분석을 중시한다. • 행위의 옳고 그름을 구분하는 도덕 법칙을 제시한다. • 도덕의 규범적 근거로서 객관적인 도덕 원리를 정립해야 한다.	• 도덕 이론의 정립보다 도덕적 딜레마의 해결을 강조한다. • 보편적 도덕 원리를 현실의 개별 상황에 적용해야 한다. **더 보기1** • 윤리학과 인접 학문들의 학제적인 연계를 중시한다. 기억해 • 기후 변화 등 새로운 쟁점에 대한 윤리적 해법을 모색한다. • 현실의 윤리 문제 해결을 위해 이론 윤리학을 필요로 한다.
관계	• 실천 윤리학은 이론적 타당성 검토를 위해 이론 윤리학의 지식을 활용할 수 있다. • 규범 윤리학은 이론과 도덕적 실천의 유기적 연관성을 강조한다. 기억해	

2 메타 윤리학과 기술 윤리학

메타 윤리학	• 윤리학이 학문적으로 성립 가능한지 검증하고자 한다. • '옳다', '유덕하다' 같은 도덕적 술어의 의미를 검증한다. • 언어 분석을 통해 윤리적 딜레마를 해소해야 함을 강조한다. • 도덕적 명제의 논리 구조와 의미 분석이 탐구 목적이다. • 도덕 이론의 적용보다 도덕 언어의 분석이 중요하다. • 도덕 언어의 의미와 도덕 추론의 타당성을 검증해야 한다. • 사실 명제로부터 당위 명제가 연역 가능한지 탐구한다.
기술 윤리학	• 도덕적 관습의 실태 조사를 핵심 과제로 삼는다. → 도덕 현상에 대한 경험 과학적인 접근을 강조한다. • 도덕 현상을 기술할 때 문화적 특성을 고려해야 한다. • 도덕적 관행을 가치와 무관한 문화적 사실로 볼 것을 강조한다. • 윤리학의 핵심 과제는 도덕적 관행에 대한 인과적 서술이다. • 도덕 관습에 대한 객관적 기술을 주된 목적으로 한다. **더 보기2** • 다양한 문화권을 탐방하여 각국의 실천적 관습을 조사해야 한다. • 각 시대의 다양한 도덕률을 과학적으로 서술해야 함을 강조한다. • 도덕적 신념과 관습은 사실들의 집합으로 간주해야 한다.

▶ **기/출/표/현 더 보기**

1 [21 모평] 보편적 도덕 원리를 현실의 개별 상황에 적용해야 한다.

= 윤리학은 현실 문제에 대한 도덕 원리의 적용을 핵심 과제로 삼는다.

= 현대 사회의 실천적 문제에 대한 윤리적 해결 방안을 모색한다.

= 도덕규범의 현실적인 적용과 구체적인 대안의 실천을 강조한다.

= 도덕 원리를 적용해 실생활의 윤리 문제를 해결해야 한다.

= 도덕 원리를 응용하여 실천적 도덕 문제를 해결해야 한다.

2 [20 모평] 윤리학은 도덕 관습에 대한 객관적 기술을 주된 목적으로 한다.

= 윤리적 관습에 대한 객관적 조사 및 서술을 중시한다.

= 도덕적 풍습을 있는 그대로 기술하는 것이 중요함을 강조한다.

= 특정 문화권의 도덕 현상을 가치 평가 없이 설명하려 한다.

= 각 사회의 도덕 현상에 대한 객관적 기술을 강조한다.

= 사회 규범을 조사하여 객관적으로 기술하는 것이다.

2 윤리 문제에 대한 동양 윤리의 접근 모아 보기

1 유교 윤리

(1) 특징

도덕적 인격 완성 중시	• 인간에 대한 사랑인 인(仁)을 실천해야 한다. • 서(恕)의 정신으로 상대방의 입장을 헤아려 행동해야 한다. • 사사로운 욕심을 극복하여 예(禮)를 실현하는 삶을 추구한다.
도덕적 공동체 추구	• 수기(修己)를 통해 치인(治人)을 실현해야 한다. • 개인적 이익보다 공동체에 대한 책임을 우선시하였다. • 백성과 더불어 즐거움을 나누는 정치를 이상으로 여겼다. • 유능한 인재가 선발되는 도덕 공동체를 지향해야 한다.

(2) 수양법

① 하늘이 부여한 선한 본성을 보존하기 위해 거경(居敬)해야 한다.

② 신독(慎獨)으로 몸가짐을 바로 하고 언행을 삼간다.

③ 학문과 수양을 통해 대의명분을 구현하고자 하였다.

2 불교 윤리

(1) 특징

연기적 세계관 강조	• 자타(自他)를 한몸으로 여겨야 한다. • 나와 남을 구분하지 않는 사랑[慈悲]을 실천하는 삶을 추구한다. • 자연 만물의 연기성(緣起性)을 깨달아 자비로운 삶을 추구한다. • 만물의 상호 의존성을 깨달아 열반(涅槃)을 지향한다.
깨달음의 실천 강조	• 해탈에 이르기 위한 바라밀의 실천을 중시한다. • 연기를 깨닫고 대중을 구제하는 삶을 지향해야 한다. • 지혜를 갖추고 자비를 베풀어 중생(衆生)을 제도해야 한다.

(2) 수양법

① 일체의 탐욕과 집착을 버려야 한다.

② 세상 만물에는 고정된 실체가 없음을 깨달아야 한다.

③ 내 마음의 참된 진리를 깨닫기 위해 참선(參禪)해야 한다.

④ 탐욕, 성냄, 어리석음의 삼독(三毒)을 제거해야 한다.

3 도가 윤리

(1) 특징

자연스럽고 소박한 삶 강조	• 자연의 흐름과 하나가 되어야 한다. • 인위에서 벗어나 자연의 도(道)를 추구한다. • 욕심을 버리고 도(道)에 따르는 소박한 삶을 살아간다. • 인위적인 통치가 없는 소박한 사회를 지향해야 한다. • 노자의 무위자연(無爲自然): 물과 같은 겸허(謙虛)와 부쟁(不爭)의 삶을 지향 한다. → 상선약수(上善若水)의 도를 따라야 한다.
평등적 세계관 제시	장자의 제물(齊物): 세상 만물을 차별하지 않고 한결같이 보아야 한다.

(2) 수양법(장자)

① 모든 분별적 생각에서 벗어나기 위해 좌망(坐忘)해야 한다.

② 도에 따라 만물을 평등하게 바라보기 위해 심재(心齋)해야 한다.

▶기/출/선/지 모아 보기

22학년도 모평 2번

(가) 이것이 있기 때문에 저것이 있고, 이것이 생기기 때문에 저것이 생긴다. 이것이 없기 때문에 저것이 없고, 이것이 사라지기 때문에 저것이 사라진다. 이를 연기(緣起)라 한다.

(나) 인위적인 것을 멀리하고 분별적 지혜를 버리면 백성의 이익이 백배가 된다. 인(仁)을 끊고 의(義)를 버리면 백성이 다시 효도하고 자애로워진다.

* (가)는 불교, (나)는 도가임.

ㄱ. (가): 고정불변의 실체가 있음 없음을 깨달아야 한다.

ㄴ. (가): 연기의 법칙을 깨달아 자비를 실천해야 한다.

ㄷ. (나): 인위에 얽매이지 않고 도(道)에 따라야 한다.

ㄹ. (가), (나) 유교: 인의(仁義)를 통해 도덕적 삶을 추구해야 한다.

22 모평 ㄷ. (도가) 인위적인 통치가 없는 소박한 사회를 지향해야 한다.

21 모평 ① (불교) 내 마음의 참된 진리를 깨닫기 위해 참선(參禪)해야 한다.

21 모평 ⑤ (도가) 예법에 집착하지 말고 자연의 흐름에 따라 살아야 하는가? 한다.

3 윤리 문제에 대한 서양 윤리의 접근

1 의무론

(1) 아퀴나스의 자연법 윤리

① 선을 추구하고 악을 피하라는 자연법에 따라야 한다.

② 자연의 질서를 따르는 행위는 옳고 그것을 어기는 행위는 그르다.

③ 인간이 갖는 자기 보존의 자연적 성향을 고려하여 판단한다.

(2) 칸트 윤리

보편화 가능성 강조	• 보편적 입법의 원리에 따라 항상 진실만을 말해야 한다.
	• 언제 어디서나 적용될 수 있는 정언 명령에 따라 행동한다.
	• 동정심이 아닌 누구나 동의 가능한 합리적 판단에 따라 행동해야 한다.
의무 의식 강조	• 실천 이성이 스스로에게 부과한 도덕 법칙을 따라야 한다.
	• 선의지에서 비롯된 의무 의식을 따라야 한다.
	• 자신의 감정이 아니라 보편적 도덕 법칙에 따라 행위해야 한다. **더 보기1**
선한 동기 중시	• 결과보다 행위 자체의 도덕성에 주목한다. → 좋은 결과를 산출한 행위도 옳지 않은 행위일 수 있다.
	• 규칙은 결과가 아닌 그 자체로 도덕적 타당성을 지녀야 한다.
	• 행위 결과를 고려하지 말고 오직 의무 의식에 따라 행동해야 한다.

2 공리주의

특징	• 도덕 판단의 기준은 행위의 동기가 아닌 결과이다. → 행위의 옳고 그름을 판단하는 척도는 결과의 유용성이다.
	• 고통의 회피와 쾌락의 추구가 인간 고유의 성향이다.
	• 유용성의 증대를 도덕 판단을 위한 일반 원리로 본다.
	• 최대 다수의 최대 행복이라는 도덕 원리를 고려하여 판단해야 한다. **더 보기2**
	• 벤담(양적 공리주의): 쾌락과 고통의 총량은 계산 가능하다.
	• 밀(질적 공리주의): 쾌락의 양뿐만 아니라 질적 차이도 고려해야 한다.
구분	**규칙 공리주의**
	행위 공리주의

구분		
규칙 공리주의	• 공리의 원리를 개별 행위가 아니라 규칙에 적용해야 한다.
	• 공리를 극대화할 가능성이 가장 큰 규칙에 따라야 한다.
행위 공리주의	유용성의 원리는 행위 규칙이 아니라 개별 행위에 적용된다.

3 현대 덕 윤리

(1) 공동체 강조

① 개인은 독립적 존재가 아닌 관계적 존재이다.

② 개인은 공동체의 역사를 공유하는 존재이다.

③ 개인은 공동체의 삶 속에서 정체성을 형성한다.

(2) 유덕한 품성 강조

① 도덕 행위자 내면의 도덕성과 인성이 중요하다.

② 행위가 아니라 행위자의 성품에 비추어 도덕성을 평가해야 한다. 기억해

③ 사회 구성원에게 요구되는 바람직한 품성에 따라서 행동해야 한다.

④ 덕은 사회적 실천을 통해 선을 이루는 데 필요한 성품이다.

(3) 구체적 맥락 중시

① 보편적인 도덕적 원리보다 구체적 상황을 고려하여 행위해야 한다.

② 도덕은 사회적·역사적 맥락 속에서 도출되어야 한다.

③ 자유로운 선택을 위해 구체적 맥락을 강조한다.

▶ **기/출/표/현 더 보기**

1 [20 모평] **자신의 감정이 아니라 보편적 도덕 법칙에 따라 행위해야 한다.**

= 도덕적 감정을 배제하고 이성의 명령에 입각하여 행위해야 한다.

= 자연적 감정보다는 도덕적 의무 의식에 따라 도와주어야 한다.

= 구체적 상황과 관계없이 절대적 도덕 원리에 따라 행위해야 한다.

2 [19 모평] **최대 다수의 최대 행복이라는 도덕 원리를 고려하여 판단해야 한다.**

= 이해 당사자들의 쾌락을 최대화하도록 행동해야 한다.

= 윤리적 의사 결정을 할 때 유용성의 원리를 적용해야 한다.

= 더 많은 유용성을 산출할 수 있는 행위가 무엇인지 따져 보아야 한다.

= 더 많은 사회적 유용성의 산출 여부를 고려해 선택해야 한다.

= 어떤 선택이 더 많은 사회적 효용을 낳을지 고려하여 행동해야 한다.

01 대표 문제

(가), (나) 윤리학의 핵심 과제로 가장 적절한 것은?

(가) 윤리학은 '옳다', '그르다'와 같은 규범적 판단의 근거를 마련하고 바람직한 삶의 이상과 마땅히 해야 할 의무를 규정하는 도덕 이론을 제시해야 한다.

(나) 윤리학은 '옳다', '그르다'와 같은 도덕적 언어의 의미와 용법을 분석하고 도덕적 논증에 적용되는 추론의 규칙과 인식의 방법을 검토해야 한다.

① (가): 도덕 명제의 추론 가능성과 논증의 타당성을 분석하는 것이다.
② (가): 도덕 규범과 의무의 근거가 되는 보편적 원리를 정립하는 것이다.
③ (나): 사회의 관습과 규범을 관찰하여 객관적으로 기술하는 것이다.
④ (나): 현실의 도덕 문제 해결을 위한 구체적 방안을 제시하는 것이다.
⑤ (가)와 (나): 도덕 현상의 인과 관계를 경험과학적으로 설명하는 것이다.

02

(가), (나) 윤리학의 핵심 과제로 가장 적절한 것은?

(가) 윤리학은 특정 사회에서 개인의 생활과 사회의 구조 속에 존재하는 도덕 현상을 경험 과학적으로 탐구하고 설명하는 것을 강조한다.

(나) 윤리학은 도덕적 관행을 평가할 수 있는 보편적 도덕 원리를 구축하고, 이를 바탕으로 이상적인 도덕규범의 체계를 정립하는 것을 강조한다.

① (가): 현실의 구체적 윤리 문제에 대한 실천 지침을 제공하는 것이다.
② (가): 각 문화권의 도덕 현상을 조사하고 객관적으로 기술하는 것이다.
③ (나): 도덕적 담론에서 사용되는 용어의 의미를 분석하는 것이다.
④ (나): 도덕의 기원과 발달에 관한 인과적 설명을 제시하는 것이다.
⑤ (가)와 (나): 도덕적 추론과 합리적 논증의 구조를 탐구하는 것이다.

03

(가), (나) 윤리학의 핵심 과제로 가장 적절한 것은?

(가) 윤리학은 도덕적 행위를 정당화하는 규범적 근거를 탐구하고, 마땅히 행해야 할 행위의 객관적인 도덕 원리를 제시하는 데 주력해야 한다.

(나) 윤리학은 규범적 속성의 존재론적·인식론적 지위를 탐구하고, 도덕적 용어의 의미를 분석하며, 도덕 추론의 규칙을 검토하는 데 주력해야 한다.

① (가): 도덕적 삶의 지침이 되는 보편적 원리를 제시하는 것이다.
② (가): 도덕 현상 간의 인과 관계를 가치중립적으로 설명하는 것이다.
③ (나): 학제적 연구 방법으로 실생활의 도덕 문제를 해결하는 것이다.
④ (나): 각 사회의 다양한 도덕적 관습을 객관적으로 기술하는 것이다.
⑤ (가)와 (나): 도덕 언어의 의미와 도덕 추론의 구조를 분석하는 것이다.

04

(가), (나) 윤리학의 핵심 과제로 가장 적절한 것은?

(가) 윤리학은 '옳다', '그르다'와 같은 도덕적 용어의 의미를 분석하고 도덕 판단이 정당화될 수 있는 추론의 규칙을 검토하는 데 주력해야 한다.

(나) 윤리학은 인공 임신 중절, 소수 집단 우대 정책 등과 같은 우리 삶의 다양한 문제에 윤리 이론을 적용하여 실천적인 지침을 제공하는 데 주력해야 한다.

① (가): 도덕 현상을 가치 평가 없이 객관적으로 서술하는 것이다.
② (가): 도덕적 행위의 근거가 되는 도덕 원리를 정립하는 것이다.
③ (나): 윤리학의 학문적 성립 가능성을 논리적으로 탐구하는 것이다.
④ (나): 구체적인 윤리 문제에 대한 해결 방안을 모색하는 것이다.
⑤ (가)와 (나): 보편타당한 도덕규범의 체계를 수립하는 것이다.

05

 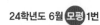

㉠에 들어갈 진술로 가장 적절한 것은?

> 나는 윤리학이 인간의 올바른 삶을 위하여 모든 행위자들에게 적용되는 도덕적 표준이나 규칙을 제시하고 정당화하는 학문이라고 생각한다. 그런데 어떤 사람은 윤리학이 사회의 도덕적 현상을 객관적으로 기술하는 학문이라고 주장한다. 나는 이러한 주장이 [㉠]고 생각한다.

① 도덕적 담론에서 논리적 추론의 타당성 검증을 강조한다
② 도덕적 진술을 구성하는 도덕적 언어의 의미 분석을 강조한다
③ 올바른 행위 지침을 제공하는 규범적 탐구의 중요성을 간과한다
④ 윤리학의 학문적 성립 가능성에 대한 비판적 검토를 강조한다
⑤ 도덕적 문제의 발생에 대한 인과적 설명의 중요성을 간과한다

07

㉠에 들어갈 진술로 가장 적절한 것은?

> 나는 윤리학이 '옳음', '좋음'의 의미를 분석하기보다 현실의 윤리 문제에 대한 실제적이고 구체적인 해결책을 모색하는 것을 핵심 과제로 삼아야 한다고 생각한다. 그런데 어떤 사람은 윤리학이 도덕 관행에 관한 사실을 과학적으로 탐구하고 설명하는 것을 핵심 과제로 삼아야 한다고 주장한다. 나는 이러한 주장이 [㉠]고 생각한다.

① 도덕 현상을 가치 중립적으로 기술하는 것이 필요함을 간과한다
② 도덕 언어에 함축된 의미 분석이 윤리학의 주된 목적임을 간과한다
③ 도덕 관행의 발생 과정을 객관적으로 설명해야 함을 간과한다
④ 도덕 추론을 위해 어떠한 사실적 지식도 필요하지 않음을 간과한다
⑤ 도덕 문제를 해결하기 위해 실천적 지침을 제공해야 함을 간과한다

06

㉠에 들어갈 진술로 가장 적절한 것은?

> 나는 윤리학이란 도덕 이론에 근거하여 우리가 당면한 실질적인 도덕 문제를 해결하는 것을 목표로 삼아야 한다고 생각한다. 그런데 어떤 사람은 사회에서 통용되고 있는 도덕 현상을 과학적으로 설명하는 것을 윤리학의 목표로 삼아야 한다고 주장한다. 나는 이러한 주장이 [㉠]고 생각한다.

① 도덕적 담론의 논증 구조에 대한 논리적 분석을 강조한다
② 도덕 판단의 표준에 대한 체계적인 이론의 정립을 강조한다
③ 도덕적으로 바람직한 삶의 이상에 대한 규범적 탐구를 간과한다
④ 도덕적 딜레마 해결을 위해 타 학문과의 학제적 연구를 강조한다
⑤ 도덕규범이 형성된 인과 관계에 대한 경험적인 탐구를 간과한다

08

(가), (나) 윤리학의 주된 목표로 가장 적절한 것은?

> (가) 윤리학은 도덕적 논의에서 사용되는 용어의 의미를 분석하고 도덕적 추론의 타당성을 검토하는 것을 근본 과제로 삼는다.
> (나) 윤리학은 도덕 원칙을 실제적인 삶의 문제에 적용하여 구체적인 행위 지침을 제공하는 것을 근본 과제로 삼는다.

① (가): 인간의 바람직한 삶의 방향을 제시하는 것이다.
② (가): 도덕적 현상에 대해 객관적으로 기술하는 것이다.
③ (나): 윤리학이 학문으로 성립할 수 있는지 연구하는 것이다.
④ (나): 현실의 윤리 문제에 대한 실천적 해결 방안을 모색하는 것이다.
⑤ (가), (나): 보편적인 도덕 원칙을 정립하는 것이다.

09

㉠에 들어갈 진술로 가장 적절한 것은?

> 나는 윤리학이 "도덕 문제를 어떻게 해결할 것인가?"를 탐구하는 학문이라고 생각한다. 즉, 윤리학은 과학 기술의 발달과 사회·문화적 변화로 발생하는 실질적인 도덕 문제의 해결을 궁극적인 목적으로 삼아야 한다. 그런데 일부 윤리학자들은 윤리학에서 사용되고 있는 도덕적 언어의 의미를 명확하게 해명하는 일을 윤리학의 본질이라고 주장한다. 나는 이러한 주장이 [㉠   ]고 생각한다.

① 윤리학의 학문적 성립 가능성에 대한 탐구를 간과한다
② 도덕 판단의 근거가 되는 규범 체계의 필요성을 강조한다
③ 현실의 도덕 문제에 윤리 이론을 응용해야 함을 간과한다
④ 도덕 현상에 대한 객관적 서술과 인과 관계의 설명을 강조한다
⑤ 도덕 추론의 논리적 분석이 윤리학의 핵심 과제임을 간과한다

10

22학년도 6월 모평 1번

㉠에 들어갈 진술로 가장 적절한 것은?

> 나는 윤리학이 행위에 대한 규범적 판단을 체계화하고 그 근거를 제시하는 학문이어야 한다고 생각한다. 그런데 어떤 사람은 윤리학이 도덕적 현상들을 있는 그대로 기술하는 학문이어야 한다고 주장한다. 내가 보기에 이러한 주장은 윤리학이 [㉠   ]는 점을 간과하고 있다.

① 도덕적 관습을 실증적으로 연구해야 한다
② 가치 판단을 위해 도덕 이론을 정립해야 한다
③ 하나의 학문으로서 성립 가능한지 검토해야 한다
④ 도덕 언어의 의미 분석을 핵심 과제로 삼아야 한다
⑤ 도덕 추론의 논리적 구조를 밝히는 데 주력해야 한다

11

㉠에 들어갈 진술로 가장 적절한 것은?

> 나는 윤리학이 행위의 근거가 되는 도덕적 원리를 탐구하기보다는 도덕적 논의에서 사용되는 용어의 의미를 밝히고 추론의 규칙을 분석해야 한다고 생각한다. 그런데 어떤 사람은 윤리학이 사회·문화적 변화와 과학 기술의 발달로 인해 발생하는 구체적 윤리 문제에 대한 해결책 탐구에 주력해야 한다고 주장한다. 나는 이러한 주장이 [㉠   ]고 생각한다.

① 도덕 문제 탐구에 사회·자연 과학적 지식이 필요함을 간과한다
② 도덕 문제 해결보다 도덕 논증의 타당성 분석이 중요함을 간과한다
③ 도덕 현상은 과학적으로 기술해야 할 사실의 집합이 아님을 간과한다
④ 도덕 문제 해결에는 행위의 선악을 판단하는 도덕 원리가 필요함을 간과한다
⑤ 도덕 이론의 연구만으로는 삶의 구체적 문제 해결에 한계가 있음을 간과한다

12

21학년도 9월 모평 1번

(가), (나)의 입장으로 가장 적절한 것은?

> (가) 윤리학은 사회 변화와 기술의 발전으로 인해 발생하는 새로운 도덕 문제를 해결하기 위한 구체적 지침을 제공하는 것을 핵심 과제로 삼아야 한다.
> (나) 윤리학은 역사적, 문화적, 인류학적 관점에서 각 문화권의 다양한 도덕적 현상을 조사하고 객관적으로 기술하는 것을 핵심 과제로 삼아야 한다.

① (가): 도덕적 신념과 관습은 사실들의 집합으로 간주해야 한다.
② (가): 보편적 도덕 원리를 현실의 개별 상황에 적용해야 한다.
③ (나): 도덕 규칙이나 평가의 표준이 되는 원리를 정립해야 한다.
④ (나): 도덕 언어의 의미와 도덕 추론의 타당성을 검증해야 한다.
⑤ (가), (나): 절대적이고 객관적인 도덕 규칙의 존재를 인정해야 한다.

13

(가), (나)의 입장으로 가장 적절한 것은?

> (가) 윤리학은 일상생활 속에서 제기되는 생명, 환경 등과 관련된 다양한 도덕적 문제에 도덕 원리를 적용하여 실천적인 지침을 제공하는 것을 주된 목표로 삼아야 한다.
>
> (나) 윤리학은 도덕적 언어, 즉 '좋다', '옳다'와 같은 단어들의 쓰임을 명확하게 규명하고, 도덕적 언어들로 구성된 문장의 의미에 대한 철학적 분석을 주된 목표로 삼아야 한다.

① (가): 윤리학의 핵심 과제는 삶의 구체적인 도덕 문제의 해결이다.
② (가): 윤리학의 핵심 과제는 도덕적 추리와 논증 방법의 연구이다.
③ (나): 윤리학의 핵심 과제는 도덕적 관행에 대한 인과적 서술이다.
④ (나): 윤리학의 핵심 과제는 경험적 연구를 통한 도덕성의 검증이다.
⑤ (가), (나): 윤리학의 핵심 과제는 보편적인 도덕 법칙의 정립이다.

14

갑, 을의 입장으로 가장 적절한 것은?

> 갑: 윤리학은 윤리 이론의 탐구보다는 실제 삶에서 만나는 도덕 문제의 해결을 목표로 삼아야 한다. 이를 위해 도덕 이론의 도움을 받을 뿐 아니라 생명공학, 법학 등의 자연과학 및 사회 과학 지식을 적극 활용해야 한다.
>
> 을: 윤리학은 개인의 생활 그리고 사회의 구조와 기능 속에 존재하는 도덕 현상을 과학적으로 탐구하는 것을 목표로 삼아야 한다. 즉 사람들이 따랐거나 따르고 있는 윤리가 무엇인지 기술하고 설명해야 한다.

① 갑: 윤리학은 도덕 관행의 발생 과정을 인과적으로 서술해야 한다.
② 갑: 윤리학은 구체적 삶의 도덕적 딜레마 해결을 중시해야 한다.
③ 을: 윤리학은 당위의 관점에서 이상적 덕이 무엇인지 모색해야 한다.
④ 을: 윤리학은 도덕 문제에 응용되는 보편적 도덕 원리를 정립해야 한다.
⑤ 갑, 을: 윤리학은 도덕 언어의 의미 분석을 탐구 목적으로 삼아야 한다.

15

㉠에 들어갈 진술로 가장 적절한 것은?

> 윤리학은 실천의 학으로 도덕 이론을 응용하여 실제 삶에서 제기되는 구체적인 도덕 문제의 해결을 궁극적 목표로 삼아야 한다. 그런데 어떤 사람은 윤리학이 실제로 사람들이 따르고 있는 도덕적 관행을 객관적으로 기술하는 것을 목표로 삼아야 한다고 주장한다. 나는 이러한 윤리학이 고 생각한다.

① 도덕 이론과 도덕 문제 간의 유기적 상관성을 강조한다
② 도덕 문제 해결을 위한 도덕 판단의 중요성을 간과한다
③ 도덕적 추론의 논리적 타당성이 갖는 중요성을 강조한다
④ 도덕 이론의 정립보다 도덕적 딜레마의 해결을 강조한다
⑤ 도덕적 관습에 관한 경험적 서술이 갖는 의의를 간과한다

16

(가), (나)의 입장으로 가장 적절한 것은?

> (가) 윤리학은 의무론, 공리주의, 덕 윤리와 같이 인간이 준수해야 할 근본적인 도덕 원리에 대한 이론적 탐구를 주요한 과제로 삼아야 한다.
>
> (나) 윤리학은 생명 윤리, 환경 윤리, 정보 윤리와 같이 시대의 변화에 따라 다양한 영역에서 나타나는 윤리 문제 해결에 우선적으로 관심을 두고 연구해야 한다.

① (가): 윤리학은 도덕 관습에 대한 객관적 기술을 주된 목적으로 한다.
② (가): 윤리학의 학문적 성립 가능성의 탐구가 윤리학의 핵심 목표이다.
③ (나): 윤리적 문제를 해결하기 위해서는 학제적 연구가 필요하다.
④ (나): 윤리적 문제의 해결은 가치를 분별하는 과정과 무관하다.
⑤ (가), (나): 윤리학은 도덕 언어의 의미 분석을 중점 과제로 삼는다.

17

㉠에 들어갈 진술로 가장 적절한 것은?

나는 윤리학이 보편적으로 타당한 도덕원리의 체계를 구성하여 모든 사람에게 적용되는 삶의 지침을 제공하는 데 주력해야 한다고 생각한다. 그런데 어떤 사람들은 윤리학이 도덕적 언어의 의미를 분석하고, 도덕적 신념의 진위를 검증하기 위한 추론의 규칙을 검토하는 데 주력해야 한다고 주장한다. 나는 이러한 주장이 ㉠ 고 생각한다.

① 도덕적 관행을 경험 과학적으로 기술해야 함을 강조한다
② 도덕 추론의 논리적 구조를 분석하는 것이 중요함을 간과한다
③ 도덕적 딜레마 해결을 위한 규범의 정립이 필요함을 간과한다
④ 윤리학이 학문적으로 성립 가능한지 검토해야 함을 간과한다
⑤ 가치 판단을 통해 행위의 옳고 그름을 밝혀야 함을 강조한다

18

(가), (나) 윤리학의 핵심 과제로 가장 적절한 것은?

(가) 윤리학은 우리가 일상에서 마주치는 구체적인 도덕적 문제들을 다루어야 하며, 그 문제들에 도덕 원리를 적용하여 실천적 해결 방안을 모색하는 데 주력해야 한다.
(나) 윤리학은 우리가 일상에서 사용하는 도덕적 용어의 의미를 분석하고, 도덕적 명제에 대한 추론이나 판단이 논리적으로 타당한지 입증하는 데 주력해야 한다.

① (가): 현실의 도덕 문제에 대한 구체적인 해결책을 제시하는 것이다.
② (가): 도덕 현상들 간의 인과 관계를 객관적으로 설명하는 것이다.
③ (나): 올바른 삶의 지침이 될 보편적 도덕 원리를 정립하는 것이다.
④ (나): 각 공동체의 다양한 도덕 관행을 비교하여 기술하는 것이다.
⑤ (가)와 (나): 윤리학이 학문적으로 성립 가능한지 탐구하는 것이다.

19

(가), (나) 윤리학의 핵심 과제로 가장 적절한 것은?

(가) 윤리학은 개인의 생활 및 사회 구조 속에 존재하는 도덕 현상의 인과 관계에 대한 경험적 지식을 가치 중립적으로 기술하는 데 주력해야 한다.
(나) 윤리학은 타당한 도덕 원리를 바탕으로 생명, 정보, 환경 등 다양한 영역의 도덕 문제에 적용 가능한 실천적 대안을 모색하는 데 주력해야 한다.

① (가): 삶의 방향 정립을 위한 도덕 원리를 탐구하는 것이다.
② (가): 윤리학이 학문으로서 성립 가능한지를 검토하는 것이다.
③ (나): 도덕 명제를 구성하는 개념의 의미를 분석하는 것이다.
④ (나): 도덕 문제 해결을 위한 구체적 지침을 제공하는 것이다.
⑤ (가)와 (나): 도덕 추론의 과정이 타당한지를 논증하는 것이다

20

㉠에 들어갈 진술로 가장 적절한 것은?

나는 윤리학이 도덕 원리를 탐구하여 '어떤 행위를 해야 한다' 혹은 '어떤 성품을 가져야 한다'는 도덕적 표준의 제시를 목적으로 삼아야 한다고 본다. 그런데 어떤 사람은 윤리학이 경험적 연구를 바탕으로 도덕적 신념, 태도, 현상에 대한 객관적 기술을 목적으로 삼아야 한다고 주장한다. 나는 이러한 주장이 ㉠ 고 생각한다.

① 도덕적 문제 상황의 인과 관계를 설명해야 함을 간과한다
② 도덕적 담화의 논증이 타당한지를 검증해야 함을 강조한다
③ 행위의 도덕적 근거에 대한 이론을 정립해야 함을 강조한다
④ 특정 사회의 도덕 관습에 대한 실태 조사가 필요함을 간과한다
⑤ 도덕 규칙을 적용해 행위의 정당성을 검토해야 함을 간과한다

(가), (나) 윤리학의 입장으로 가장 적절한 것은?

> (가) 윤리학은 도덕 판단에서 사용된 도덕적 용어의 의미를 분석하여 명료화하고, 도덕적 추론의 타당성을 검증하는 것을 핵심 과제로 삼아야 한다.
>
> (나) 윤리학은 도덕 원리를 근거로 하여 현실의 삶에서 발생하는 도덕 문제에 관한 해결책을 제시하는 것을 핵심 과제로 삼아야 한다.

① (가): 도덕 현상에 대한 객관적 서술을 최종 목적으로 삼아야 한다.
② (가): 행위의 정당화를 위한 보편적 도덕 법칙을 수립해야 한다.
③ (나): 이론 윤리를 응용하여 도덕적 문제 상황을 해결해야 한다.
④ (나): 윤리학의 학문적 성립 가능성에 대한 탐구에 주력해야 한다.
⑤ (가)와 (나): 도덕 명제의 논리적 구조 분석을 주된 목표로 해야 한다.

㉠에 들어갈 진술로 가장 적절한 것은?

> 윤리학은 도덕적인 논의에 사용되는 도덕적 언어의 의미를 분석하고, 도덕적 추론의 타당성을 검증하는 데 주력해야 한다. 그런데 어떤 윤리학자는 윤리학이 실제 삶에서 제기되는 도덕 문제의 해결을 위해 도덕 원리를 응용하여 구체적인 행위의 지침을 제공하는 데 주력해야 한다고 주장한다. 내가 보기에 이러한 주장은 윤리학이 [㉠]고 생각한다.

① 진화의 측면에서 도덕성을 설명하는 데 주력해야 함을 간과한다
② 도덕 현상의 객관적인 서술을 주된 과제로 삼아야 함을 간과한다
③ 현실에 적용할 수 있는 실천적 도덕규범을 연구해야 함을 간과한다
④ 도덕적 행위를 위한 보편적인 도덕 원리를 제시해야 함을 간과한다
⑤ 도덕 명제에 대한 분석적 접근을 핵심 과제로 삼아야 함을 간과한다

㉠에 들어갈 진술로 가장 적절한 것은?

> 나는 윤리학이 환경, 생명, 정보 등의 분야에서 발생하는 윤리 문제에 대해 실천적인 해결 방안을 모색하는 것에 중점을 두어야 한다고 생각한다. 그런데 어떤 사람은 윤리학이 도덕적 언어의 의미를 분석하고, 도덕 판단의 논리적 타당성을 입증하는 것에 중점을 두어야 한다고 주장한다. 나는 이러한 주장이 윤리학의 주요 과제가 [㉠]고 생각한다.

① 도덕적 논의의 인식론적 구조에 대한 분석임을 간과한다
② 도덕 추론의 정당성 검증을 위한 논리 분석임을 간과한다
③ 도덕 판단을 위한 보편적 도덕 법칙의 정립임을 강조한다
④ 도덕 현상에 대한 경험적 조사와 객관적 서술임을 강조한다
⑤ 도덕 문제 해결을 위한 구체적 행위 지침의 제시임을 간과한다

㉠에 들어갈 진술로 가장 적절한 것은?

> 나는 윤리학이 우리가 따라야 할 행위의 표준과 규칙의 정연한 체계를 세우고 정당화하는 것을 주요 목적으로 삼아야 한다고 생각한다. 그런데 어떤 사람들은 윤리학이 개인 생활이나 사회 구조 속에 존재하는 도덕 현상을 기술하는 것을 주요 목적으로 삼아야 한다고 주장한다. 나는 이러한 주장이 [㉠]고 생각한다.

① 도덕 현상은 설명해야 할 사실들의 집합체일 뿐임을 간과한다
② 도덕 추론의 논리적 구조 탐구가 윤리학의 본질임을 간과한다
③ 윤리학은 도덕적 행위의 근본 원리를 제시해야 함을 간과한다
④ 도덕적 관행이나 풍습이 문화 현상의 일부라는 점을 간과한다
⑤ 윤리학은 도덕적 개념의 의미 분석에 주력해야 함을 간과한다

25

㉠에 들어갈 진술로 가장 적절한 것은?

> 나는 윤리학의 본질이 도덕적 행위를 이론적으로 분석하여 모든 행위자에게 타당한 도덕 규칙의 체계를 구축하고 이를 정당화하는 데 있다고 본다. 그런데 어떤 윤리학자들은 윤리학의 본질이 도덕적 언어의 의미를 분석하고 도덕 추론의 타당성을 입증하는 것이라고 주장한다. 나는 이러한 주장이 [㉠]고 생각한다.

① 도덕 명제에 대한 검증 가능성과 분석적 접근을 간과한다
② 보편적 도덕규범의 정립이 윤리학의 핵심 과제임을 간과한다
③ 현실의 도덕 문제 해결을 위해 인접 학문과의 연계를 강조한다
④ 도덕 이론을 적용하여 구체적 실천 방안을 제공할 것을 강조한다
⑤ 도덕 현상을 가치 중립적으로 기술하는 것이 중요함을 간과한다

26

㉠에 들어갈 진술로 가장 적절한 것은?

> 나는 윤리학이 도덕 판단의 기준과 도덕적 행위의 이론적 근거를 탐구하고 도덕규범의 체계를 합리적으로 제시하는 학문이어야 한다고 생각한다. 그런데 일부 윤리학자들은 도덕적 언어의 의미를 탐구하고 도덕적 추론의 타당성을 입증하는 것을 윤리학의 본질이라고 주장한다. 내가 보기에 이러한 주장은 윤리학이 [㉠]는 점을 간과하고 있다.

① 도덕 판단의 논리적인 구조를 분석하는 데 주력해야 한다
② 도덕적 명제의 진위에 대한 검증 가능성을 탐구해야 한다
③ 선악 판단의 지침이 될 수 있는 도덕 원리를 정립해야 한다
④ 도덕적 관습에 대한 인과적 서술을 핵심 목표로 삼아야 한다
⑤ 도덕규범을 가치 판단이 배제된 경험적 사실로 간주해야 한다

27

㉠에 들어갈 진술로 가장 적절한 것은?

> 나는 윤리학이 '옳은 행위란 무엇인가?'라는 문제를 탐구하는 학문으로 도덕적 행위를 정당화하는 규범적 근거를 제시해야 한다고 본다. 그런데 어떤 사람들은 윤리학이 '옳다'와 같은 도덕적 언어의 의미를 분석하는 것을 주로 해야 한다고 주장한다. 내가 보기에 이들은 윤리학이 [㉠]는 점을 간과하고 있다.

① 도덕적 탐구가 학문으로 성립 가능한가를 검토해야 한다
② 도덕규범을 당위가 아닌 사실의 형식으로 제시해야 한다
③ 도덕 현상의 가치 중립적 기술을 핵심 과제로 삼아야 한다
④ 도덕적 실천을 위해서 보편적인 도덕 원리를 정립해야 한다
⑤ 도덕적 추론의 형식적 타당성 검증을 주된 과제로 삼아야 한다

28

(가), (나)의 입장으로 가장 적절한 것은?

> (가) 윤리학은 인간이 어떤 행위를 해야 하는가에 초점을 두고, 인간이 준수해야 할 보편적인 도덕규범을 정립하는 것을 목표로 삼아야 한다.
> (나) 윤리학은 인간이 어떻게 행위하고 있는가에 초점을 두고, 도덕 현상을 경험 과학적으로 조사하여 기술하는 것을 목표로 삼아야 한다.

① (가): 도덕적 삶으로 인도하는 행위 지침을 마련해야 한다.
② (가): 도덕 언어 분석을 윤리학의 핵심 목표로 삼아야 한다.
③ (나): 도덕적 문제 해결을 위한 도덕 이론을 정립해야 한다.
④ (나): 도덕규범의 타당성을 가치 중립적으로 검증해야 한다.
⑤ (가), (나): 도덕적 관습을 가치와 무관한 사실로 보아야 한다.

29

(가), (나) 윤리학의 입장으로 가장 적절한 것은?

> (가) 윤리학은 다양한 도덕 현상을 문화·인류학적으로 접근하여 도덕 현상들 간의 인과 관계를 사실적으로 서술하는 것을 핵심 과제로 삼아야 한다.
>
> (나) 윤리학은 과학 기술의 발전과 사회·문화적 변화로 인해 생겨나는 도덕 문제에 대해 구체적인 실천 지침을 제공하는 것을 핵심 과제로 삼아야 한다.

① (가): 도덕적 추론의 타당성 분석을 주요 과제로 삼아야 한다.
② (가): 도덕 행위를 위한 윤리 이론의 수립을 목적으로 해야 한다.
③ (나): 도덕규범을 적용하여 현실의 윤리 문제를 해결해야 한다.
④ (나): 도덕 현상에 관한 객관적 기술을 주요 과제로 삼아야 한다.
⑤ (가), (나): 윤리학의 학문적 성립 가능성 모색을 우선시해야 한다.

31

갑, 을의 입장만을 〈보기〉에서 있는 대로 고른 것은?

> 갑: 윤리학은 보편적으로 적용되는 도덕 원리를 정당화하기 위한 근거를 제시하고 도덕규범의 체계를 합리적으로 구성하는 것을 핵심 과제로 탐구해야 한다.
>
> 을: 윤리학은 도덕적 담화에 사용되는 단어와 문장의 의미를 분석하고 도덕 판단이 참 또는 거짓으로 확증될 수 있는 방법을 모색하는 것을 핵심 과제로 탐구해야 한다.

〈 보기 〉
ㄱ. 갑: 윤리학은 선과 악이 무엇인지에 관해 탐구해야 한다.
ㄴ. 갑: 윤리학은 도덕 문제를 가치 중립적으로 해결해야 한다.
ㄷ. 을: 윤리학은 도덕적 추론의 타당성을 검증해야 한다.
ㄹ. 갑, 을: 윤리학은 도덕 현상의 객관적 진술을 주된 목표로 삼아야 한다.

① ㄱ, ㄴ   ② ㄱ, ㄷ   ③ ㄴ, ㄹ
④ ㄱ, ㄷ, ㄹ   ⑤ ㄴ, ㄷ, ㄹ

30

(가), (나)의 입장으로 가장 적절한 것은?

> (가) 윤리학은 모든 도덕 행위자들에게 타당하게 적용할 수 있는 도덕규범의 일관된 체계를 구축하여 이를 정당화하는 것에 주력해야 한다.
>
> (나) 윤리학은 한 문화권에서 나타나는 도덕규범이 개인의 도덕 판단과 사회 제도의 유지에 미치는 영향을 관찰하고, 이를 객관적으로 기술하는 것에 주력해야 한다.

① (가): 도덕 명제에 대한 가치 판단보다 사실 판단을 강조해야 한다.
② (가): 도덕적 삶의 지침이 될 수 있는 규범적 원리를 정립해야 한다.
③ (나): 도덕 관습에 대한 서술보다 도덕 문제 해결을 우선해야 한다.
④ (나): 도덕 현상을 관찰할 때 해당 사회의 문화적 특성을 배제해야 한다.
⑤ (가), (나): 도덕규범의 제시보다 도덕 언어의 의미 분석을 중시해야 한다.

32

(가), (나)의 입장으로 가장 적절한 것은?

> (가) 윤리학은 "인간이 지향해야 할 삶의 가치는 무엇인가?"를 탐구 주제로 삼아 바람직한 삶의 이상을 제안하고 올바른 판단과 행위의 근거인 보편적 도덕 원리를 정립해야 한다.
>
> (나) 윤리학은 "실생활의 도덕적 문제를 어떻게 해결할 것인가?"를 탐구 주제로 삼아 환경오염, 연명 치료 중단, 사형 제도 등과 같은 현안에 대한 규범적 해결책을 제시해야 한다.

① (가): 윤리학은 도덕 언어의 의미 분석을 핵심 과제로 삼는다.
② (가): 윤리학은 도덕적 관습의 실태 조사를 핵심 과제로 삼는다.
③ (나): 윤리학은 윤리학의 학문적 성립 가능성 검증을 핵심 과제로 삼는다.
④ (나): 윤리학은 현실 문제에 대한 도덕 원리의 적용을 핵심 과제로 삼는다.
⑤ (가), (나): 윤리학은 가치 판단을 배제한 결론 도출을 핵심 과제로 삼는다.

33

19학년도 9월 모평 1번

⊙에 들어갈 진술로 가장 적절한 것은?

> 나는 윤리학이란 규범 윤리적 물음에 답하기에 앞서 "그것을 학문적으로 다룰 수 있는가?"라는 문제부터 비판적으로 탐구하는 것을 근본 과제로 삼아야 한다고 생각한다. 그런데 어떤 사람들은 "도덕 문제를 어떻게 해결할 것인가?"라는 질문에 관심을 갖고 생명 복제, 사회 불평등 등과 같은 실제적인 도덕 문제에 대한 해답을 제시하려고 노력한다. 나는 이들의 입장이   ⊙   고 생각한다.

① 인접 학문과의 학제적 탐구의 필요성을 간과한다
② 당위의 학문이라는 윤리학의 본질적 성격을 간과한다
③ 도덕 문제 해결을 위한 도덕 원리의 중요성을 간과한다
④ 규범 윤리학 이론과 도덕적 실천의 유기적 연관성을 간과한다
⑤ 도덕 언어의 논리적 타당성과 의미 분석의 중요성을 간과한다

34

19학년도 6월 모평 1번

갑, 을의 입장으로 가장 적절한 것은?

> 갑: 윤리학은 어떻게 살아야 하는가라는 문제보다 개인의 생활, 사회의 구조와 기능 속에 존재해 온 도덕적 관행들을 역사적, 문화적, 인류학적으로 접근하여 서술해야 한다.
> 을: 윤리학은 도덕적 관행 조사와 도덕적 개념 분석에 집중하기보다 윤리적 삶을 살고자 하는 사람들이 옳고 그름을 판단할 수 있도록 도덕 규칙의 근거인 도덕 원리를 정립해야 한다.

① 갑: 도덕 현상을 기술할 때 문화적 특성을 고려하지 말아야 한다.
② 갑: 도덕적 관습 비교보다 윤리적 개념 분석을 중시해야 한다.
③ 을: 어떻게 행동해야 하는가에 대한 규범적 원리를 정립해야 한다.
④ 을: 도덕적 명제의 논리 구조와 의미 분석이 탐구 목적이어야 한다.
⑤ 갑, 을: 인간의 가치 판단을 배제하여 객관성을 확보해야 한다.

35

24학년도 10월 학평 1번

(가), (나) 윤리학의 핵심 과제로 가장 적절한 것은?

> (가) 윤리학은 '옳다', '그르다'와 같은 용어가 도덕 논의에서 어떻게 사용되고 있는지 그 의미를 분석하고, 윤리학의 학문적 성립 가능성을 검토하는 데 주력해야 한다.
> (나) 윤리학은 '옳고 그른 행위는 무엇인가?'에 대한 도덕 원리를 활용하여 생명 윤리, 정보 윤리 등에서 논의되는 문제에 대한 실천적 지침을 제시하는 데 주력해야 한다.

① (가): 도덕 문제에 대한 구체적인 해결책을 모색하는 것이다.
② (가): 도덕 추론에 대한 논리적인 타당성을 검토하는 것이다.
③ (나): 사회의 도덕 관행을 가치 중립적으로 기술하는 것이다.
④ (나): 도덕 현상의 인과 관계를 경험적으로 조사하는 것이다.
⑤ (가)와 (나): 보편적인 도덕규범의 체계를 확립하는 것이다.

36

25학년도 수능 1번

(가), (나) 윤리학의 핵심 과제로 가장 적절한 것은?

> (가) 윤리학은 '좋음', '옳음'과 같은 도덕적 용어들의 의미 분석과 도덕적 추론의 타당성을 검증하기 위한 논리적 분석에 주된 관심을 둔다.
> (나) 윤리학은 도덕 이론과 원리를 적용하여, 우리 삶의 다양한 영역에서 발생하는 윤리적 문제들에 대한 해결 방안을 제공하는 데 주된 관심을 둔다.

① (가): 다양한 문화권의 관행을 가치중립적으로 서술하는 것이다.
② (가): 마땅히 추구해야 할 바람직한 삶의 목적을 제공하는 것이다.
③ (나): 도덕 이론에 사용되는 명제의 논리적 구조를 검토하는 것이다.
④ (나): 현실의 도덕 문제에 대한 구체적 해법을 모색하는 것이다.
⑤ (가)와 (나): 모든 사람에게 보편타당한 도덕규범을 제시하는 것이다.

01 대표 문제

갑, 을 사상가들의 입장으로 적절한 것만을 〈보기〉에서 고른 것은? [3점]

갑: 사람이 되어서 인(仁)하지 못하면 예(禮)를 지킨들 무엇하겠는가? 사람이 되어서 인하지 못하면 음악[樂]을 한들 무엇하겠는가? 예는 사치스럽기보다 검소한 것이 낫다.

을: 나라는 작고 백성은 적으니[小國寡民] 이들은 음식을 달게 먹고 옷은 꾸밈없이 입으며 편안히 살아간다. 이웃 나라에서 닭과 개의 울음소리가 들려도 평생 오고 갈 일이 없다.

〈 보기 〉

ㄱ. 갑: 충서(忠恕)를 통한 인의 확장은 천하의 도(道)를 이루게 한다.

ㄴ. 을: 성인(聖人)의 다스림은 백성을 저절로 소박하게 한다.

ㄷ. 을: 무위(無爲)의 삶을 통해 타고난 본성을 변화시켜야 한다.

ㄹ. 갑과 을: 분별적 지혜를 발휘하여 도덕 질서를 확립해야 한다.

① ㄱ, ㄴ ② ㄱ, ㄷ ③ ㄴ, ㄷ ④ ㄴ, ㄹ ⑤ ㄷ, ㄹ

02

그림은 서술형 평가 문제와 학생 답안이다. 학생 답안의 ㉠~㉤ 중 옳지 <u>않은</u> 것은?

서술형 평가

◉ 문제: 다음 사상의 입장과 특징을 서술하시오.

이것이 있기 때문에 저것이 있고, 이것이 생(生)하기 때문에 저것이 생(生)한다. 이것이 없기 때문에 저것이 없고, 이것이 멸(滅)하기 때문에 저것이 멸(滅)한다. 비유하면 세 단의 갈대가 땅 위에 서려고 할 때 서로 의지해야 설 수 있는 것과 같다.

◉ 학생 답안

위 사상은 ㉠ 세상 모든 존재의 생멸을 연기(緣起)에 의한 것으로 보고, ㉡ 만물이 서로 관련되고 상호 의존한다고 주장한다. 또한 ㉢ 자아에 대한 집착이 괴로움의 원인임을 파악하고, ㉣ 개별 사물이 본질적으로 독립적 실체임을 자각하여, ㉤ 팔정도(八正道)의 수행을 통해 열반에 이를 것을 강조한다.

① ㉠ ② ㉡ ③ ㉢ ④ ㉣ ⑤ ㉤

03

갑, 을 사상가들의 입장으로 가장 적절한 것은? [3점]

갑: 사람의 본성에 어찌 인의(仁義)의 마음이 없겠는가? 그런데도 그 양심을 잃어버리는 이유는 마치 도끼로 산의 나무를 아침마다 베는 것처럼 스스로 양심의 싹을 자르기 때문이다. 양심을 보존하지 못하면 금수(禽獸)와 같아진다.

을: 괴로움이 생겨나는 것은 마치 사람이 나무를 심어 물을 때맞춰 주고 온도를 유지해 주면, 이 인연(因緣)으로 나무가 자라나는 것과 같다. 이러한 얽매임에 집착하면 애욕(愛欲)과 함께 생로병사(生老病死)의 괴로움이 일어난다.

① 갑: 나쁜 환경에 처한 사람은 반드시 자신의 본성을 잃게 된다.

② 갑: 다른 사람을 편안하게 한 후에야 비로소 자기 수양이 가능하다.

③ 을: 탐욕으로 생긴 번뇌는 깨달음을 얻더라도 소멸될 수 없다.

④ 을: 나와 남이 둘이 아니라는 자각에서 만물에 대한 사랑이 생긴다.

⑤ 갑과 을: 인륜의 규범에서 벗어나야 이상적 인간이 될 수 있다.

04

다음을 주장한 사상가의 입장에서 〈문제 상황〉 속 A에게 제시할 조언으로 가장 적절한 것은?

모든 경계가 무한하지만 모두 일심(一心) 안에 들어간다. 부처의 지혜는 모습을 떠나 마음의 원천으로 돌아가고, 지혜와 일심이 온전히 같아져 둘이 없다. 따라서 지극히 공정한 부처의 뜻을 토대로 여러 주장을 조화롭게 융합[和諍]해야 한다.

〈문제 상황〉

학급 회장인 A는 축제에서 학급 부스 운영 방안을 어떻게 결정해야 할지 고민하고 있다. 학급 친구들이 사진관, 오락실, 분식집 등 서로 다른 방안을 내세워 각자의 주장을 굽히지 않고 갈등하고 있기 때문이다.

① 옳고 그름을 가려 자신만의 입장을 정당화하도록 토론하세요.

② 각 주장이 타당할 수 있음을 인정하고 친구들과 의견을 조율하세요.

③ 모든 의견을 통합할 수 없으므로 회장의 직권으로 결정하세요.

④ 다른 학급의 사례에 따라 운영 방안을 결정하도록 유도하세요.

⑤ 모두 편협한 주장이므로 친구들 다수의 동의를 기초로 판단하세요.

05

갑, 을 사상가들의 입장으로 적절한 것만을 〈보기〉에서 있는 대로 고른 것은? [3점]

> 갑: 최상의 선은 물과 같다. 물은 만물을 이롭게 하면서도 다투지 않고, 사람들이 싫어하는 낮은 곳에 머문다. 물은 도(道)에 가깝고 무엇과도 다투지 않으므로 허물이 없다.
>
> 을: 두 단의 갈대 중 하나를 치우면 다른 하나도 넘어지듯, 이것이 없으면 저것이 없고 이것이 일어나면 저것도 일어난다. 이 법(法)은 내가 만든 것도 다른 사람이 만든 것도 아니다.

〈 보기 〉
> ㄱ. 갑: 인의(仁義)의 강조는 사회 혼란의 원인이 될 수 있다.
> ㄴ. 을: 끊임없이 변화하는 세계에서 영원한 실체를 찾아야 한다.
> ㄷ. 을: 집착과 번뇌의 제거를 위한 수행이 반드시 필요하다.
> ㄹ. 갑과 을: 차별하는 마음을 버려야 진리를 깨달을 수 있다.

① ㄱ, ㄴ ② ㄱ, ㄷ ③ ㄴ, ㄹ
④ ㄱ, ㄷ, ㄹ ⑤ ㄴ, ㄷ, ㄹ

06

갑, 을 사상가들의 입장으로 가장 적절한 것은?

> 갑: 인의예지(仁義禮智)는 바깥에서부터 나에게 녹아들어 온 것이 아니라 내가 본래부터 지니고 있는 것이다. 다만 생각하지 않았을 뿐이다.
>
> 을: 항상 백성들로 하여금 꾀와 욕심이 없게 해야 하고, 꾀가 있는 자가 있다고 하더라도 감히 무언가 하지 못하게 해야 한다. 무위(無爲)하면 다스리지 못할 것이 없다.

① 갑: 서(恕)의 실천을 통해 진정한 인간다움[仁]을 이룰 수 있다.
② 갑: 군자는 항산(恒産)이 있어야만 항심(恒心)을 유지할 수 있다.
③ 을: 백성의 수를 늘리면 자연스럽게 무위의 다스림을 이룰 수 있다.
④ 을: 진정한 자유를 위해 만물의 근원인 도(道)에서 벗어나야 한다.
⑤ 갑과 을: 옳고 그름을 가릴 줄 아는 마음으로 사욕을 제거해야 한다.

07

갑, 을 사상가들의 입장으로 가장 적절한 것은? [3점]

> 갑: 성인(聖人)의 은혜가 만세에 베풀어져도 사람에게 특별히 치우치지 않는다. 친함이 있으면 어진 자가 아니며, 명성을 추구하여 참된 자기를 잃으면 선비가 아니다.
>
> 을: 이것이 있기 때문에 저것이 있고, 이것이 일어나기 때문에 저것이 일어난다. 이 법(法)은 내가 만든 것도 아니고 다른 사람이 만든 것도 아니다.

① 갑: 자신을 구속하는 일체의 것을 잊어버리고 자유롭게 살아야 한다.
② 갑: 사욕(私欲)을 극복하고 예로 돌아가는 삶을 지향해야 한다.
③ 을: 바른 수행으로 만물이 서로 독립하여 존재함을 깨달아야 한다.
④ 을: 연기법에 대한 자각을 통해 변하지 않는 자아를 깨달아야 한다.
⑤ 갑과 을: 하늘이 부여한 순선한 본성을 따르는 삶을 살아가야 한다.

08

갑 사상가는 긍정, 을 사상가는 부정의 대답을 할 질문으로 가장 적절한 것은?

> 갑: 참된 사람[眞人]은 모자란다고 억지 부리지 않고, 성공을 뽐내지 않으며, 일을 도모하지도 않는다. … (중략) … 이로움[利]과 해로움[害]을 구별하는 자는 군자(君子)가 아니다. 명예를 위해 참된 자기를 잃어버리는 자는 선비[士]가 아니다.
>
> 을: 군자는 의로움[義]으로써 근본을 삼고, 예(禮)로써 실천하며, 공손한 몸가짐으로써 표현하고, 신의로써 일을 이룬다. … (중략) … 군자는 죽은 뒤에 세상에 자신의 이름[名]이 일컬어지지 않는 것을 싫어한다.

① 이상적 인간은 자신의 명예를 소중히 여기는 삶을 살아야 하는가?
② 이상적 인간은 시비(是非)를 판별하여 도(道)를 따라야 하는가?
③ 이상적 인간은 하늘의 명[天命]을 도덕적 실천의 근거로 삼는가?
④ 이상적 인간은 수양을 통해 백성의 편안함을 도모해야 하는가?
⑤ 이상적 인간은 모든 분별에서 벗어나 자연을 따르는 사람인가?

갑, 을의 입장으로 가장 적절한 것은? [3점]

> 갑: 세 개의 갈대가 빈 땅에 서려고 할 때에 서로서로 의지하여야 설 수 있는 것과 같이, 식(識)도 정신과 물질을 인연(因緣)하여 생긴다.
>
> 을: 옳다는 것으로 인해 그른 것이 있고, 그르다는 것으로 인해 옳은 것이 있다. 진인(眞人)은 대립적인 말에 사로잡히지 않고, 모든 대립을 넘어선 자연에 비추어 사유한다.

① 갑: 자아의식은 변하지 않는 실체임을 알아야 한다.
② 갑: 정신에는 집착해도 물질에는 집착해서는 안 된다.
③ 을: 자기중심적 고정 관념과 선입견에서 벗어나야 한다.
④ 을: 인(仁)을 실천하기 위해 사욕을 극복하고자 노력해야 한다.
⑤ 갑, 을: 내세를 위해 현세에서 도덕적 삶을 추구해야 한다.

갑, 을 사상가들의 입장으로 가장 적절한 것은? [3점]

> 갑: 이름을 바로잡는 것[正名]이 정치의 시작이다. 이름이 제대로 서지 않으니 예악이 흥성하지 않고, 예악이 흥성하지 않으니 형벌이 제멋대로 된다.
>
> 을: 도(道)는 자연스러움을 본받는다. 인위적인 것을 강제해서는 안 된다. 내버려두면 백성들이 스스로 잘 살게 되고 세상도 잘 돌아간다.

① 갑: 인간이 제정한 규범에서 벗어나 무위(無爲)를 추구해야 한다.
② 갑: 내가 하기 싫은 일을 남에게 시키지 않는 서(恕)를 행해야 한다.
③ 을: 자신의 직분과 지위에 걸맞는 예법을 충실히 따라야 한다.
④ 을: 시비선악(是非善惡)을 구분하여 질서를 바로 세워야 한다.
⑤ 갑, 을: 인(仁)의 시작은 모든 사람에 대한 차별 없는 사랑이다.

(가), (나)의 입장으로 적절한 것만을 〈보기〉에서 고른 것은?

> (가) 이것이 있기 때문에 저것이 있고, 이것이 생기기 때문에 저것이 생긴다. 이것이 없기 때문에 저것이 없고, 이것이 사라지기 때문에 저것이 사라진다. 이를 연기(緣起)라 한다.
>
> (나) 인위적인 것을 멀리하고 분별적 지혜를 버리면 백성의 이익이 백배가 된다. 인(仁)을 끊고 의(義)를 버리면 백성이 다시 효도하고 자애로워진다.

〈 보기 〉

ㄱ. (가): 고정불변의 실체가 있음을 깨달아야 한다.
ㄴ. (가): 연기의 법칙을 깨달아 자비를 실천해야 한다.
ㄷ. (나): 인위에 얽매이지 않고 도(道)에 따라야 한다.
ㄹ. (가), (나): 인의(仁義)를 통해 도덕적 삶을 추구해야 한다.

① ㄱ, ㄴ   ② ㄱ, ㄷ   ③ ㄴ, ㄷ   ④ ㄴ, ㄹ   ⑤ ㄷ, ㄹ

갑, 을 사상가들의 입장으로 적절한 것만을 〈보기〉에서 고른 것은?

> 갑: 대도(大道)가 행해진 세상에서는 어진[賢] 사람과 능력 있는 사람을 선발하며, 자기 부모만을 부모로 자기 자식만을 자식으로 여기지는 않는다. 재물이 버려지는 것을 싫어하지만 반드시 그것을 자기만의 소유물로 삼으려 하지는 않는다. 그래서 도둑질이 일어나지 않아 바깥문을 닫는 일이 없다.
>
> 을: 나라는 작아야 하고 백성은 적어야 한다. 많은 도구가 있더라도 사용하지 않도록 하고, 백성으로 하여금 죽음을 중히 여겨 멀리 옮겨 다니지 않도록 한다. 비록 배나 수레가 있어도 타는 일이 없고, 갑옷과 무기가 있어도 꺼내서 늘어놓는 일이 없다.

〈 보기 〉

ㄱ. 갑: 인(仁)의 출발점인 무차별적 사랑[兼愛]을 행해야 한다.
ㄴ. 갑: 유능한 인재가 선발되는 도덕 공동체를 지향해야 한다.
ㄷ. 을: 인위적인 통치가 없는 소박한 사회를 지향해야 한다.
ㄹ. 갑, 을: 예법을 통해 본래의 자연스러운 삶으로 돌아가야 한다.

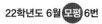

① ㄱ, ㄴ   ② ㄱ, ㄷ   ③ ㄴ, ㄷ   ④ ㄴ, ㄹ   ⑤ ㄷ, ㄹ

13

다음 사상이 강조하는 윤리적 성찰의 방법으로 가장 적절한 것은? [3점]

> 요즘 중생은 자신에 대한 집착과 망상에 빠져 자기 본성이 참된 진리 그 자체임을 모르고, 마음 밖에서 그 진리를 찾아 여기저기 헤맨다. 만약 한 생각이 나온 곳으로 빛을 돌이켜 자기 본성을 비춰 보면, 이 본성은 원래 번뇌가 없는 완전한 지혜로, 마음에 본래부터 갖추어져 있어서 부처와 조금도 다르지 않다.

① 내 마음의 참된 진리를 깨닫기 위해 참선(參禪)해야 한다.
② 모든 분별적 생각에서 벗어나기 위해 좌망(坐忘)해야 한다.
③ 하늘이 부여한 선한 본성을 보존하기 위해 거경(居敬)해야 한다.
④ 언제 어디서나 인간의 도리에 어긋나지 않게 신독(愼獨)해야 한다.
⑤ 도(道)에 따라 만물을 평등하게 바라보기 위해 심재(心齋)해야 한다.

14

(가) 사상의 입장에서는 긍정, (나) 사상의 입장에서는 부정의 대답을 할 질문으로 가장 적절한 것은? [3점]

> (가) 자신의 수양을 경(敬)으로써 하며, 자신을 수양하여 다른 이를 편안하게 한다. 요순(堯舜)도 자신을 수양하여 백성을 편안하게 하는 일은 항상 부족하다 여기고 노력하였다.
>
> (나) 배우면 날마다 쌓이고, 도에 따르면 날마다 덜어진다. 덜고 또 덜면 무위(無爲)에 이른다. 무언가 일삼으려 하면 오히려 부족하며, 일삼지 않아야 천하를 취할 수 있다.

① 만물을 차별하지 말고 평등하게 보아야 하는가?
② 명예와 욕심을 버리고 소박한 삶을 살아야 하는가?
③ 사회적 지위에 따른 예의와 규범을 중시해야 하는가?
④ 연기의 법칙을 깨달아 자비의 정신을 실천해야 하는가?
⑤ 예법에 집착하지 말고 자연의 흐름에 따라 살아야 하는가?

15

갑, 을 사상가들의 입장으로 적절하지 않은 것은?

> 갑: 인(仁)은 사람의 마음이고 의(義)는 사람의 길이다. 그 길을 버리고 따르지 않으며, 그 마음을 놓아버리고 찾지 않으니 슬픈 일이다. 학문의 길은 놓아버린 마음을 찾는 것이다.
>
> 을: 학문을 하면 날로 지식이 늘어나지만, 도를 닦으면 날로 지식이 줄어든다. 지식이 줄고 또 줄어들면 무위(無爲)에 이르게 되는데, 무위하게 되면 하지 않는 일이 없게 된다.

① 갑: 인의는 하늘이 부여한 것으로서 사람을 사람답게 하는 덕이다.
② 갑: 인간의 욕구 중 본성의 발현을 가로막는 욕구를 극복해야 한다.
③ 을: 도는 인간의 감각으로 인식할 수 없지만 우주 만물을 낳는다.
④ 을: 인위에 얽매이지 않고 자연에 따르는 삶을 살아야 한다.
⑤ 갑과 을: 학문의 완성된 경지에 이르러 자신의 명성을 높여야 한다.

16

갑, 을 사상가들의 입장으로 가장 적절한 것은?

> 갑: 죄가 없는 사람을 죽이는 것은 인(仁)이 아니며, 자신의 것이 아닌 것을 취하는 것은 의(義)가 아니다. 인에 머물고 의를 따른다면 대인(大人)으로서 할 일이 갖추어진 것이다.
>
> 을: 천지가 장구(長久)할 수 있는 까닭은 억지로 그 자신을 살리려고 하지 않기 때문이다. 성인(聖人)은 무위(無爲)의 이치를 본받아 자기를 내세우지 않기에 오히려 앞서게 된다.

① 갑: 예법[禮]이 아닌 형벌로 백성을 다스려야 한다.
② 갑: 이로운 것[利]이 곧 의로운 것[義]임을 알아야 한다.
③ 을: 도(道)에 따라 매사에 겸허(謙虛)하게 행동해야 한다.
④ 을: 시비선악(是非善惡)을 엄격히 분별하는 삶을 살아야 한다.
⑤ 갑과 을: 이상적 인간은 인륜(人倫)의 규범에서 벗어나야 한다.

17

갑, 을 사상가들 모두가 긍정의 대답을 할 질문으로 가장 적절한 것은?

> 갑: 옳음으로 말미암아 그릇됨이 있고, 그릇됨으로 말미암아 옳음이 있다. 성인(聖人)은 이쪽과 저쪽의 구분에 의거하지 않고 하늘[天]에 비추어 생각한다.
>
> 을: 군자(君子)가 인(仁)을 떠나면 어찌 군자라는 이름을 이룰 수 있겠는가. 군자는 밥을 먹는 동안에도 인을 떠남이 없으니, 다급한 상황에서도 반드시 인에 머문다.

① 마음의 수양을 통해 도(道)를 따르며 살아가야 하는가?
② 인위적인 규범에서 벗어나 무위의 삶을 추구해야 하는가?
③ 차별 없는 사랑[兼愛]을 인의 출발점으로 삼아야 하는가?
④ 시비선악을 분별하고 자연의 질서에 순응하며 살아야 하는가?
⑤ 성인이 제정한 예를 바탕으로 만물을 평등하게 대해야 하는가?

18

갑, 을 사상가들의 입장으로 적절한 것만을 〈보기〉에서 고른 것은?

> 갑: 왕이 자기 나라의 이익을 생각하면 대부는 자기 집안의 이익을, 백성은 자기 몸의 이익을 생각한다. 위아래가 각자 자기 이익을 취하려 하면 나라는 위태로워진다. 왕은 이익이 아니라 인의(仁義)를 생각해야 한다.
>
> 을: 인위적인 것을 멀리하고 분별적 지혜를 버리면 백성의 이익이 백배가 된다. 인을 끊고 의를 버리면 백성이 다시 효도하고 자애로워진다. 최상의 지도자는 백성이 단지 그의 존재만을 아는 지도자이다.

> ───────〈 보기 〉───────
> ㄱ. 갑: 자신과 타인을 구분하지 않고 사랑[兼愛]해야 한다.
> ㄴ. 갑: 군주는 먼저 수기(修己)하고 백성을 교화해야 한다.
> ㄷ. 을: 이상적 삶을 위해 무지(無知)의 덕을 갖추어야 한다.
> ㄹ. 갑과 을: 백성은 성인(聖人)을 좇아 선악을 구별해야 한다.

① ㄱ, ㄴ   ② ㄱ, ㄷ   ③ ㄴ, ㄷ   ④ ㄴ, ㄹ   ⑤ ㄷ, ㄹ

19

다음을 주장한 사상가의 입장에서 〈문제 상황〉 속 A에게 제시할 조언으로 가장 적절한 것은?

> 자기를 이기고 예(禮)로 돌아가는 것이 인(仁)이다. 어진 사람은 자신이 서고 싶은 대로 주위 사람을 세워 주고, 자신이 이루고 싶은 대로 주위 사람을 이루게 한다.
>
> 〈문제 상황〉
> A는 뉴스에서 태풍으로 피해를 본 ○○ 지역의 이재민을 돕기 위한 모금 활동 소식을 들었다. A는 여행을 가기 위해 모은 용돈 중 일부를 기부해야 할지 고민하고 있다.

① 모든 사람을 차별하지 않는 사랑[兼愛]을 실천하세요.
② 역지사지의 자세로 이재민의 마음을 헤아려 행동하세요.
③ 연기(緣起)의 법칙을 깨달아 이재민에게 자비를 실천하세요.
④ 의로움보다 자신의 이익을 최우선으로 고려하여 행동하세요.
⑤ 기부에 관한 옳고 그름을 초월하여 무위(無爲)를 실천하세요.

20

갑, 을 사상가들의 입장으로 가장 적절한 것은?

> 갑: 군자(君子)가 남들과 다른 까닭은 인(仁)과 예(禮)로써 타고난 선한 마음을 보존하기 때문이다. 이 마음을 기르는 방법으로 욕망을 적게 하는 것[寡欲]보다 더 좋은 것은 없다.
>
> 을: 가장 훌륭한 덕은 물과 같다[上善若水]. 물은 만물을 이롭게만 하지 다투지 않고, 주로 사람들이 싫어하는 곳에 처한다. 물과 같은 이런 덕(德)을 가진 사람을 성인(聖人)이라고 한다.

① 갑: 사단(四端)을 확충하여 본성을 변화시켜야 한다.
② 갑: 군자가 되기 위해서 사욕(私欲)을 극복해야 한다.
③ 을: 다수의 관점에 따라서 시비(是非)를 가려야 한다.
④ 을: 분별적 지식을 쌓아 부쟁(不爭)의 덕을 길러야 한다.
⑤ 갑과 을: 이상적 인간이 되려면 예법(禮法)을 익혀야 한다.

21

갑, 을 사상가들의 입장으로 가장 적절한 것은? [3점]

> 갑: 배움을 행하면 날마다 늘어나고, 도를 행하면 날마다 줄어든다. 줄어들고 또 줄어들어 무위(無爲)에 이른다. 무위에 이르면 못하는 바가 없어진다.
>
> 을: 배우고 생각하지 않으면 어둡게 되고, 생각하고 배우지 않으면 위태롭게 된다. 군자(君子)가 도를 배우면 사람들을 사랑하고, 소인이 도를 배우면 부리기 쉽다.

① 갑: 배움을 통해 옳고 그름에 대한 지식을 쌓아야 한다.
② 갑: 선과 악을 분별하지 말고 도에 따라서 살아야 한다.
③ 을: 인의(仁義)를 실천하기보다는 실리를 추구해야 한다.
④ 을: 존비친소(尊卑親疏)를 구별하지 않는 사랑을 해야 한다.
⑤ 갑, 을: 사사로운 욕심을 극복하고 예(禮)를 회복해야 한다.

22

갑, 을 사상가들의 입장으로 적절하지 <u>않은</u> 것은? [3점]

> 갑: 자기 자신을 이기고 예(禮)로 돌아가는 것이 인(仁)이다. 자기를 이기고 예로 돌아가게 되면 온 천하가 이 사람을 어질다고 할 것이다.
>
> 을: 대도(大道)가 무너지니 인(仁)과 의(義)가 생겨났고 지혜가 나타나니 큰 거짓이 생겨났다. 육친(六親)이 화목하지 못하니 효와 자애가 생겨났다.

① 갑: 존비친소(尊卑親疏)의 구별을 전제로 사랑을 실천해야 한다.
② 갑: 자신의 마음을 미루어 타인을 헤아리는 서(恕)를 행해야 한다.
③ 을: 도(道)를 실현하기 위해 인의의 도덕규범을 확립해야 한다.
④ 을: 자연의 질서에 순응하고 무위(無爲)의 삶을 추구해야 한다.
⑤ 갑, 을: 성인(聖人)이 되기 위해서는 수양을 통해 덕을 실현해야 한다.

23

갑, 을 사상가들의 입장으로 가장 적절한 것은? [3점]

> 갑: 백성을 법령과 형벌로 다스리면 백성은 형벌을 모면하려 하고 부끄러움을 모르게 된다. 백성을 덕으로 이끌고 예(禮)로 다스리면 백성은 부끄러움을 알고 바르게 된다.
>
> 을: 최상의 지도자는 백성이 단지 그의 존재만을 안다. 공(功)이 이루어지고 나면 백성은 자기 스스로 그렇게 했다고 말한다. 무위(無爲)하면 다스리지 못할 것이 없다.

① 갑: 통치자는 법(法)을 배제하고 덕으로만 통치해야 한다.
② 갑: 통치자는 백성이 편안해진 후에야 수신(修身)할 수 있다.
③ 을: 통치자는 인의(仁義)를 갖춰야만 무위로 다스릴 수 있다.
④ 을: 통치자는 백성이 무지(無知)의 덕을 갖도록 다스려야 한다.
⑤ 갑과 을: 통치자는 선악(善惡)을 구별해 규범을 세워야 한다.

24

갑, 을 사상가들의 입장으로 적절하지 <u>않은</u> 것은?

> 갑: 뜻을 얻으면 백성과 함께 그 도(道)를 행하고, 뜻을 얻지 못하면 홀로 그 도를 행한다. 부귀가 마음을 어지럽히지 못하고, 빈천이 행위를 바꾸지 못하며, 위세와 무력이 지조를 꺾지 못한다. 이러한 사람을 대장부라 한다.
>
> 을: 예(禮)라는 것은 진실하고 신실한 마음이 얄팍해진 결과이며 혼란의 원인이다. 섣부르게 내다보는 것은 도가 꾸며진 것이자 어리석음의 단초이다. 그러니 대장부는 중후함에 처하며 얄팍한 곳에 거하지 않는다.

① 갑: 수오(羞惡)의 마음은 의로운 행위를 꾸준히 실천해야만 생겨난다.
② 갑: 오륜(五倫)의 참된 실천은 반드시 수기(修己)가 바탕이 되어야 한다.
③ 을: 이상적인 정치는 스스로 그러함[自然]의 원리에 어긋나지 않는다.
④ 을: 성인(聖人)의 도를 본받아 겸허하고 다툼 없는 덕을 지녀야 한다.
⑤ 갑과 을: 도를 따르는 사람은 곧 본성을 따르는 사람이라 할 수 있다.

01 대표 문제

다음 사상가의 관점에서 〈문제 상황〉 속 A에게 제시할 조언으로 가장 적절한 것은?

> 행위의 옳고 그름은 그 행위로 인해 산출되는 쾌락과 고통의 양에 따라 평가되어야 한다. 쾌락에는 질적인 차이가 없기 때문에 모든 쾌락은 그 양의 측면에서 서로 비교할 수 있다.
>
> 〈문제 상황〉
> 한 지역에서 재해로 인해 다수의 사상자가 발생하였다. 긴급히 투입된 구조대원 A는 한정된 장비를 가지고 어떤 사람을 우선 구조해야 할지 고민하고 있다.

① 질적으로 우월한 쾌락을 산출하는 행위를 선택하세요.
② 신체의 고통은 양적으로 계산될 수 없음을 고려하세요.
③ 구조를 통해 발생하는 이익과 손해의 총량을 계산하세요.
④ 구조의 의무는 결과와 무관한 정언 명령임을 명심하세요.
⑤ 모든 상황에 적용되는 보편적 도덕 원리는 없음을 유념하세요.

02

다음 사상가의 관점에서 〈문제 상황〉 속 A에게 제시할 조언으로 가장 적절한 것은?

> 덕은 인간이 습득한 하나의 성질로서, 그것을 소유하고 실천함으로써 우리는 어떤 실천 관행에 내재하고 있는 선들을 성취할 수 있다. 이에 반해 덕의 결여는 결과적으로 그러한 선들의 성취를 방해한다. 핵심적 덕들이 없다면 우리는 실천 관행에 내재된 선에 접근할 수 없다.
>
> 〈문제 상황〉
> 학생 A는 평소 좋아하는 가수의 콘서트에 가기 위해 용돈을 모으고 있다. 그러던 중 우연히 영상 플랫폼에서 자신과 같은 지역에 사는 결식아동에 대한 영상을 보고 그동안 모은 용돈으로 아동을 후원해야 할지 고민하고 있다.

① 자신이 속한 공동체의 공유된 핵심 가치를 실현하도록 행동하세요.
② 관습을 따르기보다 자율적 준칙에 따라 소신 있게 행동하세요.
③ 공동체의 도덕적 전통에 구애됨 없이 도구적 이성에 따라 행동하세요.
④ 유용한 결과를 기준으로 삼아 공동체 이익을 증진하도록 행동하세요.
⑤ 공동선에 순응하기보다는 자신만의 고유한 선 관념에 따라 행동하세요.

03

다음을 주장한 사상가의 입장에서 〈문제 상황〉 속 A에게 제시할 조언으로 가장 적절한 것은? [3점]

> 모든 쾌락은 질적으로 동일하며 양적으로 측정할 수 있다. 쾌락의 가치를 측정할 때에는 강도와 지속성 등 여섯 가지 기준 외에 쾌락과 고통에 의해 영향을 받는 사람의 수를 참작해야 한다.
>
> 〈문제 상황〉
> 부모님께 용돈을 받은 학생 A는 게임 아이템을 구매하려 하고 있다. 이때 구호 단체에서 온 기부 권고 문자를 보고, 게임 아이템을 구매하는 대신 기부를 해야 할지 고민 중이다.

① 기부 행위가 자연법의 제1원리에 부합하는지를 판단해 보세요.
② 선의지에서 비롯된 기부 행위여야 도덕적 행위임을 명심하세요.
③ 유덕한 행위자가 행할 만한 것을 그 결과에 상관없이 행하세요.
④ 기부 행위가 산출할 쾌락의 양을 쾌락 계산법에 따라 계산해 보세요.
⑤ 쾌락의 양뿐만 아니라 질적 차이까지 고려하여 기부 여부를 정하세요.

04

다음을 주장한 사상가의 입장에서 〈문제 상황〉 속 A에게 제시할 조언으로 가장 적절한 것은?

> 도덕성은 행위가 의지의 자율과 맺는 관계이다. 의지의 준칙이 자율성의 법칙과 필연적으로 조화를 이룰 때, 그 의지는 단적으로 선한 의지가 된다.
>
> 〈문제 상황〉
> 평소 함께 식사하던 친구가 급식실에 늦게 도착한 A에게 자신의 앞에 서라고 권했다. A는 새치기를 할지 질서를 지켜야 할지 고민하고 있다.

① 친구들 사이에서 더 인정받을 수 있는 행위를 선택하세요.
② 구체적인 상황을 고려하여 중용에 따른 행위를 선택하세요.
③ 친구와 함께하고자 하는 마음이 이끄는 행위를 선택하세요.
④ 가능한 행위 중에서 의무로부터 비롯된 행위를 선택하세요.
⑤ 더 많은 쾌락을 가져올 것으로 예상되는 행위를 선택하세요.

05

다음을 주장한 사상가의 입장으로 적절한 것만을 〈보기〉에서 고른 것은? [3점]

> 덕은 인간이 습득한 성질로, 인간의 선을 성취할 수 있도록 하는 데 필수적이다. 이것은 개인이 삶의 서사적 통일성 속에서 좋은 삶의 목적을 이해하는 능력이며, 도덕적 전통의 보존과 관련된다.

〈 보기 〉

ㄱ. 공동체의 선보다 보편적인 도덕 원칙을 더 중시해야 한다.
ㄴ. 개인은 공동체를 벗어나면 덕을 실천하는 방법을 배울 수 없다.
ㄷ. 도덕 판단을 할 때 행위자보다 행위 자체를 중시해야 한다.
ㄹ. 개인의 도덕적 정체성은 사회적·역사적 맥락 속에서 형성되어야 한다.

① ㄱ, ㄴ   ② ㄱ, ㄷ   ③ ㄴ, ㄷ   ④ ㄴ, ㄹ   ⑤ ㄷ, ㄹ

06

다음을 주장한 사상가의 입장에서 〈문제 상황〉 속 A에게 제시할 조언으로 적절한 것만을 〈보기〉에서 있는 대로 고른 것은? [3점]

> 도덕적 덕은 대상에 있어서의 중간이 아니라 우리와의 관계에서 성립하는 중용에 의존한다. 중용은 두 악덕, 즉 지나침에 따른 악덕과 모자람에 따른 악덕 사이의 중용이다.

〈문제 상황〉
인성교육 전문가인 A는 아동을 바른 품성을 지닌 사람으로 기르고자 한다. 이를 위해 A는 인성교육 프로그램을 어떤 방향과 내용으로 개발해야 할지 고민 중이다.

〈 보기 〉

ㄱ. 아동이 인간의 고유한 본성을 실현할 수 있도록 개발하세요.
ㄴ. 아동이 습관화를 통해 도덕적 품성을 함양하도록 개발하세요.
ㄷ. 아동이 행복은 곧 옳고 그름에 관한 앎임을 알도록 개발하세요.
ㄹ. 아동이 어떠한 상황에서도 두려움의 감정을 갖지 않는 용기 있는 사람이 되도록 개발하세요.

① ㄱ, ㄴ   ② ㄱ, ㄷ   ③ ㄷ, ㄹ
④ ㄱ, ㄴ, ㄹ   ⑤ ㄴ, ㄷ, ㄹ

07

다음을 주장한 사상가의 입장에서 〈사례〉 속 A에게 제시할 조언으로 가장 적절한 것은? [3점]

> 공리의 원리란 모든 행위에 관해 그것이 우리의 행복을 증진하느냐 혹은 감소하느냐에 따라 좋다거나 나쁘다고 평가하는 원리이다. 쾌락과 고통은 강도, 지속성, 확실성 등을 기준으로 오직 양으로만 계산될 수 있다.

〈 사례 〉

> 로봇 개발자인 A는 인공 지능 로봇 제작을 의뢰받았다. A는 인공 지능 로봇이 사람을 대신하여 유용한 일을 할 수 있지만, 범죄나 전쟁 등과 같은 유해한 일에 악용될 수 있기 때문에 이 로봇을 개발할지 고민하고 있다.

① 로봇 개발이 가져올 해악과 편익의 총합을 계산하여 결정하세요.
② 로봇 개발이 산출할 타인의 이익에 가중치를 두고 결정하세요.
③ 로봇 개발이 산출할 쾌락의 질적 차이를 고려하여 결정하세요.
④ 로봇 개발이 결과와 무관하게 선한 것인지 숙고하여 결정하세요.
⑤ 로봇 개발이 당신에게 가져올 이익만을 고려하여 결정하세요.

08

다음을 주장한 사상가의 입장에서 〈사례〉 속 A에게 제시할 조언으로 가장 적절한 것은? [3점]

> 너의 행위의 준칙이 보편적 법칙이 되기를 바랄 수 있도록 그렇게 행위하라.

〈 사례 〉

> 사장 A가 돈을 빌리지 않으면 회사는 부도가 나고 직원도 실직하게 된다. A는 친구에게 돈을 빌리기 위해 갚지 못할 것을 알면서도, 돈을 반드시 갚겠다는 거짓 약속을 할지 고민하고 있다.

① 정직한 행위에 따르는 보상을 기대하고 행동하세요.
② 직원의 처지를 보고 느끼는 동정심에 따라 행동하세요.
③ 당신의 고통보다 친구의 고통이 크게 되지 않도록 행동하세요.
④ 거짓 약속을 해서라도 당신의 경제적 피해를 최소화하도록 행동하세요.
⑤ 모두가 거짓 약속을 시도한다면 과연 약속이란 것이 가능할지 판단하여 행동하세요.

09

다음을 주장한 사상가의 입장에서 〈문제 상황〉 속 A에게 제시할 조언으로 가장 적절한 것은?

> 행위가 옳은지 그른지를 알기 위해서는 그 행위의 결과가 어떠한지를 알아야 한다. 유용성의 원리는 선택의 상황에서 개별 행위에 직접적으로 적용된다. 옳은 행위란 다른 어떤 가능한 행위보다 더 큰 유용성을 갖는 행위이다.

〈 문제 상황 〉

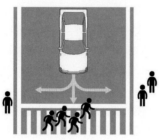

> 자율 주행 자동차를 설계하고 있는 엔지니어 A는 위 그림과 같이 자율 주행 자동차가 고속 주행 중 제동을 시도해도 보행자와의 충돌이 불가피한 경우, 어떻게 주행하도록 설계해야 할지 고민하고 있다.

① 그 자체로 선한 의지를 반영하여 주행하도록 설계하세요.
② 탑승자와 보행자의 고통의 총합을 최소화하도록 설계하세요.
③ 탑승자의 안전을 최우선으로 고려하여 주행하도록 설계하세요.
④ 보행자의 인격을 수단이 아닌 목적으로 대우하도록 설계하세요.
⑤ 사회적 관습에 내재한 선에 따라 상황에 대처하도록 설계하세요.

10

갑, 을 사상가들의 입장으로 적절하지 <u>않은</u> 것은? [3점]

> 갑: 이성적 존재자로서 인간의 행위는 도덕 법칙의 지배를 받는다. 이 법칙에 자신의 행위를 자율적으로 복종시킬 때 그 행위는 결과와는 상관없이 도덕적 가치를 갖는다.
> 을: 모든 쾌락을 합산하고 모든 고통을 합산하여 이 둘을 비교하였을 때, 쾌락의 양이 더 크면 그 행위는 옳은 행위이다. 이것이 행위의 옳음을 판단하는 유일한 방법이다.

① 갑: 좋은 결과를 산출한 행위도 옳지 않은 행위일 수 있다.
② 갑: 그 자체로 선한 의지에서 비롯된 행위는 옳은 행위이다.
③ 을: 행위의 옳고 그름을 판단하는 척도는 결과의 유용성이다.
④ 을: 정신적 쾌락은 감각적 쾌락과 달리 양적 계산이 불가능하다.
⑤ 갑, 을: 행위의 옳고 그름을 규정하는 보편적 원칙은 존재한다.

11

다음을 주장한 사상가의 입장에서 〈사례〉 속 A에게 해 줄 수 있는 조언으로 가장 적절한 것은? [3점]

> 어떤 행위가 의무에 맞을지라도 반드시 도덕적 가치를 갖는다고 할 수는 없다. 비록 그 행위가 의무가 명령한 것에 맞게 일어난다 할지라도 의무로부터 일어난 것이 아니라면 도덕적 가치를 갖지 않기 때문이다.

〈 사례 〉

> 상인 A는 정직하게 손님을 대하여 많은 단골손님을 갖게 되었다. 그러던 어느 날 정직한 행동이 이익으로 돌아온다는 생각이 들었다. 하지만 시간이 갈수록 그는 이익을 위해 정직하게 행동하는 것이 진정으로 도덕적인 것인지 고민하게 되었다.

① 꾸준한 도덕적 실천으로 얻어진 덕에 따라 행동하세요.
② 당신의 자연적 성향에 따라 손님들을 정직하게 대하세요.
③ 모두의 이익을 증진시킬 수 있도록 정직하게 행동하세요.
④ 당신의 정직한 행위가 도덕적 의무에 맞기만 하면 됩니다.
⑤ 경향성이 섞이지 않은 순수한 도덕적 동기에 따라 행동하세요.

12

다음을 주장한 사상가의 입장에서 〈사례〉 속 A에게 제시할 충고로 가장 적절한 것은?

> 재물이나 명성과 명예는 최대한 많아지도록 마음을 쓰면서도 지혜와 진리, 자신의 영혼이 최대한 훌륭해지도록 하는 일에 대해서는 마음을 쓰지 않는 것을 부끄러워해야 한다. 숙고하지 않는 삶은 살 가치가 없다.

 〈 사례 〉

> 제2차 세계 대전 당시 유대인 학살의 실무 책임자였던 피고 A는 재판 과정에서 자신이 명령받은 일을 하지 않았다면 양심의 가책을 받았을 것이라고 말했다. 이에 많은 사람들은 그를 악마 같다고 비난했으나, 그는 맡은 일을 성실히 수행했을 뿐인데 자신이 비난받는 이유를 모르겠다고 항변했다.

① 영혼의 훌륭함보다는 명성과 명예를 추구해야 한다.
② 자신의 행동에서 지혜롭지 못한 것은 없는지 성찰해야 한다.
③ 옳음보다는 유용성을 기준으로 자신의 삶의 목적을 정해야 한다.
④ 직위와 결부된 책임을 충실히 이행하기 위해 노력해야 한다.
⑤ 자신이 속한 국가가 정한 규범을 의심 없이 받아들여야 한다.

13

갑 사상가가 을 사상가에게 제기할 수 있는 비판으로 가장 적절한 것은? [3점]

> 갑: '나는 무엇을 해야만 하는가?'라는 물음에 앞서 '나는 어떤 이야기 또는 이야기들의 부분인가?'라는 물음에 답해야 한다. 나의 삶의 역사는 공동체의 역사 속에 있고, 나의 도덕적 정체성은 공동체 구성원의 자격 속에서 발견된다.
>
> 을: '나는 무엇을 해야만 하는가?'라는 물음에 대한 적절한 대답은 공리의 원리를 따르는 것이라고 하겠다. 이 원리는 고통과 쾌락의 양을 계산하여, 구성원들의 이익 총합으로서의 공동체 이익을 증진시키도록 행위할 것을 요구한다.

① 행위자의 품성보다 행위의 유용성이 중요함을 간과한다.
② 보편적 도덕 원리를 행위의 기준으로 삼아야 함을 간과한다.
③ 공동체가 개인의 단순한 집합체로 간주될 수 없음을 간과한다.
④ 개인이 다른 사람의 행복을 고려하여 행위해야 함을 간과한다.
⑤ 도덕 판단에서 역사적 특수성보다 행위 결과를 고려해야 함을 간과한다.

14

㉠에 들어갈 진술로 가장 적절한 것은?

> 나의 삶은 항상 나의 정체성을 도출해 내는 공동체 속에 편입되어 있다. 나는 다양한 역할들을 맡은 사람으로서 공동체로부터 다양한 부채와 유산, 정당한 기대와 의무를 물려받는다. 이것들은 나의 도덕적 출발점을 구성한다. 그런데 어떤 사상가는 도덕이 개인의 외부에 있는 기준이 아니라, 오직 실천 이성에 의해 정립되어야 하고 모든 인간에게 동일해야 한다고 주장한다. 나는 이 사상가가 고 생각한다.

① 선한 성품에서 나온 행위가 곧 도덕적 행위임을 강조했다
② 인간이 보편적인 도덕 법칙을 인식할 수 없음을 강조했다
③ 이성적 행위자인 개개인이 도덕 법칙의 수립자임을 간과했다
④ 도덕 법칙이 이성적 존재인 인간에게 구속력이 있음을 간과했다
⑤ 도덕이 사회적·역사적 맥락 속에서 도출되어야 함을 간과했다

15

갑, 을 사상가들의 입장으로 가장 적절한 것은?

> 갑: 덕은 하나의 습득된 인간의 특성이다. 우리가 덕을 소유하고 실천하면 사회적 관행에 내재하는 선을 성취할 수 있고, 우리가 덕을 습득하지 못하면 그러한 선을 성취하지 못하게 된다.
>
> 을: 도덕 법칙은 이성적 존재자에게 의무의 법칙이다. 이것은 도덕적 강요의 법칙이며, 법칙에 대한 존경을 통해 그리고 의무에 대한 외경에 의해 행위를 규정하는 것이다.

① 갑: 인간은 타고난 덕을 실천해야 도덕적 행위를 할 수 있다.
② 갑: 덕은 사회적 실천을 통해 선을 이루는 데 필요한 성품이다.
③ 을: 최대 다수의 최대 행복의 원리가 도덕적 행위의 기준이다.
④ 을: 도덕적 행위자는 도덕 법칙보다 상황과 맥락을 중시해야 한다.
⑤ 갑, 을: 행위의 도덕성 평가에서 동기와 감정은 배제되어야 한다.

16

다음을 주장한 사상가의 입장에서 〈문제 상황〉 속 A에게 제시할 조언으로 가장 적절한 것은?

> 도덕 법칙은 모든 유한한 이성적 존재자에게 의무의 법칙이며, 이 법칙에 대한 존경심에 의해서 그리고 자신의 의무에 대한 외경에서 행위를 규정하는 도덕적 강제의 법칙이다.
>
> 〈문제 상황〉
> A는 집에서 동생의 무선 이어폰을 실수로 떨어뜨렸다. 귀가한 동생이 자신의 이어폰이 망가진 것을 확인하고 속상해하자, A는 자신이 행한 일을 사실대로 말해야 할지 고민 중이다.

① 고통을 겪고 있는 동생의 자연적 경향성을 고려하세요.
② 사실을 알리는 행위가 유용성을 극대화하는지 고려하세요.
③ 유덕한 품성을 지닌 사람이라면 어떻게 행동할지 고려하세요.
④ 물건을 망가뜨린 행위로 발생할 자기 손해를 먼저 고려하세요.
⑤ 정직하게 말하는 것이 선의지에서 비롯된 행위인지 고려하세요.

17

갑, 을 사상가들의 입장에서 〈문제 상황〉 속 A에게 제시할 조언으로 가장 적절한 것은?

> 갑: 의무는 인간의 실천 이성으로부터 도출된다. 어떤 행동이 진정한 도덕적 가치를 갖기 위해서는 아무런 경향성 없이, 오로지 의무로부터 비롯되어야 한다.
>
> 을: 도덕의 토대를 이성 위에 세우려는 시도는 실패할 것이다. 도덕적으로 행동하기 위해 인간은 덕을 발휘해야 한다. 덕은 삶의 서사적 통일성과 사회적 전통 내에서 획득될 수 있다.
>
> 〈문제 상황〉
>
> 고등학생 A는 인근에서 일어난 산불로 인해 많은 이재민이 발생했다는 뉴스를 보았다. 이에 A는 한정판 운동화 구매를 위해 모아 두었던 용돈을 도움이 절실한 이재민에게 기부할지 고민하고 있다.

① 갑: 쾌락 총량의 극대화 원칙을 토대로 기부 여부를 결정하세요.
② 갑: 이재민을 도와야 한다는 순수한 도덕적 동기에 따라 행동하세요.
③ 을: 공동체의 어려운 상황과 관계없이 보편적 도덕 원리를 따르세요.
④ 을: 기부 행위가 자신의 유덕한 품성 형성과 무관함을 명심하세요.
⑤ 갑과 을: 이성적 판단을 위해 이재민에 대한 동정심을 배제하세요.

18

다음을 주장한 사상가의 입장에서 〈문제 상황〉 속 A에게 제시할 조언으로 가장 적절한 것은?

> 이성적인 존재는 자기 자신뿐만 아니라 다른 모든 이성적인 존재를 결코 단순히 수단으로만 대우해서는 안 되고, 언제나 동시에 목적 그 자체로 대우해야 한다.
>
> 〈문제 상황〉
>
> 고등학생 A는 세뱃돈으로 무선 이어폰을 동생에게 사주기로 한 약속을 지킬지, 평소 후원하는 단체로부터 받은 감사 편지에 감동하여 추가로 기부할지 고민 중이다.

① 인간이 마땅히 따라야 할 의무를 동기로 삼아 행위하세요.
② 어떤 대안이 최선의 결과를 낳을지를 계산하여 행위하세요.
③ 자신의 주변 사람들로부터 인정받을 수 있도록 행위하세요.
④ 지적인 덕과 품성적 덕을 갖춘 사람을 본받아서 행위하세요.
⑤ 자신의 선택에 따른 쾌락의 질적 차이를 고려하여 행위하세요

19

다음을 주장한 사상가의 입장에서 〈문제 상황〉 속 A에게 제시할 조언으로 가장 적절한 것은?

> 공동체는 가공의 조직체이며 공동체의 이익은 그 구성원들의 이익의 총합이다. 어떤 행동이 공동체의 행복을 증가시키는 경향이 감소시키는 경향보다 클 경우, 이 행동은 공리의 원칙에 의해 승인된다.
>
> 〈문제 상황〉
>
> A는 난치병 치료를 위해 배아 줄기세포를 연구하고 있다. A는 연구 과정에서 배아가 폐기되고, 난자 확보 과정에서 여성의 건강권이 침해되기 때문에 연구를 계속해야 할지 고민하고 있다.

① 연구 결과로 인한 사회적 손익을 계산해야 함을 명심하세요.
② 연구자가 지켜야 할 보편적 도덕 원리는 없음을 명심하세요.
③ 연구자의 동기가 연구의 도덕성 판단의 척도임을 명심하세요.
④ 연구자는 경향성이 아니라 선의지에 따라야 함을 명심하세요.
⑤ 연구는 사익의 총합보다 큰 공익을 지향해야 함을 명심하세요.

20

갑 사상가가 을 사상가에게 제기할 수 있는 비판으로 가장 적절한 것은?

행위의 도덕성은 의무로부터 나오는 행위의 필연성에 따라서 정해집니다. 행위의 결과로 나타나는 객관에 대해서는 경향성을 가질 수 있지만 결코 존경심을 가질 수는 없습니다.

갑

행위에 대한 도덕 판단은 쾌락을 산출하고 고통을 줄이는 공리의 원리에 따라야 합니다. 쾌락에는 질적인 차이가 있으므로 어떤 쾌락이 다른 쾌락보다 더 바람직하다고 인정할 수 있습니다.

을

① 행복을 추구하는 것은 인간의 자연적 성향임을 간과한다.
② 행복 추구와 도덕적 의무 이행은 양립할 수 없음을 간과한다.
③ 보편타당한 원리보다 상황에 따라서 행위해야 함을 간과한다.
④ 감각적 쾌락보다 정신적 쾌락이 더 바람직한 쾌락임을 간과한다.
⑤ 선의지에서 비롯된 행위만이 도덕적인 가치가 있음을 간과한다.

21

다음을 주장한 사상가의 입장에서 〈문제 상황〉 속 A에게 제시할 조언으로 가장 적절한 것은?

> 공동체의 이익이란 공동체를 구성하는 여러 구성원들의 이익의 총합이다. 어떤 행위가 공동체의 행복을 증가시키는 경향이 감소시키는 경향보다 더 클 경우, 그 행위는 공리의 원리에 일치한다. 공리의 원리에 일치하는 행위는 항상 우리가 해야 할 행위이다.

〈 문제 상황 〉

① 고통받는 환자의 행복만을 실현할 수 있는 법안인지 고려하세요.
② 법안이 누구나 파악할 수 있는 자연법에 부합되는지 고려하세요.
③ 공동체 내에 유덕한 시민이 법안을 수용할 수 있을지 고려하세요.
④ 법안이 사회 구성원들의 행복의 총량을 최대화하는지 고려하세요.
⑤ 고통받는 환자의 인격을 목적으로 대우하는 법안인지 고려하세요.

22

갑, 을 사상가들의 입장으로 가장 적절한 것은? [3점]

> 갑: 품성적 덕은 본성적으로 생겨나는 것도 아니요, 본성에 반하여 생겨나는 것도 아니다. 우리는 그것을 본성적으로 받아들일 수 있으며 습관을 통해 완성시킨다.
> 을: 정언 명령은 어떤 행위를 그 자체로서, 다른 목적과 관계없이 필연적인 것으로 표상한다. 정언 명령만이 도덕 법칙으로서의 필연성을 가진다.

① 갑: 덕에 따르는 삶을 위해 공동체의 전통에서 벗어나야 한다.
② 갑: 인간은 선천적으로 지니고 있는 품성적 덕을 길러야 한다.
③ 을: 의무에 맞는 모든 행위를 도덕적 행위로 간주해야 한다.
④ 을: 이성적 존재는 스스로 도덕 법칙의 수립자가 되어야 한다.
⑤ 갑과 을: 도덕적 행위를 하려면 자연적 경향성을 따라야 한다.

23

다음을 주장한 사상가의 입장에서 〈사례〉 속 A에게 제시할 조언으로 가장 적절한 것은?

> 쾌락의 산출과 고통의 회피는 개인은 물론이고 입법자가 살펴보아야 할 목적이다. 어떤 행위가 공동체의 이익을 증가시킨다는 것은 공동체를 구성하는 이해 당사자들의 쾌락의 합계를 증가시키는 것이다.

〈 사례 〉

> 국회의원 A는 딥페이크(deepfake)* 활용을 금지하는 법안 발의에 참여해야 하는지 고민하고 있다. 딥페이크가 가짜 뉴스나 음란물 제작 등에 악용되는 경우가 있지만, 다양한 창작 활동에 활용되는 경우도 있기 때문이다.
> * 딥페이크(deepfake): 인공 지능 기술을 이용하여 원본 이미지 위에 다른 이미지를 결합하여 새로운 이미지를 생성하는 기술

① 도덕과 입법의 근거인 유용성의 원리에 따라 결정하세요.
② 법안의 효용을 고려하기보다 의무 의식에 따라 결정하세요.
③ 기술이 가져올 해악이 아닌 이익만을 고려하여 결정하세요.
④ 기술의 활용 결과가 아닌 개발 동기를 고려하여 결정하세요.
⑤ 개인의 이익을 배제하고 사회의 이익만을 고려하여 결정하세요.

24

다음을 주장한 사상가의 입장에서 〈사례〉 속 A에게 제시할 조언으로 가장 적절한 것은?

> 의무는 도덕 법칙에 대한 존경으로부터 말미암는 행위의 필연성이다. 결과가 아니라 나의 의지와 연결되어 있는 것, 곧 순수한 법칙 그 자체만이 존경의 대상일 수 있고 명령일 수 있다.

〈 사례 〉

> 기업가 A는 회사가 부도 위기에 처하자 수단과 방법을 가리지 않고서라도 회사의 부도를 막아야 할지 고민하고 있다.

① 기업의 회생이 목적인 모든 행위는 정당화됨을 명심하세요.
② 동기와 무관하게 결과가 좋으면 옳은 행위가 됨을 명심하세요.
③ 기업가의 의무에 맞는 행위가 곧 도덕적 행위임을 명심하세요.
④ 기업을 살리려는 맹목적 경향성에서 벗어나 선의지를 따르세요.
⑤ 경제적 유용성 유무가 도덕적 판단의 기준이 됨을 고려하세요.

25

다음을 주장한 사상가의 입장에서 〈문제 상황〉 속 A에게 제시할 조언으로 가장 적절한 것은?

> 공동체의 이익이란 공동체 구성원들의 이익의 총합이다. 어떤 일이 개인의 이익을 증진시킨다는 것은 그 개인의 쾌락의 합계를 증가시키는 것을 의미한다. 개인들의 행위를 통해 산출할 수 있는 쾌락의 양이 옳음을 평가하는 유일한 요소이다.
>
> 〈문제 상황〉
>
> A는 한정판 운동화를 구입하고자 용돈을 모으고 있다. 그러던 중 코로나바이러스감염증-19에 따른 경기 침체로 후원이 끊긴 자선 단체에 도움의 손길이 필요하다는 광고를 보고 모은 용돈을 기부해야 할지 고민하고 있다.

① 질적으로 고상한 쾌락을 산출할 수 있도록 행위하세요.
② 행위의 결과를 고려하기보다 선의지에 따라 행위하세요.
③ 보편적 도덕 원리를 배제하고 상황과 맥락에 맞게 행위하세요.
④ 구체적 상황을 고려하기보다 공동체의 전통에 맞게 행위하세요.
⑤ 행위와 관련된 사람들의 쾌락의 총합이 극대화되도록 행위하세요.

26

갑, 을 사상가들의 입장으로 가장 적절한 것은? [3점]

> 갑: 공리성의 원리는 자기 이익이 걸려 있는 당사자들의 행복을 증가시키거나 감소시키는 경향에 따라서 각각의 행위를 승인하거나 부인하는 원리이다. 이러한 각각의 행위란 개인의 모든 행위뿐만 아니라 정부의 모든 정책까지 포함한다.
> 을: 도덕 법칙은 가장 완전한 존재자의 의지에 대해서는 신성의 법칙이지만, 모든 이성적 존재자의 의지에 대해서는 의무의 법칙이자 도덕적 강요의 법칙이다. 도덕 법칙은 법칙에 대한 존경을 통해 이성적 존재자의 행위를 규정한다.

① 갑: 공동체의 이익은 그 공동체 구성원들의 이익과 무관하다.
② 갑: 행위의 옳고 그름은 결과보다 동기에 의해 평가되어야 한다.
③ 을: 행위자의 성품을 기준으로 행위의 도덕성을 판단해야 한다.
④ 을: 의무 의식에서 비롯되지 않은 행위도 도덕적 행위일 수 있다.
⑤ 갑, 을: 윤리적 의사 결정에 적용되는 보편적 도덕 원리가 존재한다.

27

갑, 을 사상가들의 입장으로 가장 적절한 것은?

> 갑: 세상 안에서뿐만 아니라 세상 밖에서조차도 제한 없이 선하다고 여길 수 있는 것은 선의지뿐이다. 이성의 최고의 실천적 사명은 선의지의 토대를 마련하는 것이다.
> 을: 덕은 하나의 습득된 인간의 자질로서, 그것의 소유와 실행은 우리로 하여금 어떤 실천에 내재하고 있는 선들을 성취할 수 있도록 해 준다.

① 갑: 공동체가 추구하는 선을 따르려는 의지만이 도덕적이다.
② 갑: 행위의 준칙은 보편적으로 따라야 할 법칙이 될 수 있다.
③ 을: 도덕적 선악은 공동체의 역사와 무관하게 판단되어야 한다.
④ 을: 덕은 관행에 내재한 선을 성취하게 하는 타고난 성품이다.
⑤ 갑, 을: 맥락적 사고가 아닌 도덕 법칙에 따라 행위해야 한다.

28

갑, 을 사상가들의 입장에서 〈사례〉 속 A에게 해 줄 수 있는 조언으로 가장 적절한 것은?

> 갑: 의무란 도덕 법칙에 대한 존경심 때문에 반드시 어떤 행위를 할 수밖에 없는 것이다. 의무로부터 비롯된 행위만이 도덕적 가치를 갖는다.
> 을: 두 가지 쾌락을 경험한 사람들이 그중 특정한 쾌락을 선호해야 한다는 도덕적 의무감과 상관없이 어느 한 쾌락을 확실히 선호한다면 그 쾌락이 더 바람직한 쾌락이다.

> 〈사례〉
>
> A는 운영하던 회사가 어려워지자 돈을 갚을 수 없다는 것을 알면서도 친구에게 돈을 갚겠다는 거짓 약속을 하고 돈을 빌릴 것인가를 고민하고 있다.

① 갑: 거짓말해도 된다는 준칙은 보편화될 수 없음을 명심하세요.
② 갑: 자연적인 경향성에 따라 항상 정직해야 함을 명심하세요.
③ 을: 거짓말로 인한 결과는 고려할 필요가 없음을 명심하세요.
④ 을: 정직함은 유용성과 무관하게 도덕적인 것임을 명심하세요.
⑤ 갑, 을: 거짓말은 상황에 따라 허용될 수 있음을 명심하세요.

29

그림은 서양 사상가 갑, 을의 가상 대화이다. 갑이 을에게 제기할 수 있는 비판으로 가장 적절한 것은? [3점]

도덕적 행위는 인간이 습득할 수 있는 자질인 덕을 소유하고 발휘할 때 가능합니다. 우리의 삶은 공동체 속 이야기의 일부이며, 경험을 공유하는 사람들의 이야기를 통해 이해될 수 있습니다.

도덕적 행위는 도덕 법칙에 대한 자발적 존중에서 비롯됩니다. 도덕 법칙은 이성적 존재에게 있어서는 의무의 법칙이며, 이 법칙에 대한 존경심에서 행위를 규정하는 법칙입니다.

갑   을

① 선의지의 지배를 받는 행위가 도덕적인 행위임을 간과한다.
② 공동체의 관행보다 절대적 도덕 원리에 따라야 함을 간과한다.
③ 의무 의식에서 비롯된 행위가 도덕적 가치를 지님을 간과한다.
④ 도덕 법칙은 예외 없이 따라야 할 무조건적 명령임을 간과한다.
⑤ 도덕적 행위는 행위자의 유덕한 성품을 바탕으로 한 행위임을 간과한다.

30

갑, 을 사상가들의 입장으로 가장 적절한 것은? [3점]

갑: 어떤 행동이 아무런 경향성 없이 오로지 의무로부터 비롯될 때, 그 행위는 도덕적 가치를 갖는다. 행위의 도덕적 가치는 행위 결과가 아닌 이성적 존재자의 의지에 달려 있다.

을: 어떤 행동이 공동체의 쾌락을 감소시키는 경향보다 증가시키는 경향이 크다면 이는 공리의 원칙에 일치한다. 모든 쾌락은 강도, 지속성, 확실성 등 일곱 가지 기준으로 그 양을 측정할 수 있다.

① 갑: 의무와 일치하는 모든 행위는 도덕적 가치를 지닐 수 있다.
② 갑: 도덕 법칙은 이성적 존재의 행복 실현을 위한 조건적 명령이다.
③ 을: 행위가 가져올 양적 쾌락보다 질적 쾌락을 중시해야 한다.
④ 을: 사회적 유용성의 산출을 도덕과 입법의 원리로 삼아야 한다.
⑤ 갑, 을: 행위의 도덕성을 평가하는 기준은 결과가 아닌 동기이다.

31

다음을 주장한 사상가의 입장에서 〈문제 상황〉 속 A에게 제시할 조언으로 가장 적절한 것은?

의무는 법칙에 대한 존경에서 나오는 행위의 필연성이다. 내가 의도한 행위의 결과인 대상에 대해 나는 경향성을 가질 수는 있지만 결코 존경할 수는 없다.

〈문제 상황〉

고등학생 A는 유기견 봉사 활동을 가기로 친구와 약속하였다. 그런데 봉사 활동 당일에 좋아하는 가수의 콘서트 입장권이 생겨, 약속을 지켜야 할지 친구에게 거짓말을 하고 콘서트에 가야 할지 고민하고 있다.

① 동정심을 기준으로 어떠한 행위가 도덕적인지를 판단하세요.
② 약속 준수와 공연 관람 중 더욱 칭찬받을 행위를 선택하세요.
③ 쾌락을 산출하는 행위만이 도덕적 가치가 있음을 명심하세요.
④ 약속을 지킬지 말지를 경향성에 따라 자율적으로 결정하세요.
⑤ 자신의 행위가 보편화 가능한 준칙에 따른 것인지 검토하세요.

32

다음 사상가의 관점에서 〈문제 상황〉 속 A에게 제시할 조언으로 가장 적절한 것은? [3점]

그 자체로 높이 평가해야 할, 더 이상의 의도가 없는 선의지라는 개념은 이미 자연적인 건전한 지성에 내재해 있고, 가르칠 필요는 없으며 오히려 단지 계발될 필요만 있는 것이다.

〈문제 상황〉

A는 좋아하는 게임 아이템을 구입하고 싶지만 용돈이 부족하다. A는 갚지 못할 것을 알면서도 친구에게 "꼭 갚을게!"라고 약속하고 돈을 빌려야 할지 고민하고 있다.

① 약속을 어긴 사람은 목적으로 대우받아서는 안 됨을 명심하세요.
② 약속 준수의 의무는 자기 행복에 대한 열망에 근거함을 명심하세요.
③ 거짓 약속은 친구의 인격을 존경하는 것이 아님을 유념하세요.
④ 약속은 친구와의 돈독한 정서적 유대를 위해 지켜야 함을 유념하세요.
⑤ 친구에게 무해하다면 거짓 약속도 도덕적으로 정당화됨을 유념하세요.

한눈에 정리하는
평가원 기출 경향

주제 \ 학년도	**2025**	**2024**	**2023**

빈출
동서양의 죽음관
[4일차]

2025 — 수능 4번

34. 갑, 을 사상가들의 입장으로 가장 적절한 것은? [3점]

갑: 태초에 무언가 섞이고 변하여 기(氣)를 얻었고, 기가 변하여 형체를 갖게 되었으며, 형체가 변하여 생명을 얻게 된다. 그리고 그 생명이 변하여 죽음에 이른다.

을: 늙음[老]과 병듦[病]과 죽음[死]을 떨쳐내지 못하게 되는 것은 세 가지의 법(法)을 끊지 못하기 때문이다. 그 세 가지는 바로 탐욕[貪], 성냄[瞋], 어리석음[癡]이다.

① 갑: 죽음은 기가 흩어진 것이므로 운명으로 받아들여서는 안 된다.
② 갑: 죽음 앞에 두려움 없이 초연해야 인륜의 도(道)를 완성할 수 있다.
③ 을: 죽음의 참모습을 자각하면 업(業)을 짓지 않고 윤회하게 된다.
④ 을: 열반에 이르기 위해서는 삶과 죽음의 의존관계를 부정해야 한다.
⑤ 갑과 을: 도를 얻음으로써 생사(生死)의 얽매임에서 벗어날 수 있다.

2024 — 수능 17번

3. 갑, 을 사상가들의 입장으로 가장 적절한 것은? [3점]

갑: 사람에게 인(仁)은 물과 불보다 더 필요한 것이다. 하지만 나는 물과 불로 인해 죽은 사람은 보았지만, 인을 실천하다가 죽은 사람은 아직 보지 못하였다.

을: 삶과 죽음은 사계절의 운행과 같다. 이러한 이치에 통달한 지인(至人)을 물과 불도 해치게 할 수 없고, 추위와 더위가 해칠 수 없으며, 짐승들마저도 죽이지 못한다.

① 갑: 죽음 이후에 관한 지식이 삶에 관한 지식보다 중요하다.
② 갑: 죽음을 맞이하는 한이 있더라도 도(道)를 추구해야 한다.
③ 을: 죽음은 삶에서 지은 업(業)으로 말미암아 나타난 결과이다.
④ 을: 죽음은 삶의 자연스러운 변화이지만 마땅히 슬퍼해야 한다.
⑤ 갑과 을: 삶과 죽음은 운명[命]에 따라 주기적으로 순환한다.

2023 — 수능 6번

6. 갑, 을 사상가들의 입장으로 가장 적절한 것은? [3점]

갑: 사람이 죽으면 영혼이 육체로부터 분리되어 자유를 얻는다. 죽음이 다가올 때 죽기를 주저하는 사람은 분명 지혜를 사랑하는 자가 아니며, 육신을 사랑하는 자인 동시에 부나 명예를 사랑하는 자임에 틀림이 없다.

을: 우리가 존재하는 한 죽음은 우리와 함께 있지 않으며 죽음이 오면 우리는 존재하지 않는다. 죽음은 산 사람이나 죽은 사람 모두와 아무런 상관이 없다. 지혜로운 사람에게는 죽음이 어떠한 악으로도 생각되지 않는다.

① 갑: 지혜로운 사람은 죽음을 두려워하면서도 의연히 받아들인다.
② 갑: 사람들이 추구하는 것이 달라도 죽음을 대하는 태도는 같다.
③ 을: 죽음은 지혜로운 사람도 피할 수 없는 고통임을 깨달아야 한다.
④ 을: 감각할 수 없는 자신의 죽음 때문에 불안을 느낄 필요가 없다.
⑤ 갑과 을: 불멸에 대한 열망을 통해 죽음의 불안에서 벗어나야 한다.

죽음과 관련된 윤리적 쟁점
[5일차]

빈출
생명과 관련된 윤리적 쟁점_ 유전자 조작
[5일차]

2025 — 수능 2번

36. 다음 토론의 핵심 쟁점으로 가장 적절한 것은? [3점]

갑: 생명 과학이 발달함에 따라 뇌 자극과 약물을 통해 인간의 질병을 치료할 수 있게 되었고, 인간의 이타심을 향상시키는 강화도 가능해졌습니다.

을: 인간의 이타심을 인위적 조작으로 강화함으로써 사회 이익에 기여하는 도덕적 행동도 증가시킬 수 있게 되었습니다.

갑: 물론 이타심 강화에 의해 사회 이익에 기여하는 친사회적 행동이 증가하는 것은 사실입니다. 하지만 그러한 행동은 자극에 의한 타율적 반응일 뿐 도덕적 행동은 아닙니다.

을: 이타심 강화로 인해 증가한 친사회적 행동이 자극에 의한 타율적 반응인 것은 맞습니다. 하지만 결과적으로 사회 이익을 증진하므로 그러한 행동도 도덕적 행동입니다.

① 생명 과학의 발달은 인간의 질병 치료에 기여하는가?
② 강화에 의한 인간의 친사회적 행동은 도덕적 행동인가?
③ 인간의 이타심을 인위적으로 향상시키는 방법이 있는가?
④ 강화에 의한 인간의 친사회적 행동은 사회 이익에 기여할 수 있는가?
⑤ 강화에 의한 인간의 친사회적 행동은 자극에 의한 타율적 반응인가?

2024 — 수능 4번

3. (가)의 주장을 (나) 그림으로 나타낼 때, ㉠에 대한 반론의 근거로 가장 적절한 것은?

(가) 인간 배아 복제는 줄기세포를 추출하기 위해 인간 배아를 파괴하여 인간의 생명권을 침해하기 때문에 허용되어서는 안 된다.

(나)

① 인간 배아 복제는 인간의 생명권을 침해한다.
② 인간은 인간 배아와 유전적 특성이 다르지 않다.
③ 인간 종의 구성원들 중에는 인간 배아도 포함된다.
④ 인간 배아가 되는 과정은 끊임없이 연속적이다.
⑤ 인간 배아는 도덕적 지위가 없는 단순한 세포 덩어리이다.

2023 — 수능 5번

6. 다음 토론의 핵심 쟁점으로 가장 적절한 것은?

갑: 과거 우생학은 국가의 특정한 목적을 위해 개인의 자유를 침해했기 때문에 금지되었습니다. 하지만 개인의 자유로운 선택을 존중하는 우생학은 허용되어야 합니다.

을: 동의합니다. 개인의 자유로운 선택을 전제한다면, 개인은 자신뿐 아니라 자녀에 대한 치료 목적의 소극적 우생학은 물론 자질 강화를 위한 적극적 우생학의 권리도 지닙니다.

갑: 물론 개인은 자신에 대해서는 그러한 권리 모두를 지닙니다. 하지만 자녀에 대한 소극적 우생학과 달리, 부모가 유전적 개입을 통해 자녀의 삶을 특정 방향으로 유도하려는 적극적 우생학은 자녀의 자율성을 침해하기에 금지되어야 합니다.

을: 그렇지 않습니다. 인간의 삶의 방향은 유전자, 환경, 노력 등의 복합적인 상호 작용으로 결정됩니다. 자녀에 대한 적극적 우생학이 자녀의 자율성을 침해하는 것은 아닙니다.

① 유전적 개입으로 유전 질환을 치료하는 것을 허용해도 되는가?
② 개인은 자기 자신에 대한 적극적 우생학의 권리를 지닐 수 있는가?
③ 자녀의 자율성을 침해하지 않는 유전적 개입을 허용해도 되는가?
④ 자녀의 능력 향상을 위해 부모가 자녀의 유전자에 개입해도 되는가?
⑤ 유전자는 개인의 삶의 방향을 결정하는 데 영향을 미칠 수 있는가?

2022. 수능 6번

9. 다음을 주장한 사상가의 입장으로 적절한 것만을 〈보기〉에서 고른 것은? [3점]

삶은 죽음과 함께 걷고 죽음은 삶에서 비롯하나니 누가 그 실마리를 알겠는가. 사람의 삶은 기(氣)가 모인 것이라서 모이면 삶이 되고 흩어지면 죽음이 된다네. 따라서 만물은 하나니라. 좋아하면 멋진 것이라 하고 싫어하면 역겨운 것이라 하지만, 역겨운 것이 멋진 것이 되고 멋진 것이 다시 역겨운 것이 되네. 따라서 삶과 죽음은 하나의 기로 통할 뿐이라고 말하는 것일세. 성인(聖人)은 하나를 귀하게 여긴다네.

〈보기〉

ㄱ. 삶에 얽매이지도 말고 죽음도 걱정하지도 말아야 한다.
ㄴ. 죽음을 의식하고 인의예지(仁義禮智)를 행해야 한다.
ㄷ. 삶과 죽음의 변화는 계절의 변화처럼 자연스러운 것이다.
ㄹ. 죽음은 윤회의 일부이며 현생의 업보가 내생을 결정한다.

① ㄱ, ㄴ ② ㄱ, ㄷ ③ ㄴ, ㄷ ④ ㄴ, ㄹ ⑤ ㄷ, ㄹ

2021. 수능 16번

11. (가)~(다) 사상의 입장으로 옳지 않은 것은? [3점]

(가) 아침에 도(道)를 깨달으면 저녁에 죽어도 좋다. 뜻있는 선비는 살아남고자 하여 인(仁)을 해치는 일이 없다.
(나) 진인(眞人)은 삶을 기뻐하지도 않고, 죽음을 싫어하지도 않는다. 착한 일을 행하여 명성을 가까이하지도 말고, 악한 짓을 행하여 형벌을 가까이하지도 말아야 한다.
(다) 전생(前生)에 뿌려진 씨앗은 이번 생에 받는 것이고, 다음 생에 거둘 열매는 이번 생에 행하는 바로 그것이다.

① (가): 죽음은 슬픈 일이지만 의로운 일을 위해 목숨을 버릴 수 있다.
② (나): 인의(仁義)를 위해 목숨을 바치는 것은 어리석은 일이다.
③ (다): 연기의 법칙을 깨달으면 윤회의 고통에서 벗어날 수 있다.
④ (가), (나): 태어남과 죽음은 본래 자연스러운 과정일 뿐이다.
⑤ (나), (다): 남을 도우며 선하게 살아야 내세의 행복을 기약할 수 있다.

2020. 9월 모평 18번

14. 다음 사상가의 입장으로 가장 적절한 것은? [3점]

삶과 죽음은 기(氣)가 모였다 흩어지는 자연의 과정이다. 생명을 얻음은 때를 만나서 태어난 것이요, 생명을 잃음은 운명에 순응하는 것이다. 때에 맞게 마음을 편안히 가지고 운명에 순응하면 슬픔과 즐거움이 들어올 수 없으니, 이것이 옛사람이 말한 '거꾸로 매달린 고통을 풀어줌이다.

① 연기(緣起)의 이치를 깨달아 고락에서 벗어나야 한다.
② 삶에 집착하지 않고 자연스러운 도(道)를 따라야 한다.
③ 내세의 행복을 위해 선업(善業)을 쌓는 삶을 살아야 한다.
④ 삶과 죽음의 이치를 깨달아 인의(仁義)의 삶에 힘써야 한다.
⑤ 죽음은 자연의 과정이므로 상례(喪禮)를 통해 애도해야 한다.

2019. 6월 모평 11번

18. 동양 사상 (가), (나)의 입장으로 가장 적절한 것은? [3점]

(가) 삶도 내가 원하고 의로움 또한 내가 원한다. 이 둘을 함께 얻을 수 없다면, 의로움을 취하지 어찌 구차하게 살겠는가. 죽음도 내가 싫어하는 것이지만 죽음보다 더 싫어하는 것이 있다. 그래서 죽음조차 피하지 않는 경우가 있다.
(나) 사랑하는 이의 죽음은 슬픈 일인가? 생명이란 본래 자연에서 빌린 것이니 마치 티끌과 같고, 삶과 죽음의 이치는 밤낮의 변화와 같다. 이제 우리는 그 자연스런 변화를 바라보노니, 그것이 내게 왔다고 해서 어찌 싫어하겠는가.

① (가): 생(生) 그 자체가 어떤 가치보다도 더 소중하다.
② (가): 도덕적 가치가 삶과 죽음의 선택 기준이 될 수 있다.
③ (나): 삶과 죽음은 자연의 과정이 아니라 윤회의 과정이다.
④ (나): 삶과 죽음의 악순환을 끊는 것이 이상적 인간의 경지이다.
⑤ (가), (나): 죽음 이후를 대비하여 도덕적 이치를 탐구해야 한다.

2022. 6월 모평 14번

11. (가)의 입장에서 (나)의 입장에 대해 제기할 수 있는 비판으로 가장 적절한 것은? [3점]

(가) 심장 박동과 호흡이 비가역적으로 정지된 심폐사만을 죽음으로 인정해야 한다. 심폐사는 죽음에 대한 전통적인 판정 기준으로, 죽음의 시점을 확실하게 적시할 수 있어서 누가 보더라도 죽음을 판정할 수 있다는 장점이 있다.
(나) 뇌의 모든 기능을 상실한 사람은 결국 수일 내에 심폐사에 이르게 된다. 뇌사자에게 불필요한 치료를 억지로 지속하는 것은 뇌사자를 비인간적으로 대우하는 것일 뿐만 아니라, 한정된 의료 자원을 소모하면서 장기를 기증할 기회를 잃게 하므로 뇌사를 죽음으로 인정해야 한다.

① 의료 자원의 효율적 이용이 필요하다는 것을 간과한다.
② 뇌사가 죽음에 이르는 과도기적 상태라는 것을 간과한다.
③ 뇌사 인정은 뇌사자의 생명권을 존중하는 것임을 간과한다.
④ 장기 이식을 위해 뇌사를 죽음의 기준으로 삼아야 함을 간과한다.
⑤ 무의미한 연명 치료는 인간 존엄성을 훼손한다는 것을 간과한다.

2019. 수능 6번

19. 다음 글의 입장에서 긍정의 대답을 할 질문을 〈보기〉에서 고른 것은?

심장과 폐 활동을 한다 해도, 뇌의 기능이 불가역적으로 상실된 사람은 살아있는 존재로 볼 수 없다. 생명체의 활동에 있어서 뇌가 결정적 기능을 담당하기 때문이다. 뇌사를 죽음의 기준으로 인정하게 되면 당사자의 사전 동의를 통해 뇌사자로부터 장기 이식을 받아 더 많은 인명을 구할 수 있으므로 공익의 실현에 기여하게 된다. 일부에서는 뇌사의 오판 가능성을 제기하지만, 뇌사판정위원회를 통해 이를 최소화할 수 있다.

〈보기〉

ㄱ. 뇌사를 죽음의 기준으로 인정하는 것은 정당화될 수 있는가?
ㄴ. 뇌사 판정의 오류를 줄일 수 있는 제도적 절차가 있는가?
ㄷ. 뇌사자 장기 이식은 사회적 유용성의 증진을 저해하는가?
ㄹ. 심폐 기능의 불가역적 상실만을 죽음으로 판정해야 하는가?

① ㄱ, ㄴ ② ㄱ, ㄷ ③ ㄴ, ㄷ ④ ㄴ, ㄹ ⑤ ㄷ, ㄹ

2022. 수능 11번

9. 다음을 주장한 사상가의 입장으로 적절한 것만을 〈보기〉에서 고른 것은?

배아에 대한 적극적인 유전적 간섭을 추구하는 자유주의적 우생학은 배아의 사물화를 초래한다. 이러한 유전적 간섭으로 프로그램 되어 태어난 사람은 스스로를 자기 삶의 저자이자 다른 사람들과 평등한 주체로 인식하지 못할 것이다. 특히 인간 몸의 자연 발생성은 개개인이 자유롭고 평등한 도덕 주체가 되기 위한 근본적 조건이지만 우생학적 접근은 바로 그런 조건을 뒤흔들고 말 것이다. 다만, 유전적 간섭은 치료라는 규제 이념에 인도될 때에만 허용될 수 있을 것이다.

〈보기〉

ㄱ. 유전적 간섭이 도덕적으로 정당화되는 경우가 존재한다.
ㄴ. 자유주의적 우생학은 인간의 미래를 위해 권장되어야 한다.
ㄷ. 인간의 유전적 자연성은 평등한 도덕 주체가 되기 위한 전제이다.
ㄹ. 부모는 적극적인 유전적 간섭으로 자녀의 삶에 참여해야 한다.

① ㄱ, ㄴ ② ㄱ, ㄷ ③ ㄴ, ㄷ ④ ㄴ, ㄹ ⑤ ㄷ, ㄹ

2021. 수능 6번

13. 갑은 긍정, 을은 부정의 대답을 할 질문으로 가장 적절한 것은?

갑: 유전적 결함이 있는 환자는 유전자 교정 기술의 혜택으로 자신과 타인의 부정적 평가에서 벗어나 잃어버린 존엄을 되찾을 수 있다. 이 기술의 활용은 개인의 유전적 선호에 달려 있다. 인류는 자신의 의도에 맞게 유전 정보를 활용하여 과학적 유토피아를 실현할 수 있다.
을: 유전자 교정 기술은 인간성을 변화시킬 수 있어서 바람직하지 않다. 이 기술이 발전하면 인류는 생명체를 지적(知的)으로 설계할 수 있는 힘을 가질 수밖에 없다. 그러나 유전자의 좋고 나쁨을 인간이 판단해서는 안 된다. 왜냐하면 교정은 좋은 것이 있음을 전제하는데, 변화하는 환경에 유전자가 어떻게 적응할지 모르기 때문이다.

① 유전자 교정 기술은 인간의 정체성에 변화를 줄 수 있는가?
② 유전자 교정 기술에 의해 생명체의 능력이 강화될 수 있는가?
③ 유전자 교정 기술은 개인의 유전자 선택을 금지해야 하는가?
④ 유전자 교정 기술을 활용하는 과정에서 윤리 문제가 생길 수 있는가?
⑤ 유전자 교정 기술에서 인간이 유전자의 가치를 판단하는 것은 정당한가?

2020. 6월 모평 4번

18. 다음 가상 대담의 사상가가 지지할 입장으로 적절하지 않은 것은? [3점]

① 자녀의 능력 강화를 위한 유전자 조작은 인간을 도구화한다.
② 유전학적 치료에 대해서는 담론을 통한 보편적 합의가 가능하다.
③ 인간에 대한 모든 형태의 유전학적 개입을 거부하는 것은 아니다.
④ 유전학적 강화를 통해 태어난 사람은 온전한 자율성을 지닐 수 없다.
⑤ 자질 강화를 위한 배아 유전자 조작은 세대 간의 균형을 회복시킨다.

2019. 9월 모평 11번

20. 갑과 을의 토론의 핵심 쟁점으로 가장 적절한 것은?

갑: 인간을 대상으로 하는 유전자 조작 기술은 유전적 요인으로 인한 질병을 치료할 수 있기 때문에 허용되어야 합니다. 질병 극복은 선기기 때문입니다.
을: 네, 동의합니다. 하지만 치료를 넘어 우생학적 목적을 위한 국가 차원의 유전자 조작은 인간 존엄성에 대한 심각한 위협이 될 수 있으므로 치료 목적에 한정되어야 합니다.
갑: 치료를 넘어선 국가 차원의 우생학은 부당하지만 개인 차원은 다릅니다. 외모에 대한 성형의 자유를 지니듯이, 우리는 유전자 조작을 통해 자질을 강화할 수 있는 자유를 지닙니다.
을: 그렇지 않습니다. 자질 강화를 위한 유전자 조작은 고비용 의술로 특정 계층만이 이용 가능한 생물학적 불평등을 낳고, 이는 곧 사회적 불평등을 심화시킬 것이므로 옳지 않습니다.

① 질병 치료를 위한 유전자 조작은 허용되어야 하는가?
② 치료 목적의 유전자 조작은 선을 산출할 수 있는가?
③ 국가는 치료를 넘어선 우생학적 유전자 조작을 해도 되는가?
④ 유전자 조작 기술은 어떤 경우에도 허용되어서는 안 되는가?
⑤ 자질 강화를 위한 개인 차원의 유전자 조작은 허용되어야 하는가?

기출 선지로 짚어 주는 **핵심 내용**

삶과 죽음·생명 윤리

1 죽음의 윤리적 의미

1 동양 사상가의 관점

공자	• 사후의 평온보다 현세에서 인(仁)의 실천이 중요하다. • 죽음은 마땅히 애도해야 하는 일인 동시에 자연에 순응하는 과정이다. → 죽음이 아쉽지 않도록 도덕적으로 충실하게 살아야만 한다.
석가모니	• 내생의 더 나은 삶을 위해 현생에서 도덕적 수행이 필요하다. • 죽음은 깨달음을 통해 벗어나야 할 고통들 중 하나이다. • 죽음은 자신의 업에 의해 또 다른 삶을 결정짓는 윤회의 과정이다.
장자	• 삶과 죽음은 사계절의 운행처럼 필연적인 과정이다. • 삶과 죽음은 기가 모이고 흩어지는 연속적 과정이다. • 삶에 집착하지 않고 자연스러운 도(道)를 따라야 한다. • 삶에 얽매이지도 말고 죽음을 걱정하지도 말아야 한다. 더 보기 1

2 서양 사상가의 관점

플라톤	• 죽음을 통해 육체로부터 벗어나 참된 지혜를 얻을 수 있다. • 지혜로운 사람에게 죽음은 두려움의 대상이 아니다.
에피쿠로스	• 살아 있는 사람과 죽은 사람 모두 자신의 죽음을 경험할 수 없다. • 죽음은 감각을 잃어버린 상태이므로 결코 두려워할 필요가 없다. 기억해
하이데거	• 인간은 죽음에 대한 자각을 할 수 있다는 점에서 동물과 다르다. • 현존재는 죽음을 의식하며 어떻게 살 것인지 고뇌하는 존재이다. • 죽음을 회피하는 태도보다 죽음에 대한 바른 인식이 필요하다. 더 보기 2

2 죽음과 관련된 윤리적 쟁점

1 인공 임신 중절

찬성	• 소유권 논거: 여성은 자기 몸에 대한 소유권을 지니며, 태아는 여성의 몸의 일부이다. • 자율권 논거: 여성은 자신의 삶을 자율적으로 결정할 수 있는 권리를 가진다.
반대	• 존엄성 논거: 태아는 어떠한 경우에도 침해될 수 없는 존엄성을 지닌 존재이다. • 잠재성 논거: 태아는 특별한 방해가 없는 한 하나의 인격체로 자랄 것이다. 더 보기 3 • 무고한 인간의 신성 불가침 논거: 낙태는 죄 없는 인간을 죽이는 결과를 가져온다.

2 안락사

(1) 안락사의 구분

환자의 동의 여부	• 자발적: 환자가 스스로 요구한다는 점에서 사람을 죽이는 것과 다르다. • 비자발적: 환자가 회생할 가망이 없을 경우 연명 치료 중단이 가능하다.
시행 방법	• 적극적: 구체적인 행위로 환자의 생명을 단축한다. • 소극적: 자연의 과정을 거스르지 않는 안락사 방법은 허용될 수 있다.

▶ 기/출/표/현 **더** 보기

1 22 수능 **삶에 얽매이지도 말고 죽음을 걱정하지도 말아야 한다.**
= 자연스러운 과정인 죽음에 대해 슬퍼할 필요가 없다.
= 죽음은 인간의 자연스러운 운명이므로 슬퍼할 이유가 없다.
= 삶과 죽음은 좋아하거나 싫어할 대상이 아니다.

2 19 수능 **죽음을 회피하는 태도보다 죽음에 대한 바른 인식이 필요하다.**
= 죽음에 대한 자각을 통해 진정한 자아를 발견할 수 있다.
= 죽음을 자각함으로써 삶을 의미 있고 가치 있게 살 수 있다.
= 죽음을 직시하여 주체적 삶을 살아야 한다.

3 20 모평 **태아는 특별한 방해가 없는 한 하나의 인격체로 자랄 것이다.**
= 태아는 수정과 동시에 인간의 본질적 특성을 갖는 존재이다.
= 잠재적 인간인 태아도 성인과 동등한 권리를 지니고 있다.

(2) 안락사의 윤리적 쟁점

찬성	• 환자가 지속적 고통에서 벗어날 수 있도록 허용해야 한다. • 환자 가족의 경제적 부담을 줄일 수 있도록 허용해야 한다.
반대	• 안락사가 허용되면 인간 생명의 존엄성을 지킬 수 없다. • 생명의 종식 여부는 자율적 선택의 문제가 아님을 주장한다. • 인간의 생명은 그 자체가 목적이므로 허용해서는 안 된다.

3 뇌사

찬성(뇌사를 죽음으로 인정함)	반대(심폐사를 죽음으로 인정함)
• 뇌사를 인정할 경우 다수의 생명을 살릴 수 있다. • 뇌사자가 존엄하게 죽을 수 있는 권리를 존중해야 한다.	• 인간의 생명을 유용성에 의해 평가해서는 안 된다. • 뇌사 인정은 인간 생명의 존엄성을 침해할 수 있다.

3 생명과 관련된 윤리적 쟁점

1 생명 복제의 윤리적 쟁점

(1) 동물 복제

찬성	동물 복제는 멸종 위기의 동물을 보전하는 방법을 제공한다.
반대	• 동물 복제는 인위적 유전자 조작으로 종의 다양성을 훼손한다. • 동물 복제는 인간의 권익을 위한 특정 종만으로 생태계를 재편한다.

(2) 배아 복제

찬성	• 출생하기 이전의 어떤 존재도 인간으로 볼 수 없다. • 과학 발전을 위한 순수한 연구이므로 정당하다. • 유전적 결함을 치료하기 위한 것이므로 정당하다.
반대	배아 복제 과정에서 여성의 인권과 건강권을 훼손할 수 있다.

2 유전 형질 개량의 윤리적 쟁점

찬성	• 부모는 자녀 출산에 있어 자유로운 선택이 가능해야 한다. • 미래 세대의 능력 향상을 위한 우생학적 조치를 허용해야 한다. • 치료 목적 외의 유전자 개입을 위한 도구적 합리성을 추구해야 한다.
반대	• 자녀의 능력 강화를 위한 유전자 조작은 인간을 도구화한다. • 유전학적 강화를 통해 태어난 사람은 온전한 자율성을 지닐 수 없다. • 유전자 조작을 통해 개량된 미래 세대는 자유를 박탈당한다. • 적극적 우생학은 인간관계를 기계적 인과관계로 왜곡시킨다.

3 동물 실험의 윤리적 쟁점

찬성	• 인간과 동물은 생물학적으로 유사하다. • 동물 실험은 인간의 생명과 건강을 위해 필요하다.
반대	인간의 이익을 위하여 동물에게 고통을 가하는 것은 옳지 않다.

01 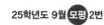 대표 문제

갑, 을 사상가들의 입장으로 가장 적절한 것은? [3점]

> 갑: 나는 무엇으로 말미암아 늙음과 죽음이 있게 되었는가를 깨달았다. 태어남으로 말미암아 늙음과 죽음이 있음을 나는 바르게 생각하고[正思惟] 지혜로써 통찰했다.
>
> 을: 진인(眞人)은 삶을 기뻐할 줄 모르고 죽음을 미워할 줄도 모른다. 태어남을 피하지도 않고 죽음을 거역하지도 않는다. 무심히 자연을 따라가고 무심히 자연을 따라올 뿐이다.

① 갑: 삶과 죽음의 순환인 윤회(輪廻)는 인간에게만 적용된다.
② 갑: 삶과 죽음의 영원한 반복은 연기법의 지배를 받지 않는다.
③ 을: 삶과 죽음은 기(氣)로 연결되어 있을 뿐 순환하지는 않는다.
④ 을: 도(道)의 관점에서 삶과 죽음의 변화 원리는 서로 다르지 않다.
⑤ 갑과 을: 현세의 삶에서 죽음의 이치를 깨닫는 것은 불가능하다.

02

갑, 을 사상가들의 입장으로 가장 적절한 것은? [3점]

> 옛 진인(眞人)은 삶을 기뻐할 줄도 죽음을 미워할 줄도 몰랐습니다. 혼돈 상태로 있다가 변화하여 기(氣)가 되고 기가 변해 형체가 되고 형체가 변해 삶이 되었으며 이제 또 변해서 죽은 것입니다. 이것은 춘하추동의 사계절이 번갈아 운행하는 것과 같은 것입니다.

> 죽음은 영혼과 몸을 구성하는 원자(原字)들이 흩어지는 것입니다. 모든 좋고 나쁨은 감각에 달려 있는데, 죽으면 감각이 없어집니다. 죽음이 두려운 일이 아니라는 사실을 진정으로 깨달은 사람은 삶에서 두려워할 것이 없습니다.

 갑   을

① 갑: 죽음은 자연스러운 과정이므로 지나친 슬픔에서 벗어나야 한다.
② 갑: 삶의 단절인 죽음은 생사의 순환에서 벗어나는 필연적인 과정이다.
③ 을: 죽음은 육체의 고통을 낳지만 죽음에 대한 이해는 평온을 낳는다.
④ 을: 죽음은 영원한 삶으로 이행하는 과정이므로 두려워해서는 안 된다.
⑤ 갑과 을: 죽음 이후에는 인간을 구성하는 요소들이 완전히 사라진다.

03

갑, 을 사상가들의 입장으로 가장 적절한 것은? [3점]

> 갑: 사람에게 인(仁)은 물과 불보다 더 필요한 것이다. 하지만 나는 물과 불로 인해 죽은 사람은 보았지만, 인을 실천하다가 죽은 사람은 아직 보지 못하였다.
>
> 을: 삶과 죽음은 사계절의 운행과 같다. 이러한 이치에 통달한 지인(至人)을 물과 불이 다치게 할 수 없고, 추위와 더위가 해칠 수 없으며, 짐승들마저도 죽이지 못한다.

① 갑: 죽음 이후에 관한 지식이 삶에 관한 지식보다 중요하다.
② 갑: 죽음을 맞이하는 한이 있더라도 도(道)를 추구해야 한다.
③ 을: 죽음은 삶에서 지은 업(業)으로 말미암아 나타난 결과이다.
④ 을: 죽음은 삶의 자연스러운 변화이지만 마땅히 슬퍼해야 한다.
⑤ 갑과 을: 삶과 죽음은 운명[命]에 따라 주기적으로 순환한다.

04

갑, 을 사상가들의 입장으로 가장 적절한 것은? [3점]

> 갑: 사람이 이 세상에 태어나는 것은 때[時]를 만났기 때문이고 어쩌다가 세상을 떠나는 것은 순리[順]이기 때문이다. 따라서 편안한 마음으로 때를 그대로 받아들이고 순리를 따른다면 슬픔이나 기쁨이 들어올 틈이 없다.
>
> 을: 삶은 내가 원하는 바이지만 이보다 더 원하는 것[義]이 있기에 구차하게 살고자 하지 않는다. 또한 죽음은 내가 싫어하는 바이지만 이보다 더 싫은 것[不義]이 있기에 환란으로 죽더라도 피하지 않는다.

① 갑: 죽음을 거부하면서 도덕을 실천하는 삶을 추구해야 한다.
② 갑: 삶과 죽음은 낮과 밤처럼 순환하므로 초연하게 대해야 한다.
③ 을: 죽음 이후의 새로운 삶을 받지 않도록 열반에 도달해야 한다.
④ 을: 삶과 죽음을 서로 차별하지 말고 동등하게 수용해야 한다.
⑤ 갑과 을: 삶과 죽음은 슬퍼하거나 기뻐해야 할 대상이 아니다.

05

갑, 을 사상가들의 입장으로 가장 적절한 것은? [3점]

> 갑: 오온(五蘊)에 대해서 제대로 알지 못하여 해탈하지 못하면, 태어남·늙음·병듦·죽음[生老病死]에 대한 두려움을 넘을 수 없다.
>
> 을: 삶과 죽음은 명(命)이다. 대자연은 육체를 주어 나를 이 세상에 살게 하며, 삶을 주어 나를 수고롭게 하며, 늙음으로 나를 편안하게 해주며, 죽음으로 나를 쉬게 한다.

① 갑: 죽음은 오온의 해체이기 때문에 괴로움[苦]이 아니다.
② 갑: 죽음은 원인과 조건에 의한 관계의 법칙에서 벗어난 것이다.
③ 을: 죽음으로 인해 흩어진 기(氣)는 더 이상 순환하지 않는다.
④ 을: 죽음은 천명(天命)에 따른 결과이므로 태연해서는 안 된다.
⑤ 갑과 을: 죽음의 두려움은 참된 진리의 자각으로 극복될 수 있다.

06

갑, 을 사상가들의 입장으로 가장 적절한 것은? [3점]

> 갑: 사람이 죽으면 영혼이 육체로부터 분리되어 자유를 얻는다. 죽음이 다가올 때 죽기를 주저하는 사람은 분명 지혜를 사랑하는 자가 아니며, 육신을 사랑하는 자인 동시에 부나 명예를 사랑하는 자임에 틀림이 없다.
>
> 을: 우리가 존재하는 한 죽음은 우리와 함께 있지 않으며 죽음이 오면 우리는 존재하지 않는다. 죽음은 산 사람이나 죽은 사람 모두와 아무런 상관이 없다. 지혜로운 사람에게는 죽음이 어떠한 악으로도 생각되지 않는다.

① 갑: 지혜로운 사람은 죽음을 두려워하면서도 의연히 받아들인다.
② 갑: 사람들이 추구하는 가치가 달라도 죽음을 대하는 태도는 같다.
③ 을: 죽음은 지혜로운 사람도 피할 수 없는 고통임을 깨달아야 한다.
④ 을: 감각할 수 없는 자신의 죽음 때문에 불안을 느낄 필요가 없다.
⑤ 갑과 을: 불멸에 대한 열망을 통해 죽음의 불안에서 벗어나야 한다.

07

(가), (나) 사상의 입장으로 적절하지 않은 것은? [3점]

> (가) 죽은 자를 위해 슬픔을 다하여 신중하게 장례를 치르고, 먼 조상의 제사에도 예(禮)로써 추모한다면 백성들의 덕(德)이 두터운 곳으로 돌아갈 것이다.
>
> (나) 사물에는 생멸(生滅)의 정황이 있으나, 이는 마음이 드러난 것일 뿐 생겨남이 없는 까닭에 소멸할 것도 없다. 이를 알면 생사(生死)와 열반(涅槃)이 평등하다는 경계에 이를 것이다.

① (가): 죽음을 슬퍼하는 것은 자연의 순리를 회피하는 것이다.
② (가): 죽음에 관심을 가지기보다는 인륜적 삶에 충실해야 한다.
③ (나): 연기(緣起)를 깨달아 죽음의 고통[苦]에서 벗어나야 한다.
④ (나): 삶과 죽음을 서로 다르지 않은 하나[生死一如]로 여겨야 한다.
⑤ (가)와 (나): 죽음에 집착하지 않는 삶의 태도를 지녀야 한다.

08

다음의 가상 대화에서 ㉠에 들어갈 주장으로 가장 적절한 것은?

① 죽은 후에 감각 능력이 없으므로 죽음을 두려워해야 합니다.
② 죽은 후에 고통을 겪지 않도록 죽음을 두려워하지 말아야 합니다.
③ 죽은 후에 고통을 겪을 수도 있으므로 죽음을 두려워해야 합니다.
④ 죽은 후에 고통을 겪을 수 없으므로 죽음을 두려워할 필요가 없습니다.
⑤ 죽은 후에 쾌락을 얻을 수도 있으므로 죽음을 두려워할 필요가 없습니다.

다음을 주장한 사상가의 입장으로 적절한 것만을 〈보기〉에서 고른 것은? [3점]

> 삶은 죽음과 함께 걷고 죽음은 삶에서 비롯하나니 누가 그 실마리를 알겠는가. 사람의 삶은 기(氣)가 모인 것이라서 모이면 삶이 되고 흩어지면 죽음이 된다네. 따라서 만물은 하나니라. 좋아하면 멋진 것이라 하고 싫어하면 역겨운 것이라 하지만, 역겨운 것이 멋진 것이 되고 멋진 것이 다시 역겨운 것이 되네. 따라서 삶과 죽음은 하나의 기로 통할 뿐이라고 말하는 것일세. 성인(聖人)은 하나를 귀하게 여긴다네.

〈 보기 〉
ㄱ. 삶에 얽매이지도 말고 죽음을 걱정하지도 말아야 한다.
ㄴ. 죽음을 의식하지 말고 인의예지(仁義禮智)를 행해야 한다.
ㄷ. 삶과 죽음의 변화는 계절의 변화처럼 자연스러운 것이다.
ㄹ. 죽음은 윤회의 일부이며 현생의 업보가 내생을 결정한다.

① ㄱ, ㄴ ② ㄱ, ㄷ ③ ㄴ, ㄷ ④ ㄴ, ㄹ ⑤ ㄷ, ㄹ

갑, 을 사상가들의 입장으로 가장 적절한 것은? [3점]

> 갑: 사람을 섬길 줄도 모르면서 어떻게 귀신을 섬길 수 있겠는가? 삶도 아직 모르면서 어떻게 죽음을 알 수 있겠는가? 뜻있는 선비와 어진 사람은 살기 위해 인(仁)을 해치지 않고, 자신을 희생해서라도 인을 이루려 한다.
> 을: 혼돈 속에 뒤섞여 있는 가운데 변화가 일어나 기(氣)가 드러나고, 그 기가 변화하여 형체를 이루며, 다시 이 형체가 변화해서 생명이 생긴다. 생명은 다시 한 번 변화해서 죽음으로 돌아간다.

① 갑: 삶과 죽음은 모두 고통의 연속일 뿐이다.
② 갑: 삶과 죽음은 기가 모이고 흩어지는 연속적 과정이다.
③ 을: 자연스러운 과정인 죽음에 대해 슬퍼할 필요가 없다.
④ 을: 죽음을 두려워하기보다 인(仁)을 이루는 삶을 지향해야 한다.
⑤ 갑, 을: 현세에서의 도덕적 실천이 내세의 삶에 영향을 미친다.

(가)~(다) 사상의 입장으로 옳지 않은 것은? [3점]

> (가) 아침에 도(道)를 깨달으면 저녁에 죽어도 좋다. 뜻있는 선비는 살아남고자 하여 인(仁)을 해치는 일이 없다.
> (나) 진인(眞人)은 삶을 기뻐하지도 않고, 죽음을 싫어하지도 않는다. 착한 일을 행하여 명성을 가까이하지도 말고, 악한 짓을 행하여 형벌을 가까이하지도 말아야 한다.
> (다) 전생(前生)에 뿌려진 씨앗은 이번 생에 받는 것이고, 다음 생에 거둘 열매는 이번 생에 행하는 바로 그것이다.

① (가): 죽음은 슬픈 일이지만 의로운 일을 위해 목숨을 버릴 수 있다.
② (나): 인의(仁義)를 위해 목숨을 바치는 것은 어리석은 일이다.
③ (다): 연기의 법칙을 깨달으면 윤회의 고통에서 벗어날 수 있다.
④ (가), (나): 태어남과 죽음은 본래 자연스러운 과정일 뿐이다.
⑤ (나), (다): 남을 도우며 선하게 살아야 내세의 행복을 기약할 수 있다.

(가), (나) 사상의 입장으로 가장 적절한 것은? [3점]

> (가) 요즘 사람들은 조문할 때, 자기 부모나 자식이 죽은 것과 마찬가지로 애통해 한다. 그러나 죽음을 애통해 하는 행위는 자연스러운 도(道)의 본성을 배반하는 것으로, 자신이 받은 본성을 망각한 것이다.
> (나) 세상 사람들의 생사(生死)는 중대한 일인데, 그대들은 하루 종일 공양(供養)하면서 다음 생의 복(福)만을 구하려 하고, 생사의 굴레를 끊으려고 하지 않는다. 그대들은 자신의 본성[自性]에 대해 여전히 미혹하다.

① (가): 죽음은 다음 생으로 이어지는 윤회(輪廻)의 과정이다.
② (가): 죽음은 자연의 과정이지만 마땅히 애도해야 하는 일이다.
③ (나): 죽음은 기(氣)가 모였다가 흩어진 자연스러운 현상이다.
④ (나): 죽음은 깨달음을 통해 벗어나야 할 고통들 중 하나이다.
⑤ (가), (나): 죽음은 괴로운 인간 삶에서 벗어난 지극한 경지이다.

13

 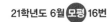

갑, 을 사상가들의 입장으로 가장 적절한 것은? [3점]

> 갑: 모든 좋고 나쁨은 감각에 달려 있는데 죽으면 감각을 잃는다. 따라서 죽음은 우리에게 아무것도 아니다. 현자는 사려 깊음을 통해 죽음을 무서워하지 않고 마음의 평안을 추구한다.
>
> 을: 죽음은 진리 추구를 방해하는 육체에서 영혼이 분리되는 것이다. 평생에 걸쳐 최대한 죽음과 가장 가까운 상태로 영혼을 정화하며 살고자 했던 사람이 그토록 열망하는 지혜를 얻을 수 있는 곳으로 가는 것이 죽음이다.

① 갑: 죽음 이후에 비로소 선의 본질이 드러난다.
② 갑: 현세의 삶은 사후의 영혼의 삶에 영향을 준다.
③ 을: 죽음의 순간에 육체의 소멸과 함께 영혼도 소멸한다.
④ 을: 죽음의 두려움은 감각적 쾌락을 통해 해소되어야 한다.
⑤ 갑, 을: 지혜로운 사람에게 죽음은 두려움의 대상이 아니다.

14

 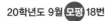

다음 사상가의 입장으로 가장 적절한 것은? [3점]

> 삶과 죽음은 기(氣)가 모였다 흩어지는 자연의 과정이다. 생명을 얻음은 때를 만나서 태어난 것이요, 생명을 잃음은 운명에 순응하는 것이다. 때에 맡겨 마음을 편안히 가지고 운명에 순응한다면 슬픔과 즐거움이 들어올 수 없으니, 이것이 옛사람이 말한 '거꾸로 매달린 고통을 풀어줌'이다.

① 연기(緣起)의 이치를 깨달아 고락에서 벗어나야 한다.
② 삶에 집착하지 않고 자연스러운 도(道)를 따라야 한다.
③ 내세의 행복을 위해 선업(善業)을 쌓는 삶을 살아야 한다.
④ 삶과 죽음의 이치를 깨달아 인의(仁義)의 삶에 힘써야 한다.
⑤ 죽음은 자연의 과정이지만 상례(喪禮)를 통해 애도해야 한다.

15

갑, 을 사상가들의 입장으로 가장 적절한 것은?

> 갑: 아침에 도(道)를 들으면 저녁에 죽어도 괜찮다. 뜻이 있는 선비와 인(仁)을 갖춘 사람은 삶에 집착하다가 인을 해치는 경우는 없지만, 자신을 희생하여 인을 이루는 경우는 있다.
>
> 을: 성인(聖人)의 삶은 자연의 운행과 같고, 죽음은 만물의 변화와 같다. 그는 행복을 추구하지 않으며, 불행을 자초하지 않는다. 그의 삶은 물 위에 떠 있는 것과 같고, 죽음은 휴식과 같다.

① 갑: 죽음은 반복되는 윤회에서 벗어날 수 있는 방법이다.
② 갑: 죽음은 내세(來世)에서의 도덕적 완성을 위한 과정이다.
③ 을: 죽음은 모든 만물의 근원인 도(道)와 연관된 현상이다.
④ 을: 죽음은 상례(喪禮)를 통해 애도해야만 하는 슬픈 일이다.
⑤ 갑, 을: 죽음이 아쉽지 않도록 도덕적으로 충실하게 살아야만 한다.

16

갑, 을 사상가들의 입장으로 옳지 않은 것은? [3점]

> 갑: 죽음을 가장 큰 악이라고 두려워하는 사람도 있고, 죽음이 인생의 악을 중지시켜 준다고 생각해서 죽음을 열망하는 사람도 있다. 하지만 현자(賢者)는 죽음을 두려워하지 않는다. 죽음은 우리에게 아무것도 아니기 때문이다.
>
> 을: 죽음은 현존재의 종말이다. 하지만 현존재의 죽음을 단순히 다른 생물의 종말에 입각해 파악해서는 안 된다. 현존재는 죽음을 향한 존재이며 자신에게 주어진 시간이 유한하다는 것과 집착해서는 안 되는 것들이 무엇인지를 깨닫는다.

① 갑: 살아 있는 사람과 죽은 사람 모두 자신의 죽음을 경험할 수 없다.
② 갑: 죽음이라는 실체를 수용해야 불멸에 대한 열망을 실현할 수 있다.
③ 을: 인간은 죽음에 대한 자각을 할 수 있다는 점에서 동물과 다르다.
④ 을: 현존재는 죽음을 의식하며 어떻게 살 것인지 고뇌하는 존재이다.
⑤ 갑, 을: 죽음을 회피하는 태도보다 죽음에 대한 바른 인식이 필요하다.

17

동양 사상 (가), (나)의 입장으로 가장 적절한 것은? [3점]

> (가) 이 세상에 태어난 것은 태어날 때를 만났기 때문이고, 죽음은 떠나야 할 때가 되었기 때문이다. 삶과 죽음은 운명이다. 사계절이 변하듯이 기(氣)의 변화 과정에서 삶과 죽음이 바뀌는 것일 뿐이니 죽음을 슬퍼할 필요가 없다.
>
> (나) 오온(五蘊)의 새로운 구성이 태어남이고 그 해체가 죽음이다. 죽음은 현세의 업보에 따라 다음 세상에서의 태어남으로 이어진다. 삶과 죽음은 생멸(生滅)의 과정에서 계속 반복되는 것이니 생사(生死)에 집착할 필요가 없다.

① (가): 인(仁)의 구현을 위해서라면 나의 생명을 희생할 수 있다.
② (가): 내세의 행복을 위해 현세의 욕망을 최대한 절제해야 한다.
③ (나): 죽음은 고통이 없는 생(生)으로 이어지는 윤회의 과정이다.
④ (나): 중생은 그의 오온이 해체되어도 생멸을 반복하게 된다.
⑤ (가), (나): 참된 지혜는 육체의 구속에서 벗어난 사후에만 얻어진다.

18

동양 사상 (가), (나)의 입장으로 가장 적절한 것은? [3점]

> (가) 삶도 내가 원하고 의로움 또한 내가 원한다. 이 둘을 함께 얻을 수 없다면, 의로움을 취하지 어찌 구차하게 살겠는가. 죽음도 내가 싫어하는 것이지만 죽음보다 더 싫어하는 것이 있다. 그래서 죽음조차 피하지 않는 경우가 있다.
>
> (나) 사랑하는 이의 죽음이 슬픈 일인가? 생명이란 본래 자연에서 빌린 것이니 마치 티끌과 같고, 삶과 죽음의 이치는 밤낮의 변화와 같다. 이제 우리는 그 자연스런 변화를 바라보노니, 그것이 내게 왔다고 해서 어찌 싫어하겠는가.

① (가): 생(生) 그 자체가 어떤 가치보다도 더 소중하다.
② (가): 도덕적 가치가 삶과 죽음의 선택 기준이 될 수 있다.
③ (나): 삶과 죽음은 자연의 과정이 아니라 응보의 과정이다.
④ (나): 삶과 죽음의 악순환을 끊는 것이 이상적 인간의 경지이다.
⑤ (가), (나): 죽음 이후를 대비하여 도덕적 이치를 탐구해야 한다.

19

서양 사상가 갑, 동양 사상가 을의 입장으로 가장 적절한 것은? [3점]

> 갑: 현자(賢者)는 삶에서 도피하려고 하지 않으며, 삶의 중단을 두려워하지 않는다. 그래서 그는 가장 긴 시간이 아니라 가장 즐거운 삶을 누리려고 노력한다.
>
> 을: 진인(眞人)은 삶에 집착하지 않고 죽음을 피하지 않는다. 세상에 태어났다고 기뻐하지 않고 세상을 떠난다고 슬퍼하지 않는다. 무심히 왔다가 무심히 갈 뿐이다.

① 갑: 죽음은 영혼이 육체에서 분리되는 물리적인 현상이다.
② 갑: 죽음이 인생의 악들을 중지시켜 준다는 믿음을 버려야 한다.
③ 을: 죽은 자에 대한 애도는 예(禮)에 따라서 마땅히 해야 한다.
④ 을: 죽음은 자연의 순리에 따라 기(氣)가 완전히 소멸하는 것이다.
⑤ 갑과 을: 죽음 자체는 이상적인 인간도 피할 수 없는 불행이다.

20

갑, 을 사상가들의 입장으로 적절한 것만을 <보기>에서 있는 대로 고른 것은? [3점]

> 갑: 성인(聖人)은 모두가 그대로 존재하는 곳에서 자유롭게 노닌다[逍遙遊]. 그러므로 성인은 일찍 죽어도 좋고, 늘어 죽어도 좋고, 태어나도 좋고, 죽어도 좋다고 생각한다.
>
> 을: 죽음은 우리에게 아무것도 아니다. 해체된 것은 감각이 없고, 감각이 없는 것은 아무것도 아니기 때문이다. 이를 깨닫게 될 때, 불멸에 대한 갈망이 제거되어 즐거운 삶을 살 수 있다.

〈 보기 〉

ㄱ. 갑: 삶은 좋아함으로 죽음은 싫어함으로 분별된다.
ㄴ. 을: 죽음 이후에 소멸하는 것은 영혼이 아닌 육체이다.
ㄷ. 을: 죽을 것을 예상하여 미리 고통스러워할 필요는 없다.
ㄹ. 갑과 을: 죽음을 올바르게 인식하면 불멸에 대한 욕구에 얽매이지 않게 된다.

① ㄱ, ㄴ   ② ㄱ, ㄷ   ③ ㄷ, ㄹ
④ ㄱ, ㄴ, ㄹ   ⑤ ㄴ, ㄷ, ㄹ

21

갑, 을 사상가들의 입장으로 적절한 것만을 〈보기〉에서 고른 것은?

> 갑: 모든 좋고 나쁨은 감각에 달려 있다. 우리가 존재하는 동안 죽음은 우리와 함께 있지 않으며, 죽음이 오면 이미 우리는 존재하지 않기에 죽음은 우리에게 아무것도 아니다.
> 을: 중생은 탐욕, 성냄, 어리석음으로 인해 생로병사의 고통에서 벗어날 수 없다. 그러므로 수행을 통해 삼독(三毒)을 끊어내면 해탈의 경지에 이르게 된다.

─〈 보기 〉─
ㄱ. 갑: 자신의 죽음을 경험할 수 있다고 생각해서는 안 된다.
ㄴ. 을: 중생은 열반에 이르러야 다음 생의 행복을 보장받는다.
ㄷ. 을: 불멸(不滅)을 갈망하는 인간에게는 생사가 반복된다.
ㄹ. 갑과 을: 인간의 영혼은 죽음 이후에도 사라지지 않는다

① ㄱ, ㄴ   ② ㄱ, ㄷ   ③ ㄴ, ㄷ   ④ ㄴ, ㄹ   ⑤ ㄷ, ㄹ

23

갑, 을 사상가들의 입장으로 적절하지 않은 것은? [3점]

> 갑: 지인(至人)은 신묘하게도 구름을 타고 해와 달을 부리며 이 세상 밖에서 노닌다. 삶과 죽음도 그를 변하게 할 수 없거늘 어찌 이롭거나 해로운 것에 얽매이겠는가?
> 을: 사람을 섬길 줄 모르면서 어찌 귀신을 섬기며, 삶을 모르면서 어찌 죽음을 알겠는가? 어진 자는 살고자 인(仁)을 해치지 않고, 자신을 희생해서라도 인을 이루고자 한다.

① 갑: 이상적인 경지에 이르려면 생사의 분별을 초월해야 한다.
② 갑: 죽음은 모여 있던 기(氣)가 흩어지는 필연적인 현상이다.
③ 을: 죽은 자를 예(禮)에 따라 애도하는 것은 도리에 어긋난다.
④ 을: 선비는 인간다움을 실현하고자 자기 죽음도 감수할 수 있다.
⑤ 갑과 을: 죽음은 자연스러운 것이므로 그것에 얽매이지 말아야 한다.

22

갑, 을 사상가들의 입장으로 가장 적절한 것은?

> 갑: 현자는 삶으로부터 도피하려 하지도, 삶의 중단을 두려워하지도 않는다. 삶이 해를 주는 것도 아니고, 삶의 부재가 어떤 악으로 생각되지도 않기 때문이다. 현자는 단순히 긴 삶이 아니라 가장 즐거운 삶을 원한다.
> 을: 영혼이 가장 잘 사유하는 때는 청각, 시각, 고통, 쾌감 등으로 주의가 산만해지지 않을 때이다. 우리가 어떤 사물에 대해 순수한 지식을 갖고자 한다면 몸에서 벗어나 영혼 자체로 사물 자체를 관찰해야 한다.

① 갑: 죽음에 대한 인식과 무관하게 죽음은 그 자체로 악이다.
② 갑: 죽음을 통해 고통의 부재로서의 쾌락이 비로소 실현된다.
③ 을: 죽음 이후에 영혼의 사유로는 참된 실재를 인식할 수 없다.
④ 을: 죽음으로 불완전한 세계에서 완전한 세계에 이를 수 있다.
⑤ 갑과 을: 영혼의 불멸성을 파악하면 죽음이 두렵지 않게 된다.

24

갑, 을 사상가들의 공통된 입장만을 〈보기〉에서 고른 것은? [3점]

> 갑: 죽음은 중생들이 되풀이하며 받은 몸에 온기가 없어지고 오온(五蘊)이 흩어지는 것이다. 누구든 죽고 나면 나쁜 업(業)을 지은 존재는 지옥에 떨어지고 선을 행한 존재는 천상에 오르며 도(道)를 닦아 익힌 존재는 번뇌가 다해 열반에 든다.
> 을: 죽음은 우리에게 아무것도 아니다. 좋은 것과 나쁜 것은 모두 감각에 달려 있지만, 원자들로 구성된 영혼이 죽음에 의해 흩어지면 감각을 잃게 되기 때문이다. 죽음에 대한 올바른 인식은 우리에게 불멸에 대한 갈망을 제거해 준다.

─〈 보기 〉─
ㄱ. 죽음이 영원히 오지 않기를 바라는 집착을 버려야 한다.
ㄴ. 죽음으로 인해 인간을 구성하고 있던 요소들이 해체된다.
ㄷ. 죽음은 경험 가능한 고통이므로 죽음을 두려워해야 한다.
ㄹ. 죽음 이후에 모든 존재가 다시 태어나는 것은 필연적 현상이다.

① ㄱ, ㄴ   ② ㄱ, ㄷ   ③ ㄴ, ㄷ   ④ ㄴ, ㄹ   ⑤ ㄷ, ㄹ

25

갑, 을 사상가들의 입장으로 가장 적절한 것은?

> 갑: 죽음은 감각의 상실이므로 우리에게 아무것도 아니다. 이를 제대로 알게 되면 가사성(可死性)도 즐겁게 된다. 그러한 앎이 불멸에 대한 갈망을 제거해 주기 때문이다.
>
> 을: 고통의 소멸로 이끄는 길을 알지 못하는 사람들은 결코 윤회(輪廻)를 끝낼 수가 없다. 그들은 태어남과 죽음을 끊임없이 반복하여 겪는다.

① 갑: 죽음은 고통이므로 죽음을 최고의 악으로 인식해야 한다.
② 갑: 죽음을 두려움의 대상으로 여기는 인식에서 벗어나야 한다.
③ 을: 연기의 법칙을 깨달아 고정불변의 자아를 확립해야 한다.
④ 을: 윤회를 통해 모든 고통이 저절로 소멸됨을 깨달아야 한다.
⑤ 갑과 을: 내세의 영원한 삶을 위해 현실의 삶에 충실해야 한다.

27

갑, 을 사상가들의 입장으로 적절한 것만을 〈보기〉에서 있는 대로 고른 것은? [3점]

> 갑: 죽음은 영혼이 육체의 감옥에서 분리되어 자유로워지는 것이다. 영혼이 육체와 함께 있는 동안은 순수하게 인식할 수 없으므로 죽음 이후에야 우리가 간절히 바라는 지혜를 발견할 수 있다.
>
> 을: 죽음이 우리에게 아무것도 아니라는 믿음에 익숙해져야 한다. 모든 좋고 나쁨은 감각에 달려 있는데 죽으면 감각을 잃기 때문이다. 이러한 앎은 불멸에 대한 갈망이 주는 고통을 제거한다.

〈 보기 〉
ㄱ. 갑: 인간의 영혼과 육체는 죽음과 동시에 완전히 소멸된다.
ㄴ. 을: 현세의 도덕적인 삶은 내세에서의 행복한 삶을 보장해 준다.
ㄷ. 을: 죽음은 원자가 흩어지는 것으로서 감각의 상실을 의미한다.
ㄹ. 갑, 을: 죽음은 지혜로운 인간에게 두려움의 대상이 아니다.

① ㄱ, ㄴ   ② ㄱ, ㄷ   ③ ㄷ, ㄹ
④ ㄱ, ㄴ, ㄹ   ⑤ ㄴ, ㄷ, ㄹ

26

갑, 을 사상가들의 입장으로 가장 적절한 것은? [3점]

> 갑: 영혼은 그 자체로 돌아가야 사물 그 자체를 볼 수 있게 된다. 순수한 지식을 얻게 되는 것은 살아 있는 동안이 아니라 죽음 이후의 일이다. 영혼이 육체와 함께 있는 동안은 순수한 인식을 가질 수 없다.
>
> 을: 영혼은 그것을 보호해 주는 몸이 분해되면, 영혼을 구성하고 있던 원자들도 흩어져 이전과 같은 능력을 가질 수 없고, 운동도 할 수 없게 된다. 따라서 죽음과 동시에 영혼은 감각할 수 없는 상태가 되고 만다.

① 갑: 불멸의 영혼은 죽음 이후 참된 실재의 세계로 갈 수 있다.
② 갑: 인간은 죽음 이후 감각으로 순수한 진리를 파악할 수 있다.
③ 을: 죽음은 인간이 직면하는 최고의 악이므로 회피해야 한다.
④ 을: 인간의 영혼은 죽음 이후에도 쾌락과 고통을 느낄 수 있다.
⑤ 갑, 을: 죽음은 감각적 경험의 대상이나 두려워할 필요는 없다.

28

갑, 을 사상가들의 입장으로 가장 적절한 것은?

> 갑: 삶과 죽음의 번뇌에 머물러 있는 사람은 무명(無明)에 덮여 윤회하면서도 괴로움의 근거를 알지 못한다. 그러나 바른 지혜를 얻은 사람은 다시 태어나지 않을 것을 스스로 안다.
>
> 을: 기(氣)가 모이면 태어나고 기가 흩어지면 죽는다. 자연은 삶을 주어 우리를 수고롭게 만들고 죽음으로써 쉬게 하니, 자연의 변화에 순응하면 슬픔이나 즐거움이 끼어들 수 없다.

① 갑: 삶과 죽음에 대한 집착을 버리고 무명에 도달해야 한다.
② 갑: 고통 없는 삶으로 윤회하기 위해 만물의 실상을 자각해야 한다.
③ 을: 삶과 죽음은 분별할 수 없는 자연적 과정임을 깨달아야 한다.
④ 을: 기의 변화로 끊임없이 순환하는 삶과 죽음을 두려워해야 한다.
⑤ 갑, 을: 인간이라면 누구나 겪을 수밖에 없는 죽음을 애도해야 한다.

29
22학년도 3월 학평 16번

갑, 을 사상가들의 입장만을 〈보기〉에서 있는 대로 고른 것은? [3점]

갑: 사람도 잘 섬기지 못하면서 어떻게 귀신을 섬길 수 있겠는가? 삶에 대해 잘 알지도 못하면서 어떻게 죽음에 대해 알겠는가?

을: 진인은 삶을 기뻐할 줄도 모르고 죽음을 싫어할 줄도 모른다. 삶의 시작을 꺼리지도 않고 삶의 끝을 바라지도 않는다. 의연히 가고 의연히 올 따름이다.

〈 보기 〉

ㄱ. 갑: 도덕적 삶보다는 사후 세계에 관심을 가져야 한다.
ㄴ. 갑: 죽은 사람에 대한 애도는 예에 맞게 표현해야 한다.
ㄷ. 을: 생사를 분별하는 태도에서 벗어나 도에 따라야 한다.
ㄹ. 갑, 을: 내세의 행복을 위해 선한 행위를 반복해야 한다.

① ㄱ, ㄴ   ② ㄱ, ㄹ   ③ ㄴ, ㄷ
④ ㄱ, ㄷ, ㄹ   ⑤ ㄴ, ㄷ, ㄹ

31
21학년도 4월 학평 15번

갑, 을 사상가들의 입장으로 적절하지 않은 것은? [3점]

갑: 문상(問喪)하러 가서 대성통곡하는 것은 자연[天]의 도(道)에서 벗어나는 것이고, 사물의 본성을 배반하는 것이다. 지인(至人)은 편안한 마음으로 때를 받아들여 슬픔이니 기쁨이니 하는 것들로부터 자유롭다.

을: 선비에게 주어진 임무는 무겁고 가야 할 길은 멀다. 그에게는 인(仁)을 실현해야 하는 막중한 책임이 있으니, 도덕적 신념은 굳건하고 의지가 강인해야 한다. 죽음으로써 선한 도를 사수해야 하니, 이는 죽고 나서야 그만둘 뿐이다.

① 갑: 삶과 죽음은 사계절의 변화와 같은 필연적인 과정이다.
② 갑: 죽음을 지나치게 슬퍼하는 것은 자연의 순리에 어긋난다.
③ 을: 죽음이 아쉽지 않도록 자신의 본분을 다하며 살아야 한다.
④ 을: 죽은 자에 대한 애도(哀悼)는 선비가 행해야 할 도리이다.
⑤ 갑, 을: 인의 실현을 위해 죽음을 택하는 것은 도를 거스르는 것이다.

30
21학년도 7월 학평 6번

동양 사상가 갑, 서양 사상가 을의 입장으로 옳은 것은?

갑: 진인(眞人)은 삶과 죽음을 차별하지 않는다. 삶과 죽음은 밤낮의 변화와 같으니, 삶이 왔다고 기뻐하지 않으며 죽음이 왔다고 슬퍼하지 않는다.

을: 현자(賢者)는 죽음을 두려워하지 않는다. 모든 좋고 나쁨은 감각에서 발생하는데, 죽음은 감각의 상실이다. 따라서 죽음은 우리에게 아무것도 아님을 깨달아야 한다.

① 갑: 죽음은 자연적이고 필연적인 과정이므로 초연해야 한다.
② 갑: 죽음은 죽음 이후의 다른 삶으로 윤회하는 계기가 된다.
③ 을: 죽음을 통해 영혼은 육체에서 해방되어 진리를 얻게 된다.
④ 을: 죽음의 고통을 수용할 때 불멸의 열망을 실현할 수 있다.
⑤ 갑, 을: 죽음은 내세에서 영원한 행복에 이를 수 있는 시작이다.

32
21학년도 3월 학평 16번

다음을 주장한 사상가의 입장으로 적절하지 않은 것은? [3점]

우리가 어떤 것의 진리를 있는 그대로 보고자 한다면, 육체로부터 벗어나서 오로지 영혼만으로 그것을 바라보아야 한다. 영혼이 육체로부터 분리되어 홀로 있게 되는 것은 살아서는 불가능하다. 다만 살아 있는 동안에 진리에 가장 가까이 다가갈 수 있는 길은 우리 자신을 육체의 본성으로부터 순수하게 지켜서 영혼을 더럽히지 않는 것이다.

① 죽음은 영혼이 순수한 인식을 할 수 없는 상태로 만든다.
② 죽음을 통해 영혼은 참된 실재의 세계로 들어갈 수 있다.
③ 현실 세계에서 영혼의 순수성을 지키는 노력이 필요하다.
④ 불멸하는 영혼은 죽음 이후에 육체로부터 자유로울 수 있다.
⑤ 죽음은 영혼이 참된 지혜를 얻을 수 있는 계기가 될 수 있다.

33

다음을 주장한 사상가의 입장으로 적절한 것만을 〈보기〉에서 있는 대로 고른 것은?

> 영혼은 육체로부터 최대한 독립했을 때 이데아에 대한 최상의 사유를 할 수 있다. 그래서 철학자들은 누구보다도 평생에 걸쳐 영혼을 정화하며 살고자 한다.

〈 보기 〉
ㄱ. 철학자는 영혼과 육체의 불멸성을 깨달아야 한다.
ㄴ. 인간은 영혼을 돌보는 활동에 관심을 가져야 한다.
ㄷ. 참된 실재에 대한 인식은 인간의 감각을 통해서 가능하다.

① ㄱ   ② ㄴ   ③ ㄱ, ㄷ   ④ ㄴ, ㄷ   ⑤ ㄱ, ㄴ, ㄷ

34

갑, 을 사상가들의 입장으로 가장 적절한 것은? [3점]

> 갑: 태초에 무언가가 섞이고 변하여 기(氣)를 얻었고, 기가 변하여 형체를 갖게 되었으며, 형체가 변하여 생명을 얻게 된다. 그리고 그 생명이 변하여 죽음에 이른다.
> 을: 늙음[老]과 병듦[病]과 죽음[死]을 떨쳐내지 못하게 되는 것은 세 가지의 법(法)을 끊지 못하기 때문이다. 그 세 가지는 바로 탐욕[貪], 성냄[瞋], 어리석음[癡]이다.

① 갑: 죽음은 기가 흩어진 것이므로 운명으로 받아들여서는 안 된다.
② 갑: 죽음 앞에 두려움 없이 초연해야 인륜의 도(道)를 완성할 수 있다.
③ 을: 죽음의 참모습을 자각하면 업(業)을 짓지 않고 윤회하게 된다.
④ 을: 열반에 이르기 위해서는 삶과 죽음의 의존관계를 부정해야 한다.
⑤ 갑과 을: 도를 얻음으로써 생사(生死)의 얽매임에서 벗어날 수 있다.

01 대표 문제
25학년도 9월 모평 5번

그림의 강연자가 지지할 입장으로 가장 적절한 것은?

> 인류는 그동안 수많은 동물 실험을 자행하면서, 이를 인간의 복지 증진이라는 명목으로 합리화해 왔습니다. 이러한 동물 실험을 통해 인간이 이익을 얻은 것은 사실입니다. 그러나 어떤 동물 실험이든 궁극적으로는 정의에 어긋나는 일이기에 도덕적으로 허용될 수 없습니다. 인간 생체 실험이 인간의 권리를 부당하게 침해하는 것처럼 동물 실험도 동물의 권리를 부당하게 침해하기 때문입니다. 인간과 마찬가지로 동물도 다른 존재의 복지를 위한 단순한 도구로 이용되지 않을 권리가 있습니다.

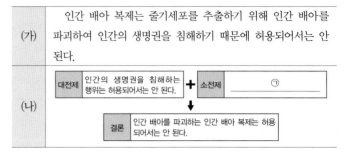

① 동물 실험은 인간의 이익에 기여하지 못하므로 폐지해야 한다.
② 동물 실험은 그 효과를 입증하는 경험적 근거로 합리화해야 한다.
③ 동물의 고통을 최소화할 수 있는 동물 실험은 정의에 부합한다.
④ 동물 실험이 도덕적으로 부당함을 주장할 수 있는 근거는 없다.
⑤ 동물 실험과 인간 생체 실험을 금지해야 하는 근거는 동일하다.

02
25학년도 6월 모평 2번

(가)의 주장을 (나) 그림으로 나타낼 때, ㉠에 대한 반론의 근거로 가장 적절한 것은?

(가)	인공 임신 중절은 태아의 생명을 중단시켜 인간으로서의 생명권을 침해하므로 허용되어서는 안 된다.

(나)	대전제 인간의 생명권을 침해하는 행위는 허용되어서는 안 된다. ＋ 소전제 ㉠
	결론 인공 임신 중절은 허용되어서는 안 된다.

① 태아는 잠재적 인간이므로 생명에 대한 권리를 지닌다.
② 배아, 태아, 성인은 유전적으로 동일한 종의 구성원이다.
③ 태아는 인간이지만 생명권 이외의 권리를 지니지 않는다.
④ 태아는 임신부 신체의 일부이지 인간으로는 간주될 수 없다.
⑤ 태아는 인간의 생명권을 갖지만 임신부의 선택권이 우선한다.

03
24학년도 수능 4번

(가)의 주장을 (나) 그림으로 나타낼 때, ㉠에 대한 반론의 근거로 가장 적절한 것은?

(가)	인간 배아 복제는 줄기세포를 추출하기 위해 인간 배아를 파괴하여 인간의 생명권을 침해하기 때문에 허용되어서는 안 된다.

(나)	대전제 인간의 생명권을 침해하는 행위는 허용되어서는 안 된다. ＋ 소전제 ㉠
	결론 인간 배아를 파괴하는 인간 배아 복제는 허용되어서는 안 된다.

① 인간 배아 복제는 인간의 생명권을 침해한다.
② 인간은 인간 배아와 유전적 특징이 다르지 않다.
③ 인간 종의 구성원들 중에는 인간 배아도 포함된다.
④ 인간 배아가 인간이 되는 과정은 끊임없이 연속적이다.
⑤ 인간 배아는 도덕적 지위가 없는 단순한 세포 덩어리이다.

04
24학년도 9월 모평 5번

(가)의 주장을 (나) 그림으로 나타낼 때, ㉠에 대한 반론의 근거로 가장 적절한 것은? [3점]

(가)	생식 세포 유전자 치료는 영구적으로 변형된 유전 형질을 태어날 자녀에게 물려줌으로써 인간의 자율성을 침해하기 때문에 허용되어서는 안 된다.

(나)	대전제 인간의 자율성을 침해하는 행위는 허용되어서는 안 된다. ＋ 소전제 ㉠
	결론 태어날 자녀를 대상으로 한 생식 세포 유전자 치료는 허용되어서는 안 된다.

① 치료 목적으로 유전자에 개입하는 행위는 허용될 수 없다.
② 유전자 치료는 태어날 자녀를 수단으로만 취급하는 것이다.
③ 고가의 치료비로 유전자 치료 기회의 차별이 발생할 수 있다.
④ 태어날 자녀는 자신의 유전 질환을 치료하는 것에 동의할 것이다.
⑤ 부모가 결정한 유전자 치료는 태어날 자녀의 자율성을 침해한다.

05

다음 토론의 핵심 쟁점으로 가장 적절한 것은?

> 갑: 동물 실험은 인간을 위한 신약 개발이나 제품의 안전성 검증 등을 위해 수행되고 있습니다. 그런데 동물 실험 과정에서 수많은 동물이 큰 고통을 받고 있습니다. 동물에게도 고통받지 않을 권리가 있습니다.
>
> 을: 동의합니다. 하지만 모든 동물 실험이 부당한 것은 아닙니다. 동물이 겪는 고통에도 불구하고 인간의 생명과 건강을 위해 큰 이익을 주는 경우에는 동물 실험이 정당성을 확보할 수 있습니다.
>
> 갑: 동물 실험이 인간에게 큰 이익을 줄 수 있지만, 인간의 이익이 동물 실험을 정당화할 수는 없습니다. 동물도 인간과 동등한 권리를 가집니다. 모든 동물 실험은 동물의 권리를 침해하는 것이기 때문에 금지되어야 합니다.
>
> 을: 아닙니다. 동물의 권리와 이익보다 인간의 권리와 이익을 중시해야 합니다. 다만 인간에게 큰 이익을 주지 못하면서 동물에게 큰 고통을 줄 경우에는 동물 실험이 금지되어야 합니다.

① 동물 실험이 허용되어서는 안 되는 경우가 있는가?
② 인간은 동물 실험을 통해 큰 이익을 얻을 수 있는가?
③ 동물은 동물 실험 과정에서 고통받지 않을 권리가 있는가?
④ 동물 실험에서 인간의 권리보다 동물의 권리를 중시해야 하는가?
⑤ 인간의 이익은 동물 실험을 정당화하기 위한 근거가 될 수 있는가?

06

다음 토론의 핵심 쟁점으로 가장 적절한 것은?

> 갑: 과거 우생학은 국가의 특정한 목적을 위해 개인의 자유를 침해했기 때문에 금지되었습니다. 하지만 개인의 자유로운 선택을 존중하는 우생학은 허용되어야 합니다.
>
> 을: 동의합니다. 개인의 자유로운 선택을 전제한다면, 개인은 자신뿐 아니라 자녀에 대한 치료 목적의 소극적 우생학은 물론 자질 강화를 위한 적극적 우생학의 권리도 지닙니다.
>
> 갑: 물론 개인은 자신에 대해서는 그러한 권리 모두를 지닙니다. 하지만 자녀에 대한 소극적 우생학과 달리, 부모가 유전적 개입을 통해 자녀의 삶을 특정 방향으로 유도하려는 적극적 우생학은 자녀의 자율성을 침해하기에 금지되어야 합니다.
>
> 을: 그렇지 않습니다. 인간의 삶의 방향은 유전자, 환경, 노력 등의 복합적인 상호 작용으로 결정됩니다. 자녀에 대한 적극적 우생학이 자녀의 자율성을 침해하는 것은 아닙니다.

① 유전적 개입으로 유전 질환을 치료하는 것을 허용해도 되는가?
② 개인은 자기 자신에 대한 적극적 우생학의 권리를 지닐 수 있는가?
③ 자녀의 자율성을 침해하지 않는 유전적 개입을 허용해도 되는가?
④ 자녀의 능력 향상을 위해 부모가 자녀의 유전자에 개입해도 되는가?
⑤ 유전자는 개인의 삶의 방향을 결정하는 데 영향을 미칠 수 있는가?

07

다음 토론의 핵심 쟁점으로 가장 적절한 것은?

> 갑: 복제 배아는 주로 줄기세포 추출을 위해 인공적으로 복제한 배아입니다. 복제 배아에서 추출한 줄기세포는 난치병 치료에 도움을 줄 수 있습니다.
>
> 을: 줄기세포가 난치병 치료에 도움을 줄 수 있지만, 줄기세포 추출을 위해 배아를 복제해서는 안 됩니다. 복제 배아는 인간과 유전적 특성이 같아서 여성의 자궁에 착상하면 인간으로 성장할 수 있기 때문입니다.
>
> 갑: 인간과 유전적 특성이 같은 복제 배아가 인간으로 발달하는 연속선상에 있다는 점은 인정합니다. 그러나 도토리를 보고 참나무라고 말할 수 없는 것처럼 복제 배아를 보고 인간이라고 말할 수는 없습니다.
>
> 을: 그렇지 않습니다. 복제 배아가 인간으로 발달하는 과정은 연속적이기 때문에 복제 배아와 인간을 구분할 수 있는 명확한 시점이 존재하지 않습니다. 따라서 복제 배아는 인간으로서의 지위를 지닌다고 보아야 합니다.

① 복제 배아와 인간은 유전적 특성이 동일한가?
② 복제 배아는 특정 목적을 위해 만들어지는가?
③ 줄기세포는 난치병 치료에 도움을 줄 수 있는가?
④ 복제 배아와 인간 사이에는 발달의 연속성이 존재하는가?
⑤ 복제 배아는 인간으로서의 지위를 지닌다고 간주해야 하는가?

08

갑, 을의 입장에 대한 적절한 설명만을 〈보기〉에서 고른 것은?

> 갑: 잠재적인 것은 현실적인 것과 동일한 가치를 갖는다. 인간 배아는 연속적인 발달 과정을 거쳐 성인이 될 잠재성을 갖기에 성인과 같은 도덕적 지위를 갖는다. 따라서 배아의 파괴를 수반하는 배아 복제는 유용하더라도 허용될 수 없다.
>
> 을: 잠재적인 것은 현실적인 것과 다르다. 신체 기관이 형성되지 않은 인간 배아는 도덕적 지위를 전혀 갖지 않는다. 배아 복제는 인류에게 의료적 혜택을 줄 수 있기 때문에 이를 금지하는 것은 사회적 손실이다.

〈 보기 〉

ㄱ. 갑: 인간 배아는 발달 단계에 따라 도덕적 지위가 달라진다.
ㄴ. 을: 인간 배아는 단순한 세포 덩어리에 불과하다.
ㄷ. 을: 인간 배아를 수단으로 대할 수 있는 경우가 있다.
ㄹ. 갑, 을: 배아 복제 여부는 공리적 관점에서 결정해야 한다.

① ㄱ, ㄴ ② ㄱ, ㄷ ③ ㄴ, ㄷ ④ ㄴ, ㄹ ⑤ ㄷ, ㄹ

09

22학년도 11번

다음을 주장한 사상가의 입장으로 적절한 것만을 〈보기〉에서 고른 것은?

> 배아에 대한 적극적인 유전적 간섭을 추구하는 자유주의적 우생학은 배아의 사물화를 초래한다. 이러한 유전적 간섭으로 프로그램 되어 태어난 사람은 스스로를 자기 삶의 유일한 저자이자 다른 사람들과 평등한 주체로서 인식하지 못할 것이다. 특히 인간 몸의 자연 발생성은 개개인이 자유롭고 평등한 도덕 주체가 되기 위한 근본적인 조건이지만 우생학적 접근은 바로 그런 조건을 뒤흔들고 말 것이다. 다만, 유전적 간섭은 치료라는 규제 이념에 인도될 때에만 허용될 수 있을 것이다.

〈 보기 〉
ㄱ. 유전적 간섭이 도덕적으로 정당화되는 경우가 존재한다.
ㄴ. 자유주의적 우생학은 인간의 미래를 위해 권장되어야 한다.
ㄷ. 인간의 유전적 자연성은 평등한 도덕 주체가 되기 위한 전제이다.
ㄹ. 부모는 적극적인 유전적 간섭으로 자녀의 삶에 참여해야 한다.

① ㄱ, ㄴ　　② ㄱ, ㄷ　　③ ㄴ, ㄷ　　④ ㄴ, ㄹ　　⑤ ㄷ, ㄹ

10

22학년도 9월 모평 5번

다음 토론의 핵심 쟁점으로 가장 적절한 것은?

> 갑: 유전 공학은 우리를 질병으로부터 해방시키고 우리가 바라는 인간의 현재와 미래의 모습을 실현시켜 줄 것입니다. 유전 공학의 발전은 행복한 미래를 위한 필수 조건입니다.
> 을: 질병 극복은 선(善)이므로 치료를 목적으로 하는 유전 공학 연구는 진행되어야 합니다. 그러나 유전자 강화 연구는 치료를 넘어 자연적 형질의 변화를 추구하므로 지속되면 안 됩니다.
> 갑: 치료가 소극적 선이라면 강화는 적극적 선입니다. 유전자 강화를 통해 우리의 자연적 능력은 확연히 강화될 것입니다. 이를 통해 우리는 더 높은 차원의 삶을 경험할 것입니다.
> 을: 유전자 강화 기술이 설령 자신과 미래 세대에게 높은 차원의 삶을 보장해 줄 수 있을지라도, 이 기술은 인간의 고유성과 정체성을 훼손하기 때문에 선이라 할 수 없습니다.

① 유전 공학 연구는 선을 추구해야 하는가?
② 치료를 목적으로 하는 유전 공학은 발전해야 하는가?
③ 유전자 강화 기술의 궁극적 목적은 질병의 치료인가?
④ 유전자 강화 기술은 인간의 자연적 능력을 변화시키는가?
⑤ 유전자 강화를 목적으로 하는 유전 공학 연구는 중단되어야 하는가?

11

22학년도 6월 모평 14번

(가)의 입장에서 (나)의 입장에 대해 제기할 수 있는 비판으로 가장 적절한 것은? [3점]

> (가) 심장 박동과 호흡이 비가역적으로 정지된 심폐사만을 죽음으로 인정해야 한다. 심폐사는 죽음에 대한 전통적인 판정 기준으로, 죽음의 시점을 확실하게 적시할 수 있어서 누가 보더라도 죽음을 판정할 수 있다는 장점이 있다.
> (나) 뇌의 모든 기능을 상실한 사람은 결국 수일 내에 심폐사에 이르게 된다. 뇌사자에게 불필요한 치료를 억지로 지속하는 것은 뇌사자를 비인간적으로 대우하는 것일 뿐만 아니라, 한정된 의료 자원을 소모하면서 장기를 기증할 기회도 잃게 하므로 뇌사를 죽음으로 인정해야 한다.

① 의료 자원의 효율적 이용이 필요하다는 것을 간과한다.
② 뇌사가 죽음에 이르는 과도기적 상태라는 것을 간과한다.
③ 뇌사 인정은 뇌사자의 생명권을 존중하는 것임을 간과한다.
④ 장기 이식을 위해 뇌사를 죽음의 기준으로 삼아야 함을 간과한다.
⑤ 무의미한 연명 치료는 인간 존엄성을 훼손한다는 것을 간과한다.

12

22학년도 6월 모평 11번

(가), (나)의 입장으로 적절한 것만을 〈보기〉에서 고른 것은? [3점]

> (가) 인간의 행복을 위해서는 질병을 극복할 수 있는 신약이 개발되어야 한다. 개발 과정에서 인간에게 미칠 수 있는 신약의 부작용을 최소화하기 위해서는, 설령 동물에게 고통을 준다 해도 동물 실험은 불가피하다. 다만, 고통은 악(惡)이므로 연구자는 동물에게 가하는 고통을 최소화해야 한다.
> (나) 질병은 극복되어야 할 인류의 과제이다. 하지만 인간과 동물은 질병의 종류와 증상이 매우 다르기 때문에, 동물 실험은 그 효과가 의심스러우며 신약 개발에 도움이 되지 않는다. 특히 인간처럼 쾌고 감수 능력을 지닌 동물에게 고통을 주는 동물 실험을 금지하고 그 대안을 강구해야 한다.

〈 보기 〉
ㄱ. (가): 동물 실험은 그 목적이 선해도 허용될 수 없다.
ㄴ. (가): 인간의 복지가 동물들의 이익 관심보다 우선한다.
ㄷ. (나): 인간은 생물학적으로 대부분의 질병을 동물과 공유한다.
ㄹ. (가), (나): 동물에게 고통을 가하는 것은 도덕적으로 악하다.

① ㄱ, ㄴ　　② ㄱ, ㄷ　　③ ㄴ, ㄷ　　④ ㄴ, ㄹ　　⑤ ㄷ, ㄹ

13

갑은 긍정, 을은 부정의 대답을 할 질문으로 가장 적절한 것은?

> 갑: 유전적 결함이 있는 환자는 유전자 교정 기술의 혜택으로 자신과 타인의 부정적 평가에서 벗어나 잃어버린 존엄을 되찾을 수 있다. 이 기술의 활용은 개인의 유전자 선호에 달려 있다. 인류는 자신의 의도에 맞게 유전 정보를 활용하여 과학적 유토피아를 실현할 수 있다.
>
> 을: 유전자 교정 기술은 인간성을 변화시킬 수 있어서 바람직하지 않다. 이 기술이 발전하면 인류는 생명체를 지적(知的)으로 설계할 수 있는 힘을 가질 수밖에 없다. 그러나 유전자의 좋고 나쁨을 인간이 판단해서는 안 된다. 왜냐하면 교정은 좋은 것이 있음을 전제하는데, 변화하는 환경에 유전자가 어떻게 적응할지 모르기 때문이다.

① 유전자 교정 기술은 인간의 정체성에 변화를 줄 수 있는가?
② 유전자 교정 기술에 의해 생명체의 능력이 강화될 수 있는가?
③ 유전자 교정 기술에서 개인의 유전자 선택을 금지해야 하는가?
④ 유전자 교정 기술을 활용하는 과정에서 윤리 문제가 생길 수 있는가?
⑤ 유전자 교정 기술에서 인간이 유전자의 가치를 판단하는 것은 정당한가?

14

(가)의 입장에 비해 (나)의 입장이 갖는 상대적 특징을 그림의 ㉠~㉤ 중에서 고른 것은? [3점]

> (가) 치료를 위한 유전자 조작은 미래 자녀의 동의를 확보할 수 있다고 추정되므로 허용될 수 있다. 그러나 자질 강화를 위한 유전자 조작은 허용될 수 없다. 자녀가 동의하지 않은 자질 강화를 통해 부모가 선택한 삶을 살도록 하는 것은 그들의 자유를 침해하기 때문이다.
>
> (나) 치료를 위한 유전자 조작뿐만 아니라 자질 강화를 위한 유전자 조작도 허용되어야 한다. 부모는 자녀의 출산에 있어서 선택의 자유를 갖는다. 미래 자녀의 동의를 추정할 수 없더라도 부모의 선택은 자녀를 위한 것이므로 자녀의 권리를 침해할 소지는 없다.

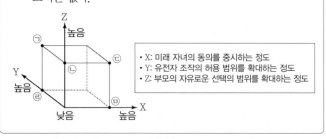

- X: 미래 자녀의 동의를 중시하는 정도
- Y: 유전자 조작의 허용 범위를 확대하는 정도
- Z: 부모의 자유로운 선택의 범위를 확대하는 정도

① ㉠   ② ㉡   ③ ㉢   ④ ㉣   ⑤ ㉤

15

다음 토론의 핵심 쟁점으로 가장 적절한 것은? [3점]

> 갑: 생태계를 파괴하지 않는 한 동물 복제는 허용되어야 합니다. 동물 복제는 멸종 동물의 복원과 희귀 동물의 보존뿐만 아니라 식량난 해결에도 도움이 되기 때문입니다.
>
> 을: 전적으로 동의합니다. 하지만 인간 복제는 허용되어서는 안 됩니다. 인간 복제는 '인간이 인간을 만드는 일'로 인간 존엄성에 어긋나기 때문입니다.
>
> 갑: 인간 개체 복제는 인간 존엄성에 위배되지만, 질병 치료를 위한 인간 배아 복제는 그렇지 않습니다. 배아는 도덕적 지위를 지닌 인간으로 볼 수 없습니다.
>
> 을: 인간 배아는 성인으로서의 도덕적 지위를 갖지는 않지만, 인간으로 발달할 잠재성을 지닌 존재입니다. 따라서 인간 배아 복제 역시 허용될 수 없습니다.

① 동물 복제는 허용될 수 있는가?
② 인간 개체 복제는 인간 존엄성을 훼손하는가?
③ 동물 복제는 사회적 유용성 증진에 기여하는가?
④ 치료 목적의 인간 배아 복제는 허용될 수 있는가?
⑤ 인간 배아는 성인과 같은 도덕적 지위를 지니는가?

16

다음 토론의 핵심 쟁점으로 가장 적절한 것은? [3점]

> 갑: 몸의 소유권은 자신에게 있고 장기 이식이 생명을 살릴 수 있지만, 장기 기증의 권리는 허용될 수 없습니다. 장기는 몸의 부분이고 몸은 인간 존엄성의 토대이기 때문입니다.
>
> 을: 몸은 인간 존엄성에 있어서 중요합니다. 그러나 몸 자체와 몸의 부분은 구분돼야 합니다. 몸 자체와 달리 몸의 부분은 자발적으로 기증하면 존엄성에 아무 지장이 없습니다.
>
> 갑: 전체도 부분으로 이루어지므로 몸 자체와 몸의 부분은 구분될 수 없습니다. 따라서 장기의 이식은 존엄성에 영향을 줍니다. 또한 기증의 허용은 존엄성을 훼손하는 장기 매매의 위험을 초래합니다.
>
> 을: 물론 존엄성을 훼손하는 장기 매매는 허용될 수 없습니다. 하지만 우리가 가진 몸의 소유권은 장기를 기증할 자기 결정권을 당연히 함의합니다. 이러한 자기 결정권은 생명을 살릴 수 있으며, 존엄성을 훼손하지 않습니다.

① 장기 이식이 생명을 살릴 수 있는가?
② 장기 매매는 윤리적으로 허용 가능한가?
③ 개인은 자기 몸에 대한 소유권을 갖는가?
④ 몸 자체는 인간 존엄성의 중요한 토대인가?
⑤ 개인은 자신의 장기를 기증할 자유를 지니는가?

17

20학년도 6월 모평 8번

갑, 을의 입장으로 적절한 것만을 〈보기〉에서 있는 대로 고른 것은? [3점]

태아는 인간 생명체이지만 완전한 인격체는 아니기에 부분적인 도덕적 지위만을 가집니다. 따라서 태아를 함부로 죽이는 것은 안 되지만, 임신부의 질병 등으로 현재 상황이 좋지 않고 나중에 더 좋은 상황에서 임신하려는 경우라면 임신 중절은 허용됩니다.

태아가 잠재적인 인간이라는 사실은 부정될 수 없습니다. 잠재성이 중요한 이유는 태아를 죽이는 것이 미래의 합리적이고 자의식적인 존재를 죽이는 것이기 때문입니다. 따라서 인간으로서의 잠재성을 지닌 태아를 해치는 것은 옳지 않습니다.

 갑

 을

〈 보기 〉

ㄱ. 갑: 태아의 권리와 임신부의 권리를 동등하게 대우해야 한다.

ㄴ. 을: 태아는 특별한 방해가 없는 한 하나의 인격체로 자랄 것이다.

ㄷ. 을: 태아는 합리적·자의식적인 존재이기에 해쳐서는 안 된다.

ㄹ. 갑, 을: 태아를 단순한 세포 조직처럼 함부로 대우해서는 안 된다.

① ㄱ, ㄷ ② ㄱ, ㄹ ③ ㄴ, ㄹ
④ ㄱ, ㄴ, ㄷ ⑤ ㄴ, ㄷ, ㄹ

18

20학년도 6월 모평 4번

다음 가상 대담의 사상가가 지지할 입장으로 적절하지 않은 것은? [3점]

1 배아에 대한 유전자 조작이 논란거리입니다. 이에 선생님께서는 치료가 아닌 강화를 위한 유전자 조작은 인간을 수단화하기에 옳지 않다고 하셨습니다.

2 예. 정상적인 능력을 더 강화하는 유전학적 개입은 일방적인 것이기에 세대 간의 평등성을 훼손하며, 그 존재의 자율성을 근본적으로 침해하는 행위입니다.

3 유전학적 강화로 태어난 인간은 부모 세대의 일방적인 결정과 당사자의 동의 결여로 인해 자신의 삶에 부당한 간섭이 일어난다는 말씀이시군요.

4 맞습니다. 유전학적 강화는 의사소통의 합리성이 확보된 상황에서 구성원 모두의 합의를 기대할 수 없기에 정당화될 수 없습니다.

① 자녀의 능력 강화를 위한 유전자 조작은 인간을 도구화한다.

② 유전학적 치료에 대해서는 담론을 통한 보편적 합의가 가능하다.

③ 인간에 대한 모든 형태의 유전학적 개입을 거부하는 것은 아니다.

④ 유전학적 강화를 통해 태어난 사람은 온전한 자율성을 지닐 수 없다.

⑤ 자질 강화를 위한 배아 유전자 조작은 세대 간의 균형을 회복시킨다.

19

19학년도 수능 6번

다음 글의 입장에서 긍정의 대답을 할 질문을 〈보기〉에서 고른 것은?

심장과 폐가 활동한다 해도, 뇌의 기능이 불가역적으로 상실된 사람은 살아있는 존재로 볼 수 없다. 생명체의 활동에 있어서 뇌가 결정적 기능을 담당하기 때문이다. 뇌사를 죽음의 기준으로 인정하게 되면 당사자의 사전 동의를 통해 뇌사자로부터 장기 이식을 받아 보다 많은 인명을 구할 수 있으므로 공익의 실현에 기여하게 된다. 일부에서는 뇌사의 오판 가능성을 제기하지만, 뇌사판정위원회를 통해 이를 최소화할 수 있다.

〈 보기 〉

ㄱ. 뇌사를 죽음의 기준으로 인정하는 것은 정당화될 수 있는가?

ㄴ. 뇌사 판정의 오류를 줄일 수 있는 제도적 절차가 있는가?

ㄷ. 뇌사자 장기 이식은 사회적 유용성의 증진을 저해하는가?

ㄹ. 심폐 기능의 불가역적 상실만을 죽음으로 판정해야 하는가?

① ㄱ, ㄴ ② ㄱ, ㄷ ③ ㄴ, ㄷ ④ ㄴ, ㄹ ⑤ ㄷ, ㄹ

20

19학년도 9월 모평 11번

다음 토론의 핵심 쟁점으로 가장 적절한 것은?

갑: 인간을 대상으로 하는 유전자 조작 기술은 유전적 요인으로 인한 질병을 치료할 수 있기 때문에 허용되어야 합니다. 질병 극복은 선이기 때문입니다.

을: 네, 동의합니다. 하지만 치료를 넘어 우생학적 목적을 위한 국가 차원의 유전자 조작은 인간 존엄성에 대한 심각한 위협이 될 수 있으므로 치료 목적에 한정되어야 합니다.

갑: 치료를 넘어선 국가 차원의 우생학은 부당하지만 개인 차원은 다릅니다. 외모에 대해 성형의 자유를 지니듯이, 우리는 유전자 조작을 통해 자질을 강화할 수 있는 자유를 지닙니다.

을: 그렇지 않습니다. 자질 강화를 위한 유전자 조작은 고비용 의술로 특정 계층만이 이용 가능해 생물학적 불평등을 낳고, 이는 곧 사회적 불평등을 심화시킬 것이므로 옳지 않습니다.

① 질병 치료를 위한 유전자 조작은 허용되어야 하는가?

② 치료 목적의 유전자 조작은 선을 산출할 수 있는가?

③ 국가는 치료를 넘어선 우생학적 유전자 조작을 해도 되는가?

④ 유전자 조작 기술은 어떤 경우에도 허용되어서는 안 되는가?

⑤ 자질 강화를 위한 개인 차원의 유전자 조작은 허용되어야 하는가?

21

갑, 을의 입장으로 적절한 것만을 〈보기〉에서 있는 대로 고른 것은?

> 갑: 배아는 인간 생명체로 성장할 가능성이 있지만 배아가 곧 인간은 아니다. 배아는 단순한 세포 덩어리에 불과하므로 성인과 같은 도덕적 지위를 갖지 못한다. 따라서 배아 복제는 허용되어야 한다.
>
> 을: 배아는 인간 생명의 초기 단계이다. 인간의 발달 과정은 선명한 경계선이 없는 연속적인 과정이므로 배아도 성인과 동등한 도덕적 지위를 지닌다. 따라서 배아 복제는 금지되어야 한다.

---〈보기〉---

ㄱ. 갑: 배아는 인간이 될 잠재성을 지닌 존재이다.
ㄴ. 을: 인간과 유전적으로 같은 배아의 활용을 권장해야 한다.
ㄷ. 을: 인간은 발달 단계에 따라 도덕적 지위가 달라질 수 있다.
ㄹ. 갑과 을: 배아 복제는 배아를 수단으로 다루는 행위이다.

① ㄱ, ㄷ   ② ㄱ, ㄹ   ③ ㄴ, ㄷ
④ ㄱ, ㄴ, ㄹ   ⑤ ㄴ, ㄷ, ㄹ

22

다음 토론의 핵심 쟁점으로 가장 적절한 것은? [3점]

> 갑: 의료 기술의 발달로 뇌사자의 생명 연장이 가능해지면서 인간의 죽음에 관한 사회적 갈등이 커지고 있습니다. 이런 혼란을 최소화하기 위해 죽음의 시점을 정해야 합니다.
>
> 을: 동의합니다. 죽음은 심폐 정지를 거쳐 모든 활동이 멈추는 과정입니다. 이를 고려하여 심장과 폐의 비가역적 정지만을 죽음으로 인정해야 합니다.
>
> 갑: 인간다움은 뇌의 활동에서 기인하므로 뇌의 정지는 곧 죽음을 의미합니다. 의료 자원을 아끼고 뇌사자의 장기 이식을 통해 다른 생명을 살릴 수 있으므로 뇌사도 인정해야 합니다.
>
> 을: 그렇지 않습니다. 뇌사를 인정하면 인간의 죽음을 경제적 측면에서 접근하게 되므로 인간 생명이 경시될 수 있습니다. 호흡이 멈추는 순간까지 죽음에 관한 판단은 신중해야 합니다.

① 뇌 활동의 영구적인 정지만을 죽음으로 인정해야 하는가?
② 의료 기술을 이용하여 뇌사자의 장기를 이식할 수 있는가?
③ 죽음의 시점을 고려하여 죽음에 관한 사회적 합의가 필요한가?
④ 심폐사를 인정하여 의료 자원의 비효율적 사용을 줄여야 하는가?
⑤ 인간의 죽음에 사회적 효용을 적용하여 판단하는 것은 정당한가?

23

갑, 을의 입장으로 적절하지 <u>않은</u> 것은?

> 인간 배아는 고통을 느끼지 못하는 단순한 세포 덩어리에 불과하므로 도덕적 지위를 가질 수 없습니다. 따라서 인간 배아를 활용하여 난치병 치료 연구가 진행될 수 있도록 인간 배아 복제를 허용해야 합니다.

> 인간 배아는 고통을 느끼지 못하지만, 잠재적 인간이므로 도덕적 지위를 가집니다. 따라서 인간 배아를 활용한 난치병 치료 연구가 사회적 행복을 증진하더라도, 인간 배아 복제를 결코 허용해서는 안 됩니다.

갑   을

① 갑: 인간 배아는 인간을 위한 수단으로 사용될 수 있다.
② 갑: 인간 배아는 잠재적 인간이므로 도덕적 지위를 가진다.
③ 을: 인간 배아를 단순한 세포 덩어리로 간주해서는 안 된다.
④ 을: 사회적 유용성을 근거로 인간 배아 복제를 허용해서는 안 된다.
⑤ 갑과 을: 인간 배아 복제는 난치병 치료 연구를 가능하게 한다.

24

(가)의 주장을 (나) 그림으로 나타낼 때, ㉠에 대한 반론의 근거로 가장 적절한 것은? [3점]

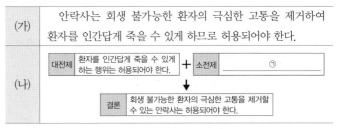

(가)	안락사는 회생 불가능한 환자의 극심한 고통을 제거하여 환자를 인간답게 죽을 수 있게 하므로 허용되어야 한다.
(나)	**대전제** 환자를 인간답게 죽을 수 있게 하는 행위는 허용되어야 한다. + **소전제** ㉠ → **결론** 회생 불가능한 환자의 극심한 고통을 제거할 수 있는 안락사는 허용되어야 한다.

① 안락사는 환자의 삶의 질을 고려하여 허용될 수 있다.
② 안락사는 환자가 지닌 자기 결정권을 존중하는 행위이다.
③ 안락사는 환자의 인간 존엄성을 유지하기 위한 방법이다.
④ 안락사는 환자의 고통 없이 죽을 수 있는 권리를 보장한다.
⑤ 안락사는 환자가 가진 생명권을 침해하는 인위적 죽음이다.

25

다음 토론의 핵심 쟁점으로 가장 적절한 것은?

> 갑: 낙태죄에 대한 헌법 불합치 판결 이후에도 인공 임신 중절에 대한 윤리적 논쟁이 계속되고 있습니다. 태아는 이익을 지니지 않으므로 인공 임신 중절은 허용되어야 합니다.
>
> 을: 태아는 미래에 의식을 갖출 잠재적 존재이므로 이익을 지니지 않습니다. 하지만 태아는 인간 종(種)의 한 구성원으로 성인과 동등한 본래적 가치를 지니기 때문에 인공 임신 중절을 허용해서는 안 됩니다.
>
> 갑: 그렇지 않습니다. 태아는 성인과 달리 현재 의식을 갖추고 있지 않아 본래적 가치를 지니지 않습니다. 따라서 인공 임신 중절에 대한 성인의 자율권을 존중해야 합니다.
>
> 을: 아닙니다. 식물인간은 의식이 없지만 본래적 가치를 지니므로 보호됩니다. 마찬가지로 태아도 의식이 없지만 본래적 가치를 지니므로 보호되어야 합니다.

① 태아는 이익을 가진 존재이므로 보호받아야 할 대상인가?
② 태아는 장래에 의식을 지닐 수 있는 존재로 보아야 하는가?
③ 태아가 지닌 본래적 가치는 태아의 의식으로부터 비롯되는가?
④ 태아의 자율권은 인공 임신 중절을 금지하는 근거가 되는가?
⑤ 태아는 본래적 가치를 지니므로 인공 임신 중절은 부당한가?

26

다음 토론의 핵심 쟁점으로 가장 적절한 것은?

> 갑: 오늘날 생명공학이 발달함에 따라 유전자를 이용하여 많은 질병을 치료할 수 있게 되었습니다. 환자들의 고통을 덜어 주기 위해 이에 관한 활발한 연구가 필요합니다.
>
> 을: 동의합니다. 다만 개인의 신체에만 적용되는 체세포 유전자 치료로 한정되어야 합니다. 생식 세포 유전자 치료는 다음 세대의 유전자에 영향을 미치므로 허용해서는 안 됩니다.
>
> 갑: 아닙니다. 생식 세포 유전자 치료는 유전병의 대물림을 예방하여 오히려 다음 세대가 더 나은 삶을 살게 합니다. 체세포 유전자 치료와 생식 세포 유전자 치료 모두 허용해야 합니다.
>
> 을: 그렇지 않습니다. 생식 세포 유전자 치료는 다음 세대의 동의를 얻지 않은 행위이므로 그들의 신체에 관한 자기 결정권을 침해합니다. 따라서 윤리적으로 바람직하지 않습니다.

① 체세포 유전자 치료를 위해 환자의 동의가 필요한가?
② 질병 치료를 위해 생명공학 연구는 권장되어야 하는가?
③ 인간에 대한 모든 형태의 유전자 치료는 금지되어야 하는가?
④ 환자의 고통을 덜어 주기 위한 체세포 유전자 치료는 바람직한가?
⑤ 다음 세대에 영향을 미칠 수 있는 생식 세포 유전자 치료는 정당한가?

27

갑, 을의 입장으로 적절한 것만을 〈보기〉에서 고른 것은?

> 합리적인 존재는 도덕적 지위를 지니므로 죽임을 당하지 않을 권리를 갖습니다. 그리고 잠재적으로 합리적인 존재를 실제적으로 합리적인 존재와 동등하게 대우해야 합니다. 태아는 잠재적으로 합리적인 존재이므로 인공 임신 중절은 허용될 수 없습니다.

> 실제적으로 합리적인 존재가 도덕적 지위를 지니므로 죽임을 당하지 않을 권리를 갖는다는 점에 동의합니다. 하지만 잠재적으로 합리적인 존재를 실제적으로 합리적인 존재로 보아서는 안 됩니다. 태아는 잠재적으로 합리적인 존재에 불과하므로 인공 임신 중절은 허용될 수 있습니다.

갑

을

〈 보기 〉

ㄱ. 갑: 여성의 인공 임신 중절 권리는 태아의 생명권보다 우선한다.
ㄴ. 갑: 태아의 생명권과 성인의 생명권을 동등하게 고려해야 한다.
ㄷ. 을: 잠재적으로 합리적인 존재인 태아는 도덕적 지위를 지닌다.
ㄹ. 갑과 을: 도덕적 지위를 지닌 존재의 생명을 해쳐서는 안 된다.

① ㄱ, ㄴ   ② ㄱ, ㄷ   ③ ㄴ, ㄷ   ④ ㄴ, ㄹ   ⑤ ㄷ, ㄹ

28

다음 토론의 핵심 쟁점으로 가장 적절한 것은?

> 갑: 회생 불가능한 환자가 고통스러운 삶을 살아가는 것은 무의미합니다. 환자가 요청한다면 연명 치료의 중단으로 죽음을 맞이할 수 있도록 허용해야 합니다.
>
> 을: 동의합니다. 연명 치료의 중단과 같은 소극적 안락사뿐만 아니라 약물 주입과 같은 적극적 안락사로도 환자가 죽음에 이를 수 있도록 허용해야 합니다.
>
> 갑: 아닙니다. 소극적 안락사는 도덕적인 행위이지만 적극적 안락사는 환자를 살인하는 행위와 같으므로 비도덕적입니다.
>
> 을: 그렇지 않습니다. 두 가지 모두 환자를 죽음에 이르게 하지만 고통을 제거한다는 점에서 도덕적입니다. 적극적 안락사도 죽음을 앞당겨 환자의 불필요한 고통을 제거한다는 점에서 도덕적인 행위입니다.

① 연명 치료를 중단하려면 환자의 동의가 반드시 요구되는가?
② 적극적 안락사는 소극적 안락사와 달리 비도덕적 행위인가?
③ 도덕적으로 허용될 수 있는 안락사 시행 방법이 존재하는가?
④ 회생 불가능한 환자는 연명 치료의 중단을 요청해야 하는가?
⑤ 회생 불가능한 환자의 고통을 제거하는 것은 정당화 가능한가?

29

다음 신문 칼럼의 입장에서 지지할 주장으로 가장 적절한 것은?

○○신문 　　　　　　　　　○○○○년 ○○월 ○○일

칼 럼

생명 공학의 발달로 유전병의 근본적인 치료가 가능해지고 있다. 실제로 체세포 유전자 치료제가 환자 본인의 동의에 따라 임상적으로 많이 사용되고 있다. 체세포 유전자 치료는 주로 환자 개인에게만 영향을 미치므로 제한적으로 허용될 수 있다. 하지만 생식 세포 유전자 치료는 인간으로 성장할 잠재성을 지닌 배아의 파기가 수반되는 연구가 필요하다는 점에서 윤리적으로 논란의 소지가 크다. 또한 치료 전에 실시하는 유전자 검사로 얻은 배아의 유전 정보가 치료가 아닌 자질 강화에 활용되어 적극적 우생학으로도 이어질 수 있다. 따라서 생식 세포 유전자 치료는 허용되어서는 안 된다.

① 모든 유전자 치료는 환자 본인의 동의 없이 실시할 수 있다.
② 생식 세포 유전자 치료를 위한 유전자 검사는 허용해야 한다.
③ 유전자 치료는 자녀의 자질 강화를 목적으로 실시되어야 한다.
④ 유전자 검사의 결과는 치료 이외 목적으로도 활용되어야 한다.
⑤ 인간 배아를 수단화하는 유전자 치료 연구는 금지되어야 한다.

30

다음 토론의 핵심 쟁점으로 가장 적절한 것은?

갑: 인간과 동물 사이의 생물학적 유사성으로 인해 동물 실험의 결과를 인간에게 일반화할 수 있습니다. 따라서 신약이나 새로운 치료법의 개발을 위해서 동물 실험은 필요합니다.
을: 동물 실험이 인간의 질병 치료에 기여할 수 있습니다. 하지만 동물은 인간과 마찬가지로 고통을 느끼는 존재이므로 동물에게 고통을 주거나 죽이는 것을 정당화할 수는 없습니다.
갑: 동물이 고통을 느끼는 존재라는 것은 동의합니다. 그러나 동물 실험은 인간이 겪는 심각한 질병의 치료법을 개발하기 위한 최선이자 불가피한 선택입니다.
을: 그렇지 않습니다. 동물 실험을 대체할 수 있는 방안이 존재하며 이를 통해 동물 실험에서 얻어지는 것만큼의 충분한 정보를 얻을 수 있습니다. 따라서 동물을 희생시키는 실험은 정당화될 수 없습니다.

① 동물과 인간은 생물학적 유사성을 지니는가?
② 동물 실험의 결과를 인간에게 적용할 수 있는가?
③ 동물 실험은 인간의 건강 증진에 기여할 수 있는가?
④ 인간과 마찬가지로 동물은 고통을 느끼는 존재인가?
⑤ 인간의 질병을 치료하기 위한 동물 실험은 정당한가?

31

다음 토론의 핵심 쟁점으로 가장 적절한 것은?

갑: 유전자 편집 기술의 발달로 인간 배아 유전자 편집이 가능해 졌습니다. 치료 목적의 인간 배아 유전자 편집을 통해 유전 질환을 치료하여 인류의 행복을 증진해야 합니다.
을: 동의합니다. 다만 치료가 아닌 강화 목적의 인간 배아 유전자 편집은 미래 세대에게 부모가 원하는 유전 형질에 따라 살도록 강요하는 것이므로 이를 금지해야 합니다.
갑: 아닙니다. 미래 세대는 살아가는 동안 강화된 유전 형질로 인해 더 많은 선택의 기회를 얻게 될 것입니다. 이를 통해 미래 세대는 자신의 능력을 발휘하여 풍요로운 삶을 살 것입니다.
을: 강화된 유전 형질로 미래 세대가 풍요로운 삶을 살 수 있을지라도 이러한 삶은 부모에 의해 계획된 삶일 뿐입니다. 이는 미래 세대가 자신의 삶을 온전히 계획하고 결정할 수 있는 자율성을 침해하므로 옳지 않습니다.

① 인간 배아 유전자 편집은 유전 형질의 변화를 초래하는가?
② 강화 목적의 인간 배아 유전자 편집은 허용되어야 하는가?
③ 유전자 편집 기술을 활용하여 유전 질환을 치료할 수 있는가?
④ 인간 배아 유전자 편집은 어떤 경우에도 정당화될 수 없는가?
⑤ 인류의 행복을 증진하는 인간 배아 유전자 편집이 존재하는가?

32

(가)의 입장에 대해 (나)의 입장에서 제기할 수 있는 비판으로 가장 적절한 것은?

(가) 뇌사가 죽음의 기준이 되어야 한다. 뇌사자는 인간으로서의 고유한 활동을 할 수 없고, 뇌사자의 장기 이식은 더 많은 생명을 살릴 수 있다.

(나) 뇌사가 죽음의 기준이 될 수 없다. 뇌사자라도 심폐 기능이 유지되면 죽은 것이 아니다. 뇌사자를 죽은 사람으로 보고 장기 이식을 하면 생명의 존엄성을 해치게 된다.

① 유용성 극대화를 위해서 뇌사의 인정이 필요함을 간과한다.
② 뇌사를 죽음으로 인정할 때 사회적 선이 실현됨을 간과한다.
③ 뇌 기능 상실이 죽음을 판단하는 유일한 기준임을 간과한다.
④ 심폐사를 죽음으로 인정해야 장기 이식이 확대됨을 간과한다.
⑤ 뇌사를 죽음으로 보면 인간의 가치를 해칠 수 있음을 간과한다.

33

갑, 을의 입장으로 적절한 것만을 〈보기〉에서 있는 대로 고른 것은?

생식 세포 유전자 치료는 유전병 퇴치에 의학적으로 유용하므로 허용되어야 합니다. 이러한 치료는 새로운 치료법의 개발을 통해 경제적 가치를 창출할 수 있고, 자신의 유전 질환을 자녀에게 물려주지 않으려는 부모의 자율성을 보장해 줄 수 있습니다.

생식 세포 유전자 치료를 허용해서는 안 됩니다. 이러한 치료는 의학적으로 불완전하여 후세대에 부정적 결과를 초래할 수 있습니다. 또한 치료의 영향을 받는 후세대의 동의를 얻지 않은 채 그들의 유전자를 개량하는 데 악용될 수 있습니다.

갑   을

〈 보기 〉

ㄱ. 갑: 자녀의 유전병을 예방하려는 부모의 선택을 존중해야 한다.
ㄴ. 갑: 생식 세포 유전자 치료는 경제적 효용 증진에 기여하지 못한다.
ㄷ. 을: 생식 세포 유전자 치료는 후세대의 자율성을 침해할 수 있다.
ㄹ. 갑, 을: 생식 세포 유전자 치료로 인해 발생할 의학적 결과를 고려해야 한다.

① ㄱ, ㄴ 　② ㄱ, ㄷ 　③ ㄴ, ㄹ
④ ㄱ, ㄷ, ㄹ 　⑤ ㄴ, ㄷ, ㄹ

34

(가)의 입장에 비해 (나)의 입장이 갖는 상대적 특징을 그림의 ㉠~㉤ 중에서 고른 것은?

(가) 인간 배아는 인간과 유전자가 동일하며, 착상 후에 인간이 될 수 있는 잠재성을 가지고 있다. 따라서 배아 복제는 존엄한 인간을 죽이는 것과 같으므로 허용해서는 안 된다.
(나) 인간 배아는 인간이 될 가능성이 확정되지 않은 단순한 세포 덩어리에 불과하다. 따라서 배아 복제는 인간의 질병을 치료할 수 있다는 점에서 허용해야 한다.

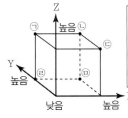

- X: 인간 배아를 인간의 이익을 위한 수단으로 여기는 정도
- Y: 인간 배아의 생명권보다 인간의 건강권을 중시하는 정도
- Z: 인간 배아가 도덕적 지위를 지니고 있음을 강조하는 정도

① ㉠ ② ㉡ ③ ㉢ ④ ㉣ ⑤ ㉤

35

(가)의 주장을 (나) 그림으로 나타낼 때, ㉠에 대한 반론의 근거로 가장 적절한 것은?

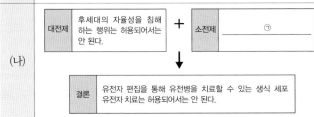

① 생식 세포 유전자 치료는 후세대의 삶을 특정 방향으로 결정하는 유전적인 개입이다.
② 생식 세포 유전자 치료는 유전적 다양성을 감소시켜 질병에 대한 저항력을 약화시킨다.
③ 생식 세포 유전자 치료는 인간으로서의 도덕적 지위를 지닌 배아를 단지 수단으로만 취급한다.
④ 생식 세포 유전자 치료는 부모의 의도에 따라 자녀의 자질이 설계되는 우생학으로 변질될 수 있다.
⑤ 생식 세포 유전자 치료는 유전 형질을 개선해 삶의 방향에 대한 미래 세대의 선택권을 확대할 수 있다.

36

다음 토론의 핵심 쟁점으로 가장 적절한 것은? [3점]

갑: 생명 과학이 발달함에 따라 뇌 자극과 약물을 통해 인간의 질병을 치료할 수 있게 되었고, 인간의 이타심을 향상시키는 강화도 가능해졌습니다.
을: 동의합니다. 인간의 이타심을 인위적 조작으로 강화함으로써 사회 이익에 기여하는 도덕적 행동도 증가시킬 수 있게 되었습니다.
갑: 물론 이타심 강화에 의해 사회 이익에 기여하는 친사회적 행동이 증가하는 것은 사실입니다. 하지만 그러한 행동은 자극에 의한 타율적 반응일 뿐 도덕적 행동은 아닙니다.
을: 이타심 강화로 인해 증가한 친사회적 행동이 자극에 의한 타율적 반응인 것은 맞습니다. 하지만 결과적으로 사회 이익을 증진하므로 그러한 행동도 도덕적 행동입니다.

① 생명 과학의 발달은 인간의 질병 치료에 기여하는가?
② 강화에 의한 인간의 친사회적 행동은 도덕적 행동인가?
③ 인간의 이타심을 인위적으로 향상시키는 방법이 있는가?
④ 강화에 의한 인간의 친사회적 행동은 사회 이익에 기여할 수 있는가?
⑤ 강화에 의한 인간의 친사회적 행동은 자극에 의한 타율적 반응인가?

한눈에 정리하는
평가원 기출 경향

학년도 / 주제	2025	2024	2023

빈출

성에 대한 입장들
[6일차]

2025 — 6월 모평 18번

1. (가), (나)의 입장으로 가장 적절한 것은? [3점]

(가) 성은 사회 안정과 관련되고, 출산과 양육의 책임을 발생시킨다. 따라서 부부 간의 성관계만이 도덕적으로 정당하다. 성과 관련된 그 밖의 가치는 가족의 안정성과 출산 목적에 기여하는 것에서 파생된다.

(나) 결혼과 출산이 전제된 성관계만이 도덕적으로 정당한 것은 아니다. 심지어 사랑마저도 정당한 성관계의 필수 요건은 아니다. 성인들 간의 자발적 동의가 이루어지고, 상호 피해를 주지 않는다면 도덕적으로 정당화될 수 있다.

① (가): 성관계는 종족 보존의 측면에서만 정당화될 수 있다.
② (가): 성의 쾌락적 가치 추구와 생식적 가치 추구는 양립할 수 없다.
③ (나): 상호 존중의 원리에 부합하는 성관계는 정당화될 수 있다.
④ (나): 사랑이 전제된 성관계에는 해악 금지의 원리가 적용되지 않는다.
⑤ (가)와 (나): 사회적 책임은 도덕적으로 정당한 성관계의 조건이 아니다.

2024 — 수능 13번

2. 갑, 을의 입장으로 가장 적절한 것은?

성(性)은 사적 사유의 영역을 넘어 사회 안정과 질서 유지와도 관련됩니다. 결혼의 울타리 안에서 이루어지는 성만이 정당합니다. 부부 간의 사랑만이 성의 근거입니다.

성은 상대방에 대한 배려와 사랑을 필요로 합니다. 굳이 결혼과 결부시킬 필요가 없습니다. 사랑 없이 쾌락만을 추구하는 성은 도덕적으로 정당하지 않습니다.

갑   을

① 갑: 성적 관계에서 개인의 자유가 사회적 책임보다 중요하다.
② 갑: 출산과 양육은 바람직한 성적 관계의 조건이 아니다.
③ 을: 성적 관계는 윤리적 가치 판단의 대상이 아니다.
④ 을: 정당한 성적 관계는 당사자 간의 동의로 충분하다.
⑤ 갑과 을: 성적 관계는 당사자 간의 사랑을 전제해야 한다.

2023 — 6월 모평 5번

7. 다음 토론의 핵심 쟁점으로 가장 적절한 것은? [3점]

갑: 성관계가 사랑하는 사람 사이에서 서로의 인격을 존중하면서 이루어진다면 도덕적으로 정당화됩니다. 이때 인격 존중이란 서로의 자율성을 보장하는 것입니다.

을: 물론 사랑과 상호 인격 존중은 성관계에서 필수적입니다. 그러나 성관계는 출산과 양육에 대해 책임을 져야 하는 문제를 발생시킬 수 있기 때문에 부부만의 성관계만이 도덕적으로 정당화됩니다.

갑: 성관계는 그와 같은 책임의 문제를 낳을 수도 있습니다. 하지만 그러한 문제를 낳지 않는 성관계도 얼마든지 가능합니다. 또한 결혼하지 않아도 그러한 책임을 충분히 감당할 수 있습니다.

을: 아닙니다. 결혼하지 않은 상태에서는 그러한 책임을 지기 어려워 사회의 안정성이 위협받습니다. 부부 사이의 성관계는 안정된 가족 관계를 유지하는 데 도움이 됩니다.

① 자발적이지 않은 성관계는 정당화될 수 있는가?
② 성관계는 도덕적 가치 판단의 대상이 될 수 있는가?
③ 성관계가 정당화되기 위해서는 결혼이 반드시 요구되는가?
④ 자율성과 사랑은 성관계가 정당화되기 위한 전제 조건인가?
⑤ 성관계는 출산과 양육에 대한 책임 문제를 발생시킬 수 있는가?

여성주의 윤리와 배려 윤리
[6일차]

2023 — 9월 모평 3번

6. 다음을 주장한 사상가의 입장만을 〈보기〉에서 고른 것은?

배려 윤리는 도덕적으로 정당화될 수 있는 행동이 보편화 가능한 행동이어야 한다는 것을 거부한다. 우리가 누구인지, 누구와 어떤 관계를 맺고 있는지, 어떤 상황에 놓여 있는지를 고려해야 한다. 배려 윤리는 관계의 윤리이다. 배려의 관계는 배려자의 노력에 피배려자가 응답할 때 완성된다.

〈 보기 〉
ㄱ. 구체적 맥락에 근거하여 도덕적 의사 결정을 내려야 한다.
ㄴ. 도덕적 의무감과 법칙이 도덕 행위의 기반이 되어야 한다.
ㄷ. 배려는 배려자와 피배려자의 상호 작용에서 이루어져야 한다.
ㄹ. 배려는 공감과 책임이 아닌 정의와 권리에 기초해야 한다.

① ㄱ, ㄴ   ② ㄱ, ㄷ   ③ ㄴ, ㄷ   ④ ㄴ, ㄹ   ⑤ ㄷ, ㄹ

가족 윤리
[7일차]

2022 ~ 2019

2022. 수능 7번

8. (가)의 입장에 비해 (나)의 입장이 갖는 상대적 특징을 그림의 ㉠~㉤ 중에서 고른 것은?

(가) 성욕은 인간의 기본적인 욕구이므로 개인은 감각적인 욕구 충족만을 위해서도 성적 관계를 맺을 수 있다. 성적 자유는 타인에게 해악을 주지 않는 범위에서 허용되며, 자발적 동의와 자율성이 존중되기만 하면 정당화된다.

(나) 부부만이 성적 관계에서 상호 인격 존중의 의무를 다할 수 있으며, 사회 안정과 책임 있는 성 문화 유지에 기여할 수 있다. 따라서 성행위는 부부간의 애정과 신뢰를 바탕으로 출산과 양육에 대한 책임을 질 수 있는 경우에 정당화된다.

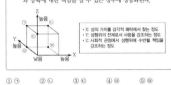

- X: 성의 가치를 감각적 쾌락에서 찾는 정도
- Y: 성행위의 전제로서 사랑을 강조하는 정도
- Z: 사회적 관점에서 성행위에 수반될 책임을 강조하는 정도

① ㉠　② ㉡　③ ㉢　④ ㉣　⑤ ㉤

2021. 수능 2번

10. 갑, 을의 입장으로 가장 적절한 것은?

갑: 도덕적 판단에서 성(性)행위를 여타 행위와 구별해야 할 이유가 존재한다. 성행위는 출산과 양육의 책임을 발생시킬 수 있기 때문에 부부의 사랑이 전제된 성행위만이 정당하다.

을: 도덕적 판단에서 성행위를 여타 행위와 구별해야 할 이유는 없다. 자율성의 원칙, 해악 금지의 원칙 이외에 성행위의 도덕적 정당화에 필요한 추가적 원칙은 없다.

① 갑: 서로의 인격이 존중된 성행위도 정당하지 않을 수 있다.
② 갑: 성의 자기 결정권 존중은 성행위 정당화의 충분조건이다.
③ 을: 성행위를 정당화하는 데 필요한 도덕적 제약은 없다.
④ 을: 쾌락적 가치보다는 생식적 가치가 성의 목적에 부합한다.
⑤ 갑, 을: 성행위의 본질은 사회의 안정과 종족의 보존에 있다.

2020. 9월 모평 3번

11. 갑, 을의 입장으로 적절한 것은?

성의 자연적 목적은 출산이며, 부부간의 신뢰와 사랑을 전제로 할 때만 성적 관계는 정당화될 수 있습니다.

아닙니다. 혼인 관계 여부의 상관없이 인격적인 사랑을 전제로 한 성적 관계는 도덕적으로 허용되어야 합니다.

① 갑: 성적 관계는 도덕적 가치 판단의 대상이 아니다.
② 갑: 성의 생식적인 가치보다 쾌락적인 가치가 더 중요하다.
③ 을: 결혼을 전제로 하지 않는 성적 관계는 모두 비도덕적이다.
④ 을: 상호 동의만 전제되면 성적 관계는 도덕적으로 허용될 수 있다.
⑤ 갑, 을: 사랑이 결여된 성적 관계는 도덕적으로 정당화될 수 없다.

2021. 6월 모평 3번

20. 그림의 강연자가 긍정의 대답을 할 질문으로 가장 적절한 것은?

인간에게 정해진 본성은 없습니다. 그럼에도 남성은 운명적인 여성이라는 속임수로 여성을 지배하고 강제했습니다. 여성의 자연스러운 출산마저 사회 모성의 의무로 강요했습니다. 그러나 실존적인 인간은 타인으로부터 하잖은 존재로 취급되면 반드시 자기의 주권을 회복하려 합니다. 이때 여성은 남성의 지배에서 벗어나려 하고 남성은 계속 지배하려 하므로 갈등이 발생합니다. 이 갈등은 남성과 여성이 자율적 존재로 동등한 관계임을 인정하고, 이것이 사회적 성과로 이어져 새로운 여성이 탄생해야 끝이 납니다.

① 여성은 남성에게 헌신하려는 성향을 가지고 태어나는가?
② 여성의 의무는 생물학적 특성에 의해 규정되어야 하는가?
③ 여성성은 남성 중심의 가치관이 반영된 사회적 산물인가?
④ 여성은 수동적인 삶을 통해 실존적 자유를 회복해야 하는가?
⑤ 여성의 남성에 대한 우월성이 여성을 속박에서 해방시킬 수 있는가?

2020. 6월 모평 2번

26. 갑 사상가가 을 사상가에게 제기할 반론으로 가장 적절한 것은? [3점]

갑: 인간에 대한 배려는 윤리적 행위의 결과이기도 하지만 오히려 그 토대이다. 배려했던 기억과 배려받았던 기억이 윤리적 행위의 초석이다.

을: 인류는 고통과 쾌락의 두 주권자의 지배하에 있다. 마땅히 해야만 하는 것을 인도하여 의무를 결정짓는 것은 오로지 고통과 쾌락뿐이다.

① 최대 행복의 원리보다 인간관계의 맥락을 우선해야 함을 간과한다.
② 유용성의 계산은 보편적 도덕 원리에 의거해야 함을 간과한다.
③ 고통의 회피와 쾌락의 추구가 인간 고유의 성향임을 간과한다.
④ 나의 행복과 타인의 행복이 동등하게 고려되어야 함을 간과한다.
⑤ 윤리적 행위를 위해서는 동기보다 결과가 더 중요함을 간과한다.

2019. 6월 모평 12번

23. 다음 사상가의 입장으로 가장 적절한 것은? [3점]

도덕적 딜레마를 설명하는 여성들의 방식을 살펴보면 남성과는 다른 도덕 언어를 사용한다는 것을 알 수 있다. 이러한 도덕 언어가 존재한다는 것은 남성의 도덕 발달 과정과는 다른 또 하나의 도덕 발달 과정이 있다는 것을 암시한다. 여성들에게 도덕적으로 가장 중요하다고 규정되는 것은 남을 해치지 말고 보살펴야 한다는 윤리 의식이다.

① 남녀의 도덕적 사고의 차이에 대한 편향적 이해를 극복해야 한다.
② 감정을 배제한 성향일수록 도덕적 가치가 높다고 봐야 한다.
③ 배려는 보편적 의무 의식에 따라 무조건적으로 행해져야 한다.
④ 성차는 존중해야 하나 남녀의 도덕 판단 기준은 같다고 봐야 한다.
⑤ 도덕 판단은 상황적 맥락보다 합리적 추론에 따라 이뤄져야 한다.

2021. 수능 8번

7. 다음 사상의 입장으로 적절하지 않은 것은?

부부는 백성을 낳는 시작이며 모든 행복의 근원이다. 남편은 바깥채에 거처하며 안채의 일을 말하지 않고, 아내는 안채에 거처하며 바깥채의 일을 말하지 않는다. 남편은 아내에게 정중하게 임하여 하늘의 건실한 도리를 실천하고, 아내는 부드러움으로 남편을 바로잡아 땅의 순응하는 도리를 실천한다면, 집안이 바르게 될 것이다. 부부가 서로 공경하여 집안이 화목하고 순조로워야 부모께서 편안하고 즐거우실 것이다.

① 화목한 부부 생활은 효도의 한 방법이다.
② 부부는 서로 의존하면서 보완하는 관계이다.
③ 부부는 서로의 고유한 영역을 인정하고 존중해야 한다.
④ 부부의 의의는 세대를 계승하고 행복을 추구하는 데 있다.
⑤ 부부의 관계는 옳고 그름이나 예절의 규제로부터 자유롭다.

2020. 9월 모평 4번

10. (가) 사상의 입장에서 볼 때, (나)의 ㉠에 대한 설명으로 가장 적절한 것은? [3점]

(가) 소인은 한가롭게 지낼 때는 거침없이 불선(不善)을 행하다가, 군자를 보면 그런 일이 없었다는 듯이 자신의 불선함을 가리고 선함을 드러낸다. 군자는 반드시 홀로 있을 때에도 신중하게 행동한다.

(나) 몸과 마음은 부모님이 물려주신 것이다. 마음 가운데 온갖 이치[理]가 갖추어져 있으니, 만약 한 가지 이치라도 알지 못하며 실천하지 못했다면, 부모에게서 받은 것에 흠과 흉을 자랄이 있게 하는 것이다. 사람의 도리를 다하지 않고서는 　㉠　을/를 다했다고 볼 수 없다.

① 정신적 공경보다 물질적 봉양을 우선하여 이루어진다.
② 항상 동기간(同氣間)의 사랑을 실천함으로써 완성된다.
③ 인(仁)을 실천하는 출발점으로 모든 행실의 근원이 된다.
④ 도덕적 수행을 통한 입신양명(立身揚名)에서 시작된다.
⑤ 상호 관계에서 성립하기에 부모가 돌아가시면 종료된다.

2019. 수능 11번

11. 다음 가상 편지에서 강조하는 입장으로 가장 적절한 것은?

○○에게
자네가 부모님 모시는 모습은 참으로 보기 훌륭해. 살림살이가 좋거나 좋지 않거나 부모님을 한결같이 섬기는 것이 말처럼 쉽지 않지. 다만 자네가 어버이를 섬길 때 증자(曾子)를 본받았으면 하네. 증자는 아버지께 끼니마다 반드시 고기와 술을 차려 드렸다네. 그리고 남은 음식을 누구에게 줄 것인지 아버지께 여쭈었고, 아버지께서 남은 음식이 있냐고 되물으시면 증자는 '있습니다.'라고 답하였다네. 증자는 아버지의 마음을 살핀 것이지. 그런데 증자를 봉양한 증자의 아들은 남은 음식이 있냐는 증자의 물음에 '없습니다.'라고 답하였지. 증자의 아들은 아버지께 다시 음식을 올리려 한 것이네. 증자의 아들은 입과 몸을 봉양한 것에 지나지 않고 증자는 뜻을 봉양한 것이라 할 수 있지. …(후략).

① 자식은 어버이가 가진 의중을 헤아려서 봉양해야 한다.
② 자식은 어버이의 옳지 못한 행동을 바꾸려고 해서는 안 된다.
③ 어버이를 봉양하는 까닭은 자식에게 봉양받기 위함일 뿐이다.
④ 어버이를 섬기는 방식은 경제적 형편에 따라서 달리해야 한다.
⑤ 자식된 도리를 다하기 위해 어버이보다 이웃을 더 배려해야 한다.

6~7일차

사랑과 성 윤리

1 사랑과 성의 관계

1 에리히 프롬이 주장하는 사랑의 의미

보호	사랑은 사랑하는 사람의 성장에 관심을 갖는 것이다.
책임	사랑은 상대방의 요청에 성실하게 응답할 준비를 갖추는 것이다.
이해	사랑은 상대방을 지배하는 것이 아니라 있는 그대로 보는 것이다.
존경	사랑은 상대방이 지닌 고유한 개성을 존중하는 것이다.

2 사랑과 성의 관계 [모아 보기]

보수주의	• 성은 결혼 제도 안에서만 바람직한 것이 될 수 있다. • 성은 종족 보존이라는 생식적 가치를 중시해야 한다.
중도주의	• 성은 사랑을 통해 인격적 만남의 차원으로 고양되어야 한다. • 결혼한 사이가 아니더라도 사랑을 동반한 성적 관계는 허용될 수 있다.
자유주의	• 성은 개인의 자발적 의지와 선택이 전제되어야만 한다. • 성은 개인의 권리를 침해하지 않아야 정당화될 수 있다. • 성은 사랑이 없어도 당사자들의 합의만 있다면 도덕적이다.

2 성과 관련된 윤리 문제

1 성의 자기 결정권

(1) 의미: 성에 대한 자신의 행동을 스스로 결정할 수 있는 권리를 말한다.

(2) 윤리적 지향점

① 인간의 성이 지닌 사회적·인격적 가치를 무시해서는 안 된다.

② 성의 자기 결정권을 남용하여 자기 인격을 훼손해서는 안 된다.

③ 자신의 행위가 타인의 성의 자기 결정권을 침해해서는 안 된다.

④ 상대방이 원하지 않는 성적 행위나 활동을 강제해서는 안 된다.

2 성 상품화의 윤리적 쟁점

찬성	• 성도 일반적인 상품과 동일한 것이다. • 성적인 이미지를 이용한 이윤 추구를 인정해야 한다. • 사회·문화적 환경에 따라서 성의 가치가 달라짐을 깨달아야 한다. • 성의 쾌락적 가치를 표현할 수 있는 자유를 최대한 보장해야 한다.
반대	• 성의 인격적 가치를 존중해야 한다. • 성에 대한 왜곡된 의식을 심어 줄 수 있다. • 인간의 성이 지닌 본래적 의미를 변질시킨다. • 자신의 인격을 수단시하는 행위이므로 바람직하지 않다. • 성을 대상화시켜 사물처럼 간주하여 인간의 가치를 비하한다.

▶ 기/출/선/지 **모아** 보기

24학년도 수능 13번

갑: 성(性)은 사적 사유의 영역을 넘어 사회 안정과 질서 유지와도 관련됩니다. 결혼의 울타리 안에서 이루어지는 성만이 정당합니다. 부부 간의 사랑이야말로 성의 근거입니다.

을: 성은 상대방에 대한 배려와 사랑을 필요로 합니다. 굳이 결혼과 결부시킬 필요가 없습니다. 사랑 없이 쾌락만을 추구하는 성은 도덕적으로 정당하지 않습니다.

* 갑은 보수주의, 을은 중도주의임.

⑤ 갑과 을: 성적 관계는 당사자 간의 사랑을 전제해야 한다.

[22 모평] ② (칸트) 결혼이라는 조건이 충족될 때 상대방의 성을 향유할 수 있다.

[21 수능] ① 갑: 서로의 인격이 존중된 성행위도 정당하지 않을 수 있다.

[20 모평] ⑤ 갑, 을: 사랑이 결여된 성적 관계는 도덕적으로 정당화될 수 없다.

3 양성평등

(1) 성차별

의미	남녀의 성 역할을 전통과 관습에 따라 규정한다. → 사회 내에서 여성의 고정된 역할을 강조한다.
해결 방안	• 선천적 요소의 차이가 차별로 나아가지 않도록 한다. • 차별적인 관습과 제도로부터 여성을 해방시키는 것이 필요하다.

(2) 배려 윤리

윤리적 지향점		• 여성의 도덕적 특성인 배려와 공감을 중시해야 한다. • 도덕적 갈등 상황에서 공감과 맥락적 사고가 중요하다. • 구체적인 상황과 맥락을 고려해 상대방의 입장을 헤아려야 한다. • 도덕 판단은 합리적 추론보다 상황적 맥락에 따라 이뤄져야 한다. • 상대방의 어려움을 공감하여 무엇이 필요한지 살펴 행동해야 한다.
대표 학자	길리건	• 여성 중심 윤리와 남성 중심 윤리는 상호 보완적이어야 한다. • 남녀의 도덕적 사고의 차이에 대한 편향적 이해를 극복해야 한다.
	나딩스	• 여성의 도덕적 특성인 배려와 공감을 중시해야 한다. • 동정심에서 유발된 행위는 도덕적인 행위가 될 수 있다.

3 가족의 윤리

1 부부간의 윤리

(1) 부부간에 지켜야 할 윤리

① 남성과 여성의 사회적 역할을 차별하지 않는다.

② 동등한 입장에서 서로를 보완해 줄 수 있는 존재로 존중한다.

(2) 전통 사회에서 본 부부간의 윤리

① 부부의 도리는 모든 예의 근본이 된다.

② 사랑하며 함께 늙어가는 백년해로(百年偕老)로 완성된다.

③ 서로 손님처럼 공경하는 상경여빈(相敬如賓)으로 완성되는 것이다. **더 보기1**

④ 음양(陰陽)의 이치에 따라 동등한 관계에서 서로 존중하는 것이다.

2 부모 자녀 간의 윤리

(1) 부모로서의 윤리

① 자녀를 독립된 인격체로 존중해 주어야 한다.

② 부모의 역할을 다하면서 도덕적인 모범을 보여 주어야 한다.

(2) 전통 사회에서 본 자녀의 윤리(효)

의미	• 부모를 부끄럽지 않게 해 드리는 것이다. • 양지(養志)의 마음으로 상황에 따라 적절히 실천하는 것이다. • 부모에 대한 보은(報恩)과 존경의 마음으로 모든 행실의 근본[百行之本]이다.
구체적 실천 방법	• 자손을 낳아 대(代)를 잇는 것에 의해서도 실현된다. • 다른 사람의 부모를 사랑하는 것도 효의 정신에서 비롯된다. • 자식은 어버이가 가진 의중을 헤아려서 봉양해야 한다. **더 보기2** • 부모에 대한 자식의 마땅한 도리로서 부모가 돌아가신 후에도 계속 이어져야 한다. • 몸을 훼손하지 않는 것[不敢毀傷]을 효의 출발점으로, 몸을 세워 이름을 떨치는 것[立身揚名]을 효의 마침으로 삼아야 한다. 기억해

▶ 기/출/표/현 **더** 보기

1 [19 모평] 서로 손님처럼 공경하는 상경여빈(相敬如賓)으로 완성되는 것이다.

= 부부는 손님을 대하듯 서로 공경해야 한다.

= 상경여빈(相敬如賓)을 실천해야 하는 관계이다.

= 부부간에도 공경하는 마음을 담아 예절의 형식을 따라야 한다.

2 [19 수능] 자식은 어버이가 가진 의중을 헤아려서 봉양해야 한다.

= 자식은 부모의 의중을 살펴서 언행을 삼가며 공대(恭待)해야 한다.

= 효는 부모를 삼가 모시고 그 뜻을 헤아려 실천하는 것이다.

01

25학년도 6월 모평 18번

(가), (나)의 입장으로 가장 적절한 것은? [3점]

> (가) 성은 사회 안정과 관련되고, 출산과 양육의 책임을 발생시킨다. 따라서 부부 간의 성관계만이 도덕적으로 정당하다. 성과 관련된 그 밖의 가치는 가족의 안정성과 출산 목적에 기여하는 것에서 파생된다.
>
> (나) 결혼과 출산이 전제된 성관계만이 도덕적으로 정당한 것은 아니다. 심지어 사랑마저도 정당한 성관계의 필수 요건은 아니다. 성인들 간의 자발적 동의가 이루어지고, 상호 피해를 주지 않는다면 도덕적으로 정당화될 수 있다.

① (가): 성관계는 종족 보존의 측면에서만 정당화될 수 있다.
② (가): 성의 쾌락적 가치 추구와 생식적 가치 추구는 양립할 수 없다.
③ (나): 상호 존중의 원리에 부합하는 성관계는 정당화될 수 있다.
④ (나): 사랑이 전제된 성관계에는 해악 금지의 원리가 적용되지 않는다.
⑤ (가)와 (나): 사회적 책임은 도덕적으로 정당한 성관계의 조건이 아니다.

02

24학년도 수능 13번

갑, 을의 입장으로 가장 적절한 것은?

> 성(性)은 사적 사유의 영역을 넘어 사회 안정과 질서 유지와도 관련됩니다. 결혼의 울타리 안에서 이루어지는 성만이 정당합니다. 부부 간의 사랑이야말로 성의 근거입니다.

> 성은 상대방에 대한 배려와 사랑을 필요로 합니다. 굳이 결혼과 결부시킬 필요가 없습니다. 사랑 없이 쾌락만을 추구하는 성은 도덕적으로 정당하지 않습니다.

① 갑: 성적 관계에서 개인의 자유가 사회적 책임보다 중요하다.
② 갑: 출산과 양육은 바람직한 성적 관계의 조건이 아니다.
③ 을: 성적 관계는 윤리적 가치 판단의 대상이 아니다.
④ 을: 정당한 성적 관계는 당사자 간의 동의로 충분하다.
⑤ 갑과 을: 성적 관계는 당사자 간의 사랑을 전제해야 한다.

03

24학년도 9월 모평 12번

다음 가상 편지를 쓴 사상가의 입장으로 가장 적절한 것은?

> ○○에게
>
> 지난 편지에서 자네는 요즘 만나는 이성 친구를 진정한 사랑의 대상으로 여겨도 되는지 물었지. 내 생각은 이러하네. 자네는 사랑이 영혼의 힘이자 활동이라는 사실을 잘 모르는 것 같더군. 사랑은 상대의 성장과 행복에 대한 갈망이고 보호, 존경, 책임, 이해를 의미한다네. 사랑은 능동적인 활동으로 인간의 고립을 극복하게 하면서도 각자의 특성을 유지할 수 있게 하는 힘이라네. 단지 적절한 사랑의 대상을 찾기만 한다고 해서 사랑이 완성되는 것은 아니라네. 그것은 그림을 그리는 방법을 배우지 않은 채 좋은 대상을 고르는 것만으로 아름다운 그림이 저절로 그려지지 않는 것과 같네. 세상에 노력 없이 얻어지는 것은 없는 법이네. 사랑도 그렇다네. 우선 제대로 사랑하는 방법을 배워야 한다네. …(후략).

① 참된 사랑은 사랑의 대상과 하나가 될 때 느끼는 영속적 감정이다.
② 참된 사랑의 궁극적 목적은 자신이 사랑할 대상을 찾아내는 일이다.
③ 참된 사랑은 자신의 관점에서 이해한 상대의 입장을 따르는 것이다.
④ 참된 사랑은 수동적 감정으로서 자신의 의지와 무관하게 다가온다.
⑤ 참된 사랑은 삶의 기술처럼 학습과 노력으로 계발되는 기술이다.

04

24학년도 6월 모평 20번

(가)의 입장에 비해 (나)의 입장이 갖는 상대적 특징을 그림의 ㉠~㉤ 중에서 고른 것은?

> (가) 성적 관계에 관한 결정은 해악 금지의 원칙과 자율성 존중의 원칙에 근거해야 한다. 성적 쾌락의 추구를 혼인과 출산 및 사랑으로 제약하는 것은 성적 자유에 대한 부당한 침해이다.
>
> (나) 성적 관계는 출산과 양육의 책임을 발생시킬 수 있기 때문에 사랑하는 남녀의 결혼을 통해서만 이루어져야 한다. 결혼은 성의 사회적 책임을 위한 제도적 장치이다.

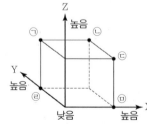

> • X: 성적 관계에서 쾌락적 가치보다 생식적 가치를 강조하는 정도
> • Y: 사랑과 무관한 성적 관계가 정당함을 강조하는 정도
> • Z: 혼전(婚前) 성적 관계의 도덕적 허용을 강조하는 정도

① ㉠   ② ㉡   ③ ㉢   ④ ㉣   ⑤ ㉤

05

그림의 강연자의 입장으로 가장 적절한 것은?

사랑은 자유의 소산이지 결코 지배의 소산은 아 닙니다. 사랑이 지배의 관계로 타락하지 않기 위 해서는 존경이 필요합니다. 존경은 상대방에 대 한 두려움이나 외경이 아닙니다. 어원적으로도 존경은 어떤 사람을 있는 그대로 보고 그의 독 특한 개성을 아는 능력이라고 합니다. 사람들은 사랑할 때, 상대방이 자신에게 이바지할 것을 기 대하지만 그것은 사랑하는 사람을 존경하는 것 은 아닙니다. 만일 여러분이 다른 사람을 사랑하 여 상대방에게 일체감을 느낀다면, '있는 그대로 의 그 혹은 그녀'와 일체가 되려는 것이어야 합 니다. 사랑하는 사람에 대한 존경은 자유를 바 탕으로 해서 성립될 수 있습니다.

① 사랑은 일체감을 느끼는 상대방으로부터 도움을 받기 위한 것이다.
② 사랑은 미성숙한 상대방을 변화시키려는 마음에 근거해야 한다.
③ 사랑은 상대방에 대한 존경을 바탕으로 서로에게 복종하는 것이다.
④ 사랑은 상대방의 고유성을 존중하는 방식으로 표현되어야 한다.
⑤ 사랑은 상대방에 대한 외경을 통해 드러내는 존경의 감정이다.

06

다음을 주장한 사상가의 입장만을 〈보기〉에서 고른 것은?

배려 윤리는 도덕적으로 정당화될 수 있는 행동이 보편화 가능 한 행동이어야 한다는 것을 거부한다. 우리가 누구인지, 누구와 어떤 관계를 맺고 있는지, 어떤 상황에 놓여 있는지를 고려해야 한 다. 배려 윤리는 관계의 윤리이다. 배려의 관계는 배려자의 노력에 피배려자가 응답할 때 완성된다.

〈 보기 〉
ㄱ. 구체적 맥락에 근거하여 도덕적 의사 결정을 내려야 한다.
ㄴ. 도덕적 의무감과 법칙이 도덕 행위의 기반이 되어야 한다.
ㄷ. 배려는 배려자와 피배려자의 상호 작용에서 이루어져야 한다.
ㄹ. 배려는 공감과 책임이 아닌 정의와 권리에 기초해야 한다.

① ㄱ, ㄴ　　② ㄱ, ㄷ　　③ ㄴ, ㄷ　　④ ㄴ, ㄹ　　⑤ ㄷ, ㄹ

07

다음 토론의 핵심 쟁점으로 가장 적절한 것은? [3점]

갑: 성관계가 사랑하는 사람 사이에 서로의 인격을 존중하면서 이루어진다면 도덕적으로 정당화됩니다. 이때 인격 존중이란 서로의 자율성을 보장하는 것입니다.
을: 물론 사랑과 상호 인격 존중은 성관계에서 필수적입니다. 그 러나 성관계는 출산과 양육에 대해 책임을 져야 하는 문제를 발생시킬 수 있기 때문에 부부간의 성관계만이 도덕적으로 정 당화됩니다.
갑: 성관계는 그와 같은 책임의 문제를 낳을 수도 있습니다. 하지 만 그러한 문제를 낳지 않는 성관계도 얼마든지 가능합니다. 또한 결혼하지 않아도 그러한 책임을 충분히 감당할 수 있습 니다.
을: 아닙니다. 결혼하지 않은 상태에서는 그러한 책임을 지기 어려워 사회의 안정성이 위협받습니다. 부부 사이의 성관계는 안정된 가족 관계를 유지하는 데 도움이 됩니다.

① 자발적이지 않은 성관계는 정당화될 수 있는가?
② 성관계는 도덕적 가치 판단의 대상이 될 수 있는가?
③ 성관계가 정당화되기 위해서는 결혼이 반드시 요구되는가?
④ 자율성과 사랑은 성관계가 정당화되기 위한 전제 조건인가?
⑤ 성관계는 출산과 양육에 대한 책임 문제를 발생시킬 수 있는가?

08

(가)의 입장에 비해 (나)의 입장이 갖는 상대적 특징을 그림의 ㉠~㉤ 중 에서 고른 것은?

(가) 성욕은 인간의 기본적인 욕구이므로 개인은 감각적인 욕구 충족만을 위해서도 성적 관계를 맺을 수 있다. 성적 자유는 타인에게 해악을 주지 않는 범위에서 허용되며, 자발적 동의 와 자율성이 존중되기만 하면 정당화된다.
(나) 부부만이 성적 관계에서 상호 인격 존중의 의무를 다할 수 있으며, 사회 안정과 책임 있는 성 문화 유지에 기여할 수 있 다. 따라서 성행위는 부부간의 애정과 신뢰를 바탕으로 출산 과 양육에 대한 책임을 질 수 있는 경우에 정당화된다.

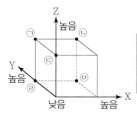

- X: 성의 가치를 감각적 쾌락에서 찾는 정도
- Y: 성행위의 전제로서 사랑을 강조하는 정도
- Z: 사회적 관점에서 성행위에 수반될 책임을 강조하는 정도

① ㉠　　② ㉡　　③ ㉢　　④ ㉣　　⑤ ㉤

09

다음을 주장한 사상가의 입장으로 가장 적절한 것은?

> 결혼은 서로에게 평등한 권리를 허용하고, 자신의 전인격을 온전히 상대방에게 양도한다는 조건을 받아들이겠다는 두 사람 사이의 계약이다. 그리하여 각자는 상대방의 전인격에 대한 완전한 권리를 갖게 되며, 이제 인간성을 추락시키지도 않고 도덕성을 위반하지 않으면서도 성관계가 가능한 방식이 이성(理性)을 통해 명확해진다.

① 자발적 동의가 없는 성관계도 도덕적으로 정당화될 수 있다.
② 결혼이라는 조건이 충족될 때 상대방의 성을 향유할 수 있다.
③ 타인에게 해를 끼치지 않는 모든 성관계는 도덕적으로 정당하다.
④ 인격적 만남을 통한 성관계는 부부 사이가 아니어도 정당하다.
⑤ 부부 사이의 성관계도 출산을 의도할 때에만 도덕적으로 정당하다.

10

갑, 을의 입장으로 가장 적절한 것은?

> 갑: 도덕적 판단에서 성(性)행위를 여타 행위와 구별해야 할 이유가 존재한다. 성행위는 출산과 양육의 책임을 발생시킬 수 있기 때문에 부부의 사랑이 전제된 성행위만이 정당하다.
> 을: 도덕적 판단에서 성행위를 여타 행위와 구별해야 할 이유는 없다. 자율성의 원칙, 해악 금지의 원칙 이외에 성행위의 도덕적 정당화에 필요한 추가적 원칙은 없다.

① 갑: 서로의 인격이 존중된 성행위도 정당하지 않을 수 있다.
② 갑: 성의 자기 결정권 존중은 성행위 정당화의 충분조건이다.
③ 을: 성행위를 정당화하는 데 필요한 도덕적 제약은 없다.
④ 을: 쾌락적 가치보다는 생식적 가치가 성의 목적에 부합한다.
⑤ 갑, 을: 성행위의 본질은 사회의 안정과 종족의 보존에 있다.

11

갑, 을의 입장으로 가장 적절한 것은?

> 성의 자연적 목적은 출산이며, 부부간의 신뢰와 사랑을 전제로 할 때만 성적 관계는 정당화될 수 있습니다.

> 아닙니다. 혼인 관계 여부와 상관없이 인격적인 사랑을 전제로 한 성적 관계는 도덕적으로 허용되어야 합니다.

갑

을

① 갑: 성적 관계는 도덕적 가치 판단의 대상이 아니다.
② 갑: 성의 생식적인 가치보다 쾌락적인 가치가 더 중요하다.
③ 을: 결혼을 전제로 하지 않는 성적 관계는 모두 비도덕적이다.
④ 을: 상호 동의만 전제되면 성적 관계는 도덕적으로 허용될 수 있다.
⑤ 갑, 을: 사랑이 결여된 성적 관계는 도덕적으로 정당화될 수 없다.

12

다음 가상 편지를 쓴 사상가가 지지할 입장만을 〈보기〉에서 고른 것은?

> ○○에게
> 사랑에 대해 고민이 많은 너에게 조언을 해 주고 싶구나. 요즘 사람들은 사랑할 줄 아는 능력을 기르려고 하기보다는 사랑을 받으려고만 하는 것 같구나. 하지만 사랑은 수동적 감정이 아니라 능동적 활동이란다. 사랑은 상대방의 생명과 성장에 적극적인 관심을 가지고, 자발적으로 책임지는 것이며, 착취 없이 존경하는 것이란다. 가장 일반적인 방식으로 사랑의 능동적 성격을 말한다면 사랑은 본래 '주는 것'이지 받는 것이 아니란다.

〈 보기 〉
ㄱ. 사랑은 상대방의 요구에 책임 있게 반응하는 것이다.
ㄴ. 사랑은 보호와 존경을 기본적 요소로 내포하고 있다.
ㄷ. 사랑은 자신의 의지대로 상대방을 변화시키려는 활동이다.
ㄹ. 사랑은 주는 행위로서 자신의 생명을 희생해야 하는 것이다.

① ㄱ, ㄴ   ② ㄱ, ㄷ   ③ ㄴ, ㄷ   ④ ㄴ, ㄹ   ⑤ ㄷ, ㄹ

13

갑, 을의 입장으로 가장 적절한 것은?

> 성의 진정한 가치는 종족 보존에서 찾을 수 있습니다. 부부간의 신뢰와 사랑을 전제로 출산과 양육을 책임질 수 있는 성적 관계만이 정당화될 수 있습니다.

> 성의 진정한 가치는 사랑의 실현에 있습니다. 사랑이 동반된 성은 인격적 교감을 가능하게 하므로 혼인 여부와 상관없이 성적 관계는 정당화될 수 있습니다.

 갑

 을

① 갑: 성적 관계에서 쾌락의 추구가 주된 목적이 되어야 한다.
② 갑: 타인에게 해악을 주지 않는 모든 성적 관계는 허용된다.
③ 을: 성적 관계는 사적 영역으로서 도덕 판단의 대상이 아니다.
④ 을: 상호 동의가 성적 관계를 정당화하는 충분조건이 된다.
⑤ 갑, 을: 성적 관계는 서로의 인격 존중에 바탕을 두어야 한다.

14

다음을 주장한 사상가의 입장으로 가장 적절한 것은? [3점]

> 인간이 상대방의 성(性)을 향유하기 위해 자신을 내어 주는 행위는 자신을 사물로 만드는 것이지만, 오직 혼인이라는 조건하에서 남녀는 서로의 인격성을 상실하지 않고 성을 향유할 수 있다. 혼인은 출산을 위한 것만은 아니며, 남녀가 쾌락을 전제로 성을 향유하고자 하더라도 반드시 혼인해야 한다.

① 사랑이 전제된 혼인 전의 성관계는 도덕적으로 정당하다.
② 부부 사이라도 성관계를 통해 쾌락을 추구해서는 안 된다.
③ 인격성을 훼손하지 않는 성관계는 부부 사이에서만 가능하다.
④ 성관계를 통한 생식적 가치의 추구는 혼인의 유일한 목적이다.
⑤ 모든 성관계는 상대방을 대상화하므로 허용되어서는 안 된다.

15

㉠에 들어갈 진술로 가장 적절한 것은?

> 인간이 상대의 성을 사용하는 것은 일종의 향유로서, 이러한 행위는 인간이 스스로를 사물로 만드는 것이며 인간이 갖는 고유한 인격체로서의 권리와 모순된다. 다만, 결혼이라는 조건하에서만 서로가 상대의 성을 사용하더라도 자기 자신을 사물로만 취급하는 것이 아니며 인격성을 상실하지도 않는다. 그런데 어떤 사람들은 성은 쾌락적 가치를 지니며 타인에게 해악을 주지 않는다면 서로가 동의한 성적 행위는 정당하다고 주장한다. 내가 보기에 이러한 주장은 [㉠]는 점을 간과하고 있다.

① 성적 행위는 남에게 피해를 주지 않으면서 이루어져야 한다
② 성적 향유는 오직 부부라는 조건하에서만 정당화가 가능하다
③ 성은 성인들의 자발적 합의에 따라 자유롭게 추구해도 된다
④ 성적 행위는 사랑을 전제로 하지 않더라도 정당화될 수 있다
⑤ 성의 생식적인 가치보다 쾌락적인 가치를 더욱 중시해야 한다

16

갑, 을의 입장으로 적절하지 않은 것은?

> 갑: 사랑을 전제로 한 성적 자유를 인정해야 하며, 이러한 성적 관계만이 도덕적이다. 사랑을 동반한 성은 인간의 품격을 유지시키고 상대방에 대한 책임감을 고양한다.
>
> 을: 사랑하는 남녀가 만나 결혼이라는 제도를 통해 이루어지는 성적 관계만이 도덕적이다. 성(性)은 부부간의 신뢰를 바탕으로 사회 구성원을 재생산하는 데 기여해야 한다.

① 갑: 사랑이 결여된 성적 관계는 인간의 존엄성을 훼손할 수 있다.
② 갑: 자발적인 동의가 전제된 모든 성적 관계는 정당화될 수 있다.
③ 을: 성적 관계는 새로운 생명을 탄생시키는 원천이 되어야 한다.
④ 을: 성의 쾌락적 가치만을 중시하는 성적 관계는 허용될 수 없다.
⑤ 갑, 을: 성적 관계는 상호 간의 인격적 교감을 바탕으로 해야 한다.

17

갑, 을의 입장으로 적절하지 <u>않은</u> 것은?

> 갑: 성의 자연적 목적은 출산이다. 사랑하는 남녀가 결혼이라는
> 사회적 승인을 거쳐서 출산과 관련하여 행하는 성적 관계만이
> 도덕적으로 정당하다.
> 을: 성을 도덕적으로 만드는 것은 사랑이다. 사랑은 인간적 성의
> 고유한 가치이고 사랑이 동반된 성적 관계만이 도덕적으로 정
> 당하다.

① 갑: 성적 관계의 결과에 대한 책임은 도덕적으로 중요하다.
② 갑: 성은 사적 영역에 속하면서도 사회 질서 유지와 관계된다.
③ 을: 성은 사랑이 전제될 때 서로의 정신적 교감을 고양한다.
④ 을: 성적 자기 결정권의 존중은 성적 관계의 필요충분조건이다.
⑤ 갑, 을: 성적 관계에서 상호 간의 존중과 배려는 필수적이다.

18

갑, 을의 입장으로 가장 적절한 것은?

> 갑: 성은 본질적으로 결혼과 출산을 전제로 하는 안정감 속에서
> 이루어지는 것이다. 이럴 경우에 사랑하는 부부를 중심으로
> 가정이 지속될 수 있다.
> 을: 성은 본질적으로 즐거움 그 자체를 추구하는 것이다. 성은 자
> 발적 동의를 바탕으로 해악 금지의 원칙을 준수하는 한에서
> 이루어지는 즐거운 경험이다.

① 갑: 성에 대한 책임보다는 성적인 자유를 중시해야 한다.
② 갑: 성의 생식적 가치보다 쾌락적 가치를 중시해야 한다.
③ 을: 성은 서로의 사랑을 바탕으로 한 행위로 제한되어야 한다.
④ 을: 성은 자유로운 활동으로 도덕적 제약 없이 이뤄져야 한다.
⑤ 갑, 을: 성은 상대 의사를 존중하지 않으면 정당화될 수 없다.

19

다음 신문 칼럼의 입장으로 적절하지 <u>않은</u> 것은? [3점]

> ○○신문   ○○○○년 ○월 ○일
> ### 칼 럼
> 남성과 여성 간 지적 능력의 차이는 사회적이고 환경적인 요인에
> 의한 것이다. 여성으로 태어난 것이 사회적 지위를 결정하거나 다양한
> 직업으로의 진출을 방해하는 이유가 되어서는 안 된다. 가정 속에서
> 여성이 평등한 권리를 누리고 남성이 여성을 존중하게 되면 인간 본성에도
> 유익한 영향을 줄 것이다. 여성이 자신의 생각을 피력할 수 있게 되면 사회
> 전체의 생각과 감정을 발전시킬 것이다. 인간으로서의 기본권을 누리지
> 못하고 있는 여성에 대해 차별이 지속되는 것은 사회 전체의 손실이 아닐
> 수 없다. …(후략).

① 여성들을 존중하는 태도를 통해 도덕성을 함양시킬 수 있다.
② 차별적인 관습과 제도로부터 여성을 해방시키는 것이 필요하다.
③ 여성의 자유권 확대와 사회 전체의 이익 증진은 양립 가능하다.
④ 남녀의 지적 능력의 차이는 선천적이지만 성차별을 해서는 안 된다.
⑤ 여성에게 표현의 자유를 보장하면 사상의 발전에 기여할 수 있다.

20

그림의 강연자가 긍정의 대답을 할 질문으로 가장 적절한 것은?

> 인간에게 정해진 본성은 없습니다. 그럼에도 남성은 운명적
> 인 여성성이라는 속임수로 여성을 지배하고 강제했습니다.
> 여성의 자연스러운 출산마저 사회는 모성의 의무로 강요했
> 습니다. 그러나 실존적인 인간은 타인으로부터 하찮은 존재
> 로 취급되면 반드시 자기의 주권을 회복하려 합니다. 이때
> 여성은 남성의 지배에서 벗어나려 하고 남성은 계속 지배하
> 려 하므로 갈등이 발생합니다. 이 갈등은 남성과 여성이 자
> 율적 존재로서 동등한 관계임을 인정하고, 이것이 사회적
> 성과로 이어져 새로운 여성이 탄생해야 끝이 납니다.

① 여성은 남성에게 헌신하려는 성향을 가지고 태어나는가?
② 여성의 의무는 생물학적 특성에 의해 규정되어야 하는가?
③ 여성성은 남성 중심의 가치관이 반영된 사회적 산물인가?
④ 여성은 수동적인 삶을 통해 실존적 자유를 회복해야 하는가?
⑤ 여성의 남성에 대한 우월성이 여성을 속박에서 해방시킬 수 있는가?

21

그림은 서술형 평가 문제와 학생 답안이다. 학생 답안의 ⑦~⑩ 중 옳지 않은 것은?

서술형 평가

⊙ (가), (나)의 입장을 비교하여 서술하시오.

(가) 자신의 성(性)적 이미지를 제품과 연결하여 구매를 유도하는 행위가 성적 자기 결정권을 행사한 것이라면 허용될 수 있다. 다만, 그러한 권리 행사는 타인에게 해를 끼치지 않을 경우에만 정당하다.

(나) 성적 자기 결정권은 인격을 훼손하지 않는 범위 내에서 행사되어야 한다. 따라서 성적 이미지를 이용한 이윤 추구 행위는 성을 도구화하는 것으로서 허용될 수 없다.

⊙ 학생 답안

(가), (나)의 입장을 비교해 보면, (가)는 ⑦ 성을 수단으로 이용하는 행위가 타인에게 반드시 해를 끼치는 것은 아니기 때문에, ⑥ 성적 매력을 표현하여 제품의 구매를 유도하는 행위는 정당화될 수 있다고 주장한다. 반면에 (나)는 ⑥ 성을 수단으로 이용하는 성 상품화가 인간의 존엄성을 침해하기 때문에, ⑧ 성적 이미지를 이용한 이윤 추구 행위는 정당화될 수 없다고 주장한다. 한편 (가), (나)는 모두 ⑩ 자신의 성적 행동을 자유롭게 결정할 권리가 제한되어서는 안 된다고 본다.

① ⑦   ② ⑥   ③ ⑥   ④ ⑧   ⑤ ⑩

22

다음 토론의 핵심 쟁점으로 가장 적절한 것은? [3점]

갑: 인간은 누구나 자신에 관한 일을 스스로 결정하고 행동할 권리를 지니며, 성(性)과 관련된 부분에도 이러한 자기 결정권을 행사할 수 있습니다.

을: 동의합니다. 다만 경제적 이익을 얻기 위해 자신의 성적 이미지를 상품화하는 행위는 성을 도구화하는 것으로 올바른 성의 자기 결정권을 행사했다고 볼 수 없습니다.

갑: 아닙니다. 성적 이미지를 이용해 경제적 이익을 추구하는 과정에서 타인의 권리를 침해하지 않았다면, 이는 성의 자기 결정권을 올바르게 행사한 것으로 볼 수 있습니다.

을: 하지만 타인의 권리를 침해하지 않더라도 인간의 존엄성을 훼손하는 행위는 윤리적으로 문제가 됩니다. 성을 도구화하는 것은 성의 인격적 가치를 왜곡하여 인간의 존엄성을 훼손하므로 올바른 성의 자기 결정권의 행사로 볼 수 없습니다.

① 성의 자기 결정권은 누구나 보장받아야 할 기본적 권리인가?
② 올바른 성의 자기 결정권을 행사하기 위해 노력해야 하는가?
③ 성의 자기 결정권 행사를 제한할 수 있는 조건이 존재하는가?
④ 성적 이미지의 상업적 이용은 도덕적으로 정당화될 수 있는가?
⑤ 인간은 자신의 성과 관련된 행동을 자율적으로 결정할 수 있는가?

23

다음 사상가의 입장으로 가장 적절한 것은? [3점]

도덕적 딜레마를 설명하는 여성들의 방식을 살펴보면 남성과는 다른 도덕 언어를 사용한다는 것을 알 수 있다. 이러한 도덕 언어가 존재한다는 것은 남성의 도덕 발달 과정과는 다른 또 하나의 도덕 발달 과정이 있다는 것을 암시한다. 여성들에게 도덕적으로 가장 중요하다고 규정되는 것은 남을 해하지 말고 보살펴야 한다는 윤리 의식이다.

① 남녀의 도덕적 사고의 차이에 대한 편향적 이해를 극복해야 한다.
② 감정을 배제한 선행일수록 도덕적 가치가 높다고 봐야 한다.
③ 배려는 보편적 의무 의식에 따라 무조건적으로 행해져야 한다.
④ 성차는 존중해야 하나 남녀의 도덕 판단 기준은 같다고 봐야 한다.
⑤ 도덕 판단은 상황적 맥락보다 합리적 추론에 따라 이뤄져야 한다.

24

다음을 주장한 사상가의 입장으로 가장 적절한 것은? [3점]

관계적인 윤리는 도덕에 대한 남성의 주된 관심이었던 이기심 대 이타심의 대결을 넘어선다. 이러한 이분법을 넘어서는 '다른 목소리'를 찾으려 할 때 도덕 논의에 있어 주된 문제는 어떻게 객관적인 도덕 원리를 수립할 것인가가 아니라 어떻게 보살피려는 의지를 가지고 책임감 있게 인간관계를 맺을 것인가로 전환된다.

① 여성의 도덕성 발달의 핵심 요소는 도덕적인 추론 능력이다.
② 남성과 여성의 관점을 포함하여 도덕 문제에 접근해야 한다.
③ 여성의 도덕성은 보편적인 도덕 원리에 따라 판단해야 한다.
④ 여성의 도덕성은 상호 의존성보다 이타심으로 함양해야 한다.
⑤ 남성의 도덕성과 여성의 도덕성을 구별하려고 해서는 안 된다.

25

그림의 강연자가 지지할 입장으로 가장 적절한 것은?

사람들은 사랑을 '사랑받는' 문제로 여겨 돈을 모으고 외모를 가꾸며 사랑스러워지기 위해 노력하거나, 사랑을 '대상'의 문제로 여겨 자신에게 잘 어울리는 대상을 찾으려고만 애씁니다. 그러나 이러한 방식으로는 사랑을 경험할 수는 있어도 지속할 수는 없습니다. 사랑에 실패하지 않기 위해서는 사랑의 참된 의미를 깨닫고 사랑의 기술을 배워야 합니다. 사랑은 본래 '주는 것'이지 '받는 것'이 아니며, 받기 위해 주는 것도 아닙니다. 사랑은 상대방의 성장에 대해 적극적인 관심을 가지고 자신이 가진 내면의 모든 능력을 그에게 주는 활동입니다.

① 사랑의 실패 원인을 자신에게서 찾으면 안 된다.
② 외적인 조건을 갖추면 누구나 사랑을 지속하게 된다.
③ 사랑은 상대방의 성장과 발전에 참여하는 능동적 활동이다.
④ 자신의 이상형을 발견한 사람은 노력 없이도 사랑을 유지한다.
⑤ 사랑을 받으리란 기대가 있을 때만 사랑의 기술을 배워야 한다.

26

갑 사상가가 을 사상가에게 제기할 반론으로 가장 적절한 것은? [3점]

갑: 인간에 대한 배려는 윤리적 행위의 결과물이기도 하지만 오히려 그 토대이다. 배려했던 기억과 배려받았던 기억이 윤리적 행위의 초석이다.
을: 인류는 고통과 쾌락의 두 주권자의 지배하에 있다. 마땅히 해야만 하는 것으로 인도하며 의무를 결정짓는 것은 오로지 고통과 쾌락뿐이다.

① 최대 행복의 원리보다 인간관계의 맥락을 우선해야 함을 간과한다.
② 유용성의 계산은 보편적 도덕 원리에 의거해야 함을 간과한다.
③ 고통의 회피와 쾌락의 추구가 인간 고유의 성향임을 간과한다.
④ 나의 행복과 타인의 행복이 동등하게 고려되어야 함을 간과한다.
⑤ 윤리적 행위를 위해서는 동기보다 결과가 더 중요함을 간과한다.

27

그림의 강연자가 지지할 입장으로 적절하지 <u>않은</u> 것은?

사랑은 주는 것입니다. 주는 것에 대한 오해는 그것이 무엇인가를 포기하는 것이라는 생각입니다. 주는 행위 자체에서 자신의 힘과 능력을 경험하며 생동감이 생깁니다. 또한 사랑은 상대방을 알고자 하며 그에게 몰입하고, 상대방의 요구에 응답할 준비가 되어 있는 것입니다. 누군가를 지배하고자 하는 것은 미숙한 사랑입니다. 사랑하는 존재를 있는 그대로 받아들여 하나가 되면서도 여전히 둘로 남는 것이 성숙한 사랑입니다.

① 사랑은 상대방의 관점에서 그를 이해하고 배려하는 것이다.
② 사랑은 상대방의 정신적 요구를 수용할 준비가 되어있는 것이다.
③ 사랑은 상대방을 위해서 자기 자신을 전적으로 희생하는 것이다.
④ 사랑은 상대방을 구속이 아니라 존중의 대상으로 대하는 것이다.
⑤ 사랑은 상대방과 하나가 되면서도 자신의 독립성을 유지하는 것이다.

28

그림의 강연자가 지지할 입장으로 적절하지 <u>않은</u> 것은?

사랑은 수동적인 감정이 아니라 활동입니다. 사랑은 원래 '주는 것'이지 받는 것이 아니라고 말함으로써 사랑의 능동적 성격을 설명할 수 있습니다. 그런데 시장형 성격의 사람들은 '준다'라는 행위를 오해하고 있습니다. 그들은 자신들이 받는 사랑과 교환의 의미로 사랑을 줄 뿐입니다. 반면 생산적인 사람들은 '준다'라는 행위 자체에서 생명력을 경험하며, 사랑을 받는 것보다 주는 것을 더 즐거워합니다. 그들에게 사랑은 자신의 생명, 즉 기쁨, 관심, 이해 등 자신 속에 살아 있는 것을 주는 것입니다.

① 진정한 사랑은 생산적 성격이 발달할 때 가능하다.
② 진정한 사랑은 사랑을 주는 사람의 생동감을 고양한다.
③ 진정한 사랑은 자신이 받은 만큼만 상대방에게 베푸는 것이다.
④ 진정한 사랑은 자신의 활동성을 상대방에게 표현하는 행위이다.
⑤ 진정한 사랑은 고립감에서 벗어나 상대방과 교류하는 것이다.

29

다음 사상의 입장으로 가장 적절한 것은? [3점]

> 천지가 화합해야 만물이 생성된다. 이와 마찬가지로 남녀가 결혼해야 자손이 태어나고 번영해서 만세에까지 이어진다. …(중략)… 남자가 친히 아내를 맞이할 때 선물을 가지고 상견(相見)하는 것은 공경을 통해 부부유별을 밝히려는 것이다. 이처럼 남녀가 유별한 뒤라야 부자가 친하게 되고, 그런 다음에야 도의가 성립되며, 도의에 의해 예의가 제정되고, 그런 다음에야 만사가 안정된다. 만일 남녀의 구별이 분명하지 않고 도의가 성립하지 않는다면, 그것은 금수(禽獸)의 도(道)이다.

① 부부의 예절은 성 역할의 차이를 해소하는 데서 시작한다.
② 금수에게도 사람의 남녀에게 볼 수 있는 분별적 도리가 있다.
③ 남녀가 부부의 연을 맺을 때 일정한 절차가 필요한 것은 아니다.
④ 부부의 도리는 두 사람의 관계보다 각자의 개별성을 중시해야 한다.
⑤ 부부간에도 공경하는 마음을 담아 예절의 형식을 따라야 한다.

30

(가)의 입장에 비해 (나)의 입장이 갖는 상대적 특징을 그림의 ㉠~㉤ 중에서 고른 것은?

> (가) 쾌락 그 자체를 위한 성(性)은 부도덕하지 않다. 성의 주된 목적은 쾌락 추구이기 때문이다. 따라서 쾌락 추구를 위한 성을 결혼과 출산으로 제약하는 것은 부당하다.
> (나) 쾌락 그 자체를 위한 성은 부도덕하다. 성의 주된 목적은 사회 구성원의 재생산이기 때문이다. 따라서 성은 결혼과 출산이 전제될 때에만 정당하다.

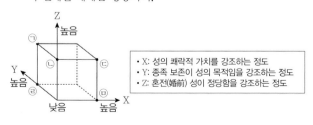

- X: 성의 쾌락적 가치를 강조하는 정도
- Y: 종족 보존이 성의 목적임을 강조하는 정도
- Z: 혼전(婚前) 성이 정당함을 강조하는 정도

① ㉠　　② ㉡　　③ ㉢　　④ ㉣　　⑤ ㉤

31

갑, 을의 입장으로 가장 적절한 것은? [3점]

> 갑: 사랑이 결여된 성적 관계도 도덕적일 수 있다. 성적 관계를 통한 쾌락은 그 자체로 추구할 만한 가치를 지니기 때문이다. 따라서 자율성의 원칙과 해악 금지의 원칙을 전제로 한 성인들의 성적 관계는 도덕적으로 정당하다.
> 을: 사랑이 결부된 성적 관계도 비도덕적일 수 있다. 성적 관계는 사회의 존속과 뗄 수 없는 관계에 놓여 있기 때문이다. 따라서 출산과 양육의 책임을 질 수 있는 혼인 관계에서 이루어지는 성적 관계만이 도덕적으로 정당하다.

① 갑: 성적 관계의 도덕성은 사랑의 결합 여부로 판명된다.
② 갑: 자발적 동의에 의한 성적 관계는 비도덕적일 수 없다.
③ 을: 인격적 가치를 존중하는 모든 성적 관계는 도덕적이다.
④ 을: 부부 사이의 성적 관계만이 도덕적 평가의 대상이 된다.
⑤ 갑과 을: 사랑이 결부된 성적 관계가 도덕적인 경우가 있다.

32

㉠에 들어갈 진술로 가장 적절한 것은? [3점]

> 나는 성적 쾌락 추구 그 자체가 성적 관계의 목적이 될 수 있다고 생각한다. 따라서 성숙한 성인(成人)들이 상호 동의하고, 타인에게 해를 끼치지 않는다면 그러한 성적 관계는 도덕적으로 정당화될 수 있다. 그런데 어떤 사람들은 사랑으로 결합된 부부 사이에서 출산과 양육을 목적으로 한 성적 관계만이 도덕적으로 정당화된다고 주장한다. 나는 이러한 주장이 ㉠ 고 생각한다.

① 쾌락을 위한 성적 관계는 도덕적 평가 대상이 아님을 간과한다
② 자발적 성적 관계에는 어떤 책임도 부과되지 않음을 간과한다
③ 생식적 가치 존중 없이 성적 관계 정당화가 가능함을 간과한다
④ 성적 관계의 정당화에 인격적 가치 존중이 필요함을 간과한다
⑤ 사랑하는 사이의 성적 관계도 비도덕적일 수 있음을 간과한다

01

그림은 서술형 평가 문제와 학생 답안이다. 학생 답안의 ㉠~㉤ 중 옳지 않은 것은?

서술형 평가

◎ 문제: 성과 사랑의 관계에 대한 갑, 을의 입장을 비교하여 서술하시오.

> 갑: 성의 목적은 출산을 통한 사회 구성원의 재생산이다. 사랑하는 남녀가 결혼이라는 사회적 승인을 거쳐서 행하는 성적 관계만이 도덕적으로 정당하다.
>
> 을: 성은 사랑을 전제로 해야 한다. 감각적 욕구만을 충족하는 것이 아니라 사랑하는 사람 간에 서로 존중하면서 교감을 나누는 성적 관계만이 도덕적으로 정당하다.

◎ 학생 답안

갑, 을의 입장을 비교하면, 갑은 ㉠ 부부만이 바람직한 성적 관계의 주체가 된다고 보고, 을은 ㉡ 결혼 여부와 무관하게 사랑을 동반한다면 성적 관계가 도덕적으로 허용될 수 있다고 본다. 또한 갑은 ㉢ 성의 생식적 가치를 실현하여 인류 존속에 공헌해야 한다고 주장하며, 을은 ㉣ 성이 인격적 가치를 실현한다면 종족 보존을 목적으로 삼지 않아도 진정한 가치를 지닌다고 주장한다. 한편, 갑, 을은 모두 ㉤ 서로 간의 자발적 동의가 성적 관계를 정당화하기 위한 조건으로 충분하다고 본다.

---

① ㉠ ② ㉡ ③ ㉢ ④ ㉣ ⑤ ㉤

02

갑, 을의 입장으로 가장 적절한 것은?

> 갑: 성(性)은 본질적으로 즐거움 그 자체를 추구하는 것이다. 성은 자발적 동의를 바탕으로 해악 금지의 원칙을 준수하는 한에서 이루어지는 즐거운 경험이다.
>
> 을: 성의 자연적 목적은 출산이다. 사랑하는 남녀가 결혼이라는 사회적 제도의 승인을 거쳐서 출산을 의도하여 행하는 성만이 도덕적으로 정당하다.

① 갑: 성의 쾌락적인 욕구보다 생식적인 욕구가 중시되어야 한다.
② 갑: 성은 어떠한 도덕적 제약 없이 자유 의지에 따라 행해져야 한다.
③ 을: 사랑을 확인하기 위한 남녀 사이의 성은 언제나 도덕적이다.
④ 을: 혼전 성은 출산이 전제되더라도 도덕적으로 정당화될 수 없다.
⑤ 갑과 을: 서로 사랑하는 것은 성이 도덕적이기 위한 필수 조건이다.

03 대표 문제

(가), (나)의 입장으로 가장 적절한 것은?

> (가) 성적 행위는 출산과 양육의 책임을 수행할 수 있는 관계에서 이루어져야 한다. 그러므로 부부간의 성적 행위만이 도덕적으로 정당화된다.
>
> (나) 성적 행위는 인격 존중의 의무만 다한다면 도덕적으로 정당화된다. 인격 존중의 의무는 당사자 간 자발적 합의와 해악 금지의 원칙을 준수함으로써 이행된다.

① (가): 성적 행위는 사적인 행위이므로 사회적 책임과 무관하다.
② (가): 성적 행위는 혼인 관계 안에서만 도덕적으로 정당화된다.
③ (나): 성적 행위가 합의로 이루어지면 모든 책임에서 자유롭다.
④ (나): 성적 행위에 대한 자유와 인격 존중의 의무는 상충한다.
⑤ (가)와 (나): 성적 행위에서 인격 존중의 의무는 사랑이 동반된 관계에서만 요구된다.

04

다음 사상의 입장으로 적절하지 않은 것은?

> 사람에게는 도(道)가 있다. 배불리 먹고, 따뜻하게 입으며, 편안히 살면서 교육이 없으면 금수에 가깝다. 성인(聖人)은 이를 근심하여 인륜(人倫)을 가르치게 하니, 아버지와 아들은 친애가 있고, 임금과 신하는 의리가 있으며, 남편과 아내는 분별이 있고, 어른과 어린이는 차례가 있으며, 벗 사이에는 믿음이 있는 것이다.

① 자식이 자신의 몸을 온전히 보전함으로써 효가 완성된다.
② 자식은 언제나 부모의 의중을 살펴서 언행을 삼가야 한다.
③ 형제는 상하 관계 속에서 장유유서의 도리를 깨달을 수 있다.
④ 부부는 친밀한 관계이면서도 서로를 손님처럼 공경해야 한다.
⑤ 부부는 인륜의 시초가 되기 때문에 서로 간에 조심해야 한다.

05

다음은 어느 동양 사상가의 가상 편지이다. ⊙에 대한 이 사상가의 입장으로 옳은 것만을 〈보기〉에서 고른 것은?

○○에게

그동안 잘 지냈는가. 자네가 부모님께 정성을 다하는 모습을 보니 스승의 입장에서 무척 자랑스럽네. 일전에 내가 강조했듯이 ⊙ 은/는 제(悌)와 함께 인(仁)의 근본이라네. ⊙ 은/는 개나 말을 기르는 것과 달리 부모님의 속마음까지 살펴서 공경으로 모시는 것이지. 또한 형제자매 간에 서로 우애 있게 지내는 것도 좋은 방법이라고 할 수 있다네. ⊙ 와/과 제(悌)를 제대로 행하는 사람이 윗사람을 무시하는 일은 드물다네. 부디 ⊙ 의 실천을 통해 군자가 될 수 있도록 부단히 힘써 주길 바라네. …(후략).

〈 보기 〉

ㄱ. 자기 자신의 이해(利害)관계에 따라 공경하는 것이다.
ㄴ. 보은(報恩)의 마음을 적절한 형식으로 표현하는 것이다.
ㄷ. 자신의 근원으로부터 물려받은 몸을 온전하게 하는 것이다.
ㄹ. 상경여빈(相敬如賓)의 예(禮)를 다하여 완성되는 것이다.

① ㄱ, ㄴ   ② ㄱ, ㄷ   ③ ㄴ, ㄷ   ④ ㄴ, ㄹ   ⑤ ㄷ, ㄹ

06

갑, 을 중 적어도 한 사람이 부정의 대답을 할 질문으로 적절한 것만을 〈보기〉에서 있는 대로 고른 것은?

성관계는 출산과 양육에 대한 책임과 불가분의 관계에 놓여 있습니다. 성관계는 부부가 상호 존중하면서 자녀 양육의 책임을 이행할 수 있을 때만 정당화됩니다.

갑

성관계는 자율성에 근거한 사적 선택의 문제입니다. 성관계는 상호 인격을 존중하는 당사자들이 자발적으로 합의하면 타인에게 해를 끼치지 않는 범위 내에서 정당화됩니다.

을

〈 보기 〉

ㄱ. 출산을 목적으로 부부가 동의한 성관계는 정당한가?
ㄴ. 성관계는 옳고 그름을 판단하는 대상에서 제외되는가?
ㄷ. 성의 자기 결정권 존중은 성관계 정당화의 필수 조건인가?
ㄹ. 쾌락을 위한 성관계는 항상 상대의 인격성을 침해하는가?

① ㄱ, ㄷ   ② ㄱ, ㄹ   ③ ㄴ, ㄹ
④ ㄱ, ㄴ, ㄷ   ⑤ ㄴ, ㄷ, ㄹ

07

다음 사상의 입장으로 적절하지 않은 것은?

부부는 백성을 낳는 시작이며 모든 행복의 근원이다. 남편은 바깥채에 거처하며 안채의 일을 말하지 않고, 아내는 안채에 거처하며 바깥채의 일을 말하지 않는다. 남편은 아내에게 정중하게 임하여 하늘의 건실한 도리를 실천하고, 아내는 부드러움으로 남편을 바로잡아 땅의 순응하는 도리를 실천한다면, 집안이 바르게 될 것이다. 부부가 서로 공경하여 집안이 화목하고 순조로워야 부모께서 편안하고 즐거우실 것이다.

① 화목한 부부 생활은 효도의 한 방법이다.
② 부부는 서로 의존하면서 보완하는 관계이다.
③ 부부는 서로의 고유한 영역을 인정하고 존중해야 한다.
④ 부부의 의의는 세대를 계승하고 행복을 추구하는 데 있다.
⑤ 부부의 관계는 옳고 그름이나 예절의 규제로부터 자유롭다.

08

다음 사상의 입장으로 적절한 것만을 〈보기〉에서 있는 대로 고른 것은?

혼례는 서로 다른 두 성(姓)의 남녀가 사랑으로 결합하여, 위로 조상을 모시고 아래로 후세를 이어 가는 일이다. 그러므로 군자는 혼례를 중요하게 여긴다. 그 과정에서 남녀는 서로 경건하고 존중하며 정직해야 한다. 그런 연후에 친밀한 사랑이 생긴다. 이것이 예(禮)의 본질이다. 남녀의 구별[別]이 있으니 부부의 도리가 세워지고, 부부의 도리가 있으니 부자의 친근함이 있으며, 부자의 친근함이 있으니 군신의 정당함이 있다.

〈 보기 〉

ㄱ. 부부의 도리는 모든 예의 근본이 된다.
ㄴ. 부부는 손님을 대하듯이 서로 공경해야 한다.
ㄷ. 부부의 관계는 상호 의존적이고 보완적인 관계이다.
ㄹ. 부부의 도리는 각자의 역할에 분별이 없어야 바르게 된다.

① ㄱ, ㄷ   ② ㄴ, ㄹ   ③ ㄷ, ㄹ
④ ㄱ, ㄴ, ㄷ   ⑤ ㄱ, ㄴ, ㄹ

09

(가) 사상의 입장에서 볼 때, (나)의 ㉠에 대한 설명으로 가장 적절한 것은?

(가)	공손하되 예(禮)가 없으면 힘이 들고, 신중하되 예가 없으면 두렵게 되고, 용맹하되 예가 없으면 난을 일으키고, 정직하되 예가 없으면 각박하게 된다.
(나)	남녀의 구별이 있어야 ㉠ 의 의(義)가 있고, ㉠ 의 의가 있어야 부자의 친함이 있고, 부자의 친함이 있어야 군신의 의가 있다. 그러므로 혼례는 예의 근본이다.

① 서로에게 자애와 효도를 실천해야 하는 호혜적 관계이다.
② 삶의 동반자로서 서로 정조를 지켜야 하는 천륜 관계이다.
③ 가장을 중심으로 각자의 역할을 수행하는 수직적 관계이다.
④ 장유의 서열과 친애를 근본으로 하는 상호 존중의 관계이다.
⑤ 서로의 역할을 구분하면서도 상호 보완하는 협력적 관계이다.

10

(가) 사상의 입장에서 볼 때, (나)의 ㉠에 대한 설명으로 가장 적절한 것은? [3점]

(가)	소인은 한가롭게 지낼 때는 거침없이 불선(不善)을 행하다가, 군자를 보면 그런 일이 없었다는 듯이 자신의 불선함을 가리고 선함을 드러낸다. 군자는 반드시 홀로 있을 때에도 신중하게 행동한다.
(나)	몸과 마음은 부모님이 물려주신 것이다. 마음 가운데 온갖 이치[理]가 갖추어져 있으니, 만약 한 가지 이치라도 알지 못하고 실천하지 못했다면, 부모에게서 받은 것에 흠과 모자람이 있게 하는 것이다. 사람의 도리를 다하지 않고서는 ㉠ 을/를 다했다고 볼 수 없다.

① 정신적 공경보다 물질적 봉양을 우선하여 이루어진다.
② 항상 동기간(同氣間)의 사랑을 실천함으로써 완성된다.
③ 인(仁)을 실천하는 출발점으로 모든 행실의 근원이 된다.
④ 도덕적 수행을 통한 입신양명(立身揚名)에서 시작된다.
⑤ 상호 관계에서 성립하기에 부모가 돌아가시면 종료된다.

11

다음 가상 편지에서 강조하는 입장으로 가장 적절한 것은?

> ○○에게
> 자네가 부모님 모시는 모습은 참으로 보기 좋네. 살림살이가 좋거나 좋지 않거나 부모님을 한결같이 섬기는 것이 말처럼 쉽지 않지. 다만 자네가 어버이를 섬길 때 증자(曾子)를 본받았으면 하네. 증자는 아버지께 끼니마다 반드시 고기와 술을 차려 드렸다네. 그리고 남은 음식을 누구에게 줄 것인지 아버지께 여쭈었고, 아버지께서 남은 음식이 있냐고 되물으시면 증자는 "있습니다."라고 답하였다네. 증자는 아버지의 마음을 살핀 것이지. 그런데 증자를 봉양한 증자의 아들은 남은 음식이 있냐는 증자의 물음에 "없습니다."라고 답하였지. 증자의 아들은 아버지께 다시 음식을 올리려 한 것이네. 증자의 아들은 입과 몸을 봉양한 것에 지나지 않고 증자는 뜻을 봉양한 것이라 할 수 있지. …(후략).

① 자식은 어버이가 가진 의중을 헤아려서 봉양해야 한다.
② 자식은 어버이의 옳지 못한 행동을 바꾸려고 해서는 안 된다.
③ 어버이를 봉양하는 까닭은 자식에게 봉양받기 위함일 뿐이다.
④ 어버이를 섬기는 방식을 경제적 형편에 따라서 달리해야 한다.
⑤ 자식된 도리를 다하기 위해 어버이보다 이웃을 더 배려해야 한다.

12

(가) 사상의 입장에서 볼 때, (나)의 ㉠에 대한 설명으로 가장 적절한 것은? [3점]

(가)	부모와 자녀 간에는 친함이 있어야 하고, 임금과 신하 간에는 의리가 있어야 하고, 남편과 부인 간에는 분별이 있어야 하고, 친구 간에는 믿음이 있어야 하고, 어른과 아이 간에는 차례가 있어야 한다.
(나)	섬기는 일 중에 무엇이 가장 큰 것인가? 가장 큰 섬김에는 물질적 봉양[養口體], 정신적 공경[養志], 사회적으로 명예를 얻는 입신양명(立身揚名) 등이 있다. 그러므로 ㉠ 은/는 개나 말을 잘 먹여 기르는 것과는 다르다.

① 서로 손님처럼 공경하는 상경여빈(相敬如賓)으로 완성되는 것이다.
② 공동 이익을 추구하는 상부상조(相扶相助)로 완성되는 것이다.
③ 사랑하며 함께 늙어가는 백년해로(百年偕老)로 완성되는 것이다.
④ 몸과 마음으로 헌신하는 사군이충(事君以忠)으로 시작되는 것이다.
⑤ 몸을 온전하게 보전하는 불감훼상(不敢毀傷)으로 시작되는 것이다.

13

갑, 을의 입장으로 가장 적절한 것은? [3점]

> 갑: 사랑하는 부부 사이의 성적 관계만이 정당화될 수 있다는 주장은 성적 자기 결정권에 대한 침해이다. 자율성의 원칙과 해악 금지의 원칙 외에 성적 관계의 정당화에 필요한 도덕적 제약은 존재하지 않는다.
>
> 을: 사랑하는 부부 사이 외의 성적 관계도 정당화될 수 있다는 주장은 성적 자기 결정권에 대한 오해이다. 출산과 양육에 대한 책임을 지는 결혼은 성적 관계의 정당화에 필수적인 도덕적 제약이다.

① 갑: 쾌락을 위한 성적 관계는 도덕적 평가 대상에서 제외된다.
② 갑: 성적 자기 결정권 행사에 제약 조건을 부과해서는 안 된다.
③ 을: 생식적 가치를 위한 성적 관계가 비도덕적인 경우가 있다.
④ 을: 인격적 가치가 존중되지 않는 도덕적인 성적 관계가 있다.
⑤ 갑과 을: 사랑의 결합 여부로 성적 관계의 정당성이 결정된다.

한눈에 정리하는
평가원 기출 경향

학년도 / 주제	2025	2024	2023

빈출
동서양의 직업관
[8일차]

2025 — 수능 8번

28. 갑, 을 사상가들의 입장으로 적절한 것만을 〈보기〉에서 고른 것은?

갑: 신은 우리들 각자가 인생의 온갖 활동을 하는 가운데 각자의 부르심을 기억하고 존중할 것을 명한다. 그리고 누구도 경솔하게 자기의 한계를 벗어나지 않도록 다양한 종류의 생활 양식을 소명이라 이름 붙였다.

을: 선왕(先王)은 사람들 사이의 다툼으로 인한 혼란을 싫어하였기 때문에 예(禮)를 제정해 분별의 기준으로 삼았다. 그리하여 사람들의 욕망을 충족시키고 그들이 원하는 것을 공급하게 하여 물건이 부족하지 않도록 하였다.

〈보기〉
ㄱ. 갑: 구원은 근면과 검소에 대해 주어지는 응분의 보상이다.
ㄴ. 갑: 노동으로 얻은 부를 베푸는 선행은 신의 영광을 드러낸다.
ㄷ. 을: 백성의 직분은 예보다 능력을 기준으로 맡겨져야 한다.
ㄹ. 갑과 을: 노동을 통한 정당한 이익의 추구는 권장될 수 있다.

① ㄱ, ㄴ   ② ㄱ, ㄷ   ③ ㄴ, ㄷ   ④ ㄴ, ㄹ   ⑤ ㄷ, ㄹ

2024 — 9월 모평 14번

3. 갑, 을 사상가들의 입장으로 적절한 것만을 〈보기〉에서 있는 대로 고른 것은? [3점]

갑: 천하를 두루 이롭게 함은 직분[分]과 예의[義]로부터 나온다. 사람이 무리를 이루어 살되 역할에 따른 구분이 없으면 다투게 되고, 다투면 나라가 혼란해져 편히 살 수 없게 된다. 따라서 사람은 잠시도 예의를 버릴 수 없다.

을: 사회를 이루는 세 계층은 각자 타고난 성향에 따라 한 가지 일에 배치되어야 한다. 그리고 자신이 맡은 일에서 탁월함을 발휘하여 서로 조화를 이루어야 한다. 만약 서로의 일에 간섭한다면 사회에 해악을 끼치게 된다.

〈보기〉
ㄱ. 갑: 군주가 나라를 다스리려면 모든 직분에 통달해야 한다.
ㄴ. 갑: 사회 구성원의 직분을 나누는 도덕적 기준이 존재한다.
ㄷ. 을: 세 계층이 각자의 직분에 충실해야 정의가 실현될 수 있다.
ㄹ. 갑과 을: 직분의 구분은 공동체 이익 증진에 도움이 된다.

① ㄱ, ㄴ   ② ㄱ, ㄷ   ③ ㄴ, ㄹ
④ ㄱ, ㄷ, ㄹ   ⑤ ㄴ, ㄷ, ㄹ

빈출
공직자 윤리
[8~9일차]

2024 — 수능 12번

1. 다음을 주장한 사상가가 강조하는 공직자의 자세로 옳지 않은 것은?

○ 관청에서 쓰는 모든 물건은 하늘에서 비처럼 내리고 땅에서 물처럼 솟는 것이 아니니, 씀씀이를 절약하면서 물건 사용의 폐해를 살펴 백성들의 힘을 덜어 주어야 한다.
○ 청렴한 선비는 벼슬자리에 부임하러 갈 때 가족을 데려가지 않는데, 이때의 가족이란 아내와 자식을 일컫는다. 형제 간에는 가끔 왕래해도 되지만 오래 머물러서는 안 된다.

① 사사로운 정(情)에 따른 이익보다는 청렴을 중시해야 한다.
② 자애의 덕을 지니기 위해서는 반드시 절용(節用)해야 한다.
③ 청백리가 되려면 자신에게만 관대하고 가족에게는 엄격해야 한다.
④ 세금 사용에 주의를 기울여 국민의 경제적 부담을 줄여야 한다.
⑤ 공적 재산이 국민의 노력으로 이루어진 것임을 유념해야 한다.

2023 — 수능 16번

4. 다음을 주장한 사상가의 입장으로 적절하지 않은 것은?

목민관은 검약한 생활을 통해 청렴함을 함양해야 하고, 청렴함을 바탕으로 백성을 사랑해야 한다. 만일 목민관이 되었다고 의복과 말을 새로 장만하여 부임지로 가거나 부임지에서도 함부로 행동하고 절제하지 못한다면, 사치가 심해지고 빚이 늘어가면서 탐욕스러워질 것이다. 그렇다고 아끼기만 하고 어려운 친척에게 두루 베풀지 않으면 멀어지게 될 것이다. 그러니 자신의 녹봉을 아껴 주변의 곤궁함을 보살피는 데 소홀히 않아야 한다.

① 공직자는 애민 정신을 바탕으로 국민에게 진심으로 봉사해야 한다.
② 공직자는 곤궁한 친척을 도우려는 어진 마음조차 가져서는 안 된다.
③ 공직자는 자신의 체면을 지키려는 과도한 소비를 자제해야 한다.
④ 공직자는 공무 수행을 위해 책정된 공금을 과다 지출해서는 안 된다.
⑤ 공직자는 청렴하기 위해 검소하고 절약하는 태도를 가져야 한다.

기업 윤리
[9일차]

2022 ~ 2019

---

10. 갑, 을 사상가들의 입장으로 적절하지 않은 것은?

갑: 백성은 항산(恒産)이 있어야 항심(恒心)을 지닐 수 있다. 성인(聖人)이 천하를 다스리면 곡식이 물이나 불과 같이 풍족해질 것이다. 만일 곡식이 물이나 불과 같이 풍족해지면 백성에게 어찌 불인(不仁)함이 있겠는가?
을: 왕공(王公)과 사대부의 자손이라도 예의(禮義)를 힘써 행할 수 없다면 서인(庶人)으로 귀속시킨다. 서인의 자손이라도 학문을 쌓아 몸을 바르게 하고 예의를 힘써 행할 수 있다면 사대부로 귀속시킨다.

① 갑: 성인(聖人)은 백성의 기본적 생계유지를 중시한다.
② 갑: 경제적 안정은 백성에게 도덕적 삶의 기반이 된다.
③ 을: 사회적 역할은 능력보다는 선호에 따라 결정되어야 한다.
④ 을: 예(禮)를 기준으로 하여 사회적 역할이 분담되어야 한다.
⑤ 갑, 을: 사회적 분업은 사회 질서를 유지하는 데 기여할 수 있다.

---

15. 갑, 을 사상가들의 공통된 입장만을 〈보기〉에서 있는 대로 고른 것은? [3점]

갑: 모든 사람에게는 주어진 본분이 있다. 군주는 군주의 본분을, 신하는 신하의 본분을, 부모는 부모의 본분을, 자식은 자식의 본분을 다하는 것을 정명(正名)이라 한다.
을: 국가에서 통치자는 지혜를, 방위자는 용기를, 생산자는 절제를 발휘하여, 여러 구성원들이 조화롭게 살아가는 것을 정의(正義)라 한다.

〈보기〉
ㄱ. 사회적 직분에는 그것에 합당한 도덕적 덕목이 요구된다.
ㄴ. 누구나 자신의 직업을 선택할 수 있는 자유를 가져야 한다.
ㄷ. 각자는 역할 수행에 필요한 덕을 갖추도록 노력해야 한다.
ㄹ. 구성원의 역할이 분담되면 자연스럽게 이상적 국가가 실현된다.

① ㄱ, ㄴ   ② ㄱ, ㄷ   ③ ㄴ, ㄹ
④ ㄱ, ㄷ, ㄹ   ⑤ ㄴ, ㄷ, ㄹ

---

12. 갑, 을 사상가들의 입장으로 옳지 않은 것은?

갑: 각자의 직분을 나누는 것이 예법(禮法)의 핵심이다. 농부, 공인, 상인은 각 분야에 정통하지만, 그 분야를 지도하는 관리가 될 수 없다. 도(道)에 정통한 사람은 이 세 가지 일을 하나도 못해도 이 세 가지 일을 다스릴 수 있다.
을: 마음을 쓰는 사람[勞心者]은 다스리는 사람이고, 몸을 쓰는 사람[勞力者]은 다스림을 받는 사람이다. 다스림을 받는 사람은 남을 먹여 살리고, 다스리는 사람은 남에 의해 먹고 산다. 이처럼 서로 도우며 살아가는 것이 세상 이치이다.

① 갑: 예(禮)에 맞게 사회적 분업이 이루어져야 한다.
② 갑: 군자는 도를 익혀야만 자신의 일을 완수할 수 있다.
③ 을: 다양한 직업들 사이에는 상호 보완적 관계가 성립한다.
④ 을: 몸을 쓰는 사람은 항산(恒産)에 앞서 항심(恒心)을 지녀야 한다.
⑤ 갑, 을: 모든 사람은 각자가 맡은 직분과 역할에 충실해야 한다.

---

21. 갑, 을 사상가들의 입장에 대한 설명으로 옳지 않은 것은? [3점]

갑: 자본주의에서 노동은 노동 주체의 의지와 무관하게 자본 위해 수행될 뿐이다. 분업은 생산성을 대폭 향상시켰지만, 노동자는 생산에 필요한 정신적 능력 이외의 다른 모든 정신적 능력들을 잃어버렸다. 이는 예외 없는 현상이다.
을: 노동을 은총 상태를 확신하기 위한 수단으로 파악한 청교도는 철저한 노동 의무의 수행을 통해 신의 나라에 도달하려고 시도하였다. 동시에 노동 계급에 강제된 엄격한 금욕이 자본주의의 노동 생산성을 강력히 촉진시켰다.

① 갑은 자본주의에서 정신적 능력 회복으로 소외가 극복된다고 본다.
② 갑은 분업이 노동자의 정신적 능력 쇠퇴와 소외를 심화시킨다고 본다.
③ 을은 금욕과 결합된 노동 의무가 생산성을 향상시켰다고 본다.
④ 을은 청교도가 직업 노동을 종교적 실천으로 간주했다고 본다.
⑤ 갑은 분업 노동, 을은 소명 의식이 자본주의 발전에 기여했다고 본다.

---

3. 다음을 주장한 사상가가 강조할 공직자의 자세로 적절하지 않은 것은?

청렴은 목민관의 근본적인 의무이며 모든 덕의 근원이다. 목민관이 욕심을 부려 백성의 정당한 수익을 빼앗아 보면 민생고가 심해진다. 재물에 청렴하면보다는 치밀하지 못하거나, 재물을 나누어 주면서도 실효가 없는 것도 칭송할 만한 것이 못된다. 아울러 목민관이 집안을 바로잡아야 청탁과 뇌물이 들어오지 않는다.

① 애민 정신을 실천하기 위해 절용과 청렴의 자세를 견지해야 한다.
② 국민으로부터 신뢰를 받고 지지를 얻기 위해서는 청렴해야 한다.
③ 납품을 받을 때 생산자의 정당한 이익을 고려할 필요가 없다.
④ 작은 선물이라도 사욕이 숨겨져 있을 수 있으므로 경계해야 한다.
⑤ 국민에게 미치는 실효성을 따져 국가 재정을 엄격히 집행해야 한다.

---

11. 갑, 을 사상가들의 입장으로 가장 적절한 것은?

갑: 목민관은 책객(冊客)*을 두어 회계를 맡겨서는 안 된다. 관부의 회계는 공적 사용과 사적 사용이 모두 기입되기 때문이다. 그리고 관내의 친척과 친구를 단속하여 의심과 비방이 생기지 않도록 하되, 서로의 정(情)을 잘 유지해야 한다.
을: 나라가 올바르게 되려면 그 구성원들이 각자의 덕을 발휘해야 한다. 이들 중 통치자는 그 어떤 사유 자산도 가져서는 안 된다. 통치자들은 공동생활을 하며, 공동체를 위해 유익한 것에 대한 지식을 가지고 다른 시민들을 보살펴야 한다.
*책객: 고을 원에 의해 사사로이 채용되어 비서 일을 맡아보는 사람

① 갑: 공직자는 공적 업무와 사적 업무의 경계를 정하지 말아야 한다.
② 갑: 공직자의 청렴은 공무를 수행하는 데 있어서 필수적 덕목은 아니다.
③ 을: 통치자는 지혜의 덕을 발휘하여 정의로운 국가를 추구해야 한다.
④ 을: 통치자는 시민들이 통치에 직접 참여할 수 있도록 허용해야 한다.
⑤ 갑, 을: 올바른 통치를 위해 다스리는 자의 사유 재산을 금지해야 한다.

---

5. 다음 글의 입장으로 적절하지 않은 것은? [3점]

옛 성인(聖人)이 세금 제도를 만든 것은 백성으로부터 거두어 자기를 봉양하자는 것이 아니었다. 백성들이 모여 살려면 갈등과 투쟁이 생겨 서로 죽이기까지 하거니와, 통치자 법으로 다스려 평화롭게 해 주어야만 민생이 편안해진다. 그러나 이 일은 농사를 지으면서 함께할 수 없으므로, 백성은 수확의 10분의 1을 세(稅)로 바쳐 통치자를 공양(供養)하는 것이다. 통치자가 백성으로부터 거두어들인 것이 큰 만큼, 백성에 대한 보답도 무거운 것이다. 후세의 통치자는 세금 제도를 만든 의의를 모르고 '백성이 나를 공양하는 것은 당연한 것'이라고 말하면서 가혹하게 수취하니, 백성들도 그 영향을 받아 서로 싸워 국가가 혼란해진다.

① 공직자는 별도의 생업에 종사하며 나랏일에 충실해야 한다.
② 공직자는 자신의 본분에 충실하여 민생을 안정시켜야 한다.
③ 공직의 설치는 필수적인 것으로 사회적 역할 분담의 일환이다.
④ 공직자는 세금을 납부한 국민에게 봉사로써 보답해야 한다.
⑤ 공직자의 탐욕과 수탈은 국민의 반목과 국가의 분란을 야기한다.

---

7. 다음 신문 칼럼의 입장에서 볼 때, ⊙에 대한 설명으로 적절하지 않은 것은?

○○신문	○○○○년 ○월 ○일
칼럼	

고위 공직자들은 법을 제도로 별도로 권한에 상응하는 책무 의식을 스스로 내면화해야 한다. 귀족의 책무를 뜻하는 ⊙ 은/는 서양의 전통에서 유래되었지만 고위 공직을 담당한 지도자에게 여전히 요청되는 덕목이다. 이 덕목은 더 강한 책임 의식, 더 높은 도덕성, 더 많은 희생을 요구한다. 이 덕목의 실현으로 사회 구성원 상호 간의 신뢰와 연대는 강화되고 준법과 참여가 원활해진다. 나아가 국가가 내우외환에 봉착할 경우 구성원 모두 위기 극복을 위한 공동의 노력에 기꺼이 나서게 된다. ─(후략)─

① 공직자의 권한 남용과 부패 방지를 위한 법적 규제를 의미한다.
② 시민들의 자율적 질서 유지와 사회 계층 간 화합에 기여한다.
③ 정치권력의 사익 추구를 방지하여 국가 전반의 청렴성을 고양한다.
④ 전통 사회와 현대 사회 모두에 공통으로 강조되어야 하는 덕목이다.
⑤ 국가가 위기를 맞을 경우 일반 시민들의 솔선과 협력을 유도한다.

---

15. 다음 신문 칼럼이 강조하는 내용으로 가장 적절한 것은?

○○신문	○○○○년 ○○월 ○○일
칼럼	

기업은 *고용인(雇傭人)과 고용주의 이윤 추구를 위한 계약 관계로 유지된다. 기업의 결속력도 서로도 이윤 창출을 위한 행위에 의해 생길 뿐이다. 고용주는 고용인의 충성까지 구매할 수는 없다. 따라서 사회 정의를 해치는 기업의 행위를 알게 된 고용인이 이를 사회에 알리는 것은 정당하다. 또한 사회는 고용인에게 기업의 불법 행위나 부도덕한 행위를 외부에 적극 알려야 할 의무를 요구할 수 있다. 고용인은 특정 조직에 속한 개인인 동시에 정의롭고 행복하게 유지되어야 할 사회 공동체의 구성원이기 때문이다.
*고용인(雇傭人): 고용되어 일하는 사람

① 고용주는 기업을 사익 추구의 수단으로 간주해서는 안 된다.
② 고용인과 고용주는 상호 협력과 결속 관계를 형성할 수 없다.
③ 고용인은 고용주에 대한 신의를 어떠한 경우에도 지켜야 한다.
④ 조직에 충성하기를 포기한 고용인은 그 조직에서 떠나야 한다.
⑤ 고용인은 조직에 대한 책무와 함께 시민의 의무를 다해야 한다.

기출 선지로 짚어 주는 **핵심 내용**

직업과 청렴의 윤리

1 동서양의 직업관

1 동양의 직업관

사상가	주요 입장
공자	• 각자가 자기의 직분에 충실할 때 공동체가 유지된다. • 자신의 사회적 역할에 부합하는 도리를 실천해야 한다.
맹자	• 직업에는 대인과 소인의 역할 분담이 있으므로 각자의 역할에 충실해야 한다. → 사회적 분업은 사회 질서를 유지하는 데 기여할 수 있다.  **더 보기 1** • 직업을 선택할 때에는 인격에 미치는 영향을 고려해야 한다. • 직업을 통해 백성의 생활 기반이 마련되어야 한다고 주장한다. → 통치자는 구성원의 생계유지 기반을 마련해 주어야 한다. • 개인의 노동은 사회 구성원들의 윤택한 삶에 이바지할 수 있다.
순자	• 재화에 대한 욕망을 인정하는 동시에 절제할 것을 강조한다. 기억해 • 사람들의 사회적 직분은 덕과 능력에 따라 정해져야 한다. → 예(禮)를 기준으로 하여 사회적 역할이 분담되어야 한다. **더 보기 2** • 사회 질서의 유지를 위해 사회적 분업을 중시한다. • 각자의 직업 활동에서 전문성의 발휘를 중시한다. • 군자는 도(道)를 익혀야만 자신의 일을 완수할 수 있다.

2 서양의 직업관

(1) 플라톤의 직업관

① 직업 분담에서 각자의 탁월성을 중시한다. → 통치자는 지혜의 덕을 발휘하여 정의로운 국가를 추구해야 한다.

② 각자의 덕을 발휘하여 국가 공동체에 헌신할 것을 강조한다. → 사회적 질서의 유지를 위해 사회적 분업을 중시한다. 기억해

③ 공직자로서의 엄격한 자기 절제(節制)를 강조한다. → 올바른 통치를 위해 다스리는 자의 사유 재산을 금지해야 한다.

(2) 근대 프로테스탄티즘의 직업관

사상가	주요 입장
칼뱅	• 소명 정신을 자본 축적의 원천으로 본다. • 금욕적인 생활 태도를 바탕으로 한 직업 생활을 강조한다. • 각자의 직분에 충실할 때 사회 질서가 유지됨을 주장한다. • 노동을 통해 이웃 사랑을 실천할 것을 강조한다. • 노동이 가진 생계 수단 이상의 가치를 중시한다. • 신의 소명으로서 주어진 직업에는 귀천이 없다고 본다.
베버	• 금욕과 결합된 노동 의무가 생산성을 향상시켰다고 본다. • 청교도가 직업 노동을 종교적 실천으로 간주했다고 본다. • 소명 의식이 자본주의 발전에 기여했다고 본다. **더 보기 3** • 프로테스탄트는 직업적 성공이 구원의 징표라고 본다. • 프로테스탄트는 직업을 신으로부터 부름받은 것으로 본다.

▶ 기/출/표/현 **더 보기**

1 22모평 **사회적 분업은 사회 질서를 유지하는 데 기여할 수 있다.**
= 직업에는 대인과 소인의 역할 분담이 있으므로 각자의 역할에 충실해야 한다.
= 사회적 분업을 토대로 한 사회 질서 유지를 중시한다.
= 자신의 직분에 충실할 때 사회 질서가 유지될 수 있다.
= 각자의 직분에 충실할 때 사회 질서가 유지됨을 주장한다.

2 22모평 **예(禮)를 기준으로 하여 사회적 역할이 분담되어야 한다.**
= 인위적 규범에 따른 직분의 구별을 주장한다.
= 사회적 역할 분담에 있어 예(禮)의 중요성을 강조한다.
= 예(禮)를 기준으로 삼아 사회적 역할 분담이 정해져야 한다.

3 19수능 **소명 의식이 자본주의 발전에 기여했다고 본다.**
= 신성한 사명감을 바탕으로 정당하게 이윤을 추구해야 한다.
= 배금주의가 아니라 소명 의식에 입각하여 직분에 충실해야 한다.

(3) 마르크스의 직업관 모아 보기

① 노동자는 노동을 통해 자아를 실현하고 행복을 누릴 수 있어야 한다고 주장한다.
  → 자본주의에서는 노동자의 자아실현이 불가능하다고 본다.
  → 자발적 노동을 통해 인간의 본질을 실현해야 한다고 본다.
② 노동자는 생산 수단이 없으므로 생계를 위해 자본가에게 예속된다고 본다.
③ 노동 착취를 자본 축적의 원천이라고 본다. → 분업 노동이 자본주의 발전에 기여했다고 본다.
④ 분업이 노동자의 정신적 능력 쇠퇴와 소외를 심화시켰다고 본다.
  → 자본주의 사회에서 노동자는 소외를 피할 수 없다고 본다.
  → 자발적 노동을 통해 노동의 본래적 가치의 회복을 지향해야 한다.

2 기업 윤리와 공직자 윤리

1 기업의 사회적 책임에 대한 입장

구분	기업의 사회적 책임 인정	기업의 사회적 책임 부정
기본 입장	• 기업은 공공선을 위해 이윤 추구에 대한 제약을 승인해야 한다. • 기업은 취약 계층의 삶의 수준 향상에 관심을 가져야 한다. • 기업은 미래 세대의 생존과 삶의 질 문제에 관심을 기울여야 한다. • 기업은 사회로부터 얻은 이윤의 환원 방안을 모색해야 한다. • 기업은 이윤 증대를 위해서라도 공익 활동을 수행해야 한다. 기억해	• 합법적인 이윤 추구를 넘어서는 사회적 책임을 기업에 강요해서는 안 된다. • 공동선의 추구는 기업의 사회적 책임이 아니다. • 사회에 대한 기업의 적극적 책임 이행은 시장에 해롭다. • 합법적인 기업 행위는 사회에 해를 끼쳐도 허용되어야 한다.
공통점	• 이윤을 창출하는 것이 기업 활동의 목적이다. • 기업은 이윤 추구 과정에서 법을 준수해야 한다. • 기업의 합리적인 활동에 의한 최대 이윤 추구는 보장되어야 한다.	

2 공직자 윤리

(1) 공직자 윤리의 필요성
① 시민들의 자율적 질서 유지와 사회 계층 간 화합에 기여한다.
② 정치권력의 사익 추구를 방지하여 국가 전반의 청렴성을 고양한다.
③ 전통 사회와 현대 사회 모두에 공통으로 강조되어야 하는 덕목이다.
④ 국가가 위기를 맞을 경우 일반 시민들의 솔선과 협력을 유도한다.

(2) 정약용의 공직자 윤리
① 공직자의 청렴 실천은 인의예지(仁義禮智)를 구현하는 바탕이 된다. 더 보기1 → 공직자(목민관)의 청렴은 애민(愛民)과 봉공(奉公)을 위해 필요한 덕목이다.
② 공직자는 공적 업무와 사적 업무의 경계를 정해야 한다.
③ 공직자로서의 엄격한 자기 절제(節制)를 강조한다. → 공직자는 올바른 공무 수행을 위해 사치와 낭비, 탐욕을 없애야 한다.
④ 국민에게 미치는 실효성을 따져 국가 재정을 엄격히 집행해야 한다.
⑤ 윗사람의 모범을 통해 장유유서(長幼有序)를 구현할 수 있다.

▶ 기/출/선/지 모아 보기

19학년도 수능 **13번**

갑: 자본주의에서 노동은 노동 주체의 의지와 무관하게 자본을 위해 수행될 뿐이다. 분업은 생산성을 대폭 향상시켰지만, 노동자는 생산에 필요한 정신적 능력 이외의 다른 모든 정신적 능력들을 잃어버렸다. 이는 예외 없는 현상이다.

* 갑은 마르크스임.

② 갑은 분업이 노동자의 정신적 능력 쇠퇴와 소외를 심화시킨다고 본다.
⑤ 갑은 분업 노동, 을은 소명 의식이 자본주의 발전에 기여했다고 본다.
18 수능 ⓒ 노동자는 생산 수단이 없으므로 생계를 위해 자본가에게 예속된다고 보며, ⓔ 노동자는 노동을 통해 자아를 실현하고 행복을 누릴 수 있어야 한다고 주장한다.

▶ 기/출/표/현 더 보기

1 23 모평 공직자의 청렴 실천은 인의예지(仁義禮智)를 구현하는 바탕이 된다.
  = 애민 정신을 실천하기 위해 절용과 청렴의 자세를 견지해야 한다.
  = 공직자(목민관)의 청렴은 애민(愛民)과 봉공(奉公)을 위해 필요한 덕목이다.
  = 공직자의 청렴은 공무를 수행하는 데 있어서 필수적 덕목이다.
  = 공직자의 청렴과 절용은 풍요롭고 안정된 사회 조성의 기반이 된다.

01 대표 문제

25학년도 9월 모평 13번

갑, 을 사상가들의 입장으로 가장 적절한 것은?

> 갑: 생산자가 자신의 소질에 맞지 않는데도 수호자의 일에 간섭하려 드는 것은 국가에 파멸을 초래하게 된다. 각자 자기 일을 잘하는 것이 올바름이므로, 각자는 자기 역할에 맞는 덕을 갖추어야 한다.
> 을: 현명한 군주는 백성의 생업을 마련해 주어 부모 공양과 처자식 부양에 부족함이 없게 하여 풍년에 배부르고 흉년에 죽음을 면하게 한다. 그 연후에야 백성을 선하게 이끌어 갈 수 있다.

① 갑: 시민의 사회적 지위 배정에 국가가 관여해서는 안 된다.
② 갑: 생산자와 수호자는 서로 간섭하지 않고 자급자족해야 한다.
③ 을: 다스림의 근본은 의로움[義]보다 이로움[利]에 두어야 한다.
④ 을: 경제적 안정은 백성의 도덕적 인격 수양의 조건이 될 수 있다.
⑤ 갑과 을: 통치자와 피치자의 합의에 따라 역할 교환이 가능하다.

02

25학년도 6월 모평 16번

갑, 을 사상가들의 입장으로 적절한 것만을 〈보기〉에서 고른 것은? [3점]

> 갑: 선왕(先王)은 예의를 제정하고 분별했는데 존귀함과 비천함, 어른과 아이, 지혜로운 자와 어리석은 자, 능력 있고 능력 없는 자를 구분했다. 그리고 그들에게 각자 일을 맡겨 자신에게 합당한 일을 갖게 하였다.
> 을: 신은 우리 각자가 인생의 온갖 활동을 하는 가운데 우리 각자의 소명(召命)을 기억하고 존중할 것을 명한다. 신은 각자 자기에게 주어진 삶 속에서 실행할 분명한 의무를 지정해 주었다.

〈 보기 〉
ㄱ. 갑: 직업의 배분에서 개인의 자질을 분별하는 것은 필수적이다.
ㄴ. 갑: 자신의 직분을 다하는 것이 곧 예의를 실천하는 일이다.
ㄷ. 을: 신이 각자에게 부여한 소명에 따라 직업에 귀천이 생긴다.
ㄹ. 갑과 을: 적성에 맞는 직업을 스스로 선택하여 부를 쌓아야 한다.

① ㄱ, ㄴ   ② ㄱ, ㄷ   ③ ㄴ, ㄷ   ④ ㄴ, ㄹ   ⑤ ㄷ, ㄹ

03

24학년도 9월 모평 14번

갑, 을 사상가들의 입장으로 적절한 것만을 〈보기〉에서 있는 대로 고른 것은? [3점]

> 갑: 천하를 두루 이롭게 함은 직분[分]과 예의[義]로부터 나온다. 사람이 무리를 이루어 살되 역할에 따른 구분이 없으면 다투게 되고, 다투면 나라가 혼란해져 편히 살 수 없게 된다. 따라서 사람은 잠시도 예의를 버릴 수 없다.
> 을: 사회를 이루는 세 계층은 각자 타고난 성향에 따라 한 가지 일에 배치되어야 한다. 그리고 자신이 맡은 일에서 탁월함을 발휘하여 서로 조화를 이루어야 한다. 만약 서로의 일에 간섭한다면 사회에 해악을 끼치게 된다.

〈 보기 〉
ㄱ. 갑: 군주가 나라를 다스리려면 모든 직분에 통달해야 한다.
ㄴ. 갑: 사회 구성원의 직분을 나누는 도덕적 기준이 존재한다.
ㄷ. 을: 세 계층이 각자의 직분에 충실해야 정의가 실현될 수 있다.
ㄹ. 갑과 을: 직분의 구분은 공동체 이익 증진에 도움이 된다.

① ㄱ, ㄴ   ② ㄱ, ㄷ   ③ ㄴ, ㄹ
④ ㄱ, ㄷ, ㄹ   ⑤ ㄴ, ㄷ, ㄹ

04

23학년도 수능 16번

다음을 주장한 사상가의 입장으로 적절하지 않은 것은?

> 목민관은 검약한 생활을 통해 청렴함을 함양해야 하고, 청렴함을 바탕으로 백성을 사랑해야 한다. 만일 목민관이 되었다고 의복과 말을 새로 장만하여 부임지로 가거나 부임지에서도 함부로 행동하고 절제하지 못한다면, 사치가 심해지고 빚이 늘어가면서 탐욕스러워질 것이다. 그렇다고 아끼기만 하고 어려운 친척에게 두루 베풀지 않으면 멀어지게 될 것이다. 그러니 자신의 녹봉을 아껴 주변의 곤궁함을 보살피는 데 소홀하지 않아야 한다.

① 공직자는 애민 정신을 바탕으로 국민에게 진심으로 봉사해야 한다.
② 공직자는 곤궁한 친척을 도우려는 어진 마음조차 가져서는 안 된다.
③ 공직자는 자신의 체면을 지키려는 과도한 소비를 자제해야 한다.
④ 공직자는 공무 수행을 위해 책정된 공금을 과다 지출해서는 안 된다.
⑤ 공직자는 청렴하기 위해 검소하고 절약하는 태도를 가져야 한다.

05

갑, 을 사상가들 모두가 긍정의 대답을 할 질문만을 〈보기〉에서 있는 대로 고른 것은?

갑: 성향상 장인(匠人)인 사람이 우쭐해져서 전사의 부류로 이행하려 들거나, 혹은 전사들 중의 어떤 이들이 그럴 자격도 없으면서, 숙의 결정하며 수호하는 부류로 이행하려 든다면 이들의 참견은 나라에 파멸을 가져다 준다.

을: 한 사람의 몸으로 여러 장인이 하는 일을 고루 갖추어 반드시 자신이 모든 물건을 스스로 만든 다음에야 이를 사용한다면, 이것은 천하의 사람들을 모두 길바닥으로 내앉게 만드는 일이다. 대인(大人)의 일이 있고 소인(小人)의 일이 있다.

───〈 보기 〉───

ㄱ. 나라가 올바르게 다스려지려면 통치자에게 덕이 요구되는가?
ㄴ. 계층 간의 자유로운 역할 교환은 공동체 발전을 저해하는가?
ㄷ. 장인의 재산 소유가 금지될 때 정치에서의 이상이 실현되는가?
ㄹ. 사회적 직분은 개인의 능력과 선택을 존중해 정해져야 하는가?

① ㄱ, ㄴ 　　② ㄱ, ㄷ 　　③ ㄷ, ㄹ
④ ㄱ, ㄴ, ㄹ 　　⑤ ㄴ, ㄷ, ㄹ

06

다음을 주장한 사상가의 입장으로 적절하지 않은 것은?

• 청렴은 목민관의 본래 직무로 모든 선(善)의 원천이며 모든 덕(德)의 근본이다. 청렴하지 않고서 수령 노릇을 잘할 수 있는 자는 없었다.
• 백성을 잘 다스리는 자는 반드시 자애롭다. 자애롭고자 하는 자는 반드시 청렴해야 하고, 청렴하고자 하는 자는 반드시 절약해야 한다. 그러므로 절용(節用)은 목민관의 가장 중요한 임무이다.

① 공직자의 청렴 실천은 인의예지(仁義禮智)를 구현하는 바탕이 된다.
② 공직자는 올바른 공무 수행을 위해 사치와 낭비, 탐욕을 없애야 한다.
③ 공직자는 절용을 백성 통치의 유일한 실천 방안으로 삼아야 한다.
④ 공직자의 절용 실천은 애민(愛民) 정신의 실현을 목적으로 한다.
⑤ 공직자의 청렴과 절용은 풍요롭고 안정된 사회 조성의 기반이 된다.

07

다음을 주장한 사상가의 입장으로 적절하지 않은 것은?

○ 목민관의 직분은 백성을 교화하는 것이다. 그들의 밭과 재산을 고르게 하는 것이나 부역을 공평하게 하는 것도 그들을 가르치기 위함이다.
○ 청렴은 목민관 본연의 의무로서 온갖 선(善)의 원천이고 모든 덕(德)의 근본이다. 청렴한 자는 청렴을 편안하게 여기고 지혜로운 자는 청렴을 이롭게 여긴다.

① 목민관은 사익에 얽매이지 않고 공익 실현을 위해 힘써야 한다.
② 목민관은 백성과 더불어 즐거움을 나누는 사람이 되어야 한다.
③ 목민관이 청렴해도 직무에 능하지 않으면 칭송을 받기 어렵다.
④ 목민관은 백성을 편안히 할 방책을 강구하는 것에 힘써야 한다.
⑤ 목민관의 청렴은 지혜의 많고 적음에 어떤 영향도 받지 않는다.

08

다음을 주장한 사상가의 입장만을 〈보기〉에서 있는 대로 고른 것은?

• 선왕은 예의를 제정함으로써 분별하여 가난하고 부유하고 천하고 귀한 부류가 있게 하였으니 이것이 천하를 기르는 근본이다.
• 사람이 김매고 밭 가는 일을 쌓아 농부가 되고, 깎고 다듬는 일을 쌓아 공인이 되며, 재화를 매매하는 일을 쌓아 상인이 되듯이, 예절과 의리를 쌓으면 군자가 된다.

───〈 보기 〉───

ㄱ. 예를 바탕으로 사람들의 직분을 나누어야 질서가 유지된다.
ㄴ. 각 분야에 능한 사람이 그 분야를 이끌어 가는 것이 좋다.
ㄷ. 사물에 정통한 사람은 누구나 통치하는 일을 할 수 있다.
ㄹ. 서민의 자손이라도 재능과 덕을 갖추면 관리가 될 수 있다.

① ㄱ, ㄷ 　　② ㄱ, ㄹ 　　③ ㄴ, ㄷ
④ ㄱ, ㄴ, ㄹ 　　⑤ ㄴ, ㄷ, ㄹ

09

19학년도 6월 모평 3번

다음 사상가가 부정의 대답을 할 질문으로 가장 적절한 것은? [3점]

> 프로테스탄트는 자신의 구원의 여부가 예정되어 있다고 보았으며, 직업 노동을 신에게 선택받았다는 확신에 이르기 위한 가장 훌륭한 수단이라고 여겼다. 이들의 금욕주의가 세속의 윤리를 지배하게 되면서 근대적 경제 질서를 구축하는 데 일조하였다. 직업이 정신적 가치와 직접 관련을 맺지 않거나 경제적 강제로 느껴질 경우 인간은 영혼 없는 전문가, 열정 없는 향락주의자로 전락할 것이다.

① 프로테스탄트는 직업적 성공이 구원의 징표라고 보는가?
② 프로테스탄트는 직업이 정신적 가치와 무관하지 않다고 보는가?
③ 금욕주의 직업 윤리는 자본주의 정신 형성에 기여할 수 있는가?
④ 프로테스탄트는 직업을 신으로부터 부름받은 것으로 보는가?
⑤ 프로테스탄트는 노동을 통한 부의 추구를 영혼의 타락으로 보는가?

10

22학년도 9월 모평 6번

갑, 을 사상가들의 입장으로 적절하지 <u>않은</u> 것은?

> 갑: 백성은 항산(恒産)이 있어야 항심(恒心)을 지닐 수 있다. 성인(聖人)이 천하를 다스리면 곡식이 물이나 불과 같이 풍족해질 것이다. 만일 곡식이 물이나 불과 같이 풍족해지면 백성에게 어찌 불인(不仁)함이 있겠는가?
> 을: 왕공(王公)과 사대부의 자손이라도 예의(禮義)를 힘써 행할 수 없다면 서인(庶人)으로 귀속시킨다. 서인의 자손이라도 학문을 쌓아 몸을 바르게 하고 예의를 힘써 행할 수 있다면 사대부로 귀속시킨다.

① 갑: 성인(聖人)은 백성의 기본적 생계유지를 중시한다.
② 갑: 경제적 안정은 백성에게 도덕적 삶의 기반이 된다.
③ 을: 사회적 역할은 능력보다는 선호에 따라 결정되어야 한다.
④ 을: 예(禮)를 기준으로 하여 사회적 역할이 분담되어야 한다.
⑤ 갑, 을: 사회적 분업은 사회 질서를 유지하는 데 기여할 수 있다.

11

21학년도 9월 모평 12번

갑, 을 사상가들의 입장으로 적절하지 <u>않은</u> 것은?

> 갑: 군자는 근본을 추구하기 때문에 작은 일을 잘 못해도 큰일은 맡을 수 있으며, 소인은 생계를 추구하기 때문에 큰일을 잘 못해도 작은 일은 맡을 수 있다. 임금·신하·부모·자식이 각자 맡은 바 직분[名]을 올바르게 하면 나라가 잘 다스려진다.
> 을: 성왕(聖王)은 예(禮)를 제정하여 인간의 본성을 교화하고자 하였다. 아울러 사람의 덕(德)을 논하여 각자의 위치를 정하고 그 능력을 헤아려 관직을 부여하였다. 그런 연후에 사람들이 예에 따라 각자 직무를 수행하여 그 마땅한 바를 얻게 하였다.

① 갑: 각자 자신이 맡은 직분 외에도 모든 분야에 능통해야 한다.
② 갑: 자기 본분을 올바르게 행하여 공동체의 질서를 유지해야 한다.
③ 을: 사람들의 사회적 직분은 덕과 능력에 따라 정해져야 한다.
④ 을: 올바른 직분 수행을 위해 예법에 따라 욕망을 절제해야 한다.
⑤ 갑, 을: 자신의 사회적 역할에 부합하는 도리를 실천해야 한다.

12

20학년도 9월 모평 8번

갑, 을 사상가들의 입장으로 옳지 <u>않은</u> 것은?

> 갑: 각자의 직분을 나누는 것이 예법(禮法)의 핵심이다. 농부, 공인, 상인은 각 분야에 정통하지만, 그 분야를 지도하는 관리가 될 수 없다. 도(道)에 정통한 사람은 이 세 가지 일을 하나도 못해도 이 세 가지 일을 다스릴 수 있다.
> 을: 마음을 쓰는 사람[勞心者]은 다스리는 사람이고, 몸을 쓰는 사람[勞力者]은 다스림을 받는 사람이다. 다스림을 받는 사람은 남을 먹여 살리고, 다스리는 사람은 남에 의해 먹고 산다. 이처럼 서로 도우며 살아가는 것이 세상 이치이다.

① 갑: 예(禮)에 맞게 사회적 분업이 이루어져야 한다.
② 갑: 군자는 도를 익혀야만 자신의 일을 완수할 수 있다.
③ 을: 다양한 직업들 사이에는 상호 보완적 관계가 성립한다.
④ 을: 몸을 쓰는 사람은 항산(恒産)에 앞서 항심(恒心)을 지녀야 한다.
⑤ 갑, 을: 모든 사람은 각자가 맡은 직분과 역할에 충실해야 한다.

13

갑, 을 사상가들의 입장으로 옳지 <u>않은</u> 것은? [3점]

> 갑: 선왕(先王)이 예(禮)를 제정하여 사람들에게 귀함과 천함의 등급을 분별하게 하였다. 사대부의 자손이라도 예에 합하지 않으면 서민이 되어야 하고, 서민의 자손이라도 학문을 닦고 품행이 단정하여 예에 합하면 사대부가 되어야 한다.
> 을: 왕도 정치가 구현된 사회에서 농부와 목수와 기술자는 각자 생산물이나 재능을 교환함으로써 사회에 기여한다. 힘을 쓰는 노력자(勞力者)와 마음을 쓰는 노심자(勞心者) 역시 각자의 수고로움으로 서로 기여한다.

① 갑: 예(禮)를 기준으로 삼아 사회적 역할 분담이 정해져야 한다.
② 갑: 사회적 신분은 개인의 자유로운 선택에 따라 정해져야 한다.
③ 을: 분업을 통해 사회적 직분 간의 유기적 관계를 이루어야 한다.
④ 을: 노력자(勞力者)는 생계가 안정되어야 도덕심을 유지할 수 있다.
⑤ 갑, 을: 자신의 직분에 충실할 때 사회 질서가 유지될 수 있다.

14

갑, 을 사상가들의 공통된 입장만을 〈보기〉에서 고른 것은?

> 갑: 대인(大人)의 일이 따로 있고, 소인(小人)의 일이 따로 있는 법이다. 군주는 백성들에게 일정한 생업[恒産]을 마련해 주어 반드시 위로 부모를 충분히 봉양할 수 있도록 하고, 아래로 처자식을 충분히 먹여 살릴 수 있도록 해야 한다.
> 을: 선왕(先王)은 혼란을 싫어해 예의(禮義)를 만듦으로써 등급을 나누어 천자(天子)부터 서인(庶人)에 이르기까지 각자의 재능을 발휘하게 하였다. 군주는 바른 정치를 위해 현명한 사람을 등용하고, 가난하고 궁핍한 사람을 도와야 한다.

〈 보기 〉
ㄱ. 사회적 역할의 분담은 사회 질서 유지에 기여한다.
ㄴ. 백성의 경제적 안정에 힘쓰는 것이 통치자의 역할이다.
ㄷ. 정신노동을 담당하는 사람은 육체노동에도 탁월해야 한다.
ㄹ. 사회적 역할은 능력보다는 개인의 선택에 따라 정해져야 한다.

① ㄱ, ㄴ   ② ㄱ, ㄷ   ③ ㄴ, ㄷ   ④ ㄴ, ㄹ   ⑤ ㄷ, ㄹ

15

갑, 을 사상가들의 공통된 입장만을 〈보기〉에서 있는 대로 고른 것은? [3점]

> 갑: 모든 사람에게는 주어진 본분이 있다. 군주는 군주의 본분을, 신하는 신하의 본분을, 부모는 부모의 본분을, 자식은 자식의 본분을 다하는 것을 정명(正名)이라 한다.
> 을: 국가에서 통치자는 지혜를, 방위자는 용기를, 생산자는 절제를 발휘하여, 여러 구성원들이 조화롭게 살아가는 것을 정의(正義)라 한다.

〈 보기 〉
ㄱ. 사회적 직분에는 그것에 합당한 도덕적 덕목이 요구된다.
ㄴ. 누구나 자신의 직업을 선택할 수 있는 자유를 가져야 한다.
ㄷ. 각자는 역할 수행에 필요한 덕을 갖추도록 노력해야 한다.
ㄹ. 구성원의 역할이 분담되면 자연스럽게 이상적 국가가 실현된다.

① ㄱ, ㄴ   ② ㄱ, ㄷ   ③ ㄴ, ㄹ
④ ㄱ, ㄷ, ㄹ   ⑤ ㄴ, ㄷ, ㄹ

16

갑, 을 사상가들의 입장으로 적절하지 <u>않은</u> 것은?

> 갑: 사람은 태어날 때부터 욕망을 지니고 있어서 일정한 기준과 한계가 없으면 다투게 된다. 그래서 선왕은 예의[禮]를 제정하여 분수를 정하고, 지혜 있는 자와 어리석은 자 사이에 구분을 두었다.
> 을: 백성은 안정된 생업[恒産]이 없으면 안정된 마음[恒心]도 없다. 그러므로 현명한 군주는 백성들의 생업을 마련하여 생활에 부족함이 없게 한다. 그렇게 한 후에 백성들을 선한 데로 나아가게 인도한다.

① 갑: 사람의 사회적 신분은 덕과 능력에 따라 정해져야 한다.
② 갑: 올바른 직분 수행을 위해 예에 따라 욕망을 절제해야 한다.
③ 을: 경제적 안정은 백성의 도덕성 유지에 중요한 요인이 된다.
④ 을: 군주는 모든 노동에 능통하여 백성의 본보기가 되어야 한다.
⑤ 갑과 을: 사회 구성원 각자가 역할을 다할 때 질서가 유지된다.

17

갑, 을 사상가들의 입장으로 가장 적절한 것은?

> 갑: 자본주의 사회에서는 필연적으로 인간 소외가 발생한다. 사적 소유, 분업, 계급적 사회관계는 자유로운 노동을 억압하고 인간의 본질을 실현하는 것을 가로막는다.
>
> 을: 대인의 일이 있고 소인의 일이 있다. 마음을 쓰는 자는 다스리고, 몸을 쓰는 자는 다스림을 받는다. 다스림을 받는 자는 남을 먹이고, 다스리는 자는 남에 의해 먹는다.

① 갑: 자본주의에서 노동자는 자신의 노동 생산물을 향유한다.
② 갑: 자본주의에서 노동자는 자발적 노동으로 욕구를 충족한다.
③ 을: 백성은 통치자가 인의를 상실해도 섬기지 않으면 안 된다.
④ 을: 백성의 생산물 교환은 사익 추구로서 삼가야 할 행위이다.
⑤ 갑, 을: 경제적인 요인은 도덕적 삶에 영향을 미칠 수 있다.

18

갑, 을 사상가들의 입장으로 가장 적절한 것은? [3점]

> 갑: 참으로 지혜를 사랑하는 사람들이 통치자들이 되어야 한다. 상인이 전사 계층으로 옮기려 하거나 전사가 통치자 계층으로 옮기려고 하면 국가는 파멸할 것이다.
>
> 을: 어질고 능력이 있으면 순서를 기다리지 않고 등용한다. 서인(庶人)의 자식도 학문에 힘쓰고 행실이 바르며 예(禮)를 쌓아 본성을 극복하면 관리가 될 수 있다.

① 갑: 통치자들만 공동생활을 통해서 공익을 추구해야 한다.
② 갑: 각자 자신의 성향에 맞는 한 가지 직분에 충실해야 한다.
③ 을: 직업에 충실하면 본성을 회복하고 인격을 닦을 수 있다.
④ 을: 예에 정통한 사람은 모든 일을 이해하고 잘하는 사람이다.
⑤ 갑, 을: 개인의 희망에 따라 사회적 역할이 부여되어야 한다.

19

동양 사상가 갑, 서양 사상가 을의 입장으로 옳지 않은 것은?

> 갑: 사람들은 나면서부터 이익을 좋아하는데, 이를 따르기 때문에 쟁탈이 일어난다. 선왕(先王)의 예(禮)로써 분별하고 법도를 제정하여 사람들 각자에게 합당한 일을 맡겨야 한다.
>
> 을: 사람들이 직분을 서로 교환한다면 국가는 파멸로 가게 될 것이다. 정의(正義)는 서로 다른 세 계층이 저마다 자신의 성향에 맞는 일을 할 때 실현된다.

① 갑: 인위적인 규범으로 일을 나누어야 백성들의 다툼이 사라진다.
② 갑: 통치자는 백성의 덕과 능력에 따라 사회적 역할을 맡겨야 한다.
③ 을: 공익 실현을 위해 모든 계층의 사적 소유를 금지해야 한다.
④ 을: 각자가 본분에 맞는 탁월성을 발휘할 때 정의가 실현된다.
⑤ 갑, 을: 구성원 각자가 직분에 충실할 때 사회의 조화가 가능하다.

20

갑, 을 사상가들의 입장으로 옳은 것은?

> 갑: 모든 직업은 신(神)으로부터 부름받은 자기 몫의 일이다. 이것이 소명임을 알고 순종하면, 아무리 천한 것으로 여겨지는 일이라도 신 앞에서는 귀한 것으로 인정받을 것이다.
>
> 을: 백성은 항산(恒産)이 있어야 항심(恒心)을 지닐 수 있다. 어떤 사람은 마음을 수고롭게[勞心] 하고, 어떤 사람은 몸을 수고롭게[勞力] 하여 각자의 수고로움으로 서로 기여한다.

① 갑: 노동은 신이 내린 형벌로서 인간의 예속 상태를 나타낸다.
② 갑: 노동을 통한 부의 축적은 인간이 구원받기 위한 유일한 수단이다.
③ 을: 도덕 공동체를 실현하기 위해 직분의 구별은 없어져야 한다.
④ 을: 직업을 통한 일반 백성의 생계유지는 도덕적 삶의 기반이 된다.
⑤ 갑, 을: 노동의 궁극 목적은 생산성 향상을 통한 생활의 개선에 있다.

21

갑, 을 사상가들의 입장에 대한 설명으로 옳지 <u>않은</u> 것은? [3점]

> 갑: 자본주의에서 노동은 노동 주체의 의지와 무관하게 자본을 위해 수행될 뿐이다. 분업은 생산성을 대폭 향상시켰지만, 노동자는 생산에 필요한 정신적 능력 이외의 다른 모든 정신적 능력들을 잃어버렸다. 이는 예외 없는 현상이다.
>
> 을: 노동을 은총 상태를 확신하기 위한 수단으로 파악한 청교도는 철저한 노동 의무의 수행을 통해 신의 나라에 도달하려고 시도하였다. 동시에 노동 계급에 강제된 엄격한 금욕이 자본주의의 노동 생산성을 강력히 촉진시켰다.

① 갑은 자본주의에서 정신적 능력 회복으로 소외가 극복된다고 본다.
② 갑은 분업이 노동자의 정신적 능력 쇠퇴와 소외를 심화시킨다고 본다.
③ 을은 금욕과 결합된 노동 의무가 생산성을 향상시켰다고 본다.
④ 을은 청교도가 직업 노동을 종교적 실천으로 간주했다고 본다.
⑤ 갑은 분업 노동, 을은 소명 의식이 자본주의 발전에 기여했다고 본다.

22

갑, 을 사상가들의 입장만을 〈보기〉에서 있는 대로 고른 것은? [3점]

> 갑: 사람들은 자신의 직무가 비속하거나 신과 무관한 것이 아니라, 신의 부르심[召命]에 따라 봉사하고 있는 신성한 것이라는 사실을 깊이 생각해야 한다.
>
> 을: 자본주의 체제에서는 노동자가 더 많이 생산할수록 그는 더 가난해지고 무력해진다. 결국 노동은 노동자의 본질에 속하지 않게 되고 노동자는 노동으로부터 소외된다.

─〈 보기 〉─
ㄱ. 갑: 노동은 신성하며 노동으로 얻은 것은 신의 선물이다.
ㄴ. 을: 소외된 노동은 인간에 의한 인간의 소외를 일으킨다.
ㄷ. 을: 노동자는 자본가에게 경제적으로 예속될 수밖에 없다.
ㄹ. 갑, 을: 노동의 본질은 자신의 잠재력을 계발하는 데 있다.

① ㄱ, ㄴ   ② ㄱ, ㄹ   ③ ㄷ, ㄹ
④ ㄱ, ㄴ, ㄷ   ⑤ ㄴ, ㄷ, ㄹ

23

갑, 을 사상가들의 입장으로 옳은 것은?

> 갑: 인간은 방탕하기에 신은 모든 인간에게 자신의 소명(召命)에 관심을 둘 것을 요구한다. 신은 인간에게 고유한 생활 양식에 따라 각자의 의무를 지정하고, 인간 자신의 한계를 벗어나지 않도록 그 다양한 생활들을 소명이라고 하였다.
>
> 을: 인간은 노동으로 자연을 변화시키고 자신의 잠재력을 개발한다. 그런데 자본주의적 생산에서는 노동자가 생산 수단을 사용하는 것이 아니라 생산 수단이 노동자를 사용한다. 즉 살아 있는 노동을 죽은 노동이 지배하는 왜곡이 발생한다.

① 갑: 부(富)의 축적을 직업의 궁극적인 목적으로 추구해야 한다.
② 갑: 직업은 신이 내린 명령이므로 귀천의 구별이 없어야 한다.
③ 을: 건전한 경쟁을 통한 생산 수단의 사유화를 보장해야 한다.
④ 을: 자본가와 노동자가 협력하여 노동 소외를 극복해야 한다.
⑤ 갑, 을: 인간의 자아실현을 위해 노동 분업을 확대해야 한다.

24

다음을 주장한 사상가의 입장으로 적절한 것만을 〈보기〉에서 고른 것은?

> ○ 배우지 못해 무식한 수령은 겨우 한 고을을 얻기만 해도 자기 마음대로 행동하고 교만하며 사치해서 공금을 손 가는 대로 함부로 써 버린다.
>
> ○ 청렴한 사람은 청렴함을 편안히 여기고 지혜로운 사람은 청렴함을 이롭게 여긴다. 수령이 원하는 바가 청렴으로 도(道)를 얻는 것이라면 재물을 버리고 취하지 않아야 한다.

─〈 보기 〉─
ㄱ. 목민관이 청렴을 실천하지 않으면 지혜롭지 못한 것이다.
ㄴ. 재정적 여유는 목민관의 자의적 공금 집행을 정당화한다.
ㄷ. 청렴은 인을 실현하려는 목민관의 욕구에서 비롯될 수 있다.
ㄹ. 목민관의 청렴은 자기 수양보다 외적 강제를 통해 실현된다.

① ㄱ, ㄴ   ② ㄱ, ㄷ   ③ ㄴ, ㄷ   ④ ㄴ, ㄹ   ⑤ ㄷ, ㄹ

25

다음을 주장한 사상가의 입장으로 적절하지 <u>않은</u> 것은?

> ○ 수령 노릇을 잘하려는 자는 반드시 자애로워야 하고, 자애로워지려는 자는 반드시 청렴해야 하며, 청렴해지려는 자는 반드시 검약해야 한다. 씀씀이를 절약하는 것은 수령의 으뜸가는 임무이다.
>
> ○ 천지의 공리(公理)에 벼슬을 위해 사람을 택하는 법은 있으나, 사람을 위해 벼슬을 고르는 법은 없다. 한 집안의 봉양을 위해서 만백성을 다스리는 수령의 자리를 구하고자 하는 것은 옳지 않다.

① 수령은 공직을 수행할 때 염치(廉恥)를 발휘해야 한다.
② 수령은 사치하지 않음으로써 백성에게 모범을 보여야 한다.
③ 수령은 관할하는 관청에 불필요한 지출이 없는지 살펴야 한다.
④ 백성을 위한 수령의 통치는 애민(愛民)을 기초로 실현될 수 있다.
⑤ 자기 가족의 생계를 위해 수령의 자리에 오르는 것이 바람직하다.

26

갑, 을 사상가들의 입장으로 적절한 것만을 〈보기〉에서 있는 대로 고른 것은? [3점]

> 갑: 백성은 안정된 생업[恒産]이 없으면 변함없는 마음[恒心]도 없다. 변함없는 마음이 없으면 방탕하게 된다. 현명한 군주는 백성의 생업을 마련해 줌으로써 백성은 흉년에 죽음을 면한다.
>
> 을: 선왕(先王)은 예의(禮義)를 제정해 백성의 분계(分界)를 정함으로써 그들의 원함을 충족해 주고 필요했던 것을 공급해 주었다. 현명한 군주는 공평한 정치로 백성을 바로잡는다.

〈 보기 〉
ㄱ. 갑: 통치자는 백성이 선한 마음을 발휘하도록 해야 한다.
ㄴ. 을: 사회적 직분은 백성의 선택에 의해 결정되어야 한다.
ㄷ. 을: 백성의 욕구는 예에 따라 제한적으로 충족되어야 한다.
ㄹ. 갑과 을: 통치자는 민생을 안정시키기 위해 노력해야 한다.

① ㄱ, ㄴ   ② ㄱ, ㄹ   ③ ㄴ, ㄷ
④ ㄱ, ㄷ, ㄹ   ⑤ ㄴ, ㄷ, ㄹ

27

갑, 을 사상가들의 입장으로 가장 적절한 것은? [3점]

> 갑: 자본주의에서 노동은 상품만을 생산하는 것이 아니라 노동자를 하나의 상품으로 생산해 낸다. 노동자의 노동은 강요된 것으로서 자기 자신의 상실이다. 강제로 수행되는 노동이 멈출 때 자유의 영역은 비로소 시작된다.
>
> 을: 각 개인에게는 신께서 지정하신 생활 방식이 있는데 그것은 우리가 인생을 방탕하게 살지 않도록 지정해 주신 초소와 같다. 이 모든 것이 신께서 지워 주신 의무임을 우리가 알고 따를 때 소명(召命)은 신 앞에서 빛날 것이다.

① 갑: 계급이 완전히 소멸된 곳에서 노동의 본질은 실현된다.
② 갑: 자본주의의 기술적 분업을 통해 노동 소외를 없애야 한다.
③ 을: 노동하는 것과 독실한 신앙 생활을 병행해서는 안 된다.
④ 을: 노동을 통한 부의 축적은 신이 부여한 소명에 위배된다.
⑤ 갑과 을: 노동은 다른 목적을 위한 수단이 아닌 그 자체가 목적이다.

28

갑, 을 사상가들의 입장으로 적절한 것만을 〈보기〉에서 고른 것은?

> 갑: 신은 우리들 각자가 인생의 온갖 활동을 하는 가운데 각자의 부르심을 기억하고 존중할 것을 명한다. 그리고 누구도 경솔하게 자기의 한계를 벗어나지 않도록 다양한 종류의 생활 양식을 소명이라 이름 붙였다.
>
> 을: 선왕(先王)은 사람들 사이의 다툼으로 인한 혼란을 싫어하였기 때문에 예(禮)를 제정해 분별의 기준으로 삼았다. 그리하여 사람들의 욕망을 충족시키고 그들이 원하는 것을 공급하게 하여 물건이 부족하지 않도록 하였다.

〈 보기 〉
ㄱ. 갑: 구원은 근면과 검소에 대해 주어지는 응분의 보상이다.
ㄴ. 갑: 노동으로 얻은 부를 베푸는 선행은 신의 영광을 드러낸다.
ㄷ. 을: 백성의 직분은 예보다 능력을 기준으로 맡겨져야 한다.
ㄹ. 갑과 을: 노동을 통한 정당한 이익의 추구는 권장될 수 있다.

① ㄱ, ㄴ   ② ㄱ, ㄷ   ③ ㄴ, ㄷ   ④ ㄴ, ㄹ   ⑤ ㄷ, ㄹ

01

다음을 주장한 사상가가 강조하는 공직자의 자세로 옳지 <u>않은</u> 것은?

> ○ 관청에서 쓰는 모든 물건은 하늘에서 비처럼 내리고 땅에서 물처럼 솟는 것이 아니니, 씀씀이를 절약하면서 물건 사용의 폐해를 살펴 백성들의 힘을 덜어 주어야 한다.
>
> ○ 청렴한 선비는 벼슬자리에 부임하러 갈 때 가족을 데려가지 않는데, 이때의 가족이란 아내와 자식을 일컫는다. 형제 간에는 가끔 왕래해도 되지만 오래 머물러서는 안 된다.

① 사사로운 정(情)에 따른 이익보다는 청렴을 중시해야 한다.
② 자애의 덕을 지니기 위해서는 반드시 절용(節用)해야 한다.
③ 청백리가 되려면 자신에게만 관대하고 가족에게는 엄격해야 한다.
④ 세금 사용에 주의를 기울여 국민의 경제적 부담을 줄여야 한다.
⑤ 공적 재산이 국민의 노력으로 이루어진 것임을 유념해야 한다.

02

다음을 주장한 사상가의 입장으로 적절하지 <u>않은</u> 것은? [3점]

> 부모님이 노쇠하고 집안이 가난하다는 것은 진실로 딱한 일이다. 그렇다고 자신의 딱한 처지를 벗어나고자 목민관이 되고자 하는 것은 올바른 일이 아니다. 천지의 공적 이치[公理]로 보면, 벼슬을 위해서 사람을 선발하는 것이지, 사람을 위해서 벼슬을 선택하는 경우는 없다. 만약 목민관에 임명되어 부임지에 갈 때에는 부유하더라도 검소한 차림이어야 하며, 관청의 재물이나 자산이 여유롭다 하더라도 절약할 수 있는 검소함을 지녀야 한다. 또한 고을의 선비들에게 학문을 권장하기 위해 한 수레의 책을 가져가는 것이 청렴한 관리의 자세이다.

① 목민관은 관할하는 관청의 재물을 절약해서 사용해야 한다.
② 가족의 생계를 위해 목민관의 관직을 맡는 것은 바람직하다.
③ 비싼 옷을 살 여유가 있더라도 목민관은 소비를 절제해야 한다.
④ 공과 사를 분명하게 구분하는 것은 목민관의 올바른 태도이다.
⑤ 목민관은 관할 지역의 학문 풍토를 조성하기 위해 노력해야 한다.

03

다음을 주장한 사상가가 강조할 공직자의 자세로 적절하지 <u>않은</u> 것은?

> 청렴은 목민관의 근본적인 의무이며 모든 덕의 근원이다. 목민관이 욕심을 부려 백성의 정당한 수익을 빼앗다 보면 민생고가 심해진다. 재물에 청렴하면서도 치밀하지 못하거나, 재물을 나누어 주면서도 실효가 없는 것도 칭송할 만한 것이 못된다. 아울러 목민관이 집안을 바로잡아야 청탁과 뇌물이 들어오지 않는다.

① 애민 정신을 실천하기 위해 절용과 청렴의 자세를 견지해야 한다.
② 국민으로부터 신뢰를 받고 지지를 얻기 위해서는 청렴해야 한다.
③ 납품을 받을 때 생산자의 정당한 이익을 고려할 필요가 없다.
④ 작은 선물이라도 사욕이 숨겨져 있을 수 있으므로 경계해야 한다.
⑤ 국민에게 미치는 실효성을 따져 국가 재정을 엄격히 집행해야 한다.

04

 문제

다음을 주장한 사상가가 강조하는 공직자의 자세로 옳지 <u>않은</u> 것은?

> ○ 사사로운 씀씀이를 절약하는 것은 보통 사람도 할 수 있지만, 나라 곳간을 절약할 수 있는 사람은 드물다. 공공의 것을 마치 내 것처럼 소중하게 여겨야 어진 목민관이다.
>
> ○ 목민관은 자신의 생일에 관청 사람들이 성찬을 바치더라도 받아서는 안 된다. 받지 않고 오히려 내어놓는 바가 있더라도, 공공연히 말하지 말고 자랑하는 기색을 나타내지도 말라.

① 근검절약하면서도 인색하지 않도록 노력해야 한다.
② 절약의 대상을 사적인 영역으로 국한해서는 안 된다.
③ 절용(節用)을 통해 애민(愛民) 정신을 구현해야 한다.
④ 국민의 모범이 되기 위해 자신의 청렴을 과시해야 한다.
⑤ 작은 선물이라도 정당한 것이 아니면 받지 말아야 한다.

05

다음 글의 입장으로 적절하지 <u>않은</u> 것은? [3점]

> 옛 성인(聖人)이 세금 제도를 만든 것은 백성으로부터 거두어 자기를 봉양하자는 것이 아니었다. 백성들이 모여 살면서 갈등과 투쟁이 생겨 서로 죽이기까지 하거니와, 통치자가 법으로 다스려 평화롭게 해 주어야만 민생이 편안해진다. 그러나 이 일은 농사를 지으면서 함께 할 수 없으므로, 백성은 수확의 10분의 1을 세(稅)로 바쳐 통치자를 공양(供養)하는 것이다. 통치자가 백성으로부터 거두어들인 것이 큰 만큼, 백성에 대한 보답도 무거운 것이다. 후세의 통치자는 세금 제도를 만든 의의를 모르고 '백성이 나를 공양하는 것은 당연한 것'이라고 말하면서 가혹하게 수취하니, 백성들도 그 영향을 받아 서로 싸워 국가가 혼란해진다.

① 공직자는 별도의 생업에 종사하며 나랏일에 충실해야 한다.
② 공직자는 자신의 본분에 충실하여 민생을 안정시켜야 한다.
③ 공직의 설치는 필수적인 것으로 사회적 역할 분담의 일환이다.
④ 공직자는 세금을 납부한 국민들에게 봉사로써 보답해야 한다.
⑤ 공직자의 탐욕과 수탈은 국민의 반목과 국가의 분란을 야기한다.

06

다음 사상가의 입장에서 지지할 주장만을 〈보기〉에서 있는 대로 고른 것은?

> • 양로(養老)의 예법 중에는 노인에게 교훈이나 길잡이가 되는 가르침을 달라고 부탁드리는 절차가 있다. 그러므로 목민관(牧民官)은 노인에게 백성들이 겪는 괴로움과 질병이 무엇인지를 물어서 그 절차에 부합하도록 해야 한다.
> • "윗사람이 어른을 어른으로 섬기면 백성들에게는 어른을 공경하는 마음이 생긴다."라고 하였다. 목민관이 가난하고 의지할 데 없는 고령의 노인을 위해 혜택을 베풀고, 양로의 예법을 제도화하는 데 힘쓰면, 백성들은 노인을 공경할 줄 알게 될 것이다.

〈 보기 〉
ㄱ. 국가는 모든 노인에게 동일한 복지 혜택을 지원해야 한다.
ㄴ. 윗사람의 모범을 통해 장유유서(長幼有序)를 구현할 수 있다.
ㄷ. 사회 문제 해결을 위해 노인의 경험과 지혜를 활용할 수 있다.
ㄹ. 노인 부양 문제의 해결은 정신적·물질적 측면 모두와 관련된다.

① ㄱ, ㄴ   ② ㄱ, ㄷ   ③ ㄴ, ㄹ
④ ㄱ, ㄷ, ㄹ   ⑤ ㄴ, ㄷ, ㄹ

07

다음 신문 칼럼의 입장에서 볼 때, ㉠에 대한 설명으로 적절하지 <u>않은</u> 것은?

> ○○신문   ○○○○년 ○월 ○일
> ### 칼럼
> 고위 공직자들은 법률 제도와 별도로 권한에 상응하는 책무 의식을 스스로 내면화해야 한다. 귀족의 책무를 뜻하는 ㉠ 은/는 서양의 전통에서 유래하였지만 고위 공직을 담당한 지도자에게 여전히 요청되는 덕목이다. 이 덕목은 더 강한 책임 의식, 더 높은 도덕성, 더 많은 희생을 요구한다. 이 덕목의 실현으로 사회 구성원 상호 간의 신뢰와 연대는 강화되고 준법과 참여가 원활해진다. 나아가 국가가 내우외환에 봉착할 경우 구성원 모두 위기 극복을 위한 공동의 노력에 기꺼이 나서게 된다. …(후략)….

① 공직자의 권한 남용과 부패 방지를 위한 법적 규제를 의미한다.
② 시민들의 자율적 질서 유지와 사회 계층 간 화합에 기여한다.
③ 정치권력의 사익 추구를 방지하여 국가 전반의 청렴성을 고양한다.
④ 전통 사회와 현대 사회 모두에 공통으로 강조되어야 하는 덕목이다.
⑤ 국가가 위기를 맞을 경우 일반 시민들의 솔선과 협력을 유도한다.

08

다음을 주장한 사상가의 입장으로 적절하지 <u>않은</u> 것은?

> ○ 목민관은 자애로워야 한다. 자애롭고자 하는 자는 반드시 청렴해야 하고 청렴하고자 하는 자는 반드시 절용(節用)해야 한다. 절용은 목민관의 가장 중요한 임무이며 백성을 사랑하는 데 있어 가장 먼저 해야 할 일이다.
> ○ 목민관은 예부터 내려오는 잘못된 관례를 과감히 고쳐야 한다. 잘못된 관례는 백성의 고혈을 착취하고 아전과 관원을 살찌게 하기 때문이다. 만일 고치기가 어렵다면 여기에 손대지 말아야 한다.

① 목민관은 절용을 실천하기 위해 염치(廉恥)를 버려야 한다.
② 목민관은 백성에게 이익이 되지 않는 관습을 바꾸어야 한다.
③ 목민관은 애민(愛民)의 마음으로 백성의 삶을 돌보아야 한다.
④ 목민관은 공(公)과 사(私)를 구별하여 직무를 수행해야 한다.
⑤ 목민관은 검소한 삶을 실천하여 백성에게 모범이 되어야 한다.

09

23학년도 3월 학평 12번

다음을 주장한 사상가의 입장으로 적절하지 <u>않은</u> 것은?

> ○ 훌륭한 목민관이 되려는 자는 어질어야 하고, 어질고 싶은 자는 청렴해야 하며, 청렴하고 싶은 자는 검소해야 하니 절용(節用)은 목민관의 첫 번째 의무이다.
> ○ 벼슬살이의 요체는 '두려워할 외(畏)' 한 자뿐이다. 의(義)를 두려워하고 법(法)을 두려워하며 백성을 두려워해야 한다. 마음에 두려움을 간직해야 방자하지 않게 된다.

① 공직자는 청렴이 본연의 덕이며 의무임을 알아야 한다.
② 공직자는 절용을 실천하기 위해 자기 절제에 힘써야 한다.
③ 공직자는 법을 지키며 백성을 편안하고 이롭게 해야 한다.
④ 공직자는 공무를 처리할 때 사욕을 개입시켜서는 안 된다.
⑤ 공직자는 백성이 자신을 두려워하도록 위세를 앞세워야 한다.

10

22학년도 6월 모평 8번

다음을 주장한 사상가의 입장으로 가장 적절한 것은? [3점]

> 백성은 윗사람을 섬기는 자이고, 수령은 백성을 다스리는 자이다. 수령 노릇을 잘하려면 반드시 청렴해야 하며, 청렴하려면 반드시 절약해야 한다. 청렴은 천하의 큰 장사이므로 백성을 위해 크게 탐하는[大貪] 자는 반드시 청렴하려 한다. 수령이 치밀하지 못하여 재물을 쓰는 방법을 몰라 실효(實效)가 없으면 안 된다. 수령이 경비를 남용하면 재정이 부족해져 백성의 재물을 약탈하게 된다.

① 수령은 공무 수행 시 재정 지출의 효과를 고려해서는 안 된다.
② 수령은 공공의 복리 증진이 아니라 재정 확보에 주력해야 한다.
③ 수령은 백성과 자신이 직분상 동등한 관계임을 자각해야 한다.
④ 수령은 검소하지 않을 경우 자신의 직무를 올바로 수행할 수 없다.
⑤ 수령은 공무 수행에서 인(仁)을 실현하려는 마음을 억제해야 한다.

11

21학년도 6월 모평 6번

갑, 을 사상가들의 입장으로 가장 적절한 것은?

> 갑: 목민관은 책객(冊客)*을 두어 회계를 맡겨서는 안 된다. 관부의 회계는 공적 사용과 사적 사용이 모두 기입되기 때문이다. 그리고 관내의 친척과 친구를 단속하여 의심과 비방이 생기지 않도록 하되, 서로의 정(情)을 잘 유지해야 한다.
> 을: 나라가 올바르게 되려면 그 구성원들이 각자의 덕을 발휘해야 한다. 이들 중 통치자들은 그 어떤 사유 자산도 가져서는 안 된다. 통치자들은 공동생활을 하며, 공동체를 위해 유익한 것에 대한 지식을 가지고 다른 시민들을 보살펴야 한다.
> *책객: 고을 원에 의해 사사로이 채용되어 비서 일을 맡아보는 사람

① 갑: 공직자는 공적 업무와 사적 업무의 경계를 정하지 말아야 한다.
② 갑: 공직자의 청렴은 공무를 수행하는 데 있어서 필수적 덕목은 아니다.
③ 을: 통치자는 지혜의 덕을 발휘하여 정의로운 국가를 추구해야 한다.
④ 을: 통치자는 시민들이 통치에 직접 참여할 수 있도록 허용해야 한다.
⑤ 갑, 을: 올바른 통치를 위해 다스리는 자의 사유 재산을 금지해야 한다.

12

21학년도 4월 학평 7번

갑, 을 사상가들의 입장으로 적절한 것만을 〈보기〉에서 있는 대로 고른 것은?

> 갑: 수호자가 세상의 금은을 소유하게 된다면 이들과 더불어 나머지 사회 구성원 모두는 파멸하게 될 것이다. 또한 군인 계층 중 자격이 없는 자가 통치자 계층으로 이행하려 든다면 나라에 파멸을 가져올 것이다.
> 을: 목민관이 탐욕을 부리면 백성을 착취하게 되지만 절약하면 능히 베풀 수 있다. 베푸는 것은 덕을 심는 근본이니, 녹봉을 절약하거나 자기 농토에서 거둔 수확물로 어려운 백성을 돕는 것은 이치에 맞는 일이다.

〈 보기 〉
ㄱ. 갑: 다스리는 자의 임무는 다른 계층의 구성원이 대행할 수 없다.
ㄴ. 을: 다스리는 자의 청렴한 자세는 애민(愛民)의 기반이 된다.
ㄷ. 갑, 을: 다스리는 자는 사유 재산을 나누며 공익을 추구해야 한다.
ㄹ. 갑, 을: 다스리는 자는 절제의 덕을 갖추고 직분을 다해야 한다.

① ㄱ, ㄴ　　② ㄱ, ㄷ　　③ ㄷ, ㄹ
④ ㄱ, ㄴ, ㄹ　　⑤ ㄴ, ㄷ, ㄹ

13

갑, 을 사상가들의 입장만을 〈보기〉에서 있는 대로 고른 것은?

갑: 철인(哲人)들이 최고 지배자들이 되어 올바른 것을 가장 중대
하고 가장 필요한 것으로 보고, 이를 받들고 증대시켜서 나라의
질서가 잡히게 해야 한다.

을: 명군(明君)이 백성의 생업을 관장함에 있어 부모 공양과 처자
식 부양에 부족함이 없게 해야 백성을 선한 데로 이끌 수 있다.
백성은 항산이 없으면 항심도 없어진다.

〈 보기 〉

ㄱ. 갑: 통치자는 좋음 자체를 모범으로 삼아 다스려야 한다.

ㄴ. 을: 통치자는 백성의 삶의 기반인 항산을 보장해야 한다.

ㄷ. 을: 통치자는 손수 농사를 짓고 다스리는 일도 해야 한다.

ㄹ. 갑, 을: 통치자를 비롯한 모든 구성원은 자신의 사회적 직분을
이행해야 한다.

① ㄱ, ㄴ   ② ㄱ, ㄷ   ③ ㄷ, ㄹ
④ ㄱ, ㄴ, ㄹ   ⑤ ㄴ, ㄷ, ㄹ

14

다음 토론의 핵심 쟁점으로 가장 적절한 것은?

갑: 의사는 질병에 관한 전문 지식을 지니지만 환자는 그렇지 못
합니다. 따라서 부모가 그 자녀의 선을 위해 간섭하듯이, 의사도
환자의 선을 위해 온정적으로 간섭해야 합니다.

을: 물론 전문 지식은 차이가 있고 의학적인 온정적 간섭은 도움이
됩니다. 그러나 환자는 인간으로서의 권리를 여전히 갖기 때문에,
그의 자기 결정권은 존중되어야 합니다.

갑: 환자 역시 인간입니다. 하지만 환자는 치료에 있어 어린 아이와
같기 때문에, 의사는 환자의 의견이 아니라 의학적 판단에 따
라야 합니다. 의사의 사명은 질병 치료이니까요.

을: 질병 치료가 의사의 사명인 것은 맞습니다. 그런데 환자는 건강
이외에도 다른 여러 목적을 갖기 때문에 의학적 판단보다는
환자의 판단이 우선되어야 합니다.

① 질병 치료가 의사의 본질적 사명인가?

② 의사의 온정적 간섭은 질병 치료에 도움이 되는가?

③ 치료에 있어서 환자의 자율성이 우선되어야 하는가?

④ 의사와 환자는 의학적 전문 지식에 있어서 비대칭적인가?

⑤ 의사의 의학적 판단은 환자의 건강 회복을 목적으로 하는가?

15

다음 신문 칼럼이 강조하는 내용으로 가장 적절한 것은?

○○신문   ○○○○년 ○○월 ○○일

칼 럼

기업은 고용인(雇傭人)*과 고용주의 이윤 추구를 위한 계약 관계로
유지된다. 기업의 결속력도 서로의 이윤 창출을 위한 행위에 의해 생길
뿐이다. 고용주는 고용인의 충성까지 구매할 수는 없다. 따라서 사회 정의를
해치는 기업의 행위를 알게 된 고용인이 이를 사회에 알리는 것은 정당하다.
또한 사회는 고용인에게 기업의 불법 행위나 부도덕한 행위를 외부에 적극
알려야 할 의무를 요구할 수 있다. 고용인은 특정 조직에 속한 개인인 동시에
정의롭고 행복하게 유지되어야 할 사회 공동체의 구성원이기 때문이다.

* 고용인(雇傭人): 고용되어 일하는 사람

① 고용주는 기업을 사익 추구의 수단으로 간주해서는 안 된다.

② 고용인과 고용주는 상호 협력과 결속 관계를 형성할 수 없다.

③ 고용인은 고용주에 대한 신의를 어떠한 경우에도 지켜야 한다.

④ 조직에 충성하기를 포기한 고용인은 그 조직에서 떠나야 한다.

⑤ 고용인은 조직에 대한 책무와 함께 시민의 의무를 다해야 한다.

16

갑, 을 모두가 부정의 대답을 할 질문만을 〈보기〉에서 있는 대로 고른
것은?

갑: 기업은 시장 경쟁력 강화를 위한 경영 전략 차원에서 공익 증
진이라는 사회적 책임에 힘써야 한다. 그러한 기업은 소비자
불매 운동을 예방하고, 직원들의 헌신과 소비자들의 신뢰를
얻는 데 훨씬 유리하기 때문이다.

을: 기업의 사회적 책임은 오로지 시장의 규칙을 준수하면서 기업
이익의 극대화를 위해 자유로운 경쟁에 전념하는 것이다. 이
과정에서 기업은 보이지 않는 손에 이끌려 원래 의도하지 않았던
공익에 기여하게 된다.

〈 보기 〉

ㄱ. 기업은 모든 사회적 책임으로부터 자유로워야 하는가?

ㄴ. 기업은 자유 시장 경제 원리에 따라 경영되어야 하는가?

ㄷ. 기업은 공익의 증진을 본질적 목적으로 삼아야 하는가?

ㄹ. 기업은 기업 이익 증진을 위해 공익을 추구해야 하는가?

① ㄱ, ㄴ   ② ㄱ, ㄷ   ③ ㄴ, ㄹ
④ ㄱ, ㄷ, ㄹ   ⑤ ㄴ, ㄷ, ㄹ

17

갑, 을 사상가들의 입장으로 가장 적절한 것은?

> 갑: 기업이 가지는 유일한 사회적 책임은 속임수나 부정행위 없이 공개적이고 자유로운 경쟁에 전념하는 것이다. 주주들을 위해 되도록 돈을 많이 버는 것 말고 다른 사회적 책임을 받아들이는 현상은 자유 사회의 근간을 근본적으로 허무는 것이다.
>
> 을: 기업은 법의 테두리 안에서 경영을 해야 할 뿐만 아니라 자선 사업, 환경 보호 활동 등 사회 구성원으로서의 사회적 책임도 이행해야 한다. 이럴 때 기업은 소비자의 신뢰를 얻게 될 것이고, 이로 인해 장기적으로 기업의 이익도 증진될 것이다.

① 갑: 기업은 주주들과 소비자의 이익을 동등하게 고려해야 한다.
② 갑: 기업의 자선 활동은 기업이 지니는 사회적 책임에 포함된다.
③ 을: 기업의 환경 보호 활동은 기업의 이미지 제고와 무관하다.
④ 을: 기업의 본질은 사회 구성원들의 복지를 향상시키는 것이다.
⑤ 갑, 을: 기업은 합법적으로 이윤을 창출해야 할 사회적 책임을 지닌다.

18

갑, 을 사상가들의 입장으로 가장 적절한 것은?

대인(大人)의 일이 있고 소인(小人)의 일이 있습니다. 남에게 다스려지는 자는 남을 먹여주고 남을 다스리는 자는 남에게 얻어먹는 것이 천하의 공통된 의리[義]입니다.

갑

사람마다 국가 안에서 자신의 천성에 가장 어울리는 한 가지 일을 해야 합니다. 국가의 세 계층이 자신의 일을 하고 남의 일에 간섭하지 않는 것이 정의(正義)입니다.

을

① 갑: 대인과 소인은 모두 생산을 위한 육체노동에 힘써야 한다.
② 갑: 통치자와 백성의 직분은 구분이 되면서도 상호 보완적이다.
③ 을: 정의로운 국가에서는 수호자의 재산 축적을 허용해야 한다.
④ 을: 계층 간 역할 교환을 바탕으로 사회 질서를 유지해야 한다.
⑤ 갑과 을: 모든 구성원에게 동일한 직무가 주어질 때 정의로운 국가가 완성된다.

한눈에 정리하는
평가원 기출 경향

주제 \ 학년도	2025	2024	2023

니부어의 사회 윤리 [10일차]

빈출 분배적 정의관 [10~12일차]

수능 15번

18. 갑, 을 사상가들의 입장으로 적절한 것만을 〈보기〉에서 고른 것은? [3점]

> 갑: 원초적 입장은 그 입장에서 도달된 기본적 합의가 공정함을 보장해주는 적절한 최초 상태이다. 바로 이 때문에 공정으로서의 정의란 명칭이 생겨난 것이다.
> 을: 국가에 관한 우리의 결론에 따르면 강요, 절도, 사기 등으로부터의 보호와 같은 최소한의 기능에 그 역할이 국한된 최소국가만이 도덕적으로 정당화된다.

〈보기〉
ㄱ. 갑: 무지의 베일 속 개인은 자유롭고 평등한 인격체이다.
ㄴ. 갑: 원초적 입장의 당사자들은 상호 신뢰할 수 있는 존재이다.
ㄷ. 을: 오직 최소국가에서만 개인의 소유 권리가 존재할 수 있다.
ㄹ. 갑과 을: 정의의 원칙이 보장하는 기본적 권리는 제한될 수 없다.

① ㄱ, ㄴ ② ㄱ, ㄷ ③ ㄴ, ㄷ ④ ㄴ, ㄹ ⑤ ㄷ, ㄹ

수능 14번

2. 갑, 을 사상가들의 입장으로 적절한 것만을 〈보기〉에서 있는 대로 고른 것은?

> 갑: 정의의 일차적 주제는 사회의 기본 구조, 즉 사회의 주요 제도가 권리와 의무를 배분하고 사회 협동체로부터 생긴 이익의 분배를 정하는 방식이다. 사회의 기본 구조를 규제하는 원칙은 원초적 합의의 대상이다.
> 을: 정의의 주제는 세 가지이다. 즉, 누구의 소유물도 아니던 것이 어떻게 누군가의 소유물이 될 수 있는가, 한 사람의 소유물이 어떻게 다른 사람의 소유물이 될 수 있는가, 그리고 부정의를 어떻게 바로잡을 수 있는가이다.

〈보기〉
ㄱ. 갑: 차등의 원칙은 천부적 능력의 차등이 있어야 성립한다.
ㄴ. 을: 각 개인에게 소유물을 분배하는 최소 국가만이 정의롭다.
ㄷ. 을: 소유물 취득의 정당성은 타인의 처지 개선을 요구한다.
ㄹ. 갑과 을: 개인은 사유 재산을 소유할 불가침적 권리를 지닌다.

① ㄱ, ㄷ ② ㄱ, ㄹ ③ ㄴ, ㄷ
④ ㄱ, ㄴ, ㄹ ⑤ ㄴ, ㄷ, ㄹ

수능 9번

6. 갑, 을 사상가들의 입장으로 적절한 것만을 〈보기〉에서 있는 대로 고른 것은?

> 갑: 기본적 자유의 체계는 모든 사람에게 평등하게 보장되어야 하고, 사회적·경제적 이익의 분배는 공정한 기회균등의 원칙과 차등의 원칙에 의해 규제되어야 한다.
> 을: 분배 정의에 있어서 소유 권리론은 역사적이다. 과거의 상황이나 사람의 과거 행위는 사물에 대한 차별적인 소유 권리나 응분의 자격을 낳는다.

〈보기〉
ㄱ. 갑: 최소 수혜자에게 이익이 되지 않는 한 소득은 평등하게 분배되어야 한다.
ㄴ. 갑: 기본적 자유들이 상충하더라도 그 기본적 자유들은 서로 균등하게 보장되어야 한다.
ㄷ. 을: 자신의 노동을 투여하지 않고 취득한 소유물에 대한 정당한 소유 권리는 성립할 수 있다.
ㄹ. 갑과 을: 능력에 따른 분배는 정의 원칙에 어긋날 수 있다.

① ㄱ, ㄴ ② ㄴ, ㄷ ③ ㄷ, ㄹ
④ ㄱ, ㄴ, ㄹ ⑤ ㄱ, ㄷ, ㄹ

빈출 형벌에 대한 입장들 [13일차]

수능 16번

31. (가)의 갑, 을, 병 사상가들의 입장에서 서로에게 제기할 수 있는 비판을 (나) 그림으로 표현할 때, A~F에 해당하는 내용으로 가장 적절한 것은? [3점]

> (가)
> 갑: 공적 정의가 원리와 표준으로 삼는 것은 어떤 종류와 어느 정도의 형벌인가? 오직 보복법만이 형벌의 질과 양을 명확하게 제시한다.
> 을: 법은 공동 이익을 지향하는 일반 의지의 지도를 받아야 한다. 법을 어긴 범죄자는 더 이상 조국의 구성원이 아니고 조국과 전쟁을 벌이는 자이다.
> 병: 종신 노역형만으로도 가장 완강한 자의 마음을 억제하기에 충분한 엄격성을 지닌다. 종신 노역형은 사형 이상의 확실한 효과를 가져온다.

(범례) 비판의 방향 A-F : 비판의 내용
(예시) A는 갑이 을에게 제기할 수 있는 비판임.

① A: 사형은 살인범의 자발적 행위에 대한 응보적 형벌임을 간과한다.
② B: 살인범에 대한 사형은 정의를 실현하는 형벌임을 간과한다.
③ C와 E: 사형은 개인이 국가에 양도한 생명권을 국가가 침해하는 형벌임을 간과한다.
④ D: 사회 계약의 목적을 위해 모든 시민이 사형제에 동의해야 함을 간과한다.
⑤ F: 형벌의 경중은 오직 범죄의 동기에 비례하여 결정해야 함을 간과한다.

수능 11번

2. 갑, 을 사상가들의 입장으로 적절한 것만을 〈보기〉에서 고른 것은? [3점]

> 갑: 법은 공공 의사의 표현이다. 법은 살인을 미워하고 처벌한다. 그런데 그런 법이 스스로 살인을 범하다니 얼마나 어리석은가. 사형은 한 시민에 대한 국가의 전쟁이다. 이 전쟁은 필요하지도 효과적이지도 않다.
> 을: 법을 제정하는 행위는 일반 의지의 행사이다. 위법 행위와 형벌의 관계에 따라 형벌이 제정된다. 국가에 맞서 전쟁을 선포한 죄인을 사형에 처할 때 우리는 그를 국가의 적으로서 처벌하는 것이다.

〈보기〉
ㄱ. 갑: 형벌은 모든 고통을 한순간에 집중시켜야만 효과적이다.
ㄴ. 갑: 법은 살인을 금지하므로 법에 의해 살인하는 형벌은 부당하다.
ㄷ. 을: 모든 형벌은 범죄자를 시민의 일원으로서 처벌하는 것이다.
ㄹ. 갑과 을: 사회 계약의 목적에 반하는 형벌은 정당성이 없다.

① ㄱ, ㄴ ② ㄱ, ㄷ ③ ㄴ, ㄷ ④ ㄴ, ㄹ ⑤ ㄷ, ㄹ

수능 19번

6. (가)의 갑, 을, 병 사상가들의 입장에서 서로에게 제기할 수 있는 비판을 (나) 그림으로 표현할 때, A~F에 해당하는 내용으로 가장 적절한 것은? [3점]

> (가)
> 갑: 법은 각자의 자유 중 최소한의 몫을 모은 것으로 일반 의사를 대표한다. 생명의 포기는 그 최소한의 몫에 포함 되지 않는다. 사형은 한 시민에 대한 국가의 전쟁이다.
> 을: 법은 일반 의지의 행위에 속하고, 의지의 보편성과 대상의 보편성을 결합하고 있다. 법을 위반한 살인범은 자기 보존을 목적으로 한 사회 계약을 파기하는 자이다.
> 병: 입법권은 국민의 합일된 의지에만 귀속한다. 보편적으로 합일된 의지만이 법칙 수립적일 수 있기 때문이다. 따라서 형벌의 법칙은 하나의 정언 명령이다.

(범례) 비판의 방향 A-F : 비판의 내용
(예시) A는 갑이 을에게 제기할 수 있는 비판임.

① A, F: 사형은 강렬한 인상을 줄 수 없는 비효과적 형벌임을 간과한다.
② B: 생명권 양도 여부가 사형제의 정당성을 판단하는 근거가 될 수 있음을 간과한다.
③ C: 살인범은 더 이상 도덕적 인격으로 간주될 수 없음을 간과한다.
④ D: 모든 형벌은 공공의 이익을 위해서 집행되어야 함을 간과한다.
⑤ E: 형벌의 목적은 범죄자에게 고통을 주는 데 있지 않음을 간과한다.

2022 ~ 2019

2020. 수능 12번

1. 다음 사상가의 입장으로 옳지 않은 것은? [3점]

인간은 본성상 이기적 충동과 이타적 충동을 함께 갖고 태어난다. 그런데 도덕의 문제가 개인 차원에서 집단 간의 관계로 옮겨 갈수록 이기적 충동이 득세하게 된다. 사회의 집단 이기심은 불가피하며 이런 이기심이 비정상적으로 확장될 경우, 이에 맞서는 다른 집단들의 이기심에 의해서만 견제될 수 있다. 게다가 도덕적이거나 합리적인 설득 외에 강제력도 병행되어야 견제가 실효성을 지닐 수 있다.

① 사회 갈등을 해소하는 민주적 과정에는 강제력이 불필요하다.
② 인간의 자기 보존의 욕구는 세력 강화의 욕구로 쉽게 전환된다.
③ 도덕적 계몽으로 사회에서 집단 갈등 자체를 소멸시킬 수 없다.
④ 집단 간 정의 실현에 집단 이기심의 상호 투쟁이 개입될 수 있다.
⑤ 강제력만으로 국가를 보존하고 통합을 유지하는 것은 불가능하다.

2019. 수능 3번

4. 다음 사상가의 입장만을 〈보기〉에서 있는 대로 고른 것은? [3점]

집단은 개인과 비교할 때 충동을 억제할 수 있는 이성과 자기 극복 능력, 그리고 다른 사람들의 욕구를 수용하는 능력이 훨씬 결여되어 있다. 그리하여 개인 간의 관계에 나타나는 것보다 심한 비도덕성이 집단 간의 관계에 나타난다. 따라서 집단 간의 평등과 사회 정의는 투쟁에 의해 실현될 수 있다.

〈보기〉
ㄱ. 애국심은 개인의 이타심을 국가 이기주의로 전환시킨다.
ㄴ. 개인 간의 도덕적 관계 수립은 설득과 조정으로는 불가능하다.
ㄷ. 최소한의 강제력으로 정의를 실현하는 것이 합리적이다.
ㄹ. 개인은 타인의 이익을 존중할 수 있는 도덕성을 갖고 있다.

① ㄱ, ㄴ ② ㄴ, ㄷ ③ ㄷ, ㄹ
④ ㄱ, ㄴ, ㄹ ⑤ ㄱ, ㄷ, ㄹ

2022. 수능 10번

9. 갑, 을 사상가들의 입장으로 적절한 것만을 〈보기〉에서 고른 것은? [3점]

갑: 노동자들에게 그들이 소유 권리를 갖는 것들을 주지 않는 분배 행위는 정의롭지 못하다. 그런데 소유 권리는 과거의 상황이나 사람들의 과거 행위에 근거하기 때문에 분배적 정의는 역사적 원리에 따라야 한다.
을: 기본적 자유들은 서로 상충될 수 있기에 조정되어야 하지만, 가능한 한 가장 광범위하게 보장되어야 한다. 하지만 최소 수혜자에게 이익이 되고 직위와 직책의 기회가 공정하다면 재산 및 소득의 분배는 균등할 필요가 없다.

〈보기〉
ㄱ. 갑: 도덕적 공과(功過)에 따른 소유 권리의 불평등은 정의롭다.
ㄴ. 을: 차등 원칙은 모든 성원을 고려한 상호 이익의 원칙이다.
ㄷ. 을: 기본적 자유는 절대적이기에 각 개인에게 평등해야 한다.
ㄹ. 갑, 을: 개인은 자신의 유리한 천부적 자산을 소유할 권리를 갖는다.

① ㄱ, ㄴ ② ㄱ, ㄷ ③ ㄴ, ㄷ ④ ㄴ, ㄹ ⑤ ㄷ, ㄹ

2021. 수능 10번

4. (가)의 갑, 을 사상가들의 입장을 (나) 그림으로 탐구하고자 할 때, A~C에 들어갈 적절한 질문만을 〈보기〉에서 고른 것은? [3점]

(가) 갑: 소유 권리의 정당성은 취득과 이전, 교정의 과정에 의해 결정되며, 개인의 소유 권리가 정당하면 그 사회의 분배도 정의롭다. 그런데 공리주의는 분배 결과에만 관심을 두어 소유 권리의 역사성을 간과한다.
을: 사회 기본 구조는 정의 원칙들의 순서에 따라 평등한 자유에 위배되지 않게 부의 불평등을 배정해야 한다. 그런데 공리주의를 사회 기본 구조의 최우선 원칙으로 삼으면 후속하는 다른 기준은 불필요하게 된다.

(나)

〈보기〉
ㄱ. A: 자신의 노동이 투입되지 않은 결과물에 대해서도 소유할 권리가 허용될 수 있는가?
ㄴ. B: 분배받는 사람의 도덕적 공과(功過)를 기준으로 삼는 분배의 원리에 위배되는가?
ㄷ. C: 공리의 원리는 구성원 일부에게만 이익이 되는 불평등을 정당화시킬 위험이 있는가?
ㄹ. C: 정의로운 사회 실현을 위해 최소 수혜자의 이익 극대화는 조건 없이 보장되어야 하는가?

① ㄱ, ㄴ ② ㄱ, ㄷ ③ ㄴ, ㄷ ④ ㄴ, ㄹ ⑤ ㄷ, ㄹ

2020. 수능 10번

7. 갑, 을 사상가들의 입장으로 가장 적절한 것은?

갑: 천부적 재능의 분포를 공동의 자산으로 생각하여, 사람들은 공동의 이득을 가져오는 경우에만 자연적·사회적 우연성을 이용하기로 약속할 수 있다. 이러한 차등 원칙은 운명의 우연성을 공정하게 다루는 정의로운 방식이다.
을: 분배가 정의로운가는 그 분배가 어떻게 이루어졌는가에 달려 있다. 이러한 역사적 원리에 따르면, 사람들의 과거 행위나 상황은 사물에 대한 차별적인 소유 권리나 응분의 자격을 만들어 낸다.

① 갑: 정의로운 사회에서 우연성으로 취한 이득은 정당화될 수 없다.
② 갑: 사유 재산권은 정의 원칙에 따라 평등하게 분배되어야 한다.
③ 을: 자연물에 대한 최초 취득의 자유는 제한되어서는 안 된다.
④ 을: 분배 결과에 초점을 둔 정의론은 소유권을 침해하지 않는다.
⑤ 갑, 을: 천부적 운과 달리 사회적 운은 도덕적 관점에서 임의적이지 않다.

2019. 수능 14번

18. (가)의 사상가 갑, 을, 병의 입장을 (나) 그림으로 탐구할 때, A~D에 해당하는 적절한 질문만을 〈보기〉에서 있는 대로 고른 것은?

(가) 갑: 공산 사회가 도래하면 지배 계급의 이익을 대변하던 국가와 계급 착취의 역사는 끝나고 인간의 자유로운 연합체가 성립된다.
을: 재산 소유 민주주의는 시장 체제를 구비하고 있으면서 평등한 자유와 공정한 기회 균등을 이유로 자본 소유의 분산을 시도한다.
병: 최소 국가는 도덕적으로 용인될 수 있는 방법에 의해 발생하여, 자연 상태에서 개인이 갖고 있던 그 어떤 권리도 침해하지 않는다.

(나)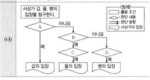

〈보기〉
ㄱ. A: 능력에 따른 생산, 필요에 따른 분배를 지향해야 하는가?
ㄴ. B: 사유 재산의 불평등은 모두의 이익을 보장해야만 정당한가?
ㄷ. C: 무지의 베일 속의 사람은 자기 이익에 대해 무지하고 무관심한가?
ㄹ. D: 자유롭게 이전된 소유물은 모두 교정 대상에서 제외되는가?

① ㄱ, ㄴ ② ㄱ, ㄷ ③ ㄷ, ㄹ
④ ㄱ, ㄴ, ㄹ ⑤ ㄴ, ㄷ, ㄹ

2022. 수능 9번

26. (가)의 갑, 을, 병 사상가들의 입장을 (나) 그림으로 탐구하고자 할 때, A~D에 들어갈 적절한 질문만을 〈보기〉에서 있는 대로 고른 것은? [3점]

(가) 갑: 살인을 했거나, 그것을 명령하거나, 그에 협력했던 살인자는 누구든 사형에 처해지지 않으면 안 된다. 살인의 경우 공적 정의 앞에서 최상의 균형추는 사형이다.
을: 형벌의 남용은 결코 인간을 개선시키지 못한다. 사형을 대체한 종신 노역형은 가장 완강한 자의 마음을 억제시키기에 충분한 엄격성을 지닌다.
병: 사회 계약은 계약자의 생명 보존이 목적이므로, 타인의 희생으로 자기의 생명을 보존하려는 자는 타인을 위해 필요하다면 생명을 희생해야 한다.

(나)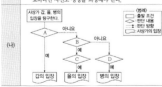

〈보기〉
ㄱ. A: 정의의 기초가 되는 원리에 따라 형벌을 가해야 하는가?
ㄴ. B: 사회 계약의 당사자가 사형제에 동의하는 것은 불합리한가?
ㄷ. C: 형벌은 범죄가 공익에 반하는 정도에 비례해야 하는가?
ㄹ. D: 계약자의 생명은 국가로부터 조건부적으로 보장되어야 하는가?

① ㄱ, ㄴ ② ㄱ, ㄹ ③ ㄴ, ㄷ
④ ㄱ, ㄷ, ㄹ ⑤ ㄴ, ㄷ, ㄹ

2021. 수능 19번

20. (가)의 갑, 을, 병 사상가들의 입장에서 서로에게 제기할 수 있는 비판을 (나) 그림으로 표현할 때, A~F에 해당하는 내용으로 적절하지 않은 것은? [3점]

(가) 갑: 형벌은 범죄자가 처벌받을 행위를 의욕했기 때문에 가해져야 하며, 결코 어떤 다른 선을 촉진하기 위한 수단으로서 가해질 수 없다.
을: 형벌은 범죄를 억제하기 충분한 정도의 강도만을 지녀야 한다. 따라서 사형보다 고통이 길게 유지되어 오랫동안 본보기로 기능하는 형벌이 필요하다.
병: 사형은 죄인을 시민이 아닌 적으로서 처벌하는 것이다. 그 관념은 그가 사회 계약을 파기하여 이미 국가의 구성원이 아니라는 선언이다.

(나)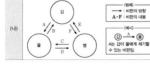

① A: 형벌의 질과 양은 동해(同害) 보복법에 의해서 결정되어야 함을 간과한다.
② B, D: 형벌은 국가 존립을 위한 수단으로 집행될 수 있음을 간과한다.
③ C: 사회 계약은 살인범을 사형에 처할 근거가 됨을 간과한다.
④ E: 사형은 일반 시민들의 안전을 지키기 위해 실행되어야 함을 간과한다.
⑤ F: 사형 선고를 받은 사람도 목적적 존재로 대우받아야 함을 간과한다.

2020. 수능 14번

18. (가)의 사상가 갑, 을의 입장을 (나) 그림으로 탐구하고자 할 때, A~C에 들어갈 옳은 질문을 〈보기〉에서 있는 대로 고른 것은?

(가) 갑: 인간 행동을 규제하는 것은 그가 알고 있는 고통의 반복적 인상에서 비롯된다. 시민들에게 범죄자가 노역하는 고통스러운 모습을 지속적으로 보여 주는 것이 사형보다 더 효과적인 형벌이다.
을: 인간은 내적 자유를 가진 존재이며 자신의 인간성을 훼손하지 말아야 할 의무가 있다. 네가 타인에게 해악을 끼치는 것은 그것이 무엇이든 그것을 네 자신에게 가하는 것과 같다. 이것이 형벌에서의 정언 명령이다.

(나)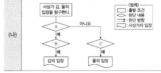

〈보기〉
ㄱ. 형벌에는 시민에게 공포감을 주려는 의도가 포함되어 있는가?
ㄴ. B: 범죄 의도의 반사회성이 범죄의 경중을 판단하는 척도인가?
ㄷ. B: 과도한 형벌은 효용 원리와 사회 계약 모두에 위배되는가?
ㄹ. C: 인도적 동정심에서 사형의 부당성을 주장하는 것은 그른가?

① ㄱ, ㄴ ② ㄴ, ㄷ ③ ㄷ, ㄹ
④ ㄱ, ㄴ, ㄹ ⑤ ㄱ, ㄷ, ㄹ

2019. 수능 12번

9. 갑, 을 사상가들의 입장으로 가장 적절한 것은? [3점]

갑: 누구든 그가 처벌받아야 할 행동을 원했기 때문에 처벌받는 것이다. 아무리 고통이 가득한 삶이라도 삶과 죽음은 같은 종류의 것이 아니다. 법정의 심판대 앞에서 살인죄에 대한 최상의 균형추는 사형이다.
을: 누구든 자신의 생명을 빼앗을 권한을 기꺼이 양도하지 않을 것이다. 사회 계약의 목적은 공리, 즉 최대 다수의 최대 행복이며, 이것이 인간적 정의의 기초이다. 사형보다 종신 노역형이 공리에 부합한다.

① 갑: 범죄자는 범행이 아닌 처벌을 원했기 때문에 처벌받는 것이다.
② 갑: 사형은 살인범을 수단으로서만 대하려는 응분의 보복 행위이다.
③ 갑: 종신 노역형은 비공개로 집행하는 것이 범죄 예방에 효과적이다.
④ 을: 사형은 범죄 억제력이 최대이므로 사회 계약의 목적에 부합한다.
⑤ 갑, 을: 형벌은 사적인 보복이 아니라 공적인 정의를 실현해야만 한다.

기출 선지로 짚어 주는 **핵심 내용**

사회 정의와 윤리

1 니부어의 개인 윤리와 사회 윤리 모아 보기

구분	개인 윤리	사회 윤리
입장	• 개인의 도덕적 이상은 이타심이다. • 개인은 타인의 이익을 존중할 수 있는 도덕성을 갖고 있다. • 개인의 선의지가 사회생활에서 반드시 필요하다고 본다. • 개인 간 갈등은 도덕적이고 합리적인 방법으로 조정될 수 있다.	• 정의를 사회가 추구해야 할 최고의 도덕적 이상으로 본다. • 집단들 간의 관계는 윤리적이라기보다는 매우 정치적이다. • 집단 간의 관계는 정치적인 힘의 비율에 의해 수립된다. → 집단 간 세력 불균형은 사회 갈등과 부정의를 지속시킨다.
관계	• 개인의 도덕적 선의지 고양은 정의 실현에 기여한다. • 사회 구조의 도덕성은 개인 행위의 도덕성에 영향을 준다. • 개인들이 양심적이더라도 사회가 항상 도덕적인 것은 아니다. → 집단 간 대립 상황에서도 개인은 비이기적인 태도를 취할 수 있다. • 국가의 이기심은 도덕적 개인이 모인 사회를 비도덕적으로 만든다.	
사회 정의 실현 방안	• 사회를 정의롭게 만들기 위해서는 사회 제도의 개선이 필요하다. • 사회 정의 실현에 정치적 강제 수단의 활용은 필수 요소이다. 　→ 최소한의 강제력으로 정의를 실현하는 것이 합리적이다. 　→ 선의지의 통제를 받는 비합리적 수단이 필요하다. 기억해 • 올바른 정치적 도덕성은 합리성에 부합하는 강제력을 권고한다. • 도덕적 설득과 정치적 강제력이 병행되어야 한다. • 집단 간 정의 실현에 집단 이기심의 상호 투쟁이 개입될 수 있다.	

2 분배적 정의에 대한 입장들

1 아리스토텔레스, 벤담, 마르크스의 분배적 정의관

(1) 아리스토텔레스
① 분배 정의는 기하학적 비례의 동등함을 추구하는 것이다.
② 정의로운 분배는 비례적이고 부정의한 분배는 비례에 어긋난다. → 정의로운 사회는 각자에게 각자의 당연한 몫을 할당해야 한다.
③ 사회적·경제적 불평등을 허용해도 분배 정의는 실현 가능하다.

(2) 벤담(공리주의)
① 분배의 옳고 그름은 쾌락과 고통의 총합에 의해 결정된다.
② 공리의 원리에 따라 공동체 전체의 이익을 추구해야 한다.
③ 재화 분배의 공정성 여부는 절차보다 결과를 기준으로 판단해야 한다. → 결과적 평등을 재화 분배의 목표로 삼아서는 안 된다. 기억해
④ 사회적·경제적 불평등을 허용해도 분배 정의는 실현 가능하다.
⑤ 사적 소유권이 전제된 분배가 이루어져야 한다.

(3) 마르크스

① 능력에 따른 생산, 필요에 따른 분배를 지향해야 한다.

② 자본주의의 노동은 자발적인 것이 아니라 강제된 것이다.

③ 사적 소유권이 폐지된 사회에서 분배의 평등이 실현된다.

④ 가장 바람직한 분배는 국가가 없는 상태에서 가능하다.

2 롤스와 노직의 분배적 정의관

롤스	• 정의의 일차적 주제는 권리와 의무를 정하는 기본 구조이다. • 사유 재산권은 정의 원칙에 따라 평등하게 분배되어야 한다. 기억해 • 최소 수혜자의 처지를 개선하는 사회적 불평등은 정당화될 수 있다. **더 보기1** • 차등의 원칙은 모든 성원을 고려한 상호 이익의 원칙이다. → 차등의 원칙은 자연적 운의 도덕적 임의성을 처리하는 공정한 분배의 원칙이다. • 평등한 기본적 자유가 공정한 재분배에 항상 앞선다고 본다. → 기본적 자유의 제한은 공익 증진을 위해서만 허용된다. • 절차의 공정성은 결과의 공정성을 보장한다고 간주한다. • 원초적 합의는 심리학적 사실에 대한 지식을 배제할 필요가 없다. → 가상적 상황의 당사자는 경제학의 일반적 사실을 안다. • 사적 소유권이 전제된 분배가 이루어져야 한다. • 능력과 재능이 유사하다면 성공의 기회도 유사해야 한다.
노직	• 개인의 자연적 재능을 공동의 소유물로 여기는 것은 부당하다. 기억해 • 정당하게 취득한 소유물에 대한 배타적 권리를 보장해야 한다. → 사회적 약자를 위한 분배는 오직 개인의 자유에 맡겨야 한다. • 최초의 취득이 정당했던 재화도 교정의 대상이 될 수 있다. → 개인이 노동을 통해 취득한 소유물도 교정의 대상이 될 수 있다. • 최소 국가만이 유일하게 정의로운 국가이다. **더 보기2** • 근로 소득에 대한 과세는 강제 노동과 동등하다. → 사회 복지 증진을 위한 정부의 재분배 정책에 반대한다. • 절차의 공정성은 결과의 공정성을 보장한다. → 분배의 정당성은 분배의 결과보다는 분배의 역사적 과정에 달려 있다. • 정의로운 사회에서도 경제적 불평등은 정당화될 수 있다. • 결과의 평등을 강조하는 정의 원칙은 사적 소유권을 침해한다.

3 우대 정책에 대한 입장들

1 우대 정책에 찬성하는 입장

(1) 재분배의 논리

① 소외 계층의 이익을 보장하여 실질적 평등을 실현해야 한다.

② 사회적 약자에게 유리한 기회를 부여해야 한다.

(2) 보상의 논리: 과거의 차별에 대한 현재의 보상은 정당하다.

(3) 사회 통합의 논리: 우대 정책은 사회의 통합에 도움을 준다.

2 우대 정책에 반대하는 입장

(1) 역차별의 논리: 사회적 약자에 대한 배려가 또 다른 차별을 낳을 수 있다. → 여건이 불리한 집단에 대한 우대가 사회적 분열을 초래한다.

(2) 업적주의 논리: 사회적 가치는 개개인의 업적과 성취에 따라 분배되어야 한다.

(3) 보상 책임 부당성의 논리: 과거의 차별에 대해 잘못이 없는 현세대는 보상의 책임이 없다.

> ▶ 기/출/표/현 **더** 보기

1 [21 모평] 최소 수혜자의 처지를 개선하는 사회적 불평등은 정당화될 수 있다.

= 정의로운 사회에서도 경제적 불평등은 정당화될 수 있다.

= 경제적 불평등은 모두에게 이익이 되어야 정당하다.

= 사회적·경제적 불평등을 허용해도 분배 정의는 실현 가능하다.

= 공정한 기회균등 원칙은 경제적 불평등을 허용한다.

= 사유 재산의 불평등은 모두의 이익을 보장해야만 정당하다.

= 최소 수혜자를 위한 재분배 정책은 정당화될 수 있다.

= 소득의 불평등한 분배는 모든 사람에게 이익이 될 때 정당하다.

2 최소 국가만이 유일하게 정의로운 국가이다.

= 소유 권리를 침해하지 않는 국가만이 정의롭다.

= 복지를 위한 정부의 모든 재분배 정책에 반대해야 한다.

= 사회 복지 증진을 위한 정부의 재분배 정책에 반대한다.

= 최소 국가보다 기능이 확대된 국가의 도덕적 정당화는 불가능하다.

= 최소 국가보다 더 포괄적인 국가는 개인의 권리를 침해한다.

4 형벌에 대한 벤담과 베카리아의 입장 모아 보기

1 벤담의 입장
(1) 형벌에 대한 입장
① 형벌은 범죄자에게 고통을 유발하더라도 정당화 가능하다.
② 형벌은 일반인에게 본보기로, 범죄자에게 교화로 작용한다.
(2) 사형에 대한 입장: 사형의 해악은 사형이 방지할 해악보다 커서는 안 된다.

2 베카리아의 입장
(1) 형벌에 대한 입장
① 형벌은 범죄에 대한 비례 관계에 따라 부과되어야 한다.
② 형벌은 사적인 보복이 아니라 공적인 정의를 실현해야만 한다.
③ 형벌에는 시민에게 공포감을 주려는 의도가 포함되어 있다.
④ 범죄에 상응하는 형벌의 부과는 사회 계약에 근거해야 한다. → 과도한 형벌은 효용 원리와 사회 계약 모두에 위배된다.
(2) 사형에 대한 입장
① 범죄 억제력 측면에서 사형보다 우월한 형벌이 존재한다.
② 사형은 종신형에 비해 처벌의 사회적 효용이 낮은 형벌이다. 기억해

3 벤담과 베카리아의 공통점
(1) 형벌의 목적: 범죄자 처벌을 통해 범죄를 예방하는 것은 형벌의 목적이다.
(2) 공리의 원리
① 형벌은 최대 다수의 최대 행복을 위해 집행되어야 한다.
② 형벌이 방지할 해악이 형벌의 해악보다 크다면 형벌은 정당하다.

5 형벌에 대한 칸트와 루소의 입장

1 칸트의 입장
(1) 형벌에 대한 입장
① 범죄와 형벌 사이에는 비례 관계가 유지되어야 한다. → 형벌은 범죄와의 응보적 관계에 따라 부과해야 한다.
② 형벌은 사적인 보복이 아니라 공적인 정의를 실현해야만 한다.
③ 형벌이 부과하는 고통은 범죄자의 존엄성 보장에 부합해야 한다.
④ 형벌에 대한 범인의 동의가 형벌권의 기초가 아니다. 기억해
(2) 사형에 대한 입장
① 사형은 살인범을 목적 그 자체로 존중하는 정당한 형벌이다. 더 보기1
② 범죄 예방과 억제가 사형 제도의 목적이 되어서는 안 된다.
③ 사형은 범죄에 상응한 처벌이 이루어질 수 있도록 존치되어야 한다. → 사형은 살인죄에 대한 동등성 원리에 부합하는 정당한 처벌이다. 더 보기2

2 루소의 입장
(1) 형벌에 대한 입장: 형벌은 범죄자가 시민에게 입힐 피해를 방지하기 위한 제도이다.
(2) 사형에 대한 입장
① 범죄에 상응하는 형벌의 부과는 사회 계약에 근거해야 한다. → 사형은 사회 계약의 목적 달성을 위한 수단이다.
② 사형은 시민들의 생명을 지키기 위해 실행되는 형벌이다.
③ 살인범은 자신이 사회 구성원이 아님을 스스로 입증한 자이다.

▶ 기/출/선/지 모아 보기

23학년도 9월 모평 12번

> 을: 형벌은 시민의 이익을 위해 집행되어야 한다. 사형은 정말로 유용하고 정당한가? 사형은 국가가 유용하다고 판단한 경우 한 사람의 시민에 대해 벌이는 전쟁이다.
> 병: 형벌은 사회에 해악을 끼치는 모든 위법 행위를 막는 것에 목적을 둔다. 형벌의 가치는 어떠한 경우에도 위법 행위에서 얻는 이득의 가치를 능가하기에 충분해야 한다.

* 을은 베카리아, 병은 벤담임.

⑤ 베카리아와 벤담: 범죄자에게 가능한 한 적은 고통을 주는 동시에 범죄 억지력을 갖는 형벌은 허용될 수 있다.

20 수능 ㄱ. ㅊ 베카리아: 형벌에는 시민에게 공포감을 주려는 의도가 포함되어 있는거야? 있다.

20 수능 ㄷ. ㅂ 베카리아: 과도한 형벌은 효용 원리와 사회 계약 모두에 위배되는거야? 된다.

19 모평 ㄹ. ㅌ 벤담: 형벌은 범죄 의지를 억제시키려는 수단이어야 하는거야? 한다.

▶ 기/출/표/현 더 보기

1 21 모평 사형은 살인범을 목적 그 자체로 존중하는 정당한 형벌이다.
= 사형은 살인범의 인격을 존중하기 위해 실시해야 한다.
= 살인범에 대한 사형은 인간 존엄성의 이념에 부합한다.
= 사형은 살인범의 인간으로서의 존엄을 지켜 주는 형벌이다.

2 사형은 범죄에 상응한 처벌이 이루어질 수 있도록 존치되어야 한다.
= 사형은 동해 보복의 차원에서 이루어져야 한다고 본다.
= 사형 제도는 범죄의 경중에 비례하는 보복의 수단이다.
= 사형제는 동등성의 원리에 따라 공적 정의를 실현하기 위한 수단이다.

01

 20학년도 수능 12번

다음 사상가의 입장으로 옳지 <u>않은</u> 것은? [3점]

> 인간은 본성상 이기적 충동과 이타적 충동을 함께 갖고 태어난다. 그런데 도덕의 문제가 개인 차원에서 집단 간의 관계로 옮겨 갈수록 이기적 충동이 득세하게 된다. 사회의 집단 이기심은 불가피하며 이런 이기심이 비정상적으로 확장될 경우, 이에 맞서는 다른 집단들의 이기심에 의해서만 견제될 수 있다. 게다가 도덕적이거나 합리적인 설득 외에 강제력도 병행되어야 견제가 실효성을 지닐 수 있다.

① 사회 갈등을 해소하는 민주적 과정에는 강제력이 불필요하다.
② 인간의 자기 보존의 욕구는 세력 강화의 욕구로 쉽게 전환된다.
③ 도덕적 계몽으로 사회에서 집단 갈등 자체를 소멸시킬 수 없다.
④ 집단 간 정의 실현에 집단 이기심의 상호 투쟁이 개입될 수 있다.
⑤ 강제력만으로 국가를 보존하고 통합을 유지하는 것은 불가능하다.

03 대표 문제

20학년도 6월 모평 5번

(가)를 주장한 사상가의 입장에서 (나)의 A, B, C의 행위에 대해 제기할 수 있는 적절한 비판만을 〈보기〉에서 있는 대로 고른 것은? [3점]

(가)	이성적 능력의 향상을 통해 사회 문제를 해결할 수 있다고 믿는 사람들도 있다. 그러나 집단의 이기적 충동의 힘이 이성보다 강력하기 때문에 이성의 힘만으로는 사회 집단 간의 갈등을 해결하기 어렵다. 그러한 갈등을 극복하기 위해서는 정치적인 힘이 필요하다.
(나)	• A는 전제 정치에 비폭력으로 대응하면서 사랑과 평화라는 종교적 이상을 바탕으로 전제 군주의 자비심에 호소하였다. • B는 봉건 체제를 타파하기 위해서 개인의 양심과 결단에 근거하여 독자적으로 테러를 감행하였다. • C는 식민 지배에 반대하면서 자국민들과 단결하여 비폭력적으로 지배국의 상품 불매 운동을 전개하였다.

〈 보기 〉
ㄱ. A는 정치적인 힘 대신에 양심에만 호소하는 잘못을 범했다.
ㄴ. B는 자신의 의도를 조직적인 정치적 저항과 연결시키지 못했다.
ㄷ. C는 비폭력적으로 대응하여 정치적인 힘을 활용하지 못했다.
ㄹ. A와 B는 집단적 저항이 필요함을 제대로 파악하지 못했다.

① ㄱ, ㄷ   ② ㄴ, ㄹ   ③ ㄷ, ㄹ
④ ㄱ, ㄴ, ㄷ   ⑤ ㄱ, ㄴ, ㄹ

02

20학년도 9월 모평 6번

다음 사상가의 입장으로 옳은 것은? [3점]

> 개인은 자신의 이익이 아닌 다른 사람의 이익을 고려하기도 한다. 그러나 집단은 개인이나 다른 집단과의 관계에서 상대의 이익에 주목하기보다 자기 집단의 이익을 관철하려는 경향을 강하게 나타낸다. 왜냐하면 개인들의 이기적 충동은 개별적으로 나타날 때보다 하나의 공통된 충동으로 결합되어 나타날 때 더 강하게 표출되기 때문이다. 그 결과, 인간은 개인적으로는 도덕적이지만 집단적으로는 비도덕적인 특성을 나타낸다.

① 집단 간 힘의 차이를 정치적 방법으로 조정해서는 안 된다.
② 개인과 사회의 최고의 도덕적 이상 간의 모순은 절대적이다.
③ 집단 규모가 커질수록 충동을 제어하는 이성의 힘은 커진다.
④ 올바른 정치적 도덕성은 합리성에 부합하는 강제력을 권고한다.
⑤ 집단 간 관계는 각 집단의 요구를 합리적으로 수용하여 수립된다.

04

19학년도 수능 3번

다음 사상가의 입장만을 〈보기〉에서 있는 대로 고른 것은? [3점]

> 집단은 개인과 비교할 때 충동을 억제할 수 있는 이성과 자기 극복 능력, 그리고 다른 사람들의 욕구를 수용하는 능력이 훨씬 결여되어 있다. 그리하여 개인 간의 관계에 나타나는 것보다 심한 비도덕성이 집단 간의 관계에 나타난다. 따라서 집단 간의 평등과 사회 정의는 투쟁에 의해 실현될 수 있다.

〈 보기 〉
ㄱ. 애국심은 개인의 이타심을 국가 이기주의로 전환시킨다.
ㄴ. 개인 간의 도덕적 관계 수립은 설득과 조정으로는 불가능하다.
ㄷ. 최소한의 강제력으로 정의를 실현하는 것이 합리적이다.
ㄹ. 개인은 타인의 이익을 존중할 수 있는 도덕성을 갖고 있다.

① ㄱ, ㄴ   ② ㄴ, ㄷ   ③ ㄷ, ㄹ
④ ㄱ, ㄴ, ㄹ   ⑤ ㄱ, ㄷ, ㄹ

05

다음 가상 편지를 쓴 사상가가 지지할 입장만을 〈보기〉에서 있는 대로 고른 것은? [3점]

> ○○선생님께
> 지난 편지에서 선생님께서는 개인의 이기심이 선의지에 의해 견제되고 있어 모든 집단은 조화를 이룰 것이라 하시며, 개인의 선의지 함양을 권고하셨습니다. 하지만 제 생각은 다릅니다. 선생님께서는 집단 이기주의가 갖는 힘, 범위, 지속성을 깨닫지 못하고 있습니다. 개인 간의 관계를 순전히 합리적인 조정과 설득에 의해 확립하는 일은 불가능하지는 않을 것입니다. 그러나 집단 간의 관계는 윤리적이기보다는 정치적이기 때문에, 개인의 양심은 집단 간의 갈등을 부분적으로 억제할 수는 있겠지만 완전히 해결하지는 못합니다. …(후략)…

〈 보기 〉
ㄱ. 집단 간 관계는 각 집단이 갖는 힘의 비율에 따라 수립된다.
ㄴ. 선의지는 정의 실현을 위한 비합리적인 수단을 통제해야 한다.
ㄷ. 사회 정의는 사회적 억제와 힘을 통해 실현되어서는 안 된다.
ㄹ. 사회적 협력이 아무리 확대되어도 사회적 분쟁은 불가피하다.

① ㄱ, ㄴ　　　② ㄱ, ㄷ　　　③ ㄷ, ㄹ
④ ㄱ, ㄴ, ㄹ　　　⑤ ㄴ, ㄷ, ㄹ

06

다음 사상가의 입장으로 적절하지 않은 것은?

> 개인으로서 각 사람들은 그들이 서로 사랑하고 봉사해야 할 것과 서로 간의 정의를 확립해야 한다는 사실을 믿고 있다. 그런데 집단으로서의 개인들은 스스로 집단의 힘이 명하는 것이면 무엇이든 따른다. 가장 높은 수준의 종교적 선의지를 지닌 개인들로 이루어진 국가도 사랑을 실천하지 못한다. 그들의 선의지는 조국에 대한 충성이라는 여과를 거쳐 국가 이기주의를 확대하는 경향까지 생겨나게 한다.

① 사회 정의 실현에 정치적 강제 수단의 활용은 필수 요소이다.
② 개인의 이타심과 애국심은 국가 간 정의로운 행동을 보장한다.
③ 국가 간 이해관계는 설득만으로는 합리적으로 조정되지 않는다.
④ 국가의 이기심은 도덕적 개인이 모인 사회를 비도덕적으로 만든다.
⑤ 집단 간 대립 상황에서도 개인은 비이기적 태도를 취할 수 있다.

07

다음을 주장한 사상가의 입장만을 〈보기〉에서 있는 대로 고른 것은? [3점]

> 개인 간의 관계를 합리적인 조정과 설득에 의해 확립하는 것은 가능하다. 집단 간의 관계는 각 집단이 갖고 있는 힘의 비율에 따라 수립되므로 합리적인 설득으로 집단 간의 관계를 확립하는 것은 불가능하다. 그러므로 합리적인 설득 이외에 강제력에 의한 방법이 병행되어야 집단 간의 힘의 균형을 이룰 수 있다.

〈 보기 〉
ㄱ. 사회 협력의 범위를 확대하면 사회 갈등은 해결될 수 있다.
ㄴ. 사회적 억제가 없으면 사회의 이기적 충동을 없앨 수 없다.
ㄷ. 사회 정의의 실현에 기여한 폭력도 본질적으로는 비도덕적이다.
ㄹ. 사회 갈등을 비폭력적으로 해결하려고 하면 해악을 초래할 수 있다.

① ㄱ, ㄷ　　　② ㄱ, ㄹ　　　③ ㄴ, ㄹ
④ ㄱ, ㄴ, ㄷ　　　⑤ ㄴ, ㄷ, ㄹ

08

다음 사상가의 입장만을 〈보기〉에서 있는 대로 고른 것은? [3점]

> 애국심이란 저급한 충성심이나 지역적 충성과 비교해 볼 때, 높은 형태의 이타주의이다. 하지만 그것은 절대적 전망에서 보면 한갓 이기주의의 또 다른 형태에 지나지 않는다. 집단이 크면 클수록 그 집단은 전체적인 인간 집단에서 스스로를 이기적으로 표현한다. 이런 집단은 더욱 효율적이고 강력해지며, 사회적 제재도 물리칠 수 있게 된다.

〈 보기 〉
ㄱ. 집단 내 개인 간의 문제는 합리적인 조정을 통해 해결 가능하다.
ㄴ. 집단에 대한 개인의 헌신을 이기주의의 표현으로 간주할 수 있다.
ㄷ. 애국심은 도덕적 개인이 모인 사회를 비도덕적으로 만들 수 있다.
ㄹ. 개인은 집단에 비해 이기적 충동을 억제하는 능력이 결여되어 있다.

① ㄱ, ㄷ　　　② ㄱ, ㄹ　　　③ ㄴ, ㄹ
④ ㄱ, ㄴ, ㄷ　　　⑤ ㄴ, ㄷ, ㄹ

09

다음을 주장한 사상가가 지지할 견해만을 〈보기〉에서 있는 대로 고른 것은? [3점]

- 사회 정의를 실현하기 위해서 사람들의 이기심을 억제해야 한다면 사회는 이기심에 대한 제재로 갈등과 폭력까지도 승인하지 않을 수 없을 것이다.
- 가장 친밀한 개인들 간의 관계에서는 필요치 않은 강제적 수단이 집단 간의 조화와 정의의 확립을 위해서는 반드시 필요하다. 강제력의 요소는 윤리적으로 정당한 범주에 귀속시킬 수 있다.

〈 보기 〉
ㄱ. 집단 이기주의는 집단 구성원의 이성적 판단을 방해한다.
ㄴ. 개인의 합리성이 제고되면 집단의 갈등을 해소할 수 있다.
ㄷ. 집단 간의 갈등은 개인의 도덕적인 문제로 환원될 수 있다.
ㄹ. 폭력을 수반하는 강제력도 도덕적으로 정당화될 수 있다.

① ㄱ, ㄷ   ② ㄱ, ㄹ   ③ ㄴ, ㄷ
④ ㄱ, ㄴ, ㄹ   ⑤ ㄴ, ㄷ, ㄹ

10

(가)의 갑, 을, 병 사상가들의 입장에서 서로에게 제기할 수 있는 비판을 (나) 그림으로 표현할 때, A ~ F에 해당하는 내용으로 가장 적절한 것은? [3점]

(가)	갑: 정의의 원칙에 따라 모든 사람은 기본적 자유에 대하여 동등한 권리를 가져야 한다. 그리고 재산과 소득의 분배는 모든 사람에게 이익이 되도록 해야 한다. 을: 정의의 원칙들은 다원적이다. 상이한 사회적 가치들은 상이한 근거들에 따라 상이한 절차에 맞게 상이한 주체들에 의해 분배되어야 한다. 병: 정의의 원리에 따르면 과거의 상황이 사물에 대한 응분의 자격을 창조한다. 취득과 이전, 교정의 원리에 의해 소유물에 대한 권리를 부여받았다면 정당하다.
(나)	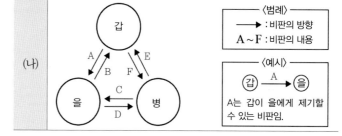

① A와 C: 사회적 가치를 역사적 맥락에 따라 분배해야 함을 간과한다.
② B: 사회적 약자의 기본적 자유가 제한될 수 있음을 간과한다.
③ D: 특정 영역의 가치를 한 개인이 독점할 수 없음을 간과한다.
④ E: 자연적 사실을 조정하는 차등의 원칙은 개인의 소유권을 침해함을 간과한다.
⑤ F: 정의의 원칙이 모든 구성원에게 의무를 부여하는 것은 아님을 간과한다.

(가)의 사상가 갑, 을의 입장을 (나) 그림으로 탐구하고자 할 때, A ~ C 에 들어갈 적절한 질문만을 〈보기〉에서 있는 대로 고른 것은? [3점]

(가)	갑: 공정으로서의 정의에 있어서 평등한 원초적 입장의 당사자들은 자신이 선이라고 생각하는 것을 증진시킨다. 이들은 모든 당사자들이 받아들일 수 있는 원칙에 합의하게 된다. 을: 소유권적 정의론에서 한 사람의 소유물은 취득, 이전, 시정의 원리에 의해 권리를 부여받았으면 정당한 것이다. 각 개인의 소유물이 정당하다면 소유물의 전체 집합도 정당하다.
(나)	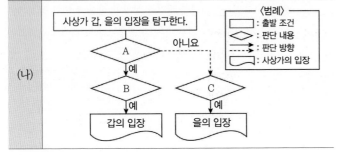

〈 보기 〉

ㄱ. A: 사회 전체의 이익을 최대화하는 것이 최우선의 분배 원칙이 되어야 하는가?

ㄴ. B: 정의로운 사회의 시민은 타인의 복리에 관심을 가져야 하는가?

ㄷ. B: 정의의 원칙을 채택할 때 공정한 분배 결과에 대한 독립적 기준이 필수적으로 요구되는가?

ㄹ. C: 자유롭게 이전받은 배타적 소유권도 제한될 수 있는가?

① ㄱ, ㄴ   ② ㄱ, ㄷ   ③ ㄴ, ㄹ
④ ㄱ, ㄷ, ㄹ   ⑤ ㄴ, ㄷ, ㄹ

01 대표문제

25학년도 9월 모평 10번

(가)의 갑, 을 사상가들의 입장을 (나) 그림으로 탐구하고자 할 때, A ~ C에 들어갈 적절한 질문만을 〈보기〉에서 고른 것은?

(가)	갑: 정의의 원칙은 공정한 최초 상황에서 계약 당사자가 합의하는 원칙이다. 우연적 사실들에 관한 지식을 배제한 조건에서 합의한 원칙은 정의로운 것이다. 을: 소유 권리론은 취득, 이전(移轉) 및 교정 과정을 주제로 삼는다. 그 역할이 개인의 소유 권리 보호에 국한된 최소 국가만이 유일하게 정당한 국가이다.
(나)	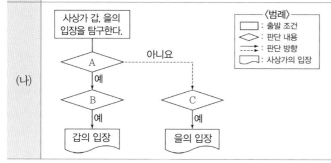

〈범례〉
◇ : 출발 조건
▭ : 판단 내용
⤍ : 판단 방향
◠ : 사상가의 입장

〈보기〉

ㄱ. A: 공정한 절차를 거친다면 그 분배는 모두 정의로운가?
ㄴ. B: 원초적 입장에서 당사자들의 합의는 호혜적인 사회를 지향하게 되는가?
ㄷ. C: 최소 국가는 시민들의 권리를 차별적으로 보호하는가?
ㄹ. C: 취득 원칙과 이전 원칙을 충족했다면 그 소유는 모두 정의로운가?

① ㄱ, ㄴ   ② ㄱ, ㄷ   ③ ㄴ, ㄷ   ④ ㄴ, ㄹ   ⑤ ㄷ, ㄹ

02

25학년도 6월 모평 15번

갑, 을 사상가들의 입장으로 적절한 것만을 〈보기〉에서 있는 대로 고른 것은? [3점]

갑: 무지의 베일 속에 있는 당사자들은 어떤 종류의 특정 사실을 알지 못한다고 가정된다. 각자는 사회에서 자기의 지위나 계층을 모르며, 천부적 자산, 능력, 지능, 체력 등을 어떻게 타고 나는지 자신의 운수를 모른다.

을: 소유물에서의 정의 이론의 일반적 개요를 말하자면, 한 사람의 소유물은 취득과 이전에서의 정의의 원리 또는 불의의 교정의 원리에 의해 그 소유물에 대한 권리를 부여받았으면 정당한 것이다.

〈보기〉

ㄱ. 갑: 정의로운 분배 결과로 생긴 불평등은 조정의 대상이 아니다.
ㄴ. 갑: 사회 구성원 모두의 협력을 가능하게 하는 분배만이 정당하다.
ㄷ. 을: 부정의한 분배의 교정 외에 국가의 역할을 허용해선 안 된다.
ㄹ. 갑과 을: 분배 정의의 목표는 개인의 자유와 기본적 필요 보장에 있다.

① ㄱ, ㄴ   ② ㄱ, ㄷ   ③ ㄷ, ㄹ
④ ㄱ, ㄴ, ㄹ   ⑤ ㄴ, ㄷ, ㄹ

03

(가)의 갑, 을 사상가들의 입장을 (나) 그림으로 탐구하고자 할 때, A~C에 해당하는 적절한 질문만을 〈보기〉에서 있는 대로 고른 것은?

(가)	갑: 정의 이론은 사회의 기본 구조를 정하는 방식을 다룬다. 정의의 일차적 주제는 사회의 주요 제도에 의해 권리와 의무를 배분하고 사회 협동체로부터 생긴 이익의 분배를 정하는 방식에 관한 것이다. 을: 분배 정의에 관한 정형적 원리는 재분배 행위를 반드시 불러온다. 소유 권리론의 관점에서 볼 때 재분배는 개인들의 권리를 침해한다. 소유권을 지켜 줄 최소 국가는 우리를 불가침의 개인들로 취급한다.
(나)	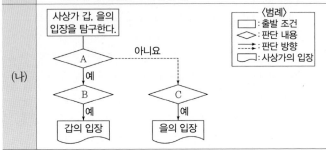

〈범례〉
☐ : 출발 조건
◇ : 판단 내용
---▶ : 판단 방향
▱ : 사상가의 입장

─〈 보기 〉─
ㄱ. A: 공정한 분배를 위해 올바른 결과에 대한 독립적 기준이 필수적으로 요구되는가?
ㄴ. B: 더 많은 재능을 타고난 자가 자신의 재능을 활용하여 더 많은 이익을 획득하도록 장려되는 경우가 있는가?
ㄷ. B: 정의 원칙 수립 시 당사자 간 합의는 가설적이고 비역사적인가?
ㄹ. C: 과거 상황은 사물에 대한 차별적 소유권을 창출하는 요인인가?

① ㄱ, ㄴ   ② ㄱ, ㄷ   ③ ㄷ, ㄹ
④ ㄱ, ㄴ, ㄹ   ⑤ ㄴ, ㄷ, ㄹ

04

갑, 을 사상가들의 입장으로 적절한 것만을 〈보기〉에서 있는 대로 고른 것은?

갑: 사람이 천부적으로 타고난 것이나 사회의 어떤 특정한 지위에 태어나는 것은 정의롭다거나 부정의하다고 할 수 없다. 이것은 단지 자연적 사실에 불과하다. 정의 여부가 문제되는 것은 제도가 그러한 사실들을 처리하는 방식이다.

을: 정형적 분배 원리는 생산과 분배를 독립된 주제로 취급한다. 하지만 소유 권리론에 따르면 이들은 분리된 것이 아니다. 생산과 관련된 사람들의 과거 행위는 사물들에 대한 차별적인 소유 권리를 창조한다.

─〈 보기 〉─
ㄱ. 갑: 차등의 원칙은 자연적 운의 도덕적 임의성을 처리하는 공정한 분배의 원칙이다.
ㄴ. 갑: 최소 수혜자에게 이득이 된다면 천부적 재능으로 인한 소득 격차도 허용될 수 있다.
ㄷ. 을: 역사적 원리에 따른 부의 불평등은 정당화될 수 있다.
ㄹ. 갑, 을: 개인은 사회적 운의 결과물에 대해 정당한 자격을 갖지 않는다.

① ㄱ, ㄴ   ② ㄱ, ㄹ   ③ ㄷ, ㄹ
④ ㄱ, ㄴ, ㄷ   ⑤ ㄴ, ㄷ, ㄹ

05

(가)의 갑, 을 사상가들의 입장을 (나) 그림으로 탐구하고자 할 때, A∼C에 들어갈 적절한 질문만을 〈보기〉에서 있는 대로 고른 것은?

(가)	갑: 차등의 원칙은 사회적 협동을 위한 기본 원칙이다. 이 원칙은 천부적 재능을 가진 사람들이 불우한 사람들을 돕는 한에서 각자의 자질을 사용하게 한다. 을: 차등의 원칙은 정의를 위한 공정한 기반을 제시하지 못한다. 개인의 천부적 재능과 이로부터 나오는 것에 대한 소유 권리는 그 개인에게 있다.

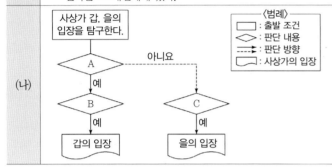

(나)	

〈보기〉

ㄱ. A: 개인의 소유권을 침해하지 않는 과세 정책이 가능한가?
ㄴ. B: 차등의 원칙은 더 큰 재능의 소유자에게 유익할 수 있는가?
ㄷ. B: 재산의 평등한 분배가 정의 원칙에 의해 허용될 수 있는가?
ㄹ. C: 국가는 자유롭게 체결된 계약의 이행을 강제할 수 있는가?

① ㄱ, ㄴ   ② ㄱ, ㄷ   ③ ㄴ, ㄹ
④ ㄱ, ㄷ, ㄹ   ⑤ ㄴ, ㄷ, ㄹ

06

갑, 을 사상가들의 입장으로 적절한 것만을 〈보기〉에서 있는 대로 고른 것은?

갑: 기본적 자유의 체제는 모든 사람에게 평등하게 보장되어야 하고, 사회적·경제적 이익의 분배는 공정한 기회균등의 원칙과 차등의 원칙에 의해 규제되어야 한다. 을: 분배 정의에 있어서 소유 권리론은 역사적이다. 과거의 상황이나 사람의 과거 행위는 사물에 대한 차별적인 소유 권리나 응분의 자격을 낳는다.

〈보기〉

ㄱ. 갑: 최소 수혜자에게 이익이 되지 않는 한 소득은 평등하게 분배되어야 한다.
ㄴ. 갑: 기본적 자유들이 상충하더라도 그 기본적 자유들은 서로 균등하게 보장되어야 한다.
ㄷ. 을: 자신의 노동을 투여하지 않고 취득한 소유물에 대한 정당한 소유 권리는 성립할 수 있다.
ㄹ. 갑과 을: 능력에 따른 분배는 정의 원칙에 어긋날 수 있다.

① ㄱ, ㄴ   ② ㄴ, ㄷ   ③ ㄷ, ㄹ
④ ㄱ, ㄴ, ㄹ   ⑤ ㄱ, ㄷ, ㄹ

         22학년도 10월 학평 10번

(가)의 갑, 을 사상가들의 입장을 (나) 그림으로 탐구하고자 할 때, A~C
에 해당하는 적절한 질문만을 〈보기〉에서 있는 대로 고른 것은? [3점]

(가)	갑: 공정한 사회란 공정한 최초의 상황에서 사람들이 선택하게 될 원칙에 의해 규제되는 구성원들의 상호 이익을 위한 협동 체제이다. 을: 최소 국가는 개인을 존엄성과 권리를 지닌 인격으로 대우한다. 최소 국가보다 더 포괄적인 국가는 개인의 권리를 침해한다.
(나)	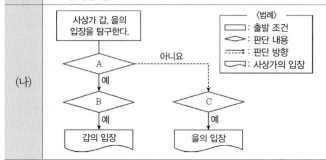

〈 보기 〉

ㄱ. A: 정의의 원칙은 가상 상황에서 합의를 통해 선택되는가?
ㄴ. B: 기본적 자유는 다른 기본적 자유와 상충할 때 제한될 수 있는가?
ㄷ. B: 차등의 원칙은 법과 정책에 적용될 뿐만 아니라 사적 거래에도 직접 적용되는가?
ㄹ. C: 정형적 분배 원칙은 필연적으로 재분배를 초래하는가?

① ㄱ, ㄷ   ② ㄴ, ㄷ   ③ ㄴ, ㄹ
④ ㄱ, ㄴ, ㄹ   ⑤ ㄱ, ㄷ, ㄹ

         22학년도 4월 학평 15번

갑, 을 사상가들의 입장으로 적절하지 <u>않은</u> 것은? [3점]

갑: 원초적 입장에서 무지의 베일을 쓴 당사자들이 합의한 정의의 원칙 중 차등의 원칙은 호혜성 관념을 포함한다. 개인 간의 차이, 재능의 다양성, 주어진 재능 성취 수준의 차이는 상호 이익을 위해 사용되어야 할 공동의 자산으로 간주해야 한다. 을: 현재의 모든 분배 상황이 취득, 이전의 정의 원리에 의해 생성된 것은 아니다. 만약 과거의 불의(不義)가 현재의 소유 상태를 여러 방식으로 형성했다면 우리는 소유물에서의 불의를 교정해야 한다.

① 갑: 자연적 재능의 불평등한 분포는 그 자체로 부정의하다.
② 갑: 소득의 불평등한 분배는 모든 사람에게 이익이 될 때 정당하다.
③ 을: 노동을 통해 획득한 소유물이라도 교정의 대상이 될 수 있다.
④ 을: 개인의 소유권 보호를 위한 국가의 개입은 정당화될 수 있다.
⑤ 갑, 을: 공정한 절차를 따름으로써 정의로운 분배가 실현될 수 있다.

09

(가)의 사상가 갑, 을, 병의 입장을 (나) 그림으로 탐구할 때, A~D에 해당하는 적절한 질문만을 〈보기〉에서 있는 대로 고른 것은?

(가)	갑: 정의는 자신이 선택하는 바에 따라 소유권이 행사되는 것이다. 취득과 이전에서의 정의의 원칙을 따라 소유물을 취득한 자는 그것에 대한 소유권이 있다. 을: 정의의 원칙은 원초적 상황에서 합의로 도출된다. 정의로운 사회에서는 시민들에게 공통된 정의감이 존재하며 시민적 유대와 체제의 안정성이 보장된다. 병: 정의는 동등한 사람에게 동등한 몫을 분배하는 것이다. 분배에서의 옳음은 일종의 비례인데 그것은 비율과 비율의 균등성을 의미한다.
(나)	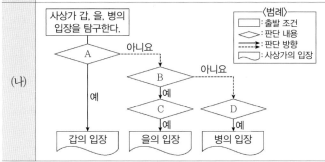

〈보기〉
ㄱ. A: 재화는 개인의 자유로운 선택에 의해서만 이전되는가?
ㄴ. B: 정의로운 사회의 시민은 타인의 처지와 이익에 무관심한가?
ㄷ. C: 공정한 기회균등 원칙은 경제적 불평등을 허용하는가?
ㄹ. D: 분배와 교환의 정의는 모두 비례의 동등함을 따라야 하는가?

① ㄱ, ㄴ   ② ㄴ, ㄹ   ③ ㄷ, ㄹ
④ ㄱ, ㄴ, ㄷ   ⑤ ㄱ, ㄷ, ㄹ

10

(가)의 갑, 을 사상가들의 입장을 (나) 그림으로 탐구하고자 할 때, A~C에 들어갈 적절한 질문만을 〈보기〉에서 있는 대로 고른 것은? [3점]

(가)	갑: 소득과 부가 천부적 운에 의해 분배되는 것은 도덕적 관점에서 볼 때 자의적이다. 차등의 원칙은 천부적 운의 자의적 영향을 완화시킬 수 있다. 을: 자유로운 사회에서 개인의 재능은 자신뿐만 아니라 타인에게도 이익이 된다. 소유 권리를 지님에 있어 자연적 자산의 영향을 배제할 이유가 없다.
(나)	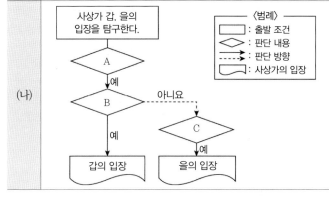

〈보기〉
ㄱ. A: 자유롭게 양도된 재화도 재분배 대상이 될 수 있는가?
ㄴ. B: 천부적 재능의 분포는 임의적이므로 부정의한가?
ㄷ. B: 구성원들의 모든 이익은 공정한 기회균등의 원칙에 의해 평등하게 보장되는가?
ㄹ. C: 최초 취득의 원칙이 적용되지 않아도 자연적 자산에 대한 개인의 배타적 권리는 인정되는가?

① ㄱ, ㄴ   ② ㄱ, ㄹ   ③ ㄴ, ㄷ
④ ㄱ, ㄷ, ㄹ   ⑤ ㄴ, ㄷ, ㄹ

11

(가)의 갑, 을, 병 사상가들의 입장을 (나) 그림으로 탐구할 때, A~D에 들어갈 적절한 질문만을 〈보기〉에서 있는 대로 고른 것은? [3점]

(가)	갑: 분배는 각자의 가치에 따라 동등한 사람들 간에 동등한 몫을, 동등하지 않은 사람들 간에 동등하지 않은 몫을 받을 때 정의롭다. 비례적인 것이 곧 정의로운 것이다. 을: 분배는 개인들이 공정한 조건에서 합의한 원칙에 따를 때 정의롭다. 이러한 원칙 중에서 차등의 원칙은 최소 수혜자에게 최대 이익이 돌아가도록 하는 것이다. 병: 분배가 정의로울 조건은 그 분배하에서 모든 사람이 자신들이 소유하고 있는 것에 대한 소유 권리를 갖는 것이다. 소유물의 분배 정의는 역사적이다.
(나)	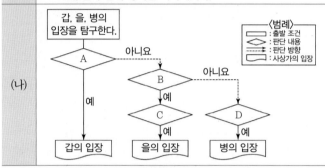

〈보기〉
ㄱ. A: 분배 정의는 산술적 비례를 따를 때 실현될 수 있는가?
ㄴ. B: 모두에게 이익이 될 경우에만 경제적 불평등은 허용되는가?
ㄷ. C: 최소 수혜자의 복지를 위해 재산 소유의 자유를 제한하는 것은 정의로운가?
ㄹ. D: 취득의 과정이 부당한 사적 소유는 교정의 대상이 되는가?

① ㄱ, ㄷ   ② ㄱ, ㄹ   ③ ㄴ, ㄹ
④ ㄱ, ㄴ, ㄷ   ⑤ ㄴ, ㄷ, ㄹ

12

(가)의 갑, 을, 병 사상가들의 입장을 (나) 그림으로 표현할 때, A~D에 해당하는 적절한 진술만을 〈보기〉에서 있는 대로 고른 것은? [3점]

(가)	갑: 재산 소유 민주주의는 원초적 입장에서 채택된 정의의 두 원칙이 표현하는 모든 주요한 정치적 가치를 실현할 수 있다. 을: 정치 공동체에서 부(富)를 전제적으로 사용하는 것은 부당하다. 어떤 사회적 가치도 다른 가치로 전환되어 다른 영역을 침해해서는 안 된다. 병: 최소 국가는 정당화될 수 있는 국가로는 가장 포괄적인 국가이다. 이보다 더 포괄적인 국가는 개인의 소유 권리를 침해한다.
(나)	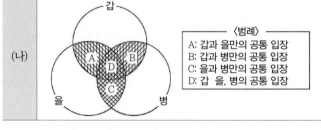

〈보기〉
ㄱ. A: 국가가 사회적 약자를 위한 재분배 정책을 시행하는 것은 분배 정의에 위배되지 않는다.
ㄴ. B: 부정의한 분배를 교정하기 위해 국가가 개입하는 것은 정당화될 수 있다.
ㄷ. C: 과거의 상황이나 행위는 사물에 대한 현재의 응분의 자격을 발생시킬 수 없다.
ㄹ. D: 재산과 소득의 균등 분배가 분배 정의 실현의 전제 조건은 아니다.

① ㄱ, ㄴ   ② ㄱ, ㄹ   ③ ㄴ, ㄷ
④ ㄱ, ㄷ, ㄹ   ⑤ ㄴ, ㄷ, ㄹ

13

(가)의 갑, 을, 병 사상가들의 입장을 (나) 그림으로 탐구할 때, A~D에 들어갈 옳은 질문만을 〈보기〉에서 있는 대로 고른 것은? [3점]

(가)	갑: 상이한 사회적 가치들은 상이한 기준과 절차에 따라 분배되어야 한다. 한 영역의 가치가 다른 영역의 가치를 지배해서는 안 된다. 을: 모든 사람은 다른 사람들의 유사한 자유와 양립할 수 있는 기본적 자유에 대한 권리를 가진다. 한편, 사회적 부의 분배는 모든 사람에게 이익이 되도록 해야 한다. 병: 어떤 것에 대한 개인의 소유 권리가 정당하다면, 이로부터 유출된 것에 대해서도 소유 권리를 갖는다. 분배 정의에서 소유 권리는 역사적이다.
(나)	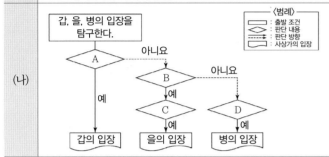

〈 보기 〉

ㄱ. A: 모든 사회적 가치를 분배 원리에 따라 배분해야 하는가?
ㄴ. B: 자연적 재능의 분포를 공동의 자산으로 간주해야 하는가?
ㄷ. C: 명령할 수 있는 직책에 접근할 수 있는 기회를 누구에게나 부여해야 하는가?
ㄹ. D: 자유롭게 이전한 소유물도 교정의 대상이 될 수 있는가?

① ㄱ, ㄴ   ② ㄱ, ㄷ   ③ ㄷ, ㄹ
④ ㄱ, ㄴ, ㄹ   ⑤ ㄴ, ㄷ, ㄹ

14

(가)의 갑, 을, 병 사상가들의 입장에서 서로에게 제기할 수 있는 비판을 (나) 그림으로 표현할 때, A~F에 해당하는 내용으로 적절하지 <u>않은</u> 것은? [3점]

(가)	갑: 사회가 전적으로 정의롭다면 소유물에 대한 소유 권리는 취득과 이전에서의 정의의 원리에 따라 얻게 된 경우에만 정당하다. 을: 사회적·경제적 불평등은 그것이 모든 사람, 특히 사회의 최소 수혜자에게 그 불평등을 보상할 만한 이득을 가져오는 경우에만 정당하다. 병: 사회적 가치들은 각각 고유한 분배 영역을 가진다. 상이한 사회적 가치들은 상이한 근거, 절차, 주체에 의해 분배되는 것이 정당하다.
(나)	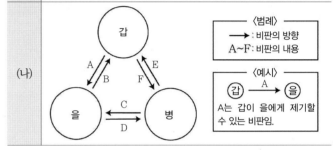

① A: 차등의 원칙은 개인의 소유권 침해를 초래함을 간과한다.
② A, F: 도덕적 정당화가 가능한 국가는 최소 국가임을 간과한다.
③ B: 천부적 재능의 분포를 공동 자산으로 보아야 함을 간과한다.
④ B, D: 정의의 원칙은 가상 상황에서 도출해야 함을 간과한다.
⑤ C, E : 분배의 공정성은 절차적 정의를 통해 실현됨을 간과한다.

(가)의 갑, 을, 병 사상가들의 입장을 (나) 그림으로 탐구할 때, A~D에 들어갈 적절한 질문만을 〈보기〉에서 고른 것은? [3점]

(가)	갑: 정의의 원칙들은 다원적이다. 상이한 사회적 가치들은 상이한 근거들에 따라 상이한 절차에 맞게 상이한 주체에 의해 분배되어야 한다. 을: 정의의 원칙들이 공정한 합의나 약정의 결과가 되는 것은 원초적 입장에서 무지의 베일을 쓴 당사자들 모두가 유사한 상황 속에 처하게 되기 때문이다. 병: 정의로운 사회는 개인의 소유권이 최우선적으로 보장되는 사회이다. 재화의 취득과 이전의 과정이 부당한 것이 아니라면 그 재화의 보유 상태는 정의롭다.
(나)	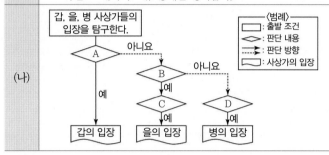

〈보기〉

ㄱ. A: 서로 다른 사회적 가치들은 동일한 기준에 따라 분배되어야 하는가?

ㄴ. B: 자신의 경제적 형편을 모르는 상황에서 정의의 원칙이 도출되는가?

ㄷ. C: 합의된 정의의 원칙은 당사자들의 만장일치로 선택된 것인가?

ㄹ. D: 소유권은 오직 취득과 이전의 정의 원리에 의해 부여되는가?

① ㄱ, ㄴ   ② ㄱ, ㄷ   ③ ㄴ, ㄷ   ④ ㄴ, ㄹ   ⑤ ㄷ, ㄹ

(가)의 갑, 을, 병 사상가들의 입장에서 서로에게 제기할 수 있는 비판을 (나) 그림으로 표현할 때, A~F에 해당하는 내용으로 가장 적절한 것은? [3점]

(가)	갑: 어떤 사회적 가치 X도 X의 의미와 상관없이 단지 누군가 다른 가치 Y를 가지고 있다는 이유만으로 Y를 가진 사람에게 분배해서는 안 된다. 을: 어떤 사람의 재화에 취득과 이전에서의 정의의 원리 또는 불의의 교정의 원리에 의해 소유권이 부여되었다면 그 소유는 정당하다. 병: 재산 및 소득의 분배가 균등해야 할 필요는 없다. 분배는 차등의 원칙에 따라 최소 수혜자의 이익이 최대가 되도록 이루어져야 한다.
(나)	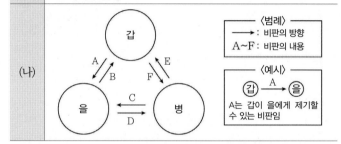

① A, C: 복지 국가에서 분배 정의가 완전히 실현됨을 간과한다.

② A, F: 정의의 다양한 영역들 간 경계가 사라져야 함을 간과한다.

③ B, D: 국가가 부의 분배 과정에 개입할 수 있음을 간과한다.

④ B, E: 공동체의 특수성에 맞는 분배 기준이 필요함을 간과한다.

⑤ C, E: 가상 상황에서 정의의 원칙을 도출해야 함을 간과한다.

17

(가)의 갑, 을, 병 사상가들의 입장을 (나) 그림으로 탐구할 때, A~D에 해당하는 적절한 질문만을 〈보기〉에서 있는 대로 고른 것은?

(가)	갑: 개인들의 소유 권리를 보장하는 것이 정의이다. 포괄적 국가는 개인의 권리를 침해할 것이므로 좁은 기능으로 제한된 최소 국가만이 정당화된다. 을: 개인들이 공정한 조건에서 합의한 것이 정의의 원칙이다. 개인의 기본적 자유를 보장하고 최소 수혜자에게 최대 이익이 돌아가도록 해야 한다. 병: 개인들의 노동량에 따라 재화를 분배하는 것은 정의롭지 않다. 노동 소외가 극복되고 생산력이 고도화된 공산주의 사회에서는 새로운 분배 원칙이 요구된다.
(나)	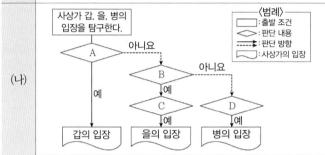

〈 보기 〉

ㄱ. A: 정형화된 재화 분배 원칙은 분배적 정의에 위배되는가?
ㄴ. B: 경제적 불평등의 극복을 위해 기본적 자유를 제약할 수 있는가?
ㄷ. C: 분배 절차의 공정성으로 분배 결과의 정의가 보장되는가?
ㄹ. D: 업적에 따른 분배 원칙은 부당한 경제적 불평등을 초래하는가?

① ㄱ, ㄴ   ② ㄴ, ㄹ   ③ ㄷ, ㄹ
④ ㄱ, ㄴ, ㄷ   ⑤ ㄱ, ㄷ, ㄹ

18

(가)의 사상가 갑, 을, 병의 입장을 (나) 그림으로 탐구할 때, A~D에 해당하는 적절한 질문만을 〈보기〉에서 있는 대로 고른 것은?

(가)	갑: 공산 사회가 도래하면 지배 계급의 이익을 대변하던 국가와 계급 착취의 역사는 끝나고 인간의 자유로운 연합체가 성립된다. 을: 재산 소유 민주주의는 시장 체제를 구비하고 있으면서 평등한 기본적 자유와 공정한 기회 균등을 이유로 자본 소유의 분산을 시도한다. 병: 최소 국가는 도덕적으로 용인될 수 있는 방법에 의해 발생하며, 자연 상태에서 개인이 갖고 있던 그 어떤 권리도 침해하지 않는다.
(나)	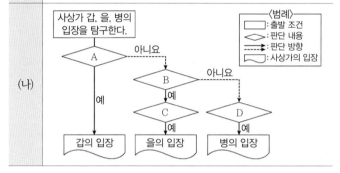

〈 보기 〉

ㄱ. A: 능력에 따른 생산, 필요에 따른 분배를 지향해야 하는가?
ㄴ. B: 사유 재산의 불평등은 모두의 이익을 보장해야만 정당한가?
ㄷ. C: 무지의 베일 속의 사람은 자기 이익에 대해 무지하고 무관심한가?
ㄹ. D: 자유롭게 이전된 소유물은 모두 교정 대상에서 제외되는가?

① ㄱ, ㄴ   ② ㄱ, ㄷ   ③ ㄷ, ㄹ
④ ㄱ, ㄴ, ㄹ   ⑤ ㄴ, ㄷ, ㄹ

19

(가)의 갑, 을, 병 사상가들의 입장을 (나) 그림으로 탐구하고자 할 때, A~D에 들어갈 적절한 질문만을 〈보기〉에서 있는 대로 고른 것은? [3점]

(가)

갑: 정의로운 분배는 각자의 필요에 따라 이루어지는 것이다. 개인의 타고난 능력은 불평등하며, 생산 능력을 타고난 특권으로 승인하는 것은 부당하다.

을: 정의의 원리에 따르면 과거의 상황은 사물에 대한 응분의 자격을 창조한다. 취득과 이전, 교정의 원리에 근거해 그의 것이 되었다면 정당한 것이다.

병: 정의로운 분배는 모든 사람에게 이익이 되도록 이루어져야 하며, 동시에 권한을 갖는 직위, 명령을 내릴 수 있는 직책은 누구나 접근 가능한 것이야 한다.

(나)

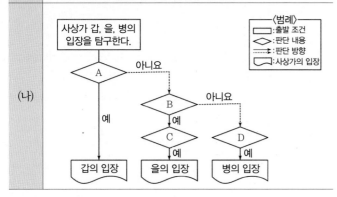

〈보기〉

ㄱ. A: 계급 간 협력을 통해 필요에 따른 분배를 실현해야 하는가?

ㄴ. B: 개인은 정당하게 취득한 재산에 대한 소유 권리를 가지는가?

ㄷ. C: 정형적 원리에 따른 분배는 개인의 소유권을 침해하는 것인가?

ㄹ. D: 원초적 입장에서 모두의 동의로 정의의 원칙이 도출되는가?

① ㄱ, ㄴ   ② ㄱ, ㄹ   ③ ㄷ, ㄹ

④ ㄱ, ㄴ, ㄷ   ⑤ ㄴ, ㄷ, ㄹ

20

(가)의 사상가 갑, 을의 입장을 (나) 그림으로 탐구하고자 할 때, A~C에 들어갈 적절한 질문만을 〈보기〉에서 고른 것은? [3점]

(가)

갑: 평등한 사람들은 평등하게 취급되어야 한다는 형식적인 평등의 원칙에 따라 원초적 입장의 합의 당사자들은 서로 동등한 입장에 처해 있다.

을: 분배적 정의에 관한 정형적 원리들에 의하면 재분배 행위는 필연적이다. 소유 권리론의 입장에서 볼 때, 재분배는 개인들의 권리를 침해한다.

(나)

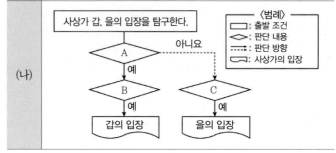

〈보기〉

ㄱ. A: 부의 획득 과정에서 자연적 우연성 자체를 활용하지 않는 것을 지향해야 하는가?

ㄴ. B: 원초적 입장에 있는 당사자들의 모든 합의는 공정한가?

ㄷ. B: 기본적 자유들은 어떤 조건에서도 제한 없이 보장되어야 하는가?

ㄹ. C: 정당한 노동 없이도 소유권이 성립할 수 있는가?

① ㄱ, ㄴ   ② ㄱ, ㄷ   ③ ㄴ, ㄷ   ④ ㄴ, ㄹ   ⑤ ㄷ, ㄹ

01 대표 문제

(가)의 주장을 (나) 그림으로 나타낼 때, ㉠에 대한 반론의 근거로 가장 적절한 것은? [3점]

(가)	인종, 계층과 관련된 소수자 우대 정책은 인간의 평등권을 침해하므로 허용해서는 안 된다.

(나)	대전제 인간의 평등권을 침해하는 행위를 허용해서는 안 된다. ＋ 소전제 ㉠
	결론 우대 정책을 허용해서는 안 된다.

① 우대 정책은 소수자에 대한 차별을 심화시킨다.
② 우대 정책은 실질적 기회 균등 실현에 기여한다.
③ 우대 정책은 사회 전체의 이익을 증진하지 못한다.
④ 우대 정책은 수혜자가 아닌 사람들의 권리를 침해한다.
⑤ 우대 정책은 인종과 계층 간 화합을 저해하는 제도이다.

02

갑, 을 사상가들의 입장으로 적절한 것만을 〈보기〉에서 있는 대로 고른 것은?

갑: 정의의 일차적 주제는 사회의 기본 구조, 즉 사회의 주요 제도가 권리와 의무를 배분하고 사회 협동체로부터 생긴 이익의 분배를 정하는 방식이다. 사회의 기본 구조를 규제하는 원칙은 원초적 합의의 대상이다.

을: 정의의 주제는 세 가지이다. 즉, 누구의 소유물도 아니던 것이 어떻게 누군가의 소유물이 될 수 있는가, 한 사람의 소유물이 어떻게 다른 사람의 소유물이 될 수 있는가, 그리고 부정의를 어떻게 바로잡을 수 있는가이다.

〈 보기 〉

ㄱ. 갑: 차등의 원칙은 천부적 능력의 차등이 있어도 성립한다.
ㄴ. 을: 각 개인에게 소유물을 분배하는 최소 국가만이 정의롭다.
ㄷ. 을: 소유물 취득의 정당성은 타인의 처지 개선을 요구한다.
ㄹ. 갑과 을: 개인은 사유 재산을 소유할 불가침적 권리를 지닌다.

① ㄱ, ㄷ   ② ㄱ, ㄹ   ③ ㄴ, ㄷ
④ ㄱ, ㄴ, ㄹ   ⑤ ㄴ, ㄷ, ㄹ

03

현대 사상가 갑, 을의 입장으로 적절한 것만을 〈보기〉에서 고른 것은?

갑: 도덕적 관점에서 볼 때 자연적 자산이 자의적이건 아니건 상관없이, 개인은 이에 대한 소유 권리를 지니며 이로부터 창출되는 결과물에 대해서도 그러하다.

을: 도덕적 관점에서 볼 때 자연적 자산은 자의적이기 때문에, 개인은 자신의 더 큰 천부적 능력을 사회에 있어서 더 유리한 출발점으로 이용할 자격은 없다.

〈 보기 〉

ㄱ. 갑: 지능 지수에 따른 분배 원리는 역사적이고 정형적이다.
ㄴ. 을: 사유 재산을 소유할 권리는 제1원칙에 의해 평등해야 한다.
ㄷ. 을: 천부적 능력이 분배 몫의 결정에 미치는 영향을 경감시킬 필요는 없다.
ㄹ. 갑과 을: 자연적·사회적 우연성의 이용에 따른 경제적 불평등은 허용될 수 있다.

① ㄱ, ㄴ   ② ㄱ, ㄷ   ③ ㄴ, ㄷ   ④ ㄴ, ㄹ   ⑤ ㄷ, ㄹ

04

(가)의 갑, 을 사상가들의 입장을 (나) 그림으로 탐구하고자 할 때, A~C에 들어갈 적절한 질문만을 〈보기〉에서 고른 것은? [3점]

(가)	갑: 소유 권리의 정당성은 취득과 이전, 교정의 과정에 의해 결정되며, 개인의 소유 권리가 정당하다면 그 사회의 분배도 정의롭다. 그런데 공리주의는 분배 결과에만 관심을 두어 소유 권리의 역사성을 간과한다. 을: 사회 기본 구조는 정의 원칙들의 순서에 따라 평등한 자유에 위배되지 않게 부의 불평등을 배정해야 한다. 그런데 공리주의를 사회 기본 구조의 최우선 원칙으로 삼으면 후속하는 다른 기준들은 불필요하게 된다.
(나)	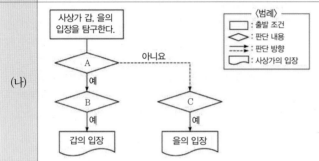

〈보기〉

ㄱ. A: 자신의 노동이 투입되지 않은 결과물에 대해서도 소유할 권리가 허용될 수 있는가?

ㄴ. B: 분배받는 사람의 도덕적 공과(功過)를 기준으로 삼는 분배는 정의의 원리에 위배되는가?

ㄷ. C: 공리의 원리는 구성원 일부에게만 이익이 되는 불평등을 정당화시킬 위험이 있는가?

ㄹ. C: 정의로운 사회 실현을 위해 최소 수혜자의 이익 극대화는 조건 없이 보장되어야 하는가?

① ㄱ, ㄴ   ② ㄱ, ㄷ   ③ ㄴ, ㄷ   ④ ㄴ, ㄹ   ⑤ ㄷ, ㄹ

05

갑, 을 사상가들의 입장으로 적절한 것만을 〈보기〉에서 고른 것은?

갑: 분배적 정의의 중심 문제는 사회 체제의 선택이다. 정의의 원칙들은 기본 구조에 적용되며 그 주요 제도들이 하나의 체계로 결합되는 방식을 규제하는 것이다. 공정으로서의 정의의 이념은 특수한 상황의 우연성을 처리하기 위해서 순수한 절차적 정의의 관념을 이용하고 있다.

을: 분배적 정의의 완결된 원리는 오직 다음일 것이다. 어떤 분배가 정의로울 충분조건은 그 분배하에서 모든 사람이 자신이 소유하고 있는 것에 대한 소유 권리를 소유함이다. 소유물에서의 정의의 세 원리는, 소유물 취득의 원리, 소유물 이전의 원리, 이 두 원리의 위반을 교정하는 원리이다.

〈보기〉

ㄱ. 갑: 사유 재산권은 차등의 원칙에 의해서만 제한될 수 있다.

ㄴ. 을: 분배 정의의 정형적 원리는 필연적으로 재분배를 요구한다.

ㄷ. 을: 자신의 노동에 의한 결과에만 정당한 소유권이 부여된다.

ㄹ. 갑, 을: 개인은 정당한 소유물에 대한 배타적 사용권을 지닌다.

① ㄱ, ㄴ   ② ㄱ, ㄷ   ③ ㄴ, ㄷ   ④ ㄴ, ㄹ   ⑤ ㄷ, ㄹ

06

갑, 을 사상가들의 입장으로 옳지 <u>않은</u> 것은? [3점]

갑: 정의로운 사회는 평등한 자유와 공정한 기회균등을 보장하는 제도를 가진다. 이 제도의 체계에서 처지가 나은 자들의 보다 높은 기대치가 정당화되는 유일한 조건은 그 사회의 최소 수혜자들의 기대치를 향상시키는 것이다.

을: 취득에서의 정의의 원리에 의해 소유물을 취득한 자는 그에 대한 소유 권리를 가진다. 자연적 자산의 경우에도 개인들은 그것에 대한 소유 권리를 가지며 이로부터 나오는 것에 대해서도 그러하다.

① 갑: 능력과 재능이 유사하다면 성공의 기회도 유사해야 한다.

② 갑: 최소 수혜자의 처지를 개선하는 사회적 불평등은 정당화될 수 있다.

③ 을: 사회적 유용도나 도덕적 공과에 따른 분배의 원리는 정형적이다.

④ 을: 분배의 정당성은 분배된 결과보다는 분배의 역사적 과정에 달려있다.

⑤ 갑, 을: 정당한 분배는 선천적 재능에 비례하는 보상을 제공하는 것이다.

07

갑, 을 사상가들의 입장으로 가장 적절한 것은?

> 갑: 천부적 재능의 분포를 공동의 자산으로 생각하여, 사람들은 공동의 이익을 가져오는 경우에만 자연적·사회적 우연성을 이용하기로 약속한다. 이러한 차등 원칙은 운명의 우연성을 공정하게 다루는 정의로운 방식이다.
>
> 을: 분배가 정의로운가는 그 분배가 어떻게 이루어졌는가에 달려 있다. 이러한 역사적 원리에 따르면, 사람들의 과거 행위나 상황은 사물에 대한 차별적인 소유 권리나 응분의 자격을 만들어 낸다.

① 갑: 정의로운 사회에서 우연성으로 취한 이득은 정당화될 수 없다.
② 갑: 사유 재산권은 정의 원칙에 따라 평등하게 분배되어야 한다.
③ 을: 자연물에 대한 최초 취득의 자유는 제한되어서는 안 된다.
④ 을: 분배 결과에 초점을 둔 정의론은 소유권을 침해하지 않는다.
⑤ 갑, 을: 천부적 운과 달리 사회적 운은 도덕적 관점에서 임의적이지 않다.

08

갑, 을 사상가들의 입장으로 옳지 않은 것은?

> 갑: 소득과 부가 자연적 우연성이나 사회적 우연성과 같은, 도덕적으로 임의적인 요소에 의해 분배되는 것은 부정의하다. 유사한 능력과 재능을 가진 사람들은 유사한 인생의 기회를 가지도록 실질적인 공정한 기회가 보장되어야 한다.
>
> 을: 어떤 분배가 정의로울 충분조건은 그 분배하에서 모든 사람들이 자신들의 소유물에 대해 소유 권리를 소유함이다. 정당한 소유권을 가진 사람들이 그 소유물을 자유롭게 이전하였다면, 그 결과가 불평등해도 이 또한 정의롭다.

① 갑: 천부적 재능의 불균등한 분포는 부정의하기에 보상되어야 한다.
② 갑: 정의의 일차적 주제는 권리와 의무를 정하는 기본 구조이다.
③ 을: 최초의 취득이 정당했던 재화도 교정의 대상이 될 수 있다.
④ 을: 결과의 평등을 강조하는 정의 원칙은 사적 소유권을 침해한다.
⑤ 갑, 을: 사회적 불평등의 시정을 위한 기본권의 제한은 부당하다.

09

갑, 을 사상가들의 입장으로 적절한 것만을 〈보기〉에서 고른 것은? [3점]

> 갑: 노동자들에게 그들이 소유 권리를 갖는 것들을 주지 않는 분배 행위는 정의롭지 못하다. 그런데 소유 권리는 과거의 상황이나 사람들의 과거 행위에 근거하기 때문에 분배적 정의는 역사적 원리에 따라야 한다.
>
> 을: 기본적 자유들은 서로 상충할 수 있기에 조정되어야 하지만, 가능한 한 가장 광범위하게 보장되어야 한다. 하지만 최소 수혜자에게 이익이 되고 직위와 직책의 기회가 공정하다면 재산 및 소득의 분배는 균등할 필요가 없다.

〈 보기 〉

ㄱ. 갑: 도덕적 공과(功過)에 따른 소유 권리의 불평등은 정의롭다.
ㄴ. 을: 차등 원칙은 모든 성원을 고려한 상호 이익의 원칙이다.
ㄷ. 을: 기본적 자유는 절대적이기에 각 개인에게 평등해야 한다.
ㄹ. 갑, 을: 개인은 자신의 유리한 천부적 자산을 소유할 권한을 갖는다.

① ㄱ, ㄴ   ② ㄱ, ㄷ   ③ ㄴ, ㄷ   ④ ㄴ, ㄹ   ⑤ ㄷ, ㄹ

10

갑, 을 사상가들의 입장으로 적절하지 <u>않은</u> 것은? [3점]

> 갑: 재산 소유 민주주의가 실현된 국가는 부(富) 및 자본 소유의 분산을 시도한다. 이것은 원초적 입장에서 채택된 정의의 두 원칙을 배경으로 이루어진다.
>
> 을: 최소 국가는 정당화될 수 있는 가장 포괄적인 국가이다. 이보다 더 포괄적인 국가는 개인들의 권리를 침해한다. 따라서 국가는 시민들에게 특정한 선(善)을 강요해서는 안 된다.

① 갑: 재능과 동기가 유사하다면 성공의 전망도 유사해야 한다.
② 갑: 원초적 입장의 당사자는 모두에게 이익이 되는 원칙에 합의한다.
③ 을: 부정의 교정을 위한 국가의 개입은 개인의 소유 권리를 침해한다.
④ 을: 사회에 유용한 정도를 기준으로 이루어지는 분배는 부정의하다.
⑤ 갑과 을: 국가는 재산에 대한 사적 소유권을 평등하게 보장해야 한다.

11

갑, 을 사상가들의 입장으로 적절한 것만을 〈보기〉에서 있는 대로 고른 것은? [3점]

> 갑: 모든 사람은 취득과 이전, 교정의 원칙에 의해 자신의 소유물에 대한 소유 권리를 가져야 한다. 소유 권리는 과거의 상황이나 과거의 행위에 근거하므로 분배적 정의는 역사적 원리에 따라야 한다.
>
> 을: 모든 사람은 원초적 입장에서 선택되는 정의의 원칙에 따라 기본적 자유에 대하여 동등한 권리를 가져야 한다. 재산과 소득의 분배가 균등해야 할 필요는 없으나 모든 사람에게 이익이 되도록 이루어져야 한다.

〈보기〉
ㄱ. 갑: 도덕적 공과에 따른 분배는 분배적 정의에 위배된다.
ㄴ. 갑: 취득과 이전의 원칙을 통해서만 재화가 양도되는 것은 아니다.
ㄷ. 을: 공정한 절차를 따르면 부의 균등한 분배가 보장된다.
ㄹ. 갑과 을: 국가는 불의한 분배를 교정하기 위해 개입할 수 있다.

① ㄱ, ㄴ
② ㄴ, ㄷ
③ ㄷ, ㄹ
④ ㄱ, ㄴ, ㄹ
⑤ ㄱ, ㄷ, ㄹ

12

(가)의 사상가 갑, 을의 입장을 (나) 그림으로 탐구하고자 할 때, A~C에 들어갈 옳은 질문만을 〈보기〉에서 있는 대로 고른 것은? [3점]

(가)	갑: 차등의 원칙은 천부적 재능의 분포를 공동의 자산으로 생각하고 이러한 분포로 얻는 이익을 함께 나누어 가지는 데 합의함을 의미한다. 을: 차등의 원칙은 정형적 원리이며, 이 원리에 따른 분배는 개인의 권리를 침해한다. 개인의 권리를 보장하는 것은 소유 권리로서의 정의이다.
(나)	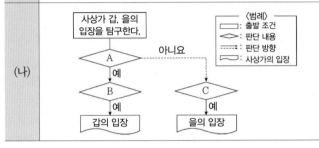

〈보기〉
ㄱ. A: 분배 정의를 실현하여 자연적 우연성을 없애야 하는가?
ㄴ. B: 정의의 원칙에 부합하는 모든 분배는 정의로운 것인가?
ㄷ. C: 자발적으로 양도된 재화도 교정의 대상이 될 수 있는가?
ㄹ. C: 사회는 협동 체제가 아닌 개인 간 자발적 교환 체제인가?

① ㄱ, ㄴ
② ㄱ, ㄹ
③ ㄷ, ㄹ
④ ㄱ, ㄴ, ㄷ
⑤ ㄴ, ㄷ, ㄹ

13

(가)의 갑, 을, 병 사상가들의 입장을 (나) 그림으로 탐구하고자 할 때, A~D에 들어갈 적절한 질문만을 〈보기〉에서 있는 대로 고른 것은? [3점]

(가)	갑: 정의로운 분배는 계급과 계급이 대립하는 사회가 아닌 각자의 자유로운 발전이 모두의 자유로운 발전의 조건이 되는 공산 사회에서 실현될 수 있다. 을: 분배가 정의로울 조건은 모든 사람이 각자 소유하고 있는 것에 대해서 소유 권리를 갖는 것이다. 소유물의 분배 정의는 역사적이다. 병: 정의의 일차 주제는 사회 제도가 권리를 배분하고 사회 협동체의 이익을 분배하는 방식과 관련된다. 정의가 실현된 질서 정연한 사회는 공적 정의관으로 규제된다.
(나)	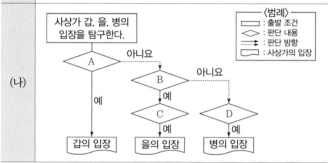

〈 보기 〉
ㄱ. A: 경제적 불평등을 허용하는 분배 원칙은 부당한가?
ㄴ. B: 개인은 자신의 타고난 사회적 지위에 대한 소유 권리를 지니는가?
ㄷ. C: 부정의한 이전 과정을 바로잡는 국가의 개입은 정당한가?
ㄹ. D: 원초적 입장에서 당사자는 타인의 이익에 관심을 가지는가?

① ㄱ, ㄷ   ② ㄱ, ㄹ   ③ ㄴ, ㄹ
④ ㄱ, ㄴ, ㄷ   ⑤ ㄴ, ㄷ, ㄹ

14

(가)의 갑, 을, 병 사상가들의 입장을 (나) 그림으로 표현할 때, A~D에 해당하는 질문으로 적절한 것만을 〈보기〉에서 있는 대로 고른 것은? [3점]

(가)	갑: 노동이 생활 수단일 뿐만 아니라 일차적인 생활 욕구로 된 후에, 사회는 자신의 깃발에 '각자는 능력에 따라, 각자에게는 필요에 따라'라고 쓸 수 있게 된다. 을: 한 사람의 소유물은 취득, 이전, 불의의 교정 원리에 의해 권리를 부여받았으면 정당하다. 각 개인의 소유물이 정당하다면 소유물의 전체 집합도 정당하다. 병: 원초적 입장에서 합의된 정의 원칙들은 사회 협동체의 종류와 설립할 정부 형태를 명시해 준다. 정의 원칙들을 이렇게 보는 방식을 공정으로서의 정의라 부른다.
(나)	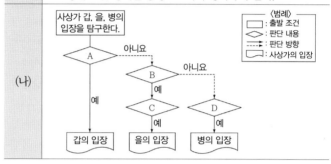

〈 보기 〉
ㄱ. A: 가장 바람직한 분배는 국가가 없는 상태에서 가능한가?
ㄴ. B: 자기 노동의 결과에 대해서만 정당한 소유권을 갖는가?
ㄷ. C: 최소 국가는 정의 실현을 위해 분배 과정에 개입할 수 있는가?
ㄹ. D: 재산에 대한 사적 소유권은 차등적으로 분배되어야 하는가?

① ㄱ, ㄴ   ② ㄱ, ㄷ   ③ ㄴ, ㄹ
④ ㄱ, ㄷ, ㄹ   ⑤ ㄴ, ㄷ, ㄹ

15

갑, 을 사상가들의 입장으로 가장 적절한 것은? [3점]

> 갑: 무지의 베일은 원초적 입장에서 합의의 당사자들이 인간 사회에 대한 일반적 사실을 제외한 특정 사실을 모르게 만든다. 원초적 입장에서 채택되는 정의의 두 원칙에 따라 권리와 의무가 할당되고 사회적 이득이 분배되어야 한다.
> 을: 무지의 베일하에서는 분배적 정의에 관한 소유 권리적 개념이 산출될 수 없다. 한 분배가 정의로울 충분 조건은 그 분배하에서 모든 사람들이 취득과 이전에서의 정의의 원리에 의해 자신들이 소유하고 있는 것에 대한 소유 권리를 소유함이다.

① 갑: 차등의 원칙에 따른 분배는 모두에게 이익이 되지 않는다.
② 갑: 원초적 입장의 당사자는 자신과 타인의 이익에 무관심하다.
③ 을: 역사적이고 정형적인 원리에 따른 분배의 결과는 정의롭다.
④ 을: 과거의 상황은 사물에 대한 응분의 자격을 만드는 요인이다.
⑤ 갑과 을: 무지의 베일을 통해서만 정의로운 분배 원리가 산출된다.

16

갑, 을 사상가들의 입장으로 적절한 것만을 〈보기〉에서 있는 대로 고른 것은? [3점]

> 갑: 지능에 따른 분배 원리는 정형적 원리이다. 이러한 원리는 차별적인 소유 권리를 창출하는 과거의 행위를 전혀 고려하지 않는다는 점에서 비역사적이다.
> 을: 지능과 같은 천부적 재능의 분포를 공동의 자산으로 생각하고, 이러한 분포로 인한 이익을 함께 나누어 가질 수 있는 정의의 원칙이 필요하다.

〈 보기 〉
ㄱ. 갑: 개인은 천부적 자산과 그것을 이용하여 얻은 정당한 소유물에 대해 배타적 권리를 갖는다.
ㄴ. 을: 천부적으로 타고나는 것은 부정의하다고 할 수 없다.
ㄷ. 을: 개인은 사회적 협동의 공정한 체제의 규칙에 따라 얻은 모든 것에 대한 권한을 갖는다.
ㄹ. 갑, 을: 사회적 약자를 위한 분배 원리가 정의의 원리에 포함되어야 한다.

① ㄱ, ㄴ ② ㄱ, ㄹ ③ ㄷ, ㄹ
④ ㄱ, ㄴ, ㄷ ⑤ ㄴ, ㄷ, ㄹ

17

갑, 을 사상가들의 입장으로 적절하지 <u>않은</u> 것은? [3점]

> 갑: 정의의 일차적 주제는 사회의 주요 제도가 권리와 의무를 배분하고 사회 협동체로부터 생긴 이익의 분배를 정하는 방식이다. 이를 정하는 정의의 원칙은 당사자들의 원초적 합의의 대상이다.
>
> 을: 분배가 정의로운가는 그 분배가 어떻게 이루어졌는가에 달려 있다. 최종 결과에 중점을 둔 원리와 달리 역사성을 고려한 원리에 따르면, 사람들의 과거 행위나 상황은 사물에 대한 차별적인 소유 권리나 응분의 자격을 만들어 낸다.

① 갑: 천부적 자산에 대한 개인의 소유 권리는 제한될 수 없다.
② 갑: 기본적 자유가 개인들에게 불평등하게 분배되어서는 안 된다.
③ 을: 개인이 노동을 통해 취득한 소유물도 교정의 대상이 될 수 있다.
④ 을: 정형적 원리에 따른 재분배는 이전(移轉)에서의 정의에 어긋난다.
⑤ 갑, 을: 정의의 원칙은 정당화될 수 있는 불평등을 규정해 준다.

18

갑, 을 사상가들의 입장으로 적절한 것만을 〈보기〉에서 고른 것은? [3점]

> 갑: 원초적 입장은 그 입장에서 도달된 기본적 합의가 공정함을 보장해주는 적절한 최초 상태이다. 바로 이 때문에 공정으로서의 정의란 명칭이 생겨난 것이다.
>
> 을: 국가에 관한 우리의 결론에 따르면 강요, 절도, 사기 등으로부터의 보호와 같은 최소한의 기능에 그 역할이 국한된 최소국가만이 도덕적으로 정당화된다.

〈 보기 〉

ㄱ. 갑: 무지의 베일 속 개인은 자유롭고 평등한 인격체이다.
ㄴ. 갑: 원초적 입장의 당사자들은 상호 신뢰할 수 있는 존재들이다.
ㄷ. 을: 오직 최소국가에서만 개인의 소유 권리가 존재할 수 있다.
ㄹ. 갑과 을: 정의의 원칙이 보장하는 기본적 권리는 제한될 수 없다.

① ㄱ, ㄴ   ② ㄱ, ㄷ   ③ ㄴ, ㄷ   ④ ㄴ, ㄹ   ⑤ ㄷ, ㄹ

12
일차

01 대표 문제

(가)의 갑, 을 사상가들의 입장을 (나) 그림으로 표현할 때, A~C에 해당하는 적절한 진술만을 <보기>에서 고른 것은? [3점]

(가)	갑: 사형은 주권과 법의 원천이 되는 권능으로부터 나온 것은 아니다. 종신 노역형은 단지 한 범죄자만 있어도 지속적인 본보기를 제공할 수 있다.
	을: 사법적 형벌은 결코 범죄자 자신이나 시민 사회를 위해서 어떤 다른 선을 촉진하기 위한 한낱 수단으로서 가해질 수는 없다.
(나)	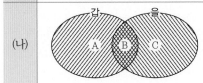 〈범례〉 A: 갑만의 입장 B: 갑과 을의 공통 입장 C: 을만의 입장

─────〈 보기 〉─────
ㄱ. A: 사형은 공포를 유발하는 효과가 없으므로 폐지해야 한다.
ㄴ. B: 형벌은 응당한 비례 원리를 준수하여 부과해야 한다.
ㄷ. B: 범죄 억제력이 있는 형벌도 정당하지 않은 경우가 있다.
ㄹ. C: 형벌은 오직 범죄자의 인격 교화가 목적인 정언 명령이다.

① ㄱ, ㄴ ② ㄱ, ㄷ ③ ㄴ, ㄷ ④ ㄴ, ㄹ ⑤ ㄷ, ㄹ

02

갑, 을 사상가들의 입장으로 적절한 것만을 <보기>에서 고른 것은? [3점]

> 갑: 법은 공공 의사의 표현이다. 법은 살인을 미워하고 처벌한다. 그런데 그런 법이 스스로 살인을 범한다니 얼마나 어리석은가. 사형은 한 시민에 대한 국가의 전쟁이다. 이 전쟁은 필요하지도 효과적이지도 않다.
> 을: 법을 제정하는 행위는 일반 의지의 행사이다. 위법 행위와 형벌의 관계에 따라 형법이 제정된다. 국가에 맞서 전쟁을 선포한 죄인을 사형에 처할 때 우리는 그를 국가의 적으로서 처벌하는 것이다.

─────〈 보기 〉─────
ㄱ. 갑: 형벌은 모든 고통을 한순간에 집중시켜야만 효과적이다.
ㄴ. 갑: 법은 살인을 금지하므로 법에 의해 살인하는 형벌은 부당하다.
ㄷ. 을: 모든 형벌은 범죄자를 시민의 일원으로서 처벌하는 것이다.
ㄹ. 갑과 을: 사회 계약의 목적에 반하는 형벌은 정당성이 없다.

① ㄱ, ㄴ ② ㄱ, ㄷ ③ ㄴ, ㄷ ④ ㄴ, ㄹ ⑤ ㄷ, ㄹ

03

(가)의 갑, 을, 병 사상가들의 입장에서 서로에게 제기할 수 있는 비판을 (나) 그림으로 표현할 때, A~F에 해당하는 내용으로 가장 적절한 것은? [3점]

(가)	갑: 형벌의 법칙은 하나의 정언 명령이다. 그러므로 살인을 했거나 그에 협력했던 살인자는 누구든 사형에 처해지지 않으면 안 된다.
	을: 시민은 계약을 통해 자기 생명을 처분하기보다 보존하려고 궁리한다. 그러므로 살인자는 시민이 아닌 국가의 적으로 간주되어 사형에 처해져야 한다.
	병: 사형은 한 사람의 시민에 대한 국가의 전쟁이다. 사형이 유용하지도 않고 필요하지도 않음을 드러냄으로써 나는 인도주의의 대의를 선취하고자 한다.
(나)	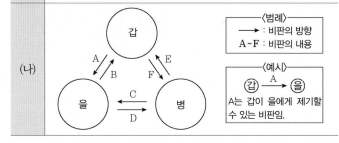 〈범례〉 ──→ : 비판의 방향 A~F: 비판의 내용 〈예시〉 갑 ─A→ 을 A는 갑이 을에게 제기할 수 있는 비판임.

① A와 F : 살인자는 시민 사회에서 제거될 수밖에 없음을 간과한다.
② B: 사형은 국가 존립이 아니라 정의 실현을 위해 집행됨을 간과한다.
③ C: 사회 계약에 근거해 모든 종류의 형벌이 집행될 수 있음을 간과한다.
④ D: 사형의 선고와 집행은 살인자의 동의를 전제하지 않음을 간과한다.
⑤ E: 동해 보복 원리에 어긋나는 형벌도 정당화될 수 있음을 간과한다.

04

갑, 을 사상가들의 입장으로 적절한 것만을 〈보기〉에서 있는 대로 고른 것은? [3점]

> 갑: 법은 개개인의 특수 의사의 총체인 일반 의사를 대표한다. 그런데 자신의 생명을 빼앗을 권능을 타인에게 기꺼이 양도하는 자는 없다. 그러므로 사형은 사회 계약에 포함될 수 없다.
> 을: 사회 계약에 사형이 포함될 수 없다는 이유로 모든 사형의 부적법성을 주장하는 것은 궤변이고 법의 왜곡이다. 형벌은 오직 범죄자가 범죄를 저질렀기 때문에 행해지는 것이며, 형벌의 법칙은 하나의 정언 명령이다.

〈 보기 〉

ㄱ. 갑: 범죄 억제력은 형벌의 강도가 아니라 지속도에서 나온다.
ㄴ. 갑: 종신 노역형은 범죄자보다 시민들에게 더 큰 공포를 준다.
ㄷ. 을: 형벌 자체는 범죄자의 존엄성을 실현하기 위한 필요악이다.
ㄹ. 갑과 을: 사형을 오직 본보기로 집행하는 것은 부당하다.

① ㄱ, ㄴ ② ㄱ, ㄷ ③ ㄴ, ㄹ
④ ㄱ, ㄷ, ㄹ ⑤ ㄴ, ㄷ, ㄹ

05

(가)의 갑, 을, 병 사상가들의 입장에서 서로에게 제기할 수 있는 비판을 (나) 그림으로 표현할 때, A~F에 해당하는 내용으로 가장 적절한 것은? [3점]

(가)	갑: 자연 상태로부터 법적 상태로의 이행은 형법을 요청한다. 살인과 달리 사형은 고통받는 인격 안에 있는 인간성을 추악하게 만드는 것으로부터 벗어나 있어야 한다. 을: 살인자는 사회의 법을 위반했으므로 그 행위로 인해 조국에 대한 반역자가 되어 버린다. 그는 국가의 구성원이 아니므로 국가로부터 분리되어야 한다. 병: 인간은 자신을 죽일 권리가 없으므로 그 권리를 양도하는 것은 불가능하다. 사형은 권리의 문제가 아니며, 한 사람의 시민에 대한 국가의 전쟁이다.
(나)	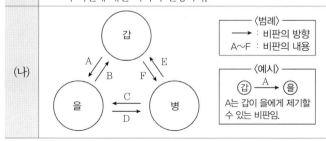

① A: 범죄 사실 자체를 근거로 형벌을 부과해서는 안 됨을 간과한다.
② B: 살인자에 대한 사형은 그의 인격성을 존중하는 것임을 간과한다.
③ C와 E: 살인자에게 사형 이외의 형벌이 부과될 수 있음을 간과한다.
④ D: 사회 전체를 대표하는 입법자에게만 형벌권이 있음을 간과한다.
⑤ F: 살인자에 대한 사형이 사회 계약에 포함될 수 있음을 간과한다.

06

(가)의 갑, 을, 병 사상가들의 입장에서 서로에게 제기할 수 있는 비판을 (나) 그림으로 표현할 때, A~F에 해당하는 내용으로 가장 적절한 것은? [3점]

(가)	갑: 법은 각자의 자유 중 최소한의 몫을 모은 것으로 일반 의사를 대표한다. 생명의 포기는 그 최소한의 몫에 포함 되지 않는다. 사형은 한 시민에 대한 국가의 전쟁이다. 을: 법은 일반 의지의 행위에 속하고, 의지의 보편성과 대상의 보편성을 결합하고 있다. 법을 위반한 살인범은 자기 보존을 목적으로 한 사회 계약을 파기한 자이다. 병: 입법권은 국민의 합일된 의지에만 귀속한다. 보편적으로 합일된 의지만이 법칙 수립적일 수 있기 때문이다. 따라서 형벌의 법칙은 하나의 정언 명령이다.
(나)	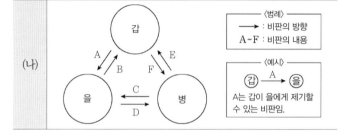

① A, F: 사형은 강렬한 인상을 줄 수 없는 비효과적 형벌임을 간과한다.
② B: 생명권 양도 여부가 사형제의 정당성을 판단하는 근거가 될 수 있음을 간과한다.
③ C: 살인범은 더 이상 도덕적 인격으로 간주될 수 없음을 간과한다.
④ D: 모든 형벌은 공공의 이익을 위해서 집행되어야 함을 간과한다.
⑤ E: 형벌의 목적은 범죄자에게 고통을 주는 데 있지 않음을 간과한다.

07

갑, 을, 병 사상가들의 입장으로 가장 적절한 것은? [3점]

> 갑: 형벌은 동등성의 원리에 따라서 내려져야 한다. 사형은 살인에 대한 최상의 균형자이다. 이는 정의가 선험적으로 정초된 보편적인 법칙들에 따라 의욕하는 바이다.
> 을: 형벌은 시민의 이익을 위해 집행되어야 한다. 사형은 정말로 유용하고 정당한가? 사형은 국가가 유용하다고 판단한 경우 한 사람의 시민에 대해 벌이는 전쟁이다.
> 병: 형벌은 사회에 해악을 끼치는 모든 위법 행위를 막는 것에 목적을 둔다. 형벌의 가치는 어떠한 경우에도 위법 행위에서 얻는 이득의 가치를 능가하기에 충분해야 한다.

① 갑: 살인범은 살인을 의욕한 자로서 어떠한 인격성도 지닐 수 없다.
② 을: 일반 시민이 법을 두려워하지 않도록 형벌을 집행해야 한다.
③ 병: 공동체의 해악을 방지한다면 형벌 그 자체는 악이 아니다.
④ 갑과 을: 공적 정의는 만인의 행복에 영향을 미치는 방식일 뿐이다.
⑤ 을과 병: 범죄자에게 가능한 한 적은 고통을 주는 동시에 범죄 억지력을 갖는 형벌은 허용될 수 있다.

08

(가)의 갑, 을, 병 사상가들의 입장에서 서로에게 제기할 수 있는 비판을 (나) 그림으로 표현할 때, A~F에 해당하는 내용으로 가장 적절한 것은? [3점]

(가)	갑: 사형은 살인에 상응하는 보복을 위한 것이다. 또한 사형은 인간성을 해치는 죄책감으로부터 사형수를 해방시켜 준다. 을: 사형은 한순간에 강렬한 인상만을 줄 뿐이다. 반면, 종신 노역형은 더 큰 공포를 안겨 주므로 인간 정신에 미치는 효과가 사형에 비해 크다. 병: 사형은 죄인을 적으로 간주하는 것으로서, 그에 대한 재판과 판결은 그가 더 이상 국가의 구성원이 아니라는 증명이자 선고이다.
(나)	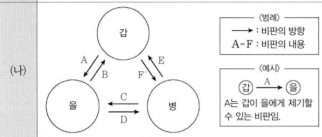

① A, C: 형벌이 주는 공포는 강도보다 지속성에서 나옴을 간과한다.
② B: 종신 노역형이 범죄자를 목적으로 대우하는 형벌임을 간과한다.
③ D: 사형은 시민의 범죄 의욕을 전혀 억제할 수 없음을 간과한다.
④ E: 사형은 시민들의 생명을 지키기 위해 실행되는 형벌임을 간과한다.
⑤ F: 범죄자를 처벌하는 것은 그가 처벌을 의욕했기 때문임을 간과한다.

09

갑, 을 사상가들의 입장으로 가장 적절한 것은? [3점]

갑: 누구든 그가 처벌받아야 할 행동을 원했기 때문에 처벌받는 것이다. 아무리 고통이 가득한 삶이라도 삶과 죽음은 같은 종류의 것이 아니다. 법정의 심판대 앞에서 살인죄에 대한 최상의 균형자는 사형이다. 을: 누구든 자신의 생명을 빼앗을 권한을 기꺼이 양도하지 않을 것이다. 사회 계약의 목적은 공리, 즉 최대 다수의 최대 행복이며, 이것이 인간적 정의의 기초이다. 사형보다 종신 노역형이 공리에 부합한다.

① 갑: 범죄자는 범행이 아닌 처벌을 원했기 때문에 처벌받는 것이다.
② 갑: 사형은 살인범을 수단으로서만 대하려는 응분의 보복 행위이다.
③ 을: 종신 노역형은 비공개로 집행하는 것이 범죄 예방에 효과적이다.
④ 을: 사형은 범죄 억제력이 최대이므로 사회 계약의 목적에 부합한다.
⑤ 갑, 을: 형벌은 사적인 보복이 아니라 공적인 정의를 실현해야만 한다.

10

(가)의 갑, 을, 병 사상가들의 입장에서 서로에게 제기할 수 있는 비판을 (나) 그림으로 표현할 때, A~F에 해당하는 내용으로 가장 적절한 것은?

(가)	갑: 법은 사회적 결합의 계약 조건이기 때문에, 법에 복종하는 시민들이 법의 제정자가 되어야 한다. 법은 일반 의지에 의해 행사되어야 한다. 을: 법은 공적 정의를 실현하기 위해 동등성의 원리에 따라 형벌을 규정해야 한다. 오직 보복법만이 형벌의 질과 양을 명확하게 제시할 수 있다. 병: 법은 공익을 증진하기 위해 제정되어야 한다. 그러므로 법은 범죄자가 아닌 시민의 이익을 위해 사형을 대체한 종신 노역형을 규정해야 한다.
(나)	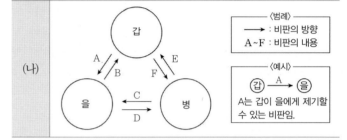

① A, F: 범죄와 형벌 간에 비례 관계가 성립해야 함을 간과한다.
② B: 살인자는 더 이상 국가 구성원이 아니라는 사실을 간과한다.
③ C: 사형은 범죄 억제력이 전혀 없는 잔혹한 형벌일 뿐임을 간과한다.
④ D: 형벌에 대한 범인의 동의가 형벌권의 기초가 아님을 간과한다.
⑤ E: 사형제 존폐를 계약자의 생명 보존을 위해 정해야 함을 간과한다.

11

갑, 을 사상가들의 입장으로 적절한 것만을 <보기>에서 있는 대로 고른 것은? [3점]

갑: 사회 계약의 산물인 법은 오로지 '최대 다수가 공유하는 최대 행복'을 목표로 해야 한다. 사형은 잔혹한 형벌로 공공의 선에 유용하지 않으므로 부당하다. 을: 사회 계약에 사형이 포함될 수 없다는 것은 법의 왜곡이다. 살인했거나 살인에 참여했던 자는 사형에 처해야 한다. 응보법만이 형벌의 질과 양을 정할 수 있다.

〈 보기 〉
ㄱ. 갑: 형벌의 목적은 시민의 유사한 범죄를 예방하는 것이다.
ㄴ. 갑: 종신 노역형은 시민뿐만 아니라 범죄자의 이익을 위해서도 집행되어야 한다.
ㄷ. 을: 사형은 살인범의 범죄 행위에 대해 보복하는 것이다.
ㄹ. 갑과 을: 형벌로 인한 공익이 형벌의 해악보다 커야 한다.

① ㄱ, ㄷ ② ㄱ, ㄹ ③ ㄴ, ㄹ
④ ㄱ, ㄴ, ㄷ ⑤ ㄴ, ㄷ, ㄹ

12

(가)의 갑, 을, 병 사상가들의 입장에서 서로에게 제기할 수 있는 비판을 (나) 그림으로 표현할 때, A~F에 해당하는 내용으로 가장 적절한 것은?

(가)	갑: 처벌 그 자체는 고통을 주므로 악이다. 하지만 처벌이 더 큰 악을 제거한다면 양적 공리의 원칙에 의해 허용된다. 을: 형벌은 강도보다 지속성을 중시해야 한다. 사형은 한 시민에 대한 국가의 전쟁이므로 허용되어서는 안 된다. 병: 살인자는 사형에 처해져야 한다. 누구든지 그가 형벌을 받아야 할 행위를 의욕했기 때문에 형벌을 받는 것이다.
(나)	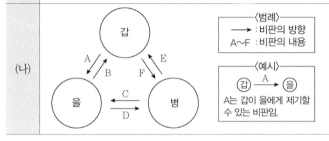

① A: 형벌을 통해 행위를 통제하고자 하는 대상은 범죄자에 국한되어야 함을 간과한다.

② B: 형벌의 종류와 크기는 사회적 파급 효과를 고려하여 정해야 함을 간과한다.

③ C, E: 형벌은 사회적 선을 촉진하기 위한 수단으로 가해질 수 없음을 간과한다.

④ D: 사형을 통해 지속적으로 공포 인상을 주어 범죄를 예방해야 함을 간과한다.

⑤ F: 형벌로부터 초래되는 해악은 형벌을 부과할 때 고려해야 할 사항이 아님을 간과한다.

13

(가)의 갑, 을, 병 사상가들의 입장에서 서로에게 제기할 수 있는 비판을 (나) 그림으로 표현할 때, A~F에 해당하는 내용으로 가장 적절한 것은? [3점]

(가)	갑: 형벌은 그 자체로는 악이다. 하지만 공리의 원리에 따르면 더 큰 악의 제거를 보장하는 한에서 형벌은 허용되어야 한다. 을: 형벌은 범죄를 억제하기에 충분한 정도의 강도만을 가져야 한다. 종신 노역형만으로도 가장 완강한 자의 마음을 억제하기에 충분한 정도의 엄격성을 지닌다. 병: 형벌은 동등성의 원리에 따라 집행되어야 한다. 만약 어떤 자가 살인을 했다면 이 범죄자에게 법적으로 집행되는 사형 외에 범죄와 보복의 동등성은 없다.
(나)	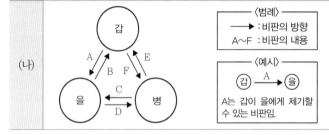

① A: 보편적 원리에 따라서 형벌을 부과해야 함을 간과한다.

② B: 사형은 사회 계약에 근거해서 집행되어야 함을 간과한다.

③ C: 타인의 생명을 빼앗은 자는 생득적 인격성이 상실됨을 간과한다.

④ D, F: 형벌은 사회적 선을 위해 범죄자에게 행해져야 함을 간과한다.

⑤ E: 형벌은 범죄자가 처벌을 의욕했으므로 시행해야 함을 간과한다.

(가)의 갑, 을, 병 사상가들의 입장을 (나) 그림으로 탐구하고자 할 때, A~D에 들어갈 적절한 질문만을 〈보기〉에서 있는 대로 고른 것은? [3점]

(가)	갑: 인간은 장기간 반복되는 지루함과 비참함을 이겨낼 만한 탄력성을 갖고 있지 않다. 그러므로 사형보다 종신 노역형이 구경꾼에게 더 큰 공포를 안겨 준다.
	을: 사형을 당하는 자는 시민이 아니라 적으로서 죽는다. 그는 스스로 사회 계약을 파기했으므로 국가 구성원이 아니라는 사실이 소송과 재판으로 입증되고 선고된다.
	병: 재판관의 사형 선고는 엄격한 보복법에 따라 내려진다. 살인을 했거나 그것을 명했거나 그에 협력했던 살인자는 누구든 사형에 처해지지 않으면 안 된다.
(나)	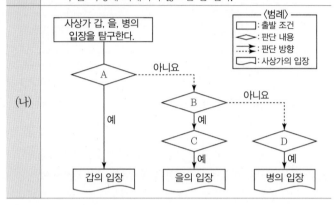

〈보기〉

ㄱ. A: 국가가 사형제를 채택하는 것은 공적 정의에 부합하는가?
ㄴ. B: 사형은 시민의 생명을 보존하는 수단으로 행해져야 하는가?
ㄷ. C: 살인범은 국가에서 추방되거나 사형에 처해져야 하는가?
ㄹ. D: 살인을 직접 저지른 사람만이 사형 선고의 대상이 되는가?

① ㄱ, ㄴ　　　　② ㄱ, ㄹ　　　　③ ㄴ, ㄷ
④ ㄱ, ㄷ, ㄹ　　　⑤ ㄴ, ㄷ, ㄹ

(가)의 갑, 을, 병 사상가들의 입장에서 서로에게 제기할 수 있는 비판을 (나) 그림으로 표현할 때, A~F에 해당하는 내용으로 가장 적절한 것은? [3점]

(가)	갑: 법은 강제 권한과 결합되어 있다. 오직 법정의 심판대 앞에서 이루어지는 보복법만이 형벌의 질과 양을 명확하게 제시할 수 있다.
	을: 법은 개개인의 특수 의사의 총체인 일반 의사를 대표한다. 그런데 자신의 생명을 빼앗을 권능을 타인에게 양도할 자는 없다. 사형은 권리일 수 없다.
	병: 법은 일반 의지의 반영이다. 법이 규정한 사회적 권리를 침해하는 악인은 모두 조국의 반역자가 되며, 그의 보존은 국가의 보존과 양립할 수 없다.
(나)	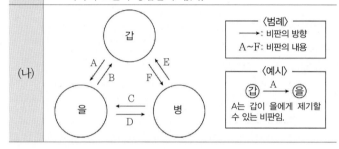

① A, F: 사형은 살인범의 인간 존엄성을 훼손하는 형벌임을 간과한다.
② B: 범죄자는 형벌을 받아야 할 행위를 원했기 때문에 형벌을 받는 것임을 간과한다.
③ C: 사형은 사회 계약을 통해 성립될 수 없지만 정당한 형벌임을 간과한다.
④ D: 형벌의 지속도보다 강도가 범죄 예방에 효과적임을 간과한다.
⑤ E: 형벌은 시민 사회의 선을 위한 수단으로서 가해질 수 있음을 간과한다.

16

갑, 을, 병 사상가들의 입장으로 가장 적절한 것은? [3점]

갑: 사회 계약은 자기 자신을 처벌하도록 하거나 자기 자신과 자기 생명을 처분하는 것에 관한 약속을 포함하지 못한다. 누구든 그가 형벌을 의욕했기 때문이 아니라 형벌을 받을 행위를 의욕했기 때문에 형벌을 받는 것이다.
을: 사회 계약에 사형은 포함될 수 없다. 인간이 자신을 죽일 권리가 없는 이상, 그 권리를 타인이나 사회에 양도하는 것 역시 불가능한 것이다. 사형은 어떤 의미에서도 권리가 될 수 없다.
병: 사회 계약은 계약 당사자들의 생명 보존을 목적으로 한다. 살인범은 사회 계약을 어긴 자로서 추방에 의해 격리되거나, 공중의 적으로서 죽음에 의해 영원히 격리되어야 한다.

① 갑: 형벌은 범죄가 사회에 끼친 해악에 따라 부과되어야 한다.
② 을: 종신 노역형은 살인을 방지할 수 있는 유일한 방법이다.
③ 병: 개인은 사회 계약으로 자기 생명을 처분할 권리를 갖는다.
④ 갑, 병: 살인범은 사회 성원으로서의 자격이 상실되어야 한다.
⑤ 을, 병: 형벌의 목적은 일반 시민의 범죄 예방으로 국한된다.

17

갑, 을 사상가들의 입장으로 적절하지 않은 것은? [3점]

갑: 사회 계약의 목적은 계약자들의 생명 보존에 있다. 남들을 희생시킴으로써 자기 생명을 보존하려는 사람은 필요하다면 남들을 위해 자기 생명도 내놓아야 한다. 사형도 같은 관점에서 고려해야 한다.
을: 사회 계약의 산물인 법은 '최대 다수에 의해 공유된 최대 행복'의 목적에 비추어 평가해야 한다. 사형은 범죄 억제력이 낮고 잔혹함의 본보기를 제공하기 때문에 유해하다. 법은 스스로 살인죄를 범해서는 안 된다.

① 갑: 살인범은 생명권을 사회에 양도한 것으로 보아야 한다.
② 갑: 살인범은 법률적 인격체가 아닌 공공의 적으로 간주된다.
③ 을: 범죄 예방 효과는 형벌 타당성 평가의 기준이 될 수 없다.
④ 을: 살인범에 대한 사형은 유용하지도 않고 필요하지도 않다.
⑤ 갑, 을: 사형의 정당성은 사회 계약에 근거해 평가할 수 있다.

18

(가)의 사상가 갑, 을의 입장을 (나) 그림으로 탐구하고자 할 때, A~C에 들어갈 옳은 질문만을 〈보기〉에서 있는 대로 고른 것은?

(가)	갑: 인간 행동을 규제하는 것은 그가 알고 있는 고통의 반복적 인상에서 비롯된다. 시민들에게 범죄자가 노역하는 고통스러운 모습을 지속적으로 보여 주는 것이 사형보다 더 효과적인 형벌이다. 을: 인간은 내적 자유를 가진 존재이며 자신의 인간성을 훼손하지 말아야 할 의무가 있다. 네가 타인에게 해악을 끼치는 것은 그것이 무엇이든 그것을 네 자신에게 가하는 것과 같다. 이것이 형벌에서의 정언 명령이다.
(나)	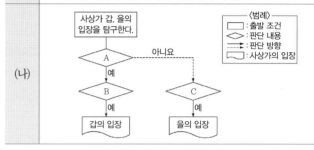

〈 보기 〉
ㄱ. A: 형벌에는 시민에게 공포감을 주려는 의도가 포함되어 있는가?
ㄴ. B: 범죄 의도의 반사회성이 범죄의 경중을 판단하는 척도인가?
ㄷ. B: 과도한 형벌은 효용 원리와 사회 계약 모두에 위배되는가?
ㄹ. C: 인도적 동정심에서 사형의 부당성을 주장하는 것은 그른가?

① ㄱ, ㄴ   ② ㄴ, ㄷ   ③ ㄷ, ㄹ
④ ㄱ, ㄴ, ㄹ   ⑤ ㄱ, ㄷ, ㄹ

(가)의 갑, 을 사상가들의 입장을 (나) 그림으로 표현할 때, A∼C에 해당하는 적절한 진술만을 〈보기〉에서 고른 것은? [3점]

(가)	갑: 사형보다 종신 노역형은 범죄를 의도하는 자를 제지하는 데에 충분한 정도의 엄격성을 지닌 형벌이다. 필요 이상의 가혹한 형벌은 사회적 합의에 반한다. 을: 살인자에 대한 판결은 그가 더 이상 국가의 일원이 아니라는 것에 대한 선언이다. 살인자는 계약 위반자로서 추방당하거나 죽음을 통해 제거되어야 한다.
(나)	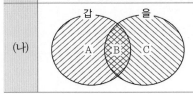 〈범례〉 A: 갑만의 입장 B: 갑과 을의 공통 입장 C: 을만의 입장

〈 보기 〉
ㄱ. A: 사형은 사회 계약의 목적에 부합하지 않는 형벌이다.
ㄴ. B: 국가의 형벌 집행권은 시민의 동의에 근거하여 성립된다.
ㄷ. B: 형벌의 경중은 범죄를 저지른 의도에 따라 결정되어야 한다.
ㄹ. C: 살인자는 공공의 적이 아닌 도덕적 인격으로서 처벌되어야 한다.

① ㄱ, ㄴ   ② ㄱ, ㄷ   ③ ㄴ, ㄷ   ④ ㄴ, ㄹ   ⑤ ㄷ, ㄹ

(가)의 갑, 을, 병 사상가들의 입장에서 서로에게 제기할 수 있는 비판을 (나) 그림으로 표현할 때, A∼F에 해당하는 내용으로 적절하지 않은 것은? [3점]

(가)	갑: 형벌은 범죄자가 처벌받을 행위를 의욕했기 때문에 가해져야 하며, 결코 어떤 다른 선을 촉진하기 위한 수단으로서 가해질 수 없다. 을: 형벌은 범죄를 억제하기에 충분한 정도의 강도만을 지녀야 한다. 따라서 사형보다 고통이 길게 유지되어 오랫동안 본보기로 기능하는 형벌이 필요하다. 병: 사형은 죄인을 시민이 아닌 적으로서 처벌하는 것이다. 그 판결은 그가 사회 계약을 파기하여 이미 국가의 구성원이 아니라는 증명이자 선언이다.
(나)	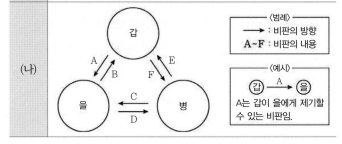

① A: 형벌의 질과 양은 동해(同害) 보복법에 의해서 결정되어야 함을 간과한다.
② B, D: 형벌은 국가 존립을 위한 수단으로 집행될 수 있음을 간과한다.
③ C: 사회 계약은 살인범을 사형에 처할 수 있는 근거가 됨을 간과한다.
④ E: 사형은 일반 시민들의 안전을 지키기 위해 실행되어야 함을 간과한다.
⑤ F: 사형 선고를 받은 사람도 목적적 존재로 대우받아야 함을 간과한다.

21

갑, 을, 병 사상가들의 입장으로 적절하지 <u>않은</u> 것은? [3점]

> 갑: 누구나 일반 의지에 복종하기를 거부하는 자는 국가에 의해 강제를 당하게 된다. 국가는 모든 구성원의 생명 보존을 위해 존재하며, 사형도 같은 관점에서 다뤄진다.
>
> 을: 누구도 자신의 생명을 양도할 수 없다. 사형은 결코 권리의 문제가 아니며, 국가가 유용하다고 판단한 경우에 시민 한 사람과 벌이는 전쟁이다.
>
> 병: 누구나 형벌받을 행위를 의욕하여 범죄를 저질렀다는 그 이유만으로 형벌을 받는 것이다. 범죄자와의 계약을 근거로 사형이 적법하지 않다고 주장하는 것은 법의 왜곡이다.

① 갑: 살인범은 자신이 사회 구성원이 아님을 스스로 입증한 자이다.
② 을: 사형은 시민에게 지속적으로 가장 큰 공포감을 주는 형벌이다.
③ 병: 사형은 살인범을 목적 그 자체로 존중하는 정당한 형벌이다.
④ 갑, 을: 범죄에 상응하는 형벌의 부과는 사회 계약에 근거해야 한다.
⑤ 을, 병: 형벌은 정의의 기초가 되는 원리에 따라 부과되어야 한다.

22

(가)의 갑, 을, 병 사상가들의 입장에서 서로에게 제기할 수 있는 비판을 (나) 그림으로 표현할 때, A~F에 해당하는 내용으로 가장 적절한 것은? [3점]

(가)	갑: 형벌은 범죄자가 처벌받아야 할 행위를 의욕했기 때문에 가해져야 한다. 사형은 살인에 상응하는 보복으로, 사형수의 인간성을 존중하는 길이다. 을: 국가의 목적은 계약 당사자들의 생명 보전에 있고, 사형 제도는 계약을 유지하기 위한 수단이다. 우리의 신체와 능력은 일반 의지의 최고 감독하에 있다. 병: 형벌은 사회 계약에 기초하며 그 목적은 범죄의 예방과 교화에 있다. 사형을 대체한 종신 노역형만으로도 형벌은 충분한 엄격성을 지닌다.

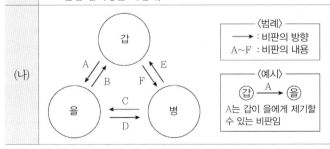

① A, C: 국가는 사형을 집행할 권한을 갖지 못한다는 것을 간과한다.
② B: 살인자도 인간으로 존중받을 자격이 있다는 것을 무시한다.
③ D: 형벌적 정의는 사회 계약에 근거해야 한다는 것을 부정한다.
④ E: 처벌의 목적은 교화가 아니라 응보에 있다는 것을 간과한다.
⑤ F: 형벌은 공리 증진을 위한 수단으로 가해질 수 없음을 간과한다.

23

(가)의 갑, 을, 병 사상가들의 입장에서 서로에게 제기할 수 있는 비판을 (나) 그림으로 표현할 때, A~F에 해당하는 내용으로 가장 적절한 것은? [3점]

(가)	갑: 형벌은 범죄자 자신이나 사회의 다른 선을 촉진하기 위한 수단으로 집행되어서는 안 된다. 오직 보복법만이 형벌의 질과 양을 명확하게 제시할 수 있다. 을: 사형은 범죄자가 사회의 이익을 침해하는 것을 막지 못함을 입증할 뿐이다. 강제 노동의 고통으로 일생에 걸쳐 분산되는 형벌이 사형보다 더 강력한 본보기가 된다. 병: 사형은 사회 계약을 어기고 국가의 적이 된 사람이 죽음에 의해 국가로부터 분리되는 것이다. 일반 의지에 복종하기를 거부하는 자는 복종을 강제당해야 한다.

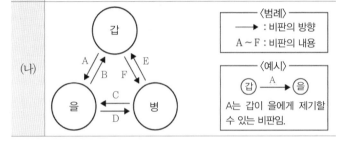

① A: 사형은 범죄 예방과 질서 유지를 위한 수단적 형벌임을 간과한다.
② B: 사형은 범죄 억제력이 전혀 없는 잔혹한 형벌일 뿐임을 간과한다.
③ C, E: 형벌의 정당성은 시민의 동의에서 비롯된 것임을 간과한다.
④ D: 자신의 생명권 양도를 사회 계약에 포함시킬 수 없음을 간과한다.
⑤ F: 형벌은 범죄자가 형벌을 의욕했기 때문에 가해지는 것임을 간과한다.

(가)의 갑, 을, 병 사상가들의 입장에서 서로에게 제기할 수 있는 비판을 (나) 그림으로 표현할 때, A~F에 해당하는 내용으로 가장 적절한 것은? [3점]

(가)	갑: 형벌의 법칙은 하나의 정언 명령이며, 오직 보복법만이 형벌의 질과 양을 명확하게 제시할 수 있다. 살인을 저지른 사람은 누구든 사형에 처해져야 한다. 을: 형벌은 타인들의 범죄를 억제시키기에 충분한 정도의 강도만을 가져야 한다. 사형을 대체한 종신 노역형은 가장 완강한 자의 마음을 억제시키기에 충분하다. 병: 형벌은 그 자체로 악이다. 그러나 형벌은 공리의 원리에 의해 정당화될 수 있으며, 형벌의 가치를 평가할 때에는 확실성, 근접성 등의 측면을 고려해야 한다.
(나)	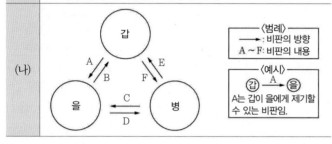

① A: 형벌은 응보가 아닌 다른 선을 촉진하는 수단임을 간과한다.
② B, E: 인간은 자신의 생명권을 국가에게 양도할 수 있음을 간과한다.
③ C: 범죄 억제력은 형벌의 강도보다 지속성에서 발생함을 간과한다.
④ D: 형벌의 크기는 범죄로 이끄는 유혹에 비례해야 함을 간과한다.
⑤ F: 모든 위법 행위자에 대하여 형벌이 부과되어야 함을 간과한다.

(가)의 갑, 을, 병 사상가들의 입장에서 서로에게 제기할 수 있는 비판을 (나) 그림으로 표현할 때, A~F에 해당하는 내용으로 적절한 것만을 〈보기〉에서 있는 대로 고른 것은? [3점]

(가)	갑: 형벌의 남용은 인간을 개선시키지 못한다. 종신 노역형만으로도 가장 완강한 자의 마음을 억제시키기에 충분한 엄격성을 지닌다. 을: 형벌은 본질적으로 해악이다. 공리의 원리에 의할 때 형벌이 근거나 실효성이 없는 경우, 유익하지 않거나 불필요한 경우 형벌은 부적합하다. 병: 형벌은 사법권의 이념으로서 도덕 법칙에 따라 의욕되는 바이다. 범죄와 보복은 동등해야 하며 형벌의 질과 양은 보복법에 따라 결정되어야 한다.
(나)	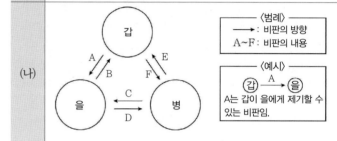

〈 보기 〉

ㄱ. A, F: 사형은 사회 계약에 어긋나는 부적절한 형벌임을 간과한다.
ㄴ. B, D: 형벌은 최대 다수의 최대 행복을 지향해야 함을 간과한다.
ㄷ. C, E: 사형은 범죄자의 인간의 존엄성을 보호하기 위한 형벌임을 간과한다.
ㄹ. D, F: 형벌이 방지할 해악이 형벌의 해악보다 작아야 함을 간과한다.

① ㄱ, ㄴ　　　　② ㄱ, ㄷ　　　　③ ㄴ, ㄹ
④ ㄱ, ㄷ, ㄹ　　　⑤ ㄴ, ㄷ, ㄹ

26

(가)의 갑, 을, 병 사상가들의 입장을 (나) 그림으로 탐구하고자 할 때, A~D에 들어갈 적절한 질문만을 〈보기〉에서 있는 대로 고른 것은? [3점]

(가)	갑: 살인을 했거나, 그것을 명했거나, 그에 협력했던 살인자는 누구든 사형에 처해지지 않으면 안 된다. 살인의 경우 공적 정의 앞에서 최상의 균형자는 사형이다. 을: 형벌의 남용은 결코 인간을 개선시키지 못한다. 사형을 대체한 종신 노역형은 가장 완강한 자의 마음을 억제시키기에 충분한 엄격성을 지닌다. 병: 사회 계약은 계약자의 생명 보존이 목적이므로, 타인의 희생으로 자기의 생명을 보존하려는 자는 타인을 위해 필요하다면 자신도 생명을 희생해야 한다.
(나)	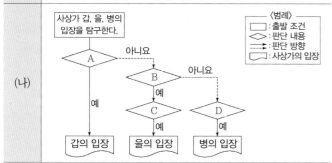

〈 보기 〉

ㄱ. A: 정의의 기초가 되는 원리에 따라 형벌을 가해야 하는가?
ㄴ. B: 사회 계약의 당사자가 사형제에 동의하는 것은 불합리한가?
ㄷ. C: 형벌은 범죄가 공익에 반하는 정도에 비례해야 하는가?
ㄹ. D: 계약자의 생명은 국가로부터 조건부적으로 보장되는가?

① ㄱ, ㄴ ② ㄱ, ㄹ ③ ㄴ, ㄷ
④ ㄱ, ㄷ, ㄹ ⑤ ㄴ, ㄷ, ㄹ

27

(가)의 갑, 을, 병 사상가들의 입장을 (나) 그림으로 탐구하고자 할 때, A~D에 들어갈 적절한 질문만을 〈보기〉에서 고른 것은? [3점]

(가)	갑: 사회 계약은 계약자들의 생명 보존을 목적으로 한다. 남을 희생하고 자기 목숨을 보전하길 원하는 사람은 마찬가지로 남을 위해 자기 목숨을 내놓아야 한다. 을: 형벌은 범법 행위를 억제하기에 충분한 정도의 가혹성만 갖춰야 한다. 종신 노역형은 사형보다 범죄 의도를 제지하는 데 필요한 엄격함을 더 많이 갖고 있다. 병: 살인을 한 사람에게 법적으로 집행되는 사형 외에 범죄와 보복의 동등성은 없다. 오직 보복법만이 형벌의 질과 양을 명확하게 제시할 수 있다.
(나)	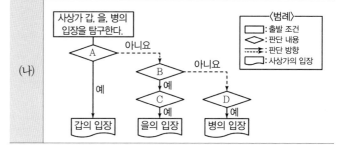

〈 보기 〉

ㄱ. A: 사형 집행은 시민의 이익 증진에 기여할 수 있는가?
ㄴ. B: 형벌 집행 시 범죄자의 고통을 최소화할 필요가 있는가?
ㄷ. C: 형벌이 강력한 범죄 억제책이 되려면 최고의 가혹성을 갖춰야 하는가?
ㄹ. D: 살인자의 생득적 인격성은 상실될 수 없는 가치를 지니는가?

① ㄱ, ㄴ ② ㄱ, ㄷ ③ ㄴ, ㄷ ④ ㄴ, ㄹ ⑤ ㄷ, ㄹ

(가)의 갑, 을, 병 사상가들의 입장에서 서로에게 제기할 수 있는 비판을 (나) 그림으로 표현할 때, A~F에 해당하는 내용으로 가장 적절한 것은? [3점]

(가)	갑: 범죄에 대한 가장 강력한 억제력은 살인자의 사형 장면에서 생겨나지 않는다. 그가 노동으로 속죄하는 것을 사람들이 오래 보는 것에서 생겨난다. 을: 오직 보복법만이 형벌의 질과 양을 명확하게 제시한다. 살인자에 대한 사형은 인간을 수단이나 물권의 대상으로 취급하는 것이 아니다. 병: 사회 계약의 목적은 계약자들의 생명을 보존하는 것이다. 살인하면 사형을 받겠다고 동의하는 것은 살인자에게 희생되고 싶지 않기 때문이다.
(나)	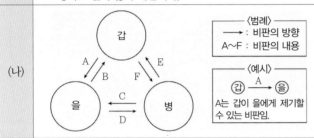

① A: 동등성의 원리에 따라 형벌의 종류와 정도가 결정됨을 간과한다.
② B: 사형은 살인자의 고통받는 인격을 자유롭게 해주는 형벌로 불의가 아님을 간과한다.
③ C와 E: 살인자에 대한 형벌은 시민의 공포심을 자극해야 정당화될 수 있음을 간과한다.
④ D: 형벌의 법칙은 공동체의 이익 증진을 전제로 하는 정언 명령임을 간과한다.
⑤ F: 형벌이 잔혹해질수록 범죄를 예방하는 효과가 증대됨을 간과한다.

(가)의 갑, 을, 병 사상가들의 입장에서 서로에게 제기할 수 있는 비판을 (나) 그림으로 표현할 때, A~F에 해당하는 내용으로 가장 적절한 것은?

(가)	갑: 형벌은 사람들이 유사한 범죄 행위를 못 하도록 억제하는 것이다. 범죄에 대한 억제력의 측면에서 사형보다 종신 노역형이 더 효과적이다. 을: 형벌은 해악이다. 하지만 공리의 원리에 따르면 더 큰 악을 제거하리라고 보장하는 한에서는 형벌이 허용되어야 한다. 병: 형벌은 범죄자나 시민 사회의 어떤 다른 선을 촉진하기 위한 수단으로 가해질 수는 없다. 오직 보복법만이 형벌의 질과 양을 정확히 제시할 수 있다.
(나)	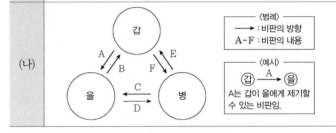

① A: 형벌은 반드시 법률을 통해서만 집행되어야 함을 간과한다.
② B: 형벌은 범죄의 사회적 해악에 비례해 부과해야 함을 간과한다.
③ D: 범죄 피해자의 보복 의지가 형벌의 근거임을 간과한다.
④ F: 범죄자 처벌보다 범죄 예방이 형벌의 목적임을 간과한다.
⑤ C, E: 형벌이 보편적 도덕 원리에 근거해야 함을 간과한다.

30

갑, 을 사상가들의 입장으로 적절한 것만을 〈보기〉에서 있는 대로 고른 것은? [3점]

> 갑: 인간이 자신을 죽일 권리가 없는 이상, 그 권리를 사회에 양도하는 것 역시 불가능하다. 사형은 권리의 문제가 아니다. 사형은 한 사람의 시민에 대한 국가의 전쟁이다.
>
> 을: 사형은 사회 계약에 포함될 수 없다는 이유로 사형의 불법성을 주장하는 것은 법의 왜곡이다. 처벌 법칙은 하나의 정언 명령이다. 그가 살인했다면 그는 죽어야 한다.

〈 보기 〉

ㄱ. 갑: 범죄자를 처벌하는 것이 아니라 범죄를 예방하는 것이 정의롭다.

ㄴ. 갑: 범죄자의 의도를 제외하고 사회에 끼친 해악으로 범죄의 경중을 판단하는 것은 타당하다.

ㄷ. 을: 범죄자의 생득적 인격성을 존중하기 위해서는 사형 이외의 형벌을 부과할 수 없다.

ㄹ. 갑과 을: 공적 정의를 실현하기 위해서는 범죄와 형벌 간의 비례 관계를 유지해야 한다.

① ㄱ, ㄴ   ② ㄴ, ㄹ   ③ ㄷ, ㄹ
④ ㄱ, ㄴ, ㄷ   ⑤ ㄱ, ㄷ, ㄹ

31

(가)의 갑, 을, 병 사상가들의 입장에서 서로에게 제기할 수 있는 비판을 (나) 그림으로 표현할 때, A ~ F에 해당하는 내용으로 가장 적절한 것은? [3점]

(가)	갑: 공적 정의가 원리와 표준으로 삼는 것은 어떤 종류와 어느 정도의 형벌인가? 오직 보복법만이 형벌의 질과 양을 명확하게 제시한다. 을: 법은 공동 이익을 지향하는 일반 의지의 지도를 받아야 한다. 법을 어긴 범죄자는 더 이상 조국의 구성원이 아니고 조국과 전쟁을 벌이는 자이다. 병: 종신 노역형만으로도 가장 완강한 자의 마음을 억제하기에 충분한 엄격성을 지닌다. 종신 노역형은 사형 이상의 확실한 효과를 가져온다.
(나)	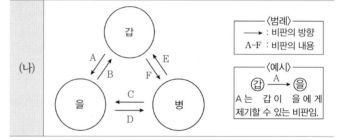

① A: 사형은 살인범의 자발적 행위에 대한 응보적 형벌임을 간과한다.

② B: 살인범에 대한 사형은 정의를 실현하는 형벌임을 간과한다.

③ C와 E: 사형은 개인이 국가에 양도한 생명권을 국가가 침해하는 형벌임을 간과한다.

④ D: 사회 계약의 목적을 위해 모든 시민이 사형제에 동의해야 함을 간과한다.

⑤ F: 형벌의 경중은 오직 범죄의 동기에 비례하여 결정해야 함을 간과한다.

한눈에 정리하는
평가원 기출 경향

주제 \ 학년도	2025	2024	2023

빈출

국가의 권위와
시민에 대한
의무
[14일차]

빈출

롤스의
시민 불복종
[14~15일차]

빈출

시민 불복종에
대한 입장들
[14~15일차]

2025

수능 10번

26. 갑, 을 사상가들의 입장으로 적절한 것만을 〈보기〉에서 고른 것은? [3점]

> 갑: 자연은 신이 세계를 창조하여 다스리는 기예이다. 이 자연을 인간의 기예로 모방하여 인공적 인격을 만들어 낼 수 있다. 이것이 국가라고 불리는 위대한 리바이어던이다.
> 을: 사람들이 사회에 들어가는 목적은 재산을 안전하게 향유하는 것이며, 이를 위한 주요한 수단이 사회에서 확립된 법이다. 최초의 실정법은 입법권을 확립하는 것이다.

〈보기〉
ㄱ. 갑: 절대 군주는 모든 인간의 사회 계약 체결과 이행을 강제한다.
ㄴ. 갑: 사회 계약 이후에 군주와 시민은 자연법을 준수해야 한다.
ㄷ. 을: 자연 상태는 어떠한 불평등도 없는 대체로 평화로운 상태이다.
ㄹ. 갑과 을: 자연 상태의 모든 인간은 동일한 자연권을 가진다.

① ㄱ, ㄴ ② ㄱ, ㄷ ③ ㄴ, ㄷ ④ ㄴ, ㄹ ⑤ ㄷ, ㄹ

수능 18번

23. 다음을 주장한 사상가의 입장으로 가장 적절한 것은?

> 시민 불복종을 정당화할 때 어떤 개인적 도덕 원칙이나 종교적 교설이 우리 주장을 지지해 준다고 해서 그것에 의거해서는 안 된다. 시민 불복종의 근거가 오직 개인이나 집단의 이익에만 기초할 수 없다는 것은 말할 필요도 없다. 그 대신 시민 불복종은 공공적 정의관에 의거하게 된다.

① 소수자가 지닌 정의관은 시민 불복종의 근거가 될 수 없다.
② 차등의 원칙에 근거한 법은 시민 불복종의 대상이 될 수 있다.
③ 준법의 의무는 기본적 자유를 방어할 권리와 상충할 수 없다.
④ 시민 불복종의 대상은 기본적 자유의 심각한 위반에 국한된다.
⑤ 양심적 거부에 대한 국가의 규제는 시민 불복종의 대상이 될 수 없다.

2024

수능 7번

3. (가)의 사상가 갑, 을의 입장을 (나) 그림으로 탐구하고자 할 때, A~C에 들어갈 적절한 질문만을 〈보기〉에서 있는 대로 고른 것은? [3점]

(가)
> 갑: 만인은 서로 늑대처럼 싸우는 자연 상태에서 벗어나기 위해 상호 계약을 맺어 하나의 인격으로 결합해야 한다. 이 인격을 지닌 통치자는 모든 사람의 힘과 수단을 임의로 사용할 수 있는 권력을 지닌다.
> 을: 절대 권력에 책임을 묻지 않는 식의 합의는 여우나 스컹크를 피해 사자에게 잡아먹히는 데 만족하는 것과 같다. 통치자가 시민의 생명, 자유 및 자산을 보존하지 못할 때 시민은 통치자에 저항할 수 있다.

(나)

〈보기〉
ㄱ. A: 국가의 통치자가 사회 계약을 위반하는 것은 가능한가?
ㄴ. B: 국가는 신의(信義) 계약으로 탄생한 자연적 인격인가?
ㄷ. B: 국가가 부재한 곳에서는 각자의 소유권도 부재하는가?
ㄹ. C: 국가의 통치자에게는 단지 신탁된 권력만 주어지는가?

① ㄱ, ㄴ ② ㄱ, ㄷ ③ ㄷ, ㄹ ④ ㄱ, ㄴ, ㄹ ⑤ ㄴ, ㄷ, ㄹ

수능 9번

2. 다음을 주장한 사상가의 입장으로 적절한 것만을 〈보기〉에서 있는 대로 고른 것은?

> 시민 불복종은 법에 대한 충실성의 한계 내에서 부정의한 법에 대한 불복종을 나타낸다. 시민 불복종 행위에 가담함으로써 소수자는 다수자에게 그들의 행위가 정의의 원칙들에 대한 위반으로 해석되기를 바라는지 아니면 공통된 정의감에 비추어 소수자의 합당한 요구를 인정하고자 하는지를 숙고하도록 강요하게 된다.

〈보기〉
ㄱ. 시민 불복종은 다수자의 정의감을 나타내는 양심적인 행위이다.
ㄴ. 시민 불복종은 법의 경계선 내에서 행해지는 정치적 행위이다.
ㄷ. 부정의한 법의 변혁은 시민 불복종의 목적이 아니라 결과이다.

① ㄱ ② ㄴ ③ ㄱ, ㄷ ④ ㄴ, ㄷ ⑤ ㄱ, ㄴ, ㄷ

6월 모평 5번

5. (가)의 갑, 을 사상가들의 입장을 (나) 그림으로 탐구하고자 할 때, A~C에 들어갈 적절한 질문만을 〈보기〉에서 있는 대로 고른 것은? [3점]

(가)
> 갑: 시민 불복종은 그 결과의 좋음에 의해 정당화된다. 따라서 우리는 시민 불복종으로 인해 발생하는 법과 민주주의에 대한 존중심의 감소 정도마저 고려해야 한다.
> 을: 시민 불복종은 시민들의 정의관에 의해 정당화된다. 따라서 시민 불복종은 헌법과 사회 제도 일반을 규제하는 정의의 원칙들에 의해 지도되어야 한다.

(나)

〈보기〉
ㄱ. A: 시민 불복종은 법의 부당함을 다수에게 강요하는 행위인가?
ㄴ. B: 시민 불복종은 민주주의적 결정을 복원하려는 시도인가?
ㄷ. C: 시민 불복종은 정의로운 법을 제정할 절차가 불완전하여 발생할 수 있는가?
ㄹ. C: 이익 집단의 시민 불복종은 공공의 정의관에 근거해야 허용될 수 있는가?

① ㄱ, ㄴ ② ㄱ, ㄷ ③ ㄴ, ㄹ ④ ㄱ, ㄷ, ㄹ ⑤ ㄴ, ㄷ, ㄹ

2023

수능 12번

10. 갑, 을 사상가들의 입장으로 적절한 것만을 〈보기〉에서 있는 대로 고른 것은? [3점]

> 갑: 자연 상태에서 개인은 재산권뿐만 아니라, 타인이 자연법을 위반한 것을 판단하고 처벌하는 권력을 가진다. 이 처벌권을 공동체에 양도하는 곳에서만 정치 사회가 존재한다.
> 을: 자연 상태에서, 즉 전쟁 상태에서 벗어나고자 개인은 만물에 대한 권리를 포기한다. 정의는 유효한 계약을 지키는 것이며, 계약의 유효성은 국가 수립과 함께 시작된다.

〈보기〉
ㄱ. 갑: 자연 상태에서 분쟁 발생 시 모든 당사자는 재판관이 된다.
ㄴ. 갑: 정부에 신탁된 권력은 시민에 의해서 철회될 수 있다.
ㄷ. 을: 개인은 자연 상태에서의 불의를 피하려고 계약을 맺는다.
ㄹ. 갑과 을: 시민은 주권자로서 동등한 자유와 권리를 지닌다.

① ㄱ, ㄴ ② ㄱ, ㄷ ③ ㄷ, ㄹ ④ ㄱ, ㄴ, ㄹ ⑤ ㄴ, ㄷ, ㄹ

수능 14번

6. (가)의 갑, 을 사상가들의 입장을 (나) 그림으로 탐구하고자 할 때, A~C에 들어갈 적절한 질문만을 〈보기〉에서 고른 것은? [3점]

(가)
> 갑: 시민 불복종은 거의 정의로운 사회 내에서 그 체제의 합법성을 인정하는 시민들에게서만 일어난다. 따라서 시민 불복종은 공유된 정의관에 의해 정당화된다.
> 을: 시민 불복종은 공리주의 원리에 의해 정당화되어야 한다. 따라서 우리는 시민 불복종이 사회에 미칠 전체적인 이익과 손해를 저울질해 봐야 한다.

(나)

〈보기〉
ㄱ. A: 시민 불복종은 법에 대한 존중심을 감소시킬 수 있는가?
ㄴ. B: 시민 불복종이 정당한 법에 대한 위반을 수반할 수 있는가?
ㄷ. B: 심각한 부정의가 존재하는 민주 체제에서는 시민 불복종이 가능한가?
ㄹ. C: 다수의 견해를 진정으로 반영한 법에 대한 시민 불복종은 불가능한가?

① ㄱ, ㄴ ② ㄱ, ㄷ ③ ㄴ, ㄹ ④ ㄴ, ㄷ ⑤ ㄷ, ㄹ

2022 ~ 2019

2022. 수능 15번

7. 그림은 서술형 평가 문제와 학생 답안이다. 학생 답안의 ㉠~㉤ 중 옳지 않은 것은? [3점]

> **서술형 평가**
>
> ◎ 문제: 국가와 시민의 관계에 대한 갑, 을 사상가들의 입장을 비교하여 서술하시오.
>
> 갑: 자연 상태에서는 모든 인간을 떨게 만드는 공통의 힘이 없기 때문에 인간은 만인의 만인에 대한 전쟁 상태에 놓이게 된다. 인간은 이 비참함에서 벗어나기 위해 국가 속에서 스스로를 구속한다.
> 을: 모든 인간은 자기 신체와 소유물에 대한 지배권을 갖지만 자연 상태에서는 이 권리의 향유가 불확실하다. 이에 따라 인간은 공동체를 결성하고 공통의 재판관을 지상에 설정함으로써 국가 상태에 들어가게 된다.
>
> ◎ 학생 답안
>
> 국가와 시민의 관계에 대한 갑, 을의 입장을 비교해 보면, 갑은 ㉠ 인간이 두려워해야 할 공통의 권력이 없는 자연 상태의 혼란에서 벗어나기 위해 국가를 수립하게 된다고 보고, ㉡ 국가는 공공의 평화와 안전을 위해서 절대적인 권력을 행사할 수 있다고 주장한다. 반면에 을은 ㉢ 인간이 자연 상태에서 공동체를 구성하고자 하는 정치적 본성으로 인해 자연스럽게 국가 상태로 들어가게 된다고 보고, ㉣ 국가는 공동선을 실현하기 위해 위임받은 권력을 자의적으로 행사해서는 안 된다고 주장한다. 한편 갑, 을은 모두 ㉤ 국가에 대한 시민의 의무는 시민 자신의 생명권을 국가가 보호해 준다는 조건 아래에서 계속될 수 있다고 본다.

① ㉠   ② ㉡   ③ ㉢   ④ ㉣   ⑤ ㉤

2021. 6월 모평 20번

12. 갑, 을 사상가들의 입장으로 적절한 것만을 〈보기〉에서 있는 대로 고른 것은?

> 갑: 일정한 생업[恒産]이 없는 백성은 변함없는 마음[恒心]을 잃게 된다. 그러므로 군주는 백성이 부모를 봉양하고 처자식을 부양하기에 부족함이 없게 해 주어야 한다. 그런 후에 백성을 선한 데로 나아가게 인도해야 한다.
> 을: 완전한 공동체인 국가는 자연의 산물이며, 인간은 본성적으로 국가 공동체를 구성하는 동물이다. 국가 없이 살아가는 자는 인간보다 하등하거나 인간을 뛰어넘는 존재이다.

> ─〈 보기 〉─
> ㄱ. 갑: 국가의 통치자는 덕으로써 백성을 감화시켜야 한다.
> ㄴ. 갑: 백성들의 도덕성을 유지하는 데 경제적 안정이 중요하다.
> ㄷ. 을: 정치 공동체인 국가에서 인간은 선을 실현할 수 있다.
> ㄹ. 갑, 을: 국가는 자연 상태에서 벗어나려는 인간들의 계약으로 수립된다.

① ㄱ, ㄷ   ② ㄱ, ㄹ   ③ ㄴ, ㄹ
④ ㄱ, ㄴ, ㄷ   ⑤ ㄴ, ㄷ, ㄹ

2022. 수능 3번

18. 다음을 주장한 사상가의 입장으로 가장 적절한 것은? [3점]

> 거의 정의로운 사회에서 정의의 원칙들은 자유롭고 평등한 인간들 간의 자발적인 협동의 기본 조항으로서 공공적으로 인정된다. 그래서 시민 불복종에 참여하는 사람들은 다수의 정의감에 호소하며 자유로운 협동의 조건이 침해되었다는 것을 정당하게 알리고자 한다.

① 시민 불복종은 헌법의 근거가 되는 원칙에 의해 지도되어야 한다.
② 시민 불복종은 양심적 개인들의 종교적 신념에 근거할 수 있다.
③ 정의로운 시민에게 부정의한 법을 준수할 의무는 성립할 수 없다.
④ 시민 불복종은 합법적인 정치적 반대와 동시에 이루어져야만 한다.
⑤ 헌법에 규정된 방식으로 제정된 법은 시민 불복종의 대상이 아니다.

2021. 9월 모평 7번

10. 다음을 주장한 사상가의 입장으로 가장 적절한 것은? [3점]

> 질서 정연한 사회에서 개인은 정의로운 제도를 유지하고 발전시켜야 하는 자연적 의무를 지니므로 정의로운 법에 따라야 한다. 문제는 부정의한 법을 어느 정도까지 따라야 하는가이다. 이 문제와 관련된 시민 불복종 이론은 원초적 입장에 있는 당사자들의 관점에서 바라볼 필요가 있다. 당사자들은 정의로운 체제의 안정성을 유지하기 위한 방법을 찾고자 정당한 시민 불복종을 규정하는 조건들을 채택하게 될 것이다.

① 시민 불복종은 다수의 이익을 증진할 목적으로 행해져야 한다.
② 공직을 맡을 권리를 침해하는 정책은 시민 불복종의 대상이 된다.
③ 시민 불복종은 양심적 행위이지만 그 자체가 사회에 위협이 된다.
④ 시민 불복종은 헌법의 근거에 이의를 제기하는 정치적 행위이다.
⑤ 원초적 입장의 당사자들은 어떠한 부정의에도 저항할 것을 합의한다.

2020. 수능 18번

20. 다음 사상가의 입장으로 가장 적절한 것은?

> 거의 정의로운 사회에서 구성원에게 요구되는 가장 중대한 자연적 의무는 체제의 안정에 기여하는 것이다. 이를 위해 구성원은 체제의 불가피한 결함을 똑같이 분담해야 한다. 물론 사회의 부정의가 구성원에게 주는 부담이 과도해서는 안 된다.

① 공유된 정의감에 호소하는 시민 불복종이 공공적일 필요는 없다.
② 법이 부정의한 정도에 따라 시민 불복종의 정당화 여부가 달라진다.
③ 민주적 권위에 맞서는 모든 위법 행위는 체제의 안정을 해친다.
④ 정의 원칙에 기초한 헌법하에서는 부정의한 법이 제정되지 않는다.
⑤ 부정의한 법을 준수할 의무는 거의 정의로운 사회에서 존재할 수 없다.

2019. 수능 18번

11. 다음 사상가의 입장만을 〈보기〉에서 있는 대로 고른 것은?

> 거의 정의로운 사회는 심각한 부정의가 존재할지도 모르지만 일종의 민주적 정부의 형태를 갖춘 사회이다. 이러한 사회에서 정의의 원칙들은 자유롭고 평등한 인간들 간의 자발적인 협동의 기본 조항으로서 공공적으로 인정된다. 그래서 시민 불복종에 참여하는 사람들이 의도하는 것은 다수의 정의감에 호소하여 자유로운 협동의 조건이 침해되었다는 것을 정당하게 알리는 것이다.

> ─〈 보기 〉─
> ㄱ. 시민 불복종은 정당한 폭력으로 다수의 정의감에 호소하는 행위이다.
> ㄴ. 시민 불복종은 사회적 협동의 기본 원리에 근거한 양심적 항거이다.
> ㄷ. 시민 불복종은 도덕적으로는 옳지 못하지만 불가피한 위법 행위이다.
> ㄹ. 민주적 정부의 법도 부정의하면 시민 불복종의 대상이 될 수 있다.

① ㄱ, ㄴ   ② ㄱ, ㄷ   ③ ㄴ, ㄹ
④ ㄱ, ㄷ, ㄹ   ⑤ ㄴ, ㄷ, ㄹ

2022. 9월 모평 17번

24. 그림은 서양 사상가 갑, 을의 가상 대화이다. 갑, 을의 입장으로 적절한 것만을 〈보기〉에서 있는 대로 고른 것은?

> 갑: 평등한 자유의 원칙에 대한 심각한 위반은 시민 불복종의 대상이 됩니다. 시민 불복종에 참여하는 사람은 다수자의 정의감에 호소하여 자유로운 협동의 조건이 침해되었다는 것을 정당하게 알립니다.
> 을: 시민 불복종은 민주적 의사 결정을 좌절시킨다기보다는 복원하려는 시도입니다. 우리가 중단시키려고 하는 악의 크기와, 불복종 행위가 가져올 법과 민주주의에 대한 존중심의 감소 정도를 저울질해 봐야 합니다.

> ─〈 보기 〉─
> ㄱ. 갑: 차등의 원칙을 위반한 정책은 시민 불복종의 대상이 된다.
> ㄴ. 갑: 매우 부정의한 입헌 체제에서 시민 불복종은 성립할 수 없다.
> ㄷ. 을: 시민 불복종을 하는 시민은 보편적 법치 원리를 존중한다.
> ㄹ. 갑, 을: 시민 불복종으로 발생할 불행한 결과를 고려해야 한다.

① ㄱ, ㄴ   ② ㄱ, ㄹ   ③ ㄴ, ㄷ
④ ㄱ, ㄷ, ㄹ   ⑤ ㄴ, ㄷ, ㄹ

2021. 수능 12번

9. 갑, 을 사상가들의 입장으로 적절하지 않은 것은? [3점]

> 갑: 특정한 법에 불복종하기 전에 효용성을 따져 보아야 한다. 불복종이 목표 달성에 실패하여 다른 수단으로 성공할 가능성을 감소시킬 위험도 고려해야 한다.
> 을: 특정한 법이 다수의 정의관을 현저하게 위반하면 이에 대한 불복종은 정당하다. 정의로운 사회의 기본 원칙을 오래동안 의도적으로 위반하는 법은 굴종이나 반항을 초래한다.

① 갑: 시민 불복종은 성패에 따르는 비용과 편익을 고려해야 한다.
② 갑: 시민 불복종이 정당하더라도 법에 대한 복종심을 감소시킬 수 있다.
③ 을: 시민 불복종은 정의감에 의해 상당히 규제되는 사회에서만 성립한다.
④ 을: 다수가 믿는 종교적 가르침은 시민 불복종을 정당화하는 근거이다.
⑤ 갑, 을: 시민 불복종은 위법 행위이지만 사회 정의를 추구한다.

2019. 6월 모평 16번

12. 갑, 을 사상가들의 입장으로 가장 적절한 것은? [3점]

> 갑: 법에 대한 존경심보다 먼저 정의에 대한 존경심을 기르는 것이 바람직하다. 내가 떠맡을 권리가 있는 나의 유일한 책무는 내가 옳다고 생각하는 일을 행하는 것이다. 법에 대한 존경심 때문에 선량한 사람들조차 불의의 하수인이 되고 있다.
> 을: 사회의 기본 구조가 합당하게 정의로운 것인 경우, 그 부정의가 지나치지만 않으면 부정의한 법도 구속력이 있음을 인정해야 한다. 시민 불복종은 법에 대한 충실성의 한계 내에서 법에 대한 불복종을 나타내는 것이어야 한다.

① 갑: 시민 불복종은 다수 국민이 공유한 정의관에 근거해야 한다.
② 갑: 법률과 양심을 시민 불복종의 정당성 판별 근거로 삼아야 한다.
③ 을: 양심에 충실한 거부라도 정당한 시민 불복종이 아닌 경우가 있다.
④ 을: 시민 불복종은 체제의 정당성에 대한 비폭력적·공개적 저항이다.
⑤ 갑, 을: 시민 불복종은 공권력에 의한 처벌을 거부하는 수단이다.

기출 선지로 짚어 주는 **핵심 내용**

국가와 시민의 윤리

1 국가의 권위와 시민에 대한 의무

맹자	• 국가의 통치자는 덕으로써 백성을 감화시켜야 한다. • 백성들의 도덕성을 유지하는 데 경제적 안정이 중요하다. • (유교) 국가는 가족 공동체 의식이 전제된 정치적 공동체여야 한다.
아리스토텔레스	• 인간은 국가 속에서 훌륭하고 행복한 삶을 영위할 수 있다. → 정치 공동체인 국가에서 인간은 선을 실현할 수 있다. • 시민은 자신이 속한 국가에 대해 정치적 의무를 지닌다. • 국가는 인간의 정치적 본성으로 형성되는 자연적 공동체이다.
로크	• 국가는 공통된 법률에 따라 시민들 간의 분쟁을 조정해야 한다. • 국가는 자국민을 침해한 외부인들을 처벌할 권력을 지닌다. • 국가는 개인의 기본권 보장을 목적으로 계약에 의해 수립된다. • 국가는 시민 모두에게 동등한 자유와 권리를 보장해야 한다. • 국가는 자연 상태에서 벗어나려는 인간들의 계약으로 수립된다.

2 시민 불복종에 대한 입장

1 시민 불복종의 의미와 역할

의미	정의롭지 못한 법이나 정책을 변화시킬 목적으로 시민들이 의도적으로 법을 위반하는 행위이다.
역할	시민 불복종은 불의를 교정하는 역할을 수행할 수 있다.

2 시민 불복종에 대한 다양한 입장들

소로	• 양심에 어긋나는 모든 법에 불복종해야 한다고 본다. • 개인은 법에 우선하여 양심과 정의에 따라 행동해야 한다. • 법에 대한 존경심보다는 정의에 대한 존경심을 가져야 한다.
롤스	• 시민 불복종은 민주적 체제의 합법성을 인정하는 시민의 행위이다. **더 보기1** • 시민 불복종은 사회의 기본 구조가 아주 부정의하면 성립할 수 없다. • 정치적 절차는 완전히 정의로운 법의 제정을 보장할 수 없다. → 시민 불복종의 대상은 일부의 부정의한 법이나 정책들에 한정된다. • 시민 불복종은 헌법의 근거가 되는 원칙에 의해 지도되어야 한다. → 시민 불복종은 다수 국민이 공유한 정의관에 근거해야 한다. **더 보기2** • 시민 불복종의 의도는 동료 시민들에게 공표되어야 한다. • 시민 불복종은 어떠한 합법적 방법도 효과가 없을 때 행해져야 한다. • 시민 불복종은 법에 대한 충실성의 한계 내에서 이루어진다. • 개인의 양심에 근거하더라도 정당한 시민 불복종이 아닐 수 있다. 기억해
싱어	• 시민 불복종이 산출할 사회적 이익과 해악이 고려되어야 한다. • 부정의를 해결할 수 있는 합법적 방법이 우선적으로 고려되어야 한다. • 시민 불복종이 정당하더라도 법에 대한 복종심을 감소시킬 수 있다. • 시민 불복종을 하는 시민은 보편적 법치 원리를 존중한다.

▶ **기/출/표/현 더 보기**

1 [21모평] **시민 불복종은 민주적 체제의 합법성을 인정하는 시민의 행위이다.**
= 시민 불복종은 불법 행위이지만 법치를 존중하는 행위이다.
= 시민 불복종은 공개적으로 주목받아야 할 위법 행위이다.
= 부정의한 법에 대해 불복종할 때에도 처벌을 감수해야 한다.
= 시민 불복종은 그 행위에 대한 법적 처분의 수용을 전제한다.

2 [19모평] **시민 불복종은 다수 국민이 공유한 정의관에 근거해야 한다.**
= 시민 불복종은 공동체의 정의감에 호소하는 정치 행위이다.
= 시민 불복종은 시민 다수자가 갖는 정의관에 근거를 두어야 한다.
= 다수가 공유하고 있는 정의관을 대상으로 시민 불복종을 행사하 수 있다.

01 대표 문제

갑, 을 사상가들의 입장으로 적절한 것만을 〈보기〉에서 있는 대로 고른 것은?

> 갑: 만인의 만인에 대한 전쟁 상태에서는 그 어떠한 것도 부당한 것이 될 수 없다. 리바이어던이 없는 곳에서는 법과 정의 그리고 소유도 존재하지 않는다.
> 을: 인간이 공동체를 결성하고 스스로를 정부의 지배하에 두고자 하는 가장 주된 목적은 그들의 소유 보존이다. 그러나 자연 상태에는 이를 위한 많은 것이 결여되어 있다.

〈 보기 〉
ㄱ. 갑: 절대 권력은 시민의 소유를 보호해야 할 의무가 있다.
ㄴ. 갑: 인간 본성으로 인해 자연 상태는 전쟁 상태일 수밖에 없다.
ㄷ. 을: 자연 상태의 인간은 자연법을 이해할 수 있는 능력이 없다.
ㄹ. 갑과 을: 자연 상태의 인간은 자유에 대한 평등한 권리가 있다.

① ㄱ, ㄴ   ② ㄱ, ㄷ   ③ ㄷ, ㄹ
④ ㄱ, ㄴ, ㄹ   ⑤ ㄴ, ㄷ, ㄹ

02

갑, 을 사상가들의 입장으로 적절한 것만을 〈보기〉에서 고른 것은?

> 갑: 지금 천하의 군자들이 진심으로 천하가 부유해지기를 바라고 가난해지는 것을 싫어하며, 천하가 다스려지기를 바라고 어지러워지는 것을 싫어한다면 마땅히 아울러 서로 사랑하고[兼愛] 서로 이롭게 해야만[交利] 한다.
> 을: 백성의 삶에 있어서 일정한 생업[恒産]이 있는 사람은 일정한 마음[恒心]을 지니지만, 일정한 생업이 없는 사람은 일정한 마음을 지니지 못한다. 일정한 마음이 없으면 방탕, 편벽, 사악, 사치 등 못하는 짓이 없게 된다.

〈 보기 〉
ㄱ. 갑: 군주는 친분에 얽매이지 않는 사랑의 질서를 확립해야 한다.
ㄴ. 갑: 군주는 전쟁을 일으켜서라도 천하의 평화를 이루어야 한다.
ㄷ. 을: 궁핍한 백성의 도덕적 일탈은 군주의 책임으로 귀속될 수 있다.
ㄹ. 갑과 을: 군주는 의로움보다 백성의 이로움을 중시해야 한다.

① ㄱ, ㄴ   ② ㄱ, ㄷ   ③ ㄴ, ㄷ   ④ ㄴ, ㄹ   ⑤ ㄷ, ㄹ

03

(가)의 사상가 갑, 을의 입장을 (나) 그림으로 탐구하고자 할 때, A~C에 들어갈 적절한 질문만을 〈보기〉에서 있는 대로 고른 것은? [3점]

(가)
> 갑: 만인은 서로 늑대처럼 싸우는 자연 상태에서 벗어나기 위해 상호 계약을 맺어 하나의 인격으로 결합해야 한다. 이 인격을 지닌 통치자는 모든 사람의 힘과 수단을 임의로 사용할 수 있는 권력을 지닌다.
> 을: 절대 권력에 책임을 묻지 않는 식의 합의는 여우나 스컹크를 피해 사자에게 잡아먹히는 데 만족하는 것과 같다. 통치자가 시민의 생명, 자유 및 자산을 보존하지 못할 때 시민은 통치자에 저항할 수 있다.

(나)
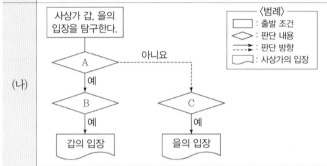

〈 보기 〉
ㄱ. A: 국가의 통치자가 사회 계약을 위반하는 것은 가능한가?
ㄴ. B: 국가는 신의(信義) 계약으로 탄생한 자연적 인격인가?
ㄷ. B: 국가가 부재하는 곳에서는 각자의 소유권도 부재하는가?
ㄹ. C: 국가의 통치자에게는 단지 신탁된 권력만 주어지는가?

① ㄱ, ㄴ   ② ㄱ, ㄷ   ③ ㄷ, ㄹ
④ ㄱ, ㄴ, ㄹ   ⑤ ㄴ, ㄷ, ㄹ

04

갑, 을 사상가들 중 적어도 한 사람이 부정의 대답을 할 질문으로 적절한 것만을 〈보기〉에서 고른 것은? [3점]

> 갑: 자연 상태에서 인간의 경쟁, 불신, 공명심 때문에 분쟁이 발생한다. 이러한 전쟁 상태로부터 벗어나서 자연권을 보호하기 위해 개인들은 사회적 동의로 절대 권력을 수립한다.
> 을: 자연 상태에서 개인들은 생명, 자유, 재산의 권리를 보호하기 위해 입법부를 구성하기로 합의한다. 그러나 입법부가 자연권을 보호하지 못하면 시민들은 신탁을 철회할 수 있다.

〈 보기 〉

ㄱ. 공권력이 형성된 이후에 자연권 보호는 개인만의 책임인가?
ㄴ. 정부에 의한 시민의 재산권 침해는 정부 해체의 근거가 되는가?
ㄷ. 국가의 권위에 복종해야 할 의무는 계약에 토대를 두는가?
ㄹ. 인간은 자연 상태에서 이성의 능력을 발휘하여 계약을 하는가?

① ㄱ, ㄴ   ② ㄱ, ㄷ   ③ ㄴ, ㄷ   ④ ㄴ, ㄹ   ⑤ ㄷ, ㄹ

05

다음을 주장한 사상가의 입장으로 적절한 것만을 〈보기〉에서 고른 것은?

> 본래 인간은 자유롭고 평등하고 독립된 존재이므로 자신의 동의 없이 다른 사람의 정치권력에 복종할 수 없다. 어떤 사람이 자신의 자유를 포기하고 시민 사회의 구속을 받아들이는 유일한 방법은, 자신의 재산을 보호하고 다른 사람들과 상호 간에 안전한 삶을 영위하기 위해서 공동체를 결성하기로 합의하는 것이다.

〈 보기 〉

ㄱ. 국가는 가족 공동체 의식이 전제된 정치적 공동체여야 한다.
ㄴ. 국가는 개인의 기본권 보장을 목적으로 계약에 의해 수립된다.
ㄷ. 국가는 인간의 정치적 본성으로 형성되는 자연적 공동체이다.
ㄹ. 국가는 시민 모두에게 동등한 자유와 권리를 보장해야 한다.

① ㄱ, ㄴ   ② ㄱ, ㄷ   ③ ㄴ, ㄷ   ④ ㄴ, ㄹ   ⑤ ㄷ, ㄹ

06

갑, 을 사상가들의 입장으로 적절하지 <u>않은</u> 것은?

> 갑: 자연 상태에서는 사람들 간의 분쟁을 해결하는 공통된 법률이 없고, 무사 공평한 재판관도 없다. 그래서 인간은 자신의 생명, 자유, 재산을 보호하기 위해 공동체를 결성하고 스스로를 정부의 지배하에 두고자 한다.
> 을: 모든 공동체는 어떤 종류의 좋음을 목표로 하는 것이지만, 국가는 그 모든 공동체들 중에서 최고의 것이면서 다른 모든 공동체들을 포괄한다. 그리고 국가는 모든 좋음들 중에서 최고의 좋음을 목표로 한다.

① 갑: 국가는 공통된 법률에 따라 시민들 간의 분쟁을 조정해야 한다.
② 갑: 국가는 자국민을 침해한 외부인들을 처벌할 권력을 지닌다.
③ 을: 국가는 정치적 동물인 인간들의 상호 동의를 통해 발생한다.
④ 을: 인간은 국가 속에서 훌륭하고 행복한 삶을 영위할 수 있다.
⑤ 갑, 을: 시민은 자신이 속한 국가에 대해 정치적 의무를 지닌다.

07

그림은 서술형 평가 문제와 학생 답안이다. 학생 답안의 ㉠~㉤ 중 옳지 <u>않은</u> 것은? [3점]

> **서술형 평가**
>
> ◎ 문제: 국가와 시민의 관계에 대한 갑, 을 사상가들의 입장을 비교하여 서술하시오.
>
> > 갑: 자연 상태에서는 모든 인간을 떨게 만드는 공통의 힘이 없기 때문에 인간은 만인의 만인에 대한 전쟁 상태에 놓이게 된다. 인간은 이 비참함에서 벗어나기 위해 국가 속에서 스스로를 구속한다.
> > 을: 모든 인간은 자기 신체와 소유물에 대한 지배권을 갖지만 자연 상태에서는 이 권리의 향유가 불확실하다. 이에 따라 인간은 공동체를 결성하고 공통의 재판관을 지상에 설정함으로써 국가 상태에 들어가게 된다.
>
> ◎ 학생 답안
>
> 국가와 시민의 관계에 대한 갑, 을의 입장을 비교해 보면, 갑은 ㉠ 인간이 두려워해야 할 공통의 권력이 없는 자연 상태의 혼란에서 벗어나기 위해 국가를 수립하게 된다고 보고, ㉡ 국가는 공공의 평화와 안전을 위해서 절대적인 권력을 행사할 수 있다고 주장한다. 반면에 을은 ㉢ 인간이 자연 상태에서 공동체를 구성하고자 하는 정치적 본성으로 인해 자연스럽게 국가 상태로 들어가게 된다고 보고, ㉣ 국가는 공동선을 실현하기 위해 위임받은 권력을 자의적으로 행사해서는 안 된다고 주장한다. 한편 갑, 을은 모두 ㉤ 국가에 대한 시민의 의무는 시민 자신의 생명권을 국가가 보호해 준다는 조건 아래에서 계속될 수 있다고 본다.

① ㉠   ② ㉡   ③ ㉢   ④ ㉣   ⑤ ㉤

08

다음을 주장한 사상가의 입장으로 적절한 것만을 〈보기〉에서 있는 대로 고른 것은? [3점]

> 사람들은 자연법 집행을 둘러싼 분쟁이 발생하는 자연 상태에서 벗어나고자, 그들이 자연 상태에서 가졌던 평등, 자유 및 집행권을 입법부가 처리할 수 있도록 사회의 수중에 양도한다. 이에 대한 명시적 동의는 그들을 공통된 법률의 지배하에 둠으로써 사회의 완전한 구성원으로 만든다.

〈 보기 〉

ㄱ. 국가에 양도하지 않은 시민의 권리는 보장될 수 없다.
ㄴ. 입법부를 폐지할 수 있는 최고의 권력은 시민에게 있다.
ㄷ. 자연 상태에서 분쟁은 공통된 자연법의 부재로 인해 발생한다.

① ㄴ   ② ㄷ   ③ ㄱ, ㄴ   ④ ㄱ, ㄷ   ⑤ ㄱ, ㄴ, ㄷ

09

다음을 주장한 사상가의 입장으로 적절한 것만을 〈보기〉에서 있는 대로 고른 것은?

> 자연 상태는 전쟁 상태이며, 소유도 지배도 내 것과 네 것의 구별도 없다. 이러한 자연 상태로부터 빠져나올 수 있는 가능성은 죽음의 공포라는 정념과 평화 추구의 이성에 있다.

〈 보기 〉

ㄱ. 국민의 자유와 주권자의 절대 권력은 양립할 수 있다.
ㄴ. 자연 상태에는 생명과 자유를 빼앗길 수 있는 불의가 존재한다.
ㄷ. 주권자는 평화와 공동 방위를 위해 국민의 힘과 수단을 임의로 사용할 수 있다.

① ㄴ   ② ㄷ   ③ ㄱ, ㄴ   ④ ㄱ, ㄷ   ⑤ ㄱ, ㄴ, ㄷ

10

갑, 을 사상가들의 입장으로 적절한 것만을 〈보기〉에서 있는 대로 고른 것은? [3점]

> 갑: 자연 상태에서 개인은 재산권뿐만 아니라, 타인이 자연법을 위반한 것을 판단하고 처벌하는 권력을 가진다. 이 처벌권을 공동체에 양도하는 곳에서만 정치 사회가 존재한다.
> 을: 자연 상태에서, 즉 전쟁 상태에서 벗어나고자 개인은 만물에 대한 권리를 포기한다. 정의는 유효한 계약을 지키는 것이며, 계약의 유효성은 국가 수립과 함께 시작된다.

〈 보기 〉

ㄱ. 갑: 자연 상태에서 분쟁 발생 시 모든 당사자는 재판관이 된다.
ㄴ. 갑: 정부에 신탁된 권력은 시민에 의해서 철회될 수 있다.
ㄷ. 을: 개인은 자연 상태에서의 불의를 피하려고 계약을 맺는다.
ㄹ. 갑과 을: 시민은 주권자로서 동등한 자유와 권리를 지닌다.

① ㄱ, ㄴ   ② ㄱ, ㄷ   ③ ㄷ, ㄹ
④ ㄱ, ㄴ, ㄹ   ⑤ ㄴ, ㄷ, ㄹ

11

(가)의 갑, 을, 병 사상가들의 입장에서 서로에게 제기할 수 있는 비판을 (나) 그림으로 표현할 때, A~F에 해당하는 내용으로 가장 적절한 것은? [3점]

(가)	갑: 국가는 자기 완결적 조직으로서 최고선을 추구한다. 공동의 선을 나누어 가질 수 없거나 나누어 가질 필요가 없는 자는 국가의 일부가 아니며, 짐승 아니면 신이다. 을: 국가가 형성될 때 개개인은 자신을 그 모든 권리와 함께 공동체 전체에 전면 양도한다. 이를 일반 의지의 지배 아래 둔 개인은 자기 자신에게만 복종한다. 병: 국가가 없는 자연 상태에서 개개인은 모든 것에 대한 권리를 갖는다. 자기 보존과 평화를 위해 그러한 권리를 포기함으로써 주권자인 리바이어던이 탄생한다.
(나)	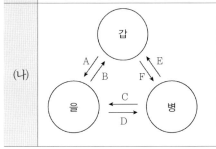

① A: 공공의 이익에 입각하여 국가가 운영되어야 함을 간과한다.
② B, E: 인간은 국가 안에서만 행복한 삶을 살 수 있음을 간과한다.
③ C: 국가 구성원의 생명권 보장이 국가의 목적임을 간과한다.
④ D: 국가 구성원은 법을 따르는 동시에 제정하는 자임을 간과한다.
⑤ F: 국가 권위에 복종할 의무는 자연 발생적이지 않음을 간과한다.

12

갑, 을 사상가들의 입장으로 적절한 것만을 〈보기〉에서 있는 대로 고른 것은?

> 갑: 일정한 생업[恒産]이 없는 백성은 변함없는 마음[恒心]을 잃게 된다. 그러므로 군주는 백성이 부모를 봉양하고 처자식을 부양하기에 부족함이 없게 해 주어야 한다. 그런 후에 백성을 선한 데로 나아가게 인도해야 한다.
>
> 을: 완전한 공동체인 국가는 자연의 산물이며, 인간은 본성적으로 국가 공동체를 구성하는 동물이다. 국가 없이 살아가는 자는 인간보다 하등하거나 인간을 뛰어넘는 존재이다.

〈 보기 〉

ㄱ. 갑: 국가의 통치자는 덕으로써 백성을 감화시켜야 한다.
ㄴ. 갑: 백성들의 도덕성을 유지하는 데 경제적 안정이 중요하다.
ㄷ. 을: 정치 공동체인 국가에서 인간은 선을 실현할 수 있다.
ㄹ. 갑, 을: 국가는 자연 상태에서 벗어나려는 인간들의 계약으로 수립된다.

① ㄱ, ㄷ ② ㄱ, ㄹ ③ ㄴ, ㄹ
④ ㄱ, ㄴ, ㄷ ⑤ ㄴ, ㄷ, ㄹ

13

갑, 을 사상가들의 입장으로 가장 적절한 것은? [3점]

> 갑: 국가의 목적은 개인의 안전 보장에 있다. 개인은 안전을 보장받기 위해 주권자에 복종해야 한다. 주권이 침해되면 전쟁 상태인 자연 상태보다 더 큰 재앙이 초래될 것이다.
>
> 을: 국가의 주된 목적은 개인의 재산 보호에 있다. 절대 권력의 통치는 사회와 정부의 목적에 부합하지 못한다. 절대 권력을 위정자에게 넘겨주면 자연 상태보다 더 나빠진다.

① 갑: 개인의 생명과 자유는 주권을 분할해야 온전히 보장된다.
② 갑: 군주는 절대 권력을 지니므로 사회 계약을 파기할 수 있다.
③ 을: 개인과 국가는 상호 간 이익을 전제로 사회 계약을 맺는다.
④ 을: 입법권은 최고 권력이지만 공공선에 의해 제한될 수 있다.
⑤ 갑과 을: 사회 계약으로 자연 상태에서의 재산권이 보장된다.

14

갑, 을 사상가들의 입장으로 가장 적절한 것은? [3점]

> 갑: 사람들은 자연 상태에서 자유를 누리지만 이 자유 때문에 싸움을 피할 수 없다. 비참한 자연 상태에서 벗어나기 위해 서로 계약을 맺음으로써 리바이어던이 탄생한다.
>
> 을: 사람들은 자연 상태에서 가졌던 평등, 자유 및 집행권을 사회의 선이 요구하는 바에 따라 최고 권력인 입법부가 처리할 수 있도록 사회에 양도한다.

① 갑: 공통 권력이 없는 곳에는 정의나 불의가 존재하지 않는다.
② 갑: 군주는 사법권과 분쟁의 해결권을 갖지만 입법자는 아니다.
③ 을: 개인의 재산 보존은 시민 사회의 주된 목적이 될 수 없다.
④ 을: 권력 분립에 의한 통치는 사회 계약에 부합하지 않는다.
⑤ 갑과 을: 군주의 자의적인 권력 행사는 정권 교체로 이어진다.

15

갑, 을 사상가들의 입장으로 가장 적절한 것은? [3점]

> 갑: 사람들이 비참한 자연 상태에서 벗어나 자기 보존과 만족스러운 삶을 위해 공통의 권력을 세우는 유일한 길은 모두의 의지를 하나의 의지로 결집하여 모든 권력과 힘을 한 사람 또는 하나의 합의체에 부여하는 것이다.
>
> 을: 사람들이 비교적 평화로운 자연 상태의 자연적 자유를 포기하고 사회의 구속을 받아들이는 유일한 방도는 재산을 안전하게 향유하며 평화로운 삶을 영위하기 위해 다른 사람들과 공동체를 결성하기로 합의하는 것이다.

① 갑: 절대적 군주가 있는 것보다 주권이 없는 것이 덜 해롭다.
② 갑: 모든 국민은 주권자가 행하는 행위와 판단의 본인이 된다.
③ 을: 입법부는 시민의 재산을 자의적으로 처분할 권력이 있다.
④ 을: 시민은 자신의 판단에 따라 위법한 사람을 처벌할 수 있다.
⑤ 갑, 을: 자연 상태에서는 준수해야 할 규범이 존재하지 않는다.

16

갑, 을 사상가들의 입장으로 적절하지 않은 것은? [3점]

> 갑: 모든 국가는 일종의 공동체이며, 모든 공동체는 어떤 좋음[善]을 실현하기 위해 구성된다. 국가는 인간의 생존을 위해 형성되지만 좋은 삶을 위해 존속하며, 이전 공동체들이 자연스러운 것이라면 국가도 자연스러운 것이다.
>
> 을: 모든 사람을 떨게 하는 공공의 힘이 없는 상태에서 사는 한 인간은 누구나 전쟁 상태에 놓이게 된다. 국가 속에서 인간이 스스로 구속을 부과하는 궁극적 원인과 목적은 자기 보존과 그에 따른 만족한 삶에 있다.

① 갑: 인간은 국가 안에서만 최고선인 행복을 이룰 수 있다.
② 갑: 국가는 인간의 물질적 생활을 충족시키는 기능을 수행한다.
③ 을: 사회 계약의 산물인 국가는 시민에게 강제력을 행사할 수 있다.
④ 을: 시민은 안전과 평화를 위해 자기 생명권을 국가에 양도한다.
⑤ 갑과 을: 시민은 자신이 속한 국가 공동체에 정치적 의무를 지닌다.

17

다음을 주장한 사상가의 입장으로 가장 적절한 것은? [3점]

> 나는 시민 불복종을 흔히 법이나 정부의 정책에 변혁을 가져올 목적으로 행해지는 공공적이고 비폭력적이며 법에 반하는 정치적 행위라 정의하고자 한다. 이러한 행위는 법에 대한 충실성의 한계 내에서 부정의에 항거함으로써 정의로부터의 이탈을 방지하고, 부정의를 교정하는 데 도움이 된다. 정당한 시민 불복종에 참여하고자 하는 일반적 성향은 질서 정연한 사회 속에 안정을 가져다준다.

① 시민 불복종은 개인의 이익이 아닌 집단의 이익에 근거해야 한다.
② 시민 불복종은 사회의 기본 구조가 아주 부정의하면 성립할 수 없다.
③ 시민 불복종은 헌법의 정당성에 이의를 제기하는 정치적 행위이다.
④ 시민 불복종은 비민주적 체제의 변혁을 목적으로 이루어져야 한다.
⑤ 시민 불복종의 근거인 다수의 정의감은 개인의 양심과 양립할 수 없다.

18

다음을 주장한 사상가의 입장으로 가장 적절한 것은? [3점]

> 거의 정의로운 사회에서 정의의 원칙들은 자유롭고 평등한 인간들 간의 자발적인 협동의 기본 조항으로서 공공적으로 인정된다. 그래서 시민 불복종에 참여하는 사람들은 다수의 정의감에 호소하여 자유로운 협동의 조건이 침해되었다는 것을 정당하게 알리고자 한다.

① 시민 불복종은 헌법의 근거가 되는 원칙에 의해 지도되어야 한다.
② 시민 불복종은 양심적 개인들의 종교적 신념에 근거할 수 있다.
③ 정의로운 시민에게 부정의한 법을 준수할 의무는 성립할 수 없다.
④ 시민 불복종은 합법적인 정치적 반대와 동시에 이루어져야만 한다.
⑤ 헌법에 규정된 방식으로 제정된 법은 시민 불복종의 대상이 아니다.

19

(가)의 갑, 을, 병 사상가들의 입장에서 서로에게 제기할 수 있는 비판을 (나) 그림으로 표현할 때, A~F에 해당하는 내용으로 가장 적절한 것은? [3점]

(가)

> 갑: 국가는 자연적이고, 개인에 앞선다. 각 개인은 국가 없이는 자신의 본성을 실현할 수 없다. 공동의 일을 함께 나눌 수 없는 자는 인간 이하의 존재이다.
>
> 을: 국가는 일반 의지의 지도에 따라 형성된다. 각자는 자신의 모든 힘을 국가에 양도하며, 국가는 완전한 공동의 힘으로 구성원의 신체와 재산을 보호한다.
>
> 병: 국가는 전쟁 상태인 자연 상태에서 벗어나기 위해 다수 간의 상호 계약을 통해 형성된다. 통치자는 공공의 평화와 안전 유지를 위해 절대적 권력을 지닌다.

(나)

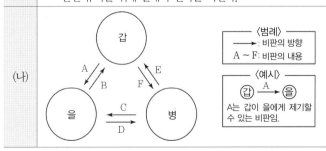

① A: 국가는 모든 구성원의 동의에 의해 형성된다는 점을 간과한다.
② B, E: 국가 안에서만 구성원들은 행복을 실현할 수 있음을 간과한다.
③ C: 자연 상태에서의 인간도 자기 보존의 욕구를 가짐을 간과한다.
④ D: 입법권은 통치자만이 아닌 모든 구성원에게 있음을 간과한다.
⑤ F: 국가 권위에 복종할 의무는 자연적으로 발생하지 않음을 간과한다.

다음 사상가의 입장으로 가장 적절한 것은?

> 거의 정의로운 사회에서 구성원에게 요구되는 가장 중대한 자연적 의무는 체제의 안정에 기여하는 것이다. 이를 위해 구성원들은 체제의 불가피한 결함을 똑같이 분담해야 한다. 물론 사회의 부정의가 구성원에게 주는 부담이 과도해서는 안 된다.

① 공유된 정의감에 호소하는 시민 불복종이 공공적일 필요는 없다.
② 법이 부정의한 정도에 따라 시민 불복종의 정당화 여부가 달라진다.
③ 민주적 권위에 맞서는 모든 위법 행위는 체제의 안정을 해친다.
④ 정의 원칙에 기초한 헌법하에서는 부정의한 법이 제정되지 않는다.
⑤ 부정의한 법을 준수할 의무는 거의 정의로운 사회에서 존재할 수 없다.

갑, 을 사상가들의 입장으로 가장 적절한 것은? [3점]

> 갑: 자연 상태는 모든 인간을 떨게 하는 공통의 힘이 없으므로 인간은 만인의 만인에 대한 전쟁 상태에 처하게 된다. 인간은 이 비참함에서 벗어나기 위해 국가 속에서 자신을 스스로 구속한다.
> 을: 자연 상태는 사람들 간의 분쟁을 해결하는 공통된 법률이 없고, 공평무사한 재판관도 없다. 그래서 인간은 자신의 생명, 자유, 재산을 보호하기 위해서 공동체를 결성하고 자신을 정부의 지배하에 두고자 한다.

① 갑: 자연 상태에서 인간은 불의에 맞서 자연권을 행사한다.
② 갑: 국가에 대한 시민의 의무는 시민의 동의 여부와 무관하다.
③ 을: 시민은 국가와 맺은 사회 계약을 철회할 수 있는 권리가 있다.
④ 을: 입법권은 최고 권력이지만 사회의 공공선에 의해 제한될 수 있다.
⑤ 갑과 을: 평화와 안전 보장을 위해 정치권력은 분립되어야 한다.

(가)의 갑, 을 사상가들의 입장에서 서로에게 제기할 수 있는 비판을 (나) 그림으로 표현할 때, A, B에 해당하는 내용으로 가장 적절한 것은? [3점]

(가)	갑: 자연 상태는 전쟁 상태이므로 내 것과 네 것의 구별이 없다. 자연 상태에서 벗어나려면 우리가 지닌 모든 권력을 한 사람 혹은 하나의 합의체에 양도해야 한다. 을: 자연 상태에서는 공통된 재판관이 부재한다. 개인의 재산을 더욱 잘 보존하기 위해 각자는 자연법의 집행권을 포기하여 이것을 공동체의 수중에 양도해야 한다.
(나)	

① A: 자연 상태에서는 공통의 권력이 존재하지 않음을 간과한다.
② A: 자연 상태에서 개인의 소유권이 존재하지 않음을 간과한다.
③ A: 시민의 안전 보장을 위해 국가 권력이 분립되어야 함을 간과한다.
④ B: 사회 계약에 참여한 당사자는 주권을 가질 수 없음을 간과한다.
⑤ B: 개인이 가진 모든 권리를 국가에 양도하는 것이 아님을 간과한다.

갑, 을 사상가들의 입장으로 적절한 것만을 〈보기〉에서 있는 대로 고른 것은?

> 갑: 우리 각자는 공동으로 자신의 인격과 모든 힘을 일반 의지의 최고 지도 아래에 둔다. 그리고 우리는 단체로서 각 구성원을 전체의 분리 불가능한 부분으로 받아들인다.
> 을: 자연 상태는 비교적 평화로우나 공평무사한 재판관이 없는 상태다. 이 상태에서 각자가 모두 자연법의 집행권을 포기하고 그것을 공동체에게 신탁하는 곳에서만 정치 사회가 존재하게 된다.

〈 보기 〉
ㄱ. 갑: 일반 의지는 언제나 올바르며 공공의 선을 지향한다.
ㄴ. 을: 재산에 대한 권리는 사회 계약에 의해서만 형성된다.
ㄷ. 갑과 을: 계약 참여자들의 만장일치의 동의로 사회 계약이 성립한다.

① ㄱ   ② ㄴ   ③ ㄱ, ㄷ   ④ ㄴ, ㄷ   ⑤ ㄱ, ㄴ, ㄷ

24

그림은 서양 사상가 갑, 을의 가상 대화이다. 갑, 을의 입장으로 적절한 것만을 〈보기〉에서 있는 대로 고른 것은?

> 평등한 자유의 원칙에 대한 심각한 위반은 시민 불복종의 대상이 됩니다. 시민 불복종에 참여하는 사람들은 다수의 정의감에 호소하여 자유로운 협동의 조건이 침해되었다는 것을 정당하게 알립니다.

> 시민 불복종은 민주적 의사 결정을 좌절시킨다기보다는 복원하려는 시도입니다. 우리가 중단시키려고 하는 악의 크기와, 불복종 행위가 가져올 법과 민주주의에 대한 존중심의 감소 정도를 저울질해 봐야 합니다.

갑

을

〈 보기 〉

ㄱ. 갑: 차등의 원칙을 위반한 정책은 시민 불복종의 대상이 된다.
ㄴ. 갑: 매우 부정의한 입헌 체제에서 시민 불복종은 성립할 수 없다.
ㄷ. 을: 시민 불복종을 하는 시민은 보편적 법치 원리를 존중한다.
ㄹ. 갑, 을: 시민 불복종으로 발생할 불행한 결과를 고려해야 한다.

① ㄱ, ㄴ ② ㄱ, ㄹ ③ ㄴ, ㄷ
④ ㄱ, ㄷ, ㄹ ⑤ ㄴ, ㄷ, ㄹ

25

갑, 을 사상가들의 입장으로 옳지 않은 것은? [3점]

> 갑: 경쟁, 불신, 공명심은 분쟁의 주된 원인이다. 인간은 지배자가 되기 위해, 자기방어를 위해, 자신을 얕잡아 보는 표현 때문에 폭력을 동원한다. 모두를 위압하는 공통 권력이 없을 때 만인에 대한 만인의 전쟁 상태로 들어간다.
> 을: 자연 상태에서 인간은 모두 평등하고 독립적이다. 이 상태는 방종의 상태가 아닌 자유의 상태이다. 그런데 자연 상태에는 자연법은 있으나 무사 공평한 재판관이 없다. 그래서 인간은 스스로를 정부의 지배하에 두고자 한다.

① 갑: 주권자의 자의적인 통치 행위는 시민의 권리를 침해할 수밖에 없다.
② 갑: 사회 계약은 모든 자연권을 양도할 것을 누구에게도 요구할 수 없다.
③ 을: 자연 상태의 모든 인간은 자연법 위반자를 처벌할 권리를 갖는다.
④ 을: 개인은 자신의 생명과 재산을 보호하기 위해 최고 권력인 입법권의 지배하에 들어간다.
⑤ 갑과 을: 자연권은 인간이 자신의 이성에 근거해 행위할 수 있는 자유를 포함한다.

26

갑, 을 사상가들의 입장으로 적절한 것만을 〈보기〉에서 고른 것은? [3점]

> 갑: 자연은 신이 세계를 창조하여 다스리는 기예이다. 이 자연을 인간의 기예로 모방하여 인공적 인격을 만들어 낼 수 있다. 이것이 국가라고 불리는 위대한 리바이어던이다.
> 을: 사람들이 사회에 들어가는 목적은 재산을 안전하게 향유하는 것이며, 이를 위한 주요한 수단이 사회에서 확립된 법이다. 최초의 실정법은 입법권을 확립하는 것이다.

〈 보기 〉

ㄱ. 갑: 절대 군주는 모든 인간의 사회 계약 체결과 이행을 강제한다.
ㄴ. 갑: 사회 계약 이후에 군주와 시민은 자연법을 준수해야 한다.
ㄷ. 을: 자연 상태는 어떠한 불평등도 없는 대체로 평화로운 상태이다.
ㄹ. 갑과 을: 자연 상태의 모든 인간은 동일한 자연권을 가진다.

① ㄱ, ㄴ ② ㄱ, ㄷ ③ ㄴ, ㄷ ④ ㄴ, ㄹ ⑤ ㄷ, ㄹ

01 대표 문제

다음을 주장한 사상가의 입장으로 적절한 것만을 〈보기〉에서 고른 것은? [3점]

시민들의 기본적 자유가 침해될 때 시민 불복종으로 반대한다면 기본적 자유는 더 확고해질 것으로 생각된다. 시민 불복종은 다수자가 정의감을 갖고 있는 거의 정의로운 사회에서만 합당한 행위임을 인식해야 한다. 거의 정의로운 사회는 공유된 정의관이 존재하는 사회라는 것을 뜻한다.

〈 보기 〉
ㄱ. 국가의 처벌이 시민 불복종의 대상이 되는 경우는 없다.
ㄴ. 기본적 자유를 침해한 법에 대한 항거도 정당하지 않을 수 있다.
ㄷ. 시민 불복종은 공유된 정의관에 따른 숙고를 권력자들에게 촉구한다.
ㄹ. 시민 불복종은 다수자의 정의감을 전제하므로 소수자가 주체일 수는 없다.

① ㄱ, ㄴ   ② ㄱ, ㄷ   ③ ㄴ, ㄷ   ④ ㄴ, ㄹ   ⑤ ㄷ, ㄹ

02

다음을 주장한 사상가의 입장으로 적절한 것만을 〈보기〉에서 있는 대로 고른 것은?

시민 불복종은 법에 대한 충실성의 한계 내에서 부정의한 법에 대한 불복종을 나타낸다. 시민 불복종 행위에 가담함으로써 소수자는 다수자에게 그들의 행위가 정의의 원칙들에 대한 위반으로 해석되기를 바라는지 아니면 공통된 정의감에 비추어 소수자의 합당한 요구를 인정하고자 하는지를 숙고하도록 강요하게 된다.

〈 보기 〉
ㄱ. 시민 불복종은 다수자의 정의감을 나타내는 양심적인 행위이다.
ㄴ. 시민 불복종은 법의 경계선 내에서 행해지는 정치적 행위이다.
ㄷ. 부정의한 법의 변혁은 시민 불복종의 목적이 아니라 결과이다.

① ㄱ   ② ㄴ   ③ ㄱ, ㄷ   ④ ㄴ, ㄷ   ⑤ ㄱ, ㄴ, ㄷ

03

(가)의 사상가 갑, 을, 병의 입장을 (나) 그림으로 탐구하고자 할 때, A ~ D에 들어갈 적절한 질문만을 〈보기〉에서 고른 것은? [3점]

(가)	갑: 시민 불복종의 대상은 평등한 자유의 원칙에 대한 심대한 위반이나 공정한 기회 균등의 원칙에 대한 현저한 위반에 국한되어야 한다. 을: 공리의 관점에서 시민 불복종이 중단시키려는 악의 크기와 그것이 가져올 법과 민주주의에 대한 존중심의 감소 가능성을 저울질해 보아야 한다. 병: 우리는 법에 대한 존경심보다는 먼저 정의에 대한 존경심을 가져야 한다. 법이 독단에 치우쳐 있다면 양심에 따라 저항해야 한다.
(나)	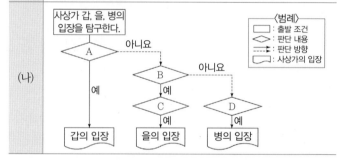

〈 보기 〉
ㄱ. A: 다수 의사를 반영한 법은 시민 불복종 대상에서 제외되어야 하는가?
ㄴ. B: 양심에서 비롯된 시민불복종도 실패 가능성이 크면 정당성을 상실할 수 있는가?
ㄷ. C: 법에 대한 존중이 강한 민주 사회일수록 시민 불복종이 옹호될 가능성이 높은가?
ㄹ. D: 시민 불복종은 개인적 양심과 사회적 승인에 근거해야 하는가?

① ㄱ, ㄴ   ② ㄱ, ㄷ   ③ ㄴ, ㄷ   ④ ㄴ, ㄹ   ⑤ ㄷ, ㄹ

04

다음을 주장한 사상가의 입장으로 가장 적절한 것은? [3점]

> 시민 불복종은 정치 체제의 합법성을 인정하고 받아들이는 시민들에 의해서만 행해진다. 이때, 시민 불복종 행위가 항의의 대상이 되고 있는 바로 그 법을 위반하라는 요구를 하지는 않는다. 그것은 사람들이 직접적인 시민 불복종이라 부르는 것뿐만 아니라 간접적인 시민 불복종이라 부르는 것까지도 고려하고 있다. 때로는 부정의하다고 간주되는 법이나 정책도 어기지 말아야 할 강력한 이유가 있다.

① 시민 불복종은 정치 체제의 효율성을 이유로 제한될 수 있다.
② 시민 불복종이 성립되지 않는 사회가 정의로운 사회일 수는 없다.
③ 안정적인 체제에서는 시민 불복종 행위에 대해 처벌하지 않는다.
④ 공적 심의를 거친 정책이 시민 불복종의 대상이 될 수는 없다.
⑤ 시민 불복종은 다수결의 원칙에 대한 반대를 표하는 정치 행위이다.

05

(가)의 갑, 을 사상가들의 입장을 (나) 그림으로 탐구하고자 할 때, A~C에 들어갈 적절한 질문만을 〈보기〉에서 있는 대로 고른 것은? [3점]

(가)	갑: 시민 불복종은 그 결과의 좋음에 의해 정당화된다. 따라서 우리는 시민 불복종으로 인해 발생하는 법과 민주주의에 대한 존중심의 감소 정도마저 고려해야 한다. 을: 시민 불복종은 시민들의 정의관에 의해 정당화된다. 따라서 시민 불복종은 헌법과 사회 제도 일반을 규제하는 정의의 원칙들에 의해 지도되어야 한다.
(나)	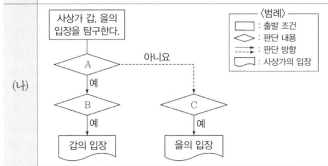

〈보기〉
ㄱ. A: 시민 불복종은 법의 부당함을 다수에게 강요하는 행위인가?
ㄴ. B: 시민 불복종은 민주주의적 결정을 복원하려는 시도인가?
ㄷ. C: 시민 불복종은 정의로운 법을 제정할 절차가 불완전하여 발생할 수 있는가?
ㄹ. C: 이익 집단의 시민 불복종은 공공의 정의관에 근거해야 허용될 수 있는가?

① ㄱ, ㄴ   ② ㄱ, ㄷ   ③ ㄴ, ㄹ
④ ㄱ, ㄷ, ㄹ   ⑤ ㄴ, ㄷ, ㄹ

06

(가)의 갑, 을 사상가들의 입장을 (나) 그림으로 탐구하고자 할 때, A~C에 들어갈 적절한 질문만을 〈보기〉에서 고른 것은? [3점]

(가)	갑: 시민 불복종은 거의 정의로운 사회 내에서 그 체제의 합법성을 인정하는 시민들에게서만 일어난다. 따라서 시민 불복종은 공유된 정의관에 의해 정당화된다. 을: 시민 불복종은 공리주의 원리에 의해 정당화되어야 한다. 따라서 우리는 시민 불복종이 사회에 미칠 전체적인 이익과 손해를 저울질해 봐야 한다.
(나)	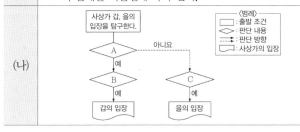

〈보기〉
ㄱ. A: 시민 불복종은 법에 대한 존중심을 감소시킬 수 있는가?
ㄴ. B: 시민 불복종이 정당한 법에 대한 위반을 수반할 수 있는가?
ㄷ. B: 심각한 부정의가 존재하는 민주 체제에서는 시민 불복종이 가능한가?
ㄹ. C: 다수의 견해를 진정으로 반영한 법에 대한 시민 불복종은 불가능한가?

① ㄱ, ㄴ   ② ㄱ, ㄷ   ③ ㄴ, ㄷ   ④ ㄴ, ㄹ   ⑤ ㄷ, ㄹ

07

갑, 을 사상가들의 입장으로 적절한 것만을 〈보기〉에서 고른 것은? [3점]

> 갑: 시민 불복종은 해당 문제를 다수에게 알리려는 시도이거나 국가적인 관심을 촉구하는 것이다. 이때 우리는 중단시키려는 악의 크기와 우리의 행위가 가져올 법과 민주주의에 대한 존중심의 감소 정도를 저울질해 봐야 한다.
> 을: 시민 불복종은 정치적 다수자로 하여금 공통된 정의감에 비추어 소수자의 합당한 요구에 대한 숙고를 강요한다. 이는 헌법과 사회 제도 일반을 규제하는 정의의 원칙들에 의해 지도되고 정당화되기에 정치적 행위가 된다.

〈보기〉
ㄱ. 갑: 시민 불복종의 목적은 결코 그 수단을 정당화할 수 없다.
ㄴ. 을: 합법적인 민주적 권위에 대한 시민 불복종은 가능하다.
ㄷ. 을: 다수의 정의감이 상실될 때 시민 불복종은 반드시 요청된다.
ㄹ. 갑과 을: 시민 불복종이 가져올 효과를 신중히 고려해야 한다.

① ㄱ, ㄴ   ② ㄱ, ㄷ   ③ ㄴ, ㄷ   ④ ㄴ, ㄹ   ⑤ ㄷ, ㄹ

08

갑, 을 사상가들의 입장으로 적절한 것만을 〈보기〉에서 있는 대로 고른 것은? [3점]

> 갑: 시민 불복종을 결심함에 있어서 우리는 결과론적 관점에서 불복종을 통해 중단시키고자 하는 악의 크기와 우리의 행위가 가져올 법에 대한 존중의 감소 가능성을 저울질해 봐야 한다.
>
> 을: 시민 불복종은 공동체의 정의감에 호소하기에, 평등한 자유의 원칙에 대한 심한 위반이나 공정한 기회균등의 원칙에 대한 현저한 위배에 국한되어야 한다.

〈 보기 〉

ㄱ. 갑: 시민 불복종은 불법 행위이지만 법치를 존중하는 행위이다.
ㄴ. 을: 종교의 자유를 부정하는 법은 시민 불복종의 대상이 된다.
ㄷ. 을: 부정의한 법을 변혁하고자 불가피하게 다른 법을 위반하는 시민 불복종은 정당화될 수 있다.
ㄹ. 갑, 을: 다수결 원칙에 따라 민주적으로 제정된 법은 시민 불복종의 대상이 아니다.

① ㄱ, ㄴ ② ㄱ, ㄹ ③ ㄷ, ㄹ
④ ㄱ, ㄴ, ㄷ ⑤ ㄴ, ㄷ, ㄹ

09

갑, 을 사상가들의 입장으로 적절하지 <u>않은</u> 것은? [3점]

> 갑: 특정한 법에 불복종하기 전에 효용성을 따져 보아야 한다. 불복종이 목표 달성에 실패하여 다른 수단으로 성공할 가능성을 감소시킬 위험도 고려해야 한다.
>
> 을: 특정한 법이 다수의 정의관을 현저하게 위반하면 이에 대한 불복종은 정당화된다. 정의관의 기본 원칙을 오래도록 의도적으로 위반하는 법은 굴종이나 반항을 초래한다.

① 갑: 시민 불복종은 성패에 따르는 비용과 편익을 고려해야 한다.
② 갑: 시민 불복종이 정당하더라도 법에 대한 복종심을 감소시킬 수 있다.
③ 을: 시민 불복종은 정의감에 의해 상당히 규제되는 사회에서만 성립한다.
④ 을: 다수가 믿는 종교적 가르침은 시민 불복종을 정당화하는 근거이다.
⑤ 갑, 을: 시민 불복종은 위법 행위이지만 사회 정의를 추구한다.

10

다음을 주장한 사상가의 입장으로 가장 적절한 것은? [3점]

> 질서 정연한 사회에서 개인은 정의로운 제도를 유지하고 발전시켜야 하는 자연적 의무를 지니므로 정의로운 법에 따라야 한다. 문제는 부정의한 법을 어느 정도까지 따라야 하는가이다. 이 문제와 관련된 시민 불복종 이론은 원초적 입장에 있는 당사자들의 관점에서 바라볼 필요가 있다. 당사자들은 정의로운 체제의 안정성을 유지하기 위한 방법을 찾고자 정당한 시민 불복종을 규정하는 조건들을 채택하게 될 것이다.

① 시민 불복종은 다수의 이익을 증진할 목적으로 행해져야 한다.
② 공직을 맡을 권리를 침해하는 정책은 시민 불복종의 대상이 된다.
③ 시민 불복종은 양심적 행위이지만 그 자체가 사회에 위협이 된다.
④ 시민 불복종은 헌법의 근거에 이의를 제기하는 정치적 행위이다.
⑤ 원초적 입장의 당사자들은 어떠한 부정의에도 저항할 것을 합의한다.

11

다음 사상가의 입장만을 〈보기〉에서 있는 대로 고른 것은?

> 거의 정의로운 사회는 심각한 부정의가 존재할지도 모르지만 일종의 민주적 정부의 형태를 갖춘 사회이다. 이러한 사회에서 정의의 원칙들은 자유롭고 평등한 인간들 간의 자발적인 협동의 기본 조항으로서 공공적으로 인정된다. 그래서 시민 불복종에 참여함으로써 사람들이 의도하는 것은 다수의 정의감에 호소하여 자유로운 협동의 조건이 침해되었다는 것을 정당하게 알리는 것이다.

〈 보기 〉

ㄱ. 시민 불복종은 정당한 폭력으로 다수의 정의감에 호소하는 행위이다.
ㄴ. 시민 불복종은 사회적 협동의 기본 원리에 근거한 양심적 항거이다.
ㄷ. 시민 불복종은 도덕적으로는 옳지 못하지만 불가피한 위법 행위이다.
ㄹ. 민주적 정부의 법도 부정의하면 시민 불복종의 대상이 될 수 있다.

① ㄱ, ㄴ ② ㄱ, ㄷ ③ ㄴ, ㄹ
④ ㄱ, ㄷ, ㄹ ⑤ ㄴ, ㄷ, ㄹ

12

갑, 을 사상가들의 입장으로 가장 적절한 것은? [3점]

> 갑: 법에 대한 존경심보다 먼저 정의에 대한 존경심을 기르는 것이 바람직하다. 내가 떠맡을 권리가 있는 나의 유일한 책무는 내가 옳다고 생각하는 일을 행하는 것이다. 법에 대한 존경심 때문에 선량한 사람들조차 불의의 하수인이 되고 있다.
>
> 을: 사회의 기본 구조가 합당하게 정의로운 것인 경우, 그 부정의가 지나치지만 않으면 부정의한 법도 구속력이 있음을 인정해야 한다. 시민 불복종은 법에 대한 충실성의 한계 내에서 법에 대한 불복종을 나타내는 것이어야 한다.

① 갑: 시민 불복종은 다수 국민이 공유한 정의관에 근거해야 한다.
② 갑: 법률과 양심을 시민 불복종의 정당성 판별 근거로 삼아야 한다.
③ 을: 양심에 충실한 거부라도 정당한 시민 불복종이 아닌 경우가 있다.
④ 을: 시민 불복종은 체제의 정당성에 대한 비폭력적·공개적 저항이다.
⑤ 갑, 을: 시민 불복종은 공권력에 의한 처벌을 거부하는 수단이다.

13

갑, 을 사상가들의 입장으로 적절한 것만을 〈보기〉에서 있는 대로 고른 것은? [3점]

> 갑: 시민 불복종은 공리의 원리에 의해 정당화되어야 한다. 우리는 시민 불복종이 중단하려는 악의 크기와 불복종이 초래할 법에 대한 존중의 감소 가능성을 계산해야 한다.
>
> 을: 시민 불복종 이론은 거의 정의로운 사회를 위해 마련된 것이다. 그 사회는 대체로 질서 정연하면서도 정의에 대한 다소 심각한 위반이 일어나는 사회이다.

〈 보기 〉

ㄱ. 갑: 시민 불복종은 법 자체의 권위에 저항하는 행위이다.
ㄴ. 을: 시민 불복종은 정당한 법에 대한 위반을 수반할 수 있다.
ㄷ. 갑과 을: 다수에 의해 공유된 정의관은 시민 불복종의 대상이다.

① ㄴ   ② ㄷ   ③ ㄱ, ㄴ   ④ ㄱ, ㄷ   ⑤ ㄱ, ㄴ, ㄷ

14

다음을 주장한 사상가의 입장으로 가장 적절한 것은? [3점]

> 시민 불복종은 거의 정의로운 사회에서 공동체의 정의감에 호소하는 정치적 행위로서 정의로운 체제를 유지하고 강화하는 데 도움이 된다. 그러나 똑같은 사정을 가진 많은 집단이 동일하게 시민 불복종을 행할 시 정의로운 체제의 효율성을 침해하게 될 극심한 무질서가 발생할 수 있다. 따라서 모든 사람들에게 불행한 결과를 가져오지 않기 위해 시민 불복종에 가담할 수 있는 범위에 한계가 있어야 한다.

① 시민 불복종의 목적은 부정의한 정치 체제를 변혁하는 것이다.
② 시민 불복종의 대상이 되는 법을 위반해야 할 의무는 절대적이다.
③ 시민 불복종을 시행하는 의도가 왜곡되는 상황이 초래될 수 있다.
④ 시민 불복종은 심각한 부정의가 있는 민주 사회에서 발생할 수 없다.
⑤ 시민 불복종은 다수가 믿는 종교적 교리를 근거로 이루어져야 한다.

15

다음을 주장한 사상가의 입장으로 적절한 것만을 〈보기〉에서 있는 대로 고른 것은? [3점]

> 시민 불복종을 통해서 우리는 공동 사회의 다수자가 갖는 정의감을 나타내게 되고, 자유롭고 평등한 사람들 사이에서 사회 협동체의 원칙이 존중되지 않고 있음을 선언하게 된다. 시민 불복종은 신중하고 양심적인 정치적 신념의 표현인 청원의 한 형태이기에 은밀히 혹은 비밀리에 행해지는 것이 아니라 공개 석상에서 이루어진다.

〈 보기 〉

ㄱ. 시민 불복종은 항의의 대상이 되는 법을 위반할 때만 정당화된다.
ㄴ. 정치 체제의 효율성을 위해 시민 불복종에 대한 제약이 있을 수 있다.
ㄷ. 정의의 원칙과 일치하는 종교적 신념은 시민 불복종의 근거가 될 수 있다.
ㄹ. 시민의 평등한 기본적 자유를 현저하게 침해한 정책은 시민 불복종의 대상이 된다.

① ㄱ, ㄴ   ② ㄱ, ㄷ   ③ ㄴ, ㄹ
④ ㄱ, ㄷ, ㄹ   ⑤ ㄴ, ㄷ, ㄹ

16

23학년도 10월 학평 10번

갑, 을 사상가들의 입장으로 가장 적절한 것은? [3점]

> 갑: 시민 불복종은 비록 법의 바깥 경계선에 있지만 법에 대한 충
> 실성의 한계 내에서 법에 대한 불복종을 나타낸다. 법에 대한
> 충실성은 시민 불복종이 양심적이고 진지하며 공중의 정의감
> 에 호소하기 위한 것임을 보여준다.
> 을: 시민 불복종은 합법적인 수단이 실패했을 때 사용될 수 있는
> 적합한 수단이다. 우리는 시민 불복종을 통해 중단시키려고
> 하는 악의 크기와 시민 불복종이 가져올 법과 민주주의에 대
> 한 존중심의 감소 정도를 저울질해 보아야 한다.

① 갑: 시민 불복종은 불의한 모든 법에 대해 이루어져야 한다.
② 갑: 시민 불복종의 최종 목적은 사회 체제의 근본적 변화이다.
③ 을: 시민 불복종은 헌법에 근거한 법에도 이루어질 수 있다.
④ 을: 시민 불복종은 다수를 위협하거나 강제하는 위법 행위이다.
⑤ 갑과 을: 시민 불복종은 원칙적으로 처벌 대상이 될 수 없다.

17

23학년도 7월 학평 12번

갑, 을 사상가들의 입장으로 가장 적절한 것은? [3점]

> 갑: 시민 불복종은 다수의 정의감에 호소하여 자유로운 협동의
> 조건이 침해되었다는 것을 정당하게 알리는 것이다. 이는 공
> 공적이고 양심적이긴 하지만 법적인 결과를 감수하겠다는 의
> 지로 표현된 정치적 행위이다.
> 을: 시민 불복종의 정당성은 결과주의적 접근법에 따라 판단할 수
> 있다. 우리가 중단시키려고 하는 악의 크기와 우리의 행위가
> 가져올 법과 민주주의에 대한 존중심의 감소 정도를 저울질해
> 보아야 한다.

① 갑: 정책 개선을 위해 폭력을 수반한 시민 불복종도 허용된다.
② 갑: 소수자의 재산 소유권이 침해되면 시민 불복종이 전개될 수
있다.
③ 을: 시민 불복종은 보편적인 법치 원리를 위반하는 행위이다.
④ 을: 시민 불복종은 다수를 설득하기보다 강제하기 위한 시도이다.
⑤ 갑과 을: 시민 불복종은 부정의에 즉각 대응하는 행위여야 한다.

18

23학년도 4월 학평 3번

다음을 주장한 사상가의 입장만을 〈보기〉에서 있는 대로 고른 것은?
[3점]

> 시민 불복종은 헌법과 사회 제도 일반을 규제하는 정의의 원칙
> 들에 의해 지도되는 행위이다. 시민 불복종의 근거는 개인이나 집
> 단의 이익에만 기초할 수 없다. 그 대신 시민 불복종은 정치적인
> 질서의 바탕에 깔려 있는, 공유하고 있는 정의관에 의거하게 된다.

〈 보기 〉
ㄱ. 시민 불복종은 다수자의 정의감에 호소하는 행위이다.
ㄴ. 시민 불복종은 그 자체로 입헌 체제를 위협하는 행위이다.
ㄷ. 헌법을 규제하는 원칙은 시민 불복종의 대상에서 제외된다.
ㄹ. 종교적 교설은 시민 불복종을 정당화하는 근거가 될 수 있다.

① ㄱ, ㄴ   ② ㄱ, ㄷ   ③ ㄴ, ㄹ
④ ㄱ, ㄷ, ㄹ   ⑤ ㄴ, ㄷ, ㄹ

19

23학년도 3월 학평 17번

**다음을 주장한 사상가의 입장으로 적절한 것만을 〈보기〉에서 있는 대로
고른 것은?** [3점]

> 우리는 시민 불복종 행위를 통해서 공동 사회의 다수자가 갖는
> 정의감을 나타내게 된다. 그리고 우리의 신중한 견지에서 볼 때
> 자유롭고 평등한 사람들 사이에서 사회 협동체의 원칙이 존중되
> 지 않고 있음을 선언하게 된다.

〈 보기 〉
ㄱ. 부정의의 정도가 심각하지 않은 법은 준수되어야 한다.
ㄴ. 시민 불복종은 비합법적인 정부에 대한 정당한 항거이다.
ㄷ. 시민 불복종으로 인해 준법의 의무와 부정의에 저항할 의무가
   상충할 수 있다.
ㄹ. 시민 불복종은 민주 사회의 시민들이 갖는 양심적인 신념들
   간의 불일치를 줄일 수 있다.

① ㄱ, ㄴ   ② ㄱ, ㄹ   ③ ㄴ, ㄷ
④ ㄱ, ㄷ, ㄹ   ⑤ ㄴ, ㄷ, ㄹ

20

갑, 을 사상가들의 입장으로 적절한 것만을 〈보기〉에서 있는 대로 고른 것은? [3점]

> 갑: 시민 불복종은 평등한 자유의 원칙이나 공정한 기회균등의 원칙을 현저하게 위반하는 법이나 정책을 대상으로 해야 한다. 특히 평등한 자유의 원칙에 대한 위반은 보다 적합한 시민 불복종의 대상이 된다.
> 을: 시민 불복종은 민주주의 원칙에 복종하는 습관이 깊을수록 그만큼 더 쉽게 정당화될 수 있다. 우리가 중단시키려고 하는 악의 크기와 우리의 행위가 가져올 법과 민주주의에 대한 존중의 감소 정도를 저울질해 봐야 한다.

〈 보기 〉
ㄱ. 갑: 소수자의 기본권을 박탈하는 법은 시민 불복종의 대상이 될 수 있다.
ㄴ. 갑: 거의 정의로운 사회에서는 시민 불복종에 대한 보복적인 억압이 있을 수 없다.
ㄷ. 을: 다수가 공유하고 있는 정의관을 대상으로 시민 불복종을 행사할 수 있다.
ㄹ. 갑, 을: 시민 불복종은 개인의 신념을 정당화 근거로 삼는 양심적 행위이다.

① ㄱ, ㄷ   ② ㄴ, ㄹ   ③ ㄷ, ㄹ   ④ ㄱ, ㄴ, ㄷ   ⑤ ㄱ, ㄴ, ㄹ

22

다음을 주장한 사상가의 입장으로 가장 적절한 것은? [3점]

> 시민 불복종은 정치적 원칙, 즉 헌법과 사회 제도 일반을 규제하는 정의의 원칙들에 의해 지도되고 정당화되는 행위라는 의미에서 정치적 행위이다. 정치적 다수자에게 정상적인 호소를 해왔지만 그 호소가 성공하지 못한 경우에 최후의 대책으로 시민 불복종을 생각해 볼 수 있다.

① 유권자 다수가 공개적으로 참여해야만 시민 불복종이 정당화된다.
② 부정의한 정치 체제에서 법률은 정당한 시민 불복종의 대상이 된다.
③ 정의의 원칙에 근거하지 않은 양심적 행위도 정당한 시민 불복종이 될 수 있다.
④ 최소 수혜자에게 최대의 이익을 주지 못하는 정책에 대한 시민 불복종은 정당화된다.
⑤ 평등한 자유의 원칙을 위반한 정책은 정당한 시민 불복종의 대상이 되지 않는 경우가 있다.

21

다음을 주장한 사상가의 입장으로 적절한 것만을 〈보기〉에서 있는 대로 고른 것은? [3점]

> 시민 불복종은 법에 분명히 반하는 것이긴 하지만 법에의 충실성과 민주 체제의 기본적인 정치적 원리들에 호소하는 것이다. 이러한 불복종은 거의 정의로운 사회에서 그 체제의 합법성을 인정하는 시민들에 의해서 생겨나는 것으로 법의 힘에 저항하지 않는다. 따라서 그들은 자신의 행위에 대한 법적인 처벌을 수용해야 한다.

〈 보기 〉
ㄱ. 시민 불복종은 헌법의 근거가 되는 원칙에 위배되는 행위이다.
ㄴ. 시민 불복종의 대상에 모든 부정의한 법이 포함되는 것은 아니다.
ㄷ. 시민 불복종은 다수의 정의감에 근거한 양심적 신념의 표현이다.
ㄹ. 시민 불복종은 정치 체제의 변혁을 의도하는 공개적인 행위이다.

① ㄱ, ㄴ   ② ㄱ, ㄹ   ③ ㄴ, ㄷ
④ ㄱ, ㄷ, ㄹ   ⑤ ㄴ, ㄷ, ㄹ

23

다음을 주장한 사상가의 입장으로 가장 적절한 것은?

> 시민 불복종을 정당화할 때 어떤 개인적 도덕 원칙이나 종교적 교설이 우리 주장을 지지해 준다고 해서 그것에 의거해서는 안 된다. 시민 불복종의 근거가 오직 개인이나 집단의 이익에만 기초할 수 없다는 것은 말할 필요도 없다. 그 대신 시민 불복종은 공공적 정의관에 의거하게 된다.

① 소수자가 지닌 정의관은 시민 불복종의 근거가 될 수 없다.
② 차등의 원칙에 근거한 법은 시민 불복종의 대상이 될 수 있다.
③ 준법의 의무는 기본적 자유를 방어할 권리와 상충할 수 없다.
④ 시민 불복종의 대상은 기본적 자유의 심각한 위반에 국한된다.
⑤ 양심적 거부에 대한 국가의 규제는 시민 불복종의 대상이 될 수 없다.

한눈에 정리하는
평가원 기출 경향

주제 \ 학년도	2025	2024	2023

2025

6월 모평 5번

1. 갑, 을 사상가들의 입장으로 적절한 것만을 〈보기〉에서 있는 대로 고른 것은?

> 갑: 오늘날 우리는 기술의 도구적 활용에만 매몰되어 있다. 기술은 그저 하나의 수단만이 아니다. 기술은 탈은폐의 한 방식이다. 이 점에 주목한다면 기술의 본질이 갖는 영역 중 그동안 망각되었던 진리의 영역이 우리에게 열린다.
> 을: 기술은 그 자체로서 선도 아니고 악도 아니다. 그러나 기술은 선하게도 사용될 수 있고, 악하게도 사용될 수 있다. 기술의 선용과 악용은 인간 속에 들어 있는 다른 근원들에서 나오는 것이다.

〈보기〉
> ㄱ. 갑: 현대인은 기술의 본질에 대한 충분한 이해를 결여하고 있다.
> ㄴ. 갑: 기술은 존재의 의미를 드러내 주는 방식으로 기능할 수 있다.
> ㄷ. 을: 기술을 선택하고 그 활용을 결정하는 기준은 가치중립적이다.
> ㄹ. 갑과 을: 기술은 인간의 목적을 위한 수단임을 부인할 수 없다.

① ㄱ, ㄴ   ② ㄱ, ㄷ   ③ ㄷ, ㄹ
④ ㄱ, ㄴ, ㄹ   ⑤ ㄴ, ㄷ, ㄹ

2024

9월 모평 6번

2. 갑, 을 사상가들의 입장으로 가장 적절한 것은?

> [갑] 기술은 행복과 불행 모두에 기여할 수 있으나 그 자체로는 중립적입니다. 기술은 수단일 뿐이지 그 자체로는 선도 아니고 악도 아닙니다.
> [을] 기술을 긍정하건 부정하건 우리는 기술에 붙들려 있습니다. 최악의 경우는 기술을 중립적인 것으로 고찰할 때이며, 이 경우 우리는 무방비 상태로 기술에 내맡겨집니다.

갑   을

① 갑: 기술은 인간이 설정한 목적의 실현을 위한 공허한 힘이다.
② 갑: 기술의 활용 방안은 인간의 결정으로부터 독립적일 수 있다.
③ 을: 기술은 가치 판단으로부터 자유롭기 때문에 통제되어야 한다.
④ 을: 기술은 인간이 자연과 관계 맺는 방식을 변화시킬 수 없다.
⑤ 갑과 을: 기술은 인간의 개입이 없을 때에도 해악이 될 수 있다.

2023

수능 7번

3. 갑 사상가가 을 사상가에게 제기할 수 있는 비판으로 가장 적절한 것은?

> 갑: 기술은 그 기술을 실현시키는 것과는 독립해 있는 자립적인 존재로서 일종의 공허한 힘이다. 결국 기술은 그 자체로 선도 아니고 악도 아니다.
> 을: 기술을 중립적인 것으로 고찰하는 것은 탈은폐의 길로 이끄는 것이다. 우리가 기술을 중립적인 것으로 고찰할 때, 우리는 무방비 상태로 기술에 내맡겨져 종속되어진다.

① 인간의 개입 없이도 기술이 인간에게 해악을 끼칠 수 있음을 간과한다.
② 기술의 지배에서 벗어나도록 기술의 본질을 고찰해야 함을 간과한다.
③ 기술을 어떻게 이용할지에 대한 윤리적 성찰이 불필요함을 간과한다.
④ 기술은 인간이 설정한 목적을 달성하기 위한 것일 뿐임을 간과한다.
⑤ 기술은 사물의 참모습을 밖으로 드러내 주는 것임을 간과한다.

빈출

과학 기술의 가치 중립성
[16일차]

과학 기술자의 사회적 책임
[16일차]

빈출

요나스의 책임 윤리
[17일차]

2025

수능 6번

19. 다음을 주장한 사상가의 입장으로 적절한 것만을 〈보기〉에서 고른 것은?

> 현대 기술이 지구 전역을 뒤덮고 있으며 그 누적된 결과가 미래 세대의 인류에게도 영향을 미치리라는 사실은 분명하다. 특히 주목할 것은 미래 지구와 관련된 문제가 우리의 일상적이고 실천적인 결단을 촉구한다는 사실, 그리고 새로운 윤리를 요청한다는 사실이다. 책임은 바로 이러한 새로운 사태를 준비하기 위해 마련된 윤리적 범주를 의미한다.

〈보기〉
> ㄱ. 일상적 인간관계에서는 호혜적 책임이 성립되지 않는다.
> ㄴ. 인간의 책임 범위는 지구 생태계 전체를 포함해야 한다.
> ㄷ. 자연에 대한 인간의 의무는 인간에 대한 책임을 함축한다.
> ㄹ. 선한 결과가 예견되는 기술만이 도덕적 검토 대상에서 제외된다.

① ㄱ, ㄴ   ② ㄱ, ㄷ   ③ ㄴ, ㄷ   ④ ㄴ, ㄹ   ⑤ ㄷ, ㄹ

2024

수능 18번

2. 다음을 주장한 사상가의 입장으로 가장 적절한 것은?

> 현대의 기술이 산출한 행위들은 그 규모와 대상, 결과가 너무나 새로운 것이기 때문에 이러한 행위들은 전통 윤리학의 틀로서는 더 이상 파악할 수 없다. 이에 따라 나는 서로 관련된 두 가지 주장을 제시한다. 하나는 인간의 기술적 힘이 발전하면서 인간 행위의 본질이 변화했다는 것이다. 그리고 다른 하나는 인간 행위의 변형된 본질로 인해 윤리학에 있어서도 변화가 요청된다는 것이다.

① 인간은 호혜적 관계를 맺는 존재에 대해서만 책임이 있다.
② 현대 과학 기술의 힘은 인간 행위의 본질을 변화시키지 못한다.
③ 기술로 얻은 힘의 크기가 커질수록 인간의 책임 범위는 넓어진다.
④ 과학 기술로 인한 비의도적 결과는 인간이 책임질 필요가 없다.
⑤ 전통 윤리학은 미래 세대의 생존 문제를 모두 해결할 수 있다.

2022 ~ 2019

2022. 6월 모평 15번

5. 그림은 서양 사상가 갑, 을의 가상 대화이다. 갑, 을의 입장으로 적절한 것만을 〈보기〉에서 고른 것은?

기술은 단지 수단일 뿐이며 기술 그 자체는 선도 아니고 악도 아닙니다. 기술이 선한지 악한지는 인간이 기술로부터 무엇을 만들어 내는지, 기술을 어떻게 활용하는지에 달려 있습니다. 기술은 공허한 힘일 뿐입니다.

기술은 우리가 어디에 있든지 우리를 속박하고 있습니다. 우리가 이러한 기술을 중립적인 것으로 여길 때, 우리는 기술에 무방비 상태로 내맡겨지는 최악의 상태에 놓이게 됩니다.

 갑
 을

〈 보기 〉
ㄱ. 갑: 기술의 활용 결과는 가치 평가의 대상이 아니다.
ㄴ. 을: 기술에 대해 가치 중립적 태도를 가져서는 안 된다.
ㄷ. 을: 기술에 대해 무관심할 때 기술로부터 자유로워진다.
ㄹ. 갑, 을: 기술의 활용 방향에 대한 윤리적 성찰이 필요하다.

① ㄱ, ㄴ ② ㄱ, ㄷ ③ ㄴ, ㄷ ④ ㄴ, ㄹ ⑤ ㄷ, ㄹ

2021. 9월 모평 8번

7. 갑 사상가는 긍정, 을 사상가는 부정의 대답을 할 질문으로 가장 적절한 것은?

갑: 기술은 그것을 실현시키는 것과는 독립해 있는 자립적인 존재로서, 일종의 공허한 힘이며 결국은 목적에 대한 수단일 뿐이다. 기술은 인간과 전혀 무관하게 광기를 부릴 수 없다.
을: 우리는 기술을 긍정하건 부정하건 관계없이 어디서나 부자유스럽게 기술에 붙들려 있다. 기술을 가치 중립적인 것으로 고찰하여 우리와 무관한 것으로 볼 때, 우리는 무방비 상태로 기술에 내맡겨진다.

① 기술 그 자체는 가치와 무관한 사실의 영역인가?
② 기술은 그 자체로 지향하는 목적을 가지고 있는가?
③ 기술은 인간의 삶에 부정적인 영향을 줄 수 있는가?
④ 기술 그 자체는 규범적 기준에 의해 평가되어야 하는가?
⑤ 기술의 사용을 결정할 때 가치 판단이 개입될 수 있는가?

2020. 수능 19번

20. 갑, 을 사상가들의 입장으로 옳은 것은? [3점]

갑: 과학의 목적은 자연을 인간의 의도에 맞도록 변형함으로써 인간의 활동 영역을 넓히는 것이다. 인간은 자연의 사용자이자 해석자로서 자연을 경험적으로 연구해야 한다. 자연에 대한 인간의 지배권은 오직 기술과 학문에 달려 있다.
을: 현대 기술의 본질은 기술적인 것이 아니다. 우리는 어디서나 부자유스럽게 기술에 붙들려 있다. 최악의 경우는 기술을 중립적으로 고찰할 때이며, 이 경우 우리는 무방비 상태로 기술에 내맡겨져 전적으로 기술의 본질에 대해 맹목적이게 된다.

① 갑: 관찰과 실험으로부터 유용한 지식을 이끌어 낼 수는 없다.
② 갑: 과학의 목적은 삶의 개선이 아니라 진리 탐구 그 자체이다.
③ 을: 현대 기술의 본질에 대한 자각과 비판적 성찰이 필요하다.
④ 을: 현대 기술은 인간의 자율적 의지에 전적으로 종속되어 있다.
⑤ 갑, 을: 기술은 수단일 뿐 그 자체는 가치 판단의 대상이 아니다.

2019. 수능 15번

15. 다음 토론의 핵심 쟁점으로 가장 적절한 것은? [3점]

갑: 과학은 가치 중립적이지 않습니다. 과학자는 연구 주제를 설정할 때 주관적 가치를 개입시키게 됩니다. 또한 연구 과정에서 과학자는 연구 윤리를 준수해야 합니다.
을: 동의합니다. 또한 과학자는 연구 과정에서의 내적 책임뿐만 아니라 자신의 연구 결과가 미칠 사회적 영향을 인식하여 연구 및 개발과 그 활용에 관한 사회적 책임까지 다해야 합니다.
갑: 아닙니다. 과학자에게 그러한 책임까지 돌리면 과학의 발전이 지체됩니다. 연구 결과가 활용되어 사회에 부정적 결과를 초래해도 그것은 연구 결과를 활용한 사람들의 책임일 뿐입니다.
을: 과학의 발전이 지체될 수 있지만 과학자에게 사회적 책임을 부과하는 것은 정당합니다. 과학의 발전에서 더 중요한 것은 시간적 속도가 아니라 윤리적 방향입니다.

① 과학자는 연구 과정에서 연구 윤리를 준수해야 하는가?
② 과학자는 연구 주제를 설정할 때 가치 중립적 태도를 취하는가?
③ 과학자는 과학 연구에 대한 모든 책임에서 면제되어야 하는가?
④ 과학자에게 내적 책임과 더불어 사회적 책임도 부과해야 하는가?
⑤ 과학자에게 사회적 책임을 부과하면 과학 발전이 지체될 수 있는가?

2022. 수능 12번

4. 다음을 주장한 사상가가 부정의 대답을 할 질문으로 가장 적절한 것은? [3점]

인간은 기술 문명의 힘으로 자신을 포함한 모든 것을 위험에 빠뜨리게 되었다. 이성과 결탁한 권력은 그 자체로 책임을 동반한다. 이것은 예전부터 인간 상호 간에는 자명한 일이었다. 인간의 책임이 종전의 범위를 넘어서 생물계의 상태와 인간 종족의 미래의 생존까지 포괄하게 된 것은 권력의 확장과 연관되어 있다.

① 인간이 져야 할 책임은 자신이 가진 권력에 비례하는가?
② 과학 기술의 비의도적 결과는 책임의 대상에서 제외되는가?
③ 경험하지 못한 미래의 위험으로부터 책임을 도출해야 하는가?
④ 권리를 주장하는 존재 외에도 현세대가 책임져야 할 대상이 있는가?
⑤ 책임질 수 있는 능력으로부터 책임을 져야 하는 당위가 도출되는가?

2021. 수능 11번

6. 다음을 주장한 사상가의 입장만을 〈보기〉에서 고른 것은? [3점]

• 우리는 원하는 것보다 원하지 않는 것을 더 잘 안다. 우리가 실제로 무엇을 보호해야 하는가를 알아내기 위해서 새로운 윤리는 희망보다는 두려움을 논의 대상으로 삼아야 한다.
• 행해야 할 것과 관련된 책임 개념에 따르면, 현재의 행위로 인해 발생할 사태에 대해 책임져야 한다. 사태의 의존자인 미래 세대는 명령자가 되고, 권력자인 현세대는 의무자가 된다.

〈 보기 〉
ㄱ. 선의 탐구에서 악의 인식보다 선의 인식이 더 효과적이다.
ㄴ. '할 수 있다'는 능력에 근거해서 '해야 한다'는 책임이 발생한다.
ㄷ. 인간의 힘이 자연으로 확장될수록 자연 파괴의 가능성도 높아진다.
ㄹ. 현세대와 미래 세대는 삶의 지속을 위해 상호 간에 의무를 가진다.

① ㄱ, ㄴ ② ㄱ, ㄷ ③ ㄴ, ㄷ ④ ㄴ, ㄹ ⑤ ㄷ, ㄹ

2019. 6월 모평 5번

18. 갑, 을 사상가들의 입장에 대한 설명으로 가장 적절한 것은? [3점]

갑: '해야 하기 때문에 할 수 있다.'는 것은 의무를 의식하기 때문에 정언 명령을 따라 행위할 수 있음을 의미한다. 이러한 정언 명령은 보편화 정식으로 표현된다.
을: '할 수 있기 때문에 해야 한다.'는 것은 책임질 수 있는 능력을 지녔다는 것, 그 자체로 책임져야 한다는 의미이다. 이는 인간이 미래의 위험을 예견하고 책임져야 한다는 명령으로 표현된다.

① 갑은 자연적 경향성에 근거한 행위를 도덕적 행위로 본다.
② 갑은 도덕 법칙의 형식으로 행위를 판단해서는 안 된다고 본다.
③ 을은 도덕적 주체와 대상은 이성을 가진 존재로 한정된다고 본다.
④ 을은 의도하지 않은 결과까지 책임져야 하는 것은 아니라고 본다.
⑤ 갑, 을은 인간이 준수해야 할 무조건적인 도덕적 의무가 있다고 본다.

기출 선지로 짚어 주는 **핵심 내용**

과학 기술과 윤리

1 과학 기술의 가치 중립성

1 과학 기술로 인한 문제점

(1) 환경 문제 발생

① 생태계 파괴를 가져올 수 있다.

② 생태계 질서가 교란될 수 있다.

③ 자연의 고유한 존재 방식을 변질시킬 수 있다.

(2) 감시와 통제 사회 등장

① 거대한 감시 체제가 등장할 수 있다.

② 유전자 정보를 이용한 인간 통제가 나타날 수 있다.

(3) 생명 존엄성 훼손: 생명의 본래적 가치가 경시될 수 있다.

(4) 비인간화 현상 발생: 인간의 존엄성이 훼손될 수 있다.

2 과학 기술을 바라보는 관점

(1) 과학 기술 지상주의

① 현대의 기술이 인류에게 무한한 행복을 제공한다고 본다.

② 현대의 기술이 사회의 발전 방향을 결정해야 한다고 본다.

③ 과학 기술의 진보가 현대 사회의 문제를 해결할 수 있다고 본다.

(2) 과학 기술 혐오주의

① 과학 기술의 발전은 비인간화 현상을 발생시킨다고 본다.

② 과학 기술의 발전은 인간에 대한 통제로 이어진다고 본다.

3 과학 기술의 가치 중립성 논쟁

구분	가치 중립성을 강조하는 입장	가치 중립성을 부정하는 입장
관점	• 과학 기술은 도덕적 가치 판단으로부터 자유로워야 한다. • 과학은 객관적 사실이므로 관련 연구에는 가치가 개입될 수 없다. • 과학 기술은 객관적인 기준에 의해서만 평가되어야 한다. • 과학 연구는 사실 그 자체에 대한 기술과 설명이 되어야 한다. • 과학은 정치의 간섭 없이 독립적으로 발전해야 한다.	• 과학 기술의 활용에 대한 비판적 성찰의 과정이 필요하다. • 과학 기술은 인간 삶의 질을 개선하는데 기여해야 한다. • 과학 기술은 연구 의도와 다르게 악용될 수 있다. • 과학 기술의 개발 과정에 가치가 개입된다. • 과학 연구는 상황과 맥락을 반영하며 사회적 필요에 의해 이루어진다.
대표 사상가	야스퍼스: 기술 자체를 도덕 판단의 대상으로 보아서는 안 된다. → 기술의 부정적 결과는 인간에 의해 생겨날 수 있다.	하이데거: 기술은 인간이 자신과 세계를 바라보는 관점에 영향을 준다.
공통점	과학 기술자가 연구 과정에 대한 책임을 져야 한다고 본다. 기억해	

1 과학 기술자의 사회적 책임

(1) 사회적 책임의 필요성: 과학의 발전은 다양한 사회적 이해관계의 영향을 받기 때문이다.

(2) 내적 책임과 외적 책임

내적 책임	• 과학자는 연구 윤리를 준수해야 한다. • 과학자는 이론의 타당성을 객관적으로 검증해야 한다.
외적 책임	• 과학자는 연구 결과의 사회적 활용에 책임을 져야 한다. • 과학자는 인류의 복지를 향상시킬 외적 책임이 있다. • 과학자는 전문가로서 그 지식이 바람직하게 활용되도록 일정한 책임을 져야 한다.

(3) 과학자의 사회적 책임에 대한 입장

사회적 책임을 인정하는 입장	사회적 책임을 부정하는 입장
• 과학자의 연구 활동에 대한 책임의 범위를 확대해야 한다. • 과학자는 연구 결과의 모든 활용에 대해 책임져야 한다. • 과학자는 공동선을 추구하는 도덕적 의무를 이행해야 한다. • 과학자의 활동은 사회와 독립해서 이루어질 수 없다. • 과학자는 연구 주제의 사회적 파급 효과를 고려해야 한다. • 과학자는 과학 기술에 대해 반성적 성찰을 해야 한다.	• 과학자는 연구의 외적 책임으로부터 자유로워야 한다. • 과학자는 과학 기술 적용 결과에 대한 책임으로부터 자유롭다. • 과학자의 책임의 범위는 실험실 내로 한정되어야 한다. • 과학자의 연구 활동은 사회의 요구로부터 자유로워야 한다. • 과학자는 연구 주제 설정 단계에서 가치 판단을 배제해야 한다.

2 요나스의 책임 윤리

(1) 새로운 윤리의 주장

① 현대 과학 기술의 힘은 인간의 통제 범위를 넘어서 있다. → 새로운 윤리는 예견할 수 있는 위험을 고려하여 도출해야 한다.

② 기술에 대한 윤리적 성찰이 결여될 때 윤리적 공백이 발생한다.

③ 과학 기술의 긍정적인 영향보다 부정적인 영향에 주목해야 한다.

④ 새로운 윤리학은 최고악에 대한 공포에서 출발할 필요가 있다. **더 보기1**

(2) 책임의 범위 확대 강조

① 인간의 힘이 자연으로 확장될수록 자연 파괴의 가능성도 높아진다. → 생태계 전체를 예방적 책임 대상에 포함시켜야 한다.

② 사후적 책임뿐만 아니라 사전적 책임도 중시해야 한다.

③ 책임의 대상과 범위에 미래 세대도 포함시켜야 한다.

④ 인간은 예견할 수 있는 모든 결과에 대해서 책임져야 한다. **더 보기2**

(3) 책임의 명법 제시

① 부모가 자녀에 대해 책임지는 것처럼 자연에 대해 책임지려는 자세가 필요하다.

② 책임질 수 있는 능력은 책임져야 하는 당위로 연결된다.

③ 인류가 존속해야 한다는 것은 무조건 따라야 할 정언 명령이다. 기억해

▶ 기/출/표/현 **더** 보기

1 새로운 윤리학은 최고악에 대한 공포에서 출발할 필요가 있다.
= 새로운 윤리는 예견할 수 있는 위험을 고려하여 도출해야 한다.
= 미리 사유된 위험으로부터 새로운 윤리의 토대를 마련해야 한다.

2 인간은 예견할 수 있는 모든 결과에 대해서 책임져야 한다.
= (요나스는) 의도하지 않은 결과까지 책임져야 한다고 본다.
= 현재가 아니라 미래의 위험까지 고려해야 한다.
= 과학 기술자는 연구의 장기적 결과에 대해 숙고해야 한다.
= 인간은 행해진 것뿐만 아니라 행위해야 할 것에 대한 책임도 있다.

16
일차

01 대표 문제

25학년도 6월 모평 5번

갑, 을 사상가들의 입장으로 적절한 것만을 〈보기〉에서 있는 대로 고른 것은?

> 갑: 오늘날 우리는 기술의 도구적 활용에만 매몰되어 있다. 기술은 그저 하나의 수단만이 아니다. 기술은 탈은폐의 한 방식이다. 이 점에 주목한다면 기술의 본질이 갖는 영역 중 그동안 망각되었던 진리의 영역이 우리에게 열린다.
>
> 을: 기술은 그 자체로서 선도 아니고 악도 아니다. 그러나 기술은 선하게도 사용될 수 있고, 악하게도 사용될 수 있다. 기술의 선용과 악용은 인간 속에 들어 있는 다른 근원들에서 나오는 것이다.

〈 보기 〉

ㄱ. 갑: 현대인은 기술의 본질에 대한 충분한 이해를 결여하고 있다.

ㄴ. 갑: 기술은 존재의 의미를 드러내 주는 방식으로 기능할 수 있다.

ㄷ. 을: 기술을 선택하고 그 활용을 결정하는 기준은 가치중립적이다.

ㄹ. 갑과 을: 기술은 인간의 목적을 위한 수단임을 부인할 수 없다.

① ㄱ, ㄴ   ② ㄱ, ㄷ   ③ ㄷ, ㄹ

④ ㄱ, ㄴ, ㄹ   ⑤ ㄴ, ㄷ, ㄹ

02

24학년도 9월 모평 6번

갑, 을 사상가들의 입장으로 가장 적절한 것은?

기술은 행복과 불행 모두에 기여할 수 있으나 그 자체로는 중립적입니다. 기술은 수단일 뿐이지 그 자체로는 선도 아니고 악도 아닙니다.

기술을 긍정하건 부정하건 우리는 기술에 붙들려 있습니다. 최악의 경우는 기술을 중립적인 것으로 고찰할 때이며, 이 경우 우리는 무방비 상태로 기술에 내맡겨집니다.

갑   을

① 갑: 기술은 인간이 설정한 목적의 실현을 위한 공허한 힘이다.

② 갑: 기술의 활용 방안은 인간의 결정으로부터 독립적일 수 있다.

③ 을: 기술은 가치 판단으로부터 자유롭기 때문에 통제되어야 한다.

④ 을: 기술은 인간이 자연과 관계 맺는 방식을 변화시킬 수 없다.

⑤ 갑과 을: 기술은 인간의 개입이 없을 때에도 해악이 될 수 있다.

03

23학년도 수능 7번

갑 사상가가 을 사상가에게 제기할 수 있는 비판으로 가장 적절한 것은?

> 갑: 기술은 그 기술을 실현시키는 것과는 독립해 있는 자립적인 존재로서 일종의 공허한 힘이다. 결국 기술은 그 자체로 선도 아니고 악도 아니다.
>
> 을: 기술은 은폐되어 존재하는 것을 탈은폐의 길로 이끄는 것이다. 우리가 기술을 중립적인 것으로 고찰할 때, 우리는 무방비 상태로 기술에 내맡겨져 종속되어진다.

① 인간의 개입 없이도 기술이 인간에게 해악을 끼칠 수 있음을 간과한다.

② 기술의 지배에서 벗어나도록 기술의 본질을 고찰해야 함을 간과한다.

③ 기술을 어떻게 이용할지에 대한 윤리적 성찰이 불필요함을 간과한다.

④ 기술은 인간이 설정한 목적을 달성하기 위한 것일 뿐임을 간과한다.

⑤ 기술은 사물의 참모습을 밖으로 드러내 주는 것임을 간과한다.

04

23학년도 9월 모평 7번

갑이 을에게 제기할 수 있는 비판으로 가장 적절한 것은?

> 갑: 과학자 집단에 필요한 것은 자연적 사실을 규명하는 과정에서의 내적 책임뿐이다. 과학자 집단에 외적 책임을 부과하면 연구의 범위가 확대되기 어렵다. 과학 연구는 과학적 지식이 관찰과 일치하는지, 논리적 기준에 근거하는지에 기초해서 그 타당성을 판단하면 된다.
>
> 을: 과학자 집단에는 내적 책임뿐만 아니라 외적 책임이 필요하다. 과학 연구에는 연구자의 과거 경험이나 지식, 사회적 기대가 반영되기 때문에 가치가 개입된다. 따라서 과학자 집단은 자신의 과학 연구를 비판적으로 성찰하고 해로운 결과가 예측되는 연구에 대해 책임 있는 행동을 해야 한다.

① 연구 대상 선정과 결과 활용에 가치가 반영된다는 것을 간과한다.

② 연구 활성화를 위해 사회적 책임을 강조해서는 안 됨을 간과한다.

③ 과학자 집단이 준수해야 하는 윤리가 존재한다는 것을 간과한다.

④ 과학이 궁극적으로 삶의 질 향상을 지향한다는 것을 간과한다.

⑤ 과학 연구에 사회적 필요와 정치적 목적이 개입될 수 있음을 간과한다.

05

그림은 서양 사상가 갑, 을의 가상 대화이다. 갑, 을의 입장으로 적절한 것만을 〈보기〉에서 고른 것은?

> 갑: 기술은 단지 수단일 뿐이며 기술 그 자체는 선도 아니고 악도 아닙니다. 기술이 선한지 악한지는 인간이 기술로부터 무엇을 만들어 내는지, 기술을 어떻게 활용하는지에 달려 있습니다. 기술은 공허한 힘일 뿐입니다.

> 을: 기술은 우리가 어디에 있든지 우리를 속박하고 있습니다. 우리가 이러한 기술을 중립적인 것으로 여길 때, 우리는 기술에 무방비 상태로 내맡겨지는 최악의 상태에 놓이게 됩니다.

 갑   을

─────〈 보기 〉─────
ㄱ. 갑: 기술의 활용 결과는 가치 평가의 대상이 아니다.
ㄴ. 을: 기술에 대해 가치 중립적 태도를 가져서는 안 된다.
ㄷ. 을: 기술에 대해 무관심할 때 기술로부터 자유로워진다.
ㄹ. 갑, 을: 기술의 활용 방향에 대한 윤리적 성찰이 필요하다.

① ㄱ, ㄴ   ② ㄱ, ㄷ   ③ ㄴ, ㄷ   ④ ㄴ, ㄹ   ⑤ ㄷ, ㄹ

06

(가)의 입장에 비해 (나)의 입장이 갖는 상대적 특징을 그림의 ⑤~⑩ 중에서 고른 것은?

> (가) 과학자는 연구 윤리를 준수하면서 자신의 연구가 참인지 거짓인지 밝혀야 한다. 과학자는 자신의 연구가 활용되는 과정에서 아무런 힘도 발휘하지 못하므로 활용 결과에 대한 책임으로부터 자유롭다.
>
> (나) 과학자는 연구 윤리를 준수하면서도 자신의 연구 결과가 사회에 미칠 영향에 대해 책임을 져야 한다. 과학자는 자신의 연구 활동이 인간 존엄성 구현과 삶의 질 향상을 위한 것인지 검토해야 한다.

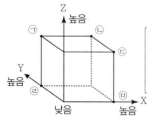

• X: 과학자가 인류의 복지 증진에 기여해야 함을 강조하는 정도
• Y: 과학자의 연구 활동이 사회적 책임과 무관함을 강조하는 정도
• Z: 과학 기술 활용에 대한 과학자의 윤리적 성찰을 강조하는 정도

① ⑤   ② ⑥   ③ ⑦   ④ ㉣   ⑤ ⑩

07

갑 사상가는 긍정, 을 사상가는 부정의 대답을 할 질문으로 가장 적절한 것은?

> 갑: 기술은 그것을 실현시키는 것과는 독립해 있는 자립적인 존재로서, 일종의 공허한 힘이며 결국은 목적에 대한 수단일 뿐이다. 기술은 인간과 전혀 무관하게 광기를 부릴 수 없다.
>
> 을: 우리는 기술을 긍정하건 부정하건 관계없이 어디서나 부자유스럽게 기술에 붙들려 있다. 기술을 가치 중립적인 것으로 고찰하여 우리와 무관한 것으로 볼 때, 우리는 무방비 상태로 기술에 내맡겨진다.

① 기술 그 자체는 가치와 무관한 사실의 영역인가?
② 기술은 그 자체로 지향하는 목적을 가지고 있는가?
③ 기술은 인간의 삶에 부정적인 영향을 줄 수 있는가?
④ 기술 그 자체는 규범적 기준에 의해 평가되어야 하는가?
⑤ 기술의 사용을 결정할 때 가치 판단이 개입될 수 있는가?

08

다음은 어느 서양 사상가의 가상 편지이다. ⑤에 들어갈 진술로 가장 적절한 것은?

> ○○○○ 선생님께
> 보내주신 편지 잘 받았습니다. 선생님께서는 기술이 단지 수단일 뿐이며 선도 아니고 악도 아니라고 말씀하셨습니다. 그러면서 기술 그 자체를 중립적이라고 주장하셨습니다. 하지만 저는 그렇게 생각하지 않습니다. 현대 사회에서 기술은 자연에 에너지를 내놓으라고 강요합니다. 기술은 자연을 몰아세워서 인간과 자연 그리고 이 양자의 관계를 근본적으로 변화시킵니다. 기술에 숨어 있는 힘은 존재하는 것과 인간의 관계를 규정하며 온 세상을 지배하고 있습니다. 우리가 기술을 중립적인 것으로 고찰할 때 우리는 무방비 상태로 기술에 내맡겨질 것입니다. 따라서 제가 볼 때 선생님의 견해는 ⑤ 고 생각합니다. … (후략).

① 기술이 인간과 무관하게 횡포를 부릴 수 없음을 간과한다
② 기술 그 자체를 윤리적 평가의 대상으로 여겨야 함을 간과한다
③ 기술이 인간을 지배하려는 속성을 지닐 수 없음을 간과한다
④ 기술 활용이 인간의 삶에 부정적 영향을 줄 수 있음을 간과한다
⑤ 기술이 인간의 목적에 따라 유용한 수단이 될 수 있음을 간과한다

다음 신문 칼럼의 입장에서 지지할 내용으로 가장 적절한 것은?

○○신문 　　　　　　　　　　○○○○년 ○○월 ○○일

칼럼

　과학 기술자의 책임 문제는 고객을 어떻게 규정하느냐에 달려 있다. 고객이란 노동자에게 노동에 대한 대가를 지급하고, 그 노동에 의해 영향을 받는 사람을 의미한다. 일반적으로는 자신을 직접 고용한 사람만이 고객이 되지만, 과학 기술자는 고용주뿐만 아니라 일반 대중도 고객으로 규정해야 한다. 그 이유는 먼저 상당수의 연구가 세금에 의해 직·간접적으로 추진되므로 일반 대중이 과학 기술자에게 노동에 대한 대가를 지급한다고 볼 수 있기 때문이다. 또한 과학 기술자의 연구는 공공성이 지대하여 고용주는 물론 일반 대중에게까지 영향을 미치기 때문이다. 그러므로 과학 기술자에게는 자신의 연구 결과가 고용주뿐만 아니라 일반 대중에게까지 미칠 부정적 영향은 없는지 검토해야 할 책임이 있다.

① 과학 기술자는 공익보다 자신의 사적 이익을 우선해야 한다.
② 과학 기술자의 연구 결과는 윤리적 평가로부터 자유로워야 한다.
③ 과학 기술자는 연구 결과가 고용주에게 미칠 영향을 배제해야 한다.
④ 과학 기술자는 자신을 직접 고용한 사람만을 고객으로 여겨야 한다.
⑤ 과학 기술자는 연구 결과로 인한 사회적 파급 효과를 숙고해야 한다.

다음을 주장한 사상가가 긍정의 대답을 할 질문으로 적절한 것만을 〈보기〉에서 있는 대로 고른 것은? [3점]

　탈은폐의 방식에 완전히 제압된 현대 기술은 자연에게 에너지를 내놓으라고 무리하게 닦달한다. 그리하여 자연은 현대 기술에 의해 쓸모 있는 부품으로 환원된다. 인간은 현대 기술로부터 자연에 숨겨져 있는 에너지를 채굴하여 변형시키고 저장하라는 도발적 요청을 받고 있으며, 그렇게 주문받는 대로 행동하여 현대 기술의 근원적인 부품으로 전락한다. 인간이 현대 기술의 종속에서 벗어나려면 기술에 대해 숙고해야 한다.

〈 보기 〉
ㄱ. 인간은 현대 기술의 부품으로 환원될 수 있는가?
ㄴ. 인간은 현대 기술의 영향력으로부터 자유로운가?
ㄷ. 현대 기술은 인간이 성찰해야 할 가치판단의 대상인가?
ㄹ. 현대 기술은 에너지를 얻기 위해 자연을 은폐시키는가?

① ㄱ, ㄴ　　　　② ㄱ, ㄷ　　　　③ ㄴ, ㄹ
④ ㄱ, ㄷ, ㄹ　　　⑤ ㄴ, ㄷ, ㄹ

갑, 을 사상가들의 입장으로 적절한 것만을 〈보기〉에서 있는 대로 고른 것은? [3점]

　갑: 기술은 우리가 그것을 긍정하건 부정하건 관계없이 우리를 속박하고 있다. 기술을 가치 중립적인 것으로 여길 때, 우리는 무방비 상태로 기술에 내맡겨져 종속된다.
　을: 기술은 그것을 실현하게 하는 것과 독립해 있는 자립적인 존재이다. 또한 일종의 공허한 힘이며 목적에 대한 수단일 뿐이다. 기술은 인간과 전혀 무관하게 광기를 부릴 수 없다.

〈 보기 〉
ㄱ. 갑: 기술의 이용 결과는 윤리적 가치 평가의 대상이다.
ㄴ. 을: 기술의 활용에 대한 인간의 도덕적 성찰은 불필요하다.
ㄷ. 을: 기술은 인간의 개입이 없다면 인간에게 해를 끼칠 수 없다.
ㄹ. 갑과 을: 인간은 기술 자체에 대해 비판적 관점을 지녀야 한다.

① ㄱ, ㄴ　　　　② ㄱ, ㄷ　　　　③ ㄴ, ㄹ
④ ㄱ, ㄷ, ㄹ　　　⑤ ㄴ, ㄷ, ㄹ

갑, 을 사상가들의 입장으로 적절한 것만을 〈보기〉에서 있는 대로 고른 것은?

　갑: 기술을 긍정하건 부정하건 관계없이 우리는 어디서나 부자유스럽게 기술에 붙들려 있다. 그러나 최악의 경우는 기술을 중립적인 것으로 고찰할 때이며, 이 경우 우리는 무방비 상태로 기술에 내맡겨진다.
　을: 기술이란 수단일 뿐이지 그 자체는 선도 아니고 악도 아니다. 기술은 그러한 기술을 실현시키는 것과는 독립해 있는 일종의 공허한 힘이며 결국은 목적에 대한 수단이다. 기술은 스스로 인간에게 광기를 부릴 수 없다.

〈 보기 〉
ㄱ. 갑: 기술 그 자체를 윤리적 평가의 대상으로 보아야 한다.
ㄴ. 을: 기술의 활용은 인간의 삶에 부정적 영향을 끼칠 수 있다.
ㄷ. 을: 기술은 인간과 사회를 지배하려는 본질적 속성을 지닌다.
ㄹ. 갑, 을: 기술을 적용할 때 인간의 가치 판단은 배제되어야 한다.

① ㄱ, ㄴ　　　　② ㄱ, ㄷ　　　　③ ㄷ, ㄹ
④ ㄱ, ㄴ, ㄹ　　　⑤ ㄴ, ㄷ, ㄹ

13

갑, 을 사상가들의 입장으로 적절한 것만을 〈보기〉에서 고른 것은? [3점]

> 갑: 기술의 본질은 기술적인 어떤 것이 아니다. 기술을 중립적인 것으로 보는 사고는 우리를 기술의 본질에 대해 맹목적이게 만들고, 이 경우 우리는 무방비 상태로 기술에 내맡겨진다.
>
> 을: 기술은 수단으로 그 자체는 선도 악도 아니다. 기술은 일종의 공허한 힘이며, 중요한 것은 인간이 기술을 어떻게 활용하고 기술을 통해 인간이 어떤 존재로 드러나는가이다.

〈 보기 〉
ㄱ. 갑: 기술의 본질을 삶에 유용한 도구로만 규정해야 한다.
ㄴ. 갑: 기술의 가치 중립성을 강조할 때 인간은 기술에 종속된다.
ㄷ. 을: 기술 자체를 윤리적 평가의 대상으로 간주해야 한다.
ㄹ. 갑, 을: 기술의 활용이 가져올 영향을 반성적으로 검토해야 한다.

① ㄱ, ㄴ ② ㄱ, ㄷ ③ ㄴ, ㄷ ④ ㄴ, ㄹ ⑤ ㄷ, ㄹ

14

갑 사상가의 입장에 비해 을 사상가의 입장이 갖는 상대적 특징을 그림의 ㉠~㉤ 중에서 고른 것은?

> 갑: 기술은 우리를 철저하게 지배하고 있다. 오늘날 우리는 어디서나 기술에 붙들려 있다. 기술을 가치 중립적인 것으로 고찰하면 우리는 무방비 상태로 기술에 내맡겨진다.
>
> 을: 기술은 수단일 뿐이며 그 자체는 선도 아니고 악도 아니다. 기술이 선한지 악한지는 인간이 기술로부터 무엇을 만들어 내고 기술을 어디에 사용하느냐에 달려 있다.

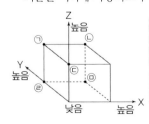

- X: 기술은 가치 중립적인 것이 아니라고 보는 정도
- Y: 기술에 대한 연구의 자율성 보장을 강조하는 정도
- Z: 기술 자체에 대한 비판적 관점이 필요하다고 보는 정도

① ㉠ ② ㉡ ③ ㉢ ④ ㉣ ⑤ ㉤

15

다음 토론의 핵심 쟁점으로 가장 적절한 것은? [3점]

> 갑: 과학은 가치 중립적이지 않습니다. 과학자는 연구 주제를 설정할 때 주관적 가치를 개입시키게 됩니다. 또한 연구 과정에서 과학자는 연구 윤리를 준수해야 합니다.
>
> 을: 동의합니다. 또한 과학자는 연구 과정에서의 내적 책임뿐만 아니라 자신의 연구 결과가 미칠 사회적 영향을 인식하여 연구 및 개발과 그 활용에 관한 사회적 책임까지 다해야 합니다.
>
> 갑: 아닙니다. 과학자에게 그러한 책임까지 돌리면 과학의 발전이 지체됩니다. 연구 결과가 활용되어 사회에 부정적 결과를 초래해도 그것은 연구 결과를 활용한 사람들의 책임일 뿐입니다.
>
> 을: 과학의 발전이 지체될 수 있지만 과학자에게 사회적 책임을 부과하는 것은 정당합니다. 과학의 발전에서 더 중요한 것은 시간적 속도가 아니라 윤리적 방향입니다.

① 과학자는 연구 과정에서 연구 윤리를 준수해야 하는가?
② 과학자는 연구 주제를 설정할 때 가치 중립적 태도를 취하는가?
③ 과학자는 과학 연구에 대한 모든 책임에서 면제되어야 하는가?
④ 과학자에게 내적 책임과 더불어 사회적 책임도 부과해야 하는가?
⑤ 과학자에게 사회적 책임을 부과하면 과학 발전이 지체될 수 있는가?

16

갑의 입장에 비해 을의 입장이 갖는 상대적 특징을 그림의 ㉠~㉤ 중에서 고른 것은?

> 갑: 원자 폭탄을 전쟁에 이용한 사람은 정치인들이므로 과학적 연구의 결과 활용에 대한 책임은 그들이 져야 한다. 과학자는 연구로 발견한 진리를 공표할 책임만 지닌다.
>
> 을: 핵무기 개발이 가져올 희망보다 공포를 먼저 생각해야 한다. 과학자는 과학 기술이 가져올 결과의 모호성과 가늠할 수 없는 파급력이 초래할 위험에 주목해야 한다.

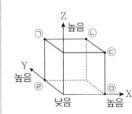

- X: 과학 기술의 활용 결과를 과학자가 책임져야 한다고 보는 정도
- Y: 과학 기술 연구와 관련된 과학자의 책임을 축소해야 한다고 보는 정도
- Z: 과학자가 과학 기술의 사회적 영향력을 성찰해야 한다고 보는 정도

① ㉠ ② ㉡ ③ ㉢ ④ ㉣ ⑤ ㉤

17

갑, 을의 입장으로 적절하지 <u>않은</u> 것은? [3점]

갑: 과학자는 자신의 연구 결과가 사회에 미치는 영향을 정확하게 예측할 수 없다. 과학자의 책임은 윤리적인 연구 과정을 거쳐 객관적인 지식을 얻어내는 것에 있으며, 연구 결과의 활용에 따른 사회적 책임은 실제 사용자에게 있다.

을: 과학자는 연구 대상의 선정부터 그 결과의 응용까지 자신의 가치관을 반영할 수밖에 없다. 과학자의 책임은 연구 과정에서 날조 또는 변조를 하지 않는 것뿐만 아니라 그 결과가 인류에게 미칠 영향도 고려하는 것에 있다.

① 갑: 과학자는 연구 결과 활용에 대한 책임에서 자유로워야 한다.
② 갑: 과학자는 연구 과정에서 도덕규범의 제약으로부터 벗어나야 한다.
③ 을: 과학자는 가치 판단을 토대로 연구 주제를 선정해야 한다.
④ 을: 과학자는 기술의 응용 결과에 대한 윤리적 성찰을 해야 한다.
⑤ 갑, 을: 과학자는 이론을 검증할 때 주관적 판단을 배제해야 한다.

18

(가)의 입장에 비해 (나)의 입장이 갖는 상대적 특징을 그림의 ㉠~㉤ 중에서 고른 것은?

(가) 과학 기술 자체는 가치 중립적이다. 따라서 과학 기술자는 과학 기술의 발견 및 활용의 과정에서 자신의 연구 결과가 사회에 미칠 영향에 대해 책임질 필요가 없으며, 과학 기술자의 연구는 윤리적 규제에서 벗어나야 한다.

(나) 과학 기술의 발견 및 활용의 과정은 가치 중립적이지 않다. 따라서 과학 기술자는 과학 기술의 발견 및 활용의 과정에서 자신의 연구 결과가 사회에 미칠 영향에 대해 책임져야 하며, 과학 기술자의 연구는 윤리적 규제를 받아야 한다.

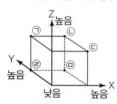

· X: 과학 기술의 활용 결과에 대한 과학 기술자의 책임을 강조하는 정도
· Y: 과학 기술의 연구에 대한 윤리적 규제의 필요성을 강조하는 정도
· Z: 과학 기술의 발견 및 활용의 과정에서 가치 판단의 배제를 강조하는 정도

① ㉠　　② ㉡　　③ ㉢　　④ ㉣　　⑤ ㉤

19

다음 토론의 핵심 쟁점으로 가장 적절한 것은?

갑: 자동차 사고의 대부분이 운전자의 과실로 발생하는데, 자율 주행 자동차는 인공 지능을 통해 사고를 획기적으로 줄일 수 있을 것입니다.

을: 동의합니다. 다만 생명이 위협받는 위급한 상황에서는 사람이 직접 운전하면서 스스로 판단하여 어떻게 할지를 결정할 수 있어야 합니다.

갑: 아닙니다. 그런 방식은 오히려 사고를 증가시킬 수 있습니다. 사고를 줄이는 것이 사회 전체에 이익이 되므로 모든 상황에서 인공 지능에게 운전을 맡겨야 합니다.

을: 생명과 관련된 문제에서는 단순히 이익을 기준으로 판단해서는 안 되며 자율성을 존중하여 개인의 선택에 맡겨야 합니다.

① 인공 지능의 사용은 인간의 자율성을 증진시키는가?
② 자율 주행 자동차는 사회 전체의 이익을 증진시키는가?
③ 자동차 사고의 주요 원인은 운전자의 과실로 인한 것인가?
④ 위급 상황에서 어떤 주체가 자율 주행 자동차를 운전해야 하는가?
⑤ 인공 지능의 사용은 자동차 사고를 줄이는 데 기여할 수 있는가?

20

갑, 을 사상가들의 입장으로 옳은 것은? [3점]

갑: 과학의 목적은 자연을 인간의 의도에 맞도록 변형함으로써 인간의 활동 영역을 넓히는 것이다. 인간은 자연의 사용자이자 해석자로서 자연을 경험적으로 연구해야 한다. 자연에 대한 인간의 지배권은 오직 기술과 학문에 달려 있다.

을: 현대 기술의 본질은 기술적인 것이 아니다. 우리는 어디서나 부자유스럽게 기술에 붙들려 있다. 최악의 경우는 기술을 중립적으로 고찰할 때이며, 이 경우 우리는 무방비 상태로 기술에 내맡겨져 전적으로 기술의 본질에 대해 맹목적이게 된다.

① 갑: 관찰과 실험으로부터 유용한 지식을 이끌어 낼 수는 없다.
② 갑: 과학의 목적은 삶의 개선이 아니라 진리 탐구 그 자체이다.
③ 을: 현대 기술의 본질에 대한 자각과 비판적 성찰이 필요하다.
④ 을: 현대 기술은 인간의 자율적 의지에 전적으로 종속되어 있다.
⑤ 갑, 을: 기술은 수단일 뿐 그 자체는 가치 판단의 대상이 아니다.

21

24학년도 10월 학평 20번

다음 토론의 핵심 쟁점으로 가장 적절한 것은?

> 갑: 과학적 가설이나 이론이 정당화되는 과정에서는, 가치 중립적인 탐구 방법과 연구 윤리의 준수가 필요합니다. 이는 과학의 객관성 확보에 대한 정언 명령입니다.
>
> 을: 동의합니다. 다만, 가치 중립적 태도는 이론의 정당화 과정에 국한되어야 합니다. 과학자는 연구 결과의 활용에 대해 윤리적으로 숙고해야 합니다.
>
> 갑: 아닙니다. 과학은 사회와 무관한 그 자체의 발전 논리를 가지고 있습니다. 연구 결과의 활용은 정치인, 기업가와 같은 사회 구성원의 몫입니다. 과학자는 중립적 관찰자로 남아야 합니다.
>
> 을: 그렇지 않습니다. 과학자의 원폭 실험이 없었다면 정치인이 원폭 투하를 결정하는 실제 사건은 일어날 수 없었습니다. 과학자가 인류에게 끼친 사회적·경제적 공로를 인정받듯이 해악에 대한 책임도 감수해야 합니다.

① 과학자는 객관적인 이론의 정립을 위해 노력해야 하는가?
② 과학 연구의 결과는 경제 발전의 도구로 활용될 수 있는가?
③ 실험 과정에서 과학자의 조작과 날조는 금지되어야 하는가?
④ 과학자는 자신의 연구 결과 활용에 대한 책임을 져야 하는가?
⑤ 과학 연구 과정에서 가치 중립적 사고가 필요한 때가 있는가?

22

25학년도 수능 7번

(가)의 주장을 (나) 그림으로 나타낼 때, ㉠에 대한 반론의 근거로 가장 적절한 것은? [3점]

(가)	인공 지능 기술은 인간의 일자리를 축소시키므로 법으로 규제해야 한다.

(나)	대전제: 인간의 일자리를 축소시키는 기술은 법으로 규제해야 한다. ＋ 소전제: ㉠ ↓ 결론: 인공 지능 기술은 법으로 규제해야 한다.

① 인공 지능 기술은 인간 노동에 대한 기업의 수요를 감소시킨다.
② 인공 지능 기술은 직업을 통한 인간의 자아실현 기회를 박탈한다.
③ 인공 지능 기술로 인간 노동이 필요한 직종이 지속적으로 증가한다.
④ 인공 지능 기술은 인간 노동 대부분을 자동화 기기로 대체할 수 있다.
⑤ 인공 지능 기술로 일자리는 줄어들어도 최소한의 인간 노동은 필요하다.

23

25학년도 수능 13번

다음 신문 칼럼에서 강조하는 내용으로 가장 적절한 것은? [3점]

○○신문	○○○○년 ○○월 ○○일
칼럼	

내가 잘못 생각할 수 있고 다른 사람이 옳을 수도 있다. 인간은 함께 노력해야만 진리에 다가갈 수 있다. 이러한 비판적 합리주의는 비판적 논증과 반박에 귀를 기울이며, 경험으로부터 배울 용의가 있는 태도라고 말할 수 있다. 특히 경험 세계에 관련될 수밖에 없는 과학적 명제의 경우, 이는 언제든 반박될 수 있어야 한다. 경험 과학 이론은 그 이론을 반증할 수 있는 실험 결과를 얻는다면 뒤집어질 수 있다. 이론의 과학성을 구성하는 것은 바로 이러한 반증 가능성이다. 이론에 대한 모든 관찰은 그 이론으로부터 도출된 예측을 반증하려는 시도라 할 수 있다.

① 실험 결과에 의해 예측이 반증된 경험 과학 이론은 거부된다.
② 논박이 불가능한 경험 과학적 가설만을 진리로 확정해야 한다.
③ 비판은 원천적으로 반증 불가능한 사실 명제에 근거해야 한다.
④ 진리에 대한 접근은 불가능하다는 상대주의 관점을 수용해야 한다.
⑤ 오류임이 증명되지 않은 과학 이론은 반증 대상에서 제외된다.

01 대표 문제

다음을 주장한 사상가의 입장으로 가장 적절한 것은? [3점]

> 새로운 명법은 다음과 같다. "너의 행위의 효과가 지상에서의 진정한 인간적 삶의 지속과 조화될 수 있도록 행위하라." 또는 다음과 같다. "미래 인간의 불가침성을 너의 의욕의 동반 대상으로서 현재의 선택에 포함하라." 그리고 다음과 같이 서술할 수도 있다. "지상에서 인류의 무한한 존속을 가능하게 하는 조건을 위협하지 말라." 따라서 우리에게는 현 세대의 존재를 위해 미래 세대를 감히 위태롭게 할 권리가 없다.

① 새로운 윤리에 따른 책임의 범위는 전 지구적으로 확장된다.
② 미래 세대에 대한 현 세대의 책임은 총체적이고 호혜적이다.
③ 발생하지 않은 사태는 윤리적 고려와 예측의 대상이 아니다.
④ 책임 윤리는 행위되어야 할 것에 대한 책임을 요청하지는 않는다.
⑤ 행위의 결과에 대한 공포는 현 세대의 책임 의식을 약화시킨다.

02

다음을 주장한 사상가의 입장으로 가장 적절한 것은?

> 현대의 기술이 산출한 행위들은 그 규모와 대상, 결과가 너무나 새로운 것이기 때문에 이러한 행위들은 전통 윤리학의 틀로서는 더 이상 파악할 수 없다. 이에 따라 나는 서로 관련된 두 가지 주장을 제시한다. 하나는 인간의 기술적 힘이 발전하면서 인간 행위의 본질이 변화했다는 것이다. 그리고 다른 하나는 인간 행위의 변형된 본질로 인해 윤리학에 있어서도 변화가 요청된다는 것이다.

① 인간은 호혜적 관계를 맺는 존재에 대해서만 책임이 있다.
② 현대 과학 기술의 힘은 인간 행위의 본질을 변화시키지 못한다.
③ 기술로 얻은 힘의 크기가 커질수록 인간의 책임 범위는 넓어진다.
④ 과학 기술로 인한 비의도적 결과는 인간이 책임질 필요가 없다.
⑤ 전통 윤리학은 미래 세대의 생존 문제를 모두 해결할 수 있다.

03

다음을 주장한 사상가의 입장에서 〈문제 상황〉 속 A에게 제시할 조언으로 가장 적절한 것은? [3점]

> 인류의 존속은 부정적 방식으로 강력해진 기술 문명의 시대에 있어서 우리 모두의 일차적 책임이다. 현재 우리 손에 달려 있는 지구의 생명은 그 자체로 우리의 보호를 요청할 권리를 가지고 있다. 이 요청은 미래 세대에게도 해당된다.
>
> 〈문제 상황〉
> A는 핵분열을 유도할 수 있는 지식과 기술의 권위자인데, 정부로부터 핵무기 개발을 요청받았다. A는 핵무기를 개발할 것인지 고민하고 있다.

① 인류의 존속을 위해 과학 기술의 힘을 억제해야 함을 생각하라.
② 과학 기술의 장기적 결과의 위험성보다 단기적 효과를 생각하라.
③ 객관적 사실을 다루는 과학 기술이 윤리의 나침반임을 생각하라.
④ 환경 파괴는 과학 기술의 발전을 위한 불가피한 대가임을 생각하라.
⑤ 도구적 이성이 과학 기술의 개발과 활용을 주도해야 함을 생각하라.

04

다음을 주장한 사상가가 부정의 대답을 할 질문으로 가장 적절한 것은? [3점]

> 인간은 기술 문명의 힘으로 자신을 포함한 모든 것을 위험에 빠뜨리게 되었다. 이성과 결탁한 권력은 그 자체로 책임을 동반한다. 이것은 예전부터 인간 상호 간에는 자명한 일이었다. 인간의 책임이 종전의 범위를 넘어서서 생물계의 상태와 인간 종족의 미래의 생존까지 포괄하게 된 것은 권력의 확장과 연관되어 있다.

① 인간이 져야 할 책임은 자신이 가진 권력에 비례하는가?
② 과학 기술의 비의도적 결과는 책임의 대상에서 제외되는가?
③ 경험하지 못한 미래의 위협으로부터 책임을 도출해야 하는가?
④ 권리를 주장하는 존재 외에도 현세대가 책임져야 할 대상이 있는가?
⑤ 책임질 수 있는 능력으로부터 책임을 져야 하는 당위가 도출되는가?

05
22학년도 9월 모평 4번

갑 사상가가 을 사상가에게 제기할 수 있는 비판으로 가장 적절한 것은? [3점]

갑: 우리는 원하는 것보다 원하지 않는 것을 더 잘 안다. 따라서 실제로 무엇을 보호해야 하는가를 알아내기 위해 우리는 희망보다 공포로부터 논의를 시작해야 한다. 왜냐하면 행위를 하도록 북돋우는 공포가 책임의 본질적 속성이기 때문이다.
을: 인간은 자연의 사용자 및 자연의 해석자로서 자연에 대해서 실제로 관찰하고 고찰한 것만큼 자연을 이해할 수 있고, 무엇인가를 할 수 있다. 더 나은 지식이 만들어지면 과학 기술의 진보를 기대할 수 있다는 것이 우리가 희망을 말하는 근거이다.

① 과학 기술자는 사회적 책임으로부터 자유로워야 함을 간과한다.
② 인간의 책임 범위가 자연에 대해서까지 확대되어야 함을 간과한다.
③ 인류의 복지를 위한 과학 기술의 사용은 제한될 수 없음을 간과한다.
④ 현세대와 미래 세대 사이에 호혜적 책임이 있어야 함을 간과한다.
⑤ 과학 기술 발전에 따른 부작용도 과학 기술로 해결 가능함을 간과한다.

06
21학년도 수능 11번

다음을 주장한 사상가의 입장만을 〈보기〉에서 고른 것은? [3점]

• 우리는 원하는 것보다 원하지 않는 것을 더 잘 안다. 우리가 실제로 무엇을 보호해야 하는가를 알아내기 위해서 새로운 윤리학은 희망보다는 두려움을 논의 대상으로 삼아야 한다.
• 행해야 할 것과 관련된 책임 개념에 따르면, 현재의 행위로 인해 발생할 사태에 대해 책임져야 한다. 사태의 의존자인 미래 세대는 명령자가 되고, 권력자인 현세대는 의무자가 된다.

〈 보기 〉
ㄱ. 선의 탐구에서 악의 인식보다 선의 인식이 더 효과적이다.
ㄴ. '할 수 있다'는 능력에 근거해서 '해야 한다'는 책임이 발생한다.
ㄷ. 인간의 힘이 자연으로 확장될수록 자연 파괴의 가능성도 높아진다.
ㄹ. 현세대와 미래 세대는 삶의 지속을 위해 상호 간에 의무를 가진다.

① ㄱ, ㄴ　　② ㄱ, ㄷ　　③ ㄴ, ㄷ　　④ ㄴ, ㄹ　　⑤ ㄷ, ㄹ

07
21학년도 6월 모평 5번

다음을 주장한 서양 사상가의 입장만을 〈보기〉에서 고른 것은?

과학자들은 과학이 일정한 규칙하에 인과적 필연성을 검증하는 순수 이론의 영역에 속한다고 보았다. 과학은 인식 대상을 가치 중립적으로 관찰해야 하고, 자연은 오직 인과적 필연성의 지배를 받는다고 보았다. 그러나 오늘날에는 기술적 응용이 과학 연구의 방향을 결정하고 있다. 거대한 권력으로 작용하는 과학 기술은 자연을 파괴하고 인류의 생존마저 위협하고 있다. 이제 우리는 공포의 발견술을 통해 의심스러울 때는 좋은 말보다 나쁜 말에 귀 기울여 책임을 새롭게 정립해야 한다.

〈 보기 〉
ㄱ. 과학 기술 연구의 자유는 무제한으로 허용되어서는 안 된다.
ㄴ. 과학 기술자는 연구의 장기적 결과에 대해 숙고해야 한다.
ㄷ. 과학 기술자는 기술적 응용에서 가치 중립적이어야 한다.
ㄹ. 과학 기술자는 사회적 책임보다 내적 책임을 중시해야 한다.

① ㄱ, ㄴ　　② ㄱ, ㄷ　　③ ㄴ, ㄷ　　④ ㄴ, ㄹ　　⑤ ㄷ, ㄹ

08
19학년도 9월 모평 5번

다음 사상가의 입장에서 볼 때, 〈가상 대담〉의 ㉠에 들어갈 말로 가장 적절한 것은?

오늘날과 같은 '윤리적 공백'의 시대에는 구원의 예언보다 불행의 예언에 더 주의를 기울여야 한다. 그러므로 우리는 과학 기술 유토피아주의를 찬양하는 '희망의 원칙'이 아닌, 미리 사유된 위험 그 자체와 관련된 '공포의 원칙'에 우선성을 두어야 한다.

〈가상 대담〉
리포터: 지구 온난화와 같은 기후 변화 문제를 해결하기 위해 우리는 어떠한 자세를 가져야 할까요?
사상가: 우리는 그러한 문제를 해결하기 위해 　㉠　를 가져야 합니다.

① 자연과의 상호 책임성을 토대로 자연에 대해 책임지려는 자세
② 부모가 자녀에 대해 책임지는 것처럼 자연에 대해 책임지려는 자세
③ 자연에 대한 주인 의식을 토대로 자연에 대해 책임지려는 자세
④ 과학의 무한한 진보를 바탕으로 자연에 대해 책임지려는 자세
⑤ 행위의 직접적 영향의 한도 내에서만 자연에 대해 책임지려는 자세

다음을 주장한 사상가의 입장으로 적절하지 <u>않은</u> 것은? [3점]

> 전통 윤리학의 모든 도덕적 명령은 행위의 직접적인 영역에 제한되어 있었다. 그러나 현대 기술이 산출한 행위들의 규모와 대상 및 결과는 너무 새로운 것이기에 전통 윤리의 틀로는 더 이상 파악할 수 없다. 우리의 행위가 가지는 새로운 종류의 본성은 새로운 책임 윤리를 요청한다.

① 현세대는 인류가 미래에도 존속할 수 있도록 노력해야 한다.
② 과학 기술에 대한 공포는 윤리적 책임의 범위를 축소시킨다.
③ 현세대에게는 미래 세대에 대한 일방적인 윤리적 책임이 있다.
④ 인간이 책임져야 할 대상에는 비이성적 존재가 포함될 수 있다.
⑤ 인간의 책임질 수 있는 능력에서 책임져야 할 의무가 비롯된다.

다음을 주장한 사상가가 긍정의 대답을 할 질문으로 가장 적절한 것은?
[3점]

> ○ 우리는 특정한 실험들을 금지하는 하나의 원칙을 발견하였다. 어떠한 경우에도 인간 전체의 실존과 본질이 도박 행위의 담보가 되어서는 안 된다.
> ○ 전쟁의 처참함을 알지 못하면서 평화를 찬양할 수 있는가? 우리가 실제로 무엇을 보호해야 하는가를 알기 위해서 희망보다는 공포를 논의의 대상으로 삼아야 한다.

① 생명을 지닌 모든 존재는 자연에 대한 책임을 져야 하는가?
② 인간은 자신이 의도한 결과에 한정하여 책임을 져야 하는가?
③ 어떠한 행위도 못하게 막는 공포가 책임의 본질적 속성인가?
④ 미래 예측의 불확실성으로 인해 책임의 윤리학이 요청되는가?
⑤ 인류 존속은 세대 간의 상호 책임에 근거한 윤리적 의무인가?

다음을 주장한 사상가의 입장으로 가장 적절한 것은? [3점]

> 악에 대한 인식이 선에 대한 인식보다 쉬우며, 악의 존재는 선의 존재보다 인간을 더 도덕적으로 행위하게 한다. 구원의 예언보다는 불행의 예언에 주의를 기울여야 한다. 우리가 실제로 무엇을 보호해야 하는가를 알기 위해 윤리학은 기술이 우리에게 주는 희망보다는 공포를 논의의 대상으로 삼아야 한다.

① 책임 있는 행위를 하도록 북돋우는 공포를 습득해야 한다.
② 비이성적 존재에 대한 기술의 영향은 숙고의 대상이 아니다.
③ 인간은 사전적 책임이 아니라 사후적 책임을 중시해야 한다.
④ 책임의 대상이 겪을 공포를 현세대의 의무로 전환시킬 수 없다.
⑤ 인간은 가치 중립적 관점에서 자연과의 관계를 정립해야 한다.

12

22학년도 7월 학평 20번

다음을 주장한 사상가의 입장으로 적절한 것만을 〈보기〉에서 있는 대로 고른 것은? [3점]

> 현재에 대한 책무는 미래의 관점에서 출발하며 동시대적 세계의 복지와 고통의 관점에서 시작하지 않는다. 도덕 철학은 우리의 희망보다는 공포를 논의의 상대로 삼아야 한다. 비록 가장 두려워하는 것의 반대가 필연적으로 최고선은 아니며, 선(善)의 탐구에 있어 마지막 수단은 아니지만 상당히 유익한 것은 틀림없다.

〈 보기 〉
ㄱ. 선을 탐구할 때 인류에게 닥칠 위험을 발견하고자 노력해야 한다.
ㄴ. 자연과 인간은 공존하기 위해 상호 간의 책임을 이행해야 한다.
ㄷ. 현세대는 미래 세대의 실존에 대한 책임을 의무로 수용해야 한다.
ㄹ. 인간은 행해진 것뿐만 아니라 행위해야 할 것에 대한 책임도 있다.

① ㄱ, ㄴ   ② ㄱ, ㄷ   ③ ㄴ, ㄹ
④ ㄱ, ㄷ, ㄹ   ⑤ ㄴ, ㄷ, ㄹ

13

21학년도 7월 학평 20번

다음을 주장한 사상가의 입장으로 옳은 것만을 〈보기〉에서 고른 것은?

> 전통적인 윤리학은 '여기', '지금'과 관련된 것이며, 인간들 사이에 생겨나는 용무와 연관되어 있다. 그러나 새로운 윤리학은 행위의 '좋음'과 '나쁨'을 결정할 때, 인간적 삶의 전 지구적 조건과 종(種)의 미래, 실존을 고려해야 한다. 따라서 인간이 지향해야 할 새로운 명법은 "너의 행위의 효과가 인간 생명의 미래 가능성에 대해 파괴적이지 않도록 행위하라."와 같다.

〈 보기 〉
ㄱ. 다른 생명체에 대한 인간의 책임은 당위적이어야 한다.
ㄴ. 현재 세대와 미래 세대는 호혜적인 책임을 다해야 한다.
ㄷ. 인류 존속을 위해 인간은 자연에 예견적 책임을 져야 한다.
ㄹ. 이성을 지니지 않은 존재도 책임의 주체와 대상이 되어야 한다.

① ㄱ, ㄴ   ② ㄱ, ㄷ   ③ ㄴ, ㄷ   ④ ㄴ, ㄹ   ⑤ ㄷ, ㄹ

14

21학년도 4월 학평 16번

다음은 신문 칼럼이다. ㉠에 들어갈 내용으로 가장 적절한 것은? [3점]

○○신문	칼럼	○○○○년 ○○월 ○○일

> 오늘날 인류는 과학 기술의 발달로 물질적 풍요를 누리고 있지만, 생태계 파괴나 기술 지배 현상 등의 문제에 직면하게 되었다. 이를 두고 어떤 사상가는 인류의 존속이 위협받고 있다고 진단하였다. 그는 현세대만을 고려하는 전통의 윤리학으로는 이러한 문제를 해결할 수 없다고 보고 새로운 윤리를 제시하였다. "미리 사유된 공포 자체가 윤리의 나침반으로 기능할 수 있으며, 공포는 행위의 포기가 아니라 행위를 의무로 받아들이게 하는 책임의 직접적 동인이 된다."라는 그의 주장은 과학 기술의 부정적 현상 앞에서 현세대는 _____㉠_____ 는 점을 시사하고 있다.

① 아직 존재하지 않는 대상에 대한 책임으로부터 자유로워야 한다.
② 미래 세대의 실존에 대한 책임을 무조건적 의무로 수용해야 한다.
③ 책임의 범위를 설정할 때 불확실한 결과를 고려하지 말아야 한다.
④ 전통의 윤리학을 근거로 책임의 범위를 자연 전체로 확대해야 한다.
⑤ 인류의 존속을 위해 모든 존재와의 호혜적 책임을 받아들여야 한다.

15

다음을 주장한 사상가의 입장으로 적절하지 <u>않은</u> 것은? [3점]

> 현대 기술이 산출한 행위들의 규모와 대상, 그리고 그 결과는 너무나 새로운 것이기 때문에 전통 윤리의 틀로써는 이 행위들을 더 이상 파악할 수 없는 윤리적 공백이 발생한다. 인간이 갖게 된 새로운 종류의 행위 능력은 윤리의 새로운 규칙을 요구하며, 또한 새로운 종류의 윤리를 요구한다.

① 기술은 생태계의 수용 범위 안에서 행사되어야 한다.
② 기술에 내포된 위협적 요소는 윤리적 숙고의 대상이 된다.
③ 인간에 대한 의무는 자연에 대한 의무로 대체되어야 한다.
④ 새로운 윤리학은 무조건적으로 준수해야 할 명령을 제시한다.
⑤ 기술이 초래할 공포를 발견하고 행위의 의무를 도출해야 한다.

16

그림의 강연자가 지지할 입장만을 〈보기〉에서 있는 대로 고른 것은?

> 베이컨의 명제대로 과학과 기술은 자연에 대한 인간의 권력을 증대시킵니다. 그리고 이 권력은 장차 태어날 자들에 대한 권력도 증대시킵니다. 후손들이 우리의 계획과 결정에 무방비 상태로 노출되어 있는 것입니다. 그러므로 이 권력은 극히 일방적입니다. 그리고 일단 행사된 권력은 주인의 손을 떠나 계산 불가능한 길을 걸어가며 본질적으로 맹목적입니다. 이제 우리는 이러한 권력으로 인하여 새롭게 등장하는 문제들을 책임의 원칙을 바탕으로 풀어 나가야만 합니다.

〈 보기 〉
ㄱ. 기술 권력 앞에 인류는 무방비 상태로 노출되어 있다.
ㄴ. 기술 권력 행사의 결과에 대한 윤리적 검토가 필요하다.
ㄷ. 기술 권력을 인간에게 사용하는 것을 규제해서는 안 된다.
ㄹ. 기술 권력의 크기와 인간의 책임에 대한 요구는 비례한다.

① ㄱ, ㄷ   ② ㄴ, ㄷ   ③ ㄴ, ㄹ
④ ㄱ, ㄴ, ㄹ   ⑤ ㄱ, ㄷ, ㄹ

17

그림의 강연자가 지지할 주장으로 옳지 <u>않은</u> 것은?

> 과학 분야에서의 이론적 관심과 실천적 관심은 불가분의 관계에 있습니다. 이런 의미에서 과학자는 진리의 발견이라는 자신의 일이 바깥세상에 끼치는 영향에 대해서도 책임을 져야 합니다. 과학자에게는 자연을 연구하는 과정에서 가치 중립적인 엄밀성을 추구할 내적 의무가 있습니다. 동시에 과학자는 자신의 연구 결과가 인류의 미래에 끼치는 영향력과 책임에 대하여 철학적으로 숙고해야 합니다.

① 과학자는 연구 결과를 자의적으로 검토하고 평가해야 한다.
② 과학자는 내적 책임뿐만 아니라 외적 책임도 지녀야 한다.
③ 과학자는 실험 진행의 과정에서 중립적인 관찰자이어야 한다.
④ 과학자는 자연을 탐구할 때 연구 윤리를 엄격히 지켜야 한다.
⑤ 과학자는 자신의 연구가 인류에 미치는 영향을 예측해야 한다.

18

19학년도 6월 모평 5번

갑, 을 사상가들의 입장에 대한 설명으로 가장 적절한 것은? [3점]

> 갑: '해야 하기 때문에 할 수 있다.'는 것은 의무를 의식하기 때문에 정언 명령을 따라 행위할 수 있음을 의미한다. 이러한 정언 명령은 보편화 정식으로 표현된다.
>
> 을: '할 수 있기 때문에 해야만 한다.'는 것은 책임질 수 있는 능력을 지녔다는 것, 그 자체로 책임져야 한다는 의미이다. 이는 인간이 미래의 위험을 예견하고 책임져야 한다는 명령으로 표현된다.

① 갑은 자연적 경향성에 근거한 행위를 도덕적 행위로 본다.
② 갑은 도덕 법칙의 형식으로 행위를 판단해서는 안 된다고 본다.
③ 을은 책임의 주체와 대상은 이성을 가진 존재로 한정된다고 본다.
④ 을은 의도하지 않은 결과까지 책임져야 하는 것은 아니라고 본다.
⑤ 갑, 을은 인간이 준수해야 할 무조건적인 도덕적 의무가 있다고 본다.

19

25학년도 수능 6번

다음을 주장한 사상가의 입장으로 적절한 것만을 〈보기〉에서 고른 것은?

> 현대 기술이 지구 전역을 뒤덮고 있으며 그 누적된 결과가 미래 세대의 인류에게도 영향을 미치리라는 사실은 분명하다. 특히 주목할 것은 미래 지구와 관련된 문제가 우리의 일상적이고 실천적인 결단을 촉구한다는 사실, 그리고 새로운 윤리를 요청한다는 사실이다. 책임은 바로 이러한 새로운 사태를 준비하기 위해 마련된 윤리적 범주를 의미한다.

〈 보기 〉

ㄱ. 일상적 인간관계에서는 호혜적 책임이 성립되지 않는다.
ㄴ. 인간의 책임 범위는 지구 생태계 전체를 포함해야 한다.
ㄷ. 자연에 대한 인간의 의무는 인간에 대한 책임을 함축한다.
ㄹ. 선한 결과가 예견되는 기술만이 도덕적 검토 대상에서 제외된다.

① ㄱ, ㄴ   ② ㄱ, ㄷ   ③ ㄴ, ㄷ   ④ ㄴ, ㄹ   ⑤ ㄷ, ㄹ

한눈에 정리하는
평가원 기출 경향

주제 \ 학년도	**2025**	**2024**	**2023**

사이버 공간에서의 윤리적 쟁점 (빈출)

2025 — 9월 모평 14번

1. 다음 신문 칼럼에서 강조하는 내용으로 가장 적절한 것은?

○○신문 / 칼럼 / ○○○○년 ○○월 ○○일

뉴미디어가 확산되면서 누구나 쉽게 정보를 소비하고 동시에 생산할 수 있게 되었다. 이 과정에서 1인 미디어가 등장하게 되었고 다수의 구독자를 확보한 전문 운영자도 나타나게 되었다. 이에 따라 참신하고 다채로운 소재와 유형의 정보들이 생산되었지만, 한편으로는 선정적이거나 타인의 사생활을 침해하는 정보들도 급증하였다. 일부에서는 이런 문제를 강력한 법적 처벌을 통해 해결할 수 있다고 주장한다. 하지만 법적 처벌만 강조하다 보면 자칫 표현의 자유가 억제될 수 있다. 법적 제재도 실효성이 있지만, 매체 이용자들이 정보를 정확하게 검증하고 합리적으로 판단하는 것이 필요하다.

① 매체 이용자들은 정보를 비판적으로 평가해야 한다.
② 전문 운영자들의 등장으로 유해 정보가 감소하고 있다.
③ 뉴미디어 확산은 창작물의 다양성 증진에 기여하지 못한다.
④ 뉴미디어에 대한 국가의 제재는 어떤 효과도 거둘 수 없다.
⑤ 뉴미디어 확산으로 정보 생산자와 소비자의 경계가 명확해지고 있다.

2024 — 수능 5번

3. 다음 토론의 핵심 쟁점으로 가장 적절한 것은? [3점]

갑: 사회 관계망 서비스(SNS)를 통한 광고를 이용하는 기업이 늘어나면서 허위·과장 광고에 의한 피해 사례가 늘고 있습니다. 따라서 SNS를 통한 광고를 규제할 필요가 있습니다.
을: 동의합니다. 하지만 SNS를 통한 광고는 사회적 기업이 제작한 제품에 대한 윤리적 소비로 이어지는 사례도 많습니다. 따라서 SNS를 통한 광고는 허용되어야 합니다.
갑: 아닙니다. SNS를 통한 광고는 윤리적 소비로 이어지기도 하지만 허위·과장 광고의 수단으로 악용될 소지가 큽니다. 따라서 SNS를 통한 광고는 전면 금지되어야 합니다.
을: 아닙니다. SNS를 통한 광고를 허용하되 적극적인 단속을 실시해 나간다면, SNS가 허위·과장 광고의 수단이 될 가능성을 최소화할 수 있습니다.

① SNS를 통한 광고를 규제할 필요가 있는가?
② SNS를 통한 광고는 모두 금지되어야 하는가?
③ SNS를 통한 광고는 윤리적 소비로 이어지는가?
④ SNS는 기업의 광고 수단으로만 이용되어야 하는가?
⑤ SNS는 허위·과장 광고의 수단으로 악용될 수 있는가?

2023 — 6월 모평 16번

7. 다음 신문 칼럼의 입장으로 적절하지 않은 것은? [3점]

○○신문 / 칼럼 / ○○○○년 ○○월 ○○일

정보 기술의 발달은 우리에게 인터넷과 사이버 공간을 선물로 안겨 주었다. 이에 대해 일부에서는 정부가 빅 데이터 기술을 활용하여 시민들을 감시하는 '판옵티콘' 사회를 우려하고 있다. 다른 한편에서는 사이버 공간이 현실 정치권력으로부터 완전히 독립된 '디지털 에덴동산'이 될 수 있다고 낙관한다. 하지만 사이버 공간은 인간 기술이 만든 또 하나의 현실 공간이다. 정부가 빅 데이터 기술을 활용하듯이, 시민들도 정보 기술을 통해 정부의 정책이나 행정을 감시할 수 있다. 또한 시·공간적 제약에서 해방되어 정치적으로 활동할 수 있는 시민의 힘도 증가한다. 이처럼 사이버 공간이 아테네의 아크로폴리스 역할을 담당함으로써 전자 민주주의의 꽃을 활짝 피울 것이다. 이러한 민주주의는 시민들의 높은 정치의식과 민주적 토론 문화가 뒷받침되어야만 열매를 맺을 것이다.

① 전자 민주주의는 시민들의 적극적인 참여를 필요로 한다.
② 정보 기술의 발전은 직접 민주주의의 가능성을 높여 준다.
③ 사이버 공간은 새로운 소통의 장으로 정치 참여의 폭을 넓혀 준다.
④ 정보 기술은 정부와 시민이 상호 견제할 수 있는 힘을 제공한다.
⑤ 사이버 공간은 익명성으로 인해 법치로부터 벗어난 공간이다.

정보 사회의 윤리적 쟁점_ 정보 공유론과 정보 사유론

2025 — 6월 모평 17번

2. 다음 신문 칼럼에서 강조하는 내용으로 가장 적절한 것은?

○○신문 / 칼럼 / ○○○○년 ○월 ○일

생성형 인공 지능의 학습에 이용되는 데이터 중 많은 것들이 원저작자의 동의 없이 무단으로 수집 이용되고 있다. 이는 원 저작자의 저작권을 침해할 소지가 있으므로 원저작자의 저작권 보호 대책이 마련되어야 한다. 어떤 사람들은 원저작자의 저작권을 인정할 경우 인공 지능 관련 산업이 위축될 것을 우려한다. 하지만 이러한 주장은 데이터 원저작자의 노력과 정당한 권리를 간과하는 것이다. 또한 저작권을 보호하는 것이 오히려 인공 지능 관련 산업의 장기적 발전에 도움을 줄 수 있다. 저작권을 보호함으로써 원저작자는 데이터를 제공하려는 더 많은 유인을 가질 것이며, 이를 통해 관련 산업을 양질의 데이터를 지속적으로 확보할 수 있다.

① 인공 지능 학습용 데이터는 공공재로서 보호되어야 한다.
② 저작권에 대한 보호는 인공 지능 관련 산업을 위축시킨다.
③ 저작권 보호와 양질의 학습 데이터 확보는 양립할 수 없다.
④ 인공 지능 학습용 데이터 원저작자의 정당한 권리를 보호해야 한다.
⑤ 인공 지능 학습용 데이터 수집은 원저작자 동의 없이 가능해야 한다.

정보 사회의 윤리적 쟁점_ 알 권리와 잊힐 권리

2023 — 수능 3번

6. 다음 신문 칼럼에서 강조하는 내용으로 가장 적절한 것은?

○○신문 / 칼럼 / ○○○○년 ○월 ○일

최근 자녀의 사진이나 동영상을 온라인에 게시하고 타인과 공유하는 뉴미디어 세대의 육아 방식이 유행하고 있다. 이러한 육아 방식은 자녀의 성장 과정을 기록하고 육아 정보를 공유할 수 있다는 점에서 유익하다. 하지만 이로 인해 자녀의 사생활과 정보 자기 결정권이 침해되고 자녀가 사이버 범죄에 노출될 위험성이 증가하고 있다. 아동·청소년은 이러한 피해의 직접적 당사자가 될 수 있기 때문에도 잊힐 권리가 보장되어야 한다. 즉, 아동·청소년도 본인이나 타인이 올린 자신의 개인 정보와 관련된 게시물을 자신의 의사만으로 삭제해 달라고 직접 요청할 수 있도록 해야 한다.

① 잊힐 권리는 게시물 작성자에게 부여되어야 할 독점적 권리이다.
② 아동·청소년은 개인 정보의 보호 대상이면서 주체가 되어야 한다.
③ 악의 없이 공유한 게시물이라면 개인의 권리를 내세워 삭제할 수 없다.
④ 자녀의 정보 자기 결정권은 부모의 동의를 통해 행사되어야 한다.
⑤ 공유 게시물의 삭제 여부는 정보의 유용성에 따라 결정되어야 한다.

2022 ~ 2019

2022. 수능 13번

10. 다음 신문 칼럼에서 강조하는 내용으로 적절하지 않은 것은?

○○신문
○○○○년 ○○월 ○○일
칼럼

인터넷을 활용한 뉴 미디어의 발달로 우리는 정보의 소비뿐 아니라 유통과 생산에도 적극 참여하고 있다. 그 과정에서 우리는 사이버 공간에서 자신의 정체를 숨길 수 있다는 막연한 생각을 갖고 허위 정보 내지 유해 정보를 생산하거나 전달하기도 한다. 이러한 정보의 홍수로 인해 사회 곳곳에 선의의 피해자가 발생하고 있다. 잘못된 정보의 희생자가 되지 않으려면 우리 스스로 정보를 비판적으로 수용하는 지혜가 필요하다. 무엇보다 사이버 공간에서 실명을 숨겨도 IP 추적과 같은 방법으로 실제 사용자가 밝혀질 수 있음을 기억해야 한다. 따라서 사이버 공간에서도 우리는 책임 있는 존재로 활동해야 한다.

① 현실 세계에서처럼 사이버 공간에서도 윤리가 필요하다.
② 우리는 정보의 소비뿐 아니라 정보의 유통에서도 주체이다.
③ 표현의 자유를 위해 사이버 공간의 익명성을 강화해야 한다.
④ 거짓 정보의 생산자는 그로 인한 피해에 대해 책임져야 한다.
⑤ 정보의 올바른 이용을 위해 미디어 리터러시를 함양해야 한다.

2021. 9월 모평 14번

14. 갑 사상가의 입장에서 〈사례〉 속 A에게 해 줄 수 있는 조언으로 적절하지 않은 것은? [3점]

갑: 최대 행복의 원리는 모든 윤리적 문제에 적용되어야 한다. 타인에게 해악을 끼쳐 타인의 행복을 빼앗는 행위를 막기 위해서라면, 당사자의 의지에 반해 권력이 사용되는 것은 정당하다. 이 유일한 경우를 제외하고는 시민의 자유를 침해하는 그 어떤 정치권력의 행사도 정당화될 수 없다.

〈사례〉

A는 금전적 이익을 얻기 위해 직장 동료들의 일상을 담은 영상을 그들의 동의 없이 인터넷에 게시할지를 고민하고 있다.

① 가상 공간에서도 타인의 자유가 존중되어야 함을 명심하세요.
② 가상 공간에서도 유용성의 원리가 적용되어야 함을 명심하세요.
③ 가상 공간에서 자신의 행동이 초래하게 될 결과를 고려하세요.
④ 가상 공간에서도 개인의 자유가 제한될 수 있음을 고려하세요.
⑤ 가상 공간에서는 쾌락 증진을 위한 행동이 금지됨을 명심하세요.

2020. 수능 13번

15. 갑, 을의 입장으로 적절한 것만을 〈보기〉에서 고른 것은?

갑: 빅 브라더(Big Brother)는 소설 속 존재로, 사회를 철저히 장악한다. 정보 통신 기술의 발달로 인해 개인은 사이버 공간에서 '빅 브라더'의 감시를 벗어나지 못해, 실질적인 정치 참여 기회가 줄어들 위험성이 커지고 있다.

을: 아고라(agora)는 고대 아테네의 광장으로, 자유민들은 이곳에서 민회에 참여했다. 정보 통신 기술의 발달로 사이버 공간이 아고라와 같은 기능을 하면서 현실의 정책 결정에 대해서도 시민의 정치 참여를 높이고 있다.

〈보기〉
ㄱ. 갑: 사이버 공간에서는 사생활권과 익명성이 보장된다.
ㄴ. 갑: 정보 통신 기술은 보이지 않는 방식으로 개인을 통제한다.
ㄷ. 을: 사이버 공간은 직접 민주주의 가능성을 높이고 있다.
ㄹ. 갑, 을: 정보화가 진전됨에 따라 표현의 자유도 증진된다.

① ㄱ, ㄴ ② ㄱ, ㄷ ③ ㄴ, ㄷ ④ ㄴ, ㄹ ⑤ ㄷ, ㄹ

2022. 6월 모평 13번

12. 다음 신문 칼럼의 입장으로 가장 적절한 것은?

○○신문
○○○○년 ○○월 ○○일
칼럼

오늘날 정보 사회에서는 누구든지 타인의 정보를 조사하고 그 정보를 불특정 다수에게 전달할 수 있어 개인 정보가 침해되는 경우가 증가하고 있다. 타인에게 알려지고 싶지 않은 개인의 민감한 정보가 당사자의 의사에 반해 인터넷에 검색되거나, 기업이 적법하게 수집한 개인 정보를 기업의 이익을 위해 활용하는 과정에서 유출되는 경우가 대표적이다. 언론 역시 국민의 알 권리를 위한다는 명분하에 본인의 동의 없이 개인 정보를 수집하고 이를 보도함으로써 사생활을 침해하기도 한다. 이러한 문제를 해결하기 위해서는 개인이 자신의 개인 정보를 누구에게, 어떤 범위까지, 얼마 동안, 어떤 형식으로 공개할 것인지에 대해 정당한 처리를 요구할 수 있어야 한다.

① 사이버 공간에서 표현의 자유가 제한되어서는 안 된다.
② 적법하게 수집된 개인 정보의 활용을 제한해서는 안 된다.
③ 잊힐 권리보다 알 권리를 중시하여 공익을 증진해야 한다.
④ 모든 정보에 누구나 자유롭게 접근할 수 있도록 허용해야 한다.
⑤ 인권 보호를 위해 개인 정보에 대한 자기 결정권을 보장해야 한다.

18 일차

정보 사회와 윤리

1 정보 사회의 윤리적 문제

윤리적 문제점	• 데이터 독점에 따른 분쟁이 증대된다. • 정보 유출로 인한 개인 사생활 침해가 우려된다. • 권력 집단에 의해 개인의 정보가 악용될 수 있다.
해결 방법	• 특정 집단이 정보를 독점적으로 관리하지 못하게 한다. • 개인의 사생활 보호를 위한 법적 장치를 강화해야 한다. • 정보 사회에서의 정보 격차를 완화하기 위해 노력해야 한다.

2 정보 사회의 윤리적 쟁점

1 정보 공유론과 정보 사유론 모아 보기

구분	정보 공유론	정보 사유론
기본 입장	• 정보는 배타적인 권리를 주장할 수 없는 공유 자산이다. • 정보의 공유가 사회 경제적 불평등의 완화에 기여한다. • 양질의 정보 생산을 위해 정보 복제에 제약이 없어야 한다.	• 정보를 생산한 자에게 경제적인 보상이 필요하다. • 창작자의 노력이 들어간 지적 재산의 배타적 권리 보장을 강조한다. • 저작권 보호가 창작 의욕을 고취한다. • 정보 소유권 보장이 정보의 지속적 발전을 촉진한다.
공통점	• 정보를 삶의 질 향상에 이바지할 수 있는 자산으로 본다. • 정보에 대한 접근 기회는 누구에게나 열려 있어야 한다. • 양질의 정보를 생산할 수 있는 환경 조성이 필요하다.	

2 알 권리와 잊힐 권리

알 권리를 강조하는 입장	잊힐 권리를 강조하는 입장
• 사생활 보호가 공익을 위해 제한될 수 있음을 주장한다. • 잊힐 권리의 확대가 표현의 자유를 위축시킬 수 있다.	• 개인에게 자기 정보에 대한 삭제권이 있어야 함을 주장한다. • 잊힐 권리는 개인의 정보 자기 결정권을 강화시킬 수 있다.

3 인터넷 실명제

찬성	• 익명성 보장은 사회 구성원들 간의 불신을 조장한다. • 사이버 폭력의 증가는 디지털 익명성에 기인한다. → 사이버 공간의 실명 공개는 표현의 책임성을 강화한다.
반대	• 개인의 자정 노력만으로 인권이 보장될 수 있다. → 제도적 규제보다 자율적 규제가 적절한 해결책이다. • 사이버 공간의 익명성 규제는 인간의 기본권을 훼손한다.

01

다음 신문 칼럼에서 강조하는 내용으로 가장 적절한 것은?

○○신문   ○○○○년 ○○월 ○○일

칼럼

뉴미디어가 확산되면서 누구나 쉽게 정보를 소비하고 동시에 생산할 수 있게 되었다. 이 과정에서 1인 미디어가 등장하게 되었고 다수의 구독자를 확보한 전문 운영자도 나타나게 되었다. 이에 따라 참신하고 다채로운 소재와 유형의 정보들이 생산되었지만, 한편으로는 선정적이거나 타인의 사생활을 침해하는 정보들도 급증하고 있다. 일부에서는 이런 문제를 강력한 법적 처벌을 통해 해결할 수 있다고 주장한다. 하지만 법적 처벌만 강조하다 보면 자칫 표현의 자유가 억압될 수 있다. 법적 제재도 실효성이 있지만, 매체 이용자들이 정보를 정확하게 검증하고 합리적으로 판단하는 것이 필요하다.

① 매체 이용자들은 정보를 비판적으로 평가해야 한다.
② 전문 운영자들의 등장으로 유해 정보가 감소하고 있다.
③ 뉴미디어 확산은 창작물의 다양성 증진에 기여하지 못한다.
④ 뉴미디어에 대한 국가의 제재는 어떤 효과도 거둘 수 없다.
⑤ 뉴미디어 확산으로 정보 생산자와 소비자의 경계가 명확해지고 있다.

02 대표 문제

다음 신문 칼럼에서 강조하는 내용으로 가장 적절한 것은?

○○신문   ○○○○년 ○월 ○일

칼럼

생성형 인공 지능의 학습에 이용되는 데이터 중 많은 것들이 원저작자의 동의 없이 무단으로 수집, 이용되고 있다. 이는 원 저작자의 저작권을 침해할 소지가 있으므로 원저작자의 저작권 보호 대책이 마련되어야 한다. 어떤 사람들은 원저작자의 저작권을 인정할 경우 인공 지능 관련 산업이 위축될 것을 우려한다. 하지만 이러한 주장은 데이터 원저작자의 노력과 정당한 권리를 간과하는 것이다. 또한 저작권을 보호하는 것이 오히려 인공 지능 관련 산업의 장기적 발전에 도움을 줄 수 있다. 저작권을 보호함으로써 원저작자는 데이터를 제공하려는 더 많은 유인을 가질 것이며, 이를 통해 관련 산업을 양질의 데이터를 지속적으로 확보할 수 있다.

① 인공 지능 학습용 데이터는 공공재로서 보호되어야 한다.
② 저작권에 대한 보호는 인공 지능 관련 산업을 위축시킨다.
③ 저작권 보호와 양질의 학습용 데이터 확보는 양립할 수 없다.
④ 인공 지능 학습용 데이터 원저작자의 정당한 권리를 보호해야 한다.
⑤ 인공 지능 학습용 데이터 수집은 원저작자 동의 없이 가능해야 한다.

03

다음 토론의 핵심 쟁점으로 가장 적절한 것은? [3점]

갑: 사회 관계망 서비스(SNS)를 통한 광고를 이용하는 기업이 늘어나면서 허위·과장 광고에 의한 피해 사례가 늘고 있습니다. 따라서 SNS를 통한 광고를 규제할 필요가 있습니다.

을: 동의합니다. 하지만 SNS를 통한 광고는 사회적 기업이 제작한 제품에 대한 윤리적 소비로 이어지는 사례도 많습니다. 따라서 SNS를 통한 광고는 허용되어야 합니다.

갑: 아닙니다. SNS를 통한 광고는 윤리적 소비로 이어지기도 하지만 허위·과장 광고의 수단으로 악용될 소지가 큽니다. 따라서 SNS를 통한 광고는 전면 금지되어야 합니다.

을: 아닙니다. SNS를 통한 광고를 허용하되 적극적인 단속을 실시해 나간다면, SNS가 허위·과장 광고의 수단이 될 가능성을 최소화할 수 있습니다.

① SNS를 통한 광고를 규제할 필요가 있는가?
② SNS를 통한 광고는 모두 금지되어야 하는가?
③ SNS를 통한 광고는 윤리적 소비로 이어지는가?
④ SNS는 기업의 광고 수단으로만 이용되어야 하는가?
⑤ SNS는 허위·과장 광고의 수단으로 악용될 수 있는가?

04

다음 토론의 핵심 쟁점으로 가장 적절한 것은?

갑: 얼굴을 식별하여 본인임을 인증하는 안면 인식 기술은 비밀번호나 디지털 인증서보다 본인 확인 절차가 간단하고 편리하기에 활용 범위를 확대할 필요가 있습니다.

을: 동의합니다. 하지만 안면 인식 기술에 고도화된 인공 지능을 결합한 안면 인식 인공 지능 기술의 개발에는 반대합니다. 왜냐하면 이 기술은 안면 데이터를 대량으로 학습하고 식별하여 사생활 침해의 위험이 크기 때문입니다.

갑: 아닙니다. 안면 인식 인공 지능 기술을 테러와 같은 범죄를 예방하기 위한 경우에만 제한적으로 활용한다면, 사생활 침해를 최소화할 수 있으므로 이 기술의 개발을 허용해야 합니다.

을: 그렇지 않습니다. 안면 인식 인공 지능 기술을 활용하는 것은 테러 예방에 도움이 되겠지만, 결국 불특정 다수의 얼굴을 판독한다는 것을 의미하므로 이 기술을 개발해서는 안 됩니다.

① 안면 인식 기술을 전면적으로 금지해야 하는가?
② 안면 인식 인공 지능 기술은 사생활을 침해할 수 있는가?
③ 안면 인식 기술의 활용은 일상생활에 도움을 줄 수 있는가?
④ 안면 인식 인공 지능 기술은 테러 예방에 기여할 수 있는가?
⑤ 안면 인식 기술과 고도화된 인공 지능의 결합을 허용해야 하는가?

05

다음 신문 칼럼에서 강조하는 내용으로 가장 적절한 것은?

> ○○신문   ○○○○년 ○월 ○일
>
> ### 칼 럼
>
> 정보 기술의 발달로 정보가 새로운 자산으로 자리매김하고 있다. 정보는 물질적 재산과 달리 소유할 수 없고 네트워크를 통해 접속된다. 그 결과 우리는 접속의 시대를 살아가고 있다. 접속의 시대에는 정보가 곧 돈이 된다. 누구든지 정보를 창조적으로 생산할 자유를 지니지만 현실에서는 정보 부자와 정보 빈자 간의 격차가 상존할 수밖에 없다. 물론 정보의 창조적 생산에는 지적 능력이 필요하고 또 이 능력의 평준화는 불가능하지만, 이보다 더 중요한 요소는 정보 활용 능력이다. 특히 정보를 활용할 수 있으려면 정보에 대한 접근권이 누구에게라도 똑같이 보장되어야 한다. 따라서 정보 불평등을 해소하려면 정보 기술의 발달만으로는 부족하고 무엇보다도 정보 접속의 사회적 인프라 구축이 선행되어야 한다.

① 정보 기술이 발달하면 개인 간 정보의 빈부 격차가 사라진다.
② 정보에 대한 평등한 접근권이 보장되어야 정보 평등이 가능하다.
③ 네트워크 시대에는 물질적 재화가 더 이상 자산이 되지 못한다.
④ 정보를 창조하는 지적 능력이 정보 활용 능력보다 더 중요하다.
⑤ 정보를 생산하는 능력이 평등해야 정보의 불평등이 극복된다.

06

다음 신문 칼럼에서 강조하는 내용으로 가장 적절한 것은?

> ○○신문   ○○○○년 ○월 ○일
>
> ### 칼 럼
>
> 최근 자녀의 사진이나 동영상을 온라인에 게시하고 타인과 공유하는 뉴미디어 세대의 육아 방식이 유행하고 있다. 이러한 육아 방식은 자녀의 성장 과정을 기록하고 육아 정보를 공유할 수 있다는 점에서 유익하다. 하지만 이로 인해 자녀의 사생활과 정보 자기 결정권이 침해되고 자녀가 사이버 범죄에 노출될 위험성이 증가하고 있다. 아동·청소년은 이러한 피해의 직접적 당사자가 될 수 있기 때문에 이들에게도 잊힐 권리가 보장되어야 한다. 즉, 아동·청소년도 본인이나 타인이 올린 자신의 개인 정보와 관련된 게시물을 자신의 의사만으로 삭제해 달라고 직접 요청할 수 있도록 해야 한다.

① 잊힐 권리는 게시물 작성자에게 부여되어야 할 독점적 권리이다.
② 아동·청소년은 개인 정보의 보호 대상이면서 주체가 되어야 한다.
③ 악의 없이 공유한 게시물이라면 개인의 권리를 내세워 삭제할 수 없다.
④ 자녀의 정보 자기 결정권은 부모의 동의를 통해 행사되어야 한다.
⑤ 공유 게시물의 삭제 여부는 정보의 유용성에 따라 결정되어야 한다.

07

다음 신문 칼럼의 입장으로 적절하지 않은 것은? [3점]

> ○○신문   ○○○○년 ○○월 ○○일
>
> ### 칼 럼
>
> 정보 기술의 발달은 우리에게 인터넷과 사이버 공간을 선물로 안겨 주었다. 이에 대해 일부에서는 정부가 빅 데이터 기술을 활용하여 시민들을 감시하는 '판옵티콘' 사회를 우려하고 있다. 다른 한편에서는 사이버 공간이 현실 정치권력으로부터 완전히 독립된 '디지털 에덴동산'이 될 수 있다고 낙관한다. 하지만 사이버 공간은 인간 기술이 만든 또 하나의 현실 공간이다. 정부가 빅 데이터 기술을 활용하듯이, 시민들도 정보 기술을 통해 정부의 정책이나 행정을 감시할 수 있다. 또한 시·공간적 제약에서 해방되어 정치적으로 활동할 수 있는 시민의 힘도 증가한다. 이처럼 사이버 공간이 아테네의 아크로폴리스 역할을 담당함으로써 전자 민주주의의 꽃은 활짝 필 것이다. 이러한 민주주의는 시민들의 높은 정치의식과 민주적 토론 문화가 뒷받침되어야만 열매를 맺을 것이다.

① 전자 민주주의는 시민들의 적극적인 참여를 필요로 한다.
② 정보 기술의 발전은 직접 민주주의의 가능성을 높여 준다.
③ 사이버 공간은 새로운 소통의 장으로 정치 참여의 폭을 넓혀 준다.
④ 정보 기술은 정부와 시민이 상호 견제할 수 있는 힘을 제공한다.
⑤ 사이버 공간은 익명성으로 인해 법치로부터 벗어난 공간이다.

08

다음은 신문 칼럼이다. ㉠에 들어갈 내용으로 가장 적절한 것은? [3점]

> ○○신문   ○○○○년 ○○월 ○○일
>
> ### 칼 럼
>
> 최근 저작권 행사로 얻을 수 있는 경제적 이익이 커지면서 저작권을 대기업이나 이익 단체가 독점하기 시작했다. 그로 인해 저작물을 이용하는 가격이 비싸지면서 정보를 이용하는 데 부익부 빈익빈 현상이 심화되고 있다. 이러한 문제는 카피레프트라는 정보 공유 운동을 통해 해결할 수 있다. 우리가 지지하는 카피레프트는 저작자의 저작권을 부정하는 운동이 아니다. 오히려 저작자가 자신의 저작권을 기반으로 모든 사람에게 자유롭고 평등하게 정보에 접근하고 이를 이용, 배포, 수정할 수 있는 권리를 부여함으로써 정보 독점을 막고 지식의 진보를 이루고자 하는 운동이다. 이러한 카피레프트는 [㉠] … (후략)

① 저작자의 저작권을 폐기함으로써 정보 공유를 확대하고자 한다.
② 저작자가 저작물 이용에 대한 배타적 권리를 포기하는 것을 전제한다.
③ 저작권의 상업적 거래를 활성화할 수 있는 기반을 조성하고자 한다.
④ 정보의 폐쇄성을 조장함으로써 기술 진보와 문화 발전을 가로막는다.
⑤ 정보 접근 권한을 소득 수준에 따라 차등적으로 분배할 것을 지향한다.

09

23학년도 6월 모평 14번

다음 글의 입장에서 ⊙에 대한 해결 방안으로 가장 적절한 것은?

우리가 효율성이 높은 인공 지능 개발에만 주로 관심을 기울인 나머지, 인공 지능이 행하는 혐오와 차별의 표현은 용인될 수 없는 사회적 문제로 대두되었다. 이 문제는 인공 지능이 학습하는 데이터 자체의 비윤리성에 기인한다. 인공 지능이 인간 수준의 윤리적 판단력을 갖추는 것은 불가능하므로 적절한 여과 과정을 거친 데이터를 인공 지능에 제공해야 한다. 주목할 것은 그것의 비윤리적인 표현들이 우리의 일상 언어에 근거한다는 사실이다. 이 언어들은 인공 지능에게는 숫자로 변환되는 전산 언어에 불과하지만, 그것들이 우리에게 다시 돌아올 때에는 ⊙ 윤리적 문제를 일으킬 수 있다.

① 인공 지능의 데이터 처리 속도를 높이기 위한 기술을 개발해야 한다.
② 인공 지능의 표현을 수용할 수 있는 관용적인 태도를 함양해야 한다.
③ 인간의 도덕적 검증을 거친 학습 데이터를 인공 지능에 입력해야 한다.
④ 인간보다 뛰어난 도덕적 판단력을 지닌 인공 지능을 개발해야 한다.
⑤ 인간 친화적인 인공 지능 개발을 위해 일상 언어를 인공 지능에 그대로 입력해야 한다.

11

22학년도 9월 모평 20번

다음은 신문 칼럼이다. ⊙에 들어갈 제목으로 가장 적절한 것은?

○○신문	○○○○년 ○○월 ○○일

칼럼

⊙

뉴 미디어가 등장한 이후 유통되는 정보의 양은 기하급수적으로 늘어나고 유통의 구조도 다양화되고 있다. 이에 따라 우리는 원하는 정보에 손쉽고 빠르게 접근할 수 있게 되었고 보다 효율적인 의사소통이 가능해졌다. 반면, 검증되지 않은 정보가 광범위하게 확산되거나, 다양한 정보가 임의적으로 조합되어 실체가 없는 거짓 정보가 양산되는 등 심각한 사회 문제가 생겨났다. 단순히 수용적인 태도로 미디어가 보여주는 정보에 접근한다면 편견에 사로잡혀 세상을 객관적으로 보지 못할 수 있다. 이것이 바로 뉴 미디어 시대의 새로운 시민성으로서 미디어 리터러시(media literacy)가 요청되는 이유이다.

① 뉴 미디어 시대, 쌍방향 의사소통이 가능해진다.
② 뉴 미디어 시대, 빅 데이터 처리 기술이 요청된다.
③ 뉴 미디어 시대, 계층 간 정보 격차를 줄여야 한다.
④ 뉴 미디어 시대, 정보에 대한 접근이 더 용이해진다.
⑤ 뉴 미디어 시대, 정보에 대한 비판적 사고력이 필요하다.

10

22학년도 수능 13번

다음 신문 칼럼에서 강조하는 내용으로 적절하지 않은 것은?

○○신문	○○○○년 ○○월 ○○일

칼럼

인터넷을 활용한 뉴 미디어의 발달로 우리는 정보의 소비뿐 아니라 유통과 생산에도 적극 참여하고 있다. 그 과정에서 우리는 사이버 공간에서 자신의 정체를 숨길 수 있다는 막연한 생각을 갖고 허위 정보 내지 유해 정보를 생산하거나 전달하기도 한다. 이러한 정보의 홍수로 인해 사회 곳곳에서 선의의 피해자가 발생하고 있다. 잘못된 정보의 희생자가 되지 않으려면 우리 스스로 정보를 비판적으로 수용하는 지혜가 필요하다. 무엇보다 사이버 공간에서 실명을 숨겨도 IP 추적과 같은 방법으로 실제 사용자가 밝혀질 수 있음을 기억해야 한다. 따라서 사이버 공간에서도 우리는 책임 있는 존재로 활동해야 한다.

① 현실 세계에서처럼 사이버 공간에서도 윤리가 필요하다.
② 우리는 정보의 소비뿐 아니라 정보의 유통에서도 주체이다.
③ 표현의 자유를 위해 사이버 공간의 익명성을 강화해야 한다.
④ 거짓 정보의 생산자는 그로 인한 피해에 대해 책임져야 한다.
⑤ 정보의 올바른 이용을 위해 미디어 리터러시를 함양해야 한다.

12

22학년도 6월 모평 13번

다음 신문 칼럼의 입장으로 가장 적절한 것은?

○○신문	○○○○년 ○○월 ○○일

칼럼

오늘날 정보 사회에서는 누구든지 타인의 정보를 조사하고 그 정보를 불특정 다수에게 전달할 수 있어 개인 정보가 침해되는 경우가 증가하고 있다. 타인에게 알려지고 싶지 않은 개인의 민감한 정보가 당사자의 의사에 반해 인터넷에서 검색되거나, 기업이 적법하게 수집한 개인 정보를 기업의 이익을 위해 활용하는 과정에서 유출하는 경우가 대표적이다. 언론 역시 국민의 알 권리를 위한다는 명분하에 본인의 동의 없이 개인 정보를 수집하고 이를 보도함으로써 사생활을 침해하기도 한다. 이러한 문제를 해결하기 위해서는 개인이 자신의 개인 정보를 누구에게, 어떤 범위까지, 얼마 동안, 어떤 형식으로 공개할 것인지에 대해 정당한 처리를 요구할 수 있어야 한다.

① 사이버 공간에서 표현의 자유가 제한되어서는 안 된다.
② 적법하게 수집된 개인 정보의 활용을 제한해서는 안 된다.
③ 잊힐 권리보다 알 권리를 중시하여 공익을 증진해야 한다.
④ 모든 정보에 누구나 자유롭게 접근할 수 있도록 허용해야 한다.
⑤ 인권 보호를 위해 개인 정보에 대한 자기 결정권을 보장해야 한다.

13

다음은 신문 칼럼이다. ㉠에 들어갈 내용으로 가장 적절한 것은?

○○신문   ○○○○년 ○○월 ○○일

칼럼

인터넷에서 익명성에 기대어 악성 댓글을 다는 것은 심각한 문제이지만, 표현의 자유를 강제적으로 제한해서는 안 된다. 이러한 제한은 인터넷 이용자의 표현의 자유와 사회 문제에 대한 비판을 위축시킬 수 있으므로 바람직하지 않다. 따라서 각 개인이 양심과 도덕성에 따라 표현을 스스로 규제할 수 있도록 하면 이러한 문제는 해결될 수 있다. 그런데 어떤 사람들은 악성 댓글이 표현의 자유를 남용한 일탈 행위로서 해당 개인과 집단에 심각한 해악을 끼치므로, 이를 규제할 수 있는 제도적 장치만이 이 문제를 바람직하게 해결할 수 있다고 주장한다. 나는 이러한 주장이 ㉠ 고 생각한다.

① 익명성으로 인해 비도덕적으로 행동할 수 있음을 간과한다
② 제도적 규제보다 자율적 규제가 적절한 해결책임을 간과한다
③ 표현의 자유보다 해악 금지 원칙이 우선되어야 함을 간과한다
④ 타인의 피해를 방지하기 위한 법적 규제가 필요함을 간과한다
⑤ 표현의 자유를 강제적으로 제한하여 악성 댓글이 예방될 수 있음을 간과한다

14

갑 사상가의 입장에서 〈사례〉 속 A에게 해 줄 수 있는 조언으로 적절하지 않은 것은? [3점]

갑: 최대 행복의 원리는 모든 윤리적 문제에 적용되어야 한다. 타인에게 해악을 끼쳐 타인의 행복을 빼앗는 행위를 막기 위해서라면, 당사자의 의지에 반해 권력이 사용되는 것은 정당하다. 이 유일한 경우를 제외하고는 시민의 자유를 침해하는 그 어떤 정치권력의 행사도 정당화될 수 없다.

〈사례〉

A는 금전적 이익을 얻기 위해 직장 동료들의 일상을 담은 영상을 그들의 동의 없이 인터넷에 게시할지를 고민하고 있다.

① 가상 공간에서도 타인의 자유가 존중되어야 함을 명심하세요.
② 가상 공간에서도 유용성의 원리가 적용되어야 함을 명심하세요.
③ 가상 공간에서 자신의 행동이 초래하게 될 결과를 고려하세요.
④ 가상 공간에서도 개인의 자유가 제한될 수 있음을 고려하세요.
⑤ 가상 공간에서는 쾌락 증진을 위한 행동이 금지됨을 명심하세요.

15

갑, 을의 입장으로 적절한 것만을 〈보기〉에서 고른 것은?

갑: 빅 브라더(Big Brother)는 소설 속 존재로, 사회를 철저히 장악한다. 정보 통신 기술의 발달로 인해 개인은 사이버 공간에서 '빅 브라더'의 감시를 벗어나지 못해, 실질적인 정치 참여 기회가 줄어들 위험성이 커지고 있다.

을: 아고라(agora)는 고대 아테네의 광장으로, 자유민들은 이곳에서 민회에 참여했다. 정보 통신 기술의 발달로 사이버 공간이 아고라와 같은 기능을 하면서 현실의 정책 결정에 대해서도 시민의 정치 참여를 높이고 있다.

〈 보기 〉

ㄱ. 갑: 사이버 공간에서는 사생활권과 익명성이 보장된다.
ㄴ. 갑: 정보 통신 기술은 보이지 않는 방식으로 개인을 통제한다.
ㄷ. 을: 사이버 공간은 직접 민주주의의 가능성을 높이고 있다.
ㄹ. 갑, 을: 정보화가 진전됨에 따라 표현의 자유도 증진된다.

① ㄱ, ㄴ   ② ㄱ, ㄷ   ③ ㄴ, ㄷ   ④ ㄴ, ㄹ   ⑤ ㄷ, ㄹ

16

다음 글에서 강조하는 내용으로 가장 적절한 것은?

사이버 공간은 실제 공간의 연장이면서도 익명성의 특징을 지닌 새로운 공간이다. 도덕적 책임을 둔감하게 만드는 익명성의 부정적 측면을 간과해서는 안 되지만, 그 긍정적 측면을 살리는 지혜가 필요하다. 사이버 공간에서 우리는 현실의 자아에서 벗어나, 여러 자아를 실험하며 자신의 모습을 자유롭게 만들고 해체하면서 새로운 자아를 형성할 수 있다. 우리는 다중 정체성의 위험에 유의한다면 사이버 자아를 통해 현실의 삶을 더 풍성하게 할 수 있다.

① 사이버 자아는 현실 자아의 반영에 불과하다.
② 사이버 자아의 익명성은 위험하기에 실명화해야 한다.
③ 사이버 자아는 현실의 자아보다 도덕적 책임에 민감하다.
④ 사이버 공간은 자아 정체성을 모색할 수 있는 열린 공간이다.
⑤ 사이버 공간의 다중 자아를 금지해 정체성 혼란을 예방해야 한다.

17

19학년도 10번

다음 대화에서 갑, 을의 입장으로 가장 적절한 것은?

> 정보에 대한 접근은 자유로워야 하지만 생산과 유통은 국가가 규제해야 합니다. 표현의 자유는 해악 금지의 원칙에 위배되지 않는 한에서 보장되어야 합니다. 국가는 혐오 표현의 유해성에 대한 법적 기준을 정해 정보의 생산과 유통을 규제할 책무가 있습니다.

> 정보에 대한 접근은 물론 생산과 유통도 개인의 자율에 맡겨야 합니다. 정보의 생산과 유통에 대한 국가의 규제는 그 자체로 표현의 자유를 침해하는 것입니다. 혐오 표현의 유해성에 대한 판단은 사람에 따라 다르기 때문에 국가가 일률적 기준을 마련할 수는 없습니다.

갑   을

① 갑: 국가는 정보에 자유롭게 접근할 권리를 제한해야 한다.
② 갑: 국가는 혐오 표현의 유해성을 판단할 기준을 설정해야 한다.
③ 을: 국가는 정보의 접근이 아닌 생산·유통의 자유만 보장해야 한다.
④ 을: 국가는 해악 금지 원칙에 따라 정보 생산을 규제해야 한다.
⑤ 갑, 을: 혐오 표현에 대한 국가 규제는 표현의 자유와 양립 가능하다.

18

24학년도 7월 학평 20번

다음 신문 칼럼에서 강조하는 내용으로 가장 적절한 것은?

> ○○신문　　　　　　　　　　　　○○○○년 ○○월 ○○일
>
> ### 칼 럼
>
> 　사이버 공간에 아동과 청소년의 개인 정보가 오랜 시간 누적되면서 다양한 문제가 발생하고 있다. 인터넷 사이트를 이미 탈퇴했거나 비밀번호를 잊어버렸다면 본인이 게시한 정보를 삭제하는 일은 쉽지 않다. 또한 삭제된 게시물이 여러 사람에게 이미 공유되어 원치 않는 개인 정보가 사이버 공간에 여전히 남아있게 된다. 이에 개인정보보호위원회는 '아동·청소년 디지털 잊힐 권리 시범 사업'을 시행하고 있다. 해당 사업은 정보 주체가 지우고 싶은 게시물 삭제를 정부에 요청하면 정부가 그 작업을 수행하는 것이다. 만 24세 이하 국민 누구나 만 18세 미만 시기의 정보 삭제를 요청하면 가능하다. 이를 통해 자기 정보 관리에 대한 경각심이 높아졌다고 한다. 앞으로 이 시범 사업이 성공적으로 시행되어 삭제 지원 대상과 범위가 확대되기를 기대한다.

① 개인 정보가 악용되는 경우에만 정보 삭제를 요청해야 한다.
② 사회 구성원은 개인 정보에 대한 정부의 개입을 경계해야 한다.
③ 사이버 공간에서 자기 정보에 대한 개인의 통제권을 보장해야 한다.
④ 사이버 공간에 존재하는 모든 정보는 자유롭게 공유되어야 한다.
⑤ 정보를 재생산한 창작자의 법적 권리를 무조건 보호해야 한다.

19

24학년도 5월 학평 20번

다음 토론의 핵심 쟁점으로 가장 적절한 것은?

> 갑: 최근 1분 내외의 짧은 영상을 일컫는 숏폼 콘텐츠가 유행하고 있습니다. 그런데 일부 숏폼 콘텐츠는 청소년들에게 유해하여 사회적인 문제가 되고 있습니다.
>
> 을: 동의합니다. 이러한 문제를 해결하기 위해서는 유해한 숏폼 콘텐츠 제작자에 대한 벌금 부과나 영상 제작 제한 등의 법적 규제가 이루어져야 합니다.
>
> 갑: 아닙니다. 법적 규제는 다양한 숏폼 콘텐츠 제작을 위축시키므로 시행하면 안 됩니다. 숏폼 콘텐츠의 유해성 문제는 제작자의 양심에 따라 자율적으로 규제되어야 합니다.
>
> 을: 자율적 규제만으로는 강제력이 없어서 실효성이 약합니다. 다양한 숏폼 콘텐츠 제작이 위축될 수 있겠지만, 효과적인 문제 해결을 위해서는 법적 규제도 반드시 병행되어야 합니다.

① 유해한 숏폼 콘텐츠는 자율적 규제의 대상인가?
② 모든 숏폼 콘텐츠는 청소년들에게 해를 끼치는가?
③ 숏폼 콘텐츠의 유해성 문제에 대한 자율적 규제는 실효성이 있는가?
④ 영상 제작의 법적 제한은 숏폼 콘텐츠 제작을 위축시킬 수 있는가?
⑤ 유해한 숏폼 콘텐츠 제작자에 대한 법적 규제를 시행해야 하는가?

20

24학년도 3월 학평 20번

다음 토론의 핵심 쟁점으로 가장 적절한 것은?

> 갑: 글쓰기 수행 평가를 채점하는 인공 지능 교사(AI 교사) 도입에 대해 찬성합니다. 왜냐하면 자동화된 채점으로 업무의 효율성이 높아지기 때문입니다.
>
> 을: 효율성 차원에서는 AI 교사 도입을 찬성하지만, 채점의 공정성 문제가 먼저 해결되어야 합니다. 왜냐하면 어떤 알고리즘으로 채점하느냐에 따라 채점 결과가 달라지기 때문입니다.
>
> 갑: 아닙니다. AI 교사는 일률적으로 평가할 수 있는 채점 알고리즘을 채택해 적용하므로 채점의 공정성 문제는 발생하지 않습니다. 오히려 다양한 채점 알고리즘 적용으로 글쓰기가 다양해지는 효과를 얻을 수 있습니다.
>
> 을: AI 교사의 도입으로 평가 기준이 일률적으로 적용될 수 있지만 평가 기준 자체가 편향적이어서 공정성 문제는 해결되지 않습니다. 더욱이 특정 알고리즘에 대비하다 보면 글쓰기가 정형화되면서 다양한 글쓰기가 위축됩니다.

① AI 교사는 일률적인 평가 기준을 적용할 수 있는가?
② AI 교사 도입은 채점의 공정성을 담보할 수 있는가?
③ AI 교사 도입은 학생들의 글쓰기에 영향을 끼치는가?
④ AI 교사 도입으로 수행 평가 채점 시간이 줄어드는가?
⑤ AI 교사 도입에 있어 효율성은 고려되어야 할 조건인가?

18
일차

21

다음 신문 칼럼에서 강조하는 내용으로 가장 적절한 것은?

○○신문   ○○○○년 ○월 ○일

칼 럼

최근 뉴 미디어에서 고인이 된 유명인을 디지털 기술로 복원한 광고가 활용되었다. 그런데 디지털 기술로 고인을 복원하여 광고에 이용하는 것은 당사자의 동의를 받지 않았을 뿐만 아니라 저작권을 침해할 수 있어 문제가 될 수 있다. 고인의 행동과 목소리를 단순히 따라하는 것은 저작권 침해로 보기 어렵다. 하지만 고인의 영상이나 음성으로 만들어진 저작물을 이용하여 고인을 디지털 기술로 복원하는 것은 저작권 침해에 해당할 수 있다. 이러한 이유로 저작권 보호를 위한 새로운 차원의 노력이 요구되고 있다.

① 고인의 행위에 대한 단순한 모방도 저작권 침해에 해당한다.
② 저작권을 내세워 저작물의 상업적 이용을 제약해서는 안 된다.
③ 디지털 기술의 발달에 따라 저작물을 공공재로 간주해야 한다.
④ 고인을 복원하는 행위는 저작자의 동의가 없을지라도 허용된다.
⑤ 디지털 기술로 발생하는 저작권 침해에 대한 대책이 필요하다.

22

갑의 입장에 비해 을의 입장이 갖는 상대적 특징을 그림의 ㉠ ~ ㉤ 중에서 고른 것은?

> 갑: 정보는 사회에서 생산된 공공재이자 인류가 누려야 할 산물이다. 따라서 누구나 정보에 자유롭게 접근하고 사용할 때 새로운 창작과 지적 산물의 발전이 촉진된다.
>
> 을: 정보는 창작자가 노력하여 만든 상품이므로 사적 재산으로 인정하고 보호해야 한다. 정보 이용을 위한 대가를 지불할 때 창작 의욕이 높아지고 양질의 정보 생산이 가능해진다.

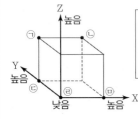

- X: 정보를 공유 자산으로 여기는 정도
- Y: 정보에 대한 배타적 소유권을 중시하는 정도
- Z: 정보 창작자의 경제적 이익 보장을 강조하는 정도

① ㉠   ② ㉡   ③ ㉢   ④ ㉣   ⑤ ㉤

23

다음 학급 게시 자료의 ㉠에 들어갈 내용으로 가장 적절한 것은?

학급 게시 자료   정보 윤리 교육

추천 알고리즘의 두 얼굴, 편리와 편향

최근, SNS나 동영상 플랫폼 등에서 추천 알고리즘이 널리 쓰이고 있다. 추천 알고리즘은 데이터에 근거해 개인의 성향을 반영한 정보를 위주로 다양한 정보들을 추천해 준다. 이러한 추천 알고리즘은 검색의 수고를 덜어 주고 생활에 편리를 더해 준다. 하지만 추천 알고리즘은 개인의 성향에 부합하는 정보를 주로 접하게 하여 정보 수용자를 편향된 정보 속에 갇히게 만들 수 있다. 따라서 정보 수용자가 편향된 정보 속에 갇히지 않기 위해서는

㉠

① 자신의 성향과 관련이 없는 정보를 배제해야 한다.
② 추천된 모든 정보가 객관적이라는 믿음을 가져야 한다.
③ 자신에게 편리를 주지 않는 정보를 전적으로 무시해야 한다.
④ 매체 이용을 금지하여 정보에 대한 접근 기회를 차단해야 한다.
⑤ 비판적 사고능력을 길러 다양한 정보를 올바르게 평가해야 한다.

24

다음 칼럼의 입장에서 지지할 내용으로 적절하지 <u>않은</u> 것은?

○○신문   ○○○○년 ○월 ○일

칼 럼

뉴 미디어 사회에서는 정보 통신 기술의 발전으로 근로자가 시공간의 제약에서 벗어나 일을 할 수 있는 환경이 조성되었다. 하지만 이로 인해 근무 시간 외 업무 연락으로 근로자의 사생활 침해 문제가 대두되고 있다. 이러한 부작용을 방지하기 위해 근무 시간 외 업무와 관련한 연락을 받지 않을 '연결되지 않을 권리'의 도입이 필요하다. 이러한 '연결되지 않을 권리'는 직장 동료 간의 원치 않는 온라인 친구 신청, 동의 없는 단체 대화방 초대 등에 대해서도 적용되어 근로자의 사생활을 보호할 수 있다. 근로자의 근로 조건과 삶의 질 향상을 위해서는 '연결되지 않을 권리'가 보장되어야 한다. 이를 위해서는 고용주의 윤리 의식 함양과 함께 관련 법률의 재정비가 필요하다.

① 연결되지 않을 권리는 직장에서의 의사소통 단절을 야기한다.
② 연결되지 않을 권리는 근로자의 처우 개선에 기여할 수 있다.
③ 연결되지 않을 권리는 근로자의 업무 부담을 줄여줄 수 있다.
④ 근로자의 사생활 보호를 위해 연결되지 않을 권리가 필요하다.
⑤ 고용주는 연결되지 않을 권리를 보장하기 위해 노력해야 한다.

25

다음 토론의 핵심 쟁점으로 가장 적절한 것은?

갑: 온라인 공간에서 정보의 자유로운 유통과 영구 보관이 가능해져 사라지지 않는 정보들로 인한 개인 피해가 증가하고 있습니다. 따라서 잊힐 권리의 보장이 필요합니다.

을: 동의합니다. 개인은 자신의 민감한 정보에 대한 자기 결정권을 가지고 있습니다. 잊힐 권리를 검색 서비스 사업자와 언론사를 대상으로 행사할 수 있어야 합니다.

갑: 아닙니다. 검색 서비스 사업자에게는 잊힐 권리를 행사할 수 있지만, 언론사에 잊힐 권리를 행사하면 언론의 자유와 시민의 알 권리가 침해됩니다. 언론사의 경우에는 정정 보도를 요청하여 개인 피해를 막아야 합니다.

을: 그렇지 않습니다. 정정 보도만으로는 개인에게 피해를 주는 기사가 삭제되지 않아 개인은 지속적으로 피해를 입게 됩니다. 정정 보도가 잊힐 권리를 보장하지는 않습니다.

① 언론사를 대상으로 한 잊힐 권리의 행사를 허용해야 하는가?
② 정보 사회 발전으로 인해 잊힐 권리의 필요성이 증대되는가?
③ 언론사의 오보를 수정할 수 있는 조치가 마련되어야 하는가?
④ 온라인 공간에서의 정보 공개에 따른 피해를 방지해야 하는가?
⑤ 검색 서비스 사업자에게 잊힐 권리를 행사하는 것은 정당한가?

26

갑의 입장에 비해 을의 입장이 갖는 상대적 특징을 그림의 ㉠~㉤ 중에서 고른 것은?

갑: 정보 사회에서 개인 정보를 비롯하여 자신이 원하지 않는 정보들은 어떤 이유로도 사이버 공간을 통해 공개되지 않도록 삭제를 요구할 수 있는 권리가 보장되어야 한다.

을: 정보 사회에서 누구나 자유롭게 정보에 접근할 수 있어야 하며, 개인 정보라 할지라도 공익을 위해 사람들이 알아야 할 정보라면 삭제 금지를 요구할 수 있는 권리가 보장되어야 한다.

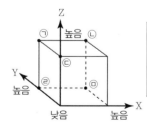

· X: 정보 공개로 얻는 공익보다 사생활 보호를 중시하는 정도
· Y: 알 권리 실현을 위해 개인 정보 공개의 필요성을 강조하는 정도
· Z: 정보에 대한 알 권리보다 잊힐 권리를 중시하는 정도

① ㉠   ② ㉡   ③ ㉢   ④ ㉣   ⑤ ㉤

27

다음 신문 칼럼에서 강조하는 내용으로 가장 적절한 것은?

○○신문	□□□□년 △△월 △△일

칼 럼

최근 비대면 서비스에 대한 수요가 확대되면서 3차원적 가상 공간인 메타버스(Metaverse)가 각광받고 있다. 메타버스는 기존의 SNS 및 블로그와 같은 온라인 생태계를 대체하며 많은 경제적 가치를 창출하고 있지만 이와 동시에 메타버스에서는 사이버 폭력, 사생활 침해와 같은 윤리적 문제도 발생하고 있다. 이를 해결하기 위해서는 제도적 장치도 필요하지만 무엇보다 이용자들이 양심과 도덕성에 따라 자신의 행위를 스스로 통제하는 것이 중요하다. 따라서 메타버스를 윤리적 공간으로 조성하기 위해 이용자들은 메타버스에서 자신의 행동을 성찰하고 책임감 있는 자세를 지녀야 한다.

① 메타버스를 통해 얻게 될 경제적 효용에만 초점을 맞춰야 한다.
② 메타버스에서는 현실과 달리 모든 개인 정보가 공개되어야 한다.
③ 메타버스의 등장은 기존 온라인 생태계에 영향을 미치지 않는다.
④ 메타버스에서 이용자들은 자신의 행위를 자율적으로 규제해야 한다.
⑤ 메타버스를 윤리적 공간으로 만들기 위한 정부의 개입은 불필요하다.

28

다음 토론의 핵심 쟁점으로 가장 적절한 것은?

갑: 개인의 인터넷 활동이 증가하면서 사용자가 사망했을 때 남겨진 디지털 유산*의 상속 문제가 사회적 쟁점이 되고 있습니다. 그러므로 이에 대한 논의가 필요합니다.

을: 동의합니다. 유족의 알 권리를 존중하고 디지털 유산이 유익하게 활용될 수 있도록 모든 디지털 유산을 유족에게 상속해야 합니다.

갑: 아닙니다. 모든 디지털 유산을 상속하는 것은 사망자의 사생활과 잊힐 권리를 침해하게 됩니다. 사망자가 공개한 디지털 유산만 제한적으로 유족에게 상속해야 합니다.

을: 그렇지 않습니다. 사생활 보호와 잊힐 권리는 살아 있는 사람에게만 해당하는 권리이므로 비공개 디지털 유산도 공개된 디지털 유산과 함께 유족에게 상속해야 합니다.

*디지털 유산: 사망한 사람이 남긴 디지털 콘텐츠. SNS 게시물, 게임 아이템이나 사이버 머니 등이 포함됨.

① 디지털 유산 상속에 대한 공론화가 필요한 시기인가?
② 온라인 공간에 공개된 디지털 유산은 상속될 수 있는가?
③ 디지털 유산 상속인의 자격 요건을 설정할 필요가 있는가?
④ 사망자의 모든 디지털 유산은 유족에게 상속되어야 하는가?
⑤ 온라인에서 활동하는 사람의 잊힐 권리를 존중해야 하는가?

29

갑, 을의 입장으로 적절하지 <u>않은</u> 것은? [3점]

> 갑: 범죄의 대상이 되지 않도록 개인 정보를 보호해야 하지만 사회에 해악을 끼친 범죄자에 대한 온라인상의 정보는 삭제하지 않도록 해야 한다. 누구나 범죄자의 정보에 접근할 수 있어야 하고, 범죄자의 정보를 언론이 공개할 수 있도록 보장한다면 사회 안정에 기여할 수 있다.
>
> 을: 범죄자가 응당한 대가를 치른 후에 온라인상에 존재하는 자신의 과거에 대한 정보 삭제를 요구한다면 이를 수용해야 한다. 범죄자의 신원 공개로 얻는 이익은 시간이 갈수록 줄어들고, 죗값을 치른 사람이라면 인간다운 삶을 보장받아야 하기 때문이다.

① 갑: 언론의 자유를 보장하여 범죄 예방 효과를 높일 수 있다.
② 갑: 범죄자의 정보 보호보다 공공의 알 권리가 우선되어야 한다.
③ 을: 잊힐 권리는 인격권을 보장하기 위한 수단이 될 수 있다.
④ 을: 범죄자의 정보 공유로 얻는 공익의 실제 효과에 한계는 없다.
⑤ 갑, 을: 온라인상에서 개인 정보가 악용되지 않도록 해야 한다.

30

다음 글의 입장에서 긍정의 대답을 할 질문만을 〈보기〉에서 있는 대로 고른 것은?

> 인터넷은 누구나 다양한 정보에 접근할 수 있게 함으로써 많은 사람들의 삶의 질 향상에 기여하고 있다. 하지만 정보 사회로의 변화에 적응하지 못하는 사람들이 사회적으로 소외되어 정보 격차가 발생하고 있다. 이러한 정보 격차로 인한 불평등을 완화하기 위해서는 사회적 차원에서 정보 소외 계층을 위해 정보 통신 기기를 보급하고 정보망을 구축할 필요가 있다. 그런데 이들이 인터넷 리터러시(internet literacy)가 부족하다면 온라인상에 무방비로 노출되어 사이버 범죄의 대상이 될 수 있으므로 이들의 정보 이해 및 표현 능력을 함양할 수 있는 교육 여건을 마련해야 할 것이다.

〈 보기 〉

ㄱ. 스마트 기기의 보급만으로 정보 격차가 해소되는가?
ㄴ. 정보 접근성을 확대하면 부의 평준화가 실현되는가?
ㄷ. 정보 소외 계층이 정보 이해력을 갖도록 도와야 하는가?
ㄹ. 정보화는 사회적 약자의 처지 개선에 기여할 수 있는가?

① ㄱ, ㄴ ② ㄱ, ㄷ ③ ㄷ, ㄹ
④ ㄱ, ㄴ, ㄹ ⑤ ㄴ, ㄷ, ㄹ

31

다음 토론의 핵심 쟁점으로 가장 적절한 것은?

> 갑: 감염병 확산을 방지하기 위해 확진자는 역학 조사에 성실히 응해야 하고, 확진자에 대한 역학 조사 결과를 공개해야 합니다.
>
> 을: 동의합니다. 다만 확진자에 대한 역학 조사 결과 공개는 사생활을 침해하지 않는 범위 내에서 이루어져야 합니다.
>
> 갑: 아닙니다. 확진자의 사생활을 보호하려고 한다면 정보 공개가 제한적으로 이루어질 수밖에 없고 감염병 확산을 방지하는 데 어려움이 있습니다.
>
> 을: 그렇지 않습니다. 감염병 확산을 막는다는 명분으로 확진자의 사생활을 침해하는 것은 기본권을 침해하는 것입니다.

① 확진자는 역학 조사에 참여해야 하는가?
② 확진자에 대한 역학 조사를 실시해야 하는가?
③ 확진자 역학 조사 결과를 일체 공개하지 말아야 하는가?
④ 확진자 역학 조사 결과 공개는 감염병 확산 방지에 필요한가?
⑤ 확진자의 사생활을 보호하기 어려운 정보도 공개할 수 있는가?

32

다음 가상 편지의 입장으로 가장 적절한 것은?

> ○○에게
> 요즘 정보 탐색과 의견 공유를 위해 다양한 뉴 미디어를 이용하고 있더구나. 하지만 뉴 미디어 이용의 증가로 거짓 정보의 생산도 더불어 증가하고 있으니 뉴 미디어 내 정보를 제대로 판단하여 이용해야 한단다. 물론 거짓 정보를 줄이기 위한 기술적·제도적 장치도 마련되어 있으나, 정보를 소비하고 생산하는 주체인 뉴 미디어 이용자들이 비판적 이해력을 지니지 않는다면 거짓 정보의 생산을 막는 데에는 한계가 있단다. 따라서 너도 뉴 미디어 내 정보를 무조건 수용하기보다는 관련 정보를 올바르게 판단하여 이용할 수 있는 능력을 지니기 위해 노력하기를 바란다.

① 뉴 미디어 기술의 발달로 거짓 정보의 생산이 불가능해졌다.
② 뉴 미디어의 확산으로 정보 생산자와 소비자의 구분이 명확해졌다.
③ 뉴 미디어 내 거짓 정보는 타율적 제재를 통해서만 제거해야 한다.
④ 뉴 미디어의 이용자 수가 늘어나면서 거짓 정보는 줄어들고 있다.
⑤ 뉴 미디어의 올바른 이용을 위해 비판적 사고 능력을 갖춰야 한다.

33

21학년도 4월 학평 5번

갑은 부정, 을은 긍정의 대답을 할 질문으로 가장 적절한 것은? [3점]

> 갑: 정보 사회에서 정보의 질은 인류의 삶의 질에 영향을 미칩니다. 따라서 양질의 정보를 생산할 수 있는 환경을 만들어 인류의 발전을 도모해야 합니다.
>
> 을: 동의합니다. 정보에 대한 배타적 소유권을 보장하면 정보 생산자는 정보를 생산하는 데 들어간 노력에 대한 정당한 보상을 받을 수 있고, 이는 양질의 정보 생산으로 이어질 것입니다.
>
> 갑: 그렇지 않습니다. 정보에 대한 배타적 소유권을 인정하게 되면 정보 사용에 제약이 생겨 양질의 정보 생산을 방해할 것입니다. 정보는 인류의 집단적 경험과 지식이 축적된 공동의 자산이므로 정보에 대한 배타적 소유권을 인정할 수 없습니다.
>
> 을: 아닙니다. 정보에 대한 배타적 소유권이 보장되지 않는다면, 정보 생산자의 경제적 이익이 보장되지 않아 창작 의욕이 감소할 것입니다. 이는 양질의 정보 생산을 방해하여 인류의 발전을 저해할 것입니다.

① 양질의 정보는 인류의 발전을 도모하는 데 이바지하는가?
② 정보는 모두가 자유롭게 이용할 수 있는 공동의 자산인가?
③ 양질의 정보를 생산할 수 있는 환경이 조성되어야 하는가?
④ 경제적 보상이 없어도 정보 생산자의 창작 의욕은 증진되는가?
⑤ 정보에 대한 배타적 소유권 보장은 양질의 정보 생산에 기여하는가?

34

20학년도 7월 학평 17번

㉠에 들어갈 진술로 가장 적절한 것은?

> 인간의 삶은 좋은 정보가 많이 생산될수록 풍요로워진다. 정보의 생산력을 향상하기 위해서는 창작자의 소유권을 인정하고 보호해야 한다. 왜냐하면 정보는 창작자의 노동이 투입된 지적 결과물이기 때문이다. 그런데 어떤 사람은 사회가 쌓아온 기반 위에 정보가 생산된 것이기 때문에 누구나 제한 없이 접근할 수 있는 기회를 보장해야 유용한 정보가 증가한다고 주장한다. 나는 이러한 입장이 [㉠   ]고 생각한다.

① 정보를 공공재로 간주하여 활용해야 함을 무시한다
② 정보의 공유로 인해 창작물의 생산량이 증가함을 간과한다
③ 정보 창작자의 배타적 소유권이 보장되어야 함을 무시한다
④ 정보 생산 과정에서 사회적 유산이 축적되었음을 무시한다
⑤ 양질의 정보를 생산하기 위한 환경 조성이 필요함을 간과한다

35

20학년도 10월 학평 5번

다음 토론의 핵심 쟁점으로 가장 적절한 것은?

> 갑: 인간이 입력한 데이터를 기반으로 생성물을 창출하는 약한 인공지능(Weak AI)은 다양한 창작 분야에서 저작물을 만들기도 합니다. 이러한 저작물에 한해서 법적으로 보호돼야 합니다.
>
> 을: 아닙니다. 저작물은 법적으로 보호받아야 하지만 인공지능이 창출한 생성물은 데이터를 분석하여 수식화한 결과에 불과하기 때문에 저작물로 인정할 수 없습니다.
>
> 갑: 그렇지 않습니다. 데이터에 근거한 인공지능의 생성물이더라도 독창성만 인정되면 저작물로 봐야 합니다. 향후 인간이 입력한 데이터를 넘어서서 독자적 사고를 하는 강한 인공지능(Strong AI)이 개발되면 더 독창적이고 새로운 생성물이 많이 창출될 것입니다.
>
> 을: 강한 인공지능이 개발되어 인공지능이 독창적이고 새로운 생성물을 만든다고 하더라도 창작의 주체가 인간이 아니므로 저작물이 될 수 없습니다.

① 인공지능의 생성물은 독창성을 지닐 수 있는가?
② 강한 인공지능이 독자적 생성물을 만들 수 있는가?
③ 인공지능이 만들어 낸 생성물을 저작물로 볼 수 있는가?
④ 강한 인공지능의 생성물만을 저작물로 인정해야 하는가?
⑤ 약한 인공지능의 생성물은 모두 저작물로 보아야 하는가?

36

24학년도 10월 학평 14번

다음 신문 칼럼의 입장으로 적절하지 않은 것은?

> ○○신문   ○○○○년 ○○월 ○○일
>
> **칼럼**
>
> 뉴 미디어의 발전으로 개인의 초상, 성명 등과 같은 인격적 속성을 경제적 이윤 창출의 수단으로 이용하는 것이 일상화되었다. 이로 인해 인격적 속성을 상업적으로 이용하는 것을 통제할 수 있는 배타적 권리인 퍼블리시티권(right of publicity)이 등장하였다. 유명인의 인격적 속성을 무단으로 사용하여 광고하는 행위는 퍼블리시티권 침해의 대표적 사례이다. 그런데 퍼블리시티권이 보장될수록 타인의 인격적 속성을 이용한 자유로운 표현 행위가 제한될 수 있다. 이에 퍼블리시티권과 표현의 자유가 조화될 수 있는 방안이 필요하다.

① 개인의 인격적 속성을 이용한 영리 행위는 정당화될 수 있다.
② 개인에게 속한 무형의 속성에 배타적 권리가 부여될 수 있다.
③ 개인을 식별하는 정보는 공공재이며 제한 없이 이용될 수 있다.
④ 표현의 자유가 보장될수록 타인의 권리 침해로 이어질 수 있다.
⑤ 공적 인물뿐만 아니라 일반인도 퍼블리시티권을 가질 수 있다.

한눈에 정리하는
평가원 기출 경향

주제 \ 학년도	**2025**	**2024**	**2023**

빈출

서양의
자연관
[19~20일차]

2025

수능 9번

23. (가)의 갑, 을, 병 사상가들의 입장을 (나) 그림으로 표현할 때, A ~ D에 해당하는 적절한 진술만을 〈보기〉에서 있는 대로 고른 것은? [3점]

(가)
갑: 이성이 없는 존재자들은 단지 수단으로서 상대적 가치만을 갖지만, 모든 이성적 존재자들은 수단으로서만이 아니라 항상 동시에 목적으로 대우받아야 한다.
을: 오로지 경제적 이익에 바탕을 둔 보전 체계는 절망적일 정도로 편향되어 있어 대지 공동체의 필수적인 수많은 요소들을 절멸시키는 경향이 있다.
병: 고통과 쾌락을 느낄 수 있는 능력은 어떤 존재의 고통을 다른 존재의 동일한 고통과 평등하게 계산하기 위한 요구의 전제 조건이다.

(나)
〈범례〉
A: 갑만의 입장
B: 병만의 입장
C: 을과 병만의 공통 입장
D: 갑과 을과 병의 공통 입장

〈보기〉
ㄱ. A: 도덕적 행위 주체성은 도덕적 지위 결정의 유일한 요인이다.
ㄴ. B: 동물의 고통에 대한 동정심은 도덕적 의무에 어긋나지 않는다.
ㄷ. C: 쾌고 감수 능력이 있는 모든 존재에 대한 종차별주의는 부당하다.
ㄹ. D: 자연물을 파괴하는 인간의 행위가 도덕적으로 허용될 수 있다.

① ㄱ, ㄴ　　② ㄱ, ㄹ　　③ ㄴ, ㄷ
④ ㄱ, ㄷ, ㄹ　　⑤ ㄴ, ㄷ, ㄹ

2024

수능 15번

1. (가)의 갑, 을, 병 사상가들의 입장을 (나) 그림으로 표현할 때, A ~ D에 해당하는 적절한 진술만을 〈보기〉에서 고른 것은? [3점]

(가)
갑: 동물을 폭력적으로 다루면 고통에 대한 공감이 무뎌져 결국 타인과의 관계에서 인간의 도덕성에 매우 유익한 천성적 소질이 고갈될 수 있다.
을: 어떤 존재가 느끼는 고통을 고려하지 않는 것은 옳지 않다. 이익 평등 고려의 원리는 그 존재의 고통을 다른 존재의 고통과 평등하게 계산하도록 한다.
병: 경제적 이익 계산의 문제로만 바람직한 대지의 이용을 생각하지 말라. 생명 공동체의 통합성과 안정성 그리고 아름다움의 보전에 이바지한다면 그것은 옳다.

(나)
〈범례〉
A: 갑만의 입장
B: 을만의 입장
C: 병만의 입장
D: 을과 병만의 공통 입장

〈보기〉
ㄱ. A: 동물을 학대하지 않는 것은 인간의 자신에 대한 의무에 부합한다.
ㄴ. B: 쾌고 감수 능력은 도덕적 행위자임을 판별하는 결정적 기준이다.
ㄷ. C: 생태계뿐만 아니라 개별 생명체도 도덕적 고려의 대상일 수 있다.
ㄹ. D: 인간은 다른 모든 생명체보다 본질적으로 우월하지 않다.

① ㄱ, ㄴ　② ㄱ, ㄷ　③ ㄴ, ㄷ　④ ㄴ, ㄹ　⑤ ㄷ, ㄹ

2023

수능 10번

2. (가)의 갑, 을, 병 사상가들의 입장을 (나) 그림으로 표현할 때, A ~ D에 해당하는 적절한 진술만을 〈보기〉에서 고른 것은? [3점]

(가)
갑: 인간과 마찬가지로 다른 생명체도 목적론적 삶의 중심이다. 그들 각각은 고유의 방식으로 환경 상황에 반응하고 고유의 선을 추구한다.
을: 인간은 인간에 대한 의무 외에 다른 의무는 갖지 않는다. 인간이 갖고 있는 다른 존재와 관련된 의무를 다른 존재에 대한 의무로 혼동해서는 안 된다.
병: 인간이 육식을 위해 동물을 죽이는 관행은 동물의 이익을 침해한다. 우리에게는 이익 평등 고려 원칙에 따라 이런 관행을 막아야 할 도덕적 의무가 있다.

(나)
〈범례〉
A: 갑만의 입장
B: 을만의 입장
C: 갑과 병만의 공통 입장
D: 을과 병만의 공통 입장

〈보기〉
ㄱ. A: 인간은 생명체를 해치지 않을 절대적 의무를 실천해야 한다.
ㄴ. B: 종(種)이 다른 개체를 서로 다르게 대우하는 것이 정당화될 수 있다.
ㄷ. C: 인간에 대한 의무의 근거가 동물에 대한 의무를 정당화할 수 있다.
ㄹ. D: 인간 아닌 감각 없는 개체 중 도덕적 지위를 지닌 존재는 없다.

① ㄱ, ㄴ　② ㄱ, ㄷ　③ ㄴ, ㄷ　④ ㄴ, ㄹ　⑤ ㄷ, ㄹ

2022 ~ 2019

---

6. (가)의 갑, 을, 병 사상가들의 입장을 (나) 그림으로 표현할 때, A∼D에 해당하는 적절한 진술만을 〈보기〉에서 있는 대로 고른 것은? [3점]

(가)	갑: 목적론적 삶의 중심으로서 유기체는 외적 활동뿐 아니라 내적 기능도 모두 목표 지향적이고, 생물의 기능을 성공적으로 수행하는 지속적인 경향을 지닌다.
	을: 인간의 도덕적 소질을 약화시키지 않도록 동물에 대한 잔인한 폭력은 삼가야 하며, 동물이 감당할 수 있는 한도 내에서 무리하지 않도록 동물을 부려야 한다.
	병: 삶의 주체는 결코 마치 다른 것들을 위한 자원인 것처럼 대우받아서는 안 된다. 특히 다른 존재의 이익을 위해서 의도적으로 해를 입어서는 안 된다.

(나)

〈범례〉
A: 갑만의 입장
B: 을만의 입장
C: 갑과 을만의 공통 입장
D: 갑과 병만의 공통 입장

────〈보기〉────
ㄱ. A: 어떤 개체가 생명을 지녀야만 도덕적 지위를 지닐 수 있다.
ㄴ. B: 동물은 인간의 가치 평가에서 독립적인 가치를 지닐 수 없다.
ㄷ. C: 쾌고 감수 능력은 어떤 개체가 도덕적 지위를 갖는지 판단할 때 고려해야 할 조건이 아니다.
ㄹ. D: 인간에 대한 인간의 의무로 환원되지 않는 의무가 있다.

① ㄱ, ㄴ   ② ㄱ, ㄷ   ③ ㄷ, ㄹ
④ ㄱ, ㄴ, ㄹ   ⑤ ㄴ, ㄷ, ㄹ

---

4. (가)의 갑, 을, 병 사상가들의 입장을 (나) 그림으로 표현할 때, A∼D에 해당하는 적절한 진술만을 〈보기〉에서 있는 대로 고른 것은?

(가)	갑: 쾌고를 느낄 수 있는 능력은 어떤 존재가 이익 관심을 갖기 위한 필요충분조건이다. 만약 한 존재가 쾌고를 겪을 수 없다면, 고려해야 할 것은 아무것도 없다.
	을: 자연의 아름다움을 무자비하게 파괴하려는 성향은 인간 자신에 대한 의무를 거스른다. 왜냐하면 그것은 도덕성에 기여하는 감정을 약화시키기 때문이다.
	병: 개인은 상호 의존적인 대지 공동체의 구성원이다. 개인의 본능은 공동체 내에서 경쟁할 것을 촉구하지만 그의 윤리는 협동도 하라고 촉구한다.

(나)

〈범례〉
A: 을만의 입장
B: 병만의 입장
C: 갑과 병만의 공통 입장
D: 갑, 을, 병의 공통 입장

────〈보기〉────
ㄱ. A: 공리의 원리는 동물을 도덕적으로 고려해야 할 근거가 아니다.
ㄴ. B: 인간에 대해서뿐만 아니라 자연과 관련해서도 인간의 의무가 발생한다.
ㄷ. C: 직접적인 도덕적 의무의 대상은 인간에만 한정되지 않는다.
ㄹ. D: 도덕적 지위를 지닌 존재의 범위를 모든 생명체로 설정하는 것은 부적절하다.

① ㄱ, ㄴ   ② ㄱ, ㄷ   ③ ㄷ, ㄹ
④ ㄱ, ㄴ, ㄹ   ⑤ ㄴ, ㄷ, ㄹ

---

6. (가)의 갑, 을, 병 사상가들의 입장에서 서로에게 제기할 수 있는 비판을 (나) 그림으로 표현할 때, A∼F에 해당하는 내용으로 가장 적절한 것은? [3점]

(가)	갑: 도덕적 행위 능력과 무관하게 인간과 일부 동물은 도덕적 권리를 갖는다. 그들 각자는 고유한 삶을 살아가는 삶의 주체이다.
	을: 도덕적 행위 능력이 없어도 생명체라면 존중해야 한다. 모든 생명체는 목적론적 삶의 중심이며 내재적 가치를 지닌다.
	병: 도덕적 행위 능력이 있는 인간은 자연을 파괴하는 행위를 삼가야 한다. 그러한 파괴적 성향은 인간의 도덕성에 기여하는 감정을 약화시킨다.

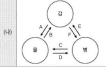

(나)

〈범례〉
→ :비판의 방향
A∼F :비판의 내용

〈예시〉
갑 ─A→ 을
A는 갑이 을에게 제기할 수 있는 비판임.

① A: 개체 각각이 지닌 고유한 선은 보호되고 증진되어야 함을 간과한다.
② B: 개체에 대한 도덕적 존중은 내재적 가치에 근거함을 간과한다.
③ D: 도덕적 행위 능력이 없는 존재도 모두 내재적 가치를 지님을 간과한다.
④ F: 어떤 존재를 목적 그 자체로 보는 근거가 이성이 아님을 간과한다.
⑤ C, E: 도덕적 행위 주체들의 도덕적 지위가 서로 평등함을 간과한다.

기출 선지로 짚어 주는 **핵심 내용**

자연과 윤리

1 인간 중심주의와 동물 중심주의

1 인간 중심주의

(1) 입장

① 도덕적 행위 주체인 인간은 다른 존재보다 우월하다.

② 자연을 인간의 삶의 질 향상을 위한 수단으로 활용해야 한다.

(2) 대표 사상가

베이컨	• 자연을 효율적으로 이용할 방안을 모색해야 한다. • 인간은 자연의 주인으로서 책임의식을 가져야 한다.
칸트	• 이성적 존재만을 도덕적 고려의 대상으로 여겨야 한다. • 인간만이 도덕적 의무를 실천할 능력을 소유한다. → 수단으로만 취급해서는 안 될 존재는 이성적 존재뿐이다. • 인간은 인간 자신에 대해서만 직접적인 의무를 지닌다. • 동식물과 무생물에 부당한 해를 끼치지 않는 것은 인간의 간접적 의무이다. → 동물 학대가 그릇된 근본 이유는 인간성 실현을 저해함에 있다. **더 보기1** • 동물 학대가 인간의 의무에 위배될 수 있음을 인정해야 한다.
아퀴나스	• 인간은 다른 동물을 단지 수단으로만 취급해도 된다. • 동물은 신의 섭리에 의해 인간이 사용하도록 운명 지어져 있다.
아리스토 텔레스	• 인간은 동식물을 삶에 필요한 자원으로 이용할 수 있다. • 동식물은 인간을 위해 존재한다.

2 동물 중심주의

(1) 입장

① 도덕적 고려의 대상을 인간으로 한정하지 말아야 한다. → 자율적 행위 능력과 무관하게 도덕적 지위는 부여되어야 한다.

② 종(種)의 차이만으로 도덕적 지위에 차별을 두어서는 안 된다.

③ 개체는 쾌고 감수 능력을 지녀야만 도덕적 지위를 갖는다.

(2) 대표 사상가

싱어	• 쾌고 감수 능력은 동물의 이익 고려를 위한 충분조건이다. → 쾌고 감수 능력을 지닌 동물은 도덕적 고려 대상에 속한다. • 인간과 동물의 이익을 동등하게 고려해야 한다고 본다. → 동물은 인간과 마찬가지로 도덕적 배려를 받아야 할 존재이다. • 인간은 동물을 보호해야 하는 직접적인 의무를 지닌다. • 식물은 내재적 가치가 아닌 수단적 가치를 지닌 존재이다.
레건	• 삶의 주체인 동물의 권리를 의무론의 관점에서 존중해야 한다. → 생명에 대한 권리는 인간에게 한정된 특수한 권리가 아니다. • 동물도 인간처럼 쾌고 감수 능력을 지닌 삶의 주체이다. • 내재적 가치를 지니는 비이성적인 개체도 존재한다. 기억해 • 자연 안의 모든 생명체가 도덕적 지위를 갖는 것은 아니다. • 동물 종(種)이 아니라 일부 개체 동물만이 도덕적 권리를 가질 수 있다. • 동물을 인간을 위한 수단으로만 취급하지 않도록 해야 한다.

▶ **기/출/표/현 더 보기**

1 21 모평 동물 학대가 그릇된 근본 이유는 인간성 실현을 저해함에 있다.
= 동물 학대 금지는 간접적으로만 인간의 의무에 속한다.
= 식물을 보존하는 것이 간접적인 의무로 성립 가능하다고 본다.
= 동식물과 무생물에 부당한 해를 끼치지 않는 것은 인간의 간접적 의무이다.
= 자연보호가 인간의 도덕성 완성에 기여한다고 본다.
= 인간을 위해 생태계를 고려할 의무가 있다.

2 생명 중심주의와 생태 중심주의

1 생명 중심주의

(1) 입장

① 도덕적 고려의 대상을 인간으로 한정하지 말아야 한다.

② 생명의 효용적 가치보다 내재적 가치를 중시해야 한다. → 동물을 인간을 위한 수단으로만 취급하지 않도록 해야 한다.

③ 식물은 내재적 가치를 지니므로 도덕적 존중의 대상이다.

(2) 대표 사상가

슈바이처	• 생명에의 외경(畏敬)을 도덕적 원리로 삼아야 한다. • 생명체 모두를 도덕적 배려 대상에 포함시킨다. • 인간은 동물을 보호해야 하는 직접적인 의무를 지닌다.
테일러	• 모든 생명체는 내재적 가치를 지닌다고 본다. → 인간이 어떠한 생명체보다도 본래적으로 우월한 존재는 아니다. • 생명 없는 개체의 도덕적 가치를 존중하는 것은 불필요하다. • 인간이 생명 공동체에 개입하는 것이 정당화되는 경우가 있다. • 악행 금지의 의무: 생태계 안정을 위해 생명체를 해치는 행위 모두는 잘못이다. • 불간섭의 의무: 인간에게는 생명 공동체에 대한 불간섭의 의무가 있다. • 보상적 정의의 의무: 인간은 생명체에 끼친 해악에 대한 보상적 정의의 의무를 지닌다.

2 생태 중심주의

(1) 입장

① 도덕 공동체의 범위를 생태계까지 확대해야 한다. → 도덕적 고려의 대상을 인간으로 한정하지 말아야 한다.

② 인간은 자연 전체에 대해 직접적인 도덕적 의무를 지닌다.

③ 전일론적 관점: 개별 생명체보다 생태계를 우선시해야 한다. 기억해

④ 자연의 모든 존재가 내재적 가치를 갖는다. → 자연의 모든 존재는 그 자체로 존중의 대상이다.

(2) 대표 사상가

레오폴드	• 생태계 안정에 기여하는 무생물도 도덕적 고려 대상이다. → 토양과 물[水]도 도덕 공동체의 범위에 포함된다. • 대지 공동체 자체가 지닌 도덕적 지위를 인정해야 한다. • 전체론적 관점에서 생명 공동체의 안정을 추구해야 한다. • 생명 공동체의 온전함이 개별 생명체의 존속보다 중요하다. → 개체주의적 관점을 지양하고 인간 중심주의에서 벗어나야 한다. • 인간이 생명 공동체에 개입하는 것이 정당화되는 경우가 있다. → 동물을 자원으로 사용하는 것이 금지되지는 않는다. 기억해 • 어떤 생명체와 비교하든 인간이 본질적으로 우월하지는 않다.
네스	• 모든 생명의 번영은 그 자체로 가치를 지닌다. • 동물과 식물은 내재적 가치를 지닌 점에서 동등하다.

01

24학년도 수능 15번

(가)의 갑, 을, 병 사상가들의 입장을 (나) 그림으로 표현할 때, A~D에 해당하는 적절한 진술만을 〈보기〉에서 고른 것은? [3점]

(가)	갑: 동물을 폭력적으로 다루면 고통에 대한 공감이 무뎌져 결국 타인과의 관계에서 인간의 도덕성에 매우 유익한 천성적 소질이 고갈될 수 있다. 을: 어떤 존재가 느끼는 고통을 고려하지 않는 것은 옳지 않다. 이익 평등 고려의 원리는 그 존재의 고통을 다른 존재의 고통과 평등하게 계산하도록 한다. 병: 경제적 이익 계산의 문제로만 바람직한 대지의 이용을 생각하지 말라. 생명 공동체의 통합성과 안정성 그리고 아름다움의 보전에 이바지한다면 그것은 옳다.

(나)

갑

A

B D C

을 병

〈범례〉
A: 갑만의 입장
B: 을만의 입장
C: 병만의 입장
D: 을과 병만의 공통 입장

〈보기〉

ㄱ. A: 동물을 학대하지 않는 것은 인간의 자신에 대한 의무에 부합한다.

ㄴ. B: 쾌고 감수 능력은 도덕적 행위자임을 판별하는 결정적 기준이다.

ㄷ. C: 생태계뿐만 아니라 개별 생명체도 도덕적 고려의 대상일 수 있다.

ㄹ. D: 인간은 다른 모든 생명체보다 본질적으로 우월하지 않다.

① ㄱ, ㄴ   ② ㄱ, ㄷ   ③ ㄴ, ㄷ   ④ ㄴ, ㄹ   ⑤ ㄷ, ㄹ

02 대표 문제

23학년도 수능 10번

(가)의 갑, 을, 병 사상가들의 입장을 (나) 그림으로 표현할 때, A~D에 해당하는 적절한 진술만을 〈보기〉에서 고른 것은? [3점]

(가)	갑: 인간과 마찬가지로 다른 생명체도 목적론적 삶의 중심이다. 그들 각각은 고유의 방식으로 환경 상황에 반응하고 고유의 선을 추구한다. 을: 인간은 인간에 대한 의무 외에 다른 의무는 갖지 않는다. 인간이 갖고 있는 다른 존재와 관련된 의무를 다른 존재에 대한 의무로 혼동해서는 안 된다. 병: 인간이 육식을 위해 동물을 죽이는 관행은 동물의 이익을 침해한다. 우리에게는 이익 평등 고려 원칙에 따라 이런 관행을 막아야 할 도덕적 의무가 있다.

(나)

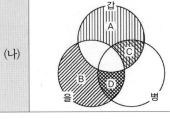

〈범례〉
A: 갑만의 입장
B: 을만의 입장
C: 갑과 병만의 공통 입장
D: 을과 병만의 공통 입장

〈보기〉

ㄱ. A: 인간은 생명체를 해치지 않을 절대적 의무를 실천해야 한다.

ㄴ. B: 종(種)이 다른 개체를 서로 다르게 대우하는 것이 정당화될 수 있다.

ㄷ. C: 인간에 대한 의무의 근거가 동물에 대한 의무를 정당화할 수 있다.

ㄹ. D: 인간 아닌 감각 없는 개체 중 도덕적 지위를 지닌 존재는 없다.

① ㄱ, ㄴ   ② ㄱ, ㄷ   ③ ㄴ, ㄷ   ④ ㄴ, ㄹ   ⑤ ㄷ, ㄹ

03

(가)의 갑, 을, 병 사상가들의 입장을 (나) 그림으로 표현할 때, A~D에 해당하는 적절한 진술만을 〈보기〉에서 고른 것은? [3점]

(가)	갑: 생명 공동체의 온전함, 안정, 아름다움의 보존에 기여한다면 그 행위는 옳다. 대지의 이용을 경제적 관점만이 아닌 윤리적, 심미적 관점에서도 검토해야 한다. 을: 생명체는 목적론적 삶의 중심으로서 그 자신의 고유한 선을 갖는다. 우리는 생명체의 고유한 선을 증진하거나 보호하는 활동을 실천해야 한다. 병: 생명 공동체를 구성하는 개체들의 권리를 존중한다면 그 공동체는 보존될 것이다. 삶의 주체인 동물은 존중받을 도덕적 권리를 지닌다.
(나)	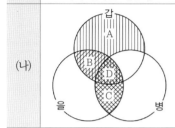 ─〈범례〉─ A: 갑만의 입장 B: 갑과 을만의 공통 입장 C: 을과 병만의 공통 입장 D: 갑, 을, 병의 공통 입장

─〈 보기 〉─
ㄱ. A: 인간이 생명 공동체에 개입하는 것이 정당화되는 경우가 있다.
ㄴ. B: 어떤 생명체와 비교하든 인간이 본질적으로 우월하지는 않다.
ㄷ. C: 개체의 선에 우선하는 생명 공동체의 선은 존재할 수 없다.
ㄹ. D: 비도구적 가치를 지닌 비이성적 존재를 수단으로 사용하는 것은 어떠한 경우에도 정당화될 수 없다.

① ㄱ, ㄴ   ② ㄱ, ㄷ   ③ ㄴ, ㄷ   ④ ㄴ, ㄹ   ⑤ ㄷ, ㄹ

04

(가)의 갑, 을, 병 사상가들의 입장을 (나) 그림으로 표현할 때, A~D에 해당하는 적절한 진술만을 〈보기〉에서 있는 대로 고른 것은?

(가)	갑: 어떤 존재가 고통과 즐거움을 경험할 수 있는 능력이 있는지 없는지는 우리가 그 존재들의 이익에 관심을 가질지 여부를 판가름하는 유일한 경계가 된다. 을: 동물은 비록 이성은 없을지라도 살아 있는 피조물임을 고려할 때, 동물을 폭력적으로 잔인하게 다루는 것은 인간 자신에 대한 의무를 거스르는 것이다. 병: 대지 윤리는 인류의 역할을 토지 공동체의 정복자에서 평범한 구성원으로 변화시키며, 동료 구성원에 대한 존중을 필연적으로 수반한다.
(나)	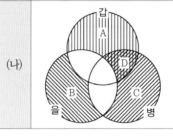 ─〈범례〉─ A: 갑만의 입장 B: 을만의 입장 C: 병만의 입장 D: 갑과 병만의 공통 입장

─〈 보기 〉─
ㄱ. A: 동물에 대한 인간의 행위는 공리의 원리에 근거해야 한다.
ㄴ. B: 모든 동물에게 인간과 동등한 도덕적 지위를 부여하는 것은 옳지 않다.
ㄷ. C: 어떤 존재가 생명을 지닌 개체가 아니어도 도덕적 지위를 가질 수 있다.
ㄹ. D: 쾌고 감수 능력의 보유 여부에 의해 개체의 도덕적 지위가 결정된다.

① ㄱ, ㄷ   ② ㄱ, ㄹ   ③ ㄴ, ㄹ
④ ㄱ, ㄴ, ㄷ   ⑤ ㄴ, ㄷ, ㄹ

(가)의 갑, 을, 병 사상가들의 입장을 (나) 그림으로 표현할 때, A~D에 해당하는 적절한 진술만을 〈보기〉에서 있는 대로 고른 것은? [3점]

(가)	갑: 살아 있는 동물이나 식물은 목적론적 삶의 중심으로서, 인간이 고유한 선을 지닌 것과 동일한 의미로 각자의 고유한 선을 지니고 있다. 을: 대지 윤리는 인류의 역할을 대지 공동체의 정복자에서 그것의 평범한 구성원으로 변화시키며, 공동체 자체에 대한 존중을 필연적으로 수반한다. 병: 동물 학대가 인간 학대로 이어질 수 있다는 이유로, 우리가 동물에게 친절해야 한다는 주장은 전적으로 종 차별주의적 입장을 표명한 것이다.
(나)	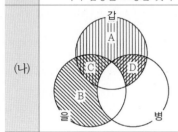 〈범례〉 A: 갑만의 입장 B: 을만의 입장 C: 갑과 을만의 공통 입장 D: 갑과 병만의 공통 입장

〈 보기 〉

ㄱ. A: 생명을 지닌 존재가 아니라면 도덕적 지위를 지닐 수 없다.
ㄴ. B: 개체에게 생명 공동체와 동등한 가치를 부여할 수는 없다.
ㄷ. C: 인간은 본질적으로 식물보다 우월한 존재라고 할 수 없다.
ㄹ. D: 자연 자체의 선은 개체의 희생을 정당화하는 근거가 아니다.

① ㄱ, ㄴ   ② ㄱ, ㄷ   ③ ㄷ, ㄹ
④ ㄱ, ㄴ, ㄹ   ⑤ ㄴ, ㄷ, ㄹ

(가)의 갑, 을, 병 사상가들의 입장을 (나) 그림으로 표현할 때, A~D에 해당하는 적절한 진술만을 〈보기〉에서 있는 대로 고른 것은? [3점]

(가)	갑: 목적론적 삶의 중심으로서 유기체는 외적 활동뿐 아니라 내적 기능도 모두 목표 지향적이고, 생물의 기능을 성공적으로 수행하는 지속적인 경향을 지닌다. 을: 인간의 도덕적 소질을 약화시키지 않도록 동물에 대한 잔인한 폭력은 삼가야 하며, 동물이 감당할 수 있는 한도 내에서 무리하지 않도록 동물을 부려야 한다. 병: 삶의 주체는 결코 마치 다른 것들을 위한 자원인 것처럼 대우받아서는 안 된다. 특히 다른 존재의 이익을 위해서 의도적으로 해를 입어서는 안 된다.
(나)	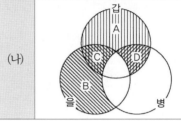 〈범례〉 A: 갑만의 입장 B: 을만의 입장 C: 갑과 을만의 공통 입장 D: 갑과 병만의 공통 입장

〈 보기 〉

ㄱ. A: 어떤 개체가 생명을 지녀야만 도덕적 지위를 지닐 수 있다.
ㄴ. B: 동물은 인간의 가치 평가에서 독립적인 가치를 지닐 수 없다.
ㄷ. C: 쾌고 감수 능력은 어떤 개체가 도덕적 지위를 갖는지 판단할 때 고려해야 할 조건이 아니다.
ㄹ. D: 인간에 대한 인간의 의무로 환원되지 않는 의무가 있다.

① ㄱ, ㄴ   ② ㄱ, ㄷ   ③ ㄷ, ㄹ
④ ㄱ, ㄴ, ㄹ   ⑤ ㄴ, ㄷ, ㄹ

07

(가)의 갑, 을, 병 사상가들의 입장을 (나) 그림으로 표현할 때, A~D에 해당하는 적절한 진술만을 〈보기〉에서 고른 것은? [3점]

(가)	갑: 인간은 통상 인간에 대한 의무 외에 다른 의무는 갖지 않는다. 늙은 말이 수행한 봉사에 대한 감사마저도 직접적으로 볼 때는 인간 자신에 대한 의무이다. 을: 인간만이 아니라 일부 동물도 삶의 주체이다. 왜냐하면 그들도 다른 존재의 이익과는 독립적으로 개별적 복지를 갖는 것과 같은 특징을 지니기 때문이다. 병: 인간은 생명 공동체의 한 구성원에 지나지 않는다. 인간의 활동으로만 설명되어 온 많은 역사적 사건들은 실제로는 인간과 대지의 생명적 상호 작용이었다.
(나)	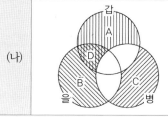

〈범례〉
A: 갑만의 입장
B: 을만의 입장
C: 병만의 입장
D: 을과 병만의 공통 입장

─〈 보기 〉─

ㄱ. A: 인간 이외의 존재에게는 어떠한 가치도 부여되지 않는다.
ㄴ. B: 인간은 동물 종(種)에 대한 직접적 의무를 실천해야 한다.
ㄷ. C: 인간은 살아 있는 모든 존재를 도덕적으로 존중해야 한다.
ㄹ. D: 인간만이 아니라 동물도 권리를 지닌 존재일 수 있다.

① ㄱ, ㄴ ② ㄱ, ㄷ ③ ㄴ, ㄷ ④ ㄴ, ㄹ ⑤ ㄷ, ㄹ

08

(가)의 갑, 을, 병의 입장을 (나) 그림으로 표현할 때, A~D에 해당하는 적절한 진술만을 〈보기〉에서 있는 대로 고른 것은? [3점]

(가)	갑: 도덕 판단은 보편화 가능해야 한다. 어떤 이익이 단지 인간에게 유용하다는 이유만으로, 이익 관심을 가진 동물의 이익보다 중요하다고 간주해서는 안 된다. 을: 도덕적 존중의 대상에는 도덕적 권리를 가질 수 있는 삶의 주체인 동물도 포함된다. 그들 각각은 다른 존재의 이익과 독립해 개별적 복지를 추구한다. 병: 도덕적 의무를 질 수 있는 인간에 대한 의무 외에 다른 존재에 대한 의무는 없다. 물론 동물이 수행한 봉사에 대한 감사는 간접적으로 인간의 의무에 속한다.
(나)	(벤 다이어그램)

〈범례〉
A: 갑만의 입장
B: 을만의 입장
C: 병만의 입장
D: 갑과 을만의 공통 입장

─〈 보기 〉─

ㄱ. A: 이익 관심을 지닌 모든 개체는 동일한 대우를 받아야 한다.
ㄴ. B: 목적 그 자체로서 가치를 지닌 존재는 도덕적 존중의 대상이다.
ㄷ. C: 동물 학대가 그릇된 근본 이유는 인간성 실현을 저해함에 있다.
ㄹ. D: 자율적 행위 능력과 무관하게 도덕적 지위는 부여되어야 한다.

① ㄱ, ㄴ   ② ㄱ, ㄷ   ③ ㄷ, ㄹ
④ ㄱ, ㄴ, ㄹ   ⑤ ㄴ, ㄷ, ㄹ

09

(가)의 갑, 을, 병 사상가들의 입장을 (나) 그림으로 표현할 때, A~D에 해당하는 적절한 진술만을 〈보기〉에서 있는 대로 고른 것은? [3점]

| (가) | 갑: 동물도 인간처럼 고통을 느낄 수 있으며 이해관계를 갖는다. 인간 종이 아니라는 이유로 동물의 이익을 희생시키는 것은 종 차별주의이다.
을: 동물을 잔학하게 다루는 것은 인간 자신에 대한 의무에 어긋난다. 왜냐하면 타인과 관계 맺을 때 도덕성에 도움이 되는 자연적 소질을 약화시키기 때문이다.
병: 지금껏 인간의 활동으로 설명되어 온 많은 역사적 사건은 실제로는 사람과 땅의 생명적 상호 작용이었다. 인간은 사실상 생명 공동체의 구성원에 지나지 않는다. |

(나)

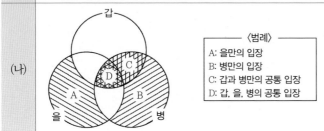

〈범례〉
A: 을만의 입장
B: 병만의 입장
C: 갑과 병만의 공통 입장
D: 갑, 을, 병의 공통 입장

〈보기〉

ㄱ. A: 목적 그 자체로 간주되는 개체만이 도덕적 존중의 대상이다.
ㄴ. B: 자연 그 자체는 인간의 이익과 무관하게 내재적 가치를 지닌다.
ㄷ. C: 인간이 유정적 존재를 함부로 대하는 것은 의무에 어긋난다.
ㄹ. D: 욕구를 지닌 비이성적 존재가 수단으로 사용되는 것이 허용될 수 있다.

① ㄱ, ㄷ ② ㄱ, ㄹ ③ ㄴ, ㄷ
④ ㄱ, ㄴ, ㄹ ⑤ ㄴ, ㄷ, ㄹ

10

(가)의 사상가 갑, 을, 병의 입장을 (나) 그림으로 탐구하고자 할 때, A~D에 들어갈 적절한 질문만을 〈보기〉에서 고른 것은? [3점]

| (가) | 갑: 늙은 말이 오랫동안 수행한 봉사에 대한 감사마저도 간접적으로는 인간의 의무에 속한다. 동물에 관련한 감사의 정은 직접적으로 볼 때는 언제나 인간의 자기 자신에 대한 의무일 따름이다.
을: 기계는 목표 지향적 활동을 보이지만 독립적 존재로서 고유의 선을 지니지 않는다. 그러나 생명체는 고유의 선을 지니며, 우주의 다른 어떤 것과도 독립적으로 그들 자체가 목표 지향적 활동의 중심이다.
병: 동물도 고통의 상황에서 혈압이 오르고 동공이 팽창하는 등 인간의 신경계와 유사한 반응을 일으킨다. 이익 평등 고려의 원칙에 따라 동물이 느끼는 고통을 인간이 느끼는 고통과 동등하게 고려해야 한다. |

(나)

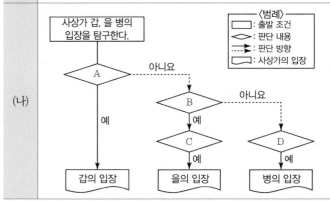

〈범례〉
☐ : 출발 조건
◇ : 판단 내용
┈> : 판단 방향
〰 : 사상가의 입장

〈보기〉

ㄱ. A: 비이성적 개체를 해치는 행위가 정당화되는 경우가 있는가?
ㄴ. B: 쾌고 감수 능력이 없는 생명체도 도덕적 지위를 가지는가?
ㄷ. C: 목표 지향적 활동의 여부는 도덕적 고려의 유일한 기준인가?
ㄹ. D: 유정적 존재의 특성에 따라 도덕적 배려의 방법은 달라질 수 있는가?

① ㄱ, ㄴ ② ㄱ, ㄷ ③ ㄴ, ㄷ ④ ㄴ, ㄹ ⑤ ㄷ, ㄹ

11

(가)의 갑, 을, 병 사상가들의 입장을 (나) 그림으로 표현할 때, A~D에 해당하는 적절한 진술만을 〈보기〉에서 있는 대로 고른 것은? [3점]

(가)	갑: 동물에 관한 한, 우리는 직접적 의무가 없다. 동물과 관련한 우리의 의무는 단지 인간에 대한 간접적인 의무일 따름이다. 을: 목적론적 삶의 중심이라면 어떤 존재도 다른 존재보다 더 가치 있다고 간주되지 않는다. 동식물의 선의 실현도 그 자체로 가치 있다고 간주된다. 병: '삶의 주체에는 단순히 의식을 갖는다는 것 이상이 포함된다. 삶의 주체는 동등한 본래적 가치를 지니며 존중의 태도로 처우받을 권리를 공유한다.
(나)	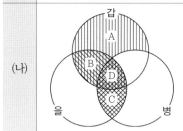 〈범례〉 A: 갑만의 입장 B: 갑과 을만의 공통 입장 C: 을과 병만의 공통 입장 D: 갑, 을, 병의 공통 입장

〈 보기 〉

ㄱ. A: 목적 그 자체가 될 수 있는 존재라면 도덕 행위자로 간주해야 한다.

ㄴ. B: 쾌고 감수 능력은 도덕적 지위 여부를 결정하는 기준에 해당하지 않는다.

ㄷ. C: 인간의 가치 평가에서 독립하여 가치를 지닌 존재의 이용은 해악보다 이익이 크다면 정당화된다.

ㄹ. D: 생명을 지니고 있는 개체만이 의무의 대상이 될 수 있다.

① ㄱ, ㄴ   ② ㄱ, ㄷ   ③ ㄷ, ㄹ
④ ㄱ, ㄴ, ㄹ   ⑤ ㄴ, ㄷ, ㄹ

12

(가)의 갑, 을, 병 사상가들의 입장을 (나) 그림으로 표현할 때, A~E에 해당하는 진술로 가장 적절한 것은? [3점]

(가)	갑: 무생물이나 동물에 대한 파괴는 인간의 의무와 대립한다. 그런 행위는 도덕성을 촉진하는 인간 안의 감정을 약화시키기 때문이다. 을: 인간은 고통과 즐거움을 느낄 수 있는 존재의 이익을 고려해야 한다. 타자의 이익을 고려할 때 감각이 유일하게 옹호 가능한 경계선이다. 병: 모든 생명체는 각각 자신의 방식으로 고유의 선을 추구하는 유일한 개체이다. 인간은 다른 생명체보다 본질적으로 우월하지 않다.
(나)	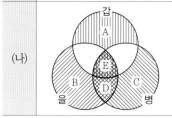 〈범례〉 A: 갑만의 입장 B: 을만의 입장 C: 병만의 입장 D: 을과 병만의 공통 입장 E: 갑, 을, 병의 공통 입장

① A: 인간은 인간에 대한 의무 외에 어떤 존재에 대한 의무도 가질 수 없다.

② B: 도덕적 행위 주체가 아닌 존재도 도덕적 지위를 지닐 수 있다.

③ C: 감각 능력이 없는 개체들은 도덕적으로 고려될 필요가 없다.

④ D: 인간을 위한 자원으로 동물을 활용하는 것은 금지되어야 한다.

⑤ E: 도덕적 고려의 대상이 아닌 존재는 어떠한 가치도 지닐 수 없다.

13

(가)의 갑, 을, 병 사상가들의 입장을 (나) 그림으로 탐구하고자 할 때, A~D에 들어갈 적절한 질문만을 〈보기〉에서 있는 대로 고른 것은? [3점]

(가)	갑: 우리는 동물에 대한 직접적 의무를 지지 않는다. 동물은 단지 수단일 뿐이다. 동물과 관련한 우리의 의무는 인간에 대한 간접적 의무에 불과하다. 을: 우리가 해야 할 일은 종(種) 차별주의를 피하면서 쾌고 감수 능력이 있는 동물을 도덕적 관심의 영역 안으로 끌어들이는 것이다. 병: 우리는 유기체가 자신을 보존하고 자신만의 독특한 방식으로 고유의 선을 실현하려고 애쓰는 목적론적 삶의 중심이라고 생각한다.
(나)	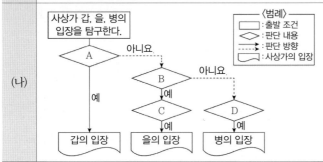

〈 보기 〉

ㄱ. A: 생명체 중에서 오직 인간만이 가치를 지닌 존재인가?
ㄴ. B: 인간이 생명을 가진 존재를 차별하는 것은 잘못인가?
ㄷ. C: 동물을 이용하는 인간의 행위가 정당화될 수 있는가?
ㄹ. D: 개체가 고유의 선을 지녀야만 의무의 대상이 될 수 있는가?

① ㄱ, ㄴ
② ㄴ, ㄷ
③ ㄷ, ㄹ
④ ㄱ, ㄴ, ㄹ
⑤ ㄱ, ㄷ, ㄹ

14

(가)의 갑, 을, 병 사상가들의 입장에서 서로에게 제기할 수 있는 비판을 (나) 그림으로 표현할 때, A~F에 해당하는 내용으로 가장 적절한 것은? [3점]

(가)	갑: 생명은 없지만 아름다운 것을 파괴하는 행위를 일삼는 것은 도덕성을 촉진하는 감정을 약화시키므로 인간의 자기 자신에 대한 의무와 대립한다. 을: 쾌고 감수 능력은 이익 관심을 갖기 위한 선행 조건이다. 쾌고 감수 능력을 지닌 동물의 이익은 인간의 이익과 동등하게 고려되어야 한다. 병: 모든 생명체는 자신의 생존 유지, 종의 재생산, 환경 적응 활동을 성공적으로 수행하게 하는 일정한 경향성을 갖고 있는 목적론적 삶의 중심이다.
(나)	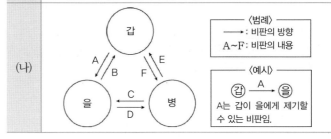

① A, F: 의식은 도덕적 행위의 주체가 되기 위한 필요충분조건임을 간과한다.
② B: 인간뿐만 아니라 동물과 관련해서도 인간의 의무가 발생함을 간과한다.
③ B, D: 인간을 위해 동물에게 친절한 것은 종 차별주의 입장이 아님을 간과한다.
④ C: 어떤 개체가 이익 관심을 갖지 않아도 도덕적 지위를 지닐 수 있음을 간과한다.
⑤ C, E: 생태계를 조작하여 생태계 자체의 도덕적 지위를 훼손하면 안 됨을 간과한다.

15

(가)의 갑, 을, 병 사상가들의 입장에서 서로에게 제기할 수 있는 비판을 (나) 그림으로 표현할 때, A~F에 해당하는 내용으로 가장 적절한 것은? [3점]

(가)	갑: 도덕적 의무를 질 수 있는 인간에 대한 의무 외에 다른 존재에 대한 의무는 없다. 동물이 인간에게 수행한 봉사에 대한 감사는 인간의 간접적 의무이다. 을: 도덕적, 심미적 관점을 담아 옳고 그름의 새로운 윤리 기준을 마련해야 한다. 생명 공동체의 구성원인 인간은 대지의 사용을 이익의 문제로만 간주하지 않아야 한다. 병: 도덕적 행위 능력과 무관하게 인간과 일부 동물은 존중받아야 할 도덕적 권리를 갖는다. 그들 각자는 고유한 삶을 살아가는 삶의 주체이기 때문이다.
(나)	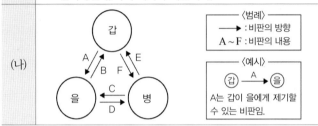

① A, C: 생물종의 서식지가 안정적으로 유지되어야 함을 간과한다.
② B: 생명 공동체 구성원 간에 도덕적 책무가 있음을 간과한다.
③ D: 인간뿐 아니라 다른 구성원도 도덕적 지위를 지님을 간과한다.
④ E: 목적 그 자체인 개체의 권리를 존중해야 함을 간과한다.
⑤ F: 동물에 관한 의무는 인간에 대한 의무에서 도출됨을 간과한다.

16

(가)의 입장에 비해 (나)의 입장이 갖는 상대적 특징을 그림의 ㉠~㉤ 중에서 고른 것은?

(가)	종 차별주의는 인종 차별주의와 달리 정당한 것이다. 도덕적 능력의 차이에 따라 동물보다 인간을 더 고려하는 차별은 정당하다.
(나)	일부 동물은 자신의 삶을 영위할 수 있는 능력, 즉 믿음, 욕구, 지각, 기억, 감정 등을 가진 삶의 주체가 될 수 있으므로 내재적 가치를 지닌다.

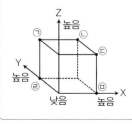

• X: 동물을 수단이 아닌 목적으로 대우해야 함을 강조하는 정도
• Y: 의학의 발전을 위해서 동물 실험이 필요함을 강조하는 정도
• Z: 동물과 인간이 모두 도덕적 권리를 지닐 수 있음을 강조하는 정도

① ㉠   ② ㉡   ③ ㉢   ④ ㉣   ⑤ ㉤

17

(가)의 갑, 을, 병 사상가들의 입장을 (나) 그림으로 표현할 때, A~D에 해당하는 적절한 진술만을 〈보기〉에서 있는 대로 고른 것은? [3점]

(가)	갑: 사람들은 동물의 권리를 믿는다고 공언하면서도 동물을 상업적인 목적이나 실험의 용도로 사용하는 것을 전면적으로 금지하지는 않는다. 이는 삶의 주체인 동물의 권리를 침해하는 행위이다. 을: 벼락에 쓰러진 참나무는 땔감으로 사용되지만, 대지 공동체의 구성원으로 존중되어야 한다. 한 그루의 나무가 죽고 다른 종들은 그것을 소비하며 혜택을 본다. 이처럼 대지 공동체는 무한히 상호 의존적이다. 병: 인간이 설계한 기계는 목표 지향적인 활동을 보이지만, 독립적인 존재로서 고유의 선을 지니지 않는다. 그러나 모든 유기체는 고유의 선을 지니며, 그들 자체가 목표 지향적 활동의 중심이다.
(나)	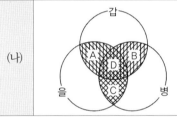

〈범례〉
A: 갑과 을만의 공통 입장
B: 갑과 병만의 공통 입장
C: 을과 병만의 공통 입장
D: 갑, 을, 병의 공통 입장

〈 보기 〉
ㄱ. A: 인간은 자신의 생존을 위해 식물을 이용할 수 있다.
ㄴ. B: 생명 공동체 그 자체의 도덕적 지위를 인정할 수 없다.
ㄷ. C: 모든 동물은 도덕적으로 무능력해도 내재적 가치를 지닌다.
ㄹ. D: 비이성적 존재도 도덕적 고려의 대상에 포함될 수 있다.

① ㄱ, ㄷ   ② ㄱ, ㄹ   ③ ㄴ, ㄹ
④ ㄱ, ㄴ, ㄷ   ⑤ ㄴ, ㄷ, ㄹ

(가)의 갑, 을, 병 사상가들의 입장을 (나) 그림으로 탐구하고자 할 때, A~D에 들어갈 적절한 질문만을 〈보기〉에서 있는 대로 고른 것은? [3점]

(가)	갑: 동물도 인간처럼 고통을 느낄 수 있으며 이해관계를 갖는다. 인간 종이 아니라는 이유로 동물의 이익 관심을 무시하는 것은 종 차별주의이다. 을: 인간은 대지를 상품으로 보기 때문에 남용하고 있다. 대지를 우리가 속한 생명 공동체로 바라보면 대지를 사랑과 존중으로 대하게 될 것이다. 병: 유기체를 목적론적 삶의 중심으로 생각하는 것은 자신의 방식으로 고유의 선을 추구하는 유일한 개체로서 그 존재의 실체를 인식하는 것이다.

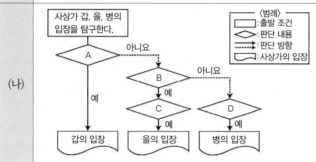

(나)

〈범례〉
▭ : 출발 조건
◇ : 판단 내용
→ : 판단 방향
┈▶ : 사상가의 입장

〈 보기 〉
ㄱ. A: 쾌고 감수 능력은 도덕적 고려를 위한 유일한 기준인가?
ㄴ. B: 생명이 없으면서 도덕적 지위를 지닌 개체가 있는가?
ㄷ. C: 자연에 대한 의무는 인간 간의 의무에서 비롯되는가?
ㄹ. D: 생태계의 모든 생명체가 지닌 본래적 가치는 동일한가?

① ㄱ, ㄴ   ② ㄱ, ㄷ   ③ ㄷ, ㄹ
④ ㄱ, ㄴ, ㄹ   ⑤ ㄴ, ㄷ, ㄹ

(가)의 갑, 을, 병 사상가들의 입장에서 서로에게 제기할 수 있는 비판을 (나) 그림으로 표현할 때, A~F에 해당하는 내용으로 가장 적절한 것은? [3점]

(가)	갑: 평등의 원리는 한 존재의 고통과 다른 존재의 동일한 고통을 똑같이 취급할 것을 요구한다. 쾌고 감수 능력은 이익 관심을 갖기 위한 유일한 기준이다. 을: 일부 동물들은 삶의 주체로서 도덕적 권리를 갖는다. 이러한 권리를 가진 개체들은 다른 것들의 이익을 위해 의도적으로 해를 입어서는 안 된다. 병: 동물에 대한 감사는 직접적으로 볼 때 인간 자신에 대한 의무이다. 동물 학대는 타인과의 관계에서 도덕성에 이로운 자연적 소질을 약화시킬 수 있다.

(나)

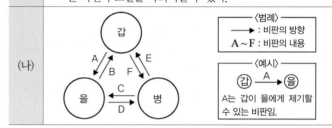

〈범례〉
→ : 비판의 방향
A~F : 비판의 내용

〈예시〉
갑 ─A→ 을
A는 갑이 을에게 제기할 수 있는 비판임.

① A: 모든 생명체의 이익을 평등하게 고려해야 함을 간과한다.
② B: 동물은 인간과 마찬가지로 기본적 욕구를 지녔음을 간과한다.
③ C, E: 인간만이 도덕적 의무를 따를 수 있는 존재임을 무시한다.
④ D: 인간 외의 일부 유정물도 목적으로 대우해야 함을 무시한다.
⑤ F: 동물은 인간과 똑같이 대우받아야 하는 존재임을 간과한다.

20

20학년도 4월 학평 10번

(가)의 갑, 을, 병 사상가들의 입장에서 서로에게 제기할 수 있는 비판을 (나) 그림으로 표현할 때, A~E에 해당하는 적절한 내용만을 〈보기〉에서 있는 대로 고른 것은? [3점]

(가)	갑: 어떤 존재의 고통을 고려하지 않는 도덕적 논증은 있을 수 없다. 이익 평등 고려의 원리는 존재들 간의 동일한 고통을 동일하게 고려할 것을 요구한다. 을: 생명 공동체의 구성원으로서 자신의 성장, 발전, 번식을 지향하는 존재는 고유한 선을 지니며 이들은 목적론적 삶의 중심이다. 병: 인간과 인간이 아닌 삶의 주체는 도덕적 권리를 갖는다. 최소한 몇몇 포유류를 포함한 이들은 목적적 존재로 대우받아야 한다.
(나)	갑 A E B 을 C 병 D 〈범례〉 → : 비판의 방향 A~E : 비판의 내용 〈예시〉 갑 →A 을 A는 갑이 을에게 제기할 수 있는 비판임.

〈보기〉

ㄱ. A: 종(種) 차이에 따라 도덕적 지위에 차별을 두지 말아야 함을 간과한다.

ㄴ. E: 성장한 포유동물은 결코 인간을 위한 자원으로 대우받아서는 안 됨을 간과한다.

ㄷ. B, D: 인간이 생명체에 해를 끼쳤을 경우 이에 대한 보상적 정의의 의무를 지님을 간과한다.

ㄹ. C, E: 유정(有情)적 존재라도 도덕적 지위를 갖지 못할 수 있음을 간과한다.

① ㄱ, ㄴ   ② ㄱ, ㄹ   ③ ㄷ, ㄹ
④ ㄱ, ㄴ, ㄷ   ⑤ ㄴ, ㄷ, ㄹ

21

22학년도 9월 모평 15번

(가)의 갑, 을, 병 사상가들의 입장을 (나) 그림으로 표현할 때, A~D에 해당하는 진술로 적절한 것만을 〈보기〉에서 있는 대로 고른 것은?

(가)	갑: 동물을 잔학하게 다루는 것은 인간 자신에 대한 의무에 어긋난다. 왜냐하면 타인과의 관계에서 도덕성에 도움이 되는 자연적 소질을 약화시키기 때문이다. 을: 고통과 즐거움을 느낄 수 있는 존재에 대해 우리는 이익 평등 고려 원칙을 적용해야 한다. 동물의 고통을 무시하는 행위는 일종의 종 차별주의적 태도이다. 병: 개인은 상호 의존적으로 이루어진 공동체의 구성원이다. 우리는 대지 윤리를 통해 이 공동체의 범위를 흙, 물, 동식물을 포함하도록 확장해야 한다.
(나)	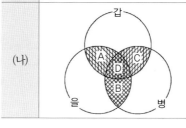 〈범례〉 A: 갑과 을만의 공통 입장 B: 을과 병만의 공통 입장 C: 갑과 병만의 공통 입장 D: 갑, 을, 병의 공통 입장

〈보기〉

ㄱ. A: 자연을 경제적 관점에서 이용하는 것이 허용될 수 있다.

ㄴ. B: 이성적 능력을 기준으로 도덕적 지위가 결정되지는 않는다.

ㄷ. C: 고통을 느끼는 모든 존재가 존속할 권리를 갖는 것은 아니다.

ㄹ. D: 동물에게 해를 끼치는 행위가 정당화되는 경우가 있다.

① ㄱ, ㄴ   ② ㄱ, ㄷ   ③ ㄴ, ㄹ
④ ㄱ, ㄷ, ㄹ   ⑤ ㄴ, ㄷ, ㄹ

22

(가)의 갑, 을, 병 사상가들의 입장을 (나) 그림으로 표현할 때, A ~ D에 해당하는 적절한 진술만을 〈보기〉에서 고른 것은? [3점]

(가)	갑: 동물이 이성을 지니지는 못했다 하더라도 동물을 폭력적이고 잔인한 방식으로 다루는 것은 인간 자신에 대한 의무와 진정으로 대립한다. 을: 개별 생명체는 고유의 선을 실현하려는 목적론적 삶의 중심으로, 내재적 가치를 지닌다. 우리는 이들을 동등하게 도덕적으로 존중해야 한다. 병: 종 차별주의를 버리고 육식을 멈추면 식량을 더 확보할 수 있다. 식량을 제대로 분배하면 기아를 없앨 수 있다. 동물 해방은 인간 해방이기도 하다.
(나)	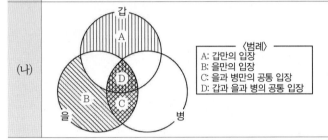 〈범례〉 A: 갑만의 입장 B: 을만의 입장 C: 을과 병만의 공통 입장 D: 갑과 을과 병의 공통 입장

〈 보기 〉

ㄱ. A: 동물은 수단으로 간주되지만 인간은 수단으로 간주될 수 없다.

ㄴ. B: 생명이 있는 비이성적 존재에게 도덕적 지위를 부여하는 것은 정당화될 수 있다.

ㄷ. C: 동물에 대한 인간의 의무는 조건부로 이행될 수 있다.

ㄹ. D: 인간 이외의 개체에 대한 차별적인 대우가 정당화되는 경우가 있다.

① ㄱ, ㄴ   ② ㄱ, ㄷ   ③ ㄴ, ㄷ   ④ ㄴ, ㄹ   ⑤ ㄷ, ㄹ

23

(가)의 갑, 을, 병 사상가들의 입장을 (나) 그림으로 표현할 때, A ~ D에 해당하는 적절한 진술만을 〈보기〉에서 있는 대로 고른 것은? [3점]

(가)	갑: 이성이 없는 존재자들은 단지 수단으로서 상대적 가치만을 갖지만, 모든 이성적 존재자들은 수단으로서만이 아니라 항상 동시에 목적으로 대우받아야 한다. 을: 오로지 경제적 이익에 바탕을 둔 보전 체계는 절망적일 정도로 편향되어 있어 대지 공동체의 필수적인 수많은 요소들을 절멸시키는 경향이 있다. 병: 고통과 쾌락을 느낄 수 있는 능력은 어떤 존재의 고통을 다른 존재의 동일한 고통과 평등하게 계산하기 위한 요구의 전제 조건이다.
(나)	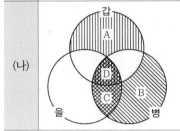 〈범례〉 A: 갑만의 입장 B: 병만의 입장 C: 을과 병만의 공통 입장 D: 갑과 을과 병의 공통 입장

〈 보기 〉

ㄱ. A: 도덕적 행위 주체성은 도덕적 지위 결정의 유일한 요인이다.

ㄴ. B: 동물의 고통에 대한 동정심은 도덕적 의무에 어긋나지 않는다.

ㄷ. C: 쾌고 감수 능력이 있는 모든 존재에 대한 종차별주의는 부당하다.

ㄹ. D: 자연물을 파괴하는 인간의 행위가 도덕적으로 허용될 수 있다.

① ㄱ, ㄴ   ② ㄱ, ㄹ   ③ ㄴ, ㄷ
④ ㄱ, ㄷ, ㄹ   ⑤ ㄴ, ㄷ, ㄹ

01

갑, 을 사상가들 중 적어도 한 사람이 긍정할 진술로 적절한 것만을 〈보기〉에서 있는 대로 고른 것은? [3점]

> 갑: 인간은 생명 공동체의 한 구성원에 지나지 않는다. 대지 윤리는 인간의 역할을 생명 공동체의 정복자에서 평범한 구성원으로 변화시킨다.
>
> 을: 인간은 생명이 있는 일부 피조물을 폭력적으로 다루어서는 안 된다. 왜냐하면 그것은 인간의 자기 자신에 대한 의무에 배치되기 때문이다.

〈 보기 〉

ㄱ. 인간은 토지를 단지 자원으로만 이용해서는 안 된다.
ㄴ. 생명 없는 존재의 파괴가 도덕적으로 정당한 경우는 없다.
ㄷ. 자연에 속하면서 권리를 가질 수 있는 개별 존재가 있다.
ㄹ. 자신 이외의 존재에 대한 도덕적 의무는 성립 불가능하다.

① ㄱ, ㄴ   ② ㄱ, ㄷ   ③ ㄴ, ㄹ
④ ㄱ, ㄷ, ㄹ   ⑤ ㄴ, ㄷ, ㄹ

02 대표 문제

(가)의 갑, 을, 병 사상가들의 입장을 (나) 그림으로 표현할 때, A ~ D에 해당하는 적절한 진술만을 〈보기〉에서 고른 것은?

(가)	갑: 삶의 주체에는 단순히 살아 있음 이상이 포함된다. 삶의 주체는 지각과 기억, 쾌고 감수성, 미래에 대한 관심을 갖고 자신의 목적 실현을 추구한다. 을: 모든 유기체는 목적론적 삶의 중심이다. 개별 유기체는 목표 지향적으로 활동하는 질서 정연한 하나의 시스템으로서 고유한 선을 지닌다. 병: 비록 이성을 지니지 못했지만 생명이 있는 동물을 폭력적으로, 잔인한 방식으로 다루는 것은 자기 자신에 대한 인간의 의무와 진정으로 대립한다.
(나)	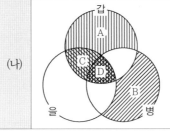 〈범례〉 A: 갑만의 입장 B: 병만의 입장 C: 갑과 을만의 입장 D: 갑과 을과 병의 공통 입장

〈 보기 〉

ㄱ. A: 도덕적 행위 능력이 있어야만 도덕적 존중의 대상이 되는 것은 아니다.
ㄴ. B: 인간 존엄성을 훼손할 가능성이 동물 학대 금지의 근거이다.
ㄷ. C: 생태계의 구성원만이 도덕적 지위를 지닌 존재가 될 수 있는 것은 아니다.
ㄹ. D: 수단으로만 이용되어선 안 되는 존재는 도덕적 의무의 대상이 될 수 있다.

① ㄱ, ㄴ   ② ㄱ, ㄷ   ③ ㄴ, ㄷ   ④ ㄴ, ㄹ   ⑤ ㄷ, ㄹ

(가)의 갑, 을, 병 사상가들의 입장을 (나) 그림으로 표현할 때, A~D에 해당하는 적절한 진술만을 〈보기〉에서 고른 것은? [3점]

(가)	갑: 목적론적 삶의 중심으로서 유기체는 의식이 있든 없든 자신을 보존하고 자신만의 독특한 방식으로 고유한 선을 실현하려고 애쓰는 지속적인 경향이 있다. 을: 비록 무생물이라 할지라도 자연 안에 있는 아름다운 대상을 파괴해 버리는 인간의 성향, 즉 파괴적 정신은 인간의 자기 자신에 대한 의무와 대립한다. 병: 어떤 것이 생명 공동체의 통합성과 안정성 그리고 아름다움의 보전에 이바지한다면, 그것은 옳다. 인간은 생명 공동체의 한 구성원일 뿐이다.
(나)	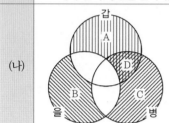 〈범례〉 A: 갑만의 입장 B: 을만의 입장 C: 병만의 입장 D: 갑과 병만의 공통 입장

〈보기〉

ㄱ. A: 인간이 아닌 생명체에 대한 해악 금지 의무는 그 생명체의 내재적 선에 근거한다.

ㄴ. B: 이성적 삶의 주체만이 생명체에 대한 도덕적 의무를 지닌다.

ㄷ. C: 생명체들의 가치보다 생명 공동체의 가치가 더 중요하다.

ㄹ. D: 어떤 생명체의 존속은 그 생명체의 본래적 가치에 의해 정당화된다.

① ㄱ, ㄴ ② ㄱ, ㄷ ③ ㄴ, ㄷ ④ ㄴ, ㄹ ⑤ ㄷ, ㄹ

(가)의 갑, 을, 병 사상가들의 입장을 (나) 그림으로 표현할 때, A~D에 해당하는 적절한 진술만을 〈보기〉에서 있는 대로 고른 것은?

(가)	갑: 쾌고를 느낄 수 있는 능력은 어떤 존재가 이익 관심을 갖기 위한 필요충분조건이다. 만약 한 존재가 쾌고를 겪을 수 없다면, 고려해야 할 것은 아무것도 없다. 을: 자연의 아름다움을 무자비하게 파괴하려는 성향은 인간 자신에 대한 의무를 거스른다. 왜냐하면 그것은 도덕성에 기여하는 감정을 약화시키기 때문이다. 병: 개인은 상호 의존적인 대지 공동체의 구성원이다. 개인의 본능은 공동체 내에서 경쟁할 것을 촉구하지만 그의 윤리는 협동도 하라고 촉구한다.
(나)	〈범례〉 A: 을만의 입장 B: 병만의 입장 C: 갑과 병만의 입장 D: 갑, 을, 병의 공통 입장

〈보기〉

ㄱ. A: 공리의 원리는 동물을 도덕적으로 고려해야 할 근거가 아니다.

ㄴ. B: 인간에 대해서뿐만 아니라 자연과 관련해서도 인간의 의무가 발생한다.

ㄷ. C: 직접적인 도덕적 의무의 대상은 인간에만 한정되지 않는다.

ㄹ. D: 도덕적 지위를 지닌 존재의 범위를 모든 생명체로 설정하는 것은 부적절하다.

① ㄱ, ㄴ ② ㄱ, ㄷ ③ ㄷ, ㄹ
④ ㄱ, ㄴ, ㄹ ⑤ ㄴ, ㄷ, ㄹ

05

(가)의 갑, 을, 병 사상가들의 입장을 (나) 그림으로 표현할 때, A~D에 해당하는 적절한 진술만을 〈보기〉에서 있는 대로 고른 것은? [3점]

(가)	갑: 이 세상에는 육체와 영혼이라는 두 가지 실체가 있다. 물질적 육체와 비물질적 영혼의 혼합체인 인간과 달리, 동물은 의식이 없는 기계일 뿐이다. 을: 일부 포유동물은 삶의 주체가 될 수 있다. 그들은 자신의 미래에 대한 감각 등을 바탕으로 자신의 욕망과 목적을 추구하기 위해 행위할 능력을 갖추었기 때문이다. 병: 대지의 이용을 경제적 관점만이 아니라 윤리적 관점에서도 고찰해야 한다. 어떤 것이 생명 공동체의 온전성, 안정성, 아름다움의 보전에 기여한다면 그것은 옳고, 그렇지 않다면 그르다.

(나)

갑
A
B D C
을 병

〈범례〉
A: 갑만의 입장
B: 을만의 입장
C: 병만의 입장
D: 을과 병만의 공통 입장

〈보기〉

ㄱ. A: 동물을 자원으로 사용하는 것이 금지되지는 않는다.

ㄴ. B: 사유 능력 여부로 어떤 존재의 도덕적 지위가 결정되지 않는다.

ㄷ. C: 살아 있는 모든 개체는 도덕적 고려 대상인 공동체의 일원이다.

ㄹ. D: 생명에 대한 권리는 인간에게 한정된 특수한 권리가 아니다.

① ㄱ, ㄴ　　　② ㄱ, ㄷ　　　③ ㄷ, ㄹ
④ ㄱ, ㄴ, ㄹ　　　⑤ ㄴ, ㄷ, ㄹ

06

(가)의 갑, 을, 병 사상가들의 입장에서 서로에게 제기할 수 있는 비판을 (나) 그림으로 표현할 때, A~F에 해당하는 내용으로 가장 적절한 것은? [3점]

(가)	갑: 도덕적 행위 능력과 무관하게 인간과 일부 동물은 도덕적 권리를 갖는다. 그들 각자는 고유한 삶을 살아가는 삶의 주체이다. 을: 도덕적 행위 능력이 없어도 생명체라면 존중해야 한다. 모든 생명체는 목적론적 삶의 중심이며 내재적 가치를 지닌다. 병: 도덕적 행위 능력이 있는 인간은 자연을 파괴하는 행위를 삼가야 한다. 그러한 파괴적 성향은 인간의 도덕성에 기여하는 감정을 약화시킨다.

(나)

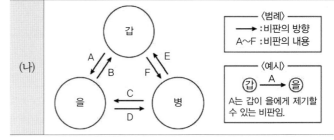

① A: 개체 각각이 지닌 고유한 선은 보호되고 증진되어야 함을 간과한다.

② B: 개체에 대한 도덕적 존중은 내재적 가치에 근거함을 간과한다.

③ D: 도덕적 행위 능력이 없는 존재도 모두 내재적 가치를 지님을 간과한다.

④ F: 어떤 존재를 목적 그 자체로 보는 근거가 이성이 아님을 간과한다.

⑤ C, E: 도덕적 행위 주체들의 도덕적 지위가 서로 평등함을 간과한다.

(가)의 갑, 을, 병 사상가들의 입장에서 서로에게 제기할 수 있는 비판을 (나) 그림으로 표현할 때, A~F에 해당하는 내용으로 가장 적절한 것은? [3점]

(가)	갑: 우리는 인간에 대해서만 직접적인 의무를 지니며, 다른 존재들에 대해서는 그러한 의무를 지니지 않는다. 인간만이 실천 이성을 지닌 자율적 존재이기 때문이다. 을: 목적론적 삶의 중심인 생명체는 내재적 가치를 지닌다. 그러한 생명체는 자신의 고유한 선을 추구하며 일관성과 통일성을 지향하는 존재이다. 병: 흙, 물, 식물, 동물, 인간을 포함하는 생명 공동체는 생명적 성질을 지닌다. 인간은 생명 공동체의 지배자가 아니며, 대지 위의 모든 존재는 평등한 구성원이다.
(나)	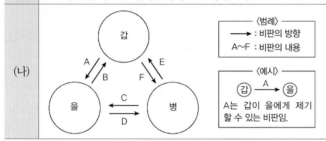

① B: 쾌고 감수 능력을 지닌 존재는 도덕적 지위가 없음을 간과한다.
② C: 생태계 안정을 위해 생명체를 해치는 행위 모두는 잘못임을 간과한다.
③ A, F: 도덕적인 행위의 주체는 오직 인간뿐이라는 점을 간과한다.
④ B, E: 인간은 다른 생명체보다 우월한 지위를 지니지 않음을 간과한다.
⑤ D, F: 모든 생명체가 내재적 가치를 지니는 것은 아님을 간과한다.

(가)의 갑, 을, 병 사상가들의 입장을 (나) 그림으로 표현할 때, A~D에 해당하는 적절한 진술만을 〈보기〉에서 있는 대로 고른 것은? [3점]

(가)	갑: 대지 윤리는 생태 윤리를 반영한다. 생태 윤리는 각 개인이 대지의 건강을 위한 자신의 의무를 깨닫고 실천할 것을 요구한다. 을: 삶의 주체라는 기준을 충족하는 동물들은 내재적 가치를 가진다. 내재적 가치는 무조건적인 개념으로, 그것을 갖거나 갖지 않는 것이지 중간은 없다. 병: 생명체가 선을 갖는 이유는 그것이 목적론적 삶의 중심이기 때문이다. 생명체는 자신의 성장, 발전, 생존, 번식을 실현하려는 일관성과 통일성을 가진다.
(나)	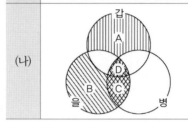

〈보기〉
ㄱ. A: 인간은 생태계에 간섭해서는 안 되는 의무를 지닌다.
ㄴ. B: 한 살 이상의 정상적인 포유동물은 내재적 가치를 지닌다.
ㄷ. C: 생태계의 선이 개체의 선보다 우선하는 것은 아니다.
ㄹ. D: 인간 상호 간의 의무는 도덕적으로 정당화될 수 있다.

① ㄱ, ㄴ   ② ㄴ, ㄷ   ③ ㄷ, ㄹ
④ ㄱ, ㄴ, ㄹ   ⑤ ㄱ, ㄷ, ㄹ

09

(가)의 갑, 을, 병 사상가들의 입장을 (나) 그림으로 표현할 때, A~D에 해당하는 적절한 진술만을 〈보기〉에서 있는 대로 고른 것은? [3점]

| (가) | 갑: 모든 생명체는 생명 공동체의 일원이다. 모든 생명체는 자신을 보존하고 고유의 선을 추구하려는 목적론적 삶의 중심이다.
을: 동물의 고통을 인간의 동일한 양의 고통과 동등하게 간주해야 한다. 고통을 느낄 수 있는 존재의 이익을 평등하게 고려해야 한다.
병: 대지 윤리는 인류의 역할을 생명 공동체의 정복자에서 평범한 구성원이자 시민으로 변화시킨다. 인간은 생명 공동체 그 자체를 존중해야 한다. |

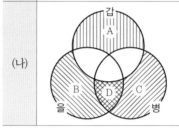

| (나) | 〈범례〉
A: 갑만의 입장
B: 병만의 입장
C: 갑과 병만의 공통 입장
D: 갑, 을, 병의 공통 입장 |

〈 보기 〉

ㄱ. A: 인간은 이성적 존재와 동식물에게만 신의의 의무를 져야 한다.
ㄴ. B: 생태계의 선과 개체의 선은 동등한 가치를 지니지 않는다.
ㄷ. C: 생명이 있는 존재라면 종에 상관없이 도덕적으로 배려되어야 한다.
ㄹ. D: 동물에 대한 인간의 의무는 호혜성에서 비롯된 것이 아니다.

① ㄱ, ㄴ   ② ㄴ, ㄹ   ③ ㄷ, ㄹ
④ ㄱ, ㄴ, ㄷ   ⑤ ㄱ, ㄷ, ㄹ

10

(가)의 갑, 을, 병 사상가들의 입장을 (나) 그림으로 표현할 때, A~D에 해당하는 적절한 진술만을 〈보기〉에서 있는 대로 고른 것은? [3점]

| (가) | 갑: 인간은 인간에 대한 의무 이외에 다른 의무를 갖지 않는다. 늙은 말이 수행한 봉사에 대한 감사마저도 직접적으로 볼 때는 인간 자신에 대한 의무이다.
을: 인간에게 도덕적 관심을 두게 하는 것은 생명체가 지닌 목적 추구 능력 때문이다. 모든 생명체는 고유의 선을 실현하기 위해 움직인다.
병: 인간은 대지를 상품으로 보기 때문에 남용하고 있다. 대지를 우리가 속한 생명 공동체로 바라보면 사랑과 존중으로 대하게 될 것이다. |

| (나) | 〈범례〉
A: 갑만의 입장
B: 을만의 입장
C: 병만의 입장
D: 을과 병만의 공통 입장 |

〈 보기 〉

ㄱ. A: 인간이 식물을 이용하는 행위는 정당화될 수 있다.
ㄴ. B: 모든 생명체와 달리 생명 공동체 그 자체는 내재적 가치를 지니지 못한다.
ㄷ. C: 유기체가 아닌 존재도 도덕적 존중의 대상이 될 수 있다.
ㄹ. D: 동물은 도덕적으로 무능력해도 도덕적 지위를 지닌다.

① ㄱ, ㄴ   ② ㄱ, ㄷ   ③ ㄷ, ㄹ
④ ㄱ, ㄴ, ㄹ   ⑤ ㄴ, ㄷ, ㄹ

11

(가)의 갑, 을, 병 사상가들의 입장을 (나) 그림으로 탐구하고자 할 때, A~D에 들어갈 적절한 질문만을 〈보기〉에서 있는 대로 고른 것은? [3점]

(가)	갑: 이성은 없지만 생명이 있는 피조물인 동물을 폭력적이고 잔인한 방식으로 다루는 것은 자기 자신에 대한 인간의 의무와 대립한다. 을: 유기체는 고유의 방식으로 자신의 선을 추구하는 목적론적 삶의 중심이다. 어떤 종을 다른 종보다 선호하는 편견은 받아들일 수 없다. 병: 동물이 인간과 다른 종에 속한다고 해서 그들의 이익을 희생시키는 것은 종 차별주의이며, 종 차별주의는 인종 차별과 다를 바 없이 부도덕하다.

(나)

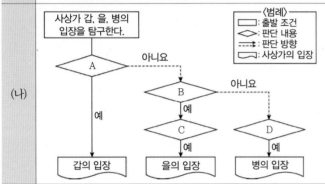

〈보기〉

ㄱ. A: 동물에 대한 폭력적 행위는 인간의 의무에 어긋나는가?

ㄴ. B: 생명체는 종에 상관없이 도덕적 지위를 지니는가?

ㄷ. C: 생명체 고유의 선을 보호하기 위한 간섭이 허용될 수 있는가?

ㄹ. D: 인간과 동물의 동일한 양의 고통은 동일하게 고려되어야 하는가?

① ㄱ, ㄴ   ② ㄱ, ㄷ   ③ ㄴ, ㄹ

④ ㄱ, ㄷ, ㄹ   ⑤ ㄴ, ㄷ, ㄹ

12

(가)의 갑, 을, 병 사상가들의 입장을 (나) 그림으로 표현할 때, A~D에 해당하는 적절한 진술만을 〈보기〉에서 있는 대로 고른 것은? [3점]

(가)	갑: 대지는 토양과 식물, 동물을 통해 흐르는 에너지가 솟아나는 샘이다. 대지 윤리는 인간과 대지 그리고 그 위에서 살아가는 동식물과의 관계를 다룬다. 을: 모든 유기체는 자신의 존재를 지키고 유지하는 지속적인 경향이 있으며 목표 지향적으로 활동한다는 의미에서 목적론적 삶의 중심이다. 병: 생명이 없는 아름다운 것을 파괴하는 것은 인간 자신에 대한 의무에 반한다. 왜냐하면 그것은 도덕성을 촉진하는 인간의 감정을 약화시키기 때문이다.

(나)

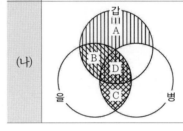

〈범례〉

A: 갑만의 입장
B: 갑과 을만의 공통 입장
C: 을과 병만의 공통 입장
D: 갑, 을, 병의 공통 입장

〈보기〉

ㄱ. A: 인간은 생명 공동체를 구성하는 하나의 요소이다.

ㄴ. B: 이성의 유무는 도덕적 지위를 결정하는 기준이 아니다.

ㄷ. C: 인간은 무생물과 관련해서는 의무를 지니지 않는다.

ㄹ. D: 도덕적으로 무능력한 존재라도 가치가 부여될 수 있다.

① ㄱ, ㄴ   ② ㄱ, ㄷ   ③ ㄴ, ㄹ

④ ㄱ, ㄷ, ㄹ   ⑤ ㄴ, ㄷ, ㄹ

13

(가)의 갑, 을, 병 사상가들의 입장을 (나) 그림으로 표현할 때, A~D에 해당하는 적절한 진술만을 〈보기〉에서 있는 대로 고른 것은? [3점]

(가)	갑: 자연 체계 내에서 인간은 다른 동물들과 같이 미미한 가치를 지닌다. 그러나 도덕적 실천 이성의 주체로서 인간은 자연 안에서 물건으로서의 가치를 뛰어넘는다. 을: 인간과 인간이 아닌 삶의 주체는 도덕적으로 존중받을 권리를 갖는다. 삶의 주체들은 고유한 가치를 지닌 존재로 다른 존재들을 위한 자원처럼 대우받아서는 안 된다. 병: 개인은 상호 의존적인 부분들로 이루어진 공동체의 한 구성원이다. 대지 윤리는 공동체의 범위를 물, 식물과 동물, 곧 포괄하여 대지를 포함하도록 확장하는 것이다.

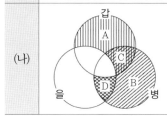

(나)

〈범례〉
A: 갑만의 입장
B: 병만의 입장
C: 갑과 병만의 공통 입장
D: 을과 병만의 공통 입장

〈보기〉

ㄱ. A: 단지 수단으로만 취급되어서는 안 될 존재는 이성적 존재뿐이다.
ㄴ. B: 집합적 유기체로서의 대지는 효용 창출을 위한 자원으로 사용될 수 없다.
ㄷ. C: 도덕적 행위 능력이 없는 존재들도 인간의 이해관계와 상관없이 내재적 가치를 지닐 수 있다.
ㄹ. D: 동물을 함부로 대하지 말아야 하는 이유가 인간에 대한 인간의 의무에서 도출되는 것은 아니다.

① ㄱ, ㄷ   ② ㄱ, ㄹ   ③ ㄴ, ㄷ
④ ㄱ, ㄴ, ㄹ   ⑤ ㄴ, ㄷ, ㄹ

14

(가)의 갑, 을, 병 사상가들의 입장을 (나) 그림으로 탐구하고자 할 때, A~D에 들어갈 적절한 질문만을 〈보기〉에서 고른 것은? [3점]

(가)	갑: 대지 이용을 오직 경제적 문제로만 생각하지 말아야 한다. 대지를 경제적 관점뿐만 아니라 심미적·윤리적 관점에서도 검토해야 한다. 을: 자연 존중의 태도를 이해하는 신념 체계가 생명 중심 관점이다. 생명 중심 관점에서는 모든 유기체를 목적론적 삶의 중심으로 생각한다. 병: 동물 해방의 관점에서 우리는 종 차별주의를 벗어나 동물에게 불필요한 고통을 주지 않고 살아가야 한다.

(나)

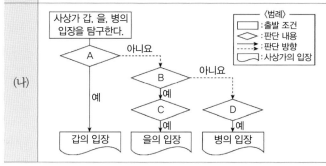

〈보기〉

ㄱ. A: 생명체는 인간의 평가로부터 독립된 가치를 지니는가?
ㄴ. B: 유정성이 없는 생명체들은 도덕적인 지위를 지니는가?
ㄷ. C: 모든 생명체는 의식적으로 목표와 목적을 추구하는가?
ㄹ. D: 동물의 고통과 인간의 동일한 고통을 동등하게 취급해야 하는가?

① ㄱ, ㄴ   ② ㄱ, ㄷ   ③ ㄴ, ㄷ   ④ ㄴ, ㄹ   ⑤ ㄷ, ㄹ

주제 \ 학년도	**2025**	**2024**	**2023**

빈출

예술 도덕주의

1. 다음을 주장한 사상가의 입장으로 가장 적절한 것은? [3점]

추함, 나쁜 리듬, 부조화는 나쁜 말씨와 나쁜 성품을 닮은 반면, 우아함과 고상함은 절제 있고 좋은 성품을 닮은 것이다. 우리는 시인들로 하여금 좋은 성품의 상(像)을 시에 새겨 넣도록 해야 하며, 이를 따르지 않는 시인이 시를 쓰는 것은 허용하지 않아야 한다. 그리고 아름다운 것의 성질을 추적할 수 있는 시인들을 찾아 그들의 작품을 통해 젊은이들이 자신도 모르는 사이에 아름다운 말의 닮음과 친근함 그리고 조화로 이끌리도록 해야 한다.

① 예술은 도덕의 영역 밖에 있는 예술가들의 독자적 활동이어야 한다.
② 예술 작품에 도덕적 가치가 반영되었는지는 대중이 결정해야 한다.
③ 예술은 보편적 진리의 기준과 무관한 순수한 창작 활동이어야 한다.
④ 예술에 대한 검열은 예술의 우아함을 훼손하므로 지양되어야 한다.
⑤ 예술은 젊은이들로 하여금 참된 아름다움에 동화되도록 해야 한다.

4. 갑, 을 사상가들의 입장으로 적절한 것만을 〈보기〉에서 고른 것은?

갑: 어진 사람은 천하의 이(利)를 일으키고 천하의 해(害)를 없앰을 법도로 삼는다. 그는 자기 눈에 아름답고 귀에 즐겁고 몸에 편안함을 위해 일하지 않는다. 옛 성왕(聖王)은 귀에 즐거워도 백성의 이익에 맞지 않아 음악을 즐기지 않았다.
을: 군자는 도(道)를 터득함을 즐기지만 소인은 욕망[欲]의 채움을 즐긴다. 도로 욕망을 통제하면 즐거우면서도 어지럽지 않게 된다. 옛 성왕은 우아한 음악[雅頌]을 제정하고 이끌어 사람들이 즐거우면서도 어지럽지 않게 하였다.

〈보기〉
ㄱ. 갑: 분별적 사랑을 실천하기 위해 음악을 활용해야 한다.
ㄴ. 을: 예법에 맞게 음악을 만들어 백성의 화합을 도모해야 한다.
ㄷ. 을: 군자와 소인은 신분이 달라도 음악을 더불어 향유해야 한다.
ㄹ. 갑과 을: 어진 사람은 인격 도야를 위해서만 음악을 즐겨야 한다.

① ㄱ, ㄴ   ② ㄱ, ㄷ   ③ ㄴ, ㄷ   ④ ㄴ, ㄹ   ⑤ ㄷ, ㄹ

7. 다음을 주장한 사상가의 입장으로 적절한 것만을 〈보기〉에서 고른 것은?

한 곡의 음악은 시작할 때 여러 소리가 합해졌다가 각각의 소리가 풀려 나오며 조화를 이루고, 음이 분명하면서도 끊임없이 이어져 완성된다. 이렇듯 음악은 여러 소리가 자기 소리를 내면서도 조화를 이루는 것이기에 배워 둘 만하다. 시가 순수한 마음을 불러일으키고 예의는 사람들을 인륜에 맞게 살아가게 하며 음악은 궁극적으로 인격을 완성시킨다.

〈보기〉
ㄱ. 음악은 개인의 도덕적 성품을 함양하기 위해 필요하다.
ㄴ. 음악은 예의와 무관하게 심미적 가치만을 담아야 한다.
ㄷ. 음악은 사람들이 서로 조화를 이루는 데 기여해야 한다.
ㄹ. 음악은 사람들의 경제적 이득 여부에 따라 활용되어야 한다.

① ㄱ, ㄴ   ② ㄱ, ㄷ   ③ ㄴ, ㄷ   ④ ㄴ, ㄹ   ⑤ ㄷ, ㄹ

예술 도덕주의와 예술 심미주의 비교

대중문화에 대한 입장들

36. 다음을 주장한 사상가의 입장으로 가장 적절한 것은?

'목적 없는 합목적성'이 되어 버린 계몽적 합리성은 자본주의 대중문화에서도 관찰된다. 대중문화의 지배자들은 대중문화가 장사일 뿐이라는 사실을 숨기지 않는다. 오히려 그들은 이 사실을 자신들이 만든 저속한 문화 상품을 정당화하는 이데올로기로 활용한다. 소비자들은 자신의 욕구에 맞게 그 유형이 규격화된 대량 생산물을 별 저항 없이 스스로 받아들이게 된다. 문화 산업의 기술이 사회에 대한 권력을 획득할 수 있는 기반은 바로 경제적 강자의 권력이라는 것은 여기서 언급되지 않는다. 다양한 문화 상품이 대중에게 제공되지만 이는 대량생산 법칙을 더 완벽하게 실현할 뿐이다.

① 문화 산업은 대중문화가 상품에 불과하다는 사실을 은폐한다.
② 문화 상품에 대한 대중의 선호는 상업적 전략에 대한 순응이다.
③ 문화 상품 소비자는 합리적으로 대중문화를 지배하는 주체이다.
④ 문화 상품에 대한 다양한 수요는 표준화된 소비 양식과 상충한다.
⑤ 문화 상품 소비자는 대중문화의 본질을 간파하는 합리성을 발휘한다.

5. 그림의 강연자가 지지할 입장으로 가장 적절한 것은? [3점]

문화 산업은 소비자의 욕구가 실현될 수 있는 것처럼 선전하지만 그 욕구는 문화 산업에 의해 사전 기획된 것입니다. 문화 산업의 공식 목표는 되지 않는 완전한 규격품을 만들듯이 인간을 재생산하는 것입니다. 세상에 나타나고 있는 모든 것에는 문화 산업의 인장이 찍힙니다. 문화 산업의 기획자들은 소비자를 기만하여 그들을 위한 단순한 객체로 만듭니다. 문화 상품의 수용 과정에서도 예술 작품의 사용 가치는 교환 가치에 의해 대체됩니다. 하지만 정신은 예술의 질못된 보편성으로부터 벗어나 진정한 보편성에 충실하고자 합니다. 정신의 진정한 속성은 사물화에 대한 부정입니다. 정신이 문화 상품으로 고정되는 순간 정신은 소멸할 수밖에 없습니다.

① 문화 산업은 문화 상품의 표준화 가능성을 약화한다.
② 문화 산업은 사물화를 거부하는 정신의 속성을 강화한다.
③ 문화 산업은 대중문화에 대한 소비자의 주체성을 훼손한다.
④ 문화 산업의 대중적 확산은 예술의 고유한 보편성을 고양한다.
⑤ 문화 산업은 예술 작품이 지닌 경제적 효용 가치를 약화한다.

2022 ~ 2019

---

11. 갑, 을 사상가의 입장으로 가장 적절한 것은?

> 갑: 성왕(聖王)은 사람의 본성이 악하여 사회가 어지러울 것을 염려하였다. 이에 예의(禮義)와 법도를 만들어 사람의 성정(性情)을 교화하였다. 악(樂)이란 성인이 즐겼던 바이고, 악(樂)으로써 백성의 마음을 선도할 수 있다.
> 을: 사람은 시(詩)에서 감흥이 일어나고, 예(禮)에서 바로 서고, 악(樂)에서 완성된다. 도에 뜻을 두고, 덕에 의거하며, 인(仁)에 의지하고, 예(藝)에서 노닐어야 한다.

① 갑: 음악의 유일한 목적은 즐거움을 주는 것이다.
② 갑: 음악은 사람의 선한 본성을 이끌어 낼 수 있다.
③ 을: 음악은 재물을 낭비하게 하여 백성에게 해가 된다.
④ 을: 음악은 음악 자체의 아름다움을 위해서만 존재한다.
⑤ 갑, 을: 음악은 인격을 도야하기 위한 중요한 수단이다.

---

29. 그림은 서술형 평가 문제와 학생 답안이다. 학생 답안의 ⊙~ⓐ 중 옳지 않은 것은?

> **서술형 평가**
> ◉ 문제: 예술에 대한 갑, 을 사상가들의 입장을 비교하여 서술하시오.
>
> 갑: 아름다운 리듬과 화음은 영혼에 들어가 우아함을 심어 주고, 미추(美醜) 감각을 키워 준다. 품위 없는 리듬과 화음은 나쁜 말씨나 고약한 성질과 연결되니, 작품 속에 선(善)의 원형을 표현하지 않는 사람은 추방해야 한다.
> 을: 미적인 것은 윤리적으로 선한 것의 상징이다. 이런 관점에서만 미적인 것은 다른 모든 사람들의 동의를 요구한다. 이때 우리의 마음은 감각적 쾌락을 넘어서 순화되고 고양된 고귀함을 느낀다.
>
> ◉ 학생 답안
> 갑, 을의 예술에 대한 입장을 비교해 보면, 갑은 ⊙ 예술가의 창작 행위를 떠나서는 아름다움의 원형이 존재할 수 없고, ⓒ 예술가는 미적 가치를 통해 영혼의 조화를 추구해야 한다고 본다. 을은 ⓒ 예술을 통해 타인과 감정을 공유할 수 있다고 본다. 한편 갑, 을 모두 ⓐ 예술은 미적 가치를 다루는 활동이라고 본다.

① ⊙   ② ⓒ   ③ ⓒ   ④ ⓐ   ⑤ ⓔ

---

12. (가), (나) 사상의 입장으로 적절한 것만을 〈보기〉에서 있는 대로 고른 것은? [3점]

> (가) 악(樂)은 '같음'을, 예(禮)는 '다름'을 위한 것이다. 같으면 서로 친하게 되고, 다르면 서로 공경하게 된다. 악이 화합을 극진하게 하고 예가 순서를 극진하게 하여, 안으로 화합하고 밖으로 질서를 이룬다면, 백성은 그 안색을 보고 서로 다투지 않게 되며, 그 용모를 보고 업신여기지 않게 된다.
> (나) 악(樂)은 비록 눈으로 보기에 아름답고 귀로 듣기에 즐거우나, 백성의 이익에는 부합하지 않는다. 악기를 연주하며 춤추는 것을 일삼는다면, 백성이 입고 먹을 재물은 어찌 얻을 수 있겠는가? 일찍이 여러 악기를 만들고 연주했어도 천하의 이익을 증진하는 데 도움이 되지 않았다.

> 〈보기〉
> ㄱ. (가): 예와 악은 서로 보완적인 역할을 한다.
> ㄴ. (가): 예악은 정서의 순화와 언행의 교화 모두에 기여한다.
> ㄷ. (나): 음악은 실용적 관점보다 심미적 관점에서 평가해야 한다.
> ㄹ. (가), (나): 음악의 가치는 사회적 효과를 고려하여 판단해야 한다.

① ㄱ, ㄴ   ② ㄴ, ㄷ   ③ ㄷ, ㄹ
④ ㄱ, ㄴ, ㄹ   ⑤ ㄱ, ㄷ, ㄹ

---

13. (가)를 주장한 사상가의 입장에서 (나)의 ⊙에 들어갈 진술로 가장 적절한 것은?

(가)	문화 산업은 획일적인 상품만을 생산할 뿐이다. 문화 산업의 기술은 대량 생산을 가능하게 한다. 문화 산업은 어떠한 문화 상품을 제공하든 소비자는 그것에 만족해야 한다는 것을 소비자에게 주입시킨다. 이로 인해 문화 상품은 소비자로 하여금 적극적으로 사유하는 것을 불가능하게 한다.
(나)	문화 산업은 '스타'를 제조한다. 대부분의 기획사는 철저한 전략에 따라 기획한 뒤 최대한 많은 매체에 출연시켜 돈을 번다. 그리고 대중이 싫증을 느끼면 유사한 새로운 스타를 내놓는다. 수많은 반짝 스타들이 소모품처럼 사라진다. 이러한 문제의 원인은 　⊙

① 문화 산업이 대중문화를 규격화된 상품으로 간주하기 때문이다.
② 문화 상품이 작품 창작자의 독창적 견해에 따라 제작되기 때문이다.
③ 문화 산업이 이윤보다는 지속적 창작 활동을 추구하기 때문이다.
④ 문화 산업의 생산자가 소비자의 고유한 체험을 중시하기 때문이다.
⑤ 문화 상품이 표준화된 양식에 맞추어 생산되지 않기 때문이다.

---

14. 다음을 주장한 사상가의 입장으로 적절하지 않은 것은? [3점]

> 오늘날 대중문화는 얼마나 인기를 끌고 많은 수익을 올렸는지에 의해 평가되는 경향이 지배적이다. 이제 대중문화는 변화 없는 반복적인 오락물을 생산하는 장사가 되었고, 문화의 소비자는 문화 산업의 객체가 되었다. 이처럼 산업화된 대중문화 속에서 사람들의 여가 시간은 문화 산업이 제공하는 획일적 생산물로 채워질 수밖에 없다. 문화 상품의 속성은 문화 소비자의 자발성과 상상력을 제거해 버림으로써 적극적인 사유를 불가능하게 만드는 데 있다. 문화 산업은 규격품을 만들듯이 인간을 재생산하려 한다.

① 산업화된 대중문화는 독창적 예술로 발전하기 어렵다.
② 문화 산업은 획일화된 문화를 체험할 기회를 증가시킨다.
③ 문화 산업의 표준화된 양식은 문화 소비자의 주체성을 약화시킨다.
④ 산업화된 대중문화는 소비자의 자발성과 창의적 사고를 위축시킨다.
⑤ 문화 산업은 예술을 경제적 가치가 아니라 미적 가치로만 평가한다.

---

15. 갑, 을 사상가의 입장으로 적절하지 않은 것은? [3점]

> 갑: 복제 기술의 발달로 예술 작품의 '아우라'는 사라지지만 누구든 예술 작품에 대해 자신의 의견을 표현할 수 있게 된다. 또 대중 예술의 발달은 대중의 각성을 불러일으킴으로써 대중을 집단적 주체로 형성시키는 데 기여한다.
> 을: 현대 자본주의 사회에서 대중문화의 가치에 대한 평가 기준은 돈으로 일원화된다. 이러한 사회에서 대중문화는 문화 산업으로 전락하게 되며, 규격품을 만들어 내듯이 인간을 획일화시켜 능동적으로 사유하는 것을 불가능하게 만든다.

① 갑: 복제 기술의 발달은 대중들의 예술에 대한 접근성을 높인다.
② 갑: 예술 작품의 아우라 소멸은 대중 예술 비평 활동을 위축시킨다.
③ 을: 문화 산업의 확산은 인간의 상품화를 조장한다.
④ 을: 문화의 가치는 경제적 효용성에 의해 결정되어서는 안 된다.
⑤ 갑, 을: 문화의 대중화는 대중의 비판적 사고에 영향을 미친다.

21 일차

예술과 대중문화 윤리

1 예술 심미주의와 예술 도덕주의

1 예술 심미주의

(1) **의미**: 예술은 그 자체의 미(美)로 평가되어야 한다.

(2) **기본 입장**

① 예술의 본질은 오직 예술 안에서 찾아야 한다.

② 예술은 도덕적 평가의 대상이 되어서는 안 된다.

③ 예술은 어떤 것에도 제한받지 않는 독립성을 지녀야 한다.

④ 예술은 그 자체가 목적으로 다른 것을 위한 수단이 아니다.

2 예술 도덕주의

(1) **의미**: 예술은 사람들의 도덕적인 감정의 고양에 기여해야 한다.

(2) **기본 입장**

① 선(善)을 증진하는 예술을 좋은 예술로 본다. → 예술이 도덕을 위한 수단이 되어야 한다고 본다.

② 예술의 사회성을 지향해야 한다고 본다.

③ 예술의 미적 가치를 긍정한다. → 예술의 심미적 가치는 도덕적 가치에 의해 제어되어야 한다.

(3) **예술 도덕주의를 긍정하는 입장들**

유교	• 예술은 사회 질서 유지에 기여해야 한다. • 음악은 인격을 도야하기 위한 중요한 수단이다. • (공자) 예악은 정서의 순화와 언행의 교화 모두에 기여한다. • (순자) 예(禮)에 부합하는 미적 욕망이 인정되어야 한다고 본다. 기억해
플라톤	• 예술은 선의 실현에 기여해야 한다. • 예술은 진리를 왜곡할 경우 비판받아야 한다. • 예술은 올바른 품성 함양을 위한 삶의 모범을 제공해야 한다. • 예술가는 도덕적 이상을 모방하여 영혼의 조화를 추구해야 한다. • 미적 가치는 무질서한 리듬과 운율 안에서는 존재할 수 없다.

2 대중문화(예술)에 대한 아도르노와 벤야민의 입장 모아 보기

구분	아도르노	벤야민
입장	• 문화 산업은 기존 질서를 옹호하고 사회를 몰개성화한다. • 대중 예술은 현실적 모순을 은폐하고 대중 의식을 조작한다. • 문화의 가치는 경제적 효용성에 의해 결정되어서는 안 된다.	• 복제 기술의 발달은 대중들의 예술에 대한 접근성을 높인다. • 대중 예술은 표준화된 생산을 통해 미적 체험을 제공한다. • 대중 예술의 복제 기술은 예술 작품의 신비감을 축소시킨다.
공통점	문화의 대중화는 대중의 비판적 사고에 영향을 미친다.	

▶ 기/출/선/지 **모아** 보기

20학년도 6월 모평 13번

> 갑: 복제 기술의 발달로 예술 작품의 '아우라'는 사라지지만 누구든 예술 작품에 대해 자신의 의견을 표현할 수 있게 된다. 또 대중 예술의 발달은 대중의 각성을 불러일으킴으로써 대중을 집단적 주체로 형성시키는 데 기여한다.
>
> 을: 현대 자본주의 사회에서 대중문화의 가치에 대한 평가 기준은 돈으로 일원화된다. 이러한 사회에서 대중문화는 문화 산업으로 전락하게 되며, 규격품을 만들어 내듯이 인간을 획일화시켜 능동적으로 사유하는 것을 불가능하게 만든다.

* 갑은 벤야민, 을은 아도르노임.

① 갑: 복제 기술의 발달은 대중들의 예술에 대한 접근성을 높인다.

③ 을: 문화 산업의 확산은 인간의 상품화와 몰개성화를 조장한다.

④ 을: 문화의 가치는 경제적 효용성에 의해 결정되어서는 안 된다.

⑤ 갑, 을: 문화의 대중화는 대중의 비판적 사고에 영향을 미친다.

24모평 ③ 문화 산업은 대중문화에 대한 소비자의 주체성을 훼손한다.

22모평 ① (아도르노) 문화 산업은 대중문화를 규격화된 상품으로 간주한다.

21모평 ③ (아도르노) 문화 산업의 표준화된 양식은 문화 소비자의 주체성을 약화시킨다.

01 대표 문제

25학년도 9월 모평 17번

다음을 주장한 사상가의 입장으로 가장 적절한 것은? [3점]

> 추함, 나쁜 리듬, 부조화는 나쁜 말씨와 나쁜 성품을 닮은 반면, 우아함과 고상함은 절제 있고 좋은 성품을 닮은 것이다. 우리는 시인들로 하여금 좋은 성품의 상(像)을 시에 새겨 넣도록 해야 하며, 이를 따르지 않는 시인이 시를 쓰는 것은 허용하지 않아야 한다. 그리고 아름다운 것의 성질을 추적할 수 있는 시인들을 찾아 그들의 작품을 통해 젊은이들이 자신도 모르는 사이에 아름다운 말과의 닮음과 친근함 그리고 조화로 이끌리도록 해야 한다.

① 예술은 도덕의 영역 밖에 있는 예술가들의 독자적 활동이어야 한다.
② 예술 작품에 도덕적 가치가 반영되었는지는 대중이 결정해야 한다.
③ 예술은 보편적 진리의 기준과 무관한 순수한 창작 활동이어야 한다.
④ 예술에 대한 검열은 예술의 우아함을 훼손하므로 지양되어야 한다.
⑤ 예술은 젊은이들로 하여금 참된 아름다움에 동화되도록 해야 한다.

02

25학년도 6월 모평 8번

다음을 주장한 사상가의 입장으로 가장 적절한 것은? [3점]

> 오늘날 문화 산업은 개인과 사회 전체를 획일화시키고 있다. 문화 산업은 인간 주체로부터 인식 대상을 구성하는 능력을 빼앗아 간다. 고객에 대한 문화 산업의 가장 큰 봉사는 빼앗긴 인간의 그러한 능력을 대신해 주는 것이다. 은밀하게 작동하는 문화 산업은 인간의 의식을 언제든지 조작할 수 있다. 문화 산업이 문화 상품의 소비 촉진과 이윤 증대를 위해 소비자들의 선택지를 이미 다 분류해 놓았기 때문에, 소비자가 주체적으로 분류할 수 있는 문화 상품은 더 이상 남아 있지 않다. 오늘날 모든 사람의 문화 활동은 문화 산업이 구축한 거대한 경제 메커니즘에 붙들려 있을 수밖에 없다.

① 문화 산업은 소비 주체의 능동적 인식 능력을 무력화한다.
② 오늘날 문화 산업은 사회의 다양성을 증진하는 데 기여한다.
③ 현대인의 문화 활동은 문화 산업의 영향으로부터 벗어나 있다.
④ 소비자의 주체성은 문화 산업의 은밀한 작동 방식에 의해 강화된다.
⑤ 문화 산업은 상업적 이윤과 무관하게 소비자를 위해 상품을 분류한다.

03

24학년도 수능 10번

다음을 주장한 사상가의 입장으로 가장 적절한 것은? [3점]

> 미적인 것은 윤리적으로 좋은 것의 상징이다. 미적인 것은 다른 모든 사람들의 동의를 요구하며 요구해야 마땅하다. 이때 우리의 마음은 쾌락의 단순한 감각적 수용을 넘어선 순화와 고양을 의식하며, 다른 사람들의 가치도 그들이 지닌 판단력의 비슷한 준칙에 따라서 평가하게 된다.

① 미적 판단과 도덕 판단은 모두 이해 관심에 근거해야 한다.
② 미적 판단은 개인의 주관적인 판단이기에 보편화될 수 없다.
③ 미적 판단의 대상인 예술은 그 자체로 자율성을 지닐 수 없다.
④ 미적 대상에 대한 감각적 경험은 도덕성 고양에 기여할 수 있다.
⑤ 미적 판단 능력은 옳고 그름을 판단하는 도덕적 능력에 종속된다.

04

24학년도 9월 모평 17번

갑, 을 사상가들의 입장으로 적절한 것만을 〈보기〉에서 고른 것은?

> 갑: 어진 사람은 천하의 이익[利]을 일으키고 천하의 해(害)를 없앰을 법도로 삼는다. 그는 자기 눈에 아름답고 귀에 즐겁고 몸에 편안함을 위해 일하지 않는다. 옛 성왕(聖王)은 귀에 즐거워도 백성의 이익에 맞지 않아 음악을 즐기지 않았다.
>
> 을: 군자는 도(道)를 터득함을 즐기지만 소인은 욕망[欲]의 채움을 즐긴다. 도로 욕망을 통제하면 즐거우면서도 어지럽지 않게 된다. 옛 성왕은 우아한 음악[雅頌]을 제정하고 이끌어 사람들이 즐거우면서도 어지럽지 않게 하였다.

〈 보기 〉
ㄱ. 갑: 분별적 사랑을 실천하기 위해 음악을 활용해야 한다.
ㄴ. 을: 예법에 맞게 음악을 만들어 백성의 화합을 도모해야 한다.
ㄷ. 을: 군자와 소인은 신분이 달라도 음악을 더불어 향유해야 한다.
ㄹ. 갑과 을: 어진 사람은 인격 도야를 위해서만 음악을 즐겨야 한다.

① ㄱ, ㄴ   ② ㄱ, ㄷ   ③ ㄴ, ㄷ   ④ ㄴ, ㄹ   ⑤ ㄷ, ㄹ

05

그림의 강연자가 지지할 입장으로 가장 적절한 것은? [3점]

문화 산업은 소비자의 욕구가 실현될 수 있는 것처럼 선전하지만 그 욕구는 문화 산업에 의해 사전 기획된 것입니다. 문화 산업의 공식 목표는 하자 없는 완전한 규격품을 만들듯이 인간을 재생산하는 것입니다. 세상에 나타나고 있는 모든 것에는 문화 산업의 인장이 찍힙니다. 문화 산업의 기획자들은 소비자들을 기만하여 그들을 소비를 위한 단순한 객체로 만듭니다. 문화 상품의 수용 과정에서도 예술 작품의 사용 가치는 교환 가치에 의해 대체됩니다. 하지만 정신은 예술의 잘못된 보편성으로부터 벗어나 진정한 보편성에 충실하고자 합니다. 정신의 진정한 속성은 사물화에 대한 부정입니다. 정신이 문화 상품으로 고정되고 소비를 위한 목적으로 팔아 넘겨지면 정신은 소멸할 수밖에 없습니다.

① 문화 산업은 문화 상품의 표준화 가능성을 약화한다.
② 문화 산업은 사물화를 거부하는 정신의 속성을 강화한다.
③ 문화 산업은 대중문화에 대한 소비자의 주체성을 훼손한다.
④ 문화 산업의 대중적 확산은 예술의 고유한 보편성을 고양한다.
⑤ 문화 산업은 예술 작품이 지닌 경제적 효용 가치를 약화한다.

06

갑, 을 사상가들의 입장으로 가장 적절한 것은?

갑: 어진 사람은 천하의 이익과 해로움을 따져서 일을 처리했다. 지금의 대신들이 음악을 즐기느라 나랏일을 돌보지 않는다면, 나라가 위태로워질 것이다. 음악이 즐겁기는 하지만, 백성의 이익과 부합하지 않기에 음악을 즐기는 것은 잘못이다.
을: 성왕(聖王)은 음악을 즐겼다. 더욱이 그것을 통해 백성의 마음을 감동시켜 본성을 교화하였다. 음악을 활용하여 백성이 좋아하고 싫어하는 감정을 예(禮)에 따라 절제하도록 했던 것이다.

① 갑: 백성 모두가 차별 없이 음악을 늘 즐기도록 국가가 힘써야 한다.
② 갑: 백성을 잘 다스리기 위해 관원은 예와 악(樂)을 함께 닦아야 한다.
③ 을: 음악으로 백성이 서로 조화를 이루며 살 수 있게 해야 한다.
④ 을: 백성이 예법에 구애되지 않고 음악을 향유할 수 있도록 해야 한다.
⑤ 갑과 을: 음악의 즐거움을 활용하여 백성의 마음을 바르게 해야 한다.

07

다음을 주장한 사상가의 입장으로 적절한 것만을 〈보기〉에서 고른 것은?

한 곡의 음악은 시작할 때 여러 소리가 합해졌다가 각각의 소리가 풀려 나오며 조화를 이루고, 음이 분명하면서도 끊임없이 이어져 완성된다. 이렇듯 음악은 여러 소리가 자기 소리를 내면서도 조화를 이루는 것이기에 배워 둘 만하다. 시가 순수한 마음을 불러일으키고 예의는 사람들을 인륜에 맞게 살아가게 하며 음악은 궁극적으로 인격을 완성시킨다.

〈 보기 〉
ㄱ. 음악은 개인의 도덕적 성품을 함양하기 위해 필요하다.
ㄴ. 음악은 예의와 무관하게 심미적 가치만을 담아야 한다.
ㄷ. 음악은 사람들이 서로 조화를 이루는 데 기여해야 한다.
ㄹ. 음악은 사람들의 경제적 이득 여부에 따라 활용되어야 한다.

① ㄱ, ㄴ ② ㄱ, ㄷ ③ ㄴ, ㄷ ④ ㄴ, ㄹ ⑤ ㄷ, ㄹ

08

(가)를 주장한 고대 서양 사상가의 입장에서 볼 때, (나)의 ㉠에 들어갈 진술로 가장 적절한 것은? [3점]

(가)	예술가는 사물을 모방할 수 있을 뿐 이데아 자체를 만들 수는 없네. 그래도 예술가의 훌륭한 작품은 영혼의 교육에 도움을 주네. 이때 음악적 수련이 가장 가치가 있네. 왜냐하면 리듬과 화음은 영혼 안에 들어가 우아함을 심어 주기 때문이네. 그러니 작품 속에 무절제와 야비함을 표현하지 못하게 해야 하고, 이를 따르지 않는 예술가를 추방해야 하네.
(나)	제자: 예술이 인간의 삶 속에서 의미가 있기 위해 예술가는 어떤 노력을 해야 합니까? 스승: 예술가는 [㉠]

① 예술을 위한 예술 활동에 전념해야 하네.
② 국가가 예술에 개입하는 것을 막아야 하네.
③ 사람의 선한 성품을 작품 속에 표현해야 하네.
④ 아름답거나 추한 모습을 사실적으로 드러내야 하네.
⑤ 사물이 나누어 가지는 아름다움의 이데아를 창조해야 하네.

09

다음은 어느 동양 사상가의 가상 편지이다. ㉠에 들어갈 진술로 가장 적절한 것은? [3점]

○○ 선생에게
　당신은 간사하고 사악한 음악으로 천하가 혼란에 빠질 수 있기 때문에 선왕(先王)이 제정한 음악으로 백성을 이끌어 주어야 함을 강조했습니다. 그리하여 음악을 즐기게 하면서도 사람의 악한 본성을 변화시켜 마음과 행동을 올바르게 해야 한다고 말했습니다. 하지만 내 생각은 다릅니다. 천하의 혼란이 생긴 이유는 모두가 자신을 사랑하면서도 아울러 서로 사랑하지[兼愛] 않아 자신과 남을 차별하기 때문입니다. 비록 악기 소리가 즐겁지 않은 것은 아니지만, 임금과 대신들이 백성에게 악기를 만들게 하고 연주를 일삼게 한다면 어떻게 되겠습니까? 분명 백성에게 많은 세금을 거두게 될 것이고, 백성은 먹고 입을 재물을 구하기가 어려워질 것입니다. 따라서 내가 볼 때 당신의 견해는 고 생각합니다. …(후략).

① 음악과 예의의 조화를 통해 혼란을 바로잡을 수 있음을 간과한다
② 인간의 본성을 교화하여 화합하는 데 음악이 필요함을 간과한다
③ 사회적인 부작용을 일으키는 음악이 존재할 수 있음을 간과한다
④ 음악이 이상적 공동체를 구현하는 데 수단이 될 수 있음을 간과한다
⑤ 위정자가 선왕의 음악을 장려하는 것이 백성에게 무익함을 간과한다

10

다음 사상가의 입장만을 〈보기〉에서 있는 대로 고른 것은?

　시(詩)란 사람의 마음이 세상 사물이나 풍속과 감응하여 언어로 표현된 것이다. 사람이 느끼는 대상에는 올바른 것과 사악한 것이 있으니, 시에도 옳은 것과 그른 것이 있다. 우리는 시를 통해 자신을 반성하여, 올바른 시는 모범으로 삼고 사악한 시는 자신을 고치는 계기로 삼아야 한다.

〈 보기 〉
ㄱ. 시는 선악 판단의 대상에서 배제되어야 한다.
ㄴ. 시를 감상할 때에는 윤리적 성찰을 겸해야 한다.
ㄷ. 시는 그 사회의 도덕성을 엿볼 수 있는 거울이다.
ㄹ. 올바르지 못한 시도 교육적 기능을 수행할 수 있다.

① ㄱ, ㄴ　　　　② ㄱ, ㄷ　　　　③ ㄴ, ㄹ
④ ㄱ, ㄷ, ㄹ　　　⑤ ㄴ, ㄷ, ㄹ

11

갑, 을 사상가들의 입장으로 가장 적절한 것은?

갑: 성왕(聖王)은 사람의 본성이 악하여 사회가 어지러울 것을 염려하였다. 이에 예의(禮義)와 법도를 만들어 사람의 성정(性情)을 교화하였다. 악(樂)이란 성인이 즐겼던 바이고, 악(樂)으로써 백성의 마음을 선도할 수 있다.

을: 사람은 시(詩)에서 감흥이 일어나고, 예(禮)에서 바로 서고, 악(樂)에서 완성된다. 도에 뜻을 두고, 덕에 의거하며, 인(仁)에 의지하고, 예(藝)에서 노닐어야 한다.

① 갑: 음악의 유일한 목적은 즐거움을 주는 것이다.
② 갑: 음악은 사람의 선한 본성을 이끌어 낼 수 있다.
③ 을: 음악은 재물을 낭비하게 하여 백성에게 해가 된다.
④ 을: 음악은 음악 자체의 아름다움을 위해서만 존재한다.
⑤ 갑, 을: 음악은 인격을 도야하기 위한 중요한 수단이다.

12

(가), (나) 사상의 입장으로 적절한 것만을 〈보기〉에서 있는 대로 고른 것은? [3점]

(가) 악(樂)은 '같음'을, 예(禮)는 '다름'을 위한 것이다. 같으면 서로 친하게 되고, 다르면 서로 공경하게 된다. 악이 화합을 극진하게 하고 예가 순서를 극진하게 하여, 안으로 화합하고 밖으로 질서를 이룬다면, 백성은 그 안색을 보고 서로 다투지 않게 되며, 그 용모를 보고 업신여기지 않게 된다.

(나) 악(樂)은 비록 눈으로 보기에 아름답고 귀로 듣기에 즐거우나, 백성의 이익에는 부합하지 않는다. 악기를 연주하며 춤추는 것을 일삼는다면, 백성이 입고 먹을 재물은 어찌 얻을 수 있겠는가? 일찍이 여러 악기를 만들고 연주했어도 천하의 이익을 증진하는 데 도움이 되지 않았다.

〈 보기 〉
ㄱ. (가): 예와 악은 서로 보완적인 역할을 한다.
ㄴ. (가): 예악은 정서의 순화와 언행의 교화 모두에 기여한다.
ㄷ. (나): 음악은 실용적 관점보다 심미적 관점에서 평가해야 한다.
ㄹ. (가), (나): 음악의 가치는 사회적 효과를 고려하여 판단해야 한다.

① ㄱ, ㄴ　　　　② ㄴ, ㄷ　　　　③ ㄷ, ㄹ
④ ㄱ, ㄴ, ㄹ　　　⑤ ㄱ, ㄷ, ㄹ

13

(가)를 주장한 사상가의 입장에서 (나)의 ㉠에 들어갈 진술로 가장 적절한 것은?

(가)	문화 산업은 획일적인 상품만을 생산할 뿐이다. 문화 산업의 기술은 대량 생산을 가능하게 한다. 문화 산업은 어떠한 문화 상품을 제공하든 소비자는 그것에 만족해야 한다는 것을 소비자에게 주입시킨다. 이로 인해 문화 상품은 소비자로 하여금 적극적으로 사유하는 것을 불가능하게 한다.
(나)	문화 산업은 '스타'를 제조한다. 대부분의 기획사는 스타를 철저한 전략에 따라 기획한 뒤 최대한 많은 매체에 출연시켜 돈을 번다. 그리고 대중이 싫증을 느끼면 유사한 새로운 스타를 내놓는다. 수많은 반짝 스타들이 소모품처럼 사라진다. 이러한 문제의 원인은 ㉠ 이다.

① 문화 산업이 대중문화를 규격화된 상품으로 간주하기 때문이다.
② 문화 상품이 작품 창작자의 독창적 견해에 따라 제작되기 때문이다.
③ 문화 산업이 이윤보다는 지속적 창작 활동을 추구하기 때문이다.
④ 문화 산업의 생산자가 소비자의 고유한 체험을 중시하기 때문이다.
⑤ 문화 상품이 표준화된 양식에 맞추어 생산되지 않기 때문이다.

14

다음을 주장한 사상가의 입장으로 적절하지 <u>않은</u> 것은? [3점]

> 오늘날 대중문화는 얼마나 인기를 끌고 많은 수익을 올렸는지에 의해 평가되는 경향이 지배적이다. 이제 대중문화는 변화 없는 반복적인 오락물을 생산하는 장사가 되었고, 문화의 소비자는 문화 산업의 객체가 되었다. 이처럼 산업화된 대중문화 속에서 사람들의 여가 시간은 문화 산업이 제공하는 획일적 생산물로 채워질 수밖에 없다. 문화 상품의 속성은 문화 소비자의 자발성과 상상력을 제거해 버림으로써 적극적인 사유를 불가능하게 만드는 데 있다. 문화 산업은 규격품을 만들듯이 인간을 재생산하려 한다.

① 산업화된 대중문화는 독창적 예술로 발전하기 어렵다.
② 문화 산업은 획일화된 문화를 체험할 기회를 증가시킨다.
③ 문화 산업의 표준화된 양식은 문화 소비자의 주체성을 약화시킨다.
④ 산업화된 대중문화는 소비자의 자발성과 창의적 사고를 위축시킨다.
⑤ 문화 산업은 예술을 경제적 가치가 아니라 미적 가치로만 평가한다.

15

갑, 을 사상가들의 입장으로 적절하지 <u>않은</u> 것은? [3점]

> 갑: 복제 기술의 발달로 예술 작품의 '아우라'는 사라지지만 누구든 예술 작품에 대해 자신의 의견을 표현할 수 있게 된다. 또 대중 예술의 발달은 대중의 각성을 불러일으킴으로써 대중을 집단적 주체로 형성시키는 데 기여한다.
> 을: 현대 자본주의 사회에서 대중문화의 가치에 대한 평가 기준은 돈으로 일원화된다. 이러한 사회에서 대중문화는 문화 산업으로 전락하게 되며, 규격품을 만들어 내듯이 인간을 획일화시켜 능동적으로 사유하는 것을 불가능하게 만든다.

① 갑: 복제 기술의 발달은 대중들의 예술에 대한 접근성을 높인다.
② 갑: 예술 작품의 아우라 소멸은 대중 예술 비평 활동을 위축시킨다.
③ 을: 문화 산업의 확산은 인간의 상품화와 몰개성화를 조장한다.
④ 을: 문화의 가치는 경제적 효용성에 의해 결정되어서는 안 된다.
⑤ 갑, 을: 문화의 대중화는 대중의 비판적 사고에 영향을 미친다.

16

다음을 주장한 사상가의 입장으로 적절하지 <u>않은</u> 것은?

> 문화 산업은 소비자의 욕구가 실현될 수 있는 것처럼 제시 하지만 그 욕구는 문화 산업에 의해서 사전 결정된 것이다. 소비자가 자신을 영원한 소비자로 느끼게 되는 것이 문화 산업 체계의 원리이다. 문화 산업은 그 위치가 확고해질수록 소비자의 욕구를 더 능란하게 다루게 된다. 문화 산업은 소비자의 욕구를 만들어 내고 심지어 소비자의 재미를 몰수할 수도 있다. 문화 산업의 생산물은 소비자를 휴식 시간에도 잡아 놓는 거대한 경제 체계의 일부이다.

① 문화 산업은 생산물을 통해 소비자의 욕구를 조종한다.
② 문화 산업은 소비자의 문화 체험 양식에 영향을 미친다.
③ 문화 산업은 소비자를 주체적인 문화 수용자로 변화시킨다.
④ 문화 산업은 규격품을 만들 듯이 소비자를 재생산하려고 한다.
⑤ 문화 산업은 여가 시간에 활발한 소비가 일어나도록 유도한다.

17

다음 가상 대담의 사상가가 지지할 주장으로 가장 적절한 것은?

현대 사회에서는 다양한 매체를 통해 대중 문화가 확산되고 있습니다. 현대인들이 향 유하고 있는 대중문화는 어떤 특성을 지니 고 있나요?

현대 사회의 대중문화는 문화 산업의 구조 속에서 생산되므로 규격화되고 획일적입니 다. 대중은 단지 이윤 추구를 위한 자본가 의 의도대로 생산된 문화 상품을 소비하게 될 뿐입니다.

문화 산업하에서도 자본가의 의도가 아닌 대중이 진정으로 원하는 것이 반영된 문화 가 생산되기도 하지 않나요?

아닙니다. 문화 산업의 자본가는 대중의 진 정한 욕구를 반영하여 문화 상품을 생산한 것처럼 홍보하지만, 그 욕구는 문화 상품에 길들여진 것으로 자본가에 의해 사전에 기 획된 것입니다.

① 문화 산업은 대중이 비판적으로 사유하는 것을 방해한다.
② 문화 산업의 구조에서 자본가는 표준화된 생산 방식을 거부한다.
③ 문화 산업에서의 궁극적인 생산 주체는 자본가가 아닌 대중이다.
④ 문화 산업에서 문화의 가치를 평가할 때 경제적 관점은 배제된다.
⑤ 문화 산업에서 생산된 상품에는 대중의 진정한 욕구가 반영되어 있다.

18

갑, 을 사상가들의 입장으로 가장 적절한 것은? [3점]

갑: 좋은 리듬은 좋은 품성을 갖게 한다. 반면에 나쁜 리듬은 나 쁜 성격을 닮게 한다. 쾌락을 담아낸 예술 작품 속에서 자란 젊은이들은 자신도 모르게 나쁜 것을 형성한다.
을: 예술가는 아름다운 것을 창조하는 사람이다. 예술가는 윤리적 동정심을 갖지 않는다. 예술가에게 윤리적 동정심은 용서받을 수 없는 매너리즘이다.

① 갑: 미를 추구하는 예술 활동은 선의 추구를 지양해야 한다.
② 갑: 예술가의 자유를 보장할수록 예술을 통해 선이 증진된다.
③ 을: 도덕적 삶은 예술가가 다루는 소재에서 제외되어야 한다.
④ 을: 예술 활동에서의 도덕성 추구는 작품의 독창성을 저해한다.
⑤ 갑과 을: 예술은 작품을 통해 도덕적 본보기를 제공해야 한다.

19

그림의 강연자가 지지할 입장으로 가장 적절한 것은?

여가는 문화 산업이 제공하는 획일적 생산물로 채워 집니다. 소비자의 욕구는 문화 산업에 의해 이미 결 정된 것입니다. 문화 산업은 무미건조한 행복을 흥 미 있는 것으로 보이게 만들며, 대중이 즐긴다는 것 은 무엇인가에 대해 더 이상 생각하지 않는다는 것 이 됩니다. 자본주의적 생산은 소비자가 자신들에게 제공된 것을 받아들이도록 묶어 놓습니다. 오늘날 문화 산업은 규격품을 만들듯이 인간을 재생산하려 듭니다.

① 문화 산업은 대중이 주체적으로 사유할 수 있도록 도와준다.
② 문화 산업은 현실의 모습을 있는 그대로 반영하려 노력한다.
③ 문화 산업은 고유성을 지닌 상품 생산을 주된 목표로 삼는다.
④ 문화 산업은 생산자가 아닌 소비자의 욕구에 기반해 확산된다.
⑤ 문화 산업은 체제의 지배 이념을 정당화하는 도구로 기능한다.

20

갑, 을 사상가들의 입장으로 가장 적절한 것은?

갑: 음악은 사람의 즐거움을 표현한 것이다. 하지만 사람의 타고 난 성정(性情)으로 인해 즐거움이 도리에 맞지 않으면 혼란이 일어난다. 이러한 혼란을 싫어하여 옛 성왕은 아(雅)와 송(頌) 의 음악을 제정한 것이다.
을: 음악을 비난하는 이유는 큰 종이나 북 같은 악기의 소리가 즐 겁지 않아서가 아니다. 음악이 위로는 성왕의 일과 부합하지 아니하고, 아래로는 백성의 이익과 부합하지 않기 때문이다.

① 갑: 음악을 활용하여 백성의 감정을 바르게 인도할 수 있다.
② 갑: 음악이 도리에 맞으면 본성을 확충하는 데 도움이 된다.
③ 을: 음악은 백성에게 이로움이 아니라 의로움을 가져다준다.
④ 을: 음악은 재물을 낭비하게 하지만 생산 활동에 필수적이다.
⑤ 갑과 을: 음악은 나라를 다스리는 데 있어 중요한 수단이다.

21

갑, 을 사상가들의 입장으로 적절하지 <u>않은</u> 것은?

> 갑: 사람은 시(詩)에서 일으키고, 예(禮)에서 서며, 악(樂)에서 완성
> 된다. 도에 뜻을 두고 덕에 의거하며, 인(仁)에 의지하고 예(藝)
> 에서 노닐어야 한다. 사람이 인하면 예와 악을 다할 수 있다.
> 을: 어진 사람은 일을 할 때 천하의 이익을 일으키고 천하의 폐해
> 를 제거하는 데 힘쓴다. 또한 백성의 의복과 음식을 축내고 빼
> 앗는 짓을 행하지 않는다. 음악을 즐기는 것이 잘못인 이유는
> 백성의 이익과 부합하지 않기 때문이다.

① 갑: 바르지 않은 음악이 성행하면 사회에 혼란을 가져온다.
② 갑: 군자(君子)가 되기 위해서는 예와 악을 갖추어야 한다.
③ 을: 악기 제작을 위한 노동은 백성의 삶에 이롭지[利] 않다.
④ 을: 음악은 감정적인 즐거움을 주지 못하므로 금지해야 한다.
⑤ 갑과 을: 위정자는 좋은 정치를 위해 음악의 가치를 따져야 한다.

22

다음 토론의 핵심 쟁점으로 가장 적절한 것은?

> 갑: 예술은 아름다움을 표현하고 창조하는 인간의 활동과 그 산
> 물을 의미합니다. 예술가와 감상자는 예술 작품을 매개로 정
> 서적으로 교류할 수 있습니다.
> 을: 맞습니다. 이러한 교류의 과정에서 감상자는 예술에 영향을
> 받습니다. 따라서 예술이 감상자의 성품에 선한 영향을 미치
> 려면 윤리에 의해 평가되어야 합니다.
> 갑: 아닙니다. 예술이 윤리에 의해 평가되면 예술가의 자율성과
> 독창성이 침해받을 것입니다. 예술은 예술가의 자율성과 독창
> 성을 바탕으로 예술 본연의 아름다움을 추구해야 합니다.
> 을: 그렇지 않습니다. 예술가의 자율성과 독창성도 중요하지만, 윤
> 리로 예술을 평가하지 않는다면 인간의 도덕적 성숙을 방해하
> 는 예술 작품이 양산될 수 있습니다.

① 예술은 미적 가치를 표현하고 형상화한 것인가?
② 예술은 윤리적인 평가로부터 자유로워야 하는가?
③ 예술은 감상자에게 정서적 영향을 미치지 못하는가?
④ 예술은 예술가와 감상자를 연결할 수 있는 매개체인가?
⑤ 예술은 예술가의 자율성과 독창성으로부터 창조되는가?

23

그림의 강연자의 입장으로 적절한 것만을 〈보기〉에서 있는 대로 고른 것은?

> 문화 산업의 위치가 확고해지면 확고해질수록 문화 산업은 소
> 비자의 욕구를 더욱더 능란하게 다룰 수 있게 됩니다. 문화 산
> 업은 소비자의 욕구를 만들어내고 조종하며 심지어는 소비자
> 로부터 재미를 몰수할 수도 있습니다. 문화 산업의 생산물은
> 모든 사람을 일하는 시간과 마찬가지로 휴식 시간에도 잡아
> 놓는 거대한 경제 체계의 일부입니다.

〈 보기 〉
ㄱ. 문화 산업은 소비자에게 능동적인 체험 활동을 보장한다.
ㄴ. 문화 산업은 규격품을 만들듯이 인간을 재생산하려 한다.
ㄷ. 문화 산업의 대중매체는 소비자의 의식을 지배하려 한다.
ㄹ. 문화 산업의 생산물은 대중이 활발하게 소비하도록 만든다.

① ㄱ, ㄴ　　　② ㄱ, ㄷ　　　③ ㄴ, ㄹ
④ ㄱ, ㄷ, ㄹ　　　⑤ ㄴ, ㄷ, ㄹ

24

갑, 을 사상가들의 입장으로 적절하지 <u>않은</u> 것은?

> 예술의 사명은 행복이 인간 상호 간의 결
> 합에 있다는 진리를 이성에서 감정의 영
> 역으로 옮겨 신(神)의 세계, 즉 사랑의 세
> 계를 건설하는 것입니다.

갑

> 예술의 영역과 도덕의 영역은 서로 분리
> 되어 있습니다. 예술은 예술 안에서 완벽
> 함을 추구할 뿐 예술 밖에서 완벽함을 찾
> 지 않습니다.

을

① 갑: 예술은 공감을 통해 사람들을 하나의 감정으로 결합한다.
② 갑: 예술은 종교적 자각에 입각한 사랑을 불러일으켜야 한다.
③ 을: 예술은 인격 함양을 위한 삶의 본보기를 제공해야 한다.
④ 을: 예술은 예술 자체의 아름다움을 자율적으로 추구해야 한다.
⑤ 갑과 을: 예술은 미적 가치를 추구하는 활동으로 볼 수 있다.

25

다음을 주장한 사상가의 입장으로 적절하지 않은 것은?

음악이란 즐기는 것[樂]으로 사람에게는 음악이 없을 수가 없다. 즐거우면 그것이 목소리에 나타나고 행동으로 표현되며 악한 본성의 변화를 일으킨다. 음악이 도리에 맞지 않으면 혼란이 없을 수 없다. 옛 임금은 그러한 혼란을 싫어해 우아한 음악을 만들어, 사람이 음악을 즐기면서도 어지러움으로 흐르지 않게 하였고, 소리의 가락과 장단으로 사람의 마음을 감동시켰다.

① 통치자는 백성을 교화시키는 도구로 음악을 이용할 수 있다.
② 우아한 음악으로 더럽고 악한 기운이 오는 것을 막을 수 없다.
③ 어떤 음악을 듣느냐에 따라 사람의 행동거지가 다를 수 있다.
④ 조화로운 음악은 사람에게서 즐거움의 감정을 일으킬 수 있다.
⑤ 도리에 어긋나는 음악이 유행하면 사회 질서의 유지가 어렵다.

26

갑, 을 사상가들의 입장으로 가장 적절한 것은?

갑: 사악한 음악으로부터 벗어나고, 감정의 표출이 바르게 되기 위해서는 선왕(先王)이 제정한 예(禮)와 음악을 배우고 익혀야 한다. 여기서 성정(性情)의 변화로 마음과 행동을 올바르게 할 수 있으며 백성의 욕망을 절제하는 데 도움을 줄 수 있다.
을: 악기를 만드는 일은 단지 땅에 고인 물을 손으로 뜨는 것처럼 쉬운 것이 아니다. 반드시 모든 백성들로부터 세금을 거두어야 하는데 이는 위로는 성왕(聖王)들의 일과 부합되지 않고 아래로는 백성들의 이익과 부합되지 않는다.

① 갑: 음악은 어떤 제한도 없는 자유로운 감정의 표출이어야 한다.
② 갑: 음악을 통해 본성을 함양하여 사회 질서 유지에 기여해야 한다.
③ 을: 음악은 감정적 즐거움을 제공하지 못하므로 금지해야 한다.
④ 을: 음악이 주는 미적 체험보다 백성의 이익 증진을 우선해야 한다.
⑤ 갑, 을: 음악과 예의의 장려를 통해 천하의 혼란을 바로잡아야 한다.

27

동양 사상가 갑, 한국 사상가 을의 입장으로 옳은 것만을 〈보기〉에서 있는 대로 고른 것은? [3점]

갑: 어진 사람은 천하에 이익이 생겨나게 하고 해로움을 없애기 위해 힘쓴다. 또한 귀로 듣기에 즐거운 것을 추구하지 않는다. 그것을 추구하면 백성들의 먹을 것과 입을 것을 축내고 빼앗기 때문이다. 임금과 대신이 음악을 좋아해서 즐기려 한다면 국가는 어지러워질 것이다.
을: 지금 세속의 음악은 바르지 못한 소리이다. 그러나 음악을 앞에서 한창 연주할 때는, 관장(官長)이 그의 하급 관리를 용서해 주고, 가장(家長)이 자신의 어린 하인을 용서해 준다. 그러므로 성인은 "잠깐이라도 예악(禮樂)을 몸에서 떠나게 할 수 없다."라고 말한 것이다.

〈 보기 〉

ㄱ. 갑: 백성에게 이익이 되지 않는 음악을 멀리해야 한다.
ㄴ. 을: 음악을 즐기더라도 덕성 함양을 위해 노력해야 한다.
ㄷ. 을: 성인이 완성한 음악은 사회에 어떤 영향도 끼치지 않는다.
ㄹ. 갑, 을: 음악은 사람들에게 감정적인 즐거움을 부여한다.

① ㄱ, ㄴ   ② ㄱ, ㄷ   ③ ㄷ, ㄹ
④ ㄱ, ㄴ, ㄹ   ⑤ ㄴ, ㄷ, ㄹ

28

다음을 주장한 사상가의 입장으로 가장 적절한 것은? [3점]

미는 도덕성의 상징이다. 바로 이 점에서 아름다움은 만족을 주며 모든 사람에게 동의를 요구하는 것이다. 누군가가 무엇인가를 아름답다고 한다면 이는 다른 사람들에게도 똑같은 만족을 요구하는 것이다. 이때 그는 단지 자기 자신만을 위해 판단하고 있는 것이 아니라 모든 사람을 위해 판단하고 있는 것이다.

① 미는 도덕과 달리 독립된 영역을 갖지 않는다.
② 미적 판단은 이해관계를 초월한 보편성을 지닐 수 있다.
③ 미의 판단 형식과 선의 판단 형식 간에는 유사성이 없다.
④ 미적 가치는 예술의 형식이 아닌 내용으로부터 도출된다.
⑤ 미적 즐거움은 이성에서 감성으로 나아가는 계기를 마련한다.

29

그림은 서술형 평가 문제와 학생 답안이다. 학생 답안의 ㉠~㉤ 중 옳지 않은 것은?

서술형 평가

⊙ 문제: 예술에 대한 갑, 을 사상가들의 입장을 비교하여 서술하시오.

> 갑: 아름다운 리듬과 화음은 영혼에 들어가 우아함을 심어 주고, 미추(美醜) 감각을 키워 준다. 품위 없는 리듬과 화음은 나쁜 말씨나 고약한 성질과 연결되니, 작품 속에 선(善)의 원형을 표현하지 않는 사람은 추방해야 한다.
>
> 을: 미적인 것은 윤리적으로 선한 것의 상징이다. 이런 관점에서만 미적인 것은 다른 모든 사람들의 동의를 요구한다. 이때 우리의 마음은 감각적 쾌락을 넘어서 순화되고 고양된 고귀함을 느낀다.

⊙ 학생 답안

　갑, 을의 예술에 대한 입장을 비교해 보면, 갑은 ㉠ 예술가의 창작 행위를 떠나서는 아름다움의 원형이 존재할 수 없고, ㉡ 예술가는 미적 가치를 통해 영혼의 조화를 추구해야 한다고 본다. 을은 ㉢ 예술을 통해 타인과 감정을 공유할 수 있고, ㉣ 예술은 도덕성 증진에 기여할 수 있다고 본다. 한편 갑, 을 모두 ㉤ 예술은 미적 가치를 다루는 활동이라고 본다.

---

① ㉠　　② ㉡　　③ ㉢　　④ ㉣　　⑤ ㉤

30

갑, 을 사상가들의 입장으로 옳지 않은 것은? [3점]

> 갑: 미적인 것은 윤리적으로 선한 것을 상징하고, 자연의 미(美)에 대한 직접적인 관심을 갖는 것은 항상 그 영혼이 선하다는 것을 드러내 준다. 예술 작품의 가치는 감각적 즐거움이 아닌 예술 자체의 형식에서 찾을 수 있다.
>
> 을: 예술 작품은 좋은 곳에서 불어오는 미풍처럼 인간에게 좋은 영향을 주며, 어릴 때부터 자기도 모르는 사이에 아름다운 말을 닮고 사랑하고 공감하도록 이끌어 준다. 예술은 아름답고 우아한 것을 담고 있어야 한다.

① 갑: 예술 작품에서 아름다움의 판단 근거는 순수한 형식이다.
② 갑: 미적인 것에 대한 판단은 일체의 이해관심 없이 내려진다.
③ 을: 예술 작품은 아름다움과 추함을 있는 그대로 표현해야 한다.
④ 을: 미적 가치는 무질서한 리듬과 운율 안에서는 존재할 수 없다.
⑤ 갑, 을: 미를 추구하는 행위는 도덕성 촉진에 기여할 수 있다.

31

그림은 서양 사상가 갑, 을의 가상 대화이다. 갑, 을의 입장으로 가장 적절한 것은?

예술 작품은 좋은 곳에서 불어오는 미풍처럼 젊은이들에게 좋은 영향을 주어야 합니다. 예술 작품은 젊은이들이 어릴 때부터 자기도 모르는 사이에 아름다운 말을 닮고 사랑하고 공감하도록 이끌어야 합니다.

예술 작품에 도덕적인 작품, 비도덕적인 작품이라는 것은 없습니다. 예술은 예술 안에서 완벽함을 추구할 뿐, 예술 밖에서 완벽함을 찾지 않습니다. 예술이란 아름답고 섬세한 형태, 고상한 색채로 사람들을 즐겁게 해 주는 것입니다.

갑　　　　　　　　　　　　　　　　을

① 갑: 예술 작품은 인간의 품성 함양에 중요한 역할을 해야 한다.
② 갑: 예술 작품 검열은 예술의 도덕적 교화 기능을 약화시킨다.
③ 을: 예술 작품은 사회의 발전에 이바지할 때 가치를 지닌다.
④ 을: 예술 작품에 대한 평가는 도덕에 근거해서 이뤄져야 한다.
⑤ 갑, 을: 예술 작품은 예술 그 자체를 목적으로 추구해야 한다.

32

갑 사상가는 부정, 을 사상가는 긍정의 대답을 할 질문으로 가장 적절한 것은?

> 갑: 어떤 예술가도 윤리적 동정심을 지니지 않는다. 예술가가 윤리적 동정심을 갖고 있다는 것은 용납할 수 없는 것이다. 또한 예술가는 무엇이든 표현할 수 있다. 예술가에게 사고와 언어는 예술의 도구이며, 악덕과 미덕은 예술의 재료이다.
>
> 을: 훌륭한 예술 작품은 몸에 건강을 안겨 주는 바람처럼 사람들에게 선한 영향을 준다. 또한 훌륭한 예술 작품은 젊은이들이 어릴 적부터 그것을 대하며 자신들도 모르는 사이에 아름다운 것과 친해지고 선한 것과 닮아 가도록 이끌어 준다.

① 예술은 미적 가치를 추구하는 인간의 정신 활동인가?
② 예술은 오직 예술 그 자체를 목적으로 삼아야 하는가?
③ 예술은 도덕적 가치 판단으로부터 자유로워야 하는가?
④ 예술은 사회 구성원의 도덕성 함양에 기여해야 하는가?
⑤ 예술은 인간의 도덕적 삶을 작품의 소재로 삼을 수 있는가?

33

다음을 주장한 사상가의 입장으로 가장 적절한 것은? [3점]

> 문화 산업의 독점하에서 대중문화는 획일적인 모습을 하고 있다. 대중문화의 조종자들은 독점을 숨기려 하지도 않는다. 독점의 힘이 강화될수록 그 힘의 행사도 점점 노골화된다. 영화나 라디오는 더 이상 예술인 척할 필요가 없다. 대중 매체는 그들이 고의로 만들어 낸 것들을 정당화하는 이데올로기로 사용되며, 대중은 문화 산업의 객체가 된다. 대중에게 다양한 질의 대량 생산물이 제공되지만 그것은 이윤 창출을 위한 문화 산업 체계의 일부일 뿐이다.

① 문화 산업이 확산될수록 인간의 몰개성화 경향은 감소한다.
② 문화 산업은 예술을 상품화하려는 시도를 예방하고자 한다.
③ 문화 산업은 대중에게 규격화된 예술과 가치관을 전달한다.
④ 문화 산업의 목표는 예술의 심미적 가치를 보존하는 것이다.
⑤ 문화 산업은 대중이 각자 고유한 예술 체험을 하도록 장려한다.

35

그림의 강연자가 지지할 입장으로 가장 적절한 것은?

> 시인은 행위하는 인간을 모방하는데, 행위하는 인간은 필연적으로 선인이거나 악인입니다. 인간이 거의 언제나 이 두 가지 범주에 속하는 것은, 모든 인간은 덕과 부덕에 의해 구별되기 때문입니다. 모방된 인간은 필연적으로 우리 이상의 선인이든지, 우리 이하의 악인이든지, 우리와 동등한 인간입니다. 희극과 비극의 차이도 여기에 있습니다. 희극은 실제 이하의 악인을, 비극은 실제 이상의 선인을 재현합니다. 한 가지 명백한 사실은 시인의 임무는 실제 일어난 일이 아니라 일어날 법한 일을 이야기하는 데 있다는 것입니다.

① 예술가는 악한 인간의 성품을 묘사해서는 안 된다.
② 예술 작품 속 인물에 대한 도덕적 구분은 불가능하다.
③ 예술 작품 속 인물이 현실의 인간과 유사할 수는 없다.
④ 예술가는 인간의 유덕함을 작품 소재로 삼아서는 안 된다.
⑤ 예술가가 개연성 없는 서사를 창작하는 것은 바람직하지 않다.

34

갑, 을 사상가들의 입장으로 적절한 것만을 〈보기〉에서 있는 대로 고른 것은?

> 갑: 임금과 대신들이 음악을 좋아하여 즐기면 국가는 어지러워진다. 농부가 음악을 좋아하여 듣기만 한다면 콩과 조가 부족해진다. 천하의 이익을 일으키고 천하의 해를 없애려고 한다면 음악을 금지하지 않을 수 없을 것이다.
> 을: 예(禮)는 사람의 본성[性]이 아니라 성인의 작위[僞]에 의해 생겨난다. 예에 맞는 음악을 귀히 여기고 사특한 음악을 천시해야 한다. 음악이 엄숙하면 백성이 혼란하지 않고 편안히 살게 된다. 이것이 왕도 정치의 시작이다.

〈 보기 〉
ㄱ. 갑: 음악은 생산 활동을 방해하지만 즐거움을 줄 수 있다.
ㄴ. 을: 음악이 예에 알맞으면 사회를 바로잡는 규범이 된다.
ㄷ. 을: 음악은 본성을 변화시켜 세상을 조화롭게 할 수 있다.
ㄹ. 갑과 을: 음악 없이는 이상적 인간의 경지에 이를 수 없다.

① ㄱ, ㄴ   ② ㄱ, ㄹ   ③ ㄷ, ㄹ
④ ㄱ, ㄴ, ㄷ   ⑤ ㄴ, ㄷ, ㄹ

36

다음을 주장한 사상가의 입장으로 가장 적절한 것은?

> '목적 없는 합목적성'이 되어 버린 계몽적 합리성은 자본주의 대중문화에서도 관찰된다. 대중문화의 지배자들은 대중문화가 장사일 뿐이라는 사실을 숨기지 않는다. 오히려 그들은 이 사실을 자신들이 만든 저속한 문화 상품을 정당화하는 이데올로기로 활용한다. 소비자들은 자신들의 욕구에 맞게 그 유형이 규격화된 대량생산물을 별 저항 없이 스스로 받아들이게 된다. 문화 산업의 기술이 사회에 대한 권력을 획득할 수 있는 기반은 바로 경제적 강자의 권력이라는 것은 여기서 언급되지 않는다. 다양한 문화 상품이 대중에게 제공되지만 이는 대량생산 법칙을 더 완벽하게 실현할 뿐이다.

① 문화 산업은 대중문화가 상품에 불과하다는 사실을 은폐한다.
② 문화 상품에 대한 대중의 선호는 상업적 전략에 대한 순응이다.
③ 문화 상품 소비자는 합리적으로 대중문화를 지배하는 주체이다.
④ 문화 상품에 대한 다양한 수요는 표준화된 소비 양식과 상충한다.
⑤ 문화 상품 소비자는 대중문화의 본질을 간파하는 합리성을 발휘한다.

한눈에 정리하는
평가원 기출 경향

주제 \ 학년도	2025	2024	2023

음식과 의복 윤리 (빈출)

2025 — 9월 모평 4번

1. 다음 토론의 핵심 쟁점으로 가장 적절한 것은? [3점]

> 갑: 최신 유행을 반영하여 빠르게 옷을 제작하고 유통하는 소비 양식인 패스트패션은 소비자의 기호를 충족해 줄 수 있지만 심각한 환경 오염 문제를 야기하고 있습니다.
> 을: 동의합니다. 물론 패스트패션이 소비자의 욕구를 충족해 주기는 합니다. 그럼에도 환경을 생각하면 패스트패션 제품 생산을 막을 수밖에 없습니다.
> 갑: 아닙니다. 패스트패션 기업에 환경 부담금을 부과하는 정도의 규제는 필수적이지만 제품 생산까지 막는 것은 소비자의 선택권을 침해하는 과도한 규제입니다.
> 을: 소비자 선택권이 침해되는 것은 사실이지만 환경 문제를 해결하기 위해서는 환경 부담금을 부과하는 것뿐 아니라 패스트패션 제품 생산 자체를 못 하도록 해야 합니다.

① 패스트패션 제품 생산을 전면적으로 금지해야 하는가?
② 패스트패션은 심각한 환경 오염 문제를 야기할 수 있는가?
③ 패스트패션 제품을 생산하는 기업에 대한 규제가 필요한가?
④ 패스트패션은 유행에 민감한 소비자의 욕구를 충족해 주는가?
⑤ 패스트패션 제품 생산을 막는 것은 소비자의 선택권을 침해하는가?

2024 — 수능 8번

3. 다음을 주장한 사상가의 입장에서 〈문제 상황〉 속 A에게 제시할 조언으로 가장 적절한 것은?

> 운동을 지나치게 많이 하거나 적게 하는 것, 음식을 지나치게 많이 먹거나 적게 먹는 것은 건강을 해치지만, 적당한 운동이나 식사는 건강에 도움이 된다. 마땅한 때에, 마땅한 방식으로, 마땅하게 행동하는 것이 쉬운 일은 아니다. 그러므로 중용을 지키는 사람은 칭송받을 만하다.

> 〈문제 상황〉
> 학생 A는 급식에서 자신이 좋아하는 음식이 나올 때는 폭식을 하고, 좋아하지 않는 음식이 나올 때는 거의 먹지 않고 버린다. 최근 A는 자신의 건강과 올바른 생활 태도에 필요한 식습관이 무엇인지 고민하고 있다.

① 먹는 행위와 좋은 품성의 형성은 서로 무관함을 고려하세요.
② 먹는 것은 본능이므로 스스로 통제할 수 없음을 고려하세요.
③ 먹을 때 이성이 아닌 감정의 명령에 따라야 함을 고려하세요.
④ 먹는 즐거움을 느낄 때에도 절제의 덕이 필요함을 고려하세요.
⑤ 먹는 것은 육체의 욕망을 채우는 행위에 불과함을 고려하세요.

주거 윤리

소비 윤리 (빈출)

2025 — 6월 모평 6번

2. 그림의 강연자가 부정의 대답을 할 질문으로 가장 적절한 것은?

> 사람들은 금전적 능력으로 명성을 얻으려 하지만 금전적 능력만으로는 명성을 얻기에 충분하지 않습니다. 그래서 좋은 명성을 얻고 유지하기 위한 수단으로 과시적 소비를 합니다. 이 수단은 사회 계층의 밑바닥까지 위력을 발휘합니다. 소비의 근본 동기는 차별적 비교에 따른 경쟁입니다. 그래서 각 계층은 자신의 상위 계층을 동경하고 소비 행위를 모방하며, 이를 통해 같은 계층 사람들과의 경쟁에서 앞서 나가려고 합니다. 심지어는 물질적으로 곤핍 상태에 있는 계층에서도 이러한 욕구 충족을 위해 마지막까지 허세를 부립니다.

① 과시적 소비는 명성을 얻기 위한 수단으로 행해지는가?
② 과시적 소비의 욕구는 사회의 최하위 계층에서도 나타나는가?
③ 동일 계층 내에서의 경쟁심은 과시적 소비의 동기가 될 수 있는가?
④ 상위 계층의 소비 행위는 하위 계층의 소비 행위에 영향을 주는가?
⑤ 명성의 욕망을 추구하기 위해서는 물질적 풍요가 전제되어야만 하는가?

2023 — 수능 15번

6. 다음 가상 대담의 사상가가 지지할 입장으로 가장 적절한 것은?

① 현대 사회의 소비자는 경제적 합리성을 최우선으로 고려하여 소비한다.
② 현대인은 타인과의 차이를 드러내려는 욕구를 충족하기 위해 소비한다.
③ 현대 사회에서 경제적 상위 계층만이 사회적 위세를 표현하고자 한다.
④ 현대인은 사물의 기능을 중시하는 소비를 통해 만족을 얻고자 한다.
⑤ 현대인은 사회적 시선을 의식하지 않고 자신의 선호에 따라 소비한다.

2022 ~ 2019

2022. 9월 모평 9번

9. 그림의 강연자가 긍정의 대답을 할 질문으로 가장 적절한 것은?

음식을 선택할 때에는 단순히 맛뿐만 아니라 건강과 환경 등 여러 요소를 고려해야 합니다. 우선 건강과 맛을 위해 유기농 식품을 이용해야 합니다. 질이 낮은 음식을 풍족하게 먹는 것보다 덜 먹더라도 질 좋은 재료로 만든 유기농 식품을 먹는다면 건강도 증진되고 맛의 즐거움도 만끽할 수 있습니다. 또한, 환경을 생각해서 경제적 효율성이 떨어지더라도 유기농 먹거리는 반드시 가까운 지역에서 얻어야 합니다. 다른 나라에서 생산된 산업화된 유기농 식품은 장거리 수송 과정에서 이산화 탄소 배출 문제를 일으킵니다. 그리고 식품의 적정 가격에 대한 논의도 해야 합니다. 가난한 사람이 유기농 식품을 이용할 수 있도록 가격은 너무 비싸도 안 되지만, 농부들의 지속 가능한 생산을 위해 너무 저렴해도 안 됩니다.

① 가난한 사람들도 유기농 음식을 이용할 수 있도록 배려해야 하는가?
② 맛의 즐거움과 건강을 위해 음식의 질보다 양을 중시해야 하는가?
③ 대량 생산으로 음식 재료 가격을 낮추는 게 언제나 바람직한가?
④ 유기농 식품의 소비 과정에서 환경에 대한 고려를 배제해야 하는가?
⑤ 가까운 지역의 유기농 식품을 이용하는 것이 가장 경제적인 소비인가?

2021. 6월 모평 13번

18. (가), (나) 사상의 입장으로 가장 적절한 것은?

(가) 군자는 밥이 완성되기까지 기울인 노력과 식재료의 출처를 알아야 하고, 마음을 절제하여 탐욕을 없애야 한다. 밥 먹을 때에도 인(仁)을 떠나되 말아야 한다.

(나) 지혜롭게 숙고하면서 공양(供養)을 받는다. 밥 먹는 것은 즐기거나 과시하려는 것이 아니다. 몸을 지탱하고 존속하는 것, 청정(淸淨)한 수행을 계속하는 것이다.

① (가): 중생의 불성(佛性)에 유념하며 음식을 먹어야 한다.
② (가): 충분한 영양 섭취를 위해 음식의 양은 많을수록 좋다.
③ (나): 음식은 타인과의 관계에서 명예를 드높이는 수단이다.
④ (나): 음식을 먹는 것이 수행의 연장으로 여겨질 필요가 없다.
⑤ (가), (나): 도리에 어긋남이 없는지 성찰하며 음식을 먹어야 한다.

2019. 6월 모평 19번

19. (가)의 입장에서 (나)의 입장에 대해 제시할 적절한 반론을 〈보기〉에서 고른 것은?

(가)	*패스트 패션 산업은 경제적 측면에만 몰두하여 노동 조건과 자연 생태계를 위협하는 부작용을 초래한다. 그 결과 패스트 패션을 추구하는 현상에 대한 반성이 확산되고 있다. 패션 산업 종사자와 소비자도 인간다운 삶의 권리와 조건에 기여해야 할 책임을 다해야 한다. • 패스트 패션(fast fashion)은 비교적 저렴한 가격에 최신 유행 상품을 빠르게 공급하는 상품 회전율이 빠른 패션
(나)	패스트 패션 산업은 생산 비용을 절감하고 이윤을 창출함으로써 패션 기업의 사회적 역할과 책임을 다하고 있다. 또한 소비자들은 부담 없는 가격으로 패스트 패션을 즐기면서 다양한 미적 욕구를 충족하고 있다. 이처럼 패스트 패션은 기업과 소비자 모두에게 유용하다.

〈보기〉
ㄱ. 환경과 인권에 대한 기업의 역할과 책임을 간과하고 있다.
ㄴ. 패션에 대한 개인들의 차별화된 욕구와 기호를 간과하고 있다.
ㄷ. 욕구 충족만이 소비의 도덕 판단 기준이 아님을 간과하고 있다.
ㄹ. 경제적 효율을 추구하는 합리적 소비 성향을 간과하고 있다.

① ㄱ, ㄴ ② ㄱ, ㄷ ③ ㄴ, ㄷ ④ ㄴ, ㄹ ⑤ ㄷ, ㄹ

2022. 수능 16번

20. 다음을 주장한 사상가의 입장으로 적절하지 않은 것은?

집은 인간이 사는 체험 공간의 구체적인 중심이며, 이런 중심을 창조해야 하는 과제는 거주함으로써 실현된다. 거주한다는 것은 특정한 자리에 속하여 뿌리를 내리고 그곳을 집으로 삼는다는 뜻이다. 특히 거주는 분리된 안전하고 편안한 영역, 즉 인간이 위협적인 외부 세계로부터 도피할 수 있는 집이라는 개인 공간을 갖고 있음을 뜻한다. 인간의 참다운 삶을 위한 거주는 인간이 자신의 존재를 쏟아부어 온전히 노력해야만 얻을 수 있고 실현할 수 있다.

① 인간은 인간다운 삶을 살기 위해 편안함의 영역을 필요로 한다.
② 거주는 주어지는 것이 아니라 각별한 노력을 통해 이루어진다.
③ 집은 인간이 거주하는 공간이며 개인이 활동하는 세계의 중심이다.
④ 거주 공간의 소유는 참다운 인간의 삶을 위한 필요충분조건이다.
⑤ 인간은 거주를 통해 외부의 위협에서 벗어나 안정을 얻을 수 있다.

2021. 6월 모평 8번

22. 다음을 주장한 사상가의 입장으로 가장 적절한 것은? [3점]

인간이 자기 집에서 사는 것을 거주라고 한다. 그러나 거주는 우리가 단순히 어떤 낯선 공간에 존재하거나 머무르는 것 이상의 의미를 지닌다. 거주는 특정 장소를 집으로 삼아 그 안에서 뿌리를 내리고 거기에 속해 있는 것이다. 또한 거주는 마음 내키는 대로 저지르는 행위가 아니라 자기 삶의 의미를 찾고 인간과 세계의 관계 전체를 규정하는 행위이다. 이런 거주는 본래부터 타고난 능력으로 주어지는 것이 아니라 자신의 존재를 쏟아붓는 각별한 노력을 통해 획득된다.

① 거주는 행위나 능력이 아니라 장소에 속해 있는 방식이다.
② 삶의 의미가 담겨 있는 거주는 인간에게 선천적으로 주어져 있다.
③ 거주는 인간이 집에 머무르는 것 이외에 어떤 의미도 지니지 않는다.
④ 거주는 친숙한 공간에서 편안함을 얻고 삶의 기초를 발견하는 것이다.
⑤ 거주는 인간이 세계로부터 영원히 격리되어 삶의 의미를 찾는 것이다.

2021. 수능 17번

25. 그림의 강연자가 긍정의 대답을 할 질문으로 가장 적절한 것은?

타인의 존경을 얻고 유지하기 위해서는 부나 권력을 획득하는 것만으로는 충분하지 않습니다. 부나 권력이 타인에게 증거로 드러나는 한에서만 존경이 부여되기 때문입니다. 국민층을 포함한 사회의 어떤 계층도 관례적인 과시 소비를 하지 않는 경우는 없습니다. 자기 보존 본능을 제외하면 경쟁적인 비교 성향이 가장 강력하고 지속적인 경제적 동기입니다. 그래서 겉으로 있어 보이는 체면고 허세가 다하는 마지막 순간까지 비참할 정도의 옷벗과 불편조차도 참아낼 것입니다.

① 과시 소비로부터 자유로운 사회 계층이 존재하는가?
② 타인과의 비교 성향이 인간의 허영심을 제한하는가?
③ 자본을 축적하는 것만으로도 타인의 존경을 얻을 수 있는가?
④ 과시 소비는 자신의 지위를 드러내기 위한 방편으로 행해지는가?
⑤ 경쟁적인 비교 성향은 자기 보존 본능보다 강력한 경제적 동기인가?

2020. 수능 11번

27. ㉠에 들어갈 내용으로 적절한 것만을 〈보기〉에서 고른 것은?

이제까지 우리는 자기 욕구를 정확하게 파악하고 상품 정보를 충분히 알아본 뒤, 소득 범위 내에서 가장 적은 비용으로 만족도가 높은 제품을 구매하는 것이 바람직한 소비라고 생각했다. 그러나 오늘날 더 절실히 요구되는 소비는 생산, 유통, 구매 그리고 사용 이후의 처리와 재생에 이르기까지 사회, 환경, 미래 세대 등을 배려하는 데서부터 시작한다. 이를 위해 소비할 때 우리는 ㉠ .

〈보기〉
ㄱ. 생산 노동자의 권리가 보장되는지 고려해야 한다.
ㄴ. 공동선을 추구하는 기업의 제품을 선택해야 한다.
ㄷ. 지속 가능한 소비보다는 현세대의 이익을 추구해야 한다.
ㄹ. 비용 대비 편익의 극대화를 최우선적 기준으로 삼아야 한다.

① ㄱ, ㄴ ② ㄱ, ㄷ ③ ㄴ, ㄷ ④ ㄴ, ㄹ ⑤ ㄷ, ㄹ

2019. 9월 모평 20번

29. 그림의 강연자가 긍정의 대답을 할 질문으로 가장 적절한 것은?

과시 소비는 자신의 부와 명성을 타인에게 명백하게 증명하려는 경쟁적인 소비 행위입니다. 명성의 관점에서 사회 구조의 최상부에 위치한 유한계급의 생활 예절과 가치 기준은 사회 구조의 최하층까지 강압적인 영향력을 확장합니다. 그 결과 각 계급의 구성원은 심지어 찰대 빈곤에 시달리는 빈민조차도 모든 관습적인 과시적 소비의 유혹을 떨쳐 버리지 못합니다. 하지만 사회의 전체적인 부가 아무리 증가하더라도 다른 사람들보다 더 많은 재화를 축적하고자 하는 모든 욕망은 결코 완전히 충족되지는 못합니다. 그 욕망은 본질적으로 차별적인 비교에 바탕을 둔, 명성을 획득하고 유지하기 위한 경쟁이기 때문입니다.

① 유한계급의 소비 행태는 사회 구조 전반으로 확산되는가?
② 사회 구조의 최상위 계급만이 과시 소비를 요구하는가?
③ 유한계급은 소비를 통해 자신의 재력을 은폐하고자 하는가?
④ 사회의 각 계급은 상위 계급의 소비 행태에 대해 무관심한가?
⑤ 사회의 전체적인 부가 증대되면 과시적 소비의 욕망은 사라지는가?

22
일차

의식주 윤리와 윤리적 소비

1 음식과 주거 문화 윤리

1 음식 문화에 대한 윤리적 관점

(1) 기본 입장

① 먹는 행위는 인간의 이성에 의해 조절되어야 한다.

② 동물에게 과도한 고통을 주는 행위를 삼가야 한다. **더 보기1**

③ 식품 관련 기업은 노동자의 권리를 보장해야 한다.

(2) 유교와 불교의 입장

유교	• 먹는다는 것은 자신과 타인을 살피는 덕의 실천이다. • 음식을 섭취할 때는 적절히 조절하고 절제해야 한다. • 음식을 먹는 행위에서 인간다운 품위를 추구하여야 한다.
불교	• 음식을 통해 세상 모든 존재의 상호 의존성을 파악해야 한다. • '어떻게', '무엇을' 먹느냐의 문제를 수행과 연계시켜야 한다. • 음식을 섭취할 때는 적절히 조절하고 절제해야 한다. • 중생의 불성(佛性)에 유념하며 음식을 먹어야 한다.

2 주거 문화에 대한 윤리적 관점

사상가	주요 입장
하이데거	• 인간은 사물을 보살피면서 거주 공간에 대한 책임을 갖는다. • 거주(居住)함은 현존재인 인간 존재의 근본 특성이라고 본다.
볼노브	• 인간에게 거주 공간은 자기 세계의 중심이어야 한다. → 인간은 거주함으로써만 본래적 의미의 인간이 될 수 있다. • 인간은 자신의 거주 공간을 스스로 만들어 나가야 한다. • 거주 공간은 참된 자신을 되찾는 내적 공간이 되어야 한다. • 거주는 친숙한 공간에서 편안함을 얻고 삶의 기초를 발견하는 것이다. → 인간의 거주 공간은 집 밖의 세계와는 구분되어야 한다. **더 보기2**

2 합리적 소비관과 윤리적 소비관

합리적 소비관	• 자신의 처지에 맞는 가장 효율적인 소비인지를 고려해야 한다. • 충동적 소비나 과시적 소비가 되지 않는지를 고려해야 한다. • 자율적 선택권과 최적의 효용은 소비의 필수적 요소이다. 기억해
윤리적 소비관	• 생태적 영향을 고려한 지속 가능한 소비는 소비자의 의무이다. → 인간을 포함한 생태계에 악영향을 주지 않도록 소비를 결정해야 한다. • 동물의 고통을 최소화하여 생산한 제품을 구매해야 한다. • 노동에 대한 정당한 대가가 지불된 제품을 구매해야 한다. • 환경과 인권에 대한 기업의 역할과 책임이 필요하다. • 욕구 충족만이 소비의 도덕 판단 기준이 아니다.

▶ 기/출/표/현 **더** 보기

1 동물에게 과도한 고통을 주는 행위를 삼가야 한다.

= 식품 생산 과정에서 동물 복지를 고려해야 한다.

= 생명에 대한 인위적인 개입 행위를 자제해야 한다.

2 **21 모평** 거주는 친숙한 공간에서 편안함을 얻고 삶의 기초를 발견하는 것이다.

= 거주는 공간 속에서 친근함과 익숙함을 느끼는 것이다.

= 거주 공간은 심신의 평온함을 보장하는 공간이 되어야 한다.

= 거주 공간은 위협적인 외부 세계와 구분되는 안식처가 되어야 한다.

01

다음 토론의 핵심 쟁점으로 가장 적절한 것은? [3점]

> 갑: 최신 유행을 반영하여 빠르게 옷을 제작하고 유통하는 소비 양식인 패스트패션은 소비자의 기호를 충족해 줄 수 있지만 심각한 환경 오염 문제를 야기하고 있습니다.
>
> 을: 동의합니다. 물론 패스트패션이 소비자의 욕구를 충족해 주기는 합니다. 그럼에도 환경을 생각하면 패스트패션 제품 생산을 막을 수밖에 없습니다.
>
> 갑: 아닙니다. 패스트패션 기업에 환경 부담금을 부과하는 정도의 규제는 필수적이지만 제품 생산까지 막는 것은 소비자의 선택권을 침해하는 과도한 규제입니다.
>
> 을: 소비자 선택권이 침해되는 것은 사실이지만 환경 문제를 해결하기 위해서는 환경 부담금을 부과하는 것뿐 아니라 패스트패션 제품 생산 자체를 못 하도록 해야 합니다.

① 패스트패션 제품 생산을 전면적으로 금지해야 하는가?
② 패스트패션은 심각한 환경 오염 문제를 야기할 수 있는가?
③ 패스트패션 제품을 생산하는 기업에 대한 규제가 필요한가?
④ 패스트패션은 유행에 민감한 소비자의 욕구를 충족해 주는가?
⑤ 패스트패션 제품 생산을 막는 것은 소비자의 선택권을 침해하는가?

02 대표 문제

그림의 강연자가 부정의 대답을 할 질문으로 가장 적절한 것은?

> 사람들은 금전적 능력으로 명성을 얻으려 하지만 금전적 능력만으로는 명성을 얻기에 충분하지 않습니다. 그래서 좋은 명성을 얻고 유지하기 위한 수단으로 과시적 소비를 합니다. 이 수단은 사회 계층의 밑바닥까지 위력을 발휘합니다. 소비의 근본 동기는 차별적 비교에 따른 경쟁입니다. 그래서 각 계층은 자신의 상위 계층을 동경하고 소비 행위를 모방하며, 이를 통해 같은 계층 사람들과의 경쟁에서 앞서 나가려고 합니다. 심지어는 물질적으로 결핍 상태에 있는 계층에서도 이러한 욕구 충족을 위해 마지막까지 허세를 부립니다.

① 과시적 소비는 명성을 얻기 위한 수단으로 행해지는가?
② 과시적 소비의 욕구는 사회의 최하위 계층에서도 나타나는가?
③ 동일 계층 내에서의 경쟁심은 과시적 소비의 동기가 될 수 있는가?
④ 상위 계층의 소비 행위는 하위 계층의 소비 행위에 영향을 주는가?
⑤ 명성의 욕망을 추구하기 위해서는 물질적 풍요가 전제되어야만 하는가?

03

다음을 주장한 사상가의 입장에서 〈문제 상황〉 속 A에게 제시할 조언으로 가장 적절한 것은?

> 운동을 지나치게 많이 하거나 적게 하는 것, 음식을 지나치게 많이 먹거나 적게 먹는 것은 건강을 해치지만, 적당한 운동이나 식사는 건강에 도움이 된다. 마땅한 때에, 마땅한 방식으로, 마땅하게 행동하는 것이 쉬운 일은 아니다. 그러므로 중용을 지키는 사람은 칭송받을 만하다.
>
> 〈문제 상황〉
> 학생 A는 급식에서 자신이 좋아하는 음식이 나올 때는 폭식을 하고, 좋아하지 않는 음식이 나올 때는 거의 먹지 않고 버린다. 최근 A는 자신의 건강과 올바른 생활 태도에 필요한 식습관이 무엇인지 고민하고 있다.

① 먹는 행위와 좋은 품성의 형성은 서로 무관함을 고려하세요.
② 먹는 것은 본능이므로 스스로 통제할 수 없음을 고려하세요.
③ 먹을 때 이성이 아닌 감정의 명령에 따라야 함을 고려하세요.
④ 먹는 즐거움을 느낄 때에도 절제의 덕이 필요함을 고려하세요.
⑤ 먹는 것은 육체의 욕망을 채우는 행위에 불과함을 고려하세요.

04

(가), (나) 사상의 입장으로 가장 적절한 것은?

> (가) 인위적인 것[人]으로 자연적인 것[天]을 없애지 말아야 한다. 사람은 소, 양, 돼지 등의 고기를 먹지만 사슴은 풀을 먹고 지네는 뱀을 먹고 올빼미는 쥐를 좋다고 먹는다. 이 넷 중 어느 쪽도 음식 맛을 바르게 안다고 할 수 없다.
>
> (나) 예(禮)가 아니면 말하지도 보지도 듣지도 행동하지도 말아야 한다. 군자는 음식 빛깔이 나쁜 것, 제대로 요리되지 않은 것, 제철 음식이 아닌 것은 먹지 않는다. 또한 음식을 자른 모양이 반듯하지 않거나 간이 맞지 않아도 먹지 않는다.

① (가): 음식에 대한 욕구를 제거하여 자연과 조화를 이루어야 한다.
② (가): 적절한 음식을 섭취하여 인간다움과 의로움을 실현해야 한다.
③ (나): 음식의 상태를 고려하여 먹는 것은 인격 수양의 일환이다.
④ (나): 음식을 섭취하는 목적은 육체적 생명의 보존에 국한된다.
⑤ (가)와 (나): 사회적 규범에 따라 음식을 올바르게 먹어야 한다.

05

(가), (나)의 입장으로 가장 적절한 것은?

> (가) 좋은 음식은 탐을 내고, 맛없는 음식은 찡그리고, 종일 먹어도 음식이 생겨난 바를 모르는 것은 어리석은 일이다. 덕 있는 선비는 배불리 먹을 타령을 금해야 한다.
>
> (나) 음식에 들어간 공(功)을 생각하고 자기의 덕행이 공양을 받을 만한지 생각하라. 탐욕을 버리고 식사를 약으로 알아 몸의 여윔을 방지하라. 깨달음을 이루기 위해 이 음식을 받는다.

① (가): 음식의 탐닉을 위해 음식이 생겨난 과정을 알아야 한다.
② (가): 몸의 건강과 마음의 다스림을 위해서는 금식이 필수적이다.
③ (나): 음식이 지닌 윤리적 가치보다 영양적 가치를 중시해야 한다.
④ (나): 음식을 먹는 태도가 아니라 음식에 들어간 노력이 중요하다.
⑤ (가)와 (나): 음식을 먹는 행위는 수양을 통해 조절되어야 한다.

06

다음 가상 대담의 사상가가 지지할 입장으로 가장 적절한 것은?

개인은 자신의 이익을 효율적으로 추구하는 합리적 선택에 따라 소비한다고 합니다. 이러한 입장에 대해 어떻게 생각하시나요?

그 입장으로 현대 사회의 소비를 설명하는 것은 소박하고 무력한 생각입니다. 예컨대 세탁기는 도구로써 쓰이지만 사회적 위세를 표현하는 역할도 합니다. 바로 이 후자의 영역이 현대 사회의 소비 영역입니다.

현대인은 사회적 지위 및 명성에 있어서의 차이를 드러내고자 사물 및 재화 그 자체가 아니라 기호(記號)를 소비한다는 말씀이신가요?

네, 그렇습니다. 그런데 역설적이게도 대(大)부르주아는 과시 소비를 거부하고 눈에 띄지 않는 검소함, 겸손함으로 차이를 드러내기도 합니다.

① 현대 사회의 소비자는 경제적 합리성을 최우선으로 고려하여 소비한다.
② 현대인은 타인과의 차이를 드러내려는 욕구를 충족하기 위해 소비한다.
③ 현대 사회에서 경제적 상위 계층만이 사회적 위세를 표현하고자 한다.
④ 현대인은 사물의 기능을 중시하는 소비를 통해 만족을 얻고자 한다.
⑤ 현대인은 사회적 시선을 의식하지 않고 자신의 선호에 따라 소비한다.

07

다음 글의 입장으로 적절하지 <u>않은</u> 것은?

> 산업 사회에서 유한계급은 사회적 명성의 측면에서 사회 구조의 정점에 위치하고 그들의 생활 양식은 사회의 평가 기준이 된다. 이 기준은 사회 구조의 가장 낮은 계층에 이르기까지 영향을 미친다. 각 계층에 속하는 사람들은 바로 위 계층에서 유행하는 생활 양식에 가까워지고자 온갖 노력을 기울이기 때문이다. 어떤 계급도, 즉 아무리 빈곤한 계급이라도 관례적인 과시적 소비를 전혀 하지 않을 수는 없다. 명성을 얻기 위해서는 과시적 소비를 할 수밖에 없으며, 과시적 소비를 하기 위해서는 부(富)가 있어야 한다.

① 과시적 소비로부터 완전히 자유로운 계층은 없다.
② 빈곤한 계층의 소비 행위는 사회적 명성과는 관련이 없다.
③ 산업 사회에서 명성을 얻기 위해서는 부를 필요로 한다.
④ 유한계급에게 과시적 소비는 명성을 획득하는 수단이다.
⑤ 사회에서 유행하는 생활 양식은 유한계급에 의해 주도된다.

08

그림의 강연자가 지지할 입장만을 〈보기〉에서 있는 대로 고른 것은?

유행은 모방이라는 점에서 개인을 누구나 다 가는 길로 안내합니다. 그와 동시에 유행은 차별화 욕구를 만족시킵니다. 유행은 언제나 상류 계층에서만 발생합니다. 상류 계층은 유행을 창출함으로써 그 구성원들 사이의 균질성을 유지하고 하류 계층의 구성원들과의 차별성을 부각합니다. 다른 한편, 하류 계층은 언제나 상층 지향적이기 때문에 유행을 따르는 경향이 있습니다. 이들 계층이 유행을 자신의 것으로 동화하자마자 상류 계층은 그 유행을 버리고 다시 대중과 자신을 구분할 수 있도록 새로운 유행을 추구합니다.

〈 보기 〉
ㄱ. 상류 계층에 동화하려는 욕구는 유행을 확산하는 데 일조한다.
ㄴ. 모든 계층이 추구하는 유행의 양식은 항구적 속성을 지닌다.
ㄷ. 유행은 계층 내 동질성과 계층 간 차별성을 드러내는 수단이다.
ㄹ. 하류 계층의 모방은 새로운 유행을 창출하는 계기로 작동한다.

① ㄱ, ㄴ   ② ㄱ, ㄷ   ③ ㄴ, ㄹ
④ ㄱ, ㄷ, ㄹ   ⑤ ㄴ, ㄷ, ㄹ

09

그림의 강연자가 긍정의 대답을 할 질문으로 가장 적절한 것은?

음식을 선택할 때에는 단순히 맛뿐만 아니라 건강과 환경 등 여러 요소를 고려해야 합니다. 우선, 건강과 맛을 위해 유기농 식품을 이용해야 합니다. 질이 낮은 음식을 풍족하게 먹는 것보다 덜 먹더라도 질 좋은 재료로 만든 유기농 식품을 먹는다면 건강도 증진되고 맛의 즐거움도 만끽할 수 있습니다. 또한, 환경을 생각해서 경제적 효율성이 떨어지더라도 유기농 먹거리는 반드시 가까운 지역에서 얻어야 합니다. 다른 나라에서 생산한 산업화된 유기농 식품은 장거리 수송 과정에서 이산화 탄소 배출 문제를 일으킵니다. 그리고 식품의 적정 가격에 대한 논의도 해야 합니다. 가난한 사람이 유기농 식품을 이용할 수 있도록 가격은 너무 비싸도 안 되지만, 농부들의 지속 가능한 생산을 위해 너무 저렴해도 안 됩니다.

① 가난한 사람들도 유기농 음식을 이용할 수 있도록 배려해야 하는가?
② 맛의 즐거움과 건강을 위해 음식의 질보다 양을 중시해야 하는가?
③ 대량 생산으로 음식 재료 가격을 낮추는 게 언제나 바람직한가?
④ 유기농 식품의 소비 과정에서 환경에 대한 고려를 배제해야 하는가?
⑤ 가까운 지역의 유기농 식품을 이용하는 것이 가장 경제적인 소비인가?

10

(가), (나) 사상의 입장으로 적절하지 않은 것은?

(가) 좋은 음식을 탐내고, 맛없는 음식을 찡그리며, 온종일 먹으면서도 음식이 생겨난 바를 모르는 것은 어리석은 일이다. 덕 있는 선비는 배불리 먹을 타령을 하지 않아서 허물이 없도록 해야 한다.
(나) 공양할 때는 마시거나 씹는 소리를 내지 말아야 한다. 음식을 가려서 맛있는 것을 좋아하거나 맛없는 것을 싫어하지 말아야 한다. 밥을 받는 것이 단지 몸을 지탱하여 도업(道業)을 이루기 위한 것임을 알아야 한다.

① (가): 음식 재료의 출처에 대한 도덕적 판단을 삼가야 한다.
② (가): 음식 섭취에 관한 예절을 익히는 것은 수양의 일환이다.
③ (나): 음식이 맛을 탐닉하기 위한 대상이 아님을 알아야 한다.
④ (나): 음식의 의미를 성찰하는 것은 깨달음을 위해 필요하다.
⑤ (가)와 (나): 음식을 먹을 때 과도한 욕심을 버리고 절제해야 한다.

11

다음을 주장한 사상가의 입장으로 적절한 것만을 〈보기〉에서 있는 대로 고른 것은?

인간은 공간에서 참된 거주를 실현함으로써 자신의 본질을 실현한다. 참된 거주를 실현하기 위해서는 집이라는 내부 공간에만 머무르려는 집착을 극복해야 한다. 비록 세계라는 외부 공간은 예기치 않은 일이 발생할 수 있는 위험한 공간이지만 인간은 외부 공간으로 나가 자기의 일을 수행해야 한다. 집이라는 내부 공간에서의 휴식과 세계라는 외부 공간에서의 노동이 서로 균형을 이룰 때 인간은 내적으로 건강해질 수 있다.

〈 보기 〉
ㄱ. 집의 소유는 인간의 본질을 실현하기 위한 유일한 조건이다.
ㄴ. 인간 내면의 건강은 휴식과 노동이 조화를 이룰 때 가능하다.
ㄷ. 참된 거주를 위해 외부 공간과 단절하고 집에 머물러야 한다.

① ㄱ   ② ㄴ   ③ ㄱ, ㄷ   ④ ㄴ, ㄷ   ⑤ ㄱ, ㄴ, ㄷ

12

그림의 강연자가 지지할 입장으로 적절한 것만을 〈보기〉에서 고른 것은? [3점]

유행은 일종의 모방이므로 변화 속에서도 지속적인 것을 강조하는 인간의 성향에 부합하며, 사회에 대한 의존 욕구를 충족시킵니다. 동시에 유행은 지속적인 것 안에서 변화를 찾으려는 인간의 성향에도 부합하며, 차별화 욕구를 만족시킵니다. 이러한 유행은 계층적으로 분화하는데, 언제나 상류층에서만 발생하며 하류층은 그 유행을 자신의 것으로 동화시키려고 합니다. 그리고 어떤 유행이 사회 전체를 지배하게 되면, 상류층은 그것을 버리고 대중과 자신을 구분하기 위한 새로운 유행을 추구합니다.

〈 보기 〉
ㄱ. 어떤 계층이든 새로운 유행을 직접 창출할 수 있다.
ㄴ. 상류층에서 시작된 유행은 사회 전체로 확산될 수 없다.
ㄷ. 인간은 모방하려는 성향과 변화를 찾으려는 성향을 함께 지닌다.
ㄹ. 상류층은 유행을 통해 다른 계층과의 차별성을 드러내려고 한다.

① ㄱ, ㄴ   ② ㄱ, ㄷ   ③ ㄴ, ㄷ   ④ ㄴ, ㄹ   ⑤ ㄷ, ㄹ

13

그림의 강연자의 입장으로 가장 적절한 것은?

문명화된 현대 사회에서 유한계급의 생활 방식은 명성의 기준을 제공합니다. 이러한 기준은 최고 상류층 이하의 모든 계층이 따르고 싶은 기준이 됩니다. 유한계급이 명성을 획득하거나 유지하는 수단은 과시적 여가와 과시적 소비입니다. 과시적 여가와 과시적 소비의 공통적인 특징은 낭비로 볼 수 있습니다. 한편 과시적 여가와 과시적 소비는 경제 발전의 각기 다른 단계에서 편의성을 기준으로 각각 선호되었습니다.

① 유한계급은 사회적 명성과 무관하게 여가 생활을 즐긴다.
② 과시적 소비는 어떠한 기능도 하지 못하는 낭비일 뿐이다.
③ 유한계급의 경쟁적인 비교 성향은 과시적 소비로 나타난다.
④ 산업 사회가 발전하면 과시적 소비에 대한 욕망은 사라진다.
⑤ 현대 사회의 극빈층은 과시적 소비의 유혹으로부터 자유롭다.

14

그림의 강연자의 입장으로 적절하지 <u>않은</u> 것은?

승려가 발우라는 그릇에 음식을 담아 식사하는 행위를 발우공양이라고 하는데, 이는 단지 허기를 달래고 몸을 살리는 수단만은 아닙니다. 발우공양에 참여하면 나이와 상관없이 같은 장소에서 같은 음식을 공평하게 나누어 먹고, 남기지 않아야 하기 때문에 환경까지 고려하게 됩니다. 그리고 해와 바람, 흙과 물 등 자연의 은혜와 수많은 사람의 노고 없이는 우리 입에 들어올 수 있는 음식은 아무것도 없다는 것을 깨닫게 됩니다. 또한 식사를 매개로 소유에 대한 탐욕을 버리는 연습도 하게 됩니다.

① 음식을 먹는 행위를 통해 평등함을 실천할 수 있다.
② 음식을 먹으며 생존에 대한 욕구를 충족할 수 있다.
③ 음식을 통해 만물이 상호 독립적이라는 것을 깨달을 수 있다.
④ 음식을 남기지 않는 행위를 함으로써 환경 오염을 줄일 수 있다.
⑤ 음식을 먹는 행위로 소유에 대한 집착을 버리는 수행을 할 수 있다.

15

다음을 주장한 사상가의 입장으로 가장 적절한 것은?

유한계급이 명성을 얻기 위해 행하는 여가와 과시 소비의 공통적인 특징은 낭비이다. 여가의 경우에는 시간과 노력의 낭비이고, 과시 소비의 경우에는 재화의 낭비이다. 여가와 과시 소비는 모두 부의 소유를 자랑하기 위한 것이며, 둘 중 어느 하나를 선택하는 것은 편의성의 문제일 뿐이다. 여가와 과시 소비는 모든 사회 계층에게 위력을 발휘한다.

① 과시 소비는 사회의 최상 계층인 유한계급에서만 나타난다.
② 재력을 경쟁적으로 비교하는 성향은 과시 소비로 나타난다.
③ 유한계급은 타인과 상관없이 자족하기 위해 여가를 즐긴다.
④ 유한계급은 부나 권력의 획득만으로 사회적 명성을 유지한다.
⑤ 부를 과시할 수 있는 상품의 가격과 수요는 언제나 반비례한다.

16

그림의 강연자가 지지할 입장만을 <보기>에서 있는 대로 고른 것은?

인간에게 먹는 행위는 생존을 위해 필수적이며, "자기가 먹은 음식이 곧 자기가 된다."라는 말처럼 먹는 행위는 자기 본질을 규정하는 데 영향을 미칩니다. 또한 먹는 행위는 음식의 생산 및 소비 과정에서 사회의 다른 영역들과 밀접한 관련을 맺습니다. 예를 들어 우리가 생산하고 소비하는 음식에 따라 산업 구조가 달라질 수 있고, 이는 환경의 변화를 초래할 수도 있습니다. 이처럼 먹는 행위는 개인적 차원의 문제인 동시에 사회적 차원의 문제입니다. 따라서 우리는 자신의 식습관을 점검하고 먹는 행위의 사회적 의미에 대해 성찰하는 태도를 지녀야 합니다.

〈 보기 〉

ㄱ. 먹는 행위는 도덕적인 판단의 대상이 될 수 있다.
ㄴ. 먹는 행위를 생존을 위한 수단으로만 여겨야 한다.
ㄷ. 먹는 행위가 미치는 사회적 영향을 고려해야 한다.
ㄹ. 먹는 행위는 인간의 자아 정체성 형성에 영향을 준다.

① ㄱ, ㄴ   ② ㄴ, ㄷ   ③ ㄷ, ㄹ
④ ㄱ, ㄴ, ㄹ   ⑤ ㄱ, ㄷ, ㄹ

17

20학년도 4월 학평 15번

다음 글의 입장만을 〈보기〉에서 있는 대로 고른 것은?

인간은 자연으로부터 영양분을 흡수하는 신진대사작용을 통해 자연과 소통하게 된다. 즉 인간은 먹는 행위를 통해 자연의 순환에 참여한다. 이러한 먹는 행위는 '먹는다'와 '식사한다'로 구분될 필요가 있다. '먹는다'는 것은 단지 허기를 채우는 수단만을 전제하기에 '먹는다'에서 비롯된 즐거움은 인간과 동물에게 공통적이다. 반면 '식사한다'는 것은 회식에 참석하는 사람들의 즐거움을 위해 누구를 초대할지, 어떤 음식을 먹을지, 어떤 식사 예절을 지켜야 할지에 대한 다양한 사전적 준비가 전제되므로 '식사한다'에서 비롯된 즐거움은 인간에게만 특유한 것이다. 따라서 '먹는다'는 것은 생물학적 성격을 갖는 행위이지만, '식사한다'는 것은 이성적인 행위이면서도 도덕적 판단의 대상이 되는 행위이다.

〈 보기 〉

ㄱ. 먹는 행위를 통해 인간은 자연과 유기적 관계를 맺는다.
ㄴ. '먹는다'는 것은 인간의 본능적인 행위에 포함될 수 없다.
ㄷ. '먹는다'는 '식사한다'와 달리 정신적인 작용이 포함된 행위이다.
ㄹ. '먹는다'와 '식사한다'에서 비롯된 즐거움을 동일하게 볼 수 없다.

① ㄱ, ㄴ   ② ㄱ, ㄹ   ③ ㄷ, ㄹ
④ ㄱ, ㄴ, ㄷ   ⑤ ㄴ, ㄷ, ㄹ

18

21학년도 6월 모평 13번

(가), (나) 사상의 입장으로 가장 적절한 것은?

(가) 군자는 밥이 완성되기까지 기울인 노력과 식재료의 출처를 알아야 하고, 마음을 절제하여 탐욕을 없애야 한다. 밥 먹을 때에도 인(仁)을 떠나지 말아야 한다.

(나) 지혜롭게 숙고하면서 공양(供養)을 받는다. 밥 먹는 것은 즐기거나 과시하려는 것이 아니다. 몸을 지탱하고 존속하는 것, 청정(淸淨)한 수행을 계속하는 것이다.

① (가): 중생의 불성(佛性)에 유념하며 음식을 먹어야 한다.
② (가): 충분한 영양 섭취를 위해 음식의 양은 많을수록 좋다.
③ (나): 음식은 타인과의 관계에서 명예를 드높이는 수단이다.
④ (나): 음식을 먹는 것이 수행의 연장으로 여겨질 필요가 없다.
⑤ (가), (나): 도리에 어긋남이 없는지 성찰하며 음식을 먹어야 한다.

19

19학년도 6월 모평 19번

(가)의 입장에서 (나)의 입장에 대해 제시할 적절한 반론을 〈보기〉에서 고른 것은?

(가)	*패스트 패션 산업은 경제적 측면에만 몰두하여 노동 조건과 자연 생태계를 위협하는 부작용을 초래한다. 그 결과 패스트 패션을 추구하는 현상에 대한 반성이 확산되고 있다. 패션 산업 종사자와 소비자도 인간다운 삶의 권리와 조건에 기여해야 할 책임을 다해야 한다. • 패스트 패션(fast fashion): 비교적 저렴한 가격대에 최신 유행 상품을 빠르게 공급해 상품 회전율이 빠른 패션
(나)	패스트 패션 산업은 생산 비용을 절감하고 이윤을 창출함으로써 기업의 사회적 역할과 책임을 다하고 있다. 또한 소비자들은 부담 없는 가격으로 패스트 패션을 즐기면서 다양한 미적 욕구를 충족하고 있다. 이처럼 패스트 패션은 기업과 소비자 모두에게 유용하다.

〈 보기 〉

ㄱ. 환경과 인권에 대한 기업의 역할과 책임을 간과하고 있다.
ㄴ. 패션에 대한 개인들의 차별화된 욕구와 기호를 간과하고 있다.
ㄷ. 욕구 충족만이 소비의 도덕 판단 기준이 아님을 간과하고 있다.
ㄹ. 경제적 효율을 추구하는 합리적 소비 성향을 간과하고 있다.

① ㄱ, ㄴ   ② ㄱ, ㄷ   ③ ㄴ, ㄷ   ④ ㄴ, ㄹ   ⑤ ㄷ, ㄹ

20

22학년도 수능 16번

다음을 주장한 사상가의 입장으로 적절하지 않은 것은?

집은 인간이 사는 체험 공간의 구체적인 중심이며, 이런 중심을 창조해야 하는 과제는 거주함으로써 실현된다. 거주한다는 것은 특정한 자리에 속하여 뿌리를 내리고 그곳을 집으로 삼는다는 뜻이다. 특히 거주는 분리된 안전하고 편안한 영역, 즉 인간이 위협적인 외부 세계로부터 도피할 수 있는 집이라는 개인 공간을 갖고 있음을 뜻한다. 인간의 참다운 삶을 위한 거주는 인간이 자신의 존재를 쏟아부어 온전히 노력해야만 얻을 수 있고 실현할 수 있다.

① 인간은 인간다운 삶을 살기 위해 편안함의 영역을 필요로 한다.
② 거주는 주어지는 것이 아니라 각별한 노력을 통해 이루어진다.
③ 집은 인간이 거주하는 공간이며 개인이 활동하는 세계의 중심이다.
④ 거주 공간의 소유는 참다운 인간의 삶을 위한 필요충분조건이다.
⑤ 인간은 거주를 통해 외부의 위협에서 벗어나 안정을 얻을 수 있다.

21

다음을 주장한 사상가의 입장으로 적절한 것만을 〈보기〉에서 있는 대로 고른 것은? [3점]

- 집의 담장은 체험 공간을 내부와 외부로 분리하며 두 영역은 인간 삶의 기본이 된다. 인간은 안정의 영역인 집에 거주함으로써만 자신의 참된 본질을 실현할 수 있다.
- 거주는 공동의 삶을 통해서만 가능하므로 진정한 집에는 가족이 필요하다. 집과 가족은 인간의 안전과 편안함을 조성하는 과제에 있어서 불가분의 관계로 묶여 있다.

〈 보기 〉
ㄱ. 인간은 거주 공간에서 유대감을 형성한다.
ㄴ. 집은 인간의 본질을 실현할 수 있는 공간이다.
ㄷ. 집은 외부 세계와 구분될 수 없는 열린 공간이다.
ㄹ. 인간은 거주함으로써만 본래적 의미의 인간이 될 수 있다.

① ㄱ, ㄴ   ② ㄱ, ㄷ   ③ ㄷ, ㄹ
④ ㄱ, ㄴ, ㄹ   ⑤ ㄴ, ㄷ, ㄹ

22

다음을 주장한 사상가의 입장으로 가장 적절한 것은? [3점]

인간이 자기 집에서 사는 것을 거주라고 한다. 그러나 거주는 우리가 단순히 어떤 낯선 공간에 존재하거나 머무르는 것 이상의 의미를 지닌다. 거주는 특정 장소를 집으로 삼아 그 안에서 뿌리를 내리고 거기에 속해 있는 것이다. 또한 거주는 마음 내키는 대로 저지르는 행위가 아니라 자기 삶의 의미를 찾고 인간과 세계의 관계 전체를 규정하는 행위이다. 이런 거주는 본래부터 타고난 능력으로 주어지는 것이 아니라 자신의 존재를 쏟아붓는 각별한 노력을 통해 획득된다.

① 거주는 행위나 능력이 아니라 장소에 속해 있는 방식이다.
② 삶의 의미가 담겨 있는 거주는 인간에게 선천적으로 주어져 있다.
③ 거주는 인간이 집에 머무르는 것 이외에 어떤 의미도 지니지 않는다.
④ 거주는 친숙한 공간에서 편안함을 얻고 삶의 기초를 발견하는 것이다.
⑤ 거주는 인간이 세계로부터 영원히 격리되어 삶의 의미를 찾는 것이다.

23

그림의 강연자가 지지할 입장으로 적절하지 <u>않은</u> 것은?

인간은 외부 세계에서의 싸움에서 지쳤을 때 돌아와 긴장을 풀고 다시 나갈 수 있는 거주 공간을 필요로 합니다. 만약 인간에게서 그의 거주의 평화를 박탈해 버린다면 인간의 내적인 해체는 불가피합니다. 그래서 사는 곳이 바뀌더라도 거주의 질서와 집의 편안함을 새로운 장소에서 새롭게 만들어야 합니다. 인간은 거주 공간에서 진정한 자신의 존재 근거를 발견할 수 있습니다.

① 인간은 삶의 체험과는 분리된 점유물인 집에서 거주한다.
② 인간은 거주함으로써 자신의 참된 본질을 실현할 수 있다.
③ 인간은 사적인 거주 공간에서 마음의 평화를 이룰 수 있다.
④ 인간은 거주를 통해 외부의 위협으로부터 보호받을 수 있다.
⑤ 인간은 새로운 거주 공간에서도 자아를 상실하지 않을 수 있다.

24

다음을 주장한 사상가의 입장만을 〈보기〉에서 고른 것은?

인간은 세상으로 나아가 생업에 종사하면서 그것과 필연적으로 연관된 위험에 내던져져야 한다. 그러나 세상에서 과제를 완수하고 나면 집의 보호 속으로 돌아올 수 있는 기회도 가져야 한다. 극단적인 긴장 관계로 맺어진 이 두 측면은 똑같이 필요하며, 세계라는 외부 공간에서의 노동과 집이라는 내부 공간에서의 휴식이 균형을 이룰 때 인간은 내적으로 건강해진다. 그렇기에 인간은 집을 짓고 그 집을 방어하면서 든든한 공간을 마련해야 할 절대적인 과제를 안고 있다.

〈 보기 〉
ㄱ. 집에 단지 머무는 것만으로는 진정한 거주가 될 수 없다.
ㄴ. 집이라는 내부 공간에 거주함으로써 안정감을 얻을 수 있다.
ㄷ. 집은 외부 세계와 구분되지 않는 안락한 공간이어야 한다.
ㄹ. 집은 공적인 영역으로서 타인에게 언제나 열려 있어야 한다.

① ㄱ, ㄴ   ② ㄱ, ㄷ   ③ ㄴ, ㄷ   ④ ㄴ, ㄹ   ⑤ ㄷ, ㄹ

25

그림의 강연자가 긍정의 대답을 할 질문으로 가장 적절한 것은?

> 타인의 존경을 얻고 유지하기 위해서는 부나 권력을 획득하는 것만으로는 충분하지 않습니다. 부나 권력은 타인에게 증거로 드러나는 한에서만 존경이 부여되기 때문입니다. 극빈층을 포함한 사회의 어떤 계층도 관례적인 과시 소비를 하지 않는 경우는 없습니다. 자기 보존 본능을 제외하고는 경쟁적인 비교 성향이 가장 강력하고 지속적인 경제적 동기입니다. 그래서 겉으로 있어 보이는 체하려고 허세가 다하는 마지막 순간까지 비참할 정도의 옹색과 불편조차도 참아낼 것입니다.

① 과시 소비로부터 자유로운 사회 계층이 존재하는가?
② 타인과의 비교 성향이 인간의 허영심을 제한하는가?
③ 자본을 축적하는 것만으로도 타인의 존경을 얻을 수 있는가?
④ 과시 소비는 자신의 지위를 드러내기 위한 방편으로 행해지는가?
⑤ 경쟁적인 비교 성향은 자기 보존 본능보다 강력한 경제적 동기인가?

26

다음은 신문 칼럼이다. ㉠에 들어갈 내용으로 적절하지 <u>않은</u> 것은?

> ○○신문　　　　　　　　　　○○○○년 ○○월 ○○일
>
> ### 칼 럼
>
> 　　최근 들어 개인적 취향만이 아니라 여행자의 윤리 의식을 강조하는 공정 여행에 관심을 갖는 사람들이 늘고 있다. 이들은 개인적 만족과 여행 비용의 효율성만을 추구하던 기존 여행의 관행에서 벗어나 여행지에 도움을 주고 현지 주민들과 함께할 수 있는 여행을 지향한다. 공정 여행을 통해 여행자들은 현지 주민이 제공하는 숙소와 음식을 접하고 특산품, 기념품 등을 구입하며, 현지 서비스 노동자들의 기본권을 존중한다. 나아가 여행지의 동식물을 보호할 뿐만 아니라 온실가스 배출량을 줄이기 위해 항공 여행을 자제하는 결정까지 내린다. 이처럼 공정 여행은 　　㉠　　

① 동식물을 포함한 생태계 전체를 고려하는 여행이다.
② 여행 지역의 지속 가능한 발전을 도모하는 여행이다.
③ 사회적 책임보다 비용의 최소화를 지향하는 여행이다.
④ 개인적 선호만이 아니라 공공의 가치도 중시하는 여행이다.
⑤ 여행자의 즐거움뿐만 아니라 현지 주민도 배려하는 여행이다.

27

㉠에 들어갈 내용으로 적절한 것만을 〈보기〉에서 고른 것은?

> 　　이제까지 우리는 자기 욕구를 정확하게 파악하고 상품 정보를 충분히 알아본 뒤, 소득 범위 내에서 가장 적은 비용으로 만족도가 높은 제품을 구매하는 것이 바람직한 소비라고 생각했다. 그러나 오늘날 더 절실히 요구되는 소비는 생산, 유통, 구매 그리고 사용 이후의 처리와 재생에 이르기까지 사회, 환경, 미래 세대 등을 배려하는 데서부터 시작한다. 이를 위해 소비할 때 우리는 　　㉠　　

〈 보기 〉
ㄱ. 생산 노동자의 권리가 보장되는지 고려해야 한다.
ㄴ. 공동선을 추구하는 기업의 제품을 선택해야 한다.
ㄷ. 지속 가능한 소비보다는 현세대의 이익을 추구해야 한다.
ㄹ. 비용 대비 편익의 극대화를 최우선적 기준으로 삼아야 한다.

① ㄱ, ㄴ　　② ㄱ, ㄷ　　③ ㄴ, ㄷ　　④ ㄴ, ㄹ　　⑤ ㄷ, ㄹ

28

다음은 신문 칼럼이다. ㉠에 들어갈 내용으로 적절한 것만을 〈보기〉에서 있는 대로 고른 것은?

> ○○신문　　　　　　　　　　○○○○년 ○○월 ○○일
>
> ### 칼 럼
>
> 　　명품 소비는 한 사회의 모습을 반영한다. 이에 주목하여 우리 사회의 명품 소비 문제를 살펴볼 필요가 있다. 자신을 과시하려는 욕망에서 비롯된 일부 계층의 명품 소비 성향이 사회 전 계층으로 확산되어 나타나고 있다. 그래서 구매력이 부족한 사람들도 자신의 소득 수준을 초과하는 명품을 구매하거나 심지어 모조품을 찾으면서까지 과시욕을 충족하고자 한다. 이러한 소비 성향은 '남들과 같아지고 싶다.'라는 욕구와 연관되어 명품 소비를 하나의 유행으로 만든다. 그 결과, 명품 구매를 통해 남들과 같아지고 싶어 하는 욕구는 일시적으로 충족되지만, 자신의 개성은 상실하게 된다. 이러한 명품 소비 문제를 극복하기 위해 우리는 　　㉠　　 …(후략).

〈 보기 〉
ㄱ. 동조 욕구를 절제하고 주체적 소비를 해야 한다.
ㄴ. 자신의 경제력을 고려하는 합리적 소비를 해야 한다.
ㄷ. 모방 소비를 지양하여 자신의 개성을 표현해야 한다.
ㄹ. 특정 계층에 국한된 과시 소비의 문제를 해결해야 한다.

① ㄱ, ㄷ　　　　② ㄴ, ㄹ　　　　③ ㄷ, ㄹ
④ ㄱ, ㄴ, ㄷ　　　⑤ ㄱ, ㄴ, ㄹ

29

그림의 강연자가 긍정의 대답을 할 질문으로 가장 적절한 것은?

과시적 소비는 자신의 부와 명성을 타인에게 명백하게 증명하려는 경쟁적인 소비 행위입니다. 명성의 관점에서 사회 구조의 최상부에 위치한 유한계급의 생활 예절과 가치 기준들은 사회 구조의 최하층까지 강압적인 영향력을 확장합니다. 그 결과 각 계급의 구성원들, 심지어 절대 빈곤에 시달리는 빈민조차도 모든 관습적인 과시적 소비의 유혹을 떨쳐 버리지 못합니다. 하지만 사회의 전체적인 부가 아무리 증가하더라도 다른 사람들보다 더 많은 재화를 축적하고자 하는 모든 사람들의 모든 욕망은 결코 완전히 충족되지는 못합니다. 그 욕망은 본질적으로 차별적인 비교에 바탕을 둔, 명성을 획득하고 유지하기 위한 경쟁이기 때문입니다.

① 유한계급의 소비 행태는 사회 구조 전반으로 확산되는가?
② 사회 구조의 최상위 계급만이 과시적 소비를 욕구하는가?
③ 유한계급은 소비를 통해 자신의 재력을 은폐하고자 하는가?
④ 사회의 각 계급은 상위 계급의 소비 행태에 대해 무관심한가?
⑤ 사회의 전체적인 부가 증대되면 과시적 소비의 욕망은 사라지는가?

30

다음을 주장한 사상가가 긍정의 대답을 할 질문으로 가장 적절한 것은?

고도로 조직화된 산업 사회에서는 재력이 없으면 평판도 얻을 수 없다. 재력을 과시하여 평판을 얻기 위한 수단은 여가와 재화의 과시적 소비이다. 사람들의 평판을 효과적으로 얻으려면 불필요한 사치품에 돈을 써야 한다. 오로지 필수품을 소비하는 것만으로는 아무런 의미가 없다. 이러한 과시적 소비는 하층 계급에서도 나타난다.

① 과시적 소비는 하층 계급에서 상층 계급으로 확산되는가?
② 사회 전체의 부가 늘어날수록 과시적 소비는 감소하는가?
③ 모든 계층에서 평판을 높이려는 과시적 소비가 나타나는가?
④ 자기 보존 본능은 과시적 소비의 주된 경제적 동기가 되는가?
⑤ 필수품 소비는 유한계급이 재력을 과시하는 유용한 방법인가?

31

다음 신문 칼럼의 입장에서 지지할 견해만을 〈보기〉에서 있는 대로 고른 것은?

○○신문 　　　　　　　○○○○년 ○월 ○일

칼럼

시장을 주도하는 주축이 기업에서 소비자로 변화하고 있다. 상표를 보고 제품을 선택했던 과거와 달리 건강한 원료, 환경 친화적인 생산 과정, 소비를 통한 사회적 가치 실현까지를 고려한 윤리적 소비가 새로운 흐름을 형성하고 있다. 이른바 소비의 '미닝 아웃(Meaning out)'이라고 할 수 있다. 미닝 아웃은 이전에는 잘 드러내지 않았던 정치적·사회적 신념 등을 소비 행위를 통해 적극적으로 표출하는 것을 뜻한다. 이제 소비자는 새로운 소비의 흐름에 적극 동참해야 하고, 기업도 생산 및 유통 과정을 변화시켜 나가야 한다.

〈 보기 〉

ㄱ. 기업은 이윤 추구와 더불어 사회적 책임에 힘써야 한다.
ㄴ. 기업은 생산 활동이 생태계에 미칠 영향을 고려해야 한다.
ㄷ. 소비자는 경제적 효용성만을 소비의 기준으로 삼아야 한다.
ㄹ. 소비자는 경제적 부를 과시하기 위한 소비를 지양해야 한다.

① ㄱ, ㄴ　　　　② ㄱ, ㄷ　　　　③ ㄷ, ㄹ
④ ㄱ, ㄴ, ㄹ　　　⑤ ㄴ, ㄷ, ㄹ

32

다음을 주장한 사상가의 입장으로 가장 적절한 것은?

산업화가 이루어진 사회에서는 재력을 과시하고 명성을 획득하기 위한 과시 소비가 나타난다. 이러한 소비는 개인 간 접촉이 광범위하고 인구 이동이 많은 사회에서 체면 유지에 효과적이기 때문에 최선의 소비로 여겨진다. 과시 소비에 익숙해진 사람들은 서로를 능가하기 위해 경쟁을 벌이고 소비 기준을 높여 가며 더 많은 비용을 지출하게 된다. 이러한 행위는 사회의 모든 계층, 심지어 빈곤한 사람들에게서도 발견된다.

① 과시 소비는 부(富)를 축적하지 못한 계층에서도 관찰된다.
② 과시 소비는 명성 획득을 위한 경쟁이 증가함에 따라 위축된다.
③ 과시 소비는 개인의 경제력을 드러내기 위한 수단이 될 수 없다.
④ 과시 소비 습관을 지닌 사람들은 자신과 타인을 비교하지 않는다.
⑤ 과시 소비 경향은 인구 이동이 활발한 사회에서는 나타나지 않는다.

33

다음 사회사상가의 입장으로 적절하지 <u>않은</u> 것은?

> 문명화된 사회에서 유한계급의 생활 예절과 가치 기준은 사회적 명성의 기준을 제공하고 최하층까지 영향력을 미친다. 명성을 획득하고 유지하는 방편은 과시적으로 재화를 소비하는 것인데 어떤 계급도 이 유혹을 떨쳐버리지 못한다. 왜냐하면 계급 분류 기준을 능가하도록 부추기는 차별적인 비교 관행이 소비 경쟁을 자극하기 때문이다. 인간은 자신을 차별화하여 타인의 부러움을 사려는 목적을 달성하기 위해 이러한 경쟁에 노력을 쏟아부으면서 갈수록 이기적으로 행동하고 편협해진다.

① 유한계급은 자신들의 사회적 지위를 드러내기 위해 소비한다.
② 사회 전체의 부가 증가하면 과시적 소비 행태는 사라지게 된다.
③ 경쟁적 소비 현상으로 인해 그릇된 소비문화가 형성될 수 있다.
④ 물건의 가격이 오를지라도 수요량의 증가 현상이 나타날 수 있다.
⑤ 특정 계급에 국한되어 과시적 소비 욕구가 드러나는 것은 아니다.

35

그림의 강연자가 지지할 입장으로 가장 적절한 것은?

> 현대 사회에서 유행이란 사회적 균등화 경향과 개인적 차별화 경향 사이에 타협을 이루려고 시도하는 삶의 형식들 중 하나입니다. 상류층의 유행은 하류층의 유행과 구분되며, 상류층의 유행이 하류층에 의해 동화되는 순간 상류층의 유행이 소멸된다는 사실이 이를 입증해 줍니다. 남과 구분되려는 욕구가 결여되는 경우, 반대로 집단에 속하고자 하는 욕구가 결여되는 경우 유행의 영역은 더 이상 존재하지 않게 됩니다.

① 현대 사회에서 유행의 생성과 소멸은 계층 간 차이의 산물이다.
② 유행은 계층 내 동질성은 감추고 계층 간 차별성은 드러낸다.
③ 상류층은 차별화 경향성을 은폐하기 위해서 유행을 선도한다.
④ 하류층은 상류층에 동화되기 위해서 새로운 유행을 창출한다.
⑤ 하류층은 타 계층을 모방하지 않는 영속적인 유행을 추구한다.

34

다음은 신문 칼럼이다. ㉠에 들어갈 진술로 가장 적절한 것은? [3점]

> ○○신문   ○○○○년 ○월 ○일
>
> **칼 럼**
>
> 요즘 학교에서는 학생들을 대상으로 어떤 소비 행위가 올바른 소비 행위인지를 교육하는 시간을 운영하고 있다. 이 시간이 형식적인 운영에 그치지 않기 위해서는 제품의 기본 정보뿐만 아니라 제품이 어떤 방식으로 만들어졌는지도 꼼꼼하게 살피는 태도를 교육해야 한다. 예를 들면, 제품 생산 과정에서 발생한 쓰레기를 무단으로 버리지 않았는지, 제품을 생산하는 노동자들을 함부로 대하지 않았는지, 무분별한 동물 실험으로 불필요하게 생명을 희생시키지 않았는지 등등 말이다. 그런데 어떤 사람들은 올바른 소비 행위를 자신의 경제력 안에서 최소한의 비용으로 최대한의 자기만족을 얻을 수 있도록 하는 것이라고 주장한다. 필자는 이러한 주장이 _____㉠_____ 고 생각한다. …(후략).

① 노동자의 인권 개선보다 경제적 효율성이 중요함을 간과한다.
② 자신의 욕구와 소득 수준을 우선적으로 고려해야 함을 간과한다.
③ 공공선보다 개인적 선호를 바탕으로 소비해야 함을 간과한다.
④ 제품 생산이 사회에 미치는 윤리적 영향력을 따져야 함을 간과한다.
⑤ 자신의 경제력을 과시하기 위한 제품을 구매해야 함을 간과한다.

36

갑, 을 사상가들의 입장으로 적절하지 <u>않은</u> 것은?

> 갑: 중용은 지나침에 따른 악덕과 모자람에 따른 악덕 사이의 덕이다. 너무 많이 먹고 마시는 것이나, 너무 적게 먹고 마시는 것 모두 건강을 해친다.
>
> 을: 수행자는 원하는 대로 배불리 먹은 뒤 잠자는 즐거움에 빠지면 마음이 전념을 다하지 못한다. 음식을 먹는 것은 몸을 존속하고 청정범행(淸淨梵行)을 잘하기 위한 것이다.

① 갑: 적당한 음식의 양은 사람에 따라 차이가 없이 동일하다.
② 갑: 음식을 절제하며 섭취하는 습관을 기르는 것이 필요하다.
③ 을: 식생활은 신체에 대한 영양 공급 이외의 의미를 지닌다.
④ 을: 먹는 즐거움에만 탐닉하는 것은 마음의 수양을 방해한다.
⑤ 갑과 을: 음식을 먹는 행위는 생존에 대한 욕구와 연관된다.

한눈에 정리하는
평가원 기출 경향

주제 \ 학년도	**2025**	**2024**	**2023**

빈출 — 다문화에 대한 입장들 [23일차]

2025 — 6월 모평 13번

1. (가)의 입장에 비해 (나)의 입장이 갖는 상대적 특징을 그림의 ㉠∼㉤ 중에서 고른 것은?

(가) 용광로에 여러 금속을 넣어 하나의 금속을 만들어 내듯이 주류 문화에 이민자 문화를 융합하여 새로운 문화를 만들어야 한다.

(나) 서로 다른 특성을 가진 재료들이 각자 고유한 맛을 유지하면서 하나로 어우러지는 샐러드처럼 다양한 문화가 조화를 이루도록 해야 한다.

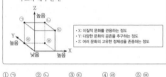

X: 이질적 문화를 관용하는 정도
Y: 다양한 문화의 공존을 추구하는 정도
Z: 여러 문화의 고유한 정체성을 존중하는 정도

① ㉠   ② ㉡   ③ ㉢   ④ ㉣   ⑤ ㉤

2024 — 6월 모평 17번

2. (가), (나)의 입장으로 가장 적절한 것은?

(가) 사회를 통합하기 위해 비주류 문화를 주류 사회의 문화에 편입시키고 융합하여 국가 구성원 전체가 공유하는 통일된 정체성을 확보해야 한다.

(나) 이민자의 고유한 문화와 자율성을 존중하고 유지하는 것이 진정한 사회 통합의 방법이다. 문화적 다양성을 대등하게 수용하고 다양한 문화의 평화적 공존을 모색해야 한다.

① (가): 문화의 통합성과 집단 간 결속력의 관계는 상호 배타적이다.
② (가): 사회 제도와 질서의 유지는 문화들의 평화적 공존으로부터 온다.
③ (나): 자문화 중심주의를 고집하는 태도는 사회 갈등의 원인이 된다.
④ (나): 주류 문화로 통일된 문화 정체성은 사회 발전의 원동력이 된다.
⑤ (가)와 (나): 사회 통합을 위해 문화 간 차별 없는 정책과 관용이 필요하다.

2023 — 수능 8번

3. 다음 가상 편지에서 강조하는 내용으로 가장 적절한 것은?

○○ 국가 다문화 정책 담당자분께

지난번에 의뢰해 주신 귀국의 다문화 정책의 추진 방향에 대한 답변을 드리고자 합니다. 귀국에서는 외국인과의 혼인 및 외국인 노동자의 이주가 증가하면서 이주민 문화와 기존 문화 간에 갈등이 발생하고 있습니다. 이러한 갈등을 해소하기 위해서는 다양한 문화를 주류 문화 속에 융합하여 하나의 문화를 형성하는 정책이 아니라, 다양한 문화가 조화를 이루며 평등하게 공존할 수 있는 정책을 추진해야 합니다. 비유하자면, 샐러드처럼 양상추, 당근, 오이 등이 각각 그 고유한 맛을 유지하면서도 다채로운 맛을 낼 수 있도록 해야 한다는 것입니다. 이러한 정책이 각 문화의 특수성을 존중하면서도 자유, 평등, 정의와 같은 보편적 가치를 실현하는 데 기여할 수 있습니다.

① 이주민 문화를 주류 문화에 편입시켜 사회적 결속력을 강화해야 한다.
② 보편 윤리를 실현하기 위해 각 문화의 특수성을 배제해야 한다.
③ 문화 간 갈등이 발생하지 않도록 동화주의 정책을 추진해야 한다.
④ 주류 문화의 우위를 전제로 비주류 문화의 고유성을 존중해야 한다.
⑤ 문화의 다양성을 인정함으로써 문화적 역동성을 증진해야 한다.

엘리아데의 종교관 [24일차]

2025 — 수능 5번

21. 다음을 주장한 사상가의 입장으로 가장 적절한 것은?

종교적 인간에게 자연은 결코 단순한 자연이 아니다. 그것은 항상 종교적 의미로 충만해 있다. 우주는 신들의 창조물이고 세계는 신들의 손으로 완성된 것이어서 성스러움으로 가득 차 있기 때문이다. 이는 예를 들면, 신의 현존에 의해서 정화된 장소나 사물에 머무르는 경우와 같이 신들과 직접 교류하는 신성성만은 아니다. 신들은 세계의 구조와 우주적 현상의 구조 그 자체 안에서 다양한 성(聖)의 양태를 현현(顯現)한다.

① 성스러움이 드러나는 자연과 세계가 초월적 신 자체이다.
② 인간의 노력 없는 세계 안에 성스러움이 존재할 수 없다.
③ 신이 창조한 세계는 실재하지 않지만 일정한 구조를 지닌다.
④ 종교적 인간은 신과 직접 교류함으로써만 성스러움을 느낀다.
⑤ 종교적 인간은 세속적 공간에서도 성스러움을 체험할 수 있다.

2024 — 9월 모평 16번

3. 그림의 강연자가 지지할 입장으로 가장 적절한 것은? [3점]

성스러움이 세속적인 것과는 전혀 다른 그 무엇으로서 자신을 드러내어 보여 주기 때문에, 인간은 성스러움을 알 수 있습니다. 성스러움이 드러나는 것을 가리키는 말이 성현(聖顯)입니다. 성스러운 나무, 성스러운 돌은 강화되어 그것이 신현이기 때문에, 그것이 더 이상 돌이나 나무가 아니라 성스러운 것을 보여 주는 존재가 되기 때문에 숭배를 받는 것입니다. 종교의 역사란 가장 원시적인 것에서부터 가장 고도로 발달된 것에 이르기까지 다수의 성현으로 이루어져 있다고 말할 수 있습니다. 종교적 인간이 성스러운 존재들에 의지하여 안정과 평화를 추구해 온 것은 자연스러운 일입니다. 심지어 비종교적 인간도 종교적 의례나 신화의 영향을 받기 때문에 자신도 모르는 사이에 종교적으로 행동합니다.

① 성스러움과 속됨은 서로 양립할 수 있지만 조화될 수는 없다.
② 종교적 인간은 성스러움을 만들어 내어 마음의 안정을 찾는다.
③ 종교의 역사는 성스러운 실재의 단 한번 드러남으로 이루어진다.
④ 돌이나 나무는 그 자체로 성스럽기 때문에 숭배의 대상이 된다.
⑤ 성스러움을 믿지 않는 인간이라도 은연중에 종교적으로 행동한다.

종교에 대한 입장들 [24일차]

2024 — 수능 20번

2. 그림의 강연자가 지지할 입장으로 가장 적절한 것은? [3점]

문명의 충돌을 막기 위해 우리는 무엇보다 종교 간의 관용과 적극적인 대화에 힘써야 합니다. 종교 간의 갈등은 수많은 사람을 고통스럽게 하고 사회와 국가의 발전을 가로막습니다. 이러한 갈등은 무엇보다 자신의 종교만을 맹신하고 타 종교를 인정하지 않는 배타적인 태도에 기인합니다. 종교 간의 대화 없이는 국가 안의 평화는 물론이고 국가 간의 평화도 불가능합니다. 지구에 존재하는 주요 종교들에는 비폭력과 생명 존중, 관용과 진실성, 연대와 정의로운 경제 질서, 평등과 남녀 동반 관계 등의 가치가 들어 있습니다. 종교 간의 대화를 통해 이러한 가치들을 기본으로 하는 세계 윤리를 도출하여 평화로운 세계를 만들어야 합니다.

① 종교 간의 평화 실현에 타인과의 대화 역량은 불필요하다.
② 다른 종교를 관용의 눈으로 바라보는 것은 불필요한 노력이다.
③ 종교의 통일이 문명의 충돌을 막을 수 있는 유일한 해법이다.
④ 종교 간의 갈등은 사회와 국가의 발전과 어떠한 관련도 없다.
⑤ 편견 없이 타 종교를 이해하는 일이 평화로운 공존의 초석이다.

2022 ~ 2019

2022. 9월 모평 16번

5. 다음을 주장한 사상가의 입장에서 〈사례〉 속 학생 A에게 해 줄 수 있는 조언으로 가장 적절한 것은? [3점]

> 군자는 화합하지만[和] 주체를 잃지 않고 남들과 같아지지[同] 않으며, 소인은 주체를 잃어버리고 남들과 같아지며 화합하지 않는다. 군자는 두루 포용하고[周] 파벌을 이루지[比] 않으며, 소인은 파벌을 이루고 두루 포용하지 않는다.

〈사례〉

> 학생 A는 다른 문화권에서 온 친구의 독특한 행동이 비도덕적이라고 생각하지는 않지만 왠지 낯설게 느껴진다. 그래서 학생 A는 그 친구를 어떻게 대해야 할지 고민하고 있다.

① 그 친구가 우리나라 문화에 동화되도록 설득해 보세요.
② 그 친구의 문화를 이해하는 태도로 조화롭게 지내세요.
③ 친하게 지낼 경우 얻게 되는 이익을 계산하여 행동하세요.
④ 다수가 즐기는 문화를 갖도록 생각을 갖고 행동하세요.
⑤ 선악의 분별없이 그 친구의 행동을 모두 포용하도록 하세요.

2021. 수능 18번

10. (가)의 입장에 비해 (나)의 입장이 갖는 상대적 특징을 그림의 ㉠~㉤ 중에서 고른 것은?

> (가) 국가는 이주민이 자신의 문화를 포기하고 새로운 사회의 지배적 가치관과 문화에 동화될 수 있도록 하는 정책을 시행해야 한다. 그렇게 한다면 주류 문화를 중심으로 문화 정체성이 형성되고, 이주민은 주류 문화의 일원으로 거듭날 수 있다.

> (나) 국가는 이주민의 문화를 평등하게 인정하고 각기 다른 문화가 조화를 이룰 수 있도록 하는 정책을 시행해야 한다. 그렇게 한다면 다양한 문화의 고유성이 유지되면서 이주민의 사회 통합이 이루어질 수 있다.

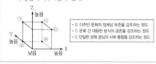

X: 이주민 문화의 정체성 보존을 강조하는 정도
Y: 문화 간 대등한 방식의 공존을 강조하는 정도
Z: 단일한 문화 중심의 사회 통합을 강조하는 정도

① ㉠   ② ㉡   ③ ㉢   ④ ㉣   ⑤ ㉤

2020. 수능 8번

12. 다음 대화에서 갑, 을의 입장으로 가장 적절한 것은? [3점]

 국가는 사회적 갈등을 줄이고 공동체의 결속력을 강화하기 위해 이민자가 출신국의 언어, 문화, 사회적 특성을 포기하고 주류 사회의 일원이 될 수 있는 정책을 추진해야 합니다.

 국가는 사회 구성원 간의 조화를 이루기 위해 이민자의 문화적 고유성을 인정하고 기존 사회와 대등하게 공존할 수 있는 법적 제도를 적극적으로 마련해야 합니다.

① 갑: 주류 문화 우위를 전제로 이민자 문화의 특수성을 보장해야 한다.
② 갑: 주류 문화를 수용하는 이민자의 문화적 정체성을 보장해야 한다.
③ 을: 사회 조화를 위해 주류와 비주류 간 문화 위계를 인정해야 한다.
④ 을: 이민자의 문화적 다양성을 인정하면서 사회 통합을 모색해야 한다.
⑤ 갑, 을: 사회적 연대를 위해 주류와 비주류 문화 간 공존과 결속을 강화해야 한다.

2019. 수능 20번

6. 다음 신문 칼럼의 입장으로 가장 적절한 것은?

> ○○신문   ○○○○년 ○○월 ○○일
>
> **칼럼**
>
> 공용어와 공통의 문화를 강조할 경우 오히려 국가 내 집단을 다수와 소수로 갈라놓아 소수 집단이 다수에 압도당하게 된다. 통합을 위해서는 첫째, 우리 사회의 다수가 오랫동안 공유해 온 관행과 규범을 고수하지 않으려는 태도가 필요하다. 둘째, 이주민에게 기본적 시민권을 보장하되 관습과 신앙 및 삶의 양식의 통일까지 요구해서는 안 된다. 그들의 집단적 문화를 표현할 여지를 확보해 줘야 하는 것이다. 통합은 몇 세대에 걸쳐 진행된다는 것을 유념해야 한다. 국가적 유대감을 증진시키는 통합의 실행 가능한 방법은 이주민의 정체성을 국가 전체의 정체성에 종속시키는 것이 아니라 수용하는 것이다.
>
> --(후략)--

① 통합 과정에서 우리 사회의 전통적 관행이 변하지 않도록 해야 한다.
② 공용어 사용을 의무화해야 국가적 유대감이 증진됨을 유념해야 한다.
③ 이주민의 고유한 문화적 특수성을 유지할 기회를 보장해야 한다.
④ 동화가 신속하게 추진되어야 통합 실행이 가능함을 유념해야 한다.
⑤ 이주민의 삶의 양식 변화가 그들의 시민권 보장보다 선행되어야 한다.

2022. 수능 17번

12. 다음을 주장한 사상가의 입장으로 적절하지 않은 것은?

> 인간이 성스러움을 아는 것은 그것이 속된 것과는 전혀 다른 어떤 것으로서 스스로를 현현(顯現)하고 보여 주기 때문이다. 성스러움이 드러나는 것을 성현(聖顯)이라 한다. 종교적 인간에게 자연은 결코 단순한 자연이 아니며, 항상 종교적 의미로 충만해 있다. 왜냐하면 우주는 신의 창조물이고, 세계는 신의 손으로 완성된 것이어서 성스러움으로 가득 차 있기 때문이다. 성스러운 돌, 성스러운 나무는 돌이나 나무로서 숭배되는 것이 아니라 성현이기 때문에 숭배된다.

① 세계는 성스러움이 드러나는 대상일 뿐 아니라 성(聖) 그 자체이다.
② 성스러움과 속됨은 분리되어 있거나 단절되어 있는 것이 아니다.
③ 종교적 인간은 세속적 대상에서도 성스러움을 체험할 수 있다.
④ 종교적 인간에게 돌이나 나무는 단순한 자연물이 아니다.
⑤ 신은 자연을 통해 성스러움을 다양한 양태로 드러낸다.

2020. 수능 2번

13. 다음 사상가의 입장으로 가장 적절한 것은? [3점]

> 우리가 관심을 가지는 것은 거룩한 것의 총체이다. 종교의 역사는 성현(聖顯)으로 구성되어 있다. 종교적 인간은 우리의 세상에 속하지 않은 어떤 실재가 자연의 대상 속에서 현현(顯現)되는 사건에 마주칠 때, 예컨대 한 그루 나무를 우주적 생명의 이미지로서 접할 때 최고의 정신성에 도달하게 된다. 이와 달리 비종교적 인간은 초월을 거부하는 인간 실존의 탈신성화 과정의 결과이다.

① 비종교적 인간도 세계를 성(聖)의 드러남으로 인정한다.
② 성(聖)이 현현하는 이 세계는 초월적 존재 그 자체이다.
③ 인간은 체험이 아니라 상상을 통해서 성(聖)을 만나게 된다.
④ 어떤 인간도 현실의 삶 속에서 최고의 정신성에 도달할 수 없다.
⑤ 인간이 성(聖)을 알 수 있는 것은 자연물에 성이 드러나기 때문이다.

2019. 수능 7번

15. 다음 사상가의 입장으로 적절하지 않은 것은? [3점]

> 종교적 인간은 탄생, 결혼, 죽음과 같은 사건을 겪으며 거룩한 존재가 있다는 사실을 믿게 된다. 그 존재는 이 세계 안에 스스로 현현(顯現)하여 이 세계를 성화(聖化)시킨다. 그러나 세속적 인간은 자신만을 역사의 주체로 생각하며, 초월적 존재를 향한 모든 호소를 거절한다. 그들에게 거룩한 존재는 인간의 자유에 대한 최대의 장애물일 따름이다. 그럼에도 세속적 인간은 비록 스스로 깨닫지 못하고 있을 때조차 종교적으로 행동하며, 탄생, 결혼, 죽음을 기리는 의식이 세속화되기는 했지만 여전히 그 속에서는 종교적 현상이 관찰된다.

① 종교적 인간은 스스로 성스럽게 드러나는 거룩한 존재를 믿는다.
② 종교적 인간은 성스러운 것과 세속적인 것의 분리를 지향한다.
③ 종교 의식과 무관한 세속적 일상 의례에도 신성성이 깃들어 있다.
④ 세속적 인간은 통과 의례가 갖는 종교적 의미를 자각하지 못한다.
⑤ 세속적 인간은 종교의 속박에서 벗어나야 자유로워진다고 믿는다.

2022. 6월 모평 20번

5. 다음 토론의 핵심 쟁점으로 가장 적절한 것은?

> 갑: 종교는 윤리를 수용하지만 절대자에 대한 믿음을 통한 영원한 삶을 본질로 합니다. 영원한 삶이 더 중요하기 때문에, 윤리와 상충하는 종교적 진리도 받아들여야 합니다.
>
> 을: 물론 종교는 절대자의 힘을 빌려 영원을 추구하지만, 인간의 종교이기에 윤리적 삶을 강조해야 합니다. 따라서 종교는 윤리에 어긋나는 주장을 해서는 안 됩니다.
>
> 갑: 아닙니다. 윤리는 인간 이성에 토대를 두는데, 이성은 절대자와 달리 한계를 갖습니다. 또한 윤리가 문화마다 다르다는 점에서도 종교적 진리가 윤리를 넘어섭니다.
>
> 을: 문화에 따라 윤리가 다르다는 점에 동의합니다. 그렇지만 윤리의 토대가 되는 이성 역시 절대자로부터 주어진 것입니다. 따라서 종교는 윤리를 존중해야 합니다.

① 윤리는 문화에 따라 상대적인가?
② 윤리는 이성에 토대를 두고 있는가?
③ 종교는 윤리적 가르침을 지닐 수 있는가?
④ 종교는 절대자를 믿음의 대상으로 받아들이는가?
⑤ 윤리와 상충하는 종교적 진리는 허용될 수 있는가?

2019. 9월 모평 16번

7. 다음은 신문 칼럼이다. ㉠에 들어갈 내용으로 가장 적절한 것은?

> ○○신문   ○○○○년 ○○월 ○○일
>
> **칼럼**
>
> 오늘날 세계 각 지역에서는 종교 간의 갈등으로 인해 폭력과 분쟁이 심화되고 있다. 이와 관련하여 우리는 어떤 서양 사상가의 가르침에 주목할 필요가 있다. 그는 "타 종교인에 대한 관용의 정신이 참된 종교를 구별하는 가장 분명한 기준이다. 참된 종교는 영혼의 내적 확신에 기초하는데, 이러한 내적 확신을 폭력과 같은 외부적 힘으로 강제하는 것은 종교의 사명은 물론 인간 이성에도 어긋난다."라고 하였다. 이러한 가르침에 따라 종교 간의 갈등 문제를 해결하기 위해서는 ㉠ 을 인식해야 한다.
>
> --(후략)--

① 정치와 종교의 분리가 불필요하다는 것
② 영혼의 내적 확신이 구원과 무관하다는 것
③ 종교적 박해는 불합리하므로 부당하다는 것
④ 관용을 허용하지 않는 종교도 참된 종교라는 것
⑤ 종교적 불관용만이 이성에 부합할 수 있다는 것

기출 선지로 짚어 주는 **핵심 내용**

다문화 사회의 윤리

1 다문화에 대한 관점들

1 동화주의

(1) 기본 입장

① 한 사회 내의 문화적 동질성 유지를 중시한다.

② 사회적 유대의 강화를 위해 단일 문화를 형성해야 한다고 본다. → 이주민의 문화 등 소수 문화를 주류 문화에 적응시키고 통합하려고 한다.

③ 사회 발전을 위해 주류 문화가 문화 통합의 중심이 되어야 한다고 본다.

(2) 대표 유형: 용광로 모형

2 다문화주의와 문화 다원주의

구분	다문화주의	문화 다원주의
기본 입장	• 각 문화의 정체성과 가치에 대한 존중을 중시한다. • 서로 다른 문화가 동등한 자격으로 조화를 이루어야 한다. → 이질적인 문화들 간의 우열을 부정한다. • 다양한 문화들의 정체성이 존속되어야 한다고 본다.	• 주류 문화를 전제로 한 문화적 다양성을 중시한다. • 다양한 문화가 동등한 지위로 공존할 수는 없다고 본다. • 주류 문화와 비주류 문화의 정체성을 유지해야 한다.
대표 유형	• 샐러드 볼 모형 • 모자이크 모형	국수 대접 모형
공통점	• 각각의 문화에 대한 정체성과 가치를 중시한다. • 이주민의 고유한 문화적 특수성을 유지할 기회를 보장해야 한다. 기억해 • 다양한 문화를 전제로 한 사회 통합을 중시한다. → 사회 통합을 위해 소수 문화가 억압받아서는 안 된다고 본다.	

2 종교와 윤리

종교의 의미	• 종교는 삶과 죽음의 의미를 묻고 답하는 것이다. • 종교는 모든 존재의 근원으로서의 존재와의 만남이다.
종교적 관용	• 종교들이 공유하는 가르침의 실천은 화합과 공존의 토대이다. → 종교 간의 관용은 세계 평화 실현을 위해 필요한 조건이다. • 종교의 다원성을 존중하며 다른 종교를 용인하려고 노력해야 한다.
엘리아데의 종교관 모아 보기	• 종교적 인간은 일상생활 속에서 성스러움을 발견한다. • 종교적 인간은 스스로 성스럽게 드러나는 거룩한 존재를 믿는다. • 종교 의식과 무관한 세속적 일상 의례에도 신성성이 깃들어 있다. → 현실의 삶 속에서 성스러움의 실현이 가능하다고 본다. • 신은 자연을 통해 성스러움을 다양한 양태로 드러낸다. • 세속적 인간은 통과 의례가 갖는 종교적 의미를 자각하지 못한다. • 세속적 인간은 종교의 속박에서 벗어나야 자유로워진다고 믿는다.

▶ 기/출/선/지 **모아** 보기

19학년도 수능 7번

종교적 인간은 탄생, 결혼, 죽음과 같은 사건을 겪으며 거룩한 존재가 있다는 사실을 믿게 된다. 그 존재는 이 세계 안에 스스로 현현(顯現)하여 이 세계를 성화(聖化)시킨다. 그러나 세속적 인간은 자신만을 역사의 주체로 생각하며, 초월적 존재를 향한 모든 호소를 거절한다. 그들에게 거룩한 존재는 인간의 자유에 대한 최대의 장애물일 따름이다. 그럼에도 세속적 인간은 비록 스스로 깨닫지 못하고 있을 때조차 종교적으로 행동한다. 탄생, 결혼, 죽음을 기리는 의식이 세속화되기는 했지만 여전히 그 속에서는 종교적 현상이 관찰된다.

① 종교적 인간은 스스로 성스럽게 드러나는 거룩한 존재를 믿는다.

③ 종교 의식과 무관한 세속적 일상 의례에도 신성성이 깃들어 있다.

④ 세속적 인간은 통과 의례가 갖는 종교적 의미를 자각하지 못한다.

⑤ 세속적 인간은 종교의 속박에서 벗어나야 자유로워진다고 믿는다.

20 수능 ⑤ 인간이 성(聖)을 알 수 있는 것은 자연물에 성이 드러나기 때문이다.

20 모평 ② (종교적 인간은) 성스러움과 세속적인 것이 단절되어 있지 않다고 생각합니다.

20 모평 ③ (종교적 인간은) 세속의 세계 안에서 성현을 체험하며 그에 따라 살고자 합니다.

01

(가)의 입장에 비해 (나)의 입장이 갖는 상대적 특징을 그림의 ㉠ ~ ㉤ 중에서 고른 것은?

> (가) 용광로에 여러 금속을 넣어 하나의 금속을 만들어 내듯이 주류 문화에 이민자 문화를 융합하여 새로운 문화를 만들어야 한다.
> (나) 서로 다른 특성을 가진 재료들이 각자 고유한 맛을 유지하면서 하나로 어우러지는 샐러드처럼 다양한 문화가 조화를 이루도록 해야 한다.

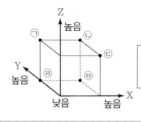

- X: 이질적 문화를 관용하는 정도
- Y: 다양한 문화의 공존을 추구하는 정도
- Z: 여러 문화의 고유한 정체성을 존중하는 정도

① ㉠　　　② ㉡　　　③ ㉢　　　④ ㉣　　　⑤ ㉤

02 대표 문제

(가), (나)의 입장으로 가장 적절한 것은?

> (가) 사회를 통합하기 위해 비주류 문화를 주류 사회의 문화에 편입시키고 융합하여 국가 구성원 전체가 공유하는 통일된 정체성을 확보해야 한다.
> (나) 이민자의 고유한 문화와 자율성을 존중하고 유지하는 것이 진정한 사회 통합의 방법이다. 문화적 다양성을 대등하게 수용하고 다양한 문화의 평화적 공존을 모색해야 한다.

① (가): 문화의 통합성과 집단 간 결속력의 관계는 상호 배타적이다.
② (가): 사회 제도와 질서의 유지는 문화들의 평화적 공존으로부터 온다.
③ (나): 자문화 중심주의를 고집하는 태도는 사회 갈등의 원인이 된다.
④ (나): 주류 문화로 통일된 문화 정체성은 사회 발전의 원동력이 된다.
⑤ (가)와 (나): 사회 통합을 위해 문화 간 차별 없는 정책과 관용이 필요하다.

03

다음 가상 편지에서 강조하는 내용으로 가장 적절한 것은?

> ○○ 국가 다문화 정책 담당자께
> 　지난번에 의뢰해 주신 귀국의 다문화 정책의 추진 방향에 대한 답변을 드리고자 합니다. 귀국에서는 외국인과의 혼인 및 외국인 노동자의 이주가 증가하면서 이주민 문화와 기존 문화 간에 갈등이 발생하고 있습니다. 이러한 갈등을 해소하기 위해서는 다양한 문화를 주류 문화 속에 융합하여 하나의 문화를 형성하는 정책이 아니라, 다양한 문화가 조화를 이루며 평등하게 공존할 수 있는 정책을 추진해야 합니다. 비유하자면, 샐러드처럼 양상추, 당근, 오이 등이 각각 그 고유한 맛을 유지하면서도 다채로운 맛을 낼 수 있도록 해야 한다는 것입니다. 이러한 정책이 각 문화의 특수성을 존중하면서도 자유, 평등, 정의와 같은 보편적 가치를 실현하는 데 기여할 수 있습니다.

① 이주민 문화를 주류 문화에 편입시켜 사회적 결속력을 강화해야 한다.
② 보편 윤리를 실현하기 위해 각 문화의 특수성을 배제해야 한다.
③ 문화 간 갈등이 발생하지 않도록 동화주의 정책을 추진해야 한다.
④ 주류 문화의 우위를 전제로 비주류 문화의 고유성을 존중해야 한다.
⑤ 문화의 다양성을 인정함으로써 문화적 역동성을 증진해야 한다.

04

다음을 주장한 사상가의 관점에서 볼 때 문화에 대해 취할 입장으로 적절한 것만을 〈보기〉에서 고른 것은? [3점]

> - 이상적인 사회가 당장 가능할 것이라는 가정은 합리적이지 않다. 사회적 문제들을 점진적으로 개선하면서 더 좋은 사회로 나아가려는 태도가 중요하다.
> - 인간 이성의 한계는 관용을 요청한다. 하지만 우리가 관용적이지 않은 사람들에게까지 무제한의 관용을 베푼다면, 관용적인 사람들은 파멸할 것이고 관용도 소멸할 것이다.

〈 보기 〉
ㄱ. 모든 문화는 고유성을 지니기에 용인되어야 한다.
ㄴ. 자기 문화를 비판하는 것에 대해 열린 태도가 필요하다.
ㄷ. 불관용적인 문화에 대해서는 관용하지 않을 권리가 있다.
ㄹ. 어떤 문화가 바람직한지 여부를 판단하는 기준은 존재하지 않는다.

① ㄱ, ㄴ　　② ㄱ, ㄷ　　③ ㄴ, ㄷ　　④ ㄴ, ㄹ　　⑤ ㄷ, ㄹ

05

다음을 주장한 사상가의 입장에서 〈사례〉 속 학생 A에게 해 줄 수 있는 조언으로 가장 적절한 것은? [3점]

> 군자는 화합하지만[和] 주체를 잃지 않고 남들과 같아지지[同] 않으며, 소인은 주체를 잃어버리고 남들과 같아지며 화합하지 않는다. 군자는 두루 포용하고[周] 파벌을 이루지[比] 않으며, 소인은 파벌을 이루고 두루 포용하지 않는다.

〈 사례 〉

> 학생 A는 다른 문화권에서 온 친구의 독특한 행동이 비도덕적이라고 생각하지는 않지만 왠지 낯설게 느껴진다. 그래서 학생 A는 그 친구를 어떻게 대해야 할지 고민하고 있다.

① 그 친구가 우리나라 문화에 동화되도록 설득해 보세요.
② 그 친구의 문화를 이해하는 태도로 조화롭게 지내세요.
③ 친하게 지낼 경우 얻게 되는 이익을 계산하여 행동하세요.
④ 다수가 즐기는 문화가 우월하다는 생각을 갖고 행동하세요.
⑤ 선악의 분별없이 그 친구의 행동을 모두 포용하도록 하세요.

06

다음 신문 칼럼의 입장으로 가장 적절한 것은?

> ○○신문 　　　　　　　　　　　　○○○○년 ○○월 ○○일
>
> **칼럼**
>
> 공용어와 공통의 문화를 강조할 경우 오히려 국가 내 집단을 다수와 소수로 갈라놓아 소수 집단이 다수에 압도당하게 된다. 통합을 위해서는 첫째, 우리 사회의 다수가 오랫동안 공유해 온 관행과 규범을 고수하지 않으려는 태도가 필요하다. 둘째, 이주민에게 기본적 시민권은 보장하되 관습과 신앙 및 삶의 양식의 통일까지 요구해서는 안 된다. 그들의 집단적 문화를 표현할 여지를 확보해 줘야 하는 것이다. 통합은 몇 세대에 걸쳐 진행된다는 것을 유념해야 한다. 국가적 유대감을 증진시키는 통합의 실행 가능한 방법은 이주민의 정체성을 국가 전체의 정체성에 종속시키는 것이 아니라 수용하는 것이다. …(후략).

① 통합 과정에서 우리 사회의 전통적 관행이 변하지 않도록 해야 한다.
② 공용어 사용을 의무화해야 국가적 유대감이 증진됨을 유념해야 한다.
③ 이주민의 고유한 문화적 특수성을 유지할 기회를 보장해야 한다.
④ 동화가 신속하게 추진되어야 통합 실행이 가능함을 유념해야 한다.
⑤ 이주민의 삶의 양식 변화가 그들의 시민권 보장보다 선행되어야 한다.

07

갑, 을의 입장으로 적절한 것만을 〈보기〉에서 고른 것은?

> 갑: 다문화 사회의 특성을 반영하여 이민자의 문화를 동등하게 인정해야 한다. 정부는 모든 문화가 정체성을 유지하면서도 조화를 이루도록 이민자 정책을 시행해야 한다.
>
> 을: 다문화 사회에서는 문화적 차이로 인한 사회 혼란을 예방할 필요가 있다. 정부는 이민자가 출신국의 문화적 특성을 포기하고 주류 사회에 흡수되도록 정책을 시행해야 한다.

〈 보기 〉

ㄱ. 갑: 문화 간의 우열을 두는 것은 사회 통합을 저해한다.
ㄴ. 을: 주류 문화와 이민자 문화 간의 공존을 보장해야 한다.
ㄷ. 을: 문화를 단일화하기 위한 이민자 정책을 추진해야 한다.
ㄹ. 갑과 을: 모든 문화를 융합해서 새로운 문화를 형성해야 한다.

① ㄱ, ㄴ　　② ㄱ, ㄷ　　③ ㄴ, ㄷ　　④ ㄴ, ㄹ　　⑤ ㄷ, ㄹ

08

그림의 강연자가 지지할 입장만을 〈보기〉에서 있는 대로 고른 것은?

> 이민자들에게 주류 집단의 문화를 채택하도록 강제해서는 안 되며, 이들을 주변인으로 취급해서도 안 됩니다. 오히려 이민자들의 정체성을 인정하고 이들과의 차이를 수용하여, 다양한 문화가 서로 대등하게 조화를 이룰 수 있도록 해야 합니다. 이러한 태도는 이민자들로 하여금 현재 소속된 국가의 정치 제도를 거부하는 것이 아니라 받아들이게 함으로써, 사회 구성원 간의 연대를 강화하여 소속된 국가의 정치적 안정성을 증진시킬 수 있습니다.

〈 보기 〉

ㄱ. 이민자들의 고유한 전통과 관습을 인정해야 한다.
ㄴ. 이질적인 문화를 주류 집단의 문화에 동화시켜야 한다.
ㄷ. 사회 통합의 과정에서 이민자들의 정체성을 존중해야 한다.
ㄹ. 사회 내 다양한 문화를 존중하면 시민 간 결속이 강화될 것이다.

① ㄱ, ㄴ　　　　② ㄱ, ㄷ　　　　③ ㄴ, ㄹ
④ ㄱ, ㄷ, ㄹ　　　　⑤ ㄴ, ㄷ, ㄹ

09

(가)의 입장에 비해 (나)의 입장이 갖는 상대적 특징을 그림의 ㉠~㉤ 중에서 고른 것은?

(가) 다양한 문화의 존중은 사회 결속으로 이어진다. 소수 집단의 문화 존중을 위해서는 소수 집단에 차별된 권리를 부여해 기존의 사회 집단과 소수 집단 간의 비대칭성을 해소하고 구성원 간 평등한 관계 형성 및 협력을 도모해야 한다.

(나) 단일한 문화의 형성은 사회 결속을 강화한다. 소수 집단의 문화 존중을 이유로 소수 집단에 차별화된 권리를 부여하는 정책은 사회 갈등을 유발한다. 따라서 소수 집단은 그들의 문화를 포기하고 기존 사회의 문화로 편입되어야 한다.

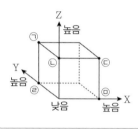

- X: 소수 집단에 대한 우대 정책이 필요함을 강조하는 정도
- Y: 소수 집단의 문화가 기존 사회의 문화로 동화되어야 함을 강조하는 정도
- Z: 소수 집단의 문화를 존중하는 것이 사회 결속 강화에 기여함을 강조하는 정도

① ㉠   ② ㉡   ③ ㉢   ④ ㉣   ⑤ ㉤

10

(가)의 입장에 비해 (나)의 입장이 갖는 상대적 특징을 그림의 ㉠~㉤ 중에서 고른 것은?

(가) 국가는 이주민이 자신의 문화를 포기하고 새로운 사회의 지배적 가치관과 문화에 동화될 수 있도록 하는 정책을 시행해야 한다. 그렇게 한다면 주류 문화를 중심으로 문화 정체성이 형성되고, 이주민은 주류 문화의 일원으로 거듭날 수 있다.

(나) 국가는 이주민의 문화를 평등하게 인정하고 각기 다른 문화가 조화를 이룰 수 있도록 하는 정책을 시행해야 한다. 그렇게 한다면 다양한 문화의 고유성이 유지되면서 이주민의 사회 통합이 이루어질 수 있다.

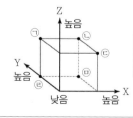

- X: 이주민 문화의 정체성 보존을 강조하는 정도
- Y: 문화 간 대등한 방식의 공존을 강조하는 정도
- Z: 단일한 문화 중심의 사회 통합을 강조하는 정도

① ㉠   ② ㉡   ③ ㉢   ④ ㉣   ⑤ ㉤

11

갑, 을의 입장으로 적절한 것만을 〈보기〉에서 있는 대로 고른 것은?

각기 다른 재료들이 섞여 각자 고유의 맛을 지키면서 하나의 샐러드가 되듯이, 한 국가나 사회 안에서 다양한 문화를 인정하여 각자 자신들의 생활 방식을 독자적으로 추구하며 조화를 이룰 수 있습니다.

국수가 주된 내용물이지만 다양한 고명들이 첨가됨으로써 맛이 풍부해지듯이, 한 국가나 사회 안에서 다양한 이질적인 문화를 허용함으로써 문화적 역동성을 증진할 수 있습니다.

갑   을

〈 보기 〉

ㄱ. 갑: 다양한 문화가 서로 대등하게 조화를 이루어야 한다.
ㄴ. 을: 각 문화가 정체성을 유지하면서 조화를 이루어야 한다.
ㄷ. 갑, 을: 주류 문화를 중심으로 문화 간 공존을 추구해야 한다.
ㄹ. 갑, 을: 서로 다른 문화에 대해 관용의 자세를 견지해야 한다.

① ㄱ, ㄴ   ② ㄱ, ㄷ   ③ ㄷ, ㄹ
④ ㄱ, ㄴ, ㄹ   ⑤ ㄴ, ㄷ, ㄹ

12

다음 대화에서 갑, 을의 입장으로 가장 적절한 것은? [3점]

국가는 사회적 갈등을 줄이고 공동체의 결속력을 강화하기 위해 이민자가 출신국의 언어, 문화, 사회적 특성을 포기하고 주류 사회의 일원이 될 수 있는 정책을 추진해야 합니다.

국가는 사회 구성원 간의 조화를 이루기 위해 이민자의 문화적 고유성을 인정하고 기존 사회와 대등하게 공존할 수 있는 법과 제도를 적극적으로 마련해야 합니다.

갑   을

① 갑: 주류 문화 우위를 전제로 이민자 문화의 특수성을 보장해야 한다.
② 갑: 주류 문화를 수용하는 이민자의 문화적 정체성을 보장해야 한다.
③ 을: 사회 조화를 위해 주류와 비주류 간 문화 위계를 인정해야 한다.
④ 을: 이민자의 문화적 다양성을 인정하면서 사회 통합을 모색해야 한다.
⑤ 갑, 을: 사회적 연대를 위해 주류와 비주류 문화 간 공존과 결속을 강화해야 한다.

13

20학년도 6월 모평 16번

갑, 을의 입장으로 적절하지 <u>않은</u> 것은?

> 갑: 주류 문화와의 통합 여부는 소수 문화의 구성원이 결정해야
> 한다. 주류 문화 구성원이 소수 문화의 통합을 강제하는 것은
> 부정의하다.
> 을: 단일한 언어, 문화 전통, 교육 정책을 추구하여 소수 문화가
> 주류 문화에 동화되도록 도와야 한다. 통일된 문화의 부재 때
> 문에 집단 간 결속력이 훼손되는 것은 바람직하지 않다.

① 갑: 사회 통합을 위해 소수 문화가 억압받아서는 안 된다.
② 갑: 소수 문화 구성원에게 문화적 자치권을 부여해야 한다.
③ 을: 사회적 유대의 강화를 위해 단일 문화를 형성해야 한다.
④ 을: 사회 발전을 위해 주류 문화가 문화 통합의 중심이 되어야 한다.
⑤ 갑, 을: 국가의 교육 정책으로 통일된 문화를 형성해야 한다.

14

19학년도 6월 모평 7번

갑, 을의 입장으로 가장 적절한 것은?

> 갑: 기존 시민들이 공유하는 문화에 동화될 때에만 이민자에게
> 시민권을 부여해야 한다. 주류 사회 시민들과 동일한 언어로
> 함께 교육을 받게 하고 동일한 사회 복지를 제공하며 국민
> 정체성을 고취시켜 이민자 집단을 동화시켜야 한다.
> 을: 기존 시민들이 공유하는 문화에 동화되지 않아도 이민자에게
> 시민권을 부여해야 한다. 이민자의 언어로 운용되는 자체의
> 법적 제도를 보장하면서 이민자 집단과 주류 사회의 결속과
> 통합을 도모해야 한다.

① 갑: 주류 문화와의 융합을 위해 소수 문화의 가치를 존중해야 한다.
② 갑: 사회권 보장으로 소수 집단의 문화적 정체성을 유지시켜야 한다.
③ 을: 소수 문화에 대한 불관용을 통해 국민 통합을 지향해야 한다.
④ 을: 소수 집단의 자치를 승인하면서 사회적 연대를 추구해야 한다.
⑤ 갑, 을: 문화적 동일성에 대한 요구 없이 시민권을 보장해야 한다.

15

21학년도 7월 학평 7번

갑, 을의 입장으로 적절한 것만을 〈보기〉에서 있는 대로 고른 것은?

> 갑: 이민자 집단의 문화를 기존의 문화와 차별하지 않고 대등하게
> 인정하는 정책을 시행해야 한다. 이 정책으로 이민자들은 문
> 화적 고립에서 벗어나고, 국가적인 통합을 이룰 수 있다.
> 을: 이민자 집단이 자신들의 문화를 포기하고 주류 사회의 문화에
> 편입될 수 있게 하는 정책을 시행해야 한다. 이 정책으로 사회적
> 갈등을 줄이고 공동체의 결속을 강화할 수 있다.

> 〈 보기 〉
> ㄱ. 갑: 문화 간의 다양성을 존중하고 그 차이를 수용해야 한다.
> ㄴ. 갑: 주류와 비주류 사이의 문화적 위계를 인정해야 한다.
> ㄷ. 을: 이민자의 문화 정체성을 주류 문화에 동화시켜야 한다.
> ㄹ. 갑, 을: 사회의 통합성을 높이는 문화 정책을 추진해야 한다.

① ㄱ, ㄴ   ② ㄱ, ㄷ   ③ ㄴ, ㄹ
④ ㄱ, ㄷ, ㄹ   ⑤ ㄴ, ㄷ, ㄹ

16

갑, 을의 입장으로 가장 적절한 것은?

> 갑: 문화 공존을 위해 타 문화에 대해 알고 상호 교류를 확대해야
> 한다. 다양성은 문화 교류의 전제이며, 관용은 문화 공존과
> 진정한 사회 통합을 위한 훌륭한 방법이다. 교육도 타 문화의
> 내용을 교양 과목으로 다루어야 한다.
> 을: 사회 통합을 위해 소수 문화가 주류 문화에 동화되어야 한다.
> 시민들 간에 동일한 문화적 정체성이 형성되면 상호 이해 및
> 신뢰, 유대감이 증진된다. 교육도 모두를 단일한 문화로 통합
> 하는 것을 목표로 해야 한다.

① 갑: 자신의 문화 정체성을 유지하며 타 문화를 존중해야 한다.
② 갑: 차이 인정보다 동화의 관점에서 타 문화를 인식해야 한다.
③ 을: 문화적 풍요로움을 위해 이질적 문화들이 공존해야 한다.
④ 을: 문화들 간의 갈등을 막기 위해 소수 문화를 인정해야 한다.
⑤ 갑, 을: 주류 문화와 소수 문화가 융합을 이루도록 해야 한다.

17

갑, 을, 병 중에서 한 사람만이 긍정의 대답을 할 질문만을 〈보기〉에서 있는 대로 고른 것은? [3점]

> 갑: 이주민은 자신의 문화 정체성을 포기하고, 이주해 온 국가의
> 구성원이 되어 주류 사회의 일원으로 편입되어야 한다.
> 을: 다른 재료들이 섞여 각자 고유의 맛을 지키면서 하나의 샐러
> 드가 되듯이 다양한 문화가 대등하게 조화되어야 한다.
> 병: 국수가 주된 내용물이지만 고명이 첨가됨으로써 국수 맛이
> 풍성해지듯이 주류 문화와 비주류 문화가 공존해야 한다.

〈 보기 〉
ㄱ. 다양한 문화들은 사회 내에서 평등하게 공존해야 하는가?
ㄴ. 이주민들의 서로 다른 문화적 정체성을 인정해야 하는가?
ㄷ. 사회 통합은 문화 단일성을 전제로 이루어 나가야 하는가?
ㄹ. 한 사회에는 구심점이 되는 주류 문화가 존재해야 하는가?

① ㄱ, ㄴ   ② ㄱ, ㄷ   ③ ㄴ, ㄹ
④ ㄱ, ㄷ, ㄹ   ⑤ ㄴ, ㄷ, ㄹ

23
일차

01 대표 문제
25학년도 9월 모평 3번

다음을 주장한 사상가의 입장으로 가장 적절한 것은?

> 종교 간 대화 없이 종교 간 평화는 불가능하고, 종교 간 평화 없이 국가 간 평화도 불가능하며, 다른 종교에 대한 연구 없이 종교 간 대화는 불가능하다. 대화의 중단은 전쟁을 초래했다. 대화가 실패하면 억압이 시작되었고 권력자들의 힘이 지배했다. 대화를 지지하는 사람은 자기 종교의 교리에 얽매이지 않으며 이단자에 대한 배척을 혐오한다.

① 종교 간 대화가 국가 간 평화의 선결 과제가 되는 것은 아니다.
② 종교 간 차이가 종교 간 대화를 언제나 차단하는 것은 아니다.
③ 종교 간 소통에 다른 종교에 대한 이해까지 요청되지는 않는다.
④ 종교 간 교리를 통합하지 않으면 결코 관용을 실천할 수 없다.
⑤ 종교 간 대화의 실패가 정치적 폭력으로 이어지는 경우는 없다.

02
24학년도 수능 20번

그림의 강연자가 지지할 입장으로 가장 적절한 것은? [3점]

> 문명의 충돌을 막기 위해 우리는 무엇보다 종교 간의 관용과 적극적인 대화에 힘써야 합니다. 종교 간의 갈등은 수많은 사람을 고통스럽게 하고 사회와 국가의 발전을 가로막습니다. 이러한 갈등은 무엇보다 자신의 종교만을 맹신하고 타 종교를 인정하지 않는 배타적인 태도에 기인합니다. 종교 간의 대화 없이 국가 안의 평화는 물론이고 국가 간의 평화도 불가능합니다. 지구에 존재하는 주요 종교들에는 비폭력과 생명 존중, 관용과 진실성, 연대와 정의로운 경제 질서, 평등과 남녀 동반 관계 등의 가치가 들어 있습니다. 종교 간의 대화를 통해 이러한 가치들을 기본으로 하는 세계 윤리를 도출하여 평화로운 세계를 만들어야 합니다.

① 종교 간의 평화 실현에 타인과의 대화 역량은 불필요하다.
② 다른 종교를 관용의 눈으로 바라보는 것은 불필요한 노력이다.
③ 종교의 통일이 문명의 충돌을 막을 수 있는 유일한 해법이다.
④ 종교 간의 갈등은 사회와 국가의 발전과 어떠한 관련도 없다.
⑤ 편견 없이 타 종교를 이해하는 일이 평화로운 공존의 초석이다.

03
24학년도 9월 모평 16번

그림의 강연자가 지지할 입장으로 가장 적절한 것은? [3점]

> 성스러움이 세속적인 것과는 전혀 다른 그 무엇으로서 자신을 드러내어 보여 주기 때문에, 인간은 성스러움을 알 수 있습니다. 성스러움이 드러나는 것을 가리키는 말이 성현(聖顯)입니다. 성스러운 나무, 성스러운 돌은 정확히 그것이 성현이기 때문에, 그것이 더 이상 돌이나 나무가 아니라 성스러운 것을 보여 주는 존재가 되기 때문에 숭배를 받는 것입니다. 종교의 역사란 가장 원시적인 것에서부터 가장 고도로 발달된 것에 이르기까지 다수의 성현으로 이루어져 있다고 말할 수 있습니다. 종교적 인간이 성스러운 존재들에 의지하여 안정과 평화를 추구해 온 것은 자연스러운 일입니다. 심지어 비종교적 인간도 종교적 의례나 신화에 영향을 받기 때문에 자신도 모르는 사이에 종교적으로 행동합니다.

① 성스러움과 속됨은 서로 양립할 수 있지만 조화될 수는 없다.
② 종교적 인간은 성스러움을 만들어 내어 마음의 안정을 찾는다.
③ 종교의 역사는 성스러운 실재의 단 한번 드러남으로 이루어진다.
④ 돌이나 나무는 그 자체로 성스럽기 때문에 숭배의 대상이 된다.
⑤ 성스러움을 믿지 않는 인간이라도 은연중에 종교적으로 행동한다.

04
23학년도 9월 모평 5번

다음 가상 편지에서 강조하는 내용으로 가장 적절한 것은? [3점]

> 친애하는 ○○에게
> 지난 편지에서 자네는 나에게 종교 간 갈등을 극복할 수 있는 방안에 대해 물었지. 그에 대한 나의 의견을 전하고자 하네. 모든 종교는 자신의 실수와 과오의 역사를 비판적 시각으로 성찰해야 하네. 다른 견해에 대한 정당한 비판은 오로지 단호한 자아비판이라는 바탕 위에서만 가능하네. 다음으로, 각 종교는 서로의 고유한 특성을 인정하고, 종교적 이해와 협력을 추구해야 하네. 그렇다고 해서 하나의 보편 종교를 요청해서는 안 되네. 마지막으로, 종교 간 대화가 필요하네. 종교 사이의 평화를 배제하고서는 국가 사이의 어떠한 평화도 불가능하고, 종교 사이의 대화를 배제하고서는 종교 사이의 어떠한 평화도 불가능하며, 내 이웃의 종교를 이해하지 않고서는 종교 사이의 어떠한 대화도 불가능하다는 것을 명심하게. …(후략).

① 세계 평화를 위해 다양한 종교를 단일 종교로 통합해야 한다.
② 종교 간 평화를 위해 자신의 종교적 정체성을 포기해야 한다.
③ 자신의 견해와 다른 종교적 견해를 결코 비판해서는 안 된다.
④ 종교 간 대화를 위해 타 종교에 대한 이해와 존중이 요청된다.
⑤ 종교 간 평화는 국가 간 평화를 실현하기 위한 전제 조건이 아니다.

05

22학년도 6월 모평 20번

다음 토론의 핵심 쟁점으로 가장 적절한 것은?

갑: 종교는 윤리를 수용하지만 절대자에 대한 믿음을 통한 영원한 삶을 본질로 합니다. 영원한 삶이 더 중요하기 때문에, 윤리와 상충하는 종교적 진리도 받아들여야 합니다.

을: 물론 종교는 절대자의 힘을 빌려 영원을 추구하지만, 인간의 종교이기에 윤리적 삶을 강조해야 합니다. 따라서 종교는 윤리에 어긋나는 주장을 해서는 안 됩니다.

갑: 아닙니다. 윤리는 인간 이성에 토대를 두는데, 이성은 절대자와 달리 한계를 갖습니다. 또한 윤리가 문화마다 다르다는 점에서도 종교적 진리가 윤리를 넘어섭니다.

을: 문화에 따라 윤리가 다르다는 점에 동의합니다. 그렇지만 윤리의 토대가 되는 이성 역시 절대자로부터 주어진 것입니다. 따라서 종교는 윤리를 존중해야 합니다.

① 윤리는 문화에 따라 상대적인가?
② 윤리는 이성에 토대를 두고 있는가?
③ 종교는 윤리적 가르침을 지닐 수 있는가?
④ 종교는 절대자를 믿음의 대상으로 받아들이는가?
⑤ 윤리와 상충하는 종교적 진리는 허용될 수 있는가?

06

19학년도 6월 모평 2번

그림의 강연자가 지지할 입장만을 〈보기〉에서 있는 대로 고른 것은? [3점]

종교란 궁극적 관심에 붙잡힌 상태입니다. 종교는 궁극적 관심으로 '죽느냐 또는 사느냐'를 물으며 그 대답을 찾습니다. 진정한 종교는 유한하지 않은 궁극성에 대해 관심을 가지며 순수하고 진지한 관심으로 존재 그 자체로서의 존재를 대면합니다. 이때 궁극적 관심은 절대성을 띠지만, 그 관심의 개별적 표현은 다양한 종교에서 서로 다른 방식으로 드러납니다. 종교는 유한한 실재를 하나의 신으로 만들면 안 됩니다. 그렇게 만든 신은 우상이 되기 때문입니다.

〈 보기 〉
ㄱ. 종교는 삶과 죽음의 의미를 묻고 답하는 것이다.
ㄴ. 진정한 종교는 유한한 실재를 무한한 존재로 만든다.
ㄷ. 종교는 모든 존재의 근원으로서의 존재와의 만남이다.
ㄹ. 종교적 관심은 절대성을 갖지만 종교적 표현은 다양하다.

① ㄱ, ㄴ
② ㄱ, ㄷ
③ ㄴ, ㄹ
④ ㄱ, ㄷ, ㄹ
⑤ ㄴ, ㄷ, ㄹ

07

19학년도 9월 모평 16번

다음은 신문 칼럼이다. ㉠에 들어갈 내용으로 가장 적절한 것은?

○○신문   ○○○○년 ○○월 ○○일

칼럼

오늘날 세계 각 지역에서는 종교 간의 갈등으로 인해 폭력과 분쟁이 심화되고 있다. 이와 관련하여 우리는 어떤 서양 사상가의 가르침에 주목할 필요가 있다. 그는 "타 종교인에 대한 관용의 정신이 참된 종교를 구별하는 가장 분명한 기준이다. 참된 종교는 영혼의 내적 확신에 기초하는데, 이러한 내적 확신을 폭력과 같은 외부적 힘으로 강제하는 것은 종교의 사명은 물론 인간 이성에도 어긋난다."라고 하였다. 이러한 가르침에 따라 종교 간의 갈등 문제를 해결하기 위해서는 [㉠]을 인식해야 한다. …(후략)…

① 정치와 종교의 분리가 불필요하다는 것
② 영혼의 내적 확신이 구원과 무관하다는 것
③ 종교적 박해는 불합리하므로 부당하다는 것
④ 관용을 허용하지 않는 종교도 참된 종교라는 것
⑤ 종교적 불관용만이 이성에 부합할 수 있다는 것

08

23학년도 4월 학평 13번

다음을 주장한 사상가의 입장에만 모두 ✔'를 표시한 학생은? [3점]

종교적 인간은 그가 처해 있는 역사적 맥락이 어떠하든지 간에 항상 이 세계를 초월한다. 동시에 이 세계 안에는 성스러운 것, 즉 절대적 실재가 있다고 항상 믿는다. 반면에 비종교적 인간은 자신만이 유일한 역사의 주체이며 행위자라고 간주하며, 초월적인 모든 것을 거부한다. 그럼에도 비종교적 인간의 대부분은 비록 의식하지는 못하더라도 여전히 종교적으로 행동하고 있다.

입장 \ 학생	갑	을	병	정	무
종교적 인간은 세계 그 자체를 성(聖)으로 간주한다.	✔	✔		✔	
종교적 인간에게 어떤 사물은 성현(聖顯)이 될 수 있다.	✔		✔		✔
비종교적 인간은 종교의 속박에서 벗어날 때 자유롭다고 믿는다.			✔	✔	✔
비종교적 인간이라도 종교적 의례나 신화에 영향을 받을 수 있다.		✔		✔	✔

① 갑
② 을
③ 병
④ 정
⑤ 무

다음을 주장한 사상가의 입장으로 적절하지 않은 것은? [3점]

> 종교적 인간에게 자연은 항상 종교적 의미로 충만해 있다. 우주는 신의 창조물이고 세계는 신들의 손으로 완성된 것이어서 성스러움으로 가득차 있기 때문이다. 이는 예를 들면, 신의 현존에 의해서 정화된 장소나 사물에 머무르는 경우와 같이 직접 신들과 교류하는 신성성만의 것은 아니다. 신들은 그보다 더 많은 것을 행했다. 그들은 세계와 우주적 현상의 구조 그 자체 안에서 다양한 성(聖)의 양태를 현현(顯現)한다.

① 성스러운 공간에는 성스러운 것의 출현이 결부되어 있다.
② 성스러움이 드러난 사물을 신 그 자체와 동일시해야 한다.
③ 성스러움을 가시적인 형태로 구현하는 것은 자연의 대상들이다.
④ 성스러운 세계에서만 종교적 인간은 참된 실존을 가질 수 있다.
⑤ 성스러운 세계와 세속은 분리되어 있거나 단절되어 있지 않다.

다음을 주장한 사상가의 입장으로 적절하지 않은 것은? [3점]

> 종교적 인간에게 자연은 항상 종교적 의미로 충만해 있다. 하늘은 신의 초월성을 계시하고, 대지는 우주적인 어머니이자 양육자로서 자신을 나타낸다. 우주의 여러 가지 리듬은 질서, 조화, 항상성, 풍요를 드러낸다. 우주는 전체로서 실재적이고 살아 있으며, 성스러움을 지닌 유기체이다. 즉 우주는 존재와 신성성의 여러 양태를 계시한다. 존재의 현현(顯現)과 성현(聖顯)이 서로 만나는 것이다.

① 종교적 인간에게 모든 자연은 우주적 신성성으로 계시된다.
② 자연적인 것과 초자연적인 것은 불가분의 관계를 맺고 있다.
③ 자연은 초월적 존재 그 자체이며 스스로 성스러움을 드러낸다.
④ 종교적 인간은 자연물을 통해 현현하는 성스러움을 숭배한다.
⑤ 자연물은 성스러움이 드러나더라도 여전히 자연 안에 존재한다.

다음을 주장한 사상가의 입장으로 가장 적절한 것은?

> 종교 간 화해를 위해서는 비공식 대화와 공식 대화, 학문적 대화, 일상적 대화 등 모든 차원의 대화가 요청된다. 이러한 종교 간 대화는 상호 이해 증진을 위해 선한 의지와 개방된 자세뿐만 아니라 연대적 인식이 요구된다는 점을 보여 준다. 우리를 이끌어 갈 세 가지 기본 명제는 다음과 같다.
> • 국가 간 세계 윤리 없이 인간의 공생·공존은 불가능하다.
> • 종교 간 평화 없이 국가 간 평화는 있을 수 없다.
> • 종교 간 대화 없이 종교 간 평화는 있을 수 없다.

① 대화 역량은 종교 간 평화를 실현하는 데 필요한 것이다.
② 참된 하나의 종교를 통해서만 종교 간 평화가 보장된다.
③ 종교 간 평화는 여러 종교의 통합을 통해 가장 잘 실현된다.
④ 각자 자신의 종교적 정체성을 포기할 때 세계 평화가 실현된다.
⑤ 각 종교가 자신의 종교에 대해 반성적 성찰을 할 필요는 없다.

다음을 주장한 사상가의 입장으로 적절하지 않은 것은?

> 인간이 성스러움을 아는 것은 그것이 속된 것과는 전혀 다른 어떤 것으로서 스스로를 현현(顯現)하고 보여 주기 때문이다. 성스러움이 드러나는 것을 성현(聖顯)이라 한다. 종교적 인간에게 자연은 결코 단순한 자연이 아니며, 항상 종교적 의미로 충만해 있다. 왜냐하면 우주는 신의 창조물이고, 세계는 신의 손으로 완성된 것이어서 성스러움으로 가득 차 있기 때문이다. 성스러운 돌, 성스러운 나무는 돌이나 나무로서 숭배되는 것이 아니라 성현이기 때문에 숭배된다.

① 세계는 성스러움이 드러나는 대상일 뿐 아니라 성(聖) 그 자체이다.
② 성스러움과 세속은 분리되어 있거나 단절되어 있는 것이 아니다.
③ 종교적 인간은 세속적 대상에서도 성스러움을 체험할 수 있다.
④ 종교적 인간에게 돌이나 나무는 단순한 자연물이 아니다.
⑤ 신은 자연을 통해 성스러움을 다양한 양태로 드러낸다.

13

다음 사상가의 입장으로 가장 적절한 것은? [3점]

> 우리가 관심을 가지는 것은 거룩한 것의 총체이다. 종교의 역사는 성현(聖顯)으로 구성되어 있다. 종교적 인간은 우리의 세상에 속하지 않은 어떤 실재가 자연의 대상 속에서 현현(顯現)되는 사건에 마주칠 때, 예컨대 한 그루 나무를 우주적 생명의 이미지로서 접할 때 최고의 정신성에 도달하게 된다. 이와 달리 비종교적 인간은 초월을 거부하는 인간 실존의 탈신성화 과정의 결과이다.

① 비종교적 인간도 세계를 성(聖)의 드러남으로 인정한다.
② 성(聖)이 현현되는 이 세계는 초월적 존재 그 자체이다.
③ 인간은 체험이 아니라 상상을 통해서 성(聖)을 만나게 된다.
④ 어떤 인간도 현실의 삶 속에서 최고의 정신성에 도달할 수 없다.
⑤ 인간이 성(聖)을 알 수 있는 것은 자연물에 성이 드러나기 때문이다.

14

그림은 어느 사상가의 강연이다. ㉠에 들어갈 내용으로 적절하지 않은 것은? [3점]

> 성스러움이 세속적인 것과 전혀 다른 그 무엇으로서 자신을 드러내어 보여 주기 때문에, 인간은 성스러움을 알 수 있습니다. 돌이나 나무와 같은 일상적 대상 속에 나타나는 원시적인 성현(聖顯)에서부터 예수 안에 하느님의 신성이 부여되는 높은 수준의 성현에 이르기까지 일관되게 성스러움이 흐르고 있습니다. 어느 경우에나 우리는 이 세상 것이 아닌 하나의 실재가 자연적이고 세속적인 세계의 부분을 이루는 대상 속에서 나타나는 사건과 마주하게 됩니다. 이로 볼 때, 종교적 인간은 [㉠]

① 성스러움이 드러난 돌이나 나무 자체를 신으로 받아들입니다.
② 성스러움과 세속적인 것이 단절되어 있지 않다고 생각합니다.
③ 세속의 세계 안에서 성현을 체험하며 그에 따라 살고자 합니다.
④ 세속적인 삶에서 언제든지 성스러움이 드러날 수 있다고 봅니다.
⑤ 세속의 세계를 성스럽게 만드는 거룩한 존재가 있다고 믿습니다.

15

다음 사상가의 입장으로 적절하지 않은 것은? [3점]

> 종교적 인간은 탄생, 결혼, 죽음과 같은 사건을 겪으며 거룩한 존재가 있다는 사실을 믿게 된다. 그 존재는 이 세계 안에 스스로 현현(顯現)하여 이 세계를 성화(聖化)시킨다. 그러나 세속적 인간은 자신만을 역사의 주체로 생각하며, 초월적 존재를 향한 모든 호소를 거절한다. 그들에게 거룩한 존재는 인간의 자유에 대한 최대의 장애물일 따름이다. 그럼에도 세속적 인간은 비록 스스로 깨닫지 못하고 있을 때조차 종교적으로 행동한다. 탄생, 결혼, 죽음을 기리는 의식이 세속화되기는 했지만 여전히 그 속에서는 종교적 현상이 관찰된다.

① 종교적 인간은 스스로 성스럽게 드러나는 거룩한 존재를 믿는다.
② 종교적 인간은 성스러운 것과 세속적인 것의 분리를 지향한다.
③ 종교 의식과 무관한 세속적 일상 의례에도 신성성이 깃들어 있다.
④ 세속적 인간은 통과 의례가 갖는 종교적 의미를 자각하지 못한다.
⑤ 세속적 인간은 종교의 속박에서 벗어나야 자유로워진다고 믿는다.

16

다음을 주장한 사상가의 입장으로 적절한 것만을 〈보기〉에서 있는 대로 고른 것은? [3점]

> 종교적 인간은 절대적 실재, 즉 세계 안에서 자신을 현현(顯現)하는 성스러운 존재가 있다고 항상 믿는다. 그러나 비종교적 인간은 초월성을 거부하며 실재의 상대성을 인정한다. 심지어 성스러운 존재의 의미를 의심하는 데까지 나아가기도 한다.

〈 보기 〉
ㄱ. 종교적 인간에게 우주는 신성성의 여러 양태를 계시한다.
ㄴ. 종교적 인간은 자연물 그 자체를 신으로 숭배하고자 한다.
ㄷ. 비종교적 인간은 자기 자신과 세계를 탈신성화하고자 한다.

① ㄴ ② ㄷ ③ ㄱ, ㄴ ④ ㄱ, ㄷ ⑤ ㄱ, ㄴ, ㄷ

17

그림의 강연자가 지지할 입장으로 적절하지 <u>않은</u> 것은?

> 종교적 인간에게 세계란 늘 초자연적 가치를 드러내고 있으며, 신성성은 존재의 완전한 현현(顯現)이라는 사실을 잊어서는 안 됩니다. 성스러움이 현현함으로써 사물은 어떤 전혀 다른 것이 되는데, 그러나 그 후에도 여전히 그 사물임은 변하지 않습니다. 성스러운 돌도 한 개의 돌이지만 돌이 성스러운 것으로서 계시되는 사람들에게는 눈앞의 돌의 현실이 초자연적인 실재로 변합니다.

① 세계를 성스럽게 만드는 신은 종교적 인간에게만 성스러움을 드러낸다.
② 신은 자연적인 대상을 통해서 성스러움을 다양한 양태로 보여 준다.
③ 초자연적인 것과 자연적인 것은 불가분의 관계로 연결되어 있다.
④ 세속적인 것과 성스러움은 질적으로 다르지만 조화를 이룰 수 있다.
⑤ 자연물 그 자체가 아닌 자연물을 통해 드러나는 성스러움이 숭배의 대상이다.

18

다음을 주장한 사상가의 입장으로 가장 적절한 것은?

> 종교적 인간은 자연에서 세속적인 것과는 전적으로 다르게 드러난 성스러움[聖顯]을 체험하며, 이를 숭배한다. 거룩한 돌이나 나무는 단순한 돌이나 나무여서가 아니라, 성스러움이 드러난 존재이기 때문에 숭배의 대상이 된다. 한편 비종교적 인간은 탈신성화된 세계에서 살기를 바라며 이러한 성스러움을 거부한다. 하지만 결국 그들은 자신이 의식하지 못하고 있을 때조차도 여전히 종교적 행동에서 해방되지 못한다.

① 비종교적 인간은 자연물에 드러난 성스러움을 인정한다.
② 종교적 인간은 자연물 그 자체를 성스러움으로 간주한다.
③ 종교적 인간은 삶 속에서 성스러움과 세속적인 것의 공존을 경험한다.
④ 종교적 인간은 현실이 아닌 상상 속에서만 초월적 존재를 만난다.
⑤ 비종교적 인간은 자신이 종교적 행동에서 벗어날 수 없다고 믿는다.

19

다음을 주장한 사상가의 입장으로 적절하지 <u>않은</u> 것은?

> 종교적 인간에게는 모든 자연이 성현(聖顯)이 된다. 종교적 인간에게 자연은 항상 그것을 초월하는 무엇인가를 표현하고 있기 때문이다. 우주는 신의 창조물이고 세계는 신들의 손으로 완성된 것이어서 성스러움으로 가득 차 있다. 반면에 비종교적 인간은 초월성을 거절하며 성스러운 것을 자유를 획득하는 데 있어서의 가장 큰 장애물로 여긴다.

① 종교적 인간은 자연물 그 자체를 숭배의 대상으로 여긴다.
② 종교적 인간에게 자연적 실재와 초자연적 실재는 공존한다.
③ 종교적 인간은 세계를 초월한 절대적 실재가 있다고 믿는다.
④ 비종교적 인간은 자신을 역사의 주체로 보는 세속적 인간이다.
⑤ 비종교적 인간은 탈신성화의 결과이며 초월적인 것을 거부한다.

20

다음을 주장한 사상가의 입장으로 적절하지 <u>않은</u> 것은?

> 종교적 인간은 역사적 현재에서만 사는 것을 거부하고 성스러운 시간을 다시 획득하려고 노력한다. 종교적인 축제에 참여하는 것은 축제에서 현현(顯現)하는 신화적인 시간으로 되돌아가는 것이다. 한편, 비종교적 인간의 대부분은 비록 의식하지는 못하더라도 여전히 종교적으로 행동하고 있다. 탄생, 결혼, 취임, 승진을 축하하는 의식에서 종교적 현상이 관찰된다.

① 종교적 인간에게 성스러운 시간은 회복과 반복이 가능하다.
② 종교적 인간은 세속적 시간 속에서도 성스러움을 체험한다.
③ 종교적 인간은 성스러운 사물 그 자체를 신으로 받아들인다.
④ 종교를 의식할 능력을 상실해도 종교적으로 행동할 수 있다.
⑤ 비종교적 인간에게 성스러움은 다양한 양태로 드러날 수 있다.

21

다음을 주장한 사상가의 입장으로 가장 적절한 것은?

> 종교적 인간에게 자연은 결코 단순한 자연이 아니다. 그것은 항상 종교적 의미로 충만해 있다. 우주는 신들의 창조물이고 세계는 신들의 손으로 완성된 것이어서 성스러움으로 가득 차 있기 때문이다. 이는 예를 들면, 신의 현존에 의해서 정화된 장소나 사물에 머무르는 경우와 같이 신들과 직접 교류하는 신성성만은 아니다. 신들은 세계의 구조와 우주적 현상의 구조 그 자체 안에서 다양한 성(聖)의 양태를 현현(顯現)한다.

① 성스러움이 드러나는 자연과 세계가 초월적 신 자체이다.
② 인간의 노력 없이는 세계 안에 성스러움이 존재할 수 없다.
③ 신이 창조한 세계는 실재하지 않지만 일정한 구조를 지닌다.
④ 종교적 인간은 신과 직접 교류함으로써만 성스러움을 느낀다.
⑤ 종교적 인간은 세속적 공간에서도 성스러움을 체험할 수 있다.

한눈에 정리하는 평가원 기출 경향

주제 \ 학년도	**2025**	**2024**	**2023**

빈출 | 소통의 윤리 [25일차]

수능 20번

32. 다음 대화에서 갑, 을의 입장으로 가장 적절한 것은?

갑: 통일은 민족 내부의 경직된 이념 대립에서 벗어나 사상과 양심의 자유를 신장합니다. 또한 분단 비용을 해소해 이를 사회적 약자들의 인간다운 삶의 권리 보장과 민생 완화를 위한 복지 재원으로 전환합니다. 분단 상태에서는 이러한 편익이 불가능하므로 통일은 꼭 실현해야 할 과제입니다.

을: 통일은 남북한 경제 통합으로 상호보완적인 시너지 효과를 극대화합니다. 또한 분단 비용을 해소해 이를 한반도 전체의 새로운 성장 동력을 창출하는 재원으로 전환합니다. 다만 이러한 편익이 통일 비용보다 적을 수 있으므로 통일은 경제적 편익이 분단 상태에서의 편익보다 클 때에만 실현해야 할 과제라고 할 수는 없습니다.

① 갑: 사회경제적 불평등 완화는 통일의 근거에 포함될 수 없다.
② 갑: 통일의 근거는 보편적 권리가 아니라 민족 통합 자체에 있다.
③ 을: 통일 비용이 증가하더라도 통일의 당위성이 약화될 수는 없다.
④ 을: 통일 비용이 남북 경제 통합의 기대 효과를 초과할 가능성은 없다.
⑤ 갑과 을: 분단 비용 해소와 통일 편익을 통일의 근거로 고려해야 한다.

수능 3번

3. 다음을 주장한 사상가의 입장으로 가장 적절한 것은?

의사소통 과정에서 발언의 합리성은 근거 제시 가능성에 있다. 또한 담론 참여자가 지닌 태도의 합리성은 자신을 비판에 노출하고, 필요시 논증에 적절히 참여하려는 자세에 있다. 이러한 비판 가능성으로 인해 합리적 발언은 개선될 수 있다.

① 담론 참여자는 자신의 오류 가능성을 인정하는 자세로 대화해야 한다.
② 담론 참여자는 타인의 의견에 비판적 이의를 제기해서는 안 된다.
③ 담론 참여자는 합의된 결론에 대해 다시 문제를 제기해서는 안 된다.
④ 담론 참여자의 전문성을 기준으로 발언의 기회를 제한해야 한다.
⑤ 담론 참여자는 자신의 개인적 이익이나 준칙을 주장해서는 안 된다.

수능 20번

6. (가)의 입장에 비해 (나)의 입장이 갖는 상대적 특징을 그림의 ㉠~㉣ 중에서 고른 것은? [3점]

(가) 통일은 남한의 기술과 북한의 자원을 결합하여 경제 성장의 동력을 확보할 수 있기 때문에 필요하다. 그러나 통일을 해야 하는 보다 중요한 이유는, 통일이 군사적 위험을 해소하여 한반도 평화를 실현하고, 사회 복지 예산을 확충하여 사회적 불평등을 완화하고 사회 안전망을 강화할 수 있다는 점이다.

(나) 통일은 군사적 긴장을 해소하여 평화를 실현하고 분단 비용의 해소를 통해 사회 안전망의 토대를 마련할 수 있기 때문에 필요하다. 그러나 통일을 해야 하는 보다 중요한 이유는, 통일이 남북 경제권을 통합하여 경제 성장은 물론 동북아 경제 공동체 형성의 견인차 역할을 할 수 있다는 점이다.

- X: 통일을 통한 경제 성장의 중요성을 강조하는 정도
- Y: 통일을 통한 한반도 평화 실현의 중요성을 강조하는 정도
- Z: 통일을 통한 사회 안전망 확보의 중요성을 강조하는 정도

① ㉠ ② ㉡ ③ ㉢ ④ ㉣ ⑤ ㉤

빈출 | 평화에 대한 입장들 [26일차]

수능 19번

24. 다음을 주장한 사상가의 입장으로 가장 적절한 것은?

서로에게 영향을 끼치는 사람들은 어떤 공민적 체제에 속해야 한다. 그런 체제에 귀속될 사람들은 관계되는 모든 법률상의 체제는 다음 중 하나이다. 첫째, 한 국가 안에서는 시민법에 따르는 체제이며 둘째, 국가 간 관계에서 국제법에 따르는 체제이고 셋째, 사람이나 국가가 서로 영향을 줄 수 있는 관계에 있으면서 보편 상태의 시민으로 고려되는 한, 세계 시민법에 따르는 체제이다. 이러한 분류는 영원한 평화 이념에 걸맞은 필연적인 것이다.

① 시민법 체제가 한 국가의 대내적 정치 제도를 지정할 수는 없다.
② 세계 시민법은 이방인의 환대권과 영속적 체류권을 보장한다.
③ 전쟁 상태 극복을 위해서는 주권이 국제 국가로 귀속되어야 한다.
④ 영원한 평화를 위해 국가는 어떠한 국제법도 발행해서는 안 된다.
⑤ 국가 간 적대 행위가 종식되어야 영원한 평화 실현이 가능하다.

수능 16번

3. 갑, 을 사상가들의 입장으로 옳지 않은 것은?

갑: 국제 사회에서 평화 실현은 도덕적 의무이다. 국가는 세계 시민법에 따라 외국 방문객이 평화적으로 처신하는 한 적대적으로 대해서 안 된다. 세계 시민법의 이념은 공적인 인권과 영원한 평화를 위해 필요하다.
을: 국제 정치에서 평화 유지는 세력 균형을 통해 가능하다. 모든 정치가 그러하듯 국제 정치도 권력을 얻기 위한 투쟁이다. 따라서 국제 정치의 본질상 평화 상태에서도 폭력 사용의 가능성은 항상 존재한다.

① 갑: 국가는 모든 외국인에 대해 호의적으로 대할 필요는 없다.
② 갑: 국가 간 신뢰를 불가능하게 하는 적대 행위를 해서는 안 된다.
③ 을: 국제 정치에서 개별 국가들의 권력욕은 갈등의 원인이다.
④ 을: 국제법에 근거한 세력 균형이 유일한 평화 유지 수단이다.
⑤ 갑과 을: 국제 연합은 독립된 국가처럼 주권을 행사할 수 없다.

수능 13번

5. 갑, 을 사상가들의 입장으로 적절한 것만을 〈보기〉에서 고른 것은? [3점]

갑: 본래 이기적인 인간과 마찬가지로 국가도 권력의 극대화를 추구한다. 권력을 얻기 위한 투쟁이 국제 정치의 본질이다. 힘을 통해 힘을 견제하는 세력 균형이 전쟁을 억지한다.
을: 인간의 이성은 어떠한 전쟁도 있어서는 안 된다고 명령한다. 영원한 평화를 위해서는 모든 국가가 공화제를 향해 노력해야만 하며, 국가들의 평화 연맹이 필요하다.

〈보기〉
ㄱ. 갑: 경쟁 국가의 행동의 경향성을 예측하는 것은 가능하다.
ㄴ. 갑: 국가 간 동맹 없이는 국가 간 세력 균형은 불가능하다.
ㄷ. 을: 평화 연맹의 수립 과정에서 국가 간 합병은 배제된다.
ㄹ. 갑과 을: 전쟁은 국제 평화를 실현하기 위한 최후의 정치적 행위로서 정당화된다.

① ㄱ, ㄴ ② ㄱ, ㄷ ③ ㄴ, ㄷ ④ ㄴ, ㄹ ⑤ ㄷ, ㄹ

빈출 | 해외 원조에 대한 입장들 [27일차]

수능 14번

34. (가)의 사상가 갑, 을의 입장을 (나) 그림으로 탐구하고자 할 때, A~C에 들어갈 적절한 질문만을 〈보기〉에서 고른 것은? [3점]

(가)
갑: 자기 가족의 기본적 필요를 충족하고도 소득이 남는 사람은 이익 평등 고려의 원칙에 따라 세계 극빈자 구호에 기부해야 할 의무가 있다.
을: 원조의 목적은 절서받는 사회가 자신들의 문제를 합당하고 합리적으로 관리할 수 있도록 도와 질서 정연한 만민들의 사회로 가입시키는 것이다.

(나)

사상가 갑, 을의 입장을 탐구한다.

A → (아니요)
A → (예) B
B → C (아니요/예)
갑의 입장 / 을의 입장

〈범례〉
□ 출발 조건
◇ 판단 내용
→ 판단 방향
□ 사상가의 입장

〈보기〉
ㄱ. A: 절대 빈곤 감소는 원조의 정당화 조건이 될 수 있는가?
ㄴ. B: 원조 대상의 기본적 필요 충족은 원조 중단의 근거가 될 수 있는가?
ㄷ. B: 원조 대상의 고통을 방지하기 위해 원조 주체의 처지 개선이 유보될 수 있는가?
ㄹ. C: 원조 대상국 내부의 불평등 감소를 원조의 목적으로 삼는 것은 불가능한가?

① ㄱ, ㄴ ② ㄱ, ㄷ ③ ㄴ, ㄷ ④ ㄴ, ㄹ ⑤ ㄷ, ㄹ

수능 19번

3. 갑, 을 사상가들의 입장으로 적절한 것만을 〈보기〉에서 있는 대로 고른 것은? [3점]

갑: 질서 정연한 사회의 장기 목표는 무법 국가와 마찬가지로 고통받는 사회들을 질서 정연한 만민의 사회에 가입시키는 것이어야 한다. 고통받는 사회가 적정 수준의 사회가 되면 더 이상의 원조는 필요하지 않다.
을: 우리는 인류의 고통을 감소시키고 쾌락을 증진할 의무를 지닌다. 우리에게는 얼마 되지 않는 비용으로 곤궁한 타인의 복리에 중요한 변화를 일으킬 수 있을 때 발생하는 의무보다 우선할 수 있는 것은 없다.

〈보기〉
ㄱ. 갑: 독재나 착취로 빈곤한 사회는 원조 대상이 될 수 없다.
ㄴ. 갑: 고통받는 사회 스스로 정치 문화를 개선하도록 원조해야 한다.
ㄷ. 을: 지구촌의 절대 빈곤 해결을 위한 원조의 의무는 정언 명령이다.
ㄹ. 갑과 을: 원조의 목적은 인류 복지 수준의 균등화가 아니다.

① ㄱ, ㄷ ② ㄱ, ㄹ ③ ㄴ, ㄹ ④ ㄱ, ㄴ, ㄷ ⑤ ㄴ, ㄷ, ㄹ

수능 18번

6. 갑, 을 사상가들의 입장으로 적절한 것만을 〈보기〉에서 있는 대로 고른 것은? [3점]

갑: 원조의 목적이 충족되고, 모든 만민이 자유주의적 정부나 적정 수준의 정부로 작동하는 상황에 이르게 되면 상이한 만민 간의 평균적 부의 차이를 다시 좁혀야 할 이유는 없다.
을: 절대 빈곤에 빠져 있는 사람들을 돕지 않는 것은 그들을 죽게 내버려 두는 것과 다름이 없다. 절대 빈곤으로 인해 고통받는 사람을 돕는 것은 공리의 원리에 따른 도덕적 의무이다.

〈보기〉
ㄱ. 갑: 공적 정의관이 규제하지 않는 사회는 원조 대상이 될 수 없다.
ㄴ. 갑: 원조는 대상이 정치적 자율성을 가질 수 있도록 이루어져야 한다.
ㄷ. 을: 원조의 의무는 절대 빈곤에 상당하는 도덕적으로 중요한 다른 일을 희생할 것을 원조 주체에게 요구할 수 있다.
ㄹ. 갑과 을: 특정 빈곤국에 대한 원조를 중단해야 하는 경우가 있다.

① ㄱ, ㄴ ② ㄱ, ㄷ ③ ㄴ, ㄹ ④ ㄱ, ㄷ, ㄹ ⑤ ㄴ, ㄷ, ㄹ

2022. 수능 20번

9. 다음 토론의 핵심 쟁점으로 가장 적절한 것은?

> 갑: 현재의 분단 상황은 정전 상태로, 전쟁이 발생할 수 있는 불안 정한 상태입니다. 따라서 이 상황이 끝나지 않는 한 한반도 평 화와 지속 가능한 발전은 보장하기 어렵습니다.
> 을: 맞습니다. 그래서 종전 선언이 필요합니다. 종전 선언은 남북 한이 상호 적대 정책을 전환하는 신호탄이 될 것이며, 남북 교 류의 물꼬를 트고 한반도 평화를 이끌어 낼 것입니다.
> 갑: 종전 선언으로 남북 교류가 확대될 수 있지만 북한의 대남 적 대 정책은 유지될 것입니다. 따라서 종전 선언은 북한의 핵 폐 기에 대한 반대급부로서 추진되어야 합니다.
> 을: 종전 선언이 북한만을 위한 시혜는 아니므로 상호주의의 대상 은 아닙니다. 오히려 종전 선언이 정전 상태를 명분으로 핵을 개발한다는 북한의 입장을 변화시킬 수 있습니다.

① 북한은 현재 대남 적대 정책을 취하고 있는가?
② 분단은 한반도의 지속 가능한 발전을 저해하는가?
③ 종전 선언을 통해 남북 교류가 활성화될 수 있는가?
④ 종전 선언은 상호주의 관점에서 이루어져야 하는가?
⑤ 현재의 한반도 상황은 전쟁이 종식되지 않은 상태인가?

2021. 수능 3번

26. 다음을 주장한 사상가의 입장으로 가장 적절한 것은? [3점]

> 의사소통의 합리성은 강제 없이 상호 간의 논증적 대화를 통해 보편적 합의에 도달하는 경험에 호소한다. 이를 통해 담론 참여자 는 주관적 견해를 극복하고, 이성적 동기에 근거한 공동의 신념으 로 인해 상호 주관성을 확인하게 된다.

① 담론 참여자는 논의 주제에 정통한 전문가들로만 구성해야 한다.
② 담론 참여자는 자신의 개인적 선호나 욕구를 발언해서는 안 된다.
③ 담론 참여자는 다른 사람의 주장에 이의를 제기해서는 안 된다.
④ 담론 참여자는 정당한 담론의 결과와 그 부작용까지 수용해야 한다.
⑤ 담론 참여자는 이해관계의 조정 수단으로만 담론을 활용해야 한다.

2022. 수능 4번

19. 갑, 을 사상가들의 입장으로 적절한 것만을 〈보기〉에서 고른 것은?

> 갑: 국제 정치의 본질은 권력 투쟁이다. 권력은 국제 정치에서 최 상이라고 인정되는 가치이다. 정치적인 정책은 권력을 유지하 거나 확장하거나 과시하기 위한 목적에서 추진된다.
> 을: 국제 사회의 평화는 국제 연맹을 통해서 달성될 수 있다. 국제 연맹은 모든 전쟁의 영원한 종식을 추구하고, 국가들의 자유 를 보호하고 지속시키는 데에만 관여한다.

〈보기〉
ㄱ. 갑: 국가 간 힘의 균형으로 국력 경쟁이 종식될 수 있다.
ㄴ. 을: 평화 조약은 어떠한 전쟁 상태도 종식시킬 수 없다.
ㄷ. 을: 이방인이 갖는 환대의 권리는 조건부적으로 보장된다.
ㄹ. 갑, 을: 국제 사회의 평화를 유지할 수 있는 방법이 존재한다.

① ㄱ, ㄴ　② ㄱ, ㄷ　③ ㄴ, ㄷ　④ ㄴ, ㄹ　⑤ ㄷ, ㄹ

2021. 수능 14번

18. (가), (나)의 입장으로 적절한 것만을 〈보기〉에서 고른 것은? [3점]

> (가) 인간의 본성은 이기적이므로 국가도 이기적일 수밖에 없다. 국제 관계는 만인에 대한 만인의 투쟁 상태와 유사하다. 그러 므로 권력의 극대화를 추구하는 과정에서 국제 분쟁이 발생 한다.
> (나) 인간이 이성적으로 행동하듯 국가도 이성적으로 행동하는 경 향이 있으므로 국가 간 상호 협력이 가능하다. 하지만 상대 방에 대한 무지나 오해, 동맹이나 비밀 외교 등으로 인해 국 제 분쟁이 발생한다.

〈보기〉
ㄱ. (가): 국제 관계에서 평화를 유지하기 위한 정책은 없다.
ㄴ. (가): 국제 관계에서 국가의 권력을 견제할 수 있는 것은 다른 국가의 권력이다.
ㄷ. (나): 국제 정치의 불완전한 제도는 전쟁의 원인이 될 수 있다.
ㄹ. (가), (나): 국제 분쟁은 각국의 도덕성 증진으로 해결해야 한다.

① ㄱ, ㄴ　② ㄱ, ㄷ　③ ㄴ, ㄷ　④ ㄴ, ㄹ　⑤ ㄷ, ㄹ

2022. 수능 19번

9. (가)의 갑, 을, 병 사상가들의 입장에서 서로에게 제기할 수 있는 비 판을 (나) 그림으로 표현할 때, A~F에 해당하는 내용으로 가장 적절한 것은? [3점]

(가)	갑: 우리가 하는 원조의 역할은 고통받는 사회가 만민의 사 회의 완전한 성원이 되도록 돕는 것이다. 그리고 그들이 미 래의 경로를 정할 수 있도록 하는 것이다. 을: 우리의 풍요로움을 우리 사회의 시민에게만 나누어 주는 것은 잘못이다. 이익 평등 고려의 원칙에 따라 혜택을 가 장 크게 낼 수 있는 곳에 사용해야 한다. 병: 우리는 최소 국가 안에서 삶을 선택하고 목표를 실현할 수 있다. 이 과정에서 우리는 같은 존엄성을 지닌 다른 개인들 의 자발적인 협동의 도움을 받는다.

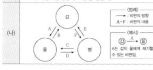

① A: 원조의 중단 지점을 두는 것은 원조 목적에 위배됨을 간과한다.
② B: 원조 대상을 선정할 때 상대적 빈곤은 고려할 필요가 없음을 간과한다.
③ C, E: 자신의 이웃을 먼저 돕는 것이 정당한 경우가 있음을 간과 한다.
④ D: 자선을 행하지 않는 것이 비난의 대상이 될 수 없음을 간과한다.
⑤ F: 원조 대상국이 자국의 부정의를 교정하도록 도와야 할 을 간과 한다.

2021. 수능 4번

12. 갑, 을 사상가들의 입장으로 적절한 것만을 〈보기〉에 있는 대로 고른 것은? [3점]

> 갑: 원조의 목적은 고통받는 사회를 질서 정연한 사회가 되도록 하는 데 있다. 어떤 사회가 합당하게 합리적으로 통치된다면, 자원이 부족해도 질서 정연한 사회가 될 수 있다.
> 을: 원조는 극단적 빈곤을 방지하기 위해 이루어져야 한다. 이 경 우 원조는 이익 평등 고려의 원칙에 따라 인종과 국적의 구분 없이 시행되어야 한다.

〈보기〉
ㄱ. 갑: 사회 제도 개선을 목표로 한 원조는 빈곤 해소에 도움이 될 수 있다.
ㄴ. 갑: 원조하는 나라는 원조받는 나라의 인권 개선을 위해 강제 력을 행사할 수 있다.
ㄷ. 을: 원조 주체의 경제력에 대한 고려 없이 원조가 실행되어서 는 안 된다.
ㄹ. 갑, 을: 다른 나라에 빈곤한 사람들이 있다는 사실은 필연적 으로 원조의 의무를 정당화한다.

① ㄱ, ㄴ　　② ㄱ, ㄷ　　③ ㄴ, ㄹ
④ ㄱ, ㄷ, ㄹ　　⑤ ㄴ, ㄷ, ㄹ

2020. 수능 15번

15. 갑, 을 사상가들의 입장으로 적절한 것만을 〈보기〉에 있는 대로 고른 것은? [3점]

> 갑: 우리는 이익 평등 고려의 원칙에 따라 절대 빈곤에 처한 사람 들을 도와야 한다. 사치품을 구입할 여유가 있는 사람들이 기 부하지 않는 것은 막을 수 있는 죽음이 무한정 지속되는 현실 에 무관심함을 드러내는 것일 뿐이다.
> 을: 질서 정연한 사회들의 장기 목표는 고통받는 사회를 질서 정연한 만민 사회로 가입시키는 것이다. 이는 고통받는 사회가 자신의 문제를 합당하게 관리할 수 있게 도와 만민 사회의 구 성원이 되도록 하려는 것이다.

〈보기〉
ㄱ. 갑: 자국민에 대한 우선적 원조가 도덕적으로 정당한 경우도 있다.
ㄴ. 갑: 모든 사람은 빈곤 해소를 위한 원조에 동등한 부담을 져 야 한다.
ㄷ. 을: 적정 수준의 제도 확립에 막대한 부가 꼭 필요한 것은 아 니다.
ㄹ. 갑, 을: 인권이 보장된 민주주의 국가도 원조 대상에 포함된다.

① ㄱ, ㄷ　　② ㄱ, ㄹ　　③ ㄴ, ㄹ
④ ㄱ, ㄴ, ㄷ　　⑤ ㄴ, ㄷ, ㄹ

소통의 윤리와 지구촌 평화의 윤리

1 밀과 하버마스의 소통의 윤리

1 토론에 대한 밀의 입장

진리의 발견	• 자유 토론의 과정에서 진리의 가치를 재확인할 수 있다. • 자유로운 논박을 통해 진리에 대한 참된 이해가 가능하다.
소수 의견에 대한 존중	• 소수의 의견이 진리이고 다수의 의견이 오류일 수 있다. • 토론에서 오류라고 합의된 소수 의견도 진리 탐구에 기여한다. 기억해

2 하버마스의 담론 윤리 모아 보기

(1) **의사소통의 합리성 강조:** 도덕 판단의 정당화 근거로 의사소통의 합리성을 중시한다.
　→ 의사소통의 합리성을 실현해야 토론의 합의에 도달할 수 있다.

(2) **공론장의 필요성 강조:** 시민이 참여할 수 있는 공론장의 개방성을 유지해야 한다.
　→ 공론장에서 기업과 정부가 시민의 의견을 경청해야 한다.

(3) **합리적 의사소통을 위한 조건**

욕구의 표현	담론 상황에서는 누구나 개인적 욕구를 표현할 수 있어야 한다.
경청의 자세	상대방의 주장을 충분히 경청해야 한다.
인격 존중	상대방을 동등한 인격의 소유자로 대해야 한다.
반성적 태도	자신의 오류 가능성을 인정하고 대화해야 한다.
근거 제시	자신의 주장에 대한 객관적인 근거를 제시해야 한다.
결과 수용	공정한 담론 절차를 준수한 합의의 결과를 수용해야 한다.

2 국제 관계에 대한 입장들

관점	기본 입장
현실주의	• 국가를 본질적으로 이기적인 존재라고 규정한다. • 군사력의 증강과 동맹을 통한 국제 분쟁의 억지를 강조한다. • 국제 관계에서 국가의 권력을 견제할 수 있는 것은 다른 국가의 권력이다. • 전쟁 수행의 최종 목표와 외교 정책의 최종 목표는 국익이다. 기억해 • (모겐소) 권력 투쟁 현상은 국내 정치뿐 아니라 국제 정치에서도 나타난다.
이상주의	• 국제 관계에서 보편적 도덕규범의 수립이 가능하다고 본다. • 국제법이나 국제기구를 통해 국가 간 갈등이 해결될 수 있다. → 국가 간 이해관계의 　조정을 통해 국제 평화가 달성될 수 있다. • (칸트) 이방인이 갖는 환대의 권리는 조건부적으로 보장된다.
구성주의	• 행위자의 관점에 따라 국익의 내용이 변할 수 있다. • 국가의 정체성은 고정적인 것이 아니라 국가들 간의 교류와 대화를 통해 계속 변화 　한다고 본다.

▶ 기/출/선/지 모아 보기

21학년도 9월 모평 17번

　모든 사유의 출발점은 홀로 사유하는 '나'가 아니라 서로 대화를 주고받는 '우리'가 되어야 합니다. 언어적·사회적 존재인 인간에게는 타자를 단지 도구화하지 않고, 타자의 고유성을 인정하는 의사소통 행위의 가능성이 존재합니다. 의사소통 행위는 사회적 행위자들이 상호 이해를 목적으로 서로의 행위 계획을 조정하는 데에서 성립합니다. 모든 당사자들이 어떠한 강제도 없이 자유롭고 평등한 담론을 통해 동의할 수 있는 행위 규범들만이 정당화가 가능합니다.

① 행위 규범으로서의 올바름은 비판과 논증을 통해 정당화될 수 있다.

24 모평 ① 담론 참여자는 토론에서 근거 없는 주장을 지양해야 한다.

23 모평 ⑤ 발언 기회는 합리적 논증 능력에 따라 차등 부여되어서는 안 된다.

22 모평 ㄴ. 오류 가능성이 있는 주장도 담론에 부칠 수 있다.

21 수능 ④ 담론 참여자는 정당한 담론의 결과와 그 부작용까지 수용해야 한다.

3 칸트와 갈퉁의 평화론

1 칸트의 평화론

(1) 정치 제도의 개선

① 평화의 실현을 위해서는 정치 제도의 개선이 필수적이다.

② 개별 국가의 시민적 정치 체제는 공화적 체제를 갖추어야 한다.

(2) 국제 연맹의 창설

① 연맹의 확산을 통해 국제 사회는 자연 상태를 벗어나야 한다. 기억해 → 연맹 체제의 단계에서도 개별 국가의 주권은 인정되어야 한다.

② 국제 사회의 갈등을 해결하기 위한 국제기구를 창설해야 한다.

(3) 세계 시민법 제정

① 국제법을 통해 국가 간 우호와 시민의 자유를 증진해야 한다.

② 세계 시민법은 인류의 평화적인 교류 조건에 한정되어야 한다.

③ 이방인이 평화롭게 처신하는 한 우호적으로 대우해야 한다.

2 갈퉁의 평화론

(1) 정치 제도의 개선: 평화의 실현을 위해서는 정치 제도의 개선이 필수적이다.

(2) 진정한 평화의 조건

① 진정한 평화는 적극적 평화를 실현함으로써 가능하다. → 편견 극복을 위한 교육은 적극적 평화를 실현하는 방법이다.

② 진정한 평화 실현을 위해 전쟁이 종식되어야 한다.

③ 문화적 폭력이 존재하면 진정한 평화가 실현될 수 없다.

④ 빈곤, 인권 침해 등으로 인간 삶의 질이 저하되는 상태도 폭력이다. → 폭력이 없는 사회에서 진정한 평화가 실현될 수 있다.

4 해외 원조에 대한 입장들

의무의 입장	롤스	• 고통받는 사회가 질서 정연한 사회가 되도록 원조해야 한다. **더 보기1** • 원조 대상국의 정치 문화의 개선이 강제되어서는 안 된다. • 정의의 원칙에 따라 운영되는 국가는 원조의 대상이 아니다. → 자립적인 정의 사회는 빈곤해도 원조 대상에서 제외될 수 있다. **더 보기2** • 원조를 통해 만민의 복지 수준을 일치시킬 필요는 없다. • 인권을 강조하는 것은 빈곤과 기아 문제 해결에 도움이 된다. 기억해
	싱어	• 인류 전체의 공리 증진을 위해 원조의 의무를 실천해야 한다. **더 보기3** • 원조 대상자의 국적은 원조 여부를 결정하는 데 중요하지 않다. 기억해 → 자국민에 대한 우선적 원조가 도덕적으로 정당한 경우도 있다. • 원조 주체의 과도한 희생이 없는 범위 내에서 원조해야 한다. → 원조 주체는 원조 결정 시 자기 이익을 고려해야 한다. • 해외 원조에서 개인들의 복지를 중시한다. • 원조는 비용 대비 편익을 계산하여 이루어져야 한다.
	공통점	• 해외 원조는 자선의 차원을 넘어 윤리적 의무가 된다. → 절대 빈곤 해결을 위한 원조는 보편적 의무로 간주해야 한다. • 원조 대상국들의 복지 수준 평준화가 원조의 목표는 아니다.
자선의 입장	노직	• 당위가 아닌 자선의 차원에서 원조해야 한다. → 빈곤한 사람에 대한 원조는 자발적 선택 사항이다. • 원조의 의무를 실행하기 위한 과세는 강제 노동과 같다.

▶ 기/출/표/현 더 보기

1 **고통받는 사회가 질서 정연한 사회가 되도록 원조해야 한다.**

= 고통을 겪는 사회가 자국민 인권에 관심을 갖게 원조해야 한다.

= 고통받는 사회에 자유와 평등이 확립되도록 돕는 것을 해외 원조의 목적으로 본다.

= 원조의 목적을 고통을 겪는 사회가 질서 정연한 만민의 사회의 구성원이 되도록 하는 것이라고 본다.

2 [22 모평] **정의의 원칙에 따라 운영되는 국가는 원조의 대상이 아니다.**

= 자립적인 정의 사회는 빈곤해도 원조 대상에서 제외될 수 있다.

= 빈곤 문제 해결에서 사회 제도의 개선이 중시되어야 한다.

= 정의의 원칙이 확립된 자원 빈곤국은 원조 대상이 아니라고 본다.

= 상대적으로 빈곤하지만 질서 정연한 사회에 대해서는 더 이상 원조할 필요가 없다.

3 **인류 전체의 공리 증진을 위해 원조의 의무를 실천해야 한다.**

= 원조는 인류의 고통 감소와 쾌락 증진을 위한 것이다.

= 원조는 인류의 행복 증진을 위한 의무 이행이어야 한다.

= 원조의 목적을 인류 전체의 행복을 증진시키는 것이라고 본다.

01 대표 문제

(가)의 입장에 비해 (나)의 입장이 갖는 상대적 특징을 그림의 ㉠ ~ ㉤ 중에서 고른 것은?

(가) 대북 지원은 한 민족으로서 동포에 대한 당연한 의무이다. 대북 지원의 목적은 북한 주민의 인권 개선에 기여하는 것일 뿐, 분단 비용 절감은 고려할 사항이 아니다.

(나) 대북 지원은 북한 주민의 인권 개선에 기여하는 것이 목적은 아니며, 동포로서 가져야 할 의무도 아니다. 대북 지원은 분단 비용을 절감한다는 점에서만 의의가 있을 뿐이다.

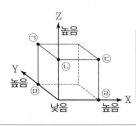

- X: 대북 지원이 한 민족으로서의 당위임을 강조하는 정도
- Y: 대북 지원을 통한 분단 비용 절감 효과를 강조하는 정도
- Z: 대북 지원이 인도주의적 동기에서 비롯되어야 함을 강조하는 정도

① ㉠   ② ㉡   ③ ㉢   ④ ㉣   ⑤ ㉤

02

다음을 주장한 사상가의 입장으로 가장 적절한 것은?

의사소통 행위 개념은 말이든, 말 이외의 수단이든 언어 능력을 지닌 둘 이상 주체의 상호 작용에 관련된다. 행위자들은 일치된 의견 아래 행위를 조정하기 위해 상호 이해를 추구한다. 의사소통 합리성 개념은 논증적 대화를 통해 사람들의 생각을 강제 없이 합치시키려는 합의에 호소한다. 의사소통 합리성은 참여자들이 자신의 발언에 대해 근거를 제시할 수 있는가의 여부에 달려 있다.

① 언어 능력이 없는 주체라고 해도 의사소통 행위를 할 수 있다.
② 의사소통의 합리성이 반드시 근거 있는 주장을 요구하지는 않는다.
③ 의사소통 행위자들의 행위 조정을 위해 논증적 대화가 필수적이다.
④ 의사소통 행위 주체들은 상대방 주장에 대한 비판을 지양해야 한다.
⑤ 담론 과정에서 다수의 의견은 행위를 강제 조정하는 근거가 된다.

03

다음을 주장한 사상가의 입장으로 가장 적절한 것은?

의사소통 과정에서 발언의 합리성은 근거 제시 가능성에 있다. 또한 담론 참여자가 지닌 태도의 합리성은 자신을 비판에 노출하고, 필요시 논증에 적절히 참여하려는 자세에 있다. 이러한 비판 가능성으로 인해 합리적 발언은 개선될 수 있다.

① 담론 참여자는 자신의 오류 가능성을 인정하는 자세로 대화해야 한다.
② 담론 참여자는 타인의 의견에 비판적 이의를 제기해서는 안 된다.
③ 담론 참여자는 합의한 결론에 대해 다시 문제를 제기해서는 안 된다.
④ 담론 참여자의 전문성을 기준으로 발언의 기회를 제한해야 한다.
⑤ 담론 참여자는 자신의 개인적 이익이나 준칙을 주장해서는 안 된다.

04

(가)의 입장에 비해 (나)의 입장이 갖는 상대적 특징을 그림의 ㉠ ~ ㉤ 중에서 고른 것은?

(가) 북한은 우리의 안보를 위협하는 경계의 대상이다. 따라서 북한보다 우월한 군사력과 강력한 군사 동맹을 바탕으로 전쟁을 억지해야 한다. 이를 통해 국민의 생명과 재산을 보호하고 평화를 실현할 수 있을 뿐만 아니라 통일로 나아가는 기초를 마련할 수 있다.

(나) 북한은 우리와 함께 평화 통일을 실현해야 할 협력의 상대이다. 따라서 한반도 평화를 위해서는 군사적 경쟁보다는 활발한 남북 대화와 교류를 통해 상호 불신을 해소하고, 더 나아가 통일을 이룸으로써 분단으로 인한 구조적·문화적 폭력까지 제거해야 한다.

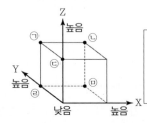

- X: 남북한 관계에서 군사적 힘의 논리를 강조하는 정도
- Y: 통일을 통한 적극적 평화의 실현을 강조하는 정도
- Z: 남북한 간 신뢰 형성의 중요성을 강조하는 정도

① ㉠   ② ㉡   ③ ㉢   ④ ㉣   ⑤ ㉤

05

24학년도 6월 모평 18번

다음을 주장한 사상가의 입장으로 가장 적절한 것은? [3점]

> 의사소통적 실천은 생활 세계에서 합의를 이루고 유지하며 또한 새롭게 하는 것에 관심을 둔다. 의사소통적 실천의 합리성은 달성된 합의가 최종적으로 근거에 의지해야만 한다는 점에서 드러난다. 참여자의 합리성 역시 자신의 발언에 대해 적절한 상황에서 근거를 제시할 수 있는가의 여부에 달려 있다.

① 담론 참여자는 토론에서 근거 없는 주장을 지양해야 한다.
② 담론 참여자는 타인의 의견을 자의적으로 조정할 수 있다.
③ 담론 참여자는 주관적 견해를 극복한 후에 대화에 참여해야 한다.
④ 담론 참여자의 심의를 통해 합의된 주장은 절대적으로 참이다.
⑤ 담론에서 발언 기회는 합리적 근거 제시 능력에 따라 주어져야 한다.

06

23학년도 수능 20번

(가)의 입장에 비해 (나)의 입장이 갖는 상대적 특징을 그림의 ㉠~㉤ 중에서 고른 것은? [3점]

> (가) 통일은 남한의 기술과 북한의 자원을 결합하여 경제 성장의 동력을 확보할 수 있기 때문에 필요하다. 그러나 통일을 해야 하는 보다 중요한 이유는, 통일이 군사적 위협을 해소하여 한반도 평화를 실현하고, 사회 복지 예산을 확충하여 사회적 불평등을 완화하고 사회 안전망을 강화할 수 있다는 점이다.
>
> (나) 통일은 군사적 긴장을 해소하여 평화를 실현하고 분단 비용의 해소를 통해 사회 안전망의 토대를 마련할 수 있기 때문에 필요하다. 그러나 통일을 해야 하는 보다 중요한 이유는, 통일이 남북 경제권을 통합하여 경제 성장은 물론 동북아 경제 공동체 형성의 견인차 역할을 할 수 있다는 점이다.

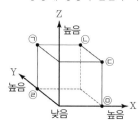

- X: 통일을 통한 경제 성장의 중요성을 강조하는 정도
- Y: 통일을 통한 한반도 평화 실현의 중요성을 강조하는 정도
- Z: 통일을 통한 사회 안전망 확대의 중요성을 강조하는 정도

① ㉠   ② ㉡   ③ ㉢   ④ ㉣   ⑤ ㉤

07

23학년도 9월 모평 18번

(가)의 입장에 비해 (나)의 입장이 갖는 상대적 특징을 그림의 ㉠~㉤ 중에서 고른 것은?

> (가) 통일을 통해 북한 주민의 인권 보장을 위한 밑거름을 조성하고 동북아시아의 평화에 기여할 수 있다. 그러나 통일은 남한의 기술과 북한의 자원을 결합하여 경제적 이익을 창출한다는 점에서 더 중요하다.
>
> (나) 통일을 통해 경제적 이익을 얻을 수 있다. 그러나 통일은 북한 주민의 인권 상황을 개선하고 한반도 평화 정착을 바탕으로 세계 평화에 기여한다는 점에서 더 중요하다.

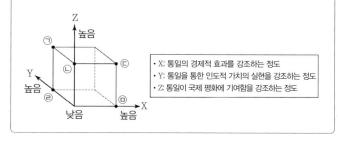

- X: 통일의 경제적 효과를 강조하는 정도
- Y: 통일을 통한 인도적 가치의 실현을 강조하는 정도
- Z: 통일이 국제 평화에 기여함을 강조하는 정도

① ㉠   ② ㉡   ③ ㉢   ④ ㉣   ⑤ ㉤

08

23학년도 6월 모평 18번

다음을 주장한 사상가의 ㉠에 대한 입장으로 가장 적절한 것은?

> 현대 사회에서는 다양한 사회적 갈등이 발생한다. 이러한 갈등을 합리적으로 해결하기 위한 하나의 방안은 의사소통 이론을 바탕으로 상호 이해를 증진하기 위해 대화를 하는 것이다. 어떤 주장이 정당성을 갖기 위해서는 논증적인 대화인 ┌ ㉠ ┐ 에 참여한 당사자들이 합의에 도달해야 한다. 어떤 사안에 대해 당사자들이 합리적 근거를 제시하는 토론의 과정을 거치면서 주장의 정당성이 확보된다. 보편적인 합의에 도달하기 위해서는 시민들의 적극적인 참여에 의한 공론장이 활성화되어야 한다.

① 오류 가능성을 내포한 주장을 제시해서는 안 된다.
② 개인적 선호나 욕구는 최대한 숨기고 발언해야 한다.
③ 참여자 다수의 동의로 규범의 정당성을 확보해야 한다.
④ 합의에 이른 주장에 대해서는 재논의를 허용해서는 안 된다.
⑤ 발언 기회는 합리적 논증 능력에 따라 차등 부여되어서는 안 된다.

09

다음 토론의 핵심 쟁점으로 가장 적절한 것은?

갑: 현재의 분단 상황은 정전 상태로, 전쟁이 발생할 수 있는 불안정한 상태입니다. 따라서 이 상황이 끝나지 않는 한 한반도 평화와 지속 가능한 발전은 보장하기 어렵습니다.

을: 맞습니다. 그래서 종전 선언이 필요합니다. 종전 선언은 남북한이 상호 적대 정책을 전환하는 신호탄이 될 것이며, 남북 교류의 물꼬를 트고 한반도 평화를 이끌어 낼 것입니다.

갑: 종전 선언으로 남북 교류가 확대될 수 있지만 북한의 대남 적대 정책은 유지될 것입니다. 따라서 종전 선언은 북한의 핵 폐기에 대한 반대급부로서 추진되어야 합니다.

을: 종전 선언이 북한만을 위한 시혜는 아니므로 상호주의의 대상은 아닙니다. 오히려 종전 선언이 정전 상태를 명분으로 핵을 개발한다는 북한의 입장을 변화시킬 수 있습니다.

① 북한은 현재 대남 적대 정책을 취하고 있는가?
② 분단은 한반도의 지속 가능한 발전을 저해하는가?
③ 종전 선언을 통해 남북 교류가 활성화될 수 있는가?
④ 종전 선언은 상호주의 관점에서 이루어져야 하는가?
⑤ 현재의 한반도 상황은 전쟁이 종식되지 않은 상태인가?

10

⊙에 들어갈 진술로 가장 적절한 것은? [3점]

독일의 통일 사례는 통일을 준비하는 우리에게 중요한 교훈을 준다. 독일은 통일 전 많은 교류와 협력을 추진해 왔음에도 불구하고, 통일 이후 구 동독 지역 주민들과 구 서독 지역 주민들이 서로를 비하하고 무시하는 등 심각한 갈등을 겪었다. 또한 사회·문화적인 이질성을 줄이지 못한 상황에서 통일이 되면서 통일 이후에 사회를 통합하는 데 막대한 비용을 지불해야 했다. 이처럼 오랜 기간 서로 다른 이념과 체제에서 살아온 사람들이 서로에 대한 이질감을 극복하고 내적인 통합을 이루는 것은 단기간에 달성할 수 있는 쉬운 문제가 아니다. 따라서 우리는 　　⊙　　

① 교류와 협력보다는 체제의 우위를 공고히 해야 한다.
② 사회적 갈등을 예방하기 위해 흡수 통일을 지향해야 한다.
③ 사회·문화적 통합을 이루기 위한 장기적 대책을 강구해야 한다.
④ 민족의 동질성을 회복하기 위해 급진적으로 통일을 이루어야 한다.
⑤ 이념적 통합이 선행되지 않으면 통일을 위한 노력을 중단해야 한다.

11

다음 토론의 핵심 쟁점으로 가장 적절한 것은?

갑: 북한 주민은 통일 한국에서 함께 살아갈 동포입니다. 이념을 떠나 고통받는 사람을 돕는 것은 윤리적 의무입니다. 따라서 인도적 차원에서 조건 없는 대북 지원이 필요합니다.

을: 고통받는 이들을 돕는 것은 마땅한 의무이지만, 북한 사회의 특성상 대북 지원이 북한 주민들의 혜택으로 돌아가는지 확인할 방법이 없습니다.

갑: 북한 사회의 투명성이 낮아 그러한 의심이 들 수 있습니다. 그러나 대북 지원은 남북 교류 증진에 마중물 역할을 할 수 있으며, 궁극적으로 북한 사회의 개방을 촉진할 수 있습니다.

을: 물론 대북 지원은 남북 교류 활성화에 도움이 될 수 있습니다. 그러나 지원 물품이 군사 용도로 쓰일 수 있으므로 북한 사회의 개방이 선행된 이후에 행해져야 합니다.

① 북한 사회는 투명성이 낮은가?
② 고통받는 북한 주민을 도와야 하는가?
③ 북한 사회의 개방이 이루어져야 하는가?
④ 대북 지원은 조건부로 행해져야 하는가?
⑤ 대북 지원은 남북 교류를 촉진시킬 수 있는가?

12

다음 토론의 핵심 쟁점으로 가장 적절한 것은?

갑: 인권은 누구나 누려야 할 보편적 가치입니다. 하지만 북한의 경우, 주민들의 인권이 제대로 보장되지 못하고 있다는 비판이 있습니다. 북한 주민들의 인권 상황 개선이 필요합니다.

을: 동의합니다. 북한은 주민들의 인권 상황 개선을 위해 스스로 노력해야 합니다. 인권 문제가 개선되지 않으면 국제 사회의 여론이 악화되고, 이는 남북 관계에도 영향을 주게 됩니다.

갑: 같은 의견입니다. 그러나 인권 상황 개선을 위해 북한 스스로의 노력에만 의존할 수 없습니다. 북한의 상황을 고려하면, 국제 사회가 인도적 차원에서 적극 개입해야 합니다.

을: 제 생각은 다릅니다. 국제 사회의 적극적 개입은 한반도에 긴장 상태를 불러올 수 있습니다. 또한 외교와 내정에서 다른 나라로부터 간섭받지 않을 권리를 북한도 요구할 것입니다.

① 인간은 누구나 인간다운 삶을 살 권리를 지니는가?
② 북한 주민들의 인권 상황이 개선될 필요가 있는가?
③ 국제 사회가 북한의 인권 문제에 적극 개입해야 하는가?
④ 북한의 인권 문제는 남북 관계에 영향을 미칠 수 있는가?
⑤ 북한 스스로 인권 상황을 개선하기 위해 노력해야 하는가?

13

(가)의 입장에 비해 (나)의 입장이 갖는 상대적 특징을 그림의 ㉠~㉤ 중에서 고른 것은?

(가) 남북한의 통일을 위해서는 신속한 정치적, 법적 결단이 이루어져야 한다. 정치적 영역에서 일괄 타결이 이루어질 때, 통일에 이르는 시간이 단축될 뿐만 아니라 다른 분야의 문제도 빠르게 해결되어 통일이 실현될 것이다.

(나) 남북한의 통일을 위해서는 이산가족 상봉, 스포츠 교류 등 비정치적 영역부터 교류 협력을 시작하여 단계적으로 확대해 나가야 한다. 이러한 노력이 지속되어야 남북한의 불신이 해소되어 정치 통합의 기반이 조성될 것이다.

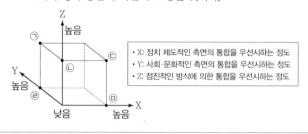

- X: 정치 제도적인 측면의 통합을 우선시하는 정도
- Y: 사회·문화적인 측면의 통합을 우선시하는 정도
- Z: 점진적인 방식에 의한 통합을 우선시하는 정도

① ㉠　② ㉡　③ ㉢　④ ㉣　⑤ ㉤

15

(가)의 입장에 비해 (나)의 입장이 갖는 상대적 특징을 그림의 ㉠~㉤ 중에서 고른 것은?

(가) 한반도에서 전쟁 위험이 해소되어야 하는 가장 주요한 이유는 경제적 이익의 증진이다. 분단으로 인한 전쟁 위험은 남북한 주민의 정치적 자유를 제한할 수도 있다. 하지만 소모적인 군사비 지출과 같은 문제가 분단의 더욱 큰 폐해다. 따라서 통일의 궁극적 목표는 한반도의 경제적 번영이다.

(나) 한반도에서 전쟁 위험이 해소되어야 하는 가장 주요한 이유는 적극적 평화의 실현이다. 분단으로 인한 전쟁 위험은 남북한의 경제에 부정적 영향을 끼칠 수도 있다. 하지만 남북한 주민의 정치적 자유를 억압하는 구조적 폭력이 지속되는 것이 분단의 더욱 큰 폐해다. 따라서 통일의 궁극적 목표는 한반도 내 모든 폭력의 제거다.

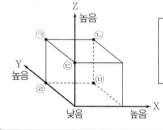

- X: 통일의 필요로 경제적 이익의 측면을 강조하는 정도
- Y: 통일의 이유로 정치적 기본권 보장을 강조하는 정도
- Z: 통일의 최종 목표로 한반도 평화 실현을 강조하는 정도

① ㉠　② ㉡　③ ㉢　④ ㉣　⑤ ㉤

14

다음을 주장한 사상가의 입장으로 적절한 것만을 〈보기〉에서 고른 것은? [3점]

담론 참여자들이 합의를 지향하여 그들의 행위 계획을 조정하는 상호 작용을 의사소통이라고 부른다. 이를 통해 도달한 합의는 타당성 주장에 대한 상호 인정에 따라 평가된다. 담론 과정에서 참여자들은 의견을 주고받으면서 각자의 개별 상황에 따른 정당성 및 진실성에 관한 주장을 제기해야 한다.

〈 보기 〉

ㄱ. 담론 참여자 모두가 승인할 때 규범의 타당성이 확보된다.
ㄴ. 담론 참여자들은 담론을 통해 이해관계를 조정할 수 있다.
ㄷ. 담론의 주제로 오류 가능성이 있는 주장을 채택하면 안 된다.
ㄹ. 담론 참여자들은 항상 사실만을 말하려고 할 필요는 없다.

① ㄱ, ㄴ　② ㄱ, ㄷ　③ ㄴ, ㄷ　④ ㄴ, ㄹ　⑤ ㄷ, ㄹ

16

다음을 주장한 사상가의 입장으로 가장 적절한 것은?

담론 윤리의 중요한 특징은 다음과 같다. 담론 과정에 적절하게 기여하는 한 아무도 배제되지 않는다. 그리고 모든 참여자는 담론 과정에 기여할 수 있는 똑같은 기회를 부여받는다. 또한, 의사소통은 외적 강제와 내적 강제로부터 자유로워야 한다.

① 담론을 거쳐 도출된 결론에 대해서는 재논의가 허용될 수 없다.
② 담론의 과정에서 참여자는 사적인 욕구를 표현해서는 안 된다.
③ 담론 참여자는 다수결의 원칙을 통해 타당한 규범에 도달한다.
④ 담론을 통해 합의를 이루지 못한 경우에만 강제력이 요청된다.
⑤ 담론 참여자는 상호 주관적 합의를 통해 갈등을 해결해야 한다.

17

(가)의 입장에 비해 (나)의 입장이 갖는 상대적 특징을 그림의 ㉠~㉤ 중에서 고른 것은?

> (가) 통일은 남북 간 정치적 일괄 타결을 통해 조속히 이루어져야 한다. 점진적 교류를 통한 통일은 남북 간 이질감 해소에 기여할 수 있지만, 최우선 과제인 남북한 이산가족의 문제를 시급히 해결하는 데 한계가 있기 때문이다.
>
> (나) 통일은 남북 간 사회·문화적 협력을 통해 단계적으로 이루어져야 한다. 급진적 통일은 남북한 이산가족의 문제를 빨리 해결할 수 있지만, 최우선 과제인 남북 간 이질감 해소와 신뢰 회복에 한계가 있기 때문이다.

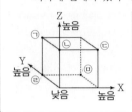

> • X: 정치적 합의를 통한 신속한 통일 달성을 강조하는 정도
> • X: 점진적 방식에 의한 남북 간 민족 동질감 회복을 강조하는 정도
> • Z: 통일의 선결 과제로 남북한 이산가족의 인도적 문제 해결을 강조하는 정도

① ㉠　　② ㉡　　③ ㉢　　④ ㉣　　⑤ ㉤

18

다음을 주장한 사상가의 입장으로 적절한 것만을 〈보기〉에서 있는 대로 고른 것은? [3점]

> 담론 참여자가 대화를 통해 규범의 도덕적 타당성을 결정할 때 다음의 윤리적 전제가 필요하다. 첫째, 갈등을 폭력으로 해결해서는 안 되며, 모든 관련 당사자 간의 공동 협의로 해결해야 한다. 둘째, 담론 참여자들은 자신의 이익을 방해받지 않고 주장할 권리를 보장받아야 한다. 셋째, 담론 참여자들은 초주관성의 원리에 따라 자신의 이익을 수정할 수 있어야 한다.

〈 보기 〉

> ㄱ. 담론 참여자는 외적 강제 없이 발언권을 보장받아야 한다.
> ㄴ. 담론 참여의 자격은 이성적 논의 능력의 유무에 달려 있다.
> ㄷ. 담론 참여자 다수가 동의한 규범은 항상 타당성이 확보된다.
> ㄹ. 담론 참여자가 주관적 견해를 지니면 타당한 규범을 도출할 수 없다.

① ㄱ, ㄴ　　② ㄱ, ㄷ　　③ ㄷ, ㄹ
④ ㄱ, ㄴ, ㄹ　　⑤ ㄴ, ㄷ, ㄹ

19

다음 가상 대담의 사상가가 지지할 주장으로 적절하지 않은 것은?

① 윤리 문제를 해결하기 위해 의사소통의 합리성을 발휘해야 한다.
② 담론의 과정에서 상대방을 자신과 동등한 주체로 인정해야 한다.
③ 사실에 부합하는 내용을 진술하고 상대방을 기만하지 말아야 한다.
④ 논증적인 토론 과정에서 자신의 주장에 대한 근거를 제시해야 한다.
⑤ 합의를 위해 상대방이 거부할 수 있는 내용은 말하지 않아야 한다.

20

다음을 주장한 사상가의 입장으로 적절한 것만을 〈보기〉에서 있는 대로 고른 것은? [3점]

> 의사소통의 합리성을 실현하기 위한 이상적 담론은 다음 조건들을 충족해야 한다. 의사소통 과정에 참여한 사람들은 참된 진술을 해야 하고, 서로 이해할 수 있는 말을 해야 한다. 또한 누구나 평등하게 담론에 참여하고, 어떤 주장이든 자유롭게 표현할 수 있어야 한다. 이러한 조건들을 통해 의사소통의 합리성을 실현해야 보편타당한 규범을 도출할 수 있다.

〈 보기 〉

> ㄱ. 담론 참여자는 다수가 지지하는 주장을 비판할 수 있다.
> ㄴ. 담론 참여자 다수가 동의한 모든 규범은 타당성을 지닌다.
> ㄷ. 담론 참여자는 자신의 이익을 위한 선호를 표현할 수 있다.
> ㄹ. 담론 참여자는 합의한 결과로 인한 부작용도 수용해야 한다.

① ㄱ, ㄴ　　② ㄱ, ㄷ　　③ ㄴ, ㄹ
④ ㄱ, ㄷ, ㄹ　　⑤ ㄴ, ㄷ, ㄹ

해설편 384쪽

21

다음을 주장한 사상가의 입장으로 적절한 것만을 〈보기〉에서 있는 대로 고른 것은?

> 합리적인 의사소통이 이루어지기 위해서는 언어 능력과 행위 능력을 지닌 모든 사람에게 담론에 참여할 기회가 개방되어야 한다. 그리고 담론 참여자는 모두 담론 과정에서 자신의 주장을 발언할 기회를 동등하게 보장받아야 한다. 어떤 담론 참여자도 억압을 받지 않고 발언할 수 있어야 한다. 담론을 통해 합의된 내용은 보편적 규범이 될 수 있다.

〈 보기 〉
ㄱ. 담론 참여자는 개인적인 욕구를 표출해서는 안 된다.
ㄴ. 다수가 인정한 주장도 담론 과정에서 비판받을 수 있다.
ㄷ. 담론 참여자는 상호 주관적 논증을 통해 합의할 수 있다.
ㄹ. 담론 참여자는 모두 합의의 결과와 부작용을 수용해야 한다.

① ㄱ, ㄷ ② ㄱ, ㄹ ③ ㄴ, ㄷ
④ ㄱ, ㄴ, ㄹ ⑤ ㄴ, ㄷ, ㄹ

22

갑, 을의 입장으로 가장 적절한 것은?

> 갑: 남북의 분단 비용 중 국방비가 큰 비중을 차지한다. 남북은 모두 경제 규모 대비 적정 수준 이상의 국방비를 지출하고 있다. 남북이 통일이 된다면 국방비를 줄일 수 있으므로 통일 비용에 대한 부담도 줄어들 것이다.
> 을: 남북이 통일이 된다면 통일 이전과 달리 세계적인 강대국들과 국경을 접하게 되기 때문에 국방비가 늘어나게 될 것이다. 통일에 따른 국방비 증가는 통일 비용에 대한 부담을 더 크게 할 것이다.

① 갑: 통일 편익은 북한이 아닌 남한 지역에서만 발생할 것이다.
② 갑: 통일 이후의 국방비 감소는 통일 편익을 증대시킬 수 있다.
③ 을: 통일된 이후에도 분단 비용은 지속적으로 발생할 것이다.
④ 을: 통일 국가의 영토는 남북한을 합친 것보다 확장될 것이다.
⑤ 갑, 을: 통일 이전 대비 통일 이후의 국방비는 증가할 것이다.

23

다음은 신문 칼럼이다. ㉠에 들어갈 진술로 적절하지 않은 것은?

> ○○신문 　　　　　　　　　　　　　　　○○○○년 ○○월 ○○일
>
> **칼 럼**
>
> 6·25 전쟁과 분단은 남북 간 적대적인 경쟁 체제를 형성했을 뿐만 아니라 우리 일상생활에서 이념 대립의 형태로 갈등을 야기하는 요소로 작용하고 있다. 한국 사회는 분단 상황 속에서 이념과 가치를 중심으로 이분법적 대립 구조가 형성되어 다양한 의견을 나눌 수 있는 대화와 타협의 지형이 제대로 형성되지 못했다. 이러한 이분법적이고 극단적으로 이루어지는 이념 대립은 소모일 뿐만 아니라 사회 발전을 방해할 수 있다. 따라서 우리는 _____㉠_____

① 상대방의 견해와 입장을 존중하고 합리적 의견은 수용해야 한다.
② 정책을 평가할 때 각자 자신의 이념에만 근거하여 판단해야 한다.
③ 상호 건전한 대화와 타협을 통해 극단적인 대립을 해소해야 한다.
④ 사회 통합을 위해 상호 소통하는 동반자 관계를 형성해야 한다.
⑤ 가치관의 이분법적 구분에서 벗어나 서로를 적대시하지 말아야 한다.

24

(가)의 입장에 비해 (나)의 입장이 갖는 상대적 특징을 그림의 ㉠~㉤ 중에서 고른 것은?

> (가) 통일의 최대 이점은 북한 주민의 인권 문제 해결이다. 인권은 인간다운 삶을 위한 기본 조건이므로 북한 인권 문제 해결은 더 이상 미룰 수 없는 과제이다. 따라서 남북 간 정치적 일괄 타결을 통해 하루라도 빨리 통일을 이루어야 한다.
> (나) 통일의 최대 이점은 시장의 확대로 인한 이익의 증대이다. 그러나 준비 없는 통일은 통일 비용의 부담을 증가시킨다. 따라서 남북 경제 협력이나 예술 및 체육 분야 등의 교류에서 시작해 점진적인 방법으로 통일을 이루어야 한다.

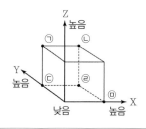

· X: 통일 달성의 시급함을 강조하는 정도
· Y: 통일 편익의 인도적 측면보다 경제적 측면을 강조하는 정도
· Z: 통일을 위해 비정치적 분야의 교류가 우선되어야 함을 강조하는 정도

① ㉠ ② ㉡ ③ ㉢ ④ ㉣ ⑤ ㉤

25

다음을 주장한 사상가의 입장만을 〈보기〉에서 고른 것은? [3점]

> 화자의 의사소통의 의도에는 다음 사항들이 포함되어야 한다. 첫째, 화자가 자신과 청자 사이에 정당한 것으로 인정된 상호 관계가 성립하도록 규범적 맥락에 따라 올바른 의사소통 행위를 수행하는 것이다. 둘째, 화자가 자신의 지식을 청자가 받아들이며 공유하도록 참된 진술을 하는 것이다. 셋째, 화자가 자신이 말한 것을 청자가 믿도록 생각, 의도, 감정, 소망 등을 진실하게 표현하는 것이다.

〈 보기 〉

ㄱ. 의사소통 행위는 상호 이해를 지향해야 한다.
ㄴ. 오류 가능성이 있는 주장도 담론에 부칠 수 있다.
ㄷ. 발화(發話) 내용이 참되다면 어떠한 발화 자세도 허용된다.
ㄹ. 규범의 타당성은 참여자 대다수의 동의를 얻어야 확보된다.

① ㄱ, ㄴ   ② ㄱ, ㄷ   ③ ㄴ, ㄷ   ④ ㄴ, ㄹ   ⑤ ㄷ, ㄹ

26

다음을 주장한 사상가의 입장으로 가장 적절한 것은? [3점]

> 의사소통의 합리성은 강제 없이 상호 간의 논증적 대화를 통해 보편적 합의에 도달하는 경험에 호소한다. 이를 통해 담론 참여자는 주관적 견해를 극복하고, 이성적 동기에 근거한 공동의 신념으로 인해 상호 주관성을 확인하게 된다.

① 담론 참여자는 논의 주제에 정통한 전문가들로만 구성해야 한다.
② 담론 참여자는 자신의 개인적 선호나 욕구를 발언해서는 안 된다.
③ 담론 참여자는 다른 사람의 주장에 이의를 제기해서는 안 된다.
④ 담론 참여자는 정당한 담론의 결과와 그 부작용까지 수용해야 한다.
⑤ 담론 참여자는 이해관계의 조정 수단으로만 담론을 활용해야 한다.

27

그림의 강연자가 지지할 주장으로 가장 적절한 것은?

> 모든 사유의 출발점은 홀로 사유하는 '나'가 아니라 서로 대화를 주고받는 '우리'가 되어야 합니다. 언어적·사회적 존재인 인간에게는 타자를 단지 도구화하지 않고, 타자의 고유성을 인정하는 의사소통 행위의 가능성이 존재합니다. 의사소통 행위는 사회적 행위자들이 상호 이해를 목적으로 서로의 행위 계획을 조정하는 데에서 성립합니다. 모든 당사자들이 어떠한 강제도 없이 자유롭고 평등한 담론을 통해 동의할 수 있는 행위 규범들만이 정당화가 가능합니다.

① 행위 규범으로서의 올바름은 비판과 논증을 통해 정당화될 수 있다.
② 이상적 담화에서 담론 참여자는 타인의 의견을 거부할 수 없다.
③ 주관적 견해를 극복한 후에 담론에 참여하는 것이 이상적이다.
④ 타당한 규범은 대화에 참여한 다수에 의해 동의를 얻은 규범이다.
⑤ 상호 인정의 자세는 타자를 나와 완전히 동일화하기 위해 요구된다.

28

다음을 주장한 사상가의 입장으로 적절한 것만을 〈보기〉에서 고른 것은?

> 이상적 담화 상황은 담론장에 외적인 우연적 요소들이 개입되거나 담론 참여자가 어떤 유형의 강요도 받지 않으며 자유롭고 평등한 담론이 이루어지는 상황을 말한다. 이러한 담화 상황을 위해서는 출입의 공공성, 평등한 권한, 표현 행위의 진실성, 입장 표명의 비강제성 등이 보장되어야 한다. 또한 담론 참여자는 오직 보다 나은 논증을 통해서만 자신의 입장을 결정해야 한다.

〈 보기 〉

ㄱ. 담론 참여자 중 대다수가 동의한 규범이 타당성을 지닌다.
ㄴ. 담론 주제에 대한 전문가가 아니라도 담론에 참여할 수 있다.
ㄷ. 담론 참여자는 자신의 이익이나 욕구를 표현해서는 안 된다.
ㄹ. 담론 과정에서 타인의 주장에 대해 자유로운 비판이 가능하다.

① ㄱ, ㄴ   ② ㄱ, ㄷ   ③ ㄴ, ㄷ   ④ ㄴ, ㄹ   ⑤ ㄷ, ㄹ

29

다음을 주장한 사상가의 입장만을 〈보기〉에서 있는 대로 고른 것은?

> 의사소통이 이상적으로 이루어지기 위해서는 다음의 규칙들이 전제되어야 한다. 언어 능력과 행위 능력을 지닌 모든 주체가 담론에 참여할 수 있어야 하며, 참여한 모든 사람은 모든 주장을 문제시하여 담론의 내용으로 삼을 수 있어야 하고, 자신의 생각과 욕구를 표현할 수 있어야 한다. 이런 규칙들을 준수하며 실천적 담론에 참여하는 모든 당사자가 동의한 규범들만이 타당성을 가질 수 있다.

〈보기〉

ㄱ. 규범이 정당화되려면 모든 담론 참여자가 합의해야 한다.
ㄴ. 담론 참여자는 타인의 주장에 이의를 제기해서는 안 된다.
ㄷ. 공정한 담론을 통해 합의된 준칙은 구속력을 지닐 수 있다.
ㄹ. 담론의 공동 결의 과정에서 자신의 희망을 표현할 수 있다.

① ㄱ, ㄴ   ② ㄱ, ㄷ   ③ ㄴ, ㄹ
④ ㄱ, ㄷ, ㄹ   ⑤ ㄴ, ㄷ, ㄹ

30

그림의 강연자가 지지할 입장으로 적절하지 <u>않은</u> 것은?

> 어떤 규범이 타당성을 갖기 위해서는 그 규범에 영향을 받는 사람들이 공정한 담론 절차를 거쳐 자유롭게 동의할 수 있어야 합니다. 서로 다른 의견과 갈등을 극복하기 위한 합리적인 의사소통을 위해서는 첫째, 언어와 행위 능력을 지닌 모든 주체가 담론에 참여할 수 있어야 합니다. 둘째, 어떤 주장이라도 누구나 담론에 부칠 수 있어야 합니다. 그리고 어떤 담론의 참여자도 위의 첫째, 둘째에 명시한 권리를 행사하는 데 방해받아서는 안 됩니다.

① 공론장에서는 타인의 주장에 대한 이의 제기를 제한해야 한다.
② 이성적 논의 능력을 지닌 모든 주체는 담론에 참여할 수 있다.
③ 담론 과정에서 참여자는 개인적 욕구를 표현할 수 있어야 한다.
④ 담론 참여자는 자신의 오류 가능성을 전제하고 토론에 임해야 한다.
⑤ 담론을 통해 주관적 견해를 극복하고 합리적으로 합의할 수 있다.

31

다음을 주장한 사상가의 입장에서 〈사례〉 속 A에게 제시할 조언으로 가장 적절한 것은?

> 언어 능력과 행위 능력을 지닌 모든 주체는 담론에 참여할 수 있고, 어떤 주장도 문제시할 수 있으며, 모든 주장을 담론에 끌어들일 수 있고, 자신의 희망이나 욕구를 표현할 수 있어야 한다. 어떤 담론 참여자도 이러한 권리를 행사함에 있어 담론의 내부나 외부로부터의 강제에 의해 방해받아서는 안 된다.

〈사례〉

> 고등학교 학급 회장 A는 북한 이탈 주민 지원 센터에 후원금을 보낼 것인가에 대한 회의를 진행하고 있다. A는 다양한 의견이 제시되는 상황에서 어떻게 해야 할지 고민하고 있다.

① 합리적인 의사소통을 거쳐 합의된 결론을 따르세요.
② 학급 학생들의 바람이나 욕구들은 고려하지 마세요.
③ 회의가 길어질수록 결론은 불확실해짐을 깨달으세요.
④ 소수보다 다수 학생의 의견이 항상 옳다고 생각하세요.
⑤ 다양한 입장을 균등하게 반영한 주장만을 받아들이세요.

32

다음 대화에서 갑, 을의 입장으로 가장 적절한 것은?

> 통일은 민족 내부의 경직된 이념 대립에서 벗어나 사상과 양심의 자유를 신장합니다. 또한 분단 비용을 해소해 이를 사회적 약자들의 인간다운 삶의 권리 보장과 양극화 완화를 위한 복지 재원으로 전환합니다. 분단 상태에서는 이러한 편익이 불가능하므로 통일은 꼭 실현해야 할 과제입니다.

> 통일은 남북한 경제 통합으로 상호보완적인 시너지 효과를 극대화합니다. 또한 분단 비용을 해소해 이를 한반도 전체의 새로운 성장 동력을 창출하는 재원으로 전환합니다. 다만 이러한 편익이 통일 비용보다 적을 수 있으므로 통일은 꼭 실현해야 할 과제라고 할 수는 없습니다.

갑

을

① 갑: 사회경제적 불평등 완화는 통일의 근거에 포함될 수 없다.
② 갑: 통일의 근거는 보편적 권리가 아니라 민족 통합 자체에 있다.
③ 을: 통일 비용이 증가하더라도 통일의 당위성이 약화될 수는 없다.
④ 을: 통일 비용이 남북 경제 통합의 기대 효과를 초과할 가능성은 없다.
⑤ 갑과 을: 분단 비용 해소와 통일 편익을 통일의 근거로 고려해야 한다.

01 문제

갑, 을 사상가들의 입장으로 가장 적절한 것은? [3점]

갑: 국제 정치는 자국의 국력을 증강하며 타국의 국력을 감소 시키려는 계속적인 노력이다. 최대한의 권력을 확보하려는 욕망은 모든 국가에게 보편적이다.

을: 국가 간 제약이 없이는 어떤 평화도 정착될 수 없거나 보장 받을 수 없다. 이러한 이유로 인해 특별한 종류의 연맹이 있어야 한다. 그것은 평화 연맹이라고 할 수 있다.

① 갑: 주권보다 상위의 국제적 권위가 분쟁 해결에 필수적이다.
② 갑: 모든 국가의 궁극적 목적은 세력 균형의 보편적 실현이다.
③ 을: 영원한 평화는 국가 간 적대 행위의 중단으로 완성된다.
④ 을: 평화 연맹 가입국은 국제법의 적용 없이 자유를 보장받아야 한다.
⑤ 갑과 을: 비폭력적 수단을 통해 국가 간 전쟁이 억제될 수 있다.

02

갑, 을 사상가들의 입장으로 적절한 것만을 〈보기〉에서 있는 대로 고른 것은? [3점]

갑: 어떤 종류의 폭력이라도 또 다른 폭력을 낳는다. 직접적 폭력은 구조적 폭력을 형성하고, 문화적 폭력은 이러한 모든 폭력을 합법화시킬 수 있다. 반면, 어떤 종류의 평화라도 또 다른 평화를 낳는다.

을: 평화 상태는 국가 상호 간의 계약 없이는 구축될 수 없고 보장될 수도 없다. 국제법은 자유로운 국가들의 연방에 기초해야 한다. 국가 간 평등한 관계에 기반을 둔 세계 시민법은 보편적 우호의 조건들에 국한되어야 한다

〈 보기 〉
ㄱ. 갑: 평화적이지 않은 수단으로는 결코 평화를 실현할 수 없다.
ㄴ. 갑: 구조적 착취를 정당화하는 수단으로 활용되는 예술도 있다.
ㄷ. 을: 강제력을 갖춘 평화 조약은 영구적 평화를 보장할 수 있다.
ㄹ. 갑과 을: 정치 체제의 개선 없이는 진정한 평화가 보장될 수 없다

① ㄱ, ㄴ   ② ㄱ, ㄷ   ③ ㄷ, ㄹ
④ ㄱ, ㄴ, ㄹ   ⑤ ㄴ, ㄷ, ㄹ

03

갑, 을 사상가들의 입장으로 옳지 않은 것은?

갑: 국제 사회에서 평화 실현은 도덕적 의무이다. 국가는 세계 시민법에 따라 외국 방문객이 평화적으로 처신하는 한 적대적으로 대하면 안 된다. 세계 시민법의 이념은 공적인 인권과 영원한 평화를 위해 필요하다.

을: 국제 정치에서 평화 유지는 세력 균형을 통해 가능하다. 모든 정치가 그러하듯 국제 정치도 권력을 얻기 위한 투쟁이다. 따라서 국제 정치의 본질상 평화 상태에서도 폭력 사용의 가능성은 항상 존재한다.

① 갑: 국가는 모든 외국인에 대해 호의적으로 대할 필요는 없다.
② 갑: 국가 간 신뢰를 불가능하게 하는 적대 행위를 해서는 안 된다.
③ 을: 국제 정치에서 개별 국가들의 권력욕은 갈등의 원인이다.
④ 을: 국제법에 근거한 세력 균형이 유일한 평화 유지 수단이다.
⑤ 갑과 을: 국제 연맹은 독립된 국가처럼 주권을 행사할 수 없다.

04

갑, 을 사상가들의 입장으로 적절한 것만을 〈보기〉에서 고른 것은? [3점]

갑: 이기적 본성을 지닌 인간처럼 국가도 권력의 극대화를 추구한다. 국제 정치에서 세력 균형은 주권 국가로 구성된 국제 사회의 중요한 안정 요소이다.

을: 국제 정치에서 국가들은 서로를 하나의 인격체로 대하고, 무력과 기만을 근절해 평화를 예비해야 한다. 세계 시민법은 영원한 평화의 실현을 위해 필수 불가결한 것이다.

〈 보기 〉
ㄱ. 갑: 파괴된 세력 균형을 복원하는 방법은 전쟁뿐이다.
ㄴ. 갑: 국내 정치와 같이 국제 정치도 그 본질은 권력 투쟁이다.
ㄷ. 을: 국가들의 자유 보장이라는 연맹의 이념이 확산되어야 한다.
ㄹ. 갑과 을: 평화 실현을 위해서는 국가 간 협력이 유일한 방도이다.

① ㄱ, ㄴ   ② ㄱ, ㄷ   ③ ㄴ, ㄷ   ④ ㄴ, ㄹ   ⑤ ㄷ, ㄹ

05

갑, 을 사상가들의 입장으로 적절한 것만을 〈보기〉에서 고른 것은? [3점]

> 갑: 본래 이기적인 인간과 마찬가지로 국가도 권력의 극대화를 추구한다. 권력을 얻기 위한 투쟁이 국제 정치의 본질이다. 힘을 통해 힘을 견제하는 세력 균형이 전쟁을 억지한다.
> 을: 인간의 이성은 어떠한 전쟁도 있어서는 안 된다고 명령한다. 영원한 평화를 위해서는 모든 국가가 공화제를 향해 노력해야만 하며, 국가들의 평화 연맹이 필요하다.

〈 보기 〉

ㄱ. 갑: 경쟁 국가의 행동의 경향성을 예측하는 것은 가능하다.
ㄴ. 갑: 국가 간 동맹 없는 국가 간 세력 균형은 불가능하다.
ㄷ. 을: 평화 연맹의 수립 과정에서 국가 간 합병은 배제된다.
ㄹ. 갑과 을: 전쟁은 국제 평화를 실현하기 위한 최후의 정치적 행위로서 정당화된다.

① ㄱ, ㄴ   ② ㄱ, ㄷ   ③ ㄴ, ㄷ   ④ ㄴ, ㄹ   ⑤ ㄷ, ㄹ

06

(가)의 입장에 비해 (나)의 입장이 갖는 상대적 특징을 그림의 ㉠~㉤ 중에서 고른 것은? [3점]

> (가) 오직 국익에 도움이 되는지 여부를 기준으로 국가의 대외 정책의 좋고 나쁨이 결정된다. 힘의 논리를 바탕으로 한 국익 추구로 인하여 국제 분쟁이 발생하며, 평화는 힘의 균형을 통해 전쟁을 예방 또는 억지함으로써 달성될 수 있다.
> (나) 국제 사회의 부정의는 국가들의 행동을 규제하는 국제기구나 국제적 규범을 통해 해결할 수 있다. 국제법은 국제 사회에서 매우 중요하며, 평화는 국가 간의 이성적 대화와 협력, 국제기구 등의 노력을 통해 달성될 수 있다.

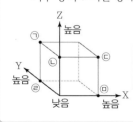

• X: 국제법을 통한 평화 실현에 회의적인 정도
• Y: 분쟁의 원인을 상대에 대한 오해에서 찾는 정도
• Z: 다른 국가를 잠재적 위협으로 인식하는 정도

① ㉠   ② ㉡   ③ ㉢   ④ ㉣   ⑤ ㉤

07

갑, 을 사상가들의 입장으로 적절한 것만을 〈보기〉에서 고른 것은? [3점]

> 갑: 영구 평화를 위해 상비군은 점차 완전히 폐지되어야 한다. 그러나 조국을 외부의 침략으로부터 방어하기 위한 시민들의 자발적이고 정기적인 무장 훈련은 사정이 다르다.
> 을: 전쟁과 같은 직접적 폭력 외에도 간접적 폭력이 존재한다. 각각의 폭력은 상호 작용하며 서로 영향을 미친다. 이러한 다양한 폭력을 제거해야 진정한 평화가 달성될 수 있다.

〈 보기 〉

ㄱ. 갑: 평화 연맹은 모든 전쟁의 영구적 종식을 목표로 한다.
ㄴ. 갑: 세계 시민법은 인권 보장이 아닌 영구 평화를 위한 것이다.
ㄷ. 을: 문화적 폭력은 구조적 폭력을 올바른 것으로 보이게 한다.
ㄹ. 갑과 을: 폭력의 사용은 어떠한 경우에도 허용될 수 없다.

① ㄱ, ㄴ   ② ㄱ, ㄷ   ③ ㄴ, ㄷ   ④ ㄴ, ㄹ   ⑤ ㄷ, ㄹ

08

다음을 주장한 사상가의 입장으로 가장 적절한 것은? [3점]

> 국가들 사이의 영원한 평화를 위한 확정 조항은 다음과 같다. 첫째, 모든 국가의 시민적 정치 체제는 공화 정체여야 한다. 모든 입법은 근원적 계약의 이념에서 나오는 공화 정체에 기초해야만 한다. 둘째, 국제법은 자유로운 국가들의 연방 체제에 기초해야 한다. 국가들은 국제법의 이념에 따라 움직이지 않기에 전쟁을 방지하기 위하여 지속적인 연맹이 필요하다. 셋째, 세계 시민법은 보편적 우호의 조건들에 국한되어야 한다. 여기서 우호란 외국인이 타국의 영토에 도착했다고 해서 적대적으로 취급받지 않을 권리를 의미한다.

① 국제 관계에서는 국가가 유일한 행위자로 간주된다.
② 국제 연맹은 국가와 같은 주권적 권력으로 기능해야 한다.
③ 평화 조약을 통해 모든 전쟁들을 영원히 종식시킬 수 있다.
④ 국가 간 분쟁의 해소가 영원한 평화 실현의 충분조건은 아니다.
⑤ 정치 체제의 개선이 평화의 실현을 위한 전제 조건은 아니다.

09

갑, 을 사상가들의 입장으로 적절한 것만을 〈보기〉에서 있는 대로 고른 것은? [3점]

> 갑: 영구 평화를 위해 세계 시민법은 보편적 우호의 조건들에 국한되어야 한다. 세계 시민법의 논의는 박애가 아니라 권리에 관한 것이다. 우호란 한 이방인이 낯선 땅에 도착했을 때 적으로 간주되지 않을 권리를 뜻한다.
> 을: 국제 정치는 권력을 얻기 위한 투쟁이다. 국제 정치의 궁극적 목표가 무엇이든 간에 권력이 항상 일차적 목표이다. 국제 사회에서 정치적 정책은 권력을 유지하거나 확장하거나 과시하기 위한 목적으로 추진된다.

〈 보기 〉
ㄱ. 갑: 우호의 권리는 조건부로 보장받을 수 있는 권리이다.
ㄴ. 을: 자국의 이익 증진을 위해 국가 간의 동맹이 수립된다.
ㄷ. 을: 주권 국가보다 상위의 권위를 가진 기관이 있을 수 있다.
ㄹ. 갑과 을: 국제 정치의 영역은 도덕 법칙의 지배를 받는다.

① ㄱ, ㄴ ② ㄱ, ㄷ ③ ㄷ, ㄹ
④ ㄱ, ㄴ, ㄹ ⑤ ㄴ, ㄷ, ㄹ

10

갑, 을 사상가들의 입장으로 가장 적절한 것은? [3점]

> 갑: 폭력은 주로 문화적 폭력으로부터 구조적 폭력을 경유하여 직접적 폭력으로 번진다. 진정한 평화는 직접적 폭력뿐만 아니라 구조적·문화적 폭력의 부재를 지향할 때에만 가능하다.
> 을: 국가 간의 제약이 없이는 어떠한 평화도 정착될 수 없다. 영원한 평화를 위해서는 특별한 종류의 연맹이 있어야 한다. 그것은 바로 평화 연맹이며, 이는 평화 조약과 구별된다.

① 갑: 구조적 폭력은 항상 문화적 폭력에서 비롯된다.
② 갑: 비의도적 폭력은 평화 실현을 방해하지 않는다.
③ 을: 평화 연맹은 모든 전쟁의 영원한 종식을 추구한다.
④ 을: 영원한 평화는 국가 간 평화 조약 체결만으로 실현된다.
⑤ 갑과 을: 물리적 폭력의 소멸은 진정한 평화의 실현을 보장한다.

11

(가), (나)의 입장으로 적절한 것만을 〈보기〉에서 고른 것은?

> (가) 인간이 본성적으로 이성적인 것처럼 국가도 이성적이다. 하지만 잘못된 제도 등으로 인해 국제 분쟁이 발생한다. 이를 해결하려면 국제법이나 국제 규범을 통한 제도 개선이 필요하다.
> (나) 인간이 본성적으로 이기적인 것처럼 국가도 이기적이다. 힘의 논리에 따르는 국가 간 권력 투쟁으로 인해 국제 분쟁이 발생한다. 이를 해결하려면 국가 간 세력 균형이 필요하다.

〈 보기 〉
ㄱ. (가): 국제 분쟁의 해결 주체는 개별 국가에 한정되어야 한다.
ㄴ. (나): 다른 국가는 자국의 이익을 위협하는 잠재적 요소이다.
ㄷ. (가)와 (나): 국제 분쟁을 억지하기 위한 해결 방안은 존재한다.
ㄹ. (가)와 (나): 국제 분쟁은 제도적 결함보다 인간의 본성에서 유래한다.

① ㄱ, ㄴ ② ㄱ, ㄷ ③ ㄴ, ㄷ ④ ㄴ, ㄹ ⑤ ㄷ, ㄹ

12

다음을 주장한 사상가의 입장으로 가장 적절한 것은? [3점]

> 국가는 국가 자신을 제외하고는 어느 누구에 의해서도 명령이나 지배를 받지 않는다. 한 국가를 다른 국가에 병합시킨다면, 그것은 도덕적 인격체로서의 국가의 지위를 파괴하는 것이며 국가를 물건으로 간주하는 것이다. 평화 연맹은 국가의 권력에 대한 어떤 지배를 목표로 하지 않는다. 이 연맹은 국가 자체의 자유를 지속시키고 보호하며, 별다른 이유가 없는 한 다른 국가들의 자유를 보호하고 지속시킬 뿐이다.

① 모든 국가는 이방인에 대한 환대권을 무조건 보장해야 한다.
② 국가 간 평화 조약으로 국제 사회의 영원한 평화가 보장된다.
③ 영구 평화 실현을 위해서는 어떠한 전쟁도 허용되면 안 된다.
④ 국가 간 평화 보장을 위해서는 법적 근거가 마련되어야 한다.
⑤ 국가의 주권은 평화를 지향하는 국제 연맹에 양도되어야 한다.

13

갑, 을 사상가들의 입장으로 가장 적절한 것은? [3점]

> 갑: 직접적 폭력, 구조적 폭력, 문화적 폭력에 대한 진단, 예측, 처방이 필요하다. 진정한 평화는 직접적 폭력뿐만 아니라 구조적 폭력, 문화적 폭력이 모두 사라져야 실현된다.
>
> 을: 이성이 전쟁을 탄핵하고 평화 상태를 의무로 부과해도 국가 간의 계약 없이는 영원한 평화가 보장될 수 없다. 모든 전쟁을 영원히 종식시키는 평화 연맹이 필요하다.

① 갑: 문화적 폭력으로 인해 비의도적 차별이 정당화될 수 있다.
② 갑: 평화적 수단과 과정으로는 진정한 평화를 실현할 수 없다.
③ 을: 평화를 위해 국가 간 계약을 주도할 세계 정부가 필요하다.
④ 을: 국가 간 적대 행위의 중단은 영원한 평화 상태를 보증한다.
⑤ 갑과 을: 국가 정치 체제는 평화 실현에 영향을 주지 않는다.

14

갑, 을 사상가들의 입장으로 적절한 것만을 〈보기〉에서 있는 대로 고른 것은? [3점]

> 갑: 국제 연맹은 모든 전쟁의 영원한 종식을 추구하며 개별 국가들의 자유를 보호하고 지속시키는 데에 관여한다. 국제 사회의 평화는 국제 연맹을 통해서 달성될 수 있다.
>
> 을: 폭력을 줄이는 것도 중요하지만 폭력을 예방하는 것이 더 중요하다. 전자는 소극적 평화를 목표로 하지만 후자는 적극적 평화를 지향한다.

─────〈 보기 〉─────
ㄱ. 갑: 평화 조약은 어떠한 전쟁도 종식시킬 수 없다.
ㄴ. 갑: 국제 연맹은 국가권력을 지배하는 것을 목표로 하지 않는다.
ㄷ. 을: 경제적 착취의 제거는 적극적 평화를 위한 필수 조건이다.
ㄹ. 갑과 을: 정치 체제의 개선은 평화 실현에 기여할 수 있다.

① ㄱ, ㄴ   ② ㄱ, ㄷ   ③ ㄴ, ㄹ
④ ㄱ, ㄷ, ㄹ   ⑤ ㄴ, ㄷ, ㄹ

15

갑, 을 사상가들의 입장으로 가장 적절한 것은? [3점]

> 갑: 영구 평화를 위해 침략 전쟁의 유발 요인을 없애야 한다. 이성이 평화 상태를 직접적 의무로 만든다 해도 국가 간 계약 없이는 어떤 평화도 보장될 수 없으므로 평화 연맹이 필요하다.
>
> 을: 소극적 평화는 직접적 폭력이 없는 상태이며, 적극적 평화는 구조적·문화적 폭력까지 없는 상태이다. 우리는 모든 종류의 폭력을 비폭력적인 방법을 통해 예방하고 제거해야 한다.

① 갑: 상비군의 점진적인 확대는 영구 평화를 위해 필수적이다.
② 갑: 개별 국가가 평화 연맹에 소속되려면 주권을 포기해야 한다.
③ 을: 진정한 평화의 구축을 위해 폭력적인 수단도 허용되어야 한다.
④ 을: 의도적인 폭력을 제거해도 비의도적인 폭력이 존재할 수 있다.
⑤ 갑과 을: 모든 전쟁이 종식되는 순간부터 진정한 평화가 보장된다.

16

갑, 을 사상가들의 입장으로 가장 적절한 것은? [3점]

> 갑: 영구 평화를 달성하기 위해서 모든 국가의 시민적 정치 체제는 공화 정체이어야 하며, 국제법은 자유로운 국가들의 연방 체제에 기초해야 한다.
>
> 을: 진정한 평화는 모든 종류의 폭력이 없는 상태이다. 직접적 폭력과 구조적 폭력은 물론이고, 문화적 폭력까지 사라진 적극적 평화 상태를 추구해야 한다.

① 갑: 각 국가는 매매를 통해 다른 국가의 소유가 될 수 있다.
② 갑: 어떤 경우에도 타국인을 적대적으로 대우해서는 안 된다.
③ 을: 직접적 폭력의 제거는 진정한 평화 실현의 전제 조건이다.
④ 을: 물리적 폭력의 제거는 구조적 폭력이 제거되어야 실현된다.
⑤ 갑과 을: 폭력이나 전쟁은 어떤 상황에서도 정당화될 수 없다.

17

갑, 을 사상가들의 입장으로 가장 적절한 것은? [3점]

> 갑: 우리는 영원한 평화를 확립하기 위해 그리고 전쟁 수행을 종식시키기 위해, 모든 국가의 시민적 정치 체제가 공화 정체가 되도록 노력해야 한다.
>
> 을: 평화를 알기 위해서는 먼저 폭력에 대해 알아야 한다. 폭력에는 직접적 폭력과 구조적 폭력 그리고 이 두 가지 폭력을 정당화하는 문화적 폭력이 있다.

① 갑: 개별 국가의 자유를 보호하는 국제 연맹이 필요하다.
② 갑: 다른 국가의 체제 변화를 위한 강제력 사용은 허용된다.
③ 을: 비의도적으로 발생하는 폭력은 문화적 폭력에 국한된다.
④ 을: 직접적 폭력과 구조적 폭력은 서로 영향을 주지 않는다.
⑤ 갑, 을: 평화 조약의 체결은 영원한 평화의 실현을 보장한다.

18

(가), (나)의 입장으로 적절한 것만을 〈보기〉에서 고른 것은? [3점]

> (가) 인간의 본성은 이기적이므로 국가도 이기적일 수밖에 없다. 국제 관계는 만인에 대한 만인의 투쟁 상태와 유사하다. 그러므로 권력의 극대화를 추구하는 과정에서 국제 분쟁이 발생한다.
>
> (나) 인간이 이성적으로 행동하듯 국가도 이성적으로 행동하는 경향이 있으므로 국가 간 상호 협력이 가능하다. 하지만 상대방에 대한 무지나 오해, 동맹이나 비밀 외교 등으로 인해 국제 분쟁이 발생한다.

〈 보기 〉
ㄱ. (가): 국제 관계에서 평화를 유지하기 위한 정책은 없다.
ㄴ. (가): 국제 관계에서 국가의 권력을 견제할 수 있는 것은 다른 국가의 권력이다.
ㄷ. (나): 국제 정치의 불완전한 제도는 전쟁의 원인이 될 수 있다.
ㄹ. (가), (나): 국제 분쟁은 각국의 도덕성 증진으로 해결해야 한다.

① ㄱ, ㄴ   ② ㄱ, ㄷ   ③ ㄴ, ㄷ   ④ ㄴ, ㄹ   ⑤ ㄷ, ㄹ

19

갑, 을 사상가들의 입장으로 적절한 것만을 〈보기〉에서 고른 것은?

> 갑: 국제 정치의 본질은 권력 투쟁이다. 권력은 국제 정치에서 최상이라고 인정되는 가치이다. 정치적인 정책은 권력을 유지하거나 확장하거나 과시하기 위한 목적에서 추진된다.
>
> 을: 국제 사회의 평화는 국제 연맹을 통해서 달성될 수 있다. 국제 연맹은 모든 전쟁의 영원한 종식을 추구하고, 국가들의 자유를 보호하고 지속시키는 데에만 관여한다.

〈 보기 〉
ㄱ. 갑: 국가 간 힘의 균형으로 국력 경쟁이 종식될 수 있다.
ㄴ. 을: 평화 조약은 어떠한 전쟁 상태도 종식시킬 수 없다.
ㄷ. 을: 이방인이 갖는 환대의 권리는 조건부적으로 보장된다.
ㄹ. 갑, 을: 국제 사회의 평화를 유지할 수 있는 방법이 존재한다.

① ㄱ, ㄴ   ② ㄱ, ㄷ   ③ ㄴ, ㄷ   ④ ㄴ, ㄹ   ⑤ ㄷ, ㄹ

20

갑, 을 사상가들의 입장으로 가장 적절한 것은?

> 갑: 국제 정치의 궁극 목표가 무엇이든 권력 획득이 항상 일차적 목표이다. 정치가나 국민이 궁극적으로 추구하는 것이 자유, 안전 보장, 번영 등으로 다양해도, 그들이 국제 정치적으로 자신들의 목표를 달성하기 위해 권력을 수단으로 삼고자 한다는 점에서는 같다.
>
> 을: 이성은 도덕적으로 법칙을 수립하는 최고 권력의 왕좌를 차지한다. 이성이 전쟁을 탄핵하고 평화 상태를 직접적인 의무로 규정한다 하더라도, 평화 연맹이 존재하지 않으면 안 된다. 이 연맹은 모든 전쟁을 영구히 종식시키고자 한다.

① 갑: 권력 투쟁 현상은 국내 정치뿐 아니라 국제 정치에서도 나타난다.
② 갑: 국제적인 도덕적 합의를 통해 국가 간 분쟁을 해결해야 한다.
③ 을: 영구 평화를 위해 정치 체제의 변화가 수반될 필요는 없다.
④ 을: 영구 평화는 공고한 평화 조약에 의해서만 실현될 수 있다.
⑤ 갑, 을: 세계 공화국을 수립하여 영구적 평화 유지에 기여해야 한다.

21

22학년도 7월 학평 18번

갑, 을 사상가들의 입장으로 적절한 것만을 〈보기〉에서 있는 대로 고른 것은? [3점]

갑: 모든 국가의 시민 정치 체제는 공화 정체이어야 한다. 국제 사회의 영구 평화를 달성하기 위해서는 이 국가들 간에 보편적 우호 관계에 기반한 국제 연맹을 창설해야 한다.
을: 국제 정치는 본질적으로 지속적인 권력 투쟁의 연속이다. 모든 정치가들은 국가 이익이라고 정의될 수 있는 권력을 극대화하기 위한 목적으로 정책을 추진하고 투쟁한다.

〈 보기 〉

ㄱ. 갑: 연맹 체제의 단계에서도 개별 국가의 주권은 인정된다.
ㄴ. 을: 국제 정치에서 분쟁은 인간의 본성에서 기인할 수 있다.
ㄷ. 을: 국제 관계에서 국가 간 세력 균형은 영구적 평화를 보장한다.
ㄹ. 갑, 을: 비민주적 국가에 대해서는 폭력적 개입이 허용된다.

① ㄱ, ㄴ   ② ㄱ, ㄷ   ③ ㄷ, ㄹ
④ ㄱ, ㄴ, ㄹ   ⑤ ㄴ, ㄷ, ㄹ

22

22학년도 10월 학평 6번

다음 글의 입장으로 가장 적절한 것은?

국가 '안에서' 구성원들은 선한 삶을 추구할 수 있다. 하지만 국가 '밖에서' 국가들은 선을 추구하는 것이 불가능하다. 왜냐하면 국가보다 상위의 주권적 권력이 국제 관계에서는 존재하지 않기 때문이다. 국가들은 국익을 위해 무정부상태에서 타국과 경쟁하기 때문에 보편적 원칙에 대한 합의가 어렵다. 평화는 힘의 논리에 의한 세력 균형을 통해 분쟁을 억지할 때 가능하다.

① 국가 간 분쟁 억지를 위한 최선의 방안은 국제법 제정이다.
② 국제기구와 비정부 기구는 국제 사회의 주된 행위자가 된다.
③ 국제 관계에서 대화를 통한 영구 평화의 실현은 불가능하다.
④ 국가는 국제 관계에서 합리적으로 행위하는 선량한 집단이다.
⑤ 국제 사회의 주권자인 세계 정부를 통해 평화를 이룰 수 있다.

23

24학년도 10월 학평 18번

다음을 주장한 사상가의 입장으로 적절한 것만을 〈보기〉에서 고른 것은? [3점]

아프리카인에 대한 수 세기 동안의 직접적 폭력은 주인이자 사회적 강자인 백인들과 노예이자 사회적 약자인 흑인들 간의 구조적 폭력으로 확산되거나 침전되었다. 이는 인종주의적 이념과 함께 문화적 폭력을 재생산하였다. 이후, 직접적 폭력과 노예제도는 잊혔지만 구조적 폭력에 해당하는 '차별'과 문화적 폭력에 해당하는 '편견'으로 두드러지게 되었다.

〈 보기 〉

ㄱ. 모든 폭력은 의도적으로 발생하는 것이며 제거해야 할 대상이다.
ㄴ. 위협에 대항하는 폭력은 평화 달성을 위한 최선의 수단으로 채택된다.
ㄷ. 이데올로기는 억압을 정상적이고 자연적인 것으로 생각하도록 할 수 있다.
ㄹ. 착취가 문화적으로 정당화되면 직접적 폭력의 발생 가능성이 높아질 수 있다.

① ㄱ, ㄴ   ② ㄱ, ㄷ   ③ ㄴ, ㄷ   ④ ㄴ, ㄹ   ⑤ ㄷ, ㄹ

24

25학년도 수능 19번

다음을 주장한 사상가의 입장으로 가장 적절한 것은?

서로에게 영향을 끼치는 사람들은 어떤 공민적 체제에 속해야 한다. 그런 체제에 귀속될 사람들에 관계되는 모든 법률상의 체제는 다음 중 하나이다. 첫째, 한 국가 안에서는 시민법에 따르는 체제이며 둘째, 국가 간 관계에서 국제법에 따르는 체제이고 셋째, 사람이나 국가가 서로 영향을 줄 수 있는 관계에 있으면서 보편 상태의 시민으로 고려되는 한, 세계 시민법에 따르는 체제이다. 이러한 분류는 영원한 평화 이념에 걸맞은 필연적인 것이다.

① 시민법 체제가 한 국가의 대내적 정치 제도를 지정할 수는 없다.
② 세계 시민법은 이방인의 환대권과 영속적 체류권을 보장한다.
③ 전쟁 상태 극복을 위해서는 주권이 국제 국가로 귀속되어야 한다.
④ 영원한 평화를 위해 국가는 어떠한 국채도 발행해서는 안 된다.
⑤ 국가 간 적대 행위가 종식되어야 영원한 평화 실현이 가능하다.

01

갑, 을 사상가들의 입장으로 적절한 것만을 〈보기〉에서 고른 것은?

> 갑: 부와 복지 수준을 조정하는 것은 원조 의무의 목표가 아니다. 단지 고통받는 사회들만 도움이 필요하다. 질서정연한 사회들이 모두 부유하지는 않은 것과 마찬가지로 고통받는 사회들이 모두 빈곤한 것은 아니다.
> 을: 우리는 자신을 위해 소비하느라 원조를 유보하여 절대 빈곤에 빠진 사람을 죽게 방치하고 있다. 이는 살인과 동일시될 수는 없으나 결과가 나쁘다는 점에서 유사하다. 윤리는 모든 사람의 이익에 대한 동등한 고려를 요청한다.

〈 보기 〉
ㄱ. 갑: 정치 제도가 수립된 사회는 원조 대상에서 제외된다.
ㄴ. 을: 국가 간 부의 불평등이 그 자체로 도덕적 악인 것은 아니다.
ㄷ. 을: 공리 증진을 의도하지 않은 원조가 정당화될 수 있다.
ㄹ. 갑과 을: 빈곤 국가에 대한 원조는 효과를 고려할 필요가 없다.

① ㄱ, ㄴ   ② ㄱ, ㄷ   ③ ㄴ, ㄷ   ④ ㄴ, ㄹ   ⑤ ㄷ, ㄹ

02 대표 문제

갑, 을 사상가들의 입장으로 적절한 것만을 〈보기〉에서 있는 대로 고른 것은? [3점]

> 갑: 사람이 음식을 필요로 하는 것은 인종과 아무런 상관이 없다. 고통받는 사람들은 누구나 이익 평등 고려의 원칙에 따라 도움을 받아야 한다.
> 을: 정치적 전통과 법이 합당하고 합리적인 사회는 천연자원이 부족해도 질서 정연해질 수 있다. 해외 원조의 목적은 고통받는 사회를 적정 수준의 사회가 되도록 하는 데 있다.

〈 보기 〉
ㄱ. 갑: 해외 원조의 목적은 국가 간 평균적 부의 격차를 줄이는 것이다.
ㄴ. 갑: 해외 원조와 국내 부조를 정당화하는 최종 근거는 다르지 않다.
ㄷ. 을: 인권 개선을 위한 해외 원조는 수혜국의 정의로운 기본 제도 수립 이후에도 계속되어야 한다.
ㄹ. 갑과 을: 기아 상태의 사람들을 구제하는 해외 원조는 보편적 의무로 간주될 수 있다.

① ㄱ, ㄴ   ② ㄱ, ㄷ   ③ ㄴ, ㄹ
④ ㄱ, ㄷ, ㄹ   ⑤ ㄴ, ㄷ, ㄹ

03

갑, 을 사상가들의 입장으로 적절한 것만을 〈보기〉에서 있는 대로 고른 것은? [3점]

> 갑: 질서 정연한 사회의 장기 목표는 무법 국가와 마찬가지로 고통받는 사회들을 질서 정연한 만민의 사회에 가입시키는 것이어야 한다. 고통받는 사회가 적정 수준의 사회가 되면 더 이상의 원조는 필요하지 않다.
> 을: 우리는 인류의 고통을 감소시키고 쾌락을 증진할 의무를 지닌다. 우리에게는 얼마 되지 않는 비용으로 곤궁한 타인의 복리에 중요한 변화를 일으킬 수 있을 때 발생하는 의무보다 우선할 수 있는 것은 없다.

〈 보기 〉
ㄱ. 갑: 독재나 착취로 빈곤한 사회는 원조 대상이 될 수 없다.
ㄴ. 갑: 고통받는 사회가 스스로 정치 문화를 개선하도록 원조해야 한다.
ㄷ. 을: 지구촌의 절대 빈곤 해결을 위한 원조의 의무는 정언 명령이다.
ㄹ. 갑과 을: 원조의 목적은 인류 복지 수준의 균등화가 아니다.

① ㄱ, ㄷ   ② ㄱ, ㄹ   ③ ㄴ, ㄹ
④ ㄱ, ㄴ, ㄷ   ⑤ ㄴ, ㄷ, ㄹ

04

갑, 을 사상가들의 입장으로 가장 적절한 것은? [3점]

> 갑: 원조 대상자의 이익을 고려하는 데 인종은 아무런 상관이 없다. 중요한 것은 이익 자체이다. 이익 평등 고려의 원칙에 따라 빈곤으로 고통받는 사람들에게 원조를 해야 한다.
> 을: 원조의 목적은 고통받는 사회가 자신들의 문제를 합당하게 관리할 수 있을 때까지 도와, 결과적으로 그 사회가 질서 정연한 만민의 사회의 구성원이 되도록 하는 것이다.

① 갑: 원조는 보편적인 의무이지만 조건부적으로 시행될 수 있다.
② 갑: 원조 결정 시 원조 주체의 이익을 고려하는 것은 허용될 수 없다.
③ 을: 원조의 차단점 설정은 원조 대상의 정치적 자율성을 침해한다.
④ 을: 고통받는 사회의 기본 제도 개선을 위한 원조는 허용될 수 없다.
⑤ 갑과 을: 고통받는 빈곤국의 복지 향상이 원조의 최종 목적이다.

05

갑, 을 사상가들의 입장으로 적절한 것만을 〈보기〉에서 고른 것은? [3점]

갑: 고통받는 사회들만 원조가 필요하다. 원조의 목표는 고통받는 사회들이 질서 정연한 국제 사회의 구성원이 되게 하는 것이다. 이러한 목표나 차단점을 넘어서면 원조는 필요 없다.

을: 절대 빈곤은 매우 나쁜 것이다. 우리에게 그에 상응하는 도덕적으로 중요한 일을 희생시키지 않고 절대 빈곤을 감소시킬 힘이 있다면, 인류 복지의 최대화를 위해 우리는 마땅히 그렇게 해야 한다.

〈 보기 〉

ㄱ. 갑: 공격적인 사회는 자원이 매우 부족해도 원조 대상이 아니다.
ㄴ. 을: 절대 빈곤의 감소를 위한 원조는 예외 없는 도덕적 의무이다.
ㄷ. 을: 원조는 이익 평등 고려의 원칙에 따른 전 지구적 의무이다.
ㄹ. 갑과 을: 원조 대상의 경제력은 원조 결정의 고려 사항이 아니다.

① ㄱ, ㄴ ② ㄱ, ㄷ ③ ㄴ, ㄷ ④ ㄴ, ㄹ ⑤ ㄷ, ㄹ

06

갑, 을 사상가들의 입장으로 적절한 것만을 〈보기〉에서 있는 대로 고른 것은? [3점]

갑: 원조의 목적이 충족되고, 모든 만민이 자유주의적 정부나 적정 수준의 정부로 작동하는 상황에 이르게 되면 상이한 만민 간의 평균적 부의 차이를 다시 좁혀야 할 이유는 없다.

을: 절대 빈곤에 빠져 있는 사람들을 돕지 않는 것은 그들을 죽게 내버려 두는 것과 다름이 없다. 절대 빈곤으로 인해 고통받는 사람을 돕는 것은 공리의 원리에 따른 도덕적 의무이다.

〈 보기 〉

ㄱ. 갑: 공적 정의관이 규제하지 않는 사회는 원조 대상이 될 수 없다.
ㄴ. 갑: 원조는 원조 대상이 정치적 자율성을 가질 수 있도록 이루어져야 한다.
ㄷ. 을: 원조의 의무는 절대 빈곤에 상당하는 도덕적으로 중요한 다른 일을 희생할 것을 원조 주체에게 요구할 수 있다.
ㄹ. 갑과 을: 특정 빈곤국에 대한 원조를 중단해야 하는 경우가 있다.

① ㄱ, ㄴ ② ㄱ, ㄷ ③ ㄴ, ㄹ
④ ㄱ, ㄷ, ㄹ ⑤ ㄴ, ㄷ, ㄹ

07

(가)의 갑, 을 사상가들의 입장을 (나) 그림으로 탐구하고자 할 때, A~C에 들어갈 적절한 질문만을 〈보기〉에서 있는 대로 고른 것은? [3점]

(가)
갑: 질서 정연한 사회들은 고통받는 사회의 구성원들이 자신들의 문제를 합당하게 관리할 수 있도록 도와야 한다. 즉, 그 사회가 제도와 문화를 개선하여 질서 정연한 사회가 되도록 도와야 한다.

을: 풍요로운 사회의 부유한 사람들은 고통받는 전 세계 사람들을 위해 소득의 일부를 기부해야 한다. 고통을 감소시키고 쾌락을 증진하는 것은 인류의 의무이다.

(나)
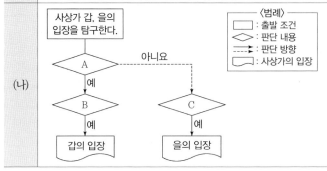

〈 보기 〉

ㄱ. A: 원조의 목적은 인류 전체의 복지 증진이 아니라 정치 체제의 개선이어야 하는가?
ㄴ. B: 원조의 목표를 달성하기 위해서는 국가 간 부의 재분배가 필수적인가?
ㄷ. B: 원조 대상 국가에게 인권을 강조하는 것은 원조의 목적 실현을 저해하는가?
ㄹ. C: 원조를 통해 방지할 해악보다 더 큰 희생이 발생한다면 원조는 중단될 수 있는가?

① ㄱ, ㄷ ② ㄱ, ㄹ ③ ㄴ, ㄷ
④ ㄱ, ㄴ, ㄹ ⑤ ㄴ, ㄷ, ㄹ

23학년도 9월 모평 17번

갑, 을 사상가들의 입장으로 적절하지 <u>않은</u> 것은?

> 갑: 질서 정연한 만민은 고통을 겪는 사회들을 위해 원조해야 한다. 그런데 분배 재원만으로는 정치적·사회적 부정의를 교정하기에 충분하지 않다. 오히려 고통을 겪는 사회들의 정치 문화가 변화하는 것이 매우 중요하다.
> 을: 풍요로운 국가의 사람들 대부분은 기본적 필요가 충족되지 않은 빈곤을 막기 위해 원조해야 한다. 그들이 소득의 1퍼센트 정도만 기부하면 전 세계 빈곤층을 완전히 없애는 단계에 이를 수 있다.

① 갑: 고통을 겪는 사회가 자국민 인권에 관심을 갖게 원조해야 한다.
② 갑: 원조의 목적은 합당하고 합리적인 제도의 실현과 보존에 있다.
③ 을: 기아의 주된 원인은 전 세계 식량 총 생산량의 부족에 있지 않다.
④ 을: 모든 사람은 세계 모든 이의 복지에 동일한 책임을 져야 한다.
⑤ 갑과 을: 국가 간 부의 불평등이 그 자체로 부정의한 것은 아니다.

09

22학년도 수능 19번

(가)의 갑, 을, 병 사상가들의 입장에서 서로에게 제기할 수 있는 비판을 (나) 그림으로 표현할 때, A~F에 해당하는 내용으로 가장 적절한 것은? [3점]

(가)	갑: 우리가 하는 원조의 역할은 고통받는 사회가 만민들의 사회의 완전한 성원이 되도록 돕는 것이다. 그리고 그들이 미래의 경로를 정할 수 있도록 하는 것이다. 을: 우리의 풍요로움을 우리 사회의 시민에게만 나누어 주는 것은 잘못이다. 이익 평등 고려의 원칙에 따라 혜택을 가장 크게 낼 수 있는 곳에 사용해야 한다. 병: 우리는 최소 국가 안에서 삶을 선택하고 목표를 실현할 수 있다. 이 과정에서 우리는 같은 존엄성을 지닌 다른 개인들의 자발적인 협동의 도움을 받는다.

(나)

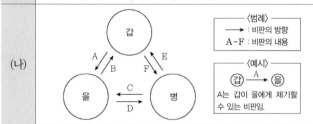

〈범례〉
— → : 비판의 방향
A~F : 비판의 내용

〈예시〉
갑 —A→ 을
A는 갑이 을에게 제기할 수 있는 비판임.

① A: 원조의 중단 지점을 두는 것은 원조 목적에 위배됨을 간과한다.
② B: 원조 대상을 선정할 때 상대적 빈곤은 고려할 필요가 없음을 간과한다.
③ C, E: 자신의 이웃을 먼저 돕는 것이 정당한 경우가 있음을 간과한다.
④ D: 자선을 행하지 않는 것이 비난의 대상이 될 수 없음을 간과한다.
⑤ F: 원조 대상국이 자국의 부정의를 교정하도록 도와야 함을 간과한다.

10

22학년도 9월 모평 8번

갑, 을 사상가들의 입장으로 적절한 것만을 〈보기〉에서 있는 대로 고른 것은? [3점]

> 갑: 질서 정연한 만민은 고통받는 사회들을 원조해야 할 의무를 지닌다. 그러나 이 의무를 실행하게 하는 방법이 경제적 및 사회적 불평등을 규제하는 분배 정의의 원칙을 따르는 것은 아니다.
> 을: 우리는 적은 비용으로도 가난한 사람의 복리에 중요한 변화를 일으킬 수 있다. 쾌락 증진과 고통 감소를 추구하는 공리주의 이론에 근거하여 원조 여부를 판단해야 한다.

〈보기〉
ㄱ. 갑: 정의의 원칙에 따라 운영되는 국가는 원조의 대상이 아니다.
ㄴ. 을: 빈곤으로 고통받는 사람을 원조하지 않아도 되는 경우가 있다.
ㄷ. 을: 원조는 도덕적 구속력이 배제된 개인적 선택의 문제이다.
ㄹ. 갑, 을: 자원이 풍부한 국가는 원조의 대상이 될 수 없다.

① ㄱ, ㄴ   ② ㄴ, ㄹ   ③ ㄷ, ㄹ
④ ㄱ, ㄴ, ㄷ   ⑤ ㄱ, ㄷ, ㄹ

11

22학년도 6월 모평 12번

(가)의 갑, 을, 병 사상가들의 입장을 (나) 그림으로 탐구하고자 할 때, A~D에 들어갈 적절한 질문만을 〈보기〉에서 있는 대로 고른 것은? [3점]

(가)	갑: 국가는 개인의 권리를 침해하지 않는 최소 국가이어야 한다. 국가는 시민들에게 다른 사람들을 돕도록 강제적 수단을 사용해서는 안 된다. 을: 원조의 의무는 고통받는 사회가 질서 정연한 사회가 될 수 있도록 돕는 것이다. 그러나 국내 사회에 적용되는 정의의 원칙이 국제 사회에 적용될 이유는 없다. 병: 자국민을 돕는 것이 원조하는 것보다 더 효율적인 경우도 있다. 그러나 이것이 다른 나라 사람의 이익을 평등하게 고려하지 않아도 된다는 것을 의미하지는 않는다.

(나)

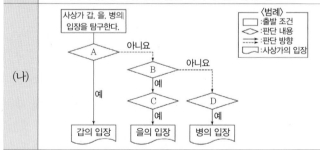

〈범례〉
□ : 출발 조건
◇ : 판단 내용
┅➤ : 판단 방향
⊐ : 사상가의 입장

〈보기〉
ㄱ. A: 모든 원조는 원조 주체의 사적 소유권을 침해하는가?
ㄴ. B: 원조는 자원 분포의 우연성의 결과를 조정하려는 것인가?
ㄷ. C: 원조를 중단할 수 있는 명확한 목표를 규정해야 하는가?
ㄹ. D: 원조는 비용 대비 편익을 계산하여 이루어져야 하는가?

① ㄱ, ㄴ   ② ㄴ, ㄷ   ③ ㄷ, ㄹ
④ ㄱ, ㄴ, ㄹ   ⑤ ㄱ, ㄷ, ㄹ

12

갑, 을 사상가들의 입장으로 적절한 것만을 〈보기〉에서 있는 대로 고른 것은? [3점]

갑: 원조의 목적은 고통받는 사회를 질서 정연한 사회가 되도록 하는 데 있다. 어떤 사회가 합당하게 합리적으로 통치된다면, 자원이 부족해도 질서 정연한 사회가 될 수 있다.

을: 원조는 극단적 빈곤을 방지하기 위해 이루어져야 한다. 이 경우 원조는 이익 평등 고려의 원칙에 따라 인종과 국적의 구분 없이 시행되어야 한다.

〈 보기 〉

ㄱ. 갑: 사회 제도 개선을 목표로 한 원조는 빈곤 해소에 도움이 될 수 있다.

ㄴ. 갑: 원조하는 나라는 원조받는 나라의 인권 개선을 위해 강제력을 행사할 수 있다.

ㄷ. 을: 원조 주체의 경제력에 대한 고려 없이 원조가 실행되어서는 안 된다.

ㄹ. 갑, 을: 다른 나라에 빈곤한 사람들이 있다는 사실은 필연적으로 원조의 의무를 정당화한다.

① ㄱ, ㄴ   ② ㄱ, ㄷ   ③ ㄴ, ㄹ
④ ㄱ, ㄷ, ㄹ   ⑤ ㄴ, ㄷ, ㄹ

13

그림은 서양 사상가 갑, 을의 가상 대화이다. 갑, 을의 입장으로 가장 적절한 것은? [3점]

원조의 목표는 고통받는 사회가 만민의 사회의 완전한 성원이 되고, 그들 스스로 자신의 미래를 결정할 수 있게 돕는 데 있습니다. 원조의 의무는 고통받는 사회가 적정 수준의 기본 제도들을 갖출 때까지 유효합니다.

원조의 목표는 사람들의 고통을 줄이고 기본 욕구를 충족시키는 데 있습니다. 극단적 빈곤을 겪는 사람들은 적정 체제가 갖추어지기도 전에 고통스럽게 죽어갈 것입니다. 빈민을 돕는 것은 세계 시민으로서 우리의 의무입니다.

 갑  을

① 갑: 원조 대상국의 정치 문화의 개선이 강제되어서는 안 된다.

② 갑: 원조는 원조 대상국의 빈곤 해소 시점까지만 행해져야 한다.

③ 을: 원조의 대상은 지리적 근접성을 기준으로 결정되어야 한다.

④ 을: 부유한 국가의 모든 시민들은 원조 대상에 포함되지 않는다.

⑤ 갑, 을: 원조 목표는 국가 간 부의 재분배를 통한 경제적 평등의 실현이다.

14

(가)의 갑, 을 사상가들의 입장을 (나) 그림으로 탐구하고자 할 때, A~C에 들어갈 적절한 질문만을 〈보기〉에서 있는 대로 고른 것은? [3점]

(가)

갑: 불리한 여건으로 고통받는 사회를 돕지 않는 것은 정당화될 수 없다. 그 사회가 스스로 미래의 경로를 결정할 수 있도록 원조의 의무를 실천해야 한다.

을: 절대 빈곤으로 고통받는 사람들을 방치하는 것은 정당화될 수 없다. 전 지구적 차원에서 이익의 평등성을 고려하여 원조의 의무를 실천해야 한다.

(나)

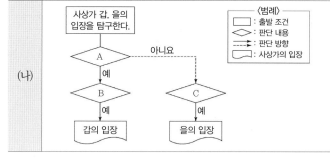

〈 보기 〉

ㄱ. A: 경제적 불평등을 규제하는 원칙은 원조의 근거인가?

ㄴ. B: 천연자원이 부족한 빈곤국도 원조 대상에서 제외 가능한가?

ㄷ. B: 원조의 목적은 고통받는 사회에 자유를 확립하는 것인가?

ㄹ. C: 원조 주체는 원조 결정 시 자기 이익을 고려해야 하는가?

① ㄱ, ㄴ   ② ㄱ, ㄹ   ③ ㄴ, ㄷ
④ ㄱ, ㄷ, ㄹ   ⑤ ㄴ, ㄷ, ㄹ

15

갑, 을 사상가들의 입장으로 적절한 것만을 〈보기〉에서 있는 대로 고른 것은? [3점]

갑: 우리는 이익 평등 고려의 원칙에 따라 절대 빈곤에 처한 사람들을 도와야 한다. 사치품을 구입할 여유가 있는 사람들이 기부하지 않는 것은 막을 수 있는 죽음이 무한정 지속되는 현실에 무관심함을 드러내는 것일 뿐이다.

을: 질서 정연한 사회들의 장기 목표는 고통받는 사회들을 질서 정연한 만민 사회로 가입시키는 것이다. 이는 고통받는 사회가 자신의 문제를 합당하게 관리할 수 있게 도와 만민 사회의 구성원이 되도록 하려는 것이다.

〈 보기 〉

ㄱ. 갑: 자국민에 대한 우선적 원조가 도덕적으로 정당한 경우도 있다.

ㄴ. 갑: 모든 사람은 빈곤 해소를 위한 원조에 동등한 부담을 져야 한다.

ㄷ. 을: 적정 수준의 제도 확립에 막대한 부가 꼭 필요한 것은 아니다.

ㄹ. 갑, 을: 인권이 보장된 민주주의 국가도 원조 대상에 포함된다.

① ㄱ, ㄷ   ② ㄱ, ㄹ   ③ ㄴ, ㄹ
④ ㄱ, ㄴ, ㄷ   ⑤ ㄴ, ㄷ, ㄹ

16

(가)의 갑, 을 사상가들의 입장을 (나) 그림으로 표현할 때, A~C에 해당하는 적절한 질문만을 〈보기〉에서 있는 대로 고른 것은? [3점]

(가)
갑: 고통받는 사회는 정의로운 정치 체제를 만들 수 있는 전통을 결핍하고 있다. 질서 정연한 사회의 만민은 이러한 고통받는 사회를 원조해야 할 의무를 갖는다.

을: 절대 빈곤은 나쁘다. 어떤 절대 빈곤이 그에 상당하는 도덕적으로 중요한 다른 일을 희생하지 않고서 방지될 수 있다면, 우리는 이 절대 빈곤을 막아야만 한다.

(나)
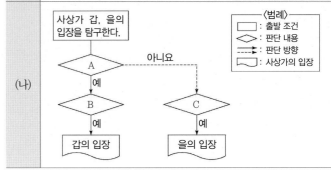

〈 보기 〉

ㄱ. A: 원조는 국가 간 복지 수준의 조정을 목표로 하는가?

ㄴ. B: 원조는 국가 간에 자원을 재분배하는 윤리적 의무인가?

ㄷ. C: 질서 정연한 사회의 구성원은 원조 대상이 될 수 있는가?

ㄹ. C: 원조 주체와 대상의 이익을 평등하게 고려해야 하는가?

① ㄱ, ㄴ   ② ㄱ, ㄷ   ③ ㄷ, ㄹ
④ ㄱ, ㄴ, ㄹ   ⑤ ㄴ, ㄷ, ㄹ

17

갑, 을 사상가들의 입장으로 적절한 것만을 〈보기〉에서 있는 대로 고른 것은? [3점]

갑: 원조의 목적은 극단적인 빈곤을 줄여 인류 전체의 복리를 증진하는 데 있다. 우리는 이익 평등 고려의 원칙에 따라 절대 빈곤에 처한 사람들을 도와야 한다.

을: 원조의 궁극적 목적은 고통받는 사회들의 자유와 평등을 확립하는 것이다. 원조를 제공하는 질서 정연한 사회들은 부정(父情)주의적으로 행위 해서는 안 된다.

〈 보기 〉

ㄱ. 갑: 원조 주체는 자기희생에 따른 고통을 고려해야 한다.

ㄴ. 을: 고통받는 사회를 위한 온정적 간섭은 바람직하지 않다.

ㄷ. 을: 자유가 확립되지 않은 사회가 모두 원조 대상은 아니다.

ㄹ. 갑과 을: 원조는 인류의 행복 증진을 위한 무조건적 의무이다.

① ㄱ, ㄷ   ② ㄱ, ㄹ   ③ ㄴ, ㄹ
④ ㄱ, ㄴ, ㄷ   ⑤ ㄴ, ㄷ, ㄹ

18

갑, 을 사상가들의 입장으로 가장 적절한 것은? [3점]

> 갑: 우리는 고통받는 사회가 질서 정연한 국제 사회의 구성원이 되도록 도와야 한다. 고통받는 사회의 정치적 부정의를 교정하기 위해서는 인권에 대한 강조가 필요하다.
>
> 을: 우리는 공리의 원리에 따라 절대 빈곤에 처한 사람을 도와야 한다. 단, 우리가 막으려는 절대 빈곤에 상당하는 도덕적으로 중요한 다른 일을 희생해서는 안 된다.

① 갑: 원조 주체는 원조 대상국에게 인권의 존중을 요구할 수 있다.
② 갑: 인권이 보장되지 않는 모든 국가는 원조의 대상이 되어야 한다.
③ 을: 원조 여부를 결정할 때 원조 주체의 이익을 고려해서는 안 된다.
④ 을: 원조의 우선순위는 원조 주체와의 인종적 친화성에 달려 있다.
⑤ 갑과 을: 고통받는 사람들의 복지 향상이 원조의 직접적 목표이다.

19

갑, 을 사상가들의 입장으로 적절한 것만을 〈보기〉에서 고른 것은? [3점]

> 갑: 이익 평등 고려의 원칙에 따르면 어떤 공동체의 구성원이냐가 원조의 의무에 결정적인 차이점을 만들어 낸다는 견해는 도덕적으로 정당화되기 어렵다.
>
> 을: 고통받는 사회가 질서 정연한 사회의 구성원이 되어 원조의 목적이 달성되면, 정의로운 제도들을 지속하는 데 필요한 것을 넘어서는 요구는 정당화되기 어렵다.

〈 보기 〉

ㄱ. 갑: 국내 부조가 해외 원조보다 우선되어야 하는 경우는 존재하지 않는다.
ㄴ. 을: 해외 원조의 목적 달성은 원조 대상국의 기근 해소에 도움이 될 수 있다.
ㄷ. 을: 질서 정연한 사회를 규제하는 모든 정의 원칙을 해외 원조에 적용해야 한다.
ㄹ. 갑과 을: 해외 원조는 원조 대상국의 정치적 상황에 따라 중단될 수 있다.

① ㄱ, ㄴ   ② ㄱ, ㄷ   ③ ㄴ, ㄷ   ④ ㄴ, ㄹ   ⑤ ㄷ, ㄹ

20

갑, 을 사상가들의 입장으로 적절한 것만을 〈보기〉에서 고른 것은? [3점]

> 갑: 원조의 목적은 절대 빈곤으로 인한 고통을 줄이는 것이다. 우리는 나쁜 일을 방지할 수 있는 힘을 가지고 있고, 그 일에 상당하는 도덕적 의미를 가진 다른 일이 희생되지 않는다면 그렇게 해야만 한다.
>
> 을: 원조의 목적은 고통받는 사회를 질서 정연한 사회가 되도록 돕는 것이다. 천연자원과 부가 빈약한 사회라도 그 사회의 정치적 전통, 법, 재산, 계급 구조가 적정 수준의 사회를 유지하게 하는 것이라면 질서 정연해질 수 있다.

〈 보기 〉

ㄱ. 갑: 국내 부조와 해외 원조를 의무로 규정하는 근거는 다르지 않다.
ㄴ. 을: 원조 대상국의 복지 수준 향상은 원조의 결과일 수는 있어도 목적일 수는 없다.
ㄷ. 을: 질서 정연한 사회의 기본 구조에 적용되는 모든 원칙이 해외 원조에도 적용되어야 한다.
ㄹ. 갑과 을: 원조 주체의 자기 이익 고려는 해외 원조의 목적 달성을 저해한다.

① ㄱ, ㄴ   ② ㄱ, ㄷ   ③ ㄴ, ㄷ   ④ ㄴ, ㄹ   ⑤ ㄷ, ㄹ

21

갑, 을 사상가들의 입장으로 적절하지 않은 것은? [3점]

> 갑: 기아를 예방할 수 있는데도 정부가 국민의 굶주림을 방치하는 것은 인권에 관한 관심이 부족하기 때문이다. 질서 정연한 정체들은 이런 일이 일어나지 않게 할 것이다. 질서 정연한 만민은 고통을 겪는 사회가 인권을 보장하도록 도와야 한다.
>
> 을: 기아의 원인을 인구 과잉으로 보는 사람들은 최빈국에 대한 원조 중단으로 인구 조절이 가능하다고 주장한다. 이는 불확실한 이득을 위해 악의 명백한 방지를 거부하는 것이다. 이익 평등 고려 원칙에 따른 원조로 악을 방지할 수 있다.

① 갑: 원조 대상국의 인권이 보장된다면 원조를 중단할 수 있다.
② 갑: 원조는 국가 간의 정치 문화 격차를 줄이는 데 도움이 된다.
③ 을: 원조는 절대 빈곤의 감소 전망과 무관한 도덕적 의무이다.
④ 을: 원조로 발생하는 악이 원조 결과로 인한 선보다 작아야 한다.
⑤ 갑과 을: 빈곤국일지라도 원조 대상에 포함되지 않을 수 있다.

22

갑, 을 사상가들의 입장으로 적절한 것만을 〈보기〉에서 고른 것은? [3점]

갑: 질서 정연한 만민은 고통받는 사회들을 원조해야 한다. 만민법의 사회에서 원조의 의무는 고통받는 사회들이 자유적이거나 또는 적정 수준의 기본 제도들을 가질 때까지 유효하다.

을: 우리는 절대 빈곤에 빠져 있는 사람들을 원조해야 한다. 공리의 관점에서 우리의 자원을 가장 효과적일 수 있는 곳에 제공함으로써 보다 많은 빈민들을 도와야 한다.

〈 보기 〉

ㄱ. 갑: 인권 침해가 심각한 모든 국가는 원조의 대상이 된다.

ㄴ. 갑: 원조의 차단점을 설정하여 원조 대상국의 정치적 자율성을 보장해야 한다.

ㄷ. 을: 원조가 산출할 결과를 고려하여 원조의 대상을 정해야 한다.

ㄹ. 갑과 을: 원조는 국가 간 부의 차이를 줄이기 위해 행해지는 윤리적 의무이다.

① ㄱ, ㄴ ② ㄱ, ㄷ ③ ㄴ, ㄷ ④ ㄴ, ㄹ ⑤ ㄷ, ㄹ

24

(가)의 갑, 을 사상가들의 입장을 (나) 그림으로 표현할 때, A~C에 해당하는 적절한 진술만을 〈보기〉에서 있는 대로 고른 것은? [3점]

(가)
갑: 원조의 의무는 이익 평등 고려의 원칙에 따라 행해져야 한다. 얼마나 떨어져 있고 어떤 공동체에 속하느냐는 원조를 결정하는 기준이 아니다.

을: 원조의 의무는 합당하게 정의로운 자유적 만민과 적정 수준의 만민이 불리한 여건에 의해 고통받고 있는 사회에 대해 부담해야 할 의무이다.

(나)
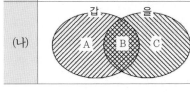

〈범례〉
A: 갑만의 입장
B: 갑, 을의 공통 입장
C: 을만의 입장

〈 보기 〉

ㄱ. A: 빈곤에 처한 모든 사람들을 균등하게 원조해야 한다.

ㄴ. B: 원조할 때 원조 대상국의 정치적 상황을 고려해야 한다.

ㄷ. B: 원조 주체는 원조 대상국에 강제력을 행사하면 안 된다.

ㄹ. C: 질서 정연한 사회는 지구적 분배 정의의 원칙에 따라 원조해야 한다.

① ㄱ, ㄴ ② ㄱ, ㄹ ③ ㄴ, ㄷ
④ ㄱ, ㄷ, ㄹ ⑤ ㄴ, ㄷ, ㄹ

23

(가)의 갑, 을 사상가들의 입장을 (나) 그림으로 표현할 때, A~C에 해당하는 적절한 진술만을 〈보기〉에서 있는 대로 고른 것은? [3점]

(가)
갑: 원조의 의무는 절대 빈곤에 처한 사람들을 돕는 것이다. 이익 평등 고려의 원칙에 따라 빈곤으로 고통받는 사람들에게 원조를 해야 한다.

을: 원조의 의무는 고통받는 사회가 질서 정연한 사회가 될 수 있도록 돕는 것이다. 질서 정연한 사회의 만민은 고통받는 사회들을 원조해야 한다.

(나)
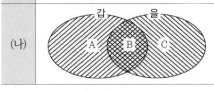

〈범례〉
A: 갑만의 입장
B: 갑, 을의 공통 입장
C: 을만의 입장

〈 보기 〉

ㄱ. A: 원조는 원조 대상뿐만 아니라 원조 주체의 이익도 증진해야 한다.

ㄴ. B: 자원 빈곤국을 모두 원조 대상국으로 삼을 필요는 없다.

ㄷ. B: 원조 대상국의 정치적 상황을 고려하여 원조해야 한다.

ㄹ. C: 절대빈곤층의 처지 개선이 원조의 주된 목표는 아니다.

① ㄱ, ㄴ ② ㄱ, ㄷ ③ ㄴ, ㄹ
④ ㄱ, ㄷ, ㄹ ⑤ ㄴ, ㄷ, ㄹ

25

갑, 을 사상가들의 입장으로 가장 적절한 것은? [3점]

갑: 원조의 목적은 고통받는 사회가 정치 문화를 변경하여 질서 정연한 사회가 되도록 하는 것이다. 한 사회가 질서 정연한 사회가 되기 위한 결정적 요소는 그 사회의 자원 수준이 아닌 정치 문화이다.

을: 원조의 목적은 민족, 국가, 인종을 초월하여 기아에 허덕이는 사람들의 고통을 줄여 주는 것이다. 중요한 다른 일을 희생시키지 않고 절대 빈곤을 감소시킬 수 있다면 우리는 절대 빈곤에 처해 있는 사람들을 도울 의무가 있다.

① 갑: 원조 대상국의 인권 개선을 위한 강제력의 사용은 정의롭다.
② 갑: 천연자원이 부족한 빈곤국이라도 원조 대상에서 제외될 수 있다.
③ 을: 원조는 원조 결과와 무관하게 실천해야 할 윤리적 의무이다.
④ 을: 지리적 근접성을 우선적으로 고려해 원조 대상을 결정해야 한다.
⑤ 갑, 을: 원조를 통해 모든 국가의 복지 수준을 일치시켜야 한다.

26

갑, 을 사상가들의 입장으로 가장 적절한 것은? [3점]

> 갑: 원조의 대상을 친소 관계를 바탕으로 결정하는 것은 이익 평등 고려의 원칙에 위배된다. 원조는 국가나 인종에 상관없이 절대 빈곤에 처한 사람들을 돕는 것이다.
> 을: 원조의 목표는 사회들 간의 부와 복지의 수준을 조정하는 것이 아니다. 원조는 고통받는 사회가 질서 정연한 국제 사회의 구성원이 되도록 하는 것이다.

① 갑: 원조는 고통 감소 가능성에 대한 고려 없이 실시해야 한다.
② 갑: 원조는 각국의 부의 수준이 같아질 때까지 실시해야 한다.
③ 을: 원조 대상국은 불리한 여건으로 고통받는 사회로 국한된다.
④ 을: 원조 목적을 달성하기 위해서는 강제력의 사용도 허용된다.
⑤ 갑, 을: 원조의 주체는 민주적이면서 부유한 국가로 한정된다.

27

갑, 을, 병 사상가들의 입장으로 가장 적절한 것은? [3점]

> 갑: 빈곤으로 고통받는 사람에게 자신의 소유물을 자발적으로 나누는 것은 도덕적 행위이다. 그러나 이러한 행위를 강요하는 것은 개인의 배타적이고 절대적인 소유권을 침해하는 것이다.
> 을: 고통을 덜어 주어야 할 궁극적인 이유는 고통이 그 자체로 바람직하지 않기 때문이다. 이익 평등 고려의 원칙에 따라 빈곤으로 고통받는 사람들에게 원조를 해야 한다.
> 병: 원조의 목적은 고통받는 사회가 자신의 문제들을 합당하게 합리적으로 관리할 수 있도록 도움으로써 결과적으로 질서 정연한 국제 사회의 구성원이 되도록 하는 것이다.

① 갑: 약소국에 대한 원조는 최소 국가가 이행해야 할 도덕적 의무이다.
② 을: 원조를 행할 때 자신에게 미칠 손해를 계산할 필요는 없다.
③ 병: 원조 대상 선정 시 빈곤의 원인에 대한 고려는 배제되어야 한다.
④ 갑, 을: 원조의 의무를 실행하기 위해 과세를 강제해야 한다.
⑤ 을, 병: 빈곤으로 고통에 처한 국가를 원조할 필요가 없는 경우가 있다.

28

그림은 서술형 평가 문제와 학생 답안이다. 학생 답안의 ㉠~㉤ 중 옳지 않은 것은?

> ### 서술형 평가
> ◎ 문제: 해외 원조에 대한 갑, 을 사상가들의 입장을 비교하여 서술하시오.
>
> > 갑: 자신에게 도덕적으로 중요한 일들을 희생시키지 않는다면, 모든 사람의 이익을 평등하게 고려하여 절대 빈곤으로 고통받는 사람들을 도와야 한다.
> > 을: 고통받는 사회가 자신들의 문제를 합당하고 합리적으로 관리할 수 있도록 도와서, 결과적으로 질서 정연한 사회의 구성원이 되도록 원조해야 한다.
>
> ◎ 학생 답안
> 　갑, 을의 입장을 비교하면, 갑은 ㉠ 원조를 실행할 때 원조를 받는 사람들의 국적은 도덕적 고려 대상이 아니라고 보며, ㉡ 인권이 보장된 국가의 빈민에게도 원조할 수 있다고 주장하였다. 을은 ㉢ 질서 정연한 사회의 빈민도 원조 대상에 포함시켜야 한다고 보며, ㉣ 원조를 받는 국가가 민주적 가치를 중시하는 제도와 규범을 갖춘다면 원조는 중단될 수 있다고 주장하였다. 한편, 갑, 을은 모두 ㉤ 원조는 자선의 차원이 아니라 윤리적 의무임을 강조하였다.

① ㉠   ② ㉡   ③ ㉢   ④ ㉣   ⑤ ㉤

29

갑, 을 사상가들의 입장으로 적절한 것만을 <보기>에서 있는 대로 고른 것은? [3점]

> 갑: 원조는 이익 평등 고려의 원칙에 따라 행해져야 한다. 우리가 중요한 어떤 일들을 희생하지 않고도 극단적인 빈곤을 방지하거나 생명을 구할 수 있다면, 그렇게 해야 한다.
> 을: 원조의 목표는 고통받는 사회가 질서 정연한 국제 사회의 완전한 성원이 되고, 그들 스스로 자신의 미래의 경로를 결정할 수 있도록 돕는 것이다.

< 보기 >
ㄱ. 갑: 인류 전체의 고통을 감소시키기 위해 원조를 해야 한다.
ㄴ. 갑: 원조의 효율성에 따라 원조의 우선순위를 정할 수 있다.
ㄷ. 을: 원조 대상국이 정의로운 체제를 갖추면 원조를 중단해야 한다.
ㄹ. 갑, 을: 원조의 목적은 국가 간 평균적 부의 차이를 줄이는 것이다.

① ㄱ, ㄷ   ② ㄴ, ㄹ   ③ ㄷ, ㄹ
④ ㄱ, ㄴ, ㄷ   ⑤ ㄱ, ㄴ, ㄹ

30

갑, 을 사상가들의 입장만을 〈보기〉에서 있는 대로 고른 것은? [3점]

> 갑: 원조를 통해 세계의 가난한 사람들을 자유로운 사회의 자유
> 롭고 평등한 시민 또는 적정 수준의 사회 구성원이 될 수 있
> 는 수준까지 끌어올려야 한다.
> 을: 원조는 지구적 차원에서 빈민의 복지 증진을 목표로 한다. 신
> 발 한 켤레 값으로 개발 도상국 어린이의 생명을 구할 수 있다
> 면 세계 시민으로서 그렇게 해야만 한다.

〈 보기 〉

ㄱ. 갑: 원조 대상에서 정의의 원칙이 확립된 사회는 제외된다.
ㄴ. 갑: 원조의 직접적 목표는 인권 보장과 생활 수준 향상이다.
ㄷ. 을: 원조는 부국보다 빈국의 빈민을 도울 때 더 효율적이다.
ㄹ. 갑, 을: 원조는 빈곤이 해소될 때까지 계속되어야만 한다.

① ㄱ, ㄷ   ② ㄴ, ㄹ   ③ ㄷ, ㄹ
④ ㄱ, ㄴ, ㄷ   ⑤ ㄱ, ㄴ, ㄹ

31

(가)의 갑, 을 사상가들의 입장을 (나) 그림으로 표현할 때, A~C에 해당하는 적절한 진술만을 〈보기〉에서 고른 것은? [3점]

(가)	갑: 고통받는 사회가 빈곤에 처한 결정적 요소는 정치 문화의 결함이다. 원조를 통해 고통받는 사회가 질서 정연한 사회로 편입하도록 도와야 한다. 을: 세계를 지금 이대로 방치한다면 질서 정연한 사회가 되기도 전에 많은 생명이 희생될 것이다. 이익 평등 고려의 원칙에 따라 원조를 해야 한다.
(나)	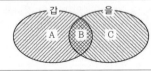 〈범례〉 A: 갑만의 입장 B: 갑, 을의 공통 입장 C: 을만의 입장

〈 보기 〉

ㄱ. A: 원조의 목적은 대상국이 자유롭거나 적정 수준의 사회가 되게 하는 것이다.
ㄴ. B: 원조는 공리의 원리에 따라 마땅히 실천해야 할 윤리적 의무이다.
ㄷ. B: 어떤 사회가 경제적으로 풍요롭지 않더라도 원조의 주체가 될 수 있다.
ㄹ. C: 국가 간 부의 재분배를 통해 원조의 목표를 달성하려는 것은 잘못이다.

① ㄱ, ㄴ   ② ㄱ, ㄷ   ③ ㄴ, ㄷ   ④ ㄴ, ㄹ   ⑤ ㄷ, ㄹ

32

(가)를 주장한 사상가의 입장에서 (나)의 갑, 을, 병에게 제기할 수 있는 적절한 비판만을 〈보기〉에서 있는 대로 고른 것은? [3점]

(가)	우리는 세계가 하나라는 생각에 기초하여 이익 평등 고려의 원칙에 따라 국가적인 경계를 넘어서 원조를 의무적으로 실천해야 한다.
(나)	갑: 우리는 모든 사람을 배려할 수 없다. 우리는 배려자로서 우리 앞의 타자를 먼저 만나야 한다. 을: 원조는 질서 정연한 사회 체제를 설립하려는 만민들을 돕는 큰 기획의 한 방편이다. 병: 개인은 정당하게 얻은 소유물에 대해 타인의 고통과 무관하게 절대적 소유 권리를 지닌다.

〈 보기 〉

ㄱ. 갑은 친소 관계를 고려하지 않고 원조해야 함을 간과한다.
ㄴ. 을은 공리의 원칙을 해외 원조에 적용해야 함을 간과한다.
ㄷ. 병은 원조를 위해 재산의 일부를 기부해야 함을 간과한다.
ㄹ. 갑, 을은 원조 주체가 개인으로 한정되어야 함을 간과한다.

① ㄱ, ㄴ   ② ㄱ, ㄹ   ③ ㄷ, ㄹ
④ ㄱ, ㄴ, ㄷ   ⑤ ㄴ, ㄷ, ㄹ

33

갑, 을 사상가들의 입장으로 가장 적절한 것은? [3점]

> 갑: 질서 정연한 만민은 고통받는 사회들을 원조해야 한다. 고통
> 받는 사회는 정치적이며 문화적인 전통들, 즉 인적 자본과 기
> 술 수준, 질서 정연한 사회가 되는 데 필요한 물질적 및 과학
> 기술적 자원들이 결핍되어 있다.
>
> 을: 절대 빈곤은 고통스러운 삶의 조건이다. 도덕적으로 마찬가지
> 로 중요한 일을 희생시키지 않고 절대 빈곤을 감소시킬 수 있
> 는 풍요로운 사람은 절대 빈곤에 빠진 사람을 마땅히 도와야
> 한다.

① 갑: 고통받는 사회들만 해외 원조의 대상으로 삼는 것은 옳지 않다.

② 갑: 서로 다른 만민 간 평균적 부의 차이를 좁히는 것은 해외 원조
의 목표가 아니다.

③ 을: 해외 원조는 칭찬받을 만한 가치가 있지만 당위가 아닌 자선
행위이다.

④ 을: 해외 원조가 가져올 결과에 따라 원조의 이행 여부가 결정되어
서는 안 된다.

⑤ 갑과 을: 해외 원조는 경제적 불평등을 규제하는 분배 정의 원칙에
근거해야 한다.

34

(가)의 사상가 갑, 을의 입장을 (나) 그림으로 탐구하고자 할 때, A~C
에 들어갈 적절한 질문만을 〈보기〉에서 고른 것은? [3점]

(가)	갑: 자기 가족의 기본적 필요를 충족하고도 소득이 남는 사람은 이익 평등 고려의 원칙에 따라 세계 극빈자 구호에 기부해야 할 의무가 있다. 을: 원조의 목적은 고통받는 사회가 자신들의 문제를 합당하고 합리적으로 관리할 수 있도록 도와 질서 정연한 만민들의 사회로 가입시키는 것이다.
(나)	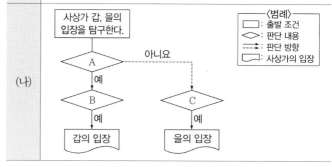

〈 보기 〉

ㄱ. A: 절대 빈곤 감소는 원조의 정당화 조건이 될 수 있는가?

ㄴ. B: 원조 대상의 기본적 필요 충족은 원조 중단의 근거가 될
수 있는가?

ㄷ. B: 원조 대상의 고통을 방지하기 위해 원조 주체의 처지 개선
이 유보될 수 있는가?

ㄹ. C: 원조 대상국 내부의 불평등 감소를 원조의 목적으로 삼는
것은 불가능한가?

① ㄱ, ㄴ   ② ㄱ, ㄷ   ③ ㄴ, ㄷ   ④ ㄴ, ㄹ   ⑤ ㄷ, ㄹ

27
일차

01 정답률 41%   24학년도 7월 학평 4번

다음 토론의 핵심 쟁점으로 가장 적절한 것은? [3점]

> 갑: 의료 기술의 발달로 뇌사자의 생명 연장이 가능해지면서 인간의 죽음에 관한 사회적 갈등이 커지고 있습니다. 이런 혼란을 최소화하기 위해 죽음의 시점을 정해야 합니다.
>
> 을: 동의합니다. 죽음은 심폐 정지를 거쳐 모든 활동이 멈추는 과정입니다. 이를 고려하여 심장과 폐의 비가역적 정지만을 죽음으로 인정해야 합니다.
>
> 갑: 인간다움은 뇌의 활동에서 기인하므로 뇌의 정지는 곧 죽음을 의미합니다. 의료 자원을 아끼고 뇌사자의 장기 이식을 통해 다른 생명을 살릴 수 있으므로 뇌사도 인정해야 합니다.
>
> 을: 그렇지 않습니다. 뇌사를 인정하면 인간의 죽음을 경제적 측면에서 접근하게 되므로 인간 생명이 경시될 수 있습니다. 호흡이 멈추는 순간까지 죽음에 관한 판단은 신중해야 합니다.

① 뇌 활동의 영구적인 정지만을 죽음으로 인정해야 하는가?
② 의료 기술을 이용하여 뇌사자의 장기를 이식할 수 있는가?
③ 죽음의 시점을 고려하여 죽음에 관한 사회적 합의가 필요한가?
④ 심폐사를 인정하여 의료 자원의 비효율적 사용을 줄여야 하는가?
⑤ 인간의 죽음에 사회적 효용을 적용하여 판단하는 것은 정당한가?

02 정답률 40%   20학년도 6월 모평 8번

갑, 을의 입장으로 적절한 것만을 〈보기〉에서 있는 대로 고른 것은? [3점]

> 태아는 인간 생명체이지만 완전한 인격체는 아니기에 부분적인 도덕적 지위만을 가집니다. 따라서 태아를 함부로 죽이는 것은 안 되지만, 임신부의 질병 등으로 현재 상황이 좋지 않고 나중에 더 좋은 상황에서 임신하려는 경우라면 임신 중절은 허용됩니다.

> 태아가 잠재적인 인간이라는 사실은 부정될 수 없습니다. 잠재성이 중요한 이유는 태아를 죽이는 것이 미래의 합리적이고 자의식적인 존재를 죽이는 것이기 때문입니다. 따라서 인간으로서의 잠재성을 지닌 태아를 해치는 것은 옳지 않습니다.

 갑   을

〈 보기 〉

ㄱ. 갑: 태아의 권리와 임신부의 권리를 동등하게 대우해야 한다.
ㄴ. 을: 태아는 특별한 방해가 없는 한 하나의 인격체로 자랄 것이다.
ㄷ. 을: 태아는 합리적·자의식적인 존재이기에 해쳐서는 안 된다.
ㄹ. 갑, 을: 태아를 단순한 세포 조직처럼 함부로 대우해서는 안 된다.

① ㄱ, ㄷ   ② ㄱ, ㄹ   ③ ㄴ, ㄹ
④ ㄱ, ㄴ, ㄷ   ⑤ ㄴ, ㄷ, ㄹ

해설편 429쪽

03 정답률 34%
21학년도 3월 학평 13번

다음 사상의 입장으로 적절하지 않은 것은?

> 사람에게는 도(道)가 있다. 배불리 먹고, 따뜻하게 입으며, 편안히 살면서 교육이 없으면 금수에 가깝다. 성인(聖人)은 이를 근심하여 인륜(人倫)을 가르치게 하니, 아버지와 아들은 친애가 있고, 임금과 신하는 의리가 있으며, 남편과 아내는 분별이 있고, 어른과 어린이는 차례가 있으며, 벗 사이에는 믿음이 있는 것이다.

① 자식이 자신의 몸을 온전히 보전함으로써 효가 완성된다.
② 자식은 언제나 부모의 의중을 살펴서 언행을 삼가야 한다.
③ 형제는 상하 관계 속에서 장유유서의 도리를 깨달을 수 있다.
④ 부부는 친밀한 관계이면서도 서로를 손님처럼 공경해야 한다.
⑤ 부부는 인륜의 시초가 되기 때문에 서로 간에 조심해야 한다.

04 정답률 41%
19학년도 6월 모평 20번

다음 신문 칼럼의 입장에서 볼 때, ㉠에 대한 설명으로 적절하지 않은 것은?

> ○○신문 　　　　　　　　　　　　　 ○○○○년 ○월 ○일
>
> **칼럼**
>
> 　고위 공직자들은 법률 제도와 별도로 권한에 상응하는 책무 의식을 스스로 내면화해야 한다. 귀족의 책무를 뜻하는 　㉠　은/는 서양의 전통에서 유래하였지만 고위 공직을 담당한 지도자에게 여전히 요청되는 덕목이다. 이 덕목은 더 강한 책임 의식, 더 높은 도덕성, 더 많은 희생을 요구한다. 이 덕목의 실현으로 사회 구성원 상호 간의 신뢰와 연대는 강화되고 준법과 참여가 원활해진다. 나아가 국가가 내우외환에 봉착할 경우 구성원 모두 위기 극복을 위한 공동의 노력에 기꺼이 나서게 된다. …(후략)…

① 공직자의 권한 남용과 부패 방지를 위한 법적 규제를 의미한다.
② 시민들의 자율적 질서 유지와 사회 계층 간 화합에 기여한다.
③ 정치권력의 사익 추구를 방지하여 국가 전반의 청렴성을 고양한다.
④ 전통 사회와 현대 사회 모두에 공통으로 강조되어야 하는 덕목이다.
⑤ 국가가 위기를 맞을 경우 일반 시민들의 솔선과 협력을 유도한다.

다음 사상가의 입장만을 〈보기〉에서 있는 대로 고른 것은? [3점]

　　집단은 개인과 비교할 때 충동을 억제할 수 있는 이성과 자기 극복 능력, 그리고 다른 사람들의 욕구를 수용하는 능력이 훨씬 결여되어 있다. 그리하여 개인 간의 관계에 나타나는 것보다 심한 비도덕성이 집단 간의 관계에 나타난다. 따라서 집단 간의 평등과 사회 정의는 투쟁에 의해 실현될 수 있다.

〈 보기 〉
ㄱ. 애국심은 개인의 이타심을 국가 이기주의로 전환시킨다.
ㄴ. 개인 간의 도덕적 관계 수립은 설득과 조정으로는 불가능하다.
ㄷ. 최소한의 강제력으로 정의를 실현하는 것이 합리적이다.
ㄹ. 개인은 타인의 이익을 존중할 수 있는 도덕성을 갖고 있다.

① ㄱ, ㄴ　　　　② ㄴ, ㄷ　　　　③ ㄷ, ㄹ
④ ㄱ, ㄴ, ㄹ　　　⑤ ㄱ, ㄷ, ㄹ

다음을 주장한 사상가의 입장만을 〈보기〉에서 있는 대로 고른 것은? [3점]

　　개인 간의 관계를 합리적인 조정과 설득에 의해 확립하는 것은 가능하다. 집단 간의 관계는 각 집단이 갖고 있는 힘의 비율에 따라 수립되므로 합리적인 설득으로 집단 간의 관계를 확립하는 것은 불가능하다. 그러므로 합리적인 설득 이외에 강제력에 의한 방법이 병행되어야 집단 간의 힘의 균형을 이룰 수 있다.

〈 보기 〉
ㄱ. 사회 협력의 범위를 확대하면 사회 갈등은 해결될 수 있다.
ㄴ. 사회적 억제가 없으면 사회의 이기적 충동을 없앨 수 없다.
ㄷ. 사회 정의의 실현에 기여한 폭력도 본질적으로는 비도덕적이다.
ㄹ. 사회 갈등을 비폭력적으로 해결하려고 하면 해악을 초래할 수 있다.

① ㄱ, ㄷ　　　　② ㄱ, ㄹ　　　　③ ㄴ, ㄹ
④ ㄱ, ㄴ, ㄷ　　　⑤ ㄴ, ㄷ, ㄹ

07 정답률 34% 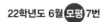 22학년도 6월 모평 7번

갑, 을 사상가들의 입장으로 적절하지 않은 것은? [3점]

> 갑: 정의의 일차적 주제는 사회의 주요 제도가 권리와 의무를 배분하고 사회 협동체로부터 생긴 이익의 분배를 정하는 방식이다. 이를 정하는 정의의 원칙은 당사자들의 원초적 합의의 대상이다.
>
> 을: 분배가 정의로운가는 그 분배가 어떻게 이루어졌는가에 달려 있다. 최종 결과에 중점을 둔 원리와 달리 역사성을 고려한 원리에 따르면, 사람들의 과거 행위나 상황은 사물에 대한 차별적인 소유 권리나 응분의 자격을 만들어낸다.

① 갑: 천부적 자산에 대한 개인의 소유 권리는 제한될 수 없다.
② 갑: 기본적 자유가 개인들에게 불평등하게 분배되어서는 안 된다.
③ 을: 개인이 노동을 통해 취득한 소유물도 교정의 대상이 될 수 있다.
④ 을: 정형적 원리에 따른 재분배는 이전(移轉)에서의 정의에 어긋난다.
⑤ 갑, 을: 정의의 원칙은 정당화될 수 있는 불평등을 규정해 준다.

08 정답률 31% 20학년도 수능 10번

갑, 을 사상가들의 입장으로 가장 적절한 것은?

> 갑: 천부적 재능의 분포를 공동의 자산으로 생각하여, 사람들은 공동의 이익을 가져오는 경우에만 자연적·사회적 우연성을 이용하기로 약속한다. 이러한 차등 원칙은 운명의 우연성을 공정하게 다루는 정의로운 방식이다.
>
> 을: 분배가 정의로운가는 그 분배가 어떻게 이루어졌는가에 달려 있다. 이러한 역사적 원리에 따르면, 사람들의 과거 행위나 상황은 사물에 대한 차별적인 소유 권리나 응분의 자격을 만들어낸다.

① 갑: 정의로운 사회에서 우연성으로 취한 이득은 정당화될 수 없다.
② 갑: 사유 재산권은 정의 원칙에 따라 평등하게 분배되어야 한다.
③ 을: 자연물에 대한 최초 취득의 자유는 제한되어서는 안 된다.
④ 을: 분배 결과에 초점을 둔 정의론은 소유권을 침해하지 않는다.
⑤ 갑, 을: 천부적 운과 달리 사회적 운은 도덕적 관점에서 임의적이지 않다.

(가)의 갑, 을 사상가들의 입장을 (나) 그림으로 탐구하고자 할 때, A~C에 들어갈 적절한 질문만을 〈보기〉에서 있는 대로 고른 것은?

(가)
갑: 차등의 원칙은 사회적 협동을 위한 기본 원칙이다. 이 원칙은 천부적 재능을 가진 사람들이 불우한 사람들을 돕는 한에서 각자의 자질을 사용하게 한다.

을: 차등의 원칙은 정의를 위한 공정한 기반을 제시하지 못한다. 개인의 천부적 재능과 이로부터 나오는 것에 대한 소유 권리는 그 개인에게 있다.

(나)
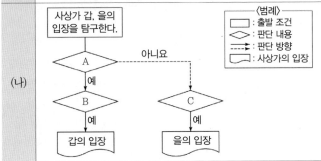

〈보기〉
ㄱ. A: 개인의 소유권을 침해하지 않는 과세 정책이 가능한가?
ㄴ. B: 차등의 원칙은 더 큰 재능의 소유자에게 유익할 수 있는가?
ㄷ. B: 재산의 평등한 분배가 정의 원칙에 의해 허용될 수 있는가?
ㄹ. C: 국가는 자유롭게 체결된 계약의 이행을 강제할 수 있는가?

① ㄱ, ㄴ   ② ㄱ, ㄷ   ③ ㄴ, ㄹ
④ ㄱ, ㄷ, ㄹ   ⑤ ㄴ, ㄷ, ㄹ

(가)의 사상가 갑, 을의 입장을 (나) 그림으로 탐구하고자 할 때, A~C에 들어갈 적절한 질문만을 〈보기〉에서 있는 대로 고른 것은? [3점]

(가)
갑: 공정으로서의 정의에 있어서 평등한 원초적 입장의 당사자들은 자신이 선이라고 생각하는 것을 증진시킨다. 이들은 모든 당사자들이 받아들일 수 있는 원칙에 합의하게 된다.

을: 소유권적 정의론에서 한 사람의 소유물은 취득, 이전, 시정의 원리에 의해 권리를 부여받았으면 정당한 것이다. 각개인의 소유물이 정당하다면 소유물의 전체 집합도 정당하다.

(나)
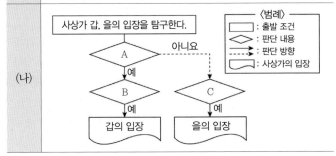

〈보기〉
ㄱ. A: 사회 전체의 이익을 최대화하는 것이 최우선의 분배 원칙이 되어야 하는가?
ㄴ. B: 정의로운 사회의 시민은 타인의 복리에 관심을 가져야 하는가?
ㄷ. B: 정의의 원칙을 채택할 때 공정한 분배 결과에 대한 독립적 기준이 필수적으로 요구되는가?
ㄹ. C: 자유롭게 이전받은 배타적 소유권도 제한될 수 있는가?

① ㄱ, ㄴ   ② ㄱ, ㄷ   ③ ㄴ, ㄹ
④ ㄱ, ㄷ, ㄹ   ⑤ ㄴ, ㄷ, ㄹ

해설편 432쪽

11 [정답률 23%]

19학년도 6월 모평 14번

(가)의 사상가 갑, 을, 병의 입장을 (나) 그림으로 탐구할 때, A~D에 해당하는 적절한 질문만을 〈보기〉에서 있는 대로 고른 것은?

(가)	갑: 정의는 자신이 선택하는 바에 따라 소유권이 행사되는 것이다. 취득과 이전에서의 정의의 원칙을 따라 소유물을 취득한 자는 그것에 대한 소유권이 있다. 을: 정의의 원칙은 원초적 상황에서 합의로 도출된다. 정의로운 사회에서는 시민들에게 공통된 정의감이 존재하며 시민적 유대와 체제의 안정성이 보장된다. 병: 정의는 동등한 사람에게 동등한 몫을 분배하는 것이다. 분배에서의 옳음은 일종의 비례인데 그것은 비율과 비율의 균등성을 의미한다.
(나)	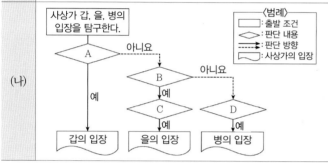

〈 보기 〉

ㄱ. A: 재화는 개인의 자유로운 선택에 의해서만 이전되는가?
ㄴ. B: 정의로운 사회의 시민은 타인의 처지와 이익에 무관심한가?
ㄷ. C: 공정한 기회균등 원칙은 경제적 불평등을 허용하는가?
ㄹ. D: 분배와 교환의 정의는 모두 비례의 동등함을 따라야 하는가?

① ㄱ, ㄴ   ② ㄴ, ㄹ   ③ ㄷ, ㄹ
④ ㄱ, ㄴ, ㄷ   ⑤ ㄱ, ㄷ, ㄹ

12 [정답률 29%]

20학년도 7월 학평 10번

(가)의 갑, 을, 병 사상가들의 입장을 (나) 그림으로 탐구할 때, A~D에 들어갈 적절한 질문만을 〈보기〉에서 있는 대로 고른 것은? [3점]

(가)	갑: 분배는 각자의 가치에 따라 동등한 사람들 간에 동등한 몫을, 동등하지 않은 사람들 간에 동등하지 않은 몫을 받을 때 정의롭다. 비례적인 것이 곧 정의로운 것이다. 을: 분배는 개인들이 공정한 조건에서 합의한 원칙에 따를 때 정의롭다. 이러한 원칙 중에서 차등의 원칙은 최소 수혜자에게 최대 이익이 돌아가도록 하는 것이다. 병: 분배가 정의로울 조건은 그 분배하에서 모든 사람이 자신들이 소유하고 있는 것에 대한 소유 권리를 갖는 것이다. 소유물의 분배 정의는 역사적이다.
(나)	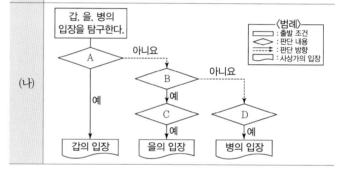

〈 보기 〉

ㄱ. A: 분배 정의는 산술적 비례를 따를 때 실현될 수 있는가?
ㄴ. B: 모두에게 이익이 될 경우에만 경제적 불평등은 허용되는가?
ㄷ. C: 최소 수혜자의 복지를 위해 재산 소유의 자유를 제한하는 것은 정의로운가?
ㄹ. D: 취득의 과정이 부당한 사적 소유는 교정의 대상이 되는가?

① ㄱ, ㄷ   ② ㄱ, ㄹ   ③ ㄴ, ㄹ
④ ㄱ, ㄴ, ㄷ   ⑤ ㄴ, ㄷ, ㄹ

(가)의 갑, 을, 병 사상가들의 입장을 (나) 그림으로 탐구할 때, A~D에 해당하는 적절한 질문만을 〈보기〉에서 있는 대로 고른 것은?

(가)	갑: 개인들의 소유 권리를 보장하는 것이 정의이다. 포괄적 국가는 개인의 권리를 침해할 것이므로 좁은 기능으로 제한된 최소 국가만이 정당화된다. 을: 개인들이 공정한 조건에서 합의한 것이 정의의 원칙이다. 개인의 기본적 자유를 보장하고 최소 수혜자에게 최대 이익이 돌아가도록 해야 한다. 병: 개인들의 노동량에 따라 재화를 분배하는 것은 정의롭지 않다. 노동 소외가 극복되고 생산력이 고도화된 공산주의 사회에서는 새로운 분배 원칙이 요구된다.
(나)	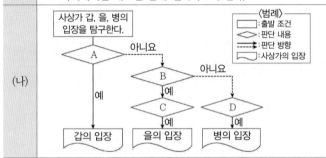

〈 보기 〉

ㄱ. A: 정형화된 재화 분배 원칙은 분배적 정의에 위배되는가?

ㄴ. B: 경제적 불평등의 극복을 위해 기본적 자유를 제약할 수 있는가?

ㄷ. C: 분배 절차의 공정성으로 분배 결과의 정의가 보장되는가?

ㄹ. D: 업적에 따른 분배 원칙은 부당한 경제적 불평등을 초래하는가?

① ㄱ, ㄴ   ② ㄴ, ㄹ   ③ ㄷ, ㄹ

④ ㄱ, ㄴ, ㄷ   ⑤ ㄱ, ㄷ, ㄹ

(가)의 갑, 을, 병 사상가들의 입장에서 서로에게 제기할 수 있는 비판을 (나) 그림으로 표현할 때, A~F에 해당하는 내용으로 적절하지 <u>않은</u> 것은? [3점]

(가)	갑: 사회가 전적으로 정의롭다면 소유물에 대한 소유 권리는 취득과 이전에서의 정의의 원리에 따라 얻게 된 경우에만 정당하다. 을: 사회적·경제적 불평등은 그것이 모든 사람, 특히 사회의 최소 수혜자에게 그 불평등을 보상할 만한 이득을 가져오는 경우에만 정당하다. 병: 사회적 가치들은 각각 고유한 분배 영역을 가진다. 상이한 사회적 가치들은 상이한 근거, 절차, 주체에 의해 분배되는 것이 정당하다.
(나)	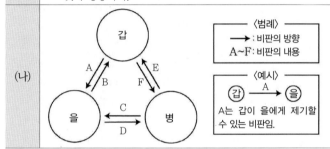

① A: 차등의 원칙은 개인의 소유권 침해를 초래함을 간과한다.

② A, F: 도덕적 정당화가 가능한 국가는 최소 국가임을 간과한다.

③ B: 천부적 재능의 분포를 공동 자산으로 보아야 함을 간과한다.

④ B, D: 정의의 원칙은 가상 상황에서 도출해야 함을 간과한다.

⑤ C, E : 분배의 공정성은 절차적 정의를 통해 실현됨을 간과한다.

15 정답률 13%
22학년도 6월 모평 19번

(가)의 갑, 을, 병 사상가들의 입장에서 서로에게 제기할 수 있는 비판을 (나) 그림으로 표현할 때, A~F에 해당하는 내용으로 가장 적절한 것은?

(가)	갑: 법은 사회적 결합의 계약 조건이기 때문에, 법에 복종하는 시민들이 법의 제정자가 되어야 한다. 법은 일반 의지에 의해 행사되어야 한다. 을: 법은 공적 정의를 실현하기 위해 동등성의 원리에 따라 형벌을 규정해야 한다. 오직 보복법만이 형벌의 질과 양을 명확하게 제시할 수 있다. 병: 법은 공익을 증진하기 위해 제정되어야 한다. 그러므로 법은 범죄자가 아닌 시민의 이익을 위해 사형을 대체한 종신 노역형을 규정해야 한다.

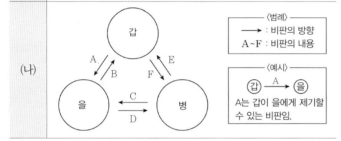

① A, F: 범죄와 형벌 간에 비례 관계가 성립해야 함을 간과한다.
② B: 살인자는 더 이상 국가 구성원이 아니라는 사실을 간과한다.
③ C: 사형은 범죄 억제력이 전혀 없는 잔혹한 형벌일 뿐임을 간과한다.
④ D: 형벌에 대한 범인의 동의가 형벌권의 기초가 아님을 간과한다.
⑤ E: 사형제 존폐를 계약자의 생명 보존을 위해 정해야 함을 간과한다.

16 정답률 27%
24학년도 6월 모평 9번

(가)의 갑, 을, 병 사상가들의 입장에서 서로에게 제기할 수 있는 비판을 (나) 그림으로 표현할 때, A~F에 해당하는 내용으로 가장 적절한 것은? [3점]

(가)	갑: 자연 상태로부터 법적 상태로의 이행은 형법을 요청한다. 살인과 달리 사형은 고통받는 인격 안에 있는 인간성을 추악하게 만드는 것으로부터 벗어나 있어야 한다. 을: 살인자는 사회의 법을 위반했으므로 그 행위로 인해 조국에 대한 반역자가 되어 버린다. 그는 국가의 구성원이 아니므로 국가로부터 분리되어야 한다. 병: 인간은 자신을 죽일 권리가 없으므로 그 권리를 양도하는 것은 불가능하다. 사형은 권리의 문제가 아니며, 한 사람의 시민에 대한 국가의 전쟁이다.

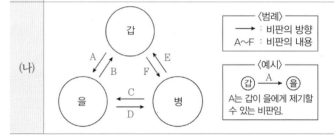

① A: 범죄 사실 자체를 근거로 형벌을 부과해서는 안 됨을 간과한다.
② B: 살인자에 대한 사형은 그의 인격성을 존중하는 것임을 간과한다.
③ C와 E: 살인자에게 사형 이외의 형벌이 부과될 수 있음을 간과한다.
④ D: 사회 전체를 대표하는 입법자에게만 형벌권이 있음을 간과한다.
⑤ F: 살인자에 대한 사형이 사회 계약에 포함될 수 있음을 간과한다.

17
정답률 33%

20학년도 7월 학평 15번

(가)의 갑, 을, 병 사상가들의 입장을 (나) 그림으로 표현할 때, A~D에 해당하는 적절한 진술만을 〈보기〉에서 있는 대로 고른 것은? [3점]

(가)	갑: 사형은 엄격한 보복법에 따라 살인범의 내적인 해악성에 비례하여 가하는 형벌이다. 형벌은 다른 선(善)의 촉진을 위한 수단으로 가해질 수 없다. 을: 사형은 사회 계약에 참여한 당사자들의 자기 보존에 이바지한다. 사회 구성원들의 신체와 모든 힘은 공동의 것이며, 이것은 일반 의지의 최고 감독 아래에 있다. 병: 사형은 범죄 억제를 위한 유일한 대책이 될 때 정당화될 수 있다. 사형은 한순간에 강렬한 인상을 줄 뿐이다. 범죄 억제의 효과는 형벌의 강도보다 지속성에 있다.
(나)	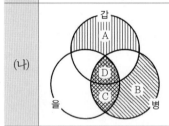 〈범례〉 A : 갑만의 입장 B : 병만의 입장 C : 을과 병만의 공통 입장 D : 갑, 을, 병의 공통 입장

〈보기〉

ㄱ. A: 사형은 살인을 저지른 자의 인간성을 존중하는 형벌이다.
ㄴ. B: 국가는 살인범의 생명을 박탈할 수 있는 권리가 없다.
ㄷ. C: 형벌이 범죄자에게 고통을 유발할지라도 정당화 가능하다.
ㄹ. D: 형벌의 목적은 범죄 피해로부터 구성원을 보호하는 것이다.

① ㄱ, ㄴ   ② ㄱ, ㄷ   ③ ㄷ, ㄹ
④ ㄱ, ㄴ, ㄹ   ⑤ ㄴ, ㄷ, ㄹ

18
정답률 32%

21학년도 3월 학평 15번

갑, 을, 병 사상가들의 입장으로 가장 적절한 것은? [3점]

갑: 범죄에 대한 가장 강력한 억제력은 사형 장면이 아니라 오래도록 자유를 박탈당한 채 짐승처럼 취급받으며 노동으로 속죄하는 인간의 모습을 보게 하는 데서 생겨난다.
을: 살인을 했거나, 그것을 명했거나 그것에 협력했던 사람은 사형에 처해져야 한다. 살인자에게 법적으로 집행되는 사형 외에 범죄와 보복이 동등해지는 것은 있을 수 없다.
병: 처벌은 그 자체로는 악이지만 그것이 더 큰 악을 없애는 것을 보장하는 한 인정되어야 한다. 처벌이 확실한 실효성이 없는 경우라면 처벌을 가해서는 안 된다.

① 갑: 범죄 예방을 위해 각자의 생명권을 사회에 양도해야 한다.
② 을: 살인자가 물권의 대상이 아님은 타고난 인격성 때문이다.
③ 병: 처벌이 초래할 해악이 처벌이 예방할 해악보다 커야 한다.
④ 갑, 병: 사형은 실효성과는 무관하게 폐지되어야 할 해악이다.
⑤ 을, 병: 처벌은 시민 사회의 선을 늘리기 위해 행해져야 한다.

19 정답률 19%

24학년도 9월 모평 9번

갑, 을 사상가들의 입장으로 적절한 것만을 〈보기〉에서 있는 대로 고른 것은? [3점]

갑: 법은 개개인의 특수 의사의 총체인 일반 의사를 대표한다. 그런데 자신의 생명을 빼앗을 권능을 타인에게 기꺼이 양도하는 자는 없다. 그러므로 사형은 사회 계약에 포함될 수 없다.

을: 사회 계약에 사형이 포함될 수 없다는 이유로 모든 사형의 부적법성을 주장하는 것은 궤변이고 법의 왜곡이다. 형벌은 오직 범죄자가 범죄를 저질렀기 때문에 행해지는 것이며, 형벌의 법칙은 하나의 정언 명령이다.

〈 보기 〉
ㄱ. 갑: 범죄 억제력은 형벌의 강도가 아니라 지속도에서 나온다.
ㄴ. 갑: 종신 노역형은 범죄자보다 시민들에게 더 큰 공포를 준다.
ㄷ. 을: 형벌 자체는 범죄자의 존엄성을 실현하기 위한 필요악이다.
ㄹ. 갑과 을: 사형을 오직 본보기로 집행하는 것은 부당하다.

① ㄱ, ㄴ   ② ㄱ, ㄷ   ③ ㄴ, ㄹ
④ ㄱ, ㄷ, ㄹ   ⑤ ㄴ, ㄷ, ㄹ

20 정답률 35%

24학년도 6월 모평 6번

다음을 주장한 사상가의 입장으로 적절한 것만을 〈보기〉에서 있는 대로 고른 것은?

자연 상태는 전쟁 상태이며, 소유도 지배도 내 것과 네 것의 구별도 없다. 이러한 자연 상태로부터 빠져나올 수 있는 가능성은 죽음의 공포라는 정념과 평화 추구의 이성에 있다.

〈 보기 〉
ㄱ. 국민의 자유와 주권자의 절대 권력은 양립할 수 있다.
ㄴ. 자연 상태에는 생명과 자유를 빼앗길 수 있는 불의가 존재한다.
ㄷ. 주권자는 평화와 공동 방위를 위해 국민의 힘과 수단을 임의로 사용할 수 있다.

① ㄴ   ② ㄷ   ③ ㄱ, ㄴ   ④ ㄱ, ㄷ   ⑤ ㄱ, ㄴ, ㄷ

다음을 주장한 사상가의 입장으로 가장 적절한 것은? [3점]

> 나는 시민 불복종을 흔히 법이나 정부의 정책에 변혁을 가져올 목적으로 행해지는 공공적이고 비폭력적이며 법에 반하는 정치적 행위라 정의하고자 한다. 이러한 행위는 법에 대한 충실성의 한계 내에서 부정의에 항거함으로써 정의로부터의 이탈을 방지하고, 부정의를 교정하는 데 도움이 된다. 정당한 시민 불복종에 참여하고자 하는 일반적 성향은 질서 정연한 사회 속에 안정을 가져다준다.

① 시민 불복종은 개인의 이익이 아닌 집단의 이익에 근거해야 한다.
② 시민 불복종은 사회의 기본 구조가 아주 부정의하면 성립할 수 없다.
③ 시민 불복종은 헌법의 정당성에 이의를 제기하는 정치적 행위이다.
④ 시민 불복종은 비민주적 체제의 변혁을 목적으로 이루어져야 한다.
⑤ 시민 불복종의 근거인 다수의 정의감은 개인의 양심과 양립할 수 없다.

다음을 주장한 사상가의 입장만을 〈보기〉에서 있는 대로 고른 것은? [3점]

> 시민 불복종은 공개적으로 공정한 주목을 받으며 참여하는 것으로 공공 연설에 비유할 수 있다. 이는 신중하고 양심적인 정치적 신념의 표현인 청원의 한 형태로 공개 석상에서 이루어진다. 또한 시민 불복종은 헌법과 사회 제도 일반을 규제하는 정의의 원칙들에 의해 지도되고 정당화된다.

〈 보기 〉
ㄱ. 시민 불복종은 그 자체로 사회를 위협하는 위법 행위이다.
ㄴ. 시민 불복종은 완전히 공개적이고 비폭력적인 정치 행위이다.
ㄷ. 시민 불복종은 공공적 정의관의 부당함을 제기하는 청원이다.
ㄹ. 정치적 자유를 침해하는 법은 시민 불복종의 대상이 될 수 있다.

① ㄱ, ㄷ   ② ㄱ, ㄹ   ③ ㄴ, ㄹ
④ ㄱ, ㄴ, ㄷ   ⑤ ㄴ, ㄷ, ㄹ

23 정답률 35%

그림은 서양 사상가 갑, 을의 가상 대화이다. 갑, 을의 입장으로 적절한 것만을 〈보기〉에서 있는 대로 고른 것은?

> 평등한 자유의 원칙에 대한 심각한 위반은 시민 불복종의 대상이 됩니다. 시민 불복종에 참여하는 사람들은 다수자의 정의감에 호소하여 자유로운 협동의 조건이 침해되었다는 것을 정당하게 알립니다.

> 시민 불복종은 민주적 의사 결정을 좌절시킨다기보다는 복원하려는 시도입니다. 우리가 중단시키려고 하는 악의 크기와, 불복종 행위가 가져올 법과 민주주의에 대한 존중심의 감소 정도를 저울질해 봐야 합니다.

 갑

 을

────〈 보기 〉────
ㄱ. 갑: 차등의 원칙을 위반한 정책은 시민 불복종의 대상이 된다.
ㄴ. 갑: 매우 부정의한 입헌 체제에서 시민 불복종은 성립할 수 없다.
ㄷ. 을: 시민 불복종을 하는 시민은 보편적 법치 원리를 존중한다.
ㄹ. 갑, 을: 시민 불복종으로 발생할 불행한 결과를 고려해야 한다.

① ㄱ, ㄴ ② ㄱ, ㄹ ③ ㄴ, ㄷ
④ ㄱ, ㄷ, ㄹ ⑤ ㄴ, ㄷ, ㄹ

24 정답률 35%

사회사상가 갑, 을의 입장으로 옳은 것은? [3점]

> 갑: 시민 불복종은 거의 정의로운 국가에서 행해지며, 다수에 의해 제정된 법에 따라야 할 의무와 각자의 자유를 방어할 권리 사이의 충돌로 발생한다.
> 을: 시민 불복종은 중단하고자 하는 악의 크기와 행위가 가져올 법과 민주주의에 대한 존중의 심각한 감소 가능성을 저울질해서, 그 행위가 산출할 사회적 손익을 계산해야 한다.

① 갑: 시민 불복종은 양심에 기반을 둔 모든 행위를 포함한다.
② 갑: 시민 불복종은 성공에 대한 합당한 전망에 근거해야 한다.
③ 을: 시민 불복종은 사회 제도와 법 전체에 항거하는 행위이다.
④ 을: 시민 불복종은 민주주의 원칙을 존중하는 합법적 수단이다.
⑤ 갑, 을: 시민 불복종에서 다수에 의한 폭력은 목적 달성을 위해 허용될 수 있다.

01 [정답률 40%] 23학년도 수능 14번

(가)의 갑, 을 사상가들의 입장을 (나) 그림으로 탐구하고자 할 때, A~C에 들어갈 적절한 질문만을 <보기>에서 고른 것은? [3점]

(가)	갑: 시민 불복종은 거의 정의로운 사회 내에서 그 체제의 합법성을 인정하는 시민들에게서만 일어난다. 따라서 시민 불복종은 공유된 정의관에 의해 정당화된다. 을: 시민 불복종은 공리주의 원리에 의해 정당화되어야 한다. 따라서 우리는 시민 불복종이 사회에 미칠 전체적인 이익과 손해를 저울질해 봐야 한다.
(나)	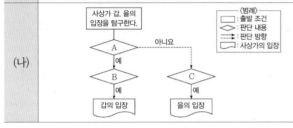

─────── 〈 보기 〉 ───────

ㄱ. A: 시민 불복종은 법에 대한 존중심을 감소시킬 수 있는가?

ㄴ. B: 시민 불복종이 정당한 법에 대한 위반을 수반할 수 있는가?

ㄷ. B: 심각한 부정의가 존재하는 민주 체제에서는 시민 불복종이 가능한가?

ㄹ. C: 다수의 견해를 진정으로 반영한 법에 대한 시민 불복종은 불가능한가?

① ㄱ, ㄴ   ② ㄱ, ㄷ   ③ ㄴ, ㄷ   ④ ㄴ, ㄹ   ⑤ ㄷ, ㄹ

02 [정답률 33%] 21학년도 9월 모평 7번

다음을 주장한 사상가의 입장으로 가장 적절한 것은? [3점]

> 질서 정연한 사회에서 개인은 정의로운 제도를 유지하고 발전시켜야 하는 자연적 의무를 지니므로 정의로운 법에 따라야 한다. 문제는 부정의한 법을 어느 정도까지 따라야 하는가이다. 이 문제와 관련된 시민 불복종 이론은 원초적 입장에 있는 당사자들의 관점에서 바라볼 필요가 있다. 당사자들은 정의로운 체제의 안정성을 유지하기 위한 방법을 찾고자 정당한 시민 불복종을 규정하는 조건들을 채택하게 될 것이다.

① 시민 불복종은 다수의 이익을 증진할 목적으로 행해져야 한다.

② 공직을 맡을 권리를 침해하는 정책은 시민 불복종의 대상이 된다.

③ 시민 불복종은 양심적 행위이지만 그 자체가 사회에 위협이 된다.

④ 시민 불복종은 헌법의 근거에 이의를 제기하는 정치적 행위이다.

⑤ 원초적 입장의 당사자들은 어떠한 부정의에도 저항할 것을 합의한다.

03 정답률 41%

갑, 을 사상가들의 입장으로 가장 적절한 것은? [3점]

갑: 법에 대한 존경심보다 먼저 정의에 대한 존경심을 기르는 것이 바람직하다. 내가 떠맡을 권리가 있는 나의 유일한 책무는 내가 옳다고 생각하는 일을 행하는 것이다. 법에 대한 존경심 때문에 선량한 사람들조차 불의의 하수인이 되고 있다.

을: 사회의 기본 구조가 합당하게 정의로운 것인 경우, 그 부정의가 지나치지만 않으면 부정의한 법도 구속력이 있음을 인정해야 한다. 시민 불복종은 법에 대한 충실성의 한계 내에서 법에 대한 불복종을 나타내는 것이어야 한다.

① 갑: 시민 불복종은 다수 국민이 공유한 정의관에 근거해야 한다.
② 갑: 법률과 양심을 시민 불복종의 정당성 판별 근거로 삼아야 한다.
③ 을: 양심에 충실한 거부라도 정당한 시민 불복종이 아닌 경우가 있다.
④ 을: 시민 불복종은 체제의 정당성에 대한 비폭력적·공개적 저항이다.
⑤ 갑, 을: 시민 불복종은 공권력에 의한 처벌을 거부하는 수단이다.

04 정답률 32%

(가)의 갑, 을, 병 사상가들의 입장을 (나) 그림으로 표현할 때, A~E에 해당하는 진술로 가장 적절한 것은? [3점]

(가)	갑: 무생물이나 동물에 대한 파괴는 인간의 의무와 대립한다. 그런 행위는 도덕성을 촉진하는 인간 안의 감정을 약화시키기 때문이다. 을: 인간은 고통과 즐거움을 느낄 수 있는 존재의 이익을 고려해야 한다. 타자의 이익을 고려할 때 감각이 유일하게 옹호 가능한 경계선이다. 병: 모든 생명체는 각각 자신의 방식으로 고유의 선을 추구하는 유일한 개체이다. 인간은 다른 생명체보다 본질적으로 우월하지 않다.
(나)	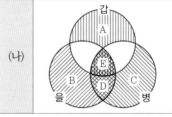 〈범례〉 A: 갑만의 입장 B: 을만의 입장 C: 병만의 입장 D: 을과 병만의 공통 입장 E: 갑, 을, 병의 공통 입장

① A: 인간은 인간에 대한 의무 외에 어떤 존재에 대한 의무도 가질 수 없다.
② B: 도덕적 행위 주체가 아닌 존재도 도덕적 지위를 지닐 수 있다.
③ C: 감각 능력이 없는 개체들은 도덕적으로 고려될 필요가 없다.
④ D: 인간을 위한 자원으로 동물을 활용하는 것은 금지되어야 한다.
⑤ E: 도덕적 고려의 대상이 아닌 존재는 어떠한 가치도 지닐 수 없다.

05 정답률 25% 23학년도 3월 학평 15번

(가)의 갑, 을, 병 사상가들의 입장을 (나) 그림으로 탐구하고자 할 때, A~D에 들어갈 적절한 질문만을 〈보기〉에서 있는 대로 고른 것은? [3점]

(가)	갑: 우리는 동물에 대한 직접적 의무를 지지 않는다. 동물은 단지 수단일 뿐이다. 동물과 관련한 우리의 의무는 인간에 대한 간접적 의무에 불과하다. 을: 우리가 해야 할 일은 종(種) 차별주의를 피하면서 쾌고 감수 능력이 있는 동물을 도덕적 관심의 영역 안으로 끌어들이는 것이다. 병: 우리는 유기체가 자신을 보존하고 자신만의 독특한 방식으로 고유의 선을 실현하려고 애쓰는 목적론적 삶의 중심이라고 생각한다.
(나)	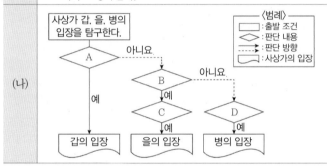

〈보기〉
ㄱ. A: 생명체 중에서 오직 인간만이 가치를 지닌 존재인가?
ㄴ. B: 인간이 생명을 가진 존재를 차별하는 것은 잘못인가?
ㄷ. C: 동물을 이용하는 인간의 행위가 정당화될 수 있는가?
ㄹ. D: 개체가 고유의 선을 지녀야만 의무의 대상이 될 수 있는가?

① ㄱ, ㄴ   ② ㄴ, ㄷ   ③ ㄷ, ㄹ
④ ㄱ, ㄴ, ㄹ   ⑤ ㄱ, ㄷ, ㄹ

---

06 정답률 33% 22학년도 9월 모평 15번

(가)의 갑, 을, 병 사상가들의 입장을 (나) 그림으로 표현할 때, A~D에 해당하는 진술로 적절한 것만을 〈보기〉에서 있는 대로 고른 것은?

(가)	갑: 동물을 잔학하게 다루는 것은 인간 자신에 대한 의무에 어긋난다. 왜냐하면 타인과의 관계에서 도덕성에 도움이 되는 자연적 소질을 약화시키기 때문이다. 을: 고통과 즐거움을 느낄 수 있는 존재에 대해 우리는 이익 평등 고려 원칙을 적용해야 한다. 동물의 고통을 무시하는 행위는 일종의 종 차별주의적 태도이다. 병: 개인은 상호 의존적으로 이루어진 공동체의 구성원이다. 우리는 대지 윤리를 통해 이 공동체의 범위를 흙, 물, 동식물을 포함하도록 확장해야 한다.
(나)	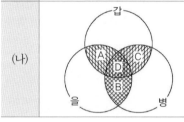

〈보기〉
ㄱ. A: 자연을 경제적 관점에서 이용하는 것이 허용될 수 있다.
ㄴ. B: 이성적 능력을 기준으로 도덕적 지위가 결정되지는 않는다.
ㄷ. C: 고통을 느끼는 모든 존재가 존속할 권리를 갖는 것은 아니다.
ㄹ. D: 동물에게 해를 끼치는 행위가 정당화되는 경우가 있다.

① ㄱ, ㄴ   ② ㄱ, ㄷ   ③ ㄴ, ㄹ
④ ㄱ, ㄷ, ㄹ   ⑤ ㄴ, ㄷ, ㄹ

해설편 441쪽

07

정답률 24%

21학년도 6월 모평 15번

(가)의 갑, 을, 병의 입장을 (나) 그림으로 표현할 때, A~D에 해당하는 적절한 진술만을 〈보기〉에서 있는 대로 고른 것은? [3점]

(가)	갑: 도덕 판단은 보편화 가능해야 한다. 어떤 이익이 단지 인간에게 유용하다는 이유만으로, 이익 관심을 가진 동물의 이익보다 중요하다고 간주해서는 안 된다. 을: 도덕적 존중의 대상에는 도덕적 권리를 가질 수 있는 삶의 주체인 동물도 포함된다. 그들 각각은 다른 존재의 이익과 독립해 개별적 복지를 추구한다. 병: 도덕적 의무를 질 수 있는 인간에 대한 의무 외에 다른 존재에 대한 의무는 없다. 물론 동물이 수행한 봉사에 대한 감사는 간접적으로 인간의 의무에 속한다.
(나)	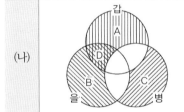 〈범례〉 A: 갑만의 입장 B: 을만의 입장 C: 병만의 입장 D: 갑과 을만의 공통 입장

〈 보기 〉

ㄱ. A: 이익 관심을 지닌 모든 개체는 동일한 대우를 받아야 한다.

ㄴ. B: 목적 그 자체로서 가치를 지닌 존재는 도덕적 존중의 대상이다.

ㄷ. C: 동물 학대가 그릇된 근본 이유는 인간성 실현을 저해함에 있다.

ㄹ. D: 자율적 행위 능력과 무관하게 도덕적 지위는 부여되어야 한다.

① ㄱ, ㄴ ② ㄱ, ㄷ ③ ㄷ, ㄹ
④ ㄱ, ㄴ, ㄹ ⑤ ㄴ, ㄷ, ㄹ

08

정답률 31%

20학년도 수능 16번

(가)의 갑, 을, 병 사상가들의 입장에서 서로에게 제기할 수 있는 비판을 (나) 그림으로 표현할 때, A~F에 해당하는 내용으로 가장 적절한 것은? [3점]

(가)	갑: 도덕적 행위 능력과 무관하게 인간과 일부 동물은 도덕적 권리를 갖는다. 그들 각자는 고유한 삶을 살아가는 삶의 주체이다. 을: 도덕적 행위 능력이 없어도 생명체라면 존중해야 한다. 모든 생명체는 목적론적 삶의 중심이며 내재적 가치를 지닌다. 병: 도덕적 행위 능력이 있는 인간은 자연을 파괴하는 행위를 삼가야 한다. 그러한 파괴적 성향은 인간의 도덕성에 기여하는 감정을 약화시킨다.
(나)	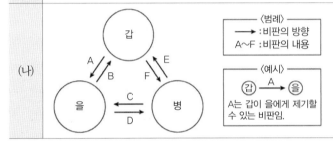 〈범례〉 → : 비판의 방향 A~F : 비판의 내용 〈예시〉 갑 —A→ 을 A는 갑이 을에게 제기할 수 있는 비판임.

① A: 개체 각각이 지닌 고유한 선은 보호되고 증진되어야 함을 간과한다.

② B: 개체에 대한 도덕적 존중은 내재적 가치에 근거함을 간과한다.

③ D: 도덕적 행위 능력이 없는 존재도 모두 내재적 가치를 지님을 간과한다.

④ F: 어떤 존재를 목적 그 자체로 보는 근거가 이성이 아님을 간과한다.

⑤ C, E: 도덕적 행위 주체들의 도덕적 지위가 서로 평등함을 간과한다.

(가)의 갑, 을, 병 사상가들의 입장을 (나) 그림으로 표현할 때, A~D에 해당하는 적절한 진술만을 〈보기〉에서 있는 대로 고른 것은? [3점]

(가)	갑: 인간은 인간에 대한 의무 이외에 다른 의무를 갖지 않는다. 늙은 말이 수행한 봉사에 대한 감사마저도 직접적으로 볼 때는 인간 자신에 대한 의무이다. 을: 인간에게 도덕적 관심을 두게 하는 것은 생명체가 지닌 목적 추구 능력 때문이다. 모든 생명체는 고유의 선을 실현하기 위해 움직인다. 병: 인간은 대지를 상품으로 보기 때문에 남용하고 있다. 대지를 우리가 속한 생명 공동체로 바라보면 사랑과 존중으로 대하게 될 것이다.

(나)

〈범례〉
A: 갑만의 입장
B: 을만의 입장
C: 병만의 입장
D: 을과 병만의 공통 입장

〈보기〉
ㄱ. A: 인간이 식물을 이용하는 행위는 정당화될 수 있다.
ㄴ. B: 모든 생명체와 달리 생명 공동체 그 자체는 내재적 가치를 지니지 못한다.
ㄷ. C: 유기체가 아닌 존재도 도덕적 존중의 대상이 될 수 있다.
ㄹ. D: 동물은 도덕적으로 무능력해도 도덕적 지위를 지닌다.

① ㄱ, ㄴ   ② ㄱ, ㄷ   ③ ㄷ, ㄹ
④ ㄱ, ㄴ, ㄹ   ⑤ ㄴ, ㄷ, ㄹ

(가)의 사상가 갑, 을, 병의 입장을 (나) 그림으로 표현할 때, A~D에 해당하는 적절한 진술만을 〈보기〉에서 있는 대로 고른 것은? [3점]

(가)	갑: 자연 체계 내에서의 인간은 다른 동물들과 같이 대지의 산물로서 평범한 가치를 가진다. 그러나 도덕적, 실천적 이성의 주체로서 인간은 자연 안에 존엄하며 절대적 가치를 지닌 존재이다. 을: 새로운 윤리는 도덕적, 심미적 관점을 담아 옳고 그름의 기준을 마련해야 하며, 생명 공동체의 온전함에 기여해야 한다. 그러므로 대지의 사용을 이익의 문제로만 생각하지 말아야 한다. 병: 도덕적 기준은 어떤 행위에 의해 영향을 받는 모든 존재들의 이익과 고통을 동등하게 고려하는 데 있다. 그러므로 어떤 행위가 누군가에게 피해를 입히게 된다면, 그 행위는 하지 말아야 한다.

(나)

〈범례〉
A: 갑만의 입장
B: 을만의 입장
C: 을, 병만의 입장
D: 갑, 을, 병 공통의 입장

〈보기〉
ㄱ. A: 대지의 모든 산물을 목적 그 자체로 대우해야 한다.
ㄴ. B: 대지 공동체 자체가 지닌 도덕적 지위를 인정해야 한다.
ㄷ. C: 고통을 느낄 수 있는 모든 생명체를 동일하게 대우해야 한다.
ㄹ. D: 동물 학대가 인간의 의무에 위배될 수 있음을 인정해야 한다.

① ㄱ, ㄴ   ② ㄱ, ㄷ   ③ ㄴ, ㄹ
④ ㄱ, ㄷ, ㄹ   ⑤ ㄴ, ㄷ, ㄹ

11 | 정답률 30%

(가)의 갑, 을, 병 사상가들의 입장을 (나) 그림으로 표현할 때, A∼D에 해당하는 적절한 진술만을 〈보기〉에서 있는 대로 고른 것은? [3점]

(가)	갑: 동물에 관한 한, 우리는 직접적 의무가 없다. 동물과 관련한 우리의 의무는 단지 인간에 대한 간접적인 의무일 따름이다. 을: 목적론적 삶의 중심이라면 어떤 존재도 다른 존재보다 더 가치 있다고 간주되지 않는다. 동식물의 선의 실현도 그 자체로 가치 있다고 간주된다. 병: 삶의 주체에는 단순히 의식을 갖는다는 것 이상이 포함된다. 삶의 주체는 동등한 본래적 가치를 지니며 존중의 태도로 처우받을 권리를 공유한다.
(나)	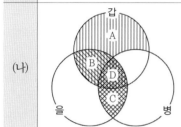 〈범례〉 A: 갑만의 입장 B: 갑과 을만의 공통 입장 C: 을과 병만의 공통 입장 D: 갑, 을, 병의 공통 입장

〈보기〉
ㄱ. A: 목적 그 자체가 될 수 있는 존재라면 도덕 행위자로 간주해야 한다.
ㄴ. B: 쾌고 감수 능력은 도덕적 지위 여부를 결정하는 기준에 해당하지 않는다.
ㄷ. C: 인간의 가치 평가에서 독립하여 가치를 지닌 존재의 이용은 해악보다 이익이 크다면 정당화된다.
ㄹ. D: 생명을 지니고 있는 개체만이 의무의 대상이 될 수 있다.

① ㄱ, ㄴ　　　② ㄱ, ㄷ　　　③ ㄷ, ㄹ
④ ㄱ, ㄴ, ㄹ　　⑤ ㄴ, ㄷ, ㄹ

12 | 정답률 30%

(가)의 갑, 을, 병 사상가들의 입장을 (나) 그림으로 표현할 때, A∼D에 해당하는 적절한 진술만을 〈보기〉에서 있는 대로 고른 것은? [3점]

(가)	갑: 모든 생명체는 생명 공동체의 일원이다. 모든 생명체는 자신을 보존하고 고유의 선을 추구하려는 목적론적 삶의 중심이다. 을: 동물의 고통을 인간의 동일한 양의 고통과 동등하게 간주해야 한다. 고통을 느낄 수 있는 존재의 이익을 평등하게 고려해야 한다. 병: 대지 윤리는 인류의 역할을 생명 공동체의 정복자에서 평범한 구성원이자 시민으로 변화시킨다. 인간은 생명 공동체 그 자체를 존중해야 한다.
(나)	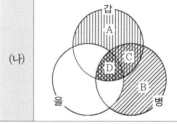 〈범례〉 A: 갑만의 입장 B: 병만의 입장 C: 갑과 병만의 공통 입장 D: 갑, 을, 병의 공통 입장

〈보기〉
ㄱ. A: 인간은 이성적 존재와 동식물에게만 신의의 의무를 져야 한다.
ㄴ. B: 생태계의 선과 개체의 선은 동등한 가치를 지니지 않는다.
ㄷ. C: 생명이 있는 존재라면 종에 상관없이 도덕적으로 배려되어야 한다.
ㄹ. D: 동물에 대한 인간의 의무는 호혜성에서 비롯된 것이 아니다.

① ㄱ, ㄴ　　　② ㄴ, ㄹ　　　③ ㄷ, ㄹ
④ ㄱ, ㄴ, ㄷ　　⑤ ㄱ, ㄷ, ㄹ

(가)의 갑, 을, 병 사상가들의 입장을 (나) 그림으로 탐구하고자 할 때, A~D에 들어갈 적절한 질문만을 〈보기〉에서 고른 것은? [3점]

(가)	갑: 대지 이용을 오직 경제적 문제로만 생각하지 말아야 한다. 대지를 경제적 관점뿐만 아니라 심미적·윤리적 관점에서도 검토해야 한다. 을: 자연 존중의 태도를 이해하는 신념 체계가 생명 중심 관점이다. 생명 중심 관점에서는 모든 유기체를 목적론적 삶의 중심으로 생각한다. 병: 동물 해방의 관점에서 우리는 종 차별주의를 벗어나 동물에게 불필요한 고통을 주지 않고 살아가야 한다.
(나)	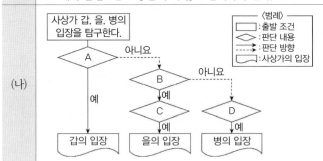

〈 보기 〉
- ㄱ. A: 생명체는 인간의 평가로부터 독립된 가치를 지니는가?
- ㄴ. B: 유정성이 없는 생명체들은 도덕적인 지위를 지니는가?
- ㄷ. C: 모든 생명체는 의식적으로 목표와 목적을 추구하는가?
- ㄹ. D: 동물의 고통과 인간의 동일한 고통을 동등하게 취급해야 하는가?

① ㄱ, ㄴ ② ㄱ, ㄷ ③ ㄴ, ㄷ ④ ㄴ, ㄹ ⑤ ㄷ, ㄹ

(가)의 갑, 을, 병 사상가들의 입장을 (나) 그림으로 표현할 때, A~D에 해당하는 적절한 진술만을 〈보기〉에서 있는 대로 고른 것은? [3점]

(가)	갑: 사람들은 동물의 권리를 믿는다고 공언하면서도 동물을 상업적인 목적이나 실험의 용도로 사용하는 것을 전면적으로 금지하지는 않는다. 이는 삶의 주체인 동물의 권리를 침해하는 행위이다. 을: 벼락에 쓰러진 참나무는 땔감으로 사용되지만, 대지 공동체의 구성원으로 존중되어야 한다. 한 그루의 나무가 죽고 다른 종들은 그것을 소비하며 혜택을 본다. 이처럼 대지 공동체는 무한히 상호 의존적이다. 병: 인간이 설계한 기계는 목표 지향적인 활동을 보이지만, 독립적인 존재로서 고유의 선을 지니지 않는다. 그러나 모든 유기체는 고유의 선을 지니며, 그들 자체가 목표 지향적 활동의 중심이다.
(나)	〈범례〉 A: 갑과 을만의 공통 입장 B: 갑과 병만의 공통 입장 C: 을과 병만의 공통 입장 D: 갑, 을, 병의 공통 입장

〈 보기 〉
- ㄱ. A: 인간은 자신의 생존을 위해 식물을 이용할 수 있다.
- ㄴ. B: 생명 공동체 그 자체의 도덕적 지위를 인정할 수 없다.
- ㄷ. C: 모든 동물은 도덕적으로 무능력해도 내재적 가치를 지닌다.
- ㄹ. D: 비이성적 존재도 도덕적 고려의 대상에 포함될 수 있다.

① ㄱ, ㄷ ② ㄱ, ㄹ ③ ㄴ, ㄹ
④ ㄱ, ㄴ, ㄷ ⑤ ㄴ, ㄷ, ㄹ

해설편 444쪽

15

정답률 10%

20학년도 4월 학평 10번

(가)의 갑, 을, 병 사상가들의 입장에서 서로에게 제기할 수 있는 비판을 (나) 그림으로 표현할 때, A~E에 해당하는 적절한 내용만을 〈보기〉에서 있는 대로 고른 것은? [3점]

(가)	갑: 어떤 존재의 고통을 고려하지 않는 도덕적 논증은 있을 수 없다. 이익 평등 고려의 원리는 존재들 간의 동일한 고통을 동일하게 고려할 것을 요구한다. 을: 생명 공동체의 구성원으로서 자신의 성장, 발전, 번식을 지향하는 존재는 고유한 선을 지니며 이들은 목적론적 삶의 중심이다. 병: 인간과 인간이 아닌 삶의 주체는 도덕적 권리를 갖는다. 최소한 몇몇 포유류를 포함한 이들은 목적적 존재로 대우받아야 한다.
(나)	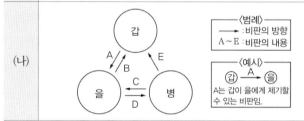

〈보기〉

ㄱ. A: 종(種) 차이에 따라 도덕적 지위에 차별을 두지 말아야 함을 간과한다.

ㄴ. E: 성장한 포유동물은 결코 인간을 위한 자원으로 대우받아서는 안 됨을 간과한다.

ㄷ. B, D: 인간이 생명체에 해를 끼쳤을 경우 이에 대한 보상적 정의의 의무를 지님을 간과한다.

ㄹ. C, E: 유정(有情)적 존재라도 도덕적 지위를 갖지 못할 수 있음을 간과한다.

① ㄱ, ㄴ   ② ㄱ, ㄹ   ③ ㄷ, ㄹ
④ ㄱ, ㄴ, ㄷ   ⑤ ㄴ, ㄷ, ㄹ

16

정답률 17%

25학년도 6월 모평 15번

갑, 을 사상가들의 입장으로 적절한 것만을 〈보기〉에서 있는 대로 고른 것은? [3점]

갑: 무지의 베일 속에 있는 당사자들은 어떤 종류의 특정 사실을 알지 못한다고 가정된다. 각자는 사회에서 자기의 지위나 계층을 모르며, 천부적 자산, 능력, 지능, 체력 등을 어떻게 타고 나는지 자신의 운수를 모른다. 을: 소유물에서의 정의 이론의 일반적 개요를 말하자면, 한 사람의 소유물은 취득과 이전에서의 정의의 원리 또는 불의의 교정의 원리에 의해 그 소유물에 대한 권리를 부여받았으면 정당한 것이다.

〈보기〉

ㄱ. 갑: 정의로운 분배 결과로 생긴 불평등은 조정의 대상이 아니다.

ㄴ. 갑: 사회 구성원 모두의 협력을 가능하게 하는 분배만이 정당하다.

ㄷ. 을: 부정의한 분배의 교정 외에 국가의 역할을 허용해선 안 된다.

ㄹ. 갑과 을: 분배 정의의 목표는 개인의 자유와 기본적 필요 보장에 있다.

① ㄱ, ㄴ   ② ㄱ, ㄷ   ③ ㄷ, ㄹ
④ ㄱ, ㄴ, ㄹ   ⑤ ㄴ, ㄷ, ㄹ

(가), (나)의 입장으로 가장 적절한 것은? [3점]

> (가) 국제 평화를 실현하기 위해서는 이성적 존재인 국가들이 합리적인 대화와 협력을 하고, 세력 균형, 동맹, 비밀 외교 등을 영원히 제거해야 한다. 왜냐하면 이러한 잘못된 정책이나 제도에 의해 국제 분쟁이 발생하기 때문이다.
>
> (나) 국제 분쟁을 억지하기 위해서는 국가 간 힘의 균형이 이루어져야 한다. 왜냐하면 한 국가나 국가들의 동맹이 우월한 힘을 갖게 되면 다른 국가들에 대해 패권적인 의지를 강요하게 될 위험이 커지기 때문이다.

① (가): 국제 관계에서는 국가가 유일한 행위자로 간주된다.
② (가): 국가 간 동맹과 힘의 균형을 통해서만 군비 경쟁은 종식된다.
③ (나): 국제 관계에서 세력 균형은 평화를 영구적으로 보장한다.
④ (나): 전쟁 수행의 최종 목표와 외교 정책의 최종 목표는 국익이다.
⑤ (가), (나): 자국의 이익 추구보다 세계 평화가 우선되어야 한다.

다음을 주장한 사상가가 부정의 대답을 할 질문으로 가장 적절한 것은? [3점]

> 최선의 국가 체제는 인간이 아니라 이성의 법칙이 지배하는 공화적 체제이다. 국가들은 사회 계약의 이념에 따라 하나의 국제 연맹을 결성함으로써 국제법을 통해 영원한 평화에 들어설 수 있다. 또한 세계 시민법은 보편적 우호의 조건들에 국한되어 있어야 한다.

① 모든 사람은 다른 나라를 방문할 권리를 가지고 있는가?
② 세계 평화를 실현하기 위한 노력은 인간의 도덕적 의무인가?
③ 세계 평화의 실현을 위해 정치와 도덕은 합치되어야 하는가?
④ 개별 국가들의 정치 체제는 세계 평화 실현에 영향을 주는가?
⑤ 국제법에 따라 국가들은 하나의 세계 공화국을 수립해야 하는가?

19 정답률 32%   23학년도 3월 학평 7번

(가)의 갑, 을 사상가들의 입장을 (나) 그림으로 표현할 때, A∼C에 해당하는 적절한 진술만을 〈보기〉에서 있는 대로 고른 것은? [3점]

	갑: 원조의 의무는 절대 빈곤에 처한 사람들을 돕는 것이다. 이익 평등 고려의 원칙에 따라 빈곤으로 고통받는 사람들에게 원조를 해야 한다.
(가)	을: 원조의 의무는 고통받는 사회가 질서 정연한 사회가 될 수 있도록 돕는 것이다. 질서 정연한 사회의 만민은 고통받는 사회들을 원조해야 한다.
(나)	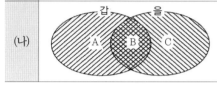 〈범례〉 A: 갑만의 입장 B: 갑, 을의 공통 입장 C: 을만의 입장

〈보기〉
ㄱ. A: 원조는 원조 대상뿐만 아니라 원조 주체의 이익도 증진해야 한다.
ㄴ. B: 자원 빈곤국을 모두 원조 대상국으로 삼을 필요는 없다.
ㄷ. B: 원조 대상국의 정치적 상황을 고려하여 원조해야 한다.
ㄹ. C: 절대빈곤층의 처지 개선이 원조의 주된 목표는 아니다.

① ㄱ, ㄴ   ② ㄱ, ㄷ   ③ ㄴ, ㄹ
④ ㄱ, ㄷ, ㄹ   ⑤ ㄴ, ㄷ, ㄹ

20 정답률 39%   21학년도 3월 학평 11번

(가)의 갑, 을 사상가들의 입장을 (나) 그림으로 표현할 때, A∼C에 해당하는 적절한 진술만을 〈보기〉에서 고른 것은? [3점]

	갑: 고통받는 사회가 빈곤에 처한 결정적 요소는 정치 문화의 결함이다. 원조를 통해 고통받는 사회가 질서 정연한 사회로 편입하도록 도와야 한다.
(가)	을: 세계를 지금 이대로 방치한다면 질서 정연한 사회가 되기도 전에 많은 생명이 희생될 것이다. 이익 평등 고려의 원칙에 따라 원조를 해야 한다.
(나)	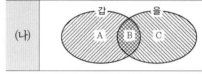 〈범례〉 A: 갑만의 입장 B: 갑, 을의 공통 입장 C: 을만의 입장

〈보기〉
ㄱ. A: 원조의 목적은 대상국이 자유롭거나 적정 수준의 사회가 되게 하는 것이다.
ㄴ. B: 원조는 공리의 원리에 따라 마땅히 실천해야 할 윤리적 의무이다.
ㄷ. B: 어떤 사회가 경제적으로 풍요롭지 않더라도 원조의 주체가 될 수 있다.
ㄹ. C: 국가 간 부의 재분배를 통해 원조의 목표를 달성하려는 것은 잘못이다.

① ㄱ, ㄴ   ② ㄱ, ㄷ   ③ ㄴ, ㄷ   ④ ㄴ, ㄹ   ⑤ ㄷ, ㄹ

Memo

Memo

1. (가), (나) 윤리학의 핵심 과제로 가장 적절한 것은?

> (가) 윤리학은 '좋음', '옳음'과 같은 도덕적 용어들의 의미 분석과 도덕적 추론의 타당성을 검증하기 위한 논리적 분석에 주된 관심을 둔다.
>
> (나) 윤리학은 도덕 이론과 원리를 적용하여, 우리 삶의 다양한 영역에서 발생하는 윤리적 문제들에 대한 해결 방안을 제공하는 데 주된 관심을 둔다.

① (가): 다양한 문화권의 관행을 가치중립적으로 서술하는 것이다.
② (가): 마땅히 추구해야 할 바람직한 삶의 목적을 제공하는 것이다.
③ (나): 도덕 이론에 사용되는 명제의 논리적 구조를 검토하는 것이다.
④ (나): 현실의 도덕 문제에 대한 구체적 해법을 모색하는 것이다.
⑤ (가)와 (나): 모든 사람에게 보편타당한 도덕규범을 제시하는 것이다.

2. 다음 토론의 핵심 쟁점으로 가장 적절한 것은? [3점]

> 갑: 생명 과학이 발달함에 따라 뇌 자극과 약물을 통해 인간의 질병을 치료할 수 있게 되었고, 인간의 이타심을 향상시키는 강화도 가능해졌습니다.
>
> 을: 동의합니다. 인간의 이타심을 인위적 조작으로 강화함으로써 사회 이익에 기여하는 도덕적 행동도 증가시킬 수 있게 되었습니다.
>
> 갑: 물론 이타심 강화에 의해 사회 이익에 기여하는 친사회적 행동이 증가하는 것은 사실입니다. 하지만 그러한 행동은 자극에 의한 타율적 반응일 뿐 도덕적 행동은 아닙니다.
>
> 을: 이타심 강화로 인해 증가한 친사회적 행동이 자극에 의한 타율적 반응인 것은 맞습니다. 하지만 결과적으로 사회 이익을 증진하므로 그러한 행동도 도덕적 행동입니다.

① 생명 과학의 발달은 인간의 질병 치료에 기여하는가?
② 강화에 의한 인간의 친사회적 행동은 도덕적 행동인가?
③ 인간의 이타심을 인위적으로 향상시키는 방법이 있는가?
④ 강화에 의한 인간의 친사회적 행동은 사회 이익에 기여할 수 있는가?
⑤ 강화에 의한 인간의 친사회적 행동은 자극에 의한 타율적 반응인가?

3. 그림의 강연자가 지지할 입장으로 가장 적절한 것은?

> 시인은 행위하는 인간을 모방하는데, 행위하는 인간은 필연적으로 선인이거나 악인입니다. 인간이 거의 언제나 이 두 가지 범주에 속하는 것은, 모든 인간은 덕과 부덕에 의해 구별되기 때문입니다. 모방된 인간은 필연적으로 우리 이상의 선인이든지, 우리 이하의 악인이든지, 우리와 동등한 인간입니다. 희극과 비극의 차이는 여기에 있습니다. 희극은 실제 이하의 악인을, 비극은 실제 이상의 선인을 재현합니다. 한 가지 명백한 사실은 시인의 임무는 실제 일어난 일이 아니라 일어날 법한 일을 이야기하는 데 있다는 것입니다.

① 예술가는 악한 인간의 성품을 묘사해서는 안 된다.
② 예술 작품 속 인물에 대한 도덕적 구분은 불가능하다.
③ 예술 작품 속 인물이 현실의 인간과 유사할 수는 없다.
④ 예술가는 인간의 유덕함을 작품 소재로 삼아서는 안 된다.
⑤ 예술가가 개연성 없는 서사를 창작하는 것은 바람직하지 않다.

4. 갑, 을 사상가들의 입장으로 가장 적절한 것은? [3점]

> 갑: 태초에 무언가가 섞이고 변하여 기(氣)를 얻었고, 기가 변하여 형체를 갖게 되었으며, 형체가 변하여 생명을 얻게 된다. 그리고 그 생명이 변하여 죽음에 이른다.
>
> 을: 늙음[老]과 병듦[病]과 죽음[死]을 펼쳐내지 못하게 되는 것은 세 가지의 법(法)을 끊지 못하기 때문이다. 그 세 가지는 바로 탐욕[貪], 성냄[瞋], 어리석음[癡]이다.

① 갑: 죽음은 기가 흩어진 것이므로 운명으로 받아들여서는 안 된다.
② 갑: 죽음 앞에 두려움 없이 초연해야 인륜의 도(道)를 완성할 수 있다.
③ 을: 죽음의 참모습을 자각하면 업(業)을 짓지 않고 윤회하게 된다.
④ 을: 열반에 이르기 위해서는 삶과 죽음의 의존관계를 부정해야 한다.
⑤ 갑과 을: 도를 얻음으로써 생사(生死)의 얽매임에서 벗어날 수 있다.

5. 다음을 주장한 사상가의 입장으로 가장 적절한 것은?

> 종교적 인간에게 자연은 결코 단순한 자연이 아니다. 그것은 항상 종교적 의미로 충만해 있다. 우주는 신들의 창조물이고 세계는 신들의 손으로 완성된 것이어서 성스러움으로 가득 차 있기 때문이다. 이는 예를 들면, 신의 현존에 의해서 정화된 장소나 사물에 머무르는 경우와 같이 신들과 직접 교류하는 신성성만은 아니다. 신들은 세계의 구조와 우주적 현상의 구조 그 자체 안에서 다양한 성(聖)의 양태를 현현(顯現)한다.

① 성스러움이 드러나는 자연과 세계가 초월적 신 자체이다.
② 인간의 노력 없이는 세계 안에 성스러움이 존재할 수 없다.
③ 신이 창조한 세계는 실재하지 않지만 일정한 구조를 지닌다.
④ 종교적 인간은 신과 직접 교류함으로써만 성스러움을 느낀다.
⑤ 종교적 인간은 세속적 공간에서도 성스러움을 체험할 수 있다.

6. 다음을 주장한 사상가의 입장으로 적절한 것만을 〈보기〉에서 고른 것은?

> 현대 기술이 지구 전역을 뒤덮고 있으며 그 누적된 결과가 미래 세대의 인류에게도 영향을 미치리라는 사실은 분명하다. 특히 주목할 것은 미래 지구와 관련된 문제가 우리의 일상적이고 실천적인 결단을 촉구한다는 사실, 그리고 새로운 윤리를 요청한다는 사실이다. 책임은 바로 이러한 새로운 사태를 준비하기 위해 마련된 윤리적 범주를 의미한다.

〈 보 기 〉
ㄱ. 일상적 인간관계에서는 호혜적 책임이 성립되지 않는다.
ㄴ. 인간의 책임 범위는 지구 생태계 전체를 포함해야 한다.
ㄷ. 자연에 대한 인간의 의무는 인간에 대한 책임을 함축한다.
ㄹ. 선한 결과가 예견되는 기술만이 도덕적 검토 대상에서 제외된다.

① ㄱ, ㄴ　② ㄱ, ㄷ　③ ㄴ, ㄷ　④ ㄴ, ㄹ　⑤ ㄷ, ㄹ

7. (가)의 주장을 (나) 그림으로 나타낼 때, ㉠에 대한 반론의 근거로 가장 적절한 것은? [3점]

(가)	인공 지능 기술은 인간의 일자리를 축소시키므로 법으로 규제해야 한다.

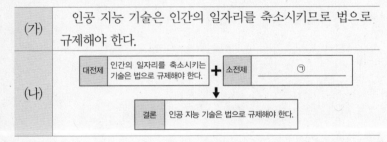

(나)

대전제: 인간의 일자리를 축소시키는 기술은 법으로 규제해야 한다. ＋ 소전제: ㉠
결론: 인공 지능 기술은 법으로 규제해야 한다.

① 인공 지능 기술은 인간 노동에 대한 기업의 수요를 감소시킨다.
② 인공 지능 기술은 직업을 통한 인간의 자아실현 기회를 박탈한다.
③ 인공 지능 기술로 인간 노동이 필요한 직종이 지속적으로 증가한다.
④ 인공 지능 기술은 인간 노동 대부분을 자동화 기기로 대체할 수 있다.
⑤ 인공 지능 기술로 일자리는 줄어들어도 최소한의 인간 노동은 필요하다.

8. 갑, 을 사상가들의 입장으로 적절한 것만을 〈보기〉에서 고른 것은?

> 갑: 신은 우리들 각자가 인생의 온갖 활동을 하는 가운데 각자의 부르심을 기억하고 존중할 것을 명한다. 그리고 누구도 경솔하게 자기의 한계를 벗어나지 않도록 다양한 종류의 생활 양식을 소명이라 이름 붙였다.
> 을: 선왕(先王)은 사람들 사이의 다툼으로 인한 혼란을 싫어하였기 때문에 예(禮)를 제정해 분별의 기준으로 삼았다. 그리하여 사람들의 욕망을 충족시키고 그들이 원하는 것을 공급하게 하여 물건이 부족하지 않도록 하였다.

〈 보 기 〉
ㄱ. 갑: 구원은 근면과 검소에 대해 주어지는 응분의 보상이다.
ㄴ. 갑: 노동으로 얻은 부를 베푸는 선행은 신의 영광을 드러낸다.
ㄷ. 을: 백성의 직분은 예보다 능력을 기준으로 맡겨져야 한다.
ㄹ. 갑과 을: 노동을 통한 정당한 이익의 추구는 권장될 수 있다.

① ㄱ, ㄴ　② ㄱ, ㄷ　③ ㄴ, ㄷ　④ ㄴ, ㄹ　⑤ ㄷ, ㄹ

9. (가)의 갑, 을, 병 사상가들의 입장을 (나) 그림으로 표현할 때, A ~ D에 해당하는 적절한 진술만을 〈보기〉에서 있는 대로 고른 것은? [3점]

(가)	갑: 이성이 없는 존재자들은 단지 수단으로서 상대적 가치만을 갖지만, 모든 이성적 존재자들은 수단으로서만이 아니라 항상 동시에 목적으로 대우받아야 한다. 을: 오로지 경제적 이익에 바탕을 둔 보전 체계는 절망적일 정도로 편향되어 있어 대지 공동체의 필수적인 수많은 요소들을 절멸시키는 경향이 있다. 병: 고통과 쾌락을 느낄 수 있는 능력은 어떤 존재의 고통을 다른 존재의 동일한 고통과 평등하게 계산하기 위한 요구의 전제 조건이다.
(나)	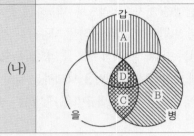 〈범례〉 A: 갑만의 입장 B: 병만의 입장 C: 을과 병만의 공통 입장 D: 갑과 을과 병의 공통 입장

〈 보 기 〉
ㄱ. A: 도덕적 행위 주체성은 도덕적 지위 결정의 유일한 요인이다.
ㄴ. B: 동물의 고통에 대한 동정심은 도덕적 의무에 어긋나지 않는다.
ㄷ. C: 쾌고 감수 능력이 있는 모든 존재에 대한 종차별주의는 부당하다.
ㄹ. D: 자연물을 파괴하는 인간의 행위가 도덕적으로 허용될 수 있다.

① ㄱ, ㄴ　　② ㄱ, ㄹ　　③ ㄴ, ㄷ
④ ㄱ, ㄷ, ㄹ　　⑤ ㄴ, ㄷ, ㄹ

10. 갑, 을 사상가들의 입장으로 적절한 것만을 〈보기〉에서 고른 것은? [3점]

> 갑: 자연은 신이 세계를 창조하여 다스리는 기예이다. 이 자연을 인간의 기예로 모방하여 인공적 인격을 만들어 낼 수 있다. 이것이 국가라고 불리는 위대한 리바이어던이다.
> 을: 사람들이 사회에 들어가는 목적은 재산을 안전하게 향유하는 것이며, 이를 위한 주요한 수단이 사회에서 확립된 법이다. 최초의 실정법은 입법권을 확립하는 것이다.

〈 보 기 〉
ㄱ. 갑: 절대 군주는 모든 인간의 사회 계약 체결과 이행을 강제한다.
ㄴ. 갑: 사회 계약 이후에 군주와 시민은 자연법을 준수해야 한다.
ㄷ. 을: 자연 상태는 어떠한 불평등도 없는 대체로 평화로운 상태이다.
ㄹ. 갑과 을: 자연 상태의 모든 인간은 동일한 자연권을 가진다.

① ㄱ, ㄴ　② ㄱ, ㄷ　③ ㄴ, ㄷ　④ ㄴ, ㄹ　⑤ ㄷ, ㄹ

11. 갑, 을 사상가들의 입장으로 적절하지 <u>않은</u> 것은?

> 갑: 뜻을 얻으면 백성과 함께 그 도(道)를 행하고, 뜻을 얻지 못하면 홀로 그 도를 행한다. 부귀가 마음을 어지럽히지 못하고, 빈천이 행위를 바꾸지 못하며, 위세와 무력이 지조를 꺾지 못한다. 이러한 사람을 대장부라 한다.
> 을: 예(禮)라는 것은 진실하고 신실한 마음이 얕박해진 결과이며 혼란의 원인이다. 섣부르게 내다보는 것은 도가 꾸며진 것이자 어리석음의 단초이다. 그러니 대장부는 중후함에 처하며 얕박한 곳에 거하지 않는다.

① 갑: 수오(羞惡)의 마음은 의로운 행위를 꾸준히 실천해야만 생겨난다.
② 갑: 오륜(五倫)의 참된 실천은 반드시 수기(修己)가 바탕이 되어야 한다.
③ 을: 이상적인 정치는 스스로 그러함[自然]의 원리에 어긋나지 않는다.
④ 을: 성인(聖人)의 도를 본받아 겸허하고 다툼 없는 덕을 지녀야 한다.
⑤ 갑과 을: 도를 따르는 사람은 곧 본성을 따르는 사람이라 할 수 있다.

12. 다음을 주장한 사상가의 입장으로 가장 적절한 것은?

> '목적 없는 합목적성'이 되어 버린 계몽적 합리성은 자본주의 대중문화에서도 관찰된다. 대중문화의 지배자들은 대중문화가 장사일 뿐이라는 사실을 숨기지 않는다. 오히려 그들은 이 사실을 자신들이 만든 저속한 문화 상품을 정당화하는 이데올로기로 활용한다. 소비자들은 자신들의 욕구에 맞게 그 유형이 규격화된 대량생산물을 별 저항 없이 스스로 받아들이게 된다. 문화 산업의 기술이 사회에 대한 권력을 획득할 수 있는 기반은 바로 경제적 강자의 권력이라는 것은 여기서 언급되지 않는다. 다양한 문화 상품이 대중에게 제공되지만 이는 대량생산 법칙을 더 완벽하게 실현할 뿐이다.

① 문화 산업은 대중문화가 상품에 불과하다는 사실을 은폐한다.
② 문화 상품에 대한 대중의 선호는 상업적 전략에 대한 순응이다.
③ 문화 상품 소비자는 합리적으로 대중문화를 지배하는 주체이다.
④ 문화 상품에 대한 다양한 수요는 표준화된 소비 양식과 상충한다.
⑤ 문화 상품 소비자는 대중문화의 본질을 간파하는 합리성을 발휘한다.

13. 다음 신문 칼럼에서 강조하는 내용으로 가장 적절한 것은? [3점]

> ○○신문　　　　　○○○○년 ○○월 ○○일
>
> **칼럼**
>
> 내가 잘못 생각할 수 있고 다른 사람이 옳을 수도 있다. 인간은 함께 노력해야만 진리를 찾을 수 있다. 이러한 비판적 합리주의는 비판적 논증과 반박에 귀를 기울이며, 경험으로부터 배울 용의가 있는 태도라고 말할 수 있다. 특히 경험 세계에 관련될 수밖에 없는 과학적 명제의 경우, 이는 언제든 반박될 수 있어야 한다. 경험 과학 이론은 그 이론을 반증할 수 있는 실험 결과를 얻는다면 뒤집어질 수 있다. 이론의 과학성을 구성하는 것은 바로 이러한 반증 가능성이다. 이론에 대한 모든 관찰은 그 이론으로부터 도출된 예측을 반증하려는 시도라 할 수 있다.

① 실험 결과에 의해 예측이 반증된 경험 과학 이론은 거부된다.
② 논박이 불가능한 경험 과학적 가설만을 진리로 확정해야 한다.
③ 비판은 원천적으로 반증 불가능한 사실 명제에 근거해야 한다.
④ 진리에 대한 접근은 불가능하다는 상대주의 관점을 수용해야 한다.
⑤ 오류임이 증명되지 않은 과학 이론은 반증 대상에서 제외된다.

14. (가)의 사상가 갑, 을의 입장을 (나) 그림으로 탐구하고자 할 때, A ~ C에 들어갈 적절한 질문만을 <보기>에서 고른 것은? [3점]

> (가)
> 갑: 자기 가족의 기본적 필요를 충족하고도 소득이 남는 사람은 이익 평등 고려의 원칙에 따라 세계 극빈자 구호에 기부해야 할 의무가 있다.
> 을: 원조의 목적은 고통받는 사회가 자신들의 문제를 합당하고 합리적으로 관리할 수 있도록 도와 질서 정연한 만민들의 사회로 가입시키는 것이다.

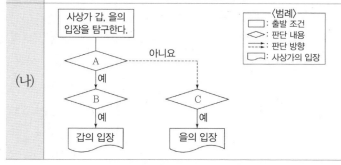

(나)

〈보 기〉

ㄱ. A: 절대 빈곤 감소는 원조의 정당화 조건이 될 수 있는가?
ㄴ. B: 원조 대상의 기본적 필요 충족은 원조 중단의 근거가 될 수 있는가?
ㄷ. B: 원조 대상의 고통을 방지하기 위해 원조 주체의 처지 개선이 유보될 수 있는가?
ㄹ. C: 원조 대상국 내부의 불평등 감소를 원조의 목적으로 삼는 것은 불가능한가?

① ㄱ, ㄴ　② ㄱ, ㄷ　③ ㄴ, ㄷ　④ ㄴ, ㄹ　⑤ ㄷ, ㄹ

15. 갑, 을 사상가들의 입장으로 적절한 것만을 <보기>에서 고른 것은? [3점]

> 갑: 원초적 입장은 그 입장에서 도달된 기본적 합의가 공정함을 보장해주는 적절한 최초 상태이다. 바로 이 때문에 공정으로서의 정의란 명칭이 생겨난 것이다.
> 을: 국가에 관한 우리의 결론에 따르면 강요, 절도, 사기 등으로부터의 보호와 같은 최소한의 기능에 그 역할이 국한된 최소국가만이 도덕적으로 정당화된다.

〈보 기〉

ㄱ. 갑: 무지의 베일 속 개인은 자유롭고 평등한 인격체이다.
ㄴ. 갑: 원초적 입장의 당사자들은 상호 신뢰할 수 있는 존재들이다.
ㄷ. 을: 오직 최소국가에서만 개인의 소유 권리가 존재할 수 있다.
ㄹ. 갑과 을: 정의의 원칙이 보장하는 기본적 권리는 제한될 수 없다.

① ㄱ, ㄴ　② ㄱ, ㄷ　③ ㄴ, ㄷ　④ ㄴ, ㄹ　⑤ ㄷ, ㄹ

16. (가)의 갑, 을, 병 사상가들의 입장에서 서로에게 제기할 수 있는 비판을 (나) 그림으로 표현할 때, A ~ F에 해당하는 내용으로 가장 적절한 것은? [3점]

(가)	갑: 공적 정의가 원리와 표준으로 삼는 것은 어떤 종류와 어느 정도의 형벌인가? 오직 보복법만이 형벌의 질과 양을 명확하게 제시한다. 을: 법은 공동 이익을 지향하는 일반 의지의 지도를 받아야 한다. 법을 어긴 범죄자는 더 이상 조국의 구성원이 아니고 조국과 전쟁을 벌이는 자이다. 병: 종신 노역형만으로도 가장 완강한 자의 마음을 억제하기에 충분한 엄격성을 지닌다. 종신 노역형은 사형 이상의 확실한 효과를 가져온다.

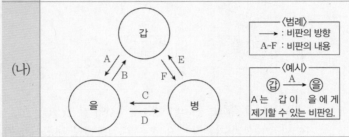

〈범례〉
→ : 비판의 방향
A-F : 비판의 내용

〈예시〉
갑 —A→ 을
A는 갑이 을에게 제기할 수 있는 비판임.

① A: 사형은 살인범의 자발적 행위에 대한 응보적 형벌임을 간과한다.
② B: 살인범에 대한 사형은 정의를 실현하는 형벌임을 간과한다.
③ C와 E: 사형은 개인이 국가에 양도한 생명권을 국가가 침해하는 형벌임을 간과한다.
④ D: 사회 계약의 목적을 위해 모든 시민이 사형제에 동의해야 함을 간과한다.
⑤ F: 형벌의 경중은 오직 범죄의 동기에 비례하여 결정해야 함을 간과한다.

17. 다음 사상가의 관점에서 〈문제 상황〉 속 A에게 제시할 조언으로 가장 적절한 것은? [3점]

> 그 자체로 높이 평가해야 할, 더 이상의 의도가 없는 선의지라는 개념은 이미 자연적인 건전한 지성에 내재해 있고, 가르칠 필요는 없으며 오히려 단지 계발될 필요만 있는 것이다.

〈문제 상황〉
A는 좋아하는 게임 아이템을 구입하고 싶지만 용돈이 부족하다. A는 갚지 못할 것을 알면서도 친구에게 "꼭 갚을게!"라고 약속하고 돈을 빌려야 할지 고민하고 있다.

① 약속을 어긴 사람은 목적으로 대우받아서는 안 됨을 명심하세요.
② 약속 준수의 의무는 자기 행복에 대한 열망에 근거함을 명심하세요.
③ 거짓 약속은 친구의 인격을 존중하는 것이 아님을 유념하세요.
④ 약속은 친구와의 돈독한 정서적 유대를 위해 지켜야 함을 유념하세요.
⑤ 친구에게 무해하다면 거짓 약속도 도덕적으로 정당화됨을 유념하세요.

18. 다음을 주장한 사상가의 입장으로 가장 적절한 것은?

> 시민 불복종을 정당화할 때 어떤 개인적 도덕 원칙이나 종교적 교설이 우리 주장을 지지해 준다고 해서 그것에 의거해서는 안 된다. 시민 불복종의 근거가 오직 개인이나 집단의 이익에만 기초할 수 없다는 것은 말할 필요도 없다. 그 대신 시민 불복종은 공공적 정의관에 의거하게 된다.

① 소수자가 지닌 정의관은 시민 불복종의 근거가 될 수 없다.
② 차등의 원칙에 근거한 법은 시민 불복종의 대상이 될 수 있다.
③ 준법의 의무는 기본적 자유를 방어할 권리와 상충할 수 없다.
④ 시민 불복종의 대상은 기본적 자유의 심각한 위반에 국한된다.
⑤ 양심적 거부에 대한 국가의 규제는 시민 불복종의 대상이 될 수 없다.

19. 다음을 주장한 사상가의 입장으로 가장 적절한 것은?

> 서로에게 영향을 끼치는 사람들은 어떤 공민적 체제에 속해야 한다. 그런 체제에 귀속될 사람들에 관계되는 모든 법률상의 체제는 다음 중 하나이다. 첫째, 한 국가 안에서는 시민법에 따르는 체제이며 둘째, 국가 간 관계에서 국제법에 따르는 체제이고 셋째, 사람이나 국가가 서로 영향을 줄 수 있는 관계에 있으면서 보편 상태의 시민으로 고려되는 한, 세계 시민법에 따르는 체제이다. 이러한 분류는 영원한 평화 이념에 걸맞은 필연적인 것이다.

① 시민법 체제가 한 국가의 대내적 정치 제도를 지정할 수는 없다.
② 세계 시민법은 이방인의 환대권과 영속적 체류권을 보장한다.
③ 전쟁 상태 극복을 위해서는 주권이 국제 국가로 귀속되어야 한다.
④ 영원한 평화를 위해 국가는 어떠한 국채도 발행해서는 안 된다.
⑤ 국가 간 적대 행위가 종식되어야 영원한 평화 실현이 가능하다.

20. 다음 대화에서 갑, 을의 입장으로 가장 적절한 것은?

통일은 민족 내부의 경직된 이념 대립에서 벗어나 사상과 양심의 자유를 신장합니다. 또한 분단 비용을 해소해 이를 사회적 약자들의 인간다운 삶의 권리 보장과 양극화 완화를 위한 복지 재원으로 전환합니다. 분단 상태에서는 이러한 편익이 불가능하므로 통일은 꼭 실현해야 할 과제입니다.

통일은 남북한 경제 통합으로 상호보완적인 시너지 효과를 극대화합니다. 또한 분단 비용을 해소해 이를 한반도 전체의 새로운 성장 동력을 창출하는 재원으로 전환합니다. 다만 이러한 편익이 통일 비용보다 적을 수 있으므로 통일은 꼭 실현해야 할 과제라고 할 수는 없습니다.

① 갑: 사회경제적 불평등 완화는 통일의 근거에 포함될 수 없다.
② 갑: 통일의 근거는 보편적 권리가 아니라 민족 통합 자체에 있다.
③ 을: 통일 비용이 증가하더라도 통일의 당위성이 약화될 수는 없다.
④ 을: 통일 비용이 남북 경제 통합의 기대 효과를 초과할 가능성은 없다.
⑤ 갑과 을: 분단 비용 해소와 통일 편익을 통일의 근거로 고려해야 한다.

* 확인 사항
○ 답안지의 해당란에 필요한 내용을 정확히 기입(표기)했는지 확인하시오.

성명 ☐ 수험 번호 ☐☐☐☐☐ - ☐☐☐☐

1. (가), (나) 윤리학의 핵심 과제로 가장 적절한 것은?

> (가) 윤리학은 특정 사회에서 개인의 생활과 사회의 구조 속에 존재하는 도덕 현상을 경험 과학적으로 탐구하고 설명하는 것을 강조한다.
> (나) 윤리학은 도덕적 관행을 평가할 수 있는 보편적 도덕 원리를 구축하고, 이를 바탕으로 이상적인 도덕규범의 체계를 정립하는 것을 강조한다.

① (가): 현실의 구체적 윤리 문제에 대한 실천 지침을 제공하는 것이다.
② (가): 각 문화권의 도덕 현상을 조사하고 객관적으로 기술하는 것이다.
③ (나): 도덕적 담론에서 사용되는 용어의 의미를 분석하는 것이다.
④ (나): 도덕의 기원과 발달에 관한 인과적 설명을 제시하는 것이다.
⑤ (가)와 (나): 도덕적 추론과 합리적 논증의 구조를 탐구하는 것이다.

2. (가)의 주장을 (나) 그림으로 나타낼 때, ㉠에 대한 반론의 근거로 가장 적절한 것은?

(가)	인공 임신 중절은 태아의 생명을 중단시켜 인간으로서의 생명권을 침해하므로 허용되어서는 안 된다.

(나)
대전제	인간의 생명권을 침해하는 행위는 허용되어서는 안 된다.	+	소전제	㉠

↓

결론	인공 임신 중절은 허용되어서는 안 된다.

① 태아는 잠재적 인간이므로 생명에 대한 권리를 지닌다.
② 배아, 태아, 성인은 유전적으로 동일한 종의 구성원이다.
③ 태아는 인간이지만 생명권 이외의 권리를 지니지 않는다.
④ 태아는 임신부 신체의 일부이지 인간으로는 간주될 수 없다.
⑤ 태아는 인간의 생명권을 갖지만 임신부의 선택권이 우선한다.

3. 다음을 주장한 사상가의 입장으로 가장 적절한 것은?

> 의사소통 행위 개념은 말이든, 말 이외의 수단이든 언어 능력을 지닌 둘 이상 주체의 상호 작용에 관련된다. 행위자들은 일치된 의견 아래 행위를 조정하기 위해 상호 이해를 추구한다. 의사소통 합리성 개념은 논증적 대화를 통해 사람들의 생각을 강제 없이 합치시키려는 합의에 호소한다. 의사소통 합리성은 참여자들이 자신의 발언에 대해 근거를 제시할 수 있는가의 여부에 달려 있다.

① 언어 능력이 없는 주체라고 해도 의사소통 행위를 할 수 있다.
② 의사소통의 합리성이 반드시 근거 있는 주장을 요구하지는 않는다.
③ 의사소통 행위자들의 행위 조정을 위해 논증적 대화가 필수적이다.
④ 의사소통 행위 주체들은 상대방 주장에 대한 비판을 지양해야 한다.
⑤ 담론 과정에서 다수의 의견은 행위를 강제 조정하는 근거가 된다.

4. 다음 사상가의 관점에서 〈문제 상황〉 속 A에게 제시할 조언으로 가장 적절한 것은?

> 덕은 인간이 습득한 하나의 성질로서, 그것을 소유하고 실천함으로써 우리는 어떤 실천 관행에 내재하고 있는 선들을 성취할 수 있다. 이에 반해 덕의 결여는 결과적으로 그러한 선들의 성취를 방해한다. 핵심적 덕들이 없다면 우리는 실천 관행에 내재된 선에 접근할 수 없다.

〈문제 상황〉

> 학생 A는 평소 좋아하는 가수의 콘서트에 가기 위해 용돈을 모으고 있다. 그러던 중 우연히 영상 플랫폼에서 자신과 같은 지역에 사는 결식아동에 대한 영상을 보고 그동안 모은 용돈으로 아동을 후원해야 할지 고민하고 있다.

① 자신이 속한 공동체의 공유된 핵심 가치를 실현하도록 행동하세요.
② 관습을 따르기보다 자율적 준칙에 따라 소신 있게 행동하세요.
③ 공동체의 도덕적 전통에 구애됨 없이 도구적 이성에 따라 행동하세요.
④ 유용한 결과를 기준으로 삼아 공동체 이익을 증진하도록 행동하세요.
⑤ 공동선에 순응하기보다는 자신만의 고유한 선 관념에 따라 행동하세요.

5. 갑, 을 사상가들의 입장으로 적절한 것만을 〈보기〉에서 있는 대로 고른 것은?

> 갑: 오늘날 우리는 기술의 도구적 활용에만 매몰되어 있다. 기술은 그저 하나의 수단만이 아니다. 기술은 탈은폐의 한 방식이다. 이 점에 주목한다면 기술의 본질이 갖는 영역 중 그동안 망각되었던 진리의 영역이 우리에게 열린다.
> 을: 기술은 그 자체로서 선도 아니고 악도 아니다. 그러나 기술은 선하게도 사용될 수 있고, 악하게도 사용될 수 있다. 기술의 선용과 악용은 인간 속에 들어 있는 다른 근원들에서 나오는 것이다.

〈 보 기 〉

ㄱ. 갑: 현대인은 기술의 본질에 대한 충분한 이해를 결여하고 있다.
ㄴ. 갑: 기술은 존재의 의미를 드러내 주는 방식으로 기능할 수 있다.
ㄷ. 을: 기술을 선택하고 그 활용을 결정하는 기준은 가치중립적이다.
ㄹ. 갑과 을: 기술은 인간의 목적을 위한 수단임을 부인할 수 없다.

① ㄱ, ㄴ　　　② ㄱ, ㄷ　　　③ ㄷ, ㄹ
④ ㄱ, ㄴ, ㄹ　　　⑤ ㄴ, ㄷ, ㄹ

2 [생활과 윤리]

사회탐구 영역

6. 그림의 강연자가 부정의 대답을 할 질문으로 가장 적절한 것은?

> 사람들은 금전적 능력으로 명성을 얻으려 하지만 금전적 능력만으로는 명성을 얻기에 충분하지 않습니다. 그래서 좋은 명성을 얻고 유지하기 위한 수단으로 과시적 소비를 합니다. 이 수단은 사회 계층의 밑바닥까지 위력을 발휘합니다. 소비의 근본 동기는 차별적 비교에 따른 경쟁입니다. 그래서 각 계층은 자신의 상위 계층을 동경하고 소비 행위를 모방하며, 이를 통해 같은 계층 사람들과의 경쟁에서 앞서 나가려고 합니다. 심지어는 물질적으로 결핍 상태에 있는 계층에서도 이러한 욕구 충족을 위해 마지막까지 허세를 부립니다.

① 과시적 소비는 명성을 얻기 위한 수단으로 행해지는가?
② 과시적 소비의 욕구는 사회의 최하위 계층에서도 나타나는가?
③ 동일 계층 내에서의 경쟁심은 과시적 소비의 동기가 될 수 있는가?
④ 상위 계층의 소비 행위는 하위 계층의 소비 행위에 영향을 주는가?
⑤ 명성의 욕망을 추구하기 위해서는 물질적 풍요가 전제되어야만 하는가?

7. 갑, 을 사상가들의 입장으로 적절한 것만을 〈보기〉에서 고른 것은?

> 갑: 지금 천하의 군자들이 진심으로 천하가 부유해지기를 바라고 가난해지는 것을 싫어하며, 천하가 다스려지기를 바라고 어지러워지는 것을 싫어한다면 마땅히 아울러 서로 사랑하고[兼愛] 서로 이롭게 해야만[交利] 한다.
> 을: 백성의 삶에 있어서 일정한 생업[恒産]이 있는 사람은 일정한 마음[恒心]을 지니지만, 일정한 생업이 없는 사람은 일정한 마음을 지니지 못한다. 일정한 마음이 없으면 방탕, 편벽, 사악, 사치 등 못하는 짓이 없게 된다.

〈 보 기 〉
ㄱ. 갑: 군주는 친분에 얽매이지 않는 사랑의 질서를 확립해야 한다.
ㄴ. 갑: 군주는 전쟁을 일으켜서라도 천하의 평화를 이루어야 한다.
ㄷ. 을: 궁핍한 백성의 도덕적 일탈은 군주의 책임으로 귀속될 수 있다.
ㄹ. 갑과 을: 군주는 의로움보다 백성의 이로움을 중시해야 한다.

① ㄱ, ㄴ ② ㄱ, ㄷ ③ ㄴ, ㄷ ④ ㄴ, ㄹ ⑤ ㄷ, ㄹ

8. 다음을 주장한 사상가의 입장으로 가장 적절한 것은? [3점]

> 오늘날 문화 산업은 개인과 사회 전체를 획일화시키고 있다. 문화 산업은 인간 주체로부터 인식 대상을 구성하는 능력을 빼앗아 간다. 고객에 대한 문화 산업의 가장 큰 봉사는 빼앗긴 인간의 그러한 능력을 대신해 주는 것이다. 은밀하게 작동하는 문화 산업은 인간의 의식을 언제든지 조작할 수 있다. 문화 산업이 문화 상품의 소비 촉진과 이윤 증대를 위해 소비자들의 선택지를 이미 다 분류해 놓았기 때문에, 소비자가 주체적으로 분류할 수 있는 문화 상품은 더 이상 남아 있지 않다. 오늘날 모든 사람의 문화 활동은 문화 산업이 구축한 거대한 경제 메커니즘에 붙들려 있을 수밖에 없다.

① 문화 산업은 소비 주체의 능동적 인식 능력을 무력화한다.
② 오늘날 문화 산업은 사회의 다양성을 증진하는 데 기여한다.
③ 현대인의 문화 활동은 문화 산업의 영향으로부터 벗어나 있다.
④ 소비자의 주체성은 문화 산업의 은밀한 작동 방식에 의해 강화된다.
⑤ 문화 산업은 상업적 이윤과 무관하게 소비자를 위해 상품을 분류한다.

9. (가)의 갑, 을, 병 사상가들의 입장을 (나) 그림으로 표현할 때, A ~ D에 해당하는 적절한 진술만을 〈보기〉에서 고른 것은? [3점]

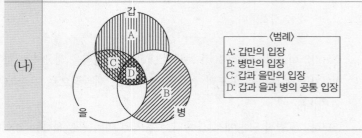

(가)	갑: 삶의 주체에는 단순히 살아 있음 이상이 포함된다. 삶의 주체는 지각과 기억, 쾌고 감수성, 미래에 대한 관심을 갖고 자신의 목적 실현을 추구한다.
	을: 모든 유기체는 목적론적 삶의 중심이다. 개별 유기체는 목표 지향적으로 활동하는 질서 정연한 하나의 시스템으로서 고유한 선을 지닌다.
	병: 비록 이성을 지니지 못했지만 생명이 있는 동물을 폭력적으로, 잔인한 방식으로 다루는 것은 자기 자신에 대한 인간의 의무와 진정으로 대립한다.

〈범례〉
A: 갑만의 입장
B: 병만의 입장
C: 갑과 을만의 입장
D: 갑과 을과 병의 공통 입장

〈 보 기 〉
ㄱ. A: 도덕적 행위 능력이 있어야만 도덕적 존중의 대상이 되는 것은 아니다.
ㄴ. B: 인간 존엄성을 훼손할 가능성이 동물 학대 금지의 근거이다.
ㄷ. C: 생태계의 구성원만이 도덕적 지위를 지닌 존재가 될 수 있는 것은 아니다.
ㄹ. D: 수단으로만 이용되어선 안 되는 존재는 도덕적 의무의 대상이 될 수 있다.

① ㄱ, ㄴ ② ㄱ, ㄷ ③ ㄴ, ㄷ ④ ㄴ, ㄹ ⑤ ㄷ, ㄹ

10. 갑, 을 사상가들의 입장으로 적절한 것만을 〈보기〉에서 있는 대로 고른 것은? [3점]

> 갑: 어떤 종류의 폭력이라도 또 다른 폭력을 낳는다. 직접적 폭력은 구조적 폭력을 형성하고, 문화적 폭력은 이러한 모든 폭력을 합법화시킬 수 있다. 반면, 어떤 종류의 평화라도 또 다른 평화를 낳는다.
> 을: 평화 상태는 국가 상호 간의 계약 없이는 구축될 수 없고 보장될 수도 없다. 국제법은 자유로운 국가들의 연방에 기초해야 한다. 국가 간 평등한 관계에 기반을 둔 세계 시민법은 보편적 우호의 조건들에 국한되어야 한다

〈 보 기 〉
ㄱ. 갑: 평화적이지 않은 수단으로는 결코 평화를 실현할 수 없다.
ㄴ. 갑: 구조적 착취를 정당화하는 수단으로 활용되는 예술도 있다.
ㄷ. 을: 강제력을 갖춘 평화 조약은 영구적 평화를 보장할 수 있다.
ㄹ. 갑과 을: 정치 체제의 개선 없이는 진정한 평화가 보장될 수 없다

① ㄱ, ㄴ ② ㄱ, ㄷ ③ ㄷ, ㄹ
④ ㄱ, ㄴ, ㄹ ⑤ ㄴ, ㄷ, ㄹ

2 / 4

11. 갑, 을 사상가들의 입장으로 가장 적절한 것은? [3점]

옛 진인(眞人)은 삶을 기뻐할 줄도 죽음을 미워할 줄도 몰랐습니다. 혼돈 상태로 있다가 변하여 기(氣)가 되고 기가 변해 형체가 되고 형체가 변해 삶이 되었으며 이제 또 변해서 죽은 것입니다. 이것은 춘하추동의 사계절이 번갈아 운행하는 것과 같은 것입니다.

죽음은 영혼과 몸을 구성하는 원자(原字)들이 흩어지는 것입니다. 모든 좋고 나쁨은 감각에 달려 있는데, 죽으면 감각이 없어집니다. 죽음이 두려운 일이 아니라는 사실을 진정으로 깨달은 사람은 삶에서 두려워할 것이 없습니다.

갑　　　　　　　　　　　　　　　을

① 갑: 죽음은 자연스러운 과정이므로 지나친 슬픔에서 벗어나야 한다.
② 갑: 삶의 단절인 죽음은 생사의 순환에서 벗어나는 필연적인 과정이다.
③ 을: 죽음은 육체의 고통을 낳지만 죽음에 대한 이해는 평온을 낳는다.
④ 을: 죽음은 영원한 삶으로 이행하는 과정이므로 두려워해서는 안 된다.
⑤ 갑과 을: 죽음 이후에는 인간을 구성하는 요소들이 완전히 사라진다.

12. 갑, 을 사상가들의 입장으로 적절한 것만을 〈보기〉에서 있는 대로 고른 것은? [3점]

갑: 사람이 음식을 필요로 하는 것은 인종과 아무런 상관이 없다. 고통받는 사람들은 누구나 이익 평등 고려의 원칙에 따라 도움을 받아야 한다.
을: 정치적 전통과 법이 합당하고 합리적인 사회는 천연자원이 부족해도 질서 정연해질 수 있다. 해외 원조의 목적은 고통받는 사회를 적정 수준의 사회가 되도록 하는 데 있다.

〈보 기〉

ㄱ. 갑: 해외 원조의 목적은 국가 간 평균적 부의 격차를 줄이는 것이다.
ㄴ. 갑: 해외 원조와 국내 부조를 정당화하는 최종 근거는 다르지 않다.
ㄷ. 을: 인권 개선을 위한 해외 원조는 수혜국의 정의로운 기본 제도 수립 이후에도 계속되어야 한다.
ㄹ. 갑과 을: 기아 상태의 사람들을 구제하는 해외 원조는 보편적 의무로 간주될 수 있다.

① ㄱ, ㄴ　　　　② ㄱ, ㄷ　　　　③ ㄴ, ㄹ
④ ㄱ, ㄷ, ㄹ　　　⑤ ㄴ, ㄷ, ㄹ

13. (가)의 입장에 비해 (나)의 입장이 갖는 상대적 특징을 그림의 ㉠ ~ ㉤ 중에서 고른 것은?

(가) 용광로에 여러 금속을 넣어 하나의 금속을 만들어 내듯이 주류 문화에 이민자 문화를 융합하여 새로운 문화를 만들어야 한다.
(나) 서로 다른 특성을 가진 재료들이 각자 고유한 맛을 유지하면서 하나로 어우러지는 샐러드처럼 다양한 문화가 조화를 이루도록 해야 한다.

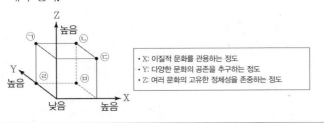

• X: 이질적 문화를 관용하는 정도
• Y: 다양한 문화의 공존을 추구하는 정도
• Z: 여러 문화의 고유한 정체성을 존중하는 정도

① ㉠　　　② ㉡　　　③ ㉢　　　④ ㉣　　　⑤ ㉤

14. (가)의 사상가 갑, 을, 병의 입장을 (나) 그림으로 탐구하고자 할 때, A ~ D에 들어갈 적절한 질문만을 〈보기〉에서 고른 것은? [3점]

(가)
갑: 시민 불복종의 대상은 평등한 자유의 원칙에 대한 심대한 위반이나 공정한 기회 균등의 원칙에 대한 현저한 위반에 국한되어야 한다.
을: 공리의 관점에서 시민 불복종이 중단시키려는 악의 크기와 그것이 가져올 법과 민주주의에 대한 존중심의 감소 가능성을 저울질해 보아야 한다.
병: 우리는 법에 대한 존경심보다는 먼저 정의에 대한 존경심을 가져야 한다. 법이 독단에 치우쳐 있다면 양심에 따라 저항해야 한다.

(나)
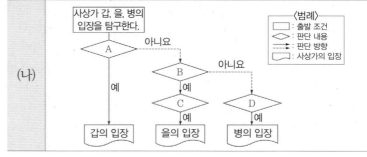

〈보 기〉

ㄱ. A: 다수 의사를 반영한 법은 시민 불복종 대상에서 제외되어야 하는가?
ㄴ. B: 양심에서 비롯된 시민불복종도 실패 가능성이 크면 정당성을 상실할 수 있는가?
ㄷ. C: 법에 대한 존중이 강한 민주 사회일수록 시민 불복종이 옹호될 가능성이 높은가?
ㄹ. D: 시민 불복종은 개인적 양심과 사회적 승인에 근거해야 하는가?

① ㄱ, ㄴ　　② ㄱ, ㄷ　　③ ㄴ, ㄷ　　④ ㄴ, ㄹ　　⑤ ㄷ, ㄹ

15. 갑, 을 사상가들의 입장으로 적절한 것만을 〈보기〉에서 있는 대로 고른 것은? [3점]

갑: 무지의 베일 속에 있는 당사자들은 어떤 종류의 특정 사실을 알지 못한다고 가정된다. 각자는 사회에서 자기의 지위나 계층을 모르며, 천부적 자산, 능력, 지능, 체력 등을 어떻게 타고나는지 자신의 운수를 모른다.
을: 소유물에서의 정의 이론의 일반적 개요를 말하자면, 한 사람의 소유물은 취득과 이전에서의 정의의 원리 또는 불의의 교정의 원리에 의해 그 소유물에 대한 권리를 부여받았으면 정당한 것이다.

〈보 기〉

ㄱ. 갑: 정의로운 분배 결과로 생긴 불평등은 조정의 대상이 아니다.
ㄴ. 갑: 사회 구성원 모두의 협력을 가능하게 하는 분배만이 정당하다.
ㄷ. 을: 부정의한 분배의 교정 외에 국가의 역할을 허용해선 안 된다.
ㄹ. 갑과 을: 분배 정의의 목표는 개인의 자유와 기본적 필요 보장에 있다.

① ㄱ, ㄴ　　② ㄱ, ㄷ　　③ ㄷ, ㄹ
④ ㄱ, ㄴ, ㄹ　　⑤ ㄴ, ㄷ, ㄹ

16. 갑, 을 사상가들의 입장으로 적절한 것만을 〈보기〉에서 고른 것은? [3점]

> 갑: 선왕(先王)은 예의를 제정하고 분별했는데 존귀함과 비천함, 어른과 아이, 지혜로운 자와 어리석은 자, 능력 있고 능력 없는 자를 구분했다. 그리고 그들에게 각자 일을 맡겨 자신에게 합당한 일을 갖게 하였다.
> 을: 신은 우리 각자가 인생의 온갖 활동을 하는 가운데 우리 각자의 소명(召命)을 기억하고 존중할 것을 명한다. 신은 각자 자기에게 주어진 삶 속에서 실행할 분명한 의무를 지정해 주었다.

> 〈 보 기 〉
> ㄱ. 갑: 직업의 배분에서 개인의 자질을 분별하는 것은 필수적이다.
> ㄴ. 갑: 자신의 직분을 다하는 것이 곧 예의를 실천하는 일이다.
> ㄷ. 을: 신이 각자에게 부여한 소명에 따라 직업에 귀천이 생긴다.
> ㄹ. 갑과 을: 적성에 맞는 직업을 스스로 선택하여 부를 쌓아야 한다.

① ㄱ, ㄴ　②ㄱ, ㄷ　③ㄴ, ㄷ　④ㄴ, ㄹ　⑤ㄷ, ㄹ

17. 다음 신문 칼럼에서 강조하는 내용으로 가장 적절한 것은?

> ○○신문　　　　　　　　　　○○○○년 ○○월 ○○일
> **칼 럼**
> 생성형 인공 지능의 학습에 이용되는 데이터 중 많은 것들이 원저작자의 동의 없이 무단으로 수집, 이용되고 있다. 이는 원 저작자의 저작권을 침해할 소지가 있으므로 원저작자의 저작권 보호 대책이 마련되어야 한다. 어떤 사람들은 원저작자의 저작권을 인정할 경우 인공 지능 관련 산업이 위축될 것을 우려한다. 하지만 이러한 주장은 데이터 원저작자의 노력과 정당한 권리를 간과하는 것이다. 또한 저작권을 보호하는 것이 오히려 인공 지능 관련 산업의 장기적 발전에 도움을 줄 수 있다. 저작권을 보호함으로써 원저작자는 데이터를 제공하려는 더 많은 유인을 가질 것이며, 이를 통해 관련 산업을 양질의 데이터를 지속적으로 확보할 수 있다.

① 인공 지능 학습용 데이터는 공공재로서 보호되어야 한다.
② 저작권에 대한 보호는 인공 지능 관련 산업을 위축시킨다.
③ 저작권 보호와 양질의 학습용 데이터 확보는 양립할 수 없다.
④ 인공 지능 학습용 데이터 원저작자의 정당한 권리를 보호해야 한다.
⑤ 인공 지능 학습용 데이터 수집은 원저작자 동의 없이 가능해야 한다.

18. (가), (나)의 입장으로 가장 적절한 것은? [3점]

> (가) 성은 사회 안정과 관련되고, 출산과 양육의 책임을 발생시킨다. 따라서 부부 간의 성관계만이 도덕적으로 정당하다. 성과 관련된 그 밖의 가치는 가족의 안정성과 출산 목적에 기여하는 것에서 파생된다.
> (나) 결혼과 출산이 전제된 성관계만이 도덕적으로 정당한 것은 아니다. 심지어 사랑마저도 정당한 성관계의 필수 요건은 아니다. 성인들 간의 자발적 동의가 이루어지고, 상호 피해를 주지 않는다면 도덕적으로 정당화될 수 있다.

① (가): 성관계는 종족 보존의 측면에서만 정당화될 수 있다.
② (가): 성의 쾌락적 가치 추구와 생식적 가치 추구는 양립할 수 없다.
③ (나): 상호 존중의 원리에 부합하는 성관계는 정당화될 수 있다.
④ (나): 사랑이 전제된 성관계에는 해악 금지의 원리가 적용되지 않는다.
⑤ (가)와 (나): 사회적 책임은 도덕적으로 정당한 성관계의 조건이 아니다.

19. (가)의 갑, 을, 병 사상가들의 입장에서 서로에게 제기할 수 있는 비판을 (나) 그림으로 표현할 때, A~F에 해당하는 내용으로 가장 적절한 것은? [3점]

(가)	갑: 형벌의 법칙은 하나의 정언 명령이다. 그러므로 살인을 했거나 그에 협력했던 살인자는 누구든 사형에 처해지지 않으면 안 된다. 을: 시민은 계약을 통해 자기 생명을 처분하기보다 보존하려고 궁리한다. 그러므로 살인자는 시민이 아닌 국가의 적으로 간주되어 사형에 처해져야 한다. 병: 사형은 한 사람의 시민에 대한 국가의 전쟁이다. 사형이 유용하지도 않고 필요하지도 않음을 드러냄으로써 나는 인도주의의 대의를 선취하고자 한다.
(나)	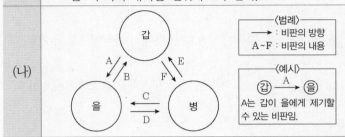

① A와 F : 살인자는 시민 사회에서 제거될 수밖에 없음을 간과한다.
② B : 사형은 국가 존립이 아니라 정의 실현을 위해 집행됨을 간과한다.
③ C : 사회 계약에 근거해 모든 종류의 형벌이 집행될 수 있음을 간과한다.
④ D : 사형의 선고와 집행은 살인자의 동의를 전제하지 않음을 간과한다.
⑤ E : 동해 보복 원리에 어긋나는 형벌도 정당화될 수 있음을 간과한다.

20. 그림은 서술형 평가 문제와 학생 답안이다. 학생 답안의 ⊙ ~ ⑩ 중 옳지 <u>않은</u> 것은?

> **서술형 평가**
> ◉ 문제: 다음 사상의 입장과 특징을 서술하시오.
> > 이것이 있기 때문에 저것이 있고, 이것이 생(生)하기 때문에 저것이 생(生)한다. 이것이 없기 때문에 저것이 없고, 이것이 멸(滅)하기 때문에 저것이 멸(滅)한다. 비유하면 세 단의 갈대가 땅 위에 서려고 할 때 서로 의지해야 설 수 있는 것과 같다.
>
> ◉ 학생 답안
> 　위 사상은 ⊙ 세상 모든 존재의 생멸을 연기(緣起)에 의한 것으로 보고, ⓒ 만물이 서로 관련되고 상호 의존한다고 주장한다. 또한 ⓒ 자아에 대한 집착이 괴로움의 원인임을 파악하고, ② 개별 사물이 본질적으로 독립적 실체임을 자각하여, ⑩ 팔정도(八正道)의 수행을 통해 열반에 이를 것을 강조한다.

① ⊙　②ⓒ　③ⓒ　④②　⑤⑩

＊ 확인 사항
○ 답안지의 해당란에 필요한 내용을 정확히 기입(표기)했는지 확인하시오.

사회탐구 영역 [생활과 윤리]

성명 [   ]   수험 번호 [-   ]

---

1. (가), (나) 윤리학의 핵심 과제로 가장 적절한 것은?

> (가) 윤리학은 '옳다', '그르다'와 같은 규범적 판단의 근거를 마련하고 바람직한 삶의 이상과 마땅히 해야 할 의무를 규정하는 도덕 이론을 제시해야 한다.
> (나) 윤리학은 '옳다', '그르다'와 같은 도덕적 언어의 의미와 용법을 분석하고 도덕적 논증에 적용되는 추론의 규칙과 인식의 방법을 검토해야 한다.

① (가): 도덕 명제의 추론 가능성과 논증의 타당성을 분석하는 것이다.
② (가): 도덕 규범과 의무의 근거가 되는 보편적 원리를 정립하는 것이다.
③ (나): 사회의 관습과 규범을 관찰하여 객관적으로 기술하는 것이다.
④ (나): 현실의 도덕 문제 해결을 위한 구체적 방안을 제시하는 것이다.
⑤ (가)와 (나): 도덕 현상의 인과 관계를 경험과학적으로 설명하는 것이다.

2. 갑, 을 사상가들의 입장으로 가장 적절한 것은? [3점]

> 갑: 나는 무엇으로 말미암아 늙음과 죽음이 있게 되었는가를 깨달았다. 태어남으로 말미암아 늙음과 죽음이 있음을 나는 바르게 생각하고[正思惟] 지혜로써 통찰했다.
> 을: 진인(眞人)은 삶을 기뻐할 줄 모르고 죽음을 미워할 줄도 모른다. 태어남을 피하지도 않고 죽음을 거역하지도 않는다. 무심히 자연을 따라가고 무심히 자연을 따를 뿐이다.

① 갑: 삶과 죽음의 순환인 윤회(輪廻)는 인간에게만 적용된다.
② 갑: 삶과 죽음의 영원한 반복은 연기법의 지배를 받지 않는다.
③ 을: 삶과 죽음은 기(氣)로 연결되어 있을 뿐 순환하지는 않는다.
④ 을: 도(道)의 관점에서 삶과 죽음의 변화 원리는 서로 다르지 않다.
⑤ 갑과 을: 현세의 삶에서 죽음의 이치를 깨닫는 것은 불가능하다.

3. 다음을 주장한 사상가의 입장으로 가장 적절한 것은?

> 종교 간 대화 없이 종교 간 평화는 불가능하고, 종교 간 평화 없이 국가 간 평화도 불가능하며, 다른 종교에 대한 연구 없이 종교 간 대화는 불가능하다. 대화의 중단은 전쟁을 초래했다. 대화가 실패하면 억압이 시작되었고 권력자들의 힘이 지배했다. 대화를 지지하는 사람은 자기 종교의 교리에 얽매이지 않으며 이단자에 대한 배척을 혐오한다.

① 종교 간 대화가 국가 간 평화의 선결 과제가 되는 것은 아니다.
② 종교 간 차이가 종교 간 대화를 언제나 차단하는 것은 아니다.
③ 종교 간 소통에 다른 종교에 대한 이해까지 요청되지는 않는다.
④ 종교 간 교리를 통합하지 않으면 결코 관용을 실천할 수 없다.
⑤ 종교 간 대화의 실패가 정치적 폭력으로 이어지는 경우는 없다.

4. 다음 토론의 핵심 쟁점으로 가장 적절한 것은? [3점]

> 갑: 최신 유행을 반영하여 빠르게 옷을 제작하고 유통하는 소비양식인 패스트패션은 소비자의 기호를 충족해 줄 수 있지만 심각한 환경 오염 문제를 야기하고 있습니다.
> 을: 동의합니다. 물론 패스트패션이 소비자의 욕구를 충족해 주기는 합니다. 그럼에도 환경을 생각하면 패스트패션 제품 생산을 막을 수밖에 없습니다.
> 갑: 아닙니다. 패스트패션 기업에 환경 부담금을 부과하는 정도의 규제는 필수적이지만 제품 생산까지 막는 것은 소비자의 선택권을 침해하는 과도한 규제입니다.
> 을: 소비자 선택권이 침해되는 것은 사실이지만 환경 문제를 해결하기 위해서는 환경 부담금을 부과하는 것뿐 아니라 패스트패션 제품 생산 자체를 못 하도록 해야 합니다.

① 패스트패션 제품 생산을 전면적으로 금지해야 하는가?
② 패스트패션은 심각한 환경 오염 문제를 야기할 수 있는가?
③ 패스트패션 제품을 생산하는 기업에 대한 규제가 필요한가?
④ 패스트패션은 유행에 민감한 소비자의 욕구를 충족해 주는가?
⑤ 패스트패션 제품 생산을 막는 것은 소비자의 선택권을 침해하는가?

5. 그림의 강연자가 지지할 입장으로 가장 적절한 것은?

> 인류는 그동안 수많은 동물 실험을 자행하면서, 이를 인간의 복지 증진이라는 명목으로 합리화해 왔습니다. 이러한 동물 실험을 통해 인간이 이익을 얻은 것은 사실입니다. 그러나 어떤 동물 실험이든 궁극적으로는 정의에 어긋나는 일이기에 도덕적으로 허용될 수 없습니다. 인간 생체 실험이 인간의 권리를 부당하게 침해하는 것처럼 동물 실험도 동물의 권리를 부당하게 침해하기 때문입니다. 인간과 마찬가지로 동물도 다른 존재의 복지를 위한 단순한 도구로 이용되지 않을 권리가 있습니다.

① 동물 실험은 인간의 이익에 기여하지 못하므로 폐지해야 한다.
② 동물 실험은 그 효과를 입증하는 경험적 근거로 합리화해야 한다.
③ 동물의 고통을 최소화할 수 있는 동물 실험은 정의에 부합한다.
④ 동물 실험이 도덕적으로 부당함을 주장할 수 있는 근거는 없다.
⑤ 동물 실험과 인간 생체 실험을 금지해야 하는 근거는 동일하다.

6. 갑, 을 사상가들 중 적어도 한 사람이 긍정할 진술로 적절한 것만을 〈보기〉에서 있는 대로 고른 것은? [3점]

> 갑: 인간은 생명 공동체의 한 구성원에 지나지 않는다. 대지 윤리는 인간의 역할을 생명 공동체의 정복자에서 평범한 구성원으로 변화시킨다.
> 을: 인간은 생명이 있는 일부 피조물을 폭력적으로 다루어서는 안 된다. 왜냐하면 그것은 인간의 자기 자신에 대한 의무에 배치되기 때문이다.

〈 보 기 〉
ㄱ. 인간은 토지를 단지 자원으로만 이용해서는 안 된다.
ㄴ. 생명 없는 존재의 파괴가 도덕적으로 정당한 경우는 없다.
ㄷ. 자연에 속하면서 권리를 가질 수 있는 개별 존재가 있다.
ㄹ. 자신 이외의 존재에 대한 도덕적 의무는 성립 불가능하다.

① ㄱ, ㄴ　　　② ㄱ, ㄷ　　　③ ㄴ, ㄹ
④ ㄱ, ㄷ, ㄹ　　　⑤ ㄴ, ㄷ, ㄹ

7. (가)의 주장을 (나) 그림으로 나타낼 때, ㉠에 대한 반론의 근거로 가장 적절한 것은? [3점]

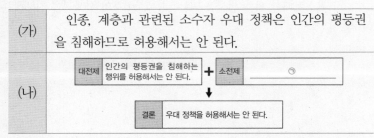

| (가) | 인종, 계층과 관련된 소수자 우대 정책은 인간의 평등권을 침해하므로 허용해서는 안 된다. |

① 우대 정책은 소수자에 대한 차별을 심화시킨다.
② 우대 정책은 실질적 기회 균등 실현에 기여한다.
③ 우대 정책은 사회 전체의 이익을 증진하지 못한다.
④ 우대 정책은 수혜자가 아닌 사람들의 권리를 침해한다.
⑤ 우대 정책은 인종과 계층 간 화합을 저해하는 제도이다.

8. 다음을 주장한 사상가의 입장으로 가장 적절한 것은? [3점]

> 새로운 명법은 다음과 같다. "너의 행위의 효과가 지상에서의 진정한 인간적 삶의 지속과 조화될 수 있도록 행위하라." 또는 다음과 같다. "미래 인간의 불가침성을 너의 의욕의 동반 대상으로서 현재의 선택에 포함하라." 그리고 다음과 같이 서술할 수도 있다. "지상에서 인류의 무한한 존속을 가능하게 하는 조건을 위협하지 말라." 따라서 우리에게는 현 세대의 존재를 위해 미래 세대를 감히 위태롭게 할 권리가 없다.

① 새로운 윤리에 따른 책임의 범위는 전 지구적으로 확장된다.
② 미래 세대에 대한 현 세대의 책임은 총체적이고 호혜적이다.
③ 발생하지 않은 사태는 윤리적 고려와 예측의 대상이 아니다.
④ 책임 윤리는 행위되어야 할 것에 대한 책임을 요청하지는 않는다.
⑤ 행위의 결과에 대한 공포는 현 세대의 책임 의식을 약화시킨다.

9. 갑, 을 사상가들의 입장으로 적절한 것만을 〈보기〉에서 있는 대로 고른 것은?

> 갑: 만인의 만인에 대한 전쟁 상태에서는 그 어떠한 것도 부당한 것이 될 수 없다. 리바이어던이 없는 곳에서는 법과 정의 그리고 소유도 존재하지 않는다.
> 을: 인간이 공동체를 결성하고 스스로를 정부의 지배하에 두고자 하는 가장 주된 목적은 그들의 소유 보존이다. 그러나 자연 상태에는 이를 위한 많은 것이 결여되어 있다.

〈 보 기 〉
ㄱ. 갑: 절대 권력은 시민의 소유를 보호해야 할 의무가 있다.
ㄴ. 갑: 인간 본성으로 인해 자연 상태는 전쟁 상태일 수밖에 없다.
ㄷ. 을: 자연 상태의 인간은 자연법을 이해할 수 있는 능력이 없다.
ㄹ. 갑과 을: 자연 상태의 인간은 자유에 대한 평등한 권리가 있다.

① ㄱ, ㄴ　　　② ㄱ, ㄷ　　　③ ㄷ, ㄹ
④ ㄱ, ㄴ, ㄹ　　　⑤ ㄴ, ㄷ, ㄹ

10. (가)의 갑, 을 사상가들의 입장을 (나) 그림으로 탐구하고자 할 때, A~C에 들어갈 적절한 질문만을 〈보기〉에서 고른 것은?

> 갑: 정의의 원칙은 공정한 최초 상황에서 계약 당사자가 합의하는 원칙이다. 우연적 사실들에 관한 지식을 배제한 조건에서 합의한 원칙은 정의로운 것이다.
> 을: 소유 권리론은 취득, 이전(移轉) 및 교정 과정을 주제로 삼는다. 그 역할이 개인의 소유 권리 보호에 국한된 최소 국가만이 유일하게 정당한 국가이다.

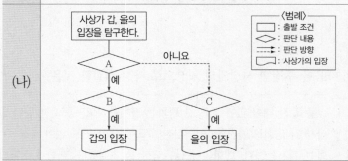

〈 보 기 〉
ㄱ. A: 공정한 절차를 거친다면 그 분배는 모두 정의로운가?
ㄴ. B: 원초적 입장에서 당사자들의 합의는 호혜적인 사회를 지향하게 되는가?
ㄷ. C: 최소 국가는 시민들의 권리를 차별적으로 보호하는가?
ㄹ. C: 취득 원칙과 이전 원칙을 충족했다면 그 소유는 모두 정의로운가?

① ㄱ, ㄴ　② ㄱ, ㄷ　③ ㄴ, ㄷ　④ ㄴ, ㄹ　⑤ ㄷ, ㄹ

11. 다음 사상가의 관점에서 〈문제 상황〉 속 A에게 제시할 조언으로 가장 적절한 것은?

> 행위의 옳고 그름은 그 행위로 인해 산출되는 쾌락과 고통의 양에 따라 평가되어야 한다. 쾌락에는 질적인 차이가 없기 때문에 모든 쾌락은 그 양의 측면에서 서로 비교할 수 있다.
>
> 〈문제 상황〉
>
> 한 지역에서 재해로 인해 다수의 사상자가 발생하였다. 긴급히 투입된 구조대원 A는 한정된 장비를 가지고 어떤 사람을 우선 구조해야 할지 고민하고 있다.

① 질적으로 우월한 쾌락을 산출하는 행위를 선택하세요.
② 신체의 고통은 양적으로 계산될 수 없음을 고려하세요.
③ 구조를 통해 발생하는 이익과 손해의 총량을 계산하세요.
④ 구조의 의무는 결과와 무관한 정언 명령임을 명심하세요.
⑤ 모든 상황에 적용되는 보편적 도덕 원리는 없음을 유념하세요.

12. 다음을 주장한 사상가의 입장으로 적절한 것만을 〈보기〉에서 고른 것은? [3점]

> 시민들의 기본적 자유가 침해될 때 시민 불복종으로 반대한다면 기본적 자유는 더 확고해질 것으로 생각된다. 시민 불복종은 다수자가 정의감을 갖고 있는 거의 정의로운 사회에서만 합당한 행위임을 인식해야 한다. 거의 정의로운 사회는 공유된 정의관이 존재하는 사회라는 것을 뜻한다.

〈보기〉

ㄱ. 국가의 처벌이 시민 불복종의 대상이 되는 경우는 없다.
ㄴ. 기본적 자유를 침해한 법에 대한 항거도 정당하지 않을 수 있다.
ㄷ. 시민 불복종은 공유된 정의관에 따른 숙고를 권력자들에게 촉구한다.
ㄹ. 시민 불복종은 다수자의 정의감을 전제하므로 소수자가 주체일 수는 없다.

① ㄱ, ㄴ ② ㄱ, ㄷ ③ ㄴ, ㄷ ④ ㄴ, ㄹ ⑤ ㄷ, ㄹ

13. 갑, 을 사상가들의 입장으로 가장 적절한 것은?

> 갑: 생산자가 자신의 소질에 맞지 않는데도 수호자의 일에 간섭하려 드는 것은 국가에 파멸을 초래하게 된다. 각자 자기 일을 잘하는 것이 올바름이므로, 각자는 자기 역할에 맞는 덕을 갖추어야 한다.
> 을: 현명한 군주는 백성의 생업을 마련해 주어 부모 공양과 처자식 부양에 부족함이 없게 하여 풍년에 배부르고 흉년에 죽음을 면하게 한다. 그 연후에야 백성을 선하게 이끌어 갈 수 있다.

① 갑: 시민의 사회적 지위 배정에 국가가 관여해서는 안 된다.
② 갑: 생산자와 수호자는 서로 간섭하지 않고 자급자족해야 한다.
③ 을: 다스림의 근본은 의로움[義]보다 이로움[利]에 두어야 한다.
④ 을: 경제적 안정은 백성의 도덕적 인격 수양의 조건이 될 수 있다.
⑤ 갑과 을: 통치자와 피치자의 합의에 따라 역할 교환이 가능하다.

14. 다음 신문 칼럼에서 강조하는 내용으로 가장 적절한 것은?

> ○○신문   ○○○○년 ○○월 ○○일
>
> 칼럼
>
> 뉴미디어가 확산되면서 누구나 쉽게 정보를 소비하고 동시에 생산할 수 있게 되었다. 이 과정에서 1인 미디어가 등장하게 되었고 다수의 구독자를 확보한 전문 운영자도 나타나게 되었다. 이에 따라 참신하고 다채로운 소재와 유형의 정보들이 생산되었지만, 한편으로는 선정적이거나 타인의 사생활을 침해하는 정보들도 급증하고 있다. 일부에서는 이런 문제를 강력한 법적 처벌을 통해 해결할 수 있다고 주장한다. 하지만 법적 처벌만 강조하다 보면 자칫 표현의 자유가 억압될 수 있다. 법적 제재도 실효성이 있지만, 매체 이용자들이 정보를 정확하게 검증하고 합리적으로 판단하는 것이 필요하다.

① 매체 이용자들은 정보를 비판적으로 평가해야 한다.
② 전문 운영자들의 등장으로 유해 정보가 감소하고 있다.
③ 뉴미디어 확산은 창작물의 다양성 증진에 기여하지 못한다.
④ 뉴미디어에 대한 국가의 제재는 어떤 효과도 거둘 수 없다.
⑤ 뉴미디어 확산으로 정보 생산자와 소비자의 경계가 명확해지고 있다.

15. (가)의 갑, 을 사상가들의 입장을 (나) 그림으로 표현할 때, A~C에 해당하는 적절한 진술만을 〈보기〉에서 고른 것은? [3점]

(가)	갑: 사형은 주권과 법의 원천이 되는 권능으로부터 나온 것은 아니다. 종신 노역형은 단지 한 범죄자만 있어도 지속적인 본보기를 제공할 수 있다. 을: 사법적 형벌은 결코 범죄자 자신이나 시민 사회를 위해서 어떤 다른 선을 촉진하기 위한 한낱 수단으로서 가해질 수는 없다.
(나)	〈범례〉 A: 갑만의 입장 B: 갑과 을의 공통 입장 C: 을만의 입장

〈보기〉

ㄱ. A: 사형은 공포를 유발하는 효과가 없으므로 폐지해야 한다.
ㄴ. B: 형벌은 응당한 비례 원리를 준수하여 부과해야 한다.
ㄷ. B: 범죄 억제력이 있는 형벌도 정당하지 않은 경우가 있다.
ㄹ. C: 형벌은 오직 범죄자의 인격 교화가 목적인 정언 명령이다.

① ㄱ, ㄴ ② ㄱ, ㄷ ③ ㄴ, ㄷ ④ ㄴ, ㄹ ⑤ ㄷ, ㄹ

16. 갑, 을 사상가들의 입장으로 적절한 것만을 〈보기〉에서 고른 것은? [3점]

> 갑: 사람이 되어서 인(仁)하지 못하면 예(禮)를 지킨들 무엇 하겠는가? 사람이 되어서 인하지 못하면 음악(樂)을 한들 무엇하겠는가? 예는 사치스럽기보다 검소한 것이 낫다.
> 을: 나라는 작고 백성은 적으니[小國寡民] 이들은 음식을 달게 먹고 옷은 꾸밈없이 입으며 편안히 살아간다. 이웃 나라에서 닭과 개의 울음소리가 들려도 평생 오고 갈 일이 없다.

〈 보 기 〉

> ㄱ. 갑: 충서(忠恕)를 통한 인의 확장은 천하의 도(道)를 이루게 한다.
> ㄴ. 을: 성인(聖人)의 다스림은 백성을 저절로 소박하게 한다.
> ㄷ. 을: 무위(無爲)의 삶을 통해 타고난 본성을 변화시켜야 한다.
> ㄹ. 갑과 을: 분별적 지혜를 발휘하여 도덕 질서를 확립해야 한다.

① ㄱ, ㄴ   ② ㄱ, ㄷ   ③ ㄴ, ㄷ   ④ ㄴ, ㄹ   ⑤ ㄷ, ㄹ

17. 다음을 주장한 사상가의 입장으로 가장 적절한 것은? [3점]

> 추함, 나쁜 리듬, 부조화는 나쁜 말씨와 나쁜 성품을 닮은 반면, 우아함과 고상함은 절제 있고 좋은 성품을 닮은 것이다. 우리는 시인들로 하여금 좋은 성품의 상(像)을 시에 새겨 넣도록 해야 하며, 이를 따르지 않는 시인이 시를 쓰는 것은 허용하지 않아야 한다. 그리고 아름다운 것의 성질을 추적할 수 있는 시인들을 찾아 그들의 작품을 통해 젊은이들이 자신도 모르는 사이에 아름다운 말과의 닮음과 친근함 그리고 조화로 이끌리도록 해야 한다.

① 예술은 도덕의 영역 밖에 있는 예술가들의 독자적 활동이어야 한다.
② 예술 작품에 도덕적 가치가 반영되었는지는 대중이 결정해야 한다.
③ 예술은 보편적 진리의 기준과 무관한 순수한 창작 활동이어야 한다.
④ 예술에 대한 검열은 예술의 우아함을 훼손하므로 지양되어야 한다.
⑤ 예술은 젊은이들로 하여금 참된 아름다움에 동화되도록 해야 한다.

18. 갑, 을 사상가들의 입장으로 가장 적절한 것은? [3점]

> 갑: 국제 정치는 자국의 국력을 증강하며 타국의 국력을 감소 시키려는 계속적인 노력이다. 최대한의 권력을 확보하려는 욕망은 모든 국가에게 보편적이다.
> 을: 국가 간 제약이 없이는 어떤 평화도 정착될 수 없거나 보장 받을 수 없다. 이러한 이유로 인해 특별한 종류의 연맹이 있어야 한다. 그것은 평화 연맹이라고 할 수 있다.

① 갑: 주권보다 상위의 국제적 권위가 분쟁 해결에 필수적이다.
② 갑: 모든 국가의 궁극적 목적은 세력 균형의 보편적 실현이다.
③ 을: 영원한 평화는 국가 간 적대 행위의 중단으로 완성된다.
④ 을: 평화 연맹 가입국은 국제법의 적용 없이 자유를 보장받아야 한다.
⑤ 갑과 을: 비폭력적 수단을 통해 국가 간 전쟁이 억제될 수 있다.

19. 갑, 을 사상가들의 입장으로 적절한 것만을 〈보기〉에서 고른 것은?

> 갑: 부와 복지 수준을 조정하는 것은 원조 의무의 목표가 아니다. 단지 고통받는 사회들만 도움이 필요하다. 질서정연한 사회들이 모두 부유하지는 않은 것과 마찬가지로 고통받는 사회들이 모두 빈곤한 것은 아니다.
> 을: 우리는 자신을 위해 소비하느라 원조를 유보하여 절대 빈곤에 빠진 사람을 죽게 방치하고 있다. 이는 살인과 동일시될 수는 없으나 결과가 나쁘다는 점에서 유사하다. 윤리는 모든 사람의 이익에 대한 동등한 고려를 요청한다.

〈 보 기 〉

> ㄱ. 갑: 정치 제도가 수립된 사회는 원조 대상에서 제외된다.
> ㄴ. 을: 국가 간 부의 불평등이 그 자체로 도덕적 악인 것은 아니다.
> ㄷ. 을: 공리 증진을 의도하지 않은 원조가 정당화될 수 있다.
> ㄹ. 갑과 을: 빈곤 국가에 대한 원조는 효과를 고려할 필요가 없다.

① ㄱ, ㄴ   ② ㄱ, ㄷ   ③ ㄴ, ㄷ   ④ ㄴ, ㄹ   ⑤ ㄷ, ㄹ

20. (가)의 입장에 비해 (나)의 입장이 갖는 상대적 특징을 그림의 ㉠ ~ ㉤ 중에서 고른 것은?

> (가) 대북 지원은 한 민족으로서 동포에 대한 당연한 의무이다. 대북 지원의 목적은 북한 주민의 인권 개선에 기여하는 것일 뿐, 분단 비용 절감은 고려할 사항이 아니다.
> (나) 대북 지원은 북한 주민의 인권 개선에 기여하는 것이 목적은 아니며, 동포로서 가져야 할 의무도 아니다. 대북 지원은 분단 비용을 절감한다는 점에서만 의의가 있을 뿐이다.

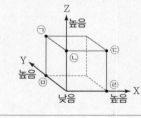

• X: 대북 지원이 한 민족으로서의 당위임을 강조하는 정도
• Y: 대북 지원을 통한 분단 비용 절감 효과를 강조하는 정도
• Z: 대북 지원이 인도주의적 동기에서 비롯되어야 함을 강조하는 정도

① ㉠   ② ㉡   ③ ㉢   ④ ㉣   ⑤ ㉤

> * 확인 사항
> ○ 답안지의 해당란에 필요한 내용을 정확히 기입(표기)했는지 확인하시오.

F빼수록
수능기출문제집

빠른
정답
확인

생활과 윤리

visang

우리는 남다른 상상과 혁신으로
교육 문화의 새로운 전형을 만들어
모든 이의 행복한 경험과 성장에 기여한다.

https://book.visang.com

수능 준비 마무리 전략

☑ 새로운 것을 준비하기보다는 그동안 공부했던 내용들을 정리한다.

☑ 수능 시험일 기상 시간에 맞춰 일어나는 습관을 기른다.

☑ 수능 시간표에 생활 패턴을 맞춰 보면서 시험 당일 최적의 상태가 될 수 있도록 한다.

☑ 무엇보다 중요한 것은 체력 관리이다. 늦게까지 공부한다거나 과도한 스트레스를 받으면
   집중력이 저하되어 몸에 무리가 올 수 있으므로 평소 수면 상태를 유지한다.

공부하고자 책을 잡았다면, 최소한 하루 1일차 학습은 마무리하자.

1 일차

01 ②	03 ①	05 ③	07 ⑤	09 ③	11 ②	13 ①	15 ②	17 ③	19 ④	21 ③	23 ⑤	25 ②	27 ④
02 ②	04 ④	06 ③	08 ④	10 ②	12 ②	14 ②	16 ①	18 ①	20 ⑤	22 ⑤	24 ③	26 ③	28 ①

29 ③	31 ②	33 ⑤	35 ②
30 ②	32 ④	34 ③	36 ④

2 일차

020쪽~025쪽

01 ①	03 ④	05 ④	07 ①	09 ③	11 ②	13 ①	15 ⑤	17 ①	19 ②	21 ②	23 ④
02 ④	04 ②	06 ①	08 ⑤	10 ②	12 ③	14 ②	16 ③	18 ④	20 ②	22 ②	24 ①

3 일차

026쪽~033쪽

01 ③	03 ④	05 ④	07 ①	09 ②	11 ⑤	13 ④	15 ②	17 ②	19 ①	21 ③	23 ①	25 ⑤	27 ②	29 ⑤	31 ⑤
02 ①	04 ④	06 ①	08 ⑤	10 ④	12 ②	14 ⑤	16 ⑤	18 ①	20 ⑤	22 ④	24 ④	26 ⑤	28 ①	30 ④	32 ③

4 일차

038쪽~046쪽

01 ④	03 ②	05 ⑤	07 ①	09 ②	11 ⑤	13 ⑤	15 ②	17 ④	19 ②	21 ②	23 ③	25 ②	27 ③	29 ③	31 ⑤
02 ①	04 ②	06 ④	08 ④	10 ③	12 ④	14 ②	16 ②	18 ②	20 ③	22 ④	24 ①	26 ①	28 ②	30 ①	32 ①

33 ②	34 ⑤

5 일차

047쪽~055쪽

01 ⑤	03 ⑤	05 ⑤	07 ⑤	09 ②	11 ②	13 ⑤	15 ④	17 ③	19 ①	21 ②	23 ②	25 ⑤	27 ④
02 ④	04 ④	06 ④	08 ③	10 ⑤	12 ④	14 ①	16 ⑤	18 ⑤	20 ⑤	22 ⑤	24 ⑤	26 ⑤	28 ②

29 ⑤	31 ②	33 ④	35 ⑤
30 ⑤	32 ⑤	34 ⑤	36 ②

6 일차

060쪽~067쪽

01 ③	03 ⑤	05 ④	07 ③	09 ②	11 ⑤	13 ⑤	15 ②	17 ④	19 ④	21 ⑤	23 ①	25 ③	27 ③	29 ⑤	31 ⑤
02 ⑤	04 ⑤	06 ②	08 ①	10 ①	12 ①	14 ⑤	16 ②	18 ⑤	20 ③	22 ④	24 ②	26 ①	28 ③	30 ④	32 ③

7 일차

068쪽~071쪽

01 ⑤	03 ②	05 ③	07 ⑤	09 ⑤	11 ①	13 ③
02 ④	04 ①	06 ③	08 ④	10 ③	12 ⑤	

8 일차

076쪽~082쪽

01 ④	03 ⑤	05 ①	07 ⑤	09 ⑤	11 ①	13 ②	15 ②	17 ⑤	19 ③	21 ①	23 ②	25 ⑤	27 ①
02 ①	04 ②	06 ③	08 ④	10 ③	12 ④	14 ①	16 ④	18 ②	20 ④	22 ④	24 ②	26 ④	28 ④

9 일차

083쪽~087쪽

01 ③	03 ③	05 ①	07 ①	09 ⑤	11 ③	13 ④	15 ⑤	17 ⑤	18 ②
02 ②	04 ④	06 ⑤	08 ①	10 ④	12 ④	14 ④	16 ②		

10 일차

093쪽~096쪽

01 ①	03 ⑤	05 ④	07 ③	09 ②	10 ④	11 ③
02 ④	04 ⑤	06 ②	08 ④			

틀린 문제는 "공부할 거리가 생겼다."라는 긍정적인 마음으로 정복하기 위해 노력하자.

11일차
097쪽~106쪽

01 ④ 02 ① 03 ⑤ 04 ④ 05 ⑤ 06 ⑤ 07 ④ 08 ① 09 ③ 10 ② 11 ③ 12 ② 13 ⑤ 14 ⑤
15 ③ 16 ⑤ 17 ⑤ 18 ① 19 ③ 20 ④

12일차
107쪽~113쪽

01 ② 02 ② 03 ④ 04 ③ 05 ④ 06 ⑤ 07 ② 08 ① 09 ④ 10 ③ 11 ④ 12 ⑤ 13 ① 14 ② 15 ④ 16 ④ 17 ① 18 ①

13일차
114쪽~125쪽

01 ③ 02 ④ 03 ⑤ 04 ③ 05 ⑤ 06 ④ 07 ⑤ 08 ④ 09 ⑤ 10 ④ 11 ① 12 ③ 13 ④ 14 ③ 15 ⑤ 16 ④ 17 ③ 18 ⑤ 19 ① 20 ② 21 ② 22 ⑤ 23 ④
24 ⑤ 25 ② 26 ⑤ 27 ④ 28 ② 29 ④ 30 ② 31 ④

14일차
129쪽~135쪽

01 ④ 02 ② 03 ③ 04 ① 05 ④ 06 ③ 07 ③ 08 ① 09 ④ 10 ① 11 ④ 12 ④ 13 ④ 14 ① 15 ② 16 ④ 17 ② 18 ① 19 ④ 20 ② 21 ④ 22 ② 23 ③ 24 ⑤ 25 ① 26 ④

15일차
136쪽~141쪽

01 ③ 02 ① 03 ③ 04 ① 05 ⑤ 06 ③ 07 ④ 08 ④ 09 ④ 10 ② 11 ④ 12 ⑤ 13 ① 14 ③ 15 ⑤ 16 ④ 17 ② 18 ② 19 ④ 20 ④ 21 ④ 22 ⑤ 23 ②

16일차
146쪽~151쪽

01 ④ 02 ① 03 ④ 04 ② 05 ④ 06 ④ 07 ① 08 ② 09 ⑤ 10 ② 11 ② 12 ① 13 ④ 14 ④ 15 ④ 16 ③ 17 ④ 18 ⑤ 19 ④ 20 ③ 21 ④ 22 ③ 23 ①

17일차
152쪽~157쪽

01 ① 02 ③ 03 ① 04 ② 05 ② 06 ③ 07 ① 08 ② 09 ② 10 ④ 11 ① 12 ④ 13 ② 14 ② 15 ③ 16 ④ 17 ① 18 ⑤ 19 ③

18일차
161쪽~169쪽

01 ① 02 ④ 03 ② 04 ⑤ 05 ② 06 ② 07 ⑤ 08 ② 09 ③ 10 ③ 11 ⑤ 12 ⑤ 13 ② 14 ⑤ 15 ③ 16 ④ 17 ② 18 ④ 19 ⑤ 20 ② 21 ⑤ 22 ① 23 ⑤ 24 ① 25 ① 26 ④ 27 ④ 28 ④
29 ④ 30 ③ 31 ⑤ 32 ⑤ 33 ⑤ 34 ③ 35 ③ 36 ③

19일차
174쪽~184쪽

01 ② 02 ⑤ 03 ③ 04 ① 05 ③ 06 ⑤ 07 ⑤ 08 ③ 09 ④ 10 ④ 11 ① 12 ① 13 ③ 14 ④ 15 ⑤ 16 ③ 17 ⑤
18 ④ 19 ④ 20 ⑤ 21 ③ 22 ⑤ 23 ④

20일차
185쪽~191쪽

01 ② 02 ④ 03 ② 04 ③ 05 ③ 06 ④ 07 ④ 08 ③ 09 ④ 10 ⑤ 11 ⑤ 12 ③ 13 ② 14 ④

➤ 빠른 정답 확인 뒷면에 이어집니다.

공부하고자 책을 잡았다면, 최소한 하루 1일차 학습은 마무리하자.

195쪽~203쪽

21 일차

01 ⑤	03 ④
02 ①	04 ③

05 ③	07 ②	09 ⑤	11 ⑤
06 ①	08 ③	10 ⑤	12 ④

13 ①	15 ②	17 ①	19 ⑤
14 ⑤	16 ②	18 ④	20 ①

21 ④	23 ⑤	25 ②	27 ④
22 ②	24 ③	26 ④	28 ②

29 ①	31 ①	33 ③	35 ⑤
30 ③	32 ④	34 ④	36 ②

207쪽~215쪽

22 일차

01 ①	03 ④
02 ⑤	04 ③

05 ⑤	07 ②	09 ①	11 ①
06 ②	08 ④	10 ①	12 ⑤

13 ①	15 ②	17 ①	19 ②
14 ④	16 ⑤	18 ⑤	20 ④

21 ④	23 ①	25 ②	27 ①
22 ④	24 ①	26 ③	28 ①

29 ①	31 ④	33 ②	35 ①
30 ③	32 ①	34 ④	36 ①

219쪽~223쪽

23 일차

01 ②	03 ⑤
02 ③	04 ③

05 ②	07 ②	09 ④	11 ④
06 ③	08 ④	10 ②	12 ④

13 ⑤	15 ④	16 ①	17 ②
14 ④			

224쪽~229쪽

24 일차

01 ②	03 ⑤	05 ⑤	07 ③
02 ⑤	04 ④	06 ④	08 ⑤

09 ②	11 ①	13 ⑤	15 ②
10 ③	12 ①	14 ①	

16 ④	18 ⑤	20 ①	21 ⑤
17 ①	19 ①		

234쪽~241쪽

25 일차

01 ⑤	03 ①	05 ①	07 ①
02 ③	04 ①	06 ⑤	08 ⑤

09 ④	11 ④	13 ⑤	15 ①
10 ③	12 ⑤	14 ①	16 ③

17 ④	19 ⑤	21 ③	23 ②
18 ①	20 ④	22 ②	24 ①

25 ①	27 ①	29 ④	31 ①
26 ④	28 ④	30 ①	32 ⑤

242쪽~247쪽

26 일차

01 ⑤	03 ④	05 ⑤	07 ②
02 ④	04 ③	06 ④	08 ④

09 ①	11 ①	13 ④	15 ④
10 ③	12 ④	14 ⑤	16 ③

17 ①	19 ⑤	21 ④	23 ①
18 ③	20 ①	22 ③	24 ⑤

248쪽~257쪽

27 일차

01 ③	03 ③	05 ②	07 ②
02 ③	04 ①	06 ①	

08 ④	10 ①	12 ②	14 ⑤
09 ⑤	11 ③	13 ①	

15 ①	16 ③	18 ①	20 ①
	17 ④	19 ④	21 ③

22 ③	24 ③	26 ③	28 ③
23 ⑤	25 ②	27 ⑤	29 ④

30 ①	32 ④	33 ②	34 ③
31 ②			

정답률 낮은 문제, 한 번 더!

258쪽~279쪽

1회
01 ⑤ 02 ③ 03 ① 04 ① 05 ⑤ 06 ③ 07 ① 08 ② 09 ⑤ 10 ③ 11 ③ 12 ③ 13 ⑤ 14 ⑤ 15 ④ 16 ⑤ 17 ① 18 ② 19 ③ 20 ④
21 ② 22 ③ 23 ⑤ 24 ③

2회
01 ③ 02 ② 03 ③ 04 ① 05 ③ 06 ① 07 ③ 08 ④ 09 ⑤ 10 ③ 11 ① 12 ③ 13 ④ 14 ⑤ 15 ⑤ 16 ① 17 ④ 18 ⑤ 19 ⑤ 20 ②

실전모의고사

1회
01 ② 02 ④ 03 ③ 04 ① 05 ④ 06 ⑤ 07 ② 08 ① 09 ④ 10 ③ 11 ① 12 ③ 13 ② 14 ③ 15 ① 16 ① 17 ④ 18 ① 19 ⑤ 20 ④

2회
01 ② 02 ④ 03 ② 04 ⑤ 05 ⑤ 06 ② 07 ② 08 ① 09 ④ 10 ④ 11 ③ 12 ③ 13 ④ 14 ① 15 ③ 16 ① 17 ⑤ 18 ⑤ 19 ③ 20 ⑤

3회
01 ④ 02 ② 03 ⑤ 04 ⑤ 05 ⑤ 06 ③ 07 ③ 08 ④ 09 ④ 10 ④ 11 ① 12 ② 13 ① 14 ③ 15 ① 16 ④ 17 ③ 18 ② 19 ⑤ 20 ⑤

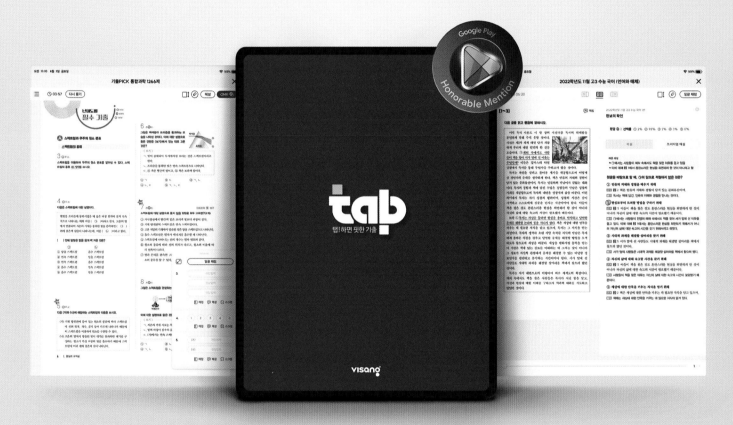

비상교육이 만든 수능기출 앱 "기출탭탭"

전과목 기출 문제, 프리미엄 해설이 무제한

▼ 태블릿PC로 지금, 다운로드하세요! ▼

품질혁신코드 VS01QI25

Full수록 수·능·기·출·문·제·집   27일 내 완성, 평가원 기출 완전 정복 Full수록! 수능기출 완벽 마스터

비상교재
누리집에
방문해보세요

https://book.visang.com/

발간 이후에 발견되는 오류   고등교재 > 학습자료실 > 정오표
본 교재의 정답   고등교재 > 학습자료실 > 정답과해설

품질혁신코드 VS01QI25

2026

수능대비
801제 27일 완성!

정답 확인
해설 이해
개념 복습

생활과 윤리

visang

1일차   문제편 011쪽~019쪽

01②	02②	03①	04④	05③	06③
07②	08④	09③	10②	11②	12②
13①	14②	15②	16②	17③	18①
19④	20⑤	21②	22⑤	23⑤	24③
25②	26③	27④	28①	29③	30②
31①	32④	33⑤	34④	35②	36④

2일차   문제편 020쪽~025쪽

01①	02④	03④	04②	05④	06①
07①	08⑤	09③	10④	11②	12③
13①	14④	15⑤	16④	17①	18③
19②	20②	21②	22⑤	23④	24①

3일차   문제편 026쪽~033쪽

01③	02①	03④	04④	05④	06①
07①	08⑤	09②	10④	11⑤	12②
13③	14⑤	15②	16⑤	17②	18①
19①	20⑤	21④	22④	23①	24①
25⑤	26④	27④	28①	29⑤	30④
31①	32③				

4일차   문제편 038쪽~046쪽

01②	02①	03②	04②	05⑤	06④
07①	08④	09②	10③	11⑤	12④
13①	14②	15④	16④	17④	18②
19②	20③	21②	22④	23④	24①
25②	26①	27④	28③	29④	30①
31⑤	32④	33②	34⑤		

5일차   문제편 047쪽~055쪽

01⑤	02④	03⑤	04④	05⑤	06④
07⑤	08③	09②	10⑤	11②	12④
13⑤	14①	15④	16⑤	17③	18⑤
19④	20⑤	21②	22⑤	23②	24⑤
25④	26②	27④	28②	29②	30⑤
31②	32⑤	33④	34⑤	35⑤	36④

6일차   문제편 060쪽~067쪽

01④	02⑤	03⑤	04⑤	05④	06②
07②	08①	09②	10①	11⑤	12①
13⑤	14③	15②	16②	17④	18⑤
19④	20③	21⑤	22④	23①	24②
25②	26①	27④	28③	29④	30④
31②	32③				

7일차   문제편 068쪽~071쪽

01⑤	02④	03②	04①	05③	06③
07⑤	08④	09⑤	10③	11④	12⑤
13③					

8일차   문제편 076쪽~082쪽

01④	02①	03⑤	04②	05①	06③
07⑤	08④	09⑤	10③	11①	12④
13②	14①	15②	16④	17⑤	18②
19④	20③	21①	22④	23②	24④
25⑤	26④	27①	28④		

9일차   문제편 083쪽~087쪽

01③	02②	03⑤	04②	05①	06⑤
07①	08⑤	09⑤	10④	11③	12④
13④	14⑤	15⑤	16②	17⑤	18④

10일차   문제편 093쪽~096쪽

01①	02④	03⑤	04⑤	05④	06②
07⑤	08④	09②	10④	11③	

11일차   문제편 097쪽~106쪽

01④	02①	03⑤	04③	05⑤	06⑤
07④	08①	09③	10②	11③	12②
13⑤	14⑤	15③	16⑤	17⑤	18①
19③	20④				

12일차   문제편 107쪽~113쪽

01②	02②	03④	04③	05④	06⑤
07②	08①	09④	10③	11④	12⑤
13①	14②	15④	16④	17①	18②

13일차   문제편 114쪽~125쪽

01①	02④	03⑤	04③	05⑤	06④
07⑤	08④	09⑤	10④	11①	12③
13④	14①	15③	16④	17③	18⑤
19①	20④	21⑤	22⑤	23④	24⑤
25②	26⑤	27④	28③	29④	30⑤
31④					

14일차   문제편 129쪽~135쪽

01④	02②	03③	04④	05④	06③
07③	08③	09④	10①	11④	12④
13④	14①	15④	16④	17③	18①
19④	20④	21④	22②	23③	24④
25①	26④				

15일차   문제편 136쪽~141쪽

01③	02②	03③	04①	05⑤	06③
07④	08④	09①	10②	11③	12③
13①	14③	15③	16③	17④	18②
19④	20④	21④	22⑤	23②	

16일차   문제편 146쪽~151쪽

01④	02②	03④	04②	05④	06③
07①	08②	09⑤	10②	11②	12①
13④	14④	15④	16③	17②	18⑤
19④	20③	21④	22③	23①	

17일차   문제편 152쪽~157쪽

01①	02③	03①	04②	05②	06③
07①	08②	09②	10④	11①	12④
13②	14②	15③	16④	17①	18⑤
19③					

18일차   문제편 161쪽~169쪽

01①	02④	03①	04⑤	05②	06②
07⑤	08②	09①	10①	11⑤	12⑤
13①	14②	15③	16④	17②	18③
19⑤	20④	21④	22④	23③	24①
25①	26④	27④	28④	29③	30②
31⑤	32⑤	33⑤	34③	35③	36③

19일차   문제편 174쪽~184쪽

01②	02⑤	03③	04①	05③	06⑤
07⑤	08③	09④	10④	11①	12①
13③	14④	15④	16③	17⑤	18④
19④	20⑤	21③	22⑤	23④	

20일차   문제편 185쪽~191쪽

01②	02②	03②	04③	05③	06④
07④	08③	09③	10⑤	11⑤	12③
13③	14④				

21일차   문제편 195쪽~203쪽

01⑤	02①	03④	04③	05③	06③
07①	08③	09⑤	10⑤	11⑤	12④
13①	14①	15②	16③	17①	18④
19⑤	20④	21④	22②	23④	24③
25②	26④	27④	28②	29③	30②
31①	32④	33③	34④	35⑤	36②

22일차   문제편 207쪽~215쪽

01①	02⑤	03④	04③	05⑤	06②
07①	08④	09①	10①	11②	12⑤
13①	14③	15②	16⑤	17②	18⑤
19④	20④	21④	22④	23①	24①
25④	26③	27①	28④	29①	30③
31④	32①	33②	34④	35①	36④

23일차   문제편 219쪽~223쪽

01②	02③	03⑤	04③	05②	06③
07②	08④	09④	10⑤	11④	12④
13①	14④	15④	16①	17②	

24일차   문제편 224쪽~229쪽

01②	02⑤	03⑤	04④	05④	06④
07③	08⑤	09②	10③	11①	12①
13③	14①	15②	16④	17①	18③
19①	20③	21⑤			

25일차   문제편 234쪽~241쪽

01⑤	02③	03①	04①	05①	06⑤
07①	08⑤	09④	10③	11④	12③
13①	14④	15①	16⑤	17④	18①
19④	20④	21⑤	22②	23②	24①
25①	26④	27④	28④	29④	30⑤
31①	32⑤				

26일차   문제편 242쪽~247쪽

01①	02④	03④	04③	05②	06④
07②	08④	09①	10③	11③	12④
13①	14⑤	15④	16③	17①	18③
19⑤	20④	21①	22③	23⑤	24⑤

27일차   문제편 248쪽~257쪽

01②	02③	03③	04①	05②	06③
07②	08④	09⑤	10①	11③	12②
13①	14⑤	15①	16③	17④	18①
19④	20①	21③	22③	23⑤	24③
25②	26③	27⑤	28②	29④	30①
31②	32④	33②	34③		

정답률 낮은 문제, 한 번 더!   문제편 258쪽~279쪽

1회	01⑤	02③	03①	04①	05⑤
	06⑤	07①	08②	09⑤	10⑤
	11③	12③	13⑤	14⑤	15④
	16⑤	17①	18②	19③	20④
	21②	22③	23⑤	24①	
2회	01③	02②	03④	04①	05③
	06③	07③	08④	09⑤	10③
	11①	12②	13④	14⑤	15⑤
	16①	17④	18⑤	19⑤	20②

실전모의고사

1회	01②	02④	03③	04①	05③
	06⑤	07②	08①	09④	10④
	11①	12③	13②	14③	15①
	16①	17④	18③	19⑤	20④
2회	01②	02④	03②	04①	05⑤
	06②	07②	08①	09④	10④
	11③	12②	13④	14①	15③
	16①	17⑤	18⑤	19②	20⑤
3회	01④	02②	03⑤	04⑤	05⑤
	06③	07③	08④	09④	10④
	11①	12②	13①	14③	15①
	16④	17③	18②	19⑤	20⑤

1일차

01 ②	02 ②	03 ①	04 ④	05 ③	06 ③
07 ⑤	08 ④	09 ③	10 ②	11 ②	12 ②
13 ①	14 ②	15 ②	16 ③	17 ③	18 ①
19 ④	20 ⑤	21 ③	22 ⑤	23 ⑤	24 ③
25 ②	26 ③	27 ④	28 ①	29 ③	30 ②
31 ②	32 ④	33 ⑤	34 ③	35 ②	36 ④

문제편 011~019쪽

01 이론 윤리학과 메타 윤리학 25학년도 9월 모평 1번   정답 ② | 정답률 95%

(가), (나) 윤리학의 핵심 과제로 가장 적절한 것은?

(가) 이론 윤리학 윤리학은 '옳다', '그르다'와 같은 규범적 판단의 근거를 마련하고 바람직한 삶의 이상과 마땅히 해야 할 의무를 규정하는 도덕 이론을 제시해야 한다.

(나) 메타 윤리학 윤리학은 '옳다', '그르다'와 같은 도덕적 언어의 의미와 용법을 분석하고 도덕적 논증에 적용되는 추론의 규칙과 인식의 방법을 검토해야 한다.

① (가): 도덕 명제의 추론 가능성과 논증의 타당성을 분석하는 것이다. → 메타 윤리학
✓② (가): 도덕 규범과 의무의 근거가 되는 보편적 원리를 정립하는 것이다.
③ (나): 사회의 관습과 규범을 관찰하여 객관적으로 기술하는 것이다. → 기술 윤리학
④ (나): 현실의 도덕 문제 해결을 위한 구체적 방안을 제시하는 것이다. → 실천 윤리학
⑤ (가)와 (나): 도덕 현상의 인과 관계를 경험과학적으로 설명하는 것이다. → 기술 윤리학

| 자료 분석 |

(가)는 이론 윤리학, (나)는 메타 윤리학이다. 이론 윤리학은 도덕적 행위의 근거가 되는 도덕 원리를 탐구하는 것을 핵심 과제로 삼는다. 메타 윤리학은 도덕적 언어의 의미와 용법을 분석하고 도덕적 추론의 정당성을 검증하는 것을 핵심 과제로 삼는다.

| 선지 해설 |

① 도덕 명제의 추론 가능성과 논증의 타당성을 분석하는 것을 핵심 과제로 삼는 것은 메타 윤리학이다.

②이론 윤리학에서는 도덕 규범과 의무의 근거가 되는 보편적 원리를 정립하는 것을 핵심 과제로 삼는다.

③ 사회의 관습과 규범을 관찰하여 객관적으로 기술하는 것을 핵심 과제로 삼는 것은 기술 윤리학이다.

④ 현실의 도덕 문제 해결을 위한 구체적 방안을 제시하는 것을 핵심 과제로 삼는 것은 실천 윤리학이다.

⑤ 도덕 현상의 인과 관계를 경험과학적으로 설명하는 것을 핵심 과제로 삼는 것은 기술 윤리학이다.

02 기술 윤리학과 규범 윤리학 25학년도 6월 모평 1번   정답 ② | 정답률 74%

(가), (나) 윤리학의 핵심 과제로 가장 적절한 것은?

(가) 기술 윤리학 윤리학은 특정 사회에서 개인의 생활과 사회의 구조 속에 존재하는 도덕 현상을 경험 과학적으로 탐구하고 설명하는 것을 강조한다.

(나) 규범 윤리학 윤리학은 도덕적 관행을 평가할 수 있는 보편적 도덕 원리를 구축하고, 이를 바탕으로 이상적인 도덕규범의 체계를 정립하는 것을 강조한다.

① (가): 현실의 구체적인 윤리 문제에 대한 실천 지침을 제공하는 것이다. → 실천 윤리학
✓② (가): 각 문화권의 도덕 현상을 조사하고 객관적으로 기술하는 것이다. → 기술 윤리학
③ (나): 도덕적 담론에서 사용되는 용어의 의미를 분석하는 것이다. → 메타 윤리학
④ (나): 도덕의 기원과 발달에 관한 인과적 설명을 제시하는 것이다. → 기술 윤리학
⑤ (가)와 (나): 도덕적 추론과 합리적 논증의 구조를 탐구하는 것이다. → 메타 윤리학

| 자료 분석 |

(가)는 기술 윤리학, (나)는 규범 윤리학이다. 기술 윤리학은 도덕 현상이나 도덕적 관습 등을 경험적으로 조사하고 객관적으로 기술함으로써 도덕 현상과 문제들 간의 인과 관계를 설명하고자 한다. 규범 윤리학은 사람들에게 보편적으로 적용할 수 있는 도덕 원리를 제시하고, 도덕적 정당화의 이론적 근거를 제시하는 데 초점을 둔다.

| 선지 해설 |

① 현실의 구체적인 윤리 문제에 대한 실천 지침을 제공하는 것을 핵심 과제로 삼는 것은 실천 윤리학이다.

②기술 윤리학에서는 여러 문화권의 도덕 현상을 조사하고 이를 객관적으로 기술하는 것을 핵심 과제로 삼는다.

③ 도덕적 담론에서 사용되는 용어의 의미를 분석하는 것을 핵심 과제로 삼는 것은 메타 윤리학이다.

④ 도덕의 기원과 발달에 관한 인과적 설명을 제시하는 것을 핵심 과제로 삼는 것은 기술 윤리학이다.

⑤ 도덕적 추론과 합리적 논증의 구조를 탐구하는 것을 핵심 과제로 삼는 것은 메타 윤리학이다.

03 이론 규범 윤리학과 메타 윤리학 24학년도 수능 1번

정답 ① | 정답률 93%

(가), (나) 윤리학의 핵심 과제로 가장 적절한 것은?

> (가) 윤리학은 도덕적 행위를 정당화하는 규범적 근거를 탐구하고, 마땅히 행해야 할 행위의 객관적인 도덕 원리를 제시하는 데 주력해야 한다. → 이론 규범 윤리학
>
> (나) 윤리학은 규범적 속성의 존재론적·인식론적 지위를 탐구하고, 도덕적 용어의 의미를 분석하며, 도덕 추론의 규칙을 검토하는 데 주력해야 한다. → 메타 윤리학

✔ (가): 도덕적 삶의 지침이 되는 보편적 원리를 제시하는 것이다.

② (가): 도덕 현상 간의 인과 관계를 가치중립적으로 설명하는 것이다.
→ 기술 윤리학

③ (나): 학제적 연구 방법으로 실생활의 도덕 문제를 해결하는 것이다.
→ 실천 윤리학

④ (나): 각 사회의 다양한 도덕적 관습을 객관적으로 기술하는 것이다.
→ 기술 윤리학

⑤ (가)와 (나): 도덕 언어의 의미와 도덕 추론의 구조를 분석하는 것이다. → 메타 윤리학

개념 확인 윤리학의 분류

규범 윤리학	• 이론 윤리학: 어떤 원리가 윤리적 행위를 위한 근본 원리로 성립할 수 있는지를 연구하는 학문 • 실천(응용) 윤리학: 현대인의 삶의 영역에서 제기되는 다양한 윤리 문제를 해결하는 것을 목표로 삼는 학문
메타 윤리학	도덕적 언어의 논리적 타당성과 의미를 분석하고 연구하는 학문
기술 윤리학	도덕적 풍습이나 관습에 대해 객관적으로 기술(記述)하는 학문

출제 경향

윤리학의 구분은 매년 빠지지 않고 출제되는 내용 요소이다. 규범 윤리학에 속하는 이론 윤리학과 실천 윤리학에 대한 문항부터 메타 윤리학, 기술 윤리학 등을 포함한 여러 입장을 비교하는 문항이 출제되곤 한다. 난도가 높지는 않으니 제시된 글과 선지를 꼼꼼히 읽으면 어렵지 않게 풀 수 있다.

| 자료 분석 |

(가)는 이론 규범 윤리학, (나)는 메타 윤리학이다. 이론 규범 윤리학은 윤리적 행위를 정당화하는 도덕 원리를 탐구하고, 도덕 원리나 도덕적 정당화의 이론적 근거를 제시하는 것을 윤리학의 핵심 과제로 삼는다. 메타 윤리학은 도덕적 언어의 의미를 분석하고, 도덕적 추론의 정당성을 검증하는 것을 윤리학의 핵심 과제로 삼는다.

| 선지 해설 |

① 이론 규범 윤리학은 도덕적 삶의 지침이 되는 보편적 도덕 원리를 탐구하고, 도덕 원리의 이론적 근거를 제시하는 것을 윤리학의 핵심 과제로 삼는다.

② 도덕 현상들 간의 인과 관계를 있는 그대로 설명하는 것을 윤리학의 핵심 과제로 삼는 것은 기술 윤리학이다.

③ 학제적 연구 방법으로 실생활에서 구체적으로 발생하는 윤리 문제를 해결하는 것을 윤리학의 핵심 과제로 삼는 것은 실천 윤리학이다.

④ 각 사회의 다양한 도덕적 관습에 대해 가치 판단을 배제하고 객관적으로 기술하는 것을 윤리학의 핵심 과제로 삼는 것은 기술 윤리학이다.

⑤ 도덕 언어의 의미를 분석하고, 도덕 추론의 정당성을 검토하는 것을 윤리학의 핵심 과제로 삼는 것은 메타 윤리학이다.

---

04 메타 윤리학과 실천 윤리학 24학년도 9월 모평 1번

정답 ④ | 정답률 93%

(가), (나) 윤리학의 핵심 과제로 가장 적절한 것은?

> (가) 윤리학은 '옳다', '그르다'와 같은 도덕적 용어의 의미를 분석하고 도덕 판단이 정당화될 수 있는 추론의 규칙을 검토하는 데 주력해야 한다. → 메타 윤리학
>
> (나) 윤리학은 인공 임신 중절, 소수 집단 우대 정책 등과 같은 우리 삶의 다양한 문제에 윤리 이론을 적용하여 실천적인 지침을 제공하는 데 주력해야 한다. → 실천 윤리학

① (가): 도덕 현상을 가치 평가 없이 객관적으로 서술하는 것이다.
→ 기술 윤리학

② (가): 도덕적 행위의 근거가 되는 도덕 원리를 정립하는 것이다.
→ 이론 윤리학

③ (나): 윤리학의 학문적 성립 가능성을 논리적으로 탐구하는 것이다.
→ 메타 윤리학

✔ (나): 구체적인 윤리 문제에 대한 해결 방안을 모색하는 것이다.

⑤ (가)와 (나): 보편타당한 도덕규범의 체계를 수립하는 것이다.
→ 이론 윤리학

| 자료 분석 |

(가)는 메타 윤리학, (나)는 실천 윤리학이다. 메타 윤리학은 도덕적 언어의 의미를 분석하고 도덕적 추론의 타당성을 검토하는 것을 윤리학의 핵심 과제로 삼는다. 실천 윤리학은 이론 윤리학에서 탐구한 도덕 원리를 바탕으로 구체적 삶에서 직면하는 다양한 윤리 문제에 대한 해결책을 모색하는 것을 윤리학의 핵심 과제로 삼는다.

| 선지 해설 |

① 도덕 현상을 가치 평가 없이 객관적으로 서술하는 것을 핵심 과제로 삼는 것은 기술 윤리학이다.

② 도덕적 행위의 근거가 되는 도덕 원리를 정립하는 것을 핵심 과제로 삼는 것은 이론 윤리학이다.

③ 윤리학의 학문적 성립 가능성을 논리적으로 탐구하는 것을 핵심 과제로 삼는 것은 메타 윤리학이다.

④ 실천 윤리학은 사회 변화와 과학 기술의 발달에 따라 등장한 새로운 윤리 문제를 해결할 수 있는 구체적인 해결 방안을 모색하는 것을 핵심 과제로 삼는다.

⑤ 보편타당한 도덕규범의 체계를 수립하는 것을 핵심 과제로 삼는 것은 이론 윤리학이다.

정답 ③ | 정답률 90%

㉠에 들어갈 진술로 가장 적절한 것은?

→ 규범 윤리학의 입장

나는 윤리학이 인간의 올바른 삶을 위하여 모든 행위자들에게 적용되는 도덕적 표준이나 규칙을 제시하고 정당화하는 학문이라고 생각한다. 그런데 어떤 사람은 윤리학이 사회의 도덕적 현상을 객관적으로 기술하는 학문이라고 주장한다. 나는 이러한 주장이 ___㉠___ 고 생각한다. 기술 윤리학의 입장 →

① 도덕적 담론에서 논리적 추론의 타당성 검증을 강조한다
② 도덕적 진술을 구성하는 도덕적 언어의 의미 분석을 강조한다
③ 올바른 행위 지침을 제공하는 규범적 탐구의 중요성을 간과한다
④ 윤리학의 학문적 성립 가능성에 대한 비판적 검토를 강조한다
⑤ 도덕적 문제의 발생에 대한 인과적 설명의 중요성을 간과한다
메타 윤리학의 입장   강조

| 자료 분석 |

제시문의 '나'는 규범 윤리학의 입장이고, '어떤 사람'은 기술 윤리학의 입장에 해당한다. 규범 윤리학은 사람들에게 보편적으로 적용할 수 있는 도덕 원리나 도덕 규칙을 제시하고, 도덕적 정당화의 이론적 근거를 제시하는 데 초점을 둔다. 기술 윤리학은 도덕적 현상과 문제를 명확히 기술하는 것에 초점을 둔다.

| 선지 해설 |

① 메타 윤리학이 강조하는 내용에 해당한다. 메타 윤리학은 도덕적 추론의 정당성을 검증하기 위한 논리 분석에 초점을 둔다.

② 메타 윤리학이 강조하는 내용에 해당한다. 메타 윤리학은 윤리학이 도덕적 언어와 용어의 의미를 분석하고 파악하는 것에 초점을 두어야 한다고 본다.

③ 규범 윤리학의 입장에서 기술 윤리학에 제기할 비판으로 적절하다. 규범 윤리학은 기술 윤리학이 도덕적 현상에 대한 가치 중립적인 서술에 초점을 두어 윤리적 행위를 위한 규범적 탐구를 간과한다고 비판할 것이다.

④ 메타 윤리학이 강조하는 내용에 해당한다. 메타 윤리학은 윤리학이 학문으로서 성립 가능한지를 모색하고자 한다.

⑤ 기술 윤리학이 간과하는 내용이 아니라 강조하는 내용에 해당한다. 기술 윤리학은 도덕적 문제를 객관적으로 기술하고, 기술된 현상들 간의 인과 관계를 설명하고자 한다.

정답 ③ | 정답률 72%

㉠에 들어갈 진술로 가장 적절한 것은?

→ 실천 윤리학

나는 윤리학이란 도덕 이론에 근거하여 우리가 당면한 실질적인 도덕 문제를 해결하는 것을 목표로 삼아야 한다고 생각한다. 그런데 어떤 사람은 사회에서 통용되고 있는 도덕 현상을 과학적으로 설명하는 것을 윤리학의 목표로 삼아야 한다고 주장한다. 나는 이러한 주장이 ___㉠___ 고 생각한다.
→ 기술 윤리학

① 도덕적 담론의 논증 구조에 대한 논리적 분석을 강조한다
    └ 메타 윤리학
② 도덕 판단의 표준에 대한 체계적인 이론의 정립을 강조한다
    └ 이론 윤리학
③ 도덕적으로 바람직한 삶의 이상에 대한 규범적 탐구를 간과한다
④ 도덕적 딜레마 해결을 위해 타 학문과의 학제적 연구를 강조한다
                                                        간과
⑤ 도덕규범이 형성된 인과 관계에 대한 경험적인 탐구를 간과한다
                                                        강조

| 자료 분석 |

제시된 글의 '나'는 실천 윤리학, '어떤 사람'은 기술 윤리학의 입장을 취하고 있다. 실천 윤리학은 도덕 원리를 근거로 삶에서 발생하는 여러 윤리 문제에 대한 구체적이고 실제적인 해결책을 모색하는 것을 핵심으로 삼는다. 반면, 기술 윤리학은 도덕 현상과 문제를 명확히 기술하고, 기술된 현상들 간의 인과 관계를 설명하는 것을 핵심으로 삼는다. 따라서 ㉠에는 실천 윤리학의 입장에서 기술 윤리학을 평가하는 내용이 들어가는 것이 적절하다.

| 선지 해설 |

① 기술 윤리학에 대한 평가로 적절하지 않다. 도덕적 담론의 논증 구조에 대한 논리적 분석을 강조하는 것은 메타 윤리학이다.

② 기술 윤리학에 대한 평가로 적절하지 않다. 기술 윤리학은 도덕적 관습, 풍습의 경험적 조사와 객관적 기술을 강조한다. 도덕 판단의 표준에 대한 체계적인 이론의 정립을 강조하는 것은 이론 윤리학이다.

③ 실천 윤리학의 입장에서 기술 윤리학에 할 수 있는 평가로 적절하다. 실천 윤리학은 도덕적으로 바람직한 삶의 이상에 대한 규범적 탐구를 토대로 실생활에서 직면하는 다양한 문제를 해결하고자 하는 데 반해, 기술 윤리학은 도덕 현상에 대한 객관적 기술을 주된 목적으로 한다. 따라서 실천 윤리학의 입장에서는 기술 윤리학이 도덕적으로 바람직한 삶을 위한 규범적 탐구를 간과한다고 평가할 수 있다.

④ 기술 윤리학에 대한 평가로 적절하지 않다. 도덕적 딜레마 해결을 위해 타 학문과의 학제적 연구를 강조하는 것은 실천 윤리학이다. 실천 윤리학은 현실적인 도덕 문제를 해결하기 위해서 의학, 법학, 과학, 종교 등 다양한 학문 분야의 전문적 지식과 기술을 활용하는 학제적 접근을 중시한다.

⑤ 기술 윤리학에 대한 평가로 적절하지 않다. 기술 윤리학은 다양한 도덕 현상과 문제에 대한 객관적 설명과 도덕규범이 형성된 인과 관계에 대한 경험적 탐구를 강조한다.

07 **실천 윤리학과 기술 윤리학** 23학년도 9월 모평 1번 　　정답 ⑤ | 정답률 94%

⊙에 들어갈 진술로 가장 적절한 것은?

　　　　　　　　　　　　　실천 윤리학 ●

나는 윤리학이 '옳음', '좋음'의 의미를 분석하기보다 현실의 윤리 문제에 대한 실제적이고 구체적인 해결책을 모색하는 것을 핵심 과제로 삼아야 한다고 생각한다. 그런데 어떤 사람은 윤리학이 도덕 관행에 관한 사실을 과학적으로 탐구하고 설명하는 것을 핵심 과제로 삼아야 한다고 주장한다. 나는 이러한 주장이 [　　　⊙　　　] 고 생각한다.
　　　　　　　　　　　　→ 기술 윤리학

① 도덕 현상을 가치 중립적으로 기술하는 것이 필요함을 간과한다
　　　　　　　　　　　　　　　　　강조
② 도덕 언어에 함축된 의미 분석이 윤리학의 주된 목적임을 간과한다
　└→ 메타 윤리학의 입장
③ 도덕 관행의 발생 과정을 객관적으로 설명해야 함을 간과한다
　　　　　　　　　　　　　　　　강조
④ 도덕 추론을 위해 어떠한 사실적 지식도 필요하지 않음을 간과한다
　└→ 실천 윤리학도 사실적 지식을 필요로 함
✓ ⑤ 도덕 문제를 해결하기 위해 실천적 지침을 제공해야 함을 간과한다

| 자료 분석 |

제시된 글의 '나'는 실천 윤리학, '어떤 사람'은 기술 윤리학의 입장을 취하고 있다. 실천 윤리학은 이론 윤리학에서 정립한 도덕 원리를 현대 사회의 다양한 문제에 적용하여 실제적이고 구체적인 해결책을 제시하고자 한다. 기술 윤리학은 도덕 현상이나 도덕적 관습 등을 경험적으로 조사하고 객관적으로 기술함으로써 도덕 현상과 문제들 간의 인과 관계를 설명하고자 한다. 따라서 ⊙에는 실천 윤리학의 입장에서 기술 윤리학을 평가하는 내용이 들어가는 것이 적절하다.

| 선지 해설 |

① 기술 윤리학에 대한 평가로 적절하지 않다. 기술 윤리학은 도덕 현상을 가치 중립적으로 기술함으로써 도덕 현상들 간의 인과 관계를 설명하는 것을 핵심으로 삼는다.

② 실천 윤리학이 할 수 있는 평가로 적절하지 않다. 도덕 언어에 함축된 의미 분석을 핵심으로 삼는 것은 메타 윤리학이다.

③ 기술 윤리학에 대한 평가로 적절하지 않다. 기술 윤리학은 도덕 관행의 발생 과정을 객관적으로 기술함으로써 그 인과 관계를 설명하고자 한다.

④ 실천 윤리학이 할 수 있는 평가로 적절하지 않다. 실천 윤리학은 다양한 영역에서 제기되는 도덕 문제를 해결하기 위해 의학, 법학, 과학, 종교 등 다양한 학문 분야의 사실적 지식과 기술을 활용한다.

⑤ 실천 윤리학의 입장에서 기술 윤리학에 할 수 있는 평가로 적절하다. 기술 윤리학은 도덕 현상들을 객관적으로 기술하고 현상들 간의 인과 관계에 대해 설명할 뿐 실질적인 도덕 문제를 해결하기 위한 지침을 제공하지 못한다. 따라서 실천 윤리학의 입장에서는 기술 윤리학이 도덕 문제를 해결하기 위한 실천적 지침을 제공하지 못한다고 평가할 수 있다.

---

08 **메타 윤리학과 실천 윤리학** 23학년도 6월 모평 1번 　　정답 ④ | 정답률 93%

(가), (나) 윤리학의 주된 목표로 가장 적절한 것은?

(가) 윤리학은 도덕적 논의에서 사용되는 용어의 의미를 분석하고 도덕적 추론의 타당성을 검토하는 것을 근본 과제로 삼는다.
메타 윤리학
(나) 윤리학은 도덕 원칙을 실제적인 삶의 문제에 적용하여 구체적인 행위 지침을 제공하는 것을 근본 과제로 삼는다.
실천 윤리학

① (가): 인간의 바람직한 삶의 방향을 제시하는 것이다.
　규범 윤리학
② (가): 도덕적 현상에 대해 객관적으로 기술하는 것이다.
　기술 윤리학
③ (나): 윤리학이 학문으로 성립할 수 있는지 연구하는 것이다.
　메타 윤리학
✓④ (나): 현실의 윤리 문제에 대한 실천적 해결 방안을 모색하는 것이다.
⑤ (가), (나): 보편적인 도덕 원칙을 정립하는 것이다.
　이론 윤리학

| 자료 분석 |

(가)는 메타 윤리학, (나)는 실천 윤리학이다. 메타 윤리학은 도덕적 언어의 의미를 분석하고, 도덕적 추론의 타당성을 검증하기 위한 논리를 분석하여 윤리학의 학문적 성립 가능성을 모색하는 데 주력한다. 실천 윤리학은 도덕 원칙을 현실에 적용하여 삶에서 발생하는 구체적인 윤리 문제의 해결책을 모색하고, 삶에 필요한 구체적인 행위 지침을 제공하는 것을 핵심으로 삼는다.

| 선지 해설 |

① 인간의 바람직한 삶의 방향을 제시하는 것을 윤리학의 주된 목표로 삼는 것은 규범 윤리학이다. 규범 윤리학은 인간의 도덕적 행위를 정당화하는 도덕적 근거를 마련하고, 도덕 원리를 탐구하는 이론 윤리학과 현실에 적용하여 현실의 구체적인 윤리 문제를 해결하고자 하는 실천 윤리학으로 나눌 수 있다.

② 도덕적 현상에 대해 객관적으로 기술하는 것은 기술 윤리학의 주된 목표이다. 기술 윤리학은 도덕적 관습이나 풍습 등을 경험적으로 조사하여 이를 명확하게 기술하고, 기술된 현상들 간의 인과 관계를 설명하고자 한다.

③ 윤리학이 학문으로 성립할 수 있는지 연구하는 것은 메타 윤리학의 주된 목표이다. 메타 윤리학은 도덕적 논의에 사용되는 용어들의 의미를 분석하고, 도덕적 추론의 규칙과 인식의 방법 등을 검토하고자 한다.

④ 현실의 윤리 문제에 대한 실천적 해결 방안을 모색하는 것은 실천 윤리학의 주된 목표이다. 실천 윤리학은 이론 윤리학에서 정립된 도덕 이론을 현실의 윤리 문제에 적용하여 실천적 해결 방안을 모색하는 것을 핵심으로 삼는다.

⑤ 보편적인 도덕 원칙을 정립하는 것을 윤리학의 주된 목표로 삼는 것은 이론 윤리학이다. 메타 윤리학은 이미 정립된 도덕 원칙의 정당성을 검토하는 데 관심을 두고, 실천 윤리학은 이론 윤리학에서 정립한 보편적인 도덕 원칙을 적용하여 삶의 구체적인 윤리 문제를 해결하는 데 관심을 둔다.

OX문제로 개념 확인

(1) 메타 윤리학의 주된 관심은 보편적 도덕 원칙을 정립하여 바람직한 삶의 방향을 제시하는 것이다. 　　　　　　　　　(　　)

(2) 실천 윤리학의 주된 관심은 보편적 도덕 원칙을 삶의 구체적 윤리 문제에 적용하여 실제적인 해결책을 모색하는 것이다. 　　(　　)

(1) X　(2) O

㉠에 들어갈 진술로 가장 적절한 것은?

>   나는 윤리학이 "도덕 문제를 어떻게 해결할 것인가?"를 탐구하는 학문이라고 생각한다. 즉, 윤리학은 과학 기술의 발달과 사회·문화적 변화로 발생하는 실질적인 도덕 문제의 해결을 궁극적인 목적으로 삼아야 한다. 그런데 일부 윤리학자들은 윤리학에서 사용되고 있는 도덕적 언어의 의미를 명확하게 해명하는 일을 윤리학의 본질이라고 주장한다. 나는 이러한 주장이   ㉠   고 생각한다.

└→ 실천 윤리학 (나)
→ 메타 윤리학 (일부 윤리학자들)
㉠ └→ 실천 윤리학의 입장에서 메타 윤리학의 입장에 제기할 수 있는 비판

① 윤리학의 학문적 성립 가능성에 대한 탐구를 간과한다
    └→ 메타 윤리학   강조
② 도덕 판단의 근거가 되는 규범 체계의 필요성을 강조한다
    →규범 윤리학의 입장
✓③ 현실의 도덕 문제에 윤리 이론을 응용해야 함을 간과한다
④ 도덕 현상에 대한 객관적 서술과 인과 관계의 설명을 강조한다
    →기술 윤리학의 입장
⑤ 도덕 추론의 논리적 분석이 윤리학의 핵심 과제임을 간과한다
    └→ 메타 윤리학   강조

| 자료 분석 |

제시된 글의 '나'는 실천 윤리학의 입장을 취하고 있다. 실천 윤리학은 삶의 구체적 상황에서 새롭게 제기되는 윤리 문제에 대한 실질적인 해결책을 제시하는 것을 목적으로 한다. 반면 '일부 윤리학자들'은 메타 윤리학의 입장을 취하고 있다. 메타 윤리학은 도덕적 언어의 의미를 분석하고, 도덕적 추론의 타당성을 검증하여 윤리학의 학문적 성립 가능성을 탐구하는 것을 목적으로 한다. 따라서 ㉠에는 실천 윤리학의 입장에서 메타 윤리학의 입장에 제기할 수 있는 적절한 비판이 들어가야 한다.

| 선지 해설 |

① 윤리학의 학문적 성립 가능성에 대한 탐구는 메타 윤리학의 주요 탐구 주제이므로, 메타 윤리학에 제기할 수 있는 비판으로 적절하지 않다.

② 도덕 판단의 근거가 되는 규범 체계의 필요성을 강조하는 것은 규범 윤리학이다. 규범 윤리학은 윤리적 행위를 위한 근본 원리로 성립 가능한 도덕 원리를 탐구하는 이론 윤리학과, 도덕 원리를 근거로 현실에서 직면하는 구체적인 윤리 문제를 해결하고자 하는 실천 윤리학으로 구분된다. 메타 윤리학은 도덕 판단의 근거가 되는 규범 체계의 필요성보다 도덕규범에서 사용되는 도덕적 언어의 의미나 도덕적 추론의 논리적 타당성에 대한 탐구를 강조하므로 '나'의 입장에서 제기할 수 있는 비판으로 적절하지 않다.

③ '나'는 실천 윤리학의 입장에서 윤리 이론을 근거로 사회 변화에 따라 발생하는 새로운 윤리 문제를 해결하는 것을 윤리학의 주목적으로 삼는다. 반면, '일부 윤리학자들'은 메타 윤리학의 입장에서 윤리학에 사용되는 도덕적 언어의 의미 분석을 윤리학의 주목적으로 삼는다. 따라서 '나'의 입장에서는 '일부 윤리학자들'에게 현실의 도덕 문제에 윤리 이론을 응용해야 함을 간과하고 있다고 비판할 수 있다.

④ 도덕 현상과 문제를 객관적으로 서술하고, 기술된 현상들 간의 인과 관계에 대한 설명을 강조하는 것은 기술 윤리학에 해당한다.

⑤ 도덕 추론의 논리적 분석을 윤리학의 핵심 과제로 삼는 것은 메타 윤리학에 해당하므로, '나'의 입장에서 '일부 윤리학자들'에게 제기할 수 있는 비판으로 적절하지 않다.

㉠에 들어갈 진술로 가장 적절한 것은?

>   나는 윤리학이 행위에 대한 규범적 판단을 체계화하고 그 근거를 제시하는 학문이어야 한다고 생각한다. 그런데 어떤 사람은 윤리학이 도덕적 현상들을 있는 그대로 기술하는 학문이어야 한다고 주장한다. 내가 보기에 이러한 주장은 윤리학이   ㉠   는 점을 간과하고 있다.

└→ 이론 윤리학 (나)
→ 기술 윤리학 (어떤 사람)
㉠ └→ 이론 윤리학의 입장에서 기술 윤리학의 입장에 제기할 수 있는 비판

① 도덕적 관습을 실증적으로 연구해야 한다
    →기술 윤리학에서 할 수 있는 주장
✓② 가치 판단을 위해 도덕 이론을 정립해야 한다
③ 하나의 학문으로서 성립 가능한지 검토해야 한다
④ 도덕 언어의 의미 분석을 핵심 과제로 삼아야 한다
⑤ 도덕 추론의 논리적 구조를 밝히는 데 주력해야 한다
                메타 윤리학에서 할 수 있는 주장

| 자료 분석 |

제시된 글의 '나'는 이론 윤리학의 입장에서 윤리학의 목표가 행위에 대한 규범적 판단의 근거를 이론적으로 체계화하는 데 있다고 본다. 한편 '어떤 사람'은 도덕 현상을 있는 그대로 기술하는 것이 윤리학의 목표라고 보는 기술 윤리학의 입장을 취하고 있다. 따라서 ㉠에는 이론 윤리학의 입장에서 기술 윤리학의 입장에 대해 할 수 있는 비판이 제시되어야 한다.

| 선지 해설 |

① 기술 윤리학의 입장에서 제기할 수 있는 주장이다. 기술 윤리학은 도덕적 관습에 대한 실증적 연구를 강조한다.

② 이론 윤리학은 가치 판단을 위한 도덕 이론의 정립을 중시하므로, 도덕 현상에 대한 객관적 기술을 목표로 하는 기술 윤리학이 규범적 판단을 위한 이론 정립을 간과하고 있다고 비판할 수 있다.

③ 메타 윤리학의 입장에서 제기할 수 있는 주장이다.

④ 메타 윤리학의 입장에서 제기할 수 있는 주장이다. '옳다', '그르다'와 같은 도덕 언어가 어떤 의미를 지니는지 분석하는 것을 윤리학의 목표라고 보는 입장은 메타 윤리학에 해당한다.

⑤ 메타 윤리학의 입장에서 제기할 수 있는 주장이다. 도덕 판단에 이르는 추론 과정의 논리적 검토를 통해 도덕 추론의 논리적 구조를 분석하는 것이 윤리학의 목표라고 보는 입장은 메타 윤리학에 해당한다.

11 메타 윤리학과 실천 윤리학 21학년도 수능 1번

정답 ② | 정답률 83%

㉠에 들어갈 진술로 가장 적절한 것은?

> 　 나는 윤리학이 행위의 근거가 되는 도덕적 원리를 탐구하기보
> 다는 도덕적 논의에서 사용되는 용어의 의미를 밝히고 추론의 규
> 칙을 분석해야 한다고 생각한다. 그런데 어떤 사람은 윤리학이 사
> 회·문화적 변화와 과학 기술의 발달로 인해 발생하는 구체적 윤
> 리 문제에 대한 해결책 탐구에 주력해야 한다고 주장한다. 나는
> 이러한 주장이 ㉠ 고 생각한다.

① 도덕 문제 탐구에 사회·자연 과학적 지식이 필요함을 간과한다

✓② 도덕 문제 해결보다 도덕 논증의 타당성 분석이 중요함을 간과한다

③ 도덕 현상은 과학적으로 기술해야 할 사실의 집합이 아님을 간과한다

④ 도덕 문제 해결에는 행위의 선악을 판단하는 도덕 원리가 필요함을 간과한다

⑤ 도덕 이론의 연구만으로는 삶의 구체적 문제 해결에 한계가 있음을 간과한다

| 자료 분석 |

제시된 글의 '나'는 메타 윤리학의 입장을 취하고 있다. 메타 윤리학은 도덕적 언어의 의미를 밝히고 도덕적 추론의 규칙을 분석하는 것이 윤리학의 주된 목표라고 본다. 한편 '어떤 사람'은 실천 윤리학의 입장을 취하고 있다. 실천 윤리학은 현실에서 발생하는 구체적인 윤리 문제에 도덕 원리를 적용하여 해결책을 탐구하는 것을 목표로 한다. 따라서 ㉠에는 메타 윤리학의 입장에서 실천 윤리학을 비판하는 내용이 들어가야 한다.

| 선지 해설 |

① 실천 윤리학은 현실에서 발생하는 도덕 문제를 해결하기 위해 사회 과학이나 자연 과학 등 다양한 영역의 지식을 활용하는 학제적 접근을 강조한다. 따라서 해당 선지는 실천 윤리학에 대한 비판으로 적절하지 않다.

② 메타 윤리학은 윤리학의 주된 목적 중 하나가 도덕 논증의 타당성을 분석하는 것이라고 본다. 따라서 해당 선지는 메타 윤리학의 입장에서 구체적 도덕 문제의 해결을 강조하는 실천 윤리학에게 할 수 있는 비판으로 적절하다.

③ 도덕 현상을 과학적으로 기술해야 할 사실의 집합으로 보는 입장은 기술 윤리학에 해당한다. 기술 윤리학은 도덕을 하나의 현상으로 보고, 이러한 현상을 객관적으로 기술하는 것이 윤리학의 과제라고 본다.

④ 실천 윤리학은 구체적인 도덕 문제를 해결하기 위해 선악을 판단하는 도덕 원리가 필요하다고 보는 입장이므로, 해당 선지는 실천 윤리학에 대한 비판으로 적절하지 않다.

⑤ 실천 윤리학은 도덕 이론의 연구만이 아니라 연구를 통해 도출한 도덕 이론을 삶의 구체적인 문제를 해결하는 데 '적용'해야 한다고 강조하는 입장이므로, 해당 선지는 실천 윤리학에 대한 비판으로 적절하지 않다.

12 실천 윤리학과 기술 윤리학 21학년도 9월 모평 1번

정답 ② | 정답률 72%

(가), (나)의 입장으로 가장 적절한 것은?

> (가) 윤리학은 사회 변화와 기술의 발전으로 인해 발생하는 새로운 도덕 문제를 해결하기 위한 구체적 지침을 제공하는 것을 핵심 과제로 삼아야 한다.
> (나) 윤리학은 역사적, 문화적, 인류학적 관점에서 각 문화권의 다양한 도덕적 현상을 조사하고 객관적으로 기술하는 것을 핵심 과제로 삼아야 한다.

① (가): 도덕적 신념과 관습은 사실들의 집합으로 간주해야 한다.

✓② (가): 보편적 도덕 원리를 현실의 개별 상황에 적용해야 한다.

③ (나): 도덕 규칙이나 평가의 표준이 되는 원리를 정립해야 한다.

④ (나): 도덕 언어의 의미와 도덕 추론의 타당성을 검증해야 한다.

⑤ (가), (나): 절대적이고 객관적인 도덕 규칙의 존재를 인정해야 한다.

| 자료 분석 |

(가)는 실천 윤리학, (나)는 기술 윤리학의 입장이다. 실천 윤리학은 현대 사회에서 발생하는 '새로운 도덕 문제를 해결하기 위한 구체적 지침을 제공하는 것'을 핵심 목표로 삼는다. 반면 기술 윤리학은 도덕을 '현상'으로 보고, 이러한 도덕적 현상을 '객관적으로 기술하는 것'을 핵심 과제로 삼는다.

| 선지 해설 |

① 기술 윤리학에 해당하는 입장이다. 기술 윤리학은 도덕적 신념과 관습을 객관적으로 기술할 수 있는 사실의 영역으로 본다.

② 실천 윤리학의 입장으로 적절하다. 실천 윤리학은 보편적 도덕 원리를 개별적인 도덕적 문제 상황에 적용하여 구체적인 해결 방법을 탐구하는 것을 목표로 한다.

③ 이론 윤리학에 해당하는 입장이다. 이론 윤리학은 도덕 규칙이나 평가의 표준이 되는 보편적인 도덕 원리의 정립을 핵심 과제로 삼는다.

④ 메타 윤리학에 해당하는 입장이다. 메타 윤리학은 도덕 언어의 의미를 탐구하고 도덕 추론의 타당성을 검증하며 윤리학의 성립 가능성을 탐구한다.

⑤ 실천 윤리학은 구체적 문제 상황에 보편적 도덕 원리를 적용하여 문제에 대한 해결 방법을 모색하므로, 절대적이고 객관적인 도덕 규칙의 존재를 인정한다. 반면 기술 윤리학은 절대적이고 객관적인 도덕 규칙의 존재를 인정하지 않는데, 도덕을 각 문화권에 따라 다양하게 발생하는 현상으로 보기 때문이다.

(가), (나)의 입장으로 가장 적절한 것은?

실천 윤리학의 목표 →

(가) 윤리학은 일상생활 속에서 제기되는 생명, 환경 등과 관련된 다양한 도덕적 문제에 도덕 원리를 적용하여 실천적인 지침을 제공하는 것을 주된 목표로 삼아야 한다.
실천 윤리학

(나) 윤리학은 도덕적 언어, 즉 '좋다', '옳다'와 같은 단어들의 쓰임을 명확하게 규명하고, 도덕적 언어들로 구성된 문장의 의미에 대한 철학적 분석을 주된 목표로 삼아야 한다.
메타 윤리학

→ 메타 윤리학의 목표

✔ (가): 윤리학의 핵심 과제는 삶의 구체적인 도덕 문제의 해결이다.

② (가): 윤리학의 핵심 과제는 도덕적 추리와 논증 방법의 연구이다.
(나)(메타 윤리학)

③ (나): 윤리학의 핵심 과제는 도덕적 관행에 대한 인과적 서술이다.
기술 윤리학

④ (나): 윤리학의 핵심 과제는 경험적 연구를 통한 도덕성의 검증이다.
도덕 과학

⑤ (가), (나): 윤리학의 핵심 과제는 보편적인 도덕 법칙의 정립이다.
이론 윤리학

| 자료 분석 |

(가)는 실천 윤리학, (나)는 메타 윤리학의 입장이다. 실천 윤리학은 실제 삶 속에서 발생하는 구체적인 도덕 문제들을 해결하기 위해 도덕 원리를 적용하여 실천적 지침을 제공하는 것을 목표로 삼는다. 한편 메타 윤리학은 도덕적 언어의 의미를 분석하고, 도덕적 추론의 논리적 타당성을 검증하여 윤리학이 학문으로서 성립 가능한지 탐구하는 것을 주된 연구 주제로 삼는다.

| 선지 해설 |

① 실천 윤리학의 입장으로 적절하다. 실천 윤리학은 삶의 구체적인 도덕 문제의 해결을 위한 실천적 규범의 제공을 주된 목적으로 한다.

② 실천 윤리학이 아니라 메타 윤리학의 입장이다. 메타 윤리학에서는 도덕적 추리와 논증 방법 등을 연구하는 것을 핵심 과제로 삼는다.

③ 메타 윤리학이 아니라 기술 윤리학의 입장이다. 기술 윤리학은 도덕을 하나의 현상으로 보고, 그러한 도덕적 현상(도덕적 관행)의 원인과 결과를 객관적으로 서술하고자 한다.

④ 메타 윤리학이 아니라 도덕 과학적 관점에 해당하는 입장이다. 도덕 과학에서는 경험적 연구를 통한 접근을 강조하며 인간의 도덕성이 과학적인 연구를 통해 검증될 수 있다고 본다.

⑤ 이론 윤리학에 해당하는 입장이다. 실천 윤리학도 보편적인 도덕 원리를 중시하지만, 실천 윤리학의 핵심적인 과제는 구체적인 도덕 문제에 도덕 원리를 '적용'하여 실천적인 지침을 제공하는 것이다.

갑, 을의 입장으로 가장 적절한 것은?

→ 실천 윤리학의 탐구 주제

갑: 윤리학은 윤리 이론의 탐구보다는 실제 삶에서 만나는 도덕 문제의 해결을 목표로 삼아야 한다. 이를 위해 도덕 이론의 도움을 받을 뿐 아니라 생명 공학, 법학 등의 자연 과학 및 사회 과학 지식을 적극 활용해야 한다.
실천 윤리학
→ 학제적 접근

을: 윤리학은 개인의 생활 그리고 사회의 구조와 기능 속에 존재하는 도덕 현상을 과학적으로 탐구하는 것을 목표로 삼아야 한다. 즉 사람들이 따랐거나 따르고 있는 윤리가 무엇인지 기술하고 설명해야 한다.
기술 윤리학
→ 기술 윤리학의 탐구 주제

① 갑: 윤리학은 도덕 관행의 발생 과정을 인과적으로 서술해야 한다.
을(기술 윤리학)

✔ 갑: 윤리학은 구체적 삶의 도덕적 딜레마 해결을 중시해야 한다.

③ 을: 윤리학은 당위의 관점에서 이상적 덕이 무엇인지 모색해야 한다.
이론 윤리학

④ 을: 윤리학은 도덕 문제에 응용되는 보편적 도덕 원리를 정립해야 한다.
이론 윤리학

⑤ 갑, 을: 윤리학은 도덕 언어의 의미 분석을 탐구 목적으로 삼아야 한다.
메타 윤리학

| 자료 분석 |

갑은 실천 윤리학, 을은 기술 윤리학의 입장을 취한다. 실천 윤리학은 구체적인 삶의 영역에서 직면하는 도덕 문제의 해결을 윤리학의 목표로 삼아야 함을 강조하므로 다양한 분야의 학제적 접근을 강조한다. 기술 윤리학은 도덕을 하나의 현상으로 보고 이러한 현상을 과학적으로 탐구하는 것이 윤리학의 목표임을 주장한다.

| 선지 해설 |

① 기술 윤리학의 입장이다. 기술 윤리학은 사람들이 따랐거나 따르고 있는 도덕 관행의 발생 과정을 원인과 결과에 따라 서술해야 한다고 강조한다.

② 실천 윤리학은 실제 삶에서 만나는 구체적 삶의 도덕적 문제를 해결하기 위한 윤리적 탐구를 강조한다.

③ 이론 윤리학의 입장이다. 이론 윤리학은 우리가 해야 하는 것이 무엇인지를 논하는 당위의 관점에서 무엇이 이상적인 덕인지 모색해야 한다고 본다.

④ 이론 윤리학의 입장이다. 규범 윤리학 중 하나인 이론 윤리학은 도덕 문제에 응용할 수 있는 보편적 도덕 원리의 정립을 강조한다.

⑤ 메타 윤리학의 입장이다. 메타 윤리학은 '선하다', '옳다' 등과 같은 도덕 언어의 의미 분석을 탐구의 목적으로 삼아야 함을 강조한다.

15 실천 윤리학과 기술 윤리학 20학년도 9월 모평 1번

정답 ② | 정답률 80%

⊙에 들어갈 진술로 가장 적절한 것은?

윤리학은 실천의 학으로 도덕 이론을 응용하여 실제 삶에서 제기되는 구체적인 도덕 문제의 해결을 궁극적 목표로 삼아야 한다. 그런데 어떤 사람은 윤리학이 실제로 사람들이 따르고 있는 도덕적 관행을 객관적으로 기술하는 것을 목표로 삼아야 한다고 주장한다. 나는 이러한 윤리학이 [⊙]고 생각한다.

→ 실천 윤리학의 목표
→ 기술 윤리학의 목표
→ 기술 윤리학에 대한 실천 윤리학의 비판

① 도덕 이론과 도덕 문제 간의 유기적 상관성을 강조한다
→ 규범 윤리학의 입장

✓② 도덕 문제 해결을 위한 도덕 판단의 중요성을 간과한다

③ 도덕적 추론의 논리적 타당성이 갖는 중요성을 강조한다
→ 메타 윤리학의 입장

④ 도덕 이론의 정립보다 도덕적 딜레마의 해결을 강조한다
→ 실천 윤리학의 입장

⑤ 도덕적 관습에 관한 경험적 서술이 갖는 의의를 간과한다
강조

┃자료 분석┃

제시된 글의 '나'는 실제 삶의 구체적 도덕 문제를 해결하는 것을 목표로 삼는 실천 윤리학의 관점을 취하고 있다. 반면 '어떤 사람'은 도덕을 현상으로 보고 도덕적 관행을 객관적으로 기술하는 것을 목표로 삼는 기술 윤리학의 관점을 취하고 있다. 따라서 ⊙에는 실천 윤리학의 입장에서 기술 윤리학의 관점을 비판할 수 있는 내용이 들어가야 한다.

┃선지 해설┃

① 도덕 이론과 도덕 문제 간의 유기적 상관성을 강조하는 것은 규범 윤리학의 입장이다. 규범 윤리학은 이론 윤리학을 통해 도덕 원리를 파악하고, 실천 윤리학을 통해 그 도덕 원리를 실제적 도덕 문제의 해결을 위한 기준으로 삼는다.

②기술 윤리학은 도덕을 현상으로 파악하고 이를 가치 중립적이고 객관적으로 서술하는 것을 목표로 한다. 그러므로 규범 윤리학의 한 종류이자 실천을 강조하는 실천 윤리학의 입장에서는 기술 윤리학에 대해 규범적인 측면이 부족하고 다양한 윤리 문제를 해결하기 위한 실제적인 도덕 판단의 중요성을 간과한다고 비판을 제기할 수 있다.

③ 메타 윤리학의 입장이다. 실천 윤리학은 도덕적 추론의 논리적 타당성보다 실제 삶의 도덕적 문제를 해결할 수 있는지를 중요하게 생각한다.

④ 실천 윤리학의 입장이다. 실천 윤리학은 도덕 이론을 정립하는 것보다 도덕 이론을 도덕적 딜레마에 적용하여 구체적인 해결책을 모색하고자 한다.

⑤ 기술 윤리학은 도덕적 관습에 대한 경험적이고 객관적인 관찰과 서술을 강조하는 입장이다.

16 이론 윤리학과 실천 윤리학 20학년도 6월 모평 1번

정답 ③ | 정답률 68%

(가), (나)의 입장으로 가장 적절한 것은?

(가) 윤리학은 의무론, 공리주의, 덕 윤리와 같이 인간이 준수해야 할 근본적인 도덕 원리에 대한 이론적 탐구를 주요한 과제로 삼아야 한다.
→ 이론 윤리학의 주요 과제

(나) 윤리학은 생명 윤리, 환경 윤리, 정보 윤리와 같이 시대의 변화에 따라 다양한 영역에서 나타나는 윤리 문제 해결에 우선적으로 관심을 두고 연구해야 한다.
→ 실천 윤리학의 주요 관심사

(가)이론 윤리학 / (나)실천 윤리학

① (가): 윤리학은 도덕 관습에 대한 객관적 기술을 주된 목적으로 한다.
기술 윤리학

② (가): 윤리학의 학문적 성립 가능성의 탐구가 윤리학의 핵심 목표이다.
메타 윤리학

✓③ (나): 윤리적 문제를 해결하기 위해서는 학제적 연구가 필요하다.

④ (나): 윤리적 문제의 해결은 가치를 분별하는 과정과 무관하다.
하지 않다

⑤ (가), (나): 윤리학은 도덕 언어의 의미 분석을 중점 과제로 삼는다.
메타 윤리학

┃자료 분석┃

(가)는 이론 윤리학, (나)는 실천 윤리학에 대한 설명이다. 이론 윤리학은 어떤 원리가 윤리적 행위를 위한 근본 원리로 성립할 수 있는지를 연구하는 것에 초점을 둔다. 대표적으로는 의무론, 공리주의, 덕 윤리 등이 이론 윤리학에 해당한다. 실천 윤리학은 현실의 도덕적 문제 상황에 이론 윤리를 적용하여 구체적인 윤리적 판단을 내리는 것을 중요시한다. 생명 윤리, 정보 윤리, 환경 윤리, 직업 윤리, 문화 윤리 등이 실천 윤리학에 해당한다.

┃선지 해설┃

① 도덕적 관습이나 풍습에 대한 경험적 조사와 그에 대한 객관적 기술을 주된 목적으로 하는 것은 기술 윤리학이다.

② 윤리학이 학문적으로 성립 가능한지를 윤리학적 탐구의 목표로 삼는 것은 메타 윤리학이다.

③실천 윤리학은 현대 사회의 다양한 윤리적 문제를 해결하기 위해서는 여러 인접 학문과 연계하여 다양한 윤리적 쟁점을 다루어야 한다고 보기 때문에 학제적 연구가 필요하다고 주장한다.

④ 실천 윤리학은 이론 윤리학과 함께 규범 윤리학에 속하며, 규범 윤리학은 '사람이 어떻게 행동해야 할 것인가?'에 관한 보편적인 원리를 연구하는 학문으로 가치를 분별하는 과정을 포함한다.

⑤ '옳다', '그르다'와 같은 도덕 언어의 의미를 분석하고 도덕 추론의 타당성을 검토하는 것은 메타 윤리학의 핵심 과제이다.

㉠에 들어갈 진술로 가장 적절한 것은?

→ 이론 윤리학   메타 윤리학 ←

> 나는 윤리학이 보편적으로 타당한 도덕원리의 체계를 구성 하여 모든 사람에게 적용되는 삶의 지침을 제공하는 데 주력해야 한다고 생각한다. 그런데 어떤 사람들은 윤리학이 도덕적 언어의 의미를 분석하고, 도덕적 신념의 진위를 검증하기 위한 추론의 규칙을 검토하는 데 주력해야 한다고 주장한다. 나는 이러한 주장이 [㉠   ]고 생각한다.

↳ 메타 윤리학에 대한 이론 윤리학의 입장

① 도덕적 관행을 경험 과학적으로 기술해야 함을 강조한다
   → 기술 윤리학의 입장

② 도덕 추론의 논리적 구조를 분석하는 것이 중요함을 ~~간과한다~~
                                              강조

✓③ 도덕적 딜레마 해결을 위한 규범의 정립이 필요함을 간과한다

④ 윤리학이 학문적으로 성립 가능한지 검토해야 함을 ~~간과한다~~
                                         강조

⑤ 가치 판단을 통해 행위의 옳고 그름을 밝혀야 함을 강조한다
   → 규범 윤리학의 입장

| 자료 분석 |

제시문의 '나'는 이론 윤리학의 입장, '어떤 사람'은 메타 윤리학의 입장을 취하고 있다. 이론 윤리학은 보편적으로 적용 가능한 도덕원리를 탐구하여 윤리적 삶의 기준을 이론적으로 체계화하고자 한다. 한편 메타 윤리학은 도덕적 언어의 의미를 분석하고, 도덕적 추론의 논리적 타당성을 검증하는 것을 목표로 삼는다.

| 선지 해설 |

① 이론 윤리학에서 메타 윤리학에 대해 가질 입장으로 적절하지 않다. 도덕적 관행을 경험 과학적으로 기술해야 함을 강조하는 것은 기술 윤리학이다.

② 이론 윤리학에서 메타 윤리학에 대해 가질 입장으로 적절하지 않다. 메타 윤리학은 도덕 추론의 논리적 구조를 분석하는 것이 중요함을 강조한다.

③ 이론 윤리학에서 메타 윤리학에 대해 가질 입장으로 적절하다. 도덕적 딜레마의 해결을 위한 규범을 정립하는 것의 필요성을 주장하는 것은 이론 윤리학이다.

④ 이론 윤리학에서 메타 윤리학에 대해 가질 입장으로 적절하지 않다. 메타 윤리학은 윤리학이 학문적으로 성립 가능한지 검토해야 함을 강조한다.

⑤ 이론 윤리학에서 메타 윤리학에 대해 가질 입장으로 적절하지 않다. 가치 판단을 통해 행위의 옳고 그름을 밝혀야 함을 주장하는 것은 규범 윤리학이다.

(가), (나) 윤리학의 핵심 과제로 가장 적절한 것은?

> (가) 윤리학은 우리가 일상에서 마주치는 구체적인 도덕적 문제
> 실천 들을 다루어야 하며, 그 문제들에 도덕 원리를 적용하여 실
> 윤리학 천적 해결 방안을 모색하는 데 주력해야 한다.
>
> (나) 윤리학은 우리가 일상에서 사용하는 도덕적 용어의 의미를
> 메타 분석하고, 도덕적 명제에 대한 추론이나 판단이 논리적으로
> 윤리학 타당한지 입증하는 데 주력해야 한다.

✓① (가): 현실의 도덕 문제에 대한 구체적인 해결책을 제시하는 것이다.
   → 실천 윤리학

② (가): 도덕 현상들 간의 인과 관계를 객관적으로 설명하는 것이다.
   → 기술 윤리학

③ (나): 올바른 삶의 지침이 될 보편적 도덕 원리를 정립하는 것이다.
   → 이론 규범 윤리학

④ (나): 각 공동체의 다양한 도덕 관행을 비교하여 기술하는 것이다.
   → 기술 윤리학

⑤ (가)와 (나): 윤리학이 학문적으로 성립 가능한지 탐구하는 것이다.
   → 메타 윤리학

| 자료 분석 |

(가)는 실천 윤리학, (나)는 메타 윤리학이다. 실천 윤리학은 도덕 원리를 근거로 삶에서 발생하는 여러 윤리 문제에 대한 구체적이고 실천적인 해결책을 모색하는 것을 핵심으로 삼는다. 메타 윤리학은 도덕적 언어의 의미를 분석하고 도덕적 추론이나 판단의 타당성을 검토하여 윤리학의 학문적 성립 가능성을 탐구하는 것을 핵심으로 삼는다.

| 선지 해설 |

① 실천 윤리학에서는 현실의 도덕 문제에 대한 구체적인 해결책을 제시하는 것을 핵심 과제로 삼는다.

② 도덕 현상들 간의 인과 관계를 객관적으로 설명하는 것을 핵심 과제로 삼는 것은 기술 윤리학이다.

③ 올바른 삶의 지침이 될 보편적 도덕 원리를 정립하는 것을 핵심 과제로 삼는 것은 이론 규범 윤리학이다.

④ 각 공동체의 다양한 도덕 관행을 비교하여 기술하는 것을 핵심 과제로 삼는 것은 기술 윤리학이다.

⑤ 윤리학이 학문적으로 성립 가능한지 탐구하는 것을 핵심 과제로 삼는 것은 메타 윤리학이다.

19 기술 윤리학과 실천 윤리학 24학년도 3월 학평 1번

정답 ④ | 정답률 87%

(가), (나) 윤리학의 핵심 과제로 가장 적절한 것은?

> (가) 윤리학은 개인의 생활 및 사회 구조 속에 존재하는 도덕 현
> *기술* 상의 인과 관계에 대한 경험적 지식을 가치 중립적으로 기술
> *윤리학* 하는 데 주력해야 한다.
> (나) 윤리학은 타당한 도덕 원리를 바탕으로 생명, 정보, 환경 등
> *실천* 다양한 영역의 도덕 문제에 적용 가능한 실천적 대안을 모색
> *윤리학* 하는 데 주력해야 한다.

① (가): 삶의 방향 정립을 위한 도덕 원리를 탐구하는 것이다.
    → 이론 윤리학

② (가): 윤리학이 학문으로서 성립 가능한지를 검토하는 것이다.
    → 메타 윤리학

③ (나): 도덕 명제를 구성하는 개념의 의미를 분석하는 것이다.
    → 메타 윤리학

④ (나): 도덕 문제 해결을 위한 구체적 지침을 제공하는 것이다.
    → 실천 윤리학

⑤ (가)와 (나): 도덕 추론의 과정이 타당한지를 논증하는 것이다.
    → 메타 윤리학

| 자료 분석 |

(가)는 기술 윤리학, (나)는 실천 윤리학이다. 기술 윤리학은 도덕 현상이나 도덕적 관습 등을 경험적으로 조사하고 객관적으로 기술함으로써 도덕 현상과 문제들 간의 인과 관계를 설명하고자 한다. 실천 윤리학은 도덕 원리를 근거로 삶에서 발생하는 여러 윤리 문제에 대한 구체적이고 실천적인 해결책을 모색하는 것을 핵심으로 삼는다.

| 선지 해설 |

① 삶의 방향 정립을 위한 도덕 원리를 탐구하는 것을 핵심 과제로 삼는 것은 이론 윤리학이다.

② 윤리학이 학문으로서 성립 가능한지를 검토하는 것을 핵심 과제로 삼는 것은 메타 윤리학이다.

③ 도덕 명제를 구성하는 개념의 의미를 분석하는 것을 핵심 과제로 삼는 것은 메타 윤리학이다.

④ 실천 윤리학은 도덕 문제를 해결하기 위한 구체적이고 실천적인 지침을 제공하는 것을 핵심 과제로 삼는다.

⑤ 도덕 추론의 과정이 타당한지 논증하는 것을 핵심 과제로 삼는 것은 메타 윤리학이다.

20 규범 윤리학과 기술 윤리학 23학년도 10월 학평 1번

정답 ⑤ | 정답률 78%

㉠에 들어갈 진술로 가장 적절한 것은?

> *규범 윤리학*
> 나는 윤리학이 도덕 원리를 탐구하여 '어떤 행위를 해야 한
> 다' 혹은 '어떤 성품을 가져야 한다'는 도덕적 표준의 제시를 목
> 적으로 삼아야 한다고 본다. 그런데 어떤 사람은 윤리학이 경험
> 적 연구를 바탕으로 도덕적 신념, 태도, 현상에 대한 객관적 기
> 술을 목적으로 삼아야 한다고 주장한다. 나는 이러한 주장이
> _____㉠_____ 고 생각한다. *기술 윤리학*

① 도덕적 문제 상황의 인과 관계를 설명해야 함을 간과한다
    강조한다

② 도덕적 담화의 논증이 타당한지를 검증해야 함을 강조한다
    → 메타 윤리학

③ 행위의 도덕적 근거에 대한 이론을 정립해야 함을 강조한다
    간과한다

④ 특정 사회의 도덕 관습에 대한 실태 조사가 필요함을 간과한다
    강조한다

⑤ 도덕 규칙을 적용해 행위의 정당성을 검토해야 함을 간과한다
    → 규범 윤리학의 주장

| 자료 분석 |

'나'는 규범 윤리학, '어떤 사람'은 기술 윤리학의 입장이다. 규범 윤리학은 도덕적 행위의 근거가 되는 도덕 원리나 도덕적 표준이 무엇인지 탐구하는 것을 목적으로 삼아, 이를 바탕으로 도덕적 문제의 해결과 실천 방안을 제시해야 한다고 주장한다. 기술 윤리학은 경험적 연구를 바탕으로 도덕적 신념 및 태도, 도덕 현상과 문제에 대해 명확하게 기술하고, 기술된 현상들 간의 인과 관계를 객관적으로 서술하는 것을 목적으로 삼아야 한다고 주장한다.

| 선지 해설 |

① 기술 윤리학은 도덕적 문제 상황의 인과 관계를 객관적으로 설명해야 함을 강조하고 있으므로 기술 윤리학에 대해 평가한 진술로 적절하지 않다.

② 도덕적 담화에서 사용되는 논증의 타당성을 검증하는 것은 메타 윤리학에서 강조하는 입장이므로 기술 윤리학에 대해 평가한 진술로 적절하지 않다.

③ 행위의 도덕적 근거에 대한 이론을 정립해야 함을 강조하는 것은 규범 윤리학 중에서도 이론 윤리학에서 강조하는 입장이므로 기술 윤리학에 대해 평가한 진술로 적절하지 않다.

④ 기술 윤리학은 도덕 현상과 문제를 명확하게 기술하기 위해 특정 사회의 도덕 관습에 대한 경험적 실태 조사가 필요하다고 본다. 따라서 기술 윤리학에 대해 평가한 진술로 적절하지 않다.

⑤ 규범 윤리학은 도덕적 행위의 근거가 되는 도덕적 규칙이나 원리를 탐구하여 도덕적 행위의 정당성을 검토해야 한다고 주장한다. 이와 달리 기술 윤리학은 도덕 원리에 대한 탐구보다는 도덕적 행위나 현상에 대해 가치 중립적으로 서술하는 것을 강조하므로 규범 윤리학의 입장에서 기술 윤리학에 대해 평가한 진술로 적절하다.

(가), (나) 윤리학의 입장으로 가장 적절한 것은?

> (가) 윤리학은 도덕 판단에서 사용된 도덕적 용어의 의미를 분석하여 명료화하고, 도덕적 추론의 타당성을 검증하는 것을 핵심 과제로 삼아야 한다. → 메타 윤리학
>
> (나) 윤리학은 도덕 원리를 근거로 하여 현실의 삶에서 발생하는 도덕 문제에 관한 해결책을 제시하는 것을 핵심 과제로 삼아야 한다. → 실천 윤리학

① (가): 도덕 현상에 대한 객관적 서술을 최종 목적으로 삼아야 한다.
　→ 기술 윤리학

② (가): 행위의 정당화를 위한 보편적 도덕 법칙을 수립해야 한다.
　→ 이론 규범 윤리학

③ (나): 이론 윤리를 응용하여 도덕적 문제 상황을 해결해야 한다.

④ (나): 윤리학의 학문적 성립 가능성에 대한 탐구에 주력해야 한다.
　→ 메타 윤리학

⑤ (가)와 (나): 도덕 명제의 논리적 구조 분석을 주된 목표로 해야 한다.
　→ 메타 윤리학

| 자료 분석 |

(가)는 메타 윤리학, (나)는 실천 윤리학이다. 메타 윤리학은 도덕적 개념이나 언어의 의미 분석과 도덕적 추론의 논리적 타당성 입증을 윤리학의 본질로 삼는다. 실천 윤리학은 이론 윤리를 현대 사회의 여러 윤리 문제에 적용하여 삶에서 발생하는 윤리 문제의 원인을 분석하고 이에 대한 해결책을 찾는 것을 윤리학의 본질로 삼는다.

| 선지 해설 |

① 메타 윤리학은 도덕적 언어의 의미 분석과 도덕적 추론의 정당성 검증을 최종 목적으로 삼는다. 도덕 현상에 대한 객관적 서술을 최종 목적으로 삼는 것은 기술 윤리학에 해당한다.

② 메타 윤리학은 도덕적 행위의 정당화를 위한 보편적 도덕 법칙의 수립 과정에서 사용되는 도덕적 언어의 의미를 탐구하기 때문에 규범 윤리학의 전제를 탐구한다고 할 수 있다. 행위의 정당화를 위한 보편적 도덕 법칙의 수립을 강조하는 것은 이론 규범 윤리학에 해당한다.

③ 실천 윤리학은 이론 규범 윤리학에서 제시하는 다양한 도덕 원리를 토대로 실제적이고 구체적인 해결책을 모색하고자 한다.

④ 실천 윤리학은 다양한 영역에서 제기되는 문제와 과학 기술의 발달로 발생하는 새로운 윤리 문제의 해결 방안에 대한 탐구에 주력한다. 윤리학의 학문적 성립 가능성에 대한 탐구에 주력하는 것은 메타 윤리학에 해당한다.

⑤ 도덕 명제의 논리적 구조 분석을 주된 목표로 삼는 것은 메타 윤리학에만 해당하는 설명이다.

㉠에 들어갈 진술로 가장 적절한 것은?

> 　→ 메타 윤리학
> 윤리학은 도덕적인 논의에 사용되는 도덕적 언어의 의미를 분석하고, 도덕적 추론의 타당성을 검증하는 데 주력해야 한다. 그런데 어떤 윤리학자는 윤리학이 실제 삶에서 제기되는 도덕 문제의 해결을 위해 도덕 원리를 응용하여 구체적인 행위의 지침을 제공하는 데 주력해야 한다고 주장한다. 내가 보기에 이러한 주장은 윤리학이 ［　　㉠　　］고 생각한다.
> 　→ 실천 윤리학의 입장

① 진화의 측면에서 도덕성을 설명하는 데 주력해야 함을 간과한다
　→ 진화 윤리학의 입장

② 도덕 현상의 객관적인 서술을 주된 과제로 삼아야 함을 간과한다
　→ 기술 윤리학의 입장

③ 현실에 적용할 수 있는 실천적 도덕규범을 연구해야 함을 간과한다
　　　　　　　　　　　　　　　　　　　　　　　　강조

④ 도덕적 행위를 위한 보편적인 도덕 원리를 제시해야 함을 간과한다
　→ 이론 규범 윤리학의 입장

⑤ 도덕 명제에 대한 분석적 접근을 핵심 과제로 삼아야 함을 간과한다

| 자료 분석 |

제시문의 '나'는 메타 윤리학의 입장이고, '어떤 윤리학자'는 실천 윤리학의 입장에 해당한다. 메타 윤리학은 도덕적 언어의 의미를 분석하고, 도덕적 추론의 정당성을 검증하는 것에 초점을 두며, 윤리학이 학문으로서 성립 가능한지를 모색한다. 실천 윤리학은 이론 윤리를 현대 사회의 여러 윤리적 문제에 적용하는 것에 초점을 두며, 도덕 원리를 근거로 실제적이고 구체적인 해결책을 모색한다.

| 선지 해설 |

① 진화의 측면에서 도덕성을 설명하는 데 주력하는 것은 도덕 과학적 접근 중 진화 윤리학의 입장에 해당한다. 진화 윤리학은 인간의 도덕성이 자연 선택을 통한 진화의 결과라고 본다.

② 도덕 현상의 객관적인 서술을 주된 과제로 삼는 것은 기술 윤리학의 입장에 해당한다. 기술 윤리학은 도덕 현상과 문제를 가치 중립적인 입장에서 서술하는 것에 중점을 둔다.

③ 실천 윤리학은 현실에 적용할 수 있는 실천적 도덕규범의 연구를 강조하는 입장이다. 따라서 메타 윤리학이 실천 윤리학에 제기할 비판으로 적절하지 않다.

④ 도덕적 행위를 위한 보편적 도덕 원리의 제시를 강조하는 것은 이론 규범 윤리학의 입장에 해당한다. 이론 규범 윤리학은 윤리적 행위를 위한 근본 원리로 성립 가능한 도덕 원리의 탐구를 강조한다.

⑤ 메타 윤리학이 실천 윤리학에 제기할 비판으로 적절하다. 메타 윤리학은 실천적 도덕규범의 연구에 초점을 두는 실천 윤리학이 도덕 명제에 대한 분석적 접근의 중요성을 간과하고 있다고 비판할 것이다.

23 실천 윤리학과 메타 윤리학 23학년도 3월 학평 1번

정답 ⑤ | 정답률 84%

㉠에 들어갈 진술로 가장 적절한 것은?

→ 실천 윤리학의 입장

나는 윤리학이 환경, 생명, 정보 등의 분야에서 발생하는 윤리 문제에 대해 실천적인 해결 방안을 모색하는 것에 중점을 두어야 한다고 생각한다. 그런데 어떤 사람은 윤리학이 도덕적 언어의 의미를 분석하고, 도덕 판단의 논리적 타당성을 입증하는 것에 중점을 두어야 한다고 주장한다. 나는 이러한 주장이 윤리학의 주요 과제가 ___㉠___ 고 생각한다.

메타 윤리학의 입장 ←

① 도덕적 논의의 인식론적 구조에 대한 분석임을 간과한다
　　　　　　　　　　　　　　　　　　　강조
② 도덕 추론의 정당성 검증을 위한 논리 분석임을 간과한다
　　　　　　　　　　　　　　　　　　강조
③ 도덕 판단을 위한 보편적 도덕 법칙의 정립임을 강조한다
→ 이론 규범 윤리학
④ 도덕 현상에 대한 경험적 조사와 객관적 서술임을 강조한다
→ 기술 윤리학
⑤ 도덕 문제 해결을 위한 구체적 행위 지침의 제시임을 간과한다

| 자료 분석 |

'나'는 실천 윤리학, '어떤 사람'은 메타 윤리학의 입장을 취한다. 실천 윤리학은 윤리학이 도덕 원리를 근거로 하여 윤리적 문제에 대해 실제적이고 구체적인 해결책을 모색하는 것에 중점을 두어야 한다고 주장한다. 메타 윤리학은 윤리학이 도덕적 언어의 의미를 분석하고 도덕적 추론의 타당성을 분석하는 것에 중점을 두어야 한다고 주장한다. ㉠에는 실천 윤리학의 입장에서 메타 윤리학의 입장이 간과하고 있는 부분을 지적한 진술이 들어가야 한다.

| 선지 해설 |

① 메타 윤리학은 도덕적 언어의 의미를 분석하고, 도덕적 논의의 논리적·인식론적 구조에 대해 분석하는 것을 강조한다. 따라서 메타 윤리학이 간과하고 있는 점이라는 지적은 적절하지 않다.

② 메타 윤리학은 도덕적 추론의 정당성을 검증하기 위한 논리 분석을 강조한다. 따라서 메타 윤리학이 간과하고 있는 점이라는 지적은 적절하지 않다.

③ 윤리적 판단을 위한 근본 원리로 성립 가능한 보편적 도덕 법칙, 도덕 원리의 탐구를 강조하는 것은 이론 규범 윤리학의 입장에 해당한다. 따라서 비판으로 적절하지 않다.

④ 도덕 현상과 문제에 대한 경험적 조사와 객관적인 서술을 강조하는 입장은 기술 윤리학이다. 따라서 비판으로 적절하지 않다.

⑤ 실천 윤리학은 삶에서 구체적으로 발생하는 윤리 문제에 대하여 실제적이고 구체적인 행위 지침을 제시하는 것을 강조한다. 이러한 실천 윤리학은 도덕적 언어의 의미와 분석, 도덕 판단의 논리적 타당성 검증을 강조하는 메타 윤리학이 도덕 문제에 대한 구체적인 해결책과 실천 지침을 마련하는 것의 중요성을 간과하고 있다고 비판할 것이다.

24 이론 윤리학과 기술 윤리학 22학년도 10월 학평 1번

정답 ③ | 정답률 89%

㉠에 들어갈 진술로 가장 적절한 것은?

→ 이론 윤리학

나는 윤리학이 우리가 따라야 할 행위의 표준과 규칙의 정연한 체계를 세우고 정당화하는 것을 주요 목적으로 삼아야 한다고 생각한다. 그런데 어떤 사람들은 윤리학이 개인 생활이나 사회 구조 속에 존재하는 도덕 현상을 기술하는 것을 주요 목적으로 삼아야 한다고 주장한다. 나는 이러한 주장이 ___㉠___ 고 생각한다.

→ 기술 윤리학

① 도덕 현상은 설명해야 할 사실들의 집합체일 뿐임을 간과한다
　　　　　　　　　　　　　　　　　　　　　강조
② 도덕 추론의 논리적 구조 탐구가 윤리학의 본질임을 간과한다
→ 메타 윤리학
③ 윤리학은 도덕적 행위의 근본 원리를 제시해야 함을 간과한다
④ 도덕적 관행이나 풍습이 문화 현상의 일부라는 점을 간과한다
　　　　　　　　　　　　　　　　　　　　　강조
⑤ 윤리학은 도덕적 개념의 의미 분석에 주력해야 함을 간과한다
→ 메타 윤리학

| 자료 분석 |

제시된 글의 '나'는 이론 윤리학, '어떤 사람들'은 기술 윤리학을 지지하는 입장이다. 이론 윤리학은 보편적으로 적용 가능한 도덕 원리를 탐구하여 선악의 판단 기준을 제시하고 윤리적 행위를 위한 근본 원리로 성립 가능한 도덕 원리를 탐구하고자 한다. 기술 윤리학은 도덕 현상이나 도덕적 관습 등을 경험적으로 조사하여 도덕 현상과 문제들 간의 인과 관계를 객관적으로 설명하고자 한다. 따라서 ㉠에는 이론 윤리학의 입장에서 기술 윤리학을 비판하는 내용이 들어가는 것이 적절하다.

| 선지 해설 |

① 기술 윤리학이 받을 비판으로 적절하지 않다. 기술 윤리학은 도덕을 사람들의 삶을 반영하는 경험의 일부로 파악하고, 도덕 현상이 가치중립적 입장에서 설명해야 할 사실들의 집합이라고 주장한다.

② 이론 윤리학이 할 수 있는 비판으로 적절하지 않다. 이론 윤리학은 도덕적 행위의 근거가 되는 도덕 원리 탐구를 윤리학의 핵심으로 삼는다. 도덕 추론의 논리적 구조와 타당성 검토를 윤리학의 본질로 삼는 것은 메타 윤리학이다.

③ 이론 윤리학의 입장에서 기술 윤리학에게 할 수 있는 비판으로 적절하다. 이론 윤리학은 도덕 원리나 도덕적 정당화의 이론적인 근거를 제시하는 데 주력하므로 도덕 현상에 대한 객관적 기술만을 강조하는 기술 윤리학에게 도덕적 행위의 근본 원리를 제시해야 한다고 비판할 수 있다.

④ 기술 윤리학이 받을 비판으로 적절하지 않다. 기술 윤리학은 도덕적 관습이나 풍습 등을 경험적으로 조사하여 객관적으로 기술하는 것을 핵심으로 삼고 있기 때문에 도덕적 관행이나 풍습이 문화 현상의 일부라고 인식한다.

⑤ 이론 윤리학이 할 수 있는 비판으로 적절하지 않다. 이론 윤리학은 윤리적 행위를 위한 근본 원리로 성립 가능한 도덕 원리를 탐구하고자 한다. 도덕적 개념의 의미 분석에 주력하는 것은 메타 윤리학이다.

㉠에 들어갈 진술로 가장 적절한 것은?

> → 이론 윤리학의 핵심 과제
>
> 나는 윤리학의 본질이 도덕적 행위를 이론적으로 분석하여 모든 행위자에게 타당한 도덕 규칙의 체계를 구축하고 이를 정당화하는 데 있다고 본다. 그런데 어떤 윤리학자들은 윤리학의 본질이 도덕적 언어의 의미를 분석하고 도덕 추론의 타당성을 입증하는 것이라고 주장한다. 나는 이러한 주장이 [㉠]고 생각한다. → 메타 윤리학의 핵심 과제

① 도덕 명제에 대한 검증 가능성과 분석적 접근을 간과한다
　　　　　　　　　　　　　　　　　　 강조
✔ 보편적 도덕규범의 정립이 윤리학의 핵심 과제임을 간과한다
③ 현실의 도덕 문제 해결을 위해 인접 학문과의 연계를 강조한다
　→ 실천 윤리학의 입장
④ 도덕 이론을 적용하여 구체적 실천 방안을 제공할 것을 강조한다
　→ 실천 윤리학의 입장
⑤ 도덕 현상을 가치 중립적으로 기술하는 것이 중요함을 간과한다
　└ 기술 윤리학의 입장

| 자료 분석 |

제시된 글의 '나'는 이론 윤리학, '어떤 윤리학자'들은 메타 윤리학의 입장을 취하고 있다. 이론 윤리학은 윤리적 행위를 위한 근본 원리로 성립 가능한 도덕 원리를 탐구하고, 보편타당한 도덕 법칙의 체계를 수립하는 것을 핵심 과제로 삼는다. 메타 윤리학은 도덕적 언어의 의미를 분석하고 도덕적 추론의 정당성을 검증하기 위한 논리를 분석하는 것을 핵심 과제로 삼는다. 따라서 ㉠에는 이론 윤리학의 입장에서 메타 윤리학에 대해 평가하는 내용이 들어가야 한다.

| 선지 해설 |

① 메타 윤리학은 도덕 명제에 대한 검증 가능성과 이에 대한 분석적 접근을 강조하므로, 메타 윤리학에 대한 평가로 적절하지 않다.

② 이론 윤리학은 도덕적 행위의 근거가 되는 도덕 원리를 탐구함으로써 바람직한 삶의 방향을 제시하는 것을 핵심으로 삼는다. 반면, 메타 윤리학은 이미 정립된 도덕규범의 언어적 의미와 논리적 타당성을 분석하는 것을 핵심 과제로 삼는다. 따라서 이론 윤리학의 입장에서는 메타 윤리학에 대해 보편적 도덕규범의 정립이 윤리학의 핵심 과제임을 간과하고 있다고 비판할 수 있다.

③ 실천 윤리학에 대한 평가이다. 실천 윤리학은 현실적인 도덕 문제를 해결하기 위해 법학, 의학, 과학, 종교 등 다양한 학문 분야의 전문적 지식이나 기술과의 연계를 추구하는 학제적 접근을 중시한다.

④ 실천 윤리학에 대한 평가이다. 실천 윤리학은 이론 윤리학에서 정립한 도덕 이론을 현실에 적용하여 구체적 실천 방안을 제공할 것을 강조한다.

⑤ 도덕 현상을 가치 중립적으로 기술하는 것이 중요하다고 보는 것은 기술 윤리학이다. 기술 윤리학은 도덕 현상을 가치 중립적으로 명확히 기술하고, 기술된 현상들 간의 인과 관계를 객관적으로 설명하는 것을 핵심으로 삼는다.

㉠에 들어갈 진술로 가장 적절한 것은?

> → 규범(이론) 윤리학
>
> 나는 윤리학이 도덕 판단의 기준과 도덕적 행위의 이론적 근거를 탐구하고 도덕규범의 체계를 합리적으로 제시하는 학문이어야 한다고 생각한다. 그런데 일부 윤리학자들은 도덕적 언어의 의미를 탐구하고 도덕적 추론의 타당성을 입증하는 것을 윤리학의 본질이라고 주장한다. 내가 보기에 이러한 주장은 윤리학이 [㉠]는 점을 간과하고 있다. → 메타 윤리학

① 도덕 판단의 논리적인 구조를 분석하는 데 주력해야 한다 ┐→ 메타 윤리학에서
② 도덕적 명제의 진위에 대한 검증 가능성을 탐구해야 한다 ┘　강조하는 입장
✔ 선악 판단의 지침이 될 수 있는 도덕 원리를 정립해야 한다
④ 도덕적 관습에 대한 인과적 서술을 핵심 목표로 삼아야 한다 ┐
⑤ 도덕규범을 가치 판단이 배제된 경험적 사실로 간주해야 한다 ┘
　　　　　　　　　　　　　　　　 기술 윤리학에서 강조하는 입장 →

| 자료 분석 |

제시된 글의 '나'는 규범 윤리학 중 이론 윤리학의 입장을 취하고 있고, '일부 윤리학자들'은 메타 윤리학의 입장을 취하고 있다. 이론 윤리학은 윤리적 행위를 위한 근본 원리로 성립 가능한 도덕 원리를 탐구하며, 선악 판단의 지침이 되는 도덕 원리나 윤리 이론을 제시하는 것을 핵심으로 삼는다. 메타 윤리학은 도덕적 언어의 의미를 분석하고 도덕적 추론의 정당성을 검증하기 위한 논리를 분석하는 것에 초점을 둔다.

| 선지 해설 |

① 도덕 판단의 논리적 구조를 분석하는 것에 주력해야 한다는 진술은 메타 윤리학의 입장에 해당하므로 ㉠에 적절하지 않다.

② 도덕적 명제의 진위에 대한 검증 가능성을 탐구해야 한다는 진술은 메타 윤리학의 입장에 해당하므로 ㉠에 적절하지 않다.

③ 이론 윤리학이 메타 윤리학에 제기할 비판으로 적절하다. 이론 윤리학은 선악 판단의 지침이 될 수 있는 근거를 마련하고, 도덕 원리를 정립하는 것에 초점을 둔다. 따라서 메타 윤리학이 이를 간과하고 있다고 비판할 수 있다.

④ 기술 윤리학의 입장에서 강조할 진술이다. 기술 윤리학은 사람들이 어떤 윤리 의식과 도덕적 관행을 가지고 있는지에 초점을 두며, 도덕 현상의 인과 관계를 있는 그대로 서술하는 것에 중점을 둔다.

⑤ 기술 윤리학의 입장에서 강조할 진술이다. 기술 윤리학은 도덕 현상과 문제를 가치 판단이 배제된 경험적 사실로 간주해야 한다고 본다.

27 규범 윤리학과 메타 윤리학의 특징 22학년도 3월 학평 1번

정답 ④ | 정답률 67%

㉠에 들어갈 진술로 가장 적절한 것은?

나는 윤리학이 '옳은 행위란 무엇인가?'라는 문제를 탐구하는 ← 규범 윤리학
학문으로 도덕적 행위를 정당화하는 규범적 근거를 제시해야 한
다고 본다. 그런데 어떤 사람들은 윤리학이 '옳다'와 같은 도덕적
언어의 의미를 분석하는 것을 주로 해야 한다고 주장한다. 내가
보기에 이들은 윤리학이 [㉠]는 점을 간과하고 있다.
← 메타 윤리학

① 도덕적 탐구가 학문으로 성립 가능한가를 검토해야 한다
　→ 메타 윤리학의 입장
② 도덕규범을 당위가 아닌 사실의 형식으로 제시해야 한다
③ 도덕 현상의 가치 중립적 기술을 핵심 과제로 삼아야 한다
　→ 기술 윤리학
✓④ 도덕적 실천을 위해서 보편적인 도덕 원리를 정립해야 한다
⑤ 도덕적 추론의 형식적 타당성 검증을 주된 과제로 삼아야 한다
　→ 메타 윤리학의 입장

OX문제로 개념 확인

(1) 실천 윤리학은 윤리 이론을 현대 사회의 여러 윤리 문제에 적용하고자 한다.
(　)

(2) 메타 윤리학은 도덕 현상과 문제에 대한 명확한 기술을 핵심 목표로 하며, 경
험 과학적 성격을 갖는다.
(　)

(1) O (2) X

| 자료 분석 |

'나'는 규범 윤리학, '어떤 사람들'은 메타 윤리학의 입장을 취하고 있다. 규범 윤
리학은 도덕적 행위의 근거가 되는 도덕 원리를 탐구하는 데 주력하는 이론 윤리
학과, 이를 바탕으로 도덕적 문제의 해결과 실천 방안을 제시하는 실천 윤리학으
로 구분된다. 메타 윤리학은 도덕적 언어의 의미를 분석하고, 도덕적 추론의 타
당성과 윤리학의 학문적 성립 가능성을 모색하는 데 주력한다.

| 선지 해설 |

① 메타 윤리학에서 제시할 진술이다. 메타 윤리학은 도덕적 논의에서 사용되는
언어들의 의미를 분석하는 데 주된 관심을 가지며, 도덕적 탐구가 학문으로
서 성립 가능한지를 검토하고자 한다.

② 규범 윤리학은 도덕적 행위를 정당화하는 도덕적 근거를 마련하는 것에 주된
관심을 두며, 당위의 형식으로 제시되는 규범과 가치의 영역을 연구 대상으
로 삼는다. 따라서 규범 윤리학에서 제시할 진술로 적절하지 않다.

③ 도덕 현상과 문제를 가치 중립적으로 서술하는 것을 핵심 과제로 삼는 것은
기술 윤리학이다.

④ 규범 윤리학은 도덕적 행위의 근거가 될 수 있는 보편적 도덕 원리의 정립을
강조하며, 대표적으로 의무론, 공리주의, 덕 윤리 등이 있다. 따라서 규범 윤
리학의 입장에서는 도덕적 언어의 의미 분석에 치중하는 메타 윤리학이 도덕
적 실천을 위한 도덕 원리 정립의 중요성을 간과하고 있다고 평가할 수 있다.

⑤ 메타 윤리학에서 제시할 진술이다. 메타 윤리학은 도덕적 추론의 형식적 타
당성을 검증하는 것을 주된 과제로 삼는다.

28 이론 윤리학과 기술 윤리학 21학년도 10월 학평 1번

정답 ① | 정답률 82%

(가), (나)의 입장으로 가장 적절한 것은?

(가) 윤리학은 인간이 어떤 행위를 해야 하는가에 초점을 두고, 인
이론　간이 준수해야 할 보편적인 도덕규범을 정립하는 것을 목표로
윤리학　삼아야 한다.
(나) 윤리학은 인간이 어떻게 행위하고 있는가에 초점을 두고, 도덕
기술　현상을 경험 과학적으로 조사하여 기술하는 것을 목표로 삼아
윤리학　야 한다.

✓① (가): 도덕적 삶으로 인도하는 행위 지침을 마련해야 한다.
② (가): 도덕 언어 분석을 윤리학의 핵심 목표로 삼아야 한다.
　메타 윤리학
③ (나): 도덕적 문제 해결을 위한 도덕 이론을 정립해야 한다.
　(가)(이론 윤리학)
④ (나): 도덕규범의 타당성을 가치 중립적으로 검증해야 한다.
⑤ (가), (나): 도덕적 관습을 가치와 무관한 사실로 보아야 한다.

| 자료 분석 |

(가)는 이론 윤리학, (나)는 기술 윤리학의 입장이다. 규범 윤리학의 하나인 이론
윤리학은 인간의 도덕적 행위의 기준이 되는 보편적인 도덕규범을 마련하는 것
을 목표로 삼는다. 한편 기술 윤리학은 도덕을 하나의 현상으로 보고, 도덕적 현
상을 가치 중립적으로 탐구하여 객관적으로 기술하는 것을 목표로 삼는다.

| 선지 해설 |

① 이론 윤리학은 인간을 도덕적 삶으로 인도하기 위한 보편적인 행위 지침을
마련해야 한다고 강조한다.

② 이론 윤리학이 아닌 메타 윤리학의 입장이다. 메타 윤리학은 '옳다', '그르다'
와 같은 도덕 언어의 의미 분석을 윤리학의 주된 목표로 삼는다.

③ 기술 윤리학이 아니라 이론 윤리학의 입장에 해당한다. 이론 윤리학에서는
도덕적 문제를 해결하기 위한 도덕 이론의 정립을 강조한다.

④ 기술 윤리학은 도덕규범의 타당성을 검증하는 것이 아니라 도덕 현상의 인과
관계를 가치 중립적 관점에서 경험 과학적으로 기술하는 것을 목표로 삼는다.

⑤ 도덕적 관습을 가치와 무관한 사실로 보아야 한다는 입장은 기술 윤리학에
만 해당한다.

정답 ③ | 정답률 84%

(가), (나) 윤리학의 입장으로 가장 적절한 것은?

↗기술 윤리학의 핵심 과제

> (가) 윤리학은 다양한 도덕 현상을 문화·인류학적으로 접근하여 도덕 현상들 간의 인과 관계를 사실적으로 서술하는 것을 핵심 과제로 삼아야 한다.
> 기술윤리학
>
> (나) 윤리학은 과학 기술의 발전과 사회·문화적 변화로 인해 생겨나는 도덕 문제에 대해 구체적인 실천 지침을 제공하는 것을 핵심 과제로 삼아야 한다.
> 실천윤리학
> └ 실천 윤리학의 핵심 과제

① (가): 도덕적 추론의 타당성 분석을 주요 과제로 삼아야 한다.
   메타 윤리학
② (가): 도덕 행위를 위한 윤리 이론의 수립을 목적으로 해야 한다.
   이론 윤리학
✔③ (나): 도덕규범을 적용하여 현실의 윤리 문제를 해결해야 한다.
④ (나): 도덕 현상에 관한 객관적 기술을 주요 과제로 삼아야 한다.
   (가)(기술 윤리학)
⑤ (가), (나): 윤리학의 학문적 성립 가능성 모색을 우선시해야 한다.
   메타 윤리학

| 자료 분석 |

(가)는 기술 윤리학, (나)는 실천 윤리학이다. 기술 윤리학은 윤리학의 핵심 과제가 도덕 현상과 도덕 문제를 명확히 기술하고 그 인과 관계를 설명하는 데 있다고 본다. 실천 윤리학은 실제 삶에서 발생하는 도덕 문제의 해결을 위해 구체적인 실천 방안을 모색하는 것이 윤리학의 핵심 과제라고 본다.

| 선지 해설 |

① 도덕적 추론의 타당성 분석을 주요 과제로 삼아야 한다고 주장하는 것은 메타 윤리학의 입장에 해당한다.

② 도덕 행위를 위한 윤리 이론의 수립을 윤리학의 목적으로 해야 한다고 보는 것은 이론 윤리학의 입장에 해당한다.

③ 실천 윤리학의 입장으로 적절하다. 실천 윤리학은 도덕 원리를 적용하여 현실의 윤리 문제를 해결하기 위한 구체적 방안을 탐색하고자 한다.

④ 도덕을 하나의 현상으로 보면서 그에 대한 객관적 기술을 목표로 삼아야 한다고 주장하는 것은 기술 윤리학의 입장에 해당한다.

⑤ 윤리학의 학문적 성립 가능성 검토를 윤리학의 주요 과제로 삼는 것은 메타 윤리학의 입장에 해당한다.

정답 ② | 정답률 88%

(가), (나)의 입장으로 가장 적절한 것은?

> (가) 윤리학은 모든 도덕 행위자들에게 타당하게 적용할 수 있는 도덕규범의 일관된 체계를 구축하여 이를 정당화하는 것에 주력해야 한다.
> 이론윤리학
>
> (나) 윤리학은 한 문화권에서 나타나는 도덕규범이 개인의 도덕 판단과 사회 제도의 유지에 미치는 영향을 관찰하고, 이를 객관적으로 기술하는 것에 주력해야 한다.
> 기술윤리학

① (가): 도덕 명제에 대한 가치 판단보다 사실 판단을 강조해야 한다.
✔② (가): 도덕적 삶의 지침이 될 수 있는 규범적 원리를 정립해야 한다.
③ (나): 도덕 관습에 대한 서술보다 도덕 문제 해결을 우선해야 한다.
④ (나): 도덕 현상을 관찰할 때 해당 사회의 문화적 특성을 배제해야 한다.
   고려
⑤ (가), (나): 도덕규범의 제시보다 도덕 언어의 의미 분석을 중시해야 한다.
   └ 메타 윤리학

| 자료 분석 |

(가)는 이론 윤리학, (나)는 기술 윤리학의 입장이다. 이론 윤리학은 도덕적 행위를 정당화하는 도덕적 근거를 마련하는 일에 주된 관심을 갖는다. 기술 윤리학은 현실의 도덕적 삶을 경험적으로 연구하여 특정 시대의 문화나 사회의 도덕적 풍습 및 현상을 객관적으로 기술하는 일에 주된 관심을 갖는다.

| 선지 해설 |

① 이론 윤리학은 도덕적 행위의 근거가 되는 도덕 원리를 탐구하는 윤리학으로, 도덕 명제에 대한 가치 판단을 토대로 도덕적 문제를 해결하기 위한 도덕 이론을 제시하고자 한다. 도덕적 사실에 대해 가치 판단보다 사실 판단을 강조하는 것은 기술 윤리학이다.

② 이론 윤리학은 의무론이나 공리주의처럼 도덕적 행위의 근거가 되는 도덕 원리를 탐구하는 것을 주목적으로 삼기 때문에 도덕적 삶의 지침이 될 수 있는 규범적 원리를 정립해야 한다고 본다.

③ 기술 윤리학은 도덕적 관습이나 풍습 등을 경험적으로 조사하여 객관적으로 기술하는 것을 핵심으로 삼는 윤리학이다. 따라서 도덕 문제의 해결보다 도덕 관습에 대한 가치 중립적인 서술을 더 우선한다.

④ 기술 윤리학은 특정 사회의 문화적 특징을 토대로, 한 사회의 도덕 현상과 문제를 객관적으로 기술하고, 기술된 현상들 간의 인과 관계를 설명하고자 한다. 따라서 도덕 현상을 관찰할 때 해당 사회의 문화적 특성을 배제하지 않는다.

⑤ 도덕 언어의 의미 분석을 중시하는 것은 메타 윤리학이다. 메타 윤리학은 도덕적 언어의 의미를 분석하고, 도덕적 추론의 타당성을 분석하는 것을 핵심으로 삼는다.

31 이론 윤리학과 메타 윤리학 21학년도 3월 학평 1번 정답 ② | 정답률 52%

갑, 을의 입장만을 〈보기〉에서 있는 대로 고른 것은?

> 갑: 윤리학은 보편적으로 적용되는 도덕 원리를 정당화하기 위한
> 근거를 제시하고 도덕규범의 체계를 합리적으로 구성하는 것
> 을 핵심 과제로 탐구해야 한다.
> (이론 윤리학)
>
> 을: 윤리학은 도덕적 담화에 사용되는 단어와 문장의 의미를 분
> 석하고 도덕 판단이 참 또는 거짓으로 확증될 수 있는 방법을
> 모색하는 것을 핵심 과제로 탐구해야 한다.
> (메타 윤리학)

〈 보기 〉

ㄱ. 갑: 윤리학은 선과 악이 무엇인지에 관해 탐구해야 한다.
ㄴ. 갑: 윤리학은 도덕 문제를 가치 중립적으로 해결해야 한다.
  기술 윤리학
ㄷ. 을: 윤리학은 도덕적 추론의 타당성을 검증해야 한다.
ㄹ. 갑, 을: 윤리학은 도덕 현상의 객관적 진술을 주된 목표로 삼
  기술 윤리학
  아야 한다.

① ㄱ, ㄴ　　　✔② ㄱ, ㄷ　　　③ ㄴ, ㄹ
④ ㄱ, ㄷ, ㄹ　　　⑤ ㄴ, ㄷ, ㄹ

| 자료 분석 |

갑은 이론 윤리학, 을은 메타 윤리학의 입장을 취한다. 이론 윤리학은 규범 윤리
학의 하나로, 도덕적 행위의 근거가 되는 도덕 원리를 탐구하는 것을 핵심으로
삼는다. 메타 윤리학은 도덕적 담화에 사용되는 단어와 문장의 의미를 분석하고,
도덕적 추론의 정당성을 검증하는 것을 핵심으로 삼는다.

| 보기 해설 |

ㄱ 이론 윤리학의 입장으로 적절하다. 이론 윤리학은 '선과 악이 무엇인지에 관
  한 탐구'와 같이 도덕적 개념들을 이해하고, 도덕 원리와 도덕 이론을 정당화
  하고자 한다.

ㄴ 이론 윤리학이 아니라 기술 윤리학의 입장이다. 기술 윤리학은 도덕 현상과
  문제를 객관적으로 기술하여 기술된 현상들 간의 관계를 설명하는 것을 핵
  심으로 삼는다. 따라서 기술 윤리학은 도덕 문제를 가치 중립적으로 해결해
  야 한다고 본다.

ㄷ 메타 윤리학의 입장으로 적절하다. 메타 윤리학은 도덕적 담화에서 사용되는
  용어들의 의미를 분석하고, 도덕적 추론의 규칙과 인식 방법을 연구하여 도
  덕적 추론의 타당성을 검증하고자 한다.

ㄹ 기술 윤리학의 입장이다. 기술 윤리학은 도덕적 관습이나 풍습 등을 경험적
  으로 조사하여 객관적으로 기술하는 것을 주목적으로 삼는다.

32 이론 윤리학과 실천 윤리학 19학년도 수능 1번 정답 ④ | 정답률 93%

(가), (나)의 입장으로 가장 적절한 것은?

> (가) 윤리학은 "인간이 지향해야 할 삶의 가치는 무엇인가?"를 탐
> 구 주제로 삼아 바람직한 삶의 이상을 제안하고 올바른 판단
> 과 행위의 근거인 보편적 도덕 원리를 정립해야 한다.
> (이론 윤리학)
>
> (나) 윤리학은 "실생활의 도덕적 문제를 어떻게 해결할 것인가?"를
> 탐구 주제로 삼아 환경오염, 연명 치료 중단, 사형 제도 등과
> 같은 현안에 대한 규범적 해결책을 제시해야 한다.
> (실천 윤리학)

① (가): 윤리학은 도덕 언어의 의미 분석을 핵심 과제로 삼는다.
  메타 윤리학
② (가): 윤리학은 도덕적 관습의 실태 조사를 핵심 과제로 삼는다.
  기술 윤리학
③ (나): 윤리학은 윤리학의 학문적 성립 가능성 검증을 핵심 과제로
  메타 윤리학
  삼는다.
✔④ (나): 윤리학은 현실 문제에 대한 도덕 원리의 적용을 핵심 과제로
  삼는다.
⑤ (가), (나): 윤리학은 가치 판단을 배제한 결론 도출을 핵심 과제로
  가치 지향적인
  삼는다.

| 자료 분석 |

(가)는 이론 윤리학, (나)는 실천 윤리학에 대한 설명이다. 이론 윤리학은 인간다운
삶을 위한 바람직한 삶의 방향을 제시하고 도덕 원리나 도덕적 정당화의 이론적
근거를 정립해야 한다고 본다. 실천 윤리학은 삶에서 구체적으로 발생하는 윤리
문제에 대해 이론 윤리학에서 제시하는 도덕 원리를 근거로 실제적인 해결책을
모색해야 한다고 본다.

| 선지 해설 |

① 도덕 언어의 논리적 타당성과 의미 분석을 핵심 과제로 삼는 것은 메타 윤리
  학이다. 이론 윤리학은 올바른 판단과 행위의 근거인 보편적 도덕 원리 정립
  을 핵심 과제로 삼는다.

② 도덕적 관습의 실태 조사와 객관적인 기술을 핵심 과제로 삼는 것은 기술 윤
  리학이다.

③ 윤리학의 학문적 성립 가능성 검증을 핵심 과제로 삼는 것은 메타 윤리학이
  다. 실천 윤리학은 삶의 영역에서 제기되는 다양한 실생활의 윤리 문제를 해
  결하는 것을 핵심 과제로 삼는다.

④ 실천 윤리학은 이론 윤리학에서 제시하는 도덕 원리를 적용하여 현실의 문제
  를 해결하는 것을 핵심 과제로 삼는다.

⑤ 이론 윤리학과 실천 윤리학은 모두 규범 윤리학이다. 규범 윤리학은 도덕 원
  리의 탐구를 통해 도덕 문제의 해결을 모색하며, 올바른 삶의 방향을 제시하
  고자 하므로 가치 지향적이다.

㉠에 들어갈 진술로 가장 적절한 것은?

> 메타 윤리학의 핵심 과제 →
>
> 나는 윤리학이란 규범 윤리적 물음에 답하기에 앞서 "그것을 학문적으로 다룰 수 있는가?"라는 문제부터 비판적으로 탐구하는 것을 근본 과제로 삼아야 한다고 생각한다. 그런데 어떤 사람들은 "도덕 문제를 어떻게 해결할 것인가?"라는 질문에 관심을 갖고 생명 복제, 사회 불평등 등과 같은 실제적인 도덕 문제에 대한 해답을 제시하려고 노력한다. 나는 이들의 입장이 [㉠   ]고 생각한다.
> → 실천 윤리학에 대한 메타 윤리학의 평가

→ 실천 윤리학의 핵심 과제

① 인접 학문과의 학제적 탐구의 필요성을 간과한다
            인정

② 당위의 학문이라는 윤리학의 본질적 성격을 간과한다
            존중

③ 도덕 문제 해결을 위한 도덕 원리의 중요성을 간과한다
              강조

④ 규범 윤리학 이론과 도덕적 실천의 유기적 연관성을 간과한다
                강조

⑤ 도덕 언어의 논리적 타당성과 의미 분석의 중요성을 간과한다

개념 확인   실천 윤리학과 메타 윤리학

실천 윤리학	메타 윤리학
• 이론 윤리학의 도덕 이론을 적용하여 도덕 문제 해결 → 이론 윤리학과 상호 유기적 관계 • 다양한 분야의 도덕 문제 해결을 위한 학제적 탐구 강조	• 도덕적 언어의 개념 분석 • 도덕 판단의 타당성 분석 • 윤리학의 학문적 성립 가능성 검증

| 자료 분석 |

제시된 글의 '나'는 메타 윤리학, '어떤 사람들'은 실천 윤리학의 관점을 취하고 있으므로 ㉠에는 실천 윤리학에 대한 메타 윤리학의 평가가 들어가야 한다. 메타 윤리학은 도덕적 언어의 개념 분석, 도덕 판단의 타당성 분석 등을 통해 윤리학의 학문적 성립 가능성을 검증하는 것을 핵심으로 한다. 실천 윤리학은 실생활에서 제기되는 도덕 문제를 해결하기 위해 다양한 영역에서 발생하는 윤리 문제에 적절한 윤리 이론을 적용하여 구체적인 대안과 해결책을 모색할 것을 강조한다.

| 선지 해설 |

① 실천 윤리학이 중요시하는 현실적 도덕 문제를 해결하기 위해서는 다양한 학문 분야의 전문적 지식과 기술이 요구된다. 따라서 실천 윤리학은 인접 학문과의 학제적 탐구가 필요하다고 본다.

② 실천 윤리학은 규범 윤리학 중 하나로 규범 윤리학은 인간이 어떻게 행동해야 하는가(당위)에 대한 보편적 원리를 탐구한다. 따라서 실천 윤리학 역시 당위의 학문으로서 윤리학의 본질적 성격을 존중한다.

③ 실천 윤리학은 도덕 문제 해결을 위해 이론 윤리학에서 제시하는 다양한 도덕 이론을 적용하고 있으므로, 도덕 문제 해결을 위한 도덕 원리의 중요성을 강조한다.

④ 실천 윤리학은 이론 윤리학을 토대로 실생활의 도덕적 문제를 해결하는 방법의 모색을 강조한다. 이는 규범 윤리학의 도덕 이론과 도덕적 실천의 유기적 연관성을 인정하고 존중한다는 의미이다.

⑤ 실천 윤리학은 메타 윤리학에서 강조하는 도덕 언어의 논리적 타당성과 의미 분석을 중시하지는 않으므로, 메타 윤리학의 입장에서 실천 윤리학의 입장에 제기할 수 있는 평가이다.

갑, 을의 입장으로 가장 적절한 것은?

> → 규범 윤리학의 주요 탐구 내용
>
> 갑: 윤리학은 어떻게 살아야 하는가라는 문제보다 개인의 생활, 사회의 구조와 기능 속에 존재해 온 도덕적 관행들을 역사적, 문화적, 인류학적으로 접근하여 서술해야 한다.
> 기술 윤리학   → 메타 윤리학의 주요 탐구 내용
>
> 을: 윤리학은 도덕적 관행 조사와 도덕적 개념 분석에 집중하기보다 윤리적 삶을 살고자 하는 사람들이 옳고 그름을 판단할 수 있도록 도덕 규칙의 근거인 도덕 원리를 정립해야 한다.
> 이론 윤리학   → 기술 윤리학의 주요 탐구 내용

① 갑: 도덕 현상을 기술할 때 문화적 특성을 고려하지 말아야 한다.
                          해야

② 갑: 도덕적 관습 비교보다 윤리적 개념 분석을 중시해야 한다.

③ 을: 어떻게 행동해야 하는가에 대한 규범적 원리를 정립해야 한다.

④ 을: 도덕적 명제의 논리 구조와 의미 분석이 탐구 목적이어야 한다.
   메타 윤리학

⑤ 갑, 을: 인간의 가치 판단을 배제하여 객관성을 확보해야 한다.

| 자료 분석 |

갑은 기술 윤리학, 을은 이론 윤리학의 입장을 취한다. 기술 윤리학은 어떻게 살아야 하는지의 문제보다 도덕적 관행에 대해 객관적으로 기술하는 것이 중요하다고 본다. 반면 이론 윤리학은 도덕적 관행을 조사하거나 도덕적 개념을 분석하기보다는 옳고 그름을 판단할 수 있도록 도덕 규칙의 근거인 도덕 원리를 정립하는 것이 중요하다고 본다.

| 선지 해설 |

① 기술 윤리학은 도덕을 하나의 문화적 사실로 보기 때문에 도덕 현상을 기술할 때 역사적·문화적·인류학적 접근이 필요하다고 본다.

② 기술 윤리학은 도덕적 관행에 대한 객관적 기술을 강조하기 때문에 도덕적 관습을 비교하는 것을 중시한다.

③ 이론 윤리학은 옳고 그름의 판단 기준을 제시할 수 있는 도덕 원리의 정립을 강조하므로 인간이 어떻게 행동해야 하는가에 대한 규범적 원리를 정립하고자 한다.

④ 도덕적 명제의 논리 구조의 타당성을 검증하고 도덕적 개념의 의미를 분석하는 것을 탐구의 목적으로 삼는 것은 메타 윤리학이다.

⑤ 인간의 가치 판단을 배제한 객관성 혹은 가치 중립적인 태도는 도덕적 관행의 객관적인 기술을 주장하는 기술 윤리학의 입장으로는 적절하다. 하지만 이론 윤리학은 인간의 삶의 방향과 옳고 그름의 기준을 제시하는 가치 지향적인 특성을 지니고 있으므로 가치 판단의 배제는 이론 윤리학의 입장으로 적절하지 않다.

35 메타 윤리학과 실천 윤리학 24학년도 10월 학평 1번

정답 ② | 정답률 91%

(가), (나) 윤리학의 핵심 과제로 가장 적절한 것은?

> (가) 윤리학은 '옳다', '그르다'와 같은 용어가 도덕 논의에서 어떻
> 메타
> 윤리학 게 사용되고 있는지 그 의미를 분석하고, 윤리학의 학문적
> 성립 가능성을 검토하는 데 주력해야 한다.
>
> (나) 윤리학은 '옳고 그른 행위는 무엇인가?'에 대한 도덕 원리를
> 실천
> 윤리학 활용하여 생명 윤리, 정보 윤리 등에서 논의되는 문제에 대
> 한 실천적 지침을 제시하는 데 주력해야 한다.

① (가): 도덕 문제에 대한 구체적인 해결책을 모색하는 것이다.
   → 실천 윤리학의 핵심 과제

② (가): 도덕 추론에 대한 논리적인 타당성을 검토하는 것이다.
   → 메타 윤리학의 핵심 과제

③ (나): 사회의 도덕 관행을 가치 중립적으로 기술하는 것이다.
   → 기술 윤리학의 핵심 과제

④ (나): 도덕 현상의 인과 관계를 경험적으로 조사하는 것이다.
   → 기술 윤리학의 핵심 과제

⑤ (가)와 (나): 보편적인 도덕규범의 체계를 확립하는 것이다.
   → 규범 윤리학의 핵심 과제

| 자료 분석 |

(가)는 메타 윤리학, (나)는 실천 윤리학이다. 메타 윤리학은 도덕적 용어가 어떤 의
미를 가지고 있으며 어떻게 활용되는지 분석하고, 윤리학의 학문적 성립 가능성
을 검토하는 데 초점을 둔다. 실천 윤리학은 도덕 원리를 기반으로 현실의 다양한
윤리적 문제에 대한 해결책을 제시하고자 한다.

| 선지 해설 |

① 도덕 문제에 대한 구체적인 해결책을 모색하고자 하는 것은 실천 윤리학이
다. 그러므로 이는 메타 윤리학의 핵심 과제로 적절하지 않다.

② 도덕 추론에 대한 논리적인 타당성을 검토하고자 하는 것은 메타 윤리학이
다. 그러므로 이는 메타 윤리학의 핵심 과제로 적절하다.

③ 사회의 도덕 관행을 가치 중립적으로 기술하고자 하는 것은 기술 윤리학이
다. 그러므로 이는 실천 윤리학의 핵심 과제로 적절하지 않다.

④ 도덕 현상의 인과 관계를 경험적으로 조사하고자 하는 것은 기술 윤리학이
다. 그러므로 이는 실천 윤리학의 핵심 과제로 적절하지 않다.

⑤ 보편적인 도덕규범의 체계를 확립하고자 하는 것은 규범 윤리학이다. 그러므
로 이는 메타 윤리학과 실천 윤리학의 공통 핵심 과제로 적절하지 않다.

36 메타 윤리학과 실천 윤리학 25학년도 수능 1번

정답 ④ | 정답률 95%

(가), (나) 윤리학의 핵심 과제로 가장 적절한 것은?

> (가) 윤리학은 '좋음', '옳음'과 같은 도덕적 용어들의 의미 분석과 도
> 메타
> 윤리학 덕적 추론의 타당성을 검증하기 위한 논리적 분석에 주된 관
> 심을 둔다.
>
> (나) 윤리학은 도덕 이론과 원리를 적용하여, 우리 삶의 다양한 영
> 실천
> 윤리학 역에서 발생하는 윤리적 문제들에 대한 해결 방안을 제공하는
> 데 주된 관심을 둔다.

① (가): 다양한 문화권의 관행을 가치중립적으로 서술하는 것이다.
   → 기술 윤리학

② (가): 마땅히 추구해야 할 바람직한 삶의 목적을 제공하는 것이다.
   → 이론 윤리학

③ (나): 도덕 이론에 사용되는 명제의 논리적 구조를 검토하는 것이다.
   → 메타 윤리학

④ (나): 현실의 도덕 문제에 대한 구체적 해법을 모색하는 것이다.

⑤ (가)와 (나): 모든 사람에게 보편타당한 도덕규범을 제시하는 것이다.
   → 이론 윤리학

| 자료 분석 |

(가)는 메타 윤리학, (나)는 실천 윤리학이다. 메타 윤리학에서는 도덕적 용어들의
의미를 분석하고, 도덕적 추론의 타당성을 검증하기 위한 논리적 분석에 초점을
둔다. 실천 윤리학에서는 이론 윤리학을 통해 체계화한 도덕 이론과 원리를 우리
삶의 다양한 윤리 문제에 적용하여 그 해결 방법을 찾고자 한다.

| 선지 해설 |

① 다양한 문화권의 관행을 가치중립적으로 서술하는 것을 핵심 과제로 두는
것은 기술 윤리학이다.

② 마땅히 추구해야 할 바람직한 삶의 목적을 제공하는 것을 핵심 과제로 두는
것은 도덕 원리를 밝히고자 하는 이론 윤리학이다.

③ 도덕 이론에 사용되는 명제의 논리적 구조를 검토하는 것을 핵심 과제로 두
는 것은 메타 윤리학이다.

④ 현실의 도덕 문제에 대한 구체적인 해법을 모색하는 것을 핵심 과제로 두는
것은 실천 윤리학이다.

⑤ 모든 사람에게 보편타당한 도덕규범을 제시하는 것을 핵심 과제로 두는 것
은 이론 윤리학이다.

2
일차

| 01 ① | 02 ④ | 03 ④ | 04 ② | 05 ④ | 06 ① | 07 ① | 08 ⑤ | 09 ③ | 10 ② | 11 ③ | 12 ③ |
| 13 ① | 14 ③ | 15 ⑤ | 16 ③ | 17 ① | 18 ③ | 19 ② | 20 ② | 21 ② | 22 ③ | 23 ④ | 24 ① |

문제편 020~025쪽

01 공자와 노자의 윤리 사상 25학년도 9월 모평 16번 정답 ① | 정답률 78%

갑, 을 사상가들의 입장으로 적절한 것만을 〈보기〉에서 고른 것은? [3점]

> 갑: 사람이 되어서 인(仁)하지 못하면 예(禮)를 지킨들 무엇하겠
> 공자   는가? 사람이 되어서 인하지 못하면 음악[樂]을 한들 무엇하
>   겠는가? 예는 사치스럽기보다 검소한 것이 낫다.
> 을: 나라는 작고 백성은 적으니[小國寡民] 이들은 음식을 달게 먹
> 노자   고 옷은 꾸밈없이 입으며 편안히 살아간다. 이웃 나라에서 닭
>   과 개의 울음소리가 들려도 평생 오고 갈 일이 없다.

〈 보기 〉

ㄱ. 갑: 충서(忠恕)를 통한 인의 확장은 천하의 도(道)를 이루게
   한다.
ㄴ. 을: 성인(聖人)의 다스림은 백성을 저절로 소박하게 한다.
ㄷ. 을: 무위(無爲)의 삶을 통해 타고난 본성을 변화시켜야 한다.
ㄹ. 갑과 을: 분별적 지혜를 발휘하여 도덕 질서를 확립해야 한다.

① ㄱ, ㄴ ② ㄱ, ㄷ ③ ㄴ, ㄷ ④ ㄴ, ㄹ ⑤ ㄷ, ㄹ

| 자료 분석 |

갑은 공자, 을은 노자이다. 공자는 사랑의 정신이자 사회적 존재로 완성된 인격
체의 인간다움을 의미하는 인(仁)을 핵심으로 삼고, 이기적 욕심을 극복하고 예
를 회복함으로써 인을 실현할 수 있다고 주장한다. 반면 노자는 인이나 예와 같
은 인위적인 규범이나 제도로 인해 사회에 혼란이 일어났다고 보고, 만물의 근원
인 도(道)에 따라 자연 그대로의 모습으로 살아가는 무위(無爲)를 실천해야 한다
고 주장한다.

| 보기 해설 |

ㄱ 갑(공자)은 효와 제, 충과 서를 통해 인을 확장하여 천하의 도를 이룰 수 있
   다고 본다.

ㄴ 을(노자)은 성인이 무위의 다스림을 실현하면 백성은 저절로 자연스럽고 소
   박하게 된다고 본다.

ㄷ. 을(노자)은 타고난 덕에 따라 무위의 삶을 살아가는 것이 바람직하다고 본다.

ㄹ. 갑(공자)은 분별적 지혜를 발휘하여 도덕 질서를 확립해야 한다고 보지만, 을
   (노자)은 무위에 따라 분별 없이 만물을 평등하게 바라보아야 한다고 본다.

02 불교의 윤리 사상 25학년도 6월 모평 20번 정답 ④ | 정답률 86%

그림은 서술형 평가 문제와 학생 답안이다. 학생 답안의 ㉠~㉤ 중 옳
지 않은 것은?

> **서술형 평가**
>
> ● 문제: 다음 사상의 입장과 특징을 서술하시오. ─── 불교 / 연기설
>
> > 이것이 있기 때문에 저것이 있고, 이것이 생(生)하기 때문에 저것이
> > 생(生)한다. 이것이 없기 때문에 저것이 없고, 이것이 멸(滅)하기 때문에
> > 저것이 멸(滅)한다. 비유하면 세 단의 갈대가 땅 위에 서려고 할 때 서로
> > 의지해야 설 수 있는 것과 같다.
>
> ● 학생 답안
>
> > 위 사상은 ㉠ 세상 모든 존재의 생멸을 연기(緣起)에 의한 것으로
> > 보고, ㉡ 만물이 서로 관련되고 상호 의존한다고 주장한다. 또한 ㉢
> > 자아에 대한 집착이 괴로움의 원인임을 파악하고, ㉣ 개별 사물이
> > 본질적으로 독립적 실체임을 자각하여, ㉤ 팔정도(八正道)의 수행을
> > 통해 열반에 이를 것을 강조한다.

① ㉠ ② ㉡ ③ ㉢ ④ ㉣ ⑤ ㉤

| 자료 분석 |

제시된 사상은 불교이다. 불교에서는 세상의 모든 존재와 현상이 무수한 원인과
조건의 상호 관계로 성립된다고 본다. 따라서 세상에는 독립적으로 존재하는 것
이 없으며, 영원불변한 것도 없다고 본다.

| 선지 해설 |

① 불교에서는 모든 존재와 현상이 연기의 법칙에 따라 생겨나고 사라진다고 본다.

② 불교에서는 만물이 무수한 원인과 조건의 상호 관계로 성립된다고 본다.

③ 불교에서는 고통과 괴로움의 원인을 집착으로 보며, 이로부터 벗어나야 함을
   강조한다.

④ 불교에서는 개별 사물이 독립적인 실체가 아니라고 본다.

⑤ 불교에서는 모든 괴로움이 소멸된 열반에 이르기 위해서는 팔정도의 수행이
   필요하다고 본다.

갑, 을 사상가들의 입장으로 가장 적절한 것은? [3점]

> 갑: 사람의 본성에 어찌 인의(仁義)의 마음이 없겠는가? 그런데도
> 맹자 그 양심을 잃어버리는 이유는 마치 도끼로 산의 나무를 아침
>   마다 베는 것처럼 스스로 양심의 싹을 자르기 때문이다. 양심
>   을 보존하지 못하면 금수(禽獸)와 같아진다.
> 을: 괴로움이 생겨나는 것은 마치 사람이 나무를 심어 물을 때맞
> 석가 춰 주고 온도를 유지해 주면, 이 인연(因緣)으로 나무가 자라
> 모니 나는 것과 같다. 이러한 얽매임에 집착하면 애욕(愛欲)과 함
>   께 생로병사(生老病死)의 괴로움이 일어난다.

① 갑: 나쁜 환경에 처한 사람은 반드시 자신의 본성을 잃게 된다.
② 갑: 다른 사람을 편안하게 한 후에야 비로소 자기 수양이 가능하다.
③ 을: 탐욕으로 생긴 번뇌는 깨달음을 얻더라도 소멸될 수 없다.
④ 을: 나와 남이 둘이 아니라는 자각에서 만물에 대한 사랑이 생긴다.
⑤ 갑과 을: 인륜의 규범에서 벗어나야 이상적 인간이 될 수 있다.

출제 경향

윤리 사상가의 입장을 구체적이고 직접적으로 묻는 〈윤리와 사상〉과 달리, 〈생활과 윤리〉는 윤리 사상가의 기본적인 입장을 특정한 사례나 상황에 적용하는 문제가 많이 출제된다. 해당 사상을 주어진 상황에 적용하기 위해서는 그 사상의 관점을 정확히 알고 있어야 한다.

| 자료 분석 |

갑은 맹자, 을은 석가모니이다. 맹자는 사람의 본성에는 선한 마음이 주어져 있지만, 지나친 욕구와 나쁜 환경으로 인해 타고난 선한 양심을 잃어버릴 수 있다고 본다. 석가모니는 모든 존재와 현상에는 원인(因)과 조건(緣)이 있다고 보는 연기(緣起)를 강조하는데, 얽매임과 애욕 등이 원인이 되어 괴로움이 생겨난다고 설명한다.

| 선지 해설 |

① 맹자는 나쁜 환경에 처한 사람도 도덕성을 바탕으로 지속적으로 수양을 하면 도덕적으로 완성된 인간이 될 수 있다고 본다.

② 맹자는 먼저 자신을 수양하고 난 뒤에 다른 사람을 편안하게 하는 수기안인(修己安人)의 실현을 강조한다.

③ 석가모니는 탐욕으로 생긴 고통과 번뇌는 연기에 대한 깨달음을 통해 소멸될 수 있다고 본다.

④ 석가모니는 모든 것이 상호 관계 속에서 존재하며 나와 남이 둘이 아니라는 자타불이(自他不二)를 깨달으면 만물에 대한 사랑이 생긴다고 본다.

⑤ 맹자와 석가모니 모두에 해당하지 않는 내용이다. 맹자는 인륜의 규범을 따르는 삶을 강조하며, 지속적인 수양을 통해 도덕적으로 완성된 인간상에 도달해야 한다고 주장한다. 석가모니는 연기에 대한 깨달음을 통해 고통에서 벗어나 열반의 경지에 이르러야 한다고 주장한다.

---

04 불교의 윤리 사상 24학년도 9월 모평 19번

정답 ② | 정답률 95%

다음을 주장한 사상가의 입장에서 〈문제 상황〉 속 A에게 제시할 조언으로 가장 적절한 것은?
└ 원효

> 모든 경계가 무한하지만 모두 일심(一心) 안에 들어간다. 부처의 지혜는 모습을 떠나 마음의 원천으로 돌아가고, 지혜와 일심이 온전히 같아져 둘이 없다. 따라서 지극히 공정한 부처의 뜻을 토대로 여러 주장을 조화롭게 융합[和諍]해야 한다.
> └ 화쟁사상
>
> 〈문제 상황〉
> 학급 회장인 A는 축제에서 학급 부스 운영 방안을 어떻게 결정해야 할지 고민하고 있다. 학급 친구들이 사진관, 오락실, 분식집 등 서로 다른 방안을 내세워 각자의 주장을 굽히지 않고 갈등하고 있기 때문이다.

① 옳고 그름을 가려 자신만의 입장을 정당화하도록 토론하세요.
② 각 주장이 타당할 수 있음을 인정하고 친구들과 의견을 조율하세요.
③ 모든 의견을 통합할 수 없으므로 회장의 직권으로 결정하세요.
④ 다른 학급의 사례에 따라 운영 방안을 결정하도록 유도하세요.
⑤ 모두 편협한 주장이므로 친구들 다수의 동의를 기초로 판단하세요.

| 자료 분석 |

제시문의 사상가는 원효이다. 원효는 대립하는 여러 주장들을 하나로 조화시켜야 한다는 화쟁 사상을 통해 다양한 사상들을 하나로 조화시키는 방법을 추구했다. 원효는 모든 사상이 부처의 마음에서 비롯되므로 대립되는 주장은 서로 조화될 수 있다고 보았다. 〈문제 상황〉 속 A는 학급 부스 운영 방안을 두고 갈등하는 학급 친구들 때문에 고민하고 있으므로 원효의 입장에서 A에게 제시할 수 있는 적절한 조언을 찾으면 된다.

| 선지 해설 |

① 원효는 대립되는 주장들 사이의 조화를 강조했으므로 옳고 그름을 가려 자신만의 입장을 정당화하도록 토론하라고 조언하지 않을 것이다.

② 원효는 부처의 뜻을 토대로 여러 주장들을 융합할 것을 강조했으므로 각 주장이 타당할 수 있음을 인정하고 친구들과 의견을 조율하라고 조언했을 것이다.

③ 원효는 대립하는 의견들의 조화를 강조했으므로 회장의 직권으로 결정하라고 조언하지 않을 것이다.

④ 원효는 다양한 주장을 조화롭게 조율하라고 했으므로 타인의 결정을 그대로 따르라고 조언하지 않을 것이다.

⑤ 원효는 논쟁의 조화라는 화쟁 사상을 강조하므로 타인의 주장을 편협한 주장이라 판단하라고 조언하지 않을 것이다.

갑, 을 사상가들의 입장으로 적절한 것만을 〈보기〉에서 있는 대로 고른 것은? [3점]

> 갑: 최상의 선은 물과 같다. 물은 만물을 이롭게 하면서도 다투
> 노자　지 않고, 사람들이 싫어하는 낮은 곳에 머문다. 물은 도(道)에
> 　　가깝고 무엇과도 다투지 않으므로 허물이 없다.　　　→겸허
> 을: 두 단의 갈대 중 하나를 치우면 다른 하나도 넘어지듯, 이것이
> 석가　없으면 저것이 없고 이것이 일어나면 저것도 일어난다. 이 법
> 모니　(法)은 내가 만든 것도 다른 사람이 만든 것도 아니다.
> 　　　　　　　　　　　　　　　　　　　　　　→연기설

— 상선약수 / → 부쟁

—〈보기〉—

ㄱ. 갑: 인의(仁義)의 강조는 사회 혼란의 원인이 될 수 있다.
ㄴ. 을: 끊임없이 변화하는 세계에서 영원한 실체를 찾아야 한다.
　　　→ 영원한 실체는 존재하지 않음
ㄷ. 을: 집착과 번뇌의 제거를 위한 수행이 반드시 필요하다.
ㄹ. 갑과 을: 차별하는 마음을 버려야 진리를 깨달을 수 있다.
　　　→ 갑: 도의 관점에서 평등 / 을: 불성을 지녔다는 점에서 평등

① ㄱ, ㄴ　　　② ㄱ, ㄷ　　　③ ㄴ, ㄹ
④ ㄱ, ㄷ, ㄹ　　⑤ ㄴ, ㄷ, ㄹ

| 자료 분석 |

갑은 노자, 을은 석가모니이다. 노자는 인위적으로 강제하지 않고 자연스러움을 따라 살아가는 상선약수(上善若水)의 삶을 주장했다. 석가모니는 세상의 모든 존재와 현상이 원인과 조건으로 연결돼 있다는 연기설을 강조하며 고통에서 벗어나 진정한 깨달음을 얻기 위해서는 연기를 깨달아야 한다고 주장했다.

| 보기 해설 |

ㄱ 노자는 사회 혼란의 원인을 인의(仁義)와 같이 인간이 만든 인위적인 규범과 제도에서 찾았다. 노자에게 인의의 강조는 사회 혼란의 원인이 될 수 있다.

ㄴ. 석가모니는 모든 것이 원인과 조건으로 연결되어 생멸을 거듭하므로 세상의 모든 것은 불변하는 것이 아니라 끊임없이 변화하는 것이라고 보았다. 따라서 석가모니에 따르면 이 세상에 불변하는 영원한 실체는 존재하지 않는다.

ㄷ 석가모니는 인간이 겪는 고통이 무명과 애욕으로 인해 생겨난다고 보고, 이러한 집착과 번뇌를 제거하기 위해서는 계·정·혜의 삼학(三學) 등과 같은 수행 방법을 통해 깨달음을 얻어야 한다고 주장했다.

ㄹ 노자는 도의 관점에서 보면 모든 만물이 평등하므로 인간의 관점에서 시비, 선악, 미추 등을 차별하는 마음을 버려야 한다고 보았다. 석가모니 역시 모든 중생은 불성(佛性)을 지니며 연기의 법칙에 따라 상호 의존적으로 연결되어 있다는 점에서 평등하다고 보았다.

갑, 을 사상가들의 입장으로 가장 적절한 것은?

> 갑: 인의예지(仁義禮智)는 바깥에서부터 나에게 녹아들어 온 것
> 맹자　이 아니라 내가 본래부터 지니고 있는 것이다. 다만 생각하지
> 　　않았을 뿐이다.
> 을: 항상 백성들로 하여금 꾀와 욕심이 없게 해야 하고, 꾀가 있는
> 노자　자가 있다고 하더라도 감히 무언가 하지 못하게 해야 한다. 무
> 　　위(無爲)하면 다스리지 못할 것이 없다.

① 갑: 서(恕)의 실천을 통해 진정한 인간다움[仁]을 이룰 수 있다.
② 갑: 군자는 항산(恒産)이 있어야만 항심(恒心)을 유지할 수 있다.
　　　→ 군자는 항산이 없어도 항심을 유지할 수 있다고 봄
③ 을: 백성의 수를 늘리면 자연스럽게 무위의 다스림을 이룰 수 있다.
④ 을: 진정한 자유를 위해 만물의 근원인 도(道)에서 벗어나야 한다.
⑤ 갑과 을: 옳고 그름을 가릴 줄 아는 마음으로 사욕을 제거해야 한다.

| 자료 분석 |

갑은 맹자, 을은 노자이다. 맹자는 사단(四端)이라는 도덕적 마음이 누구에게나 주어져 있다고 보고, 누구나 도덕적 수양을 통해 덕성을 함양함으로써 성인이 될 수 있다고 본다. 노자는 천지 만물의 근원인 도에 따라 인위적인 강제에서 벗어나 자연스러움을 따르는 무위자연의 삶을 강조한다. 또한, 무위의 다스림이 실현되는 소국과민을 이상 사회로 제시한다.

| 선지 해설 |

① 맹자의 입장으로 적절하다. 맹자는 충서(忠恕)의 실천을 통해 타고난 도덕적 마음을 확충하고, 도덕적으로 완성된 인간이 될 것을 강조한다.

② 맹자는 군자는 항산이 없어도 항심을 유지할 수 있다고 본다. 하지만 일반 백성들은 도덕적인 마음을 잃지 않도록 기본적인 생활을 보장해 주어야 한다고 강조한다.

③ 노자는 무위의 다스림이 실현된 이상 사회로 작은 영토에 적은 백성이 모여 살아가는 소국과민을 제시한다. 노자는 문명의 발달이 없고, 백성들이 평화롭고 소박한 삶을 실현할 수 있는 국가를 이상적으로 본다.

④ 노자는 진정한 자유를 위해서 인위적인 것에서 벗어나 만물의 근원인 도에 따르는 무위자연의 삶을 살 것을 강조한다.

⑤ 맹자의 입장에만 해당하는 내용이다. 맹자는 옳고 그름을 가릴 줄 아는 마음을 통해 지나친 욕구를 제거하고, 도덕적 인격을 완성해야 한다고 주장한다. 반면, 노자는 시비, 선악, 미추 등의 인위적인 분별에서 벗어나 자연의 순리를 따르는 삶을 살 것을 강조한다.

07 장자와 석가모니의 윤리 사상 23학년도 수능 2번

정답 ① | 정답률 30%

갑, 을 사상가들의 입장으로 가장 적절한 것은? [3점]

> 갑: 성인(聖人)의 은혜가 만세에 베풀어져도 사람에게 특별히 치우
> 장자 치지 않는다. 친함이 있으면 어진 자가 아니며, 명성을 추구하여
>   참된 자기를 잃으면 선비가 아니다.　┌→연기의 법
>
> 을: 이것이 있기 때문에 저것이 있고, 이것이 일어나기 때문에 저것
> 석가 이 일어난다. 이 법(法)은 내가 만든 것도 아니고 다른 사람이
> 모니 만든 것도 아니다.

① 갑: 자신을 구속하는 일체의 것을 잊어버리고 자유롭게 살아야 한다.
　┌→좌망
② 갑: 사욕(私慾)을 극복하고 예로 돌아가는 삶을 지향해야 한다.
　┌→공자의 극기복례
③ 을: 바른 수행으로 만물이 서로 독립하여 존재함을 깨달아야 한다.
　　　　　　　　　　상호 의존하여
④ 을: 연기법에 대한 자각을 통해 변하지 않는 자아를 깨달아야 한다.
　　　　　　　　　　　　　　　　　존재하지 않음
⑤ 갑과 을: 하늘이 부여한 순선한 본성을 따르는 삶을 살아야 한다.
　└→유교의 입장

| 자료 분석 |

갑은 장자, 을은 석가모니이다. 장자는 자신을 구속하는 일체의 분별과 차별에서 벗어나 정신적 자유의 경지에 도달한 사람인 지인, 진인, 신인, 성인 등을 이상적 인간상으로 제시한다. 석가모니는 모든 것이 상호 의존적인 관계 속에서 존재한다는 연기의 법칙을 통해 자신이 소중하듯 타인도 소중함을 깨닫고 자비를 실천해야 한다고 주장한다.

| 선지 해설 |

① 갑은 조용히 앉아서 자신을 구속하는 일체의 것을 잊어버리는 좌망(坐忘)과 마음을 비워 깨끗이 하는 심재(心齋)를 통해 어떠한 외물에도 얽매이지 않는 절대적 자유의 경지에 도달해야 한다고 주장한다.

② 갑은 사회 혼란의 원인을 인간의 그릇된 가치관과 인위적인 규범, 제도에서 찾는다. 이러한 관점에서 예(禮)는 자연의 순리에 따르는 삶을 방해하는 인위적인 사회 규범에 해당하므로 갑의 입장으로 적절하지 않다.

③ 을은 세상의 모든 존재와 현상이 상호 원인이 되기도 하고 조건이 되기도 하면서 상호 관계 속에서 존재한다고 주장한다. 이러한 관점에서 을은 모든 만물의 상호 의존성을 깨달으면 자비를 실천할 수 있다고 본다.

④ 을은 모든 존재와 현상에 원인과 조건이 있다는 연기의 법칙을 강조한다. 연기의 법칙을 자각하게 되면 '나', 혹은 자아라고 주장할 만한 불변하는 실체는 존재하지 않음을 인식하게 된다.

⑤ 하늘이 인간에게 순선한 본성을 부여했으므로 이에 따르는 도덕적 삶을 살아가야 한다는 것은 유교의 입장에 해당한다.

08 장자와 유교의 윤리 사상 23학년도 9월 모평 2번

정답 ⑤ | 정답률 80%

갑 사상가는 긍정, 을 사상가는 부정의 대답을 할 질문으로 가장 적절한 것은?

> 갑: 참된 사람[眞人]은 모자란다고 억지 부리지 않고, 성공을 뽐
> 장자 내지 않으며, 일을 도모하지도 않는다. … (중략) … 이로움
>   [利]과 해로움[害]을 구별하는 자는 군자(君子)가 아니다. 명
>   예를 위해 참된 자기를 잃어버리는 자는 선비[士]가 아니다.
>
> 을: 군자는 의로움[義]으로써 근본을 삼고, 예(禮)로써 실천하며,
> 공자 공손한 몸가짐으로써 표현하고, 신의로써 일을 이룬다. … (중
>   략) … 군자는 죽은 뒤에 세상에 자신의 이름[名]이 일컬어지
>   지 않는 것을 싫어한다.　└→자기 수양 후 타인을 편안하게 함

① 이상적 인간은 자신의 명예를 소중히 여기는 삶을 살아야 하는가?
② 이상적 인간은 시비(是非)를 판별하여 도(道)를 따라야 하는가?
③ 이상적 인간은 하늘의 명[天命]을 도덕적 실천의 근거로 삼는가?
④ 이상적 인간은 수양을 통해 백성의 편안함을 도모해야 하는가?
⑤ 이상적 인간은 모든 분별에서 벗어나 자연을 따르는 사람인가?

| 자료 분석 |

갑은 장자, 을은 공자이다. 장자는 모든 분별이나 차별에서 벗어나 만물을 평등한 것으로 인식하고, 도와 일치하는 삶을 살아야 함을 강조한다. 공자는 이기적인 욕망을 극복하고 예를 회복함으로써 인(仁)을 실현하는 삶을 살아야 한다고 보고, 인과 예를 바탕으로 덕을 갖춘 도덕적 인간인 군자를 이상적 인간상으로 제시한다.

| 선지 해설 |

① 갑(장자)은 부정, 을(공자)은 긍정의 대답을 할 질문이다. 갑(장자)은 세속을 초월하여 무엇에도 얽매이지 않는 정신적 자유의 경지를 추구한다. 반면, 을(공자)은 군자가 죽은 뒤에라도 세상에 이름이 일컬어지지 않는 것을 싫어한다는 비유를 통해 인간이 자신의 명예를 소중히 여기는 삶을 살아야 함을 강조한다.

② 갑(장자)은 부정, 을(공자)은 긍정의 대답을 할 질문이다. 갑(장자)은 차별 의식에서 벗어나 만물을 도의 관점에서 평등하게 바라보아야 한다고 주장한다. 을(공자)은 옳고 그름을 명확하게 분별하여 옳음을 근본으로 삼고 도덕적으로 살아야 함을 강조한다.

③ 갑(장자)은 부정, 을(공자)은 긍정의 대답을 할 질문이다. 갑(장자)은 하늘을 자연으로 인식하는 반면, 을(공자)은 하늘이 도덕의 근원이자 도덕적 행위의 실천 근거가 된다고 주장함으로써 하늘의 도덕성에 주목한다.

④ 갑(장자)은 부정, 을(공자)은 긍정의 대답을 할 질문이다. 갑(장자)은 무위(無爲)를 실천해야 한다고 본다. 따라서 수양을 통해 백성의 편안함을 도모하는 행위는 인위적이라고 보고 부정할 것이다. 반면, 을(공자)은 자신을 수양하여 타인과 백성을 편안하게 하는 사람을 이상적 인간으로 제시한다.

⑤ 갑(장자)은 긍정, 을(공자)은 부정의 대답을 할 질문이다. 갑(장자)은 차별 의식에서 벗어나 도의 관점에서 만물을 평등하게 바라보고 자연에 따라 살아가야 한다고 본다. 을(공자)은 인과 예를 바탕으로 시비를 분별하고, 도덕규범을 실천할 때 이상적인 인간이 될 수 있다고 주장한다.

연결형 문제로 개념 확인

(1) 공자 •　　　• ㉠ 이상적 인간은 옳고 그름에 대한 분별을
　　　　　　　　　　바탕으로 덕을 갖춘 도덕적 인간이다.

(2) 장자 •　　　• ㉡ 이상적 인간은 인간 중심인적 분별에서
　　　　　　　　　　벗어나 자연에 따라 살아가는 인간이다.

(1) － ㉠ (2) － ㉡

갑, 을의 입장으로 가장 적절한 것은? [3점]

> 갑: 세 개의 갈대가 빈 땅에 서려고 할 때에 서로서로 의지하여야
> 석가　설 수 있는 것과 같이, 식(識)도 정신과 물질을 인연(因緣)하여
> 모니　생긴다.
>
> 을: 옳다는 것으로 인해 그른 것이 있고, 그르다는 것으로 인해
> 장자　옳은 것이 있다. 진인(眞人)은 대립적인 말에 사로잡히지 않고,
> 　　　모든 대립을 넘어선 자연에 비추어 사유한다.

① 갑: 자아의식은 변하지 않는 실체임을 알아야 한다.
　→ 불교에서는 고정 불변하는 실체는 존재하지 않는다고 봄
② 갑: 정신에는 집착해도 물질에는 집착해서는 안 된다.
　→ 정신과 물질 모두에 대한 집착을 제거해야 함
✓③ 을: 자기중심적 고정 관념과 선입견에서 벗어나야 한다.
④ 을: 인(仁)을 실천하기 위해 사욕을 극복하고자 노력해야 한다.
　유교(공자)
⑤ 갑, 을: 내세를 위해 현세에서 도덕적 삶을 추구해야 한다.

| 자료 분석 |

갑은 석가모니, 을은 장자이다. 석가모니는 연기적 세계관을 바탕으로 모든 존재와 현상에는 원인과 조건이 있으며, 모든 것이 상호 의존적인 관계 속에서 존재한다는 연기의 진리를 깨달아야 한다고 본다. 장자는 인간이 판단하는 시비나 선악의 분별에 반대하며 도(道)의 관점에서 시비, 선악, 미추 등의 분별에서 벗어나 세상 만물이 평등한 가치를 지니고 있음을 인식해야 한다고 주장한다.

| 선지 해설 |

① 갑(석가모니)은 세상의 모든 것은 고정된 것이 아니라 끊임없이 변화하며, 나라고 주장할 만한 불변하는 실체는 존재하지 않는다고 강조한다. 즉, 자아의식을 변하지 않는 실체라고 인식하지 않는다.

② 갑(석가모니)은 인간이 겪는 고통이 집착으로부터 비롯된다고 보고, 정신이나 물질에 대한 집착을 모두 버려야 고통에서 벗어날 수 있다고 주장한다. 이러한 관점에서 갑(석가모니)은 인간을 집착에 빠지게 만드는 무명(無明)과 애욕에서 벗어나 수행을 통해 열반에 이르러야 함을 강조한다.

③ 을(장자)은 인간의 자기중심적 편견을 바탕으로 이루어진 시비, 귀천, 미추 등의 구별은 상대적인 것에 불과한 것으로, 이러한 구별은 사회에 혼란을 초래한다고 본다. 따라서 을(장자)은 인간이 가진 잘못된 고정 관념이나 선입견에서 벗어나 도의 관점에서 만물을 평등하게 바라보아야 한다고 강조한다.

④ 인(仁)의 실천을 위해 사욕을 극복하고자 노력해야 한다는 것은 공자의 입장에 해당한다. 을(장자)은 인의(仁義)와 같은 윤리적인 규범을 사회 혼란의 원인으로 파악하고, 이를 비판한다.

⑤ 갑(석가모니)만의 입장에 해당된다. 갑(석가모니)은 업(業)에 의해 생사의 세계가 반복된다는 윤회를 주장하며 내세의 삶을 위해서는 현세에서 도덕적인 삶을 살아야 함을 강조한다.

갑, 을 사상가들의 입장으로 가장 적절한 것은? [3점]

　　　　　┌ 정명 사상
> 갑: 이름을 바로잡는 것[正名]이 정치의 시작이다. 이름이 제대로
> 공자　서지 않으니 예악이 흥성하지 않고, 예악이 흥성하지 않으니
> 　　　형벌이 제멋대로 된다.
>
> 을: 도(道)는 자연스러움을 본받는다. 인위적인 것을 강제해서는
> 노자　안 된다. 내버려두면 백성들이 스스로 잘 살게 되고 세상도
> 　　　잘 돌아간다. → 무위자연의 삶을 강조함

①갑: 인간이 제정한 규범에서 벗어나 무위(無爲)를 추구해야 한다.
　을(노자)
✓②갑: 내가 하기 싫은 일을 남에게 시키지 않는 서(恕)를 행해야 한다.
③을: 자신의 직분과 지위에 걸맞는 예법을 충실히 따라야 한다.
　갑(공자)
④을: 시비선악(是非善惡)을 구분하여 질서를 바로 세워야 한다.
⑤갑, 을: 인(仁)의 시작은 모든 사람에 대한 차별 없는 사랑이다.
　묵자

| 자료 분석 |

갑은 공자, 을은 노자이다. 공자는 임금은 임금답고, 신하는 신하다우며, 부모는 부모답고, 자식은 자식다워야 한다고 주장하며, 사회 구성원이 자신에게 주어진 직분에 걸맞은 덕을 갖추고 이를 성실하게 수행해야 한다는 정명(正名)을 강조한다. 노자는 만물의 근원인 도(道)에 따라서 백성들에게 인위적인 것을 강제하지 않고, 자연스러움에 따르도록 하는 무위자연(無爲自然)의 삶을 강조한다.

| 선지 해설 |

① 인간이 제정한 규범에서 벗어나 무위를 추구해야 한다고 본 것은 노자이다. 반면 공자는 내면적 도덕성인 인(仁)의 정신을 담고 있는 외면적 사회 규범인 예(禮)를 인간이 반드시 따라야 할 규범으로 제시한다.

② 공자는 인간의 내면적 도덕성인 인이 효제(孝悌), 충서(忠恕) 등을 통해 표현된다고 본다. 이 가운데 서(恕)는 자신의 마음을 미루어 남의 마음을 헤아리는 것으로, 내가 하기 싫은 일을 남에게 시키지 않는 것을 의미한다.

③ 자신의 직분과 지위에 걸맞은 예법을 충실히 따라야 한다고 본 것은 공자이다. 반면 노자는 사회 혼란의 원인이 인위적인 규범과 사회 제도라고 보고, 예법과 같이 인간이 제정한 규범에서 벗어나 자연 그대로의 삶을 추구할 것을 강조한다.

④ 노자는 인간이 인위적으로 가치를 분별하여 사회 혼란이 발생하였으며, 아름다움과 추함, 선과 악 등을 인위적으로 분별하여 대립과 분쟁이 생겼다고 본다. 즉, 노자는 시비선악을 구분해야 한다고 주장하지 않았다.

⑤ 모든 사람에 대한 차별 없는 사랑을 주장한 것은 묵자이다. 반면 공자는 인이 존비친소(尊卑親疏)를 구별하는 분별적인 사랑이라고 주장한다. 노자는 인을 만물의 근원인 도를 잃은 후에 얻게 되는 것이라고 보고 이를 비판한다.

(가), (나)의 입장으로 적절한 것만을 〈보기〉에서 고른 것은?

(가) 불교
이것이 있기 때문에 저것이 있고, 이것이 생기기 때문에 저것이 생긴다. 이것이 없기 때문에 저것이 없고, 이것이 사라지기 때문에 저것이 사라진다. 이를 연기(緣起)라 한다.

(나) 도가
인위적인 것을 멀리하고 분별적 지혜를 버리면 백성의 이익이 백배가 된다. 인(仁)을 끊고 의(義)를 버리면 백성이 다시 효도하고 자애로워진다.

〈 보기 〉

ㄱ. (가): 고정불변의 실체가 있음을 깨달아야 한다.
　　없음
ㄴ. (가): 연기의 법칙을 깨달아 자비를 실천해야 한다.
ㄷ. (나): 인위에 얽매이지 않고 도(道)에 따라야 한다.
ㄹ. (가), (나): 인의(仁義)를 통해 도덕적 삶을 추구해야 한다.
　　　　유교

① ㄱ, ㄴ　② ㄱ, ㄷ　✔③ ㄴ, ㄷ　④ ㄴ, ㄹ　⑤ ㄷ, ㄹ

| 자료 분석 |

(가)는 불교, (나)는 도가의 입장이다. 불교는 모든 존재와 현상이 원인과 조건으로 연결되어 있으며, 모든 것이 상호 관계 속에서 존재한다는 연기의 법칙을 깨달아 자비를 실천할 것을 강조한다. 도가는 인간의 그릇된 인식과 가치관 및 인위적인 규범과 제도를 비판하면서 인위적인 것에서 벗어나 자연스러움을 따르는 무위자연(無爲自然)의 삶을 강조한다.

| 보기 해설 |

ㄱ. 불교에서는 이 세상의 모든 것이 끊임없이 변화한다고 보고, 고정 불변하는 실체는 존재하지 않는다고 본다.

ㄴ. 불교에서는 모든 존재와 현상이 독립적으로 존재할 수 없다고 보고, 모든 존재가 상호 의존적 관계에 따라 존재하고 있음을 인식해야 한다고 본다. 그리고 이러한 연기의 법칙을 깨달아 자비를 실천해야 한다고 강조한다.

ㄷ. 도가에서는 사회 혼란의 원인을 인간의 그릇된 가치관과 인위적인 규범 및 제도라고 보고, 인위적인 가치와 규범에서 벗어나 자연의 도를 따르는 무위(無爲)의 삶을 살아야 한다고 주장한다.

ㄹ. 인의의 실천을 통해 도덕적 삶을 추구해야 한다고 주장하는 것은 유교 사상에 해당한다. 반면 도가에서는 유교에서 중시하는 인(仁), 의(義)와 같은 도덕 규범이 인간의 자연적 본성을 해치고 사회 혼란을 유발한다고 보기 때문에, 인의에서 벗어나 도를 추구하는 삶을 살아야 한다고 주장한다.

갑, 을 사상가들의 입장으로 적절한 것만을 〈보기〉에서 고른 것은?

갑 공자
　　　　　→ 대동 사회　　　　　　　→ 덕치가 바탕이 된 인재 등용
대도(大道)가 행해진 세상에서는 어진[賢] 사람과 능력 있는 사람을 선발하며, 자기 부모만을 부모로 자기 자식만을 자식으로 여기지는 않는다. 재물이 버려지는 것을 싫어하지만 반드시 그것을 자기만의 소유물로 삼으려 하지는 않는다. 그래서 도둑질이 일어나지 않아 바깥문을 닫는 일이 없다.
　　　　　　→ 사회 구성원 모두 / 도덕적 삶을 실천함

을 노자
나라는 작아야 하고 백성은 적어야 한다. 많은 도구가 있더라도 사용하지 않도록 하고, 백성으로 하여금 죽음을 중히 여겨 멀리 옮겨 다니지 않도록 한다. 비록 배나 수레가 있어도 타는 일이 없고, 갑옷과 무기가 있어도 꺼내서 늘어놓는 일이 없다.
　→ 소국 과민　　→ 소박한 본성에 따라 살기 때문에 / 문명 기술이 필요 없음

〈 보기 〉

ㄱ. 갑: 인(仁)의 출발점인 무차별적 사랑[兼愛]을 행해야 한다.
　　→ 무차별적 사랑(겸애)은 묵자가 주장한 개념임
ㄴ. 갑: 유능한 인재가 선발되는 도덕 공동체를 지향해야 한다.
ㄷ. 을: 인위적인 통치가 없는 소박한 사회를 지향해야 한다.
ㄹ. 갑, 을: 예법을 통해 본래의 자연스러운 삶으로 돌아가야 한다.

① ㄱ, ㄴ　② ㄱ, ㄷ　✔③ ㄴ, ㄷ　④ ㄴ, ㄹ　⑤ ㄷ, ㄹ

출제 경향

동양 윤리에 대한 문항은 16학년도 이후에는 한동안 출제되지 않았다. 그러나 개정된 2015 교육과정에서 동양 윤리학의 내용을 확대하여 다루면서 출제 빈도가 점차 높아지고 있다.

| 자료 분석 |

갑은 공자, 을은 노자이다. 공자는 사회의 모든 구성원이 도덕적이고 안락한 삶을 살 수 있는 대동 사회를 이상 사회로 제시하였다. 한편 노자는 나라가 작고 백성이 적으며 사람들이 소박한 자연적 본성에 따라 살아가는 소국 과민을 이상 사회로 제시하였다.

| 보기 해설 |

ㄱ. 무차별적 사랑[兼愛]은 묵자가 공자의 사랑을 차별적 사랑이라고 비판하면서 강조한 개념이다. 공자는 인의 실천을 가까운 곳(가정)에서부터 먼 곳(사회)으로 확장해야 한다고 보고, 자기 부모에 대한 효(孝)가 바탕이 되어 다른 부모를 공경하는 마음으로 나아가야 한다고 보았다.

ㄴ. 공자가 제시한 대동 사회는 어진 사람과 능력 있는 사람이 통치자로 선발되고 덕으로써 다스려지는 사회이다.

ㄷ. 노자는 통치자가 백성들을 무위로 다스림으로써 백성들이 소박한 삶을 살 수 있게 해야 하며, 이는 작은 영토와 적은 백성으로 이루어진 소국 과민을 통해 실현 가능하다고 보았다.

ㄹ. 공자는 인간이 본래 도덕적인 존재라고 보고, 예법을 통해 도덕적인 삶을 실현해야 한다고 보았다. 반면 노자는 예법이 자연적 본성을 억압하는 인위적인 것이라고 보고 예법을 거부하였다.

정답 ① | 정답률 78%

다음 사상이 강조하는 윤리적 성찰의 방법으로 가장 적절한 것은? [3점]
↳불교

> 요즘 중생은 자신에 대한 집착과 망상에 빠져 자기 본성이 참된 진리 그 자체임을 모르고, 마음 밖에서 그 진리를 찾아 여기저기 헤맨다. 만약 한 생각이 나온 곳으로 빛을 돌이켜 자기 본성을 비춰 보면, 이 본성은 원래 번뇌가 없는 완전한 지혜로, 마음에 본래부터 갖추어져 있어서 부처와 조금도 다르지 않다.

☑ 내 마음의 참된 진리를 깨닫기 위해 참선(參禪)해야 한다.
② 모든 분별적 생각에서 벗어나기 위해 좌망(坐忘)해야 한다.
　　　　　　　　　　　　　　↳도가(장자)의 윤리적 성찰 방법
③ 하늘이 부여한 선한 본성을 보존하기 위해 거경(居敬)해야 한다.
　　　　　　　　　　　　　　　　↳유교의 윤리적 성찰 방법
④ 언제 어디서나 인간의 도리에 어긋나지 않게 신독(愼獨)해야 한다.
　　　　　　　　　　　　　　　↳유교의 윤리적 성찰 방법
⑤ 도(道)에 따라 만물을 평등하게 바라보기 위해 심재(心齋)해야 한다.
　　　　　　　　　　　　　　↳도가(장자)의 윤리적 성찰 방법

| 자료 분석 |

제시된 사상은 불교이다. 불교에서는 중생의 본성에 이미 불성이 갖추어져 있다고 강조하면서, 중생은 자신의 본성을 깨달아 부처가 될 수 있다고 본다.

| 선지 해설 |

① 불교에서는 내 마음에 이미 갖추어진 참된 진리(불성 또는 부처의 마음)를 깨닫기 위한 윤리적 성찰 방법으로 '참선(參禪)'을 제시한다.

② '좌망(坐忘)'은 도가 사상가인 장자가 강조한 수양 방법으로, 도의 관점에 이르기 위해 개체의 관점에서 벗어나 개체로서 자신을 구속하는 것을 모두 잊어버리는 것을 의미한다.

③ '거경(居敬)'은 유교 사상에서 강조하는 수양 방법으로 모든 일에 조심하는 태도를 의미한다.

④ '신독(愼獨)'은 유교 사상에서 강조하는 수양 방법으로 홀로 있을 때마저도 늘 도리에 어긋나지 않게 행동하는 태도를 의미한다.

⑤ '심재(心齋)'는 도가 사상가인 장자가 강조한 수양 방법으로, 마음의 선입견과 편견을 모두 비워 깨끗이 하는 것을 의미한다.

정답 ③ | 정답률 71%

(가) 사상의 입장에서는 긍정, (나) 사상의 입장에서는 부정의 대답을 할 질문으로 가장 적절한 것은? [3점]　↳유교 사상에서 이상적이라 여기는 중국 고대의 왕

> (가) 자신의 수양을 경(敬)으로써 하며, 자신을 수양하여 다른 이
> 유교 를 편안하게 한다. 요순(堯舜)도 자신을 수양하여 백성을 편안하게 하는 일은 항상 부족하다 여기고 노력하였다. ↳수기안인
> (나) 배우면 날마다 쌓이고, 도에 따르면 날마다 덜어진다. 덜고
> 도가 또 덜면 무위(無爲)에 이른다. 무언가 일삼으려 하면 오히려 부족하며, 일삼지 않아야 천하를 취할 수 있다.
> 　　　　　↳인위적인 모든 것으로부터 벗어나
> 　　　　　　도의 관점을 취할 것을 강조

① 만물을 차별하지 말고 평등하게 보아야 하는가?
② 명예와 욕심을 버리고 소박한 삶을 살아야 하는가?
☑ 사회적 지위에 따른 예의와 규범을 중시해야 하는가?
④ 연기의 법칙을 깨달아 자비의 정신을 실천해야 하는가?
⑤ 예법에 집착하지 말고 자연의 흐름에 따라 살아야 하는가?

| 자료 분석 |

(가)는 유교, (나)는 도가 사상의 입장이다. 유교에서는 예의와 사회적 규범 등을 중시하면서 도덕적 수양의 방법으로 하나의 대상에 몰입하는 경(敬)을 강조하였다. 한편 도가에서는 자연의 흐름에 따라 사는 소박한 삶을 추구하였다. 도가의 사상가인 노자는 이를 위해 인위적인 모든 것을 벗어나 무위(無爲)를 추구해야 한다고 주장하였다.

| 선지 해설 |

① 유교는 부정, 도가는 긍정할 내용이다. 유교 사상은 사회적 지위나 관계에 따른 책임과 역할이 다르다고 보고, 이에 기초한 차별을 긍정한다. 그러나 도가 사상은 도(道)의 관점에서 모든 존재가 평등함을 주장한다.

② 유교는 사회적 역할과 책임을 중시하며, 도덕적 명예와 인정을 얻는 것을 강조한다. 반면 도가는 명예와 욕심 같은 인위적인 가치들로부터 벗어나 소박한 본성(자연)에 따라 살 것을 강조한다.

③ 유교는 긍정, 도가는 부정할 내용이다. 유교 사상에서는 사회적 지위에 따르는 예의와 규범을 잘 갖출 것을 강조하지만, 도가 사상에서는 그 모든 것이 자연적 본성을 억압하는 인위적인 것이라고 보고 이를 부정한다.

④ 불교에서 긍정할 내용이다. 불교 사상은 모든 존재가 무수히 많은 상호 의존적 관계에 놓여 있다는 연기의 법칙을 깨달아, 나와 남을 구분하지 않고 타인에게 자비를 베풀어야 한다고 주장한다.

⑤ 유교는 부정, 도가는 긍정할 내용이다. 유교 사상에서는 예법에 따르는 것이 도덕적인 인간의 본성을 실현하기 위한 실천적 방법이라고 본다. 하지만 도가 사상에서는 예법을 인위적인 것으로 보고 그로부터 벗어나 소박한 본성(자연)에 따라 살아야 함을 주장한다.

OX문제로 개념 확인

(1) 유교 사상은 모든 존재를 평등하게 사랑하는 것이 인(仁)의 실천이라고 본다.
　　　　　　　　　　　　　　　　　　　　　　　　　(　)

(2) 도가 사상은 도의 관점에서 인간과 인간이 아닌 존재는 평등한 가치를 지닌다고 본다.
　　　　　　　　　　　　　　　　　　　　　　　　　(　)

(1) X　(2) O

갑, 을 사상가들의 입장으로 적절하지 <u>않은</u> 것은?

> 갑 맹자: 인(仁)은 사람의 마음이고 의(義)는 사람의 길이다. 그 길을 버리고 따르지 않으며, 그 마음을 놓아버리고 찾지 않으니 슬픈 일이다. 학문의 길은 놓아버린 마음을 찾는 것이다.
>
> 을 노자: 학문을 하면 날로 지식이 늘어나지만, 도를 닦으면 날로 지식이 줄어든다. 지식이 줄고 또 줄어들면 무위(無爲)에 이르게 되는데, 무위하게 되면 하지 않는 일이 없게 된다.

① 갑: 인의는 하늘이 부여한 것으로서 사람을 사람답게 하는 덕이다.
② 갑: 인간의 욕구 중 본성의 발현을 가로막는 욕구를 극복해야 한다.
③ 을: 도는 인간의 감각으로 인식할 수 없지만 우주 만물을 낳는다.
④ 을: 인위에 얽매이지 않고 자연에 따르는 삶을 살아야 한다.
⑤ 갑과 을: 학문의 완성된 경지에 이르러 자신의 명성을 높여야 한다.

│ 자료 분석 │

갑은 맹자, 을은 노자이다. 맹자는 인의와 같은 선한 본성을 보존하기 위해 지속적으로 수양해야 한다고 본다. 노자는 인위를 나날이 덜어내어 무위에 이르러야 한다고 본다.

│ 선지 해설 │

① 갑(맹자)은 인의는 하늘이 부여한 것으로서 사람을 사람답게 하는 덕으로 본다.
② 갑(맹자)은 인간의 욕구 중 본성의 발현을 가로막는 욕구를 극복하여 선한 본성을 발휘해야 한다고 본다.
③ 을(노자)은 도를 인간의 감각으로 인식할 수 없지만 우주 만물을 낳는 것으로 본다.
④ 을(노자)은 인위에 얽매이지 않고 자연에 따르는 삶을 살아야 한다고 본다.
⑤ 갑(맹자)은 학문을 공부하는 수양으로 선한 본성을 실현해야 한다고 보며, 을(노자)은 부와 명성 등 세속적인 가치를 멀리하고 자연에 따르는 삶을 살 것을 강조한다.

갑, 을 사상가들의 입장으로 가장 적절한 것은?

> 갑 맹자: 죄가 없는 사람을 죽이는 것은 인(仁)이 아니며, 자신의 것이 아닌 것을 취하는 것은 의(義)가 아니다. 인에 머물고 의를 따른다면 대인(大人)으로서 할 일이 갖추어진 것이다.
>
> 을 노자: 천지가 장구(長久)할 수 있는 까닭은 억지로 그 자신을 살리려고 하지 않기 때문이다. 성인(聖人)은 무위(無爲)의 이치를 본받아 자기를 내세우지 않기에 오히려 앞서게 된다.

① 갑: 예법[禮]이 아닌 형벌로 백성을 다스려야 한다.
   → 한비자
② 갑: 이로운 것[利]이 곧 의로운 것[義]임을 알아야 한다.
   → 묵자
③ 을: 도(道)에 따라 매사에 겸허(謙虛)하게 행동해야 한다.
④ 을: 시비선악(是非善惡)을 엄격히 분별하는 삶을 살아야 한다.
⑤ 갑과 을: 이상적 인간은 인륜(人倫)의 규범에서 벗어나야 한다.

│ 자료 분석 │

갑은 맹자, 을은 노자이다. 맹자는 인(仁)에 머물고 의(義)를 따르면 이상적 인간상인 대인(大人)이 될 수 있다고 보았다. 노자는 천지 만물의 근원인 도(道)에 따라 인위적으로 강제하지 않는 무위자연(無爲自然)을 강조하였다.

│ 선지 해설 │

① 갑(맹자)은 군주는 인과 예에 따라 백성을 도덕적으로 다스려야 한다고 본다. 그러므로 이 주장은 갑(맹자)의 입장으로 적절하지 않다.
② 갑(맹자)은 대인은 의로운 것을 우선할 수 있지만 소인은 이익을 우선하게 된다고 본다. 그러므로 이 주장은 갑(맹자)의 입장으로 적절하지 않다.
③ 을(노자)은 인위에서 벗어나 무위의 도를 따라 자연의 흐름에 맞게 살아야 한다고 본다. 그러므로 이 주장은 을(노자)의 입장으로 적절하다.
④ 을(노자)은 무위의 관점에서 자연 만물을 평등하게 바라보아야 한다고 본다. 그러므로 이 주장은 을(노자)의 입장으로 적절하지 않다.
⑤ 갑(맹자)은 인간은 선한 본성을 발휘하여 인륜을 실현해야 한다고 본다. 을(노자)은 인륜을 인위적인 규범이라고 보아 이를 벗어나 무위를 실천해야 한다고 본다. 그러므로 이 주장은 을(노자)만의 입장에 해당하여 갑(맹자)과 을(노자)의 공통 주장으로 적절하지 않다.

갑, 을 사상가들 모두가 긍정의 대답을 할 질문으로 가장 적절한 것은?

> 갑: 옳음으로 말미암아 그릇됨이 있고, 그릇됨으로 말미암아 옳
> 장자　음이 있다. 성인(聖人)은 이쪽과 저쪽의 구분에 의거하지 않
> 　고 하늘[天]에 비추어 생각한다.
> 을: 군자(君子)가 인(仁)을 떠나면 어찌 군자라는 이름을 이룰 수
> 공자　있겠는가. 군자는 밥을 먹는 동안에도 인을 떠남이 없으니,
> 　다급한 상황에서도 반드시 인에 머문다.

✔ 마음의 수양을 통해 도(道)를 따르며 살아가야 하는가?
② 인위적인 규범에서 벗어나 무위의 삶을 추구해야 하는가?
　　└→ 도가
③ 차별 없는 사랑[兼愛]을 인의 출발점으로 삼아야 하는가?
④ 시비선악을 분별하고 자연의 질서에 순응하며 살아야 하는가?
⑤ 성인이 제정한 예를 바탕으로 만물을 평등하게 대해야 하는가?

	갑	을
①	○	○
②	○	×
③	×	×
④	×	×
⑤	×	×

| 자료 분석 |

갑은 장자, 을은 공자이다. 장자는 자신을 구속하는 일체의 분별과 차별에서 벗어나 정신적 자유의 경지에 도달한 사람인 지인, 진인, 신인 등을 이상적 인간상으로 제시한다. 공자는 인과 예를 갖춘 도덕적 인간인 군자를 이상적 인간상으로 제시한다.

| 선지 해설 |

①갑(장자)과 을(공자) 모두 마음의 수양을 통해 도를 따르는 삶을 살아가야 한다고 본다.

② 갑(장자)은 인위적인 규범에서 벗어나 무위의 삶을 추구해야 한다고 본다. 을(공자)은 예를 외면적 사회 규범으로 제시하여 이를 따라 자신의 욕망을 극복하면 인을 실현할 수 있다고 본다. 그러므로 이 질문은 갑(장자)은 긍정, 을(공자)은 부정의 대답을 할 질문이다.

③ 갑(장자)은 인위적인 구분 없이 도에 따르는 무위를 실천해야 한다고 본다. 을(공자)은 가까운 사람에서부터 사랑의 범위를 넓히는 분별적 사랑을 실천해야 한다고 본다. 그러므로 이 질문은 갑(장자)과 을(공자) 모두 부정의 대답을 할 질문이다.

④ 갑(장자)은 시비선악을 분별하지 않고 자연의 질서에 순응하며 살아야 한다고 보았다. 을(공자)은 인과 의에 따라 시비선악을 구분하고 도덕적 공동체를 형성해야 한다고 본다. 그러므로 이 질문은 갑(장자)과 을(공자) 모두 부정의 대답을 할 질문이다.

⑤ 갑(장자)은 인의와 같은 인위적인 규범이 아닌 도에 따라 만물을 평등하게 대해야 한다고 본다. 을(공자)은 가까운 가족에서부터 인을 실천하여 타인에게까지 확대해 나가야 한다고 본다. 그러므로 이 질문은 갑(장자)과 을(공자) 모두 부정의 대답을 할 질문이다.

갑, 을 사상가들의 입장으로 적절한 것만을 〈보기〉에서 고른 것은?

> 갑: 왕이 자기 나라의 이익을 생각하면 대부는 자기 집안의 이익
> 맹자　을, 백성은 자기 몸의 이익을 생각한다. 위아래가 각자 자기
> 　이익을 취하려 하면 나라는 위태로워진다. 왕은 이익이 아니
> 　라 인의(仁義)를 생각해야 한다. ┌→인의 추구
> 　　　　　　　　　　　　　　　　이익<인의
> 을: 인위적인 것을 멀리하고 분별적 지혜를 버리면 백성의 이익이
> 노자　백배가 된다. 인을 끊고 의를 버리면 백성이 다시 효도하고 자
> 　애로워진다. 최상의 지도자는 백성이 단지 그의 존재만을 아
> 　는 지도자이다. →인의에서 벗어나야 이익도 가능

〈 보기 〉
ㄱ. 갑: 자신과 타인을 구분하지 않고 사랑[兼愛]해야 한다.
　　└→ 묵자: 겸애
ㄴ. 갑: 군주는 먼저 수기(修己)하고 백성을 교화해야 한다.
　　└→ 수기안인
ㄷ. 을: 이상적 삶을 위해 무지(無知)의 덕을 갖추어야 한다.
ㄹ. 갑과 을: 백성은 성인(聖人)을 좇아 선악을 구별해야 한다.
　　└→ 맹자: 성인(○), 선악 구별(○)
　　　　노자: 성인(○), 선악 구별(×)

① ㄱ, ㄴ　② ㄱ, ㄷ　✔ ㄴ, ㄷ　④ ㄴ, ㄹ　⑤ ㄷ, ㄹ

| 자료 분석 |

갑은 맹자, 을은 노자이다. 맹자는 누구에게나 선한 마음이 주어져 있다고 보고, 지속적으로 수양하면 누구나 도덕적으로 완성된 인간이 될 수 있다고 주장하였다. 맹자는 무엇이 이익이 되는지보다 무엇이 인의에 맞는지를 우선하여 도덕성 실현에 힘써야 한다고 보았다. 노자는 인이나 의와 같은 인간이 만든 인위적인 규범으로 인해 사회가 혼란스럽다고 보고, 인위적인 것을 버리면 자연의 순리를 따라 살 수 있기 때문에 오히려 백성에게 이익이 된다고 주장하였다.

| 보기 해설 |

ㄱ. 맹자는 존비친소의 구별을 전제로 시비선악을 분별하여 실천하는 사랑을 주장하였다. 자신과 타인을 구분하지 않고 사랑하는 겸애를 주장한 것은 묵자이다.

ㄴ. 맹자는 군자는 먼저 자신을 수양하고 난 뒤 다른 사람을 편안하게 하는 수기안인(修己安人)을 실현하는 사람이라고 보았다. 이에 따라 군주 역시 도덕적으로 완성된 인간인 군자로서 먼저 자신을 닦고, 백성을 교화하는 데 힘써야 한다.

ㄷ. 노자는 지식을 가지고 나라를 다스리는 것이 나라에 해가 되고 지식으로 나라를 다스리지 않는 것이 나라에 복이 된다고 주장하면서 오히려 백성들로 하여금 무지, 무욕하게 하는 것이 정치의 바른 방법이라고 보았다.

ㄹ. 맹자는 도덕적으로 인격을 완성한 인간을 성인이라 보고, 지속적인 수양을 통해 성인이 될 수 있도록 힘써야 한다고 주장하였다. 맹자가 바라보는 성인은 옳고 그름, 선함과 악함 등을 구별하여 도덕적 행위를 실천하는 사람이다. 노자가 생각하는 성인은 도의 관점에서 만물을 평등하게 바라보며 인간의 관점에서 시비, 선악, 미추 등을 구별하지 않는 사람이다. 따라서 맹자만의 주장에 해당한다.

다음을 주장한 **사상가**의 입장에서 〈문제 상황〉 속 A에게 제시할 조언으로 가장 적절한 것은?
→ 공자

→ 극기복례(克己復禮)

> **자기를 이기고 예(禮)로 돌아가는 것이 인(仁)이다.** 어진 사람은 자신이 서고 싶은 대로 주위 사람을 세워 주고, 자신이 이루고 싶은 대로 주위 사람을 이루게 한다.

〈문제 상황〉

A는 뉴스에서 태풍으로 피해를 본 ○○ 지역의 이재민을 돕기 위한 모금 활동 소식을 들었다. A는 여행을 가기 위해 모은 용돈 중 일부를 기부해야 할지 고민하고 있다.

① 모든 사람을 차별하지 않는 사랑[兼愛]을 실천하세요. → 묵자
② 역지사지의 자세로 이재민의 마음을 헤아려 행동하세요. ✓
③ 연기(緣起)의 법칙을 깨달아 이재민에게 자비를 실천하세요. → 석가모니
④ 의로움보다 자신의 이익을 최우선으로 고려하여 행동하세요.
　　 → 의로움 > 이익
⑤ 기부에 관한 옳고 그름을 초월하여 무위(無爲)를 실천하세요. → 노자

| 자료 분석 |

제시문의 사상가는 공자이다. 공자는 사랑의 정신이자 인격체의 인간다움을 의미하는 인(仁)을 내면적 도덕성으로 보고, 인을 실현하기 위해서 외면적인 사회 규범인 예(禮)가 필요하다고 주장했다. 공자는 사욕을 극복하고 예를 회복함으로써 인이 이루어질 수 있다고 보았다. 〈문제 상황〉의 A는 모은 용돈으로 태풍 피해를 겪고 있는 이재민을 도와야 할지, 여행을 가는 데 사용해야 할지 고민하고 있으므로 공자의 입장에서 할 수 있는 적절한 조언을 찾아야 한다.

| 선지 해설 |

① 공자는 인을 존비친소(尊卑親疏)의 구별을 전제로 옳고 그름, 선악을 분별하여 실천하는 사랑이라고 보았다. 모든 사람을 차별하지 않는 사랑[兼愛]의 실천을 강조한 것은 묵자이다.

② 공자는 자신의 마음을 미루어 다른 사람의 마음을 헤아리는 서(恕)를 강조함으로써 타인에 대한 존중과 배려를 강조했다. 따라서 역지사지의 자세로 이재민의 마음을 헤아려 행동하라는 조언은 공자의 입장으로 적절하다.

③ 모든 것이 상호 의존적으로 연결되어 있음을 강조하며 연기(緣起)의 법칙을 깨달아 이재민에게 자비를 실천해야 함을 주장한 것은 석가모니이다.

④ 공자는 의롭지 않은 이익을 보면 정의로운가를 성찰해야 한다는 견리사의(見利思義)를 강조하므로 자신의 이익보다는 의로움을 최우선으로 고려하여 행동하라고 조언할 것이다.

⑤ 공자는 옳고 그름에 대한 분별을 통해 도덕적으로 행동할 수 있다고 보았다. 옳고 그름에 대한 분별을 초월하여 무위(無爲)를 실천해야 한다고 주장한 것은 노자이다.

갑, 을 사상가들의 입장으로 가장 적절한 것은?

> 갑: **군자(君子)가 남들과 다른 까닭은 인(仁)과 예(禮)로써 타고난 선한 마음을 보존하기 때문이다.** 이 마음을 기르는 방법으로 욕망을 적게 하는 것[寡欲]보다 더 좋은 것은 없다.
> 맹자
>
> 을: **가장 훌륭한 덕은 물과 같다[上善若水].** 물은 만물을 이롭게만 하지 다투지 않고, 주로 사람들이 싫어하는 곳에 처한다. 물과 같은 이런 덕(德)을 가진 사람을 성인(聖人)이라고 한다.
> 노자

① 갑: 사단(四端)을 확충하여 본성을 변화시켜야 한다.
　　 보존해야
② 갑: 군자가 되기 위해서 사욕(私欲)을 극복해야 한다. ✓
③ 을: 다수의 관점에 따라서 시비(是非)를 가려야 한다.
④ 을: 분별적 지식을 쌓아 부쟁(不爭)의 덕을 길러야 한다.
　　 → 분별적 지식을 버려야 함
⑤ 갑과 을: 이상적 인간이 되려면 예법(禮法)을 익혀야 한다.

| 자료 분석 |

갑은 맹자, 을은 노자이다. 맹자는 인간은 사단(四端)이라는 선한 마음을 가지고 태어나며, 인(仁)과 예(禮)로써 선한 마음을 보존해야 한다고 주장한다. 인간은 지나친 욕구로 인해 잘못된 행동을 할 수 있기 때문에 욕망을 적게 하는 수양을 통해 잘못된 행동을 바로잡고 선한 마음을 길러야 한다고 강조한다. 노자는 천지 만물의 근원인 도(道)에 따라 인위적으로 강제하지 않는 무위자연(無爲自然)의 삶을 살아야 한다고 주장한다. 또한 가장 훌륭한 덕은 물과 같다고 주장하며, 만물을 이롭게만 하고 다투지 않고, 사람들이 싫어하는 곳에 처하는 물과 같은 삶을 살 것을 강조한다.

| 선지 해설 |

① 맹자는 사단을 확충하여 본성을 보존할 것을 강조한다. 인간은 선한 본성을 가지고 태어나기 때문에 본성은 수양을 통해 유지하고 길러야 할 것이지 변화시켜야 할 대상이 아니다.

② 맹자의 입장으로 적절하다. 맹자는 가장 이상적 인간상인 군자가 되기 위해서는 수양을 통해 지나친 욕구인 사욕(私慾)을 제거하고, 덕성을 함양해야 한다고 본다.

③ 노자는 인위적인 기준으로 시비나 선악을 가리는 것은 도에 따르는 삶이 아니라고 본다. 사회 혼란의 원인은 인간의 그릇된 인식과 가치관, 인위적인 규범과 제도, 분별적 사고에서 발생한다고 보며, 무위의 삶을 강조한다.

④ 노자는 분별적 지식을 버려야 한다고 보고, 자기중심적으로 시비, 선악을 분별하는 지식은 자연의 순리를 따르는 삶을 방해한다고 본다. 노자는 도에 따르는 무위와 무욕의 삶을 강조한다.

⑤ 맹자의 입장에만 해당하는 내용이다. 맹자는 이상적 인간인 군자가 되려면 예법을 익혀야 한다고 본다. 반면, 노자는 인간이 만들어 낸 예법은 인위적인 것으로 이상적 인간이 되는 것을 가로 막는 장애물이라고 본다.

갑, 을 사상가들의 입장으로 가장 적절한 것은? [3점]

갑: 배움을 행하면 날마다 늘어나고, 도를 행하면 날마다 줄어든
노자 다. 줄어들고 또 줄어들어 무위(無爲)에 이른다. 무위에 이르
면 못하는 바가 없어진다. → 무위자연의 삶 강조
을: 배우고 생각하지 않으면 어둡게 되고, 생각하고 배우지 않으
공자 면 위태롭게 된다. 군자(君子)가 도를 배우면 사람들을 사랑하
고, 소인이 도를 배우면 부리기 쉽다. → 이상적 인간상

① 갑: 배움을 통해 옳고 그름에 대한 지식을 쌓아야 한다.
　　→ 노자는 분별적 지혜를 반대함
✓ 갑: 선과 악을 분별하지 말고 도에 따라서 살아야 한다.
③ 을: 인의(仁義)를 실천하기보다는 실리를 추구해야 한다.
　　→ 공자는 인의의 덕을 강조함
④ 을: 존비친소(尊卑親疏)를 구별하지 않는 사랑을 해야 한다.
　　→ 공자는 존비친소의 차별적 사랑을 주장함
⑤ 갑, 을: 사사로운 욕심을 극복하고 예(禮)를 회복해야 한다.

| 자료 분석 |

갑은 노자, 을은 공자이다. 갑은 지식을 쌓는 것은 분별적 지혜를 낳고, 무위의 삶의 실현을 방해한다고 비판한다. 시비선악을 분별하는 그릇된 인식과 가치관에서 벗어나 도의 관점에서 자연스러움을 따르는 무위자연의 삶을 살 것을 강조한다. 을은 인의의 덕을 배우고 익히며, 자신의 내면적 수양을 바탕으로 이상적 인간상에 도달할 것을 강조한다. 또한, 내면적 도덕성인 인(仁)과 인의 정신을 담은 예(禮)의 실천을 강조한다.

| 선지 해설 |

① 갑은 옳고 그름을 구분하는 것을 무위의 도에 어긋나는 인위적인 태도라고 보며 비판한다. 이러한 지식을 쌓는 것은 분별적 지혜를 낳고, 이는 자연의 순리를 따르는 무위자연의 삶을 해치며, 사회 혼란의 원인이 된다고 본다.

② 갑은 시비나 선악을 분별하지 않고 도와 일치하는 삶을 살 것을 강조한다. 따라서 갑의 입장으로 가장 적절한 선지에 해당한다. 갑은 도를 행함으로써 분별적 지혜를 낳는 지식을 비우고 덜어 내어 무위에 이르러야 한다고 주장한다.

③ 을은 실리 추구보다 인의(仁義)의 실천을 강조한다. 내면적 도덕성인 인(仁)을 바탕으로 인간다움의 가치를 실현하고, 지속적으로 수양함으로써 도덕적으로 완성된 인간이 될 것을 강조한다.

④ 을은 존비친소의 구별이 있는 차별적 사랑을 주장한다. 을이 주장한 사랑은 존비친소의 구별을 전제로 하며, 시비선악을 분별하여 실천하는 사랑이다. 존비친소를 구별하지 않는 사랑인 '겸애'를 주장한 사상가는 묵자이다.

⑤ 을의 입장에만 해당하는 설명이다. 갑은 유가의 예(禮)를 인위적인 것으로 보고, 도에 어긋나는 것이라고 비판한다. 을은 내면의 도덕성을 실현하기 위해서는 자신의 사사로운 욕심을 극복하고 예를 회복하는 극기복례의 수양이 필요하다고 주장한다.

갑, 을 사상가들의 입장으로 적절하지 않은 것은? [3점]

　　　　→ 극기복례
갑: 자기 자신을 이기고 예(禮)로 돌아가는 것이 인(仁)이다. 자기
공자 를 이기고 예로 돌아가게 되면 온 천하가 이 사람을 어질다고
할 것이다.
을: 대도(大道)가 무너지니 인(仁)과 의(義)가 생겨났고 지혜가 나
노자 타나니 큰 거짓이 생겨났다. 육친(六親)이 화목하지 못하니 효
와 자애가 생겨났다. → 사회 혼란의 원인: 인위적 규범과 가치관

① 갑: 존비친소(尊卑親疏)의 구별을 전제로 사랑을 실천해야 한다.
② 갑: 자신의 마음을 미루어 타인을 헤아리는 서(恕)를 행해야 한다.
✓ 을: 도(道)를 실현하기 위해 인의의 도덕규범을 확립해야 한다.
　　　　　　　　　　　　　　　　　　벗어나야
④ 을: 자연의 질서에 순응하고 무위(無爲)의 삶을 추구해야 한다.
⑤ 갑, 을: 성인(聖人)이 되기 위해서는 수양을 통해 덕을 실현해야
한다.

OX문제로 개념 확인

(1) 공자는 존비친소를 구별하는 차별적·분별적 사랑을 실천해야 한다고 본다.
（　　　）

(2) 노자는 인의와 같은 도덕규범을 실천함으로써 만물의 근원인 도를 실현할 수
있다고 본다.
（　　　）

(1) O　(2) X

| 자료 분석 |

갑은 공자, 을은 노자이다. 공자는 사랑의 정신이자 사회적 존재로 완성된 인격체의 인간다움을 의미하는 인(仁)을 핵심으로 삼고, 이기적 욕심을 극복하고 예를 회복함으로써 인을 실현할 수 있다고 주장한다. 반면 노자는 인이나 예와 같은 인위적인 규범이나 제도로 인해 사회에 혼란이 일어났다고 보고, 만물의 근원인 도(道)에 따라 자연 그대로의 모습으로 살아가는 무위(無爲)를 실천해야 한다고 주장한다.

| 선지 해설 |

① 갑(공자)이 주장하는 사랑의 정신인 인은 존비(尊卑)와 친소(親疏)를 구분하는 차별적·분별적 사랑이다.

② 갑(공자)은 인이 효제(孝悌)와 충서(忠恕)를 통해 행해져야 한다고 본다. 여기서 충은 조금의 꾸밈도 없이 자신의 정성을 다하는 것을 의미하고, 서는 자신의 마음을 미루어 남의 마음을 헤아리는 것을 의미한다.

③ 을(노자)은 사회 혼란의 원인이 인의와 같은 인위적인 도덕규범과 사회 제도 때문이라고 보고, 도를 실현하기 위해서는 인위적인 도덕규범에서 벗어나 자연 그대로의 상태인 무위자연(無爲自然)을 추구해야 한다고 본다.

④ 을(노자)은 인위적이거나 의도적 조작이 없는 무위의 실천을 강조하며, 인의와 같은 인위적인 도덕규범이 없을 때 만물의 근원인 도의 자연스러움이 발휘되어 오히려 모든 것이 이루어지게 된다고 주장한다.

⑤ 갑(공자)은 이상적인 인간인 성인이 되기 위해 자신을 수양하여 타인과 백성을 편안하게 하도록 힘써야 한다고 주장한다. 을(노자) 역시 무위의 삶을 살기 위해서는 수양을 통해 낮은 곳에 거하는 겸허(謙虛)와 남들과 다투지 않는 부쟁(不爭)의 덕을 갖춤으로써 성인이 될 수 있다고 주장한다.

23 공자와 노자의 윤리 사상 24학년도 10월 학평 2번

정답 ④ | 정답률 72%

갑, 을 사상가들의 입장으로 가장 적절한 것은? [3점]

> 갑: 백성을 법령과 형벌로 다스리면 백성은 형벌을 모면하려 하고
> 공자 부끄러움을 모르게 된다. 백성을 덕으로 이끌고 예(禮)로 다
> 스리면 백성은 부끄러움을 알고 바르게 된다.
> 을: 최상의 지도자는 백성이 단지 그의 존재만을 안다. 공(功)이
> 노자 이루어지고 나면 백성은 자기 스스로 그렇게 했다고 말한다.
> 무위(無爲)하면 다스리지 못할 것이 없다.

① 갑: 통치자는 법(法)을 배제하고 덕으로만 통치해야 한다.
② 갑: 통치자는 백성이 편안해진 후에야 수신(修身)할 수 있다.
③ 을: 통치자는 인의(仁義)를 갖춰야만 무위로 다스릴 수 있다.
④ 을: 통치자는 백성이 무지(無知)의 덕을 갖도록 다스려야 한다.
⑤ 갑과 을: 통치자는 선악(善惡)을 구별해 규범을 세워야 한다.

| 자료 분석 |

갑은 공자, 을은 노자이다. 공자는 인과 예에 기반한 통치를 강조하며, 인륜이 실현된 대동사회를 이상적으로 보고 이를 실현해야 한다고 본다. 노자는 인위로부터 벗어난 무위의 통치를 강조하며, 소수의 백성이 소박하게 자연에 따라 살아가는 소국과민 사회를 실현해야 한다고 본다.

| 선지 해설 |

① 갑(공자)은 외면적인 도덕규범인 예를 기반으로 인이 실현된 통치를 강조한다. 그러므로 이는 갑(공자)의 입장으로 적절하지 않다.

② 갑(공자)은 자기 자신에 대한 수양인 수신을 기반으로 나라를 다스릴 수 있다고 본다. 그러므로 이는 갑(공자)의 입장으로 적절하지 않다.

③ 을(노자)은 인과 의를 인위적인 것으로 보고, 이를 벗어난 무위를 따를 것을 강조한다. 그러므로 이는 을(노자)의 입장으로 적절하지 않다.

④ 을(노자)은 통치자는 무위에 따라 백성을 자연스럽게 해야 한다고 본다. 그러므로 이는 을(노자)의 입장으로 적절하다.

⑤ 갑(공자)은 인과 의에 기반하여 추구해야 할 것과 말아야 할 것을 구분하지만, 을(노자)은 인위적인 규범에서 벗어나 자연에 따를 것을 강조한다. 그러므로 이는 갑(공자)과 을(노자)의 공통 입장으로 적절하지 않다.

24 맹자와 노자의 윤리 사상 25학년도 수능 11번

정답 ① | 정답률 50%

갑, 을 사상가들의 입장으로 적절하지 않은 것은?

> 갑: 뜻을 얻으면 백성과 함께 그 도(道)를 행하고, 뜻을 얻지 못하
> 맹자 면 홀로 그 도를 행한다. 부귀가 마음을 어지럽히지 못하고, 빈
> 천이 행위를 바꾸지 못하며, 위세와 무력이 지조를 꺾지 못한
> 다. 이러한 사람을 대장부라 한다.
> 을: 예(禮)라는 것은 진실하고 신실한 마음이 얄팍해진 결과이며
> 노자 혼란의 원인이다. 섣부르게 내다보는 것은 도가 꾸며진 것이자
> 어리석음의 단초이다. 그러니 대장부는 중후함에 처하며 얄팍
> 한 곳에 거하지 않는다.

① 갑: 수오(羞惡)의 마음은 의로운 행위를 구준히 실천해야만 생겨난다.
② 갑: 오륜(五倫)의 참된 실천은 반드시 수기(修己)가 바탕이 되어야한다.
③ 을: 이상적인 정치는 스스로 그러함[自然]의 원리에 어긋나지 않는다.
④ 을: 성인(聖人)의 도를 본받아 겸허하고 다툼 없는 덕을 지녀야 한다.
⑤ 갑과 을: 도를 따르는 사람은 곧 본성을 따르는 사람이라 할 수 있다.

| 자료 분석 |

갑은 맹자, 을은 노자이다. 맹자는 인간의 선한 본성과 본래의 마음의 실현을 가로막는 감각적 욕구를 극복하고 본래의 마음을 보존하고 본성의 선함을 함양한 이상적 인간을 대장부라고 본다. 노자는 예와 같은 인위는 사회를 혼란하게 만드는 것이고, 무위의 정치를 실현해야 한다고 본다.

| 선지 해설 |

① 갑(맹자)은 불의를 부끄러워하는 마음인 수오의 마음을 보편적이고 선천적인 도덕심인 사단이라고 본다. 그러므로 이는 갑(맹자)의 입장으로 적절하지 않다.

② 갑(맹자)은 오륜의 덕목을 실천하기 위해서는 스스로를 수양하는 자세가 필요하다고 본다. 그러므로 이는 갑(맹자)의 입장으로 적절하다.

③ 을(노자)은 무위자연의 원리에 따르는 소국과민 사회를 이상적인 사회라고 본다. 그러므로 이는 을(노자)의 입장으로 적절하다.

④ 을(노자)은 성인의 도와 합일하여 겸허하고 다툼이 없으며 아래에 거하고 만물을 이롭게 하는 물과 같이 살아야 한다고 본다. 그러므로 이는 을(노자)의 입장으로 적절하다.

⑤ 갑(맹자)은 인간의 본성은 선하며, 인간의 선한 본성은 하늘이 부여한 것으로 본다. 을(노자)은 도가 만물에 내재하며 그것의 본성이 된다고 본다. 그러므로 이는 갑(맹자)과 을(노자)의 공통 입장으로 적절하다.

문제편 026~033쪽

01　벤담의 윤리 사상　25학년도 9월 모평 11번　　정답 ③ | 정답률 93%

다음 사상가의 관점에서 〈문제 상황〉 속 A에게 제시할 조언으로 가장
적절한 것은?
→ 벤담

> 행위의 옳고 그름은 그 행위로 인해 산출되는 쾌락과 고통의
> 양에 따라 평가되어야 한다. 쾌락에는 질적인 차이가 없기 때문
> 에 모든 쾌락은 그 양의 측면에서 서로 비교할 수 있다. → 양적 공리주의
>
> 〈문제 상황〉
> 한 지역에서 재해로 인해 다수의 사상자가 발생하였다. 긴급히
> 투입된 구조대원 A는 한정된 장비를 가지고 어떤 사람을 우선 구
> 조해야 할지 고민하고 있다.

① 질적으로 우월한 쾌락을 산출하는 행위를 선택하세요.
② 신체의 고통은 양적으로 계산될 수 없음을 고려하세요.
✔ 구조를 통해 발생하는 이익과 손해의 총량을 계산하세요.
④ 구조의 의무는 결과와 무관한 정언 명령임을 명심하세요.
⑤ 모든 상황에 적용되는 보편적 도덕 원리는 없음을 유념하세요.

│ 자료 분석 │

제시문의 사상가는 벤담이다. 벤담은 공리주의의 입장에서 쾌락을 산출하고 고
통을 감소시키는 결과를 낳는 행위를 옳은 행위라고 본다. 또한 그는 모든 쾌락
은 질적으로 동일하여 그 양의 많고 적음을 기준으로 행위의 유용성을 판단할
수 있다고 본다. 〈문제 상황〉 속 A는 한정된 장비를 어떤 사람을 구조하기 위해
우선적으로 사용할지 고민하고 있다.

│ 선지 해설 │

① 벤담은 모든 쾌락은 질적으로 동일하기 때문에 많은 양의 쾌락을 산출하는 행
위를 추구한다.

② 벤담은 쾌락과 고통을 양적으로 계산할 수 있다고 보고, 모든 쾌락은 질적으
로 동일하기 때문에 많은 양의 쾌락을 산출하는 행위를 추구한다.

③ 벤담은 행위의 결과로 발생하는 이익과 손해의 총량을 계산해 보아야 한다고
주장한다.

④ 벤담은 행위의 결과로 발생하는 쾌락과 고통을 고려해야 한다고 본다.

⑤ 벤담은 모든 상황에 적용되는 보편적 도덕 원리로 공리의 원리를 제시한다.

02　매킨타이어의 윤리 사상　25학년도 6월 모평 4번　　정답 ① | 정답률 71%

다음 사상가의 관점에서 〈문제 상황〉 속 A에게 제시할 조언으로 가장
적절한 것은?　→ 매킨타이어

> 덕은 인간이 습득한 하나의 성질로서, 그것을 소유하고 실천
> 함으로써 우리는 어떤 실천 관행에 내재하고 있는 선들을 성취할
> 수 있다. 이에 반해 덕의 결여는 결과적으로 그러한 선들의 성취
> 를 방해한다. 핵심적 덕들이 없다면 우리는 실천 관행에 내재된
> 선에 접근할 수 없다.
>
> 〈문제 상황〉
> 학생 A는 평소 좋아하는 가수의 콘서트에 가기 위해 용돈을
> 모으고 있다. 그러던 중 우연히 영상 플랫폼에서 자신과 같은 지
> 역에 사는 결식아동에 대한 영상을 보고 그동안 모은 용돈으로
> 아동을 후원해야 할지 고민하고 있다.

✔ 자신이 속한 공동체의 공유된 핵심 가치를 실현하도록 행동하세요.
② 관습을 따르기보다 자율적 준칙에 따라 소신 있게 행동하세요.
③ 공동체의 도덕적 전통에 구애됨 없이 도구적 이성에 따라 행동하
세요.
④ 유용한 결과를 기준으로 삼아 공동체 이익을 증진하도록 행동하
세요. → 공리주의
⑤ 공동선에 순응하기보다는 자신만의 고유한 선 관념에 따라 행동
하세요.

│ 자료 분석 │

제시문의 사상가는 매킨타이어이다. 매킨타이어는 덕의 소유와 실천을 통해서
사회적 관행에 내재하는 덕을 성취할 수 있다고 본다. 또한 덕이란 공동체의 맥
락 속에서 구성되는 것이기 때문에 개인은 공동체와 분리되어서는 선을 성취할
수 없다고 본다. 〈문제 상황〉에서는 A가 자신의 용돈을 콘서트에 가는 데 사용할
지 아니면 결식아동을 후원하는 데 사용할지 고민하고 있다.

│ 선지 해설 │

① 매킨타이어는 공동체와 그 공동체의 전통과 역사를 중시하여 그 속에서 공
유된 핵심 가치를 실현할 것을 강조한다.

② 매킨타이어는 개인의 자율적 준칙보다 공동체의 관습을 중시한다.

③ 매킨타이어는 공동체의 관습과 도덕적 전통을 중시한다.

④ 매킨타이어는 공동체의 이익을 증진하고자 하지만, 이는 유용한 결과를 우선
하기보다 좋은 삶과 공공선을 실현하기 위한 것이다.

⑤ 매킨타이어는 개인의 고유한 선 관념보다 공동선을 추구할 것을 강조한다.

03 공리주의 24학년도 수능 2번

정답 ④ | 정답률 93%

다음을 주장한 <u>사상가</u>의 입장에서 〈문제 상황〉 속 A에게 제시할 조언으로 가장 적절한 것은? [3점]
└→ 벤담

> <u>모든 쾌락은 질적으로 동일하며 양적으로 측정할 수 있다.</u> 쾌락의 가치를 측정할 때에는 강도와 지속성 등 여섯 가지 기준 외에 쾌락과 고통에 의해 영향을 받는 사람의 수를 참작해야 한다. ┐
> └→ 양적 공리주의 ◄┘
>
> 〈문제 상황〉
>
> 부모님께 용돈을 받은 학생 A는 게임 아이템을 구매하려 하고 있다. 이때 구호 단체에서 온 기부 권고 문자를 보고, 게임 아이템을 구매하는 대신 기부를 해야 할지 고민 중이다.

① 기부 행위가 자연법의 제1원리에 부합하는지를 판단해 보세요.
　　└→ 자연법 윤리
② 선의지에서 비롯된 기부 행위여야 도덕적 행위임을 명심하세요.
　　└→ 칸트의 의무론
③ 유덕한 행위자가 행할 만한 것을 그 결과에 상관없이 행하세요.
　　└→ 덕 윤리
✔④ 기부 행위가 산출할 쾌락의 양을 쾌락 계산법에 따라 계산해 보세요.
⑤ 쾌락의 양뿐만 아니라 질적 차이까지 고려하여 기부 여부를 정하세요. └→ 밀의 질적 공리주의

| 자료 분석 |

제시문의 사상가는 벤담이다. 벤담은 고통을 피하고 쾌락을 추구하는 것이 인간 행위의 목적이며, 모든 쾌락은 질적으로 같고 양적인 차이만 있으므로 쾌락을 계산할 수 있다고 보았다. 이러한 벤담의 입장에서 〈문제 상황〉 속 A에게 제시할 수 있는 적절한 조언을 찾으면 된다.

| 선지 해설 |

① 자연법 윤리를 강조한 아퀴나스가 제시할 수 있는 조언이다. 아퀴나스는 '선을 행하고 악을 피하라.'라는 자연법 제1원리에 부합하는 윤리적 의사 결정을 할 것을 강조한다.

② 칸트의 입장에서 제시할 수 있는 조언이다. 칸트는 행위의 결과보다 동기를 중시하며, 오직 의무 의식과 선의지에서 비롯된 행위만이 도덕적 행위임을 강조한다.

③ 덕 윤리의 입장에서 제시할 수 있는 조언이다. 덕 윤리에서는 특정한 상황에서 유덕한 행위자가 행할 만한 것을 행하라고 조언한다.

④ 벤담의 입장에서 제시할 조언으로 적절하다. 벤담은 공리의 원리인 '최대 다수의 최대 행복'을 강조하면서 기부 행위가 산출할 쾌락의 양을 측정해 보라고 조언할 것이다.

⑤ 밀의 입장에서 제시할 수 있는 조언이다. 밀은 쾌락의 양뿐만 아니라 질적인 차이까지도 고려해서 윤리적 의사 결정을 내려야 한다고 주장한다.

04 칸트의 의무론 24학년도 9월 모평 2번

정답 ④ | 정답률 88%

다음을 주장한 <u>사상가</u>의 입장에서 〈문제 상황〉 속 A에게 제시할 조언으로 가장 적절한 것은?
└→ 칸트

> 도덕성은 행위가 의지의 자율과 맺는 관계이다. <u>의지의 준칙이 자율성의 법칙과 필연적으로 조화를 이룰 때, 그 의지는 단적으로 선한 의지</u>가 된다. → 선의지에 따른 행위가 도덕적 행위
>
> 〈문제 상황〉
>
> 평소 함께 식사하던 친구가 급식실에 늦게 도착한 A에게 자신의 앞에 서라고 권했다. A는 <u>새치기를 할지 질서를 지켜야 할지</u> 고민하고 있다.

① 친구들 사이에서 더 <u>인정받을 수 있는</u> 행위를 선택하세요.
② 구체적인 상황을 고려하여 중용에 따른 행위를 선택하세요.
　　└→ 아리스토텔레스
③ 친구와 함께하고자 하는 <u>마음이 이끄는</u> 행위를 선택하세요.
✔④ 가능한 행위 중에서 의무로부터 비롯된 행위를 선택하세요.
⑤ 더 많은 <u>쾌락을 가져올 것으로 예상되는</u> 행위를 선택하세요.
　　└→ 결과가 아닌 동기를 고려해야 함

| 자료 분석 |

제시문의 사상가는 칸트이다. 칸트는 선의지를 오직 그 자체로 선한 의지라고 보고, 선의지에 따른 행위를 도덕적인 행위라 보았다. 또한 자연적 경향성을 극복하고 도덕 법칙에 대한 순수한 존경심에 의해 의무를 따라야 한다고 주장하였다. 〈문제 상황〉의 A는 급식실에서 새치기를 할지 질서를 지켜야 할지 고민하고 있으므로 칸트의 입장에서 제시할 수 있는 적절한 조언을 찾으면 된다.

| 선지 해설 |

① 칸트는 결과와 상관없이 오직 의무에서 비롯된 행위만이 도덕적 가치를 가진다고 보기 때문에 결과적으로 친구들 사이에서 더 인정받을 수 있는 행위를 선택하라고 하지 않을 것이다.

② 구체적인 상황과 조건을 고려하여 상황에 맞는 중용에 따른 행위를 실천해야 한다는 것은 아리스토텔레스의 입장에 해당한다.

③ 칸트는 자연적 경향성과 단절하고 도덕 법칙을 준수하고자 하는 의무 의식에 따라야 한다고 보았다. 친구와 함께하고자 하는 마음은 자연적 경향성에 해당하므로 칸트가 제시할 조언으로 적절하지 않다.

④ 칸트는 의무에 일치하는 행위와 의무로부터 비롯된 행위를 구분하고 결과적으로 의무에 일치하는 행위가 아니라 도덕 법칙을 지키려는 의무 의식으로부터 비롯된 행위를 해야 한다고 주장한다. 따라서 칸트는 오직 가능한 행위 중에서 의무로부터 비롯된 행위를 선택하라고 조언할 수 있다.

⑤ 칸트는 행위의 결과가 아닌 동기를 중시하며 선의지에서 비롯된 행위만이 도덕적 가치를 지닌다고 보았다. 더 많은 쾌락을 가져올 것으로 예상되는 행위는 결과를 고려한 행위이므로 칸트가 제시할 조언으로 적절하지 않다.

정답 ④ | 정답률 74%

다음을 주장한 사상가의 입장으로 적절한 것만을 〈보기〉에서 고른 것은? [3점]
└─ 매킨타이어

> 덕은 인간이 습득한 성질로, 인간의 선을 성취할 수 있도록 하는 데 필수적이다. 이것은 개인이 삶의 서사적 통일성 속에서 좋은 삶의 목적을 이해하는 능력이며, 도덕적 전통의 보존과 관련된다.

〈 보기 〉

ㄱ. 공동체의 선보다 보편적인 도덕 원칙을 더 중시해야 한다.
　　→ 공동체의 선을 중시함
ㄴ. 개인은 공동체를 벗어나면 덕을 실천하는 방법을 배울 수 없다.
ㄷ. 도덕 판단을 할 때 행위자보다 행위 자체를 중시해야 한다.
　　→ 행위보다 행위자를 중시함
ㄹ. 개인의 도덕적 정체성은 사회적·역사적 맥락 속에서 형성되어야 한다.

① ㄱ, ㄴ　② ㄱ, ㄷ　③ ㄴ, ㄷ　✔④ ㄴ, ㄹ　⑤ ㄷ, ㄹ

| 자료 분석 |

제시문의 사상가는 매킨타이어이다. 매킨타이어는 공동체의 전통과 역사를 중시하며, 삶의 구체적·맥락적 상황이 도덕적 판단에 반영되어야 한다고 본다. 인간은 누구나 공동체로부터 빚과 유산, 정당한 기대와 의무를 물려받으며, 이러한 것들이 도덕적 출발점을 구성한다고 주장한다. 또한, 덕이 사회적 실천 또는 관행 속에 담긴 선을 성취하는 데 유용한 인간의 성품이라고 본다.

| 보기 해설 |

ㄱ. 매킨타이어는 보편적인 도덕 원칙보다 공동체의 전통과 선을 중시하는 입장이다. 매킨타이어는 보편적 도덕 원칙을 강조하는 근대 윤리가 도덕 판단에 있어 공동체의 구체적·맥락적 상황의 중요성을 간과한다고 본다.

ⓛ 매킨타이어는 공동체의 전통과 역사를 중시하며, 개인의 덕의 실천이 공동체 속에 내재된 가치 속에서 이루어진다고 본다.

ㄷ. 매킨타이어는 도덕 판단을 할 때 행위보다 행위자를 중시해야 한다고 본다. 또한 무엇을 행해야 하는가보다 어떤 사람이 되어야 하는가에 초점을 두고 덕을 함양함으로써 도덕적 실천력을 높여야 한다고 주장한다.

ⓛ 매킨타이어는 공동체의 역사적 시간과 사회적 공간의 구체적 맥락들이 개인의 도덕적 정체성 형성에 반영되어야 한다고 본다.

정답 ① | 정답률 64%

다음을 주장한 사상가의 입장에서 〈문제 상황〉 속 A에게 제시할 조언으로 적절한 것만을 〈보기〉에서 있는 대로 고른 것은? [3점]
└─ 아리스토텔레스

> 도덕적 덕은 대상에 있어서의 중간이 아니라 우리와의 관계에서 성립하는 중용에 의존한다. 중용은 두 악덕, 즉 지나침에 따른 악덕과 모자람에 따른 악덕 사이의 중용이다.
> └─ 감정이나 행위와 관련하여 마땅한 상태

〈문제 상황〉

> 인성교육 전문가인 A는 아동을 바른 품성을 지닌 사람으로 기르고자 한다. 이를 위해 A는 인성교육 프로그램을 어떤 방향과 내용으로 개발해야 할지 고민 중이다.

〈 보기 〉

ㄱ. 아동이 인간의 고유한 본성을 실현할 수 있도록 개발하세요.
　　└─ 이성을 탁월하게 발휘하는 것
ㄴ. 아동이 습관화를 통해 도덕적 품성을 함양하도록 개발하세요.
　　└─ 중용의 지속적 실천 → 습관화 → 품성적 덕
ㄷ. 아동이 행복은 곧 옳고 그름에 관한 앎임을 알도록 개발하세요.
　　└─ 지식이 있다고 무조건 행복한 것은 아님
ㄹ. 아동이 어떠한 상황에서도 두려움의 감정을 갖지 않는 용기 있는 사람이 되도록 개발하세요.
　　두려움과 태연함 사이의 ┘
　　마땅함

✔① ㄱ, ㄴ　② ㄱ, ㄷ　③ ㄷ, ㄹ
④ ㄱ, ㄴ, ㄹ　⑤ ㄴ, ㄷ, ㄹ

| 자료 분석 |

제시된 글의 사상가는 아리스토텔레스이다. 아리스토텔레스는 감정이나 행위와 관련하여 지나침과 모자람의 중간 상태인 '마땅함'을 의미하는 중용의 특성이 있음을 강조한다. 이때 중용이란 산술적 중간이 아니라 각각의 상황에서 가장 적절한 상태를 의미하며, 그 자체로 나쁜 감정이나 행동에는 존재하지 않는다고 주장한다. 〈문제 상황〉 속 A는 바른 품성을 지닌 아동을 양육하는 프로그램 개발에 대해 고민하고 있다.

| 보기 해설 |

ⓛ 아리스토텔레스는 행복이란 덕에 따르는 정신의 활동이며, 덕은 인간의 고유한 기능인 이성이 탁월하게 발휘되는 상태라고 본다. 따라서 아리스토텔레스는 아동이 인간의 고유한 본성인 이성을 탁월하게 발휘하여 덕을 갖추고 행복을 실현할 수 있도록 개발하라고 주장할 것이다.

ⓛ 아리스토텔레스는 품성적 덕이 중용의 반복적 실천인 습관화를 통해 형성된다고 본다. 따라서 아리스토텔레스는 아동이 지속적인 습관화를 통해 중용을 실천함으로써 도덕적 품성을 함양하도록 개발하라고 주장할 것이다.

ㄷ. 아리스토텔레스는 덕에 관해 안다고 해서 무조건 행함으로 이어지는 것은 아니며, 의지가 나약하다면 좋은 것인 줄 알면서도 행하지 못할 수 있다고 주장한다. 따라서 아리스토텔레스는 행복이 곧 옳고 그름에 관한 앎이라고 주장하지 않을 것이다.

ㄹ. 아리스토텔레스는 두려움과 태연함의 중용을 용기라고 보고, 어떠한 상황에서도 두려움의 감정을 갖지 않는 것이 아니라 각 상황에 따라 두려움과 태연함 사이의 마땅함을 추구할 것을 강조한다.

07 공리주의 23학년도 9월 모평 4번

정답 ① | 정답률 94%

다음을 주장한 사상가의 입장에서 〈사례〉 속 A에게 제시할 조언으로 가장 적절한 것은? [3점] → 벤담
→ 최대 다수의 최대 행복

공리의 원리란 모든 행위에 관해 그것이 우리의 행복을 증진하느냐 혹은 감소하느냐에 따라 좋다거나 나쁘다고 평가하는 원리이다. 쾌락과 고통은 강도, 지속성, 확실성 등을 기준으로 오직 양으로만 계산될 수 있다.

〈 사례 〉

로봇 개발자인 A는 인공 지능 로봇 제작을 의뢰받았다. A는 인공 지능 로봇이 사람을 대신하여 유용한 일을 할 수 있지만, 범죄나 전쟁 등과 같은 유해한 일에 악용될 수 있기 때문에 이 로봇을 개발할지 고민하고 있다.

✓ 로봇 개발이 가져올 해악과 편익의 총합을 계산하여 결정하세요.
② 로봇 개발이 산출할 타인의 이익에 가중치를 두고 결정하세요.
③ 로봇 개발이 산출할 쾌락의 질적 차이를 고려하여 결정하세요.
　　　　　　　　　　　　양적
④ 로봇 개발이 결과와 무관하게 선한 것인지 숙고하여 결정하세요.
　　　　　　　유관
⑤ 로봇 개발이 당신에게 가져올 이익만을 고려하여 결정하세요.
　→ 사회 전체의 이익을 고려함

자료 분석

제시된 주장을 한 사상가는 벤담이다. 벤담은 쾌락은 선이고 고통은 악이라는 윤리관을 바탕으로 최대 다수의 최대 행복을 추구하는 공리의 원리가 옳은 행위를 결정하는 기준이 된다고 본다. 또한 벤담은 쾌락에 질적인 차이가 없고 양적인 차이만이 존재한다고 주장하며 강도, 지속성, 순수성, 확실성, 근접성, 범위, 다산성을 기준으로 쾌락의 양을 계산할 수 있다고 본다. 〈사례〉의 A는 인공 지능 로봇이 인간에게 편리함을 줄 수 있지만 동시에 유해한 일에 악용될 수 있기 때문에 제작 여부를 두고 고민하고 있다.

선지 해설

① 벤담이 제시할 조언으로 적절하다. 벤담은 공리의 원리를 토대로 쾌락과 고통의 양을 계산할 수 있음을 강조하므로, 로봇 개발이 가져올 해악과 편익의 총합을 계산하여 제작 여부를 결정하라고 조언할 수 있다.

② 벤담이 제시할 조언으로 적절하지 않다. 벤담은 쾌락을 계산할 때, 특정 대상의 이익을 우선하여 계산할 것을 주장하지 않는다. 오히려 사회를 구성하는 개인의 쾌락과 고통은 동일하게 계산되어야 한다고 본다.

③ 벤담이 제시할 조언으로 적절하지 않다. 벤담은 쾌락에 양적인 차이만 있을 뿐, 질적 차이는 존재하지 않는다고 본다.

④ 벤담이 제시할 조언으로 적절하지 않다. 벤담은 공리주의적 관점에서 행위의 동기나 과정보다는 행위가 유발하는 결과에 관심을 갖는다. 따라서 벤담이 내리는 모든 판단은 행위의 결과와 밀접하게 관련되어 있다고 할 수 있다.

⑤ 벤담이 제시할 조언으로 적절하지 않다. 벤담이 옳은 행위의 기준으로 삼는 공리의 원리는 최대 다수의 최대 행복을 추구한다. 따라서 벤담은 개인의 이익만 고려할 것이 아니라 사회 전체의 이익을 고려하라고 주장할 것이다.

08 칸트의 윤리 사상 23학년도 6월 모평 3번

정답 ⑤ | 정답률 90%

다음을 주장한 사상가의 입장에서 〈사례〉 속 A에게 제시할 조언으로 가장 적절한 것은? [3점]
→ 칸트

너의 행위의 준칙이 보편적 법칙이 되기를 바랄 수 있도록 그렇게 행위하라.

〈 사례 〉

사장 A가 돈을 빌리지 않으면 회사는 부도가 나고 직원도 실직하게 된다. A는 친구에게 돈을 빌리기 위해 갚지 못할 것을 알면서도, 돈을 반드시 갚겠다는 거짓 약속을 할지 고민하고 있다.

① 정직한 행위에 따르는 보상을 기대하고 행동하세요.
② 직원의 처지를 보고 느끼는 동정심에 따라 행동하세요.
　　　　　　　　　　　　실천 이성
③ 당신의 고통보다 친구의 고통이 크게 되지 않도록 행동하세요.
④ 거짓 약속을 해서라도 당신의 경제적 피해를 최소화하도록 행동하세요.
　→ 칸트에 따르면 거짓 약속은 보편화될 수 없으므로
　　도덕적 행위가 될 수 없음
✓ 모두가 거짓 약속을 시도한다면 과연 약속이란 것이 가능할지 판단하여 행동하세요.

자료 분석

제시된 주장을 한 사상가는 칸트이다. 칸트는 이성적 존재인 인간이 고유한 도덕 법칙을 가지고 있는 존엄한 존재임을 강조하며, 인간이라면 누구나 예외 없이 따라야 하는 무조건적이고 절대적인 보편적 도덕 법칙을 제시한다. 〈사례〉의 A는 갚을 수 없다는 것을 알면서도 돈을 빌리는 것이 잘못된 행동임을 알지만, 회사 운영을 위해 돈을 빌려야 할지 고민하고 있다.

선지 해설

① 칸트는 도덕적 행위가 결과에 상관없이 그 행위가 옳다는 이유만으로 행하는 것이라고 본다. 따라서 보상을 기대하고 한 행동은 도덕적 행위가 될 수 없다고 볼 것이다.

② 칸트는 동정심에 따르는 행위가 도덕적 행위가 될 수 없다고 주장한다. 칸트에게 도덕적 행위는 동정심과 같은 감정이 아닌 실천 이성의 명령에 무조건적으로 따르는 행위를 의미한다.

③ 칸트는 자신이나 타인이 느끼는 고통의 크기를 고려하는 행위를 도덕적 행위라고 주장하지 않는다. 칸트에게 도덕적 행위는 쾌락이나 고통이라는 결과와 상관없이 의무로부터 비롯된 행위를 의미한다.

④ 칸트에 따르면 도덕적 행위는 경제적 이익이나 피해와 같은 결과의 관점이 아니라 의무 의식이라는 동기의 관점에서 행해져야 하는 것이다.

⑤ 칸트는 '네 의지의 준칙이 언제나 동시에 보편적 입법의 원리가 될 수 있도록 행위하라.'라는 도덕 법칙을 통해 정언 명령의 보편성을 강조한다. 따라서 칸트의 입장에서는 거짓 약속을 시도한다면 약속이란 것이 가능할지 그 보편화 가능성을 고려하여 판단하라고 조언할 수 있다.

다음을 주장한 사상가의 입장에서 〈문제 상황〉 속 A에게 제시할 조언으로 가장 적절한 것은?
↳ 벤담

> 행위가 옳은지 그른지를 알기 위해서는 그 행위의 결과가 어떠한지를 알아야 한다. 유용성의 원리는 선택의 상황에서 개별 행위에 직접적으로 적용된다. 옳은 행위란 다른 어떤 가능한 행위보다 더 큰 유용성을 갖는 행위이다. → 도덕의 원리: 최대 다수의 최대 행복

〈 문제 상황 〉

자율 주행 자동차를 설계하고 있는 엔지니어 A는 위 그림과 같이 자율 주행 자동차가 고속 주행 중 제동을 시도해도 보행자와의 충돌이 불가피한 경우, 어떻게 주행하도록 설계해야 할지 고민하고 있다.

① 그 자체로 선한 의지를 반영하여 주행하도록 설계하세요.
  → 칸트의 입장
✔ ② 탑승자와 보행자의 고통의 총합을 최소화하도록 설계하세요.
③ 탑승자의 안전을 최우선으로 고려하여 주행하도록 설계하세요.
④ 보행자의 인격을 수단이 아닌 목적으로 대우하도록 설계하세요.
  → 칸트의 입장
⑤ 사회적 관습에 내재한 선에 따라 상황에 대처하도록 설계하세요.
  → 덕 윤리의 입장

| 자료 분석 |

제시문의 사상가는 벤담이다. 벤담은 쾌락을 산출하고 고통을 감소시키는 결과를 낳는 행위가 옳은 행위라고 보며, '최대 다수의 최대 행복'이라는 공리의 원리를 도덕과 입법의 기본 원리로 제시하였다. 〈문제 상황〉 속 엔지니어 A는 자율 주행 자동차가 고속 주행 중 보행자와의 충돌이 불가피한 경우 어떻게 주행하도록 설계해야 하는지에 대해 고민하고 있다.

| 선지 해설 |

① 칸트의 입장에서 제시할 조언이다. 칸트는 어떤 행위가 옳다는 이유만으로 그 행위를 무조건적으로 실천하려는 의지를 선의지라고 보며, 이러한 선의지에 따른 행동만이 도덕적으로 옳은 행동이라고 주장한다.

② 벤담은 쾌락을 산출하고 고통을 감소시키는 결과를 낳는 행위가 옳은 행위라고 보고, 모든 쾌락에는 질적인 차이 없이 양적인 차이만 있기 때문에 쾌락의 양을 계산할 수 있다고 본다. 탑승자와 보행자의 고통의 총합을 최소화하라는 것은 행위의 옳고 그름을 판단할 때 관련된 이해 당사자들의 최대 행복의 양을 고려해야 한다는 것이므로, 벤담의 입장에서 제시할 조언으로 적절하다.

③ 벤담의 입장에서 제시할 조언으로 적절하지 않다. 벤담은 결과를 평가하는 데 고려되는 유일한 요인으로 행위에 의해 생겨날 쾌락과 고통을 꼽는다. 따라서 벤담은 각각의 상황에서 생겨날 쾌락과 고통의 양을 평가하여 관련된 이해 당사자들에게 최대 행복을 줄 수 있는 판단을 하라고 조언할 것이다.

④ 칸트의 입장에서 제시할 조언이다. 칸트는 이성적 존재가 따라야 할 보편적인 도덕 법칙으로서 인격을 수단이 아닌 목적으로 대우하라는 정언 명령을 제시한다.

⑤ 매킨타이어의 입장에서 제시할 조언이다. 매킨타이어는 공동체의 역사와 전통을 중시하면서, 유덕한 성품을 갖추기 위해서는 사회적 관습에 내재한 옳고 선한 행위를 실천하여 이를 내면화해야 한다고 주장한다.

갑, 을 사상가들의 입장으로 적절하지 않은 것은? [3점]
↳ 행위의 결과가 아니라 행위의 동기가 도덕성을 결정한다고 봄

> 갑: 이성적 존재자로서 인간의 행위는 도덕 법칙의 지배를 받는
> 칸트 다. 이 법칙에 자신의 행위를 자율적으로 복종시킬 때 그 행위는 결과와는 상관없이 도덕적 가치를 갖는다.
> 을: 모든 쾌락을 합산하고 모든 고통을 합산하여 이 둘을 비교하
> 벤담 였을 때, 쾌락의 양이 더 크면 그 행위는 옳은 행위이다. 이것이 행위의 옳음을 판단하는 유일한 방법이다. ↳ 쾌락과 고통의 양을 측정할 수 있다고 봄

① 갑: 좋은 결과를 산출한 행위도 옳지 않은 행위일 수 있다.
② 갑: 그 자체로 선한 의지에서 비롯된 행위는 옳은 행위이다.
  ↳ 선의지
③ 을: 행위의 옳고 그름을 판단하는 척도는 결과의 유용성이다.
✔ ④ 을: 정신적 쾌락은 감각적 쾌락과 달리 양적 계산이 불가능하다.
                                    가능
⑤ 갑, 을: 행위의 옳고 그름을 규정하는 보편적 원칙은 존재한다.
  ↳ 칸트: 정언 명령의 형태로 제시되는 도덕 법칙
    벤담: 공리의 원리

OX문제로 개념 확인

(1) 칸트는 결과와 무관하게 옳은 행위가 존재한다고 본다. (   )
(2) 벤담은 정상적인 인간이라면 누구나 질적으로 수준 높은 쾌락을 추구할 것이라고 본다. (   )

(1) ○ (2) X

| 자료 분석 |

갑은 칸트, 을은 벤담이다. 칸트는 인간이 이성적인 존재이며 보편적인 도덕 법칙을 자율적으로 인식할 수 있는 존엄한 존재라고 본다. 벤담은 쾌락이 선이고 고통은 악이라는 윤리관을 전제로 '최대 다수의 최대 행복'을 산출하는 행위가 선이라고 보며, 모든 쾌락이 질적으로 동일하며 쾌락에는 양적인 차이만 있다고 본다.

| 선지 해설 |

① 칸트는 행위의 결과보다 도덕적 동기를 중시한다. 따라서 좋은 결과를 산출한 행위라고 하더라도 그것이 도덕적인 동기에서 이루어지지 않은 것이라면 옳지 않은 행위라고 본다.

② 칸트는 선의지가 무제한적으로 선한 것으로서 도덕 법칙을 따르려는 의지이며, 도덕적 행위의 근거가 된다고 주장한다. 따라서 칸트에게 선의지에서 비롯된 행위는 옳은 행위이다.

③ 벤담은 모든 인간이 쾌락을 추구하고 고통을 피하고자 하는 존재라고 보고, 최대한 많은 사람에게 많은 쾌락을 줄 수 있는 '최대 다수의 최대 행복'을 도덕의 원리로 제시한다. 즉, 행위의 결과가 주는 유용성이 행위의 옳고 그름을 판단하는 기준이 된다고 본다.

④ 벤담은 모든 쾌락에는 질적인 차이가 없이 양적인 차이만 존재한다고 보고, 강도, 지속성, 순수성, 확실성, 근접성, 범위, 생산성의 기준을 통해 정신적 쾌락을 포함한 모든 쾌락을 양적으로 계산할 수 있다고 본다.

⑤ 칸트는 이성적 존재인 인간이 자율적으로 파악할 수 있는 보편적인 도덕 법칙이 존재한다고 본다. 한편 벤담은 최대 다수의 최대 행복을 추구하는 '공리의 원리', 혹은 '최대 행복의 원리'를 도덕의 원리로 삼고, 이것이 옳은 행위를 결정하는 보편적인 기준이 된다고 주장한다.

11 칸트의 의무론 22학년도 6월 모평 4번

정답 ⑤ | 정답률 63%

다음을 주장한 사상가의 입장에서 〈사례〉 속 A에게 해 줄 수 있는 조언으로 가장 적절한 것은? [3점]
└ 칸트

┌─── 결과적으로 의무에 맞는 행위

> 어떤 행위가 의무에 맞을지라도 반드시 도덕적 가치를 갖는다고 할 수는 없다. 비록 그 행위가 의무가 명령한 것에 맞게 일어난다 할지라도 의무로부터 일어난 것이 아니라면 도덕적 가치를 갖지 않기 때문이다.
> └ 행위의 도덕성은 오직 그 행위의 동기에 있다고 봄

〈사례〉

> 상인 A는 정직하게 손님을 대하여 많은 단골손님을 갖게 되었다. 그러던 어느 날 정직한 행동이 이익으로 돌아온다는 생각이 들었다. 하지만 시간이 갈수록 그는 이익을 위해 정직하게 행동하는 것이 진정으로 도덕적인 것인지 고민하게 되었다.
> 이익(결과)을 위한 행동 ≠ 의무에 따르는 행위 ┘

① 꾸준한 도덕적 실천으로 얻어진 덕에 따라 행동하세요.
→ 덕 윤리의 관점
② 당신의 자연적 성향에 따라 손님들을 정직하게 대하세요.
선의지
③ 모두의 이익을 증진시킬 수 있도록 정직하게 행동하세요.
→ 공리주의의 관점
④ 당신의 정직한 행위가 도덕적 의무에 맞기만 하면 됩니다.
✓⑤ 경향성이 섞이지 않은 순수한 도덕적 동기에 따라 행동하세요.

| 자료 분석 |

제시된 주장을 한 사상가는 칸트이다. 칸트는 행위의 '동기'에 주목하면서 의무에 따르려는 의지로부터 발생한 행위만이 도덕적 가치를 지닌다고 보았다. 한편 〈사례〉의 상인 A는 장사를 하면서 이익을 얻기 위해 정직하게 행동하는 것이 진정으로 도덕적인 가치를 지닌 행동인지 고민하고 있다. 따라서 칸트의 입장에서 〈사례〉의 상인 A에게 해 줄 수 있는 조언을 찾아야 한다.

| 선지 해설 |

① 덕 윤리의 입장에서 제시할 수 있는 조언이다. 덕 윤리의 관점에서 올바른 행위란 덕에 기초한 행위이다. 이때 '덕'이란 공동체의 관행에 내재된 선을 획득하기 위해 요구되는 품성으로서, 꾸준한 도덕적 실천을 통해 얻을 수 있는 것이다.

② 칸트는 인간이 지니는 욕구와 감정, 이익 관심 등을 자연적 성향(경향성)으로 보고, 자연적 성향에 따른 행위는 도덕적인 가치를 지니지 않는다고 보았다. 따라서 칸트의 입장에서 제시할 조언으로 적절하지 않다.

③ 공리주의의 입장에서 제시할 수 있는 조언이다. 공리주의에 따르면 도덕적인 행위는 그 행위에 영향을 받은 사람들의 이익을 증진시키는 행위이다.

④ 칸트는 '도덕적 의무에 일치하는' 행위와 '도덕적 의무에 따르는' 행위를 구분한다. 그는 결과적으로는 의무에 일치하는 행위처럼 보이더라도, 그 행위가 선의지라는 도덕적 의무를 따르려는 동기에서 행해진 것이 아니라면 도덕적 가치를 지니지 않는다고 보았다.

⑤ 칸트의 입장에서 A에게 제시할 수 있는 조언으로 적절하다. 칸트는 욕구나 감정과 같은 자연적 경향성이 아니라, '오직 의무에 따르고자 하는 선한 의지', 즉 순수한 도덕적 동기에 따라 행위할 때에만 그 행위가 도덕적인 가치를 지닌다고 보았다.

---

12 소크라테스의 윤리 사상 21학년도 수능 20번

정답 ② | 정답률 92%

다음을 주장한 사상가의 입장에서 〈사례〉 속 A에게 제시할 충고로 가장 적절한 것은?
└ 소크라테스

> 재물이나 명성과 명예는 최대한 많아지도록 마음을 쓰면서도 지혜와 진리, 자신의 영혼이 최대한 훌륭해지도록 하는 일에 대해서는 마음을 쓰지 않는 것을 부끄러워해야 한다. 숙고하지 않는 삶은 살 가치가 없다.
> 자기 성찰의 자세를 강조함

〈사례〉

> 제2차 세계 대전 당시 유대인 학살의 실무 책임자였던 피고 A는 재판 과정에서 자신이 명령받은 일을 하지 않았다면 양심의 가책을 받았을 것이라고 말했다. 이에 많은 사람들은 그를 악마 같다고 비난했으나, 그는 맡은 일을 성실히 수행했을 뿐인데 자신이 비난받는 이유를 모르겠다고 항변했다.

① 영혼의 훌륭함보다는 명성과 명예를 추구해야 한다.
명성과 명예   영혼의 훌륭함
✓② 자신의 행동에서 지혜롭지 못한 것은 없는지 성찰해야 한다.
③ 옳음보다는 유용성을 기준으로 자신의 삶의 목적을 정해야 한다.
④ 직위와 결부된 책임을 충실히 이행하기 위해 노력해야 한다.
⑤ 자신이 속한 국가가 정한 규범을 의심 없이 받아들여야 한다.

| 자료 분석 |

제시된 글의 사상가는 소크라테스이다. 소크라테스는 부나 명예의 추구보다 참된 진리를 좇으며 영혼의 수양에 힘써야 한다고 주장하였고, 성찰하지 않는 삶은 살 가치가 없다고 강조하였다. 한편 〈사례〉의 A는 자신이 담당했던 유대인 학살의 실무는 단지 명령에 따른 것이었으며, 자신은 맡은 일을 성실히 수행했을 뿐이라고 주장하였다.

| 선지 해설 |

① 소크라테스는 명성과 명예보다 영혼의 훌륭함을 추구하며 살아야 한다고 강조하였다.

② 소크라테스는 자신의 영혼이 최대한 훌륭해지도록 하는 일에 마음을 쓰면서, 숙고하는 삶을 살아야 한다고 주장하였다. 따라서 소크라테스는 A에게 자신의 행동에 지혜롭지 못한 것은 없었는지 판단하고, 자신의 행동을 성찰해야 한다고 충고할 것이다.

③ 유용성을 강조하는 입장은 공리주의이다. 소크라테스는 옳음이 유익하다고 보고, 참된 앎, 덕, 행복이 일치한다는 지덕복합일설을 제시하였다.

④ A는 자신의 직위에 따른 책임만을 충실히 이행했을 뿐 자신의 행위가 도덕적으로 옳은 행위인지는 숙고하지 않았다. 따라서 소크라테스는 참된 지혜를 발휘하여 직위에 따르는 책임을 수동적으로 행할 것이 아니라 자신의 행동을 도덕적으로 성찰한 뒤 행동하라고 강조할 것이다.

⑤ A는 자신이 속한 국가의 규범을 맹목적으로 받아들였고, 그 결과 유대인을 학살하였다. 따라서 소크라테스는 국가가 정한 규범을 의심 없이 받아들이지 말고, 옳고 그름을 숙고해서 판단해야 한다고 충고할 것이다.

갑 사상가가 을 사상가에게 제기할 수 있는 비판으로 가장 적절한 것은? [3점]

> 갑: '나는 무엇을 해야만 하는가?'라는 물음에 앞서 '나는 어떤 이
> 매킨타　야기 또는 이야기들의 부분인가?'라는 물음에 답해야 한다.
> 이어　~~나의 삶의 역사는 공동체의 역사 속에 있고~~, 나의 도덕적 정
> ~~체성은 공동체 구성원의 자격 속에서 발견된다.~~ └→개인은 공동체와 불가분의
> 　　　　　　　　　　　　　　　　　　　관계라고 봄
> 을: '나는 무엇을 해야만 하는가?'라는 물음에 대한 적절한 대답
> 공리　은 공리의 원리를 따르는 것이라고 하겠다. 이 원리는 ~~고통과~~
> 주의　~~쾌락의 양을 계산하여~~, 구성원들의 이익 총합으로서의 공동
> 체 이익을│증진시키도록 행위할 것을 요구한다.
> 　　　　　└→쾌락의 측정 기준: 강도, 지속성, 확실성,
> 　　　　　　근접성, 생산성, 순수성, 범위

① ~~행위자의 품성~~보다 ~~행위의 유용성~~이 중요함을 간과한다.
　　행위의 유용성　　　　행위자의 품성
② 보편적 도덕 원리를 행위의 기준으로 삼아야 함을 ~~간과한다.~~
✓③ 공동체가 개인의 단순한 집합체로 간주될 수 없음을 간과한다.
④ 개인이 다른 사람의 행복을 고려하여 행위해야 함을 ~~간과한다.~~
⑤ 도덕 판단에서 ~~역사적 특수성~~보다 ~~행위 결과~~를 고려해야 함을 간
　과한다.　　　　　행위 결과　　　역사적 특수성을

| 자료 분석 |

갑은 덕 윤리학자인 매킨타이어, 을은 공리주의 사상가인 벤담이다. 매킨타이어는 개인이 공동체의 역사, 문화, 도덕 등을 공유하고 이를 통해 정체성을 형성한다고 주장하면서, 개인의 도덕적 정체성이 공동체와 분리될 수 없음을 주장하였다. 한편 벤담은 공리의 원리를 제시하며 고통과 쾌락의 양을 계산하여 공동체 전체의 이익을 증진할 수 있는 행위를 선택하라고 강조하였다.

| 선지 해설 |

① 매킨타이어는 행위자의 품성을 중시하고, 벤담은 행위의 유용성을 강조한다. 따라서 해당 선지는 매킨타이어의 입장에서 벤담에게 할 수 있는 비판으로 적절하지 않다.

② 매킨타이어는 특수한 역사적 맥락에 기초하여 구성되는 공동체의 가치를 강조하며, 벤담은 공리의 원리(보편적 도덕 원리)를 강조한다. 따라서 해당 선지는 매킨타이어의 입장에서 벤담에게 할 수 있는 비판으로 적절하지 않다.

③ 매킨타이어는 공동체가 그 자체로서 목적의 가치를 지니며 개인의 단순한 집합체가 아니라고 본다. 한편 벤담은 각 개인의 쾌락을 총합한 것이 공동체의 이익과 같다고 보면서, 공동체를 개인의 집합체로 간주한다. 따라서 해당 선지는 매킨타이어의 입장에서 벤담에게 할 수 있는 비판으로 적절하다.

④ 매킨타이어는 개인이 공동체의 구성원으로서 타인의 행복을 고려하여 행위해야 한다고 보고, 벤담은 공리의 원리에 따라 타인의 행복을 고려하여 사회 전체의 행복을 증진해야 한다고 본다.

⑤ 매킨타이어는 도덕 판단에서 자신이 속한 공동체의 역사적 특수성을 고려할 것을 강조한 반면, 벤담은 행위의 결과로서 공리를 극대화할 것을 강조한다. 따라서 해당 선지는 매킨타이어의 입장에서 벤담에게 할 수 있는 비판으로 적절하지 않다.

㉠에 들어갈 진술로 가장 적절한 것은?

> ┌→매킨타이어　　　┌→개인은 공동체(사회)로부터 분리될 수 없다고 봄
> 나의 삶은 항상 나의 정체성을 도출해 내는 공동체 속에 편입
> 되어 있다. 나는 다양한 역할들을 맡은 사람으로서 공동체로부
> 터 다양한 부채와 유산, 정당한 기대와 의무를 물려받는다. 이것
> 들은 나의 도덕적 출발점을 구성한다. 그런데 어떤 사상가는 도덕
> 이 개인의 외부에 있는 기준이 아니라, 오직 실천 이성에 의해 정　　└→칸트
> 립되어야 하고 모든 인간에게 동일해야 한다고 주장한다. 나는 이
> 사상가가 [　　　　㉠　　　　]고 생각한다.
> 　　　　　　└→칸트의 관점에 대한 매킨타이어의 평가

① 선한 성품에서 나온 행위가 곧 도덕적 행위임을 ~~강조했다~~
　　　　　　　　　　　　　　　　　　　　　　간과
② 인간이 보편적인 도덕 법칙을 인식할 수 ~~없음~~을 강조했다
　　　　　　　　　　　　　　　　　있음
③ 이성적 행위자인 개개인이 도덕 법칙의 수립자임을 ~~간과했다~~
　　　　　　　　　　　　　　　　　　　　　강조
④ 도덕 법칙이 이성적 존재인 인간에게 구속력이 있음을 ~~간과했다~~
　　　　　　　　　　　　　　　　　　　　　　　강조
✓⑤ 도덕이 사회적·역사적 맥락 속에서 도출되어야 함을 간과했다

| 자료 분석 |

제시된 글의 '나'는 공동체주의자인 매킨타이어로, 개인이 공동체의 구성원으로서 부여받는 다양한 기대와 의무가 도덕적 기초를 구성함을 강조하고 있다. 반면 '어떤 사상가'는 도덕이 실천 이성에 의해 정립되어야 한다고 보는 칸트의 관점을 취하고 있다. 따라서 ㉠에는 매킨타이어의 관점에서 칸트의 관점에 대해 할 수 있는 평가가 들어가야 한다.

| 선지 해설 |

① 매킨타이어는 행위자의 선한 '성품'에서 나온 행위가 도덕적인 행위라고 보는 덕 윤리를 강조하였다. 반면 칸트는 도덕적 의무를 따르는 행위만이 도덕적이라고 보았다. 따라서 해당 내용은 칸트에 대한 평가로 적절하지 않다.

② 칸트는 인간 개개인이 실천 이성을 통해 스스로 보편적인 도덕 법칙을 인식할 수 있음을 강조하였다. 따라서 해당 내용은 칸트에 대한 평가로 적절하지 않다.

③ 칸트는 개개인의 인간이 이성적 행위자로서 스스로 도덕 법칙을 파악하고 명령할 수 있는 자율적 존재임을 강조하였다. 따라서 해당 내용은 칸트에 대한 평가로 적절하지 않다.

④ 칸트는 이성적 존재인 인간은 스스로 도덕 법칙을 명령하고 이를 의무로서 따를 수 있는 존재라고 보았다. 즉, 의무로서 주어지는 도덕 법칙은 이성적 존재인 인간에게 구속력이 있다고 본 것이다. 따라서 해당 내용은 칸트에 대한 평가로 적절하지 않다.

⑤ 칸트는 이성적 존재인 인간이 실천 이성을 발휘함으로써 보편적인 도덕 법칙을 스스로 파악할 수 있다고 강조하였다. 반면 매킨타이어는 도덕이 공동체의 사회적·역사적 맥락 속에서 도출되어야 함을 강조하였다. 따라서 해당 내용은 매킨타이어의 관점에서 칸트의 관점에 대해 할 수 있는 평가로 적절하다.

15 덕 윤리와 의무론 21학년도 6월 모평 12번

정답 ② | 정답률 77%

갑, 을 사상가들의 입장으로 가장 적절한 것은?

└ 덕은 반복적 실천을 통해 습득된다고 봄

갑: 덕은 하나의 습득된 인간의 특성이다. 우리가 덕을 소유하고
매킨타 실천하면 사회적 관행에 내재하는 선을 성취할 수 있고, 우리
이어   가 덕을 습득하지 못하면 그러한 선을 성취하지 못하게 된다.

을: 도덕 법칙은 이성적 존재자에게 의무의 법칙이다. 이것은 도덕
칸트   적 강요의 법칙이며, 법칙에 대한 존경을 통해 그리고 의무에
     대한 외경에 의해 행위를 규정하는 것이다.
     └ 도덕 법칙은 반드시 따라야 할 명령으로 주어짐

① 갑: 인간은 타고난 덕을 실천해야 도덕적 행위를 할 수 있다.

② 갑: 덕은 사회적 실천을 통해 선을 이루는 데 필요한 성품이다.

③ 을: 최대 다수의 최대 행복의 원리가 도덕적 행위의 기준이다.
  공리주의

④ 을: 도덕적 행위자는 도덕 법칙보다 상황과 맥락을 중시해야 한다.
       상황과 맥락   도덕 법칙

⑤ 갑, 을: 행위의 도덕성 평가에서 동기와 감정은 배제되어야 한다.

| 자료 분석 |

갑은 매킨타이어, 을은 칸트이다. 매킨타이어는 오직 덕의 소유와 실천을 통해서
만 사회적 관행에 내재하는 선을 성취할 수 있다고 본다. 또한 덕이란 공동체의
맥락 속에서 구성되는 것이기 때문에 개인은 공동체와 분리되어서는 선을 성취
할 수 없다고 주장한다. 한편 칸트는 이성적 존재자인 인간이 자율적으로 명령
한 도덕 법칙은 보편적인 동시에 필연적이기 때문에 반드시 실천해야 하는 의무
의 법칙이라고 보았다.

| 선지 해설 |

① 매킨타이어는 아리스토텔레스의 관점을 취하며 덕이란 반복적인 실천을 통
해 후천적으로 '습득된' 인간의 특성이라고 본다.

② 매킨타이어는 덕을 소유하고 실천하면 사회적 관행에 내재하는 선을 성취할
수 있으며, 덕은 선을 이루는 데 필요한 성품이라고 본다.

③ 칸트의 입장이 아니라 공리주의의 입장이다. 칸트에게 도덕적 행위의 기준은
실천 이성이 파악한 보편적인 도덕 법칙으로, 그는 이러한 도덕 법칙에 따르
는 것이 의무라고 본다.

④ 칸트는 이성적 존재인 도덕적 행위자는 상황이나 맥락에 따라 변하지 않고 언
제 어디서나 예외 없이 적용되는 보편적인 도덕 법칙을 따라야 한다고 본다.

⑤ 매킨타이어와 칸트 모두 부정할 내용이다. 행위의 도덕성을 파악할 때 매킨
타이어는 동기와 감정 모두를, 칸트는 오직 동기만을 고려해야 한다고 본다.

16 칸트의 윤리 사상 24학년도 7월 학평 2번

정답 ⑤ | 정답률 84%

**다음을 주장한 사상가의 입장에서 〈문제 상황〉 속 A에게 제시할 조언으
로 가장 적절한 것은?** └ 칸트

도덕 법칙은 모든 유한한 이성적 존재자에게 의무의 법칙이며,
이 법칙에 대한 존경심에 의해서 그리고 자신의 의무에 대한 외
경에서 행위를 규정하는 도덕적 강제의 법칙이다.

〈문제 상황〉

A는 집에서 동생의 무선 이어폰을 실수로 떨어뜨렸다. 귀가한
동생이 자신의 이어폰이 망가진 것을 확인하고 속상해하자, A는
자신이 행한 일을 사실대로 말해야 할지 고민 중이다.

① 고통을 겪고 있는 동생의 자연적 경향성을 고려하세요.

② 사실을 알리는 행위가 유용성을 극대화하는지 고려하세요.
  → 공리주의

③ 유덕한 품성을 지닌 사람이라면 어떻게 행동할지 고려하세요.
  → 덕 윤리

④ 물건을 망가뜨린 행위로 발생할 자기 손해를 먼저 고려하세요.

⑤ 정직하게 말하는 것이 선의지에서 비롯된 행위인지 고려하세요.

| 자료 분석 |

제시문의 사상가는 칸트이다. 칸트는 도덕 법칙을 인간이라면 누구나 따라야 하
는 무조건적인 명령으로 본다. 또한 도덕적 문제 상황에서 선의지에서 비롯된 행
위를 해야 한다고 주장한다. 〈문제 상황〉에서는 A가 자신의 잘못을 동생에게 사
실대로 말해야 할지 고민하고 있다.

| 선지 해설 |

① 칸트는 자연적 경향성을 극복하고 도덕 법칙을 따를 것을 주장한다.

② 칸트는 행위가 의무로부터 비롯한 행위인지를 고려하고자 한다.

③ 칸트는 유덕한 품성을 지닌 사람의 행위가 아닌 의무에 따라 행동해야 한다
고 본다.

④ 칸트는 행위의 결과보다는 동기를 고려해야 함을 강조한다.

⑤ 칸트는 선의지에서 비롯된 행위를 도덕적인 행위라고 본다.

갑, 을 사상가들의 입장에서 〈문제 상황〉 속 A에게 제시할 조언으로 가장 적절한 것은?

> 칸트
> 갑: 의무는 인간의 실천 이성으로부터 도출된다. 어떤 행동이 진정한 도덕적 가치를 갖기 위해서는 아무런 경향성 없이, 오로지 의무로부터 비롯되어야 한다.
>
> 매킨타이어
> 을: 도덕의 토대를 이성 위에 세우려는 시도는 실패할 것이다. 도덕적으로 행동하기 위해 인간은 덕을 발휘해야 한다. 덕은 삶의 서사적 통일성과 사회적 전통 내에서 획득될 수 있다.

> 〈문제 상황〉
> 고등학생 A는 인근에서 일어난 산불로 인해 많은 이재민이 발생했다는 뉴스를 보았다. 이에 A는 한정판 운동화 구매를 위해 모아 두었던 용돈을 도움이 절실한 이재민에게 기부할지 고민하고 있다.

① 갑: 쾌락 총량의 극대화 원칙을 토대로 기부 여부를 결정하세요.
　→ 공리주의
✔② 갑: 이재민을 도와야 한다는 순수한 도덕적 동기에 따라 행동하세요.
③ 을: 공동체의 어려운 상황과 관계없이 보편적 도덕 원리를 따르세요.
④ 을: 기부 행위가 자신의 유덕한 품성 형성과 무관함을 명심하세요.
⑤ 갑과 을: 이성적 판단을 위해 이재민에 대한 동정심을 배제하세요.

│ 자료 분석 │

갑은 칸트, 을은 매킨타이어이다. 칸트는 행위의 동기에 주목하면서 의무에 따르려는 의지로부터 발생한 행위만이 도덕적 가치를 지닌다고 본다. 매킨타이어는 공동체의 전통과 역사를 중시하며, 공동체 속에서 형성된 덕을 통해 사회적 선을 성취하고 유덕한 품성을 갖출 수 있다고 본다. 〈문제 상황〉의 A는 용돈을 자신의 물질적 이익을 위해 사용할지 아니면 이재민을 돕기 위해 사용할지 고민하고 있다.

│ 선지 해설 │

① 갑(칸트)은 쾌락 총량의 극대화 원칙이 아닌 정언 명령에 따라 기부 여부를 결정해야 한다고 본다.

② 갑(칸트)은 오직 의무이기 때문에 행동하는 동기에만 도덕적 가치가 있다고 본다.

③ 을(매킨타이어)은 공동체의 상황을 고려하고 유덕한 행위자의 행위를 따를 것을 강조한다.

④ 을(매킨타이어)은 유덕한 행동을 반복적으로 실천함으로써 내면화하여 유덕한 품성을 기를 수 있다고 본다.

⑤ 갑(칸트)은 동정심이 많아 타인을 도우며 내적 만족을 느끼는 것은 칭찬을 받을 만하지만 윤리적 가치를 가지지는 못한다고 본다. 반면 을(매킨타이어)은 이성적 추론뿐만 아니라 동정심과 같은 덕을 갖춘 유덕한 인간이 되어야 한다고 본다.

다음을 주장한 사상가의 입장에서 〈문제 상황〉 속 A에게 제시할 조언으로 가장 적절한 것은?
　　└ 칸트

> 이성적인 존재는 자기 자신뿐만 아니라 다른 모든 이성적인 존재를 결코 단순히 수단으로만 대우해서는 안 되고, 언제나 동시에 목적 그 자체로 대우해야 한다.

> 〈문제 상황〉
> 고등학생 A는 세뱃돈으로 무선 이어폰을 동생에게 사주기로 한 약속을 지킬지, 평소 후원하는 단체로부터 받은 감사 편지에 감동하여 추가로 기부할지 고민 중이다.

✔① 인간이 마땅히 따라야 할 의무를 동기로 삼아 행위하세요.
② 어떤 대안이 최선의 결과를 낳을지를 계산하여 행위하세요.
　→ 결과주의
③ 자신의 주변 사람들로부터 인정받을 수 있도록 행위하세요.
　→ 공동체주의
④ 지적인 덕과 품성적 덕을 갖춘 사람을 본받아서 행위하세요.
　→ 덕 윤리
⑤ 자신의 선택에 따른 쾌락의 질적 차이를 고려하여 행위하세요.
　→ 질적 공리주의

│ 자료 분석 │

제시문의 사상가는 칸트이다. 칸트는 이성적 존재인 인간이 고유한 도덕 법칙을 가지고 있는 존엄한 존재임을 강조하며, 인간이라면 누구나 예외 없이 따라야 하는 무조건적이고 절대적인 보편적 도덕 법칙을 제시한다. 〈문제 상황〉에서는 A가 동생과 한 약속과 후원 단체에 대한 기부 가운데 고민하고 있다.

│ 선지 해설 │

① 칸트는 오직 의무에 의해서 행하는 행위만이 도덕적 가치를 지닌다고 본다. 그러므로 이는 칸트가 제시할 조언으로 적절하다.

② 칸트는 행위의 결과가 아닌 행위의 동기에 따라 도덕적 가치가 부여된다고 본다. 그러므로 이는 칸트가 제시할 조언으로 적절하지 않다.

③ 칸트는 행위의 도덕성은 자신과 주변 사람의 인정이 아닌 그 행위가 의무에 의해 행해졌는지 여부로 결정된다고 본다.

④ 칸트는 덕이 준칙을 채택할 때의 의지의 강인함이라고 보며, 외부의 원리를 따르는 것이 아닌 의지의 자율을 실현해야 한다고 본다.

⑤ 칸트는 행위로 발생하는 결과가 아닌 행위가 오직 의무를 따르고자 하는 동기로 이루어졌는지에 주목한다.

다음을 주장한 사상가의 입장에서 〈문제 상황〉 속 A에게 제시할 조언으로 가장 적절한 것은?
└▶ 벤담

> 공동체는 가공의 조직체이며 공동체의 이익은 그 구성원들의 이익의 총합이다. 어떤 행동이 공동체의 행복을 증가시키는 경향이 감소시키는 경향보다 클 경우, 이 행동은 공리의 원칙에 의해 승인된다.
> └▶ 최대 다수의 최대 행복을 낳는 행위 원칙
>
> 〈문제 상황〉
>
> A는 난치병 치료를 위해 배아 줄기세포를 연구하고 있다. A는 연구 과정에서 배아가 폐기되고, 난자 확보 과정에서 여성의 건강권이 침해되기 때문에 연구를 계속해야 할지 고민하고 있다.

✓① 연구 결과로 인한 사회적 손익을 계산해야 함을 명심하세요.
   └▶ 사회적 유용성 고려
② 연구자가 지켜야 할 보편적 도덕 원리는 없음을 명심하세요.
   있음(공리의 원리)
③ 연구자의 동기가 연구의 도덕성 판단의 척도임을 명심하세요.
   결과
④ 연구자는 경향성이 아니라 선의지에 따라야 함을 명심하세요.
⑤ 연구는 사익의 총합보다 큰 공익을 지향해야 함을 명심하세요.
   └▶ = 공익

| 자료 분석 |

제시문의 사상가는 벤담이다. 벤담은 쾌락을 산출하고 고통을 피하는 결과를 낳는 행위가 선한 행위라고 보았다. 또한 이러한 쾌락을 계산할 수 있다고 보고 공동체의 이익, 즉 공동체의 행복을 극대화시키는 행위가 도덕적인 행위라고 주장하였다. 〈문제 상황〉의 A는 난치병 치료를 위한 연구 과정에서 발생하는 문제로 연구를 지속해야 할지 고민하고 있다.

| 선지 해설 |

① 벤담이 제시할 수 있는 적절한 조언이다. 벤담은 도덕적 행위의 판단 기준을 공동체의 행복과 이익을 증대하는 것에 두기 때문에 연구 결과로 인한 사회적 손해와 이익을 고려하여 행동하라고 조언할 것이다.

② 벤담은 행위의 보편적 도덕 원리로 최대한 많은 사람에게 최대한의 행복을 주는 행위를 도덕적으로 옳은 행위라 판단하는 '공리의 원리'를 주장하였다. 따라서 벤담은 연구자가 지켜야 할 보편적 도덕 원리가 있다고 볼 것이다.

③ 벤담은 '최대 다수의 최대 행복'이라는 결과를 산출하는 행위를 도덕적으로 옳은 행위라고 보았다. 따라서 벤담에게 있어 연구의 도덕성 판단의 척도는 연구자의 동기가 아니라 연구로 인한 결과라 할 수 있다.

④ 벤담은 쾌락이나 고통과 같은 인간의 자연적 경향성을 토대로 공리의 원리라는 도덕의 원리를 도출하였다. 따라서 벤담은 연구자가 선의지가 아니라 자연적인 경향성에 따라야 한다고 주장할 것이다.

⑤ 벤담은 공동체의 이익이 그 구성원들의 이익의 총합이라고 보았다. 벤담에게는 사익의 총합이 곧 공익이므로 사익의 총합보다 큰 공익은 존재하지 않는다.

갑 사상가가 을 사상가에게 제기할 수 있는 비판으로 가장 적절한 것은?

→ 의무의식에서 비롯된 행위

행위의 도덕성은 의무로부터 나오는 행위의 필연성에 따라서 정해집니다. 행위의 결과로 나타나는 객관에 대해서는 경향성을 가질 수 있지만 결코 존경심을 가질 수는 없습니다.

행위에 대한 도덕 판단은 쾌락을 산출하고 고통을 줄이는 공리의 원리에 따라야 합니다. 쾌락에는 질적인 차이가 있으므로 어떤 쾌락이 다른 쾌락보다 더 바람직하다고 인정할 수 있습니다.

→ 질적 공리주의

칸트 갑

을 밀

① 행복을 추구하는 것은 인간의 자연적 성향임을 간과한다.
② 행복 추구와 도덕적 의무 이행은 양립할 수 없음을 간과한다.
③ 보편타당한 원리보다 상황에 따라서 행위해야 함을 간과한다.
④ 감각적 쾌락보다 정신적 쾌락이 더 바람직한 쾌락임을 간과한다.
⑤ 선의지에서 비롯된 행위만이 도덕적인 가치가 있음을 간과한다.

| 자료 분석 |

갑은 칸트, 을은 밀이다. 칸트는 행위의 동기를 중시하고 선의지에서 비롯된 행위만이 도덕적 가치를 가질 수 있다고 보았다. 칸트에게 도덕 법칙은 법칙에 대한 존경심에 의해서 행위를 규정하는 의무라고 할 수 있다. 밀은 공리의 원리에 따라 최대 행복을 낳는 행위가 도덕적인 행위라고 보았다. 또한 쾌락의 양뿐만 아니라 질적 차이까지 고려해야 한다고 강조했다.

| 선지 해설 |

① 칸트는 행복을 추구하는 인간의 자연적 경향성을 극복하고 의무 의식에 따라야 한다고 주장했다. 반면 밀은 누구나 쾌락을 추구하고 고통을 피하려는 자연적 성향을 따른다고 본다. 따라서 칸트가 밀에게 제기할 수 있는 비판으로 적절하지 않다.

② 칸트는 행복을 위해 도덕적 행위를 하는 것은 정당화될 수 없으나, 도덕 법칙에 따르면 결과적으로 행복할 수 있다고 본다. 따라서 행복 추구와 도덕적 의무 이행은 양립할 수 있지만, 행복의 증진이 도덕적 의무가 될 수는 없다고 주장했다. 밀은 최대 행복의 산출 여부가 도덕적으로 옳은 행위를 결정하는 기준이 된다고 보았다. 따라서 칸트와 밀 모두 행복 추구와 도덕적 의무 이행은 양립할 수 있다고 보아 이는 칸트가 밀에게 제기할 수 있는 비판으로 적절하지 않다.

③ 칸트는 어떤 상황이나 조건과 관계없이 보편타당한 도덕 법칙을 준수하는 것의 중요성을 강조했다. 따라서 칸트가 밀에게 제기할 수 있는 비판으로 적절하지 않다.

④ 밀은 질적으로 높은 수준의 쾌락과 낮은 수준의 쾌락을 구분할 수 있다고 보며, 이에 따라 감각적 쾌락보다 정신적 쾌락이 더 바람직한 쾌락이며 정상적인 인간이라면 질적으로 높은 쾌락을 추구할 것이라고 주장했다. 따라서 이는 칸트가 밀에게 제기할 수 있는 비판으로 적절하지 않다.

⑤ 칸트는 오직 의무 의식과 선의지에서 나온 행위만이 도덕적 가치를 지니며, 결과적으로 의무와 일치한 행위는 도덕적 행위라고 볼 수 없다고 주장했다. 이에 반해 밀은 동기보다는 결과를 강조하며 결과적으로 공리를 산출하는 행위가 도덕적 행위라고 보았다. 따라서 칸트의 입장에서 밀에게 선의지에서 비롯된 행위만이 도덕적인 가치가 있음을 간과한다고 비판할 수 있다.

21 공리주의 23학년도 4월 학평 20번

정답 ④ | 정답률 93%

다음을 주장한 사상가의 입장에서 〈문제 상황〉 속 A에게 제시할 조언으로 가장 적절한 것은?
└→벤담

> 공동체의 이익이란 공동체를 구성하는 여러 구성원들의 이익의 총합이다. 어떤 행위가 공동체의 행복을 증가시키는 경향이 감소시키는 경향보다 더 클 경우, 그 행위는 공리의 원리에 일치한다. 공리의 원리에 일치하는 행위는 항상 우리가 해야 할 행위이다.

〈 문제 상황 〉

극심하게 고통받는 환자를 대상으로 하는 적극적 안락사 허용 법안 발의 여부를 결정할 때, 무엇을 최우선으로 고려해야 할까?

적극적 안락사 입법 반대!

A

적극적 안락사 입법 찬성!

① 고통받는 환자의 행복만을 실현할 수 있는 법안인지 고려하세요.
② 법안이 누구나 파악할 수 있는 자연법에 부합되는지 고려하세요.
  → 자연법 윤리의 입장
③ 공동체 내에 유덕한 시민이 법안을 수용할 수 있을지 고려하세요.
  → 덕 윤리의 입장
✓ 법안이 사회 구성원들의 행복의 총량을 최대화하는지 고려하세요.
⑤ 고통받는 환자의 인격을 목적으로 대우하는 법안인지 고려하세요.
  → 칸트의 입장

자료 분석

제시문의 사상가는 벤담이다. 벤담은 공리주의의 입장에서 최대 다수의 최대 행복이라는 공리의 원리를 도덕과 입법의 기본 원리로 제시한다. 〈문제 상황〉 속 A가 극심하게 고통받는 환자를 대상으로 한 적극적 안락사의 허용 법안을 발의할 것인지 여부를 결정할 때 벤담의 입장에서는 어떤 조언을 할 수 있을지 고르는 문항이다. 벤담은 공리의 원리에 따라 공동체 전체의 행복을 증진시키는 행위가 바람직하다고 보기 때문에 이러한 입장을 근거로 조언하고 있는 내용을 고르는 것이 적절하다.

선지 해설

① 벤담은 공동체를 구성하는 구성원들의 이익 전체를 고려해야 한다고 보기 때문에 고통받는 환자 개인만의 행복을 실현할 수 있는지만 고려하라고 조언하지 않을 것이다.

② 자연법 윤리의 입장에서 제시할 조언에 해당한다. 자연법 윤리는 인간은 누구나 이성을 통해 자연법을 파악할 수 있고, 이를 근거로 구체적인 도덕 규칙을 이끌어낼 수 있다고 본다.

③ 덕 윤리의 입장에서 제시할 조언에 해당한다. 덕 윤리는 공동체 안에서 올바른 결정을 하려면 시민들이 유덕한 품성을 길러야 한다고 본다. 따라서 법안 발의의 결정도 유덕한 시민들의 참여와 판단이 중요한 기준이 될 것이다.

④ 벤담이 제시할 조언으로 적절하다. 벤담은 공리의 원리에 따라 법안이 사회 구성원 전체의 행복의 총량을 최대화하는지 계산해 볼 것을 조언할 것이다.

⑤ 칸트가 제시할 조언에 해당한다. 칸트는 대표적인 도덕 법칙 중 하나로 인간성의 정식을 제시하며, 모든 사람의 인격을 단지 수단으로만이 아닌 동시에 목적으로 대우할 것을 강조한다. 따라서 적극적 안락사 허용 방안이 고통받는 환자의 인격을 목적으로 대우하는지 고려할 것을 조언할 것이다.

22 아리스토텔레스와 칸트의 윤리 사상 23학년도 3월 학평 16번

정답 ④ | 정답률 59%

갑, 을 사상가들의 입장으로 가장 적절한 것은? [3점]

> 갑: 품성적 덕은 본성적으로 생겨나는 것도 아니요, 본성에 반하여 생겨나는 것도 아니다. 우리는 그것을 본성적으로 받아들일 수 있으며 습관을 통해 완성시킨다.
> 아리스토텔레스
>
> 을: 정언 명령은 어떤 행위를 그 자체로서, 다른 목적과 관계없이 필연적인 것으로 표상한다. 정언 명령만이 도덕 법칙으로서의 필연성을 가진다.
> 칸트

① 갑: 덕에 따르는 삶을 위해 공동체의 전통에서 벗어나야 한다.
  → 덕은 공동체 안에서 형성됨
② 갑: 인간은 선천적으로 지니고 있는 품성적 덕을 길러야 한다.
  → 반복적 실천을 통해 덕이 형성됨
③ 을: 의무에 맞는 모든 행위를 도덕적 행위로 간주해야 한다.
  의무에서 비롯된
✓ 을: 이성적 존재는 스스로 도덕 법칙의 수립자가 되어야 한다.
⑤ 갑과 을: 도덕적 행위를 하려면 자연적 경향성을 따라야 한다.

자료 분석

갑은 아리스토텔레스, 을은 칸트이다. 아리스토텔레스는 덕을 지성적 덕과 품성적 덕으로 구분했다. 품성적 덕은 영혼의 감정이나 욕구의 부분과 관련된 덕으로 중용의 반복적인 실천을 통해 형성된다. 칸트는 도덕 법칙을 예외 없이 따라야 하는 무조건적이고 절대적인 정언 명령으로 제시했다. 칸트에게 도덕적 행위는 인간의 자연적 경향성을 극복하고 정언 명령을 따르는 행위이다.

선지 해설

① 아리스토텔레스는 공동체가 개개인들로 하여금 가장 좋은 것, 즉 최고의 목적을 달성할 수 있도록 한다고 보았다. 따라서 아리스토텔레스는 덕에 따르는 삶을 위해서 공동체의 전통에서 벗어날 것을 주장하지 않는다.

② 아리스토텔레스는 덕을 지성적 덕과 품성적 덕으로 나누고, 지성적 덕은 교육을 통해 얻어지고 길러지며 품성적 덕은 중용의 반복적 실천을 통해 형성되는 것이라고 주장했다.

③ 칸트는 의무에서 비롯된 행위는 의무를 지키려는 의무 의식에서 비롯된 행위이므로 도덕적 행위라 할 수 있지만, 의무에 맞는 행위는 결과적으로 의무에 일치한 행위이므로 도덕적 행위라 할 수 없다.

④ 칸트는 도덕 법칙을 이성적 존재가 따라야 할 절대적이고 보편타당한 법칙이며 실천 이성이 자율적으로 수립한 법칙이라고 주장했다. 따라서 칸트의 입장에서 이성적 존재는 스스로 도덕 법칙의 수립자가 되어야 한다.

⑤ 아리스토텔레스에게 도덕적 행위는 인간의 자연적 경향성, 욕구 등을 이성을 통해 조절하는 것이다. 칸트 역시 자연적 경향성을 따르려는 유혹을 극복하고 선의지를 따를 것을 강조했다. 따라서 아리스토텔레스와 칸트 모두의 입장으로 적절하지 않다.

다음을 주장한 사상가의 입장에서 〈사례〉 속 A에게 제시할 조언으로 가장 적절한 것은? └ 벤담

┌ 공리의 원리

> 쾌락의 산출과 고통의 회피는 개인은 물론이고 입법자가 살펴보아야 할 목적이다. 어떤 행위가 공동체의 이익을 증가시킨다는 것은 공동체를 구성하는 이해 당사자들의 쾌락의 합계를 증가시키는 것이다.

〈 사례 〉

> 국회의원 A는 딥페이크(deepfake)* 활용을 금지하는 법안 발의에 참여해야 하는지 고민하고 있다. 딥페이크가 가짜 뉴스나 음란물 제작 등에 악용되는 경우가 있지만, 다양한 창작 활동에 활용되는 경우도 있기 때문이다.
> * 딥페이크(deepfake): 인공 지능 기술을 이용하여 원본 이미지 위에 다른 이미지를 결합하여 새로운 이미지를 생성하는 기술

✓① 도덕과 입법의 근거인 유용성의 원리에 따라 결정하세요.
② 법안의 효용을 고려하기보다 의무 의식에 따라 결정하세요.
　→ 칸트
③ 기술이 가져올 해악이 아닌 이익만을 고려하여 결정하세요.
　→ 해악과 이익 모두 고려
④ 기술의 활용 결과가 아닌 개발 동기를 고려하여 결정하세요.
　→ 동기＜결과
⑤ 개인의 이익을 배제하고 사회의 이익만을 고려하여 결정하세요.
　→ 개인의 이익과 사회의 이익 모두 고려

｜자료 분석｜

제시문은 벤담의 주장이다. 벤담은 쾌락은 선이고 고통은 악이라고 보고, 더 많은 사람이 행복을 누리는 것이 더 좋은 일이라고 주장했다. 또한 최대 다수의 최대 행복을 추구하는 공리의 원리를 도덕과 입법의 기본 원리로 삼았다. 〈사례〉의 A는 딥페이크 기술이 지닌 장단점으로 인해 법안 발의 참여 여부를 두고 고민하고 있다. 따라서 벤담의 입장에서는 도덕과 입법의 근거인 유용성의 원리에 따라 참여 여부를 결정하라고 조언할 수 있다.

｜선지 해설｜

① 벤담은 도덕과 입법의 근거를 유용성의 원리(공리의 원리, 최대 행복의 원리)라고 보고, 이에 따라 행위해야 한다고 주장했다.

② 벤담은 의무 의식이 아니라 효용성을 우선적으로 고려하여 행위를 결정해야 한다고 보았다.

③ 벤담은 쾌락을 산출하고 고통을 피하는 결과를 낳는 행위를 선이라고 보기 때문에 기술이 가져올 이익과 함께 해악도 고려하여 어떤 행위를 할지 결정할 것이다.

④ 벤담은 결과의 유용성을 행위의 도덕성을 평가하는 기준으로 삼기 때문에 기술의 개발 동기가 아니라 활용 결과를 고려하여 행위를 결정할 것이다.

⑤ 벤담은 사회가 개인들의 집합체이기 때문에 개개인의 행복이 사회 전체의 행복과 연결된다고 보고, 개인의 이익과 사회 전체의 이익의 조화를 추구했다. 따라서 벤담은 개인의 이익과 사회의 이익을 모두 고려하여 결정할 것이다.

다음을 주장한 사상가의 입장에서 〈사례〉 속 A에게 제시할 조언으로 가장 적절한 것은? └ 칸트
└ 선의지에서 비롯된 행위만이 도덕적 가치를 지닌다고 봄

> 의무는 도덕 법칙에 대한 존경으로부터 말미암는 행위의 필연성이다. 결과가 아니라 나의 의지와 연결되어 있는 것, 곧 순수한 법칙 그 자체만이 존경의 대상일 수 있고 명령일 수 있다.

〈 사례 〉

> 기업가 A는 회사가 부도 위기에 처하자 수단과 방법을 가리지 않고서라도 회사의 부도를 막아야 할지 고민하고 있다.

① 기업의 회생이 목적인 모든 행위는 정당화됨을 명심하세요.
② 동기와 무관하게 결과가 좋으면 옳은 행위가 됨을 명심하세요.
　→ 행위의 결과가 아니라 동기가 중요함
③ 기업가의 의무에 맞는 행위가 곧 도덕적 행위임을 명심하세요.
　　의무에서 비롯된 행위
✓④ 기업을 살리려는 맹목적 경향성에서 벗어나 선의지를 따르세요.
⑤ 경제적 유용성 유무가 도덕적 판단의 기준이 됨을 고려하세요.
　　행위의 동기

｜자료 분석｜

제시된 글의 사상가는 칸트이다. 칸트는 도덕성의 여부를 판단할 때 행위의 결과보다 동기를 중시하며 오직 의무 의식과 선의지에서 비롯된 행위만이 도덕적 가치를 지닌다고 보았다. 따라서 회사의 부도 위기 속에서 수단과 방법을 가리지 않고 어떤 행위를 할지에 대해 고민하는 〈사례〉 속 A에게 칸트는 오직 의무 의식과 선의지에 따라 행동하라고 조언할 것이다.

｜선지 해설｜

① 칸트는 어떤 목적이나 결과를 얻기 위해 하는 모든 행동에는 도덕적 가치를 부여할 수 없다고 본다. 오직 의무 의식과 도덕 법칙에 대한 존경으로부터 비롯된 행위만이 도덕적 가치를 지닌다고 주장한다.

② 칸트는 행위의 결과보다 동기를 중시한다. 따라서 아무리 결과가 좋더라도 그 동기가 선의지에서 비롯된 행위가 아니라면 옳은 행위라고 평가할 수 없다.

③ 칸트는 '의무에서 비롯된 행위'와 '의무에 맞는 행위'를 구분하여 보고, 의무 의식에서 비롯된 행위는 도덕적 가치를 지니지만, 우연히 의무에 맞아떨어진 행위는 도덕적 가치를 지닐 수 없다고 본다. 따라서 기업가의 의무에 맞는 행위는 곧 도덕적 행위라고 판단하기 어렵다.

④ 칸트가 조언할 내용으로 적절하다. 칸트는 기업을 살리고 싶은 순간의 경향성에서 벗어나 인간으로서 마땅히 도덕 법칙에 대한 존경심, 선의지를 따르는 것이 옳은 행위라고 조언할 것이다.

⑤ 칸트는 경제적 유용성이라는 행위의 결과의 측면이 도덕적 판단의 기준이 될 수 없다고 본다. 도덕성을 판단하는 기준은 그 행위가 오직 의무 의식과 선의지에서 비롯되었는가 하는 동기에 있다고 본다.

25 공리주의 22학년도 7월 학평 4번

다음을 주장한 사상가의 입장에서 〈문제 상황〉 속 A에게 제시할 조언으로 가장 적절한 것은?
└ 벤담

> 공동체의 이익이란 공동체 구성원들의 이익의 총합이다. 어떤 일이 개인의 이익을 증진시킨다는 것은 그 개인의 쾌락의 합계를 증가시키는 것을 의미한다. 개인들의 행위를 통해 산출할 수 있는 쾌락의 양이 옳음을 평가하는 유일한 요소이다.
> └ 최대 다수의 최대 행복
>
> 〈문제 상황〉
> A는 한정판 운동화를 구입하고자 용돈을 모으고 있다. 그러던 중 코로나바이러스감염증-19에 따른 경기 침체로 후원이 끊긴 자선 단체에 도움의 손길이 필요하다는 광고를 보고 모은 용돈을 기부해야 할지 고민하고 있다.

① 질적으로 고상한 쾌락을 산출할 수 있도록 행위하세요.
  → 밀의 입장
② 행위의 결과를 고려하기보다 선의지에 따라 행위하세요.
  → 칸트의 입장
③ 보편적 도덕 원리를 배제하고 상황과 맥락에 맞게 행위하세요.
④ 구체적 상황을 고려하기보다 공동체의 전통에 맞게 행위하세요.
  → 덕 윤리의 입장
⑤ 행위와 관련된 사람들의 쾌락의 총합이 극대화되도록 행위하세요.

┃자료 분석┃

제시된 주장을 한 사상가는 벤담이다. 벤담은 관련된 이해 당사자들에게 최대 행복을 가져오는 공리의 원리가 행위의 옳고 그름의 기준이 되어야 한다고 보고, '최대 다수의 최대 행복'을 도덕과 입법의 원리로 제시한다. 또한 모든 쾌락에는 질적인 차이가 없고, 양적인 차이만 있다고 본다. 〈문제 상황〉 속 A는 원하던 운동화를 구입해야 할지, 코로나바이러스감염증-19로 인해 어려움을 겪고 있는 사람들을 위해 기부를 해야 할지 고민하고 있다.

┃선지 해설┃

① 벤담이 아닌 밀이 할 수 있는 조언으로 적절하다. 벤담은 쾌락의 질적 차이를 강조한 밀과 달리 쾌락에는 양적 차이만 존재한다고 본다.

② 벤담이 아닌 칸트가 할 수 있는 조언으로 적절하다. 칸트는 결과와 무관하게 보편적으로 지켜야 하는 의무가 있다고 보고, 오직 어떤 행위가 옳다는 이유만으로 결과와 무관하게 그 행위를 실천하려는 선의지에 따라 행위해야 한다고 주장한다.

③ 벤담은 '최대 다수의 최대 행복'이라는 공리의 원리가 보편적인 도덕 원리라고 주장한다. 따라서 보편적 도덕 원리를 배제하고 상황과 맥락에 맞게 행위하라고 조언하지 않을 것이다.

④ 벤담이 아닌 덕 윤리의 관점에서 할 수 있는 조언으로 적절하다. 덕 윤리의 관점에서는 공동체가 공유하는 덕은 개인의 행동을 지도하고 판단하는 기준이 되므로 공동체의 전통에 맞게 행동해야 한다고 본다.

⑤ 벤담은 '최대 다수의 최대 행복'이라는 공리의 원리에 따라 관련된 사람들의 행복을 극대화하는 것이 옳은 행위라고 본다. 따라서 벤담은 행위와 관련된 사람들의 쾌락의 총합이 극대화되도록 행위하라고 조언할 수 있다.

---

26 공리주의와 칸트의 의무론 22학년도 4월 학평 16번

갑, 을 사상가들의 입장으로 가장 적절한 것은? [3점]

> 갑: 공리성의 원리는 자기 이익이 걸려 있는 당사자들의 행복을 증가시키거나 감소시키는 경향에 따라서 각각의 행위를 승인하거나 부인하는 원리이다. 이러한 각각의 행위란 개인의 모든 행위뿐만 아니라 정부의 모든 정책까지 포함한다.
벤담
> 을: 도덕 법칙은 가장 완전한 존재자의 의지에 대해서는 신성의 법칙이지만, 모든 이성적 존재자의 의지에 대해서는 의무의 법칙이자 도덕적 강요의 법칙이다. 도덕 법칙은 법칙에 대한 존경을 통해 이성적 존재자의 행위를 규정한다.
칸트

① 갑: 공동체의 이익은 그 공동체 구성원들의 이익과 무관하다.
                              유관
② 갑: 행위의 옳고 그름은 결과보다 동기에 의해 평가되어야 한다.
              동기   결과
③ 을: 행위자의 성품을 기준으로 행위의 도덕성을 판단해야 한다.
  덕 윤리
④ 을: 의무 의식에서 비롯되지 않은 행위도 도덕적 행위일 수 있다.
                              없다
⑤ 갑, 을: 윤리적 의사 결정에 적용되는 보편적 도덕 원리가 존재한다.

┃자료 분석┃

갑은 벤담, 을은 칸트이다. 벤담은 쾌락은 선이고 고통은 악이라고 보고, 최대 다수의 최대 행복을 추구하는 공리의 원리를 도덕과 입법의 기본 원리로 제시한다. 칸트는 이성적 존재인 인간은 고유한 도덕 법칙을 가지고 있는 존엄한 존재라고 보며, 이성적이고 자율적인 인간은 보편적인 도덕 법칙을 의식하고 이를 의무로서 따를 수 있는 존재라고 주장한다.

┃선지 해설┃

① 갑(벤담)은 사회가 개인들의 집합체이기 때문에 개개인의 행복은 사회 전체의 행복과 연결되어 있으며, 더 많은 사람이 행복을 누리는 것은 그만큼 더 좋은 일이라고 본다. 따라서 공동체의 이익이 그 공동체 구성원들의 이익과 밀접하게 연결되어 있다고 주장한다.

② 갑(벤담)은 공리주의의 입장에서 행위의 옳고 그름은 최대 다수의 최대 행복이라는 결과에 의해 평가되어야 한다고 본다.

③ 행위자의 성품을 기준으로 행위의 도덕성을 판단하는 것은 덕 윤리의 입장에 해당한다. 덕 윤리는 옳은 행위보다 우리가 어떤 사람이 되어야 하는가라는 행위자의 성품에 초점을 두어야 한다고 본다.

④ 을(칸트)은 도덕성을 판단함에 있어 행위의 결과보다 동기를 중시하며, 오로지 의무 의식과 선의지에서 나온 행위만이 도덕적 가치를 지닌다고 본다.

⑤ 갑(벤담), 을(칸트)은 윤리적 의사 결정에 적용되는 보편적 도덕 원리가 존재한다고 주장한다. 갑(벤담)은 최대 다수의 최대 행복이라는 공리의 원리를 도덕적 판단의 보편적 기준으로 삼으며, 을(칸트)은 정언 명령의 형식으로 주어진 도덕 법칙을 보편적 도덕 원리라고 주장한다.

갑, 을 사상가들의 입장으로 가장 적절한 것은?

> 갑: 세상 안에서뿐만 아니라 세상 밖에서조차도 제한 없이 선하다
> 칸트 고 여길 수 있는 것은 선의지뿐이다. 이성의 최고의 실천적 사
> 명은 선의지의 토대를 마련하는 것이다.
> 을: 덕은 하나의 습득된 인간의 자질로서, 그것의 소유와 실행은
> 매킨타 우리로 하여금 어떤 실천에 내재하고 있는 선들을 성취할 수
> 이어 있도록 해 준다.

① 갑: 공동체가 추구하는 선을 따르려는 의지만이 도덕적이다.
② 갑: 행위의 준칙은 보편적으로 따라야 할 법칙이 될 수 있다. ✓
③ 을: 도덕적 선악은 공동체의 역사와 무관하게 판단되어야 한다.
　　　　　　　　　　　　　　　　　　　　　　유관
④ 을: 덕은 관행에 내재한 선을 성취하게 하는 타고난 성품이다.
　　　　　　　　　　　　　　　　　　습득된 자질
⑤ 갑, 을: 맥락적 사고가 아닌 도덕 법칙에 따라 행위해야 한다.

| 자료 분석 |

갑은 의무론의 입장을 취하는 칸트, 을은 덕 윤리 사상가인 매킨타이어이다. 칸트는 도덕성을 판단할 때 행위의 결과보다 동기를 중시하면서, 오직 의무 의식과 선의지에서 나온 행위만이 도덕적 가치를 지닌다고 본다. 반면, 매킨타이어는 의무론이 행위자 내면의 도덕성과 인성의 중요성을 간과한다고 보고, 행위자의 성품을 토대로 행위의 옳고 그름을 판단해야 한다고 본다. 또한 매킨타이어는 공동체의 전통과 역사에 주목하여, 도덕적 판단에 있어 구체적·맥락적 사고를 중시해야 한다고 본다.

| 선지 해설 |

① 갑(칸트)은 오직 선의지에 따른 행동만이 도덕적이라고 본다. 따라서 갑(칸트)은 공동체가 추구하는 선을 따르는 행위를 도덕적이라고 보지 않을 것이다.

② 갑(칸트)은 "네 의지의 준칙이 언제나 동시에 보편적 입법의 원리가 될 수 있도록 행위하라."라고 주장한다. 즉, 행위의 준칙이 보편타당성을 확보한다면 도덕 법칙이 될 수 있다는 것이다.

③ 을(매킨타이어)은 도덕적 선악은 공동체의 전통과 역사와 밀접하게 관련되어 있다고 보고, 공동체가 추구하는 덕을 습득해야 한다고 주장한다.

④ 을(매킨타이어)은 덕이 하나의 습득된 인간의 자질이라고 보기 때문에 덕이 타고난 성품이라고 보지 않는다.

⑤ 갑(칸트)의 입장에만 해당하는 내용이다. 을(매킨타이어)은 구체적이고 맥락적인 사고를 중시하며, 특정한 상황에서 유덕한 행위자가 행위할 법한 것을 행하라고 강조한다. 반면, 갑(칸트)은 인간이라면 누구나 무조건적이고 절대적인 명령인 도덕 법칙에 따라야 한다고 강조한다.

갑, 을 사상가들의 입장에서 〈사례〉 속 A에게 해 줄 수 있는 조언으로 가장 적절한 것은?

> 갑: 의무란 도덕 법칙에 대한 존경심 때문에 반드시 어떤 행위를 할
> 칸트 수밖에 없는 것이다. 의무로부터 비롯된 행위만이 도덕적 가치
> 를 갖는다.
> 을: 두 가지 쾌락을 경험한 사람들이 그중 특정한 쾌락을 선호해야
> 밀 한다는 도덕적 의무감과 상관없이 어느 한 쾌락을 확실히 선호
> 한다면 그 쾌락이 더 바람직한 쾌락이다.
> 　　　　　↳ 쾌락의 질적 차이 인정

〈 사례 〉

A는 운영하던 회사가 어려워지자 돈을 갚을 수 없다는 것을 알면서도 친구에게 돈을 갚겠다는 거짓 약속을 하고 돈을 빌릴 것인가를 고민하고 있다.

① 갑: 거짓말해도 된다는 준칙은 보편화될 수 없음을 명심하세요. ✓
② 갑: 자연적인 경향성에 따라 항상 정직해야 함을 명심하세요.
　　　선의지
③ 을: 거짓말로 인한 결과는 고려할 필요가 없음을 명심하세요.
　　　　　　　　　　　　　　　　　　있음
④ 을: 정직함은 유용성과 무관하게 도덕적인 것임을 명심하세요.
　　　　　　　　　유관
⑤ 갑, 을: 거짓말은 상황에 따라 허용될 수 있음을 명심하세요.

| 자료 분석 |

갑은 칸트, 을은 밀이다. 칸트는 결과보다 동기를 중시하며 오직 의무 의식과 선의지에서 비롯된 행위만이 도덕적인 가치를 지닌다고 주장한다. 또한 인간은 이성적이고 자율적인 존재이기 때문에 도덕 법칙을 인식할 수 있으며, 이러한 도덕 법칙은 어떤 상황에서도 예외 없이 따라야 하는 무조건적인 명령이라고 본다. 밀은 공리의 원리에 따라 보다 많은 사람이 행복을 누리도록 하는 행위가 바람직한 행위라고 주장한다. 특히, 밀은 쾌락의 양뿐만 아니라 질적인 차이를 고려해야 한다고 본다.

| 선지 해설 |

① 칸트는 개인이 세운 준칙이 언제나 동시에 보편적 입법의 원리가 될 수 있도록 행위할 것을 강조한다. 따라서 칸트는 거짓말해도 된다는 준칙이 보편화될 수 없다고 볼 것이므로 A에게 해 줄 수 있는 조언으로 적절하다.

② 칸트는 쾌락을 추구하고 고통을 피하려는 인간의 경향성이나 어려운 처지에 놓인 타인을 도우려는 동정심 등과 같은 자연적 경향성은 도덕의 기반이 될 수 없다고 주장한다.

③ 밀은 공리주의적 관점에서 행위의 결과를 고려하여 행위의 옳고 그름을 평가한다. 따라서 최대 다수에게 최대 행복을 주는 결과를 산출한 행위를 옳다고 볼 것이다.

④ 밀은 최대 다수에게 최대의 행복을 주는 유용성을 기준으로 행위의 도덕성을 평가한다. 따라서 정직함을 평가할 때도 정직함이 사회적 유용성을 도출하는가를 고려하여 정직함의 도덕성을 평가할 것이다.

⑤ 칸트는 도덕 법칙이 상황에 따라 달라지지 않는 무조건적인 형태의 정언 명령으로 제시된다고 본다. 밀은 도덕적 행위의 옳고 그름은 행위의 결과에 따라 달라질 수 있다고 보기 때문에 거짓말이 좋은 결과를 산출한다면 상황에 따라서 허용될 수도 있다고 볼 것이다.

29 덕 윤리와 의무론 21학년도 7월 학평 4번

정답 ⑤ | 정답률 84%

그림은 서양 사상가 갑, 을의 가상 대화이다. 갑이 을에게 제기할 수 있는 비판으로 가장 적절한 것은? [3점]

→ 유덕한 행위자가 되는 것이 중요

도덕적 행위는 인간이 습득할 수 있는 자질인 덕을 소유하고 발휘할 때 가능합니다. 우리의 삶은 공동체 속 이야기의 일부이며, 경험을 공유하는 사람들의 이야기를 통해 이해될 수 있습니다.

→ 공동체의 가치 중시

→ 도덕 법칙에 따르려는 의지만이 도덕적 가치를 지님

도덕적 행위는 도덕 법칙에 대한 자발적 존중에서 비롯됩니다. 도덕 법칙은 이성적 존재에게 있어서는 의무의 법칙이며, 이 법칙에 대한 존경심에서 행위를 규정하는 법칙입니다.

매킨타이어 갑 / 칸트 을

① 선의지의 지배를 받는 행위가 도덕적인 행위임을 간과한다.
② 공동체의 관행보다 절대적 도덕 원리에 따라야 함을 간과한다.
③ 의무 의식에서 비롯된 행위가 도덕적 가치를 지님을 간과한다.
④ 도덕 법칙은 예외 없이 따라야 할 무조건적 명령임을 간과한다.
✓⑤ 도덕적 행위는 행위자의 유덕한 성품을 바탕으로 한 행위임을 간과한다.

→ 칸트의 입장에서 제기할 수 있는 비판

| 자료 분석 |

그림의 갑은 매킨타이어, 을은 칸트이다. 매킨타이어는 덕 윤리의 관점에서 덕이 공동체의 전통에 내재한 선을 성취하기 위한 성품이라고 보았고, 덕을 획득하기 위한 꾸준한 도덕적 실천을 강조하였다. 한편 칸트는 도덕 법칙에 따르려는 선의지로부터 나온 행위만이 도덕적이라고 주장하였다.

| 선지 해설 |

① 칸트의 입장에 해당하는 내용이다. 칸트는 선의지에 따르는 행위만이 도덕적인 행위라고 보았다.

② 칸트의 입장에 해당하는 내용이다. 칸트는 실천 이성이 파악하는 도덕 명령은 보편적이고 필연적인 법칙의 형태로 부과되는 절대적인 도덕 원리라고 보고, 이러한 도덕 원리에 따르는 것이 의무라고 보았다.

③ 칸트의 입장에 해당하는 내용이다. 칸트는 오직 도덕 법칙이 부과하는 의무를 실천하려는 의지에서 비롯된 행위만이 도덕적 가치를 지닌다고 보았다.

④ 칸트의 입장에 해당하는 내용이다. 칸트는 도덕이 언제, 어디서, 누구나 예외 없이 따라야 하는 보편성과 필연성을 지닌 법칙이자 무조건적인 명령의 형태로 부과된다고 보았다.

⑤ 매킨타이어가 칸트에게 제기할 수 있는 비판으로 적절하다. 매킨타이어는 행위 자체보다 행위자에 주목해야 함을 강조하면서, 공동체가 지향하는 선을 추구하는 유덕한 성품을 갖춘 행위자가 되는 것이 도덕적으로 중요하다고 보았다.

30 의무론과 공리주의 21학년도 4월 학평 2번

정답 ④ | 정답률 52%

갑, 을 사상가들의 입장으로 가장 적절한 것은? [3점]

→ 의무에서 비롯된 행위

갑: 어떤 행동이 아무런 경향성 없이 오로지 의무로부터 비롯될 때, 칸트 그 행위는 도덕적 가치를 갖는다. 행위의 도덕적 가치는 행위 결과가 아닌 이성적 존재자의 의지에 달려 있다.

→ 최대 다수의 최대 행복

을: 어떤 행동이 공동체의 쾌락을 감소시키는 경향보다 증가시키는 벤담 경향이 크다면 이는 공리의 원칙에 일치한다. 모든 쾌락은 강도, 지속성, 확실성 등 일곱 가지 기준으로 그 양을 측정할 수 있다.

→ 강도, 지속성, 순수성, 확실성, 근접성, 범위, 생산성

① 갑: 의무와 일치하는 모든 행위는 도덕적 가치를 지닐 수 있다.
└ 의무와 일치하는(×) / 없다
   의무에서 비롯된(○)

② 갑: 도덕 법칙은 이성적 존재의 행복 실현을 위한 조건적 명령이다.
   무조건적

③ 을: 행위가 가져올 양적 쾌락보다 질적 쾌락을 중시해야 한다.
   → 벤담은 양적 쾌락만을 고려함

✓④ 을: 사회적 유용성의 산출을 도덕과 입법의 원리로 삼아야 한다.
⑤ 갑, 을: 행위의 도덕성을 평가하는 기준은 결과가 아닌 동기이다.

OX문제로 개념 확인

(1) 칸트는 행위의 도덕성을 평가하는 유일한 기준은 행위의 결과라고 본다. ( )

(2) 벤담은 인간이 누구나 쾌락을 추구하고 고통을 피하려는 존재라고 본다. ( )

(1) X (2) O

| 자료 분석 |

갑은 칸트, 을은 벤담이다. 칸트는 오직 의무와 선의지로부터 비롯된 행위만이 도덕적 가치를 지닌다고 보고, 이성적이고 자율적인 인간은 보편적인 도덕 법칙에 따라 행동해야 한다고 주장한다. 벤담은 쾌락을 증진시키고 고통을 감소시키는 것이 선한 행위라고 보며, 최대 다수의 최대 행복을 도덕의 원리로 제시한다.

| 선지 해설 |

① 칸트는 '의무에서 비롯된 행위'와 '의무와 일치하는 행위'를 구분한다. 의무에서 비롯된 행위는 의무 의식에 따라 그것이 옳다는 이유만으로 행해지는 것인데 반해, 의무와 일치하는 행위는 의무 의식이나 선의지와 무관하게 결과적으로 의무에 일치된 행위를 의미한다. 따라서 칸트에게는 의무에서 비롯된 행위만이 도덕적 가치를 지닐 수 있다.

② 칸트에 따르면 도덕 법칙은 실천 이성이 우리에게 부과한 자율적 명령이며, 인간이라면 누구나 예외 없이 따라야 하는 무조건적이고 절대적인 명령이다.

③ 벤담은 모든 쾌락이 질적으로 같으며 쾌락에는 양적인 차이만 존재한다고 본다. 그리고 강도, 지속성, 순수성, 확실성, 근접성, 범위, 생산성을 기준으로 쾌락의 양을 계산할 수 있다고 주장한다.

④ 벤담은 사회가 개인들의 집합체이므로 개인의 행복이 사회 전체의 행복과 연결된다고 본다. 따라서 더 많은 사람들이 행복을 누리는 것은 그만큼 사회 전체의 유용성을 증진시키므로 '최대 다수의 최대 행복'이라는 공리의 원리를 도덕과 입법의 기본 원리로 삼아야 한다고 본다.

⑤ 칸트는 의무 의식과 선의지라는 동기에 따른 행위만을 도덕적인 행위라고 평가한다. 반면 벤담은 결과적으로 공리의 극대화를 실현한 행위를 도덕적인 행위라고 평가한다. 따라서 제시된 진술은 칸트에게만 해당되는 진술이다.

다음을 주장한 사상가의 입장에서 〈문제 상황〉 속 A에게 제시할 조언으로 가장 적절한 것은?
└ 칸트

> 의무는 법칙에 대한 존경에서 나오는 행위의 필연성이다. 내가 의도한 행위의 결과인 대상에 대해 나는 경향성을 가질 수는 있지만 결코 존경할 수는 없다.
>
> 〈문제 상황〉
>
> 고등학생 A는 유기견 봉사 활동을 가기로 친구와 약속하였다. 그런데 봉사 활동 당일에 좋아하는 가수의 콘서트 입장권이 생겨, 약속을 지켜야 할지 친구에게 거짓말을 하고 콘서트에 가야 할지 고민하고 있다.

① 동정심을 기준으로 어떠한 행위가 도덕적인지를 판단하세요.
② 약속 준수와 공연 관람 중 더욱 칭찬받을 행위를 선택하세요.
③ 쾌락을 산출하는 행위만이 도덕적 가치가 있음을 명심하세요.
④ 약속을 지킬지 말지를 경향성에 따라 자율적으로 결정하세요.
⑤ 자신의 행위가 보편화 가능한 준칙에 따른 것인지 검토하세요.

｜자료 분석｜

제시문의 사상가는 칸트이다. 칸트는 법칙에 대한 존경에서 나오는 의무를 따라 자연적 경향성을 극복해야 한다고 본다. 또한 그는 행위의 준칙이 보편 법칙이 될 수 있도록 행위해야 함을 강조한다. 〈문제 상황〉에서는 A가 약속 준수와 콘서트 가기 중에 고민하고 있다.

｜선지 해설｜

① 칸트는 실천 이성에 근거하여 의무를 따르는 행위만이 도덕적이라고 본다. 그러므로 이는 칸트가 A에게 제시할 조언으로 적절하지 않다.

② 칸트는 행위의 도덕성은 외적인 요소로 결정되는 것이 아닌 그 행위가 의무로부터 나온 행위인가에 의해 결정된다고 본다. 그러므로 이는 칸트가 A에게 제시할 조언으로 적절하지 않다.

③ 칸트는 행위의 결과에 따른 유용성이 아닌 행위의 동기에 따라 행위의 도덕적 가치가 부여된다고 본다. 그러므로 이는 칸트가 A에게 제시할 조언으로 적절하지 않다.

④ 칸트는 자연적 경향성을 극복하고 의무에 따라야 한다고 본다. 그러므로 이는 칸트가 A에게 제시할 조언으로 적절하지 않다.

⑤ 칸트는 자신의 행위의 준칙이 보편화 가능할 수 있도록 행위해야 한다고 본다. 그러므로 이는 칸트가 A에게 제시할 조언으로 적절하다.

다음 사상가의 관점에서 〈문제 상황〉 속 A에게 제시할 조언으로 가장 적절한 것은? [3점]
└ 칸트

> 그 자체로 높이 평가해야 할, 더 이상의 의도가 없는 선의지라는 개념은 이미 자연적인 건전한 지성에 내재해 있고, 가르칠 필요는 없으며 오히려 단지 계발될 필요만 있는 것이다.
>
> 〈문제 상황〉
>
> A는 좋아하는 게임 아이템을 구입하고 싶지만 용돈이 부족하다. A는 갚지 못할 것을 알면서도 친구에게 "꼭 갚을게!"라고 약속하고 돈을 빌려야 할지 고민하고 있다.

① 약속을 어긴 사람은 목적으로 대우받아서는 안 됨을 명심하세요.
② 약속 준수의 의무는 자기 행복에 대한 열망에 근거함을 명심하세요.
③ 거짓 약속은 친구의 인격을 존경하는 것이 아님을 유념하세요.
④ 약속은 친구와의 돈독한 정서적 유대를 위해 지켜야 함을 유념하세요.
⑤ 친구에게 무해하다면 거짓 약속도 도덕적으로 정당화됨을 유념하세요.

｜자료 분석｜

제시문의 사상가는 칸트이다. 칸트는 오직 선의지에서 비롯한 행위만이 도덕적 행위라고 보고, 도덕 법칙을 무조건적이고 절대적이며 보편적인 의무로 받아들여야 한다고 본다. 〈문제 상황〉에서는 A가 좋아하는 게임 아이템을 구입하기 위해 돈을 갚지 못할 것을 알면서도 친구에게 거짓 약속을 해서 돈을 빌려야 할지 고민하고 있다.

｜선지 해설｜

① 칸트는 모든 사람의 인격을 항상 수단이 아닌 목적으로 대우해야 한다고 본다. 그러므로 이는 칸트가 제시할 조언으로 적절하지 않다.

② 칸트는 약속 준수의 의무가 의무 그 자체에 의해서 준수되어야 하는 것이라고 본다. 그러므로 이는 칸트가 제시할 조언으로 적절하지 않다.

③ 칸트는 자신과 타인의 인격을 언제나 목적으로 대우해야 한다고 본다. 그러므로 이는 칸트가 제시할 조언으로 적절하다.

④ 칸트는 약속 준수의 의무가 다른 이유가 아닌 의무이기 때문에 지켜야 한다고 본다. 그러므로 이는 칸트가 제시할 조언으로 적절하지 않다.

⑤ 칸트는 행위의 결과가 아닌 행위의 동기를 중시하며, 도덕적 의무로부터의 행위만이 도덕적으로 정당화될 수 있다고 본다. 그러므로 이는 칸트가 제시할 조언으로 적절하지 않다.

4
일차

01 ④	02 ①	03 ②	04 ②	05 ⑤	06 ④	07 ①	08 ④	09 ②	10 ③	11 ⑤	12 ④
13 ⑤	14 ②	15 ③	16 ②	17 ④	18 ②	19 ②	20 ③	21 ②	22 ④	23 ③	24 ①
25 ②	26 ①	27 ③	28 ③	29 ④	30 ①	31 ③	32 ①	33 ②	34 ⑤		

---

01 석가모니와 장자의 죽음관 25학년도 9월 모평 2번

정답 ④ | 정답률 88%

갑, 을 사상가들의 입장으로 가장 적절한 것은? [3점]

> 갑: 나는 무엇으로 말미암아 늙음과 죽음이 있게 되었는가를 깨
> 석가모니 달았다. 태어남으로 말미암아 늙음과 죽음이 있음을 나는 바
> 르게 생각하고[正思惟] 지혜로써 통찰했다. ┌팔정도 중 하나
> 을: 진인(眞人)은 삶을 기뻐할 줄 모르고 죽음을 미워할 줄도 모
> 장자 른다. 태어남을 피하지도 않고 죽음을 거역하지도 않는다. 무
> 심히 자연을 따라가고 무심히 자연을 따라올 뿐이다.

① 갑: 삶과 죽음의 순환인 윤회(輪廻)는 인간에게만 적용된다.
② 갑: 삶과 죽음의 영원한 반복은 연기법의 지배를 받지 않는다.
③ 을: 삶과 죽음은 기(氣)로 연결되어 있을 뿐 순환하지는 않는다.
✔ 을: 도(道)의 관점에서 삶과 죽음의 변화 원리는 서로 다르지 않다.
⑤ 갑과 을: 현세의 삶에서 죽음의 이치를 깨닫는 것은 불가능하다.

| 자료 분석 |

갑은 석가모니, 을은 장자이다. 석가모니는 인간의 죽음을 고통이라고 보고, 삶과 죽음을 반복하는 윤회에서 벗어나기 위해서는 연기의 법칙을 깨닫고 집착에서 벗어나야 한다고 본다. 장자는 삶과 죽음을 기가 모이고 흩어지는 것이며 자연적이고 필연적인 과정으로 본다.

| 선지 해설 |

① 갑(석가모니)은 삶과 죽음의 순환인 윤회가 인간을 포함한 다른 생명체에게도 적용된다고 본다.
② 갑(석가모니)은 연기법에 따라 삶과 죽음이 영원히 반복된다고 본다.
③ 을(장자)은 삶과 죽음은 기로 연결되어 서로 순환한다고 본다.
④ 을(장자)은 삶과 죽음은 기가 모였다가 흩어지는 것으로 도의 관점에서 삶과 죽음의 변화 원리가 다르지 않다고 본다.
⑤ 갑(석가모니)과 을(장자)은 현세의 삶에서 죽음의 이치를 깨달을 수 있다고 본다.

---

02 장자와 에피쿠로스의 죽음관 25학년도 6월 모평 11번

정답 ① | 정답률 86%

갑, 을 사상가들의 입장으로 가장 적절한 것은? [3점]

> 옛 진인(眞人)은 삶을 기뻐할 줄도 죽음을 미워할 줄도 몰랐습니다. 혼돈 상태로 있다가 변하여 기(氣)가 변해 형체가 되고 형체가 변해 삶이 되었으며 이제 또 변해서 죽은 것입니다. 이것은 춘하추동의 사계절이 번갈아 운행하는 것과 같은 것입니다.

> 죽음은 영혼과 몸을 구성하는 원자(原字)들이 흩어지는 것입니다. 모든 좋고 나쁨은 감각에 달려 있는데, 죽으면 감각이 없어집니다. 죽음이 두려운 일이 아니라는 사실을 진정으로 깨달은 사람은 삶에서 두려워할 것이 없습니다.

맹자 갑

을 에피쿠로스

✔ 갑: 죽음은 자연스러운 과정이므로 지나친 슬픔에서 벗어나야 한다.
② 갑: 삶의 단절인 죽음은 생사의 순환에서 벗어나는 필연적인 과정이다.
③ 을: 죽음은 육체의 고통을 낳지만 죽음에 대한 이해는 평온을 낳는다.
④ 을: 죽음은 영원한 삶으로 이행하는 과정이므로 두려워해서는 안 된다.
⑤ 갑과 을: 죽음 이후에는 인간을 구성하는 요소들이 완전히 사라진다.

| 자료 분석 |

갑은 장자, 을은 에피쿠로스이다. 장자는 삶과 죽음은 기가 모였다가 흩어지는 필연적인 현상이며, 이를 사계절의 변화와 같이 자연스럽게 받아들여야 한다고 본다. 에피쿠로스는 죽음은 인간을 구성하던 원자가 흩어져 개별 원자로 돌아가는 현상이며, 죽으면 감각 능력을 상실하므로 죽음을 경험하는 것은 불가능하다고 본다.

| 선지 해설 |

① 갑(장자)은 죽음을 사계절의 변화와 같은 자연스러운 현상으로 보기 때문에 이를 슬퍼할 까닭이 없다고 본다.
② 갑(장자)은 삶과 죽음을 서로 단절된 것이 아니라 서로 연결되어 순환하는 과정으로 본다.
③ 을(에피쿠로스)은 우리는 죽음을 경험할 수 없기 때문에 죽음의 고통을 느낄 수 없으며, 죽음에 대한 이해는 죽음에 대한 두려움으로부터 벗어난 평온을 준다고 본다.
④ 을(에피쿠로스)은 죽음을 영원한 삶으로 이행하는 과정이 아니라 인간을 구성하던 원자가 해체되는 과정이라고 본다.
⑤ 갑(장자)은 삶과 죽음을 기가 모였다가 흩어지는 현상이라고 보며, 을(에피쿠로스)은 죽음을 인간을 구성하던 원자가 흩어져 개별 원자로 돌아가는 현상이라고 본다.

갑, 을 사상가들의 입장으로 가장 적절한 것은? [3점]

> 갑: 사람에게 인(仁)은 물과 불보다 더 필요한 것이다. 하지만 나는
> 공자 물과 불로 인해 죽은 사람은 보았지만, 인을 실천하다가 죽은
> 사람은 아직 보지 못하였다.
>
> 을: 삶과 죽음은 사계절의 운행과 같다. 이러한 이치에 통달한 지인
> 장자 (至人)을 물과 불이 다치게 할 수 없고, 추위와 더위가 해칠 수
> 없으며, 짐승들마저도 죽이지 못한다.

① 갑: 죽음 이후에 관한 지식이 삶에 관한 지식보다 중요하다.
　　→ 죽음보다 현실의 도덕적 삶이 중요함
✔ 갑: 죽음을 맞이하는 한이 있더라도 도(道)를 추구해야 한다.
③ 을: 죽음은 삶에서 지은 업(業)으로 말미암아 나타난 결과이다.
　　→ 죽음은 자연적이고 필연적인 현상
④ 을: 죽음은 삶의 자연스러운 변화이지만 마땅히 슬퍼해야 한다.
　　→ 슬퍼할 필요 없음
⑤ 갑과 을: 삶과 죽음은 운명[命]에 따라 주기적으로 순환한다.

| 자료 분석 |

갑은 공자, 을은 장자이다. 공자는 죽음보다 현실의 도덕적 삶이 더 중요하다고
보았지만, 죽음은 자연스러운 과정이며 죽음에 대해 슬퍼하고 애도하는 것은 마
땅한 일이라고 주장하였다. 장자는 삶과 죽음을 기가 모였다가 흩어지는 자연적
이고 필연적인 현상이라고 보고, 삶과 죽음은 사계절의 변화와 같이 자연스러운
현상이므로 죽음을 슬퍼할 필요가 없다고 주장하였다.

| 선지 해설 |

① 공자는 죽음의 문제보다 현재의 삶에 충실할 것을 강조하여, 죽음 이후에 관
한 지식보다는 현실에서의 도덕적 삶에 관한 지식이 더 중요하다고 보았다.

② 공자는 어진 사람은 살기 위해 인(仁)을 해치지 않고, 자신을 희생해서라도
인을 이루고자 한다고 보았다. 즉, 죽음을 맞이하는 한이 있더라도 인의 실천
을 위해 노력함으로써 도를 실현해야 한다고 주장하였다.

③ 장자는 기가 모이는 것이 삶이고 기가 흩어지는 것이 죽음이라고 보았다. 죽
음을 삶에서 지은 업으로 나타난 결과라고 인식하지 않았다.

④ 장자는 죽음이 사계절의 변화와 같은 자연스러운 현상이므로 죽음을 슬퍼할
필요가 없다고 주장하였다.

⑤ 공자와 장자 모두 삶과 죽음이 운명에 따라 주기적으로 순환하는 것이라고
주장하지 않았다.

갑, 을 사상가들의 입장으로 가장 적절한 것은? [3점]

> 갑: 사람이 이 세상에 태어나는 것은 때[時]를 만났기 때문이고 어
> 장자 쩌다가 세상을 떠나는 것은 순리[順]이기 때문이다. 따라서 편
> 안한 마음으로 때를 그대로 받아들이고 순리를 따른다면 슬픔
> 이나 기쁨이 들어올 틈이 없다. → 삶과 죽음을 기뻐하거나 슬퍼할 필요 없음
>
> 을: 삶은 내가 원하는 바이지만 이보다 더 원하는 것[義]이 있기에
> 맹자 구차하게 살고자 하지 않는다. 또한 죽음은 내가 싫어하는 바
> 이지만 이보다 더 싫은 것[不義]이 있기에 환란으로 죽더라도
> 피하지 않는다. → 삶이나 죽음보다 도덕적 가치 우선

① 갑: 죽음을 거부하면서 도덕을 실천하는 삶을 추구해야 한다.
✔ 갑: 삶과 죽음은 낮과 밤처럼 순환하므로 초연하게 대해야 한다.
③ 을: 죽음 이후의 새로운 삶을 받지 않도록 열반에 도달해야 한다.
　　→ 불교의 죽음관
④ 을: 삶과 죽음을 서로 차별하지 말고 동등하게 수용해야 한다.
　　→ 장자의 죽음관
⑤ 갑과 을: 삶과 죽음은 슬퍼하거나 기뻐해야 할 대상이 아니다.
　　→ 을(맹자): 죽음은 마땅히 애도해야 함

출제 경향

죽음관에 대한 문항은 주로 동양의 유교, 도가, 불교의 입장과 서양의 플라톤
과 에피쿠로스의 입장이 출제된다. 동서양을 막론하고 죽음이 자연스러운 과
정이라고 보는 입장이나 내세에 대한 입장 등을 중심으로 각 사상의 차이점을
비교하는 문항이 자주 출제된다. 따라서 여러 죽음관을 연계하여 이해하고 있
어야 한다.

| 자료 분석 |

갑은 장자, 을은 맹자이다. 장자는 삶과 죽음을 기가 모였다가 흩어지는 자연스
러운 현상으로 인식하고, 삶과 죽음은 사계절의 변화와 같이 서로 연결된 순환
과정이므로 죽음에 대해 슬퍼할 필요가 없다고 보았다. 맹자는 삶을 원하고 죽
음을 싫어하지만, 불의한 채로 삶을 선택하기 보다는 오히려 의로운 죽음을 선택
할 수 있어야 한다고 보고 죽음보다는 도덕적인 삶이 더 중요하다고 보았다.

| 선지 해설 |

① 장자는 삶과 죽음을 사계절의 변화와 같은 자연적인 순환 과정이라고 보고
삶을 기뻐할 필요도, 죽음을 슬퍼할 필요도 없다고 보았다. 또한 인간이 만든
도덕이 사회 혼란의 원인이라 보고 거부하였다.

② 장자는 삶과 죽음이 낮과 밤처럼 서로 연결된 순환의 과정이므로 기뻐하거
나 슬퍼할 필요 없이 초연하게 대해야 한다고 보았다.

③ 삶과 죽음의 반복이라는 윤회에 따라 현생의 업이 내세의 삶의 모습을 결정
하므로 죽음 이후에 새로운 삶을 받지 않도록 열반에 도달해야 한다는 주장
은 불교의 죽음관에 해당한다.

④ 맹자는 삶이나 죽음보다는 불의를 제거하고 의를 실현하는 도덕적인 삶이
더 중요하다고 보았다. 삶과 죽음을 서로 차별하지 말고 동등하게 수용해야
한다는 입장은 장자의 죽음관에 해당한다.

⑤ 장자는 삶과 죽음을 슬퍼하거나 기뻐해야 할 대상이 아니라고 보지만, 맹자
는 죽음을 자연적인 과정으로 여기면서 애도하는 것을 마땅하다고 보기 때
문에 장자만의 입장에 해당한다.

05 불교와 도가의 죽음관 24학년도 6월 모평 4번 | 정답 ⑤ | 정답률 58%

갑, 을 사상가들의 입장으로 가장 적절한 것은? [3점]

> 갑: 오온(五蘊)에 대해서 제대로 알지 못하여 해탈하지 못하면,
> 석가모니 태어남·늙음·병듦·죽음[生老病死]에 대한 두려움을 넘을 수 없다.
>
> 을: 삶과 죽음은 명(命)이다. 대자연은 육체를 주어 나를 이 세상
> 장자 에 살게 하며, 삶을 주어 나를 수고롭게 하며, 늙음으로 나를 편안하게 해주며, 죽음으로 나를 쉬게 한다.

① 갑: 죽음은 오온의 해체이기 때문에 괴로움[苦]이 아니다.

② 갑: 죽음은 원인과 조건에 의한 관계의 법칙에서 벗어난 것이다.
　　　　　　　　　　　　　　　　　　　　　　 벗어나지 않는다.

③ 을: 죽음으로 인해 흩어진 기(氣)는 더 이상 순환하지 않는다.

④ 을: 죽음은 천명(天命)에 따른 결과이므로 태연해서는 안 된다.

✔️⑤ 갑과 을: 죽음의 두려움은 참된 진리의 자각으로 극복될 수 있다.

| 자료 분석 |

갑은 석가모니, 을은 장자이다. 석가모니는 죽음은 오온(五蘊)이 흩어지는 것이라고 보며, 연기에 대한 깨달음을 통해 생로병사(生老病死)의 고통, 윤회의 고통에서 벗어나 해탈에 이를 것을 주장한다. 장자는 삶과 죽음을 기(氣)가 모이고 흩어지는 순환 과정이라고 보고, 죽음은 자연적이고 필연적인 과정이기 때문에 죽음에 초연할 것을 강조한다.

| 선지 해설 |

① 석가모니가 죽음을 오온의 해체로 보는 것은 맞지만, 동시에 태어남, 늙음, 병듦과 더불어 죽음도 고통이라고 본다. 따라서 수양을 통해 연기를 깨닫고 윤회의 고통에서 벗어나야 한다고 주장한다.

② 석가모니는 세상 모든 만물의 존재와 현상이 원인과 조건에 의한 관계의 법칙에 의해 이루어진다고 본다. 또한 죽음은 윤회의 과정으로 현세의 업보가 죽음 이후의 삶을 결정한다고 주장한다.

③ 장자는 삶과 죽음이 연결된 순환 과정이라고 본다. 기가 변화하여 형체가 생기고 형체가 변화하여 생명이 생기고, 생명이 변화하여 죽음이 된다고 주장한다.

④ 장자는 죽음은 기가 모였다가 흩어지는 자연적이고 필연적인 과정이기 때문에 초연해야 한다고 주장한다.

⑤ 석가모니는 참된 진리의 자각을 통해 윤회의 고통에서 벗어나 해탈에 이를 수 있다고 본다. 또한 장자는 죽음은 자연의 순환 과정일 뿐이기 때문에 초연해야 한다고 본다.

06 플라톤과 에피쿠로스의 죽음관 23학년도 수능 6번 | 정답 ④ | 정답률 95%

갑, 을 사상가들의 입장으로 가장 적절한 것은? [3점]

> 갑: 사람이 죽으면 영혼이 육체로부터 분리되어 자유를 얻는다.
> 플라톤 죽음이 다가올 때 죽기를 주저하는 사람은 분명 지혜를 사랑하는 자가 아니며, 육신을 사랑하는 자인 동시에 부나 명예를 사랑하는 자임에 틀림이 없다.
> 　　　　　　　　→ 지혜를 사랑하는 자는 죽음을 싫어하지 않음
>
> 을: 우리가 존재하는 한 죽음은 우리와 함께 있지 않으며 죽음이
> 에피쿠로스 오면 우리는 존재하지 않는다. 죽음은 산 사람이나 죽은 사람 모두와 아무런 상관이 없다. 지혜로운 사람에게는 죽음이 어떠한 악으로도 생각되지 않는다.
> 　　　　　　　　→ 죽음을 경험할 수 없기 때문임

① 갑: 지혜로운 사람은 죽음을 두려워하면서도 의연히 받아들인다.
　　　　　　　　　　　　　　 두려워하지 않음

② 갑: 사람들이 추구하는 가치가 달라도 죽음을 대하는 태도는 같다.
　　　　　　　　　　　　　　　　　　　　　　　　　 다르다

③ 을: 죽음은 지혜로운 사람도 피할 수 없는 고통임을 깨달아야 한다.
　→ 죽은 사람은 감각의 상실로 고통을 느낄 수 없다고 봄

✔️④ 을: 감각할 수 없는 자신의 죽음 때문에 불안을 느낄 필요가 없다.

⑤ 갑과 을: 불멸에 대한 열망을 통해 죽음의 불안에서 벗어나야 한다.
　　　　　　　　　　 갑: 죽음을 싫어하지 않음
　　　　　　　　　　 을: 죽음을 두려워할 필요가 없음

| 자료 분석 |

갑은 플라톤, 을은 에피쿠로스이다. 플라톤은 육체를 순수한 인식을 방해하는 감옥으로 인식하고, 죽음을 통해 영혼이 육체로부터 벗어남으로써 영원불멸하는 이데아의 세계에 들어가 참된 앎을 인식할 수 있게 된다고 주장한다. 에피쿠로스는 죽음이 인간을 구성하던 원자가 흩어져 개별 원자로 돌아가는 현상이라고 인식하고, 죽음은 감각의 상실을 의미하기 때문에 산 사람과 죽은 사람 모두 죽음을 경험하는 것은 불가능하므로 죽음을 두려워할 필요가 없다고 주장한다.

| 선지 해설 |

① 갑은 죽음을 통해서만 영혼이 육체와 분리되어 참된 앎을 얻을 수 있게 되므로 지혜로운 사람은 죽음을 두려워하지 않을 것이라고 본다.

② 갑은 사람들이 각자 추구하는 가치가 다르듯 죽음을 대하는 태도도 다를 수 있음을 강조한다. 갑은 지혜를 사랑하는 철인들은 영혼을 육체로부터 해방시키는 것에 가장 관심이 많기 때문에 모든 사람들 중에서 죽음을 가장 덜 두려워한다고 본다.

③ 을은 죽으면 감각을 잃게 되기 때문에 고통을 느낄 수 없으므로 산 사람과 죽은 사람 모두 죽음을 경험할 수 없다고 본다. 따라서 을은 죽음을 피할 수 없는 고통이라고 인식하지 않는다.

④ 을은 어떤 사람들은 죽음을 두려워하고 어떤 사람들은 죽음을 열망하기도 하지만, 죽음과 동시에 찾아오는 감각의 상실로 인해 아무 것도 느낄 수 없으므로 감각할 수 없는 자신의 죽음 때문에 불안을 느낄 필요가 없다고 주장한다.

⑤ 갑, 을의 입장에 해당하지 않는다. 갑은 죽음을 통해 참된 앎을 순수하게 인식할 수 있으므로 지혜를 사랑하는 자는 죽음을 싫어하지 않는다고 본다. 을 또한 죽음은 인간을 구성하던 원자가 흩어져 개별 원자로 돌아가는 것이며, 인간이 경험할 수 없는 현상이므로 죽음에 대해 불안해할 필요가 없다고 본다.

(가), (나) 사상의 입장으로 적절하지 않은 것은? [3점]

> (가) 죽은 자를 위해 슬픔을 다하여 신중하게 장례를 치르고, 먼
> 유교 조상의 제사에도 예(禮)로써 추모한다면 백성들의 덕(德)이
> 두터운 곳으로 돌아갈 것이다. └→죽음은 마땅한 애도의 대상임
>
> (나) 사물에는 생멸(生滅)의 정황이 있으나, 이는 마음이 드러난
> 불교 것일 뿐 생겨남이 없는 까닭에 소멸할 것도 없다. 이를 알면
> 생사(生死)와 열반(涅槃)이 평등하다는 경계에 이를 것이다.
> └→삶과 죽음은 동일하게 고통이라고 봄

✓① (가): 죽음을 슬퍼하는 것은 자연의 순리를 회피하는 것이다.

② (가): 죽음에 관심을 가지기보다는 인륜적 삶에 충실해야 한다.
  └→죽음보다 도덕적 삶을 강조함

③ (나): 연기(緣起)를 깨달아 죽음의 고통[苦]에서 벗어나야 한다.

④ (나): 삶과 죽음을 서로 다르지 않은 하나[生死一如]로 여겨야 한다.

⑤ (가)와 (나): 죽음에 집착하지 않는 삶의 태도를 지녀야 한다.

연결형 문제로 개념 확인

(1) 유교 •

(2) 불교 •

• ㉠ 죽음은 윤회의 과정으로 현세의 삶이 죽음 이후의 삶에 영향을 미친다.

• ㉡ 죽음은 애도할 만한 사건이지만 죽음보다는 현실의 도덕적 삶에 충실해야 한다.

(1) – ㉡ (2) – ㉠

| 자료 분석 |

(가)는 유교 사상, (나)는 불교 사상이다. 유교에서는 죽음을 자연적인 과정으로 인식하면서도, 이를 애도하는 것이 마땅하다고 여긴다. 그러나 죽음보다는 현실의 도덕적 삶에 더 관심을 가지고 현실에서 도덕적 삶을 살아가기 위해 노력할 것을 강조한다. 불교에서는 죽음을 생(生), 노(老), 병(病)과 같은 고통 중 하나라고 보고, 죽음을 통해 윤회의 과정이 반복되며 현세의 업이 죽음 이후의 삶을 결정한다고 주장한다. 따라서 불교에서는 연기(緣起)를 올바르게 인식하여 윤회의 고통에서 벗어나 해탈에 이르러야 한다고 본다.

| 선지 해설 |

① (가)(유교)는 죽은 자를 위해 슬픔을 다하여 신중하게 장례를 치르고, 제사를 통해 예를 다하는 것은 자연의 순리이며 도덕적인 행동이라고 본다. 따라서 죽음을 애도하는 것이 마땅하다고 주장한다.

② (가)(유교)는 죽음에 대해서는 마땅히 애도가 필요하지만, 죽음보다는 현실의 도덕적 삶이 더 중요하다고 본다. 따라서 죽음에 관심을 가지기보다는 인륜적 삶에 충실해야 한다고 주장한다.

③ (나)(불교)는 죽음이 인간에게 찾아오는 고통 중 하나이며 윤회로 인해 생사가 반복된다고 본다. 또한 모든 존재와 현상에는 원인과 조건이 있고 모든 것이 상호 관계 속에서 존재한다는 연기의 법칙을 깨달으면 죽음의 고통에서 벗어날 수 있다고 주장한다.

④ (나)(불교)는 현실의 보통 사람에게는 삶과 죽음이 같을 수 없지만, 수행을 통해 삶과 죽음이 별개가 아님을 깨달을 수 있다고 주장한다.

⑤ (가)(유교)는 죽음에 대해 마땅히 슬퍼해야 하지만, 죽음보다는 현실의 삶에서 직면하는 도덕적인 삶이 더 중요하므로 죽음에 집착하지 않는 삶의 태도를 지녀야 한다고 본다. (나)(불교)는 모든 고통이 집착으로부터 비롯된다고 보고, 삶이나 죽음에 집착하지 않고 연기의 법칙을 깨달아 죽음이라는 고통에서 벗어나야 한다고 주장한다.

개념 확인 | 죽음에 대한 동양 사상가의 관점

공자	• 죽음을 자연스러운 과정으로 보고, 애도의 대상으로 여김 • 죽음보다 현세의 윤리적 삶과 도덕적 실천을 강조함
석가모니	• 죽음을 또 다른 세계로 윤회하는 것으로 봄 • 삶과 죽음은 하나[生死一如]라고 봄 • 죽음을 생(生), 노(老), 병(病)과 더불어 인간의 고통 중 하나라고 여김
장자	• 삶은 기(氣)가 모이고, 죽음은 기가 흩어진 것이라고 봄 • 죽음은 자연스럽고 필연적인 과정이기 때문에 죽음을 슬퍼하거나 두려워할 필요가 없다고 봄 • 삶과 죽음은 사계절의 운행처럼 자연스러운 현상이라고 여김

다음의 가상 대화에서 ㉠에 들어갈 주장으로 가장 적절한 것은?

사람은 언젠가는 죽음을 맞이할 수밖에 없다는 것이 두렵습니다. 선생님은 이에 대해 어떻게 생각하십니까?

죽음이란 우리에게 아무것도 아닙니다.

→ 에피쿠로스

그 이유는 무엇입니까?

우리가 두려워해야 할 유일한 것은 고통입니다. 그런데 감각을 상실하면 고통을 느낄 수 없습니다. 그리고 우리가 죽게 되면 모든 감각 능력을 상실합니다. 따라서 ㉠

① 죽은 후에 감각 능력이 없으므로 죽음을 두려워해야 합니다.
                                          하지 말아야

② 죽은 후에 고통을 겪지 않도록 죽음을 두려워하지 말아야 합니다.

③ 죽은 후에 고통을 겪을 수도 있으므로 죽음을 두려워해야 합니다.
              없으므로   하지 말아야

✔ 죽은 후에 고통을 겪을 수 없으므로 죽음을 두려워할 필요가 없습니다.

⑤ 죽은 후에 쾌락을 얻을 수도 있으므로 죽음을 두려워할 필요가 없습니다.

| 자료 분석 |

가상 대화의 선생님은 에피쿠로스이다. 에피쿠로스는 죽음을 인간을 구성하던 원자가 흩어져 개별 원자로 돌아가는 현상이라고 파악하고, 인간은 죽음을 경험할 수 없기 때문에 죽음을 두려워할 필요가 없다고 본다. 따라서 죽음은 인간에게 가장 두려운 악이지만 산 사람에게는 죽음이 아직 찾아오지 않았고, 감각의 상실이 일어난 죽은 사람은 죽음을 경험할 수 없기 때문에 산 사람이나 죽은 사람 모두에게 죽음은 아무 것도 아니라고 본다.

| 선지 해설 |

① 에피쿠로스는 죽음을 감각의 상실이라고 인식하고, 감각이 상실되면 죽음 자체를 경험할 수 없기 때문에 두려워할 필요가 없다고 주장한다.

② 에피쿠로스는 죽음 이후에 감각의 상실로 인해 그 어떤 고통도 느낄 수 없으므로 죽음을 두려워할 필요가 없다고 본다.

③ 에피쿠로스는 우리가 존재하는 한 죽음은 우리와 함께 있지 않고, 죽음이 오면 우리는 이미 존재하지 않기 때문에 죽음을 두려워할 필요가 없다고 본다. 즉, 에피쿠로스는 죽음 이후에는 감각의 상실로 고통을 겪을 수 없으므로 죽음에 대한 불안을 가질 필요가 없다고 주장한다.

④ 에피쿠로스는 죽음을 두려워하거나 죽음을 열망하는 잘못된 태도를 비판하고, 죽으면 감각을 잃게 되기 때문에 죽은 후에 고통을 겪을 수 없으므로 죽음을 두려워할 필요가 없다고 본다.

⑤ 에피쿠로스는 쾌락을 가치 평가의 기준이자 행복한 삶의 시작이며 끝이라고 인식하지만, 죽으면 감각의 상실로 고통을 느낄 수 없듯이 쾌락 또한 경험할 수 없다고 본다.

정답 ② | 정답률 87%

다음을 주장한 사상가의 입장으로 적절한 것만을 〈보기〉에서 고른 것은? [3점]
└ 장자

삶과 죽음은 사계절의 운행과 같이
자연스러운 과정이라고 봄

> 삶은 죽음과 함께 걷고 죽음은 삶에서 비롯하나니 누가 그 실마리를 알겠는가. 사람의 삶은 기(氣)가 모인 것이라서 모이면 삶이 되고 흩어지면 죽음이 된다네. 따라서 만물은 하나니라. 좋아하면 멋진 것이라 하고 싫어하면 역겨운 것이라 하지만, 역겨운 것이 멋진 것이 되고 멋진 것이 다시 역겨운 것이 되네. 따라서 삶과 죽음은 하나의 기로 통할 뿐이라고 말하는 것일세. 성인(聖人)은 하나를 귀하게 여긴다네.
> └ 진인

〈 보기 〉
ㄱ. 삶에 얽매이지도 말고 죽음을 걱정하지도 말아야 한다.
ㄴ. 죽음을 의식하지 말고 인의예지(仁義禮智)를 행해야 한다.
ㄷ. 삶과 죽음의 변화는 계절의 변화처럼 자연스러운 것이다.
ㄹ. 죽음은 윤회의 일부이며 현생의 업보가 내생을 결정한다.
    → 불교의 죽음관

① ㄱ, ㄴ　✔② ㄱ, ㄷ　③ ㄴ, ㄷ　④ ㄴ, ㄹ　⑤ ㄷ, ㄹ

| 자료 분석 |

제시된 주장을 한 사상가는 장자이다. 장자는 삶과 죽음이 기가 모였다 흩어지는 자연적이고 필연적인 현상으로서, 계절이 변화하는 것과 같이 자연스러운 것이라고 보았다. 따라서 장자는 자연의 본성에 순응하고 삶과 죽음에 얽매이지 않는 초연한 삶을 살아가야 한다고 보았다.

| 보기 해설 |

ㄱ 장자는 삶과 죽음이 기가 모였다 흩어지는 자연의 과정이므로, 삶에 얽매이거나 죽음을 걱정하지 말고 운명에 순응하는 태도를 지녀야 한다고 주장한다.

ㄴ. 인의예지를 행해야 한다고 강조하는 것은 유교이다. 반면 장자는 인의예지와 같이 인간이 만들어 낸 인위적인 덕이나 규범이 사회 혼란의 원인이라고 인식하고 이를 비판한다.

ㄷ 장자는 삶과 죽음의 변화가 마치 춘하추동의 사계절이 변화하는 것처럼 자연스러운 것이므로, 죽음을 슬퍼할 필요가 없다고 본다.

ㄹ. 죽음에 대한 불교의 관점이다. 불교에서는 죽음을 생(生), 노(老), 병(病)과 더불어 하나의 고통이라고 본다. 또한 죽음이 윤회의 과정이라고 보고, 현생의 업보가 죽음 이후의 삶을 결정한다고 주장한다.

정답 ③ | 정답률 89%

갑, 을 사상가들의 입장으로 가장 적절한 것은? [3점]

죽음보다 도덕적 삶의 실현을 중시함

> 갑: 사람을 섬길 줄도 모르면서 어떻게 귀신을 섬길 수 있겠는가?
> 공자 삶도 아직 모르면서 어떻게 죽음을 알 수 있겠는가? 뜻있는 선비와 어진 사람은 살기 위해 인(仁)을 해치지 않고, 자신을 희생해서라도 인을 이루려 한다.
> └ 살신성인
> 을: 혼돈 속에 뒤섞여 있는 가운데 변화가 일어나 기(氣)가 드러나고, 그 기가 변화하여 형체를 이루며, 다시 이 형체가 변화해서 생명이 생긴다. 생명은 다시 한 번 변화해서 죽음으로 돌아간다.
> 장자 └ 삶과 죽음을 기의 운행으로서
>   자연스러운 과정이라고 봄

① 갑: 삶과 죽음은 모두 고통의 연속일 뿐이다.
   불교
② 갑: 삶과 죽음은 기가 모이고 흩어지는 연속적 과정이다.
   을(장자)
✔③ 을: 자연스러운 과정인 죽음에 대해 슬퍼할 필요가 없다.
④ 을: 죽음을 두려워하기보다 인(仁)을 이루는 삶을 지향해야 한다.
   갑(공자)
⑤ 갑, 을: 현세에서의 도덕적 실천이 내세의 삶에 영향을 미친다.
   불교

| 자료 분석 |

갑은 공자, 을은 장자이다. 공자는 도덕적 삶을 이루기 위한 현실에서의 실천을 강조하면서, 죽음 이후의 세계에 대해 깊이 논하지 않았다. 또한 도덕적 인간은 자신의 목숨보다 도덕적 가치의 실현을 우선시한다고 보았다. 한편 장자는 삶과 죽음이 도(道)에 따른 기(氣)의 운행으로서 자연의 순환과 같은 자연스러운 과정이라고 보고, 죽음에 대해 기뻐하거나 슬퍼할 필요가 없다고 주장하였다.

| 선지 해설 |

① 불교 사상의 입장이다. 불교에서는 삶과 죽음의 반복을 고통이라고 보고, 삶과 죽음이 반복되는 윤회의 고리를 끊고 열반의 경지에 들 것을 지향한다.

② 공자가 아닌 장자의 입장이다. 장자는 삶과 죽음이 도에 따라 기가 모이고 흩어지는 연속적인 과정일 뿐이라고 보았다.

③ 장자의 관점으로 적절하다. 장자는 도의 관점에서 보면 삶과 죽음은 자연의 순환과 같이 자연스러운 과정이므로, 이에 대해 슬퍼하지 말고 초연할 것을 강조하였다.

④ 장자가 아닌 공자의 입장이다. 공자는 도덕적 인격자(선비)는 도덕적 가치의 실현을 가장 중시하여 자신의 목숨을 희생해서라도 이를 이루고자 한다고 보았다. 즉, 죽음을 두려워하기보다 인을 이루는 삶을 지향해야 한다는 것이다.

⑤ 불교 사상의 입장이다. 불교에서는 현세에서의 도덕적인 실천이 업(業)이 되어 그것의 결과로서 다음 생이 결정된다는 업 사상을 전개하였다.

(가)~(다) 사상의 입장으로 옳지 않은 것은? [3점]

생명 보존 < 인(仁)의 실현

(가) 아침에 도(道)를 깨달으면 저녁에 죽어도 좋다. 뜻있는 선비
공자　는 살아남고자 하여 인(仁)을 해치는 일이 없다.

(나) 진인(眞人)은 삶을 기뻐하지도 않고, 죽음을 싫어하지도 않는
장자　다. 착한 일을 행하여 명성을 가까이하지도 말고, 악한 짓을
　　　도가의 이상적 인간상
　　　행하여 형벌을 가까이하지도 말아야 한다.

(다) 전생(前生)에 뿌려진 씨앗은 이번 생에 받는 것이고, 다음 생
불교　에 거둘 열매는 이번 생에 행하는 바로 그것이다.
　　　윤회를 전제한 업보설

① (가): 죽음은 슬픈 일이지만 의로운 일을 위해 목숨을 버릴 수 있다.

② (나): 인의(仁義)를 위해 목숨을 바치는 것은 어리석은 일이다.

③ (다): 연기의 법칙을 깨달으면 윤회의 고통에서 벗어날 수 있다.

④ (가), (나): 태어남과 죽음은 본래 자연스러운 과정일 뿐이다.

⑤ (나), (다): 남을 도우며 선하게 살아야 내세의 행복을 기약할 수
있다.

| 자료 분석 |

(가)는 공자(유교), (나)는 장자(도가), (다)는 불교의 입장이다. 공자는 죽음 이후의 삶보다는 현세에서의 도덕적 실천이 더 중요하다고 보면서, 생명의 보존보다 인(仁)과 같은 도덕적 가치의 실현을 강조하였다. 장자는 도의 관점에서 보면 삶과 죽음은 자연스러운 과정일 뿐이라고 주장하며, 삶과 죽음을 초월한 정신적 자유의 경지를 지향하였다. 불교는 현생에서 행한 일들이 업(業)이 되어 다음 생을 결정한다는 윤회 사상을 주장하며, 연기의 법칙을 깨달아 윤회의 반복을 끊어야 한다고 주장하였다.

| 선지 해설 |

① 유교에서는 죽음을 애도의 대상으로 보면서도, 의로운 일을 위해 목숨을 버릴 수 있다는 '살신성인(殺身成仁)'의 정신을 강조한다.

② 도가에서는 유교에서 강조하는 인의(仁義)와 같은 분별적 가치들을 초월하여 정신적 자유를 누릴 것을 강조한다.

③ 불교에서는 모든 것이 무수한 상호 의존적 관계 속에서 발생한다는 연기의 법칙을 깨달으면, 열반의 경지에 이르러 삶과 죽음을 반복하는 윤회의 고통을 벗어날 수 있다고 본다.

④ 유교와 도가에서는 삶과 죽음을 자연스러운 과정으로 본다. 단, 유교에서는 죽음을 애도의 대상으로 보지만, 도가에서는 죽음이 사계절의 운행과 같이 자연스러운 현상이므로 죽음에 초연할 것을 강조한다.

⑤ 도가에서는 삶과 죽음이 기가 모이고 흩어지는 것으로, 죽음 이후에 내세가 있다고 보지 않는다. 불교에서는 현생의 선한 삶이 업이 되어 다음 생을 결정한다고 보지만, 삶이란 곧 고통이므로 삶과 죽음을 모두 초월한 열반의 경지에 이르러야 한다고 주장한다.

(가), (나) 사상의 입장으로 가장 적절한 것은? [3점]

(가) 요즘 사람들은 조문할 때, 자기 부모나 자식이 죽은 것과 마
장자　찬가지로 애통해 한다. 그러나 죽음을 애통해 하는 행위는
　　　자연스러운 도(道)의 본성을 배반하는 것으로, 자신이 받은
　　　본성을 망각한 것이다.

(나) 세상 사람들의 생사(生死)는 중대한 일인데, 그대들은 하루
불교　종일 공양(供養)하면서 다음 생의 복(福)만을 구하려 하고,
　　　생사의 굴레를 끊으려고 하지 않는다. 그대들은 자신의 본성
　　　[自性]에 대해 여전히 미혹하다.
　　　　　불성

① (가): 죽음은 다음 생으로 이어지는 윤회(輪廻)의 과정이다.
　　(나)(불교)

② (가): 죽음은 자연의 과정이지만 마땅히 애도해야 하는 일이다.
　　유교

③ (나): 죽음은 기(氣)가 모였다가 흩어진 자연스러운 현상이다.
　　(가)(도가)

④ (나): 죽음은 깨달음을 통해 벗어나야 할 고통들 중 하나이다.

⑤ (가), (나): 죽음은 괴로운 인간 삶에서 벗어난 지극한 경지이다.

| 자료 분석 |

(가)는 장자(도가), (나)는 불교 사상의 입장이다. 장자는 죽음이 사계절의 변화와 같이 자연스러운 것이므로 도(道)의 관점에서 죽음을 슬퍼할 필요가 없다고 본다. 불교에서는 삶과 죽음의 굴레(윤회)를 벗어나 열반에 드는 것을 강조하며, 이를 위해 자신의 본성(불성)을 깨닫는 것이 중요하다고 본다.

| 선지 해설 |

① 장자가 아니라 불교에 해당하는 내용이다. 장자에게 죽음이란 기가 흩어져 일어나는 자연스러운 현상이다. 한편 불교에서는 깨달음을 얻어 열반에 들지 못하면 삶과 죽음이 반복되는 윤회의 굴레에서 벗어날 수 없다고 본다.

② 장자가 아니라 유교에 해당하는 내용이다. 장자는 죽음이 자연스러운 과정이라고 보고, 개체의 관점을 초월하여 도의 관점을 취한다면 죽음은 슬퍼할 일이 아니라고 본다. 한편 유교에서는 죽음이 자연스러운 과정이지만 죽음을 애도하는 것이 마땅한 예(禮)임을 강조한다.

③ 불교가 아니라 장자에 해당하는 내용이다. 장자에 따르면 죽음은 기가 모였다가 흩어지는 자연스러운 현상이다. 불교에서는 인간의 죽음을 오온(五蘊)의 해체로 설명한다.

④ 불교에서는 삶과 죽음, 늙음과 병듦의 생로병사가 모두 고통이라고 보고, 진정한 깨달음을 얻어 열반에 이름으로써 삶과 죽음이 반복되는 윤회의 과정에서 벗어나야 한다고 강조한다.

⑤ 장자에게 죽음은 자연스러운 과정일 뿐이며, 도의 관점에서 보면 인간의 삶은 괴로운 것이 아니다. 불교에서 죽음은 다음 생으로 이어지는 윤회의 과정이자 괴로운 인간의 삶을 반복하는 과정이다.

갑, 을 사상가들의 입장으로 가장 적절한 것은? [3점]

> 죽음은 경험할 수 없으니 두려워할 필요가 없음
>
> 갑: 모든 좋고 나쁨은 감각에 달려 있는데 죽으면 감각을 잃는다.
> 에피쿠로스 따라서 죽음은 우리에게 아무것도 아니다. 현자는 사려 깊음
> 을 통해 죽음을 무서워하지 않고 마음의 평안을 추구한다.
> 을: 죽음은 진리 추구를 방해하는 육체에서 영혼이 분리되는 것
> 플라톤 이다. 평생에 걸쳐 최대한 죽음과 가장 가까운 상태로 영혼을
> 정화하며 살고자 했던 사람이 그토록 열망하는 지혜를 얻을
> 수 있는 곳으로 가는 것이 죽음이다.
> 　　　　　　　　　　↳ 죽음을 통해 영혼이 육체의 감옥에서
> 　　　　　　　　　　　 벗어나면 이데아의 세계로 갈 수 있음

① 갑: 죽음 이후에 비로소 선의 본질이 드러난다.
② 갑: 현세의 삶은 사후의 영혼의 삶에 영향을 준다.
③ 을: 죽음의 순간에 육체의 소멸과 함께 영혼도 소멸한다.
④ 을: 죽음의 두려움은 감각적 쾌락을 통해 해소되어야 한다.
⑤ 갑, 을: 지혜로운 사람에게 죽음은 두려움의 대상이 아니다.

| 자료 분석 |

갑은 에피쿠로스, 을은 플라톤이다. 에피쿠로스는 쾌락은 선, 고통은 악이라고 보고 선과 악의 문제는 감각의 문제라고 주장하였다. 그런데 죽음 이후에는 모든 감각이 소멸되기 때문에 인간은 죽음을 경험할 수 없으며, 따라서 죽음을 두려워할 필요가 없다고 보았다. 한편 플라톤은 죽음을 통해 영혼이 육체로부터 해방되어 이데아의 세계로 갈 수 있으므로, 진리를 추구하는 삶을 살아온 사람은 죽음 이후에 진정한 이데아를 볼 수 있다고 주장하였다.

| 선지 해설 |

① 에피쿠로스는 죽음이란 모든 감각이 소멸된 상태이며, 죽음 이후에는 아무것도 존재하지 않는다고 보았다.

② 에피쿠로스는 죽음 이후에는 아무것도 없다고 보고, 사후의 세계를 가정하지 않았다.

③ 플라톤은 죽음 이후에 육체는 소멸하지만 영혼은 소멸하지 않고 불멸한다고 보았다.

④ 플라톤은 죽음을 두려운 것으로 여기지 않았다. 플라톤에게 죽음이란 육체로부터 해방되어 참된 이데아를 볼 수 있는 계기가 되기 때문이다.

⑤ 에피쿠로스에 따르면 지혜로운 사람은 죽음 이후에 감각이 소멸되어 죽음을 경험할 수 없다는 것을 알기 때문에 죽음을 두려워하지 않는다. 플라톤은 죽음 이후에 참된 지혜를 얻을 수 있기 때문에 지혜로운 사람은 죽음을 두려워하지 않는다고 보았다.

연결형 문제로 개념 확인

(1) 플라톤　　　•　　　• ㉠ 죽음 이후의 세계는 존재하지 않는다.
(2) 에피쿠로스 •　　　• ㉡ 죽음을 통해서만 참된 지혜를 얻을 수 있다.

(1) – ㉡ (2) – ㉠

다음 사상가의 입장으로 가장 적절한 것은? [3점]

> ↳ 장자　　　　삶과 죽음을 자연스러운 과정으로 봄
>
> 삶과 죽음은 기(氣)가 모였다 흩어지는 자연의 과정이다. 생명
> 을 얻음은 때를 만나서 태어난 것이요, 생명을 잃음은 운명에 순
> 응하는 것이다. 때에 맡겨 마음을 편안히 가지고 운명에 순응한다
> 면 슬픔과 즐거움이 들어올 수 없으니, 이것이 옛사람이 말한 '거
> 꾸로 매달린 고통을 풀어줌'이다.
> 　　　　　　↳ 삶이나 죽음에 대해 슬퍼하거나
> 　　　　　　　 두려워하지 말 것을 강조함

① 연기(緣起)의 이치를 깨달아 고락에서 벗어나야 한다.
　→ 불교의 관점
② 삶에 집착하지 않고 자연스러운 도(道)를 따라야 한다.
③ 내세의 행복을 위해 선업(善業)을 쌓는 삶을 살아야 한다.
　→ 장자와 관련이 없는 내용
④ 삶과 죽음의 이치를 깨달아 인의(仁義)의 삶에 힘써야 한다.
　→ 유교의 관점
⑤ 죽음은 자연의 과정이지만 상례(喪禮)를 통해 애도해야 한다.
　→ 유교의 관점

| 자료 분석 |

제시된 글은 도가 사상가인 장자의 입장이다. 장자는 삶은 기(氣)가 모인 것이고 죽음은 기가 흩어지는 것이라고 보면서, 삶과 죽음이 결국 자연의 과정일 뿐이므로 이에 슬퍼하거나 두려워하지 말 것을 주장하였다.

| 선지 해설 |

① 불교의 주장이다. 불교의 핵심 사상인 연기설(緣起說)에 따르면 모든 존재는 서로 원인[因]과 조건[緣]이 되어 상호 작용하면서 영향을 주고 받으며 생성, 소멸하는 상호 의존적 관계에 있다. 불교는 이러한 연기의 법칙을 깨달아 열반에 이르게 되면 모든 고통과 번뇌에서 벗어나 고요하고 청정한 마음에 들 수 있다고 본다.

② 장자는 삶과 죽음이 사계절의 운행처럼 자연스러운 과정이므로 죽음에 관해 슬퍼하거나 집착하지 말고 자연적 본성대로 살아가야 한다고 주장하였다.

③ 선업(善業)은 불교와 관련 있는 내용이다. 불교는 윤회의 과정 속에서 인간의 선행과 악행에 따른 업보[業]가 죽음 이후의 삶을 결정한다고 본다. 그렇기 때문에 불교는 선업을 쌓는 삶을 살아야 함을 강조하지만, 이것이 내세의 행복만을 위한 것은 아니다. 불교의 입장에서 이상적 경지란 삶과 죽음의 반복을 초월한 상태이기 때문이다.

④ 유교의 죽음관이다. 공자는 삶과 죽음이 자연스러운 과정이므로, 죽음 이후의 세계에 대해 걱정하기에 앞서 현실에서 도덕적 삶(인의의 삶)을 살 것을 강조하였다.

⑤ 유교의 죽음관이다. 유교에서는 죽음을 자연스러운 과정이라고 보지만, 애도의 대상으로도 본다. 특히 공자는 예의를 갖추어 친한 이의 죽음을 슬퍼해야 함을 강조하였다.

15 공자와 장자의 죽음관 20학년도 6월 모평 3번

정답 ③ | 정답률 56%

갑, 을 사상가들의 입장으로 가장 적절한 것은?

┌─ 구도의 정신

갑: 아침에 도(道)를 들으면 저녁에 죽어도 괜찮다. 뜻이 있는 선
공자 비와 인(仁)을 갖춘 사람은 삶에 집착하다가 인을 해치는 경
우는 없지만, 자신을 희생하여 인을 이루는 경우는 있다.

을: 성인(聖人)의 삶은 자연의 운행과 같고, 죽음은 만물의 변화와
장자 같다. 그는 행복을 추구하지 않으며, 불행을 자초하지 않는다.
그의 삶은 물 위에 떠 있는 것과 같고, 죽음은 휴식과 같다.

① 갑: 죽음은 반복되는 윤회에서 벗어날 수 있는 방법이다.
② 갑: 죽음은 내세(來世)에서의 도덕적 완성을 위한 과정이다. ┐→ 공자와 관련이
③ 을: 죽음은 모든 만물의 근원인 도(道)와 연관된 현상이다. ┘ 없는 내용
④ 을: 죽음은 상례(喪禮)를 통해 애도해야만 하는 슬픈 일이다.
      갑(공자)
⑤ 갑, 을: 죽음이 아쉽지 않도록 도덕적으로 충실하게 살아야만 한다.

| 자료 분석 |

갑은 유교 사상가인 공자, 을은 도가 사상가인 장자이다. 공자는 "아침에 도(道)를 들으면 저녁에 죽어도 좋다."는 구도의 정신을 통해 인간다움의 도를 깨달을 것을 강조하였으며, 이러한 도를 내세가 아닌 현세에서 실천해야 한다고 보았다. 장자는 모든 분별과 차별에서 벗어나 만물을 평등한 것으로 보고 도(道)와 일치하는 삶을 살아갈 것을 주장하였다. 나아가 장자는 죽음은 자연스럽고 필연적인 과정이기 때문에 이에 대해 슬퍼하거나 집착할 필요가 없다고 강조하였다.

| 선지 해설 |

① 윤회는 불교에서 말하는 개념으로 중생이 죽은 뒤 업에 따라 생사의 세계를 그치지 않고 도는 것을 뜻한다. 하지만, 불교에서 말하는 죽음은 윤회를 벗어나는 것이 아니라 또 다른 세계로 윤회하는 것이다.

② 공자는 죽음이나 내세에서의 삶보다 현세의 윤리적 삶과 도덕적 실천을 강조하였다.

③ 장자는 삶과 죽음을 도(道)에 따라 기가 모이고 흩어지는 자연적이고 필연적인 현상이라고 보았다.

④ 장자는 삶과 죽음은 차별이 없으므로, 죽음 앞에서 슬퍼할 필요가 없다고 보았다. 상례를 통한 충분한 애도를 강조한 것은 공자이다.

⑤ 공자의 입장에만 해당하는 내용이다. 장자는 죽음이 아쉬운 것이 아니라 필연적이고 자연스러운 것이라고 보았다.

선택형 문제로 개념 확인

(1) 공자는 죽음을 (상례, 혼례)를 통해 애도해야 한다고 보았다.
(2) (유교, 도가)는 죽음을 도에 따라 기가 모이고 흩어지는 자연스러운 현상이라고 본다.

(1) 상례 (2) 도가

16 에피쿠로스와 하이데거의 죽음관 19학년도 수능 8번

정답 ② | 정답률 85%

갑, 을 사상가들의 입장으로 옳지 않은 것은? [3점]

갑: 죽음을 가장 큰 악이라고 두려워하는 사람도 있고, 죽음이 인
에피쿠 생의 악을 중지시켜 준다고 생각해서 죽음을 열망하는 사람
로스 도 있다. 하지만 현자(賢者)는 죽음을 두려워하지 않는다. 죽음
은 우리에게 아무것도 아니기 때문이다. ┐→ 죽음은 경험할 수 없으므로
      두려워할 필요가 없음
을: 죽음은 현존재의 종말이다. 하지만 현존재의 죽음을 단순히
하이 다른 생물의 종말에 입각해 파악해서는 안 된다. 현존재는 죽
데거 음을 향한 존재이며 자신에게 주어진 시간이 유한하다는 것
과 집착해서는 안 되는 것들이 무엇인지를 깨닫는다.
      → 죽음을 통해 삶을 성찰할 것을 강조

① 갑: 살아 있는 사람과 죽은 사람 모두 자신의 죽음을 경험할 수 없다.
② 갑: 죽음이라는 실체를 수용해야 불멸에 대한 열망을 실현할 수
    있다.   극복
③ 을: 인간은 죽음에 대한 자각을 할 수 있다는 점에서 동물과 다르다.
④ 을: 현존재는 죽음을 의식하며 어떻게 살 것인지 고뇌하는 존재이다.
⑤ 갑, 을: 죽음을 회피하는 태도보다 죽음에 대한 바른 인식이 필요하다.

| 자료 분석 |

갑은 에피쿠로스, 을은 하이데거이다. 에피쿠로스는 죽음을 두려워하거나 열망하는 사람도 있으나, 인간은 죽음을 경험할 수 없으므로 죽음을 두려워할 필요가 없다고 보았다. 하이데거는 인간이 동물과는 달리 자신이 죽는다는 사실을 자각할 수 있는 존재라고 강조하였다. 그리고 인간은 죽음에 대한 인식을 통해 죽음 앞에서 자신에게 주어진 것들을 성찰하면서, 더욱 의미 있고 가치 있는 삶을 추구할 수 있다고 보았다.

| 선지 해설 |

① 에피쿠로스는 살아 있는 사람에게는 아직 죽음이 오지 않았으므로 죽음을 경험할 수 없고, 죽은 사람은 모든 감각이 상실되므로 죽음을 경험할 수 없다고 보았다.

② 에피쿠로스는 죽음이 살아 있는 사람에게나 죽은 사람 모두에게 아무것도 아님을 알게 되면 불멸에 대한 열망을 극복할 수 있다고 보았다.

③ 하이데거는 현존재인 인간만이 세상 속에서 어떻게 살아야 하는지를 묻는 존재이며, 자신이 죽는다는 사실을 자각할 수 있다는 점에서 동물과 다르다고 보았다.

④ 하이데거는 현존재가 죽음에 대한 자각을 통해 삶의 의미를 성찰하고 고뇌하는 존재라고 보았다.

⑤ 에피쿠로스와 하이데거는 모두 죽음을 두려워하거나 회피하지 말고 죽음을 올바르게 인식해야 함을 강조하였다.

동양 사상 (가), (나)의 입장으로 가장 적절한 것은? [3점]

> (가) 이 세상에 태어난 것은 태어날 때를 만났기 때문이고, 죽음
> 장자 은 떠나야 할 때가 되었기 때문이다. 삶과 죽음은 운명이다.
> 사계절이 변하듯이 기(氣)의 변화 과정에서 삶과 죽음이 바
> 불교 뀌는 것일 뿐이니 죽음을 슬퍼할 필요가 없다. →죽음은 자연적인 현상
> (나) 오온(五蘊)의 새로운 구성이 태어남이고 그 해체가 죽음이
> 다. 죽음은 현세의 업보에 따라 다음 세상에서의 태어남으로
> 이어진다. 삶과 죽음은 생멸(生滅)의 과정에서 계속 반복되
> 는 것이니 생사(生死)에 집착할 필요가 없다.
> └→ 인간을 구성하는 다섯 가지 요소 – 색(色), 수(受), 상(想), 행(行), 식(識)

① (가): 인(仁)의 구현을 위해서라면 나의 생명을 희생할 수 있다.
     유교

② (가): 내세의 행복을 위해 현세의 욕망을 최대한 절제해야 한다.
     → 도가와 관련이 없는 내용

③ (나): 죽음은 고통이 없는 생(生)으로 이어지는 윤회의 과정이다.

④ (나): 중생은 그의 오온이 해체되어도 생멸을 반복하게 된다.

⑤ (가), (나): 참된 지혜는 육체의 구속에서 벗어난 사후에만 얻어진다.
     플라톤

| 자료 분석 |

(가)는 도가 사상가인 장자, (나)는 불교의 입장이다. 장자는 삶과 죽음은 사계절의 변화와 같이 자연스러운 현상이므로 차별하거나 슬퍼할 필요가 없다고 주장하였다. 불교에서는 죽음이 고통이며 현실에서 벗어나 다른 세계로 윤회하는 계기가 된다고 본다. 또한 이러한 윤회의 과정에서 인간 행위의 선악 여부에 따라 죽음 이후의 생이 결정된다고 주장한다.

| 선지 해설 |

① 인(仁)을 강조하는 것은 유교의 입장으로, 유교는 인의 구현을 위해 생명마저도 희생하는 살신성인의 자세를 강조한다. 도가에서는 인이 자연 그대로의 질서에 따라 사는 무위자연의 삶과는 동떨어진 인위적인 것이라고 본다.

② 내세의 행복을 위해 현세의 욕망을 최대한 절제해야 한다는 주장은 도가와 관련이 없다. 장자는 삶과 죽음을 구별하는 태도를 반대하며, 삶과 죽음을 차별하지 말고 자연스러운 현상으로 여겨야 한다고 주장하였다.

③ 불교에서는 삶과 죽음을 병(病), 노(老)와 더불어 모든 인간이 겪는 대표적인 고통이라고 본다. 또한 윤회의 과정 속에서 삶과 죽음은 끊임없이 연결되어 있으므로 고통이 없는 삶은 존재하지 않는다고 본다.

④ 불교에서 말하는 오온의 해체는 죽음을 의미한다. 그러나 불교에서는 죽음 이후에도 다시 생이 반복되는 윤회를 주장하기 때문에 오온이 해체되어도 생멸을 반복한다고 본다.

⑤ 죽음 이후에 참된 지혜를 얻을 수 있다고 주장하는 것은 플라톤이다. 장자는 죽음과 지혜의 관계에 대해 말하지 않았다. 불교에서는 살아생전에 쌓은 공덕과 깨달음(지혜)을 통해 윤리에서 벗어나야 한다고 주장하지, 죽음 이후에만 참된 지혜를 얻을 수 있다고 주장하지 않는다.

동양 사상 (가), (나)의 입장으로 가장 적절한 것은? [3점]

> ┌→ 도덕적 가치를 생명의 가치보다 우선시 여김
> (가) 삶도 내가 원하고 의로움 또한 내가 원한다. 이 둘을 함께 얻
> 맹자 을 수 없다면, 의로움을 취하지 어찌 구차하게 살겠는가. 죽
> 음도 내가 싫어하는 것이지만 죽음보다 더 싫어하는 것이 있
> 다. 그래서 죽음조차 피하지 않는 경우가 있다.
> (나) 사랑하는 이의 죽음이 슬픈 일인가? 생명이란 본래 자연에서
> 장자 빌린 것이니 마치 티끌과 같고, 삶과 죽음의 이치는 밤낮의
> 변화와 같다. 이제 우리는 그 자연스런 변화를 바라보노니,
> 그것이 내게 왔다고 해서 어찌 싫어하겠는가.
> └→ 삶과 죽음은 자연스러운 것이므로 슬퍼할 필요 없음

① (가): 생(生) 그 자체가 어떤 가치보다도 더 소중하다.
     도덕적 가치

② (가): 도덕적 가치가 삶과 죽음의 선택 기준이 될 수 있다.

③ (나): 삶과 죽음은 자연의 과정이 아니라 응보의 과정이다.
     응보   자연

④ (나): 삶과 죽음의 악순환을 끊는 것이 이상적 인간의 경지이다.
     차별하지 않는 것

⑤ (가), (나): 죽음 이후를 대비하여 도덕적 이치를 탐구해야 한다.
     → 맹자, 장자와 관련이 없는 내용

| 자료 분석 |

(가)는 유교 사상가인 맹자, (나)는 도가 사상가인 장자의 주장이다. 맹자는 삶과 의로움이 모두 중요한 것이나 이 둘이 충돌한다면 삶보다는 의로움을 먼저 택해야 함을 주장하였다. 장자는 삶과 죽음은 차별이 없으며, 사계절의 변화와 같이 자연스러운 것이므로 슬퍼할 필요가 없다고 보았다.

| 선지 해설 |

① "이 둘을 함께 얻을 수 없다면, 의로움을 취하지 어찌 구차하게 살겠는가."라는 구절을 통해 맹자가 삶[生]보다 의로움을 더 소중한 가치로 보았음을 알 수 있다.

② 맹자는 의로움을 얻을 수 없다면, 구차하게 살기보다는 죽음을 선택해야 한다고 보았다. 따라서 맹자에게 의로움이라는 도덕적 가치는 삶과 죽음을 선택하는 기준이 될 수 있다.

③ 장자는 삶과 죽음의 이치가 밤낮이나 사계절의 변화와 같이 자연스러운 것이라고 보았다.

④ 장자는 삶과 죽음 사이에 차별이 없다고 보기 때문에 삶과 죽음을 악순환이라고 인식하지 않는다.

⑤ 유교에서 주장하는 도덕적 이치의 탐구는 죽음 이후가 아닌 현실의 도덕적 삶의 완성을 위한 것이다. 장자는 도덕적 이치를 인위적인 것이라고 인식하므로 도덕적 이치를 탐구해야 한다고 보지 않는다.

19 에피쿠로스와 장자의 죽음관 24학년도 7월 학평 13번

정답 ② | 정답률 47%

서양 사상가 갑, 동양 사상가 을의 입장으로 가장 적절한 것은? [3점]

> 갑: 현자(賢者)는 삶에서 도피하려고 하지 않으며, 삶의 중단을
> 에피쿠 두려워하지 않는다. 그래서 그는 가장 긴 시간이 아니라 가장
> 로스 즐거운 삶을 누리려고 노력한다.
>
> 을: 진인(眞人)은 삶에 집착하지 않고 죽음을 피하지 않는다. 세
> 장자 상에 태어났다고 기뻐하지 않고 세상을 떠난다고 슬퍼하지 않
> 는다. 무심히 왔다가 무심히 갈 뿐이다.

① 갑: 죽음은 영혼이 육체에서 분리되는 물리적인 현상이다.
✔② 갑: 죽음이 인생의 악들을 중지시켜 준다는 믿음을 버려야 한다.
③ 을: 죽은 자에 대한 애도는 예(禮)에 따라서 마땅히 해야 한다.
　　→ 유교의 입장
④ 을: 죽음은 자연의 순리에 따라 기(氣)가 완전히 소멸하는 것이다.
⑤ 갑과 을: 죽음 자체는 이상적인 인간도 피할 수 없는 불행이다.

| 자료 분석 |

갑은 에피쿠로스, 을은 장자이다. 에피쿠로스는 인간을 구성하던 원자가 흩어져 개별 원자로 돌아가는 것을 죽음이라고 보며, 인간이 죽으면 감각 능력을 상실하기 때문에 죽음을 두려워할 필요가 없다고 본다. 장자는 삶과 죽음을 기가 모이고 흩어지는 순환의 과정으로 보면서 죽음을 자연스럽게 받아들여야 한다고 본다.

| 선지 해설 |

① 에피쿠로스는 죽음을 인간을 구성하던 원자가 흩어져 개별 원자로 돌아가는 것으로 본다.
②에피쿠로스는 죽으면 감각 능력을 상실하기 때문에 죽음은 고통뿐만 아니라 쾌락의 부재를 포함한다고 본다.
③ 장자는 삶과 죽음은 자연스러운 것이므로 죽음을 슬퍼할 필요가 없다고 본다.
④ 장자는 죽음을 자연의 순리에 따라 기가 흩어지는 것이라고 본다.
⑤ 에피쿠로스와 장자 모두 죽음을 피할 수 없는 것으로 보지만, 이를 불행이라고 보지 않는다.

20 장자와 에피쿠로스의 죽음관 24학년도 5월 학평 19번

정답 ③ | 정답률 74%

갑, 을 사상가들의 입장으로 적절한 것만을 〈보기〉에서 있는 대로 고른 것은? [3점]

> 갑: 성인(聖人)은 모두가 그대로 존재하는 곳에서 자유롭게 노닌
> 장자 다[逍遙遊]. 그러므로 성인은 일찍 죽어도 좋고, 늙어 죽어도
> 좋고, 태어나도 좋고, 죽어도 좋다고 생각한다.
>
> 을: 죽음은 우리에게 아무것도 아니다. 해체된 것은 감각이 없고,
> 에피쿠 감각이 없는 것은 아무것도 아니기 때문이다. 이를 깨닫게 될
> 로스 때, 불멸에 대한 갈망이 제거되어 즐거운 삶을 살 수 있다.

〈 보기 〉

ㄱ. 갑: 삶은 좋아함으로 죽음은 싫어함으로 분별된다.
ㄴ. 을: 죽음 이후에 소멸하는 것은 영혼이 아닌 육체이다.
ㄷ. 을: 죽을 것을 예상하여 미리 고통스러워할 필요는 없다.
ㄹ. 갑과 을: 죽음을 올바르게 인식하면 불멸에 대한 욕구에 얽매이지 않게 된다.

① ㄱ, ㄴ　　　　② ㄱ, ㄷ　　　　✔③ ㄷ, ㄹ
④ ㄱ, ㄴ, ㄹ　　　⑤ ㄴ, ㄷ, ㄹ

| 자료 분석 |

갑은 장자, 을은 에피쿠로스이다. 장자는 삶과 죽음을 기가 모이고 흩어지는 자연스러운 과정이라고 본다. 또한 도의 관점에서 삶과 죽음을 초월한 진정한 정신적 자유의 경지에 이르는 것을 추구한다. 에피쿠로스는 죽음은 인간을 구성하던 원자가 흩어지는 것이며, 우리는 죽음을 경험할 수 없기 때문에 두려워할 필요가 없다고 본다.

| 보기 해설 |

ㄱ. 갑(장자)은 삶과 죽음 모두를 필연적이며 자연적인 것으로 보고 이를 받아들여야 한다고 주장한다.
ㄴ. 을(에피쿠로스)은 죽음을 인간을 구성하던 원자가 흩어져 개별 원자로 돌아가는 것이라고 본다.
ㄷ 을(에피쿠로스)은 인간은 죽음을 경험할 수 없기 때문에 이를 두려워할 필요가 없다고 본다.
ㄹ 갑(장자)은 죽음을 거부하지 말고 자연스러운 과정으로 받아들여야 한다고 보며, 을(에피쿠로스)은 죽음은 경험할 수 없는 것이기 때문에 이를 피하고자 불멸을 추구할 필요가 없다고 본다.

갑, 을 사상가들의 입장으로 적절한 것만을 〈보기〉에서 고른 것은?

> 갑: 모든 좋고 나쁨은 감각에 달려 있다. 우리가 존재하는 동안
> 에피쿠
> 로스 죽음은 우리와 함께 있지 않으며, 죽음이 오면 이미 우리는
> 존재하지 않기에 죽음은 우리에게 아무것도 아니다.
>
> 을: 중생은 탐욕, 성냄, 어리석음으로 인해 생로병사의 고통에서
> 석가
> 모니 벗어날 수 없다. 그러므로 수행을 통해 삼독(三毒)을 끊어내
> 면 해탈의 경지에 이르게 된다. → 사성제

〈 보기 〉

> ㄱ. 갑: 자신의 죽음을 경험할 수 있다고 생각해서는 안 된다.
> ㄴ. 을: 중생은 열반에 이르러야 다음 생의 행복을 보장받는다.
> ㄷ. 을: 불멸(不滅)을 갈망하는 인간에게는 생사가 반복된다.
> ㄹ. 갑과 을: 인간의 영혼은 죽음 이후에도 사라지지 않는다.

① ㄱ, ㄴ   ②✓ ㄱ, ㄷ   ③ ㄴ, ㄷ   ④ ㄴ, ㄹ   ⑤ ㄷ, ㄹ

| 자료 분석 |

갑은 에피쿠로스, 을은 석가모니이다. 에피쿠로스는 죽음이 인간을 구성하던 원자가 흩어져 개별 원자로 돌아가는 것이라고 본다. 따라서 죽음이 오면 우리는 이미 존재하지 않아 죽음을 경험할 수 없기 때문에 죽음을 두려워할 필요가 없다고 주장한다. 석가모니는 죽음을 오온이 흩어지는 것으로 보며, 죽음은 윤회의 한 과정으로 현세의 업보가 죽음 이후의 삶을 결정한다고 주장한다.

| 보기 해설 |

ㄱ 갑(에피쿠로스)은 죽으면 자신을 구성하고 있는 원자가 흩어져 죽음을 경험할 수 없다고 본다.

ㄴ 을(석가모니)은 깨달음을 얻어 열반에 이르면 삶과 죽음의 굴레에서 벗어날 수 있다고 본다.

ㄷ 을(석가모니)은 불멸을 갈망하는 인간은 윤회의 굴레에서 벗어날 수 없다고 본다.

ㄹ 갑(에피쿠로스)은 죽음을 인간을 구성하던 원자가 흩어진다고 보며, 을(석가모니)은 삶과 죽음이 윤회의 과정으로 끊임없이 연결되어 있지만 불변하는 자아는 없다고 본다.

갑, 을 사상가들의 입장으로 가장 적절한 것은?

> → 죽음을 두려워할 필요 없음
> 갑: 현자는 삶으로부터 도피하려 하지도, 삶의 중단을 두려워하지
> 에피쿠
> 로스 도 않는다. 삶이 해를 주는 것도 아니고, 삶의 부재가 어떤 악
> 으로 생각되지도 않기 때문이다. 현자는 단순히 긴 삶이 아니
> 라 가장 즐거운 삶을 원한다.
>
> 을: 영혼이 가장 잘 사유하는 때는 청각, 시각, 고통, 쾌감 등으로
> 플라
> 톤 주의가 산만해지지 않을 때이다. 우리가 어떤 사물에 대해 순
> 수한 지식을 갖고자 한다면 몸에서 벗어나 영혼 자체로 사물
> 자체를 관찰해야 한다. → 죽음을 통해 순수한 지식 소유 가능

① 갑: 죽음에 대한 ~~인식과 무관하게~~ 죽음은 그 자체로 악이다.
　→ 죽음은 인간이 인식할 수 없어서 아무 것도 아님

② 갑: 죽음을 통해 고통의 부재로서의 ~~쾌락이 비로소 실현된다.~~
　→ 고통, 쾌락 모두 감각 불가능

③ 을: 죽음 이후에 영혼의 사유로는 참된 실재를 인식할 수 ~~없다.~~
　　　　　　　　　　　　　　　　　　　　　　　　　　있다

④✓ 을: 죽음으로 불완전한 세계에서 완전한 세계에 이를 수 있다.
　　　　　　감각의 세계　　　　이데아의 세계

⑤ ~~갑과 을:~~ 영혼의 불멸성을 파악하면 죽음이 두렵지 않게 된다.
　→ 갑: 죽음은 원자로 이루어진 신체와 영혼이 모두 흩어지는 것

| 자료 분석 |

갑은 에피쿠로스, 을은 플라톤이다. 에피쿠로스는 죽음을 인간을 구성하던 원자가 흩어져 개별 원자로 돌아가는 현상이라고 보고, 죽음은 감각의 상실이므로 죽음을 경험하는 것은 불가능하다고 주장하였다. 플라톤은 완전하고 순수한 진리를 인식하기 위해서 육체라는 감옥에서 벗어나 오직 영혼만을 사용하여 사물 그 자체를 보아야 한다고 주장하며 죽음을 통해 영혼이 육체로부터 해방되어 영원불멸하는 이데아의 세계에 들어갈 수 있다고 보았다.

| 선지 해설 |

① 에피쿠로스에 따르면 산 사람은 죽음이 아직 오지 않아서, 죽은 사람은 죽음을 경험할 수 없어서 죽음을 인식할 수 없기 때문에 죽음은 인간에게 아무것도 아니라고 할 수 있다. 이처럼 에피쿠로스에게 죽음은 인간의 인식과 관련하여 평가되는 대상이 된다.

② 에피쿠로스는 죽음이 감각의 상실을 의미하므로 죽음 이후에는 고통과 쾌락 모두를 느낄 수 없다고 보았다. 즉 죽음은 고통의 부재만을 의미하는 것이 아니라 쾌락의 부재까지 포함하는 것이다.

③ 플라톤은 육체가 영혼의 순수한 인식을 방해하는 감옥이라고 보고 죽었을 때라야 영혼이 육체로부터 해방되어 간절히 바라는 지혜, 즉 참된 실재를 인식할 수 있다고 보았다.

④ 플라톤은 완전한 지혜를 인식하는 것이 죽었을 때라야 가능하다고 보고, 죽음을 통해 영혼이 불완전한 세계에서 영원불멸하는 완전한 세계에 이를 수 있다고 주장하였다.

⑤ 플라톤만의 주장에 해당한다. 에피쿠로스는 죽음은 인간을 구성하던 모든 원자가 흩어져 개별 원자로 돌아가는 현상이라고 파악하였다. 따라서 원자로 이루어진 영혼의 불멸성을 주장하지 않는다.

23 장자와 공자의 죽음관 23학년도 7월 학평 2번 정답 ③ | 정답률 88%

갑, 을 사상가들의 입장으로 적절하지 않은 것은? [3점]

> 갑: 지인(至人)은 신묘하게도 구름을 타고 해와 달을 부리며 이 세
> 장자 상 밖에서 노닌다. 삶과 죽음도 그를 변하게 할 수 없거늘 어찌
> 이롭거나 해로운 것에 얽매이겠는가?
>
> 을: 사람을 섬길 줄 모르면서 어찌 귀신을 섬기며, 삶을 모르면서 어
> 공자 찌 죽음을 알겠는가? 어진 자는 살고자 인(仁)을 해치지 않고,
> 자신을 희생해서라도 인을 이루고자 한다.

① 갑: 이상적인 경지에 이르려면 생사의 분별을 초월해야 한다.
② 갑: 죽음은 모여 있던 기(氣)가 흩어지는 필연적인 현상이다.
③ 을: 죽은 자를 예(禮)에 따라 애도하는 것은 도리에 어긋난다.
   → 죽음을 애도하는 것이 마땅함
④ 을: 선비는 인간다움을 실현하고자 자기 죽음도 감수할 수 있다.
⑤ 갑과 을: 죽음은 자연스러운 것이므로 그것에 얽매이지 말아야 한다.

| 자료 분석 |

갑은 장자, 을은 공자이다. 장자는 삶과 죽음을 기가 모였다가 흩어지는 것이라고 보고 죽음을 사계절의 변화와 같은 자연의 변화로 인식하여 슬퍼할 필요가 없다고 보았다. 공자는 죽음의 문제보다 삶에 충실할 것을 강조하면서도 죽음을 자연의 과정으로 여기며 애도하는 것은 마땅한 일이라 보았다.

| 선지 해설 |

① 장자는 모든 분별과 차별에서 벗어나 만물을 평등한 것으로 볼 수 있는 제물(齊物)을 이상적인 경지로 제시했다. 장자는 이상적인 경지에 이르기 위해서는 생사의 분별을 초월해야 한다고 보았다.

② 장자는 삶은 기가 모이는 것, 죽음은 기가 흩어지는 것이라고 보았다. 따라서 죽음은 모여 있던 기(氣)가 흩어지는 필연적인 현상이라 할 수 있다.

③ 공자는 죽음보다 현실의 도덕적 삶을 더 중요시했으나, 죽은 자를 예(禮)에 따라 애도하는 것은 마땅한 일이라고 주장했다. 공자는 예를 갖춰 죽음을 애도하는 것은 도리에 맞는 일이라고 보았다.

④ 공자는 어진 자는 살기 위해 인을 해치지 않고, 자신을 희생해서라도 인을 이루고자 한다고 주장했다. 공자는 선비가 인간다움을 실현하기 위해서는 자기 죽음도 감수할 수 있다고 보았다.

⑤ 장자는 죽음이 사계절의 변화와 같이 자연스러운 것이므로 죽음을 슬퍼하거나 얽매일 필요가 없다고 보고, 공자는 죽음에 대한 애도는 마땅하나 죽음보다 현재의 삶에 더 충실해야 하므로 죽음에 얽매일 필요가 없다고 보았다.

24 석가모니와 에피쿠로스의 죽음관 23학년도 4월 학평 8번 정답 ① | 정답률 93%

갑, 을 사상가들의 공통된 입장만을 〈보기〉에서 고른 것은? [3점]

> 갑: 죽음은 중생들이 되풀이하며 받은 몸에 온기가 없어지고 오
> 석가 온(五蘊)이 흩어지는 것이다. 누구든 죽고 나면 나쁜 업(業)을
> 모니 지은 존재는 지옥에 떨어지고 선을 행한 존재는 천상에 오르
> 며 도(道)를 닦아 익힌 존재는 번뇌가 다해 열반에 든다.
>
> 을: 죽음은 우리에게 아무것도 아니다. 좋은 것과 나쁜 것은 모두
> 에피 감각에 달려 있지만, 원자들로 구성된 영혼이 죽음에 의해 흩
> 쿠로스 어지면 감각을 잃게 되기 때문이다. 죽음에 대한 올바른 인식
> 은 우리에게 불멸에 대한 갈망을 제거해 준다.

〈보기〉
ㄱ. 죽음이 영원히 오지 않기를 바라는 집착을 버려야 한다.
ㄴ. 죽음으로 인해 인간을 구성하고 있던 요소들이 해체된다.
ㄷ. 죽음은 경험 가능한 고통이므로 죽음을 두려워해야 한다.
   → 석가모니와 에피쿠로스 모두 해당하지 않는 내용
ㄹ. 죽음 이후에 모든 존재가 다시 태어나는 것은 필연적 현상이다.
   → 석가모니와 에피쿠로스 모두 해당하지 않는 내용

① ㄱ, ㄴ ② ㄱ, ㄷ ③ ㄴ, ㄷ ④ ㄴ, ㄹ ⑤ ㄷ, ㄹ

| 자료 분석 |

갑은 석가모니, 을은 에피쿠로스이다. 석가모니는 죽음을 오온(五蘊)이 흩어지는 것이라고 보며, 죽음은 윤회의 과정으로 현세의 업보가 죽음 이후의 삶을 결정한다고 본다. 에피쿠로스는 죽음은 인간을 구성하던 원자가 흩어져 개별 원자로 돌아가는 것에 불과하다고 본다. 따라서 죽음이 오면 우리는 이미 존재하지 않고, 죽음을 경험할 수 없기 때문에 죽음을 두려워할 필요가 없다고 주장한다.

| 보기 해설 |

ㄱ. 석가모니와 에피쿠로스의 공통된 입장에 해당한다. 석가모니는 연기에 대한 깨달음을 통해 집착을 버리고, 윤회의 고통에서 벗어나 해탈해야 한다고 주장한다. 에피쿠로스는 죽음은 인간을 구성하던 원자가 흩어지는 자연스러운 현상이므로 죽음이 오지 않기를 바라며 두려워할 필요가 없다고 본다.

ㄴ. 석가모니와 에피쿠로스의 공통된 입장에 해당한다. 석가모니는 죽음은 인간을 구성하고 있는 요소인 오온(五蘊)이 흩어지는 현상이라고 본다. 에피쿠로스는 죽음은 인간을 구성하던 원자가 분리되어 개별 원자로 돌아가는 것이라고 본다.

ㄷ. 석가모니와 에피쿠로스 둘 다 해당하지 않는 입장이다. 석가모니는 죽음이 고통이라고 보기는 하지만, 두려워해야 할 대상이라고 보지 않는다. 연기를 깨달아 삶과 죽음을 반복하는 윤회의 고통에서 벗어나 해탈에 이를 것을 강조한다. 에피쿠로스는 죽음은 경험 가능한 것이 아니기 때문에 두려워할 필요가 없다고 강조한다.

ㄹ. 석가모니와 에피쿠로스 둘 다 해당하지 않는 입장이다. 석가모니에 따르면 진리를 깨달음으로써 윤회의 고리를 끊고 해탈할 것을 강조하기 때문에 모든 존재가 죽음 이후에 다시 태어나는 것은 아니다. 에피쿠로스는 죽음은 인간을 구성하던 원자의 흩어짐에 불과하며, 그 이상의 의미를 지니지 않는다고 본다.

갑, 을 사상가들의 입장으로 가장 적절한 것은?

> 죽음은 원자의 흩어짐이라고 봄
>
> 갑: 죽음은 감각의 상실이므로 우리에게 아무것도 아니다. 이를
> 에피쿠로스 제대로 알게 되면 가사성(可死性)도 즐겁게 된다. 그러한 앎이
> 불멸에 대한 갈망을 제거해 주기 때문이다.
>
> 을: 고통의 소멸로 이끄는 길을 알지 못하는 사람들은 결코 윤회
> 석가모니 (輪廻)를 끝낼 수가 없다. 그들은 태어남과 죽음을 끊임없이
> 반복하여 겪는다.

① 갑: 죽음은 ~~고통이므로~~ 죽음을 ~~최고의 악으로~~ 인식해야 한다.

✓② 갑: 죽음을 두려움의 대상으로 여기는 인식에서 벗어나야 한다.

③ 을: 연기의 법칙을 깨달아 ~~고정불변의 자아를~~ 확립해야 한다.

④ 을: ~~윤회를 통해~~ 모든 고통이 ~~저절로~~ 소멸됨을 깨달아야 한다.
  └ 연기를 깨달아 윤회에서 벗어나 해탈할 것을 강조

⑤ 갑과 을: ~~내세의 영원한 삶을 위해~~ 현실의 삶에 충실해야 한다.

| 자료 분석 |

갑은 에피쿠로스, 을은 석가모니이다. 에피쿠로스는 죽음은 인간을 구성하던 원자가 흩어져 개별 원자로 돌아가는 것이니 두려워할 필요가 없다고 본다. 석가모니는 죽음이 생(生), 노(老), 병(病)과 더불어 고통이며, 연기를 바르게 이해할 때 윤회의 고통에서 벗어나 해탈에 이를 수 있다고 본다.

| 선지 해설 |

① 에피쿠로스는 우리가 존재하는 한 죽음은 우리와 함께 있지 않으며, 죽음이 오면 우리는 이미 존재하지 않기 때문에 우리는 죽음을 경험할 수 없다고 본다. 따라서 죽음은 우리에게 아무것도 아니며, 고통도 악도 아니라고 본다.

②에피쿠로스는 죽음이 인간을 구성하는 원자의 흩어짐에 불과한 것이므로 두려움의 대상으로 인식해서는 안 된다고 주장한다. 또한 우리가 죽음에 대해 올바르게 인식할 때 죽음의 두려움에서 벗어날 수 있다고 본다.

③ 석가모니는 연기의 법칙을 깨달아 윤회의 고통에서 벗어나고 열반에 이를 것을 강조한다. 또한 모든 세상 만물의 존재와 현상은 연기의 법칙에 따라 끊임없이 변화하기 때문에 고정불변하는 자아는 없다고 본다.

④ 석가모니는 죽음은 생(生), 노(老), 병(病)과 함께 고통이라고 보며, 죽음을 다른 생으로 이어지는 윤회의 과정이라고 본다. 따라서 윤회는 고통이 소멸되는 과정이 아니며, 진리에 대한 깨달음을 통해 윤회의 고통에서 벗어나 해탈에 이를 것을 강조한다.

⑤ 에피쿠로스와 석가모니 모두에 해당하지 않는 내용이다. 에피쿠로스는 죽음은 인간을 구성하는 원자들의 분리일 뿐이며, 내세의 영원한 삶은 없다고 본다. 석가모니는 연기에 대한 진정한 깨달음을 통해 열반에 이를 것을 강조한다.

갑, 을 사상가들의 입장으로 가장 적절한 것은? [3점]

> 갑: 영혼은 그 자체로 돌아가야 사물 그 자체를 볼 수 있게 된다.
> 플라톤 순수한 지식을 얻게 되는 것은 살아 있는 동안이 아니라 죽음
> 이후의 일이다. 영혼이 육체와 함께 있는 동안은 순수한 인식
> 을 가질 수 없다.
>
> 을: 영혼은 그것을 보호해 주는 몸이 분해되면, 영혼을 구성하고
> 에피쿠로스 있던 원자들도 흩어져 이전과 같은 능력을 가질 수 없고, 운
> 동도 할 수 없게 된다. 따라서 죽음과 동시에 영혼은 감각할
> 수 없는 상태가 되고 만다.

✓① 갑: 불멸의 영혼은 죽음 이후 참된 실재의 세계로 갈 수 있다.

② 갑: 인간은 죽음 이후 ~~감각으로~~ 순수한 진리를 파악할 수 있다.
  감각이 아닌 영혼으로

③ 을: 죽음은 인간이 직면하는 ~~최고의 악이므로 회피해야 한다.~~
  경험할 수 없으므로 두려워할 필요가 없다

④ 을: 인간의 영혼은 죽음 이후에도 ~~쾌락과 고통을 느낄 수 있다.~~
  없다

⑤ 갑, 을: 죽음은 ~~감각적 경험의 대상이나~~ 두려워할 필요는 없다.
  갑: 영혼이 순수한 지혜를 인식하는 것이므로
  을: 감각이 상실되어 경험할 수 없으므로

| 자료 분석 |

갑은 플라톤, 을은 에피쿠로스이다. 플라톤은 육체를 순수한 인식을 방해하는 감옥이라 인식하고 죽음을 통해 영혼이 육체로부터 해방됨으로써 영원불멸하는 이데아의 세계에 들어갈 수 있다고 주장한다. 에피쿠로스는 죽음이 인간을 구성하던 원자가 흩어져 개별 원자로 돌아가는 것이라고 보고, 인간은 죽음을 경험할 수 없기 때문에 두려워할 필요가 없다고 주장한다.

| 선지 해설 |

①갑은 영혼 불멸을 주장하며, 살아 있을 때 육체라는 감옥에 갇혀 순수한 지혜를 인식하지 못하던 영혼이 죽음 이후에야 육체에서 해방되어 참된 실재의 세계인 이데아의 세계로 갈 수 있다고 본다.

② 갑은 인간이 죽음을 통해 순수한 진리를 파악할 수 있는 이유는 소멸되지 않고 영원불멸하는 영혼 때문이라고 주장한다.

③ 을은 죽음이 가장 두려운 악이기는 하지만 산 사람에게는 아직 죽음이 오지 않았고, 죽은 사람에게는 이미 존재하지 않기 때문에 인간에게 죽음은 아무것도 아니므로 두려워할 필요가 없다고 주장한다.

④ 을은 죽음을 감각의 상실로 파악하고 감각이 상실되면 어떤 쾌락이나 고통도 느낄 수 없으므로 죽음을 두려워할 필요가 없다고 주장한다.

⑤ 갑은 죽음이 육체라는 감옥에서 영원불멸하는 영혼을 해방시켜 절대적이고 순수한 지혜를 인식할 수 있게 하는 것이므로 두려워할 필요가 없다고 보고, 을은 죽음이 감각의 상실을 의미하기 때문에 감각적 경험의 대상이 될 수 없어 경험하는 것이 불가능하므로 두려워할 필요가 없다고 본다.

갑, 을 사상가들의 입장으로 적절한 것만을 〈보기〉에서 있는 대로 고른 것은? [3점]

갑: 죽음은 영혼이 육체의 감옥에서 분리되어 자유로워지는 것이
플라톤 다. 영혼이 육체와 함께 있는 동안은 순수하게 인식할 수 없
으므로 죽음 이후에야 우리가 간절히 바라는 지혜를 발견할
수 있다. → 이데아에 대한 앎

을: 죽음이 우리에게 아무것도 아니라는 믿음에 익숙해져야 한다.
에피쿠 모든 좋고 나쁨은 감각에 달려 있는데 죽으면 감각을 잃기 때문
로스 이다. 이러한 앎은 불멸에 대한 갈망이 주는 고통을 제거한다.

〈 보기 〉

ㄱ. 갑: 인간의 영혼과 육체는 죽음과 동시에 완전히 소멸된다.
→ 육체만 소멸된다고 봄
ㄴ. 을: 현세의 도덕적인 삶은 내세에서의 행복한 삶을 보장해 준다.
→ 죽음은 원자가 흩어지는 것으로, 에피쿠로스는 내세를 언급하지 않음
ㄷ. 을: 죽음은 원자가 흩어지는 것으로서 감각의 상실을 의미한다.
ㄹ. 갑, 을: 죽음은 지혜로운 인간에게 두려움의 대상이 아니다.

① ㄱ, ㄴ   ② ㄱ, ㄷ   ③ ㄷ, ㄹ
④ ㄱ, ㄴ, ㄹ   ⑤ ㄴ, ㄷ, ㄹ

| 자료 분석 |

갑은 플라톤, 을은 에피쿠로스이다. 플라톤은 육체를 순수한 인식을 방해하는 감옥이라고 인식하고, 죽음을 통해 영혼이 육체로부터 해방되면 영원불멸하는 이데아의 세계에 들어갈 수 있다고 주장한다. 에피쿠로스는 죽음을 인간을 구성하던 원자가 흩어져 개별 원자로 돌아가는 현상이라고 인식한다. 또한 죽음은 감각의 상실을 의미하므로 죽음이 오면 감각이 사라져 죽음을 경험할 수 없기 때문에 죽음을 두려워할 필요가 없다고 주장한다.

| 보기 해설 |

ㄱ. 갑(플라톤)은 인간이 죽음으로써 영혼은 남겨지고 육체만 소멸된다고 본다. 또한 죽음을 통해 육체로부터 해방된 영혼은 사물을 순수하게 인식하게 되고, 사물 그 자체에 대한 영원불멸하는 지식을 얻을 수 있다고 본다.

ㄴ. 을(에피쿠로스)은 죽음이 인간을 구성하던 원자가 흩어져 개별 원자로 돌아가는 현상이므로, 현세의 삶은 죽음 이후의 내세의 삶에 영향을 미치지 않는다고 본다.

ⓒ 을(에피쿠로스)은 죽음이 원자가 흩어져 개별 원자로 돌아가는 것으로서 감각의 상실을 의미한다고 본다. 따라서 경험할 수 없는 죽음에 대해 두려워할 필요가 없다고 주장한다.

ⓡ 갑(플라톤)은 죽음을 통해 인간이 육체라는 감옥으로부터 해방되어 영원한 이데아의 세계로 들어가게 되므로 죽음을 두려워할 필요가 없다고 주장한다. 을(에피쿠로스)은 살아서는 죽음이 아직 도래하지 않았기 때문에, 죽음 이후에는 감각의 상실로 죽음을 경험할 수 없기 때문에 산 자나 죽은 자 모두 죽음을 두려워할 필요가 없다고 주장한다.

갑, 을 사상가들의 입장으로 가장 적절한 것은?

갑: 삶과 죽음의 번뇌에 머물러 있는 사람은 무명(無明)에 덮여 윤
석가 회하면서도 괴로움의 근거를 알지 못한다. 그러나 바른 지혜
모니 를 얻은 사람은 다시 태어나지 않을 것을 스스로 안다.

을: 기(氣)가 모이면 태어나고 기가 흩어지면 죽는다. 자연은 삶을
장자 주어 우리를 수고롭게 만들고 죽음으로써 쉬게 하니, 자연의
변화에 순응하면 슬픔이나 즐거움이 끼어들 수 없다.

① 갑: 삶과 죽음에 대한 집착을 버리고 무명에 도달해야 한다.
에서 벗어나야
② 갑: 고통 없는 삶으로 윤회하기 위해 만물의 실상을 자각해야 한다.
를 끊어 내기
③ 을: 삶과 죽음은 분별할 수 없는 자연적 과정임을 깨달아야 한다.
④ 을: 기의 변화로 끊임없이 순환하는 삶과 죽음을 두려워해야 한다.
에 초연해야
⑤ 갑, 을: 인간이라면 누구나 겪을 수밖에 없는 죽음을 애도해야 한다.
→ 유교의 죽음관

| 자료 분석 |

갑은 석가모니, 을은 장자이다. 석가모니는 인간의 죽음이 생(生), 노(老), 병(病)과 함께 대표적인 고통이라고 본다. 따라서 삶과 죽음을 반복하는 윤회의 고리를 끊기 위해서는 연기(緣起)의 법칙을 깨닫고, 무명(無明)과 집착에서 벗어나야 한다고 주장한다. 장자는 삶과 죽음을 기(氣)가 모이고 흩어지는 것이자 자연적이고 필연적인 과정이라고 본다. 따라서 삶과 죽음은 서로 다른 것이 아니라 연결되어 있는 순환 과정이라고 보고, 죽음에 초연할 것을 강조한다.

| 선지 해설 |

① 갑(석가모니)은 만물의 실상을 깨닫지 못한 상태인 무명(無明)에서 벗어나기 위해 깨달음을 얻어야 한다고 주장한다.

② 갑(석가모니)은 만물의 실상을 자각하고 고통에서 벗어나기 위해 삶과 죽음을 반복하는 윤회의 고리를 끊어야 한다고 본다.

③ 을(장자)은 생사일여(生死一如)라고 하여 삶과 죽음이 분별할 수 없는 하나이며, 서로 연결된 순환의 과정이라고 본다. 또한 삶과 죽음은 기가 모였다가 흩어지는 것으로 자연적인 과정이라고 본다.

④ 을(장자)은 삶과 죽음이 기의 변화로 끊임없이 순환하는 과정이라고 보고, 이는 자연스러운 과정이므로 두려워할 필요가 없다고 본다.

⑤ 갑(석가모니)은 죽음을 삶·늙음·병듦과 더불어 깨달음을 통해 벗어나야 할 고통들 중 하나로 본다. 을(장자)은 기가 모이고 흩어지는 자연의 순환 과정인 삶과 죽음을 이해하고, 이러한 자연의 변화에 순응하면 슬픔이나 즐거움이 끼어들 수 없다고 주장한다. 따라서 을(장자)은 죽음에 대해 슬퍼하고 애도하기보다 초연한 태도를 취할 것을 강조한다.

갑, 을 사상가들의 입장만을 〈보기〉에서 있는 대로 고른 것은? [3점]

→ 죽음보다 현실의 도덕적 삶에 관심을 가짐

갑: 사람도 잘 섬기지 못하면서 어떻게 귀신을 섬길 수 있겠는가?
공자 삶에 대해 잘 알지도 못하면서 어떻게 죽음에 대해 알겠는가?

을: 진인은 삶을 기뻐할 줄도 모르고 죽음을 싫어할 줄도 모른다.
장자 삶의 시작을 꺼리지 않고 삶의 끝을 바라지도 않는다. 의연
히 가고 의연히 올 따름이다. → 죽음에 대한 초연한 태도 강조

〈 보기 〉

ㄱ. 갑: 도덕적 삶보다는 사후 세계에 관심을 가져야 한다.
        사후 세계   도덕적 삶
ㄴ. 갑: 죽은 사람에 대한 애도는 예에 맞게 표현해야 한다.
ㄷ. 을: 생사를 분별하는 태도에서 벗어나 도에 따라야 한다.
ㄹ. 갑, 을: 내세의 행복을 위해 선한 행위를 반복해야 한다.

① ㄱ, ㄴ   ② ㄱ, ㄹ   ✔③ ㄴ, ㄷ
④ ㄱ, ㄷ, ㄹ   ⑤ ㄴ, ㄷ, ㄹ

｜ 자료 분석 ｜

갑은 공자, 을은 장자이다. 공자는 삶도 아직 모르면서 어떻게 죽음을 알 수 있겠
냐고 반문하며, 죽음보다는 현실에서의 도덕적 삶에 관심을 기울였다. 다만, 죽음
이 하나의 자연의 과정이기는 하지만, 죽은 사람에 대해 예를 갖추고 애도하는 것
은 마땅한 일이라고 여겼다. 장자는 삶과 죽음을 기(氣)가 모이고 흩어지는 순환
과정이라고 보고, 죽음에 대해 초연한 태도를 지닐 것을 강조한다.

｜ 보기 해설 ｜

ㄱ. 갑(공자)은 사후 세계에 대한 관심보다 현세의 도덕적 삶에 관심을 가져야 한
다고 주장한다.

ⓛ 갑(공자)은 죽음을 자연스러운 자연의 한 과정으로 여기면서도 죽은 사람에
대한 애도는 예에 맞게 표현해야 한다고 주장한다.

ⓒ 을(장자)은 모든 분별과 차별 의식에서 벗어나 생사를 하나로 여길 때 도(道)
에 따르는 삶에 이를 수 있다고 주장한다.

ㄹ. 갑(공자), 을(장자) 모두의 입장에 해당하지 않는다. 갑(공자)은 내세의 삶에
대한 관심보다 현실에서의 도덕적 삶에 더 관심을 가질 것을 강조한다. 을(장
자)은 죽음을 자연적이고 필연적인 과정으로 보며, 삶과 죽음이 다를 것이
없다고 본다. 또한 선한 행위와 악한 행위를 구분 짓는 선악의 분별 의식에
서도 벗어날 것을 주장한다.

동양 사상가 갑, 서양 사상가 을의 입장으로 옳은 것은?

→ 장자가 제시한 이상적 인간상

갑: 진인(眞人)은 삶과 죽음을 차별하지 않는다. 삶과 죽음은 밤
장자 낮의 변화와 같으니, 삶이 왔다고 기뻐하지 않으며 죽음이 왔
다고 슬퍼하지 않는다. 삶과 죽음 = 자연스러운 과정 →

을: 현자(賢者)는 죽음을 두려워하지 않는다. 모든 좋고 나쁨은
에피쿠 감각에서 발생하는데, 죽음은 감각의 상실이다. 따라서 죽음
로스 은 우리에게 아무것도 아님을 깨달아야 한다.
        → 죽음은 감각의 상실이며, 선도 악도 아님

✔① 갑: 죽음은 자연적이고 필연적인 과정이므로 초연해야 한다.
② 갑: 죽음은 죽음 이후의 다른 삶으로 윤회하는 계기가 된다.
    불교
③ 을: 죽음을 통해 영혼은 육체에서 해방되어 진리를 얻게 된다.
    플라톤
④ 을: 죽음의 고통을 수용할 때 불멸의 열망을 실현할 수 있다.
    → 죽음이 고통을 느낄 수 없는 감각의 상실이라고 보고, 죽음 이후에는
      아무것도 없다고 봄
⑤ 갑, 을: 죽음은 내세에서 영원한 행복에 이를 수 있는 시작이다.

｜ 자료 분석 ｜

갑은 장자, 을은 에피쿠로스이다. 장자는 도의 관점에 따라 죽음을 자연의 순환
과 같은 것으로 여기고, 삶과 죽음에 초연한 진정한 정신적 자유의 경지에 도달
할 것을 강조하였다. 한편 에피쿠로스는 죽음이 고통이나 쾌락을 경험할 수 없는
감각의 상실이라고 보고, 죽음을 두려워할 필요가 없다고 강조하였다.

｜ 선지 해설 ｜

① 장자는 죽음이 마치 사계절의 운행과 같이 자연스럽고 필연적인 과정이라고
보았다. 따라서 만물의 변화를 이끄는 도의 원리에 따라 세상을 바라보며 삶
에도 죽음에도 초연한 삶을 살아야 한다고 주장하였다.

② 불교 사상에 해당하는 내용이다. 불교에서는 죽음을 통해 다음 삶으로 윤회
하게 된다고 보고, 삶과 죽음이 반복되는 윤회의 고리를 끊고 열반의 경지에
도달할 것을 추구한다.

③ 플라톤의 입장에 해당하는 내용이다. 플라톤은 육체가 영혼의 감옥이라고 여
기고 죽음을 통해 영혼이 육체에서 해방되면 참된 지혜를 얻을 수 있다고 보
았다.

④ 에피쿠로스는 죽음을 고통이라고 보지 않으며 불멸의 열망은 헛된 것이라고
보았다. 에피쿠로스에게 죽음이란 감각의 상실이자 고통과 쾌락을 모두 느낄
수 없는 상태로, 선도 아니고 악도 아니다.

⑤ 장자와 에피쿠로스는 모두 내세를 가정하지 않는다. 장자에게 죽음은 사계절의
운행과 같이 자연스러운 과정이며, 에피쿠로스에게 죽음은 감각의 상실이다.

31 장자와 공자의 죽음관 21학년도 4월 학평 15번 정답 ⑤ | 정답률 60%

갑, 을 사상가들의 입장으로 적절하지 않은 것은? [3점]

> 갑: 문상(問喪)하러 가서 대성통곡하는 것은 자연[天]의 도(道)
> 장자 에서 벗어나는 것이고, 사물의 본성을 배반하는 것이다. 지인
> (至人)은 편안한 마음으로 때를 받아들여 슬픔이니 기쁨이니
> 하는 것들로부터 자유롭다. └→ 도가의 이상적 인간상
> 을: 선비에게 주어진 임무는 무겁고 가야 할 길은 멀다. 그에게는
> 공자 인(仁)을 실현해야 하는 막중한 책임이 있으니, 도덕적 신념은
> 굳건하고 의지가 강인해야 한다. 죽음으로써 선한 도를 사수
> 해야 하니, 이는 죽고 나서야 그만둘 뿐이다. └→ 죽음보다 도덕적
> 삶을 중시함

① 갑: 삶과 죽음은 사계절의 변화와 같은 필연적인 과정이다.
② 갑: 죽음을 지나치게 슬퍼하는 것은 자연의 순리에 어긋난다.
③ 을: 죽음이 아쉽지 않도록 자신의 본분을 다하며 살아야 한다.
④ 을: 죽은 자에 대한 애도(哀悼)는 선비가 행해야 할 도리이다.
⑤ 갑, 을: 인의 실현을 위해 죽음을 택하는 것은 도를 거스르는 것
이다.

| 자료 분석 |

갑은 장자, 을은 공자이다. 장자는 삶과 죽음을 기(氣)가 모이고 흩어지는 것이자 자연적이고 필연적인 과정이라고 본다. 따라서 장자는 죽음이 자연의 순환 과정 중 하나이며, 이러한 자연적 본성에 순응하고 죽음에 초연할 것을 강조한다. 공자는 죽음보다는 현실에서의 도덕적 삶에 더 관심을 가지며, 죽음은 마땅히 애도해야 하는 대상이나 죽음 이후를 신경쓰기보다는 현실에서 도덕적 삶을 실천하는 것이 더 중요하다고 본다.

| 선지 해설 |

① 장자는 삶과 죽음이 기가 모였다 흩어지는 현상이며, 사계절의 변화와 같이 자연의 순환 과정 중 하나이자 필연적인 과정이라고 본다.

② 장자는 죽음이란 모였던 기가 다시 흩어지는 자연의 순리일 뿐이므로, 자연의 현상에 대해 슬퍼할 필요가 없듯이 죽음에 대해서도 지나치게 슬퍼할 필요가 없다고 본다.

③ 공자는 죽음보다는 현실에서의 도덕적 삶의 중요성을 더 강조하며, 죽음 이후에는 인(仁)을 실현할 수 없으니 살아 있을 때 도덕적 신념을 굳건히 하고 의지를 강인하게 하여 선한 도를 사수해야 한다고 주장한다.

④ 공자는 죽음보다 현실에서 도덕적 삶을 실천하는 것에 관심을 두지만, 죽음을 마땅히 애도해야 하는 것이라고 본다.

⑤ 인(仁)은 유교에서 강조하는 핵심적인 도덕적 개념이다. 도가에서는 유교에서 말하는 인의예지 등의 덕목이 인위적인 것이라고 보고 이를 비판한다. 따라서 장자는 인위적인 덕목인 인의 실현을 위해 죽음을 택하는 것은 인위적인 죽음으로서 자연의 도를 거스르는 것이라고 볼 것이다. 반면 공자는 죽음보다 도덕적인 신념과 가치를 지키는 것을 우선하므로 인의 실현을 위해서는 죽음도 불사할 수 있다고 본다. 즉, 해당 내용은 장자만이 긍정할 입장이다.

---

32 플라톤의 죽음관 21학년도 3월 학평 16번 정답 ① | 정답률 73%

다음을 주장한 사상가의 입장으로 적절하지 않은 것은? [3점]
└→ 플라톤

> 우리가 어떤 것의 진리를 있는 그대로 보고자 한다면, 육체로부터 벗어나서 오직 영혼만으로 그것을 바라보아야 한다. 영혼이 육체로부터 분리되어 홀로 있게 되는 것은 살아서는 불가능하다. 다만 살아 있는 동안에 진리에 가장 가까이 다가갈 수 있는 길은 우리 자신을 육체의 본성으로부터 순수하게 지켜서 영혼을 더럽히지 않는 것이다.

① 죽음은 영혼이 순수한 인식을 할 수 없는 상태로 만든다.
    있는
② 죽음을 통해 영혼은 참된 실재의 세계로 들어갈 수 있다.
③ 현실 세계에서 영혼의 순수성을 지키는 노력이 필요하다.
④ 불멸하는 영혼은 죽음 이후에 육체로부터 자유로울 수 있다.
⑤ 죽음은 영혼이 참된 지혜를 얻을 수 있는 계기가 될 수 있다.

| 자료 분석 |

제시된 주장을 한 사상가는 플라톤이다. 플라톤은 육체가 순수한 인식을 방해하는 감옥이라고 보고, 죽음을 통해 영혼이 육체로부터 해방되어 영원 불멸하는 이데아 세계에 들어갈 수 있다고 주장한다. 또한 죽음 이후에 영혼만을 사용하여 사물 자체를 바라볼 수 있으며, 죽음이 참된 지혜를 얻을 수 있는 계기가 될 수 있다고 주장한다.

| 선지 해설 |

① 플라톤은 무엇인가를 순수하게 인식하기 위해서는 영혼이 육체에서 벗어나 오직 영혼만을 사용해서 사물 그 자체를 보아야 한다고 주장한다. 따라서 죽음은 영혼을 육체로부터 해방시켜 사물의 본질에 대해 순수한 인식을 할 수 있도록 인도하는 것이다.

② 플라톤은 죽음을 통해 영혼이 육체로부터 해방되어 영원불멸하는 참된 실재의 세계인 이데아의 세계로 들어갈 수 있다고 본다.

③ 플라톤은 이데아의 세계를 제대로 통찰하기 위해서는 현실에서 영혼의 순수성을 잃지 않고, 삶의 순간 속에서 진실성과 차분함을 유지하는 것이 필요하다고 본다.

④ 플라톤은 육체가 인간의 눈을 흐리게 하여 진리를 보지 못하게 하기 때문에 사물의 본질을 순수하게 인식하기 위해서는 육체를 떠나야 한다고 주장한다. 이러한 관점에서 플라톤은 죽음이라는 것은 영혼이 몸에서 풀려나서 자유를 누리는 것이라고 본다.

⑤ 플라톤은 영혼의 사유가 가장 잘 이루어질 때는 영혼이 몸과 작별하는 것, 즉 죽음의 때라고 주장한다. 죽음을 통해 육체에서 벗어난 영혼은 사물들을 그 자체로 볼 수 있게 되어 참된 지혜에 도달하게 된다는 것이다.

OX문제로 개념 확인

(1) 플라톤은 육체가 순수한 인식을 방해하는 영혼의 감옥이라고 본다. (   )
(2) 플라톤은 죽음 이후에 아무것도 인식할 수 없게 된다고 본다. (   )

(1) O (2) X

다음을 주장한 사상가의 입장으로 적절한 것만을 〈보기〉에서 있는 대로 고른 것은?
 플라톤

> 영혼은 육체로부터 최대한 독립했을 때 이데아에 대한 최상의 사유를 할 수 있다. 그래서 철학자들은 누구보다도 평생에 걸쳐 영혼을 정화하며 살고자 한다.

〈 보기 〉
ㄱ. 철학자는 영혼과 육체의 불멸성을 깨달아야 한다.
ㄴ. 인간은 영혼을 돌보는 활동에 관심을 가져야 한다.
ㄷ. 참된 실재에 대한 인식은 인간의 감각을 통해서 가능하다.
                              이성적 인식

① ㄱ   ② ㄴ   ③ ㄱ, ㄷ   ④ ㄴ, ㄷ   ⑤ ㄱ, ㄴ, ㄷ

| 자료 분석 |
제시문의 사상가는 플라톤이다. 플라톤은 영혼이 육체의 속박으로부터 해방되어야 자유로워지고, 이데아에 대한 순수한 인식이 가능해질 수 있다고 본다.

| 보기 해설 |
ㄱ. 플라톤은 철학자가 이성적 사유를 통해 영혼의 불멸성을 깨달아야 하며, 육체는 이를 방해한다고 본다. 그러므로 이는 플라톤의 입장으로 적절하지 않다.
ㄴ. 플라톤은 영혼의 최상의 상태가 곧 행복이라고 보며, 이를 추구하기 위해 조화와 질서를 이루어야 한다고 본다. 그러므로 이는 플라톤의 입장으로 적절하다.
ㄷ. 플라톤은 현상계를 감각을 통해 인식할 수 있는 것으로 보고, 이데아계의 참된 실재는 이성을 통해 인식할 수 있다고 본다. 그러므로 이는 플라톤의 입장으로 적절하지 않다.

갑, 을 사상가들의 입장으로 가장 적절한 것은? [3점]

> 갑: 태초에 무언가가 섞이고 변하여 기(氣)를 얻었고, 기가 변하여 형체를 갖게 되었으며, 형체가 변하여 생명을 얻게 된다. 그리고 그 생명이 변하여 죽음에 이른다.
>   장자
> 을: 늙음[老]과 병듦[病]과 죽음[死]을 떨쳐내지 못하게 되는 것은 세 가지의 법(法)을 끊지 못하기 때문이다. 그 세 가지는 바로 탐욕[貪], 성냄[瞋], 어리석음[癡]이다.
>   석가모니

① 갑: 죽음은 기가 흩어진 것이므로 운명으로 받아들여서는 안 된다.
② 갑: 죽음 앞에 두려움 없이 초연해야 인륜의 도(道)를 완성할 수 있다.
③ 을: 죽음의 참모습을 자각하면 업(業)을 짓지 않고 윤회하게 된다.
④ 을: 열반에 이르기 위해서는 삶과 죽음의 의존관계를 부정해야 한다.
⑤ 갑과 을: 도를 얻음으로써 생사(生死)의 얽매임에서 벗어날 수 있다.

| 자료 분석 |
갑은 장자, 을은 석가모니이다. 장자는 삶과 죽음은 기가 모이고 흩어지는 순환의 과정이므로 이를 자연스럽게 받아들여야 한다고 본다. 석가모니는 죽음을 늙음, 병듦과 같은 고통의 하나라고 보며, 그 원인이 되는 탐욕과 성냄, 어리석음으로부터 벗어나야 한다고 주장한다.

| 선지 해설 |
① 갑(장자)은 죽음은 기가 흩어진 것이므로 이를 자연스러운 과정으로 받아들여야 한다고 본다. 그러므로 이는 갑(장자)의 입장으로 적절하지 않다.
② 갑(장자)은 죽음을 자연스럽게 받아들여야 한다고 보지만, 인륜과 같은 인위로부터 벗어나야 한다고 본다. 그러므로 이는 갑(장자)의 입장으로 적절하지 않다.
③ 을(석가모니)은 윤회를 현세의 선업과 악업에 따라 다음 생이 결정되는 것이라고 보며, 연기의 법칙을 깨달으면 윤회에서 벗어나 해탈에 이를 수 있다고 본다. 그러므로 이는 을(석가모니)의 입장으로 적절하지 않다.
④ 을(석가모니)은 열반에 이르기 위해서는 모든 것이 상호 의존한다는 연기의 법칙을 깨달아 윤회에서 벗어나야 한다고 본다. 그러므로 이는 을(석가모니)의 입장으로 적절하지 않다.
⑤ 갑(장자)은 삶과 죽음은 자연적이고 필연적인 현상으로, 도에 따라 삶과 죽음에 얽매이지 않아야 한다고 본다. 을(석가모니)은 연기의 법칙을 깨달으면 윤회에서 벗어날 수 있다고 본다. 그러므로 이는 갑(장자)과 을(석가모니)의 공통 입장으로 적절하다.

5 일차

01 ⑤	02 ④	03 ⑤	04 ④	05 ⑤	06 ④	07 ⑤	08 ③	09 ②	10 ⑤	11 ②	12 ④
13 ⑤	14 ①	15 ④	16 ⑤	17 ③	18 ⑤	19 ①	20 ⑤	21 ②	22 ⑤	23 ②	24 ⑤
25 ⑤	26 ⑤	27 ④	28 ②	29 ⑤	30 ⑤	31 ②	32 ⑤	33 ④	34 ⑤	35 ⑤	36 ②

문제편 047~055쪽

---

01 동물 실험에 대한 입장 25학년도 9월 모평 5번

정답 ⑤ | 정답률 96%

그림의 강연자가 지지할 입장으로 가장 적절한 것은?
└ 동물 실험을 반대하는 입장

> 인류는 그동안 수많은 동물 실험을 자행하면서, 이를 인간의 복지 증진이라는 명목으로 합리화해 왔습니다. 이러한 동물 실험을 통해 인간이 이익을 얻은 것은 사실입니다. 그러나 어떤 동물 실험이든 궁극적으로는 정의에 어긋나는 일이기에 도덕적으로 허용될 수 없습니다. 인간 생체 실험이 인간의 권리를 부당하게 침해하는 것처럼 동물 실험도 동물의 권리를 부당하게 침해하기 때문입니다. 인간과 마찬가지로 동물도 다른 존재의 복지를 위한 단순한 도구로 이용되지 않을 권리가 있습니다.

① 동물 실험은 인간의 이익에 기여하지 못하므로 폐지해야 한다.
② 동물 실험은 그 효과를 입증하는 경험적 근거로 합리화해야 한다.
③ 동물의 고통을 최소화할 수 있는 동물 실험은 정의에 부합한다.
④ 동물 실험이 도덕적으로 부당함을 주장할 수 있는 근거는 없다.
✔ 동물 실험과 인간 생체 실험을 금지해야 하는 근거는 동일하다.

| 자료 분석 |

강연자는 동물 실험을 반대하는 입장이다. 강연자는 동물 실험으로 인간이 이익을 얻을 수 있지만, 인간과 마찬가지로 동물의 권리도 존중받아야 하며 이를 위해서는 동물 실험을 실시하지 않아야 한다고 주장하고 있다.

| 선지 해설 |

① 강연자는 동물 실험으로 인간이 이익을 얻을 수 있었음을 인정하고 있다.

② 강연자는 동물 실험으로 인간의 복지를 증진할 수 있지만 도덕적인 측면에서 이를 반대하고 있다.

③ 강연자는 동물의 고통을 최소화하더라도 동물 실험은 도덕적으로 허용될 수 없다고 본다.

④ 강연자는 동물 실험은 동물의 권리를 부당하게 침해하므로 부당하다고 주장한다.

⑤ 강연자는 인간과 마찬가지로 동물의 권리도 동일하게 존중해 주어야 한다고 주장한다.

---

02 인공 임신 중절의 윤리적 쟁점 25학년도 6월 모평 2번

정답 ④ | 정답률 70%

(가)의 주장을 (나) 그림으로 나타낼 때, ㉠에 대한 반론의 근거로 가장 적절한 것은?

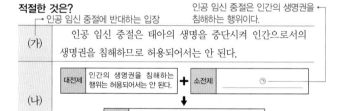

인공 임신 중절은 인간의 생명권을 침해하는 행위이다.
┌ 인공 임신 중절에 반대하는 입장

(가)	인공 임신 중절은 태아의 생명을 중단시켜 인간으로서의 생명권을 침해하므로 허용되어서는 안 된다.

(나)	대전제	인간의 생명권을 침해하는 행위는 허용되어서는 안 된다.	+	소전제	㉠

↓

결론	인공 임신 중절은 허용되어서는 안 된다.

① 태아는 잠재적 인간이므로 생명에 대한 권리를 지닌다.
② 배아, 태아, 성인은 유전적으로 동일한 종의 구성원이다.
③ 태아는 인간이지만 생명권 이외의 권리를 지니지 않는다.
✔ 태아는 임신부 신체의 일부이지 인간으로는 간주될 수 없다.
⑤ 태아는 인간의 생명권을 갖지만 임신부의 선택권이 우선한다.

| 자료 분석 |

(가)는 인공 임신 중절을 반대하는 입장이다. 인공 임신 중절을 반대하는 입장에서는 인공 임신 중절이 태아의 생명권을 침해하므로 허용되어서는 안 된다고 본다. 이를 토대로 보았을 때, 소전제 ㉠에는 '인공 임신 중절은 인간의 생명권을 침해하는 행위이다.'가 들어가는 것이 적절하다. 따라서 인공 임신 중절이 태아의 생명권을 침해하지 않는다는 입장 혹은 태아가 인간의 생명권을 가지지 않는다는 입장을 찾아야 한다.

| 선지 해설 |

① 태아는 잠재적 인간이므로 생명에 대한 권리를 지닌다는 주장은 태아가 인간과 동일하거나 그에 준하는 생명권을 가진다는 근거가 된다.

② 배아, 태아, 성인은 유전적으로 동일한 종의 구성원이라는 주장은 배아가 성인과 동일한 권리를 가지므로 태아가 인간의 생명을 가진다는 입장의 논거가 될 수 있다.

③ 태아가 인간이면서 생명권 이외의 권리를 지니지 않는다는 주장은 태아가 가진 인간의 생명권을 인정하고 있다.

④ 태아가 임신부 신체의 일부이며 인간으로 간주될 수 없다는 주장은 태아가 인간의 생명권을 가지지 못한다는 입장이다.

⑤ 태아의 생명권보다 임신부의 선택권을 우선하는 입장은 태아가 인간의 생명권을 가지고 있음을 전제하고 있다.

(가)의 주장을 (나) 그림으로 나타낼 때, ㉠에 대한 반론의 근거로 가장 적절한 것은?

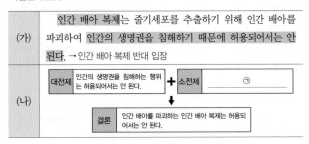

① 인간 배아 복제는 인간의 생명권을 침해한다.
② 인간은 인간 배아와 유전적 특징이 다르지 않다.
③ 인간 종의 구성원들 중에는 인간 배아도 포함된다.
④ 인간 배아가 인간이 되는 과정은 끊임없이 연속적이다.
⑤ 인간 배아는 도덕적 지위가 없는 단순한 세포 덩어리이다.
　　　　　　　　　　　　　　　　　　(가)의 입장 ·

| 자료 분석 |

(가)는 인간 배아 복제가 인간 배아를 파괴하여 인간의 생명권을 침해하기 때문에 인간 배아 복제를 허용해서는 안 된다고 주장하고 있다. (가)의 주장을 (나) 그림으로 나타낼 때, 소전제 ㉠에는 '인간 배아를 파괴하는 인간 배아 복제는 인간의 생명권을 침해하는 행위이다.'가 들어가야 옳다. 따라서 ㉠에 대한 반론은 '인간 배아 복제는 인간의 생명권을 침해하는 것이 아니다.'이므로 이에 대한 근거를 찾아야 한다.

| 선지 해설 |

① 인간 배아 복제가 인간 배아를 파괴하여 인간의 생명권을 침해한다고 보는 것은 (가)의 주장에 해당하는 내용이다.

② 인간과 인간 배아의 유전적 특징이 다르지 않다고 보는 것은 인간 배아를 장차 인간으로 성장할 존재로 인식하는 입장으로, (가)의 주장에 부합하는 내용이다.

③ 인간 종의 구성원 중에는 인간 배아도 포함된다고 보는 것은 인간 배아의 도덕적 지위를 인정하는 관점으로, (가)의 주장에 부합하는 내용이다.

④ 인간 배아가 인간이 되는 과정을 끊임없이 연속적이라고 보는 것은 인간 배아의 도덕적 지위를 인정하는 관점으로, (가)의 주장에 부합하는 내용이다.

⑤ 인간 배아를 도덕적 지위가 없는 단순한 세포 덩어리라고 보는 주장은 인간 배아 복제가 인간의 생명권을 침해하는 행위가 아니라고 보는 입장이므로 ㉠에 대한 반론의 근거로 적절하다.

(가)의 주장을 (나) 그림으로 나타낼 때, ㉠에 대한 반론의 근거로 가장 적절한 것은? [3점]
　　　　　　　　　㉠: 태어날 자녀를 대상으로 한 생식 세포 유전자 ·
　　　　　　　　　　　치료는 인간의 자율성을 침해하는 행위이다.

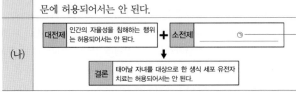

① 치료 목적으로 유전자에 개입하는 행위는 허용될 수 없다.
② 유전자 치료는 태어날 자녀를 수단으로만 취급하는 것이다.
③ 고가의 치료비로 유전자 치료 기회의 차별이 발생할 수 있다.
④ 태어날 자녀는 자신의 유전 질환을 치료하는 것에 동의할 것이다.
⑤ 부모가 결정한 유전자 치료는 태어날 자녀의 자율성을 침해한다.
　　→ ①, ②, ③, ⑤는 소전제 ㉠의 근거

| 자료 분석 |

(가)는 생식 세포 유전자 치료가 인간의 자율성을 침해하는 행위이기 때문에 허용되어서는 안 된다고 본다. 이러한 내용을 (나)의 그림으로 나타내면 소전제 ㉠에는 '태어날 자녀를 대상으로 한 생식 세포 유전자 치료는 인간의 자율성을 침해하는 행위이다.'라는 내용이 들어갈 수 있다. 따라서 소전제 ㉠에 대한 반론은 '태어날 자녀를 대상으로 한 생식 세포 유전자 치료는 인간의 자율성을 침해하지 않는 행위이다.'이므로 생식 세포 유전자 치료에 대한 찬성 근거를 선지에서 찾아야 한다.

| 선지 해설 |

①, ②, ③, ⑤ 생식 세포 유전자 치료에 반대하는 근거이다.

④ 태어날 자녀는 자신의 유전 질환을 치료하는 것에 동의할 것이라는 주장은 생식 세포 유전자 치료의 정당성을 주장하는 근거로 적절하다.

다음 토론의 핵심 쟁점으로 가장 적절한 것은?

> 갑: 동물 실험은 인간을 위한 신약 개발이나 제품의 안전성 검증 등
> 동물 을 위해 수행되고 있습니다. 그런데 동물 실험 과정에서 수많은
> 실험 동물이 큰 고통을 받고 있습니다. 동물에게도 고통받지 않을 권
> 반대 리가 있습니다.
>
> 을: 동의합니다. 하지만 모든 동물 실험이 부당한 것은 아닙니다. 동
> 동물 물이 겪는 고통에도 불구하고 인간의 생명과 건강을 위해 큰 이
> 실험 익을 주는 경우에는 동물 실험이 정당성을 확보할 수 있습니다.
> 찬성
>
> 갑: 동물 실험이 인간에게 큰 이익을 줄 수 있지만, 인간의 이익이
> 동물 실험을 정당화할 수는 없습니다. 동물도 인간과 동등한 권
> 리를 가집니다. 모든 동물 실험은 동물의 권리를 침해하는 것이
> 기 때문에 금지되어야 합니다.
>
> 을: 아닙니다. 동물의 권리와 이익보다 인간의 권리와 이익을 중시
> 해야 합니다. 다만 인간에게 큰 이익을 주지 못하면서 동물에게
> 큰 고통을 줄 경우에는 동물 실험이 금지되어야 합니다.

① 동물 실험이 허용되어서는 안 되는 경우가 있는가?
　　→ 갑, 을 모두 긍정할 질문
② 인간은 동물 실험을 통해 큰 이익을 얻을 수 있는가?
　　→ 갑, 을 모두 긍정할 질문
③ 동물은 동물 실험 과정에서 고통받지 않을 권리가 있는가?
　　→ 갑, 을 모두 긍정할 질문
④ 동물 실험에서 인간의 권리보다 동물의 권리를 중시해야 하는가?
　　→ 갑, 을 모두 부정할 질문
✔⑤ 인간의 이익은 동물 실험을 정당화하기 위한 근거가 될 수 있는가?

출제 경향

생명 윤리 단원에서는 장기 기증, 인간 실험과 동물 실험, 유전자 조작 등에 대한 문항이 자주 출제된다. 특히 주어진 대화에서 토론의 핵심 쟁점을 찾는 유형의 문제가 자주 출제되니, 각 입장을 꼼꼼히 파악하여 어떤 의견에 찬성하거나 반대하는지를 표 등으로 정리하여 확인하는 습관을 들여야 한다.

| 자료 분석 |

동물 실험에 대해 갑은 반대하는 입장, 을은 찬성하는 입장에 해당한다. 갑은 동물에게도 고통받지 않을 권리가 있고, 동물도 인간과 동등한 권리를 가진다고 주장하고 있다. 따라서 동물에게 고통을 가하고, 인간의 권리와 동물의 권리를 동등하게 고려하지 않는 동물 실험은 금지되어야 한다고 주장한다. 을은 동물 실험이 동물에게 고통을 줄 수 있고, 동물에게도 고통받지 않을 권리가 있다는 점에는 동의하지만, 동물의 권리와 이익보다 인간의 권리와 이익이 더 중요하기 때문에 인간에게 큰 이익을 주는 경우에는 동물 실험이 정당하다고 본다.

| 선지 해설 |

① 갑, 을 모두 긍정의 대답을 할 질문이다. 갑은 동물 실험을 반대하고 있고, 을은 동물 실험을 찬성하지만 인간에게 큰 이익을 주지 못하면서 동물에게 큰 고통을 줄 경우에는 금지되어야 한다고 본다.

② 갑, 을 모두 긍정의 대답을 할 질문이다. 갑은 동물 실험이 인간에게 큰 이익을 주지만, 그러한 이유가 동물 실험을 정당화할 수는 없다고 본다. 을은 동물 실험이 인간에게 큰 이익을 준다면 정당하다고 본다.

③ 갑, 을 모두 긍정의 대답을 할 질문이다. 갑은 인간의 권리와 동물의 권리를 동등하게 고려해야 한다고 본다. 을은 동물이 동물 실험 과정에서 고통받지 않을 권리가 있지만, 인간에게 큰 이익을 준다면 동물 실험이 정당하다고 본다.

④ 갑, 을 모두 부정의 대답을 할 질문이다. 갑은 인간의 권리와 동물의 권리가 동등하다고 보며, 을은 인간의 권리를 동물의 권리보다 중시해야 한다고 본다.

⑤ 갑과 을의 토론의 핵심 쟁점에 해당한다. 갑은 인간의 이익을 근거로 동물 실험을 정당화할 수 없다고 본다. 반면, 을은 인간의 권리와 이익이 동물의 권리와 이익보다 중요하기 때문에 인간에게 이익이 된다면 동물 실험이 정당화될 수 있다고 본다.

다음 토론의 핵심 쟁점으로 가장 적절한 것은?

개인, 자녀에 대한 소극적 우생학, 적극적 우생학 모두 인정 ←

> 갑: 과거 우생학은 국가의 특정한 목적을 위해 개인의 자유를 침해했기 때문에 금지되었습니다. 하지만 개인의 자유로운 선택을 존중하는 우생학은 허용되어야 합니다.
>
> 을: 동의합니다. 개인의 자유로운 선택을 전제한다면, 개인은 자신뿐 아니라 자녀에 대한 치료 목적의 소극적 우생학은 물론 자질 강화를 위한 적극적 우생학의 권리도 지닙니다.
>
> 갑: 물론 개인은 자신에 대해서는 그러한 권리 모두를 지닙니다. 하지만 자녀에 대한 소극적 우생학과 달리, 부모가 유전적 개입을 통해 자녀의 삶을 특정 방향으로 유도하려는 적극적 우생학은 자녀의 자율성을 침해하기에 금지되어야 합니다.
>
> 을: 그렇지 않습니다. 인간의 삶의 방향은 유전자, 환경, 노력 등의 복합적인 상호 작용으로 결정됩니다. 자녀에 대한 적극적 우생학이 자녀의 자율성을 침해하는 것은 아닙니다.

자녀에 대한 적극적 우생학 반대 ←

① 유전적 개입으로 유전 질환을 치료하는 것을 허용해도 되는가?
② 개인은 자기 자신에 대한 적극적 우생학의 권리를 지닐 수 있는가?
③ 자녀의 자율성을 침해하지 않는 유전적 개입을 허용해도 되는가?
✔④ 자녀의 능력 향상을 위해 부모가 자녀의 유전자에 개입해도 되는가?
⑤ 유전자는 개인의 삶의 방향을 결정하는 데 영향을 미칠 수 있는가?

	갑	을
①	○	○
②	○	○
③	○	○
④	×	○
⑤	○	○

| 자료 분석 |

갑, 을 모두 개인의 자유로운 선택을 존중하는 우생학을 강조하며 개인 자신이나 자녀에 대한 치료를 목적으로 하는 소극적 우생학은 허용되어야 한다고 본다. 하지만 적극적 우생학에 대한 논의에서 갑은 자질 강화를 위한 적극적 우생학이 자녀를 대상으로 행해질 경우 자녀의 자율성을 침해할 수 있으므로 허용되어서는 안 된다고 주장한다. 반면, 을은 개인의 자유로운 선택을 전제한다면 개인 자신과 자녀에 대한 치료 목적의 소극적 우생학과 함께 자질 강화를 위한 적극적 우생학까지 모두 허용되어야 한다고 주장한다.

| 선지 해설 |

① 갑, 을이 모두 긍정할 질문이므로 토론의 핵심 쟁점으로 적절하지 않다. 갑, 을은 모두 치료 목적의 소극적 우생학을 찬성함으로써 유전적 개입으로 유전 질환을 치료하는 것을 허용해야 한다고 주장한다.

② 갑, 을이 모두 긍정할 질문이므로 토론의 핵심 쟁점으로 적절하지 않다. 갑, 을은 모두 개인에게는 자질 강화를 위한 적극적 우생학의 권리가 있음을 인정한다.

③ 갑, 을이 모두 긍정할 질문이므로 토론의 핵심 쟁점으로 적절하지 않다. 갑은 자녀에 대한 적극적 우생학이 자녀의 자율성을 침해하기 때문에 금지되어야 한다고 보고, 을은 적극적 우생학이 자녀의 자율성을 침해하는 것이 아니므로 허용되어야 한다고 본다. 갑은 자녀의 자율성을 침해하지 않는 소극적 우생학만을, 을은 자녀의 자율성을 침해하지 않는다는 이유로 적극적 우생학까지 찬성하므로 갑, 을 모두 자녀의 자율성을 침해하지 않는 유전적 개입을 허용한다고 볼 수 있다.

④ 갑은 부정, 을은 긍정할 질문이므로 토론의 핵심 쟁점으로 적절하다. 갑은 적극적 우생학은 부모가 유전적 개입을 통해 자녀의 자율성을 침해하는 것이기 때문에 허용해서는 안 된다고 본다. 반면, 을은 자녀의 능력 향상을 위해 부모가 개입하는 적극적 우생학이 자녀의 자율성을 침해하는 것은 아니므로 허용해야 한다고 본다.

⑤ 갑, 을이 모두 긍정할 질문이므로 토론의 핵심 쟁점으로 적절하지 않다. 갑, 을은 모두 치료를 목적으로 하는 소극적 우생학이나 자질 강화를 위한 적극적 우생학이 개인의 삶의 방향을 결정하는 데 영향을 미칠 수 있다는 것을 전제로 논의를 전개하고 있다.

07 복제 배아의 윤리적 쟁점 23학년도 9월 모평 9번 정답 ⑤ | 정답률 96%

다음 토론의 핵심 쟁점으로 가장 적절한 것은?

> 갑: 복제 배아는 주로 줄기세포 추출을 위해 인공적으로 복제한
> 배아입니다. 복제 배아에서 추출한 줄기세포는 난치병 치료에
> 도움을 줄 수 있습니다. → 사회적 유용성 강조
>
> *복제 배아 찬성*
>
> 을: 줄기세포가 난치병 치료에 도움을 줄 수 있지만, 줄기세포 추
> 출을 위해 배아를 복제해서는 안 됩니다. 복제 배아는 인간과
> 유전적 특성이 같아서 여성의 자궁에 착상하면 인간으로 성
> 장할 수 있기 때문입니다. → 복제 배아와 인간의 공통적 특성
>
> *복제 배아 반대*
>
> 갑: 인간과 유전적 특성이 같은 복제 배아가 인간으로 발달하는
> 연속선상에 있다는 점은 인정합니다. 그러나 도토리를 보고
> 참나무라고 말할 수 없는 것처럼 복제 배아를 보고 인간이라
> 고 말할 수는 없습니다. → 복제 배아는 인간으로서의 잠재성은 있으나 인간은 아님
>
> 을: 그렇지 않습니다. 복제 배아가 인간으로 발달하는 과정은 연
> 속적이기 때문에 복제 배아와 인간을 구분할 수 있는 명확한
> 시점이 존재하지 않습니다. 따라서 복제 배아는 인간으로서의
> 지위를 지닌다고 보아야 합니다.

① 복제 배아와 인간은 유전적 특성이 동일한가?
② 복제 배아는 특정 목적을 위해 만들어지는가?
③ 줄기세포는 난치병 치료에 도움을 줄 수 있는가?
④ 복제 배아와 인간 사이에는 발달의 연속성이 존재하는가?
✔⑤ 복제 배아는 인간으로서의 지위를 지닌다고 간주해야 하는가?

│자료 분석│

갑은 복제 배아가 인간과 다른 존재라고 보고, 배아 복제를 허용함으로써 인간의 난치병 치료에 도움을 주어야 한다고 주장한다. 을은 복제 배아가 인간과 유전적 특성이 같아 인간으로 성장할 수 있는 가능성을 가지고 있기 때문에 인간과 구분이 불가능하다고 본다. 따라서 배아 복제를 허용해서는 안 된다고 주장한다.

│선지 해설│

① 갑, 을이 모두 긍정의 대답을 할 질문이므로 토론의 핵심 쟁점으로 적절하지 않다. 갑, 을은 복제 배아가 인간과 유전적 특성이 같다고 본다.

② 갑, 을이 모두 긍정의 대답을 할 질문이므로 토론의 핵심 쟁점으로 적절하지 않다. 갑은 복제 배아가 줄기세포 추출이라는 특정 목적을 위해 인공적으로 복제한 배아라고 보고, 을도 이에 동의한다.

③ 갑, 을이 모두 긍정의 대답을 할 질문이므로 토론의 핵심 쟁점으로 적절하지 않다. 갑은 복제 배아에서 추출한 줄기세포가 난치병 치료에 도움을 줄 수 있다고 보고, 을도 이에 동의한다.

④ 갑, 을이 모두 긍정의 대답을 할 질문이므로 토론의 핵심 쟁점으로 적절하지 않다. 갑, 을은 복제 배아가 인간으로 발달하는 과정을 연속적이라고 본다.

⑤ 갑은 부정, 을은 긍정의 대답을 할 질문이므로 토론의 핵심 쟁점으로 적절하다. 갑은 복제 배아가 인간과 유전적 특성이 같으며 인간으로 발달하는 연속선상에 있지만, 아직 인간으로서의 지위를 갖는 것은 아니라고 주장한다. 반면 을은 복제 배아가 인간으로 발달하는 과정이 연속적이기 때문에 복제 배아와 인간을 구분할 수 있는 명확한 시점은 존재하지 않으므로 복제 배아는 인간으로서의 지위를 갖는다고 본다.

08 인간 배아 복제에 대한 입장들 23학년도 6월 모평 6번 정답 ③ | 정답률 90%

갑, 을의 입장에 대한 적절한 설명만을 〈보기〉에서 고른 것은?

> 갑: 잠재적인 것은 현실적인 것과 동일한 가치를 갖는다. 인간 배
> 아는 연속적인 발달 과정을 거쳐 성인이 될 잠재성을 갖기에
> 성인과 같은 도덕적 지위를 갖는다. 따라서 배아의 파괴를 수
> 반하는 배아 복제는 유용하더라도 허용될 수 없다.
>
> *인간 배아 복제 반대*
>
> 을: 잠재적인 것은 현실적인 것과 다르다. 신체 기관이 형성되지
> 않은 인간 배아는 도덕적 지위를 전혀 갖지 않는다. 배아 복제
> 는 인류에게 의료적 혜택을 줄 수 있기 때문에 이를 금지하는
> 것은 사회적 손실이다.
>
> *인간 배아 복제 찬성*

〈 보기 〉

ㄱ. 갑: 인간 배아는 발달 단계에 따라 도덕적 지위가 <del>달라진다.</del>
　　　　　　　　　　　　　　상관없이　　　　　　　를 갖는다
ㄴ. 을: 인간 배아는 단순한 세포 덩어리에 불과하다.
ㄷ. 을: 인간 배아를 수단으로 대할 수 있는 경우가 있다.
　　└ 인류에게 의료적 혜택을 줄 때
ㄹ. <del>갑,</del> 을: 배아 복제 여부는 공리적 관점에서 결정해야 한다.

① ㄱ, ㄴ　② ㄱ, ㄷ　✔③ ㄴ, ㄷ　④ ㄴ, ㄹ　⑤ ㄷ, ㄹ

│자료 분석│

갑은 잠재성의 논거에 따라 배아는 연속적인 발달 과정을 거쳐 인간으로 성장할 잠재성을 지니고 있으므로 성인과 동일한 도덕적 지위를 갖는다고 본다. 따라서 배아 복제가 결과적으로 유용하다고 하더라도 허용되어서는 안 된다고 주장한다. 반면, 을은 배아가 인간으로 성장할 수 있는 잠재성을 가지고 있다고 하더라도 현재는 인간과 같은 신체 기관이 형성되어 있지 않기 때문에 인간으로서의 도덕적 지위를 갖지 않는다고 본다. 따라서 배아 복제가 인류에게 가져올 혜택을 위해서라도 배아 복제를 허용해야 한다고 주장한다.

│보기 해설│

ㄱ. 갑은 인간 배아가 성인이 될 잠재성을 갖기 때문에 성인과 같은 도덕적 지위를 가진다고 주장한다.

ㄴ. 을은 인간이 될 잠재성을 지닌 것과 현재 인간인 것은 다르기 때문에 인간 배아는 인간과 전혀 다른 존재로 파악해야 한다고 주장한다. 따라서 인간 배아는 인간과 동일한 도덕적 지위를 가진 존재가 아니라 단순한 세포 덩어리에 불과하다고 볼 것이다.

ㄷ. 을은 신체 기관이 인간과 같이 형성되지 않은 인간 배아는 도덕적 지위를 갖지 못하므로 인간 배아에 대한 복제를 허용하여 인류가 의료적 혜택을 누려야 한다고 주장한다. 따라서 을은 인간 배아를 인류를 위한 수단으로 대할 수 있는 경우가 있다고 볼 것이다.

ㄹ. 을에게만 해당하는 입장이다. 갑은 인간 배아가 인간과 동일한 도덕적 지위를 갖기 때문에 배아 복제가 유용하다고 하더라도 허용되어서는 안 된다고 본다. 반면 을은 인간 배아가 인간으로서의 도덕적 지위를 가지고 있지 않기 때문에 인류에게 가져올 의료적 유용성의 측면에서 배아 복제를 허용해야 한다고 본다.

09 유전적 간섭에 대한 입장 22학년도 수능 11번

정답 ② | 정답률 92%

다음을 주장한 사상가의 입장으로 적절한 것만을 〈보기〉에서 고른 것은?
→ 하버마스

→ 인간의 자질 강화를 위한 적극적인 유전적 간섭에 반대

배아에 대한 적극적인 유전적 간섭을 추구하는 자유주의적 우생학은 배아의 사물화를 초래한다. 이러한 유전적 간섭으로 프로그램 되어 태어난 사람은 스스로를 자기 삶의 유일한 저자이자 다른 사람들과 평등한 주체로서 인식하지 못할 것이다. 특히 인간 몸의 자연 발생성은 개개인이 자유롭고 평등한 도덕 주체가 되기 위한 근본적인 조건이지만 우생학적 접근은 바로 그런 조건을 뒤흔들고 말 것이다. 다만, 유전적 간섭은 치료라는 규제 이념에 인도될 때에만 허용될 수 있을 것이다.
→ 치료를 위한 유전적 간섭에 찬성

〈 보기 〉
ㄱ. 유전적 간섭이 도덕적으로 정당화되는 경우가 존재한다.
ㄴ. 자유주의적 우생학은 인간의 미래를 위해 권장되어야 한다.
　　　　　　　　　　　　　　　　　　　　　　　금지
ㄷ. 인간의 유전적 자연성은 평등한 도덕 주체가 되기 위한 전제이다.
ㄹ. 부모는 적극적인 유전적 간섭으로 자녀의 삶에 참여해야 한다.
　　　　　　　　　　　　　　　　　　　　해서는 안 된다

① ㄱ, ㄴ　✔② ㄱ, ㄷ　③ ㄴ, ㄷ　④ ㄴ, ㄹ　⑤ ㄷ, ㄹ

| 자료 분석 |

제시된 주장을 한 사상가는 하버마스이다. 하버마스는 부모 세대에 의해 결정되는 적극적인 유전적 간섭은 당사자(자질 강화를 통해 태어난 자식)의 자율성을 침해하는 것이라고 본다. 특히 우생학적인 접근(적극적인 유전적 간섭을 통한 개입)이 자유롭고 평등한 도덕 주체가 되기 위한 근본적인 조건인 인간 몸의 자연 발생성을 침해한다고 본다. 따라서 하버마스는 유전적 간섭을 통해 인간의 자질을 강화시키는 적극적 우생학을 비판하면서, 오직 '치료'를 위한 유전적 간섭, 즉 소극적 우생학만이 허용될 수 있다고 본다.

| 보기 해설 |

ㄱ 하버마스는 적극적 우생학에는 반대하지만, 치료를 목적으로 이루어지는 유전적 간섭은 허용될 수 있다고 본다.

ㄴ. 하버마스는 적극적인 유전적 간섭을 추구하는 자유주의적 우생학이 당사자(자녀)의 동의 없는 유전적 간섭을 통해 인간의 자율성을 침해하는 것이라고 본다. 따라서 자유주의적 우생학은 인간의 미래를 위해 권장되어서는 안 된다고 본다.

ㄷ 하버마스는 '인간 몸의 자연 발생성'이 개개인이 자유롭고 평등한 도덕 주체가 되기 위한 전제 조건이라고 본다.

ㄹ. 하버마스는 부모의 결정에 의한 적극적인 유전적 간섭은 자녀의 삶의 자율성을 침해하는 행위라고 보고, 부모는 적극적인 유전적 간섭으로 자녀의 삶에 참여해서는 안 된다고 본다.

---

10 유전자에 강화에 대한 입장들 22학년도 9월 모평 5번

정답 ⑤ | 정답률 81%

다음 토론의 핵심 쟁점으로 가장 적절한 것은?
→ 치료를 목적으로 하는 유전 공학 연구에 찬성

갑: 유전 공학은 우리를 질병으로부터 해방시키고 우리가 바라는 인간의 현재와 미래의 모습을 실현시켜 줄 것입니다. 유전 공학의 발전은 행복한 미래를 위한 필수 조건입니다.
을: 질병 극복은 선(善)이므로 치료를 목적으로 하는 유전 공학 연구는 진행되어야 합니다. 그러나 유전자 강화 연구는 치료를 넘어 자연적 형질의 변화를 추구하므로 지속되면 안 됩니다.
　　　　　　　　　　　　　　　→ 유전자 강화 연구에 반대
갑: 치료가 소극적 선이라면 강화는 적극적 선입니다. 유전자 강화를 통해 우리의 자연적 능력은 확연히 강화될 것입니다. 이를 통해 우리는 더 높은 차원의 삶을 경험할 것입니다.
　　　　　　　　　　　　　　　→ 유전자 강화 연구에 찬성
을: 유전자 강화 기술이 설령 자신과 미래 세대에게 높은 차원의 삶을 보장해 줄 수 있을지라도, 이 기술은 인간의 고유성과 정체성을 훼손하기 때문에 선이라 할 수 없습니다.

① 유전 공학 연구는 선을 추구해야 하는가?
② 치료를 목적으로 하는 유전 공학은 발전해야 하는가?
③ 유전자 강화 기술의 궁극적 목적은 질병의 치료인가?
④ 유전자 강화 기술은 인간의 자연적 능력을 변화시키는가?
✔⑤ 유전자 강화를 목적으로 하는 유전 공학 연구는 중단되어야 하는가?

	갑	을
①	○	○
②	○	○
③	×	×
④	○	○
⑤	○	×

| 자료 분석 |

인간의 자연적 능력을 강화시키는 유전자 강화 연구에 대해 갑은 찬성, 을은 반대하는 입장을 취한다. 갑은 질병 치료를 넘어 인간의 자연적 능력을 강화시켜 지금보다 더 높은 차원의 삶을 경험할 수 있도록 유전자 강화 기술이 실현되어야 한다고 본다. 반면 을은 질병 치료를 위한 유전 공학에는 찬성하지만, 유전자 강화 기술은 자연적 형질의 변화를 추구하여 인간의 고유성과 정체성을 훼손할 수 있기 때문에 실현되어서는 안 된다고 본다.

| 선지 해설 |

① 갑은 질병의 치료가 소극적 선이며, 유전자 강화는 적극적 선이므로 이러한 선을 목적으로 하는 유전 공학 연구는 모두 진행되어야 한다고 본다. 을 역시 질병 극복이라는 선을 목적으로 하는 유전 공학 연구는 진행되어야 한다고 본다.

② 갑은 인간의 질병 치료를 목적으로 하는 유전 공학이 소극적인 형태로나마 인간에게 선을 가져다줄 수 있으므로 지속적으로 발전해야 한다고 본다. 을도 질병 극복을 목적으로 행해지는 유전 공학은 인간을 질병에서 해방시켜줌으로써 인간의 행복 실현에 기여하므로 연구를 지속해야 한다고 본다.

③ 갑, 을 모두 유전자 강화 기술의 궁극적인 목적은 인간의 자연적 형질을 변화시키는 것이라고 본다. 다만, 갑은 이에 찬성하지만, 을은 이를 반대하고 있다.

④ 갑은 유전자 강화 기술을 통해 인간의 자연적 능력을 강화시켜 인간 삶의 질을 향상시킬 수 있다고 본다. 을은 유전자 강화 기술이 인간의 고유성이나 존엄성을 훼손할 수 있다고 보고 반대하고 있으나, 유전자 강화 기술이 인간의 자연적 능력을 변화시킨다는 것에는 동의하고 있다.

⑤ 갑은 유전자 강화를 목적으로 하는 유전 공학 연구는 인간의 자연적 능력을 강화함으로써 인류가 더 높은 차원의 삶을 살 수 있도록 지원하므로 이러한 연구가 지속되어야 한다고 본다. 을은 유전자 강화를 목적으로 하는 유전 공학 연구가 인간에게 높은 차원의 삶을 보장해 준다고 하더라도 인간이 가진 고유성과 정체성을 훼손하기 때문에 중단되어야 한다고 본다.

11 뇌사의 윤리적 쟁점 22학년도 6월 모평 14번

정답 ② | 정답률 63%

(가)의 입장에서 (나)의 입장에 대해 제기할 수 있는 비판으로 가장 적절한 것은? [3점]

> (가) 심장 박동과 호흡이 비가역적으로 정지된 심폐사만을 죽음으로 인정해야 한다. 심폐사는 죽음에 대한 전통적인 판정 기준으로, 죽음의 시점을 확실하게 적시할 수 있어서 누가 보더라도 죽음을 판정할 수 있다는 장점이 있다. └→ 죽음의 기준으로 심폐사만을 인정함
>
> (나) 뇌의 모든 기능을 상실한 사람은 결국 수일 내에 심폐사에 이르게 된다. 뇌사자에게 불필요한 치료를 억지로 지속하는 것은 뇌사자를 비인간적으로 대우하는 것일 뿐만 아니라, 한정된 의료 자원을 소모하면서 장기를 기증할 기회도 잃게 하므로 뇌사를 죽음으로 인정해야 한다. └→ 뇌사를 죽음의 기준으로 인정함

① 의료 자원의 효율적 이용이 필요하다는 것을 간과한다. ┐
✔ 뇌사가 죽음에 이르는 과도기적 상태라는 것을 간과한다. │
③ 뇌사 인정은 뇌사자의 생명권을 존중하는 것임을 간과한다. │
④ 장기 이식을 위해 뇌사를 죽음의 기준으로 삼아야 함을 간과한다. │
⑤ 무의미한 연명 치료는 인간 존엄성을 훼손한다는 것을 간과한다. ┘
　　　　　(나)의 입장에서 (가)의 입장에 대해 제기할 수 있는 비판 ←┘

| 자료 분석 |

(가)는 죽음에 대한 전통적인 판정 기준인 심폐사만을 죽음으로 인정해야 한다고 보는 반면, (나)는 뇌사자에 대한 인간적 대우와 의료 자원의 효율적 활용 등을 위해 뇌사를 죽음으로 인정해야 한다고 본다. 따라서 뇌사를 죽음으로 인정하지 않는 (가)의 입장에서 뇌사를 죽음으로 인정해야 한다는 (나)의 입장에 대해 제기할 수 있는 적절한 비판을 찾아야 한다.

| 선지 해설 |

① 의료 자원의 효율적 이용을 위해서라도 뇌사를 죽음의 기준으로 인정해야 한다고 보는 (나)의 입장에서 (가)의 입장에 제기할 수 있는 비판이다.

② 뇌사가 죽음에 이르는 과도기적 상태라는 것은 뇌사로 인해 죽음에 이를 수는 있지만 뇌사 자체가 죽음을 의미하는 것은 아니라는 뜻이다. 따라서 해당 선지는 뇌사를 죽음으로 인정하지 않는 (가)의 입장에서 뇌사를 죽음으로 인정해야 한다고 보는 (나)의 입장에 제기할 수 있는 비판으로 적절하다.

③ (나)는 뇌사자에 대한 불필요한 치료가 오히려 뇌사자를 비인간적으로 대우하는 것이라고 보고 있으므로, 뇌사 인정이 뇌사자의 생명권을 존중하는 것임을 간과한다는 주장은 (나)의 입장에서 (가)의 입장에 제기할 수 있는 비판이다.

④ 뇌사를 죽음으로 인정해야 한다고 보는 (나)의 입장에서 오직 심폐사만을 죽음으로 인정해야 한다고 보는 (가)의 입장에 제기할 수 있는 비판이다.

⑤ 무의미한 연명 치료는 오히려 뇌사자를 비인간적으로 대우하는 것일 뿐이라고 보는 (나)의 입장에서 (가)의 입장에 대해 제기할 수 있는 비판이다.

12 동물 실험의 윤리적 쟁점 22학년도 6월 모평 11번

정답 ④ | 정답률 92%

(가), (나)의 입장으로 적절한 것만을 〈보기〉에서 고른 것은? [3점]

> (가) 인간의 행복을 위해서는 질병을 극복할 수 있는 신약이 개발되어야 한다. 개발 과정에서 인간에게 미칠 수 있는 신약의 부작용을 최소화하기 위해서는, 설령 동물에게 고통을 준다 해도 동물 실험은 불가피하다. 다만, 고통은 악(惡)이므로 연구자는 동물에게 가하는 고통을 최소화해야 한다. └→ 동물 실험을 허용해야 한다는 입장
>
> (나) 질병은 극복되어야 할 인류의 과제이다. 하지만 인간과 동물은 질병의 종류와 증상이 매우 다르기 때문에, 동물 실험은 그 효과가 의심스러우며 신약 개발에 도움이 되지 않는다. 특히 인간처럼 쾌고 감수 능력을 지닌 동물에게 고통을 주는 동물 실험을 금지하고 그 대안을 강구해야 한다. └→ 동물 실험을 금지해야 한다는 입장

〈 보기 〉
ㄱ. (가): 동물 실험은 그 목적이 선해도 허용될 수 없다.
　　→ 인간의 행복을 위해 허용될 수 있다고 봄
ㄴ. (가): 인간의 복지가 동물들의 이익 관심보다 우선한다.
ㄷ. (나): 인간은 생물학적으로 대부분의 질병을 동물과 공유한다.
　　　　　　　　　　　　　　　　　　　하지 않는다
ㄹ. (가), (나): 동물에게 고통을 가하는 것은 도덕적으로 악하다.

① ㄱ, ㄴ　② ㄱ, ㄷ　③ ㄴ, ㄷ　✔ ㄴ, ㄹ　⑤ ㄷ, ㄹ

| 자료 분석 |

(가)는 인간의 이익을 위해 동물 실험은 불가피한 것이므로, 동물 실험을 허용하되 동물에게 가하는 고통을 최소화해야 한다고 본다. 반면 (나)는 인간과 동물의 질병 간에 유사성이 적고, 동물은 고통을 느끼는 존재이므로 동물 실험을 금지해야 한다고 주장한다.

| 보기 해설 |

ㄱ. (가)는 신약으로 인한 부작용을 최소화하기 위해 동물 실험이 불가피함을 주장하고 있다. 즉, (가)는 인간의 행복을 위해 동물 실험을 허용할 수 있다고 보고 있으므로, 제시된 내용은 (가)의 입장으로 적절하지 않다.

ㄴ. (가)는 인간의 행복을 위해 동물 실험이 허용되어야 한다는 입장이므로 인간의 복지가 동물들의 이익 관심보다 우선한다고 본다.

ㄷ. (나)는 인간과 동물이 질병의 종류와 증상에 있어서 유사성이 거의 없다고 본다. 따라서 제시된 내용은 (나)의 입장으로 적절하지 않다.

ㄹ. (가)와 (나)는 동물에게 고통을 가하는 것이 도덕적으로 올바르지 않음을 주장하고 있다. 단, (가)는 그럼에도 불구하고 동물의 고통을 최소화하면서 동물 실험을 허용해야 한다고 주장하는 반면, (나)는 동물에게 고통을 주는 동물 실험을 금지해야 한다고 주장하고 있다.

정답 ⑤ | 정답률 89%

갑은 긍정, 을은 부정의 대답을 할 질문으로 가장 적절한 것은?

갑: 유전적 결함이 있는 환자는 유전자 교정 기술의 혜택으로 자신과 타인의 부정적 평가에서 벗어나 잃어버린 존엄을 되찾을 수 있다. 이 기술의 활용은 개인의 유전자 선호에 달려 있다. 인류는 자신의 의도에 맞게 유전 정보를 활용하여 과학적 유토피아를 실현할 수 있다. → 유전자 교정 기술에 찬성하는 입장

을: 유전자 교정 기술은 인간성을 변화시킬 수 있어서 바람직하지 않다. 이 기술이 발전하면 인류는 생명체를 지적(知的)으로 설계할 수 있는 힘을 가질 수밖에 없다. 그러나 유전자의 좋고 나쁨을 인간이 판단해서는 안 된다. 왜냐하면 교정은 좋은 것이 있음을 전제하는데, 변화하는 환경에 유전자가 어떻게 적응할지 모르기 때문이다. → 유전자 교정 기술에 반대하는 입장

① 유전자 교정 기술은 인간의 정체성에 변화를 줄 수 있는가?
② 유전자 교정 기술에 의해 생명체의 능력이 강화될 수 있는가?
③ 유전자 교정 기술에서 개인의 유전자 선택을 금지해야 하는가?
④ 유전자 교정 기술을 활용하는 과정에서 윤리 문제가 생길 수 있는가?
⑤ 유전자 교정 기술에서 인간이 유전자의 가치를 판단하는 것은 정당한가?

| 자료 분석 |

갑은 유전자 교정 기술을 통해 유전적 결함이 있는 환자의 존엄성을 회복하고, 과학적 유토피아의 실현이 가능하다고 보면서 유전자 교정 기술을 긍정한다. 반면 을은 유전자 교정 기술이 인간성을 변화시킬 수 있다고 보고, 유전자의 좋고 나쁨을 인간이 판단해서는 안 된다는 주장을 근거로 유전자 교정 기술에 반대한다.

| 선지 해설 |

① 을이 긍정의 대답을 할 질문이다. 을은 유전자 교정 기술이 '인간성을 변화시킬 수 있다'고 주장하며 인간의 정체성에 변화를 줄 수 있음을 인정하고 있다.

② 갑, 을 모두 긍정의 대답을 할 질문이다. 갑은 유전자 교정 기술로 유전적 결함이 있는 환자가 그러한 결함을 없앨 수 있다고 본다. 을 역시 유전자 교정 기술을 통해 '인류가 생명체를 지적(知的)으로 설계할 수 있는 힘'을 가진다고 주장하는 것으로 보아, 유전자 교정 기술에 의해 생명체의 능력이 강화될 수 있음을 긍정할 것이다.

③ 갑은 부정, 을은 긍정의 대답을 할 질문이다. 갑은 유전자 교정 기술의 활용이 '개인의 유전자 선호'에 달려 있다고 보고, 개인의 유전자 선택을 허용해야 한다고 본다. 반면 을은 유전자의 좋고 나쁨을 인간이 판단해서 이를 선택하면 안 된다고 주장한다.

④ 갑은 부정, 을은 긍정의 대답을 할 질문이다. 갑은 유전자 교정 기술을 활용하여 과학적 유토피아를 실현할 수 있다며 이를 긍정하고 있다. 반면 을은 유전자 교정 기술이 인간성을 변화시킬 수 있어서 바람직하지 않다고 주장하므로, 유전자 교정 기술을 활용하는 과정에서 윤리 문제가 생길 수 있다고 볼 것이다.

⑤ 갑은 긍정, 을은 부정의 대답을 할 질문이다. 갑은 유전자 교정 기술을 통해 인간이 자신의 의도에 맞게 유전 정보를 활용할 것을 주장하고 있으며, 을은 유전자 교정 기술에 반대하면서 유전자의 좋고 나쁨을 인간이 판단해서는 안 된다고 본다.

정답 ① | 정답률 89%

(가)의 입장에 비해 (나)의 입장이 갖는 상대적 특징을 그림의 ㉠~㉤ 중에서 고른 것은? [3점]

(가) 치료를 위한 유전자 조작은 미래 자녀의 동의를 확보할 수 있다고 추정되므로 허용될 수 있다. 그러나 자질 강화를 위한 유전자 조작은 허용될 수 없다. 자녀가 동의하지 않은 자질 강화를 통해 부모가 선택한 삶을 살도록 하는 것은 그들의 자유를 침해하기 때문이다. → 미래 자녀의 동의를 중시함

(나) 치료를 위한 유전자 조작뿐만 아니라 자질 강화를 위한 유전자 조작도 허용되어야 한다. 부모는 자녀의 출산에 있어서 선택의 자유를 갖는다. 미래 자녀의 동의를 추정할 수 없더라도 부모의 선택은 자녀를 위한 것이므로 자녀의 권리를 침해할 소지는 없다. → 부모의 자유로운 선택을 강조함

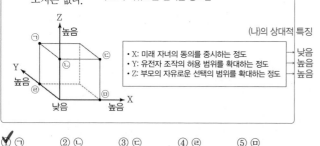

• X: 미래 자녀의 동의를 중시하는 정도
• Y: 유전자 조작의 허용 범위를 확대하는 정도
• Z: 부모의 자유로운 선택의 범위를 확대하는 정도

① ㉠   ② ㉡   ③ ㉢   ④ ㉣   ⑤ ㉤

| 자료 분석 |

(가)는 치료를 위한 유전자 조작은 허용 가능하지만 자질 강화를 위한 유전자 조작은 미래 자녀의 자유를 침해한다고 보고, 이에 반대하는 입장이다. (나)는 부모의 자유로운 선택을 중시하며 치료를 위한 유전자 조작뿐만 아니라 자질 강화를 위한 유전자 조작도 허용해야 한다는 입장이다. (가)의 입장에 비해 (나)의 입장이 갖는 상대적 특징은 'X: 미래 자녀의 동의를 중시하는 정도'는 낮으며, 'Y: 유전자 조작의 허용 범위를 확대하는 정도'와 'Z: 부모의 자유로운 선택의 범위를 확대하는 정도'는 높다. 따라서 X는 낮고, Y와 Z는 높은 지점을 찾아야 한다.

| 선지 해설 |

① X: 낮음, Y: 높음, Z: 높음
② X: 낮음, Y: 낮음, Z: 높음
③ X: 높음, Y: 낮음, Z: 높음
④ X: 낮음, Y: 높음, Z: 낮음
⑤ X: 높음, Y: 낮음, Z: 낮음

15   배아 복제의 윤리적 쟁점   21학년도 6월 모평 4번   정답 ④ | 정답률 59%

다음 토론의 핵심 쟁점으로 가장 적절한 것은? [3점]

┌ 갑, 을 모두 동물 복제를 긍정함

갑: 생태계를 파괴하지 않는 한 동물 복제는 허용되어야 합니다. 동물 복제는 멸종 동물의 복원과 희귀 동물의 보존뿐만 아니라 식량난 해결에도 도움이 되기 때문입니다.

을: 전적으로 동의합니다. 하지만 인간 복제는 허용되어서는 안 됩니다. 인간 복제는 '인간이 인간을 만드는 일'로 인간 존엄성에 어긋나기 때문입니다. ┌ 갑, 을 모두 인간 개체 복제에 반대함

갑: 인간 개체 복제는 인간 존엄성에 위배되지만, 질병 치료를 위한 인간 배아 복제는 그렇지 않습니다. 배아는 도덕적 지위를 지닌 인간으로 볼 수 없습니다. └ 배아 복제에 대한 주장에서 차이를 보임

을: 인간 배아는 성인으로서의 도덕적 지위를 갖지는 않지만, 인간으로 발달할 잠재성을 지닌 존재입니다. 따라서 인간 배아 복제 역시 허용될 수 없습니다.

① 동물 복제는 허용될 수 있는가?
② 인간 개체 복제는 인간 존엄성을 훼손하는가?
③ 동물 복제는 사회적 유용성 증진에 기여하는가?
✓④ 치료 목적의 인간 배아 복제는 허용될 수 있는가?
⑤ 인간 배아는 성인과 같은 도덕적 지위를 지니는가?

	갑	을
①	○	○
②	○	○
③	○	○
④	○	×
⑤	×	×

| 자료 분석 |

갑은 인간 존엄성에 위배되는 인간 개체 복제에는 반대하지만 질병 치료를 위한 인간 배아 복제는 허용해야 한다는 입장을 취하고 있다. 반면 을은 인간 존엄성에 어긋나는 인간 개체 복제와 인간으로 발달할 잠재성을 지닌 인간 배아 복제 모두 허용해서는 안 된다는 입장을 취하고 있다. 또한 갑, 을은 공통적으로 동물 복제는 허용되어야 한다고 주장한다.

| 선지 해설 |

① 갑, 을 모두 긍정할 내용으로 핵심 쟁점이 될 수 없다. 갑은 생태계를 파괴하지 않는 한 다양한 측면에서 이익이 되는 동물 복제가 허용되어야 한다고 밝히고 있으며, 을은 이에 '전적으로' 동의하고 있다.

② 갑, 을 모두 긍정할 내용으로 핵심 쟁점이 될 수 없다. 갑과 을은 인간 존엄성에 위배되는 인간 개체 복제는 허용되어서는 안 된다는 점에 동의하고 있다.

③ 갑, 을 모두 긍정할 내용으로 핵심 쟁점이 될 수 없다. 갑은 멸종 동물의 복원, 희귀 동물의 보존, 식량난 해결 등 동물 복제가 사회적 유용성을 증진시킨다는 점을 들어 동물 복제를 허용해야 한다는 입장을 취하고 있으며, 을은 이에 '전적으로' 동의하고 있다.

④ 갑은 긍정, 을은 부정할 내용으로 토론의 핵심 쟁점으로 적절하다. 갑은 배아를 도덕적 지위를 지닌 인간으로 볼 수 없기 때문에 인간 배아 복제가 허용될 수 있다고 주장하지만, 을은 배아가 인간으로 발달할 잠재성을 지닌 존재이므로 인간 배아 복제가 허용될 수 없다고 주장하고 있다.

⑤ 갑, 을 모두 부정할 내용으로 핵심 쟁점이 될 수 없다. 갑은 배아가 도덕적 지위를 지닌 인간이 아니라고 보고 있으며, 을은 배아가 성인으로서의 도덕적 지위를 갖지는 않지만 인간으로 발달할 '잠재성'을 지닌 존재라고 본다.

16   장기 기증에 대한 논쟁   20학년도 수능 6번   정답 ⑤ | 정답률 85%

다음 토론의 핵심 쟁점으로 가장 적절한 것은? [3점]

┌ 몸의 소유권이 장기 기증의 권리를 포함하지 않음

갑: 몸의 소유권은 자신에게 있고 장기 이식이 생명을 살릴 수 있지만, 장기 기증의 권리는 허용될 수 없습니다. 장기는 몸의 부분이고 몸은 인간 존엄성의 토대이기 때문입니다.

을: 몸은 인간 존엄성에 있어서 중요합니다. 그러나 몸 자체와 몸의 부분은 구분돼야 합니다. 몸 자체와 달리 몸의 부분은 자발적으로 기증하면 존엄성에 아무 지장이 없습니다. └ 장기 기증이 인간 존엄성을 침해하지 않음을 주장

갑: 전체도 부분으로 이루어지므로 몸 자체와 몸의 부분은 구분될 수 없습니다. 따라서 장기의 이식은 존엄성에 영향을 줍니다. 또한 기증의 허용은 존엄성을 훼손하는 장기 매매의 위험을 초래합니다.

을: 물론 존엄성을 훼손하는 장기 매매는 허용될 수 없습니다. 하지만 우리가 가진 몸의 소유권은 장기를 기증할 자기 결정권을 당연히 함의합니다. 이러한 자기 결정권은 생명을 살릴 수 있으며, 존엄성을 훼손하지 않습니다.

① 장기 이식이 생명을 살릴 수 있는가?
② 장기 매매는 윤리적으로 허용 가능한가?
③ 개인은 자기 몸에 대한 소유권을 갖는가?
④ 몸 자체는 인간 존엄성의 중요한 토대인가?
✓⑤ 개인은 자신의 장기를 기증할 자유를 지니는가?

	갑	을
①	○	○
②	×	×
③	○	○
④	○	○
⑤	×	○

| 자료 분석 |

갑은 개인이 자신의 몸에 대한 소유권을 지님을 인정하지만, 인간 존엄성을 강조하는 입장에서 장기 기증의 권리는 허용될 수 없다고 본다. 한편 을은 개인은 자신의 몸에 대한 소유권을 지니며, 이 소유권에는 장기를 기증할 수 있는 자기 결정권이 포함되어 있다고 주장한다.

| 선지 해설 |

① 갑과 을은 모두 장기 이식이 다른 생명을 살릴 수 있다는 점에 대해서 동의하고 있으므로 토론의 핵심 쟁점으로 적절하지 않다.

② 갑과 을은 모두 장기 매매가 인간 존엄성을 훼손하는 것이라고 본다. 따라서 갑과 을이 모두 부정할 질문이므로 토론의 핵심 쟁점으로 적절하지 않다.

③ 갑은 몸에 대한 소유권은 허용하되 장기 기증의 권리는 허용해서는 안 된다고 보고, 을은 몸에 대한 소유권에 장기 기증의 권리가 함의되어 있다고 주장한다. 그러나 소유권에 대한 세부적인 입장은 다르더라도, 개인이 자기 몸에 대한 소유권을 지닌다는 것에는 갑과 을 모두 동의하고 있으므로 토론의 핵심 쟁점으로 적절하지 않다.

④ 갑은 몸이 인간 존엄성의 토대라고 보고, 을 역시 몸이 인간 존엄성에 있어서 중요하다고 본다. 따라서 갑과 을이 모두 동의하는 내용으로 토론의 핵심 쟁점으로 적절하지 않다.

⑤ 갑은 몸의 소유권이 자신에게 있지만, 이러한 소유권에 장기 기증의 권리는 포함되지 않는다고 본다. 즉, 개인은 자신의 장기를 기증할 자유가 없다는 것이다. 반면 을은 개인이 지닌 몸의 소유권이 장기 기증의 자기 결정권을 함의하고 있음을 주장한다. 따라서 갑은 부정, 을은 긍정하는 질문이므로 토론의 핵심 쟁점으로 적절하다.

갑, 을의 입장으로 적절한 것만을 〈보기〉에서 있는 대로 고른 것은? [3점]

태아는 인간 생명체이지만 완전한 인격체는 아니기에 부분적인 도덕적 지위만을 가집니다. 따라서 태아를 함부로 죽이는 것은 안 되지만, 임신부의 질병 등으로 현재 상황이 좋지 않고 나중에 더 좋은 상황에서 임신하려는 경우라면 임신 중절은 허용됩니다.

태아가 잠재적인 인간이라는 사실은 부정될 수 없습니다. 잠재성이 중요한 이유는 태아를 죽이는 것이 미래의 합리적이고 자의식적인 존재를 죽이는 것이기 때문입니다. 따라서 인간으로서의 잠재성을 지닌 태아를 해치는 것은 옳지 않습니다.

태아의 권리 < 임신부의 권리

태아의 권리 > 임신부의 권리

 갑
 을

〈 보기 〉
ㄱ. 갑: 태아의 권리와 임신부의 권리를 동등하게 대우해야 한다.
ㄴ. 을: 태아는 특별한 방해가 없는 한 하나의 인격체로 자랄 것이다.
ㄷ. 을: 태아는 합리적·자의식적인 존재이기에 해쳐서는 안 된다.
　　　　미래의 합리적·자의식적인
ㄹ. 갑, 을: 태아를 단순한 세포 조직처럼 함부로 대우해서는 안 된다.

① ㄱ, ㄷ　　　　② ㄱ, ㄹ　　　　③ ㄴ, ㄹ
④ ㄱ, ㄴ, ㄷ　　　⑤ ㄴ, ㄷ, ㄹ

| 자료 분석 |

갑은 임신부의 결정에 의해 인공 임신 중절을 할 수 있다고 보고, 을은 인공 임신 중절이 옳지 않다고 본다. 갑은 태아가 인간 생명체이지만 완전한 인격이 아니기에 부분적인 도덕적 지위를 지닌다고 본다. 따라서 태아를 함부로 죽이는 것은 안 되지만, 임신부의 질병 등 현재의 상황이 좋지 않을 경우에는 임신 중절을 허용해야 한다고 본다. 반면 을은 태아를 잠재적 인간으로 규정한다. 따라서 태아에게는 인간과 같은 생명권이 있으므로 태아를 해치는 것은 옳지 않다고 본다.

| 보기 해설 |

ㄱ. 갑은 임신부의 권리를 우선적으로 보호해야 한다는 입장이므로 태아의 권리와 임신부의 권리를 동등하게 대우해야 한다고 보지 않는다.

ㄴ. 을은 태아가 임신 순간부터 한 인간으로 성장할 잠재성을 지닌 인간이라고 주장하므로 태아는 특별한 방해가 없는 한 하나의 인격체로 자랄 것이라고 본다.

ㄷ. 을은 태아가 현재가 아닌 미래에 합리적이고 자의식적인 존재가 될 것이라고 주장한다.

ㄹ. 갑은 태아의 부분적인 도덕적 지위를 인정하므로 태아를 단순한 세포 조직으로 보고 있지 않다. 다만 임신부의 질병이나 처한 상황이 좋지 않을 시에는 임신 중절을 허용해야 한다고 본다. 을은 태아를 잠재적인 인간으로 간주하고 태아의 생명권을 존중해야 한다고 본다. 따라서 갑과 을 모두 태아를 단순한 세포 조직처럼 함부로 대우해서는 안 된다고 본다.

다음 **가상 대담의 사상가**가 지지할 입장으로 적절하지 않은 것은? [3점]

① 자녀의 능력 강화를 위한 유전자 조작은 인간을 도구화한다.
② 유전학적 치료에 대해서는 담론을 통한 보편적 합의가 가능하다.
③ 인간에 대한 모든 형태의 유전학적 개입을 거부하는 것은 아니다.
④ 유전학적 강화를 통해 태어난 사람은 온전한 자율성을 지닐 수 없다.
⑤ 자질 강화를 위한 배아 유전자 조작은 세대 간의 균형을 회복시킨다.
　　　　　　　　　　　　　　　　　　　　　　　　　훼손

| 자료 분석 |

가상 대담의 사상가는 하버마스이다. 하버마스는 치료를 위한 유전자 조작은 허용할 수 있지만, 정상적인 능력을 강화하는 유전학적 개입은 세대 간의 평등성을 훼손하고 그 존재의 자율성을 근본적으로 침해하는 행위이므로 허용할 수 없다고 보았다. 또한 하버마스는 자질 강화를 위한 유전자 조작은 부모 세대의 일방적인 결정과 당사자의 동의 결여로 인해 자녀의 삶에 부당한 간섭이 일어나는 것이라고 주장하였다. 따라서 하버마스의 입장에서 유전학적 강화는 구성원 모두의 합의를 기대할 수 없기 때문에 정당화될 수 없다.

| 선지 해설 |

① 하버마스는 자녀의 능력 강화를 위한 유전자 조작은 존재의 자율성을 근본적으로 침해하며, 인간을 도구화한다고 보고 이에 반대하였다.

② 하버마스는 치료를 위한 유전자 조작에 대해서는 담론을 통한 보편적 합의가 가능하기 때문에 허용 가능하다고 보았다.

③ 하버마스는 치료를 위한 유전자 조작은 허용하였으므로 인간에 대한 모든 형태의 유전학적 개입을 거부한 것은 아니다.

④ 하버마스는 유전학적 강화를 통해 태어난 사람은 부모 세대의 일방적인 결정과 당사자들의 동의 결여 등의 부당한 간섭을 당했기 때문에 온전한 자율성을 지닐 수 없다고 보았다.

⑤ 하버마스는 자질 강화를 위한 배아 유전자 조작은 세대 간의 균형을 회복시키는 것이 아니라 세대 간의 평등성을 훼손한다고 보았다.

19 심폐사와 뇌사 19학년도 수능 6번

정답 ① | 정답률 94%

다음 글의 입장에서 긍정의 대답을 할 질문을 〈보기〉에서 고른 것은?

> 심장과 폐가 활동한다 해도, 뇌의 기능이 불가역적으로 상실된 사람은 살아있는 존재로 볼 수 없다. 생명체의 활동에 있어서 뇌가 결정적 기능을 담당하기 때문이다. 뇌사를 죽음의 기준으로 인정하게 되면 당사자의 사전 동의를 통해 뇌사자로부터 장기 이식을 받아 보다 많은 인명을 구할 수 있으므로 공익의 실현에 기여하게 된다. 일부에서는 뇌사의 오판 가능성을 제기하지만, 뇌사판정위원회를 통해 이를 최소화할 수 있다. → 뇌사를 죽음의 기준으로 인정하는 입장

→ 뇌사 판정의 오류를 줄일 수 있는 제도적 절차

〈 보기 〉

ㄱ. 뇌사를 죽음의 기준으로 인정하는 것은 정당화될 수 있는가?
ㄴ. 뇌사 판정의 오류를 줄일 수 있는 제도적 절차가 있는가?
ㄷ. 뇌사자 장기 이식은 사회적 유용성의 증진을 저해하는가?
　　　　　　　　　　　　　　　　　　　　　증진하는가
ㄹ. 심폐 기능의 불가역적 상실만을 죽음으로 판정해야 하는가?
　　→ 심폐사를 죽음의 기준으로 인정하는 입장

✔ ① ㄱ, ㄴ　② ㄱ, ㄷ　③ ㄴ, ㄷ　④ ㄴ, ㄹ　⑤ ㄷ, ㄹ

| 자료 분석 |

제시된 글은 뇌사를 죽음의 기준으로 인정하고 있다. 뇌사를 죽음으로 인정하는 입장에서는 뇌가 생명체의 활동에 결정적인 역할을 한다고 보아 뇌 기능의 정지를 죽음과 동일시한다. 또한 뇌사자의 장기를 이식하여 많은 생명을 구할 수 있다는 공익 실현을 이유로 뇌사를 죽음의 기준으로 인정해야 한다고 본다.

| 보기 해설 |

ㄱ 제시된 글은 생명체의 활동에 있어서 뇌가 결정적 기능을 담당하기 때문에 뇌의 기능이 불가역적으로 상실된 사람은 죽은 존재라고 보고 뇌사를 죽음의 기준으로 인정한다.

ㄴ 제시된 글은 뇌사의 오판 가능성을 최소화하기 위해 뇌사판정위원회를 구성하여 뇌사 판정의 오류를 줄일 수 있는 제도적 절차를 마련할 수 있다고 본다.

ㄷ. 제시된 글은 뇌사를 죽음의 기준으로 인정하게 되면 당사자의 사전 동의를 통해 뇌사자로부터 장기 이식을 받아 보다 많은 인명을 구할 수 있어 공익 실현에 기여한다고 본다. 따라서 뇌사자의 장기 이식으로 인해 사회적 유용성이 저해된다는 질문에 부정의 대답을 할 것이다.

ㄹ. 심폐 기능의 상실을 죽음의 판정 기준으로 보는 것은 심폐사를 죽음의 기준으로 인정하는 입장이다. 제시된 글은 뇌의 기능이 불가역적으로 상실된 뇌사를 죽음의 판정 기준으로 본다.

20 유전자 조작의 윤리적 쟁점 19학년도 9월 모평 11번

정답 ⑤ | 정답률 64%

다음 토론의 핵심 쟁점으로 가장 적절한 것은?

> 갑: 인간을 대상으로 하는 유전자 조작 기술은 유전적 요인으로 인한 질병을 치료할 수 있기 때문에 허용되어야 합니다. 질병 극복은 선이기 때문입니다. →치료를 위한 유전자 조작만 허용
> 을: 네, 동의합니다. 하지만 치료를 넘어 우생학적 목적을 위한 국가 차원의 유전자 조작은 인간 존엄성에 대한 심각한 위협이 될 수 있으므로 치료 목적에 한정되어야 합니다.
> 갑: 치료를 넘어선 국가 차원의 우생학은 부당하지만 개인 차원은 다릅니다. 외모에 대해 성형의 자유를 지니듯이, 우리는 유전자 조작을 통해 자질을 강화할 수 있는 자유를 지닙니다.
> 을: 그렇지 않습니다. 자질 강화를 위한 유전자 조작은 고비용 의술로 특정 계층만이 이용 가능해 생물학적 불평등을 낳고, 이는 곧 사회적 불평등을 심화시킬 것이므로 옳지 않습니다.
> 　　　　　　　　　　　　치료를 위한 유전자 조작+개인
> 　　　　　　　　　　　　적 차원의 유전자 조작 허용

① 질병 치료를 위한 유전자 조작은 허용되어야 하는가?
② 치료 목적의 유전자 조작은 선을 산출할 수 있는가?
③ 국가는 치료를 넘어선 우생학적 유전자 조작을 해도 되는가?
④ 유전자 조작 기술은 어떤 경우에도 허용되어서는 안 되는가?
✔⑤ 자질 강화를 위한 개인 차원의 유전자 조작은 허용되어야 하는가?

	갑	을
①	○	○
②	○	○
③	×	×
④	×	×
⑤	○	×

| 자료 분석 |

갑은 질병 치료를 위한 유전자 조작 및 자질 강화를 위한 개인적 차원의 유전자 조작에 찬성한다. 을은 질병 치료를 위한 유전자 조작에는 찬성하지만, 우생학적 목적을 위한 개인적·국가적 차원의 유전자 조작은 인간 존엄성을 위협하고, 생물학적 불평등을 낳음으로써 사회적 불평등을 심화시킬 것이라며 이에 반대한다.

| 선지 해설 |

① 갑은 유전자 조작 기술이 유전적 요인으로 인한 질병을 치료할 수 있기 때문에 허용되어야 한다고 보며, 을도 이에 동의한다. 따라서 갑, 을이 모두 동의하는 내용으로 토론의 쟁점이 될 수 없다.

② 갑은 질병 극복이 선이라는 전제 하에 유전자 조작 기술이 질병을 치료할 수 있으므로 허용되어야 한다고 보며, 을도 이에 동의한다. 따라서 갑과 을이 모두 동의하는 내용으로 토론의 쟁점이 될 수 없다.

③ 을은 우생학적 목적을 위한 국가 차원의 유전자 조작이 인간 존엄성에 대한 심각한 위협이 된다고 보며, 갑 또한 치료를 넘어선 국가 차원의 우생학은 부당하다고 본다. 따라서 갑, 을이 모두 반대하는 내용으로 토론의 쟁점이 될 수 없다.

④ 갑, 을 모두 치료를 위한 유전자 조작 기술은 선을 산출할 수 있으므로 허용될 수 있다고 본다. 따라서 갑, 을 모두 유전자 조작 기술이 일정 부분 허용될 수 있음을 인정한다.

⑤ 갑은 개인에게는 자질을 강화할 수 있는 자유가 있으므로 개인적 차원의 유전적 조작을 허용해야 한다고 본다. 반면 을은 치료 목적 이외의 유전자 조작은 생물학적·사회적 불평등을 심화시킬 것이므로 개인적 차원의 유전자 조작 역시 허용해서는 안 된다고 본다. 따라서 갑은 긍정, 을은 부정할 내용이므로 토론의 핵심 쟁점으로 적절하다.

갑, 을의 입장으로 적절한 것만을 〈보기〉에서 있는 대로 고른 것은?

> 갑: 배아는 인간 생명체로 성장할 가능성이 있지만 배아가 곧 인간은 아니다. 배아는 단순한 세포 덩어리에 불과하므로 성인과 같은 도덕적 지위를 갖지 못한다. 따라서 배아 복제는 허용되어야 한다. → 배아 복제를 찬성하는 입장
>
> 을: 배아는 인간 생명의 초기 단계이다. 인간의 발달 과정은 선명한 경계선이 없는 연속적인 과정이므로 배아도 성인과 동등한 도덕적 지위를 지닌다. 따라서 배아 복제는 금지되어야 한다. → 배아 복제를 반대하는 입장

> ──────〈 보기 〉──────
> ㄱ. 갑: 배아는 인간이 될 잠재성을 지닌 존재이다.
> ㄴ. 을: 인간과 유전적으로 같은 배아의 활용을 권장해야 한다.
> ㄷ. 을: 인간은 발달 단계에 따라 도덕적 지위가 달라질 수 있다.
> ㄹ. 갑과 을: 배아 복제는 배아를 수단으로 다루는 행위이다.

① ㄱ, ㄷ　　　✓② ㄱ, ㄹ　　　③ ㄴ, ㄷ
④ ㄱ, ㄴ, ㄹ　　⑤ ㄴ, ㄷ, ㄹ

| 자료 분석 |

갑은 배아 복제를 허용하고자 하는 입장이고, 을은 배아 복제를 금지하고자 하는 입장이다. 갑은 배아를 인간 생명체로 성장할 가능성은 있지만 도덕적 지위가 없는 단순한 세포 덩어리라고 보고, 을은 인간 발달의 연속선상에 있는 배아의 도덕적 지위를 인정한다.

| 보기 해설 |

ㄱ. 갑은 배아가 인간 생명체로 성장할 가능성이 있는 잠재적 존재지만 인간과 완전히 동일하지는 않다고 본다.

ㄴ. 을은 인간의 발달 과정의 연속선상에 있는 배아를 활용해서는 안 된다고 본다.

ㄷ. 을은 인간의 발달 단계는 선명한 경계선이 없는 연속적인 과정이라고 본다.

ㄹ. 갑과 을 모두 배아 복제를 수단으로 다루는 행위임을 인정하지만, 갑은 이를 허용하고자 하고 을은 금지하고자 한다는 점에서 차이가 있다.

다음 토론의 핵심 쟁점으로 가장 적절한 것은? [3점]

> 갑: 의료 기술의 발달로 뇌사자의 생명 연장이 가능해지면서 인간의 죽음에 관한 사회적 갈등이 커지고 있습니다. 이런 혼란을 최소화하기 위해 죽음의 시점을 정해야 합니다.
>
> 을: 동의합니다. 죽음은 심폐 정지를 거쳐 모든 활동이 멈추는 과정입니다. 이를 고려하여 심장과 폐의 비가역적 정지만을 죽음으로 인정해야 합니다.
>
> 갑: 인간다움은 뇌의 활동에서 기인하므로 뇌의 정지는 곧 죽음을 의미합니다. 의료 자원을 아끼고 뇌사자의 장기 이식을 통해 다른 생명을 살릴 수 있으므로 뇌사도 인정해야 합니다.
>
> 을: 그렇지 않습니다. 뇌사를 인정하면 인간의 죽음을 경제적 측면에서 접근하게 되므로 인간 생명이 경시될 수 있습니다. 호흡이 멈추는 순간까지 죽음에 관한 판단은 신중해야 합니다.

① 뇌 활동의 영구적인 정지만을 죽음으로 인정해야 하는가?
② 의료 기술을 이용하여 뇌사자의 장기를 이식할 수 있는가?
③ 죽음의 시점을 고려하여 죽음에 관한 사회적 합의가 필요한가?
④ 심폐사를 인정하여 의료 자원의 비효율적 사용을 줄여야 하는가?
✓⑤ 인간의 죽음에 사회적 효용을 적용하여 판단하는 것은 정당한가?

	갑	을
①	×	×
②	○	○
③	○	○
④	○	○
⑤	○	×

| 자료 분석 |

갑은 인간다움이 뇌의 활동에서 나오는 것으로, 뇌사를 인정하면 의료 자원을 아낄 수 있고 뇌사자의 장기 이식으로 다른 생명을 살릴 수 있어 뇌사를 죽음으로 인정해야 한다고 본다. 을은 심폐사만을 죽음으로 인정해야 하며, 인간의 죽음을 경제적 측면에서 판단하는 것은 인간의 생명을 경시하게 될 수 있다고 본다.

| 선지 해설 |

① 을은 심폐 활동의 정지만을 죽음으로 인정하고, 갑은 심폐 활동과 더불어 뇌의 활동의 정지 여부를 죽음의 기준으로 삼고자 한다.

② 갑과 을 모두 기술적으로 뇌사자의 장기를 활용할 수 있다고 보지만, 을은 이를 허용할 경우 인간의 생명이 경시될 수 있다고 본다.

③ 갑과 을 모두 죽음의 시점에 관한 사회적 합의가 필요하다고 보지만, 그 시점에 대한 견해의 차이가 있다.

④ 갑과 을 모두 심폐 활동이 정지된 경우 죽음이라고 본다.

⑤ 갑은 뇌 활동의 정지를 죽음으로 보아 뇌사자의 장기를 활용하고자 하고, 을은 뇌사자의 장기를 활용하는 것은 인간 생명의 가치를 경시하게 될 수 있다고 본다.

23 배아 복제에 대한 입장들 24학년도 5월 학평 8번

정답 ② | 정답률 95%

갑, 을의 입장으로 적절하지 않은 것은?

인간 배아는 고통을 느끼지 못하는 단순한 세포 덩어리에 불과하므로 도덕적 지위를 가질 수 없습니다. 따라서 인간 배아를 활용하여 난치병 치료 연구가 진행될 수 있도록 인간 배아 복제를 허용해야 합니다.

인간 배아는 고통을 느끼지 못하지만, 잠재적 인간이므로 도덕적 지위를 가집니다. 따라서 인간 배아를 활용한 난치병 치료 연구가 사회적 행복을 증진하더라도, 인간 배아 복제를 결코 허용해서는 안 됩니다.

배아 복제를 찬성하는 입장 갑

배아 복제를 반대하는 입장 을

① 갑: 인간 배아는 인간을 위한 수단으로 사용될 수 있다.
✔② 갑: 인간 배아는 잠재적 인간이므로 도덕적 지위를 가진다. 을
③ 을: 인간 배아를 단순한 세포 덩어리로 간주해서는 안 된다.
④ 을: 사회적 유용성을 근거로 인간 배아 복제를 허용해서는 안 된다.
⑤ 갑과 을: 인간 배아 복제는 난치병 치료 연구를 가능하게 한다.

| 자료 분석 |

갑은 배아 복제를 찬성하지만, 을은 배아 복제를 반대하고 있다. 갑은 인간 배아가 고통을 느끼지 못하기 때문에 도덕적 지위를 갖지 못한다고 보아, 이를 활용하여 난치병 치료 연구 등을 진행해야 한다고 본다. 반면 을은 인간 배아가 잠재적 인간으로서의 도덕적 지위를 지니며, 이를 활용한 연구 등을 허용해서는 안된다고 본다.

| 선지 해설 |

① 갑은 인간 배아를 인간을 위한 수단으로 활용할 수 있다고 본다.
② 갑은 인간 배아를 고통을 느끼지 못하는 단순한 세포 덩어리로 본다.
③ 을은 인간 배아가 단순한 세포 덩어리가 아닌 잠재적인 인간이라고 본다.
④ 을은 인간 배아를 활용한 연구로 사회적 행복을 증진하더라도 이를 허용해서는 안 된다고 본다.
⑤ 갑과 을은 인간 배아를 활용하면 난치병 치료 연구가 진행될 수 있다고 본다.

24 안락사의 윤리적 쟁점 24학년도 3월 학평 19번

정답 ⑤ | 정답률 64%

(가)의 주장을 (나) 그림으로 나타낼 때, ㉠에 대한 반론의 근거로 가장 적절한 것은? [3점]

안락사에 찬성하는 입장

회생 불가능한 환자의 극심한 고통을 제거할 수 있는 안락사는 환자를 인간답게 죽을 수 있게 하는 행위이다.

(가)	안락사는 회생 불가능한 환자의 극심한 고통을 제거하여 환자를 인간답게 죽을 수 있게 하므로 허용되어야 한다.
(나)	대전제 환자를 인간답게 죽을 수 있게 하는 행위는 허용되어야 한다. + 소전제 ㉠ ↓ 결론 회생 불가능한 환자의 극심한 고통을 제거할 수 있는 안락사는 허용되어야 한다.

① 안락사는 환자의 삶의 질을 고려하여 허용될 수 있다.
② 안락사는 환자가 지닌 자기 결정권을 존중하는 행위이다.
③ 안락사는 환자의 인간 존엄성을 유지하기 위한 방법이다.
④ 안락사는 환자의 고통 없이 죽을 수 있는 권리를 보장한다.
✔⑤ 안락사는 환자가 가진 생명권을 침해하는 인위적 죽음이다.
→ 안락사를 반대하는 주장   안락사를 찬성하는 주장 ←

| 자료 분석 |

(가)는 안락사를 허용해야 한다는 입장이다. 안락사를 허용해야 한다는 입장에서는 안락사가 회생 불가능한 환자의 고통을 제거하여 환자를 인간답게 죽을 수 있게 한다고 본다. 이를 토대로 보았을 때, 소전제 ㉠에는 '회생 불가능한 환자의 극심한 고통을 제거할 수 있는 안락사는 환자를 인간답게 죽을 수 있게 하는 행위이다.'가 들어가는 것이 적절하다. 따라서 이에 대한 반론으로 적절한 안락사를 금지해야 한다는 주장을 찾아야 한다.

| 선지 해설 |

① 안락사를 찬성하는 입장에서는 환자의 삶의 질을 고려하여 안락사를 허용해야 한다고 주장한다. 그러므로 이 주장은 ㉠에 대한 반론의 근거로 적절하지 않다.
② 안락사를 찬성하는 입장에서는 환자가 지닌 자기 결정권을 존중해야 한다고 주장한다. 그러므로 이 주장은 ㉠에 대한 반론의 근거로 적절하지 않다.
③ 안락사를 찬성하는 입장에서는 환자의 인간 존엄성을 유지하기 위해 안락사를 허용해야 한다고 주장한다. 그러므로 이 주장은 ㉠에 대한 반론의 근거로 적절하지 않다.
④ 안락사를 찬성하는 입장에서는 환자가 고통 없이 죽을 수 있도록 안락사를 허용해야 한다고 주장한다. 그러므로 이 주장은 ㉠에 대한 반론의 근거로 적절하지 않다.
⑤ 안락사를 반대하는 입장에서는 안락사가 환자가 가진 생명권을 침해한다고 본다. 그러므로 이 주장은 ㉠에 대한 반론의 근거로 적절하다.

다음 토론의 핵심 쟁점으로 가장 적절한 것은?

> 갑: 낙태죄에 대한 헌법 불합치 판결 이후에도 인공 임신 중절에 대한 윤리적 논쟁이 계속되고 있습니다. 태아는 이익을 지니지 않으므로 인공 임신 중절은 허용되어야 합니다. → 인공 임신 중절 찬성
>
> 을: 태아는 미래에 의식을 갖출 잠재적 존재이므로 이익을 지니지 않습니다. 하지만 태아는 인간 종(種)의 한 구성원으로 성인과 동등한 본래적 가치를 지니기 때문에 인공 임신 중절을 허용해서는 안 됩니다. → 인공 임신 중절 반대
>
> 갑: 그렇지 않습니다. 태아는 성인과 달리 현재 의식을 갖추고 있지 않아 본래적 가치를 지니지 않습니다. 따라서 인공 임신 중절에 대한 성인의 자율권을 존중해야 합니다.
>
> 을: 아닙니다. 식물인간은 의식이 없지만 본래적 가치를 지니므로 보호됩니다. 마찬가지로 태아도 의식이 없지만 본래적 가치를 지니므로 보호되어야 합니다.

① 태아는 이익을 가진 존재이므로 보호받아야 할 대상인가?
　　→ 갑, 을 부정

② 태아는 장래에 의식을 지닐 수 있는 존재로 보아야 하는가?
　　→ 갑, 을 긍정

③ 태아가 지닌 본래적 가치는 태아의 의식으로부터 비롯되는가?
　　→ 갑, 을 부정

④ 태아의 자율권은 인공 임신 중절을 금지하는 근거가 되는가?
　　→ 갑, 을 부정

✓⑤ 태아는 본래적 가치를 지니므로 인공 임신 중절은 부당한가?
　　→ 갑은 부정, 을은 긍정

｜자료 분석｜

인공 임신 중절에 대해 갑은 찬성의 입장, 을은 반대의 입장에 해당한다. 갑은 태아는 성인과 달리 본래적 가치를 지니지 않는다고 본다. 따라서 인공 임신 중절을 허용해야 하며, 인공 임신 중절에 대한 성인의 자율권을 존중해야 한다고 주장한다. 반면, 을은 태아는 인간 종(種)의 한 구성원으로서 성인과 동등한 본래적 가치를 지닌다고 본다. 따라서 인공 임신 중절을 허용해서는 안 된다고 주장한다.

｜선지 해설｜

① 갑, 을 모두 부정의 대답을 할 질문이다. 갑, 을 모두 태아는 이익을 가진 존재가 아니라고 본다. 다만, 을은 태아는 이익을 가진 존재가 아니지만 본래적 가치를 지니기 때문에 보호받아야 할 대상이라고 본다.

② 갑, 을 모두 긍정의 대답을 할 질문이다. 갑, 을 모두 태아는 장래에 의식을 지닐 수 있는 존재라고 본다. 다만, 을은 태아가 현재 의식을 갖추고 있지 않다고 하더라도 인간 종(種)의 구성원으로서 본래적 가치를 지닌다고 본다.

③ 갑, 을 모두 부정의 대답을 할 질문이다. 갑은 태아는 의식이 없기 때문에 본래적 가치를 지니지 않는다고 본다. 을은 태아의 본래적 가치는 태아의 의식이 아니라 미래에 의식을 갖출 잠재적 존재, 인간 종(種)의 한 구성원이라는 사실에서 비롯된다고 본다.

④ 갑, 을 모두 부정의 대답을 할 질문이다. 갑은 태아가 자율권이 없는 존재라 보고, 인공 임신 중절을 허용하는 입장이다. 을은 태아의 자율권이 아니라 태아의 본래적 가치를 근거로 인공 임신 중절 금지를 주장한다.

⑤ 토론의 핵심 쟁점에 해당하는 내용이다. 갑은 태아는 본래적 가치를 지니지 않기 때문에 인공 임신 중절이 허용될 수 있다고 주장한다. 반면, 을은 태아는 성인과 동등한 본래적 가치를 지니기 때문에 인공 임신 중절은 부당하다고 주장한다.

다음 토론의 핵심 쟁점으로 가장 적절한 것은?

> 갑: 오늘날 생명공학이 발달함에 따라 유전자를 이용하여 많은 질병을 치료할 수 있게 되었습니다. 환자들의 고통을 덜어 주기 위해 이에 관한 활발한 연구가 필요합니다. → 갑: 체세포 및 생식 세포 유전자 치료 찬성
>
> 을: 동의합니다. 다만 개인의 신체에만 적용되는 체세포 유전자 치료로 한정되어야 합니다. 생식 세포 유전자 치료는 다음 세대의 유전자에 영향을 미치므로 허용해서는 안 됩니다.
>
> 갑: 아닙니다. 생식 세포 유전자 치료는 유전병의 대물림을 예방하여 오히려 다음 세대가 더 나은 삶을 살게 합니다. 체세포 유전자 치료와 생식 세포 유전자 치료 모두 허용해야 합니다.
>
> 을: 그렇지 않습니다. 생식 세포 유전자 치료는 다음 세대의 동의를 얻지 않은 행위이므로 그들의 신체에 관한 자기 결정권을 침해합니다. 따라서 윤리적으로 바람직하지 않습니다. → 을: 생식 세포 유전자 치료 반대

① 체세포 유전자 치료를 위해 환자의 동의가 필요한가?
　　→ 논의 내용 아님

② 질병 치료를 위해 생명공학 연구는 권장되어야 하는가?
　　→ 갑: ○, 을: ○

③ 인간에 대한 모든 형태의 유전자 치료는 금지되어야 하는가?
　　→ 갑: ×, 을: ×

④ 환자의 고통을 덜어 주기 위한 체세포 유전자 치료는 바람직한가?
　　→ 갑: ○, 을: ○

✓⑤ 다음 세대에 영향을 미칠 수 있는 생식 세포 유전자 치료는 정당한가? → 갑: ○, 을: ×

｜자료 분석｜

갑은 체세포 유전자 치료와 함께 생식 세포 유전자 치료도 허용하여 유전병의 대물림을 막고 다음 세대가 더 나은 삶을 살도록 해야 한다는 입장이다. 이와 달리 을은 개인의 신체적 치료를 위한 체세포 유전자 치료는 허용될 수 있지만, 다음 세대의 동의 없이 이루어지는 생식 세포 유전자 치료는 허용되어서는 안 된다는 입장이다.

｜선지 해설｜

① 갑, 을 모두 개인의 신체에만 적용되는 체세포 유전자 치료에 대해 찬성하는 입장이지만, 체세포 유전자 치료에 환자의 동의가 필요한가에 대해서 핵심적으로 논의하고 있지는 않다.

② 갑, 을 모두 유전자를 이용하여 많은 질병을 치료하기 위해 생명공학 연구가 권장되어야 한다고 주장하므로 토론의 핵심 쟁점으로 적절하지 않다.

③ 갑은 체세포 유전자 치료와 생식 세포 유전자 치료가 모두 허용될 수 있다는 입장이고, 을은 체세포 유전자 치료만 허용될 수 있다는 입장이다. 갑, 을이 모두 부정의 대답을 할 질문이므로 토론의 핵심 쟁점으로 적절하지 않다.

④ 갑, 을 모두 환자의 고통을 덜어 주기 위한 체세포 유전자 치료를 허용해야 한다고 주장하므로 토론의 핵심 쟁점으로 적절하지 않다.

⑤ 갑은 생식 세포 유전자 치료가 유전병의 대물림을 예방하여 다음 세대가 더 나은 삶을 살게 할 수 있기 때문에 허용해야 한다는 입장이고, 을은 생식 세포 유전자 치료가 다음 세대의 신체에 관한 자기 결정권을 침해하는 것이므로 허용해서는 안 된다는 입장이다. 따라서 토론의 핵심 쟁점으로 적절하다.

27 인공 임신 중절 찬반 논쟁 23학년도 4월 학평 9번   정답 ④ | 정답률 86%

갑, 을의 입장으로 적절한 것만을 〈보기〉에서 고른 것은?

> 합리적인 존재는 도덕적 지위를 지니므로 죽임을 당하지 않을 권리를 갖습니다. 그리고 <u>잠재적으로 합리적인 존재를 실제적으로 합리적인 존재와 동등하게 대우해야</u> 합니다. 태아는 잠재적으로 합리적인 존재이므로 <u>인공 임신 중절은 허용될 수 없습니다.</u>

> 실제적으로 합리적인 존재가 도덕적 지위를 지니므로 죽임을 당하지 않을 권리를 갖는다는 점에는 동의합니다. 하지만 <u>잠재적으로 합리적인 존재를 실제적으로 합리적인 존재로 보아서는 안 됩니다.</u> 태아는 잠재적으로 합리적인 존재에 불과하므로 <u>인공 임신 중절은 허용될 수 있습니다.</u>

인공 임신 중절
반대 입장   갑

을   인공 임신 중절
         찬성 입장

─〈 보기 〉─
ㄱ. 갑: 여성의 인공 임신 중절 권리는 태아의 생명권보다 ~~우선한다.~~
ㄴ. 갑: 태아의 생명권과 성인의 생명권을 동등하게 고려해야 한다.
ㄷ. 을: 잠재적으로 합리적인 존재인 태아는 도덕적 지위를 ~~지닌다.~~
                                    지니지 않는다
ㄹ. 갑과 을: 도덕적 지위를 지닌 존재의 생명을 해쳐서는 안 된다.

① ㄱ, ㄴ   ② ㄱ, ㄷ   ③ ㄴ, ㄷ   ✔④ ㄴ, ㄹ   ⑤ ㄷ, ㄹ

| 자료 분석 |

갑은 인공 임신 중절은 허용될 수 없다고 보는 입장이고, 을은 허용될 수 있다고 보는 입장이다. 갑은 잠재적으로 합리적인 존재인 태아와 실제적으로 합리적인 존재인 성인을 동등하게 대우해야 하기 때문에 인공 임신 중절을 허용해서는 안 된다고 주장한다. 을은 실제적으로 합리적인 존재가 도덕적 지위를 지니기 때문에 잠재적으로 합리적인 존재인 태아는 도덕적 지위, 죽임을 당하지 않을 권리를 지닌다고 볼 수 없다고 주장한다.

| 보기 해설 |

ㄱ. 갑은 인공 임신 중절에 반대하는 입장이므로 태아의 생명권이 여성의 인공 임신 중절 권리보다 우선한다고 본다. 갑은 태아가 지닌 잠재적으로 합리적인 존재로서의 지위(죽임을 당하지 않을 권리)가 실제적으로 합리적인 존재의 지위와 동등하게 대우받아야 한다고 주장한다.

ㄴ. 갑의 입장으로 적절한 내용이다. 갑은 잠재적으로 합리적인 존재인 태아의 생명권과 실제적으로 합리적인 존재인 성인의 생명권이 동등하다고 본다.

ㄷ. 을은 잠재적으로 합리적인 존재인 태아는 도덕적 지위를 지니지 않는다고 본다. 을은 도덕적 지위가 실제적으로 합리적인 존재에게 부여되는 것이라고 본다.

ㄹ. 갑, 을 모두 도덕적 지위를 지닌 존재의 생명을 해쳐서는 안 된다고 본다. 다만, 도덕적 지위를 지닌 존재를 판단하는 기준과 범위에 있어 차이를 보이고 있다. 갑은 잠재적으로 합리적인 존재인 태아까지 도덕적 지위를 지닌다고 보지만, 을은 잠재적으로 합리적인 태아는 도덕적 지위를 지닐 수 없다고 본다.

---

28 안락사의 윤리적 쟁점 23학년도 3월 학평 6번   정답 ② | 정답률 81%

다음 토론의 핵심 쟁점으로 가장 적절한 것은?

> 갑: 회생 불가능한 환자가 고통스러운 삶을 살아가는 것은 무의미합니다. 환자가 요청한다면 연명 치료의 중단으로 죽음을 맞이할 수 있도록 허용해야 합니다.
> 을: 동의합니다. 연명 치료의 중단과 같은 소극적 안락사뿐만 아니라 약물 주입과 같은 적극적 안락사로도 환자가 죽음에 이를 수 있도록 허용해야 합니다.
> 갑: 아닙니다. 소극적 안락사는 도덕적인 행위이지만 적극적 안락사는 환자를 살인하는 행위와 같으므로 비도덕적입니다.
> → 소극적 안락사 찬성, 적극적 안락사 반대
> 을: 그렇지 않습니다. 두 가지 모두 환자를 죽음에 이르게 하지만 고통을 제거한다는 점에서 도덕적입니다. 적극적 안락사도 죽음을 앞당겨 환자의 불필요한 고통을 제거한다는 점에서 도덕적인 행위입니다. → 소극적·적극적 안락사 모두 찬성

① 연명 치료를 중단하려면 환자의 동의가 반드시 요구되는가?
  → 갑, 을 모두 긍정
✔② 적극적 안락사는 소극적 안락사와 달리 비도덕적 행위인가?
③ 도덕적으로 허용될 수 있는 안락사 시행 방법이 존재하는가?
  → 갑, 을 모두 긍정
④ 회생 불가능한 환자는 연명 치료의 중단을 요청해야 하는가?
  → 갑, 을 모두 부정
⑤ 회생 불가능한 환자의 고통을 제거하는 것은 정당화 가능한가?
  → 갑, 을 모두 긍정

| 자료 분석 |

갑과 을은 회생 불가능한 환자가 요청한다면 연명 치료의 중단으로 죽음을 맞이할 수 있도록 안락사를 허용해야 한다는 점에 동의하고 있다. 하지만 갑은 연명 치료의 중단과 같은 소극적 안락사만 허용해야 하며, 적극적 안락사는 비도덕적 행위라고 주장하는 반면, 을은 소극적 안락사와 적극적 안락사 모두 환자의 불필요한 고통을 제거한다는 점에서 도덕적 행위라고 주장하고 있다.

| 선지 해설 |

① 갑, 을 모두 긍정의 대답을 할 질문으로 토론의 쟁점으로 보기 어렵다. 갑, 을 모두 연명 치료를 중단하려면 환자의 요청이 있어야 한다고 본다.

② 토론의 핵심 쟁점에 해당한다. 갑, 을은 모두 소극적 안락사는 허용해야 한다고 보지만, 적극적 안락사에 대해서는 입장의 차이를 보이고 있다. 갑은 적극적 안락사가 비도덕적 행위라고 보는 반면, 을은 도덕적 행위라고 보고 있다.

③ 갑, 을 모두 긍정의 대답을 할 질문으로 토론의 쟁점으로 보기 어렵다. 갑은 소극적 안락사를, 을은 적극적 안락사까지 도덕적으로 허용될 수 있는 안락사 시행 방법이라고 본다.

④ 갑, 을 모두 부정의 대답을 할 질문으로 토론의 쟁점으로 보기 어렵다. 갑, 을 모두 회생 불가능한 환자가 요청하면 연명 치료를 중단할 수 있다는 것이지 회생 불가능한 환자라고 해서 연명 치료의 중단을 요청해야 한다고 주장하는 것은 아니다.

⑤ 갑, 을 모두 긍정의 대답을 할 질문으로 토론의 쟁점으로 보기 어렵다. 다만, 회생 불가능한 환자의 고통을 제거함에 있어 정당화할 수 있는 방법에 대해서 입장의 차이를 보이고 있다.

다음 신문 칼럼의 입장에서 지지할 주장으로 가장 적절한 것은?

○○신문   ○○○○년 ○○월 ○○일

칼 럼

생명 공학의 발달로 유전병의 근본적인 치료가 가능해지고 있다. 실제로 체세포 유전자 치료제가 환자 본인의 동의에 따라 임상적으로 많이 사용되고 있다. 체세포 유전자 치료는 주로 환자 개인에게만 영향을 미치므로 제한적으로 허용될 수 있다. 하지만 생식 세포 유전자 치료는 인간으로 성장할 잠재성을 지닌 배아의 파기가 수반되는 연구가 필요하다는 점에서 윤리적으로 논란의 소지가 크다. 또한 치료 전에 실시하는 유전자 검사로 얻은 배아의 유전 정보가 치료가 아닌 자질 강화에 활용되어 적극적 우생학으로도 이어질 수 있다. 따라서 생식 세포 유전자 치료는 허용되어서는 안 된다.

└ 생식 세포 유전자 치료의 허용 반대

① 모든 유전자 치료는 환자 본인의 동의 없이 실시할 수 있다.
    └ 환자의 동의 필요

② 생식 세포 유전자 치료를 위한 유전자 검사는 허용해야 한다.
    └ 생식 세포 유전자 치료 반대

③ 유전자 치료는 자녀의 자질 강화를 목적으로 실시되어야 한다.

④ 유전자 검사의 결과는 치료 이외 목적으로도 활용되어야 한다.
    └ 유전자 치료가 자질 강화 목적으로 활용될 것을 우려함

✔⑤ 인간 배아를 수단화하는 유전자 치료 연구는 금지되어야 한다.

| 자료 분석 |

신문 칼럼은 생명 공학의 발달로 개발된 체세포 유전자 치료와 생식 세포 유전자 치료에 대한 입장을 제시하고 있다. 칼럼은 체세포 유전자 치료는 환자 개인에게만 영향을 미치므로 제한적으로 허용될 수 있다고 보지만, 생식 세포 유전자 치료는 배아의 파기가 수반되고 유전자 자질 강화에 활용될 수 있어서 허용되어서는 안 된다고 보고 있다.

| 선지 해설 |

① 모든 유전자 치료는 환자 본인의 동의가 있어야 실시할 수 있다. 어떤 형태의 유전자 치료든지 환자 본인의 동의 없이는 실시할 수 없다. 동의 없이 실시되는 유전자 치료는 법적·윤리적 논란을 일으킬 수 있다.

② 칼럼은 생식 세포 유전자 치료를 허용해서는 안 된다는 입장이다. 생식 세포 유전자 치료를 위한 유전자 검사에서 얻은 배아의 유전자 정보가 치료가 아닌 자질 강화에 활용되어 적극적 우생학으로 이어질 수 있음을 경계하고 있다.

③ 칼럼은 유전자 치료가 자녀의 자질 강화 목적으로 활용될 것을 우려하고 있다. 이러한 활용이 적극적 우생학으로 이어질 것을 경계하며 생식 세포 유전자 치료에 반대하고 있다.

④ 칼럼은 유전자 검사 결과가 치료 이외의 목적으로 활용될 것을 우려하고 있다. 배아의 유전자 검사 결과가 환자 개인의 치료만을 목적으로 활용되는 것이 아니라, 자질 강화에 활용될 것을 우려하고 있다.

⑤ 칼럼은 인간 배아를 수단화 하는 생식 세포 유전자 치료 연구가 금지되어야 함을 주장하고 있다. 인간으로 성장할 잠재성을 지닌 배아의 파기가 수반되고, 배아의 유전 정보가 자질 강화에 활용될 수 있는 생식 세포 유전자 치료가 허용되어서는 안 됨을 강조하고 있다.

다음 토론의 핵심 쟁점으로 가장 적절한 것은?

       인간의 질병 치료를 위해 동물 실험 찬성

갑: 인간과 동물 사이의 생물학적 유사성으로 인해 동물 실험의 결과를 인간에게 일반화할 수 있습니다. 따라서 신약이나 새로운 치료법의 개발을 위해서 동물 실험은 필요합니다.

을: 동물 실험이 인간의 질병 치료에 기여할 수 있습니다. 하지만 동물은 인간과 마찬가지로 고통을 느끼는 존재이므로 동물에게 고통을 주거나 죽이는 것을 정당화할 수는 없습니다.

갑: 동물이 고통을 느끼는 존재라는 것은 동의합니다. 그러나 동물 실험은 인간이 겪는 심각한 질병의 치료법을 개발하기 위한 최선이자 불가피한 선택입니다.

을: 그렇지 않습니다. 동물 실험을 대체할 수 있는 방안이 존재하며 이를 통해 동물 실험에서 얻어지는 것만큼의 충분한 정보를 얻을 수 있습니다. 따라서 동물을 희생시키는 실험은 정당화될 수 없습니다.
      동물도 고통을 느낄 수 있고, 동물 실험을
      대체할 방안이 존재한다고 봄

	갑	을
① 동물과 인간은 생물학적 유사성을 지니는가?	○	○
② 동물 실험의 결과를 인간에게 적용할 수 있는가?	○	○
③ 동물 실험은 인간의 건강 증진에 기여할 수 있는가?	○	○
④ 인간과 마찬가지로 동물은 고통을 느끼는 존재인가?	○	○
✔⑤ 인간의 질병을 치료하기 위한 동물 실험은 정당한가?	○	×

| 자료 분석 |

갑은 인간과 동물 사이의 생물학적 유사성으로 인해 동물 실험의 결과를 인간에게도 일반화할 수 있으므로, 질병 치료를 위한 동물 실험이 필요하다고 본다. 반면, 을은 동물 실험이 신약 개발이나 질병 치료를 위한 새로운 치료법 개발에 기여할 수는 있으나, 동물 역시 인간처럼 고통을 느끼는 존재이며 동물 실험을 대체할 수 있는 방안 또한 존재하므로, 동물 실험은 정당화될 수 없다고 본다.

| 선지 해설 |

① 갑, 을이 모두 긍정의 대답을 할 질문이므로 토론의 핵심 쟁점으로 적절하지 않다. 갑은 인간과 동물 사이의 생물학적 유사성이 존재한다고 보고, 을도 이에 대해 동의하고 있다.

② 갑, 을이 모두 긍정의 대답을 할 질문이므로 토론의 핵심 쟁점으로 적절하지 않다. 갑은 인간과 동물의 생물학적 유사성으로 인해 동물 실험의 결과를 인간에게 일반화할 수 있다고 보고, 을도 이에 대해 동의하고 있다.

③ 갑, 을이 모두 긍정의 대답을 할 질문이므로 토론의 핵심 쟁점으로 적절하지 않다. 갑은 동물 실험의 결과를 인간에게 일반화할 수 있으므로 신약이나 새로운 치료법 개발을 위해 동물 실험이 필요하다고 본다. 을 역시 동물 실험이 인간의 질병 치료에 기여할 수 있음을 인정한다.

④ 갑, 을이 모두 긍정의 대답을 할 질문이므로 토론의 핵심 쟁점으로 적절하지 않다. 갑과 을은 동물이 인간과 마찬가지로 고통을 느끼는 존재라고 본다.

⑤ 갑은 긍정, 을은 부정의 대답을 할 질문이므로 토론의 핵심 쟁점으로 적절하다. 갑은 인간이 겪는 심각한 질병의 치료법을 개발하기 위한 동물 실험이 정당하다고 본다. 반면 을은 동물 실험을 대체할 수 있는 방안이 존재하며, 그것을 통해 동물 실험에서 얻어지는 것만큼의 정보를 충분히 얻을 수 있기 때문에 동물 실험은 정당하지 않다고 주장한다.

31 유전자 편집 기술에 대한 윤리적 쟁점 22학년도 4월 학평 7번 정답 ② | 정답률 89%

다음 토론의 핵심 쟁점으로 가장 적절한 것은?

갑: 유전자 편집 기술의 발달로 인간 배아 유전자 편집이 가능해
졌습니다. 치료 목적의 인간 배아 유전자 편집을 통해 유전 질
환을 치료하여 인류의 행복을 증진해야 합니다.

을: 동의합니다. 다만 치료가 아닌 강화 목적의 인간 배아 유전자
편집은 미래 세대에게 부모가 원하는 유전 형질에 따라 살도
록 강요하는 것이므로 이를 금지해야 합니다. → 강화 목적의 인간 배아
유전자 편집 반대

갑: 아닙니다. 미래 세대는 살아가는 동안 강화된 유전 형질로 인
해 더 많은 선택의 기회를 얻게 될 것입니다. 이를 통해 미래
세대는 자신의 능력을 발휘하여 풍요로운 삶을 살 것입니다.

을: 강화된 유전 형질로 미래 세대가 풍요로운 삶을 살 수 있을지
라도 이러한 삶은 부모에 의해 계획된 삶일 뿐입니다. 이는 미
래 세대가 자신의 삶을 온전히 계획하고 결정할 수 있는 자율
성을 침해하므로 옳지 않습니다. → 강화 목적의 인간 배아
유전자 편집 찬성

	갑	을
① 인간 배아 유전자 편집은 유전 형질의 변화를 초래하는가?	○	○
✔ ② 강화 목적의 인간 배아 유전자 편집은 허용되어야 하는가?	○	×
③ 유전자 편집 기술을 활용하여 유전 질환을 치료할 수 있는가?	○	○
④ 인간 배아 유전자 편집은 어떤 경우에도 정당화될 수 없는가?	×	×
⑤ 인류의 행복을 증진하는 인간 배아 유전자 편집이 존재하는가?	○	○

| 자료 분석 |

갑은 치료 목적의 인간 배아 유전자 편집 외에도 미래 세대가 더 많은 기회를 얻
고 풍요로운 삶을 살 수 있도록 하기 위해 강화 목적의 인간 배아 유전자 편집을
허용해야 한다고 본다. 반면, 을은 인간 배아 유전자 편집이 치료 목적으로 이루
어지는 것에는 찬성하지만, 미래 세대의 자율성을 침해할 수 있는 강화 목적의
인간 배아 유전자 편집은 허용되어서는 안 된다고 본다.

| 선지 해설 |

① 갑, 을은 모두 인간 배아 유전자 편집이 유전 형질의 변화를 초래할 것이라는
사실에는 동의하고 있다.

② 토론의 핵심 쟁점으로 적절하다. 갑은 강화된 유전 형질로 미래 세대가 더
풍요로운 삶을 살게 될 것이라고 본다. 반면, 을은 강화 목적으로 인간 배아
유전자 편집이 활용될 경우 미래 세대의 삶이 부모에 의해 계획된 삶이 되어
자율성을 침해받게 될 것이라고 본다.

③ 갑, 을 모두 유전자 편집 기술이 유전 질환을 치료할 수 있게 될 것이라고 보며,
이러한 치료 목적의 인간 배아 유전자 편집에 대해 긍정적인 입장을 취한다.

④ 갑, 을 모두 인간 배아 유전자 편집 기술이 치료 목적으로 활용되는 것에 대
해 반대하지 않는다. 다만, 강화 목적의 인간 배아 유전자 편집에 대해 갑은
긍정, 을은 부정의 입장을 취한다.

⑤ 인류의 행복을 증진하는 인간 배아 유전자 편집이 존재하는 것에 대해 갑,
을 모두 동의한다. 다만, 을은 치료 목적이 아닌 강화 목적의 활용이 미래 세
대의 자율성을 침해하고, 인류의 행복 증진에 기여하지 않을 것이라고 본다.

32 뇌사에 대한 입장들 22학년도 3월 학평 18번 정답 ⑤ | 정답률 67%

**(가)의 입장에 대해 (나)의 입장에서 제기할 수 있는 비판으로 가장 적절
한 것은?**

(가) 뇌사가 죽음의 기준이 되어야 한다. 뇌사자는 인간으로서의
고유한 활동을 할 수 없고, 뇌사자의 장기 이식은 더 많은 생
명을 살릴 수 있다. → 뇌사를 죽음의 기준으로 제시함

(나) 뇌사가 죽음의 기준이 될 수 없다. 뇌사자라도 심폐 기능이
유지되면 죽은 것이 아니다. 뇌사자를 죽은 사람으로 보고
장기 이식을 하면 생명의 존엄성을 해치게 된다.
→ 심폐사를 죽음의 기준으로 제시함

① 유용성 극대화를 위해서 뇌사의 인정이 필요함을 간과한다.
② 뇌사를 죽음으로 인정할 때 사회적 선이 실현됨을 간과한다.
③ 뇌 기능 상실이 죽음을 판단하는 유일한 기준임을 간과한다.
④ 심폐사를 죽음으로 인정해야 장기 이식이 확대됨을 간과한다.
✔ ⑤ 뇌사를 죽음으로 보면 인간의 가치를 해칠 수 있음을 간과한다.
(나)의 입장에서 제기할 수 없는 비판

| 자료 분석 |

(가)는 뇌사를 죽음의 기준으로 보아야 한다는 입장이고, (나)는 심폐사를 죽음
의 기준으로 보아야 한다는 입장이다. (가)의 입장에서는 인간의 생명 활동을 관
장하는 핵심 기관인 뇌의 기능이 정지하면 이미 죽음의 단계에 들어선 것이라고
판단해야 한다고 본다. 또한 뇌사자의 장기를 장기 이식에 활용함으로써 사회적
으로 이익이 될 수 있다고 본다. 반면, (나)의 입장에서는 뇌사자라도 심폐 기능
이 있다면 죽은 것으로 판단해서는 안 되며, 사회적 이익의 측면에서 뇌사 문제
에 접근하는 것은 생명 존엄성을 경시하는 태도를 조장할 수 있다고 지적한다.

| 선지 해설 |

① (가)의 입장이 간과하고 있는 점이 아니다. (가)는 사회 전체의 이익, 유용성
증진의 측면에서 뇌사의 인정이 필요함을 주장하고 있다.

② (가)의 입장은 뇌사를 인정함으로써 사회적 이익, 사회적 선이 실현됨을 간과
하고 있지 않다.

③ (나)의 입장은 심폐사가 죽음을 판단하는 기준이 되어야 한다고 본다. 따라서
(나)의 입장이 제기할 비판으로 적절하지 않다.

④ (나)의 입장은 심폐사를 죽음의 판단 기준으로 보아야 한다고 주장하지만, 장
기 이식을 목적으로 하는 것은 생명의 문제를 이익의 측면으로 접근하는 것
이므로 적절하지 않다고 본다. 따라서 (나)의 입장이 제기할 비판으로 적절하
지 않다.

⑤ (나)의 입장은 뇌사를 죽음으로 판단할 경우 생명 존엄성과 인간의 가치를
훼손할 수 있다고 주장한다. 따라서 뇌사를 죽음의 판단 기준으로 보는 (가)
의 입장에 대해 (나)의 입장이 제기할 비판으로 적절하다.

정답 ④ | 정답률 74%

갑, 을의 입장으로 적절한 것만을 〈보기〉에서 있는 대로 고른 것은?

생식 세포 유전자 치료는 유전병 퇴치에 의학적으로 유용하므로 허용되어야 합니다. 이러한 치료는 새로운 치료법의 개발을 통해 경제적 가치를 창출할 수 있고, 자신의 유전 질환을 자녀에게 물려주지 않으려는 부모의 자율성을 보장해 줄 수 있습니다.

생식 세포 유전자 치료를 허용해서는 안 됩니다. 이러한 치료는 의학적으로 불완전하여 후세대에 부정적 결과를 초래할 수 있습니다. 또한 치료의 영향을 받는 후세대의 동의를 얻지 않은 채 그들의 유전자를 개량하는 데 악용될 수 있습니다.

갑 을

〈 보기 〉

ㄱ. 갑: 자녀의 유전병을 예방하려는 부모의 선택을 존중해야 한다.
ㄴ. 갑: 생식 세포 유전자 치료는 경제적 효용 증진에 기여하지 못~~한다.~~ 한다
ㄷ. 을: 생식 세포 유전자 치료는 후세대의 자율성을 침해할 수 있다.
ㄹ. 갑, 을: 생식 세포 유전자 치료로 인해 발생할 의학적 결과를 고려해야 한다.
　→ 갑: 의학적 유용성, 경제적 가치 등의 결과 고려
　　 을: 후세대에 나타날 부정적 결과 고려

① ㄱ, ㄴ　　　　② ㄱ, ㄷ　　　　③ ㄴ, ㄹ
④ ㄱ, ㄷ, ㄹ　　⑤ ㄴ, ㄷ, ㄹ

| 자료 분석 |

생식 세포 유전자 치료에 대해 갑은 찬성, 을은 반대의 입장을 취한다. 갑은 생식 세포 유전자 치료가 유전병 퇴치에 유용하며, 이를 통해 경제적 가치를 창출할 수 있고, 자녀에게 유전되는 질환을 막을 수 있으므로 허용되어야 한다고 주장한다. 을은 생식 세포 유전자 치료가 의학적으로 불완전하여 후세대에 부정적 결과를 초래할 수 있고, 후세대의 동의 없이 그들의 유전자를 개량하는 데 악용될 수 있으므로 허용되어서는 안 된다고 주장한다.

| 보기 해설 |

ㄱ 갑은 생식 세포 유전자 치료를 허용함으로써 자신의 유전 질환을 자녀에게 물려주지 않으려는 부모의 자율성을 보장하고 부모의 선택을 존중해야 한다고 본다.

ㄴ. 갑은 생식 세포 유전자 치료가 새로운 치료법의 개발을 통해 경제적 가치를 창출할 수 있다고 본다. 따라서 생식 세포 유전자 치료가 경제적 효용 증진에 기여한다고 볼 것이다.

ㄷ 을은 생식 세포 유전자 치료가 치료의 영향을 받는 후세대의 동의를 얻지 않은 채 이루어지기 때문에 후세대의 자율성을 침해할 수 있다고 본다.

ㄹ 갑은 유전병 퇴치에 의학적으로 유용하다는 결과를 근거로 생식 세포 유전자 치료에 찬성한다. 반면, 을은 의학적으로 불완전하여 후세대에 부정적 결과를 초래할 수 있다는 것을 근거로 생식 세포 유전자 치료에 대해 반대한다. 따라서 갑, 을 모두 생식 세포 유전자 치료로 인해 발생할 의학적 결과를 고려하여 생식 세포 유전자 치료의 허용 여부에 대해서 논하고 있음을 알 수 있다.

정답 ⑤ | 정답률 86%

(가)의 입장에 비해 (나)의 입장이 갖는 상대적 특징을 그림의 ㉠~㉤ 중에서 고른 것은?

(가) 인간 배아는 인간과 유전자가 동일하며, 착상 후에 인간이 될 수 있는 잠재성을 가지고 있다. 따라서 배아 복제는 존엄한 인간을 죽이는 것과 같으므로 허용해서는 안 된다. → 배아 복제 반대 입장

(나) 인간 배아는 인간이 될 가능성이 확정되지 않은 단순한 세포 덩어리에 불과하다. 따라서 배아 복제는 인간의 질병을 치료할 수 있다는 점에서 허용해야 한다. → 배아 복제 찬성 입장

(나)의 상대적 특징

· X: 인간 배아를 인간의 이익을 위한 수단으로 여기는 정도 → 높음
· Y: 인간 배아의 생명권보다 인간의 건강권을 중시하는 정도 → 높음
· Z: 인간 배아가 도덕적 지위를 지니고 있음을 강조하는 정도 → 낮음

① ㉠　　② ㉡　　③ ㉢　　④ ㉣　　⑤ ㉤

| 자료 분석 |

(가)는 인간 배아가 이후에 인간이 될 수 있는 잠재성을 지니고 있으므로 배아 복제를 허용해서는 안 된다는 입장을 취하고 있다. 반면 (나)는 인간 배아가 단순한 세포 덩어리에 불과하다고 보면서 인간의 질병 치료를 위해 배아 복제를 허용해야 한다는 입장을 취하고 있다. (가)의 입장에 비해 (나)의 입장이 갖는 상대적 특징은 'X: 인간 배아를 인간의 이익을 위한 수단으로 여기는 정도'와 'Y: 인간 배아의 생명권보다 인간의 건강권을 중시하는 정도'는 높으며 'Z: 인간 배아가 도덕적 지위를 지니고 있음을 강조하는 정도'는 낮다.

| 선지 해설 |

① X: 낮음, Y: 높음, Z: 높음
② X: 높음, Y: 높음, Z: 높음
③ X: 높음, Y: 낮음, Z: 높음
④ X: 낮음, Y: 높음, Z: 낮음
⑤ X: 높음, Y: 높음, Z: 낮음

35 생식 세포 유전자 치료에 대한 입장 24학년도 10월 학평 4번
정답 ⑤ | 정답률 86%

(가)의 주장을 (나) 그림으로 나타낼 때, ㉠에 대한 반론의 근거로 가장 적절한 것은?

(가)	유전자 편집을 통해 유전병을 치료할 수 있는 생식 세포 유전자 치료는 후세대의 자율성을 침해하므로 허용되어서는 안 된다. → 생식 세포 유전자 치료를 반대하는 입장

(나)
대전제: 후세대의 자율성을 침해하는 행위는 허용되어서는 안 된다. + 소전제: ㉠ → 생식 세포 유전자 치료는 후세대의 자율성을 침해하는 행위이다.
↓
결론: 유전자 편집을 통해 유전병을 치료할 수 있는 생식 세포 유전자 치료는 허용되어서는 안 된다.

① 생식 세포 유전자 치료는 후세대의 삶을 특정 방향으로 결정하는 유전적인 개입이다.

② 생식 세포 유전자 치료는 유전적 다양성을 감소시켜 질병에 대한 저항력을 약화시킨다.

③ 생식 세포 유전자 치료는 인간으로서의 도덕적 지위를 지닌 배아를 단지 수단으로만 취급한다.

④ 생식 세포 유전자 치료는 부모의 의도에 따라 자녀의 자질이 설계되는 우생학으로 변질될 수 있다.

✔⑤ 생식 세포 유전자 치료는 유전 형질을 개선해 삶의 방향에 대한 미래 세대의 선택권을 확대할 수 있다. → 생식 세포 유전자 치료를 찬성하는 입장

→ 생식 세포 유전자 치료를 반대하는 입장

| 자료 분석 |

(가)의 주장은 생식 세포 유전자 치료를 반대하는 입장이다. 이 입장에서는 유전자 편집 기술로 생식 세포의 유전자에 인위적으로 개입하는 것이 후세대의 자율성을 침해할 수 있다는 이유 등을 근거로 생식 세포 유전자 치료를 반대한다.

| 선지 해설 |

① 생식 세포 유전자 치료를 반대하는 입장에서는 생식 세포 유전자 치료가 후세대의 삶을 특정 방향으로 결정하여 후세대의 자율성을 침해한다고 본다.

② 생식 세포 유전자 치료를 반대하는 입장에서는 생식 세포 유전자 치료가 유전적 다양성을 감소시켜 질병에 대한 저항력을 약화시킨다고 본다.

③ 생식 세포 유전자 치료를 반대하는 입장에서는 생식 세포 유전자 치료가 인간으로서의 도덕적 지위를 지닌 배아를 단지 수단으로만 취급한다고 본다.

④ 생식 세포 유전자 치료를 반대하는 입장에서는 생식 세포 유전자 치료가 부모의 의도에 따라 자녀의 자질이 설계되는 우생학으로 변질될 수 있다고 본다.

⑤ 생식 세포 유전자 치료를 찬성하는 입장에서는 생식 세포 유전자 치료로 유전 형질을 개선해 삶의 방향에 대한 미래 세대의 선택권을 확대할 수 있다고 본다.

36 생명 과학에 대한 윤리적 쟁점 25학년도 수능 2번
정답 ② | 정답률 94%

다음 토론의 핵심 쟁점으로 가장 적절한 것은? [3점]

갑: 생명 과학이 발달함에 따라 뇌 자극과 약물을 통해 인간의 질병을 치료할 수 있게 되었고, 인간의 이타심을 향상시키는 강화도 가능해졌습니다.

을: 동의합니다. 인간의 이타심을 인위적 조작으로 강화함으로써 사회 이익에 기여하는 도덕적 행동도 증가시킬 수 있게 되었습니다.

갑: 물론 이타심 강화에 의해 사회 이익에 기여하는 친사회적 행동이 증가하는 것은 사실입니다. 하지만 그러한 행동은 자극에 의한 타율적 반응일 뿐 도덕적 행동은 아닙니다.

을: 이타심 강화로 인해 증가한 친사회적 행동이 자극에 의한 타율적 반응인 것은 맞습니다. 하지만 결과적으로 사회 이익을 증진하므로 그러한 행동도 도덕적 행동입니다.

	갑	을
①	○	○
②	×	○
③	○	○
④	○	○
⑤	○	○

① 생명 과학의 발달은 인간의 질병 치료에 기여하는가?

✔② 강화에 의한 인간의 친사회적 행동은 도덕적 행동인가?

③ 인간의 이타심을 인위적으로 향상시키는 방법이 있는가?

④ 강화에 의한 인간의 친사회적 행동은 사회 이익에 기여할 수 있는가?

⑤ 강화에 의한 인간의 친사회적 행동은 자극에 의한 타율적 반응인가?

| 자료 분석 |

갑은 뇌 자극과 약물을 통해 강화된 인간의 이타심은 도덕적 행동이 아니라고 보는 입장이다. 을은 인위적인 조작으로 강화된 인간의 이타심 또한 도덕적 행동이라고 보는 입장이다. 두 입장 모두 인위적인 방법으로 인간의 이타심을 강화할 수 있다는 것은 인정하지만, 이렇게 강화된 인간의 이타심이 도덕적인 가치를 가지는가에 대해 입장 차이가 있다.

| 선지 해설 |

① 갑과 을 모두 생명 과학의 발달로 뇌 자극과 약물을 통해 인간의 질병을 치료할 수 있게 되었다고 본다.

② 갑은 강화에 의한 인간의 친사회적 행동은 타율적인 반응일 뿐 도덕적 행동은 아니라고 보지만, 을은 그러한 행동이 결과적으로 사회의 이익을 증진하므로 도덕적 행동이라고 본다.

③ 갑과 을 모두 뇌 자극과 약물을 통해 인간의 이타심을 인위적으로 향상시킬 수 있다고 본다.

④ 갑과 을 모두 강화에 의한 인간의 친사회적 행동이 사회 이익에 기여한다고 본다.

⑤ 갑과 을 모두 강화에 의한 인간의 친사회적 행동은 자극에 의한 타율적인 반응이라고 본다.

문제편 060~067쪽

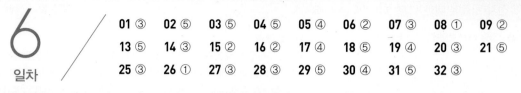

6일차	01 ③	02 ⑤	03 ⑤	04 ⑤	05 ④	06 ②	07 ③	08 ①	09 ②	10 ①	11 ⑤	12 ①
	13 ⑤	14 ③	15 ②	16 ②	17 ④	18 ⑤	19 ④	20 ③	21 ⑤	22 ④	23 ①	24 ②
	25 ③	26 ①	27 ③	28 ③	29 ⑤	30 ④	31 ⑤	32 ③				

01 사랑과 성의 관계 25학년도 6월 모평 18번

정답 ③ | 정답률 80%

(가), (나)의 입장으로 가장 적절한 것은? [3점]

(가) 성은 사회 안정과 관련되고, 출산과 양육의 책임을 발생시킨
보수 다. 따라서 부부 간의 성관계만이 도덕적으로 정당하다. 성
주의 과 관련된 그 밖의 가치는 가족의 안정성과 출산 목적에 기
여하는 것에서 파생된다.

(나) 결혼과 출산이 전제된 성관계만이 도덕적으로 정당한 것은
자유 아니다. 심지어 사랑마저도 정당한 성관계의 필수 요건은 아
주의 니다. 성인들 간의 자발적 동의가 이루어지고, 상호 피해를
주지 않는다면 도덕적으로 정당화될 수 있다.

① (가): 성관계는 종족 보존의 측면에서만 정당화될 수 있다.
② (가): 성의 쾌락적 가치 추구와 생식적 가치 추구는 양립할 수 없다.
✔ (나): 상호 존중의 원리에 부합하는 성관계는 정당화될 수 있다.
④ (나): 사랑이 전제된 성관계에는 해악 금지의 원리가 적용되지 않는다.
⑤ (가)와 (나): 사회적 책임은 도덕적으로 정당한 성관계의 조건이 아니다.

| 자료 분석 |

(가)는 성에 대한 보수주의의 입장, (나)는 성에 대한 자유주의의 입장이다. 성에 대한 보수주의에서는 결혼과 출산을 전제로 하는 성적 관계만을 정당하다고 보며, 성의 생식적 가치에 중점을 둔다. 반면 성에 대한 자유주의의 관점에서는 성인들 간의 자발적 동의가 있고 상호 피해가 없는 성적 관계를 정당하다고 보며, 성의 쾌락적 가치에 중점을 둔다.

| 선지 해설 |

① 성에 대한 보수주의의 입장에서는 종족 보존의 측면과 부부간의 성관계를 정당하다고 본다.

② 성에 대한 보수주의의 입장에서는 부부간의 성관계에서 성의 쾌락적 가치와 생식적 가치를 함께 추구할 수 있다고 본다.

③ 성에 대한 자유주의의 입장에서는 성인들 간의 자발적 동의가 이루어지고 상호 피해를 주지 않는 성관계를 정당하다고 본다.

④ 성에 대한 자유주의의 입장에서는 성관계가 상호 피해를 주지 않아야 정당할 수 있다고 본다.

⑤ 성에 대한 보수주의와 자유주의의 관점 모두 사회적 책임을 도덕적으로 정당한 성관계의 조건이라고 본다.

02 사랑과 성의 관계 24학년도 수능 13번

정답 ⑤ | 정답률 93%

갑, 을의 입장으로 가장 적절한 것은? [3점]

성(性)은 사적 사유의 영역을 넘어 사회 안정과 질서 유지와도 관련됩니다. 결혼의 울타리 안에서 이루어지는 성만이 정당합니다. 부부 간의 사랑이야말로 성의 근거입니다.

→ 보수주의 갑

성은 상대방에 대한 배려와 사랑을 필요로 합니다. 굳이 결혼과 결부시킬 필요가 없습니다. 사랑 없이 쾌락만을 추구하는 성은 도덕적으로 정당하지 않습니다.

중도주의 ← 을

① 갑: 성적 관계에서 개인의 자유가 사회적 책임보다 중요하다.
　　→ 개인의 자유 < 사회적 책임
② 갑: 출산과 양육은 바람직한 성적 관계의 조건이 아니다.
③ 을: 성적 관계는 윤리적 가치 판단의 대상이 아니다.
④ 을: 정당한 성적 관계는 당사자 간의 동의로 충분하다.
　　→ 상대에 대한 사랑 필요
✔ 갑과 을: 성적 관계는 당사자 간의 사랑을 전제해야 한다.

| 자료 분석 |

사랑과 성의 관계에 있어 갑은 보수주의 입장, 을은 중도주의 입장에 해당한다. 보수주의는 결혼과 출산 중심의 성의 정당성을 강조하며, 성은 부부간의 신뢰와 사랑을 전제로 할 때만 도덕적이라고 본다. 중도주의는 사랑 중심의 성의 정당성을 강조하며, 사랑을 동반한 성적 자유를 인정하고 서로 간의 인격 존중과 사랑을 토대로 이루어지는 성적 관계는 도덕적이라고 본다.

| 선지 해설 |

① 갑은 성적 관계가 사적 자유의 영역을 넘어 사회 안정과 질서 유지와도 관련되므로 성적 관계에서 개인의 자유보다는 사회적 책임이 더 중요하다고 본다.

② 갑은 출산과 양육을 바람직한 성적 관계의 조건으로 보고, 부부간의 신뢰와 사랑을 전제로 하여 출산과 양육을 중심으로 이루어지는 성적 관계를 정당하다고 본다.

③ 을은 상대방에 대한 배려와 사랑을 성적 관계의 도덕적 정당화 조건으로 제시함으로써 성적 관계가 윤리적 가치 판단의 대상임을 주장한다.

④ 을은 성을 반드시 결혼과 결부시킬 필요는 없으나 상대방에 대한 존중을 토대로 하는 배려와 사랑은 필요하다고 본다. 또한 사랑 없이 쾌락만을 추구하는 성은 도덕적으로 정당하지 않다고 주장한다. 따라서 을은 당사자 간의 동의를 토대로 하더라도 사랑이 전제되지 않은 성적 관계는 도덕적으로 정당하지 않다고 볼 것이다.

⑤ 갑과 을의 공통적인 입장으로 적절하다. 갑은 결혼한 부부간의 사랑을 토대로 이루어지는 성적 관계를 도덕적으로 정당하다고 보고, 을은 상대에 대한 배려와 사랑을 전제로 하는 성적 관계를 도덕적으로 정당하다고 본다.

03 사랑에 대한 에리히 프롬의 관점 24학년도 9월 모평 12번
정답 ⑤ | 정답률 85%

다음 가상 편지를 쓴 사상가의 입장으로 가장 적절한 것은?
→프롬
사랑은 받는 것이 아니라 주는 것→

○○에게

지난 편지에서 자네는 요즘 만나는 이성 친구를 진정한 사랑의 대상으로 여겨도 되는지 물었지. 내 생각은 이러하네. 자네는 사랑이 영혼의 힘이자 활동이라는 사실을 잘 모르는 것 같더군. 사랑은 상대의 성장과 행복에 대한 갈망이고 보호, 존경, 책임, 이해를 의미한다네. 사랑은 능동적인 활동으로 인간의 고립을 극복하게 하면서도 각자의 특성을 유지할 수 있게 하는 힘이라네. 단지 적절한 사랑의 대상을 찾기만 한다고 해서 사랑이 완성되는 것은 아니라네. 그것은 그림을 그리는 방법을 배우지 않은 채 좋은 대상을 고르는 것만으로 아름다운 그림이 저절로 그려지지 않는 것과 같네. 세상에 노력 없이 얻어지는 것은 없는 법이네. 사랑도 그렇다네. 우선 제대로 사랑하는 방법을 배워야 한다네. …(후략).

→사랑의 기술

① 참된 사랑은 사랑의 대상과 하나가 될 때 느끼는 ~~영속적 감정~~이다.
② 참된 사랑의 궁극적 목적은 자신이 사랑할 대상을 찾아내는 일이다.
③ 참된 사랑은 ~~자신의~~ 관점에서 이해한 상대의 입장을 따르는 것이다.
　　　　　　　상대의
④ 참된 사랑은 ~~수동적 감정으로서 자신의 의지와 무관하게 다가온다.~~
　　　　　　　능동적
✔️ 참된 사랑은 삶의 기술처럼 학습과 노력으로 계발되는 기술이다.

| 자료 분석 |

가상 편지를 쓴 사상가는 프롬이다. 프롬은 진정한 사랑은 온전한 인격적 관계 속에서 성립할 수 있다고 보고, 사랑의 구성 요소로 보호, 존경, 책임, 이해 등을 제시했다. 보호는 사랑하는 사람의 생명과 성장에 적극적인 관심을 갖고 보호하는 것이고, 존경은 상대를 있는 그대로 보는 것이다. 책임은 상대의 요구에 책임 있게 반응하는 것이고, 이해는 상대의 독특한 개성을 알고 상대를 깊이 이해하는 것이다.

| 선지 해설 |

① 프롬에 따르면 사랑의 대상과 하나가 될 때 느끼는 감정은 두 사람이 점차 친숙해지면 권태감으로 나타나고 최초의 감정은 사라질 수 있다.

② 프롬은 자신이 사랑할 대상을 찾아냈다고 참된 사랑이 완성되는 것은 아니라고 보았다.

③ 프롬은 참된 사랑은 자신의 관점에서 이해하고 상대의 입장을 따르는 것이 아니라 상대를 있는 그대로 보는 것이라고 보았다.

④ 프롬은 참된 사랑은 능동적 감정으로서, 빠지는 것이 아니라 참여하는 것이라고 보았다. 즉 사랑은 받는 것이 아니라 주는 것이므로 사랑을 하는 주체의 의지와 밀접하게 관련되어 있다.

⑤ 프롬은 사랑의 실패를 극복하기 위해서는 삶이 하나의 기술이듯 사랑도 기술이라는 사실을 인식해야 한다고 보았다. 따라서 프롬에게 참된 사랑은 삶의 기술처럼 학습과 노력으로 계발되는 기술이라 할 수 있다.

04 사랑과 성의 관계 24학년도 6월 모평 20번
정답 ⑤ | 정답률 85%

(가)의 입장에 비해 (나)의 입장이 갖는 상대적 특징을 그림의 ㉠~㉤ 중에서 고른 것은?

(가) 성적 관계에 관한 결정은 해악 금지의 원칙과 자율성 존중의
자유　원칙에 근거해야 한다. 성적 쾌락의 추구를 혼인과 출산 및
주의　사랑으로 제약하는 것은 성적 자유에 대한 부당한 침해이다.
(나) 성적 관계는 출산과 양육의 책임을 발생시킬 수 있기 때문에
보수　사랑하는 남녀의 결혼을 통해서만 이루어져야 한다. 결혼은
주의　성의 사회적 책임을 위한 제도적 장치이다.

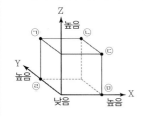

· X: 성적 관계에서 쾌락적 가치보다 생식적 가치를 강조하는 정도↑
· Y: 사랑과 무관한 성적 관계가 정당함을 강조하는 정도↓
· Z: 혼전(婚前) 성적 관계의 도덕적 허용을 강조하는 정도↓

① ㉠　　② ㉡　　③ ㉢　　④ ㉣　　✔️ ㉤

출제 경향

사랑과 성의 관계에 대한 보수주의와 중도주의, 자유주의의 관점을 비교하는 문항은 비교적 평이하게 출제된다. 각 사상의 입장을 묻는 문제나 공통점과 차이점을 찾는 문제들이 출제되고 있으니, 각 사상의 핵심적인 주장을 이해한다면 어렵지 않게 정답을 찾을 수 있다.

| 자료 분석 |

성에 대해 (가)는 자유주의 입장이고, (나)는 보수주의 입장이다. (가)는 타인에게 해악을 주지 않는 범위에서 성인들의 자발적 동의에 따른 성적 자유는 허용되어야 한다고 본다. (나)는 성은 부부간의 사랑과 신뢰를 바탕으로 해야 하며, 결혼을 통해 이루어지는 성적 관계만이 정당하다고 본다. 따라서 (가)의 입장에 비해 (나)는 성적 관계에서 쾌락적 가치보다 생식적 가치를 강조하는 정도(X)가 높고, 사랑과 무관한 성적 관계가 정당함을 강조하는 정도(Y)가 낮으며, 혼전(婚前) 성적 관계의 도덕적 허용을 강조하는 정도(Z)가 낮으므로 그림에서 ㉤에 해당한다.

| 선지 해설 |

① X: 낮음, Y: 높음, Z: 높음

② X: 높음, Y: 높음, Z: 높음

③ X: 높음, Y: 낮음, Z: 높음

④ X: 낮음, Y: 높음, Z: 낮음

⑤ X: 높음, Y: 낮음, Z: 낮음

그림의 강연자의 입장으로 가장 적절한 것은?
└ 에리히 프롬

사랑은 자유의 소산이지 결코 지배의 소산은 아닙니다. 사랑이 지배의 관계로 타락하지 않기 위해서는 존경이 필요합니다. 존경은 상대방에 대한 두려움이나 외경이 아닙니다. 어원적으로도 존경은 어떤 사람을 있는 그대로 보고 그의 독특한 개성을 아는 능력이라고 합니다. 사람들은 사랑할 때, 상대방이 자신에게 이바지할 것을 기대하지만 그것은 사랑하는 사람을 존경하는 것은 아닙니다. 만일 여러분이 다른 사람을 사랑하여 상대방에게 일체감을 느낀다면, '있는 그대로의 그 혹은 그녀'와 일체가 되려는 것이어야 합니다. 사랑하는 사람에 대한 존경은 자유를 바탕으로 해서 성립될 수 있습니다.

→ 오답의 근거가 되는 문장

① 사랑은 일체감을 느끼는 상대방으로부터 도움을 받기 위한 것이다.
② 사랑은 미성숙한 상대방을 변화시키려는 마음에 근거해야 한다.
③ 사랑은 상대방에 대한 존경을 바탕으로 서로에게 복종하는 것이다.
✓④ 사랑은 상대방의 고유성을 존중하는 방식으로 표현되어야 한다.
⑤ 사랑은 상대방에 대한 외경을 통해 드러내는 존경의 감정이다.

| 자료 분석 |

그림의 강연자는 에리히 프롬이다. 프롬은 진정한 사랑이란 상대방을 지배와 소유의 대상으로 보지 않고 서로의 요구에 자발적으로 응답하며 착취 없이 존경하는 것이라고 본다. 또한, 진정한 사랑이란 보호, 책임, 존경, 지식이라는 요소로 구성되어 있다고 주장한다. 즉, 사랑은 상대방의 생명과 성장에 적극적인 관심을 갖고 보호하는 것이고(보호), 상대의 요구에 책임 있게 반응하는 것이며(책임), 상대를 있는 그대로 보는 것이고(존경), 상대를 깊이 이해하는 것(지식)이라고 본다.

| 선지 해설 |

① 프롬은 도움을 받기 위한 목적이 아니라 상대를 있는 그대로 보며 일체가 되는 것이 진정한 사랑이라고 본다.

② 프롬은 사랑이란 상대방을 자신의 기준에 맞게 변화시키려 하거나 소유하는 것이 아니라 있는 그대로의 그 혹은 그녀와 일체가 되려는 것이어야 한다고 주장한다.

③ 프롬은 사랑하는 사람에 대한 존경은 자유를 바탕으로 이루어지는 것으로, 서로를 복종시키려 해서는 안 된다고 본다.

④ 프롬은 상대방의 독특한 개성을 알고 깊이 이해하며 있는 그대로 보는 것, 즉 상대방의 고유성을 존중하는 것이 진정한 사랑이라고 주장한다.

⑤ 프롬은 상대방에 대한 두려움이나 외경은 존경의 감정이 아니라고 본다. 사랑은 서로를 이해하고 알고자 하며, 즐거워함으로써 서로를 소생시키고 생동감을 증대시키는 것이라고 본다.

다음을 주장한 사상가의 입장만을 〈보기〉에서 고른 것은?
└ 나딩스

　배려 윤리는 도덕적으로 정당화될 수 있는 행동이 보편화 가능한 행동이어야 한다는 것을 거부한다. 우리가 누구인지, 누구와 어떤 관계를 맺고 있는지, 어떤 상황에 놓여 있는지를 고려해야 한다. 배려 윤리는 관계의 윤리이다. 배려의 관계는 배려자의 노력에 피배려자가 응답할 때 완성된다.
→ 배려자와 피배려자의 상호 작용 필요

〈 보기 〉

ㄱ. 구체적 맥락에 근거하여 도덕적 의사 결정을 내려야 한다.
ㄴ. 도덕적 의무감과 법칙이 도덕 행위의 기반이 되어야 한다.
　　배려와 관계성 등이
ㄷ. 배려는 배려자와 피배려자의 상호 작용에서 이루어져야 한다.
ㄹ. 배려는 공감과 책임이 아닌 정의와 권리에 기초해야 한다.

① ㄱ, ㄴ　✓② ㄱ, ㄷ　③ ㄴ, ㄷ　④ ㄴ, ㄹ　⑤ ㄷ, ㄹ

| 자료 분석 |

제시된 주장을 한 사상가는 나딩스이다. 나딩스는 배려와 관계성 개념을 중심으로 도덕성을 인식하고, 배려의 상호성을 강조한다. 즉 배려하는 사람은 상대방이 처한 상황과 그 사람의 구체적인 요구를 고려하여 행동할 수 있어야 하며, 배려받는 사람은 배려를 수용하고 적절히 반응해야 한다. 따라서 배려 윤리는 배려자의 노력에 피배려자가 응답할 때 완성되는 것이다.

| 보기 해설 |

ㄱ. 나딩스는 상대방에 대한 관심과 배려, 공감과 동정심, 인간관계와 책임, 구체적인 상황적 맥락 등에 근거하여 도덕적 의사 결정을 내려야 한다고 주장한다.

ㄴ. 나딩스는 도덕적 의무감이나 법칙과 같이 보편적·추상적 도덕 원리를 강조하는 남성 중심의 정의 윤리를 비판하고, 배려, 공감, 관계성, 책임 등을 도덕 행위의 기반으로 삼아야 한다고 강조한다.

ㄷ. 나딩스는 배려가 상호적인 것임을 강조한다. 배려하는 사람은 상대방이 처한 상황과 구체적인 맥락을 고려하여 배려받는 사람이 인정하는 방식으로 배려를 실천해야 하고, 배려받는 사람은 배려하는 사람이 주는 배려를 수용하고 적절히 반응해야 하는 등 상호 작용이 이루어져야 한다고 본다.

ㄹ. 나딩스는 기존의 윤리가 정의, 공정성, 자율성, 권리 등에 기초하여 보편적 원칙을 강조함으로써 실제 삶의 구체적인 맥락과 인간관계를 고려하지 못했음을 비판한다. 이에 따라 나딩스는 정의와 권리에 기초한 윤리에서 벗어나 공감과 책임을 바탕으로 하는 배려 윤리를 실천해야 한다고 주장한다.

다음 토론의 핵심 쟁점으로 가장 적절한 것은? [3점]

└─→ 성의 인격적 가치

> 갑: 성관계가 사랑하는 사람 사이에 서로의 인격을 존중하면서
> 중도 이루어진다면 도덕적으로 정당화됩니다. 이때 인격 존중이란
> 주의 서로의 자율성을 보장하는 것입니다.
>
> 을: 물론 사랑과 상호 인격 존중은 성관계에서 필수적입니다. 그
> 보수 러나 성관계는 출산과 양육에 대해 책임을 져야 하는 문제를
> 주의 발생시킬 수 있기 때문에 부부간의 성관계만이 도덕적으로 정
> 당화됩니다. └─→ 성의 생식적 가치
>
> 갑: 성관계는 그와 같은 책임의 문제를 낳을 수도 있습니다. 하지
> 만 그러한 문제를 낳지 않는 성관계도 얼마든지 가능합니다.
> 또한 결혼하지 않아도 그러한 책임을 충분히 감당할 수 있습
> 니다.
>
> 을: 아닙니다. 결혼하지 않은 상태에서는 그러한 책임을 지기 어려
> 워 사회의 안정성이 위협받습니다. 부부 사이의 성관계는 안
> 정된 가족 관계를 유지하는 데 도움이 됩니다.

	갑	을
①	×	×
②	○	○
③	×	○
④	○	○
⑤	○	○

① 자발적이지 않은 성관계는 정당화될 수 있는가?
② 성관계는 도덕적 가치 판단의 대상이 될 수 있는가?
  └─→ 도덕적 정당화의 조건을 제시하고 있으므로
✓③ 성관계가 정당화되기 위해서는 결혼이 반드시 요구되는가?
④ 자율성과 사랑은 성관계가 정당화되기 위한 전제 조건인가?
⑤ 성관계는 출산과 양육에 대한 책임 문제를 발생시킬 수 있는가?

| 자료 분석 |

갑은 사랑과 성의 관계에 대한 중도주의 입장, 을은 사랑과 성의 관계에 대한 보수주의 입장을 취하고 있다. 갑은 사랑 중심의 성 윤리를 강조하며, 성과 결혼은 별개이며 결혼이 전제되지 않아도 사랑과 인격 존중이 동반된다면 성관계는 정당화될 수 있다고 본다. 반면 을은 결혼과 출산 중심의 성 윤리를 강조하며, 결혼을 통해 부부간의 신뢰와 사랑을 전제로 한 성관계만이 정당화될 수 있다고 본다.

| 선지 해설 |

① 갑, 을 모두 부정의 대답을 할 질문이다. 갑, 을 모두 상호 간에 자발적인 성관계만이 정당화될 수 있다고 주장할 것이다.

② 갑, 을 모두 긍정의 대답을 할 질문이다. 갑은 성관계의 도덕적 정당성의 근거를 상호 간의 인격 존중과 사랑에서 찾을 수 있다고 보고, 을은 출산과 양육에 대해 책임을 질 수 있는 부부 관계에서 찾을 수 있다고 본다. 따라서 갑, 을 모두 성관계가 도덕적 가치 판단의 대상이 되어야 한다고 볼 것이다.

③ 갑은 부정, 을은 긍정의 대답을 할 질문이다. 갑은 사랑과 상호 인격 존중을 토대로 한다면 결혼을 하지 않아도 성관계가 정당화될 수 있다고 주장한다. 반면 을은 사랑과 상호 인격 존중을 토대로 성관계가 이루어진다 하더라도 결혼하지 않은 상태에서는 성관계로 인한 책임을 지기 어려워 사회의 안전성이 위협받을 수 있다고 본다.

④ 갑, 을 모두 긍정의 대답을 할 질문이다. 갑, 을은 성관계가 허용되기 위해서는 사랑과 서로의 자율성을 보장하는 인격 존중이 전제되어야 한다고 주장한다.

⑤ 갑, 을 모두 긍정의 대답을 할 질문이다. 갑, 을은 성관계로 인한 책임에 대한 견해가 다를 뿐, 성관계가 출산과 양육에 대한 책임 문제를 발생시킬 수 있다는 데에는 모두 동의한다.

(가)의 입장에 비해 (나)의 입장이 갖는 상대적 특징을 그림의 ㉠~㉤ 중에서 고른 것은?

└─→ 성의 쾌락적 가치 강조

> (가) 성욕은 인간의 기본적인 욕구이므로 개인은 감각적인 욕구
> 자유 충족만을 위해서도 성적 관계를 맺을 수 있다. 성적 자유는
> 주의 타인에게 해악을 주지 않는 범위에서 허용되며, 자발적 동의
> 와 자율성이 존중되기만 하면 정당화된다.
>
> (나) 부부만이 성적 관계에서 상호 인격 존중의 의무를 다할 수
> 보수 있으며, 사회 안정과 책임 있는 성 문화 유지에 기여할 수 있
> 주의 다. 따라서 성행위는 부부간의 애정과 신뢰를 바탕으로 출산
> 과 양육에 대한 책임을 질 수 있는 경우에 정당화된다.

└─→ 성의 생식적 가치 강조

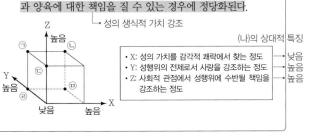

(나)의 상대적 특징

- X: 성의 가치를 감각적 쾌락에서 찾는 정도 ── 낮음
- Y: 성행위의 전제로서 사랑을 강조하는 정도 ── 높음
- Z: 사회적 관점에서 성행위에 수반될 책임을 강조하는 정도 ── 높음

✓① ㉠ ② ㉡ ③ ㉢ ④ ㉣ ⑤ ㉤

| 자료 분석 |

(가)는 성에 대한 자유주의 입장, (나)는 성에 대한 보수주의의 입장이다. 자유주의에서는 개인 간의 자발적인 동의를 근거로 타인에게 해악을 주지 않는다면 자유로운 성적 관계가 정당화될 수 있다고 본다. 또한 개인은 감각적인 욕구 충족, 즉 쾌락을 위해 성적 관계를 맺을 수 있다고 본다. 보수주의에서는 결혼과 출산이 성적 관계를 정당화하는 중요한 요인이라고 보고, 부부간의 신뢰와 사랑을 전제로 하는 성적 관계만이 정당화될 수 있다고 본다. 따라서 (가)의 입장에 비해 (나)의 입장이 갖는 상대적 특징은 'X: 성의 가치를 감각적 쾌락에서 찾는 정도'는 낮고, 'Y: 성행위의 전제로서 사랑을 강조하는 정도'와 'Z: 사회적 관점에서 성행위에 수반될 책임을 강조하는 정도'는 높다.

| 선지 해설 |

① X: 낮음, Y: 높음, Z: 높음

② X: 높음, Y: 높음, Z: 높음

③ X: 낮음, Y: 낮음, Z: 높음

④ X: 낮음, Y: 높음, Z: 낮음

⑤ X: 높음, Y: 높음, Z: 낮음

정답 ② | 정답률 78%

다음을 주장한 사상가의 입장으로 가장 적절한 것은?
└ 칸트

> 결혼은 서로에게 평등한 권리를 허용하고, 자신의 전인격을 온 전히 상대방에게 양도한다는 조건을 받아들이겠다는 두 사람 사 이의 계약이다. 그리하여 각자는 상대방의 전인격에 대한 완전한 권리를 갖게 되며, 이제 인간성을 추락시키지도 않고 도덕성을 위 반하지 않으면서도 성관계가 가능한 방식이 이성(理性)을 통해 명 확해진다.

① 자발적 동의가 없는 성관계도 도덕적으로 정당화될 수 있다.
                                                           없다
✔ 결혼이라는 조건이 충족될 때 상대방의 성을 향유할 수 있다.
③ 타인에게 해를 끼치지 않는 모든 성관계는 도덕적으로 정당하다.
                                  결혼을 한
④ 인격적 만남을 통한 성관계는 부부 사이가 아니어도 정당하다.
⑤ 부부 사이의 성관계도 출산을 의도할 때에만 도덕적으로 정당하다.

| 자료 분석 |

제시된 주장을 한 사상가는 칸트이다. 칸트는 성에 대한 보수주의 입장에서 결혼 을 통해 상대방의 전인격에 대한 완전한 권리를 가질 수 있으며, 이때 인간성을 추락시키거나 도덕성을 위반하지 않으면서도 성관계가 가능해진다고 보았다.

| 선지 해설 |

① 칸트는 자발적 동의에 기초하여 결혼이 이루어지며, 결혼에 기초한 성관계만 이 도덕적으로 정당화될 수 있다고 보았다.

② 칸트는 결혼을 통해 상대방의 전인격에 대한 권리를 가지게 되고, 이때 인간 성과 도덕성의 침해 없이 상대방의 성을 향유할 수 있다고 보았다.

③ 칸트는 결혼에 기초한 성관계만이 도덕적으로 정당할 수 있다고 보았다.

④ 칸트는 오직 결혼에 기초한 성관계만이 상대방의 전인격에 대한 완전한 권리 를 가지는 것이며, 오직 이 경우만이 성을 향유하면서도 도덕성을 위반하지 않는다고 보았다.

⑤ 칸트는 결혼에 기초한 부부 사이의 성관계는 출산을 의도하지 않더라도 도덕 적으로 정당하다고 보았다.

정답 ① | 정답률 82%

갑, 을의 입장으로 가장 적절한 것은?
                              → 성행위에 대한 보수주의의 관점

> 갑: 도덕적 판단에서 성(性)행위를 여타 행위와 구별해야 할 이유
> 보수 가 존재한다. 성행위는 출산과 양육의 책임을 발생시킬 수 있
> 주의 기 때문에 부부의 사랑이 전제된 성행위만이 정당하다.
> 을: 도덕적 판단에서 성행위를 여타 행위와 구별해야 할 이유는
> 자유 없다. 자율성의 원칙, 해악 금지의 원칙 이외에 성행위의 도덕
> 주의 적 정당화에 필요한 추가적 원칙은 없다.

                                → 성행위에 대한 자유주의의 관점
✔ 갑: 서로의 인격이 존중된 성행위도 정당하지 않을 수 있다.
② 갑: 성의 자기 결정권 존중은 성행위 정당화의 충분조건이다.
③ 을: 성행위를 정당화하는 데 필요한 도덕적 제약은 없다.
                                        있다
④ 을: 쾌락적 가치보다는 생식적 가치가 성의 목적에 부합한다.
      생식적   쾌락적
⑤ 갑, 을: 성행위의 본질은 사회의 안정과 종족의 보존에 있다.

| 자료 분석 |

갑은 성에 대한 보수주의 입장을, 을은 자유주의 입장을 취하고 있다. 보수주의 는 성행위를 출산 및 양육과 결부하여 파악하기 때문에 부부간의 사랑이 전제된 성행위만이 도덕적으로 정당하다고 본다. 반면 자유주의는 개인의 자발적 동의 에 따르는 '자율성의 원칙'과 다른 사람에게 피해를 주지 않는 '해악 금지의 원칙' 을 충족한다면, 자유로운 성행위가 도덕적으로 정당화될 수 있다고 본다.

| 선지 해설 |

① 보수주의는 서로의 인격을 존중하는 사랑에 기초하더라도, 출산과 양육의 책 임을 질 수 있는 부부 관계를 전제하지 않은 성행위는 정당하지 않다고 본다.

② 보수주의는 성의 자기 결정권에 대한 존중만으로는 성행위를 정당화하는 데 충분하지 않으며, 성은 부부간의 사랑이 전제되어야만 한다고 본다.

③ 자유주의는 성행위를 정당화하는 데 필요한 도덕적 제약으로서 자율성의 원 칙과 해악 금지의 원칙을 제시한다.

④ 성의 쾌락적 가치보다 생식적 가치를 강조하는 입장은 자유주의가 아닌 보수주 의에 해당한다. 자유주의는 성의 생식적 가치보다는 쾌락적 가치를 중시한다.

⑤ 성행위의 본질이 사회의 안정과 종족의 보존에 있다고 보는 입장은 보수주의 에만 해당한다.

갑, 을의 입장으로 가장 적절한 것은?

> 성의 자연적 목적은 출산이며, 부부간의 신뢰와 사랑을 전제로 할 때만 성적 관계는 정당화될 수 있습니다.

보수주의
갑

> 아닙니다. 혼인 관계 여부와 상관없이 인격적인 사랑을 전제로 한 성적 관계는 도덕적으로 허용되어야 합니다.

중도주의
을

① 갑: 성적 관계는 도덕적 가치 판단의 대상이 ~~아니다.~~
② 갑: 성의 ~~생식적인~~ 가치보다 ~~쾌락적인~~ 가치가 더 중요하다.
         쾌락적인   생식적인
③ ~~을~~: 결혼을 전제로 하지 않는 성적 관계는 모두 비도덕적이다.
  갑(보수주의)
④ 을: ~~상호 동의만 전제되면 성적 관계는 도덕적으로 허용될 수 있다.~~
    자유주의
⑤ 갑, 을: 사랑이 결여된 성적 관계는 도덕적으로 정당화될 수 없다.

개념 확인	사랑과 성의 관계에 대한 다양한 입장
보수주의	• 결혼과 출산 중심의 성 윤리 • 성은 부부간의 신뢰와 사랑을 전제로 할 때만 도덕적임 • 결혼을 통해 이루어지는 성적 관계만이 정당함
중도주의	• 사랑 중심의 성 윤리 • 성을 결혼과 결부시키지 않음 • 사랑을 동반한 성적 관계는 정당함
자유주의	• 자발적인 동의 중심의 성 윤리 • 성숙한 성인의 자발적 동의에 따라 이루어지는 성적 관계는 정당함 • 개인의 자유로운 선택을 중시함

| 자료 분석 |

사랑과 성의 관계에 대해 갑은 보수주의, 을은 중도주의의 입장을 취한다. 보수주의는 결혼과 출산을 성과 결부시켜 판단한다. 그렇기 때문에 사랑과 신뢰를 바탕으로 결혼을 전제로 한 성만이 정당화될 수 있다고 본다. 중도주의는 혼인 관계와 상관없이 인격적인 사랑을 전제로 한 성은 도덕적으로 허용될 수 있다고 본다.

| 선지 해설 |

① 보수주의의 입장에서는 성적 관계를 도덕적 가치 판단의 대상으로 보며, 결혼을 전제로 한 성적 관계만이 도덕적으로 옳은 것이고, 그 외의 성적 관계는 도덕적으로 옳지 않다고 본다.

② 보수주의의 입장에서 성의 자연적 목적은 생식적 가치에 해당하는 출산이다. 그러므로 보수주의는 쾌락적 가치보다 생식적 가치를 더욱 중시한다.

③ 보수주의의 입장에 해당한다. 중도주의의 입장에서는 결혼을 전제하지 않더라도 사랑을 전제로 한 성적 관계는 도덕적으로 허용된다고 본다.

④ 자유주의의 입장에 해당한다. 중도주의는 상호 동의가 전제되더라도 사랑이 없는 성적 관계는 도덕적으로 허용될 수 없다고 본다.

⑤ 보수주의와 중도주의의 공통된 입장으로 적절하다. 보수주의는 사랑과 신뢰를 전제로 한 결혼의 테두리 안에서 이루어지는 성적 관계를, 중도주의는 인격적인 사랑을 전제로 한 성적 관계를 도덕적으로 허용한다.

6
일차

다음 가상 편지를 쓴 사상가가 지지할 입장만을 〈보기〉에서 고른 것은?

→ 에리히 프롬

○○에게

사랑에 대해 고민이 많은 너에게 조언을 해 주고 싶구나. 요즘 사람들은 사랑할 줄 아는 능력을 기르려고 하기보다는 사랑을 받으려고만 하는 것 같구나. 하지만 사랑은 수동적 감정이 아니라 능동적 활동이란다. 사랑은 상대방의 생명과 성장에 적극적인 관심을 가지고, 자발적으로 책임지는 것이며, 착취 없이 존경하는 것이란다. 가장 일반적인 방식으로 사랑의 능동적 성격을 말한다면 사랑은 본래 '주는 것'이지 받는 것이 아니란다.

〈 보기 〉

ㄱ. 사랑은 상대방의 요구에 책임 있게 반응하는 것이다.
ㄴ. 사랑은 보호와 존경을 기본적 요소로 내포하고 있다.
ㄷ. 사랑은 자신의 의지대로 상대방을 변화시키려는 활동이다.
ㄹ. 사랑은 주는 행위로서 자신의 생명을 희생해야 하는 것이다.

① ㄱ, ㄴ   ② ㄱ, ㄷ   ③ ㄴ, ㄷ   ④ ㄴ, ㄹ   ⑤ ㄷ, ㄹ

| 자료 분석 |

가상 편지를 쓴 사상가는 에리히 프롬이다. 프롬은 보호, 책임, 존경, 이해(지식)를 사랑의 구성 요소로 제시한다. 그는 진정한 사랑이 인간의 온전한 인격적 관계 속에서 성립할 수 있다고 보며, 사랑은 수동적 감정이 아닌 능동적 활동이라고 주장한다. 또한 사랑은 적극적으로 참여하는 것이며, 받는 것이 아니라 주는 것이라고 본다.

| 보기 해설 |

ㄱ 프롬이 제시한 사랑의 구성 요소 중 '책임'에 대한 설명이다. 프롬은 진정한 사랑은 상대방의 요구에 책임 있게 반응하는 것이라고 본다.

ㄴ 프롬은 사랑의 기본적인 요소로 보호, 책임, 존경, 이해를 제시한다. 그에 따르면 사랑은 사랑하는 사람의 생명과 성장에 적극적인 관심을 갖고 보호하는 것이며, 상대를 지배하고 소유하는 것이 아니라 상대방을 있는 그대로 바라보고 존중하는 것이다.

ㄷ. 프롬은 진정한 사랑은 상대방을 있는 그대로 인정하고 존경하며, 이해하는 것이라고 본다. 따라서 상대방을 내가 원하는 대로 바꾸려고 하는 것은 상대방을 지배하고 소유하려는 태도라고 비판한다.

ㄹ. 프롬은 진정한 사랑이 받는 것이 아니라 주는 것이라고 보지만, 다음과 같은 유형들은 사랑에 대한 그릇된 태도에서 비롯된 것이라고 설명한다. 사랑을 받는 것에 대한 교환의 의미로만 주어야 한다고 보는 '시장형 성격의 사람', 주는 것을 가난해지는 것이라고 생각해서 대부분 주려고 하지 않는 '비생산적인 성격의 사람', 고통을 감수하는 희생이라는 의미에서 사랑을 주는 것이 덕이라고 여기는 사람이 그것이다.

13 사랑과 성의 관계 22학년도 7월 학평 9번

정답 ⑤ | 정답률 83%

갑, 을의 입장으로 가장 적절한 것은?

→ 성의 생식적 가치

성의 진정한 가치는 종족 보존에서 찾을 수 있습니다. 부부간의 신뢰와 사랑을 전제로 출산과 양육을 책임질 수 있는 성적 관계만이 정당화될 수 있습니다.

→ 성의 인격적 가치

성의 진정한 가치는 사랑의 실현에 있습니다. 사랑이 동반된 성은 인격적 교감을 가능하게 하므로 혼인 여부와 상관없이 성적 관계는 정당화될 수 있습니다.

보수주의 ← 갑   을 → 중도주의

① 갑: 성적 관계에서 <u>쾌락의 추구</u>가 주된 목적이 되어야 한다.
    종족 보존이

② 갑: 타인에게 해악을 주지 않는 <u>모든 성적 관계는 허용된다.</u>
                        가 다 허용되는 것은 아니다

③ 을: 성적 관계는 사적 영역으로서 도덕 판단의 대상이 <u>아니다.</u>
                                    된다

④ 을: 상호 동의가 성적 관계를 정당화하는 <u>충분조건</u>이 된다.
                            필요조건

⑤ 갑, 을: 성적 관계는 서로의 인격 존중에 바탕을 두어야 한다.

| 자료 분석 |

사랑과 성의 관계에 있어 갑은 보수주의, 을은 중도주의의 입장을 취한다. 보수주의는 결혼과 출산 중심의 성 윤리를 토대로, 성은 결혼한 부부간의 신뢰와 사랑을 전제로 할 때만 도덕적으로 정당화될 수 있다고 주장한다. 중도주의는 사랑 중심의 성 윤리를 토대로 사랑을 동반하는 성적 관계를 인정하며, 성은 사랑과 인격적 교감을 토대로 할 때에 도덕적으로 정당화될 수 있다고 주장한다.

| 선지 해설 |

① 갑은 성적 관계의 주된 목적이 생식적 가치에 있다고 보고, 결혼을 통해 이루어지는 부부간의 성적 관계만이 출산과 양육을 책임질 수 있으므로 도덕적으로 정당화된다고 주장한다.

② 갑은 결혼을 전제로 하는 성적 관계만이 도덕적으로 허용될 수 있다고 주장한다. 따라서 갑은 타인에게 해악을 주지 않는다 하더라도 결혼 제도 안에서 부부간에 이루어지는 성적 관계가 아니라면 허용하지 않을 것이다.

③ 을은 사랑과 인격적 신뢰를 전제로 한 성적 관계는 도덕적으로 정당화될 수 있다고 주장한다. 따라서 을은 성적 관계의 도덕적 정당화 조건을 제시함으로써 성적 관계를 도덕 판단의 대상으로 인식하고 있다.

④ 을은 상호 동의가 성적 관계를 정당화하는 필요조건이기는 하지만 충분조건은 될 수 없다고 본다.

⑤ 갑은 결혼과 출산을 중심으로 성적 관계의 정당성을 주장하지만, 성적 관계에 있어 부부간의 신뢰와 사랑, 서로에 대한 인격 존중이 바탕이 되어야 함을 강조한다. 을 역시 사랑을 중심으로 성적 관계의 정당성을 주장하며 성적 관계에서 상호 간의 존중과 배려를 실현하는 인격적 가치가 기준이 되어야 함을 강조한다.

---

14 성에 대한 보수주의의 입장 22학년도 4월 학평 2번

정답 ③ | 정답률 91%

다음을 주장한 사상가의 입장으로 가장 적절한 것은? [3점]
                        → 칸트

인간이 상대방의 성(性)을 향유하기 위해 자신을 내어 주는 행위는 자신을 사물로 만드는 것이지만, 오직 <u>혼인이라는 조건하에서 남녀는 서로의 인격성을 상실하지 않고 성을 향유할 수 있다.</u> 혼인은 출산을 위한 것만은 아니며, 남녀가 <u>쾌락을 전제로 성을 향유하고자 하더라도 반드시 혼인해야 한다.</u>
                    → 보수주의 입장

① 사랑이 전제된 혼인 전의 성관계는 도덕적으로 정당하다.
                                하지 않다

② 부부 사이라도 성관계를 통해 쾌락을 추구해서는 <u>안 된다.</u>

③ 인격성을 훼손하지 않는 성관계는 부부 사이에서만 가능하다.

④ 성관계를 통한 생식적 가치의 추구는 혼인의 <u>유일한</u> 목적이다.

⑤ <u>모든 성관계는 상대방을 대상화하므로 허용되어서는 안 된다.</u>
    → 부부 사이의 성관계는 찬성함

| 자료 분석 |

제시된 주장을 한 사상가는 칸트이다. 칸트는 사랑과 성의 관계에 있어 보수주의의 입장을 취한다. 그는 성이 부부간의 신뢰와 사랑을 전제로 할 때에만 도덕적이라고 주장하며, 결혼을 통해 이루어지는 성관계만이 정당하다고 본다.

| 선지 해설 |

① 칸트는 혼인 전의 성관계는 도덕적으로 정당하지 않다고 본다. 그에 따르면 성은 결혼 제도 안에서 이루어질 때에만 인간 본성에 부합한 도덕적 행위로 정당화될 수 있다.

② 칸트는 부부 사이에서 이루어지는 성관계를 통해 쾌락을 추구하는 것에 반대하지 않는다.

③ 칸트는 부부 사이에서 이루어지는 성적 관계만이 개인의 인격성을 훼손하지 않으면서 서로의 성을 향유할 수 있게 한다고 본다.

④ 칸트는 출산과 같은 생식적 가치가 혼인의 유일한 목적이라고 보지 않는다. 그는 결혼을 통해 이루어지는 부부간의 성관계는 허용되어야 한다고 본다.

⑤ 칸트는 모든 성관계에 대해 반대하는 것이 아니라 결혼을 통해 이루어지는 부부 사이의 성관계만이 허용되어야 한다고 본다.

㉠에 들어갈 진술로 가장 적절한 것은?

> ┌─── 보수주의적 관점
> 인간이 상대의 성을 사용하는 것은 일종의 향유로서, 이러한 행위는 인간이 스스로를 사물로 만드는 것이며 인간이 갖는 고유한 인격체로서의 권리와 모순된다. 다만, 결혼이라는 조건하에서만 서로가 상대의 성을 사용하더라도 자기 자신을 사물로만 취급하는 것이 아니며 인격성을 상실하지도 않는다. 그런데 어떤 사람들은 성은 쾌락적 가치를 지니며 타인에게 해악을 주지 않는다면 서로가 동의한 성적 행위는 정당하다고 주장한다. 내가 보기에 이러한 주장은 ┌─── ㉠ ───┐ 는 점을 간과하고 있다.
> └─ 자유주의적 관점

① 성적 행위는 남에게 피해를 주지 않으면서 이루어져야 한다
☑ 성적 향유는 오직 부부라는 조건하에서만 정당화가 가능하다
③ 성은 성인들의 자발적 합의에 따라 자유롭게 추구해도 된다
④ 성적 행위는 사랑을 전제로 하지 않더라도 정당화될 수 있다
⑤ 성의 생식적인 가치보다 쾌락적인 가치를 더욱 중시해야 한다

| 자료 분석 |

제시된 주장을 한 사상가는 성에 대한 보수주의적 관점을 취하는 칸트이다. 칸트는 오직 결혼이라는 조건하에서만 서로의 인격을 존중하면서 성을 향유할 수 있다고 보았다. 반면 '어떤 사람들'은 타인에게 해악을 끼치지 않고 상호 간 동의가 전제되었다면 성관계가 정당화된다는 자유주의적 입장을 취하고 있다. 따라서 ㉠에는 칸트와 같은 보수주의 입장에서 자유주의 입장에 할 수 있는 비판이 들어가야 한다.

| 선지 해설 |

① 성에 대한 보수주의와 자유주의적 관점 모두 성적 행위는 남에게 피해를 주지 않으면서 이루어져야 한다고 본다.

②보수주의(칸트)적 관점에서는 성적 향유가 오직 결혼을 전제로 한 부부 관계에서만 정당화된다고 주장하므로, 보수주의적 관점에서 자유주의적 관점에 제기할 수 있는 비판으로 적절하다.

③ 자유주의적 관점에서 긍정할 내용이다. 자유주의적 관점에서는 성인들의 자발적인 합의에 따라서 성을 자유롭게 추구할 수 있다고 본다.

④ 자유주의적 관점에서 긍정할 내용이다. 자유주의적 관점에서는 사랑을 전제하지 않더라도 상호 간 자발적인 동의가 있다면 성적 행위를 정당화할 수 있다고 본다.

⑤ 자유주의적 관점에서 긍정할 내용이다. 보수주의적 관점에서는 성의 생식적인 가치를 중시하여, 성관계로 파생될 수 있는 결과(자손)를 책임질 수 있도록 결혼을 성관계의 필수적인 조건으로 제시한다. 반면 자유주의적 관점에서는 성의 생식적인 가치보다 쾌락적인 가치를 더 중시한다.

갑, 을의 입장으로 적절하지 않은 것은?

> 갑: 사랑을 전제로 한 성적 자유를 인정해야 하며, 이러한 성적 관계만이 도덕적이다. 사랑을 동반한 성은 인간의 품격을 유지시키고 상대방에 대한 책임감을 고양한다.
> (중도주의)
> 을: 사랑하는 남녀가 만나 결혼이라는 제도를 통해 이루어지는 성적 관계만이 도덕적이다. 성(性)은 부부간의 신뢰를 바탕으로 사회 구성원을 재생산하는 데 기여해야 한다.
> (보수주의)

① 갑: 사랑이 결여된 성적 관계는 인간의 존엄성을 훼손할 수 있다.
☑ 갑: 자발적인 동의가 전제된 모든 성적 관계는 정당화될 수 있다.
    자유주의
③ 을: 성적 관계는 새로운 생명을 탄생시키는 원천이 되어야 한다.
④ 을: 성의 쾌락적 가치만을 중시하는 성적 관계는 허용될 수 없다.
⑤ 갑, 을: 성적 관계는 상호 간의 인격적 교감을 바탕으로 해야 한다.

| 자료 분석 |

갑은 성에 대한 중도주의 입장을 취하면서, 사랑이 전제된 성적 관계는 도덕적이라고 본다. 반면 을은 보수주의의 입장을 취하면서, 사랑뿐만 아니라 결혼이라는 제도적 결합이 전제된 성적 관계만이 도덕적이라고 본다.

| 선지 해설 |

① 중도주의 입장에서는 사랑이 동반된 성적 관계만이 윤리적이며, 사랑이 결여된 성적 관계는 인간의 존엄성을 훼손할 수 있다고 본다.

②중도주의가 아닌 자유주의의 입장이다. 중도주의 입장에서는 자발적인 동의가 있더라도 사랑이 전제되지 않은 성적 관계는 정당하지 않다고 본다.

③ 보수주의 입장에서는 결혼을 전제한 성적 관계만이 도덕적이며, 인간의 성은 새로운 생명을 탄생시킴으로써 사회 구성원을 재생산하는 데 기여해야 한다고 본다.

④ 보수주의 입장에서는 성의 생식적 가치와 인격적 가치를 특히 중시하며, 성의 쾌락적 가치만을 중시하는 성적 관계를 허용하지 않는다.

⑤ 중도주의와 보수주의는 모두 성적 관계를 정당화하기 위한 조건으로서 사랑과 같은 인격적 교감을 제시하고 있다.

17 사랑과 성의 관계 21학년도 3월 학평 5번

정답 ④ | 정답률 48%

갑, 을의 입장으로 적절하지 않은 것은?

> 갑: 성의 자연적 목적은 출산이다. 사랑하는 <u>남녀가 결혼이라는</u>
> 보수 <u>사회적 승인을 거쳐서 출산과 관련하여 행하는 성적 관계만</u>
> 주의 <u>이 도덕적으로 정당하다.</u> → 성의 생식적 가치 중시
>
> 을: 성을 도덕적으로 만드는 것은 사랑이다. 사랑은 인간적 성의
> 중도 고유한 가치이고 <u>사랑이 동반된 성적 관계만이 도덕적으로 정</u>
> 주의 <u>당하다.</u> → 성의 인격적 가치 중시

① 갑: 성적 관계의 결과에 대한 책임은 도덕적으로 중요하다.
    └→ 결혼 안에서 가능
② 갑: 성은 사적 영역에 속하면서도 사회 질서 유지와 관계된다.
                    └→ 사회 구성원의 재생산(출산)
③ 을: 성은 사랑이 전제될 때 서로의 정신적 교감을 고양한다.
✔④ 을: 성적 자기 결정권의 존중은 성적 관계의 필요충분조건이다.
                            필요조건
⑤ 갑, 을: 성적 관계에서 상호 간의 존중과 배려는 필수적이다.
    → 성에 대한 보수주의 입장에서도 사랑은 필수적이라고 봄

| 자료 분석 |

성과 사랑의 관계에 대해 갑은 보수주의, 을은 중도주의의 입장을 취한다. 갑은 성이 부부간의 신뢰와 사랑을 전제로 할 때만 정당화될 수 있다고 보고, 결혼과 출산 중심의 성 윤리를 주장한다. 을은 사랑을 동반한 성은 도덕적으로 정당하다고 보고, 사랑 중심의 성 윤리를 주장한다.

| 선지 해설 |

① 갑은 보수주의 입장에서 부부 관계를 전제로 사랑과 출산을 목적으로 한 성적 관계만이 도덕적으로 정당화될 수 있다고 본다. 따라서 갑은 성적 관계의 결과에 대한 책임이 도덕적으로 중요하다고 본다.

② 갑은 성이 출산과 같이 종족 보존과 관련된 생식적 가치를 지닌다고 본다. 따라서 갑에게 있어 성은 사회 구성원을 재생산함으로써 사회 질서를 유지하는 중요한 요소라고 할 수 있다. 즉, 성은 부부 사이에 이루어지는 사적 영역이면서도 사회 질서 유지와 관계되는 것이다.

③ 을은 중도주의 입장에서 사랑을 중심으로 하는 성 윤리를 강조한다. 따라서 성은 사랑이 전제될 때 서로의 정신적 교감을 고양한다고 볼 것이다.

④ 성적 자기 결정권은 외부의 부당한 압력이나 타인의 강요 없이 스스로의 의지와 선택에 따라 자신의 성적 행동을 결정하는 것을 의미한다. 성에 관한 중도주의 입장에서는 사랑을 동반한 성적 관계가 정당하다고 인식하기 때문에 성적 자기 결정권뿐만 아니라 서로 간의 사랑도 반드시 전제되어야 한다고 본다. 따라서 을의 입장에서 성적 자기 결정권의 존중은 성적 관계에서의 필요조건이기는 하나, 충분조건이 될 수는 없다.

⑤ 갑은 보수주의 입장을, 을은 중도주의 입장을 취한다는 차이점이 있지만, 갑과 을은 공통적으로 서로 간의 신뢰와 사랑을 전제로 한 성적 관계를 강조한다. 따라서 갑, 을 모두 성적 관계에서 상호 간의 존중과 배려를 필수적이라고 볼 것이다.

18 사랑과 성의 관계 20학년도 3월 학평 7번

정답 ⑤ | 정답률 76%

갑, 을의 입장으로 가장 적절한 것은?
                        → 성의 생식적 가치 중시

> 갑: 성은 본질적으로 결혼과 출산을 전제로 하는 안정감 속에서
> 이루어지는 것이다. 이럴 경우에 사랑하는 부부를 중심으로
> 가정이 지속될 수 있다. → 성에 대한 보수주의 입장
>   → 성의 쾌락적 가치 중시
> 을: 성은 본질적으로 즐거움 그 자체를 추구하는 것이다. 성은 자
> 발적 동의를 바탕으로 해악 금지의 원칙을 준수하는 한에서
> 이루어지는 즐거운 경험이다. → 성에 대한 자유주의 입장

① 갑: 성에 대한 책임보다는 성적인 자유를 중시해야 한다.
      성적인 자유   성에 대한 책임을
② 갑: 성의 생식적 가치보다 쾌락적 가치를 중시해야 한다.
   을
③ 을: 성은 서로의 사랑을 바탕으로 한 행위로 제한되어야 한다.
   갑
④ 을: 성은 자유로운 활동으로 도덕적 제약 없이 이뤄져야 한다.
    → 자발적 동의를 바탕으로 해악 금지의 원칙을 준수해야 한다고 봄
✔⑤ 갑, 을: 성은 상대 의사를 존중하지 않으면 정당화될 수 없다.

| 자료 분석 |

갑은 성에 대한 보수주의 입장을 취하면서, 성이 부부간의 신뢰와 사랑을 전제로 할 때만 도덕적이라고 주장한다. 을은 성에 대한 자유주의 입장을 취하면서, 성의 쾌락적 가치를 중시한다. 또한 을은 성에 대한 개인의 자유로운 선택을 중시하며, 부부 관계가 아니더라도 자발적 동의에 따라 다른 사람에게 피해를 주지 않는 한 성적 관계가 허용될 수 있다고 본다.

| 선지 해설 |

① 갑은 보수주의의 입장에서 성적인 자유보다는 성에 대한 책임을 중시한다.

② 갑이 아니라 을의 입장이다. 갑은 성이 결혼과 출산을 전제로 할 때 정당할 수 있다고 보며, 성의 쾌락적 가치보다는 성의 생식적 가치를 중시한다.

③ 을이 아니라 갑의 입장이다. 을은 사랑이 없는 성이라도 당사자들의 자발적 합의가 있다면, 다른 사람에게 피해를 주지 않는 한 제한되어서는 안 된다고 본다.

④ 을은 다른 사람에게 피해를 주어서는 안 된다는 해악 금지의 원칙을 준수하는 한에서 성을 자유롭게 추구할 수 있다고 본다.

⑤ 갑, 을 모두 성은 상대방의 의사를 존중할 때 정당화될 수 있다고 본다.

다음 신문 칼럼의 입장으로 적절하지 <u>않은</u> 것은? [3점]

○○신문   ┌ 선천적인 요인이 아님   ○○○○년 ○월 ○일

칼 럼

　남성과 여성 간 지적 능력의 차이는 사회적이고 환경적인 요인에 의한 것이다. 여성으로 태어난 것이 사회적 지위를 결정하거나 다양한 직업으로의 진출을 방해하는 이유가 되어서는 안 된다. 가정 속에서 여성이 평등한 권리를 누리고 남성이 여성을 존중하게 되면 인간 본성에도 유익한 영향을 줄 것이다. 여성이 자신의 생각을 피력할 수 있게 되면 사회 전체의 생각과 감정을 발전시킬 것이다. 인간으로서의 기본권을 누리지 못하고 있는 여성에 대해 차별이 지속되는 것은 사회 전체의 손실이 아닐 수 없다. …(후략).

① 여성들을 존중하는 태도를 통해 도덕성을 함양시킬 수 있다.
② 차별적인 관습과 제도로부터 여성을 해방시키는 것이 필요하다.
③ 여성의 자유권 확대와 사회 전체의 이익 증진은 양립 가능하다.
④ 남녀의 지적 능력의 차이는 <del>선천적이지만</del> 성차별을 해서는 안 된다.
　　　　　　　　　　　사회적이고 환경적 요인에 의한 것으로
⑤ 여성에게 표현의 자유를 보장하면 사상의 발전에 기여할 수 있다.

| 자료 분석 |

제시된 칼럼은 남녀 차별에 관한 내용을 다루고 있다. 칼럼에서는 남성과 여성 간 지적 능력의 차이는 사회적·환경적 요인으로 인한 것이며, 여성으로 태어났다는 것이 사회적 지위나 직업에서의 차별이 되어서는 안 된다고 주장한다. 나아가 여성의 평등한 권리 보장과 여성에 대한 남성의 존중이 인간 본성에 유익한 영향을 줄 것이며, 여성이 자신의 생각을 피력하게 된다면 사회 전체의 생각과 감정의 발전에도 도움이 될 것이라고 본다.

| 선지 해설 |

① 칼럼의 "남성이 여성을 존중하게 되면 인간 본성에도 유익한 영향을 줄 것이다."라는 문장에서, 여성 존중을 통해 도덕성을 함양시킬 수 있다고 주장함을 알 수 있다.

② 칼럼의 "여성으로 태어난 것이 사회적 지위를 결정하거나 다양한 직업으로서의 진출을 방해하는 이유가 되어서는 안 된다."라는 문장을 통해, 차별적인 관습과 부당한 제도로부터 여성들을 해방시켜야 한다고 주장함을 알 수 있다.

③ 칼럼의 "인간으로서의 기본권을 누리지 못하고 있는 여성에 대해 차별이 지속되는 것은 사회 전체의 손실이 아닐 수 없다."라는 문장을 통해, 여성의 자유권 확대와 사회 전체의 이익 증진이 양립할 수 있음을 알 수 있다.

④ 칼럼에서는 남녀의 지적 능력의 차이를 사회적이고 환경적인 요인에 의한 것으로 본다. 즉, 남녀 간 지적 능력의 차이가 선천적이라고 규정하지 않는다.

⑤ 칼럼의 "여성이 자신의 생각을 피력할 수 있게 되면 사회 전체의 생각과 감정을 발전시킬 것이다."라는 문장을 통해, 여성에게 표현의 자유를 보장하면 사상의 발전에 기여할 수 있다고 봄을 알 수 있다.

그림의 강연자가 긍정의 대답을 할 질문으로 가장 적절한 것은?

┌ 보부아르   ┌ 여성에 대한 지배를 존속하기 위해 남성 중심의 가치관이 반영된 '여성성'이 강요되었음을 지적

인간에게 정해진 본성은 없습니다. 그럼에도 남성은 운명적인 여성성이라는 속임수로 여성을 지배하고 강제했습니다. 여성의 자연스러운 출산마저 사회는 모성의 의무로 강요했습니다. 그러나 실존적인 인간은 타인으로부터 하찮은 존재로 취급되면 반드시 자기의 주권을 회복하려 합니다. 이때 여성은 남성의 지배에서 벗어나려 하고 남성은 계속 지배하려 하므로 갈등이 발생합니다. 이 갈등은 남성과 여성이 자율적 존재로서 동등한 관계임을 인정하고, 이것이 사회적 성과로 이어져 새로운 여성이 탄생해야 끝이 납니다.
└ 여성과 남성이 동등한 관계임을 인정해야 한다고 봄

① 여성은 남성에게 헌신하려는 성향을 가지고 <u>태어나는가?</u>
② 여성의 의무는 생물학적 특성에 의해 <u>규정되어야 하는가?</u>
③ 여성성은 남성 중심의 가치관이 반영된 사회적 산물인가?
④ 여성은 수동적인 삶을 통해 실존적 자유를 회복해야 하는가?
⑤ <u>여성의 남성에 대한 우월성</u>이 여성을 속박에서 해방시킬 수 있는가?

| 자료 분석 |

그림의 강연자는 보부아르이다. 보부아르는 인간에게 정해진 본성은 없음에도 불구하고 여성들이 '여성성'을 강요받으며 남성의 지배를 받아 왔음을 지적하였다. 또한 남성에 의해 부여된 사회적 산물로서의 여성성으로부터 벗어나 자율적 존재로서 새로운 여성이 탄생해야 함을 주장하였다.

| 선지 해설 |

① 보부아르는 모든 인간에게 정해진 본성은 없다고 주장하며, 그동안 여성이 남성에게 헌신하려는 성향을 강요받아 왔음을 지적하였다.

② 보부아르는 여성의 임신과 출산이라는 여성의 생물학적 특성을 근거로 여성성을 강요해 온 기존의 가치관에 대해 비판적인 입장을 취하면서, 생물학적인 특성에 의해 여성의 의무가 결정되어서는 안 된다고 본다.

③ 보부아르는 여성성이란 여성에 대한 남성의 지배를 존속하기 위해 강요된 것으로, 남성 중심의 가치관이 반영된 사회적 산물이라고 본다.

④ 보부아르는 여성이 수동적인 삶에서 벗어나 주체적인 존재로서 실존적 자유를 회복해야 하며, 이를 위해서는 여성이 남성과 동등한 관계임을 인정해야 한다고 본다.

⑤ 보부아르는 남성보다 여성이 더 우월하다고 주장하는 것이 아니라 남성과 여성이 모두 자율적 존재로서 동등한 관계라고 주장한다.

그림은 서술형 평가 문제와 학생 답안이다. 학생 답안의 ⑤~⑩ 중 옳지 않은 것은?

서술형 평가

⦿ (가), (나)의 입장을 비교하여 서술하시오.

(가) 자신의 성(性)적 이미지를 제품과 연결하여 구매를 유도하는 행위가 성적 자기 결정권을 행사한 것이라면 허용될 수 있다. 다만, 그러한 권리 행사는 타인에게 해를 끼치지 않을 경우에만 정당하다. → 성 상품화 행위의 허용 조건

(나) 성적 자기 결정권은 인격을 훼손하지 않는 범위 내에서 행사되어야 한다. 따라서 성적 이미지를 이용한 이윤 추구 행위는 성을 도구화하는 것으로서 허용될 수 없다.

⦿ 학생 답안　→ 성 상품화 행위의 반대 근거

(가), (나)의 입장을 비교해 보면, (가)는 ⑤ 성을 수단으로 이용하는 행위가 타인에게 반드시 해를 끼치는 것은 아니기 때문에, ⑥ 성적 매력을 표현하여 제품의 구매를 유도하는 행위는 정당화될 수 있다고 주장한다. 반면에 (나)는 ⑦ 성을 수단으로 이용하는 성 상품화가 인간의 존엄성을 침해하기 때문에, ⑧ 성적 이미지를 이용한 이윤 추구 행위는 정당화될 수 없다고 주장한다. 한편 (가), (나)는 모두 ⑩ 자신의 성적 행동을 자유롭게 결정할 권리가 제한되어서는 안 된다고 본다.

① ⑤　② ⑥　③ ⑦　④ ⑧　✔⑤ ⑩

| 자료 분석 |

(가)는 성 상품화 행위가 타인에게 해를 끼치지 않고 자신의 성적 자기 결정권을 행사한 것이라면 허용될 수 있다고 본다. 반면, (나)는 성의 자기 결정권은 인격을 훼손하지 않는 범위 내에서 행사되어야 한다고 보고, 성 상품화 행위는 성을 도구화하는 것으로서 허용될 수 없다고 본다.

| 선지 해설 |

① (가)는 성적 자기 결정권의 행사가 타인에게 해를 끼치지 않을 경우 성 상품화 행위가 허용된다고 본다.

② (가)는 성적 매력을 표현하여 제품의 구매를 유도하는 행위(성 상품화 행위)가 타인에게 해를 끼치지 않는 범위 내에서 성적 자기 결정권을 행사한 것일 때 정당하다고 본다.

③ (나)는 인격을 훼손하지 않는 범위 내에서만 성적 자기 결정권의 행사가 가능하다고 보면서, 성 상품화는 성을 도구화함으로써 인간의 존엄성을 침해하기 때문에 허용될 수 없다고 주장한다.

④ (나)는 성적 이미지를 이용한 이윤 추구 행위(성 상품화)는 성을 도구화하는 것이므로 허용될 수 없다고 본다.

⑤ (가)와 (나)는 모두 성적 자기 결정권의 행사에 제한이 따른다고 본다. (가)는 '타인에게 해를 끼치지 않을 경우', (나)는 '인격을 훼손하지 않는 범위 내에서' 성적 자기 결정권의 행사가 정당하다고 본다.

다음 토론의 핵심 쟁점으로 가장 적절한 것은? [3점]

갑: 인간은 누구나 자신에 관한 일을 스스로 결정하고 행동할 권리를 지니며, 성(性)과 관련된 부분에도 이러한 자기 결정권을 행사할 수 있습니다.

을: 동의합니다. 다만 경제적 이익을 얻기 위해 자신의 성적 이미지를 상품화하는 행위는 성을 도구화하는 것으로 올바른 성의 자기 결정권을 행사했다고 볼 수 없습니다. → 성 상품화를 통한 이익 추구 반대

갑: 아닙니다. 성적 이미지를 이용해 경제적 이익을 추구하는 과정에서 타인의 권리를 침해하지 않았다면, 이는 성의 자기 결정권을 올바르게 행사한 것으로 볼 수 있습니다. → 성 상품화를 통한 이익 추구 인정

을: 하지만 타인의 권리를 침해하지 않더라도 인간의 존엄성을 훼손하는 행위는 윤리적으로 문제가 됩니다. 성을 도구화하는 것은 성의 인격적 가치를 왜곡하여 인간의 존엄성을 훼손하므로 올바른 성의 자기 결정권의 행사로 볼 수 없습니다.

① 성의 자기 결정권은 누구나 보장받아야 할 기본적 권리인가?
② 올바른 성의 자기 결정권을 행사하기 위해 노력해야 하는가?
③ 성의 자기 결정권 행사를 제한할 수 있는 조건이 존재하는가?
✔④ 성적 이미지의 상업적 이용은 도덕적으로 정당화될 수 있는가?
⑤ 인간은 자신의 성과 관련된 행동을 자율적으로 결정할 수 있는가?

	갑	을
①	○	○
②	○	○
③	○	○
④	○	×
⑤	○	○

| 자료 분석 |

갑과 을은 공통적으로 성(性)의 자기 결정권을 인정하고 있다. 그러나 갑이 성적 이미지를 이용해 경제적 이익을 추구하는 것을 긍정하는 반면, 을은 경제적 이익을 위해 자신의 성적 이미지를 상품화하는 행위는 성을 도구화하는 것으로 잘못된 성적 자기 결정권 행사라고 본다.

| 선지 해설 |

① 갑, 을은 공통적으로 성과 관련된 부분에 있어 자기 결정권을 행사할 수 있다고 보고 있으므로 토론의 핵심 쟁점이 될 수 없다.

② 갑, 을 모두 성의 자기 결정권을 올바르게 행사해야 한다고 보고 있으므로 토론의 핵심 쟁점이 될 수 없다. 두 사람은 어떤 행위가 올바른 성의 자기 결정권인지에 대해 의견 대립을 이루고 있다.

③ 갑은 타인의 권리를 침해하는 경우 성의 자기 결정권을 제한할 수 있다고 보고, 을은 이와 함께 성적 이미지를 이용해 경제적 이익을 추구하는 경우에도 성의 자기 결정권을 제한할 수 있다고 본다.

④ 갑은 성적 이미지의 상업적 이용이 도덕적으로 정당하다고 보는 반면, 을은 도덕적으로 옳지 않다고 보고 있으므로 토론의 핵심 쟁점으로 적절하다.

⑤ 갑, 을 모두 인간은 자신의 성과 관련된 행동을 자율적으로 결정할 수 있는 권리가 있음을 인정하고 있으므로 토론의 핵심 쟁점이 될 수 없다.

23 배려 윤리 19학년도 6월 모평 12번

정답 ① | 정답률 69%

다음 사상가의 입장으로 가장 적절한 것은? [3점]
└ 길리건

> 도덕적 딜레마를 설명하는 여성들의 방식을 살펴보면 남성과는 다른 도덕 언어를 사용한다는 것을 알 수 있다. 이러한 도덕 언어가 존재한다는 것은 남성의 도덕 발달 과정과는 다른 또 하나의 도덕 발달 과정이 있다는 것을 암시한다. 여성들에게 도덕적으로 가장 중요하다고 규정되는 것은 남을 해치지 말고 보살펴야 한다는 윤리 의식이다. → 배려 윤리의 특징

✔ ① 남녀의 도덕적 사고의 차이에 대한 편향적 이해를 극복해야 한다.
② 감정을 배제한 선행일수록 도덕적 가치가 높다고 봐야 한다.
　　　고려한
③ 배려는 보편적 의무 의식에 따라 무조건적으로 행해져야 한다.
　　구체적·상황적인 맥락을 고려하여
④ 성차는 존중해야 하나 남녀의 도덕 판단 기준은 같다고 봐야 한다.
　　　　　　　　　　　　　　　　　　다르다고
⑤ 도덕 판단은 상황적 맥락보다 합리적 추론에 따라 이뤄져야 한다.
　　　　　합리적 추론　　　상황적 맥락

| 자료 분석 |

제시된 글의 사상가는 길리건이다. 길리건은 남성과 여성의 도덕적 언어가 다르며, 이로 인해 남성의 도덕 발달 과정과 여성의 도덕 발달 과정 또한 다르다는 것을 강조하였다. 또한 길리건에 따르면, 남성은 권리와 의무, 정의의 원리를 중시하고, 여성은 인간관계의 맥락에서 사랑, 공감, 상호 의존성, 보살핌 등의 도덕적 특징을 강조하는 배려를 중시한다.

| 선지 해설 |

① 길리건은 동일한 도덕적 딜레마에 대해서도 남성과 여성이 다른 도덕 언어를 사용하며, 남성과 여성의 도덕 발달 과정 또한 다름을 주장하였다. 따라서 길리건은 남녀의 도덕적 사고에 동일한 기준을 적용할 수 없으며, 이러한 차이에 대한 편향적 이해를 극복해야 한다고 보았다.

② 길리건은 배려 윤리에서 사랑, 공감, 배려 등의 감정이 중요한 역할을 한다고 보았다. 따라서 감정을 배제한 선행일수록 도덕적 가치가 높다고 보지 않는다.

③ 길리건은 인간관계적 맥락이나 상황적 고려 없이 보편적 의무 의식에 따라 무조건적으로 행하는 도덕적 행위를 유의미하다고 인식하지 않았다. 길리건이 주장하는 배려 윤리는 인간관계적 맥락이나 상황적 맥락, 감정, 상호 의존성 등을 고려하는 여성의 도덕 언어를 중시한다.

④ 길리건은 남성과 여성의 도덕 언어가 다르며, 남녀가 서로 다른 도덕 발달 과정을 겪는다는 사실을 강조하였다. 따라서 길리건은 남녀의 도덕 판단 기준이 다르다는 사실에 주목하였음을 알 수 있다.

⑤ 길리건은 인간관계의 맥락에서 사랑, 공감, 동정심, 유대 등의 도덕적 특성을 강조하였다. 따라서 길리건은 이성적 사고에 의한 합리적 추론보다는 상황적 맥락 속에서 감정의 역할을 더 중시한다고 할 수 있다.

---

24 배려 윤리 20학년도 10월 학평 8번

정답 ② | 정답률 56%

다음을 주장한 사상가의 입장으로 가장 적절한 것은? [3점]
└ 길리건　　남성 중심의 윤리(정의 윤리)의 관심 ┐

> 관계적인 윤리는 도덕에 대한 남성의 주된 관심이었던 이기심 대 이타심의 대결을 넘어선다. 이러한 이분법을 넘어서는 '다른 목소리'를 찾으려 할 때 도덕 논의에 있어 주된 문제는 어떻게 객관적인 도덕 원리를 수립할 것인가가 아니라 어떻게 보살피려는 의지를 가지고 책임감 있게 인간관계를 맺을 것인가로 전환된다.
> └ 여성 중심의 윤리(배려 윤리)의 관심

① 여성의 도덕성 발달의 핵심 요소는 도덕적인 추론 능력이다.
　　남성
✔ ② 남성과 여성의 관점을 포함하여 도덕 문제에 접근해야 한다.
③ 여성의 도덕성은 보편적인 도덕 원리에 따라 판단해야 한다.
　　남성
④ 여성의 도덕성은 상호 의존성보다 이타심으로 함양해야 한다.
⑤ 남성의 도덕성과 여성의 도덕성을 구별하려고 해서는 안 된다.

| 자료 분석 |

제시된 글의 사상가는 길리건이다. 길리건은 이성적 사고와 보편적 원리를 강조하는 기존의 정의 윤리가 남성 중심의 윤리라고 비판하면서, 여성의 도덕적 지향을 반영하는 배려 윤리 또한 도덕적 담론에 포함시켜야 한다고 주장하였다.

| 선지 해설 |

① 길리건은 남성의 도덕성 발달의 핵심 요소가 도덕적 추론 능력이라고 보았다. 반면 여성의 도덕성은 남성의 도덕성과 달리 관계와 책임에 기초한 배려의 실천을 중심으로 발달한다고 보았으며, 이를 통해 기존의 남성 중심적 윤리를 보완해야 한다고 주장하였다.

② 길리건은 기존의 윤리가 남성 중심적이고 정의 중심적이라고 비판하면서, 여성의 도덕적 지향성을 반영한 배려 윤리를 도덕적 논의에 포함시켜야 한다고 보았다.

③ 길리건은 남성의 도덕성은 보편적인 도덕 원리에 따른 판단을 지향하고, 여성의 도덕성은 개별적이고 구체적인 관계에 기초한 책임과 배려의 실천을 지향한다고 보았다.

④ 길리건은 여성의 도덕성은 관계와 책임의 맥락에서 사랑, 공감, 동정심, 상호 의존성, 유대 등의 특성을 지닌다고 보았다. 이기심과 이타심의 이분법적 접근은 남성 중심의 윤리가 취하는 관점이다.

⑤ 길리건은 남성의 도덕성과 여성의 도덕성이 서로 다른 지향을 지님을 강조하면서, 기존의 윤리가 남성의 도덕성만을 반영한다고 비판하였다.

25 사랑에 대한 에리히 프롬의 관점 21학년도 4월 학평 13번

정답 ③ | 정답률 93%

그림의 강연자가 지지할 입장으로 가장 적절한 것은?
↳ 에리히 프롬

사람들은 사랑을 '사랑받는' 문제로 여겨 돈을 모으고 외모를 가꾸며 사랑스러워지기 위해 노력하거나, 사랑을 '대상'의 문제로 여겨 자신에게 잘 어울리는 대상을 찾으려고만 애씁니다. 그러나 이러한 방식으로는 사랑을 경험할 수는 있어도 지속할 수는 없습니다. 사랑에 실패하지 않기 위해서는 사랑의 참된 의미를 깨닫고 사랑의 기술을 배워야 합니다. 사랑은 본래 '주는 것'이지 '받는 것'이 아니며, 받기 위해 주는 것도 아닙니다. 사랑은 상대방의 성장에 대해 적극적인 관심을 가지고 자신이 가진 내면의 모든 능력을 그에게 주는 활동입니다.

↳ 사랑은 상대방의 성장과 발전에 참여하는 능동적인 활동임

① 사랑의 실패 원인을 자신에게서 찾으면 안 된다.
② 외적인 조건을 갖추면 누구나 사랑을 지속하게 된다.
③ 사랑은 상대방의 성장과 발전에 참여하는 능동적 활동이다.
④ 자신의 이상형을 발견한 사람은 노력 없이도 사랑을 유지한다.
⑤ 사랑을 받으리란 기대가 있을 때만 사랑의 기술을 배워야 한다.

│ 자료 분석 │

그림의 강연자는 에리히 프롬이다. 프롬은 진정한 사랑이 상대방을 인격적인 존재로 바라보는 관계 속에서 실현될 수 있다고 본다. 또한 사랑이 수동적 감정이 아닌 능동적인 활동이며, 적극적으로 참여하는 것이자, 받는 것이 아닌 주는 것이라고 강조하면서, 삶에 일종의 기술이 필요하듯 사랑에도 기술이 필요하다고 주장한다.

│ 선지 해설 │

① 프롬은 사랑의 실패 원인을 상대방으로부터 받은 사랑에 돌리지 말고, 내가 상대방에게 준 사랑에 대해 깊이 있게 성찰해 볼 것을 강조한다.

② 프롬은 돈을 모으거나 외모를 가꾸는 외적인 조건을 갖춤으로써 사랑스러워지기 위해 노력하는 것만으로는 사랑을 경험할 수는 있어도 지속할 수는 없다고 주장한다.

③ 프롬은 사랑이 상대방의 성장에 적극적인 관심을 가지고 자신이 가진 내면의 모든 능력을 상대방에게 주는 활동이라고 본다. 따라서 프롬의 입장에서 사랑은 상대방의 성장과 발전에 참여하는 능동적인 활동이라고 할 수 있다.

④ 프롬은 사랑을 대상의 문제로 여겨 자신에게 잘 어울리는 이상형을 찾으려고 애쓰는 것만으로는 사랑을 경험할 수는 있어도 유지할 수는 없다고 주장한다.

⑤ 프롬은 사랑이 배움을 필요로 하는 기술이며, 사랑하기 위해서는 모든 사람들이 사랑의 의미를 알고 사랑하는 방법을 배워야 한다고 주장한다. 또한 사랑에 대한 기대와 관계없이 사랑을 하는 모든 사람에게 사랑의 기술이 필요하다고 본다.

26 배려 윤리와 공리주의 20학년도 6월 모평 2번

정답 ① | 정답률 68%

갑 사상가가 을 사상가에게 제기할 반론으로 가장 적절한 것은? [3점]

갑: 인간에 대한 배려는 윤리적 행위의 결과물이기도 하지만 오히려
나딩스 그 토대이다. 배려했던 기억과 배려받았던 기억이 윤리적 행위의 초석이다.

을: 인류는 고통과 쾌락의 두 주권자의 지배하에 있다. 마땅히 해
벤담 야만 하는 것으로 인도하며 의무를 결정짓는 것은 오로지 고통과 쾌락뿐이다.

① 최대 행복의 원리보다 인간관계의 맥락을 우선해야 함을 간과한다.
② 유용성의 계산은 보편적 도덕 원리에 의거해야 함을 간과한다.
　→ 나딩스와 관련이 없는 내용
③ 고통의 회피와 쾌락의 추구가 인간 고유의 성향임을 간과한다.
④ 나의 행복과 타인의 행복이 동등하게 고려되어야 함을 간과한다.
⑤ 윤리적 행위를 위해서는 동기보다 결과가 더 중요함을 간과한다.
→ 을(벤담)이 갑(나딩스)에게 제기할 반론

│ 자료 분석 │

갑은 배려 윤리 사상가인 나딩스, 을은 공리주의 사상가인 벤담이다. 나딩스는 여성에게서 나타나는 도덕적 특징인 타인에 대한 배려나 보살핌, 유대감이나 의존, 책임 등을 중시하였다. 벤담은 최대 다수의 최대 행복이라는 원리를 기초로 쾌락을 가져다주는 행위는 옳으며, 고통을 가져다주는 행위는 그르다고 주장하였다.

│ 선지 해설 │

① 벤담은 '최대 다수의 최대 행복'이라는 공리의 원리를 강조하였고, 나딩스는 도덕적 삶에 있어서 인간관계라는 구체적인 맥락을 중시하였다. 따라서 나딩스의 입장에서는 벤담에게 맥락에 대한 고려 없이 공리의 원리를 획일적으로 적용해서는 안 되며, 인간관계의 맥락을 우선적으로 고려해야 한다고 주장할 것이다.

② 나딩스는 행위의 유용성을 계산하거나 보편적 도덕 원리에 따르는 것을 강조하지 않았으며, 오히려 맥락에 대한 고려 없이 특정 덕목이나 도덕 법칙을 적용하는 것을 비판하였다.

③ 벤담이 주장할 내용이다. 벤담은 인간이라면 누구나 쾌락을 추구하고 고통을 피하고자 하는 성향이 있다고 보았다.

④ 벤담이 주장할 내용이다. 벤담은 모든 사람의 행복을 동등하게 고려해야 한다고 보았다.

⑤ 벤담이 주장할 내용이다. 벤담은 윤리적 행위를 판단함에 있어 동기보다 결과를 중시하면서, 결과적으로 최대 다수의 최대 행복을 가져오는 행동이 도덕적으로 옳다고 보았다.

그림의 강연자가 지지할 입장으로 적절하지 않은 것은?

 에리히 프롬

사랑은 주는 것입니다. 주는 것에 대한 오해는 그 것이 무엇인가를 포기하는 것이라는 생각입니다. 주는 행위 자체에서 자신의 힘과 능력을 경험하며 생동감이 생깁니다. 또한 사랑은 상대방을 알고 자 하며 그에게 몰입하고, 상대방의 요구에 응답 할 준비가 되어 있는 것입니다. 누군가를 지배하고 자 하는 것은 미숙한 사랑입니다. 사랑하는 존재 를 있는 그대로 받아들여 하나가 되면서도 여전히 둘로 남는 것이 성숙한 사랑입니다.

→ 사랑에는 보호, 책임, 존경, 이해가 필요함

① 사랑은 상대방의 관점에서 그를 이해하고 배려하는 것이다.
② 사랑은 상대방의 정신적 요구를 수용할 준비가 되어있는 것이다.
☑ 사랑은 상대방을 위해서 자기 자신을 전적으로 희생하는 것이다.
④ 사랑은 상대방을 구속이 아니라 존중의 대상으로 대하는 것이다.
⑤ 사랑은 상대방과 하나가 되면서도 자신의 독립성을 유지하는 것이다.

| 자료 분석 |

그림의 강연자는 에리히 프롬이다. 프롬에 따르면 사랑이란 상대방에게 주는 능동적인 활동으로, 상대방에 대한 보호와 책임, 존경과 이해가 필요한 것이다.

| 선지 해설 |

① 프롬은 사랑이 자신의 관점에서 상대방을 변화시키려는 것이 아니라 상대방을 그 자체로 이해하고 배려하는 것이라고 보았다.

② 프롬은 사랑이 상대방의 요구를 언제든지 수용할 준비가 되어있는 것이라고 보았다.

③ 프롬에 따르면 사랑은 자기 자신을 전적으로 희생하거나 무엇인가를 포기하는 것이 아니라 사랑을 통해 자신의 힘과 능력을 경험함으로써 생동감이 생기고 고양되는 것이다.

④ 프롬은 사랑을 통해 상대방을 구속하는 것이 아니라 상대방을 존중하며 상대방의 삶과 성장에 관심을 가지는 것이라고 보았다.

⑤ 프롬은 성숙한 사랑이 상대방과 하나가 되면서도 여전히 둘로 남는 것이라고 보았다.

그림의 강연자가 지지할 입장으로 적절하지 않은 것은?

↳ 에리히 프롬

사랑은 수동적인 감정이 아니라 활동입니다. 사랑 은 원래 '주는 것'이지 받는 것이 아니라고 말함으 로써 사랑의 능동적 성격을 설명할 수 있습니다. 그 런데 시장형 성격의 사람들은 '준다'라는 행위를 오 해하고 있습니다. 그들은 자신들이 받는 사랑과 교 환의 의미로 사랑을 줄 뿐입니다. 반면 생산적인 사 람들은 '준다'라는 행위 자체에서 생명력을 경험하 며, 사랑을 받는 것보다 주는 것을 더 즐거워합니 다. 그들에게 사랑은 자신의 생명, 즉 기쁨, 관심, 이해 등 자신 속에 살아 있는 것을 주는 것입니다.

① 진정한 사랑은 생산적 성격이 발달할 때 가능하다.
② 진정한 사랑은 사랑을 주는 사람의 생동감을 고양한다.
☑ 진정한 사랑은 자신이 받은 만큼만 상대방에게 베푸는 것이다.
④ 진정한 사랑은 자신의 활동성을 상대방에게 표현하는 행위이다.
⑤ 진정한 사랑은 고립감에서 벗어나 상대방과 교류하는 것이다.

| 자료 분석 |

그림의 강연자는 에리히 프롬이다. 프롬은 진정한 사랑은 수동적 감정이 아닌 능동적 활동이며, 받는 것이 아니라 주는 것이라고 본다. 그는 자신의 기쁨, 관심, 이해 등 자신 속에 살아 있는 것을 주는 것이 성숙하고 생산적인 사랑이라고 주장한다.

| 선지 해설 |

① 프롬은 진정한 사랑은 성숙하고 생산적인 사랑이라고 본다.

② 프롬은 진정한 사랑이 사랑을 주는 행위 자체에서 생동감을 고양한다고 본다.

③ 프롬은 진정한 사랑은 자신이 받은 만큼 사랑을 주는 교환이 아니라 상대방에게 주는 것을 더 즐거워하는 것이라고 본다.

④ 프롬은 진정한 사랑이 자신의 기쁨, 관심, 이해 등을 표현하는 것이라고 본다.

⑤ 프롬은 진정한 사랑은 능동적으로 상대방과 상호 작용하는 것이라고 본다.

다음 사상의 입장으로 가장 적절한 것은? [3점]

↳ 유교

> 천지가 화합해야 만물이 생성된다. 이와 마찬가지로 남녀가 결혼해야 자손이 태어나고 번영해서 만세에까지 이어진다. …(중략)… 남자가 친히 아내를 맞이할 때 선물을 가지고 상견(相見)하는 것은 공경을 통해 부부유별을 밝히려는 것이다. 이처럼 남녀가 유별한 뒤라야 부자가 친하게 되고, 그런 다음에야 도의가 성립되며, 도의에 의해 예의가 제정되고, 그런 다음에야 만사가 안정된다. 만일 남녀의 구별이 분명하지 않고 도의가 성립하지 않는다면, 그것은 금수(禽獸)의 도(道)이다.

→ 부부의 연을 맺을 때 일정한 절차나 형식이 필요함

① 부부의 예절은 성 역할의 차이를 ~~해소하는~~ 데서 시작한다.
                인정하고 존중하는

② 금수에게도 사람의 남녀에게 볼 수 있는 분별적 도리가 ~~있다~~.
                                             없다

③ 남녀가 부부의 연을 맺을 때 일정한 절차가 필요한 것은 ~~아니다~~.
                                                하다

④ 부부의 도리는 ~~두 사람의 관계~~보다 ~~각자의 개별성~~을 중시해야 한다.
              각자의 개별성   두 사람의 관계

✓⑤ 부부간에도 공경하는 마음을 담아 예절의 형식을 따라야 한다.

| 자료 분석 |

제시된 글은 부부간의 도리에 관한 유교의 입장이다. 유교에서는 부부의 관계가 음양의 관계와 같으며, 상호 보완적이고 대등한 관계여야 한다고 본다. 이에 따라 유교에서는 오륜 중 부부유별의 덕목을 통해 부부가 서로의 역할을 존중하고 공경하는 부부상경(夫婦相敬)의 자세를 강조한다.

| 선지 해설 |

① 유교에서는 부부유별을 통해 부부간에는 담당해야 할 역할이 구분되어 있으며 이를 통해서 예의가 제정될 수 있음을 강조한다. 그러므로 남녀의 성 역할의 차이를 해소하기보다 그를 인정하고 존중해야 한다고 주장할 것이다.

② 유교에서는 남녀의 구별이 분명하지 않을 때 도의가 무너지고 금수로 전락할 수 있음을 경계하므로, 금수에게는 남녀에게서 볼 수 있는 분별적 도리가 존재하지 않는다고 볼 것이다.

③ 유교에서는 남자가 아내를 맞이할 때 선물을 가지고 상견하는 공경의 표현이 부부간에 지켜야 할 도리라고 본다. 이는 부부의 연을 맺을 때는 일정한 절차나 형식이 필요하다는 의미이다.

④ 유교에서는 천지의 화합을 통한 만물의 생성과 마찬가지로 남녀는 결혼을 통해 자손의 번영을 가능하게 할 수 있다고 주장한다. 따라서 부부 각자의 개별성보다는 부부간의 관계의 형성과 지속을 더 중시한다고 할 수 있다.

⑤ 유교에서는 부부 관계가 성립될 때 공경의 마음을 담아 형식과 도리를 지켜야 함을 강조하므로, 부부간에도 공경하는 마음을 담아 예절의 형식을 따라야 한다고 볼 것이다.

(가)의 입장에 비해 (나)의 입장이 갖는 상대적 특징을 그림의 ㉠~㉤ 중에서 고른 것은?

> (가) 쾌락 그 자체를 위한 성(性)은 부도덕하지 않다. 성의 주된 목적은 쾌락 추구이기 때문이다. 따라서 쾌락 추구를 위한 성을 결혼과 출산으로 제약하는 것은 부당하다.
>
> (나) 쾌락 그 자체를 위한 성은 부도덕하다. 성의 주된 목적은 사회 구성원의 재생산이기 때문이다. 따라서 성은 결혼과 출산이 전제될 때에만 정당하다.

자유주의 / 보수주의

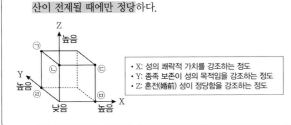

- X: 성의 쾌락적 가치를 강조하는 정도
- Y: 종족 보존이 성의 목적임을 강조하는 정도
- Z: 혼전(婚前) 성이 정당함을 강조하는 정도

| 자료 분석 |

(가)는 성에 대한 자유주의 입장, (나)는 성에 대한 보수주의의 입장이다. 성에 대한 자유주의 입장에서는 성의 쾌락적 가치를 중시하며 상호 동의를 통한 성적 관계를 정당화한다. 반면 성에 대한 보수주의 입장에서는 성의 생식적 가치를 중시하며 결혼과 출산을 전제로 한 성적 관계를 정당화한다. (가)의 입장에 비해 (나)의 입장이 갖는 상대적 특징은 'X: 성의 쾌락적 가치를 강조하는 정도'는 낮고, 'Y: 종족 보존이 성의 목적임을 강조하는 정도'는 높고, 'Z: 혼전(婚前) 성이 정당함을 강조하는 정도'는 낮으므로 ㉣에 해당한다.

| 선지 해설 |

① X: 낮음, Y: 높음, Z: 높음
② X: 낮음, Y: 낮음, Z: 높음
③ X: 높음, Y: 낮음, Z: 높음
④ X: 낮음, Y: 높음, Z: 낮음
⑤ X: 높음, Y: 낮음, Z: 낮음

① ㉠   ② ㉡   ③ ㉢   ✓④ ㉣   ⑤ ㉤

정답 ⑤ | 정답률 41%

갑, 을의 입장으로 가장 적절한 것은? [3점]

> 갑: 사랑이 결여된 성적 관계도 도덕적일 수 있다. 성적 관계를 통 <u>자유주의</u> 한 쾌락은 그 자체로 추구할 만한 가치를 지니기 때문이다. 따라서 <u>자율성의 원칙과 해악 금지의 원칙을 전제로 한 성인들의 성적 관계는 도덕적으로 정당하다.</u> → 자발적 동의 + 해악 금지
>
> 을: 사랑이 결부된 성적 관계도 비도덕적일 수 있다. 성적 관계는 <u>보수주의</u> 사회의 존속과 뗄 수 없는 관계에 놓여 있기 때문이다. 따라서 <u>출산과 양육의 책임을 질 수 있는 혼인 관계에서 이루어지는 성적 관계만이 도덕적으로 정당하다.</u> → 결혼 + 부부

① 갑: 성적 관계의 도덕성은 ~~사랑의 결합 여부~~로 판명된다.
   └→ 자율성의 원칙 + 해악 금지의 원칙

② 갑: 자발적 동의에 의한 성적 관계는 비도덕적일 수 ~~없다.~~ 있다

③ 을: 인격적 가치를 존중하는 ~~모든~~ 성적 관계는 도덕적이다.
   혼인 관계에서만

④ 을: ~~부부 사이의 성적 관계만이~~ 도덕적 평가의 대상이 된다.
   └→ 모든 성적 관계가 도덕적 평가 대상(부부 간 성적 관계만 도덕적)

✓⑤ 갑과 을: 사랑이 결부된 성적 관계가 도덕적인 경우가 있다.
   └→ 갑: 자율성의 원칙 + 해악 금지의 원칙 준수한 경우
      을: 혼인 관계에서 이루어진 경우

| 자료 분석 |

사랑과 성의 관계에 있어 갑은 자유주의, 을은 보수주의의 입장이다. 자유주의는 개인의 자발적인 동의 중심의 성 윤리를 주장하며 성이 가지는 쾌락적 가치를 중시한다. 자유주의 입장에서는 성인들 간의 자발적 동의를 전제로 한다는 자율성의 원칙과 타인에게 해악을 주지 않는다는 해악 금지의 원칙을 지키는 모든 성적 관계가 도덕적으로 정당하다. 보수주의는 결혼과 출산 중심의 성 윤리를 주장하며 성이 가지는 생식적 가치를 중시한다. 보수주의 입장에서는 부부간의 신뢰와 사랑을 전제로 결혼을 통해 이루어지는 성적 관계만이 도덕적으로 정당하다.

| 선지 해설 |

① 자유주의는 성적 관계의 도덕성이 사랑의 결합 여부로 판단되는 것이 아니라 자율성의 원칙과 해악 금지 원칙의 준수 여부로 판단된다고 본다.

② 자유주의는 자발적 동의에 의한 성적 관계를 지지하지만, 자발적 동의에 의한 성적 관계라 하더라도 타인에게 해악을 주었다면 비도덕적일 수 있다고 본다.

③ 보수주의는 인격적 가치를 존중하는 성적 관계라 하더라도 출산과 양육의 책임을 질 수 있는 혼인 관계 하에서 이루어지지 않았다면 비도덕적일 수 있다고 본다.

④ 보수주의는 모든 성적 관계가 도덕적 평가의 대상이 된다고 본다. 다만 모든 성적 관계 중에서 부부 사이의 성적 관계가 도덕적으로 정당하다고 주장한다.

⑤ 자유주의 입장에서는 자율성의 원칙과 해악 금지의 원칙으로 성적 관계의 도덕적 정당성을 판단하므로 이러한 조건을 갖추면서 사랑이 결부된 성적 관계가 있을 수 있다. 보수주의는 사랑이 결부된 성적 관계가 출산과 양육의 책임을 질 수 있는 혼인관계에서 이루어질 때 도덕적이라고 본다.

정답 ③ | 정답률 55%

㉠에 들어갈 진술로 가장 적절한 것은? [3점]
   ┌→ 성에 대한 자유주의의 입장

> 나는 성적 쾌락 추구 그 자체가 성적 관계의 목적이 될 수 있다고 생각한다. 따라서 <u>성숙한 성인(成人)들이 상호 동의하고, 타인에게 해를 끼치지 않는다면 그러한 성적 관계는 도덕적으로 정당화될 수 있다.</u> 그런데 <u>어떤 사람들</u>은 <u>사랑으로 결합된 부부 사이에서 출산과 양육을 목적으로 한 성적 관계만이 도덕적으로 정당화</u>된다고 주장한다. 나는 이러한 주장이 [㉠   ]고 생각한다. 성에 대한 보수주의의 입장 ←
   └→ 자유주의에서 보수주의에 대해 가질 입장

① 쾌락을 위한 성적 관계는 도덕적 평가 대상이 아님을 간과한다

② 자발적 성적 관계에는 어떤 책임도 부과되지 않음을 간과한다

✓③ 생식적 가치 존중 없이 성적 관계 정당화가 가능함을 간과한다
   └→ 보수주의

④ 성적 관계의 정당화에 인격적 가치 존중이 필요함을 간과한다

⑤ 사랑하는 사이의 성적 관계도 비도덕적일 수 있음을 간과한다
   └→ 중도주의

| 자료 분석 |

제시문의 '나'는 성에 대한 자유주의 입장이고, '어떤 사람들'은 보수주의의 입장이다. 성에 대한 자유주의 입장에서는 생식적 가치에 대한 존중 없이도 성적 관계가 정당할 수 있다고 본다. 반면 성에 대한 보수주의의 입장에서는 부부간의 사랑이 전제된 성적 관계만이 도덕적으로 정당하다고 본다. ㉠에는 성에 대한 자유주의의 입장에서 보수주의에 대해 가질 입장이 들어가는 것이 적절하다.

| 선지 해설 |

① 성에 대한 자유주의와 보수주의의 입장 모두 쾌락을 위한 성적 관계에 대해 도덕적으로 평가한다.

② 성에 대한 자유주의의 입장에서는 상호 동의에 따른 성적 관계를 정당하다고 보지만 아무런 책임도 부과되지 않는다고 보지는 않는다.

③ 성에 대한 자유주의의 입장에 비해 보수주의에서는 상대적으로 성의 생식적 가치를 중시한다.

④ 성에 대한 자유주의와 보수주의의 입장 모두 성적 관계를 정당화하기 위해서는 인격적 가치를 존중해야 한다고 본다.

⑤ 성에 대한 보수주의의 입장에서는 성적 관계가 결혼과 출산을 전제로 할 때 도덕적이라고 보고, 성에 대한 자유주의 입장에서는 사랑하는 사이일지라도 상호 동의를 전제로 하는 성적 관계가 정당하다고 본다.

7
일차

01 ⑤ 02 ④ 03 ② 04 ① 05 ③ 06 ③ 07 ⑤ 08 ④ 09 ⑤ 10 ③ 11 ① 12 ⑤
13 ③

문제편 068~071쪽

01 사랑과 성의 관계 23학년도 7월 학평 5번

정답 ⑤ | 정답률 89%

그림은 서술형 평가 문제와 학생 답안이다. 학생 답안의 ㉠~㉤ 중 적절하지 <u>않은</u> 것은?

서술형 평가

◎ 문제: 성과 사랑의 관계에 대한 갑, 을의 입장을 비교하여 서술하시오.

갑: 성의 목적은 출산을 통한 사회 구성원의 재생산이다. 사랑하는 남녀가 결혼이라는 사회적 승인을 거쳐서 행하는 성적 관계만이 도덕적으로 정당하다. → 결혼과 출산 중심의 성

을: 성은 사랑을 전제로 해야 한다. 감각적 욕구만을 충족하는 것이 아니라 사랑하는 사람 간에 서로 존중하면서 교감을 나누는 성적 관계만이 도덕적으로 정당하다. → 사랑 중심의 성

◎ 학생 답안

갑, 을의 입장을 비교하면, 갑은 ㉠부부만이 바람직한 성적 관계의 주체가 된다고 보고, 을은 ㉡결혼 여부와 무관하게 사랑을 동반한다면 성적 관계가 도덕적으로 허용될 수 있다고 본다. 또한 갑은 ㉢성의 생식적 가치를 실현하여 인류 존속에 공헌해야 한다고 주장하며, 을은 ㉣성이 인격적 가치를 실현한다면 종족 보존을 목적으로 삼지 않아도 진정한 가치를 지닌다고 주장한다. 한편, 갑, 을은 모두 ㉤서로 간의 자발적 동의가 성적 관계를 정당화하기 위한 조건으로 충분하다고 본다. └ 갑: 출산과 결혼, 을: 사랑

---

① ㉠   ② ㉡   ③ ㉢   ④ ㉣   ✓⑤ ㉤

| 자료 분석 |

갑은 보수주의, 을은 중도주의 관점에서 사랑과 성의 관계를 바라본다. 갑은 성을 결혼과 출산 중심으로 바라보며 부부간의 신뢰와 사랑을 전제로 하는 성만이 도덕적이라고 주장한다. 을은 성을 사랑 중심으로 바라보며 서로 간의 존중과 교감을 나눌 수 있는 사랑을 토대로 하는 성만이 도덕적이라고 주장한다.

| 선지 해설 |

① ㉠ 갑은 성의 목적이 사회 구성원의 재생산에 있다고 보고, 결혼이라는 사회적 승인을 토대로 하는 부부만이 바람직한 성적 관계의 주체가 된다고 주장한다.

② ㉡ 을은 사랑 중심의 성 윤리를 주장하며 결혼과 상관없이 사랑이 전제된 성적 관계라면 도덕적으로 허용될 수 있다고 본다.

③ ㉢ 갑은 성이 가진 생식적 가치를 강조하며 결혼, 출산 등을 통해 사회 구성원을 재생산함으로써 인류 존속에 공헌해야 한다고 주장한다.

④ ㉣ 을은 성이 가진 인격적 가치를 강조하며 종족 보존을 목적으로 삼지 않아도 사랑을 전제로 한다면 성은 진정한 가치를 지닌다고 주장한다.

⑤ ㉤ 성적 관계의 정당화 조건으로 갑은 출산과 결혼을, 을은 사랑을 제시한다. 서로 간의 자발적 동의가 성적 관계를 정당화하기 위한 충분 조건이라고 주장하는 것은 자유주의적 관점에 해당한다.

연결형 문제로 개념 확인

(1) 보수주의 • • ㉠ 성은 부부간의 신뢰와 사랑을 전제로 할 때만 도덕적이다.

(2) 중도주의 • • ㉡ 사랑과 인격 존중이 전제된다면, 성은 결혼과 무관하게 도덕적이다.

(1) − ㉠ (2) − ㉡

갑, 을의 입장으로 가장 적절한 것은? [3점]

> 갑
> 자유
> 주의
> 성(性)은 본질적으로 즐거움 그 자체를 추구하는 것이다. 성
> 은 자발적 동의를 바탕으로 해악 금지의 원칙을 준수하는 한
> 에서 이루어지는 즐거운 경험이다.
>
> 을
> 보수
> 주의
> 성의 자연적 목적은 출산이다. 사랑하는 남녀가 결혼이라는
> 사회적 제도의 승인을 거쳐서 출산을 의도하여 행하는 성만
> 이 도덕적으로 정당하다.

① 갑: 성의 쾌락적인 욕구보다 생식인 욕구가 중시되어야 한다.
　　생식적인 욕구보다 쾌락적인
② 갑: 성은 어떠한 도덕적 제약 없이 자유 의지에 따라 행해져야 한다.
　→ 해악 금지의 원칙을 준수해야 함
③ 을: 사랑을 확인하기 위한 남녀 사이의 성은 언제나 도덕적이다.
　→ 성은 결혼을 전제로 해야 함
✔️ 을: 혼전 성은 출산이 전제되더라도 도덕적으로 정당화될 수 없다.
⑤ 갑과 을: 서로 사랑하는 것이 성이 도덕적이기 위한 필수 조건이다.

| 자료 분석 |

갑은 성에 대한 자유주의 입장에 해당하고, 을은 보수주의 입장에 해당한다. 자유주의 입장은 타인에게 해악을 주지 않는 범위에서 성인들의 자발적인 동의에 따른 성적 자유를 허용해야 한다고 본다. 반면 보수주의 입장에서 성은 부부간의 신뢰와 사랑을 전제로 해야 하며, 결혼을 통해 이루어지는 성적 관계만이 정당하다.

| 선지 해설 |

① 자유주의는 성의 생식적 욕구보다 쾌락적 욕구가 중시되어야 한다고 보는 입장이다. 성은 본질적으로 쾌락 그 자체를 추구하는 것으로, 상호 간의 자발적 동의에 따라 해악 금지의 원칙을 준수할 때 도덕적으로 정당화될 수 있다고 본다.

② 자유주의는 성에 도덕적 제약이 따른다고 본다. 성적 행위가 타인에게 해악을 주지 않는 범위 내에서 자발적 동의에 따라 행해져야 한다고 본다.

③ 사랑을 확인하기 위한 남녀 사이의 성이라면 도덕적이라고 보는 입장은 중도주의에 해당한다. 보수주의는 남녀 간의 성에 있어 사랑도 필수적이지만, 결혼의 관계에서 이루어지는 성적 관계만이 도덕적이라고 본다.

④ 보수주의 입장으로 적절하다. 보수주의는 성은 결혼 제도 안에서 이루어질 때에만 도덕적으로 정당하다고 본다. 따라서 출산이 전제되었다 해도 결혼 전에 이루어지는 성은 정당화될 수 없다.

⑤ 보수주의의 입장에만 해당하는 내용이다. 보수주의는 부부간의 사랑을 전제로 할 때 성이 도덕적일 수 있다고 본다. 반면, 자유주의는 남녀 간의 성은 사랑이 없어도 당사자들의 자발적 동의가 있다면 도덕적일 수 있다고 본다.

(가), (나)의 입장으로 가장 적절한 것은?

> (가) 성적 행위는 출산과 양육의 책임을 수행할 수 있는 관계에서 이루어져야 한다. 그러므로 부부간의 성적 행위만이 도덕적으로 정당화된다. → 보수주의
>
> (나) 성적 행위는 인격 존중의 의무만 다한다면 도덕적으로 정당화된다. 인격 존중의 의무는 당사자 간 자발적 합의와 해악 금지의 원칙을 준수함으로써 이행된다. → 자유주의

① (가): 성적 행위는 사적인 행위이므로 사회적 책임과 무관하다.
　　　　　　　　　　　　　　　　　　　　　연결된다
✔️ (가): 성적 행위는 혼인 관계 안에서만 도덕적으로 정당화된다.
③ (나): 성적 행위가 합의로 이루어지면 모든 책임에서 자유롭다.
　　　　　　　　　　　　　　해악금지의 원칙을 준수해야 함
④ (나): 성적 행위에 대한 자유와 인격 존중의 의무는 상충한다.
⑤ (가)와 (나): 성적 행위에서 인격 존중의 의무는 사랑이 동반된 관계에서만 요구된다.

| 자료 분석 |

(가)는 성에 대한 보수주의의 입장이고, (나)는 자유주의의 입장이다. (가)는 결혼과 출산 중심의 성 윤리를 제시하며, 성은 부부간의 신뢰와 사랑을 전제로 이루어져야만 하고, 결혼을 통해 이루어지는 성적 관계만이 도덕적이라고 본다. (나)는 타인에게 해악을 주지 않는 범위에서 성인들의 자발적 합의가 있다면 사랑이 없어도 성적 자유를 허용해야 한다고 본다.

| 선지 해설 |

① (가)는 성적 행위가 사회적 책임과 연결되어 있다고 본다. 따라서 성적 행위는 출산과 육아의 책임을 수행할 수 있는 결혼의 관계 안에서만 이루어져야 한다.

② (가)의 입장으로 적절하다. (가)는 성적 행위가 결혼 제도 안에서 이루어질 때에만 인간 본성에 부합하며, 도덕적이라고 본다.

③ (나)는 성적 행위가 합의로 이루어졌다 해도 모든 책임에서 자유로울 수 없다고 본다. (나)는 성적 행위가 타인에게 해악을 주지 않는 범위 내에서 이루어져야 한다고 본다.

④ (나)는 성적 행위에 대한 자유와 인격 존중의 의무가 상충하지 않는다고 본다. (나)는 성적 행위에 대한 자유가 인격 존중의 의무를 다할 때 도덕적으로 정당화될 수 있다고 본다.

⑤ (가)는 성적 행위에 있어 인격 존중, 사랑뿐 아니라 결혼, 출산과 양육의 책임까지 요구하는 입장으로 보기의 내용과 연결하기 어렵다. (나)는 사랑이 없는 관계에서의 성적 행위도 자발적 동의와 인격 존중의 의무가 이루어진다면 도덕적이라고 본다. 따라서 인격 존중의 의무가 사랑이 동반된 관계에서만 필요하다고 보는 내용은 적절하지 않다.

04 가족 윤리에 대한 유교의 입장 21학년도 3월 학평 13번   정답 ① | 정답률 34%

다음 사상의 입장으로 적절하지 않은 것은?
└→ 유교   부자유친 ←┐

> 사람에게는 도(道)가 있다. 배불리 먹고, 따뜻하게 입으며, 편안히 살면서 교육이 없으면 금수에 가깝다. 성인(聖人)은 이를 근심하여 인륜(人倫)을 가르치게 하니, 아버지와 아들은 친애가 있고, 임금과 신하는 의리가 있으며, 남편과 아내는 분별이 있고, 어른과 어린이는 차례가 있으며, 벗 사이에는 믿음이 있는 것이다.
> └→ 군신유의   └→ 장유유서   └→ 붕우유신   부부유별 ←┐

✓ 자식이 자신의 몸을 온전히 보전함으로써 효가 완성된다.
  └→ 불감훼상   시작
② 자식은 언제나 부모의 의중을 살펴서 언행을 삼가야 한다.
  └→ 양지
③ 형제는 상하 관계 속에서 장유유서의 도리를 깨달을 수 있다.
④ 부부는 친밀한 관계이면서도 서로를 손님처럼 공경해야 한다.
  └→ 상경여빈
⑤ 부부는 인륜의 시초가 되기 때문에 서로 간에 조심해야 한다.

개념 확인 유교의 오륜(五倫)

의미	유교에서 강조하는 다섯 가지 인간의 도리
구체적 내용	• 군신유의: 임금과 신하 사이에는 의리가 있어야 함 • 부자유친: 부모와 자식 사이에는 친함이 있어야 함 • 부부유별: 부부 사이에는 분별이 있어야 함 • 붕우유신: 친구 사이에는 믿음이 있어야 함 • 장유유서: 어른과 어린아이 사이에는 차례와 순서가 있어야 함

| 자료 분석 |

제시된 글은 유교 사상의 입장으로, 유교의 대표적인 윤리 중 하나인 오륜이 제시되어 있다. 오륜은 아버지와 아들 사이에는 친애가 있어야 한다는 부자유친(父子有親), 임금과 신하 사이에는 의리가 있어야 한다는 군신유의(君臣有義), 남편과 아내 사이에는 분별이 있어야 한다는 부부유별(夫婦有別), 어른과 어린이 사이에는 차례가 있어야 한다는 장유유서(長幼有序), 친구 사이에는 믿음이 있어야 한다는 붕우유신(朋友有信)으로 구성된다.

| 선지 해설 |

① 유교에서는 자식이 부모님께 받은 자신의 몸을 온전히 보전해야 한다는 불감훼상(不敢毀傷)을 효의 실천 방법으로 제시하며, 이를 효의 시작이라고 본다. 또한 몸을 세우고 도를 행하여 자신의 이름을 널리 알림으로써 부모를 기쁘게 하는 입신양명(立身揚名)을 통해 효가 완성된다고 본다.

② 유교에서는 효의 실천 방법 중 하나로 부모의 의중을 살펴서 언행을 삼가야 한다는 양지(養志)를 주장한다.

③ 유교에서는 장유유서의 도리가 형제 관계에서도 적용될 수 있다고 본다. 유교에서는 나이의 많고 적음은 하늘의 도리에 따라 정해진 순서이므로 형이 형이 되는 까닭과 아우가 아우가 되는 까닭이 있다고 본다. 따라서 형제 관계에서도 상하 관계 속에서 장유유서의 도리를 깨달을 수 있다.

④ 유교에서는 부부가 친밀한 사이이면서도 서로가 손님을 대하듯 공경해야 한다는 상경여빈(相敬如賓)의 자세로 서로를 대해야 한다고 주장한다.

⑤ 유교에서는 부부가 인륜의 시작이자 만복의 근원이라고 본다. 또한 부부간에 각자의 역할을 구분해야 하나, 서로 존중하며 손님을 대하듯 공경하고 조심해야 한다고 본다.

---

05 부모 자녀 관계의 윤리 20학년도 7월 학평 20번   정답 ③ | 정답률 54%

다음은 어느 동양 사상가의 가상 편지이다. ㉠에 대한 이 사상가의 입장으로 옳은 것만을 〈보기〉에서 고른 것은?
                                      └→ 유교 사상가

> ○○에게
>   ┌→ 인의 근본 = 효제   ┌→ 효
> 그동안 잘 지냈는가. 자네가 부모님께 정성을 다하는 모습을 보니 스승의 입장에서 무척 자랑스럽네. 일전에 내가 강조했듯이 ㉠은/는 제(悌)와 함께 인(仁)의 근본이라네. ㉠은/는 개나 말을 기르는 것과 달리 부모님의 속마음까지 살펴서 공경으로 모시는 것이지. 또한 형제자매 간에 서로 우애 있게 지내는 것도 좋은 방법이라고 할 수 있다네. ㉠와/과 제(悌)를 제대로 행하는 사람이 윗사람을 무시하는 일은 드물다네. 부디 ㉠의 실천을 통해 군자가 될 수 있도록 부단히 힘써 주길 바라네. …(후략).
>   └→ 유교의 이상적 인간상

〈 보기 〉
ㄱ. 자기 자신의 이해(利害) 관계에 따라 공경하는 것이다.
ㄴ. 보은(報恩)의 마음을 적절한 형식으로 표현하는 것이다.
ㄷ. 자신의 근원으로부터 물려받은 몸을 온전하게 하는 것이다.
ㄹ. 상경여빈(相敬如賓)의 예(禮)를 다하여 완성되는 것이다.
  └→ 부부 사이의 도덕적 실천 덕목

① ㄱ, ㄴ   ② ㄱ, ㄷ   ✓③ ㄴ, ㄷ   ④ ㄴ, ㄹ   ⑤ ㄷ, ㄹ

| 자료 분석 |

가상 편지의 동양 사상가는 유교의 입장을 취하고 있다. 유교에서는 '인(仁)'을 실천하여 '군자'가 될 수 있도록 노력할 것을 강조한다. ㉠에 들어갈 말은 제(悌)와 함께 인의 근본으로 여겨지며, 부모님을 공경으로 모신다는 덕목인 '효(孝)'이다.

| 보기 해설 |

ㄱ. 유교 사상에서 효는 이익이나 손해를 고려하는 것이 아니라 부모님의 은혜에 보답하는 마땅한 도리로서 실천해야 하는 부모님에 대한 공경이다.

ㄴ. 유교 사상에서는 낳고 길러주신 부모님의 은혜에 보답하는 마음을 예를 갖추어 표현하는 실천이 바로 효라고 본다.

ㄷ. 유교 사상에서는 효의 실천 방법으로서 부모님으로부터 물려받은 몸을 함부로 하지 않으며 온전하게 보전할 것을 강조한다.

ㄹ. '상경여빈(相敬如賓)'이란 서로를 손님처럼 예를 갖추어 대한다는 뜻으로, 부부 관계에서 추구해야 할 도덕적 실천의 방법이다.

갑, 을 중 적어도 한 사람이 부정의 대답을 할 질문으로 적절한 것만을 〈보기〉에서 있는 대로 고른 것은?

성관계는 출산과 양육에 대한 책임과 불가분의 관계에 놓여 있습니다. 성관계는 부부가 상호 존중하면서 자녀 양육의 책임을 이행할 수 있을 때만 정당화됩니다.

보수주의
↓
갑

성관계는 자율성에 근거한 사적 선택의 문제입니다. 성관계는 상호 인격을 존중하는 당사자들이 자발적으로 합의하면 타인에게 해를 끼치지 않는 범위 내에서 정당화됩니다.

자유주의
↓
을

─────〈 보기 〉─────

ㄱ. 출산을 목적으로 부부가 동의한 성관계는 정당한가?
　　→ 갑, 을: 긍정

ㄴ. 성관계는 옳고 그름을 판단하는 대상에서 제외되는가?
　　→ 갑, 을: 부정

ㄷ. 성의 자기 결정권 존중은 성관계 정당화의 필수 조건인가?
　　→ 갑, 을: 긍정

ㄹ. 쾌락을 위한 성관계는 항상 상대의 인격성을 침해하는가?
　　→ 을: 부정

① ㄱ, ㄷ　　　② ㄱ, ㄹ　　　✓③ ㄴ, ㄹ
④ ㄱ, ㄴ, ㄷ　　⑤ ㄴ, ㄷ, ㄹ

연결형 문제로 개념 확인

(1) 보수주의•　　　•㉠ 타인에게 피해를 주지 않는 범위 내에서 성인들의 자발적 동의에 따른 성적 관계는 정당하다.

(2) 자유주의•　　　•㉡ 부부 사이에서 이루어지는 성적 관계만이 정당하다.

(1) − ㉡　(2) − ㉠

| 자료 분석 |

사랑과 성의 관계에 대한 관점에서 갑은 보수주의, 을은 자유주의의 입장이다. 보수주의는 부부 사이에서 이루어지는 성적 관계만이 정당하며 부부간의 신뢰와 사랑을 전제로 한 성만이 도덕적이라고 주장한다. 자유주의는 개인의 자발적인 동의를 성적 관계의 핵심이라 인식하고, 타인에게 해악을 주지 않는 범위에서 성인들의 자발적인 동의에 따른 성적 관계는 정당하다고 주장한다.

| 보기 해설 |

ㄱ. 갑, 을이 모두 긍정의 대답을 할 질문이다. 갑은 결혼과 출산 중심으로 성을 바라보며 출산을 목적으로 부부가 동의한 성관계가 정당하다고 본다. 을 역시 상호 인격을 존중하는 당사자들의 자발적인 합의가 전제된다면 성관계는 정당화될 수 있다고 보기 때문에 출산을 목적으로 부부가 자발적으로 동의한 성관계에 대해 정당하다고 본다.

ㄴ. 갑, 을이 모두 부정의 대답을 할 질문이다. 갑은 결혼을 토대로 한 부부간의 사랑과 신뢰가 정당한 성관계 여부를 판단할 수 있는 기준이 된다고 본다. 을은 당사자들의 자발적인 동의 및 타인에 대한 해악 금지가 정당한 성관계 여부를 판단할 수 있는 기준이 된다고 주장한다. 따라서 갑, 을은 모두 성관계가 옳고 그름을 판단하는 대상이 된다고 보고 있다.

ㄷ. 갑, 을이 모두 긍정의 대답을 할 질문이다. 갑은 성관계를 출산 및 양육이라는 생식적 가치와 밀접하게 연결시켜 이해하지만, 부부간의 상호 존중과 신뢰를 토대로 해야 함을 강조한다. 따라서 갑은 성의 자기 결정권이 성관계를 정당화하는 필수적인 조건이 된다고 볼 것이다. 을 역시 성관계를 자율성에 근거한 사적 선택의 문제로 인식하기 때문에 성관계의 정당성을 상호 인격을 존중하는 당사자들의 자발적 합의에서 찾는다. 따라서 을에게도 성의 자기 결정권 존중은 성관계 정당화의 필수 조건이 된다.

ㄹ. 을이 부정의 대답을 할 질문이다. 갑은 성관계를 출산과 양육에 대한 책임과 불가분의 관계에 놓여 있는 것으로 파악하기 때문에 이러한 책임에서 벗어나 쾌락만을 위해 이루어지는 성관계는 정당화될 수 없다고 주장한다. 반면 을은 타인에게 해악을 끼치지 않는 범위 내에서 성인들 사이의 자발적 동의에 따랐다면 쾌락을 위해 이루어지는 성관계 역시 정당화될 수 있다고 주장한다.

07 부부 관계의 윤리 21학년도 수능 8번 | 정답 ⑤ | 정답률 94%

다음 사상의 입장으로 적절하지 않은 것은?
└→ 유교 ──────────→ 부부간 고유의 영역을 존중할 것을 강조함

> 부부는 백성을 낳는 시작이며 모든 행복의 근원이다. 남편은 바깥채에 거처하며 안채의 일을 말하지 않고, 아내는 안채에 거처하며 바깥채의 일을 말하지 않는다. 남편은 아내에게 정중하게 임하여 하늘의 건실한 도리를 실천하고, 아내는 부드러움으로 남편을 바로잡아 땅의 순응하는 도리를 실천한다면, 집안이 바르게 될 것이다. 부부가 서로 공경하여 집안이 화목하고 순조로워야 부모께서 편안하고 즐거우실 것이다.
> └→ 올바른 부부 관계를 이루는 것이 효의 실천임을 주장함

① 화목한 부부 생활은 효도의 한 방법이다.
② 부부는 서로 의존하면서 보완하는 관계이다.
③ 부부는 서로의 고유한 영역을 인정하고 존중해야 한다.
④ 부부의 의의는 세대를 계승하고 행복을 추구하는 데 있다.
⑤ 부부의 관계는 옳고 그름이나 예절의 규제로부터 ~~자유롭다~~.

출제 경향

〈결혼과 가족의 윤리〉 단원에서는 부부간의 윤리와 부자간의 윤리(효)에 관한 유교의 관점이 주로 출제되고 있다. 대부분 지문을 읽고 풀 수 있는 비교적 쉬운 문제들이 출제되지만, 간혹 '상경여빈', '부부유별' 등 유교 용어의 뜻을 알고 있어야 하는 경우도 있으므로, 해당 용어들을 숙지해 두어야 한다.

자료 분석

제시된 글은 유교 사상의 입장이다. 유교에서는 부부 각자가 서로 다른 역할을 수행하면서도, 상호 보완적인 관계를 이루어야 한다는 부부유별(夫婦有別)의 덕목을 강조한다. 또한 유교에서는 부부의 도리가 예(禮)의 근본이 된다고 보고, 부부의 도리를 잘 실천하여 집안을 화목하게 해야 한다고 주장한다.

선지 해설

① 유교에서는 화목한 부부 생활이 효도의 한 방법이라고 본다. 이는 '부부가 서로 공경하여 집안이 화목하고 순조로워야 부모께서 편안하고 즐거우실 것'이라는 내용에도 잘 드러나 있다.

② 유교에서는 음양론에 기초하여 부부가 상호 의존적이면서도 보완적인 관계를 이룬다고 본다.

③ 유교에서는 아내와 남편의 역할이 서로 다름을 인정하고 이를 존중해야 한다고 주장한다. 이는 '남편은 바깥채에 거처하며 안채의 일을 말하지 않고, 아내는 안채에 거처하며 바깥채의 일을 말하지 않는다.'라는 내용에도 드러나 있다.

④ 유교에서는 부부의 의의가 새로운 세대(백성)를 낳는 시작으로서 모든 행복의 근원이 되는 것이라고 본다.

⑤ 유교에서는 부부간에 상호 예절을 지켜야 한다고 강조하면서, 부부가 마치 손님을 대하듯 서로를 공경해야 한다는 상경여빈(相敬如賓)을 부부간의 덕목으로 제시한다.

08 부부 관계의 윤리 21학년도 9월 모평 5번 | 정답 ④ | 정답률 86%

다음 사상의 입장으로 적절한 것만을 〈보기〉에서 있는 대로 고른 것은?
└→ 유교

> 혼례는 서로 다른 두 성(姓)의 남녀가 사랑으로 결합하여, 위로 조상을 모시고 아래로 후세를 이어 가는 일이다. 그러므로 군자는 혼례를 중요하게 여긴다. 그 과정에서 남녀는 서로 경건하고 존중하며 정직해야 한다. 그런 연후에 친밀한 사랑이 생긴다. 이것이 예(禮)의 본질이다. 남녀의 구별[別]이 있으니 부부의 도리가 세워지고, 부부의 도리가 있으니 부자의 친근함이 있으며, 부자의 친근함이 있으니 군신의 정당함이 있다. → 부부의 도리를 모든 예의 근본으로 봄

〈 보기 〉
ㄱ. 부부의 도리는 모든 예의 근본이 된다.
ㄴ. 부부는 손님을 대하듯이 서로 공경해야 한다.
ㄷ. 부부의 관계는 상호 의존적이고 보완적인 관계이다.
ㄹ. 부부의 도리는 각자의 역할에 분별이 ~~없어야~~ 바르게 된다.
→ 부부유별   있어야

① ㄱ, ㄷ   ② ㄴ, ㄹ   ③ ㄷ, ㄹ
④ ㄱ, ㄴ, ㄷ   ⑤ ㄱ, ㄴ, ㄹ

자료 분석

제시된 글은 유교 사상의 입장에서 부부의 의미를 밝히고 있다. 유교 사상에서는 혼례가 위로는 조상을 모시고 아래로는 후세를 이어 가는 일이라고 보고, 부부의 도리는 모든 예(禮)의 근본이 된다고 본다. 또한 유교에서는 부부의 역할을 구별하면서도 서로 상보적 관계를 이루어야 한다는 부부유별(夫婦有別)과, 서로를 손님처럼 공경해야 한다는 상경여빈(相敬如賓)을 부부의 도리로 강조한다.

보기 해설

ㄱ. 유교 사상에서는 부부의 도리가 모든 예의 근본이 된다고 본다. 따라서 군자는 부부의 관계를 이루는 혼례를 중시한다.

ㄴ. 유교 사상에서는 부부의 도리로서 손님을 대하듯이 서로를 공경해야 한다는 상경여빈(相敬如賓)을 강조한다.

ㄷ. 유교 사상에서는 부부의 관계가 음양의 관계와 같이 서로 다른 역할을 수행하면서도 상호 의존적이고 보완적인 관계를 이룬다고 본다.

ㄹ. 유교 사상에서는 부부간에 각자의 역할 분별이 있다고 보며, 이에 기초하여 상보적인 관계를 이루어야 함을 강조한다.

(가) 사상의 입장에서 볼 때, (나)의 ㉠에 대한 설명으로 가장 적절한 것은?

(가) 유교	공손하되 예(禮)가 없으면 힘이 들고, 신중하되 예가 없으면 두렵게 되고, 용맹하되 예가 없으면 난을 일으키고, 정직하되 예가 없으면 각박하게 된다.
(나)	남녀의 구별이 있어야 ㉠(→부부) 의 의(義)가 있고, ㉠ 의 의가 있어야 부자의 친함이 있고, 부자의 친함이 있어야 군신의 의가 있다. 그러므로 혼례는 예의 근본이다.

① 서로에게 자애와 효도를 실천해야 하는 호혜적 관계이다.
　→ 부모와 자식 간의 관계
② 삶의 동반자로서 서로 정조를 지켜야 하는 ~~천륜~~ 관계이다.
③ 가장을 중심으로 각자의 역할을 수행하는 ~~수직적~~ 관계이다.
　　　　　　　　　　　　　　　 수평적
④ 장유의 서열과 친애를 근본으로 하는 상호 존중의 관계이다.
　→ 형제자매 간의 관계
✔ 서로의 역할을 구분하면서도 상호 보완하는 협력적 관계이다.

│ 자료 분석 │

(가)는 유교 사상, (나)의 ㉠에 들어갈 말은 '부부'이다. 유교에서는 남녀의 구별을 전제로 부부간에 서로 공경하고 삼갈 때 부부간의 올바름이 실현되며, 부부간의 올바름이 실현될 때 부자간이나 군신 간의 올바름도 실현된다고 본다.

│ 선지 해설 │

① 부모와 자식 간의 관계에 대한 설명이다. 유교에서는 부모가 자녀를 하나의 인격체로 존중하며 사랑을 베풀고, 자녀는 부모의 사랑에 효로써 보답하는 상호 호혜적 관계라고 본다.

② 천륜은 하늘의 인연으로 정해져 있는 혈연적 관계로 부모와 자식 사이 등을 말한다. 유교에서는 부부 관계를 인륜의 관계로 본다.

③ 유교에서는 부부가 각자의 역할을 수행하면서도 서로의 인격을 존중하며 화합하는 수평적 관계라고 본다.

④ 형제자매 관계에 대한 설명이다. 유교에서는 형제자매의 관계가 나이에 따른 서열과 친애를 근본으로 하는 상호 존중의 관계라고 본다.

⑤ 유교에서는 부부가 각자의 역할을 구분하면서도 서로 존중하고 보완하는 협력적 관계라고 본다. 따라서 부부는 상호 보완적으로 조화를 이룰 때 비로소 완전해질 수 있으며, 평등한 입장에서 서로의 다름을 받아들이고 각자의 특성에 맞는 역할을 수행해 조화를 이루어야 한다.

(가) 사상의 입장에서 볼 때, (나)의 ㉠에 대한 설명으로 가장 적절한 것은? [3점]

(가) 유교	소인은 한가롭게 지낼 때는 거침없이 불선(不善)을 행하다가, 군자(→유교가 추구하는 이상적 인간)를 보면 그런 일이 없었다는 듯이 자신의 불선함을 가리고 선함을 드러낸다. 군자는 반드시 홀로 있을 때에도 신중하게 행동한다.(→신독)
(나)	몸과 마음은 부모님이 물려주신 것이다. 마음 가운데 온갖 이치[理]가 갖추어져 있으니, 만약 한 가지 이치라도 알지 못하고 실천하지 못했다면, 부모에게서 받은 것에 흠과 모자람이 있게 하는 것이다. 사람의 도리를 다하지 않고서는 ㉠ 효 을/를 다했다고 볼 수 없다.

① 정신적 공경보다 물질적 봉양을 우선하여 ~~이루어진다.~~
② 항상 동기간(同氣間)의 ~~사랑~~ 을 실천함으로써 ~~완성된다.~~
　　　　　　　　→ 우애
✔ 인(仁)을 실천하는 출발점으로 모든 행실의 근원이 된다.
④ 도덕적 수행을 통한 입신양명(立身揚名)에서 ~~시작된다.~~
　　　　　　　　　　　　　　　　　　　完成
⑤ 상호 관계에서 성립하기에 부모가 돌아가시면 ~~종료된다.~~
　　　　　　　　　　　　　　　　　　　계속

│ 자료 분석 │

(가)는 유교의 이상적 인간상인 군자에 대한 설명이고, (나)의 ㉠에 들어갈 말은 '효(孝)'이다. 따라서 유교의 관점에서 바라보는 효에 대한 적절한 설명을 찾아야 한다.

│ 선지 해설 │

① 유교에서는 효의 실천에 있어 정신적 공경보다 물질적 봉양이 우선함을 강조하지 않는다. 부모님을 물질적으로 봉양하는 데 공경하는 마음이 없다면 가축을 기르는 것과 다름이 없다고 보기 때문이다.

② '동기간(同氣間)'이란 형제자매를 뜻한다. 유교에서는 형제자매 간 우애를 이루는 것이 효를 실천하는 하나의 방법이라고 보지만, 효의 완성은 도덕적 수행을 바탕으로 사회에 이름을 널리 떨치는 입신양명(立身揚名)을 통해 이루어진다고 본다.

③ 유교에서는 효(孝)가 인(仁)을 실천하는 출발점이자 모든 행실의 근원이라고 여긴다. 이는 가까운 것에서부터 먼 것으로, 가족 윤리로부터 사회 윤리로 도덕적 실천을 확장해 나갈 것을 강조하는 유교 사상의 기본 관점을 보여 준다.

④ 유교에서는 효의 시작이 부모로부터 물려받은 몸을 깨끗하고 온전하게 하는 불감훼상(不敢毀傷)이라고 보고, 효의 완성은 입신양명이라고 본다.

⑤ 유교에서는 부모가 돌아가신 뒤에도 부모의 죽음을 슬퍼하고, 부모의 뜻을 기억하며 효를 실천해야 함을 강조한다.

다음 가상 편지에서 강조하는 입장으로 가장 적절한 것은?

○○에게

경제적 형편과 상관없이 부모님을 한결같이 모셔야 함

자네가 부모님 모시는 모습은 참으로 보기 좋네. 살림살이가 좋거나 좋지 않거나 부모님을 한결같이 섬기는 것이 말처럼 쉽지 않지. 다만 자네가 어버이를 섬길 때 증자(曾子)를 본받았으면 하네. 증자는 아버지께 끼니마다 반드시 고기와 술을 차려 드렸다네. 그리고 남은 음식을 누구에게 줄 것인지 아버지께 여쭈었고, 아버지께서 남은 음식이 있냐고 되물으시면 증자는 "있습니다."라고 답하였다네. 증자는 아버지의 마음을 살핀 것이지. 그런데 증자를 봉양한 증자의 아들은 남은 음식이 있냐는 증자의 물음에 "없습니다."라고 답하였지. 증자의 아들은 아버지께 다시 음식을 올리려 한 것이네. 증자의 아들은 입과 몸을 봉양한 것에 지나지 않고 증자는 뜻을 봉양한 것이라 할 수 있지. …(후략).

↳ 양지(養志)

✔① 자식은 어버이가 가진 의중을 헤아려서 봉양해야 한다.
② 자식은 어버이의 옳지 못한 행동을 바꾸려고 해서는 안 된다.
③ 어버이를 봉양하는 까닭은 자식에게 봉양받기 위함일 뿐이다.
④ 어버이를 섬기는 방식을 경제적 형편에 따라서 ~~달리해야~~ 한다.
⑤ 자식된 도리를 다하기 위해 어버이보다 이웃을 더 배려해야 한다.

↳ 제시된 편지에 드러나지 않은 내용

| 자료 분석 |

가상 편지는 『맹자집주』에 나오는 효(孝)에 대한 증자의 관점을 설명하고 있다. 유교에서는 모든 덕행의 시작을 효로 보았으며, 효를 실현하는 구체적으로 방법 중 하나로 양지(養志)를 제시한다. 양지란 부모님을 물질적으로만 봉양할 것이 아니라, 물질적 봉양과 함께 부모님의 뜻을 헤아려 받드는 것을 말한다.

| 선지 해설 |

① 가상 편지에서는 증자가 아버지의 마음을 살펴 봉양한 것처럼 자식은 어버이의 의중을 헤아려서 봉양해야 한다고 주장한다.

② 가상 편지에서는 물질적 봉양과 부모의 뜻을 헤아리는 것에 대해 제시하였을 뿐, 어버이의 옳지 못한 행동을 바꾸려고 하는 자식의 모습에 대해서는 말하고 있지 않다.

③ 가상 편지에서는 어버이에게 효를 실천하는 방법 가운데 어떤 것이 바람직한 지를 다루고 있을 뿐, 어버이를 봉양하는 까닭이 자식에게 봉양받기 위함이라는 내용은 다루고 있지 않다.

④ 살림살이가 좋거나 좋지 않거나 부모님을 한결같이 섬기는 모습이 보기 좋다는 가상 편지의 언급을 통해, 경제적 형편에 상관없이 부모님을 한결같이 섬기는 태도가 중요함을 알 수 있다.

⑤ 가상 편지에서는 부모에게 자식된 도리를 다하기 위한 구체적인 효의 실천 방법을 제시했을 뿐, 어버이보다 이웃을 더 배려해야 한다는 내용은 다루고 있지 않다.

(가) 사상의 입장에서 볼 때, (나)의 ㉠에 대한 설명으로 가장 적절한 것은? [3점]

	부자유친　　　　　　　 　군신유의
(가) 유교	부모와 자녀 간에는 친함이 있어야 하고, 임금과 신하 간에는 의리가 있어야 하고, 남편과 부인 간에는 분별이 있어야 하고, 친구 간에는 믿음이 있어야 하고, 어른과 아이 간에는 차례가 있어야 한다. 　　붕우유신　 　　장유유서 　→부부유별
(나)	섬기는 일 중에 무엇이 가장 큰 것인가? 가장 큰 섬김에는 물질적 봉양[養口體], 정신적 공경[養志], 사회적으로 명예를 얻는 입신양명(立身揚名) 등이 있다. 그러므로 ⃞ ㉠ 효 ⃞ 은/는 개나 말을 잘 먹여 기르는 것과는 다르다.

① 서로 손님처럼 공경하는 상경여빈(相敬如賓)으로 완성되는 것이다.
→ 부부 사이에 지켜야 할 윤리

② 공동 이익을 추구하는 상부상조(相扶相助)로 완성되는 것이다.
→ 이웃 사이에 지켜야 할 윤리

③ 사랑하며 함께 늙어가는 백년해로(百年偕老)로 완성되는 것이다.
→ 부부 사이에 지켜야 할 윤리

④ 몸과 마음으로 헌신하는 사군이충(事君以忠)으로 시작되는 것이다.
→ 임금과 신하 사이에 지켜야 할 윤리

✔⑤ 몸을 온전하게 보전하는 불감훼상(不敢毀傷)으로 시작되는 것이다.

| 자료 분석 |

(가)는 유교에서 제시한 오륜(五倫)에 대한 설명으로, 부모와 자녀, 임금과 신하, 부부, 친구, 어른과 아이 사이의 관계에서 지켜야 할 바람직한 도리에 대해서 제시하고 있다. (나)의 ㉠에 들어갈 말은 '효'로, (나)는 부모에 대한 효도는 짐승을 잘 먹여 기르는 것과는 본질적으로 다른 섬김이라고 주장하고 있다.

| 선지 해설 |

① 친밀한 사이이지만 서로 손님을 대하듯 공경해야 한다는 상경여빈은 부부 사이에 지켜야 할 윤리이다.

② 서로서로 도와야 한다는 뜻인 상부상조는 농경과 공동생활을 위해 공동의 이익을 추구하는 이웃 사이에 지켜야 할 윤리이다.

③ 평생 사랑하며 함께 늙어가야 한다는 의미인 백년해로는 부부 사이에 지켜야 할 윤리이다.

④ 충성을 다하여 몸과 마음으로 헌신한다는 뜻인 사군이충은 임금과 신하 사이에 지켜야 할 윤리이다.

⑤ 부모로부터 물려받은 몸을 온전하게 보전해야 한다는 뜻인 불감훼상은 효의 시작으로, 전통적인 효의 실천 방법에 해당한다.

선택형 문제로 개념 확인

(1) (불감훼상, 입신양명)은 부모로부터 물려받은 몸을 온전하게 보전해야 한다는 뜻이다.

(2) (백년해로, 상부상조)는 부부가 인연을 맺어 평생 사랑하며 늙어가야 한다는 의미이다.

(3) (사군이충, 상경여빈)은 부부는 친밀한 사이이지만 서로 손님을 대하듯 공경해야 한다는 의미이다.

(1) 불감훼상　(2) 백년해로　(3) 상경여빈

갑, 을의 입장으로 가장 적절한 것은? [3점]

> 갑: 사랑하는 부부 사이의 성적 관계만이 정당화될 수 있다는 주장은 성적 자기 결정권에 대한 침해이다. 자율성의 원칙과 해악 금지의 원칙 외에 성적 관계의 정당화에 필요한 도덕적 제약은 존재하지 않는다. → 성에 대한 자유주의의 입장
>
> 을: 사랑하는 부부 사이 외의 성적 관계도 정당화될 수 있다는 주장은 성적 자기 결정권에 대한 오해이다. 출산과 양육에 대한 책임을 지는 결혼은 성적 관계의 정당화에 필수적인 도덕적 제약이다. → 성에 대한 보수주의의 입장

① 갑: 쾌락을 위한 성적 관계는 도덕적 평가 대상에서 제외된다.
② 갑: 성적 자기 결정권 행사에 제약 조건을 부과해서는 안 된다.
❸ 을: 생식적 가치를 위한 성적 관계가 비도덕적인 경우가 있다.
④ 을: 인격적 가치가 존중되지 않는 도덕적인 성적 관계가 있다.
⑤ 갑과 을: 사랑의 결합 여부로 성적 관계의 정당성이 결정된다.
　　→ 성에 대한 중도주의의 입장

| 자료 분석 |

갑은 성에 대한 자유주의의 입장, 을은 성에 대한 보수주의의 입장이다. 성에 대한 자유주의의 입장에서는 성의 쾌락적 가치를 강조하며, 합리적인 성인 간의 자발적인 동의가 있는 성적 관계는 정당하다고 본다. 성에 대한 보수주의의 입장에서는 성의 생식적 가치를 강조하며, 결혼과 출산을 전제로 한 성적 관계를 정당하다고 본다.

| 선지 해설 |

① 성에 대한 자유주의의 입장에서는 성의 쾌락적 가치를 중시하며 자발적 동의를 전제로 하는 성인 간의 성적 관계를 정당한 것으로 본다. 그러므로 이는 성에 대한 자유주의의 입장으로 적절하지 않다.

② 성에 대한 자유주의의 입장에서는 성인이 합리적으로 성적 자기 결정권을 행사할 자유가 있다고 보지만, 그 자유는 타인의 성적 자기 결정권을 침해하지 않아야 함을 전제로 한다. 그러므로 이는 성에 대한 자유주의의 입장으로 적절하지 않다.

③ 성에 대한 보수주의의 입장에서는 성의 생식적 가치를 강조하지만, 결혼과 출산을 전제로 한 성적 관계만이 정당하다고 본다. 그러므로 이는 성에 대한 보수주의의 입장으로 적절하다.

④ 성에 대한 보수주의의 입장에서는 도덕적으로 정당한 성적 관계란 결혼과 출산을 전제로 하는 것이라고 보며, 그 정당성은 상대방에 대한 인격적인 존중을 기반으로 한다. 그러므로 이는 성에 대한 보수주의의 입장으로 적절하지 않다.

⑤ 성에 대한 자유주의의 입장에서는 사랑하지 않아도 성인 간의 자발적인 동의로 정당한 성적 관계가 가능하다고 보고, 성에 대한 보수주의의 입장에서는 사랑하는 부부 간의 성적 관계만이 정당하다고 본다. 그러므로 이는 성에 대한 자유주의와 보수주의의 공통 입장으로 적절하지 않다.

8 일차

01 ④ 02 ① 03 ⑤ 04 ② 05 ① 06 ③ 07 ⑤ 08 ④ 09 ⑤ 10 ③ 11 ① 12 ④
13 ② 14 ① 15 ⑤ 16 ④ 17 ⑤ 18 ② 19 ④ 20 ④ 21 ① 22 ④ 23 ② 24 ②
25 ⑤ 26 ④ 27 ① 28 ④

문제편 076~082쪽

---

01 플라톤과 맹자의 직업관 25학년도 9월 모평 13번
정답 ④ | 정답률 89%

갑, 을 사상가들의 입장으로 가장 적절한 것은?

> 갑: 생산자가 자신의 소질에 맞지 않는데도 수호자의 일에 간섭
> (플라톤) 하려 드는 것은 국가에 파멸을 초래하게 된다. 각자 자기 일
> 을 잘하는 것이 올바름이므로, 각자는 자기 역할에 맞는 덕
> 을 갖추어야 한다.
> 을: 현명한 군주는 백성의 생업을 마련해 주어 부모 공양과 처자식
> (맹자) 부양에 부족함이 없게 하여 풍년에 배부르고 흉년에 죽음을 면
> 하게 한다. 그 연후에야 백성을 선하게 이끌어 갈 수 있다.

① 갑: 시민의 사회적 지위 배정에 국가가 관여해서는 안 된다.
② 갑: 생산자와 수호자는 서로 간섭하지 않고 자급자족해야 한다.
③ 을: 다스림의 근본은 의로움[義]보다 이로움[利]에 두어야 한다.
✓ 을: 경제적 안정은 백성의 도덕적 인격 수양의 조건이 될 수 있다.
⑤ 갑과 을: 통치자와 피치자의 합의에 따라 역할 교환이 가능하다.

| 자료 분석 |

갑은 플라톤, 을은 맹자이다. 플라톤은 각자 자신의 타고난 성향에 따라 생산자, 수호자, 통치자의 계급 중 하나의 역할을 맡아 충실히 수행해야 한다고 본다. 맹자는 대인과 소인의 역할을 각각 정신노동과 육체노동으로 구분하고, 통치자는 백성의 일정한 생업을 보장하여 백성이 일정한 도덕심을 유지할 수 있도록 해야 한다고 본다.

| 선지 해설 |

① 갑(플라톤)은 통치자, 수호자, 생산자의 사회적 지위를 국가가 배정해야 한다고 본다.

② 갑(플라톤)은 통치자, 수호자, 생산자의 각 계층이 사회적 역할을 분담하여 자신의 일에 충실할 때 국가가 정의로워진다고 본다.

③ 을(맹자)은 다스림의 근본을 이로움보다 의로움에 두어야 한다고 본다.

④ 을(맹자)은 백성들이 도덕적인 삶을 살고 도덕적인 인격 수양을 하기 위해서는 생업을 보장하여 경제적으로 안정되어야 한다고 본다.

⑤ 갑(플라톤)은 국가의 각 계급이 자신의 일에 충실하고 서로의 역할을 넘보지 않아야 한다고 보며, 을(맹자)은 대인과 소인을 일을 구분해야 한다고 본다.

---

02 순자와 칼뱅의 직업관 25학년도 6월 모평 16번
정답 ① | 정답률 80%

갑, 을 사상가들의 입장으로 적절한 것만을 〈보기〉에서 고른 것은? [3점]

> 갑: 선왕(先王)은 예의를 제정하고 분별했는데 존귀함과 비천함,
> (순자) 어른과 아이, 지혜로운 자와 어리석은 자, 능력 있고 능력 없
> 는 자를 구분했다. 그리고 그들에게 각자 일을 맡겨 자신에게
> 합당한 일을 갖게 하였다.
> 을: 신은 우리 각자가 인생의 온갖 활동을 하는 가운데 우리 각
> (칼뱅) 자의 소명(召命)을 기억하고 존중할 것을 명한다. 신은 각자
> 자기에게 주어진 삶 속에서 실행할 분명한 의무를 지정해 주
> 었다.

〈 보기 〉
ㄱ. 갑: 직업의 배분에서 개인의 자질을 분별하는 것은 필수적이다.
ㄴ. 갑: 자신의 직분을 다하는 것이 곧 예의를 실천하는 일이다.
ㄷ. 을: 신이 각자에게 부여한 소명에 따라 직업에 귀천이 생긴다.
ㄹ. 갑과 을: 적성에 맞는 직업을 스스로 선택하여 부를 쌓아야 한다.

① ㄱ, ㄴ   ② ㄱ, ㄷ   ③ ㄴ, ㄷ   ④ ㄴ, ㄹ   ⑤ ㄷ, ㄹ

| 자료 분석 |

갑은 순자, 을은 칼뱅이다. 순자는 선왕이 제정한 예의에 따라 백성들의 사회적 역할을 분별해야 한다고 본다. 칼뱅은 직업을 신이 인간에게 부여한 소명으로 보아 직업 생활에 충실하여 직업적 성공을 이루는 것은 신의 명령을 따르는 것이라고 본다.

| 보기 해설 |

ㄱ. 갑(순자)은 각자의 적성과 능력에 따라 사회적 역할을 분담해야 한다고 본다. 이 과정에서 직업을 배분하기 위해 개인의 자질을 분별하는 과정은 필수적이다.

ㄴ. 갑(순자)은 선왕이 제정한 예를 통해 각자의 적성과 능력에 따라 사회적 역할을 분담해야 하고, 자신의 직분에 충실한 것이 곧 예의를 실천하는 것이라고 본다.

ㄷ. 을(칼뱅)은 직업을 신이 각자에게 부여한 소명이며, 각자는 직업 활동에 대한 귀천의 구분 없이 소명에 따라 자신의 직업에 충실해야 한다고 본다.

ㄹ. 순자는 통치자가 예의에 따라 각자의 직분을 분별한다고 보며, 을(칼뱅)은 직업을 신이 부여한 소명으로 보기 때문에 이를 스스로 선택했다고 보지 않는다.

03 순자와 플라톤의 직업관 24학년도 9월 모평 14번

정답 ⑤ | 정답률 89%

갑, 을 사상가들의 입장으로 적절한 것만을 〈보기〉에서 있는 대로 고른 것은? [3점]

→ 역할을 구분하는 기준: 예(禮)

갑: 천하를 두루 이롭게 함은 직분[分]과 예의[義]로부터 나온다.
순자 사람이 무리를 이루어 살되 역할에 따른 구분이 없으면 다투
게 되고, 다투면 나라가 혼란해져 편히 살 수 없게 된다. 따라
서 사람은 잠시도 예의를 버릴 수 없다. → 통치자, 방위자, 생산자

을: 사회를 이루는 세 계층은 각자 타고난 성향에 따라 한 가지
플라톤 일에 배치되어야 한다. 그리고 자신이 맡은 일에서 탁월함을
발휘하여 서로 조화를 이루어야 한다. 만약 서로의 일에 간섭
한다면 사회에 해악을 끼치게 된다. → 통치자(지혜), 방위자(용기),
생산자(절제) → 정의로운 국가

〈 보기 〉

ㄱ. 갑: 군주가 나라를 다스리려면 모든 직분에 통달해야 한다.
  → 자신의 역할에만 충실해야 함
ㄴ. 갑: 사회 구성원의 직분을 나누는 도덕적 기준이 존재한다.
ㄷ. 을: 세 계층이 각자의 직분에 충실해야 정의가 실현될 수 있다.
ㄹ. 갑과 을: 직분의 구분은 공동체 이익 증진에 도움이 된다.

① ㄱ, ㄴ ② ㄱ, ㄷ ③ ㄴ, ㄹ
④ ㄱ, ㄷ, ㄹ ⑤ ㄴ, ㄷ, ㄹ

출제 경향

사상가들의 직업관에 대한 문항은 공자, 맹자, 순자 등의 유교 사상가들과 서양의 플라톤, 칼뱅, 마르크스 등을 중심으로 각 사상가의 입장을 비교하는 유형이 출제되어 왔다. 사회적 분업에 대한 사상가들의 입장을 중심으로 문제가 전개되는 경우가 많으니, 이에 대한 찬반 입장을 잘 정리해 둘 필요가 있다.

| 자료 분석 |

갑은 순자, 을은 플라톤이다. 순자는 사회의 혼란을 해결하고자 선왕이 제정한 예를 통해 귀천, 빈부 등에 따라 사람들의 직분을 분명히 하고 충실히 하면 천하가 태평해질 수 있다고 보았다. 플라톤은 사회 구성원이 각자 타고난 소질에 따라 통치자, 방위자, 생산자라는 세 계층으로 구분되어 있으며 직업에 따라 자신의 고유한 기능을 발휘하면 덕을 실현할 수 있다고 보았다.

| 보기 해설 |

ㄱ. 순자는 덕과 능력에 따라 사회적 역할을 분담하는 예에 따라야 한다고 보았다. 따라서 군주 역시 사회적 역할 분담에 따라 나라를 다스리는 일에만 충실해야 한다.

ㄴ. 순자는 예(禮)를 사회 구성원의 직분을 나누는 도덕적 기준으로 삼고 통치자가 예에 따라 각자의 덕과 능력을 고려하여 관직을 잘 배분해야 한다고 보았다.

ㄷ. 플라톤은 국가를 통치자, 방위자, 생산자라는 세 계층으로 나누고 각 계층이 자신의 역할에 충실할 때, 정의로운 국가가 될 수 있다고 주장했다.

ㄹ. 순자는 직분의 구분을 통해 사회의 갈등과 혼란을 줄일 수 있다고 주장하며 직분의 구분이 공동체의 이익 증진에 도움이 된다고 보았다. 플라톤은 직분이 구분되지 않거나 서로 다른 직분 간의 교환이나 간섭이 이루어진다면 공동체에 해악이 된다고 보았다. 따라서 순자와 플라톤은 모두 직분의 구분이 공동체 이익 증진에 도움이 된다고 주장할 것이다.

04 정약용의 공직자 윤리 23학년도 수능 16번

정답 ② | 정답률 95%

다음을 주장한 사상가의 입장으로 적절하지 않은 것은?
  → 정약용 → 청렴 윤리

목민관은 검약한 생활을 통해 청렴함을 함양해야 하고, 청렴함을 바탕으로 백성을 사랑해야 한다. 만일 목민관이 되었다고 의복과 말을 새로 장만하여 부임지로 가거나 부임지에서도 함부로 행동하고 절제하지 못한다면, 사치가 심해지고 빚이 늘어가면서 탐욕스러워질 것이다. 그렇다고 아끼기만 하고 어려운 친척에게 두루 베풀지 않으면 멀어지게 될 것이다. 그러니 자신의 녹봉을 아껴 주변의 곤궁함을 보살피는 데 소홀하지 않아야 한다.

① 공직자는 애민 정신을 바탕으로 국민에게 진심으로 봉사해야 한다.
② 공직자는 곤궁한 친척을 도우려는 어진 마음조차 가져서는 안 된다.
  → 주변의 곤궁함을 살필 줄 알아야 한다고 봄
③ 공직자는 자신의 체면을 지키려는 과도한 소비를 자제해야 한다.
④ 공직자는 공무 수행을 위해 책정된 공금을 과다 지출해서는 안 된다.
⑤ 공직자는 청렴하기 위해 검소하고 절약하는 태도를 가져야 한다.

| 자료 분석 |

제시된 글의 사상가는 정약용이다. 정약용은 공직자의 청렴을 강조하면서 청렴한 공직자가 되기 위해서는 사리사욕을 버리고, 검소하며 지혜가 깊은 사람이 되어야 한다고 주장한다. 정약용은 공직자가 백성들을 위해 봉사하고 희생하는 정신을 지녀야 한다고 보며, 이를 바탕으로 백성을 사랑해야 한다고 강조한다.

| 선지 해설 |

① 정약용은 공직자는 백성을 사랑하는 마음으로 봉사해야 함을 강조한다. 공직자가 사치와 낭비에 빠져 탐욕스러워지면 백성을 아끼고 사랑하는 역할을 다할 수 없게 된다고 지적한다.

② 정약용은 절제의 자세가 중요하지만, 그렇다고 해서 아끼기만 하고 어려운 친척에게 두루 베풀지 않으면 안 된다고 본다. 따라서 공직자는 녹봉을 아껴 주변 사람들의 곤궁함을 살필 줄 아는 마음을 가져야 한다고 주장한다.

③ 정약용은 목민관이 되었다고 의복과 말을 새로 장만하는 행위를 지적하며, 공직자가 자신의 체면을 지키기 위해 과도한 소비를 하는 행위를 자제하고 절약의 자세와 검소한 삶의 태도를 지닐 것을 강조한다.

④ 정약용은 공직자가 부임지에서 자신의 역할을 다함에 있어 함부로 행동하고 절제하지 못함으로써 사치가 심해지고 탐욕스러워지는 것을 경계하였다. 따라서 공직자는 공무 수행을 위해 책정된 공금도 늘 지혜롭게 사용하며 청렴하게 지출해야 함을 강조한다.

⑤ 정약용은 청렴은 모든 선(善)의 근원이고 모든 덕(德)의 근본이라고 강조한다. 따라서 청렴한 삶을 살기 위해서는 행동에 있어 절제함이 있고, 생각이 깊으며 검소한 삶의 태도를 지녀야 한다고 본다.

05 플라톤과 맹자의 직업관 23학년도 4월 학평 14번 | 정답 ① | 정답률 69%

갑, 을 사상가들 모두가 긍정의 대답을 할 질문만을 〈보기〉에서 있는 대로 고른 것은?

> 갑: **성향상** 장인(匠人)인 사람이 우쭐해져서 전사의 부류로 이행
> 플라톤 하려 들거나, 혹은 전사들 중의 어떤 이들이 그럴 자격도 없으
> 면서, 숙의 결정하며 수호하는 부류로 이행하려 든다면 이들
> 의 **참견은 나라에 파멸을 가져다 준다.**
>
> 을: 한 사람의 몸으로 여러 장인이 하는 일을 고루 갖추어 반드시
> 맹자 자신이 모든 물건을 스스로 만든 다음에야 이를 사용한다면,
> 이것은 천하의 사람들을 모두 길바닥으로 내앉게 만드는 일이
> 다. 대인(大人)의 일이 있고 소인(小人)의 일이 있다.

〈 보기 〉

ㄱ. 나라가 올바르게 다스려지려면 통치자에게 덕이 요구되는가?
ㄴ. 계층 간의 자유로운 역할 교환은 공동체 발전을 저해하는가?
ㄷ. 장인의 재산 소유가 금지될 때 정치에서의 이상이 실현되는가?
　　→ 갑, 을 모두 부정의 대답을 할 질문
ㄹ. 사회적 직분은 **개인의 능력과 선택을 존중해** 정해져야 하는가?

① ㄱ, ㄴ　　② ㄱ, ㄷ　　③ ㄷ, ㄹ
④ ㄱ, ㄴ, ㄹ　　⑤ ㄴ, ㄷ, ㄹ

| 자료 분석 |

갑은 플라톤, 을은 맹자이다. 플라톤은 인간의 영혼이 이성, 기개, 욕망으로 나누어져 있다고 보고, 각 부분이 어떻게 상응하는가에 따라 사람들을 통치자, 방위자, 생산자로 나눈다고 하였다. 국가는 세 계층이 본분에 맞는 덕을 발휘하여 조화를 이룰 때 정의로우며, 직분을 서로 교환하거나 참견하면 나라에 파멸을 가져다줄 수 있다고 본다. 맹자는 대인의 일과 소인의 일을 구분하고 사회적 분업과 직업 간의 상호 보완성을 강조한다.

| 보기 해설 |

ㄱ 플라톤과 맹자 모두 긍정의 대답을 할 질문에 해당한다. 플라톤은 나라가 잘 다스려지려면 통치자가 지혜의 덕을 발휘해야 한다고 본다. 맹자는 통치자가 수양을 통해 타고난 선한 마음인 사단(四端)을 확충하고, 덕을 함양해야 나라가 올바르게 다스려진다고 본다.

ㄴ 플라톤과 맹자 모두 긍정의 대답을 할 질문에 해당한다. 플라톤은 계층 간의 역할 교환이나 참견이 공동체 발전을 저해하고, 나라에 파멸을 가져올 수 있다고 본다. 맹자는 대인의 일과 소인의 일이 구분되지 않고 자유롭게 교환되면 공동체의 질서와 발전이 위태로울 수 있다고 본다.

ㄷ. 플라톤과 맹자 모두 부정의 대답을 할 질문에 해당한다. 플라톤은 장인이 아니라 통치자의 재산 소유가 금지될 때 정치에서의 이상이 실현된다고 본다.

ㄹ. 플라톤과 맹자 모두 부정의 대답을 할 질문에 해당한다. 플라톤은 사회적 직분은 성향으로 결정되며, 각자가 타고난 고유한 기능에 따라 계층이 정해진다고 본다. 맹자는 개인의 능력에 따른 역할 분배를 인정하지만, 신분제를 인정하는 입장이기 때문에 개인의 자유로운 선택을 존중한다고 보기 어렵다.

06 정약용의 공직자 윤리 23학년도 9월 모평 11번 | 정답 ③ | 정답률 89%

다음을 주장한 사상가의 입장으로 적절하지 **않은** 것은?
　→ 정약용

> • **청렴은 목민관의 본래 직무로 모든 선(善)의 원천이며 모든 덕(德)의 근본이다.** 청렴하지 않고서 수령 노릇을 잘할 수 있는 자는 없었다. → 공직자의 덕목으로 청렴과 절용 강조 ←
> • 백성을 잘 다스리는 자는 반드시 자애롭다. 자애롭고자 하는 자는 반드시 청렴해야 하고, 청렴하고자 하는 자는 반드시 절약해야 한다. 그러므로 **절용(節用)은 목민관의 가장 중요한 임무이다.**

① 공직자의 청렴 실천은 인의예지(仁義禮智)를 구현하는 바탕이 된다.
② 공직자는 올바른 공무 수행을 위해 사치와 낭비, 탐욕을 없애야 한다.
③ 공직자는 절용을 백성 통치의 **유일한** 실천 방안으로 삼아야 한다.
④ 공직자의 절용 실천은 애민(愛民) 정신의 실현을 목적으로 한다.
⑤ 공직자의 청렴과 절용은 풍요롭고 안정된 사회 조성의 기반이 된다.

출제 경향

정약용의 청렴 사상과 공직자 윤리에 대한 문항은 단독 주제로 출제되곤 하는데, 제시된 글을 해석해서 답을 선택해야 하는 경우가 많으니 내용을 꼼꼼히 읽을 필요가 있다. 때로는 정약용의 공직자 윤리가 플라톤의 직업관과 연계되어 나오기도 하므로 두 사상을 비교하여 정리해 둘 필요가 있다.

| 자료 분석 |

제시된 주장을 한 사상가는 정약용이다. 정약용은 공직자의 윤리로 절용(節用)과 청렴(淸廉)을 강조하였다. 그는 공직자가 청렴하지 않고 절약하지 않으면 부정부패가 생기게 되므로, 공직자는 수양을 통해 덕을 쌓고 근검절약하는 삶을 살아야 한다고 주장한다.

| 선지 해설 |

① 정약용은 청렴이 공직자 본연의 의무이며, 모든 선의 근원이고 모든 덕의 뿌리라고 본다. 즉, 청렴 실천은 인의예지를 구현하는 바탕이 된다.

② 정약용은 공직자가 사치와 낭비, 탐욕을 부리면 안 된다고 주장한다. 공직자가 절약하지 않고 사치스럽게 되면 빚이 날로 불어나 반드시 욕심을 부리게 되고, 올바른 공무 수행을 할 수 없다고 보기 때문이다.

③ 정약용은 공직자가 갖추어야 할 자세로 절용의 삶을 강조하지만, 절용이 백성 통치의 유일한 실천 방안이라고 보지는 않는다. 정약용은 『목민심서』를 통해 공직자가 갖추어야 할 여러 자질과 덕목에 대해 제시하고 있다.

④ 정약용은 공직자의 절용 실천이 애민 정신과 연결된다고 주장한다. 절약하지 않고 욕심을 부리면 부정부패하게 되고 그 피해는 백성에게 돌아갈 수밖에 없기 때문이다.

⑤ 정약용은 공직자의 청렴과 절용의 자세가 사회를 풍요롭고 안정되게 유지하는 기반이 된다고 본다. 청렴하고자 하면 반드시 절약하게 되며 이는 사회의 부정부패를 줄이고 사회를 풍요롭고 안정되게 하는 기반이 되기 때문이다.

07　정약용의 공직자 윤리　22학년도 10월 학평 4번　　　　정답 ⑤ | 정답률 85%

다음을 주장한 사상가의 입장으로 적절하지 않은 것은?
└▸ 정약용

○ 목민관의 직분은 백성을 교화하는 것이다. 그들의 밭과 재산을 고르게 하는 것이나 부역을 공평하게 하는 것도 그들을 가르치기 위함이다.
○ 청렴은 목민관 본연의 의무로서 온갖 선(善)의 원천이고 모든 덕(德)의 근본이다. 청렴한 자는 청렴을 편안하게 여기고 지혜로운 자는 청렴을 이롭게 여긴다.

① 목민관은 사익에 얽매이지 않고 공익 실현을 위해 힘써야 한다.
② 목민관은 백성과 더불어 즐거움을 나누는 사람이 되어야 한다.
③ 목민관이 청렴해도 직무에 능하지 않으면 칭송을 받기 어렵다.
④ 목민관은 백성을 편안히 할 방책을 강구하는 것에 힘써야 한다.
⑤ 목민관의 청렴은 지혜의 많고 적음에 어떤 영향도 받지 않는다.
　└▸ 청렴하지 못한 이유를 지혜의 모자람 때문이라고 보았음

| 자료 분석 |

제시된 글의 사상가는 정약용이다. 정약용은 목민관이 지켜야 할 덕목으로 절용과 청렴을 강조하며, 절약하지 않고 탐욕을 부리면 부정부패에 빠질 수 있으므로 공직자는 덕을 쌓고 근검절약하며 사적인 일보다 공적인 일을 우선해야 한다고 주장한다. 또한, 목민관이 검약을 실천하고 물질적 욕망을 경계해야 함을 강조하며 절용이 애민(愛民)을 실천하는 근본이라고 본다.

| 선지 해설 |

① 정약용은 목민관의 직분이 백성을 교화하는 것이라고 보고, 백성의 밭과 재산을 고르게 하고 부역을 공평하게 하는 일처럼 공익 실현을 위해 힘써야 함을 강조한다.

② 정약용은 절약이 백성을 사랑하는 데 있어 가장 먼저 지켜야 할 일이라 주장하며 개인적 이익이 아니라 백성과 더불어 즐거움을 나누는 사람이 되어야 함을 강조한다.

③ 정약용은 청렴을 목민관이 지켜야 할 본연의 의무라고 본다. 하지만 목민관의 직분인 백성을 교화하는 것에 충실하지 않는다면 청렴하다 하더라도 칭송을 받기 어렵다고 주장한다.

④ 정약용은 목민관이 백성의 밭과 재산을 고르게 하고 부역을 공평하게 하는 것을 통해 백성들의 편안하고 안정된 삶을 위한 방안을 강구해야 한다고 보고, 바른 가르침을 통해 백성을 교화해야 한다고 주장한다.

⑤ 정약용은 목민관이 욕심을 부리면 아전들과 짜고 일을 꾸며 이익을 나눠 먹게 되고, 이익을 나눠 먹다 보면 백성들의 고혈을 짜게 된다고 주장한다. 이처럼 정약용은 목민관이 청렴하지 못한 원인을 지혜의 모자람에서 찾는다.

08　순자의 직업관　20학년도 3월 학평 13번　　　　정답 ④ | 정답률 63%

다음을 주장한 사상가의 입장만을 〈보기〉에서 있는 대로 고른 것은?
└▸ 순자　┌▸ 귀천과 상하를 구별하는 기준

• 선왕은 예의를 제정함으로써 분별하여 가난하고 부유하고 천하고 귀한 부류가 있게 하였으니 이것이 천하를 기르는 근본이다.
• 사람이 김매고 밭 가는 일을 쌓아 농부가 되고, 깎고 다듬는 일을 쌓아 공인이 되며, 재화를 매매하는 일을 쌓아 상인이 되듯이, 예절과 의리를 쌓으면 군자가 된다.
　└▸ 각자의 적성과 능력에 따라 사회적 역할을 분담해야 한다고 봄

〈 보기 〉
ㄱ. 예를 바탕으로 사람들의 직분을 나누어야 질서가 유지된다.
ㄴ. 각 분야에 능한 사람이 그 분야를 이끌어 가는 것이 좋다.
ㄷ. 사물에 정통한 사람은 누구나 통치하는 일을 할 수 있다.
　예(禮)
ㄹ. 서민의 자손이라도 재능과 덕을 갖추면 관리가 될 수 있다.

① ㄱ, ㄷ　　　② ㄱ, ㄹ　　　③ ㄴ, ㄷ
④ ㄱ, ㄴ, ㄹ　　　⑤ ㄴ, ㄷ, ㄹ

| 자료 분석 |

제시된 사상가는 순자이다. 순자는 각자가 지닌 덕과 능력에 따라 사회적 역할을 분배해야 한다고 보았으며, 분배의 기준으로 '예(禮)'를 제시하였다. 순자에 따르면 농부는 밭일에 정통하고, 상인은 장사하는 일에 정통하며, 공인은 그릇을 만드는 일에 정통하지만 그 일을 지도하는 관리가 될 수는 없다. 순자는 예에 정통한 사람만이 이들을 다스리는 역할을 할 수 있다고 보았다.

| 보기 해설 |

ㄱ. 순자는 사회 규범인 예에 따라 각자의 능력에 맞는 역할을 분배하고, 이에 따라 자신의 역할을 수행해야 사회 질서가 유지된다고 보았다.

ㄴ. 순자에 따르면 농부, 공인, 관리는 각자가 행하는 일에 정통해야 하고, 이러한 전문성을 바탕으로 사회적 분업이 이루어져야 한다고 보았다.

ㄷ. 순자는 생산에 종사하는 사람들과 이들을 지도하는 군자의 일이 서로 다르다고 보고, 예절과 의리를 쌓은 군자가 통치하는 일을 할 수 있다고 주장하였다.

ㄹ. 순자는 왕(王), 공(公)의 자손이라도 예에 합하지 않으면 서민에 편입하고, 서민의 자손이라도 학문을 갈고 닦아 품행을 단정히 하여 예에 합하면 재상에 올릴 수 있다고 주장하였다.

다음 사상가가 부정의 대답을 할 질문으로 가장 적절한 것은? [3점]

└→ 베버   ┌→ 직업 소명설

> 프로테스탄트는 자신의 구원의 여부가 예정되어 있다고 보았으며,
> 직업 노동을 신에게 선택받았다는 확신에 이르기 위한 가장 훌륭
> 한 수단이라고 여겼다. 이들의 금욕주의가 세속의 윤리를 지배하게
> 되면서 근대적 경제 질서를 구축하는 데 일조하였다. 직업이 정신적
> 가치와 직접 관련을 맺지 않거나 경제적 강제로 느껴질 경우 인간은
> 영혼 없는 전문가, 열정 없는 향락주의자로 전락할 것이다.
> └→ 근대 자본주의의
>   발전에 기여함

① 프로테스탄트는 직업적 성공이 구원의 징표라고 보는가?

② 프로테스탄트는 직업이 정신적 가치와 무관하지 않다고 보는가?

③ 금욕주의 직업 윤리는 자본주의 정신 형성에 기여할 수 있는가?

④ 프로테스탄트는 직업을 신으로부터 부름받은 것으로 보는가?

✔⑤ 프로테스탄트는 노동을 통한 부의 추구를 영혼의 타락으로 보는가?

| 자료 분석 |

제시된 글은 베버의 주장이다. 베버는 직업을 신이 부여한 소명이라고 인식했던
프로테스탄티즘 윤리로 인해 자본주의가 발전하게 되었다고 보았다. 베버에 의하면
프로테스탄트들은 직업적 노동을 신의 소명에 응답하는 것으로 여겼고, 신의
소명인 직업에서 성공하고 금욕적인 생활을 하는 것을 구원의 징표라 여겼다.

| 선지 해설 |

① 베버에 따르면 프로테스탄트들(청교도)이 직업 노동에 최선을 다하는 이유는
직업적 성공을 신에 의한 구원의 증표로 보기 때문이다.

② 베버는 프로테스탄트들이 직업을 정신적 가치와는 별개의 것으로 여기거나
직업을 경제적 강제로 느낄 경우 인간은 영혼을 잃고 향락주의자로 전락할
수 있음을 주장하였다. 따라서 직업은 정신적 가치와 밀접하게 관련되어 있
다고 본다.

③ 베버는 프로테스탄트들이 직업 노동에서 지켜 온 종교적인 가치관과 금욕주
의가 세속의 윤리를 지배하게 되면서 근대적 경제 질서, 즉 자본주의의 발전에
많은 영향을 미쳤다고 본다.

④ 베버는 프로테스탄트들이 직업 노동을 신에게 선택받았다는 확신에 이르기
위한 수단으로 인식하고, 직업을 신으로부터 부름받은 소명으로 여겼다고 본다.

⑤ 베버에 따르면 프로테스탄트들에게 있어 직업 노동은 신의 소명을 실현하는
것으로, 직업적 성공을 위한 노력으로써 축적한 부는 정당한 것이다.

갑, 을 사상가들의 입장으로 적절하지 않은 것은?

┌→ 경제적 안정   ┌→ 도덕적 마음

> 갑: 백성은 항산(恒産)이 있어야 항심(恒心)을 지닐 수 있다. 성인
> 맹자 (聖人)이 천하를 다스리면 곡식이 물이나 불과 같이 풍족해질
>   것이다. 만일 곡식이 물이나 불과 같이 풍족해지면 백성에게
>   어찌 불인(不仁)함이 있겠는가?   ┌→ 사회적 분업의 기준
> 을: 왕공(王公)과 사대부의 자손이라도 예의(禮義)를 힘써 행할
> 순자 수 없다면 서인(庶人)으로 귀속시킨다. 서인의 자손이라도 학
>   문을 쌓아 몸을 바르게 하고 예의를 힘써 행할 수 있다면 사
>   대부로 귀속시킨다.

① 갑: 성인(聖人)은 백성의 기본적 생계유지를 중시한다.

② 갑: 경제적 안정은 백성에게 도덕적 삶의 기반이 된다.

✔③ 을: 사회적 역할은 능력보다는 선호에 따라 결정되어야 한다.

④ 을: 예(禮)를 기준으로 하여 사회적 역할이 분담되어야 한다.

⑤ 갑, 을: 사회적 분업은 사회 질서를 유지하는 데 기여할 수 있다.

| 자료 분석 |

갑은 맹자, 을은 순자이다. 맹자는 경제적 안정을 의미하는 항산이 도덕적 삶을
의미하는 항심의 기반이 된다고 보았으며, 사회적 분업과 직업 간의 상호 보완성
을 강조하였다. 순자는 예(禮)를 기반으로 각자의 적성과 능력에 따라 사회적 역
할을 분담하는 사회적 분업이 필요하다고 강조하였다.

| 선지 해설 |

① 맹자는 백성에게 경제적 기반이 반드시 필요하며, 이를 위해서 통치자는 백성
의 기본적 생계유지가 보장될 수 있도록 경제적 안정에 힘써야 한다고 본다.

② 맹자는 항산이 있어야 항심이 있다는 주장을 통해 백성들의 경제적 안정이
백성들의 도덕적 삶의 기반이 된다고 강조한다.

③ 순자는 예를 근거로 하여 사회적 역할이 각자의 적성과 능력에 따라 결정되
어야 한다고 보며, 이러한 사회적 분업을 통해 모든 사람들이 주어진 직분을
성실히 수행하면 천하가 태평해질 수 있다고 본다. 따라서 사회적 역할이 개
인의 선호에 따라 결정된다고 보는 것은 순자의 입장으로 적절하지 않다.

④ 순자는 왕공과 사대부의 자손이라도 예에 힘쓰지 않으면 지위가 낮아질 수
있고, 서인의 자손이라고 하더라도 예를 힘써 행하면 지위가 높아질 수 있음
을 주장하며 예가 사회적 역할 분담의 기준이 됨을 강조한다.

⑤ 맹자는 대인이 할 일과 소인이 할 일이 구분되어 있으며, 자신에게 맞는 사회
적 역할을 분담할 때 천하가 평화로울 수 있다고 주장한다. 한편 순자는 사회
적 역할을 분담하는 예를 기준으로 개인의 적성과 능력에 따라 모든 사람이
주어진 직분을 올바로 수행할 때 천하가 태평해질 수 있다고 주장한다.

11 공자와 순자의 직업관 21학년도 9월 모평 12번

정답 ① | 정답률 91%

갑, 을 사상가들의 입장으로 적절하지 않은 것은?

정명 사상 •

> 갑: 군자는 근본을 추구하기 때문에 작은 일을 잘 못해도 큰일을
> (공자) 맡을 수 있으며, 소인은 생계를 추구하기 때문에 큰일을 잘 못
> 해도 작은 일은 맡을 수 있다. 임금·신하·부모·자식이 각자
> 맡은 바 직분[名]을 올바르게 하면 나라가 잘 다스려진다.
>
> 을: 성왕(聖王)은 예(禮)를 제정하여 인간의 본성을 교화하고자
> (순자) 하였다. 아울러 사람의 덕(德)을 논하여 각자의 위치를 정하
> 고 그 능력을 헤아려 관직을 부여하였다. 그런 연후에 사람들
> 이 예에 따라 각자 직무를 수행하여 그 마땅한 바를 얻게 하
> 였다.
> └ 예에 기초하여 본성의 교화, 사회적
> 직분 및 재화의 분배가 이루어짐

✔① 갑: 각자 자신이 맡은 직분 외에도 **모든 분야**에 능통해야 한다.
② 갑: 자기 본분을 올바르게 행하여 공동체의 질서를 유지해야 한다.
③ 을: 사람들의 사회적 직분은 덕과 능력에 따라 정해져야 한다.
④ 을: 올바른 직분 수행을 위해 예법에 따라 욕망을 절제해야 한다.
⑤ 갑, 을: 자신의 사회적 역할에 부합하는 도리를 실천해야 한다.

| 자료 분석 |

갑은 공자, 을은 순자이다. 공자는 각자가 맡은 사회적 지위에 걸맞은 역할과 책임을 다해야 한다는 정명(正名) 사상을 강조하였다. 순자는 예(禮)에 기초하여 인간의 이기적인 본성을 도덕적으로 교화해야 할 뿐만 아니라, 예에 따라 사회적 지위(역할)를 분배해야 한다고 강조하였다.

| 선지 해설 |

① 공자는 자신이 맡은 직분 외에 모든 분야에 능통해야 한다고 보지 않았다. 공자에 따르면 군자는 큰일을, 소인은 작은 일을 맡을 수 있으며, 각자 자신이 맡은 직분을 올바르게 잘 수행해야 한다.

② 공자는 각자가 자신의 본분을 올바르게 수행할 때 공동체의 질서가 유지될 수 있다고 보며, 자신의 사회적 지위에 따르는 역할과 책임을 다할 것을 강조하였다.

③ 순자는 사람들의 사회적인 직분이 덕과 능력에 따라 정해져야 하며 예(禮)가 바로 그러한 분배의 기준이 됨을 강조하였다.

④ 순자는 인간의 본성이 이기적이라고 보고, 인간이 자신의 본성에 따라 자신의 이익만을 추구한다면 사회가 큰 혼란에 빠지게 될 것이라고 보았다. 따라서 예에 기초하여 사회적인 직분을 분배하고 욕망을 절제해야 함을 강조하였다.

⑤ 공자와 순자는 사회의 구성원들이 각자 자신의 사회적 역할에 합당한 도리를 실천해야 한다고 강조하였다.

12 순자와 맹자의 직업관 20학년도 9월 모평 8번

정답 ④ | 정답률 75%

갑, 을 사상가들의 입장으로 옳지 않은 것은?
예를 통해 사회적 질서를 이룸

> 갑: 각자의 직분을 나누는 것이 예법(禮法)의 핵심이다. 농부, 공인,
> (순자) 상인은 각 분야에 정통하지만, 그 분야를 지도하는 관리가 될
> 수 없다. 도(道)에 정통한 사람은 이 세 가지 일을 하나도 못
> 해도 이 세 가지 일을 다스릴 수 있다.
> └ 다스리는 사람
>
> 을: 마음을 쓰는 사람[勞心者]은 다스리는 사람이고, 몸을 쓰는
> (맹자) 사람[勞力者]은 다스림을 받는 사람이다. 다스림을 받는 사람은
> 남을 먹여 살리고, 다스리는 사람은 남에 의해 먹고 산다.
> 이처럼 서로 도우며 살아가는 것이 세상 이치이다.

└ 정신노동과 육체노동을 구분함

① 갑: 예(禮)에 맞게 사회적 분업이 이루어져야 한다.
② 갑: 군자는 도를 익혀야만 자신의 일을 완수할 수 있다.
③ 을: 다양한 직업들 사이에는 상호 보완적 관계가 성립한다.
✔④ 을: 몸을 쓰는 사람은 항산(恒産)에 앞서 항심(恒心)을 지녀야 한다.
  항심   항산
⑤ 갑, 을: 모든 사람은 각자가 맡은 직분과 역할에 충실해야 한다.

선택형 문제로 개념 확인

(1) 순자는 사회에서 각자의 직분을 나누는 기준으로 (예, 법)을/를 제시한다.
(2) 맹자는 마음을 쓰는 사람인 (노력자, 노심자)는 남을 다스리는 역할을 해야 한다고 본다.

(1) 예 (2) 노심자

| 자료 분석 |

갑은 순자, 을은 맹자이다. 순자는 인간의 본성이 악하다는 성악설(性惡說)을 바탕으로, 인위적 규범인 예(禮)에 따라 인간의 이기적인 본성을 교화해야 한다고 주장하였다. 그리고 이러한 예를 바탕으로 사회적 역할을 분담함으로써 사회의 질서를 이룰 수 있다고 보았다. 한편 맹자는 사회적 분업을 긍정하면서 대인은 마음을 쓰는 사람(통치자)의 역할을, 소인은 몸을 쓰는 사람(피통치자, 생산자)의 역할을 할 것을 강조하였다. 그리고 대인은 경제적 안정인 항산(恒産)이 없어도 도덕적 마음인 항심(恒心)을 지녀야 하지만, 소인은 항산이 있어야 항심을 지닐 수 있다고 보며 백성들의 경제적 안정을 중시하였다.

| 선지 해설 |

① 순자는 이기적인 인간의 본성을 예에 따라서 교화해야 하고, 예에 따라서 각자가 맡을 사회적 역할을 분배해야 한다고 주장한다.

② 순자는 군자가 각 분야에 정통하지는 못하지만, 도(道)에 정통하기 때문에 이들을 지도하는 통치의 역할을 수행할 수 있다고 본다. 즉, 군자의 역할인 통치를 위해서는 도를 익혀야 한다고 보는 것이다.

③ 맹자는 한 사람이 모든 일을 다 하면 어느 것도 제대로 되지 않는다고 보면서 사회적 분업을 강조한다. 제시된 글에서도 다스림을 받는 사람과 다스리는 사람이 서로 도우며 살아가는 것이 세상의 이치임을 밝히고 있다.

④ 맹자는 몸을 쓰는 사람은 항산(생업)이 있어야 항심(도덕적 마음)을 갖출 수 있다고 주장한다. 따라서 마음을 쓰는 사람인 통치자는 백성들이 생업을 유지할 수 있도록 해서 그들을 도덕적으로 교화해야 한다.

⑤ 순자와 맹자 모두 사회적 분업을 통한 사회 질서의 유지를 강조한다. 이처럼 사회적 관계와 자신이 맡은 사회적 역할에 충실할 것을 강조하는 관점은 유교 사상의 공통적인 특징이기도 하다.

갑, 을 사상가들의 입장으로 옳지 <u>않은</u> 것은? [3점]

> → 예를 통해 욕구를 조절하는 정도에 따라 사회적 역할을 구분함
>
> 갑: 선왕(先王)이 예(禮)를 제정하여 사람들에게 귀함과 천함의
> 순자 등급을 분별하게 하였다. 사대부의 자손이라도 예에 합하지
> 않으면 서민이 되어야 하고, 서민의 자손이라도 학문을 닦고
> 품행이 단정하여 예에 합하면 사대부가 되어야 한다.
>
> 을: 왕도 정치가 구현된 사회에서 농부와 목수와 기술자는 각자
> 맹자 생산물이나 재능을 교환함으로써 사회에 기여한다. 힘을 쓰
> 는 노력자(勞力者)와 마음을 쓰는 노심자(勞心者) 역시 각자의
> 수고로움으로 서로 기여한다.
> → 사회적 역할 분담을 주장함

① 갑: 예(禮)를 기준으로 삼아 사회적 역할 분담이 정해져야 한다.

✓② 갑: 사회적 신분은 ~~개인의 자유로운 선택에 따라~~ 정해져야 한다.
   예를 기준으로 각자의 능력에 따라

③ 을: 분업을 통해 사회적 직분 간의 유기적 관계를 이루어야 한다.

④ 을: 노력자(勞力者)는 생계가 안정되어야 도덕심을 유지할 수 있다.

⑤ 갑, 을: 자신의 직분에 충실할 때 사회 질서가 유지될 수 있다.

| 자료 분석 |

갑은 순자, 을은 맹자이다. 순자는 성악설을 전제로 이기적인 인간의 본성을 선하게 변화시키기 위해 예(禮)를 강조한다. 그리고 인위적 규범인 예를 바탕으로 각자의 능력과 적성에 따라 사회적 역할을 구분해야 한다고 보았다. 맹자는 사회적 직분에 따라 개개인이 해야 할 역할이 구분되어 있으며, 이들이 각자의 역할을 제대로 수행할 때 사회 질서가 유지될 수 있다고 보았다.

| 선지 해설 |

① 순자는 사대부의 자손이라도 예(禮)에 합하지 않으면 서민이 되고, 서민이라도 예에 합하면 사대부가 되어야 한다고 주장하였다. 즉, 예를 기준으로 각자의 능력에 따라 사회적 역할이 나누어진다고 보았다.

② 순자는 선왕이 예를 제정하여 사람들에게 귀함과 천함의 등급을 분별하게 하였다고 주장하였다. 따라서 사회적 신분은 개인의 자유로운 선택에 따라 정해진 것이 아니라 선왕이 제정한 예에 의거하여 구분된 것이라고 할 수 있다.

③ 맹자는 힘을 쓰는 노력자와 마음을 쓰는 노심자가 각자의 역할을 다함으로써 사회 질서에 기여할 수 있다고 주장하였고, 사회적 직분 간의 유기적 관계를 중시하였다.

④ 맹자는 "항산(恒産)이 있어야 항심(恒心)이 있다."라는 주장을 통해 생업의 중요성을 강조하였다. 이때 선비는 항산이 없어도 항심을 갖출 수 있으나, 일반 백성들(노력자)은 생업이 있어야 도덕적인 삶을 살 수 있다고 주장하였다.

⑤ 순자는 각 분야에 능한 사람을 가려 그 분야를 이끌어 가도록 해야 국부가 넉넉해진다고 보았다. 맹자는 대인이 할 일과 소인이 할 일이 따로 있으며, 어떤 사람은 마음을 수고롭게 하고, 어떤 사람은 몸을 수고롭게 한다고 보았다. 이를 통해 순자와 맹자 모두 개개인이 자신의 직분에 충실할 때 사회 질서가 유지된다고 주장했음을 알 수 있다.

갑, 을 사상가들의 공통된 입장만을 〈보기〉에서 고른 것은?

> 갑: 대인(大人)의 일이 따로 있고, 소인(小人)의 일이 따로 있는 법
> 맹자 이다. 군주는 백성들에게 일정한 생업[恒産]을 마련해 주어
> 반드시 위로 부모를 충분히 봉양할 수 있도록 하고, 아래로
> 처자식을 충분히 먹여 살릴 수 있도록 해야 한다. → 항심 유지
>   └ 항산의 보장
>
> 을: 선왕(先王)은 혼란을 싫어해 예의(禮義)를 만듦으로써 등급을
> 순자 나누어 천자(天子)부터 서인(庶人)에 이르기까지 각자의 재능
> 을 발휘하게 하였다. 군주는 바른 정치를 위해 현명한 사람을
> 등용하고, 가난하고 궁핍한 사람을 도와야 한다.

───〈 보기 〉───

ㄱ. 사회적 역할의 분담은 사회 질서 유지에 기여한다.

ㄴ. 백성의 경제적 안정에 힘쓰는 것이 통치자의 역할이다.

ㄷ. 정신노동을 담당하는 사람은 ~~육체노동에도~~ 탁월해야 한다.
   자신의 역할에만

ㄹ. 사회적 역할은 능력보다는 ~~개인의 선택에 따라~~ 정해져야 한다.

✓① ㄱ, ㄴ   ② ㄱ, ㄷ   ③ ㄴ, ㄷ   ④ ㄴ, ㄹ   ⑤ ㄷ, ㄹ

| 자료 분석 |

갑은 맹자, 을은 순자이다. 맹자는 직업을 통한 일정한 생업[항산(恒産)]의 보장이 도덕적인 삶[항심(恒心)]의 기반이 된다고 본다. 따라서 군주가 백성들의 생업을 보장해 주는 것이 왕도 정치의 기본이라고 주장한다. 또한, 대인의 일과 소인의 일을 구별하여 사회적 분업과 직업 간의 상호 보완성을 추구해야 한다고 본다. 순자는 각자의 적성과 능력에 따라 사회적 역할을 분담하는 예(禮)에 따를 것을 강조한다. 또한 모든 사람들이 각자가 맡은 역할과 직분을 올바르게 수행할 때 천하가 태평해진다고 본다.

| 보기 해설 |

ㄱ. 갑(맹자), 을(순자) 모두 사회적 역할의 분담이 사회 질서 유지에 도움이 된다고 본다. 갑(맹자)은 대인과 소인이 일을 분담함으로써 사회 질서가 유지된다고 주장하며, 을(순자)은 각자가 자신이 맡은 사회적 역할을 올바르게 수행할 때 사회 질서가 유지된다고 주장한다.

ㄴ. 갑(맹자), 을(순자) 모두 경제적 안정에 힘쓰는 것을 통치자의 중요한 역할로 본다. 갑(맹자)은 통치자가 불인인지심의 마음을 가지고 백성들의 경제적 안정을 도모해야 한다고 주장한다. 을(순자)은 군주가 예를 기초로 사회적 역할과 재화를 질서 있게 분배함으로써 경제적 안정에 힘써야 한다고 주장한다.

ㄷ. 갑(맹자), 을(순자)은 모두 사회적 역할 분담을 강조하며, 각 역할의 상호 보완성을 주장한다. 따라서 정신노동을 담당하는 사람과 육체노동을 담당하는 사람은 각각의 역할에 충실하면 되는 것이지 다른 영역에서까지 탁월해야 하는 것은 아니다.

ㄹ. 갑(맹자), 을(순자)은 사회적 역할이 개인의 선택이 아니라 개인의 능력과 덕의 유무에 따라 분배되어야 한다고 주장한다.

15 공자와 플라톤의 직업관 21학년도 수능 9번　　　정답 ② | 정답률 39%

갑, 을 사상가들의 공통된 입장만을 〈보기〉에서 있는 대로 고른 것은?

자신의 사회적 지위에 따르는 능력과 덕성을 → [3점]
갖추어 그 역할과 책임을 다해야 한다는 주장

> 갑: 모든 사람에게는 주어진 본분이 있다. 군주는 군주의 본분
> 공자　을, 신하는 신하의 본분을, 부모는 부모의 본분을, 자식은 자
> 식의 본분을 다하는 것을 정명(正名)이라 한다.
>
> 을: 국가에서 통치자는 지혜를, 방위자는 용기를, 생산자는 절제
> 플라톤　를 발휘하여, 여러 구성원들이 조화롭게 살아가는 것을 정의
> (正義)라 한다. → 국가의 각 계층에 따라 요구되는 덕이 있다고 봄

〈 보기 〉

ㄱ. 사회적 직분에는 그것에 합당한 도덕적 덕목이 요구된다.
ㄴ. 누구나 자신의 직업을 선택할 수 있는 자유를 가져야 한다.
ㄷ. 각자는 역할 수행에 필요한 덕을 갖추도록 노력해야 한다.
ㄹ. 구성원의 역할이 분담되면 자연스럽게 이상적 국가가 실현된다.

① ㄱ, ㄴ　　　✓ ㄱ, ㄷ　　　③ ㄴ, ㄹ
④ ㄱ, ㄷ, ㄹ　　⑤ ㄴ, ㄷ, ㄹ

| 자료 분석 |

갑은 공자, 을은 플라톤이다. 공자는 자신에게 주어진 본분을 다해야 한다는 정명(正名) 사상을 주장하며, 각자의 사회적 지위에 따르는 역할과 책임을 다할 때 사회 질서가 확립된다고 강조하였다. 한편 플라톤은 국가의 구성원을 통치자, 방위자, 생산자로 나누고, 각자가 자신의 계층에 맞는 덕을 갖추어 상호 조화를 이룰 때 정의로운 국가가 실현될 수 있다고 주장하였다.

| 보기 해설 |

ㄱ 공자와 플라톤 모두가 긍정할 내용이다. 공자는 각자의 사회적 이름(지위)에 맞는 덕을 갖추어야 한다고 주장하였으며, 플라톤도 국가를 구성하는 세 계층이 자신의 사회적 역할에 맞는 덕(지혜, 용기, 절제)을 지녀야 한다고 강조하였다.

ㄴ 공자와 플라톤 모두가 부정할 내용이다. 공자는 합당한 능력과 덕을 갖춘 자가 그에 맞는 사회적 역할을 수행해야 한다고 강조하였다. 플라톤은 타고난 자질에 따라 어릴 때부터 교육을 받은 후 이를 바탕으로 통치자, 방위자(군인), 생산자 계층이 결정된다고 보았다.

ㄷ 공자와 플라톤 모두가 긍정할 내용이다. 공자는 자신의 사회적 역할을 수행하는 데 필요한 덕을 갖출 것을 강조하였으며, 플라톤 역시 모든 계층이 지녀야 하는 절제의 덕을 기본으로 하여 통치자는 지혜의 덕을, 방위자(군인)는 용기의 덕을 갖추어야 한다고 주장하였다.

ㄹ. 공자와 플라톤 모두가 부정할 내용이다. 공자와 플라톤은 단지 구성원의 역할이 분담되는 것에서 그치지 않고, 각 구성원이 자신의 역할에 맞는 덕과 능력을 갖추고 이를 실천하면서 조화를 이룰 때, 이상적인 국가가 실현될 수 있다고 보았다.

---

16 순자와 맹자의 직업관 23학년도 7월 학평 11번　　　정답 ④ | 정답률 87%

갑, 을 사상가들의 입장으로 적절하지 않은 것은?

> 갑: 사람은 태어날 때부터 욕망을 지니고 있어서 일정한 기준과
> 순자　한계가 없으면 다투게 된다. 그래서 선왕은 예의[禮]를 제정하
> 여 분수를 정하고, 지혜 있는 자와 어리석은 자 사이에 구분
> 을 두었다. → 예(禮)에 따라 분별한 자신의 역할에 충실
>
> 을: 백성은 안정된 생업[恒産]이 없으면 안정된 마음[恒心]도 없
> 맹자　다. 그러므로 현명한 군주는 백성들의 생업을 마련하여 생활
> 에 부족함이 없게 한다. 그렇게 한 후에 백성들을 선한 데로
> 나아가게 인도한다. → 항산이 없으면 항심도 없음

① 갑: 사람의 사회적 신분은 덕과 능력에 따라 정해져야 한다.
② 갑: 올바른 직분 수행을 위해 예에 따라 욕망을 절제해야 한다.
③ 을: 경제적 안정은 백성의 도덕성 유지에 중요한 요인이 된다.
✓ 을: 군주는 모든 노동에 능통하여 백성의 본보기가 되어야 한다.
　→ 군주의 역할에만 충실
⑤ 갑과 을: 사회 구성원 각자가 역할을 다할 때 질서가 유지된다.

| 자료 분석 |

갑은 순자, 을은 맹자이다. 순자는 인간의 악한 본성으로 인한 갈등과 혼란을 해결하기 위해 예를 통해 분별을 두고자 했다. 순자는 각자의 적성과 능력에 따라 사회적 역할을 분담하게 하는 예에 따라 자신의 역할에 충실한다면 천하가 태평해진다고 보았다. 맹자는 직업을 통한 경제적 안정(항산)이 도덕적 삶(항심)의 기반이 된다고 보고, 대인이 할 일과 소인이 할 일을 구분하여 자신이 맡은 역할에 충실할 것을 주장했다.

| 선지 해설 |

① 순자는 선왕이 예의를 제정하여 분별을 두었고, 이로 인해 귀천의 등급, 장유의 차이, 능한 자와 능하지 못한 자의 구분이 생겼다고 보았다. 이로 인해 모든 사람은 각자의 일을 맡게 되었고 자신에게 알맞은 일을 할 수 있게 되었으므로 사람의 사회적 신분은 덕과 능력에 따라 정해진다고 할 수 있다.

② 순자는 인간이 본성적으로 악하며 이기적 충동을 가진 존재라고 파악한다. 이러한 이기적 충동이 제어되지 못한다면 서로 다투고 혼란해질 수밖에 없다. 따라서 순자는 올바른 직분 수행을 위해 예에 따라 욕망을 절제해야 한다고 주장했다.

③ 맹자는 선비는 항산이 없어도 항심을 유지할 수 있으나 일반 백성은 항산이 마련되어야 항심을 유지할 수 있다고 보았다. 따라서 경제적 안정은 백성의 도덕성 유지에 중요한 요인이 된다.

④ 맹자는 대인은 정신노동을 하며 다른 사람을 다스리고, 소인은 육체노동을 하며 다스림을 받는 역할을 한다고 본다. 맹자는 군주를 정신노동을 하는 사람이라고 보고 각자 자신에게 주어진 역할에만 충실할 것을 주장했다.

⑤ 순자와 맹자는 사회 구성원 각자가 역할이 구분되어 있으며, 이러한 역할에 충실할 때 질서가 유지되고 천하가 태평할 수 있다고 주장했다.

갑, 을 사상가들의 입장으로 가장 적절한 것은?

노동 생산물, 노동, 타인 등으로부터의 소외 ──   ┌─ 자본주의 사회의 특징

> 갑: 자본주의 사회에서는 필연적으로 인간 소외가 발생한다. 사적
> 소유, 분업, 계급적 사회관계는 자유로운 노동을 억압하고 인
> 간의 본질을 실현하는 것을 가로막는다.   └─ 자본주의 사회에서는 노동을
>   통한 자아실현이 불가능함
> 을: 대인의 일이 있고 소인의 일이 있다. 마음을 쓰는 자는 다스리
> 고, 몸을 쓰는 자는 다스림을 받는다. 다스림을 받는 자는 남
> 을 먹이고, 다스리는 자는 남에 의해 먹는다.
> └─ 사회적 역할의 구분을 주장함   └─ 상호 보완적인 사회적 분업을 주장함

(갑: 마르크스 / 을: 맹자)

① 갑: 자본주의에서 노동자는 자신의 노동 생산물을 향유한다.
② 갑: 자본주의에서 노동자는 자발적 노동으로 욕구를 충족한다.
③ 을: 백성은 통치자가 인의를 상실해도 섬기지 않으면 안 된다.
④ 을: 백성의 생산물 교환은 사익 추구로서 삼가야 할 행위이다.
✓⑤ 갑, 을: 경제적인 요인은 도덕적 삶에 영향을 미칠 수 있다.

| 자료 분석 |

갑은 마르크스, 을은 맹자이다. 마르크스는 자본주의 사회에서는 노동을 통한 자아실현이 불가능하며, 자본주의 사회의 생산 방식인 공장식 분업은 노동자를 자신의 노동으로부터 소외시킨다고 보았다. 한편 맹자는 사회적 역할을 각자의 자질에 따라 '마음을 쓰는 자'와 '몸을 쓰는 자'로 나누고, 이들이 각자의 일을 수행하며 서로를 보완하는 사회적 분업을 긍정하였다.

| 선지 해설 |

① 마르크스는 자본주의 사회의 노동자가 자신의 노동 생산물을 향유하지 못하고, 자신의 노동 생산물로부터 소외된다고 보았다.

② 마르크스는 자본주의 사회의 노동자가 자발적인 노동으로 욕구를 충족하는 것이 아니라 생존을 위한 수단으로서 노동을 강제적으로 수행한다고 보았다.

③ 맹자는 인의를 상실한 군주는 일개 폭군에 지나지 않으므로 덕망 있는 사람이 새로운 왕조를 세워야 한다는 역성혁명을 강조하였다. 즉, 인의를 상실한 통치자를 바꾸어도 된다고 본 것이다.

④ 맹자에게 해당하는 내용이 아니다. 오히려 맹자는 백성들의 항심(도덕적 마음)을 이루기 위해서는 백성들에게 항산(일정한 생업)을 먼저 보장해 주어야 한다고 강조하면서, 백성들에게 있어 물질적으로 안정된 삶이 중요하다는 관점을 취하였다.

⑤ 마르크스는 자본주의 사회의 분업화된 공장식 노동이 노동자를 착취하고, 노동자를 자신의 노동으로부터 소외하는 등의 인간 소외 현상을 심화한다고 보았다. 반면 필요에 따라 재화를 분배하는 공산주의 사회에서는 노동자가 노동을 통해 자아를 실현할 수 있다고 보았다. 즉, 경제적 요인이 인간의 도덕적 삶에 영향을 미친다고 본 것이다. 한편 맹자는 백성들에게 경제적으로 안정된 삶이 보장되지 않는다면 도덕적인 삶을 이룰 수 없다고 보았다.

갑, 을 사상가들의 입장으로 가장 적절한 것은? [3점]

> 갑: 참으로 지혜를 사랑하는 사람들이 통치자들이 되어야 한다.
> 상인이 전사 계층으로 옮기려 하거나 전사가 통치자 계층으로
> 옮기려고 하면 국가는 파멸할 것이다.   └─ 타고난 성향에 따른
>   역할 배분
> 을: 어질고 능력이 있으면 순서를 기다리지 않고 등용한다. 서인
> (庶人)의 자식도 학문에 힘쓰고 행실이 └─ 바르며 예(禮)를 쌓아
> 본성을 극복하면 관리가 될 수 있다.   └─ 덕과 능력에 따른
>   역할 배분

(갑: 플라톤 / 을: 순자)

① 갑: 통치자들만 공동생활을 통해서 공익을 추구해야 한다.
     수호자 계급(통치자, 방위자)은
✓② 갑: 각자 자신의 성향에 맞는 한 가지 직분에 충실해야 한다.
③ 을: 직업에 충실하면 본성을 회복하고 인격을 닦을 수 있다.
④ 을: 예에 정통한 사람은 모든 일을 이해하고 잘하는 사람이다.
⑤ 갑, 을: 개인의 희망에 따라 사회적 역할이 부여되어야 한다.

| 자료 분석 |

갑은 플라톤, 을은 순자이다. 플라톤은 각자 자신의 타고난 성향에 맞는 하나의 역할을 맡아 충실히 수행해야 하며, 배분된 역할은 서로 교환할 수 없다고 본다. 순자는 '예(禮)'에 따라 직분이 정해져야 한다고 보며, 어질고 능력이 있는 순서에 따라 각자 역할을 분배받는 분업화된 사회 구조를 강조한다.

| 선지 해설 |

① 갑(플라톤)은 사회 계층을 통치자, 방위자, 생산자로 나누고 통치자와 방위자를 수호자 계급으로 분류한다. 그에 따르면 수호자 계급은 사유 재산을 가져서는 안 되고, 공동생활을 통해 공익을 추구하는 역할을 충실히 이행해야 한다.

② 갑(플라톤)은 각자 자신의 타고난 성향에 따라 그에 맞는 한 가지 직분에 충실해야 한다고 주장한다. 따라서 다른 계층으로 옮겨 역할을 바꾸려고 시도하는 것은 정의로운 사회 체계를 무너뜨리는 것이라고 본다.

③ 을(순자)은 인간의 타고난 본성이 악하다고 보며, 성왕이 제정한 '예'에 따라 악한 본성을 변화시키고 덕을 함양해야 한다고 주장한다.

④ 을(순자)은 각 사람마다 덕의 유무와 능력에 따라 그에 알맞은 역할을 분배받는 분업화된 사회 구조를 지향한다. 따라서 예에 정통한 사람은 나라를 다스리는 역할을 하는 것이 적절하며, 이러한 사람들이 모든 일을 다 잘 해야 하는 것은 아니다.

⑤ 갑(플라톤), 을(순자) 모두의 입장으로 적절하지 않다. 갑(플라톤)은 각자의 타고난 성향에 따라 한 가지 직분을 맡아야 한다고 주장하며, 을(순자)은 덕의 유무와 능력에 따라 알맞은 사회적 역할이 부여되어야 한다고 주장한다.

19 순자와 플라톤의 직업관 21학년도 7월 학평 3번

정답 ③ | 정답률 85%

동양 사상가 갑, 서양 사상가 을의 입장으로 옳지 않은 것은?

> ┌ 성악설   예를 기준으로 사회적 역할을
>   분배할 것을 주장
> 갑: 사람들은 나면서부터 이익을 좋아하는데, 이를 따르기 때문
> 순자 에 쟁탈이 일어난다. 선왕(先王)의 예(禮)로써 분별하고 법도
> 를 제정하여 사람들 각자에게 합당한 일을 맡겨야 한다.
>
> 을: 사람들이 직분을 서로 교환한다면 국가는 파멸로 가게 될 것
> 플라톤 이다. 정의(正義)는 서로 다른 세 ┌ 계층이 저마다 자신의 성향
> 에 맞는 일을 할 때 실현된다. └ 계층 간 역할 교환 금지

① 갑: 인위적인 규범으로 일을 나누어야 백성들의 다툼이 사라진다.
               └ 예

② 갑: 통치자는 백성의 덕과 능력에 따라 사회적 역할을 맡겨야 한다.

③ 을: 공익 실현을 위해 모든 계층의 사적 소유를 금지해야 한다.
             통치자와 방위자(군인)

④ 을: 각자가 본분에 맞는 탁월성을 발휘할 때 정의가 실현된다.
       └ 통치자(지혜), 방위자(용기), 생산자(절제)

⑤ 갑, 을: 구성원 각자가 직분에 충실할 때 사회의 조화가 가능하다.

단답형 문제로 개념 확인

(1) 순자는 인위적 규범인 (   )에 기초하여 사회적 직분을 나누어야
한다고 보았다.

(2) 플라톤은 모든 계층이 공통적으로 (   )의 덕을 갖추어야 정의로
운 국가가 될 수 있다고 보았다.

(1) 예 (2) 절제

| 자료 분석 |

갑은 순자, 을은 플라톤이다. 순자는 인간의 본성이 이기적이므로 인간이 본성에
따르면 사회가 큰 혼란에 빠지게 된다고 보았다. 따라서 인위적인 규범인 예(禮)
에 따라 본성을 교화하고 사회 질서를 이루어야 한다고 주장하였다. 한편 플라
톤은 각기 다른 역할을 수행하는 세 계층이 국가를 구성하여, 각 계층이 자신의
타고난 성향에 맞는 역할을 수행할 때 정의로운 국가가 된다고 보았다.

| 선지 해설 |

① 순자는 인위적 규범인 예에 따라 이기적인 인간의 본성을 교화하고 사회의
질서를 이루어야 한다고 보았다. 특히 예에 근거하여 사회적 직분을 나누고
그에 따라 욕망을 다스려야 다툼이 사라진다고 보았다.

② 순자는 통치자가 예를 바탕으로 하여 타고난 신분이 아니라 백성의 덕과 능
력에 따라 사회적 역할을 맡겨야 한다고 주장하였다.

③ 플라톤은 수호자 계층(통치자와 방위자)은 국가를 위해 헌신하고 몰입해야
하므로 사적 소유를 해서는 안 된다고 주장하였다. 그러나 생산자 계층은 사
적 소유가 가능하다고 보았다.

④ 플라톤은 국가의 구성원들이 각자 자신의 역할에 맞는 덕(탁월성)을 발휘하
여 조화를 이룰 때 정의가 실현된다고 보고, 이를 위해 통치자는 지혜, 방위
자는 용기, 생산자는 절제의 덕을 갖추어야 한다고 주장하였다. 이때 절제의
덕은 각 계층이 다른 계층의 일을 넘보지 않고 자신의 일에 충실하며 조화를
이루기 위해 모든 계층이 갖추어야 한다고 강조하였다.

⑤ 순자와 플라톤은 공통적으로 구성원 각자가 자신의 직분에 충실할 때 사회
의 조화가 가능하고 사회 질서를 확립할 수 있다고 보았다.

20 칼뱅과 맹자의 직업관 22학년도 7월 학평 19번

정답 ④ | 정답률 85%

갑, 을 사상가들의 입장으로 옳은 것은?

>   ┌ 직업 소명설
> 갑: 모든 직업은 신(神)으로부터 부름받은 자기 몫의 일이다. 이것이
> 칼뱅 소명임을 알고 순종하면, 아무리 천한 것으로 여겨지는 일이라
> 도 신 앞에서는 귀한 것으로 인정받을 것이다.
>
>   ┌ 대인
> 을: 백성은 항산(恒産)이 있어야 항심(恒心)을 지닐 수 있다. 어떤 사
> 맹자 람은 마음을 수고롭게[勞心] 하고, 어떤 사람은 몸을 수고롭게
> └ 경제적 안정 └ 도덕적 마음
> [勞力] 하여 각자의 수고로움으로 서로 기여한다.
>   └ 소인

① 갑: 노동은 신이 내린 형벌로서 인간의 예속 상태를 나타낸다.
          주신 소명   구원의 증표

② 갑: 노동을 통한 부의 축적은 인간이 구원받기 위한 유일한 수단
이다.

③ 을: 도덕 공동체를 실현하기 위해 직분의 구별은 없어져야 한다.
                          필요하다

④ 을: 직업을 통한 일반 백성의 생계유지는 도덕적 삶의 기반이 된다.
           └ 항산   └ 항심

⑤ 갑, 을: 노동의 궁극 목적은 생산성 향상을 통한 생활의 개선에 있다.

| 자료 분석 |

갑은 칼뱅, 을은 맹자이다. 칼뱅은 직업을 신이 주신 소명이라고 인식하고, 근면
성실하고 검소한 생활을 통해 직업적인 성공에 이르는 것이 신이 주신 소명을 실
현하는 것이라고 주장한다. 맹자는 직업을 통한 경제적 안정이 백성의 도덕적 삶
의 기반이 된다고 보고, 대인의 일과 소인의 일을 구분하는 사회적 분업의 중요
성을 강조한다.

| 선지 해설 |

① 갑(칼뱅)은 노동이 신의 부르심에 따르는 것이라고 보고, 직업 생활에 충실하여
직업적 성공을 거두는 것이 구원의 증표가 될 수 있다고 주장한다. 즉, 갑(칼뱅)
은 노동을 신이 내린 형벌이 아니라 신이 주신 소명이라고 인식하고 있다.

② 갑(칼뱅)은 구원은 신에 의해 이미 예정되어 있다는 예정설을 주장한다. 따라
서 갑(칼뱅)에게 노동을 통한 부의 축적은 구원받기 위한 유일한 수단이라고
볼 수 없다.

③ 을(맹자)은 마음을 수고롭게 해야 하는 대인의 일과 몸을 수고롭게 해야 하
는 소인의 일을 구분하고, 이를 통해 사회적 분업의 중요성과 직업 간의 상호
보완성을 강조한다. 따라서 을(맹자)은 도덕 공동체의 실현을 위해 직분의 구
별이 필요하다고 본다.

④ 을(맹자)은 군주가 백성의 생업을 마련하되 반드시 위로는 부모를 섬기기에
충분하고 아래로는 처자식을 먹이기에 풍족하도록 해야 함을 강조하며, 백성
의 생계유지[항산]가 도덕적 삶[항심]의 기반이 됨을 주장한다.

⑤ 갑(칼뱅)에게 노동의 궁극 목적은 신의 영광을 실현하는 것이다. 을(맹자)에
게 노동의 궁극 목적은 직업을 통한 경제적 안정을 기반으로 백성들이 도덕
적인 삶을 살아가도록 하는 것이다.

갑, 을 사상가들의 입장에 대한 설명으로 옳지 않은 것은? [3점]

→ 노동자가 자신의 노동으로부터 소외됨

> 갑: 자본주의에서 노동은 노동 주체의 의지와 무관하게 자본을
> 마르크스　위해 수행될 뿐이다. 분업은 생산성을 대폭 향상시켰지만, 노
> 동자는 생산에 필요한 정신적 능력 이외의 다른 모든 정신적
> 능력들을 잃어버렸다. 이는 예외 없는 현상이다.
> 을: 노동을 은총 상태를 확신하기 위한 수단으로 파악한 청교도는
> 베버　철저한 노동 의무의 수행을 통해 신의 나라에 도달하려고 시도
> 하였다. 동시에 노동 계급에 강제된 엄격한 금욕이 자본주의의
> 노동생산성을 강력히 촉진시켰다.　노동을 신의 소명으로 ↗
> 　　　　　　　　　　　　　　　　　　인식함

✓① 갑은 자본주의에서 정신적 능력 회복으로 소외가 극복된다고 본다.
　　　　　　　　　　　　　　　　심화
② 갑은 분업이 노동자의 정신적 능력 쇠퇴와 소외를 심화시킨다고 본다.
③ 을은 금욕과 결합된 노동 의무가 생산성을 향상시켰다고 본다.
④ 을은 청교도가 직업 노동을 종교적 실천으로 간주했다고 본다.
⑤ 갑은 분업 노동, 을은 소명 의식이 자본주의 발전에 기여했다고 본다.

| 자료 분석 |

갑은 마르크스, 을은 베버이다. 마르크스는 자본주의의 분업 체제가 생산성의 효율적인 증대를 가져왔지만, 노동자의 의지와 무관한 노동을 수행하게 함으로써 자신의 노동으로부터 노동자를 소외시켰다고 주장하였다. 베버는 청교도들이 직업을 신이 주신 소명이라 인식하고, 노동에 최선을 다하며 금욕적인 생활을 실현한 결과 자본주의가 발전하게 되었다고 보았다.

| 선지 해설 |

① 마르크스는 자본주의 체제의 노동자는 생산에 필요한 정신적 능력 이외의 다른 모든 정신적 능력들을 잃어버리고, 이로 인해 노동자가 노동으로부터 소외되는 현상이 나타난다고 보았다. 즉, 자본주의에서 노동자의 정신적 능력이 상실됨으로써 소외가 심화된다고 본 것이다.

② 마르크스는 자본주의의 생산 방식 중에서 특히 분업이 노동자의 정신적 능력 쇠퇴와 노동으로부터의 소외를 심화시킨다고 보았다.

③ 베버는 청교도들이 직업을 신이 주신 소명이라 인식하여, 직업 생활에 충실하고 금욕적으로 생활하는 등의 엄격한 종교적 생활을 함으로써 자본주의의 생산성을 향상시켰다고 보았다.

④ 베버는 청교도가 직업을 신의 소명이자 구원의 증표로 받아들임으로써, 직업 노동을 생계를 위한 경제적 활동이 아닌 종교적 실천으로 간주했다고 보았다.

⑤ 마르크스는 분업이 노동자의 정신 능력을 훼손하고 노동으로부터의 소외를 가져왔지만, 자본주의의 생산성 향상에는 기여했다고 보았다. 베버는 청교도의 소명 의식이 직업 활동과 종교적 실천을 결합하게 하고, 사람들이 직업 생활에 최선을 다하게 함으로써 자본주의의 발전에 기여했다고 보았다.

갑, 을 사상가들의 입장만을 〈보기〉에서 있는 대로 고른 것은? [3점]

> 갑: 사람들은 자신의 직무가 비속하거나 신과 무관한 것이 아니
> 칼뱅　라, 신의 부르심[召命]에 따라 봉사하고 있는 신성한 것이라는
> 사실을 깊이 생각해야 한다. → 직업 소명설
> 을: 자본주의 체제에서는 노동자가 더 많이 생산할수록 그는 더
> 마르크스　가난해지고 무력해진다. 결국 노동은 노동자의 본질에 속하지
> 않게 되고 노동자는 노동으로부터 소외된다.　→ 노동 소외에 대한
> 　　　　　　　　　　　　　　　　　　　　　　비판

〈 보기 〉

> ㄱ. 갑: 노동은 신성하며 노동으로 얻은 것은 신의 선물이다.
> ㄴ. 을: 소외된 노동은 인간에 의한 인간의 소외를 일으킨다.
> ㄷ. 을: 노동자는 자본가에게 경제적으로 예속될 수밖에 없다.
> ㄹ. 갑, 을: 노동의 본질은 자신의 잠재력을 계발하는 데 있다.

① ㄱ, ㄴ　　　　② ㄱ, ㄹ　　　　③ ㄷ, ㄹ
✓④ ㄱ, ㄴ, ㄷ　　⑤ ㄴ, ㄷ, ㄹ

| 자료 분석 |

갑은 칼뱅, 을은 마르크스이다. 칼뱅은 직업을 신이 주신 소명이라고 보고, 근면 성실하고 검소한 삶을 통해 자신의 직업에 충실히 임하는 것이 신의 명령을 따르는 삶이라고 강조한다. 마르크스는 인간이 노동을 통해 자아를 실현할 수 있지만, 자본주의 체제의 분업화된 노동에서는 노동자가 자신의 노동으로부터 소외된다고 강조한다.

| 보기 해설 |

ㄱ 칼뱅은 자신의 직업에 충실히 임하는 것이 신의 명령에 따르는 것이므로, 근면하고 성실한 자세로 자신에게 주어진 직업을 수행해야 한다고 주장한다. 또한 칼뱅은 노동이 신의 명령에 따른 신성한 것이기 때문에 노동으로 얻은 것은 신의 선물이라고 본다.

ㄴ 마르크스는 자본주의 체제하에서 노동자가 자신의 노동으로부터 소외되어 노동을 위한 부품으로 전락하게 된다고 본다. 또한 이러한 노동 소외가 인간을 하나의 개별적 존재로 인식하지 못하게 하여 인간 소외를 일으킨다고 본다.

ㄷ 마르크스는 자본주의 체제하에서의 노동자는 생산 수단을 가지고 있는 자본가에게 경제적으로 예속되어, 자본가에게 임금을 받고 노동하는 상태에 놓이기 때문에 자율적으로 노동을 수행할 수 없다고 본다.

ㄹ. 칼뱅은 노동의 본질이 신의 부르심, 즉 신에 의해 주어진 소명에 따르는 것이라고 여기지 자신의 잠재력을 계발하는 것이라고 여기지 않는다. 반면 마르크스는 노동의 본질이 인간이 가진 잠재력을 계발하고 자아를 실현하는 것이라고 본다. 따라서 해당 주장은 마르크스에게만 해당하는 진술이다.

23 칼뱅과 마르크스의 직업관 20학년도 7월 학평 3번

정답 ② | 정답률 78%

갑, 을 사상가들의 입장으로 옳은 것은?

→ 직업을 신이 내린 소명으로 봄

> 갑: 인간은 방탕하기에 신은 모든 인간에게 자신의 소명(召命)에
> **칼뱅** 관심을 둘 것을 요구한다. 신은 인간에게 고유한 생활 양식에
> 따라 각자의 의무를 지정하고, 인간 자신의 한계를 벗어나지
> 않도록 그 다양한 생활들을 소명이라고 하였다. → 노동의 본질
> 을: 인간은 노동으로 자연을 변화시키고 자신의 잠재력을 개발한
> **마르 크스** 다. 그런데 자본주의적 생산에서는 노동자가 생산 수단을 사
> 용하는 것이 아니라 생산 수단이 노동자를 사용한다. 즉 살아
> 있는 노동을 죽은 노동이 지배하는 왜곡이 발생한다.
> → 자본주의 사회에서는 노동자가 노동으로부터
> 소외된다고 봄

① 갑: 부(富)의 축적을 직업의 궁극적인 목적으로 추구해야 한다.
　　신의 은총을 통한 구원
✓② 갑: 직업은 신이 내린 명령이므로 귀천의 구별이 없어야 한다.
③ 을: 건전한 경쟁을 통한 생산 수단의 사유화를 보장해야 한다.
　　→ 마르크스는 생산 수단의 공유화를 주장함
④ 을: 자본가와 노동자가 협력하여 노동 소외를 극복해야 한다.
⑤ 갑, 을: 인간의 자아실현을 위해 노동 분업을 확대해야 한다.

연결형 문제로 개념 확인

(1) 칼뱅　•　　•㉠ 노동을 통해 자아실현을 해야 한다.
(2) 마르크스 •　　•㉡ 노동을 통해 신의 영광을 드러내야 한다.

(1) – ㉡　(2) – ㉠

자료 분석

갑은 칼뱅, 을은 마르크스이다. 칼뱅은 신에 의한 구원이 이미 예정되어 있다는 예정설을 주장하였다. 그리고 직업을 신이 부여한 소명으로 보고, 직업적 성공이 신에 의한 구원의 징표라고 여겨 근면 성실하게 일하여 직업적 성공을 거두는 것이 중요하다고 보았다. 한편 마르크스는 인간이 노동을 통해 자아실현을 이루어야 함에도 불구하고, 자본주의 사회에서는 자본가가 노동자를 착취하여 노동자가 노동으로부터 소외된다고 비판하였다.

선지 해설

① 칼뱅에게 있어 직업의 궁극적인 목적은 부의 축적이나 직업적 성공 그 자체가 아니라 신의 은총을 통해 구원받는 것이다.

② 칼뱅에 따르면 직업은 신이 주신 소명이므로 모든 직업에는 귀천이 없으며, 직업인은 소명 의식을 가지고 근면 성실하게 일해야 한다. 단, 칼뱅은 신의 명령에 반하는 일(도둑질이나 사기 등의 범죄)은 긍정하지 않았다.

③ 마르크스는 자본주의 사회에서 생산 수단을 소유한 자본가들에 의해 노동자들이 착취당한다고 보고, 이를 해결하기 위해 모든 생산 수단을 공유해야 한다고 주장하였다.

④ 마르크스는 노동자가 혁명을 일으켜 자본주의 사회를 붕괴시켜야만 노동 소외를 극복할 수 있다고 보았다.

⑤ 칼뱅과 마르크스 모두에게 해당되지 않는 입장이다. 칼뱅은 모든 노동을 신의 영광을 드러내기 위한 것으로 보았다. 마르크스는 자아실현을 위한 노동은 긍정했지만 자본주의 국가의 노동 분업 형태인 메뉴팩쳐(공장식 수공업)는 노동 소외를 발생시킨다고 보고 이를 강하게 비판하였다.

24 정약용의 공직자 윤리 23학년도 10월 학평 12번

정답 ② | 정답률 94%

다음을 주장한 사상가의 입장으로 적절한 것만을 〈보기〉에서 고른 것은?
└→ 정약용
→ 청렴하지 못함

> ○ 배우지 못해 무식한 수령은 겨우 한 고을을 얻기만 해도 자기
> 마음대로 행동하고 교만하며 사치해서 공금을 손 가는 대로
> 함부로 써 버린다. → 절용, 청렴, 겸손의 태도
> ○ 청렴한 사람은 청렴함을 편안히 여기고 지혜로운 사람은 청렴
> 함을 이롭게 여긴다. 수령이 원하는 바가 청렴으로 도(道)를
> 얻는 것이라면 재물을 버리고 취하지 않아야 한다.

─〈 보기 〉─
ㄱ. 목민관이 청렴을 실천하지 않으면 지혜롭지 못한 것이다.
ㄴ. 재정적 여유는 목민관의 자의적 공금 집행을 정당화한다.
　　　　　　　　　　　　　정당화할 수 없음
ㄷ. 청렴은 인을 실현하려는 목민관의 욕구에서 비롯될 수 있다.
ㄹ. 목민관의 청렴은 자기 수양보다 외적 강제를 통해 실현된다.
　　　　　　　　　 외적 강제　　 자기 수양

① ㄱ, ㄴ　✓② ㄱ, ㄷ　③ ㄴ, ㄷ　④ ㄴ, ㄹ　⑤ ㄷ, ㄹ

자료 분석

제시문의 사상가는 정약용이다. 『목민심서』에서 정약용은 지혜롭지 못한 사람이 공직의 자리에 오르면 사치스럽게 되고, 절약하지 않고, 욕심을 부리게 된다고 지적하면서 절약은 백성을 사랑함에 있어 가장 먼저 지켜야 할 일이라고 강조한다. 또한, 공직자가 절약하지 않고 탐욕을 부리면 부정부패하게 되므로 수령과 같은 공직자는 덕을 쌓고 근검절약해야 한다고 주장한다.

보기 해설

ㄱ. 정약용은 목민관이 배우지 못해 무식하고 지혜롭지 못하면 청렴을 실천하지 않고, 마음대로 사치하고 공금을 마음대로 사용하게 된다고 주장한다. 그렇기 때문에 정약용은 목민관이 갖추어야 할 태도로 절용과 청렴을 강조한다.

ㄴ. 정약용은 재정적인 여유가 있다고 하더라도 목민관의 자의적 공금 집행은 정당화될 수 없다고 본다. 정약용은 목민관이 덕을 쌓고 근검절약하는 태도를 가져야 한다고 강조한다. 또한 직무를 통해 부당한 사적 이득을 취하지 않아야 하며, 공사(公私)를 구분하고 백성의 이익을 우선적으로 실현해야 한다고 본다.

ㄷ. 정약용은 지혜로운 목민관은 인(仁)을 실현하고자 하며, 재물보다 백성의 이익을 먼저 생각한다고 본다. 이러한 마음이 곧 절용과 청렴의 삶으로 이어질 수 있다고 본다.

ㄹ. 정약용은 목민관의 청렴은 외적 강제보다 자기 수양을 통해 실현된다고 본다. 절약과 청렴의 자세는 외적 강제보다 백성을 사랑하는 마음에서 비롯되는 것이며, 목민관이 자기 수양을 통해 덕을 쌓고 올곧은 마음가짐을 가질 때 갖출 수 있는 것이다.

다음을 주장한 사상가의 입장으로 적절하지 않은 것은?
    └ 정약용

> ○ 수령 노릇을 잘하려는 자는 반드시 자애로워야 하고, 자애로
> 워 지려는 자는 반드시 청렴해야 하며, 청렴해지려는 자는 반
> 드시 검약해야 한다. 씀씀이를 절약하는 것은 수령의 으뜸가
> 는 임무이다.
> ○ 천지의 공리(公理)에 벼슬을 위해 사람을 택하는 법은 있으나,
> 사람을 위해 벼슬을 고르는 법은 없다. 한 집안의 봉양을 위
> 해서 만백성을 다스리는 수령의 자리를 구하고자 하는 것은
> 옳지 않다.

① 수령은 공직을 수행할 때 염치(廉恥)를 발휘해야 한다.
② 수령은 사치하지 않음으로써 백성에게 모범을 보여야 한다.
③ 수령은 관할하는 관청에 불필요한 지출이 없는지 살펴야 한다.
④ 백성을 위한 수령의 통치는 애민(愛民)을 기초로 실현될 수 있다.
⑤ 자기 가족의 생계를 위해 수령의 자리에 오르는 것이 바람직하다.

│자료 분석│

제시문의 사상가는 정약용이다. 정약용은 수령이 백성을 사랑하는 정신을 발휘
하여 자신의 사사로운 이익을 버리고, 청렴과 절용의 덕을 갖추어야 한다고 본
다. 또한 그는 자기 가족의 생계유지를 위해 백성을 다스리고자 하는 것은 바람
직하지 않다고 본다.

│선지 해설│

① 정약용은 수령은 염치를 발휘하여 자신의 역할에 충실해야 한다고 본다.
② 정약용은 수령이 청렴을 실천하고 백성에 모범이 되어야 한다고 본다.
③ 정약용은 낭비되는 재화를 줄여 절용의 덕을 실천해야 한다고 본다.
④ 정약용은 백성을 사랑하는 마음에 기반하여 백성을 돌보는 것을 수령의 역할
로 본다.
⑤ 정약용은 백성을 다스리는 사람은 자신의 이익을 우선하면 안 된다고 본다.

**갑, 을 사상가들의 입장으로 적절한 것만을 〈보기〉에서 있는 대로 고른
것은? [3점]**

> 갑: 백성은 안정된 생업[恒産]이 없으면 변함없는 마음[恒心]도 없
> 맹자 다. 변함없는 마음이 없으면 방탕하게 된다. 현명한 군주는 백
> 성의 생업을 마련해 줌으로써 백성은 흉년에 죽음을 면한다.
> 을: 선왕(先王)은 예의(禮義)를 제정해 백성의 분계(分界)를 정함
> 순자 으로써 그들의 원함을 충족해 주고 필요했던 것을 공급해 주
> 었다. 현명한 군주는 공평한 정치로 백성을 바로잡는다.

〈 보기 〉
ㄱ. 갑: 통치자는 백성이 선한 마음을 발휘하도록 해야 한다.
ㄴ. 을: 사회적 직분은 백성의 선택에 의해 결정되어야 한다.
ㄷ. 을: 백성의 욕구는 예에 따라 제한적으로 충족되어야 한다.
ㄹ. 갑과 을: 통치자는 민생을 안정시키기 위해 노력해야 한다.

① ㄱ, ㄴ   ② ㄱ, ㄹ   ③ ㄴ, ㄷ
④ ㄱ, ㄷ, ㄹ   ⑤ ㄴ, ㄷ, ㄹ

│자료 분석│

갑은 맹자, 을은 순자이다. 맹자는 통치자가 백성의 안정된 생업을 보장하여 백
성의 선한 마음을 발휘할 수 있게 해 주어야 한다고 본다. 순자는 덕과 능력에
따라 사회적 직분이 주어져야 한다고 보며, 백성의 욕구를 예를 통해 제한적으
로 충족시켜 줄 것을 강조한다.

│보기 해설│

ㄱ 갑(맹자)는 통치자가 백성의 안정된 생업을 보장하여 백성이 선한 마음을 발
휘할 수 있도록 해야 한다고 본다.
ㄴ 을(순자)은 백성이 타고난 바를 고려하여 사회적 역할을 구분해야 한다고 본다.
ㄷ 을(순자)은 백성의 욕구를 예에 따라 제한적으로 충족시켜 주어야 한다고 본다.
ㄹ 갑(맹자)과 을(순자)은 백성의 생활을 안정시키는 것을 통치자의 역할로 본다.

27 마르크스와 칼뱅의 직업관 24학년도 10월 학평 7번 정답 ① | 정답률 79%

갑, 을 사상가들의 입장으로 가장 적절한 것은? [3점]

> 갑: 자본주의에서 노동은 상품만을 생산하는 것이 아니라 노동
> 마르 자를 하나의 상품으로 생산해 낸다. 노동자의 노동은 강요된
> 크스 것으로서 자기 자신의 상실이다. 강제로 수행되는 노동이 멈
> 출 때 자유의 영역은 비로소 시작된다.
> 을: 각 개인에게는 신께서 지정하신 생활 방식이 있는데 그것은
> 칼뱅 우리가 인생을 방탕하게 살지 않도록 지정해 주신 초소와 같
> 다. 이 모든 것이 신께서 지워 주신 의무임을 우리가 알고 따
> 를 때 소명(召命)은 신 앞에서 빛날 것이다.

☑ 갑: 계급이 완전히 소멸된 곳에서 노동의 본질은 실현된다.
② 갑: 자본주의의 기술적 분업을 통해 노동 소외를 없애야 한다.
③ 을: 노동하는 것과 독실한 신앙 생활을 병행해서는 안 된다.
④ 을: 노동을 통한 부의 축적은 신이 부여한 소명에 위배된다.
⑤ 갑과 을: 노동은 다른 목적을 위한 수단이 아닌 그 자체가 목적이다.

| 자료 분석 |

갑은 마르크스, 을은 칼뱅이다. 마르크스는 자본주의 사회에서의 노동은 생산 수단을 소유한 자본가가 노동자를 착취하는 과정이며, 이로부터 벗어나기 위해서는 계급의 구분을 없애고 노동의 본질을 회복해야 한다고 본다. 칼뱅은 직업을 신으로부터 부여받은 소명으로 보아, 직업 생활에 충실한 것은 곧 신의 명령을 수행하는 것으로 본다.

| 선지 해설 |

① 갑(마르크스)은 자본주의 사회에서의 계급을 철폐하고 노동의 본질을 실현해야 한다고 본다. 그러므로 이는 갑(마르크스)의 입장으로 적절하다.

② 갑(마르크스)은 자본주의의 기술적 분업으로 노동자가 노동으로부터 소외되었다고 본다. 그러므로 이는 갑(마르크스)의 입장으로 적절하지 않다.

③ 을(칼뱅)은 직업을 신이 부여한 소명으로 보기 때문에 성실히 노동하는 것을 신의 명령을 충실히 수행하는 하는 것이라고 본다. 그러므로 이는 을(칼뱅)의 입장으로 적절하지 않다.

④ 을(칼뱅)은 직업 노동으로 부를 축적하는 것은 신으로부터 부여받은 소명을 실현하는 것으로 본다. 그러므로 이는 을(칼뱅)의 입장으로 적절하지 않다.

⑤ 갑(마르크스)은 노동은 인격을 실현하는 것으로 그 자체로 목적이 된다고 본다. 을(칼뱅)은 직업의 궁극적인 목적은 신의 은총으로 구원받는 것으로 본다. 그러므로 이는 갑(마르크스)과 을(칼뱅)의 공통 입장으로 적절하지 않다.

---

28 칼뱅과 순자의 직업관 25학년도 수능 8번 정답 ④ | 정답률 81%

갑, 을 사상가들의 입장으로 적절한 것만을 〈보기〉에서 고른 것은?

> 갑: 신은 우리들 각자가 인생의 온갖 활동을 하는 가운데 각자의
> 칼뱅 부르심을 기억하고 존중할 것을 명한다. 그리고 누구도 경솔
> 하게 자기의 한계를 벗어나지 않도록 다양한 종류의 생활 양
> 식을 소명이라 이름 붙였다.
> 을: 선왕(先王)은 사람들 사이의 다툼으로 인한 혼란을 싫어하였
> 순자 기 때문에 예(禮)를 제정해 분별의 기준으로 삼았다. 그리하
> 여 사람들의 욕망을 충족시키고 그들이 원하는 것을 공급하
> 게 하여 물건이 부족하지 않도록 하였다.

〈 보기 〉
ㄱ. 갑: 구원은 근면과 검소에 대해 주어지는 응분의 보상이다.
ㄴ. 갑: 노동으로 얻은 부를 베푸는 선행은 신의 영광을 드러낸다.
ㄷ. 을: 백성의 직분은 예보다 능력을 기준으로 맡겨져야 한다.
ㄹ. 갑과 을: 노동을 통한 정당한 이익의 추구는 권장될 수 있다.

① ㄱ, ㄴ   ② ㄱ, ㄷ   ③ ㄴ, ㄷ   ☑ ㄴ, ㄹ   ⑤ ㄷ, ㄹ

| 자료 분석 |

갑은 칼뱅, 을은 순자이다. 칼뱅은 직업을 신이 내린 소명으로 보고, 근면 성실하고 검소한 생활을 통해 직업적인 성공에 이르러야 한다고 본다. 순자는 사회 혼란을 해결하기 위해 선왕이 제정한 예를 기준으로 삼아 사회 구성원의 역할을 정해야 한다고 본다.

| 보기 해설 |

ㄱ. 갑(칼뱅)은 신에 의한 구원은 이미 예정되어 있으며, 직업을 신이 부여한 소명으로 보고 직업적인 성공이 신에 의한 구원의 징표라고 본다. 그러므로 이는 갑(칼뱅)의 입장으로 적절하지 않다.

ㄴ. 갑(칼뱅)은 근면 성실하고 검소한 삶을 통해 자신의 직업에 충실히 임하는 것이 신의 명령을 따르는 삶이라고 본다. 그러므로 이는 갑(칼뱅)의 입장으로 적절하다.

ㄷ. 을(순자)은 선왕이 제정한 예에 따라서 각자의 역할이 주어져야 한다고 본다. 그러므로 이는 을(순자)의 입장으로 적절하지 않다.

ㄹ. 갑(칼뱅)은 직업적 성공이 신의 소명을 따르는 것이라고 보며, 을(순자)은 예에 따라 사회적 직분을 부여하고 욕구를 충족시켜 주어야 한다고 본다. 그러므로 이는 갑(칼뱅)과 을(순자)의 공통 입장으로 적절하다.

9 일차

01 ③	02 ②	03 ③	04 ④	05 ①	06 ⑤	07 ①	08 ①	09 ⑤	10 ④	11 ③	12 ④
13 ④	14 ③	15 ⑤	16 ②	17 ⑤	18 ②

문제편 083~087쪽

01 정약용의 공직자 윤리 24학년도 수능 12번 정답 ③ | 정답률 96%

다음을 주장한 사상가가 강조하는 공직자의 자세로 옳지 않은 것은?
↳ 정약용

○ 관청에서 쓰는 모든 물건은 하늘에서 비처럼 내리고 땅에서 물처럼 솟는 것이 아니니, 씀씀이를 절약하면서 물건 사용의 폐해를 살펴 백성들의 힘을 덜어 주어야 한다. → 절용, 애민 강조
○ 청렴한 선비는 벼슬자리에 부임하러 갈 때 가족을 데려가지 않는데, 이때의 가족이란 아내와 자식을 일컫는다. 형제 간에는 가끔 왕래해도 되지만 오래 머물러서는 안 된다. → 청렴 강조

① 사사로운 정(情)에 따른 이익보다는 청렴을 중시해야 한다.
② 자애의 덕을 지니기 위해서는 반드시 절용(節用)해야 한다.
✔ 청백리가 되려면 자신에게만 관대하고 가족에게는 엄격해야 한다.
④ 세금 사용에 주의를 기울여 국민의 경제적 부담을 줄여야 한다.
⑤ 공적 재산이 국민의 노력으로 이루어진 것임을 유념해야 한다.

| 자료 분석 |
제시문의 사상가는 정약용이다. 정약용은 공직자가 갖춰야 할 우선적인 덕목으로 청렴과 절용을 제시하였다. 정약용은 청렴을 공직자가 갖춰야 할 모든 선의 원천이며 모든 덕의 근본이라 보고, 백성을 사랑하는 마음을 바탕으로 청렴과 절용을 실천해야 한다고 주장하였다.

| 선지 해설 |
① 정약용은 청렴한 공직자는 벼슬자리에 가족을 데려가지 않아야 하며, 형제 간에도 오래 머물러서는 안 된다고 주장하였는데, 이를 통해 사사로운 정(情)보다 청렴 유지를 더 강조하고 있음을 알 수 있다.

② 정약용은 백성을 잘 다스리는 자는 반드시 자애로워야 하며, 자애롭고자 하는 자는 반드시 청렴해야 하고, 청렴하고자 하는 자는 반드시 절약해야 한다고 보았다. 즉, 공직자는 자애의 덕을 지니기 위해서 반드시 절용해야 한다.

③ 정약용은 공직자가 반드시 갖춰야 할 윤리적 덕목을 제시하면서 공직자에게 엄격한 윤리적 기준이 적용되어야 함을 강조하였다. 따라서 청백리가 되기 위해 자신에게 관대해야 한다는 것은 정약용의 입장이 아니다.

④ 정약용은 관청에서 쓰는 모든 물건이 세금에서 비롯되기 때문에 씀씀이를 절약하고 물건 사용의 폐해를 살펴야 한다고 보았다.

⑤ 정약용은 국민의 힘과 노력으로 이루어진 것을 유념하여 씀씀이를 절약하면서 물건을 적절하게 사용해야 한다고 주장하였다.

02 정약용의 공직자 윤리 23학년도 6월 모평 7번 정답 ② | 정답률 93%

다음을 주장한 사상가의 입장으로 적절하지 않은 것은? [3점]
↳ 정약용

부모님이 노쇠하고 집안이 가난하다는 것은 진실로 딱한 일이다. 그렇다고 자신의 딱한 처지를 벗어나고자 목민관이 되고자 하는 것은 올바른 일이 아니다. 천지의 공적 이치[公理]로 보면, 벼슬을 위해서 사람을 선발하는 것이지, 사람을 위해서 벼슬을 선택하는 경우는 없다. 만약 목민관에 임명되어 부임지에 갈 때에는 부유하더라도 검소한 차림이어야 하며, 관청의 재물이나 자산이 여유롭다 하더라도 절약할 수 있는 검소함을 지녀야 한다. 또한 고을의 선비들에게 학문을 권장하기 위해 한 수레의 책을 가져가는 것이 청렴한 관리의 자세이다.

① 목민관은 관할하는 관청의 재물을 절약해서 사용해야 한다.
✔ 가족의 생계를 위해 목민관의 관직을 맡는 것은 바람직하다.
  → 자신의 딱한 처지를 벗어나고자 목민관이 되는 것은 하지 않다
     올바른 일이 아님
③ 비싼 옷을 살 여유가 있더라도 목민관은 소비를 절제해야 한다.
④ 공과 사를 분명하게 구분하는 것은 목민관의 올바른 태도이다.
⑤ 목민관은 관할 지역의 학문 풍토를 조성하기 위해 노력해야 한다.

| 자료 분석 |
제시된 주장을 한 사상가는 정약용이다. 정약용은 공직자가 절약하지 않고 탐욕을 부리면 부정부패하게 되므로, 공직자는 덕을 쌓고 근검절약함으로써 나라와 백성을 위한 삶을 살아야 한다고 주장한다. 따라서 공직자는 사사로운 이익에서 벗어나 나라와 백성을 생각하며 청렴을 마음에 새기고 공직에 임해야 한다.

| 선지 해설 |
① 정약용은 관청의 재물이나 자산이 여유롭다고 하더라도 절약할 수 있는 검소함을 지녀야 함을 강조함으로써 목민관이 관할지 관청의 재물을 절약해서 사용해야 함을 주장한다.

② 정약용은 부모님을 부양하거나 집안의 가난을 해결하기 위해 목민관이 되는 것은 올바른 일이 아님을 강조함으로써 가족의 생계를 위해 목민관의 관직을 맡는 것은 바람직하지 않다고 주장한다.

③ 정약용은 부임지에 갈 때 부유하더라도 검소한 차림이어야 함을 강조하였다.

④ 정약용 사적인 목적을 위해서가 아니라 나라와 백성을 위한다는 목적으로 공직자가 되어야 함을 강조한다. 즉, 공과 사를 분명하게 구분하는 것이 목민관의 올바른 태도임을 주장하는 것이다.

⑤ 정약용은 고을의 선비들에게 학문을 권장하기 위해 한 수레의 책을 가져갈 것을 강조함으로써 목민관이 관할 지역의 학문 풍토를 조성하기 위해 노력해야 함을 주장한다.

03 정약용의 공직자 윤리 22학년도 수능 8번

다음을 주장한 사상가가 강조할 공직자의 자세로 적절하지 <u>않은</u> 것은?
ㄴ 정약용

> <mark>청렴은 목민관의 근본적인 의무이며 모든 덕의 근원이다.</mark> 목민관이 욕심을 부려 백성의 정당한 수익을 빼앗다 보면 민생고가 심해진다. <mark>재물에 청렴하면서도 치밀하지 못하거나, 재물을 나누어 주면서도 실효가 없는 것도 칭송할 만한 것이 못된다.</mark> 아울러 목민관이 집안을 바로잡아야 │청탁과 뇌물이 들어오지 않는다.
> ㄴ 재물을 사용함에 있어 실효가 있어야 함을 강조

① 애민 정신을 실천하기 위해 절용과 청렴의 자세를 견지해야 한다.
② 국민으로부터 신뢰를 받고 지지를 얻기 위해서는 청렴해야 한다.
✔③ 납품을 받을 때 생산자의 정당한 이익을 고려할 필요가 <s>없다.</s>
있다
④ 작은 선물이라도 사욕이 숨겨져 있을 수 있으므로 경계해야 한다.
⑤ 국민에게 미치는 실효성을 따져 국가 재정을 엄격히 집행해야 한다.

| 자료 분석 |

제시된 주장을 한 사상가는 정약용이다. 정약용은 공직자가 갖추어야 할 덕목으로 절용(節用)과 청렴(淸廉)을 강조한다. 그에 따르면 청렴은 목민관이 지켜야 할 근본적인 의무이며 모든 덕의 근원이다. 따라서 목민관이 절약하지 않고 탐욕을 부리면 부정부패가 발생하게 되므로, 공직자인 목민관은 덕을 쌓고 근검절약하는 삶을 살아야 한다.

| 선지 해설 |

① 정약용은 공직자가 욕심을 부리게 되면 백성들에게 고통을 주게 되므로, 공직자는 절약의 덕목을 실천해야 한다고 본다. 또한 청렴이 목민관 본연의 의무라고 보고, 청렴하지 않고 제대로 다스리는 자는 없다고 강조한다. 즉, 정약용은 목민관이 애민 정신을 실천하기 위해 절용과 청렴의 자세를 견지해야 한다고 본다.

② 정약용은 청렴이 목민관의 근본적인 의무이자 모든 덕의 근원이라고 보고, 청렴하지 않고서 제대로 다스리는 자는 없다고 주장한다. 따라서 공직자가 국민으로부터 신뢰를 받고 지지를 얻기 위해서는 반드시 청렴해야 한다고 본다.

③ 정약용은 목민관이 욕심을 부려 백성의 정당한 수익을 빼앗다 보면 민생고가 심해질 수 있음을 지적한다. 따라서 백성으로부터 납품을 받을 때 백성의 정당한 이익을 고려할 필요가 있다고 본다.

④ 정약용은 작은 선물이라도 사욕이 숨겨져 있을 수 있으므로 이를 경계해야 한다고 강조하며, 목민관이 집안을 바로잡아야 청탁과 뇌물이 들어오지 않는다고 본다.

⑤ 정약용은 목민관이 치밀하지 못하여 재물을 쓰는 방법을 몰라 실효가 없으면 안 된다고 강조한다. 이를 통해 정약용이 국민에게 미칠 실효성을 적절하게 고려하여 국가 재정을 엄격하게 집행해야 한다고 주장함을 알 수 있다.

---

04 정약용의 공직자 윤리 24학년도 6월 모평 7번

다음을 주장한 사상가가 강조하는 공직자의 자세로 옳지 <u>않은</u> 것은?
ㄴ 정약용

> ○ 사사로운 씀씀이를 절약하는 것은 보통 사람도 할 수 있지만, 나라 곳간을 절약할 수 있는 사람은 드물다. <mark>공공의 것을 마치 내 것처럼 소중하게 여겨야 어진 목민관이다.</mark>
> ㄴ 공적 영역에서도 절약의 자세 필요
> ○ 목민관은 자신의 생일에 관청 사람들이 <mark>성찬을 바치더라도 받아서는 안 된다.</mark> 받지 않고 오히려 내어놓는 바가 있더라도, 공공연히 말하지 말고 <mark>자랑하는 기색을 나타내지도 말라.</mark>
> ㄴ 청렴의 자세 필요

① 근검절약하면서도 인색하지 않도록 노력해야 한다.
② 절약의 대상을 사적인 영역으로 국한해서는 안 된다.
③ 절용(節用)을 통해 애민(愛民) 정신을 구현해야 한다.
✔④ 국민의 모범이 되기 위해 자신의 청렴을 과시해야 한다.
⑤ 작은 선물이라도 정당한 것이 아니면 받지 말아야 한다.

| 자료 분석 |

제시문의 사상가는 정약용이다. 정약용은 공직자 윤리로 절용(節用)과 청렴(淸廉)을 강조한다. 정약용은 공직자가 절약하지 않고 탐욕을 부리면 부정부패하게 되고 백성들의 고혈을 짜게 된다고 본다. 공직자는 덕을 쌓고 근검절약하는 삶을 살아야 하며, 이것이 백성을 사랑하는 데 있어 지켜야 할 일이라고 주장한다.

| 선지 해설 |

① 정약용은 공직자가 근검절약해야 하지만, 절약은 백성을 사랑하는 것을 토대로 하는 것이기 때문에 인색하지 않아야 한다고 본다.

② 정약용은 절약의 대상이 사적인 영역뿐만 아니라 나라 곳간을 절약하는 것, 즉 공적인 영역에도 적용되어야 한다고 본다.

③ 정약용은 절용의 실천이 애민 정신과 연결된다고 본다. 절약하지 않고 탐욕을 부리면 부정부패하게 되고, 그 피해가 백성에게 돌아갈 수밖에 없다. 따라서 절약이 백성을 사랑하는 데 있어 가장 먼저 지켜야 할 사항이라고 본다.

④ 정약용은 공직자가 자신의 공적과 청렴을 자랑하지 않고, 다른 사람이 모르게 선정을 베풀어야 한다고 본다.

⑤ 정약용은 공직자가 공과 사를 구분하여 공정하게 업무를 처리하고, 청렴을 실천해야 한다고 강조한다.

정답 ① | 정답률 83%

다음 글의 입장으로 적절하지 <u>않은</u> 것은? [3점]

> 옛 성인(聖人)이 세금 제도를 만든 것은 백성으로부터 거두어 자기를 봉양하자는 것이 아니었다. 백성들이 모여 살면서 갈등과 투쟁이 생겨 서로 죽이기까지 하거니와, 통치자가 법으로 다스려 평화롭게 해 주어야만 민생이 편안해진다. 그러나 이 일은 농사를 지으면서 함께 할 수 없으므로, 백성은 수확의 10분의 1을 세(稅) 로 바쳐 통치자를 공양(供養)하는 것이다. 통치자가 백성으로부터 거두어들인 것이 큰 만큼, 백성에 대한 보답도 무거운 것이다. 후세의 통치자는 세금 제도를 만든 의의를 모르고 '백성이 나를 공양하는 것은 당연한 것'이라고 말하면서 가혹하게 수취하니, 백성들도 그 영향을 받아 서로 싸워 국가가 혼란해진다.

→ 사회적 역할 분담의 필요성 주장
→ 공직자로서의 책임을 강조
→ 공직자의 잘못된 행동이 나라에 혼란을 일으킬 수 있음

✔① 공직자는 별도의 생업에 종사하며 나랏일에 충실해야 한다.
　　　　　　하지 않고
② 공직자는 자신의 본분에 충실하여 민생을 안정시켜야 한다.
③ 공직의 설치는 필수적인 것으로 사회적 역할 분담의 일환이다.
④ 공직자는 세금을 납부한 국민들에게 봉사로써 보답해야 한다.
⑤ 공직자의 탐욕과 수탈은 국민의 반목과 국가의 분란을 야기한다.

| 자료 분석 |

제시된 글의 저자는 민생의 편안함을 이루기 위해 법으로 백성을 다스리는 통치자의 역할이 필요하며, 통치자의 역할은 농사와 같은 다른 일을 하며 수행할 수 없다고 본다. 또한 백성들이 세를 바치는 것은 통치자가 통치의 역할을 잘 수행할 수 있도록 하기 위함이라고 주장한다. 즉, 저자는 세금 제도가 만들어진 이유와 공직자의 의의를 민생의 안정으로 보면서, 공직자가 이를 잊지 말아야 함을 강조하고 있는 것이다.

| 선기 해설 |

①제시된 글의 저자는 통치자의 일이 농사를 지으면서 함께 할 수 없는 것이라고 보고, 통치자가 민생의 안정이라는 자기 역할에 충실할 수 있도록 하기 위해 세금 제도가 필요하다고 강조한다. 즉, 공직자가 별도의 생업에 종사하면서 나랏일을 할 수 없다고 보는 것이다.

② 제시된 글의 저자는 공직자가 법으로 백성을 다스려 평화를 이루고, 민생을 편안하게 하는 등의 일을 충실히 하는 것이 공직자의 역할이라고 본다.

③ 제시된 글의 저자는 백성들 간의 갈등과 투쟁을 해결하고, 민생을 편안하게 하기 위해 공직이 필수적이라고 본다. 또한 백성이 농사를 짓는 것과 달리 통치자의 역할은 민생의 안정에 있다고 보고, 사회적 역할 분담을 긍정한다.

④ 제시된 글의 저자는 통치자가 나라를 다스리는 데 전념하도록 백성들로부터 세금을 거두어들이는 만큼, 백성에 대한 보답 또한 무거운 것이라고 본다. 따라서 공직자는 세금을 납부한 국민들에게 봉사로써 보답해야 한다고 볼 것이다.

⑤ 제시된 글의 저자는 통치자가 세금 제도를 만든 의의를 모르고 탐욕을 부려 백성들을 가혹하게 수탈하면, 백성들이 그 영향을 받아 서로 싸워 국가가 혼란해진다고 본다.

정답 ⑤ | 정답률 73%

다음 사상가의 입장에서 지지할 주장만을 〈보기〉에서 있는 대로 고른 것은?
→ 정약용
　　　　　　조선 시대의 지방 관리를 이르는 말 ┐

> • 양로(養老)의 예법 중에는 노인에게 교훈이나 길잡이가 되는 가르침을 달라고 부탁드리는 절차가 있다. 그러므로 목민관(牧民官)은 노인에게 백성들이 겪는 괴로움과 질병이 무엇인지를 물어서 그 절차에 부합하도록 해야 한다.
> • "윗사람이 어른을 어른으로 섬기면 백성들에게는 어른을 공경하는 마음이 생긴다."라고 하였다. 목민관이 가난하고 의지할 데 없는 고령의 노인을 위해 혜택을 베풀고, 양로의 예법을 제도화하는 데 힘쓰면, 백성들은 노인을 공경할 줄 알게 될 것이다.
> 　└ 물질적 측면　　　└ 정신적 측면

〈 보기 〉
ㄱ. 국가는 모든 노인에게 동일한 복지 혜택을 지원해야 한다.
ㄴ. 윗사람의 모범을 통해 장유유서(長幼有序)를 구현할 수 있다.
ㄷ. 사회 문제 해결을 위해 노인의 경험과 지혜를 활용할 수 있다.
ㄹ. 노인 부양 문제의 해결은 정신적·물질적 측면 모두와 관련된다.

① ㄱ, ㄴ　　　② ㄱ, ㄷ　　　③ ㄴ, ㄹ
④ ㄱ, ㄷ, ㄹ　　✔⑤ ㄴ, ㄷ, ㄹ

| 자료 분석 |

제시된 글은 정약용의 『목민심서』 중 애민 6조의 일부이다. 정약용은 공직자인 목민관이 백성들이 겪는 괴로움과 질병이 무엇인지를 노인에게 물어 그 절차에 부합하도록 해야 한다고 본다. 그리고 가난하고 의지할 데 없는 고령의 노인을 위해 혜택을 베풀고, 양로의 예법을 제도화해야 한다고 주장한다. 정약용의 이러한 생각에는 노인 공경의 자세와 목민관이 지향해야 할 바람직한 모습이 담겨 있다.

| 보기 해설 |

ㄱ. 정약용은 목민관이 가난하고 의지할 데 없는 고령의 노인을 위해 혜택을 베풀고 양로의 예법을 제도화하는 데 힘써야 한다고 주장하지만, 모든 노인에게 동일한 복지 혜택을 지원해야 한다고 주장한 것은 아니다.

ㄴ. 정약용은 목민관이 노인들을 위해 노력한다면, 백성들이 노인을 공경할 줄 알게 된다고 주장한다. 즉, 윗사람의 모범을 통해 장유유서(長幼有序)를 구현할 수 있다고 본 것이다.

ㄷ. 정약용은 사회 문제 해결을 위해 노인의 경험과 지혜를 활용할 수 있다고 본다. "목민관은 노인에게 백성들이 겪는 괴로움과 질병이 무엇인지를 물어 그 절차에 부합하도록 해야 한다."라는 서술에서 이를 유추할 수 있다.

ㄹ. 정약용은 노인 부양 문제의 해결을 위해 노인에게 물질적으로 혜택을 베푸는 것뿐 아니라, 노인을 공경해야 한다는 정신적인 측면도 강조하고 있다. 즉, 노인 부양 문제의 해결에 있어 정신적·물질적 측면 모두를 언급한 것이다.

07 공직자 윤리 19학년도 6월 모평 20번

다음 신문 칼럼의 입장에서 볼 때, ㉠에 대한 설명으로 적절하지 **않은** 것은?

→ 고위 공직자들에게 자율적인 책무 의식이 필요하다고 봄

○○신문 　　　　　　　　　　○○○○년 ○월 ○일

칼 럼

고위 공직자들은 법률 제도와 별도로 권한에 상응하는 책무 의식을 스스로 내면화해야 한다. 귀족의 책무를 뜻하는 ㉠ 은/는 서양의 전통에서 유래하였지만 고위 공직을 담당한 지도자에게 여전히 요청되는 덕목이다. 이 덕목은 더 강한 책임 의식, 더 높은 도덕성, 더 많은 희생을 요구한다. 이 덕목의 실현으로 사회 구성원 상호 간의 신뢰와 연대는 강화되고 준법과 참여가 원활해진다. 나아가 국가가 내우외환에 봉착할 경우 구성원 모두 위기 극복을 위한 공동의 노력에 기꺼이 나서게 된다. …(후략)….

→ 노블레스 오블리주

①✔ 공직자의 권한 남용과 부패 방지를 위한 법적 규제를 의미한다.
　　　　　　　　　　　　　　　　자율적·윤리적
② 시민들의 자율적 질서 유지와 사회 계층 간 화합에 기여한다.
③ 정치권력의 사익 추구를 방지하여 국가 전반의 청렴성을 고양한다.
④ 전통 사회와 현대 사회 모두에 공통으로 강조되어야 하는 덕목이다.
⑤ 국가가 위기를 맞을 경우 일반 시민들의 솔선과 협력을 유도한다.

| 자료 분석 |

㉠에 해당하는 용어는 '노블레스 오블리주'이다. 노블레스 오블리주는 사회적 지위가 높은 사람들이 그들의 지위만큼 사회에 대한 의무를 다해야 함을 뜻하는 말로, 공직자에게도 적용되는 윤리적 자세이다. 칼럼에서는 공직자가 노블레스 오블리주의 자세를 통해 책임 의식과 도덕성을 갖춰야 하며, 사회를 위해 솔선수범하는 자세를 지녀야 함을 강조하고 있다.

| 선지 해설 |

① 칼럼에서는 법률 제도와는 별도로 고위 공직자들이 자신의 권한에 상응하는 책무 의식을 스스로 내면화해야 함을 강조하며, 노블레스 오블리주를 제시하고 있다. 따라서 이는 법적 규제가 아닌 자율적인 윤리 덕목이라 할 수 있다.

② 칼럼에서는 고위 공직자들이 노블레스 오블리주를 실현함으로써 사회 구성원 상호 간의 신뢰와 연대가 강화된다고 주장하고 있으므로 시민들의 자율적 질서 유지와 사회 계층 간 화합에 기여한다고 할 수 있다.

③ 칼럼에서는 노블레스 오블리주가 고위 공직자에게 더 강한 책임 의식, 더 높은 도덕성, 더 많은 희생 등을 요구한다고 주장하고 있으므로 정치권력의 사익 추구를 방지하여 국가 전반의 청렴성을 고양하는 것이라고 할 수 있다.

④ 칼럼에서는 노블레스 오블리주가 서양의 전통에서 유래하였지만 고위 공직을 담당한 지도자에게 여전히 요청되는 덕목이라 주장하고 있으므로, 전통 사회와 현대 사회에서 공통으로 강조되어야 하는 덕목임을 알 수 있다.

⑤ 칼럼에서는 노블레스 오블리주를 통해 국가가 내우외환에 봉착할 경우 구성원 모두가 위기 극복을 위한 공동의 노력에 나설 수 있다고 주장하고 있다. 따라서 국가가 위기를 맞을 경우 일반 시민들의 솔선과 협력을 유도한다고 할 수 있다.

08 정약용의 공직자 윤리 23학년도 7월 학평 20번

다음을 주장한 **사상가**의 입장으로 적절하지 **않은** 것은?
　　↳ 정약용

○ 목민관은 자애로워야 한다. 자애롭고자 하는 자는 반드시 청렴해야 하고 청렴하고자 하는 자는 반드시 절용(節用)해야 한다. 절용은 목민관의 가장 중요한 임무이며 백성을 사랑하는 데 있어 가장 먼저 해야 할 일이다.

○ 목민관은 예부터 내려오는 잘못된 관례를 과감히 고쳐야 한다. 잘못된 관례는 백성의 고혈을 착취하고 아전과 관원을 살찌게 하기 때문이다. 만일 고치기가 어렵다면 여기에 손대지 말아야 한다.

①✔ 목민관은 절용을 실천하기 위해 염치(廉恥)를 버려야 한다.
　　　　　　　　　　　　　　　　　　　　알아야
② 목민관은 백성에게 이익이 되지 않는 관습을 바꾸어야 한다.
③ 목민관은 애민(愛民)의 마음으로 백성의 삶을 돌보아야 한다.
④ 목민관은 공(公)과 사(私)를 구별하여 직무를 수행해야 한다.
⑤ 목민관은 검소한 삶을 실천하여 백성에게 모범이 되어야 한다.

| 자료 분석 |

제시문의 사상가는 정약용이다. 정약용은 공직자가 갖춰야 할 윤리로 절용과 청렴을 강조하면서 공직자는 백성에 대한 사랑을 바탕으로 자애를 실천하며 덕을 쌓아야 한다고 보았다. 정약용에 따르면 청렴하지 않는 것은 지혜가 부족하기 때문이며 공직자는 일상적 덕목으로서 청렴을 실천해야 한다고 주장했다.

| 선지 해설 |

① 정약용은 목민관에게 가장 우선되는 덕목이 절용이라고 보고, 절용을 실천하기 위해서는 염치(廉恥)를 알아야 한다고 보았다.

② 정약용은 예로부터 내려오는 관례라 하더라도 백성들에게 이익이 되지 않는다면 관습을 바꿔야 한다고 보았다.

③ 정약용은 애민 정신을 바탕으로 백성에게 봉사해야 하며, 절용을 통해 백성의 삶을 돌봐야 한다고 보았다.

④ 정약용은 목민관이 공(公)과 사(私)를 구별하여 직무를 수행해야 하며, 사적인 것보다 공적인 것을 우선하여 업무를 공정하게 처리하는 태도를 갖춰야 한다고 보았다.

⑤ 정약용은 목민관이 청렴을 모든 선의 근원으로 삼아 검소와 절용을 삶에서 실천함으로써 백성에게 모범이 되어야 한다고 보았다.

다음을 주장한 사상가의 입장으로 적절하지 않은 것은?
↳정약용

> ○ 훌륭한 목민관이 되려는 자는 어질어야 하고, 어질고 싶은 자는 청렴해야 하며, 청렴하고 싶은 자는 검소해야 하니 절용(節用)은 목민관의 첫 번째 의무이다.
> ○ 벼슬살이의 요체는 '두려워할 외(畏)' 한 자뿐이다. 의(義)를 두려워하고 법(法)을 두려워하며 백성을 두려워해야 한다. 마음에 두려움을 간직해야 방자하지 않게 된다.

① 공직자는 청렴이 본연의 덕이며 의무임을 알아야 한다.
② 공직자는 절용을 실천하기 위해 자기 절제에 힘써야 한다.
③ 공직자는 법을 지키며 백성을 편안하고 이롭게 해야 한다.
④ 공직자는 공무를 처리할 때 사욕을 개입시켜서는 안 된다.
✓⑤ 공직자는 백성이 자신을 두려워하도록 위세를 앞세워야 한다.
→ 방자하게 행동하지 않도록 백성을 두려워해야 함

| 자료 분석 |

제시문의 사상가는 정약용이다. 정약용은 공직자 윤리로 절용과 청렴을 강조하면서 백성을 사랑하는 데 있어 가장 먼저 지켜야 할 덕목이라 보았다. 또한 절약하지 않고 탐욕을 부리면 부정부패하게 되므로 공직자는 덕을 쌓고 근검절약하는 삶을 살아야 한다고 주장했다.

| 선지 해설 |

① 정약용은 청렴이 공직자의 본래 직무이고 모든 선의 원천이며 모든 덕의 근본이라고 주장했다. 정약용에게 청렴은 공직자의 본연의 덕이며 의무이다.

② 정약용은 절약이 공직자가 지켜야 할 첫째가는 의무라고 주장하면서 절약은 한계를 두어 억제하는 것이라고 보았다. 정약용은 절용을 실천하기 위해서는 자기 절제에 힘써야 한다고 주장했다.

③ 정약용은 백성을 다스리는 목민관은 백성을 위해 존재하는 것임을 강조하며 공직자는 법을 지키며 백성을 편안하고 이롭게 해야 한다고 주장했다.

④ 정약용은 공직자가 욕심을 부리게 되면 관리들과 함께 일을 꾸며 이익을 나눠 먹게 되고, 이익을 나눠 먹다 보면 백성들의 고혈을 짜게 되기 때문에 공무를 처리할 때 사욕을 개입시켜서는 안 된다고 주장했다.

⑤ 정약용은 공직자가 의롭지 않음을 두려워하고, 법을 두려워하며 백성을 두려워해야 한다고 주장했다. 이를 위해서는 마음에 두려움을 간직하여 방자하게 행동하지 않아야 한다. 이처럼 정약용은 공직자는 백성이 자신을 두려워하도록 위세를 앞세우는 것이 아니라, 오히려 백성을 두려워해야 한다고 보았다.

다음을 주장한 사상가의 입장으로 가장 적절한 것은? [3점]
↳정약용   → 사회적 직분에 따라 역할과 책임이 다름

> 백성은 윗사람을 섬기는 자이고, 수령은 백성을 다스리는 자이다. 수령 노릇을 잘하려면 반드시 청렴해야 하며, 청렴하려면 반드시 절약해야 한다. 청렴은 천하의 큰 장사이므로 백성을 위해 크게 탐하는[大貪] 자는 반드시 청렴하려 한다. 수령이 치밀하지 못하여 재물을 쓰는 방법을 몰라 실효(實效)가 없으면 안 된다. 수령이 경비를 남용하면 재정이 부족해져 백성의 재물을 약탈하게 된다.
> → 수령(목민관)에게는 청렴의 덕목이 요구됨을 강조

① 수령은 공무 수행 시 재정 지출의 효과를 고려해서는 안 된다.
→ 해야 한다
② 수령은 공공의 복리 증진이 아니라 재정 확보에 주력해야 한다.
→ 수령은 공공복리 증진에 힘써야 함
③ 수령은 백성과 자신이 직분상 동등한 관계임을 자각해야 한다.
✓④ 수령은 검소하지 않을 경우 자신의 직무를 올바로 수행할 수 없다.
⑤ 수령은 공무 수행에서 인(仁)을 실현하려는 마음을 억제해야 한다.
→ 발휘

| 자료 분석 |

제시된 주장을 한 사상가는 정약용이다. 정약용은 공직자가 갖추어야 할 덕목으로서 청렴을 강조하면서, 한 고을을 다스리는 수령(목민관)은 청렴을 실천해야 한다고 강조하였다. 또한 수령은 재물을 쓰는 법을 알고, 그 효과를 고려하여 재정을 사용할 줄 알아야 한다고 주장하였다.

| 선지 해설 |

① 정약용은 수령이 치밀하지 못하여 재물을 쓰는 방법을 몰라 '실효(實效)'가 없으면 안 된다고 주장하였다. 따라서 수령은 그 효과를 고려하여 재정을 지출해야 한다.

② 정약용은 수령이 공공의 복리 증진에 주력해야 한다고 보았다. 불필요한 지출을 줄여 재정을 확보하고 운용하는 것은 공공의 복리 증진을 위한 것이다.

③ '백성은 윗사람을 섬기는 자이고, 수령(목민관)은 백성을 다스리는 자'이므로 둘은 직분상 동등하다고 볼 수 없다. 단, 정약용은 다스리는 자인 수령은 백성의 복리 증진을 위해 애써야 한다고 보았다.

④ 정약용은 수령이 절약하는 검소한 태도를 지니면서, 사익에 앞서 공익을 추구하는 청렴을 갖추어야만 자신의 직무를 올바로 수행할 수 있다고 보았다.

⑤ 정약용은 수령이 공무를 수행할 때에도 인을 실현하려는 마음을 발휘하여, 백성을 사랑하고 백성의 이익을 도모해야 한다고 보았다.

11 정약용과 플라톤의 공직자 윤리 21학년도 6월 모평 6번
정답 ③ | 정답률 81%

갑, 을 사상가들의 입장으로 가장 적절한 것은?

→ 지방의 수령, 공직자

→ 공적 업무와 사적 관계를 분리
하여 균형을 갖출 것을 강조함

갑: 목민관은 책객(册客)*을 두어 회계를 맡겨서는 안 된다. 관부
정약용 의 회계는 공적 사용과 사적 사용이 모두 기입되기 때문이다.
그리고 관내의 친척과 친구를 단속하여 의심과 비방이 생기
지 않도록 하되, 서로의 정(情)을 잘 유지해야 한다. ← 통치자(지혜), 방위자
(용기), 생산자(절제)
을: 나라가 올바르게 되려면 그 구성원들이 각자의 덕을 발휘해야
플라톤 한다. 이들 중 통치자들은 그 어떤 사유 자산도 가져서는 안
된다. 통치자들은 공동생활을 하며, 공동체를 위해 유익한 것
에 대한 지식을 가지고 다른 시민들을 보살펴야 한다. ← 통치자는 국가를 다스
리는 일에 몰두해야 함
* 책객: 고을 원에 의해 사사로이 채용되어 비서 일을 맡아보는 사람

① 갑: 공직자는 공적 업무와 사적 업무의 경계를 정하지 말아야 한다.
정해야

② 갑: 공직자의 청렴은 공무를 수행하는 데 있어서 필수적 덕목은
아니다. 덕목이다

✓③ 을: 통치자는 지혜의 덕을 발휘하여 정의로운 국가를 추구해야 한다.

④ 을: 통치자는 시민들이 통치에 직접 참여할 수 있도록 허용해야 한다.
해서는 안 된다

⑤ 갑, 을: 올바른 통치를 위해 다스리는 자의 사유 재산을 금지해야
한다.

| 자료 분석 |

갑은 정약용, 을은 플라톤이다. 정약용은 『목민심서』에서 백성을 다스리는 수령
인 목민관이 공직자로서 지켜야 하는 지침들을 서술하였고, 특히 절용과 청렴
을 강조하였다. 또한 목민관이 공적 업무와 사적 관계의 영역을 분리해야 한다고
주장하였다. 한편 플라톤은 이상 국가(정의로운 국가)의 통치자는 국가의 운영에
몰입하기 위해 사유 재산을 가져서는 안 되고, 공동생활을 해야 한다고 주장하
였다.

| 선지 해설 |

① 정약용은 공직자(목민관)가 공적 업무와 사적 업무의 경계를 명확히 구별해
야 한다고 주장하였다.

② 정약용은 공직자의 자질로서 특히 절용과 청렴이 중요하다고 강조하였다.

③ 플라톤은 국가의 세 계급(통치자, 방위자, 생산자)이 각자에게 필요한 덕을 발
휘하여 주어진 역할을 수행하며 조화를 이룰 때, 정의로운 국가(이상 국가)를
실현할 수 있다고 강조하였다. 이때 통치자 계급은 지혜의 덕을 발휘하여 정
의로운 국가를 추구해야 한다고 보았다.

④ 플라톤은 지혜를 갖춘 통치자만이 국가를 올바르게 다스릴 수 있다고 보았
고, 다른 계급의 정치 참여를 반대하면서 당시 아테네의 직접 민주주의 체제
를 비판하였다.

⑤ 플라톤에게만 해당하는 내용이다. 플라톤은 국가를 다스리는 통치자는 사유
재산을 금지하여 국가의 운영에 몰입하도록 해야 한다고 주장하였다.

12 플라톤과 정약용의 공직자 윤리 21학년도 4월 학평 7번
정답 ④ | 정답률 70%

**갑, 을 사상가들의 입장으로 적절한 것만을 〈보기〉에서 있는 대로 고른
것은?**

→ 수호자 계급(통치자와 방위자)의 사적 소유 금지

갑: 수호자가 세상의 금은을 소유하게 된다면 이들과 더불어 나
플라톤 머지 사회 구성원 모두는 파멸하게 될 것이다. 또한 군인 계층
중 자격이 없는 자가 통치자 계층으로 이행하려 든다면 나라
에 파멸을 가져올 것이다.
을: 목민관이 탐욕을 부리면 백성을 착취하게 되지만 절약하면 능
정약용 히 베풀 수 있다. 베푸는 것은 덕을 심는 근본이니, 녹봉을 절
약하거나 자기 농토에서 거둔 수확물로 어려운 백성을 돕는
것은 이치에 맞는 일이다.

〈 보기 〉
ㄱ. 갑: 다스리는 자의 임무는 다른 계층의 구성원이 대행할 수 없다.
ㄴ. 을: 다스리는 자의 청렴한 자세는 애민(愛民)의 기반이 된다.
ㄷ. 갑, 을: 다스리는 자는 사유 재산을 나누며 공익을 추구해야 한다.
ㄹ. 갑, 을: 다스리는 자는 절제의 덕을 갖추고 직분을 다해야 한다.

① ㄱ, ㄴ   ② ㄱ, ㄷ   ③ ㄷ, ㄹ
④ ㄱ, ㄴ, ㄹ   ⑤ ㄴ, ㄷ, ㄹ

| 자료 분석 |

갑은 플라톤, 을은 정약용이다. 플라톤은 사회를 구성하는 세 계층이 각자 타고
난 능력에 따라 사회적 역할을 분담해야 하며, 각자에게 적합한 덕을 갖추어 조
화를 이루어야 한다고 본다. 정약용은 공직자가 절용(節用)과 청렴(淸廉)의 덕목
을 실천해야 한다고 주장하면서, 공직자는 덕을 쌓고 근검절약하는 삶을 통해
백성들에게 모범이 되어야 한다고 본다.

| 보기 해설 |

ㄱ. 플라톤은 국가를 이루는 세 계층인 통치자, 방위자, 생산자가 각각 지혜, 용
기, 절제의 덕을 발휘하여 각자에게 주어진 역할을 수행할 때 정의가 실현될
수 있다고 본다. 이때 각 계층의 역할은 교환될 수 없으며 통치자는 통치자
의 임무를, 방위자는 방위자의 임무를, 생산자는 생산자의 임무를 수행해야
한다고 본다.

ㄴ. 정약용은 청렴이 공직자 본연의 의무이고 모든 선(善)의 근원이며 모든 덕의
뿌리로서, 청렴하지 않으면서 제대로 다스릴 수 있는 사람은 없다고 주장한
다. 따라서 정약용은 다스리는 자가 지니는 청렴한 자세가 백성을 사랑하는
기반이 된다고 주장한다.

ㄷ. 플라톤은 국가의 세 계층 가운데 지배 계층에 속하는 통치자와 방위자는 사
유 재산을 가져서는 안 된다고 보므로, 다스리는 자인 통치자가 사유 재산
을 나누어야 한다는 주장에 동의하지 않을 것이다. 정약용은 다스리는 자는
애민(愛民)의 정신을 바탕으로 절용의 덕을 실현하면서, 사유 재산을 나누고
공익을 추구해야 한다고 본다. 따라서 제시된 내용은 정약용에게만 해당되는
입장이다.

ㄹ. 플라톤은 통치자가 지혜, 용기, 절제라는 모든 덕을 갖추어야 하며 자신의
고유한 기능을 발휘하여 사회적 역할을 다하며 덕을 실현해야 한다고 본다.
정약용 또한 다스리는 자는 청렴하기 위해 반드시 절제와 절용에 힘써 자신
의 직분을 다해야 한다고 주장한다. 따라서 플라톤과 정약용 모두에게 해당
되는 입장이다.

갑, 을 사상가들의 입장만을 〈보기〉에서 있는 대로 고른 것은?

→ 철인 통치를 주장함

> 갑: 철인(哲人)들이 최고 지배자들이 되어 올바른 것을 가장 중대
> 플라톤　하고 가장 필요한 것으로 보고, 이를 받들고 증대시켜서 나라
> 의 질서가 잡히게 해야 한다.
> 을: 명군(明君)이 백성의 생업을 관장함에 있어 부모 공양과 처자
> 맹자　식 부양에 부족함이 없게 해야 백성을 선한 데로 이끌 수 있
> 다. 백성은 항산이 없으면 항심도 없어진다.
> 　　　　　　→ 무항산 무항심

―――――――――――〈 보기 〉―――――――――――
> ㄱ. 갑: 통치자는 좋음 자체를 모범으로 삼아 다스려야 한다.
> ㄴ. 을: 통치자는 백성의 삶의 기반인 항산을 보장해야 한다.
> ㄷ. 을: 통치자는 손수 농사를 짓고 다스리는 일도 해야 한다.
> ㄹ. 갑, 을: 통치자를 비롯한 모든 구성원은 자신의 사회적 직분
> 을 이행해야 한다.

① ㄱ, ㄴ　　　　② ㄱ, ㄷ　　　　③ ㄷ, ㄹ
④ ㄱ, ㄴ, ㄹ　　　⑤ ㄴ, ㄷ, ㄹ

| 자료 분석 |

갑은 플라톤, 을은 맹자이다. 플라톤은 선(善)의 이데아를 인식할 수 있는 철학자들이 국가의 통치를 담당해야 한다는 철인 통치를 주장하였다. 한편 맹자는 군주가 백성을 도덕적인 삶인 항심(恒心)으로 인도하기 위해서는 먼저 백성들의 생계유지를 위한 항산(恒産)을 보장해야 한다고 보았다.

| 보기 해설 |

ㄱ 플라톤은 통치자가 좋음 자체, 즉 이데아를 모범으로 삼아 국가를 다스려야 한다고 보았다. 그리고 이를 위해서는 이데아를 인식할 수 있는 지혜의 덕을 갖춘 철학자가 통치자의 역할을 수행해야 한다고 주장하였다.

ㄴ 맹자는 통치자가 백성들의 삶의 기반인 생업, 즉 항산을 보장하여 도덕적 삶, 즉 항심으로 이끌어야 한다고 보았다.

ㄷ. 맹자는 다스리는 자와 다스림을 받는 자 간에 분업이 필요하다고 주장하면서, 통치자는 다스리는 일에 몰두해야 한다고 보았다.

ㄹ 플라톤은 국가를 구성하는 세 계급(통치자, 방위자, 생산자)을 나누고, 각 계급이 자신에게 필요한 덕에 따라 자기 역할을 잘 수행할 때 정의로운 국가가 될 수 있다고 보았다. 맹자는 다스리는 자와 다스림을 받는 자를 구분하고, 각자가 자신의 사회적 직분에 충실해야 한다고 보았다.

다음 토론의 핵심 쟁점으로 가장 적절한 것은?

> 갑: 의사는 질병에 관한 전문 지식을 지니지만 환자는 그렇지 못
> 합니다. 따라서 부모가 그 자녀의 선을 위해 간섭하듯이, 의
> 사도 환자의 선을 위해 온정적으로 간섭해야 합니다. →의사의 온정적
> 　　　　　　　　　　　　　　　　　　　　　간섭을 주장
> 을: 물론 전문 지식은 차이가 있고 의학적인 온정적 간섭은 도움이
> 됩니다. 그러나 환자는 인간으로서의 권리를 여전히 갖기 때
> 문에, 그의 자기 결정권은 존중되어야 합니다. → 환자의 자기 결정권 강조
> 갑: 환자 역시 인간입니다. 하지만 환자는 치료에 있어 어린 아이와
> 같기 때문에, 의사는 환자의 의견이 아니라 의학적 판단에 따
> 라야 합니다. 의사의 사명은 질병 치료이니까요. →환자의 선택보다 의사의
> 　　　　　　　　　　　　　　　　　　　　　전문적 판단 강조
> 을: 질병 치료가 의사의 사명인 것은 맞습니다. 그런데 환자는 건강
> 이외에도 다른 여러 목적을 갖기 때문에 의학적 판단보다는
> 환자의 판단이 우선되어야 합니다.

① 질병 치료가 의사의 본질적 사명인가?
② 의사의 온정적 간섭은 질병 치료에 도움이 되는가?
③ 치료에 있어서 환자의 자율성이 우선되어야 하는가?
④ 의사와 환자는 의학적 전문 지식에 있어서 비대칭적인가?
⑤ 의사의 의학적 판단은 환자의 건강 회복을 목적으로 하는가?
└→ 갑, 을 모두 긍정할 질문

| 자료 분석 |

갑은 의사의 전문성을 강조하면서 환자의 치료를 위한 의사의 온정적인 개입을 주장한다. 의사는 의학적인 전문성에 기초하여 환자보다 질병 치료를 위한 판단을 더 잘 내릴 수 있다는 것이다. 반면에 을은 환자의 자기 결정권을 보다 강조하는 입장에서 의사의 의학적 판단보다 환자의 판단이 우선시되어야 한다고 주장하고 있다.

| 선지 해설 |

① 갑과 을은 공통적으로 질병 치료가 의사의 사명임에는 동의하고 있다.

② 갑과 을은 의사의 온정적 개입이 환자의 건강에 도움이 된다는 점에 동의하고 있다.

③ 갑은 환자의 자율성보다는 질병 치료를 위한 의사의 사명과 의학적 판단이 중요하다고 보고, 을은 의학적 판단보다 환자의 판단이 우선시되어야 함을 주장하고 있다. 따라서 토론의 핵심 쟁점으로 적절하다.

④ 갑과 을은 공통적으로 의사에게 의학적 전문성이 있음에 동의하고 있다.

⑤ 갑과 을은 모두 의사의 의학적 판단이 환자의 건강 회복을 목적으로 함에는 동의한다. 그러나 을은 환자에게 건강 외에도 다른 목적들이 있으므로, 질병 치료에 대한 환자의 판단이 우선시되어야 함을 주장한다.

15 기업 윤리 20학년도 수능 7번

정답 ⑤ | 정답률 91%

다음 신문 칼럼이 강조하는 내용으로 가장 적절한 것은?

→ 고용인과 고용주 관계의 본질

○○신문   ○○○○년 ○○월 ○○일

칼럼

기업은 고용인(雇傭人)*과 고용주의 이윤 추구를 위한 계약 관계로 유지된다. 기업의 결속력도 서로의 이윤 창출을 위한 행위에 의해 생길 뿐이다. 고용주는 고용인의 충성까지 구매할 수는 없다. 따라서 사회 정의를 해치는 기업의 행위를 알게 된 고용인이 이를 사회에 알리는 것은 정당하다. 또한 사회는 고용인에게 기업의 불법 행위나 부도덕한 행위를 외부에 적극 알려야 할 의무를 요구할 수 있다. 고용인은 특정 조직에 속한 개인인 동시에 정의롭고 행복하게 유지되어야 할 사회 공동체의 구성원이기 때문이다.

└→ 고용인은 시민으로서의 의무도 수행해야 함   *고용인(雇傭人): 고용되어 일하는 사람

① 고용주는 기업을 사익 추구의 수단으로 간주해서는 안 된다.
      해도 된다

② 고용인과 고용주는 상호 협력과 결속 관계를 형성할 수 없다.
      있다

③ 고용인은 고용주에 대한 신의를 어떠한 경우에도 지켜야 한다.

④ 조직에 충성하기를 포기한 고용인은 그 조직에서 떠나야 한다.

⑤ 고용인은 조직에 대한 책무와 함께 시민의 의무를 다해야 한다.

출제 경향

기업 윤리에 대한 문항은 주로 기업의 사회적 책임에 대한 찬반 입장을 묻는 경우가 많다. 이러한 경우 기업의 사회적 책임에 대한 정반대의 입장들보다는 대체로 비슷하지만 몇 가지 구체적인 점에서 차이가 나는 입장들을 비교하는 문항이 출제되곤 하므로, 이미 알고 있는 특정 사상적 배경에 따라서 풀기보다는 제시된 글에서 선지와 관련된 내용을 찾아가면서 풀어야 한다.

| 자료 분석 |

제시된 신문 칼럼의 저자는 기업이란 이윤 추구를 위한 고용 관계에 기초하여 유지되는 조직으로, 기업의 결속력도 고용인과 고용주의 이윤 창출을 위한 행위에 의해 생길 뿐이라고 본다. 따라서 고용주가 고용인에게 과도한 충성을 요구할 수 없으며, 고용인은 사회 정의를 해치는 기업의 행위를 고발하는 사회 공동체 구성원으로서의 역할을 수행해야 한다고 주장한다.

| 선지 해설 |

① 칼럼의 저자는 기업이 고용인과 고용주의 이윤 추구를 위한 계약 관계로 유지된다고 보므로, 기업이 고용주의 사익 추구 수단임을 긍정할 것이다.

② 칼럼의 저자는 고용인과 고용주가 이윤 추구를 위한 결속력을 이룰 수 있다고 본다. 단, 그 결속력에 기초해서 사회 정의를 위협하는 행위를 묵인해서는 안 된다고 주장한다.

③ 칼럼의 저자는 고용인과 고용주가 이윤 추구를 위한 결속 관계를 맺을 수 있지만, 고용인에게 기업의 불법 행위나 부도덕한 행위를 외부에 적극적으로 알릴 의무가 있다고 본다. 즉, 사회 정의를 위한 경우라면 고용인에게 고용주에 대한 무조건적인 신의를 요구할 수 없다고 볼 것이다.

④ 칼럼의 저자는 조직에 충성하기를 포기한 고용인은 그 조직을 떠나야 한다고 언급하고 있지 않다.

⑤ 칼럼의 주장과 일치한다. 칼럼의 저자는 고용인이 이윤 추구를 위해 고용주와 결속 관계를 이루고 있지만, 동시에 기업이 부당한 행위를 한다면 시민의 의무로서 이를 외부에 알려야 한다고 주장한다. 즉, 고용인은 조직에 대한 책무와 함께 시민의 의무를 다해야 한다고 보는 것이다.

---

16 기업의 사회적 책임에 대한 입장 20학년도 9월 모평 16번

정답 ② | 정답률 62%

갑, 을 모두가 부정의 대답을 할 질문만을 <보기>에서 있는 대로 고른 것은?

→ 공익 증진은 기업이 추구할 사회적 책임임

갑: 기업은 시장 경쟁력 강화를 위한 경영 전략 차원에서 공익 증진이라는 사회적 책임에 힘써야 한다. 그러한 기업은 소비자 불매 운동을 예방하고, 직원들의 헌신과 소비자들의 신뢰를 얻는 데 훨씬 유리하기 때문이다. → 기업의 이익이 증진됨

을: 기업의 사회적 책임은 오로지 시장의 규칙을 준수하면서 기업 이익의 극대화를 위해 자유로운 경쟁에 전념하는 것이다. 이 과정에서 기업은 보이지 않는 손에 이끌려 원래 의도하지 않았던 공익에 기여하게 된다.
     → 기업의 사회적 책임을 이익 극대화로 한정함

< 보기 >

ㄱ. 기업은 모든 사회적 책임으로부터 자유로워야 하는가?
ㄴ. 기업은 자유 시장 경제 원리에 따라 경영되어야 하는가?
ㄷ. 기업은 공익의 증진을 본질적 목적으로 삼아야 하는가?
ㄹ. 기업은 기업 이익 증진을 위해 공익을 추구해야 하는가?

① ㄱ, ㄴ   ② ㄱ, ㄷ   ③ ㄴ, ㄹ
④ ㄱ, ㄷ, ㄹ   ⑤ ㄴ, ㄷ, ㄹ

	갑	을
ㄱ	×	×
ㄴ	○	○
ㄷ	×	×
ㄹ	○	×

| 자료 분석 |

갑은 기업이 경영 전략 차원에서 공익 증진이라는 사회적 책임에 힘써야 한다고 주장한다. 기업이 공익 증진에 힘씀으로써 직원들의 헌신과 소비자들의 신뢰를 얻기가 더 쉬워지고, 결국 시장 경쟁력 강화를 이룰 수 있다고 보기 때문이다. 한편 을은 기업의 사회적 책임은 오직 기업의 이익 극대화를 위해 자유로운 경쟁에 전념하는 것이라고 본다. 그리고 그 과정에서 기업이 의도하지 않아도 자연스럽게 공익 증진에 기여할 수 있다고 주장한다.

| 보기 해설 |

ㄱ. 갑, 을 모두 부정할 질문이다. 갑과 을은 기업의 사회적 책임에 대한 범위를 다르게 보고 있을 뿐, 공통적으로 기업에게 사회적 책임이 있다고 본다.

ㄴ. 갑, 을 모두 긍정할 질문이다. 갑은 기업이 시장 경쟁력을 강화하는 경영 전략을 추구할 것을 강조하고, 을은 이익 극대화를 위해 자유로운 경쟁에 전념할 것을 강조한다.

ㄷ. 갑, 을 모두 부정할 질문이다. 갑과 을은 기업의 사회적 책임에 대한 입장에 있어서 차이가 있을 뿐이지, 공통적으로 기업의 본질적 목적이 이익 극대화임을 주장한다.

ㄹ. 갑은 긍정, 을은 부정할 질문이다. 갑은 기업의 이익을 위해 공익 증진에 힘쓸 것을 강조하고 있지만, 을은 기업이 이익 극대화를 위해 힘쓴다면 자연스럽게 공익에 기여하게 된다고 본다.

갑, 을 사상가들의 입장으로 가장 적절한 것은?

→ 기업의 적극적인 사회적 책임 반대

> 갑: 기업이 가지는 유일한 사회적 책임은 속임수나 부정행위 없이
> 프리
> 드먼 공개적이고 자유로운 경쟁에 전념하는 것이다. 주주들을 위해
> 되도록 돈을 많이 버는 것 말고 다른 사회적 책임을 받아들이
> 는 현상은 자유 사회의 근간을 근본적으로 허무는 것이다.
> 을: 기업은 법의 테두리 안에서 경영을 해야 할 뿐만 아니라 자선
> 애로우 사업, 환경 보호 활동 등 사회 구성원으로서의 사회적 책임도
> 이행해야 한다. 이럴 때 기업은 소비자의 신뢰를 얻게 될 것이
> 고, 이로 인해 장기적으로 기업의 이익도 증진될 것이다.
> → 기업의 적극적인 사회적 책임 강조

① 갑: 기업은 ~~주주들과~~ 소비자의 이익을 동등하게 고려해야 한다.
       주주들의

② ~~갑:~~ 기업의 자선 활동은 기업이 지니는 사회적 책임에 포함된다.
   을

③ 을: 기업의 환경 보호 활동은 기업의 이미지 제고와 ~~무관하다.~~
                                밀접

④ 을: 기업의 본질은 ~~사회 구성원들의 복지를 향상시키는 것이다.~~
                경제적 이익을 추구하는 것

✓⑤ 갑, 을: 기업은 합법적으로 이윤을 창출해야 할 사회적 책임을 지
닌다.

| 자료 분석 |

갑은 기업의 적극적인 사회적 책임에 반대하는 프리드먼, 을은 기업의 적극적인 사회적 책임을 강조하는 애로우이다. 프리드먼은 기업의 사회적 책임에 대한 일반적인 논의는 자유 시장 경제의 틀을 깨뜨리는 행위이며, 기업의 본질에 대한 무지에서 나온 것이라고 보았다. 그에 의하면 기업은 사회적 목적을 달성하기 위해 존재하는 것이 아니라 이익 창출을 위해 존재하는 것이다. 따라서 그는 기업에 사회적 책임이 있다면 그것은 이윤의 극대화라고 강조하였다. 반면 애로우는 기업이 법을 지키는 차원을 넘어 사회, 문화, 경제, 환경 등 다양한 영역에서 사회적 책임을 자발적으로 이행해야 한다고 보았다. 또한 기업이 사회적 책임을 적극적으로 이행하면 소비자의 신뢰를 얻을 수 있기 때문에 장기적으로 기업의 이익에 이바지한다고 주장하였다.

| 선지 해설 |

① 프리드먼은 기업 경영자들이 주주의 이익에 봉사하는 것을 넘어서는 사회적 책임은 없다고 주장하였다.

② 애로우의 입장이다. 프리드먼은 기업에게 기업의 이윤 극대화 이외의 사회적 책임은 없다고 주장하였다.

③ 애로우는 기업이 환경 보호 활동과 같은 사회적 책임을 이행할 때 소비자의 신뢰를 얻을 수 있고, 이를 통해 기업의 이미지 제고 등 장기적 이익에 기여할 수 있다고 보았다.

④ 애로우에 따르면 기업의 본질은 경제적 이익의 달성, 즉 이윤 추구이다. 다만 애로우는 기업의 이윤 추구와 함께 기업의 적극적인 사회적 책임도 강조하였다.

⑤ 프리드먼과 애로우 모두 기업이 합법적이고 건전하게 이윤을 창출해야 할 사회적 책임이 있다고 보았다. 다만 프리드먼은 이윤 창출 외의 사회적 책임은 없다고 본 반면, 애로우는 더 나아가 적극적 관점에서 기업의 사회적 책임을 강조하였다.

갑, 을 사상가들의 입장으로 가장 적절한 것은?

> 대인(大人)의 일이 있고 소인(小人)의 일이 있습니다. 남에게 다스려지는 자는 남을 먹여주고 남을 다스리는 자는 남에게 얻어먹는 것이 천하의 공통된 의리[義]입니다.

> 사람마다 국가 안에서 자신의 천성에 가장 어울리는 한 가지 일을 해야 합니다. 국가의 세 계층이 자신의 일을 하고 남의 일에 간섭하지 않는 것이 정의(正義)입니다.

맹자 갑

을 플라톤

① 갑: 대인과 소인은 모두 생산을 위한 육체노동에 힘써야 한다.

② 갑: 통치자와 백성의 직분은 구분이 되면서도 상호 보완적이다.

③ 을: 정의로운 국가에서는 <u>수호자</u>의 재산 축적을 <u>허용</u>해야 한다.
　　　　　　　　　　　　　통치자　　　　　　금지

④ 을: 계층 간 역할 <u>교환</u>을 바탕으로 사회 질서를 유지해야 한다.

⑤ 갑과 을: 모든 구성원에게 <u>동일한 직무</u>가 주어질 때 정의로운 국가가 완성된다.

| 자료 분석 |

갑은 맹자, 을은 플라톤이다. 맹자는 대인의 일과 소인의 일을 구분하고 사회적 분업과 직업 간의 상호 보완성을 강조한다. 플라톤은 인간의 영혼이 이성, 기개, 욕망으로 나누어져 있다고 보고, 각자 타고난 바에 따라 통치자, 수호자, 생산자의 세 계층으로 구분되어 각 계층의 본분에 맞는 덕을 발휘해야 한다고 본다.

| 선지 해설 |

① 갑(맹자)은 대인은 정신노동에 힘쓰고, 소인은 육체노동에 힘써야 한다고 본다.

② 갑(맹자)은 통치자와 백성의 직분이 서로 다르지만 상호 보완적이라고 본다.

③ 을(플라톤)은 정의로운 국가를 만들기 위해서는 통치자의 재산 소유를 금지해야 한다고 본다.

④ 을(플라톤)은 각자 자신이 타고난 바에 따른 계층의 역할에 충실할 때 사회 질서가 유지된다고 본다.

⑤ 갑(맹자)과 을(플라톤) 모두 사회의 각 구성원마다 주어진 역할이 다르다고 본다.

10 일차

01 ① **02** ④ **03** ⑤ **04** ⑤ **05** ④ **06** ② **07** ③ **08** ④ **09** ② **10** ④ **11** ③

문제편 093~096쪽

01 니부어의 사회 윤리 20학년도 수능 12번

정답 ① | 정답률 86%

다음 사상가의 입장으로 옳지 않은 것은? [3점]

> 인간은 본성상 이기적 충동과 이타적 충동을 함께 갖고 태어난다. 그런데 도덕의 문제가 개인 차원에서 집단 간의 관계로 옮겨 갈수록 이기적 충동이 득세하게 된다. 사회의 집단 이기심은 불가피하며 이런 이기심이 비정상적으로 확장될 경우, 이에 맞서는 다른 집단들의 이기심에 의해서만 견제될 수 있다. 게다가 도덕적이거나 합리적인 설득 외에 강제력도 병행되어야 견제가 실효성을 지닐 수 있다.

(니부어 / 도덕적 개인도 집단을 위해 비도덕적으로 행동하기 쉬움 / 사회 갈등 해결 방안 → 개인의 도덕성 + 정치적 강제력 / 집단 간 부정의는 힘의 균형으로 해소될 수 있음)

① 사회 갈등을 해소하는 민주적 과정에는 강제력이 불필요하다. (필요)
② 인간의 자기 보존의 욕구는 세력 강화의 욕구로 쉽게 전환된다.
③ 도덕적 계몽으로 사회에서 집단 갈등 자체를 소멸시킬 수 없다.
④ 집단 간 정의 실현에 집단 이기심의 상호 투쟁이 개입될 수 있다.
⑤ 강제력만으로 국가를 보존하고 통합을 유지하는 것은 불가능하다.
→ 강제력은 개인의 도덕성에 의한 통제가 필요함

OX문제로 개념 확인

(1) 니부어는 집단 간의 문제가 정치적이기보다 지극히 윤리적이라고 본다. (   )

(2) 니부어는 개인의 선의지가 사회 윤리적 문제 해결에 도움이 된다고 본다. (   )

(3) 니부어는 사회 집단의 구조와 제도가 개인의 도덕성을 결정할 수 있다고 본다. (   )

(4) 니부어는 사회 집단이 자연적 충동을 억제할 합리적 능력을 갖추고 있다고 본다. (   )

(1) X (2) O (3) O (4) X

출제 경향

니부어의 사회 윤리는 시험에서 빈출되는 중요한 주제이다. 주로 니부어의 입장에 대한 단독 문항이 출제되곤 하지만, 니부어와 마찬가지로 선의지를 주장하는 칸트나 개인 윤리를 강조하는 사상가와 비교하는 형태로 문항이 출제되기도 한다. 니부어 문항의 선지는 어려운 표현을 사용하는 경우가 많으니, 다양한 표현을 익혀 둘 필요가 있다.

자료 분석

제시된 글의 사상가는 니부어이다. 니부어는 개인적으로는 도덕적인 사람도 자신이 속한 집단의 이익을 위해서 비도덕적으로 행동하기 쉽다고 본다. 또한 개인적 차원의 갈등은 개인의 도덕성만으로도 해결할 수 있지만, 사회적 차원의 갈등은 집단 간 힘의 불균형으로 발생하기 때문에 개인의 도덕성만으로는 해결할 수 없다고 주장한다. 따라서 니부어는 사회 문제를 해결하기 위해서 개인의 도덕성 함양과 함께 정치적 강제력이 병행되어야 한다고 강조한다.

선지 해설

① 니부어는 개인적 차원의 도덕 문제는 개인의 도덕성 함양만으로도 해결할 수 있지만, 사회적 차원의 갈등은 개인의 도덕성 함양과 함께 정치적 강제력이 병행되어야 해결할 수 있다고 주장한다. 사회적 차원의 갈등은 집단 간 힘의 불균형으로 발생한다고 보기 때문이다. 따라서 니부어는 사회 갈등을 해소하는 민주적 과정에는 사회 제도나 정책을 개선하는 등의 강제력이 필요하다고 본다.

② 니부어에 따르면 동물의 자기 보존 본능은 자연적 생존에 필요한 이상을 넘지 않지만, 인간의 자기 보존의 욕구는 세력 강화의 욕구로 쉽게 전환된다.

③ 니부어는 개인을 도덕적으로 계몽시켜 도덕적인 인간으로 살도록 만든다고 해도, 집단의 갈등 자체는 완전히 소멸되지 않는다고 본다. 개인의 도덕적 행위는 집단의 도덕성을 결정하지 못한다고 보기 때문이다.

④ 니부어는 집단 간의 힘의 불균형을 부정의의 원인으로 본다. 따라서 정치적 강제력을 사용하여 강한 집단의 힘을 억제하고, 약한 집단과의 힘의 균형을 맞추어 정의가 실현될 수 있는 조건을 마련해야 한다고 주장한다. 이때 한 집단의 이기심은 이에 대항할 만한 다른 집단의 이기심에 의해서 견제될 수 있으므로, 집단 간 정의 실현에 집단 이기심의 상호 투쟁이 개입될 수 있다고 본다.

⑤ 니부어는 사회의 도덕 문제를 해결하려면 강제력을 동원해야 한다고 주장하지만, 이러한 정치적 방법은 반드시 선의지의 통제를 받아야 한다고 본다. 따라서 강제력만으로 국가를 보존하고 통합을 유지하는 것은 불가능하며, 반드시 개인의 도덕성이 수반되어야 한다고 본다.

다음 사상가의 입장으로 옳은 것은? [3점]
↳ 니부어

→ 집단은 개인에 비해 비도덕적이라고 봄

> 개인은 자신의 이익이 아닌 다른 사람의 이익을 고려하기도 한다. 그러나 집단은 개인이나 다른 집단과의 관계에서 상대의 이익에 주목하기보다 자기 집단의 이익을 관철하려는 경향을 강하게 나타낸다. 왜냐하면 개인들의 이기적 충동은 개별적으로 나타날 때보다 하나의 공통된 충동으로 결합되어 나타날 때 더 강하게 표출되기 때문이다. 그 결과, 인간은 개인적으로는 도덕적이지만 집단적으로는 비도덕적인 특성을 나타낸다.

→ 개인은 도덕적이더라도 집단은 비도덕적일 수 있음

① 집단 간 힘의 차이를 정치적 방법으로 조정해서는 안 된다.
　　　　　　　　　　　　　　　　　　　해야 한다

② 개인과 사회의 최고의 도덕적 이상 간의 모순은 절대적이다.

③ 집단 규모가 커질수록 충동을 제어하는 이성의 힘은 커진다.
　　　　　　　　　　　　　　　　　　　　　약해진다

✔④ 올바른 정치적 도덕성은 합리성에 부합하는 강제력을 권고한다.

⑤ 집단 간 관계는 각 집단의 요구를 합리적으로 수용하여 수립된다.
　　　　　　　　　　　　　　　　집단 간의 힘에 의해

| 자료 분석 |

제시된 글은 니부어의 입장이다. 니부어에 따르면, 개인은 개인 간의 관계에서는 타인의 이익을 고려하는 이타성을 발휘할 수 있지만, 집단은 도덕적인 개인이 모인 경우라도 자기 집단의 이익을 추구하는 이기적 경향이 강하게 나타난다. 따라서 니부어는 개인은 도덕적이지만 집단적으로는 비도덕적일 수 있음을 주장하면서, 집단의 갈등을 해결하기 위해서는 정치적 방법이 필요하다고 보았다.

| 선지 해설 |

① 니부어는 이기적인 집단 간의 관계는 힘에 의해 수립되고, 집단 간의 갈등은 완전하게 해결되기 어렵다고 보았다. 따라서 강제력(정치적 방법)을 통해 집단 간 힘의 차이를 조정해야 집단 간의 갈등을 해결할 수 있다고 주장하였다.

② 니부어에 따르면 개인의 도덕적 이상은 이타성이고, 사회의 도덕적 이상은 정의이다. 니부어는 이타성은 합리적 방법을 통해 실현될 수 있지만, 정의를 실현하기 위해서는 강제력이 필요하다고 주장하였다. 그리고 현실적으로 도달하기 어렵지만 이타성과 정의 간의 조화를 추구해야 한다고 보았다.

③ 니부어는 집단의 규모가 커질수록 이성의 힘이 약해지고, 이기적 충동은 더욱 강해진다고 주장하였다.

④ 니부어는 집단 간 갈등을 해결하기 위한 사회적 강제력은 선의지와 같은 도덕적 통제를 받아야 한다고 주장하였다. 따라서 그는 비합리적 수단인 강제력이 올바른 정치적 도덕성을 통해 합리성에 부합하는 방식으로 발휘되어야 함을 긍정한다.

⑤ 니부어는 집단 간 관계는 힘에 의해 수립된다고 보았다. 그러므로 집단 간 갈등의 완전한 해결을 위해서는 강제력이 필요함을 주장한 것이다.

10
일차

(가)를 주장한 사상가의 입장에서 (나)의 A, B, C의 행위에 대해 제기할 수 있는 적절한 비판만을 〈보기〉에서 있는 대로 고른 것은? [3점]

(가) 니부어	개인이 도덕적이더라도, 집단은 이기적일 수 있다고 봄 ↗ 이성적 능력의 향상을 통해 사회 문제를 해결할 수 있다고 믿는 사람들도 있다. 그러나 집단의 이기적 충동의 힘이 이성보다 강력하기 때문에 이성의 힘만으로는 사회 집단 간의 갈등을 해결하기 어렵다. 그러한 갈등을 극복하기 위해서는 정치적인 힘이 필요하다. ↳ 정치적 강제력이 필요하다고 봄
(나)	• A는 전제 정치에 비폭력으로 대응하면서 사랑과 평화라는 종교적 이상을 바탕으로 전제 군주의 자비심에 호소하였다. ↗ 개인의 도덕성 • B는 봉건 체제를 타파하기 위해서 개인의 양심과 결단에 근거하여 독자적으로 테러를 감행하였다. ↳ 개인의 양심 • C는 식민 지배에 반대하면서 자국민들과 단결하여 비폭력적으로 지배국의 상품 불매 운동을 전개하였다. ↳ 정치적 힘을 잘 활용한 사례

〈 보기 〉

ㄱ. A는 정치적인 힘 대신에 양심에만 호소하는 잘못을 범했다.
ㄴ. B는 자신의 의도를 조직적인 정치적 저항과 연결시키지 못했다.
ㄷ. C는 비폭력적으로 대응하여 정치적인 힘을 활용하지 못했다. 했다
ㄹ. A와 B는 집단적 저항이 필요함을 제대로 파악하지 못했다.

① ㄱ, ㄷ   ② ㄴ, ㄹ   ③ ㄷ, ㄹ
④ ㄱ, ㄴ, ㄷ   ✓⑤ ㄱ, ㄴ, ㄹ

│ 자료 분석 │

(가)를 주장한 사상가는 니부어이다. 니부어는 개인의 양심과 도덕성만으로는 현대 사회의 복잡한 윤리 문제를 해결하기 어렵다고 보고, 개인의 도덕성 함양과 더불어 사회 구조 및 제도를 개선하는 등 정치적인 힘을 통해 사회 문제를 해결해야 한다고 주장한다. (나)의 A는 사랑과 평화라는 종교적 이상을 바탕으로 군주의 자비심에만 호소하였으므로 정치적인 힘을 제대로 활용하지 못하였다. B는 개인의 양심과 결단에 근거한 테러를 감행했지만, 정치적인 힘으로 연결시키지는 못하였다. 따라서 A, B의 경우는 정치적인 힘을 제대로 활용하지 못한 사례이다. C는 자국민과 단결하여 집단적인 저항을 했으므로, 정치적인 힘을 잘 활용했다고 볼 수 있다.

│ 보기 해설 │

ⓖ A는 사랑과 평화라는 종교적 이상을 바탕으로 군주의 자비심에 호소하였다. 니부어의 관점에서 볼 때 A는 사회 문제를 해결하기 위해 정치적인 힘을 활용하지 못하고 개인의 양심에만 호소하는 잘못을 범했다고 볼 수 있다.

ⓝ B는 봉건 체제 타파를 위해 독자적으로 테러를 감행하였다. 니부어의 관점에서 볼 때 B는 자신의 결단을 조직적이고 정치적인 저항과 연결하지 못했다고 볼 수 있다.

ㄷ. C는 식민 지배에 저항하기 위해 자국민과 단결하여 지배국의 상품 불매 운동을 전개하였다. 이는 사회 문제에 대응하기 위해 정치적인 힘을 잘 활용하여 집단행동을 한 사례라고 볼 수 있다.

ⓡ 니부어의 관점에서 볼 때 A와 B는 사회 문제를 해결하는 데 있어서 정치적 힘을 제대로 활용하지 못했으므로, 집단적 저항이 필요함을 파악하지 못했다고 볼 수 있다.

다음 사상가의 입장만을 〈보기〉에서 있는 대로 고른 것은? [3점]
↳ 니부어   개인의 도덕성 > 집단의 도덕성 ↗

집단은 개인과 비교할 때 충동을 억제할 수 있는 이성과 자기 극복 능력, 그리고 다른 사람들의 욕구를 수용하는 능력이 훨씬 결여되어 있다. 그리하여 개인 간의 관계에 나타나는 것보다 심한 비도덕성이 집단 간의 관계에 나타난다. 따라서 집단 간의 평등과 사회 정의는 투쟁에 의해 실현될 수 있다. ↳ 정치적·사회적 강제력을 통해서 실현 가능함

〈 보기 〉

ㄱ. 애국심은 개인의 이타심을 국가 이기주의로 전환시킨다.
ㄴ. 개인 간의 도덕적 관계 수립은 설득과 조정으로는 불가능하다. 가능
ㄷ. 최소한의 강제력으로 정의를 실현하는 것이 합리적이다.
ㄹ. 개인은 타인의 이익을 존중할 수 있는 도덕성을 갖고 있다.

① ㄱ, ㄴ   ② ㄴ, ㄷ   ③ ㄷ, ㄹ
④ ㄱ, ㄴ, ㄹ   ✓⑤ ㄱ, ㄷ, ㄹ

│ 자료 분석 │

제시된 글의 사상가는 니부어이다. 니부어는 개인으로서의 인간은 자기뿐만 아니라 타인의 이익도 존중할 수 있는 도덕성을 갖추고 있으나, 집단 속에서의 개인은 집단적 충동을 억제하거나 타인의 욕구를 수용하는 능력이 현저히 떨어진다고 본다. 그래서 그는 개인 간의 갈등은 합리적인 설득이나 조정으로 해결될 수 있으나, 집단 간의 갈등은 정치적 강제력을 동원해야 한다고 주장한다.

│ 보기 해설 │

ⓖ 니부어는 개인의 이타적 정신과 애국심이 결합하면 국가 이기주의에 가공할 만한 힘이 된다고 본다. 따라서 국가에 대한 애국심이 개인의 이타심을 국가 이기주의로 전환시킨다고 볼 수 있다.

ㄴ. 니부어는 개인 간의 관계에서는 개인의 도덕성과 이성적 능력을 통해 정의감을 키워 나갈 수 있고 이기주의적 성향을 정화시킬 수 있다고 본다. 즉, 개인 간의 도덕적 관계 수립은 합리적 설득과 조정으로도 가능하다고 본다.

ⓒ 니부어는 집단 간의 갈등을 해결하기 위해 정치적·사회적인 외적 강제력을 동원해야 하지만, 최소한의 강제력으로 정의를 실현하는 것이 합리적이라고 본다. 또한 이러한 외적 강제력을 동원할 때는 개인의 양심이나 선의지를 기반으로 해야 한다고 주장한다.

ⓡ 니부어는 개인적 차원에서는 개인이 자신의 이익뿐만 아니라 타인의 이익을 존중할 수 있는 도덕성을 갖추고 있으며, 이기심을 정화하고 정의를 실현하고자 하는 이성도 갖추고 있다고 본다.

다음 가상 편지를 쓴 사상가가 지지할 입장만을 〈보기〉에서 있는 대로 고른 것은? [3점]
└→ 니부어

○○선생님께   ┌→ 개인 윤리적 관점
　지난 편지에서 선생님께서는 **개인의 이기심이 선의지에 의해 견제되고 있어 모든 집단은 조화를 이룰 것이라** 하시며, 개인의 **선의지 함양을 권고**하셨습니다. 하지만 제 생각은 다릅니다. 선생님께서는 집단 이기주의가 갖는 힘, 범위, 지속성을 깨닫지 못하고 있습니다. 개인 간의 관계를 순전히 합리적인 조정과 설득에 의해 확립하는 일은 불가능하지는 않을 것입니다. 그러나 집단 간의 관계는 윤리적이기보다는 정치적이기 때문에, **개인의 양심은 집단 간의 갈등을 부분적으로 억제할 수는 있겠지만 완전히 해결되지는 못합니다.** …(후략)…
           └→ 정치적 강제력과 같은 비합리적 수단이 필요하다고 봄

〈 보기 〉
ㄱ. 집단 간 관계는 각 집단이 갖는 힘의 비율에 따라 수립된다.
ㄴ. 선의지는 정의 실현을 위한 비합리적인 수단을 통제해야 한다.
ㄷ. 사회 정의는 사회적 억제와 힘을 통해 실현되어서는 안 된다.
                  되어야 한다
ㄹ. 사회적 협력이 아무리 확대되어도 사회적 분쟁은 불가피하다.

① ㄱ, ㄴ   ② ㄱ, ㄷ   ③ ㄷ, ㄹ
④ ㄱ, ㄴ, ㄹ   ⑤ ㄴ, ㄷ, ㄹ

| 자료 분석 |
가상 편지를 쓴 사상가는 니부어이다. 니부어는 집단 간의 관계가 윤리적이기보다는 정치적이어서, 개인의 양심이나 선의지가 집단 간의 갈등을 부분적으로 억제할 수는 있으나 완전히 해결할 수는 없다고 본다. 따라서 그는 개인의 선의지를 토대로 사회적 억제력과 정치적 힘을 통해 집단 간의 문제를 해결해야 한다고 주장한다.

| 보기 해설 |
ㄱ 니부어는 집단 간 관계에서 결정적인 역할을 하는 것은 사랑이나 정의가 아니라 이기주의라고 보고, 집단 속에서 나타나는 인간의 이기심과 힘의 불균등한 분배로 인하여 집단 간 관계가 수립된다고 주장한다.

ㄴ 니부어는 집단 간의 관계에서 선의지에 따른 합리적 조정과 설득만으로는 갈등 해결이 불가능하다고 보지만, 선의지의 필요성을 부정하지 않는다. 그는 집단 간의 갈등에서 사회적 강제력과 같은 비합리적 수단을 사용하더라도, 그것은 반드시 선의지의 통제를 받아야 한다고 본다.

ㄷ. 니부어는 개인 차원의 정의는 개인의 선한 양심과 선의지를 통해서도 실현할 수 있으나, 사회 정의는 정치적·사회적 강제력과 같은 사회적 억제력을 통해 실현할 수 있다고 본다.

ㄹ 니부어는 집단 내에서 개인의 비도덕적 성향과 힘의 불균등한 분배라는 특성으로 인해 사회 부정의가 지속된다고 보고, 이를 해결하기 위해서는 개인의 선의지와 함께 외적 강제력이 필요하다고 본다. 그럼에도 니부어는 사회적 협력이 아무리 확대되어도 집단이 가진 구조적 특성으로 인해 사회적 분쟁은 불가피하다고 본다.

다음 사상가의 입장으로 적절하지 않은 것은?
   └→ 니부어   ┌→ 개인의 도덕적 성향

　개인으로서 각 사람들은 그들이 서로 사랑하고 봉사해야 할 것과 서로 간의 정의를 확립해야 한다는 사실을 믿고 있다. 그런데 집단으로서의 개인들은 스스로 집단의 힘이 명하는 것이면 무엇이든 따른다. 가장 높은 수준의 종교적 선의지를 지닌 개인들로 이루어진 국가도 사랑을 실천하지 못한다. 그들의 선의지는 조국에 대한 충성이라는 여과를 거쳐 국가 이기주의를 확대하는 경향까지 생겨나게 한다.
            └→ 도덕적 개인도 집단 안에서는 비도덕적으로 변할 수 있음

① 사회 정의 실현에 정치적 강제 수단의 활용은 필수 요소이다.
② 개인의 이타심과 애국심은 국가 간 정의로운 행동을 보장한다.
                                하지 못한다
③ 국가 간 이해관계는 설득만으로는 합리적으로 조정되지 않는다.
④ 국가의 이기심은 도덕적 개인이 모인 사회를 비도덕적으로 만든다.
⑤ 집단 간 대립 상황에서도 개인은 비이기적 태도를 취할 수 있다.

| 자료 분석 |
제시된 글의 사상가는 니부어이다. 니부어는 개인적 차원에서는 이타심을 바탕으로 상대방과 윤리적 관계를 정립할 수 있지만, 이타심만으로는 사회적 차원에서 정의를 실현하기 어렵다고 본다. 그는 개인의 선의지조차 집단적 차원에서는 집단 이기주의로 확대될 수 있다고 보고, 사회 정의를 실현하기 위해서는 외적 강제력이 필요하다고 주장한다.

| 선지 해설 |
① 니부어는 사회를 구성하는 개인이 도덕적이더라도 집단의 이익을 위해서는 비도덕적으로 행동할 수 있다고 본다. 따라서 그는 사회 정의 실현을 위해 강제력을 동원하여 외적 힘을 바탕으로 정의를 실현해야 한다고 본다.

② 니부어는 개인의 이타심이나 선의지가 개인적 차원에서 정의를 실현하는 데는 기여할 수 있으나, 집단이나 국가를 위한 애국심으로 확대되면 개인은 자신이 속한 국가를 위해 비도덕적으로 행동할 수 있게 된다고 주장한다. 따라서 그는 개인의 이타심과 애국심만으로는 국가 간 정의로운 행동을 보장할 수 없다고 본다.

③ 니부어는 아무리 도덕적인 개인들이 모인 국가라 하더라도, 집단 내에서의 갈등은 설득만으로는 합리적으로 조정될 수 없다고 본다. 따라서 그는 정치적 강제력을 통해서 문제를 해결해야 한다고 본다.

④ 니부어는 개인의 도덕적 행위가 집단의 도덕성을 결정하지 못하며, 오히려 사회 집단의 구조와 제도가 개인 행위의 도덕성을 결정할 수 있다고 본다. 따라서 국가의 이기심이 도덕적 개인을 비도덕적으로 만든다고 볼 수 있다.

⑤ 니부어는 도덕적인 개인이 집단의 이익을 위해 대립하는 상황이라 하더라도 개인적 차원에서는 여전히 도덕적인 태도를 취할 수 있다고 본다.

다음을 주장한 사상가의 입장만을 〈보기〉에서 있는 대로 고른 것은? [3점]

└ 니부어　→ 개인 간 갈등과 집단 간의 갈등을 해결하는 방법이 다름

> 개인 간의 관계를 합리적인 조정과 설득에 의해 확립하는 것은 가능하다. 집단 간의 관계는 각 집단이 갖고 있는 힘의 비율에 따라 수립되므로 합리적인 설득으로 집단 간의 관계를 확립하는 것은 불가능하다. 그러므로 합리적인 설득 이외에 강제력에 의한 방법이 병행되어야 집단 간의 힘의 균형을 이룰 수 있다.

└→ 사회 갈등의 본질은 집단 간 힘의 불균형
→ 합리적인 설득과 강제력이 필요함

〈보기〉

ㄱ. 사회 협력의 범위를 확대하면 사회 갈등은 해결될 수 있다.
ㄴ. 사회적 억제가 없으면 사회의 이기적 충동을 없앨 수 없다.
ㄷ. 사회 정의의 실현에 기여한 폭력도 본질적으로는 비도덕적이다.
ㄹ. 사회 갈등을 비폭력적으로 해결하려고 하면 해악을 초래할 수 있다.

① ㄱ, ㄷ　　② ㄱ, ㄹ　　✔③ ㄴ, ㄹ
④ ㄱ, ㄴ, ㄷ　　⑤ ㄴ, ㄷ, ㄹ

| 자료 분석 |

제시된 글의 사상가는 니부어이다. 니부어는 개인적으로는 도덕적인 사람도 집단에 속하면 집단의 이익을 위해 이기적으로 행동할 수 있다고 보았다. 그는 이러한 관점에서 개인 간의 갈등은 합리적 조정과 설득을 통해 해결할 수 있지만, 집단 간의 갈등을 해결하기 위해서는 합리적인 설득뿐만 아니라 강제력을 통해 집단 간에 힘의 균형을 이루는 것이 필요하다고 보았다.

| 보기 해설 |

ㄱ. 니부어는 사회 협력의 범위를 아무리 확대한다고 해도 사회 갈등의 원인인 집단 간 힘의 불균형을 본질적으로 해소할 수는 없다고 보았다. 따라서 집단 간 힘의 균형을 이루기 위해 합리적인 설득과 함께 강제력을 통한 방법이 병행되어야 한다고 보았다.

ㄴ. 니부어는 집단의 이기적 충동은 이성으로 통제할 수 없고 강제력이 반드시 필요하다고 보았다. 따라서 사회 집단의 이기적 충동은 사회적 억제(강제력) 없이는 제거할 수 없다.

ㄷ. 니부어는 폭력이 본질적으로 비도덕적이라는 견해를 부정하였다. 그에 따르면 선의지의 통제를 받으며 정의 실현을 위해 실행된 강제력으로서의 폭력은 도덕적인 것으로 평가될 수 있다.

ㄹ. 니부어는 사회 갈등을 비폭력적으로 해결하기 위해 개인의 양심이나 이성만을 강조한다면 집단의 이기심이 더욱 강해질 수 있다고 보았다.

다음 사상가의 입장만을 〈보기〉에서 있는 대로 고른 것은? [3점]

└ 니부어

> 애국심이란 저급한 충성심이나 지역적 충성과 비교해볼 때, 높은 형태의 이타주의이다. 하지만 그것은 절대적 전망에서 보면 한갓 이기주의의 또 다른 형태에 지나지 않는다. 집단이 크면 클수록 그 집단은 전체적인 인간 집단에서 스스로를 이기적으로 표현한다. 이런 집단은 더욱 효율적이고 강력해지며, 사회적 제재도 물리칠 수 있게 된다.

〈보기〉

ㄱ. 집단 내 개인 간의 문제는 합리적인 조정을 통해 해결 가능하다.
ㄴ. 집단에 대한 개인의 헌신을 이기주의의 표현으로 간주할 수 있다.
ㄷ. 애국심은 도덕적 개인이 모인 사회를 비도덕적으로 만들 수 있다.
ㄹ. 개인은 집단에 비해 이기적 충동을 억제하는 능력이 결여되어 있다.
　　집단　　개인

① ㄱ, ㄷ　　② ㄱ, ㄹ　　③ ㄴ, ㄹ
✔④ ㄱ, ㄴ, ㄷ　　⑤ ㄴ, ㄷ, ㄹ

| 자료 분석 |

제시된 글의 사상가는 니부어이다. 니부어는 도덕적인 개인일지라도 집단에 속해 있을 때에는 이기적으로 행동하기 쉬우므로, 개인의 도덕성과 사회의 도덕성을 구분할 필요가 있다고 보았다. 또한 개인 간의 문제는 합리적인 조정과 설득이 가능하지만, 사회 집단은 자연적 충동을 억제할 합리적인 능력을 갖추고 있지 않기 때문에 집단 간의 문제를 해결하기 위해서는 정치적인 강제력이 필요하다고 보았다.

| 보기 해설 |

ㄱ. 니부어는 집단 내 개인 간의 문제는 도덕적이고 합리적인 조정과 설득을 통해 어느 정도 해결이 가능하다고 보았다.

ㄴ. 니부어는 집단에 대한 개인의 헌신도 이기주의의 한 형태로 표현될 수 있다고 보았다.

ㄷ. 니부어는 개인의 이타심이 애국심과 결합하면 국가 이기주의로 전환될 수 있다고 보았다.

ㄹ. 니부어에 따르면 사회 집단은 이기적 충동을 억제하는 능력이 개인에 비해 결여되어 있어서, 도덕적인 개인으로 구성된 집단일지라도 그 집단에 속한 개인은 이기적으로 행동하기 쉽다. 따라서 니부어는 개인 윤리와 사회 윤리를 구분해야 한다고 보았다.

다음을 주장한 사상가가 지지할 견해만을 〈보기〉에서 있는 대로 고른 것은? [3점] └ 니부어

• 사회 정의를 실현하기 위해서 사람들의 이기심을 억제해야 한다면 사회는 이기심에 대한 제재로 갈등과 폭력까지도 승인하지 않을 수 없을 것이다. └ 선의지의 통제를 받는 강제력이 필요하다고 봄
• 가장 친밀한 개인들 간의 관계에서는 필요치 않은 강제적 수단이 집단 간의 조화와 정의의 확립을 위해서는 반드시 필요하다. 강제력의 요소는 윤리적으로 정당한 범주에 귀속시킬 수 있다.

〈 보기 〉

ㄱ. 집단 이기주의는 집단 구성원의 이성적 판단을 방해한다.
ㄴ. 개인의 합리성이 제고되면 집단의 갈등을 해소할 수 있다.
　 → 개인의 도덕성 함양과 정치적 강제력이 함께 필요함
ㄷ. 집단 간의 갈등은 개인의 도덕적인 문제로 환원될 수 있다.
　　　　　　　　　　　　　　　　　　　　　　 없다
ㄹ. 폭력을 수반하는 강제력도 도덕적으로 정당화될 수 있다.

---

① ㄱ, ㄷ　　　　② ㄱ, ㄹ　　　　③ ㄴ, ㄷ
④ ㄱ, ㄴ, ㄹ　　　⑤ ㄴ, ㄷ, ㄹ

| 자료 분석 |

제시된 글의 사상가는 니부어이다. 니부어는 개인의 도덕성과 사회의 도덕성을 구분하면서 개인 간의 갈등은 개인의 도덕성으로 해결할 수 있지만, 사회적 차원의 갈등은 집단 간 힘의 불균형으로 발생하기 때문에 개인의 도덕성만으로는 해결할 수 없다고 주장한다. 따라서 니부어는 사회 문제를 해결하기 위해서 개인의 도덕성 함양과 함께 정치적 강제력이 병행되어야 한다고 강조한다.

| 보기 해설 |

 니부어는 개인적으로는 도덕적인 사람도 자신이 속한 집단의 이익을 위해서는 이기적으로 행동하기 쉽기 때문에 사회 집단의 도덕성이 개인의 도덕성보다 현저하게 떨어진다고 주장하였다. 즉, 집단 이기주의가 집단 구성원들의 이성적이고 도덕적인 판단을 방해한다고 본 것이다.

ㄴ. 니부어는 개인의 도덕성과는 다르게 사회 정의는 개인의 선한 의지나 합리성의 제고만으로는 실현될 수 없다고 보고, 정치적 강제력이 필요하다고 주장하였다.

ㄷ. 니부어는 개인의 도덕적 행위는 집단의 도덕성을 결정하지 못하며, 오히려 사회 집단의 구조와 제도가 개인 행위의 도덕성을 결정한다고 보았다. 그러므로 집단 간의 갈등은 개인의 도덕적인 문제로 환원될 수 없다.

ㄹ 니부어는 사람들의 이기심을 억제하여 사회 정의를 실현하기 위한 것이라면 폭력을 수반하는 강제력도 도덕적으로 정당화될 수 있다고 보았다. 다만, 이러한 강제력은 반드시 선의지의 통제를 받아야 한다고 주장하였다.

(가)의 갑, 을, 병 사상가들의 입장에서 서로에게 제기할 수 있는 비판을 (나) 그림으로 표현할 때, A~F에 해당하는 내용으로 가장 적절한 것은? [3점]

(가)	갑 롤스: 정의의 원칙에 따라 모든 사람은 기본적 자유에 대하여 동등한 권리를 가져야 한다. 그리고 재산과 소득의 분배는 모든 사람에게 이익이 되도록 해야 한다.
	을 왈처: 정의의 원칙들은 다원적이다. 상이한 사회적 가치들은 상이한 근거들에 따라 상이한 절차에 맞게 상이한 주체들에 의해 분배되어야 한다.
	병 노직: 실정의의 원리에 따르면 과거의 상황이 사물에 대한 응분의 자격을 창조한다. 취득과 이전, 교정의 원리에 의해 소유물에 대한 권리를 부여받았다면 정당하다.

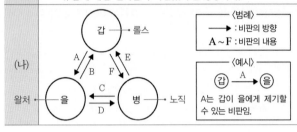

〈범례〉
→ : 비판의 방향
A~F : 비판의 내용

〈예시〉
갑 —A→ 을
A는 갑이 을에게 제기할 수 있는 비판임.

① A와 C: 사회적 가치를 역사적 맥락에 따라 분배해야 함을 간과한다.
② B: 사회적 약자의 기본적 자유가 제한될 수 있음을 간과한다.
③ D: 특정 영역의 가치를 한 개인이 독점할 수 없음을 간과한다.
④ E: 자연적 사실을 조정하는 차등의 원칙은 개인의 소유권을 침해함을 간과한다.
⑤ F: 정의의 원칙이 모든 구성원에게 의무를 부여하는 것은 아님을 간과한다.

┃자료 분석┃

갑은 롤스, 을은 왈처, 병은 노직이다. 롤스는 정의의 원칙으로 평등한 자유의 원칙, 공정한 기회균등의 원칙, 차등의 원칙을 제시한다. 왈처는 각각의 사회적 영역 안에서 사회적 가치가 고유한 절차와 방식에 따라 분배되어야 한다고 본다. 노직은 소유물의 취득과 이전의 과정이 정당하다면 그 소유물에 대한 절대적이고 배타적인 소유권을 가지게 되며, 이를 침해해서는 안 된다고 본다.

┃선지 해설┃

① A와 C는 갑(롤스)과 병(노직)이 을(왈처)에게 제기할 수 있는 비판을 의미한다. 갑(롤스)은 사회적 가치는 최소 수혜자에게 최대 이익이 되는 방식으로 분배해야 한다고 본다. 을(왈처)은 사회적 가치는 고유한 영역 안에서 고유한 방식으로 분배되어야 한다고 본다. 병(노직)은 정당한 소유권은 그 취득과 이전의 과정에서 부정의가 있었는지 역사적으로 추적해야 한다고 본다. 그러므로 이 내용은 병(노직)이 제기할 수 있는 비판이기 때문에 A와 C에 들어갈 내용으로 적절하지 않다.

② B는 을(왈처)이 갑(롤스)에게 제기할 수 있는 비판을 의미한다. 갑(롤스)은 평등한 자유의 원칙으로 모든 사람의 기본적 자유를 보장하고 차등의 원칙으로 사회적 약자의 이익을 최대화해야 한다고 본다. 을(왈처)은 하나의 사회적 영역이 다른 영역의 재화에 지배적인 영향을 행사하는 독점에 대해서만 사회가 개입해서 해결해야 한다고 본다. 그러므로 이 내용은 갑(롤스)이 제기할 수 있는 비판이기 때문에 B에 들어갈 내용으로 적절하지 않다.

③ D는 을(왈처)이 병(노직)에게 제기할 수 있는 비판을 의미한다. 을(왈처)은 하나의 사회적 영역이 다른 영역의 재화에 지배적인 영향을 행사하는 독점에 대해서만 사회가 개입해서 해결해야 한다고 본다. 병(노직)은 소유물의 취득과 이전 과정이 공정했다면 그 결과 역시 공정하다고 보기 때문에 특정 영역의 가치를 한 개인이 독점하는 상황이 발생하더라도 그 과정이 공정했다면 개입해서는 안 된다고 본다. 그러므로 이 내용은 을(왈처)과 병(노직) 모두에게 해당하지 않기 때문에 D에 들어갈 내용으로 적절하지 않다.

④ E는 병(노직)이 갑(롤스)에게 제기할 수 있는 비판을 의미한다. 갑(롤스)은 차등의 원칙으로 최소 수혜자가 최대의 이익을 얻을 수 있어야 한다고 본다. 하지만 이는 병(노직)의 입장에서 보았을 때 국가나 사회가 분배 상황에 부당하게 개입하는 것으로 여겨진다. 그러므로 이 내용은 병(노직)이 갑(롤스)에게 제기할 수 있는 비판으로 적절하다.

⑤ F는 갑(롤스)이 병(노직)에게 제기할 수 있는 비판을 의미힌다. 갑(롤스)은 정의의 원칙을 사회의 모든 구성원이 만장일치로 합의하여 도출한 원칙이라고 본다. 병(노직)은 정의의 원칙으로 취득과 이전, 교정의 원칙을 제시하고, 이를 지켰을 때만 배타적인 소유권이 주어진다고 본다. 그러므로 '정의의 원칙이 모든 구성원에게 의무를 부여하지 않는다.'라는 내용은 갑(롤스)과 병(노직) 모두에게 해당하지 않기 때문에 F에 들어갈 내용으로 적절하지 않다.

(가)의 사상가 갑, 을의 입장을 (나) 그림으로 탐구하고자 할 때, A~C에 들어갈 적절한 질문만을 〈보기〉에서 있는 대로 고른 것은? [3점]

(가)	갑 롤스	공정으로서의 정의에 있어서 평등한 원초적 입장의 당사자들은 자신이 선이라고 생각하는 것을 증진시킨다. 이들은 모든 당사자들이 받아들일 수 있는 원칙에 합의하게 된다.
	을 노직	소유권적 정의론에서 한 사람의 소유물은 취득, 이전, 시정의 원리에 의해 권리를 부여받았으면 정당한 것이다. 각 개인의 소유물이 정당하다면 소유물의 전체 집합도 정당하다.

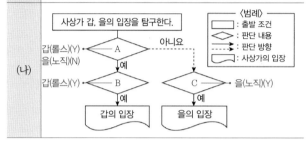

(나)

〈범례〉
▭ : 출발 조건
◇ : 판단 내용
┈▶ : 판단 방향
⌒ : 사상가의 입장

─〈 보기 〉─

ㄱ. A: 사회 전체의 이익을 최대화하는 것이 최우선의 분배 원칙이 되어야 하는가? → 갑(롤스), 을(노직) 모두 부정의 대답을 할 질문

ㄴ. B: 정의로운 사회의 시민은 타인의 복리에 관심을 가져야 하는가? → 갑(롤스)이 긍정의 대답을 할 질문

ㄷ. B: 정의의 원칙을 채택할 때 공정한 분배 결과에 대한 독립적 기준이 필수적으로 요구되는가? → 갑(롤스)이 부정의 대답을 할 질문

ㄹ. C: 자유롭게 이전받은 배타적 소유권도 제한될 수 있는가? → 을(노직)이 긍정의 대답을 할 질문

① ㄱ, ㄴ   ② ㄱ, ㄷ   ✓③ ㄴ, ㄹ
④ ㄱ, ㄷ, ㄹ   ⑤ ㄴ, ㄷ, ㄹ

| 자료 분석 |

갑은 롤스, 을은 노직이다. 롤스는 공정한 분배가 이루어지기 위해서는 사회 제도가 공정한 조건에서 합의된 정의의 원칙에 따라 만들어져야 한다고 본다. 이러한 정의의 원칙은 자연적·사회적 우연성이 배제된 원초적 입장이라는 가상 상황에서 합의된다. 이를 통해 합의하게 되는 정의의 원칙은 평등한 자유의 원칙, 공정한 기회균등의 원칙, 차등의 원칙이다. 노직은 개인의 정당한 소유물에 대한 절대적·배타적 권리를 인정한다. 그는 이러한 개인의 소유권을 침해하지 않고 획득과 양도 과정에서 발생할 수 있는 부정의를 교정하여 개인의 권리를 보호하기 위한 국가의 개입만이 정당한 것이라고 본다.

| 보기 해설 |

ㄱ. A에는 갑(롤스)은 긍정, 을(노직)은 부정의 대답을 할 질문이 들어가야 한다. 갑(롤스)은 모두에게 평등한 자유와 공정한 기회가 보장된 상태에서 최소 수혜자에게 최대의 이익이 되는 분배 원칙이 정당하다고 본다. 그러므로 갑(롤스)은 '사회 전체의 이익을 최대화하는 것이 최우선의 분배 원칙이 되어야 하는가?'라는 질문에 부정의 대답을 할 것이다. 을(노직)은 소유물의 최초 취득과 그 양도의 과정에서 부정의하지 않을 것을 분배 원리로 삼고, 이러한 분배가 정의로운 절차에 따라 이루어졌다면 그 결과는 정의로운 것이라고 보기 때문에 '사회 전체의 이익을 최대화하는 것이 최우선의 분배 원칙이 되어야 하는가?'라는 질문에 부정의 대답을 할 것이다. 따라서 이 질문은 A에 들어갈 질문으로 적절하지 않다.

ㄴ. B에는 갑(롤스)이 긍정의 대답을 할 질문이 들어가야 한다. 갑(롤스)은 사회는 상호 이익을 위한 협동 체제이며, 정당한 분배는 사회 구성원 모두의 협력을 통해 가능하다고 본다. 그러므로 갑(롤스)은 '정의로운 사회의 시민은 타인의 복리에 관심을 가져야 하는가?'라는 질문에 긍정의 대답을 할 것이다. 따라서 이 질문은 B에 들어갈 질문으로 적절하다.

ㄷ. B에는 갑(롤스)이 긍정의 대답을 할 질문이 들어가야 한다. 갑(롤스)은 공정한 절차를 통해 분배 원칙이 결정되었다면 그 분배 결과도 공정하다는 절차적 정의를 따른다. 그러므로 갑(롤스)은 '정의의 원칙을 채택할 때 공정한 분배 결과에 대한 독립적 기준이 필수적으로 요구되는가?'라는 질문에 부정의 대답을 할 것이다. 따라서 이 질문은 B에 들어갈 질문으로 적절하지 않다.

ㄹ. C에는 을(노직)이 긍정의 대답을 할 질문이 들어가야 한다. 을(노직)은 소유물의 최초 취득과 이전 과정이 정의롭다면 그 소유권이 배타적이라고 보며, 자유롭게 소유권을 이전받았더라도 그 최초 취득 과정에서 부정의가 발생했다면 이를 교정하기 위해 소유권을 제한할 수 있다고 본다. 그러므로 을(노직)은 '자유롭게 이전받은 배타적 소유권도 제한될 수 있는가?'라는 질문에 긍정의 대답을 할 것이다. 따라서 이 질문은 C에 들어갈 질문으로 적절하다.

10
일차

11
일차

문제편 097~106쪽

01 　롤스와 노직의 분배적 정의관　25학년도 9월 모평 10번　　정답 ④ | 정답률 62%

(가)의 갑, 을 사상가들의 입장을 (나) 그림으로 탐구하고자 할 때, A~C에 들어갈 적절한 질문만을 〈보기〉에서 고른 것은?

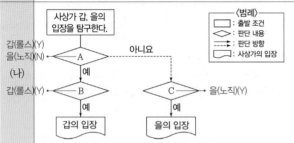

| (가) | 갑
롤스 | 정의의 원칙은 <u>공정한 최초 상황</u>에서 계약 당사자가 합의하는 원칙이다. 우연적 사실들에 관한 지식을 배제한 조건에서 합의한 원칙은 정의로운 것이다. ←원초적 입장 |
| | 을
노직 | 소유 권리론은 <u>취득, 이전(移轉) 및 교정</u> 과정을 주제로 삼는다. 그 역할이 개인의 소유 권리 보호에 국한된 최소 국가만이 유일하게 정당한 국가이다. |

〈 보기 〉

ㄱ. A: 공정한 절차를 거친다면 그 분배는 모두 정의로운가?
　→ 갑(롤스), 을(노직) 모두 긍정의 대답을 할 질문

ㄴ. B: 원초적 입장에서 당사자들의 합의는 호혜적인 사회를 지향하게 되는가? → 갑(롤스)이 긍정의 대답을 할 질문

ㄷ. C: 최소 국가는 시민들의 권리를 차별적으로 보호하는가?
　→ 을(노직)이 부정의 대답을 할 질문

ㄹ. C: 취득 원칙과 이전 원칙을 충족했다면 그 소유는 모두 정의로운가? → 을(노직)이 긍정의 대답을 할 질문

① ㄱ, ㄴ　② ㄱ, ㄷ　③ ㄴ, ㄷ　④ ㄴ, ㄹ　⑤ ㄷ, ㄹ

| 자료 분석 |

갑은 롤스, 을은 노직이다. 롤스는 원초적 입장이라는 가상 상황에서 각자의 자연적·사회적 우연성을 배제하고 합의했을 때 정의로운 원칙이 도출될 수 있다고 본다. 노직은 취득, 이전, 교정의 원칙을 따라 분배된 소유물은 개인에게 절대적·배타적 소유권이 주어지며, 국가는 부정의에 대한 교정과 개인의 권리를 보호하는 것 외의 개입을 해서는 안 된다고 본다.

| 보기 해설 |

ㄱ. A에는 갑(롤스)은 긍정, 을(노직)은 부정의 대답을 할 질문이 들어가야 한다. 갑(롤스)은 분배 원리를 마련하는 합의 절차가 공정하다면 합의된 원칙에 따른 분배도 공정하다는 순수 절차적 정의를 따르기 때문에 '공정한 절차를 거친다면 그 분배는 모두 정의로운가?'라는 질문을 긍정의 대답을 할 것이다. 을(노직)은 취득과 이전의 과정에서 부정의하지 않았다면 역사적으로 그 소유권 또한 공정하다고 보아 '공정한 절차를 거친다면 그 분배는 모두 정의로운가?'라는 질문에 긍정의 대답을 할 것이다. 따라서 이 질문은 A에 들어갈 질문으로 적절하지 않다.

ㄴ. B에는 갑(롤스)이 긍정의 대답을 할 질문이 들어가야 한다. 갑(롤스)은 원초적 입장에서 당사자들은 서로의 이익에 대해 무관심하지만, 원초적 입장의 당사자들이 합의하는 정의의 원칙은 상초 이익을 추구하는 사회를 지향하게 된다고 본다. 그러므로 갑(롤스)은 '원초적 입장에서 당사자들의 합의는 호혜적인 사회를 지향하게 되는가?'라는 질문에 긍정의 대답을 할 것이다. 따라서 이 질문은 B에 들어갈 질문으로 적절하다.

ㄷ. C에는 을(노직)이 긍정의 대답을 할 질문이 들어가야 한다. 을(노직)은 국가의 역할이 소유물의 취득과 이전 과정에서 발생하는 부정의를 교정하고 개인의 정당한 권리를 보호하는 것이라고 본다. 그러므로 을(노직)은 '최소 국가는 시민들의 권리를 차별적으로 보호하는가?'라는 질문에 부정의 대답을 할 것이다. 따라서 이 질문은 C에 들어갈 질문으로 적절하지 않다.

ㄹ. C에는 을(노직)이 긍정의 대답을 할 질문이 들어가야 한다. 을(노직)은 소유물의 취득과 이전 과정이 정당했다면 그 소유물에 대한 배타적이고 절대적인 권리가 주어진다고 본다. 그러므로 을(노직)은 '취득 원칙과 이전 원칙을 충족했다면 그 소유는 모두 정의로운가?'라는 질문에 긍정의 대답을 할 것이다. 따라서 이 질문은 C에 들어갈 질문으로 적절하다.

02 롤스와 노직의 분배적 정의관 25학년도 6월 모평 15번

정답 ① | 정답률 16%

갑, 을 사상가들의 입장으로 적절한 것만을 〈보기〉에서 있는 대로 고른 것은? [3점]

> 갑: 무지의 베일 속에 있는 당사자들은 어떤 종류의 특정 사실을
> 롤스 알지 못한다고 가정된다. 각자는 사회에서 자기의 지위나 계
> 층을 모르며, 천부적 자산, 능력, 지능, 체력 등을 어떻게 타
> 고나는지 자신의 운수를 모른다.
> 을: 소유물에서의 정의 이론의 일반적 개요를 말하자면, 한 사람
> 노직 의 소유물을 취득과 이전에서의 정의의 원리 또는 불의의 교
> 정의 원리에 의해 그 소유물에 대한 권리를 부여받았으면 정
> 당한 것이다.

〈 보기 〉

ㄱ. 갑: 정의로운 분배 결과로 생긴 불평등은 조정의 대상이 아니다.
ㄴ. 갑: 사회 구성원 모두의 협력을 가능하게 하는 분배만이 정당하다.
ㄷ. 을: 부정의한 분배의 교정 외에 국가의 역할을 허용해선 안 된다.
ㄹ. 갑과 을: 분배 정의의 목표는 개인의 자유와 기본적 필요 보장에 있다.

① ㄱ, ㄴ ② ㄱ, ㄷ ③ ㄷ, ㄹ
④ ㄱ, ㄴ, ㄹ ⑤ ㄴ, ㄷ, ㄹ

자료 분석

갑은 롤스, 을은 노직이다. 롤스는 정의로운 분배 원칙을 도출하기 위해서는 자연적·사회적 우연성이 배제된 원초적 입장이라는 가상 상황에서 자신에 대한 정보를 무지의 베일로 통제한 상태에서 합의해야 한다고 본다. 노직은 정의로운 분배는 최초 소유물의 취득과 이전의 과정이 정의로워야 한다고 보며, 이러한 소유물에 대해 개인은 배타적이고 절대적인 소유권을 가진다고 본다.

보기 해설

ㄱ 갑(롤스)은 정의로운 분배 원칙에 따라 분배하였을 때 불평등이 발생하더라도 그 결과 또한 정의로운 것이기 때문에 조정할 필요가 없다고 본다.

ㄴ 갑(롤스)은 사회를 상호 이익을 위한 협동 체제라고 보며, 사회 구성원 모두의 협력을 가능하게 하는 분배가 정당하다고 본다.

ㄷ. 을(노직)은 국가의 역할을 소유물의 취득과 이전 과정에서 발생한 부정의를 교정하는 것으로 보고, 이를 제외한 개인 소유물을 침해하지 말아야 하고 개인의 권리를 보호해야 한다고 본다.

ㄹ. 갑(롤스)은 평등한 자유와 공정한 기회를 보장하는 것을 정의의 원칙으로 제시한다. 반면 을(노직)은 소유물의 취득과 이전 과정의 부정의를 교정하고 개인의 정당한 소유권을 보장해야 한다고 보았지만 공정한 분배로 발생한 결과에 개입해서는 안 된다고 본다.

(가)의 갑, 을 사상가들의 입장을 (나) 그림으로 탐구하고자 할 때, A~C에 해당하는 적절한 질문만을 〈보기〉에서 있는 대로 고른 것은?

(가)	갑: 정의 이론은 사회의 기본 구조를 정하는 방식을 다룬다. 정의의 일차적 주제는 사회의 주요 제도에 의해 권리와 의무를 배분하고 사회 협동체로부터 생긴 이익의 분배를 정하는 방식에 관한 것이다. → 공정으로서의 정의
	을: 분배 정의에 관한 정형적 원리는 재분배 행위를 반드시 불러온다. 소유 권리론의 관점에서 볼 때 재분배는 개인들의 권리를 침해한다. 소유권을 지켜 줄 최소 국가는 우리를 불가침의 개인들로 취급한다. → 소유 권리로서의 정의

(나)

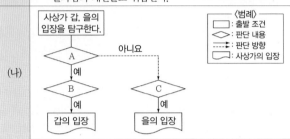

〈범례〉
□ 출발 조건
◇ 판단 내용
┄┄▶ 판단 방향
▭ 사상가의 입장

〈 보기 〉

ㄱ. A: 공정한 분배를 위해 올바른 결과에 대한 독립적 기준이 필수적으로 요구되는가? → 갑(롤스), 을(노직) 모두 부정의 대답을 할 질문

ㄴ. B: 더 많은 재능을 타고난 자가 자신의 재능을 활용하여 더 많은 이익을 획득하도록 장려되는 경우가 있는가?

ㄷ. B: 정의 원칙 수립 시 당사자 간 합의는 가설적이고 비역사적인가?

ㄹ. C: 과거 상황은 사물에 대한 차별적 소유권을 창출하는 요인인가?

① ㄱ, ㄴ   ② ㄱ, ㄷ   ③ ㄷ, ㄹ
④ ㄱ, ㄴ, ㄹ   ⑤ ㄴ, ㄷ, ㄹ

| 자료 분석 |

(가)의 갑은 롤스, 을은 노직이다. 롤스는 사회가 상호 이익을 위한 협동 체계라고 보고, 사회적·경제적 불평등은 최소 수혜자에게 최대의 이익이 편성되도록 할 때 정당화될 수 있다고 본다. 즉, 사회 협동체로부터 생긴 차등적 이익이 모든 사람에게 이익이 되고, 특히 최소 수혜자에게 이익이 되는 방식으로 사용되어야 한다고 주장하는 것이다. 노직은 개인이 정당하게 획득한 소유물에 대해 배타적·절대적 권리를 지닌다고 본다. 따라서 개인이 정당한 방법으로 취득한 소유물에 대하여 국가가 재분배적인 성격의 세금을 부과하는 것은 노동을 강제하는 것이며 개인의 권리를 침해하는 것이라고 주장한다.

| 보기 해설 |

ㄱ. 갑(롤스), 을(노직) 모두 부정의 대답을 할 질문이다. 갑(롤스), 을(노직)은 모두 공정한 절차를 통해 발생한 결과는 정당하다고 보는 절차적 정의관을 주장한다. 이러한 절차적 정의관은 독립적인 분배의 기준 자체보다는 공정한 분배를 위한 절차를 강조하는 입장이다.

ㄴ. 갑(롤스)이 긍정의 대답을 할 질문으로 적절하다. 갑(롤스)은 사회를 상호 이익의 협동 체계로 보고, 더 많은 재능을 가진 사람이 자신의 재능을 활용하여 더 많은 이익을 창출하고 더 적은 재능을 타고난 이들의 이익에 공헌해야 한다고 주장한다.

ㄷ. 갑(롤스)이 긍정의 대답을 할 질문으로 적절하다. 갑(롤스)은 자연적·사회적 우연성이 배제된 원초적 입장이라는 가상적 상황에서 정의의 원칙을 수립할 수 있다고 보고, 원초적 입장에 놓인 사람들이 자신이 가장 불리한 상황에 놓일 가능성을 염두에 두고 모든 사람에게 공정한 정의의 원칙에 합의하게 될 것이라고 본다. 이러한 원초적 입장은 역사적으로 이루어지는 것이 아니라 일종의 가설적인 사고 실험이며, 비역사적인 것이다.

ㄹ. 을(노직)이 긍정의 대답을 할 질문으로 적절하다. 을(노직)은 사물에 대한 차별적 소유권은 과거의 상황이나 행위에 의해 창출된다고 본다. 즉, 노동을 통해 정당하게 취득한 재화나 타인에 의해 양도받은 재화 등 역사적 과정을 거친 소유물에 대해 개인은 절대적 권리를 갖는다고 주장한다.

갑, 을 사상가들의 입장으로 적절한 것만을 〈보기〉에서 있는 대로 고른 것은?

→ 자연적 운의 임의성 자체를 부정하지 않음

갑: 사람이 천부적으로 타고난 것이나 사회의 어떤 특정한 지위에
롤스 태어나는 것은 정의롭다거나 부정의하다고 할 수 없다. 이것
은 단지 자연적 사실에 불과하다. 정의 여부가 문제되는 것은
제도가 그러한 사실들을 처리하는 방식이다. → 절차적 정의관

을: 정형적 분배 원리는 생산과 분배를 독립된 주제로 취급한다.
노직 하지만 소유 권리론에 따르면 이들은 분리된 것이 아니다. 생
산과 관련된 사람들의 과거 행위는 사물들에 대한 차별적인
소유 권리를 창조한다. → 소유의 역사성에 따른 소유 권리

〈 보기 〉

ㄱ. 갑: 차등의 원칙은 자연적 운의 도덕적 임의성을 처리하는 공
정한 분배의 원칙이다.

ㄴ. 갑: 최소 수혜자에게 이득이 된다면 천부적 재능으로 인한 소
득 격차도 허용될 수 있다. → 차등의 원칙

ㄷ. 을: 역사적 원리에 따른 부의 불평등은 정당화될 수 있다.
→ 사람들의 과거 행위의 정당성이 정당한 소유권을 창출함

ㄹ. 갑, 을: 개인은 사회적 운의 결과물에 대해 정당한 자격을 갖
~~지 않는다.~~
갖는다

① ㄱ, ㄴ　　　　② ㄱ, ㄹ　　　　③ ㄷ, ㄹ

④ ㄱ, ㄴ, ㄷ　　　⑤ ㄴ, ㄷ, ㄹ

| 자료 분석 |

갑은 롤스, 을은 노직이다. 롤스는 사람들이 천부적으로 타고난 것이나 사회의 특정한 지위를 갖추고 태어나는 등의 자연적·사회적 우연성 자체는 부정의하다고 할 수 없으나, 이러한 부정의에 대해 아무런 조치를 취하지 않는 것은 불공정하다고 주장한다. 따라서 롤스는 자연적·사회적 우연성이 배제된 원초적 입장에 놓인 사람들이 자신이 가장 불리한 상황에 놓일 가능성을 염두에 두고, 모든 사람들이 공정한 정의의 원칙에 합의하게 된다고 주장한다. 반면 노직은 롤스가 주장한 정의의 원칙과 같은 정형적 분배 원리를 비판한다. 노직은 소유권을 가지게 된 역사성을 고려하여 정당한 취득과 이전의 과정을 거쳤다면 개인은 자신의 소유물에 대한 배타적이고 절대적인 권리를 갖는다고 주장한다.

| 보기 해설 |

ㄱ 갑(롤스)은 원초적 입장에 놓인 모든 구성원이 자연적 운의 임의성을 배제하고 자기 이익의 안전성을 확보하기 위해 합의한 정의의 원칙을 제시한다. 이에 따르면 구성원들은 모든 사람에게 평등한 기본적 자유(평등한 자유의 원칙)를 주고, 사회적·경제적 불평등의 계기가 되는 직위와 직책이 모든 사람에게 열려 있으며[공정한 기회균등의 원칙] 사회적·경제적 불평등이 최소 수혜자에게 최대의 이익이 되도록 편성되어야 한다[차등의 원칙]는 정의의 원칙에 합의하게 된다. 이때 차등의 원칙은 자연적·사회적으로 열악한 환경에 놓인 사람들의 도덕적 임의성을 처리하는 공정한 분배의 원칙이라고 할 수 있다.

ㄴ 갑(롤스)은 천부적으로 주어지는 자연적·사회적 우연성에 따른 부정의를 개선하기 위해 정의의 원칙을 제시한다. 그 중 차등의 원칙은 사회적·경제적 불평등이 최소 수혜자에게 최대 이익이 될 수 있는 방식으로 편성되어야 한다는 원칙이다. 다만 차등의 원칙은 천부적 재능의 불균등한 분포를 개선하기 위한 것이지 모든 소득 격차를 제거하기 위한 것은 아니므로, 최소 수혜자에게 이득이 된다면 천부적 재능으로 인한 소득의 격차는 허용될 수 있다.

ㄷ 을(노직)은 갑(롤스)이 상정한 원초적 입장과 같은 가상 상황하에서는 정의로운 분배가 이루어질 수 없다고 보고, 어떻게 재산을 소유하게 되었는지에 주목하는 소유 과정의 역사성에 관심을 갖는다. 즉, 올바른 과정에 의해 재산을 소유했다면 그 소유는 정당한 것이 된다고 본다. 따라서 을(노직)의 입장에서 역사적 원리에 따라 정당한 소유를 갖게 되었다면 그 결과로 나타나는 부의 불평등은 정당화될 수 있다.

ㄹ. 갑(롤스), 을(노직)은 모두 개인이 사회적 운의 결과물에 대해 정당한 자격을 갖는다고 주장한다. 갑(롤스)은 개인에게 우연적으로 주어진 사회적 운 그 자체는 부정의한 것이 아니지만, 천부적 재능이나 지위로 인한 불평등을 개선하기 위한 노력이 필요하다고 본다. 따라서 원초적 입장에 놓인 사람들이 합의한 정의의 원칙에 따랐다면 개인은 사회적 운의 결과물에 대해 정당한 자격을 갖게 된다고 주장한다. 을(노직) 역시 소유권의 역사성을 강조하며 정당한 과정으로 소유물을 취득했다면 개인이 절대적·배타적 소유권을 갖게 된다고 본다. 따라서 개인이 사회적 운의 결과물에 대한 정당한 자격을 가질 수 있다고 본다.

(가)의 갑, 을 사상가들의 입장을 (나) 그림으로 탐구하고자 할 때, A~C에 들어갈 적절한 질문만을 〈보기〉에서 있는 대로 고른 것은?

(가)	갑: 차등의 원칙은 사회적 협동을 위한 기본 원칙이다. 이 원칙은 천부적 재능을 가진 사람들이 불우한 사람들을 돕는 한에서 각자의 자질을 사용하게 한다. → 공정으로서의 정의 을: 차등의 원칙은 정의를 위한 공정한 기반을 제시하지 못한다. 개인의 천부적 재능과 이로부터 나오는 것에 대한 소유 권리는 그 개인에게 있다. → 소유 권리로서의 정의

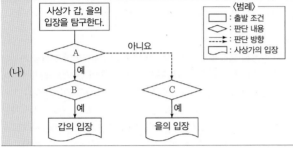

(나)

- 〈범례〉
  - ▭ : 출발 조건
  - ◇ : 판단 내용
  - ┅▶ : 판단 방향
  - ▱ : 사상가의 입장

〈보기〉

ㄱ. A: 개인의 소유권을 침해하지 않는 과세 정책이 가능한가?
  → 갑, 을 모두 긍정의 대답을 할 질문
ㄴ. B: 차등의 원칙은 더 큰 재능의 소유자에게 유익할 수 있는가?
ㄷ. B: 재산의 평등한 분배가 정의 원칙에 의해 허용될 수 있는가?
ㄹ. C: 국가는 자유롭게 체결된 계약의 이행을 강제할 수 있는가?

① ㄱ, ㄴ ② ㄱ, ㄷ ③ ㄴ, ㄹ
④ ㄱ, ㄷ, ㄹ ⑤ ㄴ, ㄷ, ㄹ

| 자료 분석 |

갑은 롤스, 을은 노직이다. 롤스는 공정한 절차를 마련하기 위해 자연적·사회적 우연성이 배제된 원초적 입장이라는 가상 상황을 상정하고 모든 사람이 합의할 공정한 정의의 원칙을 도출했다. 롤스의 정의의 원칙 가운데 차등의 원칙은 호혜적인 원칙으로, 사회적·경제적 불평등은 최소 수혜자에게 최대 이익이 되도록 편성될 때 정당하다고 본다. 노직은 개인의 정당한 소유물에 대한 절대적 소유권을 강조하며 정당하게 취득한 재화나 타인에게 자유롭게 양도받은 재화에 대한 소유권은 개인에게 있다고 주장했다. 노직은 롤스가 주장한 차등의 원칙을 비판하며 개인의 천부적 재능과 이로부터 나오는 모든 것에 대한 소유 권리는 온전히 개인에게 있음을 강조했다.

| 보기 해설 |

ㄱ. 롤스는 개인의 능력과 노력에 따라 얻는 재산과 소득을 존중하면서도 사회적 정의를 실현하기 위해 다양한 세금 정책을 활용해야 한다고 보았다. 노직은 재분배를 위한 과세는 개인의 소유권을 침해하는 것이므로 반대하지만, 외국의 침략으로부터 국민을 보호하고 대내적으로 치안을 확고히 하는 역할을 하기 위한 세금은 정당하다고 보았다. 즉, 노직과 롤스 모두 개인의 소유권을 침해하지 않는 과세 정책이 가능하다고 본다.

ㄴ. 롤스는 차등의 원칙이 최소 수혜자에게 최대 이익이 되도록 편성되어야 함을 강조하며 동시에 차등의 원칙이 만족될 경우 모든 사람에게 이익이 된다고 주장했다. 롤스에 따르면 어떤 이득이 최소 수혜자의 기대치를 향상시키는 결과를 낳을 경우 그것은 그 사이에 있는 모든 지위의 사람들의 기대치 또한 증가시킬 수 있다. 이러한 측면에서 롤스에게 차등의 원칙은 호혜성의 입장을 표현하고 있으며 상호 이익의 원칙이라고 할 수 있다. 따라서 롤스는 차등의 원칙이 더 큰 재능의 소유자에게도 유익할 수 있다고 볼 것이다.

ㄷ. 롤스는 사회적·경제적 불평등은 공정한 기회 균등의 원칙과 차등의 원칙을 충족할 때만 정당화될 수 있다고 보았다. 그러나 롤스는 이러한 불평등한 분배가 모든 사람에게 이익이 되지 않는다면 평등하게 분배되어야 한다고 주장했다. 왜냐하면 이러한 경우 모든 사람에게 이익을 주지 않는 단순한 불평등이 되기 때문이다. 따라서 롤스는 재산의 평등한 분배가 정의 원칙에 의해 허용될 수 있다고 볼 것이다.

ㄹ. 노직은 개인의 소유권을 침해하지 않고 개인의 권리를 보호하는 역할만을 수행하는 최소 국가가 정당하다고 보았다. 그러나 개인 간에 자유롭게 체결된 계약이 제대로 이행되지 않는다면 오히려 개인의 소유권이 침해될 수 있으므로 국가는 개인의 소유권 보장을 위해 자유롭게 체결된 계약의 이행을 강제할 수 있다고 주장했다.

갑, 을 사상가들의 입장으로 적절한 것만을 〈보기〉에서 있는 대로 고른 것은?

→ 평등한 기본적 자유의 원칙

갑: 기본적 자유의 체제는 모든 사람에게 평등하게 보장되어야 하
롤스
고, 사회적·경제적 이익의 분배는 공정한 기회균등의 원칙과
차등의 원칙에 의해 규제되어야 한다. → 공정한 기회균등의 원칙,
차등의 원칙
을: 분배 정의에 있어서 소유 권리론은 역사적이다. 과거의 상황
노직
이나 사람의 과거 행위는 사물에 대한 차별적인 소유 권리나
응분의 자격을 낳는다. → 소유 권리론의 역사성

〈 보기 〉

ㄱ. 갑: 최소 수혜자에게 이익이 되지 않는 한 소득은 평등하게
분배되어야 한다.

ㄴ. 갑: 기본적 자유들이 상충하더라도 그 기본적 자유들은 서로
균등하게 보장되어야 한다. → 더 큰 자유 실현이 우선임

ㄷ. 을: 자신의 노동을 투여하지 않고 취득한 소유물에 대한 정당
한 소유 권리는 성립할 수 있다. → 이전의 원칙

ㄹ. 갑과 을: 능력에 따른 분배는 정의 원칙에 어긋날 수 있다.
→ 갑: 최소 수혜자에게 최대의 이익을 보장하지 못한다면
을: 정형적 분배 원리라서

① ㄱ, ㄴ   ② ㄴ, ㄷ   ③ ㄷ, ㄹ
④ ㄱ, ㄴ, ㄹ   ⑤ ㄱ, ㄷ, ㄹ

| 자료 분석 |

갑은 롤스, 을은 노직이다. 롤스는 공정한 분배가 이루어지기 위해서는 사회 제도가 공정한 조건에서 합의된 정의의 원칙에 따라 규제되어야 한다고 본다. 이러한 정의의 원칙은 자연적·사회적 우연성이 배제된 원초적 입장이라는 가상 상황에서 자신들이 가장 불리한 상황에 놓일 가능성을 염두에 두고 합의되는 것으로 평등한 자유의 원칙, 공정한 기회균등의 원칙, 차등의 원칙으로 제시된다. 노직은 개인에게 정당한 소유물에 대한 배타적·절대적 권리가 있다고 보고 이러한 개인의 소유권을 침해하지 않고 개인의 권리를 보호하는 역할만을 수행하는 최소 국가만이 정당하다고 주장한다. 또한, 개인의 소유는 역사적인 것으로 과거의 상황이나 행위로 인해 소유물에 대한 권리나 자격이 주어지는 것이라고 본다.

| 보기 해설 |

ㄱ 갑은 사회를 호혜성의 원칙을 토대로 한 상호 이익을 위한 협동체라고 인식한다. 이러한 맥락에서 갑은 차등의 원칙을 통해 사회적·경제적 불평등이 모든 사람에게 이익이 되도록 해야 하며, 특히 최소 수혜자에게 최대의 이익이 되도록 할 때 정당화된다고 주장한다. 따라서 갑의 입장에 따르면 최소 수혜자에게 이익이 되지 않는다면 사회적·경제적 불평등도 정당화될 수 없으므로 소득이 평등하게 분배되어야 한다.

ㄴ 갑은 평등한 자유의 원칙에서 모든 사람이 평등한 기본적 자유를 최대한 누려야 함을 강조한다. 따라서 갑의 입장에서 기본적 자유가 모든 사람에게 균등하게 보장되어야 하는 것은 적절하다. 그러나 갑은 만약 그러한 기본적 자유가 상충한다면 기본적 자유에 대한 조정이 필요하며, 더 큰 자유가 다른 기본적 자유보다 우선될 수 있다고 주장한다.

ㄷ 을은 소유물에 대한 권리가 역사적이며 개인의 과거 상황이나 행위에 따라 소유물에 대한 권리나 자격이 발생한다고 주장한다. 이러한 과거의 상황이나 행위에는 개인이 자신의 노동을 부과한 것도 있지만, 타인으로부터 정당하게 이전(증여, 상속, 교환 등)받은 것들도 포함되기 때문에 자신의 노동을 투여하지 않고 취득한 소유물에 대한 정당한 소유 권리도 성립할 수 있다.

ㄹ 갑, 을 모두 능력에 따른 분배가 정의 원칙에 어긋날 수 있다고 본다. 갑은 평등한 자유의 원칙에 따라 개인의 능력에 따른 행위와 그에 따른 분배를 존중하지만, 이러한 능력에 따른 사회적·경제적 불평등이 공정한 기회균등의 원칙이나 차등의 원칙에 위배된다면 정당화될 수 없다고 주장한다. 즉, 능력에 따른 분배가 공정한 기회를 보장하지 못하거나 최소 수혜자에게 최대의 이익을 주지 못한다면 정의의 원칙에 어긋날 수 있는 것이다. 을은 정형화된 분배 원칙이 필연적으로 재분배를 초래할 수 있기 때문에 '~에 따른 분배'가 개인의 소유 권리를 침해할 수 있다고 주장한다. 능력에 따른 분배 역시 정형화된 분배 원칙에 해당되기 때문에 이러한 분배는 노직의 입장에서 정의 원칙에 어긋날 수 있다.

(가)의 갑, 을 사상가들의 입장을 (나) 그림으로 탐구하고자 할 때, A~C에 해당하는 적절한 질문만을 〈보기〉에서 있는 대로 고른 것은? [3점]

(가)	갑 롤스	공정한 사회란 공정한 최초의 상황에서 사람들이 선택하게 될 원칙에 의해 규제되는 구성원들의 상호 이익을 위한 협동 체제이다. → 공정으로서의 정의
	을 노직	최소 국가는 개인을 존엄성과 권리를 지닌 인격으로 대우한다. 최소 국가보다 더 포괄적인 국가는 개인의 권리를 침해한다. → 소유 권리로서의 정의

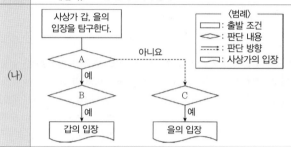

(나)

〈범례〉
☐ : 출발 조건
◇ : 판단 내용
⇢ : 판단 방향
⌐ : 사상가의 입장

사상가 갑, 을의 입장을 탐구한다.

A → 아니요
↓ 예
B
↓ 예
갑의 입장

C
↓ 예
을의 입장

〈보기〉

ㄱ. A: 정의의 원칙은 가상 상황에서 합의를 통해 선택되는가?
→ 롤스: 긍정, 노직: 부정

ㄴ. B: 기본적 자유는 다른 기본적 자유와 상충할 때 제한될 수 있는가? → 롤스: 긍정

ㄷ. B: 차등의 원칙은 법과 정책에 적용될 뿐만 아니라 사적 거래에도 직접 적용되는가? → 롤스: 부정(직접 적용되지 않음)

ㄹ. C: 정형적 분배 원칙은 필연적으로 재분배를 초래하는가?
→ 노직: 긍정

① ㄱ, ㄷ   ② ㄴ, ㄷ   ③ ㄴ, ㄹ
④ ㄱ, ㄴ, ㄹ   ⑤ ㄱ, ㄷ, ㄹ

| 자료 분석 |

(가)의 갑은 롤스, 을은 노직이다. 롤스는 공정한 사회란 공정한 분배가 이루어지는 사회이며, 공정한 분배가 이루어지려면 사회 제도가 공정한 조건에서 합의된 정의의 원칙에 따라 규제되어야 한다고 본다. 롤스는 공정한 조건을 상정하기 위해 자연적·사회적 우연성이 배제된 원초적 입장이라는 가상 상황을 설정하고 자신에 대한 정보가 없는 상황에서 자신이 가장 불리한 상황에 놓일 가능성을 염두에 두고 모든 사람에게 공정한 정의의 원칙에 합의하게 될 것이라고 주장한다. 노직은 개인이 정당한 소유물에 대해 배타적이며 절대적인 권리를 지니고 있다고 보고, 개인의 소유권을 침해하지 않고 개인의 권리를 보호하는 최소한의 역할만을 수행하는 국가가 정당하다고 주장한다. 노직에 따르면 각 개인은 자기 소유물을 정당한 과정에 의해 취득할 경우 그에 대한 소유권을 갖게 되며, 정당한 취득과 정당한 이전, 부정의의 교정 원칙에 따른 부와 소득의 분배만이 정당성을 갖는다.

| 보기 해설 |

ㄱ 갑은 긍정, 을은 부정의 대답을 할 질문이다. 갑은 정의의 원칙이 원초적 입장이라는 가상 상황에서 합의를 통해 도출된다고 본다. 원초적 입장에 놓인 사람들은 자연적·사회적 우연성을 배제하기 위해 자신에 대해 무지하며, 이러한 무지의 베일을 쓰고 상호 무관심한 사람들이 모여 자신이 가장 불리한 상황에 놓일 것을 고려하여 정의의 원칙에 합의하게 된다. 반면 을은 소유의 역사성에 주목하여 대상물에 적절한 노동을 가했고, 그러한 원초적 취득이 타인에게 해를 주지 않았다면 소유는 정당하다고 주장한다. 즉 을에게는 정의의 원칙을 도출하기 위해 가상적 상황에서 이루어지는 합의가 필요하지 않다.

ㄴ 갑이 긍정의 대답을 할 질문이다. 갑은 기본적 자유를 제한할 수 없으나, 더 큰 자유를 위해서라는 예외적인 경우에는 제한될 수 있다고 주장한다. 갑에 따르면 이러한 제한은 부당한 제한도 아니고 침해도 아니다. 왜냐하면 제한되는 기본적 자유보다 더 큰 자유가 보장되기 때문이다.

ㄷ. 갑이 부정의 대답을 할 질문이다. 갑에 따르면 차등의 원칙은 법이나 제도 및 정책을 결정하는 데 적용되는 것이지 개개의 구체적인 거래나 분배에 적용되는 것이 아니다. 차등의 원칙은 오히려 개개인 사이에서 이루어지는 사적인 거래가 일어나는 배경적 구조로서 적용된다고 할 수 있다.

ㄹ 을이 긍정의 대답을 할 질문이다. 을은 분배의 기준이나 방향을 미리 설정해 놓고 그에 따라 분배하는 것이 하나의 정형이라는 점에서 비판한다. 을은 한 분배의 상태가 어떤 기준에 따라 규정된 상태로 변화해야 한다고 명시한다면 그 원리를 정형적이라 부를 수 있고, 이처럼 분배가 규정된 어떤 상태로 변화하기 위해서는 필연적으로 재분배가 일어나 개인의 소유권을 침해할 수밖에 없다는 이유로 정형적 분배 원칙에 반대한다.

갑, 을 사상가들의 입장으로 적절하지 <u>않은</u> 것은? [3점]

> 갑: 원초적 입장에서 무지의 베일을 쓴 당사자들이 합의한 정의의
> 원칙 중 차등의 원칙은 호혜성 관념을 포함한다. 개인 간의 차
> 이, 재능의 다양성, 주어진 재능 성취 수준의 차이는 상호 이익
> 을 위해 사용되어야 할 공동의 자산으로 간주해야 한다. ┗→공정으로서의 정의
>
> 을: 현재의 모든 분배 상황이 취득, 이전의 정의 원리에 의해 생성된
> 것은 아니다. 만약 과거의 불의(不義)가 현재의 소유 상태를 여
> 러 방식으로 형성했다면 우리는 소유물에서의 불의를 교정해야
> 한다. ┗→교정의 원칙

갑: 롤스 / 을: 노직

① 갑: 자연적 재능의 불평등한 분포는 그 자체로 부정의하다.
　　　　　　　　　　　　　　　　한 것은 아니다
② 갑: 소득의 불평등한 분배는 모든 사람에게 이익이 될 때 정당하다.
③ 을: 노동을 통해 획득한 소유물이라도 교정의 대상이 될 수 있다.
④ 을: 개인의 소유권 보호를 위한 국가의 개입은 정당화될 수 있다.
⑤ 갑, 을: 공정한 절차를 따름으로써 정의로운 분배가 실현될 수 있다.

자료 분석

갑은 롤스, 을은 노직이다. 롤스는 자연적 재능의 불평등한 분포 그 자체는 정의도 부정의도 아닌 자연적 사실이라고 본다. 다만, 개인 간의 차이, 재능의 다양성, 주어진 재능 성취 수준 등의 차이로 인한 소득의 불평등한 분배는 최소 수혜자에게 최대 이익이 가도록 하는 데 쓰일 때 정당화될 수 있다고 주장한다. 노직은 소유 권리로서의 정의를 주장하며, 사회적 약자를 위한 부의 재분배는 개인의 권리에 대한 침해라고 보고, 국가는 개인의 권리를 보호하는 최소한의 역할만을 수행해야 한다고 본다.

선지 해설

① 갑(롤스)은 자연적 재능의 불평등한 분포 그 자체는 부정의한 것이 아니라고 본다. 다만, 롤스는 사회를 상호 이익을 위한 공동체라고 보고, 원초적 입장에서 합의한 정의의 원칙에 따라 자연적 재능으로 인해 생기는 결과물을 상호 이익을 위해 사용해야 할 공동 자산으로 간주할 것을 강조한다.

② 갑(롤스)은 소득의 불평등한 분배 즉, 사회적·경제적 불평등은 차등의 원칙에 따라 모든 사람에게 이익이 될 때 정당하며, 특히 최소 수혜자에게 최대의 이익이 되도록 편성될 때 정당화될 수 있다고 주장한다.

③ 을(노직)은 노동을 통해 정당하게 취득한 재화는 취득한 사람에게 소유의 권리가 있다고 주장한다. 하지만 재화를 취득하는 과정에서 잘못된 절차에 의한 소유가 발생했을 때에는 교정의 원칙에 의해 바로잡아야 한다고 본다.

④ 을(노직)은 국가가 개인의 권리를 보호하는 역할만을 수행하는 최소 국가여야 한다고 주장하며, 소득 재분배를 위한 국가의 적극적 개입에 반대한다. 하지만, 강압과 절도 등과 같은 부정의로부터 개인의 소유권을 보호하기 위한 국가의 개입은 정당하다고 본다.

⑤ 갑(롤스), 을(노직)은 모두 절차적 정의관에 따라 공정한 절차를 따름으로써 정의로운 분배가 실현될 수 있다고 본다.

(가)의 사상가 갑, 을, 병의 입장을 (나) 그림으로 탐구할 때, A~D에 해당하는 적절한 질문만을 〈보기〉에서 있는 대로 고른 것은?

(가)	갑 노직	정의는 자신이 선택하는 바에 따라 소유권이 행사되는 것이다. → 개인의 자유와 소유권의 보장 취득과 이전에서의 정의의 원칙을 따라 소유물을 취득한 자는 그것에 대한 소유권이 있다. → 공정한 절차를 마련하기 위한 가상의 상황
	을 롤스	정의의 원칙은 원초적 상황에서 합의로 도출된다. 정의로운 사회에서는 시민들에게 공통된 정의감이 존재하며 시민적 유대와 체제의 안정성이 보장된다.
	병 아리스토 텔레스	정의는 동등한 사람에게 동등한 몫을 분배하는 것이다. 분배에서의 옳음은 일종의 비례인데 그것은 비율과 비율의 균등성을 의미한다. → 각자가 가진 가치에 비례하는 분배

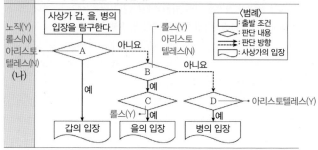

〈보기〉

ㄱ. A: 재화는 개인의 자유로운 선택에 의해서만 이전되는가?
　　→ 노직, 롤스, 아리스토텔레스: 부정
ㄴ. B: 정의로운 사회의 시민은 타인의 처지와 이익에 무관심한가?
　　→ 롤스, 아리스토텔레스: 부정
ㄷ. C: 공정한 기회균등 원칙은 경제적 불평등을 허용하는가?
　　→ 롤스: 긍정
ㄹ. D: 분배와 교환의 정의는 모두 비례의 동등함을 따라야 하는가?
　　→ 아리스토텔레스: 긍정

① ㄱ, ㄴ　　　　② ㄴ, ㄹ　　　　③ ㄷ, ㄹ
④ ㄱ, ㄴ, ㄷ　　⑤ ㄱ, ㄷ, ㄹ

단답형 문제로 개념 확인

(1) 노직은 (　　　　　)만이 유일하게 정의로운 국가라고 본다.
(2) 롤스는 (　　　　　)에서의 합의는 심리학적 사실에 대한 지식을 배제할 필요가 없다고 본다.
(3) 아리스토텔레스는 (　　　　　) 비례에 따라 분배적 정의가 이루어져야 한다고 본다.

(1) 최소 국가　(2) 원초적 입장　(3) 기하학적

자료 분석

(가)의 갑은 노직, 을은 롤스, 병은 아리스토텔레스이다. 노직은 취득과 이전의 과정이 정당하다면 그러한 과정을 통해 얻은 소유물에 대한 절대적 권리가 개인에게 있다고 본다. 롤스는 공정한 분배는 원초적 입장에 놓인 사람들이 자신이 가장 불리한 상황에 놓일 가능성을 염두에 두고 합의한 정의의 원칙에 의거해야 한다고 본다. 아리스토텔레스는 분배적 정의란 기하학적 비례에 의거하여 각자의 가치에 따라 그에 걸맞은 몫을 분배하는 것이며, 교환적 정의는 물건의 교환과 관련된 정의로 산술적 비례에 의거하여 몫을 분배하는 것이라고 본다.

보기 해설

ㄱ. 노직은 취득과 이전의 과정에서 정당한 방법에 따라 소유물을 취득했다면 모든 재화가 개인의 자유로운 선택에 의해서 이전될 수 있다고 본다. 그러나 만약 이러한 소유물의 취득 과정이 정당하지 못하다면, 교정의 원칙에 의거하여 국가가 개입해 소유권을 조정할 수 있음을 인정한다. 롤스도 사회적 우연성에 따른 불평등을 감소하기 위한 국가의 개입을 허용하고 있으며, 아리스토텔레스는 기하학적 비례에 따라 재화를 분배해야 한다고 본다.

ㄴ. 롤스는 공정한 분배를 위한 정의의 원칙을 도출하기 위해 원초적 입장이라는 가상의 상황을 가정한다. 이때 원초적 입장의 당사자들은 타인의 처지와 이익에 무관심한 상태에서 자신의 이익, 즉 자신이 최소 수혜자가 될 수도 있는 상황을 고려하여 최소 수혜자에게 최대의 이익을 보장하는 정의의 원칙에 합의하게 된다. 그러나 원초적 입장에서 가정하는 '타인의 처지와 이익에 무관심한 개인'은 그야말로 가상적인 전제이고, 현실 속 정의로운 사회의 시민이 타인의 처지와 이익에 무관심한 것은 불가능하다. 아리스토텔레스 또한 인간을 정치적 동물이라 명명하며 공동체적 생활을 강조하기 때문에, 타인의 처지와 이익에 무관심한 개인을 정의로운 사회의 시민이라 인식하지 않는다. 따라서 갑, 을이 모두 부정의 대답을 할 질문이다.

ㄷ. 롤스는 사회적·경제적 불평등이 모든 사람, 특히 최소 수혜자에게 최대의 이익이 될 것(차등의 원칙)이라 합당하게 기대되고, 그 불평등의 계기가 되는 직위와 직책이 모든 사람에게 열려 있는 상태(공정한 기회균등의 원칙)일 때 정당화된다고 본다. 따라서 정의의 제2원칙인 공정한 기회균등의 원칙과 차등의 원칙은 모두 경제적 불평등을 허용한다.

ㄹ. 아리스토텔레스는 일반적 정의와 특수적 정의를 구분하고, 특수적 정의를 다시 분배적 정의, 교환적 정의, 교정적(시정적) 정의로 나누었다. 분배적 정의는 각자가 지닌 가치에 비례하여 분배하는 것이고, 교환적 정의는 물건의 교환과 관련된 정의로, 동일한 가치를 지닌 두 물건을 산술적 비례에 의해 분배하는 것을 말한다. 마지막으로 교정적 정의는 A가 B에게 어떤 피해를 주었다면 산술적 비례에 따라 그 피해와 동일한 가치를 보상해 주는 것을 말한다. 따라서 아리스토텔레스에게 있어서 분배의 정의는 기하학적 비례에, 교환의 정의는 산술적 비례에 의거하므로, 모두 비례의 동등함을 따르는 것이다.

10 롤스와 노직의 분배적 정의관 23학년도 10월 학평 5번

정답 ② | 정답률 54%

(가)의 갑, 을 사상가들의 입장을 (나) 그림으로 탐구하고자 할 때, A~C에 들어갈 적절한 질문만을 〈보기〉에서 있는 대로 고른 것은? [3점]

(가)	갑 롤스: 소득과 부가 천부적 운에 의해 분배되는 것은 도덕적 관점에서 볼 때 자의적이다. <u>차등의 원칙은 천부적 운의 자의적 영향을 완화시킬 수 있다.</u> → 정의의 원칙
	을 노직: 자유로운 사회에서 개인의 재능은 자신뿐만 아니라 타인에게도 이익이 된다. <u>소유 권리를 지님에 있어 자연적 자산의 영향을 배제할 이유가 없다.</u> → 절대적, 배타적 소유권 인정

(나)

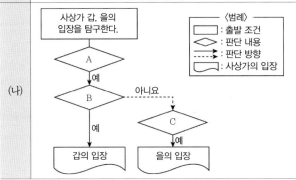

〈보기〉

ㄱ. A: 자유롭게 양도된 재화도 재분배 대상이 될 수 있는가?
→ 갑: ○, 을: ○

ㄴ. B: 천부적 재능의 분포는 임의적이므로 부정의한가?
→ 갑: ×

ㄷ. B: 구성원들의 모든 이익은 공정한 기회균등의 원칙에 의해 평등하게 보장되는가? → 갑: ×

ㄹ. C: 최초 취득의 원칙이 적용되지 않아도 자연적 자산에 대한 개인의 배타적 권리는 인정되는가? → 을: ○

① ㄱ, ㄴ　　　 ② ㄱ, ㄹ　　　 ③ ㄴ, ㄷ
④ ㄱ, ㄷ, ㄹ　　 ⑤ ㄴ, ㄷ, ㄹ

자료 분석

갑은 롤스, 을은 노직이다. 롤스는 자연적·사회적 우연성이 배제된 원초적 입장에서 합의한 공정한 정의의 원칙에 따를 때 공정한 분배가 이루어질 수 있다고 보았다. 노직은 개인의 자연적 자산이 전적으로 그 개인에게 속한 것이며 이것을 이용하고 처분할 권리는 오직 개인에게만 속한 절대적 권리라고 보았다. 노직은 이러한 소유권으로부터 경제적 불평등이 생겨난다 할지라도 불의한 것이 아니므로 소유 권리에서 자연적 자산의 영향을 배제할 필요가 없다고 주장하였다.

보기 해설

ㄱ 롤스와 노직이 모두 긍정의 대답을 할 질문이다. 롤스는 자연적·사회적 요인에 의해 생겨나는 이익의 차이를 정의의 원칙의 적용을 통해 조정하여 부정의를 제거하는 것이 정의로운 사회를 이루기 위한 최선이라고 주장하였다. 노직은 양도의 원칙에 따라 타인으로부터 자유롭게 양도받은 재화에 대한 정당한 소유 권리는 개인에게 있다고 보았다. 그러나 이러한 양도 과정이나 양도 이전의 최초 취득 과정에서 과오나 잘못된 절차와 같은 부정의가 발견된다면 이를 바로잡아야 한다고 주장함으로써 자유롭게 양도받은 재화도 재분배의 대상이 될 수 있다고 보았다.

ㄴ. 롤스가 부정의 대답을 할 질문이다. 롤스는 천부적 재능이 각 개인에게 임의적으로 주어진 것은 사실이지만, 천부적 재능의 임의적 분포는 정의롭거나 부정의하다고 말할 수 없는 자연적인 사실이라고 보았다. 다만 이러한 천부적 재능의 임의적 분포에 의해 온전히 분배의 몫을 결정하는 것은 부정의하다는 것이 롤스의 주장이다.

ㄷ. 롤스가 부정의 대답을 할 질문이다. 롤스에 따르면 공정한 기회균등의 원칙은 모든 구성원들의 이익을 평등하게 보장하기 위한 것이 아니라, 권한을 갖는 직위와 명령을 내릴 수 있는 직책이 누구에게나 접근 가능하도록 하고 사회의 주요 직위와 직책을 모든 사람에게 공정하게 개방하기 위한 것이다.

ㄹ 노직이 긍정의 대답을 할 질문이다. 노직은 최초 취득의 원칙이라는 정의의 원칙이 적용되지 않는다 하더라도 모든 개인은 자연적 재능과 성격 등 자신의 신체에 대한 절대적인 소유권을 가진다고 보았다. 노직에 따르면 이러한 능력과 재능을 공유화하는 것은 개인의 존엄성을 훼손하는 것이므로 자연적 자산에 대한 개인의 배타적 권리는 인정되어야 한다.

(가)의 갑, 을, 병 사상가들의 입장을 (나) 그림으로 탐구할 때, A~D에 들어갈 적절한 질문만을 〈보기〉에서 있는 대로 고른 것은? [3점]

(가)	→ 기하학적 비례에 따른 분배 **갑**: 분배는 각자의 가치에 따라 <mark>동등한 사람들 간에 동등한 몫을, 동등하지 않은 사람들 간에 동등하지 않은 몫을 받</mark>을 때 정의롭다. 비례적인 것이 곧 정의로운 것이다. 아리스토텔레스 **을**: 분배는 개인들이 공정한 조건에서 합의한 원칙에 따를 때 롤스　원초적 입장 정의롭다. 이러한 원칙 중에서 차등의 원칙은 <mark>최소 수혜자</mark> <mark>에게 최대 이익</mark>이 돌아가도록 하는 것이다. → 정의의 원칙 **병**: 분배가 정의로울 조건은 그 분배하에서 모든 사람이 <mark>자신</mark> 노직 <mark>들이 소유하고 있는 것에 대한 소유 권리를 갖는 것이다.</mark> 소유물의 분배 정의는 역사적이다. → 정의란 정당한 　　　　　　　　　　　　　　소유권의 실현임

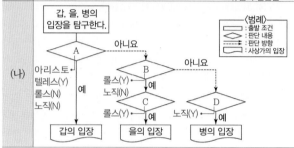

(나)

〈범례〉
▭ : 출발 조건
◇ : 판단 내용
┄┄▷ : 판단 방향
▱ : 사상가의 입장

〈보기〉
기하학적
ㄱ. A: 분배 정의는 ~~산술적~~ 비례를 따를 때 실현될 수 있는가?
　　→ 아리스토텔레스: 부정
ㄴ. B: 모두에게 이익이 될 경우에만 경제적 불평등은 허용되는가?
　　→ 롤스: 긍정, 노직: 부정
ㄷ. C: 최소 수혜자의 복지를 위해 재산 소유의 자유를 제한하는
　　것은 정의로운가? → 롤스: 부정
ㄹ. D: 취득의 과정이 부당한 시적 소유는 교정의 대상이 되는가?
　　→ 노직: 긍정

① ㄱ, ㄷ　　② ㄱ, ㄹ　　❸ ㄴ, ㄹ
④ ㄱ, ㄴ, ㄷ　　⑤ ㄴ, ㄷ, ㄹ

| 자료 분석 |

(가)의 갑은 아리스토텔레스, 을은 롤스, 병은 노직이다. 아리스토텔레스는 비례적인 것이 정의로운 것이라고 보고, 기하학적 비례에 기초하여 '동등한 사람에게 동등한 몫을 주는' 것이 분배적 정의라고 보았다. 롤스는 분배적 정의가 원초적 입장에서 합의된 정의의 원칙에 따라 최소 수혜자에게 최대의 이익을 보장할 때 실현된다고 보았다. 노직은 정당한 취득과 양도의 과정을 거친 소유물에 대해서는 해당 개인이 배타적인 소유권을 가진다고 보고, 정당한 소유권을 보장할 때 분배적 정의가 실현된다고 보았다.

| 보기 해설 |

ㄱ. 아리스토텔레스는 기하학적 비례를 따를 때 분배적 정의가 실현되고, 교정적 (시정적) 정의는 산술적 비례를 따를 때 실현된다고 보았다.

Ⓛ 롤스는 사회적·경제적 불평등이 모든 사람, 특히 최소 수혜자에게 최대 이익이 되고, 불평등의 계기가 되는 기회가 공정한 기회균등의 원칙에 의거하여 모두에게 개방되어 있는 경우에만 정당화될 수 있다고 보았다.

ㄷ. 롤스는 평등한 자유의 원칙이 우선적으로 충족되어야 한다고 주장하였다. 재산 소유의 자유는 정의의 제1원칙인 평등한 자유의 원칙으로서 제2원칙인 차등의 원칙에 앞서 보장되어야 한다는 것이다.

Ⓛ 노직은 소유권의 취득과 이전 과정이 정당하지 못했다면, 이 과정에서 취득한 소유는 교정의 대상이 된다고 보았다.

OX문제로 개념 확인

(1) 아리스토텔레스에 따르면 분배적 정의는 산술적 비례를, 교정적 정의는 기하학적 비례를 따른다. 　　　　　　　　　　　　(　　)

(2) 롤스는 차등의 원칙에 앞서 평등한 자유의 원칙이 충족되어야 한다고 보았다. 　　　　　　　　　　　　　　　　　　(　　)

(3) 노직은 정형화된 분배 원리에 따라 특정한 결과를 지향하는 분배가 이루어져야 한다고 보았다. 　　　　　　　　　　　(　　)

(1) X (2) O (3) X

12 롤스, 왈처, 노직의 분배적 정의관 21학년도 10월 학평 15번　　　　정답 ② | 정답률 49%

(가)의 갑, 을, 병 사상가들의 입장을 (나) 그림으로 탐구할 때, A~D에 해당하는 적절한 진술만을 〈보기〉에서 있는 대로 고른 것은? [3점]

(가)

갑: 재산 소유 민주주의는 원초적 입장에서 채택된 ~~정의의~~
롤스 ~~두 원칙~~이 표현하는 모든 주요한 정치적 가치를 실현할 수
→ 제1원칙: 평등한 기본적 자유의 원칙
있다. 제2원칙: 차등의 원칙, 공정한 기회균등의 원칙

을: 정치 공동체에서 부(富)를 전제적으로 사용하는 것은 부
왈처 당하다. ~~어떤 사회적 가치도 다른 가치로 전환되어 다른~~
~~영역을 침해해서는 안 된다.~~

병: ~~최소 국가는 정당화될 수 있는 국가로는 가장 포괄적인 국~~
노직 ~~가이다.~~ 이보다 더 포괄적인 국가는 개인의 소유 권리를
침해한다.

(나)

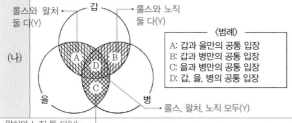

롤스와 왈처 둘 다(Y) — 갑 — 롤스와 노직 둘 다(Y)

〈범례〉
A: 갑과 을만의 공통 입장
B: 갑과 병만의 공통 입장
C: 을과 병만의 공통 입장
D: 갑, 을, 병의 공통 입장

을 ── 병
왈처와 노직 둘 다(Y) — 롤스, 왈처, 노직 모두(Y)

〈보기〉

ㄱ. A: 국가가 사회적 약자를 위한 재분배 정책을 시행하는 것은 분배 정의에 위배되지 않는다.
　D
ㄴ. B: 부정의한 분배를 교정하기 위해 국가가 개입하는 것은 정당화될 수 있다.
ㄷ. C: 과거의 상황이나 행위는 사물에 대한 현재의 응분의 자격을 발생시킬 수 없다.
ㄹ. D: 재산과 소득의 균등 분배가 분배 정의 실현의 전제 조건은 아니다.

① ㄱ, ㄴ　　② ㄱ, ㄹ　　③ ㄴ, ㄷ
④ ㄱ, ㄷ, ㄹ　　⑤ ㄴ, ㄷ, ㄹ

| 자료 분석 |

(가)의 갑은 롤스, 을은 왈처, 병은 노직이다. 롤스는 원초적 입장에서 합의된 정의의 원칙이 실현될 수 있는 사회로 재산 소유 민주주의를 제안한다. 그에 따르면 재산 소유 민주주의는 부의 집중을 막고, 모든 시민이 적당한 정도의 사회적·경제적 평등의 토대 위에서 삶을 꾸려 나갈 수 있도록 보장할 수 있다. 왈처는 다양한 삶의 영역에서 공동체의 역사적·문화적 맥락에 따른 다양한 기준에 따라 사회적 가치가 분배될 때 사회 정의가 실현될 수 있다고 본다. 노직은 정당한 소유물에 대한 개인의 배타적 권리를 강조하며, 이러한 소유권을 침해하지 않고 보호하는 역할을 하는 최소 국가만이 정당한 국가라고 본다.

| 보기 해설 |

ㄱ 롤스는 기본적 혜택을 누리지 못하는 최소 수혜자를 위해서 그들에게 최대의 이익이 되도록 한다면 사회적·경제적 불평등이 정당화될 수 있다는 차등의 원칙을 제시한다. 왈처 역시 복지나 의료와 같은 영역은 필요라는 기준에 따라 분배되어야 함을 주장하고 있으므로 사회적 약자, 즉 복지나 의료 혜택이 부족한 사람들에게 재분배 정책을 시행해야 한다고 본다. 따라서 갑, 을이 모두 동의할 진술이므로 A에 들어가는 것이 적절하다.

ㄴ. 롤스는 최소 수혜자의 처지를 개선하기 위해서는 그들에게 최대의 이익이 되도록 국가가 개입하여 불평등을 시정해야 한다고 본다. 왈처는 다양한 삶의 영역마다 그에 적합한 분배 기준에 따라 사회적 가치가 분배되지 않거나, 한 영역에서 우월한 지위를 차지한 사람이 이를 이용해 다른 영역에서도 우월한 지위를 차지하게 된다면 국가가 개입하여 부정의한 분배 상황을 개선해야 한다고 본다. 노직도 재화를 취득하고 양도받는 과정에서 잘못된 절차에 따른 소유가 발생했다면 이를 바로잡기 위한 국가의 개입이 필요하다고 본다. 따라서 갑, 을, 병 모두 동의할 진술이므로 D에 들어가는 것이 적절하다.

ㄷ. 노직은 개인들이 처해 있던 과거의 상황이나 과거 행위가 사물에 대한 소유 권리나 응분의 몫을 초래한 것이라고 주장하며, 과거의 상황이나 행위에 따라 현재의 응분의 자격이 결정될 수 있음을 강조한다.

ㄹ 롤스는 최소 수혜자에게 최대 이익을 보장하는 차등의 원칙을 주장하지만, 이것이 재산과 소득을 균등하게 분배해야 한다는 주장은 아니다. 왈처는 사회적 가치들이 고유한 영역에서 각기 다른 공정한 기준에 따라 분배되어야 한다고 주장하지 재산과 소득의 균등 분배를 주장하지 않는다. 노직 역시 재산과 소득의 균등 분배를 주장하지 않는다. 따라서 세 사상가 모두 재산과 소득의 균등한 분배를 분배 정의 실현의 전제 조건이라고 보지 않을 것이므로 D에 들어가는 것이 적절하다.

(가)의 갑, 을, 병 사상가들의 입장을 (나) 그림으로 탐구할 때, A~D에
들어갈 옳은 질문만을 〈보기〉에서 있는 대로 고른 것은? [3점]

└→ 각 사회적 가치들의 분배는 독립성과 자율성을 보장받아야 함

갑 월처	상이한 사회적 가치들은 상이한 기준과 절차에 따라 분배 되어야 한다. 한 영역의 가치가 다른 영역의 가치를 지배해 서는 안 된다. └→ 전제(專制) = 부정의 └→ 평등한 자유의 원칙
(가) 을 롤스	모든 사람은 다른 사람들의 유사한 자유와 양립할 수 있 는 기본적 자유에 대한 권리를 가진다. 한편, 사회적 부의 분배는 모든 사람에게 이익이 되도록 해야 한다. └→ 차등의 원칙
병 노직	어떤 것에 대한 개인의 소유 권리가 정당하다면, 이로부터 유출된 것에 대해서도 소유 권리를 갖는다. 분배 정의에서 소유 권리는 역사적이다. └→ 소유권의 발생 과정에서 취득과 이전의 원리를 충족시켜야 정당함

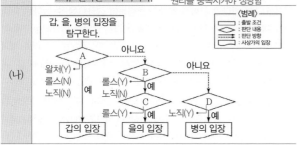

(나)

〈보기〉

ㄱ. A: 모든 사회적 가치를 분배 원리에 따라 배분해야 하는가?
   → 월처, 롤스, 노직: 긍정

ㄴ. B: 자연적 재능의 분포를 공동의 자산으로 간주해야 하는가?
   → 롤스: 긍정, 노직: 부정

ㄷ. C: 명령할 수 있는 직책에 접근할 수 있는 기회를 누구에게나
   부여해야 하는가? → 롤스: 긍정

ㄹ. D: 자유롭게 이전한 소유물도 교정의 대상이 될 수 있는가?
   → 노직: 긍정

① ㄱ, ㄴ   ② ㄱ, ㄷ   ③ ㄷ, ㄹ
④ ㄱ, ㄴ, ㄹ   ⑤ ㄴ, ㄷ, ㄹ ✓

| 자료 분석 |

(가)의 갑은 월처, 을은 롤스, 병은 노직이다. 월처는 복합 평등으로서의 정의를
제시하면서, 서로 다른 사회적 가치들은 각 영역의 기준과 절차에 따라 분배되는
것이 정의라고 보았다. 또한 한 영역의 가치가 다른 영역의 가치를 지배하는 전제
(專制)의 상태를 부정의로 보았다. 롤스는 기본적 자유에 대한 권리를 평등하게
분배해야 한다는 평등한 자유의 원칙을 정의의 제1원칙으로 제시하고, 사회적·경
제적 불평등을 정당화할 수 있는 기준으로서 정의의 제2원칙을 제시하였다. 노직
은 개인의 정당한 소유권을 보장하는 것이 정의라고 보면서, 취득과 이전의 과정
이 정당하다면 개인은 그에 대한 배타적인 소유권을 지닌다고 보았다.

| 보기 해설 |

ㄱ. 월처, 롤스, 노직이 모두 긍정할 질문으로 A에 적절하지 않다. 월처, 롤스, 노
   직이 제시하는 분배 원리의 내용은 서로 다르지만, 세 사상가는 공통적으로
   사회적 가치를 배분하는 일정한 기준과 원리를 주장하고 있다.

ㄴ. 롤스는 긍정하고 노직은 부정할 질문으로 B에 적절하다. 롤스는 자연적(천부
   적) 재능의 분포를 공동의 자산으로 간주하여, 자연적 재능으로 얻는 이익은
   정의의 원칙을 충족할 때에만 정당화될 수 있다고 보았다. 반면 노직은 자연
   적 재능과 그 분포를 개인의 소유로 보고, 자연적 재능을 통해 얻는 이익은
   모두 개인의 소유라고 강조하였다.

ㄷ. 롤스가 긍정할 질문으로 C에 적절하다. 롤스는 사회적 직책과 지위는 누구
   나 접근할 수 있도록 열려 있어야 한다고 주장하면서, 정의의 제2원칙으로
   공정한 기회균등의 원칙을 제시하였다.

ㄹ. 노직이 긍정할 질문으로 D에 적절하다. 노직은 자유롭게 이전한 소유물일지
   라도 이전한 소유물의 취득 과정에서 부정의가 발생하였다면 교정의 대상이
   될 수 있다고 보았다.

단답형 문제로 개념 확인

(1) 월처는 한 영역의 가치가 다른 영역의 가치를 지배하는 현상을 (   )
   라고 보고 이를 부정의하다고 평가하였다.

(2) 롤스는 사회적·경제적 불평등을 정당화할 수 있는 조건으로서 차등의 원칙
   과 (   )을 제시하였다.

(1) 전제 (2) 공정한 기회균등의 원칙

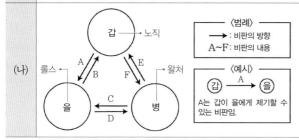

(가)의 갑, 을, 병 사상가들의 입장에서 서로에게 제기할 수 있는 비판을 (나) 그림으로 표현할 때, A~F에 해당하는 내용으로 적절하지 **않은** 것은? [3점]

(가)	갑 노직	사회가 전적으로 정의롭다면 소유물에 대한 소유 권리는 취득과 이전에서의 정의의 원리에 따라 얻게 된 경우에만 정당하다. → 소유 권리로서의 정의
	을 롤스	사회적·경제적 불평등은 그것이 모든 사람, 특히 사회의 최소 수혜자에게 그 불평등을 보상할 만한 이득을 가져오는 경우에만 정당하다. → 공정으로서의 정의
	병 왈처	사회적 가치들은 각각 고유한 분배 영역을 가진다. 상이한 사회적 가치들은 상이한 근거, 절차, 주체에 의해 분배되는 것이 정당하다. → 복합 평등으로서의 정의

① A: 차등의 원칙은 개인의 소유권 침해를 초래함을 간과한다.
② A, F: 도덕적 정당화가 가능한 국가는 최소 국가임을 간과한다.
③ B: 천부적 재능의 분포를 공동 자산으로 보아야 함을 간과한다.
④ B, D: 정의의 원칙은 가상 상황에서 도출해야 함을 간과한다.
　　　　└ 원초적 입장
⑤ C, E : 분배의 공정성은 절차적 정의를 통해 실현됨을 간과한다.
　　　　　　　　　　　　　　　　　　강조

개념 확인 **천부적 재능에 대한 롤스와 노직의 입장**

	천부적 재능	천부적 재능의 분포
롤스	개인 소유	사회의 공동 자산
노직	개인 소유	개인 소유

| 자료 분석 |

(가)의 갑은 노직, 을은 롤스, 병은 왈처이다. 노직은 개인이 정당한 절차를 통해 얻은 소유물에 대해 배타적·절대적 권리를 지니며, 국가는 개인의 소유권을 보호하는 최소한의 역할만을 수행해야 한다고 주장한다. 롤스는 공정한 절차를 통해 공정한 결과가 보장된다는 절차적 정의를 강조하며, 자연적·사회적 우연성이 배제된 원초적 입장에서 합의된 정의의 원칙을 따라야 한다고 주장한다. 왈처는 다양한 삶의 영역에 따라 그에 적합한 각기 다른 공정한 기준이 있다고 보고, 이러한 기준들에 따라 사회적 가치가 분배될 때 다원적 정의가 실현될 수 있다고 주장한다.

| 선지 해설 |

① A에는 노직이 롤스에게 제기할 수 있는 비판이 들어가야 한다. 최소 수혜자에게 최대의 이익을 보장해야 한다는 차등의 원칙이 개인의 정당한 소유물에 대한 소유권을 침해할 수 있다는 주장은 노직이 롤스에게 할 수 있는 비판으로 적절하다.

② A, F에는 노직이 롤스와 왈처에게 제기할 수 있는 비판이 들어가야 한다. 노직은 개인의 배타적인 소유 권리를 강조하며, 국가의 역할을 개인의 권리를 보호하는 것으로 한정하는 최소 국가만이 도덕적으로 정당화될 수 있다고 본다. 반면 롤스는 사회적·경제적 불평등의 해소를 위한 국가의 역할이 필요하다고 본다. 왈처는 사회의 각 영역마다 그에 적합한 분배의 기준이 있다고 보고, 사회적 가치들이 편중되어 분배되어서는 안 된다고 주장하며 이를 조정하기 위한 국가의 역할을 강조한다. 따라서 최소 국가만이 도덕적으로 정당화 가능하다고 보는 주장은 노직이 롤스와 왈처에게 할 수 있는 비판으로 적절하다.

③ B에는 롤스가 노직에게 제기할 수 있는 비판이 들어가야 한다. 롤스는 천부적 재능의 분포를 사회의 공동 자산으로 보아야 한다고 주장한다. 반면, 노직은 천부적 재능에 대한 개인의 절대적인 소유 권리를 강조한다. 따라서 롤스는 노직에게 천부적 재능의 분포를 공동 자산으로 보아야 한다고 비판할 수 있다.

④ B, D에는 롤스가 노직과 왈처에게 제기할 수 있는 비판이 들어가야 한다. 롤스는 자연적·사회적 우연성이 배제된 원초적 입장에 놓인 사람들이 자신이 가장 불리한 상황에 놓일 가능성을 고려하여 모두에게 공정한 정의의 원칙에 합의할 것이라고 본다. 반면 노직은 롤스가 제시한 가상적 상황을 비판하며, 현실에서 나타나는 소유물의 취득 과정의 정당성에 주목해야 한다고 본다. 왈처는 개인들의 고유한 상황을 고려하지 않은 채 도출된 정의의 원칙은 실제 삶에서 실현될 가능성이 적다고 비판한다. 따라서 롤스는 노직과 왈처에게 정의의 원칙은 가상 상황에서 도출해야 한다고 비판할 수 있다.

⑤ C, E에는 왈처가 노직과 롤스에게 제기할 수 있는 비판이 들어가야 한다. 왈처는 절차적 정의를 강조하기보다는 사회적 가치들이 각자의 고유한 영역 안에 머무름으로써 복합 평등이 실현될 때 정의로운 사회가 될 수 있다는 복합 평등으로서의 정의를 강조한다. 이와 달리 노직과 롤스는 모두 절차나 과정이 공정하면 분배의 결과가 공정하다고 보는 절차적 정의를 주장한다. 따라서 분배의 공정성이 절차적 정의를 통해 실현된다는 비판은 오히려 노직과 롤스가 왈처에게 할 수 있는 비판이다.

(가)의 갑, 을, 병 사상가들의 입장을 (나) 그림으로 탐구할 때, A~D에 들어갈 적절한 질문만을 〈보기〉에서 고른 것은? [3점]

(가)	
갑 왈처	정의의 원칙들은 다원적이다. 상이한 사회적 가치들은 상이한 근거들에 따라 상이한 절차에 맞게 상이한 주체에 의해 분배되어야 한다. → 복합 평등으로서의 정의
을 롤스	정의의 원칙들이 공정한 합의나 약정의 결과가 되는 것은 원초적 입장에서 무지의 베일을 쓴 당사자들 모두가 유사한 상황 속에 처하게 되기 때문이다. → 공정으로서의 정의
병 노직	정의로운 사회는 개인의 소유권이 최우선적으로 보장되는 사회이다. 재화의 취득과 이전의 과정이 부당한 것이 아니라면 그 재화의 보유 상태는 정의롭다. → 소유 권리로서의 정의

(나)

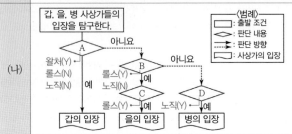

〈범례〉
▭ : 출발 조건
◇ : 판단 내용
┈▶ : 판단 방향
▱ : 사상가의 입장

〈보기〉

ㄱ. A: 서로 다른 사회적 가치들은 동일한 기준에 따라 분배되어야 하는가? → 왈처: 부정

ㄴ. B: 자신의 경제적 형편을 모르는 상황에서 정의의 원칙이 도출되는가? → 롤스: 긍정, 노직: 부정

ㄷ. C: 합의된 정의의 원칙은 당사자들의 만장일치로 선택된 것인가?
→ 롤스: 긍정

ㄹ. D: 소유권은 오직 취득과 이전의 정의 원리에 의해 부여되는가?
• 노직: 부정

① ㄱ, ㄴ ② ㄱ, ㄷ ③ ㄴ, ㄷ ④ ㄴ, ㄹ ⑤ ㄷ, ㄹ

| 자료 분석 |

(가)의 갑은 왈처, 을은 롤스, 병은 노직이다. 왈처는 복합 평등으로서의 정의를 주장하며, 사회의 각 영역의 특수성과 차이를 고려하여 이에 맞는 분배 기준에 따라 분배가 이루어져야 한다는 다원적 정의를 추구하였다. 롤스는 공정으로서의 정의를 주장하며, 원초적 입장이라는 공정한 절차를 통해 합의된 정의의 원칙에 따라 분배가 이루어져야 한다고 주장하였다. 그가 말하는 원초적 입장이란 자신의 사회적 지위나 능력, 재능, 가치관 등을 알지 못하는 '무지의 베일'을 쓴 가상의 상황을 의미한다. 노직은 소유 권리로서의 정의를 주장하며, 정당한 절차를 거쳐 취득한 개인의 소유권을 보장하는 것이 정의라고 보았다. 다만 그는 부당한 과정으로 취득한 소유물에 대해서는 국가가 나서 이를 교정할 수 있다고 보았다.

| 보기 해설 |

ㄱ. 왈처가 부정할 질문이다. 왈처는 한 영역의 재화나 가치를 소유한 것이 다른 영역의 재화나 가치를 소유하게 되는 이유가 되어서는 안 된다고 본다. 그는 삶의 다양한 영역에서 각기 다른 기준에 따라 사회적 가치가 분배될 때 사회 정의가 실현될 수 있다는 다원적 정의를 제시하였다.

ㄴ. 롤스는 긍정, 노직은 부정할 질문이다. 롤스는 자신의 사회적 지위, 능력과 재능, 가치관, 경제적 형편 등을 알 수 없는 원초적 입장이라는 가상의 상황을 제시하고, 이러한 상황에서 사람들이 정의의 원칙을 도출할 것이라고 보았다.

ㄷ. 롤스가 긍정할 질문이다. 롤스가 원초적 입장이라는 가상의 상황을 제시한 이유는 합의 당사자들이 자신에 대한 정보가 없는 상황에서 사회 구성원 모두가 합의할 수 있고 위험을 최소화할 수 있는 정의의 원칙을 찾아내기 위함이다. 롤스는 원초적 입장의 당사자들이 다수결이 아니라 만장일치로 이러한 정의의 원칙에 합의할 것이라고 보았다.

ㄹ. 노직이 부정할 질문이다. 노직은 취득과 이전의 과정이 정당하다면 한 개인이 취득한 소유물에 대한 배타적 권리를 인정해야 한다고 보았다. 그러나 취득과 이전의 과정에서 부정의가 발생했다면 이에 대한 교정이 필요하다고 보았다. 즉, 노직은 취득과 이전 원리뿐만이 아니라 교정의 원리로도 소유권이 부여될 수 있다고 본 것이다.

OX문제로 개념 확인

(1) 왈처는 한 영역의 가치를 소유한 것이 다른 영역의 가치까지 소유하는 이유가 되어서는 안 된다고 보았다. ( )

(2) 롤스는 원초적 입장의 당사자들이 다수결에 따라 정의의 원칙에 합의할 것이라고 보았다. ( )

(3) 노직은 어떤 경우에도 국가가 분배의 과정에 개입해서는 안 된다고 보았다. ( )

(1) O (2) X (3) X

(가)의 갑, 을, 병 사상가들의 입장에서 서로에게 제기할 수 있는 비판을 (나) 그림으로 표현할 때, A~F에 해당하는 내용으로 가장 적절한 것은? [3점]

(가)	갑: 어떤 사회적 가치 X도 X의 의미와 상관없이 단지 누군가가 다른 가치 Y를 가지고 있다는 이유만으로 Y를 가진 사람에게 분배해서는 안 된다. → 복합 평등으로서의 정의(다원적 정의)
왈처	
	을: 어떤 사람의 재화에 취득과 이전에서의 정의의 원리 또는 불의의 교정의 원리에 의해 소유권이 부여되었다면 그 소유는 정당하다. → 소유 권리로서의 정의
노직	
	병: 재산 및 소득의 분배가 균등해야 할 필요는 없다. 분배는 차등의 원칙에 따라 최소 수혜자의 이익이 최대가 되도록 이루어져야 한다. → 공정으로서의 정의
롤스	

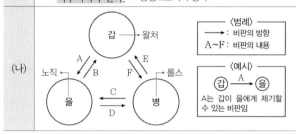

| (나) | |

① A, C: 복지 국가에서 분배 정의가 완전히 실현됨을 간과한다.
② A, F: 정의의 다양한 영역들 간 경계가 사라져야 함을 간과한다.
                      필요함
③ B, D: 국가가 부의 분배 과정에 개입할 수 있음을 간과한다.
    → 노직, 왈처, 롤스 모두 국가가 부의 분배 과정에 개입할 수 있다고 봄
④ B, E: 공동체의 특수성에 맞는 분배 기준이 필요함을 간과한다.
⑤ C, E: 가상 상황에서 정의의 원칙을 도출해야 함을 간과한다.

┃ 자료 분석 ┃

(가)의 갑은 왈처, 을은 노직, 병은 롤스이다. 왈처는 한 영역의 재화나 가치를 소유하는 것이 다른 영역의 재화나 가치를 소유하는 이유가 되어서는 안 된다고 보고, 삶의 다양한 영역에서 각기 다른 기준에 따라 사회적 가치가 분배되어야 한다는 다원적 정의를 주장하였다. 노직은 취득과 이전의 과정이 정당하다면, 그 결과로 얻은 소유물에 대해 개인은 배타적 권리를 갖는다고 주장하였다. 또한 부유한 사람들에게 강제로 세금을 부과하여 가난한 사람을 구제하는 정책은 개인의 소유권을 침해한다고 보고 반대하였다. 롤스는 사회적·경제적 불평등은 최소 수혜자에게 최대의 이익을 보장할 때 정당화될 수 있다는 차등의 원칙을 정의의 제2원칙으로 제시하였다.

┃ 선지 해설 ┃

① 왈처와 롤스가 노직에게 제기할 비판으로 적절하지 않다. 왈처는 복지 국가에서 분배 정의가 완전히 실현된다고 보지 않았다. 롤스는 정의의 원칙을 실현하기 위해 복지 국가가 아닌 재산 소유 민주주의 체제를 주장하였다.

② 왈처는 서로 다른 영역의 가치는 각기 다른 기준에 의해 분배되어야 한다고 주장하였다. 예를 들어 정치적 의사 결정 과정에서는 평등한 참여를 보장해야 하며, 의료나 교육의 경우 수요자의 경제적 능력이 아니라 필요에 따라 이를 제공해야 한다는 것이다. 반대로 왈처는 경제 활동에서 성공한 사람이 재화를 바탕으로 정치적 권력까지 장악해서는 안 된다고 보았다.

③ 노직은 부의 분배 과정에서 부정의가 발생했다면 국가가 나서서 이를 교정해야 한다고 강조하였다. 왈처와 롤스 역시 부의 분배 과정에 국가가 개입할 수 있음을 긍정하였다.

④ 왈처는 공동체주의자로서 공동체의 특수성과 차이를 고려하는 다원주의적 정의를 추구하였다. 그는 모든 사회에서 중요성이 동일하게 인정되는 가치는 없으며, 특정 가치의 분배는 영역별로 고유한 기준에 따라 이루어져야 한다고 강조하였다.

⑤ 롤스는 무지의 베일을 쓴 합의 당사자가 자신과 관련된 특수한 정보를 알지 못하는 상태인 원초적 입장을 가정하고, 이를 통해 정의 원칙에 대한 합의를 도출하고자 하였다. 그러나 원초적 입장은 현실에서 실현되기 어렵기 때문에 롤스는 사고 실험(머릿속으로만 하는 실험)을 통해 원초적 입장이라는 가상 상황을 제시하였다.

(가)의 갑, 을, 병 사상가들의 입장을 (나) 그림으로 탐구할 때, A~D에 해당하는 적절한 질문만을 〈보기〉에서 있는 대로 고른 것은?

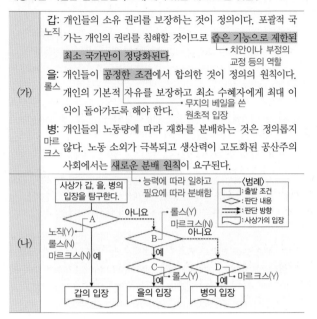

	갑: 개인들의 소유 권리를 보장하는 것이 정의이다. 포괄적 국가는 개인의 권리를 침해할 것이므로 좁은 기능으로 제한된 최소 국가만이 정당화된다. →치안이나 부정의 교정 등의 역할
(가)	노직
	을: 개인들이 공정한 조건에서 합의한 것이 정의의 원칙이다. 개인의 기본적 자유를 보장하고 최소 수혜자에게 최대 이익이 돌아가도록 해야 한다. →무지의 베일을 쓴 원초적 입장
	롤스
	병: 개인들의 노동량에 따라 재화를 분배하는 것은 정의롭지 않다. 노동 소외가 극복되고 생산력이 고도화된 공산주의 사회에서는 새로운 분배 원칙이 요구된다.
	마르크스

〈 보기 〉

ㄱ. A: 정형화된 재화 분배 원칙은 분배적 정의에 위배되는가?
→ 노직: 긍정 / 롤스, 마르크스: 부정

ㄴ. B: 경제적 불평등의 극복을 위해 기본적 자유를 제약할 수 있는가? → 롤스: 부정

ㄷ. C: 분배 절차의 공정성으로 분배 결과의 정의가 보장되는가?
→ 롤스: 긍정

ㄹ. D: 업적에 따른 분배 원칙은 부당한 경제적 불평등을 초래하는가? → 마르크스: 긍정

① ㄱ, ㄴ 　　② ㄴ, ㄹ 　　③ ㄷ, ㄹ
④ ㄱ, ㄴ, ㄷ 　　✔⑤ ㄱ, ㄷ, ㄹ

| 자료 분석 |

(가)의 갑은 소유 권리론을 주장한 노직, 을은 공정으로서의 정의를 주장한 롤스, 병은 공산주의를 주장한 마르크스이다. 노직은 개인들의 소유 권리를 보장하는 것이 정의라고 보면서, 국가에 의한 재분배 정책은 강제 노동과 다르지 않기 때문에 치안이나 부정의의 교정 등을 수행하는 최소 국가만이 정당한 국가라고 주장한다. 롤스는 무지의 베일을 쓴 원초적 입장의 당사자들이 자신의 이익에 관심을 가지고 합리적으로 판단하여, 최소 수혜자에게 최대의 이익을 보장하는 정의의 원칙에 합의할 것이라고 본다. 마르크스는 생산 수단을 공유하고 계급이 사라진 이상 사회로서 공산주의 사회를 주장한다. 마르크스에 의하면 공산주의 사회에서는 사회의 구성원들이 능력에 따라 일하고 필요에 따라 분배받음으로써 평등을 실현할 수 있다.

| 보기 해설 |

ㄱ 노직만이 긍정의 대답을 할 질문이다. 노직은 롤스의 정의의 원칙과 같은 분배 원칙을 정형화된 원리라고 비판하면서, 정형화된 분배 방식은 개인의 소유 권리를 침해한다고 보았다.

ㄴ. 롤스가 부정의 대답을 할 질문이다. 롤스는 정의의 원칙을 제1원칙(평등한 자유의 원칙)과 제2원칙(차등의 원칙, 공정한 기회균등의 원칙)으로 나누고, 제1원칙이 제2원칙에 앞서서 충족되어야 한다고 주장하였다. 즉, 롤스는 경제적 불평등의 극복보다 개인의 기본적 자유를 더 중시했으므로, 경제적 불평등 극복을 위한 것일지라도 기본적 자유는 제약될 수 없다고 볼 것이다.

ㄷ 롤스가 긍정의 대답을 할 질문이다. 롤스는 절차적 정의를 주장한 사상가로, 공정한 절차에 따라서 분배되었다면 그 결과 역시 정의롭다고 주장하였다.

ㄹ 마르크스가 긍정의 대답을 할 질문이다. 마르크스는 업적에 따른 분배가 노동자의 노동 소외와 부당한 경제적 불평등을 초래한다고 보았다. 따라서 그는 업적에 따라 분배하는 것이 아니라 능력에 따라 생산하고 필요에 따라 분배해야 한다고 주장하였다.

18 마르크스, 롤스, 노직의 분배적 정의관 19학년도 수능 14번

정답 ① | 정답률 46%

(가)의 사상가 갑, 을, 병의 입장을 (나) 그림으로 탐구할 때, A~D에 해당하는 적절한 질문만을 〈보기〉에서 있는 대로 고른 것은?

(가)	갑 마르크스	공산 사회가 도래하면 지배 계급의 이익을 대변하던 국가와 계급 착취의 역사는 끝나고 인간의 자유로운 연합체가 성립된다. → 능력에 따른 생산, 필요에 따른 분배를 주장함
	을 롤스	재산 소유 민주주의는 시장 체제를 구비하고 있으면서 평등한 기본적 자유와 공정한 기회 균등을 이유로 자본 소유의 분산을 시도한다. └ 롤스의 정의의 원칙
	병 노직	최소 국가는 도덕적으로 용인될 수 있는 방법에 의해 발생하며, 자연 상태에서 개인이 갖고 있던 그 어떤 권리도 침해하지 않는다. └ 부정의를 교정할 때에만 국가가 분배에 개입할 수 있음

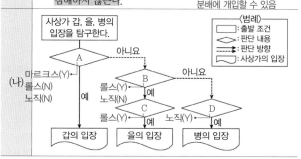

〈 보기 〉

ㄱ. A: 능력에 따른 생산, 필요에 따른 분배를 지향해야 하는가?
→ 마르크스: 긍정 / 롤스, 노직: 부정

ㄴ. B: 사유 재산의 불평등은 모두의 이익을 보장해야만 정당한가?
→ 롤스: 긍정, 노직: 부정

ㄷ. C: 무지의 베일 속의 사람은 자기 이익에 대해 무지하고 무관심한가? → 롤스: 부정

ㄹ. D: 자유롭게 이전된 소유물은 모두 교정 대상에서 제외되는가?
→ 노직: 부정

✓① ㄱ, ㄴ ② ㄱ, ㄷ ③ ㄷ, ㄹ
④ ㄱ, ㄴ, ㄹ ⑤ ㄴ, ㄷ, ㄹ

자료 분석

(가)의 갑은 마르크스, 을은 롤스, 병은 노직이다. 마르크스는 자본주의의 사적 소유를 철폐하고 계급이 사라진 공산주의 사회가 도래하면, 노동자에 대한 계급 착취가 끝나고 진정한 자유와 평등을 누릴 수 있게 된다고 본다. 그가 주장하는 공산주의 사회에서는 능력에 따라 일하고 필요에 따라 분배받는 것을 정의로운 분배라고 본다. 롤스는 부의 집중을 막고, 평등한 기본적 자유와 공정한 기회균등을 실현할 수 있는 재산 소유 민주주의를 통해 정의로운 분배를 실현할 수 있다고 본다. 노직은 개인의 자유와 절대적 소유 권리를 강조하고, 복지를 위한 국가의 재분배 정책에 반대하면서 국가의 역할을 최소화하는 최소 국가를 지향한다.

보기 해설

ㄱ 마르크스는 능력에 따라 생산하고 필요에 따라 분배하는 사회가 정의로운 사회라고 본다. 그러나 롤스와 노직은 자유주의 사상을 바탕으로 개인의 경제적 자유를 긍정하므로 마르크스의 분배 방식에 반대한다.

ㄴ 롤스는 경제적 불평등이 정당화될 수 있는 조건으로 공정한 기회균등의 원칙과 차등의 원칙의 보장을 주장한다. 여기서 차등의 원칙은 모든 사람의 이익, 특히 최소 수혜자에게 최대의 이익을 보장해야 한다는 원칙이다. 따라서 롤스는 사유 재산의 불평등이 모두의 이익을 보장할 때 정당하다고 말할 것이다. 이와 달리 노직은 모두의 이익을 보장하지 않아도 재화의 취득과 이전 과정이 정당하게 지켜진다면 경제적 불평등은 정당하다고 본다.

ㄷ. 롤스는 원초적 상황의 개인이 무지의 베일을 쓰고 정의의 원칙에 합의한다고 본다. 이때 롤스는 무지의 베일을 쓴 당사자가 타인에게는 무관심하지만 자신의 이익에 관심을 가지고 자신의 이익을 합리적으로 추구할 줄 아는 인간이라고 가정한다.

ㄹ. 노직은 개인의 선택에 의해 자유롭게 이전된 소유물이라 할지라도 취득이나 이전의 과정에서 부정의가 있었다면 국가가 개입하여 부정의를 바로잡아야 한다고 본다. 따라서 자유롭게 이전된 소유물일지라도 부정의가 있다면 교정의 대상이 될 수 있다.

연결형 문제로 개념 확인

(1) 노직 •   • ㉠ 자본주의의 분업 노동이 인간 소외 현상을 발생시킨다.

(2) 롤스 •   • ㉡ 복지를 위한 국가의 재분배 정책은 개인의 소유권을 침해한다.

(3) 마르크스 •   • ㉢ 사회적·자연적 우연성이 분배 결과에 미치는 영향력을 조정해야 한다.

(1) – ㉡ (2) – ㉢ (3) – ㉠

(가)의 갑, 을, 병 사상가들의 입장을 (나) 그림으로 탐구하고자 할 때, A~D에 들어갈 적절한 질문만을 〈보기〉에서 있는 대로 고른 것은? [3점]

┌── 능력에 따라 일하고, 필요에 따라 분배받음

(가)	갑 마르크스	정의로운 분배는 각자의 필요에 따라 이루어지는 것이다. 개인의 타고난 능력은 불평등하며, 생산 능력을 타고난 특권으로 승인하는 것은 부당하다.
	을 노직	정의의 원리에 따르면 과거의 상황은 사물에 대한 응분의 자격을 창조한다. 취득과 이전, 교정의 원리에 근거해 그의 것이 되었다면 정당한 것이다.
	병 롤스	정의로운 분배는 모든 사람에게 이익이 되도록 이루어져야 하며, 동시에 권한을 갖는 직위, 명령을 내릴 수 있는 직책은 누구나 접근 가능한 것이어야 한다. └── 정의의 원칙

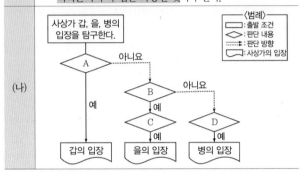

(나)

〈범례〉
▭ : 출발 조건
◇ : 판단 내용
---> : 판단 방향
▱ : 사상가의 입장

〈보기〉

ㄱ. A: 계급 간 협력을 통해 필요에 따른 분배를 실현해야 하는가?
→ 갑(마르크스), 을(노직), 병(롤스): 부정

ㄴ. B: 개인은 정당하게 취득한 재산에 대한 소유 권리를 가지는가?
→ 갑(마르크스), 을(노직): 긍정

ㄷ. C: 정형적 원리에 따른 분배는 개인의 소유권을 침해하는 것인가? → 을(노직): 긍정

ㄹ. D: 원초적 입장에서 모두의 동의로 정의의 원칙이 도출되는가?
→ 병(롤스): 긍정

① ㄱ, ㄴ　　　　② ㄱ, ㄹ　　　　✓③ ㄷ, ㄹ
④ ㄱ, ㄴ, ㄷ　　　⑤ ㄴ, ㄷ, ㄹ

| 자료 분석 |

(가)의 갑은 마르크스, 을은 노직, 병은 롤스이다. 마르크스는 능력에 따라 일하고 필요에 따라 분배받아야 한다고 강조하면서, 실질적 필요를 충족시킬 수 있도록 분배하여 인간다운 삶을 보장하는 것이 정의롭다고 본다. 노직은 개인이 취득과 이전, 교정의 원리에 근거하여 정당하게 소유물을 획득했다면, 이러한 과거의 상황에 따라 사물에 대한 배타적·절대적 소유권을 갖게 된다고 주장한다. 롤스는 정의로운 분배가 이루어지기 위해서는 모든 사람이 평등한 기본적 자유를 최대한 누려야 하며 사회적·경제적 불평등의 계기가 되는 지위와 직책은 모든 사람에게 열려 있어야 한다고 주장한다. 또한 사회적·경제적 불평등은 최소 수혜자에게 최대의 이익이 되도록 편성될 때 정당화된다고 본다.

| 보기 해설 |

ㄱ. 갑(마르크스)이 부정의 대답을 할 질문이다. 갑(마르크스)은 계급이 사라지고 모두가 평등한 공산주의 사회를 주장하며, 능력에 따라 일하고 필요에 따라 분배함으로써 부의 불평등을 해결하고 인간답게 살아갈 수 있다고 본다.

ㄴ. 을(노직), 병(롤스)이 모두 긍정의 대답을 할 질문이다. 을(노직)은 로크적 단서를 토대로 소유물에 대한 소유권은 '과거의 상황 또는 개인의 과거 행위'에 따라 창조된 것이라고 주장하며, 취득과 이전, 교정의 원리에 의해 정당한 과정을 통해 소유물을 획득했다면 개인은 타인이 침해할 수 없는 배타적인 소유권을 갖게 된다고 본다. 병(롤스) 또한 자연적·사회적 우연성이 배제된 원초적 입장에 놓인 사람들이 합의한 정의의 원칙이라는 정당한 절차에 따라 분배가 이루어졌다면, 그에 대한 소유 권리는 개인에게 있다고 주장한다.

ㄷ. 을(노직)이 긍정의 대답을 할 질문이다. 을(노직)은 롤스가 주장한 정의의 원칙이 정형적 이론이라고 비판하며 정형적 원리에 따른 분배는 필연적으로 재분배 행위를 발생시킨다고 주장한다. 또한 특정한 결과가 만족되어야 정의롭다고 보는 정형적 원리는 개인의 선택의 자유를 침해할 수밖에 없다고 보고, 비정형적 정의의 원칙에 입각한 소유 권리론만이 개인의 자유를 침해하지 않는다고 본다.

ㄹ. 병(롤스)이 긍정의 대답을 할 질문이다. 병(롤스)은 정의의 원칙을 수립하기 위해 상호 무관심한 사람들이 무지의 베일을 쓰고 합의를 통해 정의의 원칙을 도출하는 원초적 입장이라는 가상 상황을 상정한다. 이때 모든 사람들은 자연적·사회적 우연성이 배제되고 자신의 사회적 지위, 소질과 능력, 지능 등 자신에 대한 정보가 없는 상태이므로 자신이 가장 불리한 상황에 놓일 가능성을 고려하게 되고, 만장일치로 모든 사람에게 공정한 정의의 원칙에 합의하게 된다.

20 롤스와 노직의 분배적 정의관 24학년도 10월 학평 12번

정답 ④ | 정답률 78%

(가)의 사상가 갑, 을의 입장을 (나) 그림으로 탐구하고자 할 때, A ~ C 에 들어갈 적절한 질문만을 〈보기〉에서 고른 것은? [3점]

| (가) | 갑: 평등한 사람들은 평등하게 취급되어야 한다는 형식적인 평등의 원칙에 따라 원초적 입장의 합의 당사자들은 서로 동등한 입장에 처해 있다. |
| | 을: 분배적 정의에 관한 정형적 원리들에 의하면 재분배 행위는 필연적이다. 소유 권리론의 입장에서 볼 때, 재분배는 개인들의 권리를 침해한다. |

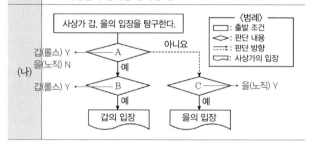

〈 보기 〉

ㄱ. A: 부의 획득 과정에서 자연적 우연성 자체를 활용하지 않는 것을 지향해야 하는가? → 갑(롤스)과 을(노직) 모두 부정의 대답을 할 질문
ㄴ. B: 원초적 입장에 있는 당사자들의 모든 합의는 공정한가? → 갑(롤스)이 긍정의 대답을 할 질문
ㄷ. B: 기본적 자유들은 어떤 조건에서도 제한 없이 보장되어야 하는가? → 갑(롤스)이 부정의 대답을 할 질문
ㄹ. C: 정당한 노동 없이도 소유권이 성립할 수 있는가? → 을(노직)이 긍정의 대답을 할 질문

① ㄱ, ㄴ   ② ㄱ, ㄷ   ③ ㄴ, ㄷ   ✔ ㄴ, ㄹ   ⑤ ㄷ, ㄹ

┃자료 분석┃

갑은 롤스, 을은 노직이다. 롤스는 공정한 분배를 위해서는 공정한 절차에 따라 분배 원리를 결정해야 한다고 보고, 자유롭고 평등한 합의 당사자들이 자연적·사회적 우연성이 배제된 원초적 입장에서 정의의 원칙을 도출해야 한다고 주장한다. 노직은 소유권의 취득과 이전 과정이 정당했다면 분배 결과 또한 정당하다는 역사적이고 비정형적인 분배를 강조하며, 개인의 정당한 소유물에 대한 배타적·절대적 권리를 인정한다.

┃보기 해설┃

ㄱ. A에는 갑(롤스)은 긍정, 을(노직)은 부정의 대답을 할 질문이 들어가야 한다. 갑(롤스)은 천부적 재능과 같은 우연성은 임의로 결정되는 것이라 부의 분배가 전적으로 우연성에 의해서 이루어지면 안 된다고 보지만, 우연적 요소 자체를 제거하라고 주장하지는 않는다. 그러므로 갑(롤스)은 이 질문에 대해 부정의 대답을 할 것이다. 을(노직)은 부의 획득과 이전 과정에서 부정의하지 않았다면 그 소유는 정당하고 본다. 그러므로 을(노직)은 이 질문에 대해 부정의 대답을 할 것이다. 따라서 이 질문은 A에 들어갈 질문으로 적절하지 않다.

ㄴ. B에는 갑(롤스)이 긍정의 대답을 할 질문이 들어가야 한다. 갑(롤스)은 공정한 절차에 따라 합의된 정의의 원리는 공정하다고 본다. 그러므로 갑(롤스)은 이 질문에 긍정의 대답을 할 것이다. 따라서 이 질문은 B에 들어갈 질문으로 적절하다.

ㄷ. B에는 갑(롤스)이 긍정의 대답을 할 질문이 들어가야 한다. 갑(롤스)은 모든 사람이 향유하는 전체적인 자유의 체계를 강화하기 위해서는 자유의 권리를 제한할 수 있다고 본다. 그러므로 갑(롤스)은 이 질문에 부정의 대답을 할 것이다. 따라서 이 질문은 B에 들어갈 질문으로 적절하지 않다.

ㄹ. C에는 을(노직)이 긍정의 대답을 할 질문이 들어가야 한다. 을(노직)은 정당한 절차에 따라 소유권을 취득하거나 이전받았다면 그 소유권은 정당한 것이라고 본다. 그러므로 을(노직)은 이 질문에 긍정의 대답을 할 것이다. 따라서 이 질문은 C에 들어갈 질문으로 적절하다.

12 일차

문제편 107~113쪽

---

01 | 소수자 우대 정책에 대한 입장 25학년도 9월 모평 7번   **정답 ②** | 정답률 78%

(가)의 주장을 (나) 그림으로 나타낼 때, ㉠에 대한 반론의 근거로 가장 적절한 것은? [3점]

(가)	인종, 계층과 관련된 소수자 우대 정책은 인간의 평등권을 침해하므로 허용해서는 안 된다. → 소수자 우대 정책을 반대하는 입장

(나)	대전제 인간의 평등권을 침해하는 행위를 허용해서는 안 된다. **+** 소전제 ㉠

결론 우대 정책을 허용해서는 안 된다.

↳ 우대 정책을 허용하는 것은 인간의 평등권을 침해하는 행위이다.

① 우대 정책은 소수자에 대한 차별을 심화시킨다.
✔② 우대 정책은 실질적 기회 균등 실현에 기여한다.
③ 우대 정책은 사회 전체의 이익을 증진하지 못한다.
④ 우대 정책은 수혜자가 아닌 사람들의 권리를 침해한다.
⑤ 우대 정책은 인종과 계층 간 화합을 저해하는 제도이다.

↳ 소수자 우대 정책을 찬성하는 주장   소수자 우대 정책을 반대하는 주장 ↰

│ 자료 분석 │

(가)는 소수자 우대 정책을 반대하는 입장이다. 소수자 우대 정책을 반대하는 입장에서는 인종이나 계층 등을 이유로 특정 집단을 우대하는 것은 모든 사람을 평등하게 대우해야 한다는 평등권을 침해한다고 주장한다. 이를 토대로 보았을 때, 소전제 ㉠에는 '우대 정책을 허용하는 것은 인간의 평등권을 침해하는 행위이다.'라는 내용이 들어가는 것이 적절하다. 따라서 이에 대한 반론으로 적절한 우대 정책을 찬성하는 주장을 찾아야 한다.

│ 선지 해설 │

① 소수자 우대 정책을 찬성하는 입장에서는 우대 정책으로 소수자에 대한 차별을 해소할 수 있다고 주장한다. 그러므로 우대 정책은 소수자에 대한 차별을 심화시킨다는 주장은 ㉠에 대한 반론의 근거로 적절하지 않다.

②소수자 우대 정책을 찬성하는 입장에서는 우대 정책으로 실질적 기회 균등을 실현할 수 있다고 주장한다. 그러므로 우대 정책은 실질적 기회 균등 실현에 기여한다는 주장은 ㉠에 대한 반론의 근거로 적절하다.

③ 소수자 우대 정책을 찬성하는 입장에서는 우대 정책으로 사회 전체의 이익을 증진할 수 있다고 주장한다. 그러므로 우대 정책은 사회 전체의 이익을 증진하지 못한다는 주장은 ㉠에 대한 반론의 근거로 적절하지 않다.

④ 소수자 우대 정책을 찬성하는 입장에서는 우대 정책이 정책의 수혜자가 아닌 사람들의 권리를 침해하지 않는다고 주장한다. 그러므로 우대 정책은 수혜자가 아닌 사람들의 권리를 침해한다는 주장은 ㉠에 대한 반론의 근거로 적절하지 않다.

⑤ 소수자 우대 정책을 찬성하는 입장에서는 우대 정책으로 인종과 계층 간 화합을 추구할 수 있다고 주장한다. 그러므로 우대 정책은 인종과 계층 간 화합을 저해하는 제도라는 주장은 ㉠에 대한 반론의 근거로 적절하지 않다.

갑, 을 사상가들의 입장으로 적절한 것만을 〈보기〉에서 있는 대로 고른 것은?

> 갑: 정의의 일차적 주제는 사회의 기본 구조, 즉 사회의 주요 제도
> 롤스　가 권리와 의무를 배분하고 사회 협동체로부터 생긴 이익의 분
> 배를 정하는 방식이다. 사회의 기본 구조를 규제하는 원칙은 원
> 초적 합의의 대상이다.　└→ 최초 취득에서의 정의의 원칙
> 을: 정의의 주제는 세 가지이다. 즉, 누구의 소유물도 아니던 것이
> 노직　어떻게 누군가의 소유물이 될 수 있는가, 한 사람의 소유물이
> 어떻게 다른 사람의 소유물이 될 수 있는가, 그리고 부정의를 어
> 떻게 바로잡을 수 있는가이다.　└→ 이전에서의 정의의 원칙
> 　　　　└→ 교정에서의 정의의 원칙

〈 보기 〉

ㄱ. 갑: 차등의 원칙은 천부적 능력의 차등이 있어도 성립한다.
ㄴ. 을: 각 개인에게 소유물을 분배하는 최소 국가만이 정의롭다.
　　　개인의 소유권을 보호
ㄷ. 을: 소유물 취득의 정당성은 타인의 처지 개선을 요구한다.
　　→ 타인의 처지를 악화시키지 않는 한 정당함
ㄹ. 갑과 을: 개인은 사유 재산을 소유할 불가침적 권리를 지닌다.

① ㄱ, ㄷ　　② ㄱ, ㄹ　　③ ㄴ, ㄷ
④ ㄱ, ㄴ, ㄹ　　⑤ ㄴ, ㄷ, ㄹ

| 자료 분석 |

갑은 롤스, 을은 노직이다. 롤스는 사회의 기본 구조에 따라 개인의 사회적 지위가 결정되고, 이에 따라 상이한 기회를 갖게 되므로 사회의 기본 구조는 정의의 일차적 주제가 된다고 보았다. 노직은 정당한 소유물에 대한 배타적·절대적 권리는 개인에게 있으며, 이를 보장하는 것이 정의라고 보았다. 노직은 정당하게 취득한 재화는 취득한 사람에게 소유 권리가 있고, 타인에 의해 자유롭게 양도받은 재화도 양도받은 사람에게 정당한 소유 권리가 있다고 보면서, 재화의 취득과 양도 과정에서 부정의가 발생했을 때는 이를 교정해야 한다고 주장하였다.

| 보기 해설 |

ㄱ 롤스는 개개인이 천부적으로 다른 능력을 가지고 태어나는 천부적 능력의 차등을 정의나 부정의와 무관한 임의적인 사실이라고 보았다. 그러나 이러한 천부적 능력의 차등은 우연적인 것이므로 천부적 능력에 따른 불평등은 조정되어야 한다고 주장하였다. 이에 따라 롤스는 천부적으로 유리한 처지에 있는 사람들이 아주 불리한 처지에 있는 사람들, 즉 최소 수혜자의 여건을 향상시켜 준다는 조건하에서만 천부적 능력으로 인한 이득이 정당화될 수 있다는 차등의 원칙을 제시하였다. 따라서 롤스의 관점에서 차등의 원칙은 천부적 능력의 차등이 있어도 성립 가능한 것이다.

ㄴ. 노직은 최소 국가란 개인의 소유권을 침해하지 않고 개인의 권리를 보호하는 역할만을 수행하는 국가라고 주장하였다. 그는 정당한 소유물에 대한 소유권은 개인에게 있다고 보고, 취득이나 양도의 과정에서 과오나 잘못된 절차가 발생했을 때만 이를 교정하기 위해 국가가 분배 과정에 개입할 수 있다고 보았다. 따라서 최소 국가는 각 개인에게 소유물을 분배하는 것이 아니라, 개인의 소유권을 보호하는 역할을 하는 것이다.

ㄷ. 노직은 소유물 취득의 정당성을 정의의 역사적 원리에서 찾는다. 노직은 과거의 상황이나 사람들의 과거 행위가 사물에 대한 차별적인 소유 권리나 응분의 자격을 창조한다고 보고, 정당하게 취득한 재화는 취득한 사람에게 소유 권리가 있다고 주장하였다. 이러한 관점에서 노직은 타인의 처지를 악화시키지 않는 한 자신의 노동이 투입된 결과물에 대해서는 정당한 소유권을 갖는다고 보았다. 또한, 노직은 국가의 재분배 정책과 같이 타인의 처지 개선을 위해 개인의 소유물을 사용하는 행위는 개인의 소유권을 침해한다고 보고 반대하였다.

ㄹ 롤스와 노직의 공통적인 입장이다. 롤스는 정의의 원칙인 평등한 자유의 원칙을 통해 모든 사람에게 평등한 기본적 자유가 최대한 보장되어야 할 것을 강조하였다. 개인이 사유 재산을 소유할 권리인 소유권은 기본적 자유에 포함되므로 롤스는 개인이 사유 재산을 소유할 불가침적 권리를 지닌다고 보는 입장이다. 노직은 개인에게 정당한 소유물에 대한 불가침의 권리가 있으며 이러한 소유권을 보장하는 역할만을 담당하는 최소 국가만이 정의롭다고 주장하였다. 따라서 노직 역시 개인이 사유 재산을 소유할 불가침적 권리를 지닌다고 보고 있다.

현대 사상가 갑, 을의 입장으로 적절한 것만을 〈보기〉에서 고른 것은?

> 갑: 도덕적 관점에서 볼 때 자연적 자산이 자의적이건 아니건 상
> 노직 관없이, 개인은 이에 대한 소유 권리를 지니며 이로부터 창출
> 되는 결과물에 대해서도 그러하다.
> 을: 도덕적 관점에서 볼 때 자연적 자산은 자의적이기 때문에, 개
> 롤스 인은 자신의 더 큰 천부적 능력을 사회에 있어서 더 유리한 출
> 발점으로 이용할 자격은 없다. → 정의의 원칙에 따라 규제 필요

─────────〈 보기 〉─────────

ㄱ. 갑: 지능 지수에 따른 분배 원리는 ~~역사적~~이고 정형적이다.
                        비역사적
ㄴ. 을: 사유 재산을 소유할 권리는 제1원칙에 의해 평등해야 한다.
ㄷ. 을: 천부적 능력이 분배 몫의 결정에 미치는 영향을 경감시킬
    필요는 ~~없다~~.
           있다
ㄹ. 갑과 을: 자연적·사회적 우연성의 이용에 따른 경제적 불평등
    은 허용될 수 있다.

① ㄱ, ㄴ   ② ㄱ, ㄷ   ③ ㄴ, ㄷ   ✔④ ㄴ, ㄹ   ⑤ ㄷ, ㄹ

| 자료 분석 |

갑은 노직, 을은 롤스이다. 노직은 역사 과정적 정의관의 입장에서 재화의 취득과 이전의 과정이 공정하게 이루어졌다면, 개인은 획득한 소유물에 대해 정당한 소유권을 지닌다고 본다. 롤스는 천부적 능력은 자연적 사실이고 우연적인 것이기 때문에 그 자체로는 개인의 것이지만, 그 천부적 재능에 의해 발생하는 결과물은 공동의 자산으로 보아야 한다고 주장한다. 따라서 사회는 천부적 능력이 더 유리한 출발점으로 작용되지 않도록 정의의 원칙에 따라 규제할 필요가 있다고 본다.

| 보기 해설 |

ㄱ. 노직은 '지능 지수'라는 기준을 정해 놓고 이루어지는 정형적 분배는 과거의 행위를 전혀 고려하지 않는 비역사적 분배 원리라고 비판한다. 노직은 정형적 분배 원리가 개인의 자유를 침해할 수 있다고 본다.

Ⓝ 롤스는 사유 재산을 소유할 권리는 모든 사람이 평등하게 누려야 할 기본적 자유라고 보고, 정의의 제1원칙인 평등한 자유의 원칙에 따라 보장받아야 한다고 본다.

ㄷ. 롤스는 천부적 능력이 분배 몫의 결정에 미치는 영향을 경감시켜야 한다고 본다. 천부적 능력은 자의적인 것이기 때문에 그러한 능력이 더 유리한 출발점으로 이용되지 않도록 노력해야 한다고 본다.

Ⓡ 노직과 롤스는 자연적·사회적 우연성에 따라 발생한 경제적 불평등이 허용될 수 있다고 본다. 노직은 취득의 원칙, 이전의 원칙, 교정의 원칙에 따라 획득한 소유물에 대해서는 정당한 소유권을 지니며, 이로 인해 발생한 경제적 불평등은 허용된다고 본다. 롤스는 차등의 원칙에 따라 사회·경제적 불평등이 모든 사람에게 이익이 되고, 특히 최소 수혜자에게 최대 이익이 될 때 허용될 수 있다고 본다.

(가)의 갑, 을 사상가들의 입장을 (나) 그림으로 탐구하고자 할 때, A~C에 들어갈 적절한 질문만을 〈보기〉에서 고른 것은? [3점]

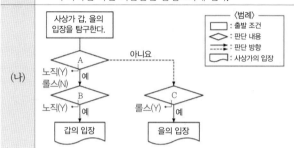

| (가) | 갑 노직 | →정당한 소유권의 보장 = 분배적 정의 실현
소유 권리의 정당성은 취득과 이전, 교정의 과정에 의해 결정되며, 개인의 소유 권리가 정당하다면 그 사회의 분배도 정의롭다. 그런데 공리주의는 분배 결과에만 관심을 두어 소유 권리의 역사성을 간과한다. |
| | 을 롤스 | →정의의 원칙 간에 우선 순위가 있음을 주장
사회 기본 구조는 정의 원칙들의 순서에 따라 평등한 자유에 위배되지 않게 부의 불평등을 배정해야 한다. 그런데 공리주의를 사회 기본 구조의 최우선 원칙으로 삼으면 후속하는 다른 기준들은 불필요하게 된다. |

〈보기〉

ㄱ. A: 자신의 노동이 투입되지 않은 결과물에 대해서도 소유할 권리가 허용될 수 있는가? → 노직: 긍정, 롤스: 긍정

ㄴ. B: 분배받는 사람의 도덕적 공과(功過)를 기준으로 삼는 분배는 정의의 원리에 위배되는가? → 노직: 긍정

ㄷ. C: 공리의 원리는 구성원 일부에게만 이익이 되는 불평등을 정당화시킬 위험이 있는가? → 롤스: 긍정

ㄹ. C: 정의로운 사회 실현을 위해 최소 수혜자의 이익 극대화는 조건 없이 보장되어야 하는가? → 롤스: 부정

① ㄱ, ㄴ   ② ㄱ, ㄷ   ✔③ ㄴ, ㄷ   ④ ㄴ, ㄹ   ⑤ ㄷ, ㄹ

| 자료 분석 |

(가)의 갑은 노직, 을은 롤스이다. 노직은 소유 권리의 역사성을 강조하면서 소유물의 취득과 이전의 과정이 정당했다면, 개인은 이 과정을 통해 얻은 소유물에 대해 배타적 소유권을 가진다고 주장하였다. 그러나 만약 취득과 이전의 과정에서 부정의가 발생했다면, 이에 대한 교정의 과정이 필요하다고 보았다. 한편 롤스는 사회적 분배를 이루는 사회의 기본 구조가 정의의 원칙에 기초할 때 분배적 정의가 실현될 수 있다고 주장하였다. 이때 롤스가 말한 정의의 원칙은 제1원칙인 '평등한 자유의 원칙'과 제2원칙인 '차등의 원칙'과 '공정한 기회균등의 원칙'으로 구성되는데, 그는 제1원칙을 우선적으로 적용한 후에 제2원칙을 적용할 수 있다고 보았다.

| 보기 해설 |

ㄱ. 노직과 롤스 모두가 긍정할 내용으로 A에 적절하지 않다. 노직은 자신의 노동을 투입하지 않더라도 이전 및 교정의 원리에 의해 취득한 소유물에 대해서 개인의 소유 권리가 허용되어야 한다고 본다. 롤스는 사회적 분배가 정의의 원칙에 기초하여 이루어져야 함을 주장하면서, 정의의 원칙을 통해 분배된 소유물(최소 수혜자에게 국가가 분배한 소유물 등)에 대한 소유 권리가 정당하다고 본다. 즉, 자신의 노동을 투입하지 않은 결과물에 대해서도 소유할 권리를 허용한다.

ㄴ. 노직은 특정한 결과를 가정하는 정형적인 분배 원리가 정의에 어긋난다고 비판하며, 개인 간의 자유로운 교환을 통해 분배가 이루어져야 한다고 주장한다. 그에 따르면 도덕적 공과를 기준으로 삼는 분배는 이러한 정형적 원리에 의한 분배이므로 정의의 원리에 위배된다.

ㄷ. 롤스는 공리의 원리에 따르는 분배가 사회 전체의 이익을 증진한다면 구성원 일부에게만 이익이 되는 불평등도 정당화시킬 위험이 있다고 비판한다.

ㄹ. 롤스는 최소 수혜자의 이익 극대화를 추구하는 차등의 원칙에 앞서, 정의의 제1원칙인 평등한 자유의 원칙이 우선적으로 충족되어야 한다고 주장한다. 즉, 최소 수혜자의 이익 극대화는 평등한 자유의 원칙이라는 조건을 보장할 때 정당화된다고 본 것이다.

갑, 을 사상가들의 입장으로 적절한 것만을 〈보기〉에서 고른 것은?

> 갑: 분배적 정의의 중심 문제는 사회 체제의 선택이다. 정의의 원
> 롤스 칙들은 기본 구조에 적용되며 그 주요 제도들이 하나의 체계
> 로 결합되는 방식을 규제하는 것이다. 공정으로서의 정의의
> 이념은 특수한 상황의 우연성을 처리하기 위해서 순수한 절차
> 적 정의의 관념을 이용하고 있다.
>
> 을: 분배적 정의의 완결된 원리는 오직 다음일 것이다. 어떤 분배
> 노직 가 정의로울 충분조건은 그 분배하에서 모든 사람이 자신이
> 소유하고 있는 것에 대한 소유 권리를 소유함이다. 소유물에
> 서의 정의의 세 원리는, 소유물 취득의 원리, 소유물 이전의
> 원리, 이 두 원리의 위반을 교정하는 원리이다.

〈 보기 〉

ㄱ. 갑: 사유 재산권은 차등의 원칙에 의해서만 제한될 수 있다.
　→ 사유 재산권은 평등한 자유의 원칙에 의해 보장되어야 할 기본적
　　자유임
ㄴ. 을: 분배 정의의 정형적 원리는 필연적으로 재분배를 요구한다.
ㄷ. 을: 자신의 노동에 의한 결과에만 정당한 소유권이 부여된다.
　→ 정당한 이전에 의해서도 소유권이 부여될 수 있음
ㄹ. 갑, 을: 개인은 정당한 소유물에 대한 배타적 사용권을 지닌다.

① ㄱ, ㄴ　② ㄱ, ㄷ　③ ㄴ, ㄷ　✔④ ㄴ, ㄹ　⑤ ㄷ, ㄹ

| 자료 분석 |

갑은 롤스, 을은 노직이다. 롤스는 분배적 정의의 문제가 분배가 이루어지는 제도와 체계를 구성하는 사회 체제를 선택하는 데에 달려 있다고 보고, 순수 절차적 정의의 관점에서 사회의 기본 구조에 적용되어야 할 정의의 원칙을 제시하고자 하였다. 한편 노직은 정당한 소유권을 보장하는 것이 정의라고 보면서 소유물의 취득과 이전, 교정의 원리를 제시하였다.

| 보기 해설 |

ㄱ. 롤스에게 있어 사유 재산권은 평등한 자유의 원칙에 따라 보장받아야 하는 기본적 자유에 해당한다. 롤스는 정의의 원칙을 제시하면서 제1원칙(평등한 자유의 원칙)이 사회적·경제적 불평등의 정당화 조건을 밝히는 제2원칙(공정한 기회균등의 원칙, 차등의 원칙)보다 우선적으로 보장되어야 한다고 주장하였다.

ㄴ. 노직은 아리스토텔레스나 롤스의 정의론이 특정한 결과를 전제하면서 이미 구성된 형식에 따라 빈칸을 채워 넣는 것과 같은 정형적인 원리로서, 필연적으로 재분배를 요구한다고 비판하였다.

ㄷ. 노직은 취득에 의해서만 정당한 소유권이 발생하는 것이 아니라 소유권의 이전에 의해서도 정당한 소유권이 부여될 수 있음을 주장하였다.

ㄹ. 롤스와 노직 모두 개인이 정당한 소유물에 대한 배타적 사용권을 지닌다는 점을 긍정한다. 이때 '정당한 소유물에 대한 배타적 사용권'이란 곧 정당한 소유권을 의미한다. 롤스는 정의의 제1원칙에서 사유 재산권의 보장을 주장하고 있으며, 노직은 정당한 소유권의 보장을 곧 정의의 문제로 보고 이를 강조하였다.

갑, 을 사상가들의 입장으로 옳지 않은 것은? [3점]

> 갑: 정의로운 사회는 평등한 자유와 공정한 기회 균등을 보장하
> 롤스 는 제도를 가진다. 이 제도의 체계에서 처지가 나은 자들의 보
> 다 높은 기대치가 정당화되는 유일한 조건은 그 사회의 최소
> 수혜자들의 기대치를 향상시키는 것이다.
> 　　　└ 사회적·경제적 불평등의
> 　　　　정당화 조건
> 을: 취득에서의 정의의 원리에 의해 소유물을 취득한 자는 그에
> 노직 대한 소유 권리를 가진다. 자연적 자산의 경우에도 개인들은
> 그것에 대한 소유 권리를 가지며 이로부터 나오는 것에 대해
> 서도 그러하다. └ 정당한 취득의 과정 → 정당한 소유권

① 갑: 능력과 재능이 유사하다면 성공의 기회도 유사해야 한다.
　→ 공정한 기회균등의 원칙
② 갑: 최소 수혜자의 처지를 개선하는 사회적 불평등은 정당화될 수
　있다. → 차등의 원칙
③ 을: 사회적 유용도나 도덕적 공과에 따른 분배의 원리는 정형적이다.
　└ 특정한 결과를 전제하는 빈칸 넣기식 분배
④ 을: 분배의 정당성은 분배된 결과보다는 분배의 역사적 과정에 달
　려있다. → 노직은 절차적 정의관의 입장에서 정의의 '역사성'을 강조함
✔⑤ 갑, 을: 정당한 분배는 선천적 재능에 비례하는 보상을 제공하는
　것이다.

| 자료 분석 |

갑은 롤스, 을은 노직이다. 롤스는 정의로운 사회란 정의의 원칙에 의해 사회적 제도가 운영되는 사회라고 보았다. 이때 정의의 원칙은 기본적 자유를 평등하게 보장하는 평등한 자유의 원칙(제1원칙), 사회적·경제적 불평등의 정당화 조건으로서 공정한 기회균등의 원칙과 차등의 원칙(제2원칙)으로 나뉜다. 한편 노직은 개인의 정당한 소유권을 보장하는 것이 곧 정의라고 보고, 소유권의 취득과 이전의 과정이 정당하다면 그 개인은 해당 소유물에 대한 배타적 권리를 지닌다고 보았다.

| 선지 해설 |

① 롤스는 공정한 기회균등의 원칙을 통해 최초의 사회적·경제적 지위(가정환경 등)와 상관없이 능력과 재능이 유사하다면 성공의 기회도 유사해야 한다고 주장하였다.

② 롤스가 제시한 차등의 원칙에 따르면 사회적·경제적 불평등은 최소 수혜자의 처지를 개선할 때 정당화될 수 있다.

③ 노직은 사회적 유용성이나 도덕적 공과에 따른 분배는 특정한 결과를 전제하는 '정형적' 원리라고 보고 비판하였다.

④ 노직은 분배의 결과가 아닌 과정이 중요하다는 절차적 정의관의 입장에서 소유물에 대한 취득과 이전의 원리를 제시하였고, 자신의 이론이 정의의 '역사적' 원리를 밝히고 있다고 주장하였다.

⑤ 롤스와 노직 모두 부정할 내용이다. 롤스는 선천적 재능을 발휘하여 얻는 이익은 정의의 원칙을 충족할 때에만 정당화된다고 보았다. 노직은 선천적 재능에 비례하는 분배가 재능이 많은 사람이 많은 보상을 얻는 특정한 결과를 전제하는 정형적인 분배라고 보고 이를 비판할 것이다. 노직은 재능을 활용하여 얻는 소유물의 취득과 이전의 '과정'에 주목한다. 노직의 입장에서는 과정이 정당했다면 재능이 많은 사람이 많은 보상을 얻건 적은 보상을 얻건 정당한 분배라고 볼 수 있다.

갑, 을 사상가들의 입장으로 가장 적절한 것은?

> ┌→ 그 자체로 부정의한 것은 아님
>
> 갑: 천부적 재능의 분포를 공동의 자산으로 생각하여, 사람들은
> 롤스 공동의 이익을 가져오는 경우에만 자연적·사회적 우연성을 이
> 용하기로 약속한다. 이러한 차등 원칙은 운명의 우연성을 공
> 정하게 다루는 정의로운 방식이다. └→ 차등의 원칙에 따르는 경우
>
> 을: 분배가 정의로운가는 그 분배가 어떻게 이루어졌는가에 달려
> 노직 있다. 이러한 역사적 원리에 따르면, 사람들의 과거 행위나 상
> 황은 사물에 대한│차별적인 소유 권리나 응분의 자격을 만들
> 어 낸다. └→ 소유권이 발생한 절차(역사)

① 갑: 정의로운 사회에서 우연성으로 취한 이득은 정당화될 수 ~~없다~~.
　　　　　　　　　　　　　　　　　　　　　　　　　　　　있다

✓ ② 갑: 사유 재산권은 정의 원칙에 따라 평등하게 분배되어야 한다.

③ 을: 자연물에 대한 최초 취득의 자유는 제한되어서는 ~~안 된다~~.
　　　　　　　　　　　　　　　　　　　　　　　될 수 있다

④ 을: 분배 결과에 초점을 둔 정의론은 소유권을 침해하지 ~~않는다~~.
　　　　　　　　　　　　　　　　　　　　　　　　　　　한다

⑤ 갑, 을: 천부적 운과 달리 사회적 운은 도덕적 관점에서 임의적이
　　　지 않다.

| 자료 분석 |

갑은 롤스, 을은 노직이다. 롤스는 개개인이 서로 다른 천부적 재능을 지니고 태어나는 것은 도덕적으로 우연적인 것이라고 보고, 개인이 지닌 천부적 재능을 활용하여 이익을 취하는 것을 부정하지 않는다. 다만, 롤스는 그 과정이 차등의 원칙에 따라 모든 사람들에게 이익이 되는 방식으로 이루어질 때 정당화될 수 있음을 강조한다. 한편 노직은 재화의 취득과 양도(이전)의 과정이 정당한 절차를 거쳤다면, 해당 재화에 대한 개인의 배타적 소유권을 인정해야 한다고 주장한다. 그리고 이러한 소유권이 보장되는 가운데 이루어지는 분배가 정의로운 분배라고 강조한다.

| 선지 해설 |

① 롤스는 정의의 원칙이 지켜지는 가운데 자연적·사회적 우연성으로 취한 이득은 모든 사람, 특히 최소 수혜자에게 최대의 이익을 보장할 때 정당화된다고 본다.

② 롤스는 정치, 언론, 사상, 종교, 양심, 인신의 자유, 사적 재산을 보유할 권리 등의 기본적 자유를 평등하게 보장해야 한다고 주장한다. 즉, 사유 재산권은 평등한 자유의 원칙(정의의 제1원칙)에 따라 분배되어야 할 기본적 자유의 범위에 해당한다.

③ 노직은 자연물에 대한 최초 취득이 다른 사람의 상황을 악화시키는 등 정당하지 않은 과정을 거친다면 제한될 수 있다고 본다. 또한 그는 최초의 취득 과정에서 다른 사람들이 향유할 수 있을 만큼의 몫을 남겨 두어야 한다는 제한적 조건을 도입하여 취득의 원리를 설명한다.

④ 노직은 분배 결과에 초점을 둔 정의론은 개개인이 보장받아야 할 정당한 소유권을 침해한다고 본다. 이러한 관점에서 그는 분배 정의의 실현이 정당한 분배의 절차에 있으며, 소유권의 발생과 이전의 과정이 정당하다면 그 결과물도 정당하다고 강조한다.

⑤ 롤스는 천부적 운, 사회적 운 모두 도덕적 관점에서 볼 때 임의적이라고 주장한다. 다만, 최초의 사회적 지위는 임의적이지만, 사회적 가치를 분배하는 사회 체제는 정의의 원칙의 적용을 받아야 한다고 본다. 노직은 천부적 운이나 사회적 운의 임의성 여부에 주목하기보다는 개인에게 그러한 운에 대한 소유 권리가 있음을 강조한다.

갑, 을 사상가들의 입장으로 옳지 <u>않은</u> 것은? → 분배의 과정은 정의의 원칙을
만족해야 함

> 갑: 소득과 부가 자연적 우연성이나 사회적 우연성과 같은, 도덕적
> 롤스 으로 임의적인 요소에 의해 분배되는 것은 부정의하다. 유사한
> 능력과 재능을 가진 사람들은 유사한 인생의 기회를 가지도록
> 실질적인 공정한 기회가 보장되어야 한다.
>
> 을: 어떤 분배가 정의로울 충분조건은 그 분배하에서 모든 사람
> 노직 들이 자신들의 소유물에 대해 소유 권리를 소유함이다. 정당
> 한 소유권을 가진 사람들이 그 소유물을 자유롭게 이전하였
> 다면, 그 결과가 불평등해도 이 또한 정의롭다.
> 정의는 정당한 소유권이 보장되는 것임 ←

☑ ① 갑: 천부적 재능의 불균등한 분포는 부정의하기에 보상되어야 한다.
② 갑: 정의의 일차적 주제는 권리와 의무를 정하는 기본 구조이다.
③ 을: 최초의 취득이 정당했던 재화도 교정의 대상이 될 수 있다.
   → 이전 과정이 정당하지 않은 경우
④ 을: 결과의 평등을 강조하는 정의 원칙은 사적 소유권을 침해한다.
⑤ 갑, 을: 사회적 불평등의 시정을 위한 기본권의 제한은 부당하다.

개념 확인	롤스의 정의의 원칙
제1원칙	모든 사람은 기본적 자유에 대한 동등한 권리를 가져야 한다[평등한 기본적 자유의 원칙].
제2원칙	사회적·경제적 불평등은 다음 두 조건을 만족할 때 허용된다. 첫째, 모든 사람, 특히 사회의 최소 수혜자에게 최대의 이익이 되고[차등의 원칙], 둘째, 그와 같은 불평등은 모든 이에게 개방된 직위나 직책에 결부되어야 한다[공정한 기회균등의 원칙].

| 자료 분석 |

갑은 롤스, 을은 노직이다. 롤스는 천부적 자질이나 부의 세습과 같은 자연적·사회적 우연성에 따라 분배가 이루어지는 것은 부정의하다고 보면서, 이러한 우연성을 배제한 가상 상황인 원초적 입장을 제시하였다. 그는 원초적 입장에 놓인 당사자들이 무지의 베일을 쓴 상태에서 모든 사람, 특히 최소 수혜자에게 최대의 이익을 보장하는 정의의 원칙에 만장일치로 합의할 것이라고 보았다. 합의 당사자들이 자신의 이익에 관심을 가지고, 자신이 최소 수혜자가 될 가능성을 고려하여 최대 이익을 얻을 수 있는 분배 방식에 대해 합리적으로 판단할 것이라고 보았기 때문이다. 노직은 자유 지상주의 관점에서 개인의 자유를 무엇보다 중시한다. 그는 정당한 절차를 통해 취득한 소유물에 대해서는 개인의 배타적 소유권을 인정해야 한다고 보면서, 취득과 이전의 과정이 정당했다면 그 결과는 정의로운 것이라고 주장하였다. 다만, 취득과 이전의 과정에서 부정의가 있었다면, 이를 교정해야 한다고 보았다.

| 선지 해설 |

① 롤스에게 천부적 재능의 불균등한 분포는 그 자체로 부정의한 것이 아니다. 오히려 그는 각자의 재능을 통해 보다 높은 사회적·경제적 지위를 얻을 수 있을 때, 사람들이 자신의 재능을 갈고 닦음으로써 사회적 성장과 발전을 가져올 수 있다고 본다. 단, 이때 사회적·경제적 지위의 분배 방식은 정의의 제2원칙인 차등의 원칙과 공정한 기회균등의 원칙을 만족시켜야 한다.

② 롤스는 정의의 일차적 주제가 권리와 의무를 정하고 사회적 이익을 분배하는 기본 구조에 대한 것이라고 본다. 그가 주장하는 정의의 원칙은 이러한 기본 구조를 확립하기 위한 것이다.

③ 노직은 최초의 취득이 정당했더라도, 취득한 소유물을 이전하는 과정에서 부정의가 발생했다면 교정의 대상이 된다고 본다.

④ 노직은 결과의 평등을 강조하는 정의 원칙은 개인 간의 자유로운 선택을 통해 분배되어야 할 재화를 통제함으로써 개인의 사적 소유권을 침해하는 것이라고 본다.

⑤ 롤스는 정의의 제2원칙(사회적·경제적 불평등의 정당화 조건)보다 제1원칙(평등한 기본적 자유의 원칙)이 앞선다고 본다. 노직 역시 개인의 자유를 무엇보다도 강조하며, 사회적 불평등의 시정을 위한 기본권 제한은 부당하다고 주장한다.

갑, 을 사상가들의 입장으로 적절한 것만을 〈보기〉에서 고른 것은? [3점]

갑: 노동자들에게 그들이 소유 권리를 갖는 것들을 주지 않는 분
노직 배 행위는 정의롭지 못하다. 그런데 소유 권리는 과거의 상황
이나 사람들의 과거 행위에 근거하기 때문에 분배적 정의는
역사적 원리에 따라야 한다. → 취득과 이전의 원리에 따름

을: 기본적 자유들은 서로 상충할 수 있기에 조정되어야 하지만,
롤스 가능한 한 가장 광범위하게 보장되어야 한다. 하지만 최소 수
혜자에게 이익이 되고 직위와 직책의 기회가 공정하다면 재산
및 소득의 분배는 균등할 필요가 없다.

〈 보기 〉

ㄱ. 갑: 도덕적 공과(功過)에 따른 소유 권리의 불평등은 정의롭다.
ㄴ. 을: 차등 원칙은 모든 성원을 고려한 상호 이익의 원칙이다.
ㄷ. 을: 기본적 자유는 절대적이기에 각 개인에게 평등해야 한다.
　→ 가능한 가장 광범위하게 보장되어야 함
ㄹ. 갑, 을: 개인은 자신의 유리한 천부적 자산을 소유할 권한을
갖는다.

① ㄱ, ㄴ　② ㄱ, ㄷ　③ ㄴ, ㄷ　✔④ ㄴ, ㄹ　⑤ ㄷ, ㄹ

OX문제로 개념 확인

(1) 롤스는 개인이 평등하게 누리는 기본적 자유는 절대적인 것이라고 본다.
(　　)

(2) 노직은 개인의 소유권이 역사적 원리에 따라 정당화될 수 있다고 본다.
(　　)

(1) X　(2) O

| 자료 분석 |

갑은 노직, 을은 롤스이다. 노직은 소유 권리가 역사적 원리에 따를 때 정당화된
다고 주장하면서, 정당한 취득과 이전의 과정을 거친 소유물에 대해 개인의 배
타적·절대적 권리를 보장하는 것이 정의로운 분배라고 본다. 롤스는 자연적·사
회적 우연성이 배제된 원초적 입장에 놓인 사람들이 자신이 최소 수혜자가 될
가능성을 염두에 두고 합의한 정의의 원칙에 따라 분배가 이루어질 때 공정한
분배가 이루어진다고 본다. 또한 롤스는 분배의 과정에서 정의의 원칙이 지켜졌
다면, 그 결과로 발생한 불평등은 정당하다고 주장한다.

| 보기 해설 |

ㄱ. 노직의 입장으로 적절하지 않다. 노직은 정당한 취득과 이전의 과정을 거친
소유물에 대한 소유 권리를 보장하는 것이 정의롭다고 본다. 반면 도덕적 공
과에 따른 분배는 특정한 결과를 지향하는 정형적 원리에 의한 분배라고 보
고, 개인의 도덕적인 행위 정도에 따른 소유 권리의 불평등은 정의롭지 못하
다고 본다.

ㄴ. 롤스의 입장으로 적절하다. 롤스는 차등의 원칙이 모든 성원을 고려한 상호
이익의 원칙에 따른 것이라고 본다. 차등의 원칙은 자칫 최소 수혜자에게만
이익을 부여하는 것으로 인식될 수 있지만, 이러한 원칙이 지켜지지 않는다
면 사회를 유지하기 위한 자발적인 협동을 기대할 수 없으므로 결국 최대 수
혜자도 이익을 얻을 수 없게 되기 때문이다.

ㄷ. 롤스의 입장으로 적절하지 않다. 롤스에 따르면 모든 사람은 평등한 자유의
원칙에 따라 평등한 기본적 자유를 최대한 누려야 한다. 그럼에도 불구하고
롤스는 모든 사람이 향유하는 전체적인 자유 체계를 강화하기 위한 경우, 즉
더 큰 자유를 위해서 기본적 자유를 제한할 수 있다고 본다. 따라서 기본적
자유는 각 개인에게 평등하지만 절대적이라고 볼 수는 없다.

ㄹ. 노직과 롤스의 공통 입장으로 적절하다. 노직은 개인이 가지는 절대적인 소
유 권리를 강조하며, 천부적 자산을 소유할 권리 역시 개인에게 있다고 주장
한다. 롤스는 천부적 자산의 '분포'는 사회의 공동 자산으로 간주해야 한다고
보지만, 천부적 자산 자체는 개인의 소유라고 본다. 따라서 노직과 롤스 모두
개인에게는 자신의 유리한 천부적 자산을 소유할 권한이 있다고 본다.

갑, 을 사상가들의 입장으로 적절하지 않은 것은? [3점]

> 갑: 재산 소유 민주주의가 실현된 국가는 부(富) 및 자본 소유의
> 롤스   분산을 시도한다. 이것은 원초적 입장에서 채택된 정의의 두
>   원칙을 배경으로 이루어진다.
> 을: 최소 국가는 정당화될 수 있는 가장 포괄적인 국가이다. 이보
> 노직   다 더 포괄적인 국가는 개인들의 권리를 침해한다. 따라서 국
>   가는 시민들에게 특정한 선(善)을 강요해서는 안 된다.

① 갑: 재능과 동기가 유사하다면 성공의 전망도 유사해야 한다.

② 갑: 원초적 입장의 당사자는 모두에게 이익이 되는 원칙에 합의한다.

③ 을: 부정의 교정을 위한 국가의 개입은 개인의 소유 권리를 침해한다.
　　→ 부정의 교정을 위한 국가 개입 필요

④ 을: 사회에 유용한 정도를 기준으로 이루어지는 분배는 부정의하다.
　　→ 정형적 원리에 따른 분배

⑤ 갑과 을: 국가는 재산에 대한 사적 소유권을 평등하게 보장해야
　　한다.

| 자료 분석 |

갑은 롤스, 을은 노직이다. 롤스는 재산 소유 민주주의 체제는 부(富) 및 자본의 소유를 분산시키고자 하며, 소수가 경제를 지배하고, 그들이 정치마저 간접적으로 장악하는 상황을 방지하고자 한다고 주장한다. 또한, 재산 소유 민주주의는 원초적 입장에서 채택된 정의의 두 원칙을 기초로 이루어진다고 본다. 노직은 개인의 소유권을 침해하지 않고 개인의 권리를 보호하는 역할만 수행하는 최소 국가가 정당하다고 주장한다. 최소 국가보다 더 포괄적인 국가는 개인의 권리를 침해하게 된다고 본다.

| 선지 해설 |

① 롤스는 정의의 원칙 중 제2원칙으로 공정한 기회 균등의 원칙을 제시한다. 이는 사회적·경제적 불평등의 계기가 되는 직위와 직책이 모든 사람에게 열려 있어야 한다는 원칙으로 재능과 동기가 유사하다면 성공에 다가설 수 있는 전망 즉, 기회도 공정하게 열려 있어야 한다고 보는 것이다.

② 롤스는 원초적 입장의 당사자가 합의할 정의의 원칙 중 제2원칙으로 차등의 원칙을 제시한다. 이는 사회·경제적 불평등은 모든 사람에게 이익이 되어야 하며, 특히 최소 수혜자에게 최대의 이익이 되도록 편성될 때 정당화된다는 것이다.

③ 노직의 입장으로 적절하지 않다. 노직은 부정의의 교정을 위한 국가의 개입을 인정한다. 재화를 취득하고 양도받는 과정에서 과오나 잘못된 절차에 의해 소유가 발생했다면, 국가가 개입하여 이를 바로잡음으로써 개인의 소유 권리를 보호해야 한다고 본다.

④ 노직은 사회에 유용한 정도를 기준으로 하는 공리주의의 분배 방식이 정형적 원리에 근거한 부정의한 분배 방식이며, 개인의 소유권을 침해한다고 비판한다.

⑤ 롤스, 노직 모두 국가가 재산에 대한 사적 소유권을 평등하게 보장해야 한다고 본다. 롤스는 국가가 정의의 원칙을 바탕으로 개인의 권리를 평등하게 보장해야 한다고 보며, 노직은 국가가 취득·이전·교정의 원칙에 따라 사적 소유권을 보장해야 한다고 본다.

갑, 을 사상가들의 입장으로 적절한 것만을 〈보기〉에서 있는 대로 고른 것은? [3점]

> 갑: 모든 사람은 취득과 이전, 교정의 원칙에 의해 자신의 소유물
> (노직) 에 대한 소유 권리를 가져야 한다. 소유 권리는 과거의 상황
> 이나 과거의 행위에 근거하므로 분배적 정의는 역사적 원리에
> 따라야 한다.
>
> 을: 모든 사람은 원초적 입장에서 선택되는 정의의 원칙에 따라 ┌─ 평등한 자유의 원칙
> (롤스) 기본적 자유에 대하여 동등한 권리를 가져야 한다. 재산과 소
> 득의 분배가 균등해야 할 필요는 없으나 모든 사람에게 이익
> 이 되도록 이루어져야 한다. ┐
> └─ 차등의 원칙

〈 보기 〉

ㄱ. 갑: 도덕적 공과에 따른 분배는 분배적 정의에 위배된다.
ㄴ. 갑: 취득과 이전의 원칙을 통해서만 재화가 양도되는 것은 아
     니다. → 교정의 원칙에 의해서도 양도될 수 있음
ㄷ. 을: 공정한 절차를 따르면 부의 균등한 분배가 보장된다.
ㄹ. 갑과 을: 국가는 불의한 분배를 교정하기 위해 개입할 수 있다.

① ㄱ, ㄴ   ② ㄴ, ㄷ   ③ ㄷ, ㄹ
④ ㄱ, ㄴ, ㄹ   ⑤ ㄱ, ㄷ, ㄹ

| 자료 분석 |

갑은 노직, 을은 롤스이다. 노직은 개인은 취득의 원칙, 이전의 원칙, 교정의 원칙에 따라 정당하게 소유한 소유물에 대해서 배타적·절대적 권리를 지닌다고 본다. 또한, 분배적 정의는 비정형적·역사적 원리에 따라야 한다고 주장한다. 롤스는 공정한 분배가 이루어지려면 사회 제도가 정의의 원칙에 의해 규제되어야 한다고 본다. 정의의 원칙에 따른 분배의 결과가 불평등할 수는 있지만, 부의 불평등한 분배가 모든 사람에게 이익이 되어야 하며, 특히 최소 수혜자에게 최대의 이익이 되도록 이루어질 때 정당화될 수 있다고 본다.

| 보기 해설 |

ㄱ 노직은 도덕적 공과에 따른 분배는 정형적 원리에 따른 분배이며, 이러한 분배 방식은 취득·이전·교정의 원칙에 따라 정당하게 소유한 소유물에 대한 개인의 권리를 침해하고, 분배적 정의에 위배된다고 본다.

ㄴ 노직은 취득과 이전의 원칙 외에도 교정의 원칙을 통해서도 재화가 양도될 수 있다고 본다. 즉 재화를 취득하고 양도받는 과정에서 과오나 잘못된 절차에 의해 소유가 발생했을 경우 이를 바로잡아 재화를 다시 양도할 수 있다.

ㄷ 롤스의 입장으로 적절하지 않다. 롤스는 공정한 절차, 정의의 원칙에 따라 분배를 한다고 해도 부의 균등한 분배가 보장되는 것은 아니라고 본다. 공정한 절차에 따라 분배해도 부의 불평등한 분배가 발생할 수 있다고 본다.

ㄹ 노직과 롤스 모두 불의한 분배를 교정하기 위해 국가가 개입할 수 있다고 본다. 노직은 국가가 개인의 소유권을 침해하지 않고, 권리를 보호하는 역할에 한하여 개입할 수 있으며, 교정의 원칙에 따라 잘못 분배된 소유권을 바로 잡을 수 있다고 본다. 롤스는 국가가 정의의 원칙에 따른 분배가 모든 사람에게, 특히 최소 수혜자에게 최대의 이익이 갈 수 있도록 개입해야 한다고 본다.

(가)의 사상가 갑, 을의 입장을 (나) 그림으로 탐구하고자 할 때, A~C에 들어갈 옳은 질문만을 〈보기〉에서 있는 대로 고른 것은? [3점]

┌─ 사회 경제적 불평등의 정당화 조건

(가)
갑: 차등의 원칙은 천부적 재능의 분포를 공동의 자산으로 생
(롤스) 각하고 이러한 분포로 얻는 이익을 함께 나누어 가지는 데
합의함을 의미한다. ┌─ 롤스에 대한 비판
을: 차등의 원칙은 정형적 원리이며, 이 원리에 따른 분배는
(노직) 개인의 권리를 침해한다. 개인의 권리를 보장하는 것은 소
유 권리로서의 정의이다. └─ 소유 권리의 보장이 곧 정의라고 봄

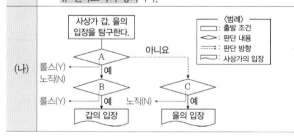

〈 보기 〉

ㄱ. A: 분배 정의를 실현하여 자연적 우연성을 없애야 하는가?
     → 롤스, 노직: 부정
ㄴ. B: 정의의 원칙에 부합하는 모든 분배는 정의로운 것인가?
     → 롤스: 긍정
ㄷ. C: 자발적으로 양도된 재화도 교정의 대상이 될 수 있는가?
     → 노직: 긍정
ㄹ. C: 사회는 협동 체제가 아닌 개인 간 자발적 교환 체제인가?
     → 노직: 긍정

① ㄱ, ㄴ   ② ㄱ, ㄹ   ③ ㄷ, ㄹ
④ ㄱ, ㄴ, ㄷ   ⑤ ㄴ, ㄷ, ㄹ

| 자료 분석 |

(가)의 갑은 롤스, 을은 노직이다. 롤스는 천부적인 재능의 분포는 도덕적으로 임의적인 것이라고 보고, 이에 기초하여 모든 분배가 결정되어서는 안 된다고 본다. 그는 천부적 재능을 활용한 이익의 실현은 사회의 모든 구성원들에게 이익이 되는 방식으로 이루어져야 한다고 주장하며 차등의 원칙을 제시한다. 한편 노직은 롤스가 제시한 정의의 원칙이 특정한 형식에 따르는 분배 결과를 전제한 '정형적 원리'라고 비판하며, 개인의 정당한 소유권을 보장하는 것이 정의라고 본다.

| 보기 해설 |

ㄱ. 롤스와 노직 모두 부정할 내용이다. 롤스는 자연적 우연성을 완전히 없애는 것을 주장하지 않았으며, 사회가 발전하기 위해서는 각자가 지닌 재능과 노력을 통해 이익을 실현할 수 있어야 한다고 보았다. 단, 그는 이로 인해 발생할 수 있는 경제적 불평등의 정당화 조건으로서 차등의 원칙과 공정한 기회 균등의 원칙을 제시하였다. 한편 노직은 천부적 재능을 포함한 자연적 우연성은 모두 개인에게 속한 것이라고 보고, 이를 활용하여 얻는 정당한 이익에 대한 소유권을 강조하였다.

ㄴ 롤스는 정의의 원칙에 따라 사회적 가치의 분배가 이루어져야 한다고 강조하며, 정의의 원칙에 부합하는 분배는 정의로운 것이라고 보았다.

ㄷ 노직은 자발적으로 양도된 재화라도 최초 취득의 과정에서 부정의가 발생하였다면, 이러한 재화는 교정의 대상이 될 수 있다고 보았다.

ㄹ 노직에 따르면 사회는 권리를 지닌 개인 간의 자발적 교환 체제이다.

(가)의 갑, 을, 병 사상가들의 입장을 (나) 그림으로 탐구하고자 할 때, A~D에 들어갈 적절한 질문만을 〈보기〉에서 있는 대로 고른 것은? [3점]

(가)	갑: 정의로운 분배는 계급과 계급이 대립하는 사회가 아닌 각 마르크스 자의 자유로운 발전이 모두의 자유로운 발전의 조건이 되는 공산 사회에서 실현될 수 있다. → 능력에 따라 일하고 필요에 따라 분배
	을: 분배가 정의로울 조건은 모든 사람이 각자 소유하고 있는 노직 것에 대해서 소유 권리를 갖는 것이다. 소유물의 분배 정의는 역사적이다. → 정당한 취득, 양도의 과정을 거쳤다면 정당한 소유
	병: 정의의 일차 주제는 사회 제도가 권리를 배분하고 사회 협롤스 동체의 이익을 분배하는 방식과 관련된다. 정의가 실현된 질서 정연한 사회는 공적 정의관으로 규제된다. → 정의의 원칙에 의해 규제

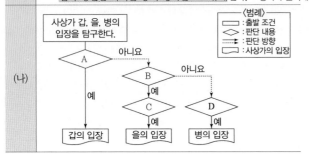

〈보기〉

ㄱ. A: 경제적 불평등을 허용하는 분배 원칙은 부당한가?
→ 갑: ○, 을: ×, 병: ×

ㄴ. B: 개인은 자신의 타고난 사회적 지위에 대한 소유 권리를 지니는가? → 을: ○, 병: ○

ㄷ. C: 부정의한 이전 과정을 바로잡는 국가의 개입은 정당한가?
→ 을: ○

ㄹ. D: 원초적 입장에서 당사자는 타인의 이익에 관심을 가지는가?
→ 병: ×

✓① ㄱ, ㄷ　　　② ㄱ, ㄹ　　　③ ㄴ, ㄹ
④ ㄱ, ㄴ, ㄷ　　⑤ ㄴ, ㄷ, ㄹ

| 자료 분석 |

갑은 마르크스, 을은 노직, 병은 롤스이다. 마르크스는 능력에 따라 일하고 필요에 따라 분배해야 함을 강조하며, 실질적 필요를 충족하고 인간다운 삶을 보장하기 위해 계급과 차별이 사라진 공산 사회를 추구하였다. 노직은 개인의 배타적·절대적 소유권을 강조하며 개인이 정당하게 취득하거나 타인에 의해 자유롭게 양도받은 재화에 대해서 국가는 철저하게 소유권을 보장해야 한다고 주장했다. 롤스는 공정한 분배가 이루어지기 위해 사회 제도가 공정한 조건에서 합의된 정의 원칙에 의해 규제되고 이에 따라 권리와 의무가 부여되어야 한다고 보았다. 롤스에 따르면 사회는 상호 이익을 위한 협동체로, 사람들은 모두에게 이익이 되는 경우에만 자연적·사회적 여건의 우연성을 이용하기로 합의한 것이다.

| 보기 해설 |

ㄱ 마르크스는 경제적 불평등을 해결하기 위한 유일한 방법이 사적 소유를 철폐하는 것임을 강조하며 경제적 불평등을 허용하는 분배 원칙은 부당하다고 보았다. 노직과 롤스는 모두 절차적 정의의 관점에서 절차의 공정성이 결과의 공정성을 보장한다고 보고, 정당한 절차를 따른 결과 나타난 사회적·경제적 불평등은 허용될 수 있다고 주장했다. 따라서 마르크스는 긍정, 노직과 롤스는 부정의 대답을 할 질문이다.

ㄴ. 노직은 정당한 소유물에 대해 개인이 가지는 배타적 소유권을 긍정하며 개인이 타고난 사회적 지위에 대한 소유 권리를 지닌다고 본다. 롤스 역시 타고난 재능이나 사회적 지위 자체를 임의적인 사실일 뿐이라고 보며, 이에 대한 개인의 소유 권리를 긍정한다. 즉 노직과 롤스 모두 개인이 자신의 타고난 사회적 지위에 대해 소유 권리를 갖는다고 본다. 따라서 노직과 롤스가 모두 긍정의 대답을 할 질문이다.

ㄷ 노직은 개인의 소유권을 침해하지 않고 개인의 권리를 보호하는 역할만을 수행하는 최소 국가가 정당하다고 보았다. 이에 따라 최소 국가는 재화를 취득하고 양도받는 과정에서 발생한 과오나 잘못된 절차에 의한 부정의한 소유가 발생했을 때는 이를 바로잡기 위해 분배 과정에 개입할 수 있다. 따라서 노직이 긍정의 대답을 할 질문이다.

ㄹ. 롤스는 정의의 원칙을 수립하기 위해 상정한 원초적 입장에서 당사자는 기본적으로 타인에게 무관심하며 타인의 이익에 관심이 없기 때문에 동정심이나 질투심을 가지지 않는다고 보았다. 또한 이들은 타인의 이익을 위해 자신의 이익을 희생하지도 않는다. 따라서 롤스가 부정의 대답을 할 질문이다.

(가)의 갑, 을, 병 사상가들의 입장을 (나) 그림으로 표현할 때, A~D에 해당하는 질문으로 적절한 것만을 〈보기〉에서 있는 대로 고른 것은? [3점]

(가)	
갑 마르 크스	노동이 생활 수단일 뿐만 아니라 일차적인 생활 욕구로 된 후에, 사회는 자신의 깃발에 '각자는 능력에 따라, 각자에게는 필요에 따라'라고 쓸 수 있게 된다.
을 노직	한 사람의 소유물은 취득, 이전, 불의의 교정 원리에 의해 권리를 부여받았으면 정당하다. 각 개인의 소유물이 정당하다면 소유물의 전체 집합도 정당하다. → 소유 권리로서의 정의
병 롤스	원초적 입장에서 합의된 정의 원칙들은 사회 협동체의 종류와 설립할 정부 형태를 명시해 준다. 정의 원칙들을 이렇게 보는 방식을 공정으로서의 정의라 부른다.

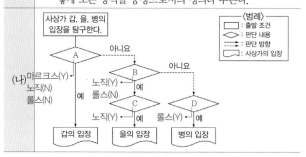

〈범례〉
□ : 출발 조건
◇ : 판단 내용
---→ : 판단 방향
⋯⋯ : 사상가의 입장

〈보기〉

ㄱ. A: 가장 바람직한 분배는 국가가 없는 상태에서 가능한가?
　→ 마르크스: 긍정, 노직: 부정, 롤스: 부정
ㄴ. B: 자기 노동의 결과에 대해서만 정당한 소유권을 갖는가?
　→ 노직: 부정, 롤스: 부정
ㄷ. C: 최소 국가는 정의 실현을 위해 분배 과정에 개입할 수 있는가?
　→ 노직: 긍정
ㄹ. D: 재산에 대한 사적 소유권은 차등적으로 분배되어야 하는가?
　→ 롤스: 부정

① ㄱ, ㄴ　　② ㄱ, ㄷ　　③ ㄴ, ㄹ
④ ㄱ, ㄷ, ㄹ　　⑤ ㄴ, ㄷ, ㄹ

| 자료 분석 |

(가)의 갑은 마르크스, 을은 노직, 병은 롤스이다. 마르크스는 능력에 따라 일하고 필요에 따라 분배받는 것이 분배적 정의라고 보고, 개인들의 실질적 필요를 충족시킬 수 있도록 분배함으로써 인간다운 삶을 보장해야 한다고 본다. 노직은 개인이 정당하게 얻은 소유물에 대해 절대적인 권리를 가지며, 이러한 개인의 소유권을 침해하지 않고 보호하는 것이 국가가 해야 할 역할이라는 최소 국가론을 주장한다. 롤스는 자연적·사회적 우연성이 배제된 원초적 입장에 놓인 사람들이 자신이 가장 불리한 처지에 놓일 가능성을 고려하여 모든 사람에게 공정한 정의의 원칙에 합의하게 된다고 본다.

| 보기 해설 |

ㄱ 마르크스는 긍정, 노직과 롤스는 부정의 대답을 할 질문이다. 마르크스는 자본주의의 모순이 심화되면 프롤레타리아 혁명이 발생하고, 그 결과 사유 재산과 계급, 국가가 소멸된 공산주의 사회가 도래한다고 주장한다. 또한 이러한 공산주의 사회에서 인간은 진정한 노동을 실현할 수 있고, 인간의 실질적 필요를 보장하는 바람직한 분배가 이루어질 수 있다고 본다. 반면 노직은 국가의 역할을 소유물에 대한 개인의 권리를 보호하는 최소한의 역할로 한정하지만, 재화를 취득하거나 양도받는 과정에서 발생하는 부정의를 교정하기 위해서는 국가의 역할이 필요하다고 주장한다. 롤스 역시 평등한 자유와 공정한 기회를 보장하고 사회적·경제적 불평등을 해소하기 위해서는 국가가 개입해야 한다고 주장한다.

ㄴ. 노직과 롤스 모두 부정의 대답을 할 질문이다. 노직은 자기 노동의 결과로 얻은 소유물에 대한 소유권을 인정하지만, 노동과 관련 없는 상속·증여·양도 등으로 인한 소유물도 정당한 절차를 거쳤다면 정당한 것이라고 주장한다. 롤스 역시 자기 노동의 결과에 대한 정당한 소유권을 인정한다. 그러나 평등한 자유와 공정한 기회를 균등하게 주었음에도 불구하고 자연적·사회적 우연성으로 인해 최소 수혜자가 된 계층에게는 최대의 이익을 주도록 하여 사회적·경제적 불평등을 해소해야 한다고 주장한다. 즉, 자기 노동의 결과가 아니더라도 최소 수혜자가 정당한 소유를 가질 수 있다고 주장하는 것이다.

ㄷ 노직이 긍정의 대답을 할 질문이다. 노직은 최소 국가의 역할이 개인의 소유권을 보호하는 것으로 한정되어 있더라도, 재화를 취득하고 양도받는 과정에서 잘못된 절차에 의한 부정의가 발생했다면 이를 바로잡기 위해서 국가가 분배 과정에 개입할 수 있다고 주장한다.

ㄹ. 롤스가 부정의 대답을 할 질문이다. 롤스는 재산에 대한 사적 소유권을 기본적 자유라고 인식한다. 따라서 평등한 자유의 원칙에 의거하여 모든 구성원이 기본적 자유를 누려야 하듯, 재산에 대한 사적 소유권 역시 평등하게 누려야 한다고 본다. 그러므로 롤스는 재산에 대한 사적 소유권의 차등적 분배는 정의롭지 않다고 볼 것이다.

연결형 문제로 개념 확인

(1) 마르크스 •　　• ㉠ 가장 바람직한 분배는 국가가 소멸된 상태에서 가능하다.

(2) 노직 •　　• ㉡ 정의로운 분배를 위해서는 원초적 입장에서 합의된 정의의 원칙에 따라야 한다.

(3) 롤스 •　　• ㉢ 개인의 소유권을 보장하는 최소 국가는 분배 과정에 개입할 수 있다.

(1) − ㉠　(2) − ㉢　(3) − ㉡

갑, 을 사상가들의 입장으로 가장 적절한 것은? [3점]

> 갑: 무지의 베일은 원초적 입장에서 합의의 당사자들이 인간 사
> 롤스 회에 대한 일반적 사실을 제외한 특정 사실을 모르게 만든
> 다. 원초적 입장에서 채택되는 정의의 두 원칙에 따라 권리와
> 의무가 할당되고 사회적 이득이 분배되어야 한다.
> 을: 무지의 베일하에서는 분배적 정의에 관한 소유 권리적 개념이
> 노직 산출될 수 없다. 한 분배가 정의로울 충분 조건은 그 분배하
> 에서 모든 사람들이 취득과 이전에서의 정의의 원리에 의해
> 자신들이 소유하고 있는 것에 대한 소유 권리를 소유함이다.
> 제1원칙: 평등한 자유의 원칙
> 제2원칙: 공정한 기회균등의 원칙, 차등의 원칙

① 갑: 차등의 원칙에 따른 분배는 모두에게 이익이 되지 않는다.
② 갑: 원초적 입장의 당사자는 자신과 타인의 이익에 무관심하다.
③ 을: 역사적이고 정형적인 원리에 따른 분배의 결과는 정의롭다.
✓ 을: 과거의 상황은 사물에 대한 응분의 자격을 만드는 요인이다.
⑤ 갑과 을: 무지의 베일을 통해서만 정의로운 분배 원리가 산출된다.

자료 분석

갑은 롤스, 을은 노직이다. 롤스는 원초적 입장의 당사자들을 합리적이고 상호 무관심한 사람으로, 이들은 무지의 베일을 쓴 상태에서 공정한 분배를 실현할 수 있는 정의의 원칙을 도출한다고 본다. 노직은 소유물의 최초 취득과 이전의 절차가 공정하다면 그 절차를 통해 얻은 소유물에 대한 절대적이고 배타적인 권리를 가지게 된다고 본다.

선지 해설

① 갑(롤스)은 최소 수혜자에게 최대의 이익을 주고자 하는 차등의 원칙보다 평등한 자유를 보장하는 것을 우선하기 때문에 이에 따르는 분배 또한 모두에게 이익이 된다고 볼 수 있다.

② 갑(롤스)은 원초적 입장의 당사자는 자신의 이익을 합리적으로 추구하지만 타인의 이익에는 무관심하다.

③ 을(노직)은 분배의 과정을 중시하지만 구체적인 분배 방법을 규정하지 않는 역사적이고 비정형적인 원리에 따라 분배가 이루어질 때 정의롭다고 본다.

④ 을(노직)은 소유물의 취득과 이전 과정이 정당해야 배타적인 소유권을 인정하기 때문에 과거의 상황을 고려해야 한다고 본다.

⑤ 갑(롤스)은 공정한 분배 원리를 도출하기 위해서는 무지의 베일로 자신의 상황에 대한 정보를 통제해야 한다고 보고, 을(노직)은 공정한 분배를 위해서는 소유물의 취득 및 이전 과정을 추적할 수 있어야 한다고 보아 무지의 베일로 정의로운 분배를 실현할 수 없다고 본다.

갑, 을 사상가들의 입장으로 적절한 것만을 〈보기〉에서 있는 대로 고른 것은? [3점]

> 갑: 지능에 따른 분배 원리는 정형적 원리이다. 이러한 원리는 차
> 노직 별적인 소유 권리를 창출하는 과거의 행위를 전혀 고려하지
> 않는다는 점에서 비역사적이다. → 소유물 취득에 대한 역사적
> 과정을 고려함
> 을: 지능과 같은 천부적 재능의 분포를 공동의 자산으로 생각하
> 롤스 고, 이러한 분포로 인한 이익을 함께 나누어 가질 수 있는 정
> 의의 원칙이 필요하다. → 공정으로서의 정의관

〈보기〉

ㄱ. 갑: 개인은 천부적 자산과 그것을 이용하여 얻은 정당한 소유물에 대해 배타적 권리를 갖는다.
ㄴ. 을: 천부적으로 타고나는 것은 부정의하다고 할 수 없다.
ㄷ. 을: 개인은 사회적 협동의 공정한 체제의 규칙에 따라 얻은 모든 것에 대한 권한을 갖는다.
ㄹ. 갑, 을: 사회적 약자를 위한 분배 원리가 정의의 원리에 포함되어야 한다.
→ 갑(노직)은 사회적 약자를 위한 국가의 재분배 정책에 반대함

① ㄱ, ㄴ   ② ㄱ, ㄹ   ③ ㄷ, ㄹ
✓ ㄱ, ㄴ, ㄷ   ⑤ ㄴ, ㄷ, ㄹ

자료 분석

갑은 노직, 을은 롤스이다. 노직은 소유 권리로서의 정의를 주장하며, 개인은 정당한 과정을 통해 취득한 소유물에 대해 배타적 권리를 지닌다고 본다. 반면 지능에 따른 분배와 같은 것은 답이 정해져 있는 형태의 분배로, 과거의 행위를 고려하지 않은 비역사적인 것이라고 보고 이를 비판한다. 롤스는 공정으로서의 정의를 주장하며, 공정한 분배를 위해서는 사회 제도가 공정한 조건에서 합의된 정의의 원칙에 의해 규제되어야 한다고 본다.

보기 해설

ㄱ 갑(노직)은 취득의 원칙, 이전의 원칙, 교정의 원칙에 따랐다면 천부적 자질과 그로 인해 소유하게 된 것에 대해 개인은 배타적·절대적 소유권을 갖는다고 본다.

ㄴ 을(롤스)은 천부적으로 타고난 자질 그 자체는 부정의한 것이 아니라고 본다. 하지만 을(롤스)은 사회를 하나의 협동 체계로 바라보기 때문에 천부적 재능의 분포를 공동의 자산으로 여기고, 천부적 재능을 통해 얻은 이익을 나눌 수 있는 합의된 정의의 원칙이 필요하다고 주장한다.

ㄷ 을(롤스)은 사회적 협동의 공정한 체제의 규칙에 따라 얻은 것, 즉 원초적 입장에서 합의한 정의의 원칙에 따라 얻은 소유물에 대해서는 개인이 고유한 권한을 갖는다고 본다.

ㄹ. 을(롤스)의 입장에만 해당한다. 갑(노직)은 사회적 약자를 배려하기 위해 재분배적인 성격의 세금을 부과하는 것은 강제 노동과 다르지 않다고 보며 이에 반대한다. 반면, 을(롤스)은 사회적·경제적 불평등을 정당화하기 위해서는 최소 수혜자에게 최대 이익을 보장하는 형태의 분배가 이루어져야 한다고 보며, 정의의 원칙 속에 이러한 내용이 포함되어야 한다고 주장한다.

갑, 을 사상가들의 입장으로 적절하지 <u>않은</u> 것은? [3점]

> 갑: 정의의 일차적 주제는 사회의 주요 제도가 권리와 의무를 배
> 롤스 분하고 사회 협동체로부터 생긴 이익의 분배를 정하는 방식이
> 다. 이를 정하는 <mark>정의의 원칙은 당사자들의 원초적 합의의 대</mark>
> <mark>상이다.</mark> └▸ 정의의 원칙을 정하는 절차의
> 공정성 → 원초적 입장
> 을: 분배가 정의로운가는 그 분배가 어떻게 이루어졌는가에 달려
> 싱어 있다. 최종 결과에 중점을 둔 원리와 달리 <mark>역사성을 고려한 원</mark>
> <mark>리</mark>에 따르면, 사람들의 과거 행위나 상황은 사물에 대한 차별
> 적인 소유 권리나 응분의 자격을 만들어 낸다. └▸ 취득, 이전,
> 교정의 원리

✓① 갑: 천부적 자산에 대한 개인의 소유 권리는 제한될 수 <s>없다.</s>
   있다

② 갑: 기본적 자유가 개인들에게 불평등하게 분배되어서는 안 된다.
   └→ 정의의 제1원칙(평등한 자유의 원칙)

③ 을: 개인이 노동을 통해 취득한 소유물도 교정의 대상이 될 수 있다.
   └→ 이전의 과정에서 부정의가 발생할 수 있음

④ 을: 정형적 원리에 따른 재분배는 이전(移轉)에서의 정의에 어긋난다.
   └→ 특정한 결과를 지향하는 원리에 따른 분배

⑤ 갑, 을: 정의의 원칙은 정당화될 수 있는 불평등을 규정해 준다.

| 자료 분석 |

갑은 롤스, 을은 노직이다. 롤스는 사회란 자유롭고 평등한 인간들이 상호 이익을 위해 협동하는 체제이므로, 사회적 가치는 공정한 분배의 대상이 된다고 보았다. 따라서 정의의 문제는 사회 협동체에서 발생한 이익을 분배하는 방식과 관련된다고 보고, 이를 위해 사회의 기본 구조에 적용할 기본적인 원칙을 원초적 입장에서 합의해야 한다고 주장하였다. 한편 노직은 개인의 정당한 소유권을 보장하는 것이 정의라고 보고, 소유권이 발생하는 역사적 과정을 강조하였다. 그리고 정당한 취득과 이전의 과정을 거친 소유물에 대해서 개인이 배타적인 소유권을 지닌다고 보았다.

| 선지 해설 |

① 롤스는 개인이 천부적으로 가지고 태어난 재능과 능력은 임의적인 것이며, 천부적 자산의 분포 자체는 사실의 영역이라고 보았지만, 천부적 재능이나 자산과 같은 자연적·사회적 우연성에 기초하여 모든 분배가 이루어지는 것은 부당하다고 보았다. 따라서 천부적 자산의 분포를 사회의 공동 자산으로 간주하여, 이를 활용하여 얻는 이익은 정의의 원칙을 충족시킬 때에만 정당화된다고 주장하였다. 즉, 롤스는 천부적 자산에 대한 개인의 소유 권리가 제한될 수 있다고 보았다.

② 롤스는 기본적 자유가 평등하게 분배되어야 한다고 보고, 평등한 자유의 원칙은 다른 정의의 원칙에 앞서 충족되어야 하는 우선성을 지닌다고 보았다.

③ 노직은 자신의 노동을 통해 취득한 소유물에 대해 개인이 정당한 소유권을 가진다고 보았다. 단, 이때 정당한 소유권을 주장하려면 부당한 방법을 통해 타인의 상황을 악화시키지 않아야 한다. 따라서 개인이 노동을 통해 취득한 소유물일지라도 부당한 절차를 거친 경우에는 교정의 대상이 될 수 있다.

④ 노직은 특정한 결과를 전제한 분배 원칙을 제시한 롤스나 아리스토텔레스의 정의론을 '정형적 원리'라고 비판하였다. 그리고 소유권이 발생하는 역사적 과정에 주목하며, 소유권의 취득과 이전의 역사적 과정에 불의가 없었다면 그 결과가 어떻든지 간에 이러한 분배는 정의로운 것으로 받아들여져야 한다고 보았다. 따라서 노직은 특정한 결과를 지향하는 정형적 원리에 따른 재분배는 개인의 자유로운 선택에 의해 이전된 소유권을 침해하는 것으로 정의에 어긋난다고 보았다.

⑤ 롤스와 노직 모두 긍정할 선지이다. 롤스는 사회적·경제적 불평등의 정당화 조건으로서 차등의 원칙과 공정한 기회균등의 원칙을 제시하고, 이를 만족시키는 경우에는 사회적·경제적으로 다른 사람보다 더 많은 가치를 누리는 일이 정당화될 수 있다고 보았다. 한편 노직은 취득과 이전의 원리를 충족한 소유권은 정당하며, 취득과 이전의 원리를 충족한 소유권에 기초하여 발생하는 불평등은 정당화될 수 있다고 보았다.

갑, 을 사상가들의 입장으로 적절한 것만을 〈보기〉에서 고른 것은? [3점]

> 갑: 원초적 입장은 그 입장에서 도달된 기본적 합의가 공정함을
> 롤스 보장해주는 적절한 최초 상태이다. 바로 이 때문에 공정으로
> 서의 정의란 명칭이 생겨난 것이다.
>
> 을: 국가에 관한 우리의 결론에 따르면 강요, 절도, 사기 등으로
> 노직 부터의 보호와 같은 최소한의 기능에 그 역할이 국한된 최소
> 국가만이 도덕적으로 정당화된다.

─────────〈 보기 〉─────────

ㄱ. 갑: 무지의 베일 속 개인은 자유롭고 평등한 인격체이다.

ㄴ. 갑: 원초적 입장의 당사자들은 상호 신뢰할 수 있는 존재들이다.

ㄷ. 을: 오직 최소국가에서만 개인의 소유 권리가 존재할 수 있다.

ㄹ. 갑과 을: 정의의 원칙이 보장하는 기본적 권리는 제한될 수
없다.

① ㄱ, ㄴ   ② ㄱ, ㄷ   ③ ㄴ, ㄷ   ④ ㄴ, ㄹ   ⑤ ㄷ, ㄹ

| 자료 분석 |

갑은 롤스, 을은 노직이다. 롤스는 공정한 절차가 마련되면 그에 따르는 분배의 결과 역시 공정한 것이라고 보는 공정으로서의 정의를 주장하며, 이러한 공정한 절차로 원초적 입장을 제시한다. 노직은 국가가 개인의 자유와 권리를 보장하기 위한 최소한의 역할만을 수행해야 한다고 본다.

| 보기 해설 |

ㄱ 갑(롤스)은 원초적 입장에서 무지의 베일을 쓴 합의 당사자들은 자유롭고 평등한 인격체라고 본다. 그러므로 이는 갑(롤스)의 입장으로 적절하다.

ㄴ 갑(롤스)은 원초적 입장에서의 합의 당사자들은 합리적이며 상호 신뢰할 수 있다고 본다. 그러므로 이는 갑(롤스)의 입장으로 적절하다.

ㄷ. 을(노직)은 자연 상태에서도 개인의 소유 권리가 존재하며, 한정된 재화 속에서 불가침한 권리의 충돌하여 재산을 지키기 위해 국가가 수립된다고 본다. 그러므로 이는 을(노직)의 입장으로 적절하지 않다.

ㄹ. 갑(롤스)은 기본적 자유가 서로 상충하는 경우 가장 광범위하게 보장되어야 한다고 본다. 을(노직)은 취득과 이전의 원리에 의해 보장된 권리라도 교정을 위해 제한될 수 있다고 본다. 그러므로 이는 갑(롤스)과 을(노직)의 공통 입장으로 적절하지 않다.

13
일차

01 ③	02 ④	03 ⑤	04 ③	05 ⑤	06 ④	07 ⑤	08 ④	09 ⑤	10 ④	11 ①	12 ③
13 ④	14 ③	15 ⑤	16 ④	17 ③	18 ⑤	19 ①	20 ②	21 ②	22 ⑤	23 ④	24 ⑤
25 ②	26 ⑤	27 ④	28 ②	29 ④	30 ②	31 ④					

문제편 114~125쪽

---

01 | 교정적 정의에 대한 베카리아와 칸트의 입장 25학년도 9월 모평 15번 | 정답 ③ | 정답률 73%

(가)의 갑, 을 사상가들의 입장을 (나) 그림으로 표현할 때, A~C에 해당하는 적절한 진술만을 〈보기〉에서 고른 것은? [3점]

(가)	갑 베카 리아	사형은 주권과 법의 원천이 되는 권능으로부터 나온 것은 아니다. 종신 노역형은 단지 한 범죄자만 있어도 지속적인 본보기를 제공할 수 있다.
	을 칸트	사법적 형벌은 결코 범죄자 자신이나 시민 사회를 위해서 어떤 다른 선을 촉진하기 위한 한낱 수단으로서 가해질 수는 없다.

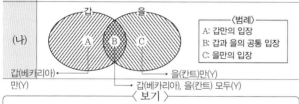

(나)

〈범례〉
A: 갑만의 입장
B: 갑과 을의 공통 입장
C: 을만의 입장

갑(베카리아)
만(Y)
을(칸트)만(Y)
갑(베카리아), 을(칸트) 모두(Y)

〈보기〉
ㄱ. A: 사형은 공포를 유발하는 효과가 없으므로 폐지해야 한다.
ㄴ. B: 형벌은 응당한 비례 원리를 준수하여 부과해야 한다.
　→ 갑(베카리아)과 을(칸트)의 공통 입장
ㄷ. B: 범죄 억제력이 있는 형벌도 정당하지 않은 경우가 있다.
ㄹ. C: 형벌은 오직 범죄자의 인격 교화가 목적인 정언 명령이다.

① ㄱ, ㄴ　② ㄱ, ㄷ　③ ㄴ, ㄷ　④ ㄴ, ㄹ　⑤ ㄷ, ㄹ

| 자료 분석 |

갑은 베카리아, 을은 칸트이다. 베카리아는 공리주의적 관점에서 형벌은 범죄를 예방하기 위한 사회적 이익에 따라 행해져야 하며, 사형 제도보다 종신 노역형이 범죄를 예방하는 효과가 더 크다고 본다. 칸트는 응보주의적 관점에서 범죄자가 일으킨 해악과 동등한 만큼의 형벌을 가하는 것이 범죄자의 인격을 존중하는 것이라고 본다.

| 보기 해설 |

ㄱ. A에는 갑(베카리아)만의 입장에 해당하는 진술이 들어가야 한다. 갑(베카리아)은 사형도 공포를 유발하여 범죄를 예방하는 효과가 있지만 종신 노역형이 범죄를 예방하는 효과가 더 크므로 사형 제도를 종신 노역형으로 대체해야 한다고 본다. 을(칸트)은 형벌을 통해 특정한 목적을 추구하는 것은 그 형벌을 받는 범죄자의 인격을 수단으로 여기는 것으로 본다. 그러므로 이 진술은 갑(베카리아)만의 입장에 해당하지 않기 때문에 A에 들어갈 진술로 적절하지 않다.

ㄴ. B에는 갑(베카리아)과 을(칸트)의 공통 입장에 해당하는 진술이 들어가야 한다. 갑(베카리아)은 형벌 및 그 집행 수단은 형벌 간의 비례 관계를 유지해야 한다고 본다. 을(칸트)은 동해보복의 원리에 따라 범죄자가 일으킨 해악과 동등한 만큼의 형벌이 주어져야 한다고 본다. 그러므로 이 진술은 갑(베카리아)과 을(칸트)의 공통 입장에 해당하기 때문에 B에 들어갈 진술로 적절하다.

ㄷ. B에는 갑(베카리아)과 을(칸트)의 공통 입장에 해당하는 진술이 들어가야 한다. 갑(베카리아)는 범죄 억제력이 있는 형벌도 사회적 효용이 증진되지 않는다면 정당하지 않을 수 있다고 본다. 을(칸트)은 정당한 형벌은 오직 응보를 위한 형벌이라고 보고, 단지 범죄를 억제하기 위한 형벌은 정당하지 않다고 본다. 그러므로 이 진술은 갑(베카리아)과 을(칸트)의 공통 입장에 해당하기 때문에 B에 들어갈 진술로 적절하다.

ㄹ. C에는 을(칸트)만의 입장에 해당하는 진술이 들어가야 한다. 갑(베카리아)은 형벌은 범죄 억제 등의 사회적 효용을 창출할 때만 정당화될 수 있다고 본다. 을(칸트)은 정당한 형벌은 오직 응보를 위한 형벌이며, 형벌은 단지 범죄자의 인격 교화를 위해 가해져서는 안 된다고 본다. 그러므로 이 진술은 을(칸트)만의 입장에 해당하지 않기 때문에 C에 들어갈 진술로 적절하지 않다.

갑, 을 사상가들의 입장으로 적절한 것만을 〈보기〉에서 고른 것은? [3점]

> 갑: 법은 공공 의사의 표현이다. 법은 살인을 미워하고 처벌한다. 그
> 베카 런데 그런 법이 스스로 살인을 범한다니 얼마나 어리석은가. 사
> 리아 형은 한 시민에 대한 국가의 전쟁이다. 이 전쟁은 필요하지도 효
> 과적이지도 않다.
>
> 을: 법을 제정하는 행위는 일반 의지의 행사이다. 위법 행위와 형벌
> 루소 의 관계에 따라 형법이 제정된다. 국가에 맞서 전쟁을 선포한 죄
> 인을 사형에 처할 때 우리는 그를 국가의 적으로서 처벌하는 것
> 이다.

――――――〈 보기 〉――――――

ㄱ. 갑: 형벌은 모든 고통을 한순간에 집중시켜야만 효과적이다.
    → 형벌의 효과는 강도 < 지속도
ㄴ. 갑: 법은 살인을 금지하므로 법에 의해 살인하는 형벌은 부당
    하다.
ㄷ. 을: 모든 형벌은 범죄자를 시민의 일원으로서 처벌하는 것이다.
    공공의 적
ㄹ. 갑과 을: 사회 계약의 목적에 반하는 형벌은 정당성이 없다.

① ㄱ, ㄴ   ② ㄱ, ㄷ   ③ ㄴ, ㄷ   ✔④ ㄴ, ㄹ   ⑤ ㄷ, ㄹ

| 자료 분석 |

갑은 베카리아, 을은 루소이다. 베카리아는 사회 계약이 생명 보존을 위한 목적으로 맺은 것이므로 생명을 빼앗는 사형은 성립할 수 없다고 보았다. 또한 공리주의의 관점에서도 사형보다는 종신 노역형이 범죄 예방 효과가 높다고 주장하였다. 루소는 사회 계약의 관점에서 살인범은 시민의 안전과 생명을 보존하기 위해 맺은 사회 계약의 정당성을 파괴한 공공의 적이므로 사형을 통해 국가로부터 분리해야 한다고 보았다.

| 보기 해설 |

ㄱ. 베카리아는 형벌의 목적이 범죄자의 교화 및 범죄 예방에 있다고 보고, 형벌은 범죄와 형벌 간의 비례 관계를 유지하면서 인간의 정신에 가장 효과적이고 지속적인 인상을 만들어 내는 동시에 범죄자의 신체에는 가장 작은 고통을 주는 것이어야 한다고 주장하였다. 이에 따라 베카리아는 모든 고통을 한순간에 집중시키는 사형보다는 지속적인 고통을 유발하는 종신 노역형이 더 효과적이라고 보았다.

ㄴ. 베카리아는 생명권은 양도할 수 없는 것이고, 사회 계약은 생명 보존을 위해 맺은 것이므로 사형은 정당화될 수 없다고 주장하였다. 이러한 관점에서 베카리아는 법이 살인을 금지하므로 법에 의해 살인을 합리화하는 사형은 부당하다고 보았다.

ㄷ. 루소는 범죄자는 법을 위반함으로써 국가의 일원이기를 멈추는 것이며 국가와 싸우는 것이라고 보았다. 따라서 루소의 관점에서 범죄자는 시민이 아닌 적으로 간주되어 처벌받는 것이다.

ㄹ. 베카리아와 루소의 공통된 입장으로 적절하다. 베카리아는 사회 계약의 관점에서 형벌은 계약자인 시민의 생명과 안전을 보장하기 위해 이루어져야 한다고 보고, 생명을 빼앗는 사형은 사회 계약의 목적에 반하는 정당하지 못한 형벌이라고 주장하였다. 루소는 사회 계약의 관점에서 시민의 생명과 안전을 훼손한 범죄자는 시민이 아닌 공공의 적으로서 처벌받는 것이 정당하다고 보았다.

(가)의 갑, 을, 병 사상가들의 입장에서 서로에게 제기할 수 있는 비판을 (나) 그림으로 표현할 때, A∼F에 해당하는 내용으로 가장 적절한 것은? [3점]

(가)	갑: 형벌의 법칙은 하나의 정언 명령이다. 그러므로 살인을 했거나 그에 협력했던 살인자는 누구든 사형에 처해지지 않으면 안 된다.
	을: 시민은 계약을 통해 자기 생명을 처분하기보다 보존하려고 궁리한다. 그러므로 살인자는 시민이 아닌 국가의 적으로 간주되어 사형에 처해져야 한다.
	병: 사형은 한 사람의 시민에 대한 국가의 전쟁이다. 사형이 유용하지도 않고 필요하지도 않음을 드러냄으로써 나는 인도주의의 대의를 선취하고자 한다.

갑: 칸트
을: 루소
병: 베카리아

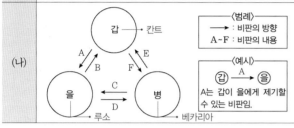

(나)

〈범례〉
⟶ : 비판의 방향
A∼F : 비판의 내용

〈예시〉
갑 ─A→ 을
A는 갑이 을에게 제기할 수 있는 비판임.

① A와 F: 살인자는 시민 사회에서 제거될 수밖에 없음을 간과한다.
  → 을(루소)이 병(베카리아)에게 제기할 수 있는 비판

② B: 사형은 국가 존립이 아니라 정의 실현을 위해 집행됨을 간과한다.
  → 갑(칸트)이 을(루소)에게 제기할 수 있는 비판

③ C: 사회 계약에 근거해 모든 종류의 형벌이 집행될 수 있음을 간과한다. → 을(루소)이 병(베카리아)에게 제기할 수 있는 비판

④ D: 사형의 선고와 집행은 살인자의 동의를 전제하지 않음을 간과한다. → 갑(칸트)이 을(루소)에게 제기할 수 있는 비판

⑤ E: 동해 보복 원리에 어긋나는 형벌도 정당화될 수 있음을 간과한다.
  → 을(루소)과 병(베카리아)이 갑(칸트)에게 제기할 수 있는 비판

| 자료 분석 |

갑은 칸트, 을은 루소, 병은 베카리아이다. 칸트는 살인자는 자신이 입힌 피해를 동등한 만큼의 피해를 입는 것으로 보상하여야 하기 때문에 사형을 실시해야 한다고 본다. 루소는 살인자는 다른 사람을 해치지 않겠다는 사회 계약을 어겼기 때문에 더 이상 시민으로 존중받지 못하고 사형에 처해져야 한다고 본다. 베카리아는 국가가 살인을 법으로 금지하고 있기 때문에 살인을 저지른 범죄자에 대해서도 사형을 실시할 수 없다고 본다.

| 선지 해설 |

① A와 F는 갑(칸트)이 을(루소)과 병(베카리아)에게 제기할 수 있는 비판을 의미한다. 갑(칸트)은 살인자에게 사형을 실시하지 않는 것은 살인자의 인격을 존중하지 않는 것으로 본다. 을(루소)은 살인자는 사회 계약을 위반하였기 때문에 더 이상 사회 구성원이 될 수 없다고 본다. 병(베카리아)은 살인자는 사형을 받는 것이 아닌 종신 노역형의 형태로 사회에 계속해서 기여해야 한다고 본다. 그러므로 이 내용은 을(루소)의 입장에 해당하여 A와 F에 들어갈 내용으로 적절하지 않다.

② B는 을(루소)이 갑(칸트)에게 제기할 수 있는 비판을 의미한다. 갑(칸트)은 사형은 살인자가 사회에 입힌 피해를 보상하고 살인자를 인격으로 존중하기 위해 실시한다고 본다. 을(루소)은 사형은 살인자가 사회 계약을 위반하여 공공의 적으로 간주되어 실시하는 것으로 본다. 그러므로 이 내용은 갑(칸트)이 을(루소)에게 제기할 수 있는 비판에 해당하여 B에 들어갈 내용으로 적절하지 않다.

③ C는 병(베카리아)이 을(루소)에게 제기할 수 있는 비판을 의미한다. 을(루소)은 사회 계약은 시민의 동의에 기반한 것이기 때문에 모든 종류의 형벌이 집행될 수 있다고 본다. 병(베카리아)은 개인의 생명권은 사회 계약으로 양도될 수 없다고 본다. 그러므로 이 내용은 병(베카리아)에게 제기할 수 있는 비판에 해당하여 C에 들어갈 내용으로 적절하지 않다.

④ D는 을(루소)이 병(베카리아)에게 제기할 수 있는 비판을 의미한다. 을(루소)은 시민들이 사형을 실시하는 사회 계약에 동의하였다고 본다. 병(베카리아)은 개인의 생명권을 사회에 양도할 수 없는 것으로 본다. 그러므로 이 내용은 을(루소)에게 제기할 수 있는 비판에 해당하여 D에 들어갈 내용으로 적절하지 않다.

⑤ E는 병(베카리아)이 갑(칸트)에게 제기할 수 있는 비판을 의미한다. 갑(칸트)은 형벌은 동해 보복 원리에 따라 행해져야 한다고 본다. 병(베카리아)은 형벌은 사회적 효용성에 따라 행해져야 한다고 본다. 그러므로 이 내용은 병(베카리아)이 갑(칸트)에게 제기할 수 있는 비판에 해당하여 E에 들어갈 내용으로 적절하다.

갑, 을 사상가들의 입장으로 적절한 것만을 〈보기〉에서 있는 대로 고른 것은? [3점]

> 갑: 법은 개개인의 특수 의사의 총체인 일반 의사를 대표한다. 그
> 베카 런데 자신의 <mark>생명을 빼앗을 권능을 타인에게 기꺼이 양도하는</mark>
> 리아 <mark>자는 없다. 그러므로 사형은 사회 계약에 포함될 수 없다.</mark>
> 을: 사회 계약에 사형이 포함될 수 없다는 이유로 모든 사형의 부
> 칸트 적법성을 주장하는 것은 궤변이고 법의 왜곡이다. <mark>형벌은 오</mark>
>   <mark>직 범죄자가 범죄를 저질렀기 때문에 행해지는 것이며, 형벌의</mark>
>   <mark>법칙은 하나의 정언 명령이다.</mark> → 응보주의

───────〈 보기 〉───────

> ㄱ. 갑: 범죄 억제력은 형벌의 ~~강도가~~ 아니라 지속도에서 나온다.
> ㄴ. 갑: 종신 노역형은 범죄자보다 시민들에게 더 큰 공포를 준다.
> ㄷ. 을: 형벌 자체는 범죄자의 존엄성을 실현하기 위한 ~~필요악~~이다.
>   └ 형벌은 정언 명령. 정당한 것
> ㄹ. 갑과 을: 사형을 오직 본보기로 집행하는 것은 부당하다.

① ㄱ, ㄴ ② ㄱ, ㄷ ✓③ ㄴ, ㄹ
④ ㄱ, ㄷ, ㄹ ⑤ ㄴ, ㄷ, ㄹ

형벌적 정의에 대한 문항은 매년 출제되고 있다. 일반적으로 칸트와 공리주의, 또는 칸트와 베카리아의 입장을 비교하는 문항이 자주 출제되는데, 이따금 루소의 입장을 함께 묻기도 한다. 선지를 해석하는 문제부터 벤다이어그램이나 순서도를 활용한 고난도 문제가 출제되곤 하니, 빠르게 풀어내는 것보다 정확하게 풀어내어 실수를 줄이는 것이 중요하다.

|자료 분석|

갑은 베카리아, 을은 칸트이다. 베카리아는 공리주의 관점과 사회 계약론의 입장에서 사형 제도를 반대했다. 공리주의 관점에서 볼 때 처벌의 핵심적 목적은 사회 전체의 선을 증대시키는 것인데, 단기간에 강렬한 인상을 주는 사형보다는 지속적으로 고통의 본보기가 되어 범죄 예방 효과가 큰 종신 노역형이 사회적 유용성 증대에 기여한다고 보았다. 또한 사회 계약론의 입장에서도 개인은 자신의 생명권을 양도하지 않을 것이기 때문에 사형은 부당하다고 주장했다. 칸트는 살인자에 대한 사형은 살인자의 고통받는 인격을 해방하여 인간의 존엄성을 실현하는 것이므로 응보주의적 관점에서 살인자에게 사형을 행하는 것은 정당하다고 보았다.

|보기 해설|

ㄱ. 베카리아는 효과성의 측면에서 강도보다는 지속도가 범죄 억제력이 높다고 보고, 한 순간의 높은 강도를 가진 사형보다는 지속적인 본보기가 되는 종신 노역형이 더 효과적인 형벌이라고 주장했다. 따라서 어떤 것이 더 형벌의 효과가 높은가를 따진다면 강도보다는 지속도이지만, 그렇다고 범죄를 억제하는데 강도가 전혀 기능을 못한다고 보지는 않았다.

Ⓛ 베카리아는 종신 노역형이 범죄자보다 시민들에게 더 큰 공포를 준다고 보았다. 왜냐하면 범죄자는 자신의 눈앞에 놓인 순간의 비참함에 사로잡혀 미래를 생각할 여력조차 없지만, 그것을 지켜보는 시민은 범죄자가 당하는 순간 순간의 고통을 합산하고 자신의 현재 감수성으로 사태를 판단함으로써 범죄자가 당하는 모든 고통을 상상 속에서 더욱 승폭하여 느끼기 때문이다.

ㄷ. 칸트는 형벌 자체가 범죄자의 존엄성을 실현하기 위한 것이라고 보았다. 왜냐하면 형벌은 범죄자에게 자신의 자율적 행위에 대해 책임을 지게 하는 것이기 때문이다. 그러나 칸트는 형벌을 필요악이라고 보지 않았다. 칸트는 형벌이 결과적 좋음을 위해 어쩔 수 없이 행해지는 악이라고 인식한 것이 아니라, 반드시 행해져야만 하는 정언 명령으로 보았기 때문에 형벌은 도덕적으로 정당한 행동이라 인식했다. 따라서 칸트의 입장에서 형벌이 인간의 존엄성을 실현하는 것이기는 하지만 필요악이라 할 수 없다.

Ⓡ 베카리아는 사형보다 종신 노역형이 더 효과적이므로 사형이 범죄 예방과 사회 전체의 이익 증진에 부합하지 않는다고 보았다. 칸트는 형벌의 본질이 응보이며 형벌을 위해 인간을 수단으로 삼아서는 안 된다고 보았다. 따라서 베카리아와 칸트 모두 사형을 오직 본보기로 집행하는 것이 부당하다고 볼 것이다.

05 형벌에 대한 칸트, 루소, 베카리아의 입장 24학년도 6월 모평 9번

정답 ⑤ | 정답률 27%

(가)의 갑, 을, 병 사상가들의 입장에서 서로에게 제기할 수 있는 비판을 (나) 그림으로 표현할 때, A~F에 해당하는 내용으로 가장 적절한 것은? [3점]

(가)	갑 칸트	자연 상태로부터 법적 상태로의 이행은 형법을 요청한다. 살인과 달리 사형은 고통받는 인격 안에 있는 인간성을 추악하게 만드는 것으로부터 벗어나 있어야 한다.
	을 루소	살인자는 사회의 법을 위반했으므로 그 행위로 인해 조국에 대한 반역자가 되어 버린다. 그는 국가의 구성원이 아니므로 국가로부터 분리되어야 한다.
	병 베카리아	인간은 자신을 죽일 권리가 없으므로 그 권리를 양도하는 것은 불가능하다. 사형은 권리의 문제가 아니며, 한 사람의 시민에 대한 국가의 전쟁이다.

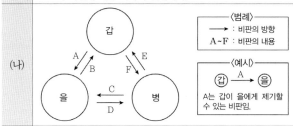

〈범례〉
→ : 비판의 방향
A~F : 비판의 내용

〈예시〉
갑 —A→ 을
A는 갑이 을에게 제기할 수 있는 비판임.

① A: 범죄 사실 자체를 근거로 형벌을 부과해서는 안 됨을 간과한다.
→ 칸트는 범죄 사실 자체를 근거로 형벌을 부과해야 한다고 봄

② B: 살인자에 대한 사형은 그의 인격성을 존중하는 것임을 간과한다.
강조

③ C와 E: 살인자에게 사형 이외의 형벌이 부과될 수 있음을 간과한다.
→ 루소는 살인자에게 사형 이외에 추방형을 부과할 수 있다고 봄

④ D: 사회 전체를 대표하는 입법자에게만 형벌권이 있음을 간과한다.
강조

⑤ F: 살인자에 대한 사형이 사회 계약에 포함될 수 있음을 간과한다.

┃ 자료 분석 ┃

갑은 칸트, 을은 루소, 병은 베카리아이다. 칸트는 살인자의 범죄 행위에 상응하는 형벌로 사형은 정당하다고 보며, 사형은 살인자의 고통받는 인격을 해방하여 인간의 존엄성을 실현하는 것이라고 본다. 루소는 살인자는 스스로 사회 계약을 파기한 것이기 때문에 살인자에 대한 사형은 정당하며, 타인의 생명을 희생시킨 사람은 자신의 생명도 희생해야 한다고 본다. 베카리아는 사회 계약은 생명 보존을 위해 맺은 것이기 때문에 생명을 빼앗는 사형은 사회 계약으로 성립될 수 없다고 본다.

┃ 선지 해설 ┃

① 칸트가 루소에게 제기할 비판(A)으로 적절하지 않다. 칸트는 범죄 사실 자체를 근거로 형벌을 부과해야 한다고 보는 입장이다. 형벌의 본질이 응보에 있으며, 형벌은 다른 선을 촉진하기 위한 수단으로 가해질 수 없다고 본다.

② 루소가 칸트에게 제기할 비판(B)으로 적절하지 않다. 칸트는 살인자에 대한 사형이 그의 인격성을 존중하는 것임을 강조한다. 형벌은 범죄자 자신이 스스로 선택한 행위에 대해 책임을 지우는 것이기 때문에 범죄자의 인격성을 존중하는 것이라고 본다.

③ 칸트는 살인자에게 사형 이외의 형벌이 부과될 수 없다고 보기 때문에 베카리아가 칸트에게 제기할 비판(E)으로는 적절하다. 하지만, 루소는 살인자에 대해 사형 이외에 추방형을 부과할 수 있다고 보기 때문에 베카리아가 루소에게 제기할 비판(C)으로는 적절하지 않다.

④ 루소가 베카리아에게 제기할 비판(D)으로 적절하지 않다. 베카리아는 사회 전체를 대표하는 입법자에게만 형벌권이 있다고 본다. 따라서 베카리아가 간과하고 있는 부분이 아니다.

⑤ 칸트가 베카리아에게 제기할 비판(F)으로 적절하다. 칸트는 살인자에 대한 사형이 사회 계약에 포함될 수 있다고 보며, 베카리아는 사회 계약의 목적이 생명 보존에 있기 때문에 생명을 빼앗는 사형은 사회 계약에 포함될 수 없다고 본다.

(가)의 갑, 을, 병 사상가들의 입장에서 서로에게 제기할 수 있는 비판을 (나) 그림으로 표현할 때, A~F에 해당하는 내용으로 가장 적절한 것은? [3점]

(가)	갑: 법은 각자의 자유 중 최소한의 몫을 모은 것으로 일반 의사를 대표한다. 생명의 포기는 그 최소한의 몫에 포함 되지 않는다. 사형은 한 시민에 대한 국가의 전쟁이다. 베카리아
	을: 법은 일반 의지의 행위에 속하고, 의지의 보편성과 대상의 보편성을 결합하고 있다. 법을 위반한 살인범은 자기 보존을 목적으로 한 사회 계약을 파기한 자이다. 루소
	병: 입법권은 국민의 합일된 의지에만 귀속한다. 보편적으로 합일된 의지만이 법칙 수립적일 수 있기 때문이다. 따라서 형벌의 법칙은 하나의 정언 명령이다. 칸트

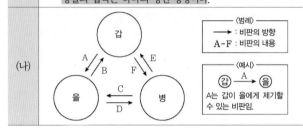

(나)

〈범례〉
⟶ : 비판의 방향
A~F : 비판의 내용

〈예시〉
갑 —A→ 을
A는 갑이 을에게 제기할 수 있는 비판임.

① A, F: 사형은 강렬한 인상을 줄 수 ~~없는~~ 비효과적 형벌임을 간과한다.
　　　　　　　　있으나, 지속성이 떨어지는

② B: 생명권 양도 여부가 사형제의 정당성을 판단하는 근거가 될 수 있음을 ~~간과~~한다.

③ C: 살인범은 더 이상 도덕적 인격으로 간주될 수 ~~없음~~을 간과한다.
　　　　　　　　　　　　　　　　　　있음

✔ D: 모든 형벌은 공공의 이익을 위해서 집행되어야 함을 간과한다.

⑤ E: 형벌의 목적은 범죄자에게 고통을 주는 데 있시 않음을 ~~간과한다.~~

자료 분석

갑은 베카리아, 을은 루소, 병은 칸트이다. 베카리아는 한 개인의 생명권은 양도할 수 없는 것이기 때문에 사회 계약을 이유로 사형을 정당화할 수 없다고 본다. 또한, 공리주의 관점에서 사형보다는 종신 노역형이 범죄 예방과 사회 전체 이익 증진에 부합한다고 주장한다. 루소는 사회 계약설의 관점에서 살인범은 자기 보존을 목적으로 한 사회 계약을 이미 파기한 자이기 때문에 시민의 생명과 안전을 확보하기 위한 사형 제도는 정당하다고 본다. 칸트는 응보주의 관점에서 살인자에 대한 사형은 정당하며, 사형은 살인범의 고통 받는 인격 안의 인간성을 끔찍하게 할 모든 가혹 행위에서 벗어나게 해 주는 것이라고 주장한다.

선지 해설

① 갑(베카리아)이 을(루소)과 병(칸트)에게 제기할 비판으로 적절하지 않다. 갑(베카리아)은 사형이 강렬한 인상을 줄 수 있는 형벌이라는 것에 동의한다. 하지만, 사형은 한순간에 모든 고통을 집결시키기 때문에 지속성의 측면에서 종신 노역형보다 범죄 예방 효과가 크지 않다고 본다.

② 을(루소)이 갑(베카리아)에게 제기할 비판으로 적절하지 않다. 갑(베카리아)은 생명권의 양도 여부가 사형제의 정당성을 판단하는 근거가 될 수 있음을 주장한다. 사회 계약을 맺을 때에도 생명권은 양도할 수 없는 것이기 때문에 사회 계약을 이유로 생명권을 박탈하는 사형은 정당화될 수 없다고 본다.

③ 병(칸트)이 을(루소)에게 제기할 비판으로 적절하지 않다. 병(칸트)은 살인범도 도덕적 인격으로 간주될 수 있다고 본다. 사형은 살인범의 인격을 해방시키고 존엄성을 실현하는 것이라고 본다.

④ 을(루소)이 병(칸트)에게 제기할 비판으로 적절하다. 을(루소)은 사회 계약설의 입장에서 모든 형벌은 사회 계약의 목적을 달성하고, 공공의 이익을 실현하기 위해 집행되어야 한다고 본다. 반면, 병(칸트)은 응보주의 입장에서 범죄에 상응하는 형벌을 강조한다. 따라서 병(칸트)은 형벌이 가져오는 이익과 효과의 측면을 간과한다고 비판받을 수 있다.

⑤ 병(칸트)이 갑(베카리아)에게 제기할 비판으로 적절하지 않다. 갑(베카리아)은 형벌의 목적이 범죄자에게 고통을 주는 것에 있다기보다 범죄 예방과 사회 전체 이익의 증진이라는 효과성에 있음을 강조한다. 따라서 형벌의 목적이 범죄자에게 고통을 주는 데 있지 않음을 간과한다고 보기 어렵다.

07 형벌에 대한 칸트, 베카리아, 벤담의 입장 23학년도 9월 모평 12번

정답 ⑤ | 정답률 65%

갑, 을, 병 사상가들의 입장으로 가장 적절한 것은? [3점]

> 갑: 형벌은 동등성의 원리에 따라서 내려져야 한다. 사형은 살인
> 칸트 에 대한 최상의 균형자이다. 이는 정의가 선험적으로 정초된
>   보편적인 법칙들에 따라 의욕하는 바이다. → 응보주의적 관점
>
> 을: 형벌은 시민의 이익을 위해 집행되어야 한다. 사형은 정말로
> 베카 유용하고 정당한가? 사형은 국가가 유용하다고 판단한 경우
> 리아 한 사람의 시민에 대해 벌이는 전쟁이다.
>
> 병: 형벌은 사회에 해악을 끼치는 모든 위법 행위를 막는 것에 목
> 벤담 적을 둔다. 형벌의 가치는 어떠한 경우에도 위법 행위에서 얻
>   는 이득의 가치를 능가하기에 충분해야 한다. → 공리주의적 관점

① 갑: 살인범은 살인을 의욕한 자로서 어떠한 인격성도 지닐 수 ~~없다~~.
   　　　　　　　　　　　　　　　　　　　　　　　　　　　　있다

② 을: 일반 시민이 법을 두려워하지 ~~않도록~~ 형벌을 집행해야 한다.
   　　　　　　　　　　　　하도록

③ 병: 공동체의 해악을 ~~방지한다면~~ 형벌 그 자체는 ~~악이 아니다~~.
   　　　　　　　　　　한다고 해도　　　　　　　　악이다

④ 갑과 을: 공적 정의는 만인의 행복에 영향을 미치는 방식일 뿐이다.

⑤ 을과 병: 범죄자에게 가능한 한 적은 고통을 주는 동시에 범죄 억
   지력을 갖는 형벌은 허용될 수 있다.

OX문제로 개념 확인

(1) 칸트는 살인범은 범죄 행위를 의욕한 자로서 그에 상응하는 책임을 져야한다
고 본다.　　　　　　　　　　　　　　　　　　　　　　　　（　　　）

(2) 벤담은 모든 법의 목적은 공동체 전체의 이익 증진에 있으며, 처벌은 그 자체
로 선이라고 주장한다.　　　　　　　　　　　　　　　　　（　　　）

(3) 베카리아는 생명은 양도할 수 없는 것이기 때문에 사회 계약을 이유로 사형
을 정당화 할 수 없다고 본다.　　　　　　　　　　　　　　（　　　）

(1) ○　(2) X　(3) ○

자료 분석

갑은 칸트, 을은 베카리아, 병은 벤담이다. 칸트는 응보주의적 관점에서 형벌의 본질이 범죄 행위에 대한 응당한 보복에 있다고 보며, 살인자에 대한 사형은 정당하다고 본다. 또한, 형벌은 인간을 수단이 아닌 목적 그 자체로 대우하는 것이며, 범죄자가 자신의 자율적 행위에 대해 책임을 지도록 하는 것이라고 주장한다. 베카리아는 공리주의적 관점에서 형벌은 시민의 이익을 위해 행해지는 것이라고 본다. 그는 이러한 관점에서 사형보다는 종신 노역형이 범죄 예방과 사회 전체의 이익 증진에 부합한다고 주장한다. 벤담은 공리주의적 관점에서 형벌은 범죄의 예방과 사회적 효용을 최대화하기 위한 것이라고 본다. 따라서 형벌로 인해 초래되는 해악이 형벌을 통해 예방할 해악보다 커서는 안 된다고 주장한다.

선지 해설

① 갑(칸트)은 살인범의 인격성은 수단이 아닌 목적 그 자체로 대우받아야 한다고 보며, 사형은 살인자의 자율적 행위에 대한 책임을 지우는 것이자 살인자의 고통받는 인격을 해방하여 인간의 존엄성을 실현하는 것이라고 본다.

② 을(베카리아)은 법이 범죄 예방 효과를 가져야 한다고 보므로, 시민들이 법을 두려워하도록 형벌을 집행해야 한다고 주장한다. 즉, 시민이 처벌에 대해 두려움을 가짐으로써 처벌의 사회적 효과가 발휘될 때 사회 전체의 효용이 증대될 수 있다고 보는 것이다.

③ 병(벤담)은 형벌의 목적이 공동체의 해악을 방지하고, 공동체 전체의 행복을 위한 것이라고 본다. 하지만 형벌은 그 자체로는 고통을 유발하기 때문에 악이라고 본다. 따라서 형벌은 그것을 통해 더욱 큰 악을 없애는 것을 보장하는 한에서만 인정되어야 한다고 주장한다.

④ 을(베카리아)의 입장에만 해당한다. 갑(칸트)은 형벌이 범죄 행위에 대한 응보로서 가해지는 것이지 시민 사회의 다른 선을 촉진시키기 위한 수단이 되어서는 안 된다고 본다. 을(베카리아)은 공리주의 관점에서 공적 정의의 실현이 만인의 행복, 즉 사회 전체의 이익 증진을 위한 것이라고 본다.

⑤ 을(베카리아)과 병(벤담)의 입장에 해당한다. 두 사상가는 공리주의적 관점에서 형벌로 인해 초래되는 해악이 형벌을 통해 예방할 해악보다 커서는 안 된다고 본다. 즉, 범죄자에게 가능한 한 적은 고통을 주면서 동시에 범죄 예방 효과를 높일 수 있는 효율적인 형벌이 적용되어야 한다고 주장하는 것이다.

(가)의 갑, 을, 병 사상가들의 입장에서 서로에게 제기할 수 있는 비판을 (나) 그림으로 표현할 때, A~F에 해당하는 내용으로 가장 적절한 것은? [3점]

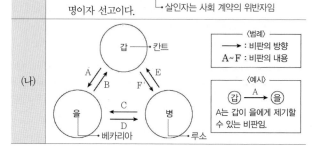

	갑 칸트	┌ 보복법의 원리 **사형은 살인에 상응하는 보복을 위한 것이다.** 또한 **사형은 인간성을 해치는 죄책감으로부터 사형수를 해방시켜 준다.** ┌ 사형은 살인자의 인간성을 존중하는 형벌이라고 봄
(가)	을 베카리아	을: 사형은 한순간에 강렬한 인상만을 줄 뿐이다. 반면, **종신 노역형은 더 큰 공포를 안겨 주므로 인간 정신에 미치는 효과가 사형에 비해 크다.** ┌ 형벌의 효과: 강도 < 지속성
	병 루소	병: **사형은 죄인을 적으로 간주하는 것으로서, 그에 대한 재판과 판결은 그가 더 이상 국가의 구성원이 아니라는 증명이자 선고이다.** ┌ 살인자는 사회 계약의 위반자임

① A. C: 형벌이 주는 공포는 강도보다 지속성에서 나옴을 간과한다.
② B: 종신 노역형이 범죄자를 목적으로 대우하는 형벌임을 간과한다.
③ D: 사형은 시민의 범죄 의욕을 전혀 억제할 수 없음을 간과한다.
④ E: 사형은 시민들의 생명을 지키기 위해 실행되는 형벌임을 간과한다.
⑤ F: 범죄자를 처벌하는 것은 그가 처벌을 의욕했기 때문임을 간과한다. ┌ 범죄를

| 자료 분석 |

(가)의 갑은 칸트, 을은 베카리아, 병은 루소이다. 칸트는 살인에 대해 보복법의 원리를 충족하는 유일한 형벌은 사형이며, 사형은 살인자의 인간성을 존중하는 형벌로서 반드시 집행되어야 한다고 주장하였다. 베카리아는 범죄자가 고통받는 모습을 오랫동안 보여 주는 종신 노역형이 사형보다 범죄 예방 효과가 크다고 보면서 사형 제도를 반대하였다. 루소는 살인자가 사회 계약의 목적인 구성원의 생명 보존을 침해한 자로서, 국가의 구성원이 아닌 적으로 간주되어 사형에 처해져야 한다고 보았다.

| 선지 해설 |

① 베카리아는 형벌이 주는 공포는 강도보다 지속성에서 나온다고 보면서 사형보다 종신 노역형이 범죄 억제력이 높은 효과적인 형벌이라고 본다. 따라서 해당 내용은 베카리아에게 제기할 수 있는 비판으로 적절하지 않다.

② 칸트는 사형이 인간성을 해치는 죄책감으로부터 사형수를 해방시켜 주는 것으로, 범죄자를 목적으로 대우하는 형벌이라고 본다. 따라서 해당 내용은 베카리아가 칸트에게 제기할 비판으로 적절하지 않다.

③ 베카리아는 사형도 시민의 범죄 의욕을 억제하는 효과가 있지만, 그 효과가 지속적이지 않으며 종신 노역형에 비해 떨어진다고 본다. 따라서 해당 내용은 베카리아가 제기할 수 있는 비판으로 적절하지 않다.

④ 루소는 사회 계약론의 관점에서 사형이 시민들의 생명을 지키기 위해 실행되는 형벌이라고 본다. 그러나 칸트는 사형을 포함한 모든 형벌은 다른 목적을 위해서가 아니라 범죄자가 스스로 범죄를 의욕했다는 사실에 기초하여 시행되어야 한다고 강조한다. 따라서 해당 내용은 시민들의 생명 보존(사회 계약의 목적 수호)을 위해 사형을 정당화하는 루소가 칸트에게 제기할 수 있는 비판으로 적절하다.

⑤ 칸트는 범죄자가 '처벌'을 의욕했기 때문이 아니라 '범죄'를 의욕했기 때문에 범죄자를 처벌해야 한다고 주장한다. 따라서 해당 내용은 칸트가 제기할 수 있는 비판으로 적절하지 않다.

갑, 을 사상가들의 입장으로 가장 적절한 것은? [3점] ┌ 동해보복의 원칙에 따름

갑
칸트: 누구든 그가 **처벌받아야 할 행동을 원했기 때문에 처벌받는 것이다.** 아무리 고통이 가득한 삶이라도 삶과 죽음은 같은 종류의 것이 아니다. 법정의 심판대 앞에서 **살인죄에 대한 최상의 균형자는 사형이다.**

을
베카리아: 누구든 자신의 생명을 빼앗을 권한을 기꺼이 양도하지 않을 것이다. 사회 계약의 목적은 공리, 즉 최대 다수의 최대 행복이며, 이것이 인간적 정의의 기초이다. **사형보다 종신 노역형이 공리에 부합한다.** ┌ 사형의 강도보다 종신형의 지속성이
    형벌의 효과가 높다고 봄

① 갑: 범죄자는 범행이 아닌 처벌을 원했기 때문에 처벌받는 것이다. ┌ 처벌받을 행동
② 갑: 사형은 살인범을 수단으로서만 대하려는 응분의 보복 행위이다. ┌ 목적으로
③ 을: 종신 노역형은 비공개로 집행하는 것이 범죄 예방에 효과적이다. ┌ 공개로
④ 을: 사형은 범죄 억제력이 최대이므로 사회 계약의 목적에 부합한다.
⑤ 갑, 을: 형벌은 사적인 보복이 아니라 공적인 정의를 실현해야만 한다.

| 자료 분석 |

갑은 칸트, 을은 베카리아이다. 칸트는 형벌의 본질이 응보에 있으며, 보복법에 따라 살인자에게는 그에 비례하는 형벌인 사형이 집행되어야 한다고 본다. 베카리아는 사람들이 생명 보존을 위해 사회 계약을 맺었으므로, 자신의 생명을 빼앗을 권한을 국가에게 양도하지 않을 것이라고 본다. 또한 사형보다는 종신 노역형이 범죄 예방에 더 효과적인 형벌이라고 본다.

| 선지 해설 |

① 칸트는 범죄자가 처벌을 의욕한 것이 아니라 처벌받아야 할 행위를 의욕했기 때문에 처벌받는 것이라고 본다.

② 칸트는 사형이 살인을 저지른 살인범에게 자신이 행한 행위에 대해 책임질 수 있는 기회를 주는 것이므로 사형은 살인범을 수단으로서 대우하는 것이 아니라 목적으로 대하려는 응분의 보복 행위라고 주장한다.

③ 베카리아는 인간의 정신에 큰 효과를 끼치는 것은 형벌의 강도가 아니라 지속성이라고 본다. 따라서 사회 구성원들이 일시적으로 강도가 큰 사형보다 지속적으로 고통을 받는 종신 노역형을 목격하는 것이 범죄 예방에 효과적이라고 본다.

④ 베카리아는 사회 계약의 주된 목적이 자신의 생명을 유지하는 것이므로 구성원들이 자신의 생명을 박탈할 권리를 국가에 양도하지 않을 것이라고 본다. 또한 사형은 종신 노역형에 비해 범죄 예방에 효과적이지 않다고 본다.

⑤ 칸트와 베카리아 모두 형벌은 개인적 차원에서 이루어지는 사적인 보복이 아니라 공적인 정의를 실현하기 위해 집행되어야만 한다고 본다.

10   형벌에 대한 루소, 칸트, 베카리아의 입장   22학년도 6월 모평 19번   정답 ④ | 정답률 13%

(가)의 갑, 을, 병 사상가들의 입장에서 서로에게 제기할 수 있는 비판을 (나) 그림으로 표현할 때, A~F에 해당하는 내용으로 가장 적절한 것은?

→ 입법권, 주권 → 일반 의지에 의해 행사

| (가) | 갑: 법은 사회적 결합의 계약 조건이기 때문에, 법에 복종하는 시민들이 법의 제정자가 되어야 한다. 법은 일반 의지에 의해 행사되어야 한다. |
| 루소 | |
| 을: 법은 공적 정의를 실현하기 위해 동등성의 원리에 따라 형벌을 규정해야 한다. 오직 보복법만이 형벌의 질과 양을 명확하게 제시할 수 있다. |
| 칸트 | → 응보주의적 입장 |
| 병: 법은 공익을 증진하기 위해 제정되어야 한다. 그러므로 법은 범죄자가 아닌 시민의 이익을 위해 사형을 대체한 종신 노역형을 규정해야 한다. |
| 베카리아 | → 사형보다 종신 노역형이 효과적임을 주장 |

→ 형벌의 질과 양

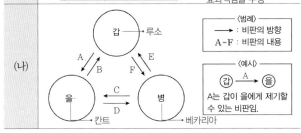

〈범례〉
→ : 비판의 방향
A~F : 비판의 내용

〈예시〉
갑 —A→ 을
A는 갑이 을에게 제기할 수 있는 비판임.

① A, F: 범죄와 형벌 간에 비례 관계가 성립해야 함을 간과한다.
② B: 살인자는 더 이상 국가 구성원이 아니라는 사실을 간과한다.
③ C: 사형은 범죄 억제력이 전혀 없는 잔혹한 형벌일 뿐임을 간과한다. → 종신 노역형보다 약한
✔ D: 형벌에 대한 범인의 동의가 형벌권의 기초가 아님을 간과한다.
⑤ E: 사형제 존폐를 계약자의 생명 보존을 위해 정해야 함을 간과한다.

| 자료 분석 |

(가)의 갑은 루소, 을은 칸트, 병은 베카리아이다. 루소는 사회 계약론을 바탕으로 하여 시민들이 법의 제정자가 되어야 하며, 입법권은 시민들이 형성한 일반 의지에 의해 행사되어야 한다고 보았다. 칸트는 응보주의적 관점에서 범죄자에 대한 형벌의 양과 질은 범죄자가 저지른 범죄에 상응하는 것이어야 한다고 보았다. 베카리아는 공리주의적 관점에서 종신 노역형이 사형보다 범죄 예방에 효과적이라고 보고, 사형에 반대하였다.

| 선기 해설 |

① 범죄와 형벌 간에 비례 관계가 성립해야 한다고 주장하는 것은 루소, 칸트, 베카리아 모두의 공통된 입장이다.

② 루소는 생명 보존이라는 사회 계약의 목적을 위반한 살인자는 더 이상 국가의 구성원이 아닌 적으로 간주되어야 한다고 보았다. 한편 칸트는 사형이 살인자가 자신의 범죄에 대해 책임질 기회를 주는 인간성을 존중하는 형벌이라고 보고, 사형 집행이 끝까지 이루어져야 한다고 주장하였다.

③ 베카리아는 사형의 범죄 억제력이 전혀 없다고 보는 것이 아니다. 그는 지속성이 없는 형벌인 사형보다 상대적으로 강도는 약하지만 지속성이 있는 형벌인 종신 노역형의 범죄 예방 효과가 더 크다고 주장하는 것이다.

④ 칸트는 범죄자가 범죄를 스스로 의욕하였다는 사실에 따라 형벌이 부과되어야 한다는 응보주의적 관점을 취한다. 반면, 베카리아는 사회 계약론의 입장에서 그 누구도 자신의 생명을 빼앗는 사형에 동의하지 않을 것이라고 주장하며 사형에 반대하였다. 따라서 칸트는 베카리아에게 형벌에 대한 범인의 동의가 형벌권의 기초가 아니라고 비판할 수 있다.

⑤ 루소는 계약자(사회 구성원)의 생명 보존을 위해 사회 계약의 목적을 위반한 살인자는 '적'으로 간주되어야 하고, 그에 대한 사형 제도가 필요하다고 보았다. 즉, 계약자(국가 구성원)의 생명 보존을 위해 사형제를 긍정하였다.

11   교정적 정의에 대한 베카리아와 칸트의 입장   24학년도 3월 학평 17번   정답 ① | 정답률 46%

갑, 을 사상가들의 입장으로 적절한 것만을 〈보기〉에서 있는 대로 고른 것은? [3점]

갑	사회 계약의 산물인 법은 오로지 '최대 다수가 공유하는 최대 행복'을 목표로 해야 한다. 사형은 잔혹한 형벌로 공공의 선에 유용하지 않으므로 부당하다.
베카리아	
을	사회 계약에 사형이 포함될 수 없다는 것은 법의 왜곡이다. 살인했거나 살인에 참여했던 자는 사형에 처해야 한다. 응보법만이 형벌의 질과 양을 정할 수 있다.
칸트	

〈 보기 〉
ㄱ. 갑: 형벌의 목적은 시민의 유사한 범죄를 예방하는 것이다.
ㄴ. 갑: 종신 노역형은 시민뿐만 아니라 범죄자의 이익을 위해서도 집행되어야 한다.
ㄷ. 을: 사형은 살인범의 범죄 행위에 대해 보복하는 것이다.
ㄹ. 갑과 을: 형벌로 인한 공익이 형벌의 해악보다 커야 한다.

✔ ㄱ, ㄷ   ② ㄱ, ㄹ   ③ ㄴ, ㄹ
④ ㄱ, ㄴ, ㄷ   ⑤ ㄴ, ㄷ, ㄹ

| 자료 분석 |

갑은 베카리아, 을은 칸트이다. 베카리아는 공리주의에 근거하여 사형 제도보다 종신 노역형이 더 사회에 이익이 된다고 보며 사형 제도를 반대한다. 칸트는 범죄자의 인격을 수단이 아닌 목적으로 대우하는 것은 살인에 상응하는 형벌인 사형을 실시하는 것이라고 보며 사형 제도를 찬성한다.

| 보기 해설 |

ㄱ 갑(베카리아)은 공리주의의 관점에서 형벌의 목적은 범죄 행위에 예방에 있다고 본다. 그러므로 '형벌의 목적은 시민의 유사한 범죄를 예방하는 것이다.'라는 주장은 갑(베카리아)의 입장으로 적절하다.

ㄴ. 갑(베카리아)은 종신 노역형은 범죄자가 겪을 고통을 오래 지속시킬 수 있기 때문에 종신 노역형이 사형 제도보다 범죄 예방 효과가 크다고 본다. 그러므로 '종신 노역형은 시민뿐만 아니라 범죄자의 이익을 위해서 집행되어야 한다.'라는 주장은 갑(베카리아)의 입장으로 적절하지 않다.

ㄷ 을(칸트)은 응보주의의 관점에서 형벌은 범죄자의 범죄 행위에 상응하는 벌을 주는 것이라고 본다. 그러므로 '사형은 살인범의 범죄 행위에 대해 보복하는 것이다.'라는 주장은 을(칸트)의 입장으로 적절하다.

ㄹ. 갑(베카리아)은 공리주의의 관점에서 형벌로 얻을 수 있는 이익이 그로 인해 발생하는 해악보다 커야 한다고 본다. 반면 을(칸트)은 동해보복의 관점에서 범죄자가 일으킨 해악과 범죄자가 받을 처벌이 동등해야 한다고 본다. 그러므로 '형벌로 인한 공익이 형벌의 해악보다 커야 한다.'라는 주장은 갑(베카리아)과 을(칸트)의 공통 주장으로 적절하지 않다.

(가)의 갑, 을, 병 사상가들의 입장에서 서로에게 제기할 수 있는 비판을 (나) 그림으로 표현할 때, A~F에 해당하는 내용으로 가장 적절한 것은?

→ 공리주의적 관점

(가)	갑 벤담	처벌 그 자체는 고통을 주므로 악이다. 하지만 처벌이 더 큰 악을 제거한다면 양적 공리의 원칙에 의해 허용된다.
	을 베카 리아	형벌은 강도보다 지속성을 중시해야 한다. 사형은 한 시민에 대한 국가의 전쟁이므로 허용되어서는 안 된다.
	병 칸트	살인자는 사형에 처해져야 한다. 누구든지 그가 형벌을 받아야 할 행위를 의욕했기 때문에 형벌을 받는 것이다.

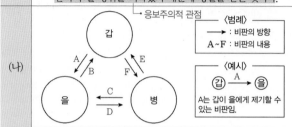

응보주의적 관점

〈범례〉
→ : 비판의 방향
A~F : 비판의 내용

〈예시〉
갑 —A→ 을
A는 갑이 을에게 제기할 수 있는 비판임.

① A: 형벌을 통해 행위를 통제하고자 하는 대상은 범죄자에 국한되어야 함을 간과한다.
　→ 갑, 을 모두 형벌의 목적은 범죄 예방과 범죄자 교화라고 봄

② B: 형벌의 종류와 크기는 사회적 파급 효과를 고려하여 정해야 함을 간과한다.
　→ 갑, 을 모두 동의할 내용

✓③ C, E: 형벌은 사회적 선을 촉진하기 위한 수단으로 가해질 수 없음을 간과한다.

④ D: 사형을 통해 지속적으로 공포 인상을 주어 범죄를 예방해야
　　　종신 노역형
　함을 간과한다.
　→ 을은 사형이 일시적인 공포 인상만을 유발한다고 보고 이에 반대함

⑤ F: 형벌로부터 초래되는 해악은 형벌을 부과할 때 고려해야 할 사항이 아님을 간과한다.
　→ 갑은 형벌로 인한 해악과 형벌이 방지할 해악을 모두 고려함

| 자료 분석 |

(가)의 갑은 벤담, 을은 베카리아, 병은 칸트이다. 벤담은 형벌 그 자체는 악이지만 형벌을 통한 범죄 예방과 범죄자에 대한 교화와 같은 사회적 효용이 더 크다면 형벌은 허용될 수 있다고 본다. 다만, 형벌은 그로 인해 초래되는 해악이 형벌을 통해 예방할 해악보다 커서는 안 된다고 본다. 베카리아는 형벌의 효과 측면에서 강도보다 지속성이 중요하기 때문에 사형보다는 종신 노역형이 범죄 예방과 사회 전체의 이익 증진에 부합한다고 본다. 또한 사회 계약의 관점에서 사형은 자신의 생명이라는 타인에게 양도할 수 없는 권리를 박탈하는 것이기 때문에 사회 계약을 이유로 국가 권력이 사형을 집행하는 것은 부당하다고 본다. 칸트는 응보주의적 관점에서 살인자에 대한 사형은 정당하며, 살인이라는 범죄에 대해 사형 이외의 형벌은 정의에 부합하지 않는다고 본다.

| 선지 해설 |

① 갑(벤담)이 을(베카리아)에게 할 비판으로 적절하지 않다. 갑(벤담), 을(베카리아)은 모두 공리주의적 관점에서 형벌의 사회적 유용성에 주목하며, 형벌이 범죄 예방과 범죄자에 대한 교화라는 사회적 이익에 부합할 때 정당화된다고 주장한다. 즉, 갑(벤담), 을(베카리아)에게 형벌을 통해 행위를 통제하고자 하는 대상은 범죄자뿐만 아니라 범죄를 저지를 수 있는 다른 모든 시민을 포함한다.

② 을(베카리아)이 갑(벤담)에게 할 비판으로 적절하지 않다. 갑(벤담), 을(베카리아)은 모두 형벌이 사회적 이익을 증진하기 위한 수단이라고 보고, 처벌의 사회적 효과를 강조한다. 따라서 두 사상가는 형벌의 종류와 크기는 사회적 효용성을 극대화할 때 가장 효과적이라고 인식하며, 사회적 파급 효과를 고려하여 형벌의 종류와 크기를 정해야 한다고 본다.

③ 병(칸트)이 갑(벤담), 을(베카리아)에게 할 비판으로 적절하다. 병(칸트)은 형벌의 본질이 범죄 행위에 대한 응당한 보복을 가하는 것에 있음을 강조하며 범죄 행위에 상응하는 동등한 형벌의 부과를 주장한다. 또한 병(칸트)은 인간을 수단으로 대해서는 안 되며 목적으로 대해야 한다고 보기 때문에 범죄자에게 형벌을 내림으로써 사회적 선을 추구하는 것은 범죄자라는 한 인간을 수단으로 대하는 행위라고 보고 비판할 것이다.

④ 을(베카리아)이 병(칸트)에게 할 비판으로 적절하지 않다. 을(베카리아)은 형벌의 강도보다는 지속성이 형벌의 효과를 결정하는 요인이라고 보고, 한순간의 강한 인상과 공포를 주는 사형보다 지속적으로 고통의 본보기가 되는 종신 노역형이 더 효과적인 형벌이라고 주장한다. 이러한 이유로 을(베카리아)은 병(칸트)에게 사형의 정당성을 주장하지 않을 것이다.

⑤ 갑(벤담)이 병(칸트)에게 할 비판으로 적절하지 않다. 갑(벤담)은 형벌 그 자체는 악이지만 공리의 원리에 따라 더 큰 악을 없애는 것을 보장한다면 형벌이 정당화될 수 있다고 주장한다. 즉 갑(벤담)의 입장에서는 형벌이 초래하는 악이 형벌이 없앨 수 있는 악보다 더 크다면 그러한 형벌은 허용되어서는 안 된다고 주장할 것이다.

(가)의 갑, 을, 병 사상가들의 입장에서 서로에게 제기할 수 있는 비판을 (나) 그림으로 표현할 때, A~F에 해당하는 내용으로 가장 적절한 것은? [3점]

(가)	갑: 형벌은 그 자체로는 악이다. 하지만 공리의 원리에 따르면 더 큰 악의 제거를 보장하는 한에서 형벌은 허용되어야 한다. → 형벌의 조건부적 허용
벤담	
을: 형벌은 범죄를 억제하기에 충분한 정도의 강도만을 가져야 한다. 종신 노역형만으로도 가장 완강한 자의 마음을 억제하기에 충분한 정도의 엄격성을 지닌다. → 사형 < 종신 노역형
베카리아	
병: 형벌은 동등성의 원리에 따라 집행되어야 한다. 만약 어떤 자가 살인을 했다면 이 범죄자에게 법적으로 집행되는 사형 외에 범죄와 보복의 동등성은 없다. → 응보의 원리
칸트	

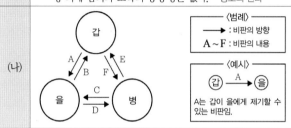

〈범례〉
→ : 비판의 방향
A ~ F : 비판의 내용

〈예시〉
갑 ─A→ 을
A는 갑이 을에게 제기할 수 있는 비판임.

① A: 보편적 원리에 따라서 형벌을 부과해야 함을 ~~간과~~한다.

② B: 사형은 사회 계약에 근거해서 ~~집행되어야~~ 함을 간과한다.
　→ 을: 생명을 빼앗는 사형은 사회 계약으로 성립될 수 없음

③ C: 타인의 생명을 빼앗은 자는 ~~생득적~~ 인격성이 상실됨을 간과한다.
　　　　　　　　　　　　시민적

✓④ D, F: 형벌은 사회적 선을 위해 범죄자에게 행해져야 함을 간과한다.

⑤ E: 형벌은 범죄자가 ~~처벌을 의욕했으므로 시행해야~~ 함을 간과한다.
　　　　　　　　　처벌받을 행위를

| 자료 분석 |

갑은 벤담, 을은 베카리아, 병은 칸트이다. 벤담은 형벌이 공동체의 전체 행복을 증가시키기 위해 행해져야 하지만 고통을 유발하기 때문에 그 자체로는 악이라고 보았다. 벤담은 형벌이 허용되기 위해서는 형벌로 인한 해악이 형벌을 통해 예방될 해악보다 커서는 안 된다고 주장했다. 베카리아는 공리주의적 관점에서 사형보다 종신 노역형이 범죄 예방과 사회 전체의 이익 증진에 부합한다고 보았다. 또한 생명 보존을 위해 맺은 사회 계약에 따라 생명을 빼앗는 사형을 행하는 것은 정당화 될 수 없다는 점에서도 사형의 부당함을 주장했다. 칸트는 응보주의적 관점에서 형벌의 본질은 응보이며, 응보주의에 따른 형벌만이 범죄자를 다른 목적을 위한 수단이 아닌 목적으로 대우하는 것이라고 보았다. 칸트에 따르면 형벌은 범죄자에게 자신의 자율적 행위에 대해 책임을 지게 함으로써 범죄자의 인격을 존중하는 것이다.

| 선지 해설 |

① 벤담은 '공리의 원리'라는 보편적 원리에 따라 형벌이 사회 전체의 행복과 유용성을 증진하는 차원에서 이루어져야 한다고 보았다. 베카리아 역시 '공리의 원리'라는 보편적 원리에 따라 형벌로 인한 고통보다 형벌로 인한 이익이 높을 경우 형벌을 부과해야 한다고 주장한다. 벤담과 베카리아 모두 보편적 원리에 따른 형벌 부과를 인정하므로 벤담이 베카리아에게 제기할 수 있는 비판으로 적절하지 않다.

② 베카리아는 사회 계약에 근거하여 사형에 반대한다. 사회 계약의 목적은 계약자인 시민의 생명과 안전의 보장이므로, 보존하고자 했던 생명을 빼앗는 사형이라는 형벌은 사회 계약으로서 성립되기 어렵다고 보았다. 따라서 베카리아가 벤담에게 제기할 수 있는 비판으로 적절하지 않다.

③ 칸트는 살인자가 살인을 저질러 사형 선고를 받게 되면 시민적 인격성은 상실될 수 있지만, 사형이 선고되는 순간에도 살인자가 본래 가지고 있던 생득적 인격성은 상실될 수 없다고 보았다. 따라서 칸트가 베카리아에게 제기할 수 있는 비판으로 적절하지 않다.

④ 벤담과 베카리아는 모두 형벌의 목적을 범죄자의 교화와 범죄 예방이라고 보고 형벌을 통해 범죄 예방과 사회적 행복 증진이라는 사회적 선을 추구해야 한다고 보았다. 이와 달리 칸트는 형벌을 사회적 선을 위해 범죄자에게 행하는 것은 범죄자를 다른 목적을 위한 수단으로 취급하는 것이므로 형벌은 오직 범죄를 저질렀다는 이유만으로 행해져야 한다고 보았다. 따라서 벤담과 베카리아가 칸트에게 제기할 수 있는 비판으로 적절하다.

⑤ 칸트는 범죄자가 처벌을 의욕해서가 아니라 처벌받을 행위를 의욕했기 때문에 형벌을 받는 것으로 보고, 결코 어떤 다른 선을 촉진하기 위한 수단으로서 가해질 수 없다고 보았다. 따라서 칸트가 벤담에게 제기할 수 있는 비판으로 적절하지 않다.

(가)의 갑, 을, 병 사상가들의 입장을 (나) 그림으로 탐구하고자 할 때, A~D에 들어갈 적절한 질문만을 〈보기〉에서 있는 대로 고른 것은? [3점]

(가)	**갑:** 인간은 장기간 반복되는 지루함과 비참함을 이겨낼 만 베카 한 탄력성을 갖고 있지 않다. 그러므로 사형보다 종신 리아 노역형이 구경꾼에게 더 큰 공포를 안겨 준다.
	을: 사형을 당하는 자는 시민이 아니라 적으로서 죽는다. 그 루소 는 스스로 사회 계약을 파기했으므로 국가 구성원이 아 니라는 사실이 소송과 재판으로 입증되고 선고된다.
	병: 재판관의 사형 선고는 엄격한 보복법에 따라 내려진다. 칸트 살인을 했거나 그것을 명했거나 그에 협력했던 살인자는 누구든 사형에 처해지지 않으면 안 된다.

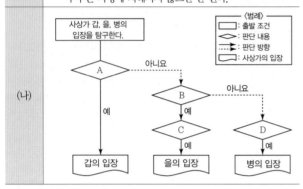

〈 보기 〉

ㄱ. A: 국가가 사형제를 채택하는 것은 공적 정의에 부합하는가?
→ 갑은 부정, 을과 병은 긍정의 대답을 할 질문

ㄴ. B: 사형은 시민의 생명을 보존하는 수단으로 행해져야 하는가?

ㄷ. C: 살인범은 국가에서 추방되거나 사형에 처해져야 하는가?

ㄹ. D: 살인을 직접 저지른 사람만이 사형 선고의 대상이 되는가?
→ 살인을 명하거나 협력한 사람도 사형 선고의 대상

① ㄱ, ㄴ   ② ㄱ, ㄹ   ✔③ ㄴ, ㄷ
④ ㄱ, ㄷ, ㄹ   ⑤ ㄴ, ㄷ, ㄹ

| **자료 분석** |

갑은 베카리아, 을은 루소, 병은 칸트이다. 베카리아는 공리주의의 관점에서 순식간에 끝나는 사형보다 장기간 반복되는 지루함, 비참함을 견디며 오랫동안 고통을 겪어야 하는 종신 노역형이 구경꾼들에게 본보기가 되어 범죄 예방 효과가 더 크다고 주장한다. 루소는 사회 계약설의 관점에서 살인자는 스스로 사회 계약을 파기한 것이기 때문에 살인자가 사형을 받는 것은 정당하다고 본다. 자발적 상호 계약을 근거로 타인의 생명을 희생시킨 사람은 자신의 생명도 희생해야 한다고 보는 것이다. 칸트는 응보주의의 관점에서 살인자의 범죄 행위에 상응하는 형벌로 사형은 정당하며, 사형 이외의 형벌은 정의에 부합하지 않는다고 본다.

| **보기 해설** |

ㄱ. 베카리아는 부정, 루소와 칸트는 긍정의 대답을 할 질문이다. 베카리아는 사회 계약은 생명 보존을 위해 맺은 것이기 때문에 생명을 빼앗는 사형은 사회 계약으로 성립될 수 없다고 본다. 루소는 사회 계약설을 바탕으로 살인범은 사회 계약을 파기한 것으로 보고 사형 제도에 찬성하며, 칸트는 응보주의의 관점에서 살인자에 대한 응당한 처벌로 사형이 정당하다고 본다.

ㄴ. 루소는 긍정, 칸트가 부정의 대답을 할 질문이다. 루소는 사형은 시민의 생명과 안전을 확보하기 위한 수단으로 행해질 수 있다고 본다. 그러나 칸트는 형벌의 본질이 응보에 있으며, 형벌은 다른 목적을 위한 수단이 될 수 없다고 본다.

ㄷ. 루소가 긍정의 대답을 할 질문이다. 루소는 살인범은 스스로 사회 계약을 파기했으므로 국가에서 추방되거나 사형에 처해져야 한다고 본다. 루소는 타인의 생명을 희생시킨 사람은 자신의 생명도 희생해야 한다고 본다.

ㄹ. 칸트가 부정의 대답을 할 질문이다. 칸트는 살인을 직접 저지른 사람뿐만 아니라 살인을 명했거나 살인에 협력했던 사람도 사형 선고의 대상이 되어야 한다고 주장한다.

(가)의 갑, 을, 병 사상가들의 입장에서 서로에게 제기할 수 있는 비판을 (나) 그림으로 표현할 때, A~F에 해당하는 내용으로 가장 적절한 것은? [3점]

(가)	갑: 법은 강제 권한과 결합되어 있다. 오직 법정의 심판대 앞에서 이루어지는 보복법만이 형벌의 질과 양을 명확하게 제시할 수 있다. → 응보주의
	을: 법은 개개인의 특수 의사의 총체인 일반 의사를 대표한다. 그런데 자신의 생명을 빼앗을 권능을 타인에게 양도할 자는 없다. 사형은 권리일 수 없다.
	병: 법은 일반 의지의 반영이다. 법이 규정한 사회적 권리를 침해하는 악인은 모두 조국의 반역자가 되며, 그의 보존은 국가의 보존과 양립할 수 없다.

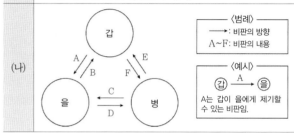

① A, F: 사형은 살인범의 인간 존엄성을 <del>훼손하는</del> 형벌임을 간과한다.
        존중하는

② B: 범죄자는 형벌을 받아야 할 행위를 원했기 때문에 형벌을 받는 것임을 <del>간과한다.</del>
        강조

③ C: 사형은 사회 계약을 통해 성립될 수 <del>없지만</del> 정당한 형벌임을 간과한다.
        있는

④ D: 형벌의 <del>지속도보다 강도가</del> 범죄 예방에 효과적임을 간과한다.
        강도보다 지속도가

✔⑤ E: 형벌은 시민 사회의 선을 위한 수단으로서 가해질 수 있음을 간과한다.

자료 분석

갑은 칸트, 을은 베카리아, 병은 루소이다. 칸트는 응보주의의 관점에서 형벌의 본질이 응보에 있으며, 범죄 행위에 상응하는 동등한 형벌을 부과해야 한다고 본다. 또한, 사형은 살인자에 대한 정당한 처벌이며, 사형 이외의 형벌은 정의에 부합하지 않는다고 본다. 베카리아는 사회 계약이 생명 보존을 위해 맺은 것이므로 생명을 빼앗는 사형은 사회 계약으로 성립될 수 없다고 보고, 공리주의의 관점에서 사형보다 범죄 예방 효과가 큰 종신 노역형이 바람직하다고 본다. 루소는 사회 계약설의 관점에서 시민의 생명과 안전을 위해 사형 제도는 정당하며, 살인자는 스스로 사회 계약을 파기한 것이기 때문에 타인의 생명을 희생시킨 사람은 자신의 생명도 희생해야 한다고 본다. 교정적 정의에 대해 세 사상가가 각각 어떤 입장을 취하고 있고, 서로의 입장에 대해 어떤 비판을 제기할 수 있는지를 파악하는 문항에 해당한다.

선지 해설

① 칸트가 베카리아와 루소에게 제기할 비판(A, F)으로 적절하지 않다. 칸트는 사형이 살인범의 인간 존엄성을 훼손하는 형벌이라고 보지 않는다. 오히려 사형이 살인범의 고통받는 인격을 해방하여 인간 존엄성을 존중하는 형벌이라고 본다.

② 베카리아가 칸트에게 제기할 비판(B)으로 적절하지 않다. 칸트는 범죄자는 형벌을 받아야 할 행위를 원했기 때문에 그에 상응하는 형벌을 받아야 한다고 강조한다. 따라서 칸트가 간과하고 있는 내용으로 적절하지 않다.

③ 루소가 베카리아에게 제기할 비판(C)으로 적절하지 않다. 루소는 사형은 사회 계약을 통해 성립할 수 있는 정당한 형벌이라고 본다. 루소는 사회 계약설의 관점에서 계약자인 시민의 생명과 안전을 확보하기 위한 사형 제도는 정당하다고 본다.

④ 베카리아가 루소에게 제기할 비판(D)으로 적절하지 않다. 베카리아는 형벌의 강도보다 지속도가 범죄 예방에 효과적이라고 보며, 공리주의 관점에서 순식간에 끝나는 사형보다 오랫동안 고통의 본보기가 되는 종신 노역형이 범죄 예방 효과가 더 크다고 주장한다.

⑤ 루소가 칸트에게 제기할 비판(E)으로 적절하다. 루소는 사회 계약설의 입장에서 형벌은 사회적 효과와 이익의 측면에서 집행될 수 있음을 강조한다. 반면, 칸트는 형벌의 본질이 응보에 있기 때문에 형벌이 다른 선을 촉진하기 위한 수단으로 취급되어서는 안 된다고 본다. 따라서 루소는 칸트가 형벌이 시민 사회의 선을 위한 수단으로 가해질 수 있음을 간과하고 있다고 비판할 것이다.

갑, 을, 병 사상가들의 입장으로 가장 적절한 것은? [3점]

> 갑: 사회 계약은 자기 자신을 처벌하도록 하거나 자기 자신과 자기
> 칸트 생명을 처분하는 것에 관한 약속을 포함하지 못한다. 누구든
> 그가 형벌을 의욕했기 때문이 아니라 형벌을 받을 행위를 의욕
> 했기 때문에 형벌을 받는 것이다. ←응보주의 → 생명을 보장하기 위한 사회 계약이
> 생명을 빼앗을 수 없음
> 을: 사회 계약에 사형은 포함될 수 없다. 인간이 자신을 죽일 권리
> 베카 가 없는 이상, 그 권리를 타인이나 사회에 양도하는 것 역시 불
> 리아 가능한 것이다. 사형은 어떤 의미에서도 권리가 될 수 없다.
> 병: 사회 계약은 계약 당사자들의 생명 보존을 목적으로 한다. 살인
> 루소 범은 사회 계약을 어긴 자로서 추방에 의해 격리되거나, 공중의
> 적으로서 죽음에 의해 영원히 격리되어야 한다. → 사회 계약에 따라
> 사형 찬성

① 갑 : 형벌은 범죄가 사회에 끼친 해악에 따라 부과되어야 한다.
상응하여

② 을 : 종신 노역형은 살인을 방지할 수 있는 유일한 방법이다.

③ 병 : 개인은 사회 계약으로 자기 생명을 처분할 권리를 갖는다.
갖지 않는다

✔ ④ 갑, 병 : 살인범은 사회 성원으로서의 자격이 상실되어야 한다.

⑤ 을, 병 : 형벌의 목적은 일반 시민의 범죄 예방으로 국한된다.
을: 일반 시민의 범죄 예방과 범죄자 교화
병: 시민의 생명과 안전 보장

| 자료 분석 |

갑은 칸트, 을은 베카리아, 병은 루소이다. 칸트는 응보주의적 관점에서 살인자에 대한 사형은 정당하며 살인에 대해 사형 외에 다른 형벌은 정의에 부합하지 않는다고 주장한다. 칸트에 따르면 사형은 살인자의 고통받는 인격을 해방하여 인간의 존엄성을 실현하는 것이며, 살인자는 사형을 의욕했기 때문이 아니라 사형을 받을만한 행위, 즉 살인을 의욕했기 때문에 형벌을 받는 것이라고 본다. 베카리아는 사회 계약의 관점에서 생명은 양도할 수 없는 권리이기 때문에 사회 계약의 관점에서 사형이 정당화될 수 없으며, 살인 금지를 규정한 법에 근거해 국가 권력이 살인을 집행하는 것은 부당하다고 주장한다. 루소는 사회 계약의 관점에서 계약자인 시민의 생명과 안전을 보장하기 위해 공중의 적인 살인자에 대한 사형 제도는 정당하며, 살인자는 타인의 생명을 희생하여 자신의 생명을 보존하고자 했으므로 죽음에 의해 영원히 격리되어야 한다고 본다.

| 선지 해설 |

① 갑은 형벌은 범죄에 상응하여 동등한 정도로 이루어져야 한다고 주장한다. 갑은 처벌의 본질이 범죄 행위에 대한 응보에 있음을 강조하며 응보주의에 따른 형벌만이 인간을 다른 목적을 위한 수단으로 취급하는 것이 아니라고 본다. 따라서 범죄가 사회에 끼친 영향은 형벌 부과에 영향을 미치지 않는다.

② 을은 공리주의적 관점에서 형벌의 효과에 주목한다. 을에 따르면 형벌이 정당화되기 위해서는 형벌이 타인들의 범죄를 억제하기에 충분한 정도의 강도만을 가져야 하기 때문에 지나친 강도를 가진 사형보다는 지속적으로 고통을 주는 종신 노역형이 효과적인 형벌이다. 그러나 을은 처벌이 사회적 이익을 증진하기 위한 수단이라고 인식하므로 종신 노역형이 살인을 방지하기 위한 유일한 방법이라고 주장하지는 않는다. 종신 노역형은 사형보다는 효과적인 방법일 수 있지만, 종신 노역형보다 더 효과적인 방법도 있을 수 있다는 것이다.

③ 병은 살인범이 사회 계약의 주요한 목적이었던 생명 보존이라는 타인의 중요한 권리를 침해했기 때문에 공공의 적으로 간주되어 마땅히 자신의 생명을 희생하는 사형 제도에 따라야 한다고 주장한다. 그러나 병은 사형 제도가 개인이 주체가 되어 사적으로 집행되어서는 안 되고, 공적으로 집행되어야 한다고 본다.

④ 갑, 병의 공통적인 입장에 해당한다. 갑은 사형이 살인범의 고통받는 인격을 해방시켜 인간의 존엄성을 실현하는 것이라고 본다. 하지만 여기서 인격성은 생득적인 인간으로서 주어지는 인격성을 의미하는 것이지, 사회 구성원으로서 주어지는 시민적 인격성을 의미하는 것은 아니므로 살인범은 사회 성원으로서 자격이 상실된다. 병은 살인범이 사회 계약의 계약 대상자인 시민의 생명을 빼앗았으므로 자신의 생명을 희생하는 것이 정당하며, 공공의 적으로 간주되어 사회 구성원으로서의 자격을 박탈해야 한다고 주장한다.

⑤ 을은 공리주의적 관점에서 형벌의 목적이 사회적 이익 증진에 있다고 본다. 여기서 사회적 이익이란 일반 시민의 범죄 예방과 범죄자의 교화가 모두 포함된다. 따라서 을은 일반 시민의 범죄 예방과 범죄자의 교화라는 사회적 유용성에 따라 형벌이 집행되어야 한다고 볼 것이다. 반면 병은 형벌의 목적을 사회 계약의 계약 당사자인 개인들의 생명과 안전을 확보하는 것이라 주장한다. 따라서 병에게도 형벌의 목적이 일반 시민의 범죄 예방으로 국한되지 않는다.

17 형벌에 대한 루소와 베카리아의 입장 21학년도 10월 학평 12번
정답 ③ | 정답률 77%

갑, 을 사상가들의 입장으로 적절하지 <u>않은</u> 것은? [3점]

> 갑: 사회 계약의 목적은 계약자들의 생명 보존에 있다. 남들을 희
> 루소 생시킴으로써 자기 생명을 보존하려는 사람은 필요하다면 남
> 들을 위해 자기 생명도 내놓아야 한다. 사형도 같은 관점에서
> 고려해야 한다. ──사회 계약론의 관점에서 사형 찬성
>
> 을: 사회 계약의 산물인 법은 '최대 다수에 의해 공유된 최대 행
> 베카 복'의 목적에 비추어 평가해야 한다. 사형은 범죄 억제력이 낮
> 리아 고 잔혹함의 본보기를 제공하기 때문에 유해하다. 법은 스스
> 로 살인죄를 범해서는 안 된다. ──사회 계약론의 관점에서
>   사형 반대

① 갑: 살인범은 생명권을 사회에 양도한 것으로 보아야 한다.
② 갑: 살인범은 법률적 인격체가 아닌 공공의 적으로 간주된다.
✓③ 을: 범죄 예방 효과는 형벌 타당성 평가의 기준이 될 수 없다.
                                              된다
④ 을: 살인범에 대한 사형은 유용하지도 않고 필요하지도 않다.
⑤ 갑, 을: 사형의 정당성은 사회 계약에 근거해 평가할 수 있다.

자료 분석

갑은 루소, 을은 베카리아이다. 루소는 사회 계약론의 관점에서 사회 계약의 주체인 시민의 생명과 안전을 확보하기 위해 타인의 생명을 해친 자에게 가해지는 사형 제도가 정당함을 주장한다. 반면 베카리아는 사회 계약론의 관점에서 사람들이 사회 계약을 통해 국가를 수립한 까닭은 자연 상태에서의 혼란과 갈등을 최소화하여 개개인의 생명과 안전을 보장받기 위해서였으므로 생명을 해치는 사형은 정당화될 수 없다고 본다.

선지 해설

① 루소는 사회 계약을 맺은 개개인은 생명권을 공동체에 양도하였다고 주장한다. 따라서 루소는 사회 계약의 당사자였던 살인범 또한 생명권을 사회에 양도한 것이라고 본다.

② 루소는 타인의 생명을 해친 살인범은 사회 계약을 맺은 당사자인 도덕적·법률적 인격체가 아니라 공공의 적으로 간주되어 사형에 처해지는 것이 마땅하다고 강조한다.

③ 베카리아는 공리주의적 관점에서 형벌이 범죄 예방과 사회 전체의 이익 증진에 부합하는 방향으로 행해져야 한다고 주장한다. 즉, 범죄 예방 효과의 정도가 형벌의 타당성을 평가하는 주요한 기준이 될 수 있다는 것이다.

④ 베카리아는 형벌의 효과가 강도보다는 지속성에 의해 나타난다고 보고, 순식간에 끝나는 사형보다는 오랫동안 고통의 본보기가 되는 종신 노역형이 더 유용한 형벌이라고 주장하며 사형에 반대한다.

⑤ 루소는 사회 계약이 개인의 생명과 안전 확보를 위해 맺은 것이므로 타인의 생명을 빼앗은 살인범은 공공의 적으로 간주되어 사형시키는 것이 정당하다고 본다. 반면 베카리아는 개인의 생명은 사회 계약을 통해 양도할 수 없는 것이므로 계약 당사자의 생명을 빼앗는 사형은 사회 계약에 부합하지 않는다고 본다.

(가)의 사상가 갑, 을의 입장을 (나) 그림으로 탐구하고자 할 때, A~C에 들어갈 옳은 질문만을 〈보기〉에서 있는 대로 고른 것은?

(가)	갑: 인간 행동을 규제하는 것은 그가 알고 있는 고통의 반복적 인상에서 비롯된다. 시민들에게 범죄자가 노역하는 고통스러운 모습을 지속적으로 보여 주는 것이 사형보다 더 효과적인 형벌이다. → 형벌의 효과: 지속성 > 강도
베카리아	
	을: 인간은 내적 자유를 가진 존재이며 자신의 인간성을 훼손하지 말아야 할 의무가 있다. 네가 타인에게 해악을 끼치는 것은 그것이 무엇이든 그것을 네 자신에게 가하는 것과 같다. 이것이 형벌에서의 정언 명령이다. → 동등성의 원리에 따른 형벌의 근거
칸트	

(나)

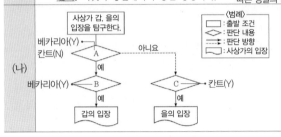

〈보기〉

ㄱ. A: 형벌에는 시민에게 공포감을 주려는 의도가 포함되어 있는가?
→ 베카리아: 긍정, 칸트: 부정

ㄴ. B: 범죄 의도의 반사회성이 범죄의 경중을 판단하는 척도인가?
→ 베카리아: 부정

ㄷ. B: 과도한 형벌은 효용 원리와 사회 계약 모두에 위배되는가?
→ 베카리아: 긍정

ㄹ. C: 인도적 동정심에서 사형의 부당성을 주장하는 것은 그른가?
→ 칸트: 긍정

① ㄱ, ㄴ   ② ㄴ, ㄷ   ③ ㄷ, ㄹ
④ ㄱ, ㄴ, ㄹ   ⑤ ㄱ, ㄷ, ㄹ

자료 분석

갑은 베카리아, 을은 칸트이다. 베카리아는 인간의 정신에 큰 효과를 끼치는 것은 형벌의 강도가 아닌 지속성이라고 보고, 범죄 예방의 측면에서 사형보다는 종신 노역형이 보다 효과적이라고 주장하며 사형 제도에 반대한다. 칸트는 타인에게 해악을 끼치는 것은 그것이 무엇이든 자기 자신에게 해악을 가하는 것과 동일하다고 보면서, 범죄자에 대한 형벌은 동등성의 원리에 따라 행해져야 한다고 주장한다.

보기 해설

ㄱ 베카리아는 형벌이 범죄자의 교화와 범죄 예방이라는 사회적 유용성의 측면에서 행해져야 한다고 주장하면서, 형벌에는 시민에게 공포감을 주어 범죄를 예방하려는 의도가 포함되어 있다고 본다. 반면 칸트는 응보주의적 관점에서 오직 범죄자가 범죄를 저질렀다는 이유만으로 그에 상응하는 형벌을 부과해야 한다고 주장한다. 따라서 형벌에는 시민에게 공포감을 주려는 의도가 포함되어서는 안 된다고 본다.

ㄴ. 베카리아는 공리주의적 입장에서 범죄의 경중은 범죄의 의도보다는 범죄가 사회에 끼친 손해 혹은 악영향 등을 기준으로 판단되어야 한다고 본다. 따라서 베카리아의 입장에서 범죄 의도의 반사회성은 범죄의 경중을 판단하는 척도로 작용하지 않는다.

ㄷ 베카리아는 공리주의적 입장에서 형벌이 범죄자의 교화와 범죄 예방에 충분한 정도의 강도만을 지녀야 정당하다고 본다. 형벌 자체는 해악을 유발하는 것이므로, 범죄자의 교화와 타인의 범죄 예방을 넘어서는 과도한 강도의 형벌은 효용의 원리에 위배되어 정당화될 수 없다는 것이다. 또한 베카리아는 사회 계약론적 입장에서 자신의 생명을 빼앗을 권리를 타인이나 국가에 양도하는 데 기꺼이 동의할 사람은 없으므로, 사형과 같은 과도한 형벌은 정당화될 수 없다고 주장한다.

ㄹ 칸트는 사형이 살인범을 다른 선을 촉진하기 위한 한낱 수단으로 취급하지 않고, 오직 그를 목적으로 대우함으로써 그의 인격적 존엄성을 존중하는 형벌이라고 본다. 이러한 관점에서 칸트는 인도주의적 동정심에서 사형의 부당성을 주장하는 것은 궤변이며 법의 왜곡이라고 주장한다.

연결형 문제로 개념 확인

(1) 칸트 •   • ㉠ 공리주의적 관점에서 사형보다 종신 노역형이 더 효과적이다.

(2) 베카리아 •   • ㉡ 사형은 살인자의 인간 존엄성을 실현함으로써 살인자를 목적 자체로 대우하는 형벌이다.

(1) - ㉡ (2) - ㉠

13
일차

(가)의 갑, 을 사상가들의 입장을 (나) 그림으로 표현할 때, A~C에 해당하는 적절한 진술만을 〈보기〉에서 고른 것은? [3점]

(가)	갑: 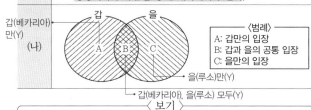 사형보다 종신 노역형은 범죄를 의도하는 자를 제지하는 데에 충분한 정도의 엄격성을 지닌 형벌이다. 필요 이상의 가혹한 형벌은 사회적 합의에 반한다.
	을: 살인자에 대한 판결은 그가 더 이상 국가의 일원이 아니라는 것에 대한 선언이다. 살인자는 계약 위반자로서 추방당하거나 죽음을 통해 제거되어야 한다.

(나)

갑(베카리아)
만(Y)

갑 을

A B C

〈범례〉
A: 갑만의 입장
B: 갑과 을의 공통 입장
C: 을만의 입장

→ 을(루소)만(Y)

→ 갑(베카리아), 을(루소) 모두(Y)

〈 보기 〉

ㄱ. A: 사형은 사회 계약의 목적에 부합하지 않는 형벌이다.
ㄴ. B: 국가의 형벌 집행권은 시민의 동의에 근거하여 성립된다.
ㄷ. B: 형벌의 경중은 범죄를 저지를 의도에 따라 결정되어야 한다.
ㄹ. C: 살인자는 공공의 적이 아닌 도덕적 인격으로서 처벌되어야 한다.

✓① ㄱ, ㄴ ② ㄱ, ㄷ ③ ㄴ, ㄷ ④ ㄴ, ㄹ ⑤ ㄷ, ㄹ

| 자료 분석 |

갑은 베카리아, 을은 루소이다. 베카리아는 사회 계약의 관점에서 사형이 적절하지 않은 형벌이라고 보고, 형벌의 경중은 범죄가 사회에 끼친 해악에 따라 결정되어야 한다고 본다. 루소는 살인자는 도덕적 인격으로 존중받기보다 공공의 적으로 처벌되어야 한다고 본다.

| 보기 해설 |

ㄱ. A에는 갑(베카리아)만의 입장에 해당하는 진술이 들어가야 한다. 갑(베카리아)은 공공의 의사를 반영하여 만든 법이 살인을 금지하기 때문에 사형을 실시하는 것이 바람직하지 않다고 본다. 반면 을(루소)은 살인자는 상대방을 해치지 않겠다는 계약을 어겨 더 이상 사회 구성원으로 인정받을 수 없다고 본다. 그러므로 이 진술은 갑(베카리아)만의 입장에 해당하여 A에 들어갈 진술로 적절하다.

ㄴ. B에는 갑(베카리아)과 을(루소)의 공통 입장에 해당하는 진술이 들어가야 한다. 갑(베카리아)과 을(루소)은 모두 사회 계약론에 근거하여 국가의 법은 시민의 동의를 바탕으로 만들어졌다고 본다. 그러므로 이 진술은 갑(베카리아)과 을(루소)의 공통 입장에 해당하여 B에 들어갈 진술로 적절하다.

ㄷ. B에는 갑(베카리아)과 을(루소)의 공통 입장에 해당하는 진술이 들어가야 한다. 갑(베카리아)은 형벌의 경중은 형벌로 발생할 이익과 해악을 비교하여 이익이 더 큰 방향으로 결정되어야 한다고 본다. 을(루소)은 형벌의 경중을 결정하는 법은 일반의지의 행사에 따라 결정된다고 본다. 그러므로 이 진술은 갑(베카리아)과 을(루소)의 공통 입장에 해당하지 않아 B에 들어갈 진술로 적절하지 않다.

ㄹ. C에는 을(루소)만의 입장에 해당하는 진술이 들어가야 한다. 을(루소)은 살인자가 사회 계약을 위반하여 시민으로서의 자격을 박탈당했다고 본다. 그러므로 이 진술은 을(루소)의 입장에 해당하지 않아 C에 들어갈 진술로 적절하지 않다.

(가)의 갑, 을, 병 사상가들의 입장에서 서로에게 제기할 수 있는 비판을 (나) 그림으로 표현할 때, A~F에 해당하는 내용으로 적절하지 **않은** 것은? [3점]

(가)	갑 칸트: 형벌은 범죄자가 처벌받을 행위를 의욕했기 때문에 가해져야 하며, 결코 어떤 다른 선을 촉진하기 위한 수단으로서 가해질 수 없다. ┌응보주의적 관점 을 베카리아: 형벌은 범죄를 억제하기에 충분한 정도의 강도만을 지녀야 한다. 따라서 사형보다 고통이 길게 유지되어 오랫동안 본보기로 기능하는 형벌이 필요하다. ┌사형보다 종신 노역형이 범죄 예방에 효과적이라고 봄 병 루소: 사형은 죄인을 시민이 아닌 적으로서 처벌하는 것이다. 그 판결은 그가 사회 계약을 파기하여 이미 국가의 구성원이 아니라는 증명이자 선언이다. ┌사회 계약을 어긴 살인자를 적으로 간주함

(나)

〈범례〉
→ : 비판의 방향
A~F : 비판의 내용

〈예시〉
갑 →A→ 을
A는 갑이 을에게 제기할 수 있는 비판임.

① A: 형벌의 질과 양은 동해(同害) 보복법에 의해서 결정되어야 함을 간과한다.

② B, D: 형벌은 국가 존립을 위한 수단으로 집행될 수 있음을 간과한다.

③ C: 사회 계약은 살인범을 사형에 처할 수 있는 근거가 됨을 간과한다.

④ E: 사형은 일반 시민들의 안전을 지키기 위해 실행되어야 함을 간과한다.

⑤ F: 사형 선고를 받은 사람도 목적적 존재로 대우받아야 함을 간과한다.

| 자료 분석 |

(가)의 갑은 칸트, 을은 베카리아, 병은 루소이다. 칸트는 범죄자가 처벌받을 행위를 의욕했다는 사실 자체에 기초하여 형벌이 이루어져야 하며, 범죄자에 대한 형벌은 다른 선을 실현하기 위한 수단이 될 수 없음을 강조하였다. 베카리아는 공리주의적 관점에서 종신 노역형이 범죄 예방에 더 효과적이라고 보았다. 루소는 사회 계약론의 관점에서 사회 계약의 목적인 생명 보존을 파기한 살인자는 국가의 구성원이 아닌 '적으로 간주하여 사형에 처해져야 한다고 보았다.

| 선지 해설 |

① A는 칸트가 베카리아에게 제기할 수 있는 비판이어야 한다. 칸트는 형벌의 질과 양이 동해보복의 원리에 의해 결정되어야 한다고 주장한 반면, 베카리아는 형벌로 인한 고통의 크기와 범죄 예방 효과 등을 고려하여 형벌이 결정되어야 한다고 보았다. 따라서 해당 선지는 A에 적절하다.

②B, D는 베카리아가 칸트와 루소에게 제기할 수 있는 비판이어야 한다. 루소는 사회 계약에 기초하여 형벌이 국가 존립을 위한 수단으로 집행될 수 있다고 주장하므로, 베카리아가 루소에게 제기할 비판으로 적절하지 않다.

③ C는 루소가 베카리아에게 제기할 수 있는 비판이어야 한다. 베카리아는 사회 계약의 관점에서 자신의 생명을 희생해도 좋다는 계약에 동의할 사람은 없으므로, 사회 계약에 따라 사형은 정당하지 않다고 보았다. 반면 루소는 사회 계약의 관점에서 사회 계약의 목적(구성원의 생명 보존)을 어긴 살인자에 대한 사형이 정당하다고 보았다. 따라서 해당 선지는 C에 적절하다.

④ E는 루소가 칸트에게 제기할 수 있는 비판이어야 한다. 루소는 사회 계약의 목적을 어긴 살인자에 대한 사형을 통해 일반 시민들의 안전을 지킬 수 있다고 주장하였다. 그러나 칸트는 사형이 범죄자가 범죄를 의욕했다는 사실 자체에 대한 응보임을 강조하였다. 따라서 해당 선지는 E에 적절하다.

⑤ F는 칸트가 루소에게 제기할 수 있는 비판이어야 한다. 칸트는 사형 선고를 받은 사람도 목적적 존재로 대우받아야 하며, 그에 대한 형벌이 다른 선을 위한 수단이 되어서는 안 됨을 강조하였다. 반면 루소는 사형 선고를 받은 사람을 적으로 간주해야 한다고 주장하였다. 따라서 해당 선지는 F에 적절하다.

21 형벌에 대한 루소, 베카리아, 칸트의 입장 21학년도 9월 모평 13번   정답 ② | 정답률 61%

갑, 을, 병 사상가들의 입장으로 적절하지 않은 것은? [3점]

> 갑: 누구나 일반 의지에 복종하기를 거부하는 자는 국가에 의해
> 루소 강제를 당하게 된다. 국가는 모든 구성원의 생명 보존을 위해
> 존재하며, 사형도 같은 관점에서 다뤄진다. →사회 계약의 목적:
> 구성원의 생명 보존
> 을: 누구도 자신의 생명을 양도할 수 없다. 사형은 결코 권리의 문
> 베카 제가 아니며, 국가가 유용하다고 판단한 경우에 시민 한 사람
> 리아 과 벌이는 전쟁이다. →사회 계약의 관점에서 사형은
> 정당화될 수 없음
> 병: 누구나 형벌받을 행위를 의욕하여 범죄를 저질렀다는 그 이유
> 칸트 만으로 형벌을 받는 것이다. 범죄자와의 계약을 근거로 사형
> 이 적법하지 않다고 주장하는 것은 법의 왜곡이다.
> →처벌의 근거: 범죄자가 스스로 의욕한 범죄에
> 대한 응보

① 갑: 살인범은 자신이 사회 구성원이 아님을 스스로 입증한 자이다.
② 을: 사형은 시민에게 지속적으로 가장 큰 공포감을 주는 형벌이다.
　　　종신 노역형
③ 병: 사형은 살인범을 목적 그 자체로 존중하는 정당한 형벌이다.
④ 갑, 을: 범죄에 상응하는 형벌의 부과는 사회 계약에 근거해야 한다.
⑤ 을, 병: 형벌은 정의의 기초가 되는 원리에 따라 부과되어야 한다.

| 자료 분석 |

갑은 루소, 을은 베카리아, 병은 칸트이다. 루소는 살인을 저지른 자는 사회 계약의 목적을 위협하는 자로서 국가의 구성원이 아닌 '적'으로 간주되어야 한다고 주장하며 사형을 긍정하였다. 베카리아는 국가를 구성하는 사회 계약에서 그 누구도 자신의 생명을 양도하지 않을 것이기 때문에 국가에 의한 사형은 정당화되기 어렵다고 주장하였다. 칸트는 범죄자가 스스로 의욕하여 범죄를 저질렀다는 점에 형벌의 근거가 있다고 보고 살인자에 대한 사형을 주장하였다.

| 선지 해설 |

① 루소는 살인범이 생명 보존이라는 사회 계약의 목적을 침해하여 스스로가 사회의 구성원이 아님을 입증한 자이므로, '적'으로 간주되어야 한다고 보았다.

② 베카리아는 종신 노역형이 시민에게 가장 큰 공포감을 지속적으로 주는 형벌이기 때문에 유용성의 측면에서 사형보다 더 나은 형벌이라고 보았다.

③ 칸트에 따르면 사형은 범죄를 저지름으로써 상실된 살인범의 인간성을 회복하기 위해 부과되는 것이다. 사형은 살인범에게 자신의 행위에 대한 책임을 질 수 있는 기회를 주기 때문이다. 따라서 칸트는 사형이 살인범의 인간성 회복을 위해 살인범을 목적 그 자체로 존중하는 정당한 형벌이라고 보았다.

④ 루소와 베카리아는 모두 사회 계약의 관점에서 형벌의 정당성을 논하였다.

⑤ 베카리아는 공리주의의 원리에 따라, 칸트는 응보주의의 원리에 따라 형벌이 부과되어야 한다고 보고, 형벌이 이 원리들을 따를 때 정의롭다고 보았다.

22 형벌에 대한 칸트, 루소, 베카리아의 입장 20학년도 9월 모평 19번   정답 ⑤ | 정답률 63%

(가)의 갑, 을, 병 사상가들의 입장에서 서로에게 제기할 수 있는 비판을 (나) 그림으로 표현할 때, A~F에 해당하는 내용으로 가장 적절한 것은? [3점]

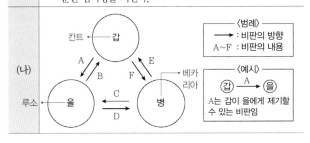

(가)
> 　　　　　　　　　　　　→응보주의적 관점
> 갑: 형벌은 범죄자가 처벌받아야 할 행위를 의욕했기 때문에
> 칸트 가해져야 한다. 사형은 살인에 상응하는 보복으로, 사형수의
> 　　　　사형을 통해 자신의 범죄에
> 인간성을 존중하는 길이다. 대한 책임을 질 수 있도록 함
> 을: 국가의 목적은 계약 당사자들의 생명 보전에 있고, 사형
> 루소 제도는 계약을 유지하기 위한 수단이다. 우리의 신체와 능
> 력은 일반 의지의 최고 감독 하에 있다. →사회 계약의 목적
> 병: 형벌은 사회 계약에 기초하며 그 목적은 범죄의 예방과 교
> 베카 화에 있다. 사형을 대체한 종신 노역형만으로도 형벌은 충
> 리아 분한 엄격성을 지닌다. →사형보다 효과적이라고 봄

(나)
> 〈범례〉
> →: 비판의 방향
> A~F: 비판의 내용
> 〈예시〉
> 갑 →A→ 을
> A는 갑이 을에게 제기할 수 있는 비판임

① A, C: 국가는 사형을 집행할 권한을 갖지 못한다는 것을 간과한다.
② B: 살인자도 인간으로 존중받을 자격이 있다는 것을 무시한다.
③ D: 형벌적 정의는 사회 계약에 근거해야 한다는 것을 부정한다.
④ E: 처벌의 목적은 교화가 아니라 응보에 있다는 것을 간과한다.
⑤ F: 형벌은 공리 증진을 위한 수단으로 가해질 수 없음을 간과한다.

| 자료 분석 |

(가)의 갑은 칸트, 을은 루소, 병은 베카리아이다. 칸트는 응보주의적 관점에서 범죄자가 처벌받아야 할 행위를 스스로 의욕하였기 때문에 형벌을 가해야 한다고 주장하며, 범죄에 상응하는 형벌을 통해 범죄자의 인간성을 존중할 수 있다고 보았다. 그리고 살인에 대한 정당한 형벌은 오직 사형뿐이라고 주장하였다. 루소는 사회 계약의 목적이 생명 보전에 있으며, 살인을 한 자는 사회 계약의 목적을 위협한 것이므로 사회로부터 추방하거나 사형에 처해져야 함을 주장하였다. 베카리아는 국가를 이루는 사회 계약에는 사형에 대한 동의가 포함되어 있지 않으며, 사형보다 종신 노역형이 사회 전체의 이익에 더욱 부합한다는 점을 들어 사형에 반대하였다.

| 선지 해설 |

① 사형을 반대하는 베카리아만이 긍정할 주장이므로 C와 E에 해당하는 선지이다. 칸트는 형벌의 집행이 국가에 의해 이루어져야 함을 주장하면서 사형수에 대한 사형은 반드시 집행되어야 함을 강조한다.

② B는 루소가 할 수 없는 주장이며, 칸트에 대한 비판도 될 수 없는 선지이다. 형벌을 범죄자의 인간성 존중의 차원에서 정당화하는 관점은 칸트의 입장에 해당하기 때문이다.

③ D는 베카리아에 대한 비판이 될 수 없는 선지이다. 베카리아는 형벌이 사회 계약에 기초할 것을 강조하기 때문이다.

④ E는 베카리아가 할 수 없는 주장이며, 칸트에 대한 비판도 될 수 없는 선지이다. 처벌의 목적을 교화에 두는 것은 베카리아이며, 오히려 칸트가 응보의 차원에서 형벌을 정당화하기 때문이다.

⑤ F는 칸트가 베카리아에게 할 수 있는 비판으로 적절하다. 칸트에게 형벌은 응보의 차원에서 정당화될 수 있으며, 다른 이익을 위한 수단이 아니다. 하지만 베카리아를 비롯한 공리주의자들은 형벌이 범죄자 교화와 범죄 예방이라는 공리 증진을 위해 정당화된다고 본다.

(가)의 갑, 을, 병 사상가들의 입장에서 서로에게 제기할 수 있는 비판을 (나) 그림으로 표현할 때, A~F에 해당하는 내용으로 가장 적절한 것은? [3점]

(가)	갑 칸트	형벌은 범죄자 자신이나 사회의 다른 선을 촉진하기 위한 └→응보주의적 관점 수단으로 집행되어서는 안 된다. 오직 보복법만이 형벌의 질과 양을 명확하게 제시할 수 있다.
	을 베카 리아	└→형벌의 효과: 사형 < 종신 노역형 사형은 범죄자가 사회의 이익을 침해하는 것을 막지 못함 을 입증할 뿐이다. 강제 노동의 고통으로 일생에 걸쳐 분 산되는 형벌이 사형보다 더 강력한 본보기가 된다.
	병 루소	사형은 사회 계약을 어기고 국가의 적이 된 사람이 죽음 에 의해 국가로부터 분리되는 것이다. 일반 의지에 복종하 기를 거부하는 자는 복종을 강제당해야 한다.

(나)

살인범은 사회 계약
의 위반자이므로 사
형에 처해져야 함

〈범례〉
──→ : 비판의 방향
A ~ F : 비판의 내용

〈예시〉
갑 ─A→ 을
A는 갑이 을에게 제기할
수 있는 비판임.

① A: 사형은 범죄 예방과 질서 유지를 위한 수단적 형벌임을 간과한다.
② B: 사형은 범죄 억제력이 전혀 없는 잔혹한 형벌일 뿐임을 간과한다.
③ C, E: 형벌의 정당성은 시민의 동의에서 비롯된 것임을 간과한다.
④ D: 자신의 생명권 양도를 사회 계약에 포함시킬 수 없음을 간과한다.
⑤ F: 형벌은 범죄자가 형벌을 의욕했기 때문에 가해지는 것임을 간과한다. 처벌받아야 할 행위를

(가)의 갑은 칸트, 을은 베카리아, 병은 루소이다. 칸트는 응보주의적 관점에서 처벌의 본질이 범죄 행위에 대한 응당한 보복을 가하는 것이라고 보고, 범죄 행위에 상응하는 동등한 형벌을 부과하는 것이 정당하다고 본다. 특히 칸트는 사형이 살인자의 고통받는 인격을 해방하여 인간의 존엄성을 실현하는 것이라고 주장한다. 베카리아는 공리주의적 관점에서 형벌은 사회적 이익을 증진시키기 위한 수단이라고 보고, 단기간에 강렬한 인상을 남기는 사형보다 오랫동안 고통의 본보기로 지속적인 효과를 낳는 종신 노역형이 보다 효과적인 형벌이라고 주장한다. 루소는 사회 계약론의 관점에서 국가가 시민의 생명과 안전을 보장해야 하기 때문에 타인의 희생으로 자신의 생명을 보존하고자 한 살인자는 국가의 적으로 간주되어 마땅히 자신의 생명을 희생해야 한다고 주장한다.

| 선지 해설 |

① 갑(칸트)이 을(베카리아)에게 제기할 비판으로 적절하지 않다. 갑(칸트)은 형벌의 본질은 범죄 행위에 대한 응당한 보복이므로 형벌을 범죄 예방과 같이 사회적 이익을 증진하기 위한 수단으로 인식해서는 안 된다고 주장한다.

② 을(베카리아)이 갑(칸트)에게 제기할 비판으로 적절하지 않다. 을(베카리아)은 형벌이 정당화되려면 범죄를 억제하기에 충분한 정도의 강도만을 가져야 한다고 본다. 그런데 사형은 단기간에 강렬한 인상을 남겨 범죄 예방에 도움을 줄 수는 있지만, 범죄 예방의 효과가 지속적이지는 않다고 본다. 반면 오랫동안 범죄자가 고통받는 모습을 보여 주는 종신 노역형은 살인자의 마음을 억제하기에 충분한 정도의 엄격성을 지니고 있다고 본다. 따라서 을(베카리아)은 사형에도 범죄 억제력은 있다고 보지만, 이보다 더 효과적으로 범죄를 억제할 수 있는 종신 노역형이 있다고 보기 때문에 사형에 반대하는 것이다.

③ 병(루소)이 을(베카리아)에게 제기할 비판으로 적절하지 않다. 병(루소)은 사회 계약설의 관점에서 형벌의 정당성을 주장한다. 따라서 형벌의 정당성은 시민들이 맺은 계약, 즉 시민의 동의에서 비롯되었다고 본다. 을(베카리아) 역시 사회 계약론의 입장에서 사회 계약은 생명 보존을 위해 맺은 것이므로 국가가 집행하는 형벌은 생명 보존이라는 계약 내용에 위배되어서는 안 된다고 주장한다.

④ 을(베카리아)이 병(루소)에게 제기할 비판으로 적절하다. 두 사상가 모두 사회 계약론의 관점에서 형벌의 정당성을 주장하며 형벌의 정당성이 시민들 간에 자발적으로 맺은 계약에 근거한다고 본다. 그러나 을(베카리아)이 사회 계약이 생명 보존을 위해 맺은 것이므로 생명을 빼앗는 사형은 사회 계약으로 성립할 수 없다고 본다. 반면, 병(루소)은 사회 계약에 따라 타인의 생명을 빼앗음으로써 자신의 생명을 보존하려는 살인자는 계약을 맺은 시민이 아니라 공공의 적으로 간주되어 자신의 생명 또한 희생하는 것이 마땅하다고 본다. 따라서 을(베카리아)은 병(루소)에게 자신의 생명권 양도(사형)를 사회 계약에 포함시킬 수 없다고 비판할 수 있다.

⑤ 갑(칸트)이 병(루소)에게 제기할 비판으로 적절하지 않다. 갑(칸트)은 형벌의 정당성을 범죄 행위에 대한 응당한 보복이라고 보고, 형벌은 범죄자가 처벌받아야 할 행위를 의욕했기 때문에 가해지는 것이라고 주장한다. 즉, 범죄자는 처벌받아야 할 행위를 저질렀기 때문에 형벌을 받는 것이지 형벌 자체를 원해서 형벌을 받는 것이 아니라고 본다.

24 형벌에 대한 칸트, 베카리아, 벤담의 입장 22학년도 4월 학평 6번 | 정답 ⑤ | 정답률 65%

(가)의 갑, 을, 병 사상가들의 입장에서 서로에게 제기할 수 있는 비판을 (나) 그림으로 표현할 때, A~F에 해당하는 내용으로 가장 적절한 것은? [3점]

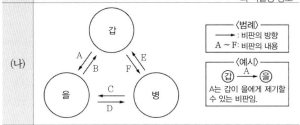

(가)

갑: 형벌의 법칙은 하나의 정언 명령이며, <u>오직 보복법만이 형벌의 질과 양을 명확하게 제시할 수 있다.</u> 살인을 저지른 사람은 누구든 사형에 처해져야 한다. ┌ 응보주의
칸트

을: 형벌은 타인들의 범죄를 억제시키기에 충분한 정도의 강도만을 가져야 한다. <u>사형을 대체한 종신 노역형은 가장 완강한 자의 마음을 억제시키기에 충분하다.</u> └ 범죄 억제력: 사형<종신 노역형
베카리아

병: 형벌은 그 자체로 악이다. 그러나 형벌은 공리의 원리에 의해 정당화될 수 있으며, 형벌의 가치를 평가할 때에는 확실성, 근접성 등의 측면을 고려해야 한다. └ 공리의 원리에 따른 형벌의 적절성 강조
벤담

(나)
〈범례〉
→ : 비판의 방향
A ~ F: 비판의 내용
〈예시〉
갑 →A 을
A는 갑이 을에게 제기할 수 있는 비판임.

① A: 형벌은 응보가 아닌 <u>다른 선을 촉진하는 수단</u>임을 간과한다.
② B, E: 인간은 자신의 생명권을 국가에게 양도할 수 있음을 간과한다.
③ C: 범죄 억제력은 형벌의 강도보다 지속성에서 발생함을 간과한다.
→ 을(베카리아), 병(벤담) 모두 형벌의 강도와 지속성을 고려함
④ D: 형벌의 크기는 범죄로 이끄는 유혹에 비례해야 함을 간과한다.
✔⑤ F: 모든 위법 행위자에 대하여 형벌이 부과되어야 함을 간과한다.

| 자료 분석 |

(가)의 갑은 칸트, 을은 베카리아, 병은 벤담이다. 칸트는 응보주의적 관점에서 처벌의 본질은 범죄 행위에 대한 응당한 보복을 가하는 것이라고 보며, 따라서 범죄 행위에 상응하는 동등한 형벌이 부과되어야 한다고 주장한다. 또한 이러한 관점에서 볼 때 살인자에 대한 정당한 형벌은 사형뿐이라고 본다. 베카리아는 공리주의적 관점에서 형벌의 목적은 범죄로 인한 해악을 방지하고, 사회적 이익을 증진하는 것이라고 본다. 베카리아는 이러한 관점에서 사형보다는 종신 노역형이 범죄 예방 효과가 더 크다고 주장한다. 벤담은 형벌은 그 자체로 악이지만, 공리의 원리에 따라 최대 다수의 최대 행복을 실현하기 위한 목적으로 형벌을 가할 필요가 있다고 본다.

| 선지 해설 |

① 갑(칸트)이 을(베카리아)에게 제기할 비판으로 적절하지 않다. 갑(칸트)은 응보주의적 입장에서 형벌이 응보가 아닌 다른 어떤 선을 추구하기 위한 수단이 되어서는 안 된다고 본다.

② 을(베카리아)이 갑(칸트)에게 제기할 비판으로 적절하지 않다. 을(베카리아)은 사회 계약론의 입장에서 생명에 대한 권리는 양도할 수 없는 것이기 때문에 사형은 정당화될 수 없다고 본다.

③ 병(벤담)이 을(베카리아)에게 제기할 비판으로 적절하지 않다. 을(베카리아)과 병(벤담)은 모두 공리주의적 입장에서 범죄를 억제하는 데 있어 위법의 이익보다 처벌의 손실이 더 크도록 형벌을 부과해야 한다고 주장하며, 형벌의 강도도 고려하는 것이 필요하다고 본다. 특히 을(베카리아)는 단기간에 강렬한 인상을 남기는 사형보다 오랫동안 범죄자가 고통받는 모습을 보여 주는 종신 노역형이 더 효과적으로 범죄를 억제할 수 있다고 보았다.

④ 을(베카리아)이 병(벤담)에게 제기할 비판으로 적절하지 않다. 을(베카리아)과 병(벤담)은 모두 형벌의 크기는 범죄 행위가 공익에 반하는 정도에 비례해야 한다고 본다. 즉, 범죄로 이끄는 유혹에 비례하여 범죄를 억제시키기에 충분한 정도의 처벌을 해야 한다고 본다.

⑤ 갑(칸트)이 병(벤담)에게 제기할 비판으로 적절하다. 갑(칸트)은 모든 위법 행위자는 범죄 행위에 대해 책임을 져야 하며, 범죄 행위에 상응하는 처벌을 받아야 한다고 본다. 병(벤담)은 공리주의적 관점에서 처벌에 따른 해악과 비용이 처벌로 인한 혜택보다 클 경우 형벌이 정당하지 않다고 본다.

연결형 문제로 개념 확인

(1) 칸트 •   • ㉠ 사형은 살인자의 인간 존엄성을 실현하는 것이다.

(2) 벤담 •   • ㉡ 처벌은 그 자체로는 악이지만, 공리의 원리에 의할 때 처벌이 인정될 수 있다.

(1) - ㉠ (2) - ㉡

(가)의 갑, 을, 병 사상가들의 입장에서 서로에게 제기할 수 있는 비판을 (나) 그림으로 표현할 때, A~F에 해당하는 내용으로 적절한 것만을 〈보기〉에서 있는 대로 고른 것은? [3점]

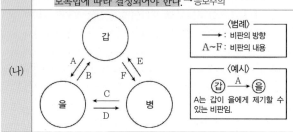

(가)	**갑** 베카리아: 형벌의 남용은 인간을 개선시키지 못한다. <u>종신 노역형만으로도 가장 완강한 자의 마음을 억제시키기에 충분한 엄격성을 지닌다.</u> → 범죄 예방 효과: 종신 노역형 > 사형 **을** 벤담: <u>형벌은 본질적으로 해악이다. 공리의 원리에 의할 때 형벌이 근거나 실효성이 없는 경우,</u> 유익하지 않거나 불필요한 경우 형벌은 부적합하다. → 형벌의 사회적 효용성 강조 **병** 칸트: 형벌은 사법권의 이념으로서 도덕 법칙에 따라 의욕되는 바이다. <u>범죄와 보복은 동등해야 하며 형벌의 질과 양은 보복법에 따라 결정되어야 한다.</u> → 응보주의

〈보기〉

ㄱ. A, F: 사형은 사회 계약에 어긋나는 부적절한 형벌임을 간과한다.

ㄴ. B, D: 형벌은 최대 다수의 최대 행복을 지향해야 함을 간과한다. → 갑(베카리아)도 최대 다수의 최대 행복을 지향함

ㄷ. C, E: 사형은 범죄자의 인간의 존엄성을 보호하기 위한 형벌임을 간과한다.

ㄹ. D, F: 형벌이 방지할 해악이 형벌의 해악보다 <s>작아야</s> 커야 함을 간과한다.

① ㄱ, ㄴ ② ㄱ, ㄷ ③ ㄴ, ㄹ
④ ㄱ, ㄷ, ㄹ ⑤ ㄴ, ㄷ, ㄹ

| 자료 분석 |

(가)의 갑은 베카리아, 을은 벤담, 병은 칸트이다. 베카리아는 공리주의적 관점에서 사형보다는 종신 노역형이 범죄 예방과 사회 전체의 이익 증진에 더 부합한다고 보고, 사형 제도에 대해 부정적인 입장을 취한다. 벤담은 형벌이 그 자체로는 해악이지만, 공리주의적 관점에서 범죄 예방과 교화를 통해 사회적 효용을 최대화한다면 허용될 수 있다고 본다. 칸트는 응보주의적 관점에서 살인자에 대한 정당한 형벌은 사형뿐이라고 보며, 사형은 살인자를 수단으로 대하는 것이 아니라 자신의 잘못에 대해 스스로 책임을 지게 함으로써 목적 그 자체로 대우하는 형벌이라고 본다.

| 보기 해설 |

ㄱ. 갑(베카리아)이 을(벤담)과 병(칸트)에게 제기할 비판으로 적절하다. 갑(베카리아)은 사회 계약론의 입장에서 시민들은 사회 계약을 맺을 때 생명을 박탈할 권리까지 위임하지는 않는다고 보고, 생명은 양도할 수 없는 것이기 때문에 사형은 사회 계약의 범위에 어긋나는 부적절한 형벌이라고 주장한다. 반면, 을(벤담)은 공리주의적 관점에서 형벌의 유용성을 판단하여 사형이 정당화될 수 있다고 보았고, 병(칸트)은 응보주의적 관점에서 살인자에 대한 사형이 정당하다고 본다.

ㄴ. 을(벤담)이 갑(베카리아)에게 제기할 비판으로 적절하지 않다. 을(벤담)은 공리주의적 입장에서 형벌 역시 최대 다수의 최대 행복이라는 유용성의 원리에 부합해야 한다고 본다. 또한 갑(베카리아) 역시 을(벤담)과 마찬가지로 공리주의적 관점에서 형벌의 유용성을 판단해야 한다고 본다.

ㄷ. 병(칸트)이 갑(베카리아)과 을(벤담)에게 제기할 비판으로 적절하다. 병(칸트)은 사형이 살인자의 고통받는 인격을 해방하고, 인간의 존엄성을 실현하는 것이라고 본다. 반면 갑(베카리아)과 을(벤담)은 공리주의적 입장에서 형벌의 사회적 이익 증진 여부를 고려한다.

ㄹ. 갑(베카리아)과 을(벤담)이 병(칸트)에게 제기할 비판으로 적절하지 않다. 갑(베카리아)과 을(벤담)은 공리주의적 입장에서 형벌이 지닌 범죄 예방 효과와 사회적 효과를 강조한다. 따라서 형벌이 방지할 해악이 형벌의 해악보다 커야 한다고 주장한다.

26 형벌에 대한 칸트, 베카리아, 루소의 입장 22학년도 수능 9번

정답 ⑤ | 정답률 56%

(가)의 갑, 을, 병 사상가들의 입장을 (나) 그림으로 탐구하고자 할 때, A~D에 들어갈 적절한 질문만을 〈보기〉에서 있는 대로 고른 것은? [3점]

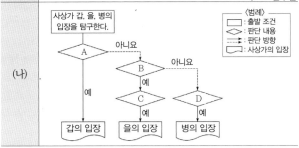

(가)

갑 칸트: 살인을 했거나, 그것을 명령했거나, 그에 협력했던 살인자는 누구든 사형에 처해지지 않으면 안 된다. 살인의 경우 공적 정의 앞에서 최상의 균형자는 사형이다. → 응보주의적 관점

을 베카리아: 형벌의 남용은 결코 인간을 개선시키지 못한다. 사형을 대체한 종신 노역형은 가장 완강한 자의 마음을 억제시키기에 충분한 엄격성을 지닌다. → 형벌의 효과: 사형 < 종신 노역형

병 루소: 사회 계약은 계약자의 생명 보존이 목적이므로, 타인의 희생으로 자기의 생명을 보존하려는 자는 타인을 위해 필요하다면 자신도 생명을 희생해야 한다. → 살인자는 계약자가 아니라 적으로 간주됨

(나)

사상가 갑, 을, 병의 입장을 탐구한다.

〈범례〉
◇ : 출발 조건
▭ : 판단 내용
⟶ : 판단 방향
▱ : 사상가의 입장

A → 아니요 → B → 아니요 → D → 예 → 병의 입장
A → 예 → 갑의 입장
B → 예 → C → 예 → 을의 입장

〈보기〉

ㄱ. A: 정의의 기초가 되는 원리에 따라 형벌을 가해야 하는가?
→ 칸트, 베카리아, 루소: 긍정

ㄴ. B: 사회 계약의 당사자가 사형제에 동의하는 것은 불합리한가?
→ 베카리아: 긍정, 루소: 부정

ㄷ. C: 형벌은 범죄가 공익에 반하는 정도에 비례해야 하는가?
→ 베카리아: 긍정

ㄹ. D: 계약자의 생명은 국가로부터 조건부적으로 보장되는가?
→ 루소: 긍정

① ㄱ, ㄴ   ② ㄱ, ㄹ   ③ ㄴ, ㄷ
④ ㄱ, ㄷ, ㄹ   ✓⑤ ㄴ, ㄷ, ㄹ

자료 분석

(가)의 갑은 칸트, 을은 베카리아, 병은 루소이다. 칸트는 응보주의적 관점에서 범죄 행위에 상응하는 동등한 형벌이 부과되는 것이 공적 정의라고 보고, 살인자는 반드시 사형에 처해져야 한다고 본다. 베카리아는 공리주의적 관점에서 사형보다 종신 노역형이 범죄 예방에 효과적이고 사회 전체의 이익 증진에 부합한다고 본다. 또한 사회 계약론의 입장에서도 사회 계약이 생명 보존을 위해 맺은 것이므로 계약자의 생명을 빼앗는 사형은 성립될 수 없다고 주장한다. 루소는 사회 계약론의 관점에서 계약자인 시민의 생명과 안전을 확보하기 위한 사형 제도는 정당하다고 본다. 또한 타인의 희생을 통해 자신의 생명을 보존하려는 살인자는 마땅히 자신의 생명도 희생해야 한다고 주장한다.

보기 해설

ㄱ. 칸트, 베카리아, 루소가 모두 긍정의 대답을 할 질문으로 A에 적절하지 않다. 칸트는 동등성의 원리에 따라 처벌의 본질이 범죄 행위에 대한 응당한 보복을 하는 것이라고 보고, 범죄 행위에 상응하는 형벌을 부과해야 한다고 주장한다. 베카리아는 공리의 원리에 따라 처벌이 사회적 이익을 증진하기 위한 수단이라고 인식하고, 순식간에 끝나는 사형보다 범죄자가 오랫동안 고통받는 모습을 보여 주는 종신 노역형이 범죄 예방에 효과적이라고 주장한다. 루소는 사회 계약의 원리에 따라 계약 당사자의 생명을 빼앗은 살인범은 사회 계약을 위반한 공공의 적으로 간주되어 사형에 처해져야 한다고 주장한다.

ㄴ. 베카리아는 긍정, 루소는 부정의 대답을 할 질문으로 B에 적절하다. 베카리아는 사회 계약이 개인들의 생명 보존을 위해 맺은 것이므로 국가가 계약 당사자들의 생명을 빼앗는 사형은 성립될 수 없다고 본다. 반면, 루소는 사회 계약이 자연 상태의 사람들이 자신들의 생명과 안전을 보장받기 위해 자발적으로 맺은 것이므로, 타인의 생명을 희생시킨 사람은 자신의 생명도 희생해야 한다고 본다.

ㄷ. 베카리아가 긍정의 대답을 할 질문으로 C에 적절하다. 베카리아는 공리주의적 관점에서 형벌이 범죄 예방과 사회 전체의 이익 증진에 부합하도록 부과되어야 한다고 본다. 따라서 베카리아는 형벌이 타인들의 범죄를 억제시키기에 충분한 정도의 강도만을 가져야 하며, 범죄가 공익에 반하는 정도에 비례하여 부과되어야 함을 강조한다.

ㄹ. 루소가 긍정의 대답을 할 질문으로 D에 적절하다. 루소는 사회 계약이 자신의 생명과 안전을 보장받기 위해 개인들이 자발적으로 맺은 계약에 의거한 것이므로, 계약이 유지되는 동안에는 개인의 생명과 안전을 보장해야 한다고 본다. 그러나 만약 누군가가 타인의 생명을 해침으로써 사회 계약을 위반한다면, 그는 스스로 법 바깥에 있고자 한 것이므로 공공의 적으로 간주되어 사형에 처해질 수 있다고 주장한다.

연결형 문제로 개념 확인

(1) 칸트 •　　　• ㉠ 사형은 응보주의적 관점에서 행해지는 정당한 형벌이다.

(2) 베카리아 •　　　• ㉡ 사형보다 종신 노역형이 사회 전체의 이익 증진에 부합하는 형벌이다.

(3) 루소 •　　　• ㉢ 사형은 시민의 생명과 안전을 보호하기 위한 목적으로 집행되어야 한다.

(1) — ㉠ (2) — ㉡ (3) — ㉢

(가)의 갑, 을, 병 사상가들의 입장을 (나) 그림으로 탐구하고자 할 때, A~D에 들어갈 적절한 질문만을 〈보기〉에서 고른 것은? [3점]

(가)	
갑 루소	사회 계약은 계약자들의 생명 보존을 목적으로 한다. 남을 희생하고 자기 목숨을 보전하길 원하는 사람은 마찬가지로 남을 위해 자기 목숨을 내놓아야 한다.
을 베카리아	형벌은 범법 행위를 억제하기에 충분한 정도의 가혹성만 갖춰야 한다. 종신 노역형은 사형보다 범죄 의도를 제지하는 데 필요한 엄격함을 더 많이 갖고 있다.
병 칸트	살인을 한 사람에게 법적으로 집행되는 사형 외에 범죄와 보복의 동등성은 없다. 오직 보복법만이 형벌의 질과 양을 명확하게 제시할 수 있다.

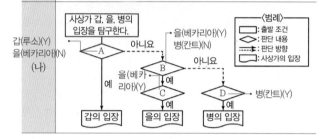

(나)

갑(루소)(Y)
을(베카리아)(N)

〈범례〉
▭ : 출발 조건
◇ : 판단 내용
┈▶ : 판단 방향
▱ : 사상가의 입장

〈 보기 〉

ㄱ. A: 사형 집행은 시민의 이익 증진에 기여할 수 있는가?
　　→ 갑(루소)과 을(베카리아) 모두 긍정의 대답을 할 질문

ㄴ. B: 형벌 집행 시 범죄자의 고통을 최소화할 필요가 있는가?
　　→ 을(베카리아)은 긍정, 병(칸트)은 부정의 대답을 할 질문

ㄷ. C: 형벌이 강력한 범죄 억제책이 되려면 최고의 가혹성을 갖춰야 하는가? → 을(베카리아)이 부정의 대답을 할 질문

ㄹ. D: 살인자의 생득적 인격성은 상실될 수 없는 가치를 지니는가?
　　→ 병(칸트)이 긍정의 대답을 할 질문

① ㄱ, ㄴ　② ㄱ, ㄷ　③ ㄴ, ㄷ　✔ ㄴ, ㄹ　⑤ ㄷ, ㄹ

| 자료 분석 |

갑은 루소, 을은 베카리아, 병은 칸트이다. 루소는 살인자가 사회 계약을 위반하였으므로 사형을 집행해야 한다고 본다. 베카리아는 형벌이 범죄를 예방할 정도의 가혹성만을 가져야 한다고 보며, 최고의 가혹성을 보이는 사형을 부정적으로 본다. 칸트는 응보주의적 관점에서 형벌을 부과해야 한다고 보며, 사형을 실시하는 것이 살인자의 인격을 존중하는 것이라고 본다.

| 보기 해설 |

ㄱ. A에는 갑(루소)은 긍정, 을(베카리아)은 부정의 대답을 할 질문이 들어가야 한다. 갑(루소)은 시민의 이익을 보호하기 위한 사회 계약을 위반한 살인자를 사형시켜야 한다고 본다. 을(베카리아)은 사형은 사회 전체의 이익을 증가시킬 수 있으나 이를 대체할 수 있는 종신 노역형이 증가시키는 사회의 이익이 더 크다고 본다. 그러므로 이 질문에 갑(루소)과 을(베카리아) 모두 긍정의 대답을 할 것이다. 따라서 이 질문은 A에 들어갈 질문으로 적절하지 않다.

ㄴ. B에는 을(베카리아)은 긍정, 병(칸트)은 부정의 대답을 할 질문이 들어가야 한다. 을(베카리아)은 공리주의적 관점에서 형벌은 해악이므로 이를 최소화해야 한다고 본다. 병(칸트)은 응보주의적 관점에서 형벌은 범죄자가 저지른 해악과 동일한 만큼 가해져야 한다고 본다. 그러므로 이 질문에 을(베카리아)은 긍정, 병(칸트)은 부정의 대답을 할 것이다. 따라서 이 질문은 B에 들어갈 질문으로 적절하다.

ㄷ. C에는 을(베카리아)이 긍정의 대답을 할 질문이 들어가야 한다. 을(베카리아)은 형벌은 범법 행위를 억제할 수 있을 만큼의 가혹성만을 갖춰야 한다고 본다. 그러므로 이 질문에 을(베카리아)은 부정의 대답을 할 것이다. 따라서 이 질문은 C에 들어갈 질문으로 적절하지 않다.

ㄹ. D에는 병(칸트)이 긍정의 대답을 할 질문이 들어가야 한다. 병(칸트)은 사형은 그 대상이 되는 살인자의 인격을 해치지 않으며 오히려 그의 인격을 존중하는 것이라고 본다. 그러므로 이 질문에 병(칸트)는 긍정의 대답을 할 것이다. 따라서 이 질문은 D에 들어갈 질문으로 적절하다.

(가)의 갑, 을, 병 사상가들의 입장에서 서로에게 제기할 수 있는 비판을 (나) 그림으로 표현할 때, A~F에 해당하는 내용으로 가장 적절한 것은? [3점]

(가)	**갑:** 범죄에 대한 가장 강력한 억제력은 살인자의 사형 장면에서 생겨나지 않는다. 그가 노동으로 속죄하는 것을 사람들이 오래 보는 것에서 생겨난다. →사형<종신 노역형
	을: 오직 보복법만이 형벌의 질과 양을 명확하게 제시한다. 살인자에 대한 사형은 인간을 <u>수단이나 물권의 대상으로 취급하는 것이 아니다.</u> →응보주의(살인 → 사형)
	병: 사회 계약의 목적은 계약자들의 생명을 보존하는 것이다. 살인하면 사형을 받겠다고 동의하는 것은 살인자에게 희생되고 싶지 않기 때문이다. →사회 계약에 따라 사형 찬성

갑 베카리아 / 을 칸트 / 병 루소

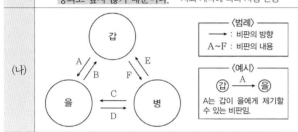

〈범례〉
→ : 비판의 방향
A~F : 비판의 내용

〈예시〉
갑 →A→ 을
A는 갑이 을에게 제기할 수 있는 비판임.

① A: 동등성의 원리에 따라 형벌의 종류와 정도가 결정됨을 ~~간과한다.~~ 주장한다

✓② B: 사형은 살인자의 고통받는 인격을 자유롭게 해주는 형벌로 불의가 아님을 간과한다. → 갑: 사형에 대해 부정적(사형<종신 노역형)

③ C와 E: 살인자에 대한 형벌은 시민의 공포심을 자극해야 정당화될 수 있음을 간과한다. 사회 계약에 의해

④ D: 형벌의 법칙은 공동체의 이익 증진을 전제로 하는 정언 명령임을 간과한다. 응보의 원리

⑤ F: 형벌이 잔혹해질수록 범죄를 예방하는 효과가 증대됨을 간과한다. → 베카리아: 형벌은 범죄를 억제시키기 충분한 정도의 강도만을 가져야 함

| 자료 분석 |

갑은 베카리아, 을은 칸트, 병은 루소이다. 베카리아에 따르면 사형은 단기간에 강렬한 인상을 남기기는 하지만, 지속적으로 고통의 본보기가 되지 못하기 때문에 사형보다 범죄 예방 효과가 큰 종신 노역형이 보다 효과적이다. 칸트는 형벌의 본질을 응보라고 보고 오직 보복의 원리에 따를 때 형벌의 질과 양을 명확하게 제시할 수 있다고 주장하였다. 루소는 사회 계약의 관점에서 사형을 찬성하였다. 루소에 따르면 사회 계약의 목적은 계약자들의 생명을 보존하는 것인데, 살인은 이러한 사회 계약의 목적에 반대되는 것이므로 살인자는 공공의 적으로 간주되어 사형당하는 것이 정당하다고 보았다.

| 선지 해설 |

① 베카리아가 칸트에게 제기할 수 있는 비판으로 적절하지 않다. 동등성의 원리란 범죄자가 저지른 죄의 심각성에 비례해서 형벌의 종류와 정도가 결정된다는 것을 의미한다. 칸트는 이러한 동등성의 원리에 따라 형벌이 이루어져야 한다고 보았다.

②칸트가 베카리아에게 제기할 수 있는 비판으로 적절하다. 칸트는 사형이 살인자의 고통받는 인격을 자유롭게 해주어 인간의 존엄성을 실현하는 것임을 강조하며 응보의 원리에 따라 살인자를 사형에 처하는 것은 도덕적으로 정당하다고 보았다.

③ 루소가 제기할 수 있는 비판으로 적절하지 않다. 루소는 살인자에 대한 형벌이 사회 계약의 관점에서 정당화될 수 있다고 보았다. 사회 계약은 계약자의 생명 보존을 목적으로 이루어지는데, 살인자는 오히려 생명을 훼손했기 때문에 시민 사회의 적으로 간주하여 처벌하는 것이 마땅하다는 것이다.

④ 칸트가 루소에게 제기할 수 있는 비판으로 적절하지 않다. 칸트는 형벌이 오직 범죄를 저질렀다는 이유만으로 행해져야 한다고 주장하며, 범죄자는 응보의 원리에 따라 범죄 행위에 상응하는 동등한 형벌을 받아야 한다고 보았다.

⑤ 베카리아가 루소에게 제기할 수 있는 비판으로 적절하지 않다. 베카리아는 형벌이 정당화되기 위해서는 범죄를 억제시키기에 충분한 정도의 강도만을 가져야 한다고 보았다. 베카리아는 공리주의적 관점에서 형벌이 범죄자에게 고통을 유발하는 악이라고 인식하고, 형벌로 인해 더 큰 악을 제거할 수 있는 상황에서만 형벌이 정당하다고 보기 때문이다. 따라서 베카리아는 형벌이 잔혹해질수록 범죄를 예방하는 효과가 증대된다고 보지 않을 것이다.

(가)의 갑, 을, 병 사상가들의 입장에서 서로에게 제기할 수 있는 비판을 (나) 그림으로 표현할 때, A~F에 해당하는 내용으로 가장 적절한 것은?

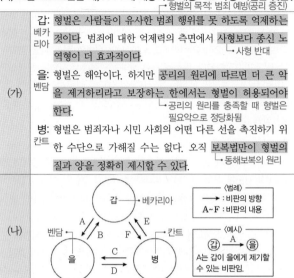

— 형벌의 목적: 범죄 예방(공리 증진)

(가)
갑 베카리아: 형벌은 사람들이 유사한 범죄 행위를 못 하도록 억제하는 것이다. 범죄에 대한 억제력의 측면에서 사형보다 종신 노역형이 더 효과적이다.
└→ 사형 반대

을 벤담: 형벌은 해악이다. 하지만 공리의 원리에 따르면 더 큰 악을 제거하리라고 보장하는 한에서는 형벌이 허용되어야 한다.
└→ 공리의 원리를 충족할 때 형벌은 필요악으로 정당화됨

병 칸트: 형벌은 범죄자나 시민 사회의 어떤 다른 선을 촉진하기 위한 수단으로 가해질 수는 없다. 오직 보복법만이 형벌의 질과 양을 정확히 제시할 수 있다.
└→ 동해보복의 원리

① A: 형벌은 반드시 법률을 통해서만 집행되어야 함을 간과한다.
② B: 형벌은 범죄의 사회적 해악에 비례해 부과해야 함을 간과한다.
③ D: 범죄 피해자의 보복 의지가 형벌의 근거임을 간과한다.
④ F: 범죄자 처벌보다 범죄 예방이 형벌의 목적임을 간과한다. ✓
⑤ C, E: 형벌이 보편적 도덕 원리에 근거해야 함을 간과한다.

자료 분석

(가)의 갑은 베카리아, 을은 벤담, 병은 칸트이다. 베카리아는 형벌의 목적을 범죄 예방이라고 보면서 사형보다 종신 노역형이 더 효과적임을 주장하였다. 벤담은 공리의 원리에 따라 형벌이 필요악으로서 정당화될 수 있다고 보았다. 칸트는 형벌이 다른 어떤 목적을 위해서가 아니라 범죄자가 범죄를 의욕했다는 사실에 따라 주어져야 하며, 보복법만이 형벌의 질과 양을 정확히 제시할 수 있다고 보았다.

선지 해설

① 베카리아, 벤담이 모두 긍정할 내용으로 베카리아가 벤담에게 할 수 있는 비판으로 적절하지 않다. 베카리아와 벤담은 모두 형벌이 사적인 보복이 아니라 공적인 정의를 실현하는 법적 과정이라는 데 동의한다.

② 베카리아, 벤담이 모두 긍정할 내용으로 벤담이 베카리아에게 할 수 있는 비판으로 적절하지 않다. 베카리아와 벤담은 공리주의의 관점에서 가벼운 범죄에는 가벼운 형벌을, 무거운 범죄에는 무거운 형벌을 부과하는 데 동의한다.

③ 벤담, 칸트 모두 부정할 내용으로 벤담이 칸트에게 할 수 있는 비판으로 적절하지 않다. 벤담에게는 형벌을 통해 실현될 공리(범죄 예방, 피해자 교화 등)가, 칸트에게는 범죄자가 범죄를 의욕했다는 사실 자체가 형벌의 근거이다.

④ 공리주의의 입장을 취하는 베카리아에게 형벌의 목적은 범죄 예방을 통해 공리를 증진하는 데 있다. 반면 칸트에게 있어 형벌의 목적은 범죄의 예방이 아니라 범죄자가 범죄를 의욕했다는 사실 그 자체에 대한 응징에 있다.

⑤ 베카리아, 벤담, 칸트 모두 긍정할 내용이므로 칸트가 베카리아와 벤담에게 할 수 있는 비판으로 적절하지 않다. 베카리아와 벤담은 보편적 도덕 원리로서 공리의 원리를 형벌에 적용하고 있다.

갑, 을 사상가들의 입장으로 적절한 것만을 〈보기〉에서 있는 대로 고른 것은? [3점]

갑 베카리아: 인간이 자신을 죽일 권리가 없는 이상, 그 권리를 사회에 양도하는 것 역시 불가능하다. 사형은 권리의 문제가 아니다. 사형은 한 사람의 시민에 대한 국가의 전쟁이다.

을 칸트: 사형은 사회 계약에 포함될 수 없다는 이유로 사형의 불법성을 주장하는 것은 법의 왜곡이다. 처벌 법칙은 하나의 정언 명령이다. 그가 살인했다면 그는 죽어야 한다.

〈 보기 〉

ㄱ. 갑: 범죄자를 처벌하는 것이 아니라 범죄를 예방하는 것이 정의롭다.
ㄴ. 갑: 범죄자의 의도를 제외하고 사회에 끼친 해악으로 범죄의 경중을 판단하는 것은 타당하다.
ㄷ. 을: 범죄자의 생득적 인격성을 존중하기 위해서는 사형 이외
살인자
의 형벌을 부과할 수 없다.
ㄹ. 갑과 을: 공적 정의를 실현하기 위해서는 범죄와 형벌 간의 비례 관계를 유지해야 한다.

① ㄱ, ㄴ   ② ㄴ, ㄹ ✓   ③ ㄷ, ㄹ
④ ㄱ, ㄴ, ㄷ   ⑤ ㄱ, ㄷ, ㄹ

자료 분석

갑은 베카리아, 을은 칸트이다. 베카리아는 사회 계약의 관점에서 인간은 자신의 생명권을 국가에 양도할 수 없기 때문에 국가의 이름으로 개인의 생명을 빼앗는 사형 제도는 정당하지 않다고 본다. 칸트는 응보주의 관점에서 범죄자는 자신이 저지른 해악만큼의 처벌을 받아야 하며, 살인자를 그 자체로 목적으로 대우하는 방법은 그를 사형시키는 것이라고 본다.

보기 해설

ㄱ. 갑(베카리아)은 공리주의적 관점에서 처벌은 그 자체로 해악이지만 처벌을 함으로써 얻는 범죄 예방의 효과가 더 크다면 처벌을 할 수 있다고 본다. 그러므로 이는 갑(베카리아)의 입장으로 적절하지 않다.

ㄴ. 갑(베카리아)은 범죄의 경중은 범죄자가 사회에 끼친 해악으로만 판단해야 한다고 본다. 그러므로 이는 갑(베카리아)의 입장으로 적절하다.

ㄷ. 을(칸트)은 범죄자는 자신의 범죄 행위로 발생한 피해에 상응하는 처벌을 해야 한다고 보며, 살인 행위에 상응하는 처벌로 사형 제도를 제시한다. 그러므로 이는 을(칸트)의 입장으로 적절하지 않다.

ㄹ. 갑(베카리아)은 공리주의적 관점에서 범죄와 형벌로 발생하는 이익과 손해를 고려하여야 한다고 보고, 을(칸트)은 응보주의적 관점에서 범죄의 경중에 알맞은 정도의 형벌이 필요하다고 본다. 그러므로 이는 갑(베카리아)과 을(칸트)의 공통 입장으로 적절하다.

31 형벌에 대한 칸트, 루소, 베카리아의 입장 25학년도 수능 16번

정답 ④ | 정답률 40%

(가)의 갑, 을, 병 사상가들의 입장에서 서로에게 제기할 수 있는 비판을 (나) 그림으로 표현할 때, A∼F에 해당하는 내용으로 가장 적절한 것은? [3점]

(가)	갑 칸트	공적 정의가 원리와 표준으로 삼는 것은 어떤 종류와 어느 정도의 형벌인가? 오직 보복법만이 형벌의 질과 양을 명확하게 제시한다.
	을 루소	법은 공동 이익을 지향하는 일반 의지의 지도를 받아야 한다. 법을 어긴 범죄자는 더 이상 조국의 구성원이 아니고 조국과 전쟁을 벌이는 자이다.
	병 베카리아	종신 노역형만으로도 가장 완강한 자의 마음을 억제하기에 충분한 엄격성을 지닌다. 종신 노역형은 사형 이상의 확실한 효과를 가져온다.

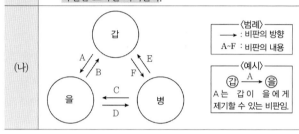

(나)

〈범례〉
→ : 비판의 방향
A-F : 비판의 내용

〈예시〉
갑 →A→ 을
A 는 갑 이 을 에게 제기할 수 있는 비판임.

① A: 사형은 살인범의 자발적 행위에 대한 응보적 형벌임을 간과한다.
→ 갑(칸트)과 을(루소)의 공통 입장

② B: 살인범에 대한 사형은 정의를 실현하는 형벌임을 간과한다.
→ 갑(칸트)과 을(루소)의 공통 입장

③ C와 E: 사형은 개인이 국가에 양도한 생명권을 국가가 침해하는 형벌임을 간과한다.

✔ D: 사회 계약의 목적을 위해 모든 시민이 사형제에 동의해야 함을 간과한다.

⑤ F: 형벌의 경중은 오직 범죄의 동기에 비례하여 결정해야 함을 간과한다.

| 자료 분석 |

갑은 칸트, 을은 루소, 병은 베카리아이다. 칸트는 형사적 정의와 관련해서 동해 보복의 원리에 따라 형벌의 질과 양이 결정되어야 한다고 본다. 루소는 사회 계약의 관점에서 범죄자는 법을 지키겠다는 약속을 어긴 것으로 본다. 베카리아는 공리주의적 관점에서 종신 노역형이 사형보다 범죄 예방의 효과가 더 크기 때문에 사형을 종신 노역형으로 대체해야 한다고 본다.

| 선지 해설 |

① A에는 갑(칸트)이 을(루소)에게 제기할 수 있는 비판이 들어가야 한다. 갑(칸트)은 응보주의의 관점에서 사형은 살인범이 저지른 행위에 대한 응보적인 행위라고 본다. 을(루소)은 사형을 다른 사람의 생명을 해치지 않겠다는 사회 계약을 어기는 행위라고 본다. 그러므로 이는 갑(칸트)이 을(루소)에게 제기할 수 있는 비판이 아니기 때문에 A에 들어갈 내용으로 적절하지 않다.

② B에는 을(루소)이 갑(칸트)에게 제기할 수 있는 비판이 들어가야 한다. 을(루소)은 살인범은 사회 구성원을 해쳐 더 이상 사회의 구성원이 아니므로 사회에서 격리시키는 것이 정의롭다고 본다. 갑(칸트)은 살인범은 다른 사람의 생명을 해쳤으므로 자신의 생명을 박탈당함으로써 이를 갚는 것이 정의롭다고 본다. 그러므로 이는 을(루소)이 갑(칸트)에게 제기할 수 있는 비판이 아니기 때문에 B에 들어갈 내용으로 적절하지 않다.

③ C와 E에는 병(베카리아)이 각각 을(루소)과 갑(칸트)에게 제기할 수 있는 비판이 들어가야 한다. 병(베카리아)은 생명 보존을 위한 사회 계약으로 형성된 사회가 생명을 빼앗는 사형을 행할 수 없다고 본다. 그러므로 이는 병(베카리아)이 제기할 수 있는 비판이 아니기 때문에 C와 E에 들어갈 내용으로 적절하지 않다.

④ D에는 을(루소)이 병(베카리아)에게 제기할 수 있는 비판이 들어가야 한다. 을(루소)은 사회 계약의 목적을 각자의 생명과 자유를 지키는 것으로 보고, 모든 구성원의 동의에 따라 사회 계약이 이루어진다고 본다. 병(베카리아)은 사회 계약은 구성원의 생명 보존을 위해 이루어진 것으로, 사회가 구성원의 생명을 빼앗을 수 없다고 본다. 그러므로 이는 을(루소)이 병(베카리아)에게 제기할 수 있는 비판에 해당하기 때문에 D에 들어갈 내용으로 적절하다.

⑤ F에는 갑(칸트)이 병(베카리아)에게 제기할 수 있는 비판이 들어가야 한다. 갑(칸트)은 형벌의 경중은 그 범죄가 일으킨 해악에 비례에서 결정되어야 한다고 본다. 그러므로 이는 갑(칸트)이 제기할 수 있는 비판이 아니기 때문에 F에 들어갈 내용으로 적절하지 않다.

14 일차

문제편 129~135쪽

---

01 홉스와 로크의 국가관 25학년도 9월 모평 9번

정답 ④ | 정답률 55%

갑, 을 사상가들의 입장으로 적절한 것만을 〈보기〉에서 있는 대로 고른 것은?

> 갑: 만인의 만인에 대한 전쟁 상태에서는 그 어떠한 것도 부당한 것이 될 수 없다. 리바이어던이 없는 곳에서는 법과 정의 그 리고 소유도 존재하지 않는다.
> 홉스
>
> 을: 인간이 공동체를 결성하고 스스로를 정부의 지배하에 두고자 하는 가장 주된 목적은 그들의 소유 보존이다. 그러나 자연 상태에는 이를 위한 많은 것이 결여되어 있다.
> 로크

〈 보기 〉
ㄱ. 갑: 절대 권력은 시민의 소유를 보호해야 할 의무가 있다.
ㄴ. 갑: 인간 본성으로 인해 자연 상태는 전쟁 상태일 수밖에 없다.
ㄷ. 을: 자연 상태의 인간은 자연법을 이해할 수 있는 능력이 없다.
ㄹ. 갑과 을: 자연 상태의 인간은 자유에 대한 평등한 권리가 있다.

① ㄱ, ㄴ ② ㄱ, ㄷ ③ ㄷ, ㄹ
④ ㄱ, ㄴ, ㄹ ⑤ ㄴ, ㄷ, ㄹ

| 자료 분석 |
갑은 홉스, 을은 로크이다. 홉스는 자연 상태는 만인의 만인에 대한 전쟁 상태이며, 공통의 권력이 없는 상태에서는 정의나 불의가 존재하지 않는다고 본다. 로크는 자연 상태는 평화롭지만 개인의 권리를 제대로 지키기 어려워 이를 위해 사회를 형성한다고 본다.

| 보기 해설 |
ㄱ. 갑(홉스)은 절대 권력을 지닌 국가는 시민의 재산을 보호하고 질서를 유지해야 할 의무가 있다고 본다. 그러므로 이 주장은 갑(홉스)의 입장으로 적절하다.

ㄴ. 갑(홉스)은 자신의 이익을 추구하는 인간의 본성으로 인해 자연 상태는 만인의 만인에 대한 전쟁 상태라고 본다. 그러므로 이 주장은 갑(홉스)의 입장으로 적절하다.

ㄷ. 을(로크)은 자연 상태의 인간은 자연법을 이해할 수 있는 이성 능력이 있으나, 자연법을 어겨 분쟁이 발생했을 때 이를 해결하기 위해서 공정한 재판관으로서의 국가가 필요하다고 본다. 그러므로 이 주장은 을(로크)의 입장으로 적절하지 않다.

ㄹ. 갑(홉스)은 자연 상태의 인간은 무제한적 자유의 권리인 자연권을 가지고 있다고 본다. 을(로크)은 자연 상태의 인간은 천부적인 권리인 생명권, 자유권, 소유권 등을 가지고 있다고 본다. 그러므로 이 주장은 갑(홉스)과 을(로크)의 공통 입장으로 적절하다.

---

02 묵자와 맹자의 국가관 25학년도 6월 모평 7번

정답 ② | 정답률 77%

갑, 을 사상가들의 입장으로 적절한 것만을 〈보기〉에서 고른 것은?

> 갑: 지금 천하의 군자들이 진심으로 천하가 부유해지기를 바라고 가난해지는 것을 싫어하며, 천하가 다스려지기를 바라고 어지러워지는 것을 싫어한다면 마땅히 아울러 서로 사랑하고[兼愛] 서로 이롭게 해야만[交利] 한다.
> 묵자
>
> 을: 백성의 삶에 있어서 일정한 생업[恒産]이 있는 사람은 일정한 마음[恒心]을 지니지만, 일정한 생업이 없는 사람은 일정한 마음을 지니지 못한다. 일정한 마음이 없으면 방탕, 편벽, 사악, 사치 등 못하는 짓이 없게 된다.
> 맹자

〈 보기 〉
ㄱ. 갑: 군주는 친분에 얽매이지 않는 사랑의 질서를 확립해야 한다.
    └→ 겸애
ㄴ. 갑: 군주는 전쟁을 일으켜서라도 천하의 평화를 이루어야 한다.
ㄷ. 을: 궁핍한 백성의 도덕적 일탈은 군주의 책임으로 귀속될 수 있다.
ㄹ. 갑과 을: 군주는 의로움보다 백성의 이로움을 중시해야 한다.

① ㄱ, ㄴ ② ㄱ, ㄷ ③ ㄴ, ㄷ ④ ㄴ, ㄹ ⑤ ㄷ, ㄹ

| 자료 분석 |
갑은 묵자, 을은 맹자이다. 묵자는 사람들이 서로 다투지 않고 천하를 안정시키기 위해서는 서로 사랑하고 이익을 나누어야 한다고 본다. 을은 군주는 백성의 일정한 생업을 보장해 주어 백성이 도덕심을 유지할 수 있도록 해야 한다고 본다.

| 보기 해설 |
ㄱ. 갑(묵자)은 차별 없는 사랑인 겸애를 강조하며 군주는 친분에 얽매이지 않고 차별 없이 사랑해야 한다고 본다. 그러므로 이 주장은 갑(묵자)의 입장으로 적절하다.

ㄴ. 갑(묵자)은 전쟁이 백성의 이익을 해치는 것이기 때문에 군주가 전쟁을 일으켜서는 안 된다고 본다. 그러므로 이 주장은 갑(묵자)의 입장으로 적절하지 않다.

ㄷ. 을(맹자)은 백성은 직업을 통한 경제적 안정 없이 도덕적인 삶이 불가능하다고 본다. 그러므로 이 주장은 을(맹자)의 입장으로 적절하다.

ㄹ. 갑(묵자)은 서로 다투지 않기 위해서는 서로 사랑하고 이익을 나눌 수 있어야 한다고 본다. 을(맹자)은 대인은 의로움을 우선하지만 소인은 이익을 우선한다고 본다. 그러므로 이 주장은 을(맹자)만의 입장이기 때문에 갑(묵자)과 을(맹자)의 공통 입장으로 적절하지 않다.

(가)의 사상가 갑, 을의 입장을 (나) 그림으로 탐구하고자 할 때, A~C에 들어갈 적절한 질문만을 〈보기〉에서 있는 대로 고른 것은? [3점]

<table>
<tr><td rowspan="2">(가)</td><td>갑: 만인은 서로 늑대처럼 싸우는 자연 상태에서 벗어나기 위
해 상호 계약을 맺어 하나의 인격으로 결합해야 한다. 이
인격을 지닌 통치자는 모든 사람의 힘과 수단을 임의로
사용할 수 있는 권력을 지닌다.</td></tr>
<tr><td>을: 절대 권력에 책임을 묻지 않는 식의 합의는 여우나 스컹크
를 피해 사자에게 잡아먹히는 데 만족하는 것과 같다. 통
치자가 시민의 생명, 자유 및 자산을 보존하지 못할 때 시
민은 통치자에 저항할 수 있다.</td></tr>
</table>

(가) 왼쪽: 갑 홉스 / 을 로크

(나)

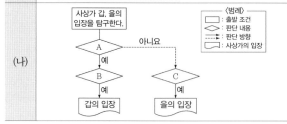

〈보기〉

ㄱ. A: 국가의 통치자가 사회 계약을 위반하는 것은 가능한가?
→ 홉스, 로크 모두 부정

ㄴ. B: 국가는 신의(信義) 계약으로 탄생한 자연적 인격인가?
인위적

ㄷ. B: 국가가 부재하는 곳에서는 각자의 소유권도 부재하는가?

ㄹ. C: 국가의 통치자에게는 단지 신탁된 권력만 주어지는가?

① ㄱ, ㄴ　　② ㄱ, ㄷ　　③ ㄷ, ㄹ

④ ㄱ, ㄴ, ㄹ　　⑤ ㄴ, ㄷ, ㄹ

| 자료 분석 |

갑은 홉스, 을은 로크이다. 홉스는 사람들이 '만인의 만인에 대한 투쟁' 상태에서 벗어나기 위해 사회 계약을 맺어 국가를 만들었다고 본다. 또한, 국가는 이들의 평화와 공동 방위를 위해 모든 사람의 힘과 수단을 임의로 사용할 수 있는 권력을 갖는다고 주장한다. 로크는 사람들이 자연 상태에서 해결하기 어려운 분쟁을 해결하기 위해 공정한 재판관, 집행관으로서 국가를 만들었다고 본다. 또한, 통치자가 시민의 생명, 자유, 자산을 보호해 주지 못할 경우에는 시민들이 저항권을 행사할 수 있다고 주장한다.

| 보기 해설 |

ㄱ. 홉스는 통치자는 사회 계약의 당사자가 아니기 때문에 사회 계약을 위반하는 것이 불가능하다고 본다. 로크는 통치자가 가지는 권력은 신탁된 권력이기 때문에 통치자는 사회 계약을 위반해서는 안 되며, 통치자가 권력을 신탁의 목적에 어긋나게 사용한다면 신탁을 철회할 수 있다고 본다.

ㄴ. 홉스는 국가를 다수 사람들이 상호 신의 계약을 체결하여 세운 하나의 인위적 인격으로 본다. 따라서 B에 들어갈 질문으로 적절하지 않다.

ⓒ 홉스는 국가가 부재하는 곳에는 각자의 소유권도 부재한다고 본다. 국가가 형성되기 이전인 자연 상태에서의 인간은 '만인의 만인에 대한 투쟁' 상태에 빠지게 되며, 이러한 상태에서는 개인의 소유권이 없다고 본다.

ⓔ 로크는 국가의 통치자에게는 신탁된 권력만 주어진다고 본다. 국가의 통치자가 주어진 권력을 자의적으로 사용할 경우 시민의 권리를 침해하고 사회 계약을 위반하게 되므로, 이러한 경우에는 시민들이 통치자에게 저항할 수 있다고 주장한다.

갑, 을 사상가들 중 적어도 한 사람이 부정의 대답을 할 질문으로 적절한 것만을 〈보기〉에서 고른 것은? [3점]

→ 만인의 만인에 대한 투쟁 상태

> 갑: 자연 상태에서 인간의 경쟁, 불신, 공명심 때문에 분쟁이 발
> 홉스
> 　생한다. 이러한 전쟁 상태로부터 벗어나서 자연권을 보호하기
> 　위해 개인들은 사회적 동의로 절대 권력을 수립한다.
> 을: 자연 상태에서 개인들은 생명, 자유, 재산의 권리를 보호하기
> 로크
> 　위해 입법부를 구성하기로 합의한다. 그러나 입법부가 자연권
> 　을 보호하지 못하면 시민들은 신탁을 철회할 수 있다.
> 　　　　　　　　　　　　　　　　　　　　→ 저항권 인정

〈 보기 〉

ㄱ. 공권력이 형성된 이후에 자연권 보호는 개인만의 책임인가?
　→ 갑, 을 모두 부정할 질문　　　　　　개인과 국가의

ㄴ. 정부에 의한 시민의 재산권 침해는 정부 해체의 근거가 되는가?
　→ 갑은 부정, 을은 긍정할 질문

ㄷ. 국가의 권위에 복종해야 할 의무는 계약에 토대를 두는가?
　→ 갑, 을 모두 긍정할 질문

ㄹ. 인간은 자연 상태에서 이성의 능력을 발휘하여 계약을 하는가?
　→ 갑, 을 모두 긍정할 질문

✓① ㄱ, ㄴ　　② ㄱ, ㄷ　　③ ㄴ, ㄷ　　④ ㄴ, ㄹ　　⑤ ㄷ, ㄹ

| 자료 분석 |

갑은 홉스, 을은 로크이다. 홉스는 이기적인 본성을 지닌 인간이 자연 상태의 불안과 공포에서 벗어나 생명을 보호하고 사회 질서를 유지하기 위해 국가를 만들었다고 본다. 따라서 국가는 시민의 안전을 보장하고 질서를 유지해야 한다. 로크는 인간들 간의 분쟁을 해결하기 위해 공정한 재판관이자 집행관으로서 국가를 만들었다고 본다. 따라서 국가는 시민들 간의 분쟁을 해결하고 개인을 보호함으로써 평화롭고 안전한 삶을 보장해야 한다.

| 보기 해설 |

ㄱ 갑(홉스), 을(로크)이 모두 부정의 대답을 할 질문이다. 갑(홉스), 을(로크)은 국가라의 수립 목적은 개인의 자연권 보호에 있으므로 국가가 수립된 이후 개인의 자연권 보호에 대한 책임은 개인뿐만 아니라 국가에게도 있다고 본다.

ㄴ 갑(홉스)은 부정, 을(로크)은 긍정의 대답을 할 질문이다. 갑(홉스)은 사회 계약 이후에 시민법의 모든 권리는 군주에게 양도되므로 시민의 재산권 침해는 정부 해체의 근거가 될 수 없다고 본다. 을(로크)은 국가가 시민의 생명, 자유, 재산을 보장하지 못하면 시민은 정부를 폐지하거나 변경할 수 있다고 주장한다.

ㄷ. 갑(홉스), 을(로크)이 모두 긍정의 대답을 할 질문이다. 사회 계약론의 관점에 따르면 국가는 시민이 자신의 생명, 안전, 자유를 보장받고자 계약에 참여하여 만든 것이므로 국가의 권위에 복종해야 할 의무는 계약으로부터 비롯된다.

ㄹ. 갑(홉스), 을(로크)이 모두 긍정의 대답을 할 질문이다. 갑(홉스)은 자연 상태의 개인들이 자신의 자유, 생명, 안전을 보장받기 위해서 계약을 통해 국가를 수립하게 된 것이라고 주장한다. 을(로크)은 자연 상태에서 발생하는 분쟁을 해결하기 위해 계약을 통해 국가를 수립하게 된 것이라고 주장한다.

다음을 주장한 사상가의 입장으로 적절한 것만을 〈보기〉에서 고른 것은?
　→ 로크

> 　본래 인간은 자유롭고 평등하고 독립된 존재이므로 자신의 동
> 의 없이 다른 사람의 정치권력에 복종할 수 없다. 어떤 사람이 자
> 신의 자유를 포기하고 시민 사회의 구속을 받아들이는 유일한 방
> 법은, 자신의 재산을 보호하고 다른 사람들과 상호 간에 안전한
> 삶을 영위하기 위해서 공동체를 결성하기로 합의하는 것이다.
> 　　　　　　　　　　　　　　　　　→ 사회 계약을 체결하는 이유

〈 보기 〉

ㄱ. 국가는 가족 공동체 의식이 전제된 정치적 공동체여야 한다.
　→ 유교의 국가관

ㄴ. 국가는 개인의 기본권 보장을 목적으로 계약에 의해 수립된다.
　→ 생명, 자유, 재산 등

ㄷ. 국가는 인간의 정치적 본성으로 형성되는 자연적 공동체이다.
　→ 아리스토텔레스의 국가관

ㄹ. 국가는 시민 모두에게 동등한 자유와 권리를 보장해야 한다.

① ㄱ, ㄴ　　② ㄱ, ㄷ　　③ ㄴ, ㄷ　　✓④ ㄴ, ㄹ　　⑤ ㄷ, ㄹ

| 자료 분석 |

제시된 글의 사상가는 로크이다. 로크는 이성을 가졌으나 오류 가능성 또한 가지고 있는 개인들이 자연 상태에서 해결하기 어려운 갈등과 분쟁을 해결하기 위해 사회 계약을 통해 국가를 형성하였다고 본다. 로크는 국가의 역할이 개인의 생명과 자유, 재산을 보호하고 개인들 간의 분쟁과 갈등을 조정함으로써 평화롭고 안전하며 행복한 삶을 보장하는 것이라고 주장한다.

| 보기 해설 |

ㄱ. 로크에게 국가는 자연 상태에서 개인들이 겪는 갈등이나 분쟁과 같은 불편함을 해결하고 조정하기 위해 개인들이 자발적 계약을 통해 형성한 정치적 공동체이다.

ㄴ 로크는 자연 상태에서 완전하게 보장받지 못했던 생명과 자유, 재산을 보호하고 시민들 간에 해결할 수 없었던 분쟁을 해결하고자 개인들이 사회 계약을 통해 국가를 수립하였다고 본다. 즉, 로크의 사회 계약설에 따르면 국가는 개인의 기본권 보장을 목적으로 계약에 의해 수립된 것이다.

ㄷ. 국가가 인간의 정치적 본성에 따라 형성되는 자연적 공동체라고 보는 것은 아리스토텔레스의 입장에 해당한다. 아리스토텔레스는 인간이 본성적으로 정치적 존재이기 때문에 자연적으로 공동체를 형성하며, 이러한 정치 공동체 속에서만 최선의 삶이 가능하다고 주장한다.

ㄹ 로크는 자연 상태에서의 개인들은 자유롭고 평등하지만 인간의 오류 가능성 때문에 분쟁이나 갈등이 발생하여, 이를 해결하고 자신의 자유와 권리를 보장받기 위해 계약을 통해 국가를 수립하게 되었다고 주장한다. 따라서 계약에 의해 수립된 국가는 시민 모두에게 동등한 자유와 권리를 보장해야 한다.

06 로크와 아리스토텔레스의 국가관 22학년도 6월 모평 2번 정답 ③ | 정답률 46%

갑, 을 사상가들의 입장으로 적절하지 않은 것은?

> → 국가 발생 이전의 상태　　　　→ 갈등의 가능성이 있음
>
> 갑: 자연 상태에서는 <u>사람들 간의 분쟁을 해결하는 공통된 법률</u>
> 로크　이 없고, 무사 공평한 재판관도 없다. 그래서 <u>인간은 자신의
> 생명, 자유, 재산을 보호하기 위해 공동체를 결성하고 스스로
> 를 정부의 지배하에 두고자 한다.</u> → 국가 형성에 동의하는 이유
>
> 을: 모든 공동체는 어떤 종류의 좋음을 목표로 하는 것이지만, <u>국</u>
> 아리　<u>가는 그 모든 공동체들 중에서 최고의 것이면서 다른 모든 공</u>
> 스토　<u>동체들을 포괄한다.</u> 그리고 <u>국가는 모든 좋음들 중에서 최고</u>
> 텔레스　<u>의 좋음을 목표로 한다.</u>　→ 국가를 최상의 공동체라고 봄

① 갑: 국가는 공통된 법률에 따라 시민들 간의 분쟁을 조정해야 한다.
② 갑: 국가는 자국민을 침해한 외부인들을 처벌할 권력을 지닌다.
✓③ 을: 국가는 정치적 동물인 인간들의 <del>상호 동의를 통해</del> 발생한다.
　　　　　　　　　　　　본성에 따라 자연적으로
④ 을: 인간은 국가 속에서 훌륭하고 행복한 삶을 영위할 수 있다.
⑤ 갑, 을: 시민은 자신이 속한 국가에 대해 정치적 의무를 지닌다.

| 자료 분석 |

갑은 로크, 을은 아리스토텔레스이다. 로크는 국가가 형성되기 이전의 '자연 상태'를 비교적 평화롭지만 분쟁의 가능성이 있는 상태라고 보고, 개인들이 자신의 자연권을 보호받기 위해 국가를 형성하는 계약에 동의하였다고 보았다. 한편 아리스토텔레스는 국가가 인간의 정치적 본성에 따라 자연스럽게 발생한 것으로, 시민들은 국가의 구성원으로서만 참된 행복을 누릴 수 있다고 주장하였다.

| 선지 해설 |

① 로크는 자연 상태에서 발생할 수 있는 분쟁으로부터 생명, 자유, 재산에 대한 권리를 보장받기 위해 개인들이 집행권을 국가에 위임하는 사회 계약에 동의하였다고 보았다. 따라서 국가는 자연법에 기초하여 구성된 공통의 법률에 따라 시민들 간의 분쟁을 조정하는 재판관 역할을 수행해야 한다.

② 로크는 국가가 구성원들의 생명과 자유, 재산을 보호하기 위해 자국민에게 해를 준 외부인들을 처벌할 권력을 지닌다고 보았다.

③ 아리스토텔레스는 인간이 본성적으로 정치적인 존재이며, 이에 기초하여 국가가 자연스럽게 발생한 것이라고 보았다. 국가가 상호 동의라는 인위적인 과정을 통해 형성된다고 보는 입장은 사회 계약론에 해당한다.

④ 아리스토텔레스는 인간이 정치적 존재이기 때문에 완전한 공동체인 국가의 구성원으로서만 훌륭하고 행복한 삶을 누릴 수 있다고 보았다.

⑤ 로크와 아리스토텔레스는 국가의 구성원인 시민에게 자신이 속한 국가에 대한 정치적 의무가 있다고 보았다. 로크는 자발적 동의에 기초하여 정치적 의무를 정당화하는 사회 계약론의 관점을 취하는 반면, 아리스토텔레스는 인간이 정치적인 본성을 지닌 존재라고 주장하며 정치적 의무를 정당화한다.

07 홉스와 로크의 국가관 22학년도 수능 15번 정답 ③ | 정답률 62%

그림은 서술형 평가 문제와 학생 답안이다. 학생 답안의 ㉠~㉤ 중 옳지 않은 것은? [3점]

> **서술형 평가**
> ◎ 문제: 국가와 시민의 관계에 대한 갑, 을 사상가들의 입장을 비교하여 서술하시오.
>
> 갑: 자연 상태에서는 모든 인간을 떨게 만드는 공통의 힘이 없기
> 홉스　때문에 인간은 만인의 만인에 대한 전쟁 상태에 놓이게 된다.
> <u>인간은 이 비참함에서 벗어나기 위해 국가 속에서 스스로를
> 구속한다.</u>　　　사회 계약에 기초하여 국가
> 을: 모든 인간은 자기 신체와 소유물에 대한 지배권을 갖지만 자연　공동체가 구성된다고 봄
> 로크　상태에서는 이 권리의 향유가 불확실하다. 이에 따라 <u>인간은
> 공동체를 결성하고 공통의 재판관을 지상에 설정함으로써
> 국가 상태에 들어가게 된다.</u>
>
> ◎ 학생 답안
> 　국가와 시민의 관계에 대한 갑, 을의 입장을 비교해 보면, 갑은 <u>㉠
> 인간이 두려워해야 할 공통의 권력이 없는 자연 상태의 혼란에서
> 벗어나기 위해 국가를 수립하게 된다고 보고, ㉡ 국가는 공공의 평화와
> 안전을 위해서 절대적인 권력을 행사할 수 있다고 주장한다. 반면에 을은
> ㉢ 인간이 자연 상태에서 공동체를 구성하고자 하는 정치적 본성으로
> 인해 자연스럽게 국가 상태에 들어가게 된다고 보고, ㉣ 국가는 공동선을
> 실현하기 위해 위임받은 권력을 자의적으로 행사해서는 안 된다고
> 주장한다. 한편 갑, 을은 모두 ㉤ 국가에 대한 시민의 의무는 시민 자신의
> 생명권을 국가가 보호해 준다는 조건 아래에서 계속될 수 있다고 본다.</u>

① ㉠　　② ㉡　　✓③ ㉢　　④ ㉣　　⑤ ㉤

| 자료 분석 |

갑은 홉스, 을은 로크이다. 홉스는 인간이 비참한 자연 상태에서 벗어나기 위해 이성을 발휘하여 공동체를 구성하는 사회 계약을 맺게 된다고 보았다. 한편 로크는 자연 상태가 비교적 평화롭지만 자연 상태에서는 자연권의 보장이 불확실하므로, 개인들이 자연권의 보장을 위해 공통의 재판관으로서 국가 권력의 지배를 받는 데 동의하게 된다고 보았다.

| 선지 해설 |

① 홉스는 자연 상태에서의 개인은 자신의 생명 보존을 위해서라면 어떠한 행위라도 할 수 있는 자연권을 지니고 있으므로, 결국 비참한 전쟁 상태를 맞이하게 된다고 보았다. 따라서 자연 상태의 개인들이 이로부터 벗어나기 위해 이성의 명령에 따라 국가를 수립하게 된다고 보았다.

② 홉스는 개개인의 생명 보존을 위해 수립된 국가 권력은 절대적이며 분할될 수 없다고 보았다. 또한 국가 권력은 공공의 평화와 안전의 수립을 위해, 즉 구성원의 생명을 보존하기 위해 권력을 행사할 수 있다고 보았다.

③ 인간이 정치적 본성에 기초하여 자연스럽게 국가를 형성하게 된다고 보는 관점은 아리스토텔레스의 입장이다. 로크는 인간이 인위적인 상호 동의의 과정을 통해 정치 사회를 구성하고 국가를 수립하게 된다는 사회 계약설을 주장하였다.

④ 로크는 개인의 자연권을 보호하기 위해 국가가 권력을 위임받은 것이라고 보고, 국가는 이러한 권력을 자의적으로 행사해서는 안 된다고 보았다. 또한 국가가 자의적으로 권력을 행사할 경우, 시민은 국가에 대해서 저항할 수 있다고 보았다.

⑤ 홉스와 로크는 국가 공동체가 생명권 보장을 위한 도구적 가치를 지닌다고 보며, 시민의 정치적 의무는 국가가 구성원의 생명권을 보호해 준다는 조건 아래에서 정당화될 수 있다고 보았다.

08　로크의 국가관　24학년도 9월 모평 13번

정답 ① | 정답률 45%

다음을 주장한 **사상가**의 입장으로 적절한 것만을 〈보기〉에서 있는 대로 고른 것은? [3점]　↳로크

> 사람들은 자연법 집행을 둘러싼 분쟁이 발생하는 자연 상태에서 벗어나고자, 그들이 자연 상태에서 가졌던 평등, 자유 및 집행권을 입법부가 처리할 수 있도록 사회의 수중에 양도한다. 이에 대한 명시적 동의는 그들을 공통된 법률의 지배하에 둠으로써 사회의 완전한 구성원으로 만든다. → 로크의 사회 계약

〈 보기 〉
ㄱ. 국가에 양도하지 않은 시민의 권리는 보장될 수 ~~없~~다.
　↳생명권, 재산권 등　　　　　　　　　　있다
ㄴ. 입법부를 폐지할 수 있는 최고의 권력은 시민에게 있다.
ㄷ. 자연 상태에서 분쟁은 공통된 ~~자연법~~의 부재로 인해 발생한다.
　　　　　　　　　　　　　　재판관

✓ ㄴ　　② ㄷ　　③ ㄱ, ㄴ　　④ ㄱ, ㄷ　　⑤ ㄱ, ㄴ, ㄷ

| 자료 분석 |

제시문의 사상가는 로크이다. 로크는 사람들이 자연 상태에서 해결하기 힘든 분쟁을 해결하기 위해 공정한 재판관이자 집행관으로서 국가가 수립되었다고 보고, 국가는 시민들 간의 분쟁을 해결하고 생명과 자유, 재산을 보호해야 한다고 주장했다. 또한 로크는 어떤 정부 영토의 일부분을 소유하거나 향유하는 사람은 누구나 묵시적 동의를 한 셈이며, 정부의 법률에 복종할 의무를 진다고 보았다.

| 보기 해설 |

ㄱ. 로크는 사회 계약 당시 자연권 중 일부 권리만을 국가에 양도하는 것이라고 보고 생명권, 재산권 등 국가에 양도하지 않은 시민의 권리도 보장될 수 있다고 주장했다.

ⓛ 로크는 입법부가 사회 계약의 토대가 되는 자연법을 준수하지 않거나 행정부가 입법부의 권한을 침해하는 정부의 타락이 발생한다면 인민은 입법부를 폐지하고 새로운 입법부를 임명할 수 있다고 보았다.

ㄷ. 로크는 자연 상태에서 공통된 자연법이 존재한다고 보았다. 그러나 자연 상태에서는 무사 공평한 재판관이 없기 때문에 각자가 자신의 재판관이 되어 분쟁이 효과적으로 해결되지 못한다. 따라서 자연 상태 분쟁은 공통된 자연법의 부재로 인해 발생하는 것이 아니라 공평한 재판관의 부재로 인한 것이다.

09　홉스의 국가관　24학년도 6월 모평 6번

정답 ④ | 정답률 35%

다음을 주장한 **사상가**의 입장으로 적절한 것만을 〈보기〉에서 있는 대로 고른 것은?　↳홉스

> 자연 상태는 전쟁 상태이며, 소유도 지배도 내 것과 네 것의 구별도 없다. 이러한 자연 상태로부터 빠져나올 수 있는 가능성은 죽음의 공포라는 정념과 평화 추구의 이성에 있다.

〈 보기 〉
ㄱ. 국민의 자유와 주권자의 절대 권력은 양립할 수 있다.
ㄴ. 자연 상태에는 생명과 자유를 빼앗길 수 있는 불의가 ~~존재한다.~~
　　　　　　　　　　　　　　　　　　존재하지 않는다
ㄷ. 주권자는 평화와 공동 방위를 위해 국민의 힘과 수단을 임의로 사용할 수 있다.

① ㄴ　　② ㄷ　　③ ㄱ, ㄴ　　✓④ ㄱ, ㄷ　　⑤ ㄱ, ㄴ, ㄷ

| 자료 분석 |

제시문의 사상가는 홉스이다. 홉스는 자연 상태가 만인의 만인에 대한 투쟁 상태 즉, 전쟁 상태라고 본다. 인간은 자기 보존과 그로 인한 만족된 삶에 대한 이성적 통찰을 할 수 있기 때문에 자연 상태에서 벗어나고자 사회 계약을 통해 국가를 형성한다고 본다. 국가는 시민들의 생명, 재산을 보호하고 질서를 유지하기 위해 절대적인 권력을 지닌다고 주장한다.

| 보기 해설 |

ㄱ. 홉스는 자연 상태의 인간은 무제한적 자유를 가지고 있지만, 실질적으로 자유를 누릴 수 없는 상태라고 본다. 따라서 인간은 이러한 상태에서 벗어나고자 자연권을 국가에 양도함으로써 계약을 통해 절대 권력을 형성한다고 본다.

ㄴ. 홉스는 자연 상태에는 정의도 불의도 존재하지 않는다고 본다. 모든 인간이 각자 무제한적인 자유를 가지고 있기 때문에 소유도 지배도, 내 것과 네 것의 구별도 없으며, 옳고 그름이 없다고 본다.

ㄷ. 홉스는 주권자는 다수의 사람들이 계약을 통해 세운 하나의 인격으로서 시민들의 평화와 공동 방위를 위해 모든 사람의 힘과 수단을 임의로 사용할 수 있다고 본다.

10 로크와 홉스의 국가관 23학년도 수능 12번

정답 ① | 정답률 42%

갑, 을 사상가들의 입장으로 적절한 것만을 〈보기〉에서 있는 대로 고른 것은? [3점]

> 갑: 자연 상태에서 개인은 재산권뿐만 아니라, 타인이 자연법을
> 로크 위반한 것을 판단하고 처벌하는 권력을 가진다. 이 처벌권을 공
> 동체에 양도하는 곳에서만 정치 사회가 존재한다. → 신탁 계약
>
> 을: 자연 상태에서, 즉 전쟁 상태에서 벗어나고자 개인은 만물에
> 홉스 대한 권리를 포기한다. 정의는 유효한 계약을 지키는 것이며,
> 계약의 유효성은 국가 수립과 함께 시작된다. → 신의 계약

〈 보기 〉

ㄱ. 갑: 자연 상태에서 분쟁 발생 시 모든 당사자는 재판관이 된다.
ㄴ. 갑: 정부에 신탁된 권력은 시민에 의해서 철회될 수 있다.
    → 시민의 저항권 인정
ㄷ. 을: 개인은 자연 상태에서의 불의를 피하려고 계약을 맺는다.
ㄹ. 갑과 을: 시민은 주권자로서 동등한 자유와 권리를 지닌다.
    → 홉스는 리바이어던(국가)에 개인의 권리를 전면 양도함

 ① ㄱ, ㄴ   ② ㄱ, ㄷ   ③ ㄷ, ㄹ
④ ㄱ, ㄴ, ㄹ   ⑤ ㄴ, ㄷ, ㄹ

| 자료 분석 |

갑은 로크, 을은 홉스이다. 로크는 자연 상태에서 인간은 이성을 지녔지만 오류 가능성이 있기 때문에 분쟁을 해결하기 어렵다고 본다. 이에 공동의 재판관을 수립하고 국가를 형성하게 된다고 주장한다. 홉스는 인간을 자연 상태는 전쟁 상태와 같다고 본다. 이에 개인은 자신의 생명과 재산을 보호하고자 자신의 모든 권리를 리바이어던(국가)에 전면 양도함으로써 사회 계약을 맺는다고 주장한다.

| 보기 해설 |

(ㄱ) 갑(로크)은 자연 상태에서 인간은 모두가 재판관이기 때문에 분쟁이 발생할 경우 해결하기 어렵다고 본다. 이에 공동의 재판관을 수립하고자 계약을 맺고 국가를 형성한다고 주장한다.

(ㄴ) 갑(로크)은 신탁된 권력에는 한계가 있다고 본다. 정부가 맡겨진 권력을 즉흥적이고 자의적인 형태로 사용하며, 사회 계약의 목적에 위배되는 일을 할 경우에는 시민들에 의해 신탁된 권력이 철회될 수 있다고 주장한다.

ㄷ. 을(홉스)은 자연 상태에서는 정의와 불의의 구분이 이루어지지 않기 때문에 자연 상태에서의 불의를 피하려고 계약을 맺는다는 설명은 적절하지 않다고 보며, 개인이 자신의 생명과 재산을 보호하고자 계약을 맺는다고 본다.

ㄹ. 을(홉스)은 전쟁 상태와도 같은 자연 상태에서 벗어나고자 개인이 리바이어던(국가)에 자신의 모든 권리를 전면 양도함으로써 사회 계약이 이루어진다고 본다. 따라서 을(홉스)에게 시민을 주권자라고 보는 개념은 적절하지 않다.

11 아리스토텔레스, 루소, 홉스의 국가관 23학년도 9월 모평 19번

정답 ④ | 정답률 65%

(가)의 갑, 을, 병 사상가들의 입장에서 서로에게 제기할 수 있는 비판을 (나) 그림으로 표현할 때, A~F에 해당하는 내용으로 가장 적절한 것은? [3점]

> 갑: 국가는 자기 완결적 조직으로서 최고선을 추구한다. 공동
> 아리 의 선을 나누어 가질 수 없거나 나누어 가질 필요가 없는
> 스토텔 자는 국가의 일부가 아니며, 짐승 아니면 신이다.
> 레스
>
> (가) 을: 국가가 형성될 때 개개인은 자신을 그 모든 권리와 함께
> 루소 공동체 전체에 전면 양도한다. 이를 일반 의지의 지배 아
> 래 둔 개인은 자기 자신에게만 복종한다.
>
> 병: 국가가 없는 자연 상태에서 개개인은 모든 것에 대한 권리
> 홉스 를 갖는다. 자기 보존과 평화를 위해 그러한 권리를 포기
> 함으로써 주권자인 리바이어던이 탄생한다.

> → 계약을 통해 만들어진 절대 권력을 지닌 국가
>
> (나)
>   갑
>   A ↗ ↖ E
>   B   F
>   을 ← C → 병
>   D
>
> 〈범례〉
> → : 비판의 방향
> A~F : 비판의 내용
>
> 〈예시〉
> 갑 ─A→ 을
> A는 갑이 을에게 제기할
> 수 있는 비판임.

① A: 공공의 이익에 입각하여 국가가 운영되어야 함을 간과한다.
② B, E: 인간은 국가 안에서만 행복한 삶을 살 수 있음을 간과한다.
③ C: 국가 구성원의 생명권 보장이 국가의 목적임을 간과한다.
④ D: 국가 구성원은 법을 따르는 동시에 제정하는 자임을 간과한다.
⑤ F: 국가 권위에 복종할 의무는 자연 발생적이지 않음을 간과한다.
    → 갑(아리스토텔레스)은 국가에 대한 복종의 의무가 자연 발생적이라고 봄

| 자료 분석 |

(가)의 갑은 아리스토텔레스, 을은 루소, 병은 홉스이다. 아리스토텔레스는 국가가 인간의 사회적·정치적 본성에 따라 자연 발생적으로 생겨난 것이라고 본다. 또한 국가는 구성원들이 훌륭하고 행복한 삶을 살 수 있도록 해 주는 가장 포괄적인 도덕 공동체라고 주장한다. 루소는 국가가 형성될 때 개인은 자신의 모든 권리를 일반 의지에 전면 양도한다고 보고, 이를 통해 국가의 구성원인 개인은 법을 따르는 동시에 법의 제정자가 되어 자기 자신에게만 복종하게 된다고 주장한다. 홉스는 사람들이 만인의 만인에 대한 투쟁 상태인 자연 상태에서 벗어나기 위해 계약을 통해 국가를 만들었다고 본다. 따라서 국가는 개인의 생명과 재산을 보호하고 질서를 유지하는 역할을 해야 한다고 주장한다.

| 선지 해설 |

① 갑(아리스토텔레스)이 을(루소)에게 제기할 비판으로 적절하지 않다. 갑(아리스토텔레스)은 공공의 이익을 고려한 정치 체제가 올바르다고 보며, 을(루소)도 공공의 이익에 입각하여 국가가 운영되어야 한다고 본다.

② 을(루소)과 병(홉스)이 갑(아리스토텔레스)에게 제기할 비판으로 적절하지 않다. 갑(아리스토텔레스)은 인간의 행복한 삶은 국가 공동체 안에서만 가능하다고 본다.

③ 병(홉스)이 을(루소)에게 제기할 비판으로 적절하지 않다. 을(루소)과 병(홉스)은 모두 사회 계약론의 입장에서 사회 계약의 목적이 자기 보존과 생명권의 보장에 있다고 본다.

④ 을(루소)이 병(홉스)에게 제기할 비판으로 적절하다. 을(루소)은 사회 계약을 통해 각 개인이 자신의 모든 권리를 일반 의지에 전면 양도함으로써 스스로가 법에 강제되는 동시에 법의 제정자가 된다고 본다. 반면, 병(홉스)은 사회 계약을 통해 자신의 권리를 전면 양도한 개인은 법을 따르는 자가 되고, 법의 제정자는 주권자인 리바이어던이라고 본다.

⑤ 갑(아리스토텔레스)이 병(홉스)에게 제기할 비판으로 적절하지 않다. 갑(아리스토텔레스)은 국가는 자연 발생적으로 생겨난 것이라고 보며, 국가 권위에 대한 복종의 의무는 자연적 의무라고 본다. 병(홉스)은 국가 권위에 복종할 의무는 자연 발생적인 것이 아니라, 사회 계약에 의해 발생된 것이라고 본다.

갑, 을 사상가들의 입장으로 적절한 것만을 〈보기〉에서 있는 대로 고른 것은?

> ┌─ 무항산 무항심
>
> 갑: 일정한 생업[恒産]이 없는 백성은 변함없는 마음[恒心]을 잃게 맹자 된다. 그러므로 군주는 백성이 부모를 봉양하고 처자식을 부 양하기에 부족함이 없게 해 주어야 한다. 그런 후에 백성을 선 한 데로 나아가게 인도해야 한다. └─ 군주는 백성의 경제적 안정을 도모해야 함
>
> 을: 완전한 공동체인 국가는 자연의 산물이며, 인간은 본성적으 아리 스토 로 국가 공동체를 구성하는 동물이다. 국가 없이 살아가는 자 텔레스는 인간보다 하등하거나 인간을 뛰어넘는 존재이다. └─ 인간은 본성에 따라 국가를 구성하는 정치적 동물임

> 〈 보기 〉
> ㄱ. 갑: 국가의 통치자는 덕으로써 백성을 감화시켜야 한다.
> ㄴ. 갑: 백성들의 도덕성을 유지하는 데 경제적 안정이 중요하다.
> ㄷ. 을: 정치 공동체인 국가에서 인간은 선을 실현할 수 있다.
>   사회 계약론
> ㄹ. 갑, 을: 국가는 자연 상태에서 벗어나려는 인간들의 계약으로 수립된다.

① ㄱ, ㄷ   ② ㄱ, ㄹ   ③ ㄴ, ㄹ
④ ㄱ, ㄴ, ㄷ   ⑤ ㄴ, ㄷ, ㄹ

| 자료 분석 |

갑은 맹자, 을은 아리스토텔레스이다. 맹자는 일정한 생업(항산)이 없는 백성은 변함없는 마음(항심)을 잃게 된다는 '무항산 무항심(無恒産無恒心)'을 주장하며, 군주가 백성들을 도덕적 삶으로 이끌기 위해 생계를 보장해 주어야 한다고 보았다. 한편 아리스토텔레스는 인간이 정치적 존재라고 주장하며, 국가의 형성은 인간의 본성에 따른 자연스러운 결과라고 보았다. 또한 그는 정치적 존재인 인간은 국가 안에서만 진정한 행복을 누릴 수 있다고 보았다.

| 보기 해설 |

ㄱ. 맹자는 통치자가 덕으로 백성들을 감화시켜야 한다는 공자의 사상을 이어받아 강력한 상과 벌이 아닌 덕으로 다스리는 왕도 정치를 주장하였다.

ㄴ. 맹자는 백성들이 도덕적인 마음(일정한 마음, 항심)을 갖추고 도덕적인 삶을 살아가기 위해서는 경제적인 안정(일정한 생업, 항산)이 보장되어야 한다고 주장하였다.

ㄷ. 아리스토텔레스는 정치적 존재로서의 인간은 자연스러운 본성에 따라 국가를 구성하게 되고, 국가의 구성원으로서 진정한 선을 실현할 수 있다고 보았다.

ㄹ. 맹자나 아리스토텔레스의 입장이 아니라 사회 계약론의 입장이다.

갑, 을 사상가들의 입장으로 가장 적절한 것은? [3점]

> 갑: 국가의 목적은 개인의 안전 보장에 있다. 개인은 안전을 보장 홉스 받기 위해 주권자에 복종해야 한다. 주권이 침해되면 전쟁 상 태인 자연 상태보다 더 큰 재앙이 초래될 것이다.
>
> 을: 국가의 주된 목적은 개인의 재산 보호에 있다. 절대 권력의 통 로크 치는 사회와 정부의 목적에 부합하지 못한다. 절대 권력을 위 정자에게 넘겨주면 자연 상태보다 더 나빠진다. → 일부 권리 양도 + 저항권 인정

① 갑: 개인의 생명과 자유는 주권을 분할해야 온전히 보장된다.
    → 주권은 양도되거나 분할될 수 없음
② 갑: 군주는 절대 권력을 지니므로 사회 계약을 파기할 수 있다.
③ 을: 개인과 국가는 상호 간 이익을 전제로 사회 계약을 맺는다.
    → 사회 계약은 개인 상호 간에 맺는 것
④ 을: 입법권은 최고 권력이지만 공공선에 의해 제한될 수 있다.
    → 자의적 행사 반대
⑤ 갑과 을: 사회 계약으로 자연 상태에서의 재산권이 보장된다.
    → 홉스 ×, 로크 ○

| 자료 분석 |

갑은 홉스, 을은 로크이다. 홉스는 '만인의 만인에 대한 투쟁 상태'인 자연 상태에서 벗어나 개인의 생명과 안전을 지키고 질서를 유지하기 위해 사회 계약을 통해 국가를 구성하는 것이며, 이를 위해 절대적인 주권자에게 복종해야 한다고 보았다. 로크는 공정한 재판관이 없는 자연 상태에서 해결하기 힘든 분쟁을 해결하고, 시민의 생명과 자유 및 재산을 보호하기 위해 사회 계약을 통해 국가를 구성했다고 보았다. 로크는 사회 계약의 내용과 달리 국가가 시민의 생명과 자유 및 재산을 보호하지 못한다면 국가에 대한 저항권을 행사할 수 있다고 주장하였다.

| 선지 해설 |

① 홉스는 자연 상태로 돌아가지 않기 위해서는 주권이 양도되어서도 분할되어서도 안 된다고 보았다. 홉스는 주권을 주권자의 절대적이며 독점적인 권리로 인정함으로써 사회 계약의 목적을 실현할 수 있다고 주장하였다.

② 홉스는 사회 계약의 이행, 즉 개인의 생명과 자유를 보장하기 위해 군주가 절대 권력을 지닌다고 보았다. 그러나 홉스에게 사회 계약은 자연 상태의 개인들 사이의 계약이기 때문에 계약 이후 등장하는 주권자는 계약의 당사자가 아니므로 군주가 사회 계약을 파기하는 것은 있을 수 없다.

③ 로크에게 있어 사회 계약은 자연권의 안정적이고 확실한 보존을 위해 각자가 소유한 자연권을 공동체의 수중에 양도하여 국가를 수립하고자 하는 개인들 사이에 맺어진 것이라 할 수 있다.

④ 로크는 국가의 최고 권력인 입법권이 자의적으로 행사되어서는 안 되며, 사회의 공공선에 의해서 제한될 수 있다고 주장하였다.

⑤ 홉스와 로크의 자연 상태에서의 자연권 개념이 다르다. 홉스의 자연권 안에는 재산권의 개념이 포함되어 있지 않다. 반면, 로크에게 자연 상태에서의 자연권은 생명권, 자유권, 재산권을 포함한다.

갑, 을 사상가들의 입장으로 가장 적절한 것은? [3점]

> 갑: 사람들은 자연 상태에서 자유를 누리지만 이 자유 때문에 싸
> 홉스   움을 피할 수 없다. 비참한 자연 상태에서 벗어나기 위해 서로
>   계약을 맺음으로써 리바이어던이 탄생한다.
>
> 을: 사람들은 자연 상태에서 가졌던 평등, 자유 및 집행권을 사회
> 로크   의 선이 요구하는 바에 따라 최고 권력인 입법부가 처리할 수
>   있도록 사회에 양도한다.

① 갑: 공통 권력이 없는 곳에는 정의나 불의가 존재하지 않는다. ✔

② 갑: 군주는 사법권과 분쟁의 해결권을 갖지만 입법자는 아니다.
                      군주는 모든 권력을 지님

③ 을: 개인의 재산 보존은 시민 사회의 주된 목적이 될 수 없다.

④ 을: 권력 분립에 의한 통치는 사회 계약에 부합하지 않는다.

⑤ 갑과 을: 군주의 자의적인 권력 행사는 정권 교체로 이어진다.

| 자료 분석 |

갑은 홉스, 을은 로크이다. 홉스는 자연 상태에서 사람들은 만인에 대한 만인의 투쟁 상태에 처하게 된다고 본다. 따라서 이러한 자연 상태에서 벗어나기 위해 사회 계약을 통해 국가를 만들었다고 보며, 국가는 개인의 생명과 재산을 보호하고 질서를 유지하는 역할을 해야 한다고 주장한다. 로크는 자연 상태에서 해결하기 힘든 분쟁을 해결하기 위해 공정한 재판관이자 집행관으로서 국가를 만들었다고 보며, 사회 계약을 통해 사람들은 자연 상태에서 가졌던 평등, 자유, 집행권 등의 권리를 입법부가 처리할 수 있도록 양도한다고 본다.

| 선지 해설 |

① 홉스의 입장으로 적절하다. 그는 공통 권력이 없는 자연 상태에서는 옳고 그름을 판단할 기준이 존재하지 않으며, 정의나 불의도 존재할 수 없다고 본다.

② 홉스는 군주가 사법권, 분쟁 해결권, 입법권 등 모든 권리를 가지고 있으며, 절대적이고 무제한적인 권력을 갖는다고 본다.

③ 로크는 개인의 재산 보존이 시민 사회의 주된 목적이 될 수 있다고 본다. 사람들이 개인의 생명, 자유, 재산을 안정적으로 보장받기 위해 사회 계약을 맺고, 공정한 재판관이자 집행관인 국가를 만들었다고 본다.

④ 로크는 권력 분립에 의한 통치를 강조하며, 이는 사회 계약에 부합하는 것이라고 본다. 권력이 독점되어 권력을 남용하는 것을 막기 위해 권력 분립을 강조했으며, 이는 사회 계약의 목적을 잘 실현하기 위한 장치이기도 하다.

⑤ 로크에게만 해당하는 내용이다. 홉스는 군주의 임의적인 권력 행사가 가능하다고 본다. 다만, 군주가 개인의 생명 보존을 침해할 경우 개인이 도망칠 수는 있다고 본다.

갑, 을 사상가들의 입장으로 가장 적절한 것은? [3점]

> 갑: 사람들이 비참한 자연 상태에서 벗어나 자기 보존과 만족스
> 홉스   러운 삶을 위해 공통의 권력을 세우는 유일한 길은 모두의 의
>   지를 하나의 의지로 결집하여 모든 권력과 힘을 한 사람 또는
>   하나의 합의체에 부여하는 것이다. → 신의 계약
>
> 을: 사람들이 비교적 평화로운 자연 상태의 자연적 자유를 포기하
> 로크   고 사회의 구속을 받아들이는 유일한 방도는 재산을 안전하
>   게 향유하며 평화로운 삶을 영위하기 위해 다른 사람들과 공
>   동체를 결성하기로 합의하는 것이다. → 신탁 계약

① 갑: 절대적 군주가 있는 것보다 주권이 없는 것이 덜 해롭다.
     → 절대적 군주가 필요하다고 봄

② 갑: 모든 국민은 주권자가 행하는 행위와 판단의 본인이 된다. ✔

③ 을: 입법부는 시민의 재산을 자의적으로 처분할 권력이 있다.
     → 권력의 자의적 행사를 반대함

④ 을: 시민은 자신의 판단에 따라 위법한 사람을 처벌할 수 있다.
          국가 권력

⑤ 갑, 을: 자연 상태에서는 준수해야 할 규범이 존재하지 않는다.
                           존재함

| 자료 분석 |

갑은 홉스, 을은 로크이다. 홉스는 사람들이 비참한 자연 상태에서 벗어나기 위해 자신의 권리를 전면 양도함으로써 모두의 의지를 하나의 의지로 결집하는 신의 계약을 맺는다고 본다. 이렇게 형성된 국가는 시민들의 생명과 재산을 보호하고 질서를 유지해야 한다고 본다. 로크는 자연 상태에서 인간은 비교적 평화롭지만, 공동의 재판관의 부재로 인해 생명과 자유, 재산을 안정적으로 보장받기 어렵기 때문에 사회 계약을 통해 국가를 형성하게 된다고 본다.

| 선지 해설 |

① 홉스는 절대적 군주가 필요하다고 주장한다. 홉스는 상호 신의 계약을 통해 모든 권력과 힘을 한 사람 또는 하나의 합의체에 부여함으로써 하나의 인격인 국가가 형성된다고 주장한다. 국가는 절대적인 힘을 가지고 평화와 공동 방위를 실현해 가야하며, 이를 위해서 절대적 군주가 필요하다고 본다.

② 홉스는 모든 국민은 상호 신의 계약을 통해 주권자가 행하는 행위와 판단의 장본인이 된다고 주장한다. 홉스는 코먼웰스(국가)란 다수 사람들이 상호 신의 계약을 체결하여 세운 하나의 인격으로서, 각자는 그 인격이 한 행위의 본인이 된다고 설명한다.

③ 로크는 입법부가 시민의 재산을 자의적으로 처분할 수 없다고 본다. 국가의 존재 목적은 시민의 생명과 자유와 재산을 보호하고 평화롭고 안전한 사회를 유지하는 것인데, 이러한 목적을 위반하고 자의적으로 권력을 사용한다면 시민들은 이에 대해 저항할 권리를 갖는다고 주장한다.

④ 로크는 사회 계약을 통해 공동의 재판관이자 집행관으로서 국가가 형성되었기 때문에 위법한 사람은 개인의 판단이 아닌 국가 권력에 의해 처벌되어야 한다고 주장한다.

⑤ 홉스, 로크 모두 자연 상태에서도 규범이 존재한다고 본다. 자연 상태에서도 자연법의 형태로 규범이 존재한다. 다만, 자연 상태에서는 온전한 형태로 실현되기 어렵기 때문에 사회 계약에 이른다고 본다.

14
일차

갑, 을 사상가들의 입장으로 적절하지 않은 것은? [3점]

> → 국가는 가장 포괄적인 도덕 공동체
>
> 갑: 모든 국가는 일종의 공동체이며, 모든 공동체는 어떤 좋음
> 아리 [善]을 실현하기 위해 구성된다. 국가는 인간의 생존을 위해
> 스토
> 텔레스 형성되지만 좋은 삶을 위해 존속하며, 이전 공동체들이 자연
> 스러운 것이라면 국가도 자연스러운 것이다. → 만인의 만인에
> 대한 투쟁
> 을: 모든 사람을 떨게 하는 공공의 힘이 없는 상태에서 사는 한
> 홉스 인간은 누구나 전쟁 상태에 놓이게 된다. 국가 속에서 인간이
> 스스로 구속을 부과하는 궁극적 원인과 목적은 자기 보존과
> 그에 따른 만족한 삶에 있다.

① 갑: 인간은 국가 안에서만 최고선인 행복을 이룰 수 있다.

② 갑: 국가는 인간의 물질적 생활을 충족시키는 기능을 수행한다.

③ 을: 사회 계약의 산물인 국가는 시민에게 강제력을 행사할 수 있다.

✓④ 을: 시민은 안전과 평화를 위해 자기 생명권을 국가에 양도한다.
　　→ 생명권은 양도 불가능한 권리

⑤ 갑과 을: 시민은 자신이 속한 국가 공동체에 정치적 의무를 지닌다.

| 자료 분석 |

갑은 아리스토텔레스, 을은 홉스이다. 아리스토텔레스는 국가가 인간의 본성에 따라 자연스럽게 발생한 것이며 구성원들의 행복한 삶을 목적으로 존재하는 가장 포괄적인 도덕 공동체라고 보았다. 홉스는 '만인의 만인에 대한 투쟁' 상태인 자연 상태에서 벗어나기 위해 계약을 통해 국가를 수립했다고 보고, 국가는 계약자인 시민들의 생명과 안전, 재산을 보호하고 사회 질서를 유지해야 한다고 주장했다.

| 선지 해설 |

① 아리스토텔레스는 정치적 존재인 인간의 본성을 토대로 인간이 정치 공동체인 국가 안에서만 최선의 삶이 가능하고, 최고선인 행복에 이를 수 있다고 보았다.

② 아리스토텔레스는 국가가 자급자족적일 뿐만 아니라 구성원들의 훌륭하고 행복한 삶을 살 수 있도록 해 주는 가장 포괄적인 도덕 공동체라 보았다. 이러한 관점에서 국가는 인간의 물질적 생활을 충족시키는 기능을 수행한다.

③ 홉스는 국가가 다수 사람들이 계약을 통해 세운 하나의 인격이며, 구성원들의 평화와 공동 방위를 위해 모든 사람의 힘과 수단을 국가가 임의로 사용할 수 있다고 보았다. 따라서 홉스에 따르면 국가는 시민에게 강제력을 행사할 수 있다.

④ 홉스는 자연 상태에서 벗어나 개인의 자유와 안전, 생명을 보장하기 위해 계약을 맺는 과정에서 자연권을 양도한다고 보았다. 그러나 생명 보존을 위한 권리는 양도 불가능한 권리이기 때문에 포기하지 않는다고 주장했다. 따라서 안전과 평화를 위해서라도 자기 생명권을 국가에 양도할 수 없다.

⑤ 아리스토텔레스와 홉스는 모두 시민이 자신이 속한 국가 공동체에 정치적 의무를 다해야 한다고 보았다.

다음을 주장한 사상가의 입장으로 가장 적절한 것은? [3점]

> → 롤스　　　→ 시민 불복종에 대한 롤스의 정의
>
> 나는 시민 불복종을 흔히 법이나 정부의 정책에 변혁을 가져올 목적으로 행해지는 공공적이고 비폭력적이며 법에 반하는 정치적 행위라 정의하고자 한다. 이러한 행위는 법에 대한 충실성의 한계 내에서 부정의에 항거함으로써 정의로부터의 이탈을 방지하고, 부정의를 교정하는 데 도움이 된다. 정당한 시민 불복종에 참여하고자 하는 일반적 성향은 질서 정연한 사회 속에 안정을 가져다준다.

① 시민 불복종은 개인의 이익이 아닌 집단의 이익에 근거해야 한다.
　　　　　　　　　　　　　다수의 정의관

✓② 시민 불복종은 사회의 기본 구조가 아주 부정의하면 성립할 수 없다.

③ 시민 불복종은 헌법의 정당성에 이의를 제기하는 정치적 행위이다.
　　　　　　　　　　　　　　　을 보호하기 위한

④ 시민 불복종은 비민주적 체제의 변혁을 목적으로 이루어져야 한다.
　　　　　　　　　혁명(쿠데타)

⑤ 시민 불복종의 근거인 다수의 정의감은 개인의 양심과 양립할 수
　없다.
　있다

| 자료 분석 |

제시된 주장을 한 사상가는 롤스이다. 롤스는 시민 불복종을 '법이나 정부의 정책에 변혁을 가져올 목적으로 행해지는 공공적이고 비폭력적이며 법에 반하는 정치적 행위'로 정의하였다. 이때 시민 불복종은 정의의 원칙을 사회의 기본 원칙으로 추구하며, 현실적으로 크고 작은 부정의가 발생하는 거의 정의로운 사회에서 성립할 수 있는 시민의 행위라고 보았다.

| 선지 해설 |

① 롤스는 시민 불복종이 개인이든 집단이든 단순한 이익 계산에 근거하는 것이 아니라 다수의 정의관에 근거하여 이루어져야 하는 시민적 행위라고 보았다.

② 롤스는 사회의 기본 구조가 아주 부정의하면 시민 불복종이 성립되지 않는다고 보았다. 그에 따르면 시민 불복종은 정의의 원칙에 바탕을 둔 다수의 정의관에 근거하여 이루어져야 하는데, 아주 부정의한 사회에서는 정의의 원칙을 추구하지 않을 것이기 때문이다.

③ 롤스는 시민 불복종의 근거가 되는 정의의 원칙이 민주적 헌법 질서에 반영되어 있으며, 이것이 다수의 정의관을 형성한다고 보았다. 따라서 시민 불복종은 헌법의 정당성에 근거하여 이루어지는 것이므로, 헌법의 정당성을 침해하는 법이나 정책에 대한 저항이지 헌법 자체에 대한 저항이라고 볼 수 없다.

④ 롤스에게 시민 불복종은 자신이 속한 사회의 민주적 헌법 질서를 지키기 위한 것이다. 비민주적 체제에서는 시민 불복종이 성립하지 않으며, 비민주적 체제의 변혁과 같이 체제 자체의 변화를 목적으로 하는 행위는 시민 불복종이 아니라 혁명에 해당한다.

⑤ 롤스는 시민 불복종의 근거인 다수의 정의감은 개인의 양심과 양립할 수 있다고 보았다. 다수의 정의감(다수의 정의관)은 다양한 신념을 가진 집단들이 모두 지지할 수 있는 합의의 영역이기 때문이다.

18 롤스의 시민 불복종 22학년도 수능 3번

정답 ① | 정답률 54%

다음을 주장한 사상가의 입장으로 가장 적절한 것은? [3점]

→ 롤스
→ 시민 불복종의 기준이 되는 공공의 정의관

거의 정의로운 사회에서 정의의 원칙들은 자유롭고 평등한 인간들 간의 자발적인 협동의 기본 조항으로서 공공적으로 인정된다. 그래서 시민 불복종에 참여하는 사람들은 다수의 정의감에 호소하여 자유로운 협동의 조건이 침해되었다는 것을 정당하게 알리고자 한다.

✓ 시민 불복종은 헌법의 근거가 되는 원칙에 의해 지도되어야 한다.
→ 정의의 원칙
② 시민 불복종은 양심적 개인들의 종교적 신념에 근거할 수 있다. ✗ 없다
③ 정의로운 시민에게 부정의한 법을 준수할 의무는 성립할 수 없다. ✗ 있다
④ 시민 불복종은 합법적인 정치적 반대와 동시에 이루어져야만 한다. ✗
⑤ 헌법에 규정된 방식으로 제정된 법은 시민 불복종의 대상이 아니다. ✗ 될 수 있다

| 자료 분석 |

제시문의 사상가는 롤스이다. 롤스는 시민 불복종을 거의 정의로운 사회에서 부정의한 법과 정책의 변화를 위해 전개되는 시민적 행위라고 보고, 반드시 사회적 다수에 의해 공유된 정의관을 기준으로 이루어져야 한다고 본다.

| 선지 해설 |

① 롤스는 시민 불복종이 헌법의 근거가 되는 원칙에 호소하는 행위라고 주장한다. 이때 헌법의 근거가 되는 원칙은 롤스가 사회적 다수에 의해 공유된 정의관이라고 표현한 정의의 원칙을 의미한다.

② 롤스에게 시민 불복종은 개인의 양심이나 종교적 신념에 근거한 행위가 아니라 다수의 정의관에 근거하여 이루어져야 하는 공개적 행위이다.

③ 롤스는 사회의 기본 구조가 합당하게 정의로울 경우에, 부정의가 지나치지만 않는다면 부정의한 법도 구속력이 있음을 인정해야 한다고 본다. 따라서 법의 부정의 정도가 정의의 원칙을 위반할 만큼 지나치지 않다면 정의로운 시민에게도 부정의한 법을 준수할 의무가 성립할 수 있다.

④ 롤스는 시민 불복종이 법에 의한 상당한 부정의가 존재하고, 이러한 부정의를 시정하려는 정상적인 민주적 절차가 실패할 경우에 최후의 수단으로 이루어져야 한다고 본다. 이것은 시민 불복종이 합법적인 정치적 반대와 반드시 동시에 이루어져야 한다는 의미는 아니다.

⑤ 롤스는 헌법에 규정된 방식으로 제정된 법이라고 하더라도 그것이 사회적 다수의 정의관에 어긋나는 부정의함을 내포하고 있다면 시민 불복종의 대상이 될 수 있다고 본다.

19 아리스토텔레스, 루소, 홉스의 국가관 23학년도 4월 학평 5번

정답 ④ | 정답률 70%

(가)의 갑, 을, 병 사상들의 입장에서 서로에게 제기할 수 있는 비판을 (나) 그림으로 표현할 때, A~F에 해당하는 내용으로 가장 적절한 것은? [3점]

(가)
갑 아리스토텔레스	국가는 자연적이고, 개인에 앞선다. 각 개인은 국가 없이는 자신의 본성을 실현할 수 없다. 공동의 일을 함께 나눌 수 없는 자는 인간 이하의 존재이다.
을 루소	국가는 일반 의지의 지도에 따라 형성된다. 각자는 자신의 모든 힘을 국가에 양도하며, 국가는 완전한 공동의 힘으로 구성원의 신체와 재산을 보호한다.
병 홉스	국가는 전쟁 상태인 자연 상태에서 벗어나기 위해 다수 간의 상호 계약을 통해 형성된다. 통치자는 공공의 평화와 안전 유지를 위해 절대적 권력을 지닌다.

(나)
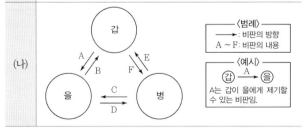

〈범례〉
→ : 비판의 방향
A ~ F: 비판의 내용
〈예시〉
갑 →A 을
A는 갑이 을에게 제기할 수 있는 비판임.

① A: 국가는 모든 구성원의 동의에 의해 형성된다는 점을 간과한다.
→ 아리스토텔레스는 자연발생설의 입장
② B, E: 국가 안에서만 구성원들은 행복을 실현할 수 있음을 간과한다. → 아리스토텔레스가 강조하는 내용
③ C: 자연 상태에서의 인간도 자기 보존의 욕구를 가짐을 간과한다.
✓ D: 입법권은 통치자만이 아닌 모든 구성원에게 있음을 간과한다.
⑤ F: 국가 권위에 복종할 의무는 자연적으로 발생되지 않음을 간과한다. → 자연적으로 발생됨을

| 자료 분석 |

갑은 아리스토텔레스, 을은 루소, 병은 홉스에 해당한다. 아리스토텔레스는 국가가 인간의 사회적·정치적 본성에 따라 자연적으로 형성된다고 보고, 국가는 구성원들이 훌륭하고 행복한 삶을 살 수 있도록 해 주는 가장 포괄적인 도덕 공동체라고 주장한다. 루소는 국가가 사회 계약을 통해 형성된다고 보며, 국가가 형성될 때 개인은 자신의 모든 권리를 일반 의지에 양도한다고 본다. 홉스는 사람들이 만인의 만인에 대한 투쟁 상태인 자연 상태에서 벗어나기 위해 사회 계약을 통해 국가를 형성한다고 본다. 국가는 시민들의 생명과 재산을 보호하고 질서를 유지하기 위해 절대적 권력을 지닌다고 주장한다.

| 선지 해설 |

① 아리스토텔레스가 루소에게 제기할 비판으로 적절하지 않다. 아리스토텔레스는 국가가 구성원의 동의가 아니라 자연적으로 발생했다고 보는 입장이기 때문이다. 루소는 국가가 모든 구성원의 동의에 의해 이루어졌다고 보는 사회 계약설의 입장이기 때문에 이 점을 간과했다고 보는 비판은 적절하지 않다.

② 루소와 홉스가 아리스토텔레스에게 제기할 비판으로 적절하지 않다. 아리스토텔레스는 인간은 정치 공동체 속에서만 최선의 삶이 가능하며, 국가 안에서만 훌륭하고 행복한 삶을 살 수 있다고 본다. 따라서 아리스토텔레스가 간과하는 점이 아니라 강조하는 점에 해당한다.

③ 홉스가 루소에게 제기할 비판으로 적절하지 않다. 자연 상태에서의 인간도 자기 보존의 욕구를 가지고 있다고 보는 것은 홉스와 루소 모두 인정하는 점이다.

④ 루소가 홉스에게 제기할 비판으로 적절하다. 루소는 입법권이 통치자만이 아닌 모든 구성원에게 있다고 보는 반면, 홉스는 통치자가 절대적 권력을 지니며, 입법권은 통치자에게만 있다고 본다.

⑤ 아리스토텔레스가 홉스에게 제기할 비판으로 적절하지 않다. 아리스토텔레스는 국가 권위에 복종할 의무가 자연적으로 발생된다고 보기 때문이다. 홉스는 국가 권위에 복종할 의무가 자연적으로 발생되는 것이 아니라, 계약에 의해 형성된다고 보기 때문에 홉스가 간과하는 부분이라고 보기 어렵다.

14
일차

215

다음 사상가의 입장으로 가장 적절한 것은?

└ 롤스   어느 정도의 부정의한 법은 따라야 함 ┐

> 거의 정의로운 사회에서 구성원에게 요구되는 가장 중대한 자연적 의무는 체제의 안정에 기여하는 것이다. 이를 위해 구성원들은 체제의 불가피한 결함을 똑같이 분담해야 한다. 물론 사회의 부정의가 구성원에게 주는 부담이 과도해서는 안 된다.
> └ 심각하게 부정의한 법에는 불복종해야 함

① 공유된 정의감에 호소하는 시민 불복종이 공공적일 필요는 <del>없다.</del>
                       있다

✔ ② 법이 부정의한 정도에 따라 시민 불복종의 정당화 여부가 달라진다.

③ 민주적 권위에 맞서는 모든 위법 행위는 체제의 안정을 해친다.
     → 시민 불족종과 같은 위법 행위는 체제 안정에 기여함

④ 정의 원칙에 기초한 헌법하에서는 부정의한 법이 제정되지 <del>않는다.</del>
     → 부정의한 법이 제정될 수 있으므로 시민 불복종이 필요함

⑤ 부정의한 법을 준수할 의무는 거의 정의로운 사회에서 존재할 수 <del>없다.</del>
      있다

| 자료 분석 |

제시된 글의 사상가는 롤스이다. 롤스는 체제의 안정에 기여하는 것이 거의 정의로운 사회의 구성원들에게 있어 가장 중대한 자연적 의무라고 본다. 따라서 부정의한 법이 어느 정도의 부정의를 넘어서지만 않는다면, 일반적으로 그러한 법을 따라야 할 의무가 있다고 본다. 그러나 만약 법에 심각한 정도의 부정의가 있다면, 사회 구성원들은 공유된 정의관에 따라 부정의한 법을 개선하기 위한 최후의 수단으로 시민 불복종을 행할 수 있다고 주장한다.

| 선지 해설 |

① 롤스는 시민 불복종의 정당화 조건으로 공개성을 제시한다. 시민 불복종이 공개적이고 공정한 주목을 받음으로써, 시민 불복종을 통해 의도하고자 하는 바가 무엇인지 대중과 정부가 알 수 있도록 해야 하기 때문이다.

②롤스는 거의 정의로운 사회에서는 법이 어느 정도의 부정의를 넘어서지 않는다면, 사회 체제의 안정을 위해 부정의한 법도 따라야 한다고 주장한다. 그러나 어떤 법에서 심각한 정도의 부정의가 발견된다면, 사회의 공유된 정의관에 의거하여 부정의한 법을 개선하기 위해 시민 불복종을 할 수 있다고 주장한다. 즉, 롤스의 관점에서는 법이 부정의한 정도에 따라 시민 불복종의 정당화 여부가 달라진다고 할 수 있다.

③ 롤스는 시민 불복종이 민주적 권위에 맞서는 위법 행위이기는 하지만, 부정의를 개선함으로써 오히려 민주주의를 공고하게 하여 체제의 안정에 기여할 수 있다고 본다.

④ 롤스는 정치 과정에는 정의로운 결과를 보장할 정의로운 절차가 마련되어 있지 않다고 본다. 따라서 사회 구성원이 합의한 정의 원칙에 기초하여 제정된 헌법하에서도 부정의한 법이 제정될 수 있다고 본다.

⑤ 롤스는 거의 정의로운 사회에서 사회 구성원들에게 주어지는 가장 중대한 자연적 의무는 체제 안정에 기여하는 것이라고 본다. 따라서 어느 정도의 부정의를 넘어서지 않는다면, 부정의한 법이라도 준수해야 할 의무가 있다고 본다.

갑, 을 사상가들의 입장으로 가장 적절한 것은? [3점]

> 갑: 자연 상태는 모든 인간을 떨게 하는 공통의 힘이 없으므로
> 홉스 인간은 만인의 만인에 대한 전쟁 상태에 처하게 된다. 인간은
> 이 비참함에서 벗어나기 위해 국가 속에서 자신을 스스로 구
> 속한다.
>
> 을: 자연 상태는 사람들 간의 분쟁을 해결하는 공통된 법률이 없
> 로크 고, 공평무사한 재판관도 없다. 그래서 인간은 자신의 생명,
> 자유, 재산을 보호하기 위해서 공동체를 결성하고 자신을 정
> 부의 지배하에 두고자 한다.

① 갑: 자연 상태에서 인간은 불의에 맞서 자연권을 행사한다.
② 갑: 국가에 대한 시민의 의무는 시민의 동의 여부와 무관하다.
③ 을: 시민은 국가와 맺은 사회 계약을 철회할 수 있는 권리가 있다.
④ 을: 입법권은 최고 권력이지만 사회의 공공선에 의해 제한될 수 있다.
⑤ 갑과 을: 평화와 안전 보장을 위해 정치권력은 분립되어야 한다.

| **자료 분석** |

갑은 홉스, 을은 로크이다. 홉스는 공통 권력이 없는 자연 상태에서는 정의 및 불의가 존재하지 않는다고 본다. 로크는 입법권이 국가의 최고 권력이지만 사회의 공공선에 의해서 제한될 수 있다고 본다. 또한 로크에 따르면 사회 계약의 주체는 자연 상태에 있는 개인들이며, 국가는 그들의 권력을 양도받은 수탁자이다.

| **선지 해설** |

① 갑(홉스)은 자연 상태에서는 정의나 불의가 존재하지 않는다고 본다. 그러므로 이 주장은 갑(홉스)의 입장으로 적절하지 않다.

② 갑(홉스)은 시민은 자발적으로 자신의 모든 권리를 공통의 주권자에게 양도했다고 본다. 그러므로 이 주장은 갑(홉스)의 입장으로 적절하지 않다.

③ 을(로크)은 시민에게 불법적인 정부에 저항할 수 있는 권리가 있다고 보았지만, 이는 정치 사회의 해체가 아닌 정부의 변경을 목적으로 한다고 본다. 그러므로 이 주장은 을(로크)의 입장으로 적절하지 않다.

④ 을(로크)은 입법권을 국가의 최고 권력이라고 보지만 이는 공동체와 그 구성원을 위한 권력이기 때문에 사회의 공공선이 우선한다고 본다. 그러므로 이 주장은 을(로크)의 입장으로 적절하다.

⑤ 갑(홉스)은 개인의 모든 권리를 공통의 주권자에게 양도하여 절대 권력이 형성된다고 본다. 을(로크)은 통치자의 자의적인 권력 행사를 막기 위해 정치권력을 분립해야 한다고 본다. 그러므로 이 주장은 을(로크)만의 입장이기 때문에 갑(홉스)과 을(로크)의 공통 입장으로 적절하지 않다.

(가)의 갑, 을 사상가들의 입장에서 서로에게 제기할 수 있는 비판을 (나) 그림으로 표현할 때, A, B에 해당하는 내용으로 가장 적절한 것은? [3점]

(가)	갑 홉스: 자연 상태는 전쟁 상태이므로 내 것과 네 것의 구별이 없다. 자연 상태에서 벗어나려면 우리가 지닌 모든 권력을 한 사람 혹은 하나의 합의체에 양도해야 한다. ┌→ 소유권에 초점 을 로크: 자연 상태에서는 공통된 재판관이 부재한다. 개인의 재산을 더욱 잘 보존하기 위해 각자는 자연법의 집행권을 포기하여 이것을 공동체의 수중에 양도해야 한다.
(나)	갑 ⇄(A/B)⇄ 을 〈범례〉 → : 비판의 방향 A, B: 비판의 내용 〈예시〉 갑 →(A)→ 을 A는 갑이 을에게 제기할 수 있는 비판임.

① A: 자연 상태에서는 공통의 권력이 존재하지 않음을 간과한다.
✓② A: 자연 상태에서 개인의 소유권이 존재하지 않음을 간과한다.
③ A: 시민의 안전 보장을 위해 국가 권력이 분립되어야 함을 간과한다.
④ B: 사회 계약에 참여한 당사자는 주권을 가질 수 없음을 간과한다.
⑤ B: 개인이 가진 모든 권리를 국가에 양도하는 것이 아님을 간과한다.

| 자료 분석 |

갑은 홉스, 을은 로크이다. 홉스는 전쟁 상태인 자연 상태에서 벗어나기 위해 사람들이 계약을 통해 국가를 만들었고, 사회 계약의 목적을 달성하기 위해서는 군주에게 절대적인 권력을 부여해야 한다고 본다. 로크는 공통된 재판관이 부재한 자연 상태에서 벗어나 개인의 재산을 더욱 잘 보존하기 위해 사람들이 계약을 통해 국가를 만들었고, 사회 계약의 목적을 달성하기 위해서는 국가 권력이 분립되어야 한다고 본다.

| 선지 해설 |

① A는 갑(홉스)의 입장에서 을(로크)에게 제기할 수 있는 비판에 해당하는 내용이다. 갑(홉스)은 자연 상태는 전쟁 상태로 공통의 주권자가 없다고 본다. 을(로크)은 자연 상태는 공통의 재판관이 없어 개인의 권리를 지키기 어려운 상태로 본다. 그러므로 이 비판은 갑(홉스)이 을(로크)에게 제기할 수 있는 비판이 아니다. 따라서 이는 A에 들어갈 내용으로 적절하지 않다.

② A는 갑(홉스)의 입장에서 을(로크)에게 제기할 수 있는 비판에 해당하는 내용이다. 갑(홉스)은 자연 상태에서 개인에게 소유권이 존재하지 않는다고 본다. 을(로크)은 자연 상태에서 자신의 소유를 처분할 수 있는 자연적 자유를 누릴 수 있다고 본다. 그러므로 이 비판은 갑(홉스)이 을(로크)에게 제기할 비판에 해당한다. 따라서 이는 A에 들어갈 내용으로 적절하다.

③ A는 갑(홉스)의 입장에서 을(로크)에게 제기할 수 있는 비판에 해당하는 내용이다. 갑(홉스)은 개인의 권리를 보장받기 위해서는 군주에게 모든 권력을 부여해야 한다고 본다. 을(로크)은 개인의 권리를 보장받는 사회 계약의 목적을 잘 실현하기 위해서는 권력이 분립되어야 한다고 본다. 그러므로 이 비판은 갑(홉스)이 을(로크)에게 제기할 수 있는 비판이 아니다. 따라서 이는 A에 들어갈 내용으로 적절하지 않다.

④ B는 을(로크)의 입장에서 갑(홉스)에게 제기할 수 있는 비판에 해당하는 내용이다. 갑(홉스)은 자연 상태에서 사회 계약을 통해 공통의 주권자를 수립하기 때문에 개인에게는 주권이 없다고 본다. 반면 을(로크)은 사회 계약으로 형성된 정부는 주권자인 인민으로부터 신탁된 권력을 가지게 된다고 본다. 그러므로 이 비판은 을(로크)이 갑(홉스)에게 제기할 수 있는 비판이 아니다. 따라서 이는 B에 들어갈 내용으로 적절하지 않다.

⑤ B는 을(로크)의 입장에서 갑(홉스)에게 제기할 수 있는 비판에 해당하는 내용이다. 갑(홉스)은 사회 계약으로 개인이 가지고 있는 모든 권리를 공통의 주권자에게 양도하게 된다고 보지만 생명권은 양도되지 않는다고 본다. 반면 을(로크)은 개인의 권리를 보호받기 위해 사회 계약으로 입법권과 집행권을 공동체에 양도한다고 본다. 그러므로 이 비판은(로크)의 입장에서 갑(홉스)에게 제기할 비판이 아니다. 따라서 이는 B에 들어갈 내용으로 적절하지 않다.

갑, 을 사상가들의 입장으로 적절한 것만을 〈보기〉에서 있는 대로 고른 것은?

갑: 우리 각자는 공동으로 자신의 인격과 모든 힘을 일반 의지의
루소 최고 지도 아래에 둔다. 그리고 우리는 단체로서 각 구성원을
전체의 분리 불가능한 부분으로 받아들인다.

을: 자연 상태는 비교적 평화로우나 공평무사한 재판관이 없는
로크 상태다. 이 상태에서 각자가 모두 자연법의 집행권을 포기하
고 그것을 공동체에게 신탁하는 곳에서만 정치 사회가 존재
하게 된다.

〈 보기 〉

ㄱ. 갑: 일반 의지는 언제나 올바르며 공공의 선을 지향한다.
ㄴ. 을: 재산에 대한 권리는 사회 계약에 의해서만 형성된다.
ㄷ. 갑과 을: 계약 참여자들의 만장일치의 동의로 사회 계약이 성
립한다.

---

① ㄱ   ② ㄴ   ✓③ ㄱ, ㄷ   ④ ㄴ, ㄷ   ⑤ ㄱ, ㄴ, ㄷ

| 자료 분석 |

갑은 루소, 을은 로크이다. 루소는 사람들의 결합으로 국가가 형성되어, 국가는 개인의 권리를 보호할 의무가 있고 개인은 정치적 의사 결정에 참여할 수 있다고 본다. 로크는 자연 상태의 분쟁을 공정하게 해결하기 위해 국가가 형성된 것으로, 국가는 시민 간의 갈등을 중재하고 시민의 권리를 보호해야 한다고 본다.

| 보기 해설 |

ㄱ 갑(루소)은 일반 의지를 개인의 의지 중에서 공동체의 공공선을 추구하려는 의지라고 본다. 그러므로 '일반 의지는 언제나 올바르며 공공의 선을 지향한다.'라는 주장은 갑(루소)의 입장으로 적절하다.

ㄴ. 을(로크)은 자연 상태에서 개인은 소유권 등의 권리를 가지고 있었으나 이를 제대로 보호하기 위해 국가를 형성했다고 본다. 그러므로 '재산에 대한 권리는 사회 계약에 의해서만 형성된다.'라는 주장은 을(로크)의 입장으로 적절하지 않다.

ㄷ 갑(루소)과 을(로크) 모두 사회 계약은 참여자들이 만장일치로 동의해야 성립 가능하다고 본다. 그러므로 '계약 참여자들의 만장일치의 동의로 사회 계약이 성립한다.'라는 주장은 갑(루소)과 을(로크)의 공통 입장으로 적절하다.

그림은 서양 사상가 갑, 을의 가상 대화이다. 갑, 을의 입장으로 적절한 것만을 〈보기〉에서 있는 대로 고른 것은?

> 평등한 자유의 원칙에 대한 심각한 위반은 시민 불복종의 대상이 됩니다. 시민 불복종에 참여하는 사람들은 다수자의 정의감에 호소하여 자유로운 협동의 조건이 침해되었다는 것을 정당하게 알립니다.

> 시민 불복종은 민주적 의사 결정을 좌절시킨다기보다는 복원하려는 시도입니다. 우리가 중단시키려고 하는 악의 크기와, 불복종 행위가 가져올 법과 민주주의에 대한 존중심의 감소 정도를 저울질해 봐야 합니다.

롤스 갑   을 싱어

〈 보기 〉

ㄱ. 갑: ~~차등의 원칙을~~ 위반한 정책은 시민 불복종의 대상이 된다.
　　평등한 자유의 원칙과 공정한 기회균등의 원칙

ㄴ. 갑: 매우 부정의한 입헌 체제에서 시민 불복종은 성립할 수 없다.

ㄷ. 을: 시민 불복종을 하는 시민은 보편적 법치 원리를 존중한다.

ㄹ. 갑, 을: 시민 불복종으로 발생할 불행한 결과를 고려해야 한다.

① ㄱ, ㄴ   ② ㄱ, ㄹ   ③ ㄴ, ㄷ
④ ㄱ, ㄷ, ㄹ   ⑤ ㄴ, ㄷ, ㄹ

출제 경향

시민 불복종에 대한 문항은 17학년도 이후로 반복적으로 출제되는 주제이다. 일반적으로 롤스 단독 문항이 출제되거나 시민 불복종에 대한 롤스와 소로의 공통점과 차이점을 비교하는 문항이 출제되었는데, 21학년도에는 싱어의 입장이 추가되었다. 문항의 형태는 제시된 글과 그에 해당하는 입장을 고르는 비교적 단순한 방식으로 출제되곤 하지만, 선지의 난도가 높은 경우가 많다. 따라서 각 사상가의 시민 불복종에 대한 여러 표현들을 해석할 수 있어야 한다.

| 자료 분석 |

그림의 서양 사상가 갑은 롤스, 을은 싱어이다. 롤스는 정의의 원칙 가운데 평등한 자유의 원칙과 공정한 기회균등의 원칙을 심각하게 위반하는 법이나 정책은 시민 불복종의 대상이 된다고 보았다. 한편 싱어는 공리주의적 관점에서 시민 불복종 행위는 불복종의 대상이 되는 악의 크기와 불복종 행위로 인해 발생할 수 있는 혼란을 저울질하여 결정해야 한다고 보았다.

| 보기 해설 |

ㄱ. 롤스는 시민 불복종의 대상이 되는 심각한 부정의는 평등한 자유의 원칙과 공정한 기회균등의 원칙을 심각하게 위반한 경우로 국한시켜야 한다고 보았다. 어떤 법이나 정책이 차등의 원칙을 위반하는지의 여부는 정확한 판단이 어렵기 때문이다.

ㄴ. 롤스는 정의의 원칙을 지향하는 다수의 정의관을 공유하면서도 현실적으로 크고 작은 부정의가 발생할 수 있는 거의 정의로운 사회에서 시민 불복종 행위가 성립할 수 있다고 보았다. 즉, 매우 부정의한 입헌 체제에서는 시민 불복종이 성립할 수 없다.

ㄷ. 싱어는 시민 불복종을 하는 시민은 보편적 법치 원리와 민주주의의 원칙을 존중해야 한다고 보았다.

ㄹ. 롤스와 싱어는 모두 시민 불복종으로 발생할 수 있는 불행한 결과를 고려해야 한다고 보았다.

갑, 을 사상가들의 입장으로 옳지 않은 것은? [3점]

> 갑: 경쟁, 불신, 공명심은 분쟁의 주된 원인이다. 인간은 지배자
> 홉스 가 되기 위해, 자기방어를 위해, 자신을 얕잡아 보는 표현 때
> 문에 폭력을 동원한다. 모두를 위압하는 공통 권력이 없을
> 때 만인에 대한 만인의 전쟁 상태로 들어간다.
> 을: 자연 상태에서 인간은 모두 평등하고 독립적이다. 이 상태는
> 로크 방종의 상태가 아닌 자유의 상태이다. 그런데 자연 상태에는
> 자연법은 있으나 무사 공평한 재판관이 없다. 그래서 인간은
> 스스로를 정부의 지배하에 두고자 한다.

① 갑: 주권자의 자의적인 통치 행위는 시민의 권리를 침해할 수밖에
   없다.
② 갑: 사회 계약은 모든 자연권을 양도할 것을 누구에게도 요구할
   수 없다.
③ 을: 자연 상태의 모든 인간은 자연법 위반자를 처벌할 권리를 갖는다.
④ 을: 개인은 자신의 생명과 재산을 보호하기 위해 최고 권력인 입법
   권의 지배하에 들어간다.
⑤ 갑과 을: 자연권은 인간이 자신의 이성에 근거해 행위할 수 있는
   자유를 포함한다.

| 자료 분석 |

갑은 홉스, 을은 로크이다. 홉스는 자연 상태는 공통 권력이 없는 만인의 만인에 대한 투쟁 상태이며, 각 개인의 자기 보존을 위해 자신의 모든 권리를 공통의 주권자에게 양도한다고 본다. 로크는 자연 상태는 자연법에 따르는 평화 상태이지만 개인의 권리가 충돌할 때 이를 해결할 방법이 없어, 개인의 권리를 지키기 위해 공통의 재판관으로서의 정부를 수립하게 된다고 본다.

| 선지 해설 |

① 갑(홉스)은 시민은 자신의 모든 권리를 주권자에게 양도했기 때문에 주권자의 어떤 통치 행위도 시민의 권리를 침해하지 않는다고 본다. 그러므로 이는 갑(홉스)의 입장으로 적절하지 않다.

② 갑(홉스)은 사회 계약은 개인의 모든 권리를 공통의 주권자에게 양도하는 것이라고 보지만, 생명을 보존하기 위해 저항할 권리를 인정한다. 그러므로 이는 갑(홉스)의 입장으로 적절하다.

③ 을(로크)은 자연 상태의 인간은 모든 권리를 가지고 있지만 이러한 권리간의 충돌을 해결하고자 공통의 재판관이자 집행관으로서의 정부를 수립한다고 본다. 그러므로 이는 을(로크)의 입장으로 적절하다.

④ 을(로크)은 개인은 자신의 권리를 보호하기 위해 정부를 수립하여 권리를 보장받는다고 본다. 그러므로 이는 을(로크)의 입장으로 적절하다.

⑤ 갑(홉스)은 자연권을 자기 보존을 위해 이성에 따라 필요하다고 생각되는 모든 일을 할 수 있는 권리라고 보며, 을(로크)은 자연권을 이성을 통해 인식할 수 있는 자연법 외의 어떤 것에도 제한받지 않을 권리라고 본다. 그러므로 이는 갑(홉스)과 을(로크)의 공통 입장으로 적절하다.

갑, 을 사상가들의 입장으로 적절한 것만을 〈보기〉에서 고른 것은? [3점]

> 갑: 자연은 신이 세계를 창조하여 다스리는 기예이다. 이 자연을
> 홉스 인간의 기예로 모방하여 인공적 인격을 만들어 낼 수 있다.
> 이것이 국가라고 불리는 위대한 리바이어던이다.
> 을: 사람들이 사회에 들어가는 목적은 재산을 안전하게 향유하
> 로크 는 것이며, 이를 위한 주요한 수단이 사회에서 확립된 법이다.
> 최초의 실정법은 입법권을 확립하는 것이다.

〈 보기 〉

ㄱ. 갑: 절대 군주는 모든 인간의 사회 계약 체결과 이행을 강제
   한다.
ㄴ. 갑: 사회 계약 이후에 군주와 시민은 자연법을 준수해야 한다.
ㄷ. 을: 자연 상태는 어떠한 불평등도 없는 대체로 평화로운 상태
   이다.
ㄹ. 갑과 을: 자연 상태의 모든 인간은 동일한 자연권을 가진다.

① ㄱ, ㄴ   ② ㄱ, ㄷ   ③ ㄴ, ㄷ   ④ ㄴ, ㄹ   ⑤ ㄷ, ㄹ

| 자료 분석 |

갑은 홉스, 을은 로크이다. 홉스는 자연 상태를 만인의 만인에 대한 전쟁 상태라고 보며, 이러한 상태에서 벗어나기 위해 '리바이어던'이라는 공통의 주권자를 수립하게 된다고 본다. 로크는 공통의 재판관이 부재한 자연 상태에서 개인의 재산을 보존하기 위해 사회를 형성한다고 보며, 사회 계약을 통해 평등, 자유, 집행권 등의 권리를 입법부가 처리할 수 있도록 한다고 본다.

| 보기 해설 |

ㄱ. 갑(홉스)은 사회 계약으로 개인의 모든 권리를 공통의 주권자에게 양도하여 절대 군주가 등장하게 된다고 본다. 그러므로 이는 갑(홉스)의 입장으로 적절하지 않다.

ㄴ. 갑(홉스)은 사회 계약은 자연법을 기반으로 이루어지기 때문에 사회 계약 이후에도 군주와 시민은 이를 준수해야 한다고 본다. 그러므로 이는 갑(홉스)의 입장으로 적절하다.

ㄷ. 을(로크)은 본래의 자연 상태는 자연인들이 자연법에 따라 각자의 자유와 평등을 누리는 평화로운 상태라고 보지만, 이는 동등한 권한과 권리의 평등이지 개인이 가진 힘이나 능력의 평등을 의미하는 것이 아니다. 그러므로 이는 을(로크)의 입장으로 적절하지 않다.

ㄹ. 갑(홉스)과 을(로크) 모두 자연권은 누구에게나 공통적으로 주어지는 권리라고 본다. 그러므로 이는 갑(홉스)과 을(로크)의 공통 입장으로 적절하다.

14
일차

15
일차

01 ③	02 ①	03 ③	04 ①	05 ⑤	06 ③	07 ④	08 ④	09 ④	10 ②	11 ③	12 ③
13 ①	14 ③	15 ③	16 ③	17 ②	18 ②	19 ④	20 ④	21 ③	22 ⑤	23 ②	

문제편 136~141쪽

---

01 롤스의 시민 불복종 25학년도 9월 모평 12번

정답 ③ | 정답률 74%

다음을 주장한 사상가(→롤스)의 입장으로 적절한 것만을 〈보기〉에서 고른 것은? [3점]

> 시민들의 기본적 자유가 침해될 때 시민 불복종으로 반대한다면 기본적 자유는 더 확고해질 것으로 생각된다. 시민 불복종은 다수자가 정의감을 갖고 있는 거의 정의로운 사회에서만 합당한 행위임을 인식해야 한다. 거의 정의로운 사회는 공유된 정의관이 존재하는 사회라는 것을 뜻한다.

〈 보기 〉
ㄱ. 국가의 처벌이 시민 불복종의 대상이 되는 경우는 없다.
ㄴ. 기본적 자유를 침해한 법에 대한 항거도 정당하지 않을 수 있다.
ㄷ. 시민 불복종은 공유된 정의관에 따른 숙고를 권력자들에게 촉구한다.
ㄹ. 시민 불복종은 다수자의 정의감을 전제하므로 소수자가 주체일 수는 없다.

① ㄱ, ㄴ ② ㄱ, ㄷ ✔③ ㄴ, ㄷ ④ ㄴ, ㄹ ⑤ ㄷ, ㄹ

| 자료 분석 |
제시문의 사상가는 롤스이다. 롤스는 시민 불복종은 거의 정의로운 사회에서 부정의한 법이나 정책을 대상으로 행해지며, 다수의 정의감을 토대로 행해져야 한다고 본다.

| 보기 해설 |
ㄱ. 롤스는 국가 처벌의 부정의한 정도가 심각할 경우 시민 불복종의 대상이 될 수 있다고 본다. 그러므로 이 주장은 롤스의 입장으로 적절하지 않다.
ㄴ. 롤스는 시민 불복종을 평등한 자유의 원칙이나 공정한 기회 균등의 원칙을 현저하게 위배하였을 때 가능한 것으로 본다. 그러므로 이 주장은 롤스의 입장으로 적절하다.
ㄷ. 롤스는 시민 불복종을 다수에 공유된 정의관에 비추어서 시민들의 요구를 드러내는 것으로 본다. 그러므로 이 주장은 롤스의 입장으로 적절하다.
ㄹ. 롤스는 소수자가 주체가 되어 시민 불복종에 가담하여 정의관의 기본 원칙이 위반되었음을 호소할 수 있다고 본다. 그러므로 이 주장은 롤스의 입장으로 적절하지 않다.

---

02 롤스의 시민 불복종 24학년도 수능 9번

정답 ① | 정답률 49%

다음을 주장한 사상가(→롤스)의 입장으로 적절한 것만을 〈보기〉에서 있는 대로 고른 것은?

> 시민 불복종은 법에 대한 충실성의 한계 내에서 부정의한 법에 대한 불복종을 나타낸다. 시민 불복종 행위에 가담함으로써 소수자는 다수자에게 그들의 행위가 정의의 원칙들에 대한 위반으로 해석되기를 바라는지 아니면 공통된 정의감에 비추어 소수자의 합당한 요구를 인정하고자 하는지를 숙고하도록 강요하게 된다.

〈 보기 〉
ㄱ. 시민 불복종은 다수자의 정의감을 나타내는 양심적인 행위이다.
ㄴ. 시민 불복종은 법의 경계선 내에서(→밖에서) 행해지는 정치적 행위이다.
ㄷ. 부정의한 법의 변혁은 시민 불복종의 목적이 아니라(→결과가 아니라 목적임) 결과이다.

✔① ㄱ ② ㄴ ③ ㄱ, ㄷ ④ ㄴ, ㄷ ⑤ ㄱ, ㄴ, ㄷ

| 자료 분석 |
제시문의 사상가는 롤스이다. 롤스는 시민 불복종은 그 체제의 합법성을 인정하는 시민들이 법에 대한 충실성의 한계 내에서 부정의한 법이나 정책의 변화를 추구하기 위해 전개되어야 한다고 주장한다. 이때, 시민 불복종 행위는 개인의 양심이 아니라 사회적 다수에 의해 공유된 정의관, 정의의 원칙이 기준이 되어야 한다고 본다.

| 보기 해설 |
ㄱ. 롤스는 시민 불복종은 사회적 다수에 의해 공유된 정의감을 나타내는 양심적인 행위라고 본다. 정부의 법이나 정책이 다수에 의해 공유된 정의감에 비추어 볼 때 정의의 기본 원칙을 상당 기간 집요하게 위반하는 경우 시민 불복종을 전개할 수 있다고 본다.
ㄴ. 롤스는 시민 불복종은 부정의한 법과 정책의 변화를 위해 의도적으로 법을 위반하면서 행해지는 것이라고 본다. 즉, 시민 불복종은 법의 경계선 밖에서 행해지는 정치적인 행위인 것이다.
ㄷ. 롤스는 부정의한 법과 제도의 변혁이 시민 불복종의 목적이라고 본다.

03 롤스, 싱어, 소로의 시민 불복종 25학년도 6월 모평 14번

정답 ③ | 정답률 46%

(가)의 사상가 갑, 을, 병의 입장을 (나) 그림으로 탐구하고자 할 때, A~D에 들어갈 적절한 질문만을 〈보기〉에서 고른 것은? [3점]

(가)	갑: 롤스	시민 불복종의 대상은 평등한 자유의 원칙에 대한 심대한 위반이나 공정한 기회 균등의 원칙에 대한 현저한 위반에 국한되어야 한다.
	을: 싱어	공리의 관점에서 시민 불복종이 중단시키려는 악의 크기와 그것이 가져올 법과 민주주의에 대한 존중심의 감소 가능성을 저울질해 보아야 한다.
	병: 소로	우리는 법에 대한 존경심보다는 먼저 정의에 대한 존경심을 가져야 한다. 법이 독단에 치우쳐 있다면 양심에 따라 저항해야 한다.

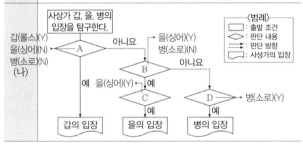

〈보기〉

ㄱ. A: 다수 의사를 반영한 법은 시민 불복종 대상에서 제외되어야 하는가? → 갑(롤스), 을(싱어), 병(소로) 모두 부정의 대답을 할 질문

ㄴ. B: 양심에서 비롯된 시민불복종도 실패 가능성이 크면 정당성을 상실할 수 있는가? → 을(싱어)은 긍정, 병(소로)은 부정의 대답을 할 질문

ㄷ. C: 법에 대한 존중이 강한 민주 사회일수록 시민 불복종이 옹호될 가능성이 높은가? → 을(싱어)이 긍정의 대답을 할 질문

ㄹ. D: 시민 불복종은 개인적 양심과 사회적 승인에 근거해야 하는가? → 병(소로)이 부정의 대답을 할 질문

① ㄱ, ㄴ   ② ㄱ, ㄷ   ✔③ ㄴ, ㄷ   ④ ㄴ, ㄹ   ⑤ ㄷ, ㄹ

자료 분석

갑은 롤스, 을은 싱어, 병은 소로이다. 롤스는 시민 불복종이 공유된 정의관을 기준으로 거의 정의로운 사회에서 부정의한 법과 정책을 변화시키기 위한 목적으로 이루어져야 함을 본다. 싱어는 공리주의적 관점에서 시민 불복종이 산출하게 될 사회적 이익과 손해를 계산하고, 시민 불복종의 성공 가능성을 고려해야 한다고 본다. 소로는 법보다 정의에 대한 존경심이 우선한다고 보고, 양심에 따라 부정의한 법에 대해 적극적으로 불복종해야 함을 주장한다.

보기 해설

ㄱ. A에는 갑(롤스)은 긍정, 을(싱어)과 병(소로)은 부정의 대답을 할 질문이 들어가야 한다. 갑(롤스)은 법과 정책이 부정의하다면 다수의 정의관을 기준으로 불복종할 수 있다고 본다. 을(싱어)은 시민 불복종이 산출할 사회적 이익과 손해를 고려해야 한다고 본다. 병(소로)은 양심에 따라 부정의한 법에 불복종해야 한다고 본다. 그러므로 이 질문은 갑(롤스)과 을(싱어), 병(소로) 모두 부정의 대답을 할 질문이다. 따라서 이 질문은 A에 들어갈 질문으로 적절하지 않다.

ㄴ. B에는 을(싱어)은 긍정, 병(소로)는 부정의 대답을 할 질문이 들어가야 한다. 을(싱어)은 양심에서 비롯한 시민 불복종도 실패 가능성이 크다면 정당성을 상실할 수 있다고 본다. 병(소로)은 정의에 대한 존경심과 양심에 따라 부정의한 법에 불복종해야 한다고 본다. 그러므로 이 질문은 을(싱어)은 긍정, 병(소로)은 부정의 대답을 할 질문이다. 따라서 이 질문은 B에 들어갈 질문으로 적절하다.

ㄷ. C에는 을(싱어)이 긍정의 대답을 할 질문이 들어가야 한다. 을(싱어)은 시민 불복종을 하는 사람들은 법의 통치와 민주주의의 기본 원칙을 존중하며, 이러한 존중심이 강한 민주 사회일수록 시민 불복종이 옹호될 가능성이 높다고 본다. 그러므로 이 질문은 을(싱어)이 긍정의 대답을 할 질문이다. 따라서 이 질문은 C에 들어갈 질문으로 적절하다.

ㄹ. D에는 병(소로)이 긍정의 대답을 할 질문이 들어가야 한다. 병(소로)은 시민 불복종이 사회적 승인이 아닌 개인의 양심에 근거해야 한다고 본다. 그러므로 이 질문은 병(소로)이 부정의 대답을 할 질문이다. 따라서 이 질문은 D에 들어갈 질문으로 적절하지 않다.

다음을 주장한 사상가의 입장으로 가장 적절한 것은? [3점]
　　　└롤스

> 시민 불복종은 정치 체제의 합법성을 인정하고 받아들이는 시민들에 의해서만 행해진다. 이때, 시민 불복종 행위가 항의의 대상이 되고 있는 바로 그 법을 위반하라는 요구를 하지는 않는다. 그것은 사람들이 직접적인 시민 불복종이라 부르는 것뿐만 아니라 간접적인 시민 불복종이라 부르는 것까지도 고려하고 있다. 때로는 부정의하다고 간주되는 법이나 정책도 어기지 말아야 할 강력한 이유가 있다. → 정의의 원칙의 심각한 위반일 때만 허용

✔️ 시민 불복종은 정치 체제의 효율성을 이유로 제한될 수 있다.
② 시민 불복종이 성립되지 않는 사회가 정의로운 사회일 수는 없다.
　　　　　　　　　　　　　　　　　　　　　　　　　　　　　　있다
③ 안정적인 체제에서는 시민 불복종 행위에 대해 처벌하지 않는다.
　　　　　　　　　　　　　　　　　　　　　　　　　처벌한다
④ 공적 심의를 거친 정책이 시민 불복종의 대상이 될 수는 없다.
　　　　　　　　　　　　　　　　　　　　　　　　될 수 있다
⑤ 시민 불복종은 다수결의 원칙에 대한 반대를 표하는 정치 행위이다.
　　　　　　　　정의의 원칙의 위반에 대한

| 자료 분석 |

제시문의 사상가는 롤스이다. 롤스는 시민 불복종이 공동 사회의 다수자가 갖는 정의감을 나타내는 것으로, 자유롭고 평등한 사람들 사이에서 사회 협동체의 원칙이 존중되지 않고 있음을 선언하는 것이라고 보았다. 롤스는 사회적 다수에 의해 공유된 정의관에 심각하게 어긋나지 않거나, 어기지 않아야 할 강력한 이유가 있다면 부정의하다고 간주되는 법이나 정책도 지켜야 할 의무가 있다고 주장한다. 이에 따라 항의의 대상이 되는 법에 대한 위반뿐만 아니라 자신의 처지를 드러내는 방식으로 다른 법을 위반하는 간접적 시민 불복종이 가능하다고 보았다.

| 선지 해설 |

① 롤스는 시민 불복종의 필요성을 인정하지만, 시민 불복종이 정의로운 체제의 효율성을 침해하여 극심한 무질서를 초래하게 될 경우 체제가 붕괴되어 모든 이에게 불행한 결과를 가져오는 것을 막기 위해서 시민 불복종이 제한될 수 있다고 보았다.

② 롤스는 질서 정연해서 자유와 평등, 인권이 존중되는 사회이지만 어느 정도의 부정의가 존재할 수 있는 '거의 정의로운 사회'에서 시민 불복종이 허용될 수 있다고 보았다. 그러나 이와 달리 '완전히 정의로운 사회'에서는 부정의가 존재하지 않으므로 시민 불복종이 성립되지 않는다고 보았다. 따라서 롤스의 입장에서 완전히 정의로운 사회는 정의로운 사회이기는 하나 시민 불복종이 성립되지 않는 사회이다.

③ 롤스는 시민 불복종이 법에 대한 충실성의 한계 내에서 이루어지기 때문에 의도적으로 법을 위반한 행위인 시민 불복종에 대한 처벌을 감수해야 한다고 보았다. 따라서 롤스에 따르면 안정적인 체제에서 시민 불복종 행위에 대한 처벌은 이루어진다.

④ 롤스는 공동 사회의 다수자가 갖는 정의감이 시민 불복종의 근거이며, 만약 어떤 법이나 정책이 정의의 원칙에 심각하게 어긋날 경우 그러한 법에 대해 불복종할 수 있다고 보았다. 따라서 정의의 원칙에 심각하게 어긋난다면 공적 심의를 거친 정책도 시민 불복종의 대상이 될 수 있다.

⑤ 롤스는 시민 불복종이 정의의 원칙을 심각하게 위반하는 법이나 정책에 대해 반대를 표하는 행위라고 보았다. 즉 정의의 원칙이 시민 불복종 여부를 판단하는 기준이 된다. 따라서 롤스는 시민 불복종이 다수결의 원칙에 대한 반대를 표하는 정치 행위라고 보지 않을 것이다.

(가)의 갑, 을 사상가들의 입장을 (나) 그림으로 탐구하고자 할 때, A~C
에 들어갈 적절한 질문만을 〈보기〉에서 있는 대로 고른 것은? [3점]

	갑: 시민 불복종은 그 결과의 좋음에 의해 정당화된다. 따라
(가)	갑 싱어	서 우리는 시민 불복종으로 인해 발생하는 법과 민주주의 에 대한 존중심의 감소 정도마저 고려해야 한다. 을: 시민 불복종은 시민들의 정의관에 의해 정당화된다. 따라 을 롤스 서 시민 불복종은 헌법과 사회 제도 일반을 규제하는 정 의의 원칙들에 의해 지도되어야 한다.

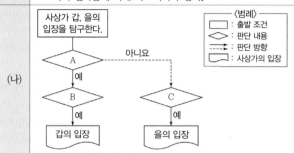

〈 보기 〉

ㄱ. A: 시민 불복종은 법의 부당함을 다수에게 ~~강요~~하는 행위인가?
　→ 갑, 을 모두 부정의 대답을 할 질문

ㄴ. B: 시민 불복종은 민주주의적 결정을 복원하려는 시도인가?

ㄷ. C: 시민 불복종은 정의로운 법을 제정할 절차가 불완전하여 발
　생할 수 있는가?

ㄹ. C: 이익 집단의 시민 불복종은 공공의 정의관에 근거해야 허
　용될 수 있는가?

① ㄱ, ㄴ　　　② ㄱ, ㄷ　　　③ ㄴ, ㄹ
④ ㄱ, ㄷ, ㄹ　　⑤ ㄴ, ㄷ, ㄹ

| **자료 분석** |

갑은 싱어, 을은 롤스이다. 싱어는 시민 불복종이 산출할 이익과 손해를 계산해
보고, 불복종 행위의 성공 가능성을 고려해야 한다고 주장한다. 부정의한 법이
낳는 악의 크기, 불복종 행위가 법과 민주주의에 대한 존중감을 훼손하는 정도
등을 고려해야 한다고 본다. 롤스는 시민 불복종은 사회적 다수에 의해 공유된
정의관이 기준이 되어야 하며, 정의의 원칙이 심각하게 훼손될 때 이루어질 수
있다고 본다.

| **보기 해설** |

ㄱ. 싱어와 롤스 모두 부정의 대답을 할 질문이다. 싱어는 시민 불복종 행위가
　다수에게 제대로 된 정보를 알리려는 시도이거나 그 문제의 심각성을 전달하
　여 국가적인 관심을 촉구하기 위한 것이라고 본다. 롤스는 시민 불복종이 시
　민들의 공유된 정의관에 의해 정당화되어야 하며, 부정의한 법이 정의의 원
　칙을 심각하게 훼손했음을 알리는 것이라고 본다.

ㄴ. 싱어가 긍정의 대답을 할 질문이다. 싱어는 시민 불복종이 자신들의 항의의
　진지성과 법의 지배 및 민주주의 기본 원칙들에 대한 자신들의 존중을 표현
　하는 것이라고 본다.

ㄷ. 롤스가 긍정의 대답을 할 질문이다. 롤스는 정의의 원칙이 완벽하게 반영된
　법과 절차를 마련하는 것은 현실적으로 어렵기 때문에 정의로운 헌법 질서
　하에서도 법과 절차가 부정의할 수 있다고 본다. 하지만, 법과 절차의 부정의
　정도가 심각하다면 시민 불복종이 전개될 수 있다고 본다.

ㄹ. 롤스가 긍정의 대답을 할 질문에 해당한다. 롤스는 시민 불복종이 다수의 공
　유된 정의감을 바탕으로 도출된 정의의 원칙에 의해 인도되어야 한다고 주
　장한다. 따라서 이익 집단의 시민 불복종이 공공의 정의관에 근거했다면 허
　용될 수 있다.

원전 확인　롤스, 「정의론」

만일 우리가 시민 불복종을 공동체의 정의감에 호소하는 정치적 행위로 본다면
다른 조건들이 동일할 경우, 그것을 구체적이고 분명한 부정의한 사례나 더욱이
다른 부정의를 제거하는 길을 방해하는 것에 한정하는 것이 합당하다. 이 때문에
시민 불복종을 정의의 제1원칙인 평등한 자유의 원칙에 대한 심한 위반이나 제2
원칙의 두 번째 부분인 공정한 기회균등의 원칙에 대한 현저한 위배에 국한시켜야
한다.

정답 ③ | 정답률 40%

(가)의 갑, 을 사상가들의 입장을 (나) 그림으로 탐구하고자 할 때, A~C에 들어갈 적절한 질문만을 〈보기〉에서 고른 것은? [3점]

| (가) | 갑: 시민 불복종은 거의 정의로운 사회 내에서 그 체제의 합 법성을 인정하는 시민들에게서만 일어난다. 따라서 시민 불복종은 공유된 정의관에 의해 정당화된다.
을: 시민 불복종은 공리주의 원리에 의해 정당화되어야 한다. 따라서 우리는 시민 불복종이 사회에 미칠 전체적인 이익과 손해를 저울질해 봐야 한다. |

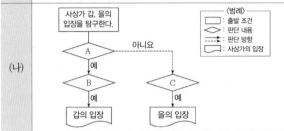

〈보기〉
ㄱ. A: 시민 불복종은 법에 대한 존중심을 감소시킬 수 있는가?
→ 싱어가 긍정의 대답을 할 질문임
ㄴ. B: 시민 불복종이 정당한 법에 대한 위반을 수반할 수 있는가?
ㄷ. B: 심각한 부정의가 존재하는 민주 체제에서는 시민 불복종이 가능한가?
ㄹ. C: 다수의 견해를 진정으로 반영한 법에 대한 시민 불복종은 불가능한가? → 싱어는 다수의 견해가 절대적인 것은 아니라고 봄
가능

① ㄱ, ㄴ   ② ㄱ, ㄷ   ✔③ ㄴ, ㄷ   ④ ㄴ, ㄹ   ⑤ ㄷ, ㄹ

| 자료 분석 |

갑은 롤스, 을은 싱어이다. 롤스는 사회적 다수에 의해 공유된 정의관이 시민 불복종의 기준이 되어야 한다고 본다. 또한, 거의 정의로운 사회에서 부정의한 법과 정책의 변화를 위해 불복종이 전개되어야 한다고 주장한다. 싱어는 공리주의 원리에 따라 시민 불복종이 산출할 이익과 손해를 계산해 보아야 한다고 주장한다. 또한 시민 불복종 행위의 성공 가능성을 고려해야 함을 강조한다.

| 보기 해설 |

ㄱ. 을(싱어)이 '예'라고 대답할 질문으로 A에 들어갈 내용으로 적절하지 않다. 을(싱어)은 시민 불복종이 법에 대한 존중심을 감소시킬 수 있다고 본다. 따라서 공리주의 원리에 따라 시민 불복종이 중단시키려는 악의 크기와 그 행위가 가져올 법과 민주주의에 대한 존중심의 감소 정도를 저울질해 봐야 한다고 주장한다.

ㄴ. 갑(롤스)이 '예'라고 대답할 질문으로 B에 들어갈 내용으로 적절하다. 갑(롤스)은 부정의한 법이나 정책을 변화시키기 위한 목적으로 이루어지는 시민 불복종의 과정에서 정당한 법에 대한 위반이 수반될 수 있다고 본다. 예를 들어 부당한 법에 대해 불복종하고 싶지만, 그 법의 적용 대상이 아닐 경우 다른 법(예 : 위반 내용이 심각하지 않은 사소한 법 등)을 위반함으로써 간접적으로 시민 불복종 하는 것을 시민 불복종의 한 형태로 인정한다.

ㄷ. 갑(롤스)이 '예'라고 대답할 질문으로 B에 들어갈 내용으로 적절하다. 갑(롤스)은 민주 체제, 거의 정의로운 사회 내에서도 심각한 부정의가 존재할 수 있으며, 이에 대한 시민 불복종이 가능하다고 본다.

ㄹ. 을(싱어)이 '아니요'라고 대답할 질문으로 C에 들어갈 내용으로 적절하지 않다. 을(싱어)은 다수의 의견이 그릇될 수 있고, 절대적인 것이 아니라고 본다. 따라서 다수의 견해를 반영한 법이어도 시민 불복종의 대상이 될 수 있다고 본다.

정답 ④ | 정답률 68%

갑, 을 사상가들의 입장으로 적절한 것만을 〈보기〉에서 고른 것은? [3점]
공리주의적 관점(결과 고려)

갑: 시민 불복종은 해당 문제를 다수에게 알리려는 시도이거나 국가적인 관심을 촉구하는 것이다. 이때 우리는 중단시키려는 악의 크기와 우리의 행위가 가져올 법과 민주주의에 대한 존중심의 감소 정도를 저울질해 봐야 한다. ←시민 불복종의 정당화 근거: 공공의 정의관
싱어

을: 시민 불복종은 정치적 다수자로 하여금 공통된 정의감에 비추어 소수자의 합당한 요구에 대한 숙고를 강요한다. 이는 헌법과 사회 제도 일반을 규제하는 정의의 원칙들에 의해 지도되고 정당화되기에 정치적 행위가 된다.
롤스

〈보기〉
ㄱ. 갑: 시민 불복종의 목적은 결코 그 수단을 정당화할 수 없다.
있다
ㄴ. 을: 합법적인 민주적 권위에 대한 시민 불복종은 가능하다.
→ 정의의 원칙을 현저히 위반했을 경우
ㄷ. 을: 다수의 정의감이 상실될 때 시민 불복종은 반드시 요청된다.
ㄹ. 갑, 을: 시민 불복종이 가져올 효과를 신중히 고려해야 한다.

① ㄱ, ㄴ   ② ㄱ, ㄷ   ③ ㄴ, ㄷ   ✔④ ㄴ, ㄹ   ⑤ ㄷ, ㄹ

| 자료 분석 |

갑은 싱어, 을은 롤스이다. 싱어는 공리주의적 관점에서 합법적인 수단으로 부정의를 시정하는 것이 불가능한 경우에 시민 불복종이 산출할 이익과 손해, 성공 가능성을 고려하여 시민 불복종을 해야 한다고 주장한다. 롤스는 시민 불복종이 거의 정의로운 사회에서 부정의한 법이나 정책의 변화를 위해 시행되는 것이며, 사회적 다수에 의해 공유된 정의관에 따라 이루어져야 한다고 주장한다.

| 보기 해설 |

ㄱ. 갑(싱어)은 시민 불복종이 법을 어기는 불법적인 행위이기는 하지만, 합법적인 수단으로 부정의를 시정하는 것이 불가능한 경우에는 비폭력적이며 처벌을 감수하는 한에서 정당화될 수 있다고 주장한다. 즉 시민 불복종을 행하는 데 있어서 사회 부정의 개선이라는 목적을 위해 법을 어기는 수단이 정당화될 수 있다고 보는 것이다.

ㄴ. 을(롤스)은 합법적인 민주적 권위이더라도 정의의 원칙을 현저하게 위반했다면 이에 대한 시민 불복종이 가능하다고 주장한다.

ㄷ. 을(롤스)은 시민 불복종이 거의 정의로운 사회에서 다수의 공유된 정의관에 근거하는 정치적 행위라고 본다. 따라서 시민 불복종의 토대가 되는 다수의 정의감이 상실된다면 시민 불복종은 불가능하게 된다.

ㄹ. 갑(싱어)은 공리주의적 관점에서 시민 불복종의 결과가 가져올 이익과 손해, 불복종 행위의 성공 가능성 등의 효과를 고려하여 불복종 여부를 결정해야 한다고 주장한다. 을(롤스)은 시민 불복종이 많은 집단들에 의해 행해질 경우 극심한 무질서를 초래할 수 있다고 보고, 시민 불복종이 부정적 효과를 야기하지 않도록 신중히 고려해야 한다고 주장한다.

08 시민 불복종에 대한 싱어와 롤스의 입장 23학년도 6월 모평 12번

정답 ④ | 정답률 58%

갑, 을 사상가들의 입장으로 적절한 것만을 〈보기〉에서 있는 대로 고른 것은? [3점]

→ 공리주의적 관점

갑: 시민 불복종을 결심함에 있어서 우리는 결과론적 관점에서 불
싱어 복종을 통해 중단시키고자 하는 악의 크기와 우리의 행위가
가져올 법에 대한 존중의 감소 가능성을 저울질해 봐야 한다.

을: 시민 불복종은 공동체의 정의감에 호소하기에, 평등한 자유
롤스 의 원칙에 대한 심한 위반이나 공정한 기회균등의 원칙에 대
한 현저한 위배에 국한되어야 한다.
→ 시민 불복종의 정당화 근거
→ 차등의 원칙에 대한 현저
한 위반은 해당하지 않음

〈 보기 〉

ㄱ. 갑: 시민 불복종은 불법 행위이지만 법치를 존중하는 행위이다.

ㄴ. 을: 종교의 자유를 부정하는 법은 시민 불복종의 대상이 된다.
→ 평등한 자유의 원칙 위반

ㄷ. 을: 부정의한 법을 변혁하고자 불가피하게 다른 법을 위반하
는 시민 불복종은 정당화될 수 있다.
→ 위법 행위로 인한 처벌을 감수해야 함

ㄹ. 갑, 을: 다수결 원칙에 따라 민주적으로 제정된 법은 시민 불
복종의 대상이 아니다.
이다

① ㄱ, ㄴ　　② ㄱ, ㄹ　　③ ㄷ, ㄹ
④ ㄱ, ㄴ, ㄷ　　⑤ ㄴ, ㄷ, ㄹ

| 자료 분석 |

갑은 싱어, 을은 롤스이다. 싱어는 공리주의적 입장에서 시민 불복종은 중단시키
고자 하는 악의 크기와 법을 위반함으로써 발생하는 악의 크기, 불복종 행위의
성공 가능성과 같은 결과를 종합적으로 고려하여 이루어져야 한다고 본다. 반면
롤스는 사회적 다수에 의해 공유된 정의관이 시민 불복종의 근거가 되어야 하
며, 시민 불복종은 평등한 자유의 원칙이나 공정한 기회균등의 원칙을 심각하게
위반한 법에 국한되어야 한다고 본다.

| 보기 해설 |

ㄱ 갑(싱어)은 시민 불복종이 비폭력적으로 행위하면서도 그들의 위법 행위에
대한 법적인 처벌을 받아들이기 때문에 법의 지배 및 민주주의의 기본 원칙
과 같은 법치를 존중하는 행위라고 본다.

ㄴ 을(롤스)은 종교의 자유를 모든 인간이라면 누구나 평등하게 누려야 할 기본
적인 자유라고 인식한다. 따라서 종교의 자유를 부정하는 법은 을(롤스)이 강
조하는 정의의 원칙인 평등한 자유의 원칙을 심각하게 위반하는 것이므로,
시민 불복종의 대상이 된다.

ㄷ 을(롤스)은 부정의한 법을 변혁하고자 의도적으로 법을 어기는 시민 불복종
을 두 가지로 구분한다. 하나는 부정의한 법을 직접 위반하는 시민 불복종이
고, 또 다른 하나는 부정의한 법에 항거하기 위해 해당 법이 아닌 다른 법을
위반하는 간접적인 시민 불복종이다. 따라서 을(롤스)은 부정의한 법을 변혁
하고자 불가피하게 다른 법을 위반하는 시민 불복종은 정당화될 수 있다고
본다.

ㄹ. 갑(싱어), 을(롤스) 모두 부정할 입장이다. 두 사상가는 다수결의 원칙에 따라
민주적인 절차로 제정된 법이라 할지라도 그것이 심각한 부정의를 담고 있다
면 시민 불복종의 대상이 될 수 있다고 본다.

09 시민 불복종에 대한 롤스와 싱어의 입장 21학년도 수능 12번

정답 ④ | 정답률 61%

갑, 을 사상가들의 입장으로 적절하지 않은 것은? [3점]
→ 공리의 원리에 따라 시민 불복종 여부를 정해야 함

갑: 특정한 법에 불복종하기 전에 효용성을 따져 보아야 한다. 불
싱어 복종이 목표 달성에 실패하여 다른 수단으로 성공할 가능성
을 감소시킬 위험도 고려해야 한다.
→ 시민 불복종은 다수의
정의관에 기초해야 함

을: 특정한 법이 다수의 정의관을 현저하게 위반하면 이에 대한
롤스 불복종은 정당화된다. 정의관의 기본 원칙을 오래도록 의도적
으로 위반하는 법은 굴종이나 반항을 초래한다.

① 갑: 시민 불복종은 성패에 따르는 비용과 편익을 고려해야 한다.

② 갑: 시민 불복종이 정당하더라도 법에 대한 복종심을 감소시킬 수
있다.

③ 을: 시민 불복종은 정의감에 의해 상당히 규제되는 사회에서만 성
립한다.

④ 을: 다수가 믿는 종교적 가르침은 시민 불복종을 정당화하는 근거
이다.　　다수의 정의관

⑤ 갑, 을: 시민 불복종은 위법 행위이지만 사회 정의를 추구한다.

| 자료 분석 |

갑은 싱어, 을은 롤스이다. 싱어는 시민 불복종의 고려 과정에서도 공리의 원리
에 기초하여 불복종 행위의 효용성을 따져 볼 것을 강조하였다. 한편 롤스는 사
회의 다수가 공유하는 정의관에 기초하여 심각한 부정의를 발생시키는 법이나
정책에 대해 불복종할 것을 주장하였다.

| 선지 해설 |

① 싱어는 공리주의의 관점에서 시민 불복종을 행할 때에도 결과의 효용성을 따
져 보아야 한다고 주장하였다. 즉, 시민 불복종의 성공과 실패로 인해 발생하
는 비용과 편익을 고려하여 시민 불복종의 여부를 결정해야 한다는 것이다.

② 싱어는 특정한 법에 대한 시민 불복종 행위가 정당하더라도, 법에 불복종함으
로써 법에 대한 존중과 복종심이 감소될 수 있음을 고려해야 한다고 보았다.

③ 롤스는 시민들이 '다수의 정의관'을 공유하며 이에 기초하여 규제되는 사회에
서만 시민 불복종이 성립할 수 있다고 주장하였다. 따라서 시민 불복종은 거
의 정의로운 사회(또는 질서 정연한 사회)에서만 성립 가능하다고 보았다.

④ 롤스는 종교적 신념이 아니라 정의의 원칙에 바탕을 둔 다수의 정의관이 시
민 불복종의 정당화 근거라고 주장하였다.

⑤ 싱어와 롤스는 모두 시민 불복종이 법적으로는 위법 행위이지만 도덕적으로는
정당화될 수 있는 행위로, 사회 정의를 추구하는 시민의 저항이라고 보았다.

다음을 주장한 사상가의 입장으로 가장 적절한 것은? [3점]
└ 롤스   부정의한 모든 법이 시민 불복종의 대상은 아님 ┘

질서 정연한 사회에서 개인은 정의로운 제도를 유지하고 발전시켜야 하는 자연적 의무를 지니므로 정의로운 법에 따라야 한다. 문제는 부정의한 법을 어느 정도까지 따라야 하는가이다. 이 문제와 관련된 시민 불복종 이론은 원초적 입장에 있는 당사자들의 관점에서 바라볼 필요가 있다. 당사자들은 정의로운 체제의 안정성을 유지하기 위한 방법을 찾고자 정당한 시민 불복종을 규정하는 조건들을 채택하게 될 것이다.
└ 시민 불복종은 정의로운 체제의 안정성을 유지하기 위한 행동임 ┘

① 시민 불복종은 다수의 이익을 증진할 목적으로 행해져야 한다.
✓② 공직을 맡을 권리를 침해하는 정책은 시민 불복종의 대상이 된다.
   └ 공정한 기회균등의 원칙을 침해하는 정책 ┘
③ 시민 불복종은 양심적 행위이지만 그 자체가 사회에 위협이 된다.
④ 시민 불복종은 헌법의 근거에 이의를 제기하는 정치적 행위이다.
⑤ 원초적 입장의 당사자들은 어떠한 부정의에도 저항할 것을 합의한다.

| 자료 분석 |

제시된 글은 시민 불복종에 대한 롤스의 입장이다. 롤스에게 시민 불복종은 개인의 이익을 위한 단순한 위법 행위가 아니라, 다수의 정의관에 기초하여 이루어지는 공적인 행위이다. 따라서 롤스는 정당한 저항권의 행사로서의 시민 불복종에 대한 규정 또한 원초적 입장에서 논의되어야 한다고 주장한다.

| 선지 해설 |

① 롤스는 '다수의 정의관'에 기초하여 자신이 속한 '질서 정연한 사회(또는 거의 정의로운 사회)'의 정의로운 체제를 지키기 위한 위법 행위만이 시민 불복종으로 인정될 수 있다고 본다. 한편 롤스에게 다수의 이익을 증진하는 것을 목적으로 하는 공리주의적 관점은 비판의 대상이다.

②공직을 맡을 권리를 침해하는 정책은 롤스의 정의의 원칙 가운데 공정한 기회균등의 원칙을 침해한다. 롤스는 정의의 원칙(평등한 자유의 원칙, 공정한 기회균등의 원칙)을 위반하는 심각하게 부정의한 법이나 정책이 시민 불복종의 대상이 된다고 본다.

③ 롤스는 시민 불복종이 법을 위반하는 행위이지만 양심적 행위로서, 사회의 정의로운 체제를 지키기 위한 행위임을 강조한다.

④ 롤스는 시민 불복종이 헌법의 근거에 이의를 제기하는 행위가 아니라 헌법의 근거가 되는 정의의 원칙을 지키기 위한 정치적 행위라고 본다.

⑤ 롤스는 원초적 입장의 당사자들이 모든 부정의에 대해 저항할 것을 긍정하지 않으리라고 본다. 사소한 부정의에 대해서도 저항한다면 체제의 안정성을 침해할 수 있기 때문이다. 따라서 롤스는 정의의 원칙을 위반하는 '심각한 부정의'에 대해서만 시민 불복종이 정당화될 수 있음을 주장한다.

다음 사상가의 입장만을 〈보기〉에서 있는 대로 고른 것은?
└ 롤스 ┘

거의 정의로운 사회는 심각한 부정의가 존재할지도 모르지만 일종의 민주적 정부의 형태를 갖춘 사회이다. 이러한 사회에서 정의의 원칙들은 자유롭고 평등한 인간들 간의 자발적인 협동의 기본 조항으로서 공공적으로 인정된다. 그래서 시민 불복종에 참여함으로써 사람들이 의도하는 것은 다수의 정의감에 호소하여 자유로운 협동의 조건이 침해되었다는 것을 정당하게 알리는 것이다.
└ 법에 대한 충실성의 한계 내에서
 정의로운 법 체계를 세우고자 함 ┘

〈 보기 〉

ㄱ. 시민 불복종은 정당한 폭력으로 다수의 정의감에 호소하는 행위이다.   비폭력적 방법
ㄴ. 시민 불복종은 사회적 협동의 기본 원리에 근거한 양심적 항거이다.
ㄷ. 시민 불복종은 도덕적으로는 옳지 못하지만 불가피한 위법 행위이다.   정당하지만
ㄹ. 민주적 정부의 법도 부정의하면 시민 불복종의 대상이 될 수 있다.

① ㄱ, ㄴ   ② ㄱ, ㄷ   ✓③ ㄴ, ㄹ
④ ㄱ, ㄷ, ㄹ   ⑤ ㄴ, ㄷ, ㄹ

| 자료 분석 |

제시된 글의 사상가는 롤스이다. 롤스는 거의 정의로운 사회를 시민 불복종의 대상이 되는 심각한 부정의가 존재할지도 모르지만 민주적 정부 형태를 갖춘 사회라고 본다. 그는 이러한 사회에서 정의의 원칙을 위반하는 심각한 부정의가 존재한다면 다수의 정의감에 의거하여 시민 불복종을 행할 수 있다고 주장한다.

| 보기 해설 |

ㄱ. 롤스는 시민 불복종이 정당하기 위해서는 비폭력적인 방법으로 행해져야 한다고 본다. 따라서 시민 불복종은 비폭력적 방법으로 다수의 정의감에 호소하는 행위라고 할 수 있다.

ㄴ.롤스는 거의 정의로운 사회에서 정의의 원칙들이 자유롭고 평등한 인간들 간의 자발적 협동의 기본 조항으로서 공공적으로 인정된다고 본다. 그러나 만약 이것에 위배되는 심각한 부정의가 발생한다면 다수의 정의감에 의거하여 법을 위반할 수 있다고 본다.

ㄷ. 롤스는 시민 불복종이 비록 위법 행위이기는 하나, 정의의 원칙을 위반한 심각한 부정의를 바로잡기 위해서 이루어지는 도덕적으로 정당한 행위라고 본다.

ㄹ.롤스는 민주적인 정부의 법이라 할지라도 심각한 부정의를 포함하고 있다면 시민 불복종의 대상이 될 수 있다고 본다.

단답형 문제로 개념 확인

(1) 롤스는 다수의 (   )을/를 기준으로 시민 불복종 여부를 판단한다.
(2) 롤스는 시민 불복종이 (   )이고 공개적으로 이루어져야 한다고 본다.

(1) 정의감 (2) 비폭력적

12 소로와 롤스의 시민 불복종 19학년도 6월 모평 16번

정답 ③ | 정답률 41%

갑, 을 사상가들의 입장으로 가장 적절한 것은? [3점]

> ┌ 법보다 개인의 양심이 우선함
>
> **갑** 법에 대한 존경심보다 먼저 정의에 대한 존경심을 기르는 것
> 소로 이 바람직하다. 내가 떠맡을 권리가 있는 나의 유일한 책무는
> 내가 옳다고 생각하는 일을 행하는 것이다. 법에 대한 존경심
> 때문에 선량한 사람들조차 불의의 하수인이 되고 있다.
>
> **을** 사회의 기본 구조가 합당하게 정의로운 것인 경우, 그 부정의가
> 롤스 지나치지만 않으면 부정의한 법도 구속력이 있음을 인정해야
> 한다. 시민 불복종은 법에 대한 충실성의 한계 내에서 법에 대한
> 불복종을 나타내는 것이어야 한다.
>
> └ 거의 정의로운 사회에서는 심각한 부정의가
>   아니라면 부정의한 법도 지켜야 함

① 갑: 시민 불복종은 다수 국민이 공유한 정의관에 근거해야 한다.
  을(롤스)

② 갑: 법률과 양심을 시민 불복종의 정당성 판별 근거로 삼아야 한다.

❸ 을: 양심에 충실한 거부라도 정당한 시민 불복종이 아닌 경우가
  있다.

④ 을: 시민 불복종은 체제의 정당성에 대한 비폭력적·공개적 저항이다.
  부정의한 법이나 제도

⑤ 갑, 을: 시민 불복종은 공권력에 의한 처벌을 거부하는 수단이다.

연결형 문제로 개념 확인

(1) 소로 •   • ㉠ 개인은 법에 우선하여 양심과 정의에 따라 행동해야 한다.

(2) 롤스 •   • ㉡ 시민 불복종은 어떠한 합법적 방법도 효과가 없을 때 행
              해져야 한다.

(1) - ㉠ (2) - ㉡

| **자료 분석** |

갑은 소로, 을은 롤스이다. 소로는 정의를 실현하기 위해서 개인의 양심에 근거하여 부정의한 법에 저항하는 시민 불복종이 정당하다고 본다. 롤스는 사회적 다수의 정의관에 근거하여 부정의한 법에 저항하는 시민 불복종이 정당하다고 본다. 롤스는 시민 불복종이 사회 정의 실현을 목적으로 공개적으로 이루어져야 하며, 비폭력적인 방법으로 전개되어야 하고, 최후의 수단으로 이루어져야 하며, 처벌을 감수해야 한다고 본다.

| **선지 해설** |

① 소로는 양심에 따라 부당한 법률에 불복종하는 것이 바람직하다고 본다. 다수 국민이 공유한 정의관에 따른 시민 불복종을 주장한 것은 롤스이다.

② 소로는 법률이 아니라 개인의 양심을 시민 불복종의 최종 근거라고 본다. 그에 따르면 시민 불복종은 법률의 정당성 여부를 개인의 양심으로 판단하여 이루어지는 것이므로 법률도 시민 불복종의 대상이다.

③ 롤스는 개인의 양심에 따른 것이더라도 시민 다수가 공유하는 공공의 정의관에 근거하지 않는다면 정당한 시민 불복종이라 하기 어렵다고 본다.

④ 롤스는 시민 불복종이 부정의한 법이나 정책에 대해 불복종을 표현하는 것이지 정치 체제나 정부 자체의 정당성에 대한 저항은 아니라고 본다.

⑤ 소로는 시민 불복종으로 인해 처벌을 받는 것이 부정의한 정부에 복종하는 것보다 잃는 것이 적다고 주장하므로, 시민 불복종이 공권력에 의한 처벌을 거부하는 수단이라고 보지 않는다. 다만, 소로는 롤스와 달리 처벌 감수가 시민 불복종의 정당화 요건이라고 주장하지는 않는다. 롤스는 시민 불복종이 법에 대한 충실성의 한계 내에서 법에 대한 불복종을 표현하는 것이므로, 시민 불복종을 행하는 사람의 경우 법을 어긴 행위에 대한 처벌을 감수해야 한다고 본다.

13 싱어와 롤스의 시민 불복종 24학년도 7월 학평 7번

정답 ① | 정답률 62%

갑, 을 사상가들의 입장으로 적절한 것만을 〈보기〉에서 있는 대로 고른 것은? [3점]

> **갑** 시민 불복종은 공리의 원리에 의해 정당화되어야 한다. 우리
> 싱어 는 시민 불복종이 중단하려는 악의 크기와 불복종이 초래할
> 법에 대한 존중의 감소 가능성을 계산해야 한다.
>
> **을** 시민 불복종 이론은 거의 정의로운 사회를 위해 마련된 것이
> 롤스 다. 그 사회는 대체로 질서 정연하면서도 정의에 대한 다소
> 심각한 위반이 일어나는 사회이다.

〈 보기 〉

ㄱ. 갑: 시민 불복종은 법 자체의 권위에 저항하는 행위이다.

ㄴ. 을: 시민 불복종은 정당한 법에 대한 위반을 수반할 수 있다.

ㄷ. 갑과 을: 다수에 의해 공유된 정의관은 시민 불복종의 대상이다.

❶ ㄴ   ② ㄷ   ③ ㄱ, ㄴ   ④ ㄱ, ㄷ   ⑤ ㄱ, ㄴ, ㄷ

| **자료 분석** |

갑은 싱어, 을은 롤스이다. 싱어는 시민 불복종을 법의 힘, 즉 법이 지닌 권위에 저항하지 않고 행위에 대한 법적인 처벌을 받아들임으로써 법에 대한 존중을 명확히 하는 행위라고 본다. 롤스는 시민 불복종이 다수의 정의관에 근거하여 이루어져야 한다고 본다. 또한 그는 본인이 항의의 대상이 되는 법의 당사자가 아니라서 그 법을 직접 위반할 수 없을 때, 다른 법을 위반함으로써 항의의 대상이 되는 법을 변혁할 수 있다고 본다.

| **보기 해설** |

ㄱ. 갑(싱어)은 시민 불복종을 법이 지닌 권위에 저항하지 않고 불복종 행위에 대한 처벌을 받아들임으로써 법을 존중하는 행위라고 본다. 그러므로 이 주장은 갑(싱어)의 입장으로 적절하지 않다.

ㄴ. 을(롤스)은 부정의한 법이나 정책에 대한 직접적인 불복종과 더불어 항의의 대상이 되는 법이나 정책을 어길 수 없을 때 다른 법을 위반하는 간접적인 불복종도 가능하다고 본다. 그러므로 이 주장은 을(롤스)의 입장으로 적절하다.

ㄷ. 갑(싱어)은 불복종으로 발생하는 사회적 이익과 손해를 기준으로 시민 불복종 여부를 판단해야 한다고 본다. 을(롤스)은 다수에 공유된 정의관을 바탕으로 시민 불복종 여부를 판단해야 한다고 본다. 그러므로 이 주장은 갑(싱어)과 을(롤스)의 공통 입장으로 적절하지 않다.

다음을 주장한 **사상가의** 입장으로 가장 적절한 것은? [3점]
└─ 롤스

> 시민 불복종은 거의 정의로운 사회에서 공동체의 정의감에 호소하는 정치적 행위로서 정의로운 체제를 유지하고 강화하는 데 도움이 된다. 그러나 똑같은 사정을 가진 많은 집단이 동일하게 시민 불복종을 행할 시 정의로운 체제의 효율성을 침해하게 될 극심한 무질서가 발생할 수 있다. 따라서 모든 사람들에게 불행한 결과를 가져오지 않기 위해 시민 불복종에 가담할 수 있는 범위에 한계가 있어야 한다.

① 시민 불복종의 목적은 부정의한 정치 체제를 변혁하는 것이다.
　　　　　　　　　　　　　　　　　　법이나 정책
② 시민 불복종의 대상이 되는 법을 위반해야 할 의무는 절대적이다.
✓③ 시민 불복종을 시행하는 의도가 왜곡되는 상황이 초래될 수 있다.
④ 시민 불복종은 심각한 부정의가 있는 민주 사회에서 발생할 수 없다.
⑤ 시민 불복종은 다수가 믿는 종교적 교리를 근거로 이루어져야 한다.
　　　　　　　　　　　　　　　　공유된 정의관

| 자료 분석 |

제시문의 사상가는 롤스이다. 롤스는 시민 불복종이 공동체의 정의감에 호소하는 행위이며, 정의로운 체제를 유지하고 강화하는 데 도움이 된다고 본다. 그러나 롤스는 시민 불복종의 시행 의도가 왜곡되는 상황이 초래될 수 있으므로 시민 불복종에 가담할 수 있는 범위에 한계가 있어야 한다고 주장한다.

| 선지 해설 |

① 롤스는 시민 불복종의 목적을 부정의한 법과 정책의 변혁이라고 보며, 정치 체제 전체에 대한 변혁을 주장하지는 않는다. 그러므로 이 주장은 롤스의 입장으로 적절하지 않다.

② 롤스는 사회의 기본 구조가 합당하게 정의롭다면 부정의가 지나치지 않은 법도 구속력이 있음을 인정한다. 그러므로 이 주장은 롤스의 입장으로 적절하지 않다.

③ 롤스는 시민 불복종을 시행하는 의도가 왜곡되는 상황이 발생할 수 있으므로 시민 불복종에 참여하는 범위의 한계를 설정해야 한다고 본다. 그러므로 이 주장은 롤스의 입장으로 적절하다.

④ 롤스는 시민 불복종의 대상이 되는 법이나 정책은 정의의 원칙을 위반하는 심각한 부정의로 한정해야 한다고 본다. 그러므로 이 주장은 롤스의 입장으로 적절하지 않다.

⑤ 롤스는 시민 불복종이 개인의 양심이나 종교적 교리가 아닌 다수가 공유하는 정의관에 근거하여 이루어져야 한다고 본다. 그러므로 이 주장은 롤스의 입장으로 적절하지 않다.

다음을 주장한 **사상가의** 입장으로 적절한 것만을 〈보기〉에서 있는 대로 고른 것은? [3점]
└─ 롤스

> 시민 불복종을 통해서 우리는 공동 사회의 다수자가 갖는 정의감을 나타내게 되고, 자유롭고 평등한 사람들 사이에서 사회 협동체의 원칙이 존중되지 않고 있음을 선언하게 된다. 시민 불복종은 신중하고 양심적인 정치적 신념의 표현인 청원의 한 형태이기에 은밀히 혹은 비밀리에 행해지는 것이 아니라 공개 석상에서 이루어진다.

─〈보기〉─
ㄱ. 시민 불복종은 항의의 대상이 되는 법을 위반할 때만 정당화된다.
ㄴ. 정치 체제의 효율성을 위해 시민 불복종에 대한 제약이 있을 수 있다.
ㄷ. 정의의 원칙과 일치하는 종교적 신념은 시민 불복종의 근거가 될 수 있다.
ㄹ. 시민의 평등한 기본적 자유를 현저하게 침해한 정책은 시민 불복종의 대상이 된다.

① ㄱ, ㄴ　　② ㄱ, ㄷ　　✓③ ㄴ, ㄹ
④ ㄱ, ㄷ, ㄹ　　⑤ ㄴ, ㄷ, ㄹ

| 자료 분석 |

제시문의 사상가는 롤스이다. 롤스는 시민 불복종은 거의 정의로운 사회에서 부정의한 법과 정책의 변화를 위해 전개되는 시민적 행위이며, 이는 다수에 의해 공유된 정의관을 기준으로 이루어져야 한다고 본다.

| 보기 해설 |

ㄱ. 롤스는 부정의한 법과 정책의 변화를 위해서 시민 불복종이 이루어진다고 본다. 그러므로 '시민 불복종은 항의의 대상이 되는 법을 위반할 때만 정당화된다.'라는 주장은 롤스의 입장으로 적절하지 않다.

ㄴ. 롤스는 시민 불복종은 정치 체제의 효율성을 고려하여 실행되어야 한다고 본다. 그러므로 '정치 체제의 효율성을 위해 시민 불복종에 대한 제약이 있을 수 있다.'라는 주장은 롤스의 입장으로 적절하다.

ㄷ. 롤스는 시민 불복종은 개인의 양심이나 종교적 신념이 아닌 다수에 의해 공유된 정의관을 근거로 이루어진다고 본다. 그러므로 '정의의 원칙과 일치하는 종교적 신념은 시민 불복종의 근거가 될 수 있다.'라는 주장은 롤스의 입장으로 적절하지 않다.

ㄹ. 롤스는 법과 정책이 시민의 자유를 침해한다면 부정의한 것으로 보고 이에 대해 불복종할 수 있다고 본다. 그러므로 '시민의 평등한 기본적 자유를 현저하게 침해한 정책은 시민 불복종의 대상이 된다.'라는 주장은 롤스의 입장으로 적절하다.

16 롤스와 싱어의 시민 불복종 23학년도 10월 학평 10번

정답 ③ | 정답률 83%

갑, 을 사상가들의 입장으로 가장 적절한 것은? [3점]

> 갑: 시민 불복종은 비록 법의 바깥 경계선에 있지만 법에 대한 충실
> 롤스 성의 한계 내에서 법에 대한 불복종을 나타낸다. 법에 대한 충
> 실성은 시민 불복종이 양심적이고 진지하며 공중의 정의감에
> 호소하기 위한 것임을 보여준다. └→ 사회적 다수에 의해 공유된 정의관
>
> 을: 시민 불복종은 합법적인 수단이 실패했을 때 사용될 수 있는 적
> 싱어 합한 수단이다. 우리는 시민 불복종을 통해 중단시키려고 하는
> 악의 크기와 시민 불복종이 가져올 법과 민주주의에 대한 존중
> 심의 감소 정도를 저울질해 보아야 한다. └→ 시민 불복종의 결과에
> 대한 고려

① 갑: 시민 불복종은 불의한 모든 법에 대해 이루어져야 한다.
                심각하게 부정의한 법
② 갑: 시민 불복종의 최종 목적은 사회 체제의 근본적 변화이다.
                       부정의한 법 제도 개선
✔③ 을: 시민 불복종은 헌법에 근거한 법에도 이루어질 수 있다.
④ 을: 시민 불복종은 다수를 위협하거나 강제하는 위법 행위이다.
    → 다수에 대한 호소
⑤ 갑과 을: 시민 불복종은 원칙적으로 처벌 대상이 될 수 없다.
    → 부정의의 개선을 위한 의도적인 위법 행위: 처벌 대상   있다

| 자료 분석 |

갑은 롤스, 을은 싱어이다. 롤스는 시민 불복종이 거의 정의로운 사회에서 부정의한 법과 정책의 변화를 위해 전개되는 것이라고 보고, 불복종의 근거는 사회적 다수에 의해 공유된 정의관이 되어야 한다고 주장하였다. 싱어는 합법적인 수단으로 부정의를 시정하는 것이 불가능한 경우 비폭력적으로 행위하면서 결과에 대한 처벌을 감수하는 시민 불복종은 정당화될 수 있다고 보았다. 싱어는 불복종의 성공 가능성을 고려하여 시민 불복종이 산출할 이익과 손해를 계산해야 한다고 주장하였다.

| 선지 해설 |

① 롤스는 거의 정의로운 사회에서는 법이 가진 부정의가 어느 정도 이상을 넘지 않는다면 그러한 법도 구속력이 있고, 시민들은 그 법을 준수해야 할 의무가 있다고 보았다.

② 롤스의 입장에서 시민 불복종의 최종 목적은 부정의한 법이나 정책의 변화이지 사회 체제의 근본적 변화는 아니다.

③ 싱어는 헌법에 근거한 법이라 하더라도 사회에 해악이 되는 부정의를 포함하고 있다면 시민 불복종의 대상이 될 수 있다고 보았다.

④ 싱어는 시민 불복종이 다수에 대한 강제가 아니라 다수에 대한 호소라고 볼 수 있으며 정당화될 수 있다고 주장하였다.

⑤ 롤스와 싱어는 모두 시민 불복종이 부정의한 법이나 정책을 변혁하려는 목적으로 행해지는 의도적인 위법 행위라고 보고, 법에 대한 위반 행위이므로 원칙적으로 처벌의 대상이 될 수 있다고 주장하였다.

갑, 을 사상가들의 입장으로 가장 적절한 것은? [3점]

→ 정의의 원칙에 대한 심각한 위반

> 갑: 시민 불복종은 ~~다수의 정의감에 호소하여 자유로운 협동의~~
> 롤스 ~~조건이 침해되었다는 것을 정당하게 알리는 것이다.~~ 이는 공
> 공적이고 양심적이긴 하지만 ~~법적인 결과를 감수하겠다는~~ 의
> 지로 표현된 정치적 행위이다. → 공리주의
> 을: 시민 불복종의 정당성은 ~~결과주의적 접근법에 따라 판단할~~
> 싱어 수 있다. 우리가 ~~중단시키려고 하는 악의 크기와 우리의 행위~~
> ~~가 가져올 법과 민주주의에 대한 존중심의 감소 정도를 저울~~
> ~~질해 보아야 한다.~~ → 시민 불복종에 따른 이익과 손해 고려

① 갑: 정책 개선을 위해 폭력을 수반한 시민 불복종도 ~~허용된다.~~

☑ ② 갑: 소수자의 재산 소유권이 침해되면 시민 불복종이 전개될 수 있다.

③ 을: 시민 불복종은 ~~보편적인 법치 원리를 위반하는 행위이다.~~
               민주주의 기본 원칙을 존중

④ 을: 시민 불복종은 다수를 설득하기보다 ~~강제하기 위한 시도이다.~~

⑤ 갑과 을: 시민 불복종은 부정의에 ~~즉각 대응하는 행위여야 한다.~~
    → 갑: 정의의 원칙의 심각한 위반일 때
       을: 시민 불복종의 성공 가능성을 고려

단답형 문제로 개념 확인

(1) 롤스는 시민 불복종이 다수의 (   )에 기초하여 이루어져야 함을 강조한다.

(2) 롤스는 (   ) 부정의에 대해서만 시민 불복종이 정당화될 수 있다고 본다.

(3) 롤스는 시민 불복종의 정당화 조건도 (   )에서 합의되어야 한다고 본다.

(1) 정의관 (2) 심각한 (3) 원초적 입장

자료 분석

갑은 롤스, 을은 싱어이다. 롤스는 어떤 법이나 정책이 정의의 원칙에 심각하게 어긋날 경우 법의 부당성을 널리 알리기 위해 이루어지는 의도적이며 공개적인 위법 행위인 시민 불복종은 정당화될 수 있다고 보았다. 롤스에 따르면 시민 불복종은 거의 정의로운 사회에서 부정의한 법과 정책의 변화를 위해 전개되어야 한다. 싱어는 공리주의적 입장에서 합법적인 수단으로 부정의를 시정하는 것이 불가능한 경우에 시민 불복종의 결과가 가져올 이익과 손해를 계산하여 시민 불복종 여부를 결정해야 한다고 보았다.

선지 해설

① 롤스는 시민 불복종이 법에 대한 충실성의 한계 내에서 이루어지는 행위이므로 비록 법을 어기기는 하지만 시민 불복종의 공공적이고 비폭력적인 성격과 처벌을 기꺼이 감수하겠다는 의지를 표현하는 것이라고 보았다. 따라서 정책 개선을 위해서라고 하더라도 폭력을 수반한 시민 불복종은 허용될 수 없다.

② 롤스는 시민 불복종이 거의 정의로운 사회에서 법률이나 정책이 정의의 원칙을 심각하게 위반했을 경우, 이에 대한 부당함을 알리기 위한 행위라고 보았다. 소수자의 재산 소유권을 침해한 것은 정의의 원칙 중에서 모든 사람이 평등한 기본적 자유를 최대한 누려야 한다는 평등한 자유의 원칙에 위배되므로 이로 인한 시민 불복종을 전개할 수 있다.

③ 싱어는 시민 불복종이 법의 힘에 저항하지 않고 비폭력으로 행위하면서 불복종에 대한 처벌을 감수함으로써 법의 지배 및 민주주의의 기본 원칙에 대한 존중을 보여 주게 된다고 주장했다. 따라서 시민 불복종은 보편적인 법치 원리를 위반하는 행위가 아니라, 보편적인 법치 원리를 존중하는 가운데 일부 법이나 정책의 부정의를 시정하기 위한 행위라 할 수 있다.

④ 싱어는 시민 불복종이 비록 불법적이기는 하지만 다수를 위협하거나 다수를 강제하는 것이 아니기 때문에 합법적인 수단이 실패했을 때 사용할 수 있는 적합한 수단이라고 보았다. 따라서 시민 불복종은 다수를 강제하기 위한 시도라고 볼 수 없다.

⑤ 롤스는 부정의하다고 간주되는 법이나 정책도 정의의 원칙을 심각하게 위반한 경우가 아니라면 부정의한 법을 지켜야 할 의무가 우리에게 있다고 보았다. 따라서 시민 불복종은 부정의에 즉각 대응하는 행위라 볼 수 없다. 싱어는 시민 불복종이 산출할 결과적인 이익과 손해를 계산함으로써 시민 불복종 행위의 성공 가능성을 고려해야 한다고 주장했다. 싱어 역시 부정의에 즉각적으로 대응하기보다는 시민 불복종이 가져올 결과를 신중하게 고려해야 한다고 보았다.

18 시민 불복종에 대한 롤스의 입장 23학년도 4월 학평 3번

정답 ② | 정답률 56%

다음을 주장한 사상가의 입장만을 〈보기〉에서 있는 대로 고른 것은? [3점]
└ 롤스

> 시민 불복종은 헌법과 사회 제도 일반을 규제하는 정의의 원칙들에 의해 지도되는 행위이다. 시민 불복종의 근거는 개인이나 집단의 이익에만 기초할 수 없다. 그 대신 시민 불복종은 정치적인 질서의 바탕에 깔려 있는, 공유하고 있는 정의관에 의거하게 된다.

〈 보기 〉

ㄱ. 시민 불복종은 다수자의 정의감에 호소하는 행위이다.
ㄴ. 시민 불복종은 그 자체로 입헌 체제를 위협하는 행위이다.
　　　　　　　　　　　　　　　　안정되게
ㄷ. 헌법을 규제하는 원칙은 시민 불복종의 대상에서 제외된다.
　└ 정의의 원칙
ㄹ. 종교적 교설은 시민 불복종을 정당화하는 근거가 될 수 있다.
　　　　　　　　　　　　　　　　　　　　　　없다

① ㄱ, ㄴ　　　✔ ㄱ, ㄷ　　　③ ㄴ, ㄹ
④ ㄱ, ㄷ, ㄹ　　⑤ ㄴ, ㄷ, ㄹ

| 자료 분석 |

시민 불복종에 대한 롤스의 입장에 해당한다. 롤스는 시민 불족종은 부정의한 법과 정책의 변화를 위해 전개되어야 하며, 개인이나 집단의 이익에만 기초해서는 안 된다고 본다. 또한, 시민 불복종은 사회적 다수에 의해 공유된 정의관이 기준이 되어야 하며, 입헌 체제를 안정시키는 방도로 행해져야 한다고 주장한다.

| 보기 해설 |

롤스의 입장으로 적절하다. 롤스는 시민 불복종이 개인적인 양심이나 종교적 교설에 근거해서는 안 되며, 다수의 공유된 정의감에 근거하여 공공성을 가지고 이루어져야 한다고 본다.

ㄴ. 롤스는 시민 불복종이 입헌 체제를 위협하는 행위가 아니라 입헌 체제를 안정시키는 방도라고 본다. 롤스는 시민 불복종이 법을 위반하는 행위이긴 하지만, 정의의 원칙을 토대로 이루어지는 시민 불복종은 입헌 체제를 안정되게 해줄 수 있다고 주장한다.

ㄷ. 롤스의 입장으로 적절하다. 롤스는 헌법을 규제하는 원칙인 정의의 원칙은 시민 불복종의 대상에서 제외된다고 본다. 시민 불복종이 정의의 원칙에 근거하여 이루어지기 때문에 정의의 원칙은 시민 불복종의 대상이 될 수 없다.

ㄹ. 롤스는 종교적 교설은 시민 불복종을 정당화하는 근거가 될 수 없다고 본다. 롤스는 개인의 도덕적 원칙이나 종교적 교설이 아니라 사회적 다수에 의해 공유된 정의관이 시민 불복종을 정당화하는 근거가 될 수 있다고 본다.

19 롤스의 시민 불복종 23학년도 3월 학평 17번

정답 ④ | 정답률 46%

다음을 주장한 사상가의 입장으로 적절한 것만을 〈보기〉에서 있는 대로 고른 것은? [3점] └ 롤스

> 우리는 시민 불복종 행위를 통해서 공동 사회의 다수자가 갖는 정의감을 나타내게 된다. 그리고 우리의 신중한 견지에서 볼 때 자유롭고 평등한 사람들 사이에서 사회 협동체의 원칙이 존중되지 않고 있음을 선언하게 된다.
> 　　　　　　　　　　　　　└ 정의의 원칙

〈 보기 〉

ㄱ. 부정의의 정도가 심각하지 않은 법은 준수되어야 한다.
ㄴ. 시민 불복종은 비합법적인 정부에 대한 정당한 항거이다.
　→ 정치 체제에 대한 항거가 아니라 정책의 변화를 시도하는 것
ㄷ. 시민 불복종으로 인해 준법의 의무와 부정의에 저항할 의무가 상충할 수 있다.
ㄹ. 시민 불복종은 민주 사회의 시민들이 갖는 양심적인 신념들 간의 불일치를 줄일 수 있다.

① ㄱ, ㄴ　　　② ㄱ, ㄹ　　　③ ㄴ, ㄷ
✔ ㄱ, ㄷ, ㄹ　　⑤ ㄴ, ㄷ, ㄹ

| 자료 분석 |

제시문의 사상가는 롤스이다. 롤스는 시민 불복종이 거의 정의로운 사회에서 부정의한 법이나 정책의 변화를 위해 시도되어야 하며 사회적 다수에 의해 공유된 정의관을 기준으로 행해져야 한다고 주장했다. 또한 시민 불복종은 법을 어기는 것이기는 하지만 법에 대한 충실성을 바탕으로 행위에 대한 법적인 결과를 받아들이겠다는 의지에 의해 표현된다. 롤스는 시민 불복종이 일부 부정의한 법이나 정책에 국한되며, 이를 통해 부정의한 법이나 정책이 개선되어 정의로운 사회를 유지하고 만들어 가는 데 기여할 수 있다고 보았다.

| 보기 해설 |

ㄱ. 롤스는 거의 정의로운 사회의 체제 유지를 위해 부정의한 법이나 정책이라도 그것이 부정의의 어떤 한도를 벗어날 정도로 심각하게 정의의 원칙을 위반하지 않는 한, 부정의한 법에 따라야 할 의무가 있다고 보았다.

ㄴ. 롤스는 시민 불복종이 거의 정의로운 국가 내에서 체제의 합법성을 인정하고 받아들이는 시민들에게만 생겨나는 문제라고 보았다. 따라서 롤스의 입장에서 시민 불복종은 정치 체제 자체를 변혁시키기 위한 것은 아니다.

ㄷ. 롤스는 시민 불복종으로 인해 법과 민주주의에 대한 존중의 심각한 감소 가능성을 고려해야 한다고 보고, 시민 불복종으로 인해 준법의 의무와 부정의에 저항할 의무가 충돌할 수 있음을 주장했다.

ㄹ. 롤스는 시민 불복종을 통해 부정의한 법을 공개적으로 알릴 수 있고, 이로 인해 민주 사회의 시민들이 갖는 양심적인 신념들의 불일치를 줄일 수 있다고 보았다.

갑, 을 사상가들의 입장으로 적절한 것만을 〈보기〉에서 있는 대로 고른 것은? [3점]

→정의의 원칙이 현저히 위배된 법이나 정책이 시민 불복종의 대상

갑: 시민 불복종은 평등한 자유의 원칙이나 공정한 기회균등의
롤스 원칙을 현저하게 위반하는 법이나 정책을 대상으로 해야 한
다. 특히 평등한 자유의 원칙에 대한 위반은 보다 적합한 시
민 불복종의 대상이 된다.

을: 시민 불복종은 민주주의 원칙에 복종하는 습관이 깊을수록
싱어 그만큼 더 쉽게 정당화될 수 있다. 우리가 중단시키려고 하는
악의 크기와 우리의 행위가 가져올 법과 민주주의에 대한 존
중의 감소 정도를 저울질해 봐야 한다. →공리주의적 관점의 접근

───〈 보기 〉───
ㄱ. 갑: 소수자의 기본권을 박탈하는 법은 시민 불복종의 대상이
될 수 있다.
ㄴ. 갑: 거의 정의로운 사회에서는 시민 불복종에 대한 보복적인
억압이 있을 수 없다.
ㄷ. 을: 다수가 공유하고 있는 정의관을 대상으로 시민 불복종을
행사할 수 있다.
ㄹ. 갑, 을: 시민 불복종은 개인의 신념을 정당화 근거로 삼는 양
심적 행위이다. └갑: 다수에 의해 공유된 정의관을 근거로 해야 함을 주장
을: 공리의 원칙에 따라 저울질해 봐야 함을 주장

① ㄱ, ㄷ ② ㄴ, ㄹ ③ ㄷ, ㄹ ✔ ㄱ, ㄴ, ㄷ ⑤ ㄱ, ㄴ, ㄹ

| 자료 분석 |

갑은 롤스, 을은 싱어이다. 갑은 시민 불복종이 거의 정의로운 사회에서 부정의한 법과 정책의 변화를 위해 전개되어야 한다고 주장한다. 평등한 자유의 원칙이나 공정한 기회균등의 원칙을 현저하게 위반하는 법이나 정책이 시민 불복종의 대상이 된다고 본다. 을은 공리주의적 관점에서 시민 불복종에 접근한다. 을은 시민 불복종이 산출할 이익과 손해를 계산해 보고, 불복종 행위의 성공 가능성을 고려하여 실시 여부를 결정해야 한다고 주장한다.

| 보기 해설 |

ㄱ 갑은 소수자의 기본권을 박탈하는 법은 평등한 자유의 원칙을 위반하는 것이기 때문에 시민 불복종의 대상이 될 수 있다고 볼 것이다.

ㄴ 갑은 거의 정의로운 사회에서는 시민 불복종을 통해 질서를 회복하고자 하기 때문에 시민 불복종에 대해 보복적인 억압이 있을 수 없다고 본다. 갑은 정의의 원칙이 심각하게 위배되는 사회에서는 시민 불복종이 전개될 수 없다고 보기 때문에 정의의 원칙이 작용하고 있고, 거의 정의로운 사회에서는 시민 불복종에 대한 보복, 억압 등의 일이 발생할 수 없다고 본다.

ㄷ 을은 다수가 공유하고 있는 정의관이라 해도 공리의 원칙에 따라 저울질해 볼 수 있으며, 시민 불복종의 대상이 될 수 있다고 본다. 이와 달리 갑은 다수에 의해 공유된 정의관이 시민 불복종의 기준이 되어야 한다고 본다.

ㄹ. 갑과 을은 시민 불복종이 개인의 신념을 정당화의 근거로 삼는 것에 반대한다. 갑은 시민 불복종은 개인의 신념에 기초한 것이 아니라, 사회적 다수에 의해 공유된 정의관에 기초한 것이라고 주장한다. 을은 공리의 원칙에 따라 시민 불복종이 산출할 이익과 손해를 계산해 보아야 한다고 주장한다.

다음을 주장한 사상가의 입장으로 적절한 것만을 〈보기〉에서 있는 대로 고른 것은? [3점] →롤스

시민 불복종은 법에 분명히 반하는 것이긴 하지만 법의 충실
성과 민주 체제의 기본적인 정치적 원리들에 호소하는 것이다. 이
러한 불복종은 거의 정의로운 사회에서 그 체제의 합법성을 인정
하는 시민들에 의해서 생겨나는 것으로 법의 힘에 저항하지 않는
다. 따라서 그들은 자신의 행위에 대한 법적인 처벌을 수용해야
한다.

───〈 보기 〉───
ㄱ. 시민 불복종은 헌법의 근거가 되는 원칙에 위배되는 행위이다.
└→정의의 원칙   부합하는
ㄴ. 시민 불복종의 대상에 모든 부정의한 법이 포함되는 것은 아
니다. →정의의 원칙을 현저하게 위반한 일부 법만이 대상임
ㄷ. 시민 불복종은 다수의 정의감에 근거한 양심적 신념의 표현이다.
ㄹ. 시민 불복종은 정치 체제의 변혁을 의도하는 공개적인 행위이다.
부정의한 일부 법과 정책의

① ㄱ, ㄴ ② ㄱ, ㄹ ✔ ㄴ, ㄷ
④ ㄱ, ㄷ, ㄹ ⑤ ㄴ, ㄷ, ㄹ

| 자료 분석 |

제시된 주장을 한 사상가는 롤스이다. 롤스에 따르면 시민 불복종이란 거의 정의로운 사회에서 공동체의 다수가 갖는 정의감을 나타내고, 자유롭고 평등한 사람들 사이에서 정의의 원칙이 존중되지 않음을 선언하는 것이다. 따라서 롤스는 시민 불복종이 사회적 다수에 의해 공유된 정의관을 근거로 삼아야 하며, 심각하게 부정의한 법과 정책의 변화를 위해 전개되어야 한다고 본다.

| 보기 해설 |

ㄱ. 롤스는 시민 불복종이 원초적 입장의 당사자들이 합의에 의해 도출한 정의의 원칙(평등한 자유의 원칙, 공정한 기회균등의 원칙)에 따르는 것이라고 보고, 정의의 원칙은 시민 불복종의 근거인 동시에 헌법의 근거가 되는 원칙이라고 본다.

ㄴ 롤스는 시민 불복종의 대상에 모든 부정의한 법이 포함되는 것은 아니라고 주장한다. 롤스에게 시민 불복종의 대상이 되는 부정의한 법은 공유된 정의관을 심각하게 위반한 경우(차등의 원칙은 제외)와 같이 일부 부정의한 법이나 정책에 국한된다.

ㄷ 롤스는 시민 불복종이 거의 정의로운 사회에서 부정의한 법과 정책의 변화를 위해 이루어져야 하며, 다수의 정의감에 근거한 양심적 신념의 표현이라고 주장한다.

ㄹ. 롤스에게 시민 불복종은 정치 체제 자체를 변혁하기 위한 것이 아니라 일부 부정의한 법과 정책을 변혁하기 위한 것이다.

22 | 롤스의 시민 불복종 24학년도 10월 학평 8번

정답 ⑤ | 정답률 60%

다음을 주장한 사상가의 입장으로 가장 적절한 것은? [3점]
└ 롤스

> 시민 불복종은 정치적 원칙, 즉 헌법과 사회 제도 일반을 규제하는 정의의 원칙들에 의해 지도되고 정당화되는 행위라는 의미에서 정치적 행위이다. 정치적 다수자에게 정상적인 호소를 해왔지만 그 호소가 성공하지 못한 경우에 최후의 대책으로 시민 불복종을 생각해 볼 수 있다.

① 유권자 다수가 공개적으로 참여해야만 시민 불복종이 정당화된다.
② 부정의한 정치 체제에서 법률은 정당한 시민 불복종의 대상이 된다.
③ 정의의 원칙에 근거하지 않은 양심적 행위도 정당한 시민 불복종이 될 수 있다.
④ 최소 수혜자에게 최대의 이익을 주지 못하는 정책에 대한 시민 불복종은 정당화된다.
✔⑤ 평등한 자유의 원칙을 위반한 정책은 정당한 시민 불복종의 대상이 되지 않는 경우가 있다.

| 자료 분석 |

제시문의 사상가는 롤스이다. 롤스는 시민 불복종은 다수에게 공유된 정의관에 근거하여 정당화될 수 있다고 보며, 이는 거의 정의로운 사회에서 부정의한 법과 정책을 변혁하기 위해 전개되는 것이라고 본다.

| 선지 해설 |

① 롤스는 다수에 의해 공유된 정의관을 기준으로 시민 불복종을 정당화할 수 있다고 본다. 그러므로 이는 롤스의 입장으로 적절하지 않다.

② 롤스는 시민 불복종은 거의 정의로운 사회에서 부정의한 법이나 정책을 대상으로 행해지는 것이라고 본다. 그러므로 이는 롤스의 입장으로 적절하지 않다.

③ 롤스는 정의의 원칙을 위반하는 부정의를 바로잡기 위한 불복종 행위가 정당하다고 본다. 그러므로 이는 롤스의 입장으로 적절하지 않다.

④ 롤스는 법이나 정책이 평등한 자유의 원칙이나 공정한 기회균등의 원칙을 심각하게 위반할 경우 그러한 법이나 정책에 대한 시민 불복종이 정당화될 수 있다고 본다. 이에 따라 최소 수혜자에게 최대의 이익을 주지 못하는 정책은 이 두 원칙을 심각하게 위반하는 것이 아니므로 이는 롤스의 입장으로 적절하지 않다.

⑤ 롤스는 평등한 자유의 원칙을 심각하게 위반한 정책에 대해 시민 불복종이 이루어질 때 정당화될 수 있다고 본다. 그러므로 이는 롤스의 입장으로 적절하다.

---

23 | 롤스의 시민 불복종 25학년도 수능 18번

정답 ② | 정답률 25%

다음을 주장한 사상가의 입장으로 가장 적절한 것은?
└ 롤스

> 시민 불복종을 정당화할 때 어떤 개인적 도덕 원칙이나 종교적 교설이 우리 주장을 지지해 준다고 해서 그것에 의거해서는 안 된다. 시민 불복종의 근거가 오직 개인이나 집단의 이익에만 기초할 수 없다는 것은 말할 필요도 없다. 그 대신 시민 불복종은 공공적 정의관에 의거하게 된다.

① 소수자가 지닌 정의관은 시민 불복종의 근거가 될 수 없다.
✔② 차등의 원칙에 근거한 법은 시민 불복종의 대상이 될 수 있다.
③ 준법의 의무는 기본적 자유를 방어할 권리와 상충할 수 없다.
④ 시민 불복종의 대상은 기본적 자유의 심각한 위반에 국한된다.
⑤ 양심적 거부에 대한 국가의 규제는 시민 불복종의 대상이 될 수 없다.

| 자료 분석 |

제시문의 사상가는 롤스이다. 롤스는 시민 불복종은 공공적 정의관에 근거해야 하며, 거의 정의로운 사회에서 부정의한 법과 정책을 변화시키기 위해 이루어져야 한다고 본다.

| 선지 해설 |

① 롤스는 시민 불복종은 소수자가 가진 정의관이라고 공공적 정의관에 근거할 수 있기 때문에 시민 불복종의 근거가 될 수 있다고 본다. 그러므로 이는 롤스의 입장으로 적절하지 않다.

② 롤스는 차등의 원칙에 근거한 법이 다른 정의의 원칙을 심각하게 위배한다면 시민 불복종의 대상이 될 수 있다고 본다. 그러므로 이는 롤스의 입장으로 적절하다.

③ 롤스는 법이나 정책이 기본적 자유를 심각하게 침해하지 않는다면 준법의 의무와 기본적 자유를 방어할 권리가 충돌할 수 있다고 본다.

④ 롤스는 기본적 자유의 보장과 공정한 기회 균등의 정의의 원칙을 심각하게 위반하는 경우 정당한 시민 불복종이 가능하다고 본다. 그러므로 이는 롤스의 입장으로 적절하지 않다.

⑤ 롤스는 공공적 정의관에 근거하여 정당한 양심적 거부에 대한 국가의 규제는 시민 불복종의 대상이 될 수 있다고 본다. 그러므로 이는 롤스의 입장으로 적절하지 않다.

16
일차

01 ④	02 ①	03 ④	04 ②	05 ④	06 ③	07 ①	08 ②	09 ⑤	10 ②	11 ②	12 ①
13 ④	14 ④	15 ④	16 ③	17 ②	18 ⑤	19 ④	20 ③	21 ④	22 ③	23 ①	

문제편 146~151쪽

01 | 기술에 대한 야스퍼스와 하이데거의 입장 25학년도 6월 모평 5번

정답 ④ | 정답률 59%

갑, 을 사상가들의 입장으로 적절한 것만을 〈보기〉에서 있는 대로 고른 것은?

기술의 가치 중립성 부정 →

갑: 오늘날 우리는 기술의 도구적 활용에만 매몰되어 있다. 기술 은 그저 하나의 수단만이 아니다. 기술은 탈은폐의 한 방식이 다. 이 점에 주목한다면 기술의 본질이 갖는 영역 중 그동안 망각되었던 진리의 영역이 우리에게 열린다.
(하이데거)

을: 기술은 그 자체로서 선도 아니고 악도 아니다. 그러나 기술은 선하게도 사용될 수 있고, 악하게도 사용될 수 있다. 기술의 선용과 악용은 인간 속에 들어 있는 다른 근원들에서 나오는 것이다.
(야스퍼스)
→ 기술의 가치 중립성 인정, 기술의 선악은 활용하기 나름

〈 보기 〉

ㄱ. 갑: 현대인은 기술의 본질에 대한 충분한 이해를 결여하고 있다.
ㄴ. 갑: 기술은 존재의 의미를 드러내 주는 방식으로 기능할 수 있다.
ㄷ. 을: 기술을 선택하고 그 활용을 결정하는 기준은 가치중립적 이다. → 기술의 선택과 활용에는 인간의 가치가 개입됨
ㄹ. 갑과 을: 기술은 인간의 목적을 위한 수단임을 부인할 수 없다.

① ㄱ, ㄴ
② ㄱ, ㄷ
③ ㄷ, ㄹ
④ ㄱ, ㄴ, ㄹ
⑤ ㄴ, ㄷ, ㄹ

출제 경향

과학 기술의 가치 중립성에 대한 문항은 대체로 상반되는 입장들을 비교하는 문항이 출제되곤 하지만, 기술의 활용 단계에 있어서는 공통적인 입장을 취하는 경우가 출제되기도 한다. 주로 베이컨, 하이데거, 야스퍼스, 요나스 등의 사상가들이 많이 출제되므로 제시된 글에서 사상가의 특징을 찾아가면서 푸는 것이 좋다. 해당 주제에 대한 문항은 용어가 어려운 편이 아니므로 제시된 글을 꼼꼼히 읽고 선지의 내용과 비교해서 풀면 어렵지 않게 정답을 찾을 수 있는 경우가 많다.

자료 분석

갑은 하이데거, 을은 야스퍼스이다. 하이데거는 기술은 단순히 가치중립적인 도구가 아니며, 감추어져 있는 존재의 모습을 드러내 주는 수단이므로 기술에 대한 인간의 윤리적 성찰이 필요하다고 주장한다. 야스퍼스는 기술 그 자체는 선도 악도 아닌 가치중립적인 수단이며 인간이 어떻게 활용하는지에 따라 행복과 불행 모두에 기여할 수는 있지만 인간과 전혀 무관하게 스스로 영향을 끼칠 수는 없다고 본다.

보기 해설

ㄱ 갑(하이데거)의 입장으로 적절하다. 갑(하이데거)에 따르면 현대인은 기술의 도구적 활용에만 매몰되어 있어서 기술의 본질에 대한 충분한 이해를 결여하고 있다.

ㄴ 갑(하이데거)의 입장으로 적절하다. 갑(하이데거)에 따르면 기술은 감추어져 있는 존재의 모습을 드러내 주는 방식으로 기능할 수 있다.

ㄷ 을(야스퍼스)의 입장으로 적절하지 않다. 을(야스퍼스)은 기술 자체는 가치중립적이라고 보지만, 인간이 기술을 선택하고 활용하는 기준을 정하기 때문에 그 과정에서 가치가 개입된다고 본다.

ㄹ 갑(하이데거)과 을(야스퍼스)의 공통적인 입장으로 적절하다. 을(야스퍼스)은 기술은 인간의 목적을 위한 수단일 뿐이라고 본다. 갑(하이데거)은 기술이 인간의 목적을 위한 수단임을 부인할 수는 없다고 보면서도 기술을 단순한 가치중립적 수단으로만 고찰해서는 안 됨을 강조한다.

갑, 을 사상가들의 입장으로 가장 적절한 것은?

기술은 행복과 불행 모두에 기여할 수 있으나 그 자체로는 중립적입니다. 기술은 수단일 뿐이지 그 자체로는 **선도 아니고 악도 아닙니다.**

└ 기술은 가치 중립적

야스퍼스 갑

기술을 긍정하건 부정하건 우리는 기술에 붙들려 있습니다. **최악의 경우는 기술을 중립적인 것으로 고찰할 때이며,** 이 경우 우리는 무방비 상태로 기술에 내맡겨집니다.

└ 기술은 가치 중립적 ×

을 하이데거

✓① 갑: 기술은 인간이 설정한 목적의 실현을 위한 공허한 힘이다.

② 갑: 기술의 활용 방안은 인간의 결정으로부터 **독립적**일 수 있다.
   └ 인간의 활용 여부에 따라 달라짐

③ 을: 기술은 가치 판단으로부터 **자유롭기 때문에** 통제되어야 한다.

④ 을: 기술은 인간이 자연과 관계 맺는 방식을 변화시킬 수 **없다.**
   └ 있다

⑤ 갑과 을: 기술은 인간의 개입이 없을 때에도 해악이 될 수 있다.
   └ 갑: 인간의 개입이 없으면 해악도 없음

연결형 문제로 개념 확인

(1) 야스퍼스 •

(2) 하이데거 •

• ㉠ 기술은 그 자체로 윤리적 성찰의 대상이다.

• ㉡ 기술 자체는 단지 수단일 뿐이며 선도 악도 아니다.

(1) — ㉡ (2) — ㉠

│ 자료 분석 │

갑은 야스퍼스, 을은 하이데거이다. 야스퍼스는 기술 그 자체는 선도 악도 아닌 가치 중립적인 수단이라고 보았다. 하이데거는 기술이 단순한 가치 중립적인 도구가 아니며 감추어져 있는 존재의 모습을 드러내 주는 수단이기 때문에 기술을 가치 중립적인 도구로만 이해한다면 인간이 기술에 종속당할 수 있음을 경고했다.

│ 선지 해설 │

①야스퍼스는 기술이 기술을 실현시키는 것과 독립해 있는 자립적인 존재로서 인간이 설정한 목적의 실현을 위해 존재하는 공허한 힘이라고 보았다. 야스퍼스의 입장에서 기술이 인간과 전혀 무관하게 광기를 부리는 것은 불가능하다.

② 야스퍼스는 기술 자체는 선악으로 평가할 수 없는 가치 중립적인 도구이지만, 인간이 어떤 목적을 설정하여 기술을 활용하느냐에 따라 긍정적 영향을 미칠 수도 있고 부정적 영향을 미칠 수도 있다고 보았다.

③ 하이데거는 기술을 단순하게 가치 중립적인 것으로 고찰해서는 안 되며, 기술이 가치 판단으로부터 자유롭다고 인식할 때, 인간은 무방비 상태로 기술에 내맡겨질 수도 있다고 보았다.

④ 하이데거는 기술의 본질 속에 인간의 삶의 방식을 변형시킬 수 있는 위험이 깃들어 있다고 보고, 기술이 주어진 사물을 생산하거나 가공하는 과정 속에서 인간의 삶의 방식과 자연에 대한 인간의 관계 자체를 변형시킬 수 있다고 주장했다.

⑤ 야스퍼스는 기술이 인간과 무관하게 광기를 부리는 것은 불가능하다고 보고 기술은 인간의 개입이 있을 때에만 선도 되고 악도 될 수 있다고 주장한다. 하이데거는 기술의 본질이 감추어진 존재를 드러내는 '탈은폐'라고 보고, 기술의 본질 속에 인간과 사물에 대한 관계를 왜곡시킬 수 있는 위험이 깃들어 있다고 보았다. 따라서 하이데거만의 입장에 해당한다.

갑 사상가가 을 사상가에게 제기할 수 있는 비판으로 가장 적절한 것은?

갑 야스퍼스: 기술은 그 기술을 실현시키는 것과는 독립해 있는 자립적인 존재로서 일종의 공허한 힘이다. 결국 **기술은 그 자체로 선도 아니고 악도 아니다.**
   └ 기술은 가치 중립적 수단

을 하이데거: 기술은 은폐되어 존재하는 것을 탈은폐의 길로 이끄는 것이다. **우리가 기술을 중립적인 것으로 고찰할 때, 우리는 무방비 상태로 기술에 내맡겨져 종속되어진다.**
   └ 기술은 가치 중립적이지 않음

① 인간의 개입 없이도 기술이 인간에게 해악을 끼칠 수 있음을 간과한다.
   └ 없음

② 기술의 지배에서 벗어나도록 **기술의 본질**을 고찰해야 함을 간과한다.
   └ 기술의 활용 방안

③ 기술을 어떻게 이용할지에 대한 윤리적 성찰이 **불필요함**을 간과한다.
   └ 필요함

✓④ 기술은 인간이 설정한 목적을 달성하기 위한 것일 뿐임을 간과한다.

⑤ 기술은 사물의 참모습을 밖으로 **드러내 주는 것임**을 간과한다.
   └ 드러내 주지 못함

│ 자료 분석 │

갑은 야스퍼스, 을은 하이데거이다. 야스퍼스는 기술은 수단일 뿐 그 자체는 선도 아니고 악도 아니며, 인간이 어떤 방향으로 사용하느냐에 따라 긍정적 효과를 낼 수도 있고 부정적 효과를 낼 수도 있다고 주장한다. 하이데거는 기술은 단순히 가치 중립적인 도구가 아니며, 감추어져 있는 존재의 모습을 드러내 주는 수단이므로 기술에 대한 인간의 윤리적 성찰이 필요하다고 주장한다.

│ 선지 해설 │

① 갑이 을에게 제기할 비판으로 적절하지 않다. 갑은 기술 자체는 선도 악도 아닌 단순한 수단에 불과하므로 인간의 개입 없이 기술 자체가 인간에게 해악을 끼칠 수는 없다고 본다.

② 갑이 을에게 제기할 비판으로 적절하지 않다. 갑은 기술이 인간이 설정하는 목적을 실현하기 위한 수단에 불과하므로 기술의 지배에서 벗어나기 위해서는 기술의 본질에 대한 고찰이 아닌 기술을 활용하는 인간의 목적에 대한 고찰이 필요하다고 본다.

③ 갑이 을에게 제기할 비판으로 적절하지 않다. 갑은 기술을 가치 중립적인 수단으로 인식하고 기술 자체가 아니라 기술의 활용 방향에 대한 윤리적인 성찰을 통해 과학 기술 시대의 문제를 해결해야 함을 강조한다.

④갑이 을에게 제기할 비판으로 적절하다. 갑은 기술이 인간이 설정한 목적을 달성하기 위한 가치 중립적인 수단일 뿐이라고 주장하지만, 을은 기술을 가치 중립적인 도구로만 본다면 인간이 기술에 종속될 것이라 주장한다.

⑤ 갑이 을에게 제기할 비판으로 적절하지 않다. 갑은 기술이란 수단일 뿐이고 선도 아니고 악도 아니라고 주장하며 기술은 인간과 무관하게 어떤 기능이나 작용도 할 수 없음을 강조한다.

04 과학자의 책임에 대한 입장 23학년도 9월 모평 7번

정답 ② | 정답률 91%

갑이 을에게 제기할 수 있는 비판으로 가장 적절한 것은?

> 갑: 과학자 집단에 필요한 것은 자연적 사실을 규명하는 과정에서
> 의 내적 책임뿐이다. 과학자 집단에 외적 책임을 부과하면 연
> 구의 범위가 확대되기 어렵다. 과학 연구는 과학적 지식이 관
> 찰과 일치하는지, 논리적 기준에 근거하는지에 기초해서 그
> 타당성을 판단하면 된다. → 과학자의 내적 책임만을 강조
>
> 을: 과학자 집단에는 내적 책임뿐만 아니라 외적 책임이 필요하
> 다. 과학 연구에는 연구자의 과거 경험이나 지식, 사회적 기대
> 가 반영되기 때문에 가치가 개입된다. 따라서 과학자 집단은
> 자신의 과학 연구를 비판적으로 성찰하고 해로운 결과가 예측
> 되는 연구에 대해 책임 있는 행동을 해야 한다.
> → 과학자의 외적 책임도 강조

① 연구 대상 선정과 결과 활용에 가치가 반영된다는 것을 ~~간과한다.~~ 강조

✔② 연구 활성화를 위해 사회적 책임을 강조해서는 안 됨을 간과한다.

③ 과학자 집단이 준수해야 하는 윤리가 존재한다는 것을 ~~간과한다.~~

④ 과학이 궁극적으로 삶의 질 향상을 지향한다는 것을 ~~간과한다.~~

⑤ 과학 연구에 사회적 필요와 정치적 목적이 개입될 수 있음을 ~~간과~~
한다. 강조

| 자료 분석 |

갑은 과학자에게 필요한 것은 과학적 지식과 관찰의 일치 여부, 논리적 기준에 근거하는지의 여부와 같이 자연적 사실을 규명하는 과정에서 요구되는 내적 책임뿐이라고 본다. 반면, 을은 과학 연구에는 연구자의 경험이나 지식, 사회적 기대가 반영되어 가치가 개입될 수밖에 없으므로, 과학자에게는 내적 책임뿐만 아니라 외적 책임까지 요구된다고 본다.

| 선지 해설 |

① 갑이 을에게 제기할 비판으로 적절하지 않다. 을은 갑과 달리 과학 연구에는 연구자의 과거 경험이나 지식, 사회적 기대가 반영되기 때문에 가치가 개입된다고 본다.

② 갑이 을에게 제기할 비판으로 적절하다. 갑은 과학자 집단에게 외적 책임을 부과하면 연구의 범위가 축소되어 과학 발전을 저해할 수 있다고 보고, 을은 과학자 집단에게 자신의 연구 결과가 사회에 미칠 영향에 대한 사회적 책임이 있다고 본다. 따라서 갑은 을에게 연구 활성화를 위해 과학자의 사회적 책임을 강조해서는 안 됨을 간과한다고 비판할 수 있다.

③ 갑이 을에게 제기할 비판으로 적절하지 않다. 갑, 을은 모두 과학자가 준수해야 할 윤리로 연구 과정에서 비윤리적 행위를 해서는 안 되며, 연구 윤리를 준수하면서 자신의 연구의 타당성을 밝혀야 한다는 내적 책임을 제시한다.

④ 갑이 을에게 제기할 비판으로 적절하지 않다. 을은 과학자가 자신의 연구 활동이 인간의 존엄성을 구현하고 인류의 삶의 질을 향상시킬 수 있는지 성찰하는 자세를 지녀야 한다고 본다.

⑤ 갑이 을에게 제기할 비판으로 적절하지 않다. 을은 과학 기술의 연구 대상을 선정하고 그 결과를 활용하는 과정에서 개인의 가치관이나 기업의 이익, 사회적 필요, 정치적 목적 등 다양한 가치가 개입될 수 있다고 본다.

---

05 기술에 대한 야스퍼스와 하이데거의 입장 22학년도 6월 모평 15번

정답 ④ | 정답률 57%

그림은 서양 사상가 갑, 을의 가상 대화이다. 갑, 을의 입장으로 적절한 것만을 〈보기〉에서 고른 것은?

┌ 기술 자체는 가치 중립적이라고 봄

기술은 단지 수단일 뿐이며 기술 그 자체는 선도 아니고 악도 아닙니다. 기술이 선한지 악한지는 인간이 기술로부터 무엇을 만들어 내는지, 기술을 어떻게 활용하는지에 달려 있습니다. 기술은 공허한 힘일 뿐입니다.

기술에 대한 윤리적 성찰이 ┐
필요함을 주장

기술은 우리가 어디에 있든지 우리를 속박하고 있습니다. 우리가 이러한 기술을 중립적인 것으로 여길 때, 우리는 기술에 무방비 상태로 내맡겨지는 최악의 상태에 놓이게 됩니다.

 야스퍼스 갑

 을 하이데거

〈 보기 〉

ㄱ. 갑: 기술의 활용 결과는 가치 평가의 대상이 ~~아니다.~~ 이다.

ㄴ. 을: 기술에 대해 가치 중립적 태도를 가져서는 안 된다.

ㄷ. 을: 기술에 대해 무관심할 때 기술로부터 ~~자유로워진다.~~ 에 종속된다

ㄹ. 갑, 을: 기술의 활용 방향에 대한 윤리적 성찰이 필요하다.

① ㄱ, ㄴ ② ㄱ, ㄷ ③ ㄴ, ㄷ ✔④ ㄴ, ㄹ ⑤ ㄷ, ㄹ

| 자료 분석 |

그림의 갑은 야스퍼스, 을은 하이데거이다. 야스퍼스는 기술은 그 자체로는 선도 아니고 악도 아닌 단순한 수단에 불과하다고 보고, 인간이 기술을 어떻게 활용하느냐에 따라 그 결과가 달라진다고 보았다. 반면 하이데거는 전적으로 기술에 의존하여 살아가는 현대 사회에서 기술은 가치 중립적인 수단이 아니며, 기술을 가치 중립적으로만 본다면 인간은 기술에 종속되고 말 것이라고 주장하였다.

| 보기 해설 |

ㄱ. 야스퍼스는 기술 그 자체는 선도 악도 아닌 가치 중립적인 수단이지만, 이를 인간이 어떻게 활용하느냐에 따라 그 결과는 가치 평가의 대상이 된다고 보았다.

ㄴ. 하이데거는 기술의 활용뿐만 아니라 기술 자체에 대해서도 가치 중립적 태도를 취해서는 안 된다고 보았다.

ㄷ. 하이데거는 기술이 그 자체로 윤리적 성찰의 대상이며, 만약 기술에 대해 윤리적으로 성찰하지 않는다면 인간은 기술에 종속될 것이라고 주장하였다.

ㄹ. 야스퍼스와 하이데거는 모두 기술의 활용 방향에 대해 윤리적 성찰이 필요하다고 보았다. 단, 야스퍼스는 기술 그 자체는 가치 중립적 수단이라고 보는 반면, 하이데거는 기술 자체도 윤리적 성찰의 대상이라고 보았다.

06 과학자의 윤리적 책임에 대한 입장 23학년도 3월 학평 20번

정답 ③ | 정답률 79%

(가)의 입장에 비해 (나)의 입장이 갖는 상대적 특징을 그림의 ㄱ~ㅁ 중에서 고른 것은?

(가) 과학자는 연구 윤리를 준수하면서 자신의 연구가 참인지 거짓인지 밝혀야 한다. 과학자는 자신의 연구가 활용되는 과정에서 아무런 힘도 발휘하지 못하므로 활용 결과에 대한 책임으로부터 자유롭다. → 과학자의 내적 책임 강조

(나) 과학자는 연구 윤리를 준수하면서도 자신의 연구 결과가 사회에 미칠 영향에 대해 책임을 져야 한다. 과학자는 자신의 연구 활동이 인간 존엄성 구현과 삶의 질 향상을 위한 것인지 검토해야 한다. → 과학자의 내적 책임 + 사회적 책임 강조

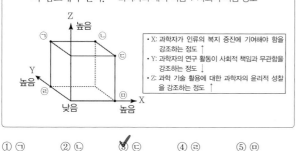

- X: 과학자가 인류의 복지 증진에 기여해야 함을 강조하는 정도 ↑
- Y: 과학자의 연구 활동이 사회적 책임과 무관함을 강조하는 정도 ↓
- Z: 과학 기술 활용에 대한 과학자의 윤리적 성찰을 강조하는 정도 ↑

① ㄱ   ② ㄴ   ✔③ ㄷ   ④ ㄹ   ⑤ ㅁ

| 자료 분석 |

(가)는 과학자의 내적 책임을 강조하는 입장이고, (나)는 과학자의 내적 책임뿐만 아니라 사회적 책임까지 강조하는 입장이다. (가)는 과학자가 연구 과정에서 정직하고 성실한 태도로 연구를 수행해야 할 책임은 있지만, 연구 활용 결과에 대한 책임에서는 자유롭다고 본다. (나)는 과학자에게 연구 과정에서 연구 윤리를 준수할 책임과 함께 자신의 연구 결과가 사회에 미칠 영향에 대한 책임도 있다고 본다. 따라서 과학자는 과학 기술의 결과물이 사회에 미칠 수 있는 영향과 미래에 초래할 위험을 고려하여 예방적 조치를 해야 한다. (가)의 입장에 비해 (나)의 입장이 갖는 상대적 특징은 'X: 과학자가 인류의 복지 증진에 기여해야 함을 강조하는 정도'는 높고, 'Y: 과학자의 연구 활동이 사회적 책임과 무관함을 강조하는 정도'는 낮으며, 'Z: 과학 기술 활용에 대한 과학자의 윤리적 성찰을 강조하는 정도'는 높으므로 ㄷ에 해당한다.

| 선지 해설 |

① ㄱ: X는 낮고, Y는 높으며, Z는 높음
② ㄴ: X는 높고, Y는 높으며, Z는 높음
③ ㄷ: X는 높고, Y는 낮으며, Z는 높음
④ ㄹ: X는 낮고, Y는 높으며, Z는 낮음
⑤ ㅁ: X는 높고, Y는 낮으며, Z는 낮음

07 기술에 대한 야스퍼스와 하이데거의 입장 21학년도 9월 모평 8번

정답 ① | 정답률 66%

갑 사상가는 긍정, 을 사상가는 부정의 대답을 할 질문으로 가장 적절한 것은?

→ 기술은 목적을 위한 수단일 뿐이므로 그 자체로는 가치 중립적임

갑 야스퍼스: 기술은 그것을 실현시키는 것과는 독립해 있는 자립적인 존재로서, 일종의 공허한 힘이며 결국은 목적에 대한 수단일 뿐이다. 기술은 인간과 전혀 무관하게 광기를 부릴 수 없다.

을 하이데거: 우리는 기술을 긍정하건 부정하건 관계없이 어디서나 부자유스럽게 기술에 붙들려 있다. 기술을 가치 중립적인 것으로 고찰하여 우리와 무관한 것으로 볼 때, 우리는 무방비 상태로 기술에 내맡겨진다. → 기술에 대한 윤리적 고찰의 필요성 강조

✔① 기술 그 자체는 가치와 무관한 사실의 영역인가?
② 기술은 그 자체로 지향하는 목적을 가지고 있는가?
③ 기술은 인간의 삶에 부정적인 영향을 줄 수 있는가?
④ 기술 그 자체는 규범적 기준에 의해 평가되어야 하는가?
⑤ 기술의 사용을 결정할 때 가치 판단이 개입될 수 있는가?

| 자료 분석 |

갑은 야스퍼스, 을은 하이데거이다. 야스퍼스는 기술이 어떤 목적을 달성하기 위한 수단일 뿐이며 그 자체로는 가치 중립적이라고 본다. 반면 하이데거는 기술을 가치 중립적으로 보는 것을 경계하며 기술이 윤리적 성찰의 대상임을 강조한다.

| 선지 해설 |

① 야스퍼스는 긍정, 하이데거는 부정할 질문으로 적절하다. 야스퍼스는 기술 그 자체는 선도 악도 아닌 가치 중립적인 것이라고 보지만, 하이데거는 기술이 단순한 가치 중립적인 도구가 아니며 인간의 삶의 방식을 변형시킬 수 있는 위험을 지니고 있다고 주장한다.

② 야스퍼스는 기술이 그 자체로 지향하는 목적을 지니고 있지 않으며, 단지 수단으로서 존재할 뿐이라고 본다. 반면 하이데거는 기술이 단순한 도구가 아니며 인간의 사유와 생활 방식을 변형시킬 수 있는 위험을 지니고 있음을 강조한다(하이데거는 기술의 전개 과정에 인간이 이끌려 가고 있다고 본다).

③ 야스퍼스와 하이데거 모두 긍정할 질문이다. 하이데거는 현대 사회의 인간이 기술에 종속되어 있으므로 기술에 대한 윤리적 고찰이 필요하다고 본다. 야스퍼스 역시 기술은 그 자체로는 가치 중립적이지만 기술의 '활용' 단계에서는 인간의 삶에 부정적인 영향을 줄 수 있다고 본다.

④ 야스퍼스는 부정, 하이데거는 긍정할 질문이다. 야스퍼스는 기술 그 자체가 가치 중립적이며 규범적 평가의 대상이 아니라고 본다. 반면 하이데거는 기술 자체가 규범적 기준에 의해 평가되어야 한다고 본다.

⑤ 야스퍼스와 하이데거가 모두 긍정할 질문이다. 야스퍼스는 기술 자체가 아닌 기술의 '활용' 단계에서 가치 판단이 개입될 수 있다고 보며, 하이데거 역시 기술의 사용을 결정할 때 가치 판단이 개입된다고 강조한다.

다음은 어느 서양 사상가의 가상 편지이다. ㉠에 들어갈 진술로 가장 적절한 것은?

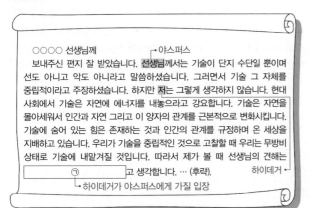

○○○○ 선생님께 ← 야스퍼스
　보내주신 편지 잘 받았습니다. 선생님께서는 기술이 단지 수단일 뿐이며 선도 아니고 악도 아니라고 말씀하셨습니다. 그러면서 기술 그 자체를 중립적이라고 주장하셨습니다. 하지만 저는 그렇게 생각하지 않습니다. 현대 사회에서 기술은 자연에 에너지를 내놓으라고 강요합니다. 기술은 자연을 몰아세워서 인간과 자연 그리고 이 양자의 관계를 근본적으로 변화시킵니다. 기술에 숨어 있는 힘은 존재하는 것과 인간의 관계를 규정하며 온 세상을 지배하고 있습니다. 우리가 기술을 중립적인 것으로 고찰할 때 우리는 무방비 상태로 기술에 내맡겨질 것입니다. 따라서 제가 볼 때 선생님의 견해는
〔　　㉠　　〕고 생각합니다. … (후략). 하이데거
↳ 하이데거가 야스퍼스에게 가질 입장

① 기술이 인간과 무관하게 횡포를 부릴 수 없음을 간과한다
　　　　　　　　　　　　　　　　　있음
✓② 기술 그 자체를 윤리적 평가의 대상으로 여겨야 함을 간과한다
③ 기술이 인간을 지배하려는 속성을 지닐 수 없음을 간과한다
　　　　　　　　　　　　　　　　　　　있음
④ 기술 활용이 인간의 삶에 부정적 영향을 줄 수 있음을 간과한다
　→ 편지를 받는 야스퍼스도 이 부분을 간과하지 않음
⑤ 기술이 인간의 목적에 따라 유용한 수단이 될 수 있음을 간과한다
　→ 편지를 받는 야스퍼스도 이 부분을 간과하지 않음

| 자료 분석 |

가상 편지 속 사상가는 하이데거, '선생님'은 야스퍼스이다. 야스퍼스는 기술 그 자체는 선도 악도 아닌 가치 중립적인 수단이며 인간이 어떻게 활용하는지에 따라 그 가치가 결정된다고 본다. 반면 하이데거는 기술은 단순한 가치 중립적 도구가 아니며 감추어져 있는 존재의 모습을 드러내 주는 수단이기 때문에 기술을 가치 중립적인 도구로만 이해한다면 인간이 기술에 종속당할 수 있음을 경고한다.

| 선지 해설 |

① 하이데거는 기술을 단순한 도구로만 바라본다면 인간이 기술에 무방비로 내맡겨져 기술에 종속된다고 주장한다.

②하이데거는 기술 그 자체의 가치와 영향을 검토해야 한다고 본다. 반면 야스퍼스는 기술은 그 자체로 윤리적 평가의 대상이 될 수 없으며, 기술을 활용이 윤리적 평가의 대상이 된다고 본다.

③ 하이데거는 기술의 본질이 감추어진 존재를 드러내는 '탈은폐'라고 보고, 기술의 본질 속에 인간과 사물에 대한 관계를 왜곡시킬 수 있는 위험이 깃들어 있다고 주장한다.

④ 야스퍼스는 기술 자체는 가치 중립적인 도구이지만, 인간이 어떻게 기술을 활용하느냐에 따라 인간의 삶에 긍정적 영향을 미칠 수도 있고 부정적 영향을 미칠 수도 있다고 본다.

⑤ 하이데거와 야스퍼스 모두 바람직한 기술의 활용은 인간의 목적에 따라 유용한 수단이 될 수 있다고 본다.

다음 신문 칼럼의 입장에서 지지할 내용으로 가장 적절한 것은?
　↳ 과학 기술자의 사회적 책임을 강조하는 입장

○○신문　　　　　　　　　　○○○○년 ○○월 ○○일
칼 럼
　과학 기술자의 책임 문제는 고객을 어떻게 규정하느냐에 달려 있다. 고객이란 노동자에게 노동에 대한 대가를 지급하고, 그 노동에 의해 영향을 받는 사람을 의미한다. 일반적으로는 자신을 직접 고용한 사람만이 고객이 되지만, 과학 기술자는 고용주뿐만 아니라 일반 대중도 고객으로 규정해야 한다. 그 이유는 먼저 상당수의 연구가 세금에 의해 직·간접적으로 추진되므로 일반 대중이 과학 기술자에게 노동에 대한 대가를 지급한다고 볼 수 있기 때문이다. 또한 과학 기술자의 연구는 공공성이 지대하여 고용주는 물론 일반 대중에게까지 영향을 미치기 때문이다. 그러므로 과학 기술자에게는 자신의 연구 결과가 고용주뿐만 아니라 일반 대중에게까지 미칠 부정적 영향은 없는지 검토해야 할 책임이 있다.

① 과학 기술자는 공익보다 자신의 사적 이익을 우선해야 한다.
　→ 사적 이익과 더불어 공익을 고려해야 함
② 과학 기술자의 연구 결과는 윤리적 평가로부터 자유로워야 한다.
　→ 윤리적으로 검토해야 함
③ 과학 기술자는 연구 결과가 고용주에게 미칠 영향을 배제해야 한다.
　　　　　　　　　　　　　　　　　　　　　　　　　고려
④ 과학 기술자는 자신을 직접 고용한 사람만을 고객으로 여겨야 한다.
　　　　　　　　직접 고용한 사람과 일반 대중 모두
✓⑤ 과학 기술자는 연구 결과로 인한 사회적 파급 효과를 숙고해야 한다.

| 자료 분석 |

칼럼에서는 과학 기술자는 자신을 직접 고용한 사람인 고용주뿐만 아니라 일반 대중도 고객으로 규정해야 한다고 본다. 따라서 칼럼에서는 과학 기술자에게 자신의 연구 결과가 고용주뿐만 아니라 일반 대중에게까지 미칠 부정적 영향은 없는지 검토해야 할 책임이 있다고 본다.

| 선지 해설 |

① 칼럼에서는 과학 기술자가 일반 대중도 고객으로 생각하여야 한다고 본다. 따라서 자신의 사적 이익과 더불어 공익 역시 고려해야 한다고 주장한다.

② 칼럼에서는 과학 기술자에게 자신의 연구 결과가 일반 대중에게 미칠 부정적 영향을 검토해야 할 책임이 있다고 본다. 이에 따르면 과학 기술자는 윤리적으로 올바른 선택을 내려야 한다.

③ 칼럼에서는 과학 기술자가 노동자로서 대가를 지급하는 고용주와 일반 대중 모두를 고객으로 대해야 한다고 주장한다. 이에 따르면 과학 기술자는 연구 결과가 고용주에게 미칠 영향을 배제해서는 안 된다.

④ 칼럼에서는 과학 기술자가 고용주 이외에도 일반 대중까지 고객으로 여겨야 한다고 본다.

⑤칼럼에서는 과학 기술자의 사회적 책임을 말하며 연구 결과로 인한 사회적 영향을 검토해야 한다고 주장한다.

갑, 을 사상가들의 입장으로 적절한 것만을 〈보기〉에서 있는 대로 고른 것은? [3점]

> 갑: 기술은 우리가 그것을 긍정하건 부정하건 관계없이 우리를 속
(하이데거) 박하고 있다. 기술을 가치 중립적인 것으로 여길 때, 우리는 무방비 상태로 기술에 내맡겨져 종속된다. → 기술: 가치 중립적 ✕
>
> 을: 기술은 그것을 실현하게 하는 것과 독립해 있는 자립적인 존
(야스퍼스) 재이다. 또한 일종의 공허한 힘이며 목적에 대한 수단일 뿐이다. 기술은 인간과 전혀 무관하게 광기를 부릴 수 없다.
              └ 기술: 가치 중립적 ○

〈 보기 〉

ㄱ. 갑: 기술의 이용 결과는 윤리적 가치 평가의 대상이다.
ㄴ. 을: 기술의 활용에 대한 인간의 도덕적 성찰은 ~~불필요하다.~~ 필요하다
ㄷ. 을: 기술은 인간의 개입이 없다면 인간에게 해를 끼칠 수 없다.
ㄹ. 갑과 을: 인간은 기술 자체에 대해 비판적 관점을 지녀야 한다.

① ㄱ, ㄴ   ✓② ㄱ, ㄷ   ③ ㄴ, ㄹ
④ ㄱ, ㄷ, ㄹ   ⑤ ㄴ, ㄷ, ㄹ

| 자료 분석 |

갑은 하이데거, 을은 야스퍼스이다. 하이데거는 인간이 기술을 가치 중립적인 것으로 인식할 때 기술에 종속당할 수 있음을 경고하며, 기술은 감추어져 있는 존재의 모습을 드러내 주는 수단이라고 보았다. 야스퍼스는 기술이란 수단이며 그 자체로 선도 악도 아닌 가치 중립적인 것이라고 보았다. 야스퍼스에 따르면 기술은 인간 사회와 무관하게 자체의 발전 논리를 가지고 있으며 인간의 목적 설정에 따라 다르게 활용될 수 있다.

| 보기 해설 |

ㄱ 하이데거는 기술의 본질을 가치 중립적으로 인식해서는 안 되며 기술과 인간을 분리시켜 바라봐서는 안 된다고 보았다. 따라서 하이데거에게 기술의 이용 결과는 윤리적 가치 평가의 대상이 될 수밖에 없다.

ㄴ. 야스퍼스는 기술이 인간 사회와 무관한 발전 논리를 가진 가치 중립적인 수단이라고 보고, 기술이 인간과 전혀 무관하게 광기를 부릴 수 없다고 주장했다. 그러나 야스퍼스도 인간의 목적 설정에 따라 기술의 효과는 달라질 수 있으므로 기술의 활용에 대한 인간의 도덕적 성찰은 필요하다고 보았다.

ㄷ 야스퍼스는 기술이 그것을 실현시키는 존재와는 독립해 있는 공허한 힘이므로 인간의 개입이 없다면 인간에게 긍정적인 영향을 끼칠 수도, 해를 끼칠 수도 없다고 보았다.

ㄹ. 하이데거는 기술을 가치 중립적인 수단으로 인식할 때 기술에 종속될 수 있음을 경계하며 기술 자체에 대한 비판적 관점을 지녀야 한다고 주장했다. 이와 달리 야스퍼스는 기술 활용에 대한 도덕적 성찰은 필요하지만, 기술 자체는 선도 악도 아닌 단순한 도구이므로 기술 자체에 대해 비판적 관점을 지닐 필요는 없다고 보았다.

다음을 주장한 사상가가 긍정의 대답을 할 질문으로 적절한 것만을 〈보기〉
에서 있는 대로 고른 것은? [3점]
         └ 하이데거

> 탈은폐의 방식에 완전히 제압된 현대 기술은 자연에게 에너지를 내놓으라고 무리하게 닦달한다. 그리하여 자연은 현대 기술에 의해 쓸모 있는 부품으로 환원된다. 인간은 현대 기술로부터 자연에 숨겨져 있는 에너지를 채굴하여 변형시키고 저장하라는 도발적 요청을 받고 있으며, 그렇게 주문받는 대로 행동하여 현대 기술의 근원적인 부품으로 전락한다. 인간이 현대 기술의 종속에서 벗어나려면 기술에 대해 숙고해야 한다.

〈 보기 〉

ㄱ. 인간은 현대 기술의 부품으로 환원될 수 있는가?
ㄴ. 인간은 현대 기술의 영향력으로부터 자유로운가?
     → 자유롭지 않다고 봄
ㄷ. 현대 기술은 인간이 성찰해야 할 가치판단의 대상인가?
ㄹ. 현대 기술은 에너지를 얻기 위해 자연을 은폐시키는가?
     → 탈은폐 시킨다고 봄

① ㄱ, ㄴ   ✓② ㄱ, ㄷ   ③ ㄴ, ㄹ
④ ㄱ, ㄷ, ㄹ   ⑤ ㄴ, ㄷ, ㄹ

| 자료 분석 |

제시문의 사상가는 하이데거이다. 하이데거는 기술이 단순히 가치 중립적인 도구가 아니라 감추어져 있는 존재의 모습을 드러내 주는 수단이라고 본다. 또한, 하이데거는 우리가 기술을 가치 중립적인 것으로 고찰할 때, 기술을 긍정하건 부정하건 관계없이 우리는 어디서나 부자유스럽게 기술에 붙들려 있으며, 무방비 상태로 기술에 내맡겨진 상태가 된다고 본다. 따라서 현대 기술의 종속에서 벗어나기 위해 기술에 대한 우리의 사고방식과 인식에 대해 올바른 고찰이 필요하다고 주장한다.

| 보기 해설 |

ㄱ 하이데거가 긍정의 대답을 할 질문에 해당한다. 하이데거는 인간이 기술을 단순히 가치 중립적인 도구로만 보게 될 경우 인간이 현대 기술의 부품으로 전락할 수 있다고 주장한다.

ㄴ. 하이데거가 부정의 대답을 할 질문에 해당한다. 하이데거는 인간이 기술을 긍정하건 부정하건 현대 기술의 영향력으로부터 자유로울 수 없다고 본다. 인간은 어디서나 부자유스럽게 기술에 붙들려 있고, 내맡겨져 있다고 본다.

ㄷ 하이데거가 긍정의 대답을 할 질문에 해당한다. 하이데거는 기술의 본질은 결코 기술적인 어떤 것이 아니며, 기술은 인간이 성찰해야 할 가치판단의 대상이라고 본다. 또한 기술을 가치판단의 대상이 아닌, 그저 기술적인 것만으로 생각하고 이용하는 데만 매몰된다면 인간은 기술에 종속당할 것이라고 주장한다.

ㄹ. 하이데거가 부정의 대답을 할 질문에 해당한다. 하이데거는 현대 기술이 에너지를 얻기 위해 자연을 탈은폐시킨다고 본다. 현대 기술의 본질은 '닦달'이며, 탈은폐의 방식에 제압된 현대 기술이 자연에게 에너지를 내놓으라고 무리하게 닦달한다고 주장한다.

12 기술의 가치 중립성에 대한 입장들 22학년도 7월 학평 8번

정답 ① | 정답률 81%

갑, 을 사상가들의 입장으로 적절한 것만을 〈보기〉에서 있는 대로 고른 것은?

> 갑 하이데거: 기술을 긍정하건 부정하건 관계없이 우리는 어디서나 부자유스럽게 기술에 붙들려 있다. 그러나 최악의 경우는 기술을 중립적인 것으로 고찰할 때이며, 이 경우 우리는 무방비 상태로 기술에 내맡겨진다. └→ 기술 자체는 가치 중립적임
>
> 을 야스퍼스: 기술이란 수단일 뿐이지 그 자체는 선도 아니고 악도 아니다. 기술은 그러한 기술을 실현시키는 것과는 독립해 있는 일종의 공허한 힘이며 결국은 목적에 대한 수단이다. 기술은 스스로 인간에게 광기를 부릴 수 없다.

〈 보기 〉

ㄱ. 갑: 기술 그 자체를 윤리적 평가의 대상으로 보아야 한다.
ㄴ. 을: 기술의 활용은 인간의 삶에 부정적 영향을 끼칠 수 있다.
ㄷ. 을: 기술은 <u>인간과 사회를 지배하려는</u> 본질적 속성을 지닌다. 가치 중립성을
ㄹ. 갑, 을: 기술을 적용할 때 인간의 가치 판단은 <u>배제되어야 한다.</u> 필요하다

✔① ㄱ, ㄴ ② ㄱ, ㄷ ③ ㄷ, ㄹ
④ ㄱ, ㄴ, ㄹ ⑤ ㄴ, ㄷ, ㄹ

| 자료 분석 |

갑은 하이데거, 을은 야스퍼스이다. 하이데거는 기술을 가치 중립적인 것으로 고찰한다면 기술에 붙들려 무방비한 상태로 내맡겨질 수밖에 없으며, 인간은 기술에 종속당하게 될 것이라고 경고한다. 반면 야스퍼스는 기술은 선도 악도 아닌 가치 중립적인 수단일 뿐이며, 인간이 어떤 목적을 설정하고 어떻게 활용하느냐에 따라 긍정적 효과를 낼 수도 있고 부정적 효과를 낼 수도 있다고 주장한다.

| 보기 해설 |

ㄱ. 갑(하이데거)은 인간 스스로를 기술의 대상으로 전락시키지 않고, 기술을 통해 인간과 자연, 사물에 대한 관계를 왜곡하지 않으려면 기술의 본질에 대한 숙고가 필요하다고 주장한다. 따라서 갑(하이데거)은 기술을 단순한 가치 중립적인 수단으로 인식해서는 안 되며, 기술 그 자체를 윤리적 평가의 대상으로 인식해야 한다고 볼 것이다.

ㄴ. 을(야스퍼스)은 기술 자체는 선도 악도 아닌 가치 중립적인 수단이지만, 어떻게 활용하느냐에 따라서 인간에게 긍정적인 영향과 부정적인 영향을 모두 미칠 수 있다고 본다.

ㄷ. 을(야스퍼스)은 기술 자체는 인간과 사회를 지배하려는 본질적 속성을 지닌 것이라 볼 수 없으며, 기술은 인간의 목적 설정에 따라 선악이 결정되는 수단에 불과한 것이라고 본다.

ㄹ. 갑(하이데거)은 기술을 적용할 때 인간의 가치 판단을 통해 인간이 기술에 무방비로 내맡겨져 기술에 종속되지 않도록 해야 함을 강조한다. 을(야스퍼스)은 기술 자체는 가치 중립적이므로 윤리적 평가의 대상이 될 필요가 없지만, 기술을 적용할 때는 인간의 가치 판단이 필요하다고 주장한다.

13 기술의 가치 중립성에 대한 입장들 22학년도 4월 학평 10번

정답 ④ | 정답률 76%

갑, 을 사상가들의 입장으로 적절한 것만을 〈보기〉에서 고른 것은? [3점]

└→ 기술은 가치 중립적인 도구가 아님

> 갑 하이데거: 기술의 본질은 기술적인 어떤 것이 아니다. 기술을 중립적인 것으로 보는 사고는 우리를 기술의 본질에 대해 맹목적이게 만들고, 이 경우 우리는 무방비 상태로 기술에 내맡겨진다.
>
> 을 야스퍼스: 기술은 수단으로 그 자체는 선도 악도 아니다. 기술은 일종의 공허한 힘이며, 중요한 것은 인간이 기술을 어떻게 활용하고 기술을 통해 인간이 어떤 존재로 드러나는가이다. └→ 기술은 단지 수단일 뿐임

〈 보기 〉

ㄱ. 갑: 기술의 본질을 삶에 유용한 도구로만 규정<u>해야 한다.</u> 해서는 안 된다
ㄴ. 갑: 기술의 가치 중립성을 강조할 때 인간은 기술에 종속된다.
ㄷ. 을: 기술 자체를 윤리적 평가의 대상으로 간주해야 한다. 단순한 수단
ㄹ. 갑, 을: 기술의 활용이 가져올 영향을 반성적으로 검토해야 한다.

① ㄱ, ㄴ ② ㄱ, ㄷ ③ ㄴ, ㄷ ✔④ ㄴ, ㄹ ⑤ ㄷ, ㄹ

| 자료 분석 |

갑은 하이데거, 을은 야스퍼스이다. 하이데거는 기술이 단순히 가치 중립적 도구가 아니며, 기술을 가치 중립적인 도구로만 바라볼 경우 인간이 기술에 종속당할 것이라고 주장한다. 야스퍼스는 기술이 선도 아니고 악도 아닌 수단일 뿐이라고 보며, 인간의 목적 설정에 따라 긍정적인 효과 혹은 부정적인 효과를 낼 수 있다고 본다.

| 보기 해설 |

ㄱ. 갑(하이데거)은 기술의 본질을 삶에 유용한 도구로만 규정해서는 안 된다고 본다. 기술을 가치 중립적 도구로만 보게 될 경우 인간이 기술에 종속당할 것이라고 보기 때문이다.

ㄴ. 갑(하이데거)은 기술을 가치 중립적인 것으로 보고, 그것을 이용하는 데에만 급급하여 매몰될 경우 인간은 기술에 종속될 것이라고 주장한다.

ㄷ. 을(야스퍼스)은 기술 자체는 윤리적 평가의 대상이 아니라고 본다. 그는 기술이란 수단일 뿐이지 그 자체 선도 아니고 악도 아니라고 주장한다.

ㄹ. 갑(하이데거), 을(야스퍼스) 모두 기술에 있어 활용의 문제가 윤리적으로 중요하다고 본다. 두 사상가는 기술을 가치 중립적으로 보든 그렇게 보지 않든 기술의 활용이 가져올 영향을 반성적으로 검토해야 한다고 본다.

OX문제로 개념 확인

(1) 야스퍼스는 과학 기술은 선악의 판단 대상이 아니라고 본다. (   )

(2) 하이데거는 기술을 가치 중립적으로 바라보는 태도가 기술의 본질에 대해 맹목적이게 만든다고 본다. (   )

(1) ○ (2) ○

14 기술에 대한 하이데거와 야스퍼스의 입장 21학년도 10월 학평 17번

정답 ④ | 정답률 69%

갑 사상가의 입장에 비해 을 사상가의 입장이 갖는 상대적 특징을 그림의 ㉠~㉤ 중에서 고른 것은?

> 갑
> 하이데거: 기술은 우리를 철저하게 지배하고 있다. 오늘날 우리는 어디서나 기술에 붙들려 있다. 기술을 가치 중립적인 것으로 고찰하면 우리는 무방비 상태로 기술에 내맡겨진다.
>
> 을
> 야스퍼스: 기술은 수단일 뿐이며 그 자체는 선도 아니고 악도 아니다. 기술이 선한지 악한지는 인간이 기술로부터 무엇을 만들어 내고 기술을 어디에 사용하느냐에 달려 있다.

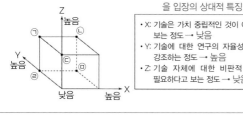

을 입장의 상대적 특징
· X: 기술은 가치 중립적인 것이 아니라고 보는 정도 → 낮음
· Y: 기술에 대한 연구의 자율성 보장을 강조하는 정도 → 높음
· Z: 기술 자체에 대한 비판적 관점이 필요하다고 보는 정도 → 낮음

① ㉠   ② ㉡   ③ ㉢   ✔④ ㉣   ⑤ ㉤

| 자료 분석 |

갑은 하이데거, 을은 야스퍼스이다. 하이데거는 인간이 기술을 가치 중립적인 도구로 보게 된다면 기술에 종속당하게 될 것이라고 경고한다. 야스퍼스는 기술이 인간 사회와 무관하게 작동하는 하나의 수단일 뿐이며, 인간의 목적에 따라 효과가 다르게 나타나는 가치 중립적인 것이라고 본다. 따라서 하이데거(갑)에 비해 야스퍼스(을)의 입장이 갖는 상대적 특징은 'X: 기술은 가치 중립적인 것이 아니라고 보는 정도'는 낮고, 'Y: 기술에 대한 연구의 자율성 보장을 강조하는 정도'는 높으며, 'Z: 기술 자체에 대한 비판적 관점이 필요하다고 보는 정도'는 낮다.

| 선지 해설 |

① X: 낮음, Y: 높음, Z: 높음
② X: 높음, Y: 높음, Z: 높음
③ X: 낮음, Y: 낮음, Z: 높음
④ X: 낮음, Y: 높음, Z: 낮음
⑤ X: 높음, Y: 높음, Z: 낮음

---

15 과학자의 윤리적 책임에 대한 논쟁 19학년도 수능 15번

정답 ④ | 정답률 46%

다음 토론의 핵심 쟁점으로 가장 적절한 것은? [3점]

> 갑: 과학은 가치 중립적이지 않습니다. 과학자는 연구 주제를 설정할 때 주관적 가치를 개입시키게 됩니다. 또한 연구 과정에서 과학자는 연구 윤리를 준수해야 합니다. ← 내적 책임 긍정
>
> 을: 동의합니다. 또한 과학자는 연구 과정에서의 내적 책임뿐만 아니라 자신의 연구 결과가 미칠 사회적 영향을 인식하여 연구 및 개발과 그 활용에 관한 사회적 책임까지 다해야 합니다. ← 내적·외적 책임 긍정
>
> 갑: 아닙니다. 과학자에게 그러한 책임까지 돌리면 과학의 발전이 지체됩니다. 연구 결과가 활용되어 사회에 부정적 결과를 초래해도 그것은 연구 결과를 활용한 사람들의 책임일 뿐입니다. ← 외적 책임 부정
>
> 을: 과학의 발전이 지체될 수 있지만 과학자에게 사회적 책임을 부과하는 것은 정당합니다. 과학의 발전에서 더 중요한 것은 시간적 속도가 아니라 윤리적 방향입니다.

① 과학자는 연구 과정에서 연구 윤리를 준수해야 하는가?
② 과학자는 연구 주제를 설정할 때 가치 중립적 태도를 취하는가?
③ 과학자는 과학 연구에 대한 모든 책임에서 면제되어야 하는가?
✔④ 과학자에게 내적 책임과 더불어 사회적 책임도 부과해야 하는가?
⑤ 과학자에게 사회적 책임을 부과하면 과학 발전이 지체될 수 있는가?

	갑	을
①	○	○
②	×	×
③	×	×
④	×	○
⑤	○	○

| 자료 분석 |

갑은 과학자가 연구 과정에서 연구 윤리를 준수해야 한다는 내적 책임은 인정하지만, 연구 결과에 대한 책임은 연구 결과를 활용한 사람들에게 있다며 외적(사회적) 책임은 부정한다. 반면 을은 과학자가 내적 책임뿐만 아니라 연구 결과가 미칠 사회적 영향력을 고려하여 연구 결과에 대한 외적 책임도 져야 한다고 본다.

| 선지 해설 |

① 갑은 과학자가 연구 주제를 설정하거나 연구를 진행하는 과정에서 연구 윤리를 준수해야 한다고 보고, 을 또한 과학자는 연구 과정에서 내적 책임을 져야 한다고 본다. 따라서 갑, 을이 모두 긍정할 내용이므로 토론의 핵심 쟁점이 아니다.

② 갑은 과학자가 연구 주제를 설정할 때 주관적 가치를 개입시키게 된다고 보고, 을도 과학자의 내적 책임을 주장하며 갑의 의견에 동의한다. 따라서 갑, 을이 모두 부정할 내용이므로 토론의 핵심 쟁점이 아니다.

③ 갑은 연구 주제 설정과 연구 과정에서 필요한 과학자의 내적 책임을 인정한다. 을은 과학자의 내적 책임과 더불어 연구 결과에 대한 사회적 책임까지 부과해야 한다고 주장한다. 따라서 갑, 을 모두 정도가 다를 뿐 과학자에게 연구에 대한 책임이 있다고 보므로, 토론의 핵심 쟁점이 아니다.

④ 갑은 과학자에게 연구 과정에서 연구 윤리를 준수하는 등의 내적 책임만이 있다고 보고, 을은 내적 책임과 더불어 연구 결과와 그 활용에 대한 사회적 책임도 있다고 본다. 따라서 갑은 부정, 을은 긍정할 질문으로, 토론의 핵심 쟁점으로 적절하다.

⑤ 갑은 과학자에게 사회적 책임을 부과하면 과학의 발전이 지체될 수 있다고 주장한다. 을 역시 과학자에게 사회적 책임을 부과하는 것이 과학 발전의 지체를 가져올 수 있다는 점에는 동의한다. 따라서 갑, 을은 모두 긍정할 질문으로 토론의 핵심 쟁점이 아니다.

정답 ③ | 정답률 76%

갑의 입장에 비해 을의 입장이 갖는 상대적 특징을 그림의 ㉠~㉤ 중에서 고른 것은?

> 갑: 원자 폭탄을 전쟁에 이용한 사람은 정치인들이므로 과학적 연구의 결과 활용에 대한 책임은 그들이 져야 한다. 과학자는 연구로 발견한 진리를 공표할 책임만 지닌다. ← 과학 기술자의 내적 책임만 강조
>
> 을: 핵무기 개발이 가져올 희망보다 공포를 먼저 생각해야 한다. 과학자는 과학 기술이 가져올 결과의 모호성과 가늠할 수 없는 파급력이 초래할 위험에 주목해야 한다. ← 과학 기술자의 외적 책임 강조

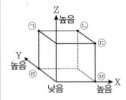

- X: 과학 기술의 활용 결과를 과학자가 책임져야 한다고 보는 정도
- Y: 과학 기술 연구와 관련된 과학자의 책임을 축소해야 한다고 보는 정도
- Z: 과학자가 과학 기술의 사회적인 영향력을 성찰해야 한다고 보는 정도

① ㉠ ② ㉡ ③✔ ㉢ ④ ㉣ ⑤ ㉤

| 자료 분석 |

갑은 과학 기술자의 내적 책임을 강조하고 있고, 을은 과학 기술자의 내적 책임뿐만 아니라 외적 책임도 강조하고 있다. 갑은 과학 기술자가 연구 과정에서 연구 윤리만 준수하면 되고, 자신의 연구 결과의 활용에 대한 책임까지 질 필요는 없다고 본다. 반면, 을은 과학 기술자가 연구 과정에서의 내적 책임뿐만 아니라 자신의 연구 결과의 활용에 관한 사회적 책임까지 져야 한다고 주장한다. 따라서 갑의 입장에 비해 을의 입장이 갖는 상대적 특징은 'X: 과학 기술의 활용 결과를 과학자가 책임져야 한다고 보는 정도'는 높고, 'Y: 과학 기술 연구와 관련된 과학자의 책임을 축소해야 한다고 보는 정도'는 낮으며, 'Z: 과학자가 과학 기술의 사회적인 영향력을 성찰해야 한다고 보는 정도'는 높으므로 ㉢에 해당한다.

| 선지 해설 |

① X: 낮음, Y: 높음, Z: 높음
② X: 높음, Y: 높음, Z: 높음
③ X: 높음, Y: 낮음, Z: 높음
④ X: 낮음, Y: 높음, Z: 낮음
⑤ X: 높음, Y: 낮음, Z: 낮음

정답 ② | 정답률 61%

갑, 을의 입장으로 적절하지 <u>않은</u> 것은? [3점]

> 갑: 과학자는 자신의 연구 결과가 사회에 미치는 영향을 정확하게 예측할 수 없다. 과학자의 책임은 윤리적인 연구 과정을 거쳐 객관적인 지식을 얻어내는 것에 있으며, 연구 결과의 활용에 따른 사회적 책임은 실제 사용자에게 있다. ← 연구에 대한 과학자의 내적 책임만을 인정
>
> 을: 과학자는 연구 대상의 선정부터 그 결과의 응용까지 자신의 가치관을 반영할 수밖에 없다. 과학자의 책임은 연구 과정에서 날조 또는 변조를 하지 않는 것뿐만 아니라 그 결과가 인류에게 미칠 영향도 고려하는 것에 있다. ← 연구에 대한 과학자의 내적 책임과 함께 사회적 책임도 인정

① 갑: 과학자는 연구 결과 활용에 대한 책임에서 자유로워야 한다.
②✔ 갑: 과학자는 연구 과정에서 도덕규범의 제약으로부터 <u>벗어나야 한다.</u>
③ 을: 과학자는 가치 판단을 토대로 연구 주제를 선정해야 한다.
④ 을: 과학자는 기술의 응용 결과에 대한 윤리적 성찰을 해야 한다.
⑤ 갑, 을: 과학자는 이론을 검증할 때 주관적 판단을 배제해야 한다.

| 자료 분석 |

갑은 과학자의 책임이 연구의 객관성과 연구 과정의 윤리성에 대한 내적 책임에 국한된다고 보면서, 연구 결과의 활용에 대한 책임은 과학자가 아닌 실제 사용자에게 있음을 주장한다. 반면 을은 과학자에게 연구 과정에서부터 연구의 결과가 인류에게 미칠 영향까지도 고려하는 사회적 책임이 요구된다고 주장한다.

| 선지 해설 |

① 갑은 과학자에게 연구에 대한 내적 책임만이 있을 뿐이며 연구 결과의 활용에 따르는 사회적 책임은 실제 사용자에게 있음을 주장하고 있다.

② 갑은 과학자에게 연구에 대한 내적 책임이 있다고 보며, 이러한 내적 책임에는 연구 과정에서 도덕규범을 지켜야 할 책임이 포함된다.

③ 을은 과학자가 연구 대상의 선정부터 결과의 응용까지 자신의 가치관을 반영할 수밖에 없기 때문에, 과학자는 인류에게 미칠 영향까지 고려하는 사회적 책임에 기초하여 연구를 진행해야 한다고 본다.

④ 을은 과학자가 자신의 연구 결과가 인류에게 미칠 영향까지 고려하여 윤리적 성찰을 해야 한다고 강조한다.

⑤ 갑은 과학자의 책임이 윤리적인 연구 과정을 거쳐 객관적인 지식을 얻어내는 것이라고 보고, 을은 연구 과정에서 날조나 변조를 하지 않는 객관성을 확보하는 것이라고 본다. 따라서 갑, 을 모두 이론을 검증할 때 주관적인 판단을 배제해야 한다고 본다.

18 **과학 기술자의 윤리적 책임에 대한 입장** 20학년도 4월 학평 13번 정답 ⑤ | 정답률 64%

(가)의 입장에 비해 (나)의 입장이 갖는 상대적 특징을 그림의 ㉠~㉤ 중에서 고른 것은?

> (가) 과학 기술 자체는 가치 중립적이다. 따라서 과학 기술자는 과학 기술의 발견 및 활용의 과정에서 자신의 연구 결과가 사회에 미칠 영향에 대해 책임질 필요가 없으며, 과학 기술자의 연구는 윤리적 규제에서 벗어나야 한다.
>
> (나) 과학 기술의 발견 및 활용의 과정은 가치 중립적이지 않다. 따라서 과학 기술자는 과학 기술의 발견 및 활용의 과정에서 자신의 연구 결과가 사회에 미칠 영향에 대해 책임져야 하며, 과학 기술자의 연구는 윤리적 규제를 받아야 한다.

(나)의 상대적 특징

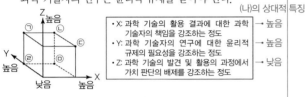

- X: 과학 기술의 활용 결과에 대한 과학 기술자의 책임을 강조하는 정도 → 높음
- Y: 과학 기술자의 연구에 대한 윤리적 규제의 필요성을 강조하는 정도 → 높음
- Z: 과학 기술의 발견 및 활용의 과정에서 가치 판단의 배제를 강조하는 정도 → 낮음

① ㉠ ② ㉡ ③ ㉢ ④ ㉣ ✔ ⑤ ㉤

| 자료 분석 |

(가)는 과학 기술 자체는 가치 중립적이라고 보는 입장으로, 과학 기술자는 자신의 연구 결과가 사회에 미칠 영향에 대해 책임질 필요가 없다고 주장한다. 반면 (나)는 과학 기술의 발견 및 활용 과정에 대한 가치 중립성을 부정하는 입장으로, 과학 기술자는 자신의 연구가 사회에 미칠 영향에 대한 책임을 져야 한다고 본다. (가)의 입장에 비해 (나)의 입장이 갖는 상대적 특징은 'X: 과학 기술의 활용 결과에 대한 과학 기술자의 책임을 강조하는 정도'와 'Y: 과학 기술자의 연구에 대한 윤리적 규제의 필요성을 강조하는 정도'는 높고, 'Z: 과학 기술의 발견 및 활용의 과정에서 가치 판단의 배제를 강조하는 정도'는 낮다.

| 선지 해설 |

① X: 낮음, Y: 높음, Z: 높음
② X: 높음, Y: 높음, Z: 높음
③ X: 높음, Y: 낮음, Z: 높음
④ X: 낮음, Y: 높음, Z: 낮음
⑤ X: 높음, Y: 높음, Z: 낮음

---

19 **인공 지능의 윤리적 쟁점** 20학년도 6월 모평 11번 정답 ④ | 정답률 74%

다음 토론의 핵심 쟁점으로 가장 적절한 것은?

> 갑: 자동차 사고의 대부분이 운전자의 과실로 발생하는데, 자율 주행 자동차는 인공 지능을 통해 사고를 획기적으로 줄일 수 있을 것입니다.
> 을: 동의합니다. 다만 생명이 위협받는 위급한 상황에서는 사람이 직접 운전하면서 스스로 판단하여 어떻게 할지를 결정할 수 있어야 합니다.
> 갑: 아닙니다. 그런 방식은 오히려 사고를 증가시킬 수 있습니다. 사고를 줄이는 것이 사회 전체에 이익이 되므로 모든 상황에서 인공 지능에게 운전을 맡겨야 합니다.
> 을: 생명과 관련된 문제에서는 단순히 이익을 기준으로 판단을 해서는 안 되며 자율성을 존중하여 개인의 선택에 맡겨야 합니다.

① 인공 지능의 사용은 인간의 자율성을 증진시키는가?
  → 토론과 관련이 없는 질문
② 자율 주행 자동차는 사회 전체의 이익을 증진시키는가?
  → 갑, 을 모두 긍정할 질문
③ 자동차 사고의 주요 원인은 운전자의 과실로 인한 것인가?
  → 갑, 을 모두 긍정할 질문
✔ 위급 상황에서 어떤 주체가 자율 주행 자동차를 운전해야 하는가?
⑤ 인공 지능의 사용은 자동차 사고를 줄이는 데 기여할 수 있는가?
  → 갑, 을 모두 긍정할 질문

| 자료 분석 |

갑은 인공 지능을 활용한 자율 주행 자동차를 통해 운전자 과실로 발생하는 대부분의 자동차 사고를 획기적으로 줄일 수 있다고 주장하며, 모든 상황에서 인공 지능에게 운전을 맡겨야 한다고 본다. 이와 달리 을은 인공 지능이 자동차 사고를 줄이는 데 도움을 줄 수는 있으나, 생명이 위협받는 위급한 상황에서는 사람이 스스로 판단하여 직접 운전할 수 있어야 한다고 본다.

| 선지 해설 |

① 갑은 인공 지능의 사용과 인간 자율성의 관계에 대해 말하고 있지 않다. 을은 생명과 관련된 문제에서는 인간의 자율성을 존중하여, 운전을 개인 선택에 맡겨야 한다고 본다. 그러나 인공 지능의 사용이 인간의 자율성을 증진시키는지의 여부에 대해서는 말하고 있지 않다.

② 갑, 을 모두 인공 지능을 활용한 자율 주행 자동차를 통해 자동차 사고를 줄이고 사회 전체의 이익을 증가시킬 수 있다고 본다. 따라서 갑, 을 모두 동의하는 내용이므로 토론의 핵심 쟁점이 될 수 없다.

③ 갑은 자동차 사고의 대부분이 운전자의 과실로 발생한다고 보고, 자율 주행 자동차가 이러한 사고를 획기적으로 줄일 수 있다고 본다. 을 역시 갑의 주장에 동의하고 있으므로, 토론의 핵심 쟁점이 될 수 없다.

④ 갑은 위급 상황에서도 인공 지능이 운전을 해야 한다고 본 반면, 을은 생명과 관련한 문제에 대해서는 개인이 운전의 여부를 직접 선택해야 한다고 본다. 이처럼 위급 상황에서 어떤 주체가 자율 주행 자동차를 운전해야 하는지에 대해 갑과 을의 입장이 다르므로 토론의 핵심 쟁점이라고 볼 수 있다.

⑤ 인공 지능이 자동차 사고를 줄이는 데 기여할 수 있다는 것은 갑과 을 모두 긍정하는 내용이므로, 토론의 핵심 쟁점이 될 수 없다.

갑, 을 사상가들의 입장으로 옳은 것은? [3점]

┌─ 과학의 목적은 인간 삶의 개선

갑: 과학의 목적은 자연을 인간의 의도에 맞도록 변형함으로써 인간의 활동 영역을 넓히는 것이다. 인간은 자연의 사용자이자 해석자로서 자연을 경험적으로 연구해야 한다. 자연에 대한 인간의 지배권은 오직 기술과 학문에 달려 있다.
(베이컨)

을: 현대 기술의 본질은 기술적인 것이 아니다. 우리는 어디서나 부자유스럽게 기술에 붙들려 있다. 최악의 경우는 기술을 중립적으로 고찰할 때이며, 이 경우 우리는 무방비 상태로 기술에 내맡겨져 전적으로 기술의 본질에 대해 맹목적이게 된다.
(하이데거)
└─ 기술을 가치 중립적으로 고찰하면
기술에 종속될 수 있음

① 갑: 관찰과 실험으로부터 유용한 지식을 이끌어 낼 수는 없다.
② 갑: 과학의 목적은 삶의 개선이 아니라 진리 탐구 그 자체이다.
③ 을: 현대 기술의 본질에 대한 자각과 비판적 성찰이 필요하다. ✔
④ 을: 현대 기술은 인간의 자율적 의지에 전적으로 종속되어 있다.
⑤ 갑, 을: 기술은 수단일 뿐 그 자체는 가치 판단의 대상이 아니다.

| 자료 분석 |

갑은 베이컨, 을은 하이데거이다. 베이컨은 과학 기술의 유용성에 바탕을 둔 이상 사회인 '뉴 아틀란티스'를 꿈꾸며, 인간이 과학 기술을 발전시킴으로써 자연을 활용하여 인간의 복지를 향상시키고 인간 생활의 번영을 이룰 수 있다고 주장한다. 반면 하이데거는 과학 기술이 가진 위험성을 경계하며 과학 기술을 가치 중립적으로 인식할 때 인간이 과학 기술에 종속당할 수 있음을 경고한다.

| 선지 해설 |

① 베이컨은 자연에 대한 경험적인 연구를 통해 얻는 지식의 유용성을 강조하며 관찰과 실험을 통해 인간의 삶에 유용한 지식을 얻을 수 있다고 주장한다.

② 베이컨은 과학의 목적이 인간의 복지를 향상시키고 인간 삶의 번영을 가져오는 것이라고 본다. 그러므로 베이컨은 과학의 목적이 과학적 진리 탐구 그 자체가 아니라 인간의 삶을 개선하는 것이라고 볼 것이다.

③ 하이데거는 과학 기술을 가치 중립적으로 고찰하면 인간이 무방비 상태로 과학에 내맡겨지게 될 수 있음을 경고한다. 따라서 하이데거는 과학에 대한 가치 중립적 시각에서 벗어나 과학 기술의 본질에 대한 자각과 비판적 성찰을 통해 과학 기술의 위험에서 벗어나야 한다고 본다.

④ "현대 기술의 본질은 기술적인 것이 아니다. 우리는 어디서나 부자유스럽게 기술에 붙들려 있다."라는 문장을 통해 하이데거가 인간이 기술에 종속되어 있다고 보고 있음을 알 수 있다.

⑤ 베이컨에만 해당하는 진술이다. 하이데거는 기술을 가치 중립적으로 고찰할 때 인간은 무방비 상태로 기술에 내맡겨져 기술에 종속당하게 된다고 본다. 따라서 하이데거는 기술을 단순한 수단이 아니며, 비판적 성찰과 윤리적 숙고가 필요한 가치 판단의 대상이라고 주장한다.

다음 토론의 핵심 쟁점으로 가장 적절한 것은?

갑: 과학적 가설이나 이론이 정당화되는 과정에서는, 가치 중립적인 탐구 방법과 연구 윤리의 준수가 필요합니다. 이는 과학의 객관성 확보에 대한 정언 명령입니다.

을: 동의합니다. 다만, 가치 중립적 태도는 이론의 정당화 과정에 국한되어야 합니다. 과학자는 연구 결과의 활용에 대해 윤리적으로 숙고해야 합니다.

갑: 아닙니다. 과학은 사회와 무관한 그 자체의 발전 논리를 가지고 있습니다. 연구 결과의 활용은 정치인, 기업가와 같은 사회 구성원의 몫입니다. 과학자는 중립적 관찰자로 남아야 합니다.

을: 그렇지 않습니다. 과학자의 원폭 실험이 없었다면 정치인이 원폭 투하를 결정하는 실제 사건은 일어날 수 없었습니다. 과학자가 인류에게 끼친 사회적·경제적 공로를 인정받듯이 해악에 대한 책임도 감수해야 합니다.

① 과학자는 객관적인 이론의 정립을 위해 노력해야 하는가?
→ 갑과 을 모두 동의하는 입장

② 과학 연구의 결과는 경제 발전의 도구로 활용될 수 있는가?
→ 갑과 을 모두 동의하는 입장

③ 실험 과정에서 과학자의 조작과 날조는 금지되어야 하는가?
→ 갑과 을 모두 동의하는 입장

④ 과학자는 자신의 연구 결과 활용에 대한 책임을 져야 하는가? ✔
→ 갑은 부정, 을은 긍정인 입장

⑤ 과학 연구 과정에서 가치 중립적 사고가 필요한 때가 있는가?
→ 갑과 을 모두 동의하는 입장

| 자료 분석 |

갑과 을은 연구 결과에 대한 과학자의 책임 문제를 주제로 토론하고 있다. 갑과 을은 모두 연구 과정에서 과학자가 가치 중립적인 자세를 가져야 한다고 말하지만 갑은 연구 결과에 대해서는 과학자의 책임이 아니라고 본다. 반면 을은 과학자가 연구 결과의 활용에 대해서도 윤리적으로 책임을 져야 한다고 본다.

| 선지 해설 |

① 갑은 과학의 객관성 확보를 위한 탐구 방법과 연구 윤리를 제시하며, 을 역시 이에 동의하고 있다. 따라서 갑과 을 모두 동의하는 내용이기 때문에 토론의 핵심 쟁점으로 적절하지 않다.

② 갑은 연구 결과의 활용이 기업가와 같은 사회 구성원의 몫이라고 본다. 을 역시 과학자가 인류에게 끼친 경제적 공로를 인정한다. 따라서 갑과 을 모두 동의하는 내용이기 때문에 토론의 핵심 쟁점으로 적절하지 않다.

③ 갑은 가치 중립적인 탐구 방법과 연구 윤리의 준수를 주장하며, 을 역시 이에 동의한다. 따라서 갑과 을 모두 동의하는 내용이기 때문에 토론의 핵심 쟁점으로 적절하지 않다.

④ 갑은 과학자는 중립적 관찰자이며 연구 결과의 활용은 사회 구성원들의 몫이라고 본다. 반면 을은 과학자의 연구 결과가 사회에 큰 영향을 미치기 때문에 과학자가 연구 결과의 활용에 대해서도 윤리적인 책임을 져야 한다고 본다. 따라서 갑과 을의 입장이 나뉘는 질문이기 때문에 토론의 핵심 쟁점으로 가장 적절하다.

⑤ 갑은 과학 연구 과정에서 가치 중립적인 탐구 방법을 주장하며, 을 역시 이에 동의한다. 따라서 갑과 을 모두 동의하는 내용이기 때문에 토론의 핵심 쟁점으로 적절하지 않다.

22 　인공 지능의 윤리적 쟁점 　25학년도 수능 7번　　　정답 ③ | 정답률 80%

(가)의 주장을 (나) 그림으로 나타낼 때, ㉠에 대한 반론의 근거로 가장 적절한 것은? [3점]

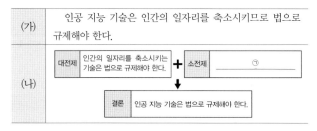

| (가) | 인공 지능 기술은 인간의 일자리를 축소시키므로 법으로 규제해야 한다. |

| (나) | 대전제 인간의 일자리를 축소시키는 기술은 법으로 규제해야 한다. + 소전제 ㉠ ↓ 결론 인공 지능 기술은 법으로 규제해야 한다. |

① 인공 지능 기술은 인간 노동에 대한 기업의 수요를 감소시킨다.
　→ ㉠을 지지하는 근거
② 인공 지능 기술은 직업을 통한 인간의 자아실현 기회를 박탈한다.
　→ ㉠을 지지하는 근거
✔️③ 인공 지능 기술로 인간 노동이 필요한 직종이 지속적으로 증가한다.
　→ ㉠을 반박하는 근거
④ 인공 지능 기술은 인간 노동 대부분을 자동화 기기로 대체할 수 있다.
　→ ㉠을 반박하는 근거
⑤ 인공 지능 기술로 일자리는 줄어들어도 최소한의 인간 노동은 필요하다. → ㉠을 지지하는 근거

| 자료 분석 |

(가)는 인공 지능 기술이 인간의 일자리를 축소시키기 때문에 이를 법으로 규제해야 한다고 본다. 이를 (나) 그림으로 나타내면 소전제 ㉠에는 '인공 지능 기술은 인간의 일자리를 축소시킨다.' 라는 명제가 적합하다. 따라서 이에 대한 반론의 근거로는 인공 지능 기술이 인간의 일자리를 축소시키지 않는다는 입장이 필요하다.

| 선지 해설 |

① 인공 지능 기술이 인간 노동에 대한 기업의 수요를 감소시킨다는 입장은 인공 지능 기술이 인간의 일자리를 축소시킨다는 맥락을 따르므로 ㉠을 지지하는 근거로 적절하다.

② 인공 지능 기술은 작업을 통한 인간의 자아실현 기회를 박탈한다는 입장은 인공 지능 기술이 인간의 일자리를 축소시킨다는 맥락을 따르므로 ㉠을 지지하는 근거로 적절하다.

③ 인공 지능 기술로 인간 노동이 필요한 직종이 지속적으로 증가한다는 입장은 인공 지능 기술이 인간의 일자리를 축소시키지 않는다는 맥락을 따르므로 ㉠에 대한 반론으로 적절하다.

④ 인공 지능 기술은 인간 노동 대부분을 자동화 기기로 대체할 수 있다는 입장은 인공 지능 기술이 인간의 일자리를 축소시킨다는 맥락을 따르므로 ㉠을 지지하는 근거로 적절하다.

⑤ 인공 지능 기술로 일자리는 줄어들어도 최소한의 인간 노동은 필요하다는 입장은 인공 지능 기술이 인간의 일자리를 축소시킨다는 맥락을 따르므로 ㉠을 지지하는 근거로 적절하다.

23 　경험 과학 이론에 대한 비판적 합리주의의 입장 　25학년도 수능 13번　　　정답 ① | 정답률 51%

다음 신문 칼럼에서 강조하는 내용으로 가장 적절한 것은? [3점]

| ○○신문 | ○○○○년 ○○월 ○○일 |

칼럼

　내가 잘못 생각할 수 있고 다른 사람이 옳을 수도 있다. 인간은 함께 노력해야만 진리에 다가갈 수 있다. 이러한 비판적 합리주의는 비판적 논증과 반박에 귀를 기울이며, 경험으로부터 배울 용의가 있는 태도라고 말할 수 있다. 특히 경험 세계에 관련될 수밖에 없는 과학적 명제의 경우, 이는 언제든 반박될 수 있어야 한다. 경험 과학 이론은 그 이론을 반증할 수 있는 실험 결과를 얻는다면 뒤집어질 수 있다. 이론의 과학성을 구성하는 것은 바로 이러한 반증 가능성이다. 이론에 대한 모든 관찰은 그 이론으로부터 도출된 예측을 반증하려는 시도라 할 수 있다.

✔️ 실험 결과에 의해 예측이 반증된 경험 과학 이론은 거부된다.
② 논박이 불가능한 경험 과학적 가설만을 진리로 확정해야 한다.
　　　　　　　　　　　가설만이 진리에 다가갈 수 있다
③ 비판은 원천적으로 반증 불가능한 사실 명제에 근거해야 한다.
④ 진리에 대한 접근은 불가능하다는 상대주의 관점을 수용해야 한다.
　　　　　　　　　　　비판적 합리주의
⑤ 오류임이 증명되지 않은 과학 이론은 반증 대상에서 제외된다.

| 자료 분석 |

칼럼에서는 비판적 합리주의를 토대로 경험 과학에 접근해야 한다고 본다. 칼럼에 따르면 경험 세계에 관련된 과학적 명제는 언제든 반박될 수 있어야 하며, 반증할 수 있는 근거가 있다면 과학 이론은 언제든 뒤집어질 수 있다. 따라서 경험 과학 이론을 통해 진리에 다가가기 위해서는 그 이론에 대한 예측과 반증의 시도가 계속해서 이뤄질 수 있어야 한다.

| 선지 해설 |

① 칼럼에서는 경험 과학 이론은 그 이론을 반증할 수 있는 실험 결과를 얻는다면 뒤집어질 수 있다고 주장한다.

② 칼럼에서는 경험 세계에 관련된 과학적 명제는 언제든 반박될 수 있어야 한다고 주장한다. 또한 진리에 다가가기 위해 논박이 가능한 경험 과학적 가설을 계속해서 반증해야 한다고 주장한다.

③ 칼럼에서는 이론의 과학성을 구성하는 것은 반증 가능성이라고 주장하며, 비판 또한 반증이 가능한 경험 과학 이론에 대해서 이루어진다고 본다.

④ 칼럼에서는 비판적 합리주의의 입장에서 진리에 다가가기 위한 방법을 설명하고 있다.

⑤ 칼럼에서는 경험 세계에 관련된 과학 이론은 언제든 반박될 수 있어야 한다고 주장한다.

17
일차

01 ① 02 ③ 03 ① 04 ② 05 ② 06 ③ 07 ① 08 ② 09 ② 10 ④ 11 ① 12 ④

13 ② 14 ② 15 ③ 16 ④ 17 ① 18 ⑤ 19 ③

문제편 152~157쪽

01 요나스의 책임 윤리 25학년도 9월 모평 8번

정답 ① | 정답률 73%

다음을 주장한 사상가의 입장으로 가장 적절한 것은? [3점]
↳요나스

> 새로운 명법은 다음과 같다. "너의 행위의 효과가 지상에서의 진정한 인간적 삶의 지속과 조화될 수 있도록 행위하라." 또는 다음과 같다. "미래 인간의 불가침성을 너의 의욕의 동반 대상으로서 현재의 선택에 포함하라." 그리고 다음과 같이 서술할 수도 있다. "지상에서 인류의 무한한 존속을 가능하게 하는 조건을 위협하지 말라." 따라서 우리에게는 현 세대의 존재를 위해 미래 세대를 감히 위태롭게 할 권리가 없다.

☑ 새로운 윤리에 따른 책임의 범위는 전 지구적으로 확장된다.
② 미래 세대에 대한 현 세대의 책임은 총체적이고 <del>호혜적이다.</del>
   비호혜적
③ 발생하지 않은 사태는 윤리적 고려와 예측의 대상이 <del>아니다.</del>
   되어야 한다
④ 책임 윤리는 행위되어야 할 것에 대한 책임을 <del>요청하지는 않는다.</del>
   요청한다
⑤ 행위의 결과에 대한 공포는 현 세대의 책임 의식을 <del>약화시킨다.</del>
   강화

출제 경향

2009 교육과정에서는 〈현대의 삶과 실천 윤리〉 단원에서 다루어졌던 요나스의 책임 윤리가 2015 교육과정에서는 〈과학과 윤리〉 단원으로 이동되었다. 〈과학과 윤리〉 단원의 경우 전반적으로 출제 비율이 낮은 편이지만 요나스의 책임 윤리는 출제될 확률이 높은 주제이다. 따라서 요나스임을 알 수 있는 '생태학적 정언 명령', '윤리적 공백', '공포의 발견술'과 같은 핵심 키워드를 기억해 두어야 한다.

│자료 분석│

제시문의 사상가는 요나스이다. 요나스는 현대 사회의 기술 발전으로 인해 과거와는 다른 윤리학이 요구된다고 보고 새로운 책임 윤리를 강조하였다. 전통적인 윤리학이 현재에 관련된 문제만을 고려했다면, 새로운 윤리학으로서 책임 윤리는 기술 권력을 가진 인간의 책임 범위를 자연과 미래 세대까지 확대할 것을 요구한다.

│선지 해설│

① 요나스는 책임의 범위를 현 세대로 한정하는 전통 윤리관으로는 과학 기술 시대에 발생할 수 있는 문제를 해결하는 데 한계가 있다고 보고, 새로운 윤리에 따른 책임의 범위를 전 지구적으로, 즉 현 세대만이 아니라 미래 세대와 자연으로 확장해야 한다고 주장한다.

② 요나스는 미래 세대에 대한 현 세대의 책임은 호혜적인 것이 아니라 일방적인 것이라고 본다.

③ 요나스는 행해진 것에 대한 사후 책임 부과를 특징으로 하는 전통적 윤리학의 책임 개념에서 벗어나, 행위해야 할 것에 대한 책임인 '예견적 책임'으로 책임의 범위를 확대해야 한다고 주장한다.

④ 요나스는 행위한 것에 대한 책임을 지는 현재와 행위되어야 할 것에 대한 책임을 지는 미래의 위험을 모두 고려해야 한다고 본다.

⑤ 요나스는 공포의 발견술을 주장하며 행위의 결과에 대한 공포는 현 세대의 책임 의식을 강화시킨다고 주장한다. 요나스에 따르면 과학 기술로 인한 공포를 고려하는 것이 우리가 무엇을 보호해야 하고, 어떤 책임을 져야 하는지 더 잘 알 수 있게 한다.

02 요나스의 책임 윤리 24학년도 수능 18번

정답 ③ | 정답률 97%

다음을 주장한 사상가의 입장으로 가장 적절한 것은?

↳ 요나스

> 현대의 기술이 산출한 행위들은 그 규모와 대상, 결과가 너무나 새로운 것이기 때문에 이러한 행위들은 전통 윤리학의 틀로서는 더 이상 파악할 수 없다. 이에 따라 나는 서로 관련된 두 가지 주장을 제시한다. 하나는 인간의 기술적 힘이 발전하면서 인간 행위의 본질이 변화했다는 것이다. 그리고 다른 하나는 인간 행위의 변형된 본질로 인해 윤리학에 있어서도 변화가 요청된다는 것이다. ┐
> 책임 윤리 ┘

① 인간은 호혜적 관계를 맺는 존재에 대해서만 책임이 있다.
→ 미래 세대는 비호혜적 관계
② 현대 과학 기술의 힘은 인간 행위의 본질을 변화시키지 못한다.
변화시킨다
✔③ 기술로 얻은 힘의 크기가 커질수록 인간의 책임 범위는 넓어진다.
④ 과학 기술로 인한 비의도적 결과는 인간이 책임질 필요가 없다.
있다
⑤ 전통 윤리학은 미래 세대의 생존 문제를 모두 해결할 수 있다.
해결할 수 없다

| 자료 분석 |

제시문의 사상가는 요나스이다. 요나스는 현대 과학 기술이 산출한 행위의 규모가 너무 새롭고, 이로 인한 다양한 윤리적 문제들이 발생하고 있으며, 기존의 전통 윤리학의 틀로는 과학 기술 시대의 새로운 윤리 문제들을 해결할 수 없기 때문에 새로운 윤리학이 요구된다고 주장하였다. 요나스는 새로운 윤리학이 자연과 미래 세대를 포함하는 책임 윤리가 되어야 한다고 보고, 이러한 책임은 '행해진 것에 대한 사후 책임'과 함께 '행위 되어야 할 책임'까지 범위를 확장해야 한다고 주장하였다.

| 선지 해설 |

① 요나스는 인간만이 책임질 수 있는 유일한 존재이며, 인간이 가진 책임질 수 있는 능력은 책임을 이행해야 한다는 당위로 이어져야 한다고 보았다. 또한 책임의 대상을 자연과 미래 세대까지 확장해야 한다고 주장하였다. 이 가운데 미래 세대는 현세대인 인간에게 혜택을 줄 수 없는 존재이므로 요나스는 비호혜적 관계를 맺는 존재에 대해서도 책임이 있다고 보았다.

② 요나스는 현대 과학 기술이 발전하면서 인간 행위의 본질까지 변화시켜 인류의 생존 자체를 위협하게 되었다고 보았다. 요나스는 과학 기술이라는 권력을 무비판적으로 사용함으로써 발생한 불행을 통제하고 제어할 수 있도록 새로운 윤리학이 필요하다고 주장하였다.

③ 요나스는 현대 과학 기술이 산출한 행위의 규모가 새롭고 크기 때문에 인간의 예측으로는 과학 기술이 가져올 부작용을 정확하게 예측할 수도, 해결할 수도 없다고 보았다. 따라서 기술로 얻은 힘의 크기가 커질수록 행해진 결과에 대한 책임뿐만 아니라, 행위 되어야 할 것에 대한 책임까지 포함함으로써 인간의 책임 범위가 넓어져야 한다고 주장하였다.

④ 요나스는 과학 기술로 인한 행위의 파급력이 새롭고 커서 인류의 생존 자체를 위협하고 있기 때문에, 과학 기술로 인한 의도적 결과는 물론 비의도적 결과까지 인간이 책임져야 한다고 보았다.

⑤ 요나스는 전통 윤리학이 행위의 직접적인 영역에 제한되어 있어 현대 과학 기술로 인한 새로운 윤리 문제를 해결할 수 없다고 보았다. 이에 따라 요나스는 인류가 존재해야 한다는 당위적 요청을 근거로 인류 존속을 위한 현세대의 책임을 핵심으로 하는 새로운 책임 윤리학을 제시하였다. 요나스는 "너의 행위의 결과가 미래에 지구상에서 인간이 살아갈 수 있는 가능성을 파괴하지 않도록 행위 하라."라는 생태학적 정언 명령을 제시하며, 이러한 새로운 윤리학을 통해 미래 세대의 생존 문제를 해결해야 한다고 주장하였다.

03 요나스의 책임 윤리 24학년도 6월 모평 13번

정답 ① | 정답률 81%

다음을 주장한 사상가의 입장에서 〈문제 상황〉 속 A에게 제시할 조언으로 가장 적절한 것은? [3점]
↳요나스

인류의 존속은 부정적 방식으로 강력해진 기술 문명의 시대에 있어서 우리 모두의 일차적 책임이다. 현재 우리 손에 달려 있는 지구의 생명은 그 자체로 우리의 보호를 요청할 권리를 가지고 있다. 이 요청은 미래 세대에게도 해당된다. → 책임 윤리

〈문제 상황〉

A는 핵분열을 유도할 수 있는 지식과 기술의 권위자인데, 정부로부터 핵무기 개발을 요청받았다. A는 핵무기를 개발할 것인지 고민하고 있다.

✔ ① 인류의 존속을 위해 과학 기술의 힘을 억제해야 함을 생각하라.
② 과학 기술의 장기적 결과의 위험성보다 단기적 효과를 생각하라.
③ 객관적 사실을 다루는 과학 기술이 윤리의 나침반임을 생각하라.
　↳ 윤리가 과학 기술의 나침반이 되어야 한다고 봄
④ 환경 파괴는 과학 기술의 발전을 위한 불가피한 대가임을 생각하라.
⑤ 도구적 이성이 과학 기술의 개발과 활용을 주도해야 함을 생각하라.
　↳ 도구적 이성을 극복해야 한다고 봄

| 자료 분석 |

제시문의 사상가는 요나스이다. 요나스는 현대 과학 기술로 인해 발생한 새로운 윤리 문제들은 기존의 전통 윤리로는 해결할 수 없기 때문에 자연과 미래 세대를 포함하는 새로운 책임 윤리가 필요하다고 주장한다. 요나스는 현세대의 잘못으로 인해 미래 세대가 생존할 수 없을지도 모른다는 사실에 대한 두려움을 갖고 겸손한 태도, 검소한 생활, 절제하는 소비 습관을 길러야 한다고 주장한다. 이러한 요나스의 책임 윤리의 입장에서 핵무기 개발 요청을 받고 개발할지 여부를 고민하고 있는 A에게 제시할 조언으로 적절한 것을 고르는 문항이다.

| 선지 해설 |

① 요나스는 인류가 존재해야 한다는 당위적 요청을 근거로 인류 존속에 대한 현세대의 책임을 강조한다. 따라서 인류 존속을 위해 현세대가 겸손한 태도를 가져야 하며, 과학 기술의 힘을 억제할 필요가 있다고 조언할 것이다.

② 요나스는 과학 기술의 장기적 결과의 위험성을 강조한다. 요나스는 희망보다 공포를 논의의 대상으로 삼아야 한다고 보며, 과학 기술의 단기적 효과보다 기술이 지닌 파멸적 힘을 경계하고 통제해야 한다고 본다.

③ 요나스는 윤리가 과학 기술의 나침반 역할을 해야 한다고 주장한다. 과학 기술이 윤리의 나침반이 되는 것은 위험하며, 현대 과학 기술이 초래하는 윤리적 문제들을 책임 윤리를 통해 해결해 가야 함을 강조한다.

④ 요나스는 책임의 범위를 현세대로 한정하는 전통적 윤리관의 입장과 달리 자연과 미래 세대를 포함하는 책임 윤리를 제시한다. 요나스는 자연과 환경의 문제는 인간이 인류 존속을 위해 책임져야 할 부분이라고 본다.

⑤ 요나스는 도구적 이성에 따른 과학 기술의 개발과 활용이 새로운 윤리 문제들을 발생시켰다고 본다. 이를 해결하기 위해 책임 윤리를 바탕으로 과학 기술의 개발과 활용을 지혜롭게 통제해야 한다고 본다.

다음을 주장한 사상가가 부정의 대답을 할 질문으로 가장 적절한 것은?
↳ 요나스   [3점]

> 인간은 기술 문명의 힘으로 자신을 포함한 모든 것을 위험에 빠뜨리게 되었다. 이성과 결탁한 권력은 그 자체로 책임을 동반한다. 이것은 예전부터 인간 상호 간에는 자명한 일이었다. 인간의 책임이 종전의 범위를 넘어서서 생물계의 상태와 인간 종족의 미래의 생존까지 포괄하게 된 것은 권력의 확장과 연관되어 있다.
> ↳ 기술 권력의 확장은 윤리적
> 책임의 범위를 확장시킴

① 인간이 져야 할 책임은 자신이 가진 권력에 비례하는가?

✔② 과학 기술의 비의도적 결과는 책임의 대상에서 제외되는가?
                                    포함

③ 경험하지 못한 미래의 위협으로부터 책임을 도출해야 하는가?

④ 권리를 주장하는 존재 외에도 현세대가 책임져야 할 대상이 있는가?

⑤ 책임질 수 있는 능력으로부터 책임을 져야 하는 당위가 도출되는가?

| 자료 분석 |

제시된 주장을 한 사상가는 요나스이다. 요나스는 현대 사회의 발달한 기술 문명의 힘이 인간뿐만 아니라 자연과 미래 세대에까지 막대한 영향력을 행사한다고 보고, 기존의 전통 윤리보다 더 넓은 범위의 도덕적 책임이 인간에게 요구된다고 보았다. 이러한 측면에서 요나스는 현세대의 인간이 미래 세대의 인간과 자연에 대해서도 책임져야 한다는 새로운 책임 윤리를 주장하였다.

| 선지 해설 |

① 요나스가 긍정의 대답을 할 질문이다. 요나스는 현대 사회에서 인간이 지니게 된 기술의 힘은 기존에 비해 막대한 영향력을 행사하므로, 그 힘에 비례하여 보다 확장된 도덕적 책임이 요구된다고 보았다.

② 요나스가 부정의 대답을 할 질문이다. 요나스는 의도하지 않은 결과에 대해서도 기술 권력을 지닌 인간이 책임을 져야 한다는 책임 윤리를 주장하였다.

③ 요나스가 긍정의 대답을 할 질문이다. 요나스는 인간이 실제로 무엇을 보호해야 하는지를 알아내기 위해서는 희망보다 미래의 위협과 같은 공포로부터 논의를 시작해야 한다고 보았다.

④ 요나스가 긍정의 대답을 할 질문이다. 요나스는 권리를 주장하지 못하는 존재, 예를 들어 자연이나 아직 존재하지 않아 권리를 주장할 수 없는 미래 세대에 대해서도 윤리적 책임을 져야 한다고 보았다.

⑤ 요나스가 긍정의 대답을 할 질문이다. 요나스는 책임질 수 있는 능력을 지닌 현세대는 생태계와 미래 세대를 책임져야 할 의무가 있다고 보았다.

단답형 문제로 개념 확인

(1) 요나스는 칸트의 정언 명령을 수정하여 (   )을/를 제시하였다.

(2) 요나스는 과학 기술의 발달과 그것을 따라가지 못하는 윤리학 사이의 간극을 (   )(이)라고 표현하였다.

(1) 생태학적 정언 명령 (2) 윤리적 공백

갑 사상가가 을 사상가에게 제기할 수 있는 비판으로 가장 적절한 것은? [3점]

┌─→ 공포의 발견술

갑: 우리는 원하는 것보다 원하지 않는 것을 더 잘 안다. 따라서 실제
요나스   로 무엇을 보호해야 하는가를 알아내기 위해 우리는 희망보다 공
       포로부터 논의를 시작해야 한다. 왜냐하면 행위를 하도록 북돋우
       는 공포가 책임의 본질적 속성이기 때문이다.

을: 인간은 자연의 사용자 및 자연의 해석자로서 자연에 대해서 실제
베이컨   로 관찰하고 고찰한 것만큼 자연을 이해할 수 있고, 무엇인가를
       할 수 있다. 더 나은 지식이 만들어지면 과학 기술의 진보를 기대
       할 수 있다는 것이 우리가 희망을 말하는 근거이다.
       └→ 자연에 대한 도구주의적 관점

① 과학 기술자는 사회적 책임으로부터 ~~자유로워야~~ 함을 간과한다.
                                    자유롭지 않음
✔② 인간의 책임 범위가 자연에 대해서까지 확대되어야 함을 간과한다.
③ 인류의 복지를 위한 과학 기술의 사용은 ~~제한될 수 없음~~을 간과한다.
                                        되어야 함
④ 현세대와 미래 세대 사이에 ~~호혜적~~ 책임이 있어야 함을 간과한다.
   → 현세대가 미래 세대에 일방적 책임이 있음
⑤ 과학 기술 발전에 따른 부작용도 과학 기술로 해결 ~~가능함~~을 간과
   한다.   불가능함

| 자료 분석 |

갑은 요나스, 을은 베이컨이다. 요나스는 현대 과학 기술이 유발한 다양한 문제들을 해결하기 위해서는 기존의 윤리와는 다른 새로운 책임 윤리가 요구된다고 본다. 그리고 이는 전통 윤리학의 틀을 넘어 미래에 예상되는 예견적 책임으로까지 책임의 범위를 확대하는 윤리여야 한다고 본다. 베이컨은 인간의 힘이 자연을 관찰하고 분석하여 얻는 지식을 토대로 생겨난다고 보고, 자연을 인류의 발전과 복지를 위해 활용할 수 있는 수단이라고 인식한다.

| 선지 해설 |

① 요나스는 인간만이 책임질 수 있는 유일한 존재이며, 인간이 가진 책임질 수 있는 능력은 책임을 이행해야 하는 의무로 연결된다고 본다.

②요나스는 인간의 일차적 책임이 미래 세대의 존재를 보장하는 것이므로, 미래 세대가 생존할 수 있도록 인간의 책임 범위를 자연에 대해서까지 확대해야 한다고 본다. 반면, 베이컨은 자연이 인간의 삶을 풍요롭게 하기 위한 도구일 뿐이므로 자연을 인간의 목적을 이루기 위한 수단으로 인식해야 한다고 본다. 따라서 요나스는 베이컨에게 인간의 책임 범위를 자연에 대해서까지 확대해야 함을 간과하고 있다고 비판할 수 있다.

③ 요나스는 인류의 복지를 위한 과학 기술이 지나치게 남용될 경우 현세대의 잘못으로 미래 세대가 생존할 수 없을 수도 있다는 두려움을 토대로 새로운 윤리학을 정립하고자 한다.

④ 요나스는 인간만이 책임을 질 수 있는 유일한 존재라고 보지만, 아직 존재하지 않는 미래 세대는 현세대에게 책임을 다할 수 없다고 본다.

⑤ 요나스는 과학 기술이 인류의 생존마저 위협할 수 있다고 보고, 이에 따른 부작용에 대한 두려움을 가져야 한다고 강조한다.

다음을 주장한 사상가의 입장만을 〈보기〉에서 고른 것은? [3점]
        └→ 요나스

• 우리는 원하는 것보다 원하지 않는 것을 더 잘 안다. 우리가 실제로 무엇을 보호해야 하는가를 알아내기 위해서 새로운 윤리학은 희망보다는 두려움을 논의 대상으로 삼아야 한다. → 공포의 발견술
• 행해야 할 것과 관련된 책임 개념에 따르면, 현재의 행위로 인해 발생할 사태에 대해 책임져야 한다. 사태의 의존자인 미래 세대는 명령자가 되고, 권력자인 현세대는 의무자가 된다.
        └→ 현세대가 미래 세대에 대한 도덕적 책임을 지님

〈 보기 〉

ㄱ. 선의 탐구에서 ~~악의~~ 인식보다 ~~선의~~ 인식이 더 효과적이다.
         선의   악의
ㄴ. '할 수 있다'는 능력에 근거해서 '해야 한다'는 책임이 발생한다.
ㄷ. 인간의 힘이 자연으로 확장될수록 자연 파괴의 가능성도 높아진다.
ㄹ. 현세대와 미래 세대는 삶의 지속을 위해 ~~상호 간에~~ 의무를 가진다.

① ㄱ, ㄴ   ② ㄱ, ㄷ   ✔③ ㄴ, ㄷ   ④ ㄴ, ㄹ   ⑤ ㄷ, ㄹ

| 자료 분석 |

제시된 글의 사상가는 요나스이다. 요나스는 과학 기술의 발전으로 기술 권력을 지니게 된 현세대는 미래 세대와 자연에 대해 보다 강화된 도덕적 책임을 지녀야 한다고 보았다. 또한 이러한 도덕적 책임은 현재뿐만 아니라 미래에 있을 위험까지 고려하는 것으로, 현세대에게 일방적으로 주어지는 의무라고 보았다. 나아가 새로운 윤리학은 희망보다는 두려움을 논의 대상으로 삼는 공포의 발견술에 기초해야 한다고 주장하였다.

| 보기 해설 |

ㄱ. 요나스는 선을 탐구하는 데 있어 선의 인식보다 악의 인식이 더욱 효과적이라고 보고, 희망보다 두려움을 논의 대상으로 삼아야 한다는 '공포의 발견술'을 강조하였다.

ㄴ.요나스는 능력이 있다는 것은 책임에 대한 도덕적 근거가 된다고 주장하면서, '할 수 있다'는 능력을 지닌 현세대가 미래 세대와 자연에 대해 도덕적 책임을 져야 한다고 주장하였다.

ㄷ.요나스는 발달된 과학 기술로 인하여 인간의 힘이 자연으로 확장될수록 자연 파괴의 가능성도 높아지기 때문에 인간은 더욱 강화된 도덕적 책임을 져야 한다고 보았다.

ㄹ. 요나스는 미래 세대가 현세대의 선택에 의해 영향을 받을 수밖에 없기 때문에 현세대가 미래 세대에 대하여 비호혜적인(일방향적인) 책임을 져야 한다고 강조하였다.

07 요나스의 책임 윤리 21학년도 6월 모평 5번

정답 ① | 정답률 61%

다음을 주장한 서양 사상가의 입장만을 〈보기〉에서 고른 것은?

→ 요나스　　　　　과학 기술의 가치 중립성 부정

과학자들은 과학이 일정한 규칙하에 인과적 필연성을 검증하는 순수 이론의 영역에 속한다고 보았다. 과학은 인식 대상을 가치 중립적으로 관찰해야 하고, 자연은 오직 인과적 필연성의 지배를 받는다고 보았다. 그러나 오늘날에는 기술적 응용이 과학 연구의 방향을 결정하고 있다. 거대한 권력으로 작용하는 과학 기술은 자연을 파괴하고 인류의 생존마저 위협하고 있다. 이제 우리는 공포의 발견술을 통해 의심스러울 때는 좋은 말보다 나쁜 말에 귀 기울여 책임을 새롭게 정립해야 한다.
→ 과학 기술의 위험성에 더 민감해야 함을 주장

〈 보기 〉
ㄱ. 과학 기술 연구의 자유는 무제한으로 허용되어서는 안 된다.
ㄴ. 과학 기술자는 연구의 장기적 결과에 대해 숙고해야 한다.
ㄷ. 과학 기술자는 기술적 응용에서 가치 중립적이어야 한다.
ㄹ. 과학 기술자는 사회적 책임보다 내적 책임을 중시해야 한다.

✓ ① ㄱ, ㄴ　② ㄱ, ㄷ　③ ㄴ, ㄷ　④ ㄴ, ㄹ　⑤ ㄷ, ㄹ

| 자료 분석 |

제시된 글의 서양 사상가는 한스 요나스이다. 요나스는 과학이 가치 중립적 영역이 아니라고 보고, 이미 거대한 권력으로 작용하고 있는 과학 기술의 영향력에 대한 윤리적 성찰을 강조한다. 또한 인류의 생존마저 위협할 수 있는 과학 기술의 위험성을 인지하고, 공포의 발견술을 통해 과학 기술의 이익보다 과학 기술로 인해 발생할 수 있는 위험에 주목하여 새로운 책임 윤리를 만들어 나가야 한다고 본다.

| 보기 해설 |

ㄱ 요나스는 과학 기술을 연구하는 데 있어 윤리적 책임이 주어져야 함을 강조한다. 따라서 그는 심각한 위험을 초래할 수 있는 과학 연구의 자유가 무제한으로 허용되어서는 안 된다고 본다.

ㄴ 요나스는 과학 기술이 자연을 파괴하고 인류의 생존마저 위협할 수 있음을 지적하면서 과학 기술자는 연구의 장기적 결과를 숙고해야 하며, 연구 단계에서부터 윤리적 책임을 진다고 본다.

ㄷ. 요나스는 기술적 응용이 과학 연구의 방향을 결정하는 오늘날, 과학 기술자는 기술적 응용에 대해 가치 중립적이어서는 안 된다고 본다.

ㄹ. 요나스는 과학 기술자가 연구에 대한 내적 책임과 함께 사회적 책임을 지녀야 한다고 강조한다.

---

08 요나스의 책임 윤리 19학년도 9월 모평 5번

정답 ② | 정답률 71%

다음 사상가의 입장에서 볼 때, 〈가상 대담〉의 ㉠에 들어갈 말로 가장 적절한 것은?

→ 요나스　→ 과학 기술의 발전과 이를 따라가지 못하는 윤리의 간극

오늘날과 같은 '윤리적 공백'의 시대에는 구원의 예언보다 불행의 예언에 더 주의를 기울여야 한다. 그러므로 우리는 과학 기술 유토피아주의를 찬양하는 '희망의 원칙'이 아닌, 미리 사유된 위험 그 자체와 관련된 '공포의 원칙'에 우선성을 두어야 한다. → 공포의 발견술

〈가상 대담〉
리포터: 지구 온난화와 같은 기후 변화 문제를 해결하기 위해 우리는 어떠한 자세를 가져야 할까요?
사상가: 우리는 그러한 문제를 해결하기 위해 ㉠ 를 가져야 합니다.

① 자연과의 상호 책임성을 토대로 자연에 대해 책임지려는 자세
　　　　자연에 대한 일방적 책임
✓ ② 부모가 자녀에 대해 책임지는 것처럼 자연에 대해 책임지려는 자세
③ 자연에 대한 주인 의식을 토대로 자연에 대해 책임지려는 자세
　　→ 서양의 정복 지향적 자연관
④ 과학의 무한한 진보를 바탕으로 자연에 대해 책임지려는 자세
　　　　경계하며
⑤ 행위의 직접적 영향의 한도 내에서만 자연에 대해 책임지려는 자세
　　→ 의도하지 않은 행위의 결과에 대해서도 책임져야 함

| 자료 분석 |

제시된 글의 사상가는 요나스이다. 요나스는 과학 기술 문명이 초래한 위기를 극복하기 위해서는 과학 기술이 가져올 희망보다는 과학 기술이 불러올 공포를 먼저 사유해야 한다는 '공포의 발견술'을 통해 책임의 중요성을 강조하였다. 그러므로 〈가상 대담〉의 ㉠에는 요나스의 관점에서 환경 문제 해결을 위해 갖춰야 할 바람직한 자세에 대한 내용이 들어가야 한다.

| 선지 해설 |

① 요나스는 책임질 수 있는 능력을 지녔다는 사실은 책임져야 한다는 당위로 연결된다고 보았다. 따라서 자연과 다르게 책임질 수 있는 능력을 지닌 인간만이 자연과 미래 세대에 대한 책임을 져야 하며, 이러한 책임은 인간에게 일방적으로 요구되는 것이라고 보았다.

② 요나스는 인간이 예견할 수 있는 모든 결과에 대해 책임질 것을 강조하였다. 이러한 책임은 부모가 자녀에게 무한한 책임을 갖는 것처럼 일방적이고 절대적인 것이다.

③ 요나스는 인간을 위해 자연을 훼손하고 책임지지 않는 과학 기술의 문제점을 지적하고, 이를 해결하기 위해 자연에 대한 절대적 책임을 강조하였다. 이것은 자연에 대한 주인 의식과는 관련이 없으므로 적절하지 않은 선지이다.

④ 요나스는 과학의 무한한 진보와 같은 과학 기술 유토피아주의를 찬양하는 희망의 원칙보다는 과학 기술이 불러올 위험을 사유하는 공포의 원칙을 바탕으로 자연에 대해 책임지려는 자세가 필요하다고 보았다.

⑤ 요나스는 과거의 책임뿐만 아니라 예견할 수 있는 미래의 모든 결과에 대한 책임까지 책임의 범위에 포함시킨다. 따라서 요나스가 말하는 책임은 나의 행위가 직접적으로 영향을 미치는 범위를 넘어 미래에 예견되는 모든 영향까지 고려하는 책임이다.

다음을 주장한 사상가의 입장으로 적절하지 않은 것은? [3점]
↳요나스

> 전통 윤리학의 모든 도덕적 명령은 행위의 직접적인 영역에 제한되어 있었다. 그러나 현대 기술이 산출한 행위들의 규모와 대상 및 결과는 너무 새로운 것이기에 전통 윤리의 틀로는 더 이상 파악할 수 없다. 우리의 행위가 가지는 새로운 종류의 본성은 새로운 책임 윤리를 요청한다.

① 현세대는 인류가 미래에도 존속할 수 있도록 노력해야 한다.

② 과학 기술에 대한 공포는 윤리적 책임의 범위를 축소시킨다.
확대

③ 현세대에게는 미래 세대에 대한 일방적인 윤리적 책임이 있다.

④ 인간이 책임져야 할 대상에는 비이성적 존재가 포함될 수 있다.

⑤ 인간의 책임질 수 있는 능력에서 책임져야 할 의무가 비롯된다.

| 자료 분석 |

제시문의 사상가는 요나스이다. 요나스는 과학이 가치 중립적 영역이 아니라고 보고, 이미 거대한 권력으로 작용하고 있는 과학 기술의 영향력에 대한 윤리적 성찰을 강조한다. 또한 인류의 생존마저 위협할 수 있는 과학 기술의 위험성을 인지하고, 공포의 발견술을 통해 과학 기술의 이익보다 과학 기술로 인해 발생할 수 있는 위험에 주목하여 새로운 책임 윤리를 만들어 나가야 한다고 본다.

| 선지 해설 |

① 요나스는 미래 세대도 우리가 누리는 환경의 혜택을 누릴 권리가 있기 때문에 현세대는 자연이 수용할 수 있는 한에서 과학 기술의 발전을 추구해야 할 의무가 있다고 본다.

② 요나스는 전통 윤리학으로는 과학 기술 시대에 발생하는 문제를 해결하는 데 한계가 있다고 보고, 책임의 범위를 자연과 미래 세대까지 확장하는 새로운 윤리학이 필요하다고 주장한다.

③ 요나스는 현세대를 살아가는 인간이 인류의 존속을 위해 미래 세대와 자연에 대한 일방적인 책임을 받아들여야 한다고 본다.

④ 요나스는 미래 세대를 비롯한 자연까지도 현세대가 책임질 의무가 있다고 주장한다.

⑤ 요나스에 따르면 다른 존재와는 다르게 인간만이 책임질 수 있는 유일한 존재이며, 책임질 수 있는 능력은 책임을 져야 한다는 당위로 이어진다. 따라서 인간은 "너의 행위의 결과가 미래에 지구상에 인간이 살아갈 수 있는 가능성을 파괴하지 않도록 행위하라."라는 무조건적 명령을 의무로서 수용해야 한다.

10 요나스의 책임 윤리 23학년도 10월 학평 17번

정답 ④ | 정답률 78%

다음을 주장한 사상가가 긍정의 대답을 할 질문으로 가장 적절한 것은?
└ 요나스
[3점]

○ 우리는 특정한 실험들을 금지하는 하나의 원칙을 발견하였다. 어떠한 경우에도 인간 전체의 실존과 본질이 도박 행위의 담보가 되어서는 안 된다.

○ 전쟁의 처참함을 알지 못하면서 평화를 찬양할 수 있는가? 우리가 실제로 무엇을 보호해야 하는가를 알기 위해서 희망보다는 공포를 논의의 대상으로 삼아야 한다.

① 생명을 지닌 모든 존재는 자연에 대한 책임을 져야 하는가?
→ 인간만이 책임질 수 있음

② 인간은 자신이 의도한 결과에 한정하여 책임을 져야 하는가?
→ 당위적 책임 강조

③ 어떠한 행위도 못하게 막는 공포가 책임의 본질적 속성인가?
→ 공포는 어떠한 행위를 하게 하는 경험

✔ 미래 예측의 불확실성으로 인해 책임의 윤리학이 요청되는가?

⑤ 인류 존속은 세대 간의 상호 책임에 근거한 윤리적 의무인가?
비상호적 책임

| 자료 분석 |

제시문의 사상가는 요나스이다. 요나스는 인류가 존재해야 한다는 당위적 요청을 근거로 인류 존속에 대한 현세대의 책임을 강조한다. 또한, 인류 존속을 위해 현세대의 잘못으로 미래 세대가 생존할 수 없을지도 모른다는 두려움, 공포를 가지고 겸손한 태도를 가져야 한다고 주장한다.

| 선지 해설 |

① 요나스는 생명을 지닌 모든 존재가 자연에 대해 책임을 져야 한다고 보지 않는다. 요나스는 인간만이 책임을 질 수 있는 유일한 존재라고 주장한다.

② 요나스는 인간이 책임질 수 있는 유일한 존재라고 보며, 이러한 능력은 책임을 져야 한다는 당위적 책임으로 이어진다고 본다. 요나스는 자신의 행위가 원인이 되어 일어난 결과에 대해서만 책임을 지는 인과적 책임을 주장하지 않는다.

③ 요나스는 현세대의 잘못으로 미래 세대가 생존할 수 없을지도 모른다는 공포를 바탕으로 책임을 자각해야 한다고 강조한다. 요나스는 이러한 공포와 두려움이 어떠한 행위도 하지 못하게 하는 방해물이 아니라, 인류 존속에 대한 책임의 자세를 가지고 어떠한 행위를 하게 하는 체험이 된다고 본다.

④ 요나스가 긍정의 대답을 할 질문에 해당한다. 요나스는 현대 과학 기술이 산출한 행위의 규모가 새롭고, 새로운 윤리 문제들을 일으키기 때문에 기존의 전통 윤리로는 문제를 해결할 수 없다고 본다.

⑤ 요나스는 현세대의 책임은 미래 세대와 상호적으로 의무를 다하는 것이 아니라, 현세대가 미래 세대의 존재를 보장하고, 그들의 삶의 질을 배려하는 비상호적 책임이라고 본다.

11 요나스의 책임 윤리 22학년도 10월 학평 2번

정답 ① | 정답률 88%

다음을 주장한 사상가의 입장으로 가장 적절한 것은? [3점]
└ 요나스   공포로부터 윤리적 의무 도출 ↘

악에 대한 인식이 선에 대한 인식보다 쉬우며, 악의 존재는 선의 존재보다 인간을 더 도덕적으로 행위하게 한다. 구원의 예언보다는 불행의 예언에 주의를 기울여야 한다. 우리가 실제로 무엇을 보호해야 하는가를 알기 위해 윤리학은 기술이 우리에게 주는 희망보다는 공포를 논의의 대상으로 삼아야 한다.
└ 공포의 발견술

✔ 책임 있는 행위를 하도록 북돋우는 공포를 습득해야 한다.

② 비이성적 존재에 대한 기술의 영향은 숙고의 대상이 아니다.
대상이다

③ 인간은 사전적 책임이 아니라 사후적 책임을 중시해야 한다.
사전적 책임뿐만 아니라 사후적 책임까지

④ 책임의 대상이 겪을 공포를 현세대의 의무로 전환시킬 수 없다.
있다

⑤ 인간은 가치 중립적 관점에서 자연과의 관계를 정립해야 한다.
가치 지향적으로

OX문제로 개념 확인

(1) 요나스는 인류 존속을 위해 공포보다는 희망을 논의의 대상으로 삼아야 한다고 본다. (   )

(2) 요나스는 인간이 가져야할 사후적 책임뿐만 아니라 사전적 책임을 강조함으로써 새로운 책임 윤리를 제시한다. (   )

(1) X (2) O

| 자료 분석 |

제시된 글의 사상가는 요나스이다. 요나스는 인류가 존재해야 한다는 당위적 요청을 근거로 인류를 존속시키기 위한 현세대의 책임을 강조하는 책임 윤리를 주장한다. 특히 요나스는 공포의 발견술을 통해 두려움의 느낌을 기르는 것이 우리의 윤리적 의무이며, 과학 기술이 가져올 부정적인 영향에 대한 공포를 발견함으로써 인간의 윤리적 책임을 다해야 한다고 본다.

| 선지 해설 |

① 요나스는 인류 존속을 위해서는 과학 기술이 가져올 긍정적인 희망보다는 과학 기술이 자연 및 미래 세대를 위협하고 파괴할 수도 있다는 공포를 논의의 대상으로 삼아 책임의 의무를 다해야 한다고 주장한다.

② 요나스는 자연과 미래 세대를 포함하는 새로운 책임 윤리가 필요하다고 주장한다. 이와 같은 관점에서 요나스는 비이성적인 존재인 자연도 인간이 무분별하게 사용하는 과학 기술의 영향을 받을 수 있으므로 숙고의 대상으로 삼아야 한다고 본다.

③ 요나스는 행해진 것에 대한 사후 책임 부과만을 다루는 전통적 윤리학의 책임 개념으로는 과학 기술 시대의 다양한 문제를 해결할 수 없기 때문에 사전적 책임이라는 새로운 책임의 개념을 강조한다.

④ 요나스는 현세대의 행위가 미래 세대의 인간에게 미칠 수 있는 부정적인 영향에 대해 예견하고 책임을 지는 윤리적 의무를 강조한다.

⑤ 요나스는 자연을 가치 중립적인 관점에서 바라보는 시각에서 벗어나 인류 존속이라는 당위적 요청을 토대로 자연에 대한 인간의 태도를 성찰함으로써 자연에게 미칠 영향을 고려하는 새로운 책임 윤리를 제시한다.

다음을 주장한 사상가의 입장으로 적절한 것만을 〈보기〉에서 있는 대로 고른 것은? [3점] └→요나스

> 현재에 대한 책무는 미래의 관점에서 출발하며 동시대적 세계의 복지와 고통의 관점에서 시작하지 않는다. 도덕 철학은 우리의 희망보다는 공포를 논의의 상대로 삼아야 한다. 비록 가장 두려워하는 것의 반대가 필연적으로 최고선은 아니며, 선(善)의 탐구에 있어 마지막 수단은 아니지만 상당히 유익한 것은 틀림없다.
> └→ 공포의 발견술

───〈 보기 〉───
ㄱ. 선을 탐구할 때 인류에게 닥칠 위험을 발견하고자 노력해야 한다.
ㄴ. 자연과 인간은 공존하기 위해 상호 간의 책임을 이행해야 한다.
　　　　　　　　└→ 인간의 일방적인
ㄷ. 현세대는 미래 세대의 실존에 대한 책임을 의무로 수용해야 한다.
ㄹ. 인간은 행해진 것뿐만 아니라 행위해야 할 것에 대한 책임도 있다.
　　└→ 과거의 책임　　　└→ 예견적 책임

① ㄱ, ㄴ　　② ㄱ, ㄷ　　③ ㄴ, ㄹ
④ ㄱ, ㄷ, ㄹ　　⑤ ㄴ, ㄷ, ㄹ

| 자료 분석 |

제시된 주장을 한 사상가는 요나스이다. 요나스는 책임의 범위를 현세대로 한정하는 전통적 윤리로는 과학 기술 시대에 새롭게 등장하는 윤리적 문제를 해결하기 어렵다고 본다. 따라서 자연과 미래 세대를 포함하는 새로운 책임 윤리가 필요하다고 주장한다. 특히, 요나스는 인류 존속을 위해 필요한 새로운 책임 윤리가 희망보다는 공포에 초점을 맞추어 현세대의 잘못으로 미래 세대가 생존할 수 없을지도 모른다는 두려움을 토대로 해야 한다고 강조한다.

| 보기 해설 |

ㄱ 요나스는 공포의 발견술을 통해 과학 기술로 인한 희망적 미래를 예측하기보다는 현세대가 발전시킨 과학 기술로 인해 미래 세대가 존재하지 못할 수도 있다는 공포와 두려움을 토대로 도덕적 행위를 해야 한다고 주장한다. 따라서 요나스는 선을 탐구할 때 인류에게 닥칠 위험을 발견하고자 노력해야 한다고 볼 것이다.

ㄴ. 요나스는 인간만이 책임질 수 있는 존재이며, 책임질 수 있는 능력은 책임을 이행해야 한다는 당위로 연결된다고 본다. 그러나 자연은 책임질 수 있는 능력을 가지고 있지 않으므로 요나스는 인간의 일방적인 책임 이행을 주장한다.

ㄷ 요나스는 인류 존속이라는 당위적 요청을 토대로 현세대는 일차적으로 미래 세대의 존재를 보장해야 할 책임이 있으며, 이차적으로 그들의 삶의 질을 배려할 책임이 있다고 본다. 따라서 요나스는 현세대가 미래 세대의 실존에 대한 책임을 의무로 수용해야 한다고 볼 것이다.

ㄹ 요나스는 행해진 것에 대한 사후 책임 부과를 특징으로 하는 전통적 윤리학의 책임 개념에서 벗어나, 행위해야 할 것에 대한 책임인 '예견적 책임'으로 책임의 범위를 확대해야 한다고 주장한다.

다음을 주장한 사상가의 입장으로 옳은 것만을 〈보기〉에서 고른 것은?
└→ 요나스

> 전통적인 윤리학은 '여기', '지금'과 관련된 것이며, 인간들 사이에 생겨나는 용무와 연관되어 있다. 그러나 새로운 윤리학은 행위의 '좋음'과 '나쁨'을 결정할 때, 인간적 삶의 전 지구적 조건과 종(種)의 미래, 실존을 고려해야 한다. 따라서 인간이 지향해야 할 새로운 명법은 "너의 행위의 효과가 인간 생명의 미래 가능성에 대해 파괴적이지 않도록 행위하라."와 같다. └→ 미래 세대에 대한 현세대의 일방적 책임을 강조(당위적 명령)

───〈 보기 〉───
ㄱ. 다른 생명체에 대한 인간의 책임은 당위적이어야 한다.
ㄴ. 현재 세대와 미래 세대는 호혜적인 책임을 다해야 한다.
　　└→ 미래 세대에 대한 현세대의 일방적 책임을 강조
ㄷ. 인류 존속을 위해 인간은 자연에 예견적 책임을 져야 한다.
ㄹ. 이성을 지니지 않은 존재도 책임의 주체와 대상이 되어야 한다.

① ㄱ, ㄴ　　② ㄱ, ㄷ　　③ ㄴ, ㄷ　　④ ㄴ, ㄹ　　⑤ ㄷ, ㄹ

| 자료 분석 |

제시된 주장을 한 사상가는 요나스이다. 요나스는 현대 사회의 기술 발전으로 인해 과거와는 다른 윤리학이 요구된다고 보고 새로운 책임 윤리를 강조하였다. 전통적인 윤리학이 지금·여기에 관련된 문제만을 고려했다면, 새로운 윤리학으로서 책임 윤리는 기술 권력을 가진 인간의 책임 범위를 자연과 미래 세대까지 확대할 것을 요구한다.

| 보기 해설 |

ㄱ 요나스는 현대 기술이 인간 이외의 생명체에게까지 막대한 영향력을 행사하므로, 기술 권력을 지닌 인간이 다른 생명체에 대해서도 당위적 책임을 져야 한다고 주장하였다.

ㄴ. 요나스는 미래 세대에 대한 현세대의 책임은 호혜적일 수 없다고 보았다. 미래 세대는 현세대에게 영향을 줄 수 없지만 반대로 현세대는 미래 세대에 영향을 줄 수 있기 때문이다. 따라서 책임은 현세대에게만 주어지는 것으로, 이는 마치 부모(현세대)가 자식(미래 세대)에 대해 지는 책임과 같이 일방적인 것이다.

ㄷ 요나스는 인류 존속을 위해서는 희망적 기대보다 위험에 대한 예견이 필요하다고 보았다. 따라서 요나스는 공포의 발견술을 통해 기술로 인해 발생할 수 있는 위험을 예견하고 이에 대해 책임져야 한다고 주장하였다.

ㄹ. 요나스는 책임의 주체인 인간이 인간뿐만 아니라 이성을 지니지 않은 존재, 즉 자연까지도 책임의 대상으로 삼을 것을 주장하였다. 이때 책임의 주체는 현세대의 인간이며, 자연은 책임의 대상이 될 뿐 책임의 주체가 될 수 없다.

14 요나스의 책임 윤리 21학년도 4월 학평 16번

정답 ② | 정답률 60%

다음은 신문 칼럼이다. ⊙에 들어갈 내용으로 가장 적절한 것은? [3점]

○○신문	**칼럼**	○○○○년 ○○월 ○○일

> 오늘날 인류는 과학 기술의 발달로 물질적 풍요를 누리고 있지만, 생태계 파괴나 기술 지배 현상 등의 문제에 직면하게 되었다. 이를 두고 어떤 사상가는 인류의 존속이 위협받고 있다고 진단하였다. 그는 현세대만을 고려하는 전통의 윤리학으로는 이러한 문제를 해결할 수 없다고 보고 새로운 윤리를 제시하였다. "미리 사유된 공포 자체가 윤리의 나침반으로 기능할 수 있으며, 공포는 행위의 포기가 아니라 행위를 의무로 받아들이게 하는 책임의 직접적 동인이 된다."라는 그의 주장은 과학 기술의 부정적 현상 앞에서 현세대는   ⊙   는 점을 시사하고 있다.
> └ 공포의 발견술

① 아직 존재하지 않는 대상에 대한 책임으로부터 ~~자유로워야~~ 한다.
② 미래 세대의 실존에 대한 책임을 무조건적 의무로 수용해야 한다. ✓
③ 책임의 범위를 설정할 때 불확실한 결과를 고려하지 ~~말아야~~ 한다.
     해야
④ ~~전통의 윤리학~~을 근거로 책임의 범위를 자연 전체로 확대해야 한다.
   새로운 책임 윤리를
⑤ 인류의 존속을 위해 모든 존재와의 ~~호혜적~~ 책임을 받아들여야 한다.
           에 대한 일방적

| 자료 분석 |

신문 칼럼의 사상가는 요나스이다. 요나스는 윤리적 책임의 범위를 현세대로 한정하는 기존의 전통적 윤리학으로는 과학 기술의 발달이 초래한 다양한 문제들을 해결할 수 없다고 보고, 자연과 미래 세대까지로 책임의 범위를 확대하는 새로운 책임 윤리의 필요성을 강조한다.

| 선지 해설 |

① 요나스는 우리의 책임이 일차적으로 미래 세대의 존재를 보장하는 것이며, 이차적으로는 미래 세대의 삶의 질을 배려하는 것이라고 본다. 즉 현세대는 미래 세대에 대한 책임 의식을 가져야 한다고 주장한다.

② 요나스는 우리에게 미래 세대의 실존에 대한 책임이 있음을 강조한다. 그에 따르면 인간만이 책임질 수 있는 유일한 존재이며, 책임질 수 있는 능력은 책임져야만 하는 당위로 이어진다. 따라서 인간은 "너의 행위의 결과가 미래에 지구상에 인간이 살아갈 수 있는 가능성을 파괴하지 않도록 행위하라."라는 무조건적 명령을 의무로서 수용해야 한다.

③ 요나스는 책임의 범위를 고려할 때 미래에 있을 수 있는 불확실하기는 하지만 예측 가능한 위험들을 윤리적 책임의 방향으로 삼아야 한다고 주장한다. 따라서 요나스는 책임의 범위를 설정할 때 불확실한 결과를 예견하여 이를 고려해야 한다고 본다.

④ 요나스는 전통 윤리학으로는 과학 기술 시대에 발생하는 문제를 해결하는 데 한계가 있다고 보고, 책임의 범위를 자연과 미래 세대로 확장하는 새로운 윤리학이 필요하다고 주장한다.

⑤ 요나스는 다른 존재와는 다르게 인간만이 책임질 수 있는 유일한 존재이며, 책임질 수 있는 능력은 책임을 져야 한다는 당위로 이어진다고 본다. 따라서 요나스는 인간이 인류의 존속을 위해 미래 세대와 자연에 대한 일방적인 책임을 받아들여야 한다고 본다.

15 요나스의 책임 윤리 21학년도 3월 학평 6번

정답 ③ | 정답률 45%

다음을 주장한 사상가의 입장으로 적절하지 않은 것은? [3점]
   └ 요나스   전통 윤리와 현대 과학 ┐
                                       기술 사이의 간극

> 현대 기술이 산출한 행위들의 규모와 대상, 그리고 그 결과는 너무나 새로운 것이기 때문에 전통 윤리의 틀로써는 이 행위들을 더 이상 파악할 수 없는 윤리적 공백이 발생한다. 인간이 갖게 된 새로운 종류의 행위 능력은 윤리의 새로운 규칙을 요구하며, 또한 새로운 종류의 윤리를 요구한다.
>   └ 책임의 범위를 자연과 미래 세대까지 확대

① 기술은 생태계의 수용 범위 안에서 행사되어야 한다.
② 기술에 내포된 위협적 요소는 윤리적 숙고의 대상이 된다.
③ 인간에 대한 의무는 ~~자연에 대한 의무로 대체~~되어야 한다. ✓
        자연과 미래 세대의 인간으로 확대
④ 새로운 윤리학은 무조건적으로 준수해야 할 명령을 제시한다.
   └ 생태학적 정언 명령
⑤ 기술이 초래할 공포를 발견하고 행위의 의무를 도출해야 한다.

| 자료 분석 |

제시된 주장을 한 사상가는 요나스이다. 요나스는 책임의 범위를 현세대로 한정하는 기존의 전통 윤리학을 비판하며, 과학 기술 시대에 발생하는 다양한 윤리 문제를 해결하기 위해서는 책임의 범위를 미래 세대의 삶까지 확장하는 새로운 책임 윤리가 필요하다고 주장한다.

| 선지 해설 |

① 요나스는 인간의 풍요와 복지를 위해 고안된 과학 기술이 동시에 생태계를 파괴하고 미래 세대의 삶을 위협하고 있음을 지적한다. 따라서 요나스는 기술이 생태계가 수용할 수 있는 범위 안에서 행사되어야 한다고 주장한다.

② 요나스는 인간의 삶에 풍요를 가져다주는 기술의 긍정적인 이면에 존재하는 위협적 요소를 인식해야 함을 주장하며, 기술의 사용에 대한 윤리적 숙고가 필요하다고 본다.

③ 요나스는 인간만이 책임을 질 수 있는 유일한 존재이며, 인간이 가진 책임질 수 있는 능력은 책임을 이행해야 하는 당위로 이어진다고 강조한다. 그러나 요나스가 말하는 의무는 인류 존속을 위한 의무이므로 인간에 대한 의무가 자연에 대한 의무로 대체되어야 한다는 것은 아니다.

④ 요나스가 주장하는 새로운 윤리는 "너의 행위의 결과가 미래에 지구상에서 인간이 살아갈 수 있는 가능성을 파괴하지 않도록 행위하라."라는 무조건적으로 준수해야 할 정언 명령으로 표현된다.

⑤ 요나스는 우리가 실제로 보호해야 하는 것을 알아내기 위해서 희망보다는 공포를 논의의 대상으로 삼아야 한다고 본다. 그리고 이러한 공포의 발견을 통해 인류의 존속을 위해 인간에게 필요한 책임의 의무를 도출한다.

그림의 강연자가 지지할 입장만을 〈보기〉에서 있는 대로 고른 것은?

└▸ 요나스

> 베이컨의 명제대로 과학과 기술은 자연에 대한 인간의 권력을 증대시킵니다. 그리고 이 권력은 장차 태어날 자들에 대한 권력도 증대시킵니다. 후손들이 우리의 계획과 결정에 무방비 상태로 노출되어 있는 것입니다. 그러므로 이 권력은 극히 일방적입니다. 그리고 일단 행사된 권력은 주인의 손을 떠나 계산 불가능한 길을 걸어가며 본질적으로 맹목적입니다. 이제 우리는 이러한 권력으로 인하여 새롭게 등장하는 문제들을 책임의 원칙을 바탕으로 풀어 나가야만 합니다.

└▸ 과학 기술로 행사된 권력에 대한 윤리적 검토와 책임이 필요하다고 봄

───〈 보기 〉───
ㄱ. 기술 권력 앞에 인류는 무방비 상태로 노출되어 있다.
ㄴ. 기술 권력 행사의 결과에 대한 윤리적 검토가 필요하다.
ㄷ. 기술 권력을 인간에게 사용하는 것을 규제해서는 안 된다.
ㄹ. 기술 권력의 크기와 인간의 책임에 대한 요구는 비례한다.

① ㄱ, ㄷ   ② ㄴ, ㄷ   ③ ㄴ, ㄹ
④ ㄱ, ㄴ, ㄹ   ⑤ ㄱ, ㄷ, ㄹ

| 자료 분석 |

그림의 강연자는 요나스이다. 요나스는 과학 기술의 발전으로 인해 발생하는 새로운 문제들로 인류의 존속이 위협받는다고 보고, 기술 권력을 지닌 인간이 미래 세대와 자연을 윤리적으로 고려하는 책임 윤리를 실천해야 한다고 강조하였다.

| 보기 해설 |

ㄱ 요나스는 과학 기술이 발전하는 속도와 달리 인류의 윤리가 이를 따라가지 못해 '윤리적 공백'이 발생하고 있다고 주장하였다. 그리고 과학과 기술은 자연과 미래 세대에 대한 인간의 권력을 증대시키고 있으며, 인류는 이에 무방비 상태로 노출되어 있음을 지적하였다.

ㄴ 요나스는 현대 과학 기술의 위험성을 인식해야 한다는 '공포의 발견술'을 주장하면서, 책임 윤리를 바탕으로 기술 권력의 행사에 대한 윤리적인 검토를 실천해야 한다고 보았다.

ㄷ. 요나스는 기술 권력의 사용에 대한 윤리적 검토와 통제의 책임이 필요하다고 강조하였다.

ㄹ 요나스는 기술 권력의 크기가 커질수록 이에 대한 인간의 책임 또한 커진다고 보았다. 따라서 그는 발전한 과학 기술을 통해 더 큰 권력을 가지게 된 인간은 윤리적 책임을 바탕으로 기술 권력을 통제해야 한다고 강조하였다.

그림의 강연자가 지지할 주장으로 옳지 <u>않은</u> 것은?

└→ 요나스

> 과학 분야에서의 이론적 관심과 실천적 관심은 불 가분의 관계에 있습니다. 이런 의미에서 과학자는 진리의 발견이라는 자신의 일이 바깥세상에 끼치 는 영향에 대해서도 책임을 져야 합니다. 과학자에 게는 자연을 연구하는 과정에서 가치 중립적인 엄 밀성을 추구할 내적 의무가 있습니다. 동시에 과 학자는 자신의 연구 결과가 인류의 미래에 끼치는 영향력과 책임에 대하여 철학적으로 숙고해야 합 니다.

→ 내적 책임

→ 외적 책임

☑ 과학자는 연구 결과를 ~~자의적으로~~ 검토하고 평가해야 한다.
                객관적

② 과학자는 내적 책임뿐만 아니라 외적 책임도 지녀야 한다.

③ 과학자는 실험 진행의 과정에서 중립적인 관찰자이어야 한다.

④ 과학자는 자연을 탐구할 때 연구 윤리를 엄격히 지켜야 한다.
      └→ 과학자의 내적 책임

⑤ 과학자는 자신의 연구가 인류에 미치는 영향을 예측해야 한다.
      └→ 과학자의 외적 책임

| 자료 분석 |

그림의 강연자는 요나스이다. 요나스는 과학자의 내적 책임과 외적 책임을 모두 강조하면서, 과학자가 연구 자체의 정확성과 객관성은 물론, 연구 결과가 사회에 미칠 영향에 대한 책임도 져야 한다고 주장하였다. 연구 과정에서의 책임뿐만 아 니라 연구 결과의 활용까지도 고려해야 한다는 것이다.

| 선지 해설 |

① 요나스는 과학자가 개인적인 의견이나 생각으로 연구 결과를 검토하고 평가 해서는 안 된다고 보았다. 그는 과학자가 자연을 연구하는 과정에서 가치 중 립적인 엄밀성을 추구하면서 연구해야 할 의무가 있다고 보았다.

② 요나스는 과학자에게 연구 과정에서의 도덕규범을 지켜야 할 내적 책임과 더 불어 과학 기술의 활용과 그 결과에 대한 책임인 외적 책임도 져야 한다고 주장하였다.

③ 요나스는 과학자가 연구 과정의 객관성을 확보해야 하므로 실험 진행 과정 에서는 가치 중립적인 엄밀성을 추구해야 한다고 보았다.

④ 요나스는 과학자가 연구 과정에서 어떠한 정보 자료도 표절하거나 조작·날조 해서는 안 된다는 내적 책임을 가져야 한다고 보았다.

⑤ 요나스는 과학자가 자신의 연구 결과가 인류의 미래에 끼치는 영향력을 예측 하고, 이에 대한 책임을 철학적으로 숙고해야 해야 한다고 주장하였다.

OX문제로 개념 확인

(1) 요나스는 과학자의 내적 책임만을 강조하였다.   (   )
(2) 요나스는 연구 과정에서 도덕규범을 지켜야 한다고 주장하였다. (   )

(1) X   (2) O

갑, 을 사상가들의 입장에 대한 설명으로 가장 적절한 것은? [3점]

> 갑: '해야 하기 때문에 할 수 있다.'는 것은 의무를 의식하기 때문
> 칸트 에 정언 명령을 따라 행위할 수 있음을 의미한다. 이러한 정언
> 명령은 <u>보편화 정식</u>으로 표현된다. └→ "네 의지의 준칙이 항상 동시에 보편적
> 입법의 원리가 될 수 있도록 행위하라."
> 을: '할 수 있기 때문에 해야만 한다.'는 것은 책임질 수 있는 능력
> 요나스 을 지녔다는 것, 그 자체로 책임져야 한다는 의미이다. 이는
> <u>인간이 미래의 위험을 예견하고 책임져야 한다는 명령</u>으로 표
> 현된다. └→ "네 행위의 결과가 인간 삶의 미래 가능성에
> 대하여 파괴적이지 않도록 행위하라."

① 갑은 <u>자연적 경향성에 근거한 행위</u>를 도덕적 행위로 본다.
　　　 선의지

② 갑은 도덕 법칙의 형식으로 행위를 판단해서는 ~~안 된다~~고 본다.
　　　　　　　　　　　　　　　　　　　 해야 한다고

③ 을은 책임의 주체와 대상은 이성을 가진 존재로 한정된다고 ~~본다~~.
　　　　　　　　　　　　　　　　　　　　　　　보지 않는다

④ 을은 의도하지 않은 결과까지 책임져야 하는 것은 ~~아니라~~고 본다.
　　　　　　　　　　　　　　　　　　　　　　한다고

⑤ 갑, 을은 인간이 준수해야 할 무조건적인 도덕적 의무가 있다고 본다.

│자료 분석│

갑은 칸트, 을은 요나스이다. 칸트는 어떤 행위가 의무이기 때문에 행할 수 있다는 관점에서 도덕적 행위의 정언적 성격을 강조하며, 행위 결과보다는 동기를 중시하여 오로지 의무에서 비롯된 행위만이 도덕적이라고 보았다. 요나스는 어떤 행위를 할 능력을 갖추고 있기 때문에 반드시 행해야 한다는 관점에서 도덕적 행위의 당위를 강조하였다. 또한 그는 인간이 자연과 미래 세대까지 고려하여, 예견할 수 있는 모든 결과에 대해 책임져야 한다고 보았다.

│선지 해설│

① 칸트는 자연적 경향성에 근거한 행위는 도덕적이지 않으며, 오직 선의지에 근거한 행동만이 도덕적 가치를 지닌다고 본다. 선의지란 단지 어떤 행동이 옳기 때문에 그 행위를 선택하려는 의지이다.

② 칸트는 개인이 세운 준칙에 따른 행위가 도덕적인 것은 아니므로, 보편화 가능한 도덕 법칙의 형식에 따랐는지의 여부를 기준으로 행위의 도덕성을 판단해야 한다고 본다.

③ 요나스는 이성과 책임질 수 있는 능력을 지닌 인간만이 책임의 주체라고 보지만, 책임의 대상은 현세대의 인간뿐만 아니라 미래 세대와 이성을 지니지 않은 자연까지 포함된다고 본다.

④ 요나스는 의도하지 않았더라도 예견할 수 있는 모든 결과에 대해서 책임을 져야 한다고 본다.

⑤ 칸트는 "네 의지의 준칙이 항상 동시에 보편적인 입법의 원리가 될 수 있도록 행위하라."라는 무조건적인 정언 명령을 제시하였고, 요나스 역시 생태학적 정언 명령을 제시하였다. 따라서 칸트와 요나스 모두 인간에게 무조건적인 도덕적 의무가 있다고 보았다.

다음을 주장한 사상가의 입장으로 적절한 것만을 〈보기〉에서 고른 것은?
└→요나스

> 현대 기술이 지구 전역을 뒤덮고 있으며 그 누적된 결과가 미래 세대의 인류에게도 영향을 미치리라는 사실은 분명하다. 특히 주목할 것은 미래 지구와 관련된 문제가 우리의 일상적이고 실천적인 결단을 촉구한다는 사실, 그리고 새로운 윤리를 요청한다는 사실이다. 책임은 바로 이러한 새로운 사태를 준비하기 위해 마련된 윤리적 범주를 의미한다.

〈 보기 〉
ㄱ. 일상적 인간관계에서는 호혜적 책임이 성립되지 않는다.
　 →상호 간에 책임을 지는 관계는 호혜적 책임이 성립됨
ㄴ. 인간의 책임 범위는 지구 생태계 전체를 포함해야 한다.
ㄷ. 자연에 대한 인간의 의무는 인간에 대한 책임을 함축한다.
ㄹ. 선한 결과가 예견되는 기술만이 도덕적 검토 대상에서 ~~제외~~된다.

① ㄱ, ㄴ　② ㄱ, ㄷ　③ ㄴ, ㄷ　④ ㄴ, ㄹ　⑤ ㄷ, ㄹ

│자료 분석│

제시문의 사상가는 요나스이다. 요나스는 현대 사회의 기술 발전으로 인해 과거와는 다른 윤리학이 요구된다고 보고 새로운 책임 윤리를 강조한다. 전통적인 윤리학이 현재에 관련된 문제만을 고려했다면, 새로운 윤리학으로서 책임 윤리는 기술 권력을 가진 인간의 책임 범위를 자연과 미래 세대까지 확대할 것을 요구한다.

│보기 해설│

ㄱ. 요나스의 입장으로 적절하지 않다. 요나스는 현세대의 인간과 미래 세대의 인간 사이의 관계나 현세대의 인간과 자연과의 관계처럼 상호 간의 책임이 성립되지 않는 관계에 대해서만 호혜적 책임이 성립되지 않는다고 본다.

ㄴ. 요나스의 입장으로 적절하다. 요나스에 따르면 인간의 책임 범위는 지구 전역으로 확장되어야 하며 지구 생태계 전체를 포함해야 한다.

ㄷ. 요나스의 입장으로 적절하다. 요나스에 따르면 자연에 대해 책임 범위를 넓혀야 하는 이유는 미래 세대와도 연관되어 있다.

ㄹ. 요나스의 입장으로 적절하지 않다. 요나스에 따르면 선한 결과가 예견된다 할지라도 그 결과의 시점과 대상을 어디에 두느냐에 따라 자연이나 미래 세대에게 악영향이 되는 것일 수도 있다. 따라서 어떤 기술이더라도 사전적 예방 차원에서 다각도로 검토되어야 한다.

18
일차

01 ①	02 ④	03 ②	04 ⑤	05 ②	06 ②	07 ⑤	08 ②	09 ③	10 ③	11 ⑤	12 ⑤
13 ②	14 ⑤	15 ③	16 ④	17 ②	18 ③	19 ⑤	20 ②	21 ⑤	22 ①	23 ⑤	24 ①
25 ①	26 ④	27 ④	28 ④	29 ④	30 ③	31 ⑤	32 ⑤	33 ⑤	34 ③	35 ③	36 ③

문제편 161~169쪽

18
일차

---

01   정보 사회의 윤리적 문제   25학년도 9월 모평 14번   정답 ① | 정답률 97%

다음 신문 칼럼에서 강조하는 내용으로 가장 적절한 것은?

> ○○신문   ○○○○년 ○○월 ○○일
>
> **칼럼**
>
>   뉴미디어가 확산되면서 누구나 쉽게 정보를 소비하고 동시에 생산할 수 있게 되었다. 이 과정에서 1인 미디어가 등장하게 되었고 다수의 구독자를 확보한 전문 운영자도 나타나게 되었다. 이에 따라 참신하고 다채로운 소재와 유형의 정보들이 생산되었지만, 한편으로는 선정적이거나 타인의 사생활을 침해하는 정보들도 급증하고 있다. 일부에서는 이런 문제를 강력한 법적 처벌을 통해 해결할 수 있다고 주장한다. 하지만 법적 처벌만 강조하다 보면 자칫 표현의 자유가 억압될 수 있다. 법적 제재도 실효성이 있지만, 매체 이용자들이 정보를 정확하게 검증하고 합리적으로 판단하는 것이 필요하다.

✓① 매체 이용자들은 정보를 비판적으로 평가해야 한다.
② 전문 운영자들의 등장으로 유해 정보가 감소하고 있다.
                            증가
③ 뉴미디어 확산은 창작물의 다양성 증진에 기여하지 못한다.
                                   기여한다
④ 뉴미디어에 대한 국가의 제재는 어떤 효과도 거둘 수 없다.
                                   실효성이 있다
⑤ 뉴미디어 확산으로 정보 생산자와 소비자의 경계가 명확해지고 있다.
                                          흐려지고

출제 경향

정보 사회의 윤리적 문제를 다루는 문항으로는 사이버 공간에서의 익명성 문제, 올바른 정보 수용을 위한 사용자의 미디어 리터러시 함양 등에 대한 문제가 종종 출제되고 있다. 일반적으로 제시된 자료의 내용을 꼼꼼히 읽으면 어렵지 않게 정답을 찾을 수 있는 경우가 많다.

| 자료 분석 |

칼럼은 뉴미디어의 확산으로 인해 발생한 문제와 그 해결 방안을 다루고 있다. 뉴미디어의 등장으로 정보의 양이 늘어나고 그 과정에서 선정적이거나 타인의 사생활을 침해하는 정보가 급증하는 것이 문제 상황이다. 따라서 법적 제재와 더불어 매체 이용자들이 정보를 비판적으로 수용하는 지혜가 필요함을 강조한다.

| 선지 해설 |

①칼럼은 뉴미디어에 대한 법적 제재에 앞서 매체 이용자들이 정보를 정확하게 검증하고 합리적으로 판단해야 한다고 본다.

② 칼럼에 따르면 다수의 구독자를 확보한 전문 운영자의 등장으로 인해 참신하고 다채로운 정보들도 생산되고 있지만, 선정적이거나 타인의 사생활을 침해하는 정보들도 급증하고 있다.

③ 칼럼에 따르면 뉴미디어 확산으로 인해 참신하고 다채로운 소재와 유형의 창작물들이 생산되고 있다.

④ 칼럼에 따르면 뉴미디어에 대한 국가의 법적 제재도 실효성은 있다.

⑤ 칼럼에 따르면 뉴미디어의 확산으로 누구나 정보를 소비하는 동시에 생산할 수 있기 때문에 생산자와 소비자의 경계는 흐려진다.

다음 신문 칼럼에서 강조하는 내용으로 가장 적절한 것은?

```
○○신문                                    ○○○○년 ○월 ○일
                         칼 럼
   생성형 인공 지능의 학습에 이용되는 데이터 중 많은 것들이 원저작자의
동의 없이 무단으로 수집, 이용되고 있다. 이는 원 저작자의 저작권을 침해할
소지가 있으므로 원저작자의 저작권 보호 대책이 마련되어야 한다. 어떤
사람들은 원저작자의 저작권을 인정할 경우 인공 지능 관련 산업이 위축될
것을 우려한다. 하지만 이러한 주장은 데이터 원저작자의 노력과 정당한
권리를 간과하는 것이다. 또한 저작권을 보호하는 것이 오히려 인공 지능 관련
산업의 장기적 발전에 도움을 줄 수 있다. 저작권을 보호함으로써 원저작자는
데이터를 제공하려는 더 많은 유인을 가질 것이며, 이를 통해 관련 산업을
양질의 데이터를 지속적으로 확보할 수 있다.
```

① 인공 지능 학습용 데이터는 **공공재**로서 보호되어야 한다.
→ 칼럼은 원작자의 데이터를 공공재로 보지 않음

② 저작권에 대한 보호는 인공 지능 관련 산업을 **위축**시킨다.
발전

③ 저작권 보호와 양질의 학습용 데이터 확보는 양립할 수 ~~없다~~.
있다

✔ 인공 지능 학습용 데이터 원저작자의 정당한 권리를 보호해야 한다.

⑤ 인공 지능 학습용 데이터 수집은 원저작자 동의 ~~없이~~ 가능해야 한다.
하에

│ 자료 분석 │

칼럼은 인공 지능 관련 산업의 장기적 발전을 위한 저작권 보호를 주장한다. 칼럼에 따르면 저작권을 보호하는 것이 원저작자로 하여금 데이터를 제공하려는 더 많은 유인을 가질 수 있다.

│ 선지 해설 │

① 칼럼은 인공 지능 학습용 데이터를 공공재로 보는 주장에 반대한다.

② 칼럼은 저작권에 대한 보호는 인공 지능 관련 산업의 장기적 발전에 도움을 줄 수 있다고 본다.

③ 칼럼에 따르면 저작권 보호를 통해 양질의 데이터를 지속적으로 확보할 수 있다.

④ 칼럼은 인공 지능 학습용 데이터 원저작자의 정당한 권리를 보장한다면 원저작자가 데이터를 제공하려는 더 많은 유인을 가질 수 있다고 본다.

⑤ 칼럼은 인공 지능 학습에 이용되는 데이터가 원저작자의 동의 없이 무단으로 수집, 이용되고 있는 점을 비판한다.

다음 토론의 핵심 쟁점으로 가장 적절한 것은? [3점]

갑: 사회 관계망 서비스(SNS)를 통한 광고를 이용하는 기업이 늘어나면서 허위·과장 광고에 의한 피해 사례가 늘고 있습니다. 따라서 SNS를 통한 광고를 규제할 필요가 있습니다.

을: 동의합니다. 하지만 SNS를 통한 광고는 사회적 기업이 제작한 제품에 대한 윤리적 소비로 이어지는 사례도 많습니다. 따라서 SNS를 통한 광고는 허용되어야 합니다.

갑: 아닙니다. SNS를 통한 광고는 윤리적 소비로 이어지기도 하지만 허위·과장 광고의 수단으로 악용될 소지가 큽니다. 따라서 SNS를 통한 광고는 전면 금지되어야 합니다.

을: 아닙니다. SNS를 통한 광고를 허용하되 적극적인 단속을 실시해 나간다면, SNS가 허위·과장 광고의 수단이 될 가능성을 최소화할 수 있습니다.

① SNS를 통한 광고를 규제할 필요가 있는가?
→ 갑, 을 긍정

✔ ② SNS를 통한 광고는 모두 금지되어야 하는가?
→ 갑은 긍정, 을은 부정

③ SNS를 통한 광고는 윤리적 소비로 이어지는가?
→ 갑, 을 긍정

④ SNS는 기업의 광고 수단으로만 이용되어야 하는가?
→ 갑, 을 부정

⑤ SNS는 허위·과장 광고의 수단으로 악용될 수 있는가?
→ 갑, 을 긍정

│ 자료 분석 │

갑, 을은 SNS를 통한 광고를 허용할지의 여부를 놓고 논쟁을 벌이고 있다. 갑은 SNS를 통한 광고가 허위·과장 광고의 수단으로 악용될 소지가 크기 때문에 전면 금지되어야 한다고 주장하고 있다. 반면, 을은 SNS가 허위·과장 광고의 수단이 될 가능성을 최소화하기 위해 규제할 필요는 있지만, SNS를 통한 광고가 윤리적 소비로 이어지는 긍정적인 효과도 있기 때문에 SNS를 통한 광고를 허용해야 한다고 주장하고 있다.

│ 선지 해설 │

① 갑, 을 모두 SNS를 통한 광고를 규제할 필요가 있다고 보기 때문에 토론의 핵심 쟁점에 해당하지 않는다.

② 갑은 SNS를 통한 광고가 모두 금지되어야 한다고 보는 입장이고, 을은 SNS를 통한 광고를 허용해야 한다고 보는 입장이기 때문에 토론의 핵심 쟁점에 해당한다.

③ 갑, 을 모두 SNS를 통한 광고가 윤리적 소비로 이어질 수 있다고 보기 때문에 토론의 핵심 쟁점에 해당하지 않는다.

④ 갑, 을 모두 SNS를 기업의 광고 수단으로만 이용해야 한다고 주장하지 않으므로 토론의 핵심 쟁점에 해당하지 않는다.

⑤ 갑, 을 모두 SNS가 허위·과장 광고의 수단으로 악용될 수 있다고 보기 때문에 토론의 핵심 쟁점에 해당하지 않는다.

다음 토론의 핵심 쟁점으로 가장 적절한 것은?

> 갑: 얼굴을 식별하여 본인임을 인증하는 안면 인식 기술은 비밀번호나 디지털 인증서보다 본인 확인 절차가 간단하고 편리하기에 활용 범위를 확대할 필요가 있습니다. → 을: 안면 인식 인공 지능 기술 개발 반대
>
> 을: 동의합니다. 하지만 안면 인식 기술에 고도화된 인공 지능을 결합한 안면 인식 인공 지능 기술의 개발에는 반대합니다. 왜냐하면 이 기술은 안면 데이터를 대량으로 학습하고 식별하여 사생활 침해의 위험이 크기 때문입니다. → 갑: 안면 인식 인공 지능 기술 개발 찬성
>
> 갑: 아닙니다. 안면 인식 인공 지능 기술을 테러와 같은 범죄를 예방하기 위한 경우에만 제한적으로 활용한다면, 사생활 침해를 최소화할 수 있으므로 이 기술의 개발을 허용해야 합니다.
>
> 을: 그렇지 않습니다. 안면 인식 인공 지능 기술을 활용하는 것은 테러 예방에 도움이 되겠지만, 결국 불특정 다수의 얼굴을 판독한다는 것을 의미하므로 이 기술을 개발해서는 안 됩니다.

① 안면 인식 기술을 전면적으로 금지해야 하는가?
  → 갑: ×, 을: ×
② 안면 인식 인공 지능 기술은 사생활을 침해할 수 있는가?
  → 갑: ○, 을: ○
③ 안면 인식 기술의 활용은 일상생활에 도움을 줄 수 있는가?
  → 갑: ○, 을: ○
④ 안면 인식 인공 지능 기술은 테러 예방에 기여할 수 있는가?
  → 갑: ○, 을: ○
✓⑤ 안면 인식 기술과 고도화된 인공 지능의 결합을 허용해야 하는가?
  → 갑: ○, 을: ×

| 자료 분석 |

갑은 안면 인식 기술과 안면 인식 인공 지능 기술은 사생활 침해를 최소화할 수 있는 편리한 기술이므로 테러와 같은 범죄를 예방하는 경우에 제한적으로 활용할 수 있도록 허용해야 한다고 본다. 반면 을은 안면 인식 기술은 허용해야 하지만, 안면 인식 인공 지능 기술은 불특정 다수의 얼굴을 판독하여 사생활을 침해할 수 있기 때문에 개발을 허용해서는 안 된다고 본다.

| 선지 해설 |

① 갑은 안면 인식 기술과 안면 인식 인공 지능 기술 모두를 허용해야 한다는 입장이고, 을은 안면 인식 기술만을 허용해야 한다는 입장이다. 따라서 갑, 을이 모두 부정의 대답을 할 질문이므로 토론의 핵심 쟁점으로 적절하지 않다.

② 갑은 안면 인식 인공 지능 기술을 제한적으로 활용한다면 사생활 침해를 최소화할 수 있다고 보고, 을은 안면 인식 인공 지능 기술이 안면 데이터를 대량으로 학습하고 식별하여 사생활을 침해할 위험이 크다고 본다. 갑, 을 모두 안면 인식 인공 지능 기술이 사생활을 침해할 수 있다고 보므로 토론의 핵심 쟁점으로 적절하지 않다.

③ 갑, 을 모두 안면 인식 기술이 절차가 간단하고 편리하여 일상생활에 도움을 줄 수 있다고 본다. 따라서 토론의 핵심 쟁점으로 적절하지 않다.

④ 갑, 을 모두 안면 인식 인공 지능 기술이 테러 예방에 도움을 줄 수 있다고 보기 때문에 토론의 핵심 쟁점으로 적절하지 않다.

⑤ 갑은 안면 인식 기술과 고도화된 인공 지능의 결합을 허용해야 한다고 보고, 을은 사생활 침해를 유발할 수 있기 때문에 안면 인식 기술과 고도화된 인공 지능의 결합을 허용해서는 안 된다고 본다. 따라서 토론의 핵심 쟁점으로 적절하다.

다음 신문 칼럼에서 강조하는 내용으로 가장 적절한 것은?

> ○○신문 ○○○○년 ○월 ○일
> **칼럼**
> 정보 기술의 발달로 정보가 새로운 자산으로 자리매김하고 있다. 정보는 물질적 재산과 달리 소유할 수 없고 네트워크를 통해 접속된다. 그 결과 우리는 접속의 시대를 살아가고 있다. 접속의 시대에는 정보가 곧 돈이 된다. 누구든지 정보를 창조적으로 생산할 자유를 지니지만 현실에서는 정보 부자와 정보 빈자 간의 격차가 상존할 수밖에 없다. 물론 정보의 창조적 생산에는 지적 능력이 필요하고 또 이 능력의 평준화는 불가능하지만, 이보다 더 중요한 요소는 정보 활용 능력이다. 특히 정보를 활용할 수 있으려면 정보에 대한 접근권이 누구에게라도 똑같이 보장되어야 한다. 따라서 정보 불평등을 해소하려면 정보 기술의 발달만으로는 부족하고 무엇보다도 정보 접속의 사회적 인프라 구축이 선행되어야 한다.
> → 정보 기술의 발달에 따라 정보 부자와 정보 빈자 간의 격차 발생 우려

① 정보 기술이 발달하면 개인 간 정보의 빈부 격차가 사라진다.
✓② 정보에 대한 평등한 접근권이 보장되어야 정보 평등이 가능하다.
③ 네트워크 시대에는 물질적 재화가 더 이상 자산이 되지 못한다.
④ 정보를 창조하는 지적 능력이 정보 활용 능력보다 더 중요하다.
  → 정보 활용 능력이 더 중요
⑤ 정보를 생산하는 능력이 평등해야 정보의 불평등이 극복된다.
  정보 접근권

| 자료 분석 |

칼럼의 글쓴이는 정보 사회에서는 정보가 곧 돈이 되고, 누구든지 정보를 창조적으로 생산할 자유를 지니지만, 정보 격차에 따른 불평등이 발생할 수 있음을 지적하고 있다. 특히 정보 활용 능력의 중요성을 강조하며, 이를 보장하기 위해서 정보에 대한 동등한 접근이 이루어질 수 있도록 정보 접속의 사회적 인프라가 구축되어야 함을 주장하고 있다.

| 선지 해설 |

① 글쓴이는 정보 기술이 발달하면 개인 간 정보의 빈부 격차가 생길 수 있음을 우려하고 있다. 정보의 창조적 생산에 필요한 지적 능력, 정보 활용 능력의 차이에 따라 정보 부자와 정보 빈자 간 격차가 상존할 수밖에 없다고 본다.

② 글쓴이는 정보에 대한 접근권이 누구에게라도 똑같이 보장되어야 정보 평등이 가능하다고 본다. 이를 위해 정보 접속의 사회적 인프라 구축이 선행되어야 한다고 본다.

③ 글쓴이는 정보 기술의 발달로 정보가 새로운 자산으로 자리매김하고 있다고 언급하지만, 그렇다고 해서 물질적 재화가 더 이상 자산의 기능을 하지 못하게 되었다고 이야기하는 것은 아니다.

④ 글쓴이는 정보를 창조함에 있어 지적 능력보다 정보 활용 능력이 더 중요하다고 주장한다.

⑤ 글쓴이는 정보에 대한 접근권이 평등하게 보장되어야 한다고 강조하고 있다. 정보를 생산하는 지적 능력의 평준화는 불가능하다고 본다.

18
일차

다음 신문 칼럼에서 강조하는 내용으로 가장 적절한 것은?

○○신문　　　　　　　　　　　　　　　　○○○○년 ○월 ○일

칼 럼

최근 자녀의 사진이나 동영상을 온라인에 게시하고 타인과 공유하는 뉴 미디어 세대의 육아 방식이 유행하고 있다. 이러한 육아 방식은 자녀의 성장 과정을 기록하고 육아 정보를 공유할 수 있다는 점에서 유익하다. 하지만 이로 인해 자녀의 사생활과 정보 자기 결정권이 침해되고 자녀가 사이버 범죄에 노출될 위험성이 증가하고 있다. **아동·청소년**은 이러한 피해의 직접적 당사자가 될 수 있기 때문에 이들에게는 **잊힐 권리가 보장되어야 한다.** 즉, 아동·청소년도 본인이나 타인이 올린 자신의 개인 정보와 관련된 게시물을 자신의 의사만으로 삭제해 달라고 직접 요청할 수 있도록 해야 한다.

↳ 아동·청소년의 정보 자기 결정권 및 잊힐 권리 보장

① 잊힐 권리는 ~~게시물 작성자에게~~ 부여되어야 할 독점적 권리이다.
　　　　　　게시물에 정보가 공개된 당사자
✓ ② 아동·청소년은 개인 정보의 보호 대상이면서 주체가 되어야 한다.
③ ~~악의 없이 공유한 게시물이라면~~ 개인의 권리를 내세워 삭제할 수
　　없다. 악의 없이 공유한 게시물이더라도
④ 자녀의 정보 자기 결정권은 ~~부모의 동의를 통해~~ 행사되어야 한다.
　　　　　　　　　　　　　자녀의 의사에 따라
⑤ 공유 게시물의 삭제 여부는 ~~정보의 유용성에 따라~~ 결정되어야 한다.
　　　　　　　　　　　개인이 가진 정보 자기 결정권

| 자료 분석 |

칼럼에서는 자녀의 의사와 상관없이 부모의 의사대로 자녀의 일상을 온라인에 게시하고 공유하는 뉴 미디어 세대의 육아 방식이 자녀의 사생활과 정보 자기 결정권을 침해하며 사이버 범죄에 노출될 위험성까지 증가시킬 수 있다며 우려하고 있다. 칼럼에서는 이러한 문제를 해결하기 위해서 아동·청소년에게도 자신의 개인 정보나 자신과 관련된 게시물에 대해 직접 삭제를 요청할 수 있는 잊힐 권리를 보장해야 한다고 주장한다.

| 선지 해설 |

① 칼럼에서는 자녀들의 게시물을 작성하는 부모가 아니라 자신의 정보가 들어간 게시물을 원하지 않는 아동·청소년에게 잊힐 권리가 있다고 주장한다.

② 칼럼에서는 아동·청소년이 본인이나 타인이 올린 자신의 개인 정보와 관련된 게시물을 자신의 의사만으로 삭제해 달라고 직접 요청할 수 있어야 함을 강조하며 아동·청소년을 개인 정보의 보호 대상이자 주체로 인식한다.

③ 칼럼에서는 자녀의 성장 과정을 기록하고 육아 정보를 공유한다는 유용성의 측면에서 악의 없이 공유한 게시물이라 하더라도 자녀의 사생활과 정보 자기 결정권이 침해되고 각종 사이버 범죄에 자녀가 노출될 수 있으므로 잊힐 권리라는 개인의 권리를 내세워 삭제할 수 있다고 주장한다.

④ 칼럼에서는 아동·청소년에게도 자신의 개인 정보와 관련된 게시물을 작성, 수정, 삭제 등에 대해 스스로 결정할 수 있는 정보의 자기 결정권이 있으며, 이러한 정보 자기 결정권은 부모의 동의가 아닌 자신의 의사만으로 직접 행사할 수 있어야 한다고 주장한다.

⑤ 칼럼에서는 공유된 게시물의 삭제 여부는 정보의 유용성이 아니라 개인이 가진 정보 자기 결정권에 따라 결정되어야 한다고 주장한다.

다음 신문 칼럼의 입장으로 적절하지 <u>않은</u> 것은? [3점]

○○신문　　　　　　　　　　　　　　　　○○○○년 ○○월 ○○일

칼 럼

정보 기술의 발달은 우리에게 인터넷과 사이버 공간을 선물로 안겨 주었다. 이에 대해 일부에서는 정부가 빅 데이터 기술을 활용하여 시민들을 감시하는 '판옵티콘' 사회를 우려하고 있다. 다른 한편에서는 사이버 공간이 현실 정치권력으로부터 완전히 독립된 '디지털 에덴동산'이 될 수 있다고 낙관한다. 하지만 **사이버 공간은 인간 기술이 만든 또 하나의 현실 공간이다.** 정부가 빅 데이터 기술을 활용하듯이, 시민들도 정보 기술을 통해 정부의 정책이나 행정을 감시할 수 있다. 또한 시·공간적 제약에서 해방되어 정치적으로 활동할 수 있는 시민의 힘도 증가한다. 이처럼 사이버 공간이 아테네의 아크로폴리스 역할을 담당함으로써 전자 민주주의의 꽃은 활짝 필 것이다. 이러한 민주주의는 시민들의 높은 정치의식과 민주적 토론 문화가 뒷받침되어야만 열매를 맺을 것이다.

① 전자 민주주의는 시민들의 적극적인 참여를 필요로 한다.
② 정보 기술의 발전은 직접 민주주의의 가능성을 높여 준다.
③ 사이버 공간은 새로운 소통의 장으로 정치 참여의 폭을 넓혀 준다.
④ 정보 기술은 정부와 시민이 상호 견제할 수 있는 힘을 제공한다.
✓ ⑤ 사이버 공간은 익명성으로 인해 ~~법치로부터 벗어난 공간이다.~~
　　→ 사이버 공간은 인간 기술이 만든 또 하나의 현실 공간이라고 봄

| 자료 분석 |

신문 칼럼은 정보 기술의 발달로 인해 정부의 정책이나 행정을 감시하는 등 전자 민주주의가 꽃필 수 있는 적절한 환경이 만들어졌다고 주장한다. 그러나 기술로 인해 마련된 사이버 공간은 또 하나의 현실적 공간이기 때문에 이러한 현실적 공간에서 민주주의가 꽃피우기 위해서는 시민들의 높은 정치의식과 민주적 토론 문화를 토대로 한 민주적인 토양이 마련되어야 함을 강조한다.

| 선지 해설 |

① 칼럼은 전자 민주주의가 성장하고 발전하기 위해서는 시민들의 높은 정치의식과 민주적 토론 문화가 뒷받침되어야 한다고 주장하면서, 전자 민주주의가 시민들의 적극적인 참여를 필요로 한다는 것을 강조한다.

② 칼럼은 정보 기술의 발전으로 인해 시민들이 정부의 정책이나 행정을 감시할 수 있고, 시공간적 제약에서 벗어나 정치적으로 활동할 수 있는 시민의 힘이 확장되었다고 본다. 따라서 칼럼의 입장에 따르면 정보 기술의 발전은 직접 민주주의의 가능성을 높여 주고 있다.

③ 칼럼은 사이버 공간이 인간의 기술이 만든 하나의 현실 공간으로, 시민들이 정부의 정책이나 행정을 감시하고, 정치적으로 활동할 수 있는 새로운 소통의 장으로 기능함으로써 정치 참여의 폭을 넓혀 준다고 본다.

④ 칼럼은 사이버 공간을 통해 정부가 빅 데이터 기술을 활용하여 시민들의 활동을 감시할 수 있고, 동시에 시민들 역시 정보 기술을 통해 정부의 정책이나 행정 사항을 감시할 수 있게 되어, 사이버 공간이 정부와 시민이 상호 견제할 수 있는 힘의 균형을 제공하고 있다고 본다.

⑤ 칼럼은 사이버 공간이 인간 기술이 만든 또 하나의 현실 공간이라고 인식한다. 따라서 사이버 공간은 익명성으로 인해 법치로부터 벗어난 공간이 아니며 현실과 마찬가지로 법적·윤리적 제약 속에 있는 공간이라고 할 수 있다.

08 저작권에 대한 윤리적 쟁점 23학년도 9월 모평 14번　　정답 ② | 정답률 69%

다음은 신문 칼럼이다. ㉠에 들어갈 내용으로 가장 적절한 것은? [3점]

○○신문　　　　　　　　　　○○○○년 ○○월 ○○일

칼 럼

　　최근 저작권 행사로 얻을 수 있는 경제적 이익이 커지면서 저작권을 대기업이나 이익 단체가 독점하기 시작했다. 그로 인해 저작물을 이용하는 가격이 비싸지면서 정보를 이용하는 데 부익부 빈익빈 현상이 심화되고 있다. 이러한 문제는 카피레프트라는 정보 공유 운동을 통해 해결할 수 있다. 우리가 지지하는 카피레프트는 저작자의 저작권을 부정하는 운동이 아니다. 오히려 저작자가 자신의 저작권을 기반으로 모든 사람에게 자유롭고 평등하게 정보에 접근하고 이를 이용, 배포, 수정할 수 있는 권리를 부여함으로써 정보 독점을 막고 지식의 진보를 이루고자 하는 운동이다. 이러한 카피레프트는　㉠
… (후략)　　　↪ 카피레프트 운동의 목적

① 저작자의 저작권을 ~~폐기함~~으로써 정보 공유를 확대하고자 한다.

✔② 저작자가 저작물 이용에 대한 배타적 권리를 포기하는 것을 전제한다.

③ 저작권의 ~~상업적 거래를 활성화~~할 수 있는 기반을 조성하고자 한다.

④ 정보의 ~~폐쇄성을 조장~~함으로써 기술 진보와 문화 발전을 ~~가로막는다.~~
　　　　　　개방성을 추구함　　　　　　　　　　　　　이루고자 한다

⑤ 정보 접근 권한을 소득 수준에 따라 ~~차등적으로 분배~~할 것을 지향한다.

| 자료 분석 |

신문 칼럼은 대기업이나 이익 단체의 정보 독점으로 인해 정보를 이용하는 데 있어 부익부 빈익빈 현상이 심화되고 있음을 지적하고 있다. 칼럼의 저자는 이에 대해 정보의 독점을 막고 지식의 진보를 이루고자 하는 카피레프트 운동을 통해 문제를 해결할 수 있다고 주장한다. 카피레프트 운동은 저작자의 저작권 자체를 부정하는 것이 아니라 저작자가 자신의 저작권을 기반으로 모든 사람에게 정보에 자유롭게 접근할 수 있는 권리를 부여하자는 것이다.

| 선지 해설 |

① 칼럼에 따르면 카피레프트는 자유롭고 평등하게 정보가 공유됨으로써 정보 독점을 막고자 하는 것이지 저작자의 저작권 자체를 폐기하고자 하는 운동이 아니다.

② 칼럼에 따르면 저작권을 대기업이나 이익 단체가 독점함으로써 생긴 정보 격차를 줄이기 위해서는 저작물 이용에 대한 저작자의 배타적 권리를 포기해야 한다고 본다. 모든 사람들이 자유롭고 평등하게 정보에 접근하여 이용할 수 있어야 정보 격차가 줄어들 수 있다고 보기 때문이다.

③ 카피레프트는 정보 공유 운동으로 정보의 개방과 자유롭고 평등한 정보의 공유를 강조한다. 따라서 저작권의 상업적 거래의 활성화를 위한 기반을 조성하는 것에 목적이 있지 않다.

④ 카피레프트는 정보의 폐쇄성이 아닌 개방성을 추구함으로써 기술의 진보를 이루고자 하는 운동이다.

⑤ 칼럼은 정보 접근 권한을 소득 수준에 따라 차등적으로 분배하는 것이 아니라 모든 사람에게 정보 접근 권한이 평등하게 분배되도록 하자고 주장하고 있다.

09 인공 지능에 대한 윤리적 쟁점 23학년도 6월 모평 14번　　정답 ③ | 정답률 93%

다음 글의 입장에서 ㉠에 대한 해결 방안으로 가장 적절한 것은?

　　우리가 효율성이 높은 인공 지능 개발에만 주로 관심을 기울인 나머지, 인공 지능이 행하는 혐오와 차별의 표현은 용인될 수 없는 사회적 문제로 대두되었다. 이 문제는 인공 지능이 학습하는 데이터 자체의 비윤리성에 기인한다. 인공 지능이 인간 수준의 윤리적 판단력을 갖추는 것은 불가능하므로 적절한 여과 과정을 거친 데이터를 인공 지능에 제공해야 한다. 주목할 것은 그것의 비윤리적인 표현들이 우리의 일상 언어에 근거한다는 사실이다. 이 언어들은 인공 지능에게는 숫자로 변환되는 전산 언어에 불과하지만, 그것들이 우리에게 다시 돌아올 때에는 ㉠ 윤리적 문제를 일으킬 수 있다.

① 인공 지능의 데이터 처리 속도를 높이기 위한 기술을 ~~개발~~해야 한다.

② 인공 지능의 표현을 ~~수용할 수 있는 관용적인 태도를 함양~~해야 한다.
　　↪ 혐오와 차별의 표현은 용인될 수 없음

✔③ 인간의 도덕적 검증을 거친 학습 데이터를 인공 지능에 입력해야 한다.

④ ~~인간보다 뛰어난 도덕적 판단력을 지닌 인공 지능을 개발~~해야 한다.

⑤ 인간 친화적인 인공 지능 개발을 위해 일상 언어를 인공 지능에 ~~그대로 입력~~해야 한다.
　　적절한 여과 과정을 거쳐

| 자료 분석 |

제시된 글은 인공 지능이 학습하는 데이터 자체가 가진 비윤리성으로 인해 인공 지능이 혐오와 차별의 표현을 하는 문제의 심각성을 지적하고 있다. 따라서 제시된 글에서는 이러한 문제를 해결하기 위해 인간 수준의 윤리적 판단력을 가지고 있지 않은 인공 지능에게 적절한 여과 과정을 거친 데이터를 제공함으로써 윤리적 문제를 예방해야 한다고 주장한다.

| 선지 해설 |

① 제시된 글은 인공 지능의 데이터 처리 속도에 관해서 언급하는 것이 아니라 인공 지능이 행하는 혐오와 차별의 표현 등 인공 지능이 습득하는 데이터의 질에 대한 문제를 제기하고 있다.

② 제시된 글은 인공 지능이 행하는 혐오와 차별적인 표현이 윤리적 문제를 일으키며, 이는 용인될 수 없는 사회적 문제로 대두되었다고 본다.

③ 제시된 글은 인공 지능에게 제공되는 데이터가 인공 지능에게는 숫자로 변환된 전산 언어에 불과하지만 우리에게 다시 돌아올 때는 윤리적 문제를 일으킬 수 있다고 본다. 따라서 윤리적 판단력을 가진 인간의 도덕적 검증을 거친 학습 데이터를 인공 지능에게 제공해야 한다고 주장한다.

④ 제시된 글은 인공 지능이 인간 수준의 윤리적 판단력을 갖추는 것이 불가능하다고 본다. 따라서 인공 지능이 윤리적 표현을 할 수 있도록 우리의 일상 언어에 포함된 비윤리적 표현에 대한 윤리적 검토 과정이 필요하다고 본다.

⑤ 제시된 글은 인공 지능이 행하는 혐오와 차별적인 표현이 우리의 일상 언어가 가진 비윤리성에 근거한다고 본다. 따라서 일상 언어를 인공 지능에 그대로 입력해서는 안 되며 적절한 여과 과정을 거친 데이터를 인공 지능에 입력해야 함을 강조한다.

10 정보 사회의 윤리적 문제 22학년도 수능 13번

정답 ③ | 정답률 94%

다음 신문 칼럼에서 강조하는 내용으로 적절하지 <u>않은</u> 것은?

○○신문　　　　　　　　　　　　　　○○○○년 ○○월 ○○일

칼럼

　인터넷을 활용한 뉴 미디어의 발달로 우리는 정보의 소비뿐 아니라 유통과 생산에도 적극 참여하고 있다. 그 과정에서 우리는 사이버 공간에서 자신의 정체를 숨길 수 있다는 막연한 생각을 갖고 허위 정보 내지 유해 정보를 생산하거나 전달하기도 한다. 이러한 정보의 홍수로 인해 사회 곳곳에서 선의의 피해자가 발생하고 있다. 잘못된 정보의 희생자가 되지 않으려면 우리 스스로 정보를 비판적으로 수용하는 지혜가 필요하다. 무엇보다 사이버 공간에서 실명을 숨겨도 IP 추적과 같은 방법으로 실제 사용자가 밝혀질 수 있음을 기억해야 한다. 따라서 사이버 공간에서도 우리는 책임 있는 존재로 활동해야 한다.

→ 정보 유통의 주체가 되면서 발생한 문제점

→ 사이버 공간의 익명성에 대해 경계할 것을 주장

① 현실 세계에서처럼 사이버 공간에서도 윤리가 필요하다.
② 우리는 정보의 소비뿐 아니라 정보의 유통에서도 주체이다.
③ 표현의 자유를 위해 사이버 공간의 익명성을 강화해야 한다.
④ 거짓 정보의 생산자는 그로 인한 피해에 대해 책임져야 한다.
⑤ 정보의 올바른 이용을 위해 미디어 리터러시를 함양해야 한다.

자료 분석

신문 칼럼의 필자는 뉴 미디어의 발달로 우리가 정보 소비와 유통 및 생산에 적극적으로 참여하게 되고, 그 과정에서 허위 정보와 유해 정보로 인한 피해가 발생하고 있음을 지적한다. 따라서 필자는 우리가 정보를 비판적으로 수용하는 지혜를 갖추고, 사이버 공간에서도 책임 있는 존재로 활동해야 한다고 강조한다.

선지 해설

① 신문 칼럼에서는 우리가 사이버 공간에서도 책임 있는 존재로 활동해야 함을 강조하면서, 현실 세계에서처럼 사이버 공간에서도 윤리가 필요하다고 주장한다.

② 신문 칼럼에서는 뉴 미디어의 발달을 통해 우리가 정보의 소비와 유통, 생산에 적극적으로 참여하는 주체가 되었다고 전제하고 있다.

③ 신문 칼럼에서는 표현의 자유를 위해 사이버 공간의 익명성을 강화해야 한다고 주장하고 있지 않다. 오히려 사이버 공간의 익명성을 경계하면서, 사이버 공간에서 자신의 정체를 숨길 수 있다는 막연한 생각을 버리고, 실명을 숨기더라도 IP 추적 등과 같은 방법으로 실제 사용자가 밝혀질 수 있음을 기억해야 한다고 주장한다.

④ 신문 칼럼에서는 사이버 공간의 익명성에 기대어 허위 정보나 유해 정보를 생산하거나 전달하는 행위를 비판하며, 사이버 공간에서도 책임 있는 존재로 활동할 것을 강조하고 있다.

⑤ 신문 칼럼에서는 잘못된 정보의 희생자가 되지 않으려면 정보를 비판적으로 수용하는 지혜, 즉 미디어 리터러시가 필요함을 주장하고 있다.

---

11 정보 사회의 윤리적 문제 22학년도 9월 모평 20번

정답 ⑤ | 정답률 93%

다음은 신문 칼럼이다. ㉠에 들어갈 제목으로 가장 적절한 것은?

○○신문　　　　　　　　　　　　　　○○○○년 ○○월 ○○일

칼럼

㉠

　뉴 미디어가 등장한 이후 유통되는 정보의 양은 기하급수적으로 늘어나고 유통의 구조도 다양화되고 있다. 이에 따라 우리는 원하는 정보에 손쉽고 빠르게 접근할 수 있게 되었고 보다 효율적인 의사소통이 가능해졌다. 반면, 검증되지 않은 정보가 광범위하게 확산되거나, 다양한 정보가 임의적으로 조합되어 실체가 없는 거짓 정보가 양산되는 등 심각한 사회 문제가 생겨났다. 단순히 수용적인 태도로 미디어가 보여 주는 정보에 접근한다면 편견에 사로잡혀 세상을 객관적으로 보지 못할 수 있다. 이것이 바로 뉴 미디어 시대의 새로운 시민성으로서 미디어 리터러시(media literacy)가 요청되는 이유이다.

→ 정보에 대한 비판적 사고력이 필요한 이유

① 뉴 미디어 시대, 쌍방향 의사소통이 가능해진다.
② 뉴 미디어 시대, 빅 데이터 처리 기술이 요청된다.
③ 뉴 미디어 시대, 계층 간 정보 격차를 줄여야 한다.
④ 뉴 미디어 시대, 정보에 대한 접근이 더 용이해진다.
⑤ 뉴 미디어 시대, 정보에 대한 비판적 사고력이 필요하다.

자료 분석

제시된 신문 칼럼에서는 뉴 미디어의 등장으로 정보의 양이 늘어나고 유통 구조 또한 다양화되면서 정보 접근성이 높아졌다고 본다. 하지만 동시에 검증되지 않은 정보의 확산, 거짓 정보의 양산 등의 사회 문제가 발생함을 지적하면서 미디어 리터러시가 새로운 시민성으로 요구된다고 본다.

선지 해설

① 신문 칼럼에서는 뉴 미디어 시대의 쌍방향 의사소통의 가능성에 대해 주목하기보다는 정보에 대한 비판적 사고력이 필요함을 역설하고 있다.

② 신문 칼럼에서는 기하급수적으로 늘어나는 정보의 양을 지적하며, 빅 데이터 처리 기술이 아닌 미디어 리터러시를 강조하고 있다.

③ 신문 칼럼에서는 계층 간 정보 격차의 문제를 다루고 있지 않다.

④ 신문 칼럼에서는 뉴 미디어 시대에 정보에 대한 접근이 더 용이해졌지만, 동시에 검증되지 않은 정보의 확산, 거짓 정보의 양산과 같은 심각한 사회 문제가 발생함을 지적하고 있다.

⑤ 신문 칼럼에서는 뉴 미디어 시대에 필요한 시민성으로서 정보를 단순히 수용적인 태도로 받아들이는 것이 아니라 주어진 정보를 비판적으로 사고할 수 있는 미디어 리터러시가 요구된다고 본다.

12 정보 사회의 윤리적 문제 22학년도 6월 모평 13번

정답 ⑤ | 정답률 94%

다음 신문 칼럼의 입장으로 가장 적절한 것은?

○○신문   ○○○○년 ○○월 ○○일

칼럼

오늘날 정보 사회에서는 누구든지 타인의 정보를 조사하고 그 정보를 불특정 다수에게 전달할 수 있어 개인 정보가 침해되는 경우가 증가하고 있다. 타인에게 알려지고 싶지 않은 개인의 민감한 정보가 당사자의 의사에 반해 인터넷에서 검색되거나, 기업이 적법하게 수집한 개인 정보를 기업의 이익을 위해 활용하는 과정에서 유출하는 경우가 대표적이다. 언론 역시 국민의 알 권리를 위한다는 명분하에 본인의 동의 없이 개인 정보를 수집하고 이를 보도함으로써 사생활을 침해하기도 한다. 이러한 문제를 해결하기 위해서는 <u>개인이 자신의 개인 정보를 누구에게, 어떤 범위까지, 얼마 동안, 어떤 형식으로 공개할 것인지에 대해 정당한 처리를 요구할 수 있어야 한다.</u>

└ 개인 정보 처리에 대한 권리가 보장되어야 함을 강조

① 사이버 공간에서 표현의 자유가 제한되어서는 안 된다.

② 적법하게 수집된 개인 정보의 활용을 제한해서는 안 된다.

③ 잊힐 권리보다 알 권리를 중시하여 공익을 증진해야 한다.

④ 모든 정보에 누구나 자유롭게 접근할 수 있도록 허용해야 한다.

✔⑤ 인권 보호를 위해 개인 정보에 대한 자기 결정권을 보장해야 한다.

| 자료 분석 |

신문 칼럼에서는 오늘날 정보 사회의 문제점을 지적하면서 인터넷 검색, 기업의 이익 추구 과정, 언론 등을 통해서 개인 정보가 침해되는 경우가 증가하고 있다고 주장하고 있다. 그리고 이러한 문제의 해결을 위해 개인 정보를 정당하게 처리할 수 있는 권리가 개개인에게 주어져야 한다고 본다.

| 선지 해설 |

① 신문 칼럼에서는 개인 정보에 대한 개인의 권리를 강조하고 있지만, 표현의 자유의 제한과 관련된 문제를 직접적으로 다루고 있지는 않다.

② 신문 칼럼에서는 적법하게 수집된 개인 정보가 기업의 이익을 위해 활용되는 과정에서 유출되는 경우가 문제라고 지적하고 있지만, 적법하게 수집된 개인 정보의 활용을 제한해서는 안 된다고 주장하고 있지는 않다.

③ 신문 칼럼에서는 알 권리보다 개인 정보의 유출로 인한 사생활 침해의 문제를 더욱 심각하게 바라보고 있다.

④ 신문 칼럼에서는 정보에 대한 자유로운 접근보다 개인 정보의 정당한 처리에 대한 개개인의 권리 보장이 필요함을 강조하고 있다.

⑤ 신문 칼럼에서는 개인 정보의 정당한 처리를 요구할 수 있는 권리가 개개인에게 주어져야 한다고 주장하고 있으므로, 인권 보호를 위해 개인 정보에 대한 자기 결정권을 보장해야 한다고 볼 것이다.

---

13 정보 사회의 윤리적 문제 21학년도 6월 모평 14번

정답 ② | 정답률 79%

다음은 신문 칼럼이다. ㉠에 들어갈 내용으로 가장 적절한 것은?

악성 댓글 문제를 개인의 자율성으로 ↴

○○신문   해결해야 한다고 주장함   ○○○○년 ○○월 ○○일

칼럼

인터넷에서 익명성에 기대어 <u>악성 댓글을 다는 것은 심각한 문제이지만, 표현의 자유를 강제적으로 제한해서는 안 된다.</u> 이러한 제한은 인터넷 이용자의 표현의 자유와 사회 문제에 대한 비판을 위축시킬 수 있으므로 바람직하지 않다. 따라서 <u>각 개인이 양심과 도덕에 따라 표현을 스스로 규제할 수 있도록 하면 이러한 문제는 해결될 수 있다.</u> 그런데 어떤 사람들은 악성 댓글이 표현의 자유를 남용한 일탈 행위로서 해당 개인과 집단에 심각한 해악을 끼치므로, 이를 규제할 수 있는 제도적 장치만이 이 문제를 바람직하게 해결할 수 있다고 주장한다. 나는 이러한 주장이 [㉠]고 생각한다.

① 익명성으로 인해 비도덕적으로 행동할 수 있음을 간과한다

✔② 제도적 규제보다 자율적 규제가 적절한 해결책임을 간과한다

③ 표현의 자유보다 해악 금지 원칙이 우선되어야 함을 간과한다

④ 타인의 피해를 방지하기 위한 법적 규제가 필요함을 간과한다

⑤ 표현의 자유를 강제적으로 제한하여 악성 댓글이 예방될 수 있음을 간과한다

| 자료 분석 |

신문 칼럼의 저자는 악성 댓글이 올바르지 않다고 보지만, 제도적 장치에 의한 강제적 제한이 이루어져서는 안되며, 악성 댓글을 개인의 양심과 도덕성에 따라 자율적으로 규제하도록 해야 한다고 본다. 따라서 ㉠에는 악성 댓글에 대한 제도적 장치가 필요함을 주장하는 '어떤 사람들'에 대한 저자의 비판이 들어가야 한다.

| 선지 해설 |

① 저자와 어떤 사람들은 공통적으로 익명성에 기대어 악성 댓글을 다는 비도덕적인 행위가 문제라고 보고 있다.

② 저자는 악성 댓글에 대한 제도적 규제보다 자율적 규제가 적절하다고 보는 반면, 어떤 사람들은 제도적 장치만이 악성 댓글의 해결책이라고 주장하고 있다. 따라서 어떤 사람들에 대한 저자의 비판으로 적절하다.

③ 저자는 표현의 자유가 제한되어서는 안 된다고 보지만, 어떤 사람들은 표현의 자유보다 해악 금지 원칙이 우선되어야 한다고 본다. 따라서 해당 선지는 저자에 대한 어떤 사람들의 비판이라고 볼 수 있다.

④ 저자는 제도적·법적 규제에 반대하고 있다. 따라서 해당 선지는 저자에 대한 어떤 사람들의 비판이라고 볼 수 있다.

⑤ 저자는 표현의 자유를 강제적으로 제한해서는 안 된다는 입장을 취하고 있으므로, 어떤 사람들에 대한 저자의 비판으로 적절하지 않다.

갑 사상가의 입장에서 〈사례〉 속 A에게 해 줄 수 있는 조언으로 적절하지 <u>않은</u> 것은? [3점]

→ 공리주의적 관점

> 갑: 최대 행복의 원리는 모든 윤리적 문제에 적용되어야 한다. 타인에게 해악을 끼쳐 타인의 행복을 빼앗는 행위를 막기 위해서라면, 당사자의 의지에 반해 권력이 사용되는 것은 정당하다. 이 유일한 경우를 제외하고는 시민의 자유를 침해하는 그어떤 정치권력의 행사도 정당화될 수 없다.
> 밀
>
> → 타인에게 해악을 끼쳐 타인의 행복을 빼앗는 경우

〈사례〉

A는 금전적 이익을 얻기 위해 직장 동료들의 일상을 담은 영상을 그들의 동의 없이 인터넷에 게시할지를 고민하고 있다.

① 가상 공간에서도 타인의 자유가 존중되어야 함을 명심하세요.
② 가상 공간에서도 유용성의 원리가 적용되어야 함을 명심하세요.
③ 가상 공간에서 자신의 행동이 초래하게 될 결과를 고려하세요.
④ 가상 공간에서도 개인의 자유가 제한될 수 있음을 고려하세요.
⑤ 가상 공간에서는 쾌락 증진을 위한 행동이 <s>금지됨</s>을 명심하세요.
     허용

| 자료 분석 |

갑 사상가는 밀이다. 공리주의적 관점을 취하는 밀은 그의 저서 『자유론』을 통해 타인에게 해악을 끼치는 경우가 아니라면 시민의 자유를 보장해야 하며, 그것이 유용성의 원리에 부합하는 것임을 주장하였다.

한편 〈사례〉의 A는 타인이 등장하는 영상물의 게시 여부를 고민하고 있다. 밀의 관점을 가상 공간에 적용한다면 타인에게 해악을 끼치지 않는 선에서 유용성의 원리에 따르라고 조언할 것이다.

| 선지 해설 |

① 밀은 공리주의의 관점에서 자신과 타인의 자유를 존중하는 것이 사회적으로 유용함을 주장하였다.

② 밀은 공리주의의 관점에서 유용성의 원리에 따라 개인의 자유가 보장되어야 함을 강조하였다. 따라서 가상 공간에서도 유용성의 원리를 적용할 것이다.

③ 공리주의의 관점에서는 자신의 행동이 초래할 결과를 고려하여 공리를 극대화할 수 있는 선택을 하는 것이 올바르다고 본다.

④ 밀은 개인의 자유를 보장하는 일이 사회적으로 유용하지만, 타인에게 해악을 끼치는 경우에는 개인의 자유가 제한될 수 있음을 주장하였다.

⑤ 밀은 공리주의의 관점에서 타인에게 해악을 끼치는 경우가 아니라면, 쾌락 증진을 위한 행동을 금지하지 않을 것이다.

갑, 을의 입장으로 적절한 것만을 〈보기〉에서 고른 것은?

→ 정보를 독점하고 사회를 통제하는 존재를 말함

> 갑: 빅 브라더(Big Brother)는 소설 속 존재로, 사회를 철저히 장악한다. 정보 통신 기술의 발달로 인해 개인은 사이버 공간에서 '빅 브라더'의 감시를 벗어나지 못해, 실질적 정치 참여 → 정보 통신 기술의 발달이 정치 참여 기회를 축소할 수 있다는 입장
> 기회가 줄어들 위험성이 커지고 있다.
> 을: 아고라(agora)는 고대 아테네의 광장으로, 자유민들은 이곳에서 민회에 참여했다. 정보 통신 기술의 발달로 사이버 공간이 아고라와 같은 기능을 하면서 현실의 정책 결정에 대해서도 시민의 정치 참여를 높이고 있다. → 정보 통신 기술의 발달이 정치 참여 기회를 확대한다는 입장

〈보기〉

ㄱ. 갑: 사이버 공간에서는 사생활권과 익명성이 <s>보장된다.</s>
ㄴ. 갑: 정보 통신 기술은 보이지 않는 방식으로 개인을 통제한다.
ㄷ. 을: 사이버 공간은 직접 민주주의의 가능성을 높이고 있다.
ㄹ. <s>갑,</s> 을: 정보화가 진전됨에 따라 표현의 자유도 증진된다.

① ㄱ, ㄴ   ② ㄱ, ㄷ   ③ ㄴ, ㄷ   ④ ㄴ, ㄹ   ⑤ ㄷ, ㄹ

| 자료 분석 |

갑은 정보 통신 기술의 발달로 인해 사이버 공간에서 시민들이 권력의 감시를 벗어나지 못해 실질적인 정치 참여 기회가 줄어들고 있다고 주장한다. 반면 을은 정보 통신 기술의 발달이 사이버 공간을 토론의 장으로 만들어 시민들의 실질적인 정치 참여를 높이고 있다고 본다.

| 보기 해설 |

ㄱ. 갑은 정보 통신 기술의 발달로 개인이 사이버 공간에서 '빅 브라더'의 감시를 벗어나지 못한다고 본다. 따라서 갑은 사이버 공간에서 사생활권과 익명성이 보장되지 않는다고 본다.

ㄴ. 갑은 보이지 않는 곳에서 사회를 철저히 장악하던 소설 속 '빅 브라더'처럼 정보 통신 기술이 사이버 공간에서 보이지 않는 방식으로 개인을 통제할 수 있다고 본다.

ㄷ. 을은 사이버 공간이 고대 아테네의 '아고라' 광장처럼 시민들이 자유롭게 자신의 의견을 표현하고 교환하는 기능을 하게 되어 정치 참여를 확대한다고 본다. 따라서 을은 사이버 공간이 직접 민주주의의 가능성을 높이고 있다고 볼 것이다.

ㄹ. 을에게만 해당하는 진술이다. 갑은 정보화의 진전이 오히려 철저한 감시와 통제를 야기하여 실질적인 정치 참여 기회를 축소시킨다고 인식하므로, 정보화의 진전으로 인해 개인들의 표현의 자유가 오히려 억압될 수 있다고 본다. 반면 을은 정보화의 진전이 사이버 공간을 고대 아테네의 '아고라' 광장처럼 변화시켜 더 많은 시민들의 실질적인 정치 참여를 가능하게 한다고 인식한다. 따라서 을은 정보화의 진전으로 인해 개인의 표현의 자유가 증진될 수 있다고 본다.

다음 글에서 강조하는 내용으로 가장 적절한 것은?

> 사이버 공간은 실제 공간의 연장이면서도 익명성의 특징을 지닌 새로운 공간이다. 도덕적 책임을 둔감하게 만드는 익명성의 부정적 측면을 간과해서는 안 되지만, 그 긍정적 측면을 살리는 지혜가 필요하다. 사이버 공간에서 우리는 현실의 자아에서 벗어나, 여러 자아를 실험하며 자신의 모습을 자유롭게 만들고 해체하면서 새로운 자아를 형성할 수 있다. 우리는 다중 정체성의 위험에 유의한다면 사이버 자아를 통해 현실의 삶을 더 풍성하게 할 수 있다.
>
> → 익명성을 토대로 자유로운 자아의 재구성이 가능함을 강조

① 사이버 자아는 현실 자아의 반영에 불과하다.

② 사이버 자아의 익명성은 위험하기에 실명화해야 한다.
    → 제시된 글과 반대되는 입장

③ 사이버 자아는 현실의 자아보다 도덕적 책임에 민감하다.
                            둔감

✔ ④ 사이버 공간은 자아 정체성을 모색할 수 있는 열린 공간이다.

⑤ 사이버 공간의 다중 자아를 금지해 정체성 혼란을 예방해야 한다.
    → 제시된 글과 반대되는 입장

| 자료 분석 |

제시된 글은 사이버 공간의 특성인 익명성의 긍정적인 측면을 부각하면서, 우리가 익명성을 통해 여러 자아를 실험하고 새로운 자아를 형성함으로써, 현실의 삶을 더 풍성하게 할 수 있다고 주장한다.

| 선지 해설 |

① 제시된 글은 사이버 공간에서는 현실의 자아를 벗어나 자유롭게 여러 자아를 재구성하여 새로운 사이버 자아가 형성된다고 본다.

② 제시된 글은 사이버 자아의 익명성이 현실의 삶을 더욱 풍요롭게 한다는 긍정적인 측면을 강조하고 있다.

③ 제시된 글의 서두에서는 익명성에 도덕적 책임을 둔감하게 만드는 부정적 측면이 있음을 이야기하고 있다.

④ 제시된 글은 자유롭게 새로운 자아를 재구성할 수 있는 사이버 공간의 긍정적 측면을 강조하고 있다.

⑤ 제시된 글은 사이버 공간에서의 다중 자아가 현실의 삶을 더 풍성하게 할 수 있음을 긍정하고 있다.

다음 대화에서 갑, 을의 입장으로 가장 적절한 것은?

→ 정보 접근 → 개인의 자율 / 정보의 유통과 생산 → 국가 규제

> 정보에 대한 접근은 자유로워야 하지만 생산과 유통은 국가가 규제해야 합니다. 표현의 자유는 해악 금지의 원칙에 위배되지 않는 한에서 보장되어야 합니다. 국가는 혐오 표현의 유해성에 대한 법적 기준을 정해 정보의 생산과 유통을 규제할 책무가 있습니다.

> 정보에 대한 접근은 물론 생산과 유통도 개인의 자율에 맡겨야 합니다. 정보의 생산과 유통에 대한 국가의 규제는 그 자체로 표현의 자유를 침해하는 것입니다. 혐오 표현의 유해성에 대한 판단은 사람에 따라 다르기 때문에 국가가 일률적 기준을 마련할 수는 없습니다.

갑

을
→ 정보 접근, 유통, 생산 → 개인의 자율

① 갑: 국가는 정보에 자유롭게 접근할 권리를 제한해야 한다.
                        해서는 안 된다

✔ ② 갑: 국가는 혐오 표현의 유해성을 판단할 기준을 설정해야 한다.

③ 을: 국가는 정보의 접근이 아닌 생산·유통의 자유만 보장해야 한다.

④ 을: 국가는 해악 금지 원칙에 따라 정보 생산을 규제해야 한다.
   갑

⑤ 갑, 을: 혐오 표현에 대한 국가 규제는 표현의 자유와 양립 가능하다.

| 자료 분석 |

갑은 정보에 대한 자유로운 접근은 인정하지만, 국가가 정보에 대한 혐오표현의 유해성을 제어할 법적 기준을 정해 정보의 생산과 유통을 규제할 필요가 있다고 본다. 반면 을은 정보의 생산과 유통에 대한 국가의 규제는 표현의 자유를 침해하는 것이므로 정보에 대한 접근은 물론 생산과 유통의 모든 과정과 혐오표현의 유해성에 관한 판단 역시 개인의 자율에 맡겨야 한다고 본다.

| 선지 해설 |

① 갑은 정보의 생산과 유통은 국가가 규제해야 하지만 정보에 대한 접근은 제한 없이 자유로워야 한다고 본다.

② 갑은 표현의 자유가 해악 금지의 원칙에 위배되지 않도록 국가가 혐오 표현의 유해성에 대한 법적 기준을 정해 정보의 생산과 유통을 규제해야 한다고 본다.

③ 을은 정보의 생산과 유통에 대한 국가의 규제가 표현의 자유를 침해하는 것이므로, 정보에 대한 접근은 물론 생산과 유통도 개인의 자율에 맡겨야 한다고 본다.

④ 을은 국가가 정보의 생산을 규제해서는 안 된다고 본다. 국가가 해악 금지 원칙에 따라 정보의 생산을 규제해야 한다고 보는 것은 갑의 입장이다.

⑤ 갑은 정보의 접근은 자유로워야 하나, 정보의 생산과 유통에서는 국가 규제가 필요하다고 본다. 반면 을은 정보의 접근과 생산, 유통의 모든 과정을 국가가 규제해서는 안 된다고 본다. 따라서 갑은 혐오 표현에 대한 국가 규제와 표현의 자유가 양립 가능하다고 보지만, 을은 국가 규제에 의해 표현의 자유가 침해되므로 양립 불가능하다고 본다.

정답 ③ | 정답률 94%

다음 신문 칼럼에서 강조하는 내용으로 가장 적절한 것은?

○○신문   ○○○○년 ○○월 ○○일

칼럼

사이버 공간에 아동과 청소년의 개인 정보가 오랜 시간 누적되면서 다양한 문제가 발생하고 있다. 인터넷 사이트를 이미 탈퇴했거나 비밀번호를 잊어버렸다면 본인이 게시한 정보를 삭제하는 일은 쉽지 않다. 또한 삭제된 게시물이 여러 사람에게 이미 공유되어 원치 않는 개인 정보가 사이버 공간에 여전히 남아있게 된다. 이에 개인정보보호위원회는 '아동·청소년 디지털 잊힐 권리 시범 사업'을 시행하고 있다. 해당 사업은 정보 주체가 지우고 싶은 게시물 삭제를 정부에 요청하면 정부가 그 작업을 수행하는 것이다. 만 24세 이하 국민 누구나 만 18세 미만 시기의 정보 삭제를 요청하면 가능하다. 이를 통해 자기 정보 관리에 대한 경각심이 높아졌다고 한다. 앞으로 이 시범 사업이 성공적으로 시행되어 삭제 지원 대상과 범위가 확대되기를 기대한다.

① 개인 정보가 악용되는 경우에만 정보 삭제를 요청해야 한다.
  → 개인이 원하는 경우
② 사회 구성원은 개인 정보에 대한 정부의 개입을 경계해야 한다.
  요구
✔ 사이버 공간에서 자기 정보에 대한 개인의 통제권을 보장해야 한다.
④ 사이버 공간에 존재하는 모든 정보는 자유롭게 공유되어야 한다.
  개인의 동의 하에
⑤ 정보를 재생산한 창작자의 법적 권리를 무조건 보호해야 한다.
  → 잊힐 권리를 보장하며 원치 않는 재생산을 막아야 함

| 자료 분석 |

칼럼에서는 사이버 공간에서 아동과 청소년이 자신의 개인 정보를 삭제하는 데 어려움을 겪고 있음을 지적한다. 이에 잊힐 권리의 보장을 위한 시범 사업을 지지한다. 칼럼에 따르면 정보 삭제 지원 대상과 범위를 확대하여 사이버 공간에서 자기 정보에 대한 개인의 통제권을 보장해야 한다.

| 선지 해설 |

① 칼럼에서는 원치 않는 개인 정보가 사이버 공간에 남아있는 경우에도 정보 삭제를 요구할 수 있어야 한다고 본다.

② 칼럼에서는 정부가 적극적으로 개입하여 개인 정보에 대한 개인의 통제권을 보장해야 한다고 본다.

③ 칼럼에서는 자기 정보에 대한 개인의 통제권을 보장하기 위해 정부가 시행하는 시범 사업이 성공되기를 기대한다.

④ 칼럼에서는 개인이 원치 않는 정보에 대해 통제권을 가질 수 있어야 한다고 주장한다.

⑤ 칼럼에서는 본인이 게시한 게시물이 삭제 이후에도 재생산되는 경우를 비판하며 이러한 사례가 잊힐 권리를 침해한다고 본다.

정답 ⑤ | 정답률 84%

다음 토론의 핵심 쟁점으로 가장 적절한 것은?

갑: 최근 1분 내외의 짧은 영상을 일컫는 숏폼 콘텐츠가 유행하고 있습니다. 그런데 일부 숏폼 콘텐츠는 청소년들에게 유해하여 사회적인 문제가 되고 있습니다.

을: 동의합니다. 이러한 문제를 해결하기 위해서는 유해한 숏폼 콘텐츠 제작자에 대한 벌금 부과나 영상 제작 제한 등의 법적 규제가 이루어져야 합니다. → 제도적·법적 제제

갑: 아닙니다. 법적 규제는 다양한 숏폼 콘텐츠 제작을 위축시키므로 시행하면 안 됩니다. 숏폼 콘텐츠의 유해성 문제는 제작자의 양심에 따라 자율적으로 규제되어야 합니다. 자율적 제제

을: 자율적 규제만으로는 강제력이 없어서 실효성이 약합니다. 다양한 숏폼 콘텐츠 제작이 위축될 수 있겠지만, 효과적인 문제 해결을 위해서는 법적 규제도 반드시 병행되어야 합니다.

① 유해한 숏폼 콘텐츠는 자율적 규제의 대상인가?
  → 갑과 을 모두 동의
② 모든 숏폼 콘텐츠는 청소년들에게 해를 끼치는가?
  → 갑과 을 모두 동의하지 않음
③ 숏폼 콘텐츠의 유해성 문제에 대한 자율적 규제는 실효성이 있는가?
  → 갑과 을 모두 동의
④ 영상 제작의 법적 제한은 숏폼 콘텐츠 제작을 위축시킬 수 있는가?
  → 갑과 을 모두 동의
✔ 유해한 숏폼 콘텐츠 제작자에 대한 법적 규제를 시행해야 하는가?
  → 갑은 비동의, 을은 동의

| 자료 분석 |

제시된 글은 숏폼 콘텐츠의 규제에 관한 토론이다. 갑은 일부 숏폼 콘텐츠의 유해성 문제를 해결하기 위해 자율적인 규제가 필요하다고 주장한다. 반면 을은 숏폼 콘텐츠의 유해성 문제를 해결하기 위해 강제력을 동원한 법적 규제가 필요하다고 주장한다.

| 선지 해설 |

① 갑, 을 모두 유해한 숏폼 콘텐츠에 대해서 자율적 규제가 필요하다고 본다. 따라서 갑, 을 모두 동의하는 내용이므로 토론의 핵심 쟁점이 될 수 없다.

② 갑, 을 모두 모든 숏폼 콘텐츠가 청소년들에게 해를 끼친다고 주장하지 않는다. 따라서 갑, 을 모두 동의하지 않는 내용이므로 토론의 핵심 쟁점이 될 수 없다.

③ 갑, 을 모두 숏폼 콘텐츠의 유해성 문제에 대한 자율적 규제는 실효성이 있다고 본다. 을 역시 자율적 규제는 실효성이 약할 뿐 실효성이 없다고 보지는 않는다. 따라서 갑, 을 모두 동의하는 내용이므로 토론의 핵심 쟁점이 될 수 없다.

④ 갑, 을 모두 영상 제작의 법적 제한은 숏폼 콘텐츠 제작을 위축시킬 수 있다고 본다. 따라서 갑, 을 모두 동의하는 내용이므로 토론의 핵심 쟁점이 될 수 없다.

⑤ 갑은 숏폼 콘텐츠 제작자에 대한 법적 규제는 것은 영상 제작을 위축시키기 때문에 시행해서는 안 된다고 본다. 반면 을은 효과적인 문제 해결을 위해 법적 규제가 병행되어야 한다고 주장한다. 이처럼 숏폼 콘텐츠 제작자에 대한 법적 규제에 대해 갑과 을의 입장이 다르므로 토론의 핵심 쟁점이라고 할 수 있다.

20 인공 지능의 윤리적 쟁점 24학년도 3월 학평 20번 | 정답 ② | 정답률 83%

다음 토론의 핵심 쟁점으로 가장 적절한 것은?

> ┌ 인공 지능 교사의 도입의 장점에 주목
>
> 갑: 글쓰기 수행 평가를 채점하는 인공 지능 교사(AI 교사) 도입에 대해 찬성합니다. 왜냐하면 자동화된 채점으로 업무의 효율성이 높아지기 때문입니다. ┌ 인공 지능 교사의 도입 전에 먼저 해결되어야 할 문제에 신중히 접근
>
> 을: 효율성 차원에서는 AI 교사 도입을 찬성하지만, 채점의 공정성 문제가 먼저 해결되어야 합니다. 왜냐하면 어떤 알고리즘으로 채점하느냐에 따라 채점 결과가 달라지기 때문입니다.
>
> 갑: 아닙니다. AI 교사는 일률적으로 평가할 수 있는 채점 알고리즘을 채택해 적용하므로 채점의 공정성 문제는 발생하지 않습니다. 오히려 다양한 채점 알고리즘 적용으로 글쓰기가 다양해지는 효과를 얻을 수 있습니다.
>
> 을: AI 교사의 도입으로 평가 기준이 일률적으로 적용될 수 있지만 평가 기준 자체가 편향적이어서 공정성 문제는 해결되지 않습니다. 더욱이 특정 알고리즘에 대비하다 보면 글쓰기가 정형화되면서 다양한 글쓰기가 위축됩니다.

① AI 교사는 일률적인 평가 기준을 적용할 수 있는가?
  → 갑과 을 모두 동의
✓② AI 교사 도입은 채점의 공정성을 담보할 수 있는가?
  → 갑은 동의, 을은 비동의
③ AI 교사 도입은 학생들의 글쓰기에 영향을 끼치는가?
  → 갑과 을 모두 동의
④ AI 교사 도입으로 수행 평가 채점 시간이 줄어드는가?
  → 갑과 을 모두 동의
⑤ AI 교사 도입에 있어 효율성은 고려되어야 할 조건인가?
  → 갑과 을 모두 동의

| 자료 분석 |

제시된 글은 인공 지능 교사(AI 교사)를 도입하여 평가를 채점하는 것에 대한 토론이다. 갑은 인공 지능을 활용하여 글쓰기 수행 평가를 채점할 수 있다고 보며 업무의 효율성과 글쓰기의 다양화와 같은 장점이 있다고 주장한다. 이와 달리 을은 인공 지능을 활용하여 채점할 때 공정성과 편향성의 문제가 발생할 수 있기 때문에 AI 교사의 도입을 신중하게 결정해야 한다고 주장한다.

| 선지 해설 |

① 갑, 을 모두 AI 교사를 활용한 글쓰기 채점에는 일률적인 평가 기준을 적용할 수 있다고 본다. 따라서 갑, 을 모두 동의하는 내용이므로 토론의 핵심 쟁점이 될 수 없다.

② 갑은 AI 교사의 도입으로 일률적인 평가가 가능하여 채점의 공정성 문제가 발생하지 않는다고 보는 반면, 을은 갑이 주장하는 일률적인 평가의 기준 자체가 편향성을 띨 수 있어 공정성 문제가 여전히 존재한다고 본다. 이처럼 AI 교사의 자동화된 채점이 공정성을 확보할 수 있는지에 대해 갑과 을의 입장이 다르므로 토론의 핵심 쟁점이라고 할 수 있다.

③ 갑, 을 모두 AI 교사를 활용한 글쓰기 채점이 도입될 경우 학생들의 글쓰기에 영향이 있을 것이라고 본다. AI 교사의 도입으로 인해 갑은 학생들의 글쓰기가 다양해지는 효과가 있다고 보고 을은 학생들의 글쓰기가 정형화된다고 본다. 따라서 갑, 을 모두 AI 교사의 도입이 학생들의 글쓰기에 영향을 준다는 데 동의하므로 토론의 핵심 쟁점이 될 수 없다.

④ 갑, 을 모두 AI 교사를 활용한 글쓰기 채점의 도입으로 수행 평가 채점 시간을 줄일 수 있다고 본다. 따라서 갑, 을 모두 동의하는 내용이므로 토론의 핵심 쟁점이 될 수 없다.

⑤ 갑은 AI 교사를 도입할 경우 효율성이 높아진다고 주장하고, 을 역시 갑의 주장에 동의하고 있으므로 토론의 핵심 쟁점이 될 수 없다.

21 정보 사회의 윤리적 문제 23학년도 10월 학평 16번 | 정답 ⑤ | 정답률 96%

다음 신문 칼럼에서 강조하는 내용으로 가장 적절한 것은?
  └ 디지털 기술로 고인을 복원하는 것의 저작권 문제

> ○○신문   ○○○○년 ○월 ○일
>
> **칼럼**
>
> 최근 뉴 미디어에서 고인이 된 유명인을 디지털 기술로 복원한 광고가 활용되었다. 그런데 디지털 기술로 고인을 복원하여 광고에 이용하는 것은 당사자의 동의를 받지 않았을 뿐만 아니라 저작권을 침해할 수 있어 문제가 될 수 있다. 고인의 행동과 목소리를 단순히 따라하는 것은 저작권 침해로 보기 어렵다. 하지만 고인의 영상이나 음성으로 만들어진 저작물을 이용하여 고인을 디지털 기술로 복원하는 것은 저작권 침해에 해당할 수 있다. 이러한 이유로 저작권 보호를 위한 새로운 차원의 노력이 요구되고 있다.

① 고인의 행위에 대한 단순한 모방도 저작권 침해에 해당한다.
② 저작권을 내세워 저작물의 상업적 이용을 제약해서는 안 된다.
③ 디지털 기술의 발달에 따라 저작물을 공공재로 간주해야 한다.
④ 고인을 복원하는 행위는 저작자의 동의가 없을지라도 허용된다.
✓⑤ 디지털 기술로 발생하는 저작권 침해에 대한 대책이 필요하다.

| 자료 분석 |

칼럼은 디지털 기술로 고인을 복원하여 상업적으로 이용하는 것이 저작권 침해가 될 수 있음을 지적하고 있다. 따라서 고인의 저작권 보호를 위해서 새로운 차원의 노력과 대책이 필요함을 주장한다. 이러한 칼럼의 주장을 잘 담고 있는 내용을 고르면 된다.

| 선지 해설 |

① 칼럼은 고인의 행동과 목소리를 단순히 모방하는 것은 저작권 침해로 보기 어렵다고 본다.

② 칼럼에서 다루고 있는 내용으로 보기 어려운 진술이다. 신문 칼럼은 고인에 대한 저작물을 상업적으로 이용할 경우 저작권 침해가 될 수 있음을 지적하며, 이에 대한 대책 마련이 필요함을 주장한다.

③ 칼럼은 디지털 기술의 발달로 고인을 복원하여 상업적으로 활용하는 것이 저작권 침해에 해당한다고 주장한다. 따라서 저작물을 공공재로 간주해야 한다는 내용은 적절하지 않다.

④ 칼럼은 고인을 복원하는 행위는 당사자의 동의가 없었을 뿐만 아니라 저작권 침해의 문제가 될 수 있다고 본다.

⑤ 칼럼이 강조하고 있는 내용으로 적절하다. 신문 칼럼은 디지털 기술로 고인을 복원하는 것이 저작권을 침해할 수 있기 때문에 저작권 보호를 위해 새로운 차원의 노력, 대책이 필요하다고 강조한다.

갑의 입장에 비해 을의 입장이 갖는 상대적 특징을 그림의 ㉠~㉤ 중에서 고른 것은?

> 갑: 정보는 사회에서 생산된 공공재이자 인류가 누려야 할 산물이다. 따라서 누구나 정보에 자유롭게 접근하고 사용할 때 새로운 창작과 지적 산물의 발전이 촉진된다. →정보 공유론
>
> 을: 정보는 창작자가 노력하여 만든 상품이므로 사적 재산으로 인정하고 보호해야 한다. 정보 이용을 위한 대가를 지불할 때 창작 의욕이 높아지고 양질의 정보 생산이 가능해진다. →정보 사유론

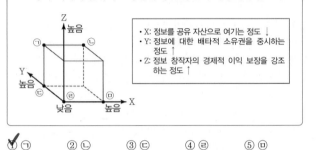

> • X: 정보를 공유 자산으로 여기는 정도 ↓
> • Y: 정보에 대한 배타적 소유권을 중시하는 정도 ↑
> • Z: 정보 창작자의 경제적 이익 보장을 강조하는 정도 ↑

① ㉠　② ㉡　③ ㉢　④ ㉣　⑤ ㉤

|자료 분석|

갑은 누구나 정보에 자유롭게 접근하고 사용할 권리를 보장함으로써 새로운 창작과 지적 산물을 발전시킬 수 있다고 본다. 반면 을은 정보를 창작자의 사적 재산으로 인정하여 정보 이용의 대가를 지불하게 함으로써 창작 의욕을 높이고 양질의 정보 생산을 도모해야 한다고 본다. 갑의 입장에 비해 을의 입장이 갖는 상대적 특징은 'X: 정보를 공유 자산으로 여기는 정도'는 낮고, 'Y: 정보에 대한 배타적 소유권을 중시하는 정도'는 높으며, 'Z: 정보 창작자의 경제적 이익 보장을 강조하는 정도'도 높으므로 ㉠에 해당한다.

|선지 해설|

① ㉠: X는 낮고, Y는 높으며, Z는 높음
② ㉡: X는 높고, Y는 높으며, Z는 높음
③ ㉢: X는 낮고, Y는 높으며, Z는 낮음
④ ㉣: X는 낮고, Y는 낮으며, Z는 낮음
⑤ ㉤: X는 높고, Y는 낮으며, Z는 낮음

다음 학급 게시 자료의 ㉠에 들어갈 내용으로 가장 적절한 것은?

> 학급 게시 자료　　　　　　　　　　　　정보 윤리 교육
> **추천 알고리즘의 두 얼굴, 편리와 편향**
>
> 　최근 SNS나 동영상 플랫폼 등에서 추천 알고리즘이 널리 쓰이고 있다. 추천 알고리즘은 데이터에 근거해 개인의 성향을 반영한 정보를 위주로 다양한 정보들을 추천해 준다. 이러한 추천 알고리즘은 검색의 수고를 덜어 주고 생활에 편리를 더해 준다. 하지만 추천 알고리즘은 개인의 성향에 부합하는 정보를 주로 접하게 하여 정보 수용자를 편향된 정보 속에 갇히게 만들 수 있다. 따라서 정보 수용자가 편향된 정보 속에 갇히지 않기 위해서는
> 　　　　　　　　　　㉠

① 자신의 성향과 관련이 없는 정보를 배제해야 한다.
② 추천된 모든 정보가 객관적이라는 믿음을 가져야 한다.
③ 자신에게 편리를 주지 않는 정보를 전적으로 무시해야 한다.
④ 매체 이용을 금지하여 정보에 대한 접근 기회를 차단해야 한다.
⑤ 비판적 사고능력을 길러 다양한 정보를 올바르게 평가해야 한다.

|자료 분석|

학급 게시 자료는 SNS나 동영상 플랫폼 등에서 사용하고 있는 추천 알고리즘이 개인의 성향을 반영한 정보를 중심으로 다양한 정보를 추천해 준다는 점에서 긍정적 측면이 있지만, 정보 수용자를 편향된 정보 속에 갇히게 할 수 있는 부정적 측면이 있음을 강조하고 있다. 이러한 부정적 측면을 해결하기 위해 어떤 노력이 필요한지 묻는 문항이다.

|선지 해설|

① 글쓴이는 알고리즘이 자신의 성향을 반영하여 추천한 정보 속에 갇히게 만들 수 있음을 우려하고 있다. 따라서 자신의 성향과 관련이 없는 정보라도 무조건 배제하지 말라고 조언할 것이다.

② 글쓴이는 알고리즘이 추천한 정보만을 따르는 것이 위험할 수 있음을 지적하고 있다. 따라서 추천된 정보에 대해 비판적 시각도 가져야 한다고 조언할 것이다.

③ 글쓴이는 편향된 시각으로 정보를 접해서는 안 된다고 보고 있다. 따라서 자신에게 편리를 제공하지 않는 정보여도 객관적으로 분석하는 시각을 길러 올바르게 활용할 수 있어야 한다고 조언할 것이다.

④ 글쓴이는 정보를 올바르게 평가하고 활용하는 방안에 대한 이야기를 하는 것이지 매체 이용과 정보 접근 자체를 차단해야 한다고 주장하는 것은 아니다.

⑤ 글쓴이는 알고리즘이 추천하는 편향된 정보에 갇히지 말고, 비판적 사고력을 길러 다양한 정보를 올바르게 평가하고, 활용할 것을 조언할 것이다.

24 정보 사회의 윤리적 쟁점 23학년도 3월 학평 19번 | 정답 ① | 정답률 84%

다음 칼럼의 입장에서 지지할 내용으로 적절하지 <u>않은</u> 것은?

○○신문   ○○○○년 ○월 ○일

칼럼

뉴 미디어 사회에서는 정보 통신 기술의 발전으로 근로자가 시공간의 제약에서 벗어나 일을 할 수 있는 환경이 조성되었다. 하지만 이로 인해 근무 시간 외 업무 연락으로 근로자의 사생활 침해 문제가 대두되고 있다. 이러한 부작용을 방지하기 위해 <u>근무 시간 외 업무와 관련한 연락을 받지 않을 '연결되지 않을 권리'의 도입이 필요하다.</u> 이러한 '연결되지 않을 권리'는 직장 동료 간의 원치 않는 온라인 친구 신청, 동의 없는 단체 대화방 초대 등에 대해서도 적용되어 근로자의 사생활을 보호할 수 있다. <u>근로자의 근로 조건과 삶의 질 향상을 위해서는 '연결되지 않을 권리'가 보장되어야 한다.</u> 이를 위해서는 <u>고용주의 윤리 의식 함양과 함께 관련 법률의 재정비가 필요하다.</u>

☑① 연결되지 않을 권리는 <u>직장에서의 의사소통 단절</u>을 야기한다.
　　　　　　　　　　 근로 조건과 삶의 질을 향상
② 연결되지 않을 권리는 근로자의 처우 개선에 기여할 수 있다.
③ 연결되지 않을 권리는 근로자의 업무 부담을 줄여줄 수 있다.
④ 근로자의 사생활 보호를 위해 연결되지 않을 권리가 필요하다.
⑤ 고용주는 연결되지 않을 권리를 보장하기 위해 노력해야 한다.

| 자료 분석 |

칼럼에서는 정보 통신 기술의 발전으로 근로자가 시공간의 제약에서 벗어나 일을 할 수 있는 환경이 조성되었고, 이로 인해 근무 시간 외에 이루어지는 원하지 않는 업무 연락으로 인해 사생활 침해 문제가 발생한다고 보았다. 칼럼에서는 근로자의 근로 조건과 삶의 질 향상을 위해서 '연결되지 않을 권리'와 함께 고용주의 윤리 의식 함양과 관련 법적 보완이 필요하다고 주장하고 있다.

| 선지 해설 |

①칼럼에서는 연결되지 않을 권리를 통해 근로자의 근로 조건과 삶의 질을 향상시킬 수 있다고 주장한다.

② 칼럼에서는 연결되지 않을 권리가 근로자의 사생활 침해를 방지함으로써 근로자의 처우 개선에 기여할 수 있다고 주장한다.

③ 칼럼에서는 연결되지 않을 권리가 근무 시간 외 업무 연락으로 인한 근로자의 업무 부담을 줄여줄 수 있다고 본다.

④ 칼럼에서는 근로자의 사생활 보호를 위해 근무 시간 외 업무와 관련한 연락을 받지 않을 연결되지 않을 권리가 필요하다고 본다.

⑤ 칼럼에서는 근로자의 근로 조건과 삶의 질 향상을 위해 고용주가 윤리 의식을 함양하는 등 연결되지 않을 권리를 보장하기 위한 고용주의 노력이 필요하다고 본다.

25 잊힐 권리에 대한 윤리적 쟁점 22학년도 10월 학평 13번 | 정답 ① | 정답률 91%

다음 토론의 핵심 쟁점으로 가장 적절한 것은?

갑: 온라인 공간에서 정보의 자유로운 유통과 영구 보관이 가능해져 사라지지 않는 정보들로 인한 개인 피해가 증가하고 있습니다. 따라서 <u>잊힐 권리의 보장이 필요합니다.</u>
을: 동의합니다. 개인은 자신의 민감한 정보에 대한 자기 결정권을 가지고 있습니다. <u>잊힐 권리를 검색 서비스 사업자와 언론사를 대상으로 행사할 수 있어야 합니다.</u>
갑: 아닙니다. <u>검색 서비스 사업자에게는 잊힐 권리를 행사할 수 있지만, 언론사에 잊힐 권리를 행사하면 언론의 자유와 시민의 알 권리가 침해됩니다.</u> 언론사의 경우에는 정정 보도를 요청하여 개인 피해를 막아야 합니다. └→ 언론사를 대상으로 한 잊힐 권리의 행사를 놓고 의견이 나뉨
을: 그렇지 않습니다. 정정 보도만으로는 개인에게 피해를 주는 기사가 삭제되지 않아 개인은 지속적으로 피해를 입게 됩니다. 정정 보도가 잊힐 권리를 보장하지는 않습니다.

☑① 언론사를 대상으로 한 잊힐 권리의 행사를 허용해야 하는가?
┌② 정보 사회 발전으로 인해 잊힐 권리의 필요성이 증대되는가?
│③ 언론사의 오보를 수정할 수 있는 조치가 마련되어야 하는가?
│④ 온라인 공간에서의 정보 공개에 따른 피해를 방지해야 하는가?
└⑤ 검색 서비스 사업자에게 잊힐 권리를 행사하는 것은 정당한가?
└→ 갑, 을 모두 동의할 내용

| 자료 분석 |

갑은 개인의 잊힐 권리도 중요하지만 언론의 자유와 시민의 알 권리도 중요하다고 보며, 잊힐 권리를 검색 서비스 사업자에게는 행사할 수 있지만 언론사에 대해서는 허용할 수 없다고 주장하고 있다. 반면, 을은 개인은 자신의 정보에 대한 자기 결정권을 가지고 있기 때문에 잊힐 권리를 검색 서비스 사업자와 언론사 모두를 대상으로 행사할 수 있어야 함을 주장하고 있다.

| 선지 해설 |

①갑, 을의 토론의 쟁점에 해당한다. 갑, 을은 모두 검색 서비스 사업자에 대한 개인의 잊힐 권리의 보장을 인정하고 있다. 하지만, 잊힐 권리를 언론사를 대상으로 행사하는 것에 대해 의견이 나뉘고 있다. 갑은 이에 대해 반대하는 입장이고, 을은 찬성하는 입장이다.

② 갑, 을 모두 잊힐 권리의 필요성이 점차 증대되고 있음에 동의하고 있다. 갑, 을 모두 정보 사회 발전으로 인해 온라인 공간에서 사라지지 않는 정보들로 인한 개인의 피해가 증가하고 있음을 지적하며, 잊힐 권리의 필요성을 주장하고 있다.

③ 갑, 을 모두 언론사가 오보를 수정할 수 있는 조치를 마련해야 한다는 점에 동의한다. 다만, 정정 보도를 실시함으로써 개인의 피해를 막는 것이 필요하다는 점에는 동의하나 을은 이것만으로는 문제가 다 해결되지 않기 때문에 언론에서의 잊힐 권리 보장이 필요하다고 주장한다.

④ 갑, 을 모두 온라인 공간에서의 정보 공개에 따른 피해를 방지해야 한다는 점에 동의한다. 또한, 이를 위해 개인의 잊힐 권리를 보장해야 한다는 점에 대해서 갑, 을 모두 동의하고 있다.

⑤ 갑, 을 모두 검색 서비스 사업자에 대한 개인의 잊힐 권리의 행사가 정당하다는 점에 동의한다. 다만, 갑은 언론의 자유와 시민의 알 권리도 중요하기 때문에 언론사에 대한 잊힐 권리의 행사에는 반대하는 입장이며, 을은 언론사에 대해서도 잊힐 권리를 행사할 수 있어야 한다고 주장하는 입장이다.

갑의 입장에 비해 을의 입장이 갖는 상대적 특징을 그림의 ㉠~㉤ 중에서 고른 것은?

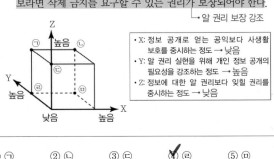

갑: 정보 사회에서 개인 정보를 비롯하여 자신이 원하지 않는 정보들은 어떤 이유로도 사이버 공간을 통해 공개되지 않도록 삭제를 요구할 수 있는 권리가 보장되어야 한다. ┌ 잊힐 권리 보장 강조

을: 정보 사회에서 누구나 자유롭게 정보에 접근할 수 있어야 하며, 개인 정보라 할지라도 공익을 위해 사람들이 알아야 할 정보라면 삭제 금지를 요구할 수 있는 권리가 보장되어야 한다. └ 알 권리 보장 강조

• X: 정보 공개로 얻는 공익보다 사생활 보호를 중시하는 정도 → 낮음
• Y: 알 권리 실현을 위해 개인 정보 공개의 필요성을 강조하는 정도 → 높음
• Z: 정보에 대한 알 권리보다 잊힐 권리를 중시하는 정도 → 낮음

① ㉠   ② ㉡   ③ ㉢   ✔④ ㉣   ⑤ ㉤

| 자료 분석 |

갑은 정보 사회에서 개인 정보의 중요성을 강조하며 어떤 이유로도 개인의 정보를 관리할 수 있는 권리는 개인에게 있다고 본다. 따라서 개인 정보를 삭제할 잊힐 권리가 보장되어야 한다고 본다. 반면 을은 정보 사회에서는 누구나 자유롭게 정보에 접근할 수 있어야 하므로, 개인들의 알 권리 보장과 함께 공익을 위해 개인 정보라고 할지라도 삭제 금지를 요구할 수 있는 권리가 보장되어야 한다고 본다. 따라서 갑의 입장에 비해 을의 입장이 갖는 상대적 특징은 'X: 정보 공개로 얻는 공익보다 사생활 보호를 중시하는 정도'는 낮고, 'Y: 알 권리 실현을 위해 개인 정보 공개의 필요성을 강조하는 정도'는 높으며, 'Z: 정보에 대한 알 권리보다 잊힐 권리를 중시하는 정도'는 낮으므로 ㉣에 해당한다.

| 선지 해설 |

① X: 낮음, Y: 높음, Z: 높음

② X: 높음, Y: 높음, Z: 높음

③ X: 낮음, Y: 낮음, Z: 높음

④ X: 낮음, Y: 높음, Z: 낮음

⑤ X: 높음, Y: 높음, Z: 낮음

다음 신문 칼럼에서 강조하는 내용으로 가장 적절한 것은?

○○신문   □□□□년 △△월 △△일

칼럼

최근 비대면 서비스에 대한 수요가 확대되면서 3차원적 가상 공간인 메타버스(Metaverse)가 각광받고 있다. 메타버스는 기존의 SNS 및 블로그와 같은 온라인 생태계를 대체하며 많은 경제적 가치를 창출하고 있지만 이와 동시에 메타버스에서는 사이버 폭력, 사생활 침해와 같은 윤리적 문제도 발생하고 있다. 이를 해결하기 위해서는 제도적 장치도 필요하지만 무엇보다 이용자들이 양심과 도덕성에 따라 자신의 행위를 스스로 통제하는 것이 중요하다. 따라서 메타버스를 윤리적 공간으로 조성하기 위해 이용자들은 메타버스에서 자신의 행동을 성찰하고 책임감 있는 자세를 지녀야 한다. └ 메타버스 이용자들의 윤리적 실천 강조

① 메타버스를 통해 얻게 될 경제적 효용에만 초점을 맞춰야 한다.
② 메타버스에서는 현실과 달리 모든 개인 정보가 공개되어야 한다.
③ 메타버스의 등장은 기존 온라인 생태계에 영향을 미치지 않는다. 미친다
✔④ 메타버스에서 이용자들은 자신의 행위를 자율적으로 규제해야 한다.
⑤ 메타버스를 윤리적 공간으로 만들기 위한 정부의 개입은 불필요하다. 필요

| 자료 분석 |

신문 칼럼에서는 메타버스가 기존의 온라인 생태계를 대체하며 각광받고 있지만, 이로 인해 각종 윤리적 문제가 발생하고 있음을 지적하고 있다. 따라서 칼럼의 저자는 메타버스를 윤리적 공간으로 조성하기 위해서 제도적 장치도 필요하지만 무엇보다도 이용자들이 양심과 도덕성에 따라 자신의 행위를 성찰하고 통제하며, 책임감 있는 태도를 취하는 것이 중요함을 강조하고 있다.

| 선지 해설 |

① 칼럼에서는 메타버스를 통한 경제적 효용에만 초점을 맞출 것이 아니라, 사이버 폭력, 사생활 침해 등의 윤리적인 문제의 해결에 관심을 기울여야 한다고 본다.

② 칼럼에서는 메타버스에서 발생하는 사생활 침해가 윤리적 문제로 떠오르고 있다고 설명한다. 즉, 메타버스 안에서 모든 개인 정보가 공개될 것이 아니라 오히려 개인 정보가 잘 보호되어야 함을 주장할 것이다.

③ 칼럼에서는 메타버스의 등장이 기존의 SNS 및 블로그와 같은 온라인 생태계를 대체하며 많은 경제적 가치를 창출하고 있다고 밝히고 있다. 따라서 기존 온라인 생태계에 영향을 미치고 있다고 볼 수 있다.

④ 칼럼에서 강조하는 내용으로 적절하다. 칼럼에서는 메타버스가 각종 경제적 가치를 창출하고는 있지만, 여러 윤리적 문제를 야기하고 있기 때문에 이용자들의 양심과 도덕성에 따른 자율적 규제 노력이 필요하다고 역설하고 있다.

⑤ 칼럼에서는 메타버스에서 발생하고 있는 윤리적 문제를 해결하기 위해서 제도적 장치도 필요하다고 보고 있다. 따라서 정부의 개입을 통한 제도적 장치의 마련이 필요하다고 볼 것이다.

28 디지털 유산에 대한 알 권리와 잊힐 권리 22학년도 3월 학평 20번   정답 ④ | 정답률 84%

다음 토론의 핵심 쟁점으로 가장 적절한 것은?

> 갑: 개인의 인터넷 활동이 증가하면서 사용자가 사망했을 때 남겨진 디지털 유산*의 상속 문제가 사회적 쟁점이 되고 있습니다. 그러므로 이에 대한 논의가 필요합니다.
>
> 을: 동의합니다. 유족의 알 권리를 존중하고 디지털 유산이 유익하게 활용될 수 있도록 모든 디지털 유산을 유족에게 상속해야 합니다.
>
> 갑: 아닙니다. 모든 디지털 유산을 상속하는 것은 사망자의 사생활과 잊힐 권리를 침해하게 됩니다. 사망자가 공개한 디지털 유산만 제한적으로 유족에게 상속해야 합니다.
>
> 을: 그렇지 않습니다. 사생활 보호와 잊힐 권리는 살아 있는 사람에게만 해당하는 권리이므로 비공개 디지털 유산도 공개된 디지털 유산과 함께 유족에게 상속해야 합니다.
>
> *디지털 유산: 사망한 사람이 남긴 디지털 콘텐츠. SNS 게시물, 게임 아이템이나 사이버 머니 등이 포함됨.

① 디지털 유산 상속에 대한 공론화가 필요한 시기인가?
② 온라인 공간에 공개된 디지털 유산은 상속될 수 있는가?
③ 디지털 유산 상속인의 자격 요건을 설정할 필요가 있는가?
✔ 사망자의 모든 디지털 유산은 유족에게 상속되어야 하는가?
⑤ 온라인에서 활동하는 사람의 잊힐 권리를 존중해야 하는가?

| 자료 분석 |

갑은 사망자의 사생활 보호와 잊힐 권리를 침해할 수 있기 때문에 사망자가 공개한 디지털 유산에 한해서만 유족에게 상속해야 한다고 주장한다. 반면, 을은 사생활 보호와 잊힐 권리는 살아 있는 사람에게만 해당하는 권리이기 때문에 모든 디지털 유산을 유족에게 상속하여 유익하게 활용할 수 있어야 한다고 주장한다.

| 선지 해설 |

① 갑, 을 모두 디지털 유산 상속 자체에 대해서는 찬성하고 있다. 따라서 디지털 유산 상속에 대한 공론화 필요성에 대해 반대하지 않기 때문에 토론의 쟁점이라고 볼 수 없다.

② 갑, 을 모두 디지털 유산이 상속될 수 있다고 본다. 다만, 디지털 유산 상속이 제한적으로 이루어져야 하는지, 폭넓게 이루어져야 하는지에 대한 입장 차이가 있다.

③ 갑, 을 모두 디지털 유산 상속인의 자격 요건이 필요하다고 주장하지 않는다. 다만, 갑, 을은 공개된 디지털 유산과 비공개 디지털 유산 중 어디까지 상속을 인정할 것인지에 대해 입장의 차이를 보이고 있다.

④ 갑은 부정, 을은 긍정할 질문으로 토론의 핵심 쟁점으로 적절하다. 갑은 사망자가 공개한 디지털 유산만을 유족에게 상속해야 한다고 보고, 을은 사망자의 모든 디지털 유산이 유족에게 상속되어야 한다고 본다.

⑤ 갑, 을은 사망자의 디지털 유산 상속에 대해 논의하고 있지, 온라인에서 활동하는 사람의 잊힐 권리를 존중해야 하는가의 문제에 대해서는 논의하고 있지 않다.

---

29 알 권리와 잊힐 권리 21학년도 7월 학평 13번   정답 ④ | 정답률 90%

갑, 을의 입장으로 적절하지 않은 것은? [3점]

범죄자의 정보 공개를 주장 •—
> 갑: 범죄의 대상이 되지 않도록 개인 정보를 보호해야 하지만 사회에 해악을 끼친 범죄자에 대한 온라인상의 정보는 삭제하지 않도록 해야 한다. 누구나 범죄자의 정보에 접근할 수 있어야 하고, 범죄자의 정보를 언론이 공개할 수 있도록 보장한다면 사회 안정에 기여할 수 있다.
>
> 을: 범죄자가 응당한 대가를 치른 후에 온라인상에 존재하는 자신의 과거에 대한 정보 삭제를 요구한다면 이를 수용해야 한다. 범죄자의 신원 공개로 얻는 이익은 시간이 갈수록 줄어들고, 죗값을 치른 사람이라면 인간다운 삶을 보장받아야 하기 때문이다.

① 갑: 언론의 자유를 보장하여 범죄 예방 효과를 높일 수 있다.
② 갑: 범죄자의 정보 보호보다 공공의 알 권리가 우선되어야 한다.
③ 을: 잊힐 권리는 인격권을 보장하기 위한 수단이 될 수 있다.
✔ 을: 범죄자의 정보 공유로 얻는 공익의 실제 효과에 한계는 없다.
                                                         있다
⑤ 갑, 을: 온라인상에서 개인 정보가 악용되지 않도록 해야 한다.

| 자료 분석 |

갑은 범죄자의 개인 정보는 보호의 대상이 아니며 범죄자의 정보 공개를 보장하는 것이 사회의 안정에 기여할 수 있다고 주장한다. 반면 을은 응당한 대가를 치른 범죄자의 경우, 인간다운 삶을 보장하기 위해 범죄자의 정보 삭제 요청을 수용해야 한다고 주장한다.

| 선지 해설 |

① 갑의 입장에 해당하는 내용으로 적절하다. 갑은 범죄자의 정보를 언론이 공개할 수 있도록 보장하는 것이 사회 안정에 기여할 수 있음을 주장한다. 따라서 언론의 자유를 보장하여 범죄 예방 효과를 높일 수 있다고 볼 것이다.

② 갑의 입장에 해당하는 내용으로 적절하다. 갑은 범죄자에 대한 온라인상의 정보가 삭제되지 않도록 해야 한다고 주장하며, 범죄자의 정보 보호보다 공공의 알 권리를 강조하고 있다.

③ 을의 입장에 해당하는 내용으로 적절하다. 을은 응당한 대가를 치른 범죄자라면 인간다운 삶을 보장받아야 하며, 이를 위해 자신의 과거에 대한 정보 삭제 요청이 받아들여져야 한다고 본다.

④ 을의 입장에 해당하지 않는 내용이다. 을은 범죄자의 신원 공개로 얻는 이익은 시간이 갈수록 줄어든다고 지적하고 있다.

⑤ 갑과 을은 모두 온라인상에서 개인 정보가 악용되지 않도록 해야 한다는 입장에 동의할 것이다.

30 정보 격차 문제에 대한 해결 방안 21학년도 10월 학평 20번

정답 ③ | 정답률 78%

다음 글의 입장에서 긍정의 대답을 할 질문만을 〈보기〉에서 있는 대로 고른 것은?

> 인터넷은 누구나 다양한 정보에 접근할 수 있게 함으로써 많은 사람들의 삶의 질 향상에 기여하고 있다. 하지만 정보 사회로의 변화에 적응하지 못하는 사람들이 사회적으로 소외되어 정보 격차가 발생하고 있다. 이러한 정보 격차로 인한 불평등을 완화하기 위해서는 사회적 차원에서 정보 소외 계층을 위해 정보 통신 기기를 보급하고 정보망을 구축할 필요가 있다. 그런데 이들이 인터넷 리터러시(internet literacy)가 부족하다면 온라인상에 무방비로 노출되어 사이버 범죄의 대상이 될 수 있으므로 이들의 정보 이해 및 표현 능력을 함양할 수 있는 교육 여건을 마련해야 할 것이다.

〈 보기 〉

ㄱ. 스마트 기기의 보급만으로 정보 격차가 해소되는가?
ㄴ. 정보 접근성을 확대하면 부의 평준화가 실현되는가?
ㄷ. 정보 소외 계층이 정보 이해력을 갖도록 도와야 하는가?
ㄹ. 정보화는 사회적 약자의 처지 개선에 기여할 수 있는가?

① ㄱ, ㄴ   ② ㄱ, ㄷ   ③ ㄷ, ㄹ
④ ㄱ, ㄴ, ㄹ   ⑤ ㄴ, ㄷ, ㄹ

| 자료 분석 |

제시된 글은 정보 사회에서 발생하는 정보 격차 문제를 다루면서, 정보 격차로 인한 불평등을 해소하기 위해서는 정보 소외 계층을 위해 정보 통신 기기 보급과 정보망 구축이 필요하다고 주장한다. 그러나 이러한 과정에서 많은 정보에 무방비로 노출되면 범죄의 대상이 될 수도 있으므로, 정보 소외 계층을 대상으로 한 인터넷 리터러시 함양 교육이 병행되어야 함을 강조하고 있다.

| 보기 해설 |

ㄱ. 제시된 글에서는 정보 격차로 인한 사회적 소외 계층을 위해서 정보 통신 기기를 보급하고 정보망을 구축해야 할 뿐만 아니라 이들의 정보 이해 및 표현 능력을 함양할 수 있는 교육 여건 또한 마련해야 한다고 본다.

ㄴ. 제시된 글에서는 인터넷이 누구나 다양한 정보에 접근할 수 있게 함으로써 많은 사람들의 삶의 질 향상에 기여하고 있다고 보지만, 정보 접근성 확대와 부의 평준화의 관련성을 다루고 있지는 않다.

ㄷ. 제시된 글에서는 진정한 의미에서 정보 격차가 해소되기 위해서는 정보에 접근할 수 있는 물리적인 환경 조성과 함께 정보를 이해하고 표현할 수 있는 능력, 즉 인터넷 리터러시를 함양할 수 있는 교육 여건을 만들어야 한다고 본다.

ㄹ. 제시된 글에서는 정보 사회 속에서 변화에 적응하지 못하는 사람들이 사회적으로 소외되어 정보 격차가 발생하고 있음을 언급하고 있다. 따라서 이러한 정보 소외 계층에게 정보 접근 기회를 높이고, 정보 이해력을 높일 수 있는 교육 여건을 마련한다면 정보화는 사회적 약자의 처지 개선에 기여할 수 있을 것이다.

31 정보 사회의 윤리적 문제 21학년도 3월 학평 17번

정답 ⑤ | 정답률 59%

다음 토론의 핵심 쟁점으로 가장 적절한 것은?

> 갑: 감염병 확산을 방지하기 위해 확진자는 역학 조사에 성실히 응해야 하고, 확진자에 대한 역학 조사 결과를 공개해야 합니다.
> 을: 동의합니다. 다만 확진자에 대한 역학 조사 결과 공개는 사생활을 침해하지 않는 범위 내에서 이루어져야 합니다.
> 갑: 아닙니다. 확진자의 사생활을 보호하려고 한다면 정보 공개가 제한적으로 이루어질 수밖에 없고 감염병 확산을 방지하는 데 어려움이 있습니다.
> 을: 그렇지 않습니다. 감염병 확산을 막는다는 명분으로 확진자의 사생활을 침해하는 것은 기본권을 침해하는 것입니다.

① 확진자는 역학 조사에 참여해야 하는가?
② 확진자에 대한 역학 조사를 실시해야 하는가?
③ 확진자 역학 조사 결과를 일체 공개하지 말아야 하는가?
④ 확진자 역학 조사 결과 공개는 감염병 확산 방지에 필요한가?
⑤ 확진자의 사생활을 보호하기 어려운 정보도 공개할 수 있는가?

	갑	을
①	○	○
②	○	○
③	×	×
④	○	○
⑤	○	×

| 자료 분석 |

갑은 감염병 확산 방지를 위해 확진자의 역학 조사 결과를 모두 공개해야 한다고 본다. 반면 을은 감염병 확산 방지도 중요하지만 개인의 기본권을 존중하는 것이 더 중요하므로 확진자의 역학 조사 결과는 개인의 사생활을 침해하지 않는 범위 내에서만 공개해야 한다고 본다.

| 선지 해설 |

① 갑은 감염병 확산을 방지하기 위해 확진자가 역학 조사에 성실히 응해야 함을 강조하고, 을 또한 이러한 의견에 동의하고 있으므로 토론의 핵심 쟁점이 아니다.

② 갑과 을은 모두 감염병 확산을 방지하기 위해 확진자가 역학 조사에 성실히 응해야 함을 강조함으로써 감염병 확산 방지를 위한 역학 조사의 필요성에 동의하고 있다. 따라서 토론의 핵심 쟁점이 아니다.

③ 갑은 확진자에 대한 역학 조사 결과를 모두 공개해야 한다고 보고, 을은 역학 조사 결과에 대한 공개는 필요하지만 확진자의 사생활을 침해하지 않는 범위 내에서 이루어져야 한다고 본다. 즉, 갑과 을 모두 역학 조사 결과 일체를 공개하지 말아야 한다고 주장하는 것은 아니므로 토론의 핵심 쟁점이 아니다.

④ 갑과 을은 공통적으로 감염병 확산 방지를 위해 역학 조사 결과 공개가 필요하다고 보고 있으므로 토론의 핵심 쟁점이 아니다.

⑤ 갑은 확진자의 사생활 보호보다는 감염병 확산 방지를 우선하여 역학 조사 결과를 모두 공개해야 한다고 본다. 반면 을은 감염병 확산 방지도 중요하지만 확진자의 기본권 존중도 중요하기 때문에 역학 조사 결과는 사생활을 침해하지 않는 범위 내에서 이루어져야 한다고 본다. 따라서 제시된 질문에 대한 갑과 을의 의견이 상반되므로 토론의 핵심 쟁점으로 적절하다.

32 정보 사회의 윤리적 문제 20학년도 4월 학평 9번

정답 ⑤ | 정답률 95%

다음 가상 편지의 입장으로 가장 적절한 것은?

○○에게

요즘 정보 탐색과 의견 공유를 위해 다양한 뉴 미디어를 이용하고 있더구나. 하지만 뉴 미디어 이용의 증가로 거짓 정보의 생산도 더불어 증가하고 있으니 뉴 미디어 내 정보를 제대로 판단하여 이용해야 한단다. 물론 거짓 정보를 줄이기 위한 기술적·제도적 장치도 마련되어 있으나, 정보를 소비하고 생산하는 주체인 뉴 미디어 이용자들이 비판적 이해력을 지니지 않는다면 거짓 정보의 생산을 막는 데에는 한계가 있단다. 따라서 너도 뉴 미디어 내 정보를 무조건 수용하기보다는 관련 정보를 올바르게 판단하여 이용할 수 있는 능력을 지니기 위해 노력하기를 바란다.

→ 미디어 리터러시

① 뉴 미디어 기술의 발달로 거짓 정보의 생산이 불가능해졌다.
　　　　　　　　　　　　　　　　　　증가하였다
② 뉴 미디어의 확산으로 정보 생산자와 소비자의 구분이 명확해졌다.
　　　　　　　　　　　　　　　　　　　　　　불명확
③ 뉴 미디어 내 거짓 정보는 타율적 제재를 통해서만 제거해야 한다.
→ 자율적·타율적 제재가 모두 필요하다고 봄
④ 뉴 미디어의 이용자 수가 늘어나면서 거짓 정보는 줄어들고 있다.
　　　　　　　　　　　　　　　　　　　　　　증가하고
✓⑤ 뉴 미디어의 올바른 이용을 위해 비판적 사고 능력을 갖춰야 한다.

| 자료 분석 |

가상 편지는 뉴 미디어 시대에 요청되는 매체 윤리에 대한 내용을 담고 있다. 이에 따르면 뉴 미디어 시대에는 매체가 제공하는 정보를 비판적으로 해석하는 도덕적 사고 능력인 미디어 리터러시가 요구된다. 미디어 리터러시는 매체를 사용하고 이해하는 데 필요한 기본적인 읽기·쓰기 능력, 자신이 찾아낸 정보의 가치를 평가하기 위한 비판적 사고 능력, 자신의 목적에 맞게 기존의 정보와 새로운 정보로 조합하는 능력, 인터넷 매체를 통해 사회적 책임을 실천할 수 있는 능력 등을 포함한다.

| 선지 해설 |

① 가상 편지의 저자는 뉴 미디어 기술의 발달로 검증되지 않은 거짓 정보의 생산이 증가하고 있다고 밝히고 있다.

② 가상 편지에 따르면 뉴 미디어 이용자들은 정보를 소비하고 생산하는 주체이다. 즉, 뉴 미디어의 확산으로 정보 생산자와 소비자의 구분이 불명확해졌다.

③ 가상 편지의 저자는 미디어 내 허위 정보를 제재하기 위해서는 기술적·제도적 장치의 마련(타율적 제재)은 물론, 비판적 사고를 바탕으로 정보를 올바르게 이해하고 표현할 수 있는 능력(자율적 제재)을 길러야 한다고 본다.

④ 가상 편지의 저자는 뉴 미디어 이용의 증가로 거짓 정보의 생산이 더불어 늘어나고 있다고 본다.

⑤ 가상 편지의 저자는 뉴 미디어를 올바르게 이용하기 위해서는 이용자들이 뉴 미디어 내의 정보를 올바르게 판단하고 이용할 수 있는 비판적 사고 능력을 지니기 위해 노력해야 한다고 주장한다.

---

33 정보 공유론과 정보 사유론 21학년도 4월 학평 5번

정답 ⑤ | 정답률 87%

갑은 부정, 을은 긍정의 대답을 할 질문으로 가장 적절한 것은? [3점]

갑: 정보 사회에서 정보의 질은 인류의 삶의 질에 영향을 미칩니다. 따라서 양질의 정보를 생산할 수 있는 환경을 만들어 인류의 발전을 도모해야 합니다. → 갑, 을 모두 동의

을: 동의합니다. 정보에 대한 배타적 소유권을 보장하면 정보 생산자는 정보를 생산하는 데 들어간 노력에 대한 정당한 보상을 받을 수 있고, 이는 양질의 정보 생산으로 이어질 것입니다. → 정보에 대한 배타적 소유권 보장 → 양질의 정보 생산 가능

갑: 그렇지 않습니다. 정보에 대한 배타적 소유권을 인정하게 되면 정보 사용에 제약이 생겨 양질의 정보 생산을 방해할 것입니다. 정보는 인류의 집단적 경험과 지식이 축적된 공동의 자산이므로 정보에 대한 배타적 소유권을 인정할 수 없습니다. → 정보 공유 → 양질의 정보 생산 가능

을: 아닙니다. 정보에 대한 배타적 소유권이 보장되지 않는다면, 정보 생산자의 경제적 이익이 보장되지 않아 창작 의욕이 감소할 것입니다. 이는 양질의 정보 생산을 방해하여 인류의 발전을 저해할 것입니다.

① 양질의 정보는 인류의 발전을 도모하는 데 이바지하는가?
② 정보는 모두가 자유롭게 이용할 수 있는 공동의 자산인가?
③ 양질의 정보를 생산할 수 있는 환경이 조성되어야 하는가?
④ 경제적 보상이 없어도 정보 생산자의 창작 의욕은 증진되는가?
✓⑤ 정보에 대한 배타적 소유권 보장은 양질의 정보 생산에 기여하는가?

	갑	을
①	○	○
②	○	×
③	○	○
④	○	×
⑤	×	○

| 자료 분석 |

갑은 정보 공유론, 을은 정보 사유론의 입장을 취한다. 갑은 모든 정보가 인류가 생산한 정보와 지식을 활용하여 구성된 공동의 자산이며, 이러한 공동의 자산은 사회 전체의 이익을 위해서 사용되어야 한다고 본다. 반면, 을은 정보를 생산하는 데 사용한 시간과 노력, 비용에 대한 정당한 대가를 지불해야 하며, 이를 위해 정보 생산자의 노력에 대한 경제적 이익을 보장함으로써 더 많은 양질의 정보를 생산할 수 있다고 본다.

| 선지 해설 |

① 갑, 을은 공통적으로 정보 사회에서 정보의 질이 인류의 삶의 질에 영향을 미치기 때문에 양질의 정보를 생산할 수 있는 환경을 만들어 인류의 발전을 도모해야 한다고 본다.

② 갑은 정보가 인류의 집단적 경험과 지식이 축적된 공동의 자산이라고 보는데 반해, 을은 정보가 정보 생산자의 노력이 포함된 개인의 소유물이라고 본다. 따라서 갑은 긍정, 을은 부정의 대답을 할 질문이다.

③ 갑은 양질의 정보를 생산할 수 있는 환경을 만들어 인류의 발전을 도모해야 한다고 보고, 을 또한 양질의 정보를 생산할 수 있는 환경을 만들어야 한다고 본다. 따라서 갑, 을이 모두 긍정의 대답을 할 질문이다.

④ 갑은 정보에 대한 경제적 보상은 오히려 정보 사용에 제약을 유발하여 정보 생산자의 창작 의욕을 감소시키고 양질의 정보 생산을 방해한다고 본다. 반면 을은 정보에 대한 경제적 보상이 정보 생산자의 창작 의욕을 증대시킬 수 있다고 본다. 따라서 갑은 긍정, 을은 부정의 대답을 할 질문이다.

⑤ 갑은 정보에 대한 배타적 소유권을 인정하게 되면 정보 사용에 제약이 생겨 양질의 정보 생산을 방해할 것이라고 본다. 을은 정보에 대한 배타적 소유권이 보장되지 않는다면, 정보 생산자의 경제적 이익이 보장되지 않아 창작 의욕이 감소하여 양질의 정보 생산을 방해할 것이라고 본다. 따라서 갑은 부정, 을은 긍정의 대답을 할 질문이다.

㉠에 들어갈 진술로 가장 적절한 것은?

나의 입장: 정보 사유론 →

인간의 삶은 좋은 정보가 많이 생산될수록 풍요로워진다. 정보의 생산력을 향상하기 위해서는 창작자의 소유권을 인정하고 보호해야 한다. 왜냐하면 정보는 창작자의 노동이 투입된 지적 결과물이기 때문이다. 그런데 어떤 사람은 사회가 쌓아온 기반 위에 정보가 생산된 것이기 때문에 누구나 제한 없이 접근할 수 있는 기회를 보장해야 유용한 정보가 증가한다고 주장한다. 나는 이러한 입장이 ⟨ ㉠ ⟩고 생각한다. → 어떤 사람들의 입장: 정보 공유론

→ 정보 공유론에 대한 정보 사유론의 평가

① 정보를 공공재로 간주하여 활용해야 함을 무시한다
② 정보의 공유로 인해 창작물의 생산량이 증가함을 간과한다
✔③ 정보 창작자의 배타적 소유권이 보장되어야 함을 무시한다
④ 정보 생산 과정에서 사회적 유산이 축적되었음을 무시한다
⑤ 양질의 정보를 생산하기 위한 환경 조성이 필요함을 간과한다

정보 공유론의 입장에서 정보 사유론에 대해 할 수 있는 평가

| 자료 분석 |

제시된 글의 저자는 정보 사유론의 입장에서 인간의 삶을 풍요롭게 만들기 위해서는 정보 창작자의 소유권을 인정하고 보호함으로써, 좋은 정보가 많이 생산될 수 있게 해야 한다고 주장하고 있다. 반면 '어떤 사람'은 정보 공유론의 입장에서 정보에 접근할 수 있는 기회가 제한 없이 보장되어야 함을 주장한다. 따라서 ㉠에는 정보 사유론의 입장에서 정보 공유론의 입장에 대해 제기할 수 있는 비판이 들어가야 한다.

| 선지 해설 |

① 정보 공유론의 입장에서 정보 사유론에 할 수 있는 비판이다. 정보 사유론의 입장에서는 정보에 대한 배타적 소유권을 인정해야 함을 강조하고, 정보 공유론의 입장에서는 정보를 공공재로 간주해야 함을 강조한다.

② 정보 공유론의 입장에서 정보 사유론에 할 수 있는 비판이다. 정보 공유론은 정보를 공유할 때 창작물의 생산력이 향상된다고 본다.

③ 정보 사유론의 입장에서는 정보에 대한 배타적 소유권이 보장될 때 더 좋은 정보가 많이 생산될 수 있다고 본다.

④ 정보 공유론의 입장에서 정보 사유론에 할 수 있는 비판이다. 정보 공유론의 입장에서 정보는 사회가 쌓아온 기반 위에 생산된 것으로 정보 소유에 대한 배타적 권리를 인정해서는 안 된다고 본다.

⑤ 정보 사유론과 정보 공유론 모두 긍정할 내용이다. 단, 정보 사유론은 정보에 대한 배타적 소유권의 인정을 통해, 정보 공유론은 정보에 대한 제한 없는 공유를 통해 양질의 정보 생산을 위한 환경이 조성될 수 있다고 본다.

다음 토론의 핵심 쟁점으로 가장 적절한 것은?

인공지능이 만든 생성물이 '저작물'이 될 수 있음을 옹호함 →

갑: 인간이 입력한 데이터를 기반으로 생성물을 창출하는 약한 인공지능(Weak AI)은 다양한 창작 분야에서 저작물을 만들기도 합니다. 이러한 저작물에 한해서 법적으로 보호돼야 합니다.

→ 인공지능이 만든 생성물이 '저작물'이 될 수 없음을 주장함

을: 아닙니다. 저작물은 법적으로 보호받아야 하지만 인공지능이 창출한 생성물은 데이터를 분석하여 수식화한 결과에 불과하기 때문에 저작물로 인정할 수 없습니다.

갑: 그렇지 않습니다. 데이터에 근거한 인공지능의 생성물이더라도 독창성만 인정되면 저작물로 봐야 합니다. 향후 인간이 입력한 데이터를 넘어서서 독자적 사고를 하는 강한 인공지능(Strong AI)이 개발되면 더 독창적이고 새로운 생성물이 많이 창출될 것입니다.

→ 독창성을 기준으로 인공지능의 생산물을 저작물로 인정함

을: 강한 인공지능이 개발되어 인공지능이 독창적이고 새로운 생성물을 만든다고 하더라도 창작의 주체가 인간이 아니므로 저작물이 될 수 없습니다.

→ 창작의 주체가 인간일 때만 저작물로 인정할 수 있다고 봄

① 인공지능의 생성물은 독창성을 지닐 수 있는가?
② 강한 인공지능이 독자적 생성물을 만들 수 있는가?
✔③ 인공지능이 만들어 낸 생성물을 저작물로 볼 수 있는가?
④ 강한 인공지능의 생성물만을 저작물로 인정해야 하는가?
⑤ 약한 인공지능의 생성물은 모두 저작물로 보아야 하는가?

	갑	을
①	○	○
②	○	○
③	○	×
④	×	×
⑤	×	×

| 자료 분석 |

갑은 독창성만 인정되면 인공지능의 생성물도 저작물로 인정해야 한다고 주장하며, 인공지능의 저작물에 대한 법적 보호가 필요하다고 본다. 반면 을은 인공지능의 생성물은 데이터의 분석과 수식화의 결과물에 불과하며 인간이 주체가 되어 창작한 것이 아니므로 인공지능의 생성물을 '저작물'로 인정할 수 없다고 본다.

| 선지 해설 |

① 갑, 을 모두 긍정할 내용이다. 갑은 인공지능이 독창적인 생성물을 만들 수 있다고 보고 있으며, 을은 강한 인공지능이 개발되면 인공지능이 독창적이고 새로운 생성물을 만들 수도 있음을 긍정한다. 그러나 갑과 달리 을은 인공지능의 생성물이 독창적이더라도 저작물로 인정할 수 없다고 본다.

② 갑, 을이 모두 긍정할 내용이다. 그러나 갑과 달리 을은 강한 인공지능이 개발되어 독자적 생성물을 만든다고 해도 이를 저작물로 인정할 수는 없다고 본다.

③ 갑은 긍정, 을은 부정할 내용으로 토론의 핵심 쟁점에 해당한다. 갑은 독창성만 있다면 인공지능의 생성물도 저작물이 될 수 있다고 보지만, 을은 인공지능의 생성물이 데이터의 분석과 수식화에 불과하며, 창작의 주체가 인간이 아니라는 점에서 인공지능의 생성물을 저작물로 인정하지 않는다.

④ 갑, 을이 모두 부정할 내용이다. 갑은 약한 인공지능이든 강한 인공지능이든 상관없이 독창성이 인정된다면 저작물이라고 볼 것이며, 을은 어떤 인공지능이더라도 그 생산물을 저작물로 볼 수 없다고 본다.

⑤ 갑, 을이 모두 부정할 내용이다. 갑은 독창성이 인정될 경우 인공지능의 생성물을 저작물로 인정할 것을 주장하고 있으며, 을은 인공지능의 생성물은 모두 저작물로 볼 수 없다고 주장한다.

다음 신문 칼럼의 입장으로 적절하지 <u>않은</u> 것은?

○○신문   ○○○○년 ○○월 ○○일

칼 럼

뉴 미디어의 발전으로 개인의 초상, 성명 등과 같은 인격적 속성을 경제적 이윤 창출의 수단으로 이용하는 것이 일상화되었다. 이로 인해 인격적 속성을 상업적으로 이용하는 것을 통제할 수 있는 배타적 권리인 퍼블리시티권(right of publicity)이 등장하였다. 유명인의 인격적 속성을 무단으로 사용하여 광고하는 행위는 퍼블리시티권 침해의 대표적 사례이다. 그런데 퍼블리시티권이 보장될수록 타인의 인격적 속성을 이용한 자유로운 표현 행위가 제한될 수 있다. 이에 퍼블리시티권과 표현의 자유가 조화될 수 있는 방안이 필요하다.

① 개인의 인격적 속성을 이용한 영리 행위는 정당화될 수 있다.
② 개인에게 속한 무형의 속성에 배타적 권리가 부여될 수 있다.
③ 개인을 식별하는 정보는 공공재이며 제한 없이 이용될 수 있다.
    → 개인의 인격적 속성은 공공재가 아니며, 제한될 수 있다
④ 표현의 자유가 보장될수록 타인의 권리 침해로 이어질 수 있다.
⑤ 공적 인물뿐만 아니라 일반인도 퍼블리시티권을 가질 수 있다.

| 자료 분석 |

칼럼은 이윤 창출을 위해 개인의 초상, 성명을 무단으로 이용하는 행위를 문제 상황으로 본다. 이에 인격적 속성의 상업적 이용을 제한할 수 있는 퍼블리시티권에 대한 고려가 필요하다고 본다.

| 선지 해설 |

① 칼럼은 개인의 인격적 속성을 타인이 무단으로 이용하는 행위를 문제 상황으로 보며, 개인의 인격적 속성을 이용한 영리 행위 자체에는 문제가 없다고 본다.

② 칼럼은 인격과 관련된 모든 유·무형의 속성에 배타적 권리를 부여하는 퍼블리시티권을 말하고 있다.

③ 칼럼은 개인을 식별하는 정보와 같은 인격적 속성이 타인에 의해 무단으로 사용되는 것을 통제하고자 배타적 권리인 퍼블리시티권이 고려되어야 한다고 본다.

④ 칼럼은 유명인의 인격적 속성이 표현의 자유라는 이름으로 무단으로 사용되는 경우를 예로 들며, 표현의 자유가 보장될수록 타인의 퍼블리시티권은 침해받을 수 있다고 본다.

⑤ 칼럼은 특정한 공적 인물이 아닌 개인의 인격적 속성이 무단으로, 상업적으로 이용되는 것을 방지하는 퍼블리시티권을 말하고 있다.

19 일차

01 ② 02 ⑤ 03 ③ 04 ① 05 ③ 06 ⑤ 07 ⑤ 08 ③ 09 ④ 10 ④ 11 ① 12 ①
13 ③ 14 ④ 15 ⑤ 16 ③ 17 ⑤ 18 ④ 19 ④ 20 ⑤ 21 ③ 22 ⑤ 23 ④

문제편 174~184쪽

01 | 칸트, 싱어, 레오폴드의 자연관 24학년도 수능 15번

정답 ② | 정답률 49%

(가)의 갑, 을, 병 사상가들의 입장을 (나) 그림으로 표현할 때, A~D에 해당하는 적절한 진술만을 〈보기〉에서 고른 것은? [3점]

(가)	갑 칸트	동물을 폭력적으로 다루면 고통에 대한 공감이 무뎌져 결국 타인과의 관계에서 인간의 도덕성에 매우 유익한 천성적 소질이 고갈될 수 있다.
	을 싱어	쾌고 감수 능력 어떤 존재가 느끼는 고통을 고려하지 않는 것은 옳지 않다. 이익 평등 고려의 원리는 그 존재의 고통을 다른 존재의 고통과 평등하게 계산하도록 한다.
	병 레오폴드	경제적 이익 계산의 문제로만 바람직한 대지의 이용을 생각하지 말라. 생명 공동체의 통합성과 안정성 그리고 아름다움의 보전에 이바지한다면 그것은 옳다. → 생명 공동체도 도덕적 고려의 대상

(나)

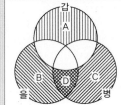

〈범례〉
A: 갑만의 입장
B: 을만의 입장
C: 병만의 입장
D: 을과 병만의 공통 입장

〈 보기 〉
ㄱ. A: 동물을 학대하지 않는 것은 인간의 자신에 대한 의무에 부합한다. → 인간의 도덕적 소질을 위한 것
ㄴ. B: 쾌고 감수 능력은 도덕적 행위자임을 판별하는 결정적 기준이다. → 도덕적 고려의 대상
ㄷ. C: 생태계뿐만 아니라 개별 생명체도 도덕적 고려의 대상일 수 있다.
ㄹ. D: 인간은 다른 모든 생명체보다 본질적으로 우월하지 않다.

① ㄱ, ㄴ   ② ㄱ, ㄷ   ③ ㄴ, ㄷ   ④ ㄴ, ㄹ   ⑤ ㄷ, ㄹ

| 자료 분석 |

갑은 칸트, 을은 싱어, 병은 레오폴드이다. 칸트는 이성은 없지만 생명이 있는 존재를 폭력적이거나 잔혹하게 다루는 것은 인간의 자기 자신에 대한 의무에 어긋난다고 보았다. 왜냐하면 그러한 행위로 인해 타인과의 관계에서 도덕성에 매우 이로운 소질들이 약화될 수 있기 때문이다. 싱어는 공리주의의 입장에서 어떤 존재가 쾌락과 고통을 느낄 수 있다면 그러한 존재들의 이익을 동등하게 고려해야 한다고 주장하였다. 레오폴드는 대지를 수많은 존재가 서로 균형을 맞추며 살아가는 공동체로 인식하고, 인간 또한 이러한 공동체의 한 구성원일 뿐임을 강조하였다. 이러한 관점에서 레오폴드는 생태계의 온전함과 안전성, 아름다움을 보전하는 것이 윤리적이라고 보았다.

| 보기 해설 |

ㄱ) 칸트만의 입장으로 적절하다. 칸트는 인간이 인간에 대한 의무 외에 다른 존재에 대한 어떤 의무도 가질 수 없다고 보았다. 칸트에 따르면 동물에 대한 학대는 인간에게 매우 이로운 도덕적 소질을 약화시킬 수 있기 때문에 삼가야 하는 것이지, 동물에 대한 도덕적 의무가 있어서 삼가는 것이 아니다. 따라서 동물을 학대하지 않는 것은 인간의 자신에 대한 의무에 부합하는 것이라 할 수 있다. 이와 달리 싱어는 동물이 쾌고 감수 능력을 지녔다는 관점에서, 레오폴드는 생태계 자체의 온전함과 안정성을 보전해야 한다는 관점에서 인간의 의무를 강조하기 때문에 동물을 학대하지 않는 것이 인간의 자기 자신에 대한 의무에 부합한다고 보지 않는다.

ㄴ. 싱어는 쾌고 감수 능력이 도덕적 고려의 대상임을 판별하는 결정적 기준이라고 보았다. 싱어는 어떤 존재의 이익을 고려할 때 쾌고 감수 능력의 여부가 유일한 조건이라고 보고, 쾌고 감수 능력을 지닌 존재가 어떤 성질을 가졌는가와 무관하게 이익을 동등하게 고려해야 한다는 이익 평등 고려의 원리를 제시하였다. 그러나 싱어가 주장한 쾌고 감수 능력은 도덕적 고려 대상의 기준이지 도덕적 행위자의 판별 기준은 아니다.

ㄷ) 레오폴드만의 입장으로 적절하다. 레오폴드는 토양, 물, 식물과 동물을 비롯하여 대지까지 포함하도록 도덕 공동체의 범위를 확대해야 함을 강조하며, 생태계 자체도 도덕적 고려의 대상이라고 주장하였다. 따라서 레오폴드는 생태계의 구성원인 개별 생명체와 생태계 자체가 모두 도덕적 고려의 대상이 된다고 본다. 이와 달리 칸트는 인간이라는 개별 생명체만을, 싱어는 쾌고 감수 능력을 가진 개별 생명체를 도덕적 고려의 대상으로 삼으므로 레오폴드만의 입장에 해당한다.

ㄹ. 싱어는 쾌고 감수 능력이 없는 식물이나 무생물은 도덕적 고려의 대상이 될 수 없으므로 이들보다는 인간이 더 우월한 존재라고 보았다. 그러나 레오폴드는 인간이 대지의 지배자가 아니며 생태계의 다른 존재와 같은 하나의 구성원일 뿐이라고 보았다. 따라서 레오폴드만의 입장에 해당한다.

(가)의 갑, 을, 병 사상가들의 입장을 (나) 그림으로 표현할 때, A∼D에 해당하는 적절한 진술만을 〈보기〉에서 고른 것은? [3점]

(가)	갑: 인간과 마찬가지로 다른 생명체도 목적론적 삶의 중심이 테일러 다. 그들 각각은 고유의 방식으로 환경 상황에 반응하고 고유의 선을 추구한다. 을: 인간은 인간에 대한 의무 외에 다른 의무는 갖지 않는다. 칸트 인간이 갖고 있는 다른 존재와 관련된 의무를 다른 존재 에 대한 의무로 혼동해서는 안 된다. 병: 인간이 육식을 위해 동물을 죽이는 관행은 동물의 이익을 싱어 침해한다. 우리에게는 이익 평등 고려 원칙에 따라 이런 관행을 막아야 할 도덕적 의무가 있다.
(나)	〈범례〉 A: 갑만의 입장 B: 을만의 입장 C: 갑과 병만의 공통 입장 D: 을과 병만의 공통 입장

〈보기〉

ㄱ. A: 인간은 생명체를 해치지 않을 절대적 의무를 실천해야 한다.
　→ 자기 방어를 위한 예외적 경우 허용
ㄴ. B: 종(種)이 다른 개체를 서로 다르게 대우하는 것이 정당화
　될 수 있다. → 을, 병의 입장
ㄷ. C: 인간에 대한 의무의 근거가 동물에 대한 의무를 정당화할
　수 있다.
ㄹ. D: 인간 아닌 감각 없는 개체 중 도덕적 지위를 지닌 존재는
　없다.

① ㄱ, ㄴ　　② ㄱ, ㄷ　　③ ㄴ, ㄷ　　④ ㄴ, ㄹ　　⑤ ㄷ, ㄹ

| 자료 분석 |

갑은 테일러, 을은 칸트, 병은 싱어이다. 테일러는 모든 유기체가 각각 자신의 방식으로 고유의 선을 추구하는 목적론적 삶의 중심이라고 주장하며, 다른 생명체가 지구 생명 공동체의 일원인 것과 동일한 의미와 조건으로 인간도 그 공동체의 일원일 뿐이라고 본다. 칸트는 이성은 없지만 생명이 있는 동물을 잔인하게 다루는 것은 인간의 자기 자신에 대한 의무에 어긋나는 것으로, 자연을 무자비하게 파괴하고자 하는 성향은 다른 인간을 대하는 태도에 영향을 미치므로 인간에 대한 의무를 거스르는 것이라고 주장한다. 싱어는 공리주의적 입장에서 쾌락과 고통을 느끼는 존재의 이익을 동등하게 고려해야 한다는 이익 평등 고려 원칙을 제시하고, 쾌락과 고통을 느끼는 동물을 단지 인간과 종이 다르다는 이유만으로 차별하는 것은 종 차별주의라 비판한다.

| 보기 해설 |

ㄱ. 갑(테일러)의 입장으로 적절하지 않다. 갑(테일러)은 생명체에 대한 인간의 가장 기본적인 의무로 어떤 생명체도 해치지 말아야 한다는 악행 금지의 의무를 제시한다. 그러나 갑(테일러)은 인간이 자기방어를 위해 불가피하게 생명체를 해칠 수밖에 없는 상황이 발생한다면 인간의 이해관계를 우선하게 되는 경우도 있음을 주장하며 악행 금지의 의무가 절대적 의무는 아님을 밝히고 있다.

ㄴ. 을(칸트)만의 입장으로 적절하지 않다. 을(칸트)은 종이 다른 개체, 즉 인간과 인간이 아닌 존재를 서로 다르게 대우하는 것을 정당하다고 인식한다. 물론 인간에게 파괴적인 성향을 심어주지 않기 위해 다른 존재를 함부로 대우해서는 안 되지만, 이것이 인간과 다른 존재를 동일하게 대우하는 것을 의미하는 것은 아니다. 또한 병(싱어) 역시 이에 동의한다. 병(싱어)은 인간처럼 쾌고 감수 능력을 가진 동물의 이익 관심을 인간과 동등하게 고려하라고 주장하지만, 인간과 동물을 동일하게 대우하라고 주장하지는 않는다.

ㄷ. 갑(테일러)과 병(싱어)만의 공통 입장으로 적절하다. 갑(테일러)은 모든 생명체가 목적론적 삶의 중심으로서 고유의 선을 지니므로 인간에게는 생명체를 도덕적으로 고려하고 존중해야 할 의무가 있다고 주장한다. 병(싱어) 역시 쾌락과 고통을 느끼는 모든 존재의 이익은 평등하게 고려해야 하므로 인간에게는 동물을 차별하지 않고 도덕적으로 고려할 의무가 있다고 본다. 이와 다르게 을(칸트)은 자연이나 동물을 잔인하게 다루는 것은 인간의 도덕적 성향을 훼손할 수 있으므로 인간의 자기 자신에 대한 의무에 어긋나는 것이라고 주장한다.

ㄹ. 을(칸트)과 병(싱어)만의 공통 입장으로 적절하다. 을(칸트)은 인간만이 이성을 가지고 자율적으로 행동하는 도덕적 주체가 될 수 있으므로 이성이 없는 동물은 도덕의 주체가 될 수 없다고 주장한다. 따라서 인간 아닌 감각 없는 개체 역시 이성을 지니지 못한 존재이므로 도덕적 지위를 지닐 수 없다. 병(싱어) 역시 도덕적 고려의 대상을 쾌고 감수 능력의 소유 여부로 판단하므로 인간뿐만 아니라 쾌고 감수 능력을 지닌 동물까지 도덕적 고려의 대상이 될 수 있다고 주장한다. 이와 다르게 갑(테일러)은 생명을 가진 모든 유기체는 목적론적 삶의 중심으로 고유의 선을 추구하는 유일한 개체이므로 감각 여부와 무관하게 도덕적으로 고려하고 존중해야 한다고 주장한다.

(가)의 갑, 을, 병 사상가들의 입장을 (나) 그림으로 표현할 때, A~D에 해당하는 적절한 진술만을 〈보기〉에서 고른 것은? [3점]

(가)	갑 레오폴드: 생명 공동체의 온전함, 안정, 아름다움의 보존에 기여한다면 그 행위는 옳다. 대지의 이용을 경제적 관점만이 아닌 윤리적, 심미적 관점에서도 검토해야 한다. → 식물, 동물, 무생물까지 생명 공동체에 포함됨
	을 테일러: 생명체는 목적론적 삶의 중심으로서 그 자신의 고유한 선을 갖는다. 우리는 생명체의 고유한 선을 증진하거나 보호하는 활동을 실천해야 한다.
	병 레건: 생명 공동체를 구성하는 개체들의 권리를 존중한다면 그 공동체는 보존될 것이다. 삶의 주체인 동물은 존중받을 도덕적 권리를 지닌다. → 한 살 이상의 정상적인 포유류

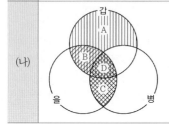

(나)

〈범례〉
A: 갑만의 입장
B: 갑과 을만의 공통 입장
C: 을과 병만의 공통 입장
D: 갑, 을, 병의 공통 입장

―――――〈보기〉―――――

ㄱ. A: 인간이 생명 공동체에 개입하는 것이 정당화되는 경우가 있다. → 갑(레오폴드), 을(테일러), 병(레건) 모두 동의할 입장

ㄴ. B: 어떤 생명체와 비교하든 인간이 본질적으로 우월하지는 않다.

ㄷ. C: 개체의 선에 우선하는 생명 공동체의 선은 존재할 수 없다.

ㄹ. D: 비도구적 가치를 지닌 비이성적 존재를 수단으로 사용하는 것은 어떠한 경우에도 정당화될 수 없다.
→ 갑(레오폴드): 대지를 포함한 생명 공동체의 모든 존재
을(테일러): 모든 생명체
병(레건): 삶의 주체

① ㄱ, ㄴ   ② ㄱ, ㄷ   ✔③ ㄴ, ㄷ   ④ ㄴ, ㄹ   ⑤ ㄷ, ㄹ

출제 경향

환경 윤리 단원에서는 순서도나 벤다이어그램만이 아니라 관계도의 형태를 활용하여 서양 사상가들의 자연관을 묻는 문제가 매번 반복적으로 출제되고 있다. 일반적으로 선지의 난도가 높아 많은 학생들이 어려워하는 유형이다. 사소한 표현에 따라서 각 사상가의 입장이 바뀔 수 있으니 주의해서 선지를 분석해야 한다.

| 자료 분석 |

(가)의 갑은 레오폴드, 을은 테일러, 병은 레건이다. 레오폴드는 대지를 지배와 이용의 대상으로만 간주하는 자연관에서 벗어나, 동물과 식물뿐만 아니라 토양, 물 등을 포함하는 대지를 도덕 공동체의 범위에 포함하는 대지 윤리를 주장한다. 테일러는 모든 생명체는 각자 자신의 방식으로 고유의 선을 추구하는 유일한 개체라는 의미에서 목적론적 삶의 중심이므로 생명체를 도덕적으로 고려하고 존중해야 한다고 주장한다. 레건은 의무론적 관점에서 내재적 가치를 갖는 개체들을 단지 수단으로만 취급해서는 안 된다고 주장하며, 믿음, 욕구, 지각, 기억, 미래 의식, 쾌고 감수 능력 등을 지닌 일부 동물들은 내재적 가치를 지닌 삶의 주체로 보고, 도덕적으로 존중해야 한다고 주장한다.

| 보기 해설 |

ㄱ. 갑(레오폴드), 을(테일러), 병(레건)이 모두 동의할 입장이다. 갑(레오폴드)은 대지를 지배와 이용의 대상으로만 간주하는 인간들의 가치관을 비판하지만, 인간에게 흙, 물, 식물, 동물 등과 같은 자원의 사용과 관리, 혹은 변화를 금하지 않으며, 불가피한 경우에는 인간이 생명 공동체에 개입하는 것이 정당화될 수도 있다고 본다. 을(테일러)은 인간이 개별 유기체의 자유를 간섭하거나 생명 공동체에 간섭해서는 안 된다는 불간섭의 의무를 주장하지만, 불간섭의 의무를 지키는 것보다 도덕적으로 더 중요한 이유가 있다면 간섭이 정당화되는 경우도 있다고 본다. 병(레건) 역시 생명 공동체에 인간이 개입하는 것이 정당화되는 경우가 있다고 볼 것이다.

ㄴ. 갑(레오폴드), 을(테일러)이 동의할 입장이다. 갑(레오폴드)은 대지가 인간을 비롯한 자연의 모든 존재가 함께 살아가는 생명 공동체라고 보고, 인간은 대지의 지배자나 정복자가 아니며 생명 공동체의 한 구성원일 뿐이라고 주장한다. 을(테일러)은 모든 생명체는 각각 자신의 방식으로 고유한 선을 추구하는 목적론적 삶의 중심이라고 주장하며, 다른 생명체가 지구 생명 공동체의 일원인 것과 동일한 의미와 조건으로 인간도 그 공동체의 일원일 뿐이라고 본다. 따라서 인간은 다른 생명체보다 본질적으로 우월하지 않다고 본다. 한편, 병(레건)은 일부 동물은 도덕적으로 무능하지만 자신의 삶을 영위할 수 있는 삶의 주체로서 내재적 가치를 지니므로 인간이 삶의 주체인 동물보다 본질적으로 우월하지는 않다고 주장한다. 그러나 삶의 주체가 아닌 동물이나 식물에 있어서는 인간이 우월성을 갖는다.

ㄷ. 을(테일러), 병(레건)이 동의할 입장이다. 을(테일러)은 모든 유기체는 각각 자신의 방식으로 고유한 선을 추구하는 유일한 개체라고 보는 개체 중심적 자연관을 주장한다. 병(레건) 역시 내재적 가치를 갖는 개체들은 단지 수단으로만 취급되어서는 안 되며 삶의 주체로서 도덕적으로 존중받을 권리가 있다고 보는 개체 중심적 자연관을 주장한다. 그러나 갑(레오폴드)은 도덕적 고려의 범위를 개별 생명체가 아닌 생태계 전체로 보아야 한다는 전체론적 자연관의 입장을 주장한다.

ㄹ. 갑(레오폴드)은 인간이 흙, 물, 식물, 동물이 존속할 수 있는 권리를 보장하고 생명 공동체의 온전성, 안전성, 아름다움을 유지할 수 있는 한도 내에서 비이성적 존재를 수단으로 사용할 수 있음을 주장한다. 을(테일러) 역시 인간의 생존을 위해서 식물이나 동물을 수단으로 사용하는 경우가 있음을 인정한다.

04 싱어, 칸트, 레오폴드의 자연관 23학년도 6월 모평 19번

정답 ① | 정답률 51%

(가)의 갑, 을, 병 사상가들의 입장을 (나) 그림으로 표현할 때, A~D에 해당하는 적절한 진술만을 〈보기〉에서 있는 대로 고른 것은?

(가)	갑: 어떤 존재가 고통과 즐거움을 경험할 수 있는 능력이 있는 ┌ 쾌고 감수 능력 싱어 지 없는지는 우리가 그 존재들의 이익에 관심을 가질지 여부를 판가름하는 유일한 경계가 된다. 을: 동물은 비록 이성은 없을지라도 살아 있는 피조물임을 고 칸트 려할 때, 동물을 폭력적으로 잔인하게 다루는 것은 인간 자신에 대한 의무를 거스르는 것이다. ┌ 간접적 의무 병: 대지 윤리는 인류의 역할을 토지 공동체의 정복자에서 평 레오 범한 구성원으로 변화시키며, 동료 구성원에 대한 존중을 폴드 필연적으로 수반한다.
(나)	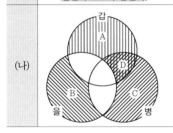 〈범례〉 A: 갑만의 입장 B: 을만의 입장 C: 병만의 입장 D: 갑과 병만의 공통 입장

〈보기〉
ㄱ. A: 동물에 대한 인간의 행위는 공리의 원리에 근거해야 한다.
ㄴ. B: 모든 동물에게 인간과 동등한 도덕적 지위를 부여하는 것 은 옳지 않다. → 갑(싱어), 을(칸트)의 공통적인 입장
ㄷ. C: 어떤 존재가 생명을 지닌 개체가 아니어도 도덕적 지위를 가질 수 있다. → 대지 윤리는 무생물도 도덕적 고려 대상에 포함함
ㄹ. D: 쾌고 감수 능력의 보유 여부에 의해 개체의 도덕적 지위가 A 결정된다.

① ㄱ, ㄷ   ② ㄱ, ㄹ   ③ ㄴ, ㄹ
④ ㄱ, ㄴ, ㄷ   ⑤ ㄴ, ㄷ, ㄹ

자료 분석

(가)의 갑은 싱어, 을은 칸트, 병은 레오폴드이다. 싱어는 공리주의적 관점에서 쾌락과 고통을 느끼는 동물도 이익 관심을 지니며, 모든 이익 관심을 평등하게 고려해야 한다고 주장한다. 따라서 싱어는 단지 종이 다르다는 이유만으로 쾌고 감수 능력을 지닌 동물을 차별해서는 안 된다고 본다. 칸트는 이성을 지닌 인간만이 자율적으로 행동하는 도덕적 주체가 될 수 있기 때문에 인간은 인간에 대한 도덕적 의무만을 가진다고 본다. 다만, 생명이 있는 동물을 폭력적으로 다루는 것은 인간의 자기 자신에 대한 의무에 어긋난다고 본다. 레오폴드는 대지가 인간을 비롯한 자연의 모든 존재가 함께 살아가는 생명 공동체이며, 인간 역시 대지의 한 구성원일 뿐이라고 본다. 따라서 생명 공동체의 온전함과 안전성, 아름다움을 보전하는 것은 인간이 가져야 하는 윤리적 의무라고 주장한다.

보기 해설

ㄱ 갑(싱어)만의 입장에 해당한다. 갑(싱어)은 공리주의적 관점에서 쾌락과 고통을 느끼는 존재의 이익을 동등하게 고려해야 함을 강조하는 이익 평등 고려의 원칙을 주장한다. 즉, 동물에 대한 인간의 행위는 공리의 원리에 근거해야 한다고 보는 것이다.

ㄴ. 갑(싱어), 을(칸트) 모두의 입장에 해당한다. 갑(싱어)은 쾌고 감수 능력을 가진 동물의 이익 관심을 인간과 동등하게 고려해야 함을 강조하지만, 동물이 도덕적 행위의 주체라거나 인간과 동등한 도덕적 지위를 갖는다고 주장하지는 않는다. 을(칸트)은 이성적 존재인 인간만이 자율적으로 도덕 법칙을 수립하고 행위하는 도덕적 주체가 될 수 있으므로 인간만이 도덕적 지위를 갖는다고 본다.

ㄷ 병(레오폴드)만의 입장에 해당한다. 병(레오폴드)은 갑(싱어), 을(칸트)과 달리 흙이나 물과 같이 생명을 지닌 개체가 아니어도 대지 공동체에 포함되며 도덕적 지위를 가질 수 있다고 주장한다. 반면 갑(싱어)은 쾌고 감수 능력을 지닌 동물까지만 도덕적 고려 대상이 된다고 보고, 을(칸트)은 이성을 가진 인간만이 도덕적 지위를 갖는다고 본다.

ㄹ. 갑(싱어)만의 입장에 해당한다. 갑(싱어)은 어떤 존재가 도덕적 고려 대상이 되는지의 여부를 결정하는 유일 기준을 쾌고 감수 능력으로 삼고, 어떤 존재가 고통이나 쾌락을 느낄 수 있다면 그 존재는 도덕적 고려의 대상이 된다고 주장한다. 따라서 갑(싱어)의 입장에서는 쾌고 감수 능력의 보유 여부가 개체의 도덕적 지위를 결정하는 기준으로 작용한다.

OX문제로 개념 확인

(1) 싱어는 쾌고 감수 능력 여부와 관계없이 모든 동물은 도덕적 고려의 대상이라고 본다. (   )

(2) 칸트는 자연을 무자비하게 다루는 것은 도덕적 지위를 가진 자연에 대한 의무에 어긋난다고 본다. (   )

(3) 레오폴드는 도덕 공동체의 범위를 흙, 물, 식물, 동물 등을 포함한 대지로 확장해야 한다고 주장한다. (   )

(1) X (2) X (3) O

(가)의 갑, 을, 병 사상가들의 입장을 (나) 그림으로 표현할 때, A~D에 해당하는 적절한 진술만을 <보기>에서 있는 대로 고른 것은? [3점]

(가)	**갑:** 살아 있는 동물이나 식물은 목적론적 삶의 중심으로서, 인간이 고유한 선을 지닌 것과 동일한 의미로 각자의 고유한 선을 지니고 있다. → 모든 생명체: 내재적 가치 지님 **을:** 대지 윤리는 인류의 역할을 대지 공동체의 정복자에서 그것의 평범한 구성원으로 변화시키며, 공동체 자체에 대한 존중을 필연적으로 수반한다. → 개체 < 전체 **병:** 동물 학대가 인간 학대로 이어질 수 있다는 이유로, 우리가 동물에게 친절해야 한다는 주장은 전적으로 종 차별주의적 입장을 표명한 것이다. 이익관심을 지닌 동물을 인간이 아니라는 이유로 도덕적으로 고려하지 않는 것

갑은 테일러, 을은 레오폴드, 병은 싱어

(나)

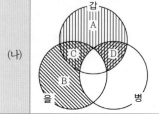

〈범례〉
A: 갑만의 입장
B: 을만의 입장
C: 갑과 을만의 공통 입장
D: 갑과 병만의 공통 입장

─〈 보기 〉─

ㄱ. A: 생명을 지닌 존재가 아니라면 도덕적 지위를 지닐 수 없다.
    → 갑, 병의 공통점
ㄴ. B: 개체에게 생명 공동체와 동등한 가치를 부여할 수는 없다.
    → 갑: 개체 > 전체 / 을: 개체 < 전체
ㄷ. C: 인간은 본질적으로 식물보다 우월한 존재라고 할 수 없다.
ㄹ. D: 자연 자체의 선은 개체의 희생을 정당화하는 근거가 아니다.

① ㄱ, ㄴ   ② ㄱ, ㄷ   ✔③ ㄷ, ㄹ
④ ㄱ, ㄴ, ㄹ   ⑤ ㄴ, ㄷ, ㄹ

| 자료 분석 |

갑은 테일러, 을은 레오폴드, 병은 싱어이다. 테일러는 모든 생명체가 의식 유무와 관계없이 각자 자신의 방식대로 고유의 선을 추구하는 목적론적 삶의 중심이라 보고, 인간은 다른 생명체보다 본질적으로 우월하지 않으며 생명체를 도덕적으로 고려하고 존중해야 한다고 주장했다. 레오폴드는 도덕 공동체의 범위를 대지까지 확장해야 한다고 보고, 인간 역시 대지의 지배자가 아니라 한 구성원일 뿐이라고 주장했다. 또한 레오폴드는 생명 공동체의 온전함과 안전성, 아름다움을 보전하는 것이 윤리적인 것이라고 보았다. 싱어는 쾌락과 고통을 느끼는 존재는 인간인지 동물인지에 상관없이 이익을 동등하게 고려해야 한다는 이익 평등 고려의 원칙을 주장했다.

| 보기 해설 |

ㄱ. 테일러는 모든 생명체가 목적론적 삶의 중심으로서 고유의 선을 지니며 도덕적 지위를 지닌다고 보지만, 무생물은 도덕적 지위를 지닐 수 없다고 보았다. 싱어 역시 쾌고 감수 능력을 가진 존재의 이익을 동등하게 고려해야 한다고 주장하며 동물의 이익 관심을 인간과 동등하게 고려해야 한다고 주장했다. 따라서 테일러와 싱어 모두가 생명을 지닌 존재가 아니라면 도덕적 지위를 지닐 수 없다고 볼 것이므로 A에 들어갈 내용으로 적절하지 않다.

ㄴ. 테일러는 개체론적 입장에서 생명 공동체 자체보다는 생명 공동체 안에서 살아가는 하나하나의 개체에게 더 중요한 가치를 부여한다. 이와 달리 레오폴드는 생명 공동체의 온전성 및 안전성을 개별 생명체보다 더 우선한다. 따라서 테일러와 레오폴드 모두 개체와 생명 공동체의 가치가 동등하다고 보지 않기 때문에 B에 들어갈 내용으로 적절하지 않다.

ⓒ 테일러는 다른 생명체가 지구 생명 공동체의 일원인 것과 마찬가지로 인간도 그 공동체의 일원일 뿐이며, 다른 생명체보다 본질적으로 우월하지 않다고 보았다. 레오폴드 역시 인간은 대지 공동체의 정복자가 아니라 평범한 구성원일 뿐이며 인간이 대지 공동체의 다른 구성원들보다 우월한 존재라고 할 수 없다고 보았다. 반면, 싱어는 쾌고 감수 능력을 지닌 동물의 이익을 인간과 평등하게 고려할 것을 주장하지만 식물도 인간과 같이 도덕적으로 존중받아야 할 존재라고 주장하지는 않았다. 따라서 테일러와 레오폴드만이 인간이 본질적으로 식물보다 우월한 존재라고 할 수 없다고 주장하므로 C에 들어갈 내용으로 적절하다.

ⓡ 테일러는 개체론적 입장에서 생명체 각각의 선을 자연 전체의 선보다 중시했다. 싱어 역시 개체론적 입장에서 인간과 같이 쾌고 감수 능력을 지닌 동물의 가치를 존중할 것을 주장했다. 반면, 레오폴드는 자연 자체의 온전성 및 안전성, 아름다움의 유지가 개체의 선보다 더 우선한다고 보았다. 따라서 테일러와 싱어만이 개체론적 입장에서 자연 자체의 선이 개체의 희생을 정당화하는 근거가 될 수 없다고 주장하므로 D에 들어갈 내용으로 적절하다.

(가)의 갑, 을, 병 사상가들의 입장을 (나) 그림으로 표현할 때, A~D에 해당하는 적절한 진술만을 〈보기〉에서 있는 대로 고른 것은? [3점]

(가)	갑 테일러	목적론적 <u>삶의 중심으로서 유기체</u>는 외적 활동뿐 아니라 내적 기능도 모두 목표 지향적이고, 생물의 기능을 성공적으로 수행하는 지속적인 경향을 지닌다. → 생명 중심주의
	을 칸트	<u>인간의 도덕적 소질을 약화시키지 않도록</u> 동물에 대한 └ 인간성을 위한 동물 존중 잔인한 폭력은 삼가야 하며, 동물이 감당할 수 있는 한도 내에서 무리하지 않도록 동물을 부려야 한다. → 인간 중심주의
	병 레건	<u>삶의 주체</u>는 결코 마치 다른 것들을 위한 자원인 것처럼 └ 일부 포유동물 대우받아서는 안 된다. 특히 다른 존재의 이익을 위해서 의도적으로 해를 입어서는 안 된다. → 동물 중심주의
(나)	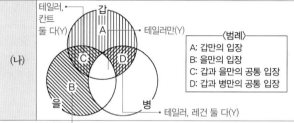	〈범례〉 A: 갑만의 입장 B: 을만의 입장 C: 갑과 을만의 공통 입장 D: 갑과 병만의 공통 입장

〈보기〉

ㄱ. A: 어떤 개체가 생명을 지녀야만 도덕적 지위를 지닐 수 있다.
ㄴ. B: 동물은 인간의 가치 평가에서 독립적인 가치를 지닐 수 없다.
ㄷ. C: 쾌고 감수 능력은 어떤 개체가 도덕적 지위를 갖는지 판단할 때 고려해야 할 조건이 아니다.
ㄹ. D: 인간에 대한 인간의 의무로 환원되지 않는 의무가 있다.

① ㄱ, ㄴ 　　　② ㄱ, ㄷ 　　　③ ㄷ, ㄹ
④ ㄱ, ㄴ, ㄹ 　　　⑤ ㄴ, ㄷ, ㄹ

| 자료 분석 |

(가)의 갑은 테일러, 을은 칸트, 병은 레건이다. 테일러는 생명 중심주의적 관점에서 모든 생명체는 목적론적 삶의 중심으로서 내재적 가치를 지닌다고 보았다. 칸트는 인간 중심주의적 관점에서 인간은 오직 인간에 대해서만 직접적인 의무를 지니며, 자연과 동물과 관련해서는 인간성의 실현을 위한 간접적인 의무만을 지닌다고 보았다. 레건은 동물 중심주의적 입장에서 도덕적 권리를 지닌 삶의 주체를 존중하는 것이 인간의 의무이며, 인간 외의 일부 포유동물도 삶의 주체에 포함된다고 보았다.

| 보기 해설 |

ㄱ. 테일러, 칸트, 레건이 모두 긍정할 내용으로 A에 적절한 진술이 아니다. 도덕적 지위를 지닌 대상으로 테일러는 '생명체'를, 칸트는 '이성적 존재(인간)'를, 레건은 '삶의 주체'를 제시한다. 이때 생명체, 이성적 존재, 삶의 주체는 모두 생명을 지닌 개체이다.

ㄴ. 칸트만이 긍정할 내용으로 B에 적절하다. 칸트는 동물이 인간의 가치 평가로부터 독립적인 가치를 지닐 수 없다고 보았다. 또한 그 자체로 절대적인 존엄성을 지닌 존재는 오직 인간뿐이며 동물은 인간의 목적에 이바지하는 만큼의 가치만을 지닌다고 보았다.

ㄷ. 테일러와 칸트는 긍정, 레건은 부정할 내용으로 C에 적절하다. 테일러는 쾌고 감수 능력과는 관계없이 '생명체'가 도덕적 지위를 가진다고 본다. 칸트 역시 쾌고 감수 능력과는 관계없이 '이성적 존재(인간)'가 도덕적 지위를 가진다고 본다. 그러나 레건은 도덕적 지위를 갖는 대상을 '삶의 주체'로 규정하면서 삶의 주체가 될 수 있는 조건 중의 하나로 쾌고 감수 능력을 제시한다.

ㄹ. 테일러와 레건은 긍정하고 칸트는 부정할 내용으로 D에 적절하다. 테일러와 레건은 인간에 대한 인간의 의무(즉, 인간을 위한 의무)가 아니더라도 생명체와 삶의 주체에 대해 인간이 직접적인 도덕적 의무가 있음을 긍정한다. 그러나 칸트는 동물이나 자연에 대한 의무는 모두 인간에 대한 인간의 의무로 환원될 수 있다고 보고, 인간은 동물이나 자연과 관련하여 간접적인 의무만을 지닌다고 본다.

(가)의 갑, 을, 병 사상가들의 입장을 (나) 그림으로 표현할 때, A~D에 해당하는 적절한 진술만을 〈보기〉에서 고른 것은? [3점]

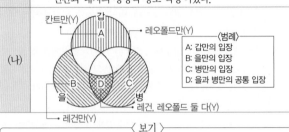

(가)	갑 칸트	┌ 인간 중심주의 관점 인간은 통상 인간에 대한 의무 외에 다른 의무는 갖지 않는다. 늙은 말이 수행한 봉사에 대한 감사마저도 직접적으로 볼 때는 인간 자신에 대한 의무이다.
	을 레건	┌ 동물 중심주의 관점 인간만이 아니라 일부 동물도 삶의 주체이다. 왜냐하면 그들도 다른 존재의 이익과는 독립적으로 개별적 복지를 갖는 것과 같은 특징을 지니기 때문이다.
	병 레오폴드	┌ 생태 중심주의 관점 인간은 생명 공동체의 한 구성원에 지나지 않는다. 인간의 활동으로만 설명되어 온 많은 역사적 사건들은 실제로는 인간과 대지의 생명적 상호 작용이었다.

〈범례〉
A: 갑만의 입장
B: 을만의 입장
C: 병만의 입장
D: 을과 병만의 공통 입장

〈보기〉

ㄱ. A: 인간 이외의 존재에게는 어떠한 가치도 부여되지 않는다.
　→ 칸트, 레건, 레오폴드 모두 부정할 입장
ㄴ. B: 인간은 동물 종(種)에 대한 직접적 의무를 실천해야 한다.
　C(레오폴드)
ㄷ. C: 인간은 살아 있는 모든 존재를 도덕적으로 존중해야 한다.
ㄹ. D: 인간만이 아니라 동물도 권리를 지닌 존재일 수 있다.

① ㄱ, ㄴ　② ㄱ, ㄷ　③ ㄴ, ㄷ　④ ㄴ, ㄹ　✔⑤ ㄷ, ㄹ

| 자료 분석 |

(가)의 갑은 칸트, 을은 레건, 병은 레오폴드이다. 칸트는 인간이 인간 자신에 대한 의무만을 가지며, 동물을 존중하거나 자연을 보호하는 행위 역시 인간을 위한 간접적 의무에 해당한다고 보았다. 레건은 삶의 주체가 지닌 권리를 존중하는 것이 도덕적 의무라고 보면서, 인간뿐만 아니라 일부 동물도 삶의 주체라고 주장하였다. 레오폴드는 인간이 생명 공동체의 한 구성원일 뿐이며 동물, 식물, 흙과 같은 존재들도 도덕적으로 존중해야 한다고 보았다.

| 보기 해설 |

ㄱ. 칸트와 레건, 레오폴드 모두 부정할 내용으로 A에 해당하지 않는다. 특히 칸트는 인간 중심주의적 입장에서 목적으로서 가치를 지니는 것은 이성적 존재밖에 없지만, 이성적 존재자가 아니더라도 도구적 가치는 가질 수 있다고 본다. 한편 레건은 삶의 주체인 일부 동물을, 레오폴드는 무생물을 포함한 생명 공동체와 그 구성원이 도덕적 가치를 지니는 대상이라고 보았다.

ㄴ. 레오폴드만이 긍정할 내용으로 B에 해당하지 않는다. 칸트는 인간이 오직 이성적인 존재인 인간에 대해서만 직접적 의무를 지닌다고 보고, 레건은 '삶의 주체'의 범위를 '한 살 이상의 정상적인 포유동물'로 한정하므로 동물 종(種)에 대한 직접적 의무의 실천을 주장한다고 볼 수 없다.

ㄷ. 레오폴드만이 긍정할 내용으로 C에 해당한다. 무생물을 포함한 생명 공동체와 그 구성원에 대한 도덕적 존중을 강조하는 레오폴드는 '살아 있는 모든 존재'를 생명 공동체의 구성원에 포함시킨다.

ㄹ. 칸트는 부정, 레건과 레오폴드는 긍정할 내용으로 D에 적절하다. 칸트는 이성적 존재인 인간만이 권리를 지닌다고 주장하지만, 레건은 삶의 주체인 일부 동물이, 레오폴드는 생명 공동체 및 그 구성원이 도덕적 권리를 지닌다고 주장한다.

(가)의 갑, 을, 병의 입장을 (나) 그림으로 표현할 때, A~D에 해당하는 적절한 진술만을 〈보기〉에서 있는 대로 고른 것은? [3점]

(가)	갑 싱어	<u>공리의 원칙은 쾌고 감수 능력을 지닌 모든 존재에게 적용되어야 함</u> <u>도덕 판단은 보편화 가능해야 한다.</u> 어떤 이익이 단지 인간에게 유용하다는 이유만으로, 이익 관심을 가진 동물의 이익보다 중요하다고 간주해서는 안 된다. └<u>이익 평등 고려의 원칙</u>
	을 레건	도덕적 존중의 대상에는 도덕적 권리를 가질 수 있는 <u>삶의</u> <u>주체</u>인 동물도 포함된다. 그들 각각은 다른 존재의 이익과 독립해 개별적 복지를 추구한다. └<u>삶의 주체의 도덕적 권리를 존중</u> <u>하는 것이 인간의 윤리적 의무임</u>
	병 칸트	도덕적 의무를 질 수 있는 인간에 대한 의무 외에 다른 존재에 대한 의무는 없다. 물론 동물이 수행한 봉사에 대한 감사는 간접적으로 인간의 의무에 속한다. └<u>오직 인간에게만 직접적인 도덕적 의무를 지님</u>

(나)

싱어, 레건
둘 다(Y)

갑
A
D
B　　C
을
레건만(Y)　병
칸트만(Y)

싱어만(Y)

〈범례〉
A: 갑만의 입장
B: 을만의 입장
C: 병만의 입장
D: 갑과 을만의 공통 입장

〈보기〉
ㄱ. A: 이익 관심을 지닌 모든 개체는 동일한 대우를 받아야 한다.
　　　　　　　　　 도덕적으로 고려해야
ㄴ. B: 목적 그 자체로서 가치를 지닌 존재는 도덕적 존중의 대상이다. → 레건, 칸트가 긍정할 입장
ㄷ. C: 동물 학대가 그릇된 근본 이유는 인간성 실현을 저해함에 있다.
ㄹ. D: 자율적 행위 능력과 무관하게 도덕적 지위는 부여되어야 한다.

① ㄱ, ㄴ　　　② ㄱ, ㄷ　　　③ ㄷ, ㄹ
④ ㄱ, ㄴ, ㄹ　　⑤ ㄴ, ㄷ, ㄹ

| 자료 분석 |

(가)의 갑은 싱어, 을은 레건, 병은 칸트이다. 싱어는 공리주의적 관점에서 공리의 원리를 이익 관심을 가진 모든 존재에게 적용해야 한다는 이익 평등 고려의 원칙을 주장한다. 그리고 이 원칙에 기초하여 쾌고 감수 능력을 지닌 동물을 도덕적으로 고려해야 한다고 본다. 레건은 의무론의 관점에서 도덕적 권리를 지닌 삶의 주체로서의 동물을 도덕적으로 존중하는 것이 인간의 의무라고 주장한다. 칸트는 인간은 오직 인간에게만 도덕적 의무를 지니며, 동물에 대한 존중은 인간의 간접적인 의무일 뿐이라고 본다.

| 보기 해설 |

ㄱ. 싱어는 이익 평등 고려의 원칙에 따라 이익 관심을 지닌 모든 개체에 대한 도덕적 고려가 필요하다고 주장하면서, 인간은 동물의 고통을 고려해야 한다고 본다. 그러나 인간과 동물의 이익 관심에 대한 동등한 고려가 두 존재에 대한 동일한 대우를 뜻하는 것은 아니다.

ㄴ. 레건과 칸트의 공통점에 해당한다. 의무론의 관점에서 '목적 그 자체'로서 가치를 지닌 존재는 도덕적 존중의 대상이다. 다만 칸트는 이에 인간만이 해당된다고 보지만 레건은 삶의 주체로서의 동물까지도 포함된다고 본다.

ㄷ. 칸트는 인간 중심주의 입장에서 오직 이성적 존재인 인간만이 직접적인 도덕적 고려의 대상이라고 본다. 그에 따르면 동물 학대가 그릇된 근본적인 이유는 동물이 도덕적 고려의 대상이기 때문이 아니라 동물 학대가 인간성 실현을 저해하기 때문이다.

ㄹ. 자율적 행위 능력을 지닌 존재는 인간이다. 싱어와 레건은 자율적 행위 능력이 없는 동물이더라도 쾌고 감수 능력이 있거나(싱어), 삶의 주체로서 살아간다면(레건) 도덕적 지위가 부여되어야 한다고 본다.

(가)의 갑, 을, 병 사상가들의 입장을 (나) 그림으로 표현할 때, A ~ D에 해당하는 적절한 진술만을 〈보기〉에서 있는 대로 고른 것은? [3점]

(가)	**갑** 싱어: 동물도 인간처럼 고통을 느낄 수 있으며 이해관계를 갖는다. 인간 종이 아니라는 이유로 동물의 이익을 희생시키는 것은 종 차별주의이다.
	을 칸트: 동물을 잔학하게 다루는 것은 인간 자신에 대한 의무에 어긋난다. 왜냐하면 타인과 관계 맺을 때 도덕성에 도움이 되는 자연적 소질을 약화시키기 때문이다.
	병 레오폴드: 지금껏 인간의 활동으로 설명되어 온 많은 역사적 사건은 실제로는 사람과 땅의 생명적 상호 작용이었다. 인간은 사실상 생명 공동체의 구성원에 지나지 않는다.

(나)

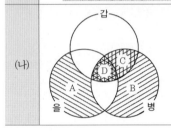

〈범례〉
A: 을만의 입장
B: 병만의 입장
C: 갑과 병만의 공통 입장
D: 갑, 을, 병의 공통 입장

〈보기〉

ㄱ. A: 목적 그 자체로 간주되는 개체만이 도덕적 존중의 대상이다.
ㄴ. B: 자연 그 자체는 인간의 이익과 무관하게 내재적 가치를 지닌다.
ㄷ. C: 인간이 유정적 존재를 함부로 대하는 것은 의무에 어긋난다.
   → 갑, 을, 병이 모두 동의하는 내용으로 D에 해당함
ㄹ. D: 욕구를 지닌 비이성적 존재가 수단으로 사용되는 것이 허용될 수 있다.

① ㄱ, ㄷ   ② ㄱ, ㄹ   ③ ㄴ, ㄷ
④ ㄱ, ㄴ, ㄹ   ⑤ ㄴ, ㄷ, ㄹ

| 자료 분석 |

갑은 싱어, 을은 칸트, 병은 레오폴드이다. 싱어는 쾌락과 고통을 느끼는 존재는 인간인지 동물인지에 상관없이 이익을 동등하게 고려해야 한다는 이익 평등 고려의 원칙을 주장한다. 칸트는 인간 중심주의 자연관의 입장으로 이성은 없지만 생명을 폭력적으로 대우하는 것은 인간 스스로의 의무에 배치되는 것이라고 보며, 자연에 대한 인간의 간접적 의무를 주장한다. 레오폴드는 도덕 공동체의 범위를 무생물을 포함한 생태계 전체로 확대하는 대지 윤리를 주장한다. 대지 윤리는 개체로서의 생명의 가치보다 생태계 전체의 유기적 관계를 중시한다.

| 보기 해설 |

ㄱ A에는 을(칸트)만의 입장이 들어가야 한다. 이 진술은 을(칸트)만의 입장에 해당하기 때문에 A에 들어갈 진술로 적절하다. 을(칸트)에 따르면 목적 그 자체로 간주되는 개체는 인간이 유일하며 그러한 존재인 인간만이 도덕적 존중이 대상이 된다. 반면 공리주의자인 갑(싱어)은 모든 개체를 공리의 증진을 위한 수단으로 바라보기 때문에 목적 그 자체로 간주되는 개체가 아닌 쾌고 감수 능력을 지닌 존재가 도덕적 존중의 대상이 된다. 병(레오폴드)은 '개체'가 아닌 생태계 전체가 도덕적 존중의 대상이라고 주장한다.

ㄴ B에는 병(레오폴드)만의 입장이 들어가야 한다. 이 진술은 병(레오폴드)만의 입장에 해당하기 때문에 B에 들어갈 진술로 적절하다. 병(레오폴드)에 따르면 생명 공동체의 구성원 및 생태계 자체에 도덕적 지위가 있으며 인간의 이익과는 무관하게 자연은 그 자체로 내재적 가치를 지닌다. 반면 갑(싱어)은 쾌고 감수 능력을 지닌 존재들의 이익을 고려하여 도덕적 대상을 판단한다. 을(칸트)은 이성적 존재인 인간만이 내재적 가치를 지니며 도덕적 고려의 대상이 될 수 있다고 본다.

ㄷ. C에는 갑(싱어)과 병(레오폴드)만의 공통 입장이 들어가야 한다. 이 진술은 갑(싱어), 을(칸트), 병(레오폴드)의 공통 입장에 해당하기 때문에 C에 들어갈 진술로 적절하지 않다. 갑(싱어)은 인간이 쾌고 감수 능력을 지닌 동물을 함부로 대하는 것이 의무에 어긋난다고 본다. 병(레오폴드) 역시 모든 생태계의 구성원이 내재적 가치를 지니고 있기에 이를 함부로 대하는 것은 도덕적 의무에 어긋난다고 주장한다. 그러나 을(칸트) 또한 인간이 유정적 존재를 함부로 대하는 것은 의무에 어긋난다고 본다. 인간이 아닌 존재에 대한 인간의 직접적인 의무는 없지만, 자연이 인간의 도덕적 감수성을 증진하는 데 이바지하기 때문에 인간이 자연을 함부로 대해서는 안 된다고 보며, 자연과 관련한 인간의 간접적 의무를 주장한다.

ㄹ D에는 갑(싱어), 을(칸트), 병(레오폴드)의 공통 입장이 들어가야 한다. 이 진술은 갑(싱어), 을(칸트), 병(레오폴드)의 공통 입장에 해당하기 때문에 D에 들어갈 진술로 적절하다. 갑(싱어)은 공리의 원칙에 따라 욕구를 지닌 비이성적 존재를 수단으로 이용할 때의 이익이 훨씬 크다면 이를 허용할 수 있다고 본다. 을(칸트)은 이성적 존재인 인간이 아니라 욕구를 지닌 비이성적 존재라면 수단으로 사용할 수 있다고 본다. 단, 인간의 도덕적 감수성을 해할 정도로 함부로 대하거나 학대하는 것은 간접적 의무에 어긋난다고 말한다. 병(레오폴드) 역시 생태계의 안정과 대지 전체를 위해 개별 개체를 수단으로 사용하는 것이 허용될 수 있다고 본다.

10 칸트, 테일러, 싱어의 자연관 24학년도 5월 학평 10번

정답 ④ | 정답률 49%

(가)의 사상가 갑, 을, 병의 입장을 (나) 그림으로 탐구하고자 할 때, A ~ D에 들어갈 적절한 질문만을 〈보기〉에서 고른 것은? [3점]

(가)	갑 칸트	늙은 말이 오랫동안 수행한 봉사에 대한 감사마저도 <u>간접적으로는 인간의 의무</u>에 속한다. 동물에 관련한 감사의 정은 직접적으로 볼 때는 언제나 <u>인간의 자기 자신에 대한 의무</u>일 따름이다. ┐ 인간이 아닌 존재에 대해서는 ┘ 직접적인 의무가 없음
	을 테일러	기계는 목표 지향적 활동을 보이지만 독립적 존재로서 고유의 선을 지니지 않는다. 그러나 생명체는 <u>고유의 선</u>을 지니며, 우주의 다른 어떤 것과도 독립적으로 그들 자체가 목표 지향적 활동의 중심이다. ┐ 목표 지향보다 생명체 ┘ 고유의 선이 중요함
	병 싱어	동물도 고통의 상황에서 혈압이 오르고 동공이 팽창하는 등 인간의 신경계와 유사한 반응을 일으킨다. <u>이익 평등 고려의 원칙</u>에 따라 동물이 느끼는 고통을 인간이 느끼는 고통과 동등하게 고려해야 한다.

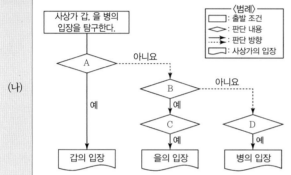

(나)

〈보기〉

ㄱ. A: 비이성적 개체를 해치는 행위가 정당화되는 경우가 있는가?
→ 갑(칸트)과 을(테일러) 모두 긍정의 대답을 할 질문

ㄴ. B: 쾌고 감수 능력이 없는 생명체도 도덕적 지위를 가지는가?

ㄷ. C: 목표 지향적 활동의 여부는 도덕적 고려의 유일한 기준인가?
→ 기계도 목표 지향적 활동을 하기에 생명체 고유의 선이 중요함

ㄹ. D: 유정적 존재의 특성에 따라 도덕적 배려의 방법은 달라질 수 있는가?

① ㄱ, ㄴ ② ㄱ, ㄷ ③ ㄴ, ㄷ ✔④ ㄴ, ㄹ ⑤ ㄷ, ㄹ

자료 분석

(가)의 갑은 칸트, 을은 테일러, 병은 싱어이다. 칸트는 인간 중심주의적 관점에서 인간은 오직 인간에 대해서만 직접적인 의무를 지니며, 자연과 동물과 관련해서는 인간성의 실현을 위한 간접적인 의무만을 지닌다고 본다. 테일러는 모든 생명체가 의식 유무와 관계없이 각자 자신의 방식대로 고유의 선을 추구하는 목적론적 삶의 중심이라 본다. 싱어는 쾌락과 고통을 느끼는 존재는 인간인지 동물인지에 상관없이 이익을 동등하게 고려해야 한다는 이익 평등 고려의 원칙을 주장한다.

보기 해설

ㄱ. A에는 갑(칸트)은 긍정, 을(테일러)과 병(싱어)은 부정의 대답을 할 질문이 들어가야 한다. 이 질문은 갑(칸트)이 긍정의 대답을 할 질문이지만 을(테일러)과 병(싱어) 역시 비이성적 개체를 해치는 행위가 정당화되는 경우가 있다고 보기 때문에 이 질문은 A에 들어가기에 적절하지 못한 질문이다. 을(테일러)에 따르면 우선성의 원리에 따라 특정 상황에서는 인간이 동물을 해칠 수 있다. 병(싱어)은 식물이나 자연은 도덕적 고려의 대상으로 보지 않으며 이익 평등 고려의 원칙에 따라 고통을 최소화한다면 동물에게도 해를 끼치는 행위가 정당화되는 경우가 있다고 본다.

ㄴ. B에는 을(테일러)은 긍정, 병(싱어)은 부정의 대답을 할 질문이 들어가야 한다. 이 질문은 을(테일러)은 긍정, 병(싱어)은 부정의 대답을 할 질문으로, B에 들어갈 질문으로 적절하다. 을(테일러)은 모든 생명체가 의식 유무와 관계없이 각자 자신의 방식대로 고유의 선을 추구하는 목적론적 삶의 중심이라 본다. 반면 병(싱어)는 쾌고 감수 능력이 없는 생명체라면 도덕적 지위를 가질 수 없다고 주장한다.

ㄷ. C에는 을(테일러)이 긍정의 대답을 할 질문이 들어가야 한다. 이 질문은 을(테일러)이 부정의 대답을 할 질문으로, C에 들어갈 질문으로 을(테일러)에 따르면 도덕적 고려의 기준은 목표 지향적 활동이 아닌 고유의 선의 존재 여부이다.

ㄹ. D에는 병(싱어)이 긍정의 대답을 할 질문이 들어가야 한다. 이 질문은 병이 긍정의 대답을 할 질문으로, D에 들어갈 질문으로 적절하다. 병(싱어)에 따르면 쾌고 감수 능력과 감정을 지닌 존재, 즉 유정적 존재는 도덕적 고려의 대상이 된다. 따라서 유정적 존재의 특성에 따라 도덕적 배려의 방법은 달라질 수 있다.

(가)의 갑, 을, 병 사상가들의 입장을 (나) 그림으로 표현할 때, A ~ D에 해당하는 적절한 진술만을 〈보기〉에서 있는 대로 고른 것은? [3점]

(가)	갑 칸트: 동물에 관한 한, 우리는 직접적 의무가 없다. 동물과 관련한 우리의 의무는 단지 인간에 대한 간접적인 의무일 따름이다. 을 테일러: 목적론적 삶의 중심이라면 어떤 존재도 다른 존재보다 더 가치 있다고 간주되지 않는다. 동식물의 선의 실현도 그 자체로 가치 있다고 간주된다. 병 레건: 삶의 주체에는 단순히 의식을 갖는다는 것 이상이 포함된다. 삶의 주체는 동등한 본래적 가치를 지니며 존중의 태도로 처우받을 권리를 공유한다.

(나)

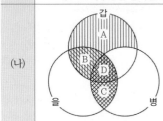

〈범례〉
A: 갑만의 입장
B: 갑과 을만의 공통 입장
C: 을과 병만의 공통 입장
D: 갑, 을, 병의 공통 입장

〈 보기 〉

ㄱ. A: 목적 그 자체가 될 수 있는 존재라면 도덕 행위자로 간주해야 한다.

ㄴ. B: 쾌고 감수 능력은 도덕적 지위 여부를 결정하는 기준에 해당하지 않는다.

ㄷ. C: 인간의 가치 평가에서 독립하여 가치를 지닌 존재의 이용은 해악보다 이익이 크다면 정당화된다.
→ 공리주의의 입장에서 긍정할 수 있지만, 을(테일러)과 병(레건)은 공리의 원칙에 따른 자연관을 가지지 않음

ㄹ. D: 생명을 지니고 있는 개체만이 의무의 대상이 될 수 있다.
→ 갑(칸트)과 병(레건)만의 공통 입장

✔① ㄱ, ㄴ　　② ㄱ, ㄷ　　③ ㄷ, ㄹ
④ ㄱ, ㄴ, ㄹ　　⑤ ㄴ, ㄷ, ㄹ

자료 분석

갑은 칸트, 을은 테일러, 병은 레건이다. 칸트는 자율적으로 행동할 수 있는 도덕적 주체인 이성적 존재만이 의무의 대상이 될 수 있지만, 자연 및 동물을 무자비하게 파괴하고자 하는 성향은 인간의 도덕적 소질에 부정적 영향을 미치므로 인간의 자기 자신에 대한 의무에 어긋난다고 주장한다. 테일러는 모든 생명체가 의식 유무와 관계없이 각자 자신의 방식대로 고유의 선을 추구하는 목적론적 삶의 중심이라 보고, 인간은 다른 생명체보다 본질적으로 우월하지 않으며 생명체를 도덕적으로 고려하고 존중해야 한다고 주장한다. 레건은 의무론적 입장에서 일부 동물은 삶의 주체로서 도덕적 권리를 가지기 때문에 인간을 위해 삶의 주체인 동물을 수단화하는 것은 옳지 않다고 보았다.

보기 해설

ㄱ. 갑(칸트)만의 입장으로 적절하다. 갑(칸트)은 인간만이 이성을 가지고 자율적으로 행동하며 목적 그 자체가 될 수 있는 존재라고 본다. 따라서 그는 인간만이 도덕 행위자가 될 수 있으며 인간이 아닌 존재는 인간의 목적에 이바지하는 만큼의 가치만을 지닌다고 주장한다. 을(테일러)과 병(레건)은 생명체를 포함한 일부 동물을 목적 그 자체가 될 수 있는 존재로 여기지만 그들을 도덕적 고려의 대상으로 바라볼 뿐, 도덕 행위자로 간주하지는 않는다.

ㄴ. 갑(칸트)과 을(테일러)만의 공통 입장으로 적절하다. 갑(칸트)은 이성을 지닌 인간만이 도덕적 고려 대상이자 도덕 행위자가 될 수 있다고 본다. 따라서 도덕적 지위 여부와 쾌고 감수 능력은 무관하다고 간주한다. 을(테일러)은 생명을 가진 모든 유기체는 목적론적 삶의 중심으로 고유의 선을 추구하는 유일한 개체이므로 감각 여부와 무관하게 도덕적으로 고려하고 존중해야 한다고 주장한다. 반면 병(레건)은 의무론적 관점에서 내재적 가치를 갖는 개체들을 단지 수단으로만 취급해서는 안 된다고 주장하며, 믿음, 욕구, 지각, 기억, 미래 의식, 쾌고 감수 능력 등을 지닌 일부 동물들은 내재적 가치를 지닌 삶의 주체로 보고, 도덕적으로 존중해야 한다고 주장한다.

ㄷ. 을(테일러)과 병(레건)만의 공통 입장으로 적절하지 않다. 을(테일러)과 병(레건) 모두 인간 이외의 존재가 인간의 가치 평가에서 독립하여 가치를 지닐 수 있다는 점은 긍정하지만 해악보다 이익이 크다는 이유로 인간이 인간 이외의 존재들을 이용하는 것이 정당화된다고 보지 않는다.

ㄹ. 갑(칸트), 을(테일러), 병(레건)의 공통 입장으로 적절하지 않다. 을(테일러)은 불간섭의 의무에 따라 생명체의 고유한 선을 보호하기 위한 경우를 제외하고는 생명을 지니고 있는 동식물을 포함한 생태계나 자연에 간섭해서는 안 된다고 주장한다.

12 칸트, 싱어, 테일러의 자연관 23학년도 4월 학평 15번

정답 ① | 정답률 32%

(가)의 갑, 을, 병 사상가들의 입장을 (나) 그림으로 표현할 때, A~E에 해당하는 진술로 가장 적절한 것은? [3점]

(가)	갑: 무생물이나 동물에 대한 파괴는 인간의 의무와 대립한다. 그런 행위는 도덕성을 촉진하는 인간 안의 감정을 약화시키기 때문이다. 을: 인간은 고통과 즐거움을 느낄 수 있는 존재의 이익을 고려해야 한다. 타자의 이익을 고려할 때 감각이 유일하게 옹호 가능한 경계선이다. 병: 모든 생명체는 각각 자신의 방식으로 고유의 선을 추구하는 유일한 개체이다. 인간은 다른 생명체보다 본질적으로 우월하지 않다.

갑(칸트), 을(싱어), 병(테일러)

(나)	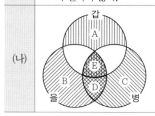 〈범례〉 A: 갑만의 입장 B: 을만의 입장 C: 병만의 입장 D: 을과 병만의 공통 입장 E: 갑, 을, 병의 공통 입장

① A: 인간은 인간에 대한 의무 외에 어떤 존재에 대한 의무도 가질 수 없다.

② B: 도덕적 행위 주체가 아닌 존재도 도덕적 지위를 지닐 수 있다. (D)

③ C: 감각 능력이 없는 개체들은 도덕적으로 고려될 필요가 없다. (있다)

④ D: 인간을 위한 자원으로 동물을 활용하는 것은 금지되어야 한다. (허용)

⑤ E: 도덕적 고려의 대상이 아닌 존재는 어떠한 가치도 지닐 수 없다.

자료 분석

갑은 칸트, 을은 싱어, 병은 테일러이다. 칸트는 이성적 존재만이 도덕적 행위의 주체라고 보며, 인간 이외의 동물과 자연은 도덕적 행위의 주체가 될 수 없다고 본다. 하지만 인간의 도덕적 감수성, 인간성 실현을 위해 동물과 자연을 함부로 대해서는 안 된다고 본다. 싱어는 이익 평등 고려의 원칙을 제시하며, 쾌락과 고통을 느끼는 모든 존재의 이익을 동등하게 고려해야 한다고 주장한다. 테일러는 모든 생명체는 각기 고유한 방식으로 자신의 고유의 선을 지향하는 목적론적 삶의 중심이기 때문에 도덕적으로 고려하고 존중해야 한다고 본다.

선지 해설

① 칸트는 인간은 오직 인간에 대한 의무 외에 어떤 다른 존재에 대한 의무도 갖지 않는다고 주장한다. 인간이 다른 존재에 '대해' 의무를 가지는 것은 부정하지만, 다른 존재와 '관련된' 의무를 갖는 것은 긍정한다.

② 싱어와 테일러의 공통된 입장으로 D에 해당하는 내용이다. 싱어는 도덕적 행위 주체가 아니어도 쾌고 감수 능력을 지닌 존재는 도덕적 지위를 지닌다고 주장한다. 테일러는 모든 생명체가 내재적 가치를 지니며 도덕적 지위를 지닌다고 주장한다.

③ 테일러는 식물처럼 감각 능력이 없는 개체들도 도덕적으로 고려할 필요가 있다고 본다. 테일러는 각기 고유한 방식으로 목적을 지향하고 있는 모든 생명체는 도덕적으로 고려해야 한다고 주장한다.

④ 싱어와 테일러는 인간을 위한 자원으로 동물을 활용할 수 있다고 본다. 싱어는 동물의 고통을 최소화하면서 인간의 이익을 극대화할 수 있다면 동물을 자원으로 활용할 수 있다고 본다. 테일러는 자연을 자원으로 활용할 수 있다고 보며, 이 경우에도 자연의 내재적 가치를 존중하는 태도를 지녀야 한다고 본다.

⑤ 세 사상가의 공통점에 해당하지 않는 내용이다. 칸트는 도덕적 고려의 대상이 아닌 존재도 도구적 가치는 지닌다고 본다.

(가)의 갑, 을, 병 사상가들의 입장을 (나) 그림으로 탐구하고자 할 때, A~D에 들어갈 적절한 질문만을 〈보기〉에서 있는 대로 고른 것은? [3점]

(가)	**갑:** 우리는 동물에 대한 직접적 의무를 지지 않는다. 동물은 단지 수단일 뿐이다. 동물과 관련한 우리의 의무는 인간에 대한 간접적 의무에 불과하다. → 인간의 도덕적 소질을 위한 의무 칸트 **을:** 우리가 해야 할 일은 종(種) 차별주의를 피하면서 쾌고 감수 능력이 있는 동물을 도덕적 관심의 영역 안으로 끌어들이는 것이다. → 이익 관심을 가진 동물의 이익을 평등하게 고려 싱어 **병:** 우리는 유기체가 자신을 보존하고 자신만의 독특한 방식으로 고유의 선을 실현하려고 애쓰는 목적론적 삶의 중심이라고 생각한다. → 생명체는 내재적 가치를 지님 테일러
(나)	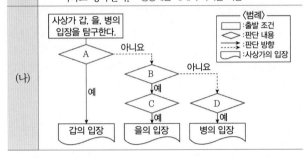

〈 보기 〉

ㄱ. A: 생명체 중에서 오직 인간만이 가치를 지닌 존재인가?
    → 칸트, 싱어, 테일러 모두 부정할 질문
ㄴ. B: 인간이 생명을 가진 존재를 차별하는 것은 잘못인가?
    → 싱어는 부정, 테일러는 긍정할 질문
ㄷ. C: 동물을 이용하는 인간의 행위가 정당화될 수 있는가?
ㄹ. D: 개체가 고유의 선을 지녀야만 의무의 대상이 될 수 있는가?

① ㄱ, ㄴ   ② ㄴ, ㄷ   ✔③ ㄷ, ㄹ
④ ㄱ, ㄴ, ㄹ   ⑤ ㄱ, ㄷ, ㄹ

| 자료 분석 |

갑은 칸트, 을은 싱어, 병은 테일러이다. 칸트는 자율적으로 행동할 수 있는 도덕적 주체인 이성적 존재만이 의무의 대상이 될 수 있지만, 자연 및 동물을 무자비하게 파괴하고자 하는 성향은 인간의 도덕적 소질에 부정적 영향을 미치므로 인간의 자기 자신에 대한 의무에 어긋난다고 주장한다. 싱어는 공리주의적 입장에서 쾌고 감수 능력을 지닌 동물은 이익 관심을 지니며 종(種)에 관계없이 모든 이익 관심을 평등하게 고려해야 한다고 본다. 테일러는 모든 유기체가 각기 자신의 방식으로 고유의 선을 추구하는 유일한 개체라는 점에서 목적론적 삶의 중심이라고 본다.

| 보기 해설 |

ㄱ. 칸트는 인간이 아닌 존재자들도 인간을 위한 수단으로서 상대적인 가치는 가지고 있다고 보았다. 싱어는 쾌고 감수 능력을 지닌 동물에 대한 도덕적 고려를, 테일러는 모든 생명체에 대한 도덕적 고려를 주장하므로 생명체 중에서 오직 인간만이 가치를 지닌 존재라 보지 않는다.

ㄴ. 싱어는 쾌고 감수 능력을 지니지 못한 생명체에 대해 인간이 차별적으로 대우하는 것에는 문제가 없다고 본다. 테일러는 모든 생명체가 목적론적 삶의 중심으로서 내재적 가치를 지니므로 모든 생명체를 도덕적으로 고려하고 존중해야 한다고 주장한다. 즉 인간이 생명을 가진 존재를 차별하는 것은 잘못이라고 본다. 따라서 싱어는 부정, 테일러는 긍정할 질문이기 때문에 B에 위치할 질문으로 적적하지 않다.

ㄷ. 싱어는 공리주의적 관점에서 이익 관심을 갖는 동물들의 이익을 평등하게 고려해야 함을 강조하지만, 동물을 이용함으로써 얻는 이익이 크고, 이익을 산출할 개연성이 충분히 높으며, 동물이 겪게 될 고통이 충분히 작다면 동물을 이용하는 인간의 행위가 정당화될 수 있다고 보았다.

ㄹ. 테일러는 모든 생명체는 의식의 유무나 유용성에 관계없이 고유한 선을 지니며, 인간은 이처럼 고유한 선을 지니는 생명체를 도덕적으로 고려해야 한다고 보았다. 테일러에게 의무의 대상은 생명체에 한정되므로, 개체가 고유의 선을 지녀야만 의무의 대상이 된다고 볼 수 있다.

(가)의 갑, 을, 병 사상가들의 입장에서 서로에게 제기할 수 있는 비판을 (나) 그림으로 표현할 때, A~F에 해당하는 내용으로 가장 적절한 것은? [3점]

(가)	**갑:** 생명은 없지만 아름다운 것을 파괴하는 행위를 일삼는
	칸트 것은 도덕성을 촉진하는 감정을 약화시키므로 인간의 자
	    기 자신에 대한 의무와 대립한다. └→ 동물과 자연에 대한 간접적 의무 주장
	을: 쾌고 감수 능력은 이익 관심을 갖기 위한 선행 조건이다.
	싱어 쾌고 감수 능력을 지닌 동물의 이익은 인간의 이익과 동
	    등하게 고려되어야 한다. → 이익 평등 고려의 원칙
	병: 모든 생명체는 자신의 생존 유지, 종의 재생산, 환경 적응
	테일러 활동을 성공적으로 수행하게 하는 일정한 경향성을 갖고
	    있는 목적론적 삶의 중심이다. → 모든 생명체의 도덕적 지위 인정

(나)

〈범례〉
──→ : 비판의 방향
A~F: 비판의 내용

〈예시〉
갑 ──A→ 을
A는 갑이 을에게 제기할
수 있는 비판임.

① A, F: 의식은 도덕적 행위의 주체가 되기 위한 필요충분조건임을 간과한다. └→ 칸트는 이성적 존재만이 도덕적 행위의 주체가 될 수 있다고 봄

② B: 인간뿐만 아니라 동물과 관련해서도 인간의 의무가 발생함을 간과한다. └→ 칸트도 긍정할 내용

③ B, D: 인간을 위해 동물에게 친절한 것은 종 차별주의 입장이 아님을 간과한다. └→ 싱어는 동물의 쾌고 감수 능력 때문에 동물을 도덕적 고려의 대상으로 봄

④ C: 어떤 개체가 이익 관심을 갖지 않아도 도덕적 지위를 지닐 수 있음을 간과한다.

⑤ C, E: 생태계를 조작하여 생태계 자체의 도덕적 지위를 훼손하면 안 됨을 간과한다. → 테일러는 생명체까지 도덕적 지위 부여

｜자료 분석｜

갑은 칸트, 을은 싱어, 병은 테일러이다. 갑은 인간 중심주의 자연관의 입장으로 이성은 없지만 생명을 폭력적으로 대우하는 것은 인간의 자기 자신에 대한 의무에 배치되는 것이라고 보며, 자연에 대한 인간의 간접적 의무를 주장한다. 을은 동물 중심주의 자연관의 입장으로 쾌고 감수 능력을 지닌 동물도 도덕적 고려의 대상으로 보아야 한다고 주장하며, 이익 평등 고려의 원칙에 따라 동물을 차별하는 것은 종 차별주의라고 비판한다. 병은 생명 중심주의 자연관의 입장으로 모든 생명체는 목적론적 삶의 중심으로서 내재적 가치를 지니며, 도덕적 고려의 대상이 되어야 한다고 주장한다.

｜선지 해설｜

① 갑이 제기할 비판의 내용으로 적절하지 않다. 갑은 이성적 존재만이 도덕적 행위의 주체가 될 수 있다고 본다. 따라서 갑은 의식이 있는지의 여부가 도덕적 행위의 주체가 되기 위한 필요충분조건이라고 보지 않는다.

② 갑은 을과 마찬가지로 동물에 대한 인간의 의무를 주장한다. 갑은 동물과 자연을 파괴하는 행위가 인간의 도덕적 감성을 약화시키기 때문에 인간성의 실현을 위해 인간은 동물에 대해 간접적 의무를 갖는다고 주장한다. 따라서 갑이 간과하고 있는 부분이라고 보기 어렵기 때문에 을이 갑에게 제기할 비판으로 적절하지 않다.

③ 을이 제기할 비판의 내용으로 적절하지 않다. 을은 인간을 위해 동물에게 친절하게 할 것을 주장하는 것이 아니다. 을은 동물이 쾌고 감수 능력을 지녔기 때문에 도덕적 고려의 대상이 되어야 한다고 주장하는 것이다.

④ 병이 을에게 제기할 비판으로 적절하다. 을은 어떤 개체가 쾌고 감수 능력을 지니고 있다는 사실은 이익 관심을 지니고 있다는 것이며, 모든 이익 관심은 평등하게 고려되어야 한다고 주장한다. 반면, 병은 이익 관심을 갖지 않아도 모든 생명체는 목적론적 삶의 중심으로서 도덕적 지위를 지닐 수 있다고 주장한다.

⑤ 병은 도덕적 지위를 모든 생명체까지 부여할 것을 주장하지만, 생태계 자체에까지 부여할 것을 주장하지는 않는다. 따라서 병이 갑, 을에게 제기할 비판의 내용으로 적절하지 않다.

칸트, 레오폴드, 레건의 자연관 21학년도 7월 학평 15번 　　　정답 ⑤ | 정답률 52%

(가)의 갑, 을, 병 사상가들의 입장에서 서로에게 제기할 수 있는 비판을 (나) 그림으로 표현할 때, A~F에 해당하는 내용으로 가장 적절한 것은? [3점]

(가)	**갑** 칸트 도덕적 의무를 질 수 있는 인간에 대한 의무 외에 다른 존재에 대한 의무는 없다. 동물이 인간에게 수행한 봉사에 대한 감사는 인간의 간접적 의무이다.→ 인간 중심주의
	을 레오 폴드 도덕적, 심미적 관점을 담아 옳고 그름의 새로운 윤리 기준을 마련해야 한다. 생명 공동체의 구성원인 인간은 대지의 사용을 이익의 문제로만 간주하지 않아야 한다.→ 생태 중심주의
	병 레건 도덕적 행위 능력과 무관하게 인간과 일부 동물은 존중받아야 할 도덕적 권리를 갖는다. 그들 각자는 고유한 삶을 살아가는 삶의 주체이기 때문이다.→ 동물 중심주의

(나)

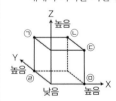

〈범례〉
→ : 비판의 방향
A~F : 비판의 내용

〈예시〉
갑 —A→ 을
A는 갑이 을에게 제기할 수 있는 비판임.

① A, C: 생물종의 서식지가 안정적으로 유지되어야 함을 간과한다.
② B: 생명 공동체 구성원 간에 도덕적 책무가 있음을 간과한다.
③ D: 인간뿐 아니라 다른 구성원도 도덕적 지위를 지님을 간과한다.
④ E: 목적 그 자체인 개체의 권리를 존중해야 함을 간과한다.
✔⑤ F: 동물에 관한 의무는 인간에 대한 의무에서 도출됨을 간과한다.

| **자료 분석** |

(가)의 갑은 칸트, 을은 레오폴드, 병은 레건이다. 칸트는 인간 중심주의 입장에서 인간은 오직 인간에 대한 직접적 의무만을 지닌다고 보고, 동물이나 자연과 관련한 의무는 인간을 위한 간접적 의무라고 주장하였다. 레오폴드는 생명 공동체(생태계)에 대한 도덕적·심미적 관점에서 새로운 윤리의 기준을 마련해야 한다고 강조하면서, 동물, 식물, 흙과 같은 무생물을 포함한 생태계 전체를 도덕적 고려 대상으로 삼는 대지 윤리를 제시하였다. 레건은 일부 동물이 도덕적 행위 능력이 없더라도 각자가 고유한 삶을 살아가는 '삶의 주체'로서 도덕적 권리를 가질 수 있다고 주장하였으며, 이에 대한 존중이 인간의 의무라고 보았다.

| **선지 해설** |

① 레오폴드에 대한 비판으로 성립할 수 없는 내용이다. 레오폴드는 생태계의 안정성을 추구하므로, 생물종의 서식지가 안정적으로 유지되어야 한다고 본다.

② 칸트와 레오폴드 중 누구의 입장에도 해당되지 않으므로 레오폴드가 칸트에게 제기할 수 없는 비판이다. 레오폴드는 대지 윤리의 관점에서 인간에게 생명 공동체와 그 구성원에 대한 도덕적 의무가 있음을 주장한다. 그러나 이 책무는 인간에게 주어지는 의무로서 생명 공동체와 상호적인 것이 아니다.

③ 레오폴드가 레건에게 할 수 있는 비판으로 적절하지 않다. 레건은 인간 외에도 한 살 이상의 정상적인 포유동물은 '삶의 주체'로서 도덕적 지위를 지닌다고 본다.

④ 레건이 칸트에게 할 수 있는 비판으로 적절하지 않다. 칸트는 목적 그 자체인 개체가 지니는 권리를 존중해야 한다고 강조한다. 다만, 칸트가 주장하는 목적 그 자체의 가치를 지닌 개체는 인간뿐이라는 것이 레건의 입장과의 차이점이다.

⑤ 칸트가 레건에게 제기할 수 있는 비판으로 적절하다. 칸트는 동물과 관련한 의무는 인간에 대한 의무로부터 간접적으로 도출되는 것이라고 본다. 반면 레건은 일부 동물이 삶의 주체로서 도덕적 지위를 가지며 인간에게는 이를 존중해야 할 직접적인 의무가 있다고 본다.

---

16 **동물 권리에 대한 코헨과 레건의 입장** 21학년도 3월 학평 14번 　　　정답 ③ | 정답률 77%

(가)의 입장에 비해 (나)의 입장이 갖는 상대적 특징을 그림의 ㉠~㉤ 중에서 고른 것은?

(가) 코헨	종 차별주의는 인종 차별주의와 달리 정당한 것이다. 도덕적 능력의 차이에 따라 동물보다 인간을 더 고려하는 차별은 정당하다.→ 인간 중심주의
(나) 레건	일부 동물은 자신의 삶을 영위할 수 있는 능력, 즉 믿음, 욕구, 지각, 기억, 감정 등을 가진 삶의 주체가 될 수 있으므로 내재적 가치를 지닌다.→ 동물 중심주의

(나)의 상대적 특징
· X: 동물을 수단이 아닌 목적으로 대우해야 함을 강조하는 정도→ 높음
· Y: 의학의 발전을 위해서 동물 실험이 필요함을 강조하는 정도→ 낮음
· Z: 동물과 인간이 모두 도덕적 권리를 지닐 수 있음을 강조하는 정도→ 높음

① ㉠　　② ㉡　　✔③ ㉢　　④ ㉣　　⑤ ㉤

| **자료 분석** |

(가)는 코헨, (나)는 레건의 입장이다. 코헨은 인간 중심주의적 입장에서 동물에게는 윤리 규범을 마련할 능력이나 자율성이 주어져 있지 않으므로 도덕적인 권리가 없으며, 이러한 도덕적 능력의 차이에 따라 동물보다 인간을 더 고려하는 것은 도덕적으로 정당하다고 본다. 레건은 동물 중심주의적 입장에서 한 살 이상의 포유류와 같은 일부 동물은 자신의 삶을 영위할 수 있는 능력을 가진 삶의 주체가 될 수 있으므로, 도덕적 능력과 무관하게 존중받아야 할 도덕적 고려 대상이라고 본다. 따라서 (가)의 입장에 비해 (나)의 입장이 갖는 상대적 특징은 'X: 동물을 수단이 아닌 목적으로 대우해야 함을 강조하는 정도'는 높고, 'Y: 의학의 발전을 위해서 동물 실험이 필요함을 강조하는 정도'는 낮으며, 'Z: 동물과 인간이 모두 도덕적 권리를 지닐 수 있음을 강조하는 정도'는 높다.

| **선지 해설** |

① X: 낮음, Y: 높음, Z: 높음
② X: 높음, Y: 높음, Z: 높음
③ X: 높음, Y: 낮음, Z: 높음
④ X: 낮음, Y: 높음, Z: 낮음
⑤ X: 높음, Y: 낮음, Z: 낮음

(가)의 갑, 을, 병 사상가들의 입장을 (나) 그림으로 표현할 때, A~D에 해당하는 적절한 진술만을 〈보기〉에서 있는 대로 고른 것은? [3점]

(가)	**갑** 레건: 사람들은 동물의 권리를 믿는다고 공언하면서도 동물을 상업적인 목적이나 실험의 용도로 사용하는 것을 전면적으로 금지하지는 않는다. 이는 <u>삶의 주체인 동물</u>의 권리를 → 감정, 희망, 목적 등을 추구하는 일부 동물 침해하는 행위이다.
	을 레오폴드: 벼락에 쓰러진 참나무는 땔감으로 사용되지만, 대지 공동체의 구성원으로 존중되어야 한다. 한 그루의 나무가 죽고 다른 종들은 그것을 소비하며 혜택을 본다. 이처럼 <u>대지 공동체는 무한히 상호 의존적이다.</u> → 대지 윤리
	병 테일러: 인간이 설계한 기계는 목표 지향적인 활동을 보이지만, 독립적인 존재로서 고유의 선을 지니지 않는다. 그러나 <u>모든 유기체는 고유의 선을 지니며, 그들 자체가 목표 지향적 활동의 중심이다.</u> → 생명 중심주의

(나)

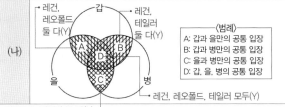

레건, 레오폴드 둘 다(Y) — 갑 — 레건, 테일러 둘 다(Y)

〈범례〉
A: 갑과 을만의 공통 입장
B: 갑과 병만의 공통 입장
C: 을과 병만의 공통 입장
D: 갑, 을, 병의 공통 입장

을 — 병
레오폴드, 테일러 둘 다(Y) — 레건, 레오폴드, 테일러 모두(Y)

〈보기〉

ㄱ. A: 인간은 자신의 생존을 위해 식물을 이용할 수 있다.
   D

ㄴ. B: 생명 공동체 그 자체의 도덕적 지위를 인정할 수 없다.
   → 레건, 테일러가 긍정할 입장

ㄷ. C: 모든 동물은 도덕적으로 무능력해도 내재적 가치를 지닌다.
   → 레오폴드, 테일러가 긍정할 입장

ㄹ. D: 비이성적 존재도 도덕적 고려의 대상에 포함될 수 있다.
   → 레건, 레오폴드, 테일러 모두 긍정할 입장

① ㄱ, ㄷ   ② ㄱ, ㄹ   ③ ㄴ, ㄹ
④ ㄱ, ㄴ, ㄷ   ✓⑤ ㄴ, ㄷ, ㄹ

| 자료 분석 |

(가)의 갑은 레건, 을은 레오폴드, 병은 테일러이다. 레건은 일부 동물이 도덕적인 능력을 갖추지 못했더라도 자신의 삶을 영위할 수 있는 삶의 주체로서 내재적 가치를 지니기 때문에 도덕적으로 존중받을 권리가 있다고 본다. 레오폴드는 인간이 대지의 한 구성원일 뿐이며 자연은 인간의 이익과 관계없이 가치를 지니므로 토양, 물, 식물, 동물 등을 포함한 자연 전체를 도덕적 고려의 대상으로 삼아야 한다고 본다. 테일러는 모든 생명체가 각기 고유한 방식으로 자신의 생존, 성장, 발전, 번식이라는 목적을 지향하는 목적론적 삶의 중심으로서 의식 유무나 유용성과 무관하게 고유한 선을 지니므로, 인간은 모든 생명체를 도덕적으로 고려해야 한다고 본다.

| 보기 해설 |

ㄱ. 레건은 동물 중심주의적 입장에서 인간이 자신의 생존을 위해 식물을 이용할 수 있다고 본다. 레오폴드는 자연 전체가 도덕적 고려의 대상이라고 보는 생태 중심주의적 입장을 취한다. 그러나 레오폴드가 인간의 생존을 위해서 불가피하게 자연을 이용하는 것까지 부정하는 것은 아니다. 다만 그는 인간의 생존을 위해 자연을 불가피하게 이용할 때도 자연을 대지 공동체의 구성원으로서 존중해야 한다고 본다. 테일러는 모든 생명체가 고유한 선을 가지며, 인간은 모든 생명체를 도덕적으로 고려해야 할 의무가 있다고 본다. 하지만 테일러 역시 인간의 생존을 위해 식물과 같은 생명체를 이용할 수 있다고 본다. 단, 그는 인간의 생존을 위해 생명체를 이용할 때에도 악행 금지, 불간섭, 성실, 보상적 정의의 의무 등을 다해야 한다고 주장한다. 따라서 레건, 레오폴드, 테일러의 공통점이므로 D에 들어가는 것이 적절하다.

ㄴ. 생명 공동체 그 자체의 도덕적 지위를 인정하는 것은 생태 중심주의자인 레오폴드의 입장에 해당한다. 반면, 레건은 성장한 포유류와 같은 일부 동물만의 도덕적 지위를 인정하고, 테일러는 생명체만의 도덕적 지위를 인정하므로 레건과 테일러의 공통점인 B에 들어가는 것이 적절하다.

ㄷ. 레오폴드는 동물, 식물과 같은 생명체뿐만이 아니라 토양과 물 등의 대지까지 포함한 자연 전체가 도덕적으로 무능력함에도 불구하고 내재적 가치를 지닌다고 본다. 테일러는 모든 생명체가 목적론적 삶의 중심으로서 고유한 선을 지니고 있으므로 도덕적 능력 여부와 관계없이 내재적 가치를 지닌다고 본다. 따라서 레오폴드와 테일러의 공통점이므로 C에 들어가는 것이 적절하다.

ㄹ. 레건, 레오폴드, 테일러에게 비이성적 존재는 인간을 제외한 존재를 의미한다. 레건은 삶의 주체인 일부 동물까지, 레오폴드는 대지 공동체 전체까지, 테일러는 모든 생명체까지 도덕적 고려의 대상에 포함된다고 본다. 즉, 세 사상가는 모두 비이성적 존재도 도덕적 고려의 대상에 포함된다고 보므로, 레건, 레오폴드, 테일러의 공통점인 D에 들어가는 것이 적절하다.

(가)의 갑, 을, 병 사상가들의 입장을 (나) 그림으로 탐구하고자 할 때, A~D에 들어갈 적절한 질문만을 〈보기〉에서 있는 대로 고른 것은? [3점]

(가)	**갑** 싱어: 동물도 인간처럼 고통을 느낄 수 있으며 <mark>쾌고 감수 능력</mark> 이해관계를 갖는다. 인간 종이 아니라는 이유로 동물의 이익 관심을 무시하는 것은 종 차별주의이다. **을** 레오폴드: 인간은 대지를 상품으로 보기 때문에 남용하고 있다. 대지를 우리가 속한 생명 공동체로 바라보면 <mark>대지를 사랑과 존중으로 대하게 될 것이다.</mark> — 대지 윤리 **병** 테일러: 유기체를 목적론적 삶의 중심으로 생각하는 것은 자신의 — 생명 중심주의 방식으로 고유의 선을 추구하는 유일한 개체로서 그 존재의 실체를 인식하는 것이다.

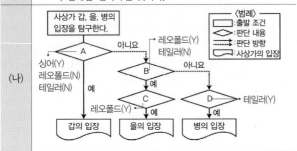

(나) (사상가 갑, 을, 병의 입장을 탐구한다.)

범례: ⬜ 출발 조건 / ◇ 판단 내용 / ⇢ 판단 방향 / ⬭ 사상가의 입장

- A — 아니요 → 레오폴드(Y), 테일러(N)
- 싱어(Y), 레오폴드(N), 테일러(N) — 예 → 갑의 입장
- B — 예 → C — 예 → 을의 입장 / 레오폴드(Y)
- B — 아니요 → D — 예 → 병의 입장 / 테일러(Y)

〈보기〉

ㄱ. A: 쾌고 감수 능력은 도덕적 고려를 위한 유일한 기준인가?
　→ 싱어: 긍정
　　레오폴드, 테일러: 부정

ㄴ. B: 생명이 없으면서 도덕적 지위를 지닌 개체가 있는가?
　→ 레오폴드: 긍정
　　테일러: 부정

ㄷ. C: 자연에 대한 의무는 인간 간의 의무에서 비롯되는가?
　→ 레오폴드: 부정

ㄹ. D: 생태계의 모든 생명체가 지닌 본래적 가치는 동일한가?
　→ 테일러: 긍정

① ㄱ, ㄴ　　　② ㄱ, ㄷ　　　③ ㄷ, ㄹ
④ ㄱ, ㄴ, ㄹ　　⑤ ㄴ, ㄷ, ㄹ

| 자료 분석 |

(가)의 갑은 싱어, 을은 레오폴드, 병은 테일러이다. 싱어는 쾌고 감수 능력의 유무를 도덕적 고려 대상의 기준으로 삼고, 쾌락과 고통을 느끼는 동물은 도덕적 고려의 대상이 된다고 본다. 레오폴드는 인간이 대지의 한 구성원일 뿐이며 자연은 인간의 이해관계와 무관하게 그 자체로 내재적 가치를 지닌다고 본다. 따라서 그는 토양, 물, 식물, 동물 등을 포함한 대지까지 도덕적 고려의 대상에 포함해야 한다고 본다. 테일러는 모든 생명체가 목적론적 삶의 중심으로, 의식의 유무나 유용성과 관계없이 고유한 선을 지니므로 도덕적 고려 대상이 된다고 본다.

| 보기 해설 |

ㄱ 싱어는 쾌고 감수 능력의 유무가 도덕적 고려의 유일한 기준이라고 주장하므로 긍정의 대답을 할 것이다. 반면, 레오폴드는 쾌고 감수 능력과 관계없이 대지의 모든 존재가 대지 공동체의 구성원으로서 도덕적 고려의 대상이 된다고 주장하므로 부정의 대답을 할 것이다. 테일러 역시 쾌고 감수 능력과 무관하게 모든 생명체가 목적론적 삶의 중심으로서 고유한 선을 가진 도덕적 고려의 대상이라고 주장하므로 부정의 대답을 할 것이다.

ㄴ 레오폴드는 생명을 가진 존재뿐만 아니라 토양, 물 등을 포함하는 대지까지 도덕적 고려 대상에 포함해야 한다고 주장하므로 긍정의 대답을 할 것이다. 테일러는 생명체를 기준으로 도덕적 고려 대상을 한정하므로 부정의 대답을 할 것이다.

ㄷ. 레오폴드는 인간이 생명 공동체의 평범한 구성원으로서 공동체 자체를 존중해야 하며, 생명 공동체의 온전성, 안정성, 아름다움의 보존에 이바지해야 한다고 주장한다. 이는 인간 간의 의무에서 비롯되는 것이 아니라 생명 공동체 자체에 대한 인간의 의무라고 할 수 있다. 따라서 레오폴드가 부정의 대답을 할 질문이다.

ㄹ 테일러는 모든 생명체가 각기 고유한 방식으로 자신의 생존, 성장, 발전, 번식이라는 목적을 지향하는 목적론적 삶의 중심이며, 각기 고유한 선을 지닌다는 측면에서 모든 생명체가 지닌 본래적 가치는 동일하다고 본다. 따라서 테일러가 긍정의 대답을 할 질문이다.

OX문제로 개념 확인

(1) 싱어는 쾌고 감수 능력이 도덕적 고려에 필요한 필요충분조건이라고 본다.
(　　)

(2) 레오폴드는 무생물을 포함한 생태계 전체를 도덕적 고려의 대상이라고 본다.
(　　)

(3) 테일러는 개별 생명체의 가치보다 생명 공동체 전체의 유지와 보존에 관심을 갖는다.
(　　)

(1) O (2) O (3) X

(가)의 갑, 을, 병 사상가들의 입장에서 서로에게 제기할 수 있는 비판을 (나) 그림으로 표현할 때, A~F에 해당하는 내용으로 가장 적절한 것은? [3점]

	이익 평등 고려의 원칙
(가)	갑: 평등의 원리는 한 존재의 고통과 다른 존재의 동일한 고통을 똑같이 취급할 것을 요구한다. 쾌고 감수 능력은 이익에 관심을 갖기 위한 유일한 기준이다. ┌ 동물의 도덕적 권리에 대한 존중은 인간의 의무임 싱어 을: 일부 동물들은 삶의 주체로서 도덕적 권리를 갖는다. 이러한 권리를 가진 개체들은 다른 것들의 이익을 위해 의도적으로 해를 입어서는 안 된다. ┌ 인간은 인간에 대한 의무만을 지님 레건 병: 동물에 대한 감사는 직접적으로 볼 때 인간 자신에 대한 의무이다. 동물 학대는 타인과의 관계에서 도덕성에 이로운 자연적 소질을 약화시킬 수 있다. 칸트

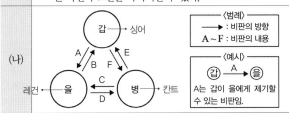

(나)

〈범례〉
→ : 비판의 방향
A~F : 비판의 내용

〈예시〉
갑 —A→ 을
A는 갑이 을에게 제기할 수 있는 비판임.

① A: 모든 생명체의 이익을 평등하게 고려해야 함을 간과한다.
② B: 동물은 인간과 마찬가지로 기본적 욕구를 지녔음을 간과한다.
③ C, E: 인간만이 도덕적 의무를 따를 수 있는 존재임을 무시한다.
④ D: 인간 외의 일부 유정물도 목적으로 대우해야 함을 무시한다.
⑤ F: 동물은 인간과 똑같이 대우받아야 하는 존재임을 간과한다.

| **자료 분석** |

(가)의 갑은 싱어, 을은 레건, 병은 칸트이다. 싱어는 이익 평등 고려의 원칙에 따라 인간을 포함한 쾌고 감수 능력을 지닌 모든 존재를 도덕적으로 고려할 것을 주장한다. 레건은 일부 동물(한 살 이상의 정상적인 포유동물)은 삶의 주체로서 도덕적 권리를 지니며 이를 존중하는 것이 인간의 의무임을 주장한다. 칸트는 도덕적 고려의 대상은 오직 이성적 존재인 인간뿐이며, 동물에 대한 존중은 인간의 간접적 의무일 뿐이라고 주장한다.

| **선지 해설** |

① 싱어와 레건은 모두 동물 중심주의자로, 싱어에게 도덕적 고려 대상은 '쾌고 감수 능력을 지닌 존재'이며 레건에게 도덕적 고려 대상은 '삶의 주체'이다. '모든 생명체'에 대한 도덕적 고려를 주장하는 입장은 생명 중심주의의 입장이다.

② 싱어와 레건은 모두 동물을 도덕적 고려의 대상으로 보는 동물 중심주의의 입장을 취한다. 싱어는 쾌고 감수 능력이 있는 동물이, 레건은 쾌고 감수 능력뿐만 아니라 믿음, 지각과 기억, 목표의 추구 등의 조건을 충족하는 삶의 주체로서의 동물이 도덕적 고려의 대상이라고 본다.

③ 모든 사상가의 입장에서 도덕적 의무에 따라 도덕적 행위를 할 수 있는 존재는 인간뿐이다. 단, 도덕적 행위 능력을 지닌 인간이 어떤 존재까지 도덕적 고려의 대상으로 삼아야 할 것인가에 대한 입장의 차이가 존재한다.

④ 칸트는 오직 이성을 지닌 인간만이 도덕적 고려의 대상이라고 본다. 그러나 레건은 인간이 아닌 '일부 유정물(동물)'도 삶의 주체로서 도덕적 고려의 대상이 된다고 본다. 따라서 해당 선지는 D에 들어갈 비판으로 적절하다.

⑤ 동물을 도덕적으로 고려해야 한다는 싱어의 주장이 동물을 인간과 똑같이 대우해야 한다는 의미는 아니다.

(가)의 갑, 을, 병 사상가들의 입장에서 서로에게 제기할 수 있는 비판을 (나) 그림으로 표현할 때, A~E에 해당하는 적절한 내용만을 〈보기〉에서 있는 대로 고른 것은? [3점]

(가)	**갑** 싱어: 어떤 존재의 고통을 고려하지 않는 도덕적 논증은 있을 수 없다. 이익 평등 고려의 원리는 존재들 간의 동일한 고통을 동일하게 고려할 것을 요구한다. → 동물 중심주의 **을** 테일러: 생명 공동체의 구성원으로서 자신의 성장, 발전, 번식을 지향하는 존재는 고유한 선을 지니며 이들은 목적론적 삶의 중심이다. → 생명 중심주의 **병** 레건: 인간과 인간이 아닌 삶의 주체는 도덕적 권리를 갖는다. 최소한 몇몇 포유류를 포함한 이들은 목적적 존재로 대우받아야 한다. → 동물 중심주의
(나)	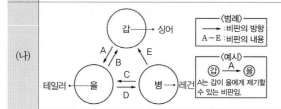

〈 보기 〉
ㄱ. A: 종(種) 차이에 따라 도덕적 지위에 차별을 두지 말아야 함을 간과한다.
ㄴ. E: 성장한 포유동물은 결코 인간을 위한 자원으로 대우받아서는 안 됨을 간과한다.
ㄷ. B, D: 인간이 생명체에 해를 끼쳤을 경우 이에 대한 보상적 정의의 의무를 지님을 간과한다.
ㄹ. C, E: 유정(有情)적 존재라도 도덕적 지위를 갖지 못할 수 있음을 간과한다.

① ㄱ, ㄴ   ② ㄱ, ㄹ   ③ ㄷ, ㄹ
④ ㄱ, ㄴ, ㄷ   ⑤ ㄴ, ㄷ, ㄹ

| 자료 분석 |

(가)의 갑은 동물 중심주의자인 싱어, 을은 생명 중심주의자인 테일러, 병은 동물 중심주의자인 레건이다. 싱어는 쾌고 감수 능력에 근거하여 인간과 동물의 이익을 동등하게 고려해야 한다는 이익 평등 고려의 원칙을 강조하였다. 테일러는 모든 생명체는 자기 보존과 행복을 위해 움직이는 목적론적 삶의 중심으로 인간과 마찬가지로 자기실현을 위한 고유의 선을 가지며, 선을 갖는 존재들은 내재적 존엄성을 갖는다고 주장하였다. 레건은 의무론의 입장에서 일부 동물도 삶의 주체로서 도덕적 권리를 갖는다고 보았다. 그는 다른 포유동물과는 다르게 감정적인 생활을 할 뿐만 아니라 희망과 목적을 추구할 수 있는 포유동물은 삶의 주체이기 때문에 도덕적 지위를 지닌다고 보았다.

| 보기 해설 |

ㄱ. 싱어는 인간을 특별하게 우대하고, 쾌고 감수 능력을 지닌 동물을 차별하는 태도는 이익 평등 고려 원칙에 근거해 볼 때 '종(種) 차별주의'라고 비판하였다. 생명 중심주의 입장인 테일러 역시 종 차이에 따라 도덕적 지위에 차별을 두어서는 안 된다고 보므로, 싱어가 테일러에게 제기할 비판으로 적절하지 않다.

ㄴ. E는 레건이 싱어에게 제기할 비판으로 적절하다. 레건은 성장한 포유동물은 도덕적 지위를 지니므로 인간을 위한 자원으로 대우받아서는 안 된다고 주장하였다. 반면 싱어는 동물의 고통을 최소화하기 위한 모든 노력을 기울인다면 동물을 자원으로 이용하는 것이 정당화될 수 있다고 보았다.

ㄷ. B, D는 테일러가 싱어와 레건에게 제기할 수 있는 비판으로 적절하다. 테일러는 인간이 다른 생명체에게 해를 끼쳤을 경우 마땅히 그에 대한 피해를 보상해야 한다고 주장하였다(보상적 정의의 의무). 또한 싱어와 레건은 동물 중심주의 입장이므로 식물을 포함한 생명체 전체를 도덕적 고려의 대상으로 보지 않는다.

ㄹ. C, E는 레건이 테일러와 싱어에게 제기할 수 있는 비판으로 적절하다. 레건은 모든 유정적 존재를 도덕적으로 고려해야 한다는 싱어나 테일러와 달리, 삶의 주체가 될 수 있는 한 살 이상의 정상적인 포유류만이 도덕적 지위를 가질 수 있다고 보았다.

(가)의 갑, 을, 병 사상가들의 입장을 (나) 그림으로 표현할 때, A~D에 해당하는 진술로 적절한 것만을 〈보기〉에서 있는 대로 고른 것은?

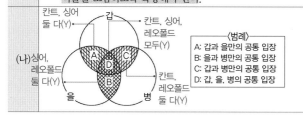

동물과 관련해서는 간접적인 의무만이 있다고 봄

(가)

갑: 동물을 잔학하게 다루는 것은 인간 자신에 대한 의무에
칸트 어긋난다. 왜냐하면 타인과의 관계에서 도덕성에 도움이
되는 자연적 소질을 약화시키기 때문이다.
도덕적 고려의 대상

을: 고통과 즐거움을 느낄 수 있는 존재에 대해 우리는 이익
싱어 평등 고려 원칙을 적용해야 한다. 동물의 고통을 무시하
는 행위는 일종의 종 차별주의적 태도이다. 쾌고 감수 능력을 지닌 모든
존재를 고려해야 한다는 원칙

병: 개인은 상호 의존적으로 이루어진 공동체의 구성원이다.
레오 우리는 대지 윤리를 통해 이 공동체의 범위를 흙, 물, 동
폴드 식물을 포함하도록 확장해야 한다.

(나)

칸트, 싱어 둘 다(Y)
갑 ← 칸트, 싱어, 레오폴드 모두(Y)

〈범례〉
A: 갑과 을만의 공통 입장
B: 을과 병만의 공통 입장
C: 갑과 병만의 공통 입장
D: 갑, 을, 병의 공통 입장

싱어, 레오폴드 둘 다(Y)
을 병 ← 칸트, 레오폴드 둘 다(Y)

〈보기〉

ㄱ. A: 자연을 경제적 관점에서 이용하는 것이 허용될 수 있다.
   D
ㄴ. B: 이성적 능력을 기준으로 도덕적 지위가 결정되지는 않는다.
ㄷ. C: 고통을 느끼는 모든 존재가 존속할 권리를 갖는 것은 아니다.
   칸트
ㄹ. D: 동물에게 해를 끼치는 행위가 정당화되는 경우가 있다.

① ㄱ, ㄴ   ② ㄱ, ㄷ   ✔③ ㄴ, ㄹ
④ ㄱ, ㄷ, ㄹ   ⑤ ㄴ, ㄷ, ㄹ

| 자료 분석 |

(가)의 갑은 칸트, 을은 싱어, 병은 레오폴드이다. 칸트는 인간 중심주의적 관점에서 동물 학대가 인간 자신에 대한 의무에 어긋난다고 보고, 인간에게는 동물과 관련된 간접적 의무가 있다고 주장한다. 싱어는 동물 중심주의적 관점에서 즐거움과 고통을 느낄 수 있는 존재, 즉 쾌고 감수 능력이 있는 동물은 도덕적 고려의 대상이 되어야 한다고 주장한다. 레오폴드는 생태 중심주의적 관점에서 인간은 생명 공동체의 구성원인 흙, 물, 동식물을 도덕적으로 고려해야 한다는 대지 윤리를 주장한다.

| 보기 해설 |

ㄱ. 칸트, 싱어, 레오폴드 모두의 공통 입장으로 A가 아닌 D에 해당한다. 칸트는 자연이 인간을 위한 수단적 가치를 지닌다고 보므로, 자연을 경제적 관점에서 이용하는 것을 긍정한다. 싱어도 동물의 고통을 최소화할 수 있다면 동물을 포함한 자연을 경제적 관점에서 이용할 수 있다고 본다. 레오폴드 또한 자연을 경제적 관점에서 이용하는 것을 허용한다. 단, 레오폴드는 경제적 관점만이 아니라 도덕적, 심미적 관점에서도 자연을 고려해야 한다고 주장한다.

ㄴ. 싱어와 레오폴드만의 공통 입장으로 B에 적절하다. 칸트는 이성적 존재만이 도덕적 지위를 지닌다고 주장한다. 반면 싱어는 쾌고 감수 능력의 유무를 기준으로 도덕적 지위가 결정된다고 보고, 레오폴드는 생명 공동체 구성원에 속하는지를 기준으로 도덕적 지위가 결정된다고 본다.

ㄷ. 칸트만이 긍정할 입장으로 C에 적절하지 않다. 싱어는 고통을 느끼는 존재는 모두 도덕적 고려의 대상이라고 보며, 레오폴드는 고통을 느끼는 모든 존재를 포함한 생명 공동체의 구성원 모두가 도덕적 고려의 대상이라고 본다.

ㄹ. 칸트, 싱어, 레오폴드 모두의 공통 입장으로 D에 적절하다. 칸트는 동물을 인간을 위한 수단으로 이용할 수 있다고 보고, 싱어는 이익 평등 고려의 원칙에 따라 고통을 최소화한다면 동물에게 해를 끼치는 행위가 정당화되는 경우도 있다고 본다. 레오폴드는 먹이 사슬에 의해 생태계 구성원들이 상호 의존적으로 존재한다고 보는 한편, 생태계의 온전성을 해치는 개체(생태계 교란종 등)를 인위적으로 제거하는 행위 등이 정당화될 수 있다고 본다.

(가)의 갑, 을, 병 사상가들의 입장을 (나) 그림으로 표현할 때, A ~ D에 해당하는 적절한 진술만을 〈보기〉에서 고른 것은? [3점]

(가)	갑 칸트	동물이 이성을 지니지는 못했다 하더라도 동물을 폭력적이고 잔인한 방식으로 다루는 것은 인간 자신에 대한 의무와 진정으로 대립한다.
	을 테일러	개별 생명체는 고유의 선을 실현하려는 목적론적 삶의 중심으로, 내재적 가치를 지닌다. 우리는 이들을 동등하게 도덕적으로 존중해야 한다.
	병 싱어	종 차별주의를 버리고 육식을 멈추면 식량을 더 확보할 수 있다. 식량을 제대로 분배하면 기아를 없앨 수 있다. 동물 해방은 인간 해방이기도 하다.

(나)

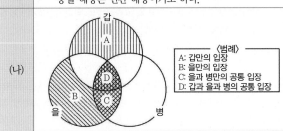

〈범례〉
A: 갑만의 입장
B: 을만의 입장
C: 을과 병만의 공통 입장
D: 갑과 을과 병의 공통 입장

─〈 보기 〉─
ㄱ. A: 동물은 수단으로 간주되지만 인간은 수단으로 간주될 수 없다. → 갑, 을, 병 모두 동의하지 않는 입장
ㄴ. B: 생명이 있는 비이성적 존재에게 도덕적 지위를 부여하는 것은 정당화될 수 있다. → 을, 병의 입장
ㄷ. C: 동물에 대한 인간의 의무는 조건부로 이행될 수 있다.
ㄹ. D: 인간 이외의 개체에 대한 차별적인 대우가 정당화되는 경우가 있다.

① ㄱ, ㄴ ② ㄱ, ㄷ ③ ㄴ, ㄷ ④ ㄴ, ㄹ ⑤ ㄷ, ㄹ

| 자료 분석 |

갑은 칸트, 을은 테일러, 병은 싱어이다. 칸트는 동물을 잔인하게 다루는 것은 인간의 자기 자신에 대한 의무에 어긋나는 것으로, 자연을 무자비하게 파괴하고자 하는 성향은 다른 인간을 대하는 태도에 영향을 미치므로 인간에 대한 의무를 거스르는 것이라고 주장한다. 테일러는 모든 유기체가 각각 자신의 방식으로 고유의 선을 추구하는 목적론적 삶의 중심이라고 주장하며, 다른 생명체가 지구 생명 공동체의 일원인 것과 동일한 의미와 조건으로 인간도 그 공동체의 일원일 뿐이라고 본다. 싱어는 공리주의적 입장에서 이익 평등 고려 원칙을 제시하고, 쾌락과 고통을 느끼는 동물을 단지 인간과 종이 다르다는 이유만으로 차별하는 것은 종 차별주의라 비판한다.

| 보기 해설 |

ㄱ. 이 진술은 갑(칸트)만의 입장으로 적절하지 않기 때문에 A에 들어갈 수 없다. 갑(칸트)에 따르면 인간이 수단으로 간주될 수 없는 것이 아니라 수단으로만 간주되어서는 안 되며 항상 동시에 목적으로 대해져야 한다.

ㄴ. 이 진술은 을(테일러)과 병(싱어)의 공통 입장에 해당하기 때문에 B에 들어갈 진술로 적절하지 않다. 을(테일러)에 따르면 생명이 있는 비이성적 존재, 즉 동물이나 식물은 고유의 선을 실현하려는 목적론적 삶의 중심이기 때문에 이들에게 도덕적 지위가 부여될 수 있다. 병(싱어) 또한 종 차별주의를 버릴 것을 요구하며 쾌락과 고통을 느끼는 동물에게 도덕적 지위를 부여하는 것이 정당화될 수 있다고 본다.

ㄷ. 이 진술은 을(테일러)과 병(싱어)만의 공통 입장에 해당하기 때문에 C에 들어갈 진술로 적절하다. 을(테일러)은 자연 존중의 네 가지 의무를 말할 때, 예외 사항을 항상 가정하는데, 예를 들어 개별 생명체의 고유의 선을 증진시킬 수 있는 경우, 방어 및 생존을 위해 다른 생명 개체를 해하는 경우 등을 언급하는 것으로 보아, 동물에 대한 인간의 의무는 조건부로 이행될 수 있다. 병(싱어)은 공리주의자로서, 공리가 증진된다는 조건 하에서 동물에 대한 인간의 의무가 이행되어야 한다고 본다.

ㄹ. 이 진술은 갑(칸트)과 을(테일러)과 병(싱어)의 공통 입장에 해당하기 때문에 D에 들어갈 진술로 적절하다. 갑(칸트)은 인간 이외의 개체는 비이성적 존재이기 때문에 수단으로서 차별적인 대우를 하는 것이 문제가 없다고 본다. 을(테일러)은 생명을 가지지 않은 무생물, 돌맹이와 같은 개체에 대해서는 차별적인 대우를 하는 것이 정당하다고 본다. 병(싱어) 역시 쾌고 감수능력을 지니지 않은 동물이나 식물, 무생물 등에 대한 차별적인 대우는 정당하다고 본다.

(가)의 갑, 을, 병 사상가들의 입장을 (나) 그림으로 표현할 때, A~D에 해당하는 적절한 진술만을 〈보기〉에서 있는 대로 고른 것은? [3점]

(가)	갑 칸트	이성이 없는 존재자들은 단지 수단으로서 상대적 가치만을 갖지만, 모든 이성적 존재자들은 수단으로서만이 아니라 항상 동시에 목적으로 대우받아야 한다.
	을 레오폴드	오로지 경제적 이익에 바탕을 둔 보전 체계는 절망적일 정도로 편향되어 있어 대지 공동체의 필수적인 수많은 요소들을 절멸시키는 경향이 있다.
	병 싱어	고통과 쾌락을 느낄 수 있는 능력은 어떤 존재의 고통을 다른 존재의 동일한 고통과 평등하게 계산하기 위한 요구의 전제 조건이다.
(나)	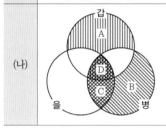	〈범례〉 A: 갑만의 입장 B: 을만의 입장 C: 을과 병만의 공통 입장 D: 갑과 을과 병의 공통 입장

〈 보기 〉

ㄱ. A: 도덕적 행위 주체성은 도덕적 지위 결정의 유일한 요인이다.

ㄴ. B: 동물의 고통에 대한 동정심은 도덕적 의무에 어긋나지 않는다.

ㄷ. C: 쾌고 감수 능력이 있는 모든 존재에 대한 종차별주의는 부당하다.

ㄹ. D: 자연물을 파괴하는 인간의 행위가 도덕적으로 허용될 수 있다.

① ㄱ, ㄴ　　　② ㄱ, ㄹ　　　③ ㄴ, ㄷ

④ ㄱ, ㄷ, ㄹ　　　⑤ ㄴ, ㄷ, ㄹ

| **자료 분석** |

갑은 칸트, 을은 레오폴드, 병은 싱어이다. 칸트는 인간 중심주의적 관점에서 동물 학대가 인간 자신에 대한 의무에 어긋난다고 보고, 인간에게는 동물과 관련된 간접적 의무가 있다고 주장한다. 레오폴드는 생태 중심주의적 관점에서 인간은 생명 공동체의 구성원인 흙, 물, 동식물을 도덕적으로 고려해야 한다는 대지 윤리를 주장한다. 싱어는 동물 중심주의적 관점에서 즐거움과 고통을 느낄 수 있는 존재, 즉 쾌고 감수 능력이 있는 동물은 도덕적 고려의 대상이 되어야 한다고 주장한다.

| **보기 해설** |

ㄱ 이 진술은 갑(칸트)만의 입장에 해당하기 때문에 A에 들어갈 진술로 적절하다. 갑(칸트)은 이성을 지닌 주체만이 도덕적인 지위를 가질 수 있으며, 동시에 도덕적 행위도 가능하다고 본다. 반면 을(레오폴드)과 병(싱어)은 도덕적인 행위가 불가능한 존재도 도덕적인 지위를 가진다고 본다.

ㄴ. 이 진술은 병(싱어)만의 입장으로 적절하지 않기 때문에 B에 들어갈 진술로 적절하지 않다. 갑(칸트)은 동물의 고통에 대한 동정심을 느끼는 것이 도덕적 의무에 어긋난다고는 주장하지 않는다. 갑(칸트)에 따르면 동물이 느끼는 아픔을 동정하거나 동물에 대한 고마움을 느끼는 것 등은 인간이 동물에게 가질 수 있는 간접적 의무에 포함될 수 있다.

ㄷ 이 진술은 을(레오폴드)과 병(싱어)만의 공통 입장에 해당하기 때문에 C에 들어갈 진술로 적절하다. 을(레오폴드)은 쾌고 감수 능력을 가진 존재뿐만 아니라 생태계를 구성하는 모든 존재에 대한 종차별주의를 부당하다고 여긴다. 병(싱어)은 쾌락과 고통을 느끼는 동물을 단지 인간과 종이 다르다는 이유로 차별하는 것은 종차별주의라고 비판한다. 반면 갑(칸트)은 쾌고 감수 능력은 있지만 이성은 없는 존재인 동물을 인간과 차별적으로 대해야 한다고 주장한다.

ㄹ 이 진술은 갑(칸트), 을(레오폴드), 병(싱어)의 공통 입장에 해당하기 때문에 D에 들어갈 진술로 적절하다. 갑(칸트)은 인간 이외에 자연물에 대해서는 수단으로서의 가치를 가진다고 보기에 간접적 의무를 지키는 선에서 이를 파괴하는 행위는 도덕적으로 허용될 수 있다고 본다. 을(레오폴드)은 전체 생태계의 온전성을 파괴하지 않거나 오히려 생태계의 안정성을 더 높이는 결과로 이어진다면 인간이 자연물을 파괴하는 것은 허용될 수 있다고 볼 것이다. 병(싱어) 또한 공리주의적 입장으로서, 생태계의 유용성을 높이는 데 도움이 된다면 인간이 자연물을 파괴하는 것이 도덕적으로 허용될 수 있다고 볼 것이다.

문제편 185~191쪽

01 레오폴드, 칸트의 자연관 25학년도 9월 모평 6번

정답 ② | 정답률 59%

갑, 을 사상가들 중 적어도 한 사람이 긍정할 진술로 적절한 것만을 〈보기〉에서 있는 대로 고른 것은? [3점]

> 갑: 인간은 생명 공동체의 한 구성원에 지나지 않는다. 대지 윤리
> 레오 는 인간의 역할을 생명 공동체의 정복자에서 평범한 구성원
> 폴드 으로 변화시킨다.
> 을: 인간은 생명이 있는 일부 피조물을 폭력적으로 다루어서는
> 칸트 안 된다. 왜냐하면 그것은 인간의 자기 자신에 대한 의무에
> 배치되기 때문이다.

〈 보기 〉

ㄱ. 인간은 토지를 단지 자원으로만 이용해서는 안 된다.
　　→ 토지의 이용 자체를 부정하지는 않음
ㄴ. 생명 없는 존재의 파괴가 도덕적으로 정당한 경우는 없다.
　　→ 갑(레오폴드)과 을(칸트) 모두 부정할 진술
ㄷ. 자연에 속하면서 권리를 가질 수 있는 개별 존재가 있다.
ㄹ. 자신 이외의 존재에 대한 도덕적 의무는 성립 불가능하다.
　　→ 갑(레오폴드)과 을(칸트) 모두 부정할 진술

① ㄱ, ㄴ　　　　②ㄱ, ㄷ　　　　③ ㄴ, ㄹ
④ ㄱ, ㄷ, ㄹ　　⑤ ㄴ, ㄷ, ㄹ

| 자료 분석 |

갑은 레오폴드, 을은 칸트이다. 레오폴드는 인간을 비롯한 자연의 모든 존재가 함께 살아가는 생명 공동체이며, 인간 역시 대지의 한 구성원일 뿐이라고 본다. 따라서 생명 공동체의 온전함과 안전성, 아름다움을 보전하는 것은 인간이 가져야 하는 윤리적 의무라고 주장한다. 칸트는 인간 중심주의 자연관의 입장으로 이성은 없지만 생명을 폭력적으로 대우하는 것은 인간 스스로의 의무에 배치되는 것이라고 보며, 자연에 대한 인간의 간접적 의무를 주장한다.

| 보기 해설 |

ㄱ. 갑(레오폴드)이 긍정할 진술이다. 갑(레오폴드)은 인간이 흙, 물, 식물, 동물이 존속할 수 있는 권리를 보장하고 생명 공동체의 온전성, 안전성, 아름다움을 유지할 수 있는 한도 내에서 비이성적 존재를 수단으로 사용할 수 있음을 주장한다. 그러나 생태계의 안정성 등을 고려하지 않은 채 토지를 단순히 자원으로만 이용하는 것은 안 된다고 주장한다.

ㄴ. 갑(레오폴드)과 을(칸트) 모두 부정할 진술이다. 갑(레오폴드)에 따르면 생태계의 온전함과 안정성, 아름다움을 보전하는 선에서 생명 없는 존재의 파괴는 도덕적으로 정당화될 수 있다. 을(칸트) 또한 생명이 없는 존재를 폭력적으로 대하는 것에는 반대하는 입장이지만, 무생물의 파괴가 인간 자신에 대한 의무를 위반하지 않는다면 도덕적으로 정당화될 수 있다고 본다.

ㄷ. 갑(레오폴드)과 을(칸트) 모두 긍정할 진술이다. 갑(레오폴드)에 따르면 대지 공동체의 구성원들은 모두 존속할 권리를 가지고 있다. 을(칸트)은 이성적 존재인 인간은 자연에 속하면서 권리를 가진다고 주장한다.

ㄹ. 갑(레오폴드)과 을(칸트) 모두 부정할 진술이다. 갑(레오폴드)은 인간과 자연을 모두 포괄하는 유기체적 생태 공동체 안에서 개체인 인간에게 전체 공동체의 온전성, 안전성, 아름다움을 유지하기 위한 도덕적 책임과 의무가 부과된다고 본다. 을(칸트)은 이성을 통해 자율적으로 행위할 수 있는 모든 인간은 도덕적 행위의 주체가 될 수 있으며, 인간은 목적 그 자체로 대우해야 할 존엄한 존재라고 본다. 따라서 자신 이외에 다른 인간 존재에 대한 도덕적 의무가 있다고 본다.

(가)의 갑, 을, 병 사상가들의 입장을 (나) 그림으로 표현할 때, A~D에 해당하는 적절한 진술만을 〈보기〉에서 고른 것은? [3점]

(가)	**갑** 레건: 삶의 주체에는 단순히 살아 있음 이상이 포함된다. 삶의 주체는 지각과 기억, 쾌고 감수성, 미래에 대한 관심을 갖고 자신의 목적 실현을 추구한다. **을** 테일러: 모든 유기체는 목적론적 삶의 중심이다. 개별 유기체는 목표 지향적으로 활동하는 질서 정연한 하나의 시스템으로서 고유한 선을 지닌다. **병** 칸트: 비록 이성을 지니지 못했지만 생명이 있는 동물을 폭력적으로, 잔인한 방식으로 다루는 것은 자기 자신에 대한 인간의 의무와 진정으로 대립한다.
(나)	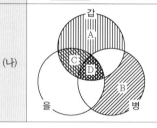 〈범례〉 A: 갑만의 입장 B: 병만의 입장 C: 갑과 을만의 입장 D: 갑과 을과 병의 공통 입장

〈 보기 〉

ㄱ. A: 도덕적 행위 능력이 있어야만 도덕적 존중의 대상이 되는 것은 아니다. → 갑(레건), 을(테일러)만의 입장

ㄴ. B: 인간 존엄성을 훼손할 가능성이 동물 학대 금지의 근거이다.

ㄷ. C: 생태계의 구성원만이 도덕적 지위를 지닌 존재가 될 수 있는 것은 아니다. → 갑(레건), 을(테일러), 병(칸트) 모두 부정

ㄹ. D: 수단으로만 이용되어선 안 되는 존재는 도덕적 의무의 대상이 될 수 있다.

① ㄱ, ㄴ   ② ㄱ, ㄷ   ③ ㄴ, ㄷ   ✓④ ㄴ, ㄹ   ⑤ ㄷ, ㄹ

| 자료 분석 |

(가)의 갑은 레건, 을은 테일러, 병은 칸트이다. 레건은 인간이 아닌 성장한 포유 동물은 도덕적 행위 능력이 없는 도덕적 무능력자이지만 쾌고 감수 능력, 기억, 지각, 믿음, 자기 의식, 의도, 미래에 대한 감각 등을 가지고 있는 삶의 주체이기 때문에 내재적 가치를 지니며 도덕적으로 존중받아야 한다고 본다. 테일러는 모든 생명체는 자기 보존과 행복을 위해 움직이는 목적론적 삶의 중심으로 인간과 마찬가지로 자기실현을 위한 고유의 선을 가지며, 선을 갖는 존재들은 내재적 존엄성을 갖는다고 주장한다. 칸트는 이성이 없는 생명을 폭력적으로 대우하는 것은 자연에 대한 인간의 간접적 의무를 어기는 것이라고 본다.

| 보기 해설 |

ㄱ. 갑(레건)만이 아닌 을(테일러) 또한 긍정할 내용으로 A에 해당하지 않는다. 갑(레건)은 어떤 동물은 내재적 가치를 지니고 있으므로 도덕적 행위 능력이 없더라도 도덕적 존중의 대상이 된다고 본다. 을(테일러) 역시 생명을 지닌 존재라면 고유의 선을 가지고 있기에 도덕적 행위 능력과 무관하게 도덕적 존중의 대상이 된다고 본다.

Ⓛ 병(칸트)만이 긍정할 내용으로 B에 해당한다. 병(칸트)은 자연 안의 존재들에 대한 폭력성은 인간의 도덕성을 훼손하므로 인간은 동물과 관련하여 자기 자신에 대한 의무를 지닌다고 본다. 반면 갑(레건)과 을(테일러)에 따르면 동물 학대를 금지해야 하는 이유는 동물에게 내재되어 있는 가치와 존엄성이 훼손되기 때문이다.

ㄷ. 갑(레건), 을(테일러), 병(칸트) 모두 부정할 내용으로 C에 해당하지 않는다. 갑(레건)은 내재적 가치를 지닌 존재, 을(테일러)은 모든 생명체, 병(칸트)은 인간이 도덕적 지위를 지닌다고 본다. 이러한 존재들은 모두 생태계의 구성원이다.

Ⓡ 갑(레건), 을(테일러), 병(칸트) 모두 긍정할 내용으로 D에 해당한다. 세 사상가는 모두 수단으로만 이용되어선 안 되는 존재는 도덕적 의무의 대상이 될 수 있다고 본다. 단, 갑(레건)은 내재적 가치를 지닌 성장한 포유류를, 을(테일러)은 고유의 선을 가진 모든 생명체를, 병(칸트)은 인간을 수단으로만 이용되어서는 안 되는 존재로 간주한다.

(가)의 갑, 을, 병 사상가들의 입장을 (나) 그림으로 표현할 때, A~D에 해당하는 적절한 진술만을 〈보기〉에서 고른 것은? [3점]

(가)	갑 테일러: 목적론적 삶의 중심으로서 유기체는 의식이 있든 없든 자신을 보존하고 자신만의 독특한 방식으로 고유한 선을 실현하려고 애쓰는 지속적인 경향이 있다. → 생명 중심주의
	을 칸트: 비록 무생물이라 할지라도 자연 안에 있는 아름다운 대상을 파괴해 버리는 인간의 성향, 즉 파괴적 정신은 인간의 자기 자신에 대한 의무와 대립한다. → 인간 중심주의
	병 레오폴드: 어떤 것이 생명 공동체의 통합성과 안정성 그리고 아름다움의 보전에 이바지한다면, 그것은 옳다. 인간은 생명 공동체의 한 구성원일 뿐이다. → 생태 중심주의

(나)

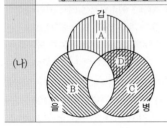

〈범례〉
A: 갑만의 입장
B: 을만의 입장
C: 병만의 입장
D: 갑과 병만의 공통 입장

───〈 보기 〉───
ㄱ. A: 인간이 아닌 생명체에 대한 해악 금지 의무는 그 생명체의 내재적 선에 근거한다.
ㄴ. B: 이성적 삶의 주체만이 생명체에 대한 도덕적 의무를 지닌다.
　　　　　　　　　　　인간
ㄷ. C: 생명체들의 가치보다 생명 공동체의 가치가 더 중요하다.
　　→ 전일론적 관점
ㄹ. ~~D~~: 어떤 생명체의 존속은 그 생명체의 본래적 가치에 의해 정당화된다.

① ㄱ, ㄴ   ②✔ ㄱ, ㄷ   ③ ㄴ, ㄷ   ④ ㄴ, ㄹ   ⑤ ㄷ, ㄹ

| 자료 분석 |

갑은 테일러, 을은 칸트, 병은 레오폴드이다. 테일러는 모든 생명체는 각기 고유한 방식으로 자신의 생존, 성장, 발전, 번식이라는 목적을 지향하고 있는 목적론적 삶의 중심이기 때문에 도덕적으로 고려해야 한다고 주장한다. 칸트는 자연이 인간의 도덕적 감수성을 증진하는 데 기여하기 때문에 자연을 함부로 대해서는 안 되며, 인간 이외의 다른 존재를 함부로 대하는 행동은 인간의 자기 자신에 대한 의무에 배치되는 것이라고 본다. 레오폴드는 대지를 수많은 존재가 서로 균형을 맞추며 살아가는 생명 공동체라고 보고, 인간도 이러한 생명 공동체의 한 구성원일 뿐이라고 본다.

| 보기 해설 |

ㄱ 테일러는 자연 존중의 의무 중 하나로 악행 금지의 의무를 제시하며, 이러한 의무는 모든 생명체의 고유한 내재적 선에 근거한다고 본다. 칸트는 인간이 인간성 실현을 위해 생명체를 학대하면 안 된다고 본다. 레오폴드는 개별 생명체의 보존보다 생태계 전체의 선을 강조한다.

ㄴ. 테일러와 레오폴드는 인간이 생명체에 대해 도덕적 의무가 있다고 본 반면, 칸트는 이성이 있는 존재인 인간에 대해서만 도덕적 의무를 지닌다고 본다.

ㄷ 레오폴드는 전일론적 입장에서 개별 생명체들의 가치보다 생명 공동체 전체의 가치가 더 중요하다고 본다. 테일러는 목적론적 삶의 중심인 각 생명체들의 가치를 더 중시한다.

ㄹ. 테일러는 생명체의 존속은 그 생명체가 지닌 고유한 내재적 가치에서 나온다고 본다. 레오폴드는 어떤 생명체의 존속은 그 생명체가 생명 공동체의 통합성, 안정성, 아름다움의 보전에 이바지한다면 정당화될 수 있다고 본다.

정답 ③ | 정답률 24%

(가)의 갑, 을, 병 사상가들의 입장을 (나) 그림으로 표현할 때, A~D에 해당하는 적절한 진술만을 〈보기〉에서 있는 대로 고른 것은?

	┌ 도덕적 고려의 대상: 쾌고 감수 능력을 지닌 존재
(가)	**갑** 싱어: 쾌고를 느낄 수 있는 능력은 어떤 존재가 이익 관심을 갖기 위한 필요충분조건이다. 만약 한 존재가 쾌고를 겪을 수 없다면, 고려해야 할 것은 아무것도 없다. ┌ 자연에 대한 인간의 간접적 의무만을 인정 **을** 칸트: 자연의 아름다움을 무자비하게 파괴하려는 성향은 인간 자신에 대한 의무를 거스른다. 왜냐하면 그것은 도덕성에 기여하는 감정을 약화시키기 때문이다. ┌ 도덕적 고려의 대상: 대지 공동체의 구성원 **병** 레오폴드: 개인은 상호 의존적인 대지 공동체의 구성원이다. 개인의 본능은 공동체 내에서 경쟁할 것을 촉구하지만 그의 윤리는 협동도 하라고 촉구한다.

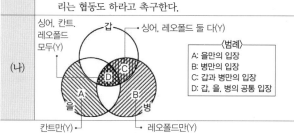

〈범례〉
A: 을만의 입장
B: 병만의 입장
C: 갑과 병만의 입장
D: 갑, 을, 병의 공통 입장

〈 보기 〉
ㄱ. A: 공리의 원리는 동물을 도덕적으로 고려해야 할 근거가 아니다.
ㄴ. B: 인간에 대해서뿐만 아니라 자연과 관련해서도 인간의 의무가 발생한다.
ㄷ. C: 직접적인 도덕적 의무의 대상은 인간에만 한정되지 않는다.
ㄹ. D: 도덕적 지위를 지닌 존재의 범위를 모든 생명체로 설정하는 것은 부적절하다.

① ㄱ, ㄴ   ② ㄱ, ㄷ   ③ ㄷ, ㄹ
④ ㄱ, ㄴ, ㄹ   ⑤ ㄴ, ㄷ, ㄹ

305

| 자료 분석 |

(가) 갑은 싱어, 을은 칸트, 병은 레오폴드이다. 싱어는 쾌고 감수 능력이 도덕적 고려 대상을 결정하는 필요충분조건이라고 보고, 쾌고 감수 능력을 지닌 동물을 도덕적 고려 대상에 포함해야 한다고 주장하였다. 칸트는 이성을 지닌 인간만이 도덕적 고려의 대상이라고 주장하였다. 다만 그는 자연에 대한 파괴적 성향이 도덕성에 기여하는 인간의 감정을 약화시킨다는 점에서, 자연 파괴는 인간 자신에 대한 의무를 거스르는 것이라고 보았다. 레오폴드는 대지 윤리를 주장하며, 살아 있는 생물뿐만이 아니라 물, 흙 등을 포함하여 대지 공동체의 전 구성원을 도덕적 고려의 대상으로 보았다.

| 보기 해설 |

ㄱ. 공리의 원리에 기초하여 쾌고 감수 능력의 여부에 따라 동물을 도덕적으로 고려해야 한다는 주장은 싱어에게만 해당한다. 반면 칸트는 이성을 지닌 인간만을 도덕적 고려의 대상으로 여기며, 레오폴드는 대지 공동체 전체를 도덕적 고려의 대상으로 여긴다. 따라서 해당 보기는 칸트와 레오폴드의 공통점으로, 칸트의 입장에만 해당하는 A에 적절하지 않다.

ㄴ. 칸트는 인간이 자연과 관련한 간접적인 의무가 있음을 주장하며, 레오폴드는 대지 공동체의 구성원인 인간에게 자연에 대한 의무가 있음을 주장한다. 싱어 역시 인간뿐만 아니라 쾌고 감수 능력을 지닌 동물에 대한 도덕적 고려를 의무로서 강조하므로 자연과 관련해서도 인간의 의무가 발생한다고 본다. 따라서 해당 보기는 B가 아니라 D에 들어가야 한다.

ㄷ. 직접적인 도덕적 의무의 대상을 인간으로 한정하는 칸트와 달리 싱어와 레오폴드는 우리가 인간이 아닌 존재에게도 직접적인 도덕적 의무를 지닌다고 강조한다. 따라서 해당 보기는 싱어와 레오폴드의 공통점으로 C에 적절하다.

ㄹ. 칸트는 인간만이 도덕적 지위를 지닌 존재라고 여기며, 싱어는 모든 생명체가 아니라 쾌고 감수 능력을 지닌 동물만을 도덕적 지위를 지닌 존재로 설정한다. 레오폴드는 생명체뿐만이 아니라 무생물을 포함한 대지 공동체 전체를 도덕적 지위를 지닌 존재의 범위로 설정한다. 따라서 싱어, 칸트, 레오폴드 모두 긍정할 내용으로 D에 적절하다. 도덕적 지위를 지닌 존재의 범위를 모든 생명체로 설정하는 것은 생명 중심주의에 해당한다.

(가)의 갑, 을, 병 사상가들의 입장을 (나) 그림으로 표현할 때, A~D에 해당하는 적절한 진술만을 〈보기〉에서 있는 대로 고른 것은? [3점]

(가)	갑 데카르트	이 세상에는 육체와 영혼이라는 두 가지 실체가 있다. 물질적 육체와 비물질적 영혼의 혼합체인 인간과 달리, <u>동물은 의식이 없는 기계일 뿐이다.</u> └ 사유 능력을 지닌 인간만을 도덕적 고려의 대상으로 봄
	을 레건	<u>일부 포유동물은 삶의 주체가 될 수 있다.</u> 그들은 자신의 미래에 대한 감각 등을 바탕으로 자신의 욕망과 목적을 추구하기 위해 행위할 능력을 갖추었기 때문이다.
	병 레오폴드	대지의 이용을 경제적 관점만이 아니라 윤리적 관점에서도 고찰해야 한다. <u>어떤 것이 생명 공동체의 온전성, 안정성, 아름다움의 보전에 기여한다면 그것은 옳고, 그렇지 않다면 그르다.</u> 삶의 주체로서 일부 포유동물은 도덕적 권리를 지닌다고 봄

(나)

```
           갑
        ┌───────┐ ─ 데카르트만(Y)
       ╱    A    ╲
      │           │      〈범례〉
   ┌──┼──┐   ┌───┼──┐   A: 갑만의 입장
   │  │ B │ D │ C │   │   B: 을만의 입장
   │  └──┼──┴───┼──┘   │   C: 병만의 입장
   │     │      │      │   D: 을과 병의 공통 입장
    ╲    │      │     ╱
     └───┘      └────┘ ─ 레오폴드만(Y)
     을              병
   레건만(Y) ─┘    └─ 레건과 레오폴드 둘 다(Y)
```

〈보기〉

ㄱ. A: 동물을 자원으로 사용하는 것이 금지되지는 않는다.
　데카르트, 레오폴드
ㄴ. B: 사유 능력 여부로 어떤 존재의 도덕적 지위가 결정되지 않는다.
　D
ㄷ. C: 살아 있는 모든 개체는 도덕적 고려 대상인 공동체의 일원이다.
ㄹ. D: 생명에 대한 권리는 인간에게 한정된 특수한 권리가 아니다.

① ㄱ, ㄴ　　② ㄱ, ㄷ　　③ ㄷ, ㄹ ✔
④ ㄱ, ㄴ, ㄹ　　⑤ ㄴ, ㄷ, ㄹ

자료 분석

(가)의 갑은 데카르트, 을은 레건, 병은 레오폴드이다. 데카르트는 인간 중심주의의 관점에서 동물은 의식이 없는 '기계'에 불과하다고 보았다. 레건은 동물 중심주의의 관점에서 일부 포유동물(또는 한 살 이상의 정상적인 포유동물)은 '삶의 주체'로서 도덕적 권리를 지니며, 인간은 이를 존중해야 한다고 주장하였다. 레오폴드는 생태계 전체를 도덕적 고려의 대상에 포함시키며 생명 공동체(생태계)의 온전성, 안전성, 아름다움의 보전을 추구하는 대지 윤리를 강조하였다.

보기 해설

ㄱ. 데카르트뿐만 아니라 레오폴드도 동물을 자원으로 사용하는 것을 금지하지 않는다. 한편 레건의 관점에서는 삶의 주체인 동물을 자원으로 사용하는 것은 금지된다. 그러나 삶의 주체가 아닌 동물은 자원으로 사용할 수 있는 가능성이 있으므로, 해당 선지의 주어 '동물'은 레건의 관점에서 설명하기에는 명확하지 않다.

ㄴ. 레건과 레오폴드의 공통적인 입장이다. 레건은 삶의 주체로서의 동물까지, 레오폴드는 생태계의 구성원 모두가 도덕적 지위를 지닌다고 본다. 사유 능력이 있는 존재(=인간)만이 도덕적 지위를 지닌다고 보는 입장은 인간 중심주의자인 데카르트에게만 해당하는 내용이다.

ㄷ. 레오폴드는 생태계를 도덕적 고려 대상인 공동체로 보며, 살아 있는 모든 개체가 생태계의 구성원이라고 본다.

ㄹ. 레건과 레오폴드는 각각 동물 중심주의와 생태 중심주의의 입장에서 인간이 아닌 존재도 생명에 대한 권리를 지닌 도덕적 고려의 대상이라고 본다.

연결형 문제로 개념 확인

(1) 데카르트 •　　　　• ㉠ 삶의 주체는 도덕적 권리를 지닌다.
(2) 레건 •　　　　　　• ㉡ 동물은 의식이 없는 기계에 불과하다.
(3) 레오폴드 •　　　　• ㉢ 흙도 도덕적 고려 대상인 공동체의 일원이다.

(1) – ㉡　(2) – ㉠　(3) – ㉢

(가)의 갑, 을, 병 사상가들의 입장에서 서로에게 제기할 수 있는 비판을
(나) 그림으로 표현할 때, A~F에 해당하는 내용으로 가장 적절한 것은?

[3점]

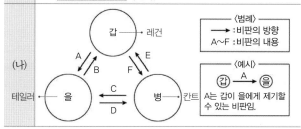

성장한 포유동물

(가)	갑: 도덕적 행위 능력과 무관하게 인간과 일부 동물은 도덕적 권리를 갖는다. 그들 각자는 고유한 삶을 살아가는 삶의 주체이다.
레건	└ 믿음, 욕구, 지각, 쾌고 감수 능력, 미래 의식 등을 지닌 존재 / └ 생존, 성장, 발전, 번식 등의 목적을 지향함
을: 도덕적 행위 능력이 없어도 생명체라면 존중해야 한다. 모든 생명체는 목적론적 삶의 중심이며 내재적 가치를 지닌다.	
테일러	
병: 도덕적 행위 능력이 있는 인간은 자연을 파괴하는 행위를 삼가야 한다. 그러한 파괴적 성향은 인간의 도덕성에 기여하는 감정을 약화시킨다.	
칸트	└ 자연에 대한 인간의 간접적 의무

(나)

갑 ← 레건

〈범례〉
→ : 비판의 방향
A~F : 비판의 내용

〈예시〉
갑 —A→ 을
A는 갑이 을에게 제기할 수 있는 비판임.

테일러 을 —C→ 병 칸트
A B   D   E F

① A: 개체 각각이 지닌 고유한 선은 보호되고 증진되어야 함을 간과한다.
  └ 테일러가 동의하는 내용
② B: 개체에 대한 도덕적 존중은 내재적 가치에 근거함을 간과한다.
  └ 레건과 테일러 모두 동의하는 내용
③ D: 도덕적 행위 능력이 없는 존재도 모두 내재적 가치를 지님을 간과한다. → 테일러는 생명이 없는 존재가 내재적 가치를 지니지 않는다고 봄
✔ F: 어떤 존재를 목적 그 자체로 보는 근거가 이성이 아님을 간과한다.
⑤ C, E: 도덕적 행위 주체들의 도덕적 지위가 서로 평등함을 간과한다.
  └ 레건, 테일러, 칸트 모두 동의하는 내용

| 자료 분석 |

(가)의 갑은 레건, 을은 테일러, 병은 칸트이다. 레건은 인간이 도덕적 행위자로서 도덕적 지위를 지니지만 인간이 아닌 일부 동물은 도덕적 무능력자임에도 불구하고 쾌고 감수 능력, 희망, 목적 등을 추구할 수 있는 삶의 주체로서 존중받을 도덕적 지위를 지닌다고 본다. 테일러는 도덕적 행위 능력을 가진 인간을 포함하여 도덕적 행위 능력이 없는 모든 생명체가 목적론적 삶의 중심으로서 고유의 선을 가지며, 도덕적 지위를 지닌다고 본다. 이러한 입장에서 테일러는 인간이 다른 생명체와 함께 지구 공동체를 구성하는 일원이며 본질적으로 다른 생명체보다 우월하지 않다고 주장한다. 칸트는 이성과 도덕적 행위 능력을 가진 인간만이 도덕적 행위 주체이며 도덕적 지위를 지닌다고 본다. 칸트는 인간 외의 동물과 자연은 도덕적 행위 능력이 없으므로 도덕적 주체가 될 수는 없으나, 동물이나 자연을 파괴하는 성향은 인간성 실현에 도움이 되는 자질을 약화시킬 수 있으므로 인간성 실현을 위해 동물이나 자연을 함부로 대해서는 안 된다고 주장한다.

| 선지 해설 |

① 테일러는 모든 개체(생물체) 각각이 목적론적 삶의 중심으로서 고유의 선을 갖는다고 보며, 인간이 자연에 대해 부여하는 가치와 무관하게 내재적 가치를 지니므로 개체의 고유한 선을 보호하고 개체를 도덕적으로 고려해야 한다고 본다. 따라서 A는 레건이 테일러에게 제기할 수 있는 비판으로 적절하지 않다.

② 레건은 일부 동물, 즉 성장한 포유동물은 믿음, 욕구, 지각, 기억, 쾌고 감수 능력, 미래 의식 등을 가진 삶의 주체로서 내재적 가치를 갖기 때문에 도덕적으로 존중해야 한다고 본다. 이처럼 레건도 테일러와 마찬가지로 개체에 대한 도덕적 존중의 근거를 내재적 가치에서 찾고 있으므로, B는 테일러가 레건에게 제기할 수 있는 비판으로 적절하지 않다.

③ 테일러는 도덕적 행위 능력이 없는 도덕적 무능력자이더라도 생명체라면 의식 유무와 상관없이 생존, 성장, 발전, 번식 등의 목적을 지향한다는 점에서 목적론적 삶의 중심이라고 본다. 그리고 이러한 생명체는 고유의 선과 내재적 가치를 지니므로 도덕적으로 존중해야 한다고 본다. 그러나 테일러는 도덕적 행위 능력이 없는 모든 존재가 아니라 생태계 전체와 무생물을 제외한 생명체만이 내재적 가치를 지니는 도덕적 고려의 대상이라고 본다. 따라서 D는 테일러가 칸트에게 제기할 수 있는 비판으로 적절하지 않다.

④ 레건은 의무론의 입장에서 인간이 아닌 성장한 포유동물은 이성이 없는 도덕적 무능력자이기는 하지만, 감정적인 생활을 할 뿐만 아니라 희망과 목적을 추구할 수 있는 삶의 주체라고 주장한다. 따라서 그는 이러한 동물들을 인간을 위한 수단으로 취급해서는 안 되며 목적 그 자체로 존중해야 한다고 본다. 칸트는 이성을 통해 자율적으로 행위할 수 있는 인간만이 도덕적 행위의 주체가 될 수 있으며, 인간은 목적 그 자체로 대우해야 할 존엄한 존재라고 본다. 따라서 레건은 칸트에게 어떤 존재를 목적 자체로 보는 근거를 이성에서만 찾아서는 안 된다고 비판할 수 있다.

⑤ 레건, 테일러, 칸트는 모두 도덕적 행위 주체인 인간을 평등하게 존중해야 한다는 것에 동의한다. 따라서 칸트가 테일러와 레건에게 제기할 수 있는 비판으로 적절하지 않다.

(가)의 갑, 을, 병 사상가들의 입장에서 서로에게 제기할 수 있는 비판을 (나) 그림으로 표현할 때, A~F에 해당하는 내용으로 가장 적절한 것은? [3점]

(가)	갑 칸트	우리는 인간에 대해서만 직접적인 의무를 지니며, 다른 존재들에 대해서는 그러한 의무를 지니지 않는다. 인간만이 실천 이성을 지닌 자율적 존재이기 때문이다.
	을 테일러	목적론적 삶의 중심인 생명체는 내재적 가치를 지닌다. 그러한 생명체는 자신의 고유한 선을 추구하며 일관성과 통일성을 지향하는 존재이다.
	병 레오 폴드	흙, 물, 식물, 동물. 인간을 포함하는 생명 공동체는 생명적 성질을 지닌다. 인간은 생명 공동체의 지배자가 아니며, 대지 위의 모든 존재는 평등한 구성원이다.

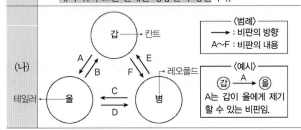

① B: 쾌고 감수 능력을 지닌 존재는 도덕적 지위가 없음을 간과한다.
② C: 생태계 안정을 위해 생명체를 해치는 행위 모두는 잘못임을 간과한다.
③ A, F: 도덕적인 행위의 주체는 오직 인간뿐이라는 점을 간과한다.
  → 칸트와 테일러, 레오폴드의 공통점
④ B, E: 인간은 다른 생명체보다 우월한 지위를 지니지 않음을 간과한다.
⑤ D, F: 모든 생명체가 내재적 가치를 지니는 것은 아님을 간과한다.

│자료 분석│

(가)의 갑은 인간 중심주의 사상가인 칸트, 을은 생명 중심주의 사상가인 테일러, 병은 생태 중심주의 사상가인 레오폴드이다. 칸트는 인간 이외의 동물과 자연은 도덕적 행위의 주체가 될 수 없기 때문에 그들과 관련해서는 인간이 직접적인 의무를 지니지 않는다고 보았다. 테일러는 모든 생명체가 목적론적 삶의 중심으로서 고유의 선을 지녔으므로 존중해야 한다고 보았다. 레오폴드는 대지를 지배와 이용의 대상으로 보는 인간 중심주의 윤리와 달리 수많은 존재를 서로 균형을 맞추어 살아가는 공동체로 파악하고 이를 존중해야 한다고 주장하였다.

│선지 해설│

① B는 테일러가 칸트에게 제기할 수 있는 비판이어야 한다. 테일러는 쾌고 감수 능력을 지닌 존재뿐만 아니라 모든 생명체는 도덕적 지위가 있다고 보았으므로 적절하지 않은 내용이다.

② C는 레오폴드가 테일러에게 제기할 수 있는 비판이어야 한다. 레오폴드는 어떤 것이 생명 공동체의 온전성, 안정성, 아름다움의 보전에 이바지한다면 그것은 옳고, 그렇지 않으면 그르다고 본다. 따라서 생태계의 안정을 위해 생명체를 해치는 행위 모두를 잘못이라고 보지 않을 것이므로 적절하지 않은 비판이다.

③ A, F는 칸트가 테일러와 레오폴드에게 제기할 수 있는 비판이어야 한다. 하지만 도덕적인 행위의 주체가 오직 인간뿐이라고 본 것은 칸트와 테일러, 레오폴드의 공통점이기 때문에 비판의 내용으로 적절하지 않다.

④ B, E는 테일러와 레오폴드가 칸트에게 제기할 수 있는 비판이어야 한다. 생명 중심주의 사상가인 테일러와 생태 중심주의 사상가인 레오폴드는 모두 탈인간 중심주의로 인간이 다른 생명체보다 우월한 지위를 지니지 않는다고 본다. 반면 칸트는 인간 중심주의 사상가로 인간이 다른 생명체보다 우월한 지위를 지닌다고 보기 때문에 적절한 비판이다.

⑤ D, F는 테일러와 칸트가 레오폴드에게 제기할 수 있는 비판이어야 한다. 테일러는 모든 생명체가 목적론적 삶의 중심으로서 고유한 선을 지닌 존재라고 보기 때문에 내재적 가치를 지닌다고 본다. 따라서 이는 테일러가 제기할 비판으로 적절하지 않다.

(가)의 갑, 을, 병 사상가들의 입장을 (나) 그림으로 표현할 때, A~D에 해당하는 적절한 진술만을 〈보기〉에서 있는 대로 고른 것은? [3점]

(가)	갑 레오 폴드	대지 윤리는 생태 윤리를 반영한다. 생태 윤리는 각 개인이 대지의 건강을 위한 자신의 의무를 깨닫고 실천할 것을 요구한다. └→ 생태계의 안정성을 지키는 것이 인간의 윤리적 의무라고 봄
	을 레건	삶의 주체라는 기준을 충족하는 동물들은 내재적 가치를 └→ 도덕적 권리를 지님 가진다. 내재적 가치는 무조건적인 개념으로, 그것을 갖거나 갖지 않는 것이지 중간은 없다. └→ 모든 생명체는 목적론적 삶의 중심 으로서 도덕적 지위를 가짐
	병 테일러	생명체가 선을 갖는 이유는 그것이 목적론적 삶의 중심이기 때문이다. 생명체는 자신의 성장, 발전, 생존, 번식을 실현하려는 일관성과 통일성을 가진다.

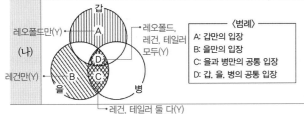

〈범례〉
A: 갑만의 입장
B: 을만의 입장
C: 을과 병만의 공통 입장
D: 갑, 을, 병의 공통 입장

〈보기〉
ㄱ. A: 인간은 생태계에 간섭해서는 안 되는 의무를 지닌다.
ㄴ. B: 한 살 이상의 정상적인 포유동물은 내재적 가치를 지닌다.
　　D
ㄷ. C: 생태계의 선이 개체의 선보다 우선하는 것은 아니다.
ㄹ. D: 인간 상호 간의 의무는 도덕적으로 정당화될 수 있다.

① ㄱ, ㄴ   ② ㄴ, ㄷ   ③ ㄷ, ㄹ
④ ㄱ, ㄴ, ㄹ   ⑤ ㄱ, ㄷ, ㄹ

| 자료 분석 |

(가)의 갑은 레오폴드, 을은 레건, 병은 테일러이다. 생태 중심주의 사상가인 레오폴드는 생태계 전체의 유기적 관계와 균형을 중시한다. 그러므로 인간의 의무가 생명 공동체의 온전성, 즉 대지의 건강을 지키는 데 있음을 강조한다. 동물 중심주의 사상가인 레건은 일부 동물들에게 삶의 주체로서의 도덕적 권리가 있으며, 인간은 이를 존중해야 할 의무가 있음을 주장한다. 생명 중심주의 사상가인 테일러는 모든 생명체는 각자의 고유한 선을 추구하는 목적론적 삶의 중심이며, 내재적 가치를 갖기 때문에 도덕적으로 존중되어야 함을 주장한다.

| 보기 해설 |

ㄱ. 레오폴드는 유기체적 생태 공동체 안에서 개체인 인간에게 생태계의 건강 유지를 위한 도덕적 책임과 의무가 있다고 주장한다. 따라서 생태계의 온전성을 위해 인간이 생태계에 간섭할 수 있다고 본다.

ㄴ. '한 살 이상의 정상적인 포유동물'을 도덕적 고려의 대상으로 제시한 학자는 레건이지만, 이 동물은 생명이자 생태계의 구성원이므로 테일러와 레오폴드 모두 긍정할 내용이다.

ㄷ. 개체론의 입장을 취하는 레건과 테일러가 긍정할 입장이다. 생태계의 선을 개체의 선보다 우선시하는 입장은 레오폴드에게만 해당한다.

ㄹ. 레오폴드, 레건, 테일러는 모두 탈인간 중심주의 사상가로 도덕적 고려의 범위를 인간에 한정하지 말아야 한다고 본다. 이때 도덕적 고려의 범위에는 인간이 포함되어 있는 것이며, 인간 외의 어떤 존재까지 그 범위를 확장하느냐가 각 사상의 차이점이다. 따라서 레오폴드와 레건, 테일러는 모두 인간에 대한 의무가 도덕적으로 정당하다고 본다.

개념 확인 도덕적 고려의 범위

범위 자연관	인간	동물	모든 생명체 (식물 포함)	생태계 전체 (무생물 포함)
인간 중심주의	○			
동물 중심주의	○	○		
생명 중심주의	○	○	○	
생태 중심주의	○	○	○	○

(가)의 갑, 을, 병 사상가들의 입장을 (나) 그림으로 표현할 때, A~D에 해당하는 적절한 진술만을 〈보기〉에서 있는 대로 고른 것은? [3점]

	갑: 모든 생명체는 생명 공동체의 일원이다. 모든 생명체는 자신을 보존하고 고유의 선을 추구하려는 목적론적 삶의 중심이다. →생명 중심주의
(가)	을: 동물의 고통을 인간의 동일한 양의 고통과 동등하게 간주해야 한다. 고통을 느낄 수 있는 존재의 이익을 평등하게 고려해야 한다. →이익 평등 고려의 원칙
	병: 대지 윤리는 인류의 역할을 생명 공동체의 정복자에서 평범한 구성원이자 시민으로 변화시킨다. 인간은 생명 공동체 그 자체를 존중해야 한다. →생태 중심주의, 전일론적 관점

갑(테일러), 을(싱어), 병(레오폴드)

(나)

갑
A
C
D
B
을   병

〈범례〉
A: 갑만의 입장
B: 병만의 입장
C: 갑과 병만의 공통 입장
D: 갑, 을 병의 공통 입장

〈보기〉

ㄱ. A: 인간은 ~~이성적 존재와 동식물~~에게만 신의의 의무를 져야 한다.
　　　　　　　　동물에게만

ㄴ. B: 생태계의 선과 개체의 선은 동등한 가치를 지니지 않는다.
　　　D

ㄷ. C: 생명이 있는 존재라면 종에 상관없이 도덕적으로 배려되어야 한다.

ㄹ. D: 동물에 대한 인간의 의무는 호혜성에서 비롯된 것이 아니다.

① ㄱ, ㄴ　　② ㄴ, ㄹ　　③ ㄷ, ㄹ
④ ㄱ, ㄴ, ㄷ　　⑤ ㄱ, ㄷ, ㄹ

| 자료 분석 |

갑은 테일러, 을은 싱어, 병은 레오폴드이다. 테일러는 모든 생명체는 목적론적 삶의 중심이며 고유한 선을 지닌다고 보고, 인간은 고유한 선을 지니는 생명체를 도덕적으로 고려할 의무를 지닌다고 주장한다. 싱어는 도덕적 고려의 기준을 쾌고 감수 능력의 소유 여부로 보며, 쾌락과 고통을 느끼는 모든 존재의 이익을 동등하게 고려해야 한다고 주장한다. 레오폴드는 대지를 수많은 존재가 서로 균형을 맞추며 살아가는 공동체로 파악하고, 인간은 생명 공동체의 한 구성원으로서 생명 공동체 그 자체를 존중해야 한다고 주장한다.

| 보기 해설 |

ㄱ. 테일러는 자연 존중의 의무 중 신의의 의무를 제시한다. 신의의 의무에는 인간의 즐거움과 쾌락을 위해 야생 동물을 기만하는 행위를 해서는 안 된다는 내용이 담겨 있다. 즉, 테일러가 주장한 신의의 의무는 동물에게만 적용되는 것이다.

ㄴ. 테일러와 싱어는 개체론적 입장으로 생태계의 선보다 개체의 선을 더 강조한다. 반면, 레오폴드는 전일론적 입장으로 개체로서의 생명의 가치보다 생태계 전체의 유기적 관계와 균형을 중시한다. 따라서 세 사상가 모두 생태계의 선과 개체의 선이 동등한 가치를 지니지 않는다고 보는 입장이기 때문에 D에 해당하는 진술이다.

ⓒ 테일러는 모든 생명체는 목적론적 삶의 중심으로서 내재적 가치를 지닌다고 보며, 도덕적으로 배려해야 한다고 주장한다. 레오폴드는 무생물을 포함한 생태계 전체를 도덕적 고려의 대상으로 간주한다. 반면, 싱어는 이익 평등 고려의 원칙에 따라 쾌고 감수 능력을 가진 생명체를 도덕적 고려의 대상으로 삼아야 한다고 본다. 따라서 테일러와 레오폴드의 공통점에 해당하는 진술이다.

ⓡ 세 사상가 모두 동물에 대한 인간의 의무가 호혜성에서 비롯된 것이 아니라고 본다. 테일러는 고유한 선을 지닌 모든 생명체를 도덕적으로 고려해야 할 의무가 있다고 주장한다. 싱어는 쾌고 감수 능력이 있는 생명체를 도덕적으로 배려해야 한다고 주장한다. 레오폴드는 자연은 인간의 이해와 상관없이 가치를 지니며, 도덕적 고려의 대상이 되어야 한다고 주장한다.

(가)의 갑, 을, 병 사상가들의 입장을 (나) 그림으로 표현할 때, A~D에 해당하는 적절한 진술만을 〈보기〉에서 있는 대로 고른 것은? [3점]

(가)	
갑 칸트	인간만 도덕적 의무의 대상 → **갑: 인간은 인간에 대한 의무 이외에 다른 의무를 갖지 않는다.** 늙은 말이 수행한 봉사에 대한 감사마저도 직접적으로 볼 때는 인간 자신에 대한 의무이다.
을 테일러	을: 인간에게 도덕적 관심을 두게 하는 것은 생명체가 지닌 목적 추구 능력 때문이다. **모든 생명체는 고유의 선을 실현하기 위해 움직인다.** ↳목적론적 삶의 중심
병 레오폴드	병: 인간은 대지를 상품으로 보기 때문에 남용하고 있다. **대지를** 우리가 속한 생명 공동체로 바라보면 사랑과 존중으로 대하게 될 것이다.

(나)

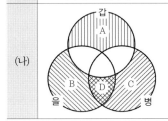

〈범례〉
A: 갑만의 입장
B: 을만의 입장
C: 병만의 입장
D: 을과 병만의 공통 입장

〈보기〉
ㄱ. A: 인간이 식물을 이용하는 행위는 정당화될 수 있다.
  → 갑, 을, 병의 공통점
ㄴ. B: 모든 생명체와 달리 생명 공동체 그 자체는 내재적 가치를 지니지 못한다.
ㄷ. C: 유기체가 아닌 존재도 도덕적 존중의 대상이 될 수 있다.
ㄹ. D: 동물은 도덕적으로 무능력해도 도덕적 지위를 지닌다.

① ㄱ, ㄴ   ② ㄱ, ㄷ   ③ ㄷ, ㄹ
④ ㄱ, ㄴ, ㄹ   ⑤ ㄴ, ㄷ, ㄹ

| 자료 분석 |

갑은 칸트, 을은 테일러, 병은 레오폴드이다. 칸트는 이성적 존재만이 자율적으로 행동하는 도덕적 주체이며 도덕적 의무의 대상이 된다고 보았다. 그러나 칸트는 이성은 없지만 생명이 있는 동물을 잔학하게 다루거나 자연을 무자비하게 파괴하고자 하는 성향은 인간의 도덕적 소질을 약화시킬 수 있으므로 인간 자신에 대한 의무에 어긋나는 것이라고 주장했다. 테일러는 모든 생명체는 각자 자신의 방식대로 고유한 선을 추구하는 유일한 개체라는 점에서 목적론적 삶의 중심이라 보고, 생명체를 도덕적으로 고려하고 존중해야 한다고 주장했다. 레오폴드는 도덕 공동체의 범위를 대지로 확대할 것을 강조하며 생태계, 즉 생명 공동체의 온전함과 안정성, 아름다움을 보전하는 것이 윤리적이라고 보았다.

| 보기 해설 |

ㄱ. 칸트는 인간 중심주의의 입장에서 인간의 도덕성을 약화시키지 않기 위해 자연을 무자비하게 파괴해서는 안 된다고 주장했다. 그러나 이성이 없는 존재는 수단으로서 상대적인 가치만을 지니므로 인간을 위해서 식물을 이용하는 행위는 정당화될 수 있다고 보았다. 테일러는 생명체를 인간을 위한 자원으로 이용해야 하는 경우가 있지만, 그럴 때에도 그들이 단지 자원이 아니라 내재적 가치를 지닌 존재임을 잊지 말아야 한다고 주장한다. 레오폴드 역시 동식물을 인간을 위한 자원으로 활용할 수 있으나, 이러한 경우에도 동식물에게도 존속할 권리가 있음을 알고 윤리적·심미적으로 검토할 수 있어야 한다고 보았다. 따라서 칸트, 테일러, 레오폴드의 공통적인 주장이다.

ㄴ. 테일러는 모든 생명체가 목적론적 삶의 중심으로서 고유의 선을 추구하며 내재적 가치를 지닌다고 보지만, 생명 공동체 자체의 도덕적 지위를 주장하지는 않았다. 칸트는 인간, 레오폴드는 생명 공동체까지 내재적 가치를 지닌 대상으로 보므로 테일러만의 주장이다.

ㄷ. 레오폴드는 생명 공동체의 범위를 흙, 물, 식물과 동물 등 대지를 포함하도록 확장해야 한다고 보았다. 따라서 유기체가 아닌 존재도 도덕적 존중의 대상이 될 수 있다. 이와 달리 칸트는 인간, 테일러는 유기체로 도덕적 존중의 대상을 한정하므로 레오폴드만의 주장이다.

ㄹ. 도덕적으로 무능력하다는 것은 도덕적 행위의 주체가 될 수 없다는 것을 의미한다. 테일러는 도덕적 능력의 여부를 떠나 모든 생명체는 도덕적으로 존중받아야 한다고 보았다. 따라서 동물은 도덕적으로 무능력해도 도덕적 지위를 갖는다. 레오폴드는 생명 공동체의 구성원 및 생태계 자체에 도덕적 지위가 있다고 보았다. 레오폴드는 무생물까지 도덕적 고려의 범위를 확대하므로 동물은 도덕적으로 무능력해도 도덕적 지위를 지닌다고 주장한다. 그러나 칸트에게 도덕적 지위는 이성적 존재인 인간에게만 있는 것이므로 테일러와 레오폴드의 공통적인 주장이다.

(가)의 갑, 을, 병 사상가들의 입장을 (나) 그림으로 탐구하고자 할 때, A~D에 들어갈 적절한 질문만을 〈보기〉에서 있는 대로 고른 것은? [3점]

(가)	**갑:** 이성은 없지만 생명이 있는 피조물인 동물을 폭력적이고 칸트 잔인한 방식으로 다루는 것은 자기 자신에 대한 인간의 의무와 대립한다. →인간 중심주의 생명 중심주의 ┐ **을:** 유기체는 고유의 방식으로 자신의 선을 추구하는 목적론 테일러 적 삶의 중심이다. 어떤 종을 다른 종보다 선호하는 편견 은 받아들일 수 없다. ┌동물 중심주의 **병:** 동물이 인간과 다른 종에 속한다고 해서 그들의 이익을 희 싱어 생시키는 것은 종 차별주의이며, 종 차별주의는 인종 차별 과 다를 바 없이 부도덕하다.

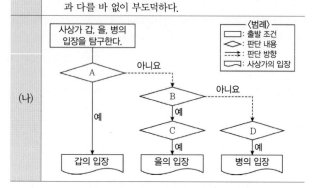

〈범례〉
⬜ : 출발 조건
◇ : 판단 내용
⇢ : 판단 방향
⬭ : 사상가의 입장

〈보기〉
ㄱ. A: 동물에 대한 폭력적 행위는 인간의 의무에 어긋나는가?
　→ 갑(칸트), 을(테일러), 병(싱어) 모두 긍정할 질문
ㄴ. B: 생명체는 종에 상관없이 도덕적 지위를 지니는가?
ㄷ. C: 생명체 고유의 선을 보호하기 위한 간섭이 허용될 수 있는가?
ㄹ. D: 인간과 동물의 동일한 양의 고통은 동일하게 고려되어야 하는가?

① ㄱ, ㄴ　　② ㄱ, ㄷ　　③ ㄴ, ㄹ
④ ㄱ, ㄷ, ㄹ　　⑤ ㄴ, ㄷ, ㄹ

┃자료 분석┃

(가)의 갑은 칸트, 을은 테일러, 병은 싱어이다. 칸트는 인간 중심주의 입장에서 동물을 함부로 대하는 것은 인간의 도덕적 감수성에 부정적인 영향을 미치기 때문에 동물을 함부로 대해서는 안 된다고 주장한다. 테일러는 생명 중심주의 입장에서 모든 생명체는 각기 고유한 방식으로 자신의 생존, 성장, 발전, 번식이라는 목적을 지향하고 있는 '목적론적 삶의 중심'이라고 주장한다. 싱어는 동물 중심주의 입장에서 도덕적 고려의 기준을 쾌고 감수 능력의 보유 여부로 보며, 이에 따라 쾌고 감수 능력을 지닌 동물도 도덕적 고려의 대상이 되어야 한다고 주장한다.

┃보기 해설┃

ㄱ. 갑(칸트), 을(테일러), 병(싱어) 모두 긍정의 대답을 할 질문이다. 갑(칸트)은 동물에 대한 폭력적 행위는 인간의 자기 자신에 대한 의무에 배치되는 것이라고 본다. 을(테일러)은 모든 생명체는 목적론적 삶의 중심이기 때문에 그 자체로서 가치를 지니며, 인간은 고유한 선을 지니는 생명체를 도덕적으로 고려해야 할 의무를 지닌다고 본다. 병(싱어) 역시 쾌고 감수 능력을 지닌 동물에 대한 폭력적 행위는 인간의 의무에 어긋난다고 본다.

ㄴ. 을(테일러)은 긍정, 병(싱어)는 부정의 대답을 할 질문이다. 을(테일러)은 모든 생명체가 의식의 유무나 유용성에 관계없이 고유한 선을 지니며 도덕적 지위를 갖는다고 본다. 이에 을(테일러)은 도덕적 고려의 대상 범위를 동물뿐만 아니라 식물까지 확장시킨다. 반면, 병(싱어)은 쾌락과 고통을 느끼는 동물까지만 도덕적 고려의 대상으로 본다. 즉, '쾌고 감수 능력'을 소유한 '종'에 대하여 도덕적 고려의 대상을 한정 짓는 것이다.

ㄷ. 을(테일러)이 긍정의 대답을 할 질문이다. 을(테일러)은 자연 존중을 위한 인간의 네 가지 의무를 제시하는데, 그 중 하나가 불간섭의 의무이다. 하지만 을(테일러)은 생명체의 고유한 선을 보호하기 위한 간섭은 허용될 수 있다고 본다.

ㄹ. 병(싱어)이 긍정의 대답을 할 질문이다. 병(싱어)은 이익 평등 고려의 원칙에 따라 동물의 고통을 무시하는 것을 종 차별주의라고 비판한다. 따라서 쾌고 감수 능력이 있는 존재의 고통의 양은 동일하게 고려되어야 한다고 본다.

(가)의 갑, 을, 병 사상가들의 입장을 (나) 그림으로 표현할 때, A~D에 해당하는 적절한 진술만을 〈보기〉에서 있는 대로 고른 것은? [3점]

(가)	**갑**: 대지는 토양과 식물, 동물을 ─생태 중심주의 통해 흐르는 에너지가 솟아나는 샘이다. 대지 윤리는 인간과 대지 그리고 그 위에서 살아가는 동식물과의 관계를 다룬다. ─생명 중심주의 **을**: 모든 유기체는 자신의 존재를 지키고 유지하는 지속적인 경향이 있으며 목표 지향적으로 활동한다는 의미에서 목적론적 삶의 중심이다. ─인간 중심주의 **병**: 생명이 없는 아름다운 것을 파괴하는 것은 인간 자신에 대한 의무에 반한다. 왜냐하면 그것은 도덕성을 촉진하는 인간의 감정을 약화시키기 때문이다.
(나)	갑 A B D C 을 병 〈범례〉 A: 갑만의 입장 B: 갑과 을만의 공통 입장 C: 을과 병만의 공통 입장 D: 갑, 을, 병의 공통 입장

─〈보기〉─

ㄱ. A: 인간은 생명 공동체를 구성하는 하나의 요소이다.
   B
ㄴ. B: 이성의 유무는 도덕적 지위를 결정하는 기준이 아니다.
ㄷ. C: 인간은 무생물과 관련해서는 의무를 지니지 않는다.
ㄹ. D: 도덕적으로 무능력한 존재라도 가치가 부여될 수 있다.

① ㄱ, ㄴ   ② ㄱ, ㄷ   ③ ㄴ, ㄹ
④ ㄱ, ㄷ, ㄹ   ⑤ ㄴ, ㄷ, ㄹ

| 자료 분석 |

(가)의 갑은 레오폴드, 을은 테일러, 병은 칸트이다. 레오폴드는 도덕 공동체의 범위를 무생물을 포함한 생태계 전체로 확대하는 대지 윤리를 주장한다. 대지 윤리는 개체로서의 생명의 가치보다 생태계 전체의 유기적 관계를 중시한다. 테일러는 모든 생명체가 각기 고유한 방식으로 자신의 생존, 성장, 발전, 번식이라는 목적을 지향하고 있기 때문에 목적론적 삶의 중심이라고 규정한다. 칸트는 이성적 존재만이 도덕적 지위를 지니며, 자연은 수단적 가치를 가진다고 본다. 하지만 자연이 인간의 도덕적 감수성을 증진하는 데 이바지하기 때문에 인간이 자연을 함부로 대해서는 안 된다고 보며, 자연과 관련한 인간의 간접적 의무를 주장한다.

| 보기 해설 |

ㄱ. 갑(레오폴드)은 인간이 생명 공동체를 구성하는 하나의 요소라고 본다. 그러나 을(테일러) 역시 인간을 생명 공동체의 한 구성 요소로 보기 때문에 A가 아니라 B에 들어갈 진술에 해당한다.

ㄴ. 갑(레오폴드), 을(테일러)의 공통된 입장으로 적절하다. 두 사상가는 모두 이성의 유무와 상관없이 도덕적 지위를 결정한다. 갑(레오폴드)은 토양, 물, 식물, 동물 등을 포함한 대지까지 도덕적 지위를 부여하며, 을(테일러)은 고유한 선을 지니는 생명체를 도덕적으로 고려해야 한다고 주장한다.

ㄷ. 병(칸트)은 자연을 파괴하고 함부로 대하는 것이 인간의 도덕적 감수성을 약화시킬 수 있다고 보고, 무생물일지라도 인간은 자연과 관련한 간접적인 의무를 지닌다고 본다.

ㄹ. 갑(레오폴드), 을(테일러), 병(칸트)의 공통적인 입장으로 적절하다. 갑(레오폴드), 을(테일러)은 도덕적 능력의 유무와 상관없이 도덕적 지위를 결정할 수 있다고 본다. 갑(레오폴드)은 무생물을 포함한 대지까지, 을(테일러)은 목적론적 삶의 중심인 모든 생명체까지 도덕적 가치를 부여한다. 병(칸트)은 도덕적으로 무능력한 존재에 대해 본래적·내재적 가치를 부여하지는 않지만, '도구적 가치'를 부여하므로 병(칸트)에게도 적절한 진술이다.

(가)의 갑, 을, 병 사상가들의 입장을 (나) 그림으로 표현할 때, A~D에 해당하는 적절한 진술만을 〈보기〉에서 있는 대로 고른 것은? [3점]

(가)	
갑 칸트	자연 체계 내에서 인간은 다른 동물들과 같이 미미한 가치를 지닌다. 그러나 도덕적 실천 이성의 주체로서 인간은 자연 안에서 물건으로서의 가치를 뛰어넘는다. →인간 중심주의
을 레건	인간과 인간이 아닌 삶의 주체는 도덕적으로 존중받을 권리를 갖는다. 삶의 주체들은 고유한 가치를 지닌 존재로 다른 존재들을 위한 자원처럼 대우받아서는 안 된다. →동물 중심주의
병 레오폴드	개인은 상호 의존적인 부분들로 이루어진 공동체의 한 구성원이다. 대지 윤리는 공동체의 범위를 물, 식물과 동물, 곧 포괄하여 대지를 포함하도록 확장하는 것이다. →생태 중심주의

(나)

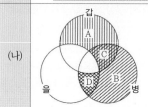

〈범례〉
A: 갑만의 입장
B: 병만의 입장
C: 갑과 병만의 공통 입장
D: 을과 병만의 공통 입장

─〈 보기 〉─

ㄱ. A: 단지 수단으로만 취급되어서는 안 될 존재는 이성적 존재뿐이다.

ㄴ. B: 집합적 유기체로서의 대지는 효용 창출을 위한 자원으로 사용될 수 <del>없다.</del>

있다

ㄷ. C: 도덕적 행위 능력이 없는 존재들도 인간의 이해관계와 상관없이 내재적 가치를 지닐 수 있다. → 갑(칸트)이 부정할 입장

ㄹ. D: 동물을 함부로 대하지 말아야 하는 이유가 인간에 대한 인간의 의무에서 도출되는 것은 아니다.

① ㄱ, ㄷ   ✔② ㄱ, ㄹ   ③ ㄴ, ㄷ
④ ㄱ, ㄴ, ㄹ   ⑤ ㄴ, ㄷ, ㄹ

| 자료 분석 |

(가)의 갑은 칸트, 을은 레건, 병은 레오폴드이다. 칸트는 이성적 존재자인 인간만이 자율적으로 도덕 법칙을 수립하고 행동하는 도덕적 주체가 될 수 있으며, 이성이 결여된 동물은 도덕적 주체가 될 수 없다고 본다. 그러나 동물을 잔인하게 다루는 것은 인간이 다른 사람을 대하는 도덕적 소질에도 부정적인 영향을 미칠 수 있으므로 동물을 잔인하게 다루어서는 안 된다고 주장한다. 레건은 의무론의 관점에서 내재적 가치를 갖는 존재들은 단지 수단이 아닌 목적 그 자체로 취급되어야 한다고 본다. 또한 일부 동물들은 도덕적으로 무능하지만 자신의 삶을 영위할 수 있는 삶의 주체이기 때문에 도덕적으로 존중받을 권리가 있음을 강조한다. 레오폴드는 동물과 식물뿐만 아니라 토양, 물 등이 모여 있는 대지와 같은 무생물도 도덕 공동체의 범위에 포함해야 한다고 본다. 또한 대지는 자연의 모든 존재가 함께 어울려 살아가는 생명 공동체이며 인간은 대지의 한 구성원일 뿐이라고 주장한다.

| 보기 해설 |

ⓖ 갑(칸트)만의 입장에 해당하므로 A에 적절하다. 갑(칸트)은 이성을 가진 인간만이 자율적으로 행동하는 도덕적 주체이자 목적적 존재가 될 수 있다고 본다. 따라서 인간 외에 다른 존재는 이성이 없어 수단으로 취급될 수 있다고 본다. 따라서 갑(칸트)에게 단지 수단으로만 취급되어서는 안 되고 목적 그 자체로 존중받아야 할 존재는 이성적 존재인 인간뿐이다.

ㄴ. 병(레오폴드)의 입장에 해당하지 않으므로 B에 적절하지 않다. 병(레오폴드)은 대지 윤리를 주장하지만 인간에게 흙, 물, 식물, 동물 등과 같은 자원의 사용과 관리, 혹은 변화를 금지하지 않는다. 그러나 이들이 계속 존재할 권리와 비록 일부 지역에 국한되더라도 자연 상태 그대로 생존할 권리는 보장되어야 한다고 주장한다. 따라서 병(레오폴드)은 집합적 유기체로서의 대지도 경제적 이익이나 효용 창출을 위한 자원으로 사용될 수 있다고 볼 것이다.

ㄷ. 갑(칸트)의 입장에 해당하지 않으므로 C에 적절하지 않다. 갑(칸트)은 도덕적 행위 능력이 없는 존재들은 도덕적 주체가 될 수 없으므로 내재적 가치도 없다고 본다. 반면, 병(레오폴드)은 도덕적 행위 능력이 없는 동물, 식물, 물, 흙을 포괄하는 대지의 모든 구성원이 비록 도덕적 주체는 될 수 없지만, 도덕적 행위 능력이 없더라도 인간의 이해관계와 상관없이 내재적 가치를 지닐 수 있다고 본다.

ⓡ 을(레건)과 병(레오폴드)의 입장에 해당하므로 D에 적절하다. 을(레건)은 삶의 주체인 일부 동물은 내재적 가치를 가지므로 도덕적으로 존중받을 권리가 있고, 인간은 이들을 존중해야 할 의무가 있다고 주장한다. 병(레오폴드) 또한 동물은 자연의 모든 존재가 어울려 살아가는 생명 공동체의 구성원이므로 그들의 온전함과 안정성, 아름다움을 보전하기 위해 노력해야 할 의무가 있다고 본다. 따라서 두 사상가 모두 동물을 함부로 대하지 말아야 할 이유가 인간에 대한 인간의 의무에서 도출되는 것이 아니라고 본다.

(가)의 갑, 을, 병 사상가들의 입장을 (나) 그림으로 탐구하고자 할 때,
A~D에 들어갈 적절한 질문만을 〈보기〉에서 고른 것은? [3점]

(가)	갑 레오 폴드	갑: 대지 이용을 오직 경제적 문제로만 생각하지 말아야 한다. 대지를 경제적 관점뿐만 아니라 심미적·윤리적 관점에서도 검토해야 한다.
	을 테일러	을: 자연 존중의 태도를 이해하는 신념 체계가 생명 중심 관점이다. 생명 중심 관점에서는 모든 유기체를 목적론적 삶의 중심으로 생각한다.
	병 싱어	병: 동물 해방의 관점에서 우리는 종 차별주의를 벗어나 동물에게 불필요한 고통을 주지 않고 살아가야 한다.

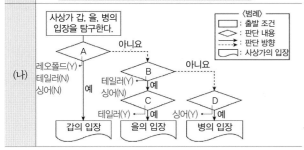

〈보기〉

ㄱ. A: 생명체는 인간의 평가로부터 독립된 가치를 지니는가?
　→ 레오폴드, 테일러: 긍정, 싱어: 부정

ㄴ. B: 유정성이 없는 생명체들은 도덕적인 지위를 지니는가?
　→ 테일러: 긍정, 싱어: 부정

ㄷ. C: 모든 생명체는 의식적으로 목표와 목적을 추구하는가?
　→ 테일러: 부정

ㄹ. D: 동물의 고통과 인간의 동일한 고통을 동등하게 취급해야
　하는가? → 싱어: 긍정

① ㄱ, ㄴ　② ㄱ, ㄷ　③ ㄴ, ㄷ　④ ㄴ, ㄹ　⑤ ㄷ, ㄹ

| 자료 분석 |

(가)의 갑은 레오폴드, 을은 테일러, 병은 싱어이다. 레오폴드는 생태 중심주의 관점에서 대지(생태계)를 경제적 관점에서만이 아니라 심미적·윤리적 관점에서도 고려해야 한다고 강조하며 대지 윤리를 주장하였다. 테일러는 생명 중심주의 관점에서 모든 생명체(유기체)가 각각의 고유한 선을 추구하는 목적론적 삶의 중심이라고 보았다. 싱어는 동물 중심주의 관점에서 동물의 고통에 대해 고려하지 않는 것은 이익 평등 고려의 원칙에 위배되며, 인종 차별이나 성차별과 같이 부당한 종 차별주의에 해당한다고 보았다.

| 보기 해설 |

ㄱ. 테일러가 긍정할 내용이므로 A에 적절하지 않은 질문이다. 생명 중심주의를 주장하는 테일러는 생명체가 인간의 평가로부터 독립된 가치로서 내재적인 가치를 지닌다고 보았다.

ㄴ. 테일러는 긍정, 싱어는 부정할 내용으로 B에 적절한 질문이다. 테일러는 모든 생명체가 도덕적 지위를 지닌다고 보지만, 싱어는 쾌락과 고통을 느낄 수 있는 쾌고 감수 능력(유정성)을 지닌 존재만이 도덕적 지위를 지닌다고 보았다.

ㄷ. 테일러가 부정할 내용으로 C에 적절하지 않은 질문이다. 테일러는 생명체의 의식 여부와 관계없이 모든 생명체가 각자의 고유한 선을 추구하는 목적론적 삶의 중심이라고 보았다.

ㄹ. 싱어가 긍정할 내용으로 D에 적절한 질문이다. 싱어는 이익 평등 고려의 원칙에 기초하여 동물 역시 인간과 마찬가지로 고통을 느끼는 존재라고 보고, 동물의 고통과 인간의 동일한 고통을 동등하게 취급해야 한다고 보았다.

21
일차

문제편 195~203쪽

---

01 | 예술에 대한 플라톤의 입장 25학년도 9월 모평 17번

정답 ⑤ | 정답률 91%

다음을 주장한 사상가의 입장으로 가장 적절한 것은? [3점]
└→ 플라톤

> 추함, 나쁜 리듬, 부조화는 나쁜 말씨와 나쁜 성품을 닮은 반면, 우아함과 고상함은 절제 있고 좋은 성품을 닮은 것이다. 우리는 시인들로 하여금 좋은 성품의 상(像)을 시에 새겨 넣도록 해야 하며, 이를 따르지 않는 시인이 시를 쓰는 것은 허용하지 않아야 한다. 그리고 아름다운 것의 성질을 추적할 수 있는 시인들을 찾아 그들의 작품을 통해 젊은이들이 자신도 모르는 사이에 아름다운 말과의 닮음과 친근함 그리고 조화로 이끌리도록 해야 한다.
> →예술 도덕주의

① 예술은 도덕의 영역 밖에 있는 예술가들의 독자적 활동이어야 한다.
　　　　　　　　　안에　　　　　　　　　　제한적

② 예술 작품에 도덕적 가치가 반영되었는지는 대중이 결정해야 한다.
　　　　　　　　　　　　　　　　　　　　　　국가가

③ 예술은 보편적 진리의 기준과 무관한 순수한 창작 활동이어야 한다.
　　　　　　　　　　　　　　연관된　모범적인

④ 예술에 대한 검열은 예술의 우아함을 훼손하므로 지양되어야 한다.
　└→ 우아함과 고상함을 지키는 바람직한 방법이다

✓⑤ 예술은 젊은이들로 하여금 참된 아름다움에 동화되도록 해야 한다.

출제 경향

예술과 대중문화 윤리 단원에서는 예술 도덕주의에 대한 문항이나 예술 도덕주의를 예술 심미주의와 비교하는 형태의 문항이 주로 출제되었다. 일반적으로 문항의 난도는 그다지 높지 않다. 20학년도 이후로는 주희, 묵자, 칸트와 같이 이전에는 일반적으로 등장하지 않았던 사상가의 입장이 출제되고 있으니 기존 사상가들의 입장과 함께 추가적으로 공부해 놓아야 한다.

자료 분석

제시문의 사상가는 플라톤이다. 플라톤은 예술의 도덕적 영향력을 강조하면서 모든 예술 작품이 고결한 품성과 올바른 행위를 모방함으로써 도덕적 교훈이나 본보기를 제공해야 한다고 본다. 나아가 예술 작품이 사람들의 도덕성에 영향을 미치므로, 부정한 것을 모방하는 시인은 정의로운 국가에서 추방되어야 한다고 주장한다.

선지 해설

① 플라톤은 예술은 도덕의 영역 안에 있으며 도덕 기준에 따라 예술을 선별해야 한다고 보며 예술가가 미(美)를 추구하는 사람인 동시에 예술을 통해 올바른 품성을 함양하여 삶의 모범을 제공하는 사람이라고 본다.

② 플라톤은 예술 작품이 도덕적 가치, 고결한 품성, 올바른 행위를 포함하고 있는지의 여부는 대중이 아닌 국가가 판단해야 한다고 본다.

③ 플라톤은 도덕 기준에 따라 예술 작품이 보편적 진리의 기준에 따른 도덕적 가치를 담고 있는지를 판단해야 한다고 본다.

④ 플라톤은 예술의 존재 이유가 선을 권장하고 덕성을 장려하는 데 있다고 보고, 예술에 대한 검열이 필요하다고 주장한다.

⑤ 플라톤은 예술이 젊은이들로 하여금 영혼의 조화를 이루고 정의로운 인간으로 성장하는 데 도움을 준다고 본다. 플라톤에 따르면 참된 아름다움이란 선, 덕성, 올바른 품성을 함양하는 것과 관계가 있으므로 젊은이들은 올바른 예술이 가져올 참된 아름다움에 동화되도록 해야 한다.

02 문화 산업에 대한 아도르노의 입장 25학년도 6월 모평 8번
정답 ① | 정답률 92%

다음을 주장한 사상가의 입장으로 가장 적절한 것은? [3점]
└ 아도르노

> 오늘날 문화 산업은 개인과 사회 전체를 획일화시키고 있다. 문화 산업은 인간 주체로부터 인식 대상을 구성하는 능력을 빼앗아 간다. 고객에 대한 문화 산업의 가장 큰 봉사는 빼앗긴 인간의 그러한 능력을 대신해 주는 것이다. 은밀하게 작동하는 문화 산업은 인간의 의식을 언제든지 조작할 수 있다. 문화 산업이 문화 상품의 소비 촉진과 이윤 증대를 위해 소비자들의 선택지를 이미 다 분류해 놓았기 때문에, 소비자가 주체적으로 분류할 수 있는 문화 상품은 더 이상 남아 있지 않다. 오늘날 모든 사람의 문화 활동은 문화 산업이 구축한 거대한 경제 메커니즘에 붙들려 있을 수밖에 없다.

✓ 문화 산업은 소비 주체의 능동적 인식 능력을 무력화한다.
② 오늘날 문화 산업은 사회의 다양성을 증진하는 데 기여한다.
　　　　　　　　　　　　　　　획일성
③ 현대인의 문화 활동은 문화 산업의 영향으로부터 벗어나 있다.
　　　　　　　　　　　　　　　　　　　　　　있지 않다
④ 소비자의 주체성은 문화 산업의 은밀한 작동 방식에 의해 강화된다.
　　　　　　　　　　　　　　　　　　　　　　　　약화
⑤ 문화 산업은 상업적 이윤과 무관하게 소비자를 위해 상품을 분류한다. → 문화 산업은 상업적 이윤 추구의 도구가 됨

| 자료 분석 |

제시문의 사상가는 아도르노이다. 아도르노는 상업화된 예술을 '문화 산업'이라고 비판하며, 현대 예술이 자본에 종속되어 문화 산업으로 획일화되었다고 본다. 또한 아도르노는 예술 작품을 상품화하려는 시도로 인해 예술 작품을 감상하는 것이 감상자 스스로에게 고유한 체험이 되는 것이 아니라, 표준화되고 규격화된 소비 양식이 될 뿐이라고 지적한다.

| 선지 해설 |

① 아도르노는 문화 산업의 표준화된 양식이 문화 소비 주체의 적극적이고 능동적인 사유를 무력화한다고 주장한다.

② 아도르노는 오늘날 문화 산업은 선택지의 분류가 완료되었기 때문에 사회의 다양성을 증진하는 것이 아니라 획일화한다고 본다.

③ 아도르노는 현대인의 문화 활동은 문화 산업이 구축한 거대 경제 메커니즘에 영향을 받는다고 본다.

④ 아도르노는 문화 산업의 은밀한 작동 방식에 의해 인간의 의식 조작이 쉬워졌기 때문에 소비자의 주체성은 약화된다고 본다.

⑤ 아도르노는 문화 산업은 상업적 이윤 추구의 도구가 되었으며, 상업적 이익을 위해 상품이 분류된다고 본다.

03 예술에 대한 칸트의 입장 24학년도 수능 10번
정답 ④ | 정답률 77%

다음을 주장한 사상가의 입장으로 가장 적절한 것은? [3점]
└ 칸트

> 미적인 것은 윤리적으로 좋은 것의 상징이다. 미적인 것은 다른 모든 사람들의 동의를 요구하며 요구해야 마땅하다. 이때 우리의 마음은 쾌락의 단순한 감각적 수용을 넘어선 순화와 고양을 의식하며, 다른 사람들의 가치도 그들이 지닌 판단력의 비슷한 준칙에 따라서 평가하게 된다.

① 미적 판단과 도덕 판단은 모두 이해 관심에 근거해야 한다.
② 미적 판단은 개인의 주관적인 판단이기에 보편화될 수 없다.
③ 미적 판단의 대상인 예술은 그 자체로 자율성을 지닐 수 없다.
✓ 미적 대상에 대한 감각적 경험은 도덕성 고양에 기여할 수 있다.
⑤ 미적 판단 능력은 옳고 그름을 판단하는 도덕적 능력에 종속된다.

| 자료 분석 |

제시문의 사상가는 칸트이다. 칸트는 예술과 도덕은 상호 독립된 영역이지만, 서로 영향을 주고받는다고 본다. 예술 활동은 쾌락의 감각적 수용을 넘어 인간을 순화시키고, 이기적인 욕구에서 벗어나게 해준다는 점에서 인간의 도덕성 증진에 기여할 수 있다고 주장한다. 그러나 칸트는 예술을 도덕의 하위 개념으로 보지 않으며, 예술이 반드시 도덕성 증진에 기여해야 한다고 보는 도덕주의의 입장은 아니다.

| 선지 해설 |

① 칸트는 미적 판단과 도덕 판단이 모두 이해 관심과 무관하게 이루어져야 한다고 본다.

② 칸트는 미적 판단이 예술 작품의 형식에 대해 아름다움을 느끼는 것이기 때문에 다른 사람들에게도 똑같은 만족을 요구하여 공통감을 불러 일으켜 보편화될 수 있다고 본다.

③ 칸트는 미적 판단의 대상인 예술은 그 자체로 자율성을 지닐 수 있다고 본다. 미적 판단은 순수하게 예술 작품의 형식 그 자체를 인식하고 판단하는 것이라고 본다.

④ 칸트는 미적 대상에 대한 감각적 경험이 도덕성 증진에 기여할 수 있다고 본다. 예술 활동이 이기적 욕구에서 벗어나게 해주고, 인간을 순화시켜줄 수 있다고 본다.

⑤ 칸트에 따르면 예술 활동이 도덕성 증진에 기여할 수는 있지만, 미적 판단 능력이 도덕적 능력에 종속되는 하위 개념은 아니다. 칸트는 미적 가치와 윤리적 가치의 관계를 상호 독립적이면서도 영향을 주는 관계로 파악한다.

갑, 을 사상가들의 입장으로 적절한 것만을 〈보기〉에서 고른 것은?

> 갑: 어진 사람은 천하의 이익[利]을 일으키고 천하의 해(害)를 없
> 묵자 앰을 법도로 삼는다. 그는 자기 눈에 아름답고 귀에 즐겁고
> 몸에 편안함을 위해 일하지 않는다. 옛 성왕(聖王)은 귀에 즐
> 거워도 백성의 이익에 맞지 않아 음악을 즐기지 않았다. →비악론
> 을: 군자는 도(道)를 터득함을 즐기지만 소인은 욕망[欲]의 채움
> 순자 을 즐긴다. 도로 욕망을 통제하면 즐거우면서도 어지럽지 않
> 게 된다. 옛 성왕은 우아한 음악[雅頌]을 제정하고 이끌어 사
> 람들이 즐거우면서도 어지럽지 않게 하였다.
> └ 음악은 화합과 사회
> 질서 유지의 수단

── 〈 보기 〉 ──
> ㄱ. 갑: 분별적 사랑을 실현하기 위해 음악을 활용해야 한다.
>   차별하지 않는   즐기지 않아야
> ㄴ. 을: 예법에 맞게 음악을 만들어 백성의 화합을 도모해야 한다.
> ㄷ. 을: 군자와 소인은 신분이 달라도 음악을 더불어 향유해야 한다.
> ㄹ. 갑과 을: 어진 사람은 인격 도야를 위해서만 음악을 즐겨야 한다.
>   → 갑: 백성의 이익에 부합하지 않으므로 즐겨서는 안 됨

① ㄱ, ㄴ ② ㄱ, ㄷ ✔③ ㄴ, ㄷ ④ ㄴ, ㄹ ⑤ ㄷ, ㄹ

| 자료 분석 |

갑은 묵자, 을은 순자이다. 묵자는 음악이 재물의 낭비를 가져오는 것이므로 불필요한 낭비인 음악을 없애 백성들의 수고로움을 덜어 주고 천하에 이익을 일으켜야 한다고 보았다. 묵자는 음악이 백성들에게 즐거움을 줄 수는 있지만, 실질적인 삶에 도움이 되지 않아 오히려 해악을 초래하는 부정적인 것으로 인식했다. 순자는 예와 음악의 근원이 같다고 보고, 음악을 통해 사회 질서를 바로잡고 혼란을 방지할 수 있다고 주장했다. 순자는 음악이 백성들에게 즐거움을 주면서도 동시에 화합의 수단이 되며 사람들의 마음을 감동시켜 사악하고 더러운 것들이 백성들에게 젖어들지 않도록 돕는다고 보았다.

| 보기 해설 |

ㄱ. 묵자는 남의 나라와 나의 나라, 남의 가족과 나의 가족을 차별하지 않고 사랑하며 서로 돌보는 겸애를 통해 상호 이익을 추구함으로써 천하의 혼란을 방지해야 한다고 보았다. 또한 음악을 즐기는 지배층이 음악이 국가에 필요한 일이라는 명목하에 재화를 낭비하고 있어 백성에게 이익이 되지 않으므로 음악은 불필요하다는 비악(非樂) 사상을 주장했다. 묵자는 분별적 사랑과 음악을 모두 부정하므로 묵자의 입장으로 적절하지 않다.

(ㄴ) 순자는 예와 음악이 하나의 근원에서 비롯된다고 보았다. 따라서 음악은 예와 합치되므로 사람을 화합하도록 만드는 기능을 수행할 수 있다고 주장한다. 순자는 예법에 맞게 음악을 만들어 백성의 화합을 도모해야 함을 강조했다.

(ㄷ) 순자는 옛 성왕이 우아한 음악을 제정하고 이끌어 사람들이 즐거우면서도 어지럽지 않게 하였다고 보았다. 순자는 군자와 소인이 비록 즐기는 바가 다르지만 음악을 더불어 향유해야 한다고 주장했다.

ㄹ. 순자는 음악이 예와 합치하는 것이므로 어진 사람은 인격 도야를 위해서 음악을 즐겨야 한다고 보지만, 묵자는 음악이 백성의 이익에 부합하지 않으므로 즐겨서는 안 된다고 보았다.

그림의 **강연자가** 지지할 입장으로 가장 적절한 것은? [3점]
└ 아도르노

> 문화 산업은 소비자의 욕구가 실현될 수 있는 것처럼 선전하지만 그 욕구는 문화 산업에 의해 사전 기획된 것입니다. 문화 산업의 공식 목표는 하자 없는 완전한 규격품을 만들듯이 인간을 재생산하는 것입니다. 세상에 나타나고 있는 모든 것에는 문화 산업의 인장이 찍힙니다. 문화 산업의 기획자들은 소비자들을 기만하여 그들을 소비를 위한 단순한 객체로 만듭니다. 문화 상품의 수용 과정에서도 예술 작품의 사용 가치는 교환 가치에 의해 대체됩니다. 하지만 정신은 예술의 잘못된 보편성으로부터 벗어나 진정한 보편성에 충실하고자 합니다. 정신의 진정한 속성은 사물화에 대한 부정입니다. 정신이 문화 상품으로 고정되고 소비를 위한 목적으로 팔아 넘겨지면 정신은 소멸할 수밖에 없습니다.

① 문화 산업은 문화 상품의 표준화 가능성을 약화한다.
                                        강화
② 문화 산업은 사물화를 거부하는 정신의 속성을 강화한다.
                                        약화
✔③ 문화 산업은 대중문화에 대한 소비자의 주체성을 훼손한다.
④ 문화 산업의 대중적 확산은 예술의 고유한 보편성을 고양한다.
                                              약화
⑤ 문화 산업은 예술 작품이 지닌 경제적 효용 가치를 약화한다.

| 자료 분석 |

그림의 강연자는 아도르노이다. 아도르노는 현대 예술이 자본에 종속되어 문화 산업으로 획일화되었다고 보고, 상업적 이익만을 우선시하는 획일화된 문화 상품이 양산됨으로 인해 문화의 다양성이 위축될 수 있다고 지적한다. 또한, 하나의 상품으로 전락한 예술 작품을 감상하는 것은 감상자 개인의 고유한 체험이 아니라 표준화된 소비 양식이 될 뿐이라고 비판한다.

| 선지 해설 |

① 아도르노는 문화 산업이 문화 상품의 표준화 가능성을 강화시킨다고 본다. 획일화되고 상업화된 예술 작품을 감상하는 것은 감상자의 다양한 미적 체험의 기회를 박탈하고 표준화된 소비 양식을 강화시킨다고 본다.

② 아도르노는 문화 산업이 사물화를 거부하는 정신의 속성을 약화시킨다고 본다. 즉 획일화된 문화 상품을 제공함으로써 사물화된 의식을 조장한다고 본다.

③ 아도르노는 문화 산업이 문화에 대한 소비자의 주체성을 훼손한다고 본다. 상업화된 예술을 감상하는 것은 감상자 고유의 미적 체험이 아닌 규격화된 소비 양식을 가진 소비자를 재생산한다고 본다.

④ 아도르노는 문화 산업의 대중적 확산이 예술의 고유한 보편성을 약화시킨다고 본다. 문화 산업의 발달로 인해 예술이 이윤 창출의 도구로 전락하면서 예술이 가진 고유의 창조성과 자율성, 보편성이 훼손되었다고 본다.

⑤ 아도르노는 예술 작품이 자본에 종속되어 이익만을 앞세우고, 경제적 효용의 가치에 따라 평가받게 만들어 경제적 효용 가치만을 중시하게 된다고 본다.

06 음악에 대한 묵자와 순자의 입장 23학년도 수능 11번

정답 ③ | 정답률 95%

갑, 을 사상가들의 입장으로 가장 적절한 것은?

> 갑: 어진 사람은 천하의 이익과 해로움을 따져서 일을 처리했다.
> 묵자 지금의 대신들이 음악을 즐기느라 나랏일을 돌보지 않는다면,
> 나라가 위태로워질 것이다. 음악이 즐겁기는 하지만, 백성의
> 이익과 부합하지 않기에 음악을 즐기는 것은 잘못이다.
> 을: 성왕(聖王)은 음악을 즐겼다. 더욱이 그것을 통해 백성의 마
> 순자 음을 감동시켜 본성을 교화하였다. 음악을 활용하여 백성이
> 좋아하고 싫어하는 감정을 예(禮)에 따라 절제하도록 했던 것
> 이다.

① 갑: 백성 모두가 차별 없이 음악을 늘 즐기도록 국가가 힘써야 한다.
② 갑: 백성을 잘 다스리기 위해 관원은 예와 악(樂)을 함께 닦아야
한다. → 갑은 비악론의 입장으로 음악은 통치의 수단이 될 수 없다고 봄
✔ ③ 을: 음악으로 백성이 서로 조화를 이루며 살 수 있게 해야 한다.
④ 을: 백성이 예법에 구애되지 않고 음악을 향유할 수 있도록 해야
한다. 따라
⑤ 갑과 을: 음악의 즐거움을 활용하여 백성의 마음을 바르게 해야
한다.

| 자료 분석 |

갑은 묵자, 을은 순자이다. 묵자는 음악이 즐거움을 주기는 하지만, 백성들에게
이익을 주지 못하기 때문에 대신들이 음악을 즐기는 것은 잘못된 일이라고 본다.
반면, 순자는 음악이 백성들의 악한 본성을 변화시키고, 도덕적으로 바르게 살아
가도록 인도하며 사회 질서 유지에 도움이 될 수 있다고 본다. 또한, 음악을 통해
감정을 예(禮)에 따라 절제하는 삶을 강조한다.

| 선지 해설 |

① 갑(묵자)은 음악을 즐기는 일이 백성들의 이익과 부합하지 않기 때문에 음악
을 즐기는 것은 잘못이며, 음악이 통치의 수단이 될 수 없다고 본다. 따라서
갑(묵자)은 백성 모두가 음악을 즐기도록 국가가 힘쓰는 것에 반대할 것이다.

② 갑(묵자)은 유가의 예와 악에 반대하며, 예와 악이 백성의 이익에 봉사하지
않고, 생산 노동을 저해한다고 주장한다. 예와 악을 함께 닦을 것을 강조하는
사상가는 을(순자)에 해당한다.

③ 을(순자)은 음악이 백성들을 화합하게 하고, 개인과 사회의 관계를 조화롭게
만드는 데 기여한다고 주장한다. 또한, 음악은 미적 아름다움의 추구를 넘어
인격을 도야하고, 사회 질서를 안정되게 만드는 데 기여한다고 본다.

④ 을(순자)은 예법에 따른 음악의 향유를 강조한다. 음악은 사람의 악한 본성을
교화하여 사양하는 마음을 기르고, 예에 합치될 수 있도록 해 준다고 본다.
따라서 예법에 구애되지 않고 음악을 향유할 수 있도록 해야 함을 주장하지
않을 것이다.

⑤ 을(순자)의 입장에만 해당하는 설명이다. 갑(묵자)은 음악을 활용한 통치에 반
대한다. 을(순자)은 음악의 즐거움을 활용하여 통치자가 백성들의 마음을 바
르게 하고 조화로운 정치를 펼쳐야 함을 강조한다.

07 예술 도덕주의 23학년도 6월 모평 8번

정답 ② | 정답률 96%

다음을 주장한 사상가의 입장으로 적절한 것만을 〈보기〉에서 고른 것은?
→ 공자

> 한 곡의 음악은 시작할 때 여러 소리가 합해졌다가 각각의 소리
> 가 풀려 나오며 조화를 이루고, 음이 분명하면서도 끊임없이 이
> 어져 완성된다. 이렇듯 음악은 여러 소리가 자기 소리를 내면서도
> 조화를 이루는 것이기에 배워 둘 만하다. 시가 순수한 마음을 불
> 러일으키고 예의는 사람들을 인륜에 맞게 살아가게 하며 음악은
> 궁극적으로 인격을 완성시킨다. → 음악은 인격 완성을 위해 필요함

〈 보기 〉
ㄱ. 음악은 개인의 도덕적 성품을 함양하기 위해 필요하다.
ㄴ. 음악은 예의와 무관하게 심미적 가치만을 담아야 한다.
    유관   와 도덕적 가치를
ㄷ. 음악은 사람들이 서로 조화를 이루는 데 기여해야 한다.
ㄹ. 음악은 사람들의 경제적 이득 여부에 따라 활용되어야 한다.
                    인격 완성

① ㄱ, ㄴ ✔ ② ㄱ, ㄷ ③ ㄴ, ㄷ ④ ㄴ, ㄹ ⑤ ㄷ, ㄹ

| 자료 분석 |

제시된 주장을 한 사상가는 공자이다. 공자는 인간이 시(詩)에서 감흥을 일으키
고, 예(禮)에서 서며, 악(樂)으로써 자신을 완성할 수 있다고 주장하면서, 시·예·
악이 모두 인격 완성에 도움을 줄 수 있음을 강조한다. 즉, 음악을 통해 조화를
배울 수 있고, 시를 통해 순수한 마음을 갖출 수 있어 인격 완성에 도움을 주므
로 음악과 시는 윤리적 가치와 조화를 이룰 수 있다는 것이다.

| 보기 해설 |

ㄱ 공자는 음악이 자기 소리를 내면서도 다른 소리와 조화를 이룬다는 것에 주
목하면서, 음악이 인간의 궁극적 인격 완성에 도움을 줄 수 있으므로 개인의
도덕적 성품을 함양하기 위해서 필요하다고 주장한다.

ㄴ 공자는 예의가 사람들을 인륜에 맞게 살아가게 하고, 음악은 조화를 추구하
며 궁극적으로 인격 완성에 도움을 주기 때문에 음악과 예의는 밀접하게 관
련되어 있다고 본다. 따라서 공자는 예술이 윤리적 가치와 무관하게 심미적
가치만을 담아야 한다고 보지 않으며, 예술과 윤리의 상호 관련성을 바탕으
로 한 조화로운 관계를 추구한다.

ㄷ 공자는 음악이 자기 소리를 내면서도 다른 소리와 조화를 이루는 것을 사람
들이 배워서, 사람들 또한 개개인의 특징을 가지고 있으면서도 서로 조화를
이루어야 한다고 주장한다. 이러한 관점에서 공자는 음악이 사람들 간에 서
로 조화를 이루는 데 기여할 수 있다고 본다.

ㄹ 공자는 음악으로 인한 경제적 이득에 대해 언급하고 있지 않다. 공자에게 음
악이 중요하게 활용되어야 하는 이유는 음악이 인간됨을 형성하기 위해 필
요하며 궁극적으로 인격을 완성시키는 데 도움을 주기 때문이다.

(가)를 주장한 고대 서양 사상가의 입장에서 볼 때, (나)의 ㉠에 들어갈 진술로 가장 적절한 것은? [3점]

└→ 플라톤

(가)	예술가는 사물을 모방할 수 있을 뿐 이데아 자체를 만들 수는 없네. 그래도 예술가의 훌륭한 작품은 영혼의 교육에 도움을 주네. 이때 음악적 수련이 가장 가치가 있네. 왜냐하면 리듬과 화음은 영혼 안에 들어가 우아함을 심어 주기 때문이네. 그러하니 작품 속에 무절제와 야비함을 표현하지 못하게 해야 하고, 이를 따르지 않는 예술가를 추방해야 하네.
(나)	제자: 예술이 인간의 삶 속에서 의미가 있기 위해 예술가는 어떤 노력을 해야 합니까? 스승: 예술가는 ⸻⸻⸻ ㉠ ⸻⸻⸻

(위) • 예술 도덕주의 입장

① 예술을 위한 예술 활동에 전념해야 하네.
② 국가가 예술에 개입하는 것을 막아야 하네.
✓③ 사람의 선한 성품을 작품 속에 표현해야 하네.
④ 아름답거나 추한 모습을 사실적으로 드러내야 하네.
⑤ 사물이 나누어 가지는 아름다움의 이데아를 창조해야 하네.

| 자료 분석 |

(가)를 주장한 고대 서양 사상가는 플라톤이다. 플라톤은 예술과 윤리의 관계를 도덕주의 관점에서 바라본다. 그는 추한 것과 나쁜 리듬, 부조화는 나쁜 성품을 닮은 반면, 그 반대되는 것들은 좋은 성품을 닮았다고 보고, 좋은 것을 모방해야 한다고 본다. 예술은 올바른 품성을 위한 삶의 모범을 제공해야 하며, 예술가는 도덕적 이상을 모방하여 영혼의 조화를 추구해야 한다고 보기 때문이다.

| 선지 해설 |

① 예술 심미주의의 입장에 해당하는 진술이다. 예술 심미주의는 예술가가 예술을 위한 예술 활동에 전념해야 한다고 보며 예술의 자율성을 옹호한다. 또한 예술가는 예술 활동에 있어 윤리적 평가로부터 자유로워야 한다고 본다.

② 플라톤은 예술가의 예술 활동에 국가의 역할이 필요하다고 본다. 예술 작품이 도덕적 가치, 고결한 품성, 올바른 행위를 포함하고 있는지 국가가 판단하는 역할을 할 수 있다고 보기 때문이다.

③ 플라톤은 예술가가 예술 작품을 통해서 사람의 선한 성품을 표현해야 한다고 주장한다. 아름다운 작품을 만날 때 사람들은 자신도 모르게 아름다운 말과 조화로 이끌리게 된다고 보기 때문이다. 따라서 예술가는 도덕적 이상을 모방하여 사람들에게 선을 권장하고 덕성을 장려해야 한다.

④ 플라톤은 예술가가 아름다운 것, 선한 내용만을 표현해야 한다고 주장한다. 추한 모습을 표현하는 것은 개인의 영혼과 올바른 품성 함양에 악영향을 미친다고 보기 때문이다.

⑤ 플라톤은 예술가가 사물을 모방할 수 있을 뿐 아름다움의 이데아를 창조할 수는 없다고 본다.

다음은 어느 동양 사상가의 가상 편지이다. ㉠에 들어갈 진술로 가장 적절한 것은? [3점]

└→ 묵자

┌→ 순자의 관점 ①: 통치 수단으로서의 음악

○○ 선생에게
　당신은 간사하고 사악한 음악으로 천하가 혼란에 빠질 수 있기 때문에 선왕(先王)이 제정한 음악으로 백성을 이끌어 주어야 함을 강조했습니다. 그리하여 음악을 즐기게 하면서도 사람의 악한 본성을 변화시켜 마음과 행동을 올바르게 해야 한다고 말했습니다. 하지만 내 생각은 다릅니다. 천하의 혼란이 생긴 이유는 모두가 자신을 사랑하면서도 아울러 서로 사랑하지[兼愛] 않아 자신과 남을 차별하기 때문입니다. 비록 악기 소리가 즐겁지 않은 것은 아니지만, 임금과 대신들이 백성에게 악기를 만들게 하고 연주를 일삼게 한다면 어떻게 되겠습니까? 분명 백성에게 많은 세금을 거두게 될 것이고, 백성은 먹고 입을 재물을 구하기가 어려워질 것입니다. 따라서 내가 볼 때 당신의 견해는 ⸻⸻ ㉠ ⸻⸻ 고 생각합니다. …(후략).

• 순자의 관점 ②: 성악설

묵자가 순자에게 제기할 수 있는 비판

① 음악과 예의의 조화를 통해 혼란을 바로잡을 수 있음을 간과한다
② 인간의 본성을 교화하여 화합하는 데 음악이 필요함을 간과한다
③ 사회적인 부작용을 일으키는 음악이 존재할 수 있음을 간과한다
④ 음악이 이상적 공동체를 구현하는 데 수단이 될 수 있음을 간과한다
✓⑤ 위정자가 선왕의 음악을 장려하는 것이 백성에게 무익함을 간과한다

| 자료 분석 |

어느 동양 사상가는 묵자로, 가상 편지는 묵자의 입장에서 순자에게 쓴 편지이다. 순자는 올바른 음악을 통해 인간의 악한 본성을 도덕적으로 교화시킬 수 있다고 보고, 선왕이 제정한 음악으로 백성을 이끌어야 한다고 보았다. 반면 묵자는 음악이 즐거움을 주는 것은 맞지만, 백성에게 이익이 되지 않는다고 보고 비악(非樂)을 주장하였다. 따라서 ㉠에는 순자에 대한 묵자의 비판적 견해가 들어가야 한다.

| 선지 해설 |

① 음악과 예의의 조화를 통해 혼란을 바로잡을 수 있음을 간과한다는 것은 순자의 입장에서 할 수 있는 주장이다. 묵자는 혼란을 바로잡기 위해 겸애를 실천할 것을 주장한다.

② 인간의 본성을 교화하여 화합하는 데 음악이 필요함을 간과한다는 것은 순자의 입장에서 할 수 있는 주장이다. 묵자는 음악이 비록 즐거움을 주는 하지만 백성에게 이익이 되지 않으므로 이를 없애야 한다고 주장한다.

③ 사회적 부작용을 일으키는 음악이 존재할 수 있다는 주장은 순자와 묵자 모두 긍정할 입장이다. 순자는 간사하고 사악한 음악으로 천하가 혼란에 빠질 수 있음을 인정하며, 묵자는 음악이 백성의 삶을 어렵게 만든다고 주장한다.

④ 음악이 이상적 공동체를 구현하는 데 수단이 될 수 있음을 간과한다는 것은 순자의 입장에서 할 수 있는 주장이다. 묵자는 음악이 백성에게 무익하며, 오히려 백성의 삶을 곤궁하게 만든다고 주장한다.

⑤ 묵자가 순자에게 할 수 있는 비판으로 적절하다. 묵자는 임금과 대신이 백성에게 악기를 만들게 하고 연주를 일삼게 하면, 백성에게 많은 세금을 거두게 될 것이고, 백성은 먹고 입을 재물을 구하기가 어려워질 것이라고 본다. 즉, 음악을 장려하는 것이 백성에게 무익하다고 주장하는 것이다.

10 주희의 예술 도덕주의 20학년도 9월 모평 14번

정답 ⑤ | 정답률 79%

다음 사상가의 입장만을 〈보기〉에서 있는 대로 고른 것은?
└→ 주희   시는 도덕적 평가의 대상임 ←

시(詩)란 사람의 마음이 세상 사물이나 풍속과 감응하여 언어로 표현된 것이다. 사람이 느끼는 대상에는 올바른 것과 사악한 것이 있으니, 시에도 옳은 것과 그른 것이 있다. 우리는 시를 통해 자신을 반성하여, 올바른 시는 모범으로 삼고 사악한 시는 자신을 고치는 계기로 삼아야 한다. → 시는 교육적 기능을 수행해야 함

〈 보기 〉
ㄱ. 시는 선악 판단의 대상에서 배제되어야 한다.
                              포함
ㄴ. 시를 감상할 때에는 윤리적 성찰을 겸해야 한다.
ㄷ. 시는 그 사회의 도덕성을 엿볼 수 있는 거울이다.
ㄹ. 올바르지 못한 시도 교육적 기능을 수행할 수 있다.

① ㄱ, ㄴ   ② ㄱ, ㄷ   ③ ㄴ, ㄹ
④ ㄱ, ㄷ, ㄹ   ✔⑤ ㄴ, ㄷ, ㄹ

│ 자료 분석 │

제시된 글의 사상가는 유교 사상가인 주희이다. 주희는 유교의 입장에서 예술 도덕주의의 관점을 취한다. 그는 시에도 옳은 것과 그른 것이 있다고 보고 시를 통해 자신을 반성하면서, 올바른 시는 모범으로 삼고 사악한 시는 자신을 고치는 계기로 삼아야 함을 주장하였다.

│ 보기 해설 │

ㄱ. 주희는 예술 도덕주의의 관점에서 시에도 옳은 것과 그른 것이 있다고 주장하면서, 시가 선악 판단의 대상이라고 본다.

ㄴ. 주희는 시를 감상할 때 옳고 그름에 대해 생각하며 자신을 반성할 것을 강조한다. 옳은 시를 모범으로 삼고, 사악한 시는 자신을 고치는 계기로 삼을 것을 강조한다는 점에서 시를 통해 윤리적 성찰을 해야 한다고 주장함을 알 수 있다.

ㄷ. 주희는 시가 사람의 마음이 사회와 감응하여 표현된 것이라고 본다. 따라서 시는 그 사회의 도덕성을 반영한다고 주장하고 있음을 추론할 수 있다.

ㄹ. 주희는 "사악한 시는 자신을 고치는 계기로 삼아야 한다."라고 주장하면서, 올바르지 못한 시도 자신을 고치는 계기로 삼을 수 있다고 본다. 따라서 올바르지 못한 시도 교육적 기능을 수행할 수 있다고 보고 있음을 알 수 있다.

OX문제로 개념 확인

(1) 예술 도덕주의는 예술이 미적 가치를 추구하는 활동이라고 보지 않는다.
(   )

(2) 예술 도덕주의는 예술이 인간의 도덕적 품성 함양에 기여해야 한다고 본다.
(   )

(1) X (2) O

---

11 예악에 대한 순자와 공자의 입장 22학년도 9월 모평 12번

정답 ⑤ | 정답률 62%

갑, 을 사상가들의 입장으로 가장 적절한 것은?

┌→ 성악설
갑: 성왕(聖王)은 사람의 본성이 악하여 사회가 어지러울 것을 염
순자 려하였다. 이에 예의(禮義)와 법도를 만들어 사람의 성정(性情)을 교화하였다. 악(樂)이란 성인이 즐겼던 바이고, 악(樂)으로써 백성의 마음을 선도할 수 있다.
을: 사람은 시(詩)에서 감흥이 일어나고, 예(禮)에서 바로 서고, 악
공자 (樂)에서 완성된다. 도에 뜻을 두고, 덕에 의거하며, 인(仁)에 의지하고, 예(藝)에서 노닐어야 한다.

① 갑: 음악의 유일한 목적은 즐거움을 주는 것이다.
        목적 중 하나는
② 갑: 음악은 사람의 선한 본성을 이끌어 낼 수 있다.
          악한   교화해
③ 을: 음악은 재물을 낭비하게 하여 백성에게 해가 된다.
   묵자
④ 을: 음악은 음악 자체의 아름다움을 위해서만 존재한다.
✔⑤ 갑, 을: 음악은 인격을 도야하기 위한 중요한 수단이다.

│ 자료 분석 │

제시된 글의 갑은 순자, 을은 공자이다. 순자는 인간의 본성이 악하다고 보았지만, 성왕이 인위를 일으켜 만든 규범인 예에 따라 인간의 본성을 교화하여 도덕적 삶을 이룰 수 있다고 주장하였다. 또한 음악이 인간의 본성을 교화하는 수단이 될 수 있다고 보았다. 한편 공자 역시 음악이 도덕적 삶을 실현하는 데 있어 중요한 수단이 된다고 보았다.

│ 선지 해설 │

① 순자는 음악이 즐거움을 주는 수단일 뿐만 아니라, '백성의 마음을 선도'하는 통치의 수단이 된다고 보았다.

② 순자는 사람의 본성이 이기적이라고 보는 성악설의 관점을 취하였고, 음악은 인간이 악한 본성을 이겨내고 도덕적 삶을 이루는 데 기여할 수 있다고 보았다.

③ 음악이 재물을 낭비하게 하여 백성에게 해가 된다는 주장은 묵자의 관점에 해당한다. 묵자는 음악이 백성들에게 이익이 되지 않는다고 보고 이를 비판하였다.

④ 공자는 음악이 그 자체의 아름다움을 위해서만 존재하는 것이 아니라, 백성들의 도덕적 삶을 실현하는 수단으로서 사회적 질서를 이루는 데 기여해야 한다고 보았다.

⑤ 순자와 공자는 모두 음악이 인격을 도야하기 위한 중요한 수단이라고 보았다.

(가), (나) 사상의 입장으로 적절한 것만을 〈보기〉에서 있는 대로 고른 것은? [3점]

예와 악은 상호 보완적 역할을 함 ↴

(가) 악(樂)은 '같음'을, 예(禮)는 '다름'을 위한 것이다. 같으면 서로
공자 친하게 되고, 다르면 서로 공경하게 된다. 악이 화합을 극진
하게 하고 예가 순서를 극진하게 하여, 안으로 화합하고 밖으
로 질서를 이룬다면, 백성은 그 안색을 보고 서로 다투지 않
게 되며, 그 용모를 보고 업신여기지 않게 된다.
                    ↳ 백성들의 도덕적 삶에
                     긍정적인 영향을 줌

(나) 악(樂)은 비록 눈으로 보기에 아름답고 귀로 듣기에 즐거우
묵자 나, 백성의 이익에는 부합하지 않는다. 악기를 연주하며 춤추
는 것을 일삼는다면, 백성이 입고 먹을 재물은 어찌 얻을 수
있겠는가? 일찍이 여러 악기를 만들고 연주했어도 천하의 이
익을 증진하는 데 도움이 되지 않았다. → 음악은 백성에게 유용하지 않다고 봄

─────〈 보기 〉─────

ㄱ. (가): 예와 악은 서로 보완적인 역할을 한다.
ㄴ. (가): 예악은 정서의 순화와 언행의 교화 모두에 기여한다.
ㄷ. (나): 음악은 실용적 관점보다 심미적 관점에서 평가해야 한다.
            심미적   실용적
ㄹ. (가), (나): 음악의 가치는 사회적 효과를 고려하여 판단해야
    한다.

① ㄱ, ㄴ   ② ㄴ, ㄷ   ③ ㄷ, ㄹ
✓ ㄱ, ㄴ, ㄹ   ⑤ ㄱ, ㄷ, ㄹ

| 자료 분석 |

(가)는 공자의 입장, (나)는 묵자의 입장이다. 공자는 예(禮)가 서로를 공경하게 하고 악(樂)이 서로를 친하게 한다고 보면서, 예와 악이 도덕적 삶을 위한 보완적인 역할을 수행할 수 있다고 강조한다. 이러한 관점에서 그는 음악이 백성들의 도덕적 삶에 기여해야 한다는 예술 도덕주의적 관점을 취한다. 반면 묵자는 음악을 실용적인 관점에서 평가하면서, 음악이 백성의 삶에 이익이 되지 않는 사치스러운 것이라고 보고 이를 부정한다.

| 보기 해설 |

ㄱ 공자의 관점에서 할 수 있는 주장이다. 공자는 예가 순서를 극진하게 하고 악이 화합을 극진하게 한다고 주장하면서, 예와 악이 도덕적 삶을 위한 상호 보완적 역할을 수행한다고 본다.

ㄴ 공자의 관점에서 할 수 있는 주장이다. 공자는 예와 악을 통해 "백성은 그 안색을 보고 서로 다투지 않게 되며, 그 용모를 보고 업신여기지 않게 된다."라고 주장한다. 이를 통해 공자가 예와 악이 정서의 순화와 언행의 교화에 기여한다고 보고 있음을 알 수 있다.

ㄷ 묵자는 악이 백성의 이익에 부합하지 않는다고 보면서, 음악을 심미적 관점이 아니라 실용적 관점에서 평가하고 있다.

ㄹ 공자와 묵자 모두 긍정할 주장이다. 단, 공자는 백성들의 도덕적 정서 형성에 기여하고 그들이 도덕적 삶을 살도록 장려하는 등의 사회적 효과를 기준으로 음악의 가치를 판단할 것이다. 반면 묵자는 실용성이라는 사회적 효과를 기준으로 음악의 가치를 판단할 것이다.

(가)를 주장한 사상가의 입장에서 (나)의 ㉠에 들어갈 진술로 가장 적절한 것은?
   ↳ 아도르노
              문화 산업에 대한 아도르노의 비판 ↴

(가) 문화 산업은 획일적인 상품만을 생산할 뿐이다. 문화 산업의 기술은 대량 생산을 가능하게 한다. 문화 산업은 어떠한 문화 상품을 제공하든 소비자는 그것에 만족해야 한다는 것을 소비자에게 주입시킨다. 이로 인해 문화 상품은 소비자로 하여금 적극적으로 사유하는 것을 불가능하게 한다.

(나) 문화 산업은 '스타'를 제조한다. 대부분의 기획사는 스타를 철저한 전략에 따라 기획한 뒤 최대한 많은 매체에 출연시켜 돈을 번다. 그리고 대중이 싫증을 느끼면 유사한 새로운 스타를 내놓는다. 수많은 반짝 스타들이 소모품처럼 사라진다. 이러한 문제의 원인은 ㉠ 이다.

✓ 문화 산업이 대중문화를 규격화된 상품으로 간주하기 때문이다.
② 문화 상품이 작품 창작자의 독창적 견해에 따라 제작되기 때문이다.
    → 문화 산업은 획일적인 작품만을 생산함
③ 문화 산업이 이윤보다는 지속적 창작 활동을 추구하기 때문이다.
    지속적 창작 활동   이윤
④ 문화 산업의 생산자가 소비자의 고유한 체험을 중시하기 때문이다.
                  하지 않기
⑤ 문화 상품이 표준화된 양식에 맞추어 생산되지 않기 때문이다.
                   되기

| 자료 분석 |

(가)를 주장한 사상가는 아도르노이다. 아도르노는 문화 산업이 획일화된 상품만을 생산함으로써 소비자의 적극적인 사유를 불가능하게 만든다고 비판한다. 한편 (나)는 문화 산업의 한 예로서 '스타' 제조에 관한 내용을 제시하고 있다. 따라서 ㉠에는 문화 산업에 대한 아도르노의 비판적 진술이 들어가야 한다.

| 선지 해설 |

① 아도르노는 문화 산업이 대중문화를 이윤 창출을 위한 규격화된 상품으로 간주하며 획일화된 문화 상품만을 생산한다고 본다. (나)에서 제시한 '스타' 제조 역시 기획사들이 이윤 창출을 위해 유사한 스타들을 계속하여 기획하고 이들이 소모품처럼 소비되는 문제를 지적하고 있다. 따라서 해당 내용은 ㉠에 들어갈 비판으로 적절하다.

② 아도르노는 문화 산업이 대량 생산과 이윤 극대화를 위해 획일화되고 규격화된 문화 상품을 제작한다는 점을 문제로 지적하고 있으므로, 문화 상품이 작품 창작자의 독창적 견해에 따라 제작된다고 보지 않을 것이다.

③ 아도르노는 문화 산업이 지속적 창작 활동보다 이윤 추구를 우선시한다고 지적한다.

④ 아도르노는 문화 산업의 생산자가 소비자의 고유한 체험을 중시하지 않고, 획일화된 문화 상품을 제공함으로써 소비자는 그것에 만족해야 함을 주입시킨다고 지적한다.

⑤ 아도르노는 문화 상품이 표준화된 양식에 맞추어 생산되고, 문화 산업의 기술은 대량 생산을 가능하게 한다고 주장하며 문화 산업의 문제를 지적한다.

14 현대 대중문화에 대한 아도르노의 입장 21학년도 6월 모평 17번
정답 ⑤ | 정답률 80 %

다음을 주장한 사상가의 입장으로 적절하지 않은 것은? [3점]
└ 아도르노

> 오늘날 대중문화는 얼마나 인기를 끌고 많은 수익을 올렸는지에 의해 평가되는 경향이 지배적이다. 이제 대중문화는 변화 없는 반복적인 오락물을 생산하는 장사가 되었고, 문화의 소비자는 문화 산업의 객체가 되었다. 이처럼 산업화된 대중문화 속에서 사람들의 여가 시간은 문화 산업이 제공하는 획일적 생산물로 채워질 수밖에 없다. 문화 상품의 속성은 문화 소비자의 자발성과 상상력을 제거해 버림으로써 적극적인 사유를 불가능하게 만드는 데 있다. 문화 산업은 규격품을 만들듯이 인간을 재생산하려 한다.
> └ 문화 산업의 획일적 생산물로 문화 소비자의 자발성과 상상력이 제거된다고 봄

① 산업화된 대중문화는 독창적 예술로 발전하기 어렵다.
② 문화 산업은 획일화된 문화를 체험할 기회를 증가시킨다.
③ 문화 산업의 표준화된 양식은 문화 소비자의 주체성을 약화시킨다.
④ 산업화된 대중문화는 소비자의 자발성과 창의적 사고를 위축시킨다.
✓⑤ 문화 산업은 예술을 경제적 가치가 아니라 미적 가치로만 평가한다.
　　　　　　　　　　　　미적　　　　　　　　경제적

| 자료 분석 |

제시된 글의 사상가는 아도르노이다. 아도르노는 상업화된 대중문화를 오직 경제적 가치만을 우선시하는 '문화 산업'이라고 비판한다. 그리고 오직 경제적 가치만을 추구하는 획일적인 문화 산업으로 인해 문화 소비자들이 자발성과 상상력을 잃게 된다고 주장한다.

| 선지 해설 |

① 아도르노는 산업화된 대중문화는 획일적 생산물을 만들어 내기 때문에 독창적 예술로 발전하기 어렵다고 본다.

② 아도르노는 문화 산업이 반복적인 오락물을 만들어 내어 문화 소비자가 다양한 문화를 체험할 기회로부터 멀어지게 만드는 반면, 획일화된 문화를 체험할 기회는 증가시킨다고 본다.

③ 아도르노는 문화 산업의 표준화된 양식이 문화 소비자를 단순한 객체로 만들어 적극적인 사유를 불가능하게 하고 문화 소비자의 주체성을 약화시킨다고 지적한다.

④ 아도르노는 산업화된 대중문화가 문화 소비자의 자발성과 창의적 사고력을 제거하고 규격품을 만들듯이 인간을 재생산하려 한다고 본다.

⑤ 아도르노는 문화 산업이 예술을 경제적 가치로서만 평가하고 있다고 비판한다.

15 대중문화에 대한 벤야민과 아도르노의 입장 20학년도 6월 모평 13번
정답 ② | 정답률 84%

갑, 을 사상가들의 입장으로 적절하지 않은 것은? [3점]

> 　　　　　　　　　　　　　　　　→ 예술 작품의 흉내 낼 수 없는 고고한 분위기
> 갑: 복제 기술의 발달로 예술 작품의 '아우라'는 사라지지만 누구든 예술 작품에 대해 자신의 의견을 표현할 수 있게 된다. 또 대중 예술의 발달은 대중의 각성을 불러일으킴으로써 대중을 집단적 주체로 형성시키는 데 기여한다. └ 대중 예술의 긍정적 측면
> 을: 현대 자본주의 사회에서 대중문화의 가치에 대한 평가 기준은 돈으로 일원화된다. 이러한 사회에서 대중문화는 문화 산업으로 전락하게 되며, 규격품을 만들어 내듯이 인간을 획일화시켜 능동적으로 사유하는 것을 불가능하게 만든다.
> └ 대중 예술의 부정적 측면

(갑: 벤야민, 을: 아도르노)

① 갑: 복제 기술의 발달은 대중들의 예술에 대한 접근성을 높인다.
✓② 갑: 예술 작품의 아우라 소멸은 대중 예술 비평 활동을 위축시킨다.
　　　　　　　　　　　　　　　　　　　　　　시키지 않는다
③ 을: 문화 산업의 확산은 인간의 상품화와 몰개성화를 조장한다.
④ 을: 문화의 가치는 경제적 효용성에 의해 결정되어서는 안 된다.
⑤ 갑, 을: 문화의 대중화는 대중의 비판적 사고에 영향을 미친다.

| 자료 분석 |

갑은 벤야민, 을은 아도르노이다. 벤야민은 복제 기술의 발달이 예술 작품 고유의 '아우라', 즉 독창성은 사라지게 하지만, 대중 예술이 발달하게 하여 대중의 각성을 불러일으킬 것이라고 보았다. 아도르노는 자본주의 사회에서 문화 산업으로 전락한 대중문화가 인간을 획일화하여 능동적인 사유를 불가능하게 한다고 본다. 그는 대중문화란 모든 사람들의 사고를 동질적으로 반응하게 만들기 위한 도구라고 규정하고, 이를 비판한다.

| 선지 해설 |

① 벤야민은 복제 기술의 발달로 예술 작품이 널리 대중화되면서, 누구든지 예술 작품에 대한 자신의 의견을 표현할 수 있게 되었다고 본다. 즉 복제 기술의 발달이 대중들의 예술에 대한 접근성을 높였다고 평가한다.

② 벤야민은 복제 기술의 발달로 인해 예술 작품의 아우라가 소멸되지만, 오히려 이로 인해 대중들이 예술에 접근할 기회가 늘어났다고 본다.

③ 아도르노는 자본주의 사회에서 문화 산업의 확산으로 인해 인간의 상품화와 몰개성화가 조장되었다고 본다.

④ 아도르노는 문화의 가치가 경제적 효용성에 의해 결정되어서는 안 된다고 본다. 그는 대중문화의 상업성과 획일성을 통해 대중문화의 조종자들이 이득을 얻을 수밖에 없다고 보고, 이러한 대중문화를 문화 산업이라고 비판한다.

⑤ 벤야민과 아도르노의 공통적인 주장이다. 벤야민은 문화의 대중화가 대중의 비판적 사고 확장에 영향을 준다고 본다. 반면, 아도르노는 문화의 대중화가 대중들의 사고를 획일화하여 대중들이 능동적으로 사유하는 것을 불가능하게 만든다고 본다.

다음을 주장한 사상가의 입장으로 적절하지 않은 것은?
└ 아도르노

> 문화 산업은 소비자의 욕구가 실현될 수 있는 것처럼 제시 하지만 그 욕구는 문화 산업에 의해서 사전 결정된 것이다. 소비자가 자신을 영원한 소비자로 느끼게 되는 것이 문화 산업 체계의 원리이다. 문화 산업은 그 위치가 확고해질수록 소비자의 욕구를 더 능란하게 다루게 된다. 문화 산업은 소비자의 욕구를 만들어 내고 심지어 소비자의 재미를 몰수할 수도 있다. 문화 산업의 생산물은 소비자를 휴식 시간에도 잡아 놓는 거대한 경제 체계의 일부이다.

① 문화 산업은 생산물을 통해 소비자의 욕구를 조종한다.
② 문화 산업은 소비자의 문화 체험 양식에 영향을 미친다.
✔③ 문화 산업은 소비자를 주체적인 문화 수용자로 변화시킨다.
　　　　　　　　　　수동적인
④ 문화 산업은 규격품을 만들 듯이 소비자를 재생산하려고 한다.
⑤ 문화 산업은 여가 시간에 활발한 소비가 일어나도록 유도한다.

| 자료 분석 |

제시문의 사상가는 아도르노이다. 아도르노는 상업화된 예술을 '문화 산업'이라고 비판하며, 현대 예술이 자본에 종속되어 문화 산업으로 획일화되었다고 본다. 또한 아도르노는 예술 작품을 상품화하려는 시도로 인해 예술 작품을 감상하는 것이 감상자 스스로에게 고유한 체험이 되는 것이 아니라, 표준화되고 규격화된 소비 양식이 될 뿐이라고 지적한다.

| 선지 해설 |

① 아도르노는 문화 산업의 확산은 소비자의 비판 의식과 생각을 축소시키며 소비자의 욕구를 조종한다고 본다.

② 아도르노는 문화 산업은 이윤을 목적으로 획일화되고 있으며 소비자들의 문화 활동은 문화 산업이 구축한 거대 경제 메커니즘에 영향을 받는다고 본다.

③ 아도르노는 문화 산업의 표준화된 양식이 소비자의 적극적이고 능동적인 사유를 무력화한다고 주장한다.

④ 아도르노는 막대한 자본 투자로 문화 산업이 획일화되었기 때문에 소비자들 역시 규격품처럼 획일화되어 재생산된다고 본다.

⑤ 아도르노는 문화 산업의 생산물이 소비자를 휴식 시간에도 활발히 소비하도록 만든다고 본다.

다음 가상 대담의 사상가가 지지할 주장으로 가장 적절한 것은?
└ 아도르노

✔① 문화 산업은 대중이 비판적으로 사유하는 것을 방해한다.
② 문화 산업의 구조에서 자본가는 표준화된 생산 방식을 거부한다.
　　　　　　　　　　　　　　　　　　　　　선호
③ 문화 산업에서의 궁극적인 생산 주체는 자본가가 아닌 대중이다.
　　　　　　　　　　　　　　　　대중이　　　자본가
④ 문화 산업에서 문화의 가치를 평가할 때 경제적 관점은 배제된다.
　　　　　　　　　　　　　　　　　　　　　　　중시된다
⑤ 문화 산업에서 생산된 상품에는 대중의 진정한 욕구가 반영되어 있다.
　　　　　　　　　　　　　　　자본가

| 자료 분석 |

그림의 사상가는 아도르노이다. 아도르노는 현대 예술이 자본에 종속되어 문화 산업으로 획일화되었다고 보고, 상업적 이익만을 우선시하는 획일화된 문화 상품이 양산됨으로 인해 문화의 다양성이 위축될 수 있다고 지적한다. 또한, 하나의 상품으로 전락한 예술 작품을 감상하는 것은 감상자 개인의 고유한 체험이 아니라 표준화된 소비 양식이 될 뿐이라고 비판한다.

| 선지 해설 |

① 아도르노는 문화 산업의 대중 매체가 개인들의 의식 내부를 통제하고 사전 봉쇄함으로써 소비자의 의식을 지배하려 한다고 본다.

② 아도르노는 문화 상품이 표준화된 양식에 맞추어 생산되고, 문화 산업의 기술은 대량 생산을 가능하게 한다고 주장하며 문화 산업이 가져오는 고유성 상실, 몰개성화의 문제를 지적한다.

③ 아도르노는 막대한 자본 투자로 문화 산업이 획일화되었기 때문에 대중들은 고유한 가치를 생산하기 어려워졌다고 본다. 따라서 대중들은 획일화되고, 규격화된 형태의 문화를 소비할 뿐 생산은 자본가만이 담당한다고 주장한다.

④ 아도르노는 예술 작품이 자본에 종속되어 이익만을 앞세우고, 경제적 효용의 가치에 따라 평가받게 만들어 경제적 효용 가치만을 중시하게 된다고 본다.

⑤ 아도르노는 문화 산업은 대중의 욕구가 아닌 자본자의 의도에 의해 기획된다고 주장한다.

18 예술 도덕주의와 예술 심미주의 24학년도 3월 학평 16번

정답 ④ | 정답률 65%

갑, 을 사상가들의 입장으로 가장 적절한 것은? [3점]

> 갑: 좋은 리듬은 좋은 품성을 갖게 한다. 반면에 나쁜 리듬은 나
> 플라톤 쁜 성격을 닮게 한다. 쾌락을 담아낸 예술 작품 속에서 자란
> 젊은이들은 자신도 모르게 나쁜 것을 형성한다. → 예술 도덕주의
>
> 을: 예술가는 아름다운 것을 창조하는 사람이다. 예술가는 윤리
> 와일드 적 동정심을 갖지 않는다. 예술가에게 윤리적 동정심은 용서
> 받을 수 없는 매너리즘이다. → 예술 심미주의

① 갑: 미를 추구하는 예술 활동은 선의 추구를 ~~지양~~해야 한다.
　　　　　　　　　　　　　　　　　　지향
② ~~갑~~: 예술가의 자유를 보장할수록 예술을 통해 선이 증진된다.
　을
③ 을: 도덕적 삶은 예술가가 다루는 소재에서 ~~제외되어야~~ 한다.
　　　　　　　　　　　　　　　　　　활용될 수 있다
✓④ 을: 예술 활동에서의 도덕 추구는 작품의 독창성을 저해한다.
⑤ ~~갑과 을~~: 예술은 작품을 통해 도덕적 본보기를 제공해야 한다.

| 자료 분석 |

갑은 플라톤, 을은 와일드이다. 플라톤은 예술의 존재 이유가 선을 권장하고 덕성을 장려하며 올바른 품성을 함양하도록 돕는 데 있다고 본다. 이러한 주장은 예술에 대한 도덕주의적 입장으로, 도덕주의는 예술의 목적이 올바른 품성을 기르고 도덕적 교훈이나 모범을 제공하는 것이라고 본다. 와일드는 예술에 관한 심미주의적 입장에서 도덕적 가치와 미적 가치는 무관하며, 예술의 목적은 예술 그 자체로서의 미적 가치를 추구하는 것이라고 본다.

| 선지 해설 |

① 갑(플라톤)은 아름다운 것과 좋은 리듬, 조화 등은 좋은 성품을 모방한 것이어야 한다고 주장하면서 예술이 선의 추구를 지향하며 덕성을 권장하는 활동이라고 본다.

② 갑(플라톤)은 예술가의 예술 활동에 국가의 역할이 필요하다고 본다. 예술 작품이 도덕적 가치, 고결한 품성, 올바른 행위를 포함하고 있는지 국가가 판단하는 역할을 할 수 있다고 보기 때문이다.

③ 을(와일드)은 예술가의 자율성과 창조 행위를 강조하며, 예술가는 작품의 소재를 자유롭게 선정할 수 있다고 본다. 따라서 도덕적 삶 또한 예술가가 다룰 수 있는 소재이다.

④ 을(와일드)은 예술가가 도덕적 공감을 지녀서는 안 되며, 오직 아름다움을 창조하는 데 관심을 기울여야 한다고 본다. 그에 따르면 예술 활동 과정에서 도덕적 가치를 추구하다 보면 작품의 독창성이 저해된다.

⑤ 을(와일드)은 예술가에게 도덕적 공감은 용납될 수 없는 구태의연한 양식에 불과하다고 주장하므로, 예술은 작품을 통해 도덕적 본보기를 제공해야 한다고 주장하지 않을 것이다.

19 문화 산업에 대한 아도르노의 입장 24학년도 3월 학평 18번

정답 ⑤ | 정답률 70%

그림의 강연자가 지지할 입장으로 가장 적절한 것은?
　　　　↳ 아도르노

> 여가는 문화 산업이 제공하는 획일적 생산물로 채워집니다. 소비자의 욕구는 문화 산업에 의해 이미 결정된 것입니다. 문화 산업은 무미건조한 행복을 흥미 있는 것으로 보이게 만들며, 대중이 즐긴다는 것은 무엇인가에 대해 더 이상 생각하지 않는다는 것이 됩니다. 자본주의적 생산은 소비자가 자신들에게 제공된 것을 받아들이도록 묶어 놓습니다. 오늘날 문화 산업은 규격품을 만들듯이 인간을 재생산하려 듭니다.

① 문화 산업은 대중이 ~~주체적~~으로 사유할 수 있도록 도와준다.
　　　　　　　　　　수동적
② 문화 산업은 현실의 모습을 있는 그대로 ~~반영하려 노력한다.~~
③ 문화 산업은 ~~고유성을 지닌~~ 상품 생산을 주된 목표로 삼는다.
　　　　　　　 상업성, 규격성
④ 문화 산업은 생산자가 아닌 ~~소비자~~의 욕구에 기반해 확산된다.
　　　　　　　　　소비자　　　생산자
✓⑤ 문화 산업은 체제의 지배 이념을 정당화하는 도구로 기능한다.

| 자료 분석 |

그림의 강연자는 아도르노이다. 아도르노는 상업화된 예술을 '문화 산업'이라고 비판하며, 현대 예술이 자본에 종속되어 문화 산업으로 획일화되었다고 본다. 또한 아도르노는 예술 작품을 상품화하려는 시도로 인해 예술 작품을 감상하는 것이 감상자 스스로에게 고유한 체험이 되는 것이 아니라, 표준화되고 규격화된 소비 양식이 될 뿐이라고 지적한다.

| 선지 해설 |

① 아도르노는 문화 산업의 대중 매체가 개인들의 의식 내부를 통제하고 사전 봉쇄함으로써 소비자의 의식을 지배하려 한다고 본다.

② 아도르노는 문화 산업이 자본주의적 관점에 따라 무엇을 생산하고 어떤 것을 대중에게 제공한다는 점에서 현실을 그대로 반영하지 않는다고 주장한다.

③ 아도르노는 문화 상품이 표준화된 양식에 맞추어 생산되고, 문화 산업의 기술은 대량 생산을 가능하게 한다고 주장하며 문화 산업이 가져오는 고유성 상실, 몰개성화의 문제를 지적한다.

④ 아도르노는 문화 산업의 확산은 소비자의 비판 의식과 생각을 축소시키며 문화 산업은 소비자의 욕구가 아닌 생산자의 의도에 의해 확산된다고 주장한다.

⑤ 아도르노는 문화 산업이 대중의 의식을 조작함으로써 체제의 지배 이념을 정당화하는 도구로 기능한다고 본다.

갑, 을 사상가들의 입장으로 가장 적절한 것은?

> 갑: 음악은 사람의 즐거움을 표현한 것이다. 하지만 사람의 타고
> 순자　난 성정(性情)으로 인해 즐거움이 도리에 맞지 않으면 혼란이
> 　　　일어난다. 이러한 혼란을 싫어하여 옛 성왕은 아(雅)와 송(頌)
> 　　　의 음악을 제정한 것이다.　→ 음악의 사회적 기능
> 을: 음악을 비난하는 이유는 큰 종이나 북 같은 악기의 소리가 즐
> 묵자　겁지 않아서가 아니다. 음악이 위로는 성왕의 일과 부합하지
> 　　　아니하고, 아래로는 백성의 이익과 부합하지 않기 때문이다.
> 　　　　　　　　　　→ 음악의 해악

✓① 갑: 음악을 활용하여 백성의 감정을 바르게 인도할 수 있다.
② 갑: 음악이 도리에 맞으면 본성을 확충하는 데 도움이 된다.
　　　　　　　　　　　　　　　　　　변화
③ 을: 음악은 백성에게 이로움이 아니라 의로움을 가져다준다.
　　　　　　　　　　　　　이롭지도 의롭지도 않음
④ 을: 음악은 재물을 낭비하게 하지만 생산 활동에 필수적이다.
　　　　　　　　　　　　　　　　　생산 활동에 방해
⑤ 갑과 을: 음악은 나라를 다스리는 데 있어 중요한 수단이다.

| 자료 분석 |

갑은 순자, 을은 묵자이다. 순자는 음악은 사람들의 즐거움을 표현하는 것이지만, 인간의 타고난 본성이 악하기 때문에 음악의 즐거움이 도리에 맞지 않으면 사회에 혼란을 일으킬 수 있다고 본다. 따라서 음악이 사람을 도야시키고, 사회 질서를 안정되게 할 수 있도록 만들어져야 한다고 본다. 묵자는 음악이 감정적으로 즐거움을 주는 것은 맞지만 재물이 낭비되고, 생산 활동에 방해가 된다고 비판한다. 따라서 백성에게 득이 아닌 해가 되는 음악을 금지해야 한다고 주장한다.

| 선지 해설 |

① 순자는 음악을 활용하여 백성을 감정적으로 편안하게 하고 바르게 인도할 수 있다고 보며, 음악의 사회적·교육적 효과를 강조한다. 음악이 이러한 역할을 하기 위해서는 음악의 즐거움이 도리에 맞도록 제정되어야 한다고 본다.

② 순자는 음악이 도리에 맞으면 본성을 변화시키는 데 도움이 된다고 본다. 순자는 성악설의 관점에서 본성은 확충해야 하는 것이 아니라 변화시켜야 하는 것이라고 본다.

③ 묵자는 음악이 백성에게 이로움이 되지 않는다고 보며, 백성에게 이익이 되지 않는 것은 결국 옳은 것이 아니라고 본다. 그는 차별 없이 사랑하고 생산에 힘쓰고 절약함으로써 서로의 이익을 나누라는 겸애교리(兼愛交利)를 강조하는 입장이다. 따라서 백성에게 해악을 끼치고 민생을 위협하는 음악은 겸애교리에 맞지 않으며 의로운 일이 아니라고 본다.

④ 묵자는 음악은 재물을 낭비하게 하고 생산 활동에 방해가 된다고 비판한다. 음악은 악기 제조를 위해 민생에 사용되어야 할 재물을 낭비하게 하고, 연주와 감상을 위해 노동력이 사용되므로 생산 활동에도 방해가 된다고 본다.

⑤ 순자에게만 해당하는 진술이다. 순자는 음악은 나라를 다스리는 데 있어 중요한 수단이며, 개인과 사회의 관계를 조화롭게 만드는 데 기여할 수 있다고 본다. 묵자는 음악은 백성에게 해를 끼치기 때문에 금지해야 한다고 본다.

갑, 을 사상가들의 입장으로 적절하지 않은 것은?
　　　　　　　　　음악은 마음을 도덕적으로 순화하는 도구

> 갑: 사람은 시(詩)에서 일으키고, 예(禮)에서 서며, 악(樂)에서 완성
> 공자　된다. 도에 뜻을 두고 덕에 의거하며, 인(仁)에 의지하고 예(藝)
> 　　　에서 노닐어야 한다. 사람이 인하면 예와 악을 다할 수 있다.
> 을: 어진 사람은 일을 할 때 천하의 이익을 일으키고 천하의 폐해
> 묵자　를 제거하는 데 힘쓴다. 또한 백성의 의복과 음식을 축내고 빼
> 　　　앗는 짓을 행하지 않는다. 음악을 즐기는 것이 잘못인 이유는
> 　　　백성의 이익과 부합하지 않기 때문이다. → 비악론(非樂論)

① 갑: 바르지 않은 음악이 성행하면 사회에 혼란을 가져온다.
② 갑: 군자(君子)가 되기 위해서는 예와 악을 갖추어야 한다.
③ 을: 악기 제작을 위한 노동은 백성의 삶에 이롭지[利] 않다.
✓④ 을: 음악은 감정적인 즐거움을 주지 못하므로 금지해야 한다.
　　　　　　　　　　　　　주지만 이익이 되지 못하므로
⑤ 갑과 을: 위정자는 좋은 정치를 위해 음악의 가치를 따져야 한다.

| 자료 분석 |

갑은 공자, 을은 묵자이다. 공자는 음악이 예와 조화를 이루어 사회적 규범에 부합하고, 사회의 풍속을 교화시키며 사람들의 마음을 도덕적으로 순화하는 도구라고 보았다. 묵자는 음악이 사람들에게 즐거움을 주기는 하지만, 사람들의 마음을 현혹시켜 노동력과 재물을 낭비하게 하므로 백성들에게 해가 되는 것이라고 보았다.

| 선지 해설 |

① 공자는 풍속을 해치는 음악을 강하게 비판하며 바르지 않은 음악이 성행하면 사회에 혼란을 가져온다고 보았다.

② 공자는 군자(君子)가 되기 위해서는 예와 악을 갖추어야 한다고 보고 음악은 인격을 도야하기 위한 중요한 수단이 된다고 주장했다.

③ 묵자는 비악(非樂)론을 주장하며 악기 제작을 위한 노동은 백성들의 재화를 착취하고 낭비하기 때문에 백성의 삶에 이롭지[利] 않다고 보았다.

④ 묵자는 쓸데없는 낭비를 없애기 위해 음악의 해악을 주장했지만, 아름다운 음악이 음악을 향유하는 사람들에게 감정적인 즐거움을 줄 수 있다고 보았다.

⑤ 공자는 음악이 도덕성 실현에 기여해야 한다는 의미에서 좋은 정치를 위해 음악의 가치를 따져야 한다고 보았고, 묵자는 음악이 백성들에게 해가 되므로 좋은 정치를 위해서는 음악을 멀리해야 한다고 보았다. 즉 공자와 묵자 모두 위정자가 좋은 정치를 위해 음악의 가치를 따져야 함을 강조했다.

22 예술 심미주의와 예술 도덕주의 23학년도 4월 학평 19번

정답 ② | 정답률 93%

다음 토론의 핵심 쟁점으로 가장 적절한 것은?

> 갑: 예술은 아름다움을 표현하고 창조하는 인간의 활동과 그 산
> 심미 물을 의미합니다. 예술가와 감상자는 예술 작품을 매개로 정
> 주의 서적으로 교류할 수 있습니다.
>
> 을: 맞습니다. 이러한 교류의 과정에서 감상자는 예술에 영향을
> 도덕 받습니다. 따라서 예술이 감상자의 성품에 선한 영향을 미치
> 주의 려면 윤리에 의해 평가되어야 합니다.
>
> 갑: 아닙니다. 예술이 윤리에 의해 평가되면 예술가의 자율성과
> 독창성이 침해받을 것입니다. 예술은 예술가의 자율성과 독창
> 성을 바탕으로 예술 본연의 아름다움을 추구해야 합니다.
>
> 을: 그렇지 않습니다. 예술가의 자율성과 독창성도 중요하지만, 윤
> 리로 예술을 평가하지 않는다면 인간의 도덕적 성숙을 방해
> 하는 예술 작품이 양산될 수 있습니다.

① 예술은 미적 가치를 표현하고 형상화한 것인가?
　　→ 갑, 을 모두 긍정할 질문
✔② 예술은 윤리적인 평가로부터 자유로워야 하는가?
③ 예술은 감상자에게 정서적 영향을 미치지 못하는가?
　　→ 갑, 을 모두 부정할 질문
④ 예술은 예술가와 감상자를 연결할 수 있는 매개체인가?
　　→ 갑, 을 모두 긍정할 질문
⑤ 예술은 예술가의 자율성과 독창성으로부터 창조되는가?
　　→ 갑, 을 모두 긍정할 질문

| 자료 분석 |

갑은 예술에 대한 심미주의의 입장이고, 을은 도덕주의의 입장이다. 심미주의는 예술은 그 자체로 가치가 있으므로 도덕, 정치 등 다른 것을 위한 수단으로 취급해서는 안 되며, 윤리적 가치로부터 자유로워야 한다고 본다. 도덕주의는 예술은 고결한 품성과 올바른 행위를 포함하여 도덕적 교훈을 제공해야 하며, 예술 활동 역시 사회 활동이므로 사회적 영향력을 고려하고 사회에 선한 영향을 미치기 위해 노력해야 한다고 본다.

| 선지 해설 |

① 갑, 을 모두 예술이 미적 가치를 표현하고 형상화 하는 것에 동의한다. 다만, 갑은 미적 가치의 표현이 도덕적 가치와 윤리적 평가 등에서 자유로워야 한다고 보는 것이고, 을은 미적 가치의 표현이 윤리의 인도를 받아야 한다고 보는 것이다.

② 갑, 을의 토론의 쟁점에 해당하는 질문이다. 갑은 예술의 자율성을 강조하면서 예술이 윤리적 평가로부터 자유로워야 한다고 보는 반면, 을은 예술이 사회적 영향을 고려해야 하며 윤리적 평가를 받아야 한다고 본다.

③ 갑, 을 모두 예술이 감상자에게 정서적 영향을 미칠 수 있다고 본다. 다만, 갑은 감상자에게 미칠 정서적 영향을 도덕, 종교, 정치 등으로 제한해서는 안된다고 보고, 을은 예술이 감상자에게 선한 감성, 도덕성을 함양할 수 있도록 해야 한다고 보는 것이다.

④ 갑, 을 모두 예술이 예술가와 감상자를 연결하는 매개체가 될 수 있다고 본다. 다만, 갑은 예술은 예술 그 자체로 가치를 지니며, 도덕이나 정치 등의 제한 없이 예술가와 감상자를 연결하는 매개체가 될 수 있다고 보는 반면, 을은 예술이 도덕적 품성을 고양할 수 있는 방향으로 예술가와 감상자를 연결해야 한다고 본다.

⑤ 갑, 을 모두 예술가의 자율성과 독창성을 바탕으로 한 예술의 창조를 긍정할 것이다. 다만, 갑은 예술가의 자율성과 독창성을 윤리적 기준으로 제한해서는 안 된다고 보는 것이고, 을은 예술가의 자율성과 독창성이 윤리의 인도를 받아야 한다고 보는 것이다.

---

23 문화 산업에 대한 아도르노의 입장 23학년도 3월 학평 14번

정답 ⑤ | 정답률 63.5%

그림의 강연자의 입장으로 적절한 것만을 〈보기〉에서 있는 대로 고른 것은?
→ 아도르노

인간이 자율적·독립적으로 발전하는 것을 방해함

> 문화 산업의 위치가 확고해지면 확고해질수록 문화 산업은 소비자의 욕구를 더욱 능란하게 다룰 수 있게 됩니다. 문화 산업은 소비자의 욕구를 만들어내고 조종하며 심지어는 소비자로부터 재미를 몰수할 수도 있습니다. 문화 산업의 생산물은 모든 사람을 일하는 시간과 마찬가지로 휴식 시간에도 잡아놓는 거대한 경제 체계의 일부입니다.

→ 문화가 미적 가치가 아닌 이윤으로 평가됨

〈 보기 〉
ㄱ. 문화 산업은 소비자에게 능동적인 체험 활동을 보장한다.
　　수동적이고 표준화된 체험을 제공
ㄴ. 문화 산업은 규격품을 만들듯이 인간을 재생산하려 한다.
ㄷ. 문화 산업의 대중매체는 소비자의 의식을 지배하려 한다.
ㄹ. 문화 산업의 생산물은 대중이 활발하게 소비하도록 만든다.

① ㄱ, ㄴ　　　② ㄱ, ㄷ　　　③ ㄴ, ㄹ
④ ㄱ, ㄷ, ㄹ　　✔⑤ ㄴ, ㄷ, ㄹ

| 자료 분석 |

그림의 강연자는 아도르노이다. 아도르노는 대중문화가 미적 가치가 아닌 이윤을 기준으로 평가되기 때문에 이 과정에서 표준화가 이루어지게 되고 자본에 종속되어 문화 산업으로 획일화된다고 보았다. 따라서 표준화된 문화 산업은 인간이 자율적이고 독립적인 존재로 발전하는 것을 방해하고, 사람들을 각 사회에서 요구하는 규격품처럼 재생산하려는 의도를 담고 있다고 주장했다.

| 보기 해설 |

ㄱ. 아도르노는 문화 산업이 감상자에게 고유한 체험이 아니라 수동적이고 표준화된 소비 양식을 제공한다고 본다.

ㄴ. 아도르노는 문화 산업이 규격품을 만들듯이 인간을 재생산하려는 의도를 담고 있다고 본다.

ㄷ. 아도르노는 문화 산업의 대중매체가 개인들의 의식 내부를 통제하고 사전 봉쇄함으로써 소비자의 의식을 지배하려 한다고 보았다.

ㄹ. 아도르노는 문화 산업의 생산물이 여가 생활에서조차 소비가 활발하게 이루어지기를 노림으로써 대중이 활발하게 소비하도록 만든다고 본다.

갑, 을 사상가들의 입장으로 적절하지 <u>않은</u> 것은?

예술의 사명은 행복이 인간 상호 간의 결합에 있다는 진리를 이성에서 감정의 영역으로 옮겨 신(神)의 세계, 즉 사랑의 세계를 건설하는 것입니다. → 도덕주의

갑
톨스토이

예술의 영역과 도덕의 영역은 서로 분리되어 있습니다. 예술은 예술 안에서 완벽함을 추구할 뿐 예술 밖에서 완벽함을 찾지 않습니다. → 심미주의

을
와일드

① 갑: 예술은 공감을 통해 사람들을 하나의 감정으로 결합한다.
② 갑: 예술은 종교적 자각에 입각한 사랑을 불러일으켜야 한다.
③ 을: 예술은 인격 함양을 위한 삶의 본보기를 제공해야 한다.
   갑
④ 을: 예술은 예술 자체의 아름다움을 자율적으로 추구해야 한다.
⑤ 갑과 을: 예술은 미적 가치를 추구하는 활동으로 볼 수 있다.

| 자료 분석 |

갑은 톨스토이, 을은 와일드이다. 톨스토이는 모든 예술 작품은 고결한 품성과 올바른 행위를 포함하여 도덕적 교훈을 제공해야 한다고 보는 도덕주의의 입장이다. 와일드는 예술은 윤리적 평가로부터 자유로워야 하며, 그 자체로 가치가 있다고 보는 심미주의의 입장이다.

| 선지 해설 |

① 톨스토이는 예술은 자기가 경험한 감정을 타인에게 감염시키는 것이며, 예술이 공감을 통해 사람들의 감정을 하나로 연결하고, 사랑의 세계를 건설하는 데 기여해야 한다고 본다.

② 톨스토이는 인간의 감정 중 종교적 자각에서 나오는 감정이 최고의 감정이며, 예술 활동을 통해 이 감정을 전파해야 한다고 본다. 예술은 종교적 선에 봉사하는 한에서 의미가 있고, 사랑을 불러일으켜야 한다고 주장한다.

③ 톨스토이의 입장에 해당하는 내용이다. 와일드는 예술은 예술 자체의 아름다움을 추구해야 하며, 인격 함양이나 삶의 본보기 제공과 같은 다른 가치를 산출하기 위한 수단으로 취급 받아서는 안 된다고 본다.

④ 와일드는 '예술을 위한 예술'을 주장하며 예술의 자율성을 강조한다. 예술은 윤리적 평가로부터 자유로워야 하며, 예술가는 단지 아름다움의 창조자일 뿐이라고 본다.

⑤ 톨스토이와 와일드 모두 예술이 미적 가치를 추구하는 활동이라는 점에 동의한다. 다만, 톨스토이는 미적 가치를 추구하는 활동이 윤리의 인도를 받아야 한다고 보는 것이고, 와일드는 미적 가치를 추구하는 활동이 윤리적 제약에서 벗어나 예술의 자율성을 바탕으로 이루어져야 한다고 보는 것이다.

다음을 주장한 사상가의 입장으로 적절하지 <u>않은</u> 것은?
   순자   성악설

> 음악이란 즐기는 것[樂]으로 사람에게는 음악이 없을 수가 없다. 즐거우면 그것이 목소리에 나타나고 행동으로 표현되며 악한 본성의 변화를 일으킨다. 음악이 도리에 맞지 않으면 혼란이 없을 수 없다. 옛 임금은 그러한 혼란을 싫어해 우아한 음악을 만들어, 사람이 음악을 즐기면서도 어지러움으로 흐르지 않게 하였고, 소리의 가락과 장단으로 사람의 마음을 감동시켰다. → 도리에 맞는 조화로운 음악 강조

① 통치자는 백성을 교화시키는 도구로 음악을 이용할 수 있다.
② 우아한 음악으로 더럽고 악한 기운이 오는 것을 막을 수 없다.
                                      있다
③ 어떤 음악을 듣느냐에 따라 사람의 행동거지가 다를 수 있다.
④ 조화로운 음악은 사람에게 즐거움의 감정을 일으킬 수 있다.
⑤ 도리에 어긋나는 음악이 유행하면 사회 질서의 유지가 어렵다.

| 자료 분석 |

제시된 글의 사상가는 순자이다. 순자는 음악이 인간의 악한 본성을 변화시키는 기능을 할 수 있다고 주장한다. 질서 있고, 우아한 음악을 들으면 더럽고 악한 기운이 가까이 오는 것을 막을 수 있다고 보며, 질서와 도리에 맞는 음악을 통한 교화를 강조한다. 반면, 도리에 맞지 않는 음악은 혼란을 일으키며 인간 본성의 변화에 도움이 되지 않는다고 보며 경계한다.

| 선지 해설 |

① 순자는 통치자가 백성을 교화시킴에 있어 음악을 도구로 사용할 수 있다고 본다. 순자는 사람들이 음악을 통해 즐거움을 느끼면, 그것이 행동으로 표현되고 악한 본성에 변화를 일으킨다고 주장한다.

② 순자는 우아한 음악이 더럽고 악한 기운이 오는 것을 막아준다고 주장한다. 사람들이 우아한 음악을 만들어 들으면 마음이 어지러움으로 흐르지 않도록 도와준다고 본다.

③ 순자는 음악이 도리에 맞는지, 맞지 않는지의 여부에 따라 사람의 행동이 달라질 수 있다고 본다. 음악이 도리에 맞지 않으면 혼란스러워지고, 마음이 어지러운 곳으로 흐르게 된다고 주장한다.

④ 순자는 조화로운 음악은 사람들에게 즐거움을 일으킨다고 주장한다. 음악이란 본래 즐기는 것으로 음악을 통해 느낀 즐거움은 목소리와 행동으로 나타나며, 본성의 변화를 일으킨다고 본다.

⑤ 순자는 도리에 어긋나는 음악의 유행은 사회 질서를 어지럽힐 수 있다고 본다. 음악이 도리에 맞지 않으면 혼란이 없을 수 없어 옛 임금은 그러한 혼란을 싫어하여 우아한 음악을 만들어 사람들이 즐기게 하였다고 설명하고 있다.

26 예술에 대한 순자와 묵가의 입장 22학년도 7월 학평 16번 　정답 ④ | 정답률 51%

갑, 을 사상가들의 입장으로 가장 적절한 것은?

> → 성정의 변화를 위해 예와 음악을 함께 익혀야 함
>
> 갑: 사악한 음악으로부터 벗어나고, 감정의 표출이 바르게 되기 위해서는 선왕(先王)이 제정한 예(禮)와 음악을 배우고 익혀야 한다. 여기서 성정(性情)의 변화로 마음과 행동을 올바르게 할 수 있으며 백성의 욕망을 절제하는 데 도움을 줄 수 있다.
>
> 을: 악기를 만드는 일은 단지 땅에 고인 물을 손으로 뜨는 것처럼 쉬운 것이 아니다. 반드시 모든 백성들로부터 세금을 거두어야 하는데 이는 위로는 성왕(聖王)들의 일과 부합되지 않고 아래로는 백성들의 이익과 부합되지 않는다.
>
> └→ 음악은 백성들의 이익에 부합하지 않음

① 갑: 음악은 ~~어떤 제한도 없는 자유로운~~ 감정의 표출이어야 한다.
　　　　　예에 따르는

② 갑: 음악을 통해 본성을 함양하여 사회 질서 유지에 기여해야 한다.
　　　　　악한 본성을 변화시켜

③ 을: 음악은 감정적 즐거움을 제공하지 ~~못하므로~~ 금지해야 한다.
　　　　　　　　　　　　　　　　　하지만

✓ 을: 음악이 주는 미적 체험보다 백성의 이익 증진을 우선해야 한다.

⑤ ~~갑~~, 을: 음악과 예의의 장려를 통해 천하의 혼란을 바로잡아야 한다.

| 자료 분석 |

갑은 순자, 을은 묵자이다. 순자는 음악이 즐거운 감정의 표현이며 즐거운 감정이 없는 사람은 없으므로 음악을 보편적인 것이라고 인식한다. 그러나 순자는 인간이 이기적인 욕망을 가진 존재이므로 즐거움이라는 감정이 지나치면 혼란해지고 즐거움마저 잃게 될 수 있기 때문에 예(禮)를 통해 즐거움을 제어해야 한다고 본다. 묵자는 장례나 축하와 같은 허례허식으로 인해 너무 많은 재화가 낭비되고, 이로 인해 농민들의 피폐한 삶이 초래된다고 본다. 따라서 눈에 아름다운 것, 귀에 즐거운 소리 등을 위해 백성들이 입고 먹는 데 필요한 재물을 빼앗아서는 안 된다고 주장한다.

| 선지 해설 |

① 갑(순자)은 인간이 이기적인 욕망을 가지고 있어 음악을 통해 지나친 감정을 표출하고 혼란을 야기할 수 있으므로, 예를 통해 감정의 표출을 도덕적으로 제어해야 한다고 본다.

② 갑(순자)은 예를 통해 인간의 악한 본성을 선하게 변화시켜야 함을 강조하므로 음악을 통한 본성의 함양을 주장하지 않을 것이다.

③ 을(묵자)은 음악이 감정적 즐거움을 제공하지 못하기 때문이 아니라 백성들에게 실질적인 이익이 되지 못하므로 음악을 금지할 것을 주장한다.

④ 을(묵자)은 음악을 누리는 계층이 경험하는 미적 체험보다는 음악을 위해 경제적 어려움을 감수하고 이익을 포기해야 하는 백성들을 우선적으로 고려해야 한다고 본다. 즉, 백성의 이익 증진을 위해 음악을 금지해야 한다고 주장한다.

⑤ 갑(순자)은 음악과 예를 함께 배우고 익힘으로써 타고난 성정을 변화시키고 이기적 욕망을 도덕적으로 제어함으로써 천하의 혼란을 바로잡을 수 있다고 본다. 반면, 을(묵자)은 음악이 너무 많은 재화를 낭비시키고 백성의 빈곤을 초래하므로 허례허식을 유발하는 음악을 금지해야 한다고 본다.

---

27 묵자와 정약용의 예술관 21학년도 7월 학평 9번 　정답 ④ | 정답률 54%

동양 사상가 갑, 한국 사상가 을의 입장으로 옳은 것만을 〈보기〉에서 있는 대로 고른 것은? [3점]

> 갑: 어진 사람은 천하에 이익이 생겨나게 하고 해로움을 없애기
> 묵자 위해 힘쓴다. 또한 귀로 듣기에 즐거운 것을 추구하지 않는다. 그것을 추구하면 백성들의 먹을 것과 입을 것을 축내고 빼앗기 때문이다. 임금과 대신이 음악을 좋아해서 즐기려 한다면 국가는 어지러워질 것이다. → 백성들에게 이익이 되지 않는 음악에 반대
>
> 을: 지금 세속의 음악은 바르지 못한 소리이다. 그러나 음악을 앞
> 정약용 에서 한창 연주할 때는, 관장(官長)이 그의 하급 관리를 용서해 주고, 가장(家長)이 자신의 어린 하인을 용서해 준다. 그러므로 성인은 "잠깐이라도 예악(禮樂)을 몸에서 떠나게 할 수 없다."라고 말한 것이다.

〈 보기 〉

ㄱ. 갑: 백성에게 이익이 되지 않는 음악을 멀리해야 한다.

ㄴ. 을: 음악을 즐기더라도 덕성 함양을 위해 노력해야 한다.

ㄷ. 을: 성인이 완성한 음악은 사회에 ~~어떤 영향도 끼치지 않는다.~~
　　　　　　　　　　　　　　　　　　도덕적 영향을 끼친다

ㄹ. 갑, 을: 음악은 사람들에게 감정적인 즐거움을 부여한다.

① ㄱ, ㄴ　　　② ㄱ, ㄷ　　　③ ㄷ, ㄹ
✓ ㄱ, ㄴ, ㄹ　　⑤ ㄴ, ㄷ, ㄹ

| 자료 분석 |

갑은 묵자, 을은 정약용이다. 묵자는 악기의 제조와 연주, 감상의 과정에 재물과 노동력이 소모되므로, 음악은 비효율적인 낭비라고 보고 이를 비판하였다. 한편 정약용은 음악이 도덕적 삶에 기여한다는 유교 사상의 관점을 취하면서, 음악이 사회적 관계를 조화롭게 만드는 데 도움이 될 수 있다고 보았다.

| 보기 해설 |

ㄱ. 묵자는 음악이 백성에게 이익이 되지 않는 사치이자 낭비라고 보면서, 음악을 멀리해야 한다고 보았다.

ㄴ. 정약용은 유교 사상의 관점에서 음악을 즐길 때 도덕적 품성을 함양하기 위해 노력해야 한다고 보았다.

ㄷ. 정약용은 성인이 완성한 음악은 사람의 성품을 도덕적으로 발전시킬 뿐만 아니라 개인과 사회가 조화로운 관계를 이루는 데 기여한다고 보았다.

ㄹ. 묵자와 정약용은 모두 음악이 사람들에게 감정적인 즐거움을 부여한다는 데 동의한다. 그러나 묵자는 음악을 좋아하여 즐기는 것은 백성의 이익을 축내는 것이라고 보고 이를 비판하는 반면, 정약용은 음악을 통해 사회의 질서와 안정을 이룰 수 있다고 보고 이를 긍정한다.

다음을 주장한 사상가의 입장으로 가장 적절한 것은? [3점]
↳칸트

> 미는 도덕성의 상징이다. 바로 이 점에서 아름다움은 만족을 주며 모든 사람에게 동의를 요구하는 것이다. 누군가가 무엇인가를 아름답다고 한다면 이는 다른 사람들에게도 똑같은 만족을 요구하는 것이다. 이때 그는 단지 자기 자신만을 위해 판단하고 있는 것이 아니라 모든 사람을 위해 판단하고 있는 것이다.
> └→ 미적 판단이 가지는 보편성

① 미는 도덕과 달리 독립된 영역을 갖지 않는다.
　　　　　　같이　　　　　　　　갖는다
✔ ② 미적 판단은 이해관계를 초월한 보편성을 지닐 수 있다.
③ 미의 판단 형식과 선의 판단 형식 간에는 유사성이 없다.
　　　　　　　　　　　　　　　　　　　　　　　있다
④ 미적 가치는 예술의 형식이 아닌 내용으로부터 도출된다.
⑤ 미적 즐거움은 이성에서 감성으로 나아가는 계기를 마련한다.
　　　　　　　　감성　　　이성

| 자료 분석 |

제시된 주장을 한 사상가는 칸트이다. 칸트는 미적 체험이나 도덕적 행위가 모두 자유를 전제로 성립될 수 있으며, 미적 체험이나 도덕적 행위가 다루는 자유의 내용은 다르지만 이기적인 욕구에서 벗어나 있다는 점에서 형식상 동일하다고 본다. 칸트는 이러한 측면에서 '미(美)와 선(善)은 형식이 유사하며, 미는 도덕성의 상징이다.'라고 주장한다.

| 선지 해설 |

① 미가 도덕성의 상징이라는 칸트의 주장은 미와 도덕이 같은 영역이라거나 미가 도덕과 달리 독립된 영역을 갖지 않는다는 말이 아니다. 칸트에 따르면 미와 도덕은 각기 독립된 영역을 가지고 있으나, 자유를 전제로 성립되고 이기적인 욕구에서 벗어나 있다는 측면에서 형식상 유사한 특징을 가진다는 것이다.

② 칸트는 미적 판단이 감정에서 비롯된 주관적 판단이라고 정의한다. 하지만 동시에 자신의 개인적인 조건이나 관심에 대해 완전히 무관심한 상태에서 미적 판단을 내린다는 점에서 미적 판단이 개인의 이해관계를 떠나 보편성을 지닐 수 있음을 주장한다.

③ 칸트는 미와 도덕이 엄밀히 다른 영역이며 각각의 독립성을 갖추고 있으나, 미와 선의 판단 형식이 유사하기 때문에 미는 도덕성의 상징이라고 주장한다. 이러한 측면에서 칸트는 미가 도덕성 실현에 기여할 수 있다고 본다.

④ 칸트는 예술의 본질이 예술 자체가 가진 형식에 담겨 있다는 형식미를 강조한다. 예술이 도덕성 실현에 기여할 수 있는 것은 미와 도덕이 가진 형식상의 유사성에서 비롯된 것이지, 예술이 도덕적인 가치를 내용으로 담고 있어서가 아니다.

⑤ 칸트는 미적 즐거움이 인간만이 누리는 고유한 것이며, 이러한 미적 즐거움을 통해 감성적인 것으로부터 순수 이성적인 것으로 나아가는 계기를 마련할 수 있다고 본다.

그림은 서술형 평가 문제와 학생 답안이다. 학생 답안의 ㉠~㉤ 중 옳지 않은 것은?

　　　　　　　　　　　→ 예술은 도덕성에 영향을 준다고 봄

> **서술형 평가**
>
> ⊙ 문제: 예술에 대한 갑, 을 사상가들의 입장을 비교하여 서술하시오.
>
> 갑: 아름다운 리듬과 화음은 영혼에 들어가 우아함을 심어 주고,
> 플라톤 미추(美醜) 감각을 키워 준다. 품위 없는 리듬과 화음은 나쁜 말씨나 고약한 성질과 연결되니, 작품 속에 선(善)의 원형을 표현하지 않는 사람은 추방해야 한다.
> 　　　　　　　　　　→ 선의 이데아
> 을: 미적인 것은 윤리적으로 선한 것의 상징이다. 이런 관점에서만
> 칸트 미적인 것은 다른 모든 사람들의 동의를 요구한다. 이때 우리의 마음은 감각적 쾌락을 넘어서 순화되고 고양된 고귀함을 느낀다.
>
> ⊙ 학생 답안
> 　　　　　　　　　→ 미적인 것과 윤리적으로 선한
> 　　　　　　　　　　것의 형식적 유사성을 주장함
> 갑, 을의 예술에 대한 입장을 비교해 보면, 갑은 ㉠ 예술가의 창작 행위를 떠나서는 아름다움의 원형이 존재할 수 없고, ㉡ 예술가는 미적 가치를 통해 영혼의 조화를 추구해야 한다고 본다. 을은 ㉢ 예술을 통해 타인과 감정을 공유할 수 있고, ㉣ 예술은 도덕성 증진에 기여할 수 있다고 본다. 한편 갑, 을 모두 ㉤ 예술은 미적 가치를 다루는 활동이라고 본다.

✔ ① ㉠　　　② ㉡　　　③ ㉢　　　④ ㉣　　　⑤ ㉤

| 자료 분석 |

갑은 플라톤, 을은 칸트이다. 플라톤은 예술 도덕주의의 입장에서 예술은 사람들의 도덕성을 함양하는 데 도움을 주어야 한다고 주장하며, 예술이 선(善)의 원형(이데아)을 모방하여 좋은 것만을 표현해야 한다고 보았다. 한편 칸트는 미(美)와 선(善)의 형식이 유사하다고 주장하면서, 미적인 것이 윤리적으로 선한 것을 상징하므로 예술이 도덕성 증진에 기여할 수 있다고 보았다. 또한 칸트는 미(美)에 대한 판단이 타인의 동의를 얻어 보편적인 것이 될 수 있다고 주장하였다.

| 선지 해설 |

① 플라톤은 세계를 감각으로 파악할 수 있는 현실 세계인 가시계(可視界)와 이성으로 파악할 수 있는 가지계(可知界)로 나누고, 후자를 참된 실재가 존재하는 관념의 세계인 이데아(원형)의 세계라고 부른다. 그리고 이데아의 세계에는 아름다움의 원형인 미(美)의 이데아도 있다고 본다. 이러한 관점에서 플라톤은 예술의 본질이 '모방'이라고 보고, 예술가는 눈에 보이는 현상이 아닌 아름다움의 원형(이데아)을 모방해야 한다고 주장하였다.

② 플라톤은 예술가가 선(善)의 원형(이데아)을 모방함으로써 미적 가치를 통해 영혼의 조화를 추구해야 한다고 주장하였다.

③ 칸트는 예술 작품을 통해 타인과 감정을 공유할 수 있다고 보았으며, 미에 대한 판단이 보편적인 것이 될 수 있다고 보았다.

④ 칸트는 미적인 것과 선한 것의 형식이 유사하다고 주장하면서, 미적 가치가 도덕성의 실현에 기여할 수 있다고 보았다.

⑤ 플라톤과 칸트는 모두 예술이 미적 가치를 다루는 활동이라는 데 동의한다.

30 | 예술에 대한 칸트와 플라톤의 입장 21학년도 9월 모평 6번 | 정답 ③ | 정답률 67%

갑, 을 사상가들의 입장으로 옳지 않은 것은? [3점]

→ 미적인 것과 도덕적으로 선한 것은 유사함

> 갑: 미적인 것은 윤리적으로 선한 것을 상징하고, 자연의 미(美)에
> 칸트 대한 직접적인 관심을 갖는 것은 항상 그 영혼이 선하다는 것
> 을 드러내 준다. 예술 작품의 가치는 감각적 즐거움이 아닌 예
> 술 자체의 형식에서 찾을 수 있다.
> └→ 예술 작품의 가치는 형식에 있다고 봄
>
> 을: 예술 작품은 좋은 곳에서 불어오는 미풍처럼 인간에게 좋은
> 플라톤 영향을 주며, 어릴 때부터 자기도 모르는 사이에 아름다운 말
> 을 닮고 사랑하고 공감하도록 이끌어 준다. 예술은 아름답고
> 우아한 것을 담고 있어야 한다.
> 예술 작품의 도덕적
> 영향력을 긍정함

① 갑: 예술 작품에서 아름다움의 판단 근거는 순수한 형식이다.
② 갑: 미적인 것에 대한 판단은 일체의 이해관심 없이 내려진다.
③ 을: 예술 작품은 아름다움과 추함을 있는 그대로 표현해야 한다.
④ 을: 미적 가치는 무질서한 리듬과 운율 안에서는 존재할 수 없다.
⑤ 갑, 을: 미를 추구하는 행위는 도덕성 촉진에 기여할 수 있다.

| 자료 분석 |

갑은 칸트, 을은 플라톤이다. 칸트는 미적인 것과 선한 것이 유사하다고 보며, 예술 작품의 가치는 감각적 즐거움이 아닌 예술 자체의 형식에 있다고 보았다. 플라톤은 예술이 인간에게 훌륭한 품성을 함양할 수 있도록 도움을 주어야 한다고 강조하며, 예술 작품의 도덕적 영향력을 중시하였다.

| 선지 해설 |

① 칸트는 예술 작품에 있어서 아름다움의 가치는 내용이 아닌 형식에서 찾을 수 있다고 보았다.

② 칸트는 미적인 것에 대한 판단이 이해관심(이익과 손해를 따져 생각하는 것)이 아니라 그 형식에 기초하여 내려지는 것이라고 보았다.

③ 플라톤은 예술 작품이 아름다움을 모방해야 한다고 강조하지만, 추한 것을 있는 그대로 표현해서는 안 된다고 보았다.

④ 플라톤은 미적 가치(아름다움)가 질서, 균형 등에서 나타나며, 무질서한 리듬과 운율 안에서는 존재할 수 없다고 주장하였다.

⑤ 칸트와 플라톤은 미를 추구하는 행위가 도덕성 촉진에 기여할 수 있음을 주장하였다.

31 | 예술 도덕주의와 예술 심미주의 22학년도 3월 학평 12번 | 정답 ① | 정답률 85%

그림은 서양 사상가 갑, 을의 가상 대화이다. 갑, 을의 입장으로 가장 적절한 것은?

예술 도덕주의 →　　　　　　　　　　　예술 심미주의 ←

예술 작품은 좋은 곳에서 불어오는 미풍처럼 젊은이들에게 좋은 영향을 주어야 합니다. 예술 작품은 젊은이들이 어릴 때부터 자기도 모르는 사이에 아름다운 말을 닮고 사랑하고 공감하도록 이끌어야 합니다.

예술 작품에 도덕적인 작품, 비도덕적인 작품이라는 것은 없습니다. 예술은 예술 안에서 완벽함을 추구할 뿐, 예술 밖에서 완벽함을 찾지 않습니다. 예술이란 아름답고 섬세한 형태, 고상한 색채로 사람들을 즐겁게 해 주는 것입니다.

플라톤 ← 갑　　　　　　　　　　　을 → 와일드

① 갑: 예술 작품은 인간의 품성 함양에 중요한 역할을 해야 한다.
② 갑: 예술 작품 검열은 예술의 도덕적 교화 기능을 약화시킨다.
③ 을: 예술 작품은 사회의 발전에 이바지할 때 가치를 지닌다.
　 갑(플라톤)
④ 을: 예술 작품에 대한 평가는 도덕에 근거해서 이뤄져야 한다.
　 갑(플라톤)
⑤ 갑, 을: 예술 작품은 예술 그 자체를 목적으로 추구해야 한다.

| 자료 분석 |

갑은 플라톤, 을은 와일드이다. 플라톤은 예술 도덕주의의 입장에서 모든 예술 작품은 올바른 품성과 행위를 모방해야 하고, 도덕적 교훈이나 본보기를 제공해야 한다고 주장한다. 반면, 와일드는 예술 심미주의의 입장에서 예술은 다른 어떤 것을 산출하기 때문이 아니라 그 자체로 가치가 있으며, 미적 가치의 구현을 목적으로 해야 한다고 주장한다. 따라서 예술은 도덕, 정치 등 다른 것의 수단이 되어서는 안 되며, 윤리적 평가로부터 자유로워야 한다고 본다.

| 선지 해설 |

① 갑(플라톤)은 예술 작품이 올바른 품성 함양을 위한 삶의 모범을 제공해야 한다고 본다. 아름다운 작품을 만남으로써 인간은 자신도 모르는 사이에 아름다운 말과의 닮음, 친근함, 조화로 이끌리게 되고, 영혼의 조화를 이룰 수 있게 된다고 보기 때문이다.

② 갑(플라톤)은 예술의 도덕적 교화 기능을 강조하며, 이를 위해 작품의 검열이 필요하다고 본다.

③ 을(와일드)은 예술을 위한 예술을 주장하며, 예술이 사회의 발전이나 정치적인 목적 등의 도구가 되는 것에 반대한다. 예술 작품이 사회 발전에 이바지해야 한다고 보는 참여 예술론은 갑(플라톤)의 입장에 해당한다.

④ 을(와일드)은 예술 작품이 도덕적 평가로부터 자유로워야 한다고 본다. 미적 경험은 그 자체로 가치가 있는 것이기 때문에 옳고 그름의 윤리적 평가 대상이 아니라고 보는 것이다.

⑤ 을(와일드)의 입장에만 해당한다. 갑(플라톤)은 예술 작품이 올바른 품성 함양과 사회 발전이라는 목적을 추구해야 한다고 본다. 반면, 을(와일드)은 예술은 예술 그 자체의 미적 가치 구현을 목적으로 추구해야 한다고 본다.

32 예술 심미주의와 예술 도덕주의 22학년도 4월 학평 17번

정답 ④ | 정답률 82%

갑 사상가는 부정, 을 사상가는 긍정의 대답을 할 질문으로 가장 적절한 것은?

> 갑: 어떤 예술가도 윤리적 동정심을 지니지 않는다. 예술가가 윤리적 동정심을 갖고 있다는 것은 용납할 수 없는 것이다. 또한 예술가는 무엇이든 표현할 수 있다. 예술가에게 사고와 언어는 예술의 도구이며, 악덕과 미덕은 예술의 재료이다. → 예술 심미주의
> 와일드
>
> 을: 훌륭한 예술 작품은 몸에 건강을 안겨 주는 바람처럼 사람들에게 선한 영향을 준다. 또한 훌륭한 예술 작품은 젊은이들이 어릴 적부터 그것을 대하며 자신들도 모르는 사이에 아름다운 것과 친해지고 선한 것과 닮아 가도록 이끌어 준다. → 예술 도덕주의
> 플라톤

① 예술은 미적 가치를 추구하는 인간의 정신 활동인가?
② 예술은 오직 예술 그 자체를 목적으로 삼아야 하는가?
③ 예술은 도덕적 가치 판단으로부터 자유로워야 하는가?
✓④ 예술은 사회 구성원의 도덕성 함양에 기여해야 하는가?
⑤ 예술은 인간의 도덕적 삶을 작품의 소재로 삼을 수 있는가?

| 자료 분석 |

갑은 와일드, 을은 플라톤이다. 와일드는 예술은 윤리적 평가로부터 자유로워야 하며, 예술을 도덕, 정치 등 다른 것을 위한 수단으로 여겨서는 안 된다고 주장한다. 플라톤은 예술이 올바른 품성을 함양하는 데 있어 삶의 모범을 제공해야 하며, 예술가는 도덕적 이상을 모방하여 영혼의 조화를 추구해야 한다고 주장한다.

| 선지 해설 |

① 갑(와일드), 을(플라톤) 모두 긍정의 대답을 할 질문이다. 두 사상가는 예술이 미적 경험, 미적 가치를 추구하는 활동이라는 점에는 동의한다.

② 갑(와일드)이 긍정, 을(플라톤)이 부정의 대답을 할 질문이다. 갑(와일드)은 예술은 오직 예술 그 자체만을 목적으로 삼아야 한다고 주장한다. 반면, 을(플라톤)은 예술은 예술 그 자체를 위한 행위라기보다 도덕적 교훈이나 본보기를 제공해야 한다고 본다.

③ 갑(와일드)이 긍정, 을(플라톤)이 부정의 대답을 할 질문이다. 갑(와일드)은 예술이 도덕적 가치 판단으로부터 자유로워야 한다고 본다. 반면, 을(플라톤)은 예술이 도덕적 가치로부터 자유로울 수 없다고 본다.

④ 갑(와일드)이 부정, 을(플라톤)이 긍정의 대답을 할 질문이다. 갑(와일드)은 예술가는 사회 구성원의 도덕성 함양과 무관하게 오직 미를 추구하고 창조하는 행위에 집중하면 된다고 본다. 반면 을(플라톤)은 예술이 사회 발전에 이바지해야 하며, 사회 구성원의 도덕적 품성 함양을 위해 본보기를 제공해야 한다고 주장한다.

⑤ 갑(와일드), 을(플라톤) 모두 긍정의 대답을 할 질문이다. 갑(와일드)은 예술가의 자율성과 창조 행위를 강조하며, 작품의 소재는 자유롭게 선정할 수 있다고 본다. 을(플라톤)은 예술이 도덕적 삶을 소재로 삼아 사람들의 도덕성을 고양할 수 있는 예술 작품을 생산해야 한다고 본다.

---

33 문화 산업에 대한 아도르노의 입장 22학년도 3월 학평 7번

정답 ③ | 정답률 70%

다음을 주장한 사상가의 입장으로 가장 적절한 것은? [3점]
→ 아도르노   → 상업화된 예술 비판

> 문화 산업의 독점하에서 대중문화는 획일적인 모습을 하고 있다. 대중문화의 조종자들은 독점을 숨기려 하지도 않는다. 독점의 힘이 강화될수록 그 힘의 행사도 점점 노골화된다. 영화나 라디오는 더 이상 예술인 척할 필요가 없다. 대중 매체는 그들이 고의로 만들어 낸 것들을 정당화하는 이데올로기로 사용되며, 대중은 문화 산업의 객체가 된다. 대중에게 다양한 질의 대량 생산물이 제공되지만 그것은 이윤 창출을 위한 문화 산업 체계의 일부일 뿐이다.

① 문화 산업이 확산될수록 인간의 몰개성화 경향은 감소한다.
                                                    심화
② 문화 산업은 예술을 상품화하려는 시도를 예방하고자 한다.
✓③ 문화 산업은 대중에게 규격화된 예술과 가치관을 전달한다.
④ 문화 산업의 목표는 예술의 심미적 가치를 보존하는 것이다.
⑤ 문화 산업은 대중이 각자 고유한 예술 체험을 하도록 장려한다.

| 자료 분석 |

제시된 주장을 한 사상가는 아도르노이다. 아도르노는 상업화된 예술을 문화 산업이라고 비판하며, 현대 예술이 자본에 종속되어 문화 산업으로 획일화되었다고 본다. 또한 아도르노는 예술 작품을 상품화하려는 시도로 인해 예술 작품을 감상하는 것이 감상자 스스로에게 고유한 체험이 되는 것이 아니라, 표준화되고 규격화된 소비 양식이 될 뿐이라고 지적한다.

| 선지 해설 |

① 아도르노는 문화 산업이 확산될수록 문화는 점차 동질화되고 몰개성화 경향이 심화된다고 본다.

② 아도르노는 문화 산업이 예술을 점차 상품화하려고 시도한다고 보므로, 문화 산업이 예술을 상품화하려는 시도를 예방하고자 한다는 설명은 적절하지 않다.

③ 아도르노는 대중문화가 이윤 창출의 도구가 된다고 보며, 문화 산업이 규격화된 예술과 가치관을 전달한다고 주장한다. 또한 문화 산업은 사물화된 의식을 조장하고, 대중을 무력화시켜 독점 자본주의 체제가 유지·재생산될 수 있도록 기능한다고 지적한다.

④ 아도르노는 문화 산업이 상업적 이익만을 우선함으로써 예술의 심미적 가치의 보존을 약화시킨다고 본다.

⑤ 아도르노는 막대한 자본 투자로 발전한 현대의 대중문화 속에서 현대 예술은 점차 자본에 종속되어 하나의 상품으로 전락하였고, 대중들은 각자의 고유한 예술을 체험하기 어려워졌다고 본다. 따라서 대중들은 획일화되고, 규격화된 형태의 예술을 소비할 뿐이라고 주장한다.

34 예술에 대한 묵자와 순자의 입장 24학년도 10월 학평 9번

정답 ④ | 정답률 62%

갑, 을 사상가들의 입장으로 적절한 것만을 〈보기〉에서 있는 대로 고른 것은?

→ 비악론

갑
묵자
임금과 대신들이 음악을 좋아하여 즐기면 국가는 어지러워진다. 농부가 음악을 좋아하여 듣기만 한다면 콩과 조가 부족해진다. 천하의 이익을 일으키고 천하의 해를 없애려고 한다면 음악을 금지하지 않을 수 없을 것이다.

을
순자
예(禮)는 사람의 본성[性]이 아니라 성인의 작위[僞]에 의해 생겨난다. 예에 맞는 음악을 귀히 여기고 사특한 음악을 천시해야 한다. 음악이 엄숙하면 백성이 혼란하지 않고 편안히 살게 된다. 이것이 왕도 정치의 시작이다. → 예에 맞는 음악은 사회를 조화롭게 함

〈 보기 〉

ㄱ. 갑: 음악은 생산 활동을 방해하지만 즐거움을 줄 수 있다.
ㄴ. 을: 음악이 예에 알맞으면 사회를 바로잡는 규범이 된다.
ㄷ. 을: 음악은 본성을 변화시켜 세상을 조화롭게 할 수 있다.
ㄹ. 갑과 을: 음악 없이는 이상적 인간의 경지에 이를 수 없다.

① ㄱ, ㄴ   ② ㄱ, ㄹ   ③ ㄷ, ㄹ
④ ㄱ, ㄴ, ㄷ   ⑤ ㄴ, ㄷ, ㄹ

| 자료 분석 |

갑은 묵자, 을은 순자이다. 묵자는 음악이 재물의 낭비를 가져오는 것이므로 불필요한 낭비인 음악을 없애 백성들의 수고로움을 덜어 주고 천하에 이익을 일으켜야 한다고 본다. 순자는 예와 음악의 근원이 같다고 보고, 예에 맞는 음악을 통해 사회 질서를 바로잡고 혼란을 방지할 수 있다고 주장한다.

| 보기 해설 |

ㄱ 갑(묵자)의 입장으로 적절하다. 갑(묵자)은 음악이 백성들에게 즐거움을 줄 수는 있지만, 실질적인 삶에 도움이 되지 않아 오히려 해악을 초래하는 부정적인 것으로 인식한다.

ㄴ 을(순자)의 입장으로 적절하다. 을(순자)은 예에 알맞은 음악은 백성들을 화합하게 하고, 개인과 사회의 관계를 조화롭게 만드는 데 기여한다고 주장한다.

ㄷ 을(순자)의 입장으로 적절하다. 을(순자)은 사람의 본성이 이기적이라고 보는 성악설의 관점을 취하며 음악은 인간이 악한 본성을 이겨내고 도덕적 삶을 이루는 데 기여할 수 있다고 본다.

ㄹ. 갑(묵자)과 을(순자)의 공통적인 입장으로 적절하지 않다. 갑(묵자)은 음악은 즐거움을 줄 뿐, 인간의 삶에 이익이 되지 않는다고 본다. 을(순자)은 음악을 통한 인간 본성의 교화는 긍정하지만, 음악 없이는 이상적 인간의 경지에 다다를 수 없다는 의견에는 동의하지 않을 수 있다.

35 예술에 대한 아리스토텔레스의 입장 25학년도 수능 3번

정답 ⑤ | 정답률 67%

그림의 강연자가 지지할 입장으로 가장 적절한 것은?
↳ 아리스토텔레스

시인은 행위하는 인간을 모방하는데, 행위하는 인간은 필연적으로 선인이거나 악인입니다. 인간이 거의 언제나 이 두 가지 범주에 속하는 것은, 모든 인간은 덕과 부덕에 의해 구별되기 때문입니다. 모방된 인간은 필연적으로 우리 이상의 선인이든지, 우리 이하의 악인이든지, 우리와 동등한 인간입니다. 희극과 비극의 차이도 여기에 있습니다. 희극은 실제 이하의 악인을, 비극은 실제 이상의 선인을 재현합니다. 한 가지 명백한 사실은 시인의 임무는 실제 일어난 일이 아니라 일어날 법한 일을 이야기하는 데 있다는 것입니다.

① 예술가는 악한 인간의 성품을 묘사해서는 안 된다.
② 예술 작품 속 인물에 대한 도덕적 구분은 불가능하다.
③ 예술 작품 속 인물이 현실의 인간과 유사할 수는 없다.
④ 예술가는 인간의 유덕함을 작품 소재로 삼아서는 안 된다.
⑤ 예술가가 개연성 없는 서사를 창작하는 것은 바람직하지 않다.

| 자료 분석 |

그림의 강연자는 아리스토텔레스이다. 아리스토텔레스는 덕의 여부에 따라 행위하는 인간을 선인과 악인으로 구분하고 시인은 이러한 행위하는 인간을 모방한다고 주장한다. 아리스토텔레스에 따르면 시인의 임무는 일어난 일이 아닌 일어날 법한 일을 이야기하는 데 있다.

| 선지 해설 |

① 아리스토텔레스는 시인이 선인이나 악인을 모방한다고 보며, 실제 이하의 악인을 모방하는 것을 문제라고 보지 않는다.

② 아리스토텔레스는 덕과 부덕에 따라 예술 작품 속 인물을 선인과 악인으로 구분할 수 있다고 본다.

③ 아리스토텔레스는 예술 작품이 실제 일어날 법한 일을 이야기하기 때문에 작품 속 인물이 현실의 인간과 유사하지 않다고 보지 않는다.

④ 아리스토텔레스는 시인이 행위하는 인간을 모방하며, 이 모방된 인간은 우리 이상의 선인이거나 우리 이하의 악인이거나 우리와 동등한 인간이라고 본다. 따라서 인간의 유덕함은 작품 소재가 될 수 있다.

⑤ 아리스토텔레스는 시인의 임무가 일어날 법한 일을 이야기하는 데 있다고 보기 때문에 개연성을 중시한다고 볼 수 있다. 따라서 개연성 없는 서사를 창작하는 것은 바람직하지 않다고 볼 것이다.

다음을 주장한 사상가의 입장으로 가장 적절한 것은?

→ 아도르노

> '목적 없는 합목적성'이 되어 버린 계몽적 합리성은 자본주의 대중문화에서도 관찰된다. 대중문화의 지배자들은 대중문화가 장사일 뿐이라는 사실을 숨기지 않는다. 오히려 그들은 이 사실을 자신들이 만든 저속한 문화 상품을 정당화하는 이데올로기로 활용한다. 소비자들은 자신들의 욕구에 맞게 그 유형이 규격화된 대량생산물을 별 저항 없이 스스로 받아들이게 된다. 문화 산업의 기술이 사회에 대한 권력을 획득할 수 있는 기반은 바로 경제적 강자의 권력이라는 것은 여기서 언급되지 않는다. 다양한 문화 상품이 대중에게 제공되지만 이는 대량생산 법칙을 더 완벽하게 실현할 뿐이다.

① 문화 산업은 대중문화가 상품에 불과하다는 사실을 은폐한다.
② 문화 상품에 대한 대중의 선호는 상업적 전략에 대한 순응이다.
③ 문화 상품 소비자는 합리적으로 대중문화를 지배하는 주체이다.
　　　　　　　　　　　　　　　　　　　　　수용　　　객체
④ 문화 상품에 대한 다양한 수요는 표준화된 소비 양식과 상충한다.
⑤ 문화 상품 소비자는 대중문화의 본질을 간파하는 합리성을 발휘한다.

| 자료 분석 |

제시문의 사상가는 아도르노이다. 아도르노는 상업화된 대중문화를 오직 경제적 가치만을 우선시하는 '문화 산업'이라고 비판한다. 그리고 오직 경제적 가치만을 추구하는 획일적인 문화 산업으로 인해 문화 소비자들이 자발성과 상상력을 잃게 된다고 주장한다.

| 선지 해설 |

① 아도르노는 대중문화의 지배자들이 대중문화가 상품에 불과하다는 사실을 숨기지 않는다고 주장한다.

② 아도르노는 규격화된 대량생산물을 소비자들이 저항 없이 받아들이고 있으며 대중이 이러한 상업적 전략에 순응하면서 경제적 강자의 권력과 지배력이 더 커진다고 본다.

③ 아도르노는 문화 산업의 규격화된 양식이 문화 소비자를 단순한 객체로 만들어 적극적인 사유를 불가능하게 하고 문화 소비자의 주체성을 약화시킨다고 지적한다.

④ 아도르노는 문화 산업의 확산은 소비자의 비판 의식과 생각을 축소시키며 문화 산업은 소비자의 욕구가 아닌 생산자의 의도에 의해 확산된다고 주장한다.

⑤ 아도르노는 대중문화의 지배자들이 만든 상업적 문화 상품을 소비자들이 별 저항 없이 스스로 받아들인다고 본다.

22
일차

01 ① 02 ⑤ 03 ④ 04 ③ 05 ⑤ 06 ② 07 ② 08 ④ 09 ① 10 ① 11 ② 12 ⑤

13 ③ 14 ④ 15 ② 16 ⑤ 17 ② 18 ⑤ 19 ② 20 ④ 21 ④ 22 ④ 23 ① 24 ①

25 ④ 26 ③ 27 ① 28 ④ 29 ① 30 ④ 31 ④ 32 ⑤ 33 ② 34 ④ 35 ① 36 ①

---

01 의복 윤리에 대한 입장 25학년도 9월 모평 4번 정답 ① | 정답률 90%

다음 토론의 핵심 쟁점으로 가장 적절한 것은? [3점]

> 갑: 최신 유행을 반영하여 빠르게 옷을 제작하고 유통하는 소비 양식인 **패스트패션**은 소비자의 기호를 충족해 줄 수 있지만 심각한 **환경 오염** 문제를 야기하고 있습니다.
>
> 을: 동의합니다. 물론 패스트패션이 소비자의 욕구를 충족해 주기는 합니다. 그럼에도 환경을 생각하면 패스트패션 제품 생산을 막을 수밖에 없습니다. → 패스트패션 제품 생산을 막아야 함
>
> 갑: 아닙니다. 패스트패션 기업에 환경 부담금을 부과하는 정도의 규제는 필수적이지만 제품 생산까지 막는 것은 소비자의 선택권을 침해하는 과도한 규제입니다. → 환경 부담금을 부과하는 정도가 적절
>
> 을: 소비자 선택권이 침해되는 것은 사실이지만 환경 문제를 해결하기 위해서는 환경 부담금을 부과하는 것뿐 아니라 패스트패션 제품 생산 자체를 못 하도록 해야 합니다.

✓① 패스트패션 제품 생산을 전면적으로 금지해야 하는가?
    → 갑은 비동의, 을은 동의

② 패스트패션은 심각한 환경 오염 문제를 야기할 수 있는가?
    → 갑과 을 모두 동의

③ 패스트패션 제품을 생산하는 기업에 대한 규제가 필요한가?
    → 갑과 을 모두 동의

④ 패스트패션은 유행에 민감한 소비자의 욕구를 충족해 주는가?
    → 갑과 을 모두 동의

⑤ 패스트패션 제품 생산을 막는 것은 소비자의 선택권을 침해하는가?
    → 갑과 을 모두 동의

| 자료 분석 |

갑과 을은 패스트패션이 가져올 문제와 그 대처 방안에 대해 말한다. 갑은 패스트패션에 환경 부담금을 부과하는 정도의 규제는 찬성하면서도 제품 생산을 막아서는 안 된다는 입장이고, 을은 환경 부담금 부과는 물론 제품 생산 자체를 금지해야 한다는 입장이다.

| 선지 해설 |

①갑은 소비자의 선택권 침해를 우려하며 패스트패션 제품 생산의 전면적 금지는 동의하지 않는다. 반면 을은 환경 문제 해결을 위해 패스트패션 제품 생산을 전면적으로 금지해야 한다고 본다. 따라서 갑과 을의 입장이 나뉘는 질문이기 때문에 토론의 핵심 쟁점으로 가장 적절하다.

② 패스트패션이 심각한 환경 오염 문제를 야기할 수 있다는 점은 갑과 을 모두 동의하는 내용이기 때문에 토론의 핵심 쟁점으로 적절하지 않다.

③ 갑은 패스트패션 기업에 환경 부담금을 부과하는 정도의 규제를 말하며 을은 제품 생산 자체를 금지하자고 주장한다. 따라서 갑과 을 모두 동의하는 내용이기 때문에 토론의 핵심 쟁점으로 적절하지 않다.

④ 패스트패션은 소비자의 욕구를 충족시킬 수 있다는 점은 갑과 을 모두 동의하는 내용이기 때문에 토론의 핵심 쟁점으로 적절하지 않다.

⑤ 갑은 패스트패션 제품 생산을 막는 것은 소비자의 선택권을 침해하는 과도한 규제이기 때문에 시행에 반대한다. 을은 소비자의 선택권이 침해되더라도 환경 문제의 해결을 더 중요하게 생각한다. 따라서 갑과 을 모두 동의하는 내용이기 때문에 토론의 핵심 쟁점으로 적절하지 않다.

---

02 과시 소비에 대한 베블런의 입장 25학년도 6월 모평 6번 정답 ⑤ | 정답률 92%

그림의 강연자가 부정의 대답을 할 질문으로 가장 적절한 것은?
↳ 베블런

> 사람들은 금전적 능력으로 명성을 얻으려 하지만 금전적 능력만으로는 명성을 얻기에 충분하지 않습니다. 그래서 좋은 명성을 얻고 유지하기 위한 수단으로 과시적 소비를 합니다. 이 수단은 사회 계층의 밑바닥까지 위력을 발휘합니다. 소비의 근본 동기는 차별적 비교에 따른 경쟁입니다. 그래서 각 계층은 자신의 상위 계층을 동경하고 소비 행위를 모방하며, 이를 통해 같은 계층 사람들과의 경쟁에서 앞서 나가려고 합니다. 심지어는 물질적으로 결핍 상태에 있는 계층에서도 이러한 욕구 충족을 위해 마지막까지 허세를 부립니다.

① 과시적 소비는 명성을 얻기 위한 수단으로 행해지는가?

② 과시적 소비의 욕구는 사회의 최하위 계층에서도 나타나는가?

③ 동일 계층 내에서의 경쟁심은 과시적 소비의 동기가 될 수 있는가?

④ 상위 계층의 소비 행위는 하위 계층의 소비 행위에 영향을 주는가?

✓⑤ 명성의 욕망을 추구하기 위해서는 물질적 풍요가 전제되어야만 하는가?

| 자료 분석 |

제시된 글은 베블런의 입장이다. 베블런은 산업 사회에서 유한계급은 자신의 사회적 지위를 드러내기 위해 끊임없이 과시 소비를 하고, 빈곤한 계급 또한 유한계급에서 유행하는 생활 양식에 가까워지고자 과시 소비를 하게 된다고 본다.

① 베블런이 긍정의 대답을 할 질문이다. 베블런은 좋은 명성을 얻고 유지하기 위한 수단으로 과시적 소비가 이루어진다고 본다.

② 베블런이 긍정의 대답을 할 질문이다. 베블런은 사회 구조의 낮은 계층에 속하는 아주 빈곤한 계급도 명성을 얻기 위한 관례적인 과시적 소비에서 자유로울 수 없다고 본다.

③ 베블런이 긍정의 대답을 할 질문이다. 베블런은 타인과 끊임없이 비교하려는 경쟁적인 비교 성향이 과시 소비로 나타난다고 본다.

④ 베블런이 긍정의 대답을 할 질문이다. 베블런은 과시적 소비로 인해 상위 계층의 가치 기준들이 사회 구조의 최하위 계층까지 확장된다고 본다.

⑤베블런이 부정의 대답을 할 질문이다. 베블런은 자본주의 사회에서 거의 모든 계층의 사람들이 명성의 욕망을 추구하고자 과시적 소비를 한다고 주장하지만 물질적 풍요가 전제되어야만 한다고 보지 않는다.

다음을 주장한 <u>사상가</u>의 입장에서 〈문제 상황〉 속 A에게 제시할 조언으로 가장 적절한 것은?
→ 아리스토텔레스

> 운동을 지나치게 많이 하거나 적게 하는 것, 음식을 지나치게 많이 먹거나 적게 먹는 것은 건강을 해치지만, 적당한 운동이나 식사는 건강에 도움이 된다. 마땅한 때에, 마땅한 방식으로, 마땅하게 행동하는 것이 쉬운 일은 아니다. 그러므로 중용을 지키는 사람은 칭송받을 만하다.
>
> 〈문제 상황〉
>
> 학생 A는 급식에서 자신이 좋아하는 음식이 나올 때는 폭식을 하고, 좋아하지 않는 음식이 나올 때는 거의 먹지 않고 버린다. 최근 A는 자신의 건강과 올바른 생활 태도에 필요한 식습관이 무엇인지 고민하고 있다.

① 먹는 행위와 좋은 품성의 형성은 서로 <u>무관함</u>을 고려하세요.
  관련됨
② 먹는 것은 본능이므로 스스로 통제할 수 <u>없음</u>을 고려하세요.
  있음
③ 먹을 때 이성이 아닌 <u>감정</u>의 명령에 따라야 함을 고려하세요.
  → 먹을 때에도 이성의 명령에 귀를 기울여야 함
✓ 먹는 즐거움을 느낄 때에도 절제의 덕이 필요함을 고려하세요.
⑤ 먹는 것은 육체의 욕망을 채우는 행위에 <u>불과함</u>을 고려하세요.
  → 먹는 것에도 중용이 필요함

| 자료 분석 |

제시문의 사상가는 아리스토텔레스이다. 아리스토텔레스는 마땅한 때에, 마땅한 방식으로 마땅하게 행동하는 상태인 중용을 강조하였다. 〈문제 상황〉 속 A는 좋아하는 음식이 나올 때는 폭식하고, 좋아하지 않는 음식이 나올 때는 버리는 식습관을 고치기 위해 고민하고 있으므로 아리스토텔레스의 중용의 입장에서 A에게 제시할 수 있는 적절한 조언을 찾으면 된다.

| 선지 해설 |

① 아리스토텔레스는 적절하게 먹는 행위를 통해서도 좋은 품성을 형성할 수 있다고 조언할 것이다.

② 아리스토텔레스는 먹는 것은 자연적 본능이지만, 이성을 통해 통제함으로써 중용의 덕을 함양하라고 조언할 것이다. 아리스토텔레스는 인간 영혼에서 감각이나 욕구의 부분은 이성의 영향을 받을 수 있는 부분으로 통제할 수 있다고 본다.

③ 아리스토텔레스는 먹을 때에도 이성의 명령을 따라야 함을 고려하라고 조언할 것이다. 아리스토텔레스는 욕구의 기능이 이성의 명령에 귀를 기울일 때 좋은 품성의 덕을 형성할 수 있다고 본다.

④ 아리스토텔레스는 먹는 즐거움을 느낄 때에도 절제의 덕을 발휘함으로써 과도함과 부족함 사이의 적절한 상태인 중용을 실천해야 한다고 조언할 것이다.

⑤ 아리스토텔레스는 먹는 것은 육체의 욕구를 채우는 것이기도 하지만, 먹는 행위는 좋은 품성의 형성과 관련되므로 중용을 실천해야 한다고 조언할 것이다.

(가), (나) 사상의 입장으로 가장 적절한 것은?

> (가) 인위적인 것[人]으로 자연적인 것[天]을 없애지 말아야 한다.
> 장자 사람은 소, 양, 돼지 등의 고기를 먹지만 사슴은 풀을 먹고 지네는 뱀을 먹고 올빼미는 쥐를 좋아한다고 먹는다. 이 넷 중 어느 쪽도 음식 맛을 바르게 안다고 할 수 없다.
>
> (나) 예(禮)가 아니면 말하지도 보지도 듣지도 행동하지도 말아
> 공자 야 한다. 군자는 음식 빛깔이 나쁜 것, 제대로 요리되지 않은 것, 제철 음식이 아닌 것은 먹지 않는다. 또한 음식을 자른 모양이 반듯하지 않거나 간이 맞지 않아도 먹지 않는다.

① (가): 음식에 대한 욕구를 <u>제거</u>하여 자연과 조화를 이루어야 한다.
  → 음식에 대한 욕구는 자연스러운 것
② (<u>가</u>): 적절한 음식을 섭취하여 인간다움과 의로움을 실현해야 한다.
  (나)
✓ (나): 음식의 상태를 고려하여 먹는 것은 인격 수양의 일환이다.
④ (나): 음식을 섭취하는 목적은 육체적 생명의 보존에 <u>국한된다</u>.
⑤ (<u>가</u>)와 (나): 사회적 규범에 따라 음식을 올바르게 먹어야 한다.

| 자료 분석 |

(가)는 장자, (나)는 공자의 입장이다. 장자는 인간의 인위적인 의도에 따라 자연적인 것을 해치는 것을 경계하며, 상대적인 관점을 가지고 음식을 바라봐야 한다고 주장했다. 공자는 음식을 바르게 섭취하는 것이 인격 수양을 위한 하나의 방법이 될 수 있다고 보고, 군자는 음식을 섭취할 때도 인(仁)을 떠나지 않아야 한다고 주장했다.

| 선지 해설 |

① 장자는 만물이 각자의 본성대로 살아가야 한다고 보고, 인간 역시 타고난 자연적 본성에 따라 음식을 섭취해야 한다고 주장했다. 장자는 음식에 대한 욕구를 제거할 것을 주장하지 않았다.

② 장자는 인의와 같은 인위적인 도덕성이 인간 본래의 타고난 자연적 성향을 해칠 수 있다고 보고, 인의와 같은 도덕성에서 벗어나 자연 그대로의 모습으로 살아가야 한다고 주장했다.

③ 공자는 군자가 음식의 빛깔, 음식의 자른 모양, 간의 적절성 등 음식의 상태를 고려하여 먹어야 한다고 보았다. 따라서 공자의 입장에서는 음식의 다양한 상태를 고려해서 먹는 것 또한 인격 수양이 된다고 할 수 있다.

④ 공자는 군자라면 음식을 섭취할 때도 온전히 인을 떠나서는 안 된다고 보고, 음식을 섭취하는 목적은 육체적 생명의 보존에 국한된 것이 아니라 도덕성을 실현하는 데에도 있다고 주장했다.

⑤ 장자는 인간이 만든 사회적 규범이 사회 혼란의 원인임을 강조하며 사회적 규범과 같은 인위적인 것에서 벗어나 자연 그대로의 모습에 따를 것을 주장했다.

05 음식 윤리에 대한 유교와 불교의 입장 24학년도 6월 모평 12번

정답 ⑤ | 정답률 77%

(가), (나)의 입장으로 가장 적절한 것은?

> (가) 좋은 음식은 탐을 내고, 맛없는 음식은 찡그리고, 종일 먹어
> 유교 도 음식이 생겨난 바를 모르는 것은 어리석은 일이다. 덕 있
> 는 선비는 배불리 먹을 타령을 금해야 한다.
>
> (나) 음식에 들어간 공(功)을 생각하고 자기의 덕행이 공양을 받을
> 불교 만한지 생각하라. 탐욕을 버리고 식사를 약으로 알아 몸의
> 여윔을 방지하라. 깨달음을 이루기 위해 이 음식을 받는다.

① (가): 음식의 탐닉을 위해 음식이 생겨난 과정을 알아야 한다.

② (가): 몸의 건강과 마음의 다스림을 위해서는 금식이 필수적이다.

③ (나): 음식이 지닌 윤리적 가치보다 영양적 가치를 중시해야 한다.
  → 윤리적 가치를 중시

④ (나): 음식을 먹는 태도가 아니라 음식에 들어간 노력이 중요하다.
  → 음식을 먹는 태도가 중요

✓⑤ (가)와 (나): 음식을 먹는 행위는 수양을 통해 조절되어야 한다.

| 자료 분석 |

음식 윤리에 대해 (가)는 유교, (나)는 불교의 입장에 해당한다. 유교는 음식을 먹을 때 절제하는 태도와 공경의 자세를 취할 것을 강조한다. 불교는 음식을 먹는 것이 건강이나 보신을 위한 것만이 아니라 수행의 연장이라고 보고 있다. 음식을 먹을 때 절제의 자세를 가지고, 지혜롭게 숙고하면서 음식을 수용할 것을 강조한다.

| 선지 해설 |

① 유교에서는 음식이 생겨난 과정을 알아야 한다고 보지만, 음식을 탐닉하는 태도를 경계해야 한다고 본다.

② 유교에서는 몸의 건강과 마음의 다스림을 위해 음식에 대해 절제하는 태도를 강조하고 있는 것이지 금식을 요구하는 것은 아니다.

③ 불교에서는 음식을 먹는 것이 건강을 위한 것이면서 수행의 연장으로서 윤리적 가치를 지닌다고 본다.

④ 불교는 음식을 먹는 태도의 중요성을 강조하고 있다. 음식을 먹을 때 지혜롭게 숙고하고, 자기 절제의 자세를 갖추어야 한다고 본다.

⑤ 유교와 불교의 공통된 입장에 해당한다. 유교는 음식을 먹을 때 몸과 마음의 다스림과 절제가 필요하다고 보고, 불교는 음식을 먹는 것이 수행의 연장이며 절제의 자세를 갖추어야 한다고 본다.

---

06 소비 사회에 대한 보드리야르의 입장 23학년도 수능 15번

정답 ② | 정답률 92%

다음 가상 대담의 사상가가 지지할 입장으로 가장 적절한 것은?
  → 장 보드리야르

① 현대 사회의 소비자는 경제적 합리성을 최우선으로 고려하여 소비한다.
  사회적 위세를 표현하고자

✓② 현대인은 타인과의 차이를 드러내려는 욕구를 충족하기 위해 소비한다.

③ 현대 사회에서 경제적 상위 계층만이 사회적 위세를 표현하고자 한다.

④ 현대인은 사물의 기능을 중시하는 소비를 통해 만족을 얻고자 한다.
  기호

⑤ 현대인은 사회적 시선을 의식하지 않고 자신의 선호에 따라 소비한다.
  기호

| 자료 분석 |

제시된 글의 사상가는 장 보드리야르이다. 보드리야르는 사람들의 소비가 효율성의 추구와 합리적 선택이 아니라 자신과 타인을 구별하고 차이를 드러내기 위한 수단으로 이루어진다고 본다. 사람들이 소비를 하는 것은 사물이 지닌 사용 가치나 기능에 대한 것이라기보다 사회적 위세를 표현하고, 사회적 지위 및 명성에 있어 차이를 드러내 주는 기호(記號)라고 주장한다.

| 선지 해설 |

① 보드리야르는 현대 사회의 소비자들이 경제적 합리성보다 사회적 위세를 표현하기 위해 소비를 한다고 본다. 따라서 경제적 합리성을 최우선으로 고려하여 소비한다는 설명은 적절하지 않다.

② 보드리야르의 입장으로 적절하다. 보드리야르는 현대인이 타인과의 차이를 드러내고자 소비한다고 주장한다. 자신이 원하는 대로 소비한다고 생각하지만, 실제로는 다른 사람과의 차이를 보여 주기 위한 수단으로 기호를 소비한다고 본다.

③ 보드리야르는 사회적 위세를 표현하기 위한 소비는 상위 계층만이 아니라 현대인들에게서 나타나는 보편적 현상이라고 본다.

④ 보드리야르는 현대인들의 소비가 사물의 기능을 중시한다기보다 사회적 지위 및 명성에 있어서의 차이를 드러내 주는 기호를 소비하는 것을 중시한다고 본다. 사물이 갖는 도구로서의 기능과 역할이 있기는 하지만, 현대인들은 사물 그 자체의 기능을 소비한다기보다 기호를 소비한다고 주장한다.

⑤ 보드리야르는 사람들이 자신이 원하는 대로 선택하고 소비를 한다고 생각하겠지만, 실제로는 사회적 위세를 표현하고, 다른 사람과의 차이를 드러내고자 하는 사회의 메커니즘에 따른 것이라고 본다.

22
일차

다음 글의 입장으로 적절하지 <u>않은</u> 것은?

> 산업 사회에서 <mark>유한계급은 사회적 명성의 측면에서 사회 구조의 정점에 위치하고 그들의 생활 양식은 사회의 평가 기준이 된다.</mark> 이 기준은 <mark>사회 구조의 가장 낮은 계층에 이르기까지 영향을 미친다.</mark> 각 계층에 속하는 사람들은 바로 위 계층에서 유행하는 생활 양식에 가까워지고자 온갖 노력을 기울이기 때문이다. 어떤 계급도, 즉 <mark>아무리 빈곤한 계급이라도 관례적인 과시적 소비를 전혀 하지 않을 수는 없다.</mark> 명성을 얻기 위해서는 과시적 소비를 할 수밖에 없으며, 과시적 소비를 하기 위해서는 부(富)가 있어야 한다.

　　　　　　　　└▶ 과시 소비에 대한 베블런의 비판

① 과시적 소비로부터 완전히 자유로운 계층은 없다.
✓② 빈곤한 계층의 소비 행위는 사회적 명성과 관련이 없다.
　　　　　　　　　　　　　　　　　　　　 있다
③ 산업 사회에서 명성을 얻기 위해서는 부를 필요로 한다.
④ 유한계급에게 과시적 소비는 명성을 획득하는 수단이다.
⑤ 사회에서 유행하는 생활 양식은 유한계급에 의해 주도된다.

| 자료 분석 |

제시된 글은 베블런의 입장이다. 베블런은 산업 사회에서 유한계급은 자신의 사회적 지위를 드러내기 위해 끊임없이 과시 소비를 하고, 빈곤한 계급 또한 유한계급에서 유행하는 생활 양식에 가까워지고자 과시 소비를 하게 된다고 본다. 즉, 인간이 가진 경쟁적인 비교 성향이 강력한 경제적 동기가 되어 유한계급에서부터 극빈층에 이르기까지 모든 계층이 관례적인 과시 소비를 하게 된다는 것이다.

| 선지 해설 |

① 베블런은 사회의 각 계층에 속하는 사람들이 바로 위 계층에서 유행하는 생활 양식에 가까워지고자 노력하므로 유한계급에서 빈곤한 계급에 이르기까지 관례적인 과시적 소비가 이루어진다고 주장한다. 따라서 베블런에 따르면 과시적 소비로부터 완전히 자유로운 계층은 없다.

②베블런은 사회 구조의 낮은 계층에 속하는 아주 빈곤한 계급도 명성을 얻기 위한 관례적인 과시적 소비에서 자유로울 수 없다고 본다. 따라서 빈곤한 계층의 소비 행위도 사회적 명성과 깊은 관련이 있다.

③ 베블런은 산업 사회에서 타인의 존경을 얻고 유지하는 명성을 획득하기 위해서는 과시적 소비를 할 수밖에 없으며, 과시적 소비를 하기 위해서는 소비를 가능하게 하는 부가 있어야 한다고 주장한다.

④ 베블런은 유한계급인 부자들은 강자로서 존경을 받고 자신들의 사회적 지위를 드러냄으로써 명성을 획득하기 위해 끊임없이 과시 소비를 하게 된다고 본다. 따라서 유한계급에게 과시적 소비는 명성을 획득하는 수단이 된다.

⑤ 베블런은 유한계급의 생활 양식이 유행하게 되고 모든 계층이 이러한 생활 양식에 가까워지고자 온갖 노력을 기울이게 된다고 주장한다. 이러한 관점에서 사회에서 유행하는 생활 양식은 유한계급에 의해 주도된다고 할 수 있다.

그림의 강연자가 지지할 입장만을 〈보기〉에서 있는 대로 고른 것은?
　　　　　　　└▶ 지멜

> 유행은 모방이라는 점에서 개인을 누구나 다 가는 길로 안내합니다. 그와 동시에 유행은 차별화 욕구를 만족시킵니다. 유행은 언제나 상류 계층에서만 발생합니다. 상류 계층은 유행을 창출함으로써 그 구성원들 사이의 균질성을 유지하고 하류 계층의 구성원들과의 차별성을 부각합니다. 다른 한편, 하류 계층은 언제나 상층 지향적이기 때문에 유행을 따르는 경향이 있습니다. 이들 계층이 유행을 자신의 것으로 동화하자마자 상류 계층은 그 유행을 버리고 다시 대중과 자신을 구분할 수 있도록 새로운 유행을 추구합니다.

〈 보기 〉

ㄱ. 상류 계층에 동화하려는 욕구는 유행을 확산하는 데 일조한다.
ㄴ. 모든 계층이 추구하는 유행의 양식은 <s>항구적</s> 속성을 지닌다.
　　　　　　　　　　　　　　계속해서 변화하는
ㄷ. 유행은 계층 내 동질성과 계층 간 차별성을 드러내는 수단이다.
ㄹ. 하류 계층의 모방은 새로운 유행을 창출하는 계기로 작동한다.

① ㄱ, ㄴ　　　② ㄱ, ㄷ　　　③ ㄴ, ㄹ
✓④ ㄱ, ㄷ, ㄹ　　⑤ ㄴ, ㄷ, ㄹ

| 자료 분석 |

그림의 강연자는 지멜이다. 지멜은 하류 계층은 언제나 상층 지향적이기 때문에 상류 계층이 창출한 유행을 따르는 경향이 있다고 본다. 반면 상류 계층은 대중과 구분되는 차별화 욕구에 따라 유행을 창출하기 때문에 하류 계층이 유행을 자신의 것으로 동화하자마자 그 유행을 버리고 차별성을 부각시킬 수 있는 새로운 유행을 추구하게 된다고 설명한다.

| 보기 해설 |

ㄱ 지멜은 상류 계층이 유행을 창출하고, 하류 계층이 이 유행을 따르는 경향이 있다고 본다. 따라서 상류 계층에 동화하려는 하류 계층의 상층 지향적 욕구가 유행을 확산시키는 계기가 된다고 본다.

ㄴ 지멜은 유행의 양식은 항구적 속성을 지니지 않는다고 본다. 상류 계층이 창출한 유행에 하류 계층이 동화되게 되면, 상류 계층은 대중과 자신을 구분하기 위해 그 유행을 버리고 새로운 유행을 추구하게 된다고 보기 때문이다.

ㄷ 지멜은 상류 계층이 유행을 창출함으로써 그 구성원들 사이의 동질성, 균질성을 유지하고 동시에 하류 계층의 구성원들과의 차별성을 드러내고자 한다고 본다.

ㄹ 지멜은 하류 계층이 상류 계층의 유행을 모방하게 되면 상류 계층이 그들과 자신을 구분하고 차별성을 부각시키고자 새로운 유행을 창출하게 된다고 본다.

09 음식 윤리 22학년도 9월 모평 9번
정답 ① | 정답률 64%

그림의 강연자가 긍정의 대답을 할 질문으로 가장 적절한 것은?

음식을 선택할 때에는 단순히 맛뿐만 아니라 건강과 환경 등 여러 요소를 고려해야 합니다. 우선, 건강과 맛을 위해 유기농 식품을 이용해야 합니다. 질이 낮은 음식을 풍족하게 먹는 것보다 덜 먹더라도 질 좋은 재료로 만든 유기농 식품을 먹는다면 건강도 증진되고 맛의 즐거움도 만끽할 수 있습니다. 또한, 환경을 생각해서 경제적 효율성이 떨어지더라도 유기농 먹거리는 반드시 가까운 지역에서 얻어야 합니다. 다른 나라에서 생산한 산업화된 유기농 식품은 장거리 수송 과정에서 이산화 탄소 배출 문제를 일으킵니다. 그리고 식품의 적정 가격에 대한 논의도 해야 합니다. 가난한 사람이 유기농 식품을 이용할 수 있도록 가격이 너무 비싸도 안 되지만, 농부들의 지속 가능한 생산을 위해 너무 저렴해도 안 됩니다.

✓① 가난한 사람들도 유기농 음식을 이용할 수 있도록 배려해야 하는가?
② 맛의 즐거움과 건강을 위해 음식의 질보다 양을 중시해야 하는가?
　　　　　　　　　　　　양보다 질
③ 대량 생산으로 음식 재료 가격을 낮추는 게 언제나 바람직한가?
④ 유기농 식품의 소비 과정에서 환경에 대한 고려를 배제해야 하는가?
⑤ 가까운 지역의 유기농 식품을 이용하는 것이 가장 경제적인 소비인가?

| 자료 분석 |

그림의 강연자는 음식을 선택할 때에는 맛이라는 요소뿐만 아니라, 음식이 만들어지는 과정과 음식의 생산이 사회에 미치는 영향 등, 건강과 환경과 같은 여러 요소를 고려해야 한다고 본다. 또한 유기농 식품을 이용하여 건강과 맛의 품질을 높여야 하고, 경제적 효율성보다는 환경을 우선적으로 고려하여 가까운 지역에서 생산된 먹거리를 사용해야 하며, 농부들의 지속 가능한 생산과 많은 사람들에게 음식을 얻을 기회를 동등하게 제공할 수 있도록 가격이 적절해야 한다고 강조한다.

| 선지 해설 |

①강연자가 긍정의 대답을 할 질문이다. 강연자는 가난한 사람이 유기농 식품을 이용할 수 있도록 가격이 너무 비싸서는 안 된다고 주장함으로써 가난한 사람들도 건강과 맛을 위해 유기농 음식을 이용할 수 있도록 배려해야 한다고 주장하고 있다.

② 강연자가 부정의 대답을 할 질문이다. 강연자는 질이 낮은 음식을 풍족하게 먹는 것보다 덜 먹더라도 질 좋은 재료로 만든 유기농 식품을 먹을 때 건강도 증진되고 맛의 즐거움도 만끽할 수 있다고 본다.

③ 강연자가 부정의 대답을 할 질문이다. 강연자는 가난한 사람이 유기농 식품을 이용할 수 있도록 가격이 너무 비싸서는 안 되지만, 동시에 농부들이 지속 가능한 생산을 할 수 있도록 유기농 식품이 너무 저렴해도 안 된다고 주장한다. 따라서 대량 생산으로 음식 재료 가격을 낮추는 것이 언제나 바람직하다고 인식하지는 않을 것이다.

④ 강연자가 부정의 대답을 할 질문이다. 강연자는 환경을 생각해서 경제적 효율성이 떨어지더라도 유기농 먹거리를 반드시 가까운 지역에서 얻어야 한다고 주장한다.

⑤ 강연자가 부정의 대답을 할 질문이다. 강연자는 식품의 장거리 수송 과정에서 배출되는 이산화 탄소의 문제를 지적하며, 경제적 효율성이 떨어지더라도 가까운 지역에서 생산된 유기농 먹거리를 구입해야 한다고 주장한다. 따라서 가까운 지역의 유기농 식품을 이용하는 것은 때로 가장 경제적인 소비가 아닐 수도 있다.

---

10 음식 윤리에 대한 유교와 불교의 입장 24학년도 7월 학평 17번
정답 ① | 정답률 73%

(가), (나) 사상의 입장으로 적절하지 않은 것은?

(가) 좋은 음식을 탐내고, 맛없는 음식을 찡그리며, 온종일 먹으
유교　면서도 음식이 생겨난 바를 모르는 것은 어리석은 일이다. 덕 있는 선비는 배불리 먹을 타령을 하지 않아서 허물이 없도록 해야 한다.
(나) 공양할 때는 마시거나 씹는 소리를 내지 말아야 한다. 음식
불교　을 가려서 맛있는 것을 좋아하거나 맛없는 것을 싫어하지 말아야 한다. 밥을 받는 것이 단지 몸을 지탱하여 도업(道業)을 이루기 위한 것임을 알아야 한다.

✓① (가): 음식 재료의 출처에 대한 도덕적 판단을 삼가야 한다.
　　　　　　　　　　　　　　　　　　　해야 한다
② (가): 음식 섭취에 관한 예절을 익히는 것은 수양의 일환이다.
③ (나): 음식이 맛을 탐닉하기 위한 대상이 아님을 알아야 한다.
④ (나): 음식의 의미를 성찰하는 것은 깨달음을 위해 필요하다.
⑤ (가)와 (나): 음식을 먹을 때 과도한 욕심을 버리고 절제해야 한다.

| 자료 분석 |

(가)는 음식 윤리에 관한 유교 사상이고, (나)는 음식 윤리에 관한 불교 사상이다. 유교에서는 음식을 먹을 때 절제하는 태도와 공경의 자세를 취할 것을 강조한다. 불교는 음식을 먹는 것이 건강이나 보신을 위한 것만이 아니라 수행의 연장이라고 보고 있다. 또한 음식을 먹을 때 절제의 자세를 가지고, 지혜롭게 숙고하면서 음식을 수용할 것을 강조한다.

| 선지 해설 |

①(가)의 입장으로 적절하지 않다. 유교에서는 음식이 생겨난 바를 모르는 것을 어리석다고 보며 음식이 생겨난 과정을 알아야 한다고 주장한다.

② (가)의 입장으로 적절하다. 유교에 따르면 밥을 먹을 때 다섯 가지를 살펴야 한다. 군자는 음식을 대할 때 음식이 완성되어 가는 모든 과정을 살피는 덕(德)을 지녀야 하며, 자신의 마음을 절제하고 탐욕을 부리지 않아야 한다.

③ (나)의 입장으로 적절하다. 불교에서는 음식을 먹는 것은 몸을 지탱하여 수행의 연장이 될 수 있음을 강조한다.

④ (나)의 입장으로 적절하다. 불교에서는 음식을 통해 만물이 상호 의존적이라는 것을 깨달을 수 있다고 본다.

⑤ (가)와 (나)의 공통적인 입장으로 적절하다. 유교에서는 음식을 먹을 때 몸과 마음의 다스림과 절제가 필요하다고 본다. 불교에서는 음식을 절제하는 행위가 소유에 대한 탐욕을 버릴 수 있는 수행의 과정이 될 수 있음을 주장한다.

다음을 주장한 <u>사상가</u>의 입장으로 적절한 것만을 〈보기〉에서 있는 대로 고른 것은?　└▶볼노브

> 인간은 공간에서 참된 거주를 실현함으로써 자신의 본질을 실현한다. 참된 거주를 실현하기 위해서는 집이라는 내부 공간에만 머무르려는 집착을 극복해야 한다. 비록 세계라는 외부 공간은 예기치 않은 일이 발생할 수 있는 위험한 공간이지만 인간은 외부 공간으로 나가 자기의 일을 수행해야 한다. 집이라는 내부 공간에서의 휴식과 세계라는 외부 공간에서의 노동이 서로 균형을 이룰 때 인간은 내적으로 건강해질 수 있다.

〈 보기 〉

ㄱ. 집의 <u>소유</u>는 인간의 본질을 실현하기 위한 유일한 조건이다.
　→ 단순한 공간 점유는 참된 거주가 아님
ㄴ. 인간 내면의 건강은 휴식과 노동이 조화를 이룰 때 가능하다.
ㄷ. 참된 거주를 위해 <u>외부 공간과 단절</u>하고 집에 머물러야 한다.
　→ 참된 거주: 내부 공간에서 휴식, 외부 공간에서 노동이 균형을 이룸

① ㄱ　　✔② ㄴ　　③ ㄱ, ㄷ　　④ ㄴ, ㄷ　　⑤ ㄱ, ㄴ, ㄷ

| 자료 분석 |

제시문의 사상가는 볼노브이다. 볼노브는 인간의 거주가 외부 세계와 분리된 공간에 머무는 것이 아니라 진정한 자아실현을 위해 삶의 기초를 다지는 것이라고 본다. 또한 그는 거주 공간은 외부 세계와 연결된 공간이면서도 사적인 공간으로서 마음의 평화를 이룰 수 있는 곳이라고 본다.

| 보기 해설 |

ㄱ. 볼노브는 참된 거주를 통해 인간의 본질을 실현할 수 있다고 본다. 그에 따르면 단순히 공간을 점유하는 행위는 참된 거주가 아니며 특정한 장소를 집으로 삼아 뿌리를 내리고 이에 속해 있으면서 편안함을 얻고 삶의 기초를 발견하는 행위가 참된 거주이다.

ⓛ. 볼노브에 따르면 집이라는 내부 공간에서의 휴식과 외부 공간에서의 노동이 서로 균형을 이룰 때 인간은 내적으로 건강해질 수 있다.

ㄷ. 볼노브는 거주 공간이란 세상으로부터 자신을 지켜주는 동시에 다시 세상으로 나아가게 하는 원동력이 되는 곳이다. 그에 따르면 거주는 삶의 의미를 찾으면서 인간과 세계의 관계 전체를 만드는 행위이다.

그림의 <u>강연자</u>가 지지할 입장으로 적절한 것만을 〈보기〉에서 고른 것은? [3점]　└▶지멜

> 유행은 일종의 모방이므로 변화 속에서도 지속적인 것을 강조하는 인간의 성향에 부합하며, 사회에 대한 의존 욕구를 충족시킵니다. 동시에 유행은 지속적인 것 안에서 변화를 찾으려는 인간의 성향에도 부합하며, 차별화 욕구를 만족시킵니다. 이러한 유행은 계층적으로 분화하는데, 언제나 상류층에서만 발생하며 하류층은 그 유행을 자신의 것으로 동화시키려고 합니다. 그리고 어떤 유행이 사회 전체를 지배하게 되면, 상류층은 그것을 버리고 대중과 자신을 구분하기 위한 새로운 유행을 추구합니다.

〈 보기 〉

ㄱ. <u>어떤 계층이든</u> 새로운 유행을 직접 창출할 수 있다.
　　상류층이
ㄴ. 상류층에서 시작된 유행은 사회 전체로 확산될 수 <u>없다.</u>
　　　　　　　　　　　　　　　　　　　　　있다
ㄷ. 인간은 모방하려는 성향과 변화를 찾으려는 성향을 함께 지닌다.
ㄹ. 상류층은 유행을 통해 다른 계층과의 차별성을 드러내려고 한다.

① ㄱ, ㄴ　　② ㄱ, ㄷ　　③ ㄴ, ㄷ　　④ ㄴ, ㄹ　　✔⑤ ㄷ, ㄹ

| 자료 분석 |

그림의 강연자는 지멜이다. 지멜은 하류층은 언제나 상층 지향적이기 때문에 상류층이 창출한 유행을 따르는 경향이 있다고 본다. 반면 상류층은 대중과 구분되는 차별화 욕구에 따라 유행을 창출하기 때문에 하류층이 유행을 자신의 것으로 동화하자마자 그 유행을 버리고 차별성을 부각시킬 수 있는 새로운 유행을 추구하게 된다고 설명한다.

| 보기 해설 |

ㄱ. 지멜은 상류층이 유행을 창출하고, 하류층이 이 유행을 따른다고 본다.

ㄴ. 지멜은 상류층에서 시작된 유행을 하류층이 따르면서 사회 전체로 확산될 수 있다고 말한다.

ⓒ. 지멜은 인간이 지속적인 것 안에서 변화를 찾으려는 성향을 가지고 있다고 말한다. 그에 따르면 모방하려는 성향은 하류층이 유행을 따라가는 모습에서 발견할 수 있으며, 변화를 찾으려는 성향은 상류층이 차별성을 위해 새로운 변화를 시도하는 모습에서 발견할 수 있다.

ⓡ. 지멜은 상류층이 유행을 창출함으로써 그 구성원들 사이의 동질성, 균질성을 유지하고 동시에 하류층의 구성원들과의 차별성을 드러내고자 한다고 본다.

13 과시 소비에 대한 베블런의 입장 23학년도 10월 학평 15번

정답 ③ | 정답률 90%

그림의 강연자의 입장으로 가장 적절한 것은?
↳ 베블런

> 문명화된 현대 사회에서 유한계급의 생활 방식은 명성의 기준을 제공합니다. 이러한 기준은 최고 상류층 이하의 모든 계층이 따르고 싶은 기준이 됩니다. 유한계급이 명성을 획득하거나 유지하는 수단은 과시적 여가와 과시적 소비입니다. 과시적 여가와 과시적 소비의 공통적인 특징은 낭비로 볼 수 있습니다. 한편 과시적 여가와 과시적 소비는 경제 발전의 각기 다른 단계에서 편의성을 기준으로 각각 선호되었습니다.

① 유한계급은 사회적 명성과 무관하게 여가 생활을 즐긴다.
　　　　　　　　　　　　　　　　　관련하여
② 과시적 소비는 어떠한 기능도 하지 못하는 낭비일 뿐이다.
✓③ 유한계급의 경쟁적인 비교 성향은 과시적 소비로 나타난다.
④ 산업 사회가 발전하면 과시적 소비에 대한 욕망은 사라진다.
　　　　　　　　　　　　　　　　　　　　　사라지지 않는다
⑤ 현대 사회의 극빈층은 과시적 소비의 유혹으로부터 자유롭다.
　　　　　　　　　　　　　　　　　　　　　자유롭지 못하다

| 자료 분석 |

그림의 강연자는 베블런이다. 베블런은 유한계급이 강자로서 존경을 받고, 자신의 명성을 드러내기 위해 끊임없이 과시 소비를 하게 된다고 본다. 이러한 유한계급의 과시적 소비는 상류층 이하의 모든 계층이 따르고 싶은 기준이 되고, 사회 전반으로 확산되게 된다. 이로 인해 가격이 오름에도 불구하고 과시욕과 허영심으로 인해 수요가 줄어들지 않는 현상을 베블런 효과라고 지칭한다.

| 선지 해설 |

① 베블런은 유한계급이 자신들의 사회적 지위를 드러내고, 사회적 명성을 획득하거나 유지하는 수단으로 끊임없이 과시적 여가와 과시적 소비를 즐긴다고 본다.

② 베블런은 과시적 소비가 명성을 획득하거나 유지하는 기능을 하며, 사회적 지위를 드러내고 표현하는 기능을 한다고 본다.

③ 베블런은 유한계급의 경쟁적인 비교 성향이 부의 경쟁으로 표현되고, 과시적 소비로 나타난다고 본다. 베블런은 경쟁적인 비교 성향은 자기 보존 본능을 제외하고는 가장 강하고 지속적인 경제적 동기가 된다고 본다.

④ 베블런은 산업 사회가 발전하면서 과시적 소비에 대한 욕망이 더 잘 표현된다고 본다. 산업 사회에서는 특히 경쟁적인 비교 성향이 부의 경쟁으로 표현되고, 과시적 낭비의 형태로 표현된다고 본다.

⑤ 베블런은 극빈층을 포함한 사회의 어떤 계층도 과시 소비를 하지 않는 경우가 없다고 본다. 사람들은 있어 보이는 체하려고 절체절명의 긴박한 상황에 처하지 않는 한 과시 소비를 겨냥한 물품을 포기하지 않는다고 본다.

14 음식 윤리에 대한 불교의 입장 23학년도 4월 학평 11번

정답 ③ | 정답률 82%

그림의 강연자의 입장으로 적절하지 않은 것은?
↳ 불교의 입장

> 승려가 '발우'라는 그릇에 음식을 담아 식사하는 행위를 '발우공양'이라고 하는데, 이는 단지 허기를 달래고 몸을 살리는 수단만은 아닙니다. '발우공양'에 참여하면 나이와 상관없이 같은 장소에서 같은 음식을 공평하게 나누어 먹고, 남기지 않아야 하기 때문에 환경까지 고려하게 됩니다. 그리고 해와 바람, 흙과 물 등 자연의 은혜와 수많은 사람의 노고 없이는 우리 입에 들어올 수 있는 음식은 아무것도 없다는 것을 깨닫게 됩니다. 또한 식사를 매개로 소유에 대한 탐욕을 버리는 연습도 하게 됩니다.

↳ 음식을 먹는 행위는 수행의 연장

① 음식을 먹는 행위를 통해 평등함을 실천할 수 있다.
② 음식을 먹으며 생존에 대한 욕구를 충족할 수 있다.
✓③ 음식을 통해 만물이 상호 독립적이라는 것을 깨달을 수 있다.
　　　　　　　　　　　　의존적
④ 음식을 남기지 않는 행위를 함으로써 환경 오염을 줄일 수 있다.
⑤ 음식을 먹는 행위로 소유에 대한 집착을 버리는 수행을 할 수 있다.

| 자료 분석 |

그림의 강연자는 음식 윤리에 대한 불교의 입장을 제시하고 있다. 불교에서는 음식을 먹는 것을 단순히 건강이나 보신(保身)만을 위한 것이 아니라 수행의 연장이라고 본다. 강연자는 발우공양의 참여를 통해 음식을 먹는 행위가 단지 허기를 달래고 몸을 살리는 수단만이 아니라 평등 의식을 기르고, 환경을 고려하며, 소유에 대한 탐욕을 버릴 수 있는 수행의 과정이 될 수 있음을 주장하고 있다.

| 선지 해설 |

① 강연자는 나이와 상관없이 같은 장소에서 같은 음식을 공평하게 나누어 먹는 행위를 통해 평등함을 실천할 수 있다고 본다.

② 강연자는 음식을 먹는 행위가 허기를 달래고, 몸을 살리는 생존에 대한 욕구를 충족할 수 있다고 본다. 다만, 이러한 기능만 하는 것이 아니라 수행의 연장이 될 수 있음을 강조하고 있는 것이다.

③ 강연자는 음식을 통해 만물이 상호 독립적이 아니라 상호 의존적이라는 것을 깨달을 수 있다고 본다. 불교에서는 음식이 우리 입에 들어오기까지 자연의 은혜와 수많은 사람의 노고가 상호 의존적으로 연결되어 있다고 본다.

④ 강연자는 발우공양을 통해 음식을 남기지 않는 행위를 함으로써 환경까지 고려할 수 있다고 본다.

⑤ 강연자는 음식을 먹는 행위를 통해 소유에 대한 집착과 탐욕을 버리는 연습도 하게 된다고 주장한다. 발우공양을 통해 음식의 적당한 양을 아는 자가 되고, 지혜롭게 숙고하면서 음식을 수용할 수 있게 된다고 본다.

15 | 과시 소비에 대한 베블런의 입장 22학년도 10월 학평 8번

정답 ② | 정답률 92%

다음을 주장한 사상가의 입장으로 가장 적절한 것은?
└→ 베블런

> 유한계급이 명성을 얻기 위해 행하는 여가와 과시 소비의 공통적인 특징은 낭비이다. 여가의 경우에는 시간과 노력의 낭비이고, 과시 소비의 경우에는 재화의 낭비이다. 여가와 과시 소비는 모두 부의 소유를 자랑하기 위한 것이며, 둘 중 어느 하나를 선택하는 것은 편의성의 문제일 뿐이다. 여가와 과시 소비는 모든 사회 계층에게 위력을 발휘한다.

① 과시 소비는 사회의 최상 계급인 유한계급에서만 나타난다.
　　　　　　　　　　　　　　모든 계층에서
✔ ② 재력을 경쟁적으로 비교하는 성향은 과시 소비로 나타난다.
③ 유한계급은 타인과 상관없이 자족하기 위해 여가를 즐긴다.
　　　　　　　타인의 존경과 명성을 얻기 위해
④ 유한계급은 부나 권력의 획득만으로 사회적 명성을 유지한다.
　　　　　　　　　　　　과시 소비를 통해
⑤ 부를 과시할 수 있는 상품의 가격과 수요는 언제나 반비례한다.
　　　　　　　　　　　　　　　　　비례할 수도 있음

| 자료 분석 |

제시된 글의 사상가는 베블런이다. 베블런은 자본주의 사회에서 거의 대부분의 사람들이 과시 소비를 한다고 분석한다. 유한계급인 부자들은 강자로서 존경을 받고 자신의 사회적 지위를 드러내기 위해, 극빈층을 포함한 사회 대부분의 계층 역시 타인의 존경과 부러움을 얻기 위해 끊임없이 과시 소비를 하게 된다는 것이다.

| 선기 해설 |

① 베블런은 과시 소비가 사회의 최상 계층인 유한계급에게만 나타나는 것이 아니라, 극빈층을 포함한 사회의 어떤 계층에게도 나타난다고 주장한다.

② 베블런은 자기 보존 본능을 제외하고는 타인과 비교하는 경쟁적인 비교 성향이 가장 강하고 지속적인 경제적 동기라고 주장하며 재력을 경쟁적으로 비교하는 성향이 과시 소비로 나타난다고 본다.

③ 베블런은 유한계급이 자신의 만족을 위해서가 아니라 타인으로부터의 존경과 명성을 얻기 위해 여가와 과시 소비에 빠져든다고 주장한다. 베블런에 따르면 이러한 여가와 과시 소비는 철저하게 타인에게 보이고 자신의 우월성을 증명하기 위한 것으로 낭비를 공통적인 특징으로 한다.

④ 베블런은 자본주의 사회에서 타인의 존경을 얻고 유지하기 위해서는 부나 권력을 획득하는 것만으로는 부족하며 부나 권력이 타인에게 증거로서 드러나게 할 수 있는 과시 소비를 통해서 타인으로부터 존경을 받고 사회적 명성을 유지하게 된다고 주장한다.

⑤ 베블런은 자본주의 사회에서 유한계급과 극빈층을 포함한 거의 대다수의 계층이 과시 소비를 통해 타인으로부터의 인정과 존경, 명성을 얻고자 하기 때문에 가격과 수요가 반비례하는 것이 아니라, 가격이 오르는데도 일부 계층의 과시욕이나 허영심 등으로 인해 수요가 줄어들지 않는 현상이 발생할 수 있다고 주장한다.

---

16 | 음식 윤리 22학년도 4월 학평 19번

정답 ⑤ | 정답률 84%

그림의 강연자가 지지할 입장만을 〈보기〉에서 있는 대로 고른 것은?

> 인간에게 먹는 행위는 생존을 위해 필수적이며, "자기가 먹은 음식이 곧 자기가 된다."라는 말처럼 먹는 행위는 자기 본질을 규정하는 데 영향을 미칩니다. 또한 먹는 행위는 음식의 생산 및 소비 과정에서 사회의 다른 영역들과 밀접한 관련을 맺습니다. 예를 들어 우리가 생산하고 소비하는 음식에 따라 산업 구조가 달라질 수 있고, 이는 환경의 변화를 초래할 수도 있습니다. 이처럼 먹는 행위는 개인적 차원의 문제인 동시에 사회적 차원의 문제입니다. 따라서 우리는 자신의 식습관을 점검하고 먹는 행위의 사회적 의미에 대해 성찰하는 태도를 지녀야 합니다.

〈 보기 〉

ㄱ. 먹는 행위는 도덕적인 판단의 대상이 될 수 있다.
ㄴ. 먹는 행위를 생존을 위한 수단으로만 여겨야 한다.
　　　　　　　　　　　　　　　　여겨서는 안 된다
ㄷ. 먹는 행위가 미치는 사회적 영향을 고려해야 한다.
ㄹ. 먹는 행위는 인간의 자아 정체성 형성에 영향을 준다.

① ㄱ, ㄴ　　　② ㄴ, ㄷ　　　③ ㄷ, ㄹ
④ ㄱ, ㄴ, ㄹ　　✔ ⑤ ㄱ, ㄷ, ㄹ

| 자료 분석 |

그림의 강연자는 먹는 행위가 개인적 차원의 문제인 동시에 사회적 차원의 문제라고 주장하고 있다. 먹는 행위가 자기의 본질을 규정하는 것에 영향을 미칠 뿐 아니라 음식의 생산 및 소비 과정에서 사회의 다른 영역과 밀접하게 연결되어 있기 때문이다. 따라서 강연자는 자신의 식습관과 음식의 생산 및 소비 행위가 자기 자신의 정체성과 사회에 미치는 영향을 고려하는 윤리적 성찰이 필요하다고 주장한다.

| 보기 해설 |

ㄱ. 강연자는 먹는 행위가 도덕적 판단의 대상이 될 수 있다고 본다. 우리가 음식을 생산하고 소비하는 전 과정에서 사회의 다양한 영역에 영향을 미치기 때문에 자신의 식습관과 음식 소비의 행위에 대한 도덕적 성찰과 판단이 필요하다고 주장한다.

ㄴ. 강연자는 먹는 행위를 생존을 위한 수단으로만 여겨서는 안 된다고 주장한다. 먹는 행위가 생존을 위해 필수적인 부분이기는 하지만, 먹는 음식이 자기 자신의 정체성과 본질을 규정하며 사회의 여러 영역에 영향을 미치는 등 생존 이상의 의미를 내포하고 있기 때문이다.

ㄷ. 강연자는 먹는 행위의 사회적 영향과 의미를 성찰하는 태도가 필요하다고 주장하고 있다. 인간의 식량 생산과 음식의 소비는 산업 구조에 영향을 미치고, 환경의 변화를 초래할 수 있기 때문이다.

ㄹ. 강연자는 먹는 행위가 자기의 본질을 규정한다고 주장하고 있다. "자기가 먹는 음식이 곧 자기가 된다."라는 말처럼 먹는 행위와 식습관이 자기 자신의 정체성과 본질을 규정할 수 있다는 것이다.

17 음식 윤리 20학년도 4월 학평 15번

정답 ② | 정답률 85%

다음 글의 입장만을 <보기>에서 있는 대로 고른 것은?

> 인간은 자연으로부터 영양분을 흡수하는 신진대사작용을 통해 자연과 소통하게 된다. 즉 인간은 먹는 행위를 통해 자연의 순환에 참여한다. 이러한 먹는 행위는 '먹는다'와 '식사한다'로 구분될 필요가 있다. '먹는다'는 것은 단지 허기를 채우는 수단만을 전제하기에 '먹는다'에서 비롯된 즐거움은 인간과 동물에게 공통적이다. 반면 '식사한다'는 것은 회식에 참석하는 사람들의 즐거움을 위해 누구를 초대할지, 어떤 음식을 먹을지, 어떤 식사 예절을 지켜야 할지에 대한 다양한 사전적 준비가 전제되므로 '식사한다'에서 비롯된 즐거움은 인간에게만 특유한 것이다. 따라서 '먹는다'는 것은 생물학적 성격을 갖는 행위이지만, '식사한다'는 것은 이성적인 행위이면서도 도덕적 판단의 대상이 되는 행위이다.

〈 보기 〉
ㄱ. 먹는 행위를 통해 인간은 자연과 유기적 관계를 맺는다.
ㄴ. '먹는다'는 것은 인간의 본능적인 행위에 포함될 수 없다.
    ~~없다~~ 있다
ㄷ. '먹는다'는 '식사한다'와 달리 정신적인 작용이 포함된 행위이다.
    식사한다   먹는다
ㄹ. '먹는다'와 '식사한다'에서 비롯된 즐거움을 동일하게 볼 수 없다.

① ㄱ, ㄴ　　✓② ㄱ, ㄹ　　③ ㄷ, ㄹ
④ ㄱ, ㄴ, ㄷ　　⑤ ㄴ, ㄷ, ㄹ

| 자료 분석 |

제시된 글의 저자는 먹는 행위를 허기를 채우는 수단으로서의 '먹는다'와 이성적인 행위이자 도덕적 판단의 대상이 되는 행위인 '식사한다'로 구분한다. 이때 저자는 '먹는다'에서 비롯된 즐거움은 인간과 동물에게 공통적이지만, '식사한다'에서 비롯된 즐거움은 인간에게만 고유한 것이라고 본다.

| 보기 해설 |

ㄱ 제시된 글의 저자는 인간이 먹는 행위를 통해 자연으로부터 영양분을 흡수하는 작용을 하여 자연과 소통하고, 자연의 순환에 참여한다고 본다.

ㄴ. 제시된 글의 저자는 '먹는다'라는 것이 허기를 채우는 수단으로서 인간과 동물에게 공통적인 행위라고 본다.

ㄷ. 제시된 글의 저자는 '먹는다'는 것은 육체적 본능에 따르는 생물학적 성격의 행위이지만, '식사한다'는 것은 이성적인 행위이면서도 도덕적 판단의 대상이 되는 정신적인 작용이 포함된 행위라고 본다.

ㄹ 제시된 글의 저자는 '먹는다'에서 비롯된 즐거움은 인간과 동물에게 공통적이지만, '식사한다'에서 비롯된 즐거움은 인간에게만 특유한 것으로, 이 둘을 동일하게 볼 수 없다고 주장한다.

18 음식 윤리에 대한 유교와 불교의 입장 21학년도 6월 모평 13번

정답 ⑤ | 정답률 86%

(가), (나) 사상의 입장으로 가장 적절한 것은?

> (가) 군자는 밥이 완성되기까지 기울인 노력과 식재료의 출처를 알아야 하고, 마음을 절제하여 탐욕을 없애야 한다. 밥 먹을 때에도 인(仁)을 떠나지 말아야 한다. → 유교 사상의 개념
> 유교
>
> (나) 지혜롭게 숙고하면서 공양(供養)을 받는다. 밥 먹는 것은 즐기거나 과시하려는 것이 아니다. 몸을 지탱하고 존속하는 것, 청정(淸淨)한 수행을 계속하는 것이다. : 불교 사상의 개념
> 불교

① (가): 중생의 불성(佛性)에 유념하며 음식을 먹어야 한다.
   (나)
② (가): 충분한 영양 섭취를 위해 음식의 양은 많을수록 좋다.
③ (나): 음식은 타인과의 관계에서 명예를 드높이는 수단이다.
④ (나): 음식을 먹는 것이 수행의 연장으로 여겨질 필요가 없다.
                                              있다
✓⑤ (가), (나): 도리에 어긋남이 없는지 성찰하며 음식을 먹어야 한다.

| 자료 분석 |

(가)는 유교, (나)는 불교이다. (가)는 유교 사상가인 황정견의 음식 윤리인 '식시오관(食時五觀)'을 설명한 내용이다. '군자'와 '인(仁)'이라는 개념을 통해 유교 사상의 입장임을 유추할 수 있다. (나)는 불교 경전 『맛지마 니까야』의 내용으로 '공양'이나 '청정한 수행'이라는 개념을 통해 불교 사상의 입장임을 유추할 수 있다.

| 선지 해설 |

① 유교가 아니라 불교의 입장이다. 불교에서는 부처가 되지 못한 모든 존재를 중생으로 보며, 먹는 행위를 포함한 모든 행위의 과정에서 중생에게 내재된 불성(부처의 성질)에 유념할 것을 강조한다.

② 유교의 입장으로 적절하지 않다. 유교에서는 절제에 기초한 음식 예절을 중시한다.

③ 불교의 입장으로 적절하지 않다. 불교에서는 음식을 명예를 드높이는 수단으로 보지 않으며, 음식을 먹는 행위를 진정한 깨달음을 얻기 위한 수행의 과정으로 여긴다.

④ 불교의 입장으로 적절하지 않다. 불교에서는 음식을 먹는 것이 즐기거나 과시하려는 것이 아니라 수행의 연장이라고 본다.

⑤ 유교와 불교 모두 긍정할 입장이다. 유교와 불교에서는 음식을 먹는 과정에서도 윤리적인 성찰이 필요함을 강조한다.

(가)의 입장에서 (나)의 입장에 대해 제시할 적절한 반론을 〈보기〉에서 고른 것은?

(가) 윤리적 소비관	*패스트 패션 산업은 경제적 측면에만 몰두하여 노동 조건과 자연 생태계를 위협하는 부작용을 초래한다. 그 결과 패스트 패션을 추구하는 현상에 대한 반성이 확산되고 있다. 패션 산업 종사자와 소비자도 인간다운 삶의 권리와 조건에 기여해야 할 책임을 다해야 한다. ↳ 패스트 패션에 대한 생산자와 소비자의 윤리적 성찰이 필요 • 패스트 패션(fast fashion): 비교적 저렴한 가격대에 최신 유행 상품을 빠르게 공급해 상품 회전율이 빠른 패션
(나) 합리적 소비관	패스트 패션 산업은 생산 비용을 절감하고 이윤을 창출함으로써 기업의 사회적 역할과 책임을 다하고 있다. 또한 소비자들은 부담 없는 가격으로 패스트 패션을 즐기면서 다양한 미적 욕구를 충족하고 있다. 이처럼 패스트 패션은 기업과 소비자 모두에게 유용하다. → 경제적 이윤 창출 + 미적 욕구 충족

〈 보기 〉

ㄱ. 환경과 인권에 대한 기업의 역할과 책임을 간과하고 있다.
ㄴ. 패션에 대한 개인들의 차별화된 욕구와 기호를 간과하고 있다.
ㄷ. 욕구 충족만이 소비의 도덕 판단 기준이 아님을 간과하고 있다.
ㄹ. 경제적 효율을 추구하는 합리적 소비 성향을 간과하고 있다.

① ㄱ, ㄴ　☑② ㄱ, ㄷ　③ ㄴ, ㄷ　④ ㄴ, ㄹ　⑤ ㄷ, ㄹ

┃ 자료 분석 ┃

(가)는 패스트 패션 산업이 경제적 측면에만 몰두하여 인간다운 삶의 실현이나 환경 보호와 같은 중요한 문제를 돌아보지 못했음을 지적하고, 패스트 패션에 대한 윤리적 성찰이 필요하다고 주장한다. (나)는 패스트 패션이 생산자와 소비자 모두에게 비용 절감이라는 경제적 이득을 제공하는 동시에 소비자의 미적 욕구 충족에 기여한다고 보고 있다.

┃ 보기 해설 ┃

(ㄱ) (가)는 인간다운 삶의 실현과 환경 보호에 기여하지 못하는 패스트 패션의 부정적인 점을 강조하며 이에 대한 윤리적 성찰이 필요하다고 보고 있다. 따라서 패스트 패션이 가져오는 경제적 이득에만 주목하는 (나)에게 환경과 인권에 대한 기업의 역할과 책임에 주목하라고 반론할 수 있다.

ㄴ. (가)는 패스트 패션이 가진 부정적 영향에 대해 주목하고 있다. 패스트 패션이 패션에 대한 다양한 미적 욕구를 충족시키는 데 도움이 된다고 보는 입장은 (나)이다. 따라서 이것은 오히려 (나)가 (가)에게 할 수 있는 반론이다.

(ㄷ) (가)는 소비의 도덕 판단 기준으로 인권 보장, 환경 보호 등을 고려해야 한다고 본다. 따라서 소비에 있어 경제적 이익과 미적 욕구의 충족만을 강조하는 (나)에게 욕구 충족만이 소비의 도덕 판단 기준이 아니라고 반론할 수 있다.

ㄹ. (가)는 패스트 패션이 가져온 부정적 결과를 강조하며 이에 대한 윤리적 성찰이 필요함을 강조하고 있다. 패스트 패션이 경제적 효율성을 추구하여 소비자들이 합리적 소비를 하도록 돕는다고 주장하는 것은 (나)이다. 따라서 이것은 오히려 (나)가 (가)에게 할 수 있는 반론이다.

다음을 주장한 사상가의 입장으로 적절하지 않은 것은?
↳볼노브

집은 인간이 사는 체험 공간의 구체적인 중심이며, 이런 중심을 창조해야 하는 과제는 거주함으로써 실현된다. 거주한다는 것은 특정한 자리에 속하여 뿌리를 내리고 그곳을 집으로 삼는다는 뜻이다. 특히 거주는 분리된 안전하고 편안한 영역, 즉 인간이 위협적인 외부 세계로부터 도피할 수 있는 집이라는 개인 공간을 갖고 있음을 뜻한다. 인간의 참다운 삶을 위한 거주는 인간이 자신의 존재를 쏟아부어 온전히 노력해야만 얻을 수 있고 실현할 수 있다.
↳ 거주 공간의 소유만으로는 진정한 거주를 실현할 수 없음 → 거주자의 노력 필요

① 인간은 인간다운 삶을 살기 위해 편안함의 영역을 필요로 한다.
② 거주는 주어지는 것이 아니라 각별한 노력을 통해 이루어진다.
③ 집은 인간이 거주하는 공간이며 개인이 활동하는 세계의 중심이다.
☑④ 거주 공간의 소유는 참다운 인간의 삶을 위한 필요충분조건이다.
⑤ 인간은 거주를 통해 외부의 위협에서 벗어나 안정을 얻을 수 있다.

┃ 자료 분석 ┃

볼노브는 참된 자아실현을 위한 기초를 다지기 위해 진정한 거주를 실현해야 하며, 이를 위해 노력해야 한다고 본다. 또한 그는 거주 공간이 외부 세계와 연결되어 있으면서도 분리된 사적 공간으로서 마음의 평화를 이룰 수 있는 곳이라고 본다.

┃ 선지 해설 ┃

① 볼노브는 인간이 인간다운 삶을 살기 위해서는 외부 세계에서 지쳐 돌아왔을 때 쉴 수 있는 편안한 영역으로서의 거주 공간을 필요로 한다고 본다.

② 볼노브는 인간의 참다운 삶을 위한 거주는 단순히 공간을 점유하는 것이 아니라 인간이 자신의 존재를 쏟아부어 온전히 노력해야만 얻을 수 있고 실현할 수 있는 것이라고 본다.

③ 볼노브는 집이 인간이 거주하는 공간이면서 동시에 인간이 사는 체험 공간의 구체적인 중심이라고 본다. 즉, 집이 인간의 전 생애에 걸쳐 살아가는 삶의 터전인 동시에 개인이 활동하는 세계의 확고한 중심으로 작용한다는 것이다.

④ 볼노브는 거주 공간을 단순히 소유하는 것만으로는 참다운 인간의 삶을 실현할 수 없다고 보고, 참다운 인간의 삶을 실현하기 위해서는 인간이 자신의 존재를 쏟아부어 온전히 노력해야만 한다고 본다. 즉, 거주 공간의 소유는 참다운 인간의 삶을 위한 필요조건일 수는 있지만 필요충분조건은 아니다.

⑤ 볼노브는 집이 위험과 희생의 공간인 외부 공간과 구분되는 안정과 평화의 공간이라고 본다. 인간은 외부 세계에서 일을 하고 나서 다시 집의 보호로 돌아오며, 거주를 통해 안정과 휴식을 취한다는 것이다.

21 볼노브의 거주 윤리 22학년도 6월 모평 18번

정답 ④ | 정답률 73%

다음을 주장한 사상가의 입장으로 적절한 것만을 〈보기〉에서 있는 대로 고른 것은? [3점] └• 볼노브

- 집의 담장은 체험 공간을 내부와 외부로 분리하며 두 영역은 인간 삶의 기본이 된다. 인간은 안정의 영역인 집에 거주함으로써만 자신의 참된 본질을 실현할 수 있다. └• 거주 공간은 인간다운 삶을 위해 필수적임
- 거주는 공동의 삶을 통해서만 가능하므로 진정한 집에는 가족이 필요하다. 집과 가족은 인간의 안전과 편안함을 조성하는 과제에 있어서 불가분의 관계로 묶여 있다. └• 진정한 거주를 위해 집과 가족이 필수적임

〈 보기 〉

ㄱ. 인간은 거주 공간에서 유대감을 형성한다.
ㄴ. 집은 인간의 본질을 실현할 수 있는 공간이다.
ㄷ. 집은 외부 세계와 구분될 수 <del>없는 열린</del> 공간이다.
　　　　　　　　　　　있는 열려 있으면서도 닫힌
ㄹ. 인간은 거주함으로써만 본래적 의미의 인간이 될 수 있다.

① ㄱ, ㄴ　　　　② ㄱ, ㄷ　　　　③ ㄷ, ㄹ
④ ㄱ, ㄴ, ㄹ　　　⑤ ㄴ, ㄷ, ㄹ

| 자료 분석 |

제시된 주장을 한 사상가는 볼노브이다. 볼노브는 거주가 인간 삶의 바탕으로서 정서적 안정을 제공하며, 인간은 거주를 통해 자신의 참된 본질을 실현할 수 있다고 보았다.

| 보기 해설 |

ㄱ 볼노브는 집과 가족이 불가분의 관계로 묶여 있다고 강조하면서, 거주 공간에서 가족과 유대감을 형성한다고 보았다.

ㄴ 볼노브는 인간이 거주 공간에서 자신의 참된 본질을 실현할 수 있다고 보았다.

ㄷ. 볼노브는 집이 외부 세계와 구분되는 열려 있으면서도 닫힌 공간이자, 안전과 편안함을 주며 인간을 외부 세계로부터 보호해 주는 공간이라고 보았다.

ㄹ 볼노브는 인간이 거주를 통해서만 자신의 참된 본질을 실현할 수 있으며, 본래적 의미의 인간이 될 수 있다고 보았다.

22 볼노브의 거주 윤리 21학년도 6월 모평 8번

정답 ④ | 정답률 80%

다음을 주장한 사상가의 입장으로 가장 적절한 것은? [3점]
　　　　　　　└• 볼노브

　인간이 자기 집에서 사는 것을 거주라고 한다. 그러나 거주는 우리가 단순히 어떤 낯선 공간에 존재하거나 머무르는 것 이상의 의미를 지닌다. 거주는 특정 장소를 집으로 삼아 그 안에서 뿌리를 내리고 거기에 속해 있는 것이다. 또한 거주는 마음 내키는 대로 저지르는 행위가 아니라 자기 삶의 의미를 찾고 인간과 세계의 관계 전체를 규정하는 행위이다. 이런 거주는 본래부터 타고난 능력으로 주어지는 것이 아니라 자신의 존재를 쏟아붓는 각별한 노력을 통해 획득된다. └• 볼노브가 생각하는 거주의 진정한 의미

① 거주는 행위나 능력이 <del>아니라</del> 장소에 속해 있는 방식이다.
② 삶의 의미가 담겨 있는 거주는 인간에게 <del>선천적으로</del> 주어져 있다.
③ 거주는 인간이 집에 머무르는 것 이외에 <del>어떤 의미도 지니지 않는다.</del>
④ 거주는 친숙한 공간에서 편안함을 얻고 삶의 기초를 발견하는 것이다.
⑤ 거주는 인간이 세계로부터 <del>영원히 격리되어</del> 삶의 의미를 찾는 것이다.

| 자료 분석 |

제시된 글의 사상가는 볼노브이다. 볼노브는 '거주'란 단순히 그 공간에 존재하는 것이 아니라 특정 공간 속에서 삶의 기초를 얻는 것이라고 본다. 또한 자기 삶의 의미를 찾는 행위로서의 거주는 선천적인 능력이 아니라 자신의 존재를 쏟아붓는 노력을 통해 획득된다고 본다.

| 선지 해설 |

① 볼노브에 따르면 거주는 그 장소에 속해 있으면서 삶의 의미를 찾아 나가는 행위이다.

② 볼노브에 따르면 거주란 선천적으로 주어지는 것이 아니라 자신의 존재를 쏟아붓는 각별한 노력을 통해 획득된다.

③ 볼노브에 따르면 거주는 단순히 머무르는 것이 아니라 공간에 속해 있으면서 삶의 기초를 얻고 삶의 의미를 찾는 행위이다.

④ 볼노브에 따르면 거주란 특정한 장소를 집으로 삼아 뿌리를 내리고 이에 속해 있으면서 편안함을 얻고 삶의 기초를 발견하는 행위이다.

⑤ 볼노브는 거주가 삶의 의미를 찾으면서 인간과 세계의 관계 전체를 만들어 나가는 행위라고 본다.

정답 ① | 정답률 78%

그림의 강연자가 지지할 입장으로 적절하지 않은 것은?

└ 볼노브

> 인간은 외부 세계에서의 싸움에서 지쳤을 때 돌아와 긴장을 풀고 다시 나갈 수 있는 거주 공간을 필요로 합니다. 만약 인간에게서 그의 거주의 평화를 박탈해 버린다면 인간의 내적인 해체는 불가피합니다. 그래서 사는 곳이 바뀌더라도 거주의 질서와 집의 편안함을 새로운 장소에서 새롭게 만들어야 합니다. 인간은 거주 공간에서 진정한 자신의 존재 근거를 발견할 수 있습니다.

└ 거주 공간에서 굳건한
삶의 기초를 발견

①✔ 인간은 삶의 체험과는 ~~분리된~~ 점유물인 집에서 거주한다.
② 인간은 거주함으로써 자신의 참된 본질을 실현할 수 있다.
③ 인간은 사적인 거주 공간에서 마음의 평화를 이룰 수 있다.
④ 인간은 거주를 통해 외부의 위협으로부터 보호받을 수 있다.
⑤ 인간은 새로운 거주 공간에서도 자아를 상실하지 않을 수 있다.

│ 자료 분석 │

그림의 강연자는 볼노브이다. 볼노브는 인간의 거주가 외부 세계와 분리된 공간에 머무는 것이 아니라 진정한 자아실현을 위해 삶의 기초를 다지는 것이라고 보았다. 또한 거주 공간은 외부 세계와 연결된 공간이면서도 사적인 공간으로서 마음의 평화를 이룰 수 있는 곳이라고 보았다.

│ 선지 해설 │

① 볼노브는 거주가 삶의 체험과 분리된다고 보지 않았으며, 오히려 거주를 통해 굳건한 삶의 기초를 얻을 수 있다고 보았다.

② 볼노브는 인간이 거주 공간에서 진정한 자신의 존재 근거를 발견할 수 있다고 보고, 이를 통해 자신의 참된 본질을 실현할 수 있다고 보았다.

③ 볼노브는 인간이 거주를 통해 외부 세계에서의 싸움에서 지쳤을 때 돌아와 긴장을 풀고 다시 나갈 수 있다고 보았다. 또한 외부 세계로부터 보호받을 수 있는 사적인 거주 공간에서 가족과 함께할 때 마음의 평화를 이룰 수 있다고 보았다.

④ 볼노브는 거주를 통해 외부 세계의 위협으로부터 보호받으며 휴식할 수 있다고 보았다.

⑤ 볼노브는 거주 공간이 변화하더라도 다시 거주의 질서와 집의 편안함을 만들면서 진정한 자아를 발견할 수 있다고 보았다.

정답 ① | 정답률 79%

다음을 주장한 사상가의 입장만을 〈보기〉에서 고른 것은?

└ 볼노브 ┌ 외부 공간에는 위험이 존재함

> 인간은 세상으로 나아가 생업에 종사하면서 그것과 필연적으로 연관된 위험에 내던져져야 한다. 그러나 세상에서 과제를 완수하고 나면 집의 보호 속으로 돌아올 수 있는 기회도 가져야 한다. 극단적인 긴장 관계로 맺어진 이 두 측면은 똑같이 필요하며, 세계라는 외부 공간에서의 노동과 집이라는 내부 공간에서의 휴식이 균형을 이룰 때 인간은 내적으로 건강해진다. 그렇기에 인간은 집을 짓고 그 집을 방어하면서 든든한 공간을 마련해야 할 절대적인 과제를 안고 있다.

└ 집(내부 공간)은 외부의 위험
으로부터 인간을 보호함

─────────〈 보기 〉─────────
ㄱ. 집에 단지 머무는 것만으로는 진정한 거주가 될 수 없다.
ㄴ. 집이라는 내부 공간에 거주함으로써 안정감을 얻을 수 있다.
ㄷ. 집은 외부 세계와 구분되지 ~~않는~~ 안락한 공간이어야 한다.
　　　　　　　　　　　　　　　되는
ㄹ. 집은 ~~공적인~~ 영역으로서 타인에게 ~~언제나~~ 열려 있어야 한다.

① ✔ ㄱ, ㄴ　② ㄱ, ㄷ　③ ㄴ, ㄷ　④ ㄴ, ㄹ　⑤ ㄷ, ㄹ

│ 자료 분석 │

제시된 글의 사상가는 거주 윤리를 주장한 볼노브이다. 볼노브는 집이란 외부의 위험으로부터 개인을 보호하며 휴식을 통해 정서적 안정을 취하게 하는 공간이라고 보았다. 또한 집이라는 내부 공간에 거주함으로써 인간은 안정을 얻을 수 있다고 주장하였다.

│ 보기 해설 │

ㄱ. 볼노브는 단순히 공간을 점유하는 것이 아니라 자신의 중심점이 되는 집을 만들어 그곳에 스스로 뿌리내릴 때 진정한 거주가 될 수 있다고 보았다.

ㄴ. 볼노브는 위험이 존재하는 외부 공간과 달리 집이라는 내부 공간은 안정과 평화의 공간이라고 보았다.

ㄷ. 볼노브는 집이 외부 세계와 구분되는 안정과 평화의 공간이라고 보았다.

ㄹ. 볼노브는 집이 사적인 영역이며 외부 세계에 대해 열리면서도 동시에 닫혀 있는 공간으로서 자기 삶의 중심이라고 보았다.

25 소비에 대한 베블런의 입장 21학년도 수능 17번

그림의 강연자가 긍정의 대답을 할 질문으로 가장 적절한 것은?

└→ 베블런   ┌→ 과시 소비의 이유

타인의 존경을 얻고 유지하기 위해서는 부나 권력을 획득하는 것만으로는 충분하지 않습니다. 부나 권력은 타인에게 증거로 드러나는 한에서만 존경이 부여되기 때문입니다. 극빈층을 포함한 사회의 어떤 계층도 관례적인 과시 소비를 하지 않는 경우는 없습니다. 자기 보존 본능을 제외하고는 경쟁적인 비교 성향이 가장 강력하고 지속적인 경제적 동기입니다. 그래서 겉으로 있어 보이는 체하려고 허세가 다하는 마지막 순간까지 비참할 정도의 옹색과 불편조차도 참아낼 것입니다.

└→ 과시 소비가 전 계층으로 확산된다고 봄

① 과시 소비로부터 자유로운 사회 계층이 존재하는가?

② 타인과의 비교 성향이 인간의 허영심을 제한하는가?

③ 자본을 축적하는 것만으로도 타인의 존경을 얻을 수 있는가?

✓④ 과시 소비는 자신의 지위를 드러내기 위한 방편으로 행해지는가?

⑤ 경쟁적인 비교 성향은 자기 보존 본능보다 강력한 경제적 동기인가?

출제 경향

소비 윤리에 관한 문항은 특정 사상이나 사상가의 입장을 묻는 방식보다는 구체적인 사회 현상에 대한 칼럼이나 문제 상황을 제시하여, 이에 대한 윤리적 쟁점을 다루는 경우가 많다. 또한 합리적 소비관과 윤리적 소비관을 비교하는 문항도 자주 출제된다. 그러나 종종 과시적 소비에 대한 베블런의 입장이 출제되는 경우도 있다. 해당 주제에 대한 문항은 제시된 글을 꼼꼼히 읽고 선지의 내용과 비교해서 풀면, 어렵지 않게 정답을 찾을 수 있는 경우가 많다.

| 자료 분석 |

그림의 강연자는 베블런이다. 베블런은 사치스러운 소비를 통해 자신의 사회적 지위와 신분을 확인하는 유한계급의 과시적 소비가 전체 계층으로 확산된다고 비판하면서, 극빈층을 포함한 사회의 어떤 계층도 과시적 소비로부터 자유롭지 못하다고 주장하였다.

| 선지 해설 |

① 베블런은 유한계급에서부터 시작된 과시적 소비가 극빈층에 이르기까지 사회의 모든 계층으로 확산된다고 보고, 모든 계층이 관례적인 과시적 소비를 하고 있다고 주장하였다.

② 베블런은 타인과의 비교 성향이 인간의 허영심을 제한하는 것이 아니라 '겉으로 있어 보이는 척' 허세를 부리게 한다고 보았다.

③ 베블런은 자본의 축적이나 권력의 획득만으로는 타인의 존경을 얻기 충분하지 않기 때문에, 부와 권력을 타인에게 드러내기 위한 과시적 소비가 이루어진다고 보았다.

④ 베블런은 타인에게 부와 권력 등의 자신의 지위를 드러내기 위한 방법으로서 과시적 소비가 행해진다고 보았다.

⑤ 베블런은 경쟁적인 비교 성향이 자기 보존 본능 다음으로 강력하고 지속적인 경제적 동기가 된다고 보았다.

원전 확인   베블런, 「유한계급론」

자기 보존의 본능을 제외한다면, 경쟁 심리는 경제적 동기들 중에서 가장 강력하고 또 기민하게 활동하는 동기이다. 산업 사회에서 경쟁 심리는 금전적 경쟁으로 그 자신을 표현한다. 이것은 오늘날의 서구 문명사회들 관점에서 본다면 경쟁 심리가 과시적 낭비의 형태로 그 자신을 표현한다고 말하는 것과 같다. 따라서 가장 기본적인 신체적 필요가 충족된 다음에는, 과시적 낭비의 필요가 사회의 산업 효율성이나 재화의 생산에서 발생하는 증가분을 즉각 흡수할 준비가 되어 있다.

26 공정 여행과 윤리적 소비 21학년도 9월 모평 9번

다음은 신문 칼럼이다. ㉠에 들어갈 내용으로 적절하지 않은 것은?

비용의 최소화보다 사회적 책임을 강조함 →

○○신문	○○○○년 ○○월 ○○일

칼럼

최근 들어 개인적 취향만이 아니라 여행자의 윤리 의식을 강조하는 공정 여행에 관심을 갖는 사람들이 늘고 있다. 이들은 개인적 만족과 여행 비용의 효율성만을 추구하던 기존 여행의 관행에서 벗어나 여행지에 도움을 주고 현지 주민들과 함께할 수 있는 여행을 지향한다. 공정 여행을 통해 여행자들은 현지 주민이 제공하는 숙소와 음식을 접하고 특산품, 기념품 등을 구입하며, 현지 서비스 노동자들의 기본권을 존중한다. 나아가 여행지의 동식물을 보호할 뿐만 아니라 온실가스 배출량을 줄이기 위해 항공 여행을 자제하는 결정까지 내린다. 이처럼 공정 여행은 ___㉠___

└→ 공정 여행에 대한 설명

① 동식물을 포함한 생태계 전체를 고려하는 여행이다.

② 여행 지역의 지속 가능한 발전을 도모하는 여행이다.

✓③ 사회적 책임보다 비용의 최소화를 지향하는 여행이다.
　　비용의 최소화　　　사회적 책임을

④ 개인적 선호만이 아니라 공공의 가치도 중시하는 여행이다.

⑤ 여행자의 즐거움뿐만 아니라 현지 주민도 배려하는 여행이다.

| 자료 분석 |

신문 칼럼은 개인적 만족과 비용의 효율성만을 추구하는 여행이 아니라 여행자의 윤리 의식을 강조하는 '공정 여행'에 대해 설명하고 있다. 신문 칼럼에 따르면 공정 여행이란 (기업이 아닌) 현지 주민이 제공하는 숙소와 음식, 물품을 소비하고 현지 서비스 노동자들의 기본권을 존중하며, 동식물을 보호하고 항공 여행을 자제하는 등의 윤리적인 의식에 기초한 여행이다. 공정 여행은 자연과 환경을 파괴하지 않고, 현지인들에게도 유익을 주는 여행으로 '착한 여행'이라고도 불린다.

| 선지 해설 |

① 공정 여행은 윤리 의식에 기초하여 여행지의 동식물을 보호하며 자연과 환경을 파괴하지 않는 여행이다.

② 공정 여행은 현지인과 교류하고 그 사회에 도움을 주며 현지의 환경과 문화를 존중하는 여행으로, 지속 가능한 발전을 지향한다.

③ 공정 여행은 비용의 최소화보다 사회적·윤리적 책임을 지향하는 여행이다.

④ 공정 여행은 개인적 선호나 취향만이 아니라 공공의 가치를 중시하며 여행자의 윤리 의식을 강조하는 여행이다.

⑤ 공정 여행은 여행자와 여행 대상국의 국민들이 평등한 관계를 맺는 여행으로, 개인의 즐거움과 비용의 효율성만을 추구하는 것이 아니라 현지 주민들을 배려하며 함께할 수 있는 여행이다.

㉠에 들어갈 내용으로 적절한 것만을 〈보기〉에서 고른 것은?

→ 합리적 소비

> 이제까지 우리는 자기 욕구를 정확하게 파악하고 상품 정보를 충분히 알아본 뒤, 소득 범위 내에서 가장 적은 비용으로 만족도가 높은 제품을 구매하는 것이 바람직한 소비라고 생각했다. 그러나 오늘날 더 절실히 요구되는 소비는 생산, 유통, 구매 그리고 사용 이후의 처리와 재생에 이르기까지 사회, 환경, 미래 세대 등을 배려하는 데서부터 시작한다. 이를 위해 소비할 때 우리는   ㉠

→ 윤리적 소비

→ 윤리적 소비관에서 긍정할 내용

〈 보기 〉
ㄱ. 생산 노동자의 권리가 보장되는지 고려해야 한다.
ㄴ. 공동선을 추구하는 기업의 제품을 선택해야 한다.
ㄷ. 지속 가능한 소비보다는 현세대의 이익을 추구해야 한다.
       현세대의 이익   지속 가능한 소비
ㄹ. 비용 대비 편익의 극대화를 최우선적 기준으로 삼아야 한다.
       → 합리적 소비관에서 긍정할 주장

✓① ㄱ, ㄴ   ② ㄱ, ㄷ   ③ ㄴ, ㄷ   ④ ㄴ, ㄹ   ⑤ ㄷ, ㄹ

| 자료 분석 |

제시된 글의 '소득 범위 내에서 가장 적은 비용으로 만족도가 높은 제품을 구매하는 것'은 합리적 소비를 말한다. 합리적 소비는 소비 행위에서 비용과 만족감을 고려하여 최대의 편익을 고려하는 소비를 의미한다. 반면 '소비에서 사회, 환경, 미래 세대 등을 배려하는 것'은 윤리적 소비를 말한다. 윤리적 소비는 인권, 환경, 미래 세대 등을 고려하여, 인류의 행복과 생태적 지속 가능성에 기여할 수 있는 소비를 의미한다. 제시된 글의 저자는 오늘날 윤리적 소비가 절실히 요구됨을 강조하고 있으므로, ㉠에는 윤리적 소비의 관점에서 긍정할 내용이 들어가야 한다.

| 보기 해설 |

ㄱ 소비에 있어 생산 노동자의 권리 보장 여부를 고려하는 것은 생산의 과정에서 생산 노동자의 복지와 인권을 고려하는 소비를 뜻하므로, 윤리적 소비의 자세로 적절하다.

ㄴ 오직 이윤 추구만을 목적으로 하는 기업의 제품을 소비하기보다 이윤 추구를 목적으로 하면서도 사회, 환경 등에 대한 공동선을 고려하는 기업의 제품을 소비하는 것은 윤리적 소비의 자세로 적절하다.

ㄷ. 지속 가능한 소비는 현세대뿐만 아니라 미래 세대와 환경까지 고려하는 윤리적 소비의 한 형태이다. 반면 현세대의 이익만을 추구하는 소비는 그 외의 다른 사회적 가치들을 고려하지 않으므로 윤리적 소비의 자세로 적절하지 않다. 따라서 윤리적 소비관에서는 현세대의 이익보다 지속 가능한 소비를 추구해야 한다고 볼 것이다.

ㄹ. '비용 대비 편익의 극대화'를 최우선적 기준으로 삼는 것은 최소의 비용으로 최대의 만족을 낳는 소비를 지향하는 합리적 소비관에서 긍정할 내용이다.

다음은 신문 칼럼이다. ㉠에 들어갈 내용으로 적절한 것만을 〈보기〉에서 있는 대로 고른 것은?

→ 자신의 경제력을 고려하지 않는 비합리적 소비임

○○신문   ○○○○년 ○○월 ○○일

칼럼

명품 소비는 한 사회의 모습을 반영한다. 이에 주목하여 우리 사회의 명품 소비 문제를 살펴볼 필요가 있다. 자신을 과시하려는 욕망에서 비롯된 일부 계층의 명품 소비 성향이 사회 전 계층으로 확산되어 나타나고 있다. 그래서 구매력이 부족한 사람들도 자신의 소득 수준을 초과하는 명품을 구매하거나 심지어 모조품을 찾으면서까지 과시욕을 충족하고자 한다. 이러한 소비 성향은 '남들과 같아지고 싶다.'라는 욕구와 연관되어 명품 소비를 하나의 유형으로 만든다. 그 결과, 명품 구매를 통해 남들과 같아지고 싶어 하는 욕구는 일시적으로 충족되지만, 자신의 개성은 상실하게 된다. 이러한 명품 소비 문제를 극복하기 위해 우리는   ㉠   …(후략).

   과시적 명품 소비를 극복하기 위한 대안 →   동조 욕구에 의한 소비임

〈 보기 〉
ㄱ. 동조 욕구를 절제하고 주체적 소비를 해야 한다.
ㄴ. 자신의 경제력을 고려하는 합리적 소비를 해야 한다.
ㄷ. 모방 소비를 지양하여 자신의 개성을 표현해야 한다.
ㄹ. 특정 계층에 국한된 과시 소비의 문제를 해결해야 한다.
     전 계층   확산된

① ㄱ, ㄷ   ② ㄴ, ㄹ   ③ ㄷ, ㄹ
✓④ ㄱ, ㄴ, ㄷ   ⑤ ㄱ, ㄴ, ㄹ

| 자료 분석 |

신문 칼럼의 논자는 우리 사회의 명품 소비가 전 계층으로 확산되는 문제를 비판하며, 구매력이 부족한 사람들조차 자신을 과시하려는 욕망을 충족하기 위해 명품을 소비한다고 본다. 또한 논자는 명품 소비가 타인과 같아지고 싶어 하는 동조 욕구에 바탕을 두고 있으며, 이로 인해 자신의 개성을 상실하는 결과를 낳는다고 주장한다. 따라서 ㉠에는 이러한 명품 소비의 문제를 극복하기 위한 대안이 들어가야 한다.

| 보기 해설 |

ㄱ 제시된 칼럼의 논자는 사람들이 남들과 같아지고 싶다는 동조 욕구에 의해 명품을 소비한다고 비판하고 있다. 따라서 동조 욕구를 절제하고, 자신이 중심이 되어서 소비를 결정하는 주체적 소비를 해야 한다고 주장할 수 있다.

ㄴ 제시된 칼럼의 논자는 구매력이 부족한 사람들도 자신의 소득 수준을 초과하는 명품을 구매하는 과시적 소비를 하고 있다고 비판한다. 따라서 자신의 경제력을 고려하는 합리적 소비를 해야 한다고 주장할 수 있다.

ㄷ 제시된 칼럼의 논자는 명품 소비를 통해 남들과 같아지고자 하는 동조 욕구가 오히려 자신의 개성을 상실하게 한다고 본다. 따라서 타인을 모방하는 소비 행태를 지양하고, 자신의 개성을 표현해야 한다고 주장할 수 있다.

ㄹ. 제시된 칼럼의 논자는 명품 소비 현상이 특정 계층에 국한되는 것이 아니라 사회 전 계층으로 확산되어 나타나고 있음을 주장하고 있으므로, 해당 내용은 ㉠에 적절하지 않다.

29 소비에 대한 베블런의 입장 19학년도 9월 모평 20번 · 정답 ① | 정답률 86%

그림의 강연자가 긍정의 대답을 할 질문으로 가장 적절한 것은?

└→ 베블런

> 과시적 소비는 자신의 부와 명성을 타인에게 명백하게 증명하려는 경쟁적인 소비 행위입니다. 명성의 관점에서 사회 구조의 최상부에 위치한 유한계급의 생활 예절과 가치 기준들은 사회 구조의 최하층까지 강압적인 영향력을 확장합니다. 그 결과 각 계급의 구성원들, 심지어 절대 빈곤에 시달리는 빈민조차도 모든 관습적인 과시적 소비의 유혹을 떨쳐 버리지 못합니다. 하지만 사회의 전체적인 부가 아무리 증가하더라도 다른 사람들보다 더 많은 재화를 축적하고자 하는 모든 사람들의 모든 욕망은 결코 완전히 충족되지는 못합니다. 그 욕망은 본질적으로 차별적인 비교에 바탕을 둔, 명성을 획득하고 유지하기 위한 경쟁이기 때문입니다.

☑ 유한계급의 소비 행태는 사회 구조 전반으로 확산되는가?
② 사회 구조의 **최상위** 계급만이 과시적 소비를 욕구하는가?
　　　　　모든 계급
③ 유한계급은 소비를 통해 자신의 재력을 은폐하고자 하는가?
　　　　　　　　　　　　　　과시
④ 사회의 각 계급은 상위 계급의 소비 행태에 대해 무관심한가?
⑤ 사회의 전체적인 부가 증대되면 과시적 소비의 욕망은 사라지는가?

| 자료 분석 |

그림의 강연자는 베블런이다. 베블런은 과시적 소비가 타인에게 자신의 부를 과시하려는 경쟁적 소비 행위라고 보면서, 이러한 소비 행태는 유한계급에서 시작하여 사회 구조의 최하층에게까지 확대된다고 본다. 그러나 과시적 소비는 차별적인 비교에 바탕을 둔 경쟁적 소비이기 때문에 이를 통해서는 아무리 많은 부를 소유하더라도 모든 사람들의 모든 욕망을 충족시킬 수 없다고 본다.

| 선지 해설 |

① 베블런은 과시적 소비로 인해 사회 구조의 최상위에 위치한 유한계급의 생활 예절과 가치 기준들이 사회 구조의 최하층까지 확장된다고 본다.

② 베블런은 유한 계급의 과시적 소비의 영향력 때문에 사회 모든 계급의 구성원들, 심지어 절대 빈곤에 시달리는 빈민조차도 과시적 소비의 유혹을 떨쳐 버리지 못한다고 본다.

③ 베블런은 과시적 소비가 자신의 부와 명성을 타인에게 명백하게 증명하려는 경쟁적 소비 행위라고 정의한다. 따라서 유한계급을 포함한 모든 계급에게 과시적 소비는 자신의 부와 명성을 드러내려는 수단이라 할 수 있다.

④ 베블런은 명성의 관점에서 상위 계급의 과시적 소비 행태가 사회 구조의 최하층, 심지어 절대 빈곤층에게까지 확대된다고 본다. 이러한 확대는 상위 계급의 소비 행태에 대해 사회의 각 계급이 가지는 지대한 관심을 입증하는 것이다.

⑤ 베블런은 사회 전체의 부가 아무리 증가하더라도 타인보다 더 많은 부를 축적하고자 하는 사람들의 욕망은 충족되지 않으므로, 차별적인 비교에 바탕을 둔 과시적 소비는 지속될 수밖에 없다고 본다.

---

30 과시 소비에 대한 베블런의 입장 22학년도 3월 학평 11번 · 정답 ③ | 정답률 82%

다음을 주장한 사상가가 긍정의 대답을 할 질문으로 가장 적절한 것은?

└→ 베블런　　　　　　　　┌→ 과시 소비의 이유

> 고도로 조직화된 산업 사회에서는 재력이 없으면 평판도 얻을 수 없다. 재력을 과시하여 평판을 얻기 위한 수단은 여가와 재화의 과시적 소비이다. 사람들의 평판을 효과적으로 얻으려면 불필요한 사치품에 돈을 써야 한다. 오로지 필수품을 소비하는 것만으로는 아무런 의미가 없다. 이러한 과시적 소비는 하층 계급에서도 나타난다.

① 과시적 소비는 하층 계급에서 상층 계급으로 확산되는가?
　　　　　　　　상층　　　　하층
② 사회 전체의 부가 늘어날수록 과시적 소비는 감소하는가?
　　　　　　　　　　　　　　　　증가
☑ 모든 계층에서 평판을 높이려는 과시적 소비가 나타나는가?
④ 자기 보존 본능은 과시적 소비의 주된 경제적 동기가 되는가?
　경쟁적인 비교 성향
⑤ 필수품 소비는 유한계급이 재력을 과시하는 유용한 방법인가?
　　　　　　　　　　　　　　과시

| 자료 분석 |

제시된 주장을 한 사상가는 베블런이다. 베블런은 자본주의 사회에서는 유한계급에서 시작된 과시적 소비가 거의 모든 계층으로 확산되어 나타난다고 본다. 유한계급의 사람들은 사회적 지위를 드러내기 위해 끊임없이 과시적 소비를 하며, 각 계급은 자신보다 나은 계급의 생활 양식을 모방하고자 하기 때문에 이러한 소비 형태는 다른 계층으로 확산된다는 것이다.

| 선지 해설 |

① 베블런은 과시적 소비가 상층 계급에서 하층 계급으로 확산된다고 본다. 사람들은 자신의 사회적 지위를 실제보다 더 크게 보이고자 하며, 자신보다 더 높은 계급의 생활 양식을 본받고 싶어 하기 때문에 유한계급의 소비 양식이 다른 계급에서 유행하게 된다는 것이다.

② 베블런은 사회 전체의 부가 늘어날수록 과시적 소비가 증가할 것이라고 본다. 산업 사회에서는 경쟁적인 비교 성향이 부의 경쟁으로 표현되며, 과시적 낭비 욕구는 사회의 산업 효율성, 재화 산출의 증가를 모두 흡수할 수 있다고 보기 때문이다.

③ 베블런은 모든 계층이 자신의 사회적 지위를 드러내고, 평판을 높이기 위해 과시적 소비를 한다고 본다. 또한 모든 계층의 사람들이 절체절명의 긴박한 상황에 처하지 않는 한 과시적 소비를 포기하지 않을 것이라고 설명한다.

④ 베블런은 자기 보존 본능을 제외하고는 경쟁적인 비교 성향은 가장 강하고 지속적인 경제적 동기일 것이라고 주장하며, 경쟁적인 비교 성향이 과시적 소비의 형태로 표현된다고 본다.

⑤ 베블런에 의하면 유한계급은 필수품 소비만으로는 사람들의 평판을 효과적으로 얻을 수 없다고 본다. 따라서 강자로서 존경을 받고 자신의 사회적 지위를 드러내기 위해서는 과시적 소비, 사치품의 소비가 필요하다고 여긴다.

다음 신문 칼럼의 입장에서 지지할 견해만을 〈보기〉에서 있는 대로 고른 것은?

○○신문   ○○○○년 ○월 ○일

칼 럼

시장을 주도하는 주축이 기업에서 소비자로 변화하고 있다. 상표를 보고 제품을 선택했던 과거와 달리 건강한 원료, 환경 친화적인 생산 과정, 소비를 통한 사회적 가치 실현까지를 고려한 윤리적 소비가 새로운 흐름을 형성하고 있다. 이른바 소비의 '미닝 아웃(Meaning out)'이라고 할 수 있다. 미닝 아웃은 이전에는 잘 드러내지 않았던 정치적·사회적 신념 등을 소비 행위를 통해 적극적으로 표출하는 것을 뜻한다. 이제 소비자는 새로운 소비의 흐름에 적극 동참해야 하고, 기업도 생산 및 유통 과정을 변화시켜 나가야 한다. → 소비자와 기업 모두의 노력이 필요함을 강조

〈 보기 〉

ㄱ. 기업은 이윤 추구와 더불어 사회적 책임에 힘써야 한다.

ㄴ. 기업은 생산 활동이 생태계에 미칠 영향을 고려해야 한다.

ㄷ. 소비자는 경제적 효용성만을 소비의 기준으로 삼아야 한다.
　　　　경제적 효용성과 다양한
　　　　윤리적 가치를

ㄹ. 소비자는 경제적 부를 과시하기 위한 소비를 지양해야 한다.

① ㄱ, ㄴ　　　② ㄱ, ㄷ　　　③ ㄷ, ㄹ

④ ㄱ, ㄴ, ㄹ　　⑤ ㄴ, ㄷ, ㄹ

| 자료 분석 |

제시된 신문 칼럼은 환경적·사회적 가치를 고려하는 소비의 흐름이 형성되고 있음을 설명하면서, 소비자와 기업 모두 윤리적 소비라는 새로운 변화를 따라야 한다고 강조한다. 윤리적 소비란 재화나 서비스를 만들고 유통하는 전체 과정을 윤리적 가치에 따라 판단하여 소비하는 것을 의미한다.

| 보기 해설 |

ㄱ. 칼럼은 환경 친화적이고 사회적 가치의 실현을 고려하는 윤리적 소비를 통해 기업 또한 생산 및 유통 과정을 변화시켜야 한다고 주장한다. 따라서 기업이 이윤 추구와 더불어 사회적 책임에 힘써야 한다는 입장을 지지할 것이다.

ㄴ. 칼럼은 건강한 원료, 환경 친화적인 생산 과정 등을 중시하는 윤리적 소비의 흐름에 따라 기업도 변화해야 한다고 주장한다. 따라서 기업의 제품 생산 활동이 생태계에 미칠 영향을 고려해야 한다는 입장을 지지할 것이다.

ㄷ. 칼럼은 소비자가 경제적 효용성만을 소비의 기준으로 삼는 것이 아니라 건강한 원료, 환경 친화적인 생산 과정, 소비를 통한 사회적 가치 실현까지 고려한 윤리적 소비의 흐름을 형성하고 있다고 강조한다. 경제적 효용성만을 소비의 기준으로 삼는 것은 윤리적 소비가 아니라 합리적 소비에 해당한다.

ㄹ. 칼럼은 소비자가 상품 생산의 전체 과정을 윤리적 가치에 따라 판단하고 소비하는 흐름을 형성하고 있다고 본다. 따라서 경제적 부를 과시하기 위한 과시 소비는 지양해야 한다는 입장을 지지할 것이다.

다음을 주장한 사상가의 입장으로 가장 적절한 것은?
　└→ 베블런　└→ 타인보다 상대적 우위를
　　　　　　　　나타내기 위함

산업화가 이루어진 사회에서는 재력을 과시하고 명성을 획득하기 위한 과시 소비가 나타난다. 이러한 소비는 개인 간 접촉이 광범위하고 인구 이동이 많은 사회에서 체면 유지에 효과적이기 때문에 최선의 소비로 여겨진다. 과시 소비에 익숙해진 사람들은 서로를 능가하기 위해 경쟁을 벌이고 소비 기준을 높여 가며 더 많은 비용을 지출하게 된다. 이러한 행위는 사회의 모든 계층, 심지어 빈곤한 사람들에게서도 발견된다.
　　　└→ 사회의 모든 계층에서
　　　　　과시 소비가 나타남

① 과시 소비는 부(富)를 축적하지 못한 계층에서도 관찰된다.

② 과시 소비는 명성 획득을 위한 경쟁이 증가함에 따라 위축된다.
　　　　　　　　　　　　　　　　　　　　　증가한다

③ 과시 소비는 개인의 경제력을 드러내기 위한 수단이 될 수 없다.
　　　　　　　　　　　　　　　　　　　　　　　　있다

④ 과시 소비 습관을 지닌 사람들은 자신과 타인을 비교하지 않는다.
　　　　　　　　　　　　　　　　　　　　　　　　한다

⑤ 과시 소비 경향은 인구 이동이 활발한 사회에서는 나타나지 않는다.
　　　　　　　　　　　　　　　　　　　　　　　　　난다

| 자료 분석 |

제시된 주장을 한 사상가는 베블런이다. 베블런은 자본주의 사회에서는 재력을 과시하고 자신의 명성을 드러내기 위한 과시 소비가 나타난다고 본다. 그에 따르면 이러한 과시 소비는 부유층에서 뿐만 아니라 빈곤한 사람들에게서도 발견되며, 이를 통해 자본주의 사회에서는 거의 모든 계층의 사람들이 과시 소비에 참여하게 된다.

| 선지 해설 |

① 베블런은 과시 소비가 사회의 모든 계층, 심지어 빈곤한 사람들에게서도 발견된다고 주장하고 있다. 이를 통해 과시 소비가 부를 축적하지 못한 계층에서도 관찰된다는 것을 알 수 있다.

② 베블런은 산업화가 이루어진 사회에서 재력을 과시하고 명성을 획득하기 위해 과시 소비가 나타난다고 보며, 이러한 소비는 명성 획득을 위한 경쟁이 증가하면 할수록 더욱 확대되어 나타난다고 주장한다.

③ 베블런은 과시 소비가 개인 간 접촉이 광범위하고 인구 이동이 많은 사회에서 체면 유지에 효과적이기 때문에 최선의 소비로 여겨진다고 주장한다. 이러한 측면에서 과시 소비는 개인의 경제력을 드러내기 위한 수단이 될 수 있다.

④ 베블런은 과시 소비에 익숙해진 사람들은 서로를 능가하기 위해 경쟁을 벌이고 소비 기준을 높여 가며 더 많은 비용을 지출하게 된다고 주장한다. 이를 통해 산업 사회에서 경쟁적인 비교 성향이 부의 경쟁으로 표현되고, 과시 소비 습관을 지닌 사람들은 자신과 타인을 비교하여 타인보다 우월함을 드러내기 위해 노력한다고 주장한다.

⑤ 베블런은 과시 소비가 개인 간 접촉이 광범위하고 인구 이동이 많은 사회에서 체면 유지에 효과적인 최선의 소비로 여겨진다고 주장한다. 따라서 과시 소비 성향은 인구 이동이 활발한 사회에서 더 많이 나타나게 된다.

33 소비에 대한 베블런의 입장 20학년도 7월 학평 18번

정답 ② | 정답률 83%

다음 사회사상가의 입장으로 적절하지 않은 것은?

└→ 베블런   → 과시적 소비를 함

> 문명화된 사회에서 유한계급의 생활 예절과 가치 기준은 사회적 명성의 기준을 제공하고 최하층까지 영향력을 미친다. 명성을 획득하고 유지하는 방편은 과시적으로 재화를 소비하는 것인데 어떤 계급도 이 유혹을 떨쳐버리지 못한다. 왜냐하면 계급 분류 기준을 능가하도록 부추기는 차별적인 비교 관행이 소비 경쟁을 자극하기 때문이다. 인간은 자신을 차별화하여 타인의 부러움을 사려는 목적을 달성하기 위해 이러한 경쟁에 노력을 쏟아부으면서 갈수록 이기적으로 행동하고 편협해진다.
>
> 모든 계급이 과시적 소비의 욕구를 지니게 됨 •

① 유한계급은 자신들의 사회적 지위를 드러내기 위해 소비한다.

✔ 사회 전체의 부가 증가하면 과시적 소비 행태는 사라지게 된다.

③ 경쟁적 소비 현상으로 인해 그릇된 소비문화가 형성될 수 있다.

④ 물건의 가격이 오를지라도 수요량의 증가 현상이 나타날 수 있다.

⑤ 특정 계급에 국한되어 과시적 소비 욕구가 드러나는 것은 아니다.

| 자료 분석 |

제시된 사회사상가는 베블런이다. 베블런은 유한계급(생산적인 노동을 하지 않고 비생산적인 일을 탐닉하는 계급으로, 자본주의 사회에서는 부유층을 의미함)의 과시를 위한 소비가 최하층 계급에까지 영향력을 미침으로써 사회 전반에 걸쳐 과시적 소비를 부추기게 된다고 지적한다.

| 선지 해설 |

① 베블런은 자본주의 사회에서 유한계급이 자신들의 사회적 지위를 드러내기 위해 자각 없는 과시적 소비를 끊임없이 하게 된다고 보았다.

② 베블런은 사회 전체의 부가 증가하더라도 자신과 타인을 구별하려는 과시적 소비는 계속된다고 보았다.

③ 베블런은 과시적 소비가 경쟁적으로 이루어진다는 것이 사회 정의의 측면에서도, 생산적인 측면에서도 부정적이라고 보고, 그릇된 소비문화가 형성될 수 있다고 보았다.

④ 베블런은 자신을 차별화하여 타인의 부러움을 사려는 목적의 소비가 이루어지는 사회에서는 물건의 가격이 오르더라도 수요량이 증가할 수 있다고 보았다.

⑤ 베블런은 유한계급의 과시적 소비가 최하층에 이르기까지 영향력을 행사하여, 어떤 계급도 이 유혹을 떨쳐버리지 못해 과시적 소비의 욕구를 드러낸다고 보았다.

---

34 윤리적 소비관과 합리적 소비관 21학년도 7월 학평 5번

정답 ④ | 정답률 91%

다음은 신문 칼럼이다. ㉠에 들어갈 진술로 가장 적절한 것은? [3점]

윤리적 소비 •

> ○○신문   ○○○○년 ○월 ○일
>
> **칼럼**
>
> 요즘 학교에서는 학생들을 대상으로 어떤 소비 행위가 올바른 소비 행위인지를 교육하는 시간을 운영하고 있다. 이 시간이 형식적인 운영에 그치지 않기 위해서는 제품의 기본 정보뿐만 아니라 제품이 어떤 방식으로 만들어졌는지도 꼼꼼하게 살피는 태도를 교육해야 한다. 예를 들면, 제품 생산 과정에서 발생한 쓰레기를 무단으로 버리지 않았는지, 제품을 생산하는 노동자들을 함부로 대하지 않았는지, 무분별한 동물 실험으로 불필요하게 생명을 희생시키지 않았는지 등등 말이다. 그런데 어떤 사람들은 올바른 소비 행위를 자신의 경제력 안에서 최소한의 비용으로 최대한의 자기만족을 얻을 수 있도록 하는 것이라고 주장한다. 필자는 이러한 주장이   ㉠   고 생각한다. …(후략).

└→ 합리적 소비

① 노동자의 인권 개선보다 경제적 효율성이 중요함을 간과한다
    경제적 효율성   노동자의 인권 개선

② 자신의 욕구와 소득 수준을 우선적으로 고려해야 함을 간과한다

③ 공공선보다 개인적 선호를 바탕으로 소비해야 함을 간과한다
    개인적 선호   공공선을

✔ 제품 생산이 사회에 미치는 윤리적 영향력을 따져야 함을 간과한다

⑤ 자신의 경제력을 과시하기 위한 제품을 구매해야 함을 간과한다

| 자료 분석 |

신문 칼럼의 필자는 재화 및 서비스의 생산과 유통의 전반적인 과정에 대해 윤리적으로 판단하여 소비를 결정하는 윤리적 소비를 강조하고 있다. 반면 '어떤 사람들은 최소한의 비용으로 최대의 만족을 추구하는 합리적 소비를 강조하고 있다. 따라서 ㉠에는 윤리적 소비를 강조하는 입장에서 합리적 소비를 강조하는 입장에 대해 제기할 수 있는 비판이 들어가야 한다.

| 선지 해설 |

① 윤리적 소비를 강조하는 입장에서는 경제적 효율성보다 노동자의 인권 개선을 강조할 것이다. 해당 선지는 오히려 '어떤 사람들'이 칼럼의 필자에게 제시할 수 있는 비판에 해당한다.

② 자신의 욕구와 소득 수준을 우선적으로 고려하여 최대의 만족을 얻을 것을 지향하는 것은 합리적 소비를 중시하는 입장에 해당한다.

③ 윤리적 소비를 강조하는 입장에서는 개인적 선호에 앞서 공공선을 바탕으로 소비를 결정해야 함을 주장한다.

④ 윤리적 소비를 강조하는 입장에서는 제품 생산과 유통의 전 과정에 걸쳐 윤리적으로 판단할 것을 강조한다. 그러나 합리적 소비를 중시하는 입장에서는 경제적 효율성을 강조하며 자신의 선호와 만족, 소득 수준 등을 우선적으로 고려할 것을 강조한다. 따라서 해당 내용은 윤리적 소비를 강조하는 입장에서 합리적 소비를 강조하는 입장에 대해 제기할 수 있는 비판으로 적절하다.

⑤ 소비를 통해 자신의 경제적 지위를 과시할 것을 중시하는 입장은 과시 소비를 지향하는 입장에 해당한다. 윤리적 소비를 중시하는 입장에서는 제품의 구매가 사회에 미치는 윤리적 영향력을 우선적으로 고려한다.

35 유행에 대한 윤리적 쟁점 24학년도 10월 학평 6번

정답 ① | 정답률 87%

그림의 강연자가 지지할 입장으로 가장 적절한 것은?
↳ 지멜

현대 사회에서 유행이란 사회적 균등화 경향과 개인적 차별화 경향 사이에 타협을 이루려고 시도하는 삶의 형식들 중 하나입니다. 상류층의 유행은 하류층의 유행과 구분되며, 상류층의 유행이 하류층에 의해 동화되는 순간 상류층의 유행이 소멸된다는 사실이 이를 입증해 줍니다. 남과 구분되려는 욕구가 결여되는 경우, 반대로 집단에 속하고자 하는 욕구가 결여되는 경우 유행의 영역은 더 이상 존재하지 않게 됩니다.

✓① 현대 사회에서 유행의 생성과 소멸은 계층 간 차이의 산물이다.
② 유행은 계층 내 동질성은 ~~감추고~~ 계층 간 차별성은 드러낸다.
   드러내고
③ 상류층은 차별화 경향성을 ~~은폐하기~~ 위해서 유행을 선도한다.
   드러내기
④ 하류층은 상류층에 동화되기 위해서 ~~새로운 유행을 창출한다.~~
   그들의 유행을 따른다
⑤ 하류층은 타 계층을 모방하지 않는 영속적인 유행을 추구한다.
   → 하류 계층은 상류 계층의 유행을 모방하며, 상류층이 유행을 창출할 때마다 따라간다

| 자료 분석 |

그림의 강연자는 지멜이다. 지멜은 하류 계층은 언제나 상층 지향적이기 때문에 상류 계층이 창출한 유행을 따르는 경향이 있다고 본다. 반면 상류 계층은 대중과 구분되는 차별화 욕구에 따라 유행을 창출하기 때문에 하류 계층이 유행을 자신의 것으로 동화하자마자 그 유행을 버리고 차별성을 부각시킬 수 있는 새로운 유행을 추구하게 된다고 설명한다.

| 선지 해설 |

① 지멜은 상류 계층이 유행을 창출하고, 이 유행이 하류 계층에 동화되는 순간 상류 계층에서 그 유행은 소멸된다고 본다.

② 지멜은 상류 계층이 유행을 창출함으로써 그 구성원들 사이의 동질성, 균질성을 유지한다고 본다.

③ 지멜은 상류 계층이 유행을 창출함으로써 하류 계층의 구성원들과의 차별성을 드러내고자 한다고 본다.

④ 지멜은 상류 계층이 유행을 창출한다고 본다.

⑤ 지멜은 하류 계층은 상층 지향적이기 때문에 상류 계층이 만들어낸 유행을 따르는 경향이 있다고 본다. 또한 지멜은 유행의 양식은 영속적인 속성을 지니지 않는다고 본다. 상류 계층이 창출한 유행에 하류 계층이 동화되게 되면, 상류 계층은 대중과 자신을 구분하기 위해 그 유행을 버리고 새로운 유행을 추구할 것이고, 그 유행을 다시금 하류 계층이 따를 것이기 때문이다.

36 음식 윤리에 대한 아리스토텔레스와 불교의 입장 24학년도 10월 학평 16번

정답 ① | 정답률 88%

갑, 을 사상가들의 입장으로 적절하지 않은 것은?

갑: 중용은 지나침에 따른 악덕과 모자람에 따른 악덕 사이의 덕
아리스토텔레스 이다. 너무 많이 먹고 마시는 것이나, 너무 적게 먹고 마시는 것 모두 건강을 해친다.

을: 수행자는 원하는 대로 배불리 먹은 뒤 잠자는 즐거움에 빠지면 마음이 전념을 다하지 못한다. 음식을 먹는 것은 몸을 존속하고 청정범행(淸淨梵行)을 잘하기 위한 것이다.
불교

✓① 갑: 적당한 음식의 양은 사람에 따라 차이가 ~~없이 동일하다.~~
   있다
② 갑: 음식을 절제하며 섭취하는 습관을 기르는 것이 필요하다.
③ 을: 식생활은 신체에 대한 영양 공급 이외의 의미를 지닌다.
④ 을: 먹는 즐거움에만 탐닉하는 것은 마음의 수양을 방해한다.
⑤ 갑과 을: 음식을 먹는 행위는 생존에 대한 욕구와 연관된다.

| 자료 분석 |

갑은 아리스토텔레스, 을은 불교 사상가이다. 갑은 중용의 덕을 강조하며 이를 음식 윤리에 적용시킨다. 갑에 따르면 너무 많이 먹는 것이나 너무 적게 먹는 것 모두 경계해야 하는 태도이다. 을은 음식을 먹는 것이 건강이나 보신을 위한 것만이 아니라 수행의 연장이라고 본다. 음식을 먹을 때 절제의 자세를 가지고, 지혜롭게 숙고하면서 음식을 수용할 것을 강조한다.

| 선지 해설 |

① 갑의 입장으로 적절하지 않다. 갑에 따르면 어떤 것이 적절한 정도인가는 사람에 따라, 상황과 맥락에 따라 다르다.

② 갑의 입장으로 적절하다. 갑에 따르면 음식을 너무 많이 먹는 것은 건강을 해치기 때문에 절제하는 습관을 길러야 한다.

③ 을의 입장으로 적절하다. 을에 따르면 음식을 먹는 것은 신체의 존속 뿐만 아니라 청정범행과 같은 수행의 의미도 가진다.

④ 을의 입장으로 적절하다. 을에 따르면 먹는 즐거움에 빠지는 것은 수양에 방해가 된다.

⑤ 갑과 을의 공통적인 입장으로 적절하다. 갑에 따르면 음식을 먹는 행위에 중용의 덕이 필요한 이유는 건강 즉, 생존에 대한 욕구와 연관이 있다. 을에 따르면 음식을 먹어서 몸을 존속할 수 있다.

23
일차

| 01 ② | 02 ③ | 03 ⑤ | 04 ③ | 05 ② | 06 ③ | 07 ② | 08 ④ | 09 ④ | 10 ⑤ | 11 ④ | 12 ④ |
| 13 ⑤ | 14 ④ | 15 ④ | 16 ① | 17 ② |

문제편 219~223쪽

01 | 다문화에 대한 입장들 25학년도 6월 모평 13번

정답 ② | 정답률 80%

(가)의 입장에 비해 (나)의 입장이 갖는 상대적 특징을 그림의 ⊙~⊕ 중에서 고른 것은?

(가) 용광로에 여러 금속을 넣어 하나의 금속을 만들어 내듯이
용광로 이론 ~~주류 문화에 이민자 문화를 융합하여 새로운 문화~~를 만들어야 한다. → 문화 동화주의

(나) 서로 다른 특성을 가진 재료들이 각자 ~~고유한 맛을 유지하면서 하나로 어우러지는 샐러드~~처럼 다양한 문화가 조화를 이루도록 해야 한다. → 다문화주의

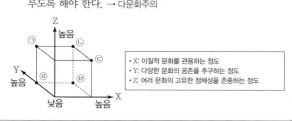

- X: 이질적 문화를 관용하는 정도
- Y: 다양한 문화의 공존을 추구하는 정도
- Z: 여러 문화의 고유한 정체성을 존중하는 정도

① ⊙   ② ⊙✔   ③ ⊜   ④ ⊝   ⑤ ⊕

| 자료 분석 |

타 문화를 대하는 태도에 대하여 (가)는 용광로 이론, (나)는 샐러드 볼 이론의 입장을 갖는다. 용광로 이론은 문화 동화주의의 입장으로서 이주민의 문화와 같은 비주류 문화가 주류 문화에 통합되어야 한다고 본다. 샐러드 볼 이론은 다문화주의로서 문화의 다양성을 인정하고, 다양한 문화의 고유성을 유지할 수 있도록 함으로써 사회 조화를 이루어야 한다고 본다. 따라서 (가)의 입장에 비해 (나)의 입장이 갖는 상대적 특징은 'X: 이질적 문화를 관용하는 정도'는 높고, 'Y: 다양한 문화의 공존을 추구하는 정도'도 높으며, 'Z: 여러 문화의 고유한 정체성을 존중하는 정도'도 높으므로 ⊙에 해당한다.

| 선지 해설 |

① X: 낮음, Y: 높음, Z: 높음
② X: 높음, Y: 높음, Z: 높음
③ X: 높음, Y: 낮음, Z: 높음
④ X: 낮음, Y: 높음, Z: 낮음
⑤ X: 높음, Y: 높음, Z: 낮음

정답 ③ | 정답률 82%

(가), (나)의 입장으로 가장 적절한 것은?

(가) 사회를 통합하기 위해 비주류 문화를 주류 사회의 문화에 편
입시키고 융합하여 국가 구성원 전체가 공유하는 통일된 정
체성을 확보해야 한다. → 동화주의

(나) 이민자의 고유한 문화와 자율성을 존중하고 유지하는 것이
진정한 사회 통합의 방법이다. 문화적 다양성을 대등하게 수
용하고 다양한 문화의 평화적 공존을 모색해야 한다. → 샐러드 볼 이론

① (가): 문화의 통합성과 집단 간 결속력의 관계는 상호 배타적이다.
　　　　　　　　　　　　　　　　　　　　　　　연결된다

② (가): 사회 제도와 질서의 유지는 문화들의 평화적 공존으로부터
온다.　　　　　　　　　　　　　　　융합

✓③ (나): 자문화 중심주의를 고집하는 태도는 사회 갈등의 원인이 된다.

④ (나): 주류 문화로 통일된 문화 정체성은 사회 발전의 원동력이 된다.
　(가)

⑤ (가)와 (나): 사회 통합을 위해 문화 간 차별 없는 정책과 관용이
필요하다.

다문화 정책에 대한 문항은 주로 다문화주의와 동화주의를 비교하는 방식으
로 출제되거나 각 입장의 특징을 구체적인 사례를 통해 해석하는 방식으로 출
제된다. 주로 문화 다양성을 존중하는 입장과 문화의 통합을 주장하는 입장을
비교하는 경우가 많지만, 문화의 다양성을 존중한다는 공통점을 지닌 다문화
주의와 문화 다원주의를 비교하는 문항이 출제되기도 한다.

| 자료 분석 |

(가)는 동화주의, (나)는 샐러드 볼 이론의 입장이다. (가)는 비주류 문화를 주류
문화로 편입시켜야 한다는 입장으로 다양한 문화를 하나로 융합하여 통일된 정
체성을 확보하고자 한다. (나)는 다른 맛을 가진 채소와 과일들이 서로 조화를
이루어 샐러드를 만들듯이 다양한 문화가 서로 대등하게 조화를 이루어야 한다
고 보며, 문화를 주류와 비주류로 나누는 것은 사회 갈등을 조장한다고 본다.

| 선지 해설 |

① (가)는 문화의 통합성과 집단 간 결속력의 관계가 상호 긴밀하게 연결되어 있
다고 본다. 따라서 비주류 문화가 언어, 문화, 사회적 특성을 포기하고 주류
문화로 통합되는 것이 집단 간 결속력을 강화시킨다고 본다.

② (가)는 사회 제도와 질서의 유지는 문화들의 융합에서 온다고 보며, 문화들의
공존은 사회 통합과 결속을 약화시킨다고 본다.

③ (나)는 자문화 중심주의의 태도가 사회 갈등의 원인이 된다고 보고, 다양한
문화들이 대등하게 조화를 이루어야 한다고 강조한다.

④ (가)의 입장에 해당하는 내용이다. (나)는 다양한 문화가 대등하게 공존해야
사회 발전이 이루어진다고 본다.

⑤ (나)의 입장에만 해당하는 내용이다. (가)는 사회 통합을 위해서는 비주류 문
화가 주류 문화에 편입해야 한다고 본다.

개념 확인	동화주의와 다문화주의
동화주의	이주민의 문화와 같은 비주류 문화가 주류 문화에 통합되어야 한다고 봄 → 문화 간에 우열을 나눔 ⓔ 용광로 모형
다문화주의	문화의 다양성을 인정하고, 다양한 문화의 고유성을 유지할 수 있도록 함으로써 사회 조화를 이루어야 한다고 봄 ⓔ 샐러드 볼 모형

03 다문화에 대한 입장 23학년도 수능 8번

정답 ⑤ | 정답률 94%

다음 가상 편지에서 강조하는 내용으로 가장 적절한 것은?

○○ 국가 다문화 정책 담당자께
　지난번에 의뢰해 주신 귀국의 다문화 정책의 추진 방향에 대한 답변을 드리고자 합니다. 귀국에서는 외국인과의 혼인 및 외국인 노동자의 이주가 증가하면서 이주민 문화와 기존 문화 간에 갈등이 발생하고 있습니다. 이러한 갈등을 해소하기 위해서는 다양한 문화를 주류 문화 속에 융합하여 하나의 문화를 형성하는 정책이 아니라, 다양한 문화가 조화를 이루며 평등하게 공존할 수 있는 정책을 추진해야 합니다. 비유하자면, 샐러드처럼 양상추, 당근, 오이 등이 각각 그 고유한 맛을 유지하면서도 다채로운 맛을 낼 수 있도록 해야 한다는 것입니다. 이러한 정책이 각 문화의 특수성을 존중하면서도 자유, 평등, 정의와 같은 보편적 가치를 실현하는 데 기여할 수 있습니다.　　　　　　　　　　　　　　　　　　　샐러드 볼 이론

① 이주민 문화를 주류 문화에 편입시켜 사회적 결속력을 강화해야 한다. → 동화주의

② 보편 윤리를 실현하기 위해 각 문화의 특수성을 배제해야 한다. 존중

③ 문화 간 갈등이 발생하지 않도록 동화주의 정책을 추진해야 한다. 샐러드 볼 이론

④ 주류 문화의 우위를 전제로 비주류 문화의 고유성을 존중해야 한다. → 국수 대접 이론

✔⑤ 문화의 다양성을 인정함으로써 문화적 역동성을 증진해야 한다.

| 자료 분석 |

가상 편지에서는 다문화 사회의 바람직한 문화 정체성으로 샐러드 볼 이론을 강조하고 있다. 샐러드 볼 이론은 다른 맛을 가진 채소와 과일들이 서로 조화를 이루어 샐러드를 만들듯이 다양한 문화가 서로 대등하게 조화를 이루어야 한다고 보는 입장이다.

| 선지 해설 |

① 동화주의의 입장이다. 동화주의는 이민자가 출신국의 언어, 문화, 사회적 특성을 포기하고 주류 사회의 일원이 될 수 있도록 주류 문화에 편입시켜 사회적 결속력을 강화해야 한다고 본다.

② 샐러드 볼 이론에서는 다양한 문화가 조화를 이루며 평등하게 공존할 수 있는 정책을 통해 각 문화의 특수성을 존중하면서도 자유, 평등, 정의와 같은 보편적 가치를 실현하는 데 기여할 수 있다고 주장한다.

③ 동화주의의 입장이다. 동화주의에서는 서로 다른 문화 간에 일어나는 갈등을 최소화하기 위해 이민자의 문화를 주류 사회의 문화로 편입시켜야 한다고 주장한다.

④ 국수 대접 이론의 입장이다. 국수 대접 이론은 국수가 주된 역할을 하고 고명이 부수적인 역할로 맛을 내듯이 주류 문화와 비주류 문화가 공존해야 한다고 주장한다. 즉, 다양한 문화가 공존하되 주류 문화의 우위를 전제로 비주류 문화의 고유성을 존중해야 한다는 입장이다.

⑤ 샐러드 볼 이론의 입장으로 적절하다. 샐러드 볼 이론에서는 주류 문화와 비주류 문화의 구별 없이 다양한 문화적 배경을 인정하고 수용함으로써 문화적 역동성을 증진시킬 수 있다고 주장한다.

04 다문화와 관용 23학년도 6월 모평 17번

정답 ③ | 정답률 81%

다음을 주장한 사상가의 관점에서 볼 때 문화에 대해 취할 입장으로 적절한 것만을 〈보기〉에서 고른 것은? [3점]
→ 포퍼

- 이상적인 사회가 당장 가능할 것이라는 가정은 합리적이지 않다. 사회적 문제들을 점진적으로 개선하면서 더 좋은 사회로 나아가려는 태도가 중요하다.
- 인간 이성의 한계는 관용을 요청한다. 하지만 우리가 관용적이지 않은 사람들에게까지 무제한의 관용을 베푼다면, 관용적인 사람들은 파멸할 것이고 관용도 소멸할 것이다.

〈 보기 〉
ㄱ. 모든 문화는 고유성을 지니기에 용인되어야 한다.
ㄴ. 자기 문화를 비판하는 것에 대해 열린 태도가 필요하다.
ㄷ. 불관용적인 문화에 대해서는 관용하지 않을 권리가 있다.
ㄹ. 어떤 문화가 바람직한지 여부를 판단하는 기준은 존재하지 않는다.
한다

① ㄱ, ㄴ　② ㄱ, ㄷ　✔③ ㄴ, ㄷ　④ ㄴ, ㄹ　⑤ ㄷ, ㄹ

| 자료 분석 |

제시된 주장을 한 사상가는 포퍼이다. 포퍼는 이상적인 사회는 한순간에 실현되지 않으며 사회가 가지고 있는 문제들을 점진적으로 개선하면서 더 좋은 사회로 나아가려는 실천이 동반될 때 실현될 수 있다고 본다. 또한 포퍼는 불관용을 관용하지 않을 권리를 주장하며 나와 다른 생각을 가진 사람의 입장을 존중하는 관용은 필요하지만, 타인에게 관용적이지 않은 사람들에게까지 무제한적인 관용을 베푼다면 관용 그 자체가 위협받고 파괴될 수 있음을 경고한다.

| 보기 해설 |

ㄱ. 포퍼는 나치즘과 같이 타문화를 억압하고 인간의 기본적인 가치를 존중하지 않는 불관용적인 태도를 가진 문화는 관용되어서는 안 된다고 주장한다.

ㄴ. 포퍼는 다른 문화에 대한 비판뿐만 아니라 자기 문화가 가진 불관용적인 태도를 비판하는 열린 태도도 필요하다고 본다. 포퍼는 이러한 관점에서 합리주의적 태도를 강조하는데, 합리주의적 태도란 누가 옳은지 그른지를 따지기보다 자신의 생각이나 자신이 속한 문화에 대한 다른 사람의 비판을 흔쾌히 받아들이고, 동시에 타인의 생각도 신중히 비판함으로써 진리에 다가가려는 태도를 의미한다.

ㄷ. 포퍼는 무제한적인 관용은 관용 그 자체를 위협하며, 관용을 인정하지 않는 자들의 입장까지 관용하게 되면 관용 그 자체가 파괴될 수 있다고 본다. 따라서 불관용적인 문화에 대해서는 관용하지 않을 권리를 주장한다.

ㄹ. 포퍼는 다른 문화에 대해 불관용적인 태도는 관용되어서는 안 된다고 봄으로써 관용을 인정하지 않는 불관용적인 문화는 바람직하지 못하다고 판단한다. 따라서 포퍼의 입장에서는 어떤 문화가 바람직한지 여부를 판단하는 기준이 존재한다고 할 수 있다.

다음을 주장한 사상가의 입장에서 〈사례〉 속 학생 A에게 해 줄 수 있는 조언으로 가장 적절한 것은? [3점]

└→ 공자   └→ 화이부동

> 군자는 화합하지만[和] 주체를 잃지 않고 남들과 같아지지[同] 않으며, 소인은 주체를 잃어버리고 남들과 같아지며 화합하지 않는다. 군자는 두루 포용하고[周] 파벌을 이루지[比] 않으며, 소인은 파벌을 이루고 두루 포용하지 않는다.

〈 사례 〉

> 학생 A는 다른 문화권에서 온 친구의 독특한 행동이 비도덕적이라고 생각하지는 않지만 왠지 낯설게 느껴진다. 그래서 학생 A는 그 친구를 어떻게 대해야 할지 고민하고 있다.

① 그 친구가 우리나라 문화에 동화되도록 설득해 보세요.
✔ 그 친구의 문화를 이해하는 태도로 조화롭게 지내세요.
③ 친하게 지낼 경우 얻게 되는 이익을 계산하여 행동하세요.
④ 다수가 즐기는 문화가 우월하다는 생각을 갖고 행동하세요.
⑤ 선악의 분별없이 그 친구의 행동을 모두 포용하도록 하세요.

| 자료 분석 |

제시된 주장을 한 사상가는 군자의 특성으로서 화이부동(和而不同)을 강조한 공자이다. 공자는 군자가 자신의 정체성을 지키면서도 타인을 포용하여 조화를 이루는 사람이라고 보았다. 〈사례〉에서는 학생 A가 다른 문화권에서 온 친구를 어떻게 대해야 하는지 고민하고 있다.

| 선지 해설 |

① 동화주의의 입장에서 제시할 수 있는 조언이다. 공자는 자신의 정체성을 지키면서도 타인과 조화를 이룰 것을 강조하므로 친구가 우리나라 문화에 동화되도록 설득하라고 조언하지 않을 것이다.

② 공자의 입장에서 할 수 있는 조언으로 적절하다. 공자는 화합하지만 주체를 잃지 않고 남들과 같아지지 않는다는 화이부동을 주장하므로, 서로 다른 정체성을 이해하며 조화를 이루라고 조언할 것이다.

③ 공리주의의 입장에서 제시할 수 있는 조언이다. 공자는 이익에 앞서 도덕적 가치를 강조하므로 이익을 계산하여 행동하라고 조언하지 않을 것이다.

④ 공자는 군자가 타자를 두루 포용하고 파벌을 이루지 않는다고 보므로, 다수가 즐기는 문화가 우월하다는 생각을 갖고 행동하라고 조언하지 않을 것이다.

⑤ 공자는 선악을 분별하여 행위할 것을 강조하므로 선악의 분별없이 친구의 행동을 모두 포용하라고 조언하지 않을 것이다.

다음 신문 칼럼의 입장으로 가장 적절한 것은?

└→ 다문화주의의 입장

○○신문   ○○○○년 ○○월 ○○일

칼럼

> 공용어와 공통의 문화를 강조할 경우 오히려 국가 내 집단을 다수와 소수로 갈라놓아 소수 집단이 다수에 압도당하게 된다. 통합을 위해서는 첫째, 우리 사회의 다수가 오랫동안 공유해 온 관행과 규범을 고수하지 않으려는 태도가 필요하다. 둘째, 이주민에게 기본적 시민권은 보장하되 관습과 신앙 및 삶의 양식의 통일까지 요구해서는 안 된다. 그들의 집단적 문화를 표현할 여지를 확보해 줘야 하는 것이다. 통합은 몇 세대에 걸쳐 진행된다는 것을 유념해야 한다. 국가적 유대감을 증진시키는 통합의 실행 가능한 방법은 이주민의 정체성을 국가 전체의 정체성에 종속시키는 것이 아니라 수용하는 것이다. …(후략).

① 통합 과정에서 우리 사회의 전통적 관행이 변하지 않도록 해야 한다.
② 공용어 사용을 의무화해야 국가적 유대감이 증진됨을 유념해야 한다.
✔ 이주민의 고유한 문화적 특수성을 유지할 기회를 보장해야 한다.
④ 동화가 신속하게 추진되어야 통합 실행이 가능함을 유념해야 한다.
⑤ 이주민의 삶의 양식 변화가 그들의 시민권 보장보다 선행되어야 한다.

| 자료 분석 |

신문 칼럼은 다문화주의 입장에서 문화의 올바른 통합 방법을 논하고 있다. 칼럼에 따르면, 사회 통합을 위해서는 다수가 공유해 온 문화만을 고수하지 않으면서, 이주민들의 문화를 존중하는 태도가 필요하다. 나아가 국가적 유대감을 증진하는 통합은 이주민의 문화를 기존의 주류 문화에 종속시키는 것이 아니라 이주민의 문화를 수용하는 것이라고 본다.

| 선지 해설 |

① 칼럼에서는 통합을 위해 사회의 다수가 오랫동안 공유해 온 관행과 규범을 고수하지 않으려는 태도가 필요하다고 본다.

② 칼럼에서는 공용어와 공통의 문화를 강조할 경우, 국가 내 집단을 다수와 소수로 갈라놓아 소수 집단이 다수에 의해 압도당할 수 있다고 보고 이에 반대한다. 따라서 공용어 사용의 의무화는 사회를 다수와 소수로 구분하여 국가적 유대감을 훼손할 수 있다.

③ 칼럼에서는 이주민들에게 기본적 시민권은 보장하되 관습과 신앙 및 삶의 양식의 통일을 요구해서는 안 된다고 주장한다. 따라서 이주민의 고유한 문화적 특수성을 유지할 기회를 보장해야 한다고 볼 것이다.

④ 칼럼에서는 국가적 유대감을 증진하는 통합의 방법은 이주민의 정체성을 국가 전체의 정체성에 종속시키는 것이 아니라 수용하는 것이라고 본다. 그리고 이러한 통합은 신속히 추진되기보다 몇 세대에 걸쳐 진행된다고 주장한다.

⑤ 칼럼에서는 이주민에게 기본적인 시민권은 보장하되 그들의 삶의 양식의 변화까지 요구해서는 안 된다고 본다.

07 다문화에 대한 입장들 23학년도 7월 학평 8번

정답 ② | 정답률 93%

갑, 을의 입장으로 적절한 것만을 〈보기〉에서 고른 것은?

갑: 다문화 사회의 특성을 반영하여 이민자의 문화를 동등하게 인정해야 한다. 정부는 모든 문화가 정체성을 유지하면서도 조화를 이루도록 이민자 정책을 시행해야 한다. → 샐러드 볼 이론

을: 다문화 사회에서는 문화적 차이로 인한 사회 혼란을 예방할 필요가 있다. 정부는 이민자가 출신국의 문화적 특성을 포기하고 주류 사회에 흡수되도록 정책을 시행해야 한다. → 동화주의

〈 보기 〉
ㄱ. 갑: 문화 간의 우열을 두는 것은 사회 통합을 저해한다.
ㄴ. 을: 주류 문화와 이민자 문화 간의 공존을 보장해야 한다.
　　→ 주류 문화만 존재
ㄷ. 을: 문화를 단일화하기 위한 이민자 정책을 추진해야 한다.
ㄹ. 갑과 을: 모든 문화를 융합해서 새로운 문화를 형성해야 한다.
　　→ 갑: 문화 공존, 을: 문화 단일화

① ㄱ, ㄴ　② ㄱ, ㄷ　③ ㄴ, ㄷ　④ ㄴ, ㄹ　⑤ ㄷ, ㄹ

| 자료 분석 |

다문화 사회의 문화 정체성과 관련하여 갑은 샐러드 볼 이론의 입장, 을은 동화주의의 입장에 해당한다. 샐러드 볼 이론은 다른 맛을 가진 채소와 과일들이 서로 조화를 이뤄 샐러드가 만들어지듯이, 서로 다른 문화가 대등하게 조화를 이루며 공존해야 한다고 본다. 동화주의는 이민자가 출신국의 언어, 문화, 사회적 특성을 포기하고 기존 주류 사회의 일원이 될 수 있도록 주류 문화로 편입시켜야 한다고 본다.

| 보기 해설 |

ㄱ. 샐러드 볼 이론은 다양한 문화가 서로 대등하게 조화를 이뤄야 한다는 입장에서 문화 간의 우열을 두는 것이 사회 통합을 저해한다고 볼 것이다.

ㄴ. 동화주의는 이민자가 출신국의 문화적 특성을 포기하고 주류 문화로 편입되어야 한다는 입장에서 주류 문화와 이민자 문화 간의 공존이 아니라, 주류 문화로의 동화를 주장할 것이다.

ㄷ. 동화주의는 사회 통합을 위해 이민자의 문화를 주류 문화로 편입시켜야 한다는 입장에서 문화를 단일화하기 위한 이민자 정책을 추진해야 한다고 볼 것이다.

ㄹ. 샐러드 볼 이론은 다양한 문화를 존중하면서 조화롭게 공존하는 것을, 동화주의는 이민자의 문화 정체성을 버리고 기존 주류 문화에 편입시키는 것을 주장하고 있다. 따라서 샐러드 볼 이론과 동화주의 모두 문화를 융합해서 새로운 문화를 형성해야 한다고 주장하지 않는다.

08 다문화주의의 특징 20학년도 4월 학평 6번

정답 ④ | 정답률 91%

그림의 강연자가 지지할 입장만을 〈보기〉에서 있는 대로 고른 것은?

→ 다문화주의 입장

이민자들에게 주류 집단의 문화를 채택하도록 강제해서는 안 되며, 이들을 주변인으로 취급해서도 안 됩니다. 오히려 이민자들의 정체성을 인정하고 이들과의 차이를 수용하여, 다양한 문화가 서로 대등하게 조화를 이룰 수 있도록 해야 합니다. 이러한 태도는 이민자들로 하여금 현재 소속된 국가의 정치 제도를 거부하는 것이 아니라 받아들이게 함으로써, 사회 구성원 간의 연대를 강화하여 소속된 국가의 정치적 안정성을 증진시킬 수 있습니다.

〈 보기 〉
ㄱ. 이민자들의 고유한 전통과 관습을 인정해야 한다.
ㄴ. 이질적인 문화를 주류 집단의 문화에 동화시켜야 한다.
　　　　　　　　　　　시켜서는 안 된다
ㄷ. 사회 통합의 과정에서 이민자들의 정체성을 존중해야 한다.
ㄹ. 사회 내 다양한 문화를 존중하면 시민 간 결속이 강화될 것이다.

① ㄱ, ㄴ　② ㄱ, ㄷ　③ ㄴ, ㄹ
④ ㄱ, ㄷ, ㄹ　⑤ ㄴ, ㄷ, ㄹ

| 자료 분석 |

그림의 강연자는 이민자들의 전통과 정체성 등을 인정하여 다양한 문화가 서로 대등하게 조화를 이루어야 한다는 다문화주의 입장을 취하고 있다. 강연자는 사회 내 다양한 문화에 대한 존중이 사회 구성원 간의 연대를 강화하여 정치적 안정성을 증진하고, 사회 통합에 기여할 수 있다고 본다.

| 보기 해설 |

ㄱ. 강연자는 이민자들의 고유한 전통과 관습을 인정하며, 여러 민족의 문화가 평등하게 존중받아야 한다고 본다.

ㄴ. 동화주의에 해당하는 내용이다. 동화주의는 사회에 새로 유입된 소수의 비주류 문화가 기존에 존재하던 주류 문화에 편입·동화되어야 한다고 보는 입장이다.

ㄷ. 강연자는 사회 통합의 과정에서 각 문화의 특징을 유지하고, 이민자들의 정체성을 존중하여 그들과 공존해야 한다고 본다.

ㄹ. 강연자는 다양한 문화를 지닌 이민자들의 정체성을 인정하고 이들과의 차이를 수용하여 서로 조화를 이룰 때, 사회 구성원 간의 연대가 강화될 것이라고 주장하고 있다.

정답 ④ | 정답률 86%

(가)의 입장에 비해 (나)의 입장이 갖는 상대적 특징을 그림의 ㉠~㉤ 중에서 고른 것은?

→ 사회 결속을 위해 소수 집단의 문화 존중 강조

(가) 다양한 문화의 존중은 사회 결속으로 이어진다. 소수 집단의 문화 존중을 위해서는 소수 집단에 차별화된 권리를 부여해 기존의 사회 집단과 소수 집단 간의 비대칭성을 해소하고 구성원 간 평등한 관계 형성 및 협력을 도모해야 한다.

(나) 단일한 문화의 형성은 사회 결속을 강화한다. 소수 집단의 문화 존중을 이유로 소수 집단에 차별화된 권리를 부여하는 정책은 사회 갈등을 유발한다. 따라서 소수 집단은 그들의 문화를 포기하고 기존 사회의 문화로 편입되어야 한다.

→ 사회 결속을 위해 단일한 문화 형성 강조

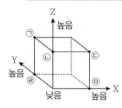

• X: 소수 집단에 대한 우대 정책이 필요함을 강조하는 정도
• Y: 소수 집단의 문화가 기존 사회의 문화로 동화되어야 함을 강조하는 정도
• Z: 소수 집단의 문화를 존중하는 것이 사회 결속 강화에 기여함을 강조하는 정도

① ㉠　② ㉡　③ ㉢　✔④ ㉣　⑤ ㉤

| 자료 분석 |

(가)는 다양한 문화의 존중이 사회 결속으로 이어진다고 보며, 소수 집단의 문화에도 차별화된 권리를 부여하여 기존의 사회 집단과의 균형을 맞추며 평등한 협력 관계를 도모해야 한다고 주장한다. (나)는 다양한 문화보다 단일한 문화의 형성이 사회 결속을 더욱 강화한다고 본다. 따라서 소수 집단의 문화를 존중하고 차별화된 권리를 부여하는 것이 오히려 사회 갈등을 유발한다고 보고, 소수 집단이 기존 사회의 문화에 편입되어야 한다고 본다. 따라서 (가)의 입장에 비해 (나)의 입장이 갖는 상대적 특징은 'X: 소수 집단에 대한 우대 정책이 필요함을 강조하는 정도'는 낮고, 'Y: 소수 집단의 문화가 기존 사회의 문화로 동화되어야 함을 강조하는 정도'는 높으며, 'Z: 소수 집단의 문화를 존중하는 것이 사회 결속 강화에 기여함을 강조하는 정도'는 낮으므로, ㉣에 해당한다.

| 선지 해설 |

① X: 낮음, Y: 높음, Z: 높음
② X: 낮음, Y: 낮음, Z: 높음
③ X: 높음, Y: 낮음, Z: 높음
④ X: 낮음, Y: 높음, Z: 낮음
⑤ X: 높음, Y: 낮음, Z: 낮음

정답 ⑤ | 정답률 84%

(가)의 입장에 비해 (나)의 입장이 갖는 상대적 특징을 그림의 ㉠~㉤ 중에서 고른 것은?

이주민 문화가 주류 문화로 통합되어야 함을 강조 →

(가) 국가는 이주민이 자신의 문화를 포기하고 새로운 사회의 지
동화 주의 　배적 가치관과 문화에 동화될 수 있도록 하는 정책을 시행해야 한다. 그렇게 한다면 주류 문화를 중심으로 문화 정체성이 형성되고, 이주민은 주류 문화의 일원으로 거듭날 수 있다.

(나) 국가는 이주민의 문화를 평등하게 인정하고 각기 다른 문화
다문화 주의 　가 조화를 이룰 수 있도록 하는 정책을 시행해야 한다. 그렇게 한다면 다양한 문화의 고유성이 유지되면서 이주민의 사회 통합이 이루어질 수 있다.

→ 문화 간 정체성이 유지되는 가운데 조화와 공존을 이룰 것을 강조

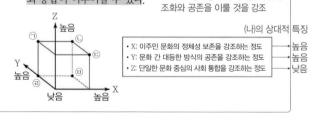

(나)의 상대적 특징

• X: 이주민 문화의 정체성 보존을 강조하는 정도 —— 높음
• Y: 문화 간 대등한 방식의 공존을 강조하는 정도 —— 높음
• Z: 단일한 문화 중심의 사회 통합을 강조하는 정도 —— 낮음

① ㉠　② ㉡　③ ㉢　④ ㉣　✔⑤ ㉤

| 자료 분석 |

(가)는 동화주의의 관점에서 이주민이 자신의 문화적 정체성을 버리고 주류 문화의 가치관에 편입·동화될 때 사회 통합을 이룰 수 있다는 입장이다. 한편 (나)는 다문화주의의 관점에서 이주민의 문화를 기존의 문화와 동등하게 인정하는 가운데, 각기 다른 문화가 조화를 이루어 사회 통합을 이룰 수 있다는 입장이다. (가)의 입장에 비해 (나)의 입장이 갖는 상대적 특징은 'X: 이주민 문화의 정체성 보존을 강조하는 정도'와 'Y: 문화 간 대등한 방식의 공존을 강조하는 정도'는 높으며, 'Z: 단일한 문화 중심의 사회 통합을 강조하는 정도'는 낮다. 따라서 X, Y는 높고, Z는 낮은 지점을 찾아야 한다.

| 선지 해설 |

① X: 낮음, Y: 높음, Z: 높음
② X: 높음, Y: 높음, Z: 높음
③ X: 높음, Y: 낮음, Z: 높음
④ X: 낮음, Y: 높음, Z: 낮음
⑤ X: 높음, Y: 높음, Z: 낮음

OX문제로 개념 확인

(1) 동화주의는 비주류 문화가 주류 문화로 편입되어야 한다고 강조한다.
(　　　)

(2) 다문화주의는 동일성의 논리에 따라 소수 민족의 정체성을 고려하지 않는다.
(　　　)

(1) O　(2) X

11 다문화에 대한 입장들 21학년도 9월 모평 11번

정답 ④ | 정답률 84%

갑, 을의 입장으로 적절한 것만을 〈보기〉에서 있는 대로 고른 것은?

각기 다른 재료들이 섞여 각자 고유의 맛을 지키면서 하나의 샐러드가 되듯이, 한 국가나 사회 안에 다양한 문화를 인정하여 각자 자신들의 생활 방식을 독자적으로 추구하며 조화를 이룰 수 있습니다.

국수가 주된 내용물이지만 다양한 고명들이 첨가됨으로써 맛이 풍부해지듯이, 한 국가나 사회 안에서 다양한 이질적인 문화를 허용함으로써 문화적 역동성을 증진할 수 있습니다.

샐러드 볼 모형 ← 갑

을 → 국수 대접 모형

〈 보기 〉

ㄱ. 갑: 다양한 문화가 서로 대등하게 조화를 이루어야 한다.

ㄴ. 을: 각 문화가 정체성을 유지하면서 조화를 이루어야 한다.

ㄷ. 갑, 을: 주류 문화를 중심으로 문화 간 공존을 추구해야 한다.

ㄹ. 갑, 을: 서로 다른 문화에 대해 관용의 자세를 견지해야 한다.

① ㄱ, ㄴ
② ㄱ, ㄷ
③ ㄷ, ㄹ
④ ㄱ, ㄴ, ㄹ
⑤ ㄴ, ㄷ, ㄹ

| 자료 분석 |

갑은 샐러드 볼 모형의 관점에서 다양한 문화가 상호 대등한 관계 속에서 조화를 이루어야 한다고 강조하고 있다. 을은 국수 대접 모형의 관점에서 주류 문화와 비주류 문화를 구분하지만, 각 문화가 정체성을 유지하는 가운데 조화를 이루어야 한다고 강조하고 있다. 갑, 을은 공통적으로 서로 다른 문화가 조화와 공존을 이루어야 한다고 본다.

| 보기 해설 |

ㄱ 갑은 다양한 문화가 서로 대등한 관계 속에서 각자의 생활 방식을 독자적으로 추구하며 조화를 이룰 것을 강조한다.

ㄴ 을은 다양한 이질적 문화가 주류 문화를 중심으로 공존하면서도, 각 문화가 정체성을 유지하는 가운데 조화를 이룰 것을 강조한다.

ㄷ 갑, 을은 공통적으로 서로 다른 문화 간의 조화와 공존을 추구한다. 그러나 주류 문화가 사회 통합의 중심이 되어야 한다는 을과 달리, 갑은 주류 문화와 비주류 문화를 구분하지 않고 다양한 문화들이 대등한 관계 속에서 조화를 이룰 것을 강조한다.

ㄹ 갑, 을은 모두 문화의 다양성을 존중하는 입장으로, 서로 다른 문화에 대해 관용의 자세를 지녀야 한다고 강조한다.

12 동화주의와 다문화주의 20학년도 수능 8번

정답 ④ | 정답률 91%

다음 대화에서 갑, 을의 입장으로 가장 적절한 것은? [3점]

국가는 사회적 갈등을 줄이고 공동체의 결속력을 강화하기 위해 이민자가 출신국의 언어, 문화, 사회적 특성을 포기하고 주류 사회의 일원이 될 수 있는 정책을 추진해야 합니다.

국가는 사회 구성원 간의 조화를 이루기 위해 이민자의 문화적 고유성을 인정하고 기존 사회와 대등하게 공존할 수 있는 법과 제도를 적극적으로 마련해야 합니다.

소수 문화가 주류 문화로 동화될 것을 주장

문화 간 대등한 공존을 이룰 것을 주장

갑
동화주의

을
다문화주의

① 갑: 주류 문화 우위를 전제로 이민자 문화의 특수성을 보장해야 한다.

② 갑: 주류 문화를 수용하는 이민자의 문화적 정체성을 보장해야 한다.

③ 을: 사회 조화를 위해 주류와 비주류 간 문화 위계를 인정해야 한다.

④ 을: 이민자의 문화적 다양성을 인정하면서 사회 통합을 모색해야 한다.

⑤ 갑, 을: 사회적 연대를 위해 주류와 비주류 문화 간 공존과 결속을 강화해야 한다.

| 자료 분석 |

갑은 동화주의, 을은 다문화주의의 입장을 취하고 있다. 동화주의는 공동체의 결속을 강화하기 위해서는 소수 문화가 주류 문화에 편입·동화되어야 한다고 보는 관점이다. 한편 다문화주의는 주류 문화와 비주류 문화 간의 우위를 전제하지 않고, 다양한 문화들이 대등한 관계에서 공존할 수 있어야 한다고 보는 관점이다.

| 선지 해설 |

① 갑은 동화주의 관점에서 기존에 있던 주류 문화의 우위를 바탕으로, 이민자들이 자신들의 문화적 특수성을 포기하고 주류 사회에 동화되어야 한다고 강조한다.

② 갑은 동화주의 관점에서 이민자들이 자신들의 언어, 문화, 사회적 특성을 포기할 것을 주장한다. 따라서 주류 문화의 수용 여부에 관계없이 이민자들의 문화적 정체성을 보장해야 한다고 주장하지 않을 것이다.

③ 을은 다문화주의 관점에서 이민자의 문화적 고유성을 인정하고 이민자 문화가 기존 사회의 문화와 대등하게 공존할 수 있도록 해야 한다고 본다. 따라서 사회 조화를 위해 주류 문화와 비주류 문화 간 위계를 인정해야 한다고 주장하지 않을 것이다.

④ 을은 다문화주의 관점에서 이민자들의 문화적 다양성을 인정하고, 이들의 문화가 기존 사회의 문화와 대등하게 공존할 수 있는 법과 제도를 적극적으로 마련해야 한다고 주장한다. 따라서 이민자의 문화적 다양성을 인정하면서 사회 통합을 모색해야 한다고 볼 것이다.

⑤ 동화주의 관점에서는 비주류 문화가 주류 문화에 동화될 것을 강조하므로 문화 간 공존과 결속을 주장하지 않는다. 한편 다문화주의 관점에서는 주류와 비주류 문화라는 구분 자체를 전제하지 않으면서 문화 간 공존을 추구한다. 따라서 갑, 을 모두 부정할 주장이다.

13 다문화 정책에 대한 입장들 20학년도 6월 모평 16번 · 정답 ⑤ | 정답률 80%

갑, 을의 입장으로 적절하지 <u>않은</u> 것은?

> 갑: 주류 문화와의 통합 여부는 소수 문화의 구성원이 결정해야 한다. 주류 문화 구성원이 소수 문화의 통합을 강제하는 것은 부정의하다. → 소수 문화의 다양성을 존중하는 입장
>
> 을: 단일한 언어, 문화 전통, 교육 정책을 추구하여 소수 문화가 주류 문화에 동화되도록 도와야 한다. 통일된 문화의 부재 때문에 집단 간 결속력이 훼손되는 것은 바람직하지 않다. → 주류 문화로의 동화를 강조하는 입장

① 갑: 사회 통합을 위해 소수 문화가 억압받아서는 안 된다.
② 갑: 소수 문화 구성원에게 문화적 자치권을 부여해야 한다.
③ 을: 사회적 유대의 강화를 위해 단일 문화를 형성해야 한다. → 주류 문화로의 동화
④ 을: 사회 발전을 위해 주류 문화가 문화 통합의 중심이 되어야 한다.
✓⑤ 갑, 을: 국가의 교육 정책으로 통일된 문화를 형성해야 한다.

| 자료 분석 |

갑은 소수 문화의 다양성을 존중해야 한다는 입장으로, 소수 문화의 구성원에게 통합을 강제하는 것은 부정의하며, 주류 문화와의 통합 여부는 소수 문화 구성원이 직접 결정해야 한다고 본다. 이와 달리 을은 문화의 통합을 강조하는 입장으로, 집단 간 결속력 강화를 위해 소수 문화가 주류 문화에 동화되어야 한다고 주장한다.

| 선지 해설 |

① 갑은 주류 문화 구성원이 소수 문화 구성원에게 통합을 강제하는 것은 부정의하다고 본다. 따라서 갑은 사회 통합을 위해 소수 문화가 억압받아서는 안 된다고 주장할 것이다.

② 갑은 소수 문화 구성원의 결정권을 강조하는 입장이다. 따라서 갑은 소수 문화의 구성원에게 문화적 자치권을 부여하고, 그들의 문화적 결정권을 존중해야 한다고 볼 것이다.

③ 을은 집단 간 결속력의 강화를 위해 단일 문화를 형성해야 한다고 보면서, 소수 문화가 주류 문화에 동화되어야 한다고 본다.

④ 을은 사회 발전을 위해 단일한 언어, 문화 전통, 교육 정책을 추구함으로써 주류 문화가 문화 통합의 중심이 되어야 한다고 본다.

⑤ 갑은 소수 문화 구성원의 결정권을 지지한다. 따라서 국가의 교육 정책으로 통일된 문화를 형성해야 한다는 주장에 반대할 것이다. 반면, 을은 집단 결속력 강화를 위해 국가의 교육 정책으로 단일 문화를 형성해야 한다는 주장에 찬성할 것이다.

---

14 동화주의와 다문화주의 19학년도 6월 모평 7번 · 정답 ④ | 정답률 91%

갑, 을의 입장으로 가장 적절한 것은?

> 갑(동화주의): 기존 시민들이 공유하는 문화에 동화될 때에만 이민자에게 시민권을 부여해야 한다. 주류 사회 시민들과 동일한 언어로 함께 교육을 받게 하고 동일한 사회 복지를 제공하며 국민 정체성을 고취시켜 이민자 집단을 동화시켜야 한다.
>
> 을(다문화주의): 기존 시민들이 공유하는 문화에 동화되지 않아도 이민자에게 시민권을 부여해야 한다. 이민자의 언어로 운용되는 자체의 법적 제도를 보장하면서 이민자 집단과 주류 사회의 결속과 통합을 도모해야 한다.

① 갑: 주류 문화와의 융합을 위해 소수 문화의 가치를 <del>존중</del>해야 한다. 포기
② <del>갑</del>: 사회권 보장으로 소수 집단의 문화적 정체성을 유지시켜야 한다. 을(다문화주의)
③ 을: 소수 문화에 대한 <del>불관용</del>을 통해 국민 통합을 지향해야 한다. 관용
✓④ 을: 소수 집단의 자치를 승인하면서 사회적 연대를 추구해야 한다.
⑤ <del>갑</del>, 을: 문화적 동일성에 대한 요구 없이 시민권을 보장해야 한다.

| 자료 분석 |

갑은 동화주의의 입장을, 을은 다문화주의의 입장을 취하고 있다. 갑은 이민자가 출신국의 언어적·문화적 특성을 포기하고 주류 사회의 일원이 되도록 편입시켜야 한다고 주장한다. 반면 을은 한 사회 안의 다양한 문화를 평등하게 인정하여 문화 간 조화와 공존을 추구해야 한다고 본다.

| 선지 해설 |

① 갑은 동화주의의 입장으로 주류 문화와의 통합을 위해 소수 문화의 특성을 포기해야 한다고 본다.

② 을의 입장이다. 갑은 소수 집단의 문화적 정체성을 유지하는 것은 사회 통합을 저해할 수 있다고 인식하므로, 소수 집단이 문화적 정체성을 버리고 주류 문화에 동화되어야 한다고 본다.

③ 을은 소수 문화의 문화적 특성을 존중해야 함을 주장하므로, 관용을 통해 다양성의 공존을 추구함으로써 국민 통합을 지향해야 한다고 볼 것이다.

④ 을은 소수 집단 자체의 법적 제도를 보장하면서 사회의 결속과 통합을 도모해야 함을 주장하므로, 소수 집단의 자치를 승인하고 사회적 연대를 추구해야 한다고 볼 것이다.

⑤ 갑은 동화를 통한 문화적 동일성을 추구하지만, 을은 문화적 동일성에 대한 요구 없이 이민자의 시민권 보장을 주장한다. 따라서 을에게만 해당되는 내용이다.

15 다문화주의와 동화주의 21학년도 7월 학평 7번

정답 ④ | 정답률 68%

갑, 을의 입장으로 적절한 것만을 〈보기〉에서 있는 대로 고른 것은?

> 갑: 이민자 집단의 문화를 기존의 문화와 차별하지 않고 대등하게
> 인정하는 정책을 시행해야 한다. 이 정책으로 이민자들은 문
> (다문화주의) 화적 고립에서 벗어나고, 국가적인 통합을 이룰 수 있다.
>
> 을: 이민자 집단이 자신들의 문화를 포기하고 주류 사회의 문화
> 에 편입될 수 있게 하는 정책을 시행해야 한다. 이 정책으로
> (동화주의) 사회적 갈등을 줄이고 공동체의 결속을 강화할 수 있다.

─────〈 보기 〉─────
ㄱ. 갑: 문화 간의 다양성을 존중하고 그 차이를 수용해야 한다.
ㄴ. 갑: 주류와 비주류 사이의 문화적 위계를 인정해야 한다.
　　　　　　　　　　　　　　　　　　　하지 않는다
ㄷ. 을: 이민자의 문화 정체성을 주류 문화에 동화시켜야 한다.
ㄹ. 갑, 을: 사회의 통합성을 높이는 문화 정책을 추진해야 한다.

① ㄱ, ㄴ　　　② ㄱ, ㄷ　　　③ ㄴ, ㄹ
✔ ㄱ, ㄷ, ㄹ　　⑤ ㄴ, ㄷ, ㄹ

| 자료 분석 |

갑은 이민자 집단의 문화와 기존의 문화가 대등하다고 보면서, 다양한 문화의 공존을 지향하는 다문화주의 입장을 취하고 있다. 반면 을은 이민자 집단이 주류 문화에 편입됨으로써 사회적 결속을 강화할 수 있다고 보는 동화주의 입장을 취하고 있다.

| 보기 해설 |

ㄱ 다문화주의 입장은 다양한 문화의 가치를 존중하고 각각의 문화가 지니는 차이를 수용하면서 공존을 이루는 다문화 정책이 바람직하다고 본다.

ㄴ 다문화주의 입장은 주류 문화와 비주류 문화를 구분하거나 문화 간 위계를 설정하지 않으며, 다양한 문화를 대등하게 인정해야 한다고 본다.

ㄷ 동화주의 입장은 이민자 집단이 자신들의 문화를 포기하고 주류 사회의 문화에 동화·편입됨으로써 사회적 통합을 이룰 수 있다고 본다.

ㄹ 다문화주의와 동화주의 입장 모두 사회의 통합성을 높이는 다문화 정책이 필요하다고 본다. 단, 다문화주의는 다양한 문화의 존중과 공존을 통해, 동화주의는 주류 문화로의 동화와 편입을 통해 사회의 통합성을 높일 수 있다고 본다는 차이가 있다.

연결형 문제로 개념 확인

(1) 다문화주의 •　　　　　• ㉠ 주류 문화와 비주류 문화를 구분한다.
(2) 동화주의 　•　　　　　• ㉡ 각 문화가 상대적 가치를 지닌다고 본다.

(1) − ㉡　(2) − ㉠

16 다문화주의와 동화주의 21학년도 3월 학평 9번

정답 ① | 정답률 80%

갑, 을의 입장으로 가장 적절한 것은?

> 갑: 문화 공존을 위해 타 문화에 대해 알고 상호 교류를 확대해야
> 한다. 다양성은 문화 교류의 전제이며, 관용은 문화 공존과
> (다문화주의) 진정한 사회 통합을 위한 훌륭한 방법이다. 교육도 타 문화의
> 내용을 교양 과목으로 다루어야 한다.
>
> 을: 사회 통합을 위해 소수 문화가 주류 문화에 동화되어야 한다.
> 시민들 간에 동일한 문화적 정체성이 형성되면 상호 이해 및
> (동화주의) 신뢰, 유대감이 증진된다. 교육도 모두를 단일한 문화로 통합
> 하는 것을 목표로 해야 한다.

✔ 갑: 자신의 문화 정체성을 유지하며 타 문화를 존중해야 한다.
② 갑: 차이 인정보다 동화의 관점에서 타 문화를 인식해야 한다.
　　을(동화주의)
③ 을: 문화적 풍요로움을 위해 이질적 문화들이 공존해야 한다.
　　갑(다문화주의)
④ 을: 문화들 간의 갈등을 막기 위해 소수 문화를 인정해야 한다.
⑤ 갑, 을: 주류 문화와 소수 문화가 융합을 이루도록 해야 한다.

| 자료 분석 |

다문화 사회와 관련하여 갑은 관용을 바탕으로 타 문화와의 상호 교류를 확대하고 문화 공존을 이루어야 한다고 보는 반면, 을은 사회 갈등을 해소하고 사회 통합을 위해서는 소수 문화가 주류 문화에 동화되어 동일한 문화적 정체성을 형성해야 한다고 본다.

| 선지 해설 |

① 갑은 다양한 문화 간의 교류와 공존을 통해 기존의 문화가 타 문화와 조화를 이룰 수 있다고 본다. 따라서 자신의 문화 정체성을 유지하며 타 문화를 존중해야 한다고 볼 것이다.

② 갑은 문화 간의 차이를 존중하며 관용의 정신을 발휘하여 문화의 공존과 사회 통합을 이루어야 한다고 본다. 문화 간의 차이를 인정하기보다 동화의 관점에서 타 문화를 인식하는 것은 을이다.

③ 을은 사회 통합을 위해서 소수 문화가 주류 문화에 동화되어야 함을 강조한다. 문화적 풍요로움을 위해 이질적 문화들이 공존해야 한다고 주장하는 것은 갑이다.

④ 을은 사회 통합을 위해 소수 문화가 주류 문화에 동화되어 동일한 문화적 정체성을 형성해야 한다고 주장한다. 문화들 간의 갈등을 해소하고 사회 통합을 위해 소수 문화를 인정해야 한다고 보는 것은 갑이다.

⑤ 갑은 주류 문화와 소수 문화의 구분 없이 다양한 문화가 대등하게 공존하며 조화를 이루어야 한다는 입장을 취하고 있고, 을은 소수 문화가 주류 문화에 동화되어 사회 통합을 이루어야 한다는 입장을 취하고 있다.

갑, 을, 병 중에서 한 사람만이 긍정의 대답을 할 질문만을 〈보기〉에서 있는 대로 고른 것은? [3점]

갑: 이주민은 자신의 문화 정체성을 포기하고, 이주해 온 국가의 구성원이 되어 주류 사회의 일원으로 편입되어야 한다. → 동화주의
을: 다른 재료들이 섞여 각자 고유의 맛을 지키면서 하나의 샐러드가 되듯이 다양한 문화가 대등하게 조화되어야 한다. → 샐러드 볼 이론
병: 국수가 주된 내용물이지만 고명이 첨가됨으로써 국수 맛이 풍성해지듯이 주류 문화와 비주류 문화가 공존해야 한다. → 국수 대접 이론

〈 보기 〉
ㄱ. 다양한 문화들은 사회 내에서 평등하게 공존해야 하는가?
ㄴ. 이주민들의 서로 다른 문화적 정체성을 인정해야 하는가?
ㄷ. 사회 통합은 문화 단일성을 전제로 이루어 나가야 하는가?
ㄹ. 한 사회에는 구심점이 되는 주류 문화가 존재해야 하는가?

① ㄱ, ㄴ   ✓② ㄱ, ㄷ   ③ ㄴ, ㄹ
④ ㄱ, ㄷ, ㄹ   ⑤ ㄴ, ㄷ, ㄹ

| **자료 분석** |

다양한 문화에 대해 갑은 동화주의, 을은 샐러드 볼 이론, 병은 국수 대접 이론의 입장을 취하고 있다. 갑은 이주민의 문화를 주류 문화로 통합시킴으로써 사회 통합을 이루어야 한다고 본다. 을은 서로 다른 문화들이 평등한 관계 속에서 공존을 이루어야 한다고 주장한다. 병은 주류 문화와 비주류 문화가 공존함으로써 문화적 풍요를 이룰 수 있다고 본다.

| **보기 해설** |

ⓖ 을은 긍정하고, 갑과 병은 부정할 질문이다. 을은 다양한 문화들이 사회 내에서 평등하게 공존해야 한다고 본다. 반면, 갑은 이주민의 문화가 주류 문화에 편입되어야 한다고 보고, 병은 주류 문화와 비주류 문화라는 문화적 지위의 위계를 전제하고 있다.

ㄴ. 을과 병이 긍정하고 갑은 부정할 질문이다. 을과 병은 이주민의 다양한 문화적 정체성을 인정하고 공존함으로써 사회 통합을 이룰 수 있다고 보지만, 갑은 이주민의 문화가 주류 문화로 편입되어야 한다고 주장한다.

ⓓ 갑은 긍정하고 을과 병은 부정할 질문이다. 갑은 동화주의의 관점에서 주류 문화를 기준으로 이민자의 문화를 통합하여 문화 단일성을 이루어야 한다고 보지만, 을과 병은 다양한 문화의 공존을 추구한다.

ㄹ. 갑과 병은 긍정하고 을은 부정할 질문이다. 갑과 병은 주류 문화와 비주류 문화라는 위계적 구분을 전제하지만, 을은 다양한 문화가 평등하고 대등한 관계를 이루어야 함을 강조하고 있다.

24 일차

| 01 ② | 02 ⑤ | 03 ⑤ | 04 ④ | 05 ⑤ | 06 ④ | 07 ③ | 08 ⑤ | 09 ② | 10 ③ | 11 ① | 12 ① |
| 13 ⑤ | 14 ① | 15 ② | 16 ④ | 17 ① | 18 ③ | 19 ① | 20 ③ | 21 ⑤ | | | |

문제편 224~229쪽

---

01 퀑의 종교 윤리 25학년도 9월 모평 3번

정답 ② | 정답률 84%

다음을 주장한 사상가의 입장으로 가장 적절한 것은?
↳퀑
→ 종교 간의 대화를 강조함

> 종교 간 대화 없이 종교 간 평화는 불가능하고, 종교 간 평화 없이 국가 간 평화도 불가능하며, 다른 종교에 대한 연구 없이 종교 간 대화는 불가능하다. 대화의 중단은 전쟁을 초래했다. 대화가 실패하면 억압이 시작되었고 권력자들의 힘이 지배했다. 대화를 지지하는 사람은 자기 종교의 교리에 얽매이지 않으며 이단자에 대한 배척을 혐오한다.

① 종교 간 대화가 국가 간 평화의 선결 과제가 되는 것은 아니다.

✔ 종교 간 차이가 종교 간 대화를 언제나 차단하는 것은 아니다.

③ 종교 간 소통에 다른 종교에 대한 이해까지 요청되지는 않는다.
　　　　　　　　　　　　　　　　　　　요청된다

④ 종교 간 교리를 통합하지 않으면 결코 관용을 실천할 수 없다.
　→ 퀑은 각 종교가 가지는 고유한 특성을 인정하며 교리의 통합을 주장하지 않음

⑤ 종교 간 대화의 실패가 정치적 폭력으로 이어지는 경우는 없다.
　　　　　　　　　　　　　　　　　　이어진다

출제 경향

종교 윤리에 대한 문항은 19학년도 수능 이후 성스러운 것과 세속적인 것의 관계를 묻는 엘리아데의 종교관이 출제되는 경우가 많았지만, 종종 특정 사상가가 아닌 종교와 이성, 종교와 과학 등의 관계에 대한 주제가 출제되기도 하였다. 엘리아데의 종교관에 대한 문항은 주로 성과 속의 관계, 성스러운 자연물에 대한 입장 등 반복적으로 제시되는 선지가 있으니 이를 잘 기억해 두어야 한다.

| 자료 분석 |

제시문의 사상가는 퀑이다. 퀑은 모든 종교가 자신의 실수와 과오에 대한 비판적 성찰을 하고, 서로의 고유한 특성을 인정함으로써 종교적 이해와 협력을 추구해야 한다고 강조한다. 특히 퀑은 종교 간의 대화를 강조하며 이를 위해 다른 종교에 대한 이해와 존중의 자세가 필요하다고 주장한다.

| 선지 해설 |

① 퀑은 종교 간 대화 없이는 종교 간 평화는 불가능하고, 종교 간 평화 없이 국가 간 평화도 불가능하다고 말한다. 따라서 국가 간의 평화를 위해 종교 간 대화는 선결 과제이다.

② 퀑은 서로 다른 종교 간에 차이가 있다 하더라도 대화는 가능하다고 본다.

③ 퀑은 다른 종교에 대한 연구 없이, 즉 다른 종교에 대한 이해 없이 종교 간 대화 혹은 소통은 불가능하다고 본다.

④ 퀑은 각 종교가 가지는 고유한 특성을 인정하고 다른 종교를 이해할 때 종교 사이의 대화가 가능하고 종교 간 평화도 가능하다고 본다. 따라서 퀑은 관용의 실천을 위한 종교 간 교리의 통합을 주장하지 않는다.

⑤ 퀑은 대화의 중단이 전쟁을 초래한다고 본다.

그림의 <mark>강연자</mark>가 지지할 입장으로 가장 적절한 것은? [3점]

↳ 한스 퀑

문명의 충돌을 막기 위해 우리는 무엇보다 <mark>종교 간의 관용과 적극적인 대화</mark>에 힘써야 합니다. 종교 간의 갈등은 수많은 사람을 고통스럽게 하고 사회와 국가의 발전을 가로막습니다. 이러한 갈등은 무엇보다 자신의 종교만을 맹신하고 타 종교를 인정하지 않는 배타적인 태도에 기인합니다. <mark>종교 간의 대화 없이는 국가 안의 평화는 물론이고 국가 간의 평화도 불가능</mark>합니다. 지구에 존재하는 주요 종교들에는 비폭력과 생명 존중, 관용과 진실성, 연대와 정의로운 경제 질서, 평등과 남녀 동반 관계 등의 가치가 들어 있습니다. 종교 간의 대화를 통해 이러한 가치들을 기본으로 하는 <mark>세계 윤리</mark>를 도출하여 평화로운 세계를 만들어야 합니다.

① 종교 간의 평화 실현에 타인과의 대화 역량은 ~~불필요하다~~.
　　　　　　　　　　　　　　　　　필요하다

② 다른 종교를 관용의 눈으로 바라보는 것은 ~~불필요한~~ 노력이다.
　　　　　　　　　　　　　　　필요한

③ <mark>종교의 통일</mark>이 문명의 충돌을 막을 수 있는 유일한 해법이다.
　→ 단일 종교나 하나의 보편 종교를 주장하지 않음

④ 종교 간의 갈등은 사회와 국가의 발전과 ~~어떠한 관련도 없다~~.
　　　　　　　　　　　　　　　　　　관련이 있다

⑤ 편견 없이 타 종교를 이해하는 일이 평화로운 공존의 초석이다.

그림의 강연자는 퀑이다. 퀑은 종교 간 갈등을 극복하기 위한 자세를 제시하였다. 퀑에 따르면 모든 종교는 자신의 실수와 과오의 역사를 비판적 시각으로 성찰해야 하며, 서로의 고유한 특성을 인정하면서 종교적 이해와 협력을 추구해야 한다. 또한 종교 간 대화를 통해 다른 종교에 대해 이해하고 존중하는 태도를 갖춰야 한다. 퀑은 종교 간의 대화 없이는 국가 내의 평화나 국가 간의 평화도 불가능하기 때문에 종교 간의 대화를 통해 세계 윤리를 도출하여 평화로운 세계를 만들어야 한다고 보았다.

| **선지 해설** |

① 퀑은 종교 간의 대화 없이는 국가 안의 평화는 물론이고 국가 간의 평화도 불가능하다고 보고, 종교 간의 평화 실현에 타인과의 대화, 타 종교와의 대화가 필요하다고 주장하였다.

② 퀑은 문명의 충돌을 막고 평화로운 세계를 만들기 위해 무엇보다 종교 간의 관용과 적극적인 대화에 힘써야 한다고 보았다. 따라서 다른 종교를 관용의 눈으로 바라보는 노력은 필요하다.

③ 퀑은 문명의 충돌을 막기 위해서 종교 간의 관용과 적극적인 대화에 힘써야 한다고 보았다. 그는 이러한 행위의 목표를 종교들 사이에 평화를 실현하는 것으로 삼고, 결코 하나의 단일 종교를 이루거나 하나의 보편 종교를 요청해서는 안 된다고 주장하였다. 따라서 종교의 통일은 문명의 충돌을 막을 수 있는 유일한 해법이 될 수 없다.

④ 퀑은 종교 간의 갈등이 수많은 사람들을 고통스럽게 하고 사회와 국가의 발전을 가로막는다고 주장하였다. 즉, 퀑은 종교 간의 갈등이 사회와 국가의 발전과 밀접한 관련이 있다고 보았다.

⑤ 퀑은 종교 간의 갈등이 자신의 종교만을 맹신하고 타 종교를 인정하지 않는 배타적인 태도에서 비롯된다고 보고, 다른 종교에 대한 존중과 이해를 토대로 종교 간의 대화가 이루어진다면 평화로운 세계를 만들어 갈 수 있다고 주장하였다. 따라서 퀑에 따르면 편견 없이 타 종교를 이해하는 일은 평화로운 공존의 초석이 될 수 있다.

그림의 강연자가 지지할 입장으로 가장 적절한 것은? [3점]

└→ 엘리아데

성스러움이 세속적인 것과는 전혀 다른 그 무엇으로서 자신을 드러내어 보여 주기 때문에, 인간은 성스러움을 알 수 있습니다. 성스러움이 드러나는 것을 가리키는 말이 성현(聖顯)입니다. 성스러운 나무, 성스러운 돌은 정확히 그것이 성현이기 때문에, 그것이 더 이상 돌이나 나무가 아니라 성스러운 것을 보여 주는 존재가 되기 때문에 숭배를 받는 것입니다. 종교의 역사란 가장 원시적인 것에서부터 가장 고도로 발달한 것에 이르기까지 다수의 성현으로 이루어져 있다고 말할 수 있습니다. 종교적 인간이 성스러운 존재들에 의지하여 안정과 평화를 추구해 온 것은 자연스러운 일입니다. 심지어 비종교적 인간도 종교적 의례나 신화에 영향을 받기 때문에 자신도 모르는 사이에 종교적으로 행동합니다.

→ 성현은 성스러움이 세속을 통해 드러난 것

① 성스러움과 속됨은 서로 양립할 수 있지만 조화될 수는 ~~없다~~.
　　　　　　　　　　　　　　　　　　　　　　　　　　있다

② 종교적 인간은 성스러움을 만들어 내어 마음의 안정을 찾는다.
　└→ 성스러움은 만들어 낼 수 없음

③ 종교의 역사는 성스러운 실재의 ~~단 한번~~ 드러남으로 이루어진다.
　　　　　　　　　　　　　지속적

④ 돌이나 나무는 ~~그 자체로 성스럽기~~ 때문에 숭배의 대상이 된다.
　　　　　　　성스러움을 보여 주기

⑤✓ 성스러움을 믿지 않는 인간이라도 은연중에 종교적으로 행동한다.

| 자료 분석 |

그림의 강연자는 엘리아데이다. 엘리아데는 인간이 세속적인 존재인 동시에 종교적 존재라고 보며 종교적 지향성이 인간의 본질이라고 주장했다. 엘리아데는 인간의 세속적 삶 속에서 언제든지 성스러움의 드러남, 즉 성현(聖顯)이 나타날 수 있다고 보고, 세속과 성스러움의 세계가 조화롭게 공존하는 종교 생활을 강조했다.

| 선지 해설 |

① 엘리아데는 성스러움과 속됨이 서로 양립할 수 있으며 성과 속은 분리되거나 단절되어 있지 않다고 보았다. 이에 따라 엘리아데는 세속과 성스러움의 세계가 조화롭게 공존할 수 있음을 강조했다.

② 엘리아데에게 종교적 인간은 성스러움 그 자체를 만나거나 일상의 삶이나 자연을 통해 드러나는 성스러움을 체험할 수는 있지만, 성스러움을 스스로 만들어 내어 마음의 안정을 찾는 존재는 아니다.

③ 엘리아데는 종교의 역사가 성스러운 실재가 단 한번 드러남으로써 이루어지는 것이 아니라 일상적인 삶 속에서 언제든지 드러남으로써 이루어지는 것이라고 보았다.

④ 엘리아데는 돌이나 나무가 성스러움을 드러내는 성현이 될 수는 있지만, 그것은 성스러움을 드러내는 수단이지 성스러움 그 자체로서 숭배의 대상이 되는 것은 아니라고 보았다.

⑤ 엘리아데는 스스로 비종교적이라고 생각하는 사람조차도 인식과 행동의 토대에는 종교적 성향이 존재한다고 보았다. 이로 인해 자신을 비종교적이라고 생각하는 사람들마저 일상 속에서는 성스러운 행위를 지속할 수 있다고 주장했다.

다음 가상 편지에서 강조하는 내용으로 가장 적절한 것은? [3점]

> 다른 견해에 대한 비판은 자아비판의 토대에서 가능함 ⟶
>
> 친애하는 ○○에게
>
> 　지난 편지에서 자네는 나에게 종교 간 갈등을 극복할 수 있는 방안에 대해 물었지. 그에 대한 나의 의견을 전하고자 하네. 모든 종교는 자신의 실수와 과오의 역사를 비판적 시각으로 성찰해야 하네. 다른 견해에 대한 정당한 비판은 오로지 단호한 자아비판이라는 바탕 위에서만 가능하네. 다음으로, 각 종교는 서로의 고유한 특성을 인정하고, 종교적 이해와 협력을 추구해야 하네. 그렇다고 해서 하나의 보편 종교를 요청해서는 안 되네. 마지막으로, 종교 간 대화가 필요하네. 종교 사이의 평화를 배제하고서는 국가 사이의 어떠한 평화도 불가능하고, 종교 사이의 대화를 배제하고서는 종교 사이의 어떠한 평화도 불가능하며, 내 이웃의 종교를 이해하지 않고서는 종교 사이의 어떠한 대화도 불가능하다는 것을 명심하게. …(후략).

① 세계 평화를 위해 다양한 종교를 단일 종교로 통합해야 한다.
　　　　　　　　　　　　　　　하면 안 된다
② 종교 간 평화를 위해 자신의 종교적 정체성을 포기해야 한다.
　　　　　　　　　　　　　　　하면 안 된다
③ 자신의 견해와 다른 종교적 견해를 결코 비판해서는 안 된다.
　　　　　　　　　　　　　　　할 수 있다
✔ 종교 간 대화를 위해 타 종교에 대한 이해와 존중이 요청된다.
⑤ 종교 간 평화는 국가 간 평화를 실현하기 위한 전제 조건이 아니다.
　　　　　　　　　　　　　　　이다

| 자료 분석 |

가상 편지를 쓴 사상가는 한스 큉이다. 큉은 모든 종교가 자신의 실수와 과오에 대한 비판적 성찰을 하고, 서로의 고유한 특성을 인정함으로써 종교적 이해와 협력을 추구해야 한다고 강조한다. 특히 큉은 종교 간의 대화를 강조하며 이를 위해 다른 종교에 대한 이해와 존중의 자세가 필요하다고 주장한다.

| 선지 해설 |

① 큉은 세계 평화를 위해 종교 사이의 평화가 필요하다고 보지만, 이를 위해 다양한 종교를 단일 종교로 통합할 것을 주장하지는 않는다. 큉에 따르면 각 종교가 서로의 고유한 특성을 인정하고 종교적 이해와 협력을 추구할 때 세계 평화가 가능하다.

② 큉은 각 종교가 가지는 고유한 특성을 인정하고 다른 종교를 이해할 때 종교 사이의 대화가 가능하고 종교 간 평화도 가능하다고 본다. 따라서 큉은 종교 간 평화를 위해 자신의 종교적 정체성을 포기할 것을 주장하지 않을 것이다.

③ 큉은 모든 종교가 자신의 실수와 과오의 역사를 비판적 시각으로 성찰해야 함을 강조하며, 이러한 자아비판의 바탕 위에서 다른 견해, 다른 종교에 대한 정당한 비판이 가능하다고 주장한다.

④ 큉은 종교 사이의 평화를 배제하고는 국가 사이의 평화를 말할 수 없고, 종교 사이의 대화를 배제하고는 종교 사이의 평화를 말할 수 없다고 본다. 따라서 종교 간 대화를 위해 타 종교에 대한 이해와 존중이 필수적이라고 주장한다.

⑤ 큉은 종교 간 평화가 실현되지 않는다면 국가 간의 평화가 불가능하다고 주장함으로써 종교 간 평화가 국가 간 평화를 실현하기 위한 전제 조건이 된다고 본다.

다음 토론의 핵심 쟁점으로 가장 적절한 것은?

> 갑: 종교는 윤리를 수용하지만 절대자에 대한 믿음을 통한 영원한 삶을 본질로 합니다. 영원한 삶이 더 중요하기 때문에, 윤리와 상충하는 종교적 진리도 받아들여야 합니다. → 갑의 핵심 주장
>
> 을: 물론 종교는 절대자의 힘을 빌려 영원을 추구하지만, 인간의 종교이기에 윤리적 삶을 강조해야 합니다. 따라서 종교는 윤리에 어긋나는 주장을 해서는 안 됩니다. → 을의 핵심 주장
>
> 갑: 아닙니다. 윤리는 인간 이성에 토대를 두는데, 이성은 절대자와 달리 한계를 갖습니다. 또한 윤리가 문화마다 다르다는 점에서도 종교적 진리가 윤리를 넘어섭니다.
>
> 을: 문화에 따라 윤리가 다르다는 점에 동의합니다. 그렇지만 윤리의 토대가 되는 이성 역시 절대자로부터 주어진 것입니다. 따라서 종교는 윤리를 존중해야 합니다.

① 윤리는 문화에 따라 상대적인가? ┐
② 윤리는 이성에 토대를 두고 있는가? ┤
③ 종교는 윤리적 가르침을 지닐 수 있는가? ├ 갑, 을 모두 긍정
④ 종교는 절대자를 믿음의 대상으로 받아들이는가? ┘
✔ 윤리와 상충하는 종교적 진리는 허용될 수 있는가?

| 자료 분석 |

갑은 종교가 영원한 삶을 본질로 하는 것으로, 영원한 삶이 윤리보다 더 중요하기 때문에 윤리와 상충하는 종교적 진리도 받아들여야 한다고 주장한다. 반면, 을은 종교가 영원을 추구하지만 인간의 종교이기 때문에 윤리적 삶을 강조해야 한다고 보고, 종교가 윤리에 어긋나는 주장을 해서는 안 된다고 주장한다.

| 선지 해설 |

① 갑과 을 모두 긍정할 질문이다. 갑, 을 모두 문화에 따라 윤리가 다르다는 점에 대해 긍정하고 있다.

② 갑과 을 모두 긍정할 질문이다. 갑, 을 모두 윤리가 인간 이성에 토대를 두고 있다는 점에 대해 긍정하고 있다.

③ 갑과 을 모두 긍정할 질문이다. 갑, 을 모두 종교적 교리가 윤리적 가르침을 포함하며 윤리적 삶을 지향할 수 있다고 본다.

④ 갑과 을 모두 긍정할 질문이다. 갑, 을 모두 종교는 절대자에 대한 믿음과 이를 통한 영원의 추구를 지향한다고 본다.

⑤ 갑은 윤리와 상충하는 종교적 진리도 받아들여야 한다고 보고, 을은 종교가 윤리에 어긋나는 주장을 해서는 안 된다고 본다. 따라서 해당 질문에 대해 갑은 긍정, 을은 부정할 것이므로 토론의 핵심 쟁점으로 적절하다.

그림의 강연자가 지지할 입장만을 〈보기〉에서 있는 대로 고른 것은? [3점]

↳ 틸리히

종교란 궁극적 관심에 붙잡힌 상태입니다. 종교는 궁극적 관심으로 '죽느냐 또는 사느냐'를 물으며 그 대답을 찾습니다. 진정한 종교는 유한하지 않은 궁극성에 대해 관심을 가지며 순수하고 진지한 관심으로 존재 그 자체로서의 존재를 대면합니다. 이때 궁극적 관심은 절대성을 띠지만, 그 관심의 개별적 표현은 다양한 종교에서 서로 다른 방식으로 드러납니다. 종교는 유한한 실재를 하나의 신으로 만들면 안 됩니다. 그렇게 만든 신은 우상이 되기 때문입니다.

〈 보기 〉
ㄱ. 종교는 삶과 죽음의 의미를 묻고 답하는 것이다.
ㄴ. 진정한 종교는 유한한 실재를 무한한 존재로 만든다.
ㄷ. 종교는 모든 존재의 근원으로서의 존재와의 만남이다.
ㄹ. 종교적 관심은 절대성을 갖지만 종교적 표현은 다양하다.

① ㄱ, ㄴ   ② ㄱ, ㄷ   ③ ㄴ, ㄹ
④ ㄱ, ㄷ, ㄹ   ⑤ ㄴ, ㄷ, ㄹ

| 자료 분석 |

그림의 강연자는 종교학자인 틸리히이다. 틸리히는 신이 존재 자체이며 모든 존재의 근원이라고 인식한다. 또한 어떤 제한도 받지 않는 무한한 신을 인간이 유한한 언어나 개념으로 정의하는 것은 불가능하다고 본다. 틸리히는 신에 대한 궁극적 관심은 절대적인 것이지만, 이에 대한 표현은 다양하게 나타날 수 있다고 주장한다.

| 보기 해설 |

ㄱ 틸리히는 종교가 '죽느냐 사느냐'의 문제에 대해 묻고 대답하는 것이라고 주장했으므로 종교가 삶과 죽음의 의미를 묻고 답하는 것이라 볼 것이다.

ㄴ. 틸리히는 무한한 존재인 신을 유한한 존재인 인간이 감히 정의 내릴 수 없으며, 정의를 내리는 것 자체가 가능하지 않다고 인식한다. 따라서 유한한 실재가 무한한 존재가 되는 것은 불가능하다고 볼 것이다. 또한 제시된 글의 '종교는 유한한 실재를 하나의 신으로 만들면 안 됩니다.'라는 표현을 통해 오답임을 알 수 있다.

ㄷ 틸리히는 종교가 궁극적 관심에 붙잡힌 상태이며, 순수하고 진지한 관심으로 존재 그 자체로서의 존재를 대면하는 것이라고 본다. 따라서 종교가 존재 그 자체로서의 존재이며 모든 존재의 근원인 신과의 만남이라 볼 것이다.

ㄹ 틸리히는 종교가 궁극적 관심이라는 점에서는 절대적이지만 궁극적 관심의 개별적 표현은 다양한 종교에서 서로 다른 방식으로 드러난다고 주장한다. 따라서 종교적 관심은 절대적이나 종교적 표현은 다양하다는 주장에 동의할 것이다.

---

07 종교적 관용의 필요성 19학년도 9월 모평 16번

정답 ③ | 정답률 81%

다음은 신문 칼럼이다. ㉠에 들어갈 내용으로 가장 적절한 것은?

○○신문   ○○○○년 ○○월 ○○일

칼럼

오늘날 세계 각 지역에서는 종교 간의 갈등으로 인해 폭력과 분쟁이 심화되고 있다. 이와 관련하여 우리는 어떤 서양 사상가의 가르침에 주목할 필요가 있다. 그는 "타 종교인에 대한 관용의 정신이 참된 종교를 구별하는 가장 분명한 기준이다. 참된 종교는 영혼의 내적 확신에 기초하는데, 이러한 내적 확신을 폭력과 같은 외부적 힘으로 강제하는 것은 종교의 사명은 물론 인간 이성에도 어긋난다."라고 하였다. 이러한 가르침에 따라 종교 간의 갈등 문제를 해결하기 위해서는 ___㉠___ 을 인식해야 한다. ···(후략)···
→ 종교적 관용을 강조함

① 정치와 종교의 분리가 불필요하다는 것
→ 제시된 칼럼과 관련이 없는 내용
② 영혼의 내적 확신이 구원과 무관하다는 것
③ 종교적 박해는 불합리하므로 부당하다는 것
④ 관용을 허용하지 않는 종교도 참된 종교라는 것
⑤ 종교적 불관용만이 이성에 부합할 수 있다는 것

| 자료 분석 |

신문 칼럼의 '서양 사상가'는 타 종교에 대한 관용의 정신을 실천하는 것이 참된 종교를 구분하는 가장 분명한 기준이라고 주장한다. 그리고 폭력과 같은 외부적 힘을 사용해서 종교를 강제하는 것은 종교적 사명뿐만 아니라 인간 이성에도 어긋나는 것이라고 본다.

| 선지 해설 |

① 신문 칼럼에서는 종교 간의 갈등을 타 종교에 대한 관용을 통해 해결해야 함을 주장하고 있을 뿐, 정치와 종교의 관련성에 대해서는 언급하고 있지 않다.

② 신문 칼럼에서는 참된 종교가 영혼의 내적 확신에 기초한다고 본다. 구원은 종교의 핵심적 요소이므로 영혼의 내적 확신은 구원과도 밀접한 관련이 있다고 할 수 있다.

③ 신문 칼럼에서는 타 종교인에 대한 종교적 박해는 참된 종교가 필요로 하는 영혼의 내적 확신에 부합하지 않으며, 인간 이성에도 어긋난다고 본다. 따라서 종교적 박해는 종교적으로나 이성적으로나 불합리하다고 볼 수 있다.

④ 신문 칼럼은 타 종교인에 대한 관용의 정신이 참된 종교를 구별하는 가장 분명한 기준이므로 종교 간의 폭력과 분쟁을 멈출 것을 주장하고 있다. 따라서 관용을 허용하지 않는 종교는 참된 종교라고 할 수 없다.

⑤ 신문 칼럼에서는 종교적 불관용이 참된 종교를 구별하는 영혼의 내적 확신에 부합하지 않으며, 인간의 이성에도 어긋난다는 것을 강조한다. 따라서 종교적 관용은 이성에 부합한다고 볼 수 있다.

24
일차

다음을 주장한 사상가의 입장에만 모두 '✔'를 표시한 학생은? [3점]
└ 엘리아데

> 　종교적 인간은 그가 처해 있는 역사적 맥락이 어떠하든지 간에 항상 이 세계를 초월한다. 동시에 이 세계 안에는 성스러운 것, 즉 절대적 실재가 있다고 항상 믿는다. 반면에 비종교적 인간은 자신만이 유일한 역사의 주체이며 행위자라고 간주하며, 초월적인 모든 것을 거부한다. 그럼에도 비종교적 인간의 대부분은 비록 의식하지는 못하더라도 여전히 종교적으로 행동하고 있다.

입장　　　　　　　　　　　　　　학생	갑	을	병	정	무
종교적 인간은 세계 그 자체를 성(聖)으로 간주한다. → 세계 그 자체가 아니라, 세계 내의 대상을 통해 성스러움을 느낌	✔	✔		✔	
종교적 인간에게 어떤 사물은 성현(聖顯)이 될 수 있다.	✔		✔		✔
비종교적 인간은 종교의 속박에서 벗어날 때 자유롭다고 믿는다.			✔	✔	✔
비종교적 인간이라도 종교적 의례나 신화에 영향을 받을 수 있다.			✔	✔	✔

① 갑　　② 을　　③ 병　　④ 정　　⑤ 무

| 자료 분석 |

제시문의 사상가는 엘리아데이다. 엘리아데는 인간을 종교적 존재로 보며, 세계를 종교적인 것과 비종교적인 것, 성스러운 것과 세속적인 것으로 나누어 설명한다. 엘리아데는 종교적 존재로서의 인간은 시간, 장소, 인간적 한계를 넘어서기를 갈망하고, 이러한 한계를 극복하기 위해 초월적 존재와 연관을 맺고자 한다고 보며, 스스로가 비종교적이라고 주장하는 사람들도 일상 속에서 성스러운 행위를 지속한다고 본다.

| 선지 해설 |

- 첫 번째 입장: 엘리아데의 입장으로 적절하지 않다. 엘리아데는 종교적 인간이 세계 그 자체를 성(聖)으로 간주한다고 보지 않는다. 세계 그 자체가 아니라 세계 내의 대상을 통해 성스러움, 거룩한 존재를 느끼게 된다고 본다.

- ⊙ 두 번째 입장: 엘리아데는 종교적 인간에게 어떤 사물은 성스러움이 드러나는 통로가 된다고 본다. 종교적 인간은 자연물을 통해 현현한 성스러움을 숭배한다고 주장한다.

- ⊙ 세 번째 입장: 엘리아데는 비종교적 인간은 종교의 속박에서 벗어날 때 자유롭다고 믿지만, 그들 역시 일상 속에서 성스러운 행위를 지속한다고 본다.

- ⊙ 네 번째 입장: 엘리아데는 비종교적 인간이라도 종교적 의례나 신화의 영향을 받으며, 일상적인 삶 자체가 언제든지 성스러움의 드러남이 될 수 있고, 성과 속의 관계는 단절될 수 없다고 본다.

다음을 주장한 사상가의 입장으로 적절하지 않은 것은? [3점]
└ 엘리아데

> 　종교적 인간에게 자연은 항상 종교적 의미로 충만해 있다. 우주는 신의 창조물이고 세계는 신들의 손으로 완성된 것이어서 성스러움으로 가득차 있기 때문이다. 이는 예를 들면, 신의 현존에 의해서 정화된 장소나 사물에 머무르는 경우와 같이 직접 신들과 교류하는 신성성만의 것은 아니다. 신들은 그보다 더 많은 것을 행했다. 그들은 세계와 우주적 현상의 구조 그 자체 안에서 다양한 성(聖)의 양태를 현현(顯現)한다.

① 성스러운 공간에는 성스러운 것의 출현이 결부되어 있다.
② 성스러움이 드러난 사물을 신 그 자체와 동일시해야 한다.
　　→ 사물은 성스러움을 드러내는 수단임
③ 성스러움을 가시적인 형태로 구현하는 것은 자연의 대상들이다.
④ 성스러운 세계에서만 종교적 인간은 참된 실존을 가질 수 있다.
⑤ 성스러운 세계와 세속은 분리되어 있거나 단절되어 있지 않다.

| 자료 분석 |

제시문의 사상가는 엘리아데이다. 엘리아데는 인간을 종교적 존재로 인식하고, 스스로 비종교적이라 생각하는 사람들도 일상 속에서는 성스러운 행위를 지속한다고 보았다. 또한 성과 속은 분리되어 있지 않으며, 일상적인 삶 자체가 언제든지 성스러움의 드러남[聖顯]이 될 수 있다고 주장했다.

| 선지 해설 |

① 엘리아데는 성스러운 공간에는 성스러운 것의 출현이 결부되어 있으며, 그로 인해 특정한 영역이 질적으로 다른 공간이 되기도 한다고 보았다.

② 엘리아데는 성스러움이 일상의 사물에 드러날 수 있다고 보았으나, 성스러움이 드러난 사물을 성스러움이나 신 자체로 인식하지는 않았다.

③ 엘리아데는 인간의 삶이나 자연에서 언제든지 성스러움이 드러날 수 있으며, 성스러움을 가시적인 형태로 구현하는 것은 돌이나 나무같은 자연의 대상들이라고 보았다.

④ 엘리아데는 성스러운 것이 세속적인 것을 통해 드러날 수 있는 것이지, 세속적인 것 자체가 성스러운 것은 아니므로 성스러운 세계에서만 종교적 인간은 참된 실존을 가질 수 있다고 보았다.

⑤ 엘리아데는 성스러운 세계와 세속은 분리되어 있거나 단절되어 있지 않고, 일상적인 삶 자체가 언제든지 성스러움의 드러남, 즉 성현이 될 수 있다고 주장했다.

10 엘리아데의 종교관 22학년도 10월 학평 18번

정답 ③ | 정답률 70%

다음을 주장한 사상가의 입장으로 적절하지 않은 것은? [3점]
└→ 엘리아데

> 종교적 인간에게 자연은 항상 종교적 의미로 충만해 있다. 하늘은 신의 초월성을 계시하고, 대지는 우주적인 어머니이자 양육자로서 자신을 나타낸다. 우주의 여러 가지 리듬은 질서, 조화, 항상성, 풍요를 드러낸다. 우주는 전체로서 실재적이고 살아 있으며, 성스러움을 지닌 유기체이다. 즉 우주는 존재와 신성성의 여러 양태를 계시한다. 존재의 현현(顯現)과 성현(聖顯)이 서로 만나는 것이다.
> └→ 초월적 존재가 자연을 통해 스스로를 계시함

① 종교적 인간에게 모든 자연은 우주적 신성성으로 계시된다.
② 자연적인 것과 초자연적인 것은 불가분의 관계를 맺고 있다.
③ 자연은 초월적 존재 그 자체이며 스스로 성스러움을 드러낸다.
　→ 신은 자연을 통해 자신을 드러내지만 자연 그 자체는 아님
④ 종교적 인간은 자연물을 통해 현현하는 성스러움을 숭배한다.
⑤ 자연물은 성스러움이 드러나더라도 여전히 자연 안에 존재한다.

| 자료 분석 |

제시된 글의 사상가는 엘리아데이다. 엘리아데는 인간을 종교적 존재로 보며, 세계를 종교적인 것과 비종교적인 것, 성스러운 것과 세속적인 것을 나누어 설명한다. 또한, 자연은 종교적 의미로 충만해 있다고 주장하며, 초월적 존재가 자연을 통해 자신을 드러낸다고 본다.

| 선지 해설 |

① 엘리아데는 인간에게 모든 자연은 우주적 신성성으로 계시된다고 본다. 초월적인 존재인 신이 그러한 방식으로 자신을 드러내며 계시하기 때문이다. 인간은 자연물을 통해 성스러움, 거룩한 존재를 느끼게 된다.

② 엘리아데는 자연적인 것과 초자연적인 것, 세속과 성스러움의 세계가 불가분의 관계를 맺고 있다고 주장한다. 인간의 일상적인 삶 자체가 언제든지 성스러움의 드러남이 될 수 있기 때문에 자연적인 것과 초자연적인 것은 조화를 이룬다.

③ 엘리아데는 초월적 존재가 자연물을 통해 자신을 나타내고 계시하지만, 자연 그 자체가 신은 아니며, 자연물 그 자체가 스스로 성스러움을 드러내는 것은 아니라고 주장한다. 자연물은 초월적 존재의 성스러움, 거룩한 존재를 느끼게 하는 통로이다.

④ 엘리아데는 종교적 인간은 자연물을 통해 현현한 성스러움을 숭배한다고 본다. 스스로가 비종교적이라고 생각하는 사람들도 일상 속에서 성스러운 행위를 지속하며, 인간의 삶은 성과 속이 분리되어 있지 않다고 주장한다.

⑤ 엘리아데는 자연물을 통해 초월적 존재가 계시되고, 성스러움이 드러나도 자연물은 여전히 자연 안에 존재한다고 본다. 성스러움을 드러낸다고 해서 자연물이 자연적·객관적 세계를 떠나 존재하는 것은 아니다.

11 한스 큉의 종교관 20학년도 3월 학평 14번

정답 ① | 정답률 74%

다음을 주장한 사상가의 입장으로 가장 적절한 것은?
└→ 큉

> 종교 간 화해를 위해서는 비공식 대화와 공식 대화, 학문적 대화, 일상적 대화 등 모든 차원의 대화가 요청된다. 이러한 종교 간 대화는 상호 이해 증진을 위해 선한 의지와 개방된 자세뿐만 아니라 연대적 인식이 요구된다는 점을 보여 준다. 우리를 이끌어 갈 세 가지 기본 명제는 다음과 같다. └→ 종교 간 대화가 종교의 평화를 위한 필수적 요소라고 봄
> • 국가 간 세계 윤리 없이 인간의 공생·공존은 불가능하다.
> • 종교 간 평화 없이 국가 간 평화는 있을 수 없다.
> • 종교 간 대화 없이 종교 간 평화는 있을 수 없다.

① 대화 역량은 종교 간 평화를 실현하는 데 필요한 것이다.
② 참된 하나의 종교를 통해서만 종교 간 평화가 보장된다.
　　　　종교 간 대화를 통해
③ 종교 간 평화는 여러 종교의 통합을 통해 가장 잘 실현된다.
④ 각자 자신의 종교적 정체성을 포기할 때 세계 평화가 실현된다.
⑤ 각 종교가 자신의 종교에 대해 반성적 성찰을 할 필요는 없다.
　　　　　　　　　　　　　　　　　　　　가 있다

| 자료 분석 |

제시된 글의 사상가는 한스 큉이다. 큉은 종교 간의 대화와 화해, 평화와 공존을 중시하였다. 그는 "세계 윤리 없이는 생존이 불가능하며, 종교 간 평화 없이는 세계의 평화도 없다."라고 주장하면서, 세계의 보편 종교들이 서로 대화의 길에 나설 것을 강조하였다.

| 선지 해설 |

① 큉은 종교 간 대화가 종교의 평화를 위한 필수적인 요소라고 주장하였고, 대화를 위한 역량 역시 필요하다고 보았다.

② 큉은 하나의 종교를 강요하지 않고 종교의 자유를 인정하며 타 종교에 대해 관용적인 태도를 취할 때, 대화를 통해 종교 간 평화를 이룰 수 있다고 보았다.

③ 큉은 종교 간 평화를 위해 여러 종교가 통합해야 한다고 보지 않았다.

④ 큉은 각 종교가 자신의 교리를 지키고 자신의 종교적 정체성을 유지하는 가운데 서로 간에 대화를 할 때, 종교 간 평화가 이루어지고 세계 평화도 실현될 수 있다고 보았다.

⑤ 큉은 종교 간 대화를 통해 자신이 믿는 종교에 대한 반성적이고 윤리적인 성찰이 필요하다고 보았다.

12 엘리아데의 종교관 22학년도 수능 17번

정답 ① ┃ 정답률 58%

다음을 주장한 사상가의 입장으로 적절하지 않은 것은?
└ 엘리아데

> 인간이 성스러움을 아는 것은 그것이 속된 것과는 전혀 다른 어떤 것으로서 스스로를 현현(顯現)하고 보여 주기 때문이다. 성스러움이 드러나는 것을 성현(聖顯)이라 한다. 종교적 인간에게 자연은 결코 단순한 자연이 아니며, 항상 종교적 의미로 충만해 있다. 왜냐하면 우주는 신의 창조물이고, 세계는 신의 손으로 완성된 것이어서 성스러움으로 가득 차 있기 때문이다. 성스러운 돌, 성스러운 나무는 돌이나 나무로서 숭배되는 것이 아니라 성현이기 때문에 숭배된다.
> └ 종교적 인간은 세속적 세계에서도 성스러움을 발견함

✓ 세계는 성스러움이 드러나는 대상일 뿐 아니라 성(聖) 그 자체이다.
② 성스러움과 세속은 분리되어 있거나 단절되어 있는 것이 아니다.
③ 종교적 인간은 세속적 대상에서도 성스러움을 체험할 수 있다.
④ 종교적 인간에게 돌이나 나무는 단순한 자연물이 아니다.
⑤ 신은 자연을 통해 성스러움을 다양한 양태로 드러낸다.

┃자료 분석┃

제시된 주장을 한 사상가는 엘리아데이다. 엘리아데는 종교적 인간에게 자연은 단순한 자연이 아니라 성스러움이 드러나는 대상으로서 항상 종교적 의미로 충만해 있는 것이라고 보았다. 또한 성스러운 돌이나 성스러운 나무는 그 자체가 아니라 성스러움이 드러나는 성현이기 때문에 숭배의 대상이 된다고 보았다.

┃선지 해설┃

① 엘리아데에게 세계는 성스러움이 드러나는 대상이지, 성(聖) 그 자체는 아니다. 즉, 엘리아데는 신의 창조물인 우주를 통해 신의 성스러움이 드러난다고 보지만, 신이 곧 우주라고 주장하지 않는다.

② 엘리아데는 성스러움과 세속이 분리되어 있거나 단절되어 있지 않다고 보았다. 그는 종교적 인간이 세속의 세계 안에서 성현을 체험하며 그에 따라 살고자 한다고 보았다.

③ 엘리아데는 종교적 인간이 탄생, 결혼, 죽음과 같은 사건을 겪으면서 거룩한 존재가 있다고 믿게 되며, 세속적 대상에서도 성스러움을 체험할 수 있다고 보았다.

④ 엘리아데는 종교적 인간에게 돌이나 나무는 단순한 자연물이 아니며, 항상 종교적 의미로 충만해 있는 성현(성스러움의 드러남)이라고 보았다.

⑤ 엘리아데는 자연을 포함한 세상의 만물이 다양하게 보여 주는 아름다움, 맹렬함, 복합성, 신비가 모두 신의 성스러움을 드러내는 다양한 양태라고 보았다.

13 엘리아데의 종교관 20학년도 수능 2번

정답 ⑤ ┃ 정답률 66%

다음 사상가의 입장으로 가장 적절한 것은? [3점]
└ 엘리아데   → 종교적 인간: 일상에서도 성스러움을 체험함

> 우리가 관심을 가지는 것은 거룩한 것의 총체이다. 종교의 역사는 성현(聖顯)으로 구성되어 있다. 종교적 인간은 우리의 세상에 속하지 않은 어떤 실재가 자연의 대상 속에서 현현(顯現)되는 사건에 마주칠 때, 예컨대 한 그루 나무를 우주적 생명의 이미지로서 접할 때 최고의 정신성에 도달하게 된다. 이와 달리 비종교적 인간은 초월을 거부하는 인간 실존의 탈신성화 과정의 결과이다.
> └ 비종교적 인간: 종교적 의미를 거부함

① 비종교적 인간도 세계를 성(聖)의 드러남으로 인정한다.
                                         하지 않는다
② 성(聖)이 현현되는 이 세계는 초월적 존재 그 자체이다.
  → 세계는 초월적 존재 자체가 아니라 초월적 존재의 성스러움을 드러냄
③ 인간은 체험이 아니라 상상을 통해서 성(聖)을 만나게 된다.
              체험
④ 어떤 인간도 현실의 삶 속에서 최고의 정신성에 도달할 수 없다.
  종교적 인간은   있다
✓ 인간이 성(聖)을 알 수 있는 것은 자연물에 성이 드러나기 때문이다.

┃자료 분석┃

제시된 글의 사상가는 엘리아데이다. 엘리아데는 신의 성스러움이 세계를 통해 드러날 수 있다고 주장하면서, 세속적 삶과 종교적 삶이 분리되거나 단절되어 있지 않다고 주장한다. 그는 이러한 관점에서 종교적 인간은 일상(세속적 삶) 속에서도 성스러움을 체험할 수 있지만, 비종교적 인간은 종교적 의미를 거부하며 세속적 삶에 투영되어 드러나는 종교적 의미를 자각하지 못한다고 본다.

┃선지 해설┃

① 엘리아데는 종교적 인간과 달리 비종교적 인간은 세계를 성(聖)의 드러남으로 인정하는 종교적 관점을 거부한다고 본다.

② 엘리아데는 이 세계를 통해 신의 성스러움이 드러날 수 있다고 주장하지만, 세계가 초월적 존재(신) 그 자체라고 보지는 않는다.

③ 엘리아데는 인간이 상상을 통해서 성스러움을 만나게 된다고 주장하지 않는다. 그는 인간이 세속적 삶(일상)에서 성스러움을 체험함으로써 성을 만나게 된다고 주장한다.

④ 엘리아데는 종교적 인간이 현실의 세속적인 삶(일상)에서 신의 성스러움을 체험하고 최고의 정신성에 도달할 수 있다고 본다.

⑤ 엘리아데는 세계에 있는 자연물을 통해 신의 성스러움이 드러나므로, 인간이 일상에서도 성을 알 수 있다고 본다.

원전 확인 엘리아데, 『성과 속』

> 성스러움이 현현(顯現)함으로써 사물은 전혀 다른 것이 되는데, 그러나 그 후에도 의연히 그 사물임은 변하지 않는다. 왜냐하면 그것은 그 후에도 우주적인 환경 세계에 관여하고 있기 때문이다. 성스러운 돌도 의연히 한 개의 돌이다. 즉 겉으로 볼 때는 그 돌을 다른 일반적인 돌과 구별할 수 있는 것은 아무것도 없다. 그러나 돌이 성스러운 것으로 계시되는 사람들에게는 눈앞의 돌의 현존이 초자연적인 실재로 변한다. 바꿔 말하면 종교적 경험을 가진 인간에게는 모든 자연이 우주적 신성성으로 계시된다. 그때 우주는 전체가 성현(聖顯)이 되는 것이다.

14 · 엘리아데의 종교관 20학년도 9월 모평 20번 · 정답 ① | 정답률 65%

그림은 어느 사상가의 강연이다. ㉠에 들어갈 내용으로 적절하지 않은 것은? [3점]
→ 엘리아데

성스러움이 세속적인 것과 전혀 다른 그 무엇으로서 자신을 드러내어 보여 주기 때문에, 인간은 성스러움을 알 수 있습니다. 돌이나 나무와 같은 일상적 대상 속에 나타나는 원시적인 성현(聖顯)에서부터 예수 안에 하느님의 신성이 부여되는 높은 수준의 성현에 이르기까지 일관되게 성스러움이 흐르고 있습니다. 어느 경우에나 우리는 이 세상 것이 아닌 하나의 실재가 자연적이고 세속적인 세계의 부분을 이루는 대상 속에서 나타나는 사건과 마주하게 됩니다. 이로 볼 때, 종교적 인간은 _____㉠_____ 입니다. → 종교적 인간의 특징

→ 일상 속에서 성스러움의 체험이 가능함을 강조

① 성스러움이 드러난 돌이나 나무 자체를 신으로 받아들입니다.
→ 돌이나 나무와 같은 세속적인 것 자체가 신이라고 보지는 않음

② 성스러움과 세속적인 것이 단절되어 있지 않다고 생각합니다.

③ 세속의 세계 안에서 성현을 체험하며 그에 따라 살고자 합니다.

④ 세속적인 삶에서 언제든지 성스러움이 드러날 수 있다고 봅니다.

⑤ 세속의 세계를 성스럽게 만드는 거룩한 존재가 있다고 믿습니다.

| 자료 분석 |

그림의 사상가는 엘리아데이다. 엘리아데는 신의 성스러움이 세속적이고 일상적인 대상을 통해서도 드러날 수 있다고 보면서, 종교란 일상 속에서 성스러움과 만나는 것이라고 본다. 따라서 그는 세속적 삶과 종교적 삶이 분리되거나 단절되어 있지 않다고 주장한다. 다만, 엘리아데는 성스러움이 드러난 사물은 그전과는 전혀 다른 것이 되지만 그 후에도 사물임에는 변함이 없다고 본다.

| 선지 해설 |

① 엘리아데는 신의 성스러움이 돌이나 나무와 같은 세속적인 것을 통해서도 드러난다고 주장하는 것이지, 성스러움이 드러난 돌이나 나무 자체가 신이라고 주장하는 것은 아니다.

② 엘리아데는 성스러운 것이 세속적인 것을 통해서도 드러난다고 보면서, 성스러움과 세속적인 것이 분리되거나 단절되어 있지 않다고 주장하였다.

③ 엘리아데는 세속을 떠나야만 종교적 가치를 이룰 수 있는 것은 아니며, 세속의 세계에서도 성현을 체험하고 그에 따라 살고자 하는 것이 종교적 인간의 특징임을 주장하였다.

④ 엘리아데는 종교적 인간이 세속적인 삶을 살아가면서도 그 안에서 신의 성스러움을 경험할 수 있다고 보았다.

⑤ 엘리아데는 종교적 인간이 성스러움의 주체로서의 신이 존재함을 믿는다고 보았다.

15 · 엘리아데의 종교관 19학년도 수능 7번 · 정답 ② | 정답률 73%

다음 사상가의 입장으로 적절하지 않은 것은? [3점]
→ 엘리아데

→ 명백하게 나타나거나 나타냄

종교적 인간은 탄생, 결혼, 죽음과 같은 사건을 겪으며 거룩한 존재가 있다는 사실을 믿게 된다. 그 존재는 이 세계 안에 스스로 현현(顯現)하여 이 세계를 성화(聖化)시킨다. 그러나 세속적 인간은 자신만을 역사의 주체로 생각하며, 초월적 존재를 향한 모든 호소를 거절한다. 그들에게 거룩한 존재는 인간의 자유에 대한 최대의 장애물일 따름이다. 그럼에도 세속적 인간은 비록 스스로 깨닫지 못하고 있을 때조차 종교적으로 행동한다. 탄생, 결혼, 죽음을 기리는 의식이 세속화되기는 했지만 여전히 그 속에서는 종교적 현상이 관찰된다. → 성과 속은 분리되지 않으며 종교적인 것이 세속적인 것 가운데 나타날 수 있다고 봄

① 종교적 인간은 스스로 성스럽게 드러나는 거룩한 존재를 믿는다.

② 종교적 인간은 성스러운 것과 세속적인 것의 분리를 지향한다.
조화

③ 종교 의식과 무관한 세속적 일상 의례에도 신성성이 깃들어 있다.

④ 세속적 인간은 통과 의례가 갖는 종교적 의미를 자각하지 못한다.

⑤ 세속적 인간은 종교의 속박에서 벗어나야 자유로워진다고 믿는다.

| 자료 분석 |

제시된 글의 사상가는 엘리아데이다. 엘리아데는 일상 속에서도 성스러움이 현현할 수 있다고 보면서 성(聖)과 속(俗)이 분리거나 단절되어 있지 않다고 주장한다. 엘리아데에 의하면 세속적인 인간은 이를 인식하지 못하고 초월적 존재를 삶의 장애물로 인식하기도 하지만, 자신도 깨닫지 못하는 사이에 종교적으로 행동하고 종교적 현상 안에 놓이게 된다.

| 선지 해설 |

① 엘리아데는 종교적 인간이 탄생, 결혼, 죽음과 같은 사건을 겪으며 성스럽게 드러나는 거룩한 존재를 스스로 믿게 된다고 본다.

② 엘리아데는 거룩한 존재가 이 세계 안에 스스로 현현하여 이 세계를 성스럽게 만든다고 주장한다. 그리고 이러한 관점에서 성스러운 것과 세속적인 것은 분리되어 있지 않다고 본다. 따라서 엘리아데에 의하면, 종교적 인간은 일상 속에서도 성스러운 것이 현현함을 깨닫고 이를 세속적인 것과 조화하려는 종교 생활을 추구한다.

③ 엘리아데는 종교 의식과는 무관한 탄생, 결혼, 죽음을 기리는 세속적 일상 의례 속에서도 종교적 현상이 관찰된다고 본다. 따라서 종교 의식과 무관한 세속적 일상 의례에도 신성성이 깃들어 있다고 본다.

④ 엘리아데는 세속적 인간이 비록 스스로 깨닫지 못하고 있을 때조차 종교적으로 행동한다고 본다. 세속적 인간은 자각하고 있지 못하나 탄생, 결혼, 죽음 등의 통과 의례 속에 깃들어 있는 종교적 현상 속에 놓여 있다는 것이다.

⑤ 엘리아데는 세속적 인간의 일상에서도 종교적 현상이 나타나고, 세속적 인간도 종교적으로 행동한다고 본다. 그럼에도 불구하고 세속적 인간은 자신만을 역사의 주체로 생각하며 거룩한 존재를 인간의 자유에 대한 최대의 장애물로 인식하여 종교의 속박에서 벗어나야 자유로워진다고 믿는다.

16 | 엘리아데의 종교적 인간 23학년도 10월 학평 18번

정답 ④ | 정답률 73%

다음을 주장한 사상가의 입장으로 적절한 것만을 〈보기〉에서 있는 대로 고른 것은? [3점] └ 엘리아데

> 종교적 인간은 절대적 실재, 즉 세계 안에서 자신을 현현(顯現)하는 성스러운 존재가 있다고 항상 믿는다. 그러나 비종교적 인간은 초월성을 거부하며 실재의 상대성을 인정한다. 심지어 성스러운 존재의 의미를 의심하는 데까지 나아가기도 한다.

─〈보기〉─

ㄱ. 종교적 인간에게 우주는 신성성의 여러 양태를 계시한다.
ㄴ. 종교적 인간은 자연물 그 자체를 신으로 숭배하고자 한다.
  → 자연물은 거룩한 것을 드러내는 통로이지 그 자체가 신이 아님
ㄷ. 비종교적 인간은 자기 자신과 세계를 탈신성화하고자 한다.

① ㄴ ② ㄷ ③ ㄱ, ㄴ ④ ㄱ, ㄷ ⑤ ㄱ, ㄴ, ㄷ

| 자료 분석 |

제시문의 사상가는 인간을 종교적 존재로 본 엘리아데이다. 엘리아데는 종교적 인간은 시간, 장소, 인간적 한계를 넘어서기를 갈망하며, 이러한 한계를 극복하기 위해 초월적 존재·성스러운 존재가 있다고 믿는다고 본다. 또한, 성과 속이 분리되어 있지 않고 일상적인 삶 자체가 언제든지 성스러움의 드러남이 될 수 있다고 주장한다. 반면, 비종교적 인간은 이러한 초월성을 거부하고, 성스러운 존재의 의미를 의심한다고 본다.

| 보기 해설 |

ㄱ 엘리아데는 종교적 인간에게 세계는 신성성의 여러 양태를 드러낸다고 본다. 이렇게 거룩한 것이 드러나는 사건을 성현(聖顯)이라고 하며, 인간의 일상적인 삶 자체가 언제든지 성현이 될 수 있다고 본다.

ㄴ 엘리아데는 자연물은 성스러운 것, 거룩한 것이 드러나는 통로이지 그 자체가 신은 아니라고 본다. 따라서 종교적 인간은 자연물을 통해 드러난 성스러움, 거룩함을 통해 종교적 체험을 하지만, 그렇다고 자연물 그 자체를 신으로 숭배하는 것은 아니라고 본다.

ㄷ 엘리아데는 비종교적 인간은 성스러운 존재의 의미를 의심하고, 자신과 세계를 탈신성화하고자 한다고 본다. 하지만, 스스로가 비종교적이라고 생각하는 사람들마저도 일상 속에서 성스러운 행위를 지속한다고 주장한다.

---

17 | 엘리아데의 종교관 22학년도 7월 학평 13번

정답 ① | 정답률 49%

그림의 강연자가 지지할 입장으로 적절하지 않은 것은?
  └ 엘리아데

> 종교적 인간에게 세계란 늘 초자연적 가치를 드러내고 있으며, 신성성은 존재의 완전한 현현(顯現)이라는 사실을 잊어서는 안 됩니다. 성스러움이 현현함으로써 사물은 어떤 전혀 다른 것이 되는데, 그러나 그 후에도 여전히 그 사물임은 변하지 않습니다. 성스러운 돌도 한 개의 돌이지만 돌이 성스러운 것으로서 계시되는 사람들에게는 눈앞의 돌의 현실이 초자연적인 실재로 변합니다.

→ 성과 속의 조화

① 세계를 성스럽게 만드는 신은 종교적 인간에게만 성스러움을 드러낸다. → 비종교적 인간에게도 드러나지만, 이를 인식하지 못함
② 신은 자연적인 대상을 통해서 성스러움을 다양한 양태로 보여 준다.
③ 초자연적인 것과 자연적인 것은 불가분의 관계로 연결되어 있다.
④ 세속적인 것과 성스러움은 질적으로 다르지만 조화를 이룰 수 있다.
⑤ 자연물 그 자체가 아닌 자연물을 통해 드러나는 성스러움이 숭배의 대상이다.

| 자료 분석 |

그림의 강연자는 엘리아데이다. 엘리아데는 성(聖)과 속(俗)이 분리되거나 단절되어 있지 않으며, 일상적인 삶 자체에 언제나 성스러움이 현현(顯現)됨으로써 현실적인 세속의 세계와 종교적인 성스러움의 세계가 조화롭게 공존할 수 있음을 강조한다. 따라서 엘리아데는 종교적 인간에게 모든 자연이 우주적 신성성으로 계시될 수 있으며, 그때 우주 전체가 성스러움으로 드러날 수 있다고 본다.

| 선지 해설 |

① 엘리아데는 세계를 성스럽게 만드는 신이 종교적 인간이나 비종교적 인간 모두에게 성스러움을 드러낸다고 본다. 그러나 비종교적 인간은 성스러움에서 나타나는 초월성을 거절하고 성스러움이 드러난 세속적인 것의 존재 의미 자체를 의심한다고 본다.

② 엘리아데는 신이 자연에 존재하는 대상을 통해서 성스러움을 다양하게 드러낸다고 주장한다.

③ 엘리아데는 초자연적인 것과 자연적인 것이 분리되어 있거나 단절되어 있지 않으며, 일상적인 삶 속에서 언제든지 성스러움이 드러날 수 있다고 강조한다.

④ 엘리아데는 세속적인 것과 성스러움이 질적으로 다름을 인정한다. 그러나 세속과 성스러움의 세계는 조화를 이룰 수 있으며 공존할 수 있다고 본다.

⑤ 엘리아데는 세속의 자연물이 성스러움으로 현현될 수는 있으나, 그것은 자연물 그 자체가 성스러움의 숭배 대상이어서가 아니라 자연물을 통해 성스러움이 드러났기 때문이라고 본다. 따라서 엘리아데에게 성스러움이 드러난 자연물 자체는 숭배 대상이 될 수 없다.

18 엘리아데의 종교관 21학년도 4월 학평 12번

정답 ③ | 정답률 47%

다음을 주장한 사상가의 입장으로 가장 적절한 것은?

↳ 엘리아데   ┌→ 자연을 통해 드러나는 성스러움을 체험함

> 종교적 인간은 자연에서 세속적인 것과는 전적으로 다르게 드러난 성스러움[聖顯]을 체험하며, 이를 숭배한다. 거룩한 돌이나 나무는 단순한 돌이나 나무여서가 아니라, 성스러움이 드러난 존재이기 때문에 숭배의 대상이 된다. 한편 비종교적 인간은 탈신성화된 세계에서 살기를 바라며 이러한 성스러움을 거부한다. 하지만 결국 그들은 자신이 의식하지 못하고 있을 때조차도 여전히 종교적 행동에서 해방되지 못한다.
> ↳ 종교적 행동을 거부하면서도 무의식적으로 종교적 행동을 함

① 비종교적 인간은 자연물에 드러난 성스러움을 인정한다.
　　　　　　　　　　　　　　　　　　　　하지 않는다
② 종교적 인간은 자연물 그 자체를 성스러움으로 간주한다.
　↳ 자연물 자체가 아니라 자연을 통해 드러나는 성스러움을 체험함
✔③ 종교적 인간은 삶 속에서 성스러움과 세속적인 것의 공존을 경험한다.
④ 종교적 인간은 현실이 아닌 상상 속에서만 초월적 존재를 만난다.
　　　　　　　　현실에서
⑤ 비종교적 인간은 자신이 종교적 행동에서 벗어날 수 없다고 믿는다.
　　　　　　　　　　　　　　　　　　　　　　있다고

| 자료 분석 |

제시된 주장을 한 사상가는 엘리아데이다. 엘리아데는 성(聖)과 속(俗)이 분리되어 있지 않으며, 일상적인 삶 속에서도 성스러움이 드러날 수 있다고 본다. 또한 인간이 종교적 존재라고 보고, 성스러움이 현실에서 드러나는 성현(聖顯)을 통해 성스러움과 세속의 세계가 조화를 이루는 종교 생활을 해야 한다고 강조한다.

| 선지 해설 |

① 엘리아데는 비종교적 인간이 탈신성화된 세계에서 살기를 바라며 자연물에 드러난 성스러움을 거부한다고 본다. 그러나 그들이 의식하지 못하고 있을 때조차 여전히 성스러운 행위를 지속하게 된다고 본다.

② 엘리아데는 종교적 인간이 자연을 통해 성스러움을 체험하게 된다고 보고, 거룩한 돌이나 나무는 단순한 돌이나 나무여서가 아니라 성스러움이 나타나기 때문에 숭배의 대상이 된다고 본다. 따라서 종교적 인간은 자연물 자체가 아니라 자연물을 통해 나타나는 성스러움을 체험하고 숭배한다.

③ 엘리아데는 종교적 인간이 자연에서 세속적인 것과 함께 그것과는 전적으로 다른 성스러움을 체험하게 된다고 본다. 이는 종교적 인간이 삶 속에서 성스러움과 세속적인 것의 공존을 경험하게 된다는 것을 의미한다.

④ 엘리아데는 종교적 인간이 자연에서 세속적인 것과 함께 성스러움을 체험하며 이에 대한 숭배를 경험하게 된다고 주장한다. 따라서 엘리아데는 성과 속이 분리된 것이 아니며, 일상적인 삶과 현실에서도 언제나 성스러움이 드러날 수 있고, 초월적 존재를 만날 수 있다고 본다.

⑤ 엘리아데는 비종교적 인간이 성스러움을 거부하며 종교적 행동에서 벗어날 수 있다고 믿지만, 자신이 의식하지 못할 때도 종교적 행동에서 해방되지 못한다고 본다. 즉, 비종교적 인간은 실제로는 종교적 행동에서 벗어나지 못하지만, 자신이 종교적 행동에서 벗어날 수 있다고 믿는다.

19 엘리아데의 종교관 20학년도 10월 학평 16번

정답 ① | 정답률 42%

다음을 주장한 사상가의 입장으로 적절하지 않은 것은?

↳ 엘리아데   ┌→ 종교적 인간은 자연에서 성스러움을 느낌

> 종교적 인간에게는 모든 자연이 성현(聖顯)이 된다. 종교적 인간에게 자연은 항상 그것을 초월하는 무엇인가를 표현하고 있기 때문이다. 우주는 신의 창조물이고 세계는 신들의 손으로 완성된 것이어서 성스러움으로 가득 차 있다. 반면에 비종교적 인간은 초월성을 거절하며 성스러운 것을 자유를 획득하는 데 있어서의 가장 큰 장애물로 여긴다.
> ↳ 비종교적 인간은 초월성과 성스러움을 거부함
> ↳ 종교적 인간의 인식

✔① 종교적 인간은 자연물 그 자체를 숭배의 대상으로 여긴다.
　　　　　　　자연을 통해 드러나는 성스러움을
② 종교적 인간에게 자연적 실재와 초자연적 실재는 공존한다.
③ 종교적 인간은 세계를 초월한 절대적 실재가 있다고 믿는다.
④ 비종교적 인간은 자신을 역사의 주체로 보는 세속적 인간이다.
⑤ 비종교적 인간은 탈신성화의 결과이며 초월적인 것을 거부한다.

| 자료 분석 |

제시된 글의 사상가는 엘리아데이다. 엘리아데에 따르면 종교적 인간은 일상 속에서도 성스러움의 현현을 인식하여 이를 숭배하고, 비종교적 인간은 초월성과 성스러움을 부정한다.

| 선지 해설 |

① 엘리아데는 종교적 인간이 자연물 자체가 아니라 자연물을 통해 현현되는 성스러움을 숭배의 대상으로 여긴다고 보았다.

② 엘리아데는 종교적 인간에게는 자연적 실재와 초자연적 실재가 공존한다고 보고, 종교적 인간은 자연적 실재 속에서 드러나는 초자연적 실재(초월적 존재, 신)를 숭배한다고 보았다.

③ 엘리아데는 종교적 인간이 세계를 초월한 절대적 실재로서 신이 존재한다고 보고, 우주는 신의 창조물로서 신의 성스러움을 드러내는 것이라고 인식한다고 보았다.

④ 엘리아데는 비종교적 인간이 초월적인 존재에 의존하지 않고 자신을 역사의 주체로 보는 세속적인 인간이라고 보았다.

⑤ 엘리아데는 대부분의 현대인들이 탈신성화의 결과로 비종교적 인간으로 살면서 초월성을 거부한다고 보았다.

20 엘리아데의 종교관 24학년도 10월 학평 15번

다음을 주장한 **사상가**의 입장으로 적절하지 **않은** 것은?
└ 엘리아데

> **종교적 인간**은 역사적 현재에서만 사는 것을 거부하고 **성스러운 시간**을 다시 획득하려고 노력한다. 종교적인 축제에 참여하는 것은 축제에서 현현(顯現)하는 **신화적인 시간으로 되돌아가는 것**이다. 한편, 비종교적 인간의 대부분은 비록 의식하지는 못하더라도 여전히 종교적으로 행동하고 있다. 탄생, 결혼, 취임, 승진을 축하하는 의식에서 **종교적 현상이 관찰된다.**

① 종교적 인간에게 성스러운 시간은 회복과 반복이 가능하다.
② 종교적 인간은 세속적 시간 속에서도 성스러움을 체험한다.
✔③ 종교적 인간은 성스러운 사물 그 자체를 신으로 받아들인다.
　→ 사물 그 자체를 숭배하거나 신으로 받아들이지 않음
④ 종교를 의식할 능력을 상실해도 종교적으로 행동할 수 있다.
⑤ 비종교적 인간에게 성스러움은 다양한 양태로 드러날 수 있다.

| 자료 분석 |

제시문의 사상가는 엘리아데이다. 엘리아데는 인간이 세속적인 존재인 동시에 종교적 존재라고 보며 종교적 지향성이 인간의 본질이라고 주장한다. 엘리아데는 인간의 세속적 삶 속에서 언제든지 성스러움의 드러남, 즉 성현(聖顯)이 나타날 수 있다고 보고, 세속과 성스러움의 세계가 조화롭게 공존하는 종교 생활을 강조한다.

| 선지 해설 |

① 엘리아데는 종교적인 축제에 참여하는 것은 성스러운 시간으로 돌아가는 것이며, 이는 회복과 반복이 가능하다고 본다.

② 엘리아데는 종교적 인간이 탄생, 결혼, 죽음과 같은 사건을 겪으면서 거룩한 존재가 있다고 믿게 되며, 세속적 대상에서도 성스러움을 체험할 수 있다고 본다.

③ 엘리아데는 돌이나 나무가 성스러움을 드러내는 성현이 될 수는 있지만, 그것은 성스러움을 드러내는 수단이지 성스러움 그 자체로서 숭배의 대상이 되는 것은 아니라고 본다.

④ 엘리아데는 세속적 인간은 자각하지 못하지만 탄생, 결혼 등의 통과 의례 속에 깃들어 있는 종교적 현상 속에 놓여 그렇게 행동한다고 본다.

⑤ 엘리아데는 스스로 비종교적이라고 생각하는 사람조차도 인식과 행동의 토대에는 종교적 성향이 존재한다고 본다. 이로 인해 자신을 비종교적이라고 생각하는 사람들마저 일상 속에서는 성스러운 행위를 지속할 수 있다고 주장한다.

---

21 엘리아데의 종교관 25학년도 수능 5번

다음을 주장한 **사상가**의 입장으로 가장 적절한 것은?
└ 엘리아데

> 종교적 인간에게 자연은 결코 단순한 자연이 아니다. 그것은 항상 종교적 의미로 충만해 있다. 우주는 신들의 창조물이고 세계는 신들의 손으로 완성된 것이어서 성스러움으로 가득 차 있기 때문이다. 이는 예를 들면, 신의 현존에 의해서 정화된 장소나 사물에 머무르는 경우와 같이 신들과 직접 교류하는 신성성만은 아니다. 신들은 세계의 구조와 우주적 현상의 구조 그 자체 안에서 다양한 성(聖)의 양태를 현현(顯現)한다.

① 성스러움이 드러나는 자연과 세계가 초월적 신 자체이다.
　→ 엘리아데는 성스러운 사물을 신 자체로 인식하지 않음
② 인간의 노력 없이는 세계 안에 성스러움이 존재할 수 없다.
③ 신이 창조한 세계는 실재하지 않지만 일정한 구조를 지닌다.
④ 종교적 인간은 신과 직접 교류함으로써만 성스러움을 느낀다.
✔⑤ 종교적 인간은 세속적 공간에서도 성스러움을 체험할 수 있다.

| 자료 분석 |

제시문의 사상가는 엘리아데이다. 엘리아데는 인간을 종교적 존재로 인식하고, 스스로 비종교적이라 생각하는 사람들도 일상 속에서는 성스러운 행위를 지속한다고 본다. 또한 성과 속은 분리되어 있지 않으며, 일상적인 삶 자체가 언제든지 성스러움의 드러남[聖顯]이 될 수 있다고 주장한다.

| 선지 해설 |

① 엘리아데는 성스러움이 일상의 사물에 드러날 수 있다고 보지만, 성스러움이 드러난 사물을 성스러움이나 신 자체로 인식하지는 않는다.

② 엘리아데는 인간의 노력과는 별개로 세계는 성스러움으로 이미 가득 차 있다고 본다.

③ 엘리아데는 신이 창조한 세계는 실재한다고 주장한다.

④ 엘리아데는 직접 교류하는 신성성과 더불어 세속적이고 일상적인 경험에서도 다양하게 성스러움을 느낀다고 본다.

⑤ 엘리아데는 종교적 인간이 탄생, 결혼, 죽음과 같은 사건을 겪으면서 거룩한 존재가 있다고 믿게 되며, 세속적 대상에서도 성스러움을 체험할 수 있다고 본다.

25 일차

01 ⑤	02 ③	03 ①	04 ①	05 ①	06 ⑤	07 ①	08 ⑤	09 ④	10 ③	11 ④	12 ③
13 ①	14 ①	15 ①	16 ⑤	17 ④	18 ①	19 ⑤	20 ④	21 ⑤	22 ②	23 ②	24 ①
25 ①	26 ④	27 ①	28 ④	29 ④	30 ①	31 ①	32 ⑤				

문제편 234~241쪽

01 민족 통합의 윤리 25학년도 9월 모평 20번

정답 ⑤ | 정답률 92%

(가)의 입장에 비해 (나)의 입장이 갖는 상대적 특징을 그림의 ㉠~㉤ 중에서 고른 것은?

> (가) 대북 지원은 한 민족으로서 동포에 대한 당연한 의무이다. 대북 지원의 목적은 북한 주민의 인권 개선에 기여하는 것일 뿐, 분단 비용 절감은 고려할 사항이 아니다. → 인권 개선
>
> (나) 대북 지원은 북한 주민의 인권 개선에 기여하는 것이 목적은 아니며, 동포로서 가져야 할 의무도 아니다. 대북 지원은 분단 비용을 절감한다는 점에서만 의의가 있을 뿐이다. → 경제적 효과

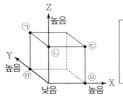

- X: 대북 지원이 한 민족으로서의 당위임을 강조하는 정도
- Y: 대북 지원을 통한 분단 비용 절감 효과를 강조하는 정도
- Z: 대북 지원이 인도주의적 동기에서 비롯되어야 함을 강조하는 정도

① ㉠　　② ㉡　　③ ㉢　　④ ㉣　　⑤ ㉤

출제 경향

통일에 관한 문항은 20학년도 이전에는 출제된 적이 거의 없었지만, 20학년도 부터 연속으로 출제되고 있다. 주로 평화 비용, 통일 비용, 분단 비용에 대한 개념을 위주로 출제되었고, 북한 주민의 인권이나 대북 지원 등의 주제도 출제 되었다. 22학년도 수능에서는 종전 선언에 대한 주제와 같이 당시의 현실적인 정치 상황을 반영한 문항이 출제되었다. 대체로 제시된 글과 선지를 대조해서 읽으면 어렵지 않게 풀 수 있는 문항들이 많다.

| 자료 분석 |

(가)는 대북 지원의 목적은 동포인 북한 주민의 인권 개선이며 분단 비용 절감은 고려 사항이 아니라고 보고, (나)는 분단 비용을 절감한다는 점만을 대북 지원의 목적이라고 본다. (가)의 입장에 비해 (나)의 입장이 갖는 상대적 특징은 'X: 대북 지원이 한 민족으로서의 당위임을 강조하는 정도'는 낮고, 'Y: 대북 지원을 통한 분단 비용 절감 효과를 강조하는 정도'는 높고, 'Z: 대북 지원이 인도주의적 동기 에서 비롯되어야 함을 강조하는 정도'는 낮으므로 ㉤에 해당한다.

| 선지 해설 |

① X: 낮음, Y: 높음, Z: 높음

② X: 낮음, Y: 낮음, Z: 높음

③ X: 높음, Y: 낮음, Z: 높음

④ X: 높음, Y: 낮음, Z: 낮음

⑤ X: 낮음, Y: 높음, Z: 낮음

다음을 주장한 **사상가**의 입장으로 가장 적절한 것은?
└→ 하버마스   언어 능력이 중요함 •

> 의사소통 행위 개념은 말이든, 말 이외의 수단이든 언어 능력을 지닌 둘 이상 주체의 상호 작용에 관련된다. 행위자들은 일치된 의견 아래 행위를 조정하기 위해 상호 이해를 추구한다. 의사소통 합리성 개념은 논증적 대화를 통해 사람들의 생각을 강제 없이 합치시키려는 합의에 호소한다. 의사소통 합리성은 참여자들이 자신의 발언에 대해 근거를 제시할 수 있는가의 여부에 달려 있다.
> └→ 자신의 발언에 대한 근거를 제시하는 능력이 중요함

① 언어 능력이 없는 주체라고 해도 의사소통 행위를 할 수 있다.
　　　　　　　　　　　　　　　　　　　　　　없다
② 의사소통의 합리성이 반드시 근거 있는 주장을 요구하지는 않는다.
　　　　　　　　　　　　　　　　　　　　　없다
✓③ 의사소통 행위자들의 행위 조정을 위해 논증적 대화가 필수적이다.

④ 의사소통 행위 주체들은 상대방 주장에 대한 비판을 지양해야 한다.
　　　　　　　　　　　　　　　　　　　　　　지향
⑤ 담론 과정에서 다수의 의견은 행위를 강제 조정하는 근거가 된다.
　└→ 하버마스는 다수결의 논리를 비판함

| 자료 분석 |

제시문의 사상가는 하버마스이다. 하버마스는 담론 윤리를 통해 서로 이해하여 합의를 이루어 나가는 과정을 중시한다. 상호 간의 논증적인 토론 과정을 거쳐 보편적인 합의에 도달하는 과정을 중시하며, 이를 위해서는 이상적 담화 상황이 마련되어야 한다고 본다. 하버마스는 이상적 담화 상황의 규칙으로 모든 사람이 평등하게 토론에 참여할 수 있는 것, 자유롭게 의견을 제시할 수 있는 것, 논리성과 진실성을 가지고 발언하는 것 등을 제시한다.

| 선지 해설 |

① 하버마스는 의사소통 행위를 언어 능력을 둘 이상의 주체가 상호 작용하는 것과 관련된 개념이라고 보고, 언어 능력과 행위 능력을 가진 모든 주체는 담론에 평등하게 참여할 수 있다고 주장한다.

② 하버마스는 의사소통의 합리성은 참여자들이 자신의 발언에 대해 근거를 제시할 수 있는가의 여부에 달려 있다고 보고, 의사소통의 합리성은 근거 있는 주장을 요구한다고 주장한다.

③ 하버마스는 합리적인 의사소통을 통해 행위자들의 행위 조정이 이루어져야 한다고 보고, 이를 위해 대화 당사자들 간의 논증적 대화가 필수적이라고 주장한다.

④ 하버마스는 담론 참여자가 타인의 의견에 비판적 이의를 제기할 수 있다고 보며, 이러한 비판 가능성이 합리적 발언을 개선시키고 더 나은 논증을 이끌어 낸다고 본다.

⑤ 하버마스는 다수결의 논리를 비판하면서, 규범의 타당성은 담론의 참여자 모두가 합의할 때 확보될 수 있다고 본다.

03 하버마스의 담론 윤리 24학년도 수능 3번

정답 ① | 정답률 97%

다음을 주장한 사상가의 입장으로 가장 적절한 것은?
↳ 하버마스

> 의사소통 과정에서 발언의 합리성은 근거 제시 가능성에 있다. 또한 담론 참여자가 지닌 태도의 합리성은 자신을 비판에 노출하고, 필요시 논증에 적절히 참여하려는 자세에 있다. 이러한 비판 가능성으로 인해 합리적 발언은 개선될 수 있다.

✓① 담론 참여자는 자신의 오류 가능성을 인정하는 자세로 대화해야 한다.

② 담론 참여자는 타인의 의견에 비판적 이의를 제기해서는 안 된다.
→ 비판적 이의 제기 가능

③ 담론 참여자는 합의한 결론에 대해 다시 문제를 제기해서는 안 된다.
→ 합의된 결론도 다시 논의할 수 있음

④ 담론 참여자의 전문성을 기준으로 발언의 기회를 제한해야 한다.
→ 담론 참여자 누구나 발언할 수 있음

⑤ 담론 참여자는 자신의 개인적 이익이나 준칙을 주장해서는 안 된다.
→ 자신의 생각과 원하는 바를 표현할 수 있음

| 자료 분석 |

제시문의 사상가는 하버마스이다. 하버마스는 담론 윤리를 통해 서로를 이해하며 합의를 이루어 나가는 과정을 중시한다. 또한, 상호 간의 논증적인 토론 과정을 통해 보편적인 합의에 이르는 의사소통의 합리성을 강조한다. 하버마스는 담론 참여자들이 자신의 생각과 의견을 자유롭게 제시하고, 자신을 비판에 노출시킴으로써 더 나은 논증과 합의를 이루어 갈 수 있으며, 열린 자세로 대화에 참여해야 한다고 주장한다.

| 선지 해설 |

① 하버마스는 담론 참여자가 자신의 오류 가능성을 인정하고 상대방을 존중하면서 열린 자세로 대화해야 한다고 강조한다.

② 하버마스는 담론 참여자가 타인의 의견에 비판적 이의를 제기할 수 있다고 보며, 이러한 비판 가능성이 합리적 발언을 개선시키고 더 나은 논증을 이끌어 낸다고 본다.

③ 하버마스는 문제 상황이 변했거나 타당한 근거가 있을 경우에는 합의한 결론에 대해서도 담론 참여자가 다시 문제를 제기할 수 있다고 본다.

④ 하버마스는 담론 참여자는 누구나 자유롭게 의견을 제시할 수 있다고 강조하며, 계급, 지위, 전문성 등의 기준으로 발언의 기회를 제한할 수 없다고 본다.

⑤ 하버마스는 담론 참여자가 자신의 개인적 이익이나 준칙, 의견을 자유롭게 제시할 수 있어야 한다고 본다.

04 민족 통합의 윤리 24학년도 9월 모평 20번

정답 ① | 정답률 91%

(가)의 입장에 비해 (나)의 입장이 갖는 상대적 특징을 그림의 ㉠~㉤ 중에서 고른 것은?

> (가) 북한은 우리의 안보를 위협하는 경계의 대상이다. 따라서 북한보다 우월한 군사력과 강력한 군사 동맹을 바탕으로 전쟁을 억지해야 한다. 이를 통해 국민의 생명과 재산을 보호하고 평화를 실현할 수 있을 뿐만 아니라 통일로 나아가는 기초를 마련할 수 있다. → 북한에 대한 현실주의적 시각
>
> (나) 북한은 우리와 함께 평화 통일을 실현해야 할 협력의 상대이다. 따라서 한반도 평화를 위해서는 군사적 경쟁보다는 활발한 남북 대화와 교류를 통해 상호 불신을 해소하고, 더 나아가 통일을 이룸으로써 분단으로 인한 구조적·문화적 폭력까지 제거해야 한다. → 북한에 대한 이상주의적 시각

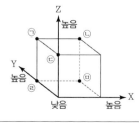

- X: 남북한 관계에서 군사적 힘의 논리를 강조하는 정도 ↓
- Y: 통일을 통한 적극적 평화의 실현을 강조하는 정도 ↑
- Z: 남북한 간 신뢰 형성의 중요성을 강조하는 정도 ↑

✓① ㉠   ② ㉡   ③ ㉢   ④ ㉣   ⑤ ㉤

| 자료 분석 |

(가)는 북한을 안보 위협의 대상으로 보고 북한보다 강력한 군사력을 갖춰 군사적 동맹을 바탕으로 전쟁을 억지하는 것이 평화를 실현하는 방법이라는 입장이다. (나)는 북한을 협력의 대상으로 보고 지속적인 대화와 교류를 통해 상호 불신을 해소하여 전쟁뿐만 아니라 구조적·문화적 폭력까지 제거하는 것이 평화를 실현하는 방법이라는 입장이다. (가)의 입장에 비해 (나)의 입장이 갖는 상대적 특징은 'X: 남북한 관계에서 군사적 힘의 논리를 강조하는 정도'는 낮고, 'Y: 통일을 통한 적극적 평화의 실현을 강조하는 정도'와 'Z: 남북한 간 신뢰 형성의 중요성을 강조하는 정도'는 높으므로 ㉠에 해당한다.

| 선지 해설 |

① ㉠: X는 낮고, Y는 높으며, Z는 높음

② ㉡: X는 높고, Y는 높으며, Z는 높음

③ ㉢: X는 낮고, Y는 낮으며, Z는 높음

④ ㉣: X는 낮고, Y는 높으며, Z는 낮음

⑤ ㉤: X는 높고, Y는 높으며, Z는 낮음

다음을 주장한 사상가의 입장으로 가장 적절한 것은? [3점]
→ 하버마스

> 의사소통적 실천은 생활 세계에서 합의를 이루고 유지하며 또한 새롭게 하는 것에 관심을 둔다. 의사소통적 실천의 합리성은 달성된 합의가 최종적으로 근거에 의지해야만 한다는 점에서 드러난다. 참여자의 합리성 역시 자신의 발언에 대해 적절한 상황에서 근거를 제시할 수 있는가의 여부에 달려 있다.

✓ ① 담론 참여자는 토론에서 근거 없는 주장을 지양해야 한다.

② 담론 참여자는 타인의 의견을 자의적으로 조정할 수 있다.
                            없다

③ 담론 참여자는 주관적 견해를 극복한 후에 대화에 참여해야 한다.

④ 담론 참여자의 심의를 통해 합의된 주장은 절대적으로 참이다.

⑤ 담론에서 발언 기회는 합리적 근거 제시 능력에 따라 주어져야 한다.
→ 언어·행위 능력이 있으면 누구나 가능

| 자료 분석 |

제시문의 사상가는 하버마스이다. 하버마스는 담론 윤리를 통해 서로 이해하여 합의를 이루어 나가는 과정을 중시한다. 상호 간의 논증적인 토론 과정을 거쳐 보편적인 합의에 도달하는 과정을 중시하며, 이를 위해서는 이상적 담화 상황이 마련되어야 한다고 본다. 하버마스는 이상적 담화 상황의 규칙으로 모든 사람이 평등하게 토론에 참여할 수 있는 것, 자유롭게 의견을 제시할 수 있는 것, 논리성과 진실성을 가지고 발언하는 것 등을 제시한다.

| 선지 해설 |

① 하버마스는 담화 상황에서는 모든 사람이 자기의 생각과 원하는 바를 표현할 수 있지만, 정당한 근거를 제시해야 한다고 본다.

② 하버마스는 담론 참여자들이 타인의 의견을 자의적으로 조정해서는 안 된다고 본다. 누구나 어떤 주장에 대해서도 문제를 제기할 수는 있지만, 내적 또는 외적 강제에 의해 이러한 권리가 방해를 받아서는 안 된다고 본다.

③ 하버마스는 담론 참여자는 개인의 주관적 견해, 욕구와 선호를 제시할 수 있다고 본다. 다만, 주관적 견해가 정당화될 수 있는 근거를 가지고 대화에 참여해야 한다고 본다.

④ 하버마스는 담론 참여자들의 심의를 통해 합의된 주장일지라도 절대적으로 참인 것은 아니라고 본다. 심의를 통해 합의된 주장도 문제가 있을 수 있으며, 재담론의 과정을 거칠 수 있다고 본다.

⑤ 하버마스는 언어 능력과 행위 능력을 가진 모든 주체는 담론에 참여할 수 있어야 한다고 본다.

(가)의 입장에 비해 (나)의 입장이 갖는 상대적 특징을 그림의 ⊙~⑩ 중에서 고른 것은? [3점]
                통일의 평화적·사회적 역할 강조 →

> (가) 통일은 남한의 기술과 북한의 자원을 결합하여 경제 성장의 동력을 확보할 수 있기 때문에 필요하다. 그러나 통일을 해야 하는 보다 중요한 이유는, 통일이 군사적 위협을 해소하여 한반도 평화를 실현하고, 사회 복지 예산을 확충하여 사회적 불평등을 완화하고 사회 안전망을 강화할 수 있다는 점이다.
>
> (나) 통일은 군사적 긴장을 해소하여 평화를 실현하고 분단 비용의 해소를 통해 사회 안전망의 토대를 마련할 수 있기 때문에 필요하다. 그러나 통일을 해야 하는 보다 중요한 이유는, 통일이 남북 경제권을 통합하여 경제 성장은 물론 동북아 경제 공동체 형성의 견인차 역할을 할 수 있다는 점이다.
>   → 통일의 경제적 역할 강조

(그림: Z축 높음, Y축 높음, X축 높음/낮음 좌표계에 ⊙ⓒⓒ@⑩ 표시)

- X: 통일을 통한 경제 성장의 중요성을 강조하는 정도 → 높음
- Y: 통일을 통한 한반도 평화 실현의 중요성을 강조하는 정도 → 낮음
- Z: 통일을 통한 사회 안전망 확대의 중요성을 강조하는 정도 → 낮음

① ⊙   ② ⓒ   ③ ⓒ   ④ @   ✓⑤ ⑩

| 자료 분석 |

(가)는 통일을 해야 하는 보다 중요한 이유가 한반도의 평화 실현과 사회적 불평등 완화, 사회 안전망 강화에 있음을 강조하고 있는 입장이다. 반면, (나)는 (가)에 비해 통일을 해야 하는 보다 중요한 이유가 남북한의 경제 성장과 동북아 경제 공동체 형성의 견인차 역할에 있음을 강조하고 있는 입장이다. 따라서 (가)에 비해 (나)의 입장이 갖는 상대적 특징은 'X: 통일을 통한 경제 성장의 중요성을 강조하는 정도'가 높고, 'Y: 통일을 통한 한반도 평화 실현의 중요성을 강조하는 정도'가 낮고, 'Z: 통일을 통한 사회 안전망 확대의 중요성을 강조하는 정도'가 낮으므로 ⑩에 해당한다.

| 선지 해설 |

① X: 낮음, Y: 높음, Z: 높음

② X: 높음, Y: 높음, Z: 높음

③ X: 높음, Y: 낮음, Z: 높음

④ X: 낮음, Y: 높음, Z: 낮음

⑤ X: 높음, Y: 낮음, Z: 낮음

07 민족 통합의 윤리 23학년도 9월 모평 18번
정답 ① | 정답률 90%

(가)의 입장에 비해 (나)의 입장이 갖는 상대적 특징을 그림의 ㉠~㉤ 중에서 고른 것은?

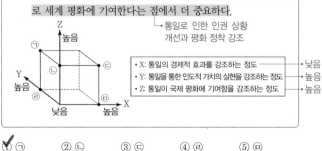

(가) 통일을 통해 북한 주민의 인권 보장을 위한 밑거름을 조성하고 동북아시아의 평화에 기여할 수 있다. 그러나 통일은 남한의 기술과 북한의 자원을 결합하여 경제적 이익을 창출한다는 점에서 더 중요하다. → 통일의 경제적 이익 측면을 강조

(나) 통일을 통해 경제적 이익을 얻을 수 있다. 그러나 통일은 북한 주민의 인권 상황을 개선하고 한반도 평화 정착을 바탕으로 세계 평화에 기여한다는 점에서 더 중요하다. → 통일로 인한 인권 상황 개선과 평화 정착 강조

Z 높음 / Y 높음 / X 낮음 높음

• X: 통일의 경제적 효과를 강조하는 정도 → 낮음
• Y: 통일을 통한 인도적 가치의 실현을 강조하는 정도 → 높음
• Z: 통일이 국제 평화에 기여함을 강조하는 정도 → 높음

① ㉠ ② ㉡ ③ ㉢ ④ ㉣ ⑤ ㉤

| 자료 분석 |

(가)는 통일이 북한 주민의 인권 보장과 동북아시아의 평화에 기여할 수 있다는 점에서 유익하지만, 더 중요한 것은 경제적인 이익을 창출한다는 점에 있다고 주장하고 있다. 반면 (나)는 통일이 경제적 이익의 창출보다 인권 상황의 개선과 한반도 평화 정착의 측면에서 더욱 중요하다고 본다. 따라서 (가)의 입장에 비해 (나)의 입장이 갖는 상대적 특징은 'X: 통일의 경제적 효과를 강조하는 정도'는 낮고, 'Y: 통일을 통한 인도적 가치의 실현을 강조하는 정도'와 'Z: 통일이 국제 평화에 기여함을 강조하는 정도'는 높으므로 ㉠에 해당한다.

| 선지 해설 |

① X: 낮음, Y: 높음, Z: 높음
② X: 낮음, Y: 낮음, Z: 높음
③ X: 높음, Y: 낮음, Z: 높음
④ X: 낮음, Y: 높음, Z: 낮음
⑤ X: 높음, Y: 낮음, Z: 낮음

08 하버마스의 담론 윤리 23학년도 6월 모평 18번
정답 ⑤ | 정답률 71%

다음을 주장한 사상가의 ㉠에 대한 입장으로 가장 적절한 것은?
→ 하버마스

현대 사회에서는 다양한 사회적 갈등이 발생한다. 이러한 갈등을 합리적으로 해결하기 위한 하나의 방안은 의사소통 이론을 바탕으로 상호 이해를 증진하기 위해 대화를 하는 것이다. 어떤 주장이 정당성을 갖기 위해서는 논증적인 대화인 ____㉠____ 에 참여한 당사자들이 합의에 도달해야 한다. 어떤 사안에 대해 당사자들이 합리적 근거를 제시하는 토론의 과정을 거치면서 주장의 정당성이 확보된다. 보편적인 합의에 도달하기 위해서는 시민들의 적극적인 참여에 의한 공론장이 활성화되어야 한다.
→ 담론
→ 대화와 토론이 이루어지는 장소

① 오류 가능성을 내포한 주장을 제시해서는 안 된다.
     할 수 있다
② 개인적 선호나 욕구는 최대한 숨기고 발언해야 한다.
     자유롭게
③ 참여자 다수의 동의로 규범의 정당성을 확보해야 한다.
     만장일치로
④ 합의에 이른 주장에 대해서는 재논의를 허용해서는 안 된다.
     해야 한다
⑤ 발언 기회는 합리적 논증 능력에 따라 차등 부여되어서는 안 된다.

| 자료 분석 |

제시된 주장을 한 사상가는 하버마스이고, ㉠에 들어갈 적절한 개념은 '담론'이다. 하버마스는 담론 윤리를 통해 서로의 입장을 이해하고 합의를 이루어 나가는 과정을 중시한다. 이러한 과정은 이상적 담화 상황 속에서 이루어져야 하는데, 이상적 담화 상황에서는 모든 사람이 평등하게 논의에 참여하고, 자유롭게 의견을 제시하며, 논의에 참여한 사람들이 진실성을 가지고 발언에 참여해야 한다.

| 선지 해설 |

① 하버마스는 담론의 과정을 통해 오류 가능성이 있는 주장도 수정될 수 있으므로, 오류 가능성을 내포한 주장을 제시할 수 있다고 본다.

② 하버마스는 어떤 사람이든 담론에 참여할 수 있으며 자신의 생각이나 원하는 바를 자유롭게 표현할 수 있으므로, 개인적 선호나 욕구 또한 표현하고 발언할 수 있다고 본다.

③ 하버마스는 담론 속에서 의사소통의 합리성이 보장되기 위해서는 참여자 다수의 동의라는 다수결이 아니라 참여자의 만장일치로 규범의 정당성이 확보되어야 한다고 주장한다.

④ 하버마스는 누구나 어떤 주장에 대해서도 문제를 제기할 수 있으며, 어떤 주장도 담론에 부칠 수 있음을 강조한다. 따라서 합의에 이른 주장이라고 하더라도 재논의를 원한다면 문제를 제기하거나 담론에 부칠 수 있으므로, 합의에 이른 주장에 대해서도 재논의를 허용해야 한다고 본다.

⑤ 하버마스는 언어 능력과 행위 능력을 가지는 모든 주체는 담론에 평등하게 참여할 수 있다고 주장한다. 따라서 담론의 상황에서 발언 기회는 합리적 논증 능력에 따라 차등 부여되어서는 안 되며, 언어 능력이나 행위 능력의 정도와 무관하게 동등한 발언 기회가 주어져야 한다.

다음 토론의 핵심 쟁점으로 가장 적절한 것은?

> 갑: 현재의 분단 상황은 정전 상태로, 전쟁이 발생할 수 있는 불안정한 상태입니다. 따라서 이 상황이 끝나지 않는 한 한반도 평화와 지속 가능한 발전은 보장하기 어렵습니다.
>
> 을: 맞습니다. 그래서 종전 선언이 필요합니다. 종전 선언은 남북한이 상호 적대 정책을 전환하는 신호탄이 될 것이며, 남북 교류의 물꼬를 트고 한반도 평화를 이끌어 낼 것입니다.
>
> 갑: 종전 선언으로 남북 교류가 확대될 수 있지만 북한의 대남 적대 정책은 유지될 것입니다. 따라서 종전 선언은 북한의 핵 폐기에 대한 반대급부로서 추진되어야 합니다. ┌→ 종전 선언에 대해 상호주의 관점을 취함
>
> 을: 종전 선언이 북한만을 위한 시혜는 아니므로 상호주의의 대상은 아닙니다. 오히려 종전 선언이 정전 상태를 명분으로 핵을 개발한다는 북한의 입장을 변화시킬 수 있습니다. └→ 종전 선언은 상호주의의 대상이 아니라고 봄

① 북한은 현재 대남 적대 정책을 취하고 있는가? ─┐
② 분단은 한반도의 지속 가능한 발전을 저해하는가? ─┤
③ 종전 선언을 통해 남북 교류가 활성화될 수 있는가? ─┤
④ 종전 선언은 상호주의 관점에서 이루어져야 하는가? (✔)
⑤ 현재의 한반도 상황은 전쟁이 종식되지 않은 상태인가? ─┘
　　　　　　　　　　　　　　　　　└→ 갑, 을 모두 긍정할 질문

| 자료 분석 |

갑과 을은 모두 정전 상태에 지체되어 있는 분단 상황이 한반도의 평화를 위협한다고 보고 종전 선언의 필요성을 긍정한다. 그러나 종전 선언은 북한의 핵 폐기를 전제할 때에만 가능하다고 보는 갑과 달리, 을은 오히려 종전 선언을 통해 한반도 평화를 이끌어 낼 수 있으며, 종전 선언은 상호주의의 대상이 아니라고 본다.

| 선지 해설 |

① 갑과 을 모두 긍정할 내용으로 토론의 핵심 쟁점이 될 수 없다. 갑은 종전 선언이 되어도 북한의 대남 적대 정책이 계속될 수 있다고 평가하고 있다. 을 역시 종전 선언이 남북한의 상호 적대 정책을 전환하는 신호탄이 될 수 있다고 보고 있다. 따라서 양자 모두 북한이 현재 대남 적대 정책을 취하고 있다고 전제하고 있음을 알 수 있다.

② 갑과 을 모두 긍정할 내용으로 토론의 핵심 쟁점이 될 수 없다. 갑은 전쟁이 발생할 수 있는 현재의 불안정한 분단 상황으로 한반도 평화와 지속 가능한 발전의 보장이 어렵다고 지적하고 있으며, 을도 이에 동의하고 있다.

③ 갑과 을 모두 긍정할 내용으로 토론의 핵심 쟁점이 될 수 없다. 을은 종전 선언을 통해 남북 교류의 물꼬가 트일 것이라고 보고, 갑은 종전 선언으로 남북 교류가 확대될 가능성이 있음을 긍정하고 있다.

④ 갑은 긍정하고 을은 부정할 내용으로 토론의 핵심 쟁점이다. 상호주의는 상대국이 자국을 어떻게 취급하느냐에 따라 자국의 결정이 달라진다는 원리를 말한다. 갑은 북한의 핵 폐기에 대한 반대급부로서 종전 선언이 가능하다는 상호주의의 입장을 취하고 있다. 그러나 을은 종전 선언이 상호주의의 대상이 아니라고 보고 있다.

⑤ 갑과 을 모두 긍정할 내용으로 토론의 핵심 쟁점이 될 수 없다. 갑은 현재의 분단 상황이 정전 상태로, 전쟁이 발생할 수 있는 불안정한 상태라고 본다. 을도 이에 동의하여 종전 선언의 필요성을 주장하고 있다.

㉠에 들어갈 진술로 가장 적절한 것은? [3점]

> 독일의 통일 사례는 통일을 준비하는 우리에게 중요한 교훈을 준다. 독일은 통일 전 많은 교류와 협력을 추진해 왔음에도 불구하고, 통일 이후 구 동독 지역 주민들과 구 서독 지역 주민들이 서로를 비하하고 무시하는 등 심각한 갈등을 겪었다. 또한 사회·문화적인 이질성을 줄이지 못한 상황에서 통일이 되면서 통일 이후에 사회를 통합하는 데 막대한 비용을 지불해야 했다. 이처럼 오랜 기간 서로 다른 이념과 체제에서 살아온 사람들이 서로에 대한 이질감을 극복하고 내적인 통합을 이루는 것은 단기간에 달성할 수 있는 쉬운 문제가 아니다. 따라서 우리는 ┌─㉠─┐
> └→ 독일의 통일 사례를 통해 얻을 수 있는 교훈

① 교류와 협력보다는 체제의 우위를 공고히 해야 한다.
② 사회적 갈등을 예방하기 위해 흡수 통일을 지향해야 한다.
③ 사회·문화적 통합을 이루기 위한 장기적 대책을 강구해야 한다. (✔)
④ 민족의 동질성을 회복하기 위해 급진적으로 통일을 이루어야 한다.
⑤ 이념적 통합이 선행되지 않으면 통일을 위한 노력을 중단해야 한다.

| 자료 분석 |

제시된 글은 통일 이후 갈등을 겪은 독일의 사례를 통해, 통일 이후의 사회 통합을 위해서는 남북한의 사회·문화적 이질성을 줄이기 위한 노력이 필요하다고 주장하고 있다. 따라서 ㉠에는 이와 관련된 진술이 들어가야 한다.

| 선지 해설 |

① 제시된 글에서는 교류와 협력을 통해 이질감을 극복하고 내적인 통합을 이루는 것이 중요하다고 보고 있다.

② 제시된 글에서는 서로 다른 이념과 체제에서 살아온 사람들이 상호 간의 이질감을 극복하는 것이 중요하다고 보고 있으므로, 흡수 통일을 지향하는 관점이라고 보기 어렵다.

③ 제시된 글에서는 남북한이 상호 간의 이질감을 극복하고 내적인 통합을 이루는 것이 단기간에 달성할 수 있는 문제가 아니라고 보고 있다. 따라서 사회·문화적 통합을 이루기 위한 장기적 대책을 강구해야 한다고 볼 것이다.

④ 제시된 글에서는 민족의 동질성 회복이 단기간에 달성할 수 있는 문제가 아니라고 보며, 사회·문화적인 이질성을 줄이기 전에 통일이 되면 막대한 비용이 발생하리라는 점을 우려하고 있다. 따라서 급진적인 통일을 지향한다고 보기 어렵다.

⑤ 제시된 글에서는 서로 다른 이념과 체제에서 살아온 남북한의 이질감을 극복하는 것이 단기간에 달성할 수 있는 문제가 아니라고 본다. 이는 통일을 위한 노력 또한 장기간의 과정을 통해 이루어져야 함을 암시하는 것이다. 따라서 이념적 통합이 선행되지 않으면 통일을 위한 노력을 중단해야 한다고 보지 않을 것이다.

11 민족 통합의 윤리 21학년도 수능 13번

정답 ④ | 정답률 72%

다음 토론의 핵심 쟁점으로 가장 적절한 것은?

조건 없는 대북 지원이 실시되어야 함을 주장 •

갑: 북한 주민은 통일 한국에서 함께 살아갈 동포입니다. 이념을 떠나 고통받는 사람을 돕는 것은 윤리적 의무입니다. 따라서 인도적 차원에서 조건 없는 대북 지원이 필요합니다.

을: 고통받는 이들을 돕는 것은 마땅한 의무이지만, 북한 사회의 특성상 대북 지원이 북한 주민들의 혜택으로 돌아가는지 확인할 방법이 없습니다.

갑: 북한 사회의 투명성이 낮아 그러한 의심이 들 수 있습니다. 그러나 대북 지원은 남북 교류 증진에 마중물 역할을 할 수 있으며, 궁극적으로 북한 사회의 개방을 촉진할 수 있습니다.

을: 물론 대북 지원은 남북 교류 활성화에 도움이 될 수 있습니다. 그러나 지원 물품이 군사 용도로 쓰일 수 있으므로 북한 사회의 개방이 선행된 이후에 행해져야 합니다.

└→ 북한 사회의 개방이 선행된 이후에 대북 지원이 실시되어야 함을 주장

	갑	을
① 북한 사회는 투명성이 낮은가?	○	○
② 고통받는 북한 주민을 도와야 하는가?	○	○
③ 북한 사회의 개방이 이루어져야 하는가?	○	○
✔ 대북 지원은 조건부로 행해져야 하는가?	×	○
⑤ 대북 지원은 남북 교류를 촉진시킬 수 있는가?	○	○

│ 자료 분석 │

갑은 북한 주민이 통일 한국에서 함께 살아갈 동포라고 보고, 인도적 차원에서 조건 없이 북한을 지원해야 할 필요가 있다고 강조한다. 또한 대북 지원을 통해 남북 교류가 증진되면 궁극적으로 북한 사회의 개방을 촉진할 수 있다고 주장한다. 반면 을은 고통받는 이들을 돕는 것은 의무이지만, 대북 지원이 북한 주민들에게 혜택으로 돌아가는지 알 수 없고, 지원 물품이 군사 용도로 쓰일 수 있다는 점을 근거로 대북 지원보다 북한 사회의 개방이 선행되어야 한다고 주장한다.

│ 선지 해설 │

① 갑, 을 모두 북한 사회의 투명성이 낮다는 점에 대해서 동의하고 있으므로 토론의 핵심 쟁점으로 적절하지 않다.

② 갑, 을 모두 고통받는 이를 돕는 것이 윤리적 의무라고 주장하며 북한 주민을 도와야 한다고 본다. 다만, 조건 없는 대북 지원을 통해 북한 주민을 도와야 한다고 주장하는 갑과 달리, 을은 북한 사회의 개방이 선행된 이후에 대북 지원이 이루어져야 한다고 주장하고 있다.

③ 갑, 을 모두 북한 사회의 개방이 이루어져야 한다고 강조한다. 갑은 조건 없는 대북 지원을 통해 궁극적으로 북한 사회의 개방을 촉진할 수 있다고 강조하고 있으며, 을은 북한 사회의 개방이 선행된 이후에 대북 지원을 실시해야 한다고 주장하고 있다.

④ 갑은 부정, 을은 긍정할 질문으로 토론의 쟁점으로 적절하다. 갑은 인도적 차원에서 조건 없는 대북 지원을 해야 한다고 주장하지만, 을은 북한 사회의 개방이 선행되어야 대북 지원이 북한 주민들에게 혜택으로 돌아가는지 알 수 있다며 조건부 대북 지원을 주장하고 있다.

⑤ 갑, 을은 모두 대북 지원이 남북 교류를 촉진시키고 남북 교류의 활성화에 도움이 될 수 있다고 보고 있으므로 토론의 쟁점으로 적절하지 않다.

12 북한 인권 문제에 대한 쟁점 21학년도 9월 모평 19번

정답 ③ | 정답률 78%

다음 토론의 핵심 쟁점으로 가장 적절한 것은?

갑: 인권은 누구나 누려야 할 보편적 가치입니다. 하지만 북한의 경우, 주민들의 인권이 제대로 보장되지 못하고 있다는 비판이 있습니다. 북한 주민들의 인권 상황 개선이 필요합니다.

을: 동의합니다. 북한은 주민들의 인권 상황 개선을 위해 스스로 노력해야 합니다. 인권 문제가 개선되지 않으면 국제 사회의 여론이 악화되고, 이는 남북 관계에도 영향을 주게 됩니다.

갑: 같은 의견입니다. 그러나 인권 상황 개선을 위해 북한 스스로의 노력에만 의존할 수 없습니다. 북한의 상황을 고려하면, 국제 사회가 인도적 차원에서 적극 개입해야 합니다.

을: 제 생각은 다릅니다. 국제 사회의 적극적 개입은 한반도에 긴장 상태를 불러올 수 있습니다. 또한 외교와 내정에서 다른 나라로부터 간섭받지 않을 권리를 북한도 요구할 것입니다.

① 인간은 누구나 인간다운 삶을 살 권리를 지니는가?
② 북한 주민들의 인권 상황이 개선될 필요가 있는가?
✔ 국제 사회가 북한의 인권 문제에 적극 개입해야 하는가?
④ 북한의 인권 문제는 남북 관계에 영향을 미칠 수 있는가?
⑤ 북한 스스로 인권 상황을 개선하기 위해 노력해야 하는가?

└→ 갑, 을 모두 긍정할 질문

│ 자료 분석 │

갑, 을은 모두 북한 주민들의 인권 상황이 개선되어야 할 필요가 있다는 점에 대해 동의한다. 그러나 갑은 북한의 상황에 대해 국제 사회가 인도적 차원에서 적극 개입해야 함을 주장하는 반면, 을은 국제 사회의 개입이 한반도의 긴장 상태를 불러올 수 있다는 점과 북한의 간섭받지 않을 권리를 근거로 갑의 입장에 반대하고 있다.

│ 선지 해설 │

① 갑, 을 모두 인간은 누구나 인간다운 삶을 살 권리인 인권을 지니고 있으며 이것이 보편적 가치라고 보고 있으므로 토론의 핵심 쟁점이 될 수 없다.

② 갑, 을 모두 북한 주민들의 인권 상황이 개선되어야 한다는 주장에 동의하고 있으므로 토론의 핵심 쟁점이 될 수 없다.

③ 갑은 북한의 인권 상황을 개선하기 위해 국제 사회가 인도적 차원에서 북한의 상황에 적극 개입해야 함을 주장하는 반면, 을은 국제 사회의 적극적 개입이 한반도의 긴장 상태를 불러오고 북한의 간섭받지 않을 권리를 침해한다고 주장하고 있다.

④ 을은 북한의 인권 상황이 개선되지 않으면 국제 사회의 여론이 악화되어 남북 관계에 영향을 줄 수 있다고 주장하고 있으며, 갑은 이에 동의하고 있으므로 토론의 핵심 쟁점이 될 수 없다.

⑤ 갑, 을 모두 북한이 인권 상황을 개선하기 위해 노력해야 한다고 주장한다. 단, 갑은 북한의 노력에만 의존할 수 없으며 국제 사회의 적극적 개입 또한 필요함을 주장하고 있다.

(가)의 입장에 비해 (나)의 입장이 갖는 상대적 특징을 그림의 ㉠~㉤ 중에서 고른 것은?

→ 남북통일에 있어 정치적 결단이 중요함을 강조하는 입장

(가) 남북한의 통일을 위해서는 신속한 정치적, 법적 결단이 이루어져야 한다. 정치적 영역에서 일괄 타결이 이루어질 때, 통일에 이르는 시간이 단축될 뿐만 아니라 다른 분야의 문제도 빠르게 해결되어 통일이 실현될 것이다.

(나) 남북한의 통일을 위해서는 이산가족 상봉, 스포츠 교류 등 비정치적 영역부터 교류 협력을 시작하여 단계적으로 확대해 나가야 한다. 이러한 노력이 지속되어야 남북한의 불신이 해소되어 정치 통합의 기반이 조성될 것이다.

→ 남북통일에 있어 비정치적 영역의 교류 협력이 중요함을 강조하는 입장

(나)의 상대적 특징

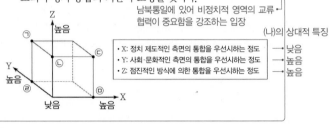

· X: 정치 제도적인 측면의 통합을 우선시하는 정도 → 낮음
· Y: 사회·문화적인 측면의 통합을 우선시하는 정도 → 높음
· Z: 점진적인 방식에 의한 통합을 우선시하는 정도 → 높음

✓① ㉠   ② ㉡   ③ ㉢   ④ ㉣   ⑤ ㉤

| 자료 분석 |

(가)는 남북한의 통일이 정치적 영역에서 일괄적인 타결을 이룰 때 실현될 수 있다는 입장이다. (나)는 남북한의 통일을 위해서는 비정치적 영역부터 교류와 협력을 시작하여 이를 단계적으로 확대해 나가야 한다는 입장이다. (가)의 입장에 비해 (나)의 입장이 갖는 상대적 특징은 'X: 정치 제도적인 측면의 통합을 우선시하는 정도'는 낮고, 'Y: 사회·문화적인 측면의 통합을 우선시하는 정도'와 'Z: 점진적인 방식에 의한 통합을 우선시하는 정도'는 높다. 따라서 X는 낮고, Y, Z는 높은 지점을 찾아야 한다.

| 선기 해설 |

①X: 낮음, Y: 높음, Z: 높음
② X: 낮음, Y: 낮음, Z: 높음
③ X: 높음, Y: 낮음, Z: 높음
④ X: 낮음, Y: 높음, Z: 낮음
⑤ X: 높음, Y: 낮음, Z: 낮음

다음을 주장한 사상가의 입장으로 적절한 것만을 <보기>에서 고른 것은? [3점]
→ 하버마스

담론 참여자들이 합의를 지향하여 그들의 행위 계획을 조정하는 상호 작용을 의사소통이라고 부른다. 이를 통해 도달한 합의는 타당성 주장에 대한 상호 인정에 따라 평가된다. 담론 과정에서 참여자들은 의견을 주고받으면서 각자의 개별 상황에 따른 정당성 및 진실성에 관한 주장을 제기해야 한다.

〈 보기 〉

ㄱ. 담론 참여자 모두가 승인할 때 규범의 타당성이 확보된다.
ㄴ. 담론 참여자들은 담론을 통해 이해관계를 조정할 수 있다.
ㄷ. 담론의 주제로 오류 가능성이 있는 주장을 채택하면 안 된다.
→ 오류 가능성이 있는 주장이더라도 담론에 부쳐질 수 있음
ㄹ. 담론 참여자들은 항상 사실만을 말하려고 할 필요는 없다.
　　　　　　　　　　　　　　　　　　　　　　　　있다

✓① ㄱ, ㄴ   ② ㄱ, ㄷ   ③ ㄴ, ㄷ   ④ ㄴ, ㄹ   ⑤ ㄷ, ㄹ

| 자료 분석 |

제시문의 사상가는 하버마스이다. 하버마스는 담론 윤리를 통해 서로 소통하며 합의를 이루어 나가는 과정을 강조한다. 또한, 상호 간의 논증적인 토론 과정을 거쳐 보편적인 합의에 도달할 것을 강조한다. 하버마스는 합리적 의사소통이 이루어지기 위해서는 모든 사람이 논의에 평등하게 참여하고, 자유롭게 자신의 필요와 욕구를 제시하고, 논의에 참여한 사람들이 진실성을 가지고 발언해야 한다고 본다.

| 보기 해설 |

ㄱ하버마스의 입장으로 적절하다. 하버마스는 다수결의 논리를 비판하면서, 규범의 타당성은 담론의 참여자 모두가 승인할 때 확보될 수 있다고 본다.

ㄴ하버마스의 입장으로 적절하다. 하버마스는 담론 윤리를 통해 서로 이해하여 합의를 이루어 나가는 과정을 중시한다. 이상적 담화 상황에서는 담론 참여자들이 서로의 생각과 원하는 바를 표현하며 서로의 이해관계를 조정할 수 있다.

ㄷ. 하버마스의 입장으로 적절하지 않다. 하버마스는 담론에 참여하는 모든 사람들이 자신의 주장에 오류 가능성이 있을 수 있음을 인정해야 한다고 보았다. 따라서 모든 주장은 오류 가능성이 있더라도 담론에 부쳐질 수 있다.

ㄹ. 하버마스의 입장으로 적절하지 않다. 하버마스는 논의에 참여한 사람들이 자신의 의견을 자유롭게 제시하되, 진실성을 가지고 발언해야 한다고 강조한다.

15 민족 통합의 윤리 24학년도 3월 학평 5번

정답 ① | 정답률 82%

(가)의 입장에 비해 (나)의 입장이 갖는 상대적 특징을 그림의 ⊙ ~ ⑩ 중에서 고른 것은?

(가) 한반도에서 전쟁 위험이 해소되어야 하는 가장 주요한 이유는 **경제적 이익의 증진**이다. 분단으로 인한 전쟁 위험은 남 북한 주민의 정치적 자유를 제한할 수도 있다. 하지만 소모 적인 군사비 지출과 같은 문제가 분단의 더욱 큰 폐해다. 따라서 **통일의 궁극적 목표는 한반도의 경제적 번영**이다.
> 통일의 목적은 · 경제적 번영

(나) 한반도에서 전쟁 위험이 해소되어야 하는 가장 주요한 이유는 **적극적 평화의 실현**이다. 분단으로 인한 전쟁 위험은 남 북한의 경제에 부정적 영향을 끼칠 수도 있다. 하지만 남북 한 주민의 정치적 자유를 억압하는 구조적 폭력이 지속되는 것이 분단의 더욱 큰 폐해다. 따라서 **통일의 궁극적 목표는 한반도 내 모든 폭력의 제거다.**
> 통일의 목적은 · 평화의 실현

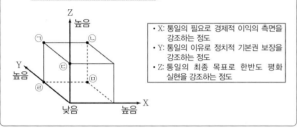

- X: 통일의 필요로 경제적 이익의 측면을 강조하는 정도
- Y: 통일의 이유로 정치적 기본권 보장을 강조하는 정도
- Z: 통일의 최종 목표로 한반도 평화 실현을 강조하는 정도

① ⊙ ② ⓛ ③ ⓒ ④ ⓔ ⑤ ⑩

자료 분석

(가)는 통일의 이유로 경제적 번영을 주장하는 입장이다. 이 입장에서는 분단에 따른 대립과 갈등으로 발생하는 비용인 분단 비용의 소모적인 지출을 줄이는 등 통일이 가져올 경제적 실리를 강조한다. (나)는 통일이 가져올 평화 실현을 주장하는 입장이다. 이 입장에서는 통일을 통해 남북한의 전쟁뿐만 아니라 구조적·문화적 폭력까지 제거할 것을 강조한다. (가)의 입장에 비해 (나)의 입장이 갖는 상대적 특징은 'X: 통일의 필요로 경제적 이익의 측면을 강조하는 정도'는 낮고, 'Y: 통일의 이유로 정치적 기본권 보장을 강조하는 정도'와 'Z: 통일의 최종 목표로 한반도 평화 실현을 강조하는 정도'는 높으므로 ⊙에 해당한다.

선지 해설

① X: 낮음, Y: 높음, Z: 높음
② X: 높음, Y: 높음, Z: 높음
③ X: 낮음, Y: 낮음, Z: 높음
④ X: 낮음, Y: 높음, Z: 낮음
⑤ X: 높음, Y: 높음, Z: 낮음

16 하버마스의 담론 윤리 24학년도 3월 학평 8번

정답 ⑤ | 정답률 78%

다음을 주장한 **사상가**의 입장으로 가장 적절한 것은?
> └ 하버마스

담론 윤리의 중요한 특징은 다음과 같다. 담론 과정에 적절하게 기여하는 한 **아무도 배제되지 않는다.** 그리고 모든 참여자는 담론 과정에 기여할 수 있는 **똑같은 기회를 부여받는다.** 또한, 의사소통은 외적 강제와 내적 강제로부터 **자유로워야 한다.**

① 담론을 거쳐 도출된 결론에 대해서는 재논의가 허용될 수 없다.
> 있다
② 담론의 과정에서 참여자는 사적인 욕구를 표현해서는 안 된다.
> 표현할 수 있다
③ 담론 참여자는 다수결의 원칙을 통해 타당한 규범에 도달한다.
> 만장일치
④ 담론을 통해 합의를 이루지 못한 경우에만 강제력이 요청된다.
> → 담론 도중에도, 담론 이후에도 규범이나 결과 및 부작용들은 비강제적으로 수용될 수 있어야 함
⑤ 담론 참여자는 상호 주관적 합의를 통해 갈등을 해결해야 한다.

자료 분석

제시문의 사상가는 하버마스이다. 하버마스는 담론 윤리를 통해 서로 이해하여 합의를 이루어 나가는 과정을 강조한다. 그는 이상적 담화 상황이 되기 위해서는 언어 능력과 행위 능력을 가지는 모든 주체가 담론에 참여할 수 있어야 하고, 누구나 자기의 생각과 원하는 바를 표현할 수 있어야 하며, 이러한 권리들이 내적 또는 외적 강제에 의해 방해받아서는 안 된다고 강조한다.

선지 해설

① 하버마스는 누구나 어떤 주장에 대해서도 문제를 제기할 수 있으며, 어떤 주장도 담론에 부칠 수 있음을 강조한다. 따라서 합의에 이른 주장이라고 하더라도 재논의를 원한다면 문제를 제기하거나 담론에 부칠 수 있으므로, 합의에 이른 주장에 대해서도 재논의를 허용해야 한다고 본다.

② 하버마스는 어떤 사람이든 담론에 참여할 수 있으며 자신의 생각이나 원하는 바를 자유롭게 표현할 수 있으므로, 개인적 선호나 욕구 또한 표현하고 발언할 수 있다고 본다.

③ 하버마스는 담론 속에서 의사소통의 합리성이 보장되기 위해서는 참여자 다수의 동의라는 다수결이 아니라 참여자의 만장일치로 규범의 정당성이 확보되어야 한다고 주장한다.

④ 하버마스는 담론 참여자가 합의된 규범의 결과와 부작용을 수용해야 한다고 본다. 그는 모든 타당한 규범은 결과와 부작용들이 모든 당사자들에 의해 비강제적으로 수용될 수 있어야 한다는 '실천적 보편화 원칙'을 제시한다.

⑤ 하버마스는 담론 참여자가 자신이 가진 주관적인 견해를 가지고 합리적인 의사소통의 과정을 거치면 보편타당한 규범을 도출할 수 있다고 주장한다.

(가)의 입장에 비해 (나)의 입장이 갖는 상대적 특징을 그림의 ㉠~㉤ 중에서 고른 것은?

> 급진적 통일
> (가) 통일은 남북 간 정치적 일괄 타결을 통해 조속히 이루어져야 한다. 점진적 교류를 통한 통일은 남북 간 이질감 해소에 기여할 수 있지만, 최우선 과제인 남북한 이산가족의 문제를 시급히 해결하는 데 한계가 있기 때문이다.
>
> 점진적 통일
> (나) 통일은 남북 간 사회·문화적 협력을 통해 단계적으로 이루어져야 한다. 급진적 통일은 남북한 이산가족의 문제를 빨리 해결할 수 있지만, 최우선 과제인 남북 간 이질감 해소와 신뢰 회복에 한계가 있기 때문이다.

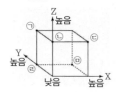

> · X: 정치적 합의를 통한 신속한 통일 달성을 강조하는 정도 ↓
> · Y: 점진적 방식에 의한 남북 간 민족 동질감 회복을 강조하는 정도 ↑
> · Z: 통일의 선결 과제로 남북한 이산가족의 인도적 문제 해결을 강조하는 정도 ↓

① ㉠   ② ㉡   ③ ㉢   ✔④ ㉣   ⑤ ㉤

| 자료 분석 |

(가)는 점진적 교류를 통한 통일이 남북 간 이질감 해소에 기여는 할 수 있지만, 정치적 합의에 따른 조속한 통일이 최우선 과제인 이산가족 문제 해결에 효과적이라는 입장이다. (나)는 급진적인 통일이 이산가족 문제를 빨리 해결할 수는 있지만, 남북 간 이질감 해소와 신뢰 회복에는 한계가 있으므로 사회·문화적 협력과 점진적 교류를 통해 단계적으로 통일을 이루어야 한다는 입장이다. (가)의 입장에 비해 (나)의 입장이 갖는 상대적 특징은 'X: 정치적 합의를 통한 신속한 통일 달성을 강조하는 정도'는 낮고, 'Y: 점진적 방식에 의한 남북 간 민족 동질감 회복을 강조하는 정도'는 높으며, 'Z: 통일의 선결 과제로 남북한 이산가족의 인도적 문제 해결을 강조하는 정도'는 낮으므로 ㉣에 해당한다.

| 선지 해설 |

① ㉠: X는 낮고, Y는 높으며, Z는 높음
② ㉡: X는 낮고, Y는 낮으며, Z는 높음
③ ㉢: X는 높고, Y는 낮으며, Z는 높음
④ ㉣: X는 낮고, Y는 높으며, Z는 낮음
⑤ ㉤: X는 높고, Y는 높으며, Z는 낮음

다음을 주장한 사상가의 입장으로 적절한 것만을 〈보기〉에서 있는 대로 고른 것은? [3점] → 하버마스

> 담론 참여자가 대화를 통해 규범의 도덕적 타당성을 결정할 때 다음의 윤리적 전제가 필요하다. 첫째, 갈등을 폭력으로 해결해서는 안 되며, 모든 관련 당사자 간의 공동 협의로 해결해야 한다. 둘째, 담론 참여자들은 자신의 이익을 방해받지 않고 주장할 권리를 보장받아야 한다. 셋째, 담론 참여자들은 초주관성의 원리에 따라 자신의 이익을 수정할 수 있어야 한다.

〈 보기 〉
ㄱ. 담론 참여자는 외적 강제 없이 발언권을 보장받아야 한다.
ㄴ. 담론 참여의 자격은 이성적 논의 능력의 유무에 달려 있다.
ㄷ. 담론 참여자 다수가 동의한 규범은 항상 타당성이 확보된다.
→ 언제든지 담론에 부칠 수 있음
ㄹ. 담론 참여자가 주관적 견해를 지니면 타당한 규범을 도출할 수 없다.
→ 합리적 의사소통을 거친 후 보편타당한 규범 도출 가능

✔① ㄱ, ㄴ   ② ㄱ, ㄷ   ③ ㄷ, ㄹ
④ ㄱ, ㄴ, ㄹ   ⑤ ㄴ, ㄷ, ㄹ

| 자료 분석 |

제시문의 사상가는 하버마스이다. 하버마스는 이상적인 담화 상황 속에서 상호 간의 논증적인 토론 과정을 거쳐 보편적인 합의에 도달하는 의사소통의 합리성이 실현되어야 한다고 보았다. 특히 담론 윤리를 통해 서로 이해하여 합의를 이루어 나가는 과정을 중시했는데, 이를 위해 이상적 담화 상황의 규칙을 제시했다. 이상적 담화 상황에서는 언어 능력과 행위 능력을 가진 모든 주체가 누구나 담론에 참여할 수 있어야 하고, 누구나 어떤 주장에 대해서도 문제를 제기할 수 있어야 하며, 자신의 생각과 원하는 바를 표현할 수 있어야 한다.

| 보기 해설 |

ㄱ 하버마스는 담론 참여자가 담론의 내적, 외적 강제에 의해서 발언권을 방해받아서는 안 된다고 주장했다.

ㄴ 하버마스는 담론 참여의 자격은 이성적 사유와 토론 능력 여부에 달려 있다고 주장했다.

ㄷ. 하버마스는 담론 참여자 다수가 동의한 규범이라 하더라도 항상 타당성이 확보되는 것이 아니며, 언제든지 담론에 부칠 수 있다고 보았다.

ㄹ. 하버마스는 주관적인 견해만으로는 보편타당한 규범이 성립될 수 없다고 보았지만, 담론 참여자가 자신이 가진 주관적인 견해를 가지고 합리적인 의사소통의 과정을 거치면 보편타당한 규범을 도출할 수 있다고 주장했다.

19 　하버마스의 담론 윤리 　23학년도 4월 학평 4번 　　　정답 ⑤ | 정답률 96%

다음 가상 대담의 사상가가 지지할 주장으로 적절하지 않은 것은?
→ 하버마스

1. 윤리 문제를 해결하기 위해 의사소통의 합리성을 발휘해야 한다.
2. 담론의 과정에서 상대방을 자신과 동등한 주체로 인정해야 한다.
3. 사실에 부합하는 내용을 진술하고 상대방을 기만하지 말아야 한다.
4. 논증적인 토론 과정에서 자신의 주장에 대한 근거를 제시해야 한다.
⑤ 합의를 위해 상대방이 거부할 수 있는 내용은 말하지 않아야 한다.
　　→ 자유롭게 자신의 욕구와 선호를 표현할 수 있어야 함

| 자료 분석 |

가상 대담의 사상가는 하버마스이다. 하버마스는 담론 윤리를 통해 서로 소통하며 합의를 이루어 나가는 과정을 강조한다. 또한, 상호 간의 논증적인 토론 과정을 거쳐 보편적인 합의에 도달할 것을 강조한다. 하버마스는 합리적 의사소통이 이루어지기 위해서는 모든 사람이 논의에 평등하게 참여하고, 자유롭게 자신의 필요와 욕구를 제시하고, 논의에 참여한 사람들이 진실성을 가지고 발언해야 한다고 주장한다.

| 선지 해설 |

① 하버마스는 윤리 문제 해결을 위해 의사소통 합리성을 발휘해야 한다고 본다. 즉, 서로가 논증적인 토론 과정을 거쳐 보편적인 합의에 도달할 수 있도록 해야 함을 강조한 것이다.

② 하버마스는 담론의 과정에서 상대방을 자신과 동등한 주체로 대해야 하며, 모든 사람이 평등하게 논의에 참여하고, 서로를 이해하며 합의를 이루어 가야 한다고 강조한다.

③ 하버마스는 논의에 참여한 사람들이 자신의 의견을 자유롭게 제시하되, 진실성을 가지고 발언해야 한다고 강조한다. 사실에 부합하지 않는 내용으로 상대방을 기만해서는 안 된다고 본다.

④ 하버마스는 논증적 토론 과정에서는 누구나 어떤 주장이라도 담론에 부칠 수 있고, 자기의 생각과 필요를 표현할 수 있지만 자신의 주장에 대해 근거를 제시할 수 있어야 한다고 강조한다.

⑤ 하버마스의 입장으로 적절하지 않다. 하버마스는 상대방이 거부할 수 있는 내용도 제시할 수 있다고 본다. 어떤 주장도 자유롭게 제시할 수 있고, 그 주장에 대해 누구나 문제를 제기하고 토론을 거칠 수 있다고 본다.

20 　하버마스의 담론 윤리 　23학년도 3월 학평 2번 　　　정답 ④ | 정답률 79%

다음을 주장한 사상가의 입장으로 적절한 것만을 〈보기〉에서 있는 대로 고른 것은? [3점] → 하버마스

　의사소통의 합리성을 실현하기 위한 이상적 담론은 다음 조건들을 충족해야 한다. 의사소통 과정에 참여한 사람들은 참된 진술을 해야 하고, 서로 이해할 수 있는 말을 해야 한다. 또한 누구나 평등하게 담론에 참여하고, 어떤 주장이든 자유롭게 표현할 수 있어야 한다. 이러한 조건들을 통해 의사소통의 합리성을 실현해야 보편타당한 규범을 도출할 수 있다. → 이상적 담화 상황의 규칙

〈 보기 〉
ㄱ. 담론 참여자는 다수가 지지하는 주장을 비판할 수 있다.
　　→ 실천적 담론의 원칙
ㄴ. 담론 참여자 다수가 동의한 모든 규범은 타당성을 지닌다.
　　모두가
ㄷ. 담론 참여자는 자신의 이익을 위한 선호를 표현할 수 있다.
ㄹ. 담론 참여자는 합의한 결과로 인한 부작용도 수용해야 한다.
　　→ 실천적 보편화 원칙

① ㄱ, ㄴ 　　　② ㄱ, ㄷ 　　　③ ㄴ, ㄹ
④ ㄱ, ㄷ, ㄹ 　　⑤ ㄴ, ㄷ, ㄹ

| 자료 분석 |

제시문의 사상가는 하버마스이다. 하버마스는 담론 윤리를 통해 서로 이해하여 합의를 이루어 나가는 과정을 강조한다. 이상적 담화 상황이 되기 위해서는 언어 능력과 행위 능력을 가지는 모든 주체가 담론에 참여할 수 있어야 하고, 누구나 자기의 생각과 원하는 바를 표현할 수 있어야 하며, 이러한 권리들이 내적 또는 외적 강제에 의해 방해 받아서는 안 된다고 강조한다.

| 보기 해설 |

ㄱ. 하버마스는 담론 참여자들이 어떤 주장에 대해서도 문제를 제기할 수 있고, 어떤 주장이라도 담론에 부칠 수 있다고 본다. 또한, 담론 참여자는 다수가 지지하는 주장일지라도 비판할 수 있다고 본다.

ㄴ. 하버마스는 담론 윤리의 원칙으로 모든 타당한 규범은 모든 당사자들의 동의를 얻을 수 있어야만 한다는 '실천적 담론의 원칙'을 제시한다.

ㄷ. 하버마스는 담론 상황에서 모든 사람이 평등하게 논의에 참여하고 자유롭게 의견을 제시할 수 있어야 하며, 자기의 생각과 선호를 표현할 수 있어야 한다고 주장한다.

ㄹ. 하버마스는 담론 참여자가 합의된 규범의 결과와 부작용을 수용해야 한다고 본다. 그는 모든 타당한 규범은 결과와 부작용들이 모든 당사자들에 의해 비강제적으로 수용될 수 있어야 한다는 '실천적 보편화 원칙'을 제시한다.

다음을 주장한 사상가의 입장으로 적절한 것만을 〈보기〉에서 있는 대로 고른 것은? └→ 하버마스

> 합리적인 의사소통이 이루어지기 위해서는 언어 능력과 행위 능력을 지닌 모든 사람에게 담론에 참여할 기회가 개방되어야 한다. 그리고 담론 참여자는 모두 담론 과정에서 자신의 주장을 발언할 기회를 동등하게 보장받아야 한다. 어떤 담론 참여자도 억압을 받지 않고 발언할 수 있어야 한다. 담론을 통해 합의된 내용은 보편적 규범이 될 수 있다.
> 　　　　　　　합리적 의사소통을 위한 ┘
> 　　　　　　　이상적 담화 상황

〈보기〉
ㄱ. 담론 참여자는 개인적인 욕구를 표출해서는 안 된다.
　　→ 개인의 욕구와 의견 표출이 가능하다고 봄
ㄴ. 다수가 인정한 주장도 담론 과정에서 비판받을 수 있다.
ㄷ. 담론 참여자는 상호 주관적 논증을 통해 합의할 수 있다.
ㄹ. 담론 참여자는 모두 합의의 결과와 부작용을 수용해야 한다.

① ㄱ, ㄷ　　　② ㄱ, ㄹ　　　③ ㄴ, ㄷ
④ ㄱ, ㄴ, ㄹ　　　⑤ ㄴ, ㄷ, ㄹ

| 자료 분석 |

제시된 글의 사상가는 하버마스이다. 하버마스는 합리적 의사소통이 이루어지기 위한 이상적인 담화 상황을 제시한다. 모든 사람이 평등하게 논의에 참여하는 것, 자유롭게 자신의 필요와 욕구, 의견을 제시할 수 있는 것, 논의에 참여한 사람들이 진실성을 가지고 발언하는 것 등이 그 내용이다. 또한, 담론을 통해 합의된 내용은 보편적 규범이 될 수 있으며, 담론 참여자 모두 이를 수용해야 한다고 주장한다.

| 보기 해설 |

ㄱ. 하버마스는 담론의 참여자들이 담론의 과정에서 개인적인 욕구를 표출할 수 있어야 한다고 본다. 모든 사람들이 담론에 참여할 기회를 가지고, 동등한 발언 기회를 보장받으며, 억압을 받지 않고 자신의 의견을 자유롭게 표현할 수 있어야 한다고 주장한다.

ㄴ. 담론에 있어 누구나 어떤 주장에 대해서도 문제를 제기할 수 있고, 어떤 주장이라도 담론에 부칠 수 있다. 따라서 다수가 인정한 주장일지라도 담론의 과정에서 비판받을 수 있다.

ㄷ. 합리적 의사소통을 통한 담론의 과정은 담론 참여자들이 서로를 이해하며 상호 간의 논증적인 토론 과정을 거쳐 보편적인 합의에 도달하는 것을 추구한다.

ㄹ. 담론의 결과 합의된 내용은 보편적 규범으로 작용할 수 있으며, 담론 참여자들은 모두 합의한 결과와 부작용을 수용해야 한다. 합의의 결과도 그에 따른 부작용도 합리적인 의사소통의 과정을 통해 얻은 결론이기 때문에 수용할 수 있어야 한다.

갑, 을의 입장으로 가장 적절한 것은?

> 갑: 남북의 분단 비용 중 국방비가 큰 비중을 차지한다. 남북은 모두 경제 규모 대비 적정 수준 이상의 국방비를 지출하고 있다. 남북이 통일이 된다면 국방비를 줄일 수 있으므로 통일 비용에 대한 부담도 줄어들 것이다. → 통일 편익의 증대를 강조함
> 을: 남북이 통일이 된다면 통일 이전과 달리 세계적인 강대국들과 국경을 접하게 되기 때문에 국방비가 늘어나게 될 것이다. 통일에 따른 국방비 증가는 통일 비용에 대한 부담을 더 크게 할 것이다. → 통일 비용의 부담 증가를 강조함

① 갑: 통일 편익은 북한이 아닌 남한 지역에서만 발생할 것이다.
　　　　　　　　　　남북 모두에
② 갑: 통일 이후의 국방비 감소는 통일 편익을 증대시킬 수 있다.
③ 을: 통일된 이후에도 분단 비용은 지속적으로 발생할 것이다.
④ 을: 통일 국가의 영토는 남북한을 합친 것보다 확장될 것이다.
　　→ 을이 주장하지 않은 내용
⑤ 갑, 을: 통일 이전 대비 통일 이후의 국방비는 증가할 것이다.

| 자료 분석 |

갑은 분단으로 인해 막대한 국방비가 지출되고 있기 때문에 통일을 하게 되면 국방비가 줄어들어 통일 편익이 증대하고, 통일 비용의 부담이 줄어들 것이라고 본다. 반면, 을은 통일 이후 강대국들과 국경을 접하게 되어 국방비가 더 증가할 것이라고 보고, 통일 이후의 상황을 부정적으로 보고 있다.

| 선기 해설 |

① 갑은 통일 이후 남북한 모두의 국방비 부담이 줄어들 것이라고 보고, 이에 따라 통일 비용에 대한 부담이 줄어들 것이라고 본다.

② 갑은 통일 이후의 국방비 감소가 장기적 이익이 되어 통일 비용의 부담을 줄이고, 통일 편익을 증대시킬 것이라고 본다.

③ 분단 비용은 분단을 지속하는 상태에서 들어가는 비용이기 때문에 통일 이후에는 발생하지 않는다. 따라서 을은 통일된 이후에 증가할 국방비로 인해 분단 비용이 아니라, 통일 비용이 지속적으로 발생할 것이라고 볼 것이다.

④ 을은 통일 국가의 영토가 남북한을 합친 것보다 확장될 것인지에 대해 언급하고 있지 않다. 따라서 주어진 내용만으로는 사실의 여부를 확인하기 어렵다.

⑤ 을의 입장에만 해당하는 내용이다. 을은 통일 이후 남북한 영토가 합쳐지면서 세계적인 강대국들과 국경을 접하게 되므로 국방비가 증가할 것이라고 본다. 반면, 갑은 통일이 되면 국방비를 줄일 수 있다고 주장한다.

23 남북통일에 대한 입장 22학년도 7월 학평 6번

정답 ② | 정답률 92%

다음은 신문 칼럼이다. ㉠에 들어갈 진술로 적절하지 <u>않은</u> 것은?

○○신문 　　　　　　　　　　○○○○년 ○○월 ○○일

칼 럼

　6·25 전쟁과 분단은 남북 간 적대적인 경쟁 체제를 형성했을 뿐만 아니라 우리 일상생활에서 이념 대립의 형태로 갈등을 야기하는 요소로 작용하고 있다. 한국 사회는 분단 상황 속에서 이념과 가치를 중심으로 이분법적 대립 구조가 형성되어 다양한 의견을 나눌 수 있는 대화와 타협의 지형이 제대로 형성되지 못했다. 이러한 이분법적이고 극단적으로 이루어지는 이념 대립은 소모적일 뿐만 아니라 사회 발전을 방해할 수 있다. 따라서 우리는 　　㉠　　

---

① 상대방의 견해와 입장을 존중하고 합리적 의견은 수용해야 한다.
✓ 정책을 평가할 때 각자 자신의 이념에만 근거하여 판단해야 한다.
③ 상호 건전한 대화와 타협을 통해 극단적인 대립을 해소해야 한다.
④ 사회 통합을 위해 상호 소통하는 동반자 관계를 형성해야 한다.
⑤ 가치관의 이분법적 구분에서 벗어나 서로를 적대시하지 말아야 한다.

| 자료 분석 |

신문 칼럼에서는 6·25 전쟁과 분단으로 인해 남북이 적대적인 경쟁 체제를 형성하게 되었고, 이념 대립으로 인해 이념과 가치를 중심으로 이분법적 대립 구조가 형성되었다고 본다. 그리고 이로 인해 대화와 타협을 통해 소통할 수 있는 조건이 마련되지 못했음을 강조한다. 칼럼은 이러한 이념 대립이 소모적이고 사회 발전을 방해할 수 있으므로 이념 대립에서 벗어나 서로를 이해할 수 있는 소통의 조건을 마련해야 한다고 주장하고 있다.

| 선지 해설 |

① 칼럼은 이념의 대립이 다양한 의견을 나눌 수 있는 대화와 타협의 지형을 형성하는 데 걸림돌로 작용했음을 지적하며, 상대방의 견해와 입장을 존중하고 합리적 의견을 수용해야 한다고 강조한다.

② 칼럼은 정책을 평가할 때 각자 자신의 이념에만 근거해 판단할 것이 아니라 상대방에 대한 의견을 존중함으로써 대화와 타협의 지형을 넓혀야 함을 강조할 것이다.

③ 칼럼은 이분법적 대립 구조에 따라 좁아진 대화와 타협의 지형을 상호 건전한 대화를 통해 확장함으로써 극단적인 대립을 해소해야 함을 강조한다.

④ 칼럼은 남북 간 적대적인 경쟁 체제가 일상생활의 이념 대립으로 확산되어 갈등을 야기하는 요소로 작용하고 있다고 본다. 따라서 이를 해결하기 위해서는 사회 통합을 위해 대화와 타협을 하고 서로 소통하는 동반자 관계를 형성해야 함을 강조할 것이다.

⑤ 칼럼은 이념과 가치를 중심으로 형성되는 이분법적 대립 구조에서 벗어나 대화와 타협을 통해 서로를 적대시하지 말아야 함을 강조한다.

---

24 민족 통합의 윤리 21학년도 4월 학평 20번

정답 ① | 정답률 79%

(가)의 입장에 비해 (나)의 입장이 갖는 상대적 특징을 그림의 ㉠~㉤ 중에서 고른 것은?

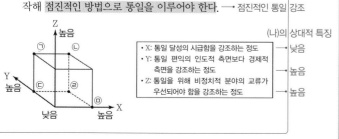

　　　　　　　　 통일의 인도주의적 차원 강조　　통일의 시급함 강조
(가) 통일의 최대 이점은 북한 주민의 인권 문제 해결이다. 인권은 인간다운 삶을 위한 기본 조건이므로 북한 인권 문제 해결은 더 이상 미룰 수 없는 과제이다. 따라서 남북 간 정치적 일괄 타결을 통해 하루라도 빨리 통일을 이루어야 한다.　　　 통일의 경제적 차원 강조
(나) 통일의 최대 이점은 시장의 확대로 인한 이익의 증대이다. 그러나 준비 없는 통일은 통일 비용의 부담을 증가시킨다. 따라서 남북 경제 협력이나 예술 및 체육 분야 등의 교류에서 시작해 점진적인 방법으로 통일을 이루어야 한다. → 점진적인 통일 강조

① ㉠　　② ㉡　　③ ㉢　　④ ㉣　　⑤ ㉤

| 자료 분석 |

(가)는 인권이 인간다운 삶을 위한 기본 조건이므로 북한의 인권 문제를 해결하는 것이 가장 우선되어야 하며, 이러한 측면에서 남북이 정치적 일괄 타결을 통해 통일을 이루어야 한다고 본다. (나)는 통일을 통해 이익을 증대시켜야 하며, 준비 없는 통일은 통일 비용의 증가를 초래하므로 남북 경제 협력이나 예술 및 체육 분야 등의 교류에서 시작하여 점진적인 방법으로 통일을 이루어야 한다고 본다. 따라서 (가)의 입장에 비해 (나)의 입장이 갖는 상대적 특징은 'X: 통일 달성의 시급함을 강조하는 정도'는 낮고, 'Y: 통일 편익의 인도적 측면보다 경제적 측면을 강조하는 정도'는 높으며, 'Z: 통일을 위해 비정치적 분야의 교류가 우선되어야 함을 강조하는 정도'도 높다.

| 선지 해설 |

① X: 낮음, Y: 높음, Z: 높음

② X: 높음, Y: 높음, Z: 높음

③ X: 낮음, Y: 높음, Z: 낮음

④ X: 높음, Y: 높음, Z: 낮음

⑤ X: 높음, Y: 낮음, Z: 낮음

다음을 주장한 사상가의 입장만을 〈보기〉에서 고른 것은? [3점]
└→ 하버마스   ┌→ 이상적 담화 상황의 조건들

> 화자의 의사소통의 의도에는 다음 사항들이 포함되어야 한다. 첫째, 화자가 자신과 청자 사이에 정당한 것으로 인정된 상호 관계가 성립하도록 규범적 맥락에 따라 올바른 의사소통 행위를 수행하는 것이다. 둘째, 화자가 자신의 지식을 청자가 받아들이며 공유하도록 참된 진술을 하는 것이다. 셋째, 화자가 자신이 말한 것을 청자가 믿도록 생각, 의도, 감정, 소망 등을 진실하게 표현하는 것이다.

─────〈 보기 〉─────
ㄱ. 의사소통 행위는 상호 이해를 지향해야 한다.
ㄴ. 오류 가능성이 있는 주장도 담론에 부칠 수 있다.
ㄷ. 발화(發話) 내용이 참되다면 어떠한 발화 자세도 허용된다.
　　→ 상대를 존중하는 자세를 가져야 함
ㄹ. 규범의 타당성은 참여자 대다수의 동의를 얻어야 확보된다.
　　　　　　　　　　　모두의 합의

① ㄱ, ㄴ　②ㄱ, ㄷ　③ ㄴ, ㄷ　④ ㄴ, ㄹ　⑤ ㄷ, ㄹ

출제 경향

소통의 윤리에 대한 문항은 토론에 대한 밀의 관점이나 하버마스의 담론 윤리를 중심으로 15학년도부터 출제되고 있다. 2015 교육과정에서는 주로 의사소통과 관련된 하버마스의 담론 윤리가 자주 출제되니 그 특징을 기억해 둘 필요가 있다.

| 자료 분석 |

제시된 주장을 한 사상가는 하버마스이다. 하버마스는 서로 간의 대화로 상호 주관성에 이르는 의사소통의 합리성을 실현하기 위해 이상적 담화 상황이 요구된다고 보았다. 이상적 담화 상황에서는 담화의 모든 참여자가 평등하게 논의에 참여하고 자유롭게 의견을 제시할 수 있어야 하며, 진실성을 가지고 발언해야 한다.

| 보기 해설 |

(ㄱ) 하버마스는 의사소통 행위를 통해 상호 이해와 합의를 지향해야 한다고 주장하였다.

(ㄴ) 하버마스는 담론에 참여하는 모든 사람들이 자신의 주장에 오류 가능성이 있을 수 있음을 인정해야 한다고 보았다. 따라서 모든 주장은 오류 가능성이 있더라도 담론에 부쳐질 수 있다.

ㄷ. 하버마스는 이상적 담화 상황에서 참여자들이 논의에 평등하게 참여하면서 서로를 존중해야 한다고 주장하였다. 즉, 토론 과정에서 발화 내용이 참되더라도 상대를 존중하지 않는 자세는 허용되지 않는다는 것이다.

ㄹ. 하버마스는 다수결의 논리를 비판하면서, 규범의 타당성은 담론의 참여자 모두가 합의할 때 확보될 수 있다고 보았다.

다음을 주장한 사상가의 입장으로 가장 적절한 것은? [3점]
└→ 하버마스

> 의사소통의 합리성은 강제 없이 상호 간의 논증적 대화를 통해 보편적 합의에 도달하는 경험에 호소한다. 이를 통해 담론 참여자는 주관적 견해를 극복하고, 이성적 동기에 근거한 공동의 신념으로 인해 상호 주관성을 확인하게 된다.
> └→ 의사소통의 합리성에 기초하여 담론의 과정을 통해 얻은 결론은
> 　　 힘이나 권력이 반영될 수 있는 다수결의 결과와는 다름

① 담론 참여자는 논의 주제에 정통한 전문가들로만 구성해야 한다.
② 담론 참여자는 자신의 개인적 선호나 욕구를 발언해서는 안 된다.
　　　　　　　　　　　　　　　　　　　해도 된다
③ 담론 참여자는 다른 사람의 주장에 이의를 제기해서는 안 된다.
　　　　　　　　　　　　　　　　　해도 된다
④ 담론 참여자는 정당한 담론의 결과와 그 부작용까지 수용해야 한다.
⑤ 담론 참여자는 이해관계의 조정 수단으로만 담론을 활용해야 한다.

| 자료 분석 |

제시된 글의 사상가는 하버마스이다. 하버마스는 담론의 참여자들이 상호 논증과 토론을 통해 공적 사안에 대한 합의를 이루어 나가는 과정을 중시하면서, 토론이 이루어지는 공론장의 필요성을 강조한다. 그는 담론 참여자가 의사소통의 합리성을 발휘하여 상호 주관성을 확인하게 되고, 이를 통해 참여자 모두가 긍정하는 보편적 합의에 도달할 수 있다고 본다.

| 선지 해설 |

① 하버마스는 언어와 행위 능력이 있다면 전문가뿐만이 아니라 누구나 평등한 관계를 이루며 자유롭게 담론에 참여할 수 있다고 본다.

② 하버마스는 담론 참여자들이 자신의 개인적 선호나 욕구를 발언할 수 있는 자유롭고 평등한 의사소통이 이루어져야 한다고 주장한다.

③ 하버마스는 자유롭고 공정한 검증 과정을 주장하면서, 담론 참여자들은 누구나 보편타당성을 요구하면서 다른 사람의 주장에 이의를 제기할 수 있다고 본다.

(④) 하버마스는 의사소통의 합리성을 바탕으로 이루어진 정당한 담론의 결과와 그로 인한 부작용까지 수용하는 의사소통의 공동체를 이루어야 한다고 강조한다.

⑤ 하버마스는 담론을 이해관계의 조정 수단으로만 여기지 않는다. 그는 담론을 활용하여 문화적·사회적·인격적인 측면의 가치를 공유하고, 사회적 정체성을 확인하여 사회의 구성원으로서 자발적인 소속 의식을 가질 수 있다고 본다.

27 하버마스의 담론 윤리 21학년도 9월 모평 17번   정답 ① | 정답률 50%

그림의 강연자가 지지할 주장으로 가장 적절한 것은?
┗→ 하버마스

모든 사유의 출발점은 홀로 사유하는 '나'가 아니라 서로 대화를 주고받는 '우리'가 되어야 합니다. 언어적·사회적 존재인 인간에게는 타자를 단지 도구화하지 않고, 타자의 고유성을 인정하는 의사소통 행위의 가능성이 존재합니다. 의사소통 행위는 사회적 행위자들이 상호 이해를 목적으로 서로의 행위 계획을 조정하는 데에서 성립합니다. 모든 당사자들이 어떠한 강제도 없이 자유롭고 평등한 담론을 통해 동의할 수 있는 행위 규범들만이 정당화가 가능합니다.

→ 타자와 동일시하는 것이 아니라 고유성을 인정하는 가운데 의사소통이 이루어짐

☑ 행위 규범으로서의 올바름은 비판과 논증을 통해 정당화될 수 있다.
② 이상적 담화에서 담론 참여자는 타인의 의견을 거부할 수 ~~없다.~~ 있다
③ 주관적 견해를 ~~극복한 후에~~ 담론에 참여하는 것이 이상적이다.
④ 타당한 규범은 대화에 참여한 ~~다수~~에 의해 동의를 얻은 규범이다. 모든 당사자
⑤ 상호 인정의 자세는 타자를 ~~나와 완전히 동일화~~하기 위해 요구된다.

| 자료 분석 |

그림의 강연자는 하버마스의 관점에서 의사소통 행위에 기초한 담론 윤리를 강조하고 있다. 하버마스는 이성적이고 합리적인 합의 당사자들이 자유롭고 평등한 담론을 통해 모든 당사자들이 동의할 수 있는 보편적인 도덕규범을 정립할 수 있다고 보았다.

| 선지 해설 |

① 하버마스는 합의 당사자들의 이성적이고 합리적인 의사소통 행위에 기초한 비판과 논증을 통해 행위 규범의 올바름이 정당화될 수 있다고 보았다.

② 하버마스는 이상적 담화 상황에서 담론의 참여자는 모두 자유롭고 평등한 관계를 이루고 있으며, 타인의 의견에 대해 수용이나 거부를 할 수 있다고 보았다.

③ 하버마스는 담론에 참여하는 과정에서 개인의 주관적인 견해가 극복되고, 당사자들이 보편적인 도덕규범에 합의할 수 있다고 보았다.

④ 하버마스는 다수결의 원리를 반대하였다. 그는 담론에 참여한 모든 당사자들이 합의에 이르는 규범을 구성할 수 있으며, 모든 당사자들의 동의를 얻은 규범만이 정당화된다고 본다.

⑤ 하버마스는 타자의 고유성을 인정하는 가운데 의사소통 행위가 이루어져야 함을 강조한다.

28 하버마스의 담론 윤리 22학년도 4월 학평 9번   정답 ④ | 정답률 80%

다음을 주장한 사상가의 입장으로 적절한 것만을 〈보기〉에서 고른 것은?
┗→ 하버마스

이상적 담화 상황은 담론장에 외적인 우연적 요소들이 개입되거나 담론 참여자가 어떤 유형의 강요도 받지 않으며 자유롭고 평등한 담론이 이루어지는 상황을 말한다. 이러한 담화 상황을 위해서는 출입의 공공성, 평등한 권한, 표현 행위의 진실성, 입장 표명의 비강제성 등이 보장되어야 한다. 또한 담론 참여자는 오직 보다 나은 논증을 통해서만 자신의 입장을 결정해야 한다.

〈 보기 〉
ㄱ. 담론 참여자 중 ~~대다수~~가 동의한 규범이 타당성을 지닌다. 모두가
ㄴ. 담론 주제에 대한 전문가가 아니라도 담론에 참여할 수 있다.
ㄷ. 담론 참여자는 자신의 이익이나 욕구를 ~~표현해서는 안 된다.~~ 도 된다
ㄹ. 담론 과정에서 타인의 주장에 대해 자유로운 비판이 가능하다.

① ㄱ, ㄴ   ② ㄱ, ㄷ   ③ ㄴ, ㄷ   ☑ ㄴ, ㄹ   ⑤ ㄷ, ㄹ

| 자료 분석 |

제시된 주장을 한 사상가는 하버마스이다. 하버마스는 모든 사람이 평등하게 논의에 참여하고 자유롭게 의견을 제시할 수 있으며, 논의에 참여한 사람들이 진실성을 가지고 발언할 수 있을 때 의사소통의 합리성이 실현될 수 있다고 본다. 이처럼 하버마스는 담론 윤리를 통해 서로를 이해하고 합의를 이루어 나갈 수 있는 과정을 강조하였다.

| 보기 해설 |

ㄱ. 하버마스는 담론 참여자 중 대다수가 동의한 규범이 아니라, 담론의 결과에 의해 영향을 받을 모든 당사자들이 동의할 수 있는 규범이 타당성을 지닌다고 본다.

ㄴ. 하버마스는 전문가가 아니어도 담론의 결과에 영향을 받는 모든 사람들이 담론에 참여할 수 있어야 한다고 본다. 또한 언어 능력과 행위 능력을 가지는 모든 주체는 담론에 참여할 수 있어야 한다고 주장한다.

ㄷ. 하버마스는 담론의 참여자는 자신의 이익이나 욕구를 표현할 수 있어야 하고, 누구나 어떤 주장에 대해서도 문제를 제기할 수 있으며, 자기의 생각과 원하는 바를 표현할 수 있어야 한다고 주장한다.

ㄹ. 하버마스는 담론 과정에서 담론 참여자는 오직 보다 나은 논증을 통해서만 입장을 결정해야 한다고 본다. 또한 보다 좋은 결론을 도출하기 위한 건강한 토론을 위해서는 타인의 주장에 대한 자유로운 비판이 가능해야 한다고 본다.

29 하버마스의 담론 윤리 21학년도 10월 학평 14번

정답 ④ | 정답률 89%

다음을 주장한 사상가의 입장만을 〈보기〉에서 있는 대로 고른 것은?
└→ 하버마스   ←이상적 담화 상황의 조건들

의사소통이 이상적으로 이루어지기 위해서는 다음의 규칙들이 전제되어야 한다. 언어 능력과 행위 능력을 지닌 모든 주체가 담론에 참여할 수 있어야 하며, 참여한 모든 사람은 모든 주장을 문제시하여 담론의 내용으로 삼을 수 있어야 하고, 자신의 생각과 욕구를 표현할 수 있어야 한다. 이런 규칙들을 준수하며 실천적 담론에 참여하는 모든 당사자가 동의한 규범들만이 타당성을 가질 수 있다.

〈 보기 〉

ㄱ. 규범이 정당화되려면 모든 담론 참여자가 합의해야 한다.
ㄴ. 담론 참여자는 타인의 주장에 이의를 제기해서는 안 된다.
　　　　　　　　　　　　　　　　　할 수 있다
ㄷ. 공정한 담론을 통해 합의된 준칙은 구속력을 지닐 수 있다.
ㄹ. 담론의 공동 결의 과정에서 자신의 희망을 표현할 수 있다.

① ㄱ, ㄴ　　　　② ㄱ, ㄷ　　　　③ ㄴ, ㄹ
④ ㄱ, ㄷ, ㄹ　　　⑤ ㄴ, ㄷ, ㄹ

| 자료 분석 |

제시된 주장을 한 사상가는 하버마스이다. 하버마스는 상호 간의 논증적인 토론 과정을 거쳐 보편적 합의에 도달하는 의사소통의 합리성을 강조하며, 공론장에서 이루어지는 이상적 담화 상황 속에서 이러한 의사소통의 합리성이 실현될 수 있다고 주장한다. 하버마스에 따르면 이상적 담화 상황에서 모든 사람은 평등하게 논의에 참여해야 하며, 자유롭게 의견을 제시할 수 있어야 하고, 진실성을 가지고 발언해야 하며, 자신의 생각과 욕구를 자유롭게 표현할 수 있어야 한다.

| 보기 해설 |

ㄱ 하버마스는 모든 담론의 참여자들이 이상적 담화 상황의 규칙들을 준수하고 실천적 담론에 참여하여 동의한 규범은 타당성을 가지며 정당화될 수 있다고 본다.

ㄴ 하버마스는 담론에 참여하는 모든 사람이 자신의 생각과 욕구를 표현할 수 있어야 하고, 모든 주장을 문제시하여 담론의 내용으로 삼을 수 있어야 한다고 본다. 따라서 담론 참여자는 타인의 주장에 이의를 제기할 수 있다.

ㄷ 하버마스는 이상적 담화 상황에서 담론의 참여자들이 모두 동의했다면, 이를 통해 합의된 규칙은 타당성을 지니며 정당화될 수 있다고 본다. 따라서 공정한 담론을 통해 합의된 준칙은 구속력을 지닐 수 있다.

ㄹ 하버마스는 담론 과정에 참여한 모든 사람은 자신의 생각과 욕구를 표현할 수 있어야 한다고 본다. 따라서 담론 참여자들은 누구나 담론의 공동 결의 과정에서 자신의 희망을 표현할 수 있다.

OX문제로 개념 확인

(1) 하버마스는 합리적인 의사소통의 과정 속에서 세워진 규범이 정당하다고 본다. 　　　　　　　　　　　　　　　　　(　　　)

(2) 하버마스는 공정한 담론이 이루어지기 위해서는 담론 과정에서 개인의 욕구를 배제해야 한다고 본다. 　　　　　　　　　(　　　)

(1) O　(2) X

---

30 하버마스의 담론 윤리 21학년도 7월 학평 11번

정답 ① | 정답률 83%

그림의 강연자가 지지할 입장으로 적절하지 않은 것은?
└→ 하버마스

어떤 규범이 타당성을 갖기 위해서는 그 규범에 영향을 받는 사람들이 공정한 담론 절차를 거쳐 자유롭게 동의할 수 있어야 합니다. 서로 다른 의견과 갈등을 극복하기 위한 합리적인 의사소통을 위해서는 첫째, 언어와 행위 능력을 지닌 모든 주체가 담론에 참여할 수 있어야 합니다. 둘째, 어떤 주장이라도 누구나 담론에 부칠 수 있어야 합니다. 그리고 어떤 담론의 참여자도 위의 첫째, 둘째에 명시한 권리를 행사하는 데 방해받아서는 안 됩니다.
　　　　　　　　　　　　　합리적인 의사소통을 위한 조건 ←

① 공론장에서는 타인의 주장에 대한 이의 제기를 제한해야 한다.
　　　　　　　　　　　　　　　　　해서는 안 된다
② 이성적 논의 능력을 지닌 모든 주체는 담론에 참여할 수 있다.
③ 담론 과정에서 참여자는 개인적 욕구를 표현할 수 있어야 한다.
④ 담론 참여자는 자신의 오류 가능성을 전제하고 토론에 임해야 한다.
⑤ 담론을 통해 주관적 견해를 극복하고 합리적으로 합의할 수 있다.

| 자료 분석 |

그림의 강연자는 하버마스이다. 하버마스는 담론 윤리를 제시하면서 어떤 규범의 타당성은 토론 당사자들의 담론을 거쳐 정당화된다고 보았다. 또한 하버마스는 의사소통의 합리성을 통해 모든 이해 당사자들이 합의를 이룰 수 있다고 주장하면서, 담론이 이루어지는 이상적 담화 상황의 조건을 제시하였다.

| 선지 해설 |

① 하버마스는 공적 담론이 이루어지는 공론장에서는 참여자가 모두 평등하고 자유로운 관계에서 담론에 임하며, 누구나 타인의 의견에 이의를 제기할 수 있다고 보았다.

② 하버마스는 이성적 논의 능력을 지닌 모든 주체는 담론에 참여하여 의사소통의 합리성을 발휘할 수 있다고 보았다.

③ 하버마스는 담론 과정에서 참여자가 개인적 욕구를 표현할 수 있다고 보았다.

④ 하버마스는 모든 담론 참여자가 자신의 오류 가능성을 전제하고 열린 자세로 토론에 참여해야 한다고 보았다.

⑤ 하버마스는 담론을 통해 주관적 견해를 극복하고 상호 주관성에 도달함으로써 모든 이해 당사자가 합의할 수 있는 결론을 이끌어 낼 수 있다고 보았다.

31 하버마스의 담론 윤리 21학년도 3월 학평 8번

다음을 주장한 사상가의 입장에서 〈사례〉 속 A에게 제시할 조언으로 가장 적절한 것은?
→ 하버마스
→ 이상적 담화 조건

> 언어 능력과 행위 능력을 지닌 모든 주체는 담론에 참여할 수 있고, 어떤 주장도 문제시할 수 있으며, 모든 주장을 담론에 끌어들일 수 있고, 자신의 희망이나 욕구를 표현할 수 있어야 한다. 어떤 담론 참여자도 이러한 권리를 행사함에 있어 담론의 내부나 외부로부터의 강제에 의해 방해받아서는 안 된다.

〈 사례 〉

> 고등학교 학급 회장 A는 북한 이탈 주민 지원 센터에 후원금을 보낼 것인가에 대한 회의를 진행하고 있다. A는 다양한 의견이 제시되는 상황에서 어떻게 해야 할지 고민하고 있다.

✔ 합리적인 의사소통을 거쳐 합의된 결론을 따르세요.
② 학급 학생들의 바람이나 욕구들은 고려하지 마세요. 하세요
③ 회의가 길어질수록 결론은 불확실해짐을 깨달으세요.
④ 소수보다 다수 학생의 의견이 항상 옳다고 생각하세요.
⑤ 다양한 입장을 균등하게 반영한 주장만을 받아들이세요.

| 자료 분석 |

제시된 주장을 한 사상가는 하버마스이다. 하버마스는 이성을 바탕으로 하여 상호 간의 합리적인 논의를 거쳐 보편적인 합의에 도달할 수 있다는 의사소통의 합리성을 강조한다. 그에 따르면 이러한 의사소통의 합리성은 누구나 평등하게 공론에 참여하고 자유롭게 의견을 제시하며, 진실성을 가지고 자신의 욕구나 바람을 표현할 수 있는 이상적 담화 상황에서 실현될 수 있다.

| 선지 해설 |

① 하버마스는 의사소통의 과정을 중시하며 담론의 당사자들이 의사소통의 합리성을 바탕으로 보편적 합의에 도달할 수 있다고 본다. 그리고 이러한 과정을 통해 합의된 결론은 담론 참가자들의 합리적인 의사소통 과정에 따른 것이므로, 담론의 당사자들은 합의된 결론을 따라야 한다고 본다.

② 하버마스는 언어 능력과 행위 능력을 가진 모든 주체가 담론에 참여할 수 있어야 하며, 누구라도 자신의 생각과 원하는 바를 표현할 수 있어야 한다고 본다. 이러한 이상적 담화 상황의 조건에 따라 담론 참여자는 자신의 바람이나 욕구를 표현할 수 있어야 하고, 다른 참여자들은 이를 존중하고 고려해야 한다.

③ 하버마스는 이상적 담화 상황에서 의사소통의 합리성이 실현되는 과정을 중시하기 때문에 의사소통에 있어 시간제한을 두지 않는다. 오히려 누구나가 어떤 주장에 대해 문제를 제기할 수 있고, 어떤 주장이라도 담론에 부칠 수 있음을 강조했기 때문에 시간에 구애받지 않는 담화 상황을 지지할 것이다.

④ 하버마스는 상호 간의 논증적인 토론 과정을 통해 보편적 합의에 도달하는 의사소통의 합리성을 강조하기 때문에 다수의 의견이 소수의 의견에 비해 항상 옳다고 주장하지 않는다.

⑤ 하버마스가 주장한 담론 윤리는 공정한 의사소통의 과정을 중시하는 것으로, 담론의 결과로 항상 다양한 입장을 균등하게 반영한 주장만을 받아들이는 것은 아니다.

32 민족 통합의 윤리 25학년도 수능 20번

정답 ⑤ | 정답률 83%

다음 대화에서 갑, 을의 입장으로 가장 적절한 것은?

> 통일은 민족 내부의 경직된 이념 대립에서 벗어나 사상과 양심의 자유를 신장합니다. 또한 분단 비용을 해소해 이를 사회적 약자들의 인간다운 삶의 권리 보장과 양극화 완화를 위한 복지 재원으로 전환합니다. 분단 상태에서는 이러한 편익이 불가능하므로 통일은 꼭 실현해야 할 과제입니다.

> 통일은 남북한 경제 통합으로 상호보완적인 시너지 효과를 극대화합니다. 또한 분단 비용을 해소해 이를 한반도 전체의 새로운 성장 동력을 창출하는 재원으로 전환합니다. 다만 이러한 편익이 통일 비용보다 적을 수 있으므로 통일은 꼭 실현해야 할 과제라고 할 수는 없습니다.

기대되는 통일 편익이 크기 때문에 통일을 해야 한다고 보는 입장
갑

→ 기대되는 통일 편익보다 비용이 더 크다면 통일을 하지 않아도 된다는 입장
을

① 갑: 사회경제적 불평등 완화는 통일의 근거에 포함될 수 없다. 있다
② 갑: 통일의 근거는 보편적 권리가 아니라 민족 통합 자체에 있다.
③ 을: 통일 비용이 증가하더라도 통일의 당위성이 약화될 수는 없다. 있다
④ 을: 통일 비용이 남북 경제 통합의 기대 효과를 초과할 가능성은 없다. 있다
✔ 갑과 을: 분단 비용 해소와 통일 편익을 통일의 근거로 고려해야 한다.

| 자료 분석 |

갑은 이념 대립의 완화, 분단 비용의 해소 등을 이유로 통일을 꼭 실현해야 한다고 본다. 을은 통일 편익이 통일 비용에 비해 크지 않을 수 있기 때문에 통일이 반드시 필요하다고 보지 않는다.

| 선지 해설 |

① 갑은 통일로 인해 분단 비용이 해소된다면 사회적 약자들의 삶을 지원하고 양극화를 완화할 수 있다고 본다.

② 갑은 이념 대립의 완화, 사회적 약자의 권리 보장, 양극화 완화 등 통일이 가져오는 다양한 편익을 근거로 통일을 주장한다.

③ 을은 통일 비용이 통일 편익보다 크다면 통일의 당위성은 낮아질 것이라고 본다.

④ 을은 통일 비용이 남북 경제 통합의 기대 효과 즉, 통일 편익보다 많은 상황에 대해 이야기한다.

⑤ 갑과 을은 모두 분단 비용과 통일 비용, 통일 편익을 근거로 통일의 필요성을 고려하고 있다.

26
일차

| 01 ⑤ | 02 ④ | 03 ④ | 04 ③ | 05 ② | 06 ④ | 07 ② | 08 ④ | 09 ① | 10 ③ | 11 ③ | 12 ④ |
| 13 ① | 14 ⑤ | 15 ④ | 16 ③ | 17 ① | 18 ③ | 19 ⑤ | 20 ① | 21 ① | 22 ③ | 23 ⑤ | 24 ⑤ |

문제편 242~247쪽

01 국제 관계에 대한 모겐소와 칸트의 입장 25학년도 9월 모평 18번

정답 ⑤ | 정답률 52%

갑, 을 사상가들의 입장으로 가장 적절한 것은? [3점]

> 갑: 국제 정치는 자국의 국력을 증강하며 타국의 국력을 감소 시
> 모겐소 키려는 계속적인 노력이다. 최대한의 권력을 확보하려는 욕망
> 은 모든 국가에게 보편적이다. → 현실주의
> 을: 국가 간 제약이 없이는 어떤 평화도 정착될 수 없거나 보장
> 칸트 받을 수 없다. 이러한 이유로 인해 특별한 종류의 연맹이 있
> 어야 한다. 그것은 평화 연맹이라고 할 수 있다. → 이상주의

① 갑: 주권보다 상위의 국제적 권위가 분쟁 해결에 필수적이다.
   └→ 주권을 가진 국가 이상의 권위는 없음

② 갑: 모든 국가의 궁극적 목적은 세력 균형의 보편적 실현이다.
                                    자국 이익의

③ 을: 영원한 평화는 국가 간 적대 행위의 중단으로 완성된다.
   └→ 적대 행위의 중단으로 영원한 평화가 완성되지는 않음

④ 을: 평화 연맹 가입국은 국제법의 적용 없이 자유를 보장받아야
   한다.   하에

✓⑤ 갑과 을: 비폭력적 수단을 통해 국가 간 전쟁이 억제될 수 있다.

출제 경향

국제 관계에 대한 입장은 16학년도 이후 한동안 출제되지 않았다가 2015 교육 과정에서 다시 등장하였다. 주로 국제 관계에 대한 이상주의와 현실주의의 입장을 비교하는 경우가 많다. 오랜만에 등장한 내용이라서 익숙하지 않은 학생들이 많을 수는 있지만, 각 입장의 기본적인 내용을 공부해 둔 학생들이라면 크게 어렵지는 않을 것이다.

자료 분석

갑은 모겐소, 을은 칸트이다. 국제 관계에 대해 현실주의 입장인 모겐소는 국가는 이기적 인간들로 구성되어 있고, 세계도 자국의 이익을 추구하는 국가로 구성되어 있다고 본다. 국제 관계에 대해 이상주의 입장인 칸트는 인간이 이성적 존재이듯 국가도 이성적이고 합리적이라고 본다. 따라서 국제 평화를 이루는 데 평화 연맹이 필요하다고 본다.

선지 해설

① 갑(모겐소)은 국제 정치에서 가장 상위의 주권자는 국가이며 그 이상 상위의 권위를 가진 기관은 있을 수 없다고 주장한다.

② 갑(모겐소)은 모든 국가는 자국의 이익 실현을 궁극적 목적으로 가진다고 주장한다.

③ 을(칸트)은 영원한 평화를 위한 확정 조항과 예비 조항을 제시한다. 국가 간 적대 행위의 중단 역시 영원한 평화를 위해 필요한 조치이지만, 그것만으로 영원한 평화가 완성되지 않는다.

④ 을(칸트)은 평화 연맹에 속한 국가들은 국제법의 적용하에서 자유를 보장받아야 한다고 주장한다. 을(칸트)에 따르면 영구 평화를 위한 확정 조항에서 국제법이 자유로운 국가들의 연방 체제에 기초해야 하며, 이는 보편적 우호의 조건에 국한되어야 한다.

⑤ 갑(모겐소)은 국가 간 동맹과 같은 비폭력적 수단을 통해 국가 간 전쟁이 억제될 수 있다고 본다. 을(칸트)은 국제법, 세계 시민법과 같은 비폭력적 수단을 통해 국가 간 전쟁이 억제될 수 있다고 보았다.

02 평화에 대한 갈퉁과 칸트의 입장 25학년도 6월 모평 10번 정답 ④ | 정답률 54%

갑, 을 사상가들의 입장으로 적절한 것만을 〈보기〉에서 있는 대로 고른 것은? [3점]

> 갑: 어떤 종류의 폭력이라도 또 다른 폭력을 낳는다. 직접적 폭력
> 갈퉁 은 구조적 폭력을 형성하고, 문화적 폭력은 이러한 모든 폭력
> 을 합법화시킬 수 있다. 반면, 어떤 종류의 평화라도 또 다른
> 평화를 낳는다.
>
> 을: 평화 상태는 국가 상호 간의 계약 없이는 구축될 수 없고 보
> 칸트 장될 수도 없다. 국제법은 자유로운 국가들의 연방에 기초해
> 야 한다. 국가 간 평등한 관계에 기반을 둔 세계 시민법은 보
> 편적 우호의 조건들에 국한되어야 한다.

〈 보기 〉

> ㄱ. 갑: 평화적이지 않은 수단으로는 결코 평화를 실현할 수 없다.
> ㄴ. 갑: 구조적 착취를 정당화하는 수단으로 활용되는 예술도 있다.
> ㄷ. 을: 강제력을 갖춘 평화 조약은 영구적 평화를 보장할 수 있다. 없다
> ㄹ. 갑과 을: 정치 체제의 개선 없이는 진정한 평화가 보장될 수 없다.

① ㄱ, ㄴ   ② ㄱ, ㄷ   ③ ㄷ, ㄹ
④ ㄱ, ㄴ, ㄹ   ⑤ ㄴ, ㄷ, ㄹ

| 자료 분석 |

갑은 갈퉁, 을은 칸트이다. 갈퉁은 진정한 평화를 이룩하기 위해서는 직접적 폭력은 물론 구조적, 문화적 폭력까지 사라져야 하며 모든 사람이 인간다운 삶을 누릴 수 있도록 해야 한다고 주장한다. 칸트는 전쟁의 폭력성과 적대성에서 벗어나 영구 평화를 이룩해야 한다고 보고, 이를 위해 각 국가의 체제는 공화 정체이어야 하며 모든 국가가 자유로운 국가들 간의 연맹에 참여해야 한다고 주장한다.

| 보기 해설 |

ㄱ 갑(갈퉁)의 입장으로 적절하다. 갑(갈퉁)은 어떠한 경우에도 폭력의 사용은 허용될 수 없고, 평화를 실현하는 과정에서도 평화적인 수단이 사용되어야 한다고 주장한다.

ㄴ 갑(갈퉁)의 입장으로 적절하다. 갑(갈퉁)은 종교와 예술 등의 문화적 폭력은 구조적 폭력과 직접적 폭력을 정당화하는 수단으로 활용될 수 있다고 본다.

ㄷ. 을(칸트)의 입장으로 적절하지 않다. 을(칸트)은 영구적 평화는 평화 조약에 의해서 보장할 수 없다고 보고, 모든 국가가 자유로운 국가들 간의 연맹에 참여해야 한다고 주장한다.

ㄹ 갑(갈퉁)과 을(칸트)의 공통 입장으로 적절하다. 갑(갈퉁)은 구조적 폭력의 주요 형태는 정치와 경제에서 나타나는 억압과 착취라고 보고 정치 체제의 개선 없이는 진정한 평화가 보장될 수 없다고 본다. 을(칸트)은 영구 평화를 위해서는 모든 국가의 시민적 정치 체제가 공화 정체이어야 한다고 주장한다.

03 국제 관계에 대한 칸트와 모겐소의 입장 24학년도 수능 16번 정답 ④ | 정답률 72%

갑, 을 사상가들의 입장으로 옳지 않은 것은?

> 갑: 국제 사회에서 평화 실현은 도덕적 의무이다. 국가는 세계 시민 ┌ 환대권
> 칸트 법에 따라 외국 방문객이 평화적으로 처신하는 한 적대적으로
> 대하면 안 된다. 세계 시민법의 이념은 공적인 인권과 영원한 평
> 화를 위해 필요하다.
>
> 을: 국제 정치에서 평화 유지는 세력 균형을 통해 가능하다. 모든 정
> 모겐소 치가 그러하듯 국제 정치도 권력을 얻기 위한 투쟁이다. 따라서
> 국제 정치의 본질상 평화 상태에서도 폭력 사용의 가능성은 항
> 상 존재한다.

① 갑: 국가는 모든 외국인에 대해 호의적으로 대할 필요는 없다.
② 갑: 국가 간 신뢰를 불가능하게 하는 적대 행위를 해서는 안 된다.
  └ 암살자나 독살자 고용. 항복 조약 파기 등
③ 을: 국제 정치에서 개별 국가들의 권력욕은 갈등의 원인이다.
④ 을: 국제법에 근거한 세력 균형이 유일한 평화 유지 수단이다.
⑤ 갑과 을: 국제 연맹은 독립된 국가처럼 주권을 행사할 수 없다.
  └ 갑, 을 : 주권은 개별 국가에게만 있음

| 자료 분석 |

갑은 칸트, 을은 모겐소이다. 칸트는 영구 평화를 위해 모든 국가의 시민적 정치 체제는 공화 정체이어야 하고, 모든 국가가 자유로운 국가들 간의 연맹에 참여해야 하며, 평화를 실현하기 위해 환대권을 존중해야 한다고 보았다. 모겐소는 국제 정치가 이해관계로 이루어진 세력들 간의 대립이라고 보고, 세력들 간의 균형을 통해서 국가 간 평화가 이루어질 수 있다고 주장하였다.

| 선기 해설 |

① 칸트가 주장한 환대권은 '평화적으로 행동하는 한'이라는 조건을 전제로 하기 때문에 국가가 모든 외국인에 대해 호의적으로 대해야 하는 것은 아니다.

② 칸트는 영구 평화를 위한 예비 조항에서 국가 간 신뢰를 불가능하게 만들 수 있는 적대 행위를 해서는 안 된다고 주장하였다.

③ 모겐소에 따르면 인간은 권력을 추구하는 본능을 가지고 있으며, 국내 정치와 마찬가지로 국제 정치 또한 권력을 얻기 위한 투쟁이므로 이러한 권력욕이 갈등의 원인이 된다.

④ 모겐소는 국가 간의 평화 상태 유지가 국제법이나 국제도덕이 아니라 세력 균형에 의해 가능하다고 보았다.

⑤ 칸트는 영구 평화를 위해 모든 국가가 자유로운 국가들 간의 연맹에 참여해야 함을 주장했지만, 주권은 개별 국가에게 있으며 국제 연맹은 독립된 국가처럼 주권을 행사할 수 없다고 보았다. 모겐소는 주권을 가진 개별 국가보다 더 상위에 있는 권위체는 없다고 주장하였다.

갑, 을 사상가들의 입장으로 적절한 것만을 〈보기〉에서 고른 것은? [3점]

> 갑: 이기적 본성을 지닌 인간처럼 국가도 권력의 극대화를 추구한
> 모겐소 다. 국제 정치에서 세력 균형은 주권 국가로 구성된 국제 사회
> 의 중요한 안정 요소이다.
> 을: 국제 정치에서 국가들은 서로를 하나의 인격체로 대하고, 무
> 칸트 력과 기만을 근절해 평화를 예비해야 한다. 세계 시민법은 영
> 원한 평화의 실현을 위해 필수 불가결한 것이다.

〈 보기 〉

ㄱ. 갑: 파괴된 세력 균형을 복원하는 방법은 전쟁뿐이다.
　　→ 전쟁 외에 다른 방법도 가능
ㄴ. 갑: 국내 정치와 같이 국제 정치도 그 본질은 권력 투쟁이다.
ㄷ. 을: 국가들의 자유 보장이라는 연맹의 이념이 확산되어야 한다.
ㄹ. 갑과 을: 평화 실현을 위해서는 국가 간 협력이 유일한 방도이다.

① ㄱ, ㄴ　② ㄱ, ㄷ　✔③ ㄴ, ㄷ　④ ㄴ, ㄹ　⑤ ㄷ, ㄹ

| 자료 분석 |

갑은 모겐소, 을은 칸트이다. 국제 관계에 대해 현실주의 입장인 모겐소는 국가는 이기적 인간들로 구성되어 있고, 세계도 자국의 이익을 추구하는 국가로 구성되어 있다고 본다. 따라서 평화는 힘의 논리에 의한 세력 균형을 통해 이루어질 수 있다고 본다. 국제 관계에 대해 이상주의 입장인 칸트는 인간이 이성적 존재이듯 국가도 이성적이고 합리적이라고 본다. 따라서 평화는 국가 간의 이성적 대화와 협력, 연맹과 세계 시민법을 통해 이루어질 수 있다고 본다.

| 선지 해설 |

ㄱ. 모겐소는 자국에 이익이 될 수 있다면 전쟁 이외의 다른 방법을 통해서도 파괴된 세력 균형을 복원할 수 있다고 본다.

Ⓛ 모겐소는 국내 정치가 이기적 인간들의 권력 투쟁으로 이루어지듯 국제 정치의 본질도 동일하다고 본다. 국가가 힘과 권력을 추구하는 인간들에 의해 운영되기 때문에 세계도 그러한 욕망으로 가득 찬 국가들에 의해 운영된다고 본다.

Ⓒ 칸트는 모든 국가가 평화를 유지하기 위해 자유로운 국가들 간의 연맹에 참여할 것을 강조한다. 이를 통해 연맹에 참여한 국가의 국민들이 자유와 평화를 보장받을 수 있다고 본다.

ㄹ. 모겐소는 힘의 논리에 의한 세력 균형을 통해 전쟁을 예방 또는 억지할 수 있다고 본다. 칸트는 영구 평화를 위해 모든 국가가 공화 정체여야 하고, 국제법은 자유로운 국가들의 연방 체제에 기초해야 한다고 본다.

갑, 을 사상가들의 입장으로 적절한 것만을 〈보기〉에서 고른 것은? [3점]

> 갑: 본래 이기적인 인간과 마찬가지로 국가도 권력의 극대화를 추
> 모겐소 구한다. 권력을 얻기 위한 투쟁이 국제 정치의 본질이다. 힘을
> 통해 힘을 견제하는 세력 균형이 전쟁을 억지한다. → 현실주의
> 을: 인간의 이성은 어떠한 전쟁도 있어서는 안 된다고 명령한다.
> 칸트 영원한 평화를 위해서는 모든 국가가 공화제를 향해 노력해야
> 만 하며, 국가들의 평화 연맹이 필요하다. └→ 이상주의

〈 보기 〉

ㄱ. 갑: 경쟁 국가의 행동의 경향성을 예측하는 것은 가능하다.
ㄴ. 갑: 국가 간 동맹 없이는 국가 간 세력 균형은 불가능하다.
　　→ 모겐소는 군비 경쟁이나 군사 동맹과 같은 방법으로 국가 간 세력
　　　균형이 가능하다고 봄.
ㄷ. 을: 평화 연맹의 수립 과정에서 국가 간 합병은 배제된다.
ㄹ. 갑과 을: 전쟁은 국제 평화를 실현하기 위한 최후의 정치적 행
　　위로서 정당화된다.

① ㄱ, ㄴ　✔② ㄱ, ㄷ　③ ㄴ, ㄷ　④ ㄴ, ㄹ　⑤ ㄷ, ㄹ

| 자료 분석 |

갑은 모겐소, 을은 칸트이다. 갑은 국제 관계에 있어 현실주의의 입장으로 국제 관계를 권력, 국익, 평화를 위한 국가 간의 권력 투쟁 관계로 본다. 국제 분쟁은 국가가 자국의 이익 증진만을 추구하여 각국의 이해관계가 충돌함으로써 발생하는 것이기 때문에, 국제 분쟁을 억지하기 위해서는 국가 간 동맹을 통한 세력 균형이 필요하다고 본다. 반면, 을은 국제 관계에 있어 이상주의의 입장으로 전쟁의 폭력성과 적대성이라는 악순환에서 벗어나 평화를 유지할 수 있는 대책을 제시한다. 그 방법으로 자유로운 국가들 간의 연맹을 통한 영구 평화론을 주장한다.

| 보기 해설 |

Ⓖ 갑(모겐소)은 국가가 이기적인 인간들로 구성되어 있고, 세계도 자국의 이익을 추구하는 국가로 형성되어 있다는 사실을 알면 경쟁 국가의 행동의 경향성을 예측할 수 있다고 본다. 즉, 권력과 힘의 논리로 움직이는 국제 관계를 파악한다면 경쟁 국가의 행동을 예측하는 것은 가능하다고 본다.

ㄴ. 갑(모겐소)은 국가 간 동맹을 통한 세력 균형이 필요하다고 본다. 하지만, 국가 간 동맹 외에 분할 통치, 보상, 군비 경쟁 등의 방법으로도 세력 균형이 이루어질 수 있다고 본다.

Ⓒ 을(칸트)은 평화 연맹의 수립 과정에서 국가 간 합병을 배제한다. 을(칸트)은 『영구 평화론』에서 개별 국가들의 독립성을 유지하면서도 항구적인 국제 평화를 담보할 수 있는 것은 자유로운 국가들 간의 연맹이라고 주장한다.

ㄹ. 을(칸트)은 자국의 방어를 위한 무력 훈련과 방어 전쟁을 예외적으로 허용하지만, 기본적으로 전쟁은 이성이 명령하는 바가 아니며 전쟁이 초래하는 악순환에서 벗어나야 함을 강조한다.

06 국제 관계에 대한 현실주의와 이상주의 23학년도 6월 모평 20번

정답 ④ | 정답률 73%

(가)의 입장에 비해 (나)의 입장이 갖는 상대적 특징을 그림의 ㉠~㉤ 중에서 고른 것은? [3점]

타국은 자국의 잠재적 위험이라고 봄 •┐

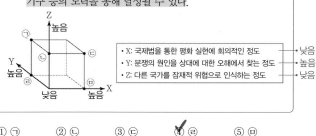

(가) 현실 주의	오직 국익에 도움이 되는지 여부를 기준으로 국가의 대외 정책의 좋고 나쁨이 결정된다. 힘의 논리를 바탕으로 한 국익 추구로 인하여 국제 분쟁이 발생하며, 평화는 힘의 균형을 통해 전쟁을 예방 또는 억지함으로써 달성될 수 있다.
(나) 이상 주의	국제 사회의 부정의는 국가들의 행동을 규제하는 국제기구나 국제적 규범을 통해 해결할 수 있다. 국제법은 국제 사회에서 매우 중요하며, 평화는 국가 간의 이성적 대화와 협력, 국제 기구 등의 노력을 통해 달성될 수 있다.

- X: 국제법을 통한 평화 실현에 회의적인 정도 ── 낮음
- Y: 분쟁의 원인을 상대에 대한 오해에서 찾는 정도 ── 높음
- Z: 다른 국가를 잠재적 위협으로 인식하는 정도 ── 낮음

① ㉠   ② ㉡   ③ ㉢   ✔④ ㉣   ⑤ ㉤

| 자료 분석 |

국제 관계를 바라보는 관점에 있어 (가)는 현실주의, (나)는 이상주의에 해당한다. (가)는 국가의 목표가 국가의 이익 추구와 생존이라고 인식하고 타국은 자국에 있어서 잠재적인 위협 요소이므로, 평화는 힘의 논리에 의한 세력 균형을 통해 전쟁을 예방하거나 억지함으로써 실현할 수 있다고 주장한다. (나)는 인간이 이성적 존재이듯 국가도 이성적이고 합리적인 존재라고 인식하고 평화는 국가 간의 이성적인 대화와 협력을 바탕으로 도덕, 법률, 제도 등을 통해 실현할 수 있다고 주장한다. 또한 국가 간의 분쟁이 인간의 본성이 아니라 상대방에 대한 무지나 오해, 잘못된 제도에서 유발되는 것이라고 본다. 따라서 (가)의 입장에 비해 (나)의 입장이 갖는 상대적 특징은 'X: 국제법을 통한 평화 실현에 회의적인 정도'는 낮고, 'Y: 분쟁의 원인을 상대에 대한 오해에서 찾는 정도'는 높으며, 'Z: 다른 국가를 잠재적 위협으로 인식하는 정도'는 낮으므로 ㉣에 해당한다.

| 선지 해설 |

① X: 낮음, Y: 높음, Z: 높음

② X: 낮음, Y: 낮음, Z: 높음

③ X: 높음, Y: 낮음, Z: 높음

④ X: 낮음, Y: 높음, Z: 낮음

⑤ X: 높음, Y: 낮음, Z: 낮음

07 평화에 대한 칸트와 갈퉁의 입장 23학년도 9월 모평 16번

정답 ② | 정답률 63%

갑, 을 사상가들의 입장으로 적절한 것만을 〈보기〉에서 고른 것은? [3점]

┌──→ 영구 평화를 위한 예비 조항
갑: 칸트	영구 평화를 위해 상비군은 점차 완전히 폐지되어야 한다. 그러나 조국을 외부의 침략으로부터 방어하기 위한 시민들의 자발적이고 정기적인 무장 훈련은 사정이 다르다.
을: 갈퉁	전쟁과 같은 직접적 폭력 외에도 간접적 폭력이 존재한다. 각각의 폭력은 상호 작용하며 서로 영향을 미친다. 이러한 다양한 폭력을 제거해야 진정한 평화가 달성될 수 있다.

└→ 직접적 폭력과 문화적·구조적 폭력의
제거 → 적극적 평화 달성

─〈 보기 〉─
ㄱ. 갑: 평화 연맹은 모든 전쟁의 영구적 종식을 목표로 한다.
ㄴ. 갑: 세계 시민법은 인권 보장이 아닌 영구 평화를 위한 것이다.
   과 함께
ㄷ. 을: 문화적 폭력은 구조적 폭력을 올바른 것으로 보이게 한다.
ㄹ. 갑과 을: 폭력의 사용은 어떠한 경우에도 허용될 수 없다.
   → 갑(칸트)은 외부 침략으로부터 방어하기 위한 전쟁을 허용함

① ㄱ, ㄴ   ✔② ㄱ, ㄷ   ③ ㄴ, ㄷ   ④ ㄴ, ㄹ   ⑤ ㄷ, ㄹ

| 자료 분석 |

갑은 칸트, 을은 갈퉁이다. 칸트는 전쟁의 폭력성의 악순환에서 벗어나 평화를 유지하기 위해서는 국가 간 신뢰를 정착시키는 것이 중요하다고 주장한다. 이에 칸트는 영구 평화를 이루기 위해 필요한 사항들을 확정 조항과 예비 조항으로 제시한다. 갈퉁은 평화를 위해서는 직접적 폭력은 물론이고, 구조적 폭력과 함께 직접적 폭력과 구조적 폭력을 정당화하는 데 사용되는 문화적 폭력까지 제거될 때 진정한 평화인 적극적 평화가 실현될 수 있다고 본다.

| 보기 해설 |

ㄱ. 갑(칸트)은 자유로운 국가들 간의 연맹을 통해 전쟁의 종식과 영구 평화를 추구한다. 그리고 그 방법 중 하나로 국가 간 평화 연맹을 강조한다. 이에 따르면 연맹에 참여한 국가의 국민들은 자유와 평화를 보장받게 되고, 평화를 요구하는 시민들에 의해 국가 지도자가 쉽게 전쟁을 일으킬 수 없게 될 것이라고 본다.

ㄴ. 갑(칸트)은 영구 평화의 실현을 위해 필요한 세계 시민법은 이방인이 적대적 행위를 하지 않는 이상 환대받아야 한다는 환대권을 보장하는 등 인권 보장을 위한 것이라고 본다.

ㄷ. 을(갈퉁)은 문화적 폭력이 직접적 폭력과 구조적 폭력이 마치 올바른 것처럼 보이도록 정당화하는 기능을 한다고 주장한다. 따라서 진정한 평화를 위해서는 직접적 폭력과 구조적 폭력뿐만 아니라 문화적 폭력도 제거되어야 한다고 주장한다.

ㄹ. 을(갈퉁)에게만 해당하는 입장이다. 을(갈퉁)은 어떠한 경우에도 폭력의 사용은 허용될 수 없고, 평화를 실현하는 과정에서도 평화적인 수단이 사용되어야 한다고 주장한다. 반면, 갑(칸트)은 외부의 침략으로부터 국가를 방어하기 위한 전쟁이나 정기적인 무장 훈련은 허용될 수 있다고 주장한다.

다음을 주장한 사상가의 입장으로 가장 적절한 것은? [3점]

└ 칸트　　　　　→ 각 국가의 정치 체제의 개선을 요구

> 국가들 사이의 영원한 평화를 위한 확정 조항은 다음과 같다. 첫째, 모든 국가의 시민적 정치 체제는 공화 정체여야 한다. 모든 입법은 근원적 계약의 이념에서 나오는 공화 정체에 기초해야만 한다. 둘째, 국제법은 자유로운 국가들의 연방 체제에 기초해야 한다. 국가들은 국제법의 이념에 따라 움직이지 않기에 전쟁을 방지하기 위하여 지속적인 연맹이 필요하다. 셋째, 세계 시민법은 보편적 우호의 조건들에 국한되어야 한다. 여기서 우호란 외국인이 타국의 영토에 도착했다고 해서 적대적으로 취급받지 않을 권리를 의미한다.
> └ 세계 시민법이 각국의 주권을 침해해서는 안 됨
>
> 평화 조약이 아닌 평화 연맹을 이룰 것을 강조 →

① 국제 관계에서는 국가가 유일한 행위자로 간주된다.

② 국제 연맹은 국가와 같은 주권적 권력으로 기능해야 한다.
　　　　　　　　　　　　　　　하지 않는다

③ 평화 조약을 통해 모든 전쟁들을 영원히 종식시킬 수 있다.
　　연맹

✔ 국가 간 분쟁의 해소가 영원한 평화 실현의 충분조건은 아니다.

⑤ 정치 체제의 개선이 평화의 실현을 위한 전제 조건은 아니다.
　　　　　　　　　　　　　　　　　　　　이다

출제 경향

칸트의 영구 평화론은 단독으로 출제되는 경우도 있지만, 종종 갈퉁의 평화론과 비교하는 방식으로 출제되기도 한다. 또한 칸트의 사상은 국제 관계에 대한 이상주의의 관점으로 제시되기도 하니, 현실주의의 관점과 대비되는 특징을 공부해 두어야 한다.

자료 분석

제시된 주장을 한 사상가는 영구 평화론을 주장한 칸트이다. 칸트는 국가들 간의 적대 행위의 중단만으로는 세계 평화를 보증할 수 없다고 보았다. 그는 평화 상태가 정초되어 국가 간 영구 평화를 이루기 위해서는 모든 국가의 정체가 공화 정체여야 하고, 국제법은 자유로운 국가들의 연방 체제에 기초해야 하며, 외국인이 타국의 영토에 도착했을 때 적대적으로 취급받지 않아야 한다는 확정 조항을 제시하였다.

선지 해설

① 칸트는 국제 관계에서 국가만이 아니라 평화 연맹도 행위자가 될 수 있다고 보았다.

② 칸트는 국가가 어느 누구에 의해서도 명령이나 지배를 받지 않는 도덕적 인격체로서의 지위를 지닌다고 보고, 국가만이 유일한 주권적 권력을 행사할 수 있다고 보았다. 따라서 국제 연맹이라고 해도 국가와 같은 주권적 권력을 행사할 수 없다.

③ 칸트는 평화 조약이 일시적인 것이어서 모든 전쟁을 종식시킬 수 없다고 보고, 평화 연맹에 기초해서만 영구 평화를 이룰 수 있다고 보았다.

④ 칸트는 영구 평화를 이루기 위해서는 국가 간 분쟁의 해소에서 멈추는 것이 아니라 평화 연맹에 기초한 세계 시민법의 제정이 필요하다고 보았다. 즉, 국가 간 분쟁의 해소는 영원한 평화를 실현하기 위한 필요조건이지 충분조건이 아니다.

⑤ 칸트는 영구 평화를 위해 모든 국가의 정체가 공화 정체를 이루어야 한다고 보았다. 따라서 공화 정체로의 정치 체제의 개선은 평화 실현을 위한 전제 조건이 된다.

갑, 을 사상가들의 입장으로 적절한 것만을 〈보기〉에서 있는 대로 고른 것은? [3점]

> 갑: 영구 평화를 위해 세계 시민법은 보편적 우호의 조건들에 국한되어야 한다. 세계 시민법의 논의는 박애가 아니라 권리에 관한 것이다. 우호란 한 이방인이 낯선 땅에 도착했을 때 적으로 간주되지 않을 권리를 뜻한다.
> 칸트
>
> 을: 국제 정치는 권력을 얻기 위한 투쟁이다. 국제 정치의 궁극적 목표가 무엇이든 간에 권력이 항상 일차적 목표이다. 국제 사회에서 정치적 정책은 권력을 유지하거나 확장하거나 과시하기 위한 목적으로 추진된다.
> 모겐소

〈 보기 〉

ㄱ. 갑: 우호의 권리는 조건부로 보장받을 수 있는 권리이다.

ㄴ. 을: 자국의 이익 증진을 위해 국가 간의 동맹이 수립된다.

ㄷ. 을: 주권 국가보다 상위의 권위를 가진 기관이 있을 수 있다.
　　　　　　　　　　　　　　　　　　　　　　　　　없다

ㄹ. 갑과 을: 국제 정치의 영역은 도덕 법칙의 지배를 받는다.
　　└ 갑만의 입장

✔ ㄱ, ㄴ　　② ㄱ, ㄷ　　③ ㄷ, ㄹ

④ ㄱ, ㄴ, ㄹ　　⑤ ㄴ, ㄷ, ㄹ

자료 분석

갑은 칸트, 을은 모겐소이다. 칸트는 국제 관계에 대해 이상주의 입장을 보이며 영구 평화를 위한 확정 조항 중 하나로 우호의 조건을 제시한다. 우호의 조건이란 어떤 이방인이 다른 나라의 영토에 도착했을 때 이 사람이 평화적으로 행동하는 한 적대적으로 대우받지 않을 권리를 의미한다. 모겐소는 국제 관계에 대해 현실주의 입장을 보이며 국제 정치에서 가장 상위의 주권자는 국가이며, 국제 정치의 본질은 각국이 자국의 이익을 얻기 위해 행하는 권력 투쟁에 있다고 본다. 또한 인간의 본성과 국가의 본성은 본래 이기적이므로, 국제 관계는 힘의 논리에 의해 작동된다고 주장한다.

보기 해설

ㄱ. 갑(칸트)에 따르면 우호의 권리는 다른 나라의 영토에 도착한 이방인이 평화적으로 행동하는 한 보장받을 수 있다.

ㄴ. 을(모겐소)은 국제 정치의 본질은 각국이 자국의 이익을 얻기 위해 행하는 권력 투쟁에 있다고 본다. 을(모겐소)에 따르면 각 국가는 자국의 이익을 우선시하여 국가 간 동맹을 수립한다.

ㄷ. 을(모겐소)은 국제 관계에 대해 현실주의 입장을 보이며 국제 정치에서 가장 상위의 주권자는 국가이며 그 이상 상위의 권위를 가진 기관은 있을 수 없다고 주장한다.

ㄹ. 갑(칸트)과 을(모겐소)의 공통적인 입장으로 적절하지 않다. 갑(칸트)은 국가를 이성을 지닌 존재로 바라보기 때문에 국제 정치 역시 이성을 지닌 인간들에게 적용되는 도덕 법칙의 지배를 받는다고 볼 수 있다. 반면 을(모겐소)은 국제 정치의 영역은 힘의 논리에 의해 작동된다고 주장한다.

10 평화에 대한 갈퉁과 칸트의 입장 24학년도 5월 학평 2번

정답 ③ | 정답률 81%

갑, 을 사상가들의 입장으로 가장 적절한 것은? [3점]

> 갑: 폭력은 주로 문화적 폭력으로부터 구조적 폭력을 경유하여
> 갈퉁 직접적 폭력으로 번진다. 진정한 평화는 직접적 폭력뿐만 아
> 니라 구조적·문화적 폭력의 부재를 지향할 때에만 가능하다.
> 을: 국가 간의 제약이 없이는 어떠한 평화도 정착될 수 없다. 영
> 칸트 원한 평화를 위해서는 특별한 종류의 연맹이 있어야 한다. 그
> 것은 바로 평화 연맹이며, 이는 평화 조약과 구별된다.
>   칸트는 영원한 평화를 실현해야 한다고 봄 ◀

① 갑: 구조적 폭력은 항상 문화적 폭력에서 비롯된다.
  → 직접적 폭력, 구조적 폭력, 문화적 폭력은 상호 영향을 주고받음
② 갑: 비의도적 폭력은 평화 실현을 방해하지 않는다.
                      방해한다
✓③ 을: 평화 연맹은 모든 전쟁의 영원한 종식을 추구한다.
④ 을: 영원한 평화는 국가 간 평화 조약 체결만으로 실현된다.
  → 을(칸트)은 평화 조약이 아닌 평화 연맹을 주장하며, 평화 연맹의
     체결도 영원한 평화를 위한 여러 조항 중 하나임
⑤ 갑과 을: 물리적 폭력의 소멸은 진정한 평화의 실현을 보장한다.
  → 갑(갈퉁)의 입장에서는 물리적 폭력의 소멸만으로는 진정한 평화가
     실현되지 않음

| 자료 분석 |

갑은 갈퉁, 을은 칸트이다. 갈퉁은 진정한 평화를 이룩하기 위해서는 직접적 폭력은 물론 구조적, 문화적 폭력까지 사라져야 하며 모든 사람이 인간다운 삶을 누릴 수 있도록 해야 한다고 주장한다. 칸트는 전쟁의 폭력성과 적대성에서 벗어나 영구 평화를 이룩해야 한다고 보고, 이를 위해 각 국가의 체제는 공화 정체이어야 하며 모든 국가가 자유로운 국가들 간의 평화 연맹에 참여해야 한다고 주장한다.

| 선지 해설 |

① 갑(갈퉁)은 직접적 폭력과 구조적 폭력, 문화적 폭력이 폭력의 삼각형으로 상호 영향을 주고받으며 일어난다고 주장한다.

② 갑(갈퉁)은 구조적·문화적 폭력이 반드시 의도된 것은 아니며, 사회 구조 자체와 그 이면에서 일어난다고 본다. 그리고 그러한 비의도적인 폭력 역시 평화 실현을 위해 사라져야 한다고 주장한다.

③ 을(칸트)은 자유로운 국가들 간의 연맹을 통해 모든 전쟁의 종식과 영구 평화를 추구한다. 그리고 그 방법 중 하나로 국가 간 평화 연맹을 강조한다. 그에 따르면 연맹에 참여한 국가의 국민들은 자유와 평화를 보장받게 되고, 평화를 요구하는 시민들에 의해 국가 지도자가 쉽게 전쟁을 일으킬 수 없게 될 것이라고 본다.

④ 을(칸트)은 평화 조약이 일시적인 것이어서 모든 전쟁을 종식시킬 수 없다고 보고, 평화 연맹에 기초해서만 영구 평화를 이룰 수 있다고 본다.

⑤ 을(칸트)은 물리적 폭력, 즉 모든 전쟁의 종식이 평화의 실현이라고 본다. 반면 갑(갈퉁)은 물리적 폭력인 전쟁이 종식된 후에도 사회 구조 자체에서 발생하는 구조적·문화적 폭력과 같은 간접적 폭력이 발생할 수 있다고 본다. 따라서 간접적 폭력까지 제거되어야 진정한 평화가 보장된다고 주장한다.

11 국제 관계에 대한 현실주의와 이상주의 24학년도 5월 학평 12번

정답 ③ | 정답률 85%

(가), (나)의 입장으로 적절한 것만을 〈보기〉에서 고른 것은?

> 국제 분쟁은 국가 간 이성을 바탕으로 ▶
> 제도적 해결이 가능함
> (가) 인간이 본성적으로 이성적인 것처럼 국가도 이성적이다. 하지
> 이상 만 잘못된 제도 등으로 인해 국제 분쟁이 발생한다. 이를 해결
> 주의 하려면 국제법이나 국제 규범을 통한 제도 개선이 필요하다.
> (나) 인간이 본성적으로 이기적인 것처럼 국가도 이기적이다. 힘
> 현실 의 논리에 따르는 국가 간 권력 투쟁으로 인해 국제 분쟁이
> 주의 발생한다. 이를 해결하려면 국가 간 세력 균형이 필요하다.
>   국제 분쟁은 힘의 논리로 ◀
>   해결이 가능함

〈 보기 〉

ㄱ. (가): 국제 분쟁의 해결 주체는 개별 국가에 한정되어야 한다.
  → 개인, 국제기구, 비정부 기구 등 다양한 주체
ㄴ. (나): 다른 국가는 자국의 이익을 위협하는 잠재적 요소이다.
ㄷ. (가)와 (나): 국제 분쟁을 억지하기 위한 해결 방안은 존재한다.
ㄹ. (가)와 (나): 국제 분쟁은 제도적 결함보다 인간의 본성에서
  유래한다. → 현실주의만의 입장

① ㄱ, ㄴ   ② ㄱ, ㄷ   ✓③ ㄴ, ㄷ   ④ ㄴ, ㄹ   ⑤ ㄷ, ㄹ

| 자료 분석 |

국제 관계를 바라보는 관점에 있어 (가)는 이상주의, (나)는 현실주의에 해당한다. 이상주의에 따르면 인간이 이성적 존재인 것처럼 국가도 이성적으로 행동하는 경향이 있으며, 이성을 바탕으로 하여 국가 간의 상호 협력이 가능하다. 반면 현실주의에 따르면 인간의 본성이 이기적인 것처럼 국가 역시 국제 관계에서 자국의 이익 극대화를 우선적으로 추구하기 때문에 국제 분쟁이 발생한다.

| 보기 해설 |

ㄱ. 이상주의에 해당하는 (가)의 입장으로 적절하지 않다. 이상주의에서는 국가뿐만 아니라 개인, 국제기구, 비정부 기구 등 다양한 주체가 국제 관계의 행위자가 될 수 있음을 주장한다.

ㄴ. 현실주의에 해당하는 (나)의 입장으로 적절하다. 현실주의에 따르면 국제관계는 각국을 통제할 권위가 부재한 무정부적 상태이기 때문에 국가의 목표를 자국의 이익과 생존으로 삼는다.

ㄷ. 이상주의에 해당하는 (가)와 현실주의에 해당하는 (나)의 공통 입장으로 적절하다. 이상주의에 따르면 국제법이나 국제기구를 통해 평화를 유지하거나 합리적인 대화와 협력을 통해 국제 분쟁을 해결할 수 있다. 현실주의에 따르면 힘의 논리에 의한 세력 균형을 통해서 분쟁이나 전쟁을 억지할 수 있다.

ㄹ. 이상주의에 해당하는 (가)와 현실주의에 해당하는 (나)의 공통 입장으로 적절하지 않다. 현실주의에 따르면 인간의 이기적 본성이 국가의 성격에도 영향을 미쳐 국제 분쟁으로도 이어진다. 그러나 이상주의에 따르면 인간의 본성은 이성적이기 때문에 제도적 결함이 국제 분쟁의 원인이 된다.

12 | 평화에 대한 칸트의 입장 24학년도 3월 학평 3번

정답 ④ | 정답률 54%

다음을 주장한 <u>사상가</u>의 입장으로 가장 적절한 것은? [3점]
└→칸트

> 국가는 국가 자신을 제외하고는 어느 누구에 의해서도 명령이나 지배를 받지 않는다. 한 국가를 다른 국가에 병합시킨다면, 그것은 도덕적 인격체로서의 국가의 지위를 파괴하는 것이며 국가를 물건으로 간주하는 것이다. 평화 연맹은 국가의 권력에 대한 어떤 지배를 목표로 하지 않는다. 이 연맹은 국가 자체의 자유를 지속시키고 보호하며, 별다른 이유가 없는 한 다른 국가들의 자유를 보호하고 지속시킬 뿐이다. → 국가도 인간과 마찬가지로 이성을 지닌 존재

① 모든 국가는 이방인에 대한 환대권을 ~~무조건~~ 보장해야 한다.
② 국가 간 평화 ~~조약~~으로 국제 사회의 영원한 평화가 보장된다.
　　　　　연맹
③ 영구 평화 실현을 위해서는 ~~어떠한~~ 전쟁도 허용되면 안 된다.
　　→ 외부의 침략으로부터 국가를 방어하기 위한 전쟁은 허용
✔④ 국가 간 평화 보장을 위해서는 법적 근거가 마련되어야 한다.
⑤ 국가의 주권은 평화를 지향하는 국제 연맹에 ~~양도~~되어야 한다.

| 자료 분석 |

제시문의 사상가는 칸트이다. 칸트는 모든 국가의 정치 체제는 공화 정체이어야 하고, 모든 국가가 평화를 유지하기 위해 자유로운 국가들 간의 연맹에 참여해야 한다고 주장한다.

| 선지 해설 |

① 칸트는 어떤 이방인이 다른 나라의 영토에 도착했을 때, 평화적으로 행동하는 한 적대적으로 대우받지 않을 권리를 의미하는 환대권을 주장한다. 그러나 칸트는 이방인이 적대적으로 행동한다면 이방인을 적대적으로 대우할 수 있다고 본다.

② 칸트는 평화 조약만으로는 그때그때의 싸움을 멈출 수는 있으나 전쟁 상태가 종식되지는 않는다고 보았다. 따라서 영원한 평화를 이루기 위해서는 평화 연맹을 이루어야 한다고 본다.

③ 칸트는 외부의 침략으로부터 국가를 방어하기 위한 전쟁은 허용될 수 있다고 주장한다.

④ 칸트는 영구 평화를 위한 확정 조항에서 국제법과 세계 시민법이 적용됨을 강조하며, 국제법은 자유로운 국가들의 연방 체제에 기초해야 하며, 세계 시민법은 보편적 우호의 조건들에 국한되어야 한다고 본다.

⑤ 칸트는 독립된 주권을 가진 국가들의 자유로운 연맹을 통해 평화를 실현할 수 있다고 주장했다.

---

13 | 평화에 대한 갈퉁과 칸트의 입장 23학년도 10월 학평 14번

정답 ① | 정답률 66%

갑, 을 사상가들의 입장으로 가장 적절한 것은? [3점]

> 갑: 직접적 폭력, 구조적 폭력, 문화적 폭력에 대한 진단, 예측, 처방이 필요하다. 진정한 평화는 직접적 폭력뿐만 아니라 구조적 폭력, 문화적 폭력이 모두 사라져야 실현된다.
> 갈퉁
> 을: 이성이 전쟁을 탄핵하고 평화 상태를 의무로 부과해도 국가 간의 계약 없이는 영원한 평화가 보장될 수 없다. 모든 전쟁을 영원히 종식시키는 평화 연맹이 필요하다.
> 칸트

✔① 갑: 문화적 폭력으로 인해 비의도적 차별이 정당화될 수 있다.
② 갑: 평화적 수단과 과정으로는 진정한 평화를 실현할 수 ~~없다~~.
　　　　　　　　　　　　　　　　　　　있다
③ 을: 평화를 위해 국가 간 ~~계약을 주도할 세계 정부~~가 필요하다.
　　　　　　　　　　　　　평화 연맹이 필요
④ 을: 국가 간 적대 행위의 중단은 영원한 평화 상태를 ~~보증~~한다.
　　└→ 일시적 현상. 영구 평화를 보증하지 않음
⑤ 갑과 을: 국가 정치 체제는 평화 실현에 영향을 주지 ~~않는다~~.

| 자료 분석 |

갑은 갈퉁, 을은 칸트이다. 갈퉁은 진정한 평화가 실현되기 위해서는 직접적 폭력뿐만 아니라 구조적 폭력, 문화적 폭력까지 사라져야 한다고 본다. 칸트는 모든 국가가 평화를 유지하기 위해서는 자유로운 국가들 간의 평화 연맹에 참여할 것을 주장한다. 칸트는 연맹에 참여한 국가들은 평화를 요구하는 국민들에 의해 쉽게 전쟁을 일으킬 수 없게 된다고 본다.

| 선지 해설 |

① 갈퉁은 문화적 폭력은 직접적 폭력뿐만 아니라 비의도적 차별과 같은 구조적 폭력을 정당화할 수 있다고 본다. 직접적 폭력, 구조적 폭력은 반드시 의도된 것은 아니며, 이러한 것의 이면에는 문화적 폭력이 존재한다고 본다.

② 갈퉁은 폭력은 인간의 기본적인 욕구를 모독하는 행위이며, 진정한 평화를 이루기 위해서는 그 수단과 과정 역시 평화적인 방법으로 이루어져야 한다고 주장한다.

③ 칸트는 국가의 정치 체제가 공화 정체이어야 하며, 이를 기초로 자유로운 국가들 간의 평화 연맹을 맺어야 한다고 주장한다. 이는 세계 정부의 수립을 의미하지 않으며, 국가들이 각자의 체제를 유지하면서 맺는 자유로운 국가들 간의 연방 체제를 의미한다.

④ 칸트는 국가 간 적대 행위의 중단은 일시적인 현상이며, 이것이 영원한 평화 상태를 보증하지 않는다고 본다. 그는 영구 평화를 실현하기 위해서는 국가 간 신뢰가 정착되는 것이 중요하며, 이를 위해 평화 연맹을 맺어야 한다고 주장한다.

⑤ 갈퉁과 칸트 모두 국가 정치 체제가 평화 실현에 영향을 준다고 본다. 갈퉁은 구조적·문화적 폭력을 해결하고 적극적 평화를 실현하기 위해서는 국가 정치 체제가 인간의 인권을 실현하는 데 도움이 되는 형태여야 한다고 본다. 칸트는 영구 평화를 실현하는 데 도움이 되기 위해서는 국가의 정치 체제가 공화 정체여야 한다고 본다.

14 평화에 대한 칸트와 갈퉁의 입장 23학년도 7월 학평 7번   정답 ⑤ | 정답률 77%

갑, 을 사상가들의 입장으로 적절한 것만을 〈보기〉에서 있는 대로 고른
것은? [3점]

> 갑: 국제 연맹은 모든 전쟁의 영원한 종식을 추구하며 개별 국가
> 칸트 들의 자유를 보호하고 지속시키는 데에 관여한다. 국제 사회
> 의 평화는 국제 연맹을 통해서 달성될 수 있다.
>
> 을: 폭력을 줄이는 것도 중요하지만 폭력을 예방하는 것이 더 중
> 갈퉁 요하다. 전자는 소극적 평화를 목표로 하지만 후자는 적극적
> 평화를 지향한다. → 모든 종류의 폭력 제거, 폭력 예방

――――〈 보기 〉――――

ㄱ. 갑: 평화 조약은 어떠한 전쟁도 종식시킬 수 <del>없다.</del>
   → 조약을 통해 전쟁을 종식시킬 수 있음
ㄴ. 갑: 국제 연맹은 국가권력을 지배하는 것을 목표로 하지 않는다.
ㄷ. 을: 경제적 착취의 제거는 적극적 평화를 위한 필수 조건이다.
ㄹ. 갑과 을: 정치 체제의 개선은 평화 실현에 기여할 수 있다.

① ㄱ, ㄴ   ② ㄱ, ㄷ   ③ ㄴ, ㄹ
④ ㄱ, ㄷ, ㄹ   ⑤ ㄴ, ㄷ, ㄹ

┃자료 분석┃

갑은 칸트, 을은 갈퉁이다. 칸트는 전쟁의 폭력성과 적대성에서 벗어나 영구 평화
를 이룩해야 한다고 보고, 이를 위해 각 국가의 체제는 공화 정체이어야 하며 모
든 국가가 자유로운 국가들 간의 연맹에 참여해야 한다고 주장했다. 갈퉁은 진정
한 평화를 이룩하기 위해서는 직접적 폭력은 물론 구조적, 문화적 폭력까지 사라
져야 하며 모든 사람이 인간다운 삶을 누릴 수 있도록 해야 한다고 주장했다.

┃보기 해설┃

ㄱ. 칸트는 평화 조약을 통해 조약을 맺은 국가 간 적대 행위를 종식시킬 수 있
다고 주장했다. 평화 조약은 다시 전쟁과 같은 적대적인 행위를 해서는 안 된
다는 내용을 포함하고 있으므로 전쟁을 종식시킬 수 있다.

ㄴ. 칸트는 하나의 주권을 가진 세계 국가가 아니라 독립된 주권을 가진 국가들
의 연맹을 통해 평화를 실현할 수 있다고 주장했다. 따라서 칸트는 국제 연맹
이 국가권력을 지배하는 것을 목표로 하지 않는다고 본다.

ㄷ. 갈퉁은 구조적 폭력이 정치와 경제에서 잘 알려진 억압과 착취를 통해 나타
난다고 주장하면서 적극적 평화를 실현하기 위해서는 경제적 착취를 해결하
여 구조적 폭력을 제거해야 한다고 보았다. 이러한 측면에서 경제적 착취의
제거는 적극적 평화를 위한 필수 조건이라 할 수 있다.

ㄹ. 칸트는 전쟁에 대한 결정이 군주와 같은 한 사람이 아니라 국민 전체의 동의
여부에 달려 있어야 국가 지도자가 쉽게 전쟁을 일으킬 수 없다고 보고, 영
구적인 평화를 위해 모든 국가의 시민적 정치 체제가 공화 정체이어야 한다
고 보았다. 갈퉁은 정치·경제의 체제나 제도 등에서 나타나는 구조적 폭력을
제거해야 진정한 평화를 실현할 수 있다고 주장했다. 따라서 칸트와 갈퉁 모
두 정치 체제의 개선이 평화 실현에 기여할 수 있다고 본다.

15 평화에 대한 칸트와 갈퉁의 입장 23학년도 4월 학평 17번   정답 ④ | 정답률 85%

갑, 을 사상가들의 입장으로 가장 적절한 것은? [3점]

> 갑: 영구 평화를 위해 침략 전쟁의 유발 요인을 없애야 한다. 이성
> 칸트 이 평화 상태를 직접적 의무로 만든다 해도 국가 간 계약 없이
> 는 어떤 평화도 보장될 수 없으므로 평화 연맹이 필요하다.
>
> 을: 소극적 평화는 직접적 폭력이 없는 상태이며, 적극적 평화는
> 갈퉁 구조적·문화적 폭력까지 없는 상태이다. 우리는 모든 종류의
> 폭력을 비폭력적인 방법을 통해 예방하고 제거해야 한다.

① 갑: 상비군의 점진적인 <del>확대</del>는 영구 평화를 위해 필수적이다.
               폐지
② 갑: 개별 국가가 평화 연맹에 소속되려면 주권을 <del>포기</del>해야 한다.
                        보장
③ 을: 진정한 평화의 구축을 위해 폭력적인 수단도 <del>허용되어야</del> 한다.
④ 을: 의도적인 폭력을 제거해도 비의도적인 폭력이 존재할 수 있다.
⑤ 갑과 을: 모든 전쟁이 종식되는 순간부터 진정한 평화가 보장된다.
   → 을(갈퉁)은 모든 종류의 폭력이 사라진 적극적 평화 주장

┃자료 분석┃

갑은 칸트, 을은 갈퉁이다. 칸트는 전쟁의 폭력성과 절대성의 악순환에서 벗어나
평화를 유지하기 위해서는 모든 국가가 자유로운 국가들 간의 연맹에 참여해야
한다고 주장한다. 그는 연맹에 참여한 국가의 국민들은 자유와 평화를 보장받을
수 있고, 평화를 요구하는 시민들에 의해 국가 지도자는 쉽게 전쟁을 일으킬 수
없게 될 것이라고 본다. 갈퉁은 인간 존엄성을 실현하고, 삶의 질을 향상시키기
위해서는 언어나 신체적 폭력과 같은 직접적 폭력은 물론이고 구조적·문화적 폭
력과 같은 간접적 폭력까지 사라져야 한다고 본다.

┃선지 해설┃

① 칸트는 상비군의 점진적인 폐지가 영구 평화를 위해 필수적이라고 본다. 항
상 전쟁을 준비하는 군인을 두는 것은 전쟁을 대비하기 위해 사람을 수단화
하는 것이며 전쟁의 가능성을 키우게 된다고 본다.

② 칸트는 개별 국가의 주권을 보장하면서 평화 연맹을 구성해야 한다고 본다.
평화 연맹은 자유로운 국가들 간의 연맹이고, 각 국가의 체제를 유지한 상태
에서 이루어지는 것이라고 본다.

③ 갈퉁은 진정한 평화의 구축을 위해서는 평화적인 방법을 사용해야 하며, 어
떤 폭력적인 수단도 사용해서는 안 된다고 본다.

④ 갈퉁은 의도적이고 직접적인 폭력이 제거된다고 해도 비의도적이고 간접적
인 폭력은 존재할 수 있다고 본다. 따라서 비의도적인 형태로 나타날 수 있는
구조적·문화적 폭력까지 제거된 적극적 평화를 추구해야 한다고 주장한다.

⑤ 칸트의 입장에만 해당하는 내용이다. 갈퉁은 직접적인 폭력인 전쟁이 종식된
후에도 사회 구조 자체에서 발생하는 구조적·문화적 폭력과 같은 간접적 폭
력이 발생할 수 있다고 본다. 따라서 간접적 폭력까지 제거되어야 진정한 평
화가 보장된다고 주장한다.

갑, 을 사상가들의 입장으로 가장 적절한 것은? [3점]

> 갑: 영구 평화를 달성하기 위해서 모든 국가의 시민적 정치 체제
> 칸트 는 공화 정체이어야 하며, 국제법은 자유로운 국가들의 연방
> 체제에 기초해야 한다. → 영구 평화를 위한 확정 조항
>
> 을: 진정한 평화는 모든 종류의 폭력이 없는 상태이다. 직접적 폭
> 갈퉁 력과 구조적 폭력은 물론이고, 문화적 폭력까지 사라진 적극
> 적 평화 상태를 추구해야 한다.

① 갑: 각 국가는 매매를 통해 다른 국가의 소유가 될 수 있다.
  없다

② 갑: 어떤 경우에도 타국인을 적대적으로 대우해서는 안 된다.
  타국인이 적대적으로 행동하지 않는 한

☑ ③ 을: 직접적 폭력의 제거는 진정한 평화 실현의 전제 조건이다.

④ 을: 물리적 폭력의 제거는 구조적 폭력이 제거되어야 실현된다.
  → 반드시 그런 것은 아님

⑤ 갑과 을: 폭력이나 전쟁은 어떤 상황에서도 정당화될 수 없다.
  → 칸트는 예외적인 경우 방어 전쟁 허용

OX문제로 개념 확인

(1) 칸트는 영구 평화를 위해서는 모든 국가의 시민적 정치 체제가 공화 정체이
  어야 한다고 본다. (   )

(2) 갈퉁은 적극적 평화의 실현을 강조함으로써 평화 개념을 인간 안보 차원에서
  국가 안보 차원으로 확장하였다. (   )

(1) ○ (2) X

│ 자료 분석 │

갑은 칸트, 을은 갈퉁이다. 칸트는 모든 국가의 정치 체제는 공화 정체이어야 하고, 국제법은 자유로운 국가들의 연방 체제에 기초해야 하며, 세계 시민법은 보편적 우호의 조건들에 국한되어야 한다는 것을 영구 평화를 위한 조건으로 제시했다. 갈퉁은 직접적 폭력뿐만 아니라 구조적·문화적 폭력과 같은 간접적 폭력까지 제거되어야 진정한 의미의 평화가 실현될 수 있다고 주장했다.

│ 선지 해설 │

① 칸트는 영구 평화를 위한 예비 조항을 통해 어떠한 독립 국가도 상속, 교환, 매매 혹은 증여에 의해 다른 국가의 소유로 전락할 수 없음을 강조했다.

② 칸트는 어떤 이방인이 다른 나라의 영토에 도착했을 때, 이방인이 평화적으로 행동하는 한 적대적으로 대우받지 않아야 한다는 환대권을 주장했다. 그러나 칸트는 이방인이 적대적으로 행동한다면 이방인을 적대적으로 대우할 수 있다고 보았다.

③ 갈퉁은 직접적 폭력의 제거뿐만 아니라 간접적 폭력까지 모두 제거되어야 진정한 평화를 실현할 수 있다고 주장했다. 따라서 직접적 폭력의 제거는 진정한 평화 실현을 위한 전제 조건이 될 수 있다.

④ 갈퉁은 직접적 폭력과 구조적 폭력, 문화적 폭력이 폭력의 삼각형으로 상호 영향을 주고받으며 일어난다고 주장하지만, 직접적 폭력인 물리적 폭력의 제거가 구조적 폭력이 제거되어야만 가능하다고 말하지는 않았다.

⑤ 갈퉁은 폭력이나 전쟁이 어떤 상황에서도 정당화될 수 없다고 보지만, 칸트는 예외적인 경우 방어 전쟁을 허용하고 있으므로 칸트와 갈퉁의 공통점으로 적절하지 않다.

갑, 을 사상가들의 입장으로 가장 적절한 것은? [3점]

> 갑: 우리는 영원한 평화를 확립하기 위해 그리고 전쟁 수행을 종
> 칸트 식시키기 위해, 모든 국가의 시민적 정치 체제가 공화 정체가
> 되도록 노력해야 한다.
>
> 을: 평화를 알기 위해서는 먼저 폭력에 대해 알아야 한다. 폭력에
> 갈퉁 는 직접적 폭력과 구조적 폭력 그리고 이 두 가지 폭력을 정당
> 화하는 문화적 폭력이 있다.
>   └ 직접적, 구조적, 문화적 폭력의
>   제거 → 적극적 평화의 실현

☑ ① 갑: 개별 국가의 자유를 보호하는 국제 연맹이 필요하다.

② 갑: 다른 국가의 체제 변화를 위한 강제력 사용은 허용된다.
  되지 않는다

③ 을: 비의도적으로 발생하는 폭력은 문화적 폭력에 국한된다.
  → 구조적 폭력도 비의도적으로 발생할 수 있음

④ 을: 직접적 폭력과 구조적 폭력은 서로 영향을 주지 않는다.
  준다

⑤ 갑, 을: 평화 조약의 체결은 영원한 평화의 실현을 보장한다.

│ 자료 분석 │

갑은 칸트, 을은 갈퉁이다. 칸트는 모든 국가가 평화를 유지하기 위해서 국가들이 자유로운 연맹에 참여할 것을 주장한다. 갈퉁은 단지 물리적 폭력만 사라진 상태가 아니라 인간 존엄성을 실현할 수 있는 적극적 평화 상태를 강조한다. 그리고 적극적 평화를 위해서는 직접적 폭력은 물론이고 간접적 폭력(구조적, 문화적 폭력)까지 사라져야 한다고 주장한다.

│ 선지 해설 │

① 갑(칸트)은 영원한 평화를 위해서 국제 연맹이 필요하다고 보며, 국제 연맹에 참여하는 모든 국가들의 정치 체제는 자유를 보장하는 공화 정체이어야 한다고 주장한다.

② 갑(칸트)은 다른 국가의 체제 변화를 위한 강제력 사용은 옳지 않다고 본다. 갑(칸트)은 영구 평화를 위한 예비 조항에서 '어떠한 국가도 다른 국가의 체제와 통치에 폭력으로 간섭해서는 안 된다'고 주장한다.

③ 을(갈퉁)은 비의도적으로 발생하는 폭력을 문화적 폭력에 국한시키지 않는다. 그는 정치와 경제에서 나타나는 억압, 착취와 같은 구조적 폭력도 비의도적으로 발생하는 간접적 폭력이 될 수 있다고 본다.

④ 을(갈퉁)은 직접적 폭력과 구조적 폭력, 문화적 폭력이 서로 긴밀하게 영향을 주고받는다고 본다. 특히 종교와 사상, 대중 매체와 교육 등에 존재하는 문화적 폭력은 직접적 폭력과 구조적 폭력을 정당화한다고 주장한다.

⑤ 갑(칸트), 을(갈퉁) 모두의 입장에 해당하지 않는다. 갑(칸트)은 평화 조약의 체결만으로는 영원한 평화를 실현할 수 없다고 보며, 자유로운 국가들 간의 국제 연맹 참여 등을 통한 노력이 필요하다고 본다. 갈퉁은 진정한 평화를 달성하기 위해서는 적극적 평화가 실현되어야 한다고 본다.

(가), (나)의 입장으로 적절한 것만을 〈보기〉에서 고른 것은? [3점]

(가) 인간의 본성은 이기적이므로 국가도 이기적일 수밖에 없다.
현실 국제 관계는 만인에 대한 만인의 투쟁 상태와 유사하다. 그
주의 러므로 <u>권력의 극대화를 추구하는 과정에서 국제 분쟁이 발</u>
<u>생한다.</u> └ 국가 간 권력 불균형이 분쟁의 원인이라고 봄

(나) 인간이 이성적으로 행동하듯 국가도 이성적으로 행동하는
이상 경향이 있으므로 국가 간 상호 협력이 가능하다. 하지만 <u>상</u>
주의 <u>대방에 대한 무지나 오해, 동맹이나 비밀 외교 등으로 인해</u>
<u>국제 분쟁이 발생한다.</u> └ 국제적인 법과 제도의 마련이
필요하다고 봄

─〈 보기 〉─

ㄱ. (가): 국제 관계에서 평화를 유지하기 위한 정책은 ~~없다.~~
　　　　　　　　　　　　　　　　　　　　있다

ㄴ. (가): 국제 관계에서 국가의 권력을 견제할 수 있는 것은 다른
　　국가의 권력이다.

ㄷ. (나): 국제 정치의 불완전한 제도는 전쟁의 원인이 될 수 있다.

ㄹ. ~~(가),~~ (나): 국제 분쟁은 각국의 도덕성 증진으로 해결해야 한다.

① ㄱ, ㄴ　② ㄱ, ㄷ　✔③ ㄴ, ㄷ　④ ㄴ, ㄹ　⑤ ㄷ, ㄹ

| 자료 분석 |

(가)는 국제 관계에 대한 현실주의의 입장, (나)는 국제 관계에 대한 이상주의의 입장이다. 현실주의는 인간의 본성이 이기적이라고 보고, 국가 역시 국제 관계에서 자국의 이익 극대화를 우선적으로 추구하기 때문에 국제 분쟁이 발생한다고 본다. 이상주의는 인간이 이성적 존재인 것처럼 국가도 이성적으로 행동하는 경향이 있다고 보고, 이성을 바탕으로 하여 국가 간의 상호 협력이 가능하다고 본다.

| 보기 해설 |

ㄱ. 현실주의는 국제 관계에 있어서 군사 동맹을 맺거나 경쟁하는 국가와 대등한 힘을 보유함으로써 세력 균형을 이룰 수 있고, 이때 평화를 유지할 수 있다고 본다.

ㄴ. 현실주의는 국제 관계에서 한 국가의 권력을 견제하기 위해서는 다른 국가가 이와 대등한 힘을 보유해야 한다고 주장한다.

ㄷ. 이상주의는 국제 정치의 불완전한 제도가 전쟁의 원인이 될 수 있다고 보면서, 국제법이나 국제기구 등을 통해 불완전한 제도를 보완해야 한다고 주장한다.

ㄹ. 이상주의만 긍정할 내용이다. 현실주의는 권력 극대화를 추구하는 국가 간 분쟁은 필연적이며, 국가 간의 세력 균형을 통해 국제 분쟁을 해결할 수 있다고 본다. 반면 이상주의는 국제 분쟁의 해결을 위해 각국의 도덕성의 증진과 함께 국제법과 제도 등을 마련하는 것이 중요하다고 본다.

26
일차

갑, 을 사상가들의 입장으로 적절한 것만을 〈보기〉에서 고른 것은?

┌ 권력 투쟁을 통한 세력 균형 강조

갑: <u>국제 정치의 본질은 권력 투쟁이다.</u> 권력은 국제 정치에서 최
모겐소 상이라고 인정되는 가치이다. 정치적인 정책은 권력을 유지하
(현실 거나 확장하거나 과시하기 위한 목적에서 추진된다. ┌ 영구 평화의
주의) 　　　　　　　　　　　　　　　　　　　　조건
을: <u>국제 사회의 평화는 국제 연맹을 통해서 달성될 수 있다.</u> 국
칸트 제 연맹은 모든 전쟁의 영원한 종식을 추구하고, 국가들의 자
(이상 유를 보호하고 지속시키는 데에만 관여한다.
주의)

─〈 보기 〉─

ㄱ. 갑: 국가 간 힘의 균형으로 국력 경쟁이 종식될 수 있다.
　　　　　　　　　　　　　　　　　　　　　없다

ㄴ. 을: 평화 조약은 어떠한 전쟁 상태도 종식시킬 수 ~~없다.~~

ㄷ. 을: 이방인이 갖는 환대의 권리는 조건부적으로 보장된다.
　　　　　　　└ 이방인이 평화적으로 행동하는 한

ㄹ. 갑, 을: 국제 사회의 평화를 유지할 수 있는 방법이 존재한다.

① ㄱ, ㄴ　② ㄱ, ㄷ　③ ㄴ, ㄷ　④ ㄴ, ㄹ　✔⑤ ㄷ, ㄹ

| 자료 분석 |

갑은 국제 관계에 있어 현실주의 입장을 취하는 모겐소, 을은 이상주의 입장을 취하는 칸트이다. 모겐소는 국제 정치에서 가장 상위의 주권자는 국가이며, 국제 정치의 본질은 각국이 자국의 이익을 얻기 위해 행하는 권력 투쟁에 있다고 본다. 또한 인간의 본성과 국가의 본성은 본래 이기적이므로, 국제 관계는 힘의 논리에 의해 작동된다고 주장한다. 칸트는 전쟁의 폭력성과 적대성을 끊고 영구적인 평화를 이룩하기 위해서는 모든 국가가 자유로운 국가들 간의 연맹에 참여해야 하며, 이때 각 국가의 정치 체제는 공화정이어야 한다고 강조한다.

| 보기 해설 |

ㄱ. 모겐소는 현실주의 입장에서 국가 간의 힘의 균형이 평화를 달성하기 위한 최선의 방법이라 주장한다. 그러나 타국뿐만 아니라 자국의 힘을 명확하게 측정하기 어려우며 각국이 세력 균형이라고 판단하는 정도가 다르기 때문에 진정한 세력 균형을 달성하기 어렵다고 본다. 따라서 모겐소의 입장에서는 국가 간 힘의 균형으로도 국력 경쟁이 종식될 수는 없다.

ㄴ. 칸트는 평화 조약을 통해 모든 전쟁 상태를 종식시킬 수는 없지만, 당장의 전쟁은 종식시킬 수 있다고 주장한다. 나아가 칸트는 평화 조약이 아닌 평화 연맹을 통해 모든 전쟁을 영구적으로 종식시킬 수 있다고 본다.

ㄷ. 칸트는 영구 평화를 위한 확정 조항에서 환대권을 제시한다. 환대권이란 어떤 이방인이 다른 나라의 영토에 도착했을 때 이 사람이 평화적으로 행동하는 한 적대적으로 대우받지 않을 권리를 의미한다. 따라서 환대권은 무조건적으로 보장되는 권리가 아니라, '이방인이 평화적으로 행동하는 한'이라는 조건에 의해 보장되는 조건부적 권리이다.

ㄹ. 모겐소는 현실주의 입장에서 국가 간의 세력 균형을 통해 국제적 평화를 유지할 수 있다고 본다. 칸트는 국제 사회의 평화를 유지하기 위해서 각국의 정치 체제가 공화정이어야 하고, 국제법은 자유로운 국가들의 연방제에 기초해야 하며, 세계 시민법은 보편적 우호의 조건들에 국한되어야 한다고 강조한다. 따라서 모겐소와 칸트 모두 국제 사회의 평화를 유지할 수 있는 방법이 존재한다고 본다.

갑, 을 사상가들의 입장으로 가장 적절한 것은?

→ 국제 정치 = 권력 투쟁 현상

> 갑: 국제 정치의 궁극 목표가 무엇이든 권력 획득이 항상 일차적
> 모겐소 목표이다. 정치나 국민이 궁극적으로 추구하는 것이 자유,
> (현실
> 주의) 안전 보장, 번영 등으로 다양해도, 그들이 국제 정치적으로 자
> 신들의 목표를 달성하기 위해 권력을 수단으로 삼고자 한다는
> 점에서는 같다.
>
> 을: 이성은 도덕적으로 법칙을 수립하는 최고 권력의 왕좌를 차지
> 칸트 한다. 이성이 전쟁을 탄핵하고 평화 상태를 직접적인 의무로
> (이상
> 주의) 규정한다 하더라도, 평화 연맹이 존재하지 않으면 안 된다. 이
> 연맹은 모든 전쟁을 영구히 종식시키고자 한다.

→ 영구 평화를 위해 평화 연맹이 필요함을 주장함

☑ ① 갑: 권력 투쟁 현상은 국내 정치뿐 아니라 국제 정치에서도 나타난다.

② 갑: 국제적인 도덕적 합의를 통해 국가 간 분쟁을 해결해야 한다.
   을(칸트)

③ 을: 영구 평화를 위해 정치 체제의 변화가 수반될 필요는 없다.
                                    필요하다

④ 을: 영구 평화는 공고한 평화 조약에 의해서만 실현될 수 있다.
                              연맹

⑤ 갑, 을: 세계 공화국을 수립하여 영구적 평화 유지에 기여해야 한다.

| 자료 분석 |

국제 관계에 있어 갑은 현실주의 입장을 취하는 모겐소, 을은 이상주의 입장을 취하는 칸트이다. 모겐소는 국가가 자국의 생존과 이익을 위한 권력 획득을 일차적 목표로 삼는다고 보고, 국가 간 관계에서는 필연적으로 권력 투쟁 현상이 나타날 수밖에 없다고 주장하였다. 한편 칸트는 국가 간 평화 연맹과 국제법의 수립을 통해 국가 간에 영구적인 평화를 이룰 수 있다고 보았다.

| 선지 해설 |

① 모겐소는 인간의 본성을 이기적이라고 보고, 이에 기초하여 국내뿐만 아니라 국제 관계에서도 정치의 본질은 권력 투쟁 현상이라고 보았다.

② 모겐소는 국제적인 도덕적 합의와 같은 이상적 방법으로는 국가 간 분쟁을 해결할 수 없다고 보았다.

③ 칸트는 영구 평화를 위한 확정 조항으로서 모든 국가의 시민적 정치 체제가 '공화정'이어야 한다고 보았다.

④ 칸트는 평화 조약만으로는 그때그때의 싸움을 멈출 수는 있으나 전쟁 상태가 종식되지는 않는다고 보았다. 따라서 영원히 모든 전쟁을 종식시키는 영구 평화를 이루기 위해서는 평화 연맹을 이루어야 한다고 보았다.

⑤ 모겐소와 칸트 모두 부정할 내용이다. 특히 칸트는 영구 평화를 이루는 과정에서 각 국가의 자율성이 존중되어야 하며, 국제 국가의 형성을 국가들이 원하지 않을 것이라고 보았다. 따라서 세계 공화국이라는 적극적인 이념 대신 소극적 대안으로서 평화 연맹이 구성되어야 한다고 보았다.

갑, 을 사상가들의 입장으로 적절한 것만을 〈보기〉에서 있는 대로 고른 것은? [3점]

> 갑: 모든 국가의 시민 정치 체제는 공화 정체이어야 한다. 국제 사
> 칸트 회의 영구 평화를 달성하기 위해서는 이 국가들 간에 보편적
> 우호 관계에 기반한 국제 연맹을 창설해야 한다. →이상주의 입장
>
> 을: 국제 정치는 본질적으로 지속적인 권력 투쟁의 연속이다. 모
> 모겐소 든 정치가들은 국가 이익이라고 정의될 수 있는 권력을 극대
> 화하기 위한 목적으로 정책을 추진하고 투쟁한다. →현실주의 입장

〈 보기 〉

ㄱ. 갑: 연맹 체제의 단계에서도 개별 국가의 주권은 인정된다.

ㄴ. 을: 국제 정치에서 분쟁은 인간의 본성에서 기인할 수 있다.
                           └→이기적 본성

ㄷ. 을: 국제 관계에서 국가 간 세력 균형은 영구적 평화를 보장한다.
                                        일시적

ㄹ. 갑, 을: 비민주적 국가에 대해서는 폭력적 개입이 허용된다.

☑ ① ㄱ, ㄴ   ② ㄱ, ㄷ   ③ ㄷ, ㄹ

④ ㄱ, ㄴ, ㄹ   ⑤ ㄴ, ㄷ, ㄹ

| 자료 분석 |

갑은 칸트, 을은 모겐소이다. 칸트는 국제 관계에 대한 이상주의적 관점에서 국가 간 분쟁 해결을 위해서는 국가, 개인, 국제기구, 비정부 기구 등 다양한 주체들의 노력이 필요하다고 본다. 또한 평화는 국가 간의 이성적 대화와 협력을 통해 실현될 수 있다고 주장한다. 모겐소는 인간이 권력을 추구하는 본능을 가지고 태어났다고 보고, 국제 정치 또한 국가 이익의 관점에서 정의된 권력 투쟁의 연속이라고 주장한다. 또한 국제 정치는 각국의 이익을 추구하는 세력들 간의 대립이므로 세력 균형을 통해 국가 간 평화가 유지될 수 있으며, 국익과 도덕성이 충돌할 때는 국익을 우선해야 함을 강조한다.

| 보기 해설 |

ㄱ. 갑(칸트)은 평화 실현을 위한 국제 연맹 체제 단계에서도 개별 국가의 주권이 인정되어야 하며, 이때 국가들은 평화롭게 공존할 수 있다고 본다.

ㄴ. 을(모겐소)은 인간이 권력을 추구하는 본능을 가지고 태어나며, 이에 따라 국제 정치 역시 국가 이익의 관점에서 정의된 권력을 위한 투쟁이라고 주장한다. 따라서 을(모겐소)은 국제 정치의 분쟁 또한 권력을 추구하는 인간의 본성에서 기인한다고 볼 것이다.

ㄷ. 을(모겐소)은 국가의 목표가 자국의 이익과 생존이며, 다른 국가는 자국의 생존을 위협하는 잠재적 위협 요소가 된다고 본다. 따라서 을(모겐소)은 언제든지 국가 간 권력 투쟁이 일어날 수 있으므로 평화는 일시적일 뿐이라고 본다.

ㄹ. 갑(칸트)은 평화가 국가 간의 이성적 대화와 협력을 바탕으로 실현될 수 있다고 주장하므로, 폭력적 개입이 아닌 대화와 협력 등을 통해 비민주적 국가를 지원해야 한다고 볼 것이다. 반면 을(모겐소)은 비민주적 국가에 대한 폭력적 개입이 국익에 부합한다면 이를 허용할 것이고, 국익에 부합하지 않는다면 허용하지 않을 것이다.

다음 글의 입장으로 가장 적절한 것은?
└→ 현실주의

> 국가 '안에서' 구성원들은 선한 삶을 추구할 수 있다. 하지만 국가 '밖에서' 국가들은 선을 추구하는 것이 불가능하다. 왜냐하면 국가보다 상위의 주권적 권력이 국제 관계에서는 존재하지 않기 때문이다. 국가들은 국익을 위해 무정부상태에서 타국과 경쟁하기 때문에 보편적 원칙에 대한 합의가 어렵다. 평화는 힘의 논리에 의한 세력 균형을 통해 분쟁을 억지할 때 가능하다. └→ 영구 평화는 불가능

① 국가 간 분쟁 억지를 위한 최선의 방안은 국제법 제정이다.
  세력 균형

② 국제기구와 비정부 기구는 국제 사회의 주된 행위자가 된다.
  └→ 이상주의의 입장

✓③ 국제 관계에서 대화를 통한 영구 평화의 실현은 불가능하다.

④ 국가는 국제 관계에서 합리적으로 행위하는 선량한 집단이다.
  국익을 최우선으로 보는

⑤ 국제 사회의 주권자인 세계 정부를 통해 평화를 이룰 수 있다.
  └→ 국가보다 상위의 주권적 권력은 존재하지 않는다고 봄

| 자료 분석 |

제시된 글은 국제관계를 바라보는 현실주의의 입장을 취하고 있다. 현실주의의 입장에서는 인간을 이기적 본성을 지닌 존재로 보고, 이기적인 인간들로 구성된 국가 역시 자국의 이익을 추구하는 존재라고 주장한다. 또한 국제관계를 각국을 통제할 권위가 부재한 무정부적 상태라고 보고, 국가의 목표를 국익과 생존으로 삼는다. 현실주의의 관점에서 평화란 힘의 논리에 의한 세력 균형을 통해 분쟁을 억지하는 것이며 전쟁이 없는 상태를 유지하는 것이다.

| 선지 해설 |

① 현실주의는 힘의 논리에 의한 세력 균형을 통해서만 분쟁이나 전쟁을 억지할 수 있으며, 국제법이나 국제기구를 통해 평화를 유지하는 것은 국가의 본성적 측면에서 볼 때 불가능한 것이라고 주장한다.

② 국제관계를 바라보는 이상주의의 입장에 해당한다. 이상주의의 입장에서는 국가 간에 일어나는 분쟁은 인간의 본성이 아니라 상대방에 대한 무지나 오해, 잘못된 제도로 인한 것이므로 분쟁의 해결을 위해 개인, 국제기구, 비정부기구 등 다양한 주체들의 노력한다면 평화를 유지할 수 있다고 주장한다.

③ 현실주의는 국가 간의 대화와 협력을 바탕으로 도덕, 여론, 법률, 제도를 통해 평화 실현이 가능하다는 이상주의의 관점을 비판하며 대화를 통해 영구 평화를 실현하는 것은 불가능하다고 본다. 이기적인 인간들로 구성된 국가는 국익을 최우선으로 하기 때문에 오직 국가 간 세력 균형을 통해서만 분쟁 및 전쟁 억지가 가능하다고 주장한다.

④ 이상주의의 입장에 해당한다. 이상주의는 인간이 이성적 존재이듯이 국가도 이성적이고 합리적인 선량한 집단이므로 인간은 상호협력이 가능하며, 분쟁 해결을 위해 국가 간의 이성적 대화와 협력을 토대로 도덕, 여론, 법률, 제도가 제대로 갖추어진다면 평화는 충분히 실현될 수 있다고 주장한다.

⑤ 현실주의는 국제관계를 각국을 통제할 실효성 있는 권위가 부재한 무정부 상태라고 인식하고, 평화를 이룩하기 위해 세계 정부를 구성하는 것이 아니라 자국의 힘을 키움으로써 다른 국가와 세력 균형을 유지할 것을 강조한다. 현실주의는 각 국가만이 국제 사회의 주권자가 될 수 있다고 본다.

26
일차

23 평화에 대한 갈퉁의 입장 24학년도 10월 학평 18번 | 정답 ⑤ | 정답률 83%

다음을 주장한 사상가의 입장으로 적절한 것만을 〈보기〉에서 고른 것은? [3점]
└ 갈퉁

> 아프리카인에 대한 수 세기 동안의 직접적 폭력은 주인이자 사회적 강자인 백인들과 노예이자 사회적 약자인 흑인들 간의 구조적 폭력으로 확산되거나 침전되었다. 이는 인종주의적 이념과 함께 문화적 폭력을 재생산하였다. 이후, 직접적 폭력과 노예제도는 잊혔지만 구조적 폭력에 해당하는 '차별'과 문화적 폭력에 해당하는 '편견'으로 두드러지게 되었다.

─〈 보기 〉─

ㄱ. 모든 폭력은 의도적으로 발생하는 것이며 제거해야 할 대상이다.
    어떤

ㄴ. 위협에 대항하는 폭력은 평화 달성을 위한 최선의 수단으로 채택된다. → 갈퉁은 어떠한 상황에서도 폭력은 금지

ㄷ. 이데올로기는 억압을 정상적이고 자연적인 것으로 생각하도록 할 수 있다.

ㄹ. 착취가 문화적으로 정당화되면 직접적 폭력의 발생 가능성이 높아질 수 있다.

① ㄱ, ㄴ   ② ㄱ, ㄷ   ③ ㄴ, ㄷ   ④ ㄴ, ㄹ   ⑤ ㄷ, ㄹ

| 자료 분석 |

제시문의 사상가는 갈퉁이다. 갈퉁은 직접적 폭력뿐만 아니라 구조적·문화적 폭력과 같은 간접적 폭력까지 제거되어야 진정한 의미의 평화가 실현될 수 있다고 주장한다.

| 보기 해설 |

ㄱ. 갈퉁의 입장으로 적절하지 않다. 갈퉁에 따르면 구조적 폭력은 의도적으로도, 비의도적으로도 발생할 수 있다.

ㄴ. 갈퉁의 입장으로 적절하지 않다. 갈퉁에 따르면 평화적 수단에 의한 평화만이 정당화될 수 있다. 이 때문에 갈퉁은 위협에 대항해야 할지라도 폭력을 수단으로 채택해서는 안 된다고 본다.

ㄷ. 갈퉁의 입장으로 적절하다. 갈퉁에 따르면 이데올로기는 문화적 폭력으로서 작용할 수 있으며, 문화적 폭력은 억압과 같은 직접적 폭력이나 구조적 폭력을 정당화하거나 은폐할 수 있다.

ㄹ. 갈퉁의 입장으로 적절하다. 갈퉁에 따르면 모든 폭력은 서로 다른 폭력에 영향을 미칠 수 있으며 착취와 같은 구조적 폭력이 정당화되거나 은폐된다면 직접적 폭력의 발생 가능성 역시 높아진다.

---

24 평화에 대한 칸트의 입장 25학년도 수능 19번 | 정답 ⑤ | 정답률 57%

다음을 주장한 사상가의 입장으로 가장 적절한 것은?
└ 칸트

> 서로에게 영향을 끼치는 사람들은 어떤 공민적 체제에 속해야 한다. 그런 체제에 귀속될 사람들에 관계되는 모든 법률상의 체제는 다음 중 하나이다. 첫째, 한 국가 안에서는 시민법에 따르는 체제이며 둘째, 국가 간 관계에서 국제법에 따르는 체제이고 셋째, 사람이나 국가가 서로 영향을 줄 수 있는 관계에 있으면서 보편 상태의 시민으로 고려되는 한, 세계 시민법에 따르는 체제이다. 이러한 분류는 영원한 평화 이념에 걸맞은 필연적인 것이다.
> → 칸트의 영구 평화론

① 시민법 체제가 한 국가의 대내적 정치 제도를 지정할 수는 없다.
                                                          있다

② 세계 시민법은 이방인의 환대권과 영속적 체류권을 보장한다.

③ 전쟁 상태 극복을 위해서는 주권이 국제 국가로 귀속되어야 한다.
    자유로운 개별 국가

④ 영원한 평화를 위해 국가는 어떠한 국채도 발행해서는 안 된다.
    → 권력이나 국제 분쟁과 연관된 국채 발행을 금지함

⑤ 국가 간 적대 행위가 종식되어야 영원한 평화 실현이 가능하다.

| 자료 분석 |

제시문의 사상가는 칸트이다. 칸트는 국가 간 영구 평화를 이루기 위해서는 모든 국가의 정체가 공화 정체여야 하고, 국제법은 자유로운 국가들의 연방 체제에 기초해야 하며, 세계의 모든 시민들은 세계 시민법에 따라야 한다고 주장한다.

| 선지 해설 |

① 칸트는 국가 내부적으로는 시민법의 체제를 따라야 할 것으로 본다. 따라서 이는 한 국가의 대내적 정치 제도를 지정하는 것이라고 할 수 있다.

② 칸트는 세계 시민법을 통해 이방인의 환대권을 강조하지만, 영속적인 체류권을 보장해야 한다고 보지는 않는다.

③ 칸트는 국가의 주권은 자유로운 개별 국가가 가지고 있어야 한다고 본다.

④ 칸트는 권력이나 전쟁과 관련된 대외적인 국가 분쟁 상황에 연관된 국채를 발행해서는 안 된다고 주장한다. 그러나 경제를 위해 국채를 발행해서 자금을 모으는 행위까지 금지하지 않는다.

⑤ 칸트는 상호 신뢰를 불가능하게 만드는 적대 행위 등이 모두 종식되어야 영원한 평화가 실현 가능하다고 주장한다.

27
일차

01 ③	02 ③	03 ③	04 ①	05 ②	06 ③	07 ②	08 ④	09 ⑤	10 ①	11 ③	12 ②
13 ①	14 ⑤	15 ①	16 ③	17 ④	18 ①	19 ④	20 ①	21 ③	22 ③	23 ⑤	24 ③
25 ②	26 ③	27 ⑤	28 ③	29 ④	30 ①	31 ②	32 ④	33 ②	34 ③		

문제편 248~257쪽

---

01 해외 원조에 대한 롤스와 싱어의 입장 25학년도 9월 모평 19번 **정답 ③** | 정답률 56%

갑, 을 사상가들의 입장으로 적절한 것만을 〈보기〉에서 고른 것은?

> 갑: **부와 복지 수준을 조정하는 것은 원조 의무의 목표가 아니**
> 롤스 **다.** 단지 고통받는 사회들만 도움이 필요하다. 질서정연한 사
> 회들이 모두 부유하지는 않은 것과 마찬가지로 고통받는 사
> 회들이 모두 빈곤한 것은 아니다. → 원조의 목적은 복지가 아님
> 을: 우리는 자신을 위해 소비하느라 원조를 유보하여 절대 빈곤
> 싱어 에 빠진 사람을 죽게 방치하고 있다. 이는 살인과 동일시될
> 수는 없으나 **결과가 나쁘다는 점에서** 유사하다. 윤리는 **모든**
> **사람의 이익에 대한 동등한 고려를** 요청한다. → 공리주의, 이익 평등
> 고려의 원칙

〈 보기 〉
> ㄱ. 갑: 정치 제도가 수립된 사회는 원조 대상에서 제외된다.
>   → 정치 제도가 수립되어도 고통받는 사회일 수 있음
> ㄴ. 을: 국가 간 부의 불평등이 그 자체로 도덕적 악인 것은 아니다.
> ㄷ. 을: 공리 증진을 의도하지 않은 원조가 정당화될 수 있다.
>   → 결과적으로만 이익이라면 정당화될 수 있음
> ㄹ. 갑과 을: 빈곤 국가에 대한 원조는 효과를 고려할 필요가 없다.
>   → 공리주의를 따르는 을은 동의하지 않는 내용

① ㄱ, ㄴ   ② ㄱ, ㄷ   ✓③ ㄴ, ㄷ   ④ ㄴ, ㄹ   ⑤ ㄷ, ㄹ

| 자료 분석 |

갑은 롤스, 을은 싱어이다. 롤스는 해외 원조의 목적이 복지 수준의 조정이 아니라 불리한 여건으로 고통받는 사회의 정치 문화를 변화시켜 질서 정연한 사회가 되도록 돕는 데 있다고 본다. 싱어는 해외 원조를 공리주의의 입장에서 바라보며, 절대 빈곤에 빠진 사람의 고통을 감소시키고 쾌락을 증진시키는 것이 원조의 목적이라고 주장한다. 따라서 개인에게 큰 희생이 따르지 않는 한에서 어떤 공동체의 구성원인지와는 상관없이 빈곤층에게 도움을 주어야 한다고 본다.

| 보기 해설 |

ㄱ. 갑(롤스)의 입장으로 적절하지 않다. 갑(롤스)에 따르면 정치 제도가 수립된 사회여도 잘못된 사회 구조가 존재할 수 있고 그로 인해 고통받는 사회라면 원조의 대상이 될 수 있다고 본다.

ㄴ. 을(싱어)의 입장으로 적절하다. 을(싱어)은 국가 간 부의 불평등이 그 자체로 도덕적 악은 아니라고 본다. 인류 전체의 행복이 증진되는 국가 간 부의 불평등은 도덕적 선이 될 수 있다고 보기 때문이다.

ㄷ. 을(싱어)의 입장으로 적절하다. 공리의 원칙을 따르는 을(싱어)의 입장에서 행위의 의도나 동기보다는 그 결과가 얼마만큼의 고통과 쾌락을 가져오는지가 더 중요하다. 따라서 결과적으로 공리가 증진된 원조라면 그 원조는 정당화될 수 있다.

ㄹ. 갑(롤스)과 을(싱어)의 공통적인 입장으로 적절하지 않다. 을(싱어)에 따르면 원조를 통해 원조를 제공하는 개인이나 국가가 겪는 고통과 원조를 받는 개인이나 국가가 얻는 이익의 양이 중요하다. 따라서 공리의 원칙에 따르면 원조는 효과를 고려하지 않을 수 없다.

갑, 을 사상가들의 입장으로 적절한 것만을 〈보기〉에서 있는 대로 고른 것은? [3점]

> 갑: 사람이 음식을 필요로 하는 것은 인종과 아무런 상관이 없
> 싱어 다. 고통받는 사람들은 누구나 이익 평등 고려의 원칙에 따라
>   도움을 받아야 한다.
> 을: 정치적 전통과 법이 합당하고 합리적인 사회는 천연자원이
> 롤스 부족해도 질서 정연해질 수 있다. 해외 원조의 목적은 고통받
>   는 사회를 적정 수준의 사회가 되도록 하는 데 있다.

───────────────〈 보기 〉───────────────

> ㄱ. 갑: 해외 원조의 목적은 국가 간 평균적 부의 격차를 줄이는
>   것이다. → 갑(싱어)에게 해외 원조의 목적은 인류의 이익 증진
> ㄴ. 갑: 해외 원조와 국내 부조를 정당화하는 최종 근거는 다르
>   지 않다. → 을(롤스)의 경우 국내 부조와 해외 원조는 적용되는 원리가 다름
> ㄷ. 을: 인권 개선을 위한 해외 원조는 수혜국의 정의로운 기본
>   제도 수립 이후에도 계속되어야 한다.
>   이후에는 중단되어야 한다
> ㄹ. 갑과 을: 기아 상태의 사람들을 구제하는 해외 원조는 보편적
>   의무로 간주될 수 있다.

① ㄱ, ㄴ   ② ㄱ, ㄷ   ✓③ ㄴ, ㄹ
④ ㄱ, ㄷ, ㄹ   ⑤ ㄴ, ㄷ, ㄹ

| 자료 분석 |

갑은 싱어, 을은 롤스이다. 싱어는 다른 국적, 인종을 가진 사람이라도 세계 시민으로 간주하며 굶주림을 방치하는 것은 인류 전체의 고통을 증가시키는 것이므로 이익 평등 고려 원칙에 따라 빈곤으로 고통받는 사람들에게 원조를 해야 한다고 주장한다. 롤스는 그 사회의 경제적인 여건과는 별개로 불리한 여건 때문에 고통받는 사회를 질서 정연한 사회가 되도록 돕는 것이 원조의 목적이라고 본다.

| 보기 해설 |

ㄱ. 갑(싱어)의 입장으로 적절하지 않다. 갑(싱어)에 따르면 해외 원조의 목적은 국가 간 평균적 부의 격차를 줄이는 것이 아니라 인류 전체의 이익 증진 혹은 인류 전체의 고통 감소이다.

ㄴ. 갑(싱어)의 입장으로 적절하다. 갑(싱어)은 해외 원조와 국내 부조를 정당화하는 최종 근거는 공통적으로 공리의 원리라고 본다.

ㄷ. 을(롤스)의 입장으로 적절하지 않다. 을(롤스)은 수혜국의 정의로운 기본 제도가 수립된 이후에는 그 사회가 여전히 상대적으로 빈곤할지라도 더 이상 해외 원조는 요구되지 않는다고 본다.

ㄹ. 갑(싱어)과 을(롤스)의 공통적인 입장으로 적절하다. 기아 상태의 사람들을 구제하는 것은 해외 원조이며 갑(싱어)과 을(롤스)은 모두 해외 원조를 보편적 의무의 관점에서 바라보고 있다.

갑, 을 사상가들의 입장으로 적절한 것만을 〈보기〉에서 있는 대로 고른 것은? [3점]

갑: 질서 정연한 사회의 장기 목표는 무법 국가와 마찬가지로 고통
롤스 받는 사회들을 질서 정연한 만민의 사회에 가입시키는 것이어야
한다. 고통받는 사회가 적정 수준의 사회가 되면 더 이상의 원
조는 필요하지 않다. └→ 원조의 차단 시점

을: 우리는 인류의 고통을 감소시키고 쾌락을 증진할 의무를 지닌
싱어 다. 우리에게는 얼마 되지 않는 비용으로 곤궁한 타인의 복리에
중요한 변화를 일으킬 수 있을 때 발생하는 의무보다 우선할 수
있는 것은 없다. └→ 원조로 인한 이익이 비용보다 클 때 원조

〈보기〉

ㄱ. 갑: 독재나 착취로 빈곤한 사회는 원조 대상이 될 수 없다.
있다

ㄴ. 갑: 고통받는 사회가 스스로 정치 문화를 개선하도록 원조해
야 한다.

ㄷ. 을: 지구촌의 절대 빈곤 해결을 위한 원조의 의무는 정언 명령
이다. 조건부적

ㄹ. 갑과 을: 원조의 목적은 인류 복지 수준의 균등화가 아니다.
└→ 롤스: 고통받는 사회를 질서 정연한 사회로
싱어: 인류의 고통 감소, 쾌락 증진

① ㄱ, ㄷ　　　② ㄱ, ㄹ　　　✔③ ㄴ, ㄹ
④ ㄱ, ㄴ, ㄷ　　⑤ ㄴ, ㄷ, ㄹ

| 자료 분석 |

갑은 롤스, 을은 싱어이다. 롤스는 원조의 목적을 불리한 여건으로 고통받는 사회를 질서 정연한 사회가 되도록 돕는 것이라고 보고, 질서 정연한 사회로 진입한 이후에는 여전히 그 사회가 상대적으로 빈곤하다 할지라도 더 이상의 원조는 필요하지 않다고 주장하였다. 싱어는 원조의 목적을 인류의 고통을 감소시키고 쾌락을 증진하는 것이라고 보고, 굶주림과 죽음을 방치하는 것은 인류 전체의 고통을 증가시키는 것이므로 원조를 통해 얻는 이익이 비용보다 크다면 어떤 공동체의 구성원인지에 관계없이 원조해야 한다고 주장하였다.

| 보기 해설 |

ㄱ. 롤스는 질서 정연한 사회가 아닌 사회를 '무법 국가'와 '고통받는 사회'로 구분하였다. 롤스에게 무법 국가는 팽창적이며 공격적인 특징을 가진 침략적인 사회이기 때문에 원조의 대상이 아니지만, 고통받는 사회는 무법 국가와는 달리 정치적·문화적 전통, 인적 자본, 기술적 자원 등의 부족으로 인해 빈곤한 사회이기 때문에 원조의 대상이 된다. 따라서 롤스는 독재나 착취로 빈곤한 사회는 고통받는 사회이기 때문에 원조 대상이 될 수 있다고 보았다.

Ⓛ 롤스는 원조의 목적을 고통받는 사회가 자신들의 문제를 합당하고 합리적으로 관리할 수 있도록 도움으로써 결과적으로 질서 정연한 국제 사회의 구성원이 되도록 하는 것이라고 보았다. 즉, 롤스는 고통받는 사회가 스스로 정치 문화를 개선하도록 원조해야 한다고 주장하였다.

ㄷ. 싱어는 공리주의적 관점에서 지구촌의 절대 빈곤을 해결하는 것은 인류의 고통을 감소시키고 쾌락을 증진시켜야 한다는 의무에 해당한다고 보았다. 그러나 싱어는 이러한 원조의 의무를 어떤 상황이나 조건과 무관하게 반드시 행해야 할 정언 명령이라고 주장하지는 않았다. 싱어는 결과적인 측면에서 '원조를 통해 얻는 이익이 비용보다 클 경우'라는 조건 하에 원조의 의무를 다해야 한다고 주장하였다. 따라서 싱어에게 원조의 의무는 정언 명령이 아니라 조건부적 명령이다.

Ⓡ 롤스와 싱어의 공통적인 입장이다. 롤스에게 원조의 목적은 불리한 여건으로 고통받는 사회를 질서 정연한 사회가 되도록 돕는 것이므로 인류 복지 수준의 균등화는 원조의 목적이 될 수 없다. 싱어에게 원조의 목적은 인류의 고통을 감소시키고 쾌락을 증진하는 것이므로 인류 복지 수준의 균등화는 원조의 목적이 될 수 없다.

갑, 을 사상가들의 입장으로 가장 적절한 것은? [3점]

┌─ 어느 나라의 국민인지에 상관없이 원조

갑: 원조 대상자의 이익을 고려하는 데 인종은 아무런 상관이 없
싱어   다. 중요한 것은 이익 자체이다. 이익 평등 고려의 원칙에 따라
     빈곤으로 고통받는 사람들에게 원조를 해야 한다.

을: 원조의 목적은 고통받는 사회가 자신들의 문제를 합당하게 관
롤스   리할 수 있을 때까지 도와, 결과적으로 그 사회가 질서 정연한
     만민의 사회의 구성원이 되도록 하는 것이다.
                              └─ 원조의 목적: 사회 구조 개선

✔ ① 갑: 원조는 보편적인 의무이지만 조건부적으로 시행될 수 있다.

② 갑: 원조 결정 시 원조 주체의 이익을 고려하는 것은 허용될 수 ~~없다.~~
                                              있다

③ 을: 원조의 차단점 설정은 원조 대상의 정치적 자율성을 ~~침해한다.~~
                                        침해하지 않는다

④ 을: 고통받는 사회의 기본 제도 개선을 위한 원조는 허용될 수 ~~없다.~~
                                              있다

⑤ 갑과 을: 고통받는 빈곤국의 복지 향상이 원조의 최종 목적이다.
     ── 갑: 인류의 복지 증진 / 을: 사회 구조 개선

출제 경향

해외 원조에 관한 문항은 대부분 롤스와 싱어에 대한 내용이 출제되고, 이따금 노직의 입장을 추가하여 각각의 입장을 비교하는 방식으로 출제되기도 한다. 주로 각 사상가가 주장하는 해외 원조의 목적과 원조 대상의 범위 등이 출제되니 이를 잘 이해해 두어야 한다.

| 자료 분석 |

갑은 싱어, 을은 롤스이다. 싱어는 공리주의적 관점에서 결과적으로 고통을 감소시키고 쾌락을 증진하는 행위를 해야 한다고 보았다. 이에 따라 굶주림을 방치하는 것은 인류 전체의 고통을 증가시키는 것이므로 이익 평등 고려 원칙에 따라 빈곤으로 고통받는 사람들에게 원조를 해야 한다고 주장했다. 롤스는 불리한 여건으로 고통받는 사회를 질서 정연한 사회가 되도록 돕는 것이 원조의 목적이며, 원조의 결과 질서 정연한 사회가 되었다면 그 사회가 여전히 상대적으로 빈곤하다 할지라도 원조는 중단되어야 한다고 보았다.

| 선지 해설 |

① 싱어는 원조가 보편적인 의무이지만 결과를 고려하여 조건부적으로 시행될 수 있다고 보았다. 싱어는 원조를 통해 얻는 이익이 비용보다 클 경우에는 어떤 공동체의 구성원인지에 관계없이 원조를 해야 하지만, 결과적으로 원조를 통해 얻는 이익이 비용보다 작다면 원조할 필요가 없다고 주장했다.

② 싱어는 원조 주체에게 원조 능력이 없거나 이익이 되지 않는 경우 원조가 오히려 원조 주체에게 고통이 될 수 있다고 보았다. 싱어는 공리주의적 관점에서 이익의 극대화를 추구하므로 원조 결정 시 원조 주체의 이익을 고려해야 한다고 주장했다.

③ 롤스는 원조의 차단점을 질서 정연한 사회로의 진입에 두고 있다. 고통받는 사회가 질서 정연한 사회로 진입한 이후에는 상대적으로 빈곤하다고 하더라도 원조는 중단된다. 롤스에 따르면 고통받는 사회가 질서 정연한 사회가 된다는 것은 자유와 평등이 보장되는 민주적 체제의 실현을 의미하므로 원조의 차단점 설정이 원조 대상의 정치적 자율성을 침해하는 것은 아니다.

④ 롤스는 원조의 목적이 고통받는 사회가 구조와 제도의 개선을 통해 질서 정연한 사회가 되는 것이라고 보았다. 롤스에게 원조의 직접적 목적은 빈곤국의 복지와 부의 수준을 높이는 것이 아니라 인권이 존중받을 수 있도록 사회의 기본 구조와 제도를 개선하는 것이므로 고통받는 사회의 기본 제도 개선을 위한 원조는 허용될 수 있다.

⑤ 롤스는 원조의 최종 목적을 불리한 여건으로 고통받는 사회가 자유와 평등, 인권이 보장되는 질서 정연한 사회가 되는 것에서 찾는다. 싱어는 원조의 최종 목적을 인류의 복지 증진에서 찾는다.

05 해외 원조에 대한 롤스와 싱어의 입장 24학년도 6월 모평 14번   정답 ② | 정답률 51%

갑, 을 사상가들의 입장으로 적절한 것만을 〈보기〉에서 고른 것은? [3점]

> 갑 롤스: 고통받는 사회들만 원조가 필요하다. 원조의 목표는 고통받는 사회들이 질서 정연한 국제 사회의 구성원이 되게 하는 것이다. 이러한 목표나 차단점을 넘어서면 원조는 필요 없다.
>
> 을 싱어: 절대 빈곤은 매우 나쁜 것이다. 우리에게 그에 상응하는 도덕적으로 중요한 일을 희생시키지 않고 절대 빈곤을 감소시킬 힘이 있다면, 인류 복지의 최대화를 위해 우리는 마땅히 그렇게 해야 한다.

〈보기〉
ㄱ. 갑: 공격적인 사회는 자원이 매우 부족해도 원조 대상이 아니다.
ㄴ. 을: 절대 빈곤의 감소를 위한 원조는 예외 없는 도덕적 의무이다.
                원조를 통해 얻는 이익이 비용보다 클 때
ㄷ. 을: 원조는 이익 평등 고려의 원칙에 따른 전 지구적 의무이다.
ㄹ. 갑과 을: 원조 대상의 경제력은 원조 결정의 고려 사항이 아니다.

① ㄱ, ㄴ   ✔② ㄱ, ㄷ   ③ ㄴ, ㄷ   ④ ㄴ, ㄹ   ⑤ ㄷ, ㄹ

| 자료 분석 |

갑은 롤스, 을은 싱어이다. 롤스는 원조의 목적이 불리한 여건으로 고통받는 사회로 하여금 자신의 문제들을 합당하게 그리고 합리적으로 관리할 수 있도록 도와서 질서 정연한 사회가 되도록 돕는 것에 있다고 본다. 따라서 질서 정연한 사회에 진입한 이후에는 원조 대상국이 여전히 상대적으로 빈곤해도 더 이상 원조할 필요가 없다고 주장한다. 싱어는 원조의 목적이 고통받는 개인의 고통을 감소시키고 복지를 향상시키는 것에 있다고 본다. 싱어는 고통을 감소시키고 쾌락을 증진하는 것은 인류의 의무이며, 원조를 통해 얻는 이익이 비용보다 클 경우 도움을 주어야 한다고 주장한다.

| 보기 해설 |

ㄱ 롤스는 공격적이고 팽창적인 무법 국가는 원조의 대상이 아니라고 본다. 롤스가 원조 대상으로 삼는 고통받는 사회는 정치적으로 결핍되어 있지만 대외적으로 공격적·팽창적이지 않은 사회를 의미한다.

ㄴ. 싱어는 절대 빈곤의 감소를 위한 원조일지라도 원조를 통해 얻는 이익보다 비용이 크다면 원조가 요구되지 않는다고 본다. 싱어는 개인에게 큰 희생이 따르지 않는 한에서 원조해야 한다고 주장한다.

ㄷ 싱어는 도덕적으로 중요한 다른 일을 희생하지 않고 막을 수 있는 절대 빈곤이 있다면 인류 전체의 행복을 증진하기 위해 원조를 해야 한다고 본다. 그는 고통받는 개인의 고통을 감소시키는 것은 전지구적 의무라고 본다.

ㄹ. 롤스는 각 사회의 경제력의 수준은 다양하기 때문에 이를 조정하고자 하는 것은 원조 결정의 고려 사항이 아니라고 본다. 그러나 싱어는 절대 빈곤에 처한 사람들은 큰 희생이 따르지 않는 한 원조의 대상이 된다고 본다.

06 해외 원조에 대한 롤스와 싱어의 입장 23학년도 수능 18번   정답 ③ | 정답률 59%

갑, 을 사상가들의 입장으로 적절한 것만을 〈보기〉에서 있는 대로 고른 것은? [3점]

> 갑 롤스: 원조의 목적이 충족되고, 모든 만민이 자유주의적 정부나 적정 수준의 정부로 작동하는 상황에 이르게 되면 상이한 만민 간의 평균적 부의 차이를 다시 좁혀야 할 이유는 없다.
>
> 을 싱어: 절대 빈곤에 빠져 있는 사람들을 돕지 않는 것은 그들을 죽게 내버려 두는 것과 다름이 없다. 절대 빈곤으로 인해 고통받는 사람을 돕는 것은 공리의 원리에 따른 도덕적 의무이다.

〈보기〉
ㄱ. 갑: 공적 정의관이 규제하지 않는 사회는 원조 대상이 될 수 없다.
         └→ 고통받는 사회
         있다
ㄴ. 갑: 원조는 원조 대상이 정치적 자율성을 가질 수 있도록 이루어져야 한다.
ㄷ. 을: 원조의 의무는 절대 빈곤에 상당하는 도덕적으로 중요한 다른 일을 희생할 것을 원조 주체에게 요구할 수 있다.
      → 희생하지 않는 범위 내에서의 원조를 요구함
ㄹ. 갑과 을: 특정 빈곤국에 대한 원조를 중단해야 하는 경우가 있다.

① ㄱ, ㄴ   ② ㄱ, ㄷ   ✔③ ㄴ, ㄹ
④ ㄱ, ㄷ, ㄹ   ⑤ ㄴ, ㄷ, ㄹ

| 자료 분석 |

갑은 롤스, 을은 싱어이다. 롤스는 원조의 목적이 불리한 여건으로 '고통받는 사회'를 '질서 정연한 사회'가 되도록 돕는 것에 있다고 본다. 원조의 목적은 모든 인류의 복지 수준을 향상시키는 것에 있지 않으며, 질서 정연한 사회로 진입한 이후에는 그 사회가 상대적으로 빈곤하더라도 원조를 중단해야 한다고 주장한다. 싱어는 고통을 감소시키고 쾌락을 증진시키는 것은 인류의 의무이며, 원조를 통해 얻는 이익이 비용보다 클 경우 어떤 공동체의 구성원인지 관계없이 도와야 한다고 주장한다.

| 보기 해설 |

ㄱ. 갑(롤스)의 입장으로 적절하지 않다. 갑(롤스)은 공적 정의관이 규제하지 않는 사회 즉, 불리한 여건 속에서 '고통받는 사회'는 원조의 대상이 된다고 본다. 그러한 사회가 자신들의 문제를 합당하고 합리적으로 관리할 수 있도록 도와야 한다고 강조한다.

ㄴ 갑(롤스)의 입장으로 적절하다. 갑(롤스)은 원조를 제공하는 질서 정연한 사회이 온정적 간섭주의를 행해서는 안 되며, 원조의 목적에 위배되지 않는 방법으로 행동해야 함을 강조한다. 이를 통해 고통받는 사회들이 정치적 자율성을 지닌 질서 정연한 사회가 되도록 돕는 것이 원조의 최종 목적임을 주장한다.

ㄷ. 을(싱어)의 입장으로 적절하지 않다. 을(싱어)은 절대 빈곤으로 고통받는 사람들을 도울 때, 원조 주체가 고통받지 않는 현실적인 범위 내에서 원조를 해야 한다고 주장한다. 즉, 원조를 통한 이익에 비해 과도한 희생과 비용이 따르는 경우 원조를 의무로서 행할 것을 요구하지 않는다.

ㄹ 갑(롤스), 을(싱어)의 공통된 입장으로 적절하다. 갑(롤스)은 특정 빈곤국이 질서 정연한 사회로 진입한 이후에는 여전히 상대적으로 빈곤해도 원조를 중단해야 한다고 주장한다. 을(싱어)은 원조로 인한 희생과 비용이 과도하게 클 경우 원조를 중단할 수 있다고 주장한다.

(가)의 갑, 을 사상가들의 입장을 (나) 그림으로 탐구하고자 할 때, A~C에 들어갈 적절한 질문만을 〈보기〉에서 있는 대로 고른 것은? [3점]

(가)	갑 롤스: 질서 정연한 사회들은 고통받는 사회의 구성원들이 자신들의 문제를 합당하게 관리할 수 있도록 도와야 한다. 즉, 그 사회가 제도와 문화를 개선하여 질서 정연한 사회가 되도록 도와야 한다. └→ 원조의 목적 을 싱어: 풍요로운 사회의 부유한 사람들은 고통받는 전 세계 사람들을 위해 소득의 일부를 기부해야 한다. 고통을 감소시키고 쾌락을 증진하는 것은 인류의 의무이다.

(나)

사상가 갑, 을의 입장을 탐구한다. └→ 원조의 목적: 인류의 복지 증진

〈범례〉
- □ : 출발 조건
- ◇ : 판단 내용
- ┄→ : 판단 방향
- ⌒ : 사상가의 입장

A → 아니요
예 ↓
B → 예 ↓ 갑의 입장
C → 예 ↓ 을의 입장

원조의 목적: 인류의 복지 증진

──〈 보기 〉──

ㄱ. A: 원조의 목적은 인류 전체의 복지 증진이 아니라 정치 체제의 개선이어야 하는가? → 갑(롤스): 긍정, 을(싱어): 부정

ㄴ. B: 원조의 목표를 달성하기 위해서는 국가 간 부의 재분배가 필수적인가? → 갑(롤스): 부정

ㄷ. B: 원조 대상 국가에게 인권을 강조하는 것은 원조의 목적 실현을 저해하는가? → 갑(롤스): 부정

ㄹ. C: 원조를 통해 방지할 해악보다 더 큰 희생이 발생한다면 원조는 중단될 수 있는가? → 을(싱어): 긍정

① ㄱ, ㄷ   ✔ ㄱ, ㄹ   ③ ㄴ, ㄷ
④ ㄱ, ㄴ, ㄹ   ⑤ ㄴ, ㄷ, ㄹ

| 자료 분석 |

(가)의 갑은 롤스, 을은 싱어이다. 롤스는 원조의 목적을 불리한 여건으로 인해 고통받는 사회를 질서 정연한 사회가 되도록 돕는 것이라고 본다. 따라서 고통받는 사회가 질서 정연한 사회가 된 이후에는 그 사회가 여전히 상대적으로 빈곤하다 하더라도 더 이상의 원조는 필요하지 않다고 주장한다. 반면 싱어는 원조의 목적을 인류 전체의 고통을 감소시키고 쾌락을 증진하는 것이라고 본다. 또한 원조를 통해 얻는 이익이 원조에 드는 비용보다 클 경우 원조 대상자가 어떤 공동체의 구성원인지에 관계없이 원조를 해야 한다고 주장한다.

| 보기 해설 |

ⓖ 갑(롤스)은 긍정, 을(싱어)은 부정의 대답을 할 질문으로 A에 적절하다. 갑(롤스)은 원조의 목적이 인류 전체의 복지 증진이 아니라 어떤 사회가 질서 정연해지는 데 필요한 정치적·문화적 전통 등을 개선하여 고통받는 사회가 질서 정연한 사회가 되도록 돕는 데 있다고 본다. 반면 을(싱어)은 원조의 목적이 인류 전체의 고통을 감소시킴으로써 인류 전체의 복지를 증진시키는 것이라고 본다.

ㄴ. 갑(롤스)이 부정의 대답을 할 질문으로 B에 적절하지 않다. 갑(롤스)은 원조에 있어서는 차등의 원칙을 적용하지 않으며, 국가 간 부의 재분배 문제는 원조의 목적이 아니라고 본다. 따라서 갑(롤스)은 원조의 목표를 달성하기 위해서 국가 간의 부의 재분배가 필수적이라고 보지 않는다.

ㄷ. 갑(롤스)이 부정의 대답을 할 질문으로 B에 적절하지 않다. 갑(롤스)은 원조의 목적이 고통받는 사회로 하여금 그들 자신의 문제를 합당하고 합리적으로 관리할 수 있도록 정치 체제를 개선하는 것이라고 본다. 따라서 원조 대상 국가에게 인권을 강조하는 것은 원조의 목적 실현에 도움을 줄 수 있다고 주장한다.

ⓡ 을(싱어)이 긍정의 대답을 할 질문으로 C에 적절하다. 을(싱어)은 원조를 통해 얻는 이익이 원조에 드는 비용보다 클 경우 어떤 공동체의 구성원인지에 관계없이 원조를 해야 할 의무가 있다고 주장한다. 다만, 을(싱어)은 공리주의적 관점에서 원조에 드는 비용이 원조를 통해 얻는 이익보다 크거나, 원조를 통해 방지할 해악보다 원조로 인해 더 큰 희생이 발생한다면 원조는 중단되어야 한다고 본다.

08 해외 원조에 대한 롤스와 싱어의 입장 23학년도 9월 모평 17번 정답 ④ | 정답률 78%

갑, 을 사상가들의 입장으로 적절하지 <u>않은</u> 것은?

> 갑: 질서 정연한 만민은 고통을 겪는 사회들을 위해 원조해야 한
> 롤스 다. 그런데 분배 재원만으로는 정치적·사회적 부정의를 교정
> 하기에 충분하지 않다. 오히려 고통을 겪는 사회들의 정치 문
> 화가 변화하는 것이 매우 중요하다. └→ 원조의 목적: 고통받는
> 사회의 정치 문화 개선
> 을: 풍요로운 국가의 사람들 대부분은 기본적 필요가 충족되지
> 싱어 않은 빈곤을 막기 위해 원조해야 한다. 그들이 소득의 1퍼센
> 트 정도만 기부하면 전 세계 빈곤층을 완전히 없애는 단계에
> 이를 수 있다. └→ 원조의 목적: 인류의 복지 향상

① 갑: 고통을 겪는 사회가 자국민 인권에 관심을 갖게 원조해야 한다.
② 갑: 원조의 목적은 합당하고 합리적인 제도의 실현과 보존에 있다.
③ 을: 기아의 주된 원인은 전 세계 식량 총 생산량의 부족에 있지 않다.
④ 을: 모든 사람은 세계 모든 이의 복지에 동일한 책임을 져야 한다.
⑤ 갑과 을: 국가 간 부의 불평등이 그 자체로 부정의한 것은 아니다.

| 자료 분석 |

갑은 롤스, 을은 싱어이다. 롤스는 해외 원조의 목적이 불리한 여건으로 고통받는 사회의 정치 문화를 변화시켜 질서 정연한 사회가 되도록 돕는 데 있다고 본다. 싱어는 해외 원조를 공리주의의 입장에서 바라보며, 인류의 고통을 감소시키고 쾌락을 증진시키는 것이 원조의 목적이라고 주장한다. 따라서 개인에게 큰 희생이 따르지 않는 한에서 어떤 공동체의 구성원인지와는 상관없이 빈곤층에게 도움을 주어야 한다고 본다.

| 선지 해설 |

① 갑(롤스)은 고통을 겪는 사회를 원조할 때 인권에 대해 강조하는 것이 중요하다고 본다. 그에 따르면 해외 원조의 목적은 원조를 받는 사회의 정치 문화를 개선하여 그 사회를 정의롭게 만드는 것에 초점이 있으므로, 정의와 인권의 가치를 강조하는 것이 바람직하기 때문이다.

② 갑(롤스)은 원조의 목적이 고통받는 사회가 합당하고 합리적인 제도를 실현함으로써 질서 정연한 사회로 진입하는 것에 있다고 본다.

③ 을(싱어)은 전 세계적으로 모든 세계의 구성원들이 먹고 살기에 충분한 식량이 생산되고 있다고 보고, 풍요로운 국가의 사람들이 소득의 1%만 기부해도 당장 질병이나 기아로 죽어가는 빈곤층의 고통을 막을 수 있다고 본다.

④ 을(싱어)은 공리주의적 입장에서 원조 주체에게 중대한 희생이 따르지 않는 한에서 원조해야 한다고 본다.

⑤ 갑(롤스)과 을(싱어)은 국가 간 부의 불평등을 그 자체로 부정의하다고 보지 않는다.

09 해외 원조에 대한 롤스와 싱어의 입장 22학년도 수능 19번 정답 ⑤ | 정답률 63%

(가)의 갑, 을, 병 사상가들의 입장에서 서로에게 제기할 수 있는 비판을 (나) 그림으로 표현할 때, A~F에 해당하는 내용으로 가장 적절한 것은? [3점]

> ┌→ 원조의 목표: 고통받는 사회가 질서
> 정연한 사회가 되도록 돕는 것
> 갑: 우리가 하는 원조의 역할은 고통받는 사회가 만민들의
> 롤스 사회의 완전한 성원이 되도록 돕는 것이다. 그리고 그들
> 이 미래의 경로를 정할 수 있도록 하는 것이다.
> 을: 우리의 풍요로움을 우리 사회의 시민에게만 나누어 주는
> (가) 싱어 것은 잘못이다. 이익 평등 고려의 원칙에 따라 혜택을 가
> 장 크게 낼 수 있는 곳에 사용해야 한다. └→ 공리주의적 관점에서 효율적
> 이타주의를 주장
> 병: 우리는 최소 국가 안에서 삶을 선택하고 목표를 실현할
> 노직 수 있다. 이 과정에서 우리는 같은 존엄성을 지닌 다른 개
> 인들의 자발적인 협동의 도움을 받는다. └→ 도덕적으로 정당화될 수
> 있는 유일한 국가 형태

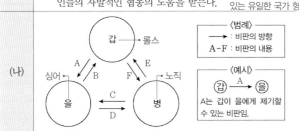

> 〈범례〉
> → : 비판의 방향
> A~F : 비판의 내용
>
> 〈예시〉
> 갑 →A→ 을
> A는 갑이 을에게 제기할
> 수 있는 비판임.

① A: 원조의 중단 지점을 두는 것은 원조 목적에 위배됨을 간과한다.
② B: 원조 대상을 선정할 때 상대적 빈곤은 고려할 필요가 없음을 간과한다.
③ C, E: 자신의 이웃을 먼저 돕는 것이 정당한 경우가 있음을 간과한다.
④ D: 자선을 행하지 않는 것이 비난의 대상이 될 수 없음을 간과한다.
⑤ F: 원조 대상국이 자국의 부정의를 교정하도록 도와야 함을 간과한다.

| 자료 분석 |

(가)의 갑은 롤스, 을은 싱어, 병은 노직이다. 롤스는 고통받는 사회가 질서 정연한 사회가 되도록 돕는 것이 원조의 목적이라고 보고, 질서 정연한 사회의 만민에게 원조는 윤리적 의무라고 본다. 한편 싱어는 공리주의적 관점에서 인류의 쾌락을 증진하고 고통을 감소시키기 위해 빈곤으로 고통받는 사람들에게 원조하는 것이 윤리적 의무라고 본다. 노직은 오직 최소 국가만이 도덕적으로 정당화될 수 있는 유일한 국가 형태임을 주장하면서, 원조에 대한 강제는 개인의 소유 권리를 침해하는 것이라고 보고, 원조를 의무가 아닌 자선의 차원으로 본다.

| 선지 해설 |

① 롤스는 고통받는 사회가 질서 정연한 사회가 되면, 해당 국가가 여전히 빈곤하다고 할지라도 원조의 대상에 제외되어야 한다는 원조의 중단 지점을 설정하였다. 따라서 롤스가 제기할 수 있는 비판으로 적절하지 않다.

② 싱어는 공리주의 관점에서 절대적 빈곤뿐만 아니라 상대적 빈곤을 고려해야 한다고 보았다. 다만 싱어는 '효율적인' 원조를 위해 절대적 빈곤에 대한 원조는 상대적 빈곤에 대한 원조보다 우선되어야 한다고 보았다. 따라서 싱어가 제기할 수 있는 비판으로 적절하지 않다.

③ 싱어는 공리주의적 관점에서 타국에 있는 빈곤한 자를 돕는 것보다 자신의 이웃을 먼저 돕는 것이 더 '효율적이라면' 자신의 이웃을 먼저 돕는 것이 정당하다고 본다. 따라서 싱어에게 제기할 비판으로 적절하지 않다.

④ 노직은 원조가 윤리적 의무가 아닌 자선의 차원에서 이루어져야 한다고 보고, 자선을 행하지 않는 것은 비난의 대상이 될 수 없다고 주장한다. 따라서 노직에게 제기할 비판으로 적절하지 않다.

⑤ 롤스는 원조 대상국인 고통받는 사회가 자국의 부정의를 교정하여 질서 정연한 사회가 될 수 있도록 돕는 것이 원조의 목표라고 본다. 따라서 해당 선지는 롤스가 원조를 윤리적 의무가 아닌 자선의 차원에서 이해하는 노직에게 제기할 비판으로 적절하다.

갑, 을 사상가들의 입장으로 적절한 것만을 〈보기〉에서 있는 대로 고른 것은? [3점]

> 갑: 질서 정연한 만민은 고통받는 사회들을 원조해야 할 의무를
> 롤스 지닌다. 그러나 이 의무를 실행하게 하는 방법이 경제적 및 사
> 회적 불평등을 규제하는 분배 정의의 원칙을 따르는 것은 아
> 니다.
> 을: 우리는 적은 비용으로도 가난한 사람의 복리에 중요한 변화를
> 싱어 일으킬 수 있다. 쾌락 증진과 고통 감소를 추구하는 공리주의
> 이론에 근거하여 원조 여부를 판단해야 한다.

───────〈 보기 〉───────

ㄱ. 갑: 정의의 원칙에 따라 운영되는 국가는 원조의 대상이 아니다.
   └→ 질서 정연한 사회

ㄴ. 을: 빈곤으로 고통받는 사람을 원조하지 않아도 되는 경우가
   있다.

ㄷ. 을: 원조는 도덕적 구속력이 배제된 개인적 선택의 문제이다.
        있는   의무

ㄹ. 갑, 을: 자원이 풍부한 국가는 원조의 대상이 될 수 없다.
                                    있다

① ㄱ, ㄴ   ② ㄴ, ㄹ   ③ ㄷ, ㄹ
④ ㄱ, ㄴ, ㄷ   ⑤ ㄱ, ㄷ, ㄹ

| 자료 분석 |

갑은 롤스, 을은 싱어이다. 롤스는 사회 구조적으로 불리한 여건으로 인해 고통받는 사회를 자신의 문제를 합당하고 합리적으로 해결할 수 있는 질서 정연한 사회가 될 수 있도록 돕는 것이 원조의 목적이라고 본다. 한편 싱어는 공리주의적 관점에서 전 인류의 고통을 감소시키고 쾌락을 증진시키는 것이 인류의 의무라고 본다. 따라서 싱어는 원조를 통해 얻는 이익이 원조에 들어가는 비용보다 클 경우 원조의 대상이 어떤 공동체의 구성원인지와 관계없이 도움을 주어야 한다고 주장한다.

| 보기 해설 |

ㄱ 롤스는 사회 구성원들이 공유하는 공공의 정의관에 의해 효과적으로 규제되는 사회를 질서 정연한 사회라고 정의하고, 고통받는 사회를 질서 정연한 사회가 되도록 돕는 것이 원조의 목적이라고 본다. 따라서 롤스에 따르면 정치적·문화적으로 어려운 조건에 놓인 고통받는 사회는 원조의 대상이 되지만, 정의의 원칙에 따라 운영되는 국가는 상대적으로 여전히 빈곤하다고 할지라도 더 이상 원조의 대상이 될 수 없다.

ㄴ 싱어는 빈곤으로 고통받는 사람을 방치하는 것은 인류 전체의 고통을 증가시키는 것이므로, 원조를 통해 얻는 이익이 원조에 들어가는 비용보다 클 경우 어떤 공동체의 구성원인지와 관계없이 원조해야 한다고 본다. 그러나 만약 고통받는 사람을 돕는 것이 결과적으로 더 큰 손해를 초래한다면 원조를 하지 않아도 된다고 주장할 것이다.

ㄷ. 싱어는 공리주의적 관점에서 전 지구적 차원의 원조를 강조하며 고통을 감소시키고 쾌락을 증진시키는 것이 인류의 의무라고 주장한다. 굶주림과 죽음을 방치하는 것은 인류 전체의 고통을 증가시키는 것이기 때문이다. 따라서 싱어는 원조를 도덕적 구속력이 있는 개인의 의무라고 본다.

ㄹ. 롤스는 자원의 풍부함 여부와 관계없이 불리한 여건, 즉 사회가 질서 정연하게 되는데 필요한 정치적·문화적 전통과 인적 자본 등의 결핍으로 인해 고통받는 사회라면 원조의 대상이 될 수 있다고 본다. 한편 싱어는 자원이 풍부한 국가라도 일부 구성원은 굶주림이나 빈곤으로 고통받을 수 있으므로 자원이 풍부한 국가도 원조의 대상이 될 수 있다고 본다. 따라서 롤스와 싱어의 입장으로 적절하지 않다.

(가)의 갑, 을, 병 사상가들의 입장을 (나) 그림으로 탐구하고자 할 때, A~D에 들어갈 적절한 질문만을 〈보기〉에서 있는 대로 고른 것은? [3점]

(가)	갑 노직: 국가는 개인의 권리를 침해하지 않는 **최소 국가**이어야 한다. **국가는 시민들에게 다른 사람들을 돕도록 강제적 수단을 사용해서는 안 된다.** └ 원조는 개인의 자율적 선택에 맡겨야 한다고 봄 을 롤스: 원조의 의무는 **고통받는 사회가 질서 정연한 사회가 될 수 있도록 돕는 것**이다. 그러나 **국내 사회에 적용되는 정의의 원칙이 국제 사회에 적용될 이유는 없다.** └ 해외 원조는 정의의 문제가 아니라고 봄 병 싱어: 자국민을 돕는 것이 원조하는 것보다 더 효율적인 경우도 있다. 그러나 이것이 **다른 나라 사람의 이익을 평등하게 고려하지 않아도 된다는 것을 의미하지는 않는다.** └ 이익 평등 고려의 원칙은 국경에 상관없이 이루어져야 함

(나) 사상가 갑, 을, 병의 입장을 탐구한다.

〈범례〉
▭ : 출발 조건
◇ : 판단 내용
---- : 판단 방향
▭ : 사상가의 입장

A (노직Y, 롤스N, 싱어N) — 아니요 → B — 아니요 →
A — 예 → 갑의 입장 (노직Y, 롤스N, 싱어N)
B — 롤스Y, 싱어N — 예 → C
C (롤스Y, 싱어Y) — 예 → 을의 입장
C — 아니요 → D (싱어Y) — 예 → 병의 입장

〈보기〉
ㄱ. A: 모든 원조는 원조 주체의 사적 소유권을 침해하는가?
  → 노직, 롤스, 싱어: 부정
ㄴ. B: 원조는 자원 분포의 우연성의 결과를 조정하려는 것인가?
  → 롤스, 싱어: 부정
ㄷ. C: 원조를 중단할 수 있는 명확한 목표를 규정해야 하는가?
  → 롤스: 긍정
ㄹ. D: 원조는 비용 대비 편익을 계산하여 이루어져야 하는가?
  → 싱어: 긍정

① ㄱ, ㄴ ② ㄴ, ㄷ ③ ㄷ, ㄹ ④ ㄱ, ㄴ, ㄹ ⑤ ㄱ, ㄷ, ㄹ

| 자료 분석 |

(가)의 갑은 노직, 을은 롤스, 병은 싱어이다. 노직은 개인의 소유권 보장을 최우선으로 여기며 국가가 개인에게 원조를 강제할 수 없다고 본다. 또한 기부나 원조를 의무가 아니라 개인의 선택인 자선의 영역이라고 본다. 롤스는 원조가 윤리적 의무로서 요구되며, 원조의 목표는 고통받는 사회를 질서 정연한 사회가 되도록 돕는 것이라고 본다. 싱어는 공리주의 입장에서 이익 평등 고려의 원칙에 따라 극심한 빈곤으로 고통받는 사람들을 원조하는 것이 윤리적 의무로서 요구된다고 본다.

| 보기 해설 |

ㄱ. 노직, 롤스, 싱어가 모두 부정할 질문으로 A에 적절하지 않다. 노직은 개인의 자발적 선택에 따라 자선의 차원에서 이루어지는 원조는 긍정적으로 평가하였다. 롤스와 싱어는 원조를 의무로 보고, 원조가 원조 주체의 사적 소유권을 침해한다고 보지 않았다.

ㄴ. 롤스와 싱어가 부정할 질문으로 B에 적절하지 않다. 롤스에게 원조의 목적은 고통받는 사회가 질서 정연한 사회가 되도록 돕는 것이고, 싱어에게 원조의 목적은 이익 평등 고려의 원칙에 따라 인류의 고통을 최소화하기 위한 것이다. 따라서 롤스와 싱어 모두 자원 분포의 우연성의 결과를 조정하려는 시도, 즉 자원의 재분배를 원조의 목적으로 삼지 않는다.

ㄷ 롤스가 긍정할 질문으로 C에 적절하다. 롤스는 고통받는 사회가 질서 정연한 사회가 되어 원조의 목표가 달성되면, 해당 국가가 빈곤으로 고통받고 있더라도 원조의 대상에서 제외되어야 한다고 원조의 목표를 규정하였다.

ㄹ 싱어가 긍정할 질문으로 D에 적절하다. 싱어는 공리주의 입장에서 원조는 비용 대비 편익을 계산하여 이루어지는 효율적인 이타주의의 실천이라고 보았다. 그리고 이익 평등 고려의 원칙에 따라 계산한다면 나에게는 반드시 필요하지 않은 사치품을 사는 것보다 그 돈을 극심한 빈곤층에게 기부하는 것이 비용 대비 더 큰 편익을 가져오는 행위가 된다.

선택형 문제로 개념 확인

(1) 노직은 해외 원조를 (윤리적 의무, 개인의 선택)(이)라고 본다.
(2) 롤스는 (빈곤한, 고통받는) 사회가 질서 정연한 사회가 되도록 하는 것이 원조의 목적이라고 본다.
(3) 싱어는 (정의의 원칙, 이익 평등 고려 원칙)에 따라 원조를 하는 것이 윤리적 의무라고 본다.

(1) 개인의 선택 (2) 고통받는 (3) 이익 평등 고려 원칙

12 해외 원조에 대한 롤스와 싱어의 입장 21학년도 수능 4번

정답 ② | 정답률 64%

갑, 을 사상가들의 입장으로 적절한 것만을 〈보기〉에서 있는 대로 고른 것은? [3점]

갑: 원조의 목적은 고통받는 사회를 질서 정연한 사회가 되도록
롤스 하는 데 있다. 어떤 사회가 합당하게 합리적으로 통치된다면, 자원이 부족해도 질서 정연한 사회가 될 수 있다.
→ 원조의 대상
→ 자원의 빈곤 여부로 원조 대상국을 결정하지 않음

을: 원조는 극단적 빈곤을 방지하기 위해 이루어져야 한다. 이 경
싱어 우 원조는 이익 평등 고려의 원칙에 따라 인종과 국적의 구분 없이 시행되어야 한다.
→ 원조의 목적
→ 세계 시민주의적 관점

〈 보기 〉

ㄱ. 갑: 사회 제도 개선을 목표로 한 원조는 빈곤 해소에 도움이 될 수 있다.

ㄴ. 갑: 원조하는 나라는 원조받는 나라의 인권 개선을 위해 강제 력을 행사할 수 있다. 없다

ㄷ. 을: 원조 주체의 경제력에 대한 고려 없이 원조가 실행되어서 는 안 된다.

ㄹ. 갑, 을: 다른 나라에 빈곤한 사람들이 있다는 사실은 필연적 으로 원조의 의무를 정당화한다.

① ㄱ, ㄴ ✔ ㄱ, ㄷ ③ ㄴ, ㄹ
④ ㄱ, ㄷ, ㄹ ⑤ ㄴ, ㄷ, ㄹ

| 자료 분석 |

갑은 롤스, 을은 싱어이다. 롤스는 정치 문화의 수준이 낮아 인권이 보장되지 않는 고통받는 사회를 민주적인 제도가 잘 정착된 질서 정연한 사회가 되도록 돕는 것이 원조의 목적이라고 본다. 그리고 고통받는 사회가 질서 정연한 사회가 된다면 해당 국가는 빈곤의 여부와 관계없이 원조의 대상에서 제외된다고 주장한다. 반면 싱어는 이익 평등 고려의 원칙에 따라 인종, 지역, 국가와 관계없이 극단적 빈곤으로 어려움을 겪는 사람들에게 원조함으로써, 전 인류의 공리를 증진하는 것이 원조의 목적이라고 본다.

| 보기 해설 |

ㄱ. 롤스는 원조 대상국의 사회 제도가 개선되면 그 사회 내에서 이루어지는 분배가 공정해질 것이므로, 사회 제도 개선이 빈곤 해소에 도움이 될 수 있다고 주장한다.

ㄴ. 롤스는 원조받는 나라(고통받는 사회)는 만민법의 적용을 받는 대상이기 때문에 인권 개선을 위함이더라도 원조받는 나라에 강제력을 행사해선 안 된다고 주장한다.

ㄷ. 싱어는 경제적 여유가 있는 사람은 원조의 의무를 지닌다고 주장하지만, 원조 주체의 과도한 희생이 따르지 않는 범위 내에서 원조가 이루어져야 한다고 본다. 즉, 싱어는 원조 주체의 경제력을 고려하여 원조가 실행되어야 한다고 주장한다.

ㄹ. 싱어에게만 해당하는 내용이다. 싱어는 공리주의의 관점에 기초하여 절대 빈곤으로 고통을 겪는 사람이 있다면 원조의 의무가 발생한다고 주장한다. 절대 빈곤에 대한 원조가 가장 효과적인 공리 증진의 방법이라고 보기 때문이다. 반면 롤스는 고통받는 사회의 여부 등을 고려하여 원조의 의무를 정당화한다.

13 해외 원조에 대한 롤스와 싱어의 입장 21학년도 6월 모평 9번

정답 ① | 정답률 37%

그림은 서양 사상가 갑, 을의 가상 대화이다. 갑, 을의 입장으로 가장 적절한 것은? [3점]

→ 원조의 목표: 질서 정연한 사회의 확립
→ 원조의 목표: 인류의 공리 증진

원조의 목표는 고통받는 사회가 만민의 사회의 완전한 성원이 되고, 그들 스스로 자신의 미래를 결정할 수 있게 돕는 데 있습니다. 원조의 의무는 고통받는 사회가 적정 수준의 기본 제도를 갖출 때까지 유효합니다.

원조의 목표는 사람들의 고통을 줄이고 기본 욕구를 충족시키는 데 있습니다. 극단적 빈곤을 겪는 사람들은 적정 체제가 갖추어지기도 전에 고통스럽게 죽어갈 것입니다. 빈민을 돕는 것은 세계 시민으로서 우리의 의무입니다.

롤스 ← 갑

을 → 싱어

✔ 갑: 원조 대상국의 정치 문화의 개선이 강제되어서는 안 된다.
② 갑: 원조는 원조 대상국의 빈곤 해소 시점까지만 행해져야 한다.
③ 을: 원조의 대상은 지리적 근접성을 기준으로 결정되어야 한다.
④ 을: 부유한 국가의 모든 시민들은 원조 대상에 포함되지 않는다.
⑤ 갑, 을: 원조 목표는 국가 간 부의 재분배를 통한 경제적 평등의 실현이다.

| 자료 분석 |

갑은 롤스, 을은 싱어이다. 롤스는 정치 문화적 수준이 낮아 인권이 보장되지 못하는 고통받는 사회가 기본 제도들을 갖추어 자립할 수 있도록 도와주는 것이 원조의 목표라고 본다. 한편 싱어에 따르면 원조란 세계적 차원의 공리 증진을 위한 것으로, 특정한 사회만이 아니라 고통을 겪는 모든 사람들을 원조의 대상으로 해야 한다.

| 선지 해설 |

① 롤스에게 있어 원조란 원조 대상국이 정치 문화를 개선할 수 있도록 돕는 것이지 이를 강제하는 것이 아니다.

② 롤스에게 원조의 목표는 고통받는 사회의 정치 문화를 개선하여 질서 정연한 사회가 되도록 돕는 것이다. 그에게 원조 대상국의 빈곤 여부는 원조의 근거가 되지 않는다.

③ 싱어는 공리의 원리를 전 세계에 확대하여 지리적 근접성과 상관없이 고통을 겪는 빈곤한 사람들을 원조의 대상으로 삼아야 한다고 보았다.

④ 싱어에게 있어 원조의 대상을 결정하는 데 중요한 요소는 어느 국가에 속하느냐가 아니라 얼마나 많은 고통을 받고 있느냐이다.

⑤ 롤스에게 원조의 목표는 고통받는 사회를 질서 정연한 사회로 만드는 것이고, 싱어에게 원조의 목표는 고통의 최소화를 통한 전 인류의 공리 증진이다.

14 해외 원조에 대한 롤스와 싱어의 입장 21학년도 9월 모평 15번 　　정답 ⑤ | 정답률 37%

(가)의 갑, 을 사상가들의 입장을 (나) 그림으로 탐구하고자 할 때, A~C
에 들어갈 적절한 질문만을 <보기>에서 있는 대로 고른 것은? [3점]

	원조의 대상　　　　　　　질서 정연한 사회가 되도록
(가)	갑:　불리한 여건으로 고통받는 사회를 돕지 않는 것은 정당화 롤스　될 수 없다. 그 사회가 스스로 미래의 경로를 결정할 수 　　　있도록 원조의 의무를 실천해야 한다.　원조의 대상 을:　절대 빈곤으로 고통받는 사람들을 방치하는 것은 정당화 싱어　될 수 없다. 전 지구적 차원에서 이익의 평등성을 고려하 　　　여 원조의 의무를 실천해야 한다.　이익 평등 고려의 원칙을 　　　　　　　　　　　　　　　　　전 지구적 차원으로 확대

(나)

```
              사상가 갑, 을의
              입장을 탐구한다.          〈범례〉
                    │              ▭ : 출발 조건
                    ▽              ◇ : 판단 내용
                 ┌─ A ─┐ 아니요     ⋯▷ : 판단 방향
              롤스(Y)│예        ▭ : 사상가의 입장
              싱어(N)│
              ┌──▽──┐        ┌──▽──┐
              │  B  │        │  C  │
              롤스(Y)│예  싱어(Y)│예
                 ▽              ▽
              ┌─────┐        ┌─────┐
              │갑의 입장│        │을의 입장│
              └─────┘        └─────┘
```

〈보기〉
ㄱ. A: 경제적 불평등을 규제하는 원칙은 원조의 근거인가?
　　　→ 정의의 원칙 중 제2원칙
ㄴ. B: 천연자원이 부족한 빈곤국도 원조 대상에서 제외 가능한가?
ㄷ. B: 원조의 목적은 고통받는 사회에 자유를 확립하는 것인가?
ㄹ. C: 원조 주체는 원조 결정 시 자기 이익을 고려해야 하는가?

① ㄱ, ㄴ　　　② ㄱ, ㄹ　　　③ ㄴ, ㄷ
④ ㄱ, ㄷ, ㄹ　✔⑤ ㄴ, ㄷ, ㄹ

자료 분석

(가)의 갑은 롤스, 을은 싱어이다. 롤스는 원조의 대상을 '고통받는 사회'로 보고 고통받는 사회가 스스로 미래의 경로를 결정할 수 있는 '질서 정연한 사회'가 되도록 돕는 것이 원조의 목적이라고 보았다. 싱어는 원조의 대상을 '고통받는 사람'으로 보고, 전 지구적 차원에서 공리의 원리를 추구하여 절대 빈곤으로 고통받는 사람들을 도와야 한다고 주장하였다.

보기 해설

ㄱ. 롤스에 따르면 원조는 정의의 문제가 아니다. '경제적 불평등을 규제하는 원칙'이란 롤스의 정의의 원칙 중 공정한 기회균등의 원칙과 차등의 원칙에 해당하는데, 롤스는 국제 사회에 이러한 원칙을 적용하지 않는다. 정의의 원칙은 기본 구조를 공유하는 사회에 적용될 수 있는데, 국제 사회의 국가 간에는 그러한 기본 구조가 성립되지 않기 때문이다.

ㄴ. 롤스에게 원조의 대상은 '고통받는 사회'이다. 이때 고통받는 사회란 정치 문화의 수준이 낮아 인권이 보장되지 않는 사회를 말한다. 따라서 롤스는 빈곤국이더라도 고통받는 사회가 아니라면 원조의 대상이 될 수 없다고 본다.

ㄷ. 롤스는 '고통받는 사회'가 '질서 정연한 사회'가 될 수 있도록 돕는 것이 원조의 목적이라고 본다. 질서 정연한 사회란 정의의 원칙에 기초해 안정된 체제를 이룬 사회로, 평등한 자유의 원칙에 의해 자유가 확립된 사회이다.

ㄹ. 싱어는 공리주의의 관점에서 자신의 이익과 타인의 이익을 동등하게 고려하는 이익 평등 고려의 원칙을 전 지구적 차원으로 확대해야 한다고 주장한다. 따라서 싱어는 원조 결정 시 자신의 이익도 고려해야 한다고 본다.

---

15 해외 원조에 대한 싱어와 롤스의 입장 20학년도 수능 15번 　　정답 ① | 정답률 59%

갑, 을 사상가들의 입장으로 적절한 것만을 <보기>에서 있는 대로 고른
것은? [3점]

　　　　　　　→ 원조의 목적: 인류의 공리 증진

갑:　우리는 이익 평등 고려의 원칙에 따라 절대 빈곤에 처한 사람
싱어　들을 도와야 한다. 사치품을 구입할 여유가 있는 사람들이 기
　　　부하지 않는 것은 막을 수 있는 죽음이 무한정 지속되는 현실
　　　에 무관심함을 드러내는 것일 뿐이다.

을:　질서 정연한 사회들의 장기 목표는 고통받는 사회들을 질서
롤스　정연한 만민 사회로 가입시키는 것이다. 이는 고통받는 사회가
　　　자신의 문제를 합당하게 관리할 수 있게 도와 만민 사회의 구
　　　성원이 되도록 하려는 것이다.　→ 원조의 목적: 정치·사회
　　　　　　　　　　　　　　　　　　　구조의 개선

〈보기〉
ㄱ. 갑: 자국민에 대한 우선적 원조가 도덕적으로 정당한 경우도
　　　있다.　→ 인류 복지 증진에 기여할 경우
ㄴ. 갑: 모든 사람은 빈곤 해소를 위한 원조에 동등한 부담을 져
　　　야 한다.
ㄷ. 을: 적정 수준의 제도 확립에 막대한 부가 꼭 필요한 것은 아
　　　니다.
ㄹ. 갑, 을: 인권이 보장된 민주주의 국가도 원조 대상에 포함된다.

✔① ㄱ, ㄷ　　　② ㄱ, ㄹ　　　③ ㄴ, ㄹ
④ ㄱ, ㄴ, ㄷ　　⑤ ㄴ, ㄷ, ㄹ

자료 분석

갑은 싱어, 을은 롤스이다. 싱어는 공리주의적 입장에서 인류의 공리 증진을 위해 국적에 상관없이 빈민을 도와야 할 의무가 있음을 강조한다. 따라서 싱어는 자신에게 큰 희생이 따르지 않는다면, 타국의 빈민을 돕기 위해 원조해야 한다고 본다. 롤스는 원조의 목적을 고통받는 사회가 자유와 평등을 누리며 인권이 보장되는 질서 정연한 사회가 되도록 돕는 것이라고 본다.

보기 해설

ㄱ. 싱어는 자국민에 대한 우선적 원조가 인류 복지 증진에 더욱 기여할 수 있다면, 공리의 원리에 근거하여 그러한 원조가 도덕적으로 정당하다고 볼 것이다.

ㄴ. 싱어는 사치품을 구입할 여유가 있는 사람들은 삶의 기본적인 부분에서조차 어려움을 겪는 빈민들을 도와야 할 전 지구적인 의무를 공정하게 나누어 가져야 한다고 주장한다. 그러나 싱어가 개인의 기본적 필요를 충족하지 못하며 사는 빈민들까지 빈곤 해소를 위해 원조의 의무를 져야 한다고 주장하는 것은 아니다.

ㄷ. 롤스는 천연자원과 부가 빈약한 사회라 할지라도, 그들의 종교적·도덕적 신념들과 문화를 떠받쳐 주는 그 사회의 정치적 평등, 법, 재산, 계급 구조가 자유로운 사회나 적정 수준의 사회를 유지할 수 있게 한다면 질서 정연한 사회가 될 수 있다고 본다.

ㄹ. 싱어에게만 해당하는 주장이다. 싱어는 원조의 목적이 인류의 복지 증진에 있다고 보기 때문에, 인권이 보장된 민주주의 국가라고 할지라도 절대 빈곤을 겪고 있는 빈민이 있다면 국가의 정치적 상황에 관계없이 원조해야 한다고 본다. 반면 롤스는 원조의 목적이 정치 구조나 제도의 개선에 있다고 보기 때문에 고통받는 사회가 인권이 보장되는 질서 정연한 사회가 된 이후에는 그 사회가 빈곤하더라도 더 이상 원조할 필요가 없다고 본다.

(가)의 갑, 을 사상가들의 입장을 (나) 그림으로 표현할 때, A~C에 해당하는 적절한 질문만을 〈보기〉에서 있는 대로 고른 것은? [3점]

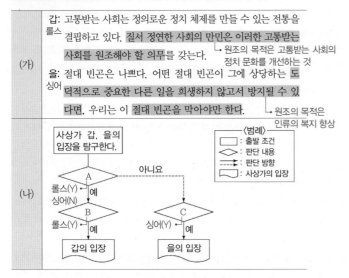

갑: 고통받는 사회는 정의로운 정치 체제를 만들 수 있는 전통을
롤스 결핍하고 있다. 질서 정연한 사회의 만민은 이러한 고통받는
사회를 원조해야 할 의무를 갖는다. → 원조의 목적은 고통받는 사회의 정치 문화를 개선하는 것

을: 절대 빈곤은 나쁘다. 어떤 절대 빈곤이 그에 상당하는 도
싱어 덕적으로 중요한 다른 일을 희생하지 않고서 방지될 수 있
다면, 우리는 이 절대 빈곤을 막아야만 한다. → 원조의 목적은 인류의 복지 향상

〈보기〉
ㄱ. A: 원조는 국가 간 복지 수준의 조정을 목표로 하는가?
→ 롤스, 싱어: 부정
ㄴ. B: 원조는 국가 간에 자원을 재분배하는 윤리적 의무인가?
→ 롤스: 부정
ㄷ. C: 질서 정연한 사회의 구성원은 원조 대상이 될 수 있는가?
→ 싱어: 긍정
ㄹ. C: 원조 주체와 대상의 이익을 평등하게 고려해야 하는가?
→ 싱어: 긍정

① ㄱ, ㄴ   ② ㄱ, ㄷ   ③ ㄷ, ㄹ
④ ㄱ, ㄴ, ㄹ   ⑤ ㄴ, ㄷ, ㄹ

| 자료 분석 |

(가)의 갑은 롤스, 을은 싱어이다. 롤스는 원조란 질서 정연한 사회의 만민이 고통받는 사회의 정치 문화를 개선할 수 있도록 도와주는 것이라고 본다. 질서 정연한 사회란 시민들의 인권이 보장되고 민주적으로 의사 결정이 이루어지는 사회이다. 반면, 싱어는 원조의 목적이 인류의 고통을 줄이고, 복지를 향상하는 것이라고 본다. 그리고 이익 평등 고려의 원칙에 따라 전 세계의 빈곤한 사람을 도와주는 것이 윤리적 의무라고 강조한다.

| 보기 해설 |

ㄱ. 롤스, 싱어 모두 부정의 대답을 할 질문이다. 롤스는 국가 간의 다양한 부와 복지 수준을 조종하는 것은 원조의 목적이 아니라고 주장한다. 그는 고통받는 사회의 정치 문화를 개선하여 질서 정연한 사회를 만드는 것이 원조의 목적이라고 본다. 싱어는 원조의 목적이 전 인류의 복지를 증진하는 것이라고 보지만, 국가 간의 상이한 복지 수준을 조정해야 한다고 주장하지는 않는다.

ㄴ. 롤스가 부정의 대답을 할 질문이다. 롤스에 따르면 원조는 자원의 재분배를 위한 의무가 아니라 고통받는 사회의 정치 문화를 개선하기 위한 윤리적 의무이다.

ㄷ. C에 적절한 질문이다. 싱어는 질서 정연한 사회의 구성원이더라도 빈곤에 시달리는 사람이 있다면, 그 빈민이 어느 사회에 속해 있는지와 상관없이 원조의 대상이 된다고 주장한다. 질서 정연한 사회의 구성원은 원조 대상이 될 수 없다고 보는 입장은 롤스이다.

ㄹ. C에 적절한 질문이다. 싱어는 공리주의적 관점에서 이익 평등 고려의 원칙을 바탕으로 원조 주체와 대상의 이익을 평등하게 고려해야 한다고 본다.

OX문제로 개념 확인

(1) 롤스에게 원조의 목표는 원조 대상국이 빈곤으로부터 벗어날 수 있도록 돕는 것이다. (   )

(2) 싱어는 고통받는 사람들을 돕기 위한 원조를 윤리적 의무로서 실천해야 한다고 주장한다. (   )

(1) X (2) O

17 해외 원조에 대한 싱어와 롤스의 입장 24학년도 7월 학평 16번

정답 ④ | 정답률 43%

갑, 을 사상가들의 입장으로 적절한 것만을 〈보기〉에서 있는 대로 고른 것은? [3점]

> 갑: 원조의 목적은 극단적인 빈곤을 줄여 인류 전체의 복리를 증
> 싱어 진하는 데 있다. 우리는 이익 평등 고려의 원칙에 따라 절대
> 빈곤에 처한 사람들을 도와야 한다. → 원조의 목적은 인류 전체의
> 이익 증진
> 을: 원조의 궁극적 목적은 고통받는 사회들의 자유와 평등을 확
> 롤스 립하는 것이다. 원조를 제공하는 질서 정연한 사회들은 부정
> (父情)주의적으로 행위 해서는 안 된다. → 원조의 목적은 그 사회의
> 자유와 평등 확립

〈 보기 〉
> ㄱ. 갑: 원조 주체는 자기희생에 따른 고통을 고려해야 한다.
> ㄴ. 을: 고통받는 사회를 위한 온정적 간섭은 바람직하지 않다.
> ㄷ. 을: 자유가 확립되지 않은 사회가 모두 원조 대상은 아니다.
> ㄹ. 갑과 을: 원조는 인류의 행복 증진을 위한 무조건적 의무이다.
> → 갑만의 입장

① ㄱ, ㄷ ② ㄱ, ㄹ ③ ㄴ, ㄹ
④ ㄱ, ㄴ, ㄷ ⑤ ㄴ, ㄷ, ㄹ

| 자료 분석 |

갑은 싱어, 을은 롤스이다. 싱어는 공리주의적 관점에서 결과적으로 고통을 감소시키고 쾌락을 증진하는 행위를 해야 한다고 주장하며 이익 평등 고려 원칙에 따라 절대 빈곤에 처한 사람들을 도와야 한다고 본다. 롤스는 불리한 여건으로 고통받는 사회를 질서 정연한 사회가 되도록 돕는 것이 원조의 목적이며, 원조를 제공하는 질서 정연한 사회들이 원조 대상 사회에 온정적, 부정적으로 행위하는 것은 그 사회의 자유와 평등을 침해하는 것으로 본다.

| 보기 해설 |

ㄱ 갑(싱어)의 입장으로 적절하다. 갑(싱어)에 따르면 공리의 원칙에 따라 원조를 통해 얻는 이익이 비용보다 큰 경우에 원조를 시행하는 것이 옳다.

ㄴ 을(롤스)의 입장으로 적절하다. 을(롤스)에 따르면 원조를 제공하는 질서 정연한 사회들이 원조 대상 사회에 온정적, 부정적으로 행위하는 것은 그 사회의 자유와 평등을 침해하는 것이다.

ㄷ 을(롤스)의 입장으로 적절하다. 을(롤스)에 따르면 자유가 확립되지 않은 사회 중 공격적이고 팽창적인 무법 사회는 원조의 대상이 될 수 없다.

ㄹ. 갑(싱어)과 을(롤스)의 공통적인 입장으로 적절하지 않다. 공리의 원리에 따른 의무적인 해외 원조를 주장하는 갑(싱어)의 입장에서는 긍정할 수 있지만, 을(롤스)에게 있어 해외 원조의 목적은 고통받는 사회가 자신들의 문제를 합당하게 그리고 합리적으로 관리할 수 있도록 도와주어서 질서 정연한 사회가 될 수 있도록 하는 것이다.

18 해외 원조에 대한 롤스와 싱어의 입장 24학년도 5월 학평 17번

정답 ① | 정답률 68%

갑, 을 사상가들의 입장으로 가장 적절한 것은? [3점]

> 갑: 우리는 고통받는 사회가 질서 정연한 국제 사회의 구성원이
> 롤스 되도록 도와야 한다. 고통받는 사회의 정치적 부정의를 교정
> 하기 위해서는 인권에 대한 강조가 필요하다.
> 을: 우리는 공리의 원리에 따라 절대 빈곤에 처한 사람을 도와야
> 싱어 한다. 단, 우리가 막으려는 절대 빈곤에 상당하는 도덕적으로
> 중요한 다른 일을 희생해서는 안 된다.

① 갑: 원조 주체는 원조 대상국에게 인권의 존중을 요구할 수 있다.
② 갑: 인권이 보장되지 않는 모든 국가는 원조의 대상이 되어야 한다.
  → 공격적이고 팽창적인 무법 국가는 원조 대상 제외
③ 을: 원조 여부를 결정할 때 원조 주체의 이익을 고려해서는 안 된다.
  고려해야 한다
④ 을: 원조의 우선순위는 원조 주체와의 인종적 친화성에 달려 있다.
  관련이 없다
⑤ 갑과 을: 고통받는 사람들의 복지 향상이 원조의 직접적 목표이다.
  을(싱어)만의 입장

| 자료 분석 |

갑은 롤스, 을은 싱어이다. 롤스는 해외 원조를 통해 고통받는 사회를 질서 정연한 사회로 만들어 구성원들이 스스로 사회 문제를 합리적으로 관리할 수 있어야 한다고 본다. 싱어는 공리주의적 입장에서 인류 전체의 고통을 감소시키는 것을 원조의 목적이라고 보고, 이를 위해 절대 빈곤에 처한 사람을 도와야 한다고 주장한다.

| 선지 해설 |

① 갑(롤스)은 원조의 목적이 고통받는 사회로 하여금 그들 자신의 문제를 합당하고 합리적으로 관리할 수 있도록 정치 체제를 개선하는 것이라고 본다. 따라서 원조 대상 국가에게 인권을 강조하는 것은 원조의 목적 실현에 도움을 줄 수 있다고 주장한다.

② 갑(롤스)에 따르면 인권이 실현되지 않는 사회에는 무법 국가와 불리한 여건으로 고통받는 사회가 있는데, 이 중에서 공격적이고 팽창적인 무법 국가는 원조의 대상이 될 수 없다고 본다.

③ 을(싱어)은 공리주의의 관점에서 원조를 통해 얻을 이익과 비용을 고려하여 원조의 여부나 대상, 중단 시기를 정해야 한다고 본다. 을(싱어)에 따르면 개인에게 지나치게 큰 희생이 따르고, 원조의 효과가 거의 없는 원조를 진행해서는 안 된다.

④ 을(싱어)은 모든 개인을 세계 시민으로 간주하고 이익을 평등하게 고려해야 한다고 주장한다. 을(싱어)에 따르면 개인에게 막대한 희생이 따르지 않는 한 고통받는 사람이 어떤 공동체의 구성원인지, 어떤 인종에 속해 있는지, 어떤 지리적 특성을 공유하는지 상관없이 원조를 해야 한다.

⑤ 갑(롤스)과 을(싱어)의 공통 입장으로 적절하지 않다. 을(싱어)의 입장으로는 적절하지만, 갑(롤스)에게 있어 원조의 목적은 질서 정연한 국가를 만드는 데에 있다. 갑(롤스)에 따르면 복지의 향상은 질서 정연한 국가에서 기대할 수 있는 간접적이고 부수적인 효과이다.

19 해외 원조에 대한 싱어와 롤스의 입장 24학년도 3월 학평 7번

정답 ④ | 정답률 65%

갑, 을 사상가들의 입장으로 적절한 것만을 〈보기〉에서 고른 것은? [3점]

> 갑: 이익 평등 고려의 원칙에 따르면 어떤 공동체의 구성원이냐가
> 싱어 원조의 의무에 결정적인 차이점을 만들어 낸다는 견해는 도
> 덕적으로 정당화되기 어렵다. → 어느 나라의 국민인지에 상관없이 원조
>
> 을: 고통받는 사회가 질서 정연한 사회의 구성원이 되어 원조의
> 롤스 목적이 달성되면, 정의로운 제도들을 지속하는 데 필요한 것
> 을 넘어서는 요구는 정당화되기 어렵다. → 원조의 목적: 사회
>   구조 개선

〈보기〉

ㄱ. 갑: 국내 부조가 해외 원조보다 우선되어야 하는 경우는 ~~존~~
   ~~재하지 않는다.~~ 존재한다

ㄴ. 을: 해외 원조의 목적 달성은 원조 대상국의 기근 해소에 도
   움이 될 수 있다.

ㄷ. 을: 질서 정연한 사회를 규제하는 ~~모든~~ 정의 원칙을 해외 원
   조에 ~~적용해야 한다.~~ 적용하지 않는다
   → 국제 사회에는 차등의 원칙을 적용하지 않음

ㄹ. 갑과 을: 해외 원조는 원조 대상국의 정치적 상황에 따라 중
   단될 수 있다.

① ㄱ, ㄴ   ② ㄱ, ㄷ   ③ ㄴ, ㄷ   ✔④ ㄴ, ㄹ   ⑤ ㄷ, ㄹ

| 자료 분석 |

갑은 싱어, 을은 롤스이다. 싱어는 공리주의적 관점에서 결과적으로 고통을 감소
시키고 쾌락을 증진하는 행위를 해야 한다고 본다. 그는 굶주림을 방치하는 것은
인류 전체의 고통을 증가시키는 것이므로 이익 평등 고려 원칙에 따라 빈곤으로
고통받는 사람들에게 원조를 해야 한다고 주장한다. 롤스는 원조의 목적이 불리
한 여건으로 고통받는 사회로 하여금 자신의 문제들을 합당하게 그리고 합리적
으로 관리할 수 있도록 질서 정연한 사회가 되도록 돕는 것에 있다고 본다. 그는
질서 정연한 사회에 진입한 이후에는 원조 대상국이 여전히 상대적으로 빈곤해
도 더 이상 원조할 필요가 없다고 주장한다.

| 보기 해설 |

ㄱ. 갑(싱어)은 자국 내에 고통받는 사람이 있다면 해외 원조보다 국내 부조를
   우선해야 한다고 말할 수 있다. 즉, 갑(싱어)은 공리주의적 관점에서 타국에
   있는 빈곤한 자를 돕는 것보다 자신의 이웃을 먼저 돕는 것이 더 효율적이라
   면 자신의 이웃을 먼저 돕는 것이 정당하다고 본다.

ⓝ 을(롤스)은 인권이 존중받을 수 있도록 사회의 기본 구조와 제도를 개선하는
   것을 원조의 직접적 목적으로 둔다. 그리고 원조 대상국의 사회 제도가 개선
   되면 그 사회 내에서 이루어지는 분배가 공정해질 것이므로, 사회 제도 개선
   이 빈곤 해소에 도움이 될 수 있다고 주장한다.

ㄷ. 을(롤스)은 국제 사회에 차등의 원칙을 적용하지 않는다. 이러한 정의의 원칙
   은 기본 구조를 공유하는 사회에 적용될 수 있는데, 국제 사회의 국가 간에
   는 그러한 기본 구조가 성립되지 않기 때문이다.

ⓡ 갑(싱어)은 공리주의적 관점에서 원조에 드는 비용이 원조를 통해 얻는 이익
   보다 크거나, 원조를 통해 방지할 해악보다 원조로 인해 더 큰 희생이 발생한
   다면 원조는 중단되어야 한다고 본다. 을(롤스)은 원조 대상국의 인권이 보장
   된다면 즉, 고통받는 사회가 구성원이 공유하는 정의관에 의해 효과적으로
   규제되는 질서 정연한 사회로 진입한다면 원조를 중단할 수 있다고 본다.

---

20 해외 원조에 대한 싱어와 롤스의 입장 23학년도 10월 학평 20번

정답 ① | 정답률 69%

갑, 을 사상가들의 입장으로 적절한 것만을 〈보기〉에서 고른 것은? [3점]

> → 이익 평등 고려의 원칙
>
> 갑: 원조의 목적은 절대 빈곤으로 인한 고통을 줄이는 것이다. 우
> 싱어 리는 나쁜 일을 방지할 수 있는 힘을 가지고 있고, 그 일에 상
> 당하는 도덕적 의미를 가진 다른 일이 희생되지 않는다면 그
> 렇게 해야만 한다.
>
> 을: 원조의 목적은 고통받는 사회를 질서 정연한 사회가 되도록
> 롤스 돕는 것이다. 천연자원과 부가 빈약한 사회라도 그 사회의 정
> 치적 전통, 법, 재산, 계급 구조가 적정 수준의 사회를 유지하
> 게 하는 것이라면 질서 정연해질 수 있다.

〈보기〉

ㄱ. 갑: 국내 부조와 해외 원조를 의무로 규정하는 근거는 다르지
   않다.

ㄴ. 을: 원조 대상국의 복지 수준 향상은 원조의 결과일 수는 있
   어도 목적일 수는 없다.

ㄷ. 을: 질서 정연한 사회의 기본 구조에 적용되는 ~~모든 원칙이~~ 해
   ~~외 원조에도 적용되어야 한다.~~

ㄹ. 갑과 을: 원조 주체의 자기 이익 고려는 해외 원조의 목적 달
   ~~성을 저해한다.~~ → 갑: 원조 주체의 자기 이익 고려가 필요하다고 봄

✔① ㄱ, ㄴ   ② ㄱ, ㄷ   ③ ㄴ, ㄷ   ④ ㄴ, ㄹ   ⑤ ㄷ, ㄹ

| 자료 분석 |

갑은 싱어, 을은 롤스이다. 싱어는 해외 원조의 목적이 고통을 감소시키고 쾌락
을 증진하는 것에 있다고 주장한다. 절대 빈곤을 방치하는 것은 인류 전체의 고
통을 증가시키는 것이며, 원조를 통해 얻는 이익이 비용보다 클 경우 어떤 공동
체의 구성원인지에 관계없이 원조를 해야 한다고 본다. 롤스는 해외 원조의 목적
이 불리한 여건으로 고통받는 사회를 질서 정연한 사회가 되도록 돕는 것에 있다
고 주장한다. 질서 정연한 사회로 진입한 이후에는 그 사회가 여전히 상대적으로
빈곤하다고 해도 더 이상의 원조는 요구되지 않는다고 본다.

| 보기 해설 |

ⓖ 싱어는 국내 부조와 해외 원조를 의무로 규정하는 근거는 공리주의적 관점
   에 따른 이익 평등 고려의 원칙에 있다고 본다.

ⓝ 롤스는 원조 대상국의 복지 수준 향상이 원조의 결과로 따라올 수는 있지만
   원조의 목적일 수는 없다고 본다. 원조의 목적은 고통받는 사회가 질서 정연
   한 사회가 되도록 돕는 것에 있다.

ㄷ. 롤스는 질서 정연한 사회의 기본 구조에 적용되는 원칙은 그 사회 내부에서
   적용되는 것이지 해외 원조에도 적용되어야 한다고 주장하지 않는다.

ㄹ. 싱어는 해외 원조를 할 때 원조 주체의 이익을 고려해야 한다고 본다. 원조를
   통해 얻는 이익이 비용보다 클 경우, 개인에게 큰 희생이 따르지 않는 경우에
   한하여 원조해야 한다고 주장한다. 롤스는 해외 원조를 할 때 원조 주체의 이
   익의 측면보다 원조 대상의 질서 정연한 사회로의 진입에 초점을 둔다.

갑, 을 사상가들의 입장으로 적절하지 않은 것은? [3점]

→ 원조의 목적: 사회 구조 개선

> 갑: 기아를 예방할 수 있는데도 정부가 국민의 굶주림을 방치하
> 롤스 는 것은 인권에 관한 관심이 부족하기 때문이다. 질서 정연한
> 정체들은 이런 일이 일어나지 않게 할 것이다. 질서 정연한 만
> 민은 고통을 겪는 사회가 인권을 보장하도록 도와야 한다.
> 을: 기아의 원인을 인구 과잉으로 보는 사람들은 최빈국에 대한
> 싱어 원조 중단으로 인구 조절이 가능하다고 주장한다. 이는 불확
> 실한 이득을 위해 악의 명백한 방지를 거부하는 것이다. 이익
> 평등 고려 원칙에 따른 원조로 악을 방지할 수 있다.
> → 원조의 목적: 인류의 복지 증진

① 갑: 원조 대상국의 인권이 보장된다면 원조를 중단할 수 있다.

② 갑: 원조는 국가 간의 정치 문화 격차를 줄이는 데 도움이 된다.

✓③ 을: 원조는 절대 빈곤의 감소 전망과 무관한 도덕적 의무이다.
　　→ 절대 빈곤의 감소를 위한 의무임

④ 을: 원조로 발생하는 악이 원조 결과로 인한 선보다 작아야 한다.

⑤ 갑과 을: 빈곤국일지라도 원조 대상에 포함되지 않을 수 있다.

| 자료 분석 |

갑은 롤스, 을은 싱어이다. 롤스는 원조의 목적이 불리한 여건으로 고통받는 사회를 질서 정연한 사회가 되도록 돕는 것이라고 보고, 고통받는 사회가 질서 정연한 사회로 진입한 이후에는 여전히 상대적으로 빈곤하다 할지라도 원조를 중단해야 한다고 주장했다. 싱어는 원조의 목적이 인류의 복지를 증진하는 것이라고 보고, 이익 평등 고려의 원칙에 따라 인종이나 국적과 관계없이 굶주림과 절대 빈곤 상황에 놓여 있는 빈민을 원조해야 할 의무가 있다고 주장했다.

| 선지 해설 |

① 롤스는 원조 대상국의 인권이 보장된다면 즉, 고통받는 사회가 구성원들이 공유하는 정의관에 의해 효과적으로 규제되는 질서 정연한 사회로 진입한다면 원조를 중단할 수 있다고 보았다.

② 롤스가 주장하는 원조의 목적은 고통받는 사회가 자신의 문제들을 합리적으로 관리할 수 있도록 도와 그 사회가 질서 정연한 만민의 사회가 되도록 하는 것이므로 원조는 국가 간의 정치 문화 격차를 줄이는 데 도움이 될 수 있다.

③ 싱어는 만약 도덕적으로 중요한 다른 일을 희생하지 않고 나쁜 일을 막을 수 있다면 그것을 해야 한다고 보았다. 싱어의 입장에서 절대 빈곤은 나쁜 것이므로 우리에게 도덕적으로 중요한 다른 일을 희생하지 않고 절대 빈곤을 막을 수 있는 힘이 있다면 이익 평등 고려 원칙에 따라 절대 빈곤자들을 도와야 한다고 주장한다. 따라서 싱어에게 원조는 절대 빈곤을 감소시킬 전망과 밀접하게 관련된 도덕적 의무이다.

④ 싱어는 공리주의적 관점에서 원조로 인해 발생하는 악이 원조 결과에 따른 선보다 크다면 원조를 중단해야 한다고 보았다. 따라서 싱어에게 원조가 도덕적으로 정당화되기 위해서는 원조로 발생하는 악이 원조 결과로 인한 선보다 작아야 한다.

⑤ 롤스는 원조의 목적은 고통받는 사회를 질서 정연한 사회가 되도록 돕는 것이므로 한 사회가 질서 정연한 사회로 진입한 이후에는 여전히 빈곤국일지라도 원조를 중단해야 한다고 보았다. 싱어는 공리주의적 관점에서 원조를 통해 얻는 이익이 원조에 따르는 비용보다 클 경우에만 원조를 해야 한다고 보았다. 따라서 원조로 인한 이익보다 원조에 따르는 비용이 더 크다면, 혹은 도덕적으로 중요성을 지닌 다른 일에 큰 희생이 따른다면 빈곤국이라 하더라도 원조 대상에 포함되지 않을 수 있다.

OX문제로 개념 확인

(1) 롤스는 원조를 통해 고통받는 사회가 경제적으로 부를 이룰 수 있도록 도와야 하는 것이 의무라고 보았다. ( )

(2) 싱어는 빈곤한 개인이 아니라 빈곤한 국가만을 대상으로 원조해야 한다고 보았다. ( )

(1) X (2) X

갑, 을 사상가들의 입장으로 적절한 것만을 〈보기〉에서 고른 것은? [3점]

> 갑: 질서 정연한 만민은 고통받는 사회들을 원조해야 한다. 만민
> 롤스   법의 사회에서 원조의 의무는 고통받는 사회들이 자유적이거
> 나 또는 적정 수준의 기본 제도들을 가질 때까지 유효하다.
>
> 을: 우리는 절대 빈곤에 빠져 있는 사람들을 원조해야 한다. 공리
> 싱어   의 관점에서 우리의 자원을 가장 효과일 수 있는 곳에 제공
> 함으로써 보다 많은 빈민들을 도와야 한다.

〈 보기 〉

ㄱ. 갑: 인권 침해가 심각한 모든 국가는 원조의 대상이 된다.
    → 무법 국가는 원조 대상에서 제외
ㄴ. 갑: 원조의 차단점을 설정하여 원조 대상국의 정치적 자율성
    을 보장해야 한다.
ㄷ. 을: 원조가 산출할 결과를 고려하여 원조의 대상을 정해야 한다.
ㄹ. 갑과 을: 원조는 국가 간 부의 차이를 줄이기 위해 행해지는
    윤리적 의무이다.

① ㄱ, ㄴ   ② ㄱ, ㄷ   ✔③ ㄴ, ㄷ   ④ ㄴ, ㄹ   ⑤ ㄷ, ㄹ

| 자료 분석 |

갑은 롤스, 을은 싱어이다. 롤스는 원조의 목적이 고통받는 사회를 질서 정연한 사회가 되도록 하는 것에 있다고 주장한다. 따라서 원조 대상국이 질서 정연한 사회에 진입한 이후에는 그 사회가 상대적으로 빈곤할지라도 더 이상의 원조는 요구되지 않는다고 본다. 싱어는 공리주의의 입장에서 인류의 고통을 감소시키고 쾌락을 증진시키는 것이 원조의 목적이라고 주장한다. 싱어는 원조를 통해 얻는 이익이 비용보다 큰 경우라면 어떤 공동체의 구성원인지에 관계없이 도와야 한다고 본다.

| 보기 해설 |

ㄱ. 롤스에 따르면 인권이 실현되지 않는 사회에는 무법 국가와 불리한 여건으로 고통받는 사회가 있는데, 이 중에서 공격적이고 팽창적인 무법 국가는 원조의 대상이 될 수 없다고 본다.

ㄴ. 롤스는 원조의 목적이 고통받는 사회가 질서 정연한 사회가 되도록 돕는 것이라고 보고, 원조 대상국이 질서 정연한 사회가 되면 여전히 상대적으로 빈곤하더라도 원조를 할 필요가 없다고 본다. 이처럼 롤스는 원조의 목표와 차단점을 설정함으로써 원조 대상국의 정치적 자율성을 보장하고자 한다.

ㄷ. 싱어는 공리주의의 관점에서 원조를 통해 얻을 이익이 비용보다 큰지 결과를 고려하여 원조의 대상을 정해야 한다고 본다. 개인에게 지나치게 큰 희생이 따르고, 원조의 효과가 거의 없다면 원조의 대상이 될 수 없다고 본다.

ㄹ. 롤스와 싱어 모두 원조가 윤리적 의무라고 보지만, 국가 간 부의 차이를 줄이기 위한 행위라고 보지 않는다. 롤스는 원조는 고통받는 사회가 질서 정연한 국제 사회의 구성원이 되도록 하는 것에 있다고 보며, 싱어는 원조는 인류의 고통을 줄이기 위한 행위라고 본다.

(가)의 갑, 을 사상가들의 입장을 (나) 그림으로 표현할 때, A~C에 해당하는 적절한 진술만을 〈보기〉에서 있는 대로 고른 것은? [3점]

(가)	갑: 원조의 의무는 절대 빈곤에 처한 사람들을 돕는 것이다. 싱어 이익 평등 고려의 원칙에 따라 빈곤으로 고통받는 사람들에게 원조를 해야 한다. 을: 원조의 의무는 고통받는 사회가 질서 정연한 사회가 될 수 롤스 있도록 돕는 것이다. 질서 정연한 사회의 만민은 고통받는 사회들을 원조해야 한다.

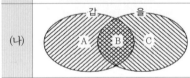

〈범례〉
A: 갑만의 입장
B: 갑, 을의 공통 입장
C: 을만의 입장

〈 보기 〉

ㄱ. A: 원조는 원조 대상뿐만 아니라 원조 주체의 이익도 증진해
    야 한다. → 원조 주체에게 큰 희생이 따르지 않는 한에서 해야 함
ㄴ. B: 자원 빈곤국을 모두 원조 대상으로 삼을 필요는 없다.
ㄷ. B: 원조 대상국의 정치적 상황을 고려하여 원조해야 한다.
ㄹ. C: 절대빈곤층의 처지 개선이 원조의 주된 목표는 아니다.

① ㄱ, ㄴ   ② ㄱ, ㄷ   ③ ㄴ, ㄹ
④ ㄱ, ㄷ, ㄹ   ✔⑤ ㄴ, ㄷ, ㄹ

| 자료 분석 |

갑은 싱어, 을은 롤스이다. 싱어는 고통을 감소시키고 쾌락을 증진하는 것이 인류의 의무이며, 절대 빈곤에 처한 사람들을 방치하는 것은 인류 전체의 고통을 증가시키는 것이라고 본다. 따라서 이익 평등 고려의 원칙에 따라 고통받는 개인의 복지를 향상시킬 수 있도록 원조를 해야 한다고 주장한다. 롤스는 원조의 목적이 고통받는 사회가 자신들의 문제를 합당하게 그리고 합리적으로 관리할 수 있도록 도와주어서 질서 정연한 사회가 될 수 있도록 하는 것이라고 본다. 따라서 이러한 목적을 성취하면 원조 대상국이 여전히 상대적으로 빈곤하다고 해도 더 이상 원조를 할 필요가 없다고 주장한다.

| 보기 해설 |

ㄱ. 싱어는 원조는 원조 대상의 고통을 감소시키고, 복지를 향상시켜야 하며, 원조 주체가 지나치게 희생하지 않는 한에서 이루어져야 한다고 본다. 원조 주체의 이익까지 반드시 증진해야 한다고 주장하지는 않는다.

ㄴ. 싱어와 롤스는 자원 빈곤국 모두를 원조 대상으로 삼을 필요는 없다고 본다. 싱어는 공리주의의 관점에서 원조를 통해 얻는 이익이 비용보다 클 경우에 한하여 도움을 주어야 한다고 본다. 롤스는 자원 빈곤국이어도 질서 정연한 사회가 되었다면 원조를 할 필요가 없다고 본다.

ㄷ. 싱어와 롤스 모두 원조 대상국의 정치적 상황을 고려해서 원조해야 한다고 본다. 싱어는 원조 대상국의 정치적 상황으로 인해 원조 효과가 비용보다 지나치게 적거나 없으면 원조하지 않을 수 있다고 본다. 롤스는 원조 대상국이 불리한 여건에 있는 고통받는 사회일 때 원조해야 하며, 질서 정연한 사회가 되면 원조할 필요가 없다고 본다.

ㄹ. 롤스는 원조의 주된 목표는 원조 대상국이 질서 정연한 국제 사회의 구성원이 되도록 하는 것에 있다고 본다. 반면, 싱어는 절대빈곤층의 처지 개선을 원조의 주된 목표로 삼는다.

24 해외 원조에 대한 싱어와 롤스의 입장 22학년도 3월 학평 13번

정답 ③ | 정답률 20%

(가)의 갑, 을 사상가들의 입장을 (나) 그림으로 표현할 때, A~C에 해당하는 적절한 진술만을 〈보기〉에서 있는 대로 고른 것은? [3점]

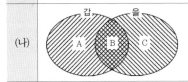

	갑 싱어	원조의 의무는 이익 평등 고려의 원칙에 따라 행해져야 한 └─▶고통받는 개인의 복지 향상을 강조함 다. 얼마나 떨어져 있고 어떤 공동체에 속하느냐는 원조를 결정하는 기준이 아니다.
(가)	을 롤스	원조의 의무는 합당하게 정의로운 자유적 만민과 적정 수 준의 만민이 불리한 여건에 의해 고통받고 있는 사회에 대 해 부담해야 할 의무이다.
(나)		〈범례〉 A: 갑만의 입장 B: 갑, 을의 공통 입장 C: 을만의 입장

〈보기〉

ㄱ. A: 빈곤에 처한 모든 사람들을 균등하게 원조해야 한다.
ㄴ. B: 원조할 때 원조 대상국의 정치적 상황을 고려해야 한다.
ㄷ. B: 원조 주체는 원조 대상국에 강제력을 행사하면 안 된다.
ㄹ. C: 질서 정연한 사회는 지구적 분배 정의의 원칙에 따라 원조
해야 한다.

① ㄱ, ㄴ　　② ㄱ, ㄹ　　✔③ ㄴ, ㄷ
④ ㄱ, ㄷ, ㄹ　　⑤ ㄴ, ㄷ, ㄹ

자료 분석

(가)의 갑은 싱어, 을은 롤스이다. 싱어는 굶주림과 질병으로 죽어가는 개인들의 고통을 방치하는 것은 인류 전체의 고통을 증가시키는 것이라고 보고, 원조를 통해 얻는 이익이 비용보다 클 경우 어떤 공동체의 구성원인지에 관계없이 원조를 해야 한다고 본다. 롤스는 불리한 여건으로 고통받는 사회를 질서 정연한 사회가 되도록 돕는 것이 원조의 목적이라고 주장한다. 그러나 고통받는 사회가 질서 정연한 사회로 진입한 후에는 그 사회가 상대적으로 빈곤하다고 할지라도 더 이상의 원조는 요구되지 않는다고 본다.

보기 해설

ㄱ. 갑(싱어)은 이익 평등 고려의 원칙에 따라 고통받는 개인의 복지를 향상시키기 위해 원조해야 한다고 주장한다. 하지만 이것이 빈곤에 처한 모든 사람에게 균등하게 원조할 것을 제시하는 것은 아니다.

ⓛ 갑(싱어)과 을(롤스)은 원조 대상국의 정치적 상황을 고려해서 원조해야 한다고 본다. 갑(싱어)은 원조를 통해 원조 대상국의 이익이 증진되고 고통이 감소할 것인지를 따져 보고, 비용 대비 이익 등을 고려하여 원조해야 한다고 주장한다. 을(롤스)은 원조 대상국의 정치적 상황이 고통받는 사회일 경우 원조를 해야 한다고 본다.

ⓓ 갑(싱어)과 을(롤스) 모두 원조 대상국에 대해 강제력을 행사하면 안 된다고 본다. 특히 을(롤스)은 원조의 목적이 원조 대상국의 정치 문화를 개선하는 것에 있지만, 그 목적을 위해 강제력을 행사해서는 안 된다고 본다.

ㄹ. 을(롤스)은 원조가 지구적 차원에서 분배 정의를 실현하는 것은 아니라고 주장한다. 그에 따르면 원조의 목적은 고통받는 사회를 질서 정연한 사회로 만드는 데 있다고 본다.

25 해외 원조에 대한 롤스와 싱어의 입장 22학년도 4월 학평 8번

정답 ② | 정답률 71%

갑, 을 사상가들의 입장으로 가장 적절한 것은? [3점]

┌─▶ 원조의 목적: 질서 정연한 사회의 확립
갑: 원조의 목적은 고통받는 사회가 정치 문화를 변경하여 질서
롤스　정연한 사회가 되도록 하는 것이다. 한 사회가 질서 정연한 사
회가 되기 위한 결정적 요소는 그 사회의 자원 수준이 아닌
정치 문화이다. ┌─▶ 원조의 목적: 인류의 복지 증진
을: 원조의 목적은 민족, 국가, 인종을 초월하여 기아에 허덕이는
싱어　사람들의 고통을 줄여 주는 것이다. 중요한 다른 일을 희생시
키지 않고 절대 빈곤을 감소시킬 수 있다면 우리는 절대 빈곤
에 처해 있는 사람들을 도울 의무가 있다.

① 갑: 원조 대상국의 인권 개선을 위한 강제력의 사용은 정의롭다.
　　　　　　　　　　　　　　　　　　　　롭지 않다
✔② 갑: 천연자원이 부족한 빈곤국이라도 원조 대상에서 제외될 수 있다.
③ 을: 원조는 원조 결과와 무관하게 실천해야 할 윤리적 의무이다.
　　　　　　　　　　유관
④ 을: 지리적 근접성을 우선적으로 고려해 원조 대상을 결정해야 한다.
　　　　　　　　　　과 무관하게
⑤ 갑, 을: 원조를 통해 모든 국가의 복지 수준을 일치시켜야 한다.

자료 분석

갑은 롤스, 을은 싱어이다. 롤스는 원조의 목적이 '고통받는 사회'를 '질서 정연한 사회'가 되도록 돕는 것이라고 본다. 그는 원조를 받는 국가의 경제적 수준, 자원의 수준이 중요한 것이 아니라 정치적 상황의 개선이 원조에 있어서 중요하다고 본다. 싱어는 공리주의의 관점에서 원조의 목적이 고통받는 인류의 복지를 향상시키는 것에 있다고 본다. 따라서 원조를 통해 얻는 이익이 비용보다 크다면 어떤 공동체, 어떤 지역의 구성원인지에 관계없이 도움을 주어야 한다고 주장한다.

선지 해설

① 갑(롤스)은 원조 대상국의 정치 문화의 변화와 인권의 개선을 원조의 목적으로 하지만, 이러한 경우에도 강제력의 사용은 정의롭지 않다고 본다. 다른 사회를 정의롭게 만드는 것이 원조의 핵심이기 때문에 원조를 하는 과정 또한 정의롭지 않은 강제력이 사용되어서는 안 된다는 것이다.

② 갑(롤스)은 한 사회가 질서 정연한 사회가 되기 위한 결정적 요소는 천연자원의 여부가 아니라 정치 문화의 수준이라고 본다. 따라서 그 사회의 정치 문화가 개선되고 질서 정연한 사회로 진입하였다면, 천연자원이 부족한 빈곤국이라도 원조 대상에서 제외될 수 있다고 본다.

③ 을(싱어)은 공리주의의 입장에서 원조의 결과를 고려한다.

④ 을(싱어)은 개인에게 막대한 희생이 따르지 않는 한 고통받는 사람이 어떤 공동체의 구성원인지, 지리적 근접성 등과 상관없이 원조를 해야 한다고 본다.

⑤ 갑(롤스), 을(싱어) 모두의 입장으로 적절하지 않다. 갑(롤스)은 원조의 목적이 모든 인류의 복지 수준을 일치시키는 것에 있지 않다고 주장한다. 을(싱어)은 원조의 목적이 고통받는 인류의 복지 향상에 있다고 주장하지만, 이것이 모든 국가의 복지 수준을 균등하게 일치시키는 것을 의미하지는 않는다.

갑, 을 사상가들의 입장으로 가장 적절한 것은? [3점]

갑: 원조의 대상을 친소 관계를 바탕으로 결정하는 것은 이익 평등 고려의 원칙에 위배된다. <u>원조는 국가나 인종에 상관없이 절대 빈곤에 처한 사람들을 돕는 것이다.</u> → 인류의 복지 증진을 위함
(싱어)

을: 원조의 목표는 사회들 간의 부와 복지의 수준을 조정하는 것이 아니다. <u>원조는 고통받는 사회가 질서 정연한 국제 사회의 구성원이 되도록 하는 것이다.</u> → 고통받는 사회의 정치·문화 개선을 위함
(롤스)

① 갑: 원조는 고통 감소 가능성에 대한 고려 없이 실시해야 한다.
② 갑: 원조는 각국의 부의 수준이 같아질 때까지 실시해야 한다.
✔③ 을: 원조 대상국은 불리한 여건으로 고통받는 사회로 국한된다.
④ 을: 원조 목적을 달성하기 위해서는 강제력의 사용도 허용된다.
⑤ 갑, 을: 원조의 주체는 민주적이면서 부유한 국가로 한정된다.

| 자료 분석 |

갑은 싱어, 을은 롤스이다. 싱어는 공리주의적 관점에서 원조에 따른 이익이 그 비용보다 크다면 어떤 공동체의 구성원인지에 관계없이 원조해야 한다고 본다. 롤스는 정치적·문화적 전통의 결여로 고통받고 있는 사회를 질서 정연한 사회가 되도록 돕는 것이 인류의 의무라고 주장한다.

| 선지 해설 |

① 싱어는 고통을 감소시키고 쾌락을 증진하는 것이 인류의 의무라고 보고, 인류 전체의 고통을 제거하여 쾌락을 증진하는 것을 원조의 목적으로 삼는다. 즉, 원조는 고통 감소 가능성을 고려해야 한다고 본다.

② 싱어는 원조의 목적이 인류 전체의 복지 증진에 있다고 보지만, 이것이 각국의 부의 수준이 같아지는 경제적 평등을 이룰 때까지 원조해야 한다고 주장하는 것은 아니다.

③ 롤스는 원조의 목적이 고통받는 사회를 질서 정연한 사회가 되도록 돕는 것이라고 보고, 어떤 사회가 질서 정연한 사회가 된 이후에는 여전히 상대적으로 빈곤하다고 할지라도 더 이상의 원조를 할 필요가 없다고 주장한다. 롤스의 관점에서 원조 대상국은 빈곤한 사회가 아니라 불리한 여건으로 인해 고통받는 사회로 국한되기 때문이다.

④ 롤스는 원조의 목적을 달성하기 위해 강제력을 발휘해서는 안 된다고 본다.

⑤ 싱어는 원조를 통해 얻는 이익이 원조의 비용보다 크다면 국가나 인종에 상관없이 누구나 절대 빈곤에 처한 사람들을 도와야 한다고 주장한다. 롤스는 질서 정연한 사회의 만민을 원조의 주체라고 보는데, 이때 질서 정연한 사회는 민주적이기는 하지만 반드시 부유한 국가를 의미하는 것은 아니다.

갑, 을, 병 사상가들의 입장으로 가장 적절한 것은? [3점]

└→ 원조에 대한 자선의 관점

> 갑: 빈곤으로 고통받는 사람에게 자신의 소유물을 자발적으로 나
> 노직　누는 것은 도덕적 행위이다. 그러나 이러한 행위를 강요하는
> 　　것은 개인의 배타적이고 절대적인 소유권을 침해하는 것이다.
>
> 을: 고통을 덜어 주어야 할 궁극적인 이유는 고통이 그 자체로 바
> 싱어　람직하지 않기 때문이다. 이익 평등 고려의 원칙에 따라 빈곤
> 　　으로 고통받는 사람들에게 원조를 해야 한다. └→ 원조의 목적: 인류
> 　　　　　　　　　　　　　　　　　　　　　　　의 복지 증진
> 병: 원조의 목적은 고통받는 사회가 자신의 문제들을 합당하게
> 롤스　합리적으로 관리할 수 있도록 도움으로써 결과적으로 질서 정
> 　　연한 국제 사회의 구성원이 되도록 하는 것이다.
> 　　　　　　　　　　└→ 원조의 목적: 고통받는 사회 → 질서 정연한 사회

① 갑: 약소국에 대한 원조는 최소 국가가 이행해야 할 도덕적 의무이다.
　　　　　　　　　　　　　　　　　　　　　　　　　　　자선
② 을: 원조를 행할 때 자신에게 미칠 손해를 계산할 필요는 없다.
　　　　　　　　　　　　　　　　　　　　　　　고려　있다
③ 병: 원조 대상 선정 시 빈곤의 원인에 대한 고려는 배제되어야 한다.
　　　└→ 롤스에게 빈곤의 원인은 부정의한 사회 체제임
④ 갑, 을: 원조의 의무를 실행하기 위해 과세를 강제해야 한다.
⑤ 을, 병: 빈곤으로 고통에 처한 국가를 원조할 필요가 없는 경우가
　　　있다.

| 자료 분석 |

갑은 노직, 을은 싱어, 병은 롤스이다. 노직은 자유 지상주의 입장에서 정당한 과정을 통해 취득한 소유물에 대해 개인은 절대적인 소유권을 지닌다고 본다. 따라서 원조는 자율적 선택의 문제이며 해외 원조나 기부를 윤리적 의무로 강제하는 것은 개인의 배타적인 소유권에 대한 침해라고 주장한다. 싱어는 인류의 고통을 감소시키고 쾌락을 증진시켜야 한다는 '최대 다수의 최대 행복'의 관점에서 어떤 공동체의 구성원인지에 관계없이 도움을 주어야 한다고 주장한다. 롤스는 원조의 목적을 불리한 여건으로 고통받는 사회가 스스로의 문제를 합당하게 해결할 수 있는 질서 정연한 사회가 되도록 돕는 것이라고 보고, 질서 정연한 사회로 진입한 이후에는 빈곤의 정도와 무관하게 원조를 중단해야 한다고 주장한다.

| 선지 해설 |

① 갑(노직)은 자선의 관점에서 개인이 자발적으로 자신의 부를 빈곤한 사람이나 약소국을 위해 사용하는 것은 칭찬할 만한 일이지만, 해외 원조나 기부를 실천해야 할 윤리적인 의무는 없다고 본다. 따라서 약소국에 대한 원조는 최소 국가가 이행해야 할 도덕적 의무가 아니며 선택의 문제라고 주장한다.

② 을(싱어)은 공리주의적 관점에서 원조의 결과에 주목한다. 따라서 을(싱어)은 원조를 행할 때 자신에게 미칠 손해와 원조의 결과를 계산할 필요가 있다고 볼 것이다.

③ 병(롤스)은 빈곤의 원인이 빈곤을 유발하는 사회 체제에서 비롯된다고 보고, 원조의 목적을 사회 체제의 변화에 둔다. 따라서 병(롤스)은 빈곤의 원인이 되는 사회 체제의 개선에 대해 고려하고 있다.

④ 갑(노직)은 원조를 자선의 차원으로 보고, 원조의 의무를 실행하기 위한 과세는 강제 노동과 같다고 주장한다. 을(싱어)은 원조를 의무로서 강조하지만, 공리주의의 관점에서 원조의 상황마다 원조의 비용과 원조의 결과에 대한 합리적 고려가 필요함을 주장한다. 따라서 을(싱어) 역시 원조의 의무 실행을 위한 강제적 과세를 주장하고 있지는 않다.

⑤ 을(싱어)은 인류의 복지 증진을 원조의 목적으로 삼고 있지만, 원조를 통해 얻는 이익이 비용보다 적을 경우에 원조를 중단할 수 있다고 본다. 또한 병(롤스)은 빈곤한 국가가 질서 정연한 사회로 진입한 이후에는 여전히 상대적으로 빈곤하다 할지라도 더 이상의 원조가 필요하지 않다고 주장한다. 따라서 두 사상가 모두 빈곤으로 고통에 처한 국가를 원조할 필요가 없는 경우가 있다고 볼 것이다.

그림은 서술형 평가 문제와 학생 답안이다. 학생 답안의 ㉠~㉤ 중 옳지 **않은** 것은?

서술형 평가

◎ 문제: 해외 원조에 대한 갑, 을 사상가들의 입장을 비교하여 서술하시오.

갑: 자신에게 도덕적으로 중요한 일들을 희생시키지 않는다면, <u>모든 사람의 이익을 평등하게 고려하여 절대 빈곤으로 고통받는 사람들을 도와야 한다.</u> → 원조의 목적: 인류의 복지 증진
싱어

을: 고통받는 사회가 자신들의 문제를 합당하고 합리적으로 관리할 수 있도록 도와서, <u>결과적으로 질서 정연한 사회의 구성원이 되도록 원조해야 한다.</u> → 원조의 목적: 고통받는 사회의 정치 제도 개선
롤스

◎ 학생 답안

  갑, 을의 입장을 비교하면, 갑은 ㉠ <u>원조를 실행할 때 원조를 받는 사람들의 국적은 도덕적 고려 대상이 아니라고 보며,</u> ㉡ <u>인권이 보장된 국가의 빈민에게도 원조할 수 있다고 주장하였다.</u> 을은 ㉢ <u>질서 정연한 사회의 빈민도 원조 대상에 포함시켜야 한다고 보며,</u> ㉣ <u>원조를 받는 국가가 민주적 가치를 중시하는 제도와 규범을 갖춘다면 원조는 중단될 수 있다고 주장하였다.</u> 한편, 갑, 을은 모두 ㉤ <u>원조는 자선의 차원이 아니라 윤리적 의무임을 강조하였다.</u>

① ㉠   ② ㉡   ✔③ ㉢   ④ ㉣   ⑤ ㉤

| 자료 분석 |

갑은 싱어, 을은 롤스이다. 싱어는 이익 평등 고려의 원칙에 따라 인류의 공리 증진을 위한 해외 원조가 윤리적 의무라고 주장하였다. 또한 불필요한 재화를 소비하는 데 비용을 지불하는 것보다 이를 극심한 빈곤으로 고통받는 사람들을 위해 쓰는 것이 더 효율적이라고 보았다. 한편 롤스는 원조의 목표가 고통받는 사회가 질서 정연한 사회가 되도록 돕는 데 있다고 보고, 원조를 받는 국가가 질서 정연한 사회가 되었다면 비록 여전히 빈곤할지라도 원조의 대상에서 제외된다고 보았다.

| 선지 해설 |

① 싱어는 이익 평등 고려의 원칙에 따라 원조를 결정할 때 원조 대상의 국적이나 물리적 거리는 도덕적 고려 대상이 아니라고 주장하였다.

② 싱어는 인권이 보장된 국가이더라도 극심한 빈곤으로 인해 고통받는 빈민이 있다면 원조의 대상이 될 수 있다고 보았다.

③ 롤스는 질서 정연한 사회의 빈민은 원조의 대상이 아니라고 보았다. 롤스에게 원조의 대상은 정치 문화의 수준이 낮고 인권이 보장되지 않는 고통받는 사회에 한정된다.

④ 롤스는 원조를 받는 국가, 즉 고통받는 사회가 질서 정연한 사회가 된다면 해당 국가의 빈곤 여부와는 상관없이 원조는 중단된다고 보았다.

⑤ 싱어와 롤스는 모두 원조를 윤리적 의무로서 강조하였다. 원조를 자선의 차원에서 강조한 사상가는 노직이다.

갑, 을 사상가들의 입장으로 적절한 것만을 〈보기〉에서 있는 대로 고른 것은? [3점]

 고통을 줄이고 쾌락을 늘림

갑: <u>원조는 이익 평등 고려의 원칙에 따라 행해져야 한다.</u> 우리가 싱어 중요한 어떤 일들을 희생하지 않고도 극단적인 빈곤을 방지하거나 생명을 구할 수 있다면, 그렇게 해야 한다.

을: <u>원조의 목표는 고통받는 사회가 질서 정연한 국제 사회의 완</u> 롤스 <u>전한 성원이 되고,</u> 그들 스스로 자신의 미래의 경로를 결정할 수 있도록 돕는 것이다. → 사회 구조의 개선이 원조의 목표

〈 보기 〉

ㄱ. 갑: 인류 전체의 고통을 감소시키기 위해 원조를 해야 한다.

ㄴ. 갑: 원조의 효율성에 따라 원조의 우선순위를 정할 수 있다. → 공리주의를 기준으로 함

ㄷ. 을: 원조 대상국이 정의로운 체제를 갖추면 원조를 중단해야 한다.

ㄹ. 갑, 을: 원조의 목적은 국가 간 평균적 부의 차이를 줄이는 것이다.

① ㄱ, ㄷ   ② ㄴ, ㄹ   ③ ㄷ, ㄹ
✔④ ㄱ, ㄴ, ㄷ   ⑤ ㄱ, ㄴ, ㄹ

| 자료 분석 |

갑은 싱어, 을은 롤스이다. 싱어는 공리주의적 관점에서 원조를 통해 얻는 이익이 원조에 드는 비용보다 클 경우 이익 평등 고려의 원칙에 따라 어떤 공동체의 구성원인지에 관계없이 원조를 해야 한다고 본다. 롤스는 원조의 목적이 불리한 여건으로 고통받는 사회의 구조를 개선하여 질서 정연한 사회가 될 수 있도록 돕는 것이라고 본다. 그리고 해당 사회가 질서 정연한 사회가 되었다면 이후에는 그 사회가 여전히 빈곤하다 할지라도 원조의 대상에서 제외된다고 주장한다.

| 보기 해설 |

ㄱ. 싱어는 공리주의적 관점에서 고통을 감소시키고 쾌락을 증진하는 것이 인류의 의무라고 본다. 따라서 싱어는 고통받는 인류를 방치하는 것은 인류 전체의 고통을 증가시키는 것이므로 인류 전체의 고통을 감소시키기 위해 원조를 해야 한다고 주장한다.

ㄴ. 싱어는 우리가 얼마 되지 않는 비용을 가지고 곤궁한 타인의 복리에 절대적으로 중요한 변화를 일으킬 수 있다면, 원조를 도덕적 의무로 받아들여야 한다고 주장한다. 즉, 싱어에게 원조 여부를 결정하는 중요한 기준은 유용성이므로, 싱어는 원조의 효율성에 따라 원조의 우선순위를 정할 수 있다고 본다.

ㄷ. 롤스는 스스로 자신들의 문제를 합당하고 합리적으로 관리하기 어려운 여건에 놓인 고통받는 사회를 원조의 대상으로 한정한다. 따라서 원조 대상국이 정의로운 체제를 갖추면 해당 국가가 여전히 빈곤한 상황이더라도 원조를 중단해야 한다고 본다.

ㄹ. 싱어는 원조의 목적이 인류가 겪고 있는 고통을 감소시키고 쾌락을 증진함으로써 인류의 행복을 증진하는 것이라고 본다. 롤스는 원조의 목적이 불리한 사회적 여건으로 인해 고통받는 사회를 질서 정연한 사회가 되도록 돕는 것이라고 본다. 따라서 싱어와 롤스는 모두 원조의 목적이 국가 간 평균적 부의 차이를 줄이는 것이라고 보지 않는다.

30   해외 원조에 대한 롤스와 싱어의 입장 20학년도 10월 학평 17번   정답 ① | 정답률 44%

갑, 을 사상가들의 입장만을 〈보기〉에서 있는 대로 고른 것은? [3점]

원조의 목적: 질서 정연한 사회의 확립 ◀

갑 | 롤스: 원조를 통해 세계의 가난한 사람들을 자유로운 사회의 자유롭고 평등한 시민 또는 적정 수준의 사회 구성원이 될 수 있는 수준까지 끌어올려야 한다. ▶ 원조의 목적: 인류의 공리 증진 (고통의 완화)

을 | 싱어: 원조는 지구적 차원에서 빈민의 복지 증진을 목표로 한다. 신발 한 켤레 값으로 개발도상국 어린이의 생명을 구할 수 있다면 세계 시민으로서 그렇게 해야만 한다.

―――〈보기〉―――
ㄱ. 갑: 원조 대상에서 정의의 원칙이 확립된 사회는 제외된다.
ㄴ. 갑: 원조의 직접적 목표는 인권 보장과 생활 수준 향상이다.
ㄷ. 을: 원조는 부국보다 빈국의 빈민을 도울 때 더 효율적이다.
ㄹ. 갑, 을: 원조는 빈곤이 해소될 때까지 계속되어야만 한다.

✓① ㄱ, ㄷ   ② ㄴ, ㄹ   ③ ㄷ, ㄹ
④ ㄱ, ㄴ, ㄷ   ⑤ ㄱ, ㄴ, ㄹ

| 자료 분석 |

갑은 롤스, 을은 싱어이다. 롤스는 원조를 통해 고통받는 사회가 적정 수준의 사회(질서 정연한 사회)가 될 수 있도록 돕는 것이 원조의 목적이라고 보았다. 싱어는 공리의 원리에 기초하여 빈민의 고통을 줄이고 전 인류의 공리를 증진하는 것이 원조의 목적이라고 보았다. 두 사상가는 공통적으로 해외 원조가 의무의 차원에서 수행되어야 한다고 보았다.

| 보기 해설 |

(ㄱ) 롤스는 정의의 원칙이 확립되지 않아 인권이 침해되고 고통받는 사회를 원조의 대상으로 보았다. 따라서 정의의 원칙에 기초하여 자유와 인권이 확립된 사회, 즉 질서 정연한 사회는 롤스에게 원조의 대상이 아니다.

ㄴ. 롤스는 원조의 직접적 목표가 고통받는 사회가 자유와 인권이 확립된 질서 정연한 사회로 성장할 수 있도록 돕는 것이라고 보았다. 생활수준의 향상과 같은 복지의 증진은 롤스에게 있어 원조의 목표가 아니다.

(ㄷ) 싱어는 공리의 원리에 따라 고통의 크기를 고려하여 공리를 극대화할 수 있는 결정을 해야 한다고 보았다. 따라서 부유한 국가보다 가난한 국가의 빈민을 돕는 것이 더 효율적이라고 주장할 것이다.

ㄹ. 롤스에게 원조의 목표는 빈곤의 해소가 아니다. 빈곤으로 인한 고통의 완화와 해소를 원조의 목적으로 삼는 것은 싱어의 입장에만 해당한다.

---

31   해외 원조에 대한 롤스와 싱어의 입장 21학년도 3월 학평 11번   정답 ② | 정답률 39%

(가)의 갑, 을 사상가들의 입장을 (나) 그림으로 표현할 때, A~C에 해당하는 적절한 진술만을 〈보기〉에서 고른 것은? [3점]

(가)
갑 | 롤스: 고통받는 사회가 빈곤에 처한 결정적 요소는 정치 문화의 결함이다. 원조를 통해 고통받는 사회가 질서 정연한 사회로 편입하도록 도와야 한다. ▶ 원조의 목적: 정치 문화의 개선

을 | 싱어: 세계를 지금 이대로 방치한다면 질서 정연한 사회가 되기도 전에 많은 생명이 희생될 것이다. 이익 평등 고려의 원칙에 따라 원조를 해야 한다. ▶ 원조의 목적: 인류의 복지 향상

(나)
롤스만(Y) 갑 을 싱어만(Y)
〈범례〉
A: 갑만의 입장
B: 갑, 을의 공통 입장
C: 을만의 입장
▶ 롤스, 싱어 둘 다(Y)

―――〈보기〉―――
ㄱ. A: 원조의 목적은 대상국이 자유롭거나 적정 수준의 사회가 되게 하는 것이다. → 롤스만의 입장 ▶ 질서 정연한 사회가 되게 하는 것
ㄴ. B: 원조는 공리의 원리에 따라 마땅히 실천해야 할 윤리적 의무이다. → 싱어만의 입장 C
ㄷ. B: 어떤 사회가 경제적으로 풍요롭지 않더라도 원조의 주체가 될 수 있다. → 롤스, 싱어 모두 긍정할 입장
ㄹ. C: 국가 간 부의 재분배를 통해 원조의 목표를 달성하려는 것은 잘못이다. → 롤스, 싱어 모두 긍정할 입장 B

① ㄱ, ㄴ   ✓② ㄱ, ㄷ   ③ ㄴ, ㄷ   ④ ㄴ, ㄹ   ⑤ ㄷ, ㄹ

| 자료 분석 |

(가)의 갑은 롤스, 을은 싱어이다. 롤스는 해외 원조가 도덕적 의무라고 보고, 불리한 여건으로 고통받는 사회를 질서 정연한 사회가 되도록 돕는 것이 원조의 목적이라고 주장한다. 싱어는 공리주의적 관점에서 이익 평등 고려의 원칙에 따라 원조를 통해 얻는 이익이 원조에 들어가는 비용보다 클 경우, 어떤 공동체의 구성원인지에 상관없이 해외 원조를 해야 할 의무가 있다고 본다.

| 보기 해설 |

(ㄱ) 롤스는 빈곤이 사회 구조적인 결함으로 인해 발생한다고 보고, 고통받는 사회의 사회 구조가 개선되어 빈곤의 문제를 합당하고 합리적으로 관리할 수 있는 질서 정연한 사회가 되도록 돕는 것이 원조의 목적이라고 본다.

ㄴ. 롤스는 원조가 고통받는 사회를 질서 정연한 사회가 되도록 하기 위한 윤리적 의무라고 본다. 싱어는 공리주의적인 측면에서 인류의 고통을 감소시키고 쾌락을 증진하는 것이 인류의 의무이므로, 원조는 인류가 행해야 할 윤리적 의무라고 본다. 따라서 해당 내용은 싱어만의 입장인 C에 들어가야 한다.

(ㄷ) 롤스는 질서 정연한 사회의 만민은 경제적으로 풍요롭지 않더라도 고통받는 사회를 도울 의무가 있으며, 원조의 주체가 될 수 있다고 본다. 싱어는 원조를 통해 얻는 이익이 원조에 들어가는 비용보다 클 경우, 경제적으로 풍요롭지 않은 사회의 구성원도 원조의 주체가 될 수 있다고 본다.

ㄹ. 롤스는 국가 간 부의 재분배가 아니라 고통받는 사회의 사회 구조적 여건을 개선하는 것이 원조의 목적이라고 본다. 싱어는 빈곤으로 고통받는 사람에게 원조함으로써 인류의 복지를 증진시키고자 하는 것이지, 국가 간 부의 재분배를 원조의 목적으로 여기지 않는다. 따라서 해당 내용은 롤스와 싱어의 공통 입장인 B에 들어가야 한다.

(가)를 주장한 사상가의 입장에서 (나)의 갑, 을, 병에게 제기할 수 있는 적절한 비판만을 〈보기〉에서 있는 대로 고른 것은? [3점]

(가) 싱어	우리는 세계가 하나라는 생각에 기초하여 이익 평등 고려의 원칙에 따라 국가적인 경계를 넘어서 원조를 의무적으로 실천해야 한다.
(나) 나딩스 롤스	갑: 우리는 모든 사람을 배려할 수 없다. 우리는 배려자로서 우리 앞의 타자를 먼저 만나야 한다. 을: 원조는 질서 정연한 사회 체제를 설립하려는 만민들을 돕는 큰 기획의 한 방편이다. 병: 개인은 정당하게 얻은 소유물에 대해 타인의 고통과 무관하게 절대적 소유 권리를 지닌다.

〈 보기 〉
ㄱ. 갑은 친소 관계를 고려하지 않고 원조해야 함을 간과한다.
ㄴ. 을은 공리의 원칙을 해외 원조에 적용해야 함을 간과한다.
ㄷ. 병은 원조를 위해 재산의 일부를 기부해야 함을 간과한다.
ㄹ. 갑, 을은 원조 주체가 개인으로 한정되어야 함을 간과한다.
　→ 싱어는 원조 주체를 개인으로 한정하지 않으므로 갑, 을에게
　　제기할 비판으로 적절하지 않음

① ㄱ, ㄴ   ② ㄱ, ㄹ   ③ ㄷ, ㄹ
④ ㄱ, ㄴ, ㄷ   ⑤ ㄴ, ㄷ, ㄹ

| 자료 분석 |

(가)를 주장한 사상가는 싱어이다. 싱어는 공리주의적 입장에서 빈곤으로 고통받는 사람들이 원조를 받아 얻는 이익이 원조를 하는 사람이 부담하는 비용보다 더 크다면, 우리는 빈곤과 기아에 시달리는 사람들에게 원조해야 할 의무가 있다고 주장하였다. (나)의 갑은 나딩스, 을은 롤스, 병은 노직이다. 나딩스는 배려 윤리를 주장하며, 내 주변, 인간, 자연으로 배려의 대상을 확대해 나가야 한다고 주장하였다. 롤스는 원조의 목적을 불리한 여건으로 '고통받는 사회'를 '질서 정연한 사회'가 되도록 돕는 것이라고 보았다. 노직은 정당하게 취득한 재산에 대한 배타적 소유권을 강조하며 원조는 개인의 자율적 선택에 맡겨야 한다고 보았다.

| 보기 해설 |

ㄱ 싱어가 나딩스에게 제기할 비판으로 적절하다. 싱어는 공리의 원칙을 바탕으로 친소 관계를 고려하지 않고 원조해야 한다고 보면서, 내게 가까운 이웃을 돕는 것과 먼 거리에 있는 사람을 돕는 것 사이에는 어떠한 도덕적 차이도 없다고 주장하였다.

ㄴ 싱어가 롤스에게 제기할 비판으로 적절하다. 롤스는 고통받는 사회를 질서 정연한 사회가 되도록 돕는 것이 원조의 목적이라고 보았지만, 싱어는 인류 전체의 공리 증진이라는 공리주의적 입장에서 원조의 의무를 실천해야 한다고 주장하였다.

ㄷ 싱어가 노직에게 제기할 비판으로 적절하다. 싱어는 자기 가족의 기본적인 욕구를 충족하고도 남는 소득이 있는 모든 사람들은 자신의 소득 중 1%를 기부해야 한다고 주장하였다. 반면 노직은 기부를 개인의 자율적 선택에 맡겨야 한다고 보았다.

ㄹ. 싱어는 개인과 국가 모두 원조의 주체가 될 수 있다고 보았으므로, 나딩스와 롤스에게 제기할 비판으로 적절하지 않다.

33 해외 원조에 대한 롤스와 싱어의 입장 24학년도 10월 학평 5번

정답 ② | 정답률 81%

갑, 을 사상가들의 입장으로 가장 적절한 것은? [3점]

> 갑: 질서 정연한 만민은 고통받는 사회들을 원조해야 한다. 고통
> 롤스 받는 사회는 정치적이며 문화적인 전통들, 즉 인적 자본과 기
> 술 수준, 질서 정연한 사회가 되는 데 필요한 물질적 및 과학
> 기술적 자원들이 결핍되어 있다.
>
> 을: 절대 빈곤은 고통스러운 삶의 조건이다. 도덕적으로 마찬가지
> 싱어 로 중요한 일을 희생시키지 않고 절대 빈곤을 감소시킬 수 있
> 는 풍요로운 사람은 절대 빈곤에 빠진 사람을 마땅히 도와야
> 한다.

① 갑: 고통받는 사회들만 해외 원조의 대상으로 삼는 것은 옳지 않다.
　　　　　　　　　　　　　　　　　　　　　　　　　옳다

✔️ 갑: 서로 다른 만민 간 평균적 부의 차이를 좁히는 것은 해외 원조
의 목표가 아니다. → 갑(롤스)은 부의 불평등 자체를 문제라고 말하지 않음

③ 을: 해외 원조는 칭찬받을 만한 가치가 있지만 당위가 아닌 자선
행위이다. → 을(싱어)의 입장에서 해외 원조는 의무

④ 을: 해외 원조가 가져올 결과에 따라 원조의 이행 여부가 결정되어
서는 안 된다.

⑤ 갑과 을: 해외 원조는 경제적 불평등을 규제하는 분배 정의 원칙
에 근거해야 한다. → 갑(롤스)과 을(싱어) 모두 동의하지 않는 입장

자료 분석

갑은 롤스, 을은 싱어이다. 롤스는 그 사회의 경제적인 여건과는 별개로 불리한 여건 때문에 고통받는 사회를 질서 정연한 사회가 되도록 돕는 것이 원조의 목적이라고 본다. 싱어는 다른 국적, 인종을 가진 사람이라도 세계 시민으로 간주하며 굶주림을 방치하는 것은 인류 전체의 고통을 증가시키는 것이므로 이익 평등 고려 원칙에 따라 빈곤으로 고통받는 사람들에게 원조를 해야 한다고 주장한다.

선지 해설

① 갑(롤스)의 입장으로 적절하지 않다. 갑(롤스)에 따르면 고통받는 사회만이 원조 대상의 기준이 된다.

②갑(롤스)의 입장으로 적절하다. 갑(롤스)에 따르면 해외 원조의 목적은 원조 대상국이 질서 정연한 사회가 되도록 돕는 것이다.

③ 을(싱어)의 입장으로 적절하지 않다. 을(싱어)에 따르면 해외 원조는 세계 시민으로서의 의무에 해당하기 때문에 해외 원조는 자선이 아닌 당위적인 관점에서 행해져야 한다.

④ 을(싱어)의 입장으로 적절하지 않다. 을(싱어)은 어떤 행위가 가져올 결과가 가져올 쾌락과 고통, 이익과 비용을 계산하는 공리주의적 관점을 따른다. 따라서 해외 원조 또한 그것이 가져올 결과에 따라 행해져야 한다고 본다.

⑤ 갑(롤스)과 을(싱어)의 공통적인 입장으로 적절하지 않다. 갑(롤스)에 따르면 차등의 원칙 등의 분배 정의 원칙은 해외 원조에 적용되지 않으며, 해외 원조의 근거 또한 고통받는 사회를 질서 정연하게 만드는 것이다. 을(싱어)에 따르면 해외 원조의 목적은 국가 간 평균적 부의 격차를 줄이는 것이 아니라 인류 전체의 이익 증진 혹은 인류 전체의 고통 감소이다.

(가)의 갑, 을 사상가들의 입장을 (나) 그림으로 탐구하고자 할 때, A~C에 들어갈 적절한 질문만을 〈보기〉에서 고른 것은? [3점]

(가)	갑 싱어	자기 가족의 기본적 필요를 충족하고도 소득이 남는 사람은 이익 평등 고려의 원칙에 따라 세계 극빈자 구호에 기부해야 할 의무가 있다.
	을 롤스	원조의 목적은 고통받는 사회가 자신들의 문제를 합당하고 합리적으로 관리할 수 있도록 도와 질서 정연한 만민들의 사회로 가입시키는 것이다.

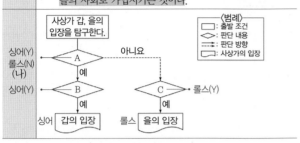

─────〈 보기 〉─────
ㄱ. A: 절대 빈곤 감소는 원조의 정당화 조건이 될 수 있는가?
  → 갑(싱어)과 을(롤스) 모두 긍정
ㄴ. B: 원조 대상의 기본적 필요 충족은 원조 중단의 근거가 될 수 있는가?
ㄷ. B: 원조 대상의 고통을 방지하기 위해 원조 주체의 처지 개선이 유보될 수 있는가?
ㄹ. C: 원조 대상국 내부의 불평등 감소를 원조의 목적으로 삼는 것은 불가능한가?

① ㄱ, ㄴ   ② ㄱ, ㄷ   ③ ㄴ, ㄷ   ④ ㄴ, ㄹ   ⑤ ㄷ, ㄹ

| 자료 분석 |

갑은 싱어, 을은 롤스이다. 싱어는 원조의 목적을 인류 전체의 고통을 감소시키고 쾌락을 증진하는 것이라고 본다. 또한 원조를 통해 얻는 이익이 원조에 드는 비용보다 클 경우 원조 대상자가 어떤 공동체의 구성원인지에 관계없이 원조를 해야 한다고 주장한다. 롤스는 원조의 목적을 불리한 여건으로 인해 고통받는 사회를 질서 정연한 사회가 되도록 돕는 것이라고 본다.

| 보기 해설 |

ㄱ. 갑(싱어)과 을(롤스) 모두 긍정할 질문으로, A에 들어가기에 적절하지 못하다. 갑(싱어)은 절대 빈곤의 감소가 원조의 목적이자 정당화 조건이라고 말한다. 을(롤스)은 고통받는 사회를 질서 정연하게 만드는 것이 해외 원조의 주된 목적이라고 말하는데, 만약 어떤 사회가 절대 빈곤으로 인해 고통받고 있다면 이를 해소하는 것이 원조의 정당화 조건이 될 수 있다고 볼 것이다.

ㄴ. 갑(싱어)이 긍정할 질문으로 B에 들어가기에 적절하다. 갑(싱어)은 극단적 빈곤을 방지하는 것이 원조의 목적이라고 보며, 원조 대상이 기본적 필요를 충족했다면 해당 대상에 원조를 중단하고 새로운 원조 대상을 찾을 수 있다고 본다.

ㄷ. 갑(싱어)이 긍정할 질문으로 B에 들어가기에 적절하다. 갑(싱어)은 원조 행위가 원조 주체에게 더 큰 고통을 안겨주지 않는다면 원조 대상이 고통을 받고 있을 때, 원조 주체가 조금 더 나은 삶을 사는 것을 양보하고 소득의 일부를 기부할 수 있어야 한다고 말한다.

ㄹ. 을(롤스)이 부정할 질문으로 C에 들어가기에 적절하지 못하다. 을(롤스)은 원조 대상국 내부에 자유, 인권 등이 불평등하게 존재하고 이로 인해 고통받는 사회가 되었다면 이 불평등을 감소시키는 것이 원조의 목적이 될 수 있다고 본다.

01 ⑤	02 ③	03 ①	04 ①	05 ⑤	06 ③
07 ①	08 ②	09 ⑤	10 ③	11 ③	12 ③
13 ⑤	14 ⑤	15 ④	16 ⑤	17 ①	18 ②
19 ③	20 ④	21 ②	22 ③	23 ⑤	24 ②

01 뇌사의 윤리적 쟁점   정답 ⑤

선택 비율	① 35%	② 4%	③ 18%	④ 2%	⑤ 41%

오답 피하기

정답은 ⑤인데 학생들이 오답인 ①번을 선택한 경우가 많았다. 이는 ①번 선택지를 '뇌 활동의 영구적인 정지 또한 죽음으로 인정해야 하는가?'라고 착각한 것이 아닐까 생각된다. 해당 내용으로 이해했을 때 큰 틀에서는 뇌사 자체에 대한 윤리적 쟁점이 성립된다고 볼 수도 있으나, 해당 문제에 제시된 토론에서는 뇌사를 인정했을 때 사회적 자원의 활용에 미치는 영향에 대해 주목하고 있다. 따라서 해당 문항의 풀이를 위해서는 뇌사와 관련된 주요 쟁점을 명확하게 파악할 필요가 있다.

자료 분석

갑은 인간다움이 뇌의 활동에서 나오는 것으로, 뇌사를 인정하면 의료 자원을 아낄 수 있고 뇌사자의 장기 이식으로 다른 생명을 살릴 수 있어 뇌사를 죽음으로 인정해야 한다고 본다. 을은 심폐사만을 죽음으로 인정해야 하며, 인간의 죽음을 경제적 측면에서 판단하는 것은 인간의 생명을 경시하게 될 수 있다고 본다.

선지 해설

① 을은 심폐 활동의 정지만을 죽음으로 인정하고, 갑은 심폐 활동과 더불어 뇌의 활동의 정지 여부를 죽음의 기준으로 삼고자 한다.

② 갑과 을 모두 기술적으로 뇌사자의 장기를 활용할 수 있다고 보지만, 을은 이를 허용할 경우 인간의 생명이 경시될 수 있다고 본다.

③ 갑과 을 모두 죽음의 시점에 관한 사회적 합의가 필요하다고 보지만, 그 시점에 대한 견해의 차이가 있다.

④ 갑과 을 모두 심폐 활동이 정지된 경우 죽음이라고 본다.

⑤ 갑은 뇌 활동의 정지를 죽음으로 보아 뇌사자의 장기를 활용하고자 하고, 을은 뇌사자의 장기를 활용하는 것은 인간 생명의 가치를 경시하게 될 수 있다고 본다.

02 인공 임신 중절 찬반 논쟁   정답 ③

선택 비율	① 3%	② 2%	③ 40%	④ 4%	⑤ 51%

오답 피하기

정답인 ③번보다 오답인 ⑤번의 선택률이 더 높았는데, 이는 많은 학생들이 보기 ㄷ을 제대로 해석하지 못하였기 때문일 것이다. 보기 ㄷ은 을이 태아를 '현재의' 합리적·자의식적인 존재로 보고 있다는 내용이다. 그러나 을은 태아를 '미래의' 합리적·자의식적인 존재라고 본다. 따라서 보기 ㄷ은 오답이다. 이처럼 생명 윤리 단원의 경우, 각 입장을 이분법적으로 나누어 키워드만을 찾기보다 각 입장을 끝까지 읽고 보기를 꼼꼼히 파악하는 습관이 필요하다.

자료 분석

갑은 임신부의 결정에 의해 인공 임신 중절을 할 수 있다고 보고, 을은 인공 임신 중절이 옳지 않다고 본다. 갑은 태아가 인간 생명체이지만 완전한 인격이 아니기에 부분적인 도덕적 지위를 지닌다고 본다. 따라서 태아를 함부로 죽이는 것은 안 되지만, 임신부의 질병 등 현재의 상황이 좋지 않을 경우에는 임신 중절을 허용해야 한다고 본다. 반면 을은 태아를 잠재적 인간으로 규정한다. 따라서 태아에게는 인간과 같은 생명권이 있으므로 태아를 해치는 것은 옳지 않다고 본다.

보기 해설

ㄱ. 갑은 임신부의 권리를 우선적으로 보호해야 한다는 입장이므로 태아의 권리와 임신부의 권리를 동등하게 대우해야 한다고 보지 않는다.

ㄴ. 을은 태아가 임신 순간부터 한 인간으로 성장할 잠재성을 지닌 인간이라고 주장하므로 태아는 특별한 방해가 없는 한 하나의 인격체로 자랄 것이라고 본다.

ㄷ. 을은 태아가 현재가 아닌 미래에 합리적이고 자의식적인 존재가 될 것이라고 주장한다.

ㄹ. 갑은 태아의 부분적인 도덕적 지위를 인정하므로 태아를 단순한 세포 조직으로 보고 있지 않다. 다만 임신부의 질병이나 처한 상황이 좋지 않을 시에는 임신 중절을 허용해야 한다고 본다. 을은 태아를 잠재적인 인간으로 간주하고 태아의 생명권을 존중해야 한다고 본다. 따라서 갑과 을 모두 태아를 단순한 세포 조직처럼 함부로 대우해서는 안 된다고 본다.

03 가족 윤리에 대한 유교의 입장   정답 ①

선택 비율	① 34%	② 15%	③ 25%	④ 5%	⑤ 21%

오답 피하기

정답인 ①번 선지를 제외하고 ③번 선지를 오답으로 선택한 학생들이 많았다. 아마도 형제는 상하 관계가 아니라 수평적인 관계라고 보고, '어른과 어린이 사이에 차례가 있어야 한다.'라는 장유유서의 덕목이 적용되지 않는다고 판단하였던 것으로 보인다. 그러나 유교에서는 우애를 바탕으로 형제간에 상하의 위계를 존중하여야 한다고 보고, 이를 통해 장유유서의 도리를 깨달을 수 있다고 주장한다는 점을 잘 알아 두어야 한다.

자료 분석

제시된 글은 유교 사상의 입장으로, 유교의 대표적인 윤리 중 하나인 오륜이 제시되어 있다. 오륜은 아버지와 아들 사이에는 친애가 있어야 한다는 부자유친(父子有親), 임금과 신하 사이에는 의리가 있어야 한다는 군신유의(君臣有義), 남편과 아내 사이에는 분별이 있어야 한다는 부부유별(夫婦有別), 어른과 어린이 사이에는 차례가 있어야 한다는 장유유서(長幼有序), 친구 사이에는 믿음이 있어야 한다는 붕우유신(朋友有信)으로 구성된다.

선지 해설

① 유교에서는 자식이 부모님께 받은 자신의 몸을 온전히 보전해야 한다는 불감훼상(不敢毁傷)을 효의 실천 방법으로 제시하며, 이를 효의 시작이라고 본다. 또한 몸을 세우고 도를 행하여 자신의 이름을 널리 알림으로써 부모를 기쁘게 하는 입신양명(立身揚名)을 통해 효가 완성된다고 본다.

② 유교에서는 효의 실천 방법 중 하나로 부모의 의중을 살펴서 언행을 삼가야 한다는 양지(養志)를 주장한다.

③ 유교에서는 장유유서의 도리가 형제 관계에서도 적용될 수 있다고 본다. 유교에서는 나이의 많고 적음은 하늘의 도리에 따라 정해진 순서이므로 형이 형이 되는 까닭과 아우가 아우가 되는 까닭이 있다고 본다. 따라서 형제 관계에서도 상하 관계 속에서 장유유서의 도리를 깨달을 수 있다.

④ 유교에서는 부부가 친밀한 사이이면서도 서로가 손님을 대하듯 공경해야 한다는 상경여빈(相敬如賓)의 자세로 서로를 대해야 한다고 주장한다.

⑤ 유교에서는 부부가 인륜의 시작이자 만복의 근원이라고 본다. 또한 부부간에 각자의 역할을 구분해야 하나, 서로 존중하며 손님을 대하듯 공경하고 조심해야 한다고 본다.

---

04 공직자 윤리   정답 ①

선택 비율	①41%	② 14%	③ 10%	④ 9%	⑤ 26%

오답 피하기

빈칸 ㉠에 해당하는 용어가 '노블레스 오블리주'임을 떠올리지 못했다고 해도 제시된 글을 통해서 정답을 추론할 수 있는 문항이다. 제시된 글의 첫 문장을 보면 노블레스 오블리주가 법적인 규제가 아니라 고위 공직자에게 요구되는 자율적·윤리적 덕목이라는 것을 알 수 있다. 미리 암기한 개념적 지식이 아니라 추론을 통해서 정답을 찾아야 하는 문제가 출제될 수 있으니 제시된 글을 꼼꼼히 읽는 습관을 들여야 한다.

| 자료 분석 |

㉠에 해당하는 용어는 '노블레스 오블리주'이다. 노블레스 오블리주는 사회적 지위가 높은 사람들이 그들의 지위만큼 사회에 대한 의무를 다해야 함을 뜻하는 말로, 공직자에게도 적용되는 윤리적 자세이다. 칼럼에서는 공직자가 노블레스 오블리주의 자세를 통해 책임 의식과 도덕성을 갖춰야 하며, 사회를 위해 솔선수범하는 자세를 지녀야 함을 강조하고 있다.

| 선지 해설 |

① 칼럼에서는 법률 제도와는 별도로 고위 공직자들이 자신의 권한에 상응하는 책무 의식을 스스로 내면화해야 함을 강조하며, 노블레스 오블리주를 제시하고 있다. 따라서 이는 법적 규제가 아닌 자율적인 윤리 덕목이라 할 수 있다.

② 칼럼에서는 고위 공직자들이 노블레스 오블리주를 실현함으로써 사회 구성원 상호 간의 신뢰와 연대가 강화된다고 주장하고 있으므로 시민들의 자율적 질서 유지와 사회 계층 간 화합에 기여한다고 할 수 있다.

③ 칼럼에서는 노블레스 오블리주가 고위 공직자에게 더 강한 책임 의식, 더 높은 도덕성, 더 많은 희생 등을 요구한다고 주장하고 있으므로 정치권력의 사익 추구를 방지하여 국가 전반의 청렴성을 고양하는 것이라고 할 수 있다.

④ 칼럼에서는 노블레스 오블리주가 서양의 전통에서 유래하였지만 고위 공직을 담당한 지도자에게 여전히 요청되는 덕목이라고 주장하고 있으므로 전통 사회와 현대 사회에서 공통으로 강조되어야 하는 덕목임을 알 수 있다.

⑤ 칼럼에서는 노블레스 오블리주를 통해 국가가 내우외환에 봉착할 경우 구성원 모두가 위기 극복을 위한 공동의 노력에 나설 수 있다고 주장하고 있다. 따라서 국가가 위기를 맞을 경우 일반 시민들의 솔선과 협력을 유도한다고 할 수 있다.

---

05 니부어의 사회 윤리   정답 ⑤

선택 비율	① 3%	② 5%	③ 42%	④ 5%	⑤45%

오답 피하기

많은 학생들이 정답인 ⑤번과 유사한 비율로 오답인 ③번을 선택하였다. 정답이 갈린 지점은 'ㄱ. 애국심은 개인의 이타심을 국가 이기주의로 전환시킨다.'이다. 니부어는 개인의 이타적 정신과 애국심이 결합하면 국가 이기주의에 가공할 만한 힘이 된다고 보면서, 애국심이 개인의 이타심을 국가 이기주의로 전환시킨다고 본다. 애국심에 대한 니부어의 입장은 익숙하지 않은 내용이었지만, 19학년도 수능 이전에 같은 해의 6월 모평에서 출제된 적이 있으니 해당 연도 모평에 어떤 내용이 출제되었는지 미리 검토해 보아야 한다.

| 자료 분석 |

제시된 글의 사상가는 니부어이다. 니부어는 개인으로서의 인간은 자기뿐만 아니라 타인의 이익도 존중할 수 있는 도덕성을 갖추고 있으나, 집단 속에서의 개인은 집단적 충동을 억제하거나 타인의 욕구를 수용하는 능력이 현저히 떨어진다고 본다. 그래서 그는 개인 간의 갈등은 합리적인 설득이나 조정으로 해결될 수 있으나, 집단 간의 갈등은 정치적 강제력을 동원해야 한다고 주장한다.

| 보기 해설 |

㉠ 니부어는 개인의 이타적 정신과 애국심이 결합하면 국가 이기주의에 가공할 만한 힘이 된다고 본다. 따라서 국가에 대한 애국심이 개인의 이타심을 국가 이기주의로 전환시킨다고 볼 수 있다.

ㄴ 니부어는 개인 간의 관계에서는 개인의 도덕성과 이성적 능력을 통해 정의감을 키워 나갈 수 있고 이기주의적 성향을 정화시킬 수 있다고 본다. 즉, 개인 간의 도덕적 관계 수립은 합리적 설득과 조정으로도 가능하다고 본다.

㉢ 니부어는 집단 간의 갈등을 해결하기 위해 정치적·사회적인 외적 강제력을 동원해야 하지만, 최소한의 강제력으로 정의를 실현하는 것이 합리적이라고 본다. 또한 이러한 외적 강제력을 동원할 때는 개인의 양심이나 선의지를 기반으로 해야 한다고 주장한다.

㉣ 니부어는 개인적 차원에서는 개인이 자신의 이익뿐만 아니라 타인의 이익을 존중할 수 있는 도덕성을 갖추고 있으며, 이기심을 정화하고 정의를 실현하고자 하는 이성도 갖추고 있다고 본다.

이의 제기 문제에 대한 평가원 답변

이 문항은 제시문의 내용을 주장한 사상가(니부어)의 입장을 이해할 수 있는지를 묻고 있습니다. 이의 신청 내용의 요지는 선지 ㄱ의 "애국심은 개인의 이타심을 국가 이기주의로 전환시킨다."라는 진술이 '전환시킨다'라는 단정적 표현을 포함하기 때문에 니부어의 입장에 대한 진술로 적절하지 않다는 것입니다. 니부어는 "애국심은 개인의 비이기성[이타심]을 국가 이기주의로 전환시킨다(patriotism transmutes individual unselfishness into national egoism),"라고 분명히 주장합니다(Moral Man and Immoral Society, John Knox Press, 2013, p.91). 이와 같이 니부어 자신이 '전환시킬 수 있다(can transmute)'가 아니라 '전환시킨다(transmutes)'라는 표현을 사용하고 있습니다. 우리말 번역서에서도 "애국심은 개인의 희생적인 이타심을 국가의 이기심으로 전환시켜 버리기 때문이다.", "개인의 비이기성은 국가의 이기성으로 전환된다." 등의 진술들을 확인할 수 있습니다(『도덕적 인간과 비도덕적 사회』, 이한우 옮김, 문예출판사, 2006, p.133). 그러므로 이 문항은 정답에 이상이 없습니다.

06 니부어의 사회 윤리   정답 ③

선택 비율 | ① 12% | ② 11% | ③ 27% | ④ 10% | ⑤ 40%

오답 피하기

대다수의 학생들이 정답인 ③번 선지에 보기 ㄷ이 추가된 ⑤번 선지를 오답으로 선택하였다. 'ㄷ. 사회 정의의 실현에 기여한 폭력도 본질적으로는 비도덕적이다.'라는 내용에서 폭력의 본질적인 도덕성에 대한 이해가 부족했던 것으로 보인다. 니부어가 사회 정의를 실현하기 위해서는 폭력과 같은 강제력이 필수적이라고 주장했다는 점은 학생들에게 익숙한 내용이다. 이때 니부어는 폭력이나 강제력 자체는 도덕적이거나 비도덕적인 것이 아니라 '가치 중립적인 것'이라고 보았다. 즉, 그 자체로는 가치 중립적인 폭력이 선의지의 통제를 받으며 사회 정의 실현에 기여할 때 도덕적인 것이 된다고 본 것이다. 따라서 니부어에게 있어 폭력은 본질적으로 비도덕적인 것이 아니다.

자료 분석

제시된 글의 사상가는 니부어이다. 니부어는 개인적으로는 도덕적인 사람도 집단에 속하면 집단의 이익을 위해 이기적으로 행동할 수 있다고 보았다. 그는 이러한 관점에서 개인 간의 갈등은 합리적 조정과 설득을 통해 해결할 수 있지만, 집단 간의 갈등을 해결하기 위해서는 합리적인 설득뿐만 아니라 강제력을 통해 집단 간에 힘의 균형을 이루는 것이 필요하다고 보았다.

보기 해설

ㄱ. 니부어는 사회 협력의 범위를 아무리 확대한다고 해도 사회 갈등의 원인인 집단 간 힘의 불균형을 본질적으로 해소할 수는 없다고 보았다. 따라서 집단 간 힘의 균형을 이루기 위해 합리적인 설득과 함께 강제력을 통한 방법이 병행되어야 한다고 보았다.

ㄴ. 니부어는 집단의 이기적 충동은 이성으로 통제할 수 없고 강제력이 반드시 필요하다고 보았다. 따라서 사회 집단의 이기적 충동은 사회적 억제(강제력) 없이는 제거할 수 없다.

ㄷ. 니부어는 폭력이 본질적으로 비도덕적이라는 견해를 부정하였다. 그에 따르면 선의지의 통제를 받으며 정의 실현을 위해 실행된 강제력으로서의 폭력은 도덕적인 것으로 평가될 수 있다.

ㄹ. 니부어는 사회 갈등을 비폭력적으로 해결하기 위해 개인의 양심이나 이성만을 강조한다면 집단의 이기심이 더욱 강해질 수 있다고 보았다.

07 롤스과 노직의 분배적 정의관   정답 ①

선택 비율 | ① 34% | ② 5% | ③ 28% | ④ 21% | ⑤ 12%

오답 피하기

정답인 ①번 선지를 제외하고 노직의 분배적 정의관에 대한 내용을 다루는 ③번과 ④번 선지의 오답률이 높았다. 두 선지 모두 노직의 분배적 정의관에서 자주 출제되는 내용이므로 잘 기억해 두어야 한다. 노직은 개인이 자신의 노동을 통해 취득한 소유물일지라도 타인의 상황을 악화시키거나 부당한 절차를 거쳤다면 그 소유물은 교정의 대상이 될 수 있다고 보았다. 또한 노직은 롤스의 정의의 원칙에 따른 분배 등을 특정한 결과를 지향하는 정형적 원리에 따른 분배라고 비판하고, 이러한 분배는 개인의 자유로운 선택에 의해 소유권이 이전되어야 한다는 이전의 원리를 침해하는 것이라고 보았다.

자료 분석

갑은 롤스, 을은 노직이다. 롤스는 사회란 자유롭고 평등한 인간들이 상호 이익을 위해 협동하는 체제이므로, 사회적 가치는 공정한 분배의 대상이 된다고 보

았다. 따라서 정의의 문제는 사회 협동체에서 발생한 이익을 분배하는 방식과 관련된다고 보고, 이를 위해 사회의 기본 구조에 적용할 기본적인 원칙을 원초적 입장에서 합의해야 한다고 주장하였다. 한편 노직은 개인의 정당한 소유권을 보장하는 것이 정의라고 보고, 소유권이 발생하는 역사적 과정을 강조하였다. 그리고 정당한 취득과 이전의 과정을 거친 소유물에 대해서 개인이 배타적인 소유권을 지닌다고 보았다.

선지 해설

① 롤스는 개인이 천부적으로 가지고 태어난 재능과 능력은 임의적인 것이며, 천부적 자산의 분포 자체는 사실의 영역이라고 보았지만, 천부적 재능이나 자산과 같은 자연적·사회적 우연성에 기초하여 모든 분배가 이루어지는 것은 부당하다고 보았다. 따라서 천부적 자산의 분포를 사회의 공동 자산으로 간주하여, 이를 활용하여 얻는 이익은 정의의 원칙을 충족시킬 때에만 정당화된다고 주장하였다. 즉, 롤스는 천부적 자산에 대한 개인의 소유 권리가 제한될 수 있다고 보았다.

② 롤스는 기본적 자유가 평등하게 분배되어야 한다고 보고, 평등한 자유의 원칙은 다른 정의의 원칙에 앞서 충족되어야 하는 우선성을 지닌다고 보았다.

③ 노직은 자신의 노동을 통해 취득한 소유물에 대해 개인이 정당한 소유권을 가진다고 보았다. 단, 이때 정당한 소유권을 주장하려면 부당한 방법을 통해 타인의 상황을 악화시키지 않아야 한다. 따라서 개인이 노동을 통해 취득한 소유물일지라도 부당한 절차를 거친 경우에는 교정의 대상이 될 수 있다.

④ 노직은 특정한 결과를 전제한 분배 원칙을 제시한 롤스나 아리스토텔레스의 정의론을 '정형적 원리'라고 비판하였다. 그리고 소유권이 발생하는 역사적 과정에 주목하며, 소유권의 취득과 이전의 역사적 과정에 불의가 없었다면 그 결과가 어떻든지 간에 이러한 분배는 정의로운 것으로 받아들여져야 한다고 보았다. 따라서 노직은 특정한 결과를 지향하는 정형적 원리에 따른 재분배는 개인의 자유로운 선택에 의해 이전된 소유권을 침해하는 것으로 정의에 어긋난다고 보았다.

⑤ 롤스와 노직 모두 긍정할 선지이다. 롤스는 사회적·경제적 불평등의 정당화 조건으로서 차등의 원칙과 공정한 기회균등의 원칙을 제시하고, 이를 만족시키는 경우에는 사회적·경제적으로 다른 사람보다 더 많은 가치를 누리는 일이 정당화될 수 있다고 보았다. 한편 노직은 취득과 이전의 원리를 충족한 소유권은 정당하며, 취득과 이전의 원리를 충족한 소유권에 기초하여 발생하는 불평등은 정당화될 수 있다고 보았다.

08 롤스와 노직의 분배적 정의관   정답 ②

선택 비율 | ① 13% | ② 31% | ③ 38% | ④ 10% | ⑤ 8%

오답 피하기

정답인 ②번을 선택한 학생들보다 많은 수의 학생들이 ③번 선지를 오답으로 선택하였다. 아마도 학생들을 혼란스럽게 한 단어는 ②번 선지의 '사유 재산권'으로 보인다. '사유 재산'이라는 말을 보고, 많은 학생들이 자유주의자인 롤스는 정의의 원칙에 따라 사유 재산을 평등하게 분배할 것을 주장하지 않음을 떠올렸을 것으로 예상된다. 그러나 제시된 선지의 단어는 실제로 누군가가 취득한 '사유 재산' 자체가 아니라 사유 재산에 대한 '권리'이다. 즉, 사유 재산을 보장받을 권리는 누구에게나 평등하게 주어져야 하는 것으로, 이러한 권리는 평등한 자유의 원칙(정의의 제1원칙)에 따라 분배되어야 하는 것이다. 이처럼 미묘한 표현의 차이로 문장의 의미가 달라질 수 있으니 항상 주의해야 한다.

정답률 낮은 문제, 한 번 더!

갑은 롤스, 을은 노직이다. 롤스는 개개인이 서로 다른 천부적 재능을 지니고 태어나는 것은 도덕적으로 우연적인 것이라고 보고, 개인이 지닌 천부적 재능을 활용하여 이익을 취하는 것을 부정하지 않는다. 다만, 롤스는 그 과정이 차등의 원칙에 따라 모든 사람들에게 이익이 되는 방식으로 이루어질 때 정당화될 수 있음을 강조한다. 한편 노직은 재화의 취득과 양도(이전)의 과정이 정당한 절차를 거쳤다면, 해당 재화에 대한 개인의 배타적 소유권을 인정해야 한다고 주장한다. 그리고 이러한 소유권이 보장되는 가운데 이루어지는 분배가 정의로운 분배라고 강조한다.

| 선지 해설 |

① 롤스는 정의의 원칙이 지켜지는 가운데 자연적·사회적 우연성으로 취한 이득은 모든 사람, 특히 최소 수혜자에게 최대의 이익을 보장할 때 정당화된다고 본다.

②롤스는 정치, 언론, 사상, 종교, 양심, 인신의 자유, 사적 재산을 보유할 권리 등의 기본적 자유를 평등하게 보장해야 한다고 주장한다. 즉, 사유 재산권은 평등한 자유의 원칙(정의의 제1원칙)에 따라 분배되어야 할 기본적 자유의 범위에 해당한다.

③ 노직은 자연물에 대한 최초 취득이 다른 사람의 상황을 악화시키는 등 정당하지 않은 과정을 거친다면 제한될 수 있다고 본다. 또한 그는 최초의 취득 과정에서 다른 사람들이 향유할 수 있을 만큼의 몫을 남겨 두어야 한다는 제한적 조건을 도입하여 취득의 원리를 설명한다.

④ 노직은 분배 결과에 초점을 둔 정의론은 개개인이 보장받아야 할 정당한 소유권을 침해한다고 본다. 이러한 관점에서 그는 분배 정의의 실현이 정당한 분배의 절차에 있으며, 소유권의 발생과 이전의 과정이 정당하다면 그 결과물도 정당하다고 강조한다.

⑤ 롤스는 천부적 운, 사회적 운 모두 도덕적 관점에서 볼 때 임의적이라고 주장한다. 다만, 최초의 사회적 지위는 임의적이지만, 사회적 가치를 분배하는 사회 체제는 정의의 원칙의 적용을 받아야 한다고 본다. 노직은 천부적 운이나 사회적 운의 임의성 여부에 주목하기보다는 개인에게 그러한 운에 대한 소유 권리가 있음을 강조한다.

유권을 강조하며 정당하게 취득한 재화나 타인에게 자유롭게 양도받은 재화에 대한 소유권은 개인에게 있다고 주장했다. 노직은 롤스가 주장한 차등의 원칙을 비판하며 개인의 천부적 재능과 이로부터 나오는 모든 것에 대한 소유 권리는 온전히 개인에게 있음을 강조했다.

| 보기 해설 |

ㄱ. 롤스는 개인의 능력과 노력에 따라 얻는 재산과 소득을 존중하면서도 사회적 정의를 실현하기 위해 다양한 세금 정책을 활용해야 한다고 보았다. 노직은 재분배를 위한 과세는 개인의 소유권을 침해하는 것이므로 반대하지만, 외국의 침략으로부터 국민을 보호하고 대내적으로 치안을 확고히 하는 역할을 하기 위한 세금은 정당하다고 보았다. 즉, 노직과 롤스 모두 개인의 소유권을 침해하지 않는 과세 정책이 가능하다고 본다.

ㄴ. 롤스는 차등의 원칙이 최소 수혜자에게 최대 이익이 되도록 편성되어야 함을 강조하며 동시에 차등의 원칙이 만족될 경우 모든 사람에게 이익이 된다고 주장했다. 롤스에 따르면 어떤 이득이 최소 수혜자의 기대치를 향상시키는 결과를 낳을 경우 그것은 그 사이에 있는 모든 지위의 사람들의 기대치 또한 증가시킬 수 있다. 이러한 측면에서 롤스에게 차등의 원칙은 호혜성의 입장을 표현하고 있으며 상호 이익의 원칙이라고 할 수 있다. 따라서 롤스는 차등의 원칙이 더 큰 재능의 소유자에게도 유익할 수 있다고 볼 것이다.

ㄷ. 롤스는 사회적·경제적 불평등은 공정한 기회 균등의 원칙과 차등의 원칙을 충족할 때만 정당화될 수 있다고 보았다. 그러나 롤스는 이러한 불평등한 분배가 모든 사람에게 이익이 되지 않는다면 평등하게 분배되어야 한다고 주장했다. 왜냐하면 이러한 경우 모든 사람에게 이익을 주지 않는 단순한 불평등이 되기 때문이다. 따라서 롤스는 재산의 평등한 분배가 정의 원칙에 의해 허용될 수 있다고 볼 것이다.

ㄹ. 노직은 개인의 소유권을 침해하지 않고 개인의 권리를 보호하는 역할만을 수행하는 최소 국가가 정당하다고 보았다. 그러나 개인 간에 자유롭게 체결된 계약이 제대로 이행되지 않는다면 오히려 개인의 소유권이 침해될 수 있으므로 국가는 개인의 소유권 보장을 위해 자유롭게 체결된 계약의 이행을 강제할 수 있다고 주장했다.

| **09** | 롤스와 노직의 분배적 정의관 | 정답 ⑤ |

| 선택 비율 | ① 17% | ② 25% | ③ 21% | ④ 9% | ⑤25% |

오답 피하기

④번을 제외하고는 정답률이 거의 비슷한 수준으로 분포되어 있는 것으로 볼 때, 학생들의 선지 자체에 대한 이해도가 낮았던 것으로 보인다. 특히 ㄴ, ㄷ에서 많은 학생들이 롤스 사상에 대한 이해가 부족했던 것으로 추측된다. 롤스는 공정으로서의 정의에 있어서 사람들이 공동의 이익을 가져오는 경우에만 자연적·사회적 여건의 우연성을 이용하기로 합의했다고 보고, 이에 따라 차등의 원칙도 최소 수혜자에게만 이익이 되는 것이 아니라 모든 사람에게 이익이 되어야 한다고 주장한다. 따라서 차등의 원칙은 더 큰 재능의 소유자에게도 유익할 수 있다는 점에서 ㄴ은 롤스가 긍정의 대답을 할 질문이다. 또한, 롤스는 불평등한 분배가 모든 사람에게 이익이 되지 않는 한 평등하게 분배되어야 한다고 보기 때문에 ㄷ 역시 롤스가 긍정의 대답을 할 질문이 된다.

| 자료 분석 |

갑은 롤스, 을은 노직이다. 롤스는 공정한 절차를 마련하기 위해 자연적·사회적 우연성이 배제된 원초적 입장이라는 가상 상황을 상정하고 모든 사람이 합의할 공정한 정의의 원칙을 도출했다. 롤스의 정의 원칙 가운데 차등의 원칙은 호혜적인 원칙으로, 사회적·경제적 불평등은 최소 수혜자에게 최대 이익이 되도록 편성될 때 정당하다고 본다. 노직은 개인의 정당한 소유물에 대한 절대적 소

| **10** | 롤스와 노직의 분배적 정의관 | 정답 ③ |

| 선택 비율 | ① 13% | ② 12% | ③36% | ④ 16% | ⑤ 22% |

오답 피하기

정답은 ③번인데 오답인 ⑤번을 선택한 학생의 비율이 높았다. 그 이유는 보기 'ㄴ'과 'ㄹ'의 내용은 이해했으나 'ㄷ'의 내용을 혼동했기 때문으로 보인다. 롤스는 공정한 절차에 따라 합의한 분배 기준은 그 결과에 상관없이 정의롭다고 본다. 따라서 공정한 분배 결과를 보장하기 위해서는 독립적인 분배 기준이 아닌 공정한 분배 절차가 필요한 것이다. 그러므로 보기 'ㄷ'의 내용에는 롤스가 부정의 대답을 할 것이다. 해당 문항의 풀이를 위해서는 롤스와 노직이 절차적 정의관을 따르고 있음을 이해하면서 각각의 특징을 파악해 둘 필요가 있다.

| 자료 분석 |

갑은 롤스, 을은 노직이다. 롤스는 공정한 분배가 이루어지기 위해서는 사회 제도가 공정한 조건에서 합의된 정의의 원칙에 따라 만들어져야 한다고 본다. 이러한 정의의 원칙은 자연적·사회적 우연성이 배제된 원초적 입장이라는 가상 상황에서 합의된다. 이를 통해 합의하게 되는 정의의 원칙은 평등한 자유의 원칙, 공정한 기회균등의 원칙, 차등의 원칙이다. 노직은 개인의 정당한 소유물에 대한 절대적·배타적 권리를 인정한다. 그는 이러한 개인의 소유권을 침해하지 않고 획득과 양도 과정에서 발생할 수 있는 부정의를 교정하여 개인의 권리를 보호하기 위한 국가의 개입만이 정당한 것이라고 본다.

| 보기 해설 |

ㄱ. A에는 갑(롤스)은 긍정, 을(노직)은 부정의 대답을 할 질문이 들어가야 한다. 갑(롤스)은 모두에게 평등한 자유와 공정한 기회가 보장된 상태에서 최소 수혜자에게 최대의 이익이 되는 분배 원칙이 정당하다고 본다. 그러므로 갑(롤스)은 '사회 전체의 이익을 최대화하는 것이 최우선의 분배 원칙이 되어야 하는가?'라는 질문에 부정의 대답을 할 것이다. 을(노직)은 소유물의 최초 취득과 그 양도의 과정에서 부정의하지 않을 것을 분배 원리로 삼고, 이러한 분배가 정의로운 절차에 따라 이루어졌다면 그 결과는 정의로운 것이라고 보기 때문에 '사회 전체의 이익을 최대화하는 것이 최우선의 분배 원칙이 되어야 하는가?'라는 질문에 부정의 대답을 할 것이다. 따라서 이 질문은 A에 들어갈 질문으로 적절하지 않다.

ㄴ. B에는 갑(롤스)이 긍정의 대답을 할 질문이 들어가야 한다. 갑(롤스)은 사회는 상호 이익을 위한 협동 체제이며, 정당한 분배는 사회 구성원 모두의 협력을 통해 가능하다고 본다. 그러므로 갑(롤스)은 '정의로운 사회의 시민은 타인의 복리에 관심을 가져야 하는가?'라는 질문에 긍정의 대답을 할 것이다. 따라서 이 질문은 B에 들어갈 질문으로 적절하다.

ㄷ. B에는 갑(롤스)이 긍정의 대답을 할 질문이 들어가야 한다. 갑(롤스)은 공정한 절차를 통해 분배 원칙이 결정되었다면 그 분배 결과도 공정하다는 절차적 정의를 따른다. 그러므로 갑(롤스)은 '정의의 원칙을 채택할 때 공정한 분배 결과에 대한 독립적 기준이 필수적으로 요구되는가?'라는 질문에 부정의 대답을 할 것이다. 따라서 이 질문은 B에 들어갈 질문으로 적절하지 않다.

ㄹ. C에는 을(노직)이 긍정의 대답을 할 질문이 들어가야 한다. 을(노직)은 소유물의 최초 취득과 이전 과정이 정의롭다면 그 소유권이 배타적이라고 보며, 자유롭게 소유권을 이전받았더라도 그 최초 취득 과정에서 부정의가 발생했다면 이를 교정하기 위해 소유권을 제한할 수 있다고 본다. 그러므로 을(노직)은 '자유롭게 이전받은 배타적 소유권도 제한될 수 있는가?'라는 질문에 긍정의 대답을 할 것이다. 따라서 이 질문은 C에 들어갈 질문으로 적절하다.

11 노직, 롤스, 아리스토텔레스의 분배적 정의관 정답 ③

| 선택 비율 | ① 5% | ② 8% | ③ 23% | ④ 10% | ⑤ 54% |

오답 피하기

절반이 넘는 학생들이 보기 ㄱ도 옳은 질문으로 파악하여 오답인 ⑤번을 선택하였다. 보기 ㄱ의 '재화는 개인의 자유로운 선택에 의해서만 이전되는가?'라는 질문은 언뜻 보면 노직만이 긍정할 질문으로 보인다. 노직은 개인의 배타적 소유권을 보장하기 위해 개인의 자유로운 선택에 따라 재화를 분배해야 한다고 주장한다. 그러나 부정의한 절차로 획득한 재화에 대해서는 국가의 교정이 필요하다는 점을 인정한다. 즉, 개인의 자유로운 선택에 의해서만 재화가 이전되는 것이 아니라 국가에 의해서도 재화가 이전될 수 있는 것이다. 이처럼 '~만'과 같은 조사에 따라서 문장의 의미가 달라질 수 있으므로, 선지를 정확히 독해해야 한다.

| 자료 분석 |

(가)의 갑은 노직, 을은 롤스, 병은 아리스토텔레스이다. 노직은 취득과 이전의 과정이 정당하다면 그러한 과정을 통해 얻은 소유물에 대한 절대적 권리가 개인에게 있다고 본다. 롤스는 공정한 분배는 원초적 입장에 놓인 사람들이 자신이 가장 불리한 상황에 놓일 가능성을 염두에 두고 합의한 정의의 원칙에 의거해야 한다고 본다. 아리스토텔레스는 분배적 정의란 기하학적 비례에 의거하여 각자의 가치에 따라 그에 걸맞은 몫을 분배하는 것이며, 교환적 정의는 물건의 교환과 관련된 정의로 산술적 비례에 의거하여 몫을 분배하는 것이라고 본다.

| 보기 해설 |

ㄱ. 노직은 취득과 이전의 과정에서 정당한 방법에 따라 소유물을 취득했다면 모든 재화가 개인의 자유로운 선택에 의해서 이전될 수 있다고 본다. 그러나 만약 이러한 소유물의 취득 과정이 정당하지 못하다면, 교정의 원칙에 의거하여 국가가 개입해 소유권을 조정할 수 있음을 인정한다. 롤스도 사회적 우연성에 따른 불평등을 감소하기 위한 국가의 개입을 허용하고 있으며, 아리스토텔레스는 기하학적 비례에 따라 재화를 분배해야 한다고 본다.

ㄴ. 롤스는 공정한 분배를 위한 정의의 원칙을 도출하기 위해 원초적 입장이라는 가상의 상황을 가정한다. 이때 원초적 입장의 당사자들은 타인의 처지와 이익에 무관심한 상태에서 자신의 이익, 즉 자신이 최소 수혜자가 될 수도 있는 상황을 고려하여 최소 수혜자에게 최대의 이익을 보장하는 정의의 원칙에 합의하게 된다. 그러나 원초적 입장에서 가정하는 '타인의 처지와 이익에 무관심한 개인'은 그야말로 가상적인 전제이고, 현실 속 정의로운 사회의 시민이 타인의 처지와 이익에 무관심한 것은 불가능하다. 아리스토텔레스 또한 인간을 정치적 동물이라 명명하며 공동체적 생활을 강조하기 때문에, 타인의 처지와 이익에 무관심한 개인을 정의로운 사회의 시민이라 인식하지 않는다. 따라서 갑, 을이 모두 부정의 대답을 할 질문이다.

ㄷ. 롤스는 사회적·경제적 불평등이 모든 사람, 특히 최소 수혜자에게 최대의 이익이 될 것(차등의 원칙)이라 합당하게 기대되고, 그 불평등의 계기가 되는 직위와 직책이 모든 사람에게 열려 있는 상태(공정한 기회균등의 원칙)일 때 정당화된다고 본다. 따라서 정의의 제2원칙인 공정한 기회균등의 원칙과 차등의 원칙은 모두 경제적 불평등을 허용한다.

ㄹ. 아리스토텔레스는 일반적 정의와 특수적 정의를 구분하고, 특수적 정의를 다시 분배적 정의, 교환적 정의, 교정적(시정적) 정의로 나누었다. 분배적 정의는 각자가 지닌 가치에 비례하여 분배하는 것이고, 교환적 정의는 물건의 교환과 관련된 정의로, 동일한 가치를 지닌 두 물건을 산술적 비례에 의해 분배하는 것을 말한다. 마지막으로 교정적 정의는 A가 B에게 어떤 피해를 주었다면 산술적 비례에 따라 그 피해와 동일한 가치를 보상해 주는 것을 말한다. 따라서 아리스토텔레스에게 있어서 분배의 정의는 기하학적 비례에, 교환의 정의는 산술적 비례에 의거하므로, 모두 비례의 동등함을 따르는 것이다.

12 아리스토텔레스, 롤스, 노직의 분배적 정의관 정답 ③

| 선택 비율 | ① 14% | ② 27% | ③ 29% | ④ 8% | ⑤ 22% |

오답 피하기

정답인 ③번 선지와 유사한 비율로 ②번과 ⑤번 선지를 선택한 학생들이 많았다. ②번 선지를 선택한 학생들은 아리스토텔레스의 분배적 정의관에 대한 기본적인 이해가 부족했던 것으로 보인다. 아리스토텔레스가 말하는 분배 정의는 산술적 비례가 아니라 기하학적 비례를 따를 때 이루어진다. 이는 기본적인 내용이므로 반드시 숙지해야 한다. ⑤번 선지를 택한 학생들은 보기 ㄷ의 '최소 수혜자의 복지를 위해 재산 소유의 자유를 제한하는 것은 정의로운가?'라는 물음에 대한 이해가 부족했던 것으로 보인다. 롤스는 정의의 제1원칙(평등한 자유의 원칙)이 제2원칙(공정한 기회 균등의 원칙, 차등의 원칙)에 앞서 보장되어야 한다고 본다. 그는 이를 제1원칙과 제2원칙 사이에 '축차적 서열'이 있다고 설명하는데, 이때 축차적 서열이란 곧 사전적 서열의 의미이다. A로 시작되는 단어가 모두 제시된 다음에 B로 시작되는 단어가 제시되듯이, 제1원칙이 충족된 다음에 제2원칙을 적용시킬 수 있다는 것이다. 그리고 이때 평등한 자유의 원칙에 따라 평등하게 보장되어야 한다고 보는 기본적 자유에는 정치적 자유, 언론과 결사의 자유, 양심의 자유와 사상의 자유, 심리적 억압과 신체적 폭행 및 절단을 포함하는 인신의 자유, 사유 재산을 소유할 권리와 법의 지배라는 개념이 규정하는 이유 없는 체포와 구금으로부터의 자유 등이 해당된다는 것을 알아 두어야 한다.

| 자료 분석 |

(가)의 갑은 아리스토텔레스, 을은 롤스, 병은 노직이다. 아리스토텔레스는 비례적인 것이 정의로운 것이라고 보고, 기하학적 비례에 기초하여 '동등한 사람에게 동등한 몫을 주는' 것이 분배적 정의라고 보았다. 롤스는 분배적 정의가 원초적 입장에서 합의된 정의의 원칙에 따라 최소 수혜자에게 최대의 이익을 보장할 때 실현된다고 보았다. 노직은 정당한 취득과 양도의 과정을 거친 소유물에 대해서는 해당 개인이 배타적인 소유권을 가진다고 보고, 정당한 소유권을 보장할 때 분배적 정의가 실현된다고 보았다.

| 보기 해설 |

ㄱ. 아리스토텔레스는 기하학적 비례를 따를 때 분배적 정의가 실현되고, 교정적(시정적) 정의는 산술적 비례를 따를 때 실현된다고 보았다.

ⓛ 롤스는 사회 경제적 불평등이 모든 사람, 특히 최소 수혜자에게 최대 이익이 되고, 불평등의 계기가 되는 기회가 공정한 기회균등의 원칙에 의거하여 모두에게 개방되어 있는 경우에만 정당화될 수 있다고 보았다.

ㄷ. 롤스는 평등한 자유의 원칙이 우선적으로 충족되어야 한다고 주장하였다. 재산 소유의 자유는 정의의 제1원칙인 평등한 자유의 원칙으로서 제2원칙인 차등의 원칙에 앞서 보장되어야 한다는 것이다.

ⓡ 노직은 소유권의 취득과 이전 과정이 정당하지 못했다면, 이 과정에서 취득한 소유는 교정의 대상이 된다고 보았다.

---

13 노직, 롤스, 마르크스의 분배적 정의관   정답 ⑤

선택 비율	① 5%	② 8%	③ 41%	④ 8%	⑤38%

오답 피하기

많은 학생들이 정답인 ⑤번에서 보기 ㄱ을 제외한 ③번을 오답으로 선택하였다. 아마도 '정형화된 재화 분배 원칙'이라는 표현을 파악하지 못한 것으로 보인다. 정형화된 재화 분배 원칙이란 롤스의 '차등의 원칙', 공리주의의 '공리의 원리'처럼 정해진 기준에 따라 재화를 분배하는 것을 말한다. 노직은 자신이 주장하는 정의의 원리는 과정적 원리라고 주장하며, 그 원리는 분배의 과정을 제시할 뿐 과정의 결과나 과정이 충족해야 할 어떠한 외형적 기준을 제공하지 않는다고 주장한다.

| 자료 분석 |

(가)의 갑은 소유 권리론을 주장한 노직, 을은 공정으로서의 정의를 주장한 롤스, 병은 공산주의를 주장한 마르크스이다. 노직은 개인들의 소유 권리를 보장하는 것이 정의라고 보면서, 국가에 의한 재분배 정책은 강제 노동과 다르지 않기 때문에 치안이나 부정의의 교정 등을 수행하는 최소 국가만이 정당한 국가라고 주장한다. 롤스는 무지의 베일을 쓴 원초적 입장의 당사자들이 자신의 이익에 관심을 가지고 합리적으로 판단하여, 최소 수혜자에게 최대의 이익을 보장하는 정의의 원칙에 합의할 것이라고 본다. 마르크스는 생산 수단을 공유하고 계급이 사라진 이상 사회로서 공산주의 사회를 주장한다. 마르크스에 의하면 공산주의 사회에서는 사회의 구성원들이 능력에 따라 일하고 필요에 따라 분배받음으로써 평등을 실현할 수 있다.

| 보기 해설 |

ⓖ 노직만이 긍정의 대답을 할 질문이다. 노직은 롤스의 정의의 원칙과 같은 분배 원칙을 정형화된 원리라고 비판하면서, 정형화된 분배 방식은 개인의 소유 권리를 침해한다고 보았다.

ㄴ. 롤스가 부정의 대답을 할 질문이다. 롤스는 정의의 원칙을 제1원칙(평등한

자유의 원칙)과 제2원칙(차등의 원칙, 공정한 기회균등의 원칙)으로 나누고, 제1원칙이 제2원칙에 앞서서 충족되어야 한다고 주장하였다. 즉, 롤스는 경제적 불평등의 극복보다 개인의 기본적 자유를 더 중시했으므로, 경제적 불평등 극복을 위한 것일지라도 기본적 자유는 제약될 수 없다고 볼 것이다.

ⓒ 롤스가 긍정의 대답을 할 질문이다. 롤스는 절차적 정의를 주장한 사상가로, 공정한 절차에 따라서 분배되었다면 그 결과 역시 정의롭다고 주장하였다.

ⓔ 마르크스가 긍정의 대답을 할 질문이다. 마르크스는 업적에 따른 분배가 노동자의 노동 소외와 부당한 경제적 불평등을 초래한다고 보았다. 따라서 그는 업적에 따라 분배하는 것이 아니라 능력에 따라 생산하고 필요에 따라 분배해야 한다고 주장하였다.

---

14 노직, 롤스, 왈처의 분배적 정의관   정답 ⑤

선택 비율	① 6%	② 14%	③ 24%	④ 18%	⑤38%

오답 피하기

정답인 ⑤번 선지를 제외하고 오답인 ③번 선지를 선택한 학생들이 많았다. 천부적 재능의 분포에 대한 롤스의 입장을 묻는 문항은 분배적 정의관에서 꾸준히 출제되고 있으므로 잘 기억해 두어야 한다. '천부적 재능'과 '천부적 재능의 분포'는 학생들이 헷갈리기 쉬운 개념이다. 롤스는 천부적 재능 자체는 개인의 소유이지만, 천부적 재능의 분포는 사회의 공동 자산이라고 본다. 또한 천부적 재능의 분포가 임의적이라는 사실 자체는 부정의한 것이 아니지만, 이러한 임의성을 고려하지 않은 채 분배가 이루어지는 것은 정의롭지 못하다고 본다. 따라서 롤스는 천부적 재능을 갖게 된 운의 불균등한 분포가 미치는 영향을 완화하기 위해 천부적 재능의 분포를 통해 얻은 이익은 최소 수혜자에게 최대 이익이 되도록 할 때만 정당화될 수 있다고 주장한다.

| 자료 분석 |

(가)의 갑은 노직, 을은 롤스, 병은 왈처이다. 노직은 개인이 정당한 절차를 통해 얻은 소유물에 대해 배타적·절대적 권리를 지니며, 국가는 개인의 소유권을 보호하는 최소한의 역할만을 수행해야 한다고 주장한다. 롤스는 공정한 절차를 통해 공정한 결과가 보장된다는 절차적 정의를 강조하며, 자연적·사회적 우연성이 배제된 원초적 입장에서 합의된 정의의 원칙을 따라야 한다고 주장한다. 왈처는 다양한 삶의 영역에 따라 그에 적합한 각기 다른 공정한 기준이 있다고 보고, 이러한 기준들에 따라 사회적 가치가 분배될 때 다원적 정의가 실현될 수 있다고 주장한다.

| 선지 해설 |

① A에는 노직이 롤스에게 제기할 수 있는 비판이 들어가야 한다. 최소 수혜자에게 최대의 이익을 보장해야 한다는 차등의 원칙이 개인의 정당한 소유물에 대한 소유권을 침해할 수 있다는 주장은 노직이 롤스에게 할 수 있는 비판으로 적절하다.

② A, F에는 노직이 롤스와 왈처에게 제기할 수 있는 비판이 들어가야 한다. 노직은 개인의 배타적인 소유 권리를 강조하며, 국가의 역할을 개인의 권리를 보호하는 것으로 한정하는 최소 국가만이 도덕적으로 정당화될 수 있다고 본다. 반면 롤스는 사회적·경제적 불평등의 해소를 위한 국가의 역할이 필요하다고 본다. 왈처는 사회의 각 영역마다 그에 적합한 분배의 기준이 있다고 보고, 사회적 가치들이 편중되어 분배되어서는 안 된다고 주장하며 이를 조정하기 위한 국가의 역할을 강조한다. 따라서 최소 국가만이 도덕적으로 정당화 가능하다고 보는 주장은 노직이 롤스와 왈처에게 할 수 있는 비판으로 적절하다.

③ B에는 롤스가 노직에게 제기할 수 있는 비판이 들어가야 한다. 롤스는 천부적 재능의 분포를 사회의 공동 자산으로 보아야 한다고 주장한다. 반면, 노직은 천부적 재능에 대한 개인의 절대적인 소유 권리를 강조한다. 따라서

롤스는 노직에게 천부적 재능의 분포를 공동 자산으로 보아야 한다고 비판할 수 있다.

④ B, D에는 롤스가 노직과 왈처에게 제기할 수 있는 비판이 들어가야 한다. 롤스는 자연적·사회적 우연성이 배제된 원초적 입장에 놓인 사람들이 자신이 가장 불리한 상황에 놓일 가능성을 고려하여 모두에게 공정한 정의의 원칙에 합의할 것이라고 본다. 반면 노직은 롤스가 제시한 가상적 상황을 비판하며, 현실에서 나타나는 소유물의 취득 과정의 정당성에 주목해야 한다고 본다. 왈처는 개인들의 고유한 상황을 고려하지 않은 채 도출된 정의의 원칙은 실제 삶에서 실현될 가능성이 적다고 비판한다. 따라서 롤스는 노직과 왈처에게 정의의 원칙은 가상 상황에서 도출해야 한다고 비판할 수 있다.

⑤ C, E에는 왈처가 노직과 롤스에게 제기할 수 있는 비판이 들어가야 한다. 왈처는 절차적 정의를 강조하기보다는 사회적 가치들이 각자의 고유한 영역 안에 머무름으로써 복합 평등이 실현될 때 정의로운 사회가 될 수 있다는 복합 평등으로서의 정의를 강조한다. 이와 달리 노직과 롤스는 모두 절차나 과정이 공정하면 분배의 결과가 공정하다고 보는 절차적 정의를 주장한다. 따라서 분배의 공정성이 절차적 정의를 통해 실현된다는 비판은 오히려 노직과 롤스가 왈처에게 할 수 있는 비판이다.

---

15 형벌에 대한 루소, 칸트, 베카리아의 입장 　정답 ④

선택 비율	① 5%	② 11%	③ 63%	④ 13%	⑤ 8%

오답 피하기

정답률이 13% 밖에 되지 않을 정도로, 많은 학생들이 어려워했던 문제이다. 두 가지 측면에서 학생들이 어려움을 느꼈던 것으로 보인다. 첫 번째로, 정답인 ④번 선지의 내용이 학생들에게 익숙하지 않았다는 점이다. 칸트는 응보주의적 관점에서 살인범에 대한 사형을 정당화한다. 그런데 칸트 역시 근대 사회 계약론에 영향을 받은 사상가로서, 사회 계약적 측면에서 형벌의 기초를 논하기도 하였다. 다만, 칸트는 사회 계약을 맺는 주체가 범죄를 저지른 범인이 아니라 예지적 인격, 즉 이성적 인격체라고 주장하였다. 따라서 칸트는 사회 계약의 당사자에 범인을 포함시킨 베카리아에게 형벌에 대한 범인의 동의가 아니라 예지적 인격의 동의가 형벌권의 기초라고 비판할 수 있음을 알아 두어야 한다.

두 번째로, 많은 학생들이 오답인 ③번의 내용에 익숙하지 않았을 수 있다. 베카리아가 공리주의적 입장에서 사형보다 종신 노역형이 더 효과적인 형벌이라고 주장하였다는 것은 베카리아 사상의 기본적인 내용이다. 그러나 베카리아는 사형이 범죄 억제력이 전혀 없기 때문이 아니라, 종신 노역형에 비해 범죄 억제력이 떨어지는 형벌이라고 보고 이를 반대한 것이라는 점을 기억해야 한다. 즉, 베카리아는 사형이 범죄 억제력이 전혀 없는 형벌이라고 주장하지 않았다.

| 자료 분석 |

(가)의 갑은 루소, 을은 칸트, 병은 베카리아이다. 루소는 사회 계약론을 바탕으로 하여 시민들이 법의 제정자가 되어야 하며, 입법권은 시민들이 형성한 일반 의지에 의해 행사되어야 한다고 보았다. 칸트는 응보주의적 관점에서 범죄자에 대한 형벌의 양과 질은 범죄자가 저지른 범죄에 상응하는 것이어야 한다고 보았다. 베카리아는 공리주의적 관점에서 종신 노역형이 사형보다 범죄 예방에 효과적이라고 보고, 사형에 반대하였다.

| 선지 해설 |

① 범죄와 형벌 간에 비례 관계가 성립해야 한다고 주장하는 것은 루소, 칸트, 베카리아 모두의 공통된 입장이다.

② 루소는 생명 보존이라는 사회 계약의 목적을 위반한 살인자는 더 이상 국가의 구성원이 아닌 적으로 간주되어야 한다고 보았다. 한편 칸트는 사형이

살인자가 자신의 범죄에 대해 책임질 기회를 주는 인간성을 존중하는 형벌이라고 보고, 사형 집행이 끝까지 이루어져야 한다고 주장하였다.

③ 베카리아는 사형의 범죄 억제력이 전혀 없다고 보는 것이 아니다. 그는 지속성이 없는 형벌인 사형보다 상대적으로 강도는 약하지만 지속성이 있는 형벌인 종신 노역형의 범죄 예방 효과가 더 크다고 주장하는 것이다.

④ 칸트는 범죄자가 범죄를 스스로 의욕하였다는 사실에 따라 형벌이 부과되어야 한다는 응보주의적 관점을 취한다. 반면, 베카리아는 사회 계약론의 입장에서 그 누구도 자신의 생명을 빼앗는 사형에 동의하지 않을 것이라고 주장하며 사형에 반대하였다. 따라서 칸트는 베카리아에게 형벌에 대한 범인의 동의가 형벌권의 기초가 아니라고 비판할 수 있다.

⑤ 루소는 계약자(사회 구성원)의 생명 보존을 위해 사회 계약의 목적을 위반한 살인자는 '적'으로 간주되어야 하고, 그에 대한 사형 제도가 필요하다고 보았다. 즉, 계약자(국가 구성원)의 생명 보존을 위해 사형제를 긍정하였다.

---

16 형벌에 대한 칸트, 루소, 베카리아의 입장 　정답 ⑤

선택 비율	① 11%	② 7%	③ 42%	④ 10%	⑤ 27%

오답 피하기

사형에 대한 세 사상가의 입장을 다각도로 이해하고 있어야 하는 문항이었다. 단순히 사형에 대해 찬성 입장인지, 반대 입장인지만 알고 있으면 분석하기 어려웠을 문항이다. 사형에 대해 찬성 혹은 반대하는 이유와 사상적 근거, 형벌의 목적 등에 대해 이해하고 있어야 한다. 특히 ③번 보기의 경우 루소가 사형에 대해 찬성하는 입장이기는 하지만, 사형 외에 '추방형'도 제시했다는 점을 알고 있어야 오답을 피할 수 있었을 것이다. ⑤번 보기의 경우 칸트가 응보주의의 관점에서 살인자에 대한 사형에 찬성하는 입장이라는 것 외에 사회 계약론의 입장을 부정하지 않았다는 것도 알고 있어야 문장을 분석할 때 혼동하지 않았을 것이다. 교정적 정의에 관한 세 사상가의 입장은 고난도 문항으로 자주 출제되기 때문에 세 사상가의 형벌, 사형에 대한 입장을 원문으로 접해보는 노력이 필요하다.

| 자료 분석 |

갑은 칸트, 을은 루소, 병은 베카리아이다. 칸트는 살인자의 범죄 행위에 상응하는 형벌로 사형은 정당하다고 보며, 사형은 살인자의 고통받는 인격을 해방하여 인간의 존엄성을 실현하는 것이라고 본다. 루소는 살인자는 스스로 사회 계약을 파기한 것이기 때문에 살인자에 대한 사형은 정당하며, 타인의 생명을 희생시킨 사람은 자신의 생명도 희생해야 한다고 본다. 베카리아는 사회 계약은 생명 보존을 위해 맺은 것이기 때문에 생명을 빼앗는 사형은 사회 계약으로 성립될 수 없다고 본다.

| 선지 해설 |

① 칸트가 루소에게 제기할 비판(A)으로 적절하지 않다. 칸트는 범죄 사실 자체를 근거로 형벌을 부과해야 한다고 보는 입장이다. 형벌의 본질이 응보에 있으며, 형벌은 다른 선을 촉진하기 위한 수단으로 가해질 수 없다고 본다.

② 루소가 칸트에게 제기할 비판(B)으로 적절하지 않다. 칸트는 살인자에 대한 사형이 그의 인격성을 존중하는 것임을 강조한다. 형벌은 범죄자 자신이 스스로 선택한 행위에 대해 책임을 지우는 것이기 때문에 범죄자의 인격성을 존중하는 것이라고 본다.

③ 칸트는 살인자에게 사형 이외의 형벌이 부과될 수 없다고 보기 때문에 베카리아가 칸트에게 제기할 비판(E)으로는 적절하다. 하지만, 루소는 살인자에 대해 사형 이외에 추방형을 부과할 수 있다고 보기 때문에 베카리아가 루소에게 제기할 비판(C)으로는 적절하지 않다.

---

④ 루소가 베카리아에게 제기할 비판(D)으로 적절하지 않다. 베카리아는 사회 전체를 대표하는 입법자에게만 형벌권이 있다고 본다. 따라서 베카리아가 간과하고 있는 부분이 아니다.

⑤ 칸트가 베카리아에게 제기할 비판(F)으로 적절하다. 칸트는 살인자에 대한 사형이 사회 계약에 포함될 수 있다고 보며, 베카리아는 사회 계약의 목적이 생명 보존에 있기 때문에 생명을 빼앗는 사형은 사회 계약에 포함될 수 없다고 본다.

---

17 형벌에 대한 칸트, 루소, 베카리아의 입장   정답 ①

선택 비율	①33%	② 25%	③ 24%	④ 12%	⑤ 6%

오답 피하기

선지 선택 비율을 보면 정답인 ㄱ, ㄴ뿐만 아니라 오답인 ㄷ, ㄹ을 선택한 학생들도 다수 있었다. 특별히 어려운 선지가 있었다기보다는 칸트, 루소, 베카리아의 입장에 대한 전반적인 이해가 부족했던 것으로 보인다. ㄱ의 '사형은 살인을 저지른 자의 인간성을 존중하는 형벌이다.'라는 내용은 형벌에 대한 칸트의 입장을 묻는 문항에서 빈번하게 나오는 것이므로 반드시 알아 두어야 한다. 또한 베카리아가 사회 계약론과 공리주의 관점에서 사형에 반대한다는 사실도 필수적으로 알아 두어야 한다(ㄴ). 나아가 칸트는 응보의 관점에서, 루소는 사회 계약론의 관점에서, 베카리아는 공리주의 관점에서 형벌이 범죄자에게 고통을 유발하더라도 정당화 가능하다고 보며, 루소와 베카리아는 범죄 피해로부터 구성원을 보호하기 위해 형벌이 필요하다고 본다는 사실 역시 기억해 두어야 한다.

| 자료 분석 |

(가)의 갑은 칸트, 을은 루소, 병은 베카리아이다. 칸트는 사형이 다른 선을 위한 수단이 아니라 살인자가 살인을 의욕했다는 사실에 비례하여 가해지는 형벌이라고 본다. 루소는 사형이 사회 계약에 참여한 당사자들의 자기 보존(생명 보존)에 이바지한다고 보고, 사형을 긍정한다. 베카리아는 범죄 억제의 효과는 형벌의 강도보다 지속성에 있기 때문에 사형보다 종신 노역형이 더 효과적이라고 본다.

| 보기 해설 |

ㄱ. 칸트는 사형이 살인자의 인격을 존중하는 형벌이라고 본다. 사형은 범죄자가 자신이 저지른 살인에 대해 책임질 수 있는 기회를 제공하여, 자신이 의욕한 살인 행위로 박탈된 인간성을 회복할 수 있게 하기 때문이다. 따라서 형벌을 범죄자의 인간성 존중이라는 의미로 보는 입장은 칸트에게만 해당되므로 해당 선지는 A에 적절한 내용이다.

ㄴ. 베카리아는 자신의 생명을 박탈할 권리를 사회에 양도하는 사람은 없다고 보고, 사회 계약에 근거하여 국가는 사형을 실행할 수 없다고 본다. 반면 칸트와 루소는 국가에 의한 사형이 정당한 형벌임을 주장하므로 해당 선지는 베카리아의 입장에만 해당하는 B에 적절한 내용이다.

ㄷ. 형벌이 범죄자에게 고통을 유발할지라도 정당화 가능하다고 보는 입장은 칸트, 루소, 베카리아 모두에게 해당하므로 C가 아닌 D에 해당한다.

ㄹ. 형벌의 목적이 범죄 피해로부터 구성원을 보호하는 것이라고 보는 입장은 루소와 베카리아에게만 해당한다. 루소는 구성원의 생명 보호라는 사회 계약의 목적을 위해, 베카리아는 범죄 예방을 위한다는 측면에서 형벌의 정당성에 접근한다. 그러나 칸트에게 형벌의 목적은 범죄자가 범죄를 의욕했다는 사실 그 자체에서 기인하며, 형벌은 다른 선을 위한 수단이 될 수 없다고 본다. 따라서 해당 선지는 D가 아닌 C에 해당한다.

---

18 형벌에 대한 베카리아, 칸트, 벤담의 입장   정답 ②

선택 비율	① 6%	②32%	③ 19%	④ 9%	⑤ 34%

오답 피하기

정답인 ②번 선지보다 오답인 ⑤번 선지를 선택한 학생들이 많았다. 아마도 정답인 ②번 선지에서 사용하고 있는 '물권의 대상'이라는 표현을 이해하지 못하여 오답률이 높았던 것으로 보인다. 물권이란 '특정한 물건을 직접 지배하여 이익을 얻을 수 있는 배타적 권리'를 말하는 것으로, 쉽게 말해 물건에 대한 권리를 뜻한다. 즉, '살인자가 물권의 대상이 아님'이라는 표현은 '살인자가 물건과 같이 취급될 수 없음'을 뜻하는 것이다. 따라서 ②번 선지는 살인자 역시 인격성을 가진 목적적 존재인 인간이므로, 물건과 같은 수단적 존재로 취급받아서는 안 된다는 칸트 사상의 기본적인 전제를 의미하는 것이다.

| 자료 분석 |

갑은 베카리아, 을은 칸트, 병은 벤담이다. 베카리아는 공리주의적 관점에서 사형보다 종신 노역형이 범죄 예방에 더 효과적이라고 보고 사형에 반대한다. 칸트는 응보주의적 관점에서 살인자에 대한 사형은 정당하며, 사형은 오히려 살인자의 고통받는 인격을 해방시켜 인간의 존엄성을 실현하는 것이라고 본다. 벤담은 형벌이 초래하는 해악보다 그것을 통해 예방할 수 있는 해악이 더 커서 사회적 효용성을 최대화할 수 있다면, 그러한 형벌은 정당하다고 본다.

| 선지 해설 |

① 베카리아는 사회 계약론의 관점에서 한 인간의 생명은 양도할 수 없는 것이므로 사회 계약적 측면에서도 사형은 정당화될 수 없다고 주장한다. 즉, 베카리아는 범죄 예방이라는 목적을 위해서라도 생명권을 사회에 양도해서는 안 된다고 볼 것이다.

② 칸트는 인간이 결코 타인의 의도를 위한 수단으로 취급될 수 없고, 물권의 대상들과는 섞일 수 없는 인격성을 지니고 있는 존재라고 본다. 따라서 칸트는 형벌이 공공선을 위한다는 목적과 같이 수단으로서 가해져서는 안 된다고 본다.

③ 벤담은 공리주의적 관점에서 사회적 효용의 극대화를 위해 처벌이 초래하는 해악이 처벌을 통해 예방할 해악보다 커서는 안 된다고 주장한다.

④ 베카리아와 벤담은 공리주의적 관점, 즉 실효성의 측면에서 사형의 정당성을 논한다.

⑤ 칸트는 처벌이 범죄 예방이나 범죄자의 교화 같은 사회의 공공선을 이룬다는 목적으로 행해져서는 안 된다고 본다. 반면 벤담은 공리주의적 관점에서 모든 처벌이 공공선을 증진하고 사회적 효용성을 극대화하기 위해 행해져야 한다고 본다.

---

19 형벌에 대한 베카리아와 칸트의 입장   정답 ③

선택 비율	① 22%	② 11%	③19%	④ 39%	⑤ 6%

오답 피하기

정답률이 19%로 많은 학생들이 어려워했던 문항이다. 문제가 된 선지는 ㄱ과 ㄷ으로 보인다. 학생들에게는 베카리아가 강도보다 지속도가 형벌의 효과적인 기준이라고 주장한 것이 익숙하기 때문에 ㄱ이 맞는 선지라고 오해할 수 있다. 그러나 베카리아는 결과적 유용성을 추구하는 공리주의자이기 때문에 형벌에 있어 강도를 완전히 배제하는 것이 아니라, 강도와 지속도 중에서 지속도의 효과를 더 강조하는 것이다. 베카리아의 입장에서 범죄 억제력은 강도에서도 나올 수 있다. 다만 지속도보다 억제 효과가 낮은 것이다. ㄷ은 '형벌 자체가 범죄자의 존엄성을 실현하기 위한 것'이라는 부분에서 칸트의 입장에 부합하지만, 형벌이 어쩔 수 없이 행해지는 필요악이라고 보는 부분에서 적절하지 않다. 칸트는 형벌이 응보의 원리에 따라 반드시 행해져야 하는 하나의 정언 명령이라 주장하며 결과와 무관하게 도덕적으로 정당한 행동이라고 보았다.

| 자료 분석 |

갑은 베카리아, 을은 칸트이다. 베카리아는 공리주의 관점과 사회 계약론의 입장에서 사형 제도를 반대했다. 공리주의 관점에서 볼 때 처벌의 핵심적 목적은 사회 전체의 선을 증대시키는 것인데, 단기간에 강렬한 인상을 주는 사형보다는 지속적으로 고통의 본보기가 되어 범죄 예방 효과가 큰 종신 노역형이 사회적 유용성 증대에 기여한다고 보았다. 또한 사회 계약론의 입장에서도 개인은 자신의 생명권을 양도하지 않을 것이기 때문에 사형은 부당하다고 주장했다. 칸트는 살인자에 대한 사형은 살인자의 고통받는 인격을 해방하여 인간의 존엄성을 실현하는 것이므로 응보주의적 관점에서 살인자에게 사형을 행하는 것은 정당하다고 보았다.

| 보기 해설 |

ㄱ. 베카리아는 효과성의 측면에서 강도보다는 지속도가 범죄 억제력이 높다고 보고, 한 순간의 높은 강도를 가진 사형보다는 지속적인 본보기가 되는 종신 노역형이 더 효과적인 형벌이라고 주장했다. 따라서 어떤 것이 더 형벌의 효과가 높은가를 따진다면 강도보다는 지속도이지만, 그렇다고 범죄를 억제하는 데 강도가 전혀 기능을 못한다고 보지는 않았다.

ㄴ. 베카리아는 종신 노역형이 범죄자보다 시민들에게 더 큰 공포를 준다고 보았다. 왜냐하면 범죄자는 자신의 눈앞에 놓인 순간의 비참함에 사로잡혀 미래를 생각할 여력조차 없지만, 그것을 지켜보는 시민은 범죄자가 당하는 순간순간의 고통을 합산하고 자신의 현재 감수성으로 사태를 판단함으로써 범죄자가 당하는 모든 고통을 상상 속에서 더욱 증폭하여 느끼기 때문이다.

ㄷ. 칸트는 형벌 자체가 범죄자의 존엄성을 실현하기 위한 것이라고 보았다. 왜냐하면 형벌은 범죄자에게 자신의 자율적 행위에 대해 책임을 지게 하는 것이기 때문이다. 그러나 칸트는 형벌을 필요악이라고 보지 않았다. 칸트는 형벌이 결과적 좋음을 위해 어쩔 수 없이 행해지는 악이라고 인식한 것이 아니라, 반드시 행해져야만 하는 정언 명령으로 보았기 때문에 형벌은 도덕적으로 정당한 행동이라 인식했다. 따라서 칸트의 입장에서 형벌이 인간의 존엄성을 실현하는 것이기는 하지만 필요악이라 할 수 없다.

ㄹ. 베카리아는 사형보다 종신 노역형이 더 효과적이므로 사형이 범죄 예방과 사회 전체의 이익 증진에 부합하지 않는다고 보았다. 칸트는 형벌의 본질이 응보이며 형벌을 위해 인간을 수단으로 삼아서는 안 된다고 보았다. 따라서 베카리아와 칸트 모두 사형을 오직 본보기로 집행하는 것이 부당하다고 볼 것이다.

| **20** | **홉스의 국가관** | 정답 ④ |

| 선택 비율 | ① 15% | ② 13% | ③ 10% | ④ 35% | ⑤ 24% |

오답 피하기

홉스가 제시한 자연 상태의 특징과 계약을 통해 형성된 절대적 권력의 특징에 대해 정확히 이해하고 있어야 하는 문항이었다. 단순히 홉스가 생각한 자연 상태가 전쟁 상태라는 기본적인 내용만 이해하고 있었다면 'ㄴ' 보기를 분석하기 어려웠을 것이다. 자연 상태가 만인의 만인에 대한 투쟁 상태이기 때문에 '불의와 악'이 가득할 것 같지만, 자연 상태의 인간은 옳고 그름, 정의와 불의를 판단하는 기준을 가지고 있지 않다. 이 점을 이해하고 있어야 오답을 피할 수 있었을 것이다. 나머지 보기에서는 자연 상태의 인간이 자연권을 양도함으로써 절대 권력을 형성하는 이유가 자유와 평화를 보장받고자 하는 데 있음을 알고 있어야 분석이 가능하다. 계약의 목적을 이해하고 있다면, 홉스가 주장한 주권자의 절대 권력은 국민의 자유와 양립 가능한 것이고, 그 힘은 절대적이고 임의로 사용 가능한 것임을 이해할 수 있다. 홉스가 주장한 자연 상태, 계약을 통해 국가를 형성하는 목적을 정확히 이해하고 지문과 보기를 분석하는 연습이 필요하다.

| 자료 분석 |

제시문의 사상가는 홉스이다. 홉스는 자연 상태가 만인의 만인에 대한 투쟁 상태 즉, 전쟁 상태라고 본다. 인간은 자기 보존과 그로 인한 만족된 삶에 대한 이성적 통찰을 할 수 있기 때문에 자연 상태에서 벗어나고자 사회 계약을 통해 국가를 형성한다고 본다. 국가는 시민들의 생명, 재산을 보호하고 질서를 유지하기 위해 절대적인 권력을 지닌다고 주장한다.

| 보기 해설 |

ㄱ. 홉스는 자연 상태의 인간은 무제한적 자유를 가지고 있지만, 실질적으로 자유를 누릴 수 없는 상태라고 본다. 따라서 인간은 이러한 상태에서 벗어나고자 자연권을 국가에 양도함으로써 계약을 통해 절대 권력을 형성한다고 본다.

ㄴ. 홉스는 자연 상태에는 정의도 불의도 존재하지 않는다고 본다. 모든 인간이 각자 무제한적인 자유를 가지고 있기 때문에 소유도 지배도, 내 것과 네 것의 구별도 없으며, 옳고 그름이 없다고 본다.

ㄷ. 홉스는 주권자는 다수의 사람들이 계약을 통해 세운 하나의 인격으로서 시민들의 평화와 공동 방위를 위해 모든 사람의 힘과 수단을 임의로 사용할 수 있다고 본다.

| **21** | **롤스의 시민 불복종** | 정답 ② |

| 선택 비율 | ① 31% | ② 25% | ③ 28% | ④ 13% | ⑤ 3% |

오답 피하기

정답인 ②번보다도 오답인 ①번과 ③번 선지를 선택한 학생들이 많았다. 특별히 어려운 선지가 있었다기보다는 롤스의 시민 불복종에 대한 정리가 부족했던 것으로 보인다. ① 롤스는 시민 불복종이 개인이든 집단이든 이익에 근거하는 것이 아니라 다수가 공유하는 정의관에 근거해야 한다고 주장하였다. ② 롤스는 사회의 기본 구조가 아주 부정의할 경우, 즉 정의의 원칙이 지켜지지 않는 사회에서는 시민 불복종이 성립할 수 없다고 보았다. ③ 롤스는 시민 불복종이 헌법의 정당성에 이의를 제기하는 것이 아니라 헌법의 정당성을 침해하는 법이나 정책에 대한 저항이라고 보았다.

| 자료 분석 |

제시된 주장을 한 사상가는 롤스이다. 롤스는 시민 불복종을 '법이나 정부의 정책에 변혁을 가져올 목적으로 행해지는 공공적이고 비폭력적이며 법에 반하는 정치적 행위'로 정의하였다. 이때 시민 불복종은 정의의 원칙을 사회의 기본 원칙으로 추구하며, 현실적으로 크고 작은 부정의가 발생하는 거의 정의로운 사회에서 성립할 수 있는 시민의 행위라고 보았다.

| 선지 해설 |

① 롤스는 시민 불복종이 개인이든 집단이든 단순한 이익 계산에 근거하는 것이 아니라 다수의 정의관에 근거하여 이루어져야 하는 시민적 행위라고 보았다.

② 롤스는 사회의 기본 구조가 아주 부정의하면 시민 불복종이 성립되지 않는다고 보았다. 그에 따르면 시민 불복종은 정의의 원칙에 바탕을 둔 다수의 정의관에 근거하여 이루어져야 하는데, 아주 부정의한 사회에서는 정의의 원칙을 추구하지 않을 것이기 때문이다.

③ 롤스는 시민 불복종의 근거가 되는 정의의 원칙이 민주적 헌법 질서에 반영되어 있으며, 이것이 다수의 정의관을 형성한다고 보았다. 따라서 시민 불복종은 헌법의 정당성에 근거하여 이루어지는 것이므로, 헌법의 정당성을 침해하는 법이나 정책에 대한 저항이지 헌법 자체에 대한 저항이라고 볼 수 없다.

④ 롤스에게 시민 불복종은 자신이 속한 사회의 민주적 헌법 질서를 지키기 위한 것이다. 비민주적 체제에서는 시민 불복종이 성립하지 않으며, 비민주적 체제의 변혁과 같이 체제 자체의 변화를 목적으로 하는 행위는 시민 불복종이 아니라 혁명에 해당한다.

⑤ 롤스는 시민 불복종의 근거인 다수의 정의감은 개인의 양심과 양립할 수 있다고 보았다. 다수의 정의감(다수의 정의관)은 다양한 신념을 가진 집단들이 모두 지지할 수 있는 합의의 영역이기 때문이다.

---

22 롤스의 시민 불복종   정답 ③

선택 비율	① 1%	② 4%	③ 26%	④ 7%	⑤ 62%

오답 피하기

정답인 보기 ㄴ, ㄹ에 오답인 보기 ㄷ이 추가된 ⑤번 선지를 선택한 학생들이 절반이 넘었다. 보기 ㄷ의 내용이 특별히 어려웠다기보다는 롤스의 시민 불복종에 대한 정리가 부족했던 것으로 보인다. ㄷ. 롤스에 따르면 공공적 정의관은 시민 불복종의 기준이 되는 것으로, 사회의 구조와 제도, 법 등을 세우는 공정한 조건으로 작용한다. 따라서 시민 불복종은 공공적 정의관의 부당함을 제기하는 행위가 아니라 공공적 정의관을 바탕으로 하여 공공적 정의관을 위반하는 법이나 제도 등에 저항하는 행위임을 알아 두어야 한다.

자료 분석

제시된 주장을 한 사상가는 롤스이다. 롤스는 거의 정의로운 사회에서 심각하게 부정의한 법과 정책에 변화를 주기 위해 행해지는 시민 불복종은 정당한 것이며, 이러한 시민 불복종은 사회의 다수가 공유하는 정의관에 근거해야 한다고 본다.

보기 해설

ㄱ. 롤스는 시민 불복종이 법에 대한 충실성의 한계 내에서 법에 대한 불복종을 나타내는 것이어야 한다고 본다. 즉, 시민 불복종이 위법 행위이기는 하지만 그 사회의 법에 대한 충실성을 바탕으로 정의를 지키기 위해 이루어지는 것이므로, 사회를 위협하는 행위라고 인식하지 않는다.

ⓛ 롤스는 시민 불복종이 정당화되기 위해서는 합법적인 방법을 모두 사용한 이후에 최후의 수단으로 행해져야 하며, 폭력적인 방법을 사용해서는 안 된다고 주장한다. 또한 부정의한 법의 부당함과 시민 불복종의 정당성을 널리 알리기 위해 공개적으로 이루어져야 하며, 특정한 개인이나 집단의 목적을 성취하기 위해서가 아니라 사회 정의, 인간의 존엄성 실현 등의 보편적 가치의 실현을 목적으로 해야 함을 강조한다.

ㄷ. 롤스는 시민 불복종이 사회의 다수가 공유하는 정의관을 근거로 이루어져야 한다고 본다. 이러한 공공적 정의관은 자연적·사회적 우연성이 배제된 원초적 상황이라는 공정한 조건에서 합의된 것이며, 시민 불복종의 여부가 결정되는 기준이다. 따라서 시민 불복종이 공공적 정의관을 부당함을 제기하는 청원이라는 것은 적절하지 않다.

ⓡ 롤스는 시민 불복종의 기준으로 사회 다수가 공유하는 정의관을 꼽는다. 이러한 정의관은 '평등한 자유의 원칙'과 '공정한 기회균등의 원칙'을 포함하고 있는데, 롤스는 이러한 원칙들을 심각하게 위반하는 법은 시민 불복종의 대상이 된다고 본다. 이때 정치적 자유를 침해하는 법은 평등한 자유의 원칙에 위배되는 것이므로 시민 불복종의 대상이 될 수 있다.

---

23 롤스와 싱어의 시민 불복종   정답 ⑤

선택 비율	① 7%	② 7%	③ 16%	④ 35%	⑤ 35%

오답 피하기

정답인 ⑤번 선지와 동일한 비율로 오답인 ④번 선지를 선택한 학생들이 많았다. 롤스의 입장을 나타내는 보기 ㄱ의 내용에 대한 학생들의 이해가 부족하였던 것으로 보인다. 롤스는 시민 불복종이 정의의 원칙을 위반하는 법을 대상으로 해야 한다고 주장하였다. 다만 시민 불복종의 대상이 되는 심각한 부정의는 정의의 제1원칙인 평등한 자유의 원칙과 제2원칙 중 공정한 기회균등의 원칙에 국한되어야 한다고 보았다. 어떤 법이나 정책이 최소 수혜자에게 최대 이익을 주는 차등의 원칙을 심각하게 위반하였는지의 여부는 객관적으로 정확하게 판단하기가 어렵기 때문이다.

자료 분석

그림의 서양 사상가 갑은 롤스, 을은 싱어이다. 롤스는 정의의 원칙 가운데 평등한 자유의 원칙과 공정한 기회균등의 원칙을 심각하게 위반하는 법이나 정책은 시민 불복종의 대상이 된다고 보았다. 한편 싱어는 공리주의적 관점에서 시민 불복종 행위는 불복종의 대상이 되는 악의 크기와 불복종 행위로 인해 발생할 수 있는 혼란을 저울질하여 결정해야 한다고 보았다.

보기 해설

ㄱ. 롤스는 시민 불복종의 대상이 되는 심각한 부정의는 평등한 자유의 원칙과 공정한 기회균등의 원칙을 심각하게 위반한 경우로 국한시켜야 한다고 보았다. 어떤 법이나 정책이 차등의 원칙을 위반하는지의 여부는 정확한 판단이 어렵기 때문이다.

ⓛ 롤스는 정의의 원칙을 지향하는 다수의 정의관을 공유하면서도 현실적으로 크고 작은 부정의가 발생할 수 있는 거의 정의로운 사회에서 시민 불복종 행위가 성립할 수 있다고 보았다. 즉, 매우 부정의한 입헌 체제에서는 시민 불복종이 성립할 수 없다.

ⓒ 싱어는 시민 불복종을 하는 시민은 보편적 법치 원리와 민주주의의 원칙을 존중해야 한다고 보았다.

ⓡ 롤스와 싱어는 모두 시민 불복종으로 발생할 수 있는 불행한 결과를 고려해야 한다고 보았다.

---

24 롤스와 싱어의 시민 불복종   정답 ②

선택 비율	① 16%	② 35%	③ 22%	④ 22%	⑤ 5%

오답 피하기

오답인 ③, ④번 선지를 선택한 학생들의 비율이 유사한 문제였다. 특별히 어려운 내용이 있었다기보다는 롤스와 싱어의 시민 불복종에 대한 전반적인 이해가 부족했기 때문에 정답률이 낮았던 것으로 보인다. ③ 싱어는 시민 불복종이 사회 제도와 법 전체에 항거하는 행위가 아니라 일부 법이나 정책의 부당함을 알리기 위한 항거라고 보았다. 이는 롤스 역시 긍정할 내용이다. ④ 싱어는 시민 불복종이 민주주의 원칙을 존중하고 민주적 의사 결정을 복원하는 시도라고 보지만, 시민 불복종 자체는 위법적인 수단이라고 주장함을 기억해야 한다. 이처럼 시민 불복종에 대한 문항은 선지에 옳은 표현과 틀린 표현을 섞어서 제시하고는 하니 몇몇 표현들에 특히 주의를 기울여야 오답을 피해갈 수 있다.

| 자료 분석 |

갑은 롤스, 을은 싱어이다. 롤스는 시민 불복종이 크고 작은 부정의가 발생하지만 다수의 정의관을 공유하고 있는 '거의 정의로운 사회'에서 성립될 수 있는 시민적 행위라고 본다. 한편 싱어는 시민 불복종을 고려할 때 시민 불복종이 산출할 손익을 계산해 보아야 한다는 공리주의적 입장을 취한다.

| 선지 해설 |

① 롤스의 입장에 해당하지 않는다. 롤스는 개인의 양심이 아니라 사회의 다수가 공유하는 공공의 정의관에 기반하여 시민 불복종을 정당화한다. 또한 시민 불복종을 '법이나 정부의 정책에 변혁을 가져올 목적으로 행해지는 공공적이고 비폭력적이며 법에 반하는 정치적 행위'로 규정한다.

② 롤스의 입장으로 적절하다. 롤스는 시민 불복종 행위가 성공 가능성을 고려해서 행해져야 한다고 보았다.

③ 싱어의 입장에 해당하지 않는다. 시민 불복종은 사회 제도와 법 전체가 아니라 특정한 법이나 정책의 부당함을 알리기 위한 저항을 의미한다.

④ 싱어의 입장에 해당하지 않는다. 시민 불복종은 합법적인 수단이 아니라, 민주주의 원칙을 존중하는 가운데 불복종의 대상이 되는 법의 부당성을 알리기 위해 의도적으로 법을 어기는 위법적인 수단이다.

⑤ 롤스와 싱어 모두에게 해당하지 않는다. 두 사상가는 모두 시민 불복종이 비폭력적으로 이루어져야 한다고 주장한다.

2회 | **정답률 낮은 문제, 한 번 더!** 문제편 270~279쪽

01 ③	02 ②	03 ③	04 ①	05 ③	06 ③
07 ③	08 ④	09 ⑤	10 ③	11 ①	12 ③
13 ④	14 ⑤	15 ⑤	16 ①	17 ④	18 ⑤
19 ⑤	20 ②				

01 　롤스와 싱어의 시민 불복종 　　　　정답 ③

선택 비율	① 18%	② 5%	③ 40%	④ 27%	⑤ 8%

오답 피하기

많은 학생들이 보기 ㄷ과 ㄹ 사이에서 고민했을 것으로 예상된다. 싱어가 단순히 공리주의 원리에 따라 시민 불복종이 산출할 이익과 손해를 따져 시민 불복종을 행해야 한다고 주장했다는 사실만 알고 있었으면 ㄹ 선지가 생소하여 어렵게 느껴졌을 것이다. 싱어는 다수의 의견이 그릇될 수 있고, 절대적인 것이 아니라고 본다. 또한 롤스는 민주 체제 내에서도 심각한 부정의가 존재할 수 있다고 보았으며, 이에 대해 시민 불복종이 가능하다고 보았다. 시민 불복종 문제는 다양한 선지를 접해보고 사상가별로 주장한 내용들을 정리해 두는 것이 중요하다.

| 자료 분석 |

갑은 롤스, 을은 싱어이다. 롤스는 사회적 다수에 의해 공유된 정의관이 시민 불복종의 기준이 되어야 한다고 본다. 또한, 거의 정의로운 사회에서 부정의한 법과 정책의 변화를 위해 불복종이 전개되어야 한다고 주장한다. 싱어는 공리주의 원리에 따라 시민 불복종이 산출할 이익과 손해를 계산해 보아야 한다고 주장한다. 또한 시민 불복종 행위의 성공 가능성을 고려해야 함을 강조한다.

| 보기 해설 |

ㄱ. 을(싱어)이 '예'라고 대답할 질문으로 A에 들어갈 내용으로 적절하지 않다. 을(싱어)은 시민 불복종이 법에 대한 존중심을 감소시킬 수 있다고 본다. 따라서 공리주의 원리에 따라 시민 불복종이 중단시키려는 악의 크기와 그 행위가 가져올 법과 민주주의에 대한 존중심의 감소 정도를 저울질해 봐야 한다고 주장한다.

ㄴ. 갑(롤스)이 '예'라고 대답할 질문으로 B에 들어갈 내용으로 적절하다. 갑(롤스)은 부정의한 법이나 정책을 변화시키기 위한 목적으로 이루어지는 시민 불복종의 과정에서 정당한 법에 대한 위반이 수반될 수 있다고 본다. 예를 들어 부당한 법에 대해 불복종하고 싶지만, 그 법의 적용 대상이 아닐 경우 다른 법(예 : 위반 내용이 심각하지 않은 사소한 법 등)을 위반함으로써 간접적으로 시민 불복종 하는 것을 시민 불복종의 한 형태로 인정한다.

ㄷ. 갑(롤스)이 '예'라고 대답할 질문으로 B에 들어갈 내용으로 적절하다. 갑(롤스)은 민주 체제, 거의 정의로운 사회 내에서도 심각한 부정의가 존재할 수 있으며, 이에 대한 시민 불복종이 가능하다고 본다.

ㄹ. 을(싱어)이 '아니요'라고 대답할 질문으로 C에 들어갈 내용으로 적절하지 않다. 을(싱어)은 다수의 의견이 그릇될 수 있고, 절대적인 것이 아니라고 본다. 따라서 다수의 견해를 반영한 법이어도 시민 불복종의 대상이 될 수 있다고 본다.

02 　롤스의 시민 불복종 　　　　정답 ②

선택 비율	① 30%	② 33%	③ 11%	④ 16%	⑤ 10%

오답인 ①번과 정답인 ②번 선지를 선택한 학생들이 유사한 비율로 많았다. ①번의 내용처럼 심각하게 부정의한 법을 시민들에게 알려 이를 교정할 기회를 제공하는 시민 불복종은 다수의 이익에 도움이 되는 것처럼 보인다. 그러나 롤스가 주장하는 시민 불복종은 다수의 이익이 아니라 '다수의 정의관'에 기초하여 행해지는 것이다. 이때 다수의 정의관은 개인의 종교적 신념이나 특수한 집단의 이익과는 다르다. 따라서 시민 불복종의 목적을 다수의 이익 증진이라고 서술하는 ①번 선지는 오답이다.

| 자료 분석 |

제시된 글은 시민 불복종에 대한 롤스의 입장이다. 롤스에게 시민 불복종은 개인의 이익을 위한 단순한 위법 행위가 아니라, 다수의 정의관에 기초하여 이루어지는 공적인 행위이다. 따라서 롤스는 정당한 저항권의 행사로서의 시민 불복종에 대한 규정 또한 원초적 입장에서 논의되어야 한다고 주장하였다.

| 선지 해설 |

① 롤스는 '다수의 정의관'에 기초하여 자신이 속한 '질서 정연한 사회(또는 거의 정의로운 사회)'의 정의로운 체제를 지키기 위한 위법 행위만이 시민 불복종으로 인정될 수 있다고 본다. 한편 롤스에게 다수의 이익을 증진하는 것을 목적으로 하는 공리주의적 관점은 비판의 대상이다.

② 공직을 맡을 권리를 침해하는 정책은 롤스의 정의의 원칙 가운데 공정한 기회균등의 원칙을 침해한다. 롤스는 정의의 원칙(평등한 자유의 원칙, 공정한 기회균등의 원칙)을 위반하는 심각하게 부정의한 법이나 정책이 시민 불복종의 대상이 된다고 본다.

③ 롤스는 시민 불복종이 법을 위반하는 행위이지만 양심적 행위로서, 사회의 정의로운 체제를 지키기 위한 행위임을 강조한다.

④ 롤스는 시민 불복종이 헌법의 근거에 이의를 제기하는 행위가 아니라 헌법의 근거가 되는 정의의 원칙을 지키기 위한 정치적 행위라고 본다.

⑤ 롤스는 원초적 입장의 당사자들이 모든 부정의에 대해 저항할 것을 긍정하지 않으리라고 본다. 사소한 부정의에 대해서도 저항한다면 체제의 안정성을 침해할 수 있기 때문이다. 따라서 롤스는 정의의 원칙을 위반하는 '심각한 부정의'에 대해서만 시민 불복종이 정당화될 수 있음을 주장한다.

03	소로와 롤스의 시민 불복종			정답 ③
선택 비율	① 12%	② 12%	③41%	④ 30%	⑤ 5%

정답인 ③번 선지를 제외하고 가장 높은 오답률을 보인 선지는 ④번이다. 롤스가 주장한 시민 불복종의 정당화 요건인 비폭력성과 공개성이라는 특징이 ④번에 제시됨으로써 학생들이 함정에 빠진 것으로 보인다. ④번 선지의 후반부 서술은 롤스의 시민 불복종에 대한 적절한 서술이지만, 그 앞에 서술된 '체제의 정당성'을 시민 불복종의 대상으로 한다는 말은 잘못된 것이다. 롤스는 시민 불복종의 대상이 정부나 정치 체제 자체가 아니라 부정의한 법이나 제도라고 주장하기 때문이다. 이처럼 롤스가 주장하는 시민 불복종의 대상을 묻는 선지가 자주 출제되곤 하니, 반드시 알아 두어야 한다.

| 자료 분석 |

갑은 소로, 을은 롤스이다. 소로는 정의를 실현하기 위해서 개인의 양심에 근거하여 부정의한 법에 저항하는 시민 불복종이 정당하다고 본다. 롤스는 사회적 다수의 정의관에 근거하여 부정의한 법에 저항하는 시민 불복종이 정당하다고 본다. 롤스는 시민 불복종이 사회 정의 실현을 목적으로 공개적으로 이루어져

야 하며, 비폭력적인 방법으로 전개되어야 하고, 최후의 수단으로 이루어져야 하며, 처벌을 감수해야 한다고 본다.

| 선지 해설 |

① 소로는 양심에 따라 부당한 법률에 불복종하는 것이 바람직하다고 본다. 다수 국민이 공유한 정의관에 따른 시민 불복종을 주장한 것은 롤스이다.

② 소로는 법률이 아니라 개인의 양심을 시민 불복종의 최종 근거라고 본다. 그에 따르면 시민 불복종은 법률의 정당성 여부를 개인의 양심으로 판단하여 이루어지는 것이므로 법률도 시민 불복종의 대상이다.

③ 롤스는 개인의 양심에 따른 것이더라도 시민 다수가 공유하는 공공의 정의관에 근거하지 않는다면 정당한 시민 불복종이라 하기 어렵다고 본다.

④ 롤스는 시민 불복종이 부정의한 법이나 정책에 대해 불복종을 표현하는 것이지 정치 체제나 정부 자체의 정당성에 대한 저항은 아니라고 본다.

⑤ 소로는 시민 불복종으로 인해 처벌을 받는 것이 부정의한 정부에 복종하는 것보다 잃는 것이 적다고 주장하므로, 시민 불복종이 공권력에 의한 처벌을 거부하는 수단이라고 보지 않는다. 다만, 소로는 롤스와 달리 처벌 감수가 시민 불복종의 정당화 요건이라고 주장하지는 않는다. 롤스는 시민 불복종이 법에 대한 충실성의 한계 내에서 법에 대한 불복종을 표현하는 것이므로, 시민 불복종을 행하는 사람의 경우 법을 어긴 행위에 대한 처벌을 감수해야 한다고 본다.

04	칸트, 싱어, 테일러의 자연관			정답 ①
선택 비율	①32%	② 18%	③ 6%	④ 24%	⑤ 7%

①번 선지에서 인간에 대한 의무 외에 어떤 존재에 '대한' 의무가 없다는 표현의 정확한 의미를 파악하지 못했다면 답을 고르기 어려웠을 문항이다. 칸트는 인간 외의 다른 존재에 '대한' 의무는 없지만, 인간 외의 다른 존재와 '관련된' 의무는 있다고 본다. 여기서 '～에 대한'이라는 표현은 '직접적 의무'의 의미를 담고 있고, '～에 관련된'이라는 표현은 '간접적 의무'의 의미를 담고 있다. 따라서 칸트의 입장에서 인간은 인간 외의 다른 존재에 '대해' 의무를 가진다고 볼 수 없지만, 인간의 도덕적 감수성 증진의 측면에서 자연을 함부로 대해서는 안 되는 간접적 의무는 지니는 것이다.

| 자료 분석 |

갑은 칸트, 을은 싱어, 병은 테일러이다. 칸트는 이성적 존재만이 도덕적 행위의 주체라고 보며, 인간 이외의 동물과 자연은 도덕적 행위의 주체가 될 수 없다고 본다. 하지만 인간의 도덕적 감수성, 인간성 실현을 위해 동물과 자연을 함부로 대해서는 안 된다고 본다. 싱어는 이익 평등 고려의 원칙을 제시하며, 쾌락과 고통을 느끼는 모든 존재의 이익을 동등하게 고려해야 한다고 주장한다. 테일러는 모든 생명체는 각기 고유한 방식으로 자신의 고유의 선을 지향하는 목적론적 삶의 중심이기 때문에 도덕적으로 고려하고 존중해야 한다고 본다.

| 선지 해설 |

① 칸트는 인간은 오직 인간에 대한 의무 외에 어떤 다른 존재에 대한 의무도 갖지 않는다고 주장한다. 인간이 다른 존재에 '대해' 의무를 가지는 것은 부정하지만, 다른 존재와 '관련된' 의무를 갖는 것은 긍정한다.

② 싱어와 테일러의 공통된 입장으로 D에 해당하는 내용이다. 싱어는 도덕적 행위 주체가 아니어도 쾌고 감수 능력을 지닌 존재는 도덕적 지위를 지닌다고 주장한다. 테일러는 모든 생명체가 내재적 가치를 지니며 도덕적 지위를 지닌다고 주장한다.

③ 테일러는 식물처럼 감각 능력이 없는 개체들도 도덕적으로 고려할 필요가 있다고 본다. 테일러는 각기 고유한 방식으로 목적을 지향하고 있는 모든 생명체는 도덕적으로 고려해야 한다고 주장한다.

④ 싱어와 테일러는 인간을 위한 자원으로 동물을 활용할 수 있다고 본다. 싱어는 동물의 고통을 최소화하면서 인간의 이익을 극대화할 수 있다면 동물을 자원으로 활용할 수 있다고 본다. 테일러는 자연을 자원으로 활용할 수 있다고 보며, 이 경우에도 자연의 내재적 가치를 존중하는 태도를 지녀야 한다고 본다.

⑤ 세 사상가의 공통점에 해당하지 않는 내용이다. 칸트는 도덕적 고려의 대상이 아닌 존재도 도구적 가치는 지닌다고 본다.

니며, 인간은 이처럼 고유한 선을 지니는 생명체를 도덕적으로 고려해야 한다고 보았다. 테일러에게 의무의 대상은 생명체에 한정되므로, 개체가 고유의 선을 지녀야만 의무의 대상이 된다고 볼 수 있다.

---

05 칸트, 싱어, 테일러의 자연관   정답 ③

선택 비율	① 14%	② 5%	③25%	④ 23%	⑤ 30%

오답 피하기

학생들이 ㄱ을 포함한 ④번이나 ⑤번 선지를 정답인 ③번과 비슷한 수준으로 선택한 것으로 볼 때, ㄱ에 대해 정확하게 이해하지 못한 학생들이 많았던 것으로 보인다. 칸트는 인간 중심주의적 입장에서 이성에 따른 행동을 할 수 있는 인간만이 도덕적 행위의 주체라고 보고, 인간이 갖는 도덕적 가치를 강조한다. 이에 따라 학생들은 '생명체 중에서 오직 인간만이 가치를 지닌 존재인가?'라는 물음에 칸트가 긍정의 대답을 할 것이라고 오해할 수 있다. 그러나 '가치'에는 도덕적 가치뿐만 아니라 수단적 가치, 도구적 가치 등도 포함될 수 있다. 칸트는 인간이 아닌 다른 생명체가 인간을 위한 수단, 도구적 가치를 가진다고 주장하므로 ㄱ은 싱어나 테일러와 마찬가지로 칸트도 부정의 대답을 할 질문이다.

자료 분석

갑은 칸트, 을은 싱어, 병은 테일러이다. 칸트는 자율적으로 행동할 수 있는 도덕적 주체인 이성적 존재만이 의무의 대상이 될 수 있지만, 자연 및 동물을 무자비하게 파괴하고자 하는 성향은 인간의 도덕적 소질에 부정적 영향을 미치므로 인간의 자기 자신에 대한 의무에 어긋난다고 주장한다. 싱어는 공리주의적 입장에서 쾌고 감수 능력을 지닌 동물은 이익 관심을 지니며 종(種)에 관계없이 모든 이익 관심을 평등하게 고려해야 한다고 본다. 테일러는 모든 유기체가 각기 자신의 방식으로 고유의 선을 추구하는 유일한 개체라는 점에서 목적론적 삶의 중심이라고 본다.

보기 해설

ㄱ. 칸트는 인간이 아닌 존재자들도 인간을 위한 수단으로서 상대적인 가치는 가지고 있다고 보았다. 싱어는 쾌고 감수 능력을 지닌 동물에 대한 도덕적 고려를, 테일러는 모든 생명체에 대한 도덕적 고려를 주장하므로 생명체 중에서 오직 인간만이 가치를 지닌 존재라 보지 않는다.

ㄴ. 싱어는 쾌고 감수 능력을 도덕적 고려 여부를 판단하는 유일한 기준으로 삼기 때문에 쾌고 감수 능력을 지닌 동물을 인간과 차별해서는 안 된다고 본다. 테일러는 모든 생명체가 목적론적 삶의 중심으로서 내재적 가치를 지니므로 모든 생명체를 도덕적으로 고려하고 존중해야 한다고 주장했다. 따라서 테일러는 인간이 생명을 가진 존재를 차별하는 것은 잘못이라고 볼 것이다.

ㄷ. 싱어는 공리주의적 관점에서 이익 관심을 갖는 동물들의 이익을 평등하게 고려해야 함을 강조하지만, 동물을 이용함으로써 얻는 이익이 크고, 이익을 산출할 개연성이 충분히 높으며, 동물이 겪게 될 고통이 충분히 작다면 동물을 이용하는 인간의 행위가 정당화될 수 있다고 보았다.

ㄹ. 테일러는 모든 생명체는 의식의 유무나 유용성에 관계없이 고유한 선을 지

---

06 칸트, 싱어, 레오폴드의 자연관   정답 ③

선택 비율	① 36%	② 10%	③33%	④ 9%	⑤ 12%

오답 피하기

오답인 보기 ㄱ이 포함된 ①번 선지를 선택한 학생들이 가장 많았다. '자연을 경제적 관점에서 이용하는 것이 허용될 수 있다.'라는 주장에 대해 인간 중심주의자인 칸트가 긍정할 것이라는 점은 어렵지 않게 알 수 있다. 문제는 싱어와 레오폴드이다. 싱어는 쾌고 감수 능력이 없는 식물과 같은 자연을 경제적으로 이용하는 것이 허용될 수 있다고 본다. 그러나 쾌고 감수 능력이 있는 동물도 불필요한 고통을 받지 않을 경우에는 경제적으로 이용하는 것이 허용될 수 있다고 주장한다. 레오폴드 역시 자연을 경제적 관점만이 아니라 심미적·윤리적 관점에서도 검토한다면 자연을 경제적으로 이용하는 것이 가능하다고 본다.

자료 분석

(가)의 갑은 칸트, 을은 싱어, 병은 레오폴드이다. 칸트는 인간 중심주의적 관점에서 동물 학대가 인간 자신에 대한 의무에 어긋난다고 보고, 인간에게는 동물과 관련한 간접적 의무가 있다고 주장한다. 싱어는 동물 중심주의적 관점에서 즐거움과 고통을 느낄 수 있는 존재, 즉 쾌고 감수 능력이 있는 동물은 도덕적 고려의 대상이 되어야 한다고 주장한다. 레오폴드는 생태 중심주의적 관점에서 인간은 생명 공동체의 구성원인 흙, 물, 동식물을 도덕적으로 고려해야 한다는 대지 윤리를 주장한다.

보기 해설

ㄱ. 칸트, 싱어, 레오폴드 모두의 공통 입장으로 A가 아닌 D에 해당한다. 칸트는 자연이 인간을 위한 수단적 가치를 지닌다고 보므로, 자연을 경제적 관점에서 이용하는 것을 긍정한다. 싱어도 동물의 고통을 최소화할 수 있다면 동물을 포함한 자연을 경제적 관점에서 이용할 수 있다고 본다. 레오폴드 또한 자연을 경제적 관점에서 이용하는 것을 허용한다. 단, 레오폴드는 경제적 관점만이 아니라 도덕적, 심미적 관점에서도 자연을 고려해야 한다고 주장한다.

ㄴ. 싱어와 레오폴드만의 공통 입장으로 B에 적절하다. 칸트는 이성적 존재만이 도덕적 지위를 지닌다고 주장한다. 반면 싱어는 쾌고 감수 능력의 유무를 기준으로 도덕적 지위가 결정된다고 보고, 레오폴드는 생명 공동체 구성원에 속하는지를 기준으로 도덕적 지위가 결정된다고 본다.

ㄷ. 칸트만이 긍정할 입장으로 C에 적절하지 않다. 싱어는 고통을 느끼는 존재는 모두 도덕적 고려의 대상이라고 보며, 레오폴드는 고통을 느끼는 모든 존재를 포함한 생명 공동체의 구성원 모두가 도덕적 고려의 대상이라고 본다.

ㄹ. 칸트, 싱어, 레오폴드 모두의 공통 입장으로 D에 적절하다. 칸트는 동물을 인간을 위한 수단으로 이용할 수 있다고 보고, 싱어는 이익 평등 고려의 원칙에 따라 고통을 최소화한다면 동물에게 해를 끼치는 행위가 정당화되는 경우도 있다고 본다. 레오폴드는 먹이 사슬에 의해 생태계 구성원들이 상호 의존적으로 존재한다고 보는 한편, 생태계의 온전성을 해치는 개체(생태계 교란종 등)를 인위적으로 제거하는 행위 등이 정당화될 수 있다고 본다.

---

07 싱어, 레건, 칸트의 자연관   정답 ③

선택 비율	① 12%	② 25%	③24%	④ 17%	⑤ 22%

정답인 ③번 선지를 포함하여 선지 선택 비율이 고르게 분포되어 있다. 이를 봤을 때 특정 선지의 내용이 어려웠다기보다는 싱어, 레건, 칸트의 자연관에 대한 전반적이 이해가 부족했던 것으로 보인다. ㄱ. 싱어는 이익 관심을 지닌 모든 개체는 도덕적으로 고려되어야 한다고 주장하지, 인간과 동물이 동일한 대우를 받아야 한다고 주장하지 않는다. 그 예로 싱어는 동물의 고통을 인간의 고통과 동등한 것으로 고려하되, 동물의 고통을 최소화할 수 있다면 동물 실험이나 사육이 가능하다고 본다. ㄹ. 칸트는 자율적 행위 능력을 지닌 인간에게만 도덕적 지위가 부여되어야 한다고 보지만, 싱어와 레건은 자율적 행위 능력을 지니지 못한 존재가 도덕적 주체는 아니지만 이와 무관하게 도덕적 지위는 부여될 수 있다고 본다. 보기 ㄹ과 같은 내용이 나올 때에는 해당 선지에서 다루고 있는 단어가 '도덕적 지위'인지, '도덕적 주체'인지 잘 구분해야 한다.

| 자료 분석 |

(가)의 갑은 싱어, 을은 레건, 병은 칸트이다. 싱어는 공리주의적 관점에서 공리의 원리를 이익 관심을 가진 모든 존재에게 적용해야 한다는 이익 평등 고려의 원칙을 주장한다. 그리고 이 원칙에 기초하여 쾌고 감수 능력을 지닌 동물을 도덕적으로 고려해야 한다고 본다. 레건은 의무론의 관점에서 도덕적 권리를 지닌 삶의 주체로서의 동물을 도덕적으로 존중하는 것이 인간의 의무라고 주장한다. 칸트는 인간은 오직 인간에게만 도덕적 의무를 지니며, 동물에 대한 존중은 인간의 간접적인 의무일 뿐이라고 본다.

| 보기 해설 |

ㄱ. 싱어는 이익 평등 고려의 원칙에 따라 이익 관심을 지닌 모든 개체에 대한 도덕적 고려가 필요하다고 주장하면서, 인간은 동물의 고통을 고려해야 한다고 본다. 그러나 인간과 동물의 이익 관심에 대한 동등한 고려가 두 존재에 대한 동일한 대우를 뜻하는 것은 아니다.

ㄴ. 레건과 칸트의 공통점에 해당한다. 의무론의 관점에서 '목적 그 자체'로서 가치를 지닌 존재는 도덕적 존중의 대상이다. 다만 칸트는 이에 인간만이 해당된다고 보지만 레건은 삶의 주체로서의 동물까지도 포함된다고 본다.

ㄷ. 칸트는 인간 중심주의 입장에서 오직 이성적 존재인 인간만이 직접적인 도덕적 고려의 대상이라고 본다. 그에 따르면 동물 학대가 그릇된 근본적인 이유는 동물이 도덕적 고려의 대상이기 때문이 아니라 동물 학대가 인간성 실현을 저해하기 때문이다.

ㄹ. 자율적 행위 능력을 지닌 존재는 인간이다. 싱어와 레건은 자율적 행위 능력이 없는 동물이더라도 쾌고 감수 능력이 있거나(싱어), 삶의 주체로서 살아간다면(레건) 도덕적 지위가 부여되어야 한다고 본다.

---

08 레건, 테일러, 칸트의 자연관   정답 ④

선택 비율	① 2%	② 15%	③ 49%	④ 31%	⑤ 3%

절반에 가까운 학생들이 오답인 ③번 선지를 선택하였다. 아마도 많은 학생들이 ③번 선지의 '도덕적 행위 능력이 없는 존재'라는 표현에서 '생명체'만을 떠올렸거나, 그 뒤에 나오는 '모두'라는 표현을 놓친 것으로 보인다. '도덕적 행위 능력이 없는 존재'라는 표현에는 생명체만이 아니라 무생물도 포함된다. 그러나 생명 중심주의인 테일러는 생명체의 내재적 가치만을 긍정하며, 무생물에게도 내재적 가치가 있다고 주장하지 않는다. 즉, 무생물을 포함한 도덕적 행위 능력이 없는 존재 '모두'가 내재적 가치를 지닌다고 보지 않는다.

| 자료 분석 |

(가)의 갑은 레건, 을은 테일러, 병은 칸트이다. 레건은 인간이 도덕적 행위자로서 도덕적 지위를 지니지만 인간이 아닌 일부 동물은 도덕적 무능력자임에도 불구

하고 쾌고 감수 능력, 희망, 목적 등을 추구할 수 있는 삶의 주체로서 존중받을 도덕적 지위를 지닌다고 본다. 테일러는 도덕적 행위 능력을 가진 인간을 포함하여 도덕적 행위 능력이 없는 모든 생명체가 목적론적 삶의 중심으로서 고유의 선을 가지며, 도덕적 지위를 지닌다고 본다. 이러한 입장에서 테일러는 인간이 다른 생명체와 함께 지구 공동체를 구성하는 일원이며 본질적으로 다른 생명체보다 우월하지 않다고 주장한다. 칸트는 이성과 도덕적 행위 능력을 가진 인간만이 도덕적 행위 주체이며 도덕적 지위를 지닌다고 본다. 칸트는 인간 외의 동물과 자연은 도덕적 행위 능력이 없으므로 도덕적 주체가 될 수는 없으나, 동물이나 자연을 파괴하는 성향은 인간성 실현에 도움이 되는 자질을 약화시킬 수 있으므로 인간성 실현을 위해 동물이나 자연을 함부로 대해서는 안 된다고 주장한다.

| 선지 해설 |

① 테일러는 모든 개체(생물체) 각각이 목적론적 삶의 중심으로서 고유의 선을 갖는다고 보며, 인간이 자연에 대해 부여하는 가치와 무관하게 내재적 가치를 지니므로 개체의 고유한 선을 보호하고 개체를 도덕적으로 고려해야 한다고 본다. 따라서 A는 레건이 테일러에게 제기할 수 있는 비판으로 적절하지 않다.

② 레건은 일부 동물, 즉 성장한 포유동물은 믿음, 욕구, 지각, 기억, 쾌고 감수 능력, 미래 의식 등을 가진 삶의 주체로서 내재적 가치를 갖기 때문에 도덕적으로 존중해야 한다고 본다. 이처럼 레건도 테일러와 마찬가지로 개체에 대한 도덕적 존중의 근거를 내재적 가치에서 찾고 있으므로, B는 테일러가 레건에게 제기할 수 있는 비판으로 적절하지 않다.

③ 테일러는 도덕적 행위 능력이 없는 도덕적 무능력자이더라도 생명체라면 의식 유무와 상관없이 생존, 성장, 발전, 번식 등의 목적을 지향한다는 점에서 목적론적 삶의 중심이라고 본다. 그리고 이러한 생명체는 고유의 선과 내재적 가치를 지니므로 도덕적으로 존중해야 한다고 본다. 그러나 테일러는 도덕적 행위 능력이 없는 모든 존재가 아니라 생태계 전체와 무생물을 제외한 생명체만이 내재적 가치를 지니는 도덕적 고려의 대상이라고 본다. 따라서 D는 테일러가 칸트에게 제기할 수 있는 비판으로 적절하지 않다.

④ 레건은 의무론의 입장에서 인간이 아닌 성장한 포유동물은 이성이 없는 도덕적 무능력자이기는 하지만, 감정적인 생활을 할 뿐만 아니라 희망과 목적을 추구할 수 있는 삶의 주체라고 주장한다. 따라서 그는 이러한 동물들을 인간을 위한 수단으로 취급해서는 안 되며 목적 그 자체로 존중해야 한다고 본다. 칸트는 이성을 통해 자율적으로 행위할 수 있는 인간만이 도덕적 행위의 주체가 될 수 있으며, 인간은 목적 그 자체로 대우해야 할 존엄한 존재라고 본다. 따라서 레건은 칸트에게 어떤 존재를 목적 자체로 보는 근거를 이성에서만 찾아서는 안 된다고 비판할 수 있다.

⑤ 레건, 테일러, 칸트는 모두 도덕적 행위 주체인 인간을 평등하게 존중해야 한다는 것에 동의한다. 따라서 칸트가 테일러와 레건에게 제기할 수 있는 비판으로 적절하지 않다.

---

09 칸트, 테일러, 레오폴드의 자연관   정답 ⑤

선택 비율	① 3%	② 20%	③ 27%	④ 7%	⑤ 40%

정답인 ⑤번을 선택한 학생의 비중보다 오답인 ②, ③번을 선택한 학생의 비중을 합친 것이 더 높은 것으로 보아 학생들이 ㄷ에 대한 이해는 명확하게 있었으나, 다른 선지에 대한 이해가 부족했던 것으로 보인다. ㄱ의 경우, 칸트만이 아니라 테일러와 레오폴드에게도 해당되는 입장이다. 그러나 칸트와 달리 테일러와 레오폴드는 인간을 위해 동식물을 불가피하게 이용해야 하는 경우라 하더라도 동식물이 내재적 가치를 지닌 존재임을 잊어서는 안 되며, 동식물을 인간의 이익을 위한 단순한 수단으로 인식해서는 안 된다고 보았다. ㄴ의 경우, 테일러뿐만 아니라 칸트도 생명 공동체 자체는 내재적 가치가 없다고 보지만 선지에 '모든 생명체와 달리'라는 표현이 있기 때문에 테일러만의 입장이 된다.

| 자료 분석 |

갑은 칸트, 을은 테일러, 병은 레오폴드이다. 칸트는 이성적 존재만이 자율적으로 행동하는 도덕적 주체이며 도덕적 의무의 대상이 된다고 보았다. 그러나 칸트는 이성은 없지만 생명이 있는 동물을 잔학하게 다루거나 자연을 무자비하게 파괴하고자 하는 성향은 인간의 도덕적 소질을 약화시킬 수 있으므로 인간 자신에 대한 의무에 어긋나는 것이라고 주장했다. 테일러는 모든 생명체는 각자 자신의 방식대로 고유한 선을 추구하는 유일한 개체라는 점에서 목적론적 삶의 중심이라 보고, 생명체를 도덕적으로 고려하고 존중해야 한다고 주장했다. 레오폴드는 도덕 공동체의 범위를 대지로 확대할 것을 강조하며 생태계, 즉 생명 공동체의 온전함과 안정성, 아름다움을 보전하는 것이 윤리적이라고 보았다.

| 보기 해설 |

ㄱ. 칸트는 인간 중심주의의 입장에서 인간의 도덕성을 약화시키지 않기 위해 자연을 무자비하게 파괴해서는 안 된다고 주장했다. 그러나 이성이 없는 존재는 수단으로서 상대적인 가치만을 지니므로 인간을 위해서 식물을 이용하는 행위는 정당화될 수 있다고 보았다. 테일러는 생명체를 인간을 위한 자원으로 이용해야 하는 경우가 있지만, 그럴 때에도 그들이 단지 자원이 아니라 내재적 가치를 지닌 존재임을 잊지 말아야 한다고 주장한다. 레오폴드 역시 동식물을 인간을 위한 자원으로 활용할 수 있으나, 이러한 경우에도 동식물에게도 존속할 권리가 있음을 알고 윤리적·심미적으로 검토할 수 있어야 한다고 보았다. 따라서 칸트, 테일러, 레오폴드의 공통적인 주장이다.

ⓛ 테일러는 모든 생명체가 목적론적 삶의 중심으로서 고유의 선을 추구하며 내재적 가치를 지닌다고 보지만, 생명 공동체 자체의 도덕적 지위를 주장하지는 않았다. 칸트는 인간, 레오폴드는 생명 공동체까지 내재적 가치를 지닌 대상으로 보므로 테일러만의 주장이다.

ⓒ 레오폴드는 생명 공동체의 범위를 흙, 물, 식물과 동물 등 대지를 포함하도록 확장해야 한다고 보았다. 따라서 유기체가 아닌 존재도 도덕적 존중의 대상이 될 수 있다. 이와 달리 칸트는 인간, 테일러는 유기체로 도덕적 존중의 대상을 한정하므로 레오폴드만의 주장이다.

ⓔ 도덕적으로 무능력하다는 것은 도덕적 행위의 주체가 될 수 없다는 것을 의미한다. 테일러는 도덕적 능력의 여부를 떠나 모든 생명체는 도덕적으로 존중받아야 한다고 보았다. 따라서 동물은 도덕적으로 무능력해도 도덕적 지위를 갖는다. 레오폴드는 생명 공동체의 구성원 및 생태계 자체에 도덕적 지위가 있다고 보았다. 레오폴드는 무생물까지 도덕적 고려의 범위를 확대하므로 동물은 도덕적으로 무능력해도 도덕적 지위를 지닌다고 주장한다. 그러나 칸트에게 도덕적 지위는 이성적 존재인 인간에게만 있는 것이므로 테일러와 레오폴드의 공통적인 주장이다.

---

10 칸트, 레오폴드, 싱어의 자연관 정답 ③

| 선택 비율 | ① 8% | ② 10% | ③ 25% | ④ 17% | ⑤ 40% |

오답 피하기

정답인 ③번보다 ⑤번의 선택률이 높은 것으로 보아 많은 학생들이 보기 ㄷ을 어렵게 느꼈음을 알 수 있다. 보기 ㄷ은 싱어의 입장이 아니기 때문에 정답이 될 수 없다. 싱어는 인간과 마찬가지로 쾌락과 고통을 느끼는 능력을 가진 동물에 대한 '이익 평등 고려의 원칙'을 주장하면서 동물의 이익과 인간의 이익을 평등하게 고려하지 않는 종 차별주의에서 벗어나야 함을 강조한다. 그러나 싱어의 '이익 평등 고려의 원칙'은 쾌고 감수 능력을 가진 생명체 각각의 이익을 평등하게 고려해야 한다는 의미이지 모든 생명체를 동일하게 대우해야 한다는 의미는 아니다. '이익에 대한 동등한 고려'와 '동일한 대우'에 대한 의미를 구분하는 문제는 싱어의 함정 선지로 자주 나오므로 반드시 기억해야 한다.

| 자료 분석 |

(가)의 갑은 칸트, 을은 레오폴드, 병은 싱어이다. 칸트는 인간에게 동물을 고려할 직접적인 의무는 없지만, 인간성 실현을 위한 간접적인 도덕적 의무는 있다고 보았다. 레오폴드는 인간이 상호 의존적 부분들로 이루어진 공동체의 한 구성원일 뿐이며, 도덕 공동체의 범위를 식물, 동물, 토양, 물 등을 포함하는 대지로 확장시켜야 한다고 보았다. 싱어는 이익 평등 고려의 원칙에 의거하여 쾌고 감수 능력을 지닌 동물의 이익도 평등하게 고려해야 한다고 주장하였다.

| 보기 해설 |

ㄱ. 칸트는 이성적·자율적인 존재인 인간만이 도덕적 주체이므로 인간을 단지 수단으로만 대우하지 말고 항상 동시에 목적으로 대우해야 한다고 보았다. 대지의 모든 존재를 목적 그 자체로 대우해야 한다고 주장한 것은 레오폴드에게만 해당하는 진술이다.

ⓛ 레오폴드는 전일론적 관점에서 상호 의존성에 바탕을 둔 대지 공동체 자체가 지닌 도덕적 지위를 인정해야 한다고 주장하였다. 반면 칸트는 이성적 존재의, 싱어는 인간 및 쾌고 감수 능력을 지닌 동물의 도덕적 지위만을 인정해야 한다고 주장하였다.

ㄷ. 레오폴드는 모든 생명체를 도덕적으로 고려해야 한다고 보았다. 싱어 역시 쾌고 감수 능력을 지닌 생명체에 대한 도덕적 고려가 필요하다고 주장하였지만, 싱어가 주장한 이익 평등 고려의 원칙이 쾌고 감수 능력을 지닌 모든 생명체를 동일하게 대우해야 한다는 주장은 아니다. 예를 들어 쾌고 감수 능력을 지닌 동물의 허기와 인간의 허기는 동등하게 고려되어야 하지만, 그렇다고 해서 인간과 동물에게 동일한 식사를 제공한다는 의미는 아니라는 것이다.

ⓔ 칸트는 인간이 인간성 실현을 위해 동물을 고려해야 할 간접적인 의무도 가진다고 주장하였다. 레오폴드는 생명 공동체의 온전성을 유지하기 위해, 싱어는 쾌고 감수 능력을 가진 동물의 이익을 인간의 이익과 동등하게 고려하기 위해 인간이 동물에 대한 직접적인 의무를 가진다고 주장하였다. 따라서 칸트, 레오폴드, 싱어는 모두 동물 학대가 인간의 의무에 위배될 수 있다고 보았다.

---

11 칸트, 테일러, 레건의 자연관 정답 ①

| 선택 비율 | ① 30% | ② 12% | ③ 16% | ④ 29% | ⑤ 12% |

오답 피하기

정답은 ①인데 학생들이 오답인 ④번을 선택한 경우가 많았다. 이를 통해 학생들이 보기 'ㄱ'과 'ㄴ'이 적절하다는 것은 잘 파악했지만, 보기 'ㄹ'이 적절하지 않다는 것을 판단하기 어려워했음을 알 수 있다. 칸트, 테일러, 레건은 모두 생명을 지니고 있는 개체를 도덕적 의무의 대상으로 볼 수 있다. 그러나 테일러가 주장하는 불간섭의 의무에 따르면 생명을 직접적으로 지니고 있다고 보기 힘든 생태계나 자연까지도 인간이 함부로 간섭해서는 안 된다. 가령, 예를 들어 특정 생명체의 이윤을 위해 자연을 개조하거나 생태계의 질서를 깨뜨리는 행위를 금지하는 것이다. 해당 문항의 풀이를 위해서는 테일러의 자연관과 더불어 그가 제시하고 있는 의무에 대해서도 파악해 둘 필요가 있다.

| 자료 분석 |

갑은 칸트, 을은 테일러, 병은 레건이다. 칸트는 자율적으로 행동할 수 있는 도덕적 주체인 이성적 존재만이 의무의 대상이 될 수 있지만, 자연 및 동물을 무자비하게 파괴하고자 하는 성향은 인간의 도덕적 소질에 부정적 영향을 미치므로 인간의 자기 자신에 대한 의무에 어긋난다고 주장한다. 테일러는 모든 생명

체가 의식 유무와 관계없이 각자 자신의 방식대로 고유의 선을 추구하는 목적론적 삶의 중심이라 보고, 인간은 다른 생명체보다 본질적으로 우월하지 않으며 생명체를 도덕적으로 고려하고 존중해야 한다고 주장한다. 레건은 의무론적 입장에서 일부 동물은 삶의 주체로서 도덕적 권리를 가지기 때문에 인간을 위해 삶의 주체인 동물을 수단화하는 것은 옳지 않다고 보았다.

보기 해설

ㄱ. 갑(칸트)만의 입장으로 적절하다. 갑(칸트)은 인간만이 이성을 가지고 자율적으로 행동하며 목적 그 자체가 될 수 있는 존재라고 본다. 따라서 그는 인간만이 도덕 행위자가 될 수 있으며 인간이 아닌 존재는 인간의 목적에 이바지하는 만큼의 가치만을 지닌다고 주장한다. 을(테일러)과 병(레건)은 생명체를 포함한 일부 동물을 목적 그 자체가 될 수 있는 존재로 여기지만 그들을 도덕적 고려의 대상으로 바라볼 뿐, 도덕 행위자로 간주하지는 않는다.

ㄴ. 갑(칸트)과 을(테일러)만의 공통 입장으로 적절하다. 갑(칸트)은 이성을 지닌 인간만이 도덕적 고려 대상이자 도덕 행위자가 될 수 있다고 본다. 따라서 도덕적 지위 여부와 쾌고 감수 능력은 무관하다고 간주한다. 을(테일러)은 생명을 가진 모든 유기체는 목적론적 삶의 중심으로 고유의 선을 추구하는 유일한 개체이므로 감각 여부와 무관하게 도덕적으로 고려하고 존중해야 한다고 주장한다. 반면 병(레건)은 의무론적 관점에서 내재적 가치를 갖는 개체들을 단지 수단으로만 취급해서는 안 된다고 주장하며, 믿음, 욕구, 지각, 기억, 미래 의식, 쾌고 감수 능력 등을 지닌 일부 동물들은 내재적 가치를 지닌 삶의 주체로 보고, 도덕적으로 존중해야 한다고 주장한다.

ㄷ. 을(테일러)과 병(레건)만의 공통 입장으로 적절하지 않다. 을(테일러)과 병(레건) 모두 인간 이외의 존재가 인간의 가치 평가에서 독립하여 가치를 지닐 수 있다는 점은 긍정하지만 해악보다 이익이 크다는 이유로 인간이 인간 이외의 존재들을 이용하는 것이 정당화된다고 보지 않는다.

ㄹ. 갑(칸트), 을(테일러), 병(레건)의 공통 입장으로 적절하지 않다. 을(테일러)은 불간섭의 의무에 따라 생명체의 고유한 선을 보호하기 위한 경우를 제외하고는 생명을 지니고 있는 동식물을 포함한 생태계나 자연에 간섭해서는 안 된다고 주장한다.

12	테일러, 싱어, 레오폴드의 자연관			정답 ③
선택 비율	① 3%	② 7%	③30% ④ 9%	⑤ 48%

오답 피하기

테일러, 싱어, 레오폴드의 자연관과 도덕적 고려의 대상에 대한 견해를 정확히 이해하고 있어야 하는 문항이었다. 특히 테일러의 자연 존중의 의무 네 가지 중 신의의 의무에 대한 내용을 정확히 알고 있지 않았다면, ㄱ을 정답으로 골랐을 수 있다. 테일러가 주장한 신의의 의무가 동물에게만 해당한다는 내용을 알고 있어야 해당 보기를 오답으로 체크할 수 있었을 것이다. 또한, 세 사상가 모두 개체의 선과 생태계의 선의 가치를 동등하게 보지 않았다는 점과, 동물에 대한 인간의 의무를 호혜성에 기초하여 설명하지 않았다는 점을 잘 이해하고 있어야 나머지 보기들도 분석하기 수월했을 것이다. 테일러의 자연 존중의 의무 네 가지(악행 금지의 의무, 불간섭의 의무, 신의의 의무, 보상적 정의의 의무)는 간혹 고난도 문제에서 매력적인 오답으로 등장하기 때문에 제대로 이해해두는 것이 필요하다.

자료 분석

갑은 테일러, 을은 싱어, 병은 레오폴드이다. 테일러는 모든 생명체는 목적론적 삶의 중심이며 고유한 선을 지닌다고 보고, 인간은 고유한 선을 지니는 생명체를 도덕적으로 고려할 의무를 지닌다고 주장한다. 싱어는 도덕적 고려할 기준

을 쾌고 감수 능력의 소유 여부로 보며, 쾌락과 고통을 느끼는 모든 존재의 이익을 동등하게 고려해야 한다고 주장한다. 레오폴드는 대지를 수많은 존재가 서로 균형을 맞추며 살아가는 공동체로 파악하고, 인간은 생명 공동체의 한 구성원으로서 생명 공동체 그 자체를 존중해야 한다고 주장한다.

보기 해설

ㄱ. 테일러는 자연 존중의 의무 중 신의의 의무를 제시한다. 신의의 의무에는 인간의 즐거움과 쾌락을 위해 야생 동물을 기만하는 행위를 해서는 안 된다는 내용이 담겨 있다. 즉, 테일러가 주장한 신의의 의무는 동물에게만 적용되는 것이다.

ㄴ. 테일러와 싱어는 개체론적 입장으로 생태계의 선보다 개체의 선을 더 강조한다. 반면, 레오폴드는 전일론적 입장으로 개체로서의 생명의 가치보다 생태계 전체의 유기적 관계와 균형을 중시한다. 따라서 세 사상가 모두 생태계의 선과 개체의 선이 동등한 가치를 지니지 않는다고 보는 입장이기 때문에 D에 해당하는 진술이다.

ㄷ. 테일러는 모든 생명체는 목적론적 삶의 중심으로서 내재적 가치를 지닌다고 보며, 도덕적으로 배려해야 한다고 주장한다. 레오폴드는 무생물을 포함한 생태계 전체를 도덕적 고려의 대상으로 간주한다. 반면, 싱어는 이익 평등 고려의 원칙에 따라 쾌고 감수 능력을 가진 생명체를 도덕적 고려의 대상으로 삼아야 한다고 본다. 따라서 테일러와 레오폴드의 공통점에 해당하는 진술이다.

ㄹ. 세 사상가 모두 동물에 대한 인간의 의무가 호혜성에서 비롯된 것이 아니라고 본다. 테일러는 고유한 선을 지닌 모든 생명체를 도덕적으로 고려해야 할 의무가 있다고 주장한다. 싱어는 쾌고 감수 능력이 있는 생명체를 도덕적으로 배려해야 한다고 주장한다. 레오폴드는 자연은 인간의 이해와 상관없이 가치를 지니며, 도덕적 고려의 대상이 되어야 한다고 주장한다.

13	레오폴드, 테일러, 싱어의 자연관			정답 ④
선택 비율	① 5% ② 7%	③ 29%	④31%	⑤ 28%

오답 피하기

보기 ㄱ을 제외하고 오답인 보기 ㄷ을 선택한 학생이 고르게 분포해 있다. 이를 통해 ㄷ의 내용에 대한 학생들의 이해가 전반적으로 부족했음을 추론할 수 있다. ㄷ이 정답이 되려면 '모든 생명체는 의식적으로 목표와 목적을 추구하는가?'라는 질문에 테일러가 긍정의 대답을 해야 한다. 테일러는 모든 생명체가 목표와 목적을 추구하는 목적론적 삶의 중심이라고 보았지만, 모든 생명체가 이를 '의식적으로' 추구한다고 주장하지는 않았다. 그는 생명체의 의식 여부와 관계없이 모든 생명체가 각자의 고유한 선을 추구한다고 보았다. 이처럼 작은 표현 하나로 오답 여부가 바뀌기도 하니, 선지에 제시된 표현들을 꼼꼼하게 읽을 필요가 있다.

자료 분석

(가)의 갑은 레오폴드, 을은 테일러, 병은 싱어이다. 레오폴드는 생태 중심주의 관점에서 대지(생태계)를 경제적 관점에서만이 아니라 심미적·윤리적 관점에서도 고려해야 한다고 강조하며 대지 윤리를 주장하였다. 테일러는 생명 중심주의 관점에서 모든 생명체(유기체)가 각각의 고유한 선을 추구하는 목적론적 삶의 중심이라고 보았다. 싱어는 동물 중심주의 관점에서 동물의 고통에 대해 고려하지 않는 것은 이익 평등 고려의 원칙에 위배되며, 인종 차별이나 성차별과 같이 부당한 종 차별주의에 해당한다고 보았다.

보기 해설

ㄱ. 테일러가 긍정할 내용이므로 A에 적절하지 않은 질문이다. 생명 중심주의를 주장하는 테일러는 생명체가 인간의 평가로부터 독립된 가치로서 내재적인 가치를 지닌다고 보았다.

ㄴ. 테일러는 긍정, 싱어는 부정할 내용으로 B에 적절한 질문이다. 테일러는 모든 생명체가 도덕적 지위를 지닌다고 보지만, 싱어는 쾌고 감수 능력(유정성)을 지닌 존재만이 도덕적 지위를 지닌다고 보았다.

ㄷ. 테일러가 부정할 내용으로 C에 적절하지 않은 질문이다. 테일러는 생명체의 의식 여부와 관계없이 모든 생명체가 각자의 고유한 선을 추구하는 목적론적 삶의 중심이라고 보았다.

ㄹ. 싱어가 긍정할 내용으로 D에 적절한 질문이다. 싱어는 이익 평등 고려의 원칙에 기초하여 동물 역시 인간과 마찬가지로 고통을 느끼는 존재라고 보고, 동물의 고통과 인간의 동일한 고통을 동등하게 취급해야 한다고 보았다.

지닌다고 본다. 테일러는 모든 생명체가 목적론적 삶의 중심으로서 고유한 선을 지니고 있으므로 도덕적 능력 여부와 관계없이 내재적 가치를 지닌다고 본다. 따라서 레오폴드와 테일러의 공통점이므로 C에 들어가는 것이 적절하다.

ㄹ. 레건, 레오폴드, 테일러에게 비이성적 존재는 인간을 제외한 존재를 의미한다. 레건은 삶의 주체인 일부 동물까지, 레오폴드는 대지 공동체 전체까지, 테일러는 모든 생명체까지 도덕적 고려의 대상에 포함된다고 본다. 즉, 세 사상가는 모두 비이성적 존재도 도덕적 고려의 대상에 포함된다고 보므로, 레건, 레오폴드, 테일러의 공통점인 D에 들어가는 것이 적절하다.

14 레건, 레오폴드, 테일러의 자연관   정답 ⑤

선택 비율	① 32%	② 25%	③ 11%	④ 5%	⑤27%

오답 피하기

오답인 보기 ㄱ이 포함된 ①번과 ②번 선지를 선택한 학생이 절반이 넘었던 것으로 보아, 많은 학생들이 ㄱ이 정답이라고 인식했음을 추론할 수 있다. 'ㄱ. 인간은 자신의 생존을 위해 식물을 이용할 수 있다.'라는 진술에 대해 동물 중심주의자인 레건이 긍정할 것임은 어렵지 않게 알 수 있다. 그러나 레오폴드와 테일러도 인간의 생존과 같은 불가피한 경우를 위해서는 식물을 이용할 수 있다고 본다는 것을 알아 두어야 한다.

| 자료 분석 |

(가)의 갑은 레건, 을은 레오폴드, 병은 테일러이다. 레건은 일부 동물이 도덕적인 능력을 갖추지 못했더라도 자신의 삶을 영위할 수 있는 삶의 주체로서 내재적 가치를 지니기 때문에 도덕적으로 존중받을 권리가 있다고 본다. 레오폴드는 인간이 대지의 한 구성원일 뿐이며 자연은 인간의 이익과 관계없이 가치를 지니므로 토양, 물, 식물, 동물 등을 포함한 자연 전체를 도덕적 고려의 대상으로 삼아야 한다고 본다. 테일러는 모든 생명체가 각기 고유한 방식으로 자신의 생존, 성장, 발전, 번식이라는 목적을 지향하는 목적론적 삶의 중심으로서 의식 유무나 유용성과 무관하게 고유한 선을 지니므로, 인간은 모든 생명체를 도덕적으로 고려해야 한다고 본다.

| 보기 해설 |

ㄱ. 레건은 동물 중심주의적 입장에서 인간이 자신의 생존을 위해 식물을 이용할 수 있다고 본다. 레오폴드는 자연 전체가 도덕적 고려의 대상이라고 보는 생태 중심주의적 입장을 취한다. 그러나 레오폴드가 인간의 생존을 위해서 불가피하게 자연을 이용하는 것까지 부정하는 것은 아니다. 다만 그는 인간의 생존을 위해 자연을 불가피하게 이용할 때도 자연을 대지 공동체의 구성원으로서 존중해야 한다고 본다. 테일러는 모든 생명체가 고유한 선을 가지며, 인간은 모든 생명체를 도덕적으로 고려해야 할 의무가 있다고 본다. 하지만 테일러 역시 인간의 생존을 위해 식물과 같은 생명체를 이용할 수 있다고 본다. 단, 그는 인간의 생존을 위해 생명체를 이용할 때에도 악행 금지, 불간섭, 성실, 보상적 정의의 의무 등을 다해야 한다고 주장한다. 따라서 레건, 레오폴드, 테일러의 공통점이므로 D에 들어가는 것이 적절하다.

ㄴ. 생명 공동체 그 자체의 도덕적 지위를 인정하는 것은 생태 중심주의자인 레오폴드의 입장에 해당한다. 반면, 레건은 성장한 포유류와 같은 일부 동물만의 도덕적 지위를 인정하고, 테일러는 생명체만의 도덕적 지위를 인정하므로 레건과 테일러의 공통점인 B에 들어가는 것이 적절하다.

ㄷ. 레오폴드는 동물, 식물과 같은 생명체뿐만이 아니라 토양과 물 등의 대지까지 포함한 자연 전체가 도덕적으로 무능력함에도 불구하고 내재적 가치를

15 싱어, 테일러, 레건의 자연관   정답 ⑤

선택 비율	① 16%	② 27%	③ 36%	④ 11%	⑤10%

오답 피하기

정답률이 10%로 많은 학생들이 매우 어려워했던 문제이다. 문제가 된 선지는 보기 ㄴ으로 보인다. 많은 학생들이 동물 중심주의자인 레건과 싱어가 모두 성장한 포유동물을 결코 인간을 위한 자원으로 대우해서는 안 된다고 주장했다고 생각할 수 있다. 그러나 레건과 달리 싱어는 특수한 경우에는 동물을 자원으로 사용할 수도 있다고 보았다. 대표적인 예로 싱어는 아주 제한적 상황에서 치러지는 동물 실험에서 동물의 고통을 최소화하거나 비용 대비 효율과 유용성이 크다면 성장한 포유동물을 인간을 위한 자원으로 활용할 여지가 있음을 인정하였다.

| 자료 분석 |

(가)의 갑은 동물 중심주의자인 싱어, 을은 생명 중심주의자인 테일러, 병은 동물 중심주의자인 레건이다. 싱어는 쾌고 감수 능력에 근거하여 인간과 동물의 이익을 동등하게 고려해야 한다는 이익 평등 고려의 원칙을 강조하였다. 테일러는 모든 생명체는 자기 보존과 행복을 위해 움직이는 목적론적 삶의 중심으로, 인간과 마찬가지로 자기실현을 위한 고유의 선을 가지며, 선을 갖는 존재들은 내재적 존엄성을 갖는다고 주장하였다. 레건은 의무론의 입장에서 일부 동물도 삶의 주체로서 도덕적 권리를 갖는다고 보았다. 그는 다른 포유동물과는 다르게 감정적인 생활을 할 뿐만 아니라 희망과 목적을 추구할 수 있는 포유동물은 삶의 주체이기 때문에 도덕적 지위를 지닌다고 보았다.

| 보기 해설 |

ㄱ. 싱어는 인간을 특별하게 우대하고, 쾌고 감수 능력을 지닌 동물을 차별하는 태도는 이익 평등 고려 원칙에 근거해 볼 때 '종(種) 차별주의'라고 비판하였다. 생명 중심주의 입장인 테일러 역시 종 차이에 따라 도덕적 지위에 차별을 두어서는 안 된다고 보므로, 싱어가 테일러에게 제기할 비판으로 적절하지 않다.

ㄴ. ㄷ는 레건이 싱어에게 제기할 비판으로 적절하다. 레건은 성장한 포유동물은 도덕적 지위를 지니므로 인간을 위한 자원으로 대우받아서는 안 된다고 주장하였다. 반면 싱어는 동물의 고통을 최소화하기 위한 모든 노력을 기울인다면 동물을 자원으로 이용하는 것이 정당화될 수 있다고 보았다.

ㄷ. B, D는 테일러가 싱어와 레건에게 제기할 수 있는 비판으로 적절하다. 테일러는 인간이 다른 생명체에게 해를 끼쳤을 경우 마땅히 그에 대한 피해를 보상해야 한다고 주장하였다(보상적 정의의 의무). 또한 싱어와 레건은 동물 중심주의 입장이므로 식물을 포함한 생명체 전체를 도덕적 고려의 대상으로 보지 않는다.

ㄹ. C, E는 레건이 테일러와 싱어에게 제기할 수 있는 비판으로 적절하다. 레건은 모든 유정적 존재를 도덕적으로 고려해야 한다는 싱어나 테일러와 달리, 삶의 주체가 될 수 있는 한 살 이상의 정상적인 포유류만이 도덕적 지위를 가질 수 있다고 보았다.

정답률 낮은 문제, **한 번 더!**

445

16 롤스와 노직의 분배적 정의관 정답 ①

오답 피하기

정답은 ①번인데 학생들이 오답인 ②번을 선택한 경우가 많았다. 이는 보기 'ㄱ' 은 적절하고 'ㄹ'은 적절하지 않음은 구분해 내었지만, 상대적으로 'ㄴ'과 'ㄷ'의 적절성 여부를 판단하기 어려워했음을 알 수 있다. 롤스는 사회란 사회 구성원 상호 간의 이익을 위한 협동체로 보며, 사회 구성원들은 자신의 목적을 실현하기 위해 더 큰 몫을 원하기 때문에 협동을 통해 산출된 이익을 어떻게 분배하는가에 관심이 많아, 공동체를 유지하면서 모두의 협력을 가능하게 하는 분배를 실현하고자 한다고 본다. 노직이 주장한 최소 국가의 역할은 개인이 지닌 불가침의 절대적 권리를 보호하는 것으로, 이를 위해 부정의한 분배의 교정을 비롯하여 개인의 권리를 보호하기 위한 역할을 수행해야 한다고 본다. 그러므로 부정의의 교정만을 수행해야 한다는 주장은 적절하지 않다. 해당 문항의 풀이를 위해서는 롤스와 노직의 주장이 전제하고 있는 바를 명확하게 파악할 필요가 있다.

| 자료 분석 |

갑은 롤스, 을은 노직이다. 롤스는 정의로운 분배 원칙을 도출하기 위해서는 자연적·사회적 우연성이 배제된 원초적 입장이라는 가상 상황에서 자신에 대한 정보를 무지의 베일로 통제한 상태에서 합의해야 한다고 본다. 노직은 정의로운 분배는 최초 소유물의 취득과 이전의 과정이 정의로워야 한다고 보며, 이러한 소유물에 대해 개인은 배타적이고 절대적인 소유권을 가진다고 본다.

| 보기 해설 |

ㄱ 갑(롤스)은 정의로운 분배 원칙에 따라 분배하였을 때 불평등이 발생하더라도 그 결과 또한 정의로운 것이기 때문에 조정할 필요가 없다고 본다.

ㄴ 갑(롤스)은 사회를 상호 이익을 위한 협동 체제라고 보며, 사회 구성원 모두의 협력을 가능하게 하는 분배가 정당하다고 본다.

ㄷ. 을(노직)은 국가의 역할을 소유물의 취득과 이전 과정에서 발생한 부정의를 교정하는 것으로 보고, 이를 제외한 개인 소유물을 침해하지 말아야 하고 개인의 권리를 보호해야 한다고 본다.

ㄹ. 갑(롤스)은 평등한 자유와 공정한 기회를 보장하는 것을 정의의 원칙으로 제시한다. 반면 을(노직)은 소유물의 취득과 이전 과정의 부정의를 교정하고 개인의 정당한 소유권을 보장해야 한다고 보았지만 공정한 분배로 발생한 결과에 개입해서는 안 된다고 본다.

17 국제 관계에 대한 이상주의와 현실주의의 입장 정답 ④

오답 피하기

정답과 오답의 비율이 고르게 분포되어 있는 것으로 보아, 특정한 선지가 함정으로 작용했다기보다는 국제 관계에 대한 이상주의와 현실주의의 입장에 대한 학생들의 이해가 부족했던 것으로 보인다. 아마도 교육과정에서 빠져 지난 몇 년간 출제되지 않다가, 2015 교육과정에 다시 등장한 주제라 학생들이 익숙하지 않았던 것으로 보인다. 특별히 어려운 내용으로 출제된 적은 아직 없으니 이상주의와 현실주의의 차이점과 각 입장의 특징을 잘 정리해 두면 오답을 피할 수 있을 것이다.

| 자료 분석 |

(가)는 합리적인 대화와 협력을 통해 국제 평화를 이룰 수 있다고 보는 이상주의의 입장이다. 한편 (나)는 국가 간 힘의 균형을 통해서만 국제 분쟁이 억제될 수 있다고 보는 현실주의의 입장이다.

| 선지 해설 |

① 이상주의에서는 국가뿐만 아니라 개인, 국제기구, 비정부 기구 등 다양한 주체가 국제 관계의 행위자가 될 수 있음을 주장한다.

② 이상주의의 입장에서 국제 평화는 합리적인 대화와 협력을 통해서 이루어질 수 있다.

③ 현실주의에서는 힘의 균형을 통해 국제 분쟁이 억제될 수 있지만 평화를 영구적으로 보장할 수는 없다고 본다.

④ 현실주의에 따르면 전쟁 수행이나 외교 정책 등 국제 관계에 있어 모든 국가들의 최종 목표는 자국의 이익이며, 오직 힘의 균형에 의해서만 국제 분쟁이 억제될 수 있다.

⑤ 이상주의에만 해당하는 내용이다. 현실주의의 입장에서는 모든 국가들이 자국의 이익 추구를 우선시한다고 본다.

18 칸트의 영구 평화론 정답 ⑤

오답 피하기

정답인 ⑤번 선지와 유사한 비율로 오답인 ④번 선지를 선택한 학생들이 많았다. ④번 선지의 내용 자체가 어려웠다기보다는 칸트의 영구 평화론에 대한 이해가 부족하거나, 질문형 선지로 인해 학생들이 혼동을 일으킨 것으로 보인다. 칸트는 개별 국가들의 정치 체제가 세계 평화 실현에 영향을 준다고 보고, 영구 평화를 위한 확정 조항으로서 모든 국가의 시민적 정치 체제는 공화 정체여야 한다고 주장하였다. 칸트의 영구 평화를 위한 확정 조항들은 제시문으로도 자주 출제되니 반드시 기억해 두어야 한다.

| 자료 분석 |

제시된 주장을 한 사상가는 칸트이다. 칸트는 세계의 영구적인 평화를 위해서 각 국가의 체제는 공화정이어야 하며, 모든 국가가 평화를 유지하기 위해 자유로운 국가들 간의 연맹에 참여해야 한다고 주장한다.

| 선지 해설 |

① 칸트는 평화 실현을 위한 방법으로 환대권을 강조한다. 환대권은 어떤 이방인이 다른 나라의 영토에 도착했을 때, 평화적으로 행동하는 한 적대적으로 대우받지 않을 권리를 의미한다. 따라서 칸트는 모든 사람들이 보편적 우호의 조건들에 따라 세계 시민으로서 다른 나라에 방문할 권리가 있다고 본다.

② 칸트는 영원한 평화를 위한 인류의 노력을 인간이 행해야 할 도덕적 의무라고 주장한다.

③ 칸트는 진정한 의미의 정치는 도덕성에 충실하지 않고서는 실현될 수 없으므로 영구적인 평화를 위해 정치와 도덕은 합치되어야 한다고 본다.

④ 칸트는 개별 국가들의 정치 체제가 공화정이어야 한다고 주장한다. 공화정 하에서는 전쟁의 개시 여부에 대한 국민들의 동의가 반드시 필요하기 때문에 지배자가 독단적으로 전쟁을 결정할 수 없기 때문이다. 이와 같이 칸트는 개별 국가들의 정치 체제가 영구적인 평화 실현에 영향을 준다고 본다.

⑤ 칸트는 하나의 국제 국가를 수립하는 것은 개별 국가들이 원하지 않을 것이므로, 자유로운 국가들 간의 연맹을 구성하는 것이 전쟁을 막는 가장 현실적인 방안이라고 주장한다.

오답 피하기

해외 원조의 목적과 기준, 범위에 대한 싱어와 롤스의 입장을 정확히 이해하고 있어야 하는 문항이다. 특히 싱어가 공리주의의 관점에서 원조를 통한 이익이 비용보다 클 때 원조해야 한다고 주장한 내용만을 근거로 보기 'ㄱ'을 단순하게 해석했다면 오답을 골랐을 확률이 높다. 싱어는 원조 주체의 비용과 희생이 따르지만 절대 빈곤에 처한 사람을 도와서 그들의 고통을 감소시키기 위해 원조가 필요하다고 보는 입장이다. 물론 원조의 이익이 비용보다 커야 하고, 원조 주체의 지나친 희생이 따르지 않는 한에서 원조가 이루어져야 하지만, 기본적으로 원조의 목적은 원조 주체의 이익 증진에 있지 않다. 나머지 보기들도 두 사상가의 원조의 목적, 원조 대상국의 경제적 상황과 정치적 상황에 대한 입장을 정확히 비교하고 있지 않으면 답을 고르기 어려웠을 것이다. 따라서 해외 원조에 대한 롤스와 싱어의 입장을 묻는 문제는 각 사상가들의 주장을 간단히 요약한 문장만을 암기하기보다 원문을 많이 접하고, 다양한 기출 문제를 통해 다양한 각도에서 해석해보는 연습이 필요하다.

┃ 자료 분석 ┃

갑은 싱어, 을은 롤스이다. 싱어는 고통을 감소시키고 쾌락을 증진하는 것이 인류의 의무이며, 절대 빈곤에 처한 사람들을 방치하는 것은 인류 전체의 고통을 증가시키는 것이라고 본다. 따라서 이익 평등 고려의 원칙에 따라 고통받는 개인의 복지를 향상시킬 수 있도록 원조를 해야 한다고 주장한다. 롤스는 원조의 목적이 고통받는 사회가 자신들의 문제를 합당하게 그리고 합리적으로 관리할 수 있도록 도와주어서 질서 정연한 사회가 될 수 있도록 하는 것이라고 본다. 따라서 이러한 목적을 성취하면 원조 대상국이 여전히 상대적으로 빈곤하다고 해도 더 이상 원조를 할 필요가 없다고 주장한다.

┃ 보기 해설 ┃

ㄱ. 싱어는 원조는 원조 대상의 고통을 감소시키고, 복지를 향상시켜야 하며, 원조 주체가 지나치게 희생하지 않는 한에서 이루어져야 한다고 본다. 원조 주체의 이익까지 반드시 증진해야 한다고 주장하지는 않는다.

ⓛ 싱어와 롤스는 자원 빈곤국 모두를 원조 대상으로 삼을 필요는 없다고 본다. 싱어는 공리주의의 관점에서 원조를 통해 얻는 이익이 비용보다 클 경우에 한하여 도움을 주어야 한다고 본다. 롤스는 자원 빈곤국이어도 질서 정연한 사회가 되었다면 원조를 할 필요가 없다고 본다.

ⓒ 싱어와 롤스 모두 원조 대상국의 정치적 상황을 고려해서 원조해야 한다고 본다. 싱어는 원조 대상국의 정치적 상황으로 인해 원조 효과가 비용보다 지나치게 적거나 없으면 원조하지 않을 수 있다고 본다. 롤스는 원조 대상국이 불리한 여건에 있는 고통받는 사회일 때 원조해야 하며, 질서 정연한 사회가 되면 원조할 필요가 없다고 본다.

ⓡ 롤스는 원조의 주된 목표는 원조 대상국이 질서 정연한 국제 사회의 구성원이 되도록 하는 것에 있다고 본다. 반면, 싱어는 절대빈곤층의 처지 개선을 원조의 주된 목표로 삼는다.

오답 피하기

보기 ㄴ이 포함된 ①번 선지를 오답으로 선택한 학생들이 많았는데, 해외 원조에 대한 롤스와 싱어의 입장을 정확하게 숙지하지 못했던 것으로 보인다. ㄴ. 롤스는 공리주의자가 아니므로 원조가 공리의 원리에 따라 실천해야 할 윤리적 의무라는 주장에 동의하지 않을 것이다. ㄷ의 경우, 타인이나 타국을 돕는 해외 원조를 하기 위해서는 원조 주체의 경제적인 풍요가 뒷받침되어야만 한다고 생각할 수도 있다. 그러나 롤스가 원조의 주체라고 보는 질서 정연한 사회의 만민이 항상 경제적으로 풍요로운 것은 아니다. 또한 싱어는 공리주의적 입장에서 어떤 사회가 경제적으로 풍요롭지 않더라도 원조를 함으로써 더 큰 효용을 얻을 수 있다면 원조를 실행해야 한다고 볼 것임을 기억해 두어야 한다.

┃ 자료 분석 ┃

(가)의 갑은 롤스, 을은 싱어이다. 롤스는 해외 원조가 도덕적 의무라고 보고, 불리한 여건으로 고통받는 사회를 질서 정연한 사회가 되도록 돕는 것이 원조의 목적이라고 주장한다. 싱어는 공리주의적 관점에서 이익 평등 고려의 원칙에 따라 원조를 통해 얻는 이익이 원조에 들어가는 비용보다 클 경우, 어떤 공동체의 구성원인지에 상관없이 해외 원조를 해야 할 의무가 있다고 본다.

┃ 보기 해설 ┃

ⓖ 롤스는 빈곤이 사회 구조적인 결함으로 인해 발생한다고 보고, 고통받는 사회의 사회 구조가 개선되어 빈곤의 문제를 합당하고 합리적으로 관리할 수 있는 질서 정연한 사회가 되도록 돕는 것이 원조의 목적이라고 본다.

ㄴ. 롤스는 원조가 고통받는 사회를 질서 정연한 사회가 되도록 하기 위한 윤리적 의무라고 본다. 싱어는 공리주의적인 측면에서 인류의 고통을 감소시키고 쾌락을 증진하는 것이 인류의 의무이므로, 원조는 인류가 행해야 할 윤리적 의무라고 본다. 따라서 해당 내용은 싱어만의 입장인 C에 들어가야 한다.

ⓒ 롤스는 질서 정연한 사회의 만민은 경제적으로 풍요롭지 않더라도 고통받는 사회를 도울 의무가 있으며, 원조의 주체가 될 수 있다고 본다. 싱어는 원조를 통해 얻는 이익이 원조에 들어가는 비용보다 클 경우, 경제적으로 풍요롭지 않은 사회의 구성원도 원조의 주체가 될 수 있다고 본다.

ㄹ. 롤스는 국가 간 부의 재분배가 아니라 고통받는 사회의 사회 구조적 여건을 개선하는 것이 원조의 목적이라고 본다. 싱어는 빈곤으로 고통받는 사람에게 원조함으로써 인류의 복지를 증진시키고자 하는 것이지, 국가 간 부의 재분배를 원조의 목적으로 여기지 않는다. 따라서 해당 내용은 롤스와 싱어의 공통 입장인 B에 들어가야 한다.

1. ②	2. ④	3. ③	4. ①	5. ④
6. ⑤	7. ②	8. ①	9. ④	10. ④
11. ①	12. ③	13. ②	14. ③	15. ①
16. ①	17. ④	18. ③	19. ⑤	20. ④

1. 기술 윤리학과 규범 윤리학

(가)는 기술 윤리학, (나)는 규범 윤리학이다.
① 현실의 구체적인 윤리 문제에 대한 실천 지침을 제공하는 것을 핵심 과제로 삼는 것은 실천 윤리학이다.
② 기술 윤리학에서는 여러 문화권의 도덕 현상을 조사하고 이를 객관적으로 기술하는 것을 핵심 과제로 삼는다.
③ 도덕적 담론에서 사용되는 용어의 의미를 분석하는 것을 핵심 과제로 삼는 것은 메타 윤리학이다.
④ 도덕의 기원과 발달에 관한 인과적 설명을 제시하는 것을 핵심 과제로 삼는 것은 기술 윤리학이다.
⑤ 도덕적 추론과 합리적 논증의 구조를 탐구하는 것을 핵심 과제로 삼는 것은 메타 윤리학이다.

2. 인공 임신 중절의 윤리적 쟁점

(가)는 인공 임신 중절을 반대하는 입장이다. 인공 임신 중절을 반대하는 입장에서는 인공 임신 중절이 태아의 생명권을 침해하므로 허용되어서는 안 된다고 본다. 이를 토대로 보았을 때, 소전제 ㉠에는 '인공 임신 중절은 인간의 생명권을 침해하는 행위이다.'가 들어가는 것이 적절하다. 따라서 인공 임신 중절이 태아의 생명권을 침해하지 않는다는 입장 혹은 태아가 인간의 생명권을 가지지 않는다는 입장을 찾아야 한다.
① 태아는 잠재적 인간이므로 생명에 대한 권리를 지닌다는 주장은 태아가 인간과 동일하거나 그에 준하는 생명권을 가진다는 근거가 된다.
② 배아, 태아, 성인은 유전적으로 동일한 종의 구성원이라는 주장은 배아가 성인과 동일한 권리를 가지므로 태아가 인간의 생명을 가진다는 입장의 논거가 될 수 있다.
③ 태아가 인간이면서 생명권 이외의 권리를 지니지 않는다는 주장은 태아가 가진 인간의 생명권을 인정하고 있다.
④ 태아가 임신부 신체의 일부이며 인간으로 간주될 수 없다는 주장은 태아가 인간의 생명권을 가지지 못한다는 입장이다.
⑤ 태아의 생명권보다 임신부의 선택권을 우선하는 입장은 태아가 인간의 생명권을 가지고 있음을 전제하고 있다.

3. 하버마스의 담론 윤리

제시문의 사상가는 하버마스이다.
① 하버마스는 의사소통 행위를 언어 능력을 지닌 둘 이상의 주체가 상호 작용하는 것과 관련된 개념이라고 보고, 언어 능력과 행위 능력을 가진 모든 주체는 담론에 평등하게 참여할 수 있다고 주장한다.
② 하버마스는 의사소통의 합리성은 참여자들이 자신의 발언에 대해 근거를 제시할 수 있는가의 여부에 달려 있다고 보고, 의사소통의 합리성은 근거 있는 주장을 요구한다고 주장한다.
③ 하버마스는 합리적인 의사소통을 통해 행위자들의 행위 조정이 이루어져야 한다고 보고, 이를 위해 대화 당사자들 간의 논증적 대화가 필수적이라고 주장한다.
④ 하버마스는 담론 참여자가 타인의 의견에 비판적 이의를 제기할 수 있다고 보며, 이러한 비판 가능성이 합리적 발언을 개선시키고 더 나은 논증을 이끌어 낸다고 본다.
⑤ 하버마스는 다수결의 논리를 비판하면서, 규범의 타당성은 담론의 참여자 모두가 합의할 때 확보될 수 있다고 본다.

4. 매킨타이어의 윤리 사상

제시문의 사상가는 매킨타이어이다. 〈문제 상황〉에서는 A가 자신의 용돈을 콘서트에 가는 데 사용할지 아니면 결식아동을 후원하는 데 사용할지 고민하고 있다.
① 매킨타이어는 공동체와 그 공동체의 전통과 역사를 중시하여 그 속에서 공유된 핵심 가치를 실현할 것을 강조한다.
② 매킨타이어는 개인의 자율적 준칙보다 공동체의 관습을 중시한다.
③ 매킨타이어는 공동체의 관습과 도덕적 전통을 중시한다.
④ 매킨타이어는 공동체의 이익을 증진하고자 하지만, 이는 유용한 결과를 우선하기보다 좋은 삶과 공공선을 실현하기 위한 것이다.
⑤ 매킨타이어는 개인의 고유한 선 관념보다 공동선을 추구할 것을 강조한다.

5. 기술에 대한 야스퍼스와 하이데거의 입장

갑은 하이데거, 을은 야스퍼스이다. 하이데거는 기술은 단순히 가치중립적인 도구가 아니며, 감추어져 있는 존재의 모습을 드러내 주는 수단이므로 기술에 대한 인간의 윤리적 성찰이 필요하다고 주장한다. 야스퍼스는 기술 그 자체는 선도 악도 아닌 가치중립적인 수단이며 인간이 어떻게 활용하는지에 따라 행복과 불행 모두에 기여할 수는 있지만 인간과 전혀 무관하게 스스로 영향을 끼칠 수는 없다고 본다.
ㄱ. 갑(하이데거)의 입장으로 적절하다. 갑(하이데거)에 따르면 현대인은 기술의 도구적 활용에만 매몰되어 있어서 기술의 본질에 대한 충분한 이해를 결여하고 있다.
ㄴ. 갑(하이데거)의 입장으로 적절하다. 갑(하이데거)에 따르면 기술은 감추어져 있는 존재의 모습을 드러내 주는 방식으로 기능할 수 있다.
ㄷ. 을(야스퍼스)의 입장으로 적절하지 않다. 을(야스퍼스)은 기술 자체는 가치 중립적이라고 보지만, 인간이 기술을 선택하고 활용하는 기준을 정하기 때문에 그 과정에서 가치가 개입된다고 본다.
ㄹ. 갑(하이데거)과 을(야스퍼스)의 공통적인 입장으로 적절하다. 을(야스퍼스)은 기술은 인간의 목적을 위한 수단일 뿐이라고 본다. 갑(하이데거)은 기술이 인간의 목적을 위한 수단임을 부인할 수는 없다고 보면서도 기술을 단순한 가치 중립적 수단으로만 고찰해서는 안 됨을 강조한다.

6. 과시 소비에 대한 베블런의 입장

그림의 강연자는 베블런이다.
① 베블런이 긍정의 대답을 할 질문이다. 베블런은 좋은 명성을 얻고 유지하기 위한 수단으로 과시적 소비가 이루어진다고 본다.
② 베블런이 긍정의 대답을 할 질문이다. 베블런은 사회 구조의 낮은 계층에 속하는 아주 빈곤한 계급도 명성을 얻기 위한 관례적인 과시적 소비에서 자유로울 수 없다고 본다. 따라서 빈곤한 계층의 소비 행위도 사회적 명성과 깊은 관련이 있다.
③ 베블런이 긍정의 대답을 할 질문이다. 베블런은 타인과 끊임없이 비교하려는 경쟁적인 비교 성향이 과시 소비로 나타난다고 본다.
④ 베블런이 긍정의 대답을 할 질문이다. 베블런은 과시적 소비로 인해 상위 계층의 생활 예절과 가치 기준들이 사회 구조의 최하위 계층까지 확장된다고 본다.
⑤ 베블런이 부정의 대답을 할 질문이다. 베블런은 자본주의 사회에서 거의 모든 계층의 사람들이 명성의 욕망을 추구하고자 과시적 소비를 한다고 주장하지만 명성의 욕망을 추구하기 위해 물질적 풍요가 전제되어야만 한다고 보지 않는다.

7. 묵자와 맹자의 국가관

갑은 묵자, 을은 맹자이다.
ㄱ. 갑(묵자)은 차별 없는 사랑인 겸애를 강조하며 군주는 친분에 얽매이지 않고 차별 없이 사랑해야 한다고 본다. 그러므로 이 주장은 갑(묵자)의 입장으로 적절하다.
ㄴ. 갑(묵자)은 전쟁이 백성의 이익을 해치는 것이기 때문에 군주가 전쟁을 일으켜서는 안 된다고 본다. 그러므로 이 주장은 갑(묵자)의 입장으로 적절하지 않다.
ㄷ. 을(맹자)은 백성은 직업을 통한 경제적 안정 없이 도덕적인 삶이 불가능하다고 본다. 그러므로 이 주장은 을(맹자)의 입장으로 적절하다.
ㄹ. 갑(묵자)은 서로 다투지 않기 위해서는 서로 사랑하고 이익을 나눌 수 있어야 한다고 본다. 을(맹자)은 대인은 의로움을 우선하지만 소인은 이익을 우선한다고 본다. 그러므로 이 주장은 갑(묵자)과 을(맹자)의 공통 입장으로 적절하지 않다.

8. 문화 산업에 대한 아도르노의 입장

제시문의 사상가는 아도르노이다.
① 아도르노는 문화 산업의 표준화된 양식이 문화 소비 주체의 적극적이고 능동적인 사유를 무력화한다고 주장한다.
② 아도르노는 오늘날 문화 산업은 선택지의 분류가 완료되었기 때문에 사회의 다양성을 증진하는 것이 아니라 획일화한다고 본다.
③ 아도르노는 현대인의 문화 활동은 문화 산업이 구축한 거대 경제 메커니즘에 영향을 받는다고 본다.
④ 아도르노는 문화 산업의 은밀한 작동 방식에 의해 인간의 의식 조작이 쉬워졌기 때문에 소비자의 주체성은 약화된다고 본다.
⑤ 아도르노는 문화 산업은 상업적 이윤 추구의 도구가 되었으며, 상업적 이익을 위해 상품이 분류된다고 본다.

9. 레건, 테일러, 칸트의 자연관

갑은 레건, 을은 테일러, 병은 칸트이다. 레건은 인간이 아닌 성장한 포유동물은 도덕적 행위 능력이 없는 도덕적 무능력자이지만 쾌고 감수 능력, 기억, 지각, 믿음, 자기 의식, 의도, 미래에 대한 감각 등을 가지고 있는 삶의 주체이기 때문에 내재적 가치를 지니며 도덕적으로 존중받아야 한다고 본다. 테일러는 모든 생명체는 자기 보존과 행복을 위해 움직이는 목적론적 삶의 중심으로 인간과 마찬가지로 자기실현을 위한 고유의 선을 가지며, 선을 갖는 존재들은 내재적 존엄성을 갖는다고 주장한다. 칸트는 이성이 없는 생명을 폭력적으로 대우하는 것은 자연에 대한 인간의 간접적 의무를 어기는 것이라고 본다.

ㄱ. 갑(레건)만이 아닌 을(테일러) 또한 긍정할 내용으로 A에 해당하지 않는다. 갑(레건)은 어떤 동물은 내재적 가치를 지니고 있으므로 도덕적 행위 능력이 없더라도 도덕적 존중의 대상이 된다고 본다. 을(테일러) 역시 생명을 지닌 존재라면 고유의 선을 가지기에 도덕적 행위 능력과 무관하게 도덕적 존중의 대상이 된다고 본다.

ㄴ. 병(칸트)만이 긍정할 내용으로 B에 해당한다. 병(칸트)은 자연 안의 존재들에 대한 폭력성은 인간의 도덕성을 훼손하므로 인간은 동물과 관련하여 자기 자신에 대한 의무를 지닌다고 본다. 반면 갑(레건)과 을(테일러)에 따르면 동물 학대를 금지해야 하는 이유는 동물에게 내재되어 있는 가치와 존엄성이 훼손되기 때문이다.

ㄷ. 갑(레건), 을(테일러), 병(칸트) 모두 부정할 내용으로 C에 해당하지 않는다. 갑(레건)은 내재적 가치를 지닌 존재, 을(테일러)은 모든 생명체, 병(칸트)은 인간이 도덕적 지위를 지닌다고 본다. 이러한 존재들은 모두 생태계의 구성원이다.

ㄹ. 갑(레건), 을(테일러), 병(칸트) 모두 긍정할 내용으로 D에 해당한다. 세 사상가는 모두 수단으로만 이용되어선 안 되는 존재는 도덕적 의무의 대상이 될 수 있다고 본다. 단, 갑(레건)은 내재적 가치를 지닌 성장한 포유류를, 을(테일러)은 고유의 선을 가진 모든 생명체를, 병(칸트)은 인간을 수단으로만 이용되어서는 안 되는 존재로 간주한다.

10. 평화에 대한 갈퉁과 칸트의 입장

갑은 갈퉁, 을은 칸트이다. 갈퉁은 진정한 평화를 이룩하기 위해서는 직접적 폭력은 물론 구조적, 문화적 폭력까지 사라져야 하며 모든 사람이 인간다운 삶을 누릴 수 있도록 해야 한다고 주장한다. 칸트는 전쟁의 폭력성과 적대성에서 벗어나 영구 평화를 이룩해야 한다고 보고, 이를 위해 각 국가의 체제는 공화 정체이어야 하며 모든 국가가 자유로운 국가들 간의 연맹에 참여해야 한다고 주장한다.

ㄱ. 갑(갈퉁)의 입장으로 적절하다. 갑(갈퉁)은 어떠한 경우에도 폭력의 사용은 허용될 수 없고, 평화를 실현하는 과정에서도 평화적인 수단이 사용되어야 한다고 주장한다.

ㄴ. 갑(갈퉁)의 입장으로 적절하다. 갑(갈퉁)은 종교와 예술 등의 문화적 폭력은 구조적 폭력과 직접적 폭력을 정당화하는 수단으로 활용될 수 있다고 본다.

ㄷ. 을(칸트)의 입장으로 적절하지 않다. 을(칸트)은 영구적 평화는 평화 조약에 의해서 보장할 수 없다고 보고, 모든 국가가 자유로운 국가들 간의 연맹에 참여해야 한다고 주장한다.

ㄹ. 갑(갈퉁)과 을(칸트)의 공통 입장으로 적절하다. 갑(갈퉁)은 구조적 폭력의 주요 형태는 정치와 경제에서 나타나는 억압과 착취라고 보고 정치 체제의 개선 없이는 진정한 평화가 보장될 수 없다고 본다. 을(칸트)은 영구 평화를 위해서는 모든 국가의 시민적 정치 체제가 공화 정체이어야 한다고 주장한다.

11. 장자와 에피쿠로스의 죽음관

갑은 장자, 을은 에피쿠로스이다.
① 갑(장자)은 죽음을 사계절의 변화와 같은 자연스러운 현상으로 보기 때문에 이를 슬퍼할 까닭이 없다고 본다.
② 갑(장자)은 삶과 죽음을 서로 단절된 것이 아니라 서로 연결되어 순환하는 과정으로 본다.
③ 을(에피쿠로스)은 우리는 죽음을 경험할 수 없기 때문에 죽음의 고통을 느낄 수 없으며, 죽음에 대한 이해는 죽음에 대한 두려움으로부터 벗어난 평온을 준다고 본다.
④ 을(에피쿠로스)은 죽음을 영원한 삶으로 이행하는 과정이 아니라 인간을 구성하던 원자가 해체되는 과정이라고 본다.
⑤ 갑(장자)은 삶과 죽음을 기가 모였다가 흩어지는 현상이라고 보며, 을(에피쿠로스)은 죽음을 인간을 구성하던 원자가 흩어져 개별 원자로 돌아가는 현상이라고 본다.

12. 해외 원조에 대한 싱어와 롤스의 입장

갑은 싱어, 을은 롤스이다. 싱어는 다른 국적, 인종을 가진 사람이라도 세계 시민으로 간주하며 굶주림을 방치하는 것은 인류 전체의 고통을 증가시키는 것이므로 이익 평등 고려 원칙에 따라 빈곤으로 고통받는 사람들에게 원조를 해야 한다고 주장한다. 롤스는 그 사회의 경제적인 여건과는 별개로 불리한 여건 때문에 고통받는 사회를 질서 정연한 사회가 되도록 돕는 것이 원조의 목적이라고 본다.

ㄱ. 갑(싱어)의 입장으로 적절하지 않다. 갑(싱어)에 따르면 해외 원조의 목적은 국가 간 평균적 부의 격차를 줄이는 것이 아니라 인류 전체의 이익 증진 혹은 인류 전체의 고통 감소이다.

ㄴ. 갑(싱어)의 입장으로 적절하다. 갑(싱어)은 해외 원조와 국내 부조를 정당화하는 최종 근거는 공통적으로 공리의 원리라고 본다.

ㄷ. 을(롤스)의 입장으로 적절하지 않다. 을(롤스)은 수혜국의 정의로운 기본 제도가 수립된 이후에는 그 사회가 여전히 상대적으로 빈곤할지라도 더 이상 해외 원조는 요구되지 않는다고 본다.

ㄹ. 갑(싱어)과 을(롤스)의 공통적인 입장으로 적절하다. 기아 상태의 사람들을 구제하는 것은 해외 원조이며 갑(싱어)과 을(롤스)은 모두 해외 원조를 보편적 의무의 관점에서 바라보고 있다.

13. 다문화에 대한 입장들

타 문화를 대하는 태도에 대하여 (가)는 용광로 이론, (나)는 샐러드 볼 이론의 입장을 갖는다. (가)의 입장에 비해 (나)의 입장이 갖는 상대적 특징은 'X: 이질적 문화를 관용하는 정도'는 높고, 'Y: 다양한 문화의 공존을 추구하는 정도'도 높으며, 'Z: 여러 문화의 고유한 정체성을 존중하는 정도'는 높다.
① X: 낮음, Y: 높음, Z: 높음
② X: 높음, Y: 높음, Z: 높음
③ X: 높음, Y: 낮음, Z: 높음
④ X: 낮음, Y: 높음, Z: 낮음
⑤ X: 높음, Y: 높음, Z: 낮음

14. 롤스, 싱어, 소로의 시민 불복종

갑은 롤스, 을은 싱어, 병은 소로이다. 롤스는 시민 불복종이 공유된 정의관을 기준으로 거의 정의로운 사회에서 부정의한 법과 정책을 변화시키기 위한 목적으로 이루어져야 한다고 본다. 싱어는 공리주의적 관점에서 시민 불복종이 산출하게 될 사회적 이익과 손해를 계산하고, 시민 불복종의 성공 가능성을 고려해야 한다고 본다. 소로는 법보다 정의에 대한 존경심이 우선한다고 보고, 양심에 따라 부정의한 법에 대해 적극적으로 불복종해야 함을 주장한다.

ㄱ. A에는 갑(롤스)은 긍정, 을(싱어)과 병(소로)은 부정의 대답을 할 질문이 들어가야 한다. 갑(롤스)은 법과 정책이 부정의하다면 다수의 정의관을 기준으로 불복종할 수 있다고 본다. 을(싱어)는 시민 불복종이 산출할 사회적 이익과 손해를 고려해야 한다고 본다. 병(소로)은 양심에 따라 부정의한 법에 불복종해야 한다고 본다. 그러므로 이 질문은 갑(롤스)과 을(싱어), 병(소로) 모두 부정의 대답을 할 질문이다. 따라서 이 질문은 A에 들어갈 질문으로 적절하지 않다.

ㄴ. B에는 을(싱어)은 긍정, 병(소로)는 부정의 대답을 할 질문이 들어가야 한다. 을(싱어)은 양심에서 비롯한 시민 불복종도 실패 가능성이 크다면 정당성을 상실할 수 있다고 본다. 병(소로)은 정의에 대한 존경심과 양심에 따라 부정의한 법에 불복종해야 한다고 본다. 그러므로 이 질문은 을(싱어)은 긍정, 병(소로)은 부정의 대답을 할 질문이다. 따라서 이 질문은 B에 들어갈 질문으로 적절하다.

ㄷ. C에는 을(싱어)이 긍정의 대답을 할 질문이 들어가야 한다. 을(싱어)은 시민 불복종을 하는 사람들은 법의 통치와 민주주의의 기본 원칙을 존중하며, 이러한 존중심이 강한 민주 사회일수록 시민 불복종이 옹호될 가능성이 높다고 본다. 그러므로 이 질문은 을(싱어)이 긍정의 대답을 할 질문이다. 따라서 이 질문은 C에 들어갈 질문으로 적절하다.

ㄹ. D에는 병(소로)이 긍정의 대답을 할 질문이 들어가야 한다. 병(소로)은 시민 불복종이 사회적 승인이 아닌 개인의 양심에 근거해야 한다고 본다. 그러므로 이 질문은 병(소로)이 부정의 대답을 할 질문이다. 따라서 이 질문은 D에 들어갈 질문으로 적절하지 않다.

15. 롤스와 노직의 분배적 정의관

갑은 롤스, 을은 노직이다. 롤스는 정의로운 분배 원칙을 도출하기 위해서는 자연적·사회적 우연성이 배제된 원초적 입장이라는 가상 상황에서 자신에 대한 정보를 무지의 베일로 통제한 상태에서 합의해야 한다고 본다. 노직은 정의로운 분배는 최초 소유물의 취득과 이전의 과정이 정의로워야 한다고 보며, 이러한 소유물에 대해 개인은 배타적이고 절대적인 소유권을 가진다고 본다.

ㄱ. 갑(롤스)은 정의로운 분배 원칙에 따라 분배하였을 때 불평등이 발생하더라도 그 결과 또한 정의로운 것이기 때문에 조정할 필요가 없다고 본다.

ㄴ. 갑(롤스)은 사회를 상호 이익을 위한 협동 체제라고 보며, 사회 구성원 모두의 협력을 가능하게 하는 분배가 정당하다고 본다.

ㄷ. 을(노직)은 국가의 역할을 소유물의 취득과 이전 과정에서 발생한 부정의를 교정하는 것으로 보고, 이를 제외한 개인 소유물을 침해하지 말아야 하고 개인의 권리를 보호해야 한다고 본다.

ㄹ. 갑(롤스)은 평등한 자유와 공정한 기회를 보장하는 것을 정의의 원칙으로 제시한다. 반면 을(노직)은 소유물의 취득과 이전 과정의 부정의를 교정하고 개인의 정당한 소유권을 보장해야 한다고 보았지만 공정한 분배로 발생한 결과에 개입해서는 안 된다고 본다.

16. 순자와 칼뱅의 직업관

갑은 순자, 을은 칼뱅이다.

ㄱ. 갑(순자)은 각자의 적성과 능력에 따라 사회적 역할을 분담해야 한다고 본다. 이 과정에서 직업을 배분하기 위해 개인의 자질을 분별하는 과정은 필수적이다.

ㄴ. 갑(순자)은 선왕이 제정한 예를 통해 각자의 적성과 능력에 따라 사회적 역할을 분담해야 하고, 자신의 직분에 충실한 것이 곧 예의를 실천하는 것이라고 본다.

ㄷ. 을(칼뱅)은 직업을 신이 각자에게 부여한 소명이며, 각자는 직업 활동에 대한 귀천의 구분 없이 소명에 따라 자신의 직업에 충실해야 한다고 본다.

ㄹ. 순자는 통치자가 예의에 따라 각자의 직분을 분별한다고 보며, 을(칼뱅)은 직업을 신이 부여한 소명으로 보기 때문에 이를 스스로 선택했다고 보지 않는다.

17. 저작권에 대한 윤리적 쟁점

칼럼은 인공 지능 관련 산업의 장기적 발전을 위한 저작권 보호를 주장한다. 칼럼에 따르면 저작권을 보호하는 것이 원저작자로 하여금 데이터를 제공하려는 더 많은 유인을 가질 수 있다.

① 칼럼은 인공 지능 학습용 데이터를 공공재로 보는 주장에 반대한다.

② 칼럼은 저작권에 대한 보호는 인공 지능 관련 산업의 장기적 발전에 도움을 줄 수 있다고 본다.

③ 칼럼에 따르면 저작권 보호를 통해 양질의 데이터를 지속적으로 확보할 수 있다.

④ 칼럼은 인공 지능 학습용 데이터 원저작자의 정당한 권리를 보장한다면 원저작자가 데이터를 제공하려는 더 많은 유인을 가질 수 있다고 본다.

⑤ 칼럼은 인공 지능 학습에 이용되는 데이터가 원저작자의 동의 없이 무단으로 수집, 이용되고 있는 점을 비판한다.

18. 사랑과 성의 관계

(가)는 성에 대한 보수주의의 입장, (나)는 성에 대한 자유주의의 입장이다.

① 성에 대한 보수주의의 입장에서는 종족 보존의 측면과 부부간의 성관계를 정당하다고 본다.

② 성에 대한 보수주의의 입장에서는 부부간의 성관계에서 성의 쾌락적 가치와 생식적 가치를 함께 추구할 수 있다고 본다.

③ 성에 대한 자유주의의 입장에서는 성인들 간의 자발적 동의가 이루어지고 상호 피해를 주지 않는 성관계를 정당하다고 본다.

④ 성에 대한 자유주의의 입장에서는 성관계가 상호 피해를 주지 않아야 정당할 수 있다고 본다.

⑤ 성에 대한 보수주의와 자유주의의 관점 모두 사회적 책임을 도덕적으로 정당한 성관계의 조건이라고 본다.

19. 교정적 정의에 대한 칸트, 루소, 베카리아의 입장

갑은 칸트, 을은 루소, 병은 베카리아이다. 칸트는 살인자는 자신이 입힌 피해를 동등한 만큼의 피해를 입는 것으로 보상하여야 하기 때문에 사형을 실시해야 한다고 본다. 루소는 살인자는 다른 사람을 해치지 않겠다는 사회 계약을 어겼기 때문에 더 이상 시민으로 존중받지 못하고 사형에 처해져야 한다고 본다. 베카리아는 국가가 살인을 법으로 금지하고 있기 때문에 살인을 저지른 범죄자에 대해서도 사형을 실시할 수 없다고 본다.

① A와 F는 갑(칸트)이 을(루소)과 병(베카리아)에게 제기할 수 있는 비판을 의미한다. 갑(칸트)은 살인자에게 사형을 실시하지 않는 것은 살인자의 인격을 존중하지 않는 것으로 본다. 을(루소)은 살인자는 사회 계약을 위반하였기 때문에 더 이상 사회 구성원이 될 수 없다고 본다. 병(베카리아)은 살인자는 사형을 받는 것이 아닌 종신 노역형의 형태로 사회에 계속해서 기여해야 한다고 본다. 그러므로 이 내용은 을(루소)의 입장에 해당하여 A와 F에 들어갈 내용으로 적절하지 않다.

② B는 을(루소)이 갑(칸트)에게 제기할 수 있는 비판을 의미한다. 갑(칸트)은 사형은 살인자가 사회에 입힌 피해를 보상하고 살인자를 인격으로 존중하기 위해 실시한다고 본다. 을(루소)은 사형은 살인자가 사회 계약을 위반하여 공공의 적으로 간주되어 실시하는 것으로 본다. 그러므로 이 내용은 갑(칸트)이 을(루소)에게 제기할 수 있는 비판에 해당하여 B에 들어갈 내용으로 적절하지 않다.

③ C는 병(베카리아)이 을(루소)에게 제기할 수 있는 비판을 의미한다. 을(루소)은 사회 계약은 시민의 동의에 기반한 것이기 때문에 모든 종류의 형벌이 집행될 수 있다고 본다. 병(베카리아)은 개인의 생명권은 사회 계약으로 양도될 수 없다고 본다. 그러므로 이 내용은 병(베카리아)에게 제기할 수 있는 비판에 해당하여 C에 들어갈 내용으로 적절하지 않다.

④ D는 을(루소)이 병(베카리아)에게 제기할 수 있는 비판을 의미한다. 을(루소)은 시민들이 사형을 실시하는 사회 계약에 동의하였다고 본다. 병(베카리아)은 개인의 생명권을 사회에 양도할 수 없는 것으로 본다. 그러므로 이 내용은 을(루소)에게 제기할 수 있는 비판에 해당하여 D에 들어갈 내용으로 적절하지 않다.

⑤ E는 병(베카리아)이 갑(칸트)에게 제기할 수 있는 비판을 의미한다. 갑(칸트)은 형벌은 동해 보복 원리에 따라 행해져야 한다고 본다. 병(베카리아)은 형벌은 사회적 효용성에 따라 행해져야 한다고 본다. 그러므로 이 내용은 병(베카리아)이 갑(칸트)에게 제시할 수 있는 비판에 해당하여 E에 들어갈 내용으로 적절하다.

20. 불교의 윤리 사상

제시된 사상은 불교이다.

① 불교에서는 모든 존재와 현상이 연기의 법칙에 따라 생겨나고 사라진다고 본다.

② 불교에서는 만물이 무수한 원인과 조건의 상호 관계로 성립된다고 본다.

③ 불교에서는 고통과 괴로움의 원인을 집착으로 보며, 이로부터 벗어나야 함을 강조한다.

④ 불교에서는 개별 사물이 독립적인 실체가 아니라고 본다.

⑤ 불교에서는 모든 괴로움이 소멸된 열반에 이르기 위해서는 팔정도의 수행이 필요하다고 본다.

1. 이론 윤리학과 메타 윤리학

(가)는 이론 윤리학, (나)는 메타 윤리학이다.
① 도덕 명제의 추론 가능성과 논증의 타당성을 분석하는 것을 핵심 과제로 삼는 것은 메타 윤리학이다.
② 이론 윤리학에서는 도덕 규범과 의무의 근거가 되는 보편적 원리를 정립하는 것을 핵심 과제로 삼는다.
③ 사회의 관습과 규범을 관찰하여 객관적으로 기술하는 것을 핵심 과제로 삼는 것은 기술 윤리학이다.
④ 현실의 도덕 문제 해결을 위한 구체적 방안을 제시하는 것을 핵심 과제로 삼는 것은 실천 윤리학이다.
⑤ 도덕 현상의 인과 관계를 경험과학적으로 설명하는 것을 핵심 과제로 삼는 것은 기술 윤리학이다.

2. 석가모니와 장자의 죽음관

갑은 석가모니, 을은 장자이다.
① 갑(석가모니)은 삶과 죽음의 순환인 윤회가 인간을 포함한 다른 생명체에게도 적용된다고 본다.
② 갑(석가모니)은 연기법에 따라 삶과 죽음이 영원히 반복된다고 본다.
③ 을(장자)은 삶과 죽음은 기로 연결되어 서로 순환한다고 본다.
④ 을(장자)은 삶과 죽음은 기가 모였다가 흩어지는 것으로 도의 관점에서 삶과 죽음의 변화 원리가 다르지 않다고 본다.
⑤ 갑(석가모니)과 을(장자)은 현세의 삶에서 죽음의 이치를 깨달을 수 있다고 본다.

3. 큉의 종교 윤리

제시문의 사상가는 큉이다.
① 큉은 종교 간 대화 없이 종교 간 평화는 불가능하고, 종교 간 평화 없이 국가 간 평화도 불가능하다고 말한다. 따라서 국가 간의 평화를 위해 종교 간 대화는 선결 과제이다.
② 큉은 서로 다른 종교 간에 차이가 있다 하더라도 대화는 가능하다고 본다.
③ 큉은 다른 종교에 대한 연구 없이, 즉 다른 종교에 대한 이해 없이 종교 간 대화 혹은 소통은 불가능하다고 본다.
④ 큉은 각 종교가 가지는 고유한 특성을 인정하고 다른 종교를 이해할 때 종교 사이의 대화가 가능하고 종교 간 평화도 가능하다고 본다. 따라서 큉은 관용의 실천을 위한 종교 간 교리의 통합을 주장하지 않는다.
⑤ 큉은 대화의 중단이 전쟁을 초래한다고 본다.

4. 의복 윤리에 대한 입장

갑과 을은 패스트패션이 가져올 문제와 그 대처 방안에 대해 말한다. 갑은 패스트패션에 환경 부담금을 부과하는 정도의 규제는 찬성하면서도 제품 생산을 막아서는 안 된다는 입장이고, 을은 환경 부담금 부과는 물론 제품 생산 자체를 금지해야 한다는 입장이다.
① 갑은 소비자의 선택권 침해를 우려하며 패스트패션 제품 생산의 전면적 금지는 동의하지 않는다. 반면 을은 환경 문제 해결을 위해 패스트패션 제품 생산을 전면적으로 금지해야 한다고 본다. 따라서 갑과 을의 입장이 나뉘는 질문이기 때문에 토론의 핵심 쟁점으로 가장 적절하다.
② 패스트패션이 심각한 환경 오염 문제를 야기할 수 있다는 점은 갑과 을 모두 동의하는 내용이기 때문에 토론의 핵심 쟁점으로 적절하지 않다.
③ 갑은 패스트패션 기업에 환경 부담금을 부과하는 정도의 규제를 말하며 을은 제품 생산 자체를 금지하자고 주장한다. 따라서 갑과 을 모두 동의하는 내용이기 때문에 토론의 핵심 쟁점으로 적절하지 않다.
④ 패스트패션은 소비자의 욕구를 충족시킬 수 있다는 점은 갑과 을 모두 동의하는 내용이기 때문에 토론의 핵심 쟁점으로 적절하지 않다.
⑤ 갑은 패스트패션 제품 생산을 막는 것은 소비자의 선택권을 침해하는 과도한 규제이기 때문에 시행에 반대한다. 을은 소비자의 선택권이 침해되더라도 환경 문제의 해결을 더 중요하게 생각한다. 따라서 갑과 을 모두 동의하는 내용이기 때문에 토론의 핵심 쟁점으로 적절하지 않다.

5. 동물 실험에 대한 입장

강연자는 동물 실험을 반대하는 입장이다. 강연자는 동물 실험으로 인간이 이익을 얻을 수 있지만, 인간과 마찬가지로 동물의 권리도 존중받아야 하며 이를 위해서는 동물 실험을 실시하지 않아야 한다고 주장하고 있다.
① 강연자는 동물 실험으로 인간이 이익을 얻을 수 있었음을 인정하고 있다.
② 강연자는 동물 실험으로 인간의 복지를 증진할 수 있지만 도덕적인 측면에서 이를 반대하고 있다.
③ 강연자는 동물의 고통을 최소화하더라도 동물 실험은 도덕적으로 허용될 수 없다고 본다.
④ 강연자는 동물 실험은 동물의 권리를 부당하게 침해하므로 부당하다고 주장한다.
⑤ 강연자는 인간과 마찬가지로 동물의 권리도 동일하게 존중해 주어야 한다고 주장한다.

6. 레오폴드, 칸트의 자연관

갑은 레오폴드, 을은 칸트이다. 레오폴드는 인간을 비롯한 자연의 모든 존재가 함께 살아가는 생명 공동체이며, 인간 역시 대지의 한 구성원일 뿐이라고 본다. 따라서 생명 공동체의 온전함과 안전성, 아름다움을 보전하는 것이 인간이 가져야 하는 윤리적 의무라고 주장한다. 칸트는 인간 중심주의 자연관의 입장으로 이성은 없지만 생명을 폭력적으로 대우하는 것은 인간 스스로의 의무에 배치되는 것이라고 보며, 자연에 대한 인간의 간접적 의무를 주장한다.
ㄱ. 갑(레오폴드)이 긍정할 진술이다. 갑(레오폴드)은 인간이 흙, 물, 식물, 동물이 존속할 수 있는 권리를 보장하고 생명 공동체의 온전함, 안전성, 아름다움을 유지할 수 있는 한도 내에서 비이성적 존재를 수단으로 사용할 수 있음을 주장한다. 그러나 생태계의 안정성 등을 고려하지 않은 채 토지를 단순히 자원으로만 이용하는 것은 안 된다고 주장한다.
ㄴ. 갑(레오폴드)과 을(칸트) 모두 부정할 진술이다. 갑(레오폴드)에 따르면 생태계의 온전함과 안정성, 아름다움을 보전하는 선에서 생명 없는 존재의 파괴는 도덕적으로 정당화될 수 있다. 을(칸트) 또한 생명이 없는 존재를 폭력적으로 대하는 것에는 반대하는 입장이지만, 무생물의 파괴가 인간 자신에 대한 의무를 위반하지 않는다면 도덕적으로 정당화될 수 있다고 본다.
ㄷ. 갑(레오폴드)과 을(칸트) 모두 긍정할 진술이다. 갑(레오폴드)에 따르면 대지 공동체의 구성원들은 모두 존속할 권리를 가지고 있다. 을(칸트)은 이성적 존재인 인간은 자연에 속하면서 권리를 가진다고 주장한다.
ㄹ. 갑(레오폴드)과 을(칸트) 모두 부정할 진술이다. 갑(레오폴드)은 인간과 자연을 모두 포괄하는 유기체적 생태 공동체 안에서 개체인 인간에게 전체 공동체의 온전성, 안전성, 아름다움을 유지하기 위한 도덕적 책임과 의무가 부과된다고 본다. 을(칸트)은 이성을 통해 자율적으로 행위할 수 있는 모든 인간은 도덕적 행위의 주체가 될 수 있으며, 인간은 목적 그 자체로 대우해야 할 존엄한 존재라고 본다. 따라서 자신 이외에 다른 인간 존재에 대한 도덕적 의무가 있다고 본다.

7. 소수자 우대 정책에 대한 입장

(가)는 소수자 우대 정책을 반대하는 입장이다. 소수자 우대 정책을 반대하는 입장에서는 인종이나 계층 등을 이유로 특정 집단을 우대하는 것은 모든 사람을 평등하게 대우해야 한다는 평등권을 침해한다고 주장한다. 이를 토대로 보았을 때, 소전제 ㉠에는 '우대 정책을 허용하는 것은 인간의 평등권을 침해하는 행위이다.'라는 내용이 들어가는 것이 적절하다. 따라서 이에 대한 반론으로 적절한 우대 정책을 찬성하는 주장을 찾아야 한다.
① 소수자 우대 정책을 찬성하는 입장에서는 우대 정책으로 소수자에 대한 차별을 해소할 수 있다고 주장한다. 그러므로 우대 정책은 소수자에 대한 차별을 심화시킨다는 주장은 ㉠에 대한 반론의 근거로 적절하지 않다.
② 소수자 우대 정책을 찬성하는 입장에서는 우대 정책으로 실질적 기회 균등을 실현할 수 있다고 주장한다. 그러므로 우대 정책은 실질적 기회 균등 실현에 기여한다는 주장은 ㉠에 대한 반론의 근거로 적절하다.
③ 소수자 우대 정책을 찬성하는 입장에서는 우대 정책으로 사회 전체의 이익을 증진할 수 있다고 주장한다. 그러므로 우대 정책은 사회 전체의 이익을 증진하지 못한다는 주장은 ㉠에 대한 반론의 근거로 적절하지 않다.
④ 소수자 우대 정책을 찬성하는 입장에서는 우대 정책이 정책의 수혜자가 아닌 사람들의 권리를 침해하지 않는다고 주장한다. 그러므로 우대 정책은 수혜자가 아닌 사람들의 권리를 침해한다는 주장은 ㉠에 대한 반론의 근거로 적절하지 않다.
⑤ 소수자 우대 정책을 찬성하는 입장에서는 우대 정책으로 인종과 계층 간 화합을 추구할 수 있다고 주

장한다. 그러므로 우대 정책은 인종과 계층 간 화합을 저해하는 제도라는 주장은 ㉠에 대한 반론의 근거로 적절하지 않다.

8. 요나스의 책임 윤리
제시문의 사상가는 요나스이다.
① 요나스는 책임의 범위를 현 세대로 한정하는 전통 윤리관으로는 과학 기술 시대에 발생할 수 있는 문제를 해결하는 데 한계가 있다고 보고, 새로운 윤리에 따른 책임의 범위를 전 지구적으로, 즉 현 세대만이 아니라 미래 세대와 자연으로 확장해야 한다고 주장한다.
② 요나스는 미래 세대에 대한 현 세대의 책임은 호혜적인 것이 아니라 일방적인 것이라고 본다.
③ 요나스는 행해진 것에 대한 사후 책임 부과를 특징으로 하는 전통적 윤리학의 책임 개념에서 벗어나, 행위해야 할 것에 대한 책임인 '예견적 책임'으로 책임의 범위를 확대해야 한다고 주장한다.
④ 요나스는 행위한 것에 대한 책임을 지는 현재와 행위되어야 할 것에 대한 책임을 지는 미래의 위험을 모두 고려해야 한다고 본다.
⑤ 요나스는 공포의 발견술을 주장하며 행위의 결과에 대한 공포는 현 세대의 책임 의식을 강화시킨다고 주장한다. 요나스에 따르면 과학 기술로 인한 공포를 고려하는 것이 우리가 무엇을 보호해야 하고, 어떤 책임을 져야 하는지 더 잘 알 수 있게 한다.

9. 홉스와 로크의 국가관
갑은 홉스, 을은 로크이다. 홉스는 자연 상태는 만인의 만인에 대한 전쟁 상태이며, 공통의 권력이 없는 상태에서는 정의나 불의가 존재하지 않는다고 본다. 로크는 자연 상태는 평화롭지만 개인의 권리를 제대로 지키기 어려워 이를 위해 사회를 형성한다고 본다.
ㄱ. 갑(홉스)은 절대 권력을 지닌 국가는 시민의 재산을 보호하고 질서를 유지해야 할 의무가 있다고 본다. 그러므로 '절대 권력은 시민의 소유를 보호해야 할 의무가 있다.'라는 주장은 갑(홉스)의 입장으로 적절하다.
ㄴ. 갑(홉스)은 자신의 이익을 추구하는 인간의 본성으로 인해 자연 상태는 만인의 만인에 대한 전쟁 상태라고 본다. 그러므로 '인간 본성으로 인해 자연 상태는 전쟁 상태일 수밖에 없다.'라는 주장은 갑(홉스)의 입장으로 적절하다.
ㄷ. 을(로크)은 자연 상태의 인간은 자연법을 이해할 수 있는 이성 능력이 있으나, 자연법을 어겨 분쟁이 발생했을 때 이를 해결하기 위해서 공정한 재판관으로서의 국가가 필요하다고 본다. 그러므로 '자연 상태의 인간은 자연법을 이해할 수 있는 능력이 없다.'라는 주장은 을(로크)의 입장으로 적절하지 않다.
ㄹ. 갑(홉스)은 자연 상태의 인간은 무제한적 자유의 권리인 자연권을 가지고 있다고 본다. 을(로크)은 자연 상태의 인간은 천부적인 권리인 생명권, 자유권, 소유권 등을 가지고 있다고 본다. 그러므로 '자연 상태의 인간은 자유에 대한 평등한 권리가 있다.'라는 주장은 갑(홉스)과 을(로크)의 공통 입장으로 적절하다.

10. 롤스와 노직의 분배적 정의관
갑은 롤스, 을은 노직이다. 롤스는 원초적 입장이라

는 가상 상황에서 각자의 자연적·사회적 우연성을 배제하고 합의했을 때 정의로운 원칙이 도출될 수 있다고 본다. 노직은 취득, 이전, 교정의 원칙을 따라 분배된 소유물은 개인에게 절대적·배타적 소유권이 주어지며, 국가는 부정의에 대한 교정과 개인의 권리를 보호하는 것 외의 개입을 해서는 안 된다고 본다.
ㄱ. A에는 갑(롤스)은 긍정, 을(노직)은 부정의 대답을 할 질문이 들어가야 한다. 갑(롤스)은 분배 원리를 마련하는 합의 절차가 공정하다면 합의된 원칙에 따른 분배도 공정하다는 순수 절차적 정의를 따르기 때문에 '공정한 절차를 거친다면 그 분배는 모두 정의로운가?'라는 질문을 긍정의 대답을 할 것이다. 을(노직)은 취득과 이전의 과정에서 부정의하지 않았다면 역사적으로 그 소유권 또한 공정하다고 보아 '공정한 절차를 거친다면 그 분배는 모두 정의로운가?'라는 질문에 긍정의 대답을 할 것이다. 따라서 이 질문은 A에 들어갈 질문으로 적절하지 않다.
ㄴ. B에는 갑(롤스)이 긍정의 대답을 할 질문이 들어가야 한다. 갑(롤스)은 원초적 입장에서 당사자들은 서로의 이익에 대해 무관심하지만, 원초적 입장의 당사자들이 합의하는 정의의 원칙은 상호 이익을 추구하는 사회를 지향하게 된다고 본다. 그러므로 갑(롤스)은 '원초적 입장에서 당사자들의 합의는 호혜적인 사회를 지향하게 되는가?'라는 질문에 긍정의 대답을 할 것이다. 따라서 이 질문은 B에 들어갈 질문으로 적절하다.
ㄷ. C에는 을(노직)이 긍정의 대답을 할 질문이 들어가야 한다. 을(노직)은 국가의 역할이 소유물의 취득과 이전 과정에서 발생하는 부정의를 교정하고 개인의 정당한 권리를 보호하는 것이라고 본다. 그러므로 을(노직)은 '최소 국가는 시민들의 권리를 차별적으로 보호하는가?'라는 질문에 부정의 대답을 할 것이다. 따라서 이 질문은 C에 들어갈 질문으로 적절하지 않다.
ㄹ. C에는 을(노직)이 긍정의 대답을 할 질문이 들어가야 한다. 을(노직)은 소유물의 취득과 이전 과정이 정당했다면 그 소유물에 대한 배타적이고 절대적인 권리가 주어진다고 본다. 그러므로 을(노직)은 '취득 원칙과 이전 원칙을 충족했다면 그 소유는 모두 정의로운가?'라는 질문에 긍정의 대답을 할 것이다. 따라서 이 질문은 C에 들어갈 질문으로 적절하다.

11. 벤담의 윤리 사상
제시문의 사상가는 벤담이다. 〈문제 상황〉 속 A는 한정된 장비를 어떤 사람을 구조하기 위해 우선적으로 사용할지 고민하고 있다.
① 벤담은 모든 쾌락은 질적으로 동일하기 때문에 많은 양의 쾌락을 산출하는 행위를 추구한다.
② 벤담은 쾌락과 고통을 양적으로 계산할 수 있다고 벤담은 모든 쾌락은 질적으로 동일하기 때문에 많은 양의 쾌락을 산출하는 행위를 추구한다.
③ 벤담은 행위의 결과로 발생하는 이익과 손해의 총량을 계산해 보아야 한다고 주장한다.
④ 벤담은 행위의 결과로 발생하는 쾌락과 고통을 고려해야 한다고 본다.
⑤ 벤담은 모든 상황에 적용되는 보편적 도덕 원리로 공리의 원리를 제시한다.

12. 롤스의 시민 불복종
제시문의 사상가는 롤스이다.
ㄱ. 롤스는 국가 처벌의 부정의한 정도가 심각할 경우 시민 불복종의 대상이 될 수 있다고 본다. 그러므로 이 주장은 롤스의 입장으로 적절하지 않다.
ㄴ. 롤스는 시민 불복종을 평등한 자유의 원칙이나 공정한 기회 균등의 원칙을 현저하게 위배하였을 때 가능한 것으로 본다. 그러므로 이 주장은 롤스의 입장으로 적절하다.
ㄷ. 롤스는 시민 불복종을 다수에 공유된 정의관에 비추어서 시민들의 요구를 드러내는 것으로 본다. 그러므로 이 주장은 롤스의 입장으로 적절하다.
ㄹ. 롤스는 소수자가 주체가 되어 시민 불복종에 가담하여 정의관의 기본 원칙이 위반되었음을 호소할 수 있다고 본다. 그러므로 이 주장은 롤스의 입장으로 적절하지 않다.

13. 플라톤과 맹자의 직업관
갑은 플라톤, 을은 맹자이다.
① 갑(플라톤)은 통치자, 수호자, 생산자의 사회적 지위를 국가가 배정해야 한다고 본다.
② 갑(플라톤)은 통치자, 수호자, 생산자의 각 계층이 사회적 역할을 분담하여 자신의 일에 충실할 때 국가가 정의로워진다고 본다.
③ 을(맹자)은 다스림의 근본을 이로움보다 의로움에 두어야 한다고 본다.
④ 을(맹자)은 백성들이 도덕적인 삶을 살고 도덕적인 인격 수양을 하기 위해서는 생업을 보장하여 경제적으로 안정되어야 한다고 본다.
⑤ 갑(플라톤)은 국가의 각 계급이 자신의 일에 충실하고 서로의 역할을 넘보지 않아야 한다고 보며, 을(맹자)은 대인과 소인을 일을 구분해야 한다고 본다.

14. 정보 사회의 윤리적 문제
칼럼은 뉴미디어의 확산으로 인해 발생한 문제와 그 해결 방안을 다루고 있다. 칼럼에 따르면 뉴미디어의 등장으로 정보의 양이 늘어나고 그 과정에서 선정적이거나 타인의 사생활을 침해하는 정보가 급증하는 것이 문제 상황이다. 따라서 법적 제재와 더불어 매체 이용자들이 정보를 비판적으로 수용하는 지혜가 필요함을 강조하고 있다.
① 칼럼은 뉴미디어에 대한 법적 제재에 앞서 매체 이용자들이 정보를 정확하게 검증하고 합리적으로 판단해야 한다고 본다.
② 칼럼에 따르면 다수의 구독자를 확보한 전문 운영자의 등장으로 인해 참신하고 다채로운 정보들도 생산되고 있지만, 선정적이거나 타인의 사생활을 침해하는 정보들도 급증하고 있다.
③ 칼럼에 따르면 뉴미디어 확산으로 인해 참신하고 다채로운 소재와 유형의 창작물들이 생산되고 있다.
④ 칼럼에 따르면 뉴미디어에 대한 국가의 법적 제재도 실효성은 있다.
⑤ 칼럼에 따르면 뉴미디어의 확산으로 누구나 정보를 소비하는 동시에 생산할 수 있기 때문에 생산자와 소비자의 경계는 흐려진다.

15. 교정적 정의에 대한 베카리아와 칸트의 입장

갑은 베카리아, 을은 칸트이다.

ㄱ. A에는 갑(베카리아)만의 입장에 해당하는 진술이 들어가야 한다. 갑(베카리아)은 사형도 공포를 유발하여 범죄를 예방하는 효과가 있지만 종신 노역형이 범죄를 예방하는 효과가 더 크므로 사형 제도를 종신 노역형으로 대체해야 한다고 본다. 을(칸트)은 형벌을 통해 특정한 목적을 추구하는 것은 그 형벌을 받는 범죄자의 인격을 수단으로 여기는 것으로 본다. 그러므로 이 진술은 갑(베카리아)만의 입장에 해당하지 않기 때문에 A에 들어갈 진술로 적절하지 않다.

ㄴ. B에는 갑(베카리아)과 을(칸트)의 공통 입장에 해당하는 진술이 들어가야 한다. 갑(베카리아)은 형벌 및 그 집행 수단은 형벌 간의 비례 관계를 유지해야 한다고 본다. 을(칸트)은 동해보복의 원리에 따라 범죄자가 일으킨 해악과 동등한 만큼의 형벌이 주어져야 한다고 본다. 그러므로 이 진술은 갑(베카리아)과 을(칸트)의 공통 입장에 해당하기 때문에 B에 들어갈 진술로 적절하다.

ㄷ. B에는 갑(베카리아)과 을(칸트)의 공통 입장에 해당하는 진술이 들어가야 한다. 갑(베카리아)는 범죄 억제력이 있는 형벌도 사회적 효용이 증진되지 않는다면 정당하지 않을 수 있다고 본다. 을(칸트)은 정당한 형벌은 오직 응보를 위한 형벌이라고 보고, 단지 범죄를 억제하기 위한 형벌은 정당하지 않다고 본다. 그러므로 이 진술은 갑(베카리아)과 을(칸트)의 공통 입장에 해당하기 때문에 B에 들어갈 진술로 적절하다.

ㄹ. C에는 을(칸트)만의 입장에 해당하는 진술이 들어가야 한다. 갑(베카리아)은 형벌은 범죄 억제 등의 사회적 효용을 창출할 때만 정당화될 수 있다고 본다. 을(칸트)은 정당한 형벌은 오직 응보를 위한 형벌이며, 형벌은 단지 범죄자의 인격 교화를 위해 가해져서는 안 된다고 본다. 그러므로 이 진술은 을(칸트)만의 입장에 해당하지 않기 때문에 C에 들어갈 진술로 적절하지 않다.

16. 공자와 노자의 윤리 사상

갑은 공자, 을은 노자이다.

ㄱ. 갑(공자)은 효와 제, 충과 서를 통해 인을 확장하여 천하의 도를 이룰 수 있다고 본다.

ㄴ. 을(노자)은 성인이 무위의 다스림을 실현하면 백성은 저절로 자연스럽고 소박하게 된다고 본다.

ㄷ. 을(노자)은 타고난 덕에 따라 무위의 삶을 살아가는 것이 바람직하다고 본다.

ㄹ. 갑(공자)은 분별적 지혜를 발휘하여 도덕 질서를 확립해야 한다고 보지만, 을(노자)은 무위에 따라 분별없이 만물을 평등하게 바라보아야 한다고 본다.

17. 예술에 대한 플라톤의 입장

제시문의 사상가는 플라톤이다.

① 플라톤은 예술은 도덕의 영역 안에 있으며 도덕 기준에 따라 예술을 선별해야 한다고 보며 예술가를 미(美)를 추구하는 사람인 동시에 예술을 통해 올바른 품성을 함양하여 삶의 모범을 제공하는 사람이라고 본다.

② 플라톤은 예술 작품이 도덕적 가치, 고결한 품성,

올바른 행위를 포함하고 있는지의 여부는 대중이 아닌 국가가 판단해야 한다고 본다.

③ 플라톤은 도덕 기준에 따라 예술 작품이 보편적 진리의 기준에 따른 도덕적 가치를 담고 있는지를 판단해야 한다고 본다.

④ 플라톤은 예술의 존재 이유가 선을 권장하고 덕성을 장려하는 데 있다고 보고, 예술에 대한 검열이 필요하다고 주장한다.

⑤ 플라톤은 예술이 젊은이들로 하여금 영혼의 조화를 이루고 정의로운 인간으로 성장하는 데 도움을 준다고 본다. 플라톤에 따르면 참된 아름다움이란 선, 덕성, 올바른 품성을 함양하는 것과 관계가 있으므로 젊은이들은 올바른 예술이 가져올 참된 아름다움에 동화되도록 해야 한다.

18. 국제 관계에 대한 모겐소와 칸트의 입장

갑은 모겐소, 을은 칸트이다. 국제 관계에 대해 현실주의 입장인 모겐소는 국가는 이기적 인간들로 구성되어 있고, 세계도 자국의 이익을 추구하는 국가로 구성되어 있다고 본다. 국제 관계에 대해 이상주의 입장인 칸트는 인간이 이성적 존재이듯 국가도 이성적이고 합리적이라고 본다. 따라서 국제 평화를 이루는 데 평화 연맹이 필요하다고 본다.

① 갑(모겐소)은 국제 정치에서 가장 상위의 주권자는 국가이며 그 이상 상위의 권위를 가진 기관은 있을 수 없다고 주장한다.

② 갑(모겐소)은 모든 국가는 자국의 이익 실현을 궁극적 목적으로 가진다고 주장한다.

③ 을(칸트)은 영원한 평화를 위한 확정 조항과 예비 조항을 제시한다. 국가 간 적대 행위의 중단 역시 영원한 평화를 위해 필요한 조치이지만, 그것만으로 영원한 평화가 완성되지 않는다.

④ 을(칸트)은 평화 연맹에 속한 국가들은 국제법의 적용하에서 자유를 보장받아야 한다고 주장한다. 을(칸트)에 따르면 영구 평화를 위한 확정 조항에서 국제법이 자유로운 국가들의 연방 체제에 기초해야 하며, 이는 보편적 우호의 조건에 국한되어야 한다.

⑤ 갑(모겐소)은 국가 간 동맹과 같은 비폭력적 수단을 통해 국가 간 전쟁이 억제될 수 있다고 본다. 을(칸트)은 국제법, 세계 시민법과 같은 비폭력적 수단을 통해 국가 간 전쟁이 억제될 수 있다고 보았다.

19. 해외 원조에 대한 롤스와 싱어의 입장

갑은 롤스, 을은 싱어이다. 롤스는 해외 원조의 목적이 복지 수준의 조정이 아니라 불리한 여건으로 고통받는 사회의 정치 문화를 변화시켜 질서 정연한 사회가 되도록 돕는 데 있다고 본다. 싱어는 해외 원조를 공리주의의 입장에서 바라보며, 절대 빈곤에 빠진 사람의 고통을 감소시키고 쾌락을 증진시키는 것이 원조의 목적이라고 주장한다. 따라서 개인에게 큰 희생이 따르지 않는 한에서 어떤 공동체의 구성원인지와는 상관없이 빈곤층에게 도움을 주어야 한다고 본다.

ㄱ. 갑(롤스)의 입장으로 적절하지 않다. 갑(롤스)에 따르면 정치 제도가 수립된 사회여도 잘못된 사회 구조가 존재할 수 있고 그로 인해 고통받는 사회라면 원조의 대상이 될 수 있다고 본다.

ㄴ. 을(싱어)의 입장으로 적절하다. 을(싱어)은 국가 간 부의 불평등이 그 자체로 도덕적 악은 아니라고 본다. 인류 전체의 행복이 증진되는 국가 간 부의 불평등은 도덕적 선이 될 수 있다고 보기 때문이다.

ㄷ. 을(싱어)의 입장으로 적절하다. 공리의 원칙을 따르는 을(싱어)의 입장에서 행위의 의도나 동기보다는 그 결과가 얼마만큼의 고통과 쾌락을 가져오는지가 더 중요하다. 따라서 결과적으로 공리가 증진된 원조라면 그 원조는 정당화될 수 있다.

ㄹ. 갑(롤스)과 을(싱어)의 공통적인 입장으로 적절하지 않다. 을(싱어)에 따르면 원조를 통해 원조를 제공하는 개인이나 국가가 겪는 고통과 원조를 받는 개인이나 국가가 얻는 이익의 양이 중요하다. 따라서 공리의 원칙에 따르면 원조는 효과를 고려하지 않을 수 없다.

20. 민족 통합의 윤리

(가)는 대북 지원의 목적은 동포인 북한 주민의 인권 개선이며 분단 비용 절감은 고려 사항이 아니라고 보고, (나)는 분단 비용을 절감한다는 점만을 대북 지원의 목적이라고 본다. (가)의 입장에 비해 (나)의 입장이 갖는 상대적 특징은 'X: 대북 지원이 한 민족으로서의 당위임을 강조하는 정도'는 낮고, 'Y: 대북 지원을 통한 분단 비용 절감 효과를 강조하는 정도'는 높고, 'Z: 대북 지원이 인도주의적 동기에서 비롯되어야 함을 강조하는 정도'는 낮다.

① X: 낮음, Y: 높음, Z: 높음
② X: 낮음, Y: 낮음, Z: 높음
③ X: 높음, Y: 낮음, Z: 높음
④ X: 높음, Y: 낮음, Z: 낮음
⑤ X: 낮음, Y: 높음, Z: 낮음

1. ④	2. ②	3. ⑤	4. ⑤	5. ⑤
6. ③	7. ③	8. ④	9. ④	10. ④
11. ①	12. ②	13. ①	14. ③	15. ①
16. ④	17. ③	18. ②	19. ⑤	20. ⑤

1. 메타 윤리학과 실천 윤리학

(가)는 메타 윤리학, (나)는 실천 윤리학이다.
① 다양한 문화권의 관행을 가치중립적으로 서술하는 것을 핵심 과제로 두는 것은 기술 윤리학이다.
② 마땅히 추구해야 할 바람직한 삶의 목적을 제공하는 것을 핵심 과제로 두는 것은 도덕 원리를 밝히고자 하는 이론 윤리학이다.
③ 도덕 이론에 사용되는 명제의 논리적 구조를 검토하는 것을 핵심 과제로 두는 것은 메타 윤리학이다.
④ 현실의 도덕 문제에 대한 구체적인 해법을 모색하는 것을 핵심 과제로 두는 것은 실천 윤리학이다.
⑤ 모든 사람에게 보편타당한 도덕규범을 제시하는 것을 핵심 과제로 두는 것은 이론 윤리학이다.

2. 이타심의 인위적 조작에 대한 윤리적 쟁점

갑은 뇌 자극과 약물을 통해 강화된 인간의 이타심은 도덕적 행동이 아니라고 보는 입장이다. 을은 인위적인 조작으로 강화된 인간의 이타심 또한 도덕적 행동이라고 보는 입장이다. 두 입장 모두 인위적인 방법으로 인간의 이타심을 강화할 수 있다는 것은 인정하지만, 이렇게 강화된 인간의 이타심이 도덕적인 가치를 가지는가에 대해 입장 차이가 있다.
① 갑과 을 모두 생명 과학의 발달로 뇌 자극과 약물을 통해 인간의 질병을 치료할 수 있게 되었다고 본다.
② 갑은 강화에 의한 인간의 친사회적 행동은 타율적인 반응일 뿐 도덕적 행동은 아니라고 보지만, 을은 그러한 행동이 결과적으로 사회의 이익을 증진하므로 도덕적 행동이라고 본다.
③ 갑과 을 모두 뇌 자극과 약물을 통해 인간의 이타심을 인위적으로 향상시킬 수 있다고 본다.
④ 갑과 을 모두 강화에 의한 인간의 친사회적 행동이 사회 이익에 기여한다고 본다.
⑤ 갑과 을 모두 강화에 의한 인간의 친사회적 행동은 자극에 의한 타율적인 반응이라고 본다.

3. 예술에 대한 아리스토텔레스의 입장

그림의 강연자는 아리스토텔레스이다. 아리스토텔레스는 덕의 여부에 따라 행위하는 인간을 선인과 악인으로 구분하고 시인은 이러한 행위하는 인간을 모방한다고 주장한다. 아리스토텔레스에 따르면 시인의 임무는 일어난 일이 아닌 일어날 법한 일을 이야기하는 데 있다.
① 아리스토텔레스는 시인이 선인이나 악인을 모방한다고 보며, 실제 이하의 악인을 모방하는 것을 문제라고 보지 않는다.
② 아리스토텔레스는 덕과 부덕에 따라 예술 작품 속 인물을 선인과 악인으로 구분할 수 있다고 본다.
③ 아리스토텔레스는 예술 작품이 실제 일어난 법한

일을 이야기하기 때문에 작품 속 인물이 현실의 인간과 유사하지 않다고 보지 않는다.
④ 아리스토텔레스는 시인이 행위하는 인간을 모방하며, 이 모방된 인간은 우리 이상의 선인이거나 우리 이하의 악인이거나 우리와 동등한 인간이라고 본다. 따라서 인간의 유덕함은 작품 소재가 될 수 있다.
⑤ 아리스토텔레스는 시인의 임무가 일어날 법한 일을 이야기하는 데 있다고 보기 때문에 개연성을 중시한다고 볼 수 있다. 따라서 개연성 없는 서사를 창작하는 것은 바람직하지 않다고 볼 것이다.

4. 장자와 불교의 죽음관

갑은 장자, 을은 불교이다. 장자는 삶과 죽음은 기가 모이고 흩어지는 순환의 과정이므로 이를 자연스럽게 받아들여야 한다고 본다. 불교에서는 죽음을 늙음, 병듦과 같은 고통의 하나라고 보며, 그 원인이 되는 탐욕과 성냄, 어리석음으로부터 벗어나야 한다고 주장한다.
① 갑(장자)은 죽음은 기가 흩어진 것이므로 이를 자연스러운 과정으로 받아들여야 한다고 본다. 그러므로 이는 갑(장자)의 입장으로 적절하지 않다.
② 갑(장자)은 죽음을 자연스럽게 받아들여야 한다고 보지만, 인류과 같은 인위로부터 벗어나야 한다고 본다. 그러므로 이는 갑(장자)의 입장으로 적절하지 않다.
③ 을(불교)은 윤회를 현세의 선업과 악업에 따라 다음 생이 결정되는 것이라고 보며, 연기의 법칙을 깨달으면 윤회에서 벗어나 해탈에 이를 수 있다고 본다. 그러므로 이는 을(불교)의 입장으로 적절하지 않다.
④ 을(불교)은 열반에 이르기 위해서는 모든 것이 상호 의존한다는 연기의 법칙을 깨달아 윤회에서 벗어나야 한다고 본다. 그러므로 이는 을(불교)의 입장으로 적절하지 않다.
⑤ 갑(장자)은 삶과 죽음은 자연적이고 필연적인 현상으로, 도에 따라 삶과 죽음에 얽매이지 않아야 한다고 본다. 을(불교)은 연기의 법칙을 깨달으면 윤회에서 벗어날 수 있다고 본다. 그러므로 이는 갑(장자)과 을(불교)의 공통 입장으로 적절하다.

5. 엘리아데의 종교관

제시문의 사상가는 엘리아데이다.
① 엘리아데는 성스러움이 일상의 사물에 드러날 수 있다고 보지만, 성스러움이 드러난 사물을 성스러움이나 신 자체로 인식하지는 않는다.
② 엘리아데는 인간의 노력과는 별개로 세계는 성스러움으로 이미 가득 차 있다고 본다.
③ 엘리아데는 신이 창조한 세계는 실재한다고 주장한다.
④ 엘리아데는 직접 교류하는 신성성과 더불어 세속적이고 일상적인 경험에서도 다양하게 성스러움을 느낀다고 본다.
⑤ 엘리아데는 종교적 인간이 탄생, 결혼, 죽음과 같은 사건을 겪으면서 거룩한 존재가 있다고 믿게 되며, 세속적 대상에서도 성스러움을 체험할 수 있다고 본다.

6. 요나스의 책임 윤리

제시문의 사상가는 요나스이다.

ㄱ. 요나스의 입장으로 적절하지 않다. 요나스는 현세대의 인간과 미래 세대의 인간 사이의 관계나 현세대의 인간과 자연과의 관계처럼 상호 간의 책임이 성립되지 않는 관계에 대해서만 호혜적 책임이 성립되지 않는다고 본다.
ㄴ. 요나스의 입장으로 적절하다. 요나스에 따르면 인간의 책임 범위는 지구 전역으로 확장되어야 하며 지구 생태계 전체를 포함해야 한다.
ㄷ. 요나스의 입장으로 적절하다. 요나스에 따르면 자연에 대해 책임 범위를 넓혀야 하는 이유는 미래 세대와도 연관되어 있다.
ㄹ. 요나스의 입장으로 적절하지 않다. 요나스에 따르면 선한 결과가 예견된다 할지라도 그 결과의 시점과 대상을 어디에 두느냐에 따라 자연이나 미래 세대에게 악영향이 되는 것일 수도 있다. 따라서 어떤 기술이더라도 사전적 예방 차원에서 다각도로 검토되어야 한다.

7. 인공 지능의 윤리적 쟁점

(가)는 인공 지능 기술이 인간의 일자리를 축소시키기 때문에 이를 법으로 규제해야 한다고 본다. 이를 (나) 그림으로 나타내면 소전제 ㉠에는 '인공 지능 기술은 인간의 일자리를 축소시킨다.'라는 명제가 적합하다. 따라서 이에 대한 반론의 근거로는 인공 지능 기술이 인간의 일자리를 축소시키지 않는다는 입장이 필요하다.
① 인공 지능 기술이 인간 노동에 대한 기업의 수요를 감소시킨다는 입장은 인공 지능 기술이 인간의 일자리를 축소시킨다는 맥락을 따르므로 ㉠을 지지하는 근거로 적절하다.
② 인공 지능 기술은 작업을 통한 인간의 자아실현 기회를 박탈한다는 입장은 인공 지능 기술이 인간의 일자리를 축소시킨다는 맥락을 따르므로 ㉠을 지지하는 근거로 적절하다.
③ 인공 지능 기술로 인간 노동이 필요한 직종이 지속적으로 증가한다는 입장은 인공 지능 기술이 인간의 일자리를 축소시키지 않는다는 맥락을 따르므로 ㉠에 대한 반론으로 적절하다.
④ 인공 지능 기술은 인간 노동 대부분을 자동화 기기로 대체할 수 있다는 입장은 인공 지능 기술이 인간의 일자리를 축소시킨다는 맥락을 따르므로 ㉠을 지지하는 근거로 적절하다.
⑤ 인공 지능 기술로 일자리는 줄어들어도 최소한의 인간 노동은 필요하다는 입장은 인공 지능 기술이 인간의 일자리를 축소시킨다는 맥락을 따르므로 ㉠을 지지하는 근거로 적절하다.

8. 칼뱅과 순자의 직업관

갑은 칼뱅, 을은 순자이다.
ㄱ. 갑(칼뱅)은 신에 의한 구원은 이미 예정되어 있으며, 직업을 신이 부여한 소명으로 보고 직업적인 성공이 신에 의한 구원의 징표라고 본다. 그러므로 이는 갑(칼뱅)의 입장으로 적절하지 않다.
ㄴ. 갑(칼뱅)은 근면 성실하고 검소한 삶을 통해 자신의 직업에 충실히 임하는 것이 신의 명령을 따르는 삶이라고 본다. 그러므로 이는 갑(칼뱅)의 입장으로 적절하다.
ㄷ. 을(순자)은 선왕이 제정한 예에 따라서 각자의 역

할이 주어져야 한다고 본다. 그러므로 이는 을(순자)의 입장으로 적절하지 않다.

ㄹ. 갑(칼뱅)은 직업적 성공이 신의 소명을 따르는 것이라고 보며, 을(순자)은 예에 따라 사회적 직분을 부여하고 욕구를 충족시켜 주어야 한다고 본다. 그러므로 이는 갑(칼뱅)과 을(순자)의 공통 입장으로 적절하다.

9. 칸트, 레오폴드, 싱어의 자연관

갑은 칸트, 을은 레오폴드, 병은 싱어이다. 칸트는 인간 중심주의적 관점에서 동물 학대가 인간 자신에 대한 의무에 어긋난다고 보고, 인간에게는 동물과 관련된 간접적 의무가 있다고 주장한다. 레오폴드는 생태 중심주의적 관점에서 인간은 생명 공동체의 구성원인 흙, 물, 동식물들을 도덕적으로 고려해야 한다는 대지 윤리를 주장한다. 싱어는 동물 중심주의적 관점에서 즐거움과 고통을 느낄 수 있는 존재, 즉 쾌고 감수 능력이 있는 동물은 도덕적 고려의 대상이 되어야 한다고 주장한다.

ㄱ. 이 진술은 갑(칸트)만의 입장에 해당하기 때문에 A에 들어갈 진술로 적절하다. 갑(칸트)은 이성을 지닌 주체만이 도덕적인 지위를 가질 수 있으며, 동시에 도덕적 행위도 가능하다고 본다. 반면 을(레오폴드)과 병(싱어)은 도덕적인 행위가 불가능한 존재도 도덕적인 지위를 가진다고 본다.

ㄴ. 이 진술은 병(싱어)만의 입장으로 적절하지 않기 때문에 B에 들어갈 진술로 적절하지 않다. 갑(칸트)은 동물의 고통에 대한 동정심을 느끼는 것이 도덕적 의무에 어긋난다고는 주장하지 않는다. 갑(칸트)에 따르면 동물이 느끼는 아픔을 동정하거나 동물에 대한 고마음을 느끼는 것 등은 인간이 동물에게 가질 수 있는 간접적 의무에 포함될 수 있다.

ㄷ. 이 진술은 을(레오폴드)과 병(싱어)만의 공통 입장에 해당하기 때문에 C에 들어갈 진술로 적절하다. 을(레오폴드)은 쾌고 감수 능력을 가진 존재뿐만 아니라 생태계를 구성하는 모든 존재에 대한 종차별주의를 부당하다고 여긴다. 병(싱어)은 쾌락과 고통을 느끼는 동물을 단지 인간과 종이 다르다는 이유로 차별하는 것은 종차별주의라고 비판한다. 반면 갑(칸트)은 쾌고 감수능력은 있지만 이성은 없는 존재인 동물을 인간과 차별적으로 대해야 한다고 주장한다.

ㄹ. 이 진술은 갑(칸트), 을(레오폴드), 병(싱어)의 공통 입장에 해당하기 때문에 D에 들어갈 진술로 적절하다. 갑(칸트)은 인간 이외에 자연물에 대해서는 수단으로서의 가치를 가진다고 보기에 간접적 의무를 지키는 선에서 이를 파괴하는 행위는 도덕적으로 허용될 수 있다. 을(레오폴드)은 전체 생태계의 온전성을 파괴하지 않거나 오히려 생태계의 안정성을 더 높이는 결과로 이어진다면 인간이 자연물을 파괴하는 것은 허용될 수 있다고 볼 것이다. 병(싱어) 또한 공리주의적 입장으로서, 생태계의 유용성을 높이는 데 도움이 된다면 인간이 자연물을 파괴하는 것이 도덕적으로 허용될 수 있다고 볼 것이다.

10. 홉스와 로크의 국가관

갑은 홉스, 을은 로크이다. 홉스는 자연 상태를 만인의 만인에 대한 전쟁 상태라고 보며, 이러한 상태에서 벗어나기 위해 '리바이어던'이라는 공통의 주권자를 수립하게 된다고 본다. 로크는 공통의 재판관이 부재한 자연 상태에서 개인의 재산을 보존하기 위해 사회를 형성한다고 보며, 사회 계약을 통해 평등, 자유, 집행권 등의 권리를 입법부가 처리할 수 있도록 한다고 본다.

ㄱ. 갑(홉스)은 사회 계약으로 개인의 모든 권리를 공통의 주권자에게 양도하여 절대 군주가 등장하게 된다고 본다. 그러므로 이는 갑(홉스)의 입장으로 적절하지 않다.

ㄴ. 갑(홉스)은 사회 계약은 자연법을 기반으로 이루어지기 때문에 사회 계약 이후에도 군주와 시민은 이를 준수해야 한다고 본다. 그러므로 이는 갑(홉스)의 입장으로 적절하다.

ㄷ. 을(로크)은 본래의 자연 상태는 자연인들이 자연법에 따라 각자의 자유와 평등을 누리는 평화로운 상태라고 보지만, 이는 동등한 권한과 권리의 평등이지 개인이 가진 힘이나 능력의 평등을 의미하는 것이 아니다. 그러므로 이는 을(로크)의 입장으로 적절하지 않다.

ㄹ. 갑(홉스)과 을(로크) 모두 자연권은 누구에게나 공통적으로 주어지는 권리라고 본다. 그러므로 이는 갑(홉스)과 을(로크)의 공통 입장으로 적절하다.

11. 맹자와 노자의 윤리 사상

갑은 맹자, 을은 노자이다. 맹자는 인간의 선한 본성과 본래의 마음의 실현을 가로막는 감각적 욕구를 극복하고 본래의 마음을 보존하고 본성의 선함을 함양한 이상적 인간을 대장부라고 본다. 노자는 예와 같은 인위는 사회를 혼란하게 만드는 것이고, 무위의 정치를 실현해야 한다고 본다.

① 갑(맹자)은 불의를 부끄러워하는 마음인 수오의 마음을 보편적이고 선천적인 도덕심인 사단이라고 본다. 그러므로 이는 갑(맹자)의 입장으로 적절하지 않다.

② 갑(맹자)은 오륜의 덕목을 실천하기 위해서는 스스로를 수양하는 자세가 필요하다고 본다. 그러므로 이는 갑(맹자)의 입장으로 적절하다.

③ 을(노자)은 무위자연의 원리에 따르는 소국과민 사회를 이상적인 사회로 본다. 그러므로 이는 을(노자)의 입장으로 적절하다.

④ 을(노자)은 성인의 도와 합일하여 겸허하고 다툼이 없으며 아래에 거하고 만물을 이롭게 하는 물과 같이 살아야 한다고 본다. 그러므로 이는 을(노자)의 입장으로 적절하다.

⑤ 갑(맹자)은 인간의 본성은 선하며, 인간의 선한 본성은 하늘이 부여한 것으로 본다. 을(노자)은 도가 만물에 내재하며 그것의 본성이 된다고 본다. 그러므로 이는 갑(맹자)과 을(노자)의 공통 입장으로 적절하다.

12. 현대 대중문화에 대한 아도르노의 입장

제시문의 사상가는 아도르노이다.

① 아도르노는 대중문화의 지배자들이 대중문화가 상품에 불과하다는 사실을 숨기지 않는다고 주장한다.

② 아도르노는 규격화된 대량생산물을 소비자들이 저항 없이 받아들이고 있으며 대중이 이러한 상업적 전략에 순응하면서 경제적 강자의 권력과 지배력이 더 커진다고 본다.

③ 아도르노는 문화 산업의 규격화된 양식이 문화 소비자를 단순한 객체로 만들어 적극적인 사유를 불가능하게 하고 문화 소비자의 주체성을 약화시킨다고 지적한다.

④ 아도르노는 문화 산업의 확산은 소비자의 비판 의식과 생각을 축소시키며 문화 산업은 소비자의 욕구가 아닌 생산자의 의도에 의해 확산된다고 주장한다.

⑤ 아도르노는 대중문화의 지배자들이 만든 상업적 문화 상품을 소비자들이 별 저항 없이 스스로 받아들인다고 본다.

13. 경험 과학 이론에 대한 비판적 합리주의의 입장

칼럼에서는 비판적 합리주의를 토대로 경험 과학에 접근해야 한다고 본다. 칼럼에 따르면 경험 세계에 관련된 과학적 명제는 언제든 반박될 수 있어야 하며, 반증할 수 있는 근거가 있다면 과학 이론은 언제든 뒤집어질 수 있다. 따라서 경험 과학 이론을 통해 진리에 다가가기 위해서는 그 이론에 대한 예측과 반증의 시도가 계속해서 이뤄질 수 있어야 한다.

① 칼럼에서는 경험 과학 이론은 그 이론을 반증할 수 있는 실험 결과를 얻는다면 뒤집어질 수 있다고 주장한다.

② 칼럼에서는 경험 세계에 관련된 과학적 명제는 언제든 반박될 수 있어야 한다고 주장한다. 또한 진리에 다가가기 위해 논박이 가능한 경험 과학적 가설을 계속해서 반증해야 한다고 주장한다.

③ 칼럼에서는 이론의 과학성을 구성하는 것은 반증 가능성이라고 주장하며, 비판 또한 반증이 가능한 경험 과학 이론에 대해서 이루어진다고 본다.

④ 칼럼에서는 비판적 합리주의의 입장에서 진리에 다가가기 위한 방법을 설명하고 있다.

⑤ 칼럼에서는 경험 세계에 관련된 과학 이론은 언제든 반박될 수 있어야 한다고 주장한다.

14. 해외 원조에 대한 싱어와 롤스의 입장

갑은 싱어, 을은 롤스이다. 싱어는 원조의 목적을 인류 전체의 고통을 감소시키고 쾌락을 증진하는 것이라고 본다. 또한 원조를 통해 얻는 이익이 원조에 드는 비용보다 클 경우 원조 대상자가 어떤 공동체의 구성원인지에 관계없이 원조를 해야 한다고 주장한다. 롤스는 원조의 목적을 불리한 여건으로 인해 고통받는 사회를 질서 정연한 사회가 되도록 돕는 것이라고 본다.

ㄱ. 갑(싱어)과 을(롤스) 모두 긍정할 질문으로, A에 들어가기에 적절하지 못하다. 갑(싱어)은 절대 빈곤의 감소가 원조의 목적이자 정당화 조건이라고 말한다. 을(롤스)은 고통받는 사회를 질서 정연하게 만드는 것이 해외 원조의 주된 목적이라고 말하는데, 만약 어떤 사회가 절대 빈곤으로 인해 고통받고 있다면 이를 해소하는 것이 원조의 정당화 조건이 될 수 있다고 볼 것이다.

ㄴ. 갑(싱어)이 긍정할 질문으로 B에 들어가기에 적절하다. 갑(싱어)는 극단적 빈곤을 방지하는 것이 원조의 목적이라고 보며, 원조 대상이 기본적 필요를 충족했다면 해당 대상에 원조를 중단하고 새로운 원조 대상을 찾을 수 있다고 본다.

ㄷ. 갑(싱어)이 긍정할 질문으로 B에 들어가기에 적절하다. 갑(싱어)는 원조 행위가 원조 주체에게 더 큰 고통을 안겨주지 않는다면 원조 대상이 고통을 받고 있을 때, 원조 주체가 조금 더 나은 삶을 사는 것을 양보하고 소득의 일부를 기부할 수 있어야 한다고 말한다.

ㄹ. 을(롤스)이 부정할 질문으로 C에 들어가기에 적절하지 못하다. 을(롤스)은 원조 대상국 내부에 자유, 인권 등이 불평등하게 존재하고 이로 인해 고통받는 사회가 되었다면 이 불평등을 감소시키는 것이 원조의 목적이 될 수 있다고 본다.

15. 분배적 정의에 대한 롤스와 노직의 입장

갑은 롤스, 을은 노직이다.

ㄱ. 갑(롤스)은 원초적 입장에서 무지의 베일을 쓴 합의 당사자들은 자유롭고 평등한 인격체라고 본다. 그러므로 이는 갑(롤스)의 입장으로 적절하다.

ㄴ. 갑(롤스)은 원초적 입장에서의 합의 당사자들은 합리적이며 상호 신뢰할 수 있다고 본다. 그러므로 이는 갑(롤스)의 입장으로 적절하다.

ㄷ. 을(노직)은 자연 상태에서도 개인의 소유 권리가 존재하며, 한정된 재화 속에서 불가침한 권리의 충돌하여 재산을 지키기 위해 국가가 수립된다고 본다. 그러므로 이는 을(노직)의 입장으로 적절하지 않다.

ㄹ. 갑(롤스)은 기본적 자유가 서로 상충하는 경우 가장 광범위하게 보장되어야 한다고 본다. 을(노직)은 취득과 이전의 원리에 의해 보장된 권리라도 교정을 위해 제한될 수 있다고 본다. 그러므로 이는 갑(롤스)과 을(노직)의 공통 입장으로 적절하지 않다.

16. 형벌에 대한 칸트, 루소, 베카리아의 입장

갑은 칸트, 을은 루소, 병은 베카리아이다. 칸트는 형사적 정의와 관련해서 동해보복의 원리에 따라 형벌의 질과 양이 결정되어야 한다고 본다. 루소는 사회 계약의 관점에서 범죄자는 법을 지키겠다는 약속을 어긴 것으로 본다. 베카리아는 공리주의적 관점에서 종신 노역형이 사형보다 범죄 예방의 효과가 더 크기 때문에 사형을 종신 노역형으로 대체해야 한다고 본다.

① A에는 갑(칸트)이 을(루소)에게 제기할 수 있는 비판이 들어가야 한다. 갑(칸트)은 응보주의 관점에서 사형은 살인범이 저지른 행위에 대한 응보적인 행위라고 본다. 을(루소)은 사형을 다른 사람의 생명을 해치지 않겠다는 사회 계약을 어기는 행위라고 본다. 그러므로 이는 갑(칸트)이 을(루소)에게 제기할 수 있는 비판이 아니기 때문에 A에 들어갈 내용으로 적절하지 않다.

② B에는 을(루소)이 갑(칸트)에게 제기할 수 있는 비판이 들어가야 한다. 을(루소)은 살인범은 사회 구성원을 해쳐 더 이상 사회의 구성원이 아니므로 사회에서 격리시키는 것이 정의롭다고 본다. 갑(칸트)은 살인범은 다른 사람의 생명을 해쳤으므로 자신의 생명을 박탈당함으로써 이를 갚는 것이 정의롭다고 본다. 그러므로 이는 을(루소)이 갑(칸트)에게 제기할 수 있는 비판이 아니기 때문에 B에 들어갈 내용으로 적절하지 않다.

③ C와 E에는 병(베카리아)이 각각 을(루소)과 갑(칸트)에게 제기할 수 있는 비판이 들어가야 한다. 병(베

카리아)은 생명 보존을 위한 사회 계약으로 형성된 사회가 생명을 빼앗는 사형을 행할 수 없다고 본다. 그러므로 이는 병(베카리아)이 제기할 수 있는 비판이 아니기 때문에 C와 E에 들어갈 내용으로 적절하지 않다.

④ D에는 을(루소)이 병(베카리아)에게 제기할 수 있는 비판이 들어가야 한다. 을(루소)은 사회 계약의 목적을 각자의 생명과 자유를 지키는 것으로 보고, 모든 구성원의 동의에 따라 사회 계약이 이루어진다고 본다. 병(베카리아)은 사회 계약은 구성원의 생명 보존을 위해 이루어진 것으로, 사회가 구성원의 생명을 빼앗을 수 없다고 본다. 그러므로 이는 을(루소)이 병(베카리아)에게 제기할 수 있는 비판에 해당하기 때문에 D에 들어갈 내용으로 적절하다.

⑤ F에는 갑(칸트)이 병(베카리아)에게 제기할 수 있는 비판이 들어가야 한다. 갑(칸트)은 형벌의 경중은 그 범죄가 일으킨 해악에 비례에서 결정되어야 한다고 본다. 그러므로 이는 갑(칸트)이 제기할 수 있는 비판이 아니기 때문에 F에 들어갈 내용으로 적절하지 않다.

17. 칸트의 윤리 사상

제시문의 사상가는 칸트이다.

① 칸트는 모든 사람의 인격을 항상 수단이 아닌 목적으로 대우해야 한다고 본다. 그러므로 이는 칸트가 제시할 조언으로 적절하지 않다.

② 칸트는 약속 준수의 의무가 의무 그 자체에 의해서 준수되어야 하는 것이라고 본다. 그러므로 이는 칸트가 제시할 조언으로 적절하지 않다.

③ 칸트는 자신과 타인의 인격을 언제나 목적으로 대우해야 한다고 본다. 그러므로 이는 칸트가 제시할 조언으로 적절하다.

④ 칸트는 약속 준수의 의무가 다른 이유가 아닌 의무이기 때문에 지켜야 한다고 본다. 그러므로 이는 칸트가 제시할 조언으로 적절하지 않다.

⑤ 칸트는 행위의 결과가 아닌 행위의 동기를 중시하며, 도덕적 의무로부터의 행위만이 도덕적으로 정당화될 수 있다고 본다. 그러므로 이는 칸트가 제시할 조언으로 적절하지 않다.

18. 롤스의 시민 불복종

제시문의 사상가는 롤스이다. 롤스는 시민 불복종은 공공적 정의관에 근거해야 하며, 거의 정의로운 사회에서 부정한 법과 정책을 변화시키기 위해 이루어져야 한다고 본다.

① 롤스는 시민 불복종은 소수자가 가진 정의관이라고 공공적 정의관에 근거할 수 있기 때문에 시민 불복종의 근거가 될 수 있다고 본다. 그러므로 이는 롤스의 입장으로 적절하지 않다.

② 롤스는 차등의 원칙에 근거한 법이 다른 정의의 원칙을 심각하게 위배한다면 시민 불복종의 대상이 될 수 있다고 본다. 그러므로 이는 롤스의 입장으로 적절하다.

③ 롤스는 법이나 정책이 기본적 자유를 심각하게 침해하지 않는다면 준법의 의무와 기본적 자유를 방어할 권리가 충돌할 수 있다고 본다.

④ 롤스는 기본적 자유의 보장과 공정한 기회 균등의 정의의 원칙을 심각하게 위반하는 경우 정당한 시민 불복종이 가능하다고 본다. 그러므로 이는 롤스의 입장으로 적절하지 않다.

⑤ 롤스는 공공적 정의관에 근거하여 정당한 양심적 거부에 대한 국가의 규제는 시민 불복종의 대상이 될 수 있다고 본다. 그러므로 이는 롤스의 입장으로 적절하지 않다.

19. 평화에 대한 칸트의 입장

제시문의 사상가는 칸트이다. 칸트는 국가 간 영구 평화를 이루기 위해서는 모든 국가의 정체가 공화 정체여야 하고, 국제법은 자유로운 국가들의 연방 체제에 기초해야 하며, 세계의 모든 시민들은 세계 시민법에 따라야 한다고 주장한다.

① 칸트는 국가 내부적으로는 시민법의 체제를 따라야 할 것으로 본다. 따라서 이는 한 국가의 대내적 정치 제도를 지정하는 것이라고 할 수 있다.

② 칸트는 세계 시민법을 통해 이방인의 환대권을 강조하지만, 영속적인 체류권을 보장해야 한다고 보지는 않는다.

③ 칸트는 국가의 주권은 자유로운 개별 국가가 가지고 있어야 한다고 본다.

④ 칸트는 권력이나 전쟁과 관련된 대외적인 국가 분쟁 상황에 연관된 국채를 발행해서는 안 된다고 주장한다. 그러나 경제를 위해 국채를 발행해서 자금을 모으는 행위까지 금지하지 않는다.

⑤ 칸트는 상호 신뢰를 불가능하게 만드는 적대 행위 등이 모두 종식되어야 영원한 평화가 실현 가능하다고 주장한다.

20. 민족 통합의 윤리

갑은 이념 대립의 완화, 분단 비용의 해소 등을 이유로 통일을 꼭 실현해야 한다고 본다. 을은 통일 편익이 통일 비용에 비해 크지 않을 수 있기 때문에 통일이 반드시 필요하다고 보지 않는다.

① 갑은 통일로 인해 분단 비용이 해소된다면 사회적 약자들의 삶을 지원하고 양극화를 완화할 수 있다고 본다.

② 갑은 이념 대립의 완화, 사회적 약자의 권리 보장, 양극화 완화 등 통일이 가져오는 다양한 편익을 근거로 통일을 주장한다.

③ 을은 통일 비용이 통일 편익보다 크다면 통일의 당위성은 낮아질 것이라고 본다.

④ 을은 통일 비용이 남북 경제 통합의 기대 효과 즉, 통일 편익보다 많을 상황에 대해 이야기한다.

⑤ 갑과 을은 모두 분단 비용과 통일 비용, 통일 편익을 근거로 통일의 필요성을 고려하고 있다.